2025
9·7급
공무원
시험대비

행정법의 새로운 지평을 위한 전략적 선택

김 태 성

행정법총론
기출문제집

ADMINISTRATIVE LAW

PREFACE

머리말

초심자들에게 행정법은 어려운 과목입니다. 우선 처음 보는 용어에 당황부터 되고 방대해 보이는 분량에 시작부터 지칠 수 있습니다. 묵묵히 반복하다 보면 나아지겠지 생각하지만 불안하고 걱정이 되는 것이 일반적입니다.

저는 행정법을 울면서 들어가서 웃으면서 나오는 과목이라 칭합니다. 생소하고 막막한 순간을 이겨내고 일정 수준의 실력이 쌓이면 기복 없이 안정적인 점수를 얻을 수 있고 쉽게 잊어버리지 않는 과목이 행정법입니다.

우리는 학문을 하는 것이 아니라 시험을 대비하는 중이라는 사실을 반드시 명심하셔야 합니다. 출제위원들도 행정법이 어려운 과목이라는 사실을 알고 계시며, 한참을 고민하고 연구하여 지문을 만듭니다. 시험에 출제되는 지문은 중요한 정도가 같지 않습니다. 같이 나열된 지문이라도 어떤 지문은 단지 구색을 갖추기 위해 배치되는 지문도 있고 특정 지문은 그 내용을 모르면 문제를 놓치게 되는, 해당 지문만 알아도 정답을 맞힐 수 있는 지문이 있습니다. 그렇다면 문제의 열쇠를 쥐고 있는, 중요지문으로 출제되는 부분을 우선으로 그리고 어떠한 순간에도 헛갈리지 않도록 숙지하는 것이 고득점의 첫걸음입니다. 그러한 이유로 최대한 교재의 분량을 줄이되, 출제 의도를 파악하여 순서를 배치하고 최근 출제되었던 중요지문은 빠뜨리지 않고 수록했습니다. 교재를 보는 여러분들은 문제 안에서 어떠한 지문이 이른바 빈출 정답지문인지 항상 염두에 두고 학습하시면 좋겠습니다.

공무원 시험 과목의 변화와 관련하여, 기존에 비해서 어렵게 출제되고 있습니다. 너무 뻔한 지문을 정답으로 제시하는 그냥 점수를 주는 문제를 줄이고, 간접 추출하는 형태의 스킬이나 노하우가 필요한 문제가 늘어났으며, 이러한 경향은 앞으로도 계속 이어질 것이라 예상됩니다.

교재 편집 과정에서도 핵심문제를 앞부분에 배치하여 반드시 숙지할 수 있도록 하고 출제빈도가 떨어지거나 지엽적인 지문들을 이른바 '기출문제 AS' 형태로 배치하여, 스스로 강약조절을 할 수 있도록 도모함과 동시에 2회독의 효과를 기할 수 있도록 하였습니다. 그리고 목차를 기본교재 목차와 동일하게 구성하고 문제가 없더라도 목차를 살려두었습니다. 기본서를 같이 펼쳐두고 해당 부분 간략하게 리마인드 하면서 복습을 하는 것도 좋은 방법이라 생각합니다.

가끔 합격 수기를 보면 동기가 부여되기보다 외려 힘 빠지는 경우가 종종 있습니다. 잠시간을 줄이고 누구보다 독하게 공부에 매진했다는 수기는 스스로 독려하는 채찍이 될 수도 있지만, 오히려 나는 이렇게 못할 것 같다는 생각에 넌더리가 나거나 사기만 꺾일 수 있습니다. 저는 교수가 아니라 강사입니다. 제 역할은 교과서 위주로 예습복습에 충실한 분들을 합격시키는 것이라기보다 지극히 평범하게 공부하는 것을 전제로 최대한의 효율을 기하고 빨리 점수를 올려드리는 것입니다. 수험에 가장 적합하도록 항상 연구하고 매진하고 있으며 본 교재도 그러한 결과물이기에 자신 있게 여러분께 권해드립니다. 행정법이 여러분들의 합격에 견인차가 될 것을 자신하며 여러분들 합격의 순간에 제가 함께 하겠습니다.

감사합니다.

김태성 올림

CONTENTS

목 차

1
행정법 통론

제1장 행정 및 행정법

제1절 | 행정의 의의

I 행정관념의 성립

II 행정의 개념

III 통치행위

001 [16교육행정]

통치행위에 해당하지 않는 것은? (다툼이 있으면 판례에 따름)

① 대통령의 특별사면
② 대통령의 서훈취소
③ 남북정상회담의 개최
④ 대통령의 긴급재정·경제명령

해설

① (O) 사면은 형의 선고의 효력 또는 공소권을 상실시키거나, 형의 집행을 면제시키는 국가원수의 고유한 권한을 의미하며, 사법부의 판단을 변경하는 제도로서 권력분립의 원리에 대한 예외가 된다(헌재 2000.6.1. 97헌바74).

② (X) 서훈취소가 대통령이 국가원수로서 행하는 행위라고 하더라도 법원이 사법심사를 자제하여야 할 고도의 정치성을 띤 행위라고 볼 수는 없다(대판 2015.04.23. 2012두26920).

③ (O) 남북정상회담의 개최는 고도의 정치적 성격을 지니고 있는 행위라 할 것이므로 특별한 사정이 없는 한 그 당부를 심판하는 것은 사법권의 내재적·본질적 한계를 넘어서는 것이 되어 적절하지 못하지만, 남북정상회담의 개최과정에서 재정경제부장관에게 신고하지 아니하거나 통일부장관의 협력사업 승인을 얻지 아니한 채 북한측에 사업권의 대가 명목으르 송금한 행위 자체는 사법심사의 대상이 된다(대판 2004.3.26. 2003도7878).

④ (O) 대통령의 긴급재정경제명령은 국가긴급권의 일종으로서 고도의 정치적 결단에 의하여 발동되는 행위이고 이른바 통치행위에 속한다고 할 수 있으나, 비록 고도의 정치적 결단에 의하여 행해지는 국가작용이라고 할지라도 그것이 국민의 기본권 침해와 직접 관련되는 경우에는 당연히 헌법재판소의 심판대상이 된다(1996.2.29. 93헌마186).

정답 ②

002 [17지방9급]

통치행위에 대한 판례의 입장으로 옳지 않은 것은?

① 고도의 정치적 성격을 지니는 남북정상회담 개최과정에서 정부에 신고하지 아니하거나 협력사업 승인을 얻지 아니한 채 북한측에 사업권의 대가 명목으로 송금한 행위 자체는 사법심사의 대상이 된다.

② 기본권 보장의 최후 보루인 법원으로서는 사법심사권을 행사함으로써, 대통령의 긴급조치권 행사로 인하여 우리나라 헌법의 근본이념인 자유민주적 기본질서가 부정되는 사태가 발생하지 않도록 그 책무를 다하여야 한다.

③ 신행정수도건설이나 수도이전문제는 그 자체로 고도의 정치적 결단을 요하므로 사법심사의 대상에서 제외되고, 그것이 국민의 기본권 침해와 관련되는 경우에도 헌법재판소의 심판대상이 될 수 없다.

④ 외국에의 국군 파견결정은 그 성격상 국방 및 외교에 관련된 고도의 정치적 결단을 요하는 문제로서, 헌법과 법률이 정한 절차가 지켜진 것이라면 대통령과 국회의 판단은 존중되어야 하고 사법적 기준만으로 이를 심판하는 것은 자제되어야 한다.

해설

① (O) 남북정상회담의 개최는 고도의 정치적 성격을 지니고 있는 행위라 할 것이므로 특별한 사정이 없는 한 그 당부를 심판하는 것은 사법권의 내재적·본질적 한계를 넘어서는 것이 되어 적절하지 못하지만, 남북정상회담의 개최과정에서 재정경제부장관에게 신고하지 아니하거나 통일부장관의 협력사업 승인을 얻지 아니한 채 북한측에 사업권의 대가 명목으로 송금한 행위 자체는 헌법상 법치국가의 원리와 법 앞에 평등원칙 등에 비추어 볼 때 사법심사의 대상이 된다(대판 2004.3.26. 2003도7878).

② (O) 기본권 보장의 최후 보루인 법원으로서는 마땅히 긴급조치 제1호에 규정된 형벌법규에 대하여 사법심사권을 행사함으로써, 대통령의 긴급조치권 행사로 인하여 국민의 기본권이 침해되고 나아가 우리나라 헌법의 근본이념인 자유민주적 기본질서가 부정되는 사태가 발생하지 않도록 그 책무를 다하여야 할 것이다(대판 2010.12.16. 2010도5986 전원합의체).

③ (X) 신행정수도건설이나 수도이전의 문제가 정치적 성격을 가지고 있는 것은 인정할 수 있지만, 그 자체로 고도의 정치적 결단을 요하여 사법심사의 대상으로 하기에는 부적절한 문제라고까지는 할 수 없다(헌재 2004.10.21. 2004헌마554).

④ (O) 외국에의 국군의 파견결정은 그 성격상 국방 및 외교에 관련된 고도의 정치적 결단을 요하는 문제로서, 헌법과 법률이 정한 절차를 지켜 이루어진 것임이 명백하므로, 대통령과 국회의 판단은 존중되어야 하고 헌법재판소가 사법적 기준만으로 이를 심판하는 것은 자제되어야 한다(헌재 2004.4.29. 2003헌마814).

정답 ③

비상계엄의 선포와 그 확대행위가 국헌문란의 목적을 달성하기 위하여 행하여진 경우에는 법원은 그 자체가 범죄행위에 해당하는지의 여부에 관하여 심사할 수 있다. [15국가9급]

해설

(O) 대통령의 비상계엄의 선포나 확대 행위는 고도의 정치적·군사적 성격을 지니고 있는 행위라 할 것이므로, 계엄선포의 요건 구비 여부나 선포의 당·부당을 판단할 권한이 사법부에는 없다고 할 것이나, 비상계엄의 선포나 확대가 국헌문란의 목적을 달성하기 위하여 행하여진 경우에는 법원은 그 자체가 범죄행위에 해당하는지의 여부에 관하여 심사할 수 있다(대판 1997.4.17. 96도3376 전원합의체).

통치행위의 주체는 통상 정부가 거론되나 국회와 사법부에 의한 통치행위를 인정하는 것이 일반적이다. [13서울7급]

| 해설

(X) 헌법재판소는 대통령과 국회를 통치행위의 주체로 보고 있다. 그러나 법원은 통치행위의 여부를 판단할 뿐, 직접 통치행위를 할 수는 없다.

대법원은 통치행위 인정을 지극히 신중하게 하여야 하지만 그 판단은 오로지 사법부만에 의하여 이루어져야 하는 것은 아니라고 보았다. [11국회9급]

| 해설

(X) 통치행위의 개념을 인정한다고 하더라도 과도한 사법심사의 자제가 기본권을 보장하고 법치주의 이념을 구현하여야 할 법원의 책무를 태만히 하거나 포기하는 것이 되지 않도록 그 인정을 지극히 신중하게 하여야 하며, 그 판단은 오로지 사법부 만에 의하여 이루어져야 한다(대판 2004.3.26. 2003도7878).

제2절 | 행정법의 의의

I 행정법의 의의

II 법치행정의 원리

003 [19서울7급(上)]

법치행정의 원리에 대한 설명으로 가장 옳은 것은?

① 법우위의 원칙에서 법은 형식적 법률뿐 아니라 법규명령과 관습법 등을 포함하는 넓은 의미의 법이다.

② 법치행정원리의 현대적 의미는 실질적 법치주의에서 형식적 법치주의로의 전환이다.

③ 법률유보원칙에서 '법률의 유보'라고 하는 경우의 '법률'에는 국회에서 법률제정의 절차에 따라 만들어진 형식적 의미의 법률뿐만 아니라 국회의 의결을 거치지 않은 명령이나 불문법원으로서의 관습법이나 판례법도 포함된다.

④ 법률유보의 원칙은 행정권의 발동에 있어서 조직규범의 근거가 필요하다는 것을 말한다.

해설

① (O) 법률우위의 원칙에서 말하는 법률은 헌법, 법률, 그 밖에 관습법을 포함하여 성문 불문의 모든 법규를 말하는 것으로서 행정법의 일반원칙도 포함한다.

② (X) 현대에 와서 법치행정원리는 형식적 법치주의를 극복하고 실질적 법치주의로 전환되었다.

③ (X) 법률유보의 원칙에서 말하는 법률은 국회가 제정하는 형식적 의미의 법률을 말한다. 따라서 불문법인 관습법에 의한 법규명령은 인정되지 않는다.

④ (X) 법률유보의 원칙에서는 문제되는 것은 조직법적 근거(임무규정)가 아니라 행정의 작용법적 근거(수권규범, 권능규정, 권한규정)이다.

정답 ①

004 [13국회9급]

행정의 법률적합성 내지 법치행정의 원리에 관한 설명 중 옳지 않은 것은?

① 법률의 법규창조력이란 국민의 권리의무관계에 구속력을 가지는 법규(법규범)를 창조하는 것은 국민의 대표기관인 의회에서 제정한 법률만이라고 한다.

② 법률의 우위원칙은 행정의 법률에의 구속성을 의미하는 것으로 제한 없이 행정의 모든 영역에 적용된다.

③ 법률유보의 원칙에 있어서 법률은 형식적 의미의 법률을 의미하므로 관습법은 포함되지 않는다.

④ 법률의 우위원칙에 위반된 행정작용의 법적 효과는 행위형식에 따라 상이하여 일률적으로 말할 수 없다.

⑤ 법률의 우위원칙은 행정의 법률에의 구속성을 의미하는 적극적인 성격의 것인 반면에 법률유보의 원칙은 행정은 단순히 법률의 수권에 의하여 행해져야 한다는 소극적 성격의 것이다.

해설

① (O) 법률의 법규창조력이란 국회만이 국민의 권리·의무에 관한 사항을 규율하는 규범인 법률을 만들 수 있음을 전제로, 국민의 대표기관인 국회가 만든 법률이라는 명칭을 가진 국가의 의사만이 국민을 구속한다는 원칙이다.

② (O) 법률우위의 원칙은 모든 행정영역에서 적용된다. 법률의 우위의 원칙은 국가 작용뿐만 아니라 사법형식으로 이루어지는 국가작용에도 적용된다.

③ (O) 법률유보란 "국가의 행정은 법적 근거를 갖고서 이루어져야 한다"는 것을 말하며, 여기서 법률이란 국회에서 제정한 형식적 의미의 법률을 의미하므로 불문법으로서의 관습법 등은 포함되지 않는다. 그러나 구체적 위임을 받은 법규명령은 포함된다.

④ (O) 행정작용이 법률우위의 원칙을 위반하면 위법한 행정작용이 되는데, 위법한 행정작용의 효력은 행정의 행위형식에 따라 다르다. 일반적으로 행정행위가 중대명백한지 따라 무효 또는 취소가 될 것이지만, 행정입법이나 공법상 계약은 특별한 사정이 없는 한 무효가 될 것이다.

⑤ (X) 법률우위의 원칙은 행정권의 행사가 법률에 저촉되지 않도록 행사해야 하는 법치행정의 소극적 측면의 문제이지만, 법률유보의 원칙은 행정권의 행사는 법률에 근거하여야 한다는 법치행정의 적극적 측면의 문제이다.

정답 ⑤

005 [17교육행정]

법치행정에 관한 설명으로 옳지 않은 것은? (단, 다툼이 있는 경우 판례에 따름)

① 법률우위의 원칙은 침해적 행정에만 적용된다.

② 법률유보의 원칙에 반하는 행정작용은 위법하다.

③ 기본권제한의 형식이 반드시 법률의 형식일 필요는 없다.

④ 한국방송공사의 TV수신료금액 결정은 법률유보(의회유보) 사항이다.

해설

① (X) 법률우위의 원칙은 법률유보의 원칙과는 달리 모든 행정작용에 적용된다.

② (O) 법률유보의 원칙에 위반되는 행정작용은 위법하다. 다만 위법의 정도가 무효사유인지 취소사유인지는 경우에 따라 달리 판단된다.

③ (O) 기본권 제한에 관한 법률유보의 원칙은 '법률에 의한 규율'을 요청하는 것이 아니라 '법률에 근거한 규율'을 요청하는 것이므로, 기본권의 제한에는 법률의 근거가 필요할 뿐이고 기본권 제한의 형식이 반드시 법률의 형식일 필요는 없고 위임입법에 의하여도 기본권 제한을 할 수 있다(헌재 2005.5.26. 99헌마513).

④ (O) 수신료금액의 결정은 납부의무자의 범위 등과 함께 수신료에 관한 본질적인 중요한 사항이므로 국회가 스스로 행하여야 하는 사항에 속하는 것임에도 불구하고 한국방송공사법 제36조 제1항에서 국회의 결정이나 관여를 배제한 채 한국방송공사로 하여금 수신료금액을 결정해서 문화관광부장관의 승인을 얻도록 한 것은 법률유보원칙에 위반된다(헌재 1999.5.27. 98헌바70).

정답 ①

006 [19서울9급]

법률유보원칙에 관한 설명으로 가장 옳은 것은?

① 헌법재판소 결정에 따를 때 기본권 제한에 관한 법률유보원칙은 법률에 근거한 규율을 요청하는 것이므로 그 형식이 반드시 법률일 필요는 없더라도 법률상의 근거는 있어야 한다.

② 행정상 즉시강제는 개인에게 미리 의무를 명할 시간적 여유가 없는 경우를 전제로 하므로 그 긴급성을 고려할 때 원칙적으로 법률적 근거를 요하지 아니한다.

③ 헌법재판소는 법률이 공법적 단체 등의 정관에 자치법적 사항을 위임하는 경우에는 의회유보원칙이 적용될 여지가 없다고 한다.

④ 헌법재판소는 국회의 의결을 거쳐 확정되는 예산도 일종의 법규범이므로 법률과 마찬가지로 국가기관 뿐만 아니라 국민도 구속한다고 본다.

해설

① (O) 기본권 제한에 관한 법률유보의 원칙은 '법률에 의한 규율'을 요청하는 것이 아니라 '법률에 근거한 규율'을 요청하는 것이므로, 기본권의 제한에는 법률의 근거가 필요할 뿐이고 기본권 제한의 형식이 반드시 법률의 형식일 필요는 없고 위임입법에 의하여도 기본권 제한을 할 수 있다(헌재 2005.5.26. 99헌마513).

② (X) 행정청이 행정상 즉시강제의 권한을 발동하기 위해서는 엄격한 실정법상 근거를 필요로 하고, 그와 같은 실정법상 근거가 없는 경우에는 허용될 수 없다(서울중앙지방법원 2009. 7. 24. 2008고정7194).

③ (X) 법률이 공법적 단체 등의 정관에 자치법적 사항을 위임한 경우에는 헌법 제75조가 정하는 포괄적인 위임입법의 금지는 원칙적으로 적용되지 않는다고 봄이 상당하고, 그렇다 하더라도 그 사항이 국민의 권리·의무에 관련되는 것일 경우에는 적어도 국민의 권리·의무에 관한 기본적이고 본질적인 사항은 국회가 정하여야 한다(대판 2007.10.12. 2006두14476).

④ (X) 예산은 일종의 법규범이고 법률과 마찬가지로 국회의 의결을 거쳐 제정되지만 법률과 달리 국가기관만을 구속할 뿐 일반국민을 구속하지 않는다. 국회가 의결한 예산 또는 국회의 예산안 의결은 헌법재판소법 제68조 제1항 소정의 '공권력의 행사'에 해당하지 않고 따라서 헌법소원의 대상이 되지 아니한다(헌재 2006.4.25. 2006헌마409).

정답 ①

007 [19서울9급(上)]

법치행정의 원칙에 대한 설명으로 가장 옳지 않은 것은?

① 법률은 원칙적으로 국민의 대표기관인 의회가 제정하여야 한다는 원칙을 포함한다.

② 수신료금액 결정은 수신료에 관한 본질적인 사항이 아니므로 국회가 반드시 스스로 행하여야 할 필요는 없다.

③ 수신료 징수업무를 한국방송공사가 직접 수행할지 제3자에게 위탁할지 여부는 국민의 기본권 제한에 관한 본질적인 사항이 아니다.

④ 국민의 기본권 실현과 관련된 영역에 있어서는 입법자가 본질적인 사항에 대해서 스스로 결정해야 한다.

해설

① (O) 법률의 법규창조력이란 국민의 권리·의무에 관계되는 법규를 창조하는 것은 국민의 대표기관인 의회의 전속적 권한에 속하며, 의회에서 제정한 법률만이 법규로서 국민에 대한 구속력이 있다는 것을 말한다. 따라서 행정권이 입법권의 수권 없이 법규를 제정하는 것은 원칙적으로 법률의 법규창조력에 위반되는 것이다.

② (X) 수신료금액의 결정은 납부의무자의 범위 등과 함께 수신료에 관한 본질적인 중요한 사항이므로 국회가 스스로 행하여야 하는 사항에 속하는 것임에도 불구하고 한국방송공사법 제36조 제1항에서 국회의 결정이나 관여를 배제한 채 한국방송공사로 하여금 수신료금액을 결정해서 문화관광부장관의 승인을 얻도록 한 것은 법률유보원칙에 위반된다(헌재 1999.5.27. 98헌바70).

③ (O) 수신료 징수업무를 한국방송공사가 직접 수행할 것인지 제3자에게 위탁할 것인지, 위탁한다면 누구에게 위탁하도록 할 것인지, 위탁받은 자가 자신의 고유업무와 결합하여 징수업무를 할 수 있는지는 국민의 기본권제한에 관한 본질적인 사항이 아니라 할 것이다(헌재 2008. 2. 28. 2006헌바70 [합헌,각하]).

④ (O) 오늘날 법률유보원칙은 단순히 행정작용이 법률에 근거를 두기만 하면 충분한 것이 아니라, 국가공동체와 그 구성원에게 기본적이고도 중요한 의미를 갖는 영역, 특히 국민의 기본권실현과 관련된 영역에 있어서는 국민의 대표자인 입법자가 그 본질적 사항에 대해서 스스로 결정하여야 한다는 요구까지 내포하고 있다(의회유보원칙)(헌재 1999.5.27. 98헌바70).

정답 ②

008 [18서울9급]

법률유보원칙에 대한 판례의 입장으로 가장 옳지 않은 것은?

① 법령의 규정보다 더 침익적인 조례는 법률유보원칙에 위반되어 위법하며 무효이다.

② 법률유보원칙에서 요구되는 법적 근거는 작용법적 근거를 의미하며, 조직법적 근거는 모든 행정권 행사에 있어서 당연히 요구된다.

③ 지방의회의원에 대하여 유급보좌인력을 두는 것은 개별 지방의회의 조례로써 규정할 사항이 아니라 국회의 법률로써 규정하여야 할 입법사항이다.

④ 토지등소유자가 도시환경정비사업을 시행하는 경우 사업시행인가 신청에 필요한 토지등소유자의 동의정족수를 토지등소유자가 자치적으로 정하여 운영하는 규약에 정하도록 한 것은 법률유보원칙에 위반된다.

해설

① (X) 법률유보원칙은 법률의 근거를 요한다는 원칙을 말한다. 법령의 규정보다 더 침익적인 조례는 법률우위의 원칙에 위반되는 것은 별론으로 하고 법률유보의 원칙과는 직접적 관련이 없다.

② (O) 조직법적 근거는 모든 행정권 행사에 당연히 요구되며, 국민의 권리는 제한하거나 의무를 부과하기 위해서는 추가적으로 작용법적 근거를 요한다. 법률유보원칙에서 말하는 법적 근거는 작용법적 근거를 의미한다.

③ (O) 지방의회에서 위 근로자를 두어 의정활동을 지원하는 것은 실질적으로 유급보좌인력을 두는 것과 마찬가지여서 개별 지방의회에서 정할 사항이 아니라 국회의 법률로 규정하여야 할 입법사항에 해당하는데, 지방자치법이나 다른 법령에 위 근로자를 지방의회에 둘 수 있는 법적 근거가 없으므로, 이에 관하여 한 재의결은 효력이 없다(대판 2013.1.16. 2012추84).

④ (O) 토지등소유자가 도시환경정비사업을 시행하는 경우 사업시행인가 신청시 필요한 토지등소유자의 동의는, 개발사업의 주체 및 정비구역 내 토지등소유자를 상대로 수용권을 행사하고 각종 행정처분을 발할 수 있는 행정주체로서의 지위를 가지는 사업시행자를 지정하는 문제로서, 그 동의요건을 정하는 것은 국민의 권리와 의무의 형성에 관한 기본적이고 본질적인 사항이므로 국회가 스스로 행하여야 하는 사항에 속하는 것임에도 불구하고, 사업시행인가 신청에 필요한 동의정족수를 토지등소유자가 자치적으로 정하여 운영하는 규약에 정하도록 한 것은 법률유보원칙에 위반된다(헌재 2012. 4. 24. 2010헌바1 [위헌]).

정답 ①

009 [19국가9급]

법률유보의 원칙에 대한 설명으로 옳지 않은 것은? (다툼이 있는 경우 판례에 의함)

① 법률유보의 원칙에서 요구되는 법적 근거는 작용법적 근거를 의미한다.

② 개인택시운송사업자의 운전면허가 아직 취소되지 않았더라도 운전면허 취소사유가 있다면 행정청은 명문 규정이 없더라도 개인택시운송사업면허를 취소할 수 있다.

③ 법률유보의 원칙은 국민의 기본권실현과 관련된 영역에 있어서는 입법자가 그 본질적 사항에 대해서 스스로 결정하여야 한다는 요구까지 내포하고 있다.

④ 국회가 형식적 법률로 직접 규율하여야 하는 필요성은 규율대상이 기본권 및 기본적 의무와 관련된 중요성을 가질수록, 그에 관한 공개적 토론의 필요성 또는 상충하는 이익 사이의 조정 필요성이 클수록 더 증대된다.

해설

① (O) 모든 행정작용에 있어서 조직법적인 근거는 당연히 필요하며, 법률유보와 관련하여 법적 근거는 작용법적 근거를 말한다. 아울러 법적 근거는 개별적인 근거를 말한다.

② (X) 구 여객자동차운수사업법 제76조 제1항 제15호, 같은 법 시행령 제29조에는 관할관청은 개인택시운송사업자의 운전면허가 취소된 때에 그의 개인택시운송사업면허를 취소할 수 있도록 규정되어 있을 뿐 그에게 운전면허 취소사유가 있다는 사유만으로 개인택시운송사업면허를 취소할 수 있도록 하는 규정은 없으므로, 관할관청으로서는 비록 개인택시운송사업자에게 운전면허 취소사유가 있다 하더라도 그로 인하여 운전면허 취소처분이 이루어지지 않은 이상 개인택시운송사업면허를 취소할 수는 없다(대판 2008. 5. 15. 2007두26001).

③ (O) 오늘날 법률유보원칙은 단순히 행정작용이 법률에 근거를 두기만 하면 충분한 것이 아니라, 국가공동체와 그 구성원에게 기본적이고도 중요한 의미를 갖는 영역, 특히 국민의 기본권실현과 관련된 영역에 있어서는 국민의 대표자인 입법자가 그 본질적 사항에 대해서 스스로 결정하여야 한다는 요구까지 내포하고 있다(의회유보원칙)(헌재 1999.5.27. 98헌바70).

④ (O) 어떠한 사안이 국회가 형식적 법률로 스스로 규정하여야 하는 본질적 사항에 해당되는지는, 구체적 사례에서 관련된 이익 내지 가치의 중요성, 규제 또는 침해의 정도와 방법 등을 고려하여 개별적으로 결정하여야 하지만, 규율대상이 국민의 기본권 및 기본적 의무와 관련한 중요성을 가질수록 그리고 그에 관한 공개적 토론의 필요성 또는 상충하는 이익 사이의 조정 필요성이 클수록, 그것이 국회의 법률에 의해 직접 규율될 필요성은 더 증대된다(대판 2015. 8. 20. 2012두23808 전원합의체).

정답 ②

010 [17국가9급]

법률유보의 원칙에 대한 설명으로 옳지 않은 것은?

① 다수설에 따르면 행정지도에 관해서 개별법에 근거규정이 없는 경우 행정지도의 상대방인 국민에게 미치는 효력을 고려하여 행정지도를 할 수 없다고 본다.

② 대법원은 지방의회의원에 대하여 유급보좌인력을 두는 것은 지방의회의원의 신분·지위 및 그 처우에 관한 현행 법령상의 제도에 중대한 변경을 초래하는 것으로서, 이는 개별 지방의회의 조례로써 규정할 사항이 아니라 국회의 법률로써 규정하여야 할 입법사항이라고 한다.

③ 헌법재판소는 토지등소유자가 도시환경정비사업을 시행하는 경우, 사업시행인가 신청시 필요한 토지등소유자의 동의정족수를 정하는 것은 국민의 권리와 의무의 형성에 관한 기본적이고 본질적인 사항으로 법률유보 내지 의회유보의 원칙이 지켜져야 할 영역이라고 한다.

④ 헌법재판소는 법률에 근거를 두면서 헌법 제75조가 요구하는 위임의 구체성과 명확성을 구비하는 경우에는 위임입법에 의하여도 기본권을 제한할 수 있다고 한다.

해설

① (X) 행정지도는 행정기관의 직무범위 내에서 이루어져야 하므로 조직법적 근거규범이 필요하나, 행정지도에 따를 것인지 여부가 상대방의 임의적 결정에 달려있는 비권력적 사실행위이므로 작용법적 근거는 필요 없다는 것이 일반적인 견해이다.

② (O) 대판 2013.1.16. 2012추84.

③ (O) 토지등소유자가 도시환경정비사업을 시행하는 경우 사업시행인가 신청시 필요한 토지등소유자의 동의는, 정비구역 내 토지등소유자를 상대로 수용권을 행사하고 각종 행정처분을 발할 수 있는 행정주체로서의 지위를 가지는 사업시행자를 지정하는 문제로서, 그 동의요건을 정하는 것은 국민의 권리와 의무의 형성에 관한 기본적이고 본질적인 사항이므로, 사업시행인가 신청에 필요한 동의정족수를 토지등소유자가 자치적으로 정하여 운영하는 규약에 정하도록 한 것은 법률유보원칙에 위반된다(헌재 2012. 4. 24. 2010헌바1 [위헌]).

④ (O) 기본권 제한에 관한 법률유보의 원칙은 '법률에 의한 규율'을 요청하는 것이 아니라 '법률에 근거한 규율'을 요청하는 것이므로, 기본권의 제한에는 법률의 근거가 필요할 뿐이고 기본권 제한의 형식이 반드시 법률의 형식일 필요는 없고 위임입법에 의하여도 기본권 제한을 할 수 있다(헌재 2005.5.26. 99헌마513).

정답 ①

III 행정법의 법원

011 [17국가9급]

대법원 판례의 입장으로 옳은 것은?

① 행정청이 「도시 및 주거환경정비법」 등 관련법령에 근거하여 행하는 조합설립인가처분은 강학상 인가처분으로서 그 조합설립결의에 하자가 있다면 조합설립결의에 대한 무효확인을 구하여야 한다.
② 지적공부 소관청의 지목변경신청 반려행위는 행정사무의 편의와 사실증명의 자료로 삼기 위한 것이지 그 대장에 등재여부는 어떠한 권리의 변동이나 상실효력이 생기지 않으므로 이를 항고소송의 대상으로 할 수 없다.
③ 지방자치단체가 제정한 조례가 1994년 관세 및 무역에 관한 일반협정(General Agreement on Tariffs and Trade 1994)이나 정부조달에 관한 협정(Agreement on Government Procurement)에 위반되는 경우, 그 조례는 무효이다.
④ 어떠한 행정처분이 후에 항고소송에서 취소되었다면 그 기판력에 의하여 당해 행정처분은 곧바로 「국가배상법」 제2조의 공무원의 고의 또는 과실로 인한 불법행위를 구성한다.

해설

① (X) 행정청이 도시정비법 등 관련 법령에 근거하여 행하는 조합설립인가처분은 단순히 사인들의 조합설립행위에 대한 보충행위로서의 성질을 갖는 것에 그치는 것이 아니라 주택재건축사업을 시행할 수 있는 권한을 갖는 행정주체(공법인)로서의 지위를 부여하는 일종의 설권적 처분의 성격을 갖는다. 조합설립결의에 하자가 있다면 그 하자를 이유로 직접 항고소송의 방법으로 조합설립인가처분의 취소 또는 무효확인을 구하여야 하고, 이와는 별도로 조합설립결의 부분만을 따로 떼어내어 그 효력 유무를 다투는 확인의 소를 제기하는 것은 인정되지 아니한다(대판 2009.09.24. 2008다60568).

② (X) 지목은 토지소유권을 제대로 행사하기 위한 전제요건으로서 토지소유자의 실체적 권리관계에 밀접하게 관련되어 있으므로 지적공부 소관청의 지목변경신청 반려행위는 국민의 권리관계에 영향을 미치는 것으로서 항고소송의 대상이 되는 행정처분에 해당한다(대판 2004.4.22. 2003두9015 전원합의체).

③ (O) '1994년 관세 및 무역에 관한 일반협정'은 국회의 동의를 얻어 대통령의 비준을 거쳐 공포되고 시행된 조약인 '세계무역기구(WTO) 설립을 위한 마라케쉬협정'의 부속 협정이고, '정부조달에 관한 협정'은 국회의 동의를 얻어 공포 시행된 조약으로서 각 헌법 제6조 제1항에 의하여 국내법령과 동일한 효력을 가지므로 지방자치단체가 제정한 조례가 GATT나 AGP에 위반되는 경우에는 그 효력이 없다(대판 2005.9.9. 2004추10).

④ (X) 어떠한 행정처분이 후에 항고소송에서 취소되었다고 할지라도 그 기판력에 의하여 당해 행정처분이 곧바로 공무원의 고의 또는 과실로 인한 것으로서 불법행위를 구성한다고 단정할 수는 없는 것이다(대판 2003.11.27. 2001다33789).

정답 ③

012 [17교육행정]

행정법의 법원(法源)에 관한 설명으로 옳지 않은 것은? (단, 다툼이 있는 경우 판례에 따름)

① 신뢰보호의 원칙은 실정법상의 근거 규정을 두고 있다.
② 대통령의 긴급명령과 긴급재정·경제명령은 행정법의 법원이 된다.
③ '1994년 관세 및 무역에 관한 일반협정'에 위반되는 조례는 무효이다.
④ '남북 사이의 화해와 불가침 및 교류협력에 관한 합의서'는 국가 간의 조약이다.

해설

① (O) 신뢰보호의 원칙에 대해 현행법상 국세기본법 제18조 제3항과 행정절차법 제4조 제2항 및 행정심판법 제27조 제5항의 명문의 규정이 있다.

② (O) 헌법 제76조에 근거한 대통령의 긴급재정·경제명령과 대통령의 긴급명령은 법률의 효력을 가지며, 행정법의 법원이 된다.

③ (O) 대판 2005.9.9. 2004추10.

④ (X) 남북 사이의 화해와 불가침 및 교류협력에 관한 합의서는 남북관계가 '나라와 나라 사이의 관계가 아닌 통일을 지향하는 과정에서 잠정적으로 형성되는 특수관계'임을 전제로, 법적 구속력이 있는 것은 아니어서 이를 국가 간의 조약 또는 이에 준하는 것으로 볼 수 없고, 따라서 국내법과 동일한 효력이 인정되는 것도 아니다(대판 1999. 7. 23. 98두14525).

정답 ④

013 [17국가9급(下)]

행정법의 법원(法源)에 대한 설명으로 옳은 것은? (다툼이 있는 경우 판례에 의함)

① 회원국 정부의 반덤핑부과처분이 WTO협정 위반이라는 이유만으로 사인이 직접 국내 법원에 회원국 정부를 상대로 그 처분의 취소를 구하는 소를 제기할 수 있다.

② 재량준칙이 공표된 것만으로도 자기구속의 원칙이 적용될 수 있으며, 재량준칙이 되풀이 시행되어 행정관행이 성립될 필요는 없다.

③ 사회의 거듭된 관행으로 생성된 사회생활규범이 관습법으로 승인되었다고 하더라도 사회 구성원들이 그러한 관행의 법적 구속력에 대하여 확신을 갖지 않게 되었다면 그러한 관습법은 법적 규범으로서의 효력이 부정될 수밖에 없다.

④ 신뢰보호의 원칙이 적용되기 위한 요건의 하나인 행정청의 공적 견해표명이 있었는지의 여부를 판단함에 있어서는 반드시 행정조직상의 형식적인 권한분장에 따라야 한다.

해설

① (X) 세계무역기구(WTO) 협정은 국가와 국가 사이의 권리·의무관계를 설정하는 국제협정으로, 그 내용 및 성질에 비추어 이와 관련한 법적 분쟁은 위 WTO 분쟁해결기구에서 해결하는 것이 원칙이고, 사인에 대하여는 위 협정의 직접 효력이 미치지 아니한다고 보아야 할 것이므로, 사인이 직접 국내 법원에 회원국 정부를 상대로 그 처분의 취소를 구하는 소를 제기하거나 위 협정위반을 처분의 독립된 취소사유로 주장할 수는 없다(대판 2009.1.30. 2008두17936).

② (X) 지침이 되풀이 시행되어 행정관행이 이루어졌다거나 그 공표만으로 신청인이 보호가치 있는 신뢰를 갖게 되었다고 볼 수 없고, 처분이 행정의 자기구속의 원칙 및 행정규칙에 관련된 신뢰보호의 원칙에 위배되거나 재량권을 일탈·남용한 위법이 없다(대판 2009.12.24. 2009두7967).

③ (O) 사회의 거듭된 관행으로 생성된 사회생활규범이 관습법으로 승인되었다고 하더라도 그러한 관습법을 적용하여야 할 시점에 있어서의 전체 법질서에 부합하지 않게 되었다면 그러한 관습법은 법적 규범으로서의 효력이 부정될 수밖에 없다(대판 2005.7.21. 2002다1178).

④ (X) 행정청의 공적 견해표명이 있었는지의 여부를 판단함에 있어서는, 반드시 행정조직상의 형식적인 권한분장에 구애될 것은 아니고, 담당자의 조직상의 지위와 임무, 당해 언동을 하게 된 구체적인 경위 및 그에 대한 상대방의 신뢰가능성에 비추어 실질에 의하여 판단하여야 한다(대판 2008.1.17. 2006두10931).

정답 ③

판례는 국세행정상 비과세의 관행을 일종의 행정선례법으로 인정하지 아니한다. [14지방9급]

| 해설

(X) 구 국세기본법 제18조 제3항이 규정하고 있는 조세법률관계에서 과세관청의 행위에 대하여 비과세의 관행이 성립되었다고 하려면 장기간에 걸쳐 어떤 사항에 대하여 과세하지 아니하였다는 객관적 사실이 존재할 뿐만 아니라, 과세관청 자신이 그 사항에 대하여 과세할 수 있음을 알면서도 어떤 특별한 사정에 의하여 과세하지 않는다는 의사가 있고, 이와 같은 의사가 대외적으로 명시적 또는 묵시적으로 표시될 것임을 요한다(대판 2010.9.9. 2009두23419).

대법원의 판례는 사안이 서로 다른 사건을 재판하는 하급심 법원을 직접 기속하는 효력이 있다. [15경행특채]

| 해설

(X) 우리나라는 대륙법계의 성문법주의를 취하고 있기 때문에 선례구속의 원칙이 적용되지 않고, 법원조직법 제8조에서 '상급법원의 재판에 있어서의 판단은 당해 사건에 관하여 하급심을 기속한다.'라고 당해 사건에만 하급심을 기속한다고 하여 규정하여 원칙적으로 판례의 법원성을 부정하고 있다(통설 · 판례). 따라서 서로 다른 사건을 재판하는 하급심 법원을 직접 기속하는 효력이 없다.

014 [20국가9급]

행정법의 법원(法源)의 효력에 대한 설명으로 옳지 않은 것은? (다툼이 있는 경우 판례에 의함)

① 학교급식을 위해 국내 우수농산물을 사용하는 자에게 식재료나 구입비의 일부를 지원하는 것 등을 내용으로 하는 지방자치단체의 조례안이 '1994년 관세 및 무역에 관한 일반협정'을 위반하여 위법한 이상, 그 조례안은 효력이 없다.

② 국민의 권리 제한 또는 의무 부과와 직접 관련되는 법률, 대통령령, 총리령 및 부령은 긴급히 시행하여야 할 특별한 사유가 있는 경우를 제외하고는 공포일부터 적어도 30일이 경과한 날부터 시행되도록 하여야 한다.

③ 진정소급입법이라 하더라도 예외적으로 국민이 소급입법을 예상할 수 있었거나 신뢰보호의 요청에 우선하는 심히 중대한 공익상의 사유가 소급입법을 정당화하는 경우 등에는 허용될 수 있다.

④ 개발제한구역의 지정 및 관리에 관한 특별조치법령의 개정으로 허가나 신고 없이 개발제한구역 내 공작물 설치행위를 할 수 있게 되었다면, 그 법령의 시행 전에 이미 범하여진 위법한 설치행위에 대한 가벌성은 소멸한다.

해설

① (O) '1994년 관세 및 무역에 관한 일반협정'은 국회의 동의를 얻어 대통령의 비준을 거쳐 공포되고 시행된 조약인 '세계무역기구(WTO) 설립을 위한 마라케쉬협정'의 부속 협정이고, '정부조달에 관한 협정'은 국회의 동의를 얻어 공포 시행된 조약으로서 각 헌법 제6조 제1항에 의하여 국내법령과 동일한 효력을 가지므로 지방자치단체가 제정한 조례가 GATT나 AGP에 위반되는 경우에는 그 효력이 없다(대판 2005.9.9. 2004추10).

② (O)

> **법령 등 공포에 관한 법률 제13조의2(법령의 시행유예기간)** 국민의 권리 제한 또는 의무 부과와 직접 관련되는 법률, 대통령령, 총리령 및 부령은 긴급히 시행하여야 할 특별한 사유가 있는 경우를 제외하고는 공포일부터 적어도 30일이 경과한 날부터 시행되도록 하여야 한다.

③ (O) 진정소급입법은 허용되지 아니하는 것이 원칙이고, 다만 일반적으로 국민이 소급입법을 예상할 수 있었거나 법적 상태가 불확실하고 혼란스러워 보호할 만한 신뢰이익이 적은 경우와 소급입법에 의한 당사자의 손실이 없거나 아주 경미한 경우 그리고 신뢰보호의 요청에 우선하는 심히 중대한 공익상의 사유가 소급입법을 정당화하는 경우 등에는 예외적으로 진정소급입법이 허용된다(헌재 1999.7.22. 97헌바76 등).

④ (O) 종래 대법원은 법령의 변경에 관한 입법자의 동기를 고려하여 형법 제1조 제2항과 형사소송법 제326조 제4호의 적용 범위를 제한적으로 해석하는 입장을 견지해 왔다. 즉 형벌법규 제정의 이유가 된 법률이념의 변경에 따라 종래의 처벌 자체가 부당하였다거나 또는 과형이 과중하였다는 반성적 고려에서 법령을 변경하였을 경우에만 형법 제1조 제2항과 형사소송법 제326조 제4호가 적용된다고 해석하여, 이러한 경우가 아니라 그때그때의 특수한 필요에 대처하기 위하여 법령을 변경한 것에 불과한 때에는 이를 적용하지 아니하고 행위 당시의 형벌법규에 따라 위반행위를 처벌하여야 한다는 판례 법리를 확립하여 오랜 기간 유지하여 왔다. 범죄의 성립과 처벌에 관하여 규정한 형벌법규 자체 또는 그로부터 수권 내지 위임을 받은 법령의 변경에 따라 범죄를 구성하지 아니하게 되거나 형이 가벼워진 경우에는, 종전 법령이 범죄로 정하여 처벌한 것이 부당하였다거나 과형이 과중하였다는 반성적 고려에 따라 변경된 것인지 여부를 따지지 않고 원칙적으로 형법 제1조 제2항과 형사소송법 제326조 제4호가 적용된다. 형법 제1조 제2항과 형사소송법 제326조 제4호는 형벌법규 제정의 이유가 된 법률이념의 변경에 따라 종래의 처벌 자체가 부당하였다거나 또는 과형이 과중하였다는 반성적 고려에서 법령을 변경하였을 경우에만 적용된다고 한 대법원판결들은 이 판결의 견해에 배치되는 범위 내에서 모두 변경하기로 한다(대판 2022. 12. 22. 2020도16420 전원합의체).

정답 없음

Ⅳ 행정법의 효력

015 [21지방9급]

행정법의 법원(法源)의 효력에 대한 설명으로 옳지 않은 것은?

① 헌법개정 · 법률 · 조약 · 대통령령 · 총리령 및 부령의 공포는 관보에 게재함으로써 한다.

② 「국회법」에 따라 하는 국회의장의 법률 공포는 서울특별시에서 발행되는 둘 이상의 일간신문에 게재함으로써 한다.

③ 법령의 공포일은 해당 법령을 게재한 관보 또는 신문이 발행된 날로 한다.

④ 관보의 내용 해석 및 적용 시기 등에 대하여 종이관보가 전자관보보다 우선적 효력을 가진다.

해설

① (O) ② (O) ④ (X)

> **법령 등 공포에 관한 법률 제11조(공포 및 공고의 절차)** ① 헌법개정·법률·조약·대통령령·총리령 및 부령의 공포와 헌법개정안·예산 및 예산 외 국고부담계약의 공고는 관보(官報)에 게재함으로써 한다.
>
> ② 「국회법」 제98조 제3항 전단에 따라 하는 국회의장의 법률 공포는 서울특별시에서 발행되는 둘 이상의 일간신문에 게재함으로써 한다.
>
> ④ 관보의 내용 해석 및 적용 시기 등에 대하여 종이관보와 전자관보는 동일한 효력을 가진다.

③ (O)

> **법령 등 공포에 관한 법률 제12조(공포일·공고일)** 제11조의 법령 등의 공포일 또는 공고일은 해당 법령 등을 게재한 관보 또는 신문이 발행된 날로 한다.

정답 ④

016 [15지방9급]

행정법령의 공포에 대한 설명으로 옳지 않은 것은?

① 국민의 권리 제한 또는 의무 부과와 직접 관련되는 법령은 긴급히 시행하여야 할 특별한 사유가 있는 경우를 제외하고는 공포일부터 적어도 30일이 경과한 날부터 시행되도록 하여야 한다.
② 대통령의 법률안 거부권의 행사로 인하여 재의결된 법률을 국회의장이 공포하는 경우에는 서울특별시에서 발행되는 둘 이상의 일간신문에 게재함으로써 한다.
③ 지방자치단체의 장에 의한 조례와 규칙의 공포는 해당 지방자치단체의 공보에 게재하는 방법으로 한다.
④ 지방자치단체의 조례와 규칙을 지방의회의 의장이 공포하는 경우에는 일간신문에 게재함과 동시에 해당 지방자치단체의 인터넷 홈페이지에 게시하여야 한다.

해설

① (O)

> **법령 등 공포에 관한 법률 제13조(시행일)** 대통령령, 총리령 및 부령은 특별한 규정이 없으면 공포한 날부터 20일이 경과함으로써 효력을 발생한다.
>
> **제13조의2(법령의 시행유예기간)** 국민의 권리 제한 또는 의무 부과와 직접 관련되는 법률, 대통령령, 총리령 및 부령은 긴급히 시행하여야 할 특별한 사유가 있는 경우를 제외하고는 공포일부터 적어도 30일이 경과한 날부터 시행되도록 하여야 한다.

② (O)

> **법령 등 공포에 관한 법률 제11조(공포 및 공고의 절차)** ① 헌법개정·법률·조약·대통령령·총리령 및 부령의 공포와 헌법개정안·예산 및 예산 외 국고부담계약의 공고는 관보(官報)에 게재함으로써 한다.
>
> ② 「국회법」 제98조 제3항 전단에 따라 하는 국회의장의 법률 공포는 서울특별시에서 발행되는 둘 이상의 일간신문에 게재함으로써 한다.

③ (O) ④ (X) 지자체 조례와 규칙의 경우 의장이 공포하는 경우에도 공보에 게시하도록 규정하고 있다.

> **지방자치법 시행령 제30조(조례와 규칙의 공포 방법 등)** ① 법 제26조에 따른 조례와 규칙의 공포는 해당 지방자치단체의 공보에 게재하는 방법으로 한다. 다만, 법 제26조 제6항에 따라 지방의회의 의장이 공포하는 경우에는 공보나 일간신문에 게재하거나 게시판에 게시한다.

정답 ④

017 [21국가9급]

행정법의 법원(法源)에 대한 설명으로 옳지 않은 것은? (다툼이 있는 경우 판례에 의함)

① 지방자치단체가 제정한 조례가 헌법에 의하여 체결·공포된 조약에 위반되는 경우 그 조례는 효력이 없다.
② 행정소송에 관하여 「행정소송법」에 특별한 규정이 없는 사항에 대하여는 「법원조직법」과 「민사소송법」 및 「민사집행법」의 규정을 준용한다.
③ 평등원칙은 일체의 차별적 대우를 부정하는 절대적 평등을 의미하는 것이 아니라 입법과 법의 적용에 있어서 합리적인 근거가 없는 차별을 배제하는 상대적 평등을 뜻한다.
④ 개정 법령이 기존의 사실 또는 법률관계를 적용대상으로 하면서 국민의 재산권과 관련하여 종전보다 불리한 법률효과를 개정법률이 시행되기 이전에 이미 완성 또는 종결된 것이 아니라면 소급입법금지원칙에 위반된다.

해설

① (O) '1994년 관세 및 무역에 관한 일반협정'은 국회의 동의를 얻어 대통령의 비준을 거쳐 공포되고 시행된 조약인 '세계무역기구(WTO) 설립을 위한 마라케쉬협정'의 부속 협정이고, '정부조달에 관한 협정'은 국회의 동의를 얻어 공포 시행된 조약으로서 각 헌법 제6조 제1항에 의하여 국내법령과 동일한 효력을 가지므로 지방자치단체가 제정한 조례가 GATT나 AGP에 위반되는 경우에는 그 효력이 없다(대판 2005.9.9. 2004추10).

② (O)

행정소송법 제8조(법적용예) ② 행정소송에 관하여 이 법에 특별한 규정이 없는 사항에 대하여는 법원조직법과 민사소송법 및 민사집행법의 규정을 준용한다.

③ (O) 헌법 제11조 제1항이 보장하는 평등의 원칙은 일체의 차별적 대우를 부정하는 절대적 평등을 의미하는 것이 아니며 법의 적용이나 입법에 있어서 불합리한 조건에 의한 차별을 하여서는 안 된다는 상대적 · 실질적 평등을 뜻한다(헌재 2008. 12. 26. 2005헌마971 등 [기각]).

④ (X) 개정 법령이 기존의 사실 또는 법률관계를 적용대상으로 하면서 국민의 재산권과 관련하여 종전보다 불리한 법률효과를 규정하고 있는 경우에도 그러한 사실 또는 법률관계가 개정 법령이 시행되기 이전에 이미 완성 또는 종결된 것이 아니라면 이를 헌법상 금지되는 소급입법에 의한 재산권 침해라고 할 수는 없다(대판 2009. 4. 23. 2008두17745).

정답 ④

018 [12사회복지]

행정법의 시간적 효력에 대한 설명으로 옳은 것은? (다툼이 있는 경우 판례에 의함)

① 법령이 변경된 경우 신 법령이 피적용자에게 유리하여 이를 적용하도록 하는 경과규정을 두는 등의 특별한 규정이 없는 한 그 변경 전에 발생한 사항에 대하여는 변경 후의 신 법령이 아니라 변경 전의 구 법령이 적용되어야 한다.

② 법령을 소급적용하더라도 일반 국민의 이해에 직접 관계가 없는 경우, 오히려 그 이익을 증진시키는 경우, 불이익이나 고통을 제거하는 경우에도 법령의 소급적용은 허용되지 않는다.

③ 법령의 소급적용금지의 원칙은 부진정소급적용에도 적용된다.

④ 한시법은 명문으로 정해진 유효기간이 경과하더라도 당연히 그 효력이 소멸되는 것은 아니다.

해설

① (O) 법령이 변경된 경우 신 법령이 적용대상자에게 유리하여 이를 적용하도록 하는 경과규정을 두는 등의 특별한 규정이 없는 한 헌법 제13조 등의 규정에 비추어 볼 때 그 변경 전에 발생한 사항에 대하여는 변경 후의 신 법령이 아니라 변경 전의 구 법령이 적용되어야 한다(대판 2002.12.10. 2001두3228).

② (X) 법령을 소급적용하더라도 일반 국민의 이해에 직접 관계가 없는 경우, 오히려 그 이익을 증진하는 경우, 불이익이나 고통을 제거하는 경우 등의 특별한 사정이 있는 경우에 한하여 예외적으로 법령의 소급적용이 허용된다(대판 2005.5.13. 2004다8630).

③ (X) 부진정소급입법은 원칙적으로 허용되지만 소급효를 요구하는 공익상의 사유와 신뢰보호의 요청 사이의 교량과정에서 신뢰보호의 관점이 입법자의 형성권에 제한을 가하게 되는데 반하여, 진정소급입법은 특단의 사정이 없는 한 헌법적으로 허용되지 아니하는 것이 원칙이고, 다만 일반적으로 국민이 소급입법을 예상할 수 있었거나 법적 상태가 불확실하고 혼란스러워 보호할 만한 신뢰이익이 적은 경우와 소급입법에 의한 당사자의 손실이 없거나 아주 경미한 경우 그리고 신뢰보호의 요청에 우선하는 심히 중대한 공익상의 사유가 소급입법을 정당화하는 경우 등에는 예외적으로 진정소급입법이 허용된다(헌재 1999.7.22. 97헌바76).

④ (X) 유효기간이 규정되어 있는 한시법의 경우에는 유효기간의 종기가 도래하면 효력을 상실하게 된다.

정답 ①

일반적으로 국민이 소급입법을 예상할 수 있었거나 법적 상태가 불확실하고 혼란스러워 보호할 만한 신뢰이익이 적은 경우에도 진정소급입법이 허용되지 않는다. [15사회복지]

| 해설

(X) 헌재 1999.7.22. 97헌바76 등.

019 [16교육행정]

행정법의 효력에 관한 설명으로 옳지 않은 것은? (다툼이 있으면 판례에 따름)

① 특정 지역만을 규율대상으로 하는 법률은 무효이다.

② 행정법령의 대인적 효력은 속지주의를 원칙으로 한다.

③ 대통령령은 특별한 규정이 없으면 공포한 날부터 20일이 경과함으로써 효력을 발생한다.

④ 개인의 신뢰보호의 요청에 우선하는 심히 중대한 공익상의 사유가 소급입법을 정당화하는 경우에는 예외적으로 진정소급입법이 허용된다.

해설

① (X) 국가의 법령이 영토의 일부지역에만 적용되는 경우도 있다(수도권정비계획법, 제주도국제자유도시특별법 등).

② (O) 행정법규는 원칙적으로 속지주의에 의하여 영토 또는 구역 내에 있는 모든 사람에게 내외국인을 가리지 않고 일률적으로 적용된다.

③ (O) 법령 등 공포에 관한 법률 제13조의2.

④ (O) 진정소급입법은 특단의 사정이 없는 한 헌법적으로 허용되지 아니하는 것이 원칙이고, 다만 일반적으로 국민이 소급입법을 예상할 수 있었거나 법적 상태가 불확실하고 혼란스러워 보호할 만한 신뢰이익이 적은 경우와 소급입법에 의한 당사자의 손실이 없거나 아주 경미한 경우 그리고 신뢰보호의 요청에 우선하는 심히 중대한 공익상의 사유가 소급입법을 정당화하는 경우 등에는 예외적으로 진정소급입법이 허용된다(헌재 1999.7.22. 97헌바76 등).

정답 ①

제2장 행정법의 일반원칙과 법률관계

제1절 | 행정법의 일반원칙

I 비례의 원칙(과잉금지의 원칙)

020 [17서울9급]

행정법의 일반원칙에 관한 설명으로 가장 옳은 것은? (다툼이 있는 경우 판례에 의함)

① 「행정규제기본법」과 「행정절차법」은 각각 규제의 원칙과 행정지도의 원칙으로 비례원칙을 정하고 있다.
② 위법한 행정규칙에 의하여 위법한 행정관행이 형성되었다 하더라도 행정청은 정당한 사유 없이 이 관행과 달리 조치를 할 수 없는 자기구속을 받는다.
③ 신뢰보호의 원칙과 관련하여, 행정청의 선행조치가 신청자인 사인의 사위나 사실은폐에 의해 이뤄진 경우라도 행정청의 선행조치에 대한 사인의 신뢰는 보호되어야 한다.
④ 지방의회의 감사 또는 조사를 위하여 출석요구를 받은 증인이 출석하지 않을 경우 증인의 사회적 지위에 따라 과태료의 액수에 차등을 두는 것을 내용으로 하는 조례안은 헌법에 규정된 평등의 원칙에 위배된다고 볼 수 없다.

해설

① (O)

> **행정규제기본법 제5조(규제의 원칙)** ③ 규제의 대상과 수단은 규제의 목적 실현에 필요한 최소한의 범위에서 가장 효과적인 방법으로 객관성·투명성 및 공정성이 확보되도록 설정되어야 한다.
>
> **행정절차법 제48조(행정지도의 원칙)** ① 행정지도는 그 목적 달성에 필요한 최소한도에 그쳐야 하며, 행정지도의 상대방의 의사에 반하여 부당하게 강요하여서는 아니 된다.

② (X) 자기구속의 원칙은 행정관행에 따른 처분 등의 행정행위가 적법한 경우에만 적용된다.

③ (X) 신뢰보호의 원칙이 적용되기 위하여는 행정청의 견해표명이 정당하다고 신뢰한 데에 대하여 그 개인에게 귀책사유가 없어야 하며 귀책사유라 함은 행정청의 견해표명의 하자가 상대방 등 관계자의 사실은폐나 기타 사위의 방법에 의한 신청행위 등 부정행위에 기인한 것이거나 그러한 부정행위가 없더라도 하자가 있음을 알았거나 중대한 과실로 알지 못한 경우 등을 의미한다(대판 2008.1.17. 2006두10931).

④ (X) 조례안이 지방의회의 감사 또는 조사를 위하여 출석요구를 받은 증인이 5급 이상 공무원인지 여부, 기관(법인)의 대표나 임원인지 여부 등 증인의 사회적 신분에 따라 미리부터 과태료의 액수에 차등을 두고 있는 경우, 헌법에 규정된 평등의 원칙에 위배되어 무효이다(대판 1997.02.25. 96추213).

정답 ①

행정지도를 함에 있어서 명문의 규정은 없지만 비례원칙이 적용된다. [12국가7급]

| 해설

(X) 행정절차법 제48조.

II 신뢰보호의 원칙

법적 효과를 수반하는 행정행위만이 신뢰보호원칙의 적용대상이 되며, 행정지도와 같은 사실행위는 이에 포함되지 않는다. [08국가7급]

| 해설

(X) 사인의 신뢰가 형성될 수 있는 대상인 행정청의 선행조치가 있어야 한다. 선행조치에는 법령·행정계획·행정행위(확약 포함)·행정지도 등이 포함된다.

021 [19서울9급]

행정법의 법원(法源)에 대한 설명으로 가장 옳은 것은?

① 인간다운 생활을 할 권리와 같은 헌법상의 추상적인 기본권에 관한 규정은 행정법의 법원이 되지 못한다.
② 국제법규도 행정법의 법원이므로, 사인이 제기한 취소소송에서 WTO협정과 같은 국제협정 위반을 독립된 취소사유로 주장할 수 있다.
③ 위법한 행정관행에 대해서도 신뢰보호의 원칙이 적용될 수 있다.
④ 행정의 자기구속의 원칙은 처분청이 아닌 제3자 행정청에 대해서도 적용된다.

해설

① (X) 추상적 기본권 규정에서 개인적 공권을 직접 도출할 수 없는 것과 별개로 헌법의 모든 규정은 행정법의 법원이 된다.
② (X) 대판 2009.1.30. 2008두17936.
③ (O) 위법한 행정행위도 선행조치가 될 수 있다.
④ (X) 자기구속의 법리는 개념상 동일한 행정청(처분청)에 대해서 적용되고 상이한 행정청에 대해서는 적용되지 않는다.

정답 ③

022 [13국가9급]

신뢰보호의 원칙에 대한 대법원 판례의 내용으로 옳지 않은 것은?

① 「개발이익환수에 관한 법률」에 정한 개발사업을 시행하기 전에, 행정청이 민원예비심사로서 관련부서 의견으로 '저촉사항 없음'이라고 기재한 것은 공적인 견해표명에 해당한다.

② 도시계획구역 내 생산녹지로 답(畓)인 토지에 대하여 종교회관 건립을 이용목적으로 하는 토지거래계약의 허가를 받으면서 담당공무원이 관련법규상 허용된다고 하여 이를 신뢰하고 건축준비를 하였으나 그 후 토지형질변경허가신청을 불허가한 것은 신뢰보호의 원칙에 위반된다.

③ 병무청 담당부서의 담당공무원에게 공적 견해의 표명을 구하는 정식의 서면질의 등을 하지 아니한 채 총무과 민원팀장에 불과한 공무원이 민원봉사차원에서 상담에 응하여 안내한 것을 신뢰한 경우, 신뢰보호의 원칙이 적용되지 않는다.

④ 교통사고가 일어난 지 1년 10개월이 지난 뒤 그 교통사고를 일으킨 택시에 대하여 운송사업면허를 취소한 경우, 택시운송사업자로서는 「자동차운수사업법」의 내용을 잘 알고 있어 교통사고를 낸 택시에 대하여 운송사업면허가 취소될 가능성을 예상할 수 있었으므로 별다른 행정조치가 없을 것으로 자신이 믿고 있었다 하여도 신뢰의 이익을 주장할 수는 없다.

해설

① (X) 개발이익환수에 관한 법률에 정한 개발사업을 시행하기 전에, 행정청이 토지 지상에 예식장 등을 건축하는 것이 관계법령상 가능한지 여부를 질의하는 민원예비심사에 대하여 관련부서 의견으로 개발이익환수에 관한 법률에 '저촉사항 없음'이라고 기재하였다고 하더라도, 이후의 개발부담금부과처분에 관하여 신뢰보호의 원칙을 적용하기 위한 요건인, 개인에 대하여 신뢰의 대상이 되는 공적인 견해표명을 한 것이라고는 보기 어렵다(대판 2006.6.9. 2004두46).

② (O) 도시계획구역 내 생산녹지로 답인 토지에 대하여 종교회관 건립을 이용목적으로 하는 토지거래계약의 허가를 받으면서 담당공무원이 관련 법규상 허용된다 하여 이를 신뢰하고 건축준비를 하였으나 그 후 토지형질변경허가신청을 불허가 한 것이 신뢰보호원칙에 반한다고 한 사례(대판 1997.9.12. 96누18380).

③ (O) 병무청 담당부서의 담당공무원에게 공적 견해의 표명을 구하는 정식의 서면질의 등을 하지 아니한 채 총무과 민원팀장에 불과한 공무원이 민원봉사차원에서 상담에 응하여 안내한 것을 신뢰한 경우, 신뢰보호 원칙이 적용되지 아니한다(대판 2003.12.26. 2003두1875).

④ (O) 교통사고가 일어난지 1년 10개월이 지난 뒤 그 교통사고를 일으킨 택시에 대하여 운송사업면허를 취소하였더라도 택시운송사업자로서는 자동차운수사업법의 내용을 잘 알고 있어 교통사고를 낸 택시에 대하여 운송사업면허가 취소될 가능성을 예상할 수도 있었을 터이니, 신뢰의 이익을 주장할 수는 없으므로 재량권의 범위를 일탈한 것이라고 보기는 어렵다(대판 1989.6.27. 88누6283).

정답 ①

023 [21국가7급]

신뢰보호의 원칙에 대한 설명으로 옳지 않은 것은? (다툼이 있는 경우 판례에 의함)

① 「개발이익환수에 관한 법률」에 정한 개발사업을 시행하기 전에, 행정청이 민원예비심사에 대하여 관련부서 의견으로 '저촉사항 없음'이라고 기재한 것은 공적인 견해표명에 해당한다.

② 행정청이 공적 견해를 표명하였는지를 판단할 때는 반드시 행정조직상의 형식적인 권한분장에 구애될 것은 아니다.

③ 행정청은 공익 또는 제3자의 이익을 현저히 해칠 우려가 있는 경우를 제외하고는 행정에 대한 국민의 정당하고 합리적인 신뢰를 보호하여야 한다.

④ 신뢰보호의 원칙이 적용되기 위한 요건 중 귀책사유의 유무는 상대방과 그로부터 신청행위를 위임받은 수임인 등 관계자 모두를 기준으로 판단하여야 한다.

해설

① (X) 개발이익환수에 관한 법률에 정한 개발사업을 시행하기 전에, 행정청이 토지 지상에 예식장 등을 건축하는 것이 관계 법령상 가능한지 여부를 질의하는 민원예비심사에 대하여 관련부서 의견으로 개발이익환수에 관한 법률에 '저촉사항 없음'이라고 기재하였다고 하더라도, 이후의 개발부담금부과처분에 관하여 신뢰보호의 원칙을 적용하기 위한 요건인, 개인에 대하여 신뢰의 대상이 되는 공적인 견해표명을 한 것이라고는 보기 어렵다(대판 2006.6.9. 2004두46).

② (O) 행정청의 공적 견해표명이 있었는지의 여부를 판단함에 있어서는, 반드시 행정조직상의 형식적인 권한분장에 구애될 것은 아니고, 담당자의 조직상의 지위와 임무, 당해 언동을 하게 된 구체적인 경위 및 그에 대한 상대방의 신뢰가능성에 비추어 실질에 의하여 판단하여야 한다(대판 2008.1.17. 2006두10931).

③ (O) 행정상의 법률관계에 있어서 행정청의 행위에 대하여 신뢰보호의 원칙이 적용되기 위하여는, 견해표명에 따른 행정처분을 할 경우 이로 인하여 공익 또는 제3자의 정당한 이익을 현저히 해할 우려가 있는 경우가 아니어야 할 것이다(대판 2002.11.8. 2001두1512).

④ (O) 귀책사유라 함은 행정청의 견해표명의 하자가 상대방 등 관계자의 사실은폐나 기타 사위의 방법에 의한 신청행위 등 부정행위에 기인한 것이거나 그러한 부정행위가 없다고 하더라도 하자가 있음을 알았거나 중대한 과실로 알지 못한 경우 등을 의미한다고 해석함이 상당하고, 귀책사유의 유무는 상대방과 그로부터 신청행위를 위임받은 수임인 등 관계자 모두를 기준으로 판단하여야 한다(대판 2002.11.8. 2001두1512).

정답 ①

024 [22국가9급]

신뢰보호의 원칙에 대한 설명으로 옳지 않은 것은? (다툼이 있는 경우 판례에 의함)

① 건축주와 그로부터 건축설계를 위임받은 건축사가 관계 법령에서 정하고 있는 건축한계선의 제한이 있다는 사실을 간과한 채 건축설계를 하고 이를 토대로 건축물의 신축 및 증축허가를 받은 경우, 그 신축 및 증축허가가 정당하다고 신뢰한 데에는 귀책사유가 있다.

② 행정청이 상대방에게 장차 어떤 처분을 하겠다고 공적 견해표명을 하였더라도 그 후에 그 전제로 된 사실적·법률적 상태가 변경되었다면, 그와 같은 공적 견해표명은 효력을 잃게 된다.

③ 수강신청 후에 징계요건을 완화하는 학칙개정이 이루어지고 이어 시험이 실시되어 그 개정학칙에 따라 대학이 성적 불량을 이유로 학생에 대하여 징계처분을 한 경우라면 이는 이른바 부진정소급효에 관한 것으로서 특별한 사정이 없는 한 위법이라고 할 수 없다.

④ 병무청 담당부서의 담당공무원에게 공적 견해의 표명을 구하지 아니한 채 민원봉사 담당공무원이 상담에 응하여 안내한 것을 신뢰한 경우에도 신뢰보호의 원칙이 적용된다.

해설

① (O) 건축주와 그로부터 건축설계를 위임받은 건축사가 상세계획지침에 의한 건축한계선의 제한이 있다는 사실을 간과한 채 건축설계를 하고 이를 토대로 건축물의 신축 및 증축허가를 받은 경우, 그 신축 및 증축허가가 정당하다고 신뢰한 데에 귀책사유가 있다(대판 2002.11.8. 2001두1512).

② (O) 행정청이 상대방에게 장차 어떤 처분을 하겠다고 확약 또는 공적인 의사표명을 하였다고 하더라도, 유효기간 내에 상대방의 신청이 없었다거나 확약 또는 공적인 의사표명이 있은 후에 사실적·법률적 상태가 변경되었다면, 그와 같은 확약 또는 공적인 의사표명은 행정청의 별다른 의사표시를 기다리지 않고 실효된다(대판 1996.8.20. 95누10877).

③ (O) 대학이 성적불량을 이유로 학생에 대하여 징계처분을 하는 경우에 있어서 수강신청이 있은 후 징계요건을 완화하는 학칙개정이 이루어지고 이어 당해 시험이 실시되어 그 개정학칙에 따라 징계처분을 한 경우라면 이는 이른바 부진정소급효에 관한 것으로서 구 학칙의 존속에 관한 학생의 신뢰보호가 대학당국의 학칙개정의 목적달성보다 더 중요하다고 인정되는 특별한 사정이 없는 한 위법이라고 할 수 없다(대판 1989. 7. 11. 87누1123).

④ (X) 병무청 담당부서의 담당공무원에게 공적 견해의 표명을 구하는 정식의 서면질의 등을 하지 아니한 채 총무과 민원팀장에 불과한 공무원이 민원봉사차원에서 상담에 응하여 안내한 것을 신뢰한 경우, 신뢰보호 원칙이 적용되지 아니한다(대판 2003.12.26. 2003두1875).

정답 ④

025 [19지방9급]

행정법의 일반원칙에 대한 판례의 입장으로 옳지 않은 것은?

① 행정청이 폐기물처리업 사업계획에 대하여 적정통보를 한 것만으로 그 사업부지 토지에 대한 국토이용계획 변경신청을 승인하여 주겠다는 취지의 공적인 견해표명을 한 것으로 볼 수 없다.

② 헌법재판소의 위헌결정은 행정청이 개인에 대하여 신뢰의 대상이 되는 공적인 견해를 표명한 것이라고 할 수 있으므로 그 결정에 관련한 개인의 행위에 대하여는 신뢰보호의 원칙이 적용된다.

③ 지방자치단체장이 사업자에게 주택사업계획승인을 하면서 그 주택사업과는 아무런 관련이 없는 토지를 기부채납하도록 하는 부관을 붙인 경우, 그 부관은 부당결부금지의 원칙에 위반되어 위법하다.

④ 법령 개폐에 있어서 신뢰보호원칙의 위반 여부는 한편으로는 침해받은 신뢰이익의 보호가치, 침해의 중한 정도, 신뢰침해의 방법 등과 다른 한편으로는 새 입법을 통해 실현코자 하는 공익목적을 종합적으로 비교형량하여 판단하여야 한다.

해설

① (O) 폐기물처리업 사업계획에 대하여 적정통보를 한 것만으로 그 사업부지 토지에 대한 국토이용계획변경신청을 승인하여 주겠다는 취지의 공적인 견해표명을 한 것으로 볼 수 없고, 그럼에도 불구하고 원고가 그 승인을 받을 것으로 신뢰하였다면 원고에게 귀책사유가 있다 할 것이므로, 이 사건 처분이 신뢰보호의 원칙에 위배된다고 할 수 없다(대판 2005.4.28. 2004두8828).

② (X) 헌법재판소의 위헌결정은 행정청이 개인에 대하여 신뢰의 대상이 되는 공적인 견해를 표명한 것이라고 할 수 없으므로 그 결정에 관련한 개인의 행위에 대하여는 신뢰보호의 원칙이 적용되지 아니한다(대판 2003.6.27. 2002두6965).

③ (O) 지방자치단체장이 사업자에게 주택사업계획승인을 하면서 그 주택사업과는 아무런 관련이 없는 토지를 기부채납하도록 하는 부관을 주택사업계획승인에 붙인 경우, 그 부관은 부당결부금지의 원칙에 위반되어 위법하다(대판 1997.3.11. 96다49650).

④ (O) 신뢰보호원칙의 위배여부를 판단하기 위하여는 한편으로 침해받은 이익의 보호가치, 침해의 중한 정도, 신뢰가 손상된 정도, 신뢰침해의 방법 등과 다른 한편으로는 새 입법을 통하여 실현하고자 하는 공익적 목적을 종합적으로 형량하여야 한다(헌재 2003. 9. 25. 2001헌마93 등 [기각,각하]).

정답 ②

026 [21서울7급]

행정법의 법원에 대한 설명으로 가장 옳지 않은 것은?

① 폐기물관리법령상 폐기물처리업 사업계획에 대한 적정통보를 한 것만으로도 그 사업부지 토지에 대한 국토이용계획변경신청을 승인하여 주겠다는 공적인 견해 표명을 한 것이므로 사업계획에 대한 적정통보에 반하는 국토이용계획변경신청 승인거부는 신뢰보호원칙에 반한다.

② 국가가 국민의 생명·신체의 안전에 대한 보호의무를 다하지 않았는지 여부를 헌법재판소가 심사할 때에는 국가가 이를 보호하기 위하여 적어도 적절하고 효율적인 최소한의 보호조치를 취하였는가 여부를 기준으로 삼아 판단한다.

③ 지방자치단체장이 사업자에게 주택사업계획승인을 하면서 그 주택사업과는 아무런 관련이 없는 토지를 기부채납하도록 하는 부관을 주택사업계획승인에 붙인 경우, 그 부관은 부당결부금지의 원칙에 위반되어 위법하다.

④ 법률의 개정이 있는 경우, 신법이 현재 진행 중인 사실관계에 적용되는 것은 원칙적으로 허용되지만 소급효를 요구하는 공익상의 사유와 신뢰보호의 요청 사이의 교량과정에서 신뢰보호의 관점이 입법자의 형성권에 제한을 가하게 된다.

해설

① (X) 폐기물처리업 사업계획에 대하여 적정통보를 한 것만으로 그 사업부지 토지에 대한 국토이용계획변경신청을 승인하여 주겠다는 취지의 공적인 견해표명을 한 것으로 볼 수 없고, 그럼에도 불구하고 원고가 그 승인을 받을 것으로 신뢰하였다면 원고에게 귀책사유가 있다 할 것이므로, 이 사건 처분이 신뢰보호의 원칙에 위배된다고 할 수 없다(대판 2005.4.28. 2004두8828).

② (O) 국가가 국민의 생명·신체의 안전에 대한 보호의무를 다하지 않았는지 여부를 헌법재판소가 심사할 때에는 국가가 이를 보호하기 위하여 적어도 적절하고 효율적인 최소한의 보호조치를 취하였는가 하는 이른바 '과소보호 금지원칙'의 위반 여부를 기준으로 삼아, 국민의 생명·신체의 안전을 보호하기 위한 조치가 필요한 상황인데도 국가가 아무런 보호조치를 취하지 않았든지 아니면 취한 조치가 법익을 보호하기에 전적으로 부적합하거나 매우 불충분한 것임이 명백한 경우에 한하여 국가의 보호의무의 위반을 확인하여야 한다(헌재 2008. 12. 26. 2008헌마419 등 [기각,각하]).

③ (O) 지방자치단체장이 사업자에게 주택사업계획승인을 하면서 그 주택사업과는 아무런 관련이 없는 토지를 기부채납하도록 하는 부관을 주택사업계획승인에 붙인 경우, 그 부관은 부당결부금지의 원칙에 위반되어 위법하다(대판 1997.3.11. 96다49650).

④ (O) 부진정소급입법은 원칙적으로 허용되지만 소급효를 요구하는 공익상의 사유와 신뢰보호의 요청 사이의 교량과정에서 신뢰보호의 관점이 입법자의 형성권에 제한을 가하게 되는데 반하여, 진정소급입법은 특단의 사정이 없는 한 헌법적으로 허용되지 아니하는 것이 원칙이고, 다만 일반적으로 국민이 소급입법을 예상할 수 있었거나 법적 상태가 불확실하고 혼란스러워 보호할 만한 신뢰이익이 적은 경우와 소급입법에 의한 당사자의 손실이 없거나 아주 경미한 경우 그리고 신뢰보호의 요청에 우선하는 심히 중대한 공익상의 사유가 소급입법을 정당화하는 경우 등에는 예외적으로 진정소급입법이 허용된다(헌재 1999.7.22. 97헌바76).

정답 ①

027 [20국가9급]

신뢰보호의 원칙에 대한 설명으로 옳지 않은 것은? (다툼이 있는 경우 판례에 의함)

① 관할관청이 폐기물처리업 사업계획에 대하여 적정통보를 한 것만으로도 그 사업부지 토지에 대한 국토이용계획변경신청을 승인하여 주겠다는 취지의 공적인 견해표명을 한 것으로 볼 수 있다.

② 행정청의 확약 또는 공적인 의사표명이 있은 후에 사실적·법률적 상태가 변경되었다면, 그와 같은 확약 또는 공적인 의사표명은 행정청의 별다른 의사표시를 기다리지 않고 실효된다.

③ 행정청의 공적 견해표명이 있었는지 여부를 판단하는 데 있어 반드시 행정조직상의 형식적인 권한분장에 구애될 것은 아니고 담당자의 조직상의 지위와 임무, 당해 언동을 하게 된 구체적인 경위 및 그에 대한 상대방의 신뢰가능성에 비추어 실질에 의하여 판단하여야 한다.

④ 입법 예고를 통해 법령안의 내용을 국민에게 예고한 적이 있다고 하더라도 그것이 법령으로 확정되지 아니한 이상 국가가 이해관계자들에게 그 법령안에 관련된 사항을 약속하였다고 볼 수 없으며, 이러한 사정만으로 어떠한 신뢰를 부여하였다고 볼 수도 없다.

해설

① **(X)** 폐기물관리법령에 의한 폐기물처리업 사업계획에 대한 적정통보와 국토이용관리법령에 의한 국토이용계획변경은 각기 그 제도적 취지와 결정단계에서 고려해야 할 사항들이 다르므로, 피고가 위와 같이 폐기물처리업 사업계획에 대하여 적정통보를 한 것만으로 그 사업부지 토지에 대한 국토이용계획변경신청을 승인하여 주겠다는 취지의 공적인 견해표명을 한 것으로 볼 수 없고, 그럼에도 불구하고 원고가 그 승인을 받을 것으로 신뢰하였다면 원고에게 귀책사유가 있다 할 것이므로, 이 사건 처분이 신뢰보호의 원칙에 위배된다고 할 수 없다(대판 2005.4.28. 2004두8828).

② **(O)** 행정청이 상대방에게 장차 어떤 처분을 하겠다고 확약 또는 공적인 의사표명을 하였다고 하더라도, 유효기간 내에 상대방의 신청이 없었다거나 확약 또는 공적인 의사표명이 있은 후에 사실적·법률적 상태가 변경되었다면, 그와 같은 확약 또는 공적인 의사표명은 행정청의 별다른 의사표시를 기다리지 않고 실효된다(대판 1996.8.20. 95누10877).

③ **(O)** 행정청의 공적 견해표명이 있었는지의 여부를 판단함에 있어서는, 반드시 행정조직상의 형식적인 권한분장에 구애될 것은 아니고, 담당자의 조직상의 지위와 임무, 당해 언동을 하게 된 구체적인 경위 및 그에 대한 상대방의 신뢰가능성에 비추어 실질에 의하여 판단하여야 한다(대판 2008.1.17. 2006두10931).

④ **(O)** 입법 예고를 통해 법령안의 내용을 국민에게 예고한 적이 있다고 하더라도 그것이 법령으로 확정되지 아니한 이상 국가가 이해관계자들에게 위 법령안에 관련된 사항을 약속하였다고 볼 수 없으며, 이러한 사정만으로 어떠한 신뢰를 부여하였다고 볼 수도 없다(대판 2018. 6. 15. 2017다249769).

정답 ①

028 [17지방7급]

신뢰보호의 원칙에 대한 설명으로 옳지 않은 것은? (다툼이 있는 경우 판례에 의함)

① 「국세기본법」에 따른 비과세관행의 성립요건인 공적 견해나 의사의 묵시적 표시가 있다고 하기 위해서는 과세관청이 상당기간의 불과세 상태에 대하여 과세하지 않겠다는 의사표시를 한 것으로 볼 수 있는 사정이 있어야 한다.

② 과세관청이 납세의무자에게 부가가치세 면세사업자용 사업자등록증을 교부하거나 고유번호를 부여하였다고 하더라도 그가 영위하는 사업에 관하여 부가가치세를 과세하지 않겠다는 언동이나 공적 견해를 표명한 것으로 볼 수 없다.

③ 행정관청이 폐기물처리업 사업계획에 대하여 폐기물관리법령에 의한 적정통보를 한 경우에는, 그 사업부지 토지에 대한 국토이용계획변경신청을 승인하여 주겠다는 취지의 공적 견해를 표명한 것으로 볼 수 있다.

④ 행정청이 지구단위계획을 수립하면서 그 권장용도를 판매·위락·숙박시설로 결정하여 고시하였다 하더라도 당해 지구 내에서 공익과 무관하게 언제든지 숙박시설에 대한 건축허가가 가능하다는 취지의 공적 견해를 표명한 것으로 볼 수 없다.

해설

① (O) 대판 2003.9.5. 2001두7855.

② (O) 과세관청이 납세의무자에게 부가가치세 면세사업자용 사업자등록증을 교부하였다고 하더라도 그가 영위하는 사업에 관하여 부가가치세를 과세하지 아니함을 시사하는 언동이나 공적인 견해를 표명한 것으로 볼 수 없다(대판 2008. 6. 12. 2007두23255).

③ (X) 대판 2005.4.28. 2004두8828.

④ (O) 행정청이 지구단위계획을 수립하면서 그 권장용도를 판매·위락·숙박시설로 결정하여 고시한 행위를 당해 지구 내에서는 공익과 무관하게 언제든지 숙박시설에 대한 건축허가가 가능하리라는 공적 견해를 표명한 것이라고 평가할 수는 없다(대판 2005.11.25. 2004두6822).

정답 ③

029 [21지방9급]

신뢰보호의 원칙에 대한 설명으로 옳은 것(○)과 옳지 않은 것(×)을 바르게 연결한 것은? (다툼이 있는 경우 판례에 의함)

(가) 행정청이 공적인 의사표명을 하였다면 이후 사실적·법률적 상태의 변경이 있더라도 행정청이 이를 취소하지 않는 한 여전히 공적인 의사표명은 유효하다.
(나) 재량권 행사의 준칙인 행정규칙의 공표만으로 상대방은 보호가치 있는 신뢰를 갖게 되었다고 볼 수 있다.
(다) 행정청이 공적 견해를 표명하였는지를 판단할 때는 반드시 행정조직상의 형식적인 권한분장에 구애될 것은 아니다.
(라) 신뢰보호원칙의 위반은 「국가배상법」상의 위법 개념을 충족시킨다.

	(가)	(나)	(다)	(라)
①	×	×	○	○
②	○	○	×	○
③	○	×	○	×
④	×	○	○	×

해설

(가) (X) 확약 또는 공적인 의사표명이 있은 후에 사실적·법률적 상태가 변경되었다면, 그와 같은 확약 또는 공적인 의사표명은 행정청의 별다른 의사표시를 기다리지 않고 실효된다(대판 1996.8.20. 95누10877).

(나) (X) 지침이 되풀이 시행되어 행정관행이 이루어졌다거나 그 공표만으로 신청인이 보호가치 있는 신뢰를 갖게 되었다고 볼 수 없고, 처분이 행정의 자기구속의 원칙 및 행정규칙에 관련된 신뢰보호의 원칙에 위배되거나 재량권을 일탈·남용한 위법이 없다(대판 2009.12.24. 2009두7967).

(다) (O) 행정청의 공적 견해표명이 있었는지의 여부를 판단함에 있어서는, 반드시 행정조직상의 형식적인 권한분장에 구애될 것은 아니고, 담당자의 조직상의 지위와 임무, 당해 언동을 하게 된 구체적인 경위 및 그에 대한 상대방의 신뢰가능성에 비추어 실질에 의하여 판단하여야 한다(대판 2008.1.17. 2006두10931).

(라) (O) 국가배상책임에서의 법령을 위반하였다 함은 엄격한 의미의 법령 위반뿐 아니라 인권존중, 권력남용금지, 신의성실과 같이 공무원으로서 마땅히 지켜야 할 준칙이나 규범을 지키지 아니하고 위반한 경우를 포함하여 널리 그 행위가 객관적인 정당성을 결여하고 있음을 뜻하는 것이다(대판 2008.06.12. 2007다64365).

정답 ①

030 [19서울7급]

신뢰보호원칙의 요건에 대한 설명으로 가장 옳지 않은 것은?

① 행정청이 개인에 대하여 신뢰의 대상이 되는 공적인 견해표명을 하여야 한다.
② 행정청의 견해표명이 정당하다고 신뢰한 데에 대하여 그 개인에게 귀책사유가 있더라도 신뢰보호의 원칙이 적용된다.
③ 개인이 행정청의 견해표명을 신뢰하고 이에 상응하는 어떠한 행위를 하였어야 한다.
④ 행정청이 그 견해표명에 반하는 처분을 함으로써 견해표명을 신뢰한 개인의 이익이 침해되는 결과가 초래되어야 한다.

해설

① (O) ② (X) ③ (O) ④ (O) 일반적으로 행정상의 법률관계에 있어서 행정청의 행위에 대하여 신뢰보호의 원칙이 적용되기 위하여는, 첫째 행정청이 개인에 대하여 신뢰의 대상이 되는 공적인 견해표명을 하여야 하고, 둘째 행정청의 견해표명이 정당하다고 신뢰한 데에 대하여 그 개인에게 귀책사유가 없어야 하며, 셋째 그 개인이 그 견해표명을 신뢰하고 이에 상응하는 어떠한 행위를 하였어야 하고, 넷째 행정청이 그 견해표명에 반하는 처분을 함으로써 그 견해표명을 신뢰한 개인의 이익이 침해되는 결과가 초래되어야 하며, 마지막으로 위 견해표명에 따른 행정처분을 할 경우 이로 인하여 공익 또는 제3자의 정당한 이익을 현저히 해할 우려가 있는 경우가 아니어야 할 것이다(대판 2002.11.8. 2001두1512).

정답 ②

031 [18국가7급]

신뢰보호의 원칙에 대한 설명으로 옳지 않은 것은? (다툼이 있는 경우 판례에 의함)

① 「행정절차법」에 명문의 근거가 있다.
② 확약이 있은 후에 사실적·법률적 상태가 변경되었다면, 그 확약은 행정청의 별다른 의사표시를 기다리지 않고 실효된다.
③ 법률에 따른 개인의 행위가 국가에 의하여 일정 방향으로 유인된 신뢰의 행사가 아니라 단지 법률이 부여한 기회를 활용한 것이라 하더라도, 신뢰보호의 이익이 인정된다.
④ 개정법령이 기존의 사실 또는 법률관계를 적용대상으로 하면서 종전보다 불리한 법률효과를 규정하고 있는 경우에도 그러한 사실 또는 법률관계가 개정법률이 시행되기 이전에 이미 종결된 것이 아니라면 이를 헌법상 금지되는 소급입법이라고 할 수는 없다.

해설

① (O)

> **행정절차법 제4조(신의성실 및 신뢰보호)** ① 행정청은 직무를 수행할 때 신의(信義)에 따라 성실히 하여야 한다.
>
> ② 행정청은 법령 등의 해석 또는 행정청의 관행이 일반적으로 국민들에게 받아들여졌을 때에는 공익 또는 제3자의 정당한 이익을 현저히 해칠 우려가 있는 경우를 제외하고는 새로운 해석 또는 관행에 따라 소급하여 불리하게 처리하여서는 아니 된다.

② (O) 확약 또는 공적인 의사표명이 있은 후에 사실적·법률적 상태가 변경되었다면, 그와 같은 확약 또는 공적인 의사표명은 행정청의 별다른 의사표시를 기다리지 않고 실효된다(대판 1996.8.20. 95누10877).

③ (X) 개인의 신뢰이익에 대한 보호가치는 ① 법령에 따른 개인의 행위가 국가에 의하여 일정방향으로 유인된 신뢰의 행사인지, ② 아니면 단지 법률이 부여한 기회를 활용한 것으로서 원칙적으로 사적 위험부담의 범위에 속하는 것인지 여부에 따라 달라진다. 만일 법률에 따른 개인의 행위가 단지 법률이 반사적으로 부여하는 기회의 활용을 넘어서 국가에 의하여 일정 방향으로 유인된 것이라면 특별히 보호가치가 있는 신뢰이익이 인정될 수 있고, 원칙적으로 개인의 신뢰보호가 국가의 법률개정이익에 우선된다고 볼 여지가 있다(헌재 2002. 11. 28. 2002헌바45 [합헌]).

④ (O) 행정처분은 그 근거 법령이 개정된 경우에도 경과규정에서 달리 정함이 없는 한 처분 당시 시행되는 개정 법령과 그에 정한 기준에 의하는 것이 원칙이고, 그 개정 법령이 기존의 사실 또는 법률관계를 적용대상으로 하면서 국민의 재산권과 관련하여 종전보다 불리한 법률효과를 규정하고 있는 경우에도 그러한 사실 또는 법률관계가 개정 법령이 시행되기 이전에 이미 완성 또는 종결된 것이 아니라면 이를 헌법상 금지되는 소급입법에 의한 재산권 침해라고 할 수는 없다(대판 2009. 4. 23. 2008두17745).

정답 ③

032 [16지방9급]

행정법의 일반원칙에 대한 설명으로 옳은 것은? (다툼이 있는 경우 판례에 의함)

① 법령 개정에 대한 신뢰와 관련하여, 법령에 따른 개인의 행위가 국가에 의하여 일정한 방향으로 유인된 경우에 특별히 보호가치가 있는 신뢰이익이 인정될 수 있다.

② 행정청 내부의 사무처리준칙에 해당하는 지침의 공표만으로도 신청인은 보호가치 있는 신뢰를 갖게 된다.

③ 신뢰보호원칙이 적용되기 위한 행정청의 공적 견해표명이 있었는지 여부는 전적으로 행정조직상의 권한분장에 의해 결정된다.

④ 위법한 행정처분이라도 수차례에 걸쳐 반복적으로 행하여졌다면 그러한 처분은 행정청에 대하여 자기구속력을 갖게 된다.

해설

① (O) 법률에 따른 개인의 행위가 단지 법률이 반사적으로 부여하는 기회의 활용을 넘어서 국가에 의하여 일정 방향으로 유인된 것이라면 특별히 보호가치가 있는 신뢰이익이 인정될 수 있고, 원칙적으로 개인의 신뢰보호가 국가의 법률개정이익에 우선된다고 볼 여지가 있다(헌재 2002.11.28. 2002헌바45).

② (X) 지침의 공표만으로는 보호가치 있는 신뢰를 가지게 되었다고 보기 어렵다(대판 2009.12.24. 2009두7967).

③ (X) 대판 1997.9.12. 95누18380.

④ (X) 위법한 행정처분이 수차례에 걸쳐 반복적으로 행하여졌다 하더라도 그러한 처분이 위법한 것인 때에는 행정청에 대하여 자기구속력을 갖게 된다고 할 수 없다(대판 2009.6.25. 2008두13132).

정답 ①

033 [20지방7급]

신뢰보호원칙에 대한 설명으로 옳지 않은 것은? (다툼이 있는 경우 판례에 의함)

① 신뢰보호의 원칙과 행정의 법률적합성의 원칙이 충돌하는 경우 국민보호를 위해 원칙적으로 신뢰보호의 원칙이 우선한다.

② 수익적 행정처분의 하자가 당사자의 사실은폐에 의한 신청행위에 기인한 것이라면 당사자는 그 처분에 관한 신뢰이익을 원용할 수 없다.

③ 면허세의 근거법령이 제정되어 폐지될 때까지의 4년 동안 과세관청이 면허세를 부과할 수 있음을 알면서도 수출확대라는 공익상 필요에서 한 건도 부과한 일이 없었다면 비과세의 관행이 이루어졌다고 보아도 무방하다.

④ 행정청이 상대방에게 장차 어떤 처분을 하겠다고 공적인 의사표명을 하면서 상대방에게 언제까지 처분의 발령을 신청하도록 유효기간을 둔 경우, 그 기간 내에 상대방의 신청이 없었다면 그 공적인 의사표명은 행정청의 별다른 의사표시를 기다리지 않고 실효된다.

해설

① (X) 신뢰보호원칙의 위배여부를 판단하기 위하여는 한편으로 침해받은 이익의 보호가치, 침해의 중한 정도, 신뢰가 손상된 정도, 신뢰침해의 방법 등과 다른 한편으로는 새 입법을 통하여 실현하고자 하는 공익적 목적을 종합적으로 형량하여야 한다(헌재 2003. 9. 25. 2001헌마93 등 [기각,각하]).

② (O) 수익적 행정처분의 하자가 당사자의 사실은폐나 기타 사위의 방법에 의한 신청행위에 기인한 것이라면 당사자는 처분에 의한 이익이 위법하게 취득되었음을 알아 취소가능성도 예상하고 있었다 할 것이므로, 그 자신이 처분에 관한 신뢰이익을 원용할 수 없음은 물론 행정청이 이를 고려하지 아니하였더라도 재량권의 남용이 되지 아니한다(대판 2014. 11. 27. 2013두16111).

③ (O) 지방세법시행령이 제정되어 폐지될 때까지 4년간 위 면허세가 단 한 건도 부과된 적이 없고, 그 주무관청인 관세청장도 수출확대라는 공익상의 필요 등에서 관계법조문의 삭제를 건의하였었다면 그로써 위 면허세의 비과세의 관행이 이루어졌다고 보아야 하고, 과세근거법규가 폐지된지 1년 3개월이나 지난 뒤에 행한 4년간의 위 면허세의 부과처분은 신의성실의 원칙과 위의 관행을 무시한 위법한 처분이다(대판 1982. 6. 8. 81누38).

④ (O) 행정청이 상대방에게 장차 어떤 처분을 하겠다고 확약 또는 공적인 의사표명을 하였다고 하더라도, 그 자체에서 상대방으로 하여금 언제까지 처분의 발령을 신청을 하도록 유효기간을 두었는데도 그 기간 내에 상대방의 신청이 없었다거나 확약 또는 공적인 의사표명이 있은 후에 사실적·법률적 상태가 변경되었다면, 그와 같은 확약 또는 공적인 의사표명은 행정청의 별다른 의사표시를 기다리지 않고 실효된다(대판 1996.8.20. 95누10877).

정답 ①

034 [19국가7급]

신뢰보호의 원칙에 대한 설명으로 옳은 것은? (다툼이 있는 경우 판례에 의함)

① 처분청이 착오로 행정서사업 허가처분을 한 후 20년이 다 되어서야 취소사유를 알고 행정서사업 허가를 취소한 경우, 그 허가취소처분은 실권의 법리에 저촉되는 것으로 보아야 한다.

② 법령이나 비권력적 사실행위인 행정지도 등은 신뢰의 대상이 되는 선행조치에 포함되지 않는다.

③ 신뢰보호원칙의 적용에 있어서 귀책사유의 유무는 상대방을 기준으로 판단하여야 하며, 상대방으로부터 신청행위를 위임받은 수임인 등 관계자까지 포함시켜 판단할 것은 아니다.

④ 당초 정구장시설을 설치한다는 도시계획결정을 하였다가 정구장 대신 청소년 수련시설을 설치한다는 도시계획 변경결정 및 지적 승인을 한 경우 당초의 도시계획결정만으로는 도시계획사업의 시행자 지정을 받게 된다는 공적 견해를 표명했다고 할 수 없다.

해설

① (X) 원고가 허가 받은 때로부터 20년이 다되어 피고가 그 허가를 취소한 것이기는 하나 피고가 취소사유를 알고서도 그렇게 장기간 취소권을 행사하지 않은 것이 아니고 1985.9.중순에 비로소 위에서 본 취소사유를 알고 그에 관한 법적 처리방안에 관하여 다각도로 연구검토가 행해졌고 그러한 사정은 원고도 알고 있었음이 기록상 명백하여 이로써 본다면 상대방인 원고에게 취소권을 행사하지 않을 것이란 신뢰를 심어준 것으로 여겨지지 않으니 피고의 처분이 실권의 법리에 저촉된 것이라고 볼 수 있는 것도 아니다(대판 1988. 4. 27. 87누915).

② (X) 선행조치에는 법령·행정계획·행정행위(확약 포함)·행정지도 등이 포함된다.

③ (X) 일반적으로 행정상의 법률관계에 있어서 행정청의 행위에 대하여 신뢰보호의 원칙이 적용되기 위하여는, 행정청의 견해표명이 정당하다고 신뢰한 데에 대하여 그 개인에게 귀책사유가 없어야 한다. 귀책사유라 함은 행정청의 견해표명의 하자가 상대방 등 관계자의 사실은폐나 기타 사위의 방법에 의한 신청행위 등 부정행위에 기인한 것이거나 그러한 부정행위가 없다고 하더라도 하자가 있음을 알았거나 중대한 과실로 알지 못한 경우 등을 의미한다고 해석함이 상당하고, 귀책사유의 유무는 상대방과 그로부터 신청행위를 위임받은 수임인 등 관계자 모두를 기준으로 판단하여야 한다(대판 2002.11.8. 2001두1512).

④ (O) 당초 정구장 시설을 설치한다는 도시계획결정을 하였다가 정구장 대신 청소년 수련시설을 설치한다는 도시계획 변경결정 및 지적승인을 한 경우, 당초의 도시계획결정만으로는 도시계획사업의 시행자 지정을 받게 된다는 공적인 견해를 표명하였다고 할 수 없다는 이유로 그 후의 도시계획 변경결정 및 지적승인이 도시계획사업의 시행자로 지정받을 것을 예상하고 정구장 설계 비용 등을 지출한 자의 신뢰이익을 침해한 것으로 볼 수 없다(대판 2000.11.10. 2000두727).

정답 ④

035 [15서울9급]

신뢰보호원칙에 관한 설명으로 옳은 것은? (다툼이 있는 경우 판례에 의함)

① 헌법재판소와 대법원은 이론적 근거를 사회국가원리에서 찾고 있다.
② 제3자의 정당한 이익까지 희생시키면서 신뢰보호원칙이 관철되어야 한다.
③ 신뢰보호원칙의 요건은 행정청의 적법한 선행조치, 보호가치가 있는 사인의 신뢰, 신뢰에 기한 사인의 처리, 인과관계, 선행행위에 반하는 후행처분이다.
④ 행정청의 확약 또는 공적견해표명이 있은 후에 사실적 · 법률적 상태가 변경되었다면, 그와 같은 확약 또는 공적 의사표명은 행정청의 별다른 의사표시를 기다리지 않고 실효된다.

해설

① (X) 신뢰보호원칙의 근거를 사법에서 발달한 신의성실의 원칙에서 구하는 견해(신의칙설)가 있으나 통설과 판례는 법치국가원리의 한 구성요소인 법적안정성에서 도출된다고 한다(법적 안정성설).

② (X) 신뢰보호원칙을 적용하는 것이 공익 또는 제3자의 이익을 현저히 해하지 않아야 한다(대판 2001.9.28. 2000두8684).

③ (X) 신뢰보호원칙의 요건 중 행정청의 선행조치는 적법한 것인가 위법한 것인가도 가리지 않는다. 다만 무효행위는 신뢰의 대상이 되지 아니한다.

④ (O) 확약 또는 공적인 의사표명이 있은 후에 사실적·법률적 상태가 변경되었다면, 그와 같은 확약 또는 공적인 의사표명은 행정청의 별다른 의사표시를 기다리지 않고 실효된다(대판 1996.8.20. 95누10877).

정답 ④

III 자기구속의 원칙

036 [20지방9급]

행정법의 일반원칙에 대한 설명으로 옳은 것은? (다툼이 있는 경우 판례에 의함)

① 비례의 원칙은 행정에만 적용되는 원칙이므로 입법에서는 적용될 여지가 없다.

② 신뢰보호의 원칙이 적용되기 위한 요건인 행정권의 행사에 관하여 신뢰를 주는 선행조치가 되기 위해서는 반드시 처분청 자신의 적극적인 언동이 있어야만 한다.

③ 동일한 사항을 다르게 취급하는 것은 합리적 이유가 없는 차별이므로, 같은 정도의 비위를 저지른 자들은 비록 개전의 정이 있는지 여부에 차이가 있다고 하더라도 징계 종류의 선택과 양정에 있어 동일하게 취급받아야 한다.

④ 재량권행사의 준칙인 행정규칙이 그 정한 바에 따라 되풀이 시행되어 행정관행이 이루어지게 되면 평등의 원칙이나 신뢰보호의 원칙에 따라 행정기관은 그 상대방에 대한 관계에서 그 규칙에 따라야 할 자기구속을 받게 된다.

해설

① **(X)** 입법자가 헌법 제23조 제1항 및 제2항에 의하여 재산권의 내용을 구체적으로 형성함에 있어서는, 헌법상의 재산권 보장의 원칙과 재산권의 제한을 요청하는 공익 등 재산권의 사회적 제약성을 비교형량하여, 양 법익이 조화와 균형을 이루도록 하여야 한다. 입법자가 형성의 자유의 한계를 넘었는가 하는 것은 비례의 원칙에 의하여 판단하게 된다(헌재 1999. 4. 29. 94헌바37 등 [위헌]).

② **(X)** 신뢰의 대상인 선행조치는 적극적 행위인가 소극적 행위인가를 가리지 않으며, 명시적 행위인가 묵시적 행위인가도 가리지 않는다. 행정형위의 경우에는 적법한 것인가 위법한 것인가도 가리지 않는다. 다만 무효행위는 신뢰의 대상이 되지 아니한다.

③ **(X)** 같은 정도의 비위를 저지른 자들에 대하여 그 구체적인 직무의 특성, 금전 수수의 경우에는 그 액수와 횟수, 의도적 · 적극적 행위인지 여부, 개전의 정이 있는지 여부 등에 따라 징계의 종류의 선택과 양정에 있어서 차별적으로 취급하는 것은 사안의 성질에 따른 합리적 차별로서 이를 자의적 취급이라고 할 수 없어 평등의 원칙 내지 형평에 반하지 아니한다(대판 2008.6.26. 2008두6387).

④ **(O)** 재량권 행사의 준칙인 행정규칙이 그 정한 바에 따라 되풀이 시행되어 행정관행이 이루어지게 되면 평등의 원칙이나 신뢰보호의 원칙에 따라 행정기관은 그 상대방에 대한 관계에서 그 규칙에 따라야 할 자기구속을 받게 되므로, 이러한 경우에는 특별한 사정이 없는 한 그를 위반하는 처분은 평등의 원칙이나 신뢰보호의 원칙에 위배되어 재량권을 일탈·남용한 위법한 처분이 된다(대판 2009.12.24. 2009두7967).

정답 ④

037 [18국가9급]

행정의 자기구속의 원칙에 대한 설명으로 옳지 않은 것은? (다툼이 있는 경우 판례에 의함)

① 헌법재판소는 평등의 원칙이나 신뢰보호의 원칙을 근거로 행정의 자기구속의 원칙을 인정하고 있다.

② 반복적으로 행해진 행정처분이 위법하더라도 행정의 자기구속의 원칙에 따라 행정청은 선행처분에 구속된다.

③ 행정의 자기구속의 원칙은 법적으로 동일한 사실관계, 즉 동종의 사안에서 적용이 문제되는 것으로 주로 재량의 통제법리와 관련된다.

④ 재량준칙이 공표된 것만으로는 행정의 자기구속의 원칙이 적용될 수 없고, 재량준칙이 되풀이 시행되어 행정관행이 성립한 경우에 행정의 자기구속의 원칙이 적용될 수 있다.

해설

① (O) 재량권 행사의 준칙인 규칙이 그 정한 바에 따라 되풀이 시행되어 행정관행이 이룩되게 되면 평등의 원칙이나 신뢰보호의 원칙에 따라 행정기관은 그 상대방에 대한 관계에서 그 규칙에 따라야 할 자기구속을 당하게 되는 경우에는 대외적인 구속력을 가지게 된다(헌재 1990.9.3. 90헌마13).

② (X) 위법한 행정처분이 수차례에 걸쳐 반복적으로 행하여졌다 하더라도 그러한 처분이 위법한 것인 때에는 행정청에 대하여 자기구속력을 갖게 된다고 할 수 없다(대판 2009.6.25. 2008두13132).

③ (O) 자기구속의 법리는 재량행위와 판단여지가 인정되는 영역에서 의미를 가지고 기속행위의 경우에는 문제되지 않는다.

④ (O) 대판 2009.12.24. 2009두7967.

정답 ②

038 [17국가7급]

행정법의 일반원칙에 대한 설명으로 옳지 않은 것은? (다툼이 있는 경우 판례에 의함)

① 신뢰보호의 원칙은, 국민이 법률적 규율이나 제도가 장래에 지속할 것이라는 합리적인 신뢰를 바탕으로 개인의 법적 지위를 형성해 왔을 때에는 국가에게 그 국민의 신뢰를 되도록 보호할 것을 요구하는 법치국가원리의 파생원칙이다.

② 행정청이 위법한 행정처분을 반복적으로 한 선례가 있다면 신뢰보호의 원칙과 행정의 자기구속의 원칙에 따라 선례구속의 법리가 통용된다.

③ 국가가 국민의 생명·신체의 안전에 대한 보호의무를 다하지 않았는지 여부에 대한 심사는 '과소보호 금지원칙'의 위반 여부를 기준으로 삼는다.

④ 부진정소급입법은 원칙적으로 허용되지만 소급효를 요구하는 공익상의 사유와 신뢰보호의 요청 사이의 형량과정에서 신뢰보호의 관점이 입법자의 형성권에 제한을 가하게 된다.

해설

① (O) 헌법상의 법치국가원리의 파생원칙인 신뢰보호의 원칙은 국민이 법률적 규율이나 제도가 장래에도 지속할 것이라는 합리적인 신뢰를 바탕으로 이에 적응하여 개인의 법적 지위를 형성해 왔을 때에는 국가로 하여금 그와 같은 국민의 신뢰를 되도록 보호할 것을 요구한다(헌재 1997. 7. 16. 97헌마38 [기각]).

② (X) 대판 2009.6.25. 2008두13132.

③ (O) 국가가 국민의 생명·신체의 안전에 대한 보호의무를 다하지 않았는지 여부를 헌법재판소가 심사할 때에는 국가가 이를 보호하기 위하여 적어도 적절하고 효율적인 최소한의 보호조치를 취하였는가 하는 이른바 '과소보호 금지원칙'의 위반 여부를 기준으로 삼아, 국민의 생명·신체의 안전을 보호하기 위한 조치가 필요한 상황인데도 국가가 아무런 보호조치를 취하지 않았든지 아니면 취한 조치가 법익을 보호하기에 전적으로 부적합하거나 매우 불충분한 것임이 명백한 경우에 한하여 국가의 보호의무의 위반을 확인하여야 한다(헌재 2008. 12. 26. 2008헌마419 등 [기각,각하]).

④ (O) 헌재 1999. 7. 22. 97헌바76 등 [합헌,각하].

정답 ②

039 [21국가9급]

행정법의 일반원칙에 관련된 다음의 설명 중 옳은 것은? (다툼이 있는 경우 판례에 의함)

① 국가가 국민의 생명·신체의 안전에 대한 보호의무를 다하지 않았는지 여부를 헌법재판소가 심사할 때에는 국가가 이를 보호하기 위하여 적어도 적절하고 효율적인 최소한의 보호조치를 취하였는가 하는 '과소보호금지원칙'의 위반 여부를 기준으로 삼는다.

② 행정청이 조합설립추진위원회의 설립승인 심사에서 위법한 행정처분을 한 선례가 있는 경우에는, 행정청에 대해 자기구속력을 갖게 되어 이후에도 그러한 기준에 따라야 한다.

③ 공무원 임용신청 당시 잘못 기재된 호적상 출생연월일을 생년월일로 기재하고, 임용 후 36년 동안 이의를 제기하지 않다가 정년을 1년 3개월 앞두고 정정된 출생연월일을 기준으로 정년연장을 요구하는 것은 신의성실의 원칙에 반한다.

④ 일반적으로 행정청이 폐기물처리업 사업계획에 대한 적정통보를 한 경우 이는 토지에 대한 형질변경신청을 허가하는 취지의 공적 견해표명까지도 포함한다.

해설

① **(O)** 국가가 국민의 성명·신체의 안전에 대한 보호의무를 다하지 않았는지 여부를 헌법재판소가 심사할 때에는 국가가 이를 보호하기 위하여 적어도 적절하고 효율적인 최소한의 보호조치를 취하였는가 하는 이른바 '과소보호금지원칙'의 위반 여부를 기준으로 삼아, 국민의 생명·신체의 안전을 보호하기 위한 조치가 필요한 상황인데도 국가가 아무런 보호조치를 취하지 않았든지 아니면 취한 조치가 법익을 보호하기에 전적으로 부적합하거나 매우 불충분한 것임이 명백한 경우에 한하여 국가의 보호의무의 위반을 확인하여야 한다(헌재 2008. 12. 26. 2008헌마419 등 [기각,각하]).

② **(X)** 위법한 행정처분이 수차례에 걸쳐 반복적으로 행하여졌다 하더라도 그러한 처분이 위법한 것인 때에는 행정청에 대하여 자기구속력을 갖게 된다고 할 수 없다(대판 2009.6.25. 2008두13132).

③ **(X)** 지방공무원 임용신청 당시 잘못 기재된 호적상 출생연월일을 생년월일로 기재하고, 약 36년 동안 전혀 이의를 제기하지 않다가, 정년을 1년 3개월 앞두고 호적상 출생연월일을 정정한 후 그 출생연월일을 기준으로 정년의 연장을 요구하는 것은 신의성실의 원칙에 반하지 않는다(대판 2009.3.26. 2008두21300).

④ **(X)** 폐기물처리업 사업계획에 대한 적정통보 중에 토지에 대한 형질변경신청을 허가하는 취지의 공적 견해표명이 있다고 볼 수 없다(대판 1998.9.25. 98두6494).

정답 ①

Ⅳ 부당결부금지의 원칙

행정규제기본법은 부당결부금지의 원칙에 관하여 명시적으로 규정하고 있다. [08지방7급]

| 해설

(X) 행정규제기본법에는 부당결부금지의 원칙에 대한 명시적인 규정이 없다. 부당결부금지원칙은 헌법상 법치국가의 원리와 자의금지의 원칙에서 도출되는 헌법상의 원리라고 보는 견해가 다수설의 입장이다. 다만 개별법에서는 부당결부금지의 원칙에 대한 명시적인 규정을 둔 경우도 있다(예 주택법).

주택사업을 승인하면서 입주민이 이용하는 진입도로의 개설 및 확장 등의 기부채납의무를 부담으로 부과하는 것은 부당결부금지의 원칙에 반한다. [15경행특채]

| 해설

(X) 주택건설사업계획의 승인처분을 함에 있어 그 주택단지의 진입도로 부지의 소유권을 확보하여 진입도로 등 간선시설을 설치하고 그 부지 소유권 등을 기부채납하며 그 주택건설사업 시행에 따라 폐쇄되는 인근 주민들의 기존 통행로를 대체하는 통행로를 설치하고 그 부지 일부를 기부채납하도록 조건을 붙인 경우, 특별한 사정이 없는 한 필요한 범위를 넘어 과중한 부담을 지우는 것으로서 형평의 원칙 등에 위배되는 위법한 부관이라 할 수 없다(대판 1997.3.14. 96누16698).

040 [15국가9급]

행정법의 일반원칙에 대한 설명으로 옳지 않은 것은? (다툼이 있는 경우 판례에 의함)

① 부관이 주된 행정행위와 실질적 관련성을 갖더라도 주된 행정행위의 효과를 무의미하게 만드는 경우라면 그러한 부관은 비례원칙에 반하는 하자 있는 부관이 된다.

② 주택사업계획승인을 발령하면서 주택사업계획승인과 무관한 토지를 기부채납하도록 부관을 붙인 경우는 부당결부금지원칙에 반해 위법하다.

③ 수익적 행정행위를 직권취소하는 경우 그 취소권의 행사로 인하여 공익상의 필요보다 상대방이 받게 되는 불이익 등이 막대한 경우에는 재량권의 한계를 일탈한 것으로서 그 자체가 위법하다.

④ 제1종 보통면허로 운전할 수 있는 차량을 음주운전한 경우 제1종 보통면허의 취소 외에 동일인이 소지하고 있는 제1종 대형면허와 원동기장치자전거면허는 취소할 수 없다.

해설

① (O) 부관이 부당결부금지의 원칙에 위반되지 않더라도 주된 행정행위의 효과를 무의미하게 만드는 경우라면 그러한 부관은 비례원칙에 반하는 하자 있는 부관이 된다.

② (O) 지방자치단체장이 사업자에게 주택사업계획승인을 하면서 그 주택사업과는 아무런 관련이 없는 토지를 기부채납하도록 하는 부관을 주택사업계획승인에 붙인 경우, 그 부관은 부당결부금지의 원칙에 위반되어 위법하다(대판 1997.3.11. 96다49650).

③ (O) 수익적 행정처분을 취소 또는 철회하는 경우 그 취소권 등의 행사는 기득권의 침해를 정당화할 만한 중대한 공익상의 필요 또는 제3자의 이익보호의 필요가 있는 때에 한하여 상대방이 받는 불이익과 비교·교량하여 결정하여야 하고, 그 처분으로 인하여 공익상의 필요보다 상대방이 받게 되는 불이익 등이 막대한 경우에는 재량권의 한계를 일탈한 것으로서 그 자체가 위법하다(대판 2004.11.26. 2003두10251).

④ (X) 한 사람이 여러 종류의 자동차운전면허를 취득하는 경우뿐 아니라 이를 취소 또는 정지함에 있어서도 서로 별개의 것으로 취급하는 것이 원칙이라 할 것이고 그 취소나 정지의 사유가 특정의 면허에 관한 것이 아니고 다른 면허와 공통된 것이거나 운전면허를 받은 사람에 관한 경우에는 여러 운전면허 전부를 취소 또는 정지할 수도 있다. 제1종 보통면허로 운전할 수 있는 차량을 음주운전한 경우에 이와 관련된 면허인 제1종 대형면허와 원동기장치자전거면허까지 취소할 수 있는 것으로 보아야 한다(대판 1994.11.25. 94누9672).

정답 ④

V 평등의 원칙

041 [14경행특채]

다음은 행정법의 일반원칙을 설명한 것이다. 가장 적절한 것은? (다툼이 있으면 판례에 의함)

① 신뢰보호의 원칙과 행정의 법률적합성의 원칙이 충돌하는 경우 법률적합성의 원칙이 우선한다.

② 신뢰보호의 원칙에서 선행조치의 상대방에 대한 신뢰보호의 이익과 제3자의 이익이 충돌하는 경우에는 신뢰보호의 이익이 우선한다.

③ 같은 정도의 비위를 저지른 자들에 대해 그 직무의 특성 및 개전의 정이 있는지 여부에 따라 징계의 종류 및 양정에 있어서 차별적으로 취급하는 것은 합리적 차별로서 평등의 원칙에 반하지 않는다.

④ 신뢰보호의 원칙에서 행정청이 상대방에 대하여 장차 어떤 처분을 하겠다는 공적인 견해를 표명하였다면 공적인 견해 표명 후에 그 전제가 된 사실적, 법률적 상태가 변경되었다고 하더라도 그러한 견해 표명은 효력을 유지한다.

해설

① (X) 법률적합성의 원칙과 신뢰보호의 원칙은 헌법상 같은 가치를 가지므로, 구체적인 사안과 관련하여 공익과 개인의 신뢰보호라는 사익을 비교형량하여야 한다.

② (X) 제3자의 정당한 이익을 희생시키면서까지 신뢰보호의 원칙이 관철되는 것은 아니다(행정절차법 제4조 제2항).

③ (O) 대략 같은 정도의 비위를 저지른 자들에 대하여 그 구체적인 직무의 특성, 금전 수수의 경우에는 그 액수와 횟수, 의도적·적극적 행위인지 여부, 개전의 정이 있는지 여부 등에 따라 징계의 종류의 선택과 양정에 있어서 차별적으로 취급하는 것은 사안의 성질에 따른 합리적 차별로서 이를 자의적 취급이라고 할 수 없어 평등의 원칙 내지 형평에 반하지 아니한다(대판 2008.6.26. 2008두6387).

④ (X) 사실적·법률적 상태가 변경되었다면, 확약 또는 공적인 의사표명은 행정청의 별다른 의사표시를 기다리지 않고 실효된다(대판 1996.8.20. 95누10877).

정답 ③

조례안이 지방의회의 조사를 위하여 출석요구를 받은 증인이 5급 이상 공무원인지 여부, 기관(법인)의 대표나 임원인지 여부 등 증인의 사회적 신분에 따라 미리부터 과태료의 액수에 차등을 두고 있는 것은 평등의 원칙에 위반되지 않는다. [16국가7급]

해설

(X) 조례안이 지방의회의 감사 또는 조사를 위하여 출석요구를 받은 증인이 5급 이상 공무원인지 여부, 기관(법인)의 대표나 임원인지 여부 등 증인의 사회적 신분에 따라 미리부터 과태료의 액수에 차등을 두고 있는 경우, 그와 같은 차별은 합리성을 인정할 수 없고 지위의 높고 낮음만을 기준으로 한 부당한 차별대우라고 할 것이어서 평등의 원칙에 위배되어 무효이다(대판 1997.02.25. 96추213).

042 [22지방9급]

행정법의 일반원칙에 대한 설명으로 옳은 것만을 모두 고르면? (다툼이 있는 경우 판례에 의함)

ㄱ. 비례의 원칙은 법치국가원리에서 당연히 파생되는 헌법상의 기본원리이다.
ㄴ. 평등의 원칙은 본질적으로 같은 것을 자의적으로 다르게 취급함을 금지하는 것이므로, 위법한 행정처분이 수차례에 걸쳐 반복적으로 행하여졌다면 행정청에 대하여 자기구속력을 갖게 된다.
ㄷ. 국가가 임용결격사유가 있는 자에 대하여 결격사유가 있는 것을 알지 못하고 공무원으로 임용하였다가 나중에 결격사유가 있음을 발견하고 그 임용행위를 취소하는 경우 신의칙이 적용된다.
ㄹ. 지방자치단체장이 사업자에게 주택사업계획승인을 하면서 그 주택사업과는 아무런 관련이 없는 토지를 기부채납하도록 하는 부관을 주택사업계획승인에 붙인 경우, 그 부관은 부당결부금지의 원칙에 위반되어 위법하다.

① ㄱ, ㄴ ② ㄱ, ㄹ
③ ㄴ, ㄷ ④ ㄷ, ㄹ

해설

ㄱ. (O) 비례의 원칙은 법치국가 원리에서 당연히 파생되는 헌법상의 기본원리로서, 모든 국가작용에 적용된다. 행정목적을 달성하기 위한 수단은 목적달성에 유효・적절하고, 가능한 한 최소침해를 가져오는 것이어야 하며, 아울러 그 수단의 도입에 따른 침해가 의도하는 공익을 능가하여서는 안 된다(대판 2019. 7. 11. 2017두38874).

ㄴ. (X) 위법한 행정처분이 수차례에 걸쳐 반복적으로 행하여졌다 하더라도 그러한 처분이 위법한 것인 때에는 행정청에 대하여 자기구속력을 갖게 된다고 할 수 없다(대판 2009.6.25. 2008두13132).

ㄷ. (X) 국가가 공무원임용결격사유가 있는 자에 대하여 결격사유가 있는 것을 알지 못하고 공무원으로 임용하였다가 사후에 결격사유가 있는 자임을 발견하고 공무원 임용행위를 취소하는 것은 당사자에게 원래의 임용행위가 당초부터 당연무효이었음을 통지하여 확인시켜 주는 행위에 지나지 아니하는 것이므로, 그러한 의미에서 당초의 임용처분을 취소함에 있어서는 신의칙 내지 신뢰의 원칙을 적용할 수 없고 또 그러한 의미의 취소권은 시효로 소멸하는 것도 아니다(대판 1987.4.14. 86누459).

ㄹ. (O) 지방자치단체장이 사업자에게 주택사업계획승인을 하면서 그 주택사업과는 아무런 관련이 없는 토지를 기부채납하도록 하는 부관을 주택사업계획승인에 붙인 경우, 그 부관은 부당결부금지의 원칙에 위반되어 위법하다(대판 1997.3.11. 96다49650).

정답 ②

Ⅰ 공법관계와 사법관계

043 [17국가7급(下)]

공법관계와 사법관계에 대한 판례의 입장으로 옳은 것으로만 묶은 것은?

ㄱ. 「국유재산법」상의 국유재산무단사용 변상금의 부과처분 - 공법관계
ㄴ. 개발부담금부과처분의 직권취소를 이유로 한 부당이득반환청구 - 공법관계
ㄷ. 「귀속재산처리법」에 의한 귀속재산의 매각행위 - 공법관계
ㄹ. 「도시 및 주거환경정비법」상의 주택재건축정비사업조합이 수립한 관리처분계획안에 대한 조합 총회결의 - 사법관계

① ㄱ, ㄴ ② ㄱ, ㄷ
③ ㄱ, ㄹ ④ ㄷ, ㄹ

해설

ㄱ. (O) 대판 1988.2.23. 87누1046.
ㄴ. (X) 판례는 부당이득은 경제적 이해조정의 견지에서 인정되므로 사법상의 것과 구별할 필요가 없으므로 동 청구권은 사권의 성질을 가지며, 그에 관한 소송은 민사소송에 의해야 한다고 한다.

> **[관련판례]** 조세부과처분이 당연무효임을 전제로 하여 이미 납부한 세금의 반환을 청구하는 것은 민사상의 부당이득반환청구로서 민사소송절차에 따라야 한다(대판 1995.4.28. 94다55019).

ㄷ. (O) 귀속재산불하의 취소는 공법상의 성질을 가지는 귀속재산처리법에 기인하는 것으로서 일종의 행정처분이다(대판 1959. 10. 1. 4292민상174).
ㄹ. (X) 도시 및 주거환경정비법상 행정주체인 주택재건축정비사업조합을 상대로 관리처분계획안에 대한 조합 총회결의의 효력 등을 다투는 소송은 행정처분에 이르는 절차적 요건의 존부나 효력 유무에 관한 소송으로서 공법상 법률관계에 관한 것이므로, 이는 행정소송법상의 당사자소송에 해당한다(대판 2009.09.17. 2007다2428 전원합의체).

정답 ②

044 [15서울9급]

판례에 따를 때, 사법관계에 해당하는 것을 모두 고른 것은?

ㄱ. 국유재산 무단점유자에 대한 변상금 부과처분
ㄴ. 국유(잡종)재산에 관한 대부료의 납부고지
ㄷ. 지방자치단체에 근무하는 청원경찰의 근무관계
ㄹ. 농지개량조합의 직원에 대한 징계처분
ㅁ. 구 「지방재정법 시행령」 제71조의 규정에 따라 기부채납받은 공유재산을 무상으로 기부자에게 사용을 허용하는 행위
ㅂ. 환매권의 행사
ㅅ. 서울특별시지하철공사 임직원의 근무관계

① ㄱ, ㄴ, ㄷ, ㅂ
② ㄱ, ㄷ, ㅁ, ㅂ
③ ㄴ, ㄷ, ㅁ, ㅅ
④ ㄴ, ㅁ, ㅂ, ㅅ

해설

④ 판례에 따를 때, 사법관계에 해당하는 것은 ㄴ, ㅁ, ㅂ, ㅅ이다.

ㄱ. **[공법관계]** 국유재산의 관리청이 그 무단점유자에 대하여 하는 변상금부과처분은 관리청이 공권력을 가진 우월적 지위에서 행한 것으로서 행정소송의 대상이 되는 행정처분이라고 보아야 한다(대판 1988.2.23. 87누1046).

ㄴ. **[사법관계]** 국유잡종재산을 대부하는 행위는 국가가 사경제 주체로서 상대방과 대등한 위치에서 행하는 사법상의 계약이고, 국유잡종재산에 관한 대부료의 납부고지 역시 사법상의 이행청구에 해당한다(대판 2000.2.11. 99다61675).

ㄷ. **[공법관계]** 국가나 지방자치단체에 근무하는 청원경찰은 국가공무원법이나 지방공무원법상의 공무원은 아니지만, 임용자격, 직무, 복무의무 내용 등을 종합하여 볼때, 그 근무관계를 사법상의 고용계약관계로 보기는 어려우므로 그에 대한 징계처분의 시정을 구하는 소는 행정소송의 대상이지 민사소송의 대상이 아니다(대판 1993.7.13. 92다47564).

ㄹ. **[공법관계]** 농지개량조합과 그 직원과의 관계는 공법상의 특별권력관계이고, 그 조합의 직원에 대한 징계처분의 취소를 구하는 소송은 행정소송사항에 속한다(대판 1995.6.9. 94누10870).

ㅁ. **[사법관계]** 지방자치단체가 기부채납받은 공유재산을 무상으로 기부자에게 사용을 허용하는 행위는 상대방과 대등한 입장에서 하는 사법상 행위이지 행정청이 공권력의 주체로서 행하는 공법상 행위라고 할 수 없다(대판 1994.1.25. 93누7365).

> **[비교판례]** 행정재산의 사용·수익에 대한 허가는 순전히 사경제주체로서 행하는 사법상의 행위가 아니라 관리청이 공권력을 가진 우월적 지위에서 행하는 행정처분이라고 보아야 할 것인바, 그 행정재산이 구 지방재정법 제75조의 규정에 따라 기부채납받은 재산이라 하여 그에 대한 사용·수익허가의 성질이 달라진다고 할 수는 없다(대판 2001.6.15. 99두509).

ㅂ. **[사법관계]** 환매권은 재판상이든 재판외이든 그 기간 내에 행사하면 이로써 매매의 효력이 생기고, 위 매매는 환매권자와 국가 간의 사법상의 매매라 할 것이다(대판 1992.4.24. 92다4673).

ㅅ. **[사법관계]** 서울특별시지하철공사의 임원과 직원의 근무관계의 성질은 공법상의 특별권력관계라고는 볼 수 없고 사법관계에 해당한다(대판 1989.9.12. 89누2103).

정답 ④

045 [19서울9급]

〈보기〉의 행정상 법률관계 중 행정소송의 대상이 되는 경우만을 모두 고른 것은?

〈보 기〉

ㄱ. 「지방재정법」에 따라 지방자치단체가 당사자가 되어 체결하는 계약에 있어 계약보증금의 귀속조치
ㄴ. 국유재산의 무단점유자에 대한 변상금의 부과
ㄷ. 시립무용단원의 해촉
ㄹ. 행정재산의 사용·수익허가 신청의 거부

① ㄱ, ㄷ
② ㄴ, ㄹ
③ ㄱ, ㄷ, ㄹ
④ ㄴ, ㄷ, ㄹ

해설

ㄱ. (X) 입찰보증금의 국고귀속조치는 국가가 사법상의 재산권의 주체로서 행위하는 것이지 공권력을 행사하는 것이거나 공권력 작용과 일체성을 가진 것이 아니라 할 것이므로 이에 관한 분쟁은 행정소송이 아닌 민사소송의 대상이 될 수밖에 없다고 할 것이다(대판 1983.12.27. 81누366).

ㄴ. (O) 국유재산의 관리청이 그 무단점유자에 대하여 하는 변상금부과처분은 관리청이 공권력을 가진 우월적 지위에서 행한 것으로서 행정소송의 대상이 되는 행정처분이라고 보아야 한다(대판 1988.2.23. 87누1046).

ㄷ. (O) 서울특별시립무용단원이 가지는 지위가 공무원과 유사한 것이라면, 서울특별시립무용단 단원의 위촉은 공법상의 계약이라고 할 것이고, 따라서 그 단원의 해촉에 대하여는 공법상의 당사자소송으로 그 무효확인을 청구할 수 있다(대판 1995.12.22. 95누4636).

ㄹ. (O) 국유재산 등의 관리청이 하는 행정재산의 사용·수익에 대한 허가는 순전히 사경제주체로서 행하는 사법상의 행위가 아니라 관리청이 공권력을 가진 우월적 지위에서 행하는 행정처분으로서 특정인에게 행정재산을 사용할 수 있는 권리를 설정하여 주는 강학상 특허에 해당한다(대판 2006.3.9. 2004다31074).

정답 ④

046 [18서울9급]

판례가 행정소송의 대상이 아니라 민사소송의 대상이라고 판단한 것만을 〈보기〉에서 모두 고른 것은?

〈보 기〉

ㄱ. 개발부담금 부과처분 취소로 인한 그 과오납금의 반환을 청구하는 소송
ㄴ. 공립유치원 전임강사에 대한 해임처분의 시정 및 수령 지체된 보수의 지급을 구하는 소송
ㄷ. 「도시 및 주거환경정비법」상 관리처분계획안에 대한 조합총회결의의 효력을 다투는 소송
ㄹ. 공무원의 직무상 불법행위로 손해를 받은 국민이 국가 또는 공공단체에 배상을 청구하는 소송
ㅁ. 「하천구역 편입토지 보상에 관한 특별조치법」 제2조 제1항의 규정에 의한 손실보상금의 지급을 구하거나 손실보상청구권의 확인을 구하는 소송

① ㄱ, ㄷ
② ㄱ, ㄹ
③ ㄴ, ㅁ
④ ㄱ, ㄹ, ㅁ

해설

ㄱ. (O) 판례는 부당이득은 경제적 이해조정의 견지에서 인정되므로 사법상의 것과 구별할 필요가 없으므로 동 청구권은 사권의 성질을 가지며, 그에 관한 소송은 민사소송에 의해야 한다고 한다.

[관련판례] 조세부과처분이 당연무효임을 전제로 하여 이미 납부한 세금의 반환을 청구하는 것은 민사상의 부당이득반환청구로서 민사소송절차에 따라야 한다(대판 1995.4.28. 94다55019).

ㄴ. (X) 공립유치원의 임용기간을 정한 전임강사로 임용되어 지방자치단체로부터 보수를 지급받으면서 공무원복무규정을 적용받고 사실상 유치원 교사의 업무를 담당하여 온 유치원 교사의 자격이 있는 자는 교육공무원에 준하여 신분보장을 받는 정원 외의 임시직 공무원으로 봄이 상당하므로 그에 대한 해임처분의 시정 및 수령지체된 보수의 지급을 구하는 소송은 행정소송의 대상이지 민사소송의 대상이 아니다(대판 1991.05.10. 90다10766).

ㄷ. (X) 대판 2009.09.17. 2007다2428 전원합의체.

ㄹ. (O) 공무원의 직무상 불법행위로 손해를 입은 국민이 국가 또는 지방자치단체에 대하여 그의 불법행위를 이유로 배상을 청구함은 국가배상법이 정한 바에 따른다 하여도 이 역시 민사상의 손해배상책임을 특별법인 국가배상법이 정한데 불과하다(대판 1981.02.10. 80누317).

ㅁ. (X) 하천구역 편입토지 보상에 관한 특별조치법에서는 제2조 각 호에 해당하는 경우 중 법률 제3782호 하천법 중 개정법률 부칙 제2조의 규정에 의한 소멸시효의 만료 등으로 보상청구권이 소멸되어 보상을 받지 못한 토지에 대하여 시·도지사가 그 손실을 보상하도록 규정하고 있는바, 위 손실보상청구권의 법적 성질은 공법상의 권리임이 분명하므로 위 손실보상금의 지급을 구하거나 손실보상청구권의 확인을 구하는 소송은 행정소송법 제3조 제2호 소정의 당사자소송에 의하여야 할 것이다(대판 2006.05.18. 2004다6207 전원합의체).

정답 ②

047 [13국회8급]

다음 중 공법관계에 속하는 것은 모두 몇 개인가? (다툼이 있는 경우 판례에 따름)

㉠ 국유재산의 무단점유자에 대한 변상금부과
㉡ 미지급된 공무원 퇴직연금의 지급청구
㉢ 시립합창단원의 위촉
㉣ 「국가를 당사자로 하는 계약에 관한 법률」에 따른 부정당업자에 대한 입찰참가자격정지
㉤ 「국가를 당사자로 하는 계약에 관한 법률」에 따른 입찰보증금 국고귀속조치
㉥ 「공익사업을 위한 토지등의 취득 및 보상에 관한 법률」에 따른 협의취득

① 2개　② 3개　③ 4개
④ 5개　⑤ 6개

해설

③ 보기 중 공법관계에 속하는 것은 ㉠, ㉡, ㉢, ㉣ 4개이다.

㉠ **[공법관계]** 대판 1988.2.23. 87누1046.

㉡ **[공법관계]** 미지급퇴직연금에 대한 지급청구권은 공법상 권리로서 그의 지급을 구하는 소송은 공법상의 법률관계에 관한 소송인 공법상 당사자소송에 해당한다고 할 것이다(대판 2004.7.8. 2004두244).

㉢ **[공법관계]** 광주광역시문화예술회관장의 단원 위촉은 광주광역시문화예술회관장이 행정청으로서 공권력을 행사하여 행하는 행정처분이 아니라 대등한 지위에서 의사가 합치되어 성립하는 공법상 근로계약에 해당한다(대판 2001.12.11. 2001두7794).

㉣ **[공법관계]** 「국가를 당사자로 하는 계약에 관한 법률」상 중앙관서의 장의 부정당업자에 대한 입찰참가자격정지는 권력적 사실행위이므로 취소소송의 대상이 된다(대판 1983.12.27. 81누366).

㉤ **[사법관계]** 입찰보증금의 국고귀속조치는 국가가 사법상의 재산권의 주체로서 행위하는 것이지 공권력을 행사하는 것이거나 공권력작용과 일체성을 가진 것이 아니라 할 것이므로 이에 관한 분쟁은 행정소송이 아닌 민사소송의 대상이 될 수 밖에 없다고 할 것이다(대판 1983.12.27. 81누366).

㉥ **[사법관계]** 공공사업의 시행자가 토지수용법에 의하여 그 사업에 필요한 토지를 취득하는 경우 그것이 협의에 의한 취득이고 토지수용법 제25조의2의 규정에 의한 협의 성립의 확인이 없는 이상, 그 취득행위는 어디까지나 사경제 주체로서 행하는 사법상의 취득으로서 승계취득한 것으로 보아야 할 것이다(대판 1996.2.13. 95다3510).

정답 ③

048 [10경행특채]

다음 중 판례에서 공법상 법률관계로 본 것은 모두 몇 개인가?

㉠ 전화가입 계약
㉡ 수도료 부과징수 및 그 납부관계
㉢ 국유잡종재산에 대한 대부료 납부고지
㉣ 도시재개발조합에 대하여 조합원자격 확인을 구하는 관계
㉤ 환매권의 행사
㉥ 조세과오납반환청구

① 1개　② 2개
③ 3개　④ 4개

해설

② 판례가 공법상 법률관계로 본 것은 ㉡, ㉣ 2개이다.

㉠ **[사법관계]** 전화가입계약은 전화가입희망자의 가입청약과 이에 대한 전화관서의 승락에 의하여 성립하는 영조물 이용의 계약관계로서 그 성질은 사법상의 계약관계에 불과하다(대판 1982.12.28. 82누441).

㉡ **[공법관계]** 수도법에 의하여 지방자치단체인 수도사업자가 수도물의 공급을 받는 자에 대하여 하는 수도료의 부과징수와 이에 따른 수도료의 납부관계는 공법상의 권리의무관계라 할 것이므로 이에 관한 소송은 행정소송절차에 의하여야 한다(대판 1977.2.22. 76다2517).

㉢ **[사법관계]** 대판 2000.2.11. 99다61675.

㉣ **[공법관계]** 구 도시재개발법에 의한 재개발조합은 조합원에 대한 법률관계에서 공법상의 권리의무 관계에 서 있다. 따라서 조합을 상대로 한 쟁송에 있어서 강제가입제를 특색으로 한 조합원의 자격 인정 여부에 관하여 다툼이 있는 경우에는 그 단계에서는 아직 조합의 어떠한 처분 등이 개입될 여지는 없으므로 공법상의 당사자소송에 의하여 그 조합원 자격의 확인을 구할 수 있다(대판 1996.2.15. 94다31235 전원합의체).

㉤ **[사법관계]** 대판 1992.4.24. 92다4673.

㉥ **[사법관계]** 납부한 양도소득세 일부의 환급사유가 생겼다면, 국가는 환급해 줄 세액에 관한 한 법률상 원인 없이 수령한 것이 되어 부당이득이 되고 납세의무자는 국세당국의 환급거부처분에 대한 행정쟁송을 할 것이 아니라 바로 부당이득의 반환을 구하는 민사소송으로 그 환급청구를 하면 된다(대판 1991.7.9. 91다13342).

정답 ②

049 [18교육행정]

행정상 법률관계에 관한 설명으로 옳은 것을 〈보기〉에서 고른 것은?

〈보 기〉

ㄱ. 공법관계와 사법관계는 1차적으로 관계법령의 규정 내용과 성질 등을 기준으로 구별한다.
ㄴ. 행정상 법률관계를 공법관계와 사법관계로 구분하는 것은 각각의 소송절차와도 관련된다.
ㄷ. 「초·중등교육법」상 사립중학교에 대한 중학교 의무교육의 위탁관계는 사법관계에 속한다.
ㄹ. 행정사법(行政私法) 영역에서는 사법이 적용되며, 공법원리는 추가로 적용될 수 없다.

① ㄱ, ㄴ　② ㄱ, ㄷ　③ ㄴ, ㄹ　④ ㄷ, ㄹ

해설

ㄱ. (O) 공법관계와 사법관계는 관련법규정을 1차적 기준으로 하여 구별한다. 예컨대 법규가 행정상 강제집행 등을 인정하고 있는 경우에 그 법규는 공법이며 그 대상이 되는 행위는 공법행위가 되므로 이와 관련된 법률관계는 공법관계가 된다.

ㄴ. (O) 공법관계에 관한 소송은 행정소송으로 제기하여야 한다. 즉 처분 또는 부작위에 관한 다툼은 행정소송 중 항고소송을 제기하여야 하고, 그 밖의 공법상 법률관계에 대한 분쟁의 경우에는 행정소송 중 당사자소송을 제기하여야 한다. 반면 사법관계에 관한 분쟁은 민사소송으로 해결하여야 한다.

ㄷ. (X) 중학교 의무교육의 위탁관계는 초·중등교육법 제12조 제3항, 제4항 등 관련 법령에 의하여 정해지는 공법적 관계로서, 대등한 당사자 사이의 자유로운 의사를 전제로 사익 상호간의 조정을 목적으로 하는 민법 제688조의 수임인의 비용상환청구권에 관한 규정이 그대로 준용된다고 보기도 어렵다(대판 2015. 1. 29. 2012두7387).

ㄹ. (X) 행정사법관계도 사법관계의 일종이므로 원칙적으로 사법에 의해 규율된다. 그러나 행정주체가 행하는 작용의 실질은 공행정작용이므로 일정한 공법원리도 적용된다고 본다.

정답 ①

050 [20국가7급]

공법관계와 사법관계에 대한 설명으로 옳은 것은? (다툼이 있는 경우 판례에 의함)

① 구 예산회계법에 따른 입찰보증금의 국고귀속조치는 국가가 공법상의 재산권의 주체로서 행위하는 것으로 그 행위는 공법행위에 속한다.

② 공유재산의 관리청이 행하는 행정재산의 사용・수익에 대한 허가는 순전히 사경제주체로서 행하는 사법상의 법률행위이다.

③ 개발부담금 부과처분이 취소된 후의 부당이득으로서의 과오납금반환에 관한 법률관계는 공법상 법률관계이다.

④ 공익사업을 위한 토지 등의 취득 및 보상에 관한 법령에 의한 협의취득은 사법상의 법률행위이다.

해설

① (X) 입찰보증금의 국고귀속조치는 국가가 사법상의 재산권의 주체로서 행위하는 것이지 공권력을 행사하는 것이거나 공권력작용과 일체성을 가진 것이 아니라 할 것이므로 이에 관한 분쟁은 행정소송이 아닌 민사소송의 대상이 될 수밖에 없다고 할 것이다(대판 1983.12.27. 81누366).

② (X) 국유재산 등의 관리청이 하는 행정재산의 사용·수익에 대한 허가는 순전히 사경제주체로서 행하는 사법상의 행위가 아니라 관리청이 공권력을 가진 우월적 지위에서 행하는 행정처분으로서 특정인에게 행정재산을 사용할 수 있는 권리를 설정하여 주는 강학상 특허에 해당한다(대판 2006.3.9. 2004다31074).

③ (X) 개발부담금 부과처분이 취소된 이상 그 후의 부당이득으로서의 과오납금 반환에 관한 법률관계는 단순한 민사 관계에 불과한 것이고, 행정소송 절차에 따라야 하는 관계로 볼 수 없다(대판 1995. 12. 22. 94다51253).

④ (O) 협의취득은 공공사업에 필요한 토지 등을 그 소유자와의 협의에 의하여 취득하는 것으로서 공공기관이 사경제주체로서 행하는 사법상 매매 내지 사법상 계약의 실질을 가지는 것이지 행정청이 공권력의 주체로서 상대방의 의사 여하에 불구하고 일방적으로 행하는 행정처분이라 볼 수 없는 것이다(대판 2010.11.11. 2010두14367).

정답 ④

051 [20지방9급]

공법관계와 사법관계에 대한 설명으로 옳은 것은? (다툼이 있는 경우 판례에 의함)

① 행정절차법은 공법관계는 물론 사법관계에 대해서도 적용된다.

② 공법관계는 행정소송 중 항고소송의 대상이 되며, 사인 간의 법적 분쟁에 관한 사법관계는 행정소송 중 당사자소송의 대상이 된다.

③ 법률관계의 한쪽 당사자가 행정주체인 경우에는 공법관계로 보는 것이 판례의 일관된 입장이다.

④ 입찰보증금의 국고귀속조치는 국가가 사법상의 재산권의 주체로서 행위하는 것이지, 공권력을 행사하는 것이거나 공권력작용과 일체성을 가진 것이 아니라 할 것이다.

해설

① (X) 행정절차법은 기본적으로 처분의 절차에 관해 규정한 법으로 사법관계에 대해서는 적용되지 않는다.

② (X) 공법관계는 항고소송 혹은 당사자소송의 대상이 되며, 사법관계는 민사소송의 대상이 된다.

③ (X) 법률관계의 한쪽 당사자가 행정주체인 경우에도 사법관계일 수 있다. 국가를 당사자로 하는 계약에 관한 법률이 적용되는 경우 기본적으로 사법관계로 보는 것이 판례의 입장이다.

④ (O) 입찰보증금의 국고귀속조치는 국가가 사법상의 재산권의 주체로서 행위하는 것이지 공권력을 행사하는 것이거나 공권력작용과 일체성을 가진 것이 아니라 할 것이므로 이에 관한 분쟁은 행정소송이 아닌 민사소송의 대상이 될 수밖에 없다고 할 것이다(대판 1983.12.27. 81누366).

정답 ④

052 [16국회8급]

공법관계와 사법관계의 구별 및 그에 따른 쟁송방식에 대한 설명으로 옳지 않은 것은? (다툼이 있는 경우 판례에 의함)

① 국가를 당사자로 하는 계약에 관한 법률에 의하여 국가와 사인 간에 체결된 계약은 특별한 사정이 없는 한 사법상의 계약으로서 그 본질적인 내용은 사인 간의 계약과 다를 바가 없다.

② 국·공유 일반재산의 대부·매각·교환·양여행위는 사법상의 행위로서 그에 대해서는 민사소송으로 다투어야 한다.

③ 행정재산을 원래의 목적 외로 사용할 경우 그에 대한 사용·수익허가는 행정처분으로서 항고소송의 대상이 된다. 그러나 사용허가를 받은 행정재산을 전대하는 경우 그 전대행위는 사법상의 임대차에 해당한다.

④ 각종 사회보험, 연금관련법 등에 따른 사회보장급부청구권 등은 공권으로 본다. 다만 이러한 공권을 행사한 경우 당해 행정청이 이를 거부하였다면 항고소송의 대상성이 인정되고 법령에 의해 바로 급부청구권이 발생하는 경우에는 당사자소송의 대상이 된다.

⑤ 국가를 당사자로 하는 계약에 관한 법률에 의하여 국가기관이 특정기업의 입찰참가자격을 제한하는 경우 이것은 사법관계이므로 이에 대해 다투기 위하여서는 민사소송을 제기하여야 한다.

해설

① (O) 국가를 당사자로 하는 계약은 그 본질적인 내용이 사인 간의 계약과 다를 바가 없으므로 그 법령에 특별한 규정이 있는 경우를 제외하고는 사법의 규정 내지 법원리가 그대로 적용된다(대판 2012.12.27. 2012다15695).

② (O) 국유임야를 대부하거나 매각 또는 양여하는 행위는 사경제주체로서 상대방과 대등한 입장에서 하는 사법상의 행위이므로 국유임야무상양여신청서를 반려한 거부처분도 단순한 사법상의 행위일 뿐 행정행위가 아니므로 행정소송의 대상이 되지 아니한다(대판 1983.8.23. 83누239).

③ (O) 한국공항공단이 무상사용허가를 받은 행정재산에 대하여 하는 전대행위는 통상의 사인간의 임대차와 다를 바가 없고, 그 임대차계약이 임차인의 사용승인신청과 임대인의 사용승인의 형식으로 이루어졌다고 하여 달리 볼 것은 아니다(대판 2004. 1. 15. 2001다12638).

④ (O) 사회보장급부청구권의 경우 공권에 해당하며 행정청의 거부에 의해 권리의무가 변동되는 경우 항고소송, 법령에 의해 곧바로 권리의무가 발생하는 경우 당사자소송의 대상이 된다.

⑤ (X) 「국가를 당사자로 하는 계약에 관한 법률」상 중앙행정관서의 장이나 행정청이 행하는 입찰참가자격제한조치는 권력적 사실행위이므로 취소소송의 대상이 된다(대판 1983.7.12. 83누127).

정답 ⑤

053 [16서울7급]

서울지방국토관리청이 기획재정부장관으로부터 관할 행정재산 관리사무를 법률에 따라 위임받아 특정 행정재산의 사용허가를 한 경우, 이에 대한 설명으로 가장 옳은 것은?

① 서울지방국토관리청이 행하는 행정재산의 사용허가는 순전히 사경제주체로서 행하는 사법상의 행위가 아니라 국가행정기관이 공권력을 보유한 우월적 지위에서 행하는 행정처분이다.

② 서울지방국토관리청의 사용허가는 특정인에게 행정재산을 사용할 수 있는 권리를 설정해주는 강학상 특허에 해당하므로 그 취소나 철회에 대하여는 항고소송을 통해 다툴 수 있으며, 이때 피고는 해당 사무를 위임한 기획재정부장관이다.

③ 서울지방국토관리청의 행정재산 사용허가에 있어서 해당 행정청이 정한 사용허가기간은 그 허가의 효력을 제한하기 위한 행정행위의 부관이므로 이는 독립하여 행정소송의 대상이 될 수 있다.

④ 서울지방국토관리청의 그 효력을 제한한 사용허가로 인하여 사용허가의 일부거부를 취소하는 소송을 제기할 때 그 소송의 제1심 관할법원은 피고의 소재지를 관할하는 행정법원이 아니라 해당 행정재산의 소재지를 관할하는 행정법원이다.

해설

① **(O)** 대판 2006.3.9. 2004다31074.

② **(X)** 피고는 해당 사두를 위임한 기획재정부장관이 아니라 수임청인 서울지방국토관리청이다.

③ **(X)** 행정재산에 대한 사용·수익허가에서 공유재산의 관리청이 정한 사용·수익허가의 기간은 그 허가의 효력을 제한하기 위한 행정행위의 부관으로서 이러한 사용·수익허가의 기간에 대해서는 독립하여 행정소송을 제기할 수 없다(대판 2001.06.15. 99두509).

④ **(X)** 대법원 소재지를 관할하는 행정법원에 소를 제기할 수 있다(행정소송법 제9조 제2항).

정답 ①

054 [16지방7급]

간접국가행정에 대한 설명으로 옳지 않은 것은? (다툼이 있는 경우 판례에 의함)

① 국가로부터 독립한 법인격 있는 단체를 통해 수행되는 국가행정을 간접국가행정이라고 하고, 이를 행하는 간접국가행정조직으로는 공법상 사단, 공법상 재단, 공법상 영조물법인 등이 있다.

② 헌법재판소는 정부투자기관(한국토지공사)의 출자로 설립된 회사(한국토지신탁) 내부의 근무관계(인사상의 차별 및 해고)에 관한 사항은 특별한 공법적 규정이 존재하는 경우라도 사법관계에 속하는 것이라고 본다.

③ 대법원은 농지개량조합(현 한국농어촌공사)과 그 직원과의 관계는 사법상의 근로계약관계가 아닌 공법상의 특별권력관계이고, 그 조합의 직원에 대한 징계처분의 취소를 구하는 소송은 행정소송사항에 속한다고 본다.

④ 헌법재판소는 한국방송공사의 직원 채용관계는 특별한 공법적 규제 없이 한국방송공사의 자율에 맡겨진 셈이 되므로 이는 사법적인 관계에 해당한다고 봄이 상당하고, 직원 채용관계가 사법적인 것이라면 그러한 채용에 필수적으로 따르는 사전절차로 채용시험의 응시자격을 정한 공고 또한 사법적인 성격을 지닌다고 할 것이므로, 이러한 채용시험공고는 헌법소원으로 다툴 수 있는 공권력의 행사에 해당하지 않는다고 한다.

해설

① (O) 국가로부터 독립한 법인격 있는 단체를 통해 수행되는 국가행정을 간접국가행정이라 하고, 이러한 행정을 행하는 법인의 조직에 관한 법을 간접국가행정조직법이라고 부른다. 간접국가행정조직에는 공법상 사단·공법상 재단·공법상 영조물법인 등이 있다.

② (X) 헌재는 정부투자기관(한국토지공사)의 출자로 설립된 회사(한국토지신탁) 내부의 근무관계(인사상의 차별 및 해고)에 관한 사항은, 이를 규율하는 특별한 공법적 규정이 존재하지 않는 한, 원칙적으로 사법관계에 속하므로 헌법소원의 대상이 되는 공권력 작용이라고 볼 수 없다(헌재 2006. 11. 30. 2005헌마855)고 하여 특별한 공법적 규정이 존재하는 경우에는 공권력의 행사로 볼 수 있다는 취지로 판시하였다.

③ (O) 대판 1995.06.09. 94누10870.

④ (O) 한국방송공사의 직원 채용관계는 특별한 공법적 규제 없이 한국방송공사의 자율에 맡겨진 셈이 되므로 이는 사법적인 관계에 해당한다고 봄이 상당하다. 이 사건 공고는 헌법소원으로 다툴 수 있는 공권력의 행사에 해당하지 않는다(헌재 2006. 11. 30. 2005헌마855).

정답 ②

II 행정상 법률관계

055 [11사회복지]

행정법관계에 대한 설명으로 옳지 않은 것은?

① 행정상의 법률관계 가운데 공법의 규율을 받는 관계이다.
② 권력관계란 행정주체에게 개인에게는 인정되지 않는 우월적 지위가 인정되는 법률관계이다.
③ 관리관계는 공법관계에 속하므로 전면적으로 공법규정 내지 공법원리가 적용된다.
④ 특별권력관계에 있어서 권리를 침해당한 자는 행정소송을 제기할 수 있다.

해설

① (O) 행정법관계는 행정권의 주체인 국가 또는 공공단체와 그 상대방인 국민사이의 법률관계 중 공법이 적용되는 법률관계를 말한다.

② (O) 권력관계란 국가 등 행정주체가 우월한 의사주체의 지위에 서서 일방적으로 국민에게 명령·강제하거나, 일방적으로 국민의 법률관계를 발생·변경·소멸시키는 관계를 말한다.

③ (X) 관리관계란 행정주체가 공권력의 주체로서 아니라 사업 또는 재산의 관리주체로서 국민과 맺는 법률관계를 말한다(예 공물의 관리, 공기업의 경영). 관리관계는 본질적으로 사법관계이므로 공공의 이익과 관련되는 한도 내에서만 특별한 공법적 규율을 받게 되고 그 밖에는 사법에 의해 규율된다.

④ (O) 전통적 특별권력관계이론에 의하면 특별권력관계 내부의 행위는 사법심사의 대상이 되지 않는다. 그러나 오늘날 특별권력관계에서도 전면적으로 사법심사가 이루어진다.

정답 ③

III 행정법관계의 특질

IV 행정법관계의 당사자

056 [17국가7급]

다음 설명의 ㉠ ~ ㉣에 해당하는 행정기관을 바르게 연결한 것은?

㉠ 행정주체의 의사를 결정하는 권한만을 가지고 이를 외부에 표시할 권한은 가지지 못하는 기관
㉡ 행정청의 명을 받아 행정청이 발한 의사를 집행하여 행정상 필요한 상태를 실현하는 기관
㉢ 행정주체의 의사를 자기의 이름으로 외부에 표시하는 권한을 가진 기관
㉣ 행정청에 소속되어 행정청의 의사결정을 보조하거나 그 명을 받아 사무에 종사하는 기관

	㉠	㉡	㉢	㉣
①	「국가공무원법」상 징계위원회	국가기록원	대전지방경찰청	행정 각부의 차관보
②	서울특별시장	감사원	중앙행정심판위원회	행정 각부의 차관보
③	「국가공무원법」상 징계위원회	소방공무원	중앙행정심판위원회	행정 각부의 실장
④	과천시장	국립병원	경찰공무원	행정 각부의 과장

해설

㉠ 은 의결기관을 말하며 징계위원회가 그 예이다. 서울특별시장, 과천시장은 의결기관이아니라 행정청에 해당한다. ㉡ 은 행정청 아닌 집행기관을 말하며 일선 공무원이 그 예이다. 국가기록원은 행정기관, 감사원은 행정청에 해당하고 국립병원은 영조물에 불과하다. ㉢ 은 행정청에 대한 설명이다. 경찰청장이 아닌 경찰청이나 일선 경찰공무원은 행정청이 아니다. ㉣ 은 보조기관에 대한 설명으로 차관, 국장, 실장 등이 그 예이다. 차관보는 보좌기관에 해당한다.

정답 ③

057 [17서울9급]

행정상 법률관계의 당사자에 관한 설명으로 옳은 것은? (다툼이 있는 경우 판례에 의함)

① 국가나 지방자치단체는 행정청과는 달리 당사자소송의 당사자가 될 수 있고 국가배상책임의 주체가 될 수 있다.

② 법인격 없는 단체는 공무수탁사인이 될 수 없다.

③ 「도시 및 주거환경정비법」에 따른 주택재건축정비조합은 공법인으로서 행정주체의 지위를 가진다고 보기 어렵다.

④ 「민영교도소 등의 설치·운영에 관한 법률」상의 민영교도소는 행정보조인(행정보조자)에 해당한다.

해설

① (O)

> **행정소송법 제39조(피고적격)** 당사자소송은 국가·공공단체 그 밖의 권리주체를 피고로 한다.
>
> **국가배상법 제2조(배상책임)** ① 국가나 지방자치단체는 공무원 또는 공무를 위탁받은 사인(이하 "공무원"이라 한다)이 직무를 집행하면서 고의 또는 과실로 법령을 위반하여 타인에게 손해를 입히거나, 「자동차손해배상 보장법」에 따라 손해배상의 책임이 있을 때에는 이 법에 따라 그 손해를 배상하여야 한다.

② (X) 공무수탁사인은 자연인은 물론 법인, 법인격이 없는 단체도 될 수 있다.

③ (X) 주택재건축정비사업조합은 관할 행정청의 감독 아래 도시정비법상의 주택재건축사업을 시행하는 공법인으로서, 그 목적범위 내에서 행정주체의 지위를 갖는다(대판 2009.9.17. 2007다2428 전원합의체).

④ (X) 민영교도소는 행정보조자가 아니라 공무수탁사인에 해당한다.

> **민영교도소 등의 설치·운영에 관한 법률 제3조 (교정업무의 민간 위탁)** ① 법무부장관은 필요하다고 인정하면 이 법에서 정하는 바에 따라 교정업무를 공공단체 외의 법인·단체 또는 그 기관이나 개인에게 위탁할 수 있다. 다만, 교정업무를 포괄적으로 위탁하여 한 개 또는 여러 개의 교도소등을 설치·운영하도록 하는 경우에는 법인에만 위탁할 수 있다.

정답 ①

058 [18서울7급(上)]

공무수탁사인에 해당되지 않는 것은?

① 「도로교통법」상 견인업무를 대행하는 자동차견인업자

② 「민영교도소 등의 설치운영에 관한 법률」상 교정업무를 수행하는 민영교도소

③ 「항공안전 및 보안에 관한 법률」상 경찰임무를 수행하는 항공기의 기장

④ 「공익사업을 위한 토지 등의 취득 및 보상에 관한 법률」상 토지수용권을 행사하는 사인

해설

① (X) 사법상 계약을 통해 주차위반차량을 견인하는 민간사업자는 공무수탁사인에 해당하지 않는다.

정답 ①

059 [17서울7급]

공무수탁사인에 관한 설명으로 옳은 것을 모두 고른 것은?

ㄱ. 공무수탁사인은 행정주체이면서 동시에 행정청의 지위를 갖는다.
ㄴ. 경찰과의 계약을 통해 주차위반차량을 견인하는 민간사업자도 공무수탁사인에 해당한다.
ㄷ. 중앙관서장뿐만 아니라 지방자치단체장도 자신의 사무 중 조사·검사·검정·관리업무 등 주민의 권리·의무와 직접 관련되지 아니하는 사무를 개인에게 위탁할 수 있다.
ㄹ. 국가가 공무수탁사인의 공무수탁사무수행을 감독하는 경우 수탁사무수행의 합법성뿐만 아니라 합목적성까지도 감독할 수 있다.

① ㄱ, ㄴ ② ㄱ, ㄷ ③ ㄱ, ㄷ, ㄹ ④ ㄴ, ㄷ, ㄹ

해설

ㄱ. (O) 공무수탁사인이라 함은 행정주체로부터 법령에 의하여 공적인 임무를 위탁받아 자신의 이름으로 공행정 사무를 수행하는 행정주체로서의 지위를 가지는 사인을 말한다. 공무수탁사인은 행정청의 지위도 아울러 가지는 이유로 항고소송과 당사자소송의 피고적격을 가진다.

> **행정소송법 제2조(정의)** ② 이 법을 적용함에 있어서 행정청에는 법령에 의하여 행정권한의 위임 또는 위탁을 받은 행정기관, 공공단체 및 그 기관 또는 사인이 포함된다.
>
> **행정절차법 제2조(정의)** 이 법에서 사용하는 용어의 뜻은 다음과 같다.
> 1. "행정청"이란 다음 각 목의 자를 말한다.
> 가. 행정에 관한 의사를 결정하여 표시하는 국가 또는 지방자치단체의 기관
> 나. 그 밖에 법령 또는 자치법규(이하 "법령등"이라 한다)에 따라 행정권한을 가지고 있거나 위임 또는 위탁받은 공공단체 또는 그 기관이나 사인(私人)

ㄴ. (X) 사법상 계약을 통해 주차위반차량을 견인하는 민간사업자는 공무수탁사인에 해당하지 않는다.

ㄷ. (O)

> **행정권한의 위임 및 위탁에 관한 규정 제11조(민간위탁의 기준)** ① 행정기관은 법령으로 정하는 바에 따라 그 소관 사무 중 조사·검사·검정·관리 사무 등 국민의 권리·의무와 직접 관계되지 아니하는 다음 각 호의 사무를 민간위탁할 수 있다.
> 1. 단순 사실행위인 행정작용
> 2. 공익성보다 능률성이 현저히 요청되는 사무
> 3. 특수한 전문지식 및 기술이 필요한 사무
> 4. 그 밖에 국민 생활과 직결된 단순 행정사무
>
> **지방자치법 제104조(사무의 위임 등)** ③ 지방자치단체의 장은 조례나 규칙으로 정하는 바에 따라 그 권한에 속하는 사무 중 조사·검사·검정·관리업무 등 주민의 권리·의무와 직접 관련되지 아니하는 사무를 법인·단체 또는 그 기관이나 개인에게 위탁할 수 있다.

ㄹ. (O)

> **행정권한의 위임 및 위탁에 관한 규정 제6조(지휘·감독)** 위임 및 위탁기관은 수임 및 수탁기관의 수임 및 수탁사무 처리에 대하여 지휘·감독하고, 그 처리가 위법하거나 부당하다고 인정될 때에는 이를 취소하거나 정지시킬 수 있다.

정답 ③

V 공권과 공의무 관계(행정법관계의 내용)

060 [15교육행정]

개인적 공권에 관한 설명으로 옳은 것은? (다툼이 있으면 판례에 따름)

① 행정개입청구권은 현행법상 의무이행소송을 통하여 행사될 수 있다.
② 처분의 근거법규가 재량규정으로 되어 있는 경우에는 공권이 성립될 수 없다.
③ 헌법상의 모든 기본권은 법률에 의해 구체화되지 않더라도 재판상 주장될 수 있는 구체적 공권이다.
④ 처분의 직접적인 근거법규뿐만 아니라 관계법규가 사익을 보호하는 것으로 인정되는 경우에도 공권이 성립될 수 있다.

해설

① (X) 우리 행정소송법은 의무이행소송을 인정하고 있지 않으므로 이를 직접적으로 하여 소송을 제기할 수는 없다. 따라서 이러한 개인의 청구에 대해 행정기관이 이를 거부한 경우에는 그 거부처분에 대해 의무이행심판청구 또는 취소소송을, 이를 방치하는 경우(부작위)에는 의무이행심판청구 또는 부작위위법확인소송을 통해 이를 소송상 실현할 수 있다.

② (X) 최근 공권의 확대화 경향에 따라 일정한 경우 재량행위에도 공권이 성립할 수 있다(무하자재량행사청구권, 행정개입청구권).

③ (X) 헌법이 보장하는 국민의 기본권은 공권이지만, 모든 기본권이 언제나 국민에게 구체적이고도 현실적인 권리를 부여하는 것은 아니다. 자유권, 평등권, 재산권 등은 기본권규정에 의하여 직접 개인적 공권이 성립될 수 있지만, 사회적 기본권·청구권적 기본권은 법률이 사회적 기본권·청구권적 기본권의 행사절차, 내용, 범위 등을 확정하기 전에는 구체적 현실적 권리로 볼 수 없기 때문에 사회적 기본권·청구권적 기본권으로부터 곧바로 구체적인 개인적 공권이 성립한다고 보기 어렵다.

④ (O) 법률상 보호되는 이익이라 함은 당해 처분의 근거 법규 및 관련 법규에 의하여 보호되는 개별적·직접적·구체적 이익이 있는 경우를 말한다(대판 2005.5.12. 2004두14229. 대판 2006.3.16. 2006두330).

정답 ④

오늘날 공권의 성립요건 가운데 '의사력(법상의 힘)의 존재'를 요구하는 것이 새로운 경향이다. [13국가7급]

| 해설

(X) 독일 뷜러(Bühler)의 이론에 따르면, 공권의 성립요건으로 강행법규의 존재(행정청의 의무 존재), 사익보호성(사익보호목적의 존재), 소구가능성의 존재(재판청구권) 3가지가 요구되어 왔다. 오늘날 소구가능성의 존재(법상의 힘)의 요건은 의미가 없다. 행정소송법은 행정소송대상에 대하여 개괄주의를 취하고 있기 때문에 앞의 요건만 충족되면 소제기가 가능하기 때문이다.

061 [17국회8급]

공법상 법률관계에 대한 설명으로 옳은 것은? (다툼이 있는 경우 판례에 의함)

① 행정청이 특정 개발사업의 시행자를 지정하는 처분을 하면서 상대방에게 지정처분의 취소에 대한 소권을 포기하도록 하는 내용의 부관을 붙이는 것은 단지 부제소특약만을 덧붙이는 것이어서 허용된다.

② 공무원연금수급권은 헌법 규정만으로는 이를 실현할 수 없고 그 수급요건, 수급권자의 범위 및 급여금액은 법률에 의하여 비로소 확정된다.

③ 환경영향평가 대상지역 밖에 거주하는 주민은 관계 법령의 내용과는 상관없이 헌법상의 환경권에 근거하여 제3자에 대한 공유수면매립면허처분을 취소할 것을 청구할 수 있는 공권을 가진다.

④ 국유재산의 무단점유자에 대한 변상금 부과 · 징수권과 민사상 부당이득반환청구권은 양자 중 어느 한쪽만 성립하여 존재할 수 있을 뿐 양자가 경합하여 병존할 수는 없다.

⑤ 보조금 관리에 관한 법률에 따라 중앙관서의 장이 보조사업자에게 보조금반환을 명하였음에도 보조사업자가 이를 반환하지 아니하는 경우, 중앙관서의 장은 강제징수의 방법과 민사소송의 방법을 합리적 재량에 의하여 선택적으로 활용할 수 있다.

해설

① (X) 부제소특약은 당사자가 임의로 처분할 수 없는 공법상의 권리관계를 대상으로 하여 사인의 국가에 대한 공권인 소권을 당사자의 합의로 포기하는 것으로서 허용될 수 없다(대판 1998.8.21. 98두8919).

② (O) 공무원연금 수급권과 같은 사회보장수급권은 사회적 기본권 중의 하나로서, 이는 헌법규정만으로는 이를 실현할 수 없고, 그 구체적인 내용 즉 수급요건, 수급권자의 범위 및 급여금액 등은 법률에 의하여 비로소 확정된다(헌재 2013. 9. 26. 2011헌바272 [합헌]).

③ (X) 환경영향평가 대상지역 밖에 거주하는 주민에게 헌법상의 환경권 또는 환경정책기본법에 근거하여 공유수면매립면허처분과 농지개량사업 시행인가처분의 무효 확인을 구할 원고적격이 없다(대판 2006.03.16. 2006두330 전원합의체).

④ (X) 국유재산법에 의한 변상금 부과·징수권은 민사상 부당이득반환청구권과 법적 성질을 달리하므로, 국가는 무단점유자를 상대로 변상금 부과·징수권의 행사와 별도로 국유재산의 소유자로서 민사상 부당이득반환청구의 소를 제기할 수 있다(대판 2014.07.16. 2011다76402 전원합의체).

⑤ (X) 중앙관서의 장으로서는 반환하여야 할 보조금을 국세체납처분의 예에 의하여 강제징수할 수 있고, 위와 같은 중앙관서의 장이 가지는 반환하여야 할 보조금에 대한 징수권은 공법상 권리로서 사법상 채권과는 성질을 달리하므로, 중앙관서의 장으로서는 보조금을 반환하여야 할 자에 대하여 민사소송의 방법으로는 반환청구를 할 수 없다(대판 2012. 3. 15. 2011다17328).

정답 ②

062 [12국회9급]

주관적 공권에 관한 판례의 입장으로 옳지 않은 것은?

① 허가 등 수익적 행정처분의 근거가 되는 법률이 해당 업자들 사이의 과당경쟁으로 인한 경영의 불합리를 방지하는 것을 목적으로 하는 경우, 기존의 업자는 타인에 대한 허가의 취소를 구할 법률상 이익이 있다.

② 서로 경원관계에서 허가가 어느 한 사람에게 발급된 경우, 허가를 받지 못한 자는 타인에 대한 허가의 취소를 구할 법률상 이익이 있다.

③ 상수원보호구역 내의 지역주민들은 환경권과 주거에 따른 행위제한을 받으므로 상수원보호구역변경처분의 취소를 구할 법률상 이익이 있다.

④ 환경영향평가 대상지역 밖의 주민이라도 공유수면매립면허처분으로 처분 전과 비교하여 수인한도를 넘는 환경피해를 받을 우려 등을 입증한 경우에는 처분의 무효확인을 구할 수 있다.

⑤ 주거지역 등에의 공설화장장 설치를 금지함에 의하여 보호되는 부근 주민들의 이익은 도시계획결정처분의 근거 법률에 의하여 보호되는 법률상 이익이라 할 것이다.

해설

① **(O)** 면허나 인·허가 등의 수익적 행정처분의 근거가 되는 법률이 해당 업자들 사이의 과당경쟁으로 인한 경영의 불합리를 방지하는 것도 그 목적으로 하고 있는 경우 다른 업자에 대한 면허나 인·허가 등의 수익적 행정처분에 대하여 기존의 업자는 행정처분의 상대방이 아니라 하더라도 당해 행정처분의 취소를 구할 당사자적격이 있다(대판 1999.10.12. 99두6026).

② **(O)** 허가 등의 처분을 받지 못한 자는 비록 경원자에 대하여 이루어진 허가 등 처분의 상대방이 아니라 하더라도 당해 처분의 취소를 구할 원고 적격이 있다. 다만, 명백한 법적 장애로 인하여 원고 자신의 신청이 인용될 가능성이 처음부터 배제되어 있는 경우에는 당해 처분의 취소를 구할 정당한 이익이 없다(대판 2009.12.10. 2009두8359).

③ **(X)** 상수원보호구역 설정의 근거가 되는 수도법이 보호하고자 하는 것은 상수원의 확보와 수질보전일 뿐이고, 그 상수원에서 급수를 받고 있는 지역주민들이 가지는 상수원의 오염을 막아 양질의 급수를 받을 이익은 직접적이고 구체적으로는 보호하고 있지 않음이 명백하여 위 지역주민들이 가지는 이익은 상수원의 확보와 수질보호라는 공공의 이익이 달성됨에 따라 반사적으로 얻게 되는 이익에 불과하므로 지역주민들에 불과한 원고들에게는 위 상수원보호구역변경처분의 취소를 구할 법률상의 이익이 없다(대판 1995.9.26. 94누14544).

④ **(O)** 환경영향평가 대상지역 밖의 주민이라 할지라도 수인한도를 넘는 환경피해를 받거나 받을 우려가 있는 경우에는, 환경상 이익에 대한 침해 또는 침해우려가 있다는 것을 입증함으로써 그 처분 등의 무효확인을 구할 원고적격을 인정받을 수 있다(대판 2006.3.16. 2006두330 전원합의체).

⑤ **(O)** 도시계획법 제12조 뿐만 아니라 매장및묘지등에관한법률 및 같은법 시행령 등의 규정에 의한 주거지역, 상업지역, 공업지역 및 녹지지역 안의 풍치지구 등에의 공설화장장 설치를 금지함에 의하여 보호되는 부근 주민들의 이익은 위 도시계획결정처분의 근거 법률에 의하여 보호되는 법률상 이익이다(대판 1995.9.26. 94누14544).

정답 ③

063 [16국회8급]

행정처분에 의한 제재를 받을 사유가 있는 영업자가 영업을 양도하거나 이미 행정처분에 의해 제재를 받은 자가 그 제재나 제재의 효과를 피하기 위하여 영업을 양도하는 경우에 대한 설명으로 옳은 것은? (다툼이 있는 경우 판례에 의함)

① 「식품위생법」 제78조나 「먹는물관리법」 제49조에서와 같이 개별법상 명문규정으로 책임의 승계를 규정하지 않는 한 양수인에게 양도인의 행위에 따른 제재를 할 수 없다.

② 대법원은 명문규정이 없으면 원칙적으로 양수인의 법적책임을 부인하지만 대인적 처분의 경우에는 명문규정이 없어도 양수인에게 책임이 승계된다고 판시하고 있다.

③ 대법원은 영업정지 등의 제재처분에 있어서는 양도인에게 발생한 책임이 양수인에게 승계되는 것을 인정하지만 과징금의 부과에 대해서는 이를 인정하지 않고 있다.

④ 대법원은 양도인 양수인 사이에 책임의 승계는 인정하지만 법적 책임을 부과하기 이전 단계에서의 제재사유의 승계는 현재까지 부정하고 있다.

⑤ 「식품위생법」 제78조나 「먹는물관리법」 제49조는 명문규정으로 책임의 승계를 인정하고 있는데, 양수인이 양수할 때에 양도인에 대한 제재처분이나 위반사실을 알지 못하였음을 입증하였을 때에는 책임의 승계를 부인하고 있다.

해설

① (X) ② (X) ④ (X) 석유판매업(주유소)허가는 소위 대물적 허가의 성질을 갖는 것이어서 그 사업의 양도도 가능하고 만약 양도인에게 그 허가를 취소할 위법사유가 있다면 허가관청은 이를 이유로 양수인에게 응분의 제재조치를 취할 수 있다 할 것이고, 양도인의 귀책사유는 양수인에게 그 효력이 미친다(대판 1986.7.22. 86누203).

③ (X) 석유판매업 지위승계에는 종전 석유판매업자가 유사석유제품을 판매함으로써 받게 되는 사업정지 등 제재처분의 승계가 포함되어 그 지위를 승계한 자에 대해 사업정지 등의 제재처분을 취할 수 있다고 보아야 하고 같은 법 제14조 제1항 소정의 과징금부과처분을 사업정지처분과 달리 볼 이유가 없다(대판 2003. 10.23. 2003두8005).

⑤ (O) 식품위생법 제78조, 먹는물관리법 제49조.

정답 ⑤

064 [21국가7급]

행정법관계에 대한 설명으로 옳지 않은 것은? (다툼이 있는 경우 판례에 의함)

① 행정에 관한 기간의 계산에 관하여는 「행정기본법」 또는 다른 법령등에 특별한 규정이 있는 경우를 제외하고는 민법을 준용한다.

② 구 「산림법」에 의해 형질변경허가를 받지 아니하고 산림을 형질변경한 자가 사망한 경우, 해당 토지의 소유권을 승계한 상속인은 그 복구의무를 부담하지 않으므로, 행정청은 그 상속인에 대하여 복구명령을 할 수 없다.

③ 구 「지방재정법」에 의한 변상금부과처분이 당연무효인 경우, 이 변상금부과처분에 의하여 납부자가 납부한 오납금은 지방자치단체가 법률상 원인 없이 취득한 부당이득에 해당한다.

④ 주민등록의 신고는 행정청에 도달하기만 하면 신고로서의 효력이 발생하는 것이 아니라 행정청이 수리한 경우에 비로소 신고의 효력이 발생한다.

해설

① (O)

> **민법 제155조(본장의 적용범위)** 기간의 계산은 법령, 재판상의 처분 또는 법률행위에 다른 정한 바가 없으면 본장의 규정에 의한다.

② (X) 산림을 무단형질변경한 자가 사망한 경우 당해 토지의 소유권 또는 점유권을 승계한 상속인은 그 복구의무를 부담한다고 봄이 상당하고, 따라서 관할 행정청은 그 상속인에 대하여 복구명령을 할 수 있다고 보아야 한다(대판 2005.8.19. 2003두9817).

③ (O) 변상금부과처분이 당연무효인 경우에 이 변상금부과처분에 의하여 납부자가 납부하거나 징수당한 오납금은 지방자치단체가 법률상 원인 없이 취득한 부당이득에 해당하고, 이러한 오납금에 대한 납부자의 부당이득반환청구권은 처음부터 법률상 원인이 없이 납부 또는 징수된 것이므로 납부 또는 징수시에 발생하여 확정되며, 그 때부터 소멸시효가 진행한다(대판 2005. 1. 27. 2004다50143).

④ (O) 주민등록의 신고는 행정청에 도달하기만 하면 신고로서의 효력이 발생하는 것이 아니라 행정청이 수리한 경우에 비로소 신고의 효력이 발생한다(대판 2009.1.30. 2006다17850).

정답 ②

065 [19국가7급]

행정상 법률관계에 대한 판례의 입장으로 옳지 않은 것은?

① 공법상 근무관계의 형성을 목적으로 하는 채용계약의 체결 과정에서 행정청의 일방적인 의사표시로 계약이 성립하지 아니한 경우, 관계 법령이 상대방의 법률관계에 관하여 구체적으로 어떻게 규정하고 있는지에 따라 의사표시가 항고소송의 대상이 되는 처분에 해당하는지 아니면 공법상 계약관계의 일방 당사자로서 대등한 지위에서 행하는 의사표시인지를 개별적으로 판단하여야 한다.

② 행정처분과 부관 사이에 실제적 관련성이 있다고 볼 수 없는 경우 공무원이 이와 같은 공법상의 제한을 회피할 목적으로 행정처분의 상대방과 사이에 사법상 계약을 체결하는 형식을 취하였다면 이는 법치행정의 원리에 반하는 것으로서 위법하다.

③ 지방전문직공무원 채용계약 해지의 의사표시에 대하여는 공법상 당사자소송으로 그 의사표시의 무효확인을 청구할 수 있다.

④ 재단법인 한국연구재단이 A대학교 총장에게 연구개발비의 부당집행을 이유로 과학기술기본법령에 따라 '두뇌한국(BK)21 사업' 협약의 해지를 통보한 것은 공법상 계약을 계약당사자의 지위에서 종료시키는 의사표시에 해당한다.

해설

① **(O)** 행정청이 자신과 상대방 사이의 근로관계를 일방적인 의사표시로 종료시켰다고 하더라도 곧바로 그 의사표시가 행정청으로서 공권력을 행사하여 행하는 행정처분이라고 단정할 수는 없고, 관계 법령이 상대방의 근무관계에 관하여 구체적으로 어떻게 규정하고 있는지에 따라 그 의사표시가 항고소송의 대상이 되는 행정처분에 해당하는 것인지 아니면 공법상 계약관계의 일방 당사자로서 대등한 지위에서 행하는 의사표시인지 여부를 개별적으로 판단하여야 한다. 이러한 법리는 공법상 근무관계의 형성을 목적으로 하는 채용계약의 체결 과정에서 행정청의 일방적인 의사표시로 계약이 성립하지 아니하게 된 경우에도 마찬가지이다(대판 2014.4.24. 2013두6244).

② **(O)** 행정처분과 부관 사이에 실제적 관련성이 있다고 볼 수 없는 경우 공무원이 위와 같은 공법상의 제한을 회피할 목적으로 행정처분의 상대방과 사이에 사법상 계약을 체결하는 형식을 취하였다면 이는 법치행정의 원리에 반하는 것으로서 위법하다(대판 2009.12.10. 2007다63966).

③ **(O)** 지방전문직공무원 채용계약 해지의 의사표시에 대하여는 대등한 당사자간의 소송형식인 공법상 당사자소송으로 그 의사표시의 무효확인을 청구할 수 있다(대판 1993.9.14. 92누4611).

④ **(X)** 과학기술기본법령상 두뇌한국(BK)21 사업 협약의 해지 통보는 단순히 대등 당사자의 지위에서 형성된 공법상계약을 계약당사자의 지위에서 종료시키는 의사표시에 불과한 것이 아니라 행정청이 우월적 지위에서 연구개발비의 회수 및 관련자에 대한 국가연구개발사업 참여제한 등의 법률상 효과를 발생시키는 행정처분에 해당한다(대판 2014. 12. 11. 2012두28704).

정답 ④

Ⅵ 무하자재량행사청구권과 행정개입청구권

066 [11사회복지]

공권에 대한 설명으로 옳지 않은 것은?

① 처분의 근거법규가 공익뿐만 아니라 개인의 이익도 아울러 보호하고 있는 경우에 공권이 인정될 수 있다.

② 재량권이 영으로 수축하는 경우 행정개입청구권은 무하자재량행사청구권으로 전환된다.

③ 반사적 이익의 공권화 경향에 따라 행정개입청구권의 성립요건이 그만큼 완화되고 있다.

④ 제3자와 소권(訴權)의 포기에 관한 계약을 체결하더라도 그 계약은 무효이다.

해설

① (O) 독일 뷜러(Bühler)의 이론에 따르면, 공권의 성립요건으로 강행법규의 존재(행정청의 의무 존재), 사익보호성(사익보호목적의 존재), 소구가능성의 존재(재판청구권)의 3가지가 요구되어 왔다.

② (X) 재량권이 영으로 수축되는 경우에는 무하자재량행사청구권은 특정한 내용의 처분을 하여 줄 것을 청구할 수 있는 행정개입청구권 또는 행정행위발급청구권으로 바뀐다.

③ (O) 행정에 대한 개인의 의존도가 증가하는 현대국가에서는 종래 반사적 이익으로 이해되었던 이익도 사안에 따라서는 법이 보호하는 이익으로 이해되게 되었는바, 행정개입청구권의 개념이 나타나고 그 성립요건도 완화되고 있다.

④ (O) 대판 1998.8.21. 98두8919.

정답 ②

Ⅶ 특별권력관계

067 [15국가7급]

특별권력관계를 기본관계와 경영수행관계로 분류할 경우, 기본관계에 대한 설명으로 옳지 않은 것은?

① 기본관계는 공법관계로서 법치행정원리가 적용된다.

② 기본관계가 성립하기 위해서는 상대방의 동의를 필요로 한다.

③ 특별권력관계 자체의 성립 · 변경 · 종료와 관련된 경우는 기본관계에 해당한다.

④ 기본관계에서 이루어지는 법률관계의 변동은 행정처분으로서 행정소송의 대상이 된다.

해설

① (O) ③ (O) ④ (O) [기본관계와 경영수행관계] 특별권력관계의 행위를 기본관계와 경영수행관계(업무수행관계)로 구분하는 울레(Ule)의 견해에 따르면, 기본관계(예 공무원의 임명 · 전직 · 파면, 군인의 입대 · 제대, 국공립학교의 입학허가 · 제적 · 정학 · 전과 등)는 특별권력관계의 자체의 성립·변경·종료 또는 당해 구성원의 법적 지위의 본질적 사항에 관한 법관계로서 법치주의와 사법심사가 적용되어야 한다. 경영수행관계(예 공무원에 대한 직무명령, 군의 훈련 · 관리, 학생에 대한 수업행위, 수형자 행형 등)는 당해 특별권력관계의 목표를 실현하는 데 필요한 행위를 말하며, 개인의 법적 지위에 영향을 미치지 않기 때문에 사법심사의 대상에서 제외된다고 본다.

② (X) 특별권력관계에서 기본관계는 법률의 규정에 의하여 상대방의 동의 없이 성립하는 경우(예 군입대, 수형자의 교도소 수감, 감염병환자의 강제입원, 공공조합의 강제가입 등)와 상대방의 동의에 근거하여 성립되는 경우가 있다. 상대방의 동의에 근거하여 성립되는 경우에도 상대방의 동의가 자유로운 의사에 의한 경우(예 공무원의 임명, 국공립학교의 입학, 국공립도서관의 이용 등)와 상대방의 동의가 법률에 의해 강제되는 경우(예 취학연령아동의 초등학교 입학) 등이 있다.

정답 ②

특별권력관계를 기본관계와 경영수행관계로 나누는 견해에 따르면, 공무원에 대한 직무상 명령에 대해서 사법심사가 가능하게 된다. [11국회9급]

| 해설

(X) 울레(C. H. Ule)는 특별권력관계를 특별권력관계 자체의 발생 · 변경 · 소멸에 관련된 기본관계(예 공무원의 임명, 군인의 입대 등)와 특별권력관계 내부의 경영수행질서에 관련된 경영수행관계(예 직무명령, 군사훈련 등)로 나누어 사법심사는 기본관계에만 미친다고 한다.

068 [09국회9급]

특별권력관계에 관한 설명으로 옳은 것은?

① 국립대학에 재학 중인 대학생이 퇴학처분을 받은 경우 특별권력관계 내에서의 행위이므로 이에 대하여 사법심사를 청구할 수 없다.

② 서울특별시지하철공사의 임 · 직원의 근무관계의 성격은 공법상의 특별권력관계라고 보는 것이 대법원의 입장이다.

③ 특별권력관계에서도 헌법 제37조 제2항의 기본권제한의 원칙에 따라 법률의 근거 하에 기본권 제한이 인정된다.

④ 특별권력관계에서는 특별권력에 따른 명령권과 형벌권이 인정된다.

⑤ 특별권력관계의 성립은 직접 법률에 의거하는 경우와 상대방의 동의에 의하는 경우가 있는데, 상대방의 동의는 자유로운 의사에 기한 자발적인 동의만을 인정한다.

해설

① (X) 국립 서울교육대학 학생에 대한 퇴학처분은, 국가공권력의 하나인 징계권을 발동하여 학생으로서의 신분을 일방적으로 박탈하는 국가의 교육행정에 관한 의사를 외부에 표시한 것이므로, 행정처분임이 명백하다(대판 1991.11.22. 91누2144).

② (X) 서울특별시지하철공사의 임원과 직원의 근무관계의 성질은 사법관계에 속할 뿐이다(대판 1989.9.12. 89누2103).

③ (O) 오늘날 특별권력관계에서도 일반행정법관계와 마찬가지로 법률유보원칙이 적용된다.

> **[관련판례]** 구속된 피고인 또는 피의자의 타인과의 접견권이 헌법상의 기본권이라 하더라도 국가안전보장, 질서유지 또는 공공복리를 위하여 필요한 경우에는 법률로 제한할 수 있음은 헌법 제37조 제2항의 규정에 의하여 명백하고 필요한 정도를 지나친 과도한 제한을 하는 것은 헌법상 보장된 기본권의 침해로서 위헌이라고 하지 않을 수 없다(대판 1992.5.8. 91부8).

④ (X) 특별권력관계에서도 법원에 의해 부과되는 형법상 형벌 등의 형벌권을 행사할 수는 없다. 형벌권은 일반권력관계와 같이 법원의 재판에 의한 형사소송절차에 의하여야 한다.

⑤ (X) 상대방의 동의가 법률에 의해 강제되어 있는 경우(예 학령아동의 초등학교취학)가 있다.

정답 ③

Ⅷ 행정법 흠결의 보완

069 [16국가9급]

1. 행정법관계에서 「민법」의 적용에 대한 설명으로 옳지 않은 것은?

① 「민법」 상의 일반법원리적인 규정은 행정법상 권력관계에 대해서도 적용될 수 있다.
② 행정법관계에서 기간의 계산에 관하여 특별한 규정이 없으면 「민법」의 기간 계산에 관한 규정이 적용된다.
③ 현행법상 국가에 대한 금전채권의 소멸시효에 대하여는 「민법」의 규정이 그대로 적용된다.
④ 현행법상 행정목적을 위하여 제공된 행정재산에 대해서는 공용폐지가 되지 않는 한 「민법」상 취득시효규정이 적용되지 않는다.

해설

① (O) 실권 또는 실효의 법리는 법의 일반원리인 신의성실의 원칙에 바탕을 둔 파생원칙인 것이므로 공법관계 가운데 관리관계는 물론이고 권력관계에도 적용된다(대판 1988.4.27. 87누915).

② (O)

> **민법 제155조(본장의 적용범위)** 기간의 계산은 법령, 재판상의 처분 또는 법률행위에 다른 정한 바가 없으면 본장의 규정에 의한다.

③ (X) 국가에 대한 금전채권의 소멸시효기간은 민법 규정이 그대로 적용되는 것이 아니라 국가재정법상 원칙적으로 5년이다.

> **국가재정법 제96조 금전채권·채무의 소멸시효** ① 금전의 급부를 목적으로 하는 국가의 권리로서 시효에 관하여 다른 법률에 규정이 없는 것은 5년 동안 행사하지 아니하면 시효로 인하여 소멸한다.

④ (O) 행정목적을 위하여 공용되는 행정재산은 공용폐지가 되지 않는 한 사법상 거래의 대상이 될 수 없으므로 취득시효의 대상도 되지 않는다(대판 1983.6.14. 83다카181).

정답 ③

Ⅰ 의의 및 종류

Ⅱ 공법상의 사건

070 [16지방9급]

행정법상 시효제도에 대한 설명으로 옳은 것은? (다툼이 있는 경우 판례에 의함)

① 「국유재산법」상 일반재산은 취득시효의 대상이 될 수 없다.
② 「국가재정법」상 5년의 소멸시효가 적용되는 '금전의 급부를 목적으로 하는 국가의 권리'에는 국가의 사법(私法)상 행위에서 발생한 국가에 대한 금전채무도 포함된다.
③ 조세에 관한 소멸시효가 완성된 후에 부과된 조세부과처분은 위법한 처분이지만 당연무효라고 볼 수는 없다.
④ 납입고지에 의한 소멸시효의 중단은 그 납입고지에 의한 부과처분이 추후 취소되면 효력이 상실된다.

해설

① (X) 일반재산은 시효취득이 가능하다.

국유재산법 제7조(국유재산의 보호) ② 행정재산은 「민법」 제245조에도 불구하고 시효취득(時效取得)의 대상이 되지 아니한다.

② (O) 지방자치단체에 대한 금전채권을 공법상의 원인에 기한 것과 사법상의 원인에 기한 것으로 구분하지 아니하고, 사법상의 채권에 대하여 공법상 채권과 마찬가지로 5년의 소멸시효를 규정한 것은 합리적인 이유가 있어 평등권을 침해하지 않는다(헌재 2004.4.29. 2002헌바58).

③ (X) 조세에 관한 소멸시효가 완성되면 국가의 조세부과권과 납세의무자의 납세의무는 당연히 소멸한다 할 것이므로 소멸시효 완성 후에 부과된 부과처분은 납세의무 없는 자에 대하여 부과처분을 한 것으로서 그와 같은 하자는 중대하고 명백하여 그 처분의 효력은 당연무효이다(대판 1985.5.14. 83누655).

④ (X) 예산회계법 제98조에서 법령의 규정에 의한 납입고지를 시효중단 사유로 규정하고 있는바, 이러한 납입고지에 의한 시효중단의 효력은 그 납입고지에 의한 부과처분이 취소되더라도 상실되지 않는다(대판 2000.9.8. 98두19933).

정답 ②

071 [16경행특채]

공법상의 시효제도를 설명한 것이다. 다음 중 적절하지 않은 것은? (다툼이 있으면 판례에 의함)

① 세무공무원이 「국세징수법」 제26조에 의하여 체납자의 가옥·선박·창고 기타의 장소를 수색하였으나 압류할 목적물을 찾아내지 못하여 압류를 실행하지 못하고 수색조서를 작성하는 데 그친 경우에도 소멸시효 중단의 효력이 있다.

② 소멸시효 완성 후에 부과된 조세부과처분은 납세의무 없는 자에 대하여 부과처분을 한 것으로서 그와 같은 하자는 중대하고 명백하여 그 처분의 효력은 당연무효이다.

③ 금전의 급부를 목적으로 하는 국가의 권리에 있어서는 소멸시효의 중단·정지 그 밖의 사항에 관하여 「민법」의 규정이 적용될 수 없다.

④ 행정재산은 「민법」 제245조에도 불구하고 시효취득의 대상이 되지 아니한다.

해설

① (O) 세무공무원이 국세징수법 제26조에 의하여 체납자의 가옥·선박·창고 기타의 장소를 수색하였으나 압류할 목적물을 찾아내지 못하여 압류를 실행하지 못하고 수색조서를 작성하는 데 그친 경우에도 소멸시효 중단의 효력이 있다(대판 2001.8.21. 2000다12419).

② (O) 대판 1985.5.14. 83누655.

③ (X)

> **국가재정법 제96조(금전채권·채무의 소멸시효)** ③ 금전의 급부를 목적으로 하는 국가의 권리의 경우 소멸시효의 중단·정지 그 밖의 사항에 관하여 다른 법률의 규정이 없는 때에는 「민법」의 규정을 적용한다. 국가에 대한 권리로서 금전의 급부를 목적으로 하는 것도 또한 같다.

④ (O) 국유재산법 제7조.

정답 ③

072 [11국가7급]

행정법상의 시효와 관련한 판례의 입장으로 옳지 않은 것은?

① 「국유재산법」상 변상금부과처분에 대한 취소소송이 진행되는 동안에도 그 부과권의 소멸시효가 진행된다.

② 법령의 규정에 의한 납입고지에 의한 시효중단의 효력은 그 납입고지에 의한 부과처분이 취소되면 상실된다.

③ 사법(私法)상의 원인에 기한 국가채권의 경우에 납입고지에 있어 민법상 최고보다 더 강한 시효중단의 효력을 인정한 것은 평등권을 침해하지 않는다.

④ 조세채권의 소멸시효기간이 완성된 후에 부과된 과세처분은 무효이다.

해설

① (O) 변상금 부과처분에 대한 취소소송이 진행중이라도 그 권리행사에 법률상의 장애사유가 있는 경우에 해당한다고 할 수 없으므로, 그 처분에 대한 취소소송이 진행되는 동안에도 그 부과권의 소멸시효가 진행된다(대판 2006.2.10. 2003두5686).

② (X) 예산회계법 제98조에서 법령의 규정에 의한 납입고지를 시효중단 사유로 규정하고 있는바, 이러한 납입고지에 의한 시효중단의 효력은 그 납입고지에 의한 부과처분이 취소되더라도 상실되지 않는다(대판 2000.9.8. 98두19933).

③ (O) 입법자가 비록 사법상의 원인에 기한 국가채권의 경우에도 납입의 고지에 있어 민법상의 최고의 경우보다 더 강한 시효중단 효력을 인정한 것은 합리적 이유가 있어 평등권을 침해하지 않는다(헌재 2004.3.25. 2003헌바22).

④ (O) 대판 1985.5.14. 83누655.

정답 ②

073 [17국가9급(下)]

다음 중 판례의 입장으로 옳지 않은 것은?

① 납세의무자에 대한 국가의 부가가치세 환급세액 지급의무에 대응하는 국가에 대한 납세의무자의 부가가치세 환급세액 지급청구는 민사소송이 아니라 당사자소송의 절차에 따라야 한다.

② 변상금 부과처분에 대한 취소소송이 진행 중이면 변상금부과권의 권리행사에 법률상의 장애사유가 있는 경우에 해당하므로 그 부과권의 소멸시효는 진행되지 않는다.

③ 개별공시지가 결정에 대한 재조사 청구에 따른 감액조정에 대하여 더 이상 불복하지 아니한 경우에는 선행처분의 불가쟁력이나 구속력이 수인한도를 넘는 가혹한 것이거나 예측불가능하다고 볼 수 없어 이를 기초로 한 양도소득세 부과처분 취소소송에서 다시 개별공시지가 결정의 위법을 당해 과세처분의 위법사유로 주장할 수 없다.

④ 「국토의 계획 및 이용에 관한 법률」에 따른 토지의 형질변경허가는 그 금지요건이 불확정개념으로 규정되어 있어 그 금지요건에 해당하는지 여부를 판단함에 있어서 행정청에 재량권이 부여되어 있다고 할 것이므로, 이 법에 따른 토지의 형질변경행위를 수반하는 건축허가는 재량행위에 속한다.

해설

① (O) 대판 2013.03.21. 2011다95564 전원합의체.

② (X) 변상금 부과처분에 대한 취소소송이 진행중이라도 그 권리행사에 법률상의 장애사유가 있는 경우에 해당한다고 할 수 없으므로, 그 처분에 대한 취소소송이 진행되는 동안에도 그 부과권의 소멸시효가 진행된다(대판 2006.2.10. 2003두5686).

③ (O) 원고가 이 사건 토지를 매도한 이후에 그 양도소득세 산정의 기초가 되는 1993년도 개별공시지가 결정에 대하여 한 재조사청구에 따른 조정결정을 통지받고서도 더 이상 다투지 아니한 경우까지 선행처분인 개별공시지가 결정의 불가쟁력이나 구속력이 수인한도를 넘는 가혹한 것이거나 예측불가능하다고 볼 수 없어, 위 개별공시지가 결정의 위법을 이 사건 과세처분의 위법사유로 주장할 수 없다(대판 1998.3.13. 96누6059).

④ (O) 토지의 형질변경허가는 행정청에게 재량권이 부여되어 있다고 할 것이므로, 토지의 형질변경행위를 수반하는 건축허가는 결국 재량행위에 속한다(대판 2005.7.14. 2004두6181).

정답 ②

074 [20국가7급]

판례의 입장으로 옳지 않은 것은?

① 어떠한 토지에 대하여 도로로서의 도시계획시설결정 및 지적승인이 있었다면, 그 도시계획사업이 실시되었거나 그 토지가 자연공로로 이용된 적이 없다 하여도 도시계획결정 및 지적승인의 고시에 의해 그 토지는 행정재산이 된다.

② 개발부담금은 국가 또는 지방자치단체가 재정수요를 충족시키기 위하여 반대급부 없이 법률에 규정된 요건에 해당하는 모든 자에 대하여 일반적 기준에 의하여 부과하는 금전 급부라는 조세로서의 특징을 가지므로 실질적인 조세로 보아야 한다.

③ 토지거래허가구역 안에서 허가를 받지 아니하고 체결한 토지거래계약이 확정적으로 무효가 된 것이 아니라면, 허가구역지정이 해제된 경우에는 그 계약은 확정적으로 유효로 된다.

④ 구 공무원연금법상 공무원연금관리공단이 퇴직연금수급자에게 공무원연금법령이 개정되어 퇴직연금 중 일부 금액의 지급정지 대상자가 되었다는 사실을 통보하는 행위는 항고소송의 대상이 되지 않는다.

해설

① (X) 토지에 대하여 도로로서의 도시계획시설결정 및 지적승인만 있었을 뿐 그 도시계획사업이 실시되었거나 그 토지가 자연공로로 이용된 적이 없는 경우에는 도시계획결정 및 지적승인의 고시만으로는 아직 공용개시행위가 있었다고 할 수 없어 그 토지가 행정재산이 되었다고 할 수 없다(대판 2000.4.25. 2000다348).

② (O) 개발부담금은 비록 그 명칭이 '부담금'이고 국세기본법이나 지방세기본법에서 나열하고 있는 국세나 지방세의 목록에 빠져 있다고 하더라도, '국가 또는 지방자치단체가 재정수요를 충족시키기 위하여 반대급부 없이 법률에 규정된 요건에 해당하는 모든 자에 대하여 일반적 기준에 의하여 부과하는 금전급부'라는 조세로서의 특징을 지니고 있다는 점에서 실질적인 조세로 보아야 할 것이다(헌재 2016. 6. 30. 2013헌바191 등 [합헌]).

③ (O) 토지거래 허가구역지정 기간 중에 허가구역 안의 토지에 대하여 한 토지거래계약이 유동적 무효의 상태에서 허가구역지정이 해제된 경우 허가구역지정이 해제되기 전에 다른 사유로 확정적으로 무효로 된 경우를 제외하고는 더 이상 관할행정청으로부터 토지거래 허가를 받을 필요가 없이 확정적으로 유효로 된다고 보아야 할 것이지 여전히 그 계약이 유동적 무효상태에 있다고 볼 것은 아니다(대판 1999. 7. 9. 97누11607).

④ (O) 공무원연금관리공단이 법령의 개정 사실과 퇴직연금 수급자가 퇴직연금 중 일부 금액의 지급정지 대상자가 되었다는 사실을 통보한 것은 단지 법령에서 정한 사유의 발생으로 퇴직연금 중 일부 금액의 지급이 정지된다는 점을 알려주는 관념의 통지에 불과하고, 그로 인하여 비로소 지급이 정지되는 것은 아니므로 항고소송의 대상이 되는 행정처분으로 볼 수 없다(대판 2004. 12. 24. 2003두15195).

정답 ①

075 [16교육행정]

행정법관계에 관한 설명으로 옳은 것은?

① 기간의 계산에 있어서 기간의 초일(初日)은 원칙상 산입하여 계산한다.

② 판례에 따르면 국유재산 중 일반재산은 시효취득의 대상이 되지 아니한다.

③ 자연인의 공법상 주소지는 다른 법률에 특별한 규정이 없는 한 1개소에 한정한다.

④ 금전의 급부를 목적으로 하는 국가의 권리로서 시효에 관하여 다른 법률에 규정이 없는 것은 10년 동안 행사하지 아니하면 소멸한다.

해설

① (X) 기간을 일·주·월·년으로 정한 경우에는 초일을 산입하지 않고 익일로부터 기산하는 것이 원칙이다(민법 제157조). 민법의 기간계산에 관한 규정은 공법상 특별한 규정이 없는 한, 공법상의 기간계산에도 적용된다.

② (X) 국유잡종재산에 대한 시효취득을 부인하는 동규정은 합리적 근거 없이 국가만을 우대하는 불평등한 규정으로서 헌법상의 평등의 원칙과 사유재산권 보장의 이념 및 과잉금지의 원칙에 반한다(헌재 1991.5.13. 89헌가97).

③ (O) 주민등록법은 이중등록을 금하고 있으므로 공법관계에서의 주소의 수는 원칙적으로 1개소에 한한다.

④ (X) 국가재정법 제96조.

정답 ③

III 공법상의 사무관리와 부당이득

076 [16서울7급]

공법상 부당이득에 대한 설명으로 가장 옳은 것은?

① 무효인 조세부과처분에 기하여 납부한 세금의 반환을 구하는 것은 무효확인소송절차에 따라야만 한다.
② 부가가치세 환급세액 지급청구는 당사자소송을 통해 다투어야 한다.
③ 국가는 국유재산의 무단점유자에 대하여 징수권의 행사와는 별도로 민사상 부당이득 제기할 수 없다.
④ 제3자가 국세징수법에 따라 체납자의 명의로 체납액을 완납한 경우 국가에 대하여 부당이득반환을 청구할 수 있다.

해설

① (X) 조세과오납반환청구는 부당이득반환청구로서 민사소송에 의한다(대판 1995. 4. 28. 94다55019).

② (O) 부가가치세 환급세액 지급의무는 부가가치세법령의 규정에 의하여 직접 발생하는 것으로서, 부당이득 반환의무가 아니라 부가가치세법령에 의하여 그 존부나 범위가 구체적으로 확정되고 조세 정책적 관점에서 특별히 인정되는 공법상 의무라고 봄이 타당하다. 국가에 대한 납세의무자의 부가가치세 환급세액 지급청구는 민사소송이 아니라 행정소송법 제3조 제2호에 규정된 당사자소송의 절차에 따라야 한다(대판 2013.3.21. 2011다95564 전원합의체).

③ (X) 변상금 부과·징수권은 민사상 부당이득반환청구권과 법적 성질을 달리하므로, 국가는 무단점유자를 상대로 변상금 부과·징수권의 행사와 별도로 국유재산의 소유자로서 민사상 부당이득반환청구의 소를 제기할 수 있다(대판 2014.07.16. 2011다76402 전원합의체).

④ (X) 제3자가 체납자가 납부하여야 할 체납액을 체납자의 명의로 납부한 경우에는 원칙적으로 체납자의 조세채무에 대한 유효한 이행이 되고, 이로 인하여 국가의 조세채권은 만족을 얻어 소멸하므로, 국가가 체납액을 납부받은 것에 법률상 원인이 없다고 할 수 없고, 제3자는 국가에 대하여 부당이득반환을 청구할 수 없다(대판 2015.11.12. 2013다215263).

정답 ②

077 [18국가7급]

「국유재산법」상 국유재산에 대한 설명으로 옳은 것만을 모두 고르면? (다툼이 있는 경우 판례에 의함)

ㄱ. 국유 일반재산의 대부료 징수에 관하여 국세 체납처분의 예에 따른 간이하고 경제적인 특별한 구제절차가 마련되어 있으므로, 특별한 사정이 없는 한 민사소송으로 일반재산의 대부료 지급을 구하는 것은 허용되지 않는다.
ㄴ. 국유 일반재산인 대지에 대한 대부계약이 해지되어 국가가 원상회복으로 지상의 시설물을 철거하려는 경우, 「행정대집행법」에 따라 대집행을 하여야 하고 민사소송의 방법으로 시설물의 철거를 구하는 것은 허용되지 않는다.
ㄷ. 관할 행정청이 관련 법령에 따라 사업실시계획을 인가·고시함으로써 공원시설의 종류·위치 및 범위 등이 구체적으로 확정되거나 도시계획사업 시행으로 도시공원이 실제로 설치된 국유 토지는 행정재산에 해당한다.
ㄹ. 국유재산의 무단점유와 관련하여 「국유재산법」에 의한 변상금 부과·징수가 가능한 경우에는 변상금 부과·징수의 방법에 의해서만 국유재산의 무단점유·사용으로 인한 이익을 환수할 수 있으며, 그와 별도로 민사소송의 방법으로 부당이득반환청구를 하는 것은 허용되지 않는다.

① ㄱ, ㄷ　② ㄴ, ㄹ
③ ㄱ, ㄴ, ㄷ　④ ㄱ, ㄷ, ㄹ

해설

ㄱ. (O) 국유재산법 제42조 제1항, 제73조 제2항 제2호에 따르면, 국유 일반재산의 관리 · 처분에 관한 사무를 위탁받은 자는 국유 일반재산의 대부료 등이 납부기한까지 납부되지 아니한 경우에는 국세징수법 제23조와 같은 법의 체납처분에 관한 규정을 준용하여 대부료 등을 징수할 수 있다. 이와 같이 국유 일반재산의 대부료 등의 징수에 관하여는 국세징수법 규정을 준용한 간이하고 경제적인 특별구제절차가 마련되어 있으므로, 특별한 사정이 없는 한 민사소송의 방법으로 대부료 등의 지급을 구하는 것은 허용되지 아니한다(대판 2014.09.04. 2014다203588).

ㄴ. (O) 공유재산 대부계약의 해지에 따른 원상회복으로 행정대집행의 방법에 의하여 그 지상물을 철거시킬 수 있다(대판 2001.10.12. 2001두4078).

ㄷ. (O) 도로, 공원과 같은 인공적 공공용 재산은 법령에 의하여 지정되거나 행정처분으로써 공공용으로 사용하기로 결정한 경우, 또는 행정재산으로 실제로 사용하는 경우의 어느 하나에 해당하면 행정재산이 되는 것인데, 도시공원법이 시행되기 이전에 구 도시계획법상 공원으로 결정 · 고시된 국유토지라는 사정만으로는 행정처분으로써 공공용으로 사용하기로 결정한 것으로 보기는 부족하나, 서울특별시장이 구 공원법, 구 도시계획법에 따라 사업실시계획의 인가내용을 고시함으로써 공원시설의 종류, 위치 및 범위 등이 구체적으로 확정되거나 도시계획사업의 시행으로 도시공원이 실제로 설치된 토지라면 공공용물로서 행정재산에 해당한다(대판 2014. 11. 27. 2014두10769).

ㄹ. (X) 대판 2014.7.16. 2011다76402 전원합의체.

정답 ③

IV 사인의 공법행위

078 [16서울9급]

다음 중 사인의 공법행위에 대한 설명으로 가장 옳지 않은 것은?

① 사인의 공법행위에는 행위능력에 관한 「민법」의 규정이 원칙적으로 적용된다.

② 판례에 의하면 「민법」상 비진의 의사표시의 무효에 관한 규정은 그 성질상 영업재개신고나 사직의 의사표시와 같은 사인의 공법행위에 적용된다.

③ 사인의 공법행위가 행정행위의 단순한 동기에 불과한 경우에는 그 하자는 행정행위의 효력에 아무런 영향을 미치지 않는다는 것이 일반적인 견해이다.

④ 공무원이 한 사직의사표시의 철회나 취소는 그에 터잡은 의원면직처분이 있을 때까지 할 수 있는 것이고, 일단 면직처분이 있고 난 이후에는 철회나 취소할 여지가 없다.

해설

① (O) 행위능력에 관하여는 원칙적으로 민법규정이 유추적용된다. 다만 공법상 특별한 규정을 두어 민법상의 무능력에 관한 규정의 적용이 배제되는 경우가 많다.

② (X) 민법상 비진의 의사표시의 무효에 관한 규정은 사인의 공법행위에 적용되지 않는다(대판 2001.8.24. 99두9971). 따라서 사인의 공법행위는 진의가 아니라도 표시된 대로 효력이 발생한다.

③ (O) 사인의 공법행위가 행정행위의 단순한 동기에 불과한 경우에는 그 하자는 행정행위의 효력에 아무런 영향을 미치지 않는다.

④ (O) 공무원이 한 사직의 의사표시의 철회나 취소는 그에 터잡은 의원면직처분이 있을 때까지 할 수 있는 것이고, 일단 면직처분이 있고 난 이후에는 철회나 취소할 여지가 없다(대판 2001.8.24. 99두9971).

정답 ②

079 [21지방7급]

사인의 공법행위에 대한 설명으로 옳지 않은 것은? (다툼이 있는 경우 판례에 의함)

① 사인의 공법상 행위는 명문으로 금지되거나 성질상 불가능한 경우가 아닌 한 그에 따른 행정행위가 행하여질 때까지 자유로이 철회할 수 있다.

② 수리를 요하는 신고에서 행정청의 수리행위에 신고필증 교부의 행위가 반드시 필요한 것은 아니다.

③ 식품위생법에 의하여 허가영업의 양도에 따른 지위승계신고를 수리하는 허가관청의 행위는 사업허가자의 변경이라는 법률효과를 발생시키는 행위이다.

④ 사인의 공법행위에 적용되는 일반규정은 없으며, 특별한 규정이 없는 한 민법상 비진의 의사표시의 무효에 관한 규정은 사인의 공법행위에 적용된다.

해설

① **(O)** 사인의 공법상 행위는 명문으로 금지되거나 성질상 불가능한 경우가 아닌 한 그에 의거한 행정행위가 행하여질 때까지는 자유로이 철회나 보정이 가능하다(대판 2001.6.15. 99두5566).

② **(O)** 수리란 신고를 유효한 것으로 판단하고 법령에 의하여 처리할 의사로 이를 수령하는 수동적 행위이므로 수리행위에 신고필증 교부 등 행위가 꼭 필요한 것은 아니다(대판 2011. 9. 8. 2009두6766).

③ **(O)** 식품위생법 제25조 제3항에 의한 영업양도에 따른 지위승계신고를 수리하는 허가관청의 행위는 단순히 사법상의 사업양도의 법률효과에 의하여 양수인이 그 영업을 승계하였다는 사실의 신고를 접수하는 행위에 그치는 것이 아니라, 영업허가자의 변경이라는 법률효과를 발생시키는 행위라고 할 것이다(대판 1995.2.24. 94누9146).

④ **(X)** 민법상 비진의 의사표시의 무효에 관한 규정은 사인의 공법행위에 적용되지 않는다(대판 2001.8.24. 99두9971). 따라서 사인의 공법행위는 진의가 아니라도 표시된 대로 효력이 발생한다.

정답 ④

V 신고

080 [17국가7급(下)]

판례의 입장에 따를 때 신고의 효과가 발생하는 것(○)과 발생하지 않는 것(×)을 바르게 나열한 것은?

ㄱ. 「체육시설의 설치·이용에 관한 법률」상 신고체육시설업에 대한 변경신고를 적법하게 하였으나, 관할 행정청이 수리를 거부한 경우

ㄴ. 「수산업법」상 어업신고를 적법하게 하였으나, 관할 행정청이 수리를 거부한 경우

ㄷ. 「주민등록법」상 전입신고를 적법하게 하였으나, 관할 행정청이 수리를 거부한 경우

ㄹ. 「축산물 위생관리법」상 축산물판매업에 대한 부적법한 신고가 있었으나, 관할 행정청이 이를 수리한 경우

	ㄱ	ㄴ	ㄷ	ㄹ
①	○	×	×	×
②	×	○	○	×
③	○	○	○	×
④	○	○	○	○

해설

ㄱ. (O) 체육시설의설치 · 이용에관련법률 제18조에 의한 변경신고서는 그 신고자체가 위법하거나 그 신고에 무효사유가 없는 한 도지사에게 제출하여 접수된 때에 신고가 있었다고 볼 것이고, 도지사의 수리행위가 있어야만 신고가 있었다고 볼 것은 아니다(대결 1993.7.6. 93마635).

ㄴ. (X) 어업의 신고에 관하여 유효기간을 설정하면서 그 기산점을 '수리한 날'로 규정하고 있는 구 수산업법시행령 제33조 제1항의 규정 취지에 비추어 보면, 수산업법 제44조 소정의 어업의 신고는 행정청의 수리에 의하여 비로소 그 효과가 발생하는 이른바 '수리를 요하는 신고'라고 할 것이다(대판 2000. 5. 26. 99다37382).

ㄷ. (X) 주민들의 거주지 이동에 따른 주민등록전입신고에 대하여 행정청이 이를 심사하여 그 수리를 거부할 수는 있다고 하더라도, 그러한 행위는 자칫 헌법상 보장된 국민의 거주 · 이전의 자유를 침해하는 결과를 초래할 수도 있으므로, 시장 등의 주민등록전입신고 수리 여부에 대한 심사는 주민등록법의 입법 목적의 범위 내에서 제한적으로 이루어져야 할 것이다(대판 2009.6.18. 2008두10997 전원합의체).

ㄹ. (X) 수리를 요하지 않는 자기완결적 신고는 요건을 갖춘 신고서가 접수기관에 도달된 때에 신고의 의무가 이행된 것으로 본다(행정절차법 제40조 제2항 참고). 그러나 부적법한 신고는 행정청에 접수되었다 하더라도 신고의 효과가 발생하지 않는다.

정답 ①

081 [19지방9급]

甲은 관할 행정청에 토지의 형질변경행위가 수반되는 건축허가를 신청하였고, 관할 행정청은 甲에 대해 '건축기간 동안 자재 등을 도로에 불법적치하지 말 것'이라는 부관을 붙여 건축허가를 하였다. 이에 대한 설명으로 옳은 것은? (다툼이 있는 경우 판례에 의함)

① 토지의 형질변경의 허용 여부에 대해 행정청의 재량이 인정되더라도 주된 행위인 건축허가가 기속행위인 경우에는 甲에 대한 건축허가는 기속행위로 보아야 한다.

② 위 건축허가에 대해 건축주를 乙로 변경하는 건축주명의변경신고가 관련 법령의 요건을 모두 갖추어 행해졌더라도 관할 행정청이 신고의 수리를 거부한 경우, 그 수리거부행위는 乙의 권리의무에 직접 영향을 미치는 것으로서 취소소송의 대상이 되는 처분이다.

③ 甲이 위 부관을 위반하여 도로에 자재 등을 불법적치한 경우, 관할 행정청은 바로 「행정대집행법」에 따라 불법적치된 자재 등을 제거할 수 있다.

④ 甲이 위 부관에 위반하였음을 이유로 관할 행정청이 건축허가의 효력을 소멸시키려면 법령상의 근거가 있어야 한다.

해설

① (X) 토지의 형질변경행위를 수반하는 건축허가는 건축허가와 토지의 형질변경허가의 성질을 아울러 갖는 것으로 보아야 할 것이고, 토지의 형질변경허가는 그 금지요건이 불확정개념으로 규정되어 있어 그 금지요건에 해당하는지 여부를 판단함에 있어서 행정청에게 재량권이 부여되어 있다고 할 것이므로, 같은 법에 의하여 지정된 도시지역 안에서 토지의 형질변경행위를 수반하는 건축허가는 결국 재량행위에 속한다(대판 2005.7.14. 2004두6181).

② (O) 명의변경신고 수리거부행위는 행정청이 양수인의 권리의무에 직접 영향을 미치는 것으로서 취소소송의 대상이 되는 처분이다(대판 1992.3.31. 91누4911).

③ (X) 부작위의무로부터 그 의무를 위반함으로써 생긴 결과를 시정하기 위한 작위의무를 당연히 끌어낼 수는 없으며, 또 위 금지규정(특히 허가를 유보한 상대적 금지규정)으로부터 작위의무, 즉 위반결과의 시정을 명하는 권한이 당연히 추론되는 것도 아니다(대판 1996.6.28. 96누4374).

④ (X) 행정처분을 한 처분청은 그 처분의 성립에 하자가 있는 경우 이를 취소할 별도의 법적 근거가 없다고 하더라도 직권으로 이를 취소할 수 있다(대판 1995.6.9. 95누1194).

정답 ②

082 [16국가9급]

사인의 공법행위로서의 신고에 대한 설명으로 옳은 것은? (다툼이 있는 경우 판례에 의함)

① 식품접객업 영업신고에 대해서는 「식품위생법」이 「건축법」에 우선 적용되므로, 영업신고가 「식품위생법」 상의 신고요건을 갖춘 경우라면 그 영업신고를 한 해당 건축물이 「건축법」 상 무허가건축물이라도 적법한 신고에 해당된다.

② 건축신고가 수리를 요하지 않는 신고라면 인·허가의제 효과를 수반하는 경우에도 그러한 건축신고는 특별한 사정이 없는 한 수리를 요하지 않는 신고로 보아야 한다.

③ 법령 등에서 행정청에 대하여 일정한 사항을 통지함으로써 의무가 끝나는 신고를 규정하고 있는 경우에는 법령상 요건을 갖춘 적법한 신고서를 발송하였을 때에 신고의 의무가 이행된 것으로 본다.

④ 주민등록전입신고는 수리를 요하는 신고에 해당하지만, 이를 수리하는 행정청은 거주의 목적에 대한 판단 이외에 부동산 투기 목적 등의 공익상의 이유를 들어 주민등록전입신고의 수리를 거부할 수는 없다.

해설

① (X) 식품위생법과 건축법은 그 입법 목적, 규정사항, 적용범위 등을 서로 달리하고 있어 식품접객업에 관하여 식품위생법이 건축법에 우선하여 배타적으로 적용되는 관계에 있다고는 해석되지 않는다. 그러므로 식품위생법에 따른 식품접객업(일반음식점영업)의 영업신고의 요건을 갖춘 자라고 하더라도, 그 영업신고를 한 당해 건축물이 건축법 소정의 허가를 받지 아니한 무허가 건물이라면 적법한 신고를 할 수 없다(대판 2009.04.23. 2008도6829).

② (X) 인·허가의제 효과를 수반하는 건축신고는 일반적인 건축신고와는 달리, 특별한 사정이 없는 한 행정청이 그 실체적 요건에 관한 심사를 한 후 수리하여야 하는 이른바 '수리를 요하는 신고'로 보는 것이 옳다(대판 2011.1.20. 2010두14954 전원합의체).

③ (X) 법령 등에서 행정청에 대하여 일정한 사항을 통지함으로써 의무가 끝나는 신고는 그 기재사항에 흠이 없고, 필요한 구비서류가 첨부되어 있으며, 기타 법령 등에 규정된 형식상의 요건에 적합할 때에는 신고서가 접수기관에 도달된 때에 신고의 의무가 이행된 것으로 본다(행정절차법 제40조 제2항).

④ (O) 주민들의 거주지 이동에 따른 주민등록전입신고에 대하여 행정청이 이를 심사하여 그 수리를 거부할 수는 있다고 하더라도, 그러한 행위는 자칫 헌법상 보장된 국민의 거주·이전의 자유를 침해하는 결과를 초래할 수도 있으므로, 시장 등의 주민등록전입신고 수리 여부에 대한 심사는 주민등록법의 입법 목적의 범위 내에서 제한적으로 이루어져야 할 것이다. 전입신고를 받은 시장 등의 심사 대상은 전입신고자가 30일 이상 생활의 근거로서 거주할 목적으로 거주지를 옮기는지 여부만으로 제한된다고 보아야 할 것이다. 따라서 전입신고자가 거주의 목적 이외에 다른 이해관계에 관한 의도를 가지고 있는지 여부, 무허가건축물의 관리, 전입신고를 수리함으로써 당해 지방자치단체에 미치는 영향 등과 같은 사유는 주민등록법이 아닌 다른 법률에 의하여 규율되어야 할 것이고, 주민등록전입신고의 수리 여부를 심사하는 단계에서는 고려 대상이 될 수 없다. 그러므로 주민등록의 대상이 되는 실질적 의미에서의 거주지인지 여부를 심사하기 위하여 주민등록법의 입법 목적과 주민등록의 법률상 효과 이외에 지방자치법 및 지방자치의 이념까지도 고려하여야 한다고 판시하였던 대법원 2002.7.9. 선고 2002두1748 판결은 이 판결의 견해에 배치되는 범위 내에서 변경하기로 한다(대판 2009.6.18. 2008두10997 전원합의체).

정답 ④

083 [17사회복지]

사인의 공법행위로서의 신고에 대한 기술로 옳은 것은? (단, 다툼이 있는 경우 판례에 의함)

① 행정청은 전입신고자가 거주의 목적 이외에 다른 이해관계를 가지고 있는지 여부를 심사하여 주민등록법상 주민등록 전입신고의 수리를 거부할 수 있다.

② 타법상의 인·허가 의제가 수반되는 건축법상의 건축신고는 특별한 사정이 없는 한 행정청이 그 실체적 요건에 관한 심사를 한 후 수리하여야 한다.

③ 사업양도·양수에 따른 지위승계신고가 수리된 경우 사업의 양도·양수가 무효라도 허가관청을 상대로 신고수리처분의 무효확인을 구할 수는 없다.

④ 「식품위생법」에 의해 영업양도에 따른 지위승계신고를 수리하는 행정청의 행위는 단순히 양수인이 그 영업을 승계하였다는 사실의 신고를 접수한 행위에 그친다.

해설

① (X) 대판 2009.6.18. 2008두10997 전원합의체.

② (O) 대판 2011.1.20. 2010두14954 전원합의체.

③ (X) 사업양도·양수에 따른 허가관청의 지위승계신고의 수리는 적법한 사업의 양도·양수가 있었음을 전제로 하는 것이므로 그 수리대상인 사업양도·양수가 존재하지 아니하거나 무효인 때에는 수리를 하였다 하더라도 그 수리는 유효한 대상이 없는 것으로서 당연히 무효라 할 것이고, 사업의 양도행위가 무효라고 주장하는 양도자는 민사쟁송으로 양도·양수행위의 무효를 구함이 없이 막바로 허가관청을 상대로 하여 행정소송으로 위 신고수리처분의 무효확인을 구할 법률상 이익이 있다(대판 2005. 12. 23. 2005두3554).

④ (X) 식품위생법 제25조 제3항에 의한 영업양도에 따른 지위승계신고를 수리하는 허가관청의 행위는 단순히 사법상의 사업양도의 법률효과에 의하여 양수인이 그 영업을 승계하였다는 사실의 신고를 접수하는 행위에 그치는 것이 아니라, 영업허가자의 변경이라는 법률효과를 발생시키는 행위라고 할 것이다(대판 1995.2.24. 94누9146).

정답 ②

수리를 요하지 않는 신고의 경우 신고의 적법여부나 수리여부와는 관계없이 신고서가 접수기관에 도달하면 신고의무가 이행된 것으로 본다. [13국회8급]

해설

(X) 수리를 요하지 않는 자기완결적 신고는 요건을 갖춘 신고서가 접수기관에 도달된 때에 신고의 의무가 이행된 것으로 본다(행정절차법 제40조 제2항 참고). 그러나 부적법한 신고는 행정청에 접수되었다 하더라도 신고의 효과가 발생하지 않는다.

084 [19서울9급(上)]

사인의 공법상의 행위로서 신고에 관한 판례의 내용으로 옳지 않은 것은?

① 「주민등록법」상 주민등록의 신고는 행정청에 도달하기만 하면 신고로서의 효력이 발생하는 것이 아니라 행정청이 수리한 경우에 비로소 신고의 효력이 발생한다.

② 납골당설치 신고가 구 「장사법」 관련 규정의 모든 요건에 맞는 신고라 하더라도 신고인은 곧바로 납골당을 설치할 수는 없고, 이에 대한 행정청의 수리처분이 있어야만 신고한 대로 납골당을 설치할 수 있다.

③ 수리란 신고를 유효한 것으로 판단하고 법령에 의하여 처리할 의사로 이를 수령하는 적극적 행위이므로 수리행위에는 신고필증의 교부와 같은 행정청의 행위가 수반되어야 한다.

④ 「수산업법」상의 어업의 신고는 행정청의 수리에 의하여 비로소 그 효과가 발생하는 이른바 '수리를 요하는 신고'에 해당한다.

해설

① (O) 주민등록의 신고는 행정청에 도달하기만 하면 신고로서의 효력이 발생하는 것이 아니라 행정청이 수리한 경우에 비로소 신고의 효력이 발생한다(대판 2009.1.30. 2006다17850).

② (O) ③ (X) 납골당설치 신고는 이른바 '수리를 요하는 신고'라 할 것이므로, 납골당설치 신고가 구 장사법 관련 규정의 모든 요건에 맞는 신고라 하더라도 신고인은 곧바로 납골당을 설치할 수는 없고, 이에 대한 행정청의 수리처분이 있어야만 신고한 대로 납골당을 설치할 수 있다. 한편 수리란 신고를 유효한 것으로 판단하고 법령에 의하여 처리할 의사로 이를 수령하는 수동적 행위이므로 수리행위에 신고필증 교부 등 행위가 꼭 필요한 것은 아니다(대판 2011. 9. 8. 2009두6766).

④ (O) 어업의 신고에 관하여 유효기간을 설정하면서 그 기산점을 '수리한 날'로 규정하고, 나아가 필요한 경우에는 그 유효기간을 단축할 수 있도록까지 하고 있는 수산업법 제44조 제2항의 규정 취지 및 어업의 신고를 한 자가 공익상 필요에 의하여 한 행정청의 조치에 위반한 경우에 어업의 신고를 수리한 때에 교부한 어업신고필증을 회수하도록 하고 있는 구 수산업법시행령 제33조 제1항의 규정 취지에 비추어 보면, 수산업법 제44조 소정의 어업의 신고는 행정청의 수리에 의하여 비로소 그 효과가 발생하는 이른바 '수리를 요하는 신고'라고 할 것이다(대판 2000. 5. 26. 99다37382).

정답 ③

085 [19지방9급]

사인의 공법행위에 대한 설명으로 옳지 않은 것은? (다툼이 있는 경우 판례에 의함)

① 부동산 투기나 이주대책 요구 등을 방지할 목적으로 주민등록전입신고를 거부하는 것은 「주민등록법」의 입법 목적과 취지 등에 비추어 허용될 수 없다.

② 구「의료법 시행규칙」 제22조 제3항에 의하면 의원개설 신고서를 수리한 행정관청이 소정의 신고필증을 교부하도록 되어있기 때문에 이와 같은 신고필증의 교부가 없으면 개설신고의 효력이 없다.

③ 「건축법」상 건축신고 반려행위는 항고소송의 대상이 되는 행정처분에 해당한다.

④ 「식품위생법」에 의한 영업양도에 따른 지위승계신고를 수리하는 허가관청의 행위는 단순히 양도·양수인 사이에 이미 발생한 사법상의 사업양도의 법률효과에 의하여 양수인이 그 영업을 승계하였다는 사실의 신고를 접수하는 행위에 그치는 것이 아니라, 영업허가자의 변경이라는 법률효과를 발생시키는 행위이다.

해설

① (O) 주민들의 거주지 이동에 따른 주민등록전입신고에 대하여 행정청이 이를 심사하여 그 수리를 거부할 수는 있다고 하더라도, 시장 등의 주민등록전입신고 수리 여부에 대한 심사는 주민등록법의 입법 목적의 범위 내에서 제한적으로 이루어져야 할 것이다. 부동산투기나 이주대책 요구 등을 방지할 목적으로 주민등록전입신고를 거부하는 것은 주민등록법의 입법 목적과 취지 등에 비추어 허용될 수 없다(대판 2009.6.18. 2008두10997 전원합의체).

② (X) 수리란 신고를 유효한 것으로 판단하고 법령에 의하여 처리할 의사로 이를 수령하는 수동적 행위이므로 수리행위에 신고필증 교부 등 행위가 꼭 필요한 것은 아니다(대판 2011. 9. 8. 2009두6766).

③ (O) 건축신고 반려행위가 이루어진 단계에서 당사자로 하여금 반려행위의 적법성을 다투어 그 법적 불안을 해소한 다음 건축행위에 나아가도록 함으로써 장차 있을지도 모르는 위험에서 미리 벗어날 수 있도록 길을 열어 주고, 위법한 건축물의 양산과 그 철거를 둘러싼 분쟁을 조기에 근본적으로 해결할 수 있게 하는 것이 법치행정의 원리에 부합한다. 그러므로 이 사건 건축신고 반려행위는 항고소송의 대상이 된다고 보는 것이 옳다(대판 2010.11.18. 2008두167전원합의체).

④ (O) 식품위생법 제25조 제3항에 의한 영업양도에 따른 지위승계신고를 수리하는 허가관청의 행위는 단순히 사법상의 사업양도의 법률효과에 의하여 양수인이 그 영업을 승계하였다는 사실의 신고를 접수하는 행위에 그치는 것이 아니라, 영업허가자의 변경이라는 법률효과를 발생시키는 행위라고 할 것이다(대판 1995.2.24. 94누9146).

정답 ②

086 [20국가7급]

사인의 공법행위로서의 신고에 대한 설명으로 옳지 않은 것은? (다툼이 있는 경우 판례에 의함)

① 부가가치세법상 사업자등록은 단순한 사업사실의 신고에 해당하므로, 과세관청이 직권으로 등록을 말소한 행위는 항고소송의 대상인 행정처분에 해당하지 않는다.

② 허가대상 건축물의 양수인이 건축법령에 규정되어 있는 형식적 요건을 갖추어 행정청에 적법하게 건축주 명의변경 신고를 한 경우, 행정청은 실체적인 이유를 들어 신고의 수리를 거부할 수 없다.

③ 구 체육시설의 설치·이용에 관한 법률의 규정에 따라 체육시설의 회원을 모집하고자 하는 자의 '회원모집 계획서 제출'은 수리를 요하는 신고이며, 이에 대하여 회원모집계획을 승인하는 시·도지사 등의 검토결과 통보는 수리행위로서 행정처분에 해당한다.

④ 장기요양기관의 폐업신고 자체가 효력이 없음에도 행정청이 이를 수리한 경우, 그 수리행위가 당연무효로 되는 것은 아니다.

해설

① (O) 과세관청이 사업자등록을 관리하는 과정에서 위장사업자의 사업자명의를 직권으로 실사업자의 명의로 정정하는 행위 또한 당해 사업사실 중 주체에 관한 정정기재일 뿐 그에 의하여 사업자로서의 지위에 변동을 가져오는 것이 아니므로 항고소송의 대상이 되는 행정처분으로 볼 수 없다(대판 2011.1.27, 2008두2200).

② (O) 허가대상 건축물의 양수인이 구 건축법시행규칙(1992.6.1. 건설부령 제504호로 전문 개정되기 전의 것)에 규정되어 있는 형식적 요건을 갖추어 시장·군수에게 적법하게 건축주의 명의변경을 신고한 때에는 시장·군수는 그 신고를 수리하여야지 실체적인 이유를 내세워 신고의 수리를 거부할 수 없다(대판 1993. 10. 12. 93누883).

③ (O) 체육시설의 설치·이용에 관한 법률 시행령 규정에 의하면, 체육시설의 회원을 모집하고자 하는 자는 시·도지사 등으로부터 회원모집계획서에 대한 검토결과 통보를 받은 후에 회원을 모집할 수 있다고 보아야 하고, 따라서 체육시설의 회원을 모집하고자 하는 자의 시·도지사 등에 대한 회원모집계획서 제출은 수리를 요하는 신고에서의 신고에 해당하며, 시·도지사 등의 검토결과 통보는 수리행위로서 행정처분에 해당한다(대판 2009.2.26. 2006두16243).

④ (X) 장기요양기관의 폐업신고와 노인의료복지시설의 폐지신고는, 행정청이 관계 법령이 규정한 요건에 맞는지를 심사한 후 수리하는 이른바 '수리를 필요로 하는 신고'에 해당한다. 그러나 행정청이 그 신고를 수리하였다고 하더라도, 신고서 위조 등의 사유가 있어 신고행위 자체가 효력이 없다면, 그 수리행위는 유효한 대상이 없는 것으로서, 수리행위 자체에 중대·명백한 하자가 있는지를 따질 것도 없이 당연히 무효이다(대판 2018. 6. 12. 2018두33593).

정답 ④

087 [22지방9급]

영업의 양도와 영업자지위승계에 대한 설명으로 옳지 않은 것은? (다툼이 있는 경우 판례에 의함)

① 「식품위생법」상 허가영업자의 지위승계신고수리처분을 하는 경우 「행정절차법」 규정 소정의 당사자에 해당하는 종전의 영업자에게 행정절차를 실시하여야 한다.

② 관할 행정청은 여객자동차운송사업의 양도·양수에 대한 인가를 한 후에도 그 양도·양수 이전에 있었던 양도인에 대한 운송사업면허 취소사유를 들어 양수인의 사업면허를 취소할 수 있다.

③ 영업양도행위가 무효임에도 행정청이 승계신고를 수리하였다면 양도자는 민사쟁송이 아닌 행정소송으로 신고수리처분의 무효확인을 구할 수 있다.

④ 사실상 영업이 양도·양수되었지만 승계신고 및 수리처분이 있기 전에 양도인이 허락한 양수인의 영업 중 발생한 위반행위에 대한 행정적 책임은 양수인에게 귀속된다.

해설

① (O) 영업자지위승계신고를 수리하는 처분은 종전의 영업자의 권익을 제한하는 처분이라 할 것이고 행정청으로서는 위 신고를 수리하는 처분을 함에 있어서 행정절차법 규정 소정의 당사자에 해당하는 종전의 영업자에 대하여 위 규정 소정의 행정절차를 실시하고 처분을 하여야 한다(대판 2003.2.14. 2001두7015).

② (O) 개인택시운송사업의 양도·양수가 있고 그에 대한 인가가 있은 후 그 양도·양수 이전에 있었던 양도인에 대한 운송사업면허취소사유(음주운전 등으로 인한 자동차운전면허의 취소)를 들어 양수인의 운송사업면허를 취소한 것은 정당하다(대판 1998. 6. 26. 96누18960).

③ (O) 사업양도·양수에 따른 허가관청의 지위승계신고의 수리는 적법한 사업의 양도·양수가 있었음을 전제로 하는 것이므로 그 수리대상인 사업양도·양수가 존재하지 아니하거나 무효인 때에는 수리를 하였다 하더라도 그 수리는 유효한 대상이 없는 것으로서 당연히 무효라 할 것이고, 사업의 양도행위가 무효라고 주장하는 양도자는 민사쟁송으로 양도·양수행위의 무효를 구함이 없이 막바로 허가관청을 상대로 하여 행정소송으로 위 신고수리처분의 무효확인을 구할 법률상 이익이 있다(대판 2005. 12. 23. 2005두3554).

④ (X) 사실상 영업이 양도·양수되었지만 아직 승계신고 및 그 수리처분이 있기 이전에는 여전히 종전의 영업자인 양도인이 영업허가자이고, 양수인은 영업허가자가 되지 못한다 할 것이어서 행정제재처분의 사유가 있는지 여부 및 그 사유가 있다고 하여 행하는 행정제재처분은 영업허가자인 양도인을 기준으로 판단하여 그 양도인에 대하여 행하여야 할 것이고, 한편 양도인이 그의 의사에 따라 양수인에게 영업을 양도하면서 양수인으로 하여금 영업을 하도록 허락하였다면 그 양수인의 영업 중 발생한 위반행위에 대한 행정적인 책임은 영업허가자인 양도인에게 귀속된다(대판 1995.2.24. 94누9146).

정답 ④

088 [17지방7급]

甲은 「여객자동차 운수사업법」상 일반택시운송사업면허를 받아 사업을 운영하던 중, 자신의 사업을 乙에게 양도하고자 乙과 양도·양수계약을 체결하고 관련 법령에 따라 乙이 사업의 양도·양수신고를 하였다. 이와 관련한 설명으로 옳지 않은 것은? (다툼이 있는 경우 판례에 의함)

① 甲에 대한 일반택시운송사업면허는 원칙상 재량행위에 해당한다.

② 사업의 양도·양수에 대한 신고를 수리하는 행위는 「행정절차법」의 적용대상이 된다.

③ 甲과 乙사이의 사업양도·양수계약이 무효이더라도 이에 대한 신고의 수리가 있게 되면 사업양도의 효과가 발생한다.

④ 사업의 양도·양수신고가 수리된 경우, 甲은 민사쟁송으로 양도·양수행위의 무효를 구함이 없이 곧바로 항고소송으로 신고 수리의 무효확인을 구할 법률상 이익이 있다.

해설

① (O) 개인택시운송사업면허는 특정인에게 권리나 이익을 부여하는 행정행위로서 법령에 특별한 규정이 없으면 행정청의 재량에 속하는 것이고, 그 면허를 위하여 정하여진 순위 내에서의 운전경력인정방법에 관한 기준설정 역시 행정청의 재량이므로, 그 설정된 기준이 객관적으로 합리적이 아니라거나 타당하지 않다고 보이지 않는 이상 이에 기하여 운전경력을 산정한 것을 위법하다고 할 수 없다(대판 1995.4.14, 93누16253).

② (O) 영업자지위승계신고를 수리하는 처분은 종전의 영업자의 권익을 제한하는 처분이라 할 것이고 따라서 행정청으로서는 위 신고를 수리하는 처분을 함에 있어서 행정절차법 규정 소정의 당사자에 해당하는 종전의 영업자에 대하여 위 규정 소정의 행정절차를 실시하고 처분을 하여야 한다(대판 2003.2.14. 2001두7015).

③ (X) ④ (O) 사업양도·양수에 따른 허가관청의 지위승계신고의 수리는 적법한 사업의 양도·양수가 있었음을 전제로 하는 것이므로 그 수리대상인 사업양도·양수가 존재하지 아니하거나 무효인 때에는 수리를 하였다 하더라도 그 수리는 유효한 대상이 없는 것으로서 당연히 무효라 할 것이고, 사업의 양도행위가 무효라고 주장하는 양도자는 민사쟁송으로 양도·양수행위의 무효를 구함이 없이 막바로 허가관청을 상대로 하여 행정소송으로 위 신고수리처분의 무효확인을 구할 법률상 이익이 있다(대판 2005.12.23. 2005두3554).

정답 ③

089 [19서울9급]

갑(甲)은 영업허가를 받아 영업을 하던 중 자신의 영업을 을(乙)에게 양도하고자 을과 사업양도양수계약을 체결하고 관련법령에 따라 관할 행정청 A에게 지위승계신고를 하였다. 이에 대한 설명으로 가장 옳지 않은 것은?

① 갑과 을 사이의 사업양도양수계약이 무효이더라도 A가 지위승계신고를 수리하였다면 그 수리는 취소되기 전까지 유효하다.

② A가 지위승계신고의 수리를 거부한 경우 갑은 수리거부에 대해 취소소송으로 다툴 수 있다.

③ 갑과 을이 사업양도양수계약을 체결하였으나 지위승계신고 이전에 갑에 대해 영업허가가 취소되었다면, 을은 이를 다툴 법률상 이익이 있다.

④ 갑과 을이 관련법령상 요건을 갖춘 적법한 신고를 하였더라도 A가 이를 수리하지 않았다면 지위승계의 효력이 발생하지 않는다.

해설

① (X) 사업양도・양수에 따른 허가관청의 지위승계신고의 수리는 적법한 사업의 양도・양수가 있었음을 전제로 하는 것이므로 그 수리대상인 사업양도·양수가 존재하지 아니하거나 무효인 때에는 수리를 하였다 하더라도 그 수리는 유효한 대상이 없는 것으로서 당연히 무효라 할 것이고, 사업의 양도행위가 무효라고 주장하는 양도자는 민사쟁송으로 양도·양수행위의 무효를 구함이 없이 막바로 허가관청을 상대로 하여 행정소송으로 위 신고수리처분의 무효확인을 구할 법률상 이익이 있다(대판 2005. 12. 23. 2005두3554).

② (O) 명의변경신고 수리거부행위는 행정청이 양수인의 권리의무에 직접 영향을 미치는 것으로서 취소소송의 대상이 되는 처분이다(대판 1992.3.31. 91누4911).

③ (O) 행정청이 양도인에 대하여 허가를 취소하는 처분을 하였다면 이는 양수인의 지위에 대한 직접적 침해가 된다고 할 것이므로 양수인은 허가를 취소하는 처분의 취소를 구할 법률상 이익을 가진다(대판 2003.7.11. 2001두6289).

④ (O) 사업양수에 의한 지위승계신고를 수리하는 허가관청의 행위는 단순히 양도, 양수자 사이에 발생한 사법상의 사업양도의 법률효과에 의하여 양수자가 사업을 승계하였다는 사실의 신고를 접수하는 행위에 그치는 것이 아니라 실질에 있어서 양도자의 사업허가를 취소함과 아울러 양수자에게 적법히 사업을 할 수 있는 법규상 권리를 설정하여 주는 행위로서 사업허가자의 변경이라는 법률효과를 발생시키는 행위이므로 허가관청이 법 제7조 제2항에 의한 사업양수에 의한 지위승계신고를 수리하는 행위는 행정처분에 해당한다(대판 1993. 6. 8. 91누11544).

정답 ①

090 [19서울7급(上)]

건축허가와 건축신고에 관한 설명으로 가장 옳지 않은 것은?

① 건축허가는 원칙상 기속행위이지만 중대한 공익상 필요가 있는 경우 예외적으로 건축허가를 거부할 수 있다.

② 건축신고는 자기완결적 신고이므로 신고반려행위 또는 수리거부행위는 항고소송의 대상이 되지 않는다.

③ 신고대상인 건축물의 건축행위를 하고자 할 경우에는 관계 법령에 정해진 적법한 요건을 갖춘 신고만을 하면 그와 같은 건축행위를 할 수 있고, 행정청의 수리처분 등 별도의 조처를 기다릴 필요가 없다.

④ 토지의 형질변경허가는 금지요건이 불확정개념으로 규정되어 있어 그 금지요건에 해당하는지 여부를 판단함에 있어서 행정청에게 재량권이 부여되어 있다고 할 것이므로, 같은 법에 의하여 지정된 도시지역 안에서 토지의 형질변경행위를 수반하는 건축허가는 결국 재량행위에 속한다.

해설

① (O) 건축허가권자는 건축허가신청이 건축법 등 관계 법규에서 정하는 어떠한 제한에 배치되지 않는 이상 당연히 같은 법조에서 정하는 건축허가를 하여야 하고, 중대한 공익상의 필요가 없음에도 불구하고, 요건을 갖춘 자에 대한 허가를 관계 법령에서 정하는 제한사유 이외의 사유를 들어 거부할 수는 없다(대판 2006.11.9. 2006두1227).

② (X) 건축신고 반려행위가 이루어진 단계에서 당사자로 하여금 반려행위의 적법성을 다투어 그 법적 불안을 해소한 다음 건축행위에 나아가도록 함으로써 장차 있을지도 모르는 위험에서 미리 벗어날 수 있도록 길을 열어 주고, 위법한 건축물의 양산과 그 철거를 둘러싼 분쟁을 조기에 근본적으로 해결할 수 있게 하는 것이 법치행정의 원리에 부합한다. 그러므로 건축신고 반려행위는 항고소송의 대상이 된다고 보는 것이 옳다(대판 2010.11.18. 2008두167 전원합의체).

③ (O) 신고대상인 건축물의 건축행위를 하고자 할 경우에는 그 관계 법령에 정해진 적법한 요건을 갖춘 신고만을 하면 그와 같은 건축행위를 할 수 있고, 행정청의 수리처분 등 별단의 조처를 기다릴 필요가 없다고 할 것이며, 또한 이와 같은 신고를 받은 행정청으로서는 그 신고가 같은 법 및 그 시행령 등 관계 법령에 신고만으로 건축할 수 있는 경우에 해당하는 여부 및 그 구비서류 등이 갖추어져 있는지 여부 등을 심사하여 그것이 법규정에 부합하는 이상 이를 수리하여야 하고, 같은 법 규정에 정하지 아니한 사유를 심사하여 이를 이유로 신고수리를 거부할 수는 없다(대판 1999. 4. 27. 97누6780).

④ (O) 토지의 형질변경행위를 수반하는 건축허가는 건축법 제8조 제1항의 규정에 의한 건축허가와 국토의계획및이용에관한법률 제56조 제1항 제2호의 규정에 의한 토지의 형질변경허가의 성질을 아울러 갖는 것으로 보아야 할 것이고, 같은 법 제56조 제1항 제2호의 규정에 의한 토지의 형질변경허가는 그 금지요건이 불확정개념으로 규정되어 있어 그 금지요건에 해당하는지 여부를 판단함에 있어서 행정청에게 재량권이 부여되어 있다고 할 것이므로, 같은 법에 의하여 지정된 도시지역 안에서 토지의 형질변경행위를 수반하는 건축허가는 결국 재량행위에 속한다(대판 2005.7.14. 2004두6181).

정답 ②

091 [20국가9급]

신고에 대한 설명으로 옳지 않은 것은? (다툼이 있는 경우 판례에 의함)

① 건축법상 인·허가의제 효과를 수반하는 건축신고는 특별한 사정이 없는 한 행정청이 그 실체적 요건에 관한 심사를 한 후 수리하여야 하는 이른바 '수리를 요하는 신고'이다.

② 건축법상의 착공신고의 경우에는 신고 그 자체로서 법적 절차가 완료되어 행정청의 처분이 개입될 여지가 없으므로, 행정청의 착공신고 반려행위는 항고소송의 대상인 처분에 해당하지 않는다.

③ 주민등록의 신고는 행정청에 도달하기만 하면 신고로서의 효력이 발생하는 것이 아니라 행정청이 수리한 경우에 비로소 신고의 효력이 발생한다.

④ 행정청이 구 식품위생법상의 영업자지위승계신고 수리처분을 하는 경우, 행정청은 종전의 영업자에 대하여 「행정절차법」 소정의 행정절차를 실시하여야 한다.

해설

① (O) 인·허가의제 효과를 수반하는 건축신고는 일반적인 건축신고와는 달리, 특별한 사정이 없는 한 행정청이 그 실체적 요건에 관한 심사를 한 후 수리하여야 하는 이른바 '수리를 요하는 신고'로 보는 것이 옳다(대판 2011.1.20. 2010두14954 전원합의체).

② (X) 건축주 등으로서는 착공신고가 반려될 경우, 당해 건축물의 착공을 개시하면 시정명령, 이행강제금, 벌금의 대상이 되거나 당해 건축물을 사용하여 행할 행위의 허가가 거부될 우려가 있어 불안정한 지위에 놓이게 된다. 따라서 착공신고 반려행위가 이루어진 단계에서 당사자로 하여금 반려행위의 적법성을 다투어 법적 불안을 해소한 다음 건축행위에 나아가도록 함으로써 장차 있을지도 모르는 위험에서 미리 벗어날 수 있도록 길을 열어 주고, 위법한 건축물의 양산과 철거를 둘러싼 분쟁을 조기에 근본적으로 해결할 수 있게 하는 것이 법치행정의 원리에 부합한다. 그러므로 행정청의 착공신고 반려행위는 항고소송의 대상이 된다고 보는 것이 옳다(대판 2011. 6. 10. 2010두7321).

③ (O) 주민등록의 신고는 행정청에 도달하기만 하면 신고로서의 효력이 발생하는 것이 아니라 행정청이 수리한 경우에 비로소 신고의 효력이 발생한다(대판 2009.1.30. 2006다17850).

④ (O) 식품위생법 제25조 제3항에 의한 영업양도에 따른 지위승계신고를 수리하는 허가관청의 행위는 단순히 양도·양수인 사이에 이미 발생한 사법상의 사업양도의 법률효과에 의하여 양수인이 그 영업을 승계하였다는 사실의 신고를 접수하는 행위에 그치는 것이 아니라, 영업허가자의 변경이라는 법률효과를 발생시키는 행위라고 할 것이다(대판 1995.2.24. 94누9146).

정답 ②

092 [18국가9급]

신고에 대한 설명으로 옳은 것은? (다툼이 있는 경우 판례에 의함)

① 신고는 사인이 행하는 공법행위로 행정기관의 행위가 아니므로 「행정절차법」에는 신고에 관한 규정을 두고 있지 않다.

② 신고의 수리는 타인의 행위를 유효한 행위로 받아들이는 행정행위를 말하며, 이는 강학상 법률행위적 행정행위에 해당한다.

③ 「행정절차법」상 사전통지의 상대방인 당사자는 행정청의 처분에 대하여 직접 그 상대가 되는 자를 의미하므로, 「식품위생법」상의 영업자지위승계신고를 수리하는 행정청은 영업자지위를 이전한 종전의 영업자에 대하여 사전통지를 할 필요가 없다.

④ 숙박업을 하고자 하는 자가 법령이 정하는 시설과 설비를 갖추고 행정청에 신고를 하면 행정청은 공중위생관리법령의 규정에 따라 원칙적으로 이를 수리하여야 하므로, 새로 숙박업을 하려는 자가 기존에 다른 사람이 숙박업 신고를 한 적이 있는 시설 등의 소유권 등 정당한 사용권한을 취득하여 법령에서 정한 요건을 갖추어 신고하였다면, 행정청으로서는 특별한 사정이 없는 한 이를 수리하여야 하고, 기존의 숙박업 신고가 외관상 남아있다는 이유로 이를 거부할 수 없다.

해설

① (X)

> **행정절차법 제40조(신고)** ① 법령등에서 행정청에 일정한 사항을 통지함으로써 의무가 끝나는 신고를 규정하고 있는 경우 신고를 관장하는 행정청은 신고에 필요한 구비서류, 접수기관, 그 밖에 법령 등에 따른 신고에 필요한 사항을 게시(인터넷 등을 통한 게시를 포함한다)하거나 이에 대한 편람을 갖추어 두고 누구나 열람할 수 있도록 하여야 한다.
> ② 제1항에 따른 신고가 다음 각 호의 요건을 갖춘 경우에는 신고서가 접수기관에 도달된 때에 신고 의무가 이행된 것으로 본다.
> 1. 신고서의 기재사항에 흠이 없을 것
> 2. 필요한 구비서류가 첨부되어 있을 것
> 3. 그 밖에 법령등에 규정된 형식상의 요건에 적합할 것

② (X) 신고의 수리는 강학상 준법률행위적 행정행위에 해당한다.

③ (X) 영업자지위승계신고를 수리하는 처분은 종전의 영업자의 권익을 제한하는 처분이라 할 것이고 따라서 종전의 영업자는 그 처분에 대하여 직접 그 상대가 되는 자에 해당한다고 봄이 상당하므로, 행정청으로서는 위 신고를 수리하는 처분을 함에 있어서 행정절차법 규정 소정의 당사자에 해당하는 종전의 영업자에 대하여 위 규정 소정의 행정절차를 실시하고 처분을 하여야 한다(대판 2003.02.14. 2001두7015).

④ (O) 숙박업을 하고자 하는 자가 법령이 정하는 시설과 설비를 갖추고 행정청에 신고를 하면, 행정청은 공중위생관리법령의 위 규정에 따라 원칙적으로 이를 수리하여야 한다. 행정청이 법령이 정한 요건 이외의 사유를 들어 수리를 거부하는 것은 위 법령의 목적에 비추어 이를 거부해야 할 중대한 공익상의 필요가 있다는 등 특별한 사정이 있는 경우에 한한다. 기존에 다른 사람이 숙박업 신고를 한 적이 있더라도 새로 숙박업을 하려는 자가 그 시설 등의 소유권 등 정당한 사용권한을 취득하여 법령에서 정한 요건을 갖추어 신고하였다면, 행정청으로서는 특별한 사정이 없는 한 이를 수리하여야 하고, 단지 해당 시설 등에 관한 기존의 숙박업 신고가 외관상 남아있다는 이유만으로 이를 거부할 수 없다(대판 2017. 5. 30. 2017두34087).

정답 ④

093 [19지방7급]

사인의 공법행위로서 신고에 대한 판례의 입장으로 옳지 않은 것은?

① 유통산업발전법상 대규모 점포의 개설 등록은 이른바 '수리를 요하는 신고'로서 행정처분에 해당한다.

② 의료법에 따라 정신과의원을 개설하려는 자가 법령에 규정되어 있는 요건을 갖추어 개설신고를 한 경우라도 관할 시장 · 군수 · 구청장은 법령에서 정한 요건 이외의 사유를 들어 의원급 의료기관 개설신고의 수리를 거부할 수 있다.

③ 인 · 허가의제 효과를 수반하는 건축신고는 일반적인 건축신고와는 달리, 특별한 사정이 없는 한 행정청이 그 실체적 요건에 관한 심사를 한 후 수리하여야 하는 이른바 '수리를 요하는 신고'에 해당한다.

④ 가설건축물 존치기간을 연장하려는 건축주 등이 법령에 규정되어 있는 제반 서류와 요건을 갖추어 행정청에 연장신고를 한 경우, 행정청으로서는 법령에서 요구하고 있지도 아니한 '대지사용승낙서' 등의 서류가 제출되지 아니하였거나, 대지소유권자의 사용승낙이 없다는 등의 사유를 들어 가설건축물 존치기간 연장신고의 수리를 거부하여서는 아니 된다.

해설

① **(O)** 대규모점포의 개설 등록은 이른바 '수리를 요하는 신고'로서 행정처분에 해당한다(대판 2015. 11. 19. 2015두295 전원합의체).

② **(X)** 정신과의원을 개설하려는 자가 법령에 규정되어 있는 요건을 갖추어 개설신고를 한 때에, 행정청은 원칙적으로 이를 수리하여 신고필증을 교부하여야 하고, 법령에서 정한 요건 이외의 사유를 들어 의원급 의료기관 개설신고의 수리를 거부할 수는 없다(대판 2018. 10. 25. 2018두44302).

③ **(O)** 인·허가의제 효과를 수반하는 건축신고는 일반적인 건축신고와는 달리, 특별한 사정이 없는 한 행정청이 그 실체적 요건에 관한 심사를 한 후 수리하여야 하는 이른바 '수리를 요하는 신고'로 보는 것이 옳다(대판 2011.1.20. 2010두14954 전원합의체).

④ **(O)** 행정청으로서는 법령에서 요구하고 있지도 아니한 '대지사용승낙서' 등의 서류가 제출되지 아니하였거나, 대지소유권자의 사용승낙이 없다는 등의 사유를 들어 가설건축물 존치기간 연장신고의 수리를 거부하여서는 아니 된다(대판 2018. 1. 25. 2015두35116).

정답 ②

094 [21지방9급]

신고에 대한 설명으로 옳은 것은? (다툼이 있는 경우 판례에 의함)

① 구「관광진흥법」에 의한 지위승계신고를 수리하는 허가관청의 행위는 사실적인 행위에 불과하여 항고소송의 대상이 되지 않는다.

② 정보통신매체를 이용하여 학습비를 받고 불특정 다수인에게 원격 평생교육을 실시하기 위해 구「평생교육법」에서 정한 형식적 요건을 모두 갖추어 신고한 경우, 행정청은 신고대상이 된 교육이나 학습이 공익적 기준에 적합하지 않는다는 등의 실체적 사유를 들어 신고 수리를 거부할 수 없다.

③「건축법」에 의한 인·허가의제 효과를 수반하는 건축신고는 건축을 하고자 하는 자가 적법한 요건을 갖춘 신고만 하면 건축을 할 수 있고, 행정청의 수리 등 별단의 조처를 기다릴 필요가 없다.

④ 주민등록의 신고는 행정청에 도달하기만 하면 신고로서의 효력이 발생한다.

해설

① (X) 구 관광진흥법 제8조 제4항에 의한 지위승계신고를 수리하는 허가관청의 행위는 단순히 양도·양수인 사이에 이미 발생한 사법상 사업양도의 법률효과에 의하여 양수인이 그 영업을 승계하였다는 사실의 신고를 접수하는 행위에 그치는 것이 아니라, 영업허가자의 변경이라는 법률효과를 발생시키는 행위이다(대판 2012. 12. 13. 2011두29144).

② (O) 정보통신매체를 이용하여 불특정 다수인에게 학습비를 받고 실시하는 경우에는 이를 신고하여야 하나, 행정청으로서는 신고서 기재사항에 흠결이 없고 정해진 서류가 구비된 때에는 이를 수리하여야 하고, 이러한 형식적 요건을 모두 갖추었음에도 신고대상이 된 교육이나 학습이 공익적 기준에 적합하지 않는다는 등 실체적 사유를 들어 신고 수리를 거부할 수는 없다(대판 2011.07.28. 2005두11784).

③ (X) 인·허가의제 효과를 수반하는 건축신고는 일반적인 건축신고와는 달리, 특별한 사정이 없는 한 행정청이 그 실체적 요건에 관한 심사를 한 후 수리하여야 하는 이른바 '수리를 요하는 신고'로 보는 것이 옳다(대판 2011.1.20. 2010두14954 전원합의체).

④ (X) 주민등록의 신고는 행정청에 도달하기만 하면 신고로서의 효력이 발생하는 것이 아니라 행정청이 수리한 경우에 비로소 신고의 효력이 발생한다(대판 2009.1.30. 2006다17850).

정답 ②

VI 신청

095 [14지방9급]

사인의 공법행위에 대한 설명으로 옳지 않은 것은? (다툼이 있는 경우 판례에 의함)

① 신청권은 행정청의 응답을 구하는 권리이며, 신청된 대로의 처분을 구하는 권리는 아니다.

② 신청에 따른 행정청의 처분이 기속행위인 때에는 행정청은 신청에 대한 응답의무를 지지만, 재량행위인 때에는 응답의무가 없다.

③ 법규상 또는 조리상 신청권이 없는 경우에는 거부행위의 처분성이 인정되지 아니한다.

④ 사인의 공법상 행위는 명문으로 금지되거나 성질상 불가능한 경우가 아닌 한, 그에 의거한 행정행위가 행하여질 때까지는 자유로이 철회나 보정이 가능하다.

해설

① (O) 신청권의 존부는 관계 법규의 해석에 의하여 일반 국민에게 그러한 신청권을 인정하고 있는가를 살펴 추상적으로 결정되는 것이고, 신청인이 그 신청에 따른 단순한 응답을 받을 권리를 넘어서 신청의 인용이라는 만족적 결과를 얻을 권리를 의미하는 것은 아니다(대판 2009.9.10. 2007두20638).

② (X) 신청에 따른 행정청의 처분이 기속행위인 때에는 행정청은 신청에 대한 응답의무가 있고, 재량행위인 때에도 재량의 범위 내에서 신청에 대한 응답의무가 있다.

③ (O) 행정청이 국민의 신청에 대하여 한 거부행위가 항고소송의 대상이 되는 행정처분으로 되려면, 행정청의 행위를 요구할 법규상 또는 조리상의 신청권이 국민에게 있어야 한다(대판 2007.4.26. 2005두11104).

④ (O) 사인의 공법상 행위는 명문으로 금지되거나 성질상 불가능한 경우가 아닌 한 그에 의거한 행정행위가 행하여질 때까지는 자유로이 철회나 보정이 가능하다(대판 2001.6.15. 99두5566).

정답 ②

096 [21서울7급]

사인의 공법행위에 관한 설명으로 가장 옳지 않은 것은?

① 사인의 공법상 행위는 명문으로 금지되거나 성질상 불가능한 경우가 아닌 한 그에 따른 행정행위가 행하여질 때까지 자유로이 철회하거나 보정할 수 있다.

② 「행정절차법」 제17조는 행정청으로 하여금 신청에 대하여 거부처분을 하기 전에 신청인에게 신청의 내용이나 처분의 실체적 발급요건에 관한 사항을 보완할 기회를 부여하여야 할 의무를 정하고 있다.

③ 인・허가의제 효과를 수반하는 건축신고는 일반적인 건축신고와는 달리, 특별한 사정이 없는 한 행정청이 그 실체적 요건에 관한 심사를 한 후 수리하여야 하는 '수리를 요하는 신고'로 보아야 한다.

④ 행정청이 영업자 지위승계신고를 수리하는 처분은 종전 영업자의 권익을 제한하는 처분이므로, 행정청이 그 신고를 수리하는 처분을 할 때에는 행정절차법 규정에서 정한 당사자에 해당하는 종전 영업자에 대하여 행정절차를 실시하고 처분을 하여야 한다.

해설

① (O) 사인의 공법상 행위는 명문으로 금지되거나 성질상 불가능한 경우가 아닌 한 그에 의거한 행정행위가 행하여질 때까지는 자유로이 철회나 보정이 가능하다(대판 2001.6.15. 99두5566).

② (X) 행정절차법 제17조가 '구비서류의 미비 등 흠의 보완'과 '신청 내용의 보완'을 분명하게 구분하고 있는 점에 비추어 보면, 행정절차법 제17조 제5항은 신청인이 신청할 때 관계 법령에서 필수적으로 첨부하여 제출하도록 규정한 서류를 첨부하지 않은 경우와 같이 쉽게 보완이 가능한 사항을 누락하는 등의 흠이 있을 때 행정청이 곧바로 거부처분을 하는 것보다는 신청인에게 보완할 기회를 주도록 함으로써 행정의 공정성・투명성 및 신뢰성을 확보하고 국민의 권익을 보호하려는 행정절차법의 입법 목적을 달성하고자 함이지, 행정청으로 하여금 신청에 대하여 거부처분을 하기 전에 반드시 신청인에게 신청의 내용이나 처분의 실체적 발급요건에 관한 사항까지 보완할 기회를 부여하여야 할 의무를 정한 것은 아니라고 보아야 한다(대판 2020. 7. 23. 2020두36007).

③ (O) 인·허가의제 효과를 수반하는 건축신고는 일반적인 건축신고와는 달리, 특별한 사정이 없는 한 행정청이 그 실체적 요건에 관한 심사를 한 후 수리하여야 하는 이른바 '수리를 요하는 신고'로 보는 것이 옳다(대판 2011.1.20. 2010두14954 전원합의체).

④ (O) 영업자지위승계신고를 수리하는 처분은 종전의 영업자의 권익을 제한하는 처분이라 할 것이고 행정청으로서는 위 신고를 수리하는 처분을 함에 있어서 행정절차법 규정 소정의 당사자에 해당하는 종전의 영업자에 대하여 위 규정 소정의 행정절차를 실시하고 처분을 하여야 한다(대판 2003.2.14. 2001두7015).

정답 ②

2

행정작용법

제1장 행정입법

제1절 | 행정입법 일반론

제2절 | 법규명령

I 법규명령의 의의와 종류

097 [19서울9급]

행정입법에 대한 설명 중 가장 옳지 않은 것은?

① 헌법이 인정하고 있는 위임입법의 형식은 예시적인 것이다.
② 행정 각부가 아닌 국무총리 소속의 독립기관은 독립하여 법규명령을 발할 수 있다.
③ 행정규칙인 고시가 법령의 수권에 의해 법령을 보충하는 사항을 정하는 경우에는 근거법령규정과 결합하여 대외적으로 구속력 있는 법규명령의 효력을 갖는다.
④ 재량권 행사의 기준을 정하는 행정규칙을 재량준칙이라 한다.

해설

① (O) 헌법이 인정하고 있는 위임입법의 형식은 예시적인 것으로 보아야 할 것이고, 그것은 법률이 행정규칙에 위임하더라도 그 행정규칙은 위임된 사항만을 규율할 수 있으므로, 국회입법의 원칙과 상치되지도 않는다. 다만 형식의 선택에 있어서 규율의 밀도와 규율영역의 특성이 개별적으로 고찰되어야 할 것이고, 그에 따라 입법자에게 상세한 규율이 불가능한 것으로 보이는 영역이라면 행정부에게 필요한 보충을 할 책임이 인정되고 극히 전문적인 식견에 좌우되는 영역에서는 행정기관에 의한 구체화의 우위가 불가피하게 있을 수 있다. 그러한 영역에서 행정규칙에 대한 위임입법이 제한적으로 인정될 수 있다(헌재 2004.10.28. 99헌바91).

② (X) 국무총리 소속의 기관은 법규명령인 총리령이나 부령을 발할 권한이 없다.

③ (O) 법령의 규정이 특정행정기관에게 그 법령내용의 구체적 사항을 정할 수 있는 권한을 부여하면서 그 권한행사의 절차나 방법을 특정하고 있지 아니한 관계로 수임행정기관이 행정규칙의 형식으로 그 법령의 내용이 될 사항을 구체적으로 정하고 있다면 그와 같은 행정규칙, 규정은 행정규칙이 갖는 일반적 효력으로서가 아니라, 행정기관에 법령의 구체적 내용을 보충할 권한을 부여한 법령규정의 효력에 의하여 그 내용을 보충하는 기능을 갖게 된다 할 것이므로 이와 같은 행정규칙, 규정은 당해 법령의 위임한계를 벗어나지 아니하는 한 그것들과 결합하여 대외적인 구속력이 있는 법규명령으로서의 효력을 갖게 된다(대판 1987.9.29. 86누484).

④ (O) 재량권 행사의 기준을 재량준칙이라고 하며 행정청 내부의 사무처리에 관한 재량준칙의 경우 대외적으로 국민이나 법원을 기속하는 효력 즉 법규적 효력이 없다.

정답 ②

098 [18교육행정]

행정입법에 관한 설명으로 옳은 것은?

① 위임입법의 형태로 대통령령, 총리령 또는 부령 등을 열거하고 있는 헌법규정은 예시규정이다.
② 법령상 대통령령으로 규정하도록 되어 있는 사항을 부령으로 정하더라도 그 부령은 유효하다.
③ 조례에 대한 법률의 위임은 구체적으로 범위를 정하여 위임하여야 하며 포괄적 위임은 금지된다.
④ 성질상 위임이 불가피한 전문적·기술적 사항에 관하여 구체적으로 범위를 정하여 법령에서 위임하더라도 고시 등으로는 규제의 세부적인 내용을 정할 수 없다.

해설

① (O) ④ (X) 헌법이 인정하고 있는 위임입법의 형식은 예시적인 것으로 보아야 할 것이고, 그것은 법률이 행정규칙에 위임하더라도 그 행정규칙은 위임된 사항만을 규율할 수 있으므로, 국회입법의 원칙과 상치되지도 않는다. 다만 형식의 선택에 있어서 규율의 밀도와 규율영역의 특성이 개별적으로 고찰되어야 할 것이고, 그에 따라 입법자에게 상세한 규율이 불가능한 것으로 보이는 영역이라면 행정부에게 필요한 보충을 할 책임이 인정되고 극히 전문적인 식견에 좌우되는 영역에서는 행정기관에 의한 구체화의 우위가 불가피하게 있을 수 있다. 그러한 영역에서 행정규칙에 대한 위임입법이 제한적으로 인정될 수 있다(헌재 2004.10.28. 99헌바91).

② (X) 상위법령에서 세부사항 등을 시행규칙으로 정하도록 형식을 정해서 위임하였음에도 이를 고시 등 행정규칙으로 정한 경우, 대외적 구속력을 갖는 법규명령으로서 효력을 인정할 수는 없다(대판 2012.7.5. 2010다72076).

③ (X) 조례에 대한 법률의 위임은 법규명령에 대한 법률의 위임과 같이 반드시 구체적으로 범위를 정하여 할 필요가 없으며 포괄적인 것으로 족하다(헌재 1995.4.20. 92헌마264 등).

정답 ①

헌법재판소 판례에 의하면, 헌법상 위임입법의 형식은 열거적이기 때문에, 국민의 권리·의무에 관한 사항을 고시 등 행정규칙으로 정하도록 위임한 법률 조항은 위헌이다. [16서울9급]

해설

(X) 국회입법에 의한 수권이 입법기관이 아닌 행정기관에게 법률 등으로 구체적인 범위를 정하여 위임한 사항에 관하여는 당해 행정기관에게 법정립의 권한을 갖게 되고, 입법자가 규율의 형식도 선택할 수도 있다 할 것이므로, 헌법이 인정하고 있는 위임입법의 형식은 예시적인 것으로 보아야 할 것이고, 그것은 법률이 행정규칙에 위임하더라도 그 행정규칙은 위임된 사항만을 규율할 수 있으므로, 국회입법의 원칙과 상치되지도 않는다(헌재 2004.10.28. 99헌바91).

099 [20국가7급]

행정입법에 대한 설명으로 옳지 않은 것은? (다툼이 있는 경우 판례에 의함)

① 헌법에서 인정한 법규명령의 형식을 예시적으로 이해하는 견해에 의하면 감사원규칙은 법규명령이 아니라고 본다.
② 고시가 상위법령과 결합하여 대외적 구속력을 갖고 국민의 기본권을 침해하는 법규명령으로 기능하는 경우 헌법소원의 대상이 된다.
③ 집행명령은 상위법령의 집행을 위해 필요한 사항을 규정한 것으로 법규명령에 해당하지만 법률의 수권 없이 제정할 수 있다.
④ 상위법령을 시행하기 위하여 하위법령을 제정하거나 필요한 조치를 함에 있어서는 상당한 기간을 필요로 하며 합리적인 기간 내의 지체를 위헌적인 부작위로 볼 수 없다.

해설

① (X) 헌법에서 인정하는 법규명령의 형식을 한정적, 열거적으로 보는 견해는 감사원규칙은 헌법에 규정이 없는 이유로 법규명령이 아니라고 보지만, 예시적이라고 보는 견해는 성질에 비추어 법규명령이라고 본다.

② (O) 행정규칙은 일반적으로 행정조직 내부에서만 효력을 가지는 것이나, 행정규칙이 법령의 규정에 의하여 행정관청에 법령의 구체적 내용을 보충할 권한을 부여한 경우나 재량권행사의 준칙인 규칙이 그 정한 바에 따라 되풀이 시행되어 행정관행이 이룩되게 되면, 평등의 원칙이나 신뢰보호의 원칙에 따라 행정기관은 그 상대방에 대한 관계에서 그 규칙에 따라야 할 자기구속을 당하게 되는 경우에는 대외적인 구속력을 가지게 되는바, 이러한 경우에는 헌법소원의 대상이 될 수도 있다(헌재 2001. 5. 31. 99헌마413 [각하]).

③ (O) 집행명령은 상위법령의 구체적·개별적인 위임을 근거로 하는 것이 아니라, 정부조직법 등 법령에 의한 일반적 위임에 따른 소관 사무를 수행하기 위하여 직권으로 발하는 법규명령을 의미한다. 집행명령도 법규명령이지만 상위법령의 집행에 필요한 세칙을 정하는 범위 내에서만 가능하고 새로운 국민의 권리·의무를 정할 수 없다는 점에서 위임명령과 구별된다.

④ (O) 상위법령을 시행하기 위하여 하위법령을 제정하거나 필요한 조치를 함에 있어서는 상당한 기간을 필요로 하며 합리적인 기간내의 지체를 위헌적인 부작위로 볼 수 없으나, 이 사건의 경우 현행 규정이 제정된 때로부터 이미 20년이상이 경과되었음에도 아직 치과전문의제도의 실시를 위한 구체적 조치를 취하고 있지 아니하고 있으므로 합리적 기간내의 지체라고 볼 수 없다(헌재 1998. 7. 16. 96헌마246 [인용(위헌확인),각하]).

정답 ①

국민안전처장·인사혁신처장과 같은 국무총리 직속기관은 부령제정권을 가진다. [15서울9급]

| 해설

(X) 헌법상 행정입법권자는 대통령, 국무총리, 각부장관 등이며, 국무총리 직속기관은 부령제정권이 없다. 따라서 국민안전처장·인사혁신처장과 같은 국무총리 직속기관은 소관사무에 관하여 행정입법이 필요한 경우는 총리령에 의하여야 한다.

Ⅱ 법규명령의 근거와 요건

100 [17서울7급]

행정입법에 관한 설명으로 가장 옳지 않은 것은?

① 대통령령의 경우 모법의 시행에 관한 전반적 사항을 정하는 경우에는 OO법(법률) 시행령으로, 모법의 일부 규정의 시행에 필요한 개별적 사항을 정하거나 대통령령의 권한 범위 내의 사항을 정하는 경우에는 OO규정, OO령으로 한다.

② 대통령령 중 OO규정은 원칙적으로 조직법규에 관한 사항을 규정하고, OO령은 작용법규에 관한 사항을 규정한다.

③ 헌법재판소에 따르면 긴급재정경제명령도 국민의 기본권 침해와 직접 관련되는 경우에는 당연히 헌법소원의 대상이 된다.

④ 어떤 법률의 말미에 "이 법의 시행에 필요한 사항은 대통령령으로 정한다"라고 하여 일반적 시행령 위임조항을 두었다면 이것은 위임명령의 일반적 발령 근거로 작용한다.

해설

① (O) ② (O) 모법의 시행에 관한 전반적 사항을 규율하는 경우 OO법 시행령, 개별적 사항을 규율하는 경우 OO규정, OO령으로 한다. 구체적으로 살펴보면 OO규정의 경우는 조직법규에 관한 사항을 규정하고 OO령은 작용법규에 관한 사랑을 규정한다. 동일하게 부령의 경우도 시행규칙의 경우 상위법령의 시행에 관한 전반적 사항을 규율하며, OO규칙의 경우 개별적 사항을 규율한다.

③ (O) 대통령의 긴급재정경제명령은 국가긴급권의 일종으로서 고도의 정치적 결단에 의하여 발동되는 행위이고 이른바 통치행위에 속한다고 할 수 있으나, 비록 고도의 정치적 결단에 의하여 행해지는 국가작용이라고 할지라도 그것이 국민의 기본권 침해와 직접 관련되는 경우에는 당연히 헌법재판소의 심판대상이 된다(헌재 1996.2.29. 93헌마186).

④ (X) 위임명령은 법률이나 상위명령에서 구체적으로 범위를 정한 개별적 수권이 있는 경우에만 발할 수 있다. 지문의 조항은 집행명령의 발동근거가 될수는 있을지언정 개별적 구체적인 위임에 해당한다고 볼 수는 없는 이유로 위임명령의 발령근거로 볼 수 없다.

> **[관련판례]** 구 소득세법 제203조에 의하면 "이법 시행에 관하여 필요한 사항은 대통령령으로 정한다"고 규정하고 있으나, 이것은 법률의 시행에 필요한 집행명령을 발할 수 있음을 규정한 것에 지나지 아니하며 양도차익과 같은 과세요건에 관한 법규의 제 정까지도 포괄적으로 대통령령에 위임한 규정이라고는 볼 수 없다(대판 1982. 11. 23. 82누221 전원합의체).

정답 ④

101 [21지방9급]

행정입법에 대한 설명으로 옳은 것은? (다툼이 있는 경우 판례에 의함)

① 법규명령이 위임의 근거가 없어 무효였더라도 나중에 법 개정으로 위임의 근거가 부여되면, 법규명령 제정 당시로 소급하여 유효한 법규명령이 된다.

② 법률의 시행령 내용이 모법 조항의 취지에 근거하여 이를 구체화하기 위한 것인 때에는 모법에 직접 위임하는 규정을 두지 않았더라도 이를 무효라고 볼 수 없다.

③ 대통령령의 입법부작위에 대한 국가배상책임은 인정되지 않는다.

④ 법규명령의 위임근거가 되는 법률에 대하여 위헌결정이 선고되더라도 그 위임에 근거하여 제정된 법규명령은 별도의 폐지행위가 있어야 효력을 상실한다.

해설

① (X) 구법에 위임의 근거가 없어 무효였더라도 사후에 법 개정으로 위임의 근거가 부여되면 그때부터는 유효한 법규명령이 되나, 반대로 구법의 위임에 의한 유효한 법규명령이 법개정으로 위임의 근거가 없어지게 되면 그때부터 무효인 법규명령이 된다(대판 1995.6.30. 93추83).

② (O) 법률의 시행령이나 시행규칙의 내용이 모법의 입법 취지와 관련 조항 전체를 유기적 · 체계적으로 살펴보아 모법의 해석상 가능한 것을 명시한 것에 지나지 아니하거나 모법 조항의 취지에 근거하여 이를 구체화하기 위한 것인 때에는 모법의 규율 범위를 벗어난 것으로 볼 수 없으므로, 모법에 이에 관하여 직접 위임하는 규정을 두지 아니하였다고 하더라도 이를 무효라고 볼 수는 없다(대판 2014. 8. 20. 2012두19526).

③ (X) 입법부가 법률로써 행정부에게 특정한 사항을 위임했음에도 불구하고 행정부가 정당한 이유 없이 이를 이행하지 않는다면 권력분립의 원칙과 법치국가 내지 법치행정의 원칙에 위배되는 것으로서 위법함과 동시에 위헌적인 것이 되는바 행정부가 정당한 이유 없이 시행령을 제정하지 않은 것은 위 보수청구권을 침해하는 불법행위에 해당한다(대판 2007. 11. 29. 2006다3561).

④ (X) 법규명령의 위임근거가 되는 법률에 대하여 위헌결정이 선고되면 그 위임에 근거하여 제정된 법규명령도 원칙적으로 효력을 상실한다(대판 2001.6.12. 2000다18547).

정답 ②

102 [16국가7급]

행정입법에 대한 설명으로 옳은 것은? (다툼이 있는 경우 판례에 의함)

① 위임명령이 위임 내용을 구체화하는 단계를 벗어나 새로운 입법을 한 것으로 평가할 수 있다고 하더라도 이는 위임의 한계를 일탈한 것이 아니다.

② 법령의 위임이 없음에도 법령에 규정된 처분 요건에 해당하는 사항을 부령에서 변경하여 규정한 경우에는 그 부령의 규정은 행정청 내부의 사무처리 기준 등을 정한 것으로서 행정조직 내에서 적용되는 행정명령의 성격을 지닐 뿐이다.

③ 교육에 관한 조례에 대한 항고소송을 제기함에 있어서는 그 의결기관인 시·도 지방의회를 피고로 하여야 한다.

④ 행정소송에 대한 대법원판결에 의하여 총리령이 법률에 위반된다는 것이 확정된 경우에는 대법원은 지체 없이 그 사유를 국무총리에게 통보하여야 한다.

해설

① (X) 법률의 위임 규정 자체가 그 의미 내용을 정확하게 알 수 있는 용어를 사용하여 위임의 한계를 분명히 하고 있는데도 시행령이 그 문언적 의미의 한계를 벗어났다든지, 위임 규정에서 사용하고 있는 용어의 의미를 넘어 그 범위를 확장하거나 축소함으로써 위임 내용을 구체화하는 단계를 벗어나 새로운 입법을 한 것으로 평가할 수 있다면, 이는 위임의 한계를 일탈한 것으로서 허용되지 않는다(대판 2012.12.20. 2011두30878 전원합의체).

② (O) 법령에서 행정처분의 요건 중 일부 사항을 부령으로 정할 것을 위임한 데 따라 시행규칙 등 부령에서 이를 정한 경우에 그 부령의 규정은 국민에 대해서도 구속력이 있는 법규명령에 해당한다고 할 것이지만, 법령의 위임이 없음에도 법령에 규정된 처분 요건에 해당하는 사항을 부령에서 변경하여 규정한 경우에는 그 부령의 규정은 행정청 내부의 사무처리 기준 등을 정한 것으로서 행정조직 내에서 적용되는 행정명령의 성격을 지닐 뿐 국민에 대한 대외적 구속력은 없다고 보아야 한다(대판 2013.9.12. 2011두10584).

③ (X) 조례에 대한 무효 확인소송을 제기함에 있어서 행정청은, 지방의회가 아니라, 지방자치단체의 집행기관으로서 조례로서의 효력을 발생시키는 공포권이 있는 지방자치단체의 장이다. 시·도의 교육·학예에 관한 사무의 집행기관은 시·도 교육감이고 시·도 교육감에게 지방교육에 관한 조례안의 공포권이 있으므로, 교육에 관한 조례의 무효 확인소송을 제기함에 있어서는 그 집행기관인 시·도 교육감을 피고로 하여야 한다(대판 1996.09.20. 95누8003).

④ (X)

> **행정소송법 제6조(명령·규칙의 위헌판결 등 공고)** ① 행정소송에 대한 대법원판결에 의하여 명령·규칙이 헌법 또는 법률에 위반된다는 것이 확정된 경우에는 대법원은 지체없이 그 사유를 행정안전부장관에게 통보하여야 한다.

정답 ②

103 [21지방7급]

행정입법에 대한 설명으로 옳지 않은 것은? (다툼이 있는 경우 판례에 의함)

① 어느 시행령의 규정이 모법에 저촉되는지가 명백하지 않은 경우에는 모법과 시행령의 다른 규정들과 그 입법 취지, 연혁 등을 종합적으로 살펴 모법에 합치된다는 해석도 가능한 경우라면 그 규정을 모법위반으로 무효라고 선언해서는 안 된다.

② 법령의 위임이 없음에도 법령에 규정된 처분 요건에 해당하는 사항을 부령에서 변경하여 규정한 경우에 처분의 적법 여부는 그러한 부령에서 정한 요건을 기준으로 판단하여야 한다.

③ 제재적 행정처분의 기준이 부령의 형식으로 규정되어 있는 경우 그러한 처분기준에 적합하다 하여 곧바로 당해 처분이 적법한 것이라고 할 수는 없다.

④ 행정규칙이 이를 정한 행정기관의 재량에 속하는 사항에 관한 것인 때에는 그 규정 내용이 객관적 합리성을 결여하였다는 등의 특별한 사정이 없는 한 법원은 이를 존중하는 것이 바람직하다.

해설

① (O) 어느 시행령의 규정이 모법에 저촉되는지의 여부가 명백하지 아니하는 경우에는 모법과 시행령의 다른 규정들과 그 입법 취지, 연혁 등을 종합적으로 살펴 모법에 합치된다는 해석도 가능한 경우라면 그 규정을 모법위반으로 무효라고 선언하여서는 안 된다(대판 2001. 8. 24. 2000두2716).

② (X) 법령의 위임이 없음에도 법령에 규정된 처분 요건에 해당하는 사항을 부령에서 변경하여 규정한 경우에는 그 부령의 규정은 행정청 내부의 사무처리 기준 등을 정한 것으로서 행정조직 내에서 적용되는 행정명령의 성격을 지닐 뿐 국민에 대한 대외적 구속력은 없다고 보아야 한다. 따라서 어떤 행정처분이 그와 같이 법규성이 없는 시행규칙 등의 규정에 위배된다고 하더라도 그 이유만으로 처분이 위법하게 되는 것은 아니라 할 것이고, 또 그 규칙 등에서 정한 요건에 부합한다고 하여 반드시 그 처분이 적법한 것이라고 할 수도 없다. 이 경우 처분의 적법 여부는 그러한 규칙 등에서 정한 요건에 합치하는지 여부가 아니라 일반 국민에 대하여 구속력을 가지는 법률 등 법규성이 있는 관계 법령의 규정을 기준으로 판단하여야 한다(대판 2013.9.12. 2011두10584).

③ (O) 제재적 행정처분의 기준이 부령의 형식으로 규정되어 있더라도 그것은 행정청 내부의 사무처리준칙을 정한 것에 지나지 아니하여 대외적으로 국민이나 법원을 기속하는 효력이 없고, 당해 처분의 적법 여부는 위 처분기준만이 아니라 관계 법령의 규정 내용과 취지에 따라 판단되어야 하므로, 위 처분기준에 적합하다 하여 곧바로 당해 처분이 적법한 것이라고 할 수는 없지만, 합리적인 이유가 없는 한 섣불리 그 처분이 재량권의 범위를 일탈하였거나 재량권을 남용한 것이라고 판단해서는 안 된다(대판 2007.09.20. 2007두6946).

④ (O) '행정규칙'은 상위법령의 구체적 위임이 있지 않는 한 행정조직 내부에서만 효력을 가질 뿐 대외적으로 국민이나 법원을 구속하는 효력이 없다. 다만 행정규칙이 이를 정한 행정기관의 재량에 속하는 사항에 관한 것인 때에는 그 규정 내용이 객관적 합리성을 결여하였다는 등의 특별한 사정이 없는 한 법원은 이를 존중하는 것이 바람직하다(대판 2020. 11. 26. 2020두42262).

정답 ②

104 [17서울7급]

위임입법에 관한 판례의 입장으로 가장 옳지 않은 것은? (다툼이 있는 경우 판례에 의함)

① 법률의 위임에 의하여 효력을 갖는 법규명령은 구법에 위임의 근거가 없어 무효였더라도 사후에 법률개정으로 위임의 근거가 부여되면 소급하여 유효한 법규명령이 된다.

② 법령의 위임이 없음에도 법령의 처분요건에 해당하는 사항을 부령에서 변경하여 규정한 경우 그 부령의 규정은 행정명령에 지나지 않아 대외적 구속력이 없다.

③ 상위법령에서 세부사항 등을 시행규칙으로 정하도록 위임하였음에도 이를 고시 등 행정규칙으로 정하였다면 이때 고시 등 행정규칙은 대외적 구속력을 갖는 법규명령으로서 효력이 인정될 수 없다.

④ 법률이 공법적 단체 등의 정관에 자치법적 사항을 위임한 경우에는 「헌법」 제75조가 정하는 포괄적인 위임입법의 금지는 원칙적으로 적용되지 않는다고 봄이 상당하다.

해설

① (X) 법률의 위임에 의하여 효력을 갖는 법규명령의 경우, 구법에 위임의 근거가 없어 무효였더라도 사후에 법개정으로 위임의 근거가 부여되면 그 때부터는 유효한 법규명령이 되나, 반대로 구법의 위임에 의한 유효한 법규명령이 법개정으로 위임의 근거가 없어지게 되면 그 때부터 무효인 법규명령이 된다(대판 1995.6.30. 93추83).

② (O) 대판 2013.9.12. 2011두10584.

③ (O) 상위법령에서 세부사항 등을 시행규칙으로 정하도록 형식을 정해서 위임하였음에도 이를 고시 등 행정규칙으로 정한 경우, 대외적 구속력을 갖는 법규명령으로서 효력을 인정할 수는 없다(대판 2012.7.5. 2010다72076).

④ (O) 법률이 공법적 단체 등의 정관에 자치법적 사항을 위임한 경우에는 헌법 제75조가 정하는 포괄적인 위임입법의 금지는 원칙적으로 적용되지 않는다고 봄이 상당하고, 그렇다 하더라도 그 사항이 국민의 권리・의무에 관련되는 것일 경우에는 적어도 국민의 권리・의무에 관한 기본적이고 본질적인 사항은 국회가 정하여야 한다(대판 2007.10.12. 2006두14476).

정답 ①

105 [21국가7급]

행정입법에 대한 판례의 입장으로 옳지 않은 것은?

① 고시가 비록 법령에 근거를 둔 것이더라도 규정 내용이 법령의 위임 범위를 벗어난 것일 경우에는 법규명령으로서의 대외적 구속력을 인정할 여지는 없다.

② 법률의 위임에 따라 효력을 갖는 법규명령의 경우에 위임의 근거가 없어 무효였더라도 나중에 법 개정으로 위임의 근거가 다시 부여된 경우에는 이전부터 소급하여 유효한 법규명령이 있었던 것으로 본다.

③ 어떠한 고시가 다른 집행행위의 매개 없이 그 자체로서 직접 국민의 구체적인 권리의무나 법률관계를 규율하는 성격을 가질 때에는 행정처분에 해당한다.

④ 법률의 시행령이나 시행규칙의 내용이 모법의 입법 취지와 관련 조항 전체를 유기적·체계적으로 살펴보아 모법의 해석상 가능한 것을 명시한 것에 지나지 아니하는 때에는 모법에 이에 관하여 직접 위임하는 규정을 두지 아니하였다고 하더라도 이를 무효라고 볼 수는 없다.

해설

① (O) 고시가 비록 법령에 근거를 둔 것이라고 하더라도 그 규정 내용이 법령의 위임 범위를 벗어난 것일 경우에는 법규명령으로서의 대외적 구속력을 인정할 여지는 없다(대결 2006.04.28. 2003마715).

② (X) 법률의 위임에 의하여 효력을 갖는 법규명령의 경우, 구법에 위임의 근거가 없어 무효였더라도 사후에 법개정으로 위임의 근거가 부여되면 그 때부터는 유효한 법규명령이 되나, 반대로 구법의 위임에 의한 유효한 법규명령이 법개정으로 위임의 근거가 없어지게 되면 그 때부터 무효인 법규명령이 된다(대판 1995.6.30. 93추83).

③ (O) 고시가 일반적·추상적 성격을 가질 때에는 법규명령 또는 행정규칙에 해당할 것이지만, 다른 집행행위의 매개 없이 그 자체로서 직접 국민의 구체적인 권리의무나 법률관계를 규율하는 성격을 가질 때에는 행정처분에 해당한다(대판 2006.9.22. 2005두2506).

④ (O) 법률의 시행령이나 시행규칙의 내용이 모법의 입법 취지와 관련 조항 전체를 유기적·체계적으로 살펴보아 모법의 해석상 가능한 것을 명시한 것에 지나지 아니하거나 모법 조항의 취지에 근거하여 이를 구체화하기 위한 것인 때에는 모법의 규율 범위를 벗어난 것으로 볼 수 없으므로, 모법에 이에 관하여 직접 위임하는 규정을 두지 아니하였다고 하더라도 이를 무효라고 볼 수는 없다(대판 2014. 8. 20. 2012두19526).

정답 ②

106 [22국가9급]

행정입법에 대한 설명으로 옳지 않은 것은? (다툼이 있는 경우 판례에 의함)

① 부령의 형식으로 정해진 제재적 행정처분의 기준은 그 규정의 성질과 내용이 행정청 내부의 사무처리준칙을 정한 것에 불과하므로 대외적으로 국민이나 법원을 구속하는 것은 아니다.

② 항정신병 치료제의 요양급여 인정기준에 관한 보건복지부 고시가 다른 집행행위의 매개 없이 그 자체로서 직접 국민의 구체적인 권리의무와 법률관계를 규율하는 성격을 가질 때에는 항고소송의 대상이 되는 행정처분에 해당한다.

③ 법률의 위임에 의하여 효력을 갖는 법규명령이 법개정으로 위임의 근거가 없어지게 되더라도 효력을 상실하지 않는다.

④ 한국수력원자력 주식회사가 조달하는 기자재, 용역 및 정비공사, 기기수리의 공급자에 대한 관리업무 절차를 규정함을 목적으로 제정·운용하고 있는 '공급자관리지침' 중 등록취소 및 그에 따른 일정 기간의 거래제한 조치에 관한 규정들은 상위 법령의 구체적 위임 없이 정한 것이어서 대외적 구속력이 없는 행정규칙이다.

해설

① (O) 제재적 행정처분의 기준이 부령의 형식으로 규정되어 있더라도 그것은 행정청 내부의 사무처리준칙을 정한 것에 지나지 아니하여 대외적으로 국민이나 법원을 기속하는 효력이 없고, 당해 처분의 적법 여부는 위 처분기준만이 아니라 관계 법령의 규정 내용과 취지에 따라 판단되어야 하므로, 위 처분기준에 적합하다 하여 곧바로 당해 처분이 적법한 것이라고 할 수는 없지만, 합리적인 이유가 없는 한 섣불리 그 처분이 재량권의 범위를 일탈하였거나 재량권을 남용한 것이라고 판단해서는 안 된다(대판 2007.09.20. 2007두6946).

② (O) 항정신병 치료제의 요양급여 인정기준에 관한 보건복지부 고시가 다른 집행행위의 매개 없이 그 자체로서 제약회사, 요양기관, 환자 및 국민건강보험공단 사이의 법률관계를 직접 규율한다는 이유로 항고소송의 대상이 되는 행정처분에 해당한다(대결 2003. 10. 9. 2003무23).

③ (X) 구법에 위임의 근거가 없어 무효였더라도 사후에 법 개정으로 위임의 근거가 부여되면 그때부터는 유효한 법규명령이 되나, 반대로 구법의 위임에 의한 유효한 법규명령이 법개정으로 위임의 근거가 없어지게 되면 그때부터 무효인 법규명령이 된다(대판 1995.6.30. 93추83).

④ (O) 한국수력원자력 주식회사가 조달하는 기자재, 용역 및 정비공사, 기기수리의 공급자에 대한 관리업무 절차를 규정함을 목적으로 제정·운용하고 있는 '공급자관리지침' 중 등록취소 및 그에 따른 일정 기간의 거래제한조치에 관한 규정들은 공공기관으로서 행정청에 해당하는 한국수력원자력 주식회사가 상위법령의 구체적 위임 없이 정한 것이어서 대외적 구속력이 없는 행정규칙이다(대판 2020. 5. 28. 2017두66541).

정답 ③

107 [14지방9급]

법규명령에 대한 판례의 입장으로 옳은 것은?

① 조례에 대한 법률의 위임은 법규명령에 대한 법률의 위임과 같이 반드시 구체적으로 범위를 정하여 하여야 한다.

② 국회전속적 입법사항은 반드시 법률에 의하여 규정되어야 하며, 입법자가 법률에서 구체적으로 범위를 정하여도 법규명령에 위임될 수는 없다.

③ 법령의 위임관계는 반드시 하위 법령의 개별조항에서 위임의 근거가 되는 상위 법령의 해당 조항을 구체적으로 명시하고 있어야만 하는 것은 아니다.

④ 근거법률의 벌칙에서 형벌의 종류와 상한을 정하고 그 범위 내에서 구체적인 것을 명령으로 정하게 하는 것은 허용되지 아니한다.

해설

① (X) 조례에 대한 법률의 위임은 법규명령에 대한 법률의 위임과 같이 반드시 구체적으로 범위를 정하여 할 필요가 없으며 포괄적인 것으로 족하다(헌재 1995.4.20. 92헌마264 등).

② (X) 다수설과 판례는 헌법규정에 의한 입법사항임을 명시한 것이라고 해도 전적으로 법률의 형식에 의하여 규율되어야 하는 것은 아니고 세부적 사항에 관하여 구체적으로 범위를 정하여 위임하는 것은 허용된다는 견해를 취하고 있다.

> [관련판례] 헌법 제75조, 헌법 제95조의 취지에 비추어 볼 때, 입법자는 법률에서 구체적으로 범위를 정하기만 한다면 대통령령뿐만 아니라 부령에 입법사항을 위임할 수도 있다(헌재 1998.2.27. 97헌마64).

③ (O) 법령의 위임관계는 반드시 하위 법령의 개별조항에서 위임의 근거가 되는 상위 법령의 해당 조항을 구체적으로 명시하고 있어야만 하는 것은 아니라고 할 것이다(대판 1999.12.24. 99두5658).

④ (X) 헌재 1995.10.26. 93헌바62.

정답 ③

III 법규명령의 한계와 하자

108 [19서울9급(上)]

법규명령에 관한 설명으로 가장 옳지 않은 것은?

① 헌법이 인정하고 있는 위임입법의 형식은 예시적인 것으로 보아야 한다.

② 법규명령이 위임의 근거가 없어 무효였더라도 나중에 법 개정으로 위임의 근거가 부여되면 그때부터는 유효한 법규명령으로 볼 수 있다.

③ 법령의 위임이 없음에도 법령에 규정된 처분 요건에 해당하는 사항을 부령에서 변경하여 규정한 경우에는 그 부령의 규정은 행정청 내부의 사무처리 기준 등을 정한 것으로서 행정조직 내에서 적용되는 행정명령의 성격을 지닌다.

④ 법률에서 하위 법령에 위임을 한 경우에 하위 법령이 위임의 한계를 준수하고 있는지 여부의 판단은 일반적으로 의회유보의 원칙과 무관하다.

해설

① (O) 헌법이 인정하고 있는 위임입법의 형식은 예시적인 것으로 보아야 할 것이고, 그것은 법률이 행정규칙에 위임하더라도 그 행정규칙은 위임된 사항만을 규율할 수 있으므로, 국회입법의 원칙과 상치되지도 않는다(헌재 2004.10.28. 99헌바91).

② (O) 법률의 위임에 의하여 효력을 갖는 법규명령의 경우, 구법에 위임의 근거가 없어 무효였더라도 사후에 법개정으로 위임의 근거가 부여되면 그 때부터는 유효한 법규명령이 되나, 반대로 구법의 위임에 의한 유효한 법규명령이 법개정으로 위임의 근거가 없어지게 되면 그 때부터 무효인 법규명령이 된다(대판 1995.6.30. 93추83).

③ (O) 법령의 위임이 없음에도 법령에 규정된 처분 요건에 해당하는 사항을 부령에서 변경하여 규정한 경우에는 그 부령의 규정은 행정청 내부의 사무처리 기준 등을 정한 것으로서 행정조직 내에서 적용되는 행정명령의 성격을 지닐 뿐 국민에 대한 대외적 구속력은 없다고 보아야 한다(대판 2013.9.12. 2011두10584).

④ (X) 특정 사안과 관련하여 법률에서 하위 법령에 위임을 한 경우에 모법의 위임범위를 확정하거나 하위 법령이 위임의 한계를 준수하고 있는지 여부를 판단할 때에는, 하위 법령이 규정한 내용이 입법자가 형식적 법률로 스스로 규율하여야 하는 본질적 사항으로서 의회유보의 원칙이 지켜져야 할 영역인지, 당해 법률 규정의 입법 목적과 규정 내용, 규정의 체계, 다른 규정과의 관계 등을 종합적으로 고려하여야 한다(대판 2015. 8. 20. 2012두23808 전원합의체).

정답 ④

109 [21국가9급]

위임명령의 한계에 대한 설명으로 옳지 않은 것은? (다툼이 있는 경우 판례에 의함)

① 법률이 공법적 단체 등의 정관에 자치법적 사항을 위임한 경우에는 헌법 제75조가 정하는 포괄적인 위임입법의 금지는 원칙적으로 적용되지 않지만, 그 사항이 국민의 권리·의무에 관련되는 것일 경우에는 적어도 국민의 권리·의무에 관한 기본적이고 본질적인 사항은 국회가 정하여야 한다.

② 헌법에서 채택하고 있는 조세법률주의의 원칙상 과세요건과 징수절차에 관한 사항을 명령·규칙 등 하위법령에 구체적·개별적으로 위임하여 규정할 수 없다.

③ 법률에서 위임받은 사항에 관하여 대강을 정하고 그중의 특정사항을 범위를 정하여 하위법령에 다시 위임하는 경우에는 재위임이 허용된다. 이러한 법리는 조례가 「지방자치법」에 따라 주민의 권리제한 또는 의무부과에 관한 사항을 법률로부터 위임받은 후, 이를 다시 지방자치단체장이 정하는 '규칙'이나 '고시' 등에 재위임하는 경우에도 마찬가지이다.

④ 법률의 시행령이나 시행규칙의 내용이 모법 조항의 취지에 근거하여 이를 구체화하기 위한 것인 때에는 모법의 규율 범위를 벗어난 것으로 볼 수 없다. 이러한 경우에는 모법에 이에 관하여 직접 위임하는 규정을 두지 않았다고 하여도 이를 무효라고 볼 수 없다.

해설

① (O) 법률이 공법적 단체 등의 정관에 자치법적 사항을 위임한 경우에는 헌법 제75조가 정하는 포괄적인 위임입법의 금지는 원칙적으로 적용되지 않는다고 봄이 상당하고, 그렇다 하더라도 그 사항이 국민의 권리·의무에 관련되는 것일 경우에는 적어도 국민의 권리·의무에 관한 기본적이고 본질적인 사항은 국회가 정하여야 한다(대판 2007.10.12. 2006두14476).

② (X) 조세법률주의의 원칙상 조세의 종목과 세율, 과세물건·과세표준 등 모든 과세요건은 법률로써 상세하고 엄격하게 규정하여야 하고, 이를 명령에 위임할 때에도 구체적·개별적 위임만이 허용되며 일반적·포괄적 위임은 허용되지 아니한다(대판 1996. 3. 21. 95누3640 전원합의체).

③ (O) 법률에서 위임받은 사항을 전혀 규정하지 않고 재위임하는 것은 복위임금지 원칙에 반할 뿐 아니라 위임명령의 제정 형식에 관한 수권법의 내용을 변경하는 것이 되므로 허용되지 않으나 위임받은 사항에 관하여 대강을 정하고 그 중의 특정사항을 범위를 정하여 하위법령에 다시 위임하는 경우에는 재위임이 허용된다. 이러한 법리는 조례가 지방자치법 제22조 단서에 따라 주민의 권리제한 또는 의무부과에 관한 사항을 법률로부터 위임받은 후, 이를 다시 지방자치단체장이 정하는 '규칙'이나 '고시' 등에 재위임하는 경우에도 마찬가지이다(대판 2015. 1. 15. 2013두14238).

④ (O) 법률의 시행령이나 시행규칙의 내용이 모법의 입법 취지와 관련 조항 전체를 유기적·체계적으로 살펴보아 모법의 해석상 가능한 것을 명시한 것에 지나지 아니하거나 모법 조항의 취지에 근거하여 이를 구체화하기 위한 것인 때에는 모법의 규율 범위를 벗어난 것으로 볼 수 없으므로, 모법에 이에 관하여 직접 위임하는 규정을 두지 아니하였다고 하더라도 이를 무효라고 볼 수는 없다(대판 2014. 8. 20. 2012두19526).

정답 ②

처벌규정의 위임은 죄형법정주의로 인하여 어떠한 경우에도 허용되지 않는다. [11지방7급]

해설

(X) 죄형법정주의와 위임입법의 한계의 요청상 처벌법규를 위임하기 위하여는 첫째, 특히 긴급한 필요가 있거나 미리 법률로써 자세히 정할 수 없는 부득이한 사정이 있는 경우에 한정되어야 하며, 둘째, 이러한 경우일지라도 법률에서 범죄의 구성요건은 처벌대상행위가 어떠한 것일 것이라고 이를 예측할 수 있을 정도로 구체적으로 정하여야 하며, 셋째, 형벌의 종류 및 그 상한과 폭을 명백히 규정하여야 한다(헌재 1995.10.26. 93헌바62).

행정의 효율성을 도모하기 위해 법률에서 위임받은 사항을 전혀 규정하지 않고 하위의 법규명령에 재위임하는 것도 가능하다. [14서울9급]

| 해설

(X) 법률에서 위임받은 사항을 전혀 규정하지 아니하고 그대로 재위임하는 것은 허용되지 않으며 위임받은 사항에 관하여 대강을 정하고 그 중의 특정사항을 범위를 정하여 하위법령에 다시 위임하는 경우에만 재위임이 허용된다(헌재 1996.2.29. 94헌마213).

110 [18국가9급]

행정입법에 대한 설명으로 옳지 않은 것은? (다툼이 있는 경우 판례에 의함)

① 국민의 구체적인 권리의무에 직접적으로 변동을 초래하지 않는 추상적인 법령의 제정 여부 등은 부작위위법확인소송의 대상이 될 수 없다.

② 보건복지부 고시인 구 「약제급여 · 비급여목록 및 급여상한금액표」는 그 자체로서 국민건강보험가입자, 국민건강보험공단, 요양기관 등의 법률관계를 직접 규율하는 성격을 가지므로 항고소송의 대상이 되는 행정처분에 해당한다.

③ 행정규칙의 공표는 행정규칙의 성립요건이나 효력요건은 아니나, 「행정절차법」에서는 행정청은 필요한 처분기준을 당해 처분의 성질에 비추어 될 수 있는 한 구체적으로 공표하도록 하고 있다.

④ 일반적으로 시행령이 헌법이나 법률에 위반된다는 사정은 그 시행령의 규정을 위헌 또는 위법하여 무효라고 선언한 대법원의 판결이 선고되지 않은 상태에서도 그 시행령 규정의 위헌 내지 위법 여부가 객관적으로 명백하다고 할 수 있으므로, 이러한 시행령에 근거한 행정처분의 하자는 무효사유에 해당한다.

해설

① (O) 대판 1992.5.8. 91누11261.

② (O) 보건복지부 고시인 약제급여 · 비급여목록 및 급여상한금액표는 다른 집행행위의 매개 없이 그 자체로서 국민건강보험가입자, 국민건강보험공단, 요양기관 등의 법률관계를 직접 규율하는 성격을 가지므로 항고소송의 대상이 되는 행정처분에 해당한다(대판 2006.09.22. 2005두2506).

③ (O) 서울특별시가 정한 개인택시운송사업면허지침은 개인택시운송사업의 면허를 위하여 재량권 행사의 기준으로 마련된 행정청 내부의 사무처리준칙에 불과하므로 대외적으로 국민을 기속하는 법규명령의 경우와는 달리 공고 등의 방법으로 외부에 고지되어야만 효력이 발생한다고 볼 수 없다(대판 1997.9.26. 97누8878, 대판 1997.1.21. 95누12941).

> **행정절차법 제20조(처분기준의 설정·공표)** ① 행정청은 필요한 처분기준을 해당 처분의 성질에 비추어 되도록 구체적으로 정하여 공표하여야 한다. 처분기준을 변경하는 경우에도 또한 같다.

④ (X) 일반적으로 시행령이 헌법이나 법률에 위반된다는 사정은 그 시행령의 규정을 위헌 또는 위법하여 무효라고 선언한 대법원의 판결이 선고되지 아니한 상태에서는 객관적으로 명백한 것이라 할 수 없으므로, 이러한 시행령에 근거한 행정처분의 하자는 취소사유에 해당할 뿐 무효사유가 되지 아니한다(대판 2007.6.14. 2004두619).

정답 ④

Ⅳ 법규명령의 통제와 소멸

111 [17교육행정]

행정입법에 관한 설명으로 옳은 것은? (단, 다툼이 있는 경우 판례에 따름)

① 행정입법부작위는 행정소송의 대상이 될 수 없다.
② 위법한 법규명령은 무효가 아니라 취소할 수 있다.
③ 법령의 위임 없이 제정한 2006년 교육공무원 보수업무 등 편람은 법규명령이다.
④ 구 「식품위생법 시행규칙」에서 정한 제재적 처분기준은 법규명령의 성질을 가진다.

해설

① (O) 추상적인 법령에 관하여 제정의 여부 등은 그 자체로서 국민의 구체적인 권리의무에 직접적 변동을 초래하는 것이 아니어서 그 소송의 대상이 될 수 없다(대판 1992.5.8. 91누11261).

② (X) 위법한 법규명령의 효력에 관하여 학설 대립이 있으나 무효설이 다수설과 판례의 태도이다.

③ (X) 2006년 교육공무원 보수업무 등 편람은 교육인적자원부(현재는 교육과학기술부)에서 관련 행정기관 및 그 직원을 위한 업무처리지침 내지 참고사항을 정리해 둔 것에 불과하고 법규명령의 성질을 가진 것이라고는 볼 수 없다(대판 2010. 12. 9. 2010두16349).

④ (X) 식품위생법시행규칙 제53조에서 식품위생법 제58조에 따른 행정처분의 기준을 정하였다고 하더라도 이는 형식만 부령으로 되어 있을 뿐, 그 성질은 행정기관 내부의 사무처리준칙을 정한 것으로서 행정명령의 성질을 가지는 것이고, 대외적으로 국민이나 법원을 기속하는 힘이 있는 것은 아니다(대판 1995. 3. 28. 94누6925).

정답 ①

상위법령의 시행을 위하여 법규명령을 제정하여야 할 의무가 인정됨에도 불구하고 법규명령을 제정하고 있지 않은 경우, 그러한 부작위는 부작위위법확인소송을 통하여 다툴 수 있다. [17국회8급]

| 해설

(X) 부작위위법확인소송의 대상이 될 수 있는 것은 구체적 권리의무에 관한 분쟁이어야 하고 추상적인 법령에 관하여 제정의 여부 등은 그 자체로서 국민의 구체적인 권리의무에 직접적 변동을 초래하는 것이 아니어서 그 소송의 대상이 될 수 없다(대판 1992.5.8. 91누11261).

행정입법부작위의 위헌·위법성과 관련하여, 하위 행정입법의 제정 없이 상위 법령의 규정만으로 집행이 이루어질 수 있는 경우에도 상위 법령의 명시적 위임이 있다면 하위 행정입법을 제정하여야 할 작위의무는 인정된다. [16지방9급]

| 해설

(X) 하위 행정입법의 제정 없이 상위 법령의 규정만으로도 집행이 이루어질 수 있는 경우라면 하위 행정입법을 하여야 할 헌법적 작위의무는 인정되지 아니한다(헌재 2005. 12. 22. 2004헌마66).

112 [17국가7급(下)]

행정입법에 대한 판례의 입장으로 옳은 것은?

① 입법부가 법률로써 행정부에게 특정한 사항을 위임했음에도 불구하고 행정부가 정당한 이유 없이 이를 이행하지 않는다면 권력분립의 원칙과 법치국가 내지 법치행정의 원칙에 위배되는 것으로서 위법함과 동시에 위헌적인 것이 된다.

② 재량준칙은 제정됨으로써 일반적으로 행정조직 내부뿐만 아니라 대외적인 구속력을 갖는다.

③ 일반적으로 법률의 위임에 의하여 효력을 갖는 법규명령의 경우, 구법에 위임의 근거가 없어 무효인 경우 사후에 법개정으로 위임의 근거가 부여되더라도 그때부터 유효한 법규명령이 되는 것은 아니다.

④ 법률의 위임 규정 자체가 그 의미 내용을 정확하게 알 수 있는 용어를 사용하여 위임의 한계를 분명히 하고 있는데도 시행령이 위임 규정에서 사용하고 있는 용어의 의미를 넘어 그 범위를 확장하거나 축소함으로써 위임 내용을 구체화하는 단계를 벗어나 새로운 입법을 한 것으로 평가할 수 있는 경우라도 이를 위임의 한계를 일탈한 것으로 보기는 어렵다.

해설

① (O) 의회가 특정한 사항에 대하여 행정부에 위임하였음에도 불구하고 행정부가 정당한 이유 없이 이를 이행하지 않는다면 권력분립의 원칙과 법치국가의 원칙에 위배되는 것이다(헌재 2004.2.26. 2001헌마718).

② (X) 상급행정기관이 하급행정기관에 대하여 업무처리지침이나 법령의 해석적용에 관한 기준을 정하여 발하는 이른바 '행정규칙이나 내부지침'은 일반적으로 행정조직 내부에서만 효력을 가질 뿐 대외적인 구속력을 갖는 것은 아니므로 행정처분이 그에 위반하였다고 하여 그러한 사정만으로 곧바로 위법하게 되는 것은 아니다(대판 2009.12.24. 2009두7967).

③ (X) 대판 1995.6.30. 93추83.

④ (X) 법률의 위임 규정 자체가 그 의미 내용을 정확하게 알 수 있는 용어를 사용하여 위임의 한계를 분명히 하고 있는데도 시행령이 그 문언적 의미의 한계를 벗어났다든지, 위임 규정에서 사용하고 있는 용어의 의미를 넘어 그 범위를 확장하거나 축소함으로써 위임 내용을 구체화하는 단계를 벗어나 새로운 입법을 한 것으로 평가할 수 있다면, 이는 위임의 한계를 일탈한 것으로서 허용되지 않는다(대판 2012.12.20. 2011두30878 전원합의체).

정답 ①

113 [13서울7급]

법규명령에 대한 설명 중 옳은 것은?

① 판례는 구법의 위임에 의한 유효한 법규명령이 법 개정에 따라 위임의 근거가 없어지게 되면 소급하여 법규명령이 무효가 된다고 한다.

② 판례는 법규명령의 위임근거가 되는 법률에 대하여 위헌결정이 선고되면 그 위임에 근거하여 제정된 법규명령도 원칙적으로 효력을 상실한다고 보았다.

③ 판례는 구법에 위임의 근거가 없어 무효였던 경우 사후에 법 개정으로 위임의 근거가 부여되었다고 해도 유효한 법규명령이 될 수 없다고 한다.

④ 헌법재판소는 위임된 입법권의 전면적인 재위임 금지의 원칙에 따라 대강의 사항을 정하고 그 중 특정사항의 범위를 정하여 하위의 법규명령에 위임한 것을 위헌으로 판단하였다.

⑤ 판례는 조례가 집행행위의 개입 없이도 그 자체로서 직접 국민의 구체적인 권리의무나 법적이익에 영향을 미치는 법률상의 효과가 발생하는 경우에도 그 조례는 항고소송의 대상이 되는 행정처분이 아니라고 하였다.

해설

① (X) ③ (X) 대판 1995.6.30. 93추83.

② (O) 법규명령의 위임근거가 되는 법률에 대하여 위헌결정이 선고되면 그 위임에 근거하여 제정된 법규명령도 원칙적으로 효력을 상실한다(대판 2001.6.12. 2000다18547).

④ (X) 법률에서 위임받은 사항을 전혀 규정하지 아니하고 그대로 재위임하는 것은 허용되지 않으며 위임받은 사항에 관하여 대강을 정하고 그 중의 특정사항을 범위를 정하여 하위법령에 다시 위임하는 경우에만 재위임이 허용된다(헌재 1996.2.29. 94헌마213).

⑤ (X) 조례가 집행행위의 개입 없이도 그 자체로서 직접 국민의 구체적인 권리의무나 법적 이익에 영향을 미치는 등의 법률상 효과를 발생하는 경우 그 조례는 항고소송의 대상이 되는 행정처분에 해당한다(대판 1996.9.20. 95누8003).

정답 ②

제3절 | 행정규칙

I 행정규칙의 의의와 종류

114 [14경행특채]

다음은 행정규칙에 대해 설명한 것이다. 가장 적절하지 않은 것은? (다툼이 있으면 판례에 의함)

① 행정규칙은 법적 근거를 요한다.

② 행정규칙은 원칙적으로 대외적 구속력이 없다.

③ 행정규칙 자체는 원칙적으로 행정소송법상 처분에 해당되지 않는다.

④ 행정규칙의 종류로는 훈령, 예규, 지시 등이 있다.

해설

① (X) 행정규칙은 국민의 법적 지위에 직접 영향을 미치는 것이 아니고, 하급기관의 권한행사를 지휘하는 것이므로 상급기관이 갖는 포괄적 감독권에 근거하여 발할 수 있다. 따라서 행정규칙의 발령에는 개별적인 근거법률은 필요 없고 일반적인 조직법상의 근거법률로 족하다(법적 수권규정은 요하지 않으나, 조직법적인 근거는 필요하다).

② (O) ③ (O) 행정규칙은 법규가 아니므로 직접적인 외부적 효력(대외적 구속력)이 발생하지 않는다. 즉 행정규칙은 행정조직내부의 규율일 뿐 사인의 권리 · 의무를 규정하지 못하고, 법원도 구속하지 못한다. 따라서 행정규칙 위반은 원칙적으로 위법이 아니며, 사인에 대해 행정기관이 행정규칙에 반하여 불이익처분을 하여도 사인은 행정규칙위반을 이유로 다툴 수 없다.

④ (O) 행정규칙의 종류로는 훈령 · 지시 · 예규 · 일일명령 등이 있다. 다른 형태의 행정규칙도 가능하다.

정답 ①

115 [19국가7급]

행정규칙에 대한 판례의 입장으로 옳지 않은 것은?

① 행정규칙인 고시가 법령의 수권에 의해 법령을 보충하는 사항을 정하는 경우에는 법령보충적 고시로서 근거 법령규정과 결합하여 대외적으로 구속력을 가진다.

② 법령보충적 행정규칙은 법령의 수권에 의하여 인정되고, 그 수권은 포괄위임금지의 원칙상 구체적·개별적으로 한정된 사항에 대하여 행해져야 한다.

③ 고시에 담긴 내용이 구체적 규율의 성격을 갖는다고 하더라도, 해당 고시를 행정처분으로 볼 수는 없으며 법령의 수권 여부에 따라 법규명령 또는 행정규칙으로 볼 수 있을 뿐이다.

④ 재산권 등의 기본권을 제한하는 작용을 하는 법률이 구체적으로 범위를 정하여 고시와 같은 형식으로 입법위임을 할 수 있는 사항은 전문적·기술적 사항이나 경미한 사항으로서 업무의 성질상 위임이 불가피한 사항에 한정된다.

해설

① (O) 행정규칙인 고시가 법령의 수권에 의하여 법령을 보충하는 사항을 정하는 경우에는 그 근거 법령규정과 결합하여 대외적으로 구속력이 있는 법규명령으로서의 성질과 효력을 가진다(대판 2006.4.27. 2004도1078).

② (O) ④ (O) 행정규칙은 법규명령과 같은 엄격한 제정 및 개정절차를 요하지 아니하므로, 재산권 등과 같은 기본권을 제한하는 작용을 하는 법률이 입법위임을 할 때에는 대통령령, 총리령, 부령 등 법규명령에 위임함이 바람직하고, 고시와 같은 형식으로 입법위임을 할 때에는 적어도 행정규제기본법 제4조 제2항 단서에서 정한 바와 같이 법령이 전문적·기술적 사항이나 경미한 사항으로서 업무의 성질상 위임이 불가피한 사항에 한정된다 할 것이고, 그러한 사항이라 하더라도 포괄위임금지의 원칙상 법률의 위임은 반드시 구체적·개별적으로 한정된 사항에 대하여 행하여져야 한다(헌재 2006. 12. 28. 2005헌바59 [합헌]).

③ (X) 고시가 일반·추상적 성격을 가질 때는 법규명령 또는 행정규칙에 해당하지만, 고시가 구체적인 규율의 성격을 갖는다면 행정처분에 해당한다. 이 사건 국세청고시는 특정 사업자를 납세병마개 제조자로 지정하였다는 행정처분의 내용을 모든 병마개 제조자에게 알리는 통지수단에 불과하므로, 청구인의 이 사건 국세청고시에 대한 헌법소원심판청구는 고시 그 자체가 아니라 고시의 실질적 내용을 이루는 국세청장의 위 납세병마개 제조자 지정처분에 대한 것으로 해석함이 타당하다(헌재 1998.4.30. 97헌마141).

정답 ③

II 행정규칙의 성질

116 [20국가9급]

행정규칙에 대한 설명으로 옳지 않은 것은? (다툼이 있는 경우 판례에 의함)

① 법령의 위임이 없음에도 법령에 규정된 처분 요건에 해당하는 사항을 부령에서 변경하여 규정한 경우에는 그 부령의 규정은 행정명령의 성격을 지닐 뿐 국민에 대한 대외적 구속력은 없다.

② 행정관청 내부의 사무처리규정에 불과한 전결규정에 위반하여 원래의 전결권자 아닌 보조기관 등이 처분권자인 행정관청의 이름으로 행정처분을 한 경우, 그 처분은 권한 없는 자에 의하여 행하여진 것으로 무효이다.

③ 법령의 규정이 특정 행정기관에게 법령 내용의 구체적 사항을 정할 수 있는 권한을 부여하면서 권한행사의 절차나 방법을 특정하지 아니한 경우에는 수임 행정기관은 행정규칙으로 법령 내용이 될 사항을 구체적으로 정할 수 있다.

④ 재량권행사의 준칙인 행정규칙이 그 정한 바에 따라 되풀이 시행되어 행정관행이 형성되어 행정기관이 그 상대방에 대한 관계에서 그 행정규칙에 따라야 할 자기구속을 당하게 되는 경우에는 그 행정규칙은 헌법소원의 심판대상이 될 수도 있다.

해설

① (O) 법령의 위임이 없음에도 법령에 규정된 처분 요건에 해당하는 사항을 부령에서 변경하여 규정한 경우에는 그 부령의 규정은 행정청 내부의 사무처리 기준 등을 정한 것으로서 행정조직 내에서 적용되는 행정명령의 성격을 지닐 뿐 국민에 대한 대외적 구속력은 없다(대판 2013.9.12. 2011두10584).

② (X) 전결과 같은 행정권한의 내부위임은 법률이 위임을 허용하지 않는 경우에도 인정되는 것이므로 행정관청 내부의 사무처리규정에 불과한 전결규정에 위반하여 원래의 전결권자 아닌 보조기관 등이 처분권자인 행정관청의 이름으로 행정처분을 하였다고 하더라도 그 처분이 무효라고 할 수는 없다(대판 1998. 2. 27. 97누1105).

③ (O) 법령의 규정이 특정 행정기관에게 법령 내용의 구체적 사항을 정할 수 있는 권한을 부여하면서 권한행사의 절차나 방법을 특정하지 아니한 경우에는 수임 행정기관은 행정규칙이나 규정 형식으로 법령 내용이 될 사항을 구체적으로 정할 수 있다(대판 2012. 7. 5. 2010다72076).

④ (O) 행정규칙이 법령의 규정에 의하여 행정관청에 법령의 구체적 내용을 보충할 권한을 부여한 경우나 재량권행사의 준칙인 규칙이 그 정한 바에 따라 되풀이 시행되어 행정관행이 이룩되게 되면, 평등의 원칙이나 신뢰보호의 원칙에 따라 행정기관은 그 상대방에 대한 관계에서 그 규칙에 따라야 할 자기구속을 당하게 되는 경우에는 대외적인 구속력을 가지게 되는바, 이러한 경우에는 헌법소원의 대상이 될 수도 있다(헌재 2001. 5. 31. 99헌마413 [각하]).

정답 ②

117 [21서울7급]

행정입법에 대한 설명으로 가장 옳은 것은?

① 법률의 시행령 내용이 모법의 해석상 가능한 것을 명시한 것에 지나지 아니하더라도, 모법에 직접 위임하는 규정을 두지 않았다면 무효이다.

② 추상적인 법령에 관하여 제정의 여부 등은 그 자체로서 국민의 구체적인 권리의무에 변동을 초래하는 것이어서 행정소송의 대상이 될 수 있다.

③ 국토의 계획 및 이용에 관한 법령이 정한 이행강제금의 부과기준은 단지 상한을 정한 것에 불과하여 행정청에 이와 다른 이행강제금액을 결정할 재량권이 있다고 보아야 한다.

④ 행정관청 내부의 사무처리규정에 불과한 전결규정에 위반하여 원래의 전결권자 아닌 보조기관 등이 처분권자인 행정관청의 이름으로 행정처분을 하였다고 하더라도 그 처분이 권한 없는 자에 의하여 행하여진 무효의 처분이라고는 할 수 없다.

해설

① (X) 법률의 시행령이나 시행규칙의 내용이 모법의 입법 취지와 관련 조항 전체를 유기적·체계적으로 살펴보아 모법의 해석상 가능한 것을 명시한 것에 지나지 아니하거나 모법 조항의 취지에 근거하여 이를 구체화하기 위한 것인 때에는 모법의 규율 범위를 벗어난 것으로 볼 수 없으므로, 모법에 이에 관하여 직접 위임하는 규정을 두지 아니하였다고 하더라도 이를 무효라고 볼 수는 없다(대판 2014. 8. 20. 2012두19526).

② (X) 추상적인 법령에 관하여 제정의 여부 등은 그 자체로서 국민의 구체적인 권리의무에 직접적 변동을 초래하는 것이 아니어서 그 소송의 대상이 될 수 없다(대판 1992.5.8. 91누11261).

③ (X) 국토계획법 및 국토의 계획 및 이용에 관한 법률 시행령이 정한 이행강제금의 부과기준은 단지 상한을 정한 것에 불과한 것이 아니라, 위반행위 유형별로 계산된 특정 금액을 규정한 것이므로 행정청에 이와 다른 이행강제금액을 결정할 재량권이 없다고 보아야 한다(대판 2014.11.27. 2013두8653).

④ (O) 전결과 같은 행정권한의 내부위임은 법률이 위임을 허용하지 않는 경우에도 인정되는 것이므로 행정관청 내부의 사무처리규정에 불과한 전결규정에 위반하여 원래의 전결권자 아닌 보조기관 등이 처분권자인 행정관청의 이름으로 행정처분을 하였다고 하더라도 그 처분이 무효라고 할 수는 없다(대판 1998. 2. 27. 97누1105).

정답 ④

118 [17국가9급]

행정입법에 대한 판례의 입장으로 옳지 않은 것은?

① 헌법재판소는 대법원규칙인 구「법무사법 시행규칙」에 대해, 법규명령이 별도의 집행행위를 기다리지 않고 직접 기본권을 침해하는 것일 때에는 헌법 제107조 제2항의 명령·규칙에 대한 대법원의 최종심사권에도 불구하고 헌법소원심판의 대상이 된다고 한다.

② 대법원은 구「여객자동차 운수사업법 시행규칙」 제31조 제2항 제1호, 제2호, 제6호는 구「여객자동차 운수사업법」 제11조 제4항의 위임에 따라 시외버스운송사업의 사업계획변경에 관한 절차, 인가기준 등을 구체적으로 규정한 것으로서 행정청 내부의 사무처리준칙을 규정한 행정규칙에 불과하다고 할 수는 없다고 한다.

③ 대법원은 재량준칙이 되풀이 시행되어 행정관행이 성립된 경우에는 당해 재량준칙에 자기구속력을 인정한다. 따라서 당해 재량준칙에 반하는 처분은 법규범인 당해 재량준칙을 직접 위반한 것으로서 위법한 처분이 된다고 한다.

④ 헌법재판소는 법률이 일정한 사항을 행정규칙에 위임하더라도 그 위임은 전문적·기술적 사항이나 경미한 사항으로서 업무의 성질상 위임이 불가피한 사항에 한정된다고 한다.

해설

① (O) 헌법재판소법 제68조 제1항이 규정하고 있는 헌법소원심판의 대상으로서의 공권력이란 입법·사법·행정 등 모든 공권력을 말하는 것이므로 입법부에서 제정한 법률, 행정부에서 제정한 시행령이나 시행규칙 및 사법부에서 제정한 규칙 등은 그것들이 별도의 집행행위를 기다리지 않고 직접 기본권을 침해하는 것일 때에는 모두 헌법소원심판의 대상이 될 수 있는 것이다(헌재 1990.10.15. 89헌마178).

② (O) 구 여객자동차 운수사업법 시행규칙 규정은 구 여객자동차 운수사업법 제11조 제4항의 위임에 따라 시외버스운송사업의 사업계획변경에 관한 절차, 인가기준 등을 구체적으로 규정한 것으로서, 대외적인 구속력이 있는 법규명령이라고 할 것이다(대판 2006.6.27. 2003두4355).

③ (X) 상급행정기관이 하급행정기관에 대하여 업무처리지침이나 법령의 해석적용에 관한 기준을 정하여 발하는 이른바 '행정규칙이나 내부지침'은 일반적으로 행정조직 내부에서만 효력을 가질 뿐 대외적인 구속력을 갖는 것은 아니므로 행정처분이 그에 위반하였다고 하여 그러한 사정만으로 곧바로 위법하게 되는 것은 아니다. 다만 재량권 행사의 준칙인 행정규칙이 그 정한 바에 따라 되풀이 시행되어 행정관행이 이루어지게 되면 평등의 원칙이나 신뢰보호의 원칙에 따라 행정기관은 그 상대방에 대한 관계에서 그 규칙에 따라야 할 자기구속을 받게 되므로, 이러한 경우에는 특별한 사정이 없는 한 그를 위반하는 처분은 평등의 원칙이나 신뢰보호의 원칙에 위배되어 재량권을 일탈·남용한 위법한 처분이 된다(대판 2009.12.24. 2009두7967).

④ (O) 헌법이 인정하고 있는 위임입법의 형식은 예시적인 것으로 보아야 할 것이고, 그것은 법률이 행정규칙에 위임하더라도 그 행정규칙은 위임된 사항만을 규율할 수 있으므로, 국회입법의 원칙과 상치되지도 않는다. 다만 입법자에게 상세한 규율이 불가능한 것으로 보이는 영역이라면 행정부에게 필요한 보충을 할 책임이 인정되고 극히 전문적인 식견에 좌우되는 영역에서는 행정기관에 의한 구체화의 우위가 불가피하게 있을 수 있다. 그러한 영역에서 행정규칙에 대한 위임입법이 제한적으로 인정될 수 있다(헌재 2004.10.28. 99헌바91).

정답 ③

III 법령보충적 행정규칙(행정규칙형식의 법규명령)

상급행정기관이 하급행정기관에 대하여 업무처리지침이나 법령의 해석작용에 관한 기준을 정하여서 발하는 이른바 행정규칙은 일반적으로 행정조직 내부에서의 효력뿐만 아니라 대외적인 구속력도 갖는다.
[15국회8급]

| 해설
(X) 대판 1987.9.29. 86누484.

119 [18국가9급]

법규명령에 대한 설명으로 옳지 않은 것은? (다툼이 있는 경우 판례에 의함)

① 법규명령이 구체적인 집행행위 없이 직접 개인의 권리의무에 영향을 주는 경우 처분성이 인정된다.
② 법규명령이 법률상 위임의 근거가 없어 무효이더라도 나중에 법률의 개정으로 위임의 근거가 부여되면 그때부터는 유효한 법규명령으로서 구속력을 갖는다.
③ 행정 각부의 장이 정하는 고시(告示)는 법령의 규정으로부터 구체적 사항을 정할 수 있는 권한을 위임받아 그 법령 내용을 보충하는 기능을 가진 경우라도 그 형식상 대외적으로 구속력을 갖지 않는다.
④ 법규명령이 법률에서 위임받은 사항에 관하여 대강을 정하고 그 중의 특정사항에 대하여 범위를 정하여 하위법령에 다시 위임하는 경우에는 재위임이 허용된다.

해설

① (O) 고시가 일반적·추상적 성격을 가질 때에는 법규명령 또는 행정규칙에 해당할 것이지만, 다른 집행행위의 매개 없이 그 자체로서 직접 국민의 구체적인 권리의무나 법률관계를 규율하는 성격을 가질 때에는 행정처분에 해당한다(대판 2006.9.22. 2005두2506).

② (O) 법률의 위임에 의하여 효력을 갖는 법규명령의 경우, 구법에 위임의 근거가 없어 무효였더라도 사후에 법개정으로 위임의 근거가 부여되면 그 때부터는 유효한 법규명령이 되나, 반대로 구법의 위임에 의한 유효한 법규명령이 법개정으로 위임의 근거가 없어지게 되면 그 때부터 무효인 법규명령이 된다(대판 1995.6.30. 93추83).

③ (X) 법령의 규정이 특정행정기관에게 그 법령내용의 구체적 사항을 정할 수 있는 권한을 부여하면서 그 권한행사의 절차나 방법을 특정하고 있지 아니한 관계로 수임행정기관이 행정규칙의 형식으로 그 법령의 내용이 될 사항을 구체적으로 정하고 있다면 그와 같은 행정규칙, 규정은 행정규칙이 갖는 일반적 효력으로서가 아니라, 행정기관에 법령의 구체적 내용을 보충할 권한을 부여한 법령규정의 효력에 의하여 그 내용을 보충하는 기능을 갖게 된다 할 것이므로 이와 같은 행정규칙, 규정은 당해 법령의 위임한계를 벗어나지 아니하는 한 그것들과 결합하여 대외적인 구속력이 있는 법규명령으로서의 효력을 갖게 된다(대판 1987.9.29. 86누484).

④ (O) 법률에서 위임받은 사항을 전혀 규정하지 아니하고 그대로 재위임하는 것은 허용되지 않으며 위임받은 사항에 관하여 대강을 정하고 그 중의 특정사항을 범위를 정하여 하위법령에 다시 위임하는 경우에만 재위임이 허용된다(헌재 1996.2.29. 94헌마213).

정답 ③

120 [19지방9급]

행정입법에 대한 설명으로 옳지 않은 것은? (다툼이 있는 경우 판례에 의함)

① 집행명령은 상위법령의 집행에 필요한 세칙을 정하는 범위 내에서만 가능하고 새로운 국민의 권리·의무를 정할 수 없다.

② 구 「청소년보호법 시행령」 제40조 [별표 6]의 위반행위의 종별에 따른 과징금처분기준에서 정한 과징금 수액은 정액이 아니고 최고한도액이다.

③ 집행명령은 상위법령이 개정되더라도 개정법령과 성질상 모순·저촉되지 아니하고 개정된 상위법령의 시행에 필요한 사항을 규정하고 있는 이상, 개정법령의 시행을 위한 집행명령이 제정·발효될 때까지는 여전히 그 효력을 유지한다.

④ 상위법령에서 세부사항 등을 시행규칙으로 정하도록 위임하였으나, 이를 고시 등 행정규칙으로 정하였더라도 이는 대외적 구속력을 가지는 법규명령으로서 효력이 인정된다.

해설

① (O) 집행명령은 상위법령의 시행을 위하여 구체적·세목적 또는 절차적·기술적 사항만을 규정하는 것이다. 집행명령도 법규명령이지만 국민의 권리·의무에 관한 사항을 정할 수 없다는 점에서 위임명령과 구별된다.

② (O) 청소년보호법 시행령 관련규정 [별표 6]의 위반행위의 종별에 따른 과징금처분기준은 법규명령이기는 하나 같은 유형의 위반행위라 하더라도 그 규모나 기간·사회적 비난 정도·위반행위로 인하여 다른 법률에 의하여 처벌받은 다른 사정·행위자의 개인적 사정 및 위반행위로 얻은 불법이익의 규모 등 여러 요소를 종합적으로 고려하여 사안에 따라 적정한 과징금의 액수를 정하여야 할 것이므로 그 수액은 정액이 아니라 최고한도액이다(대판 2001.3.9. 99두5207).

③ (O) 상위법령이 개정됨에 그친 경우에는 성질상 이와 모순·저촉되지 아니하는 한 개정된 상위법령의 시행을 위한 집행명령이 새로 제정·발효될 때까지는 여전히 그 효력을 유지한다고 할 것이다(대판 1989.9.12., 88누6962).

④ (X) 상위법령에서 세부사항 등을 시행규칙으로 정하도록 형식을 정해서 위임하였음에도 이를 고시 등 행정규칙으로 정한 경우, 대외적 구속력을 갖는 법규명령으로서 효력을 인정할 수는 없다(대판 2012.7.5. 2010다72076).

정답 ④

121 [20지방7급]

행정입법에 대한 설명으로 옳은 것은? (다툼이 있는 경우 판례에 의함)

① 처분적 조례에 대한 무효확인소송을 제기함에 있어서 피고적격이 있는 처분 등을 행한 행정청은 지방의회이다.

② 상위법령에서 세부사항 등을 시행규칙으로 정하도록 위임하였음에도 이를 고시 등 행정규칙으로 정하였다면 대외적 구속력을 가지는 법규명령으로서 효력이 인정될 수 없다.

③ 법률의 위임에 따라 효력을 갖는 법규명령이 위임의 근거가 없어 무효였더라도 나중에 법개정으로 위임의 근거가 부여되면 당해 법규명령의 제정 시에 소급하여 유효한 법규명령이 된다.

④ 의료기관의 명칭표시판에 진료과목을 함께 표시하는 경우 글자 크기를 제한하고 있는 구 「의료법 시행규칙」 제31조는 그 자체로 국민의 구체적 권리의무나 법률관계에 직접적 변동을 초래하므로 항고소송의 대상이 될 수 있다.

해설

① (X) 조례에 대한 무효 확인소송을 제기함에 있어서 행정청은, 행정주체인 지방자치단체 또는 지방자치단체의 내부적 의결기관으로서 지방자치단체의 의사를 외부에 표시한 권한이 없는 지방의회가 아니라, 지방자치단체의 집행기관으로서 조례로서의 효력을 발생시키는 공포권이 있는 지방자치단체의 장이다(대판 1996.9.20. 95누8003).

② (O) 상위법령에서 세부사항 등을 시행규칙으로 정하도록 형식을 정해서 위임하였음에도 이를 고시 등 행정규칙으로 정한 경우, 대외적 구속력을 갖는 법규명령으로서 효력을 인정할 수는 없다(대판 2012.7.5. 2010다72076).

③ (X) 구법에 위임의 근거가 없어 무효였더라도 사후에 법개정으로 위임의 근거가 부여되면 그 때부터는 유효한 법규명령이 되나, 반대로 구법의 위임에 의한 유효한 법규명령이 법개정으로 위임의 근거가 없어지게 되면 그 때부터 무효인 법규명령이 된다(대판 1995.6.30. 93추83).

④ (X) 의료기관의 명칭표시판에 진료과목을 함께 표시하는 경우 글자 크기를 제한하고 있는 구 의료법 시행규칙 제31조는 그 자체로서 국민의 구체적인 권리의무나 법률관계에 직접적인 변동을 초래하지 아니하므로 항고소송의 대상이 되는 행정처분이라고 할 수 없다(대판 2007.4.12. 2005두15168).

정답 ②

122 [17서울9급]

판례에 따를 때 행정입법에 관한 설명으로 가장 옳지 않은 것은?

① 법률의 위임 규정 자체가 그 의미 내용을 정확하게 알 수 있는 용어를 사용하여 위임의 한계를 분명히 하고 있는데도 고시에서 그 문언적 의미의 한계를 벗어나면 위임의 한계를 일탈한 것으로써 허용되지 아니한다.

② 한국표준산업분류는 우리나라의 산업구조를 가장 잘 반영하고 있고, 업종의 분류에 관하여 가장 공신력 있는 자료로 평가받고 있는 점 등을 고려하면, 업종의 분류에 관하여 판단자료와 전문성의 한계가 있는 대통령이나 행정각부의 장에게 위임하기보다는 통계청장이 고시하는 한국표준산업분류에 위임할 필요성이 인정된다.

③ "가공품의 원료로 가공품이 사용될 경우 원산지표시는 원료로 사용된 가공품의 원료 농산물의 원산지를 표시하여야 한다"는 농림부고시인 「농산물원산지 표시요령」은 법규명령으로서의 대외적 구속력을 가진다.

④ 「공공기관의 운영에 관한 법률」에 따라 입찰참가자격 제한기준을 정하고 있는 구 「공기업·준정부기관 계약사무규칙」, 「국가를 당사자로 하는 계약에 관한 법률 시행규칙」은 대외적으로 국민이나 법원을 기속하는 효력이 없다.

해설

① **(O)** 법률의 위임 규정 자체가 의미 내용을 정확하게 알 수 있는 용어를 사용하여 위임의 한계를 분명히 하고 있는데도 고시에서 문언적 의미의 한계를 벗어났다든지, 위임 규정에서 사용하고 있는 용어의 의미를 넘어 범위를 확장하거나 축소함으로써 위임 내용을 구체화하는 단계를 벗어나 새로운 입법을 한 것으로 평가할 수 있다면, 이는 위임의 한계를 일탈한 것으로서 허용되지 아니한다(대판 2016. 8. 17. 2015두51132).

② **(O)** 업종의 분류에 관하여 판단자료와 전문성의 한계가 있는 대통령이나 행정각부의 장에게 위임하기 보다는 통계청장이 고시한 한국표준산업분류에 위임할 필요성이 인정된다(헌재 2006. 12. 28. 2005헌바59 [합헌]).

③ **(X)** 농산물원산지 표시요령 제4조 제2항이 "가공품의 원료로 가공품이 사용될 경우 원산지표시는 원료로 사용된 가공품의 원료 농산물의 원산지를 표시하여야 한다."고 규정하고 있더라도 이는 원산지표시 방법에 관한 기술적인 사항이 아닌 원산지 표시를 하여야 할 대상에 관한 것이어서 구 농수산물품질관리법 시행규칙에 의해 고시로써 정하도록 위임된 사항에 해당한다고 할 수 없어 법규명령으로서의 대외적 구속력을 가질 수 없다(대결 2006. 4. 28. 2003마715).

④ **(O)** 공공기관의 운영에 관한 법률에 따라 입찰참가자격 제한기준을 정하고 있는 구 공기업·준정부기관 계약사무규칙, 국가를 당사자로 하는 계약에 관한 법률 시행규칙 제76조 제1항 [별표 2], 제3항 등은 비록 부령의 형식으로 되어 있으나 입찰참가자격 제한처분에 관한 행정청 내부의 재량준칙을 정한 것에 지나지 아니하여 대외적으로 국민이나 법원을 기속하는 효력이 없다(대판 2014. 11. 27. 2013두18964).

정답 ③

Ⅳ 법규명령형식의 행정규칙

123 [22지방9급]

행정입법에 대한 설명으로 옳지 않은 것은? (다툼이 있는 경우 판례에 의함)

① 자치조례에 대한 법률의 위임은 반드시 구체적으로 범위를 정하여 할 필요가 없으며 포괄적인 것으로 족하다.

② 부령 형식으로 정해진 제재적 행정처분의 기준은 법규성이 있어서 대외적으로 국민이나 법원을 기속하는 효력이 있다.

③ 고시가 법령의 수권에 의하여 법령을 보충하는 사항을 정하는 경우 위임의 한계를 벗어나지 않는 한 그 근거 법령과 결합하여 대외적으로 구속력이 있는 법규명령으로서의 효력을 가진다.

④ 법률의 시행령이 형사처벌에 관한 사항을 규정하면서 법률의 명시적인 위임 범위를 벗어나 처벌의 대상을 확장하는 것은 위임입법의 한계를 벗어난 것으로 그 시행령은 무효이다.

해설

① (O) 조례에 대한 법률의 위임은 법규명령에 대한 법률의 위임과 같이 반드시 구체적으로 범위를 정하여 할 필요가 없으며 포괄적인 것으로 족하다(헌재 1995.4.20. 92헌마264 등).

② (X) 제재적 행정처분의 기준이 부령의 형식으로 규정되어 있더라도 그것은 행정청 내부의 사무처리준칙을 정한 것에 지나지 아니하여 대외적으로 국민이나 법원을 기속하는 효력이 없다(대판 2007.09.20. 2007두6946).

③ (O) 법령의 규정이 특정행정기관에게 그 법령내용의 구체적 사항을 정할 수 있는 권한을 부여하면서 그 권한행사의 절차나 방법을 특정하고 있지 아니한 관계로 수임행정기관이 행정규칙의 형식으로 그 법령의 내용이 될 사항을 구체적으로 정하고 있다면 그와 같은 행정규칙, 규정은 행정규칙이 갖는 일반적 효력으로서가 아니라, 행정기관에 법령의 구체적 내용을 보충할 권한을 부여한 법령규정의 효력에 의하여 그 내용을 보충하는 기능을 갖게 된다 할 것이므로 이와 같은 행정규칙, 규정은 당해 법령의 위임한계를 벗어나지 아니하는 한 그것들과 결합하여 대외적인 구속력이 있는 법규명령으로서의 효력을 갖게 된다(대판 1987.9.29. 86누484).

④ (O) 법률의 시행령이 형사처벌에 관한 사항을 규정하면서 법률의 명시적인 위임 범위를 벗어나 그 처벌의 대상을 확장하는 것은 위임입법의 한계를 벗어나고 죄형법정주의 원칙에 위배된 것으로 무효라고 하지 않을 수 없다(대판 1999.2.11. 98도2816 전원합의체).

정답 ②

124 [22국가9급]

다음 사례에 대한 설명으로 옳은 것을 고르시오. (다툼이 있는 경우 판례에 의함)

A시 시장은 식품접객업주 甲에게 청소년고용금지업소에 청소년을 고용하였다는 사유로 식품위생법령에 근거하여 영업정지 2개월 처분에 갈음하는 과징금부과처분을 하였고, 甲은 부과된 과징금을 납부하였다. 그러나 甲은 이후 과징금부과처분에 하자가 있음을 알게 되었다.

① 甲은 납부한 과징금을 돌려받기 위해 관할 행정법원에 과징금반환을 구하는 당사자소송을 제기할 수 있다.

② A시 시장이 과징금부과처분을 함에 있어 과징금부과통지서의 일부 기재가 누락되어 이를 이유로 甲이 관할 행정법원에 과징금부과처분의 취소를 구하는 소를 제기한 경우, A시 시장은 취소소송 절차가 종결되기 전까지 보정된 과징금부과처분 통지서를 송달하면 일부 기재 누락의 하자는 치유된다.

③ 「식품위생법」이 청소년을 고용한 행위에 대하여 영업허가를 취소하거나 6개월 이내의 기간을 정하여 그 영업의 전부 또는 일부를 정지하거나 영업소 폐쇄를 명할 수 있다고 하면서 행정처분의 세부기준은 총리령으로 위임한다고 정하고 있는 경우에, 총리령에서 정하고 있는 행정처분의 기준은 재판규범이 되지 못한다.

④ 甲이 자신은 청소년을 고용한 적이 없다고 주장하면서 제기한 과징금부과처분의 취소소송 계속 중에 A시 시장은 甲이 유통기한이 경과한 식품을 판매한 사실을 처분사유로 추가·변경할 수 있다.

해설

① (X) 과징금부과처분의 하자가 있는 경우 항고소송(취소소송, 무효확인소송)을 제기하거나, 무효의 하자가 있는 경우 곧바로 민사상 부당이득반환소송을 제기하는 방법 외에 당사자소송을 제기할 수는 없다.

② (X) 하자치유는 쟁송 제기 이전에만 가능하다.

[관련판례] 이미 항고소송이 계속 중인 단계에서 보정통지를 하였다 하여 그 위법성이 이로써 치유된다 할 수 없다(대판 1988.2.9. 83누404).

③ (O) 식품위생법시행규칙에서 행정처분의 기준을 정하고 있더라도 이는 형식상 부령으로 되어 있으나 성질상 행정기관내부의 사무처리준칙에 불과한 것으로서 행정명령의 성질을 가지는 것이지 대외적으로 국민이나 법원을 기속하는 힘이 있는 것은 아니다(대판 1989. 4. 11. 88누773).

④ (X) 청소년을 고용한 사실관계와 유통기한이 경과한 식품을 판매한 사실은 기본적 사실관계의 동일성이 인정되지 아니하므로, 처분사유로 추가·변경할 수 없다.

정답 ③

경찰공무원 채용시험에서의 부정행위자에 대한 5년간의 응시자격제한을 규정한 「경찰공무원임용령」 제46조 제1항은 행정청 내부의 사무처리기준을 규정한 재량준칙에 불과하다. [15사회복지]

| 해설

(X) 부정행위자에 대한 5년간의 응시자격제한처분을 규정한 경찰공무원임용령 제46조 제1항은 행정청 내부의 사무처리기준을 규정한 재량준칙이 아니라 일반 국민이나 법원을 구속하는 법규명령에 해당하므로, 그에 의한 처분은 재량행위가 아니라 기속행위이다(대판 2008.5.29. 2007두18321).

125 [17사회복지]

행정규칙에 관한 설명 중 옳지 않은 것은? (단, 다툼이 있는 경우 판례에 의함)

① 설정된 재량기준이 객관적으로 합리적이 아니라거나 타당하지 않다고 볼 만한 다른 특별한 사정이 없다면 행정청의 의사는 존중되어야 한다.

② 「공공기관의 운영에 관한 법률」의 위임에 따라 입찰자격제한기준을 정하는 부령은 행정내부의 재량준칙에 불과하다.

③ 재량준칙이 정한 바에 따라 되풀이 시행되어 행정관행이 이루어지게 되면 행정청은 상대방에 대한 관계에서 그 규칙에 따라야 할 자기구속을 받게 된다.

④ 구 「청소년보호법 시행령」상 별표에 따른 과징금처분기준은 단지 상한을 정한 것이 아니라 특정금액을 정한 것이다.

해설

① (O) 자동차운수사업법에 의한 개인택시운송사업면허는 특정인에게 권리나 이익을 부여하는 행정행위로서 법령에 특별한 규정이 없으면 행정청의 재량에 속하는 것이고, 그 면허를 위하여 정하여진 순위 내에서의 운전경력인정방법에 관한 기준설정 역시 행정청의 재량이므로, 그 설정된 기준이 객관적으로 합리적이 아니라거나 타당하지 않다고 보이지 않는 이상 이에 기하여 운전경력을 산정한 것을 위법하다고 할 수 없다(대판 1995.4.14, 93누16253).

② (O) 대판 2014. 11. 27. 2013두18964.

③ (O) 대판 2009.12.24. 2009두7967.

④ (X) 청소년보호법 시행령 관련규정 [별표 6]의 위반행위의 종별에 따른 과징금처분기준은 법규명령이기는 하나 같은 유형의 위반행위라 하더라도 그 규모나 기간·사회적 비난 정도·위반행위로 인하여 다른 법률에 의하여 처벌받은 다른 사정·행위자의 개인적 사정 및 위반행위로 얻은 불법이익의 규모 등 여러 요소를 종합적으로 고려하여 사안에 따라 적정한 과징금의 액수를 정하여야 할 것이므로 그 수액은 정액이 아니라 최고한도액이다(대판 2001.3.9. 99두5207).

정답 ④

126 [15지방7급]

행정입법에 대한 판례의 내용으로 옳지 않은 것은?

① 처분의 근거가 행정규칙에 규정되어 있다고 하더라도, 그 처분이 상대방에게 권리 설정 또는 의무 부담을 명하거나 기타 법적인 효과를 발생하게 하는 등으로 상대방의 권리의무에 직접 영향을 미치는 행위인 경우에는 항고소송의 대상이 되는 행정처분에 해당한다.

② 재량권 행사의 준칙인 행정규칙이 그 정한 바에 따라 되풀이 시행되어 행정관행이 이루어지게 되면 평등의 원칙이나 신뢰보호의 원칙에 따라 행정기관은 그 상대방에 대한 관계에서 그 규칙에 따라야 할 자기구속을 받게 되므로, 이러한 경우에는 특별한 사정이 없는 한 그를 위반하는 처분은 평등의 원칙이나 신뢰보호의 원칙에 위배되어 재량권을 일탈·남용한 위법한 처분이 된다.

③ 행정규칙에서 사용하는 개념이 달리 해석될 여지가 있다하더라도 행정청이 수권의 범위 내에서 법령이 위임한 취지 및 형평과 비례의 원칙에 기초하여 합목적적으로 기준을 설정하여 그 개념을 해석·적용하고 있다면, 개념이 달리 해석될 여지가 있다는 것만으로 이를 사용한 행정규칙이 법령의 위임 한계를 벗어났다고는 할 수 없다.

④ 「국토의 계획 및 이용에 관한 법률」 및 같은 법 시행령이 정한 이행강제금의 부과기준은 단지 상한을 정한 것에 불과한 것이므로 행정청에 이와 다른 이행강제금액을 결정할 재량권이 있다.

해설

① (O) 어떠한 처분의 근거나 법적인 효과가 행정규칙에 규정되어 있다고 하더라도, 그 처분이 행정규칙의 내부적 구속력에 의하여 상대방에게 권리의 설정 또는 의무의 부담을 명하거나 기타 법적인 효과를 발생하게 하는 등으로 그 상대방의 권리의무에 직접 영향을 미치는 행위라면, 이 경우에도 항고소송의 대상이 되는 행정처분에 해당한다(대판 2002.7.26. 2001두3532).

② (O) 대판 2009.12.24. 2009두7967.

③ (O) 행정규칙에서 사용하는 개념이 달리 해석될 여지가 있다 하더라도 행정청이 수권의 범위 내에서 법령이 위임한 취지 및 형평과 비례의 원칙에 기초하여 합목적적으로 기준을 설정하여 그 개념을 해석적용하고 있다면 개념이 달리 해석될 여지가 있다는 것만으로 이를 사용한 행정규칙이 법령의 위임한계를 벗어났다고는 할 수 없다(대판 2008.4.10. 2007두4841).

④ (X) 국토계획법 및 국토의 계획 및 이용에 관한 법률 시행령이 정한 이행강제금의 부과기준은 단지 상한을 정한 것에 불과한 것이 아니라, 위반행위 유형별로 계산된 특정 금액을 규정한 것이므로 행정청에 이와 다른 이행강제금액을 결정할 재량권이 없다고 보아야 한다(대판 2014.11.27. 2013두8653).

정답 ④

127 [20지방9급]

대외적 구속력을 인정할 수 없는 경우만을 모두 고르면? (다툼이 있는 경우 판례에 의함)

ㄱ. 운전면허에 관한 제재적 행정처분의 기준이 「도로교통법 시행규칙」 [별표]에 규정되어 있는 경우
ㄴ. 행정 각부의 장이 정하는 특정 고시가 비록 법령에 근거를 둔 것이더라도 규정 내용이 법령의 위임 범위를 벗어난 것일 경우
ㄷ. 상위법령에서 세부사항 등을 시행규칙으로 정하도록 위임하였음에도 이를 고시 등 행정규칙으로 정한 경우
ㄹ. 상위 법령의 위임이 없음에도 상위 법령에 규정된 처분 요건에 해당하는 사항을 하위 부령에서 변경하여 규정한 경우

① ㄱ, ㄴ
② ㄴ, ㄷ
③ ㄱ, ㄴ, ㄷ
④ ㄱ, ㄴ, ㄷ, ㄹ

해설

ㄱ. (X) 도로교통법시행규칙 제53조 제1항이 정한 별표 16의 운전면허 행정처분 기준은 부령의 형식으로 되어 있으나, 규정의 성질과 내용이 운전면허의 취소처분 등에 관한 사무처리 기준과 처분절차 등 행정청 내부의 사무처리준칙을 규정한 것에 지나지 아니하므로 대외적으로 국민이나 법원을 기속하는 효력이 없다(대판 1993.2.9. 92누15253).

ㄴ. (X) 고시가 비록 법령에 근거를 둔 것이라고 하더라도 그 규정 내용이 법령의 위임 범위를 벗어난 것일 경우에는 법규명령으로서의 대외적 구속력을 인정할 여지는 없다(대결 2006.04.28. 2003마715).

ㄷ. (X) 상위법령에서 세부사항 등을 시행규칙으로 정하도록 형식을 정해서 위임하였음에도 이를 고시 등 행정규칙으로 정한 경우, 대외적 구속력을 갖는 법규명령으로서 효력을 인정할 수는 없다(대판 2012.7.5. 2010다72076).

ㄹ. (X) 법령의 위임이 없음에도 법령에 규정된 처분 요건에 해당하는 사항을 부령에서 변경하여 규정한 경우에는 그 부령의 규정은 행정청 내부의 사무처리 기준 등을 정한 것으로서 행정조직 내에서 적용되는 행정명령의 성격을 지닐 뿐 국민에 대한 대외적 구속력은 없다(대판 2013.9.12. 2011두10584).

정답 ④

128 [21국가9급]

다음 사례에 관한 설명으로 옳지 않은 것은? (다툼이 있는 경우 판례에 의함)

> A도(道) B군(郡)에서 식품접객업을 하는 甲은 청소년에게 술을 팔다가 적발되었다. 「식품위생법」은 위법하게 청소년에게 주류를 제공한 영업자에게 "6개월 이내의 기간을 정하여 그 영업의 전부 또는 일부를 정지할 수 있다."라고 규정하고, 「식품위생법 시행규칙」 [별표 23]은 청소년 주류제공(1차 위반)시 행정처분기준을 '영업정지 2개월'로 정하고 있다. B군수는 甲에게 2개월의 영업정지처분을 하였다.

① 甲은 영업정지처분에 불복하여 A도 행정심판위원회에 행정심판을 청구할 수 있다.

② 甲은 행정심판을 청구하지 않고 영업정지처분에 대한 취소소송을 제기할 수 있다.

③ 「식품위생법 시행규칙」의 행정처분기준은 행정규칙의 형식이나, 「식품위생법」의 내용을 보충하면서 「식품위생법」의 규정과 결합하여 위임의 범위 내에서 대외적인 구속력을 가진다.

④ 甲이 취소소송을 제기하는 경우 법원은 재량권의 일탈·남용이 인정되면 영업정지처분을 취소할 수 있다.

해설

① (O)

> **행정심판법 제6조(행정심판위원회의 설치)** ③ 다음 각 호의 행정청의 처분 또는 부작위에 대한 심판청구에 대하여는 시·도지사 소속으로 두는 행정심판위원회에서 심리·재결한다.
> 1. 시·도 소속 행정청
> 2. 시·도의 관할구역에 있는 시·군·자치구의 장, 소속 행정청 또는 시·군·자치구의 의회(의장, 위원회의 위원장, 사무국장, 사무과장 등 의회 소속 모든 행정청을 포함한다)

② (O) 필요적 전치를 규정한 사안이 아니므로 곧바로 행정소송을 제기할 수 있다.

③ (X) 식품위생법 시행규칙에서 식품위생법 제58조에 따른 행정처분의 기준을 정하였다고 하더라도 이는 형식만 부령으로 되어 있을 뿐, 그 성질은 행정기관 내부의 사무처리준칙을 정한 것으로서 행정명령의 성질을 가지는 것이다(대판 1991.5.14. 90누9780).

④ (O) 수익적 행정처분을 취소 또는 철회하는 경우 그 취소권 등의 행사는 기득권의 침해를 정당화할 만한 중대한 공익상의 필요 또는 제3자의 이익보호의 필요가 있는 때에 한하여 상대방이 받는 불이익과 비교·교량하여 결정하여야 하고, 그 처분으로 인하여 공익상의 필요보다 상대방이 받게 되는 불이익 등이 막대한 경우에는 재량권의 한계를 일탈한 것으로서 그 자체가 위법하다(대판 2004.11.26. 2003두10251).

정답 ③

V 행정규칙의 근거와 요건

VI 행정규칙의 한계와 하자

129 [18서울7급(上)]

행정규칙에 대한 설명으로 가장 옳지 않은 것은?

① 행정규칙이 법령의 규정에 의하여 행정관청에 법령의 구체적 내용을 보충할 권한을 부여한 경우, 평등의 원칙이나 신뢰보호의 원칙에 따라 행정기관은 그 상대방에 대한 관계에서 그 규칙에 따라야 할 자기구속을 당하게 된다.

② 상급행정기관이 하급행정기관에 대하여 업무처리지침이나 법령의 해석적용에 관한 기준을 정하여 발하는 행정규칙은 일반적으로 행정조직 내부에서만 효력을 가질 뿐 대외적인 구속력을 갖는 것은 아니다.

③ 행정규칙도 행정작용의 하나이므로 하자가 있으면 하자의 정도에 따라 무효 또는 취소할 수 있는 행정규칙이 된다.

④ 어떠한 처분의 근거나 법적인 효과가 행정규칙에 규정되어 있다고 하더라도, 그 처분이 행정규칙의 내부적 구속력에 의하여 상대방에게 권리의 설정 또는 의무의 부담을 명하거나 기타 법적인 효과를 발생하게 하는 등 그 상대방의 권리 의무에 직접 영향을 미치는 행위라면, 이는 항고소송의 대상이 되는 행정처분에 해당한다.

해설

① (O) 행정규칙이 법령의 규정에 의하여 행정관청에 법령의 구체적 내용을 보충할 권한을 부여한 경우, 또는 재량권 행사의 준칙인 규칙이 그 정한 바에 따라 되풀이 시행되어 행정관행이 이룩되게 되면 평등의 원칙이나 신뢰보호의 원칙에 따라 행정기관은 그 상대방에 대한 관계에서 그 규칙에 따라야 할 자기구속을 당하게 되고, 그러한 경우에는 대외적인 구속력을 가지게 된다(헌재 1990.9.3. 90헌마13).

② (O) 상급행정기관이 하급행정기관에 대하여 업무처리지침이나 법령의 해석적용에 관한 기준을 정하여서 발하는 이른바 행정규칙은 일반적으로 행정조직 내부에서만 효력을 가질뿐 대외적인 구속력을 갖는 것은 아니다(대판 1987.9.29. 86누484).

③ (X) 법규명령과 행정규칙과 같은 규범에 하자가 있는 경우 무효사유에 해당한다.

④ (O) 대판 2002.7.26. 2001두3532.

정답 ③

VII 행정규칙의 통제와 소멸

130 [12서울9급]

다음 중 행정입법에 관한 설명으로 옳은 것은?

① 행정주체가 정하는 구체적, 개별적 규범으로 처분성이 인정된다.
② 법규명령은 실질적 의미의 입법행위이나 법적 구속력은 부인되고 있다.
③ 현행법은 국회의 행정규칙에 관한 심사라는 직접적 통제수단을 갖고 있지 않다.
④ 해석준칙(규범해석행정규칙)은 계쟁처분의 판단에 있어 법원을 구속한다.
⑤ 자치입법은 행정입법에 해당하지 않는다.

해설

① (X) 행정입법이란 행정주체가 일반적·추상적인 규범을 제정하는 작용 또는 그에 따라 정립된 규범을 말한다.
② (X) 법규명령이란 행정기관이 정립한 일반적·추상적 명령 중에서 법규의 성질을 가지는 것을 말한다. 여기서 법규는 '국가기관은 물론 국민에 대해서도 직접 구속력을 가지는 법규'를 의미한다.
③ (O) 국회법 제98조의2에서 규정한 내용은 직접적 통제수단이라고 볼 수 없다.

> **국회법 제98조의2(대통령령등의 제출등)** ① 중앙행정기관의 장은 법률에서 위임한 사항이나 법률을 집행하기 위하여 필요한 사항을 규정한 대통령령·총리령·부령·훈령·예규·고시 등이 제정·개정 또는 폐지되었을 때에는 10일 이내에 이를 국회 소관 상임위원회에 제출하여야 한다. 다만, 대통령령의 경우에는 입법예고를 할 때(입법예고를 생략하는 경우에는 법제처장에게 심사를 요청할 때를 말한다)에도 그 입법예고안을 10일 이내에 제출하여야 한다.
> ② 중앙행정기관의 장은 제1항의 기간 이내에 제출하지 못한 경우에는 그 이유를 소관 상임위원회에 통지하여야 한다. ③ 상임위원회는 위원회 또는 상설소위원회를 정기적으로 개회하여 그 소관 중앙행정기관이 제출한 대통령령·총리령 및 부령(이하 이 조에서 "대통령령등"이라 한다)의 법률 위반 여부 등을 검토하여야 한다.

④ (X) 해석준칙(규범해석행정규칙)이란 법률의 통일적 적용을 위한 법규범의 해석과 적용에 관하여 기준을 제시하기 위하여 발하는 규칙을 말한다. 해석규칙은 행정기관 내부의 1차적 법해석에 불과하므로 법원을 구속하는 것은 아니다.
⑤ (X) 조례와 같은 자치입법도 행정입법에 해당한다.

정답 ③

131 [18지방7급]

행정입법의 통제에 대한 설명으로 옳지 않은 것은? (다툼이 있는 경우 판례에 의함)

① 국무회의에 상정될 총리령안과 부령안은 법제처의 심사를 받아야 한다.

② 법령보충규칙에 해당하는 고시의 관계규정에 의하여 직접 기본권 침해를 받는다고 하여도 이에 대하여 바로 「헌법재판소법」 제68조 제1항에 의한 헌법소원심판을 청구할 수 없다.

③ 행정절차법에 따르면, 예고된 법령 등의 제정 · 개정 또는 폐지의 안에 대하여 누구든지 의견을 제출할 수 있다.

④ 행정입법부작위는 행정소송법상 부작위위법확인소송의 대상이 되지 않는다.

해설

① (O)

> **정부조직법 제23조(법제처)** ① 국무회의에 상정될 법령안·조약안과 총리령안 및 부령안의 심사와 그 밖에 법제에 관한 사무를 전문적으로 관장하기 위하여 국무총리 소속으로 법제처를 둔다.

② (X) 행정규칙은 일반적으로 행정조직 내부에서만 효력을 가지는 것이나, 행정규칙이 법령의 규정에 의하여 행정관청에 법령의 구체적 내용을 보충할 권한을 부여한 경우나 재량권행사의 준칙인 규칙이 그 정한 바에 따라 되풀이 시행되어 행정관행이 이룩되게 되면, 평등의 원칙이나 신뢰보호의 원칙에 따라 행정기관은 그 상대방에 대한 관계에서 그 규칙에 따라야 할 자기구속을 당하게 되는 경우에는 대외적인 구속력을 가지게 되는바, 이러한 경우에는 헌법소원의 대상이 될 수도 있다(헌재 2001. 5. 31. 99헌마413 [각하]).

③ (O)

> **행정절차법 제41조(행정상 입법예고)** ① 법령등을 제정 · 개정 또는 폐지(이하 "입법"이라 한다)하려는 경우에는 해당 입법안을 마련한 행정청은 이를 예고하여야 한다. 다만, 다음 각 호의 어느 하나에 해당하는 경우에는 예고를 하지 아니할 수 있다.
> 1. 신속한 국민의 권리 보호 또는 예측 곤란한 특별한 사정의 발생 등으로 입법이 긴급을 요하는 경우
> 2. 상위 법령등의 단순한 집행을 위한 경우
> 3. 입법내용이 국민의 권리 · 의무 또는 일상생활과 관련이 없는 경우
> 4. 단순한 표현 · 자구를 변경하는 경우 등 입법내용의 성질상 예고의 필요가 없거나 곤란하다고 판단되는 경우
> 5. 예고함이 공공의 안전 또는 복리를 현저히 해칠 우려가 있는 경우
>
> **제44조(의견제출 및 처리)** ① 누구든지 예고된 입법안에 대하여 의견을 제출할 수 있다.
> ② 행정청은 의견접수기관, 의견제출기간, 그 밖에 필요한 사항을 해당 입법안을 예고할 때 함께 공고하여야 한다.

④ (O) 행정소송은 구체적 사건에 대한 법률상 분쟁을 법에 의하여 해결함으로써 법적 안정을 기하자는 것이므로 부작위위법확인소송의 대상이 될 수 있는 것은 구체적 권리의무에 관한 분쟁이어야 하고 추상적인 법령에 관하여 제정의 여부 등은 그 자체로서 국민의 구체적인 권리의무에 직접적 변동을 초래하는 것이 아니어서 그 소송의 대상이 될 수 없다(대판 1992.5.8. 91누11261).

정답 ②

132 [19서울7급]

행정입법에 대한 설명으로 가장 옳지 않은 것은?

① 행정청은 대통령령을 입법예고할 경우에는 국회 소관 상임위원회에 이를 제출하여야 한다.
② 행정규칙이 대외적인 구속력을 가지는 경우에는 헌법소원의 대상이 된다.
③ 근거규정이 행정규칙에 해당하는 이상, 그 근거규정에 의거한 조치는 행정처분에 해당하지 않는다.
④ 고시가 비록 법령에 근거를 둔 것이라고 하더라도 그 규정 내용이 법령의 위임 범위를 벗어난 것일 경우에는 법규명령으로서의 대외적 구속력을 인정할 여지는 없다.

해설

① (O)

행정절차법 제42조(예고방법) ② 행정청은 대통령령을 입법예고하는 경우 국회 소관 상임위원회에 이를 제출하여야 한다.

② (O) 행정규칙은 일반적으로 행정조직 내부에서만 효력을 가지는 것이나, 행정규칙이 법령의 규정에 의하여 행정관청에 법령의 구체적 내용을 보충할 권한을 부여한 경우나 재량권행사의 준칙인 규칙이 그 정한 바에 따라 되풀이 시행되어 행정관행이 이룩되게 되면, 평등의 원칙이나 신뢰보호의 원칙에 따라 행정기관은 그 상대방에 대한 관계에서 그 규칙에 따라야 할 자기구속을 당하게 되는 경우에는 대외적인 구속력을 가지게 되는바, 이러한 경우에는 헌법소원의 대상이 될 수도 있다(헌재 2001. 5. 31. 99헌마413 [각하]).

③ (X) 어떠한 처분의 근거나 법적인 효과가 행정규칙에 규정되어 있다고 하더라도, 그 처분이 행정규칙의 내부적 구속력에 의하여 상대방에게 권리의 설정 또는 의무의 부담을 명하거나 기타 법적인 효과를 발생하게 하는 등으로 그 상대방의 권리 의무에 직접 영향을 미치는 행위라면, 이 경우에도 항고소송의 대상이 되는 행정처분에 해당한다(대판 2002.7.26. 2001두3532).

④ (O) 고시가 비록 법령에 근거를 둔 것이라고 하더라도 그 규정 내용이 법령의 위임 범위를 벗어난 것일 경우에는 법규명령으로서의 대외적 구속력을 인정할 여지는 없다(대결 2006.04.28. 2003마715).

정답 ③

제2장 행정행위

제1절 | 행정행위의 의의 및 종류

Ⅰ 행정행위의 의의

Ⅱ 행정행위의 개념요소

133 [17국가9급]

행정행위에 대한 설명으로 옳은 것은?

① 행정행위를 '행정청이 법아래서 구체적 사실에 대한 법집행으로서 행하는 공법행위'로 정의하면, 공법상 계약과 공법상 합동행위는 행정행위의 개념에서 제외된다.

② 강학상 허가와 특허는 의사표시를 요소로 한다는 점과 반드시 신청을 전제로 한다는 점에서 공통점이 있다.

③ 행정행위의 효력으로서 구성요건적 효력과 공정력은 이론적 근거를 법적 안정성에서 찾고 있다는 공통점이 있다.

④ 「행정소송법」상 처분의 개념과 강학상 행정행위의 개념이 다르다고 보는 견해는 처분의 개념을 강학상 행정행위의 개념보다 넓게 본다.

해설

① (X) '공권력의 행사'라는 행정청이 우월적 지위에서 일방적으로 행하는 권력적 단독행위의 성질을 제거하면 공법상 계약과 합동행위도 행정행위의 개념에 포함될 수 있다.

② (X) 허가는 상대방의 신청에 따라 행하여지는 것이 보통이나, 예외적으로 신청에 의하지 아니하는 허가도 있다(통행금지해제, 보도관제해제 등).

③ (X) 법적 안정성에서 이론적 근거를 찾는 공정력과 달리 구성요건적 효력은 국가기관 상호간의 권한분배체계와 권한 존중의 원칙에서 그 근거를 찾을 수 있다.

④ (O) 이원설은 행정소송법상 처분개념의 정의 규정이 문언 상 실체법적 행정행위보다 넓게 되어 있어서 행정소송법상의 처분개념을 행정행위보다 넓게 파악한다.

정답 ④

III 행정행위의 종류

IV 제3자효적 행정행위

V 기속행위와 재량행위

판례는 자유재량에 대한 사법심사에 있어서는 법원이 일정한 결론을 도출한 후 그 결론에 비추어 행정청이 한 판단의 적법여부를 독자의 입장에서 판정하는 방식에 의하게 된다고 보고 있다. [13지방7급]

| 해설

(X) 행정행위가 그 재량성의 유무 및 범위와 관련하여 이른바 기속행위 내지 기속재량행위와 재량행위 내지 자유재량행위로 구분된다고 할 때, 양자에 대한 사법심사는, 전자의 경우 그 법규에 대한 원칙적인 기속성으로 인하여 법원이 사실인정과 관련 법규의 해석·적용을 통하여 일정한 결론을 도출한 후 그 결론에 비추어 행정청이 한 판단의 적법 여부를 독자의 입장에서 판정하는 방식에 의하게 되나, 후자의 경우 행정청의 재량에 기한 공익판단의 여지를 감안하여 법원은 독자의 결론을 도출함이 없이 당해 행위에 재량권의 일탈·남용이 있는지 여부만을 심사하게 된다(대판 2001.2.9. 98두17593).

대법원은 교육과학기술부장관의 교과서검정에 관한 처분과 관련하여 법원이 교과서의 저술내용이 교육에 적합한지의 여부를 심사할 수 있다고 보았다. [12경행특채]

| 해설

(X) 법원이 위 검정에 관한 처분의 위법여부를 심사함에 있어서는 문교부장관과 동일한 입장에 서서 어떠한 처분을 하여야 할 것인가를 판단하고 그것과 동 처분과를 비교하여 당부를 논하는 것은 불가하고, 그 처분이 현저히 부당하다거나 또는 재량권의 남용에 해당된다고 볼 수밖에 없는 특별한 사정이 있는 때가 아니면 동 처분을 취소할 수 없다(대판 1988.11.8. 86누618).

「여객자동차운수사업법」에 의한 개인택시운송사업면허는 특정인에게 권리나 이익을 부여하는 행정행위로서 법령에 특별한 규정이 없는 한 재량행위이지만, 그 면허를 위하여 필요한 기준을 정하는 것은 행정청의 재량이 아니다. [15경행특채]

| 해설

(X) 자동차운수사업법에 의한 개인택시운송사업면허는 특정인에게 권리나 이익을 부여하는 행정행위로서 법령에 특별한 규정이 없으면 행정청의 재량에 속하는 것이고, 그 면허를 위하여 정하여진 순위 내에서의 운전경력인정방법에 관한 기준설정 역시 행정청의 재량이므로, 그 설정된 기준이 객관적으로 합리적이 아니라거나 타당하지 않다고 보이지 않는 이상 이에 기하여 운전경력을 산정한 것을 위법하다고 할 수 없다(대판 1995.4.14. 93누16253).

134 [22지방9급]

판례상 재량행위에 해당하는 것만을 모두 고르면?

ㄱ. 「여객자동차 운수사업법」상 개인택시운송사업면허
ㄴ. 구 「수도권대기환경특별법」상 대기오염물질 총량관리사업장 설치허가
ㄷ. 「국가공무원법」상 휴직 사유 소멸을 이유로 한 신청에 대한 복직명령
ㄹ. 「출입국관리법」상 체류자격 변경허가

① ㄱ, ㄹ
② ㄴ, ㄷ
③ ㄱ, ㄴ, ㄹ
④ ㄱ, ㄴ, ㄷ, ㄹ

해설

ㄱ. (O) 개인택시운송사업면허는 특정인에게 권리나 이익을 부여하는 행정행위로서 법령에 특별한 규정이 없으면 행정청의 재량에 속하는 것이고, 그 면허를 위하여 정하여진 순위 내에서의 운전경력인정방법에 관한 기준설정 역시 행정청의 재량이다(대판 1995.4.14, 93누16253).

ㄴ. (O) 대기오염물질 총량관리사업장 설치의 허가 또는 변경허가는 특정인에게 인구가 밀집되고 대기오염이 심각하다고 인정되는 수도권 대기관리권역에서 총량관리대상 오염물질을 일정량을 초과하여 배출할 수 있는 특정한 권리를 설정하여 주는 행위로서 그 처분의 여부 및 내용의 결정은 행정청의 재량에 속한다(대판 2013. 5. 9. 2012두22799).

ㄷ. (X) 국가공무원법 제73조 제2항의 문언에 비추어 복직명령은 기속행위이므로 휴직사유가 소멸하였음을 이유로 신청하는 경우 임용권자는 지체 없이 복직명령을 하여야 한다(대판 2014. 6. 12. 2012두4852).

ㄹ. (O) 체류자격 변경허가는 신청인에게 당초의 체류자격과 다른 체류자격에 해당하는 활동을 할 수 있는 권한을 부여하는 일종의 설권적 처분의 성격을 가지므로, 허가권자는 신청인이 관계 법령에서 정한 요건을 충족하였더라도, 신청인의 적격성, 체류 목적, 공익상의 영향 등을 참작하여 허가 여부를 결정할 수 있는 재량을 가진다(대판 2016. 7. 14. 2015두48846).

정답 ③

135 [21국가7급]

기속행위와 재량행위에 대한 판례의 입장으로 옳지 않은 것은?

① 「여객자동차 운수사업법」에 의한 개인택시운송사업면허는 특정인에게 권리나 이익을 부여하는 행정행위로서 법령에 특별한 규정이 없는 한 재량행위이다.

② 공유수면점용허가는 특정인에게 공유수면 이용권이라는 독점적 권리를 설정하여 주는 처분으로서 그 처분의 여부 및 내용의 결정은 원칙적으로 행정청의 재량에 속한다.

③ 「국토의 계획 및 이용에 관한 법률」상 토지의 형질변경허가는 그 금지요건이 불확정개념으로 규정되어 있으므로, 동법상 지정된 도시지역 안에서 토지의 형질변경행위를 수반하는 「건축법」상의 건축허가는 재량행위이다.

④ 귀화허가는 강학상 허가에 해당하므로, 귀화신청인이 귀화요건을 갖추어서 귀화허가를 신청한 경우에 법무부장관은 귀화허가를 해 주어야 한다.

해설

① (O) 개인택시운송사업면허는 특정인에게 권리나 이익을 부여하는 행정행위로서 법령에 특별한 규정이 없으면 행정청의 재량에 속하는 것이다(대판 1995.4.14, 93누16253).

② (O) 공유수면관리법에 따른 공유수면의 점·사용허가는 특정인에게 공유수면 이용권이라는 독점적 권리를 설정하여 주는 처분으로서 그 처분의 여부 및 내용의 결정은 원칙적으로 행정청의 재량에 속한다고 할 것이다(대판 2004.5.28. 2002두5016).

③ (O) 토지의 형질변경허가는 그 금지요건이 불확정개념으로 규정되어 있어 그 금지요건에 해당하는지 여부를 판단함에 있어서 행정청에게 재량권이 부여되어 있다고 할 것이므로, 같은 법에 의하여 지정된 도시지역 안에서 토지의 형질변경행위를 수반하는 건축허가는 결국 재량행위에 속한다(대판 2005.7.14. 2004두6181).

④ (X) 귀화허가는 외국인에게 대한민국 국적을 부여함으로써 국민으로서의 법적 지위를 포괄적으로 설정하는 행위(특허)에 해당한다(대판 2010.10.28. 2010두6496). 귀화허가의 근거 규정의 형식과 문언, 귀화허가의 내용과 특성 등을 고려하여 보면, 법무부장관은 귀화신청인이 법률이 정하는 귀화요건을 갖추었다고 하더라도 귀화를 허가할 것인지 여부에 관하여 재량권을 가진다(대판 2010.7.15. 2009두19069).

정답 ④

136 [22지방9급]

행정행위에 대한 설명으로 옳지 않은 것은? (다툼이 있는 경우 판례에 의함)

① 건축허가는 대물적 성질을 갖는 것이어서 행정청으로서는 허가를 할 때에 건축주 또는 토지 소유자가 누구인지 등 인적 요소에 관하여는 형식적 심사만 한다.

② 시·도경찰청장이 횡단보도를 설치하여 보행자 통행방법 등을 규제하는 것은 국민의 권리·의무에 직접 관계가 있는 행위로서 행정처분이다.

③ 국유재산의 무단점유에 대한 변상금 징수의 요건은 「국유재산법」에 명백히 규정되어 있으므로 변상금을 징수할 것인가는 처분청의 재량을 허용하지 않는 기속행위이다.

④ 공유수면의 점용·사용허가는 특정인에게 공유수면 이용권이라는 독점적 권리를 설정하여 주는 처분이 아니라 일반적인 상대적 금지를 해제하는 처분이다.

해설

① (O) 건축허가는 대물적 성질을 갖는 것이어서 행정청으로서는 허가를 할 때에 건축주 또는 토지 소유자가 누구인지 등 인적 요소에 관하여는 형식적 심사만 한다(대판 2017. 3. 15. 2014두41190).

② (O) 지방경찰청장이 횡단보도를 설치하여 보행자의 통행방법 등을 규제하는 것은 행정청이 특정사항에 대하여 의무의 부담을 명하는 행위이고 이는 국민의 권리·의무에 직접 관계가 있는 행위로서 행정처분이라고 보아야할 것이다(대판 2000.10.27, 98두8964).

③ (O) 국유재산의 무단점유 등에 대한 변상금 징수의 요건은 국유재산법 제51조 제1항에 명백히 규정되어 있으므로 변상금을 징수할 것인가는 처분청의 재량을 허용하지 않는 기속행위이고, 여기에 재량권 일탈·남용의 문제는 생길 여지가 없다(대판 1998. 9. 22. 98두7602).

④ (X) 공유수면관리법에 따른 공유수면의 점·사용허가는 특정인에게 공유수면 이용권이라는 독점적 권리를 설정하여 주는 처분으로서 그 처분의 여부 및 내용의 결정은 원칙적으로 행정청의 재량에 속한다고 할 것이다(대판 2004.5.28. 2002두5016).

정답 ④

137 [19서울7급]

수익적 행정행위에 대한 설명으로 가장 옳지 않은 것은?

① 배출시설 설치허가의 신청이 구 「대기환경보전법」에서 정한 허가기준에 부합하고 동 법령상 허가제한사유에 해당하지 아니하는 한 환경부장관은 원칙적으로 허가를 하여야 한다.

② 구 「주택건설촉진법」에 의한 주택건설사업계획의 승인의 경우 승인 받으려는 주택건설사업계획에 관계 법령이 정하는 제한사유가 없는 경우에도 공익상 필요가 있으면 처분권자는 그 승인을 받기 위한 신청에 대하여 불허가 결정을 할 수 있다.

③ 재량행위와 기속행위의 구분기준에 관한 효과재량설에 따르면 수익적 행정행위는 법규상 또는 해석상 특별한 기속이 없는 한 재량행위이다.

④ 야생동・식물보호법령에 따른 용도변경승인의 경우 용도변경이 불가피한 경우에만 용도변경을 할 수 있도록 제한하는 규정을 두고 있으므로 환경부장관의 용도변경승인처분은 기속행위이다.

해설

① (O) 환경부장관은 배출시설 설치허가 신청이 구 대기환경보전법 제23조 제5항에서 정한 허가 기준에 부합하고 구 대기환경보전법 제23조 제6항, 같은 법 시행령 제12조에서 정한 허가제한사유에 해당하지 아니하는 한 원칙적으로 허가를 하여야 한다(대판 2013. 5. 9. 2012두22799).

② (O) 주택건설촉진법 제33조에 의한 주택건설사업계획의 승인은 상대방에게 권리나 이익을 부여하는 효과를 수반하는 이른바 수익적 행정처분으로서 법령에 행정처분의 요건에 관하여 일의적으로 규정되어 있지 아니한 이상 행정청의 재량행위에 속한다 할 것이고, 이러한 승인을 받으려는 주택건설사업계획이 관계 법령이 정하는 제한에 배치되는 경우는 물론이고 그러한 제한사유가 없는 경우에도 공익상 필요가 있으면 처분권자는 그 승인신청에 대하여 불허가 결정을 할 수 있다(대판 2005. 4. 15. 2004두10883).

③ (O) 효과재량설에 따르면 수익적 행정행위는 특별한 사정이 없는 한 재량행위로 보며 침익적 행정행위는 기속행위로 본다.

④ (X) 원칙적으로 국제적멸종위기종 및 그 가공품의 수입 또는 반입 목적 외의 용도로의 사용을 금지하면서 용도변경이 불가피한 경우로서 환경부장관의 용도변경승인을 받은 경우에 한하여 용도변경을 허용하도록 하고 있으므로, 위 법 제16조 제3항에 의한 용도변경승인은 특정인에게만 용도 외의 사용을 허용해주는 권리나 이익을 부여하는 이른바 수익적 행정행위로서 법령에 특별한 규정이 없는 한 재량행위이고, 위 법 제16조 제3항이 용도변경이 불가피한 경우에만 용도변경을 할 수 있도록 제한하는 규정을 두면서도 시행규칙 제22조에서 용도변경 신청을 할 수 있는 경우에 대하여만 확정적 규정을 두고 있을 뿐 용도변경이 불가피한 경우에 대하여는 아무런 규정을 두지 아니하여 용도변경 승인을 할 수 있는 용도변경의 불가피성에 대한 판단에 있어 재량의 여지를 남겨 두고 있는 이상, 용도변경을 승인하기 위한 요건으로서의 용도변경의 불가피성에 관한 판단에 필요한 기준을 정하는 것도 역시 행정청의 재량에 속하는 것이다(대판 2011. 1. 27. 2010두23033).

정답 ④

138 [19서울9급(上)]

행정재량에 관한 설명으로 가장 옳지 않은 것은?

① 토지의 형질변경행위를 수반하는 건축허가는 「건축법」에 의한 건축허가와 「국토의 계획 및 이용에 관한 법률」에 의한 개발행위허가의 성질을 아울러 갖게 되므로 재량행위에 해당한다.

② 개발제한구역 내에서는 구역지정의 목적상 건축물의 건축 및 공작물의 설치 등 개발행위가 원칙적으로 금지되고 예외적으로 허가에 의하여 그러한 행위를 할 수 있게 되어 있으므로 그 허가는 재량행위에 속한다.

③ 「국토의 계획 및 이용에 관한 법률」의 규정에 의한 토지의 형질변경허가는 그 금지요건이 불확정개념으로 규정되어 있어 그 금지요건에 해당하는지 여부를 판단함에 있어서 행정청에게 재량권이 부여되어 있다고 할 것이므로 재량행위에 속한다.

④ 건축허가권자는 건축허가신청이 「건축법」 등 관계 법규에서 정하는 어떠한 제한에 배치되지 않는 이상 중대한 공익상의 필요가 있더라도 관계 법령에서 정하는 제한사유 이외의 사유를 들어 요건을 갖춘 자에 대한 허가를 거부할 수는 없다.

해설

① (O) ③ (O) 토지의 형질변경행위를 수반하는 건축허가는 건축법 제8조 제1항의 규정에 의한 건축허가와 국토의계획및이용에관한법률 제56조 제1항 제2호의 규정에 의한 토지의 형질변경허가의 성질을 아울러 갖는 것으로 보아야 할 것이고, 같은 법 제56조 제1항 제2호의 규정에 의한 토지의 형질변경허가는 그 금지요건이 불확정개념으로 규정되어 있어 그 금지요건에 해당하는지 여부를 판단함에 있어서 행정청에게 재량권이 부여되어 있다고 할 것이므로, 같은 법에 의하여 지정된 도시지역 안에서 토지의 형질변경행위를 수반하는 건축허가는 결국 재량행위에 속한다(대판 2005.7.14. 2004두6181).

② (O) 개발제한구역 내에서는 구역지정의 목적상 건축물의 건축 및 공작물의 설치 등 개발행위가 원칙적으로 금지되고, 다만 구체적인 경우에 이러한 구역지정의 목적에 위배되지 아니할 경우 예외적으로 허가에 의하여 그러한 행위를 할 수 있게 되어 있음이 그 규정의 체제와 문언상 분명하고, 이러한 예외적인 개발행위의 허가는 상대방에게 수익적인 것이 틀림이 없으므로 그 법률적 성질은 재량행위 내지 자유재량행위에 속하는 것이다(대판 2004.3.25. 2003두12837).

④ (X) 건축허가권자는 건축허가신청이 건축법 등 관계 법규에서 정하는 어떠한 제한에 배치되지 않는 이상 당연히 같은 법조에서 정하는 건축허가를 하여야 하고, 중대한 공익상의 필요가 없음에도 불구하고, 요건을 갖춘 자에 대한 허가를 관계 법령에서 정하는 제한사유 이외의 사유를 들어 거부할 수는 없다(대판 2006.11.9. 2006두1227).

정답 ④

139 [17지방9급]

행정소송에 있어 기속행위와 재량행위의 구별에 대한 설명으로 옳은 것은? (다툼이 있는 경우 판례에 의함)

① 기속행위의 경우에는 절차상의 하자만으로 독립된 취소사유가 될 수 없으나, 재량행위의 경우에는 절차상의 하자만으로도 독립된 취소사유가 된다.

② 기속행위의 경우에는 소송의 계속 중에 처분사유를 추가·변경할 수 있으나, 재량행위의 경우에는 처분사유의 추가·변경이 허용되지 않는다.

③ 실체적 위법을 이유로 거부처분을 취소하는 판결이 확정된 경우, 해당 행정행위가 기속행위이든 재량행위이든 원고의 신청을 인용하여야 할 의무가 발생하는 점에서는 동일하다.

④ 과징금 감경 여부는 과징금 부과 관청의 재량에 속하는 것이므로, 과징금 부과 관청이 이를 판단함에 있어서 재량권을 일탈·남용하여 과징금 부과처분이 위법하다고 인정될 경우, 법원으로서는 법원이 적정하다고 인정되는 부분을 초과한 부분만 취소할 수는 없다.

해설

① (X) 판례는 재량행위뿐만 아니라 조세부과처분과 같은 기속행위의 경우에도 절차하자를 독자적 취소사유로 인정한다.

② (X) 판례는 기속행위 재량행위를 불문하고 기본적 사실관계가 동일성이 있다고 인정되는 한도 내에서만 다른 사유를 추가하거나 변경할 수 있다는 입장이다.

③ (X) 행정청은 그 행정소송의 사실심 변론종결 이후 발생한 새로운 사유를 내세워 다시 이전의 신청에 대하여 거부처분을 할 수 있으며, 그러한 처분도 이 조항에 규정된 재처분에 해당한다(대판 1999.12.28. 98두1895).

④ (O) 대판 2010. 7. 15. 2010두7031.

정답 ④

140 [20지방9급]

기속행위와 재량행위에 대한 설명으로 옳지 않은 것은? (다툼이 있는 경우 판례에 의함)

① 국토의 계획 및 이용에 관한 법률상 개발행위허가는 허가기준 및 금지요건이 불확정개념으로 규정된 부분이 많아 그 요건에 해당하는지 여부는 행정청의 재량판단의 영역에 속한다.

② 기속행위와 재량행위의 구분은 당해 행위의 근거가 된 법규의 체재·형식과 그 문언, 당해 행위가 속하는 행정 분야의 주된 목적과 특성, 당해 행위 자체의 개별적 성질과 유형 등을 모두 고려하여 판단하여야 한다.

③ 처분을 할 것인지 여부와 처분의 정도에 관하여 재량이 인정되는 과징금 납부명령에 대하여 그 명령이 재량권을 일탈하였을 경우, 법원은 재량권의 범위 내에서 어느 정도가 적정한 것인지에 관하여 판단할 수 있고 그 일부를 취소할 수 있다.

④ 마을버스운송사업면허의 허용 여부는 운수행정을 통한 공익실현과 아울러 합목적성을 추구하기 위하여 보다 구체적 타당성에 적합한 기준에 의하여야 할 것이므로 행정청의 재량에 속하는 것이라고 보아야 한다.

해설

① (O) 국토의 계획 및 이용에 관한 법률 제56조에 따른 개발행위허가와 농지법 제34조에 따른 농지전용허가·협의는 그 금지요건·허가기준 등이 불확정개념으로 규정된 부분이 많아 그 요건·기준에 부합하는지의 판단에 관하여 행정청에 재량권이 부여되어 있으므로, 그 요건에 해당하는지 여부는 행정청의 재량판단의 영역에 속한다(대판 2017. 10. 12. 2017두48956).

② (O) 행정행위가 그 재량성의 유무 및 범위와 관련하여 이른바 기속행위 내지 기속재량행위와 재량행위 내지 자유재량행위로 구분된다고 할 때, 그 구분은 당해 행위의 근거가 된 법규의 체재·형식과 그 문언, 당해 행위가 속하는 행정 분야의 주된 목적과 특성, 당해 행위 자체의 개별적 성질과 유형 등을 모두 고려하여 판단하여야 한다(대판 2001.2.9. 98두17593).

③ (X) 처분을 할 것인지 여부와 처분의 정도에 관하여 재량이 인정되는 과징금 납부명령에 대하여 그 명령이 재량권을 일탈하였을 경우 법원으로서는 재량권의 일탈 여부만 판단할 수 있을 뿐이지 재량권의 범위 내에서 어느 정도가 적정한 것인지에 관하여 판단할 수 없으므로 그 전부를 취소할 수밖에 없고, 법원이 적정하다고 인정되는 부분을 초과한 부분만 취소할 수는 없는 것이며, 또한 수개의 위반행위에 대하여 하나의 과징금 납부명령을 하였으나 수개의 위반행위 중 일부의 위반행위만이 위법하지만, 소송상 그 일부의 위반행위를 기초로 한 과징금액을 산정할 수 있는 자료가 없는 경우에는 하나의 과징금 납부명령 전부를 취소할 수밖에 없다(대판 2007.10.26. 2005두3172).

④ (O) 마을버스운송사업면허의 허용 여부는 사업구역의 교통수요, 노선결정, 운송업체의 수송능력, 공급능력 등에 관하여 기술적·전문적인 판단을 요하는 분야로서 이에 관한 행정처분은 운수행정을 통한 공익실현과 아울러 합목적성을 추구하기 위하여 보다 구체적 타당성에 적합한 기준에 의하여야 할 것이므로 그 범위 내에서는 법령이 특별히 규정한 바가 없으면 행정청의 재량에 속하는 것이라고 보아야 할 것이다(대판 2001. 1. 19. 99두3812).

정답 ③

141 [20국가7급]

기속행위와 재량행위에 대한 설명으로 옳지 않은 것은? (다툼이 있는 경우 판례에 의함)

① 재량행위는 요건이 충족되어도 공익과의 이익형량을 통하여 법에 정해진 효과를 부여하지 않을 수 있다.
② 기속행위의 경우 법원이 사실인정과 관련 법규의 해석 · 적용을 통하여 일정한 결론을 도출한 후 그 결론에 비추어 행정청이 한 판단의 적법 여부를 독자의 입장에서 판정한다.
③ 의제되는 인 · 허가가 재량행위인 경우에는 주된 인 · 허가가 기속행위인 경우에도 인 · 허가가 의제되는 한도 내에서 재량행위로 보아야 한다.
④ 사실의 존부에 대한 판단에도 재량권이 인정될 수 있으므로, 사실을 오인하여 재량권을 행사한 경우라도 처분이 위법한 것은 아니다.

해설

① (O) 기속행위란 법이 정하는 요건이 충족되면 일정한 행위를 반드시 하거나 해서는 안되는 행정행위를 말한다. 이에 반해 재량행위란 행정청에 어떤 행정행위를 할 수도 있고, 하지 않을 수도 있는 자유가 인정되는 이른바 재량권을 부여한 행위를 말한다.

② (O) 기속행위의 경우 그 법규에 대한 원칙적인 기속성으로 인하여 법원이 사실인정과 관련 법규의 해석 · 적용을 통하여 일정한 결론을 도출한 후 그 결론에 비추어 행정청이 한 판단의 적법 여부를 독자의 입장에서 판정하는 방식에 의하게 된다(대판 2001.2.9. 98두17593).

③ (O) 국토계획법이 정한 용도지역 안에서 토지의 형질변경행위 · 농지전용행위를 수반하는 건축허가는 건축법 제11조 제1항에 의한 건축허가와 위와 같은 개발행위허가 및 농지전용허가의 성질을 아울러 갖게 되므로 이 역시 재량행위에 해당한다(대판 2017. 10. 12. 2017두48956).

④ (X) 재량권의 일탈 · 남용 여부에 대한 심사는 사실오인, 비례 · 평등의 원칙 위배 등을 그 판단 대상으로 한다(대판 2005.7.14. 2004두6181).

정답 ④

142 [15국가9급]

재량권의 한계에 대한 설명으로 옳은 것은?

① 재량권의 일탈이란 재량권의 내적 한계를 벗어난 것을 말하고, 재량권의 남용이란 재량권의 외적 한계를 벗어난 것을 말한다.
② 판례는 재량권의 일탈과 재량권의 남용을 명확히 구분하고 있다.
③ 재량권의 불행사에는 재량권을 충분히 행사하지 아니한 경우는 포함되지 않는다.
④ 개인의 신체, 생명 등 중요한 법익에 급박하고 현저한 침해의 우려가 있는 경우 재량권이 영으로 수축된다.

해설

① (X) 재량권의 일탈이란 법령상 주어진 재량의 한계를 벗어난 재량하자를 말한다(외적 한계를 넘어선 경우). 재량권의 남용이란 법령상 주어진 재량권의 범위 내에서 재량권이 고려되었으나 잘못된 방향으로 사고되어 재량행사가 이루어진 경우이다(내적 한계를 넘어선 경우).

② (X) 판례는 재량권의 일탈과 재량권의 남용을 명확히 구분하지 않고 재량권의 행사에 '재량권의 일탈 또는 남용'이 없는지 여부를 판단한다. 또한 재량권의 한계가 재량권의 일탈에 속하는지 재량권의 남용에 속하는지를 구별할 실익도 없다.

③ (X) 재량권의 불행사란 행정청이 자신에게 부여된 재량권을 고려가능한 모든 관점을 고려하여 행사하지 아니하는 경우를 말한다. 재량권의 불행사에는 재량권을 전혀 행사하지 아니하는 경우, 예컨대 행정청이 재량행위를 기속행위로 오해한 경우, 또는 행정규칙에 구속되는 것으로 오해한 경우와 재량권을 충분히 행사하지 아니한 경우가 있다. 재량권의 불행사의 행위가 하자 있는 행위가 되는 이유는 재량권의 충분한 행사 그 자체가 행정청의 의무이기 때문이다.

④ (O) 일반적으로 다음과 같은 경우에 재량권이 영으로 수축된다고 본다. ㉠ 사람의 생명, 신체 및 재산 등에 중대하고 급박한 위험이 존재하고(㉨ 공장으로부터 기준초과의 유해폐수가 하천으로 배출되어 인근 지하수 오염시키는 경우), ㉡ 그러한 위험이 행정권의 발동(㉨ 시정명령 또는 조업중지명령)에 의해 제거될 수 있는 것으로 판단되며, ㉢ 피해자의 개인적인 노력으로는 권익침해의 방지가 충분하게 이루어질 수 없다고 인정되는 경우가 그러하다.

정답 ④

143 [20국가7급]

자동차운전면허 및 운송사업면허에 대한 설명으로 옳지 않은 것은? (다툼이 있는 경우 판례에 의함)

① 운전면허취소처분에 대한 취소소송에서 취소판결이 확정되었다면 운전면허취소처분 이후의 운전행위를 무면허운전이라 할 수는 없다.

② 음주운전 여부에 대한 조사 과정에서 운전자 본인의 동의를 받지 아니하고 법원의 영장도 없이 채혈 조사가 행해졌다면, 그 조사 결과를 근거로 한 운전면허취소처분은 특별한 사정이 없는 한 위법하다.

③ 개인택시 운송사업의 양도·양수에 대한 인가가 있은 후에 그 양도·양수 이전에 있었던 양도인에 대한 운송사업면허 취소사유를 들어 양수인의 사업면허를 취소할 수 있다.

④ 음주운전으로 인해 운전면허를 취소하는 경우의 이익형량에서 음주운전으로 인한 교통사고를 방지할 공익상의 필요가 취소의 상대방이 입게 될 불이익보다 강조되어야 하는 것은 아니다.

해설

① (O) 피고인이 행정청으로부터 자동차 운전면허취소처분을 받았으나 나중에 그 행정처분 자체가 행정쟁송절차에 의하여 취소되었다면, 위 운전면허취소처분은 그 처분시에 소급하여 효력을 잃게 되고, 피고인은 위 운전면허취소처분에 복종할 의무가 원래부터 없었음이 후에 확정되었다고 봄이 타당할 것이고, 행정행위에 공정력의 효력이 인정된다고 하여 행정소송에 의하여 적법하게 취소된 운전면허취소처분이 단지 장래에 향하여서만 효력을 잃게 된다고 볼 수는 없다. 따라서 피고인이 자동차를 운전한 행위는 도로교통법에 규정된 무면허운전의 죄에 해당하지 않는다(대판 1999. 2. 5. 98도4239).

② (O) 음주운전 여부에 대한 조사 과정에서 운전자 본인의 동의를 받지 아니하고 또한 법원의 영장도 없이 채혈조사를 한 결과를 근거로 한 운전면허 정지·취소 처분은 도로교통법 제44조 제3항을 위반한 것으로서 특별한 사정이 없는 한 위법한 처분으로 볼 수밖에 없다(대판 2016. 12. 27. 2014두46850).

③ (O) 개인택시운송사업의 양도·양수가 있고 그에 대한 인가가 있은 후 그 양도·양수 이전에 있었던 양도인에 대한 운송사업면허취소사유(음주운전 등으로 인한 자동차운전면허의 취소)를 들어 양수인의 운송사업면허를 취소한 것은 정당하다(대판 1998. 6. 26. 96누18960).

④ (X) 음주운전으로 인한 교통사고를 방지할 공익상의 필요는 더욱 중시되어야 하고 운전면허의 취소는 일반의 수익적 행정행위의 취소와는 달리 그 취소로 인하여 입게 될 당사자의 불이익보다는 이를 방지하여야 하는 일반예방적 측면이 더욱 강조되어야 한다(대판 2019. 1. 17. 2017두59949).

정답 ④

제재처분에 대한 임의적 감경규정이 있는 경우 감경 여부는 행정청의 재량에 속하므로 존재하는 감경사유를 고려하지 않았거나 일부 누락시켰다 하더라도 이를 위법하다고 할 수 없다. [15국회8급]

| 해설

(X) 실권리자명의 등기의무를 위반한 명의신탁자에 대하여 부과하는 과징금의 감경에 관한 '부동산 실권리자명의 등기에 관한 법률 시행령' 제3조의2 단서는 임의적 감경규정임이 명백하므로, 그 감경사유가 존재하더라도 과징금 부과관청이 감경사유까지 고려하고도 과징금을 감경하지 않은 채 과징금 전액을 부과하는 처분을 한 경우에는 이를 위법하다고 단정할 수는 없으나, 위 감경사유가 있음에도 이를 전혀 고려하지 않았거나 감경사유에 해당하지 않는다고 오인한 나머지 과징금을 감경하지 않았다면 그 과징금 부과처분은 재량권을 일탈·남용한 위법한 처분이라고 할 수밖에 없다(대판 2010.7.15. 2010두7031).

재량권의 일탈·남용 여부에 대한 입증책임은 처분청인 행정청에게 있다. [15서울7급]

| 해설

(X) 자유재량에 의한 행정처분이 그 재량권의 한계를 벗어난 것이어서 위법하다는 점은 그 행정처분의 효력을 다투는 자가 이를 주장·입증하여야 하고 처분청이 그 재량권의 행사가 정당한 것이었다는 점까지 주장·입증할 필요는 없다(대판 1987.12.8. 87누861).

VI 불확정개념과 판단여지

144 [18국가7급]

재량행위와 기속행위에 대한 설명으로 옳지 않은 것은? (다툼이 있는 경우 판례에 의함)

① 「사회복지사업법」상 사회복지법인의 정관변경을 허가할 것인지 여부는 주무관청의 정책적 판단에 따른 재량에 맡겨져 있다.

② 재량행위에 대한 사법심사는 행정청의 재량에 기한 공익판단의 여지를 감안하여 법원이 독자의 결론을 도출함이 없이 당해 행위에 재량권의 일탈·남용이 있는지 여부를 심사한다.

③ 구 「도시계획법」상의 개발제한구역 내에서의 건축물 용도변경에 대한 허가는 예외적 허가로서 재량행위에 해당한다.

④ 법규정의 일체성에 의해 요건 판단과 효과 선택의 문제를 구별하기 어렵다고 보는 견해는 재량과 판단여지의 구분을 인정한다.

해설

① (O) 사회복지법인의 정관변경을 허가할 것인지의 여부는 주무관청의 정책적 판단에 따른 재량에 맡겨져 있다고 할 것이고, 주무관청이 정관변경허가를 함에 있어서는 비례의 원칙 및 평등의 원칙에 적합하고 행정처분의 본질적 효력을 해하지 않는 한도 내에서 부관을 붙일 수 있다(대판 2002. 9. 24. 2000두5661).

② (O) 대판 2001.2.9. 98두17593.

③ (O) 대판 2001.2.9. 98두17593.

④ (X) 판단여지는 구성요건의 인식과 포섭측면인 반면 재량은 법률효과 선택과 결정의 문제로서 재량행위와 판단여지의 구별을 긍정하는 입장에 비해, 요건 판단과 효과 선택의 문제를 구별하기 어렵다고 보는 견해는 재량과 판단여지의 구분을 부정한다.

정답 ④

판단여지를 긍정하는 학설은 판단여지는 법률효과 선택의 문제이고 재량은 법률요건에 대한 인식의 문제라는 점, 양자는 그 인정근거와 내용 등을 달리하는 점에서 구별하는 것이 타당하다고 한다. [17국가9급]

| 해설

(X) 판단여지를 긍정하는 학설은 판단여지는 구성요건의 인식과 포섭측면인 반면 재량은 법률효과 선택과 결정의 문제로서 행위의 결과의 측면이라는 점, 재량은 입법자에게 주어지는 것이나 판단여지는 법원에 의해 인정되는 것이라는 점을 근거로 재량행위와 구별되는 유형으로서 별도의 판단여지 개념을 인정한다.

제2절 | 행정행위의 내용

제1항 법률행위적 행정행위

I 명령적 행위 : 하명, 허가, 면제

145 [18서울9급]

행정행위와 이에 대한 분류 또는 설명으로 가장 옳지 않은 것은?

① 한의사 면허 : 진료행위를 할 수 있는 능력을 설정하는 설권행위

② 행정재산에 대한 사용허가 : 특정인에게 행정재산을 사용할 권리를 설정하여 주는 행위

③ 재개발조합설립에 대한 인가 : 공법인의 지위를 부여하는 설권적 처분

④ 재개발조합의 사업시행계획 인가 : 조합의 행위에 대한 보충행위

해설

① (X) 한의사 면허는 경찰금지를 해제하는 명령적 행위(강학상 허가)에 해당한다(대판 1998.3.10. 97누4289).

② (O) 국유재산 등의 관리청이 하는 행정재산의 사용·수익에 대한 허가는 순전히 사경제주체로서 행하는 사법상의 행위가 아니라 관리청이 공권력을 가진 우월적 지위에서 행하는 행정처분으로서 특정인에게 행정재산을 사용할 수 있는 권리를 설정하여 주는 강학상 특허에 해당한다(대판 2006.3.9. 2004다31074).

③ (O) 재개발조합설립인가신청에 대한 행정청의 조합설립인가처분은 단순히 사인(私人)들의 조합설립행위에 대한 보충행위로서의 성질을 가지는 것이 아니라 법령상 일정한 요건을 갖추는 경우 행정주체(공법인)의 지위를 부여하는 일종의 설권적 처분의 성질을 가진다고 보아야 한다. 그러므로 구 도시 및 주거환경정비법상 재개발조합설립인가신청에 대하여 행정청의 조합설립인가처분이 있은 이후에는, 조합설립동의에 하자가 있음을 이유로 재개발조합 설립의 효력을 부정하려면 항고소송으로 조합설립인가처분의 효력을 다투어야 한다(대판 2010.1.28. 2009두4845).

④ (O) 주택재개발정비사업조합이 수립한 사업시행계획은 그것이 인가·고시를 통해 확정되면 이해관계인에 대한 구속적 행정계획으로서 독립된 행정처분에 해당하므로, 사업시행계획을 인가하는 행정청의 행위는 주택재개발정비사업조합의 사업시행계획에 대한 법률상의 효력을 완성시키는 보충행위에 해당한다(대판 2010.12.09. 2009두4913).

정답 ①

146 [18서울9급]

판례가 그 법적 성질을 다르게 본 것은?

① 학교환경위생정화구역의 금지행위해제
② 토지거래계약허가
③ 사회복지법인의 정관변경허가
④ 자동차관리사업자단체의 조합설립인가

해설

① (X) 학교환경위생정화구역의 금지행위해제는 강학상 예외적 승인에 해당하며 허가의 연장선상에서 논의되며 인가라고 볼 수는 없다.

> **[관련판례]** 학교환경위생정화구역 안에서의 금지행위 및 시설의 해제신청에 대하여 그 행위 및 시설이 학습과 학교보건에 나쁜 영향을 주지 않는 것인지의 여부를 결정하여 그 금지행위 및 시설을 해제하거나 계속하여 금지(해제거부)하는 조치는 시·도교육위원회 교육감 또는 교육감이 지정하는 자의 재량행위에 속하는 것이다(대판 2010. 3. 11. 2009두17643).

② (O) 국토이용관리법 소정의 토지거래허가가 규제지역 내의 모든 국민에게 전반적으로 토지거래의 자유를 금지하고 일정한 요건을 갖춘 경우에만 금지를 해제하여 계약체결의 자유를 회복시켜 주는 성질의 것이라고 보는 것은 위 법의 입법취지를 넘어선 지나친 해석이라고 할 것이고, 규제지역 내에서도 토지거래의 자유가 인정되나 다만 위 허가를 허가 전의 유동적 무효 상태에 있는 법률행위의 효력을 완성시켜 주는 인가적 성질을 띤 것이라고 보는 것이 타당하다(대판 1991.12.24. 90다12243 전원합의체).

③ (O) 재단법인의 정관변경 허가는 법률상의 표현이 허가로 되어 있기는 하나, 그 성질에 있어 법률행위의 효력을 보충해 주는 것이지 일반적 금지를 해제하는 것이 아니므로, 그 법적 성격은 인가로 보아야 할 것이다(대판 1996.5.16. 95누4810 전원합의체).

④ (O) 자동차관리법상 자동차관리사업자로 구성하는 사업자단체인 조합 또는 협회(이하 '조합 등'이라고 한다)의 설립인가처분은 국토해양부장관 또는 시·도지사(이하 '시·도지사 등'이라고 한다)가 자동차관리사업자들의 단체결성행위를 보충하여 효력을 완성시키는 처분에 해당한다(대판 2015. 5. 29. 2013두635).

정답 ①

147 [19지방9급]

甲은 강학상 허가에 해당하는 「식품위생법」상 영업허가를 신청하였다. 이에 대한 설명으로 옳은 것은? (다툼이 있는 경우 판례에 의함)

① 甲이 공무원인 경우 허가를 받으면 이는 「식품위생법」상의 금지를 해제할 뿐만 아니라 「국가공무원법」상의 영리업무금지까지 해제하여 주는 효과가 있다.
② 甲이 허가를 신청한 이후 관계법령이 개정되어 허가요건을 충족하지 못하게 된 경우, 행정청이 허가신청을 수리하고도 정당한 이유 없이 그 처리를 늦추어 그 사이에 허가기준이 변경된 것이 아닌 이상 甲에게는 불허가처분을 하여야 한다.
③ 甲에게 허가가 부여된 이후 乙에게 또 다른 신규허가가 행해진 경우, 甲에게는 특별한 규정이 없더라도 乙에 대한 신규허가를 다툴 수 있는 원고적격이 인정되는 것이 원칙이다.
④ 甲에 대해 허가가 거부되었음에도 불구하고 甲이 영업을 한 경우, 당해 영업행위는 사법(私法)상 효력이 없는 것이 원칙이다.

해설

① (X) 허가는 특정 법령상의 금지를 해제하여 주는 효과밖에 없으므로 특별한 규정이 없는 한 다른 법령상의 금지까지 해제하는 것은 아니다.

② (O) 허가신청 후 허가기준이 변경되었다 하더라도 그 허가관청이 허가신청을 수리하고도 정당한 이유 없이 그 처리를 늦추어 그 사이에 허가기준이 변경된 것이 아닌 이상 변경된 허가기준에 따라서 처분을 하여야 한다(대판 1996.08.20. 95누10877).

③ (X) 식품위생법상 영업허가는 강학상 허가로 경업자에게 원고적격이 없다.

④ (X) 무허가 영업자는 행정상 강제집행이나 행정벌의 대상이 되지만 허가 없이 한 영업의 사법상의 효력은 유효하다.

정답 ②

148 [19서울7급]

허가에 대한 설명으로 가장 옳지 않은 것은?

① 「건축법」에서 인허가의제 제도를 둔 취지는, 인허가의제 사항과 관련하여 건축허가의 관할 행정청으로 창구를 단일화하고 절차를 간소화하며 비용과 시간을 절감함으로써 국민의 권익을 보호하려는 것이다.

② 건축허가는 대물적 성질을 갖는 것이어서 행정청으로서는 허가를 할 때에 건축주 또는 토지 소유자가 누구인지 등 인적 요소에 관하여는 형식적 심사만 한다.

③ 허가에 붙은 기한이 그 허가된 사업의 성질상 부당하게 짧은 경우에는 이를 그 허가조건의 존속기간으로 보아야 한다.

④ 허가 등의 행정처분은 원칙적으로 허가 신청시의 법령과 허가기준에 의하여 처리되어야 한다.

해설

① (O) 건축법에서 인・허가의제 제도를 둔 취지는, 인・허가의제사항과 관련하여 건축허가 또는 건축신고의 관할 행정청으로 그 창구를 단일화하고 절차를 간소화하며 비용과 시간을 절감함으로써 국민의 권익을 보호하려는 것이지, 인・허가의제사항 관련 법률에 따른 각각의 인・허가 요건에 관한 일체의 심사를 배제하려는 것으로 보기는 어렵다(대판 2011. 1. 20. 2010두14954 전원합의체).

② (O) 건축허가는 대물적 성질을 갖는 것이어서 행정청으로서는 허가를 할 때에 건축주 또는 토지 소유자가 누구인지 등 인적 요소에 관하여는 형식적 심사만 한다(대판 2017. 3. 15. 2014두41190).

③ (O) 일반적으로 행정처분에 효력기간이 정하여져 있는 경우에는 그 기간의 경과로 그 행정처분의 효력은 상실되고, 다만 허가에 붙은 기한이 그 허가된 사업의 성질상 부당하게 짧은 경우에는 이를 그 허가 자체의 존속기간이 아니라 그 허가조건의 존속기간으로 보아 그 기한이 도래함으로써 그 조건의 개정을 고려한다는 뜻으로 해석할 수는 있지만, 그와 같은 경우라 하더라도 그 허가기간이 연장되기 위하여는 그 종기가 도래하기 전에 그 허가기간의 연장에 관한 신청이 있어야 하며, 만일 그러한 연장신청이 없는 상태에서 허가기간이 만료하였다면 그 허가의 효력은 상실된다(대판 2007.10.11. 2005두12404).

④ (X) 허가 등의 행정처분은 원칙적으로 처분시의 법령과 허가기준에 의하여 처리되어야 하고 허가신청 당시의 기준에 따라야 하는 것은 아니며, 비록 허가신청 후 허가기준이 변경되었다 하더라도 그 허가관청이 허가신청을 수리하고도 정당한 이유 없이 그 처리를 늦추어 그 사이에 허가기준이 변경된 것이 아닌 이상 변경된 허가기준에 따라서 처분을 하여야 한다(대판 1996.08.20. 95누10877).

정답 ④

149 [19서울9급(上)]

강학상 허가 · 특허 · 인가 등에 대한 판례의 태도로 가장 옳지 않은 것은?

① 환경의 보전 등 중대한 공익상 필요가 있다고 인정되더라도 법규에 명문의 근거가 없다면 산림훼손기간 연장허가를 거부할 수 없다.

② 건축허가는 수허가자에게 어떤 새로운 권리나 능력을 부여하는 것이 아니다.

③ 「출입국관리법」상 체류자격 변경허가는 신청인에게 당초의 체류자격과 다른 체류자격에 해당하는 활동을 할 수 있는 권한을 부여하는 일종의 설권적 처분이다.

④ 기본행위인 이사선임결의가 적법 · 유효하고 보충행위인 승인처분 자체에만 하자가 있다면 그 승인처분의 무효확인이나 그 취소를 주장할 수 있다.

해설

① (X) 산림훼손은 국토 및 자연의 유지와 수질 등 환경의 보전에 직접적으로 영향을 미치는 행위이므로, 법령이 규정하는 산림훼손 금지 또는 제한 지역에 해당하는 경우는 물론 금지 또는 제한 지역에 해당하지 않더라도 허가관청은 산림훼손허가신청 대상토지의 현상과 위치 및 주위의 상황 등을 고려하여 국토 및 자연의 유지와 환경의 보전 등 중대한 공익상 필요가 있다고 인정될 때에는 허가를 거부할 수 있고, 그 경우 법규에 명문의 근거가 없더라도 거부처분을 할 수 있다(대판 2003.3.28. 2002두12113).

② (O) 건축허가는 시장 · 군수 등의 행정관청이 건축행정상 목적을 수행하기 위하여 수허가자에게 일반적으로 행정관청의 허가 없이는 건축행위를 하여서는 안 된다는 상대적 금지를 관계 법규에 적합한 일정한 경우에 해제함으로써 일정한 건축행위를 하도록 회복시켜 주는 행정처분일 뿐, 허가받은 자에게 새로운 권리나 능력을 부여하는 것이 아니다.(대판 2009.3.12. 2006다28454).

③ (O) 체류자격 변경허가는 신청인에게 당초의 체류자격과 다른 체류자격에 해당하는 활동을 할 수 있는 권한을 부여하는 일종의 설권적 처분의 성격을 가지므로, 허가권자는 신청인이 관계 법령에서 정한 요건을 충족하였더라도, 신청인의 적격성, 체류 목적, 공익상의 영향 등을 참작하여 허가 여부를 결정할 수 있는 재량을 가진다(대판 2016. 7. 14. 2015두48846).

④ (O) 기본행위인 이사선임결의가 적법 · 유효하고 보충행위인 승인처분 자체에만 하자가 있다면 그 승인처분의 무효확인이나 그 취소를 주장할 수 있지만, 기본행위인 임시이사들에 의한 이사선임결의의 내용 및 그 절차에 하자가 있다는 이유로 이사선임결의의 효력에 관하여 다툼이 있는 경우에는 민사쟁송으로서 그 기본행위에 해당하는 위 이사선임결의의 무효확인을 구하는 등의 방법으로 분쟁을 해결할 것이지 임원취임승인처분의 무효확인이나 그 취소를 구할 법률상 이익이 없다(대판 2002.5.24. 2000두3641).

정답 ①

150 [18지방7급]

허가에 대한 설명으로 옳지 않은 것은? (다툼이 있는 경우 판례에 의함)

① 허가신청 후 허가기준이 변경되었다 하더라도 허가관청이 허가신청을 수리하고도 정당한 이유 없이 그 처리를 늦추어 그 사이에 허가기준이 변경된 것이 아닌 이상, 허가관청은 변경된 허가기준에 따라서 처분을 하여야 한다.

② 구 산림법령이 규정하는 산림훼손 금지 또는 제한 지역에 해당하지 않더라도 환경의 보존 등 중대한 공익상 필요가 인정되는 경우, 허가관청은 법규상 명문의 근거가 없어도 산림훼손허가신청을 거부할 수 있다.

③ 종전 허가의 유효기간이 지난 후에 한 허가기간연장 신청은 종전의 허가처분과는 별도의 새로운 허가를 내용으로 하는 행정처분을 구하는 것이라고 보아야 한다.

④ 「국토의 계획 및 이용에 관한 법률」에 따른 토지의 형질변경 허가에는 행정청의 재량권이 부여되어 있다고 하더라도 건축법상의 건축허가는 기속행위이므로, 「국토의 계획 및 이용에 관한 법률」에 따른 토지의 형질변경행위를 수반하는 건축허가는 기속행위에 속한다.

해설

① (O) 허가 등의 행정처분은 원칙적으로 처분시의 법령과 허가기준에 의하여 처리되어야 하고 허가신청 당시의 기준에 따라야 하는 것은 아니며, 비록 허가신청 후 허가기준이 변경되었다 하더라도 그 허가관청이 허가신청을 수리하고도 정당한 이유 없이 그 처리를 늦추어 그 사이에 허가기준이 변경된 것이 아닌 이상 변경된 허가기준에 따라서 처분을 하여야 한다(대판 1996.08.20. 95누10877).

② (O) 대판 2003.3.28. 2002두12113.

③ (O) 종전의 허가가 기한의 도래로 실효한 이상 원고가 종전 허가의 유효기간이 지나서 신청한 이 사건 기간연장신청은 그에 대한 종전의 허가처분을 전제로 하여 단순히 그 유효기간을 연장하여 주는 행정처분을 구하는 것이라기 보다는 종전의 허가처분과는 별도의 새로운 허가를 내용으로 하는 행정처분을 구하는 것이라고 보아야 할 것이어서, 이러한 경우 허가권자는 이를 새로운 허가신청으로 보아 법의 관계 규정에 의하여 허가요건의 적합 여부를 새로이 판단하여 그 허가 여부를 결정하여야 할 것이다(대판 1995.11.10. 94누11866).

④ (X) 토지의 형질변경행위를 수반하는 건축허가는 건축허가와 토지의 형질변경허가의 성질을 아울러 갖는 것으로 보아야 할 것이고, 토지의 형질변경허가는 그 금지요건이 불확정개념으로 규정되어 있어 그 금지요건에 해당하는지 여부를 판단함에 있어서 행정청에게 재량권이 부여되어 있다고 할 것이므로, 같은 법에 의하여 지정된 도시지역 안에서 토지의 형질변경행위를 수반하는 건축허가는 결국 재량행위에 속한다(대판 2005.7.14. 2004두6181).

정답 ④

151 [17교육행정]

강학상 허가에 관한 설명으로 옳은 것은? (단, 다툼이 있는 경우 판례에 따름)

① 구 「도시계획법」상 개발제한구역 내에서의 건축허가는 원칙적으로 기속행위이다.
② 허가처분은 원칙적으로 허가신청 당시의 법령과 허가기준에 의하여 처리되어야 한다.
③ 유료직업소개사업의 허가갱신 후에도 갱신 전 법위반사실을 근거로 허가를 취소할 수 있다.
④ 국가공무원이 「식품위생법」상 영업허가를 받으면 「국가공무원법」상의 영리업무금지까지 해제된다.

해설

① (X) 개발제한구역 내에서는 구역 지정의 목적상 건축물의 건축이나 그 용도변경은 원칙적으로 금지되고, 다만 구체적인 경우에 위와 같은 구역 지정의 목적에 위배되지 아니할 경우 예외적으로 허가에 의하여 그러한 행위를 할 수 있게 되어 있음이 위와 같은 관련 규정의 체재와 문언상 분명한 한편, 이러한 건축물의 용도변경에 대한 예외적인 허가는 그 상대방에게 수익적인 것에 틀림이 없으므로, 이는 그 법률적 성질이 재량행위 내지 자유재량행위에 속하는 것이라고 할 것이다(대판 2001.2.9. 98두17593).

② (X) 허가 등의 행정처분은 원칙적으로 처분시의 법령과 허가기준에 의하여 처리되어야 하고 허가신청 당시의 기준에 따라야 하는 것은 아니며, 비록 허가신청 후 허가기준이 변경되었다 하더라도 그 허가관청이 허가신청을 수리하고도 정당한 이유 없이 그 처리를 늦추어 그 사이에 허가기준이 변경된 것이 아닌 이상 변경된 허가기준에 따라서 처분을 하여야 한다(대판 2006.8.25. 2004두2974).

③ (O) 유료직업 소개사업의 허가갱신은 허가취득자에게 종전의 지위를 계속 유지시키는 효과를 갖는 것에 불과하고 갱신 후에는 갱신 전의 법위반사항을 불문에 붙이는 효과를 발생하는 것이 아니므로 일단 갱신이 있은 후에도 갱신 전의 법위반사실을 근거로 허가를 취소할 수 있다(대판 1982.07.27. 81누174).

④ (X) 허가는 특정 법령상의 금지를 해제하여 주는 효과밖에 없으므로 특별한 규정이 없는 한 다른 법령상의 금지까지 해제하는 것은 아니다.

정답 ③

도로법과 건축법에서 각 규정하고 있는 건축허가는 그 허가권자의 허가를 받도록 한 목적, 허가의 기준, 허가 후의 감독에 있어서 동일하므로 도로법에 의하여 도로관리청인 도지사로부터 개축허가를 받았다면 건축법에 의하여 시장 또는 군수의 허가를 다시 받을 필요는 없다. [12국회9급]

| 해설

(X) 도로법과 건축법에서 각 규정하고 있는 건축허가는 그 허가권자의 허가를 받도록 한 목적, 허가의 기준, 허가 후의 감독에 있어서 같지 아니하므로 도로법 제50조 제1항에 의하여 접도구역으로 지정된 지역 안에 있는 건물에 관하여 같은 법조 제4, 5항에 의하여 도로관리청인 도지사로부터 개축허가를 받았다고 하더라도 건축법 제5조 제1항에 의하여 시장 또는 군수의 허가를 다시 받아야 한다(대판 1991.4.12. 91도218).

인·허가의제가 인정되는 경우 민원인은 하나의 인·허가신청과 더불어 의제를 원하는 인·허가 신청을 각각의 해당기관에 제출하여야 한다. [13서울9급]

| 해설

(X) 인 · 허가의제제도 하에서 민원인은 주무인·허가기관에 하나의 인·허가신청만 하면 된다. 또 다른 인 · 허가신청시에 필요한 첨부서류도 명문의 규정이 없는 한 주된 인 · 허가기관에 함께 제출하면 된다.

152 [16서울9급]

다음은 「건축법」 제11조의 일부이다. 이 법의 적용에 대한 설명으로 가장 옳은 것은?

> 제11조(건축허가) ① 건축물을 건축하거나 대수선하려는 자는 특별자치시장·특별자치도지사 또는 시장·군수·구청장의 허가를 받아야 한다. 〈이하 생략〉
>
> ② 내지 ④ 〈생략〉
>
> ⑤ 제1항에 따른 건축허가를 받으면 다음 각 호의 허가 등을 받거나 신고를 한 것으로 보며, 공장건축물의 경우에는 「산업집적활성화 및 공장설립에 관한 법률」 제13조의2와 제14조에 따라 관련 법률의 인·허가등이나 허가 등을 받은 것으로 본다.
>
> 1. 내지 6. 〈생략〉
>
> 7. 「농지법」 제34조, 제35조 및 제43조에 따른 농지전용허가·신고 및 협의
>
> 8. 내지 21. 〈생략〉
>
> ⑥ 허가권자는 제5항 각 호의 어느 하나에 해당하는 사항이 다른 행정기관의 권한에 속하면 그 행정기관의 장과 미리 협의하여야 하며, 〈이하 생략〉
>
> ⑦ 내지 ⑩〈생략〉

① 서울시장은 건축허가를 하는 경우 「농지법」상 농지전용허가에 대한 절차도 준수하여야 한다.
② 서울시장은 농림축산식품부장관이 제6항의 규정에 의한 협의에서 농지전용허가를 하지 않기로 결정한 경우 건축허가를 할 수 없다.
③ 서울시장이 농지전용허가 요건 불비를 이유로 건축불허가를 한 때에는 농지전용허가 거부처분에 대한 취소소송을 제기하여야 한다.
④ 판례는 주무행정기관에 신청되거나 의제되는 인 · 허가 요건의 판단방식에 관하여 실체집중설을 취하고 있다.

해설

① (X) 신청된 주된 인・허가절차만 거치면 되고, 의제되는 인·허가를 위하여 거쳐야하는 주민의견청취 등의 절차를 거칠 필요는 없다(절차집중효설)

> **[관련판례]** 건설부장관이 구 주택건설촉진법 제33조에 따라 관계기관의 장과의 협의를 거쳐 사업계획승인을 한 이상 같은 조 제4항의 허가・인가・결정・승인 등이 있는 것으로 볼 것이고, 그 절차와 별도로 도시계획법 제12조 등 소정의 중앙도시계획위원회의 의결이나 주민의 의견청취 등 절차를 거칠 필요는 없다(대판 1992.11.10. 92누1162).

② (O) ④ (X) 의제되는 인・허가 요건에 구속되어 주된 허가요건 뿐만 아니라 의제되는 인·허가 요건까지 모두 구비한 경우에 주된 신청에 대한 허가를 할 수 있다고 보는 견해로서 다수설의 태도이다. 이 견해에 따르면 의제되는 인・허가의 요건불비를 이유로 한 주된 인・허가 신청에 대한 거부처분은 적법하다(실체집중부정설).

> **[관련판례]** 공유수면 점용허가를 필요로 하는 채광계획 인가신청에 대하여도, 공유수면 관리청이 재량적 판단에 의하여 공유수면 점용의 허가 여부를 결정할 수 있고, 그 결과 공유수면 점용을 허용하지 않기로 결정하였다면, 채광계획 인가관청은 이를 사유로 하여 채광계획을 인가하지 아니할 수 있는 것이다(대판 2002.10.11. 2001두151).

③ (X) 건축불허가처분을 하면서 그 처분사유로 건축불허가사유뿐만 아니라 형질변경불허가사유나 농지전용불허가사유를 들고 있다고 하여 그 건축불허가처분 외에 별개로 형질변경불허가처분이나 농지전용불허가처분이 존재하는 것이 아니다. 따라서 그 건축불허가처분을 받은 사람은 그 건축불허가처분에 관한 쟁송에서 건축법상의 건축불허가 사유뿐만 아니라 도시계획법상의 형질변경불허가 사유나 농지법상의 농지전용불허가 사유에 관하여도 다툴 수 있는 것이지, 그 건축불허가처분에 관한 쟁송과는 별개로 형질변경불허가처분이나 농지전용불허가처분에 관한 쟁송을 제기하여 이를 다투어야 하는 것은 아니며, 그러한 쟁송을 제기하지 아니하였어도 형질변경불허가 사유나 농지전용불허가 사유에 관하여 불가쟁력이 생기지 아니한다(대판 2001.1.16. 99두10988).

정답 ②

---

153 [16지방7급]

인・허가 의제에 대한 설명으로 옳은 것은? (다툼이 있는 경우 판례에 의함)

① 주된 인・허가처분이 관계기관의 장과 협의를 거쳐 발령된 이상 의제되는 인・허가에 법령상 요구되는 주민의 의견청취 등의 절차는 거칠 필요가 없다.

② 인・허가 의제에 관계기관의 장과 협의가 요구되는 경우, 주된 인・허가를 하기 전에 의제되는 모든 인・허가 사항에 관하여 관계기관의 장과 사전협의를 거쳐야 한다.

③ 주된 인・허가에 의해 의제되는 인・허가는 원칙적으로 주된 인・허가로 인한 사업을 시행하는 데 필요한 범위 내에서만 그 효력이 유지되는 것은 아니므로, 주된 인・허가로 인한 사업이 완료된 이후에도 효력이 있다.

④ 주된 인・허가거부처분을 하면서 의제되는 인・허가거부사유를 제시한 경우, 의제되는 인・허가거부를 다투려는 자는 주된 인・허가거부 외에 별도로 의제되는 인・허가거부에 대한 쟁송을 제기해야 한다.

해설

① (O) 대판 1992.11.10. 92누1162.

② (X) 구 지원특별법 제11조에 의한 사업시행승인을 하는 경우 같은 법 제29조 제1항에 규정된 사업 관련 모든 인허가의제 사항에 관하여 관계 행정기관의 장과 일괄하여 사전 협의를 거칠 것을 요건으로 하는 것은 아니고, 사업시행승인 후 인허가의제 사항에 관하여 관계 행정기관의 장과 협의를 거치면 그때 해당 인허가가 의제된다고 보는 것이 타당하다(대판 2012.02.09. 2009두16305).

③ (X) 인허가 의제제도는 목적사업의 원활한 수행을 위해 행정절차를 간소화하고자 하는 데 그 취지가 있는 것이므로 위와 같은 실시계획승인에 의해 의제되는 도로공사시행허가 및 도로점용허가는 원칙적으로 당해 택지개발사업을 시행하는 데 필요한 범위 내에서만 그 효력이 유지된다고 보아야 한다. 따라서 원고가 이 사건 택지개발사업과 관련하여 그 사업시행의 일환으로 이 사건 도로예정지 또는 도로에 전력관을 매설하였다고 하더라도 사업시행완료 후 이를 계속 유지・관리하기 위해 도로를 점용하는 것에 대한 도로점용허가까지 그 실시계획 승인에 의해 의제된다고 볼 수는 없다(대판 2010.04.29. 2009두18547).

④ (X) 대판 2001.1.16. 99두10988.

정답 ①

154 [18국가7급]

인 · 허가의제에 대한 설명으로 옳지 않은 것은? (다툼이 있는 경우 판례에 의함)

① 인 · 허가의제는 행정청의 소관사항과 관련하여 권한행사의 변경을 가져오므로 법령의 근거를 필요로 한다.

② 「국토의 계획 및 이용에 관한 법률」상의 개발행위허가가 의제되는 건축허가신청이 동 법령이 정한 개발행위허가기준에 부합하지 아니하면, 행정청은 건축허가를 거부할 수 있다.

③ 주된 인 · 허가에 관한 사항을 규정하고 있는 법률에서 주된 인 · 허가가 있으면 다른 법률에 의한 인 · 허가를 받은 것으로 의제한다는 규정을 둔 경우, 주된 인 · 허가가 있으면 다른 법률에 의하여 인 · 허가를 받았음을 전제로 하는 그 다른 법률의 모든 규정들까지 적용되는 것은 아니다.

④ A허가에 대해 B허가가 의제되는 것으로 규정된 경우, A불허가처분을 하면서 B불허가사유를 들고 있으면 A불허가처분과 별개로 B불허가처분도 존재한다.

해설

① (O) 인·허가의제제도는 행정기관의 권한의 변경을 가져오므로 법률에 명시적인 근거가 있어야 하며, 인 · 허가가 의제되는 범위도 법률에 명시되어야 한다.

② (O) 건축물의 건축이 국토계획법상 개발행위에 해당할 경우 그에 대한 건축허가를 하는 허가권자는 건축허가에 배치 · 저촉되는 관계 법령상 제한 사유의 하나로 국토계획법령의 개발행위허가기준을 확인하여야 하므로, 국토계획법상 건축물의 건축에 관한 개발행위허가가 의제되는 건축허가신청이 국토계획법령이 정한 개발행위허가기준에 부합하지 아니하면 허가권자로서는 이를 거부할 수 있고, 이는 건축법 제16조 제3항에 의하여 개발행위허가의 변경이 의제되는 건축허가사항의 변경허가에서도 마찬가지이다(대판 2016. 8. 24. 2016두35762).

③ (O) 주된 인 · 허가에 관한 사항을 규정하고 있는 어떠한 법률에서 주된 인 · 허가가 있으면 다른 법률에 의한 인 · 허가를 받은 것으로 의제한다는 규정을 둔 경우에는, 주된 인 · 허가가 있으면 다른 법률에 의한 인 · 허가가 있는 것으로 보는 데 그치는 것이고, 거기에서 더 나아가 다른 법률에 의하여 인·허가를 받았음을 전제로 한 다른 법률의 모든 규정들까지 적용되는 것은 아니다(대판 2015.4.23. 2014두2409).

④ (X) 건축불허가처분을 하면서 그 처분사유로 건축불허가 사유뿐만 아니라 형질변경불허가 사유나 농지전용불허가 사유를 들고 있다고 하여 그 건축불허가처분 외에 별개로 형질변경불허가처분이나 농지전용불허가처분이 존재하는 것이 아니다. 따라서 그 건축불허가처분을 받은 사람은 그 건축불허가처분에 관한 쟁송에서 건축법상의 건축불허가 사유뿐만 아니라 도시계획법상의 형질변경불허가 사유나 농지법상의 농지전용불허가 사유에 관하여도 다툴 수 있는 것이지, 그 건축불허가처분에 관한 쟁송과는 별개로 형질변경불허가처분이나 농지전용불허가처분에 관한 쟁송을 제기하여 이를 다투어야 하는 것은 아니며, 그러한 쟁송을 제기하지 아니하였어도 형질변경불허가 사유나 농지전용불허가 사유에 관하여 불가쟁력이 생기지 아니한다(대판 2001.1.16. 99두10988).

정답 ④

155 [19국가9급]

건축허가와 건축신고에 대한 설명으로 옳지 않은 것만을 모두 고르면? (다툼이 있는 경우 판례에 의함)

ㄱ. 「건축법」 제14조 제2항에 의한 인·허가의제 효과를 수반하는 건축신고에 대한 수리거부는 처분성이 인정되나, 동 규정에 의한 인·허가의제 효과를 수반하지 않는 건축신고에 대한 수리거부는 처분성이 부정된다.

ㄴ. 「국토의 계획 및 이용에 관한 법률」에 의해 지정된 도시지역 안에서 토지의 형질변경행위를 수반하는 건축허가는 재량행위에 속한다.

ㄷ. 건축허가권자는 중대한 공익상의 필요가 없음에도 관계 법령에서 정하는 제한사유 이외의 사유를 들어 건축허가 요건을 갖춘 자에 대한 허가를 거부할 수 있다.

ㄹ. 건축허가는 대물적 허가에 해당하므로, 허가의 효과는 허가대상 건축물에 대한 권리변동에 수반하여 이전되고 별도의 승인처분에 의하여 이전되는 것은 아니다.

① ㄱ, ㄴ

② ㄱ, ㄷ

③ ㄴ, ㄷ

④ ㄷ, ㄹ

해설

ㄱ. (X) 인·허가의제 효과를 수반하는 건축신고는 일반적인 건축신고와는 달리, 특별한 사정이 없는 한 행정청이 그 실체적 요건에 관한 심사를 한 후 수리하여야 하는 이른바 '수리를 요하는 신고'로 보는 것이 옳다(대판 2011.1.20. 2010두14954 전원합의체). 건축신고 반려행위가 이루어진 단계에서 당사자로 하여금 반려행위의 적법성을 다투어 그 법적 불안을 해소한 다음 건축행위에 나아가도록 함으로써 장차 있을지도 모르는 위험에서 미리 벗어날 수 있도록 길을 열어 주고, 위법한 건축물의 양산과 그 철거를 둘러싼 분쟁을 조기에 근본적으로 해결할 수 있게 하는 것이 법치행정의 원리에 부합한다. 그러므로 이 사건 건축신고 반려행위는 항고소송의 대상이 된다고 보는 것이 옳다(대판 2010.11.18. 2008두167전원합의체).

ㄴ. (O) 대판 2005.7.14. 2004두6181.

ㄷ. (X) 건축허가권자는 건축허가신청이 건축법 등 관계 법규에서 정하는 어떠한 제한에 배치되지 않는 이상 당연히 같은 법조에서 정하는 건축허가를 하여야 하고, 중대한 공익상의 필요가 없음에도 불구하고, 요건을 갖춘 자에 대한 허가를 관계 법령에서 정하는 제한사유 이외의 사유를 들어 거부할 수는 없다(대판 2006.11.9. 2006두1227).

ㄹ. (O) 건축허가는 대물적 허가의 성질을 가지는 것으로 그 허가의 효과는 허가대상 건축물에 대한 권리변동에 수반하여 이전되고, 별도의 승인처분에 의하여 이전되는 것이 아니며, 건축주 명의변경은 당초의 허가대장상 건축주 명의를 바꾸어 등재하는 것에 불과하므로 행정소송의 대상이 될 수 없다(대판 1979. 10. 30. 79누190).

정답 ②

156 [19지방7급]

판례의 입장으로 옳지 않은 것은?

① 건축법상 이행강제금은 행정상의 간접강제 수단에 해당하므로, 시정명령을 받은 의무자가 이행강제금이 부과되기 전에 그 의무를 이행한 경우에는 비록 시정명령에서 정한 기간을 지나서 이행한 경우라도 이행강제금을 부과할 수 없다.

② 지방자치단체가 체결하는 이른바 '공공계약'이 사경제의 주체로서 상대방과 대등한 위치에서 체결하는 사법상 계약에 해당하는 경우, 그 계약에는 법령에 특별한 정함이 있는 경우 외에는 사적 자치와 계약자유의 원칙 등 사법의 원리가 그대로 적용된다.

③ 교육공무원법에 따라 승진후보자명부에 포함되어 있던 후보자를 승진심사에 의해 승진임용인사발령에서 제외하는 행위는 항고소송의 대상인 처분으로 보아야 한다.

④ 허가에 타법상의 인·허가가 의제되는 경우, 의제된 인·허가는 통상적인 인·허가와 동일한 효력을 가질 수 없으므로 '부분 인·허가 의제'가 허용되는 경우라도 그에 대한 쟁송취소는 허용될 수 없다.

해설

① (O) 이행강제금의 본질상 시정명령을 받은 의무자가 이행강제금이 부과되기 전에 그 의무를 이행한 경우에는 비록 시정명령에서 정한 기간을 지나서 이행한 경우라도 이행강제금을 부과할 수 없다(대판 2018. 1. 25. 2015두35116).

② (O) 지방자치단체가 일방 당사자가 되는 이른바 '공공계약'이 사경제의 주체로서 상대방과 대등한 위치에서 체결하는 사법상 계약에 해당하는 경우 그에 관한 법령에 특별한 정함이 있는 경우를 제외하고는 사적 자치와 계약자유의 원칙 등 사법의 원리가 그대로 적용된다(대판 2018. 2. 13. 2014두11328).

③ (O) 교육공무원법상 승진후보자 명부에 의한 승진심사 방식으로 행해지는 승진임용에서 승진후보자 명부에 포함되어 있던 후보자를 승진임용인사발령에서 제외하는 행위는 불이익처분으로서 항고소송의 대상인 처분에 해당한다(대판 2018. 3. 27. 2015두47492).

④ (X) 의제된 인허가는 통상적인 인허가와 동일한 효력을 가지므로, 적어도 '부분 인허가 의제'가 허용되는 경우에는 그 효력을 제거하기 위한 법적 수단으로 의제된 인허가의 취소나 철회가 허용될 수 있고, 이러한 직권 취소·철회가 가능한 이상 그 의제된 인허가에 대한 쟁송취소 역시 허용된다(대판 2018. 11. 29. 2016두38792).

정답 ④

157 [21국가9급]

인·허가 의제에 대한 설명으로 옳지 않은 것은? (다툼이 있는 경우 판례에 의함)

① 주택건설사업계획 승인권자가 구「주택법」에 따라 도시·군관리계획 결정권자와 협의를 거쳐 관계 주택건설사업계획을 승인하면 도시·군관리계획결정이 이루어진 것으로 의제되고, 이러한 협의 절차와 별도로「국토의 계획 및 이용에 관한 법률」 등에서 정한 도시·군관리계획 입안을 위한 주민 의견청취 절차를 거칠 필요는 없다.

② 건축물의 건축이「국토의 계획 및 이용에 관한 법률」상 개발행위에 해당할 경우 그 건축의 허가권자는 국토계획법령의 개발행위허가기준을 확인하여야 하므로 국토계획법상 건축물의 건축에 관한 개발행위허가가 의제되는 건축허가신청이 국토 계획법령이 정한 개발행위허가기준에 부합하지 아니하면 허가권자로서는 이를 거부할 수 있다.

③「건축법」에서 관련 인·허가 의제 제도를 둔 취지는 인·허가 의제사항 관련 법률에 따른 각각의 인·허가 요건에 관한 일체의 심사를 배제하려는 것이 아니다.

④ 주택건설사업계획 승인처분에 따라 의제된 인·허가가 위법함을 다투고자 하는 이해관계인은, 주택건설사업계획 승인처분의 취소를 구해야지 의제된 인·허가의 취소를 구해서는 아니되며, 의제된 인·허가는 주택건설사업계획 승인처분과 별도로 항고소송의 대상이 되는 처분에 해당하지 않는다.

해설

① (O) 주택건설사업계획 승인권자가 구 주택법 제17조 제3항에 따라 도시·군관리계획 결정권자와 협의를 거쳐 관계 주택건설사업계획을 승인하면 같은 조 제1항 제5호에 따라 도시·군관리계획결정이 이루어진 것으로 의제되고, 이러한 협의 절차와 별도로 국토의 계획 및 이용에 관한 법률 제28조 등에서 정한 도시·군관리계획 입안을 위한 주민 의견청취 절차를 거칠 필요는 없다(대판 2018. 11. 29. 2016두38792).

② (O) 국토계획법상 건축물의 건축에 관한 개발행위허가가 의제되는 건축허가신청이 국토계획법령이 정한 개발행위허가기준에 부합하지 아니하면 허가권자로서는 이를 거부할 수 있고, 이는 건축법 제16조 제3항에 의하여 개발행위허가의 변경이 의제되는 건축허가사항의 변경허가에서도 마찬가지이다(대판 2016. 8. 24. 2016두35762).

③ (O) 건축법에서 인·허가 의제 제도를 둔 취지는, 인·허가 의제사항과 관련하여 건축허가 또는 건축신고의 관할 행정청으로 그 창구를 단일화하고 절차를 간소화하며 비용과 시간을 절감함으로써 국민의 권익을 보호하려는 것이지, 인·허가 의제사항 관련 법률에 따른 각각의 인·허가 요건에 관한 일체의 심사를 배제하려는 것으로 보기는 어렵다(대판 2011. 1. 20. 2010두14954 전원합의체).

④ (X) 주택건설사업계획 승인처분에 따라 의제된 인·허가가 위법함을 다투고자 하는 이해관계인은, 주택건설사업계획 승인처분의 취소를 구할 것이 아니라 의제된 인·허가의 취소를 구하여야 하며, 의제된 인·허가는 주택건설사업계획 승인처분과 별도로 항고소송의 대상이 되는 처분에 해당한다(대판 2018. 11. 29. 2016두38792).

정답 ④

158 [17국가7급]

행정행위에 대한 설명으로 옳은 것은? (다툼이 있는 경우 판례에 의함)

① 하명의 대상은 불법광고물의 철거와 같은 사실행위에 한정된다.

② 허가의 갱신은 허가취득자에게 종전의 지위를 계속 유지시키는 효과를 갖게 하는 것으로 갱신 후라도 갱신 전 법위반 사실을 근거로 허가를 취소할 수 있다.

③ 인가처분에 하자가 없더라도 기본행위의 하자를 이유로 행정청의 인가처분의 취소 또는 무효확인을 구할 법률상 이익이 인정된다.

④ 제소기간이 이미 도과하여 불가쟁력이 생긴 행정처분에 대하여는, 관계 법령의 해석상 그 변경을 요구할 신청권이 인정될 수 있는 경우라 하더라도 국민에게 그 행정처분의 변경을 구할 신청권이 없다.

해설

① (X) 하명의 대상은 사실행위(무허가 건물철거)인 경우도 있고, 법률행위(영업행위금지)인 경우도 있다.

② (O) 허가갱신은 허가취득자에게 종전의 지위를 계속 유지시키는 효과를 갖는 것에 불과하고 갱신 후에는 갱신 전의 법위반사항을 불문에 붙이는 효과를 발생하는 것이 아니므로 일단 갱신이 있은 후에도 갱신 전의 법위반사실을 근거로 허가를 취소할 수 있다(대판 1982.07.27. 81누174).

③ (X) 인가처분에 하자가 없다면 기본행위에 하자가 있다 하더라도 따로 그 기본행위의 하자를 다투는 것은 별론으로 하고 기본행위의 무효를 내세워 바로 그에 대한 행정청의 인가처분의 취소 또는 무효확인을 소구할 법률상의 이익이 없다(대판 1996.5.16. 95누4810 전원합의체).

④ (X) 불가쟁력이 생긴 행정처분에 대하여는 개별 법규에서 그 변경을 요구할 신청권을 규정하고 있거나 관계 법령의 해석상 그러한 신청권이 인정될 수 있는 등 특별한 사정이 없는 한 국민에게 그 행정처분의 변경을 구할 신청권이 있다 할 수 없다(대판 2007.4.26. 2005두11104).

정답 ②

허가처분에 기간이 부당히 짧은 경우에는 그 기간은 허가자체의 존속기간이 아니라 허가조건의 존속기간으로 보아 종기가 도래하기 전에 반드시 연장에 관한 신청이 있어야 하는 것은 아니라고 본다.

[10국회8급]

| 해설

(X) 일반적으로 행정처분에 효력기간이 정하여져 있는 경우에는 그 기간의 경과로 그 행정처분의 효력은 상실되고, 다만 허가에 붙은 기한이 그 허가된 사업의 성질상 부당하게 짧은 경우에는 이를 그 허가 자체의 존속기간이 아니라 그 허가조건의 존속기간으로 보아 그 기한이 도래함으로써 그 조건의 개정을 고려한다는 뜻으로 해석할 수는 있지만, 그와 같은 경우라 하더라도 그 허가기간이 연장되기 위하여는 그 종기가 도래하기 전에 그 허가기간의 연장에 관한 신청이 있어야 하며, 만일 그러한 연장신청이 없는 상태에서 허가기간이 만료하였다면 그 허가의 효력은 상실된다(대판 2007.10.11. 2005두12404).

159 [18지방9급]

행정행위의 부관에 대한 설명으로 옳지 않은 것은? (다툼이 있는 경우 판례에 의함)

① 행정행위의 부관은 법령이 직접 행정행위의 조건이나 기한 등을 정한 경우와 구별되어야 한다.

② 재량행위에는 법령상의 제한에 근거한 것이 아니라 하더라도 공익상 필요에 의하여 부관을 붙일 수 있다.

③ 허가에 붙은 기한이 그 허가된 사업의 성질상 부당하게 짧은 경우에 그 기한은 허가조건의 존속기간이 아니라 허가 자체의 존속기간으로 보아야 한다.

④ 부담은 독립하여 항고소송의 대상이 될 수 있으며, 부담부 행정행위는 부담의 이행여부를 불문하고 효력이 발생한다.

해설

① **(O)** 행정행위의 효과의 제한이 직접 법규에 규정되어 있는 경우 법정부관이라고 부르며 법정부관은 법령이지 부관이 아니기 때문에 부관의 한계의 문제가 발생하지 않는다.

② **(O)** 주택재건축사업시행인가는 재량행위로서 이에 대하여 법령상의 제한에 근거하지 않더라도 조건(부담)을 부과할 수 있다(대판 2007.7.12. 2007두6663).

③ **(X)** 행정처분에 효력기간이 정하여져 있는 경우에는 그 기간의 경과로 그 행정처분의 효력은 상실되고, 다만 허가에 붙은 기한이 그 허가된 사업의 성질상 부당하게 짧은 경우에는 이를 그 허가 자체의 존속기간이 아니라 그 허가조건의 존속기간으로 보아 그 기한이 도래함으로써 그 조건의 개정을 고려한다는 뜻으로 해석할 수는 있지만, 그와 같은 경우라 하더라도 그 허가기간이 연장되기 위하여는 그 종기가 도래하기 전에 그 허가기간의 연장에 관한 신청이 있어야 하며, 만일 그러한 연장신청이 없는 상태에서 허가기간이 만료하였다면 그 허가의 효력은 상실된다(대판 2007.10.11. 2005두12404).

④ **(O)** 대법원은 부관은 독립하여 행정쟁송의 대상이 되지 않으며, 부관 중 부담만이 예외적으로 독립적으로 취소할 수 있다는 입장이다(대판 1992.1.21. 91누1264). 부담부 행정행위의 효력은 처음부터 발생하고, 부담을 이행하지 않더라도 행정행위의 효력이 소멸되는 것은 아니다.

정답 ③

160 [17국가7급(下)]

건축허가에 대한 설명으로 옳지 않은 것은? (다툼이 있는 경우 판례에 의함)

① 「국토의 계획 및 이용에 관한 법률」상 건축물의 건축에 관한 개발행위허가가 의제되는 건축허가신청이 국토의 계획 및 이용에 관한 법령이 정한 개발행위허가기준에 부합하지 아니하면 건축허가권자는 이를 거부할 수 있다.

② 건축허가청은 건축허가신청이 「건축법」 등 관계법령에서 정하는 어떠한 제한에 배치되지 않는 이상 당연히 같은 법에서 정하는 건축허가를 하여야 하고, 중대한 공익상의 필요가 없음에도 불구하고 요건을 갖춘 자에 대한 허가를 관계법령에서 정하는 제한사유 이외의 사유를 들어 거부할 수는 없다.

③ 건축허가청은 건축허가신청에 대하여 건축불허가처분을 하는 경우 미리 처분의 제목과 처분하려는 원인이 되는 사실과 처분의 내용 및 법적 근거를 당사자등에게 통지하여야 한다.

④ 건축허가신청 후 허가기준이 변경된 경우 그 허가청이 허가신청을 수리하고도 정당한 이유 없이 그 처리를 늦추어 그 사이에 허가기준이 변경된 것이 아닌 이상 변경된 허가기준에 따라서 처분을 하여야 한다.

해설

① **(O)** 국토계획법상 건축물의 건축에 관한 개발행위허가가 의제되는 건축허가신청이 국토계획법령이 정한 개발행위허가기준에 부합하지 아니하면 허가권자로서는 이를 거부할 수 있다(대판 2016. 8. 24. 2016두35762).

② **(O)** 건축허가권자는 건축허가신청이 건축법 등 관계 법규에서 정하는 어떠한 제한에 배치되지 않는 이상 당연히 같은 법조에서 정하는 건축허가를 하여야 하고, 중대한 공익상의 필요가 없음에도 불구하고, 요건을 갖춘 자에 대한 허가를 관계 법령에서 정하는 제한사유 이외의 사유를 들어 거부할 수는 없다(대판 2006.11.9. 2006두1227).

③ **(X)** 신청에 따른 처분이 이루어지지 아니한 경우에는 아직 당사자에게 권익이 부과되지 아니하였으므로 특별한 사정이 없는 한 신청에 대한 거부처분을 '당사자의 권익을 제한하는 처분'에 해당한다고 할 수 없는 것이어서 처분의 사전통지대상이 된다고 할 수 없다(대판 2003.11.28. 2003두674).

④ **(O)** 허가 등의 행정처분은 원칙적으로 처분시의 법령과 허가기준에 의하여 처리되어야 하고 허가신청 당시의 기준에 따라야 하는 것은 아니며, 비록 허가신청 후 허가기준이 변경되었다 하더라도 그 허가관청이 허가신청을 수리하고도 정당한 이유 없이 그 처리를 늦추어 그 사이에 허가기준이 변경된 것이 아닌 이상 변경된 허가기준에 따라서 처분을 하여야 한다(대판 1996.08.20. 95누10877).

정답 ③

161 [18국가7급]

甲은 「폐기물관리법」에 따라 폐기물처리업의 허가를 받기 전에 행정청 乙에게 폐기물처리사업계획서를 작성하여 제출하였고, 乙은 그 사업계획서를 검토하여 적합통보를 하였다. 이에 대한 설명으로 옳지 않은 것은? (다툼이 있는 경우 판례에 의함)

① 적합통보를 받은 甲은 폐기물처리업의 허가를 받기 전이라도 부분적으로 폐기물처리를 적법하게 할 수 있다.

② 사업계획의 적합 여부는 乙의 재량에 속하고, 사업계획 적합 여부 통보를 위하여 필요한 기준을 정하는 것도 역시 乙의 재량에 속한다.

③ 사업계획서 적합통보가 있는 경우 폐기물처리업의 허가 단계에서는 나머지 허가요건만을 심사한다.

④ 甲이 폐기물처리업허가를 받기 위해서는 용도지역을 변경하는 국토이용계획변경이 선행되어야 할 경우, 甲에게 국토이용계획변경을 신청할 권리가 인정된다.

해설

① (X) 폐기물처리업의 허가를 받기 전에는 사업계획서 적합통보를 받은 상태라 하더라도 폐기물처리업을 할 수 없다.

② (O) 폐기물관리법 제26조 제1항, 제2항과 같은법시행규칙 제17조 제1항 내지 제4항의 체제 또는 문언을 살펴보면 이들 규정들은 폐기물처리업허가를 받기 위한 최소한도의 요건을 규정해 두고는 있으나 사업계획 적정 여부에 대하여는 일률적으로 확정하여 규정하는 형식을 취하지 아니하여 그 사업의 적정 여부에 대하여 재량의 여지를 남겨 두고 있다 할 것이고, 이러한 경우 사업계획 적정 여부 통보를 위하여 필요한 기준을 정하는 것도 역시 행정청의 재량에 속하는 것이므로, 그 설정된 기준이 객관적으로 합리적이 아니라거나 타당하지 않다고 볼 만한 다른 특별한 사정이 없는 이상 행정청의 의사는 가능한 한 존중되어야 한다(대판 1998. 4. 28. 97누21086).

③ (O) 폐기물처리업의 허가에 앞서 사업계획서에 대한 적정 · 부적정 통보 제도를 두고 있는 것은 폐기물처리업을 하고자 하는 자가 스스로 시설 등을 설치하여 허가신청을 하였다가 허가단계에서 그 사업계획이 부적정하다고 판명되어 불허가되면 허가신청인이 막대한 경제적 · 시간적 손실을 입게 되므로, 이를 방지하는 동시에 허가관청으로 하여금 미리 사업계획서를 심사하여 그 적정 · 부적정통보 처분을 하도록 하고, 나중에 허가단계에서는 나머지 허가요건만을 심사하여 신속하게 허가업무를 처리하는데 그 취지가 있다(대판 1998.4.28. 97누21086).

④ (O) 장래 일정한 기간 내에 관계 법령이 규정하는 시설 등을 갖추어 일정한 행정처분을 구하는 신청을 할 수 있는 법률상 지위에 있는 자의 국토이용계획변경신청을 거부하는 것이 실질적으로 당해 행정처분 자체를 거부하는 결과가 되는 경우에는 예외적으로 그 신청인에게 국토이용계획변경을 신청할 권리가 인정된다고 봄이 상당하므로, 이러한 신청에 대한 거부행위는 항고소송의 대상이 되는 행정처분에 해당한다(대판 2003.9.23. 2001두10936).

정답 ①

건축허가시 건축허가서에 건축주로 기재된 자는 당연히 그 건물의 소유권을 취득하며, 건축 중인 건물의 소유자와 건축 허가의 건축주는 일치하여야 한다. [14지방9급]

| 해설

(X) 건축허가서는 허가된 건물에 관한 실체적 권리의 득실변경의 공시방법이 아니며 그 추정력도 없으므로 건축허가서에 건축주로 기재된 자가 그 소유권을 취득하는 것은 아니며, 건축중인 건물의 소유자와 건축허가의 건축주가 반드시 일치하여야 하는 것도 아니다(대판 2009.3.12. 2006다28454).

II 형성적 행위 : 특허, 대리, 인가

162 [19서울9급]

강학상 특허가 아닌 것만을 〈보기〉에서 모두 고른 것은?

〈보 기〉

ㄱ. 관할청의 구 「사립학교법」에 따른 학교법인의 이사장 등 임원취임승인행위
ㄴ. 「출입국관리법」상 체류자격 변경허가
ㄷ. 구 「수도권 대기환경개선에 관한 특별법」상 대기오염물질 총량관리사업장 설치의 허가
ㄹ. 지방경찰청장이 운전면허시험에 합격한 사람에게 발급하는 운전면허
ㅁ. 개발촉진지구 안에서 시행되는 지역개발사업에 관한 지정권자의 실시계획승인처분

① ㄱ, ㄷ ② ㄱ, ㄹ ③ ㄴ, ㄹ ④ ㄷ, ㅁ

해설

ㄱ. 인가. 관할청의 임원취임승인행위는 학교법인의 임원선임행위의 법률상 효력을 완성케 하는 보충적 법률행위이다(대판 2007.12.27. 2005두9651).

ㄴ. 특허. 체류자격 변경허가는 신청인에게 당초의 체류자격과 다른 체류자격에 해당하는 활동을 할 수 있는 권한을 부여하는 일종의 설권적 처분의 성격을 가지므로, 허가권자는 신청인이 관계 법령에서 정한 요건을 충족하였더라도, 신청인의 적격성, 체류 목적, 공익상의 영향 등을 참작하여 허가 여부를 결정할 수 있는 재량을 가진다(대판 2016. 7. 14. 2015두48846).

ㄷ. 특허. 대기오염물질 총량관리사업장 설치의 허가 또는 변경허가는 특정인에게 인구가 밀집되고 대기오염이 심각하다고 인정되는 수도권 대기관리권역에서 총량관리대상 오염물질을 일정량을 초과하여 배출할 수 있는 특정한 권리를 설정하여 주는 행위로서 그 처분의 여부 및 내용의 결정은 행정청의 재량에 속한다(대판 2013. 5. 9. 2012두22799).

ㄹ. 허가. 허가란 법규에 의한 일반적・상대적 금지를 특정한 경우에 해제하여 자연적 자유를 회복시켜주는 행정행위를 말하며 운전면허, 의사면허 등이 있다.

ㅁ. 특허. 개발촉진지구 안에서 시행되는 지역개발사업에서 지정권자의 실시계획승인처분은 단순히 시행자가 작성한 실시계획에 대한 보충행위로서의 성질을 가지는 것이 아니라 시행자에게 구 지역균형개발법상 지구개발사업을 시행할 수 있는 지위를 부여하는 일종의 설권적 처분의 성격을 가진 독립된 행정처분으로 보아야 한다(대판 2014. 9. 26. 2012두5619).

정답 ②

163 [17사회복지]

다음 〈보기〉 중 강학상 특허인 것을 모두 고른 것은? (단, 다툼이 있는 경우 판례에 의함)

〈보 기〉

ㄱ. 공유수면매립면허
ㄴ. 재건축조합설립인가
ㄷ. 운전면허
ㄹ. 여객자동차운수사업법에 따른 개인택시운송사업면허
ㅁ. 귀화허가
ㅂ. 재단법인의 정관변경허가
ㅅ. 사립학교 법인임원취임에 대한 승인

① ㄱ, ㄷ
② ㄴ, ㄹ, ㅅ
③ ㄱ, ㄴ, ㅁ, ㅂ
④ ㄱ, ㄴ, ㄹ, ㅁ

해설

ㄱ. 특허. 공유수면매립면허는 설권행위인 특허의 성질을 갖는 것이므로 원칙적으로 행정청의 자유재량에 속한다(대판 1989.9.12. 선고 88누9206).

ㄴ. 특허. 조합설립인가처분은 단순히 사인들의 조합설립행위에 대한 보충행위로서의 성질을 갖는 것에 그치는 것이 아니라 법령상 요건을 갖출 경우 도시정비법상 주택재건축사업을 시행할 수 있는 권한을 갖는 행정주체(공법인)로서의 지위를 부여하는 일종의 설권적 처분의 성격을 갖는다(대판 2009.09.24. 2008다60568).

ㄷ. 허가. 허가란 법규에 의한 일반적·상대적 금지를 특정한 경우에 해제하여 자연적 자유를 회복시켜주는 행정행위를 말하며 운전면허, 의사면허 등이 있다.

ㄹ. 특허. 자동차운수사업법에 의한 개인택시운송사업면허는 특정인에게 권리나 이익을 부여하는 행정행위로서 법령에 특별한 규정이 없으면 행정청의 재량에 속한다(대판 1995.4.14, 93누16253).

ㅁ. 특허. 귀화허가는 외국인에게 대한민국 국적을 부여함으로써 국민으로서의 법적 지위를 포괄적으로 설정하는 행위에 해당한다(대판 2010.10.28. 2010두6496).

ㅂ. 인가. 재단법인의 정관변경 허가는 법률상의 표현이 허가로 되어 있기는 하나, 그 성질에 있어 법률행위의 효력을 보충해 주는 것이지 일반적 금지를 해제하는 것이 아니므로, 그 법적 성격은 인가로 보아야 할 것이다(대판 1996.5.16. 95누4810 전원합의체).

ㅅ. 인가. 구 사립학교법상 학교법인의 이사장·이사·감사 등의 임원은 이사회의 선임을 거쳐 관할청의 승인을 받아 취임하도록 규정하고 있는바, 관할청의 임원취임승인행위는 학교법인의 임원선임행위의 법률상 효력을 완성케 하는 보충적 법률행위이다(대판 2007.12.27. 2005두9651).

정답 ④

164 [17국가7급]

행정행위의 내용과 구체적 사례를 바르게 연결한 것은? (다툼이 있는 경우 판례에 의함)

ㄱ. 특정인에 대하여 새로운 권리·능력 또는 포괄적 법률관계를 설정하는 행위
ㄴ. 행정청이 타자의 법률행위를 동의로써 보충하여 그 행위의 효력을 완성시켜 주는 행위

A. 「도시 및 주거환경정비법」상 주택재건축정비사업조합의 설립인가
B. 「자동차관리법」상 사업자단체조합의 설립인가
C. 「도시 및 주거환경정비법」상 도시환경정비사업조합이 수립한 사업시행계획인가
D. 「도시 및 주거환경정비법」상 토지 등 소유자들이 조합을 따로 설립하지 않고 직접 시행하는 도시환경정비사업시행인가
E. 「출입국관리법」상 체류자격 변경허가

① ㄱ - A, D, E
② ㄴ - B, C, D
③ ㄱ - A, C, D
④ ㄴ - B, D, E

해설

ㄱ. 은 특허에 해당하며, ㄴ. 은 인가에 대한 설명이다. A, D, E 는 특허에 해당하며, B, C 는 인가에 해당한다.

A. 특허. 대판 2009.09.24. 2008다60568.

B. 인가. 자동차관리법상 자동차관리사업자로 구성하는 사업자단체인 조합 또는 협회(이하 '조합 등'이라고 한다)의 설립인가처분은 국토해양부장관 또는 시 · 도지사(이하 '시 · 도지사 등'이라고 한다)가 자동차관리사업자들의 단체결성행위를 보충하여 효력을 완성시키는 처분에 해당한다(대판 2015. 5. 29. 2013두635).

C. 인가. 도시환경정비사업조합이 수립한 사업시행계획을 인가하는 행정청의 행위는 도시환경정비사업조합의 사업시행계획에 대한 법률상의 효력을 완성시키는 보충행위에 해당한다(대판 2010. 12. 9. 2010두1248).

D. 특허. 도시 및 주거환경정비법 제8조 제3항, 제28조 제1항에 의하면, 토지 등 소유자들이 그 사업을 위한 조합을 따로 설립하지 아니하고 직접 도시환경정비사업을 시행하고자 하는 경우에는 사업시행계획서에 정관 등과 그 밖에 국토해양부령이 정하는 서류를 첨부하여 시장 · 군수에게 제출하고 사업시행인가를 받아야 하고, 이러한 절차를 거쳐 사업시행인가를 받은 토지 등 소유자들은 관할 행정청의 감독 아래 정비구역 안에서 구 도시정비법상의 도시환경정비사업을 시행하는 목적 범위 내에서 법령이 정하는 바에 따라 일정한 행정작용을 행하는 행정주체로서의 지위를 가진다. 그렇다면 토지 등 소유자들이 직접 시행하는 도시환경정비사업에서 토지 등 소유자에 대한 사업시행인가처분은 단순히 사업시행계획에 대한 보충행위로서의 성질을 가지는 것이 아니라 구 도시정비법상 정비사업을 시행할 수 있는 권한을 가지는 행정주체로서의 지위를 부여하는 일종의 설권적 처분의 성격을 가진다(대판 2013.06.13. 2011두19994).

E. 특허. 체류자격 변경허가는 신청인에게 당초의 체류자격과 다른 체류자격에 해당하는 활동을 할 수 있는 권한을 부여하는 일종의 설권적 처분의 성격을 가진다(대판 2016. 7. 14. 2015두48846).

정답 ①

165 [19서울7급(上)]

행정행위에 관한 설명으로 가장 옳지 않은 것은?

① 주유소허가의 양수인은 양도인의 지위를 승계하므로 양도인에게 그 허가를 취소할 법적 사유가 있는 경우 이를 이유로 양수인에게 응분의 제재조치를 할 수 있다.

② 「자동차운수사업법」에 의한 개인택시운송사업 면허는 법령에 특별한 규정이 없는 한 재량행위이고, 그 면허를 위하여 필요한 기준을 정하는 것도 행정청의 재량에 속한다.

③ 특허는 주로 특정인을 대상으로 행해지나 이에 한정되지 않으며 불특정다수인에게 행해지기도 한다.

④ 재단법인의 임원 취임이 재단법인의 정관에 근거한다 할지라도 이에 대해 주무관청이 당연히 인가하여야 하는 것은 아니며 인가여부를 재량으로 결정할 수 있다.

해설

① **(O)** 석유판매업(주유소)허가는 소위 대물적 허가의 성질을 갖는 것이어서 그 사업의 양도도 가능하고 이 경우 양수인은 양도인의 지위를 승계하게 됨에 따라 양도인의 위 허가에 따른 권리의무가 양수인에게 이전되는 것이므로 만약 양도인에게 그 허가를 취소할 위법사유가 있다면 허가관청은 이를 이유로 양수인에게 응분의 제재조치를 취할 수 있다 할 것이고, 양수인이 그 양수 후 허가관청으로부터 석유판매업허가를 다시 받았다 하더라도 이는 석유판매업의 양수도를 전제로 한 것이어서 이로써 양도인의 지위승계가 부정되는 것은 아니므로 양도인의 귀책사유는 양수인에게 그 효력이 미친다(대판 1986.7.22. 86누203).

② **(O)** 자동차운수사업법에 의한 개인택시운송사업면허는 특정인에게 권리나 이익을 부여하는 행정행위로서 법령에 특별한 규정이 없으면 행정청의 재량에 속하는 것이고, 그 면허를 위하여 정하여진 순위 내에서의 운전경력인정방법에 관한 기준설정 역시 행정청의 재량이므로, 그 설정된 기준이 객관적으로 합리적이 아니라거나 타당하지 않다고 보이지 않는 이상 이에 기하여 운전경력을 산정한 것을 위법하다고 할 수 없다(대판 1995.4.14. 93누16253).

③ **(X)** 특허는 언제나 특정인을 대상으로 하기 때문에 불특정 다수인을 대상으로 할 수 없다. 즉 특허는 일반처분의 형식으로 할 수 없다.

④ **(O)** 재단법인의 임원취임을 인가 또는 거부할 것인지 여부는 주무관청의 권한에 속하는 사항이라고 할 것이고, 재단법인의 임원취임승인 신청에 대하여 주무관청이 이에 기속되어 이를 당연히 승인(인가)하여야 하는 것은 아니다(대판 2000.1.28. 98두16996).

정답 ③

166 [19국가9급]

다른 법률행위를 보충하여 그 법적 효력을 완성시키는 행위에 해당하지 않는 것만을 모두 고르면? (다툼이 있는 경우 판례에 의함)

ㄱ. 사설법인묘지의 설치에 대한 행정청의 허가
ㄴ. 토지거래허가구역 내의 토지거래계약에 대한 행정청의 허가
ㄷ. 재단법인의 정관변경에 대한 행정청의 허가
ㄹ. 재건축조합이 수립하는 관리처분계획에 대한 행정청의 인가

① ㄱ　　② ㄱ, ㄹ
③ ㄴ, ㄹ　　④ ㄱ, ㄴ, ㄷ

해설

ㄱ. (X) 사설묘지설치허가는 단순한 대물적 허가로만 볼수 없어 그 허가의 효과는 위 임야를 양수한 자에게 당연히 이전될 수 없으므로 위 양수인은 사설묘지허가취소처분에 대하여 행정소송을 제가할 이익이 없다(대판 1979. 10. 16. 79누175).

ㄴ. (O) 국토이용관리법 소정의 토지거래허가가 규제지역 내의 모든 국민에게 전반적으로 토지거래의 자유를 금지하고 일정한 요건을 갖춘 경우에만 금지를 해제하여 계약체결의 자유를 회복시켜 주는 성질의 것이라고 보는 것은 위 법의 입법취지를 넘어선 지나친 해석이라고 할 것이고, 규제지역 내에서도 토지거래의 자유가 인정되나 다만 위 허가를 허가 전의 유동적 무효 상태에 있는 법률행위의 효력을 완성시켜 주는 인가적 성질을 띤 것이라고 보는 것이 타당하다(대판 1991.12.24. 90다12243 전원합의체).

ㄷ. (O) 재단법인의 정관변경 허가는 법률상의 표현이 허가로 되어 있기는 하나, 그 성질에 있어 법률행위의 효력을 보충해 주는 것이지 일반적 금지를 해제하는 것이 아니므로, 그 법적 성격은 인가로 보아야 할 것이다(대판 1996.5.16. 95누4810 전원합의체).

ㄹ. (O) 관리처분계획에 대한 행정청의 인가는 관리처분계획의 법률상 효력을 완성시키는 보충행위로서의 성질을 갖는데 행정청이 관리처분계획에 대한 인가 여부를 결정할 때에는 그 관리처분계획에 도시정비법 제48조 및 그 시행령 제50조에 규정된 사항이 포함되어 있는지, 그 계획의 내용이 도시정비법 제48조 제2항의 기준에 부합하는지 여부 등을 심사·확인하여 그 인가 여부를 결정할 수 있을 뿐 기부채납과 같은 다른 조건을 붙일 수는 없다고 할 것이다(대판 2012.08.30. 2010두24951).

정답 ①

167 [17국가9급(下)]

강학상 인가에 대한 설명으로 옳지 않은 것은? (다툼이 있는 경우 판례에 의함)

① 공유수면매립면허로 인한 권리의무의 양도・양수약정은 이에 대한 면허관청의 인가를 받지 않은 이상 법률상 효력이 발생하지 않는다.

② 기본행위에 하자가 있을 때에는 그에 대한 인가가 있었다고 하여도 기본행위가 유효한 것으로 될 수 없다.

③ 기본행위는 적법하고 인가 자체에만 하자가 있다면 그 인가의 무효나 취소를 주장할 수 있다.

④ 인가의 대상이 되는 기본행위는 법률적 행위일 수도 있고, 사실행위일 수도 있다.

해설

① (O) 공유수면매립의 면허로 인한 권리의무의 양도·양수에 있어서의 면허관청의 인가는 효력요건으로서, 위 각 규정은 강행규정이라고 할 것인바, 위 면허의 공동명의자 사이의 면허로 인한 권리의무양도약정은 면허관청의 인가를 받지 않은 이상 법률상 아무런 효력도 발생할 수 없다(대판 1991.6.25. 90누5184).

② (O) 인가는 기본행위인 재단법인의 정관변경에 대한 법률상의 효력을 완성시키는 보충행위로서, 그 기본이 되는 정관변경 결의에 하자가 있을 때에는 그에 대한 인가가 있었다 하여도 기본행위인 정관변경 결의가 유효한 것으로 될 수 없다(대판 1996.5.16. 95누4810 전원합의체).

③ (O) 인가처분 자체에만 하자가 있다면 그 인가처분의 무효나 취소를 주장할 수 있지만, 인가처분에 하자가 없다면 기본행위에 하자가 있다 하더라도 따로 그 기본행위의 하자를 다투는 것은 별론으로 하고 기본행위의 무효를 내세워 바로 그에 대한 행정청의 인가처분의 취소 또는 무효확인을 소구할 법률상의 이익이 없다(대판 1996.5.16. 95누4810 전원합의체).

④ (X) 인가의 대상은 언제나 법률행위이며 사실행위는 제외된다. 법률행위이면 공법상의 행위(예 공공단체의 정관변경인가)이건 사법상의 행위(예 비영리법인설립인가)이건 가리지 않는다.

정답 ④

168 [20국가9급]

인가에 대한 설명으로 옳지 않은 것은? (다툼이 있는 경우 판례에 의함)

① 공유수면매립면허의 공동명의자 사이의 면허로 인한 권리 의무 양도약정은 면허관청의 인가를 받지 않은 이상 법률상 아무런 효력도 발생할 수 없다.

② 재단법인의 임원취임을 인가 또는 거부할 것인지 여부는 주무관청의 권한에 속하는 사항이라고 할 것이고, 재단법인의 임원취임승인 신청에 대하여 주무관청이 이에 기속되어 이를 당연히 승인(인가)하여야 하는 것은 아니다.

③ 인가처분에 하자가 없다면 기본행위에 하자가 있다 하더라도 따로 그 기본행위의 하자를 다투는 것은 별론으로 하고 기본행위의 무효를 내세워 바로 그에 대한 행정청의 인가처분의 취소 또는 무효확인을 소구할 법률상의 이익이 없다.

④ 공익법인의 기본재산 처분에 대한 허가의 법률적 성질이 형성적 행정행위로서의 인가에 해당하므로, 그 허가에 조건으로서의 부관의 부과가 허용되지 아니한다.

해설

① (O) 공유수면매립의 면허로 인한 권리의무의 양도·양수에 있어서의 면허관청의 인가는 효력요건으로서, 위 각 규정은 강행규정이라고 할 것인바, 위 면허의 공동명의자 사이의 면허로 인한 권리 의무 양도약정은 면허관청의 인가를 받지 않은 이상 법률상 아무런 효력도 발생할 수 없다(대판 1991.6.25. 90누5184).

② (O) 재단법인의 임원취임을 인가 또는 거부할 것인지 여부는 주무관청의 권한에 속하는 사항이라고 할 것이고, 재단법인의 임원취임승인 신청에 대하여 주무관청이 이에 기속되어 이를 당연히 승인(인가)하여야 하는 것은 아니다(대판 2000.1.28. 98두16996).

③ (O) 인가처분에 하자가 없다면 기본행위에 하자가 있다 하더라도 따로 그 기본행위의 하자를 다투는 것은 별론으로 하고 기본행위의 무효를 내세워 바로 그에 대한 행정청의 인가처분의 취소 또는 무효확인을 소구할 법률상의 이익이 없다(대판 1996.5.16. 95누4810 전원합의체).

④ (X) 공익법인의 기본재산의 처분에 관한 공익법인의 설립·운영에 관한 법률 제11조 제3항의 규정은 강행규정으로서 이에 위반하여 주무관청의 허가를 받지 않고 기본재산을 처분하는 것은 무효라 할 것인데, 위 처분허가에 부관을 붙인 경우 그 처분허가의 법률적 성질이 형성적 행정행위로서의 인가에 해당한다고 하여 조건으로서의 부관의 부과가 허용되지 아니한다고 볼 수는 없다(대판 2005. 9. 28. 2004다50044).

정답 ④

169 [21국가7급]

강학상 인가에 대한 설명으로 옳지 않은 것은? (다툼이 있는 경우 판례에 의함)

① 인가는 당사자의 법률적 행위를 보충하여 그 법률적 효력을 완성시키는 행정주체의 보충적 의사표시로서의 법률행위적 행정행위이다.

② 재단법인의 정관변경 결의가 적법 유효하고 보충행위인 인가처분 자체에만 하자가 있다면 그 인가처분의 무효나 취소를 주장할 수 있다.

③ 재단법인의 정관변경 결의에 하자가 있더라도, 그에 대한 인가가 있었다면 기본행위인 정관변경 결의는 유효한 것으로 된다.

④ 재단법인의 임원취임이 사법인인 재단법인의 정관에 근거하였다 할지라도 재단법인의 임원취임승인 신청에 대하여 주무관청이 그 신청을 당연히 승인하여야 하는 것은 아니다.

해설

① **(O)** 관할청의 임원취임승인행위는 학교법인의 임원선임행위의 법률상 효력을 완성케 하는 보충적 법률행위이다(대판 2007.12.27. 2005두9651).

② **(O)** 인가처분 자체에만 하자가 있다면 그 인가처분의 무효나 취소를 주장할 수 있지만, 인가처분에 하자가 없다면 기본행위에 하자가 있다 하더라도 따로 그 기본행위의 하자를 다투는 것은 별론으로 하고 기본행위의 무효를 내세워 바로 그에 대한 행정청의 인가처분의 취소 또는 무효확인을 소구할 법률상의 이익이 없다(대판 1996.5.16. 95누4810 전원합의체).

③ **(X)** 인가는 기본행위인 재단법인의 정관변경에 대한 법률상의 효력을 완성시키는 보충행위로서, 그 기본이 되는 정관변경 결의에 하자가 있을 때에는 그에 대한 인가가 있었다 하여도 기본행위인 정관변경 결의가 유효한 것으로 될 수 없다(대판 1996.5.16. 95누4810 전원합의체).

④ **(O)** 재단법인의 임원취임을 인가 또는 거부할 것인지 여부는 주무관청의 권한에 속하는 사항이라고 할 것이고, 재단법인의 임원취임승인 신청에 대하여 주무관청이 이에 기속되어 이를 당연히 승인(인가)하여야 하는 것은 아니다(대판 2000.1.28. 98두16996).

정답 ③

170 [20지방9급]

강학상 인가에 대한 설명으로 옳은 것만을 모두 고르면? (다툼이 있는 경우 판례에 의함)

ㄱ. 강학상 인가는 기본행위에 대한 법률상의 효력을 완성시키는 보충행위로서, 그 기본이 되는 행위에 하자가 있을 때에는 그에 대한 인가가 있었다 하여도 기본행위가 유효한 것으로 될 수 없다.

ㄴ. 민법상 재단법인의 정관변경에 대한 주무관청의 허가는 법률상 표현이 허가로 되어 있기는 하나, 그 성질은 법률행위의 효력을 보충해 주는 것이지 일반적 금지를 해제하는 것은 아니다.

ㄷ. 인가처분에 하자가 없더라도 기본행위에 무효사유가 있다면 기본행위의 무효를 내세워 그에 대한 행정청의 인가처분의 취소 또는 무효확인을 구할 소의 이익이 있다.

ㄹ. 도시 및 주거환경정비법상 관리처분계획에 대한 인가는 강학상 인가의 성격을 갖고 있으므로 관리처분계획에 대한 인가가 있더라도 관리처분계획안에 대한 총회결의에 하자가 있다면 민사소송으로 총회결의의 하자를 다투어야 한다.

① ㄱ, ㄴ

② ㄴ, ㄷ

③ ㄷ, ㄹ

④ ㄱ, ㄴ, ㄹ

해설

ㄱ. (O) 인가는 기본행위인 재단법인의 정관변경에 대한 법률상의 효력을 완성시키는 보충행위로서, 그 기본이 되는 정관변경 결의에 하자가 있을 때에는 그에 대한 인가가 있었다 하여도 기본행위인 정관변경 결의가 유효한 것으로 될 수 없다(대판 1996.5.16. 95누4810 전원합의체).

ㄴ. (O) 재단법인의 정관변경 허가는 법률상의 표현이 허가로 되어 있기는 하나, 그 성질에 있어 법률행위의 효력을 보충해 주는 것이지 일반적 금지를 해제하는 것이 아니므로, 그 법적 성격은 인가로 보아야 할 것이다(대판 1996.5.16. 95누4810 전원합의체).

ㄷ. (X) 인가처분에 하자가 없다면 기본행위에 하자가 있다 하더라도 따로 그 기본행위의 하자를 다투는 것은 별론으로 하고 기본행위의 무효를 내세워 바로 그에 대한 행정청의 인가처분의 취소 또는 무효확인을 소구할 법률상의 이익이 없다(대판 1996.5.16. 95누4810 전원합의체).

ㄹ. (X) 관리처분계획에 대하여 관할 행정청의 인가·고시까지 있게 되면 관리처분계획은 행정처분으로서 효력이 발생하게 되므로, 총회결의의 하자를 이유로 하여 행정처분의 효력을 다투는 항고소송의 방법으로 관리처분계획의 취소 또는 무효 확인을 구하여야 하고, 그와 별도로 행정처분에 이르는 절차적 요건 중 하나에 불과한 총회결의 부분만을 따로 떼어내어 효력 유무를 다투는 확인의 소를 제기하는 것은 특별한 사정이 없는 한 허용되지 않는다(대판 2009.09.17. 2007다2428 전원합의체).

정답 ①

171 [21서울7급]

〈보기〉에 관한 설명으로 가장 옳지 않은 것은?

〈보 기〉

구 「도시 및 주거환경정비법」에 기초하여 주택재개발정비사업조합이 수립한 사업시행계획은 관할 행정청의 인가·고시가 이루어지면 이해관계인들에게 구속력이 발생하는 독립된 행정처분에 해당하고, 관할 행정청의 사업시행계획 인가처분은 사업시행계획의 법률상 효력을 완성시키는 보충행위에 해당한다.

① 기본행위인 사업시행계획에는 하자가 없는데 보충행위인 인가처분에 고유한 하자가 있다면 그 인가처분의 무효확인이나 취소를 구하여야 한다.
② 분양신청기간 내에 분양신청을 하지 않거나 분양신청을 철회하여 조합원 지위를 상실한 토지 소유자도 사업시행계획의 무효확인 또는 취소를 구할 법률상 이익이 있다.
③ 인가처분에는 고유한 하자가 없는데 사업시행계획에 하자가 있다면 사업시행계획의 무효를 주장하면서 곧바로 인가처분의 무효확인이나 취소를 구할 수 있다.
④ 기본행위인 사업시행계획이 무효인 경우 그에 대한 인가처분이 있더라도 그 기본행위인 사업시행계획이 유효한 것으로 될 수 없다.

해설

① (O) ③ (X) ④ (O) 기본행위인 사업시행계획이 무효인 경우 그에 대한 인가처분이 있다고 하더라도 그 기본행위인 사업시행계획이 유효한 것으로 될 수 없으며, 기본행위가 적법·유효하고 보충행위인 인가처분 자체에만 하자가 있다면 그 인가처분의 무효나 취소를 주장할 수 있다고 할 것이지만, 인가처분에 하자가 없다면 기본행위에 하자가 있다고 하더라도 따로 그 기본행위의 하자를 다투는 것은 별론으로 하고 기본행위의 무효를 내세워 바로 그에 대한 인가처분의 취소 또는 무효확인을 구할 수 없다(대판 2014. 2. 27. 2011두25173).

② (O) 사업시행인가 이후 분양신청기간 내에 분양신청을 하지 않아 조합원의 지위를 상실하였다고 하더라도 원고들에게는 이 사건 사업시행계획의 효력을 다툴 법률상 이익이 있다(대판 2014. 2. 27. 2011두25173).

정답 ③

172 [17서울7급]

인가에 대한 다음 설명 중 옳지 않은 것은? (다툼이 있는 경우 판례에 의함)

① 조합설립추진위원회 구성승인처분은 조합의 설립을 위한 주체인 추진위원회의 구성행위를 보충하여 그 효력을 부여하는 처분으로 인가에 해당한다.

② 주택재건축조합설립 인가 후 주택재건축조합설립결의의 하자를 이유로 조합설립인가처분의 무효확인을 구하기 위해서는 직접 항고소송의 방법으로 확인을 구할 수 없으며, 조합설립결의부분에 대한 효력 유무를 민사소송으로 다툰 후 인가의 무효확인을 구해야 한다.

③ 도시 및 주거환경정비법령상 조합설립인가처분은 법령상 요건을 갖출 경우 「도시 및 주거환경정비법」상 주택재건축사업을 시행할 수 있는 권한을 갖는 행정주체로서의 지위를 부여하는 설권적 처분의 효력을 갖는다.

④ 「사립학교법」상 관할관청의 임원취임승인행위는 학교법인의 임원선임행위의 법률상 효력을 완성하게 하는 법률행위로 인가에 해당한다.

해설

① **(O)** 조합설립추진위원회(이하 '추진위원회'라고 한다)의 구성을 승인하는 처분은 조합의 설립을 위한 주체에 해당하는 비법인 사단인 추진위원회를 구성하는행위를 보충하여 그 효력을 부여하는 처분인 데 반하여, 조합설립인가처분은 법령상요건을 갖출 경우 도시정비법상 주택재개발사업을 시행할 수 있는 권한을 가지는 행정주체(공법인)로서의 지위를 부여하는 일종의 설권적 처분이다(대판 2013. 12. 26. 2011두8291).

② **(X)** 조합설립결의는 조합설립인가처분이라는 행정처분을 하는 데 필요한 요건 중 하나에 불과한 것이어서, 조합설립결의에 하자가 있다면 그 하자를 이유로 직접 항고소송의 방법으로 조합설립인가처분의 취소 또는 무효확인을 구하여야 하고, 이와는 별도로 조합설립결의 부분만을 따로 떼어내어 그 효력 유무를 다투는 확인의 소를 제기하는 것은 원고의 권리 또는 법률상의 지위에 현존하는 불안·위험을 제거하는 데에 가장 유효·적절한 수단이라 할 수 없어 특별한 사정이 없는 한 확인의 이익은 인정되지 아니한다(대판 2009.09.24. 2008다60568).

③ **(O)** 대판 2009.09.24. 2008다60568.

④ **(O)** 대판 2007.12.27. 2005두9651.

정답 ②

주택재개발정비사업조합은 공법인에 해당하기 때문에, 조합과 조합장 또는 조합임원 사이의 선임, 해임 등을 둘러싼 법률관계는 공법상 법률관계로서, 그 조합장 또는 조합임원의 지위를 다투는 소송은 공법상 당사자소송에 의하여야 한다. [13지방9급]

해설

(X) 재개발조합과 조합장 또는 조합임원 사이의 선임·해임 등을 둘러싼 법률관계는 사법상의 법률관계로서 그 조합장 또는 조합임원의 지위를 다투는 소송은 민사소송에 의하여야 할 것이다(대결 2009.9.24. 2009마168).

관리처분계획에 대한 인가처분은 단순한 보충행위에 그치지 않고 일종의 설권적 처분의 성질을 가지므로, 인가처분시 기부채납과 같은 다른 조건을 붙일 수 있다. [16국가7급]

해설

(X) 관리처분계획에 대한 행정청의 인가는 관리처분계획의 법률상 효력을 완성시키는 보충행위로서의 성질을 갖는데 이러한 관리처분계획 및 그에 대한 인가처분의 의의와 성질, 그 근거가 되는 도시정비법과 그 시행령상의 위와 같은 규정들에 비추어 보면, 행정청이 기준에 부합하는지 여부 등을 심사·확인하여 그 인가 여부를 결정할 수 있을 뿐 기부채납과 같은 다른 조건을 붙일 수는 없다고 할 것이다(대판 2012.08.30. 2010두24951).

제2항 준법률행위적 행정행위

173 [11국가9급]

다음 준법률행위적 행정행위의 강학상 구분으로 옳은 것은? (다툼이 있는 경우 판례에 의함)

ㄱ. 당선인의 결정
ㄴ. 행정심판재결
ㄷ. 영수증 교부
ㄹ. 특허의 등록

① ㄱ - 확인　　② ㄴ - 공증
③ ㄷ - 통지　　④ ㄹ - 수리

해설

① 준법률행위적 행정행위의 강학상 구분으로 옳은 것은 ㄱ. 당선인의 결정 - 확인이다.
ㄱ. 당선인의 결정 - 확인.
ㄴ. 행정심판재결 - 확인.
ㄷ. 영수증 교부 - 공증.
ㄹ. 특허의 등록 - 확인.

정답 ①

확인은 특정한 사실 또는 법률관계에 관하여 의문이 있는 경우에 행정청이 그 존부 또는 정부를 판단하는 준법률행위적 행정행위이며, 그 예로는 합격증서의 발급 및 영수증의 교부 등을 들 수 있다. [15국가7급]

| 해설

(X) 합격증서의 발급 및 영수증의 교부 등은 공증에 해당한다.

174 [21서울7급]

공증행위에 대한 설명으로 가장 옳지 않은 것은?

① 의료유사업자 자격증 갱신발급행위는 유사의료업자의 자격을 부여 내지 확인하는 것이 아니라 특정한 사실 또는 법률관계의 존부를 공적으로 증명하는 소위 공증행위에 속하는 행정행위라 할 것이다.

② 건설업면허증 및 건설업면허수첩의 재교부는 그 면허증 등의 분실, 헐어 못쓰게 된 때, 건설업의 면허이전 등 면허증 및 면허수첩 그 자체의 관리상의 문제로 인하여 종전의 면허증 및 면허수첩과 동일한 내용의 면허증 및 면허수첩을 새로이 또는 교체하여 발급하여 주는 것으로서, 이는 건설업의 면허를 받았다고 하는 특정 사실에 대하여 형식적으로 그것을 증명하고 공적인 증거력을 부여하는 강학상의 공증행위이다.

③ 상표사용권 설정등록신청서가 제출된 경우 특허청장은 신청서와 그 첨부서류만을 자료로 형식적으로 심사하여 그 등록신청을 수리할 것인지의 여부를 결정하여야 되는 것으로서, 특허청장의 상표사용권 설정등록행위는 사인간의 법률관계의 존부를 공적으로 증명하는 준법률행위적 행정행위이다.

④ 친일반민족행위자 재산의 국가귀속에 관한 특별법 제2조 제2호에 정한 친일재산은 위원회가 국가귀속결정을 하여야 비로소 국가의 소유로 되는 것이 아니라 특별법의 시행에 따라 그 취득·증여 등 원인행위시에 소급하여 당연히 국가의 소유로 되는 것이고, 위원회의 국가귀속결정은 당해 재산이 친일재산에 해당한다는 사실을 공적으로 증명하는 소위 공증행위에 속하는 준법률행위적 행정행위의 성격을 가지는 것이다.

해설

① (O) 의료법 부칙 제7조의 의료유사업자 자격증 갱신발급행위는 의료유사업자의 자격을 부여 내지 확인하는 것은 아니고, 그 자격의 존재를 증명하는 공증행위이므로 소정기간 내에 자격증 갱신발급을 받지 못하여도 자격 자체는 아무런 영향이 없으니 의료유사업자는 그 자격에 대한 불안을 제거하기 위하여 이를 다투는 국가를 상대로 그 확인을 구할 법률상 이익이 있다(대판 1979. 5. 22. 79누39).

② (O) 건설업면허증 및 건설업면허수첩의 재교부는 그 면허증 등의 분실, 헐어 못쓰게 된 때, 건설업의 면허이전 등 면허증 및 면허수첩 그 자체의 관리상의 문제로 인하여 종전의 면허증 및 면허수첩과 동일한 내용의 면허증 및 면허수첩을 새로이 또는 교체하여 발급하여 주는 것으로서, 이는 건설업의 면허를 받았다고 하는 특정사실에 대하여 형식적으로 그것을 증명하고 공적인 증거력을 부여하는 행정행위(강학상의 공증행위)이므로, 그로 인하여 면허의 내용 등에는 아무런 영향이 없이 종전의 면허의 효력이 그대로 지속하고, 면허증 및 면허수첩의 재교부에 의하여 재교부 전의 면허는 실효되고 새로운 면허가 부여된 것이라고 볼 수 없다(대판 1994. 10. 25. 93누21231).

③ (O) 상표사용권설정등록신청서가 제출된 경우 특허청장은 신청서와 그 첨부서류만을 자료로 형식적으로 심사하여 그 등록신청을 수리 할 것인지의 여부를 결정하여야 되는 것으로서, 특허청장의 상표사용권설정등록행위는 사인간의 법률관계의 존부를 공적으로 증명하는 준법률행위적행정행위임이 분명하다(대판 1991. 8. 13. 90누9414).

④ (X) 친일재산은 친일반민족행위자재산조사위원회가 국가귀속결정을 하여야 비로소 국가의 소유로 되는 것이 아니라 특별법의 시행에 따라 그 취득·증여 등 원인행위시에 소급하여 당연히 국가의 소유로 되고, 위 위원회의 국가귀속결정은 당해 재산이 친일재산에 해당한다는 사실을 확인하는 이른바 준법률행위적 행정행위의 성격을 가진다(대판 2008.11.13. 2008두13491).

정답 ④

175 [19서울7급]

준법률행위적 행정행위에 대한 설명으로 가장 옳지 않은 것은?

① 토지대장상의 소유자명의변경신청을 거부하는 행위는 실체적 권리관계에 영향을 미치는 사항으로 행정처분이다.

② 친일반민족행위자재산조사위원회의 친일재산 국가귀속결정은 문제된 재산이 친일재산에 해당한다는 사실을 확인하는 준법률행위적 행정행위이다.

③ 「국가공무원법」에 근거하여 정년에 달한 공무원에게 발하는 정년퇴직 발령은 정년퇴직 사실을 알리는 관념의 통지이다.

④ 「국세징수법」에 의한 가산금과 중가산금의 납부독촉에 절차상 하자가 있는 경우 그 징수처분에 대하여 취소소송에 의한 불복이 가능하다.

해설

① (X) 토지대장에 기재된 소유자 명의가 변경된다고 하여도 이로 인하여 당해 토지에 대한 실체상의 권리관계에 변동을 가져올 수 없고 토지 소유권이 지적공부의 기재만에 의하여 증명되는 것도 아니다. 따라서 소관청이 토지대장상의 소유자명의변경신청을 거부한 행위는 이를 항고소송의 대상이 되는 행정처분이라고 할 수 없다(대판 2012.1.12. 2010두12354).

② (O) 친일재산은 친일반민족행위자재산조사위원회가 국가귀속결정을 하여야 비로소 국가의 소유로 되는 것이 아니라 특별법의 시행에 따라 그 취득·증여 등 원인행위시에 소급하여 당연히 국가의 소유로 되고, 위 위원회의 국가귀속결정은 당해 재산이 친일재산에 해당한다는 사실을 확인하는 이른바 준법률행위적 행정행위의 성격을 가진다(대판 2008.11.13. 2008두13491).

③ (O) 국가공무원법 제74조에 의하면 공무원이 소정의 정년에 달하면 그 사실에 대한 효과로서 공무담임권이 소멸되어 당연히 퇴직되고 따로 그에 대한 행정처분이 행하여져야 비로소 퇴직되는 것은 아니라 할 것이며 피고의 원고에 대한 정년퇴직 발령은 정년퇴직 사실을 알리는 이른바 관념의 통지에 불과하므로 행정소송의 대상이 되지 아니한다(대판 1983. 2. 8. 81누263).

④ (O) 가산금, 중가산금은 국세체납이 있는 경우에 위 법조에 따라 당연히 발생하고, 그 액수도 확정되는 것이기는 하나, 그에 관한 징수절차를 개시하려면 독촉장에 의하여 그 납부를 독촉함으로써 가능한 것이고 위 가산금 및 중가산금의 납부독촉이 부당하거나 그 절차에 하자가 있는 경우에는 그 징수처분에 대하여도 취소소송에 의한 불복이 가능하다(대판 1986. 10. 28. 86누147).

정답 ①

176 [18교육행정]

행정행위의 성질에 관한 설명으로 옳은 것은?

① 「친일반민족행위자 재산의 국가귀속에 관한 특별법」에 따른 친일재산은 친일반민족행위자 재산조사위원회가 국가귀속결정을 하여야 비로소 국가의 소유로 된다.

② 서울특별시장의 의료유사업자 자격증 갱신발급은 의료유사업자의 자격을 부여 내지 확인하는 행위의 성질을 가진다.

③ 정년에 달한 공무원에 대한 정년퇴직 발령은 정년퇴직 사실을 알리는 이른바 관념의 통지에 불과하여 행정소송의 대상이 될 수 없다.

④ 토지거래계약허가는 규제지역 내 토지거래의 자유를 일반적으로 금지하고 일정한 요건을 갖춘 경우에만 그 금지를 해제하여 계약체결의 자유를 회복시켜 주는 성질의 것이다.

해설

① (X) 친일재산은 친일반민족행위자재산조사위원회가 국가귀속결정을 하여야 비로소 국가의 소유로 되는 것이 아니라 특별법의 시행에 따라 그 취득·증여 등 원인행위시에 소급하여 당연히 국가의 소유로 되고, 위 위원회의 국가귀속결정은 당해 재산이 친일재산에 해당한다는 사실을 확인하는 이른바 준법률행위적 행정행위의 성격을 가진다(대판 2008.11.13. 2008두13491).

② (X) 의료법 부칙 제7조의 의료유사업자 자격증 갱신발급행위는 의료유사업자의 자격을 부여 내지 확인하는 것은 아니고, 그 자격의 존재를 증명하는 공증행위이므로 소정기간 내에 자격증 갱신발급을 받지 못하여도 자격 자체는 아무런 영향이 없으니 의료유사업자는 그 자격에 대한 불안을 제거하기 위하여 이를 다투는 국가를 상대로 그 확인을 구할 법률상 이익이 있다(대판 1979. 5. 22. 79누39).

③ (O) 국가공무원법 제74조에 의하면 공무원이 소정의 정년에 달하면 그 사실에 대한 효과로서 공무담임권이 소멸되어 당연히 퇴직되고 따로 그에 대한 행정처분이 행하여져야 비로소 퇴직되는 것은 아니라 할 것이며 피고의 원고에 대한 정년퇴직 발령은 정년퇴직 사실을 알리는 이른바 관념의 통지에 불과하므로 행정소송의 대상이 되지 아니한다(대판 1983. 2. 8. 81누263).

④ (X) 국토이용관리법 소정의 토지거래허가가 규제지역 내의 모든 국민에게 전반적으로 토지거래의 자유를 금지하고 일정한 요건을 갖춘 경우에만 금지를 해제하여 계약체결의 자유를 회복시켜 주는 성질의 것이라고 보는 것은 위 법의 입법취지를 넘어선 지나친 해석이라고 할 것이고, 규제지역 내에서도 토지거래의 자유가 인정되나 다만 위 허가를 허가 전의 유동적 무효 상태에 있는 법률행위의 효력을 완성시켜 주는 인가적 성질을 띤 것이라고 보는 것이 타당하다(대판 1991.12.24. 90다12243 전원합의체).

정답 ③

177 [11국회8급]

준법률행위적 행정행위에 관한 설명으로 옳은 것은?

① 확인행위는 특정한 사실 또는 법률관계의 존부(存否) 또는 정부(正否)에 대하여 다툼이 있는 경우에 행정청이 공권적으로 판단하는 행위로 각종 증명서 발급이 이에 속한다.
② 공증행위는 특정한 사실 또는 법률관계의 존재를 공적으로 증명하는 행위로서 발명특허가 이에 해당한다.
③ 판례는 건축물대장 소관청의 용도변경신청거부행위의 처분성을 부인한다.
④ 판례는 무허가건물등재대장 삭제행위의 처분성을 인정한다.
⑤ 판례는 수리행위의 대상인 기본행위가 존재하지 않거나 무효인 때에는 그 수리행위는 당연무효가 된다고 한다.

해설

① (X) 확인행위의 구체적 예로는 당선인 결정, 장애등급결정, 국가시험합격자결정, 발명특허, 교과서의 검정, 이의신청의 재결, 행정심판의 재결 등이 있다. 각종 증명서 발급은 공증행위에 해당한다.

② (X) 공증행위로 학설상 예시되는 것으로서는 부동산등기부나 토지대장에의 등재행위, 지적공부·건축허가대장·자동차운전면허대장 등의 기재행위, 당선증서·합격증서와 같은 각종 증명서 발급행위, 여권발급행위 등이다. 발명특허는 확인행위에 해당한다.

③ (X) 건축물대장 소관청의 용도변경신청 거부행위는 국민의 권리관계에 영향을 미치는 것으로서 항고소송의 대상이 되는 행정처분에 해당한다(대판 2009.1.30. 2007두7277).

④ (X) 무허가건물을 무허가건물관리대장에서 삭제하는 행위는 다른 특별한 사정이 없는 한 항고소송의 대상이 되는 행정처분이 아니다(대판 2009.3.12. 2008두11525).

⑤ (O) 대판 2005.12.23. 2005두3554.

정답 ⑤

178 [17사회복지]

행정행위의 종류에 관한 설명 중 옳은 것은? (단, 다툼이 있는 경우 판례에 의함)

① 한약조제시험을 통하여 약사에게 한약조제권을 인정함으로써 한의사들의 영업상 이익이 감소되었다고 하더라도 이러한 이익은 사실상의 이익에 불과하다.

② 개인택시운송사업면허는 성질상 일반적 금지에 대한 해제에 불과하다.

③ 사회복지법인의 정관변경허가에 대해서는 부관을 붙일 수 없다.

④ 친일반민족행위자재산조사위원회의 국가귀속결정은 친일재산을 국가의 소유로 귀속시키는 형성행위이다.

해설

① (O) 약사에게 한약조제권을 인정함으로써 한의사들의 영업상 이익이 감소되었다고 하더라도 이러한 이익은 사실상의 이익에 불과하고 한의사들이 한약조제권을 인정받은 약사들에 대한 합격처분의 무효 확인을 구하는 소는 원고적격이 없는 자들이 제기한 소로서 부적법하다(대판 1998.03.10. 97누4289).

② (X) 개인택시운송사업면허는 특정인에게 권리나 이익을 부여하는 행정행위로서 법령에 특별한 규정이 없으면 행정청의 재량에 속하는 것이다(대판 1995.4.14, 93누16253).

③ (X) 사회복지법인의 정관변경을 허가할 것인지의 여부는 주무관청의 정책적 판단에 따른 재량에 맡겨져 있다고 할 것이고, 행정처분의 본질적 효력을 해하지 않는 한도 내에서 부관을 붙일 수 있다(대판 2002. 9. 24. 2000두5661).

④ (X) 친일재산은 친일반민족행위자재산조사위원회가 국가귀속결정을 하여야 비로소 국가의 소유로 되는 것이 아니라 특별법의 시행에 따라 그 취득·증여 등 원인행위시에 소급하여 당연히 국가의 소유로 되고, 위 위원회의 국가귀속결정은 당해 재산이 친일재산에 해당한다는 사실을 확인하는 이른바 준법률행위적 행정행위의 성격을 가진다(대판 2008.11.13. 2008두13491).

정답 ①

제3절 | 행정행위의 부관

I 부관의 의의

II 부관의 기능과 특성

III 부관의 종류

179 [16지방9급]

행정행위의 부관에 대한 설명으로 옳지 않은 것은? (다툼이 있는 경우 판례에 의함)

① 부관의 사후변경은 사정변경으로 인해 당초에 부담을 부가한 목적을 달성할 수 없는 경우에도 허용될 수 있다.

② 허가의 유효기간이 지난 후에 그 허가의 기간연장이 신청된 경우, 허가권자는 특별한 사정이 없는 한 유효기간을 연장해 주어야 한다.

③ 부담이 아닌 부관만의 취소를 구하는 소송이 제기된 경우에 법원은 각하판결을 하여야 한다.

④ 행정처분에 붙인 부담이 무효가 되더라도 그 부담의 이행으로 한 사법상 법률행위가 항상 무효가 되는 것은 아니다.

해설

① (O) 부관의 사후변경은 법률에 명문의 규정이 있거나 그 변경이 미리 유보되어 있는 경우 또는 상대방의 동의가 있는 경우에 한하여 허용되는 것이 원칙이지만, 사정변경으로 인하여 당초에 부담을 부가한 목적을 달성할 수 없게 된 경우에도 그 목적달성에 필요한 범위 내에서 예외적으로 허용된다(대판 1997.5.30. 97누2627).

② (X) 종전의 허가가 기한의 도래로 실효한 이상 허가권자는 이를 새로운 허가신청으로 보아 법의 관계 규정에 의하여 허가요건의 적합 여부를 새로이 판단하여 그 허가 여부를 결정하여야 할 것이다(대판 1995.11.10. 94누11866).

③ (O) 공유재산의 관리청이 정한 사용·수익허가의 기간은 그 허가의 효력을 제한하기 위한 행정행위의 부관으로서 이러한 사용·수익허가의 기간에 대해서는 독립하여 행정소송을 제기할 수 없다(대판 2001.6.15. 99두509).

④ (O) 부담의 이행으로서 하게 된 사법상 매매 등의 법률행위는 부담을 붙인 행정처분과는 어디까지나 별개의 법률행위이므로 그 부담의 불가쟁력의 문제와는 별도로 법률행위가 사회질서 위반이나 강행규정에 위반되는지 여부 등을 따져보아 그 법률행위의 유효 여부를 판단하여야 한다(대판 2009.06.25. 2006다18174).

정답 ②

180 [16서울9급]

행정행위의 부관에 대한 설명으로 가장 옳은 것은?

① 허가가 갱신된 이후라고 하더라도, 갱신 전의 법위반사실을 이유로 허가를 취소할 수 있다.
② 부담의 불이행을 이유로 행정행위를 철회하는 경우라면 이익형량에 따른 철회의 제한이 적용되지 않는다.
③ 부관이 붙은 행정행위 전체를 소송의 대상으로 하였다가 부관만이 위법하다고 판단되는 경우에는 부관의 독립적 취소가 가능하다.
④ 기부채납의 부담을 이행하였다가 그 부담이 위법하여 취소가 되면 기부채납은 별도의 소송 없이 당연히 부당이득이 된다.

해설

① (O) 유료직업 소개사업의 허가갱신은 허가취득자에게 종전의 지위를 계속 유지시키는 효과를 갖는 것에 불과하고 갱신 후에는 갱신 전의 법위반사항을 불문에 붙이는 효과를 발생하는 것이 아니므로 일단 갱신이 있은 후에도 갱신 전의 법위반사실을 근거로 허가를 취소할 수 있다(대판 1982.07.27. 81누174).
② (X) 철회의 행사에 대해서는 행정행위의 철회 제한에 관한 일반원리가 적용된다.
③ (X) 판례에 따르면 부담을 제외하고는 독립적 취소가 불가능하다.
④ (X) 부담의 이행으로서 하게 된 사법상 매매 등의 법률행위는 부담을 붙인 행정처분과는 어디까지나 별개의 법률행위이다(대판 2009.06.25. 2006다18174).

정답 ①

181 [14경행특채]

다음은 행정행위의 부관을 설명한 것이다. 가장 적절한 것은? (다툼이 있으면 판례에 의함)

① 부담에 의해 부과된 의무가 정해진 기간 내에 이행되지 않은 경우, 그때로부터 부담부 행정행위는 당연히 효력을 상실한다.
② 형식상 부관부 행위 전체를 소송의 대상으로 하면서 내용상 일부, 즉 부관만의 취소를 구하는 소송형태는 진정일부취소소송이다.
③ 부담은 행정청이 일방적으로 부가할 수도 있으나, 사전에 상대방과 협의하여 부담의 내용을 협약의 형식으로 미리 정한 다음 행정처분을 하면서 이를 부가하는 것도 허용된다.
④ 행정청은 법령에 명시적 근거가 없으면 재량행위의 경우에도 부관을 붙일 수 없다.

해설

① (X) 부담이 붙여져도 행정행위의 효력은 처음부터 발생하고, 부담의 불이행이 있다고 하여 당연히 행정행위의 효력이 소멸되는 것은 아니고 철회사유가 된다.
② (X) 부관에 대한 소송형태로는 ㉠ 행정행위의 일부만을 취소소송의 대상으로 하는 소송인 진정일부취소소송(형식상으로나 내용상으로도 부관만의 취소를 구하는 소송), ㉡ 형식상 부관부 행위 전체를 소송의 대상으로 하면서 내용상 일부, 즉 부관만의 취소를 구하는 소송인 부진정일부취소소송, ㉢ 형식상으로나 내용상으로 부관부 행정행위의 전체의 취소를 구하거나, 부관의 변경을 구하는 소송이 있을 수 있다.
③ (O) 대판 2009.2.12. 2005다65500.
④ (X) 공유수면매립면허와 같은 재량적 행정행위에는 법률상의 근거가 없다고 하더라도 부관을 붙일 수 있다(대판 1982.12.28. 80다731).

정답 ③

182 [19서울9급]

행정행위의 부관에 대한 설명으로 가장 옳지 않은 것은?

① 처분 전에 미리 상대방과 협의하여 부담의 내용을 협약의 형식으로 정한 다음 처분을 하면서 해당 부관을 붙이는 것도 가능하다.

② 부관이 처분 당시의 법령으로는 적법하였으나 처분 후 근거법령이 개정되어 더 이상 부관을 붙일 수 없게 되었다면 당초의 부관도 소급하여 효력이 소멸한다.

③ 처분을 하면서 처분과 관련한 소의 제기를 금지하는 내용의 부제소특약을 부관으로 붙이는 것은 허용되지 않는다.

④ 부당결부금지 원칙에 위반하여 허용되지 않는 부관을 행정처분과 상대방 사이의 사법상 계약의 형식으로 체결하는 것은 허용되지 않는다.

해설

① (O) 부담은 행정청이 행정처분을 하면서 일방적으로 부가할 수도 있지만 부담을 부가하기 이전에 상대방과 협의하여 부담의 내용을 협약의 형식으로 미리 정한 다음 행정처분을 하면서 이를 부가할 수도 있다(대판 2009.2.12. 2005다65500).

② (X) 행정청이 수익적 행정처분을 하면서 부가한 부담의 위법 여부는 처분 당시 법령을 기준으로 판단하여야 하고, 부담이 처분 당시 법령을 기준으로 적법하다면 처분 후 부담의 전제가 된 주된 행정처분의 근거 법령이 개정됨으로써 행정청이 더 이상 부관을 붙일 수 없게 되었다 하더라도 곧바로 협약의 효력이 소멸하는 것은 아니다(대판 2009.02.12. 2005다65500).

③ (O) 부제소특약은 당사자가 임의로 처분할 수 없는 공법상의 권리관계를 대상으로 하여 사인의 국가에 대한 공권인 소권을 당사자의 합의로 포기하는 것으로서 허용될 수 없다(대판 1998.8.21. 98두8919).

④ (O) 행정처분과 부관 사이에 실제적 관련성이 있다고 볼 수 없는 경우 공무원이 위와 같은 공법상의 제한을 회피할 목적으로 행정처분의 상대방과 사이에 사법상 계약을 체결하는 형식을 취하였다면 이는 법치행정의 원리에 반하는 것으로서 위법하다 (대판 2009.12.10. 2007다63966).

정답 ②

183 [17국가9급]

다음 사례에 대한 판례의 입장으로 옳지 않은 것은?

> 고속국도 관리청이 고속도로 부지와 접도구역에 송유관 매설을 허가하면서 상대방인 甲과 체결한 협약에 따라 송유관 시설을 이전하게 될 경우 그 비용을 甲이 부담하도록 하였는데, 그 후 「도로법 시행규칙」이 개정되어 접도구역에는 관리청의 허가 없이도 송유관을 매설할 수 있게 되었다.

① 협약에 따라 송유관 시설을 이전하게 될 경우 그 비용을 甲이 부담하도록 한 것은 행정행위의 부관 중 부담에 해당한다.

② 甲과의 협약이 없더라도 고속국도 관리청은 송유관매설허가를 하면서 일방적으로 송유관 이전 시 그 비용을 甲이 부담한다는 내용의 부관을 부가할 수 있다.

③ 「도로법 시행규칙」의 개정 이후에도 위 협약에 포함된 부관은 부당결부금지의 원칙에 반하지 않는다.

④ 「도로법 시행규칙」의 개정으로 접도구역에는 관리청의 허가 없이도 송유관을 매설할 수 있게 되었기 때문에 위 협약 중 접도구역에 대한 부분은 효력이 소멸된다.

해설

① (O) 행정청이 부관이 성취된 시점부터 행정행위의 효력이 발생하는 것으로 하였다면 정지조건, 그렇지 않고 처음부터 행정행위의 효력이 발생하는 것으로 하였다면 부담으로 볼 수 있다. 아울러 행정청의 의사가 불분명한 경우에는 부담으로 추정함이 타당하다. 결국 설문의 부관은 부담에 해당한다.

② (O) 수익적 행정처분에 있어서는 법령에 특별한 근거규정이 없다고 하더라도 그 부관으로서 부담을 붙일 수 있고, 그와 같은 부담은 행정청이 행정처분을 하면서 일방적으로 부가할 수도 있지만 부담을 부가하기 이전에 상대방과 협의하여 부담의 내용을 협약의 형식으로 미리 정한 다음 행정처분을 하면서 이를 부가할 수도 있다(대판 2009.2.12. 2005다65500).

③ (O) 고속국도 관리청이 고속도로 부지와 접도구역에 송유관 매설을 허가하면서 상대방과 체결한 협약에 따라 송유관 시설을 이전하게 될 경우 그 비용을 상대방에게 부담하도록 하였고, 그 후 도로법 시행규칙이 개정되어 접도구역에는 관리청의 허가 없이도 송유관을 매설할 수 있게 된 경우라도, 위 협약이 효력을 상실하지 않을 뿐만 아니라 위 협약에 포함된 부관이 부당결부금지의 원칙에도 반하지 않는다(대판 2009.2.12. 2005다65500).

④ (X) 행정청이 수익적 행정처분을 하면서 부가한 부담의 위법 여부는 처분 당시 법령을 기준으로 판단하여야 하고, 부담이 처분 당시 법령을 기준으로 적법하다면 처분 후 부담의 전제가 된 주된 행정처분의 근거 법령이 개정됨으로써 행정청이 더 이상 부관을 붙일 수 없게 되었다 하더라도 곧바로 협약의 효력이 소멸하는 것은 아니다(대판 2009.02.12. 2005다65500).

정답 ④

부담부 행정행위는 부담을 이행하여야 주된 행정행위의 효력이 발생한다. [15서울9급]

| 해설

(X) 부담은 다른 부관과는 달리 행정행위의 효력발생 또는 소멸과 직결되는 것은 아니므로 부담이 붙여져도 행정행위의 효력은 처음부터 발생한다.

영업허가를 발급하면서 일정한 시설설치의무를 부가하는 것을 '정지조건'으로 본다면, 시설설치의무를 불이행한 상태에서 한 영업일지라도 적법하다. [12국회9급]

| 해설

(X) 부담은 부담의 이행을 필요로 함이 없이 즉시 효력이 발생하지만, 정지조건부 행정행위는 조건이 성취되어야 비로소 효력이 발생한다. 영업허가를 발급하면서 일정한 시설설치의무를 부가하는 것을 정지조건으로 본다면, 시설설치의무를 불이행한 상태에서 한 영업은 위법한 것으로 무허가영업이다.

부담과 조건의 구분이 명확하지 않을 경우, 조건이 당사자에게 부담보다 유리하기 때문에 원칙적으로 조건으로 추정해야 한다. [15사회복지]

| 해설

(X) 부담과 조건의 구별이 불명확한 경우에는 비례의 원칙에 의해 일반적으로 상대방에게 덜 불리하게 작용하는 부담으로 추정한다는 것이 통설이다.

184 [19지방9급]

행정행위의 부관에 대한 설명으로 옳지 않은 것은? (다툼이 있는 경우 판례에 의함)

① 도로점용허가의 점용기간은 행정행위의 본질적인 요소에 해당한다고 볼 것이어서 부관인 점용기간을 정함에 있어서 위법사유가 있다면 이로써 도로점용허가처분 전부가 위법하게 된다.
② 부담이 처분 당시 법령을 기준으로 적법하다면 처분 후 부담의 전제가 된 주된 행정처분의 근거 법령이 개정됨으로써 행정청이 더 이상 부관을 붙일 수 없게 되었다 하더라도 곧바로 위법하게 되거나 그 효력이 소멸하게 되는 것은 아니다.
③ 기선선망어업의 허가를 하면서 운반선, 등선 등 부속선을 사용할 수 없도록 제한한 부관은 그 어업허가의 목적 달성을 사실상 어렵게 하여 그 본질적 효력을 해하는 것이다.
④ 공유수면매립준공인가처분을 하면서 매립지 일부에 대하여 한 국가 및 지방자치단체에의 귀속처분은 부관 중 부담에 해당하므로 독립하여 행정소송 대상이 될 수 있다.

해설

① (O) 도로점용허가의 점용기간은 행정행위의 본질적인 요소에 해당하기 때문에 부관인 점용기간에 위법사유가 있으면 이로써 도로점용허가 전부가 위법하게 된다(대판 1985.7.9. 84누604).
② (O) 행정청이 수익적 행정처분을 하면서 부가한 부담의 위법 여부는 처분 당시 법령을 기준으로 판단하여야 하고, 부담이 처분 당시 법령을 기준으로 적법하다면 처분 후 부담의 전제가 된 주된 행정처분의 근거 법령이 개정됨으로써 행정청이 더 이상 부관을 붙일 수 없게 되었다 하더라도 곧바로 협약의 효력이 소멸하는 것은 아니다(대판 2009.02.12. 2005다65500).
③ (O) 기선선망어업의 허가를 하면서 운반선, 등선 등 부속선을 사용할 수 없도록 제한한 부관은 그 어업허가의 목적달성을 사실상 어렵게하여 그 본질적 효력을 해하는 것일 뿐만 아니라 위 시행령의 규정에도 어긋나는 것이며, 더욱이 어업조정이나 기타 공익상 필요하다고 인정되는 사정이 없는 이상 위법한 것이다(대판 1990.4.27. 89누6808).
④ (X) 일부 공유수면매립지에 대하여 한 국가 또는 직할시 귀속처분은 매립준공인가를 함에 있어서 매립의 면허를 받은 자의 매립지에 대한 소유권취득을 규정한 공유수면매립법 제14조의 효과 일부를 배제하는 부관을 붙인 것이고, 이러한 행정행위의 부관은 위 법리와 같이 독립하여 행정소송 대상이 될 수 없다(대판 1993.10.8. 93누2032).

정답 ④

185 [20지방9급]

행정행위의 부관에 대한 설명으로 옳은 것은? (다툼이 있는 경우 판례에 의함)

① 부관 중에서 부담은 주된 행정행위로부터 분리될 수 있다 할지라도 부담 그 자체는 독립된 행정행위가 아니므로 주된 행정행위로부터 분리하여 쟁송의 대상이 될 수 없다.
② 기부채납받은 행정재산에 대한 사용·수익허가에서 공유재산의 관리청이 정한 사용·수익허가의 기간은 그 허가의 효력을 제한하기 위한 행정행위의 부관으로서, 이러한 사용·수익허가의 기간에 대해서는 독립하여 행정소송을 제기할 수 있다.
③ 지방국토관리청장이 일부 공유수면매립지를 국가 또는 지방자치단체에 귀속처분한 것은 법률효과의 일부를 배제하는 부관을 붙인 것이므로 이러한 행정행위의 부관은 독립하여 행정쟁송 대상이 될 수 없다.
④ 행정청이 부담을 부가하기 이전에 상대방과 협의하여 부담의 내용을 협약의 형식으로 미리 정한 경우에는 행정처분을 하면서 이를 부담으로 부가할 수 없다.

해설

① (X) 부담의 경우에는 다른 부관과는 달리 행정행위의 불가분적인 요소가 아니고 그 존속이 본체인 행정행위의 존재를 전제로 하는 것일 뿐이므로 부담 그 자체로서 행정쟁송의 대상이 될 수 있다(대판 1992.01.21. 91누1264).

② (X) 행정재산에 대한 사용·수익허가에서 공유재산의 관리청이 정한 사용·수익허가의 기간은 그 허가의 효력을 제한하기 위한 행정행위의 부관으로서 이러한 사용·수익허가의 기간에 대해서는 독립하여 행정소송을 제기할 수 없다(대판 2001.06.15. 99두509).

③ (O) 지방국토관리청장이 일부 공유수면매립지에 대하여 한 국가 또는 직할시 귀속처분은 매립준공인가를 함에 있어서 매립의 면허를 받은 자의 매립지에 대한 소유권취득을 규정한 공유수면매립법 제14조의 효과 일부를 배제하는 부관을 붙인 것이고, 이러한 행정행위의 부관은 위 법리와 같이 독립하여 행정소송 대상이 될 수 없다(대판 1993.10.8. 93누2032).

④ (X) 수익적 행정처분에 있어서는 법령에 특별한 근거규정이 없다고 하더라도 그 부관으로서 부담을 붙일 수 있고, 그와 같은 부담은 행정청이 행정처분을 하면서 일방적으로 부가할 수도 있지만 부담을 부가하기 이전에 상대방과 협의하여 부담의 내용을 협약의 형식으로 미리 정한 다음 행정처분을 하면서 이를 부가할 수도 있다(대판 2009.2.12. 2005다65500).

정답 ③

IV 부관의 가능성과 한계

186 [17지방9급]

갑은 관할 행정청에 「여객자동차 운수사업법」에 따른 개인택시운송사업면허를 신청하였다. 이에 대한 설명으로 옳은 것은? (다툼이 있는 경우 판례에 의함)

① 개인택시운송사업면허의 법적 성질은 강학상 허가에 해당한다.

② 관련 법령에 법적 근거가 없더라도 개인택시운송사업면허를 하면서 부관을 붙일 수 있다.

③ 개인택시운송사업면허가 거부된 경우, 거부처분에 대해 취소소송과 함께 제기한 갑의 집행정지 신청은 법원에 의해 허용된다.

④ 갑이 개인택시운송사업면허를 받았다가 이를 을에게 양도하였고 운송사업의 양도·양수에 대한 인가를 받은 이후에는 양도·양수 이전에 있었던 갑의 운송사업면허 취소사유를 이유로 을의 운송사업면허를 취소할 수 없다.

해설

① (X) 개인택시운송사업면허는 특정인에게 권리나 이익을 부여하는 행정행위이다(대판 1995.4.14, 93누16253).

② (O) 재량행위에 있어서는 법령상의 근거가 없다고 하더라도 부관을 붙일 수 있는데, 그 부관의 내용은 적법하고 이행가능하여야 하며 비례의 원칙 및 평등의 원칙에 적합하고 행정처분의 본질적 효력을 해하지 아니하는 한도의 것이어야 한다(대판 1997.3.14. 96누16698).

③ (X) 거부처분은 그 효력이 정지되더라도 행정청에 대하여 어떠한 처분을 명하는 등 적극적인 상태를 만들어 내는 경우를 포함하지 아니하는 것이므로, 거부처분의 효력을 정지할 필요성이 없다(대결 1991.05.02. 91두15).

④ (X) 개인택시운송사업의 양도·양수가 있고 그에 대한 인가가 있은 후 그 양도·양수 이전에 있었던 양도인에 대한 운송사업면허취소사유(음주운전 등으로 인한 자동차운전면허의 취소)를 들어 양수인의 운송사업면허를 취소한 것은 정당하다(대판 1998. 6. 26. 96누18960).

정답 ②

187 [18서울7급(上)]

행정행위 부관의 자유성에 대한 설명으로 가장 옳지 않은 것은?

① 부관을 붙일 수 있는 경우에도 신뢰보호의 원칙, 부당결부금지의 원칙에 위배되어서는 안 된다.

② 수익적 행정처분에 있어서 특별한 법령의 근거규정이 없다고 하더라도 부관으로서 부담을 붙일 수 있으나 그와 같은 부담처분을 하기 이전에 협약을 통하여 내용을 정할 수 없다.

③ 사업자에게 주택사업계획 승인을 하면서 그 주택사업과 아무런 관련이 없는 토지를 기부채납하도록 하는 부관을 주택사업계획 승인에 붙인 경우 부당결부금지원칙 위배로 위법하다.

④ 주택건축허가를 하면서 영업목적으로만 사용할 것을 부관으로 정한 경우에, 이러한 부관은 주된 행정행위의 목적에 위배된다.

해설

① (O) 수익적 행정행위에 있어서는 법령에 특별한 근거규정이 없다고 하더라도 그 부관으로서 부담을 붙일 수 있으나, 그러한 부담은 비례의 원칙, 부당결부금지의 원칙에 위반되지 않아야만 적법하다(대판 1997.3.11. 96다49650).

② (X) 수익적 행정처분에 있어서는 법령에 특별한 근거규정이 없다고 하더라도 그 부관으로서 부담을 붙일 수 있고, 그와 같은 부담은 행정청이 행정처분을 하면서 일방적으로 부가할 수도 있지만 부담을 부가하기 이전에 상대방과 협의하여 부담의 내용을 협약의 형식으로 미리 정한 다음 행정처분을 하면서 이를 부가할 수도 있다(대판 2009.2.12. 2005다65500).

③ (O) 지방자치단체장이 사업자에게 주택사업계획승인을 하면서 그 주택사업과는 아무런 관련이 없는 토지를 기부채납하도록 하는 부관을 주택사업계획승인에 붙인 경우, 그 부관은 부당결부금지의 원칙에 위반되어 위법하다(대판 1997.3.11. 96다49650).

④ (O) 부관은 주된 행정행위가 추구하는 목적에 위배해서 붙일 수 없다. 주택건축허가라는 주된 행정행위의 목적에 위배하여 영업목적으로만 사용할 것을 부관으로 정한 경우 위법한 부관이다.

정답 ②

188 [19서울7급]

행정행위의 부관에 대한 설명으로 가장 옳은 것은?

① 기속행위 행정처분에 부담인 부관을 붙인 경우 그 부관은 무효이므로 그 처분을 받은 사람이 그 부담의 이행으로서 하게 된 증여의 의사표시 자체도 당연히 무효가 된다.

② 행정처분과 실제적 관련성이 없어 부관으로 붙일 수 없는 부담을 사법상 계약의 형식으로 행정처분의 상대방에게 부과하였더라도 법치행정의 원리에 반하지 않는다.

③ 부담을 부가한 처분을 한 후에 부담의 전제가 된 주된 행정처분의 근거 법령이 개정됨으로써 행정청이 더 이상 부관을 붙일 수 없게 되었다면 그 부담은 곧바로 효력이 소멸된다.

④ 사정변경으로 인하여 당초에 부담을 부가한 목적을 달성할 수 없는 경우에 그 목적달성에 필요한 범위 내에서 부관의 사후변경은 허용될 수 있다.

해설

① (X) 기속행위 내지 기속적 재량행위 행정처분에 부담인 부관을 붙인 경우 일반적으로 그 부관은 무효라 할 것이고 그 부관의 무효화에 의하여 본체인 행정처분 자체의 효력에도 영향이 있게 될 수는 있지만, 그러한 사유는 그 처분을 받은 사람이 그 부담의 이행으로서의 증여의 의사표시를 하게 된 동기 내지 연유로 작용하였을 뿐이므로 취소사유가 될 수 있음은 별론으로 하여도 그 의사표시 자체를 당연히 무효화하는 것은 아니다(대판 1998. 12. 22. 98다51305).

② (X) 행정처분과 부관 사이에 실제적 관련성이 있다고 볼 수 없는 경우 공무원이 위와 같은 공법상의 제한을 회피할 목적으로 행정처분의 상대방과 사이에 사법상 계약을 체결하는 형식을 취하였다면 이는 법치행정의 원리에 반하는 것으로서 위법하다(대판 2009.12.10. 2007다63966).

③ (X) 부담의 위법 여부는 처분 당시 법령을 기준으로 판단하여야 하고, 부담이 처분 당시 법령을 기준으로 적법하다면 처분 후 부담의 전제가 된 주된 행정처분의 근거 법령이 개정됨으로써 행정청이 더 이상 부관을 붙일 수 없게 되었다 하더라도 곧바로 위법하게 되거나 그 효력이 소멸하게 되는 것은 아니다(대판 2009.2.12. 2005다65500).

④ (O) 부관의 사후변경은, 법률에 명문의 규정이 있거나 그 변경이 미리 유보되어 있는 경우 또는 상대방의 동의가 있는 경우에 한하여 허용되는 것이 원칙이지만, 사정변경으로 인하여 당초에 부담을 부가한 목적을 달성할 수 없게 된 경우에도 그 목적달성에 필요한 범위 내에서 예외적으로 허용된다(대판 1997.5.30. 97누2627).

정답 ④

행정처분과 실제적 관련성이 없어서 부관으로는 붙일 수 없는 부담을 사법상 계약의 형식으로 행정처분의 상대방에게 부과하였더라도 이는 법치행정의 원리에 반하는 것은 아니다. [17국가9급(下)]

해설

(X) 행정처분과 부관 사이에 실제적 관련성이 있다고 볼 수 없는 경우 공무원이 위와 같은 공법상의 제한을 회피할 목적으로 행정처분의 상대방과 사이에 사법상 계약을 체결하는 형식을 취하였다면 이는 법치행정의 원리에 반하는 것으로서 위법하다 (대판 2009.12.10. 2007다63966).

189 [21지방9급]

행정행위의 부관에 대한 설명으로 옳지 않은 것은? (다툼이 있는 경우 판례에 의함)

① 행정청은 처분에 재량이 없는 경우에는 법률에 근거가 있는 경우에 부관을 붙일 수 있다.

② 부담이 처분 당시 법령을 기준으로 적법하다면 처분 후 부담의 전제가 된 주된 처분의 근거 법령이 개정됨으로써 행정청이 더 이상 부관을 붙일 수 없게 되었다 하더라도 곧바로 그 효력이 소멸하게 되는 것은 아니다.

③ 처분과 실제적 관련성이 없어 부관으로 붙일 수 없는 부담이라도 사법상 계약의 형식으로 처분의 상대방에게 부과할 수 있다.

④ 행정재산에 대한 사용 · 수익허가에서 공유재산의 관리청이 정한 사용 · 수익허가의 기간에 대해서는 독립하여 행정소송을 제기할 수 없다.

해설

① (O) 재량행위에 있어서는 법령상의 근거가 없다고 하더라도 부관을 붙일 수 있는데, 그 부관의 내용은 적법하고 이행가능하여야 하며 비례의 원칙 및 평등의 원칙에 적합하고 행정처분의 본질적 효력을 해하지 아니하는 한도의 것이어야 한다(대판 1997.3.14. 96누16698).

② (O) 부담의 위법 여부는 처분 당시 법령을 기준으로 판단하여야 하고, 부담이 처분 당시 법령을 기준으로 적법하다면 처분 후 부담의 전제가 된 주된 행정처분의 근거 법령이 개정됨으로써 행정청이 더 이상 부관을 붙일 수 없게 되었다 하더라도 곧바로 위법하게 되거나 그 효력이 소멸하게 되는 것은 아니다(대판 2009.2.12. 2005다65500).

③ (X) 행정처분과 부관 사이에 실제적 관련성이 있다고 볼 수 없는 경우 공무원이 위와 같은 공법상의 제한을 회피할 목적으로 행정처분의 상대방과 사이에 사법상 계약을 체결하는 형식을 취하였다면 이는 법치행정의 원리에 반하는 것으로서 위법하다(대판 2009.12.10. 2007다63966).

④ (O) 부관은 부담인 경우를 제외하고는 독립하여 행정소송의 대상이 될 수 없는바, 기부채납 받은 행정재산에 대한 사용 · 수익허가에서 공유재산의 관리청이 정한 사용·수익허가의 기간은 그 허가의 효력을 제한하기 위한 행정행위의 부관으로서 이러한 사용·수익허가의 기간에 대해서는 독립하여 행정소송을 제기할 수 없다(대판 2001.6.15. 99두509).

정답 ③

V 부관의 하자와 행정행위의 효력

190 [17지방9급]

행정행위의 부관에 대한 설명으로 옳은 것은? (다툼이 있는 경우 판례에 의함)

① 부담부 행정행위의 경우 부담에서 부과하고 있는 의무의 이행이 있어야 비로소 주된 행정행위의 효력이 발생한다.

② 공유재산의 관리청이 기부채납된 행정재산에 대하여 행하는 사용 · 수익 허가의 경우, 부관인 사용 · 수익 허가의 기간에 위법사유가 있다면 허가 전부가 위법하게 된다.

③ 학설의 다수견해는 수정부담의 성격을 부관으로 이해한다.

④ 행정행위의 부관은 법령에 명시적 근거가 있는 경우에만 부가할 수 있다.

해설

① (X) 부담부 행정행위의 효력은 처음부터 발생한다.

② (O) 공유재산의 관리청이 기부채납된 행정재산에 대하여 하는 사용 · 수익의 허가에서 허가기간은 행정행위의 본질적 요소에 해당한다고 볼 것이어서, 부관인 허가기간에 위법사유가 있다면 이로써 이 사건 허가 전부가 위법하게 될 것이다(대판 2001. 6. 15. 99두509).

③ (X) 통설은 수정부담은 신청에 대한 허가를 거부하고, 신청이 있는 것을 전제로 하여 새로운 허가를 하는 것이므로 실질적으로 부담이 아니라 수정허가, 즉 독립한 행정행위라고 한다.

④ (X) 수익적 행정행위에 있어서는 법령에 특별한 근거규정이 없다고 하더라도 그 부관으로서 부담을 붙일 수 있다(대판 1997.3.11. 96다49650).

정답 ②

Ⅵ 하자 있는 부관과 행정쟁송

191 [18국가7급]

행정행위의 부관에 대한 설명으로 옳지 않은 것은? (다툼이 있는 경우 판례에 의함)

① 법령에 특별한 근거규정이 없는 한 기속행위에는 부관을 붙일 수 없고 기속행위에 붙은 부관은 무효이다.
② 행정처분과의 실제적 관련성이 없어 부관으로 붙일 수 없는 부담은 사법상 계약의 형식으로도 부과할 수 없다.
③ 취소소송에 의하지 않으면 권리구제를 받을 수 없는 경우에는, 부담이 아닌 부관이라 하더라도 그 부관만을 대상으로 취소소송을 제기하는 것이 허용된다.
④ 부관의 일종인 사후부담은, 법률에 명문의 규정이 있거나 그것이 미리 유보되어 있는 경우 또는 상대방의 동의가 있는 경우에 허용되는 것이 원칙이다.

해설

① **(O)** 일반적으로 기속행위나 기속적 재량행위에는 부관을 붙일 수 없고 가사 부관을 붙였다 하더라도 무효이다(대판 1995.6.13. 94다56883).

② **(O)** 행정처분과 부관 사이에 실제적 관련성이 있다고 볼 수 없는 경우 공무원이 위와 같은 공법상의 제한을 회피할 목적으로 행정처분의 상대방과 사이에 사법상 계약을 체결하는 형식을 취하였다면 이는 법치행정의 원리에 반하는 것으로서 위법하다(대판 2009.12.10. 2007다63966).

③ **(X)** 행정행위의 부관은 부담인 경우를 제외하고는 독립하여 행정소송의 대상이 될 수 없다(대판 2001.6.15. 99두509).

④ **(O)** 행정처분에 이미 부담이 부가되어 있는 상태에서 그 의무의 범위 또는 내용 등을 변경하는 부관의 사후변경은, 법률에 명문의 규정이 있거나 그 변경이 미리 유보되어 있는 경우 또는 상대방의 동의가 있는 경우에 한하여 허용되는 것이 원칙이지만, 사정변경으로 인하여 당초에 부담을 부가한 목적을 달성할 수 없게 된 경우에도 그 목적달성에 필요한 범위 내에서 예외적으로 허용된다(대판 1997.5.30. 97누2627).

정답 ③

192 [22지방9급]

행정행위의 부관에 대한 설명으로 옳은 것은? (다툼이 있는 경우 판례에 의함)

① 행정처분에 부가한 부담이 무효인 경우에는 그 부담의 이행으로 이루어진 사법상 법률행위도 무효가 된다.
② 부관의 사후변경은 종전의 부관을 변경하지 아니하면 해당 처분의 목적을 달성할 수 없는 경우가 아니라면 인정되지 않는다.
③ 행정처분과 실제적 관련성이 없어 부관을 붙일 수 없는 경우에도 사법상 계약의 형식으로 공법상 제한을 회피할 수 있다.
④ 행정재산에 대한 기한부 사용·수익허가를 받은 경우, 그 사용·수익허가의 기간에 대하여 독립하여 행정소송을 제기할 수 없다.

해설

① (X) 부담의 이행으로서 하게 된 사법상 매매 등의 법률행위는 부담을 붙인 행정처분과는 어디까지나 별개의 법률행위이므로 그 부담의 불가쟁력의 문제와는 별도로 법률행위가 사회질서 위반이나 강행규정에 위반되는지 여부 등을 따져보아 그 법률행위의 유효 여부를 판단하여야 한다(대판 2009.06.25. 2006다18174).

② (X) 부관의 사후변경은 법률에 명문의 규정이 있거나 그 변경이 미리 유보되어 있는 경우 또는 상대방의 동의가 있는 경우에 한하여 허용되는 것이 원칙이지만, 사정변경으로 인하여 당초에 부담을 부가한 목적을 달성할 수 없게 된 경우에도 그 목적달성에 필요한 범위 내에서 예외적으로 허용된다(대판 1997.5.30. 97누2627).

③ (X) 행정처분과 부관 사이에 실제적 관련성이 있다고 볼 수 없는 경우 공무원이 위와 같은 공법상의 제한을 회피할 목적으로 행정처분의 상대방과 사이에 사법상 계약을 체결하는 형식을 취하였다면 이는 법치행정의 원리에 반하는 것으로서 위법하다(대판 2009.12.10. 2007다63966).

④ (O) 행정재산에 대한 사용・수익허가에서 공유재산의 관리청이 정한 사용・수익허가의 기간은 그 허가의 효력을 제한하기 위한 행정행위의 부관으로서 이러한 사용・수익허가의 기간에 대해서는 독립하여 행정소송을 제기할 수 없다(대판 2001.06.15. 99두509).

정답 ④

193 [17서울9급]

부관에 대한 행정쟁송에 관한 설명으로 옳지 않은 것은? (다툼이 있는 경우 판례에 의함)

① 부담이 아닌 부관은 독립하여 행정소송의 대상이 될 수 없으므로 이의 취소를 구하는 소송에 대하여는 각하판결을 하여야 한다.

② 위법한 부관에 대하여 신청인이 부관부행정행위의 변경을 청구하고, 행정청이 이를 거부한 경우 동 거부처분의 취소를 구하는 소송을 제기할 수 있다.

③ 기부채납받은 행정재산에 대한 사용・수익허가에서 공유재산의 관리청이 정한 사용・수익허가의 기간은 그 허가의 효력을 제한하기 위한 행정행위의 부관으로서 이러한 사용・수익허가의 기간에 대해서는 독립하여 행정소송을 제기할 수 있다.

④ 토지소유자가 토지형질변경행위허가에 붙은 기부채납의 부관에 따라 토지를 국가나 지방자치단체에 기부채납(증여)한 경우, 기부채납의 부관이 당연무효이거나 취소되지 아니한 이상 토지소유자는 위 부관으로 인하여 증여계약의 중요부분에 착오가 있음을 이유로 증여계약을 취소할 수 없다.

해설

① (O) ③ (X) 행정행위의 부관은 부담인 경우를 제외하고는 독립하여 행정소송의 대상이 될 수 없는바, 기부채납 받은 행정재산에 대한 사용・수익허가에서 공유재산의 관리청이 정한 사용·수익허가의 기간은 그 허가의 효력을 제한하기 위한 행정행위의 부관으로서 이러한 사용·수익허가의 기간에 대해서는 독립하여 행정소송을 제기할 수 없다(대판 2001.6.15. 99두509).

② (O) 판례는 위법한 부담이외의 부관으로 인하여 권리를 침해당한 자는 결국 부관부 행정행위 전체의 취소를 구하든지(대판 1985.8.9. 84누504), 아니면 먼저 행정청에 부관이 없는(또는 부관의 내용을 변경하는) 처분으로 변경해 줄 것을 청구한 다음 그것이 거부된 경우에 거부처분취소소송을 제기하는 수밖에 없다(대판 1990.4.27. 89누6808).

④ (O) 토지소유자가 토지형질변경행위허가에 붙은 기부채납의 부관에 따라 토지를 국가나 지방자치단체에 기부채납(증여)한 경우, 기부채납의 부관이 당연무효이거나 취소되지 아니한 이상 토지소유자는 위 부관으로 인하여 증여계약의 중요부분에 착오가 있음을 이유로 증여계약을 취소할 수 없다(대판 1999.05.25. 98다53134).

정답 ③

194 [19서울7급(上)]

행정행위의 부관에 대한 설명으로 가장 옳은 것은?

① 공유수면매립준공인가처분 중 매립지 일부에 대하여 한 국가 및 지방자치단체에의 귀속처분은 독립하여 행정소송의 대상이 될 수 있다.

② 부담부 행정행위에 있어서 처분의 상대방이 부담을 이행하지 아니한 경우에 당해 부담부 행정행위는 당연히 효력을 상실하게 된다.

③ 부담 이외의 부관으로 인하여 권리를 침해당한 자는 부관부 행정행위 전체에 대해 취소소송을 제기하거나, 행정청에 부관이 없는 행정행위로 변경해 줄 것을 청구한 다음 그것이 거부된 경우 거부처분 취소소송을 제기할 수 있다.

④ 행정청이 수익적 행정처분을 하면서 부가한 부담이 처분 당시 법령을 기준으로는 적법하였지만 처분 후 부담의 전제가 된 주된 행정처분의 근거법령이 개정됨으로써 행정청이 더 이상 부관을 붙일 수 없게 되었다면 그 부담은 위법하게 된다.

해설

① (X) 행정행위의 부관은 부담의 경우를 제외하고는 독립하여 행정소송의 대상이 될 수 없는 것인바, 지방국토관리청장이 일부 공유수면매립지에 대하여 한 국가 또는 직할시 귀속처분은 매립준공인가를 함에 있어서 매립의 면허를 받은 자의 매립지에 대한 소유권취득을 규정한 공유수면매립법 제14조의 효과 일부를 배제하는 부관을 붙인 것이고, 이러한 행정행위의 부관은 위 법리와 같이 독립하여 행정소송 대상이 될 수 없다(대판 1993.10.8. 93누2032).

② (X) 부담부 행정처분에 있어서 처분의 상대방이 부담(의무)을 이행하지 아니한 경우에 처분행정청으로서는 이를 들어 당해 처분을 취소(철회)할 수 있는 것이다(대판 1989.10.24. 89누2431).

③ (O) 대법원 판례는 부담의 경우에는 진정일부취소소송을 인정하지만, 기타의 부관에 대해서는 진정일부취소소송도 인정하지 아니하고 부진정일부취소소송의 형식을 인정하지 않고 있다. 따라서 위법한 부담이외의 부관으로 인하여 권리를 침해당한 자는 결국 부관부 행정행위 전체의 취소를 구하든지(대판 1985.8.9. 84누504), 아니면 먼저 행정청에 부관이 없는(또는 부관의 내용을 변경하는) 처분으로 변경해 줄 것을 청구한 다음 그것이 거부된 경우에 거부처분취소소송을 제기하는 수밖에 없다(대판 1990.4.27. 89누6808)고 한다.

④ (X) 행정청이 수익적 행정처분을 하면서 부가한 부담의 위법 여부는 처분 당시 법령을 기준으로 판단하여야 하고, 부담이 처분 당시 법령을 기준으로 적법하다면 처분 후 부담의 전제가 된 주된 행정처분의 근거 법령이 개정됨으로써 행정청이 더 이상 부관을 붙일 수 없게 되었다 하더라도 곧바로 위법하게 되거나 그 효력이 소멸하게 되는 것은 아니다(대판 2009.02.12. 2005다65500).

정답 ③

위법한 부담 이외의 부관으로 인해 권리를 침해받은 자는 행정청에 부관이 없는 처분으로의 변경을 청구한 다음 그것이 거부된 경우에는 부작위위법확인소송을 제기하여야 한다. [09지방7급]

| 해설

(X) 대판 1990.4.27. 89누6808.

195 [20국가9급]

행정행위의 부관에 대한 설명으로 옳은 것만을 모두 고르면? (다툼이 있는 경우 판례에 의함)

ㄱ. 허가에 붙은 기한이 그 허가된 사업의 성질상 부당하게 짧아 그 기한을 허가조건의 존속기간으로 볼 수 있는 경우에 허가기간이 연장되기 위하여는 그 종기가 도래하기 전에 그 허가기간의 연장에 관한 신청이 있어야 한다.

ㄴ. 토지소유자가 토지형질변경행위허가에 붙은 기부채납의 부관에 따라 토지를 기부채납(증여)한 경우, 기부채납의 부관이 당연무효이거나 취소되지 않은 상태에서 그 부관으로 인하여 증여계약의 중요 부분에 착오가 있음을 이유로 증여계약을 취소할 수 없다.

ㄷ. 행정청이 수익적 행정처분을 하면서 사전에 상대방과 체결한 협약상의 의무를 부담으로 부가하였는데, 부담의 전제가 된 주된 행정처분의 근거 법령이 개정되어 부관을 붙일 수 없게 된 경우에는 곧바로 협약의 효력이 소멸한다.

ㄹ. 행정처분과 실제적 관련성이 없어 부관으로 붙일 수 없는 부담이라고 하더라도 행정처분의 상대방에게 사법상 계약의 형식으로 이를 부과할 수 있다.

① ㄱ, ㄴ　　② ㄴ, ㄷ
③ ㄷ, ㄹ　　④ ㄱ, ㄴ, ㄹ

해설

ㄱ. (O) 일반적으로 행정처분에 효력기간이 정하여져 있는 경우에는 그 기간의 경과로 그 행정처분의 효력은 상실되고, 다만 허가에 붙은 기한이 그 허가된 사업의 성질상 부당하게 짧은 경우에는 이를 그 허가 자체의 존속기간이 아니라 그 허가조건의 존속기간으로 보아 그 기한이 도래함으로써 그 조건의 개정을 고려한다는 뜻으로 해석할 수는 있지만, 그와 같은 경우라 하더라도 그 허가기간이 연장되기 위하여는 그 종기가 도래하기 전에 그 허가기간의 연장에 관한 신청이 있어야 하며, 만일 그러한 연장신청이 없는 상태에서 허가기간이 만료하였다면 그 허가의 효력은 상실된다(대판 2007.10.11. 2005두12404).

ㄴ. (O) 토지소유자가 토지형질변경행위허가에 붙은 기부채납의 부관에 따라 토지를 국가나 지방자치단체에 기부채납(증여)한 경우, 기부채납의 부관이 당연무효이거나 취소되지 아니한 이상 토지소유자는 위 부관으로 인하여 증여계약의 중요부분에 착오가 있음을 이유로 증여계약을 취소할 수 없다(대판 1999.05.25. 98다53134).

ㄷ. (X) 행정청이 수익적 행정처분을 하면서 부가한 부담의 위법 여부는 처분 당시 법령을 기준으로 판단하여야 하고, 부담이 처분 당시 법령을 기준으로 적법하다면 처분 후 부담의 전제가 된 주된 행정처분의 근거 법령이 개정됨으로써 행정청이 더 이상 부관을 붙일 수 없게 되었다 하더라도 곧바로 위법하게 되거나 그 효력이 소멸하게 되는 것은 아니다(대판 2009.2.12. 2005다65500).

ㄹ. (X) 행정처분과 부관 사이에 실제적 관련성이 있다고 볼 수 없는 경우 공무원이 위와 같은 공법상의 제한을 회피할 목적으로 행정처분의 상대방과 사이에 사법상 계약을 체결하는 형식을 취하였다면 이는 법치행정의 원리에 반하는 것으로서 위법하다(대판 2009.12.10. 2007다63966).

정답 ①

196 [21국가9급]

행정행위의 부관에 대한 설명으로 옳은 것은? (다툼이 있는 경우 판례에 의함)

① 행정처분과 부관 사이에 실제적 관련성이 있다고 볼 수 없는 경우, 공무원이 공법상의 제한을 회피할 목적으로 행정처분의 상대방과 사이에 사법상 계약을 체결하는 형식을 취하였더라도 법치행정의 원리에 반하는 것으로서 위법하다고 볼 수 없다.

② 처분 당시 법령을 기준으로 처분에 부가된 부담이 적법하였더라도, 처분 후 부담의 전제가 된 주된 행정처분의 근거법령이 개정됨으로써 행정청이 더이상 부관을 붙일 수 없게 되었다면 그때부터 부담의 효력은 소멸한다.

③ 부담의 이행으로서 하게 된 사법상 매매 등의 법률행위는 부담을 붙인 행정처분과는 별개의 법률행위이므로, 그 부담의 불가쟁력의 문제와는 별도로 법률행위가 사회질서 위반이나 강행규정에 위반되는지 여부 등을 따져보아 그 법률행위의 유효 여부를 판단하여야 한다.

④ 허가에 붙은 기한이 그 허가된 사업의 성질상 부당하게 짧아서 이 기한이 허가 자체의 존속기간이 아니라 허가조건의 존속기간으로 해석되는 경우에는 허가 여부의 재량권을 가진 행정청은 허가조건의 개정만을 고려할 수 있고, 그 후 당초의 기한이 상당 기간 연장되어 그 기한이 부당하게 짧은 경우에 해당하지 않게 된 때라도 더 이상의 기간연장을 불허가할 수는 없다.

해설

① (X) 행정처분과 부관 사이에 실제적 관련성이 있다고 볼 수 없는 경우 공무원이 위와 같은 공법상의 제한을 회피할 목적으로 행정처분의 상대방과 사이에 사법상 계약을 체결하는 형식을 취하였다면 이는 법치행정의 원리에 반하는 것으로서 위법하다(대판 2009.12.10. 2007다63966).

② (X) 부담이 처분 당시 법령을 기준으로 적법하다면 처분 후 부담의 전제가 된 주된 행정처분의 근거 법령이 개정됨으로써 행정청이 더 이상 부관을 붙일 수 없게 되었다 하더라도 곧바로 협약의 효력이 소멸하는 것은 아니다(대판 2009.02.12. 2005다65500).

③ (O) 부담의 이행으로서 하게 된 사법상 매매 등의 법률행위는 부담을 붙인 행정처분과는 어디까지나 별개의 법률행위이므로 그 부담의 불가쟁력의 문제와는 별도로 법률행위가 사회질서 위반이나 강행규정에 위반되는지 여부 등을 따져보아 그 법률행위의 유효 여부를 판단하여야 한다(대판 2009.06.25. 2006다18174).

④ (X) 당초의 기한이 상당 기간 연장되어 연장된 기간을 포함한 존속기간 전체를 기준으로 볼 경우 더 이상 허가된 사업의 성질상 부당하게 짧은 경우에 해당하지 않게 된 때에는 관계 법령의 규정에 따라 허가 여부의 재량권을 가진 행정청으로서는 재량권의 행사로서 더 이상의 기간연장을 불허가할 수도 있는 것이다(대판 2004.03.25. 2003두12837).

정답 ③

197 [21국가7급]

행정행위의 부관에 대한 설명으로 옳지 않은 것은? (다툼이 있는 경우 판례에 의함)

① 행정청은 처분에 재량이 없는 경우에는 법률에 근거가 있는 경우에 부관을 붙일 수 있다.

② 행정청은 부관을 붙일 수 있는 처분이 당사자의 동의가 있는 경우에는 그 처분을 한 후에도 부관을 새로 붙이거나 종전의 부관을 변경할 수 있다.

③ 행정처분에 붙인 부담인 부관이 무효가 되면 그 부담의 이행으로 한 사법상 법률행위도 당연히 무효가 되는 것은 아니다.

④ 행정처분에 붙인 부담인 부관이 제소기간 도과로 불가쟁력이 생긴 경우에는 그 부담의 이행으로 한 사법상 법률행위의 효력을 다툴 수 없다.

해설

① (O)

행정기본법 제17조(부관) ② 행정청은 처분에 재량이 없는 경우에는 법률에 근거가 있는 경우에 부관을 붙일 수 있다.

② (O) 부관의 사후변경은, 법률에 명문의 규정이 있거나 그 변경이 미리 유보되어 있는 경우 또는 상대방의 동의가 있는 경우에 한하여 허용되는 것이 원칙이지만, 사정변경으로 인하여 당초에 부담을 부가한 목적을 달성할 수 없게 된 경우에도 그 목적달성에 필요한 범위 내에서 예외적으로 허용된다(대판 1997.5.30. 97누2627).

③ (O) ④ (X) 부담의 이행으로서 하게 된 사법상 매매 등의 법률행위는 부담을 붙인 행정처분과는 어디까지나 별개의 법률행위이므로 그 부담의 불가쟁력의 문제와는 별도로 법률행위가 사회질서 위반이나 강행규정에 위반되는지 여부 등을 따져보아 그 법률행위의 유효 여부를 판단하여야 한다(대판 2009.06.25. 2006다18174).

정답 ④

198 [19지방7급]

갑은 개발제한구역 내에서의 건축허가를 관할 행정청인 을에게 신청하였고, 을은 갑에게 일정 토지의 기부채납을 조건으로 이를 허가하였다. 이에 대한 설명으로 옳은 것은? (다툼이 있는 경우 판례에 의함)

① 특별한 규정이 없다면 갑에 대한 건축허가는 기속행위로서 건축허가를 하면서 기부채납조건을 붙인 것은 위법하다.

② 갑이 부담인 기부채납조건에 대하여 불복하지 않았고, 이를 이행하지도 않은 채 기부채납조건에서 정한 기부채납기한이 경과하였다면 이로써 갑에 대한 건축허가는 효력을 상실한다.

③ 기부채납조건이 중대하고 명백한 하자로 인하여 무효라 하더라도 갑의 기부채납 이행으로 이루어진 토지의 증여는 그 자체로 사회질서 위반이나 강행규정 위반 등의 특별한 사정이 없는 한 유효하다.

④ 건축허가 자체는 적법하고 부담인 기부채납조건만이 취소사유에 해당하는 위법성이 있는 경우, 갑은 기부채납조건부 건축허가처분 전체에 대하여 취소소송을 제기할 수 있을 뿐이고 기부채납조건만을 대상으로 취소소송을 제기할 수 없다.

해설

① (X) 개발제한구역 내에서는 구역지정의 목적상 건축물의 건축 및 공작물의 설치 등 개발행위가 원칙적으로 금지되고, 다만 구체적인 경우에 이러한 구역지정의 목적에 위배되지 아니할 경우 예외적으로 허가에 의하여 그러한 행위를 할 수 있게 되어 있음이 그 규정의 체제와 문언상 분명하고, 이러한 예외적인 개발행위의 허가는 상대방에게 수익적인 것이 틀림이 없으므로 그 법률적 성질은 재량행위 내지 자유재량행위에 속하는 것이다(대판 2004.3.25. 2003두12837).

② (X) 부담의 경우 의무기한의 도래로 의무불이행이 되며 철회사유가 될 뿐이다.

③ (O) 행정처분에 부담인 부관을 붙인 경우 부관의 무효화에 의하여 본체인 행정처분 자체의 효력에도 영향이 있게 될 수는 있지만, 그 처분을 받은 사람이 부담의 이행으로 사법상 매매 등의 법률행위를 한 경우에는 그 부관은 특별한 사정이 없는 한 법률행위를 하게 된 동기 내지 연유로 작용하였을 뿐이므로 이는 법률행위의 취소사유가 될 수 있음은 별론으로 하고 그 법률행위 자체를 당연히 무효화하는 것은 아니다(대판 2009.6.25. 2006다18174).

④ (X) 부담의 경우에는 다른 부관과는 달리 행정행위의 불가분적인 요소가 아니고 그 존속이 본체인 행정행위의 존재를 전제로 하는 것일 뿐이므로 부담 그 자체로서 행정쟁송의 대상이 될 수 있다(대판 1992.01.21. 91누1264).

정답 ③

I 행정행위의 성립요건과 효력발생요건

199 [17국가7급(下)]

「행정절차법」상 송달에 대한 내용으로 옳지 않은 것은?

① 교부에 의한 송달은 수령확인서를 받고 문서를 교부함으로써 하며, 송달하는 장소에서 송달 받을 자를 만나지 못한 경우에는 그 사무원 · 피용자 또는 동거인으로서 사리를 분별할 지능이 있는 사람에게 문서를 교부할 수 있다.

② 송달이 불가능한 경우에는 송달 받을 자가 알기 쉽도록 관보, 공보, 게시판, 일간신문 중 하나 이상에 공고하고 인터넷에도 공고하여야 한다.

③ 문서를 송달 받을 자 또는 그 사무원등이 정당한 사유 없이 송달 받기를 거부하는 때에는 그 사실을 수령확인서에 적고, 문서를 송달할 장소에 놓아둘 수 있다.

④ 정보통신망을 이용한 송달을 할 경우 행정청은 송달 받을 자의 동의를 얻어 송달 받을 전자우편주소 등을 지정하여야 한다.

해설

① (O) ② (O) ③ (O) ④ (X)

행정절차법 제14조(송달) ① 송달은 우편, 교부 또는 정보통신망 이용 등의 방법으로 하되, 송달받을 자(대표자 또는 대리인을 포함한다. 이하 같다)의 주소·거소(居所)·영업소·사무소 또는 전자우편주소(이하 "주소 등"이라 한다)로 한다. 다만, 송달받을 자가 동의하는 경우에는 그를 만나는 장소에서 송달할 수 있다.

② 교부에 의한 송달은 수령확인서를 받고 문서를 교부함으로써 하며, 송달하는 장소에서 송달받을 자를 만나지 못한 경우에는 그 사무원·피용자(被傭者) 또는 동거인으로서 사리를 분별할 지능이 있는 사람(이하 이 조에서 "사무원등"이라 한다)에게 문서를 교부할 수 있다. 다만, 문서를 송달받을 자 또는 그 사무원등이 정당한 사유 없이 송달받기를 거부하는 때에는 그 사실을 수령확인서에 적고, 문서를 송달할 장소에 놓아둘 수 있다.

③ 정보통신망을 이용한 송달은 송달받을 자가 동의하는 경우에만 한다. 이 경우 송달받을 자는 송달받을 전자우편주소 등을 지정하여야 한다.

④ 다음 각 호의 어느 하나에 해당하는 경우에는 송달받을 자가 알기 쉽도록 관보, 공보, 게시판, 일간신문 중 하나 이상에 공고하고 인터넷에도 공고하여야 한다.

1. 송달받을 자의 주소등을 통상적인 방법으로 확인할 수 없는 경우
2. 송달이 불가능한 경우

정답 ④

200 [18교육행정]

행정행위의 효력발생요건에 관한 설명으로 옳지 않은 것은?

① 정보통신망을 이용한 송달은 송달받을 자가 동의하는 경우에만 한다.

② 송달이 불가능할 경우에는 송달받을 자가 알기 쉽도록 관보, 공보, 게시판, 일간신문, 인터넷 중 하나에 공고하여야 한다.

③ 보통우편으로 발송되었다는 사실만으로는 우편물이 상당기간 내에 도달하였다고 추정할 수 없다.

④ 정보통신망을 이용하여 전자문서로 송달하는 경우에는 송달받을 자가 지정한 컴퓨터 등에 입력된 때에 도달된 것으로 본다.

해설

① (O)

> **행정절차법 제14조(송달)** ③ 정보통신망을 이용한 송달은 송달받을 자가 동의하는 경우에만 한다. 이 경우 송달받을 자는 송달받을 전자우편주소 등을 지정하여야 한다.

② (X)

> **행정절차법 제14조(송달)** ④ 다음 각 호의 어느 하나에 해당하는 경우에는 송달받을 자가 알기 쉽도록 관보, 공보, 게시판, 일간신문 중 하나 이상에 공고하고 인터넷에도 공고하여야 한다.
> 1. 송달받을 자의 주소등을 통상적인 방법으로 확인할 수 없는 경우
> 2. 송달이 불가능한 경우

③ (O) 내용증명우편이나 등기우편과는 달리, 보통우편의 방법으로 발송되었다는 사실만으로는 그 우편물이 상당기간 내에 도달하였다고 추정할 수 없고 송달의 효력을 주장하는 측에서 증거에 의하여 도달사실을 입증하여야 한다(대판 2002.07.26. 2000다25002).

④ (O)

> **행정절차법 제15조(송달의 효력 발생)** ① 송달은 다른 법령등에 특별한 규정이 있는 경우를 제외하고는 해당 문서가 송달받을 자에게 도달됨으로써 그 효력이 발생한다.
>
> ② 제14조 제3항에 따라 정보통신망을 이용하여 전자문서로 송달하는 경우에는 송달받을 자가 지정한 컴퓨터 등에 입력된 때에 도달된 것으로 본다.

정답 ②

201 [20국가9급]

다음 사례에 대한 설명으로 옳은 것은? (다툼이 있는 경우 판례에 의함)

> ○ 2020. 1. 6. 인기 아이돌 가수인 甲의 노래가 수록된 음반이 청소년 유해 매체물로 결정 및 고시되었는데, 여성가족부장관은 이 고시를 하면서 그 효력발생 시기를 구체적으로 밝히지 않았다.
>
> ○ A시의 시장이 식품위생법 위반을 이유로 乙에 대해 영업허가를 취소하는 처분을 하고자 하나 송달이 불가능하다.

① 행정 효율과 협업 촉진에 관한 규정에 따르면 여성가족부 장관의 고시의 효력은 2020. 1. 20.부터 발생한다.

② 甲의 노래가 수록된 음반을 청소년 유해 매체물로 지정하는 결정 및 고시는 항고소송의 대상이 될 수 없다.

③ A시의 시장이 영업허가취소처분을 송달하려면 乙이 알기 쉽도록 관보, 공보, 게시판, 일간신문 중 하나 이상에 공고하고 인터넷에도 공고하여야 한다.

④ 乙의 영업허가취소처분이 공보에 공고된 경우, 乙이 자신에 대한 영업허가취소처분이 있음을 알고 있지 못하더라도 영업허가취소처분에 대한 취소소송을 제기하려면 공고가 효력을 발생한 날부터 90일 안에 제기해야 한다.

해설

① (X)

> **행정 효율과 협업 촉진에 관한 규정 제6조(문서의 성립 및 효력 발생)** ② 문서는 수신자에게 도달(전자문서의 경우는 수신자가 관리하거나 지정한 전자적 시스템 등에 입력되는 것을 말한다)됨으로써 효력을 발생한다.
>
> ③ 제2항에도 불구하고 공고문서는 그 문서에서 효력발생 시기를 구체적으로 밝히고 있지 않으면 그 고시 또는 공고 등이 있은 날부터 5일이 경과한 때에 효력이 발생한다.

② (X) 청소년유해매체물 결정 및 고시처분은 당해 유해매체물의 소유자 등 특정인만을 대상으로 한 행정처분이 아니라 일반 불특정 다수인을 상대방으로 하여 일률적으로 표시의무, 포장의무, 청소년에 대한 판매・대여 등의 금지의무 등 각종 의무를 발생시키는 행정처분이다(대판 2007. 6. 14. 2004두619).

③ (O)

> **행정절차법 제14조(송달)** ④ 다음 각 호의 어느 하나에 해당하는 경우에는 송달받을 자가 알기 쉽도록 관보, 공보, 게시판, 일간신문 중 하나 이상에 공고하고 인터넷에도 공고하여야 한다.
>
> 1. 송달받을 자의 주소등을 통상적인 방법으로 확인할 수 없는 경우
> 2. 송달이 불가능한 경우

④ (X) 특정인에 대한 행정처분을 주소불명 등의 이유로 송달할 수 없어 관보・공보・게시판・일간신문 등에 공고한 경우에는, 공고가 효력을 발생하는 날에 상대방이 그 행정처분이 있음을 알았다고 볼 수는 없고, 상대방이 당해 처분이 있었다는 사실을 현실적으로 안 날에 그 처분이 있음을 알았다고 보아야 한다(대판 2006.4.28. 2005두14851).

정답 ③

202 [13지방9급]

행정행위의 성립요건과 효력요건에 대한 설명으로 옳지 않은 것은? (다툼이 있는 경우 판례에 의함)

① 행정청의 권한은 지역적 한계가 있으므로 행정청이 자신의 권한이 미치는 지역적 한계를 벗어나 발하는 행정행위는 위법하게 된다.

② 행정청이 처분을 할 때에는 다른 법령 등에 특별한 규정이 있는 경우를 제외하고는 문서로 하여야 하며, 전자문서로 하는 경우에는 당사자등의 동의가 있어야 한다. 다만, 신속히 처리할 필요가 있거나 사안이 경미한 경우에는 말 또는 그 밖의 방법으로 할 수 있다.

③ 면허관청이 운전면허정지처분을 하면서 통지서에 의하여 면허정지사실을 통지하지 아니하거나 처분집행예정일 7일 전까지 이를 발송하지 아니한 경우에는 절차와 형식을 갖추지 아니한 조치로서 효력이 없으나, 면허관청이 임의로 출석한 상대방의 편의를 위하여 구두로 면허정지사실을 알렸다면 운전면허정지처분의 효력이 인정된다.

④ 납세고지서의 교부송달 및 우편송달에 있어서 반드시 납세의무자 또는 그와 일정한 관계에 있는 사람의 현실적인 수령행위를 전제로 하고 있다고 보아야 하며, 납세자가 과세처분의 내용을 이미 알고 있는 경우에도 납세고지서의 송달이 불필요하다고 할 수 없다.

해설

① **(O)** 행정법규는 그 법규의 제정권자의 권한이 미치는 지역적 범위 내에서만 효력을 갖는다. 즉, 법률·대통령령·총리령·부령은 전국에 효력이 미치고, 조례·규칙은 당해 지방자치단체의 관할구역 내에서만 효력이 미친다.

② **(O)**

> **행정절차법 제24조(처분의 방식)** ① 행정청이 처분을 할 때에는 다른 법령등에 특별한 규정이 있는 경우를 제외하고는 문서로 하여야 하며, 다음 각 호의 어느 하나에 해당하는 경우에는 전자문서로 할 수 있다.
> 1. 당사자등의 동의가 있는 경우
> 2. 당사자가 전자문서로 처분을 신청한 경우
>
> ② 제1항에도 불구하고 공공의 안전 또는 복리를 위하여 긴급히 처분을 할 필요가 있거나 사안이 경미한 경우에는 말, 전화, 휴대전화를 이용한 문자 전송, 팩스 또는 전자우편 등 문서가 아닌 방법으로 처분을 할 수 있다. 이 경우 당사자가 요청하면 지체 없이 처분에 관한 문서를 주어야 한다.

③ **(X)** 면허관청이 운전면허정지처분을 하면서 별지 52호 서식의 통지서에 의하여 면허정지사실을 통지하지 아니하거나 처분집행예정일 7일 전까지 이를 발송하지 아니한 경우에는 특별한 사정이 없는 한 위 관계 법령이 요구하는 절차·형식을 갖추지 아니한 조치로서 그 효력이 없고, 이와 같은 법리는 면허관청이 임의로 출석한 상대방의 편의를 위하여 구두로 면허정지사실을 알렸다고 하더라도 마찬가지이다(대판 1996.6.14. 95누17823).

④ **(O)** 납세자가 과세처분의 내용을 이미 알고 있는 경우에도 납세고지서의 송달이 불필요하다고 할 수는 없다(대판 2004.04.09. 2003두13908).

정답 ③

203 [18국가9급]

행정행위의 효력발생요건으로서의 통지에 대한 설명으로 옳지 않은 것은? (다툼이 있는 경우 판례에 의함)

① 처분의 통지는 행정처분을 상대방에게 표시하는 것으로서 상대방이 인식할 수 있는 상태에 둠으로써 족하고, 객관적으로 보아 행정처분으로 인식할 수 있도록 고지하면 된다.

② 처분서를 보통우편의 방법으로 발송한 경우에는 그 우편물이 상당한 기간 내에 도달하였다고 추정할 수 없다.

③ 구 「청소년 보호법」에 따라 정보통신윤리위원회가 특정 웹사이트를 청소년유해매체물로 결정하고 청소년보호위원회가 효력발생시기를 명시하여 고시하였으나 정보통신윤리위원회와 청소년보호위원회가 웹사이트 운영자에게는 위 처분이 있었음을 통지하지 않았다면 그 효력이 발생하지 않는다.

④ 등기에 의한 우편송달의 경우라도 수취인이 주민등록지에 실제로 거주하지 않는 경우에는 우편물의 도달사실을 처분청이 입증해야 한다.

해설

① (O) 행정행위의 효력발생요건으로서의 도달이란 상대방이 그 내용을 현실적으로 알 필요는 없고 알 수 있는 상태에 놓여짐으로써 충분하다(대판 1989.9.26. 89누4963).

② (O) 내용증명우편이나 등기우편과는 달리, 보통우편의 방법으로 발송되었다는 사실만으로는 그 우편물이 상당기간 내에 도달하였다고 추정할 수 없고 송달의 효력을 주장하는 측에서 증거에 의하여 도달사실을 입증하여야 한다(대판 2002.07.26. 2000다25002).

③ (X) 통상 고시 또는 공고에 의하여 행정처분을 하는 경우에는 그 처분의 상대방이 불특정 다수인이고 그 처분의 효력이 불특정 다수인에게 일률적으로 적용되는 것이므로, 그 행정처분에 이해관계를 갖는 자가 고시 또는 공고가 있었다는 사실을 현실적으로 알았는지 여부에 관계없이 고시가 효력을 발생하는 날 행정처분이 있음을 알았다고 보아야 한다(대판 2007.06.14. 2004두619).

④ (O) 수취인이 주민등록지에 실제로 거주하지 아니하는 경우에도 우편물이 수취인에게 도달하였다고 추정할 수는 없고, 따라서 이러한 경우에는 우편물의 도달사실을 과세관청이 입증해야 할 것이다(대판 1998. 2. 13. 97누8977).

정답 ③

204 [21국가7급]

다음 사례에 관한 설명으로 옳은 것은? (다툼이 있는 경우 판례에 의함)

> 관할 행정청은 2019. 4. 17. 「청소년보호법」의 규정에 따라 ㉠ A주식회사가 운영하는 인터넷 사이트를 청소년유해매체물로 결정하는 내용, ㉡일반 불특정 다수인을 상대방으로 하여 일률적으로 표시의무, 포장의무, 청소년에 대한 판매·대여 등의 금지의무 등 각종 의무를 발생시키는 내용, ㉢ 그 결정·고시의 효력발생일을 2019. 4. 24.로 정하는 내용 등을 포함한 청소년유해매체물 결정·고시를 하였다.

① 위 결정·고시는 항고소송의 대상이 되는 행정처분에 해당하지 않는다.

② 관할 행정청이 위 결정·고시를 함에 있어서 A주식회사에게 이를 통지하지 않았다고 하여 결정·고시의 효력 자체가 발생하지 않는 것은 아니다.

③ A주식회사가 위 결정을 통지받지 못하였다는 것은 취소소송의 제소기간을 준수하지 못한 것에 대한 정당한 사유가 될 수 있다.

④ 위 결정·고시에 대한 취소소송의 제소기간을 계산함에 있어서는, A주식회사가 위 결정·고시가 있었다는 사실을 현실적으로 알았는지 여부에 관계없이 고시일인 2019. 4. 17.에 위 결정·고시가 있음을 알았다고 보아야 한다.

해설

① (X) ② (O) 청소년유해매체물 결정 및 고시처분은 당해 유해매체물의 소유자 등 특정인만을 대상으로 한 행정처분이 아니라 일반 불특정 다수인을 상대방으로 하여 일률적으로 표시의무, 포장의무, 청소년에 대한 판매·대여 등의 금지의무 등 각종 의무를 발생시키는 행정처분으로서, 정보통신윤리위원회가 특정 인터넷 웹사이트를 청소년유해매체물로 결정하고 청소년보호위원회가 효력발생시기를 명시하여 고시함으로써 그 명시된 시점에 효력이 발생하였다고 봄이 상당하고, 정보통신윤리위원회와 청소년보호위원회가 위 처분이 있었음을 위 웹사이트 운영자에게 제대로 통지하지 아니하였다고 하여 그 효력 자체가 발생하지 아니한 것으로 볼 수는 없다(대판 2007. 6. 14. 2004두619).

③ (X) 인터넷 웹사이트에 대하여 구 청소년보호법에 따른 청소년유해매체물 결정 및 고시처분을 한 사안에서, 위 결정은 이해관계인이 고시가 있었음을 알았는지 여부에 관계없이 관보에 고시됨으로써 효력이 발생하고, 그가 위 결정을 통지받지 못하였다는 것이 제소기간을 준수하지 못한 것에 대한 정당한 사유가 될 수 없다(대판 2007. 6. 14. 2004두619).

④ (X) 통상 고시 또는 공고에 의하여 행정처분을 하는 경우에는 그 처분의 상대방이 불특정 다수인이고 그 처분의 효력이 불특정 다수인에게 일률적으로 적용되는 것이므로, 그 행정처분에 이해관계를 갖는 자가 고시 또는 공고가 있었다는 사실을 현실적으로 알았는지 여부에 관계없이 고시가 효력을 발생하는 날 행정처분이 있음을 알았다고 보아야 한다(대판 2007.06.14. 2004두619).

정답 ②

II 행정법령의 적용문제

205 [15서울9급]

행정법령의 적용에 관한 설명으로 옳은 것은? (다툼이 있는 경우 판례에 의함)

① 과거에 완성된 사실에 대하여 당사자에게 불리하게 제정 또는 개정된 신법을 적용하는 것은 당사자의 법적 안정성을 해치는 것이므로 어떠한 경우에도 허용될 수 없다.
② 「소득세법」이 개정되어 세율이 인상된 경우, 법 개정 전부터 개정법이 발효된 후에까지 걸쳐 있는 과세기간(1년)의 전체 소득에 대하여 인상된 세율을 적용하는 것은 재산권에 대한 소급적 박탈이 되므로 위법하다.
③ 건설업면허수첩 대여행위가 그 행위 후 법령개정으로 취소사유에서 삭제되었다면, 신법을 적용하여 건설업면허취소를 취소하여야 한다.
④ 행정법규 위반자에 대한 제재처분을 하기 전에 처분의 기준이 행위시보다 불리하게 개정되었고 개정법에 경과규정을 두는 등의 특별한 규정이 없다면, 행위시의 법령을 적용하여야 한다.

해설

① (X) 심히 중대한 공익상의 사유가 소급입법을 정당화하는 경우 등에는 예외적으로 진정소급입법이 허용된다(헌재 1999.7.22. 97헌바76 등).

② (X) 과세단위가 시간적으로 정해지는 조세에 있어 과세표준기간인 과세연도 진행 중에 세율인상 등 납세의무를 가중하는 세법의 제정이 있는 경우에는 이미 충족되지 아니한 과세요건을 대상으로 하는 강학상 이른바 부진정소급효의 경우이므로 그 과세연도 개시 시에 소급적용이 허용된다(대판 1983.4.26. 81누423).

③ (X) ④ (O) 법령이 변경된 경우 명문의 다른 규정이나 특별한 사정이 없는 한 그 변경 전에 발생한 사항에 대하여는 변경 후의 신 법령이 아니라 변경 전의 구 법령이 적용되므로, 건설업자인 원고가 1973.12.31 소외인에게 면허수첩을 대여한 것이 그 당시 시행된 건설업법 제38조 제1항 제8호 소정의 건설업면허 취소사유에 해당된다면 그 후 동법시행령 제3조 제1항이 개정되어 건설업면허 취소사유에 해당하지 아니하게 되었다 하더라도 건설부장관은 동 면허수첩 대여행위 당시 시행된 건설업법 제38조 제1항 제8호를 적용하여 원고의 건설업면허를 취소하여야 할 것이다(대판 1982.12.28. 82누1).

정답 ④

III 행정행위의 효력

206 [11지방7급]

행정행위의 효력에 대한 설명으로 옳지 않은 것은? (다툼이 있는 경우 판례에 의함)

① 처분 등의 효력 유무 및 위법 여부 또는 존재 여부가 민사소송의 선결문제로 되어 당해 민사소송의 수소법원이 이를 심리·판단하는 경우에 대하여 「행정소송법」은 명시적인 규정을 두고 있다.

② 과세처분의 하자가 취소할 수 있는 정도에 불과한 때에는 과세관청이 스스로 취소하거나 항고소송에 의하여 취소되지 않는 한 그로 인한 조세의 납부가 부당이득이 된다고 할 수 없다.

③ 연령미달인 자가 다른 사람의 이름으로 면허시험에 응시, 합격하여 교부받은 운전면허는 무효가 아니고 「도로교통법」상 취소사유에 해당하여 취소되지 않는 한 유효하므로 그의 운전행위는 무면허운전에 해당하지 않는다.

④ 과세처분에 관한 이의신청절차에서 과세관청이 이의신청 사유가 옳다고 인정하여 과세처분을 직권으로 취소한 이상 그 후 특별한 사유 없이 이를 번복하고 종전 처분을 되풀이하는 것은 허용되지 않는다.

해설

① (X) '위법여부'가 아니라 '효력 유무 또는 존재여부'에 관한 규정을 두고 있다.

> **행정소송법 제11조(선결문제)** ① 처분 등의 효력 유무 또는 존재 여부가 민사소송의 선결문제로 되어 당해 민사소송의 수소법원이 이를 심리·판단하는 경우에는 제17조, 제25조, 제26조 및 제33조의 규정을 준용한다.

② (O) 행정처분의 하자가 중대하고 명백하여 당연무효라고 보아야 할 사유가 있는 경우를 제외하고는 아무도 그 하자를 이유로 무단히 그 효과를 부정하지 못하는 것으로, 행정행위의 하자가 취소사유에 불과한 때에는 그 처분이 취소되지 않는 한 처분의 효력을 부정하여 그로 인한 이득을 법률상 원인 없는 이득이라고 말할 수 없게 하는 것이다(대판 1994.11.11. 94다28000).

③ (O) 연령미달의 결격자인 피고인이 소외인의 이름으로 운전면허시험에 응시, 합격하여 교부받은 운전면허는 당연무효가 아니고 도로교통법 제65조 제3호의 사유에 해당함에 불과하여 취소되지 않는 한 유효하므로 피고인의 운전행위는 무면허운전에 해당하지 아니한다(대판 1982.6.8. 80도2646).

④ (O) 과세처분에 관한 이의신청절차에서 과세관청이 이의신청 사유가 옳다고 인정하여 과세처분을 직권으로 취소한 이상 그 후 특별한 사유 없이 이를 번복하고 종전 처분을 되풀이하는 것은 허용되지 않는다(대판 2010.9.30. 2009두1020).

정답 ①

207 [18국가7급]

행정행위의 공정력과 선결문제에 대한 설명으로 옳지 않은 것은? (다툼이 있는 경우 판례에 의함)

① 처분의 효력 유무가 민사소송의 선결문제로 되어 당해 소송의 수소법원이 이를 심리・판단하는 경우 수소법원은 필요하다고 인정할 때에는 직권으로 증거조사를 할 수 있고, 당사자가 주장하지 아니한 사실에 대하여도 판단할 수 있다.

② 처분의 효력 유무가 당사자소송의 선결문제인 경우, 당사자소송의 수소법원은 이를 심사하여 하자가 중대・명백한 경우에는 처분이 무효임을 전제로 판단할 수 있고, 또한 단순한 취소사유에 그칠 때에도 처분의 효력을 부인할 수 있다.

③ 취소소송에 당해 처분과 관련되는 부당이득반환청구소송이 병합되어 제기된 경우, 부당이득반환청구가 인용되기 위해서는 그 소송절차에서 판결에 의해 당해 처분이 취소되면 충분하고 그 처분의 취소가 확정되어야 하는 것은 아니다.

④ 행정청이 침해적 행정처분인 시정명령을 하면서 사전통지를 하거나 의견제출 기회를 부여하지 않아 시정명령이 절차적 하자로 위법하다면, 그 시정명령을 위반한 사람에 대하여는 시정명령위반죄가 성립하지 않는다.

해설

① **(O)**

행정소송법 제11조(선결문제) ① 처분 등의 효력 유무 또는 존재 여부가 민사소송의 선결문제로 되어 당해 민사소송의 수소법원이 이를 심리·판단하는 경우에는 제17조, 제25조, 제26조 및 제33조의 규정을 준용한다.

제26조(직권심리) 법원은 필요하다고 인정할 때에는 직권으로 증거조사를 할 수 있고, 당사자가 주장하지 아니한 사실에 대하여도 판단할 수 있다.

② **(X)** 행정행위는 공정력과 불가쟁력의 효력이 있어 설혹 행정행위에 하자가 있는 경우에도 그 하자가 중대하고 명백하여 당연 무효로 보아야 할 사유가 있는 경우 이외에는 그 행정행위가 행정소송이나 다른 행정행위에 의하여 적법히 취소될 때까지는 단순히 취소할 수 있는 사유가 있는 것만으로는 누구나 그 효력을 부인할 수는 없고 법령에 의한 불복기간이 경과한 경우에는 당사자는 그 행정처분의 효력을 다툴 수 없다(대판 1991.04.23. 90누8756).

③ **(O)** 부당이득반환청구가 인용되기 위해서는 그 소송절차에서 판결에 의해 당해 처분이 취소되면 충분하고 그 처분의 취소가 확정되어야 하는 것은 아니라고 보아야 한다(대판 2009.4.9, 2008두23153).

④ **(O)** 행정청으로부터 구 주택법 제91조에 의한 시정명령을 받고도 이를 위반하였다는 이유로 위 법 제98조 제11호에 의한 처벌을 하기 위해서는 그 시정명령이 적법한 것이어야 하고, 그 시정명령이 위법하다고 인정되는 한 위 법 제98조 제11호 위반죄는 성립하지 않는다(대판 2009.06.25. 2006도824).

정답 ②

208 [19지방9급]

행정행위의 효력에 대한 설명으로 옳지 않은 것은? (다툼이 있는 경우 판례에 의함)

① 민사소송에 있어서 어느 행정처분의 당연무효 여부가 선결문제로 되는 때에는 당해 소송의 수소법원은 이를 판단하여 그 행정처분의 무효확인판결을 할 수 있다.

② 과세처분의 하자가 단지 취소할 수 있는 정도에 불과할 때에는 과세관청이 이를 스스로 취소하거나 행정쟁송절차에 의하여 취소되지 않는 한 그로 인한 조세의 납부가 부당이득이 된다고 할 수 없다.

③ 구 「소방시설 설치・유지 및 안전관리에 관한 법률」 제9조에 의한 소방시설 등의 설치 또는 유지・관리에 대한 명령이 행정처분으로서 하자가 있어 무효인 경우에는 명령에 따른 의무위반이 생기지 아니하므로, 명령위반을 이유로 행정형벌을 부과할 수 없다.

④ 행정처분이 불복기간의 경과로 인하여 확정될 경우, 그 확정력은 처분으로 인하여 법률상 이익을 침해받은 자가 처분의 효력을 더 이상 다툴 수 없다는 의미일 뿐 판결에 있어서와 같은 기판력이 인정되는 것은 아니다.

해설

① (X) 민사법원에서 행정처분의 무효확인판결을 할 수는 없다.

> [관련판례] 민사소송에 있어서 어느 행정처분의 당연무효 여부가 선결문제로 되는 때에는 이를 판단하여 당연무효임을 전제로 판결할 수 있고 반드시 행정소송 등의 절차에 의하여 그 취소나 무효확인을 받아야 하는 것은 아니다(대판 2010.4.8. 2009다90092).

② (O) 행정행위의 하자가 취소사유에 불과한 때에는 그 처분이 취소되지 않는 한 처분의 효력을 부정하여 그로 인한 이득을 법률상 원인 없는 이득이라고 말할 수 없게 하는 것이다(대판 1994.11.11. 94다28000).

③ (O) 소방공무원이 행정처분인 시정・보완 명령을 구술로 고지한 것은 행정절차법 제24조를 위반한 것으로 하자가 중대하고 명백하여 당연 무효이고, 무효인 명령에 따른 의무위반이 생기지 아니하는 이상 피고인에게 명령 위반을 이유로 소방시설 설치유지 및 안전관리에 관한 법률 제48조의2 제1호에 따른 행정형벌을 부과할 수 없다(대판 2011. 11. 10. 2011도11109).

④ (O) 행정처분이나 행정심판 재결이 불복기간의 경과로 인하여 확정될 경우 확정력은 처분으로 인하여 법률상 이익을 침해받은 자가 처분이나 재결의 효력을 더 이상 다툴 수 없다는 의미일 뿐 판결에 있어서와 같은 기판력이 인정되는 것은 아니어서 처분의 기초가 된 사실관계나 법률적 판단이 확정되고 당사자들이나 법원이 이에 기속되어 모순되는 주장이나 판단을 할 수 없게 되는 것은 아니다(대판 1993.04.13. 92누17181).

정답 ①

209 [22지방9급]

선결문제에 대한 판례의 입장으로 옳지 않은 것은?

① 조세부과처분이 무효임을 이유로 이미 납부한 세금의 반환을 청구하는 민사소송에서 법원은 그 조세부과처분이 무효라는 판단과 함께 세금을 반환하라는 판결을 할 수 있다.

② 영업허가취소처분으로 손해를 입은 자가 제기한 국가배상청구소송에서 법원은 영업허가취소처분에 취소사유에 해당하는 하자가 있는 경우에는 영업허가취소처분의 위법을 이유로 배상청구를 인용할 수 없다.

③ 물품을 수입하고자 하는 자가 세관장에게 수입신고를 하여 그 면허를 받고 물품을 통관한 경우에는, 세관장의 수입면허가 중대하고도 명백한 하자가 있는 행정행위이어서 당연무효가 아닌 한 「관세법」 소정의 무면허수입죄가 성립될 수 없다.

④ 영업허가취소처분 이후에 영업을 한 행위에 대하여 무허가영업으로 기소되었으나 형사법원이 판결을 내리기 전에 영업허가취소처분이 행정소송에서 취소되면 형사법원은 무허가영업행위에 대해서 무죄를 선고하여야 한다.

해설

① (O) 민사소송에 있어서 어느 행정처분의 당연무효 여부가 선결문제로 되는 때에는 이를 판단하여 당연무효임을 전제로 판결할 수 있고 반드시 행정소송 등의 절차에 의하여 그 취소나 무효확인을 받아야 하는 것은 아니다(대판 2010.4.8. 2009다90092).

② (X) 처분이 위법함을 이유로 배상을 청구하는 사건에 있어, 미리 그 행정처분의 취소판결이 있어야만 그 위법임을 이유로 피고에게 배상을 청구할 수 있는 것은 아니다(대판 1991.1.25. 87다카2569).

③ (O) 물품을 수입하고자 하는 자가 일단 세관장에게 수입신고를 하여 그 면허를 받고 물품을 통관한 경우에는, 세관장의 수입면허가 중대하고도 명백한 하자가 있는 행정행위이어서 당연무효가 아닌 한 관세법 제181조 소정의 무면허수입죄가 성립될 수 없다(대판 1989.3.28. 89도149).

④ (O) 영업허가취소처분 자체가 나중에 행정쟁송절차에 의하여 취소되었다면 그 영업허가취소처분은 그 처분시에 소급하여 효력을 잃게 되며, 그 영업허가취소처분에 복종할 의무가 원래부터 없었음이 확정되었다고 봄이 타당하고, 영업허가취소처분이 장래에 향하여서만 효력을 잃게 된다고 볼 것은 아니므로 그 영업허가취소처분 이후의 영업행위를 무허가영업이라고 볼 수는 없다(대판 1993.6.25. 93도277).

정답 ②

210 [17국가7급(下)]

하자 있는 행정행위와 선결문제에 대한 설명으로 옳지 않은 것은? (다툼이 있는 경우 판례에 의함)

① 행정처분이 당연무효임을 전제로 하여 민사소송을 제기한 때에는 그 행정처분이 당연무효인지의 여부가 선결문제이므로 법원은 이를 심사하여 그 행정처분의 하자가 당연무효라고 인정될 경우에는 이를 전제로 하여 판단할 수 있으나 그 하자가 단순한 취소사유에 그칠 때에는 법원은 그 효력을 부인할 수 없다.

② 행정청의 조치명령에 위반하여 명령위반죄로 기소된 사안에서 해당 조치명령이 당연무효인 경우에 한하여 형사법원은 그 위법성을 판단하여 죄의 성립 여부를 결정할 수 있다.

③ 영업허가취소처분의 취소를 구하는 소송에서 취소판결을 받은 경우 해당 영업허가취소처분은 처분 시에 소급하여 효력을 잃게 되므로 그 영업허가취소처분 이후의 영업행위는 무허가영업으로 볼 수 없다.

④ 행정처분의 취소를 구하는 취소소송에서 그 처분의 취소를 선결문제로 하는 부당이득반환청구가 병합된 경우, 그 청구의 인용을 위해서는 그 소송절차에서 판결에 의해 당해 처분이 취소되면 충분하고 그 처분의 취소가 확정되어야 할 필요는 없다.

해설

① (O) 대판 1973.7.10. 70다1439.

② (X) 구 도시계획법 제78조 제1항에 정한 처분이나 조치명령을 받은 자가 이에 위반한 경우 이로 인하여 같은 법 제92조에 정한 처벌을 하기 위하여는 그 처분이나 조치명령이 적법한 것이라야 하고, 그 처분이 당연무효가 아니라 하더라도 그것이 위법한 처분으로 인정되는 한 같은 법 제92조 위반죄가 성립될 수 없다(대판 1992.8.18. 90도1709).

③ (O) 영업의 금지를 명한 영업허가취소처분 자체가 나중에 행정쟁송절차에 의하여 취소되었다면 그 영업허가취소처분은 그 처분시에 소급하여 효력을 잃게 되며, 그 영업허가취소처분 이후의 영업행위를 무허가영업이라고 볼 수는 없다(대판 1993.6.25. 93도277).

④ (O) 대판 2009.4.9. 2008두23153.

정답 ②

법무부장관이 A에게 귀화허가를 준 경우, 그 귀화허가가 무효가 아니라면, 귀화허가가 모든 국가기관을 구속하여 각 부 장관이 A를 국민으로 보아야하는 효력은 행정의사의 존속력에서 나온다. [14서울7급]

| 해설

(X) 법무부장관이 A에게 귀화허가를 준 경우, 그 귀화허가가 무효가 아니라면, 귀화허가가 모든 국가기관을 구속하여 각 부 장관이 A를 국민으로 보아야하는 효력은 구성요건적 효력에서 나온다.

구성요건적 효력은 행정행위의 유·무효를 불문하고 인정되는 구속력이다. [15교육행정]

| 해설

(X) 무효인 행정행위의 경우 구성요건적 효력이 인정되지 않는다.

211 [16국가7급]

행정행위의 효력에 대한 설명으로 옳지 않은 것은? (다툼이 있는 경우 판례에 의함)

① 행정행위의 불가변력은 당해 행정행위에 대하여서만 인정되는 것이고, 동종의 행정행위라 하더라도 그 대상을 달리할 때에는 이를 인정할 수 없다.

② 과세처분에 관한 이의신청절차에서 과세관청이 이의신청 사유가 옳다고 인정하여 과세처분을 직권으로 취소한 이상 그 후 특별한 사유 없이 이를 번복하고 종전 처분을 되풀이하는 것은 허용되지 않는다.

③ 행정처분이 불복기간의 경과로 인하여 확정될 경우, 처분의 기초가 된 사실관계나 법률적 판단이 확정되고 당사자들이나 법원이 이에 기속되어 모순되는 주장이나 판단을 할 수 없다.

④ 위법한 행정대집행이 완료되면 계고처분의 무효확인 또는 취소를 구할 소의 이익은 없다 하더라도, 미리 그 계고처분의 취소판결이 있어야만 그 계고처분이 위법임을 이유로 손해배상 청구를 할 수 있는 것은 아니다.

해설

① (O) 행정행위의 불가변력은 당해 행정행위에 대하여서만 인정되는 것이고, 동종의 행정행위라 하더라도 그 대상을 달리할 때에는 이를 인정할 수 없다(대판 1974.12.10. 73누129).

② (O) 대판 2010.09.30. 2009두1020.

③ (X) 행정처분이나 행정심판 재결이 불복기간의 경과로 인하여 확정될 경우 확정력은 처분으로 인하여 법률상 이익을 침해받은 자가 처분이나 재결의 효력을 더 이상 다툴 수 없다는 의미일 뿐 판결에 있어서와 같은 기판력이 인정되는 것은 아니어서 처분의 기초가 된 사실관계나 법률적 판단이 확정되고 당사자들이나 법원이 이에 기속되어 모순되는 주장이나 판단을 할 수 없게 되는 것은 아니다(대판 1993.04.13. 92누17181).

④ (O) 위법한 행정대집행이 완료되면 그 처분의 무효 확인 또는 취소를 구할 소의 이익은 없다 하더라도, 미리 그 행정처분의 취소판결이 있어야만, 그 행정처분의 위법임을 이유로 한 손해배상 청구를 할 수 있는 것은 아니다(대판 1972.4.28. 72다337).

정답 ③

212 [18지방7급]

행정행위의 효력에 대한 설명으로 옳은 것은? (다툼이 있는 경우 판례에 의함)

① 과세대상이 아닌 것을 세무공무원이 직무상 과실로 과세대상으로 오인하여 과세처분을 행함으로 인하여 손해가 발생된 경우, 동 과세처분이 취소되지 아니하였다 하더라도 국가는 이로 인한 손해를 배상할 책임이 있다.

② 과세처분의 하자가 취소할 수 있는 사유인 경우 과세관청이 이를 스스로 취소하거나 항고소송절차에 의하여 취소되지 아니하여도 해당 조세의 납부는 부당이득이 된다.

③ 행정행위의 불가변력은 해당 행정행위에 대해서 뿐만 아니라 그 대상을 달리하는 동종의 행정행위에 대해서도 인정된다.

④ 행정처분이나 행정심판 재결이 불복기간의 경과로 인하여 확정될 경우 확정력은 처분으로 인하여 법률상 이익을 침해받은 자가 처분이나 재결의 효력을 더 이상 다툴 수 없다는 의미에서 판결에 있어서와 같은 기판력이 인정된다.

해설

① (O) 물품세 과세대상이 아닌 것을 세무공무원이 직무상 과실로 과세대상으로 오인하여 과세처분을 행함으로 인하여 손해가 발생된 경우에는, 동 과세처분이 취소되지 아니하였다 하더라도, 국가는 이로 인한 손해를 배상할 책임이 있다(대판 1979. 4. 10. 79다262).

② (X) 행정행위의 하자가 취소사유에 불과한 때에는 그 처분이 취소되지 않는 한 처분의 효력을 부정하여 그로 인한 이득을 법률상 원인 없는 이득이라고 말할 수 없게 하는 것이다(대판 1994.11.11. 94다28000).

③ (X) 행정행위의 불가변력은 당해 행정행위에 대하여서만 인정되는 것이고, 동종의 행정행위라 하더라도 그 대상을 달리할 때에는 이를 인정할 수 없다(대판 1974.12.10. 73누129).

④ (X) 대판 1993.04.13. 92누17181.

정답 ①

213 [21지방9급]

행정행위의 효력에 대한 설명으로 옳지 않은 것은? (다툼이 있는 경우 판례에 의함)

① 행정처분이 아무리 위법하다고 하여도 그 하자가 중대하고 명백하여 당연무효라고 보아야 할 사유가 있는 경우를 제외하고는 아무도 그 하자를 이유로 무단히 그 효과를 부정하지 못한다.
② 민사소송에 있어서 어느 행정처분의 당연무효 여부가 선결문제로 되는 때에는 이를 판단하여 당연무효임을 전제로 판결할 수 있고 반드시 행정소송 등의 절차에 의하여 그 취소나 무효확인을 받아야 하는 것은 아니다.
③ 불가쟁력이 발생한 행정행위로 손해를 입은 국민은 국가배상청구를 할 수 있다.
④ 행정행위의 불가변력은 당해 행정행위에 대해서만 인정되는 것이 아니고, 동종의 행정행위라면 그 대상을 달리하더라도 인정된다.

해설

① (O) 행정처분이 아무리 위법하다고 하여도 그 하자가 중대하고 명백하여 당연무효라고 보아야 할 사유가 있는 경우를 제외하고는 아무도 그 하자를 이유로 무단히 그 효과를 부정하지 못하는 것으로, 이러한 행정행위의 공정력은 판결의 기판력과 같은 효력은 아니지만 그 공정력의 객관적 범위에 속하는 행정행위의 하자가 취소사유에 불과한 때에는 그 처분이 취소되지 않는 한 처분의 효력을 부정하여 그로 인한 이득을 법률상 원인 없는 이득이라고 말할 수 없는 것이다(대판 1994.11.11. 94다28000).

② (O) 민사소송에 있어서 어느 행정처분의 당연무효 여부가 선결문제로 되는 때에는 이를 판단하여 당연무효임을 전제로 판결할 수 있고 반드시 행정소송 등의 절차에 의하여 그 취소나 무효확인을 받아야 하는 것은 아니다(대판 2010.4.8. 2009다90092).

③ (O) 행정처분의 취소판결이 있어야만 그 위법임을 이유로 피고에게 배상을 청구할 수 있는 것은 아니다(대판 1991.1.25. 87다카2569).

④ (X) 행정행위의 불가변력은 당해 행정행위에 대하여서만 인정되는 것이고, 동종의 행정행위라 하더라도 그 대상을 달리할 때에는 이를 인정할 수 없다(대판 1974.12.10. 73누129).

정답 ④

214 [17국가7급(下)]

행정행위의 효력에 대한 설명으로 옳은 것만을 모두 고른 것은? (다툼이 있는 경우 판례에 의함)

ㄱ. 불가변력은 모든 행정행위에 공통되는 것이 아니라 행정심판의 재결 등과 같이 예외적이고 특별한 경우에 처분청 등 행정청에 대한 구속으로 인정되는 실체법적 효력을 의미한다.

ㄴ. 산업재해요양보상급여취소처분이 불복기간의 경과로 인해 확정되면 요양급여청구권 없음이 확정되므로 다시 요양급여를 청구할 수 없다.

ㄷ. 동일한 사유에 관하여 보다 무거운 면허취소처분을 하기 위하여 이미 행하여진 가벼운 면허정지처분을 취소하는 것은 선행 처분에 대한 당사자의 신뢰 및 법적 안정성을 크게 저해하는 것이 되어 허용될 수 없다.

ㄹ. 제소기간이 이미 도과하여 불가쟁력이 생긴 행정처분에 대하여는 개별 법규에서 그 변경을 요구할 신청권을 규정하고 있거나 관계 법령의 해석상 그러한 신청권이 인정될 수 있는 등 특별한 사정이 없는 한 국민에게 그 행정처분의 변경을 구할 신청권이 없다.

① ㄱ, ㄴ　　② ㄴ, ㄹ

③ ㄱ, ㄷ, ㄹ　　④ ㄱ, ㄴ, ㄷ, ㄹ

해설

ㄱ. (O) 불가변력은 모든 행정행위에 공통된 효력이 아니라 특별한 행정행위에 대해서만 인정되는 효력인 바, 불가변력이 인정되는 행정행위는 준사법적 행정행위, 확인행위 등이 있다.

ㄴ. (X) 행정처분이나 행정심판 재결이 불복기간의 경과로 인하여 확정될 경우 효력을 더 이상 다툴 수 없다는 의미일 뿐 판결에 있어서와 같은 기판력이 인정되는 것은 아니어서 처분의 기초가 된 사실관계나 법률적 판단이 확정되고 당사자들이나 법원이 이에 기속되어 모순되는 주장이나 판단을 할 수 없게 되는 것은 아니다. 종전의 산업재해요양보상급여취소처분이 불복기간의 경과로 인하여 확정되었더라도 요양급여청구권이 없다는 내용의 법률관계까지 확정된 것은 아니며 소멸시효에 걸리지 아니한 이상 다시 요양급여를 청구할 수 있고 그것이 거부된 경우 이는 새로운 거부처분으로서 위법 여부를 소구할 수 있다(대판 1993. 4. 13. 92누17181).

ㄷ. (O) 동일한 사유에 관하여 보다 무거운 면허취소처분을 하기 위하여 이미 행하여진 가벼운 면허정지처분을 취소하는 것은 선행처분에 대한 당사자의 신뢰 및 법적 안정성을 크게 저해하는 것이 되어 허용될 수 없다 할 것이다(대판 2000.2.25. 99두10520).

ㄹ. (O) 제소기간이 이미 도과하여 불가쟁력이 생긴 행정처분에 대하여 특별한 사정이 없는 한 국민에게 그 행정처분의 변경을 구할 신청권이 있다 할 수 없다(대판 2007.4.26. 2005두11104).

정답 ③

215 [21국가9급]

행정행위에 대한 설명으로 옳은 것만을 모두 고르면? (다툼이 있는 경우 판례에 의함)

ㄱ. 행정의사가 외부에 표시되어 행정청이 자유롭게 취소·철회할 수 없는 구속을 받게 되는 시점에 처분이 성립하고 그 성립 여부는 행정청이 행정의사를 공식적인 방법으로 외부에 표시하였는지를 기준으로 판단해야 한다.

ㄴ. 구 「공중위생관리법」상 공중위생영업에 대하여 영업을 정지할 위법사유가 있다면 관할 행정청은 그 영업이 양도·양수되었다 하더라도 양수인에 대하여 영업정지처분을 할 수 있다.

ㄷ. 「도시 및 주거환경정비법」상 주택재건축조합에 대해 조합설립 인가처분이 행하여진 후에는, 조합설립결의의 하자를 이유로 조합설립의 무효를 주장하려면 조합설립 인가처분의 취소 또는 무효확인을 구하는 소송으로 다투어야 하며, 따로 조합설립결의의 하자를 다투는 확인의 소를 제기할 수 없다.

ㄹ. 공정거래위원회가 부당한 공동행위를 한 사업자들 중 자진신고자에 대하여 구 독점규제 및 공정거래에 관한 법령에 따라 과징금 부과처분(선행처분)을 한 뒤, 다시 자진신고자에 대한 사건을 분리하여 자진신고를 이유로 과징금 감면처분(후행처분)을 한 경우라도 선행처분의 취소를 구하는 소는 적법하다.

① ㄴ, ㄷ
② ㄱ, ㄴ, ㄷ
③ ㄱ, ㄴ, ㄹ
④ ㄱ, ㄷ, ㄹ

해설

ㄱ. **(O)** 행정의사가 외부에 표시되어 행정청이 자유롭게 취소·철회할 수 없는 구속을 받게 되는 시점에 처분이 성립하고, 그 성립 여부는 행정청이 행정의사를 공식적인 방법으로 외부에 표시하였는지를 기준으로 판단해야 한다(대판 2019. 7. 11. 2017두38874).

ㄴ. **(O)** 공중위생영업에 대하여 그 영업을 정지할 위법사유가 있다면, 관할 행정청은 그 영업이 양도·양수되었다 하더라도 그 업소의 양수인에 대하여 영업정지처분을 할 수 있다(대판 2001. 6. 29. 2001두1611).

ㄷ. **(O)** 조합설립결의에 하자가 있다면 그 하자를 이유로 직접 항고소송의 방법으로 조합설립 인가처분의 취소 또는 무효확인을 구하여야 하고, 이와는 별도로 조합설립결의 부분만을 따로 떼어내어 그 효력 유무를 다투는 확인의 소를 제기하는 것은 원고의 권리 또는 법률상의 지위에 현존하는 불안·위험을 제거하는 데에 가장 유효·적절한 수단이라 할 수 없어 특별한 사정이 없는 한 확인의 이익은 인정되지 아니한다(대판 2009.09.24. 2008다60568).

ㄹ. **(X)** 자진신고 등을 이유로 한 과징금 감면처분(이하 '후행처분'이라 한다)을 하였다면, 후행처분은 자진신고 감면까지 포함하여 처분 상대방이 실제로 납부하여야 할 최종적인 과징금액을 결정하는 종국적 처분이고, 선행처분은 이러한 종국적 처분을 예정하고 있는 일종의 잠정적 처분으로서 후행처분이 있을 경우 선행처분은 후행처분에 흡수되어 소멸한다. 따라서 위와 같은 경우에 선행처분의 취소를 구하는 소는 이미 효력을 잃은 처분의 취소를 구하는 것으로 부적법하다(대판 2015. 2. 12. 2013두987).

정답 ②

Ⅳ 행정행위의 결효(缺效)

하자 있는 행정처분이 당연무효가 되기 위하여는 그 하자가 법규의 중요한 부분을 위반한 중대한 것으로서 객관적으로 명백한 것이어야 하며 하자가 중대하고 명백한 것인지 여부를 판별함에 있어서는 구체적 사안 자체의 특수성은 고려함이 없이 법규의 목적, 의미, 기능 등을 목적론적으로 고찰함을 요한다.

[15서울7급]

| 해설

(X) 하자 있는 행정처분이 당연무효가 되기 위하여는 그 하자가 법규의 중요한 부분을 위반한 중대한 것으로서 객관적으로 명백한 것이어야 하며 하자가 중대하고 명백한 것인지 여부를 판별함에 있어서는 그 법규의 목적, 의미, 기능 등을 목적론적으로 고찰함과 동시에 구체적 사안 자체의 특수성에 관하여도 합리적으로 고찰함을 요한다(대판 1995.7.11. 94누4615 전원합의체).

216 [17국가7급(下)]

행정행위의 하자에 대한 판례의 입장으로 옳은 것은?

① 구 폐기물처리시설 설치촉진 및 주변지역 지원 등에 관한 법령상 입지선정위원회는 일정 수 이상의 주민대표 등을 참여시키도록 하고 있음에도 불구하고 이에 위배하여 군수와 주민대표가 선정·추천한 전문가를 포함시키지 않은 채 입지선정위원회를 임의로 구성하여 의결한 경우 이에 따른 폐기물처리시설 입지결정처분의 하자는 무효사유에 해당한다.

② 「국민연금법」상 장애연금 지급을 위한 장애등급 결정을 하는 경우에는 원칙상 장애연금 지급청구권을 취득할 당시가 아니라 장애연금지급을 결정할 당시의 법령을 적용한다.

③ 적법하게 건축된 건축물에 대한 철거명령을 전제로 행하여진 후행행위인 건축물철거 대집행계고처분은 당연무효라 할 수 없다.

④ 세액산출근거가 누락된 납세고지서에 의한 과세처분에 대하여 상고심 계류 중 세액산출 근거의 통지가 행하여지면 당해 과세처분의 하자는 치유된다.

해설

① (O) 구 폐기물처리시설 설치촉진 및 주변지역 지원 등에 관한 법률에 정한 규정에 위배하여 군수와 주민대표가 선정·추천한 전문가를 포함시키지 않은 채 임의로 구성되어 의결을 한 경우, 그에 터잡아 이루어진 폐기물처리시설 입지결정처분의 하자는 중대한 것이고 객관적으로도 명백하므로 무효사유에 해당한다(대판 2007.4.12. 2006두20150).

② (X) 장해급여 지급을 위한 장해등급 결정 역시 장해급여 지급청구권을 취득할 당시, 즉 그 지급 사유 발생 당시의 법령에 따르는 것이 원칙이다(대판 2007.02.22. 2004두12957).

③ (X) 적법한 건축물에 대한 철거명령은 그 하자가 중대하고 명백하여 당연무효라고 할 것이고, 그 후행행위인 건축물철거 대집행계고처분 역시 당연무효라고 할 것이다(대판 1999.4.27. 97누6780).

④ (X) 과세처분에 대한 전심절차가 모두 끝나고 상고심의 계류중에 세액산출근거의 통지가 있었다고 하여 이로써 위 과세처분의 하자가 치유되었다고는 볼 수 없다(대판 1984.4.10. 83누393).

정답 ①

217 [15지방9급]

행정행위의 하자 중 무효사유에 해당하지 않는 것은? (다툼이 있는 경우 판례에 의함)

① 납세자가 아닌 제3자의 재산을 대상으로 한 압류처분

② 환경영향평가의 실시대상사업에 대하여 환경영향평가를 거치지 않고 행한 승인 등 처분

③ 적법한 건축물에 대한 철거명령의 후행행위인 건축물철거 대집행계고처분

④ 적법한 권한 위임 없이 세관출장소장에 의하여 행하여진 관세부과처분

해설

① (O) 납세자가 아닌 제3자의 재산을 대상으로 한 압류처분은 그 처분의 내용이 법률상 실현될 수 없는 것이어서 당연무효이다(대판 2012.4.12. 2010두4612).

② (O) 대판 2006.6.30. 2005두14363.

③ (O) 적법한 건축물에 대한 철거명령은 그 하자가 중대하고 명백하여 당연무효라고 할 것이고, 그 후행행위인 건축물철거 대집행계고처분 역시 당연무효라고 할 것이다(대판 1999.4.27. 97누6780).

④ (X) 적법한 권한 위임 없이 세관출장소장에 의하여 행하여진 관세부과처분이 그 하자가 중대하기는 하지만 객관적으로 명백하다고 할 수 없어 당연무효는 아니다(대판 2004.11.26. 2003두2403).

정답 ④

218 [18지방9급]

행정행위의 하자에 대한 판례의 입장으로 옳지 않은 것은?

① 친일반민족행위자로 결정한 최종발표와 그에 따라 그 유가족에 대하여 한 「독립유공자 예우에 관한 법률」 적용배제자 결정은 별개의 법률효과를 목적으로 하는 처분이다.

② 무권한의 행위는 원칙적으로 무효라고 할 것이므로, 5급 이상의 국가정보원 직원에 대해 임면권자인 대통령이 아닌 국가정보원장이 행한 의원면직처분은 당연무효에 해당한다.

③ 「국가유공자 등 예우 및 지원에 관한 법률」에 따른 여러 개의 상이에 대한 국가유공자요건비해당처분에 대한 취소소송에서 그 중 일부 상이만이 국가유공자요건이 인정되는 상이에 해당하는 경우, 국가유공자요건 비해당처분 중 그 요건이 인정되는 상이에 대한 부분만을 취소하여야 한다.

④ 위법하게 구성된 폐기물처리시설 입지선정위원회가 의결을 한 경우, 그에 터잡아 이루어진 폐기물처리시설 입지결정처분의 하자는 무효사유로 본다.

해설

① (O) 선행처분과 후행처분이 서로 독립하여 별개의 효과를 목적으로 하는 경우에도 선행처분의 불가쟁력이나 구속력이 그로 인하여 불이익을 입게 되는 자에게 수인한도를 넘는 가혹함을 가져오며, 그 결과가 당사자에게 예측가능한 것이 아닌 경우에는 국민의 재판받을 권리를 보장하고 있는 헌법의 이념에 비추어 선행처분의 후행처분에 대한 구속력은 인정될 수 없다. 갑을 친일반민족행위자로 결정한 친일반민족행위진상규명위원회(이하 '진상규명위원회'라 한다)의 최종발표(선행처분)에 따라 지방보훈지청장이 독립유공자 예우에 관한 법률(이하 '독립유공자법'이라 한다) 적용 대상자로 보상금 등의 예우를 받던 갑의 유가족 을 등에 대하여 독립유공자법 적용배제자 결정(후행처분)을 한 사안에서, 진상규명위원회가 갑의 친일반민족행위자 결정 사실을 통지하지 않아 을은 후행처분이 있기 전까지 선행처분의 사실을 알지 못하였고, 선행처분의 하자를 이유로 후행처분의 효력을 다툴 수 없게 하는 것은 을에게 수인한도를 넘는 불이익을 주고 그 결과가 을에게 예측가능한 것이라고 할 수 없어 선행처분의 후행처분에 대한 구속력을 인정할 수 없으므로 선행처분의 위법을 이유로 후행처분의 효력을 다툴 수 있다(대판 2013.3.14. 2012두6964).

② (X) 5급 이상의 국가정보원직원에 대한 의원면직처분이 임면권자인 대통령이 아닌 국가정보원장에 의해 행해진 것으로 위법하고, 나아가 국가정보원직원의 명예퇴직원 내지 사직서 제출이 직위해제 후 1년여에 걸친 국가정보원장 측의 종용에 의한 것이었다는 사정을 감안한다 하더라도 그러한 하자가 중대한 것이라고 볼 수는 없으므로, 대통령의 내부결재가 있었는지에 관계없이 당연무효는 아니다(대판 2007.7.26. 2005두15748).

③ (O) 외형상 하나의 행정처분이라 하더라도 가분성이 있거나 그 처분대상의 일부가 특정될 수 있다면 그 일부만의 취소도 가능하고 그 일부의 취소는 당해 취소부분에 관하여 효력이 생긴다고 할 것인 점 등을 종합하면, 여러 개의 상이에 대한 국가유공자요건비해당처분에 대한 취소소송에서 그 중 일부 상이가 국가유공자요건이 인정되는 상이에 해당하더라도 나머지 상이에 대하여 위 요건이 인정되지 아니하는 경우에는 국가유공자요건비해당처분 중 위 요건이 인정되는 상이에 대한 부분만을 취소하여야 할 것이고, 그 비해당처분 전부를 취소할 수는 없다고 할 것이다(대판 2012. 3. 29. 2011두9263).

④ (O) 구 폐기물처리시설 설치촉진 및 주변지역 지원 등에 관한 법률에 정한 입지선정위원회가 그 구성방법 및 절차에 관한 같은 법 시행령의 규정에 위배하여 군수와 주민대표가 선정 · 추천한 전문가를 포함시키지 않은 채 임의로 구성되어 의결을 한 경우, 그에 터잡아 이루어진 폐기물처리시설 입지결정처분의 하자는 중대한 것이고 객관적으로도 명백하므로 무효사유에 해당한다(대판 2007.4.12. 2006두20150).

정답 ②

무권한은 중대·명백한 하자이므로 항상 무효사유라는 것이 판례의 입장이다. [15서울9급]

해설

(X) 행정청의 권한에는 사무의 성질 및 내용에 따르는 제약이 있고, 지역적 · 대인적으로 한계가 있으므로 이러한 권한의 범위를 넘어서는 권한유월의 행위는 무권한 행위로서 원칙적으로 무효이다(대판 1996.6.28. 96누4374). 다만 무권한의 행위라도 신뢰보호, 법률생활의 안정 등의 측면에서 하자가 중대 · 명백하지 않은 경우에는 취소할 수 있는 행위로 보아야 할 경우가 있다.

[관련판례] 5급 이상의 국가정보원직원에 대한 의원면직처분이 임면권자인 대통령이 아닌 국가정보원장에 의해 행해진 것으로 위법하고, 나아가 국가정보원직원의 명예퇴직원 내지 사직서 제출이 직위해제 후 1년여에 걸친 국가정보원장 측의 종용에 의한 것이었다는 사정을 감안한다 하더라도 그러한 하자가 중대한 것이라고 볼 수는 없으므로, 대통령의 내부결재가 있었는지에 관계없이 당연무효는 아니다(대판 2007.7.26. 2005두15748).

부동산을 양도한 사실이 없음에도 세무당국이 부동산을 양도한 것으로 오인한 양도소득세 부과처분은 착오에 의한 행정처분으로서 취소할 수 있는 행정행위에 해당한다. [11지방9급]

해설

(X) 부동산을 양도한 사실이 없음에도 세무당국이 부동산을 양도한 것으로 오인하여 양도소득세를 부과하였다면 그 처분은 착오에 의한 행정처분으로서 내용에 중대하고 명백한 하자가 있어 당연 무효이다(대판 1983.8.23. 83누179).

219 [17국회8급]

행정행위의 하자에 대한 설명으로 옳은 것은? (다툼이 있는 경우 판례에 의함)

① 행정심판전치주의는 무효확인소송에는 적용되지만 취소소송에는 적용되지 않는다.

② 대법원은 무효와 취소의 구별기준에 대해서 중대명백설을 취하고 있으나, 반대의견으로 객관적 명백성설이 제시된 판례도 존재한다.

③ 판례는 권한유월의 행위는 무권한의 행위로서 원칙적으로 취소사유로 보면서도 의원면직처분에서의 권한유월은 확인적 행정행위의 성격을 갖고 있기 때문에 원칙적으로 무효사유로 보아야 한다는 입장이다.

④ 판례는 민원사무를 처리하는 행정기관이 민원1회방문처리제를 시행하는 절차의 일환으로 민원사항의 심의·조정 등을 위한 민원조정위원회를 개최하면서 민원인에게 회의일정 등을 사전에 통지하지 아니하였다면 취소사유가 존재한다는 입장이다.

⑤ 판례는 환경영향평가를 거쳐야 할 대상사업에 대하여 이를 거치지 아니하였음에도 불구하고 승인 등 처분이 이루어졌다면 이는 당연무효라는 입장이다.

해설

① (X) 무효확인소송의 경우에는 필요적 전치를 규정한 경우라도 행정심판을 거쳐야만 하는 것은 아니다.

② (X) 판례는 무효와 취소의 구별기준에 대해서 중대명백설을 취하고, 반대의견으로 명백성보충요건설을 취한 판례가 있다(대판 1995.07.11. 94누4615 전원합의체).

③ (X) 5급 이상의 국가정보원직원에 대한 의원면직처분이 임면권자인 대통령이 아닌 국가정보원장에 의해 행해진 것으로 위법하고, 나아가 국가정보원직원의 명예퇴직원 내지 사직서 제출이 직위해제 후 1년여에 걸친 국가정보원장 측의 종용에 의한 것이었다는 사정을 감안한다 하더라도 그러한 하자가 중대한 것이라고 볼 수는 없으므로, 대통령의 내부결재가 있었는지에 관계없이 당연무효는 아니다(대판 2007.7.26. 2005두15748).

④ (X) 민원사무를 처리하는 행정기관이 민원 1회방문 처리제를 시행하는 절차의 일환으로 민원사항의 심의·조정 등을 위한 민원조정위원회를 개최하면서 민원인에게 회의일정 등을 사전에 통지하지 아니하였다 하더라도, 이러한 사정만으로 곧바로 민원사항에 대한 행정기관의 장의 거부처분에 취소사유에 이를 정도의 흠이 존재한다고 보기는 어렵다(대판 2015. 8. 27. 2013두1560).

⑤ (O) 환경영향평가를 거쳐야 할 대상사업에 대하여 환경영향평가를 거치지 아니하였음에도 불구하고 승인 등 처분이 이루어진다면, 이와 같은 행정처분은 당연무효이다(대판 2006.06.30. 2005두14363).

정답 ⑤

220 [19지방9급]

행정행위의 하자에 대한 설명으로 옳지 않은 것은? (다툼이 있는 경우 판례에 의함)

① 구 「환경영향평가법」상 환경영향평가를 실시하여야 할 사업에 대하여 환경영향평가를 거치지 아니하였음에도 승인 등 처분을 한 경우, 그 처분은 당연무효이다.

② 적법한 권한 위임 없이 세관출장소장에 의하여 행하여진 관세부과처분은 그 하자가 중대하기는 하지만 객관적으로 명백하다고 할 수 없어 당연무효는 아니다.

③ 행정청이 사전에 교통영향평가를 거치지 아니한 채 '건축허가 전까지 교통영향평가 심의필증을 교부받을 것'을 부관으로 붙여서 한 '실시계획변경 승인 및 공사시행변경 인가 처분'은 그 하자가 중대하고 객관적으로 명백하여 당연무효이다.

④ 징계처분이 중대하고 명백한 하자 때문에 당연무효의 것이라면 징계처분을 받은 자가 이를 용인하였다 하여 그 하자가 치유되는 것은 아니다.

해설

① (O) 환경영향평가를 거쳐야 할 대상사업에 대하여 환경영향평가를 거치지 아니하였음에도 불구하고 승인 등 처분이 이루어진다면, 이와 같은 행정처분은 당연무효이다(대판 2006.06.30. 2005두14363).

② (O) 적법한 권한 위임 없이 세관출장소장에 의하여 행하여진 관세부과처분이 그 하자가 중대하기는 하지만 객관적으로 명백하다고 할 수 없어 당연무효는 아니다(대판 2004.11.26. 2003두2403).

③ (X) 행정청이 사전에 교통영향평가를 거치지 아니한 채 위와 같은 부관을 붙여서 한 위 처분에 중대하고 명백한 흠이 있다고 할 수 없으므로 이를 무효로 보기는 어렵다(대판 2010. 2. 25. 2009두102).

④ (O) 징계처분이 중대하고 명백한 흠 때문에 당연무효의 것이라면 징계처분을 받은 자가 이를 용인하였다 하여 그 흠이 치료되는 것은 아니다(대판 1989.12.12. 88누8869).

정답 ③

법령상 환경영향평가 대상사업에 대하여 환경영향평가를 부실하게 거쳐 사업승인을 하였다면, 그러한 부실로 인하여 당연히 승인처분은 위법하게 된다. [16서울7급]

해설

(X) 비록 그 환경영향평가의 내용이 다소 부실하다 하더라도, 그 부실의 정도가 환경영향평가제도를 둔 입법 취지를 달성할 수 없을 정도이어서 환경영향평가를 하지 아니한 것과 다를 바 없는 정도의 것이 아닌 이상, 그 부실은 당해 승인 등 처분에 재량권 일탈·남용의 위법이 있는지 여부를 판단하는 하나의 요소로 됨에 그칠 뿐, 그 부실로 인하여 당연히 당해 승인 등 처분이 위법하게 되는 것이 아니다(대판 2006.03.16. 선고 2006두330 전원합의체).

221 [19서울9급(上)]

위헌 · 위법인 법령에 근거한 행정처분의 효력에 대한 설명으로 옳은 것은?

① 행정처분 이후에 처분의 근거법령에 대하여 헌법재판소 또는 대법원이 위헌 또는 위법하다는 결정을 하게 되면, 당해 처분은 법적 근거가 없는 처분으로 하자 있는 처분이고 그 하자는 중대한 것으로 당연 무효이다.

② 헌법재판소의 위헌결정의 효력은 위헌제청을 한 당해사건은 물론 위헌제청신청은 아니하였지만 당해 법률 또는 법률의 조항이 재판의 전제가 되어 법원에 계속중인 사건에도 미친다.

③ 처분이 있은 후에 근거법률이 위헌으로 결정된 경우, 그 법률을 적용한 공무원에게 고의 또는 과실이 있었다고 단정할 수 있다.

④ 조세 부과의 근거가 되었던 법률규정이 위헌으로 선언된 이후, 조세채권의 집행을 위한 새로운 체납처분에 착수하거나 이를 속행하더라도 위법하지 않다.

해설

① (X) 일반적으로 법률이 헌법에 위반된다는 사정이 헌법재판소의 위헌결정이 있기 전에는 객관적으로 명백한 것이라고 할 수는 없으므로 헌법재판소의 위헌결정 전에 행정처분의 근거되는 당해 법률이 헌법에 위반된다는 사유는 특별한 사정이 없는 한 그 행정처분의 취소소송의 전제가 될 수 있을 뿐 당연무효사유는 아니라고 봄이 상당하다(대판 1994.10.28. 92누9463).

② (O) 헌법재판소의 위헌결정의 효력은 위헌제청을 한 당해사건은 물론 위헌제청신청은 아니하였지만 당해 법률 또는 법률의 조항이 재판의 전제가 되어 법원에 계속 중인 사건뿐만 아니라 위헌결정 이후에 위와 같은 이유로 제소된 일반사건에도 미친다고 봄이 타당하다(대판 1993.02.26. 92누12247).

③ (X) 처분이 있은 후에 근거법률이 위헌으로 결정된 경우, 그 법률을 적용한 공무원에게 고의 또는 과실이 있었다고 단정할 수 없다(헌재 2009.9.24. 2008헌바23).

④ (X) 조세 부과의 근거가 되었던 법률규정이 위헌으로 선언된 경우, 비록 그에 기한 과세처분이 위헌결정 전에 이루어졌고, 과세처분에 대한 제소기간이 이미 경과하여 조세채권이 확정되었으며, 조세채권의 집행을 위한 체납처분의 근거규정 자체에 대하여는 따로 위헌결정이 내려진 바 없다고 하더라도, 위와 같은 위헌결정 이후에 조세채권의 집행을 위한 새로운 체납처분에 착수하거나 이를 속행하는 것은 더 이상 허용되지 않고, 나아가 이러한 위헌결정의 효력에 위배하여 이루어진 체납처분은 그 사유만으로 하자가 중대하고 객관적으로 명백하여 당연무효라고 보아야 한다(대판 2012.02.16. 2010두10907).

정답 ②

222 [22국가9급]

다음 사례에 대한 설명으로 옳지 않은 것을 고르시오. (다툼이 있는 경우 판례에 의함)

A시 시장은 「학교용지 확보 등에 관한 특례법」 관계 조항에 따라 공동주택을 분양받은 甲, 乙, 丙, 丁 등에게 각각 다른 시기에 학교용지 부담금을 부과하였다. 이후 해당 조항에 대하여 법원의 위헌법률심판제청에 따라 헌법재판소가 위헌결정을 하였다. (단, 甲, 乙, 丙, 丁은 모두 위헌법률심판제청신청을 하지 않은 것으로 가정함)

① 甲이 부담금을 납부하였고 부담금부과처분에 불가쟁력이 발생한 상태라면, 해당 조항이 위헌으로 결정되더라도 이미 납부한 부담금을 반환받을 수 없다.

② 乙은 부담금을 납부한 후 부담금부과처분에 대해 행정소송을 제기하였고 현재 소가 계속 중인 경우에도, 乙이 위헌법률심판제청신청을 하지 않았으므로 乙에게 위헌결정의 소급효는 미치지 않는다.

③ 丙이 부담금부과처분에 대한 행정심판청구를 하여 기각재결서를 송달받았으나, 재결서 송달일로부터 90일 이내에 취소소송을 제기하였다면 丙의 청구는 인용될 수 있다.

④ 부담금부과처분에 대한 제소기간이 경과하여 丁의 부담금 납부의무가 확정되었고 위헌결정 전에 丁의 재산에 대한 압류가 이루어진 상태라도, 丁에 대해 부담금 징수를 위한 체납처분을 속행할 수는 없다.

해설

① **(O)** 이미 취소소송의 제기기간을 경과하여 확정력이 발생한 행정처분에는 위헌결정의 소급효가 미치지 않는다고 보아야 한다(대판 1994.10.28. 92누9463).

② **(X)** 헌법재판소의 위헌결정의 효력은 위헌제청을 한 당해사건은 물론 위헌제청신청은 아니하였지만 당해 법률 또는 법률의 조항이 재판의 전제가 되어 법원에 계속 중인 사건뿐만 아니라 위헌결정 이후에 위와 같은 이유로 제소된 일반사건에도 미친다고 봄이 타당하다(대판 1993.02.26. 92누12247).

③ **(O)** 재결서 송달일로부터 90일 이내에 취소소송을 제기하였다면 적법한 취소소송에 해당하여 인용판결을 받을 수 있다.

행정소송법 제20조(제소기간) ① 취소소송은 처분등이 있음을 안 날부터 90일 이내에 제기하여야 한다. 다만, 제18조 제1항 단서에 규정한 경우와 그 밖에 행정심판청구를 할 수 있는 경우 또는 행정청이 행정심판청구를 할 수 있다고 잘못 알린 경우에 행정심판청구가 있은 때의 기간은 재결서의 정본을 송달받은 날부터 기산한다.

④ **(O)** 위헌결정 이전에 이미 부담금 부과처분과 압류처분 및 이에 기한 압류등기가 이루어지고 위의 각 처분이 확정되었다고 하여도, 위헌결정 이후에는 별도의 행정처분인 매각처분, 분배처분 등 후속 체납처분절차를 진행할 수 없는 것은 물론이고, 특별한 사정이 없는 한 기존의 압류등기나 교부청구만으로는 다른 사람에 의하여 개시된 경매절차에서 배당을 받을 수도 없다(대판 2002.8.23. 2001두2959).

정답 ②

223 [19국가7급]

갑에 대한 과세처분 이후 조세부과의 근거가 되었던 법률에 대해 헌법재판소의 위헌결정이 있었고, 위헌결정 이후에 그 조세채권의 집행을 위해 갑의 재산에 대해 압류처분이 있었다. 이에 대한 설명으로 옳은 것은? (다툼이 있는 경우 판례에 의함)

① 갑은 압류처분에 대해 무효확인소송을 제기하려면 무효확인심판을 거쳐야 한다.

② 위헌결정 당시 이미 과세처분에 불가쟁력이 발생하여 조세채권이 확정된 경우에도 갑의 재산에 대한 압류처분은 무효이다.

③ 갑이 압류처분에 대해 무효확인소송을 제기하였다가 압류처분에 대한 취소소송을 추가로 병합하는 경우, 무효확인의 소가 취소소송 제소기간 내에 제기됐더라도 취소청구의 소의 추가 병합이 제소기간을 도과했다면 병합된 취소청구의 소는 부적법하다.

④ 갑이 압류처분에 대해 무효확인소송을 제기하였다가 취소소송으로 소의 종류를 변경하는 경우, 제소기간의 준수 여부는 취소소송으로 변경되는 때를 기준으로 한다.

해설

① **(X)** 무효확인소송의 경우에는 필요적 전치를 규정한 경우라도 행정심판을 거쳐야만 하는 것은 아니다.

> **행정소송법 제18조(행정심판과의 관계)** ① 취소소송은 법령의 규정에 의하여 당해 처분에 대한 행정심판을 제기할 수 있는 경우에도 이를 거치지 아니하고 제기할 수 있다. 다만, 다른 법률에 당해 처분에 대한 행정심판의 재결을 거치지 아니하면 취소소송을 제기할 수 없다는 규정이 있는 때에는 그러하지 아니하다.
>
> **제38조(준용규정)** ① 제9조, 제10조, 제13조 내지 제17조, 제19조, 제22조 내지 제26조, 제29조 내지 제31조 및 제33조의 규정은 무효등 확인소송의 경우에 준용한다.

② **(O)** 조세 부과의 근거가 되었던 법률규정이 위헌으로 선언된 경우, 비록 그에 기한 과세처분이 위헌결정 전에 이루어졌고, 과세처분에 대한 제소기간이 이미 경과하여 조세채권이 확정되었으며, 조세채권의 집행을 위한 체납처분의 근거규정 자체에 대하여는 따로 위헌결정이 내려진 바 없다고 하더라도, 위와 같은 위헌결정 이후에 조세채권의 집행을 위한 새로운 체납처분에 착수하거나 이를 속행하는 것은 더 이상 허용되지 않고, 나아가 이러한 위헌결정의 효력에 위배하여 이루어진 체납처분은 그 사유만으로 하자가 중대하고 객관적으로 명백하여 당연무효라고 보아야 한다(대판 2012.2.16. 2010두10907 전원합의체).

③ **(X)** 행정처분의 무효확인을 구하는 소에는 특단의 사정이 없는 한 그 취소를 구하는 취지도 포함되어 있다고 보아야 하는 점 등에 비추어 볼 때, 동일한 행정처분에 대하여 무효확인의 소를 제기하였다가 그 후 그 처분의 취소를 구하는 소를 추가적으로 병합한 경우, 주된 청구인 무효확인의 소가 적법한 제소기간 내에 제기되었다면 추가로 병합된 취소청구의 소도 적법하게 제기된 것으로 봄이 상당하다(대판 2005.12.23. 2005두3554).

④ **(X)** 소의 변경을 허가하는 결정이 있게 되면 새로운 소는 변경시가 아닌 변경된 구(舊)소를 제기한 때 제기된 것으로 본다.

> **행정소송법 제37조(소의 변경)** 제21조의 규정은 무효등확인소송이나 부작위위법확인소송을 취소소송 또는 당사자소송으로 변경하는 경우에 준용한다.
>
> **제21조(소의 변경)** ④ 제1항의 규정에 의한 허가결정에 대하여는 제14조제2항·제4항 및 제5항의 규정을 준용한다.
>
> **제14조(피고경정)** ④ 제1항의 규정에 의한 결정이 있은 때에는 새로운 피고에 대한 소송은 처음에 소를 제기한 때에 제기된 것으로 본다.

정답 ②

224 [18지방9급]

위헌법률에 근거한 처분의 효력에 대한 설명으로 옳지 않은 것은? (다툼이 있는 경우 판례에 의함)

① 위헌인 법률에 근거한 행정처분이 당연무효인지의 여부는 위헌결정의 소급효와는 별개의 문제로서 취소소송의 제기기간을 경과하여 확정력이 발생한 행정처분에는 위헌결정의 소급효가 미치지 않는다.

② 근거법률의 위헌결정 이전에 이미 부담금 부과처분과 압류처분 및 이에 기한 압류등기가 이루어지고 각 처분이 확정된 경우에는 기존의 압류등기나 교부청구로도 다른 사람에 의하여 개시된 경매절차에서 배당을 받을 수 있다.

③ 어느 행정처분에 대하여 그 행정처분의 근거가 된 법률이 위헌이라는 이유로 무효확인청구의 소가 제기된 경우, 다른 특별한 사정이 없는 한 법원으로서는 그 법률이 위헌인지 여부에 대하여는 판단할 필요 없이 그 무효확인청구를 기각하여야 한다.

④ 행정처분 자체의 효력이 쟁송기간 경과 후에도 존속 중인 경우, 그 행정처분이 위헌인 법률에 근거하여 내려졌고 그 목적달성을 위해 필요한 후행 행정처분이 아직 이루어지지 않았다면 그 하자가 중대하여 그 구제가 필요한 경우에 대하여서는 쟁송기간 경과 후라도 무효확인을 구할 수 있다.

해설

① (O) 위헌인 법률에 근거한 행정처분이 당연무효인지의 여부는 위헌결정의 소급효와는 별개의 문제로서, 위헌결정의 소급효가 인정된다고 하여 위헌인 법률에 근거한 행정처분이 당연무효가 된다고는 할 수 없고, 오히려 이미 취소소송의 제기기간을 경과하여 확정력이 발생한 행정처분에는 위헌결정의 소급효가 미치지 않는다고 보아야 한다(대판 1994.10.28. 92누9463).

② (X) 위헌결정 이전에 이미 부담금 부과처분과 압류처분 및 이에 기한 압류등기가 이루어지고 위의 각 처분이 확정되었다고 하여도, 위헌결정 이후에는 별도의 행정처분인 매각처분, 분배처분 등 후속 체납처분절차를 진행할 수 없는 것은 물론이고, 특별한 사정이 없는 한 기존의 압류등기나 교부청구만으로는 다른 사람에 의하여 개시된 경매절차에서 배당을 받을 수도 없다(대판 2002.8.23. 2001두2959).

③ (O) 어느 행정처분에 대하여 그 행정처분의 근거가 된 법률이 위헌이라는 이유로 무효확인청구의 소가 제기된 경우에는 다른 특별한 사정이 없는 한 법원으로서는 그 법률이 위헌인지 여부에 대하여는 판단할 필요 없이 그 무효확인청구를 기각하여야 한다(대판 1994.10.28. 92누9463).

④ (O) 행정처분의 집행이 이미 종료되었고 그것이 번복될 경우 법적 안정성을 크게 해치게 되는 경우에는 후에 행정처분의 근거가 된 법규가 헌법재판소에서 위헌으로 선고된다고 하더라도 그 행정처분이 당연무효가 되지는 않음이 원칙이라고 할 것이나, 행정처분 자체의 효력이 쟁송기간 경과 후에도 존속 중인 경우, 특히 그 처분이 위헌법률에 근거하여 내려진 것이고 그 행정처분의 목적달성을 위하여서는 후행 행정처분이 필요한데 후행행정처분 아직 이루어지지 않은 경우와 같이 그 행정처분을 무효로 하더라도 법적 안정성을 크게 해치지 않는 반면에 그 하자가 중대하여 그 구제가 필요한 경우에 대하여서는 그 예외를 인정하여 이를 당연무효사유로 보아서 쟁송기간 경과 후에라도 무효확인을 구할 수 있는 것이라고 봐야할 것이다(헌재 1994.6.30. 92헌바23).

정답 ②

225 [19서울9급(上)]

〈보기〉의 행정행위의 하자에 대한 설명으로 옳은 것을 모두 고르면?

〈보 기〉

ㄱ. 행정처분의 위법여부는 행정처분이 행하여졌을 때의 법령과 사실 상태를 기준으로 판단해야 한다.

ㄴ. 행정처분이 당연무효이기 위해서는 그 하자가 법규의 중요한 부분을 위반한 중대한 것으로서 객관적으로 명백한 것이어야 한다.

ㄷ. 명백성은 제3자나 공공의 신뢰를 보호하여야 할 필요가 있는 경우에 보충적으로 요구되는 것으로서 처분 상대방의 권익을 구제하고 위법한 결과를 시정할 필요가 훨씬 더 큰 경우에는 하자가 명백하지 않더라도 중대한 하자를 가진 행정처분은 당연무효라고 보아야 한다는 의견도 있다.

ㄹ. 행정처분을 무효로 하더라도 법적안정성을 크게 해치지 않는 반면에 그 하자가 중대하여 구제가 필요한 경우에도 그 예외를 인정하여 이를 당연무효사유로 볼 수는 없다.

① ㄱ　　② ㄱ, ㄴ

③ ㄱ, ㄴ, ㄷ　　④ ㄱ, ㄴ, ㄷ, ㄹ

해설

ㄱ. (O) 행정소송에서 행정처분의 위법 여부는 행정처분이 행하여졌을 때의 법령과 사실상태를 기준으로 하여 판단하여야 하고, 처분 후 법령의 개폐나 사실상태의 변동에 의하여 영향을 받지는 않는다(대판 2007.05.11. 2007두1811).

ㄴ. (O) 대판 1995.7.11. 94누4615 전원합의체.

ㄷ. (O) 행정행위의 무효사유를 판단하는 기준으로서의 명백성은 행정처분의 법적 안정성 확보를 통하여 행정의 원활한 수행을 도모하는 한편 그 행정처분을 유효한 것으로 믿은 제3자나 공공의 신뢰를 보호하여야 할 필요가 있는 경우에 보충적으로 요구되는 것으로서, 그와 같은 필요가 없거나 하자가 워낙 중대하여 그와 같은 필요에 비하여 처분 상대방의 권익을 구제하고 위법한 결과를 시정할 필요가 훨씬 더 큰 경우라면 그 하자가 명백하지 않더라도 그와 같이 중대한 하자를 가진 행정처분은 당연 무효라고 보아야 할 것이다(대판 1995.07.11. 94누4615 전원합의체 소수의견).

ㄹ. (X) 행정처분 자체의 효력이 쟁송기간 경과 후에도 존속 중이고 그 행정처분의 근거가 된 법규가 위헌으로 선고되는 경우, 그 행정처분을 무효로 하더라도 법적 안정성을 크게 해치지 않는 반면에, 그 하자가 중대하여 그 구제가 필요한 경우에는 당연무효사유로 보아 무효확인을 구할 수 있다(헌재 1994.6.30. 92헌바23 [합헌]).

정답 ③

Ⅴ 행정행위의 하자치유·전환

226 [19서울7급(上)]

행정행위의 하자에 대한 내용으로 가장 옳지 않은 것은?

① 적법한 건축물에 대한 철거명령은 그 하자가 중대하고 명백하여 당연무효이고 그 후행행위인 건축물 철거 대집행계고처분 역시 당연무효이다.

② 처분의 하자가 그 내용에 관한 것인 경우, 판례는 소 제기 이후에도 하자의 치유가 가능한 것으로 본다.

③ 법치주의 원칙을 강조할 경우 행정행위의 하자의 치유는 원칙적으로 허용될 수 없지만 예외적으로 행정의 무용한 반복을 피하고 당사자의 법적 안정성을 위해 허용될 수 있다.

④ 행정행위의 하자가 치유되면 당해 행정행위는 처분 당시부터 하자가 없는 적법한 행정행위로 효력을 발생한다.

해설

① (O) 적법한 건축물에 대한 철거명령은 그 하자가 중대하고 명백하여 당연무효라고 할 것이고, 그 후행행위인 건축물철거 대집행계고처분 역시 당연무효라고 할 것이다(대판 1999.4.27. 97누6780).

② (X) 하자의 치유는 취소할 수 있는 절차상 및 형식상의 하자이고, 내용에 관한 하자는 치유의 대상이 아니다.

> **[관련판례]** 행정행위의 성질이나 법치주의의 관점에서 볼 때 하자있는 행정행위의 치유는 원칙적으로 허용될 수 없을 뿐만 아니라 이를 허용하는 경우에도 국민의 권리와 이익을 침해하지 않는 범위에서 구체적 사정에 따라 합목적적으로 가려야 할 것이다. 따라서 사업계획변경인가처분에 관한 하자는 행정처분의 내용에 관한 것이고 새로운 노선면허가 소 제기 이후에 이루어진 사정 등에 비추어 하자의 사후적 치유를 인정하지 않은 것은 정당하다(대판 1991.5.28. 90누1359).

③ (O) 하자 있는 행정행위에 있어서 하자의 치유는 행정행위의 성질이나 법치주의의 관점에서 원칙적으로 허용될 수 없고, 행정행위의 무용한 반복을 피하고 당사자의 법적 안정성을 보호하기 위하여 국민의 권익을 침해하지 아니하는 범위 내에서 예외적으로만 허용된다(대판 2001.6.26. 99두11592).

④ (O) 행정행위의 하자가 치유되면 당해 행정행위는 치유시가 아니라 처음부터 하자가 없는 적법한 행위로서 그 효력이 발생한다.

정답 ②

227 [16지방9급]

행정행위의 하자의 치유에 대한 설명으로 옳은 것은? (다툼이 있는 경우 판례에 의함)

① 처분에 하자가 있더라도 처분청이 처분 이후에 새로운 사유를 추가하였다면, 처분 당시의 하자는 치유된다.

② 징계처분이 중대하고 명백한 하자로 인해 당연 무효의 것이라도 징계처분을 받은 원고가 이를 용인하였다면 그 하자는 치유된다.

③ 행정청이 청문서 도달기간을 다소 어겼다 하더라도 당사자가 이에 대하여 이의하지 아니한 채 스스로 청문일에 출석하여 방어의 기회를 충분히 가졌다면 청문서 도달기간을 준수하지 아니한 하자는 치유된다.

④ 토지소유자 등의 동의율을 충족하지 못했다는 주택재건축정비사업 조합설립인가처분 당시의 하자는 후에 토지소유자 등의 추가 동의서가 제출되었다면 치유된다.

해설

① **(X)** 행정처분의 적법여부는 처분당시의 사유와 사정을 기준으로 판단하여야 하고 처분청이 처분 이후에 추가한 새로운 사유를 보태어 당초처분의 흠을 치유시킬 수는 없다(대판 1987.08.18. 87누49).

② **(X)** 징계처분이 중대하고 명백한 흠 때문에 당연무효의 것이라면 징계처분을 받은 자가 이를 용인하였다 하여 그 흠이 치료되는 것은 아니다(대판 1989.12.12. 88누8869).

③ **(O)** 행정청이 식품위생법상의 청문절차를 이행함에 있어 청문서 도달기간을 다소 어겼지만 영업자가 이의하지 아니한 채 청문일에 출석하여 의견을 진술하고 변명하는 등 방어의 기회를 충분히 가진 경우 하자는 치유된다(대판 1992.10.23. 92누2844).

④ **(X)** 주택재개발정비사업조합 설립추진위원회가 주택재개발정비사업조합 설립인가처분의 취소소송에 대한 1심 판결 이후 정비구역 내 토지 등 소유자의 4분의 3을 초과하는 조합설립동의서를 새로 받았다고 하더라도, 위 설립인가처분의 하자가 치유된다고 볼 수 없다(대판 2010.08.26. 2010두2579).

정답 ③

부과처분에 앞서 보낸 과세예고통지서에 납세고지서의 필요적 기재사항이 제대로 기재되어 있었더라도, 납세고지서에 그 기재사항의 일부가 누락되었다면 이유제시의 하자는 치유의 대상이 될 수 없다.

[14지방9급]

해설

(X) 과세예고통지서 등에 납세고지서의 필요적 기재사항이 제대로 기재되어 있어 납세의무자가 그 처분에 대한 불복 여부의 결정 및 불복신청에 전혀 지장을 받지 않았음이 명백하다면, 이로써 납세고지서의 하자가 보완되거나 치유될 수 있다(대판 2001.3.27. 99두8039).

VI 행정행위와 하자승계

계고처분의 후속절차인 대집행에 위법이 있는 경우에 그와 같은 후속절차에 위법성이 있다는 점을 들어 선행절차인 계고처분이 부적법하다는 사유로 삼을 수 있다. [14경행특채]

해설

(X) 계고처분의 후속절차인 대집행에 위법이 있다고 하더라도, 그와 같은 후속절차에 위법성이 있다는 점을 들어 선행절차인 계고처분이 부적법하다는 사유로 삼을 수는 없다(대판 1997.2.14. 96누15428).

228 [18국가9급]

행정행위의 하자의 승계에 대한 설명으로 옳지 않은 것은? (다툼이 있는 경우 판례에 의함)

① 「도시 및 주거환경정비법」상 사업시행계획에 관한 취소사유인 하자는 관리처분계획에 승계되지 않는다.
② 「행정대집행법」상 선행처분인 계고처분의 하자는 대집행영장 발부통보처분에 승계된다.
③ 「국토의 계획 및 이용에 관한 법률」상 도시·군계획시설결정과 실시계획인가는 동일한 법률효과를 목적으로 하는 것이므로 선행처분인 도시·군계획시설결정의 하자는 실시계획인가에 승계된다.
④ 구 「부동산 가격공시 및 감정평가에 관한 법률」상 선행처분인 표준지공시지가의 결정에 하자가 있는 경우에 그 하자는 보상금 산정을 위한 수용재결에 승계된다.

해설

① (O) 사업시행계획 수립에 조합원 3분의 2 이상의 동의를 얻지 못한 하자가 있다고 하더라도 그 하자가 객관적으로 명백하다고 보기 어려워 무효사유가 아니라 취소사유에 불과하고, 사업시행계획에 관한 취소사유인 하자는 관리처분계획에 승계되지 아니하여 그 하자를 들어 관리처분계획의 적법 여부를 다툴 수 없다(대판 2012. 8. 23. 2010두13463).

② (O) 대집행의 계고, 대집행영장에 의한 통지, 대집행의 실행, 대집행에 요한 비용의 납부명령 등은 타인이 대신하여 행할 수 있는 행정의무의 이행을 의무자의 비용부담 하에 확보하고자 하는, 동일한 행정목적을 달성하기 위하여 단계적인 일련의 절차로 연속하여 행하여지는 것으로서, 서로 결합하여 하나의 법률효과를 발생시키는 것이므로, 후행처분인 대집행영장발부통보처분의 취소를 청구하는 소송에서 청구원인으로 선행처분인 계고처분이 위법한 것이기 때문에 그 계고처분을 전제로 행하여진 대집행영장발부통보처분도 위법한 것이라는 주장을 할 수 있다(대판 1996.02.09. 95누12507).

③ (X) 도시·군계획시설결정과 실시계획인가는 도시·군계획시설사업을 위하여 이루어지는 단계적 행정절차에서 별도의 요건과 절차에 따라 별개의 법률효과를 발생시키는 독립적인 행정처분이다. 그러므로 선행처분인 도시·군계획시설결정에 하자가 있더라도 그것이 당연무효가 아닌 한 원칙적으로 후행처분인 실시계획인가에 승계되지 않는다(대판 2017. 7. 18. 2016두49938).

④ (O) 표준지공시지가결정이 위법한 경우에는 그 자체를 행정소송의 대상이 되는 행정처분으로 보아 그 위법 여부를 다툴 수 있음은 물론, 수용보상금의 증액을 구하는 소송에서도 선행처분으로서 그 수용대상 토지 가격 산정의 기초가 된 비교표준지공시지가결정의 위법을 독립한 사유로 주장할 수 있다(대판 2008.08.21. 2007두13845).

정답 ③

229 [20지방7급]

행정행위의 효력에 대한 설명으로 옳지 않은 것은? (다툼이 있는 경우 판례에 의함)

① 선행처분과 후행처분이 서로 독립하여 별개의 법률효과를 목적으로 하는 때에도 선행처분이 당연무효이면 선행처분의 하자를 이유로 후행처분의 효력을 다툴 수 있다.

② 도시 · 군계획시설결정과 실시계획인가는 서로 결합하여 도시 · 군계획시설사업의 실시라는 하나의 법적 효과를 완성하므로, 도시 · 군계획시설결정의 하자는 실시계획인가에 승계된다.

③ 도지사의 인사교류안 작성과 그에 따른 인사교류의 권고가 전혀 이루어지지 않은 상태에서, 관할구역 내 A시의 시장이 인사교류로서 소속 지방공무원인 甲에게 B시 지방공무원으로 전출을 명한 처분은 당연무효이다.

④ 물품세 과세대상이 아닌 것을 세무공무원이 직무상 과실로 과세대상으로 오인하여 과세처분을 행함으로 인하여 손해가 발생된 경우에는, 동 과세처분이 취소되지 아니하였다 하더라도, 국가는 이로 인한 손해를 배상할 책임이 있다.

해설

① (O) 선행처분과 후행처분이 서로 독립하여 별개의 법률효과를 목적으로 하는 때에도 선행처분이 당연무효이면 선행처분의 하자를 이유로 후행처분의 효력을 다툴 수 있다. 선행처분인 도시계획시설사업 시행자 지정 처분이 처분 요건을 충족하지 못하여 당연무효인 경우에는 사업시행자 지정 처분이 유효함을 전제로 이루어진 후행처분인 실시계획 인가처분도 무효라고 보아야 한다(대판 2017. 7. 11. 2016두35120).

② (X) 도시 · 군계획시설결정과 실시계획인가는 도시 · 군계획시설사업을 위하여 이루어지는 단계적 행정절차에서 별도의 요건과 절차에 따라 별개의 법률효과를 발생시키는 독립적인 행정처분이다. 그러므로 선행처분인 도시 · 군계획시설결정에 하자가 있더라도 그것이 당연무효가 아닌 한 원칙적으로 후행처분인 실시계획인가에 승계되지 않는다(대판 2017. 7. 18. 2016두49938).

③ (O) 도지사의 인사교류안 작성과 그에 따른 인사교류의 권고가 전혀 이루어지지 않은 상태에서 행하여진 관할구역 내 시장의 인사교류에 관한 처분은 지방공무원법 제30조의2 제2항의 입법 취지에 비추어 그 하자가 중대하고 객관적으로 명백하여 당연무효이다(대판 2005.6.24. 2004두10968).

④ (O) 물품세 과세대상이 아닌 것을 세무공무원이 직무상 과실로 과세대상으로 오인하여 과세처분을 행함으로 인하여 손해가 발생된 경우에는, 동 과세처분이 취소되지 아니하였다 하더라도, 국가는 이로 인한 손해를 배상할 책임이 있다(대판 1979. 4. 10. 79다262).

정답 ②

230 [18서울7급(上)]

다음 중 하자의 승계가 인정되는 경우가 아닌 것은?

① 도시계획결정과 수용재결처분

② 계고처분과 대집행비용납부명령

③ 귀속재산의 임대처분과 후행매각처분

④ 한지의사시험자격인정과 한지의사면허처분

해설

① (X) 도시계획의 수립에 있어서 도시계획법 제16조의2 소정의 공청회를 열지 아니하고 공공용지의취득및손실보상에관한특례법 제8조 소정의 이주대책을 수립하지 아니하였더라도 이는 절차상의 위법으로서 취소사유에 불과하고 그 하자가 도시계획결정 또는 도시계획사업시행인가를 무효라고 할 수 있을 정도로 중대하고 명백하다고는 할 수 없으므로 이러한 위법을 선행처분인 도시계획결정이나 사업시행인가 단계에서 다투지 아니하였다면 그 쟁송기간이 이미 도과한 후인 수용재결단계에 있어서는 도시계획수립 행위의 위와 같은 위법을 들어 재결처분의 취소를 구할 수는 없다(대판 1990. 1. 23. 87누947).

② (O) 후행처분인 대집행비용납부명령의 취소를 청구하는 소송에서 청구원인으로 선행처분인 계고처분이 위법한 것이기 때문에 그 계고처분을 전제로 행하여진 대집행비용납부명령도 위법한 것이라는 주장을 할 수 있다(대판 1993.11.9. 93누14271).

③ (O) 귀속재산을 우선권자가 있음에도 불구하고 타인에게 임대차 한 경우에는 그 임대에는 하자가 있는 경우에 해당하며 그 임대를 취소할 수 있을 뿐만 아니라 그 임대자의 존재를 전제로 한 불하처분도 취소할 수 있는 것이다(대판 1963. 2. 7. 62누215).

④ (O) 한지의사 자격시험에 응시하기 위한 응시자격인정의 결정을 사위의 방법으로 받은 이상 이에 터잡아 취득한 한지의사면허처분도 면허를 취득할 수 없는 사람이 취득한 하자있는 처분이 된다 할 것이므로 보건사회부장관이 그와 같은 하자있는 처분임을 이유로 원고가 취득한 한지의사 면허를 취소하는 처분을 하였음은 적법하다(대판 1975. 12. 9. 75누123).

정답 ①

231 [22국가9급]

행정행위의 하자에 대한 설명으로 옳지 않은 것은? (다툼이 있는 경우 판례에 의함)

① 이미 불가쟁력이 발생한 보충역편입처분에 하자가 있다고 하더라도 그것이 당연무효의 사유가 아닌 한 공익근무요원소집처분에 승계되는 것은 아니다.

② 건물철거명령이 당연무효가 아니고 불가쟁력이 발생하였다면 건물철거명령의 하자를 이유로 후행 대집행계고처분의 효력을 다툴 수 없다.

③ 도시계획시설사업 시행자 지정 처분이 처분 요건을 충족하지 못하여 당연무효인 경우, 도시계획시설사업의 시행자가 작성한 실시계획을 인가하는 처분도 무효이다.

④ 선행처분인 공무원직위해제처분과 후행 직권면직처분 사이에는 하자의 승계가 인정된다.

해설

① (O) 두 처분은 후자의 처분이 전자의 처분을 전제로 하는 것이기는 하나 각각 단계적으로 별개의 법률효과를 발생하는 독립된 행정처분이라고 할 것이므로 보충역편입처분에 하자가 있다고 할지라도 그것이 당연무효라고 볼만한 특단의 사정이 없는 한 그 위법을 이유로 공익근무요원소집처분의 효력을 다툴 수 없다(대판 2002. 12. 10. 2001두5422).

② (O) 철거명령에 대한 소원이나 소송을 제기하여 그 위법함을 소구하는 절차를 거치지 아니하였다면 위 선행행위인 건물철거명령은 적법한 것으로 확정되었다고 할 것이니 후행행위인 이 사건 대집행계고처분에서는 이 사건 건물이 무허가 건물이 아닌 적법한 건축물이라는 주장이나 그러한 사실인정을 하지 못한다(대판 1982. 7. 27. 81누293).

③ (O) 행처분인 도시계획시설사업 시행자 지정 처분이 처분 요건을 충족하지 못하여 당연무효인 경우에는 사업시행자 지정 처분이 유효함을 전제로 이루어진 후행처분인 실시계획 인가처분도 무효라고 보아야 한다(대판 2017. 7. 11. 2016두35120).

④ (X) 직위해제처분이 위법하다 하여도 그 처분을 받은 자가 이에 대한 심사청구를 하지 아니하여 그 위법을 다툴 수 없는 단계에 이르른 이상 그 직위해제처분이 당연무효인 경우를 제외하고는 그 처분의 적법 여부를 가지고 직권면직처분의 적부를 판단할 수 없다(대판 1970. 2. 10. 69누92).

정답 ④

232 [15경행특채]

다음 중 하자 승계가 인정되는 것은 모두 몇 개인가? (다툼이 있으면 판례에 의함)

㉠ 공무원의 직위해제처분과 면직처분
㉡ 안경사시험합격무효처분과 안경사면허취소처분
㉢ 대집행의 계고처분과 대집행의 비용징수처분
㉣ 과세처분과 체납처분
㉤ 「일제강점하 친일반민족행위 진상규명에 관한 특별법」에 따른 친일반민족행위자 결정과 「독립유공자 예우에 관한 법률」에 의한 법적용대상으로부터의 배제결정

① 1개　② 2개
③ 3개　④ 4개

해설

③ 보기 중 하자 승계가 인정되는 것은 ㉡, ㉢, ㉤ 3개이다.

㉠ (X) [부정] 공무원의 직위해제처분과 면직처분(대판 1984.9.11. 84누191).

㉡ (O) [인정] 안경사시험합격무효처분과 안경사면허취소처분(대판 1993.2.9. 92누4567).

㉢ (O) [인정] 대집행의 계고처분과 대집행의 비용징수처분(대판 1993.11.9. 93누14271).

㉣ (X) [부정] 과세처분과 체납처분(대판 1988.6.28. 87누1009).

㉤ (O) [인정] 「일제강점하 친일반민족행위 진상규명에 관한 특별법」에 따른 친일반민족행위자 결정과 「독립유공자 예우에 관한 법률」에 의한 법적용대상으로부터의 배제결정(대판 2013.3.14. 2012두6964).

정답 ③

233 [19국가7급]

갑은 재산세 부과의 근거가 되는 개별공시지가와 그 산정의 기초가 되는 표준지공시지가가 위법하게 산정되었다고 주장한다. 이에 대한 설명으로 옳은 것만을 모두 고르면? (다툼이 있는 경우 판례에 의함)

ㄱ. 취소사유에 해당하는 하자가 있는 표준지공시지가결정에 대한 취소소송의 제소기간이 지난 경우, 갑은 개별토지가격결정을 다투는 소송에서 그 개별토지가격 산정의 기초가 된 표준지공시지가의 위법성을 다툴 수 있다.
ㄴ. 갑은 개별공시지가결정에 대하여 곧바로 행정소송을 제기하거나 「부동산 가격공시에 관한 법률」에 따른 이의신청과 「행정심판법」에 따른 행정심판청구 중 어느 하나만을 거쳐 행정소송을 제기할 수 있을 뿐만 아니라, 이의신청을 하여 그 결과 통지를 받은 후 다시 행정심판을 거쳐 행정소송을 제기할 수도 있다.
ㄷ. 개별공시지가 산정업무 담당공무원 등이 그 직무상 의무에 위반하여 현저하게 불합리한 개별공시지가가 결정되도록 함으로써 갑의 재산권을 침해한 경우 상당인과관계가 인정되는 범위에서 그 손해에 대하여 그 담당공무원 등이 속한 지방자치단체가 배상책임을 지게 된다.
ㄹ. 갑이 개별공시지가결정에 따라 부과된 재산세를 납부한 후 이미 납부한 재산세에 대한 부당이득반환을 구하는 민사소송을 제기한 경우, 민사법원은 재산세부과처분에 취소사유의 하자가 있음을 이유로 재산세부과처분의 효력을 부인하고 그 납세액의 반환을 명하는 판결을 내릴 수 있다.

① ㄱ, ㄴ　② ㄱ, ㄹ
③ ㄴ, ㄷ　④ ㄷ, ㄹ

해설

ㄱ. (X) 표준지로 선정된 토지의 공시지가에 대하여 불복하기 위하여는 지가공시및토지등의평가에관한법률 제8조 제1항 소정의 이의절차를 거쳐 처분청을 상대로 그 공시지가결정의 취소를 구하는 행정소송을 제기하여야 하는 것이지, 그러한 절차를 밟지 아니한 채 개별토지가격 결정을 다투는 소송에서 그 개별토지가격 산정의 기초가 된 표준지 공시지가의 위법성을 다툴 수는 없다(대판 1996.12.6., 96누1832).

ㄴ. (O) 개별공시지가에 대하여 이의가 있는 자는 곧바로 행정소송을 제기하거나 부동산 가격공시 및 감정평가에 관한 법률에 따른 이의신청과 행정심판법에 따른 행정심판청구 중 어느 하나만을 거쳐 행정소송을 제기할 수 있을 뿐 아니라, 이의신청을 하여 그 결과통지를 받은 후 다시 행정심판을 거쳐 행정소송을 제기할 수도 있다고 보아야 하고, 이 경우 행정소송의 제소기간은 그 행정심판 재결서 정본을 송달받은 날부터 기산한다(대판 2010.1.28. 2008두19987).

ㄷ. (O) 개별공시지가 산정업무 담당공무원 등이 그 직무상 의무에 위반하여 현저하게 불합리한 개별공시지가가 결정되도록 함으로써 국민 개개인의 재산권을 침해한 경우에는 그 손해에 대하여 상당인과관계 있는 범위 내에서 그 담당공무원 등이 소속된 지방자치단체가 배상책임을 지게 된다(대판 2010. 7. 22. 2010다13527).

ㄹ. (X) 과세처분이 당연무효라고 볼 수 없는 한 과세처분에 취소할 수 있는 위법사유가 있다 하더라도 그 과세처분은 행정행위의 공정력 또는 집행력에 의하여 그것이 적법하게 취소되기 전까지는 유효하다 할 것이므로, 민사소송절차에서 그 과세처분의 효력을 부인할 수 없다(대판 1999.8.20. 99다20179).

정답 ③

234 [21국가9급]

다음 사례에 관한 설명으로 옳은 것은? (다툼이 있는 경우 판례에 의함)

> ○ 甲은 자신의 토지에 대한 개별공시지가결정을 통지받은 후 90일이 넘어 과세처분을 받았는데, 과세처분이 위법한 개별공시지가결정에 기초하였다는 이유로 과세처분의 취소를 구하고자 한다.
> ○ 甲은 토지대장에 전(田)으로 기재되어 있는 지목을 대(垈)로 변경하고자 지목변경신청을 하였다.
> ○ 乙은 甲의 토지가 사실은 자신 소유라고 주장하면서 토지대장상의 소유자명의변경을 신청하였으나 거부되었다.

① 甲은 과세처분이 있기 전에는 개별공시지가결정에 대해서 취소소송을 제기할 수 없다.
② 甲은 과세처분의 위법성이 인정되지 않더라도 과세처분 취소소송에서 개별공시지가결정의 위법을 독립된 위법사유로 주장할 수 있다.
③ 토지대장에 등재된 사항을 변경하는 행위는 행정사무집행의 편의와 사실증명의 자료로 삼기 위한 것이므로, 甲은 지목변경신청이 거부되더라도 이에 대하여 취소소송으로 다툴 수 없다.
④ 乙에 대한 토지대장상의 소유자명의변경신청 거부는 처분성이 인정된다.

해설

① (X) ② (O) 개별공시지가결정은 이를 기초로 한 과세처분 등과는 별개의 독립된 처분으로서 서로 독립하여 별개의 법률효과를 목적으로 하는 것이나, 개별공시지가결정에 위법이 있는 경우에는 그 자체를 행정소송의 대상이 되는 행정처분으로 보아 그 위법 여부를 다툴 수 있음은 물론 이를 기초로 한 과세처분 등 행정처분의 취소를 구하는 행정소송에서도 선행처분인 개별공시지가결정의 위법을 독립된 위법사유로 주장할 수 있다고 해석함이 타당하다(대판 1994.1.25. 93누8542).

③ (X) 지목은 토지소유권을 제대로 행사하기 위한 전제요건으로서 토지소유자의 실체적 권리관계에 밀접하게 관련되어 있으므로 지적공부 소관청의 지목변경신청 반려행위는 국민의 권리관계에 영향을 미치는 것으로서 항고소송의 대상이 되는 행정처분에 해당한다(대판 2004.4.22. 2003두9015 전원합의체).

④ (X) 토지대장에 기재된 소유자 명의가 변경된다고 하여도 이로 인하여 당해 토지에 대한 실체상의 권리관계에 변동을 가져올 수 없고 토지 소유권이 지적공부의 기재만에 의하여 증명되는 것도 아니다. 따라서 소관청이 토지대장상의 소유자명의변경신청을 거부한 행위는 이를 항고소송의 대상이 되는 행정처분이라고 할 수 없다(대판 2012.1.12. 2010두12354).

정답 ②

235 [20국가9급]

행정행위의 하자에 대한 설명으로 옳지 않은 것은? (다툼이 있는 경우 판례에 의함)

① 행정청이 식품위생법상의 청문절차를 이행함에 있어 청문서 도달기간을 다소 어겼지만 영업자가 이의하지 아니한 채 청문일에 출석하여 의견을 진술하고 변명하는 등 방어의 기회를 충분히 가졌다면 청문서 도달기간을 준수하지 아니한 하자는 치유되었다고 본다.

② 행정처분을 한 처분청은 그 처분의 성립에 하자가 있는 경우 이를 취소할 별도의 법적 근거가 없다고 하더라도 직권으로 이를 취소할 수 있다.

③ 행정처분에 있어 여러 개의 처분사유 중 일부가 적법하지 않으면 다른 처분사유로써 그 처분의 정당성이 인정된다고 하더라도, 그 처분은 위법하게 된다.

④ 계고처분의 후속절차인 대집행에 위법이 있다고 하더라도 그와 같은 후속절차에 위법성이 있다는 점을 들어 선행절차인 계고처분이 부적법하다는 사유로 삼을 수는 없다.

해설

① **(O)** 행정청이 식품위생법상의 청문절차를 이행함에 있어 청문서 도달기간을 다소 어겼지만 영업자가 이의하지 아니한 채 청문일에 출석하여 의견을 진술하고 변명하는 등 방어의 기회를 충분히 가진 경우 하자는 치유된다(대판 1992.10.23. 92누2844).

② **(O)** 행정처분을 한 처분청은 그 처분의 성립에 하자가 있는 경우 이를 취소할 별도의 법적 근거가 없다고 하더라도 직권으로 이를 취소할 수 있다(대판 1995.6.9. 95누1194).

③ **(X)** 행정처분에 있어 수개의 처분사유 중 일부가 적법하지 않다고 하더라도 다른 처분사유로써 그 처분의 정당성이 인정되는 경우에는 그 처분을 위법하다고 할 수 없다(대판 2004. 3. 25. 2003두1264).

④ **(O)** 계고처분의 후속절차인 대집행에 위법이 있다고 하더라도, 그와 같은 후속절차에 위법성이 있다는 점을 들어 선행절차인 계고처분이 부적법하다는 사유로 삼을 수는 없다(대판 1997.2.14. 96누15428).

정답 ③

VII 행정행위의 폐지(廢止)

236 [19국가7급]

행정행위의 직권취소에 대한 설명으로 옳은 것은? (다툼이 있는 경우 판례에 의함)

① 법률에서 직권취소에 대한 근거를 두고 있는 경우에는 이해관계인이 처분청에 대하여 위법을 이유로 행정행위의 취소를 요구할 신청권을 갖는다고 보아야 한다.

② 행정행위를 한 행정청은 그 행정행위에 하자가 있는 경우에는 원칙적으로 별도의 법적 근거가 없더라도 스스로 그 행정행위를 직권으로 취소할 수 있다.

③ 직권취소는 행정행위의 성립상의 하자를 이유로 하는 것이므로, 개별법에 특별한 규정이 없는 한 「행정절차법」에 따른 절차규정이 적용되지 않는다.

④ 행정행위의 위법 여부에 대하여 취소소송이 이미 진행 중인 경우 처분청은 위법을 이유로 그 행정행위를 직권취소할 수 없다.

해설

① (X) ② (O) 원래 행정처분을 한 처분청은 그 처분에 하자가 있는 경우에는 원칙적으로 별도의 법적 근거가 없더라도 스스로 이를 직권으로 취소할 수 있지만, 그와 같이 직권취소를 할 수 있다는 사정만으로 이해관계인에게 처분청에 대하여 그 취소를 요구할 신청권이 부여된 것으로 볼 수는 없으므로, 그 거부행위는 항고소송의 대상이 되는 처분에 해당하지 않는다(대판 2006.6.30. 2004두701).

③ (X) 직권취소는 독립한 행정행위이며 행정절차법상 처분절차가 적용된다.

④ (X) 변상금 부과처분에 대한 취소소송이 진행중이라도 그 부과권자로서는 위법한 처분을 스스로 취소하고 그 하자를 보완하여 다시 적법한 부과처분을 할 수도 있다(대판 2006.2.10. 2003두5686).

정답 ②

237 [17국가9급]

행정행위의 취소와 철회에 대한 판례의 입장으로 옳지 않은 것은?

① 행정처분을 한 처분청은 그 처분에 하자가 있는 경우에는 원칙적으로 별도의 법적 근거가 없더라도 스스로 이를 직권으로 취소할 수 있고, 이러한 경우 이해관계인에게는 처분청에 대하여 그 취소를 요구할 신청권이 부여된 것으로 볼 수 있다.

② 변상금 부과처분에 대한 취소소송이 진행 중이라도 그 부과권자는 위법한 처분을 스스로 취소하고 그 하자를 보완하여 다시 적법한 부과처분을 할 수도 있다.

③ 행정행위를 한 처분청은 사정변경이 생겼거나 또는 중대한 공익상의 필요가 발생한 경우에는 그 효력을 상실케 하는 별개의 행정행위로 이를 철회할 수 있다고 할 것이나, 기득권을 침해하는 경우에는 기득권의 침해를 정당화할 만한 중대한 공익상의 필요 또는 제3자의 이익보호의 필요가 있는 때에 한하여 상대방이 받는 불이익과 비교·교량하여 철회하여야 한다.

④ 행정청이 의료법인의 이사에 대한 이사취임승인취소처분을 직권으로 취소하면 이사의 지위가 소급하여 회복된다.

해설

① (X) 원래 행정처분을 한 처분청은 그 처분에 하자가 있는 경우에는 원칙적으로 별도의 법적 근거가 없더라도 스스로 이를 직권으로 취소할 수 있지만, 그와 같이 직권취소를 할 수 있다는 사정만으로 이해관계인에게 처분청에 대하여 그 취소를 요구할 신청권이 부여된 것으로 볼 수는 없으므로, 그 거부행위는 항고소송의 대상이 되는 처분에 해당하지 않는다(대판 2006.6.30. 2004두701).

② (O) 변상금 부과처분에 대한 취소소송이 진행중이라도 그 부과권자로서는 위법한 처분을 스스로 취소하고 그 하자를 보완하여 다시 적법한 부과처분을 할 수도 있다(대판 2006.2.10. 2003두5686).

③ (O) 수익적 행정처분을 취소 또는 철회하는 경우에는 이미 부여된 그 국민의 기득권을 침해하는 것이 되므로, 비록 취소 등의 사유가 있다고 하더라도 그 취소권 등의 행사는 기득권의 침해를 정당화할 만한 중대한 공익상의 필요 또는 제3자의 이익보호의 필요가 있는 때에 한하여 상대방이 받는 불이익과 비교·교량하여 결정하여야 하고, 그 처분으로 인하여 공익상의 필요보다 상대방이 받게 되는 불이익 등이 막대한 경우에는 재량권의 한계를 일탈한 것으로서 그 자체가 위법하다(대판 2004.11.26. 2003두10251).

④ (O) 행정처분이 취소되면 그 소급효에 의하여 처음부터 그 처분이 없었던 것과 같은 효과를 발생하게 되는바, 행정청이 의료법인의 이사에 대한 이사취임승인취소처분(제1처분)을 직권으로 취소(제2처분)한 경우에는 그로 인하여 이사가 소급하여 이사로서의 지위를 회복하게 되고, 그 결과 위 제1처분과 제2처분 사이에 법원에 의하여 선임결정된 임시이사들의 지위는 법원의 해임결정이 없더라도 당연히 소멸된다(대판 1997.1.21. 96누3401).

정답 ①

238 [21서울7급]

행정행위의 직권취소에 대한 설명으로 가장 옳지 않은 것은?

① 행정처분을 한 처분청은 처분의 성립에 하자가 있는 경우 별도의 법적 근거가 없더라도 직권으로 이를 취소할 수 있다.

② 변상금 부과처분에 대한 취소소송이 진행 중인 경우에는 그 부과권자라고 하여도 위법한 처분을 스스로 취소하고 그 하자를 보완하여 다시 적법한 부과처분을 할 수 없다.

③ 일정한 행정처분으로 국민이 일정한 이익과 권리를 취득하였을 경우에 종전 행정처분에 하자가 있음을 전제로 직권으로 이를 취소하는 행정처분은 이미 취득한 국민의 기존 이익과 권리를 박탈하는 별개의 행정처분으로, 취소될 행정처분에 하자가 있어야 하고, 나아가 행정처분에 하자가 있다고 하더라도 취소해야 할 공익상 필요와 취소로 당사자가 입게 될 기득권과 신뢰보호 및 법률생활 안정의 침해 등 불이익을 비교·교량한 후 공익상 필요가 당사자가 입을 불이익을 정당화할 만큼 강한 경우에 한하여 취소할 수 있다.

④ 수익적 행정행위를 직권으로 취소할 경우 하자의 존재 및 취소해야 할 필요성에 관한 증명책임은 기존 이익과 권리를 침해하는 처분을 한 행정청에 있다.

해설

① (O) 행정처분을 한 처분청은 그 처분의 성립에 하자가 있는 경우 이를 취소할 별도의 법적 근거가 없다고 하더라도 직권으로 이를 취소할 수 있다(대판 1995.6.9. 95누1194).

② (X) 변상금 부과처분에 대한 <u>취소소송이 진행중이라도 그 부과권자로서는 위법한 처분을 스스로 취소하고 그 하자를 보완하여 다시 적법한 부과처분을 할 수도 있다</u>(대판 2006.2.10. 2003두5686).

③ (O) ④ (O) 일정한 행정처분으로 국민이 일정한 이익과 권리를 취득하였을 경우에 종전 행정처분을 취소하는 행정처분은 취소해야 할 공익상 필요와 취소로 당사자가 입게 될 기득권과 신뢰보호 및 법률생활안정의 침해 등 불이익을 비교·교량한 후 공익상 필요가 당사자가 입을 불이익을 정당화할 만큼 강한 경우에 한하여 취소할 수 있는 것이며, 하자나 취소해야 할 필요성에 관한 증명책임은 기존 이익과 권리를 침해하는 처분을 한 행정청에 있다(대판 2012.03.29. 2011두23375).

정답 ②

239 [19국가9급]

행정행위의 효력에 대한 설명으로 옳지 않은 것은? (다툼이 있는 경우 판례에 의함)

① 과·오납세금반환청구소송에서 민사법원은 그 선결문제로서 과세처분의 무효 여부를 판단할 수 있다.

② 행정처분이 위법임을 이유로 국가배상을 청구하기 위한 전제로서 그 처분이 취소되어야만 하는 것은 아니다.

③ 영업허가취소처분이 청문절차를 거치지 않았다 하여 행정심판에서 취소되었더라도 그 허가취소처분 이후 취소재결시까지 영업했던 행위는 무허가영업에 해당한다.

④ 건물 소유자에게 소방시설 불량사항을 시정·보완하라는 명령을 구두로 고지한 것은 「행정절차법」에 위반한 것으로 하자가 중대·명백하여 당연 무효이다.

해설

① (O) 행정처분의 하자가 중대·명백하여 당연무효라고 인정될 경우에는 이를 전제로 하여 판단할 수 있으나, 그 하자가 단순한 취소사유에 그칠 때에는 법원은 그 효력을 부인할 수 없다(대판 1973.7.10. 70다1439).

② (O) 계고처분이 위법함을 이유로 배상을 청구하는 취지로 인정될 수 있는 사건에 있어, 미리 그 행정처분의 취소판결이 있어야만 그 위법임을 이유로 피고에게 배상을 청구할 수 있는 것은 아니다(대판 1991.1.25. 87다카2569).

③ (X) 영업의 금지를 명한 영업허가취소처분 자체가 나중에 행정쟁송절차에 의하여 취소되었다면 그 영업허가취소처분은 그 처분시에 소급하여 효력을 잃게 되며, 그 영업허가취소처분에 복종할 의무가 원래부터 없었음이 확정되었다고 봄이 타당하고, 영업허가취소처분이 장래에 향하여서만 효력을 잃게 된다고 볼 것은 아니므로 그 영업허가취소처분 이후의 영업행위를 무허가영업이라고 볼 수는 없다(대판 1993.6.25. 93도277).

④ (O) 소방공무원이 행정처분인 시정·보완 명령을 구술로 고지한 것은 행정절차법 제24조를 위반한 것으로 하자가 중대하고 명백하여 당연 무효이고, 무효인 명령에 따른 의무위반이 생기지 아니하는 이상 피고인에게 명령 위반을 이유로 소방시설 설치유지 및 안전관리에 관한 법률 제48조의2 제1호에 따른 행정형벌을 부과할 수 없다(대판 2011. 11. 10. 2011도11109).

정답 ③

240 [22국가9급]

행정행위의 효력에 대한 설명으로 옳지 않은 것은? (다툼이 있는 경우 판례에 의함)

① 영업허가취소처분이 나중에 행정쟁송절차에 의하여 취소되었더라도, 그 영업허가취소처분 이후의 영업행위는 무허가영업이다.

② 연령미달 결격자가 다른 사람 이름으로 교부받은 운전면허는 당연무효가 아니고 취소되지 않는 한 유효하므로 그 연령미달 결격자의 운전행위는 무면허운전에 해당하지 아니한다.

③ 구 「도시계획법」상 원상회복 등의 조치명령을 받고도 이를 따르지 않은 자에 대해 형사처벌을 하기 위해서는 적법한 조치명령이 전제되어야 하며, 이때 형사법원은 그 적법여부를 심사할 수 있다.

④ 조세부과처분을 취소하는 행정판결이 확정된 경우 부과처분의 효력은 처분 시에 소급하여 효력을 잃게 되므로 확정된 행정판결은 조세포탈에 대한 무죄를 인정할 명백한 증거에 해당한다.

해설

① (X) 영업의 금지를 명한 영업허가취소처분 자체가 나중에 행정쟁송절차에 의하여 취소되었다면 그 영업허가취소처분은 그 처분시에 소급하여 효력을 잃게 되며, 그 영업허가취소처분 이후의 영업행위를 무허가영업이라고 볼 수는 없다(대판 1993.6.25. 93도277).

② (O) 연령미달의 결격자인 피고인이 소외인의 이름으로 운전면허시험에 응시, 합격하여 교부받은 운전면허는 당연무효가 아니고 도로교통법 제65조 제3호의 사유에 해당함에 불과하여 취소되지 않는 한 유효하므로 피고인의 운전행위는 무면허운전에 해당하지 아니한다(대판 1982.6.8. 80도2646).

③ (O) 구 도시계획법 제78조 제1항에 정한 처분이나 조치명령을 받은 자가 이에 위반한 경우 이로 인하여 같은 법 제92조에 정한 처벌을 하기 위하여는 그 처분이나 조치명령이 적법한 것이라야 하고, 그 처분이 당연무효가 아니라 하더라도 그것이 위법한 처분으로 인정되는 한 같은 법 제92조 위반죄가 성립될 수 없다(대판 1992.8.18. 90도1709).

④ (O) 조세의 부과처분을 취소하는 행정소송판결이 확정된 경우 그 조세부과처분의 효력은 처분시에 소급하여 효력을 잃게 되고 따라서 그 부과처분을 받은 사람은 그 처분에 따른 납부의무가 없다고 할 것이므로 위 확정된 행정판결은 조세포탈에 대한 무죄 내지 원판결이 인정한 죄보다 경한 죄를 인정할 명백한 증거라 할 것이다(대판 1985. 10. 22. 83도2933).

정답 ①

241 [19지방7급]

행정행위에 대한 설명으로 옳은 것은? (다툼이 있는 경우 판례에 의함)

① 확약에는 공정력이나 불가쟁력과 같은 효력이 인정되는 것은 아니라고 하더라도, 일단 확약이 있은 후에 사실적 · 법률적 상태가 변경되었다고 하여 행정청의 별다른 의사표시 없이 확약이 실효된다고 할 수 없다.

② 영업허가를 취소하는 처분에 대해 불가쟁력이 발생하였더라도 이후 사정변경을 이유로 그 허가취소의 변경을 요구하였으나 행정청이 이를 거부한 경우라면, 그 거부는 원칙적으로 항고소송의 대상이 되는 처분이다.

③ 영업허가취소처분이 나중에 항고소송을 통해 취소되었다면 그 영업허가취소처분 이후의 영업행위를 무허가 영업이라 할 수 없다.

④ 행정처분에 대해 불가쟁력이 발생한 경우 이로 인해 그 처분의 기초가 된 사실관계나 법률적 판단이 확정되는 것이므로 처분의 당사자는 당초 처분의 기초가 된 사실관계나 법률관계와 모순되는 주장을 할 수 없다.

해설

① (X) 확약 또는 공적인 의사표명이 있은 후에 사실적·법률적 상태가 변경되었다면, 그와 같은 확약 또는 공적인 의사표명은 행정청의 별다른 의사표시를 기다리지 않고 실효된다(대판 1996.8.20. 95누10877).

② (X) 불가쟁력이 생긴 행정처분에 대하여는 개별 법규에서 그 변경을 요구할 신청권을 규정하고 있거나 관계 법령의 해석상 그러한 신청권이 인정될 수 있는 등 특별한 사정이 없는 한 국민에게 그 행정처분의 변경을 구할 신청권이 있다 할 수 없다(대판 2007.4.26. 2005두11104).

③ (O) 영업의 금지를 명한 영업허가취소처분 자체가 나중에 행정쟁송절차에 의하여 취소되었다면 그 영업허가취소처분은 그 처분시에 소급하여 효력을 잃게 되며, 그 영업허가취소처분에 복종할 의무가 원래부터 없었음이 확정되었다고 봄이 타당하고, 영업허가취소처분이 장래에 향하여서만 효력을 잃게 된다고 볼 것은 아니므로 그 영업허가취소처분 이후의 영업행위를 무허가영업이라고 볼 수는 없다(대판 1993.6.25. 93도277).

④ (X) 행정처분이나 행정심판재결이 불복기간의 경과로 인하여 확정될 경우, 그 확정력은 그 처분으로 인하여 법률상 이익을 침해받은 자가 당해 처분이나 재결의 효력을 더이상 다툴 수 없다는 의미일 뿐, 기판력이 인정되는 것은 아니어서 그 처분의 기초가 된 사실관계나 법률적 판단이 확정되고 당사자들이나 법원이 이에 기속되어 모순되는 주장이나 판단을 할 수 없게 되는 것은 아니다(대판 1994. 11. 8. 93누21927).

정답 ③

242 [19국가7급]

행정청의 침익적 행위에 대한 판례의 입장으로 옳지 않은 것은?

① 「국민연금법」상 연금 지급결정을 취소하는 처분과 그 처분에 기초하여 잘못 지급된 급여액에 해당하는 금액을 환수하는 처분이 적법한지를 판단하는 경우 비교 · 교량할 각 사정이 상이하다고는 할 수 없으므로, 연금 지급결정을 취소하는 처분이 적법하다면 환수처분도 적법하다고 판단하여야 한다.

② 세무조사가 과세자료의 수집 등의 본연의 목적이 아니라 부정한 목적을 위하여 행하여진 것이라면 세무조사에 중대한 위법사유가 있는 경우에 해당하고, 이러한 세무조사에 의하여 수집된 과세자료를 기초로 한 과세처분 역시 위법하다.

③ 과세관청이 과세예고 통지 후 과세전적부심사 청구나 그에 대한 결정이 있기 전에 과세처분을 한 경우, 특별한 사정이 없는 한 그 과세처분은 절차상 하자가 중대 · 명백하여 당연무효이다.

④ 건축주 등이 장기간 시정명령을 이행하지 아니하였으나 그 기간 중에 시정명령의 이행 기회가 제공되지 아니하였다가 뒤늦게 이행 기회가 제공된 경우, 이행 기회가 제공되지 아니한 과거의 기간에 대한 이행강제금까지 한꺼번에 부과하였다면 그러한 이행강제금 부과처분은 하자가 중대 · 명백하여 당연무효이다.

해설

① (X) 연금 지급결정을 취소하는 처분과 그 처분에 기초하여 잘못 지급된 급여액에 해당하는 금액을 환수하는 처분이 적법한지를 판단함에 있어 비교·교량할 각 사정이 동일하다고는 할 수 없으므로, 연금 지급결정을 취소하는 처분이 적법하다고 하여 환수처분도 반드시 적법하다고 판단하여야 하는 것은 아니다(대판 2017. 3. 30. 2015두43971).

② (O) 세무조사가 과세자료의 수집 또는 신고내용의 정확성 검증이라는 본연의 목적이 아니라 부정한 목적을 위하여 행하여진 것이라면 이는 세무조사에 중대한 위법사유가 있는 경우에 해당하고 이러한 세무조사에 의하여 수집된 과세자료를 기초로 한 과세처분 역시 위법하다(대판 2016. 12. 15. 2016두47659).

③ (O) 국세기본법 및 국세기본법 시행령이 과세전적부심사를 거치지 않고 곧바로 과세처분을 할 수 있거나 과세전적부심사에 대한 결정이 있기 전이라도 과세처분을 할 수 있는 예외사유로 정하고 있다는 등의 특별한 사정이 없는 한, 과세예고 통지 후 과세전적부심사 청구나 그에 대한 결정이 있기도 전에 과세처분을 하는 것은 절차상 하자가 중대하고도 명백하여 무효이다(대판 2016. 12. 27. 2016두49228).

④ (O) 따라서 비록 건축주 등이 장기간 시정명령을 이행하지 아니하였더라도, 그 기간 중에는 시정명령의 이행 기회가 제공되지 아니하였다가 뒤늦게 시정명령의 이행 기회가 제공된 경우라면, 시정명령의 이행 기회 제공을 전제로 한 1회분의 이행강제금만을 부과할 수 있고, 시정명령의 이행 기회가 제공되지 아니한 과거의 기간에 대한 이행강제금까지 한꺼번에 부과할 수는 없다. 그리고 이를 위반하여 이루어진 이행강제금 부과처분은 과거의 위반행위에 대한 제재가 아니라 행정상의 간접강제 수단이라는 이행강제금의 본질에 반하여 구 건축법 제80조 제1항, 제4항 등 법규의 중요한 부분을 위반한 것으로서, 그러한 하자는 중대할 뿐만 아니라 객관적으로도 명백하다(대판 2016. 7. 14. 2015두46598).

정답 ①

243 [19지방9급]

행정행위의 취소에 대한 설명으로 옳은 것만을 모두 고르면? (다툼이 있는 경우 판례에 의함)

ㄱ. 「산업재해보상보험법」상 각종 보험급여 등의 지급결정을 변경 또는 취소하는 처분과 처분에 터 잡아 잘못 지급된 보험급여액에 해당하는 금액을 징수하는 처분이 적법한지를 판단하는 경우, 지급결정을 변경 또는 취소하는 처분이 적법하다면 그에 터 잡은 징수처분도 적법하다고 판단해야 한다.

ㄴ. 권한 없는 행정기관이 한 당연무효인 행정처분을 취소할 수 있는 권한은 당해 행정처분을 한 처분청에게 속하고, 당해 행정처분을 할 수 있는 적법한 권한을 가지는 행정청에게 그 취소권이 귀속되는 것이 아니다.

ㄷ. 수익적 처분이 상대방의 허위 기타 부정한 방법으로 인하여 행하여졌다면 상대방은 그 처분이 그와 같은 사유로 인하여 취소될 것임을 예상할 수 없었다고 할 수 없으므로, 이러한 경우에까지 상대방의 신뢰를 보호하여야 하는 것은 아니다.

① ㄱ, ㄴ
② ㄱ, ㄷ
③ ㄴ, ㄷ
④ ㄱ, ㄴ, ㄷ

해설

ㄱ. (X) 산재보상법상 각종 보험급여 등의 지급결정을 변경 또는 취소하는 처분과 처분에 터 잡아 잘못 지급된 보험급여액에 해당하는 금액을 징수하는 처분이 적법한지를 판단하는 경우 비교·교량할 각 사정이 동일하다고는 할 수 없으므로, 지급결정을 변경 또는 취소하는 처분이 적법하다고 하여 그에 터 잡은 징수처분도 반드시 적법하다고 판단해야 하는 것은 아니다(대판 2014. 7. 24. 2013두27159).

ㄴ. (O) 권한 없는 행정기관이 한 당연무효인 행정처분을 취소할 수 있는 권한은 당해 행정처분을 한 처분청에게 속하고, 당해 행정처분을 할 수 있는 적법한 권한을 가지는 행정청에게 그 취소권이 귀속되는 것이 아니다(대판 1984.10.10. 84누463).

ㄷ. (O) 수익적 처분이 상대방의 허위 기타 부정한 방법으로 인하여 행하여졌다면 상대방은 그 처분이 그와 같은 사유로 인하여 취소될 것임을 예상할 수 없었다고 할 수 없으므로, 이러한 경우에까지 상대방의 신뢰를 보호하여야 하는 것은 아니라고 할 것이다(대판 1995. 1. 20. 94누6529).

정답 ③

244 [18서울7급]

행정행위의 하자에 대한 설명으로 가장 옳지 않은 것은?

① 선행 도시계획시설사업시행자 지정처분이 당연무효이면 후행처분인 실시계획인가처분도 당연무효이다.

② 과세처분 이후 조세 부과의 근거가 되었던 법률규정에 대하여 위헌결정이 내려진 후에 행한 처분의 집행은 당연무효이다.

③ 재건축주택조합설립인가처분 당시 동의율을 충족하지 못한 하자는 후에 추가동의서가 제출되었다는 사정만으로 치유될 수 없다.

④ 출생연월일 정정으로 특례노령연금 수급요건을 충족하지 못하게 된 자에 대하여 지급결정을 소급적으로 직권취소하고, 이미 지급된 급여를 환수하는 처분은 위법하다.

해설

① (O) 선행처분인 도시계획시설사업 시행자 지정 처분이 처분 요건을 충족하지 못하여 당연무효인 경우에는 사업시행자 지정 처분이 유효함을 전제로 이루어진 후행처분인 실시계획 인가처분도 무효라고 보아야 한다(대판 2017. 7. 11. 2016두35120).

② (O) 대판 2012.02.16. 2010두10907.

③ (O) 설립인가처분 당시 동의율을 충족하지 못한 하자는 후에 추가동의서가 제출되었다는 사정만으로 치유될 수 없다(대판 2013. 7. 11. 2011두27544).

④ (X) 행정처분을 한 처분청은 그 처분의 성립에 하자가 있는 경우 별도의 법적 근거가 없다고 하더라도 직권으로 이를 취소할 수 있다고 봄이 원칙이므로, 국민연금법이 정한 수급요건을 갖추지 못하였음에도 연금 지급결정이 이루어진 경우에는 이미 지급된 급여 부분에 대한 환수처분과 별도로 그 지급결정을 취소할 수 있다. 이 경우에도 이미 부여된 국민의 기득권을 침해하는 것이므로 그 취소권의 행사는 지급결정을 취소할 공익상의 필요보다 상대방이 받게 될 불이익 등이 막대한 경우에는 재량권의 한계를 일탈한 것으로서 위법하다고 보아야 한다. 다만 이처럼 연금 지급결정을 취소하는 처분과 그 처분에 기초하여 잘못 지급된 급여액에 해당하는 금액을 환수하는 처분이 적법한지를 판단함에 있어 비교·교량할 각 사정이 동일하다고는 할 수 없으므로, 연금 지급결정을 취소하는 처분이 적법하다고 하여 환수처분도 반드시 적법하다고 판단하여야 하는 것은 아니다(대판 2017. 3. 30. 2015두43971).

정답 ④

지방병무청장이 재신체검사 등을 거쳐 보충역편입처분을 제2국민역 편입처분으로 변경한 경우, 그 후 새로운 병역처분의 성립에 하자가 있었음을 이유로 하여 이를 취소하게 되면 종전의 병역처분의 효력이 되살아난다. [16서울7급]

| 해설

(X) 지방병무청장이 재신체검사 등을 거쳐 현역병입영대상편입처분을 보충역편입처분이나 제2국민역편입처분으로 변경하거나 보충역편입처분을 제2국민역편입처분으로 변경하는 경우, 그 후 새로운 병역처분의 성립에 하자가 있었음을 이유로 하여 이를 취소한다고 하더라도 종전의 병역처분의 효력이 되살아나지 않는다(대판 2002.5.28. 2001두9653).

광업권 취소처분 후 광업권설정의 선출원이 있는 경우에도 취소처분을 취소하여 광업권을 복구시키는 조치는 적법하다. [14서울7급]

| 해설

(X) 일단 취소처분을 한 후에 새로운 이해관계인이 생기기 전에 취소처분을 취소하여 그 광업권의 회복을 시켰다면 모르되 피고가 본건 취소처분을 한 후에 원고가 본건 광구에 대하여 선출원을 적법히 함으로써 이해관계인이 생긴 이 사건에 있어서, 피고가 취소처분을 취소하여 소외인 명의의 광업권을 복구시키는 조처는 원고의 선출원 권리를 침해하는 위법한 처분이라고 하지 않을 수 없을 것이다(대판 1967.10.23. 67누126).

245 [21지방9급]

행정행위의 취소와 철회에 대한 설명으로 옳지 않은 것은? (다툼이 있는 경우 판례에 의함)

① 과세관청은 과세처분의 취소를 다시 취소함으로써 이미 효력을 상실한 과세처분을 소생시킬 수 있다.
② 행정청은 적법한 처분이 중대한 공익을 위하여 필요한 경우에는 그 처분을 장래를 향하여 철회할 수 있다.
③ 수익적 행정행위의 철회는 특별한 다른 규정이 없는 한 「행정절차법」상의 절차에 따라 행해져야 한다.
④ 처분청은 처분의 성립에 하자가 있는 경우 별도의 법적 근거가 없더라도 직권으로 이를 취소할 수 있다.

해설

① (X) 과세관청은 부과의 취소를 다시 취소함으로써 원부과처분을 소생시킬 수는 없고 납세의무자에게 종전의 과세대상에 대한 납부의무를 지우려면 다시 법률에서 정한 부과절차에 좇아 동일한 내용의 새로운 처분을 하는 수밖에 없다(대판 1995.3.10. 94누7027).

② (O) 행정행위를 한 처분청은 처분 당시에 그 행정처분이 별다른 하자가 없었고 또 처분 후에 이를 취소할 별도의 법적 근거가 없다 하더라도 원래의 처분을 그대로 존속시킬 필요가 없게 된 사정변경이 생겼거나 또는 중대한 공익상의 필요가 발생한 경우에는 별개의 행정행위로 이를 철회하거나 변경할 수 있다(대판 1992.1.17. 91누3130).

③ (O) 수익적 행정행위의 철회는 별개의 행정행위로서 행정절차법상 절차를 준수해야 한다.

④ (O) 행정처분을 한 처분청은 그 처분의 성립에 하자가 있는 경우 이를 취소할 별도의 법적 근거가 없다고 하더라도 직권으로 이를 취소할 수 있다(대판 1995.6.9. 95누1194).

정답 ①

246 [18서울7급(上)]

행정행위의 취소에 대한 설명으로 가장 옳지 않은 것은?

① 변상금 부과처분에 대한 취소소송이 진행 중이라도 처분청은 위법한 처분을 스스로 취소하고 그 하자를 보완하여 다시 적법한 부과처분을 할 수 있다.
② 수익적 행정처분의 경우 상대방의 신뢰보호와 관련하여 직권취소가 제한되나 그 필요성에 대한 입증책임은 기존 이익과 권리를 침해하는 처분을 한 행정청에 있다.
③ 처분청의 행정처분 후 사정변경이 있거나 중대한 공익상 필요가 있는 경우 법적근거가 없어도 그 처분의 효력을 상실케 하는 별도의 행정행위로 이를 철회할 수 있다.
④ 명문의 규정을 불문하고 처분청과 감독청은 철회권을 가진다.

해설

① (O) 변상금 부과처분에 대한 취소소송이 진행중이라도 그 부과권자로서는 위법한 처분을 스스로 취소하고 그 하자를 보완하여 다시 적법한 부과처분을 할 수도 있다(대판 2006.2.10. 2003두5686).

② (O) 일정한 행정처분으로 국민이 일정한 이익과 권리를 취득하였을 경우에 종전 행정처분을 취소하는 행정처분은 취소해야 할 공익상 필요와 취소로 당사자가 입게 될 기득권과 신뢰보호 및 법률생활안정의 침해 등 불이익을 비교·교량한 후 공익상 필요가 당사자가 입을 불이익을 정당화할 만큼 강한 경우에 한하여 취소할 수 있는 것이며, 하자나 취소해야 할 필요성에 관한 증명책임은 기존 이익과 권리를 침해하는 처분을 한 행정청에 있다(대판 2012.03.29. 2011두23375).

③ (O) 대판 1992.1.17. 91누3130.

④ (X) 행정행위의 철회는 처분을 한 행정청만이 할 수 있으며, 감독청은 법률에 근거 없는 한 직접 철회할 수는 없다.

정답 ④

247 [16서울9급]

다음 중 행정행위의 취소와 철회에 대한 설명으로 가장 옳은 것은?

① 특별한 사정이 없는 한 부담적 행정행위의 취소는 원칙적으로 자유롭지 않다.

② 수익적 행정행위에 대한 철회권 유보의 부관은 그 유보된 사유가 발생하여 철회권이 행사된 경우 상대방이 신뢰보호원칙을 원용하는 것을 제한한다는 데 실익이 있다.

③ 철회권이 유보된 경우라도 수익적 행정행위의 철회에 있어서는 반드시 법적근거가 필요하다.

④ 판례는 불가쟁력이 생긴 행정처분이라도 공권의 확대화 경향에 따라 이에 대한 취소 또는 변경을 구할 신청권을 적극적으로 인정하고 있다.

해설

① (X) 특별한 사정이 없는 한 수익적 행정행위에 비해 부담적 행정행위의 취소는 원칙적으로 자유롭다.

② (O) 철회권이 유보된 경우 상대방은 이후의 철회가능성을 예견하고 있으므로 원칙적으로 신뢰보호원칙에 근거하여 철회의 제한을 주장 할 수 없고 철회로 인한 손실보상 등을 요구할 수 없다.

③ (X) 철회권이 유보된 경우는 물론 철회권 유보의 부관이 없는 경우라고 하더라고 처분청은 법적 근거 없이 철회할 수 있다. 다만 철회권을 유보하였다고 하여 항상 행정청이 무제한으로 철회권을 행사할 수 있는 것이 아니고, 공익상의 필요가 있고 합리적 이유가 있다고 인정되는 경우에 행사할 수 있는 등 철회의 일반적 요건이 충족되어야 한다.

④ (X) 대판 2007.4.26. 2005두11104.

정답 ②

248 [18국가9급]

행정청이 법률의 근거 규정 없이도 할 수 있는 조치로 옳은 것만을 모두 고른 것은? (다툼이 있는 경우 판례에 의함)

ㄱ. 하자 있는 처분을 직권으로 취소하는 것
ㄴ. 재량권이 인정되는 영역에서 재량권 행사의 기준이 되는 지침을 제정하는 것
ㄷ. 중대한 공익상의 필요가 발생하여 처분을 철회하는 것
ㄹ. 사정변경으로 인하여 처분에 부가되어 있는 부담의 목적을 달성할 수 없게 되어 부담의 내용을 변경하는 것

① ㄱ, ㄴ　　② ㄷ, ㄹ
③ ㄱ, ㄷ, ㄹ　　④ ㄱ, ㄴ, ㄷ, ㄹ

해설

ㄱ. (O) 행정처분에 하자가 있는 경우에는 법령에 특별히 취소사유를 규정하고 있지 아니하여도 행정청은 그가 행한 위법한 행정처분을 취소할 수 있다(대판 1982.7.27. 81누271).

ㄴ. (O) 재량권 행사의 기준이 되는 지침은 행정규칙에 해당하고 행정규칙은 별도의 법적 근거 없이 제정할 수 있다.

ㄷ. (O) 행정행위를 한 처분청은 비록 그 처분 당시에 별다른 하자가 없었고, 또 그 처분 후에 이를 취소할 별도의 법적 근거가 없다 하더라도 원래의 처분을 존속시킬 필요가 없게 된 사정변경이 생겼거나 또는 중대한 공익상의 필요가 발생한 경우에는 그 효력을 상실케 하는 별개의 행정행위로 이를 취소(철회)할 수 있다(대판 1995.06.09. 95누1194).

ㄹ. (O) 부관의 사후변경은 법률에 명문의 규정이 있거나 그 변경이 미리 유보되어 있는 경우 또는 상대방의 동의가 있는 경우에 한하여 허용되는 것이 원칙이지만, 사정변경으로 인하여 당초에 부담을 부가한 목적을 달성할 수 없게 된 경우에도 그 목적달성에 필요한 범위 내에서 예외적으로 허용된다(대판 1997.5.30. 97누2627).

정답 ④

249 [20지방7급]

행정행위의 직권취소 및 철회에 대한 설명으로 옳은 것만을 모두 고르면? (다툼이 있는 경우 판례에 의함)

> ㄱ. 과세관청은 세금부과처분을 취소한 처분에 취소원인인 하자가 있다는 이유로 취소처분을 다시 취소함으로써 원부과처분을 소생시킬 수 있다.
> ㄴ. 행정처분을 한 행정청은 원래의 처분을 존속시킬 필요가 없게 된 사정변경이 생겼거나 중대한 공익상의 필요가 생긴 경우 이를 철회할 별도의 법적 근거가 없다 하더라도 별개의 행정행위로 이를 철회할 수 있다.
> ㄷ. 보건복지부장관이 어린이집에 대한 평가인증이 이루어진 이후에 새로이 발생한 사유를 들어 「영유아보육법」 제30조 제5항에 따라 평가인증을 철회하는 처분을 하면서도, 그 평가인증의 효력을 과거로 소급하여 상실시키기 위해서는, 특별한 사정이 없는 한 「영유아보육법」 제30조 제5항과는 별도의 법적 근거가 필요하다.
> ㄹ. 면허의 취소처분에는 그 근거가 되는 법령이나 취소권 유보의 부관 등을 명시하여야 함은 물론 처분을 받은 자가 어떠한 위반사실에 대하여 당해 처분이 있었는지를 알 수 있을 정도로 사실을 적시할 것을 요하지만, 이와 같은 취소처분의 근거와 위반사실의 적시를 빠뜨린 하자는 피처분자가 처분 당시 그 취지를 알고 있었거나 그 후 알게 되었다면 그 하자는 치유될 수 있다.

① ㄱ, ㄴ
② ㄱ, ㄹ
③ ㄴ, ㄷ
④ ㄷ, ㄹ

해설

ㄱ. (X) 국세부과의 취소에 위법사유가 있다고 하더라도 당연무효가 아닌 한 일단 유효하게 성립하여 부과처분을 확정적으로 상실시키는 것이므로, 과세관청은 부과의 취소를 다시 취소함으로써 원부과처분을 소생시킬 수는 없고 납세의무자에게 종전의 과세대상에 대한 납부의무를 지우려면 다시 법률에서 정한 부과절차에 좇아 동일한 내용의 새로운 처분을 하는 수밖에 없다(대판 1995.3.10. 94누7027).

ㄴ. (O) 행정행위를 한 처분청은 처분 당시에 그 행정처분이 별다른 하자가 없었고 또 처분 후에 이를 취소할 별도의 법적 근거가 없다 하더라도 원래의 처분을 그대로 존속시킬 필요가 없게 된 사정변경이 생겼거나 또는 중대한 공익상의 필요가 발생한 경우에는 별개의 행정행위로 이를 철회하거나 변경할 수 있다(대판 1992.1.17. 91누3130).

ㄷ. (O) 영유아보육법 제30조 제5항 제3호에 따른 평가인증의 취소는 평가인증 당시에 존재하였던 하자가 아니라 그 이후에 새로이 발생한 사유로 평가인증의 효력을 소멸시키는 경우에 해당하므로, 법적 성격은 평가인증의 '철회'에 해당한다. 행정청이 평가인증이 이루어진 이후에 새로이 발생한 사유를 들어 영유아보육법 제30조 제5항에 따라 평가인증을 철회하는 처분을 하면서도, 평가인증의 효력을 과거로 소급하여 상실시키기 위해서는, 특별한 사정이 없는 한 영유아보육법 제30조 제5항과는 별도의 법적 근거가 필요하다(대판 2018. 6. 28. 2015두58195).

ㄹ. (X) 허가의 취소처분에는 그 근거가 되는 법령이나 취소권유보의 부관 등을 명시하여야 함은 물론 처분을 받은 자가 어떠한 위반사실에 대하여 당해 처분이 있었는지를 알 수 있을 정도의 사실의 적시를 요한다고 할 것이므로 이와 같은 취소처분의 근거와 위반사실의 적시를 빠뜨린 하자는 피처분자가 처분당시 그 취지를 알고 있었다거나 그 후 알게 되었다고 하여도 이로써 치유될 수는 없다(대판 1987.05.26. 86누788 판결).

정답 ③

250 [22국가9급]

다음 사례에 대한 설명으로 옳지 않은 것을 고르시오. (다툼이 있는 경우 판례에 의함)

> 건축주 甲은 토지소유자 乙과 매매계약을 체결하고 乙로부터 토지사용승낙서를 받아 乙의 토지 위에 건축물을 건축하는 건축허가를 관할 행정청인 A시장으로부터 받았다. 매매계약서에 의하면 甲이 잔금을 기일 내에 지급하지 못하면 즉시 매매계약이 해제될 수 있고 이 경우 토지사용승낙서는 효력을 잃으며 甲은 건축허가를 포기·철회하기로 甲과 乙이 약정하였다. 乙은 甲이 잔금을 기일 내에 지급하지 않자 甲과의 매매계약을 해제하였다.

① 착공에 앞서 甲의 귀책사유로 해당 토지를 사용할 권리를 상실한 경우, 乙은 A시장에 대하여 건축허가의 철회를 신청할 수 있다.

② 건축허가는 대물적 성질을 갖는 것이어서 행정청으로서는 그 허가를 할 때에 건축주 또는 토지소유자가 누구인지 등 인적 요소에 관하여는 형식적 심사만 한다.

③ A시장은 건축허가 당시 별다른 하자가 없었고 철회의 법적근거가 없으므로 건축허가를 철회할 수 없다.

④ 철회권의 행사는 기득권의 침해를 정당화할 만한 중대한 공익상의 필요 또는 제3자의 이익을 보호할 필요가 있고, 공익상의 필요 등이 상대방이 입을 불이익을 정당화할 만큼 강한 경우에 한해 허용될 수 있다.

해설

① **(O)** 건축주가 토지 소유자로부터 토지사용승낙서를 받아 그 토지 위에 건축물을 건축하는 대물적(대물적) 성질의 건축허가를 받았다가 착공에 앞서 건축주의 귀책사유로 해당 토지를 사용할 권리를 상실한 경우, 건축허가의 존재로 말미암아 토지에 대한 소유권 행사에 지장을 받을 수 있는 토지 소유자로서는 건축허가의 철회를 신청할 수 있다고 보아야 한다. 따라서 토지 소유자의 위와 같은 신청을 거부한 행위는 항고소송의 대상이 된다(대판 2017. 3. 15. 2014두41190).

② **(O)** 건축허가는 대물적 성질을 갖는 것이어서 행정청으로서는 허가를 할 때에 건축주 또는 토지 소유자가 누구인지 등 인적 요소에 관하여는 형식적 심사만 한다(대판 2017. 3. 15. 2014두41190).

③ **(X)** 행정행위를 한 처분청은 처분 당시에 그 행정처분이 별다른 하자가 없었고 또 처분 후에 이를 취소할 별도의 법적 근거가 없다 하더라도 원래의 처분을 그대로 존속시킬 필요가 없게 된 사정변경이 생겼거나 또는 중대한 공익상의 필요가 발생한 경우에는 별개의 행정행위로 이를 철회하거나 변경할 수 있다(대판 1992.1.17. 91누3130).

④ **(O)** 종전 행정처분을 취소하는 행정처분은 취소해야 할 공익상 필요와 취소로 당사자가 입게 될 기득권과 신뢰보호 및 법률생활안정의 침해 등 불이익을 비교·교량한 후 공익상 필요가 당사자가 입을 불이익을 정당화할 만큼 강한 경우에 한하여 취소할 수 있는 것이며, 하자나 취소해야 할 필요성에 관한 증명책임은 기존 이익과 권리를 침해하는 처분을 한 행정청에 있다(대판 2012.03.29. 2011두23375).

정답 ③

251 [14서울7급]

다음 ㉠, ㉡, ㉢ 에 해당하는 용어가 바르게 나열된 것은?

㉠ 하자 없이 성립한 행정행위에 대해 그의 효력을 존속시킬 수 없는 새로운 사정이 발생하였음을 이유로 장래에 향하여 그의 효력을 소멸시키는 행정행위
㉡ 일단 유효하게 성립된 행정행위에 대하여 하자를 이유로 또는 부당함을 이유로 행정청이 그 효력을 소멸시키는 행정행위
㉢ 하자 없이 적법하게 성립한 행정행위가 일정한 사실의 발생에 의하여 당연히 그 효력이 소멸되는 것

	㉠	㉡	㉢
①	철회	실효	취소
②	철회	취소	실효
③	실효	취소	철회
④	실효	철회	취소
⑤	취소	실효	철회

해설

② 보기는 ㉠ 철회, ㉡ 취소, ㉢ 실효에 대한 설명이다.

㉠ 행정행위의 철회란 적법하게 성립한 행정행위의 효력을 사후적으로 발생한 사유를 이유로 그 행위의 효력의 전부 또는 일부를 장래에 향하여 소멸시키는 독립한 행정행위를 말하며, 실정법상으로는 취소라는 용어가 많이 사용되고 있다(예 음주운전으로 인한 운전면허의 취소).

㉡ 행정행위의 취소란 일단 유효하게 성립한 행정행위를 권한 있는 기관(처분청, 감독청)이 그 행위에 위법 또는 부당함을 이유로 그 효력의 전부 또는 일부를 소멸시키는 것을 말한다.

㉢ 행정행위의 실효란 적법한 행정행위의 효력이 행정청의 의사와 관계없이 일정한 사실의 발생에 의해 장래를 향하여 당연히 소멸되는 것을 말한다.

정답 ②

252 [19국가9급]

甲은 「영유아보육법」에 따라 보건복지부장관의 평가인증을 받아 어린이집을 설치·운영하고 있다. 甲은 어린이집을 운영하면서 부정한 방법으로 보조금을 교부받아 사용하였고, 보건복지부장관은 이를 근거로 관련 법령에 따라 평가인증을 취소하였다. 이에 대한 설명으로 옳은 것은? (다툼이 있는 경우 판례에 의함)

① 평가인증의 취소는 강학상 취소에 해당하며, 행정청이 평가인증취소처분을 하면서 별도의 법적 근거 없이도 평가인증의 효력을 취소사유 발생일로 소급하여 상실시킬 수 있다.

② 평가인증의 취소는 강학상 철회에 해당하며, 행정청이 평가인증취소처분을 하면서 별도의 법적 근거 없이는 평가인증의 효력을 취소사유 발생일로 소급하여 상실시킬 수 없다.

③ 평가인증의 취소는 강학상 취소에 해당하며, 행정청이 평가인증취소처분을 하면서 별도의 법적 근거 없이는 평가인증의 효력을 취소사유 발생일로 소급하여 상실시킬 수 없다.

④ 평가인증의 취소는 강학상 철회에 해당하며, 행정청이 평가인증취소처분을 하면서 별도의 법적 근거 없이도 평가인증의 효력을 취소사유 발생일로 소급하여 상실시킬 수 있다.

해설

① (X) ② (O) ③ (X) ④ (X) 영유아보육법 제30조 제5항 제3호에 따른 평가인증의 취소는 평가인증 당시에 존재하였던 하자가 아니라 그 이후에 새로이 발생한 사유로 평가인증의 효력을 소멸시키는 경우에 해당하므로, 법적 성격은 평가인증의 '철회'에 해당한다. 그런데 행정청이 평가인증을 철회하면서 그 효력을 철회의 효력발생일 이전으로 소급하게 하면, 철회 이전의 기간에 평가인증을 전제로 지급한 보조금 등의 지원이 그 근거를 상실하게 되어 이를 반환하여야 하는 법적 불이익이 발생한다. 이는 장래를 향하여 효력을 소멸시키는 철회가 예정한 법적 불이익의 범위를 벗어나는 것이다. 이처럼 행정청이 평가인증이 이루어진 이후에 새로이 발생한 사유를 들어 영유아보육법 제30조 제5항에 따라 평가인증을 철회하는 처분을 하면서도, 평가인증의 효력을 과거로 소급하여 상실시키기 위해서는, 특별한 사정이 없는 한 영유아보육법 제30조 제5항과는 별도의 법적 근거가 필요하다(대판 2018. 6. 28. 2015두58195).

정답 ②

253 [16국가9급]

다음 사례 상황에 대한 설명으로 옳은 것은? (다툼이 있는 경우 판례에 의함)

甲은 「식품위생법」상 유흥주점 영업허가를 받아 영업을 하던 중 경기 부진을 이유로 2015. 8. 3. 자진 폐업하고 관련 법령에 따라 폐업신고를 하였다. 이에 관할 시장은 자진 폐업을 이유로 2015. 9. 10. 甲에 대한 위 영업허가를 취소하는 처분을 하였으나 이를 甲에게 통지하지 아니하였다. 이후 甲은 경기가 활성화되자 유흥주점 영업을 재개하려고 관할 시장에 2016. 2. 3. 재개업신고를 하였으나, 영업허가가 이미 취소되었다는 회신을 받았다. 허가취소 사실을 비로소 알게 된 甲은 2016. 3. 10.에 위 2015. 9. 10.자 영업허가취소처분의 취소를 구하는 소송을 제기하였다.

① 甲에 대한 유흥주점 영업허가의 효력은 2015. 9. 10.자 영업허가취소처분에 의해서 소멸된다.
② 위 2015. 9. 10.자 영업허가취소처분은 甲에게 통지되지 않아 효력이 발생하지 아니하였으므로 甲의 영업허가는 여전히 유효하다.
③ 甲이 2015. 9. 10.자 영업허가취소처분에 대하여 제기한 위 취소소송은 부적법한 소송으로서 각하된다.
④ 甲에 대한 유흥주점 영업허가는 2016. 2. 3. 행한 甲의 재개업신고를 통하여 다시 효력을 회복한다.

해설

① (X) 당초 허가를 받은 영업장소에 설치되어 있던 시설이 모두 철거되어 허가를 받은 영업상의 기능을 더 이상 수행할 수 없게 된 경우에는, 이미 당초의 영업허가는 그 목적을 달성할 수 없게 되어 허가의 대상이 멸실된 경우와 마찬가지로 허가의 효력이 당연히 소멸되는 것이다(대판 1990.7.13. 90누2284).

② (X) 신청에 의한 허가처분은 허가를 받은 자가 영업을 폐업할 경우에는 그 효력이 당연히 소멸되는 것이므로, 이와 같은 경우 허가행정청의 허가취소처분은 허가가 실효되었음을 확인하는 것에 지나지 않는다(대판 1990.7.13. 90누2284).

③ (O) 영업허가를 받은 자가 영업장소를 명도하고 시설을 모두 철거하여 매각함으로써 폐업하였다면 영업허가취소처분의 취소를 청구할 소의 이익이 없는 것이라고 볼 수 있다(대판 1990.7.13. 90누2284).

④ (X) 허가의 효력은 당연히 소멸되었고, 새로운 허가를 신청할 수 있음은 별론으로 하고 재개업신고를 통해 다시 효력을 회복할 수는 없다.

정답 ③

제5절 | 그 밖의 행정의 행위형식

I 행정상의 확약

254 [16서울9급]

확약에 대한 설명으로 가장 옳지 않은 것은?

① 「행정절차법」은 확약에 관한 명문규정을 두고 있지 않다.
② 판례는 어업권면허에 선행하는 우선순위결정의 처분성을 인정하고 있다.
③ 확약을 행한 행정청은 확약의 내용인 행위를 하여야 할 자기구속적 의무를 지며, 상대방은 행정청에 그 이행을 청구할 권리를 갖게 된다.
④ 확약이 있은 이후에 사실적·법률적 상태가 변경되었다면 그와 같은 확약은 행정청의 별다른 의사표시 없이도 실효된다.

해설

① (X) 출제 당시 맞는 지문이었으나, 2022년 개정으로 행정절차법에는 확약에 관한 규정을 두고 있다.

> **행정절차법 제40조의2(확약)** ① 법령등에서 당사자가 신청할 수 있는 처분을 규정하고 있는 경우 행정청은 당사자의 신청에 따라 장래에 어떤 처분을 하거나 하지 아니할 것을 내용으로 하는 의사표시(이하 "확약"이라 한다)를 할 수 있다.
> ② 확약은 문서로 하여야 한다.
> ③ 행정청은 다른 행정청과의 협의 등의 절차를 거쳐야 하는 처분에 대하여 확약을 하려는 경우에는 확약을 하기 전에 그 절차를 거쳐야 한다.

② (X) 어업권면허에 선행하는 우선순위결정은 강학상 확약에 불과하고 행정처분이 아니므로, 우선순위결정에 공정력이나 불가쟁력과 같은 효력이 인정되지 않는다(대판 1995.1.20. 94누6529).
③ (O) 확약은 상대방에게 확약된 행위를 하여야 할 자기구속적 의무를 발생시킨다. 동시에 상대방은 행정기관에 대해 확약의 내용을 이행할 것을 청구할 수 있는 권리가 인정된다.
④ (O) 확약 또는 공적인 의사표명이 있은 후에 사실적·법률적 상태가 변경되었다면, 그와 같은 확약 또는 공적인 의사표명은 행정청의 별다른 의사표시를 기다리지 않고 실효된다(대판 1996.08.20. 95누10877).

정답 ①, ②

255 [18국가9급]

행정청의 확약에 대한 설명으로 옳은 것은? (다툼이 있는 경우 판례에 의함)

① 행정청의 확약은 위법하더라도 중대명백한 하자가 있어 당연무효가 아닌 한 취소되기 전까지는 유효한 것으로 통용된다.
② 재량행위에 대해 상대방에게 확약을 하려면 확약에 대한 법적 근거가 있어야 한다.
③ 행정청이 상대방에게 확약을 한 후에 사실적·법률적 상태가 변경되었다면 확약은 행정청의 별다른 의사표시가 없더라도 실효된다.
④ 행정청의 확약에 대해 법률상 이익이 있는 제3자는 확약에 대해 취소소송으로 다툴 수 있다.

해설

① (X) 확약은 처분이 아니며 처분에 인정되는 공정력이 인정되지 않는다.

② (X) 확약은 처분권에 속하는 예비적인 권한행사로서 본처분권에 당연히 포함되므로 본 처분권이 있으면 별도의 법적 근거 없이도 인정된다는 것이 통설의 입장(본처분권한포함설)이다.

③ (O) 행정청이 상대방에게 장차 어떤 처분을 하겠다고 확약 또는 공적인 의사표명을 하였다고 하더라도, 그 자체에서 상대방으로 하여금 언제까지 처분의 발령을 신청을 하도록 유효기간을 두었는데도 그 기간 내에 상대방의 신청이 없었다거나 확약 또는 공적인 의사표명이 있은 후에 사실적 · 법률적 상태가 변경되었다면, 그와 같은 확약 또는 공적인 의사표명은 행정청의 별다른 의사표시를 기다리지 않고 실효된다(대판 1996.8.20. 95누10877).

④ (X) 확약은 처분이 아니며 취소소송의 대상이 될 수 없다.

정답 ③

II 가행정행위·예비결정·부분허가

256 [16서울9급]

행정행위에 대한 설명으로 옳은 것은?

① 행정행위는 행정주체가 행하는 구체적 사실에 관한 법집행 작용이므로 공법상 계약, 공법상 합동행위도 행정행위에 포함된다.

② 구체적 사실을 규율하는 경우라도 불특정 다수인을 상대방으로 하는 처분이라면 행정행위가 아니다.

③ 사전결정(예비결정)은 단계화된 행정절차에서 최종적인 행정결정을 내리기 전에 이루어지는 행위이지만, 그 자체가 하나의 행정행위이기도 하다.

④ 부분허가(부분승인)는 본허가 권한과 분리되는 독자적인 행정행위이기 때문에 부분허가를 위해서는 본허가 이외에 별도의 법적 근거를 필요로 한다.

해설

① (X) 공법상 계약, 공법상 합동행위는 공권력의 행사에 해당하지 않는 이유로 행정행위에 포함되지 않는다.

② (X) 구체적 사실과 관련하여 불특정 다수인을 대상으로 하여 발하여지는 행정청의 권력적 · 단독적 규율행위는 일반처분으로서 행정행위에 해당한다.

③ (O) 예비결정은 그 자체가 하나의 완결적 · 종국적 · 구속적인 행위로서 처분성이 인정된다.

④ (X) 부분허가란 허가 중의 일부분을 의미하는 것이므로 본허가 권한과 분리된다고 볼 수 없으며 본허가의 근거 이외에 별도의 법적 근거를 필요로 하는 것은 아니다.

정답 ③

257 [17서울9급]

다음 중 단계별 행정행위에 관한 판례의 태도로서 가장 옳지 않은 것은?

① 폐기물처리업에 대하여 관할 관청의 사전 적정통보를 받고 막대한 비용을 들여 허가요건을 갖춘 다음 허가신청을 하였음에도 청소업자의 난립으로 효율적인 청소업무의 수행에 지장이 있다는 이유로 한 불허가처분이 신뢰보호의 원칙에 반하여 재량권을 남용한 위법한 처분이다.

② 폐기물처리업 사업계획에 대하여 적정통보를 한 것만으로 그 사업부지 토지에 대한 국토이용계획변경신청을 승인하여 주겠다는 취지의 공적인 견해표명을 한 것으로 볼 수 없다.

③ 행정청이 내인가를 한 다음 이를 취소하는 행위는 인가신청을 거부하는 처분으로 보아야 한다.

④ 구 「주택건설촉진법」에 의한 주택건설사업계획 사전결정이 있는 경우 주택건설계획 승인 처분은 사전결정에 기속되므로 다시 승인 여부를 결정할 수 없다.

해설

① (O) 폐기물처리업에 대하여 관할 관청의 사전 적정통보를 받고 막대한 비용을 들여 허가요건을 갖춘 다음 허가신청을 하였음에도 청소업자의 난립으로 효율적인 청소업무의 수행에 지장이 있다는 이유로 한 불허가처분은 신뢰보호의 원칙에 반하여 재량권을 남용한 위법한 처분이다(대판 1998.5.8. 98두4061).

② (O) 대판 2005.4.28. 2004두8828.

③ (O) 자동차운송사업양도양수계약에 기한 양도양수인가신청에 대하여 피고 시장이 내인가를 한 후 위 내인가에 기한 본인가신청이 있었으나 자동차운송사업 양도양수인가신청서가 합의에 의한 정당한 신청서라고 할 수 없다는 이유로 위 내인가를 취소한 경우, 위 내인가취소를 인가신청을 거부하는 처분으로 보아야 할 것이다(대판 1991. 6. 28. 선고 90누4402).

④ (X) 주택건설촉진법 규정에 의한 주택건설사업계획의 승인은 상대방에게 권리나 이익을 부여하는 효과를 수반하는 이른바 수익적 행정처분으로서 행정청의 재량행위에 속하고, 주택건설사업계획의 사전결정이 있다하여 달리 볼 것은 아니다. 피고가 이 사건 주택건설사업에 대한 사전결정을 하였다고 하더라도 사업승인 단계에서 그 사전결정에 기속되지 않고 다시 사익과 공익을 비교형량하여 그 승인 여부를 결정할 수 있다(대판 1999. 5. 25. 선고 99두1052).

정답 ④

258 [22국가9급]

다단계행정결정에 대한 설명으로 옳지 않은 것은? (다툼이 있는 경우 판례에 의함)

① 「공유재산 및 물품 관리법」에 근거하여 공모제안을 받아 이루어지는 민간투자사업 '우선협상대상자 선정행위'나 '우선협상대상자 지위배제행위'에서 '우선협상대상자 지위배제행위'만이 항고소송의 대상인 처분에 해당한다.

② 구 「원자력법」상 원자로 및 관계 시설의 부지사전승인처분 후 건설허가처분까지 내려진 경우, 선행처분은 후행처분에 흡수되어 건설허가처분만이 행정쟁송의 대상이 된다.

③ 공정거래위원회가 부당한 공동행위를 한 사업자에게 과징금 부과처분을 한 뒤 다시 자진신고 등을 이유로 과징금 감면처분을 한 경우, 선행처분은 후행처분에 흡수되어 소멸하므로 선행처분의 취소를 구하는 소는 부적법하다.

④ 자동차운송사업 양도·양수인가신청에 대하여 행정청이 내인가를 한 후 그 본인가신청이 있음에도 내인가를 취소한 경우, 다시 본인가에 대하여 별도로 인가여부의 처분을 한다는 사정이 보이지 않는다면 내인가취소는 행정처분에 해당한다.

해설

① (X) 지방자치단체의 장이 공유재산법에 근거하여 기부채납 및 사용·수익허가 방식으로 민간투자사업을 추진하는 과정에서 사업시행자를 지정하기 위한 전 단계에서 공모제안을 받아 일정한 심사를 거쳐 우선협상대상자를 선정하는 행위와 이미 선정된 우선협상대상자를 그 지위에서 배제하는 행위는 민간투자사업의 세부내용에 관한 협상을 거쳐 공유재산법에 따른 공유재산의 사용·수익허가를 우선적으로 부여받을 수 있는 지위를 설정하거나 또는 이미 설정한 지위를 박탈하는 조치이므로 모두 항고소송의 대상이 되는 행정처분으로 보아야 한다(대판 2020. 4. 29. 2017두31064).

② (O) 원자로 및 관계 시설의 부지사전승인처분은 그 자체로서 건설부지를 확정하고 사전공사를 허용하는 법률효과를 지닌 독립한 행정처분이기는 하지만, 건설허가 전에 신청자의 편의를 위하여 미리 그 건설허가의 일부 요건을 심사하여 행하는 사전적 부분 건설허가처분의 성격을 갖고 있는 것이어서 나중에 건설허가처분이 있게 되면 그 건설허가처분에 흡수되어 독립된 존재가치를 상실함으로써 그 건설허가처분만이 쟁송의 대상이 되는 것이므로, 부지사전승인처분의 취소를 구하는 소는 소의 이익을 잃게 되고, 따라서 부지사전승인처분의 위법성은 나중에 내려진 건설허가처분의 취소를 구하는 소송에서 이를 다투면 된다(대판 1998.9.4. 97누19588).

③ (O) 자진신고 등을 이유로 한 과징금 감면처분(이하 '후행처분'이라 한다)을 하였다면, 후행처분은 자진신고 감면까지 포함하여 처분 상대방이 실제로 납부하여야 할 최종적인 과징금액을 결정하는 종국적 처분이고, 선행처분은 이러한 종국적 처분을 예정하고 있는 일종의 잠정적 처분으로서 후행처분이 있을 경우 선행처분은 후행처분에 흡수되어 소멸한다. 따라서 위와 같은 경우에 선행처분의 취소를 구하는 소는 이미 효력을 잃은 처분의 취소를 구하는 것으로 부적법하다(대판 2015. 2. 12. 2013두987).

④ (O) 자동차운송사업양도양수계약에 기한 양도양수인가신청에 대하여 피고 시장이 내인가를 한 후 위 내인가에 기한 본인가신청이 있었으나 자동차운송사업 양도양수인가신청서가 합의에 의한 정당한 신청서라고 할 수 없다는 이유로 위 내인가를 취소한 경우, 위 내인가의 법적 성질이 행정행위의 일종으로 볼 수 있든 아니든 그것이 행정청의 상대방에 대한 의사표시임이 분명하고, 피고가 위 내인가를 취소함으로써 다시 본인가에 대하여 따로이 인가 여부의 처분을 한다는 사정이 보이지 않는다면 위 내인가취소를 인가신청을 거부하는 처분으로 보아야 할 것이다(대판 1991. 6. 28. 선고 90누4402).

정답 ①

259 [19서울7급]

단계적 행정결정에 대한 설명으로 가장 옳지 않은 것은?

① 행정청이 내인가를 한 후 이를 취소하는 행위는 별다른 사정이 없는 한 인가신청을 거부하는 처분으로 보아야 한다.

② 가행정행위인 선행처분이 후행처분으로 흡수되어 소멸하는 경우에도 선행처분의 취소를 구하는 소는 가능하다.

③ 구 「원자력법」상 원자로 및 관계 시설의 부지사전승인 처분은 그 자체로서 건설부지를 확정하고 사전공사를 허용하는 법률효과를 지닌 독립한 행정처분이다.

④ 폐기물처리업 허가 전의 사업계획에 대한 부적정통보는 행정처분에 해당한다.

해설

① (O) 자동차운송사업양도양수계약에 기한 양도양수인가신청에 대하여 피고 시장이 내인가를 한 후 위 내인가에 기한 본인가신청이 있었으나 자동차운송사업 양도양수인가신청서가 합의에 의한 정당한 신청서라고 할 수 없다는 이유로 위 내인가를 취소한 경우, 위 내인가의 법적 성질이 행정행위의 일종으로 볼 수 있든 아니든 그것이 행정청의 상대방에 대한 의사표시임이 분명하고, 피고가 위 내인가를 취소함으로써 다시 본인가에 대하여 따로이 인가 여부의 처분을 한다는 사정이 보이지 않는다면 위 내인가취소를 인가신청을 거부하는 처분으로 보아야 할 것이다(대판 1991. 6. 28. 선고 90누4402).

② (X) 자진신고 등을 이유로 한 과징금 감면처분(이하 '후행처분'이라 한다)을 하였다면, 후행처분은 자진신고 감면까지 포함하여 처분 상대방이 실제로 납부하여야 할 최종적인 과징금액을 결정하는 종국적 처분이고, 선행처분은 이러한 종국적 처분을 예정하고 있는 일종의 잠정적 처분으로서 후행처분이 있을 경우 선행처분은 후행처분에 흡수되어 소멸한다. 따라서 위와 같은 경우에 선행처분의 취소를 구하는 소는 이미 효력을 잃은 처분의 취소를 구하는 것으로 부적법하다(대판 2015. 2. 12. 2013두987).

③ (O) 원자로 및 관계 시설의 부지사전승인처분은 그 자체로서 건설부지를 확정하고 사전공사를 허용하는 법률효과를 지닌 독립한 행정처분이기는 하지만, 건설허가 전에 신청자의 편의를 위하여 미리 그 건설허가의 일부 요건을 심사하여 행하는 사전적 부분 건설허가처분의 성격을 갖고 있는 것이어서 나중에 건설허가처분이 있게 되면 그 건설허가처분에 흡수되어 독립된 존재가치를 상실함으로써 그 건설허가처분만이 쟁송의 대상이 되는 것이므로, 부지사전승인처분의 취소를 구하는 소는 소의 이익을 잃게 되고, 따라서 부지사전승인처분의 위법성은 나중에 내려진 건설허가처분의 취소를 구하는 소송에서 이를 다투면 된다(대판 1998.9.4. 97누19588).

④ (O) 폐기물관리법 관계 법령의 규정에 의하면 폐기물처리업의 허가를 받기 위하여는 먼저 사업계획서를 제출하여 허가권자로부터 사업계획에 대한 적정통보를 받아야 하고, 그 적정통보를 받은 자만이 일정기간 내에 시설, 장비, 기술능력, 자본금을 갖추어 허가신청을 할 수 있으므로, 결국 부적정통보는 허가신청 자체를 제한하는 등 개인의 권리 내지 법률상의 이익을 개별적이고 구체적으로 규제하고 있어 행정처분에 해당한다 (대판 1998.4.28. 97누21086).

정답 ②

III 행정계획

260 [18국가7급]

행정계획에 대한 설명으로 옳지 않은 것은? (다툼이 있는 경우 판례에 의함)

① 「국토의 계획 및 이용에 관한 법률」에 따른 도시기본계획은 일반 국민에 대한 직접적인 구속력은 인정되지 않지만, 도시의 장기적 개발방향과 미래상을 제시하는 도시계획 입안의 지침이 되기에 행정청에 대한 직접적인 구속력은 인정된다.

② 관계법령에 추상적인 행정목표와 절차만이 규정되어 있을 뿐 행정계획의 내용에 관하여 별다른 규정을 두고 있지 아니하는 경우에, 행정주체는 구체적인 행정계획의 입안·결정에 관하여 비교적 광범위한 형성의 자유를 가진다.

③ 비구속적 행정계획안이나 행정지침이라도 국민의 기본권에 직접적으로 영향을 끼치고, 앞으로 법령의 뒷받침에 의하여 그대로 실시될 것이 틀림없을 것으로 예상될 수 있을 때에는, 공권력행위로서 헌법소원의 대상이 될 수 있다.

④ 행정주체가 행정계획을 입안·결정함에 있어서 행정계획에 관련되는 자들의 이익을 공익과 사익 사이에서는 물론이고 공익 상호 간과 사익 상호 간에도 정당하게 비교교량하여야 한다.

해설

① (X) 도시기본계획은 도시의 기본적인 공간구조와 장기발전방향을 제시하는 종합계획으로서 그 계획에는 토지이용계획, 환경계획, 공원녹지계획 등 장래의 도시개발의 일반적인 방향이 제시되지만, 그 계획은 도시계획입안의 지침이 되는 것에 불과하여 일반 국민에 대한 직접적인 구속력은 없는 것이다(대판 2002.10.11. 2000두8226).

② (O) ④ (O) 행정계획이라 함은 행정에 관한 전문적·기술적 판단을 기초로 하여 도시의 건설·정비·개량 등과 같은 특정한 행정목표를 달성하기 위하여 서로 관련되는 행정수단을 종합·조정함으로써 장래의 일정한 시점에 있어서 일정한 질서를 실현하기 위한 활동기준으로 설정된 것으로서, 도시계획법 등 관계 법령에는 추상적인 행정목표와 절차만이 규정되어 있을 뿐 행정계획의 내용에 대하여는 별다른 규정을 두고 있지 아니하므로 행정주체는 구체적인 행정계획을 입안·결정함에 있어서 비교적 광범위한 형성의 자유를 가진다고 할 것이지만, 행정주체가 가지는 이와 같은 형성의 자유는 무제한적인 것이 아니라 그 행정계획에 관련되는 자들의 이익을 공익과 사익 사이에서는 물론이고 공익 상호간과 사익 상호간에도 정당하게 비교교량하여야 한다는 제한이 있는 것이다(대판 1996. 11. 29. 96누8567).

③ (O) 비구속적 행정계획도 국민의 기본권에 직접적으로 영향을 끼치고, 앞으로 법령의 뒷받침에 의하여 그대로 실시될 것이 틀림없을 것으로 예상될 수 있을 때에는, 공권력행위로서 예외적으로 헌법소원의 대상이 될 수 있다(헌재 1992.10.1. 92헌마68등).

정답 ①

261 [17지방9급]

행정계획에 대한 설명으로 옳지 않은 것은? (다툼이 있는 경우 판례에 의함)

① 개발제한구역의 지정·고시에 대한 헌법소원 심판청구는 행정쟁송절차를 모두 거친 후가 아니면 부적법하다.

② 국공립대학의 총장직선제 개선 여부를 재정지원 평가요소로 반영하고 이를 개선하지 않을 경우 다음 연도에 지원금을 삭감 또는 환수하도록 규정한 교육부장관의 '대학교육역량강화사업기본계획'은 헌법소원의 대상이 된다.

③ 관계 법령에 따라 일정한 행정처분을 구하는 신청을 할 수 있는 법률상 지위에 있는 자의 국토이용계획변경 신청을 거부하는 것이 실질적으로 당해 행정처분 자체를 거부하는 결과가 되는 경우, 그 신청인에게 국토이용계획변경을 신청할 권리가 인정된다.

④ 위법한 도시기본계획에 대하여 제기되는 취소소송은 법원에 의하여 허용되지 아니한다.

해설

① (O) 개발제한구역 지정·고시에 대한 헌법소원심판청구는 행정쟁송절차를 모두 거친 후가 아니면 부적법하다(헌재 1991. 7. 22. 89헌마174 [각하]).

② (X) 대학교육역량강화사업 기본계획은 대학교육역량강화 지원사업을 추진하기 위한 국가의 기본방침을 밝히고 국가가 제시한 일정 요건을 충족하여 높은 점수를 획득한 대학에 대하여 지원금을 배분하는 것을 내용으로 하는 행정계획일 뿐, 위 계획에 따를 의무를 부과하는 것은 아니므로 헌법소원의 대상이 되는 공권력 행사에 해당하지 아니한다(헌재 2016. 10. 27. 2013헌마576 [각하]).

③ (O) 장래 일정한 기간 내에 관계 법령이 규정하는 시설 등을 갖추어 일정한 행정처분을 구하는 신청을 할 수 있는 법률상 지위에 있는 자의 국토이용계획변경신청을 거부하는 것이 실질적으로 당해 행정처분 자체를 거부하는 결과가 되는 경우에는 예외적으로 그 신청인에게 국토이용계획변경을 신청할 권리가 인정된다고 봄이 상당하므로, 이러한 신청에 대한 거부행위는 항고소송의 대상이 되는 행정처분에 해당한다(대판 2003.9.23. 2001두10936).

④ (O) 대판 2002.10.11. 2000두8226.

정답 ②

262 [22국가9급]

행정작용에 대한 설명으로 옳은 것은? (다툼이 있는 경우 판례에 의함)

① 구체적인 계획을 입안함에 있어 지침이 되거나 특정 사업의 기본방향을 제시하는 내용의 행정계획은 항고소송의 대상인 행정처분에 해당하지 않는다.

② 공법상 계약이 법령 위반 등의 내용상 하자가 있는 경우에도 그 하자가 중대명백한 것이 아니면 취소할 수 있는 하자에 불과하고 이에 대한 다툼은 당사자소송에 의하여야 한다.

③ 지도, 권고, 조언 등의 행정지도는 법령의 근거를 요하고 항고소송의 대상이 된다.

④ 「국가를 당사자로 하는 계약에 관한 법률」에 따라 국가가 당사자가 되는 이른바 공공계약에 관한 법적 분쟁은 원칙적으로 행정법원의 관할 사항이다.

해설

① (O) '4대강 살리기 마스터플랜' 등은 행정기관 내부에서 사업의 기본방향을 제시하는 것일 뿐, 국민의 권리·의무에 직접 영향을 미치는 것이 아니어서 행정처분에 해당하지 않는다(대판 2011.04.21. 2010무111 전원합의체).

② (X) 계약에 법령 위반 등의 하자가 있는 경우 무효로 본다.

③ (X) 행정지도는 행정기관의 직무범위 내에서 이루어져야 하므로 조직법적 근거규범이 필요하나, 행정지도에 따를 것인지 여부가 상대방의 임의적 결정에 달려있는 비권력적 사실행위이므로 작용법적 근거는 필요 없다는 것이 일반적인 견해이다. 나아가 비권력적인 사실행위이므로 원칙적으로 항고소송의 대상이 될 수 없다.

④ (X) 국가를 당사자로 하는 계약은 그 본질적인 내용이 사인 간의 계약과 다를 바가 없으므로 그 법령에 특별한 규정이 있는 경우를 제외하고는 사법의 규정 내지 법원리가 그대로 적용된다(대판 2012.12.27. 2012다15695).

정답 ①

263 [20국가9급]

행정계획에 대한 설명으로 옳지 않은 것은? (다툼이 있는 경우 판례에 의함)

① 행정주체가 구체적인 행정계획을 입안·결정할 때 가지는 형성의 자유의 한계에 관한 법리는 주민의 입안 제안 또는 변경신청을 받아들여 도시관리계획결정을 하거나 도시계획시설을 변경할 것인지를 결정할 때에도 동일하게 적용된다.

② 도시 및 주거환경정비법에 기초하여 주택재건축정비사업조합이 수립한 사업시행계획은 인가·고시를 통해 확정되어도 이해관계인에 대한 직접적인 구속력이 없는 행정계획으로서 독립된 행정처분에 해당하지 아니한다.

③ 장래 일정한 기간 내에 관계 법령이 규정하는 시설 등을 갖추어 일정한 행정처분을 구하는 신청을 할 수 있는 법률상 지위에 있는 자의 국토이용계획변경신청을 거부하는 것이 실질적으로 당해 행정처분 자체를 거부하는 결과가 되는 경우에는 예외적으로 그 신청인에게 국토이용계획변경을 신청할 권리가 인정된다.

④ 장기미집행 도시계획시설결정의 실효제도에 의해 개인의 재산권이 보호되는 것은 입법자가 새로운 제도를 마련함에 따라 얻게 되는 법률에 기한 권리일 뿐 헌법상 재산권으로부터 당연히 도출되는 권리는 아니다.

해설

① (O) 행정주체가 행정계획을 입안·결정하면서 이익형량을 전혀 행하지 않거나 이익형량의 고려 대상에 마땅히 포함시켜야 할 사항을 빠뜨린 경우 또는 이익형량을 하였으나 정당성과 객관성이 결여된 경우에는 행정계획결정은 형량에 하자가 있어 위법하게 된다. 이러한 법리는 행정주체가 구 국토의 계획 및 이용에 관한 법률 제26조에 의한 주민의 도시관리계획 입안 제안을 받아들여 도시관리계획결정을 할 것인지를 결정할 때에도 마찬가지이고, 나아가 도시계획시설구역 내 토지 등을 소유하고 있는 주민이 장기간 집행되지 아니한 도시계획시설의 결정권자에게 도시계획시설의 변경을 신청하고, 결정권자가 이러한 신청을 받아들여 도시계획시설을 변경할 것인지를 결정하는 경우에도 동일하게 적용된다고 보아야 한다(대판 2012.1.12. 2010두5806).

② (X) 재건축정비사업조합이 행정주체의 지위에서 법에 기초하여 수립한 사업시행계획은 인가·고시를 통해 확정되면 이해관계인에 대한 구속적 행정계획으로서 독립된 행정처분에 해당한다(대결 2009. 11. 2. 2009마596).

③ (O) 장래 일정한 기간 내에 관계 법령이 규정하는 시설 등을 갖추어 일정한 행정처분을 구하는 신청을 할 수 있는 법률상 지위에 있는 자의 국토이용계획변경신청을 거부하는 것이 실질적으로 당해 행정처분 자체를 거부하는 결과가 되는 경우에는 예외적으로 그 신청인에게 국토이용계획변경을 신청할 권리가 인정된다고 봄이 상당하므로, 이러한 신청에 대한 거부행위는 항고소송의 대상이 되는 행정처분에 해당한다(대판 2003.9.23. 2001두10936).

④ (O) 장기미집행 도시계획시설결정의 실효제도는 도시계획시설부지로 하여금 도시계획시설결정으로 인한 사회적 제약으로부터 벗어나게 하는 것으로서 결과적으로 개인의 재산권이 보다 보호되는 측면이 있는 것은 사실이나, 이와 같은 보호는 입법자가 새로운 제도를 마련함에 따라 얻게 되는 법률에 기한 권리일 뿐 헌법상 재산권으로부터 당연히 도출되는 권리는 아니다(헌재 2005. 9. 29. 2002헌바84 등 [합헌]).

정답 ②

도시계획의 결정·변경 등에 관한 권한을 가진 행정청이 이미 도시계획이 결정·고시된 지역에 대하여 행한 다른 내용의 도시계획의 결정·고시는 무효이다. [16지방7급]

해설

(X) 권한 있는 행정청이 수립한 후행 도시계획에 선행 도시계획과 서로 양립할 수 없는 내용이 포함되어 있다면 특별한 사정이 없는 한 선행 도시계획은 후행 도시계획과 같은 내용으로 변경된 것으로 볼 수 있다. 후행 도시계획의 결정을 하는 행정청이 선행 도시계획의 결정·변경 등에 관한 권한을 가지고 있지 아니한 경우 선행 도시계획과 양립할 수 없는 내용이 포함된 후행 도시계획 결정은 무효이다(대판 2000.9.8. 99두11257).

후행도시계획을 결정하는 행정청이 선행도시계획의 결정·변경에 관한 권한을 가지고 있지 아니한 경우 선행도시계획과 양립할 수 없는 후행도시계획결정은 취소사유에 해당한다. [17서울7급]

해설

(X) 대판 2000.9.8. 99두11257.

264 [16국회8급]

행정계획에 대한 판례의 입장으로 옳지 않은 것은?

① 공유수면 점용허가를 필요로 하는 채광계획 인가신청에 대하여, 공유수면 관리청이 공유수면 점용을 허용하지 않기로 결정한 경우, 채광계획 인가관청은 이를 사유로 채광계획 인가신청을 반려할 수 없다.

② 건설부장관이 구 「주택건설촉진법」에 따라 관계기관의 장과의 협의를 거쳐 사업계획승인을 한 이상 허가·인가·결정·승인 등이 있는 것으로 볼 것이고, 그 절차와 별도로 구 「도시계획법」 소정의 중앙도시계획위원회의 의결이나 주민의 의견청취 등 절차를 거칠 필요는 없다.

③ 구 「도시계획법」 제12조 소정의 고시된 도시계획결정은 특정 개인의 권리 내지 법률상의 이익을 개별적이고 구체적으로 규제하는 효과를 가져 오게 하는 행정청의 처분이라 할 것이고, 이는 행정소송의 대상이 된다.

④ 환지계획은 환지예정지 지정이나 환지처분의 근거가 될 뿐, 고유한 법률효과를 수반하는 것이 아니어서 항고소송의 대상이 되는 처분에 해당한다고 할 수가 없다.

⑤ 행정계획은 행정에 관한 전문적·기술적 판단을 기초로 하여 도시의 건설·정비·개량 등과 같은 특정한 행정목표를 달성하기 위하여 서로 관련되는 행정수단을 종합·조정함으로써 장래의 일정한 시점에 있어서 일정한 질서를 실현하기 위한 활동기준이다.

해설

① (X) 대판 2002.10.11. 2001두151.

② (O) 대판 1992.11.10. 92누1162.

③ (O) 도시계획법 제12조 소정의 고시된 도시계획결정(현 도시·군관리계획)은 특정 개인의 권리 내지 법률상의 이익을 개별적이고 구체적으로 규제하는 효과를 가져오는 행정청의 처분이라 할 것이고, 이는 행정소송의 대상이 된다(대판 1982.3.9. 80누105).

④ (O) 토지구획정리사업법의 규정상 환지예정지 지정이나 환지처분은 그에 의하여 직접 토지소유자 등의 권리의무가 변동되므로 이를 항고소송의 대상이 되는 처분이라고 볼 수 있으나, 환지계획은 위와 같은 환지예정지 지정이나 환지처분의 근거가 될 뿐 고유한 법률효과를 수반하는 것이 아니어서 이를 항고소송의 대상이 되는 처분에 해당한다고 할 수가 없다(대판 1999.8.20. 97누6889).

⑤ (O) 행정계획은 행정에 관한 전문적·기술적 판단을 기초로 하여 도시의 건설·정비·개량 등과 같은 특정한 행정목표를 달성하기 위하여 서로 관련되는 행정수단을 종합·조정함으로써 장래의 일정한 시점에 있어서 일정한 질서를 실현하기 위한 활동기준을 말한다(대판 1996.11.29. 96누8567).

정답 ①

265 [15서울7급]

행정계획에 관한 판례의 내용 중 옳지 않은 것은?

① 도지사가 도(道) 내 특정시를 공공기관이 이전할 혁신도시 최종입지로 선정한 행위는 항고소송의 대상이 되는 행정처분이다.

② 행정주체가 행정계획을 입안·결정함에 있어서 이익형량을 하였으나 정당성과 객관성이 결여된 경우에는 그 행정계획결정은 위법하다.

③ 환지계획인가 후에 수정하고자 하는 내용에 대하여 토지소유자 등 이해관계인의 공람절차를 거치지 아니한 채 수정된 내용에 따라 한 환지예정지지정처분은 당연무효이다.

④ 도시관리계획 구역 내 토지 등을 소유하고 있는 주민의 납골시설에 관한 도시관리계획의 입안제안을 반려한 군수의 처분은 항고소송의 대상이 된다.

해설

① (X) 정부의 수도권 소재 공공기관의 지방이전시책을 추진하는 과정에서 도지사가 도 내 특정시를 공공기관이 이전할 혁신도시 최종입지로 선정한 행위는 항고소송의 대상이 되는 행정처분이 아니다(대판 2007.11.15. 2007두10198).

② (O) 대판 2006.9.8. 2003두5426.

③ (O) 환지계획 인가 후에 공람절차 등을 밟지 아니한 채 수정된 내용에 따라 한 환지예정지 지정처분은 환지계획에 따르지 아니한 것이거나 환지계획을 적법하게 변경하지 아니한 채 이루어진 것이어서 당연 무효라고 할 것이다(대판 1999.8.20. 97누6889).

④ (O) 대판 2010.7.22. 2010두5745.

정답 ①

266 [17국가9급(下)]

행정계획에 대한 설명으로 옳지 않은 것은? (다툼이 있는 경우 판례에 의함)

①「국토의 계획 및 이용에 관한 법률」상 도시 · 군계획시설결정에 이해관계가 있는 주민에 의한 도시 · 군계획시설결정 변경신청에 대해 관할 행정청이 거부한 경우, 그 거부행위는 항고소송의 대상이 되는 행정처분에 해당한다.

②「행정절차법」은 행정계획의 절차상 통제 방법으로 관계 행정기관과의 협의와 주민 · 이해관계인의 참여에 관한 일반적인 규정을 두고 있다.

③ 행정주체가 행정계획을 결정함에 있어서 이익형량을 전혀 행하지 아니하거나 이익형량의 고려 대상에 마땅히 포함시켜야 할 사항을 누락한 경우 또는 이익형량을 하였으나 정당성과 객관성이 결여된 경우에는 그 행정계획결정은 형량에 하자가 있어 위법하게 된다.

④ 구속력 없는 행정계획안이라도 국민의 기본권에 직접적으로 영향을 끼치고 법령의 뒷받침에 의하여 그대로 실시될 것이 틀림없을 것으로 예상되는 때에는 예외적으로 헌법소원의 대상이 된다.

해설

① (O) 도시계획구역 내 토지 등을 소유하고 있는 사람과 같이 당해 도시계획시설결정에 이해관계가 있는 주민으로서는 도시시설계획의 입안권자 내지 결정권자에게 도시시설계획의 입안 내지 변경을 요구할 수 있는 법규상 또는 조리상의 신청권이 있고, 이러한 신청에 대한 거부행위는 항고소송의 대상이 되는 행정처분에 해당한다(대판 2015. 3. 26. 2014두42742).

② (X) 일정한 행정계획은 행정예고의 대상이 되며, 행정계획이 행정입법의 형식인 경우에는 행정절차법상의 행정입법예고절차가, 처분의 형식인 경우에는 행정절차법상의 처분절차가 적용되고, 2022년 법 개정으로 형량 규정이 신설되었으나, 행정절차법상 행정계획의 절차에 대해서는 명시적 규정이 없다.

행정절차법 제40조의4(행정계획) 행정청은 행정청이 수립하는 계획 중 국민의 권리·의무에 직접 영향을 미치는 계획을 수립하거나 변경·폐지할 때에는 관련된 여러 이익을 정당하게 형량하여야 한다.

③ (O) 행정주체가 행정계획을 입안 · 결정함에 있어서 이익형량을 전혀 행하지 아니하거나 이익형량의 고려 대상에 마땅히 포함시켜야 할 사항을 누락한 경우 또는 이익형량을 하였으나 정당성과 객관성이 결여된 경우에는 그 행정계획결정은 형량에 하자가 있어 위법하다(대판 2006.9.8. 2003두5426).

④ (O) 비구속적 행정계획안이나 행정지침이라도 국민의 기본권에 직접적으로 영향을 끼치고, 앞으로 법령의 뒷받침에 의하여 그대로 실시될 것이 틀림없을 것으로 예상될 수 있을 때에는, 공권력행위로서 예외적으로 헌법소원의 대상이 된다(헌재 2012.4.30. 2012헌마164).

정답 ②

267 [18교육행정]

행정계획에 관한 판례의 내용으로 옳은 것을 〈보기〉에서 모두 고른 것은?

〈보 기〉

ㄱ. 도시기본계획은 일반 국민에 대하여 직접적인 구속력은 없다.
ㄴ. 주택재건축정비사업조합의 사업시행계획은 항고소송의 대상이 된다.
ㄷ. 도시관리계획변경신청에 따른 도시관리계획시설 변경결정에는 형량명령이 적용되지 않는다.
ㄹ. 도시계획의 입안에 있어 해당 도시계획안 내용의 공고 및 공람 절차에 하자가 있는 도시계획결정은 위법하다.

① ㄱ, ㄴ　② ㄴ, ㄷ
③ ㄱ, ㄴ, ㄹ　④ ㄱ, ㄷ, ㄹ

해설

ㄱ. (O) 대판 2002.10.11. 2000두8226.

ㄴ. (O) 도시환경정비사업조합이 수립한 사업시행계획은 그것이 인가・고시를 통해 확정되면 이해관계인에 대한 구속적 행정계획으로서 독립된 행정처분에 해당하므로, 사업시행계획을 인가하는 행정청의 행위는 도시환경정비사업조합의 사업시행계획에 대한 법률상의 효력을 완성시키는 보충행위에 해당한다(대판 2010. 12. 9. 2010두1248).

ㄷ. (X) 행정주체가 행정계획을 입안・결정하면서 이익형량을 전혀 행하지 않거나 이익형량의 고려 대상에 마땅히 포함시켜야 할 사항을 빠뜨린 경우 또는 이익형량을 하였으나 정당성과 객관성이 결여된 경우에는 행정계획결정은 형량에 하자가 있어 위법하게 된다. 이러한 법리는 행정주체가 구 국토의 계획 및 이용에 관한 법률 제26조에 의한 주민의 도시관리계획 입안 제안을 받아들여 도시관리계획결정을 할 것인지를 결정할 때에도 마찬가지이고, 나아가 도시계획시설구역 내 토지 등을 소유하고 있는 주민이 장기간 집행되지 아니한 도시계획시설의 결정권자에게 도시계획시설의 변경을 신청하고, 결정권자가 이러한 신청을 받아들여 도시계획시설을 변경할 것인지를 결정하는 경우에도 동일하게 적용된다고 보아야 한다(대판 2012.1.12. 2010두5806).

ㄹ. (O) 도시계획법 제16조의2 제2항과 같은법 시행령 제14조의2 제6항 내지 제8항의 규정을 종합하여 보면 도시계획의 입안에 있어 해당 도시계획안의 내용을 공고 및 공람하게 한 것은 다수 이해관계자의 이익을 합리적으로 조정하여 국민의 권리자유에 대한 부당한 침해를 방지하고 행정의 민주화와 신뢰를 확보하기 위하여 국민의 의사를 그 과정에 반영시키는데 있는 것이므로 이러한 공고 및 공람 절차에 하자가 있는 도시계획결정은 위법하다(대판 2000.3.23. 98두2768).

정답 ③

형량 시에 여러 이익간의 형량을 행하기는 하였으나 그것이 객관성·비례성을 결한 경우를 '형량의 해태'라고 한다. [14서울7급]

해설

(X) 형량 시에 여러 이익간의 형량을 행하기는 하였으나 그것이 객관성・비례성을 결한 경우를 '오형량'이라고 한다.

268 [21국가9급]

행정계획에 대한 설명으로 옳지 않은 것은? (다툼이 있는 경우 판례에 의함)

① 구 「도시계획법」상 도시기본계획은 도시의 기본적인 공간구조와 장기발전방향을 제시하는 종합계획으로서 도시계획입안의 지침이 되므로 일반 국민에 대한 직접적인 구속력은 없다.

② 장래 일정한 기간 내에 관계 법령이 규정하는 시설 등을 갖추어 일정한 행정처분을 구하는 신청을 할 수 있는 법률상 지위에 있는 자의 국토이용계획변경신청을 거부하는 것이 실질적으로 당해 행정처분 자체를 거부하는 결과가 되는 경우라도, 구「국토이용관리법」상 주민이 국토이용계획의 변경에 대하여 신청을 할 수 있다는 규정이 없으므로 그 신청인에게 국토이용계획변경을 신청할 권리가 인정된다고 볼 수 없다.

③ 구속력 없는 행정계획안이나 행정지침이라도 국민의 기본권에 직접적으로 영향을 끼치고 법령의 뒷받침에 의하여 그대로 실시될 것이 틀림없을 것으로 예상되는 때에는 예외적으로 헌법소원의 대상이 된다.

④ 도시계획의 결정·변경 등에 대한 권한행정청은 이미 도시계획이 결정·고시된 지역에 대하여도 다른 내용의 도시계획을 결정·고시할 수 있고, 이때에 후행 도시계획에 선행도시계획과 양립할 수 없는 내용이 포함되어 있다면 특별한 사정이 없는 한 선행 도시계획은 후행 도시계획과 같은 내용으로 변경된다.

해설

① (O) 도시기본계획은 도시의 기본적인 공간구조와 장기발전방향을 제시하는 종합계획으로서 그 계획에는 토지이용계획, 환경계획, 공원녹지계획 등 장래의 도시개발의 일반적인 방향이 제시되지만, 그 계획은 도시계획입안의 지침이 되는 것에 불과하여 일반 국민에 대한 직접적인 구속력은 없는 것이다(대판 2002.10.11. 2000두8226).

② (X) 장래 일정한 기간 내에 관계 법령이 규정하는 시설 등을 갖추어 일정한 행정처분을 구하는 신청을 할 수 있는 법률상 지위에 있는 자의 국토이용계획변경신청을 거부하는 것이 실질적으로 당해 행정처분 자체를 거부하는 결과가 되는 경우에는 예외적으로 그 신청인에게 국토이용계획변경을 신청할 권리가 인정된다고 봄이 상당하므로, 이러한 신청에 대한 거부행위는 항고소송의 대상이 되는 행정처분에 해당한다(대판 2003.9.23. 2001두10936).

③ (O) 비구속적 행정계획안이나 행정지침이라도 국민의 기본권에 직접적으로 영향을 끼치고, 앞으로 법령의 뒷받침에 의하여 그대로 실시될 것이 틀림없을 것으로 예상될 수 있을 때에는, 공권력행위로서 예외적으로 헌법소원의 대상이 된다(헌재 2012.4.30. 2012헌마164).

④ (O) 권한 있는 행정청이 수립한 후행 도시계획에 선행 도시계획과 서로 양립할 수 없는 내용이 포함되어 있다면 특별한 사정이 없는 한 선행 도시계획은 후행 도시계획과 같은 내용으로 변경된 것으로 볼 수 있다(대판 2000.9.8. 99두11257).

정답 ②

269 [20지방9급]

행정계획에 대한 설명으로 옳지 않은 것은? (다툼이 있는 경우 판례에 의함)

① 도시계획구역 내 토지 등을 소유하고 있는 사람과 같이 당해 도시계획시설결정에 이해관계가 있는 주민은 도시시설계획의 입안권자 내지 결정권자에게 도시시설계획의 입안 내지 변경을 요구할 수 있는 법규상 또는 조리상의 신청권이 있다.

② 구 국토이용관리법상의 국토이용계획은 그 계획이 일단 확정된 후에 어떤 사정의 변동이 있다고 하여 지역주민이나 일반 이해관계인에게 일일이 그 계획의 변경을 신청할 권리를 인정하여 줄 수 없다.

③ 장래 일정한 기간 내에 관계 법령이 규정하는 시설 등을 갖추어 일정한 행정처분을 구하는 신청을 할 수 있는 법률상 지위에 있는 자의 국토이용계획변경신청을 거부하는 것이 실질적으로 당해 행정처분 자체를 거부하는 결과가 되는 경우에는 항고소송의 대상이 되는 처분에 해당한다.

④ 문화재보호구역 내의 토지소유자가 문화재보호구역의 지정해제를 신청하는 경우에는 그 신청인에게 법규상 또는 조리상 행정계획 변경을 신청할 권리가 인정되지 않는다.

해설

① (O) 도시계획구역 내 토지 등을 소유하고 있는 사람과 같이 당해 도시계획시설결정에 이해관계가 있는 주민으로서는 도시시설계획의 입안권자 내지 결정권자에게 도시시설계획의 입안 내지 변경을 요구할 수 있는 법규상 또는 조리상의 신청권이 있고, 이러한 신청에 대한 거부행위는 항고소송의 대상이 되는 행정처분에 해당한다(대판 2015. 3. 26. 2014두42742).

② (O) ③ (O) 구 국토이용관리법상 주민이 국토이용계획의 변경에 대하여 신청을 할 수 있다는 규정이 없을 뿐만 아니라, 국토건설종합계획의 효율적인 추진과 국토이용질서를 확립하기 위한 국토이용계획은 장기성, 종합성이 요구되는 행정계획이어서 원칙적으로는 그 계획이 일단 확정된 후에 어떤 사정의 변동이 있다고 하여 그러한 사유만으로는 지역주민이나 일반 이해관계인에게 일일이 그 계획의 변경을 신청할 권리를 인정하여 줄 수는 없을 것이지만, 장래 일정한 기간 내에 관계 법령이 규정하는 시설 등을 갖추어 일정한 행정처분을 구하는 신청을 할 수 있는 법률상 지위에 있는 자의 국토이용계획변경신청을 거부하는 것이 실질적으로 당해 행정처분 자체를 거부하는 결과가 되는 경우에는 예외적으로 그 신청인에게 국토이용계획변경을 신청할 권리가 인정된다고 봄이 상당하므로, 이러한 신청에 대한 거부행위는 항고소송의 대상이 되는 행정처분에 해당한다(대판 2003.9.23. 2001두10936).

④ (X) 문화재보호구역 내에 있는 토지소유자 등으로서는 위 보호구역의 지정해제를 요구할 수 있는 법규상 또는 조리상의 신청권이 있다고 할 것이고, 이러한 신청에 대한 거부행위는 항고소송의 대상이 되는 행정처분에 해당한다(대판 2004.4.27. 2003두8821).

정답 ④

도시계획사업의 시행으로 인한 토지수용에 의하여 토지에 대한 소유권을 상실한 자는 도시계획결정이 당연무효가 아닌 한 그 토지에 대한 도시계획결정의 취소를 청구할 법률상 이익이 인정되지 않는다.

[11지방7급]

| 해설

(O) 도시계획사업의 시행으로 인한 토지수용에 의하여 이미 이 사건 토지에 대한 소유권을 상실한 청구인은 도시계획결정과 토지의 수용이 법률에 위반되어 당연무효라고 볼만한 특별한 사정이 보이지 않는 이상 이 사건 토지에 대한 도시계획결정의 취소를 청구할 법률상의 이익을 흠결하여 당해소송은 적법한 것이 될 수 없다(헌재 2002.5.30. 2000헌바58).

270 [18지방7급]

문화재보호법상 문화재보호구역의 지정과 관련한 설명으로 옳은 것은? (다툼이 있는 경우 판례에 의함)

① 문화재보호구역 내에 토지를 소유하고 있는 자는 문화재보호구역의 지정에 대해 항고소송을 통해 다툴 수 없다.

② 문화재보호구역 내의 국유토지는 국유재산법상 보존재산에 해당하므로 시효취득의 대상이 될 수 있다.

③ 문화재보호구역의 확대지정이 공공사업인 택지개발사업의 시행을 직접 목적으로 하여 가하여진 것이 아님이 명백한 이상, 문화재보호구역의 확대지정이 당해 공공사업의 시행 이후에 행해진 경우라 하더라도, 공공사업지구에 포함된 토지에 대한 수용보상액은 문화재보호구역의 확대지정에 의한 공법상 제한을 받지 아니한 것으로 보고 평가하여야 한다.

④ 문화재보호구역 내에 토지를 소유하고 있는 자가 문화재보호구역의 지정해제를 요구하였으나 거부된 경우, 그 거부행위는 행정처분에 해당한다.

해설

① (X) 구 문화재관리법 하의 지방문화재에 대한 보호구역 지정처분은 보호구역 내에 있는 토지소유자에 대하여 권리행사의 제한 또는 의무부담을 주는 행정처분에 해당한다(대판 1993. 6. 29. 91누6986).

② (X) 문화재보호구역 내의 국유토지는 "법령의 규정에 의하여 국가가 보존하는 재산", 즉 국유재산법 제4조 제3항 소정의 "보존재산"에 해당하므로 구 국유재산법 제5조 제2항에 의하여 시효취득의 대상이 되지 아니한다(대판 1994. 5. 10. 93다23442).

③ (X) 공법상의 제한을 받는 토지의 수용보상액을 산정함에 있어서는 그 공법상의 제한이 당해 공공사업의 시행을 직접 목적으로 하여 가하여진 경우에는 그 제한을 받지 아니하는 상태대로 평가하여야 할 것이지만, 공법상 제한이 당해 공공사업의 시행을 직접 목적으로 하여 가하여진 경우가 아니라면 그러한 제한을 받는 상태 그대로 평가하여야 하고, 그와 같은 제한이 당해 공공사업의 시행 이후에 가하여진 경우라고 하여 달리 볼 것은 아니다. 문화재보호구역의 확대 지정은 당해 공공사업인 이 사건 택지개발사업의 시행을 직접 목적으로 하여 가하여진 것이 아님이 명백하므로, 이 사건 토지는 그러한 공법상 제한을 받는 상태대로 평가하여야 할 것이다(대판 2005. 2. 18. 2003두14222).

④ (O) 문화재보호구역 내에 있는 토지소유자 등으로서는 위 보호구역의 지정해제를 요구할 수 있는 법규상 또는 조리상의 신청권이 있다고 할 것이고, 이러한 신청에 대한 거부행위는 항고소송의 대상이 되는 행정처분에 해당한다(대판 2004.4.27. 2003두8821).

정답 ④

271 [21지방7급]

행정계획에 대한 설명으로 옳지 않은 것은? (다툼이 있는 경우 판례에 의함)

① 도시관리계획결정 · 고시와 그 도면에 특정 토지가 도시관리계획에 포함되지 않았음이 명백한데도 도시관리계획을 집행하기 위한 후속 계획이나 처분에서 그 토지가 도시관리계획에 포함된 것처럼 표시되어 있는 경우, 이는 원칙적으로 취소사유에 해당한다.

② 구 도시계획법상 행정청이 정당하게 도시계획결정의 처분을 하였다고 하더라도 이를 관보에 게재하여 고시하지 아니한 이상 대외적으로는 아무런 효력이 발생하지 않는다.

③ 행정주체가 행정계획을 입안 · 결정함에 있어서 이익형량을 하였으나 정당성과 객관성이 결여된 경우 그 행정계획결정은 위법하다.

④ 산업단지개발계획상 산업단지 안의 토지 소유자로서 산업단지개발계획에 적합한 시설을 설치하여 입주하려는 자는 산업단지지정권자 또는 그로부터 권한을 위임받은 기관에 대하여 산업단지개발 계획의 변경을 요청할 수 있는 법규상 또는 조리상 신청권이 있다.

해설

① (X) 도시관리계획결정·고시와 그 도면에 특정 토지가 도시관리계획에 포함되지 않았음이 명백한데도 도시관리계획을 집행하기 위한 후속 계획이나 처분에서 그 토지가 도시관리계획에 포함된 것처럼 표시되어 있는 경우가 있다. 이것은 실질적으로 도시관리계획결정을 변경하는 것에 해당하여 구 국토의 계획 및 이용에 관한 법률 제30조 제5항에서 정한 도시관리계획 변경절차를 거치지 않는 한 당연무효이다(대판 2019. 7. 11. 2018두47783).

② (O) 구 도시계획법 제7조가 도시계획결정등 처분의 고시를 도시계획구역, 도시계획결정등의 효력발생요건으로 규정하였다고 볼 것이어서 건설부장관 또는 그의 권한의 일부를 위임받은 서울특별시장, 도지사등 지방장관이 기안, 결재등의 과정을 거쳐 정당하게 도시계획결정등의 처분을 하였다고 하더라도 이를 관보에 게재하여 고시하지 아니한 이상 대외적으로는 아무런 효력도 발생하지 아니한다(대판 1985. 12. 10. 85누186).

③ (O) 행정주체가 행정계획을 입안·결정하면서 이익형량을 전혀 행하지 않거나 이익형량의 고려 대상에 마땅히 포함시켜야 할 사항을 빠뜨린 경우 또는 이익형량을 하였으나 정당성과 객관성이 결여된 경우에는 행정계획결정은 형량에 하자가 있어 위법하게 된다(대판 2012.1.12. 2010두5806).

④ (O) 산업단지개발계획상 산업단지 안의 토지 소유자로서 산업단지개발계획에 적합한 시설을 설치하여 입주하려는 자는 산업단지지정권자 또는 그로부터 권한을 위임받은 기관에 대하여 산업단지개발계획의 변경을 요청할 수 있는 법규상 또는 조리상 신청권이 있고, 이러한 신청에 대한 거부행위는 항고소송의 대상이 되는 행정처분에 해당한다(대판 2017. 8. 29. 2016두44186).

정답 ①

IV 공법상 계약

272 [17국가9급]

공법상 계약에 대한 설명으로 옳은 것은?

① 현행 「행정절차법」은 공법상 계약에 대한 규정을 두고 있다.

② 대법원은 구 「농어촌 등 보건의료를 위한 특별조치법」 및 관계법령에 따른 전문직공무원인 공중보건의사의 채용계약 해지의 의사표시는 일반공무원에 대한 징계처분과 같은 성격을 가지며, 따라서 항고소송의 대상이 된다고 본다.

③ 공법상 계약은 행정주체와 사인 간에만 체결 가능하며, 행정주체 상호 간에는 공법상 계약이 성립할 수 없다.

④ 다수설에 따르면 공법상 계약은 당사자의 자유로운 의사의 합치에 의하므로 원칙적으로 법률유보의 원칙이 적용되지 않는다고 본다.

해설

① (X) 행정절차법은 공법상 계약·행정조사절차 등에 대해서는 규정하지 않고 있다.

② (X) 공중보건의사 채용계약 해지의 의사표시에 대하여는 대등한 당사자간의 소송형식인 공법상의 당사자소송으로 그 의사표시의 무효확인을 청구할 수 있는 것이지, 항고소송을 제기할 수는 없다(대판 1996.5.31. 95누10617).

③ (X) 공법상 계약은 행정주체 상호간에도 이루어진다. 행정주체 상호간에서 이루어지는 공법상 계약으로서는 지방자치단체 사이의 교육사무위탁, 농지개량조합의 시·군·구에 대한 공공조합비의 징수위탁 등이 있다.

④ (O) 법률규정의 문언 등에 비추어 공법상 계약을 부정하는 것이 아닌 한 원칙적으로 법률의 근거 없이 가능하다는 것이 일반적 견해이다.

정답 ④

273 [18국가9급]

행정계약에 대한 판례의 입장으로 옳지 않은 것은?

① 계약직공무원 채용계약해지의 의사표시는 일반공무원에 대한 징계처분과는 다르지만, 행정절차법의 처분절차에 의하여 근거와 이유를 제시하여야 한다.

② 구 「중소기업 기술혁신 촉진법」상 중소기업 정보화지원사업의 일환으로 중소기업기술정보진흥원장이 甲주식회사와 중소기업 정보화지원사업에 관한 협약을 체결한 후 甲주식회사의 협약불이행으로 인해 사업실패가 초래된 경우, 중소기업기술진흥원장이 협약에 따라 甲에 대해 행한 협약의 해지 및 지급받은 정부지원금의 환수통보는 행정처분에 해당하지 않는다.

③ 구 「도시계획법」상 도시계획사업의 시행자가 그 사업에 필요한 토지를 협의취득하는 행위는 사경제주체로서 행하는 사법상의 법률행위이므로 행정소송의 대상이 되지 않는다.

④ 「지방공무원법」상 지방전문직공무원 채용계약에서 정한 채용기간이 만료한 경우에는 채용계약의 갱신이나 기간연장 여부는 기본적으로 지방자치단체장의 재량이다.

해설

① (X) 계약직공무원 채용계약해지의 의사표시는 일반공무원에 대한 징계처분과는 달라서 항고소송의 대상이 되는 처분 등의 성격을 가진 것으로 인정되지 아니하고, 일정한 사유가 있을 때에 국가 또는 지방자치단체가 채용계약 관계의 한쪽 당사자로서 대등한 지위에서 행하는 의사표시로 취급되는 것으로 이해되므로, 이를 징계해고 등에서와 같이 그 징계사유에 한하여 효력 유무를 판단하여야 하거나, 행정처분과 같이 행정절차법에 의하여 근거와 이유를 제시하여야 하는 것은 아니다(대판 2002.11.26. 2002두5948).

② (O) 중소기업 정보화지원사업에 따른 지원금 출연을 위하여 중소기업청장이 체결하는 협약은 공법상 대등한 당사자 사이의 의사표시의 합치로 성립하는 공법상 계약에 해당하는 점을 종합하면, 협약의 해지 및 그에 따른 환수통보는 공법상 계약에 따라 행정청이 대등한 당사자의 지위에서 하는 의사표시로 보아야 하고, 이를 행정청이 우월한 지위에서 행하는 공권력의 행사로서 행정처분에 해당한다고 볼 수는 없다(대판 2015. 8. 27. 2015두41449).

③ (O) 도시계획사업의 시행자가 그 사업에 필요한 토지를 협의취득하는 행위는 사경제주체로서 행하는 사법상의 법률행위에 지나지 않으며 공권력의 주체로서 우월한 지위에서 행하는 공법상의 행정처분이 아니므로 행정소송의 대상이 되지 않는다(대판 1992. 10. 27. 91누3871).

④ (O) 지방전문직 공무원 채용계약에서 정한 채용기간이 만료한 경우 채용계약을 갱신하거나 채용기간을 연장할 것인지 여부는 지방자치단체장의 재량이다(대판 1993.9.14. 92누4611).

정답 ①

274 [21지방9급]

공법상 계약에 대한 설명으로 옳지 않은 것은? (다툼이 있는 경우 판례에 의함)

① 공중보건의사 채용계약 해지의 의사표시에 대하여는 공법상의 당사자소송으로 그 의사표시의 무효확인을 청구할 수 있다.

② 공법상 계약에는 법률우위의 원칙이 적용된다.

③ 계약직공무원 채용계약해지의 의사표시는 항고소송의 대상이 되는 처분 등의 성격을 가진 것으로 형정처분과 같이 「행정절차법」에 의하여 근거와 이유를 제시하여야 한다.

④ 행정청은 공법상 계약의 상대방을 선정하고 계약 내용을 정할 때 공법상 계약의 공공성과 제3자의 이해관계를 고려하여야 한다.

해설

① (O) 공중보건의사 채용계약 해지의 의사표시에 대하여는 대등한 당사자간의 소송형식인 공법상의 당사자소송으로 그 의사표시의 무효확인을 청구할 수 있는 것이지, 항고소송을 제기할 수는 없다(대판 1996.5.31. 95누10617).

② (O) 법률우위의 원칙은 법률유보의 원칙과는 달리 모든 행정작용에 적용된다.

③ (X) 계약직공무원 채용계약해지의 의사표시는 행정처분과 같이 행정절차법에 의하여 근거와 이유를 제시하여야 하는 것은 아니다(대판 2002.11.26. 2002두5948).

④ (O)

> **행정기본법 제27조(공법상 계약의 체결)** ② 행정청은 공법상 계약의 상대방을 선정하고 계약 내용을 정할 때 공법상 계약의 공공성과 제3자의 이해관계를 고려하여야 한다.

정답 ③

광주광역시립합창단원으로서 위촉기간이 만료되는 자들의 재위촉 신청에 대하여 광주광역시문화예술회관장이 실기와 근무성적에 대한 평정을 실시하여 재위촉을 하지 아니한 것은 항고소송의 대상이 되는 불합격처분에 해당한다. [16경행특채]

| 해설

(X) 광주광역시립합창단원으로서 위촉기간이 만료되는 자들의 재위촉 신청에 대하여 광주광역시문화예술회관장이 실기와 근무성적에 대한 평정을 실시하여 재위촉을 하지 아니한 것을 항고소송의 대상이 되는 불합격처분이라고 할 수는 없다(대판 2001.12.11. 2001두7794).

국립의료원 부설 주차장에 관한 위탁관리용역운영계약은 사경제주체로서 대등한 위치에서 행한 사법상의 계약에 해당한다. [12지방7급]

| 해설

(X) 국립의료원 부설주차장에 관한 이 사건 위탁관리용역운영계약의 실질은 행정재산인 위 부설주차장에 대한 사용·수익 허가로서 이루어진 것임을 알 수 있으므로, 이는 행정처분으로서 특정인에게 행정재산을 사용할 수 있는 권리를 설정하여 주는 강학상 특허에 해당한다 할 것이고 순전히 사경제주체로서 원고와 대등한 위치에서 행한 사법상의 계약으로 보기 어렵다(대판 2006.3.9. 2004다31074).

275 [20지방7급]

공법상 계약에 대한 설명으로 옳은 것은? (다툼이 있는 경우 판례에 의함)

① 지방자치단체가 사인과 체결한 자원회수시설에 대한 위탁운영협약은 사법상 계약에 해당하므로 그에 관한 다툼은 민사소송의 대상이 된다.

② 구 사회간접자본시설에 대한 민간투자법에 근거한 서울-춘천간 고속도로 민간투자시설사업의 사업시행자 지정은 공법상 계약에 해당한다.

③ 과학기술기본법령상 사업 협약의 해지 통보는 대등 당사자의 지위에서 형성된 공법상 계약을 계약당사자의 지위에서 종료시키는 의사표시에 해당한다.

④ A광역시립합창단원으로서 위촉기간이 만료되는 자들의 재위촉신청에 대하여 A광역시문화예술회관장이 실기와 근무성적에 대한 평정을 실시하여 재위촉을 하지 아니한 것은 항고소송의 대상이 되는 불합격 처분에 해당한다.

해설

① (O) 갑 지방자치단체가 사인인 을 회사 등에 위 시설의 운영을 위탁하고 그 위탁운영비용을 지급하는 것을 내용으로 하는 용역계약으로서 상호 대등한 입장에서 당사자의 합의에 따라 체결한 사법상 계약에 해당한다(대판 2019. 10. 17. 2018두60588).

② (X) '사회간접자본시설에 대한 민간투자법'상 민간투자에 관한 협약은 공법상 계약이라고 할 수 있을지라도 사업시행자 지정행위는 행정처분이다. 판례는 선행처분인 서울-춘천간 고속도로 민간투자시설사업의 사업시행자 지정처분의 무효를 이유로 그 후행처분인 도로구역결정처분의 취소를 구하는 소송에서, 구 '사회간접자본시설에 대한 민간투자법'상 민간투자에 관한 협약을 공법상 계약으로 보면서 선행처분인 사업시행자 지정처분을 행정처분으로 보고 있다(대판 2009.4.23. 2007두13159).

③ (X) 과학기술기본법령상 두뇌한국(BK)21 사업 협약의 해지 통보는 단순히 대등 당사자의 지위에서 형성된 공법상계약을 계약당사자의 지위에서 종료시키는 의사표시에 불과한 것이 아니라 행정청이 우월적 지위에서 연구개발비의 회수 및 관련자에 대한 국가연구개발사업 참여제한 등의 법률상 효과를 발생시키는 행정처분에 해당한다(대판 2014. 12. 11. 2012두28704).

④ (X) 광주광역시립합창단원으로서 위촉기간이 만료되는 자들의 재위촉 신청에 대하여 광주광역시문화예술회관장이 실기와 근무성적에 대한 평정을 실시하여 재위촉을 하지 아니한 것을 항고소송의 대상이 되는 불합격처분이라고 할 수는 없다(대판 2001.12.11. 2001두7794).

정답 ①

276 [22지방9급]

공법상 계약에 대한 설명으로 옳은 것은? (다툼이 있는 경우 판례에 의함)

① 지방자치단체가 일방 당사자가 되는 이른바 '공공계약'이 사법상 계약에 해당하는 경우에도 법령에 특별한 규정이 없다면 사적자치와 계약자유의 원칙 등 사법의 원리가 그대로 적용되지 않는다.

② 국립의료원 부설 주차장 위탁관리용역운영계약은 공법상 계약에 해당한다.

③ 공법상 계약이더라도 한쪽 당사자가 다른 당사자를 상대로 계약의 이행을 청구하는 소송은 민사소송으로 제기하여야 한다.

④ 지방자치단체가 A 주식회사를 자원회수시설과 부대시설의 운영 · 유지관리 등을 위탁할 민간사업자로 선정하고 A 주식회사와 체결한 위 시설에 관한 위 · 수탁 운영 협약은 사법상 계약에 해당한다.

해설

① (X) 국가가 당사자가 되는 이른바 공공계약은 사경제 주체로서 상대방과 대등한 위치에서 체결하는 사법상 계약으로서 본질적인 내용은 사인 간의 계약과 다를 바가 없으므로, 그에 관한 법령에 특별한 정함이 있는 경우를 제외하고는 사적자치와 계약자유의 원칙 등 사법의 원리가 그대로 적용된다(대결 2012. 9. 20. 2012마1097).

② (X) 국립의료원 부설주차장에 관한 이 사건 위탁관리용역운영계약의 실질은 행정재산인 위 부설주차장에 대한 사용 · 수익 허가로서 이루어진 것임을 알 수 있으므로, 이는 행정처분으로서 특정인에게 행정재산을 사용할 수 있는 권리를 설정하여 주는 강학상 특허에 해당한다(대판 2006.3.9. 2004다31074).

③ (X) 공법상 계약이란 공법적 효과의 발생을 목적으로 하여 대등한 당사자 사이의 의사표시의 합치로 성립하는 공법행위를 말한다. 공법상 계약의 한쪽 당사자가 다른 당사자를 상대로 효력을 다투거나 이행을 청구하는 소송은 공법상의 법률관계에 관한 분쟁이므로 분쟁의 실질이 공법상 권리 · 의무의 존부 · 범위에 관한 다툼이 아니라 손해배상액의 구체적인 산정방법 · 금액에 국한되는 등의 특별한 사정이 없는 한 공법상 당사자소송으로 제기하여야 한다(대판 2021. 2. 4. 2019다277133).

④ (O) 갑 지방자치단체가 사인인 을 회사 등에 위 시설의 운영을 위탁하고 그 위탁운영비용을 지급하는 것을 내용으로 하는 용역계약으로서 상호 대등한 입장에서 당사자의 합의에 따라 체결한 사법상 계약에 해당한다(대판 2019. 10. 17. 2018두60588).

정답 ④

277 [21지방7급]

공법상 계약에 대한 설명으로 옳지 않은 것은? (다툼이 있는 경우 판례에 의함)

① 구 정부투자기관 관리기본법의 적용 대상인 정부투자기관이 일방 당사자가 되는 계약은 사법상의 계약으로서 그에 관한 법령에 특별한 정함이 있는 경우를 제외하고는 사적 자치의 원칙이 그대로 적용된다.

② 구 중소기업 기술혁신촉진법상 중소기업 정보화지원사업에 따른 지원금 출연을 위하여 중소기업청장이 체결하는 협약은 공법상 대등한 당사자 사이의 의사표시의 합치로 성립하는 공법상 계약에 해당한다.

③ 행정청이 자신과 상대방 사이의 법률관계를 일방적인 의사표시로 종료시켰다면 그 의사표시는 공법상 계약관계의 일방 당사자로서 대등한 지위에서 행하는 의사표시가 아니라 공권력 행사로서 행정처분에 해당한다.

④ 공법상 계약의 한쪽 당사자가 다른 당사자를 상대로 효력을 다투거나 이행을 청구하는 소송은 분쟁의 실질이 공법상 권리 · 의무의 존부 · 범위에 관한 다툼이 아니라 손해배상액의 구체적인 산정방법 · 금액에 국한되는 등의 특별한 사정이 없는 한 공법상 당사자소송으로 제기하여야 한다.

해설

① (O) 구 정부투자기관 관리기본법의 적용 대상인 정부투자기관이 일방 당사자가 되는 계약은 정부투자기관이 사경제의 주체로서 상대방과 대등한 위치에서 체결하는 사법상의 계약으로서 본질적인 내용은 사인 간의 계약과 다를 바가 없으므로 그에 관한 법령에 특별한 정함이 있는 경우를 제외하고는 사적 자치와 계약자유의 원칙 등 사법의 원리가 그대로 적용된다(대판 2014. 12. 24. 2010다83182).

② (O) 중소기업 정보화지원사업에 따른 지원금 출연을 위하여 중소기업청장이 체결하는 협약은 공법상 대등한 당사자 사이의 의사표시의 합치로 성립하는 공법상 계약에 해당하는 점을 종합하면, 협약의 해지 및 그에 따른 환수통보는 공법상 계약에 따라 행정청이 대등한 당사자의 지위에서 하는 의사표시로 보아야 하고, 이를 행정청이 우월한 지위에서 행하는 공권력의 행사로서 행정처분에 해당한다고 볼 수는 없다(대판 2015. 8. 27. 2015두41449).

③ (X) 행정청이 자신과 상대방 사이의 근로관계를 일방적인 의사표시로 종료시켰다고 하더라도 곧바로 그 의사표시가 행정청으로서 공권력을 행사하여 행하는 행정처분이라고 단정할 수는 없고, 관계 법령이 상대방의 근무관계에 관하여 구체적으로 어떻게 규정하고 있는지에 따라 그 의사표시가 항고소송의 대상이 되는 행정처분에 해당하는 것인지 아니면 공법상 계약관계의 일방 당사자로서 대등한 지위에서 행하는 의사표시인지 여부를 개별적으로 판단하여야 한다. 이러한 법리는 공법상 근무관계의 형성을 목적으로 하는 채용계약의 체결 과정에서 행정청의 일방적인 의사표시로 계약이 성립하지 아니하게 된 경우에도 마찬가지이다(대판 2014.4.24. 2013두6244).

④ (O) 공법상 계약의 한쪽 당사자가 다른 당사자를 상대로 효력을 다투거나 이행을 청구하는 소송은 공법상의 법률관계에 관한 분쟁이므로 분쟁의 실질이 공법상 권리 · 의무의 존부 · 범위에 관한 다툼이 아니라 손해배상액의 구체적인 산정방법 · 금액에 국한되는 등의 특별한 사정이 없는 한 공법상 당사자소송으로 제기하여야 한다(대판 2021. 2. 4. 2019다277133).

정답 ③

278 [15지방7급]

공법상 계약에 대한 설명으로 옳지 않은 것은? (다툼이 있는 경우 판례에 의함)

① 행정청이 자신과 상대방 사이의 근로관계를 일방적인 의사표시로 종료시켰다면, 곧바로 그 의사표시는 행정청으로서 공권력을 행사하여 행하는 행정처분에 해당한다.

② 공공사업에 필요한 토지 등의 협의취득에 기한 손실보상금의 환수통보는 사법상의 이행청구에 해당하는 것으로서 항고소송의 대상이 될 수 없다.

③ 서울특별시립무용단원의 위촉은 공법상 계약에 해당하며, 따라서 그 단원의 해촉에 대하여는 공법상의 당사자소송으로 무효확인을 청구할 수 있다.

④ 지방계약직공무원에 대해서도, 채용계약상 특별한 약정이 없는 한, 「지방공무원법」, 「지방공무원 징계 및 소청규정」에 정한 징계절차에 의하지 않고서는 보수를 삭감할 수는 없다.

해설

① (X) 행정청이 자신과 상대방 사이의 근로관계를 일방적인 의사표시로 종료시켰다고 하더라도 곧바로 그 의사표시가 행정청으로서 공권력을 행사하여 행하는 행정처분이라고 단정할 수는 없다(대판 2014.4.24. 2013두6244).

② (O) 대판 2010.11.11. 2010두14367.

③ (O) 서울특별시립무용단원이 가지는 지위가 공무원과 유사한 것이라면, 서울특별시립무용단 단원의 위촉은 공법상의 계약이라고 할 것이고, 따라서 그 단원의 해촉에 대하여는 공법상의 당사자소송으로 그 무효확인을 청구할 수 있다(대판 1995.12.22. 95누4636).

④ (O) 채용계약상 특별한 약정이 없는 한, 지방계약직공무원에 대하여 지방공무원법, 지방공무원징계및소청규정에 정한 징계절차에 의하지 않고서는 보수를 삭감할 수 없다고 봄이 상당하다(대판 2008.6.12. 2006두16328).

정답 ①

279 [21국가9급]

공법상 계약에 대한 설명으로 옳지 않은 것은? (다툼이 있는 경우 판례에 의함)

① 행정청이 자신과 상대방 사이의 법률관계를 일방적인 의사표시로 종료시켰다고 하더라도 곧바로 그 의사표시가 행정청으로서 공권력을 행사하여 행하는 행정처분이라고 단정할 수는 없고, 관계 법령이 상대방의 법률관계에 관하여 구체적으로 어떻게 규정하고 있는지에 따라 개별적으로 판단하여야 한다.

② 채용계약상 특별한 약정이 없는 한 지방계약직공무원에 대하여 「지방공무원법」, 「지방공무원 징계 및 소청 규정」에 정한 징계절차에 의하지 않고서는 보수를 삭감할 수 없다.

③ 중소기업 정보화지원사업에 대한 지원금출연협약의 해지 및 환수통보는 공법상 계약에 따른 의사표시가 아니라 행정청이 우월한 지위에서 행하는 공권력의 행사로서 행정처분이다.

④ 계약직공무원 채용계약해지는 국가 또는 지방자치단체가 대등한 지위에서 행하는 의사표시로서 처분이 아니므로 「행정절차법」에 의하여 근거와 이유를 제시하여야 하는 것은 아니다.

해설

① (O) 행정청이 자신과 상대방 사이의 근로관계를 일방적인 의사표시로 종료시켰다고 하더라도 곧바로 그 의사표시가 행정청으로서 공권력을 행사하여 행하는 행정처분이라고 단정할 수는 없고, 관계 법령이 상대방의 근무관계에 관하여 구체적으로 어떻게 규정하고 있는지에 따라 그 의사표시가 항고소송의 대상이 되는 행정처분에 해당하는 것인지 아니면 공법상 계약관계의 일방 당사자로서 대등한 지위에서 행하는 의사표시인지 여부를 개별적으로 판단하여야 한다(대판 2014.4.24. 2013두6244).

② (O) 채용계약상 특별한 약정이 없는 한, 지방계약직공무원에 대하여 지방공무원법, 지방공무원 징계 및 소청규정에 정한 징계절차에 의하지 않고서는 보수를 삭감할 수 없다고 봄이 상당하다(대판 2008.6.12. 2006두16328).

③ (X) 중소기업 정보화지원사업에 따른 지원금 출연을 위하여 중소기업청장이 체결하는 협약은 공법상 대등한 당사자 사이의 의사표시의 합치로 성립하는 공법상 계약에 해당하는 점을 종합하면, 협약의 해지 및 그에 따른 환수통보는 공법상 계약에 따라 행정청이 대등한 당사자의 지위에서 하는 의사표시로 보아야 하고, 이를 행정청이 우월한 지위에서 행하는 공권력의 행사로서 행정처분에 해당한다고 볼 수는 없다(대판 2015. 8. 27. 2015두41449).

④ (O) 계약직공무원 채용계약해지의 의사표시는 일반공무원에 대한 징계처분과는 달라서 항고소송의 대상이 되는 처분 등의 성격을 가진 것으로 인정되지 아니하고, 행정처분과 같이 행정절차법에 의하여 근거와 이유를 제시하여야 하는 것은 아니다(대판 2002.11.26. 2002두5948).

정답 ③

Ⅴ 공법상 합동행위 및 행정상의 사실행위

280 [11지방7급]

공법상 사실행위에 대한 설명으로 옳지 않은 것은? (다툼이 있는 경우 판례에 의함)

① 「국가배상법」이 정한 배상청구의 요건인 '공무원의 직무'에는 권력작용 뿐 아니라 관리작용도 포함된다.
② 수형자의 서신을 교도소장이 검열하는 행위는 행정심판이나 행정소송의 대상이 되는 행정처분으로 볼 수 있다.
③ 지방자치단체의 장에 의한 수도의 공급거부는 사실행위이므로 처분성이 인정되지 않는다.
④ 위법한 행정지도에 따라 행한 사인의 행위는 법령에 명시적으로 정하지 않는 한 그 위법행위가 정당화될 수 없다.

해설

① **(O)** 국가배상청구의 요건인 '공무원의 직무'에는 권력적 작용만이 아니라 비권력적 작용도 포함되며 단지 행정주체가 사경제주체로서 하는 활동만 제외된다(대판 2001.1.5. 98다39060).

② **(O)** 수형자의 서신을 교도소장이 검열하는 행위는 이른바 권력적 사실행위로서 행정심판이나 행정소송의 대상이 되는 행정처분으로 볼 수 있으나, 위 검열행위가 이미 완료되어 행정심판이나 행정소송을 제기하더라도 소의 이익이 부정될 수 밖에 없으므로 헌법소원심판을 청구하는 외에 다른 효과적인 구제방법이 있다고 보기 어렵기 때문에 보충성의 원칙에 대한 예외에 해당한다(헌재 1998.8.27. 96헌마398).

③ **(X)** 단수처분은 항고소송의 대상이 되는 행정처분에 해당한다(대판 1979.12.28. 79누218).

> **[비교판례]** 행정청이 위법 건축물에 대한 시정명령을 하고 나서 위반자가 이를 이행하지 아니하여 전기·전화의 공급자에게 그 위법 건축물에 대한 전기·전화공급을 하지 말아 줄 것을 요청한 행위는 권고적 성격의 행위에 불과한 것으로서 전기·전화공급자나 특정인의 법률상 지위에 직접적인 변동을 가져오는 것은 아니므로 이를 항고소송의 대상이 되는 행정처분이라고 볼 수 없다(대판 1996.03.22. 96누433).

④ **(O)** 행정관청이 토지거래계약신고에 관하여 공시된 기준지가를 기준으로 매매가격을 신고하도록 행정지도하여 왔고 그 기준가격 이상으로 매매가격을 신고한 경우에는 거래신고서를 접수하지 않고 반려하는 것이 관행화되어 있다 하더라도 이는 법에 어긋나는 관행이라 할 것이므로 그와 같은 위법한 관행에 따라 허위신고행위에 이르렀다고 하여 그 범법행위가 사회상규에 위배되지 않는 정당한 행위라고는 볼 수 없다(대판 1992.4.24. 91도1609).

정답 ③

Ⅵ 행정지도

281 [19국가9급]

행정지도에 대한 설명으로 옳지 않은 것은? (다툼이 있는 경우 판례에 의함)

① 행정지도는 상대방의 의사에 반하여 부당하게 강요하여서는 안 된다.

② 행정지도는 작용법적 근거가 필요하지 않으므로, 비례원칙과 평등원칙에 구속되지 않는다.

③ 교육인적자원부장관의 대학총장들에 대한 학칙시정요구는 법령에 따른 것으로 행정지도의 일종이지만, 단순한 행정지도로서의 한계를 넘어 헌법소원의 대상이 되는 공권력의 행사라고 볼 수 있다.

④ 세무당국이 주류제조회사에 대하여 특정 업체와의 주류거래를 일정기간 중지하여 줄 것을 요청한 행위는 권고적 성격의 행위로서 행정처분이라고 볼 수 없다.

해설

① (O)

> **행정절차법 제48조(행정지도의 원칙)** ① 행정지도는 그 목적 달성에 필요한 최소한도에 그쳐야 하며, 행정지도의 상대방의 의사에 반하여 부당하게 강요하여서는 아니 된다.

② (X) 행정지도는 비권력적이기는 하나 행정작용에 해당하므로 행정법상 일반원칙이 적용된다.

③ (O) 교육인적자원부장관의 대학총장들에 대한 이 사건 학칙시정요구는 행정지도의 일종이지만, 그에 따르지 않을 경우 일정한 불이익조치를 예정하고 있어 사실상 상대방에게 그에 따를 의무를 부과하는 것과 다를 바 없으므로 단순한 행정지도로서의 한계를 넘어 규제적·구속적 성격을 상당히 강하게 갖는 것으로서 헌법소원의 대상이 되는 공권력의 행사라고 볼 수 있다(헌재 2003.6.26. 2002헌마337).

④ (O) 세무당국이 소외 회사에 대하여 원고와의 주류거래를 일정기간 중지하여 줄 것을 요청한 행위는 권고 내지 협조를 요청하는 권고적 성격의 행위로서 소외 회사나 원고의 법률상의 지위에 직접적인 법률상의 변동을 가져오는 행정처분이라고 볼 수 없는 것이므로 항고소송의 대상이 될 수 없다(대판 1980.10.27. 80누395).

정답 ②

판례에 따르면 법령의 수권(授權)없이 행정지도를 할 수 없다. [15서울9급]

| 해설

(X) 행정지도는 원칙적으로 비권력적 사실행위로서 법률의 근거가 없이도 가능하다.

282 [17교육행정]

「행정절차법」상 행정지도에 관한 설명으로 옳은 것은? (단, 다툼이 있는 경우 판례에 따름)

① 행정지도는 반드시 문서로 하여야 한다.

② 행정기관은 행정지도에 따르지 아니하였다는 이유로 불이익한 조치를 할 수 있다.

③ 행정지도를 하는 자는 그 상대방에게 그 행정지도의 취지 및 내용과 신분을 밝혀야 한다.

④ 구 교육인적자원부장관의 국·공립대학총장들에 대한 학칙시정요구는 행정지도이므로 헌법소원의 대상인 공권력의 행사로 볼 수 없다.

해설

① (X) 행정지도는 반드시 문서로 하여야 하는 것은 아니다.

> **행정절차법 제49조(행정지도의 방식)** ② 행정지도가 말로 이루어지는 경우에 상대방이 제1항의 사항을 적은 서면의 교부를 요구하면 그 행정지도를 하는 자는 직무 수행에 특별한 지장이 없으면 이를 교부하여야 한다.

② (X)

> **행정절차법 제48조(행정지도의 원칙)** ② 행정기관은 행정지도의 상대방이 행정지도에 따르지 아니하였다는 것을 이유로 불이익한 조치를 하여서는 아니 된다.

③ (O)

> **행정절차법 제49조(행정지도의 방식)** ① 행정지도를 하는 자는 그 상대방에게 그 행정지도의 취지 및 내용과 신분을 밝혀야 한다.

④ (X) 헌재 2003.6.26. 2002헌마337.

정답 ③

283 [17국회8급]

행정지도에 대한 설명으로 옳은 것은? (다툼이 있는 경우 판례에 의함)

① 국가배상법이 정하는 손해배상청구의 요건인 '공무원의 직무'에는 비권력작용인 행정지도는 포함되지 아니한다.

② 강제성을 띠지 아니한 행정지도로 인하여 손해가 발생한 경우에 행정청은 손해배상책임이 있다.

③ 행정지도는 비권력적 사실행위이므로 행정지도가 그 한계를 넘어 규제적·구속적 성격을 강하게 갖는 경우라 하여 헌법소원의 대상이 되는 공권력의 행사에 해당한다고 볼 수는 없다.

④ 행정절차법에 따르면 행정지도의 상대방은 해당 행정지도의 내용에 관하여서 뿐만 아니라 그 방식에 관하여도 행정기관에 의견을 제출할 수 있다.

⑤ 행정절차법은 행정지도는 반드시 서면으로 하여야 하고 그 서면에는 행정지도의 취지·내용을 기재하도록 규정함으로써 행정지도의 명확성을 요구하고 있다.

해설

① (X) 국가배상법이 정한 배상청구의 요건인 '공무원의 직무'에는 권력적 작용만이 아니라 행정지도와 같은 비권력적 작용도 포함되며 단지 행정주체가 사경제주체로서 하는 활동만 제외된다(대판 1998.07.10. 96다38971).

② (X) 행정지도가 강제성을 띠지 않은 비권력적 작용으로서 행정지도의 한계를 일탈하지 아니하였다면, 그로 인하여 상대방에게 어떤 손해가 발생하였다 하더라도 행정기관은 그에 대한 손해배상책임이 없다(대판 2008.9.25. 2006다18228).

③ (X) 헌재 2003.6.26. 2002헌마337.

④ (O)

> **행정절차법 제50조(의견제출)** 행정지도의 상대방은 해당 행정지도의 방식·내용 등에 관하여 행정기관에 의견제출을 할 수 있다.

⑤ (X) 행정절차법 제49조.

정답 ④

'행정절차법'에서는 행정지도에 대한 사전통지 및 의견제출 절차에 대해 규정하고 있다. [12서울9급]

| 해설

(X) 행정절차법상 사전통지 및 의견제출절차는 불이익처분(침익적 처분)에 적용된다. 행정지도는 침익적 처분이 아니므로 사전통지 및 의견제출절차는 적용되지 않는다.

행정지도의 상대방은 행정지도의 내용에 동의하지 않는 경우 이를 따르지 않을 수 있으므로, 행정지도의 내용이나 방식에 대해 의견제출권을 갖지 않는다. [17국가9급]

| 해설

(X) 행정절차법 제50조.

284 [19서울9급(上)]

〈보기〉의 행정지도에 대한 설명 중 옳은 것을 모두 고르면?

〈보 기〉

ㄱ. 행정지도는 그 목적 달성에 필요한 최소한도에 그쳐야 하며, 행정지도의 상대방의 의사에 반하여 부당하게 강요하여서는 아니 된다.

ㄴ. 행정지도는 비권력적 작용이므로 「국가배상법」이 정한 배상청구의 요건인 공무원의 직무에 포함되지 않는다.

ㄷ. 행정지도의 상대방은 해당 행정지도의 방식·내용 등에 관하여 행정기관에 의견제출을 할 수 있다.

① ㄱ　　② ㄱ, ㄴ

③ ㄱ, ㄷ　　④ ㄱ, ㄴ, ㄷ

해설

ㄱ. (O) 행정절차법 제48조 제1항.

ㄴ. (X) 국가배상법이 정한 배상청구의 요건인 '공무원의 직무'에는 권력적 작용만이 아니라 행정지도와 같은 비권력적 작용도 포함되며 단지 행정주체가 사경제주체로서 하는 활동만 제외된다(대판 1998.07.10. 96다38971).

ㄷ. (O) 행정절차법 제50조.

정답 ③

285 [18교육행정]

행정지도에 관한 설명으로 옳은 것은?

① 행정지도는 법적 효과의 발생을 목적으로 하는 의사표시이다.
② 법규에 근거가 없는 행정지도에 대해서는 행정법의 일반원칙이 적용되지 아니한다.
③ 토지매매대금의 허위신고가 위법한 행정지도에 따른 것이라 하더라도 그 범법행위가 정당화되지는 않는다.
④ 행정지도의 한계 일탈로 인해 상대방에게 손해가 발생한 경우 행정기관은 손해배상책임이 없다.

해설

① (X) 행정지도는 법적 효과의 발생을 목적으로 하지 않는 비권력적 사실행위이다.
② (X) 행정지도는 비권력적이기는 하나 행정작용에 해당하므로 행정법상 일반원칙이 적용된다.
③ (O) 행정관청이 토지거래계약신고에 관하여 공시된 기준지가를 기준으로 매매가격을 신고하도록 행정지도하여 왔고 그 기준가격 이상으로 매매가격을 신고한 경우에는 거래신고서를 접수하지 않고 반려하는 것이 관행화되어 있다 하더라도 이는 법에 어긋나는 관행이라 할 것이므로 그와 같은 위법한 관행에 따라 허위신고행위에 이르렀다고 하여 그 범법행위가 사회상규에 위배되지 않는 정당한 행위라고는 볼 수 없다(대판 1992.4.24. 91도1609).
④ (X) 행정지도의 한계 일탈로 인한 손해의 경우 손해배상책임이 발생할 수 있다.

[관련판례] 행정지도가 강제성을 띠지 않은 비권력적 작용으로서 행정지도의 한계를 일탈하지 아니하였다면, 그로 인하여 상대방에게 어떤 손해가 발생하였다 하더라도 행정기관은 그에 대한 손해배상책임이 없다(대판 2008.9.25. 2006다18228).

정답 ③

VII 기타 행정작용

286 [19서울9급(上)]

「국가를 당사자로 하는 계약에 관한 법률」에 대한 설명으로 가장 옳은 것은?

① 국가계약의 본질적인 내용은 사인 간의 계약과 다르므로 법령에 특정한 규정이 있는 경우에 한하여 사법의 규정 내지 법원리가 적용된다.
② 「국가를 당사자로 하는 계약에 관한 법률」에 따른 입찰절차에서의 낙찰자의 결정은 「행정소송법」상 처분에 해당한다.
③ 국가가 사인과 계약을 체결할 때에는 「국가를 당사자로 하는 계약에 관한 법률」에 따른 계약서를 따로 작성하는 등 그 요건과 절차를 이행하여야 한다.
④ 「국가를 당사자로 하는 계약에 관한 법률」에 따른 계약서를 따로 작성하는 등 그 요건과 절차를 거치지 않고 체결된 계약이라고 해서 무효가 되는 것은 아니다.

해설

① (X) 국가가 당사자가 되는 이른바 공공계약은 사경제 주체로서 상대방과 대등한 위치에서 체결하는 사법상 계약으로서 본질적인 내용은 사인 간의 계약과 다를 바가 없으므로, 그에 관한 법령에 특별한 정함이 있는 경우를 제외하고는 사적 자치와 계약자유의 원칙 등 사법의 원리가 그대로 적용된다(대결 2012. 9. 20. 2012마1097).

② (X) 국가를 당사자로 하는 계약에 관한 법률 제11조는 지방자치단체가 당사자로서 계약을 체결하고자 할 때에는 계약서를 작성하여야 하고 그 경우 담당공무원과 계약당사자가 계약서에 기명날인 또는 서명함으로써 계약이 확정된다고 규정함으로써, 지방자치단체가 당사자가 되는 계약의 체결은 계약서의 작성을 성립요건으로 하는 요식행위로 정하고 있으므로, 이 경우 낙찰자의 결정으로 바로 계약이 성립된다고 볼 수는 없어 낙찰자는 지방자치단체에 대하여 계약을 체결하여 줄 것을 청구할 수 있는 권리를 갖는 데 그치고, 이러한 점에서 위 법률에 따른 낙찰자 결정의 법적 성질은 입찰과 낙찰행위가 있은 후에 더 나아가 본계약을 따로 체결한다는 취지로서 계약의 편무예약에 해당한다(대판 2006.6.29. 2005다41603).

③ (O) ④ (X) 구 국가를 당사자로 하는 계약에 관한 법률 제11조 규정 내용과 국가가 일방당사자가 되어 체결하는 계약의 내용을 명확히 하고 국가가 사인과 계약을 체결할 때 적법한 절차에 따를 것을 담보하려는 규정의 취지 등에 비추어 보면, 국가가 사인과 계약을 체결할 때에는 국가계약법령에 따른 계약서를 따로 작성하는 등 요건과 절차를 이행하여야 할 것이고, 설령 국가와 사인 사이에 계약이 체결되었더라도 이러한 법령상 요건과 절차를 거치지 아니한 계약은 효력이 없다(대판 2015. 1. 15. 2013다215133).

정답 ③

287 [21지방7급]

행정기본법상 처분에 대한 설명으로 옳은 것은?

① 행정청은 적법한 처분의 경우 당사자의 신청이 있는 경우에만 철회가 가능하다.

② 행정청은 처분에 재량이 있는 경우 법령이나 행정규칙이 정하는 바에 따라 완전히 자동화된 시스템으로 처분할 수 있다.

③ 당사자의 신청에 따른 처분은 다른 법령에 특별한 규정이 있는 경우를 제외하고는 신청 당시의 법령 등에 따른다.

④ 새로운 법령 등은 법령 등에 특별한 규정이 있는 경우를 제외하고는 그 법령등의 효력 발생 전에 완성되거나 종결된 사실관계 또는 법률관계에 대해서는 적용되지 아니한다.

해설

① (X)

> **행정기본법 제19조(적법한 처분의 철회)** ① 행정청은 적법한 처분이 다음 각 호의 어느 하나에 해당하는 경우에는 그 처분의 전부 또는 일부를 장래를 향하여 철회할 수 있다.
> 1. 법률에서 정한 철회 사유에 해당하게 된 경우
> 2. 법령등의 변경이나 사정변경으로 처분을 더 이상 존속시킬 필요가 없게 된 경우
> 3. 중대한 공익을 위하여 필요한 경우

② (X)

> **행정기본법 제20조(자동적 처분)** 행정청은 법률로 정하는 바에 따라 완전히 자동화된 시스템(인공지능 기술을 적용한 시스템을 포함한다)으로 처분을 할 수 있다. 다만, 처분에 재량이 있는 경우는 그러하지 아니하다.

③ (X) ④ (O)

> **행정기본법 제14조(법 적용의 기준)** ① 새로운 법령등은 법령등에 특별한 규정이 있는 경우를 제외하고는 그 법령등의 효력 발생 전에 완성되거나 종결된 사실관계 또는 법률관계에 대해서는 적용되지 아니한다.
>
> ② 당사자의 신청에 따른 처분은 법령등에 특별한 규정이 있거나 처분 당시의 법령등을 적용하기 곤란한 특별한 사정이 있는 경우를 제외하고는 처분 당시의 법령등에 따른다.

정답 ④

288 [21서울7급]

「행정기본법」상 기간의 계산에 대한 설명으로 가장 옳지 않은 것은?

① 법령 등을 공포한 날부터 일정 기간이 경과한 날부터 시행하는 경우 법령 등을 공포한 날을 첫날에 산입하지 아니한다.

② 법령 등을 공포한 날부터 일정 기간이 경과한 날부터 시행하는 경우 그 기간의 말일이 토요일 또는 공휴일인 때에는 그 말일로 기간이 만료한다.

③ 법령 등 또는 처분에서 국민의 권익을 제한하거나 의무를 부과하는 경우 권익이 제한되거나 의무가 지속되는 기간의 계산에 있어서 기간을 일, 주, 월 또는 연으로 정한 경우에는 원칙적으로 기간의 첫날은 산입하지 아니한다.

④ 행정에 관한 기간의 계산에 관하여는 이 법 또는 다른 법령 등에 특별한 규정이 있는 경우를 제외하고는 「민법」을 준용한다.

해설

① (O) ② (O) ③ (X) ④ (O)

행정기본법 제6조(행정에 관한 기간의 계산) ① 행정에 관한 기간의 계산에 관하여는 이 법 또는 다른 법령등에 특별한 규정이 있는 경우를 제외하고는 「민법」을 준용한다.

② 법령등 또는 처분에서 국민의 권익을 제한하거나 의무를 부과하는 경우 권익이 제한되거나 의무가 지속되는 기간의 계산은 다음 각 호의 기준에 따른다. 다만, 다음 각 호의 기준에 따르는 것이 국민에게 불리한 경우에는 그러하지 아니하다.

1. 기간을 일, 주, 월 또는 연으로 정한 경우에는 기간의 첫날을 산입한다.
2. 기간의 말일이 토요일 또는 공휴일인 경우에도 기간은 그 날로 만료한다.

행정기본법 제7조(법령등 시행일의 기간 계산) 법령등(훈령·예규·고시·지침 등을 포함한다. 이하 이 조에서 같다)의 시행일을 정하거나 계산할 때에는 다음 각 호의 기준에 따른다.

1. 법령등을 공포한 날부터 시행하는 경우에는 공포한 날을 시행일로 한다.
2. 법령등을 공포한 날부터 일정 기간이 경과한 날부터 시행하는 경우 법령등을 공포한 날을 첫날에 산입하지 아니한다.
3. 법령등을 공포한 날부터 일정 기간이 경과한 날부터 시행하는 경우 그 기간의 말일이 토요일 또는 공휴일인 때에는 그 말일로 기간이 만료한다.

정답 ③

3

행정절차·
행정정보공개·
개인정보보호

제1장 행정절차

제1절 | 행정절차 일반론

제2절 | 행정절차법의 주요 내용

I 행정절차법의 통칙(通則)규정

289 [18서울7급]

「행정절차법」에서 규정하는 '당사자등'에 대한 설명으로 가장 옳은 것은?

① 행정청이 직권으로 행정절차에 참여하게 한 이해관계인은 당사자등에 해당하지 않는다.
② 법인이 아닌 재단은 당사자등이 될 수 없다.
③ 다수의 대표자가 있는 경우 그 중 1인에 대한 행정청의 통지는 모든 당사자등에게 효력이 있다.
④ 당사자등은 당사자등의 형제자매를 대리인으로 선임할 수 있다.

해설

① (X)

행정절차법 제2조(정의) 이 법에서 사용하는 용어의 뜻은 다음과 같다.
4. "당사자등"이란 다음 각 목의 자를 말한다.
가. 행정청의 처분에 대하여 직접 그 상대가 되는 당사자
나. 행정청이 직권으로 또는 신청에 따라 행정절차에 참여하게 한 이해관계인

② (X)

행정절차법 제9조(당사자등의 자격) 다음 각 호의 어느 하나에 해당하는 자는 행정절차에서 당사자등이 될 수 있다.
1. 자연인
2. 법인, 법인이 아닌 사단 또는 재단(이하 "법인등"이라 한다)
3. 그 밖에 다른 법령등에 따라 권리·의무의 주체가 될 수 있는 자

③ (X)

행정절차법 11조(대표자) ⑥ 다수의 대표자가 있는 경우 그중 1인에 대한 행정청의 행위는 모든 당사자등에게 효력이 있다. 다만, 행정청의 통지는 대표자 모두에게 하여야 그 효력이 있다.

④ (O)

행정절차법 제12조(대리인) ① 당사자등은 다음 각 호의 어느 하나에 해당하는 자를 대리인으로 선임할 수 있다.
1. 당사자등의 배우자, 직계 존속·비속 또는 형제자매
2. 당사자등이 법인등인 경우 그 임원 또는 직원
3. 변호사
4. 행정청 또는 청문 주재자(청문의 경우만 해당한다)의 허가를 받은 자
5. 법령등에 따라 해당 사안에 대하여 대리인이 될 수 있는 자

정답 ④

290 [20지방7급]

행정절차법의 적용 대상이 되지 않는 것만을 모두 고르면? (다툼이 있는 경우 판례에 의함)

ㄱ. 병역법에 따른 징집·소집
ㄴ. 산업기능요원 편입취소처분
ㄷ. 국가공무원법상 직위해제처분
ㄹ. 헌법재판소의 심판을 거쳐 행하는 사항
ㅁ. 대통령의 한국방송공사 사장의 해임처분

① ㄱ, ㄴ, ㄷ
② ㄱ, ㄷ, ㄹ
③ ㄴ, ㄹ, ㅁ
④ ㄷ, ㄹ, ㅁ

해설

ㄱ. 적용 (X) ㄹ. 적용 (X)

> **행정절차법 제3조(적용 범위)** ② 이 법은 다음 각 호의 어느 하나에 해당하는 사항에 대하여는 적용하지 아니한다.
> 1. 국회 또는 지방의회의 의결을 거치거나 동의 또는 승인을 받아 행하는 사항
> 2. 법원 또는 군사법원의 재판에 의하거나 그 집행으로 행하는 사항
> 3. 헌법재판소의 심판을 거쳐 행하는 사항
> 4. 각급 선거관리위원회의 의결을 거쳐 행하는 사항
> 5. 감사원이 감사위원회의의 결정을 거쳐 행하는 사항
> 6. 형사(刑事), 행형(行刑) 및 보안처분 관계 법령에 따라 행하는 사항
> 7. 국가안전보장·국방·외교 또는 통일에 관한 사항 중 행정절차를 거칠 경우 국가의 중대한 이익을 현저히 해칠 우려가 있는 사항
> 8. 심사청구, 해양안전심판, 조세심판, 특허심판, 행정심판, 그 밖의 불복절차에 따른 사항
> 9. 「병역법」에 따른 징집·소집, 외국인의 출입국·난민인정·귀화, 공무원 인사 관계 법령에 따른 징계와 그 밖의 처분, 이해 조정을 목적으로 하는 법령에 따른 알선·조정·중재(仲裁)·재정(裁定) 또는 그 밖의 처분 등 해당 행정작용의 성질상 행정절차를 거치기 곤란하거나 거칠 필요가 없다고 인정되는 사항과 행정절차에 준하는 절차를 거친 사항으로서 대통령령으로 정하는 사항

ㄴ. 적용 (O) 지방병무청장이 산업기능요원에 대하여 한 산업기능요원 편입취소처분은, 행정처분을 할 경우 '처분의 사전통지'와 '의견제출 기회의 부여'를 규정한 행정절차법 제21조 제1항, 제22조 제3항에서 말하는 '당사자의 권익을 제한하는 처분'에 해당하는 한편, 행정절차법의 적용이 배제되는 사항에는 해당하지 아니하므로, 행정절차법상의 '처분의 사전통지'와 '의견제출 기회의 부여' 등의 절차를 거쳐야 한다(대판 2002. 9. 6. 2002두554).

ㄷ. 적용 (X) 국가공무원법상 직위해제처분은 행정절차법 제3조 제2항 제9호, 행정절차법 시행령 제2조 제3호에 의하여 당해 행정작용의 성질상 행정절차를 거치기 곤란하거나 불필요하다고 인정되는 사항 또는 행정절차에 준하는 절차를 거친 사항에 해당하므로, 처분의 사전통지 및 의견청취 등에 관한 행정절차법의 규정이 별도로 적용되지 않는다(대판 2014.05.16. 2012두26180).

ㅁ. 적용 (O) 대통령이 갑을 한국방송공사 사장직에서 해임처분 과정에서 갑이 처분 내용을 사전에 통지받거나 그에 대한 의견제출 기회 등을 받지 못했고 해임처분 시 법적 근거 및 구체적 해임 사유를 제시받지 못하였으므로 해임처분이 행정절차법에 위배되어 위법하지만, 절차나 처분형식의 하자가 중대하고 명백하다고 볼 수 없어 역시 당연무효가 아닌 취소 사유에 해당한다(대판 2012. 2. 23. 2011두5001).

정답 ②

291 [12국회9급]

「행정절차법」을 적용하지 않는 사항으로 볼 수 없는 것은?

① 대통령의 승인을 얻어 행하는 사항
② 국회 또는 지방의회의 의결을 거치거나 동의 또는 승인을 받아 행하는 사항
③ 헌법재판소의 심판을 거쳐 행하는 사항
④ 각급 선거관리위원회의 의결을 거쳐 행하는 사항
⑤ 감사원이 감사위원회의 결정을 거쳐 행하는 사항

해설

① 대통령의 승인을 얻어 행하는 사항은 행정절차법의 적용배제 사항이 아니다(행정절차법 제3조 제2항).

정답 ①

292 [17서울9급]

현행 「행정절차법」의 적용과 관련하여 가장 옳지 않은 것은? (다툼이 있는 경우 판례에 의함)

① 「행정절차법」은 행정절차에 관한 일반법이지만, 국회 또는 지방의회의 의결을 거치거나 동의 또는 승인을 얻어 행하는 사항에 대하여는 「행정절차법」의 적용이 배제된다.

② 행정과정에 대한 국민의 참여와 행정의 공정성, 투명성 및 신뢰성을 확보하고 국민의 권익을 보호함을 목적으로 하는 「행정절차법」의 입법목적과 「행정절차법」 제3조 제2항 제9호의 규정 내용 등에 비추어 보면, 공무원 인사관계 법령에 의한 처분에 관한 사항에 대하여 「행정절차법」의 적용이 배제된다.

③ 대법원에 따르면 「행정절차법」 적용이 제외되는 의결 결정에 대해서는 「행정절차법」을 적용하여 의견청취 절차를 생략할 수는 없다.

④ 「행정절차법」은 「국세기본법」과는 달리 행정청에 대해서만 신의성실의 원칙에 따를 것을 규정하고 있다.

해설

① **(O)** 행정절차법 제3조 제2항 제1호.

② **(X)** 행정절차법 제3조 제2항 제9호의 규정 내용 등에 비추어 보면, 공무원 인사 관계 법령에 의한 처분에 관한 사항 전부에 대하여 행정절차법의 적용이 배제되는 것이 아니라 성질상 행정절차를 거치기 곤란하거나 불필요하다고 인정되는 처분이나 행정절차에 준하는 절차를 거치도록 하고 있는 처분의 경우에만 행정절차법의 적용이 배제된다. 군인사법령에 의하여 진급예정자명단에 포함된 자에 대하여 의견제출의 기회를 부여하지 아니한 채 진급선발을 취소하는 처분을 한 것은 행정절차법상 절차상 하자가 있어 위법하다(대판 2007.09.21. 2006두20631).

③ **(O)** 행정절차법 제3조 제2항, 같은법 시행령 제2조 제6호에 의하면 공정거래위원회의 의결・결정을 거쳐 행하는 사항에는 행정절차법의 적용이 제외되게 되어 있으므로, 설사 공정거래위원회의 시정조치 및 과징금납부명령에 행정절차법 소정의 의견청취절차 생략사유가 존재한다고 하더라도, 공정거래위원회는 행정절차법을 적용하여 의견청취절차를 생략할 수는 없다(대판 2001.05.08. 2000두10212).

④ **(O)**

행정절차법 제4조(신의성실 및 신뢰보호) ① 행정청은 직무를 수행할 때 신의(信義)에 따라 성실히 하여야 한다. **국세기본법 제15조(신의·성실)** 납세자가 그 의무를 이행할 때에는 신의에 따라 성실하게 하여야 한다. 세무공무원이 직무를 수행할 때에도 또한 같다.

정답 ②

293 [16국회8급]

행정절차의 하자에 대한 설명으로 옳은 것은? (다툼이 있는 경우 판례에 의함)

① 처분 이전에 개최하도록 되어 있는 민원조정위원회의 경우, 민원조정위원회의 절차요건에 하자가 있을 때에는 그 처분이 재량행위이면 위법하다고 할 수 없으나 그 처분이 기속행위이면 재량권 일탈·남용이라고 볼 수 있는 한 취소의 대상이 되는 위법한 행위이다.

② 변상금부과처분을 하면서 그 납부고지서 또는 적어도 사전통지서에 그 산출근거를 제시하지 아니하였다면 위법이지만 그 산출근거가 법령상 규정되어 있거나 부과통지서 등에 산출근거가 되는 법령을 명기하였다면 이유제시의 요건을 충족한 것이다.

③ 예산의 편성에 절차적 하자가 있으면 그 예산을 집행하는 처분은 위법하게 된다.

④ 난민인정·귀화 등과 같이 성질상 행정절차를 거치기 곤란하거나 불필요하다고 인정되는 처분이나 행정절차에 준하는 절차를 거치도록 하고 있는 처분의 경우에는 행정절차법의 적용이 배제되는 것으로 보아야 하고, 이러한 법리는 '공무원 인사관계 법령에 의한 처분'에 해당하는 별정직 공무원에 대한 직권면직처분의 경우에도 마찬가지로 적용된다.

⑤ 사전통지와 청문 등의 주요절차를 위반하면 위법이 되나 의견제출절차, 타 기관과의 협의절차를 위반한다고 하여 위법이 되는 것은 아니다.

해설

① **(X)** 민원사무를 처리하는 행정기관이 민원 1회방문 처리제를 시행하는 절차의 일환으로 민원사항의 심의·조정 등을 위한 민원조정위원회를 개최하면서 민원인에게 회의일정 등을 사전에 통지하지 아니하였다 하더라도, 이러한 사정만으로 곧바로 민원사항에 대한 행정기관의 장의 거부처분에 취소사유에 이를 정도의 흠이 존재한다고 보기는 어렵다(대판 2015. 8. 27. 2013두1560).

② **(X)** 처분청이 변상금 부과처분을 함에 있어서 그 납부고지서 또는 적어도 사전통지서에 그 산출근거를 밝히지 아니하였다면 위법한 것이고, 변상금 산정의 기초가 되는 사용료의 산정방법에 관한 규정이 마련되어 있다고 하여 산출근거를 명시할 필요가 없다거나, 부과통지서 등에 위 시행령 제56조를 명기함으로써 간접적으로 산출근거를 명시하였다고는 볼 수 없다(대판 2001.12.14. 2000두86).

③ **(X)** 예산의 편성에 절차상 하자가 있다는 사정만으로 각 처분에 취소사유에 이를 정도의 하자가 존재한다고 보기 어렵다(대판 2015.12.10. 2011두32515).

④ **(O)** 대판 2013.01.16. 2011두30687.

⑤ **(X)** 행정청이 침해적 행정처분을 함에 있어서 당사자에게 위와 같은 사전통지를 하거나 의견제출의 기회를 주지 아니하였다면 사전통지를 하지 않거나 의견제출의 기회를 주지 아니하여도 되는 예외적인 경우에 해당하지 아니하는 한 그 처분은 위법하여 취소를 면할 수 없다(대판 2000.11.14. 99두5870).

정답 ④

294 [19서울9급(上)]

「행정절차법」에 관한 설명으로 옳지 않은 것은?

① 징계심의대상자가 선임한 변호사가 징계위원회에 출석하여 징계심의대상자를 위하여 필요한 의견을 진술하는 것은 방어권 행사의 본질적 내용에 해당하므로, 행정청은 특별한 사정이 없는 한 이를 거부할 수 없다.

② 「행정절차법」의 적용이 제외되는 공무원 인사관계법령에 의한 처분에 관한 사항이란 성질상 행정절차를 거치기 곤란하거나 불필요하다고 인정되는 처분이나 행정절차에 준하는 절차를 거치도록 하고 있는 처분에 관한 사항만을 말하는 것으로 보아야 한다.

③ 「국가공무원법」상 직위해제처분은 성질상 행정절차를 거치기 곤란하거나 불필요하다고 인정되는 사항 또는 행정절차에 준하는 절차를 거친 사항에 해당하지 않으므로, 처분의 사전통지 및 의견청취 등에 관한 「행정절차법」의 규정이 적용된다.

④ 민원사무를 처리하는 행정기관이 민원조정위원회를 개최하면서 민원인에게 그 회의일정 등을 사전에 통지하여야 함에도 불구하고 그러하지 아니한 경우에 이러한 사정만으로 곧바로 그 민원사항에 대한 행정기관의 장의 거부처분이 위법하다고 볼 수는 없다.

해설

① (O) 행정절차법 제12조 제1항 제3호, 제2항, 제11조 제4항 본문에 따르면, 당사자 등은 변호사를 대리인으로 선임할 수 있고, 대리인으로 선임된 변호사는 당사자 등을 위하여 행정절차에 관한 모든 행위를 할 수 있다고 규정되어 있다. 위와 같은 행정절차법령의 규정과 취지, 헌법상 법치국가원리와 적법절차원칙에 비추어 징계와 같은 불이익처분절차에서 징계심의 대상자에게 변호사를 통한 방어권의 행사를 보장하는 것이 필요하고, 징계심의대상자가 선임한 변호사가 징계위원회에 출석하여 징계심의대상자를 위하여 필요한 의견을 진술하는 것은 방어권 행사의 본질적 내용에 해당하므로, 행정청은 특별한 사정이 없는 한 이를 거부할 수 없다(대판 2018. 3. 13. 2016두33339).

② (O) 공무원 인사관계 법령에 의한 처분에 관한 사항 전부에 대하여 행정절차법의 적용이 배제되는 것이 아니라 성질상 행정절차를 거치기 곤란하거나 불필요하다고 인정되는 처분이나 행정절차에 준하는 절차를 거치도록 하고 있는 처분의 경우에만 행정절차법의 적용이 배제된다. 군인사법령에 의하여 진급예정자명단에 포함된 자에 대하여 의견제출의 기회를 부여하지 아니한 채 진급선발을 취소하는 처분을 한 것이 절차상 하자가 있어 위법하다(대판 2007.9.21. 2006두20631).

③ (X) 국가공무원법상 직위해제처분은 행정절차법 제3조 제2항 제9호, 행정절차법 시행령 제2조 제3호에 의하여 당해 행정작용의 성질상 행정절차를 거치기 곤란하거나 불필요하다고 인정되는 사항 또는 행정절차에 준하는 절차를 거친 사항에 해당하므로, 처분의 사전통지 및 의견청취 등에 관한 행정절차법의 규정이 별도로 적용되지 않는다(대판 2014.05.16. 2012두26180).

④ (O) 민원사무를 처리하는 행정기관이 민원 1회방문 처리제를 시행하는 절차의 일환으로 민원사항의 심의·조정 등을 위한 민원조정위원회를 개최하면서 민원인에게 회의일정 등을 사전에 통지하지 아니하였다 하더라도, 이러한 사정만으로 곧바로 민원사항에 대한 행정기관의 장의 거부처분에 취소사유에 이를 정도의 흠이 존재한다고 보기는 어렵다. 다만 행정기관의 장의 거부처분이 재량행위인 경우에, 위와 같은 사전통지의 흠결로 민원인에게 의견진술의 기회를 주지 아니한 결과 민원조정위원회의 심의과정에서 고려대상에 마땅히 포함시켜야 할 사항을 누락하는 등 재량권의 불행사 또는 해태로 볼 수 있는 구체적 사정이 있다면, 거부처분은 재량권을 일탈·남용한 것으로서 위법하다(대판 2015. 8. 27. 2013두1560).

정답 ③

295 [22지방9급]

행정절차에 대한 설명으로 옳지 않은 것은? (다툼이 있는 경우 판례에 의함)

① 계약직공무원 채용계약해지의 의사표시는 「행정절차법」에 의하여 근거와 이유를 제시하여야 하는 것은 아니다.

② 교육부장관이 부적격사유가 없는 후보자들 사이에서 어떤 후보자를 상대적으로 더욱 적합하다고 판단하여 국립대학교의 총장으로 임용제청을 하였다면, 그러한 임용제청행위 자체로서 이유제시의무를 다한 것이다.

③ 「국가공무원법」상 직위해제처분에는 처분의 사전통지 및 의견청취 등에 관한 「행정절차법」의 규정이 적용된다.

④ 과세처분 시 납세고지서에 법으로 규정한 과세표준 등의 기재가 누락되면 그 과세처분 자체가 위법한 처분이 되어 취소의 대상이 된다.

해설

① **(O)** 계약직공무원 채용계약해지의 의사표시는 일반공무원에 대한 징계처분과는 달라서 항고소송의 대상이 되는 처분 등의 성격을 가진 것으로 인정되지 아니하고, 일정한 사유가 있을 때에 국가 또는 지방자치단체가 채용계약 관계의 한쪽 당사자로서 대등한 지위에서 행하는 의사표시로 취급되는 것으로 이해되므로, 이를 징계해고 등에서와 같이 그 징계사유에 한하여 효력 유무를 판단하여야 하거나, 행정처분과 같이 행정절차법에 의하여 근거와 이유를 제시하여야 하는 것은 아니다(대판 2002.11.26. 2002두5948).

② **(O)** 교육부장관이 어떤 후보자를 총장 임용에 부적격하다고 판단하여 배제하고 다른 후보자를 임용제청하는 경우라면 배제한 후보자에게 연구윤리 위반, 선거부정, 그 밖의 비위행위 등과 같은 부적격사유가 있다는 점을 구체적으로 제시할 의무가 있다. 그러나 부적격사유가 없는 후보자들 사이에서 어떤 후보자를 상대적으로 더욱 적합하다고 판단하여 임용제청하는 경우라면, 이는 후보자의 경력, 인격, 능력, 대학운영계획 등 여러 요소를 종합적으로 고려하여 총장 임용의 적격성을 정성적으로 평가하는 것으로 그 판단 결과를 수치화하거나 이유제시를 하기 어려울 수 있다. 이 경우에는 교육부장관이 어떤 후보자를 총장으로 임용제청하는 행위 자체에 그가 총장으로 더욱 적합하다는 정성적 평가 결과가 당연히 포함되어 있는 것으로, 이로써 행정절차법상 이유제시의무를 다한 것이라고 보아야 한다. 여기에서 나아가 교육부장관에게 개별 심사항목이나 고려요소에 대한 평가 결과를 더 자세히 밝힐 의무까지는 없다(대판 2018. 6. 15. 2016두57564).

③ **(X)** 국가공무원법상 직위해제처분은 행정절차법 제3조 제2항 제9호, 행정절차법 시행령 제2조 제3호에 의하여 당해 행정작용의 성질상 행정절차를 거치기 곤란하거나 불필요하다고 인정되는 사항 또는 행정절차에 준하는 절차를 거친 사항에 해당하므로, 처분의 사전통지 및 의견청취 등에 관한 행정절차법의 규정이 별도로 적용되지 않는다(대판 2014.05.16. 2012두26180).

④ **(O)** 과세표준과 세율, 세액, 세액산출근거 등의 필요한 사항을 납세자에게 서면으로 통지하도록 한 세법상의 제 규정들은 단순히 세무행정의 편의를 위한 훈시규정이 아니라 조세행정에 있어 자의를 배제하고 신중하고 합리적인 처분을 행하게 함으로써 공정을 기함과 동시에 납세의무자에게 부과처분의 내용을 상세히 알려서 불복여부의 결정과 불복신청에 편의를 제공하려는 데서 나온 강행규정으로서 납세고지서에 그와 같은 기재가 누락되면 그 과세처분 자체가 위법한 처분이 되어 취소의 대상이 된다(대판 1985. 5. 28. 84누289).

정답 ③

296 [19서울7급]

「행정절차법」에 따른 행정절차에 대한 설명으로 가장 옳은 것은?

① 의견청취절차를 배제하는 내용의 협약이 체결되었다면, 청문실시에 관한 규정의 적용이 배제되거나 청문을 실시하지 않아도 되는 예외적인 경우에 해당한다.

② 법령에 따라 당연히 환수금액이 정해지더라도 퇴직연금의 환수결정에 앞서 당사자에게 의견진술의 기회를 주어야 한다.

③ 공무원 직위해제처분에 대해서는 사전통지 등에 관한 「행정절차법」의 규정이 적용되지 않는다.

④ 행정청이 '고시'의 방법으로 불특정 다수인을 상대로 의무를 부과하거나 권익을 제한하는 처분을 한 경우에도 상대방에게 의견제출의 기회를 주어야 한다.

해설

① (X) 행정청이 당사자와 사이에 도시계획사업의 시행과 관련한 협약을 체결하면서 관계 법령 및 행정절차법에 규정된 청문의 실시 등 의견청취절차를 배제하는 조항을 두었다고 하더라도, 이러한 협약이 체결되었다고 하여 청문의 실시에 관한 규정의 적용이 배제된다거나 청문을 실시하지 않아도 되는 예외적인 경우에 해당한다고 할 수 없다(대판 2004.07.08. 2002두8350).

② (X) 퇴직연금의 환수결정은 당사자에게 의무를 과하는 처분이기는 하나, 관련 법령에 따라 당연히 환수금액이 정하여지는 것이므로, 퇴직연금의 환수결정에 앞서 당사자에게 의견진술의 기회를 주지 아니하여도 행정절차법 제22조 제3항이나 신의칙에 어긋나지 아니한다(대판 2000.11.28. 99두5443).

③ (O) 국가공무원법상 직위해제처분은 행정절차법 제3조 제2항 제9호, 행정절차법 시행령 제2조 제3호에 의하여 당해 행정작용의 성질상 행정절차를 거치기 곤란하거나 불필요하다고 인정되는 사항 또는 행정절차에 준하는 절차를 거친 사항에 해당하므로, 처분의 사전통지 및 의견청취 등에 관한 행정절차법의 규정이 별도로 적용되지 않는다(대판 2014.05.16. 2012두26180).

④ (X) '고시'의 방법으로 불특정 다수인을 상대로 의무를 부과하거나 권익을 제한하는 처분은 성질상 의견제출의 기회를 주어야 하는 상대방을 특정할 수 없으므로, 이와 같은 처분에 있어서까지 구 행정절차법 제22조 제3항에 의하여 그 상대방에게 의견제출의 기회를 주어야 한다고 해석할 것은 아니다(대판 2014.10.27. 2012두7745).

정답 ③

297 [16지방7급]

행정절차에 대한 설명으로 옳지 않은 것은? (다툼이 있는 경우 판례에 의함)

① 신청에 대한 거부처분은 특별한 사정이 없는 한 사전통지절차의 대상인 당사자의 권익을 제한하는 처분에 해당하지 않는다.

② 허가처분의 신청인이 신청에 앞서 행정청의 허가업무 담당자에게 신청서의 내용에 대한 검토를 요청한 것은 다른 특별한 사정이 없는 한 신청의 의사표시로 볼 수 없다.

③ '고시'의 방법으로 불특정 다수인을 상대로 의무를 부과하거나 권익을 제한하는 처분을 하는 경우에도 「행정절차법」 소정의 의견제출기회를 주어야 하는 것은 아니다.

④ 「국가공무원법」상 직위해제처분을 하는 경우에 처분의 사전통지 및 의견청취 등에 관한 「행정절차법」 규정이 적용된다.

해설

① (O) 신청에 대한 거부처분을 '당사자의 권익을 제한하는 처분'에 해당한다고 할 수 없는 것이어서 처분의 사전통지대상이 된다고 할 수 없다(대판 2003.11.28. 2003두674).

② (O) 신청인의 행정청에 대한 신청의 의사표시는 명시적이고 확정적인 것이어야 한다고 할 것이므로 신청인이 신청에 앞서 행정청의 허가업무 담당자에게 신청서의 내용에 대한 검토를 요청한 것만으로는 다른 특별한 사정이 없는 한 명시적이고 확정적인 신청의 의사표시가 있었다고 하기 어렵다(대판 2004.10.15. 2003두13243).

③ (O) '고시'의 방법으로 불특정 다수인을 상대로 의무를 부과하거나 권익을 제한하는 처분은 성질상 의견제출의 기회를 주어야 하는 상대방을 특정할 수 없으므로, 행정절차법 제22조 제3항에 의하여 그 상대방에게 의견제출의 기회를 주어야 한다고 해석할 것은 아니다(대판 2014.10.27. 2012두7745).

④ (X) 국가공무원법상 직위해제처분은 행정작용의 성질상 행정절차를 거치기 곤란하거나 불필요하다고 인정되는 사항 또는 행정절차에 준하는 절차를 거친 사항에 해당하므로, 처분의 사전통지 및 의견청취 등에 관한 행정절차법의 규정이 별도로 적용되지 않는다(대판 2014.05.16. 2012두26180).

정답 ④

298 [16국가7급]

행정절차에 대한 설명으로 옳지 않은 것은? (다툼이 있는 경우 판례에 의함)

① 신청인이 신청에 앞서 행정청의 허가업무 담당자에게 신청서의 내용에 대한 검토를 요청한 것만으로는 다른 특별한 사정이 없는 한 명시적이고 확정적인 신청의 의사표시가 있었다고 하기 어렵다.

② 당사자가 근거규정 등을 명시하여 신청하는 인·허가 등을 거부하는 처분을 함에 있어 당사자가 그 근거를 알 수 있을 정도로 상당한 이유를 제시한 경우에는 당해 처분의 근거 및 이유를 구체적 조항 및 내용까지 명시하지 않았더라도 그로 말미암아 그 처분이 위법한 것이 된다고 할 수 없다.

③ 행정청이 청문서 도달기간을 다소 어겼다하더라도 영업자가 이에 대하여 이의하지 아니한 채 스스로 청문일에 출석하여 그 의견을 진술하고 변명하는 등 방어의 기회를 충분히 가졌다면 청문서 도달기간을 준수하지 아니한 하자는 치유된다.

④ 공정거래위원회의 시정조치 및 과징금납부명령에 「행정절차법」 소정의 의견청취절차 생략사유가 존재한다면, 공정거래위원회는 「행정절차법」을 적용하여 의견청취절차를 생략할 수 있다.

해설

① (O) 대판 2004.09.24. 선고 2003두13236.

② (O) 일반적으로 당사자가 근거규정 등을 명시하여 신청하는 인·허가 등을 거부하는 처분을 함에 있어 당사자가 그 근거를 알 수 있을 정도로 상당한 이유를 제시한 경우에는 당해 처분의 근거 및 이유를 구체적 조항 및 내용까지 명시하지 않았더라도 그로 말미암아 그 처분이 위법한 것이 된다고 할 수 없다(대판 2002.5.17. 2000두8912).

③ (O) 대판 1992.10.23. 92누2844.

④ (X) 행정절차법 제3조 제2항, 같은법 시행령 제2조 제6호에 의하면 공정거래위원회의 의결·결정을 거쳐 행하는 사항에는 행정절차법의 적용이 제외되게 되어 있으므로, 설사 공정거래위원회의 시정조치 및 과징금납부명령에 행정절차법 소정의 의견청취절차 생략사유가 존재한다고 하더라도, 공정거래위원회는 행정절차법을 적용하여 의견청취절차를 생략할 수는 없다(대판 2001.05.08. 2000두10212).

정답 ④

299 [22국가9급]

「행정절차법」상 처분의 사전통지 및 의견제출 절차에 대한 설명으로 옳지 않은 것은? (다툼이 있는 경우 판례에 의함)

① 법령등에서 요구된 자격이 없거나 없어지게 되면 반드시 일정한 처분을 하여야 하는 경우에 그 자격이 없거나 없어지게 된 사실이 법원의 재판에 의하여 객관적으로 증명된 경우에는 사전통지를 생략할 수 있다.

② 행정청의 처분으로 의무가 부과되거나 권익이 제한되는 경우라도 당사자가 의견진술의 기회를 포기한다는 뜻을 명백히 표시한 경우에는 의견청취를 생략할 수 있다.

③ 별정직 공무원인 대통령기록관장에 대한 직권면직 처분에는 처분의 사전통지 및 의견청취 등에 관한 「행정절차법」 규정이 적용되지 않는다.

④ 대통령이 한국방송공사 사장을 해임하면서 사전통지절차를 거치지 않은 경우에는 그 해임처분은 위법하다.

해설

① (O)

> **행정절차법 제21조(처분의 사전 통지)** ④ 다음 각 호의 어느 하나에 해당하는 경우에는 제1항에 따른 통지를 하지 아니할 수 있다.
> 1. 공공의 안전 또는 복리를 위하여 긴급히 처분을 할 필요가 있는 경우
> 2. 법령 등에서 요구된 자격이 없거나 없어지게 되면 반드시 일정한 처분을 하여야 하는 경우에 그 자격이 없거나 없어지게 된 사실이 법원의 재판 등에 의하여 객관적으로 증명된 경우
> 3. 해당 처분의 성질상 의견청취가 현저히 곤란하거나 명백히 불필요하다고 인정될 만한 상당한 이유가 있는 경우

② (O)

> **행정절차법 제22조(의견청취)** ④ 제1항부터 제3항까지의 규정에도 불구하고 제21조 제4항 각 호의 어느 하나에 해당하는 경우와 당사자가 의견진술의 기회를 포기한다는 뜻을 명백히 표시한 경우에는 의견청취를 하지 아니할 수 있다.

③ (X) 별정직 공무원에 대한 직권면직의 경우에는 징계처분과 달리 징계절차에 관한 구 공무원징계령의 규정도 적용되지 않는 등 행정절차에 준하는 절차를 거치도록 하는 규정이 없으며, 이 사건 처분이 성질상 행정절차를 거치기 곤란하거나 불필요하다고 인정되는 처분에도 해당하지 아니하고, 나아가 원고가 대통령 기록유출 혐의에 관하여 수사를 받으면서 비위행위에 관하여 해명할 기회를 가졌다거나 위 수사에 관하여 국민적 관심이 높았고 유출행위가 적법한지 여부 등에 관한 법리적 공방이 언론 등을 통하여 치열하게 이루어졌던 사정만으로 이 사건 처분이 구 행정절차법 제21조 제4항 제3호, 제22조 제4항에 따라 원고에게 사전통지를 하지 않거나 의견제출의 기회를 주지 아니하여도 되는 예외적인 경우에 해당한다고 할 수 없다는 이유로, 원고에게 사전통지를 하지 않고 의견제출의 기회를 주지 아니한 이 사건 처분은 구 행정절차법 제21조 제1항, 제22조 제3항을 위반한 절차상 하자가 있어 위법하다(대판 2013. 1. 16. 2011두30687).

④ (O) 대통령이 갑을 한국방송공사 사장직에서 해임처분 과정에서 갑이 처분 내용을 사전에 통지받거나 그에 대한 의견제출 기회 등을 받지 못했고 해임처분 시 법적 근거 및 구체적 해임 사유를 제시받지 못하였으므로 해임처분이 행정절차법에 위배되어 위법하지만, 절차나 처분형식의 하자가 중대하고 명백하다고 볼 수 없어 역시 당연무효가 아닌 취소 사유에 해당한다(대판 2012. 2. 23. 2011두5001).

정답 ③

II 행정처분절차

이유제시는 처분의 상대방에게 제시된 이유에 대해 방어할 기회를 보장하기 위해 처분에 앞서 사전에 함이 원칙이다. [15국가7급]

| 해설

(X) 행정청의 이유제시는 처분을 할 때에 행하면 된다.

> **행정절차법 제23조(처분의 이유 제시)** ① 행정청은 처분을 할 때에는 다음 각 호의 어느 하나에 해당하는 경우를 제외하고는 당사자에게 그 근거와 이유를 제시하여야 한다.

300 [15경행특채]

「행정절차법」에 대한 설명이다. 다음 중 가장 적절하지 않은 것은?

① 행정청은 경미한 처분으로 당사자가 이유를 명백하게 알 수 있는 경우에는 처분 후 당사자가 요청하여도 그 근거와 이유를 제시할 필요가 없다.

② 행정청은 처분을 할 때에 당사자 등이 제출한 의견이 상당한 이유가 있다고 인정하는 경우에는 이를 반영하여야 한다.

③ 「행정절차법」은 신뢰보호의 원칙과 신의성실의 원칙에 관해 규정하고 있다.

④ 행정청은 신청에 구비서류의 미비 등 흠이 있는 경우에는 보완에 필요한 상당한 기간을 정하여 지체 없이 신청인에게 보완을 요구하여야 한다.

해설

① (X)

> **행정절차법 제23조(처분의 이유 제시)** ① 행정청은 처분을 할 때에는 다음 각 호의 어느 하나에 해당하는 경우를 제외하고는 당사자에게 그 근거와 이유를 제시하여야 한다.
> 1. 신청 내용을 모두 그대로 인정하는 처분인 경우
> 2. 단순·반복적인 처분 또는 경미한 처분으로서 당사자가 그 이유를 명백히 알 수 있는 경우
> 3. 긴급히 처분을 할 필요가 있는 경우
>
> ② 행정청은 제1항 제2호 및 제3호의 경우에 처분 후 당사자가 요청하는 경우에는 그 근거와 이유를 제시하여야 한다.

② (O)

> **행정절차법 제27조의2(제출 의견의 반영)** ① 행정청은 처분을 할 때에 당사자등이 제출한 의견이 상당한 이유가 있다고 인정하는 경우에는 이를 반영하여야 한다.

③ (O) 행정절차법 제4조.

④ (O)

> **행정절차법 제17조(처분의 신청)** ⑤ 행정청은 신청에 구비서류의 미비 등 흠이 있는 경우에는 보완에 필요한 상당한 기간을 정하여 지체 없이 신청인에게 보완을 요구하여야 한다.

정답 ①

301 [17지방7급]

「행정절차법」상 처분의 이유제시 및 의견제출절차에 대한 판례의 입장으로 옳지 않은 것은?

① 고시 등 불특정 다수인을 상대로 의무를 부과하거나 권익을 제한하는 처분에 있어서는 그 상대방에게 의견제출의 기회를 주어야 하는 것은 아니다.

② 가산세 부과처분에 관해서는 「국세기본법」이나 개별 세법 어디에도 그 납세고지의 방식 등에 관하여 따로 정한 규정이 없으므로, 가산세의 종류와 세액의 산출근거 등을 전혀 밝히지 않고 가산세의 합계액만을 기재한 경우 그 부과처분은 위법하지 않다.

③ 행정청이 토지형질변경허가신청을 불허하는 근거규정으로 '도시계획법 시행령 제20조'를 명시하지 아니하고 '도시계획법'이라고만 기재하였으나, 신청인이 자신의 신청이 개발제한구역의 지정 목적에 현저히 지장을 초래하는 것이라는 이유로 구 「도시계획법 시행령」 제20조 제1항 제2호에 따라 불허된 것임을 알 수 있었던 경우에는 그 불허처분이 위법하지 않다.

④ 불이익처분의 직접 상대방인 당사자 또는 행정청이 참여하게 한 이해관계인이 아닌 제3자에 대하여는 의견제출에 관한 「행정절차법」의 규정이 적용되지 아니한다.

해설

① **(O)** '고시'의 방법으로 불특정 다수인을 상대로 의무를 부과하거나 권익을 제한하는 처분은 성질상 의견제출의 기회를 주어야 하는 상대방을 특정할 수 없으므로, 이와 같은 처분에 있어서까지 상대방에게 의견제출의 기회를 주어야 한다고 해석할 것은 아니다(대판 2014.10.27. 2012두7745).

② **(X)** 복수의 과세처분을 함께 하는 경우에는 과세처분별로 그 세액과 산출근거 등을 구분하여 기재함으로써 납세의무자가 각 과세처분의 내용을 알 수 있도록 해야 하는 것 역시 당연하다(대판 2012.10.18. 2010두12347 전원합의체).

③ **(O)** 행정청이 토지형질변경허가신청을 불허하는 근거규정으로 '도시계획법시행령 제20조'를 명시하지 아니하고 '도시계획법'이라고만 기재하였으나, 신청인이 자신의 신청이 개발제한구역의 지정목적에 현저히 지장을 초래하는 것이라는 이유로 구 도시계획법시행령 제20조 제1항 제2호에 따라 불허된 것임을 알 수 있었던 경우, 그 불허처분이 위법하지 아니하다(대판 2002.5.17. 2000두8912).

④ **(O)** 제3자에 대한 행정처분의 사전통지 및 의견청취절차는 행정절차법에 규정되어 있지 않다.

> **행정절차법 제21조(처분의 사전 통지)** ① 행정청은 당사자에게 의무를 부과하거나 권익을 제한하는 처분을 하는 경우에는 미리 다음 각 호의 사항을 당사자 등에게 통지하여야 한다.
>
> **제22조(의견청취)** ③ 행정청이 당사자에게 의무를 부과하거나 권익을 제한하는 처분을 할 때 제1항 또는 제2항의 경우 외에는 당사자등에게 의견제출의 기회를 주어야 한다.

정답 ②

302 [21지방9급]

행정절차에 대한 설명으로 옳은 것은? (다툼이 있는 경우 판례에 의함)

① 「국가공무원법」상 직위해제처분은 공무원의 인사상 불이익을 주는 처분이므로 「행정절차법」상 사전통지 및 의견청취절차를 거쳐야 한다.

② 처분 당시 당사자가 어떠한 근거와 이유로 처분이 이루어진 것인지를 충분히 알 수 있어서 그에 불복하여 행정구제절차로 나아가는 데에 별다른 지장이 없었던 것으로 인정되는 경우에도 처분서에 처분의 근거와 이유가 구체적으로 명시되어 있지 않았다면 그 처분은 위법하다.

③ 세액산출근거가 기재되지 아니한 납세고지서에 의한 부과처분은 그 후 부과된 세금을 자진납부하였다거나 또는 조세채권의 소멸시효기간이 만료되었다 하여 하자가 치유되는 것이라고는 할 수 없다.

④ 당사자등은 청문조서의 내용을 열람·확인할 수 있을 뿐, 그 청문조서에 이의가 있더라도 정정을 요구할 수는 없다.

해설

① (X) 국가공무원법상 직위해제처분은 성질상 행정절차를 거치기 곤란하거나 불필요하다고 인정되는 사항 또는 행정절차에 준하는 절차를 거친 사항에 해당하므로, 처분의 사전통지 및 의견청취 등에 관한 행정절차법의 규정이 별도로 적용되지 않는다(대판 2014.05.16. 2012두26180).

② (X) 처분 당시 당사자가 어떠한 근거와 이유로 처분이 이루어진 것인지를 충분히 알 수 있어서 그에 불복하여 행정구제절차로 나아가는 데에 별다른 지장이 없었던 것으로 인정되는 경우에는 처분서에 처분의 근거와 이유가 구체적으로 명시되어 있지 않았다 하더라도 그로 말미암아 그 처분이 위법한 것으로 된다고 할 수는 없다(대판 2009. 12. 10. 2007두20348).

③ (O) 세액산출근거가 기재되지 아니한 납세고지서에 의한 부과처분은 강행법규에 위반하여 취소대상이 된다 할 것이므로 이와 같은 하자는 납세의무자가 전심절차에서 이를 주장하지 아니하였거나, 그 후 부과된 세금을 자진납부하였다거나, 또는 조세채권의 소멸시효기간이 만료되었다 하여 치유되는 것이라고는 할 수 없다(대판 1985.4.9. 84누431).

④ (X)

> **행정절차법 제34조(청문조서)** ② 당사자등은 청문조서의 내용을 열람·확인할 수 있으며, 이의가 있을 때에는 그 정정을 요구할 수 있다.

정답 ③

303 [18지방9급]

행정처분의 이유제시에 대한 설명으로 옳지 않은 것은? (다툼이 있는 경우 판례에 의함)

① 당초 행정처분의 근거로 제시한 이유가 실질적인 내용이 없는 경우에도 행정소송의 단계에서 행정처분의 사유를 추가할 수 있다.

② 행정처분의 이유제시가 아예 결여되어 있는 경우에 이를 사후적으로 추완하거나 보완하는 것은 늦어도 당해 행정처분에 대한 쟁송이 제기되기 전에는 행해져야 위법성이 치유될 수 있다.

③ 당사자가 신청하는 허가 등을 거부하는 처분을 하면서 당사자가 그 근거를 알 수 있을 정도로 이유를 제시했다면 처분의 근거와 이유를 구체적으로 명시하지 않았더라도 당해 처분이 위법한 것은 아니다.

④ 이유제시에 하자가 있어 당해 처분을 취소하는 판결이 확정된 경우에 처분청이 그 이유제시의 하자를 보완하여 종전의 처분과 동일한 내용의 처분을 하는 것은 종전의 처분과는 별개의 처분을 하는 것이다.

해설

① **(X)** 처분사유의 추가변경은 이미 처분시에 객관적으로 존재하였던 사유를 대상으로 하는 실체법상 적법성의 주장에 관한 소송법상 문제라는 점에서, 하자의 치유와 구별된다. 하자의 치유로 본다면 소 제기 전까지만 가능하며, 처분사유의 추가변경으로 본다면 기본적 사실관계의 동일성이 인정되는 범위 내에서만 가능하기에 당초 이유가 실질적인 내용이 없는 경우 처분사유의 추가변경을 인정할 수 없다.

> **[관련판례]** 당초 처분의 근거로 제시한 사유가 실질적인 내용이 없다고 보는 이상, 위 추가 사유는 그와 기본적 사실관계가 동일한지 여부를 판단할 대상조차 없는 것이므로, 결국 소송단계에서 처분사유를 추가하여 주장할 수 없다(대판 2017. 8. 29. 2016두44186).

② **(O)** 세액산출근거가 누락된 납세고지서에 의한 과세처분의 하자의 치유를 허용하려면 늦어도 과세처분에 대한 불복여부의 결정 및 불복신청에 편의를 줄 수 있는 상당한 기간내에 하여야 한다고 할 것이므로 위 과세처분에 대한 전심절차가 모두 끝나고 상고심의 계류중에 세액산출근거의 통지가 있었다고 하여 이로써 위 과세처분의 하자가 치유되었다고는 볼 수 없다(대판 1984.4.10. 83누393).

③ **(O)** 일반적으로 당사자가 근거규정 등을 명시하여 신청하는 인·허가 등을 거부하는 처분을 함에 있어 당사자가 그 근거를 알 수 있을 정도로 상당한 이유를 제시한 경우에는 당해 처분의 근거 및 이유를 구체적 조항 및 내용까지 명시하지 않았더라도 그로 말미암아 그 처분이 위법한 것이 된다고 할 수 없다(대판 2002.5.17. 2000두8912).

④ **(O)** 과세처분권자가 그 확정판결에 적시된 위법사유를 보완하여 행한 새로운 과세처분은 확정판결에 의하여 취소된 종전의 과세처분과는 별개의 처분으로서 확정판결의 기판력에 저촉되는 것은 아니다(대판 1986.11.11. 85누231).

정답 ①

304 [16서울9급]

처분의 신청에 대한 「행정절차법」의 내용으로 옳은 것은?

① 행정청은 신청인의 편의를 위하여 다른 행정청에 신청을 접수하게 할 수 있다.
② 행정청에 처분을 구하는 신청은 문서로만 가능하다.
③ 처분을 신청할 때 전자문서로 하는 경우에는 신청인의 컴퓨터 등에 입력된 때에 신청한 것으로 본다.
④ 행정청은 신청에 구비서류의 미비 등 흠이 있는 경우에는 그 이유를 구체적으로 밝혀 접수된 신청을 되돌려 보내야 한다.

해설

① **(O)**

> **행정절차법 제17조(처분의 신청)** ⑦ 행정청은 신청인의 편의를 위하여 다른 행정청에 신청을 접수하게 할 수 있다. 이 경우 행정청은 다른 행정청에 접수할 수 있는 신청의 종류를 미리 정하여 공시하여야 한다.

② **(X)**

> **행정절차법 제17조(처분의 신청)** ① 행정청에 처분을 구하는 신청은 문서로 하여야 한다. 다만, 다른 법령 등에 특별한 규정이 있는 경우와 행정청이 미리 다른 방법을 정하여 공시한 경우에는 그러하지 아니하다.

③ **(X)**

> **행정절차법 제17조(처분의 신청)** ② 제1항에 따라 처분을 신청할 때 전자문서로 하는 경우에는 행정청의 컴퓨터 등에 입력된 때에 신청한 것으로 본다.

④ **(X)** 행정절차법 제17조.

정답 ①

305 [20지방7급]

자영업에 종사하는 甲은 일정요건의 자영업자에게는 보조금을 지급하도록 한 법령에 근거하여 관할 행정청에 보조금 지급을 신청하였으나 1차 거부되었고, 이후 다시 동일한 보조금을 신청하였다. 이에 대한 설명으로 옳은 것은? (다툼이 있는 경우 판례에 의함)

① 관할 행정청이 다시 2차의 거부처분을 하더라도 甲은 2차 거부처분에 대해서는 취소소송으로 다툴 수 없다.
② 甲이 보조금을 우편으로 신청한 경우, 특별한 규정이 없다면 신청서를 발송한 때에 신청의 효력이 발생한다.
③ 명문으로 금지되거나 성질상 불가능한 경우가 아닌 한, 甲은 신청에 대한 관할 행정청의 처분이 있기 전까지 신청의 내용을 변경할 수 있다.
④ 甲의 신청에 형식적 요건의 하자가 있었다면 그 하자의 보완이 가능함에도 보완을 요구하지 않고 바로 거부하였다고 하여 그 거부가 위법한 것은 아니다.

해설

① (X) 거부처분은 관할 행정청이 국민의 처분신청에 대하여 거절의 의사표시를 함으로써 성립되고, 그 이후 동일한 내용의 새로운 신청에 대하여 다시 거절의 의사표시를 한 경우에는 새로운 거부처분이 있는 것으로 보아야 할 것이다(대판 2002.3.29. 2000두6084).

② (X) 발송할 때가 아니라 특별한 규정이 없는 경우 민법상 도달주의 원칙에 따라 도달하였을 때에 신청의 효력이 발생한다.

③ (O)

> **행정절차법 제17조(처분의 신청)** ⑧ 신청인은 처분이 있기 전에는 그 신청의 내용을 보완·변경하거나 취하(取下)할 수 있다. 다만, 다른 법령등에 특별한 규정이 있거나 그 신청의 성질상 보완·변경하거나 취하할 수 없는 경우에는 그러하지 아니하다.

④ (X)

> **행정절차법 제17조(처분의 신청)** ⑤ 행정청은 신청에 구비서류의 미비 등 흠이 있는 경우에는 보완에 필요한 상당한 기간을 정하여 지체 없이 신청인에게 보완을 요구하여야 한다.

> **[관련판례]** 건축불허가처분을 하면서 그 사유의 하나로 소방시설과 관련된 소방서장의 건축부동의 의견을 들고 있으나 그 보완이 가능한 경우, 보완을 요구하지 아니한 채 곧바로 건축허가신청을 거부한 것은 재량권의 범위를 벗어난 것이다(대판 2004.10.15. 2003두6573).

정답 ③

306 [18서울9급]

「행정절차법」상 처분의 사전통지 혹은 의견제출의 기회를 부여할 사항이 아닌 것은?

① 공무원시보임용이 무효임을 이유로 정규임용을 취소하는 경우
② 공사중지명령을 하기 전에 사전 통지를 하게 되면 많은 액수의 보상금을 기대하여 공사를 강행할 우려가 있는 경우
③ 수익적 처분을 바라는 신청에 대한 거부처분
④ 무단으로 용도변경된 건물에 대해 건물주에게 시정명령이 있을 것과 불이행시 이행강제금이 부과될 것이라는 점을 설명한 후, 다음날 시정명령을 한 경우

해설

① (O) 정규임용처분을 취소하는 처분은 성질상 행정절차를 거치는 것이 불필요하여 행정절차법의 적용이 배제되는 경우에 해당하지 않으므로, 그 처분을 하면서 사전통지를 하거나 의견제출의 기회를 부여하지 않은 것은 위법하다(대판 2009.1.30. 2008두16155).

② (O) 건축법상의 공사중지명령에 대한 사전통지를 하고 의견제출의 기회를 준다면 많은 액수의 손실보상금을 기대하여 공사를 강행할 우려가 있다는 사정이 사전통지 및 의견제출절차의 예외사유에 해당하지 아니한다(대판 2004.5.28. 2004두1254).

③ (X) 신청에 따른 처분이 이루어지지 아니한 경우에는 아직 당사자에게 권익이 부과되지 아니하였으므로 특별한 사정이 없는 한 신청에 대한 거부처분이라고 하더라도 직접 당사자의 권익을 제한하는 것은 아니어서 신청에 대한 거부처분을 여기에서 말하는 '당사자의 권익을 제한하는 처분'에 해당한다고 할 수 없는 것이어서 처분의 사전통지대상이 된다고 할 수 없다(대판 2003.11.28. 2003두674).

④ (O) 소속 공무원이 무단증축면적과 무단용도변경 사실을 확인하고 시정명령이 나갈 것이고 이를 이행하지 않으면 이행강제금이 부과될 것이라고 설명하고, 위반경위를 질문하여 답변을 들은 다음 원고로부터 확인서명을 받았는데, 이 사건 처분에 대한 사전통지로 볼 수 없다. 그리고 위 소외인이 현장조사 당시 위반경위에 관하여 원고에게 의견진술기회를 부여하였다 하더라도, 이 사건 처분이 현장조사 바로 다음 날 이루어진 사정에 비추어 보면, 의견제출에 필요한 상당한 기간을 고려하여 의견제출기한이 부여되었다고 보기도 어렵다(대판 2016. 10. 27. 2016두41811).

정답 ③

307 [19국가9급]

「행정절차법」상 사전통지와 의견제출에 대한 판례의 입장으로 옳은 것은?

① 항만시설 사용허가신청에 대하여 거부처분을 하는 경우, 사전에 통지하여 의견제출 기회를 주어야 한다.
② 용도를 무단변경한 건물의 원상복구를 명하는 시정명령 및 계고처분을 하는 경우, 사전에 통지할 필요가 없다.
③ 고시의 방법으로 불특정 다수인을 상대로 권익을 제한하는 처분을 하는 경우, 상대방에게 사전에 통지하여 의견제출 기회를 주어야 한다.
④ 공매를 통하여 체육시설을 인수한 자의 체육시설업자 지위승계신고를 수리하는 경우, 종전 체육시설업자에게 사전에 통지하여 의견제출 기회를 주어야 한다.

해설

① (X) 대판 2003.11.28, 2003두674.

② (X) 개발제한구역법 제30조 제1항에 의하여 행정청으로부터 시정명령을 받은 자가 이를 위반한 경우, 그로 인하여 개발제한구역법 제32조 제2호에 정한 처벌을 하기 위하여는 시정명령이 적법한 것이라야 하고, 그 시정명령이 당연무효가 아니더라도 위법한 것으로 인정되는 한 개발제한구역법 제32조 제2호 위반죄가 성립될 수 없다. 행정청인 하남시장은 침해적 행정처분인 이 사건 시정명령을 하면서 피고인 1에게 행정절차법 제21조, 제22조에 따른 적법한 사전통지를 하거나 의견제출 기회를 부여하였다고 볼 수 없고 이를 정당화할 사유도 없으므로, 이 사건 시정명령은 절차적 하자가 있어 위법하고, 피고인 1이 그 시정명령을 이행하지 아니하였다 하더라도 피고인 1에 대하여 개발제한구역법 제32조 제2호 위반죄가 성립할 수 없다(대판 2017. 9. 21. 2017도7321).

③ (X) 대판 2014.10.27. 2012두7745.

④ (O) 행정청이 구 체육시설법의 규정에 의하여 유원시설업자 또는 체육시설업자 지위승계신고를 수리하는 처분은 종전 유원시설업자 또는 체육시설업자의 권익을 제한하는 처분이고, 행정청이 그 신고를 수리하는 처분을 할 때에는 행정절차법 규정에서 정한 당사자에 해당하는 종전 유원시설업자 또는 체육시설업자에 대하여 위 규정에서 정한 행정절차를 실시하고 처분을 하여야 한다(대판 2012. 12. 13. 2011두29144).

정답 ④

308 [21국가7급]

행정절차에 대한 설명으로 옳은 것은? (다툼이 있는 경우에는 판례에 의함)

① 「도로법」상 도로구역을 변경할 경우, 이를 고시하고 그 도면을 일반인이 열람할 수 있도록 하고 있는바, 도로구역을 변경한 처분은 「행정절차법」상 사전통지나 의견청취의 대상이 되는 처분이 아니다.

② 「군인사법」에 따라 당해 직무를 수행할 능력이 없다고 인정하여 장교를 보직해임 하는 경우, 처분의 근거와 이유제시 등에 관하여 「행정절차법」의 규정이 적용된다.

③ 특별한 사정이 없는 한, 신청에 대한 거부처분은 사전통지 및 의견제출의 대상이 된다.

④ 「식품위생법」상의 영업자지위승계신고를 수리하는 경우, 영업시설을 인수하여 영업자의 지위를 승계한 자에 대하여 사전통지를 하고, 그에게 의견제출의 기회를 주어야 한다.

해설

① (O) 도로법 제25조 제3항이 도로구역을 결정하거나 변경할 경우 이를 고시에 의하도록 하면서, 그 도면을 일반인이 열람할 수 있도록 한 점 등을 종합하여 보면, 도로구역을 변경한 이 사건 처분은 행정절차법 제21조 제1항의 사전통지나 제22조 제3항의 의견청취의 대상이 되는 처분은 아니라고 할 것이다(대판 2008. 6. 12. 2007두1767).

② (X) 군인사법상 보직해임처분은 구 행정절차법 제3조 제2항 제9호, 같은 법 시행령 제2조 제3호에 의하여 당해 행정작용의 성질상 행정절차를 거치기 곤란하거나 불필요하다고 인정되는 사항 또는 행정절차에 준하는 절차를 거친 사항에 해당하므로, 처분의 근거와 이유 제시 등에 관한 구 행정절차법의 규정이 별도로 적용되지 아니한다(대판 2014. 10. 15. 2012두5756).

③ (X) 신청에 따른 처분이 이루어지지 아니한 경우에는 아직 당사자에게 권익이 부과되지 아니하였으므로 특별한 사정이 없는 한 신청에 대한 거부처분을 '당사자의 권익을 제한하는 처분'에 해당한다고 할 수 없는 것이어서 처분의 사전통지대상이 된다고 할 수 없다(대판 2003.11.28. 2003두674).

④ (X) 영업자지위승계신고를 수리하는 처분은 종전의 영업자의 권익을 제한하는 처분이라 할 것이고 행정청으로서는 위 신고를 수리하는 처분을 함에 있어서 행정절차법 규정 소정의 당사자에 해당하는 종전의 영업자에 대하여 위 규정 소정의 행정절차를 실시하고 처분을 하여야 한다(대판 2003.2.14. 2001두7015).

정답 ①

309 [10지방7급]

행정법상 사전통지에 관한 설명으로 옳은 것은? (다툼이 있는 경우 판례에 의함)

① 사전통지의무가 면제되는 경우에도 의견청취의무가 면제되는 것은 아니다.

② 군인사법령에 의하여 진급예정자명단에 포함된 자에 대하여 사전통지를 하지 아니하거나 의견제출의 기회를 부여하지 아니한 채 진급선발을 취소하였다고 하여 그것만으로 위법하다고 할 수는 없다.

③ 「건축법」상의 공사중지명령에 대한 사전통지를 하고 의견제출의 기회를 준다면 많은 액수의 손실보상금을 기대하여 공사를 강행할 우려가 있다는 사정은 사전통지 및 의견제출절차의 예외사유에 해당하지 아니한다.

④ 행정청은 당사자 등에게 의무를 면제하거나 권익을 부여하는 처분을 하는 경우에도 사전통지의무를 진다.

해설

① (X) 사전통지의무가 면제되는 경우, 의견청취의무도 면제된다(행정절차법 제22조 제4항).

> **행정절차법 제22조(의견청취)** ④ 제1항부터 제3항까지의 규정에도 불구하고 제21조 제4항 각 호의 어느 하나에 해당하는 경우와 당사자가 의견진술의 기회를 포기한다는 뜻을 명백히 표시한 경우에는 의견청취를 하지 아니할 수 있다.

② (X) 군인사법령에 의하여 진급예정자명단에 포함된 자에 대하여 의견제출의 기회를 부여하지 아니한 채 진급선발을 취소하는 처분을 한 것은 행정절차법상 절차상 하자가 있어 위법하다(대판 2007.09.21. 2006두20631).

③ (O) 건축법상의 공사중지명령에 대한 사전통지를 하고 의견제출의 기회를 준다면 많은 액수의 손실보상금을 기대하여 공사를 강행할 우려가 있다는 사정이 사전통지 및 의견제출절차의 예외사유에 해당하지 아니한다(대판 2004.5.28. 2004두1254).

④ (X) 당사자 등에게 의무를 면제하거나 권익을 부여하는 수익적 처분의 경우에는 사전통지의무가 없다.

정답 ③

310 [17국가7급]

「행정절차법」상의 사전통지절차에 대한 설명으로 옳지 않은 것은? (다툼이 있는 경우 판례에 의함)

① 처분의 사전통지가 적용되는 제3자는 '행정청이 직권 또는 신청에 따라 행정절차에 참여하게 한 이해관계인'으로 한정된다.

② 공기업 사장에 대한 해임처분 과정에서 처분 내용을 사전에 통지받지 못했고 해임처분 시 법적 근거 및 구체적 해임 사유를 제시받지 못하였다면, 그 해임처분은 위법하지만 당연 무효는 아니다.

③ 처분상대방이 이미 행정청에 위반사실을 시인하였다는 사정은 사전통지의 예외가 적용되는 '의견청취가 현저히 곤란하거나 명백히 불필요하다고 인정될 만한 상당한 이유가 있는 경우'에 해당한다.

④ 특별한 사정이 없는 한 신청에 대한 거부처분은 '당사자의 권익을 제한하는 처분'에 해당한다고 할 수 없는 것이어서 처분의 사전통지대상이 된다고 할 수 없다.

해설

① (O)

> **행정절차법 제2조(정의)** 이 법에서 사용하는 용어의 뜻은 다음과 같다.
> 4. "당사자등"이란 다음 각 목의 자를 말한다.
> 가. 행정청의 처분에 대하여 직접 그 상대가 되는 당사자
> 나. 행정청이 직권으로 또는 신청에 따라 행정절차에 참여하게 한 이해관계인

② (O) 대통령이 갑을 한국방송공사 사장직에서 해임처분 하는 과정에서 갑이 처분 내용을 사전에 통지받거나 그에 대한 의견제출 기회 등을 받지 못했고 해임처분 시 법적 근거 및 구체적 해임 사유를 제시받지 못하였으므로 해임처분이 행정절차법에 위배되어 위법하지만, 절차나 처분형식의 하자가 중대하고 명백하다고 볼 수 없어 당연무효가 아닌 취소 사유에 해당한다(대판 2012. 2. 23. 2011두5001).

③ (X) '의견청취가 현저히 곤란하거나 명백히 불필요하다고 인정될 만한 상당한 이유가 있는 경우'에 해당하는지는 해당 행정처분의 성질에 비추어 판단하여야 하며, 처분상대방이 이미 행정청에 위반사실을 시인하였다거나 처분의 사전통지 이전에 의견을 진술할 기회가 있었다는 사정을 고려하여 판단할 것은 아니다(대판 2016. 10. 27. 2016두41811).

④ (O) 대판 2003.11.28. 2003두674.

정답 ③

III 의견청취절차(의견제출, 청문, 공청회)

311 [19서울9급]

제3자효 행정행위에 관한 설명으로 가장 옳지 않은 것은?

① 행정행위는 상대방에 대한 통지(도달)로서 효력이 발생하며, 행정청은 개별법에서 달리 정하지 않는 한 제3자인 이해관계인에 대한 행정행위 통지의무를 부담하지 않는다.

② 제3자인 이해관계인은 법원의 참가결정이 없어도 관계처분에 의하여 자신의 법률상 이익이 침해되는 한 청문이나 공청회 등 의견청취절차에 참가할 수 있다.

③ 제3자가 어떠한 방법에 의하든지 행정처분이 있었음을 안 경우에는 안 날로부터 90일 이내에 행정심판이나 행정소송을 제기하여야 한다.

④ 갑(甲)에 대한 건축허가에 의하여 법률상 이익을 침해받은 인근주민 을(乙)이 취소소송을 제기한 경우 을은 소송당사자로서 「행정소송법」 소정의 요건을 충족하는 한 그가 다투는 행정처분의 집행정지를 신청할 수 있다.

해설

① **(O)** 절차는 상대방에 대해서 하며 제3자에 대해서 통지의무는 없다.

> **행정절차법 제2조(정의)** 이 법에서 사용하는 용어의 뜻은 다음과 같다.
> 4. "당사자등"이란 다음 각 목의 자를 말한다.
> 가. 행정청의 처분에 대하여 직접 그 상대가 되는 당사자
> 나. 행정청이 직권으로 또는 신청에 따라 행정절차에 참여하게 한 이해관계인

② **(X)**

> **제22조(의견청취)** ③ 행정청이 당사자에게 의무를 부과하거나 권익을 제한하는 처분을 할 때 제1항 또는 제2항의 경우 외에는 당사자등에게 의견제출의 기회를 주어야 한다.

③ **(O)** 행정처분의 상대방이 아닌 제3자가 어떤 경위로든 행정처분이 있음을 안 이상 행정심판법 제18조 제1항에 의하여 그 처분이 있음을 안 날로부터 90일 이내에 심판청구를 하여야 한다(대판 1995.8.25. 94누12494).

④ **(O)** 법률상 이익이 인정되는 인근주민은 소송의 당사자로서 집행정지를 신청할 수 있다.

정답 ②

312 [17국가9급(下)]

행정절차에 대한 설명으로 옳지 않은 것은? (다툼이 있는 경우 판례에 의함)

① 행정청은 「식품위생법」 규정에 의하여 영업자지위승계신고 수리처분을 함에 있어서 종전의 영업자에 대하여 「행정절차법」상 사전통지를 하고 의견제출 기회를 주어야 한다.

② 퇴직연금의 환수결정은 당사자에게 의무를 과하는 처분이므로 퇴직연금의 환수결정에 앞서 당사자에게 의견진술의 기회를 주지 아니하였다면 위법하다.

③ 행정청은 「행정절차법」 제38조에 따른 공청회와 병행하여서만 정보통신망을 이용한 공청회를 실시할 수 있다.

④ 행정청이 정당한 처리기간 내에 처분을 처리하지 아니하였을 때에는 신청인은 해당 행정청 또는 그 감독 행정청에 신속한 처리를 요청할 수 있다.

해설

① **(O)** 영업자지위승계신고를 수리하는 처분은 종전의 영업자의 권익을 제한하는 처분이라 할 것이고 행정청으로서는 위 신고를 수리하는 처분을 함에 있어서 행정절차법 규정 소정의 당사자에 해당하는 종전의 영업자에 대하여 위 규정 소정의 행정절차를 실시하고 처분을 하여야 한다(대판 2003.2.14. 2001두7015).

② **(X)** 퇴직연금의 환수결정은 당사자에게 의무를 과하는 처분이기는 하나, 관련 법령에 따라 당연히 환수금액이 정하여지는 것이므로, 퇴직연금의 환수결정에 앞서 당사자에게 의견진술의 기회를 주지 아니하여도 행정절차법 제22조 제3항이나 신의칙에 어긋나지 아니한다(대판 2000.11.28. 99두5443).

③ **(X)**

> **행정절차법 제38조의2(온라인공청회)** ① 행정청은 제38조에 따른 공청회와 병행하여서만 정보통신망을 이용한 공청회(이하 "온라인공청회"라 한다)를 실시할 수 있다.
>
> ② 제1항에도 불구하고 다음 각 호의 어느 하나에 해당하는 경우에는 온라인공청회를 단독으로 개최할 수 있다.
>
> 1. 국민의 생명·신체·재산의 보호 등 국민의 안전 또는 권익보호 등의 이유로 제38조에 따른 공청회를 개최하기 어려운 경우
> 2. 제38조에 따른 공청회가 행정청이 책임질 수 없는 사유로 개최되지 못하거나 개최는 되었으나 정상적으로 진행되지 못하고 무산된 횟수가 3회 이상인 경우
> 3. 행정청이 널리 의견을 수렴하기 위하여 온라인공청회를 단독으로 개최할 필요가 있다고 인정하는 경우. 다만, 제22조제2항제1호 또는 제3호에 따라 공청회를 실시하는 경우는 제외한다.

④ **(O)**

> **행정절차법 제19조(처리기간의 설정·공표)** ④ 행정청이 정당한 처리기간 내에 처리하지 아니하였을 때에는 신청인은 해당 행정청 또는 그 감독 행정청에 신속한 처리를 요청할 수 있다.

정답 ②

313 [19국가7급]

행정절차에 대한 판례의 입장으로 옳지 않은 것은?

① 당사자가 신청하는 허가 등을 거부하는 처분을 하면서 당사자가 그 근거를 알 수 있을 정도로 이유를 제시한 경우에는 처분의 근거와 이유를 구체적으로 명시하지 않았더라도 그로 말미암아 그 처분이 위법하다고 볼 수는 없다.

② 구 「폐기물처리시설 설치촉진 및 주변지역 지원 등에 관한 법률」상 입지선정위원회가 동법 시행령의 규정에 위배하여 군수와 주민대표가 선정·추천한 전문가를 포함시키지 않은 채 임의로 구성되어 의결을 한 경우에, 이에 터잡아 이루어진 폐기물처리시설 입지결정처분은 당연무효가 된다.

③ 「공무원연금법」상 퇴직연금 지급정지 사유기간 중 수급자에게 지급된 퇴직연금의 환수결정은 당사자에게 의무를 과하는 처분으로, 퇴직연금의 환수결정에 앞서 당사자에게 의견진술의 기회를 주지 아니하면 「행정절차법」에 반한다.

④ 납세고지서에 세액산출근거 등의 기재사항이 누락되었거나 과세표준과 세액의 계산명세서가 첨부되지 않은 납세고지의 하자는 납세의무자가 그 나름대로 산출근거를 알고 있다거나 사실상 이를 알고서 쟁송에 이르렀다 하더라도 치유되지 않는다.

해설

① (O) 일반적으로 당사자가 근거규정 등을 명시하여 신청하는 인·허가 등을 거부하는 처분을 함에 있어 당사자가 그 근거를 알 수 있을 정도로 상당한 이유를 제시한 경우에는 당해 처분의 근거 및 이유를 구체적 조항 및 내용까지 명시하지 않았더라도 그로 말미암아 그 처분이 위법한 것이 된다고 할 수 없다(대판 2002.5.17. 2000두8912).

② (O) 구 폐기물처리시설 설치촉진 및 주변지역 지원 등에 관한 법률에 정한 입지선정위원회가 그 구성방법 및 절차에 관한 같은 법 시행령의 규정에 위배하여 군수와 주민대표가 선정·추천한 전문가를 포함시키지 않은 채 임의로 구성되어 의결을 한 경우, 그에 터잡아 이루어진 폐기물처리시설 입지결정처분의 하자는 중대한 것이고 객관적으로도 명백하므로 무효사유에 해당한다(대판 2007.4.12. 2006두20150).

③ (X) 퇴직연금의 환수결정은 당사자에게 의무를 과하는 처분이기는 하나, 관련 법령에 따라 당연히 환수금액이 정하여지는 것이므로, 퇴직연금의 환수결정에 앞서 당사자에게 의견진술의 기회를 주지 아니하여도 행정절차법 제22조 제3항이나 신의칙에 어긋나지 아니한다(대판 2000.11.28. 99두5443).

④ (O) 납세고지서에 세액산출근거 등의 기재사항이 누락되었거나 과세표준과 세액의 계산명세서가 첨부되지 않았다면 적법한 납세의 고지라고 볼 수 없으며, 위와 같은 납세고지의 하자는 납세의무자가 그 나름대로 산출근거를 알고 있다거나 사실상 이를 알고서 쟁송에 이르렀다 하더라도 치유되지 않는다(대판 2002. 11. 13. 2001두1543).

정답 ③

314 [20국가9급]

행정절차에 대한 설명으로 옳은 것은? (다툼이 있는 경우 판례에 의함)

① 퇴직연금의 환수결정은 당사자에게 의무를 과하는 처분이기는 하나 관련 법령에 따라 당연히 환수금액이 정하여지는 것이므로, 퇴직연금의 환수결정에 앞서 당사자에게 의견진술의 기회를 주지 아니하여도 행정절차법에 어긋나지 아니한다.

② 수익적 행정행위의 신청에 대한 거부처분은 직접 당사자의 권익을 제한하는 처분에 해당하므로, 그 거부처분은 행정절차법상 처분의 사전통지대상이 된다.

③ 절차상의 하자를 이유로 과세처분을 취소하는 판결이 확정된 후 그 위법사유를 보완하여 이루어진 새로운 부과처분은 확정판결의 기판력에 저촉된다.

④ 행정청이 당사자와 사이에 도시계획사업의 시행과 관련한 협약을 체결하면서 관련 법령상 요구되는 청문절차를 배제하는 조항을 두었다면, 이는 청문을 실시하지 않아도 되는 예외적인 경우에 해당한다.

해설

① (O) 퇴직연금의 환수결정은 당사자에게 의무를 과하는 처분이기는 하나, 관련 법령에 따라 당연히 환수금액이 정하여지는 것이므로, 퇴직연금의 환수결정에 앞서 당사자에게 의견진술의 기회를 주지 아니하여도 행정절차법 제22조 제3항이나 신의칙에 어긋나지 아니한다(대판 2000.11.28. 99두5443).

② (X) 거부처분은 직접 당사자의 권익을 제한하는 것은 아니어서 신청에 대한 거부처분을 여기에서 말하는 '당사자의 권익을 제한하는 처분'에 해당한다고 할 수 없는 것이어서 처분의 사전통지대상이 된다고 할 수 없다(대판 2003.11.28, 2003두674).

③ (X) 과세처분권자가 그 확정판결에 적시된 위법사유를 보완하여 행한 새로운 과세처분은 확정판결에 의하여 취소된 종전의 과세처분과는 별개의 처분으로서 확정판결의 기판력에 저촉되는 것은 아니다(대판 1986.11.11. 85누231).

④ (X) 행정청이 당사자와 사이에 도시계획사업의 시행과 관련한 협약을 체결하면서 관계 법령 및 행정절차법에 규정된 청문의 실시 등 의견청취절차를 배제하는 조항을 두었다고 하더라도, 국민의 행정참여를 도모함으로써 행정의 공정성·투명성 및 신뢰성을 확보하고 국민의 권익을 보호한다는 행정절차법의 목적 및 청문제도의 취지 등에 비추어 볼 때, 위와 같은 협약의 체결로 청문의 실시에 관한 규정의 적용을 배제할 수 있다고 볼 만한 법령상의 규정이 없는 한, 이러한 협약이 체결되었다고 하여 청문의 실시에 관한 규정의 적용이 배제된다거나 청문을 실시하지 않아도 되는 예외적인 경우에 해당한다고 할 수 없다(대판 2004.07.08. 2002두8350).

정답 ①

315 [19서울9급]

「행정절차법」상 행정절차에 관한 설명 중 가장 옳지 않은 것은?

① 지방의회의 의결을 거치거나 동의 또는 승인을 받아 행하는 사항에 대해서는 행정절차법이 적용되지 않는다.

② 고시 등 불특정다수인을 상대로 의무를 부과하거나 권익을 제한하는 처분의 경우, 그 상대방에게 의견제출의 기회를 주어야 하는 것은 아니다.

③ 신청에 따른 처분이 이루어지지 않은 경우에는 특별한 사정이 없는 한 사전통지의 대상이 된다고 할 수 없다.

④ 인허가 등을 취소하는 경우에는 개별 법령상 청문을 하도록 하는 근거 규정이 없고 의견제출기한 내에 당사자 등의 신청이 없는 경우에도 청문을 하여야 한다.

해설

① (O)

> **행정절차법 제3조(적용 범위)** ② 이 법은 다음 각 호의 어느 하나에 해당하는 사항에 대하여는 적용하지 아니한다.
> 1. 국회 또는 지방의회의 의결을 거치거나 동의 또는 승인을 받아 행하는 사항

② (O) '고시'의 방법으로 불특정 다수인을 상대로 의무를 부과하거나 권익을 제한하는 처분은 성질상 의견제출의 기회를 주어야 하는 상대방을 특정할 수 없으므로, 행정절차법 제22조 제3항에 의하여 그 상대방에게 의견제출의 기회를 주어야 한다고 해석할 것은 아니다(대판 2014.10.27. 2012두7745).

③ (O) 신청에 대한 거부처분을 '당사자의 권익을 제한하는 처분'에 해당한다고 할 수 없는 것이어서 처분의 사전통지대상이 된다고 할 수 없다(대판 2003.11.28. 2003두674).

④ (O) 출제 당시 당사자 등의 신청이 있는 경우 청문을 한다고 규정하였으나, 법 개정으로 신청을 필요치 않는다.

> **행정절차법 제22조(의견청취)** ① 행정청이 처분을 할 때 다음 각 호의 어느 하나에 해당하는 경우에는 청문을 한다.
> 3. 다음 각 목의 처분을 하는 경우
> 가. 인허가 등의 취소
> 나. 신분·자격의 박탈
> 다. 법인이나 조합 등의 설립허가의 취소

정답 없음

316 [17국가9급]

「행정절차법」의 내용에 대한 설명으로 옳은 것은?

① 행정청이 신청내용을 모두 그대로 인정하는 처분을 하는 경우 당사자에게 그 근거와 이유를 제시하여야 한다.

② 행정청이 신분 · 자격의 박탈처분을 할 때 미리 당사자등에게 통지한 의견제출기한 내에 당사자 등의 청문신청이 있는 경우에는 청문을 한다.

③ 법령 등에서 행정청에 일정한 사항을 통지함으로써 의무가 끝나는 신고를 규정하고 있는 경우 신고가 본법 제40조 제2항 각호의 요건을 갖춘 경우에는 신고서가 접수기관에 발송된 때에 신고 의무가 이행된 것으로 본다.

④ 행정청은 직권으로 또는 당사자 및 이해관계인의 신청에 따라 여러 개의 사안을 병합하거나 분리하여 청문을 할 수 있다.

해설

① (X)

행정절차법 제23조(처분의 이유 제시) ① 행정청은 처분을 할 때에는 다음 각 호의 어느 하나에 해당하는 경우를 제외하고는 당사자에게 그 근거와 이유를 제시하여야 한다.
1. 신청 내용을 모두 그대로 인정하는 처분인 경우
2. 단순·반복적인 처분 또는 경미한 처분으로서 당사자가 그 이유를 명백히 알 수 있는 경우
3. 긴급히 처분을 할 필요가 있는 경우

② (O) 행정절차법 제22조 제1항.

③ (X) 발송된 때가 아니라 도달된 때에 신고의무가 이행된 것으로 본다(행정절차법 제40조 제2항)

④ (X)

행정절차법 제32조(청문의 병합·분리) 행정청은 직권으로 또는 당사자의 신청에 따라 여러 개의 사안을 병합하거나 분리하여 청문을 할 수 있다.

정답 ②

317 [18국가7급]

행정절차 및 「행정절차법」에 대한 설명으로 옳은 것은? (다툼이 있는 경우 판례에 의함)

① 처분의 사전통지 및 의견청취 등에 관한 「행정절차법」 규정은 「국가공무원법」상 직위해제처분에 대해서는 적용되지만, 「군인사법」상 진급선발취소처분에 대해서는 적용되지 않는다.

② 자격의 박탈을 내용으로 하는 처분의 상대방은 처분의 근거 법률에 청문을 하도록 규정되어 있지 않더라도 「행정절차법」에 따라 청문을 신청할 수 있다.

③ 행정처분의 이유로 제시한 수개의 처분사유 중 일부가 위법하면, 다른 처분사유로써 그 처분의 정당성이 인정되더라도 그 처분은 위법하다.

④ 행정청은 건축신고를 받은 날부터 5일 이내에 신고수리 여부 또는 민원 처리 관련 법령에 따른 처리기간의 연장 여부를 신고인에게 통지하여야 하고, 그 기간 내에 통지하지 아니하면 그 기간이 끝난 날의 다음 날에 신고를 수리한 것으로 본다.

해설

① (X) 국가공무원법상 직위해제처분은 행정절차법 제3조 제2항 제9호, 행정절차법 시행령 제2조 제3호에 의하여 당해 행정작용의 성질상 행정절차를 거치기 곤란하거나 불필요하다고 인정되는 사항 또는 행정절차에 준하는 절차를 거친 사항에 해당하므로, 처분의 사전통지 및 의견청취 등에 관한 행정절차법의 규정이 별도로 적용되지 않는다(대판 2014.05.16. 2012두26180). 공무원 인사 관계 법령에 의한 처분에 관한 사항 전부에 대하여 행정절차법의 적용이 배제되는 것이 아니라 성질상 행정절차를 거치기 곤란하거나 불필요하다고 인정되는 처분이나 행정절차에 준하는 절차를 거치도록 하고 있는 처분의 경우에만 행정절차법의 적용이 배제된다. 군인사법령에 의하여 진급예정자명단에 포함된 자에 대하여 의견제출의 기회를 부여하지 아니한 채 진급선발을 취소하는 처분을 한 것은 행정절차법상 절차상 하자가 있어 위법하다(대판 2007.09.21. 2006두20631).

② (O) 행정절차법 제22조 제1항.

③ (X) 행정처분에 있어 수개의 처분사유 중 일부가 적법하지 않다고 하더라도 다른 처분사유로써 그 처분의 정당성이 인정되는 경우에는 그 처분을 위법하다고 할 수 없다(대판 2004. 3. 25. 2003두1264).

④ (X) 건축신고는 수리를 요하지 않는 신고이기에 신고를 수리한 것으로 본다는 내용의 규정은 있을 수 없다.

> **건축법 제14조(건축신고)** ① 제11조에 해당하는 허가 대상 건축물이라 하더라도 다음 각 호의 어느 하나에 해당하는 경우에는 미리 특별자치시장·특별자치도지사 또는 시장·군수·구청장에게 국토교통부령으로 정하는 바에 따라 신고를 하면 건축허가를 받은 것으로 본다.
>
> ③ 특별자치시장·특별자치도지사 또는 시장·군수·구청장은 제1항에 따른 신고를 받은 날부터 5일 이내에 신고수리 여부 또는 민원 처리 관련 법령에 따른 처리기간의 연장 여부를 신고인에게 통지하여야 한다. 다만, 이 법 또는 다른 법령에 따라 심의, 동의, 협의, 확인 등이 필요한 경우에는 20일 이내에 통지하여야 한다.

정답 ②

318 [18서울9급]

「행정절차법」상 처분절차에 대한 설명으로 가장 옳지 않은 것은?

① 행정청이 법인이나 조합 등의 설립허가 취소처분을 할 때에는 청문을 해야 한다.
② 행정청에 처분을 구하는 신청을 전자문서로 하는 경우에는 행정청의 컴퓨터 등에 입력된 때에 신청한 것으로 본다.
③ 행정청이 공공의 안전 또는 복리를 위하여 긴급히 처분을 할 필요가 있는 경우에는 의견청취를 하지 아니할 수 있다.
④ 처분의 전제가 되는 사실이 법원의 재판 등에 의하여 객관적으로 증명된 경우에는 행정청이 당사자에게 의무를 부과하거나 권익을 제한하는 처분을 하는 경우에도 사전통지를 하지 아니할 수 있다.

해설

① (O) 출제 당시 틀린 지문이었으나, 법 개정으로 맞는 내용이다.

② (O)

> **행정절차법 제17조(처분의 신청)** ① 행정청에 처분을 구하는 신청은 문서로 하여야 한다. 다만, 다른 법령등에 특별한 규정이 있는 경우와 행정청이 미리 다른 방법을 정하여 공시한 경우에는 그러하지 아니하다.
>
> ② 제1항에 따라 처분을 신청할 때 전자문서로 하는 경우에는 행정청의 컴퓨터 등에 입력된 때에 신청한 것으로 본다.

③ (O) ④ (O)

> **행정절차법 제21조(처분의 사전 통지)** ④ 다음 각 호의 어느 하나에 해당하는 경우에는 제1항에 따른 통지를 하지 아니할 수 있다.
> 1. 공공의 안전 또는 복리를 위하여 긴급히 처분을 할 필요가 있는 경우
> 2. 법령 등에서 요구된 자격이 없거나 없어지게 되면 반드시 일정한 처분을 하여야 하는 경우에 그 자격이 없거나 없어지게 된 사실이 법원의 재판 등에 의하여 객관적으로 증명된 경우
> 3. 해당 처분의 성질상 의견청취가 현저히 곤란하거나 명백히 불필요하다고 인정될 만한 상당한 이유가 있는 경우
>
> **제22조(의견청취)** ④ 제1항부터 제3항까지의 규정에도 불구하고 제21조 제4항 각 호의 어느 하나에 해당하는 경우와 당사자가 의견진술의 기회를 포기한다는 뜻을 명백히 표시한 경우에는 의견청취를 하지 아니할 수 있다.

정답 없음

319 [18국가9급]

「행정절차법」상 행정절차에 대한 설명으로 옳지 않은 것은?

① 단순 · 반복적인 처분 또는 경미한 처분으로서 당사자가 그 이유를 명백히 알 수 있는 경우라 하더라도 처분 후 당사자가 요청하는 경우에는 행정청은 그 근거와 이유를 제시하여야 한다.

② 행정청이 당사자에게 의무를 과하거나 권익을 제한하는 처분을 하는 경우라도 당사자가 명백히 의견진술의 기회를 포기한다는 뜻을 표시한 경우에는 의견청취를 하지 않을 수 있다.

③ 행정청은 대통령령을 입법예고하는 경우에는 이를 국회 소관 상임위원회에 제출하여야 한다.

④ 인허가 등의 취소 또는 신분 · 자격의 박탈, 법인이나 조합 등의 설립허가의 취소 시 의견제출기한 내에 당사자등의 신청이 있는 경우에 공청회를 개최한다.

해설

① (O)

행정절차법 제23조(처분의 이유 제시) ① 행정청은 처분을 할 때에는 다음 각 호의 어느 하나에 해당하는 경우를 제외하고는 당사자에게 그 근거와 이유를 제시하여야 한다.
1. 신청 내용을 모두 그대로 인정하는 처분인 경우
2. 단순·반복적인 처분 또는 경미한 처분으로서 당사자가 그 이유를 명백히 알 수 있는 경우
3. 긴급히 처분을 할 필요가 있는 경우

② 행정청은 제1항 제2호 및 제3호의 경우에 처분 후 당사자가 요청하는 경우에는 그 근거와 이유를 제시하여야 한다.

② (O)

행정절차법 제22조(의견청취) ④ 제1항부터 제3항까지의 규정에도 불구하고 제21조 제4항 각 호의 어느 하나에 해당하는 경우와 당사자가 의견진술의 기회를 포기한다는 뜻을 명백히 표시한 경우에는 의견청취를 하지 아니할 수 있다.

③ (O)

국회법 제98조의2(대통령령등의 제출등) ① 중앙행정기관의 장은 법률에서 위임한 사항이나 법률을 집행하기 위하여 필요한 사항을 규정한 대통령령·총리령·부령·훈령·예규·고시 등이 제정·개정 또는 폐지된 때에는 10일 이내에 이를 국회 소관 상임위원회에 제출하여야 한다. 다만, 대통령령의 경우에는 입법예고를 하는 때(입법예고를 생략하는 경우에는 법제처장에게 심사를 요청하는 때를 말한다)에도 그 입법예고안을 10일 이내에 제출하여야 한다.

④ (X)

행정절차법 제22조(의견청취) ② 행정청이 처분을 할 때 다음 각 호의 어느 하나에 해당하는 경우에는 공청회를 개최한다.
1. 다른 법령등에서 공청회를 개최하도록 규정하고 있는 경우
2. 해당 처분의 영향이 광범위하여 널리 의견을 수렴할 필요가 있다고 행정청이 인정하는 경우
3. 국민생활에 큰 영향을 미치는 처분으로서 대통령령으로 정하는 처분에 대하여 대통령령으로 정하는 수 이상의 당사자등이 공청회 개최를 요구하는 경우

정답 ④

320 [16국가9급]

「행정절차법」의 적용에 대한 설명으로 옳은 것은? (다툼이 있는 경우 판례에 의함)

① 상대방의 귀책사유로 야기된 처분의 하자를 이유로 수익적 행정행위를 취소하는 경우에는 특별한 규정이 없는 한 「행정절차법」상 사전통지의 대상이 되지 않는다.

② 행정절차법령이 '공무원 인사관계 법령에 의한 처분에 관한 사항'에 대하여 「행정절차법」의 적용이 배제되는 것으로 규정하고 있는 이상, '공무원 인사관계 법령에 의한 처분에 관한 사항' 전부에 대해 「행정절차법」의 적용이 배제되는 것으로 보아야 한다.

③ 「식품위생법」 상 허가영업에 대해 영업자지위승계신고를 수리하는 처분은 종전의 영업자에 대하여 다소 권익을 침해하는 효과가 발생한다고 하더라도 「행정절차법」상 사전통지를 거쳐야 하는 대상이 아니다.

④ 행정청과 당사자 사이에 「행정절차법」상 규정된 청문절차를 배제하는 내용의 협약이 체결되었다고 하여, 그러한 협약이 청문의 실시에 관한 「행정절차법」 규정의 적용이 배제된다거나 청문을 실시하지 않아도 되는 예외적인 경우에 해당한다고 할 수 없다.

해설

① (X) 예외사유에 해당하지 않는 이상 사전통지를 하여야 한다(행정절차법 제21조).

② (X) 대판 2007.09.21. 2006두20631.

③ (X) 대판 2003.02.14. 2001두7015.

④ (O) 행정청이 당사자와 사이에 도시계획사업의 시행과 관련한 협약을 체결하면서 관계 법령 및 행정절차법에 규정된 청문의 실시 등 의견청취절차를 배제하는 조항을 두었다고 하더라도, 청문의 실시에 관한 규정의 적용이 배제된다거나 청문을 실시하지 않아도 되는 예외적인 경우에 해당한다고 할 수 없다(대판 2004.07.08. 2002두8350).

정답 ④

321 [20지방9급]

행정절차법상 처분의 사전통지 및 의견청취 등에 대한 설명으로 옳은 것은? (다툼이 있는 경우 판례에 의함)

① 고시의 방법으로 불특정 다수인을 상대로 권익을 제한하는 처분을 할 경우 당사자는 물론 제3자에게도 의견제출의 기회를 주어야 한다.

② 청문은 다른 법령 등에서 규정하고 있는 경우 이외에 행정청이 필요하다고 인정하는 경우에도 실시할 수 있으나, 공청회는 다른 법령 등에서 규정하고 있는 경우에만 개최할 수 있다.

③ 행정청이 당사자에게 의무를 과하거나 권익을 제한하는 처분을 하는 경우에는 처분의 사전통지를 하여야 하는데, 이때의 처분에는 신청에 대한 거부처분도 포함된다.

④ 행정청이 당사자와 사이에 도시계획사업시행 관련 협약을 체결하면서 청문 실시를 배제하는 조항을 두었더라도, 이와 같은 협약의 체결로 청문 실시 규정의 적용을 배제할 만한 법령상 규정이 없는 한, 이러한 협약이 체결되었다고 하여 청문을 실시하지 않아도 되는 예외적인 경우에 해당한다고 할 수 없다.

해설

① (X) '고시'의 방법으로 불특정 다수인을 상대로 의무를 부과하거나 권익을 제한하는 처분은 성질상 의견제출의 기회를 주어야 하는 상대방을 특정할 수 없으므로, 이와 같은 처분에 있어서까지 구 행정절차법 제22조 제3항에 의하여 그 상대방에게 의견제출의 기회를 주어야 한다고 해석할 것은 아니다(대판 2014.10.27. 2012두7745).

② (X)

> **행정절차법 제22조(의견청취)** ② 행정청이 처분을 할 때 다음 각 호의 어느 하나에 해당하는 경우에는 공청회를 개최한다.
> 1. 다른 법령등에서 공청회를 개최하도록 규정하고 있는 경우
> 2. 해당 처분의 영향이 광범위하여 널리 의견을 수렴할 필요가 있다고 행정청이 인정하는 경우
> 3. 국민생활에 큰 영향을 미치는 처분으로서 대통령령으로 정하는 처분에 대하여 대통령령으로 정하는 수 이상의 당사자등이 공청회 개최를 요구하는 경우

③ (X) 거부처분은 직접 당사자의 권익을 제한하는 것은 아니어서 신청에 대한 거부처분을 여기에서 말하는 '당사자의 권익을 제한하는 처분'에 해당한다고 할 수 없는 것이어서 처분의 사전통지대상이 된다고 할 수 없다(대판 2003.11.28, 2003두674).

④ (O) 행정청이 당사자와 사이에 도시계획사업의 시행과 관련한 협약을 체결하면서 관계 법령 및 행정절차법에 규정된 청문의 실시 등 의견청취절차를 배제하는 조항을 두었다고 하더라도, 국민의 행정참여를 도모함으로써 행정의 공정성·투명성 및 신뢰성을 확보하고 국민의 권익을 보호한다는 행정절차법의 목적 및 청문제도의 취지 등에 비추어 볼 때, 위와 같은 협약의 체결로 청문의 실시에 관한 규정의 적용을 배제할 수 있다고 볼 만한 법령상의 규정이 없는 한, 이러한 협약이 체결되었다고 하여 청문의 실시에 관한 규정의 적용이 배제된다거나 청문을 실시하지 않아도 되는 예외적인 경우에 해당한다고 할 수 없다(대판 2004.07.08. 2002두8350).

정답 ④

---

322 [19지방7급]

행정절차법상 의견청취절차에 대한 설명으로 옳은 것만을 모두 고르면? (다툼이 있는 경우 판례에 의함)

> ㄱ. 의견제출제도는 당사자에게 의무를 부과하거나 권익을 제한하는 경우에 적용되고 수익적 행위나 수익적 행위의 신청에 대한 거부에는 적용이 없으며, 일반처분의 경우에도 적용이 없다.
> ㄴ. 처분의 상대방에게 이익이 되며 제3자의 권익을 침해하는 이중효과적 행정행위는 행정절차법상 사전통지·의견제출의 대상이 된다.
> ㄷ. 공무원연금법상 퇴직연금의 환수결정은 당사자에게 의무를 과하는 처분이므로, 퇴직연금의 환수결정에 앞서 당사자에게 행정절차법상의 의견진술의 기회를 주지 아니한 경우 당해 처분은 「행정절차법」 위반이다.
> ㄹ. 행정청과 당사자 사이에 청문의 실시 등 의견청취절차를 배제하는 협약이 있었다 하더라도, 이와 같은 협약의 체결로 청문의 실시에 관한 규정의 적용을 배제할 수 있다고 볼 만한 법령상의 규정이 없는 한, 청문의 실시에 관한 규정의 적용이 배제되지 않으며 청문을 실시하지 않아도 되는 예외적인 경우에 해당하지 아니한다.

① ㄱ, ㄴ
② ㄱ, ㄹ
③ ㄴ, ㄷ
④ ㄷ, ㄹ

해설

ㄱ. (O) 신청에 따른 처분이 이루어지지 아니한 경우에는 아직 당사자에게 권익이 부과되지 아니하였으므로 특별한 사정이 없는 한 신청에 대한 거부처분이라고 하더라도 직접 당사자의 권익을 제한하는 것은 아니어서 신청에 대한 거부처분을 여기에서 말하는 '당사자의 권익을 제한하는 처분'에 해당한다고 할 수 없는 것이어서 처분의 사전통지대상이 된다고 할 수 없다(대판 2003.11.28. 2003두674). 불특정 다수인을 상대로 의무를 부과하거나 권익을 제한하는 처분은 성질상 의견제출의 기회를 주어야 하는 상대방을 특정할 수 없으므로, 이와 같은 처분에 있어서까지 구 행정절차법 제22조 제3항에 의하여 그 상대방에게 의견제출의 기회를 주어야 한다고 해석할 것은 아니다(대판 2014.10.27. 2012두7745).

ㄴ. (X) 제3자에 대한 행정처분의 사전통지 및 의견청취절차는 행정절차법에 규정되어 있지 않다.

> **행정절차법 제21조(처분의 사전 통지)** ① 행정청은 당사자에게 의무를 부과하거나 권익을 제한하는 처분을 하는 경우에는 미리 다음 각 호의 사항을 당사자 등에게 통지하여야 한다.
>
> **제22조(의견청취)** ③ 행정청이 당사자에게 의무를 부과하거나 권익을 제한하는 처분을 할 때 제1항 또는 제2항의 경우 외에는 당사자등에게 의견제출의 기회를 주어야 한다.

ㄷ. (X) 퇴직연금의 환수결정은 당사자에게 의무를 과하는 처분이기는 하나, 관련 법령에 따라 당연히 환수금액이 정하여지는 것이므로, 퇴직연금의 환수결정에 앞서 당사자에게 의견진술의 기회를 주지 아니하여도 행정절차법 제22조 제3항이나 신의칙에 어긋나지 아니한다(대판 2000.11.28. 99두5443).

ㄹ. (O) 행정청이 당사자와 사이에 도시계획사업의 시행과 관련한 협약을 체결하면서 관계 법령 및 행정절차법에 규정된 청문의 실시 등 의견청취절차를 배제하는 조항을 두었다고 하더라도, 국민의 행정참여를 도모함으로써 행정의 공정성·투명성 및 신뢰성을 확보하고 국민의 권익을 보호한다는 행정절차법의 목적 및 청문제도의 취지 등에 비추어 볼 때, 위와 같은 협약의 체결로 청문의 실시에 관한 규정의 적용을 배제할 수 있다고 볼 만한 법령상의 규정이 없는 한, 이러한 협약이 체결되었다고 하여 청문의 실시에 관한 규정의 적용이 배제된다거나 청문을 실시하지 않아도 되는 예외적인 경우에 해당한다고 할 수 없다(대판 2004.07.08. 2002두8350).

정답 ②

323 [21서울7급]

「행정절차법」상 행정절차에 관한 설명으로 가장 옳은 것은?

① 처분의 이유제시는 당사자에게 의무를 부과하거나 권익을 제한하는 처분을 하는 경우에 한하여 의무화된다.

② 특별한 사정이 없는 한 신청에 대한 거부처분은 당사자의 권익을 제한하는 처분으로서 처분의 사전통지대상이 된다.

③ 대형마트 영업시간 제한 등 처분의 대상인 대규모점포 중 개설자의 직영매장 외에 개설자로부터 임차하여 운영하는 임대매장이 병존하는 경우, 전체 매장에 대하여 법령상 대규모점포 등의 유지·관리 책임을 지는 개설자만이 그 처분상대방이 되므로, 임대매장의 임차인들을 상대로 별도의 사전통지 등 절차를 거칠 필요가 없다.

④ 행정절차에 관하여는 「행정절차법」이 다른 법률 규정에 우선하여 적용된다.

해설

① (X) 원칙적으로 수익적 처분과 침익적 처분을 가리지 않고 모든 행정처분에 대해 처분의 근거와 이유를 제시하여야 한다.

> **행정절차법 제23조(처분의 이유 제시)** ① 행정청은 처분을 할 때에는 다음 각 호의 어느 하나에 해당하는 경우를 제외하고는 당사자에게 그 근거와 이유를 제시하여야 한다.

② (X) 신청에 따른 처분이 이루어지지 아니한 경우에는 아직 당사자에게 권익이 부과되지 아니하였으므로 특별한 사정이 없는 한 신청에 대한 거부처분이라고 하더라도 직접 당사자의 권익을 제한하는 것은 아니어서 신청에 대한 거부처분을 여기에서 말하는 '당사자의 권익을 제한하는 처분'에 해당한다고 할 수 없는 것이어서 처분의 사전통지대상이 된다고 할 수 없다(대판 2003.11.28. 2003두674).

③ (O) 영업시간 제한 등 처분의 대상인 대규모점포 중 개설자의 직영매장 이외에 개설자에게서 임차하여 운영하는 임대매장이 병존하는 경우에도, 전체 매장에 대하여 법령상 대규모점포 등의 유지·관리 책임을 지는 개설자만이 처분상대방이 되고, 임대매장의 임차인이 별도로 처분상대방이 되는 것은 아니다. 따라서 위와 같은 절차도 원고들을 상대로 거치면 충분하고, 그 밖에 임차인들을 상대로 별도의 사전통지 등 절차를 거칠 필요가 없다(대판 2015. 11. 19. 2015두295 전원합의체).

④ (X)

> **행정절차법 제3조(적용 범위)** ① 처분, 신고, 확약, 위반사실 등의 공표, 행정계획, 행정상 입법예고, 행정예고 및 행정지도의 절차(이하 "행정절차"라 한다)에 관하여 다른 법률에 특별한 규정이 있는 경우를 제외하고는 이 법에서 정하는 바에 따른다.

정답 ③

행정청은 청문을 실시하고자 하는 경우에 청문이 시작되는 날부터 14일전까지 당사자 등에게 통지를 하여야 한다. [11지방7급]

| 해설

(X)

> **행정절차법 제21조(처분의 사전 통지)** ② 행정청은 청문을 하려면 청문이 시작되는 날부터 10일 전까지 제1항 각 호의 사항을 당사자 등에게 통지하여야 한다. 이 경우 제1항 제4호부터 제6호까지의 사항은 청문 주재자의 소속·직위 및 성명, 청문의 일시 및 장소, 청문에 응하지 아니하는 경우의 처리방법 등 청문에 필요한 사항으로 갈음한다.

행정청은 공청회를 개최하려는 경우에는 공청회 개최 10일 전까지 일시 및 장소 등의 사항을 당사자 등에게 통지하여야 한다. [16경행특채]

| 해설

(X)

> **행정절차법 제38조(공청회 개최의 알림)** 행정청은 공청회를 개최하려는 경우에는 공청회 개최 14일 전까지 다음 각 호의 사항을 당사자등에게 통지하고 관보, 공보, 인터넷 홈페이지 또는 일간신문 등에 공고하는 등의 방법으로 널리 알려야 한다. 다만, 공청회 개최를 알린 후 예정대로 개최하지 못하여 새로 일시 및 장소 등을 정한 경우에는 공청회 개최 7일 전까지 알려야 한다.

324 [11사회복지]

청문에 대한 설명으로 옳은 것은?

① 침익적 처분의 경우 처분청은 사전에 반드시 청문을 실시하여야 한다.
② 행정청이 당사자 등과 협약을 체결하여 관계 법령 및 「행정절차법」에 규정된 청문의 실시 등 의견청취절차를 배제하는 조항을 두었다면 청문을 실시하지 않아도 되는 예외적인 경우에 해당한다.
③ 청문주재자는 당사자 등이 주장하는 사실에 한하여 증거조사를 할 수 있다.
④ 행정청은 처분을 함에 있어서 청문조서, 청문주재자의 의견서, 그 밖의 관계서류 등을 충분히 검토하고 상당한 이유가 있다고 인정하는 경우에는 청문결과를 반영하여야 한다.

해설

① (X) 침익적 처분이라고 하여 반드시 청문을 실시하여야 하는 것은 아니다(행정절차법 22조).
② (X) 대판 2004.7.8. 2002두8350.
③ (X)

> **행정절차법 제33조(증거조사)** ① 청문 주재자는 직권으로 또는 당사자의 신청에 따라 필요한 조사를 할 수 있으며, 당사자등이 주장하지 아니한 사실에 대하여도 조사할 수 있다.

④ (O) 행정절차법 제35조의2.

정답 ④

325 [14국가9급]

「행정절차법」에 대한 설명으로 옳은 것은?

① 행정예고기간은 예고내용의 성격 등을 고려하여 정하되, 특별한 사정이 없으면 14일 이상으로 한다.
② 「행정절차법」은 국민의 권익을 보호하기 위하여 모든 행정처분을 문서로 하도록 규정하고 있다.
③ 행정청은 온라인공청회를 개최하는 경우 공청회와 병행하여 실시할 수 없다.
④ 청문 주재자는 직권으로 또는 당사자의 신청에 따라 필요한 조사를 할 수 있으며, 당사자등이 주장하지 아니한 사실에 대하여도 조사할 수 있다.

해설

① (X)

> **행정절차법 제46조** ③ 행정예고기간은 예고 내용의 성격 등을 고려하여 정하되, 20일 이상으로 한다.

② (X) 행정절차법 제24조 제1항.
③ (X)

> **행정절차법 제38조의2(온라인공청회)** ① 행정청은 제38조에 따른 공청회와 병행하여서만 정보통신망을 이용한 공청회(이하 "온라인공청회"라 한다)를 실시할 수 있다.

④ (O) 행정절차법 제33조 제1항.

정답 ④

326 [20국가7급]

행정절차법상 행정절차에 대한 설명으로 옳지 않은 것은? (다툼이 있는 경우 판례에 의함)

① 행정청이 처분절차를 준수하였는지는 취소소송의 본안에서 고려할 요소이지, 소송요건 심사단계에서 고려할 요소가 아니다.

② 신청인이 신청에 앞서 행정청의 허가업무 담당자에게 한 신청서의 내용에 대한 검토요청은 다른 특별한 사정이 없는 한 명시적이고 확정적인 신청의 의사표시로 보기 어렵다.

③ 병역법에 따라 지방병무청장이 산업기능요원에 대하여 산업기능요원 편입취소처분을 할 때에는 행정절차법에 따라 처분의 사전통지를 하고 의견제출의 기회를 부여하여야 한다.

④ 행정청은 행정처분의 상대방에 대한 청문통지서가 반송되었거나, 행정처분의 상대방이 청문일시에 불출석하였다는 이유로 청문절차를 생략하고 침해적 행정처분을 할 수 있다.

해설

① (O) 어떠한 처분에 법령상 근거가 있는지, 행정절차법에서 정한 처분절차를 준수하였는지는 본안에서 당해 처분이 적법한가를 판단하는 단계에서 고려할 요소이지, 소송요건 심사단계에서 고려할 요소가 아니다(대판 2020. 1. 16. 2019다264700).

② (O) 신청인의 행정청에 대한 신청의 의사표시는 명시적이고 확정적인 것이어야 한다고 할 것이므로 신청인이 신청에 앞서 행정청의 허가업무 담당자에게 신청서의 내용에 대한 검토를 요청한 것만으로는 다른 특별한 사정이 없는 한 명시적이고 확정적인 신청의 의사표시가 있었다고 하기 어렵다(대판 2004.10.15. 2003두13243).

③ (O) 지방병무청장이 산업기능요원에 대하여 한 산업기능요원 편입취소처분은, 행정처분을 할 경우 '처분의 사전통지'와 '의견제출 기회의 부여'를 규정한 행정절차법 제21조 제1항, 제22조 제3항에서 말하는 '당사자의 권익을 제한하는 처분'에 해당하는 한편, 행정절차법의 적용이 배제되는 사항에는 해당하지 아니하므로, 행정절차법상의 '처분의 사전통지'와 '의견제출 기회의 부여'등의 절차를 거쳐야 한다(대판 2002. 9. 6. 2002두554).

④ (X) 행정처분의 상대방에 대한 청문통지서가 반송되었다거나, 행정처분의 상대방이 청문일시에 불출석하였다는 이유로 청문을 실시하지 아니하고 한 침해적 행정처분은 위법하다(대판 2001.4.13. 2000두3337).

정답 ④

327 [15지방7급]

「행정절차법」의 내용에 대한 설명으로 옳지 않은 것은?

① 입법예고기간은 예고할 때 정하되, 특별한 사정이 없으면 40일(자치법규는 20일) 이상으로 한다.

② 당사자 등이 정당한 이유 없이 의견제출기한까지 의견제출을 하지 아니한 경우에는 의견이 없는 것으로 본다.

③ 침해적 행정처분을 함에 있어서 행정처분의 상대방이 청문일시에 불출석하였다는 이유로 청문을 실시하지 아니하고 처분을 한 경우 당해 처분은 적법하다는 것이 판례의 입장이다.

④ 행정청은 「행정절차법」 제38조에 따른 공청회와 병행하여서만 정보통신망을 이용한 공청회를 실시할 수 있다.

해설

① (O)

> **행정절차법 제43조(예고기간)** 입법예고기간은 예고할 때 정하되, 특별한 사정이 없으면 40일(자치법규는 20일) 이상으로 한다.

② (O)

> **행정절차법 제27조(의견제출)** ④ 당사자 등이 정당한 이유 없이 의견제출기한까지 의견제출을 하지 아니한 경우에는 의견이 없는 것으로 본다.

③ (X) 행정처분의 상대방에 대한 청문통지서가 반송되었다거나, 행정처분의 상대방이 청문일시에 불출석하였다는 이유로 청문을 실시하지 아니하고 한 침해적 행정처분은 위법하다(대판 2001.4.13, 2000두3337).

④ (X) 출제 당시 맞는 지문이었으나, 2022년 법 개정으로 단독으로 온라인공청회를 할 수 있는 근거를 마련하였다.

> **행정절차법 제38조의2(온라인공청회)** ① 행정청은 제38조에 따른 공청회와 병행하여서만 정보통신망을 이용한 공청회(이하 "온라인공청회"라 한다)를 실시할 수 있다.
>
> ② 제1항에도 불구하고 다음 각 호의 어느 하나에 해당하는 경우에는 온라인공청회를 단독으로 개최할 수 있다.
> 1. 국민의 생명·신체·재산의 보호 등 국민의 안전 또는 권익보호 등의 이유로 제38조에 따른 공청회를 개최하기 어려운 경우
> 2. 제38조에 따른 공청회가 행정청이 책임질 수 없는 사유로 개최되지 못하거나 개최는 되었으나 정상적으로 진행되지 못하고 무산된 횟수가 3회 이상인 경우
> 3. 행정청이 널리 의견을 수렴하기 위하여 온라인공청회를 단독으로 개최할 필요가 있다고 인정하는 경우. 다만, 제22조제2항제1호 또는 제3호에 따라 공청회를 실시하는 경우는 제외한다.

정답 ③, ④

328 [15국가9급]

「행정절차법」 상 청문 또는 공청회 절차에 대한 설명으로 옳지 않은 것은? (다툼이 있는 경우 판례에 의함)

① 행정청이 청문을 거쳐야 하는 처분을 하면서 청문절차를 거치지 않는 경우에는 그 처분은 위법하지만 당연무효인 것은 아니다.

② 청문서가 「행정절차법」에서 정한 날짜보다 다소 늦게 도달하였을 경우에도, 당사자가 이에 대하여 이의하지 아니하고 청문일에 출석하여 의견을 진술하였다면 청문서 도달기간을 준수하지 않은 하자는 치유된다.

③ 행정청은 「행정절차법」 제38조에 따른 공청회와 병행하여서만 정보통신망을 이용한 공청회(온라인공청회)를 실시할 수 있다.

④ 청문 주재자는 당사자등의 전부 또는 일부가 정당한 사유 없이 청문기일에 출석하지 아니한 경우라도 이들에게 다시 의견진술 및 증거제출의 기회를 주지 아니하고는 청문을 마칠 수 없다.

해설

① (O) 행정청이 침해적 행정처분을 함에 즈음하여 청문을 실시하지 않아도 되는 예외적인 경우에 해당하지 않는 한 반드시 청문을 실시하여야 하고, 그 절차를 결여한 처분은 위법한 처분으로서 취소사유에 해당한다(대판 2004.7.8, 2002두8350).

② (O) 대판 1992.10.23., 92누2844.

③ (X) 행정절차법 제38조의2 제2항.

④ (X)

> **행정절차법 제35조(청문의 종결)** ② 청문 주재자는 당사자 등의 전부 또는 일부가 정당한 사유 없이 청문기일에 출석하지 아니하거나 제31조 제3항에 따른 의견서를 제출하지 아니한 경우에는 이들에게 다시 의견진술 및 증거제출의 기회를 주지 아니하고 청문을 마칠 수 있다.

정답 ③, ④

329 [16지방9급]

「행정절차법」상 행정절차에 대한 설명으로 옳지 않은 것은?

① 말로 행정지도를 하는 자는 상대방이 그 행정지도의 취지 및 내용과 행정지도를 하는 자의 신분을 적은 서면의 교부를 요구하는 경우에 직무수행에 특별한 지장이 없으면 이를 교부하여야 한다.
② 행정청은 부득이한 사유로 공표한 처리기간 내에 처분을 처리하기 곤란한 경우에는 해당 처분의 처리기간의 범위에서 한 번만 그 기간을 연장할 수 있다.
③ 정보통신망을 이용한 공청회(온라인공청회)는 공청회를 실시할 수 없는 불가피한 상황에서만 실시할 수 있다.
④ 청문은 원칙적으로 당사자가 공개를 신청하거나 청문주재자가 필요하다고 인정하는 경우 공개할 수 있다.

해설

① (O)

행정절차법 제49조(행정지도의 방식) ② 행정지도가 말로 이루어지는 경우에 상대방이 제1항의 사항을 적은 서면의 교부를 요구하면 그 행정지도를 하는 자는 직무 수행에 특별한 지장이 없으면 이를 교부하여야 한다.

② (O)

행정절차법 제19조(처리기간의 설정·공표) ① 행정청은 신청인의 편의를 위하여 처분의 처리기간을 종류별로 미리 정하여 공표하여야 한다.
② 행정청은 부득이한 사유로 제1항에 따른 처리기간 내에 처분을 처리하기 곤란한 경우에는 해당 처분의 처리기간의 범위에서 한 번만 그 기간을 연장할 수 있다.

③ (X)

행정절차법 제38조의2(온라인공청회) ① 행정청은 제38조에 따른 공청회와 병행하여서만 정보통신망을 이용한 공청회(이하 "온라인공청회"라 한다)를 실시할 수 있다.

④ (O)

행정절차법 제30조(청문의 공개) 청문은 당사자가 공개를 신청하거나 청문 주재자가 필요하다고 인정하는 경우 공개할 수 있다. 다만, 공익 또는 제3자의 정당한 이익을 현저히 해칠 우려가 있는 경우에는 공개하여서는 아니 된다.

정답 ③

330 [19지방9급]

행정절차에 대한 설명으로 옳은 것은? (다툼이 있는 경우 판례에 의함)

① 공정거래위원회의 시정조치 및 과징금납부명령에 「행정절차법」 소정의 의견청취절차 생략사유가 존재하면 공정거래위원회는 「행정절차법」을 적용하여 의견청취절차를 생략할 수 있다.
② 묘지공원과 화장장의 후보지를 선정하는 과정에서 추모공원건립추진협의회가 후보지 주민들의 의견을 청취하기 위하여 그 명의로 개최한 공청회는 「행정절차법」에서 정한 절차를 준수하여야 하는 것은 아니다.
③ 구「공중위생법」상 유기장업허가취소처분을 함에 있어서 두 차례에 걸쳐 발송한 청문통지서가 모두 반송되어 온 경우, 처분의 상대방이 청문일시에 불출석하였다는 이유로 청문을 거치지 않고 한 침해적 행정처분은 적법하다.
④ 구「광업법」에 근거하여 처분청이 광업용 토지수용을 위한 사업인정을 하면서 토지소유자와 토지에 관한 권리를 가진 자의 의견을 들은 경우 처분청은 그 의견에 기속된다.

해설

① (X) 행정절차법 제3조 제2항, 같은법 시행령 제2조 제6호에 의하면 공정거래위원회의 의결・결정을 거쳐 행하는 사항에는 행정절차법의 적용이 제외되게 되어 있으므로, 설사 공정거래위원회의 시정조치 및 과징금납부명령에 행정절차법 소정의 의견청취절차 생략사유가 존재한다고 하더라도, 공정거래위원회는 행정절차법을 적용하여 의견청취절차를 생략할 수는 없다(대판 2001.05.08. 2000두10212).

② (O) 묘지공원과 화장장의 후보지를 선정하는 과정에서 서울특별시, 비영리법인, 일반 기업 등이 공동발족한 협의체인 추모공원건립추진협의회가 후보지 주민들의 의견을 청취하기 위하여 그 명의로 개최한 공청회는 행정청이 도시계획시설결정을 하면서 개최한 공청회가 아니므로, 위 공청회의 개최에 관하여 행정절차법에서 정한 절차를 준수하여야 하는 것은 아니다(대판 2007.04.12. 2005두1893).

③ (X) 행정처분의 상대방에 대한 청문통지서가 반송되었다거나, 행정처분의 상대방이 청문일시에 불출석하였다는 이유로 청문을 실시하지 아니하고 한 침해적 행정처분은 위법하다(대판 2001.4.13, 2000두3337).

④ (X) 광업용 토지수용을 위한 사업인정을 하고자 할 때에 토지소유자와 토지에 관한 권리를 가진 자의 의견을 들어야 한다고 한 것은 그 사업인정 여부를 결정함에 있어서 소유자나 기타 권리자가 의견을 반영할 기회를 주어 이를 참작하도록 하고자 하는 데 있을 뿐, 처분청이 그 의견에 기속되는 것은 아니다(대판 1995. 12. 22. 95누30).

정답 ②

Ⅳ 신고

Ⅴ 행정상 입법예고, 행정예고

331 [19국가9급]

행정입법에 대한 설명으로 옳은 것은? (다툼이 있는 경우 판례에 의함)

① 상위 법령 등의 단순한 집행을 위해 총리령을 제정하려는 경우, 행정상 입법예고를 하지 아니할 수 있다.
② 특히 긴급한 필요가 있거나 미리 법률로 자세히 정할 수 없는 부득이한 사정이 있어 법률에 형벌의 종류・상한・폭을 명확히 규정하더라도, 행정형벌에 대한 위임입법은 허용되지 않는다.
③ 교육부장관이 대학입시기본계획의 내용에서 내신성적 산정기준에 관한 시행지침을 정한 경우, 각 고등학교는 이에 따라 내신성적을 산정할 수밖에 없어 이는 행정처분에 해당된다.
④ 행정소송에 대한 대법원 판결에 의하여 명령・규칙이 헌법 또는 법률에 위반된다는 것이 확정된 경우, 대법원은 지체없이 그 사유를 해당 법령의 소관부처의 장에게 통보하여야 한다.

해설

① (O)

> **행정절차법 제41조(행정상 입법예고)** ① 법령등을 제정·개정 또는 폐지(이하 "입법"이라 한다)하려는 경우에는 해당 입법안을 마련한 행정청은 이를 예고하여야 한다. 다만, 다음 각 호의 어느 하나에 해당하는 경우에는 예고를 하지 아니할 수 있다.
> 2. 상위 법령등의 단순한 집행을 위한 경우

② (X) 죄형법정주의와 위임입법의 한계의 요청상 처벌법규를 위임하기 위하여는 첫째, 특히 긴급한 필요가 있거나 미리 법률로써 자세히 정할 수 없는 부득이한 사정이 있는 경우에 한정되어야 하며, 둘째, 이러한 경우일지라도 법률에서 범죄의 구성요건은 처벌대상행위가 어떠한 것일 것이라고 이를 예측할 수 있을 정도로 구체적으로 정하여야 하며, 셋째, 형벌의 종류 및 그 상한과 폭을 명백히 규정하여야 한다(헌재 1995.10.26. 93헌바62).

③ (X) 교육부장관이 내신성적 산정기준의 통일을 기하기 위해 대학입시기본계획의 내용에서 내신성적 산정기준에 관한 시행지침을 마련하여 시·도 교육감에게 통보한 것은 행정조직 내부에서 내신성적 평가에 관한 내부적 심사기준을 시달한 것에 불과하며 항고소송의 대상이 되는 행정처분으로 볼 수 없다(대판 1994.9.10. 94두33).

④ (X)

> **행정소송법 제6조(명령·규칙의 위헌판결 등 공고)** ① 행정소송에 대한 대법원판결에 의하여 명령·규칙이 헌법 또는 법률에 위반된다는 것이 확정된 경우에는 대법원은 지체없이 그 사유를 행정안전부장관에게 통보하여야 한다.

정답 ①

332 [21지방7급]

행정절차법상 행정절차에 대한 설명으로 옳지 않은 것은? (다툼이 있는 경우 판례에 의함)

① 국가공무원법상 직위해제처분은 처분의 사전통지 및 의견청취 등에 관한 행정절차법의 규정이 적용되지 않는다.

② 행정예고기간은 예고 내용의 성격 등을 고려하여 정하되, 특별한 사정이 없으면 40일 이상으로 한다.

③ 신청인이 신청에 앞서 행정청의 허가업무 담당자에게 신청서의 내용에 대한 검토를 요청한 것만으로는 다른 특별한 사정이 없는 한 명시적이고 확정적인 신청의 의사표시가 있었다고 하기 어렵다.

④ 신청에 따른 처분이 이루어지지 아니한 경우에는 아직 당사자에게 권익이 부과되지 아니하였으므로 특별한 사정이 없는 한 신청에 대한 거부처분은 직접 당사자의 권익을 제한하는 것은 아니어서 처분의 사전통지대상이 된다고 할 수 없다.

해설

① (O) 국가공무원법상 직위해제처분은 행정절차법 제3조 제2항 제9호, 행정절차법 시행령 제2조 제3호에 의하여 당해 행정작용의 성질상 행정절차를 거치기 곤란하거나 불필요하다고 인정되는 사항 또는 행정절차에 준하는 절차를 거친 사항에 해당하므로, 처분의 사전통지 및 의견청취 등에 관한 행정절차법의 규정이 별도로 적용되지 않는다(대판 2014.05.16. 2012두26180).

② (X)

> **행정절차법 제46조** ③ 행정예고기간은 예고 내용의 성격 등을 고려하여 정하되, 20일 이상으로 한다.

③ (O) 신청인의 행정청에 대한 신청의 의사표시는 명시적이고 확정적인 것이어야 한다고 할 것이므로 신청인이 신청에 앞서 행정청의 허가업무 담당자에게 신청서의 내용에 대한 검토를 요청한 것만으로는 다른 특별한 사정이 없는 한 명시적이고 확정적인 신청의 의사표시가 있었다고 하기 어렵다(대판 2004.10.15. 2003두13243).

④ (O) 신청에 따른 처분이 이루어지지 아니한 경우에는 아직 당사자에게 권익이 부과되지 아니하였으므로 특별한 사정이 없는 한 신청에 대한 거부처분을 '당사자의 권익을 제한하는 처분'에 해당한다고 할 수 없는 것이어서 처분의 사전통지대상이 된다고 할 수 없다(대판 2003.11.28. 2003두674).

정답 ②

VI 행정지도

VII 기타

제3절 행정절차의 하자

333 [17국회8급]

행정절차에 대한 설명으로 옳은 것은? (다툼이 있는 경우 판례에 의함)

① 행정절차에는 당사자주의가 적용되므로 행정청은 당사자가 제출한 증거나 당사자의 증거신청에 구속된다.
② 환경영향평가법령에서 요구하는 환경영향평가절차를 거쳤더라도 그 내용이 부실한 경우, 부실의 정도가 환경영향평가를 하지 아니한 것과 마찬가지인 정도가 아니라면 이는 취소사유에 해당한다.
③ 행정처분의 직접상대방이 아닌 제3자라도 법적보호이익이 있는 자는 당연히 행정절차법상 당사자에 해당한다.
④ 기속행위의 경우에도 행정처분의 절차상 하자만으로 독자적인 취소사유가 된다.
⑤ 행정처분이 절차의 하자를 이유로 취소된 경우, 적법한 절차를 갖추더라도 이전의 처분과 동일한 내용의 처분을 다시 하는 것은 기속력에 위반되어 허용되지 않는다.

해설

① (X)

> **행정절차법 제33조(증거조사)** ① 청문 주재자는 직권으로 또는 당사자의 신청에 따라 필요한 조사를 할 수 있으며, 당사자등이 주장하지 아니한 사실에 대하여도 조사할 수 있다.

② (X) 환경영향평가법령에서 정한 환경영향평가를 거쳤다면, 비록 그 환경영향평가의 내용이 다소 부실하다 하더라도, 그 부실은 당해 승인 등 처분에 재량권 일탈·남용의 위법이 있는지 여부를 판단하는 하나의 요소로 됨에 그칠 뿐, 그 부실로 인하여 당연히 당해 승인 등 처분이 위법하게 되는 것이 아니다(대판 2006.03.16. 2006두330 전원합의체).

③ (X)

> **행정절차법 제2조(정의)** 이 법에서 사용하는 용어의 뜻은 다음과 같다.
> 4. "당사자등"이란 다음 각 목의 자를 말한다.
> 가. 행정청의 처분에 대하여 직접 그 상대가 되는 당사자
> 나. 행정청이 직권으로 또는 신청에 따라 행정절차에 참여하게 한 이해관계인

④ (O) 판례는 재량행위뿐만 아니라 조세부과처분과 같은 기속행위의 경우에도 절차하자를 독자적 위법사유로 인정한다.

> **[관련판례]** 세무서장이 국세를 징수하고자 할 때에는 납세자에게 그 국세의 과세연도, 세목, 세액 및 산출근거, 납부기한과 납부장소를 명시한 고지서를 발부하여야 한다고 규정하고 있는바, 위 규정의 취지는 강행규정으로서 납세고지서에 그와 같은 기재가 누락되면 그 과세처분 자체가 위법한 처분이 되어 취소의 대상이 된다(대판 1984.05.09. 84누116).

⑤ (X) 과세의 절차 내지 형식에 위법이 있어 과세처분을 취소하는 판결이 확정되었을 때는 그 확정판결의 기판력은 거기에 적시된 절차내지 형식의 위법사유에 한하여 미치는 것이므로 과세관청은 그 위법사유를 보완하여 다시 새로운 과세처분을 할 수 있고 그 새로운 과세처분은 확정판결에 의하여 취소된 종전의 과세처분과는 별개의 처분이라 할 것이어서 확정판결의 기판력(기속력)에 저촉되는 것이 아니다(대판 1987.02.10. 86누91).

정답 ④

행정청이 구 「학교보건법」상 학교환경위생정화구역 내에서 금지행위 및 시설의 해제 여부에 관한 행정처분을 하면서 학교환경위생정화위원회의 심의를 누락한 흠이 있더라도 행정처분의 효력에 아무런 영향을 주지 않는다. [16경행특채]

| 해설

(X) 금지행위 및 시설의 해제 여부에 관한 행정처분을 하면서 절차상 위와 같은 심의를 누락한 흠이 있다면 특별한 사정이 없는 한 이는 행정처분을 위법하게 하는 취소사유가 된다(대판 2007. 3. 15. 2006두15806).

334 [12서울9급]

다음 중 행정절차법에 관한 설명으로 가장 옳지 않은 것은?

① 행정절차법은 신뢰보호의 원칙은 물론 신의성실의 원칙에 관해 명시적으로 규정하고 있다.

② 행정절차법은 원칙적으로 모든 행정처분에 대해 처분의 근거와 이유를 제시하도록 규정하고 있다.

③ 판례에 의하면 처분청이 변상금 부과처분을 함에 있어서 그 납부고지서 또는 적어도 사전통지서에 그 산출근거를 밝히지 아니하였다면 위법하다고 한다.

④ 판례에 의하면 이유제시의 하자와 관련하여 이유제시가 전혀 없거나 중요사항의 기재가 결여되는 경우에는 무효사유로 그 외의 경우에는 취소사유로 보고 있다.

⑤ 행정절차법에 의하면 침해적 처분이라 해도 공공의 안전 또는 복리를 위하여 긴급히 처분을 할 필요가 있는 경우에는 처분의 사전통지를 아니할 수 있다.

해설

① (O) 행정절차법 제4조.

② (O) 원칙적으로 수익적 처분과 침익적 처분을 가리지 않고 모든 행정처분에 대해 처분의 근거와 이유를 제시하여야 한다.

③ (O) 처분청이 변상금 부과처분을 함에 있어서 그 납부고지서 또는 적어도 사전통지서에 그 산출근거를 밝히지 아니하였다면 위법하다(대판 2001.12.14. 2000두86).

④ (X) 법령이 요구하는 기재사항 중 일부를 누락시킨 하자가 있는 경우 이로써 그 부과처분은 위법하게 되지만, 이러한 납세고지서 작성과 관련한 하자는 그 고지서가 납세의무자에게 송달된 이상 과세처분의 본질적 요소를 이루는 것은 아니어서 과세처분의 취소사유가 됨은 별론으로 하고 당연무효의 사유로는 되지 아니한다(대판 1998.06.26. 96누12634).

⑤ (O) 행정절차법 제21조 제4항

정답 ④

제2장 행정정보공개·개인정보보호

제1절 | 행정정보공개제도

I 의의

II 정보공개의 법적 근거

335 [10지방9급]

정보공개제도에 관한 설명으로 옳은 것은?

① 정보공개청구권은 모든 국민에게 인정되는 것은 아니며, 공개대상정보와 이해관계를 가진 당사자에게 인정되는 권리이다.

② 판례는 공공기관의 정보공개에 관한 법률과 같은 실정법의 근거가 없는 경우에는 정보공개청구권이 인정되기 어렵다고 보고 있다.

③ 헌법재판소는 정보공개청구권을 알권리의 핵심으로 파악하고 있으며, 알권리의 헌법상 근거를 헌법 제21조의 표현의 자유에서 찾고 있다.

④ 판례는 공공기관의 정보공개에 관한 법률상 공개청구의 대상이 되는 정보란 공공기관이 직무상 작성 또는 취득하여 현재 보유·관리하고 있는 문서에 한정되지 않으며 그 문서가 반드시 원본일 필요는 없다고 한다.

해설

① (X) 모든 국민은 정보의 공개를 청구할 권리를 가진다(공공기관의 정보공개에 관한 법률 제5조 제1항). 정보공개청구권은 공개대상정보와 이해관계 없는 국민에게도 인정되는 권리이다.

② (X) ③ (O) 헌법상 입법의 공개(제50조 제1항), 재판의 공개(제109조)와는 달리 행정의 공개에 대하여서는 명문규정을 두고 있지 않지만 "알 권리"의 생성기반을 살펴볼 때 이 권리의 핵심은 정부가 보유하고 있는 정보에 대한 국민의 "알 권리", 즉 국민의 정부에 대한 일반적 정보공개를 구할 권리(청구권적 기본권)라고 할 것이며, 이러한 "알 권리"의 실현은 법률의 제정이 뒤따라 이를 구체화시키는 것이 충실하고도 바람직하지만, 그러한 법률이 제정되어 있지 않다고 하더라도 불가능한 것은 아니고 헌법 제21조에 의해 직접 보장될 수 있다고 하는 것이 헌법재판소의 확립된 판례인 것이다(헌재 1991.5.13. 90헌마133).

④ (X) 공공기관의 정보공개에 관한 법률상 공개청구의 대상이 되는 정보란 공공기관이 직무상 작성 또는 취득하여 현재 보유·관리하고 있는 문서에 한정되는 것이기는 하나, 그 문서가 반드시 원본일 필요는 없다(대판 2006.5.25. 2006두3049).

정답 ③

III 「공공기관의 정보공개에 관한 법률」의 주요 내용

336 [17지방9급]

정보공개의무를 부담하는 공공기관에 대한 설명으로 옳지 않은 것은? (다툼이 있는 경우 판례에 의함)

① 사립대학교는 「공공기관의 정보공개에 관한 법률 시행령」에 따른 공공기관에 해당하나, 국비의 지원을 받는 범위 내에서만 공공기관의 성격을 가진다.

② 한국방송공사는 「공공기관의 정보공개에 관한 법률 시행령」 제2조 제4호에 규정된 '특별법에 따라 설립된 특수법인'에 해당한다.

③ 한국증권업협회는 「공공기관의 정보공개에 관한 법률 시행령」 제2조 제4호에 규정된 '특별법에 따라 설립된 특수법인'에 해당하지 아니한다.

④ 사립학교에 대하여 「교육관련기관의 정보공개에 관한 특례법」이 적용되는 경우에도 「공공기관의 정보공개에 관한 법률」을 적용할 수 없는 것은 아니다.

해설

① (X) 시행령 제2조 제1호가 정보공개의무를 지는 공공기관의 하나로 사립대학교를 들고 있는 것이 모법인 구 공공기관의 정보공개에 관한 법률의 위임 범위를 벗어났다거나 사립대학교가 국비의 지원을 받는 범위 내에서만 공공기관의 성격을 가진다고 볼 수 없다(대판 2006.08.24. 2004두2783).

② (O) 한국방송공사(KBS)는 '특별법에 의하여 설립된 특수법인'으로서 정보공개의무가 있는 공공기관의 정보공개에 관한 법률 제2조 제3호의 '공공기관'에 해당한다(대판 2010.12.23. 2008두13101).

③ (O) '한국증권업협회(현 금융투자협회)'는 공공기관의 정보공개에 관한 법률 시행령 제2조 제4호의 '특별법에 의하여 설립된 특수법인'에 해당한다고 보기 어렵다(대판 2010.04.29. 2008두5643).

④ (O) 학교에 대하여 교육기관정보공개법이 적용된다고 하여 더 이상 정보공개법을 적용할 수 없게 되는 것은 아니라고 할 것이다(대판 2013. 11. 28. 2011두5049).

정답 ①

337 [20지방7급]

정보공개제도에 대한 설명으로 옳지 않은 것은? (다툼이 있는 경우 판례에 의함)

① 정보공개를 청구하는 자가 공개를 구하는 정보를 행정기관이 보유·관리하고 있을 상당한 개연성이 있다는 점을 입증하여야 한다.

② 국민의 알 권리, 즉 정보에의 접근·수집·처리의 자유는 자유권적 성질과 청구권적 성질을 공유하는 것으로서, 헌법 제21조에 의하여 직접 보장되는 권리이다.

③ 사립대학교에 정보공개를 청구하였다가 거부될 경우 사립대학교에 대한 국가의 지원이 한정적·국부적·일시적임을 고려한다면 사립대학교 총장을 피고로 하여 취소소송을 제기할 수 없다.

④ 공개를 구하는 정보를 공공기관이 한때 보유·관리하였으나 그 후에 그 정보가 담긴 문서 등이 폐기되어 존재하지 않게 된 것이라면 그 정보를 더 이상 보유·관리하고 있지 아니하다는 점에 대한 증명책임은 공공기관에 있다.

해설

① (O) ④ (O) 정보공개제도는 공공기관이 보유·관리하는 정보를 그 상태대로 공개하는 제도로서 공개를 구하는 정보를 공공기관이 보유·관리하고 있을 상당한 개연성이 있다는 점에 대하여 원칙적으로 공개청구자에게 증명책임이 있다고 할 것이지만, 공개를 구하는 정보를 공공기관이 한 때 보유·관리하였으나 후에 그 정보가 담긴 문서 등이 폐기되어 존재하지 않게 된 것이라면 그 정보를 더 이상 보유·관리하고 있지 아니하다는 점에 대한 증명책임은 공공기관에게 있다(대판 2004.12.9, 2003두12707).

② (O) 국민의 '알권리', 즉 정보에의 접근·수집·처리의 자유는 자유권적 성질과 청구권적 성질을 공유하는 것으로서 헌법 제21조에 의하여 직접 보장되는 권리이다(대판 2009.12.10. 2009두12785).

③ (X) 정보공개의무를 지는 공공기관의 하나로 사립대학교를 들고 있는 것이 모법인 구 공공기관의 정보공개에 관한 법률의 위임 범위를 벗어났다거나 사립대학교가 국비의 지원을 받는 범위 내에서만 공공기관의 성격을 가진다고 볼 수 없다(대판 2006.8.24, 2004두2783).

정답 ③

338 [17교육행정]

공공기관의 정보공개에 관한 설명으로 옳은 것은? (단, 다툼이 있는 경우 판례에 따름)

① 외국인의 정보공개청구권은 인정될 여지가 없다.
② 정보공개청구의 대상이 되는 문서는 반드시 원본이어야 한다.
③ 권리능력이 없는 사단·재단은 설립 목적을 불문하고 정보공개청구권을 가진다.
④ 정보공개청구권자가 공공기관에 대하여 정보공개를 청구하였다가 거부처분을 받은 것 자체는 법률상 이익의 침해에 해당하지 않는다.

해설

① (X)

> **공공기관의 정보공개에 관한 법률 제5조(정보공개 청구권자)** ② 외국인의 정보공개 청구에 관하여는 대통령령으로 정한다.
> **동법 시행령 제3조 [외국인의 정보공개청구]** 법 제5조 제2항의 규정에 의하여 정보공개를 청구할 수 있는 외국인은 다음 각호의 1에 해당하는 자이어야 한다.
> 1. 국내에 일정한 주소를 두고 거주하거나 학술·연구를 위하여 일시적으로 체류하는 자
> 2. 국내에 사무소를 두고 있는 법인 또는 단체

② (X) 대판 2006.5.25. 2006두3049.

③ (O) ④ (X) 정보공개법은 "모든 국민은 정보의 공개를 청구할 권리를 가진다."고 규정하고 있는데, 여기에서 말하는 국민에는 자연인은 물론 법인, 권리능력 없는 사단·재단도 포함되고, 법인, 권리능력 없는 사단·재단 등의 경우에는 설립목적을 불문하며 청구인이 공공기관에 대하여 정보공개를 청구하였다가 거부처분을 받은 것 자체가 법률상 이익의 침해에 해당한다(대판 2003.12.12. 2003두8050).

정답 ③

339 [18서울9급]

정보공개에 관한 설명으로 판례의 입장과 일치하지 않는 것은?

① 「공공기관의 정보공개에 관한 법률」상 공개대상이 되는 정보는 공공기관이 직무상 작성 또는 취득하여 현재 보유, 관리하고 있는 문서에 한정되기는 하지만, 반드시 원본일 필요는 없다.

② 지방자치단체의 업무추진비 세부항목별 집행내역 및 그에 관한 증빙서류에 포함된 개인에 관한 정보는 비공개대상정보에 해당한다.

③ 지방자치단체 또한 법인격을 가지므로 「공공기관의 정보공개에 관한 법률」 제5조에서 정한 정보공개청구권자인 '국민'에 해당한다.

④ 이미 다른 사람에게 공개하여 널리 알려져 있다거나 인터넷이나 관보 등을 통하여 공개하여 인터넷 검색이나 도서관에서의 열람 등을 통하여 쉽게 알 수 있다는 사정만으로는 소의 이익이 없다고 할 수 없다.

해설

① (O) 공공기관의 정보공개에 관한 법률상 공개청구의 대상이 되는 정보란 공공기관이 직무상 작성 또는 취득하여 현재 보유·관리하고 있는 문서에 한정되는 것이기는 하나, 그 문서가 반드시 원본일 필요는 없다(대판 2006.5.25. 2006두3049).

② (O) 지방자치단체의 업무추진비 세부항목별 집행내역 및 그에 관한 증빙서류에 포함된 개인에 관한 정보는 '공개하는 것이 공익을 위하여 필요하다고 인정되는 정보'에 해당하지 않는다(대판 2003.3.11. 2001두6425).

③ (X) 지방자치단체는 정보공개의무자에 해당할 뿐 정보공개청구권자인 국민에 해당하지 않는다(서울행법 2005.10.12. 2005구합10484).

④ (O) 공개청구의 대상이 되는 정보가 이미 다른 사람에게 공개되어 널리 알려져 있다거나 인터넷 등을 통하여 공개되어 인터넷검색 등을 통하여 쉽게 알 수 있다는 사정만으로는 소의 이익이 없다거나 비공개결정이 정당화될 수 없다(대판 2007.7.13. 2005두8733).

정답 ③

340 [22국가9급]

다음 사례에 대한 설명으로 옳은 것은? (다툼이 있는 경우 판례에 의함)

> 민간시민단체 A는 관할 행정청 B에게 개발사업의 승인과 관련한 정보공개를 청구하였으나 B는 현재 재판 진행 중인 사안이 포함되어 있다는 이유로 「공공기관의 정보공개에 관한 법률」 제9조제1항제4호의 사유를 들어 A의 정보공개청구를 거부하였다.

① A는 공개청구한 정보에 대해 개별·구체적 이익이 없는 경우에도 B의 정보공개거부에 대해 취소소송으로 다툴 수 있다.

② A가 공개청구한 정보에 대해 직접적인 이해관계가 있는 경우에는 B의 정보공개거부에 대해 정보공개의 이행을 구하는 당사자소송을 제기하여 다툴 수 있다.

③ A가 공개청구한 정보의 일부가 「공공기관의 정보공개에 관한 법률」상 비공개사유에 해당하는 때에는 그 나머지 정보만을 공개하는 것이 가능한 경우라 하더라도 법원은 공개가능한 정보에 관한 부분만의 일부취소를 명할 수는 없다.

④ B의 비공개사유가 정당화되기 위해서는 A가 공개청구한 정보가 진행 중인 재판의 소송기록 자체에 포함된 내용이어야 한다.

해설

① (O) 정보공개법은 "모든 국민은 정보의 공개를 청구할 권리를 가진다."고 규정하고 있는데, 여기에서 말하는 국민에는 자연인은 물론 법인, 권리능력 없는 사단·재단도 포함되고, 법인, 권리능력 없는 사단·재단 등의 경우에는 설립목적을 불문하며 청구인이 공공기관에 대하여 정보공개를 청구하였다가 거부처분을 받은 것 자체가 법률상 이익의 침해에 해당한다(대판 2003.12.12. 2003두8050).

② (X) 정보공개거부는 행정소송법 제2조 소정의 처분으로서 항고소송을 제기하여 다툴 수 있다.

③ (X) 법원이 행정기관의 정보공개거부처분의 위법 여부를 심리한 결과, 공개를 거부한 정보에 비공개대상 정보에 해당하는 부분과 공개가 가능한 부분이 혼합되어 있고 공개청구의 취지에 어긋나지 아니하는 범위 안에서 두 부분을 분리할 수 있음을 인정할 수 있을 때에는 청구취지의 변경이 없더라도 공개가 가능한 정보에 관한 부분만의 일부취소를 명할 수 있다(대판 2004.12.9. 2003두12707).

④ (X) 법원 이외의 공공기관이 정보공개법 제9조 제1항 제4호에서 정한 '진행 중인 재판에 관련된 정보'에 해당한다는 사유로 정보공개를 거부하기 위하여는 반드시 그 정보가 진행 중인 재판의 소송기록 자체에 포함된 내용일 필요는 없다. 그러나 재판에 관련된 일체의 정보가 그에 해당하는 것은 아니고 진행 중인 재판의 심리 또는 재판결과에 구체적으로 영향을 미칠 위험이 있는 정보에 한정된다고 보는 것이 타당하다(대판 2011.11.24. 2009두19021).

정답 ①

341 [21국가9급]

정보공개에 대한 판례의 입장으로 옳지 않은 것은?

① 국민의 알 권리의 내용에는 일반 국민 누구나 국가에 대하여 보유·관리하고 있는 정보의 공개를 청구할 수 있는 이른바 일반적인 정보공개청구권이 포함된다.

② 정보공개청구권은 법률상 보호되는 구체적인 권리이므로 청구인이 공공기관에 대하여 정보공개를 청구하였다가 거부처분을 받은 것 자체가 법률상 이익의 침해에 해당한다.

③ 「공공기관의 정보공개에 관한 법률」상 공개청구의 대상이 되는 정보란 공공기관이 직무상 작성 또는 취득하여 현재 보유·관리하고 있는 원본인 문서만을 의미한다.

④ 정보공개가 신청된 정보를 공공기관이 보유·관리하고 있지 아니한 경우에는 특별한 사정이 없는 한 정보공개 거부처분의 취소를 구할 법률상의 이익이 없다.

해설

① (O) "알 권리"의 생성기반을 살펴볼 때 이 권리의 핵심은 정부가 보유하고 있는 정보에 대한 국민의 "알 권리", 즉 국민의 정부에 대한 일반적 정보공개를 구할 권리(청구권적 기본권)라고 할 것이며, 이러한 "알 권리"의 실현은 법률의 제정이 뒤따라 이를 구체화시키는 것이 충실하고도 바람직하지만, 그러한 법률이 제정되어 있지 않다고 하더라도 불가능한 것은 아니고 헌법 제21조에 의해 직접 보장될 수 있다(헌재 1991.5.13. 90헌마133).

② (O) 정보공개법은 "모든 국민은 정보의 공개를 청구할 권리를 가진다."고 규정하고 있는데, 여기에서 말하는 국민에는 자연인은 물론 법인, 권리능력 없는 사단·재단도 포함되고, 법인, 권리능력 없는 사단·재단 등의 경우에는 설립목적을 불문하며 청구인이 공공기관에 대하여 정보공개를 청구하였다가 거부처분을 받은 것 자체가 법률상 이익의 침해에 해당한다(대판 2003.12.12. 2003두8050).

③ (X) 공공기관의 정보공개에 관한 법률상 공개청구의 대상이 되는 정보란 공공기관이 직무상 작성 또는 취득하여 현재 보유·관리하고 있는 문서에 한정되는 것이기는 하나, 그 문서가 반드시 원본일 필요는 없다(대판 2006.5.25. 2006두3049).

④ (O) 공공기관이 그 정보를 보유·관리하고 있지 아니한 경우에는 특별한 사정이 없는 한 정보공개거부처분의 취소를 구할 법률상의 이익이 없다(대판 2006.01.13. 2003두9459).

정답 ③

342 [19서울9급(上)]

「공공기관의 정보공개에 관한 법률」에 대한 설명으로 가장 옳은 것은?

① 판례에 따르면 자연인과 법인은 정보공개를 청구할 권리를 갖지만 권리능력 없는 사단은 그러하지 아니하다.
② 비공개 대상 정보의 공개여부에 대한 결정은 공공기관의 재량행위에 속한다.
③ 직무를 수행한 공무원의 성명·직위는 비공개 대상정보이다.
④ 정보공개 청구인은 공공기관의 비공개 결정에 대해 이의신청 절차를 거치지 아니하면 행정심판을 청구할 수 없다.

해설

① **(X)** 공공기관의 정보공개에 관한 법률 제6조 제1항은 "모든 국민은 정보의 공개를 청구할 권리를 가진다."고 규정하고 있는데, 여기에서 말하는 국민에는 자연인은 물론 법인, 권리능력 없는 사단·재단도 포함되고, 법인, 권리능력 없는 사단·재단 등의 경우에는 설립목적을 불문한다(대판 2003.12.12. 2003두8050).

② **(O)** 법문언상 재량으로 규정되어 있다.

> **공공기관의 정보공개에 관한 법률 제9조(비공개 대상 정보)** ① 공공기관이 보유·관리하는 정보는 공개 대상이 된다. 다만, 다음 각 호의 어느 하나에 해당하는 정보는 공개하지 아니할 수 있다.
>
> **제11조(정보공개 여부의 결정)** ① 공공기관은 제10조에 따라 정보공개의 청구를 받으면 그 청구를 받은 날부터 10일 이내에 공개 여부를 결정하여야 한다.

③ **(X)**

> **공공기관의 정보공개에 관한 법률 제9조(비공개 대상 정보)** ① 공공기관이 보유·관리하는 정보는 공개 대상이 된다. 다만, 다음 각 호의 어느 하나에 해당하는 정보는 공개하지 아니할 수 있다.
> 6. 해당 정보에 포함되어 있는 성명·주민등록번호 등 「개인정보 보호법」 제2조제1호에 따른 개인정보로서 공개될 경우 사생활의 비밀 또는 자유를 침해할 우려가 있다고 인정되는 정보. 다만, 다음 각 목에 열거한 사항은 제외한다.
> 라. 직무를 수행한 공무원의 성명·직위

④ **(X)**

> **공공기관의 정보공개에 관한 법률 제19조(행정심판)** ② 청구인은 제18조에 따른 이의신청 절차를 거치지 아니하고 행정심판을 청구할 수 있다.

정답 ②

343 [20지방9급]

정보공개청구에 대한 설명으로 옳은 것은? (다툼이 있는 경우 판례에 의함)

① 공공기관이 공개청구의 대상이 된 정보를 공개는 하되, 청구인이 신청한 공개방법 이외의 방법으로 공개하기로 하는 결정을 한 경우 이는 정보공개방법만을 달리 한 것이므로 일부 거부처분이라 할 수 없다.
② 「공공기관의 정보공개에 관한 법률」에 의하면 "다른 법률 또는 법률에서 위임한 명령에 의하여 비밀 또는 비공개 사항으로 규정된 정보"는 이를 공개하지 아니할 수 있다고 규정하고 있는바, 여기에서 '법률에 의한 명령'은 정보의 공개에 관하여 법률의 구체적인 위임 아래 제정된 법규명령(위임명령)을 의미한다.
③ 국민의 알권리를 두텁게 보호하기 위해 「공공기관의 정보공개에 관한 법률」 제9조 제1항 제6호 본문의 규정에 따라 비공개대상이 되는 정보는 이름·주민등록번호 등 '개인식별정보'로 한정된다.
④ 공개청구의 대상이 되는 정보가 이미 다른 사람에게 공개되어 널리 알려져 있다거나 인터넷 등을 통하여 공개되어 인터넷 검색 등을 통하여 쉽게 알 수 있다면 행정청의 정보비공개결정이 정당화될 수 있다.

해설

① (X) 청구인에게는 특정한 공개방법을 지정하여 정보공개를 청구할 수 있는 법령상 신청권이 있다. 따라서 공공기관이 공개청구의 대상이 된 정보를 공개는 하되, 청구인이 신청한 공개방법 이외의 방법으로 공개하기로 하는 결정을 하였다면, 이는 정보공개청구 중 정보공개방법에 관한 부분에 대하여 일부 거부처분을 한 것이고, 청구인은 그에 대하여 항고소송으로 다툴 수 있다(대판 2016. 11. 10. 2016두44674).

② (O) 공공기관의 정보공개에 관한 법률 제1조, 제3조, 헌법 제37조의 각 취지와 행정입법으로는 법률이 구체적으로 범위를 정하여 위임한 범위 안에서만 국민의 자유와 권리에 관련된 규율을 정할 수 있는 점 등을 고려할 때, 공공기관의 정보공개에 관한 법률 제7조(현재 9조) 제1항 제1호 소정의 '법률에 의한 명령'은 법률의 위임규정에 의하여 제정된 대통령령, 총리령, 부령 전부를 의미한다기보다는 정보의 공개에 관하여 법률의 구체적인 위임 아래 제정된 법규명령(위임명령)을 의미한다(대판 2003.12.11. 2003두8395).

③ (X) 정보공개법 제9조 제1항 제6호 본문의 규정에 따라 비공개대상이 되는 정보에는 구 정보공개법상 이름・주민등록번호 등 정보의 형식이나 유형을 기준으로 비공개대상정보에 해당하는지 여부를 판단하는 '개인식별정보'뿐만 아니라 그 외에 정보의 내용을 구체적으로 살펴 '개인에 관한 사항의 공개로 인하여 개인의 내밀한 내용의 비밀 등이 알려지게 되고, 그 결과 인격적・정신적 내면생활에 지장을 초래하거나 자유로운 사생활을 영위할 수 없게 될 위험성이 있는 정보'도 포함된다(대판 2012. 6. 18. 2011두2361 전원합의체).

④ (X) 공개청구의 대상이 되는 정보가 이미 다른 사람에게 공개하여 널리 알려져 있다거나 인터넷이나 관보 등을 통하여 공개하여 인터넷검색이나 도서관에서의 열람 등을 통하여 쉽게 알 수 있다는 사정만으로는 소의 이익이 없다거나 비공개결정이 정당화될 수는 없다(대판 2008.11.27. 2005두15694).

정답 ②

344 [10국가9급]

대법원 판례에 의할 때 비공개대상정보에 해당하지 않는 것은?

① 교육공무원에 대한 근무성적평정의 결과
② 재개발사업에 관한 자료
③ 보안관찰법상 보안관찰 관련 통계자료
④ 문제은행 출제방식을 채택하고 있는 치과의사 국가시험의 문제지와 정답지

해설

① (X) 교육공무원승진규정 제26조에서 근무성적평정의 결과를 공개하지 아니한다고 규정하고 있다고 하더라도 위 교육공무원승진규정은 공공기관의 정보공개에 관한 법률 제9조 제1항 제1호에서 말하는 법률이 위임한 명령에 해당하지 아니하므로 위 규정을 근거로 정보공개청구를 거부하는 것은 잘못이다(대판 2006.10.26, 2006두11910).

② (O) 재개발사업에 관한 이해관계인이 공개를 청구한 자료 중 일부는 개인의 인적사항, 재산에 관한 내용이 포함되어 있어서 공개될 경우에는 타인의 사생활의 비밀과 자유를 침해할 우려가 있으며, 그 자료의 분량이 합계 9,029매에 달하기 때문에 이를 공개하기 위하여는 행정업무에 상당한 지장을 초래할 가능성이 있다(대판 1997.5.23, 96누2439).

③ (O) 대판 2004.3.26, 2002두6583.

④ (O) 문제은행 출제방식의 시험문제를 공개할 경우 발생하게 될 결과와 시험업무에 초래될 부작용 등을 감안하면, 위 시험의 문제지와 그 정답지를 공개하는 것은 시험업무의 공정한 수행이나 연구·개발에 현저한 지장을 초래한다고 인정할 만한 상당한 이유가 있는 경우에 해당하므로, 공공기관의 정보공개에 관한 법률 제9조 제1항 제5호에 따라 이를 공개하지 않을 수 있다(대판 2007.06.15. 2006두15936).

정답 ①

345 [14지방9급]

「공공기관의 정보공개에 관한 법률」상 정보공개에 대한 판례의 입장으로 옳지 않은 것은?

① 국가정보원이 그 직원에게 지급하는 현금급여 및 월초수당에 관한 정보는 비공개대상 정보에 해당한다.

② 법무부령으로 제정된 「검찰보존사무규칙」 상의 기록의 열람· 등사의 제한규정은 구 「공공기관의 정보공개에 관한 법률」 제9조 제1항 제1호의 '다른 법률 또는 법률에 의한 명령에 의하여 비공개사항으로 규정된 경우'에 해당한다.

③ '감사 · 감독 · 검사 · 시험 · 규제 · 입찰계약 · 기술개발 · 인사 관리 · 의사결정과정 또는 내부검토과정에 있는 사항 등으로서 공개될 경우 업무의 공정한 수행에 현저한 지장을 초래한다고 인정할 만한 상당한 이유가 있는 정보'란 공개될 경우 업무의 공정한 수행이 객관적으로 현저하게 지장을 받을 것이라는 고도의 개연성이 존재하는 경우를 말한다.

④ 비공개대상인 '법인 등의 경영 · 영업상 비밀'은 「부정경쟁방지 및 영업비밀보호에 관한 법률」 제2조 제2호에 규정된 '영업비밀'에 한하지 않고, '타인에게 알려지지 아니함이 유리한 사업활동에 관한 일체의 정보' 또는 '사업활동에 관한 일체의 비밀사항'을 말한다.

해설

① **(O)** 국가정보원이 직원에게 지급하는 현금급여 및 월초수당에 관한 정보는 공공기관의 정보공개에 관한 법률 제9조 제1항 제1호의 비공개대상정보인 '다른 법률에 의하여 비공개 사항으로 규정된 정보'에 해당한다(대판 2010.12.23. 2010두14800).

② **(X)** 검찰보존사무규칙은 법무부령으로 되어 있으나, 위 규칙에 의한 열람 · 등사의 제한을 구 정보공개법 제7조 제1항 제1호의 '다른 법률 또는 법률에 의한 명령에 의하여 비공개사항으로 규정된 경우'에 해당한다고 볼 수 없다(대판 2004.3.12. 2003두13816).

③ **(O)** '감사 · 감독 · 검사 · 시험 · 규제 · 입찰계약 · 기술개발 · 인사관리 · 의사결정과정 또는 내부검토과정에 있는 사항 등으로서 공개될 경우 업무의 공정한 수행에 현저한 지장을 초래한다고 인정할 만한 상당한 이유가 있는 정보'란 정보공개제도의 목적 및 정보공개법 제9조 제1항 제5호에 따른 비공개대상정보의 입법 취지에 비추어 볼 때, 공개될 경우 업무의 공정한 수행이 객관적으로 현저하게 지장을 받을 것이라는 고도의 개연성이 존재하는 경우를 말한다(대판 2012.10.11. 2010두18758).

④ **(O)** 정보공개법 제9조 제1항 제7호 소정의 '법인 등의 경영·영업상 비밀'은 부정경쟁방지법 제2조 제2호 소정의 '영업비밀'에 한하지 않고, '타인에게 알려지지 아니함이 유리한 사업활동에 관한 일체의 정보' 또는 '사업활동에 관한 일체의 비밀사항'으로 해석함이 상당하다(대판 2008.10.23. 2007두1798).

정답 ②

346 [19지방9급]

정보공개에 대한 판례의 입장으로 옳은 것은?

① 지방자치단체의 업무추진비 세부항목별 집행내역 및 그에 관한 증빙서류에 포함된 개인에 관한 정보는 「공공기관의 정보공개에 관한 법률」 소정의 '공개하는 것이 공익을 위하여 필요하다고 인정되는 정보'에 해당하여 공개대상이 된다.

② 학교환경위생구역 내 금지행위(숙박시설) 해제결정에 관한 학교환경위생정화위원회의 회의록에 기재된 발언내용에 대한 해당 발언자의 인적사항 부분에 관한 정보는 「공공기관의 정보공개에 관한 법률」 소정의 비공개대상정보에 해당하지 않는다.

③ 「보안관찰법」 소정의 보안관찰 관련 통계자료는 「공공기관의 정보공개에 관한 법률」 소정의 비공개대상정보에 해당하지 않는다.

④ 학교폭력대책자치위원회가 피해학생의 보호를 위한 조치, 가해학생에 대한 조치, 학교폭력과 관련된 분쟁의 조정 등에 관하여 심의한 결과를 기재한 회의록은 「공공기관의 정보공개에 관한 법률」 소정의 비공개대상 정보에 해당한다.

해설

① (X) 지방자치단체의 업무추진비 세부항목별 집행내역 및 그에 관한 증빙서류에 포함된 개인에 관한 정보는 '공개하는 것이 공익을 위하여 필요하다고 인정되는 정보'에 해당하지 않는다(대판 2003.3.11. 2001두6425).

② (X) 학교환경위생구역 내 금지행위(숙박시설) 해제결정에 관한 학교환경위생정화위원회의 회의록에 기재된 발언내용에 대한 해당 발언자의 인적사항 부분에 관한 정보는 공공기관의 정보공개에 관한 법률 제7조 제1항 제5호 소정의 비공개대상에 해당한다(대판 2003.08.22. 2002두12946).

③ (X) 보안관찰법 소정의 보안관찰 관련 통계자료는 공공기관의정보공개에관한법률 제7조 제1항 제2호 소정의 공개될 경우 국가안전보장 · 국방 · 통일 · 외교관계 등 국가의 중대한 이익을 해할 우려가 있는 정보, 또는 제3호 소정의 공개될 경우 국민의 생명·신체 및 재산의 보호 기타 공공의 안전과 이익을 현저히 해할 우려가 있다고 인정되는 정보에 해당한다(대판 2004.3.18. 2001두8254 전원합의체).

④ (O) 학교폭력대책자치위원회의 회의록은 공공기관의 정보공개에 관한 법률 제9조 제1항 제1호의 '다른 법률 또는 법률이 위임한 명령에 의하여 비밀 또는 비공개 사항으로 규정된 정보'에 해당한다(대판 2010.6.10. 2010두2913).

정답 ④

347 [22지방9급]

「공공기관의 정보공개에 관한 법률」상 정보공개에 대한 설명으로 옳지 않은 것은? (다툼이 있는 경우 판례에 의함)

① 정보공개 청구권자의 권리구제 가능성은 정보의 공개 여부 결정에 아무런 영향을 미치지 못한다.

② 학교환경위생구역 내 금지행위 해제결정에 관한 학교환경위생정화위원회의 회의록에 기재된 발언내용에 대한 해당 발언자의 인적사항 부분에 관한 정보는 비공개대상에 해당하지 아니한다.

③ 공공기관이 정보공개를 거부하는 경우에는 어느 부분이 어떠한 법익 또는 기본권과 충돌되어 비공개사유에 해당하는지를 주장 · 증명하여야 하고, 그에 이르지 아니한 채 개괄적인 사유만을 들어 공개를 거부하는 것은 허용되지 아니한다.

④ 공개를 구하는 정보를 공공기관이 한때 보유 · 관리하였으나 후에 그 정보가 담긴 문서등이 폐기되어 존재하지 않게 된 것이라면 그 정보를 더 이상 보유 · 관리하고 있지 아니하다는 점에 대한 증명책임은 공공기관에게 있다.

해설

① (O) 공공기관의 정보공개에 관한 법률은 국민의 알권리를 보장하고 국정에 대한 국민의 참여와 국정 운영의 투명성을 확보함을 목적으로 하고(제1조), 공공기관이 보유 · 관리하는 정보는 국민의 알권리 보장 등을 위하여 적극적으로 공개하여야 한다는 정보공개의 원칙을 선언하고 있으며(제3조), 모든 국민은 정보의 공개를 청구할 권리를 가진다고 하면서(제5조 제1항) 비공개 대상정보에 해당하지 않는 한 공공기관이 보유 · 관리하는 정보는 공개 대상이 된다고 규정하고 있을 뿐(제9조 제1항) 정보공개 청구권자가 공개를 청구하는 정보와 어떤 관련성을 가질 것을 요구하거나 정보공개청구의 목적에 특별한 제한을 두고 있지 아니하므로 정보공개 청구권자의 권리구제 가능성 등은 정보의 공개 여부 결정에 아무런 영향을 미치지 못한다(대판 2017. 9. 7. 2017두44558).

② (X) 의사결정과정에 제공된 회의관련 자료나 의사결정과정이 기록된 회의록 등은 의사가 결정되거나 의사가 집행된 경우에는 더 이상 의사결정과정에 있는 사항 그 자체라고는 할 수 없으나, 의사결정과정에 있는 사항에 준하는 사항으로서 비공개대상정보에 포함될 수 있다. 따라서 학교환경위생구역 내 금지행위(숙박시설) 해제결정에 관한 학교환경위생정화위원회의 회의록에 기재된 발언내용에 대한 해당 발언자의 인적사항 부분에 관한 정보는 공공기관의 정보공개에 관한 법률 제7조 제1항 제5호 소정의 비공개대상에 해당한다(대판 2003.8.22. 2002두12946).

③ (O) 공공기관으로서는 같은 법 제7조 제1항 각 호에서 정하고 있는 비공개사유에 해당하지 않는 한 이를 공개하여야 할 것이고, 만일 이를 거부하는 경우라 할지라도 법 제7조 제1항 몇 호에서 정하고 있는 비공개사유에 해당하는지를 주장·입증하여야만 할 것이며, 그에 이르지 아니한 채 개괄적인 사유만을 들어 공개를 거부하는 것은 허용되지 아니한다(대판 2003.12.11. 2001두8827).

④ (O) 공개를 구하는 정보를 공공기관이 한 때 보유·관리하였으나 후에 그 정보가 담긴 문서등이 폐기되어 존재하지 않게 된 것이라면 그 정보를 더 이상 보유·관리하고 있지 아니하다는 점에 대한 증명책임은 공공기관에게 있다(대판 2004.12.09. 2003두12707).

정답 ②

348 [12서울9급]

다음 중 판례상 비공개대상정보로 옳은 것은?

① 진행 중인 재판에 관련된 일체의 소송기록
② 사면대상자들의 사면실시건의서와 그와 관련된 국무회의 안건자료
③ 학교폭력대책자치위원회 회의록
④ 한국방송공사의 수시집행 접대성 경비의 건별 집행서 내역
⑤ 대한주택공사의 아파트 분양원가 산출내역

해설

① (X) 법원 이외의 공공기관이 정보공개법 제9조 제1항 제4호에서 정한 '진행 중인 재판에 관련된 정보'에 해당한다는 사유로 정보공개를 거부하기 위하여는 반드시 그 정보가 진행 중인 재판의 소송기록 자체에 포함된 내용일 필요는 없다. 그러나 재판에 관련된 일체의 정보가 그에 해당하는 것은 아니고 진행 중인 재판의 심리 또는 재판결과에 구체적으로 영향을 미칠 위험이 있는 정보에 한정된다고 보는 것이 타당하다(대판 2011.11.24. 2009두19021).

② (X) 사면대상자들의 사면실시건의서와 그와 관련된 국무회의 안건자료에 관한 정보는 그 공개로 얻는 이익이 그로 인하여 침해되는 당사자들의 사생활의 비밀에 관한 이익보다 더욱 크므로 구 공공기관의 정보공개에 관한 법률 제7조 제1항 제6호에서 정한 비공개사유에 해당하지 않는다(대판 2006.12.7. 2005두241).

③ (O) 학교폭력대책자치위원회의 회의록은 공공기관의 정보공개에 관한 법률 제9조 제1항 제1호의 '다른 법률 또는 법률이 위임한 명령에 의하여 비밀 또는 비공개 사항으로 규정된 정보'에 해당한다(대판 2010.6.10. 2010두2913).

④ (X) 한국방송공사의 '수시집행 접대성 경비의 건별 집행서류 일체'는 공공기관의 정보공개에 관한 법률 제9조 제1항 제7호의 비공개대상정보에 해당하지 않는다(대판 2008.10.23. 2007두1798).

⑤ (X) 대한주택공사의 아파트 분양원가 산출내역에 관한 정보는, 그 공개로 위 공사의 정당한 이익을 현저히 해할 우려가 있다고 볼 수 없어 구 공공기관의 정보공개에 관한 법률 제7조 제1항 제7호에서 정한 비공개대상정보에 해당하지 않는다(대판 2007.6.1. 2006두20587).

정답 ③

349 [17국회8급]

「공공기관의 정보공개에 관한 법률」(이하 '정보공개법'이라 함) 에 대한 판례의 설명으로 옳지 않은 것은?

① 정보공개청구를 거부하는 처분이 있은 후 대상 정보가 폐기되었다든가 하여 공공기관이 그 정보를 보유·관리하지 아니하게 된 경우에는 특별한 사정이 없는 한 정보공개거부처분의 취소를 구할 법률상의 이익이 없다.
② 공직자윤리법상의 등록의무자가 구 「공직자윤리법 시행규칙」 제12조에 따라 제출한 '자신의 재산등록사항의 고지를 거부한 직계존비속의 본인과의 관계, 성명, 고지거부사유, 서명'이 기재 되어 있는 문서는 정보공개법상의 비공개 대상 정보에 해당한다.
③ 정보공개를 구하는 정보를 공공기관이 한때 보유·관리하였으나 후에 그 정보가 담긴 문서들이 폐기되어 존재하지 않게 된 것이라면 그 정보를 더이상 보유·관리하고 있지 아니하다는 점에 대한 증명책임은 공공기관에 있다.
④ 정보공개법 제13조 제2항에서 규정한 정보의 사본 또는 복제물의 교부를 제한할 수 있는 사유에 해당하지 아니하는 한 정보공개청구자가 선택한 공개방법에 따라 공개하여야 하므로 공공기관은 정보공개방법을 선택할 재량권이 없다.
⑤ 공공기관은 정보공개청구를 거부할 경우에도 대상이 된 정보의 내용을 구체적으로 확인·검토하여 어느 부분이 어떠한 법익 또는 기본권과 충돌되어 정보공개법 제9조 제1항 몇호에서 정하고 있는 비공개사유에 해당하는지를 주장·입증하여야 하며, 그에 이르지 아니한 채 개괄적인 사유만 들어 공개를 거부하는 것은 허용되지 아니한다.

해설

① (O) 공공기관이 그 정보를 보유·관리하고 있지 아니한 경우에는 특별한 사정이 없는 한 정보공개거부처분의 취소를 구할 법률상의 이익이 없다(대판 2006.01.13. 2003두9459).

② (X) 공직자윤리법상의 등록의무자가 제출한 '자신의 재산등록사항의 고지를 거부한 직계존비속의 본인과의 관계, 성명, 고지거부사유, 서명(날인)'이 기재되어 있는 문서는 공공기관의 정보공개에 관한 법률 제7조 제1항 제1호에 정한 법령비정보에도 해당하지 않는다(대판 2007. 12. 13. 2005두13117).

③ (O) 공개를 구하는 정보를 공공기관이 한 때 보유·관리하였으나 후에 그 정보가 담긴 문서등이 폐기되어 존재하지 않게 된 것이라면 그 정보를 더 이상 보유·관리하고 있지 아니하다는 점에 대한 증명책임은 공공기관에게 있다(대판 2004.12.09. 2003두12707).

④ (O) 정보공개를 청구하는 자가 공공기관에 대해 정보의 사본 또는 출력물의 교부의 방법으로 공개방법을 선택하여 정보공개청구를 한 경우에 공개청구를 받은 공공기관으로서는 정보의 사본 또는 복제물의 교부를 제한할 수 있는 사유에 해당하지 않는 한 정보공개청구자가 선택한 공개방법에 따라 정보를 공개하여야 하므로 그 공개방법을 선택할 재량권이 없다고 해석함이 상당하다(대판 2003.12.12. 2003두8050).

⑤ (O) 공공기관으로서는 같은 법 제7조 제1항 각 호에서 정하고 있는 비공개사유에 해당하지 않는 한 이를 공개하여야 할 것이고, 만일 이를 거부하는 경우라 할지라도 법 제7조 제1항 몇 호에서 정하고 있는 비공개사유에 해당하는지를 주장·입증하여야만 할 것이며, 그에 이르지 아니한 채 개괄적인 사유만을 들어 공개를 거부하는 것은 허용되지 아니한다(대판 2003.12.11. 2001두8827).

정답 ②

350 [12경행특채]

「공공기관의 정보공개에 관한 법률(이하 '정보공개법'이라 한다)」과 관련하여 공공기관의 정보공개청구권자와 공개대상에 관한 다음 설명 중 가장 옳은 것은? (다툼이 있는 경우 판례에 의함)

① 보안관찰법 소정의 보안관찰 관련 통계자료는 비공개대상 정보에 해당한다.
② 정보공개청구는 이해관계가 없는 공익을 위한 경우에는 인정될 수 없다.
③ 사립대학교는 국비의 지원을 받는 범위 내에서만 공공기관의 성격을 가진다.
④ 정보공개법 제9조 제1항 제1호에서 '법률이 위임한 명령'에는 정보의 공개에 관하여 포괄적 위임 아래 제정된 법규명령도 포함된다.

해설

① (O) 보안관찰법 소정의 보안관찰 관련 통계자료는 공공기관의정보공개에관한법률 제7조 제1항 제2호 소정의 공개될 경우 국가안전보장·국방·통일·외교관계 등 국가의 중대한 이익을 해할 우려가 있는 정보, 또는 제3호 소정의 공개될 경우 국민의 생명·신체 및 재산의 보호 기타 공공의 안전과 이익을 현저히 해할 우려가 있다고 인정되는 정보에 해당한다(대판 2004.3.18. 2001두8254 전원합의체).

② (X) 정보공개청구권은 정당한 이해관계자가 공개를 요구하는 경우뿐만 아니라 시민단체의 정보공개청구와 같이 개인적 이해관계가 없는 공익을 위한 경우도 포함한다.

③ (X) 대판 2006.8.24. 2004두2783.

④ (X) 공공기관의 정보공개에 관한 법률 제7조(현재 9조) 제1항 제1호 소정의 '법률에 의한 명령'은 법률의 위임규정에 의하여 제정된 대통령령, 총리령, 부령 전부를 의미한다기보다는 정보의 공개에 관하여 법률의 구체적인 위임 아래 제정된 법규명령(위임명령)을 의미한다(대판 2003.12.11. 2003두8395).

정답 ①

351 [19지방7급]

공공기관의 정보공개에 관한 법률상 행정정보공개제도에 대한 설명으로 옳지 않은 것은? (다툼이 있는 경우 판례에 의함)

① 정보공개 청구권자의 권리구제 가능성 등은 정보의 공개 여부 결정에 아무런 영향을 미치지 못한다.

② 형사재판확정기록의 공개에 관하여는 형사소송법의 규정이 적용되므로 공공기관의 정보공개에 관한 법률에 의한 공개청구는 허용되지 아니한다.

③ 공공기관의 정보공개에 관한 법률상 비공개대상정보인 '진행 중인 재판에 관련된 정보'라 함은 재판에 관련된 일체의 정보를 의미한다.

④ 정보의 공개를 청구하는 자가 청구대상정보를 기재함에 있어서는 사회일반인의 관점에서 청구대상정보의 내용과 범위를 확정할 수 있을 정도로 특정하여야 한다.

해설

① (O) 공공기관의 정보공개에 관한 법률은 국민의 알권리를 보장하고 국정에 대한 국민의 참여와 국정 운영의 투명성을 확보함을 목적으로 하고(제1조), 공공기관이 보유·관리하는 정보는 국민의 알권리 보장 등을 위하여 적극적으로 공개하여야 한다는 정보공개의 원칙을 선언하고 있으며(제3조), 모든 국민은 정보의 공개를 청구할 권리를 가진다고 하면서(제5조 제1항) 비공개대상정보에 해당하지 않는 한 공공기관이 보유·관리하는 정보는 공개 대상이 된다고 규정하고 있을 뿐(제9조 제1항) 정보공개 청구권자가 공개를 청구하는 정보와 어떤 관련성을 가질 것을 요구하거나 정보공개청구의 목적에 특별한 제한을 두고 있지 아니하므로 정보공개 청구권자의 권리구제 가능성 등은 정보의 공개 여부 결정에 아무런 영향을 미치지 못한다(대판 2017. 9. 7. 2017두44558).

② (O) 형사소송법 제59조의2는 형사재판확정기록의 공개 여부나 공개 범위, 불복절차 등에 대하여 구 공공기관의 정보공개에 관한 법률과 달리 규정하고 있는 것으로 정보공개법 제4조 제1항에서 정한 '정보의 공개에 관하여 다른 법률에 특별한 규정이 있는 경우'에 해당한다. 따라서 형사재판확정기록의 공개에 관하여는 정보공개법에 의한 공개청구가 허용되지 아니한다(대판 2016. 12. 15. 2013두20882).

③ (X) 법원 이외의 공공기관이 정보공개법 제9조 제1항 제4호에서 정한 '진행 중인 재판에 관련된 정보'에 해당한다는 사유로 정보공개를 거부하기 위하여는 반드시 그 정보가 진행 중인 재판의 소송기록 자체에 포함된 내용일 필요는 없다. 그러나 재판에 관련된 일체의 정보가 그에 해당하는 것은 아니고 진행 중인 재판의 심리 또는 재판결과에 구체적으로 영향을 미칠 위험이 있는 정보에 한정된다고 보는 것이 타당하다(대판 2011.11.24. 2009두19021).

④ (O) 공공기관의 정보공개에 관한 법률 제10조 제1항 제2호는 정보의 공개를 청구하는 자는 정보공개청구서에 '공개를 청구하는 정보의 내용' 등을 기재할 것을 규정하고 있는바, 청구대상정보를 기재함에 있어서는 사회일반인의 관점에서 청구대상정보의 내용과 범위를 확정할 수 있을 정도로 특정함을 요한다(대판 2007.6.1. 2007두2555).

정답 ③

'2002학년도부터 2005학년도까지의 대학수학능력시험 원데이터'는 연구목적으로 그 정보의 공개를 청구하는 경우라도 공개로 인하여 초래될 부작용이 공개로 얻을 수 있는 이익보다 더 클 것이므로, 그 공개로 대학수학능력시험 업무의 공정한 수행이 객관적으로 현저하게 지장을 받을 것이라는 개연성이 있어 비공개대상정보에 해당한다. [16사회복지]

해설

(X) 2002년도 및 2003년도 국가 수준 학업성취도평가 자료'는 표본조사 방식으로 이루어졌을 뿐만 아니라 학교식별정보 등도 포함되어 있어서 자료 전부가 그대로 공개될 경우 학업성취도평가 업무의 공정한 수행이 객관적으로 현저하게 지장을 받을 것이라는 고도의 개연성이 존재한다고 볼 여지가 있어 공공기관의 정보공개에 관한 법률 제9조 제1항 제5호에서 정한 비공개대상정보에 해당하는 부분이 있으나, '2002학년도부터 2005학년도까지의 대학수학능력시험 원데이터'는 그 공개로 대학수학능력시험 업무의 공정한 수행이 객관적으로 현저하게 지장을 받을 것이라는 고도의 개연성이 존재한다고 볼 수 없어 위 조항의 비공개대상정보에 해당하지 않는다(대판 2010.2.25. 2007두9877).

352 [20국가7급]

공공기관의 정보공개에 관한 법률상 정보공개에 대한 설명으로 옳지 않은 것은? (다툼이 있는 경우 판례에 의함)

① 정보공개청구권자에는 자연인은 물론 법인, 권리능력 없는 사단・재단도 포함되며, 법인, 권리능력 없는 사단・재단의 경우에는 설립목적을 불문한다.

② 공개청구된 정보가 수사의견서인 경우 수사의 방법 및 절차 등이 공개되더라도 수사기관의 직무수행을 현저히 곤란하게 하지 않는 때에는 비공개대상정보에 해당하지 않는다.

③ 외국 또는 외국 기관으로부터 비공개를 전제로 입수한 정보는 비공개를 전제로 하였다는 이유만으로 비공개대상정보에 해당한다.

④ 교육공무원의 근무성적평정 결과를 공개하지 아니한다고 규정하고 있는 교육공무원 승진규정을 근거로 정보공개청구를 거부하는 것은 위법하다.

해설

① **(O)** 공공기관의 정보공개에 관한 법률 제6조 제1항은 "모든 국민은 정보의 공개를 청구할 권리를 가진다."고 규정하고 있는데, 여기에서 말하는 국민에는 자연인은 물론 법인, 권리능력 없는 사단·재단도 포함되고, 법인, 권리능력 없는 사단・재단 등의 경우에는 설립목적을 불문한다(대판 2003.12.12. 2003두8050).

② **(O)** 공개청구대상인 정보가 의견서 등에 해당한다고 하여 곧바로 정보공개법 제9조 제1항 제4호에 규정된 비공개대상정보라고 볼 것은 아니고, 의견서 등의 실질적인 내용을 구체적으로 살펴 수사의 방법 및 절차 등이 공개됨으로써 수사기관의 직무수행을 현저히 곤란하게 한다고 인정할 만한 상당한 이유가 있어야만 위 비공개대상정보에 해당한다(대판 2012. 7. 12. 2010두7048).

③ **(X)** 외국 또는 외국 기관으로부터 비공개를 전제로 정보를 입수하였다는 이유만으로 이를 공개할 경우 업무의 공정한 수행에 현저한 지장을 받을 것이라고 단정할 수는 없다. 다만 위와 같은 사정은 정보 제공자와의 관계, 정보 제공자의 의사, 정보의 취득 경위, 정보의 내용 등과 함께 업무의 공정한 수행에 현저한 지장이 있는지를 판단할 때 고려하여야 할 형량 요소이다(대판 2018. 9. 28. 2017두69892).

④ **(O)** 교육공무원법 제13조, 제14조의 위임에 따라 제정된 교육공무원승진규정은 정보공개에 관한 사항에 관하여 구체적인 법률의 위임에 따라 제정된 명령이라고 할 수 없고, 따라서 교육공무원승진규정 제26조에서 근무성적평정의 결과를 공개하지 아니한다고 규정하고 있다고 하더라도 위 교육공무원승진규정은 공공기관의 정보공개에 관한 법률 제9조 제1항 제1호에서 말하는 법률이 위임한 명령에 해당하지 아니하므로 위 규정을 근거로 정보공개청구를 거부하는 것은 잘못이다(대판 2006.10.26, 2006두11910).

정답 ③

353 [15지방9급]

공공기관의 정보공개에 관한 법령의 내용에 대한 설명으로 옳지 않은 것은?

① 정보의 공개 및 우송 등에 소요되는 비용은 실비의 범위에서 청구인이 부담하나, 공개를 청구하는 정보의 사용 목적이 공공복리의 유지·증진을 위하여 필요하다고 인정되는 경우에는 그 비용을 감면할 수 있다.
② 지방자치단체는 그 소관 사무에 관하여 법령의 범위에서 정보공개에 관한 조례를 정할 수 있다.
③ 직무를 수행한 공무원의 성명과 직위는 공개될 경우 개인의 사생활의 비밀 또는 자유를 침해할 우려가 있다면 비공개대상정보에 해당한다.
④ 학술·연구를 위하여 일시적으로 체류하는 외국인은 정보공개청구를 할 수 있다.

해설

① (O)

> **공공기관의 정보공개에 관한 법률 제17조(비용 부담)** ① 정보의 공개 및 우송 등에 드는 비용은 실비(實費)의 범위에서 청구인이 부담한다.
> ② 공개를 청구하는 정보의 사용 목적이 공공복리의 유지·증진을 위하여 필요하다고 인정되는 경우에는 제1항에 따른 비용을 감면할 수 있다.

② (O)

> **공공기관의 정보공개에 관한 법률 제4조(적용 범위)** ② 지방자치단체는 그 소관 사무에 관하여 법령의 범위에서 정보공개에 관한 조례를 정할 수 있다.

③ (X) 직무를 수행한 공무원의 성명과 직위는 비공개대상정보에 해당하지 않는다.

> **공공기관의 정보공개에 관한 법률 제9조(비공개 대상 정보)** ① 공공기관이 보유·관리하는 정보는 공개 대상이 된다. 다만, 다음 각 호의 어느 하나에 해당하는 정보는 공개하지 아니할 수 있다.
> 6. 해당 정보에 포함되어 있는 성명·주민등록번호 등 「개인정보 보호법」 제2조 제1호에 따른 개인정보로서 공개될 경우 사생활의 비밀 또는 자유를 침해할 우려가 있다고 인정되는 정보. 다만, 다음 각 목에 열거한 사항은 제외한다.
> 라. 직무를 수행한 공무원의 성명·직위

④ (O)

> **공공기관의 정보공개에 관한 법률 시행령 제3조(외국인의 정보공개청구)** 법 제5조 제2항의 규정에 의하여 정보공개를 청구할 수 있는 외국인은 다음 각 호의 어느 하나에 해당하는 자이어야 한다.
> 1. 국내에 일정한 주소를 두고 거주하거나 학술·연구를 위하여 일시적으로 체류하는 사람
> 2. 국내에 사무소를 두고 있는 법인 또는 단체

정답 ③

354 [15사회복지]

「공공기관의 정보공개에 관한 법률」상 정보공개대상에 대한 판례의 입장으로 옳지 않은 것은?

① 공공기관이 직무상 작성 또는 취득하여 현재 보유·관리하고 있는 문서의 경우 사본도 정보공개의 대상이 될 수 있다.
② 사법시험 응시자가 자신의 제2차시험 답안지에 대한 열람청구를 한 경우 그 답안지는 정보공개의 대상이 된다.
③ 공무원이 직무와 관련 없이 개인적 자격으로 금품을 수령한 정보는 공개대상이 되는 정보이다.
④ 사면대상자들의 사면실시건의서와 그와 관련된 국무회의 안건자료는 공개대상이 되는 정보이다.

해설

① (O) 공개청구의 대상이 되는 정보란 공공기관이 직무상 작성 또는 취득하여 현재 보유·관리하고 있는 문서에 한정되는 것이기는 하나, 그 문서가 반드시 원본일 필요는 없다(대판 2006.5.25, 2006두3049).

② (O) 사법시험 제2차 답안지는 응시자의 시험문제에 대한 답안이 기재되어 있을 뿐 응시자가 자신의 답안지를 열람한다고 하더라도 시험문항에 대한 채점위원별 채점 결과가 열람되는 경우와 달리 평가자가 시험에 대한 평가업무를 수행함에 있어서 지장을 초래할 가능성이 적은 점 등을 종합적으로 고려하면, 답안지의 열람으로 인하여 시험업무의 수행에 현저한 지장을 초래한다고 볼 수 없다(대판 2003.3.14, 2000두6114).

③ (X) 공무원이 직무와 관련 없이 개인적인 자격으로 간담회·연찬회 등 행사에 참석하고 금품을 수령한 정보는 공공기관의 정보공개에 관한 법률 제7조 제1항 제6호 단서 (다)목 소정의 '공개하는 것이 공익을 위하여 필요하다고 인정되는 정보'에 해당하지 않는다(대판 2003.12.12, 2003두8050).

④ (O) 사면대상자들의 사면실시건의서와 그와 관련된 국무회의 안건자료에 관한 정보는 그 공개로 얻는 이익이 그로 인하여 침해되는 당사자들의 사생활의 비밀에 관한 이익보다 더욱 크므로 구 공공기관의 정보공개에 관한 법률 제7조 제1항 제6호에서 정한 비공개사유에 해당하지 않는다(대판 2006.12.7, 2005두241).

정답 ③

355 [11국가9급]

정보공개제도에 대한 설명으로 옳지 않은 것은?

① 국내에 학술행사 참석차 방문하여 일시적으로 체류하는 외국학자도 정보공개를 청구할 수 있다.

② 지방자치단체의 업무추진비 세부항목별 집행내역 및 증빙서류에 포함된 개인에 관한 정보는 '공개하는 것이 공익을 위하여 필요하다고 인정되는 정보'에 해당된다.

③ 정보공개가 결정되고 공개에 오랜 시간이 걸리지 않는 정보는 구술로도 공개할 수 있다.

④ 정보공개 관련결정에 대하여 행정소송이 제기된 경우에 재판장은 필요시 당사자 없이 비공개로 해당정보를 열람할 수 있다.

해설

① (O) 공공기관의 정보공개에 관한 법률 시행령 제3조 1호.

② (X) 지방자치단체의 업무추진비 세부항목별 집행내역 및 그에 관한 증빙서류에 포함된 개인에 관한 정보는 '공개하는 것이 공익을 위하여 필요하다고 인정되는 정보'에 해당하지 않는다(대판 2003.3.11. 2001두6425).

③ (O)

> **공공기관의 정보공개에 관한 법률 제16조(즉시 처리가 가능한 정보의 공개)** 다음 각 호의 어느 하나에 해당하는 정보로서 즉시 또는 말로 처리가 가능한 정보에 대해서는 제11조에 따른 절차를 거치지 아니하고 공개하여야 한다.
> 1. 법령 등에 따라 공개를 목적으로 작성된 정보
> 2. 일반국민에게 알리기 위하여 작성된 각종 홍보자료
> 3. 공개하기로 결정된 정보로서 공개에 오랜 시간이 걸리지 아니하는 정보
> 4. 그 밖에 공공기관의 장이 정하는 정보

④ (O)

> **공공기관의 정보공개에 관한 법률 제20조(행정소송)** ② 재판장은 필요하다고 인정하면 당사자를 참여시키지 아니하고 제출된 공개 청구 정보를 비공개로 열람·심사할 수 있다.

정답 ②

356 [18서울7급]

「공공기관의 정보공개에 관한 법률」에 대한 설명으로 가장 옳은 것은?

① 정보공개청구의 거부에 대해서는 의무이행심판을 제기할 수 없다.

② 검찰보존사무규칙에서 정한 기록의 열람 · 등사의 제한은 「공공기관의 정보공개에 관한 법률」에 의한 비공개대상에 해당한다.

③ 법인 등의 경영 · 영업상 비밀은 사업활동에 관한 일체의 비밀사항을 의미한다.

④ 국가정보원이 직원에게 지급하는 현금급여 및 월초수당에 대한 정보는 비공개대상에 해당하지 아니한다.

해설

① (X)

행정심판법 제13조(청구인 적격) ③ 의무이행심판은 처분을 신청한 자로서 행정청의 거부처분 또는 부작위에 대하여 일정한 처분을 구할 법률상 이익이 있는 자가 청구할 수 있다.

② (X) 검찰보존사무규칙은 비록 법무부령으로 되어 있으나, 그 중 불기소사건기록 등의 열람 · 등사에 대하여 제한하고 있는 부분은 위임 근거가 없어 행정기관 내부의 사무처리준칙으로서 행정규칙에 불과하므로, 위 규칙에 의한 열람 · 등사의 제한을 구 정보공개법 제7조 제1항 제1호의 '다른 법률 또는 법률에 의한 명령에 의하여 비공개사항으로 규정된 경우'에 해당한다고 볼 수 없다(대판 2004.3.12. 2003두13816).

③ (O) 정보공개법 제9조 제1항 제7호 소정의 '법인 등의 경영·영업상 비밀'은 부정경쟁방지법 제2조 제2호 소정의 '영업비밀'에 한하지 않고, '타인에게 알려지지 아니함이 유리한 사업활동에 관한 일체의 정보' 또는 '사업활동에 관한 일체의 비밀사항'으로 해석함이 상당하다(대판 2008.10.23. 2007두1798).

④ (X) 국가정보원이 직원에게 지급하는 현금급여 및 월초수당에 관한 정보는 공공기관의 정보공개에 관한 법률 제9조 제1항 제1호의 비공개대상정보인 '다른 법률에 의하여 비공개 사항으로 규정된 정보'에 해당한다(대판 2010.12.23. 2010두14800).

정답 ③

357 [19서울9급]

「공공기관의 정보공개에 관한 법률」에 따른 정보공개제도에 관한 설명으로 가장 옳은 것은?

① 정보공개청구권자인 '모든 국민'에는 자연인 외에 법인, 권리능력 없는 사단 · 재단도 포함되므로 지방자치단체도 포함된다.

② 공개청구의 대상정보가 이미 다른 사람에게 널리 알려져 있거나 인터넷 검색을 통해 쉽게 알 수 있는 경우에는 비공개결정을 할 수 있다.

③ 정보를 취득 또는 활용할 의사가 전혀 없이 사회통념상 용인될 수 없는 부당이득을 얻으려는 목적의 정보공개청구는 권리남용행위로서 허용되지 않는다.

④ 공개청구된 정보가 제3자와 관련이 있는 경우 행정청은 제3자에게 통지하여야 하고 의견을 들을 수 있으나, 제3자가 비공개를 요청할 권리를 갖지는 않는다.

해설

① (X) 지방자치단체는 정보공개의무자에 해당할 뿐 정보공개청구권자인 국민에 해당하지 않는다(서울행법 2005.10.12. 2005구합10484).

② (X) 공개청구의 대상이 되는 정보가 이미 다른 사람에게 공개되어 널리 알려져 있다거나 인터넷 등을 통하여 공개되어 인터넷검색 등을 통하여 쉽게 알 수 있다는 사정만으로는 소의 이익이 없다거나 비공개결정이 정당화될 수 없다(대판 2007.7.13, 2005두8733).

③ (O) 실제로는 해당 정보를 취득 또는 활용할 의사가 전혀 없이 정보공개 제도를 이용하여 사회통념상 용인될 수 없는 부당한 이득을 얻으려 하거나, 오로지 공공기관의 담당공무원을 괴롭힐 목적으로 정보공개청구를 하는 경우처럼 권리의 남용에 해당하는 것이 명백한 경우에는 정보공개청구권의 행사를 허용하지 아니하는 것이 옳다(대판 2014.12.24. 2014두9349).

④ (X)

> **공공기관의 정보공개에 관한 법률 제21조(제3자의 비공개 요청 등)** ① 제11조 제3항에 따라 공개 청구된 사실을 통지받은 제3자는 그 통지를 받은 날부터 3일 이내에 해당 공공기관에 대하여 자신과 관련된 정보를 공개하지 아니할 것을 요청할 수 있다.

정답 ③

358 [17지방7급]

공공기관의 정보공개에 관한 법률에 대한 설명으로 옳지 않은 것은? (다툼이 있는 경우 판례에 의함)

① 정보공개청구권은 국민의 알 권리에 근거한 헌법상 기본권이므로, 권리남용을 이유로 정보공개를 거부하는 것은 허용되지 아니한다.

② 정보공개청구권을 가지는 국민에는 자연인은 물론 법인, 권리능력 없는 사단·재단도 포함되고, 법인, 권리능력 없는 사단·재단 등의 경우에는 설립목적을 불문한다.

③ 정보공개청구권은 법률상 보호되는 구체적인 권리이므로 청구인이 공공기관에 대하여 정보공개를 청구하였다가 거부처분을 받은 것 자체가 법률상 이익의 침해에 해당한다.

④ 공개청구의 대상이 되는 정보가 이미 다른 사람에게 공개되어 널리 알려져 있다거나 인터넷 등을 통하여 공개되어 인터넷 검색 등을 통하여 쉽게 알 수 있다는 사정만으로는 비공개결정이 정당화될 수 없다.

해설

① (X) 실제로는 해당 정보를 취득 또는 활용할 의사가 전혀 없이 정보공개 제도를 이용하여 사회통념상 용인될 수 없는 부당한 이득을 얻으려 하거나, 오로지 공공기관의 담당공무원을 괴롭힐 목적으로 정보공개청구를 하는 경우처럼 권리의 남용에 해당하는 것이 명백한 경우에는 정보공개청구권의 행사를 허용하지 아니하는 것이 옳다(대판 2014.12.24. 2014두9349).

② (O) 대판 2003.12.12. 2003두8050.

③ (O) 정보공개청구권은 법률상 보호되는 구체적인 권리이므로 청구인이 공공기관에 대하여 정보공개를 청구하였다가 거부처분을 받은 것 자체가 법률상 이익의 침해에 해당한다(대판 2003.12.12. 2003두8050).

④ (O) 공개청구의 대상이 되는 정보가 이미 다른 사람에게 공개되어 널리 알려져 있다거나 인터넷 등을 통하여 공개되어 인터넷검색 등을 통하여 쉽게 알 수 있다는 사정만으로는 소의 이익이 없다거나 비공개결정이 정당화될 수 없다(대판 2007.7.13, 2005두8733).

정답 ①

359 [21지방9급]

「공공기관의 정보공개에 관한 법률」상 정보공개에 대한 설명으로 옳지 않은 것은? (다툼이 있는 경우 판례에 의함)

① 정보의 공개 및 우송 등에 드는 비용은 실비의 범위에서 청구인이 부담한다.

② 공공기관은 공개 청구된 정보가 공공기관이 보유·관리하지 아니하는 정보인 경우로서 「민원 처리에 관한 법률」에 따른 민원으로 처리할 수 있는 경우에는 민원으로 처리할 수 있다.

③ 청구인이 공공기관에 대하여 정보공개를 청구하였다가 거부처분을 받은 것 자체가 법률상 이익의 침해에 해당한다.

④ 오로지 공공기관의 담당공무원을 괴롭힐 목적으로 정보공개청구를 하는 경우에도 정보공개청구권의 행사는 허용되어야 한다.

해설

① (O)

> **공공기관의 정보공개에 관한 법률 제17조(비용 부담)** ① 정보의 공개 및 우송 등에 드는 비용은 실비(實費)의 범위에서 청구인이 부담한다.

② (O)

> **공공기관의 정보공개에 관한 법률 제11조(정보공개 여부의 결정)** ⑤ 공공기관은 정보공개 청구가 다음 각 호의 어느 하나에 해당하는 경우로서 「민원 처리에 관한 법률」에 따른 민원으로 처리할 수 있는 경우에는 민원으로 처리할 수 있다.
> 1. 공개 청구된 정보가 공공기관이 보유·관리하지 아니하는 정보인 경우
> 2. 공개 청구의 내용이 진정·질의 등으로 이 법에 따른 정보공개 청구로 보기 어려운 경우

③ (O) 청구인이 공공기관에 대하여 정보공개를 청구하였다가 거부처분을 받은 것 자체가 법률상 이익의 침해에 해당한다(대판 2003.12.12. 2003두8050).

④ (X) 정보공개 제도를 이용하여 사회통념상 용인될 수 없는 부당한 이득을 얻으려 하거나, 오로지 공공기관의 담당공무원을 괴롭힐 목적으로 정보공개청구를 하는 경우처럼 권리의 남용에 해당하는 것이 명백한 경우에는 정보공개청구권의 행사를 허용하지 아니하는 것이 옳다(대판 2014.12.24. 2014두9349).

정답 ④

360 [19국가9급]

「공공기관의 정보공개에 관한 법률」상 정보공개에 대한 설명으로 옳은 것은? (다툼이 있는 경우 판례에 의함)

① 공개청구된 정보가 인터넷을 통하여 공개되어 인터넷 검색을 통하여 쉽게 알 수 있다는 사정만으로 비공개 결정이 정당화될 수는 없다.

② 정보공개 청구 후 20일이 경과하도록 정보공개 결정이 없는 경우, 이의신청은 허용되나 행정심판청구는 허용되지 않는다.

③ 정보의 공개 및 우송 등에 드는 비용은 정보공개청구를 받은 행정청이 부담한다.

④ 행정소송의 재판기록 일부의 정보공개청구에 대한 비공개결정은 전자문서로 통지할 수 없다.

해설

① (O) 공개청구의 대상이 되는 정보가 이미 다른 사람에게 공개되어 널리 알려져 있다거나 인터넷 등을 통하여 공개되어 인터넷검색 등을 통하여 쉽게 알 수 있다는 사정만으로는 소의 이익이 없다거나 비공개결정이 정당화될 수 없다(대판 2007.7.13, 2005두8733).

② (X)

> **공공기관의 정보공개에 관한 법률 제19조(행정심판)** ① 청구인이 정보공개와 관련한 공공기관의 결정에 대하여 불복이 있거나 정보공개 청구 후 20일이 경과하도록 정보공개 결정이 없는 때에는 「행정심판법」에서 정하는 바에 따라 행정심판을 청구할 수 있다. 이 경우 국가기관 및 지방자치단체 외의 공공기관의 결정에 대한 감독행정기관은 관계 중앙행정기관의 장 또는 지방자치단체의 장으로 한다.
>
> ② 청구인은 제18조에 따른 이의신청 절차를 거치지 아니하고 행정심판을 청구할 수 있다.

③ (X)

> **공공기관의 정보공개에 관한 법률 제17조(비용 부담)** ① 정보의 공개 및 우송 등에 드는 비용은 실비(實費)의 범위에서 청구인이 부담한다.

④ (X) '문서'에 '전자문서'를 포함한다고 규정한 구 공공기관의 정보공개에 관한 법률 제2조와 정보의 비공개결정을 '문서'로 통지하도록 정한 정보공개법 제13조 제4항의 규정에 의하면 정보의 비공개결정은 전자문서로 통지할 수 있고, 위 규정들은 행정절차법 제3조 제1항에서 행정절차법의 적용이 제외되는 것으로 정한 '다른 법률'에 특별한 규정이 있는 경우에 해당하므로, 비공개결정 당시 정보의 비공개결정은 정보공개법 제13조 제4항에 의하여 전자문서로 통지할 수 있다(대판 2014. 4. 10. 2012두17384).

정답 ①

---

361 [21국가7급]

행정정보의 공개에 대한 설명으로 옳지 않은 것은? (다툼이 있는 경우 판례에 의함)

① 공개청구의 대상이 되는 정보가 인터넷 등을 통하여 공개되어 인터넷검색 등을 통하여 쉽게 알 수 있는 경우에는 비공개결정이 정당화될 수 있다.

② 정보의 공개에 관하여 법률의 구체적인 위임이 없는 「교육공무원승진규정」상 근무성적평정 결과를 공개하지 않는다는 규정을 근거로 정보공개청구를 거부할 수 없다.

③ 의사결정과정에 제공된 회의관련자료나 의사결정과정이 기록된 회의록은 의사가 결정되거나 의사가 집행된 경우에도 비공개 대상정보에 포함될 수 있다.

④ 공공기관이 정보를 보유 · 관리하고 있지 아니한 경우에는 특별한 사정이 없는 한 정보공개거부처분의 취소를 구할 법률상의 이익이 없다.

해설

① (X) 공개청구의 대상이 되는 정보가 이미 다른 사람에게 공개되어 널리 알려져 있다거나 인터넷 등을 통하여 공개되어 인터넷검색 등을 통하여 쉽게 알 수 있다는 사정만으로는 소의 이익이 없다거나 비공개결정이 정당화될 수 없다(대판 2007.7.13, 2005두8733).

② (O) 교육공무원승진규정 제26조에서 근무성적평정의 결과를 공개하지 아니한다고 규정하고 있다고 하더라도 위 교육공무원승진규정은 공공기관의 정보공개에 관한 법률 제9조 제1항 제1호에서 말하는 법률이 위임한 명령에 해당하지 아니하므로 위 규정을 근거로 정보공개청구를 거부하는 것은 잘못이다(대판 2006.10.26, 2006두11910).

③ (O) 의사결정과정에 제공된 회의관련 자료나 의사결정과정이 기록된 회의록 등은 의사가 결정되거나 의사가 집행된 경우에는 더 이상 의사결정과정에 있는 사항 그 자체라고는 할 수 없으나, 의사결정과정에 있는 사항에 준하는 사항으로서 비공개대상정보에 포함될 수 있다. 따라서 학교환경위생구역 내 금지행위(숙박시설) 해제결정에 관한 학교환경위생정화위원회의 회의록에 기재된 발언내용에 대한 해당 발언자의 인적사항 부분에 관한 정보는 공공기관의 정보공개에 관한 법률 제7조 제1항 제5호 소정의 비공개대상에 해당한다(대판 2003.8.22, 2002두12946).

④ (O) 공공기관이 그 정보를 보유·관리하고 있지 아니한 경우에는 특별한 사정이 없는 한 정보공개거부처분의 취소를 구할 법률상의 이익이 없다(대판 2006.01.13, 2003두9459).

정답 ①

362 [16경행특채]

「공공기관의 정보공개에 관한 법률」상 정보공개절차를 설명한 것이다. 다음 중 가장 적절한 것은?

① 공공기관은 정보공개의 청구를 받으면 그 청구를 받은 날부터 20일 이내에 공개 여부를 결정하여야 한다.

② 공공기관은 정보의 공개를 결정한 경우에는 공개의 일시 및 장소 등을 분명히 밝혀 청구인에게 통지하여야 한다.

③ 공개 청구한 정보가 비공개 대상에 해당하는 부분과 공개 가능한 부분이 혼합되어 있는 경우로서 공개 청구의 취지에 어긋나지 아니하는 범위에서 두 부분을 분리할 수 있는 경우라도 비공개 대상에 해당하는 부분을 제외하고 공개할 수 없다.

④ 공공기관은 전자적 형태로 보유·관리하는 정보에 대하여 청구인이 전자적 형태로 공개하여 줄 것을 요청하더라도 이를 출력한 형태로 공개하는 것이 원칙이다.

해설

① (X)

> **공공기관의 정보공개에 관한 법률 제11조(정보공개 여부의 결정)** ① 공공기관은 제10조에 따라 정보공개의 청구를 받으면 그 청구를 받은 날부터 10일 이내에 공개 여부를 결정하여야 한다.

② (O)

> **공공기관의 정보공개에 관한 법률 제13조(정보공개 여부 결정의 통지)** ① 공공기관은 제11조에 따라 정보의 공개를 결정한 경우에는 공개의 일시 및 장소 등을 분명히 밝혀 청구인에게 통지하여야 한다.

③ (X)

> **공공기관의 정보공개에 관한 법률 제14조(부분 공개)** 공개 청구한 정보가 제9조제1항 각 호의 어느 하나에 해당하는 부분과 공개 가능한 부분이 혼합되어 있는 경우로서 공개 청구의 취지에 어긋나지 아니하는 범위에서 두 부분을 분리할 수 있는 경우에는 제9조제1항 각 호의 어느 하나에 해당하는 부분을 제외하고 공개하여야 한다.

④ (X)

> **공공기관의 정보공개에 관한 법률 제15조(정보의 전자적 공개)** ① 공공기관은 전자적 형태로 보유·관리하는 정보에 대하여 청구인이 전자적 형태로 공개하여 줄 것을 요청하는 경우에는 그 정보의 성질상 현저히 곤란한 경우를 제외하고는 청구인의 요청에 따라야 한다.

정답 ②

363 [20국가9급]

정보공개에 대한 설명으로 옳지 않은 것은? (다툼이 있는 경우 판례에 의함)

① 정보공개거부처분의 취소를 구하는 소송에서 공공기관이 청구정보를 증거 등으로 법원에 제출하여 법원을 통하여 그 사본을 청구인에게 교부 또는 송달되게 하여 청구인에게 정보를 공개하는 셈이 되었다면, 이러한 우회적인 방법에 의한 공개는 공공기관의 정보공개에 관한 법률에 의한 공개라고 볼 수 있다.

② 정보공개청구권자에는 자연인은 물론 법인, 권리능력 없는 사단·재단도 포함되고, 법인, 권리능력 없는 사단·재단 등의 경우에는 설립목적을 불문한다.

③ 공개청구의 대상이 되는 정보가 이미 다른 사람에게 공개되어 널리 알려져 있다거나 인터넷 등을 통하여 공개되어 인터넷검색 등을 통하여 쉽게 알 수 있다는 사정만으로는 비공개결정이 정당화될 수 없다.

④ 공공기관의 정보공개에 관한 법률은 정보공개청구권자가 공개를 청구하는 정보와 어떤 관련성을 가질 것을 요구하거나 정보공개청구의 목적에 특별한 제한을 두고 있지 아니하므로 정보공개청구권자의 권리구제 가능성 등은 정보의 공개 여부 결정에 아무런 영향을 미치지 못한다.

해설

① (X) 청구인이 정보공개거부처분의 취소를 구하는 소송에서 공공기관이 청구정보를 증거 등으로 법원에 제출하여 법원을 통하여 그 사본을 청구인에게 교부 또는 송달되게 하여 결과적으로 청구인에게 정보를 공개하는 셈이 되었다고 하더라도, 이러한 우회적인 방법은 정보공개법이 예정하고 있지 아니한 방법으로서 정보공개법에 의한 공개라고 볼 수는 없으므로, 당해 정보의 비공개결정의 취소를 구할 소의 이익은 소멸되지 않는다(대판 2016. 12. 15. 2012두11409).

② (O) 공기관의 정보공개에 관한 법률 제6조 제1항은 "모든 국민은 정보의 공개를 청구할 권리를 가진다."고 규정하고 있는데, 여기에서 말하는 국민에는 자연인은 물론 법인, 권리능력 없는 사단·재단도 포함되고, 법인, 권리능력 없는 사단·재단 등의 경우에는 설립목적을 불문한다(대판 2003.12.12. 2003두8050).

③ (O) 공개청구의 대상이 되는 정보가 이미 다른 사람에게 공개되어 널리 알려져 있다거나 인터넷 등을 통하여 공개되어 인터넷검색 등을 통하여 쉽게 알 수 있다는 사정만으로는 소의 이익이 없다거나 비공개결정이 정당화될 수 없다(대판 2007.7.13, 2005두8733).

④ (O) 공공기관의 정보공개에 관한 법률은 정보공개의 원칙을 선언하고 있으며(제3조), 모든 국민은 정보의 공개를 청구할 권리를 가진다고 하면서(제5조 제1항) 비공개대상정보에 해당하지 않는 한 공공기관이 보유·관리하는 정보는 공개 대상이 된다고 규정하고 있을 뿐(제9조 제1항) 정보공개 청구권자가 공개를 청구하는 정보와 어떤 관련성을 가질 것을 요구하거나 정보공개청구의 목적에 특별한 제한을 두고 있지 아니하므로 정보공개 청구권자의 권리구제 가능성 등은 정보의 공개 여부 결정에 아무런 영향을 미치지 못한다(대판 2017. 9. 7. 2017두44558).

정답 ①

364 [18국가7급]

「공공기관의 정보공개에 관한 법률」에 대한 설명으로 옳지 않은 것은? (다툼이 있는 경우 판례에 의함)

① 공공기관이 공개청구대상 정보를 청구인이 신청한 공개방법 이외의 방법으로 공개하는 결정을 한 경우, 정보공개청구 중 정보공개방법 부분에 대하여 일부 거부처분을 한 것이다.

② 정보비공개결정 취소소송에서 공공기관이 청구정보를 증거로 법원에 제출하여 법원을 통하여 그 사본을 청구인에게 교부되게 하여 정보를 공개하게 된 경우에는 비공개결정의 취소를 구할 소의 이익이 소멸한다.

③ 통일에 관한 사항으로서 공개될 경우 국가의 중대한 이익을 현저히 해칠 우려가 있다고 인정되는 정보는 비공개대상정보에 해당한다.

④ 공개하는 것이 공익을 위하여 필요한 경우로서 법령에 따라 국가가 업무의 일부를 위탁 또는 위촉한 개인의 성명·직업은, 공개되면 사생활의 비밀 또는 자유가 침해될 우려가 있다고 인정되더라도 공개대상정보에 해당한다.

해설

① (O) 청구인에게는 특정한 공개방법을 지정하여 정보공개를 청구할 수 있는 법령상 신청권이 있다. 따라서 공공기관이 공개청구의 대상이 된 정보를 공개는 하되, 청구인이 신청한 공개방법 이외의 방법으로 공개하기로 하는 결정을 하였다면, 이는 정보공개청구 중 정보공개방법에 관한 부분에 대하여 일부 거부처분을 한 것이고, 청구인은 그에 대하여 항고소송으로 다툴 수 있다(대판 2016. 11. 10. 2016두44674).

② (X) 청구인이 정보공개거부처분의 취소를 구하는 소송에서 공공기관이 청구정보를 증거 등으로 법원에 제출하여 법원을 통하여 그 사본을 청구인에게 교부 또는 송달되게 하여 결과적으로 청구인에게 정보를 공개하는 셈이 되었다고 하더라도, 이러한 우회적인 방법은 정보공개법이 예정하고 있지 아니한 방법으로서 정보공개법에 의한 공개라고 볼 수는 없으므로, 당해 정보의 비공개결정의 취소를 구할 소의 이익은 소멸되지 않는다(대판 2016. 12. 15. 2012두11409).

③ (O)

> **공공기관의 정보공개에 관한 법률 제9조(비공개 대상 정보)** ① 공공기관이 보유·관리하는 정보는 공개 대상이 된다. 다만, 다음 각 호의 어느 하나에 해당하는 정보는 공개하지 아니할 수 있다.
> 2. 국가안전보장·국방·통일·외교관계 등에 관한 사항으로서 공개될 경우 국가의 중대한 이익을 현저히 해칠 우려가 있다고 인정되는 정보

④ (O) 공공기관의 정보공개에 관한 법률 제9조 제1항 제6호 라목.

정답 ②

365 [19서울7급]

정보공개에 대한 판례의 내용으로 가장 옳지 않은 것은?

① 한·일 군사정보보호협정 및 한·일 상호군수지원협정과 관련하여 각종 회의자료 및 회의록 등의 정보는 정보공개법상 공개가 가능한 부분과 공개가 불가능한 부분을 쉽게 분리하는 것이 불가능한 비공개정보에 해당하지 아니한다.

② 공개를 거부한 정보에 비공개사유에 해당하는 부분과 그렇지 않은 부분이 혼합되어 있고, 공개청구의 취지에 어긋나지 않는 범위 안에서 두 부분을 분리할 수 있는 경우에는 법원은 공개가 가능한 정보에 한하여 일부 취소를 명할 수 있다.

③ 외국 기관으로부터 비공개를 전제로 정보를 입수하였다는 이유만으로, 이를 공개할 경우 업무의 공정한 수행에 현저한 지장을 받을 것이라 단정할 수 없다.

④ 공공기관이 청구인이 신청한 공개방법 이외의 방법으로 공개하기로 결정하였다면, 이는 정보공개청구 중 정보공개방법에 관한 부분에 대하여 일부 거부처분을 한 것이므로 이에 대해 항고소송으로 다툴 수 있다.

해설

① **(X)** 갑이 외교부장관에게 한·일 군사정보보호협정 및 한·일 상호군수지원협정과 관련하여 각종 회의자료 및 회의록 등의 정보에 대한 공개를 청구하였으나, 이 사건 쟁점 정보는 상호 유기적으로 결합되어 있어 공개가 가능한 부분과 공개가 불가능한 부분을 용이하게 분리하는 것이 불가능하고, 이 사건 쟁점 정보에 관한 목록에는 '문서의 제목, 생산 날짜, 문서 내용을 추론할 수 있는 목차 등'이 포함되어 있어 목록의 공개만으로도 한·일 양국 간의 논의 주제와 논의 내용, 그에 대한 우리나라의 입장 및 전략을 추론할 수 있는 가능성이 충분하여 부분공개도 가능하지 않다(대판 2019. 1. 17. 2015두46512).

② **(O)** 법원이 행정기관의 정보공개거부처분의 위법 여부를 심리한 결과, 공개를 거부한 정보에 비공개대상 정보에 해당하는 부분과 공개가 가능한 부분이 혼합되어 있고 공개청구의 취지에 어긋나지 아니하는 범위 안에서 두 부분을 분리할 수 있음을 인정할 수 있을 때에는 청구취지의 변경이 없더라도 공개가 가능한 정보에 관한 부분만의 일부취소를 명할 수 있다(대판 2004.12.9, 2003두12707).

③ **(O)** 외국 또는 외국 기관으로부터 비공개를 전제로 정보를 입수하였다는 이유만으로 이를 공개할 경우 업무의 공정한 수행에 현저한 지장을 받을 것이라고 단정할 수는 없다. 다만 위와 같은 사정은 정보 제공자와의 관계, 정보 제공자의 의사, 정보의 취득 경위, 정보의 내용 등과 함께 업무의 공정한 수행에 현저한 지장이 있는지를 판단할 때 고려하여야 할 형량 요소이다(대판 2018. 9. 28. 2017두69892).

④ **(O)** 청구인에게는 특정한 공개방법을 지정하여 정보공개를 청구할 수 있는 법령상 신청권이 있다. 따라서 공공기관이 공개청구의 대상이 된 정보를 공개는 하되, 청구인이 신청한 공개방법 이외의 방법으로 공개하기로 하는 결정을 하였다면, 이는 정보공개청구 중 정보공개방법에 관한 부분에 대하여 일부 거부처분을 한 것이고, 청구인은 그에 대하여 항고소송으로 다툴 수 있다(대판 2016. 11. 10. 2016두44674).

정답 ①

366 [19국가7급]

정보공개에 대한 판례의 입장으로 옳은 것은?

① 공공기관이 정보공개청구권자가 신청한 공개방법 이외의 방법으로 정보를 공개하기로 하는 결정을 하였다면, 정보공개청구자는 이에 대하여 항고소송으로 다툴 수 있다.

② 공개청구된 정보가 이미 인터넷을 통해 공개되어 인터넷검색으로 쉽게 접근할 수 있는 경우는 비공개사유가 된다.

③ 공개청구된 정보를 공공기관이 한때 보유·관리하였으나 후에 그 정보가 담긴 문서가 정당하게 폐기되어 존재하지 않게 된 경우, 정보 보유·관리 여부의 입증책임은 정보공개청구자에게 있다.

④ 정보공개를 청구한 목적이 손해배상소송에 제출할 증거자료를 획득하기 위한 것이었고 그 소송이 이미 종결되었다면, 그러한 정보공개청구는 권리남용에 해당한다.

해설

① (O) 청구인에게는 특정한 공개방법을 지정하여 정보공개를 청구할 수 있는 법령상 신청권이 있다. 따라서 공공기관이 공개청구의 대상이 된 정보를 공개는 하되, 청구인이 신청한 공개방법 이외의 방법으로 공개하기로 하는 결정을 하였다면, 이는 정보공개청구 중 정보공개방법에 관한 부분에 대하여 일부 거부처분을 한 것이고, 청구인은 그에 대하여 항고소송으로 다툴 수 있다(대판 2016. 11. 10. 2016두44674).

② (X) 공개청구의 대상이 되는 정보가 이미 다른 사람에게 공개되어 널리 알려져 있다거나 인터넷 등을 통하여 공개되어 인터넷검색 등을 통하여 쉽게 알 수 있다는 사정만으로는 소의 이익이 없다거나 비공개결정이 정당화될 수 없다(대판 2007.7.13, 2005두8733).

③ (X) 공개를 구하는 정보를 공공기관이 한 때 보유·관리하였으나 후에 그 정보가 담긴 문서등이 폐기되어 존재하지 않게 된 것이라면 그 정보를 더 이상 보유·관리하고 있지 아니하다는 점에 대한 증명책임은 공공기관에게 있다(대판 2004.12.09. 2003두12707).

④ (X) 정보공개를 청구한 목적이 이 사건 손해배상소송에 제출할 증거자료를 획득하기 위한 것이었고 위 소송이 이미 종결되었다고 하더라도, 원고가 오로지 피고를 괴롭힐 목적으로 정보공개를 구하고 있다는 등의 특별한 사정이 없는 한, 위와 같은 사정만으로는 원고가 이 사건 소송을 계속하고 있는 것이 권리남용에 해당한다고 볼 수 없다(대판 2004. 9. 23. 2003두1370).

정답 ①

367 [13서울9급]

다음 중 「공공기관의 정보공개에 관한 법률」의 내용에 반하는 것은?

① 공공기관은 공개대상정보가 제3자와 관련이 있다고 인정되는 경우에는 반드시 공개 청구된 사실을 제3자에게 통지하고 그에 대한 의견을 청취한 다음에 공개 여부를 결정하여야 한다.
② 공공기관은 정보의 공개 또는 비공개를 결정한 때에는 이를 청구인에게 통지하여야 한다.
③ 정보공개를 청구한 날로부터 20일 이내에 공공기관이 공개여부를 결정하지 아니한 때에는 비공개의 결정이 있는 것으로 본다.
④ 비공개결정을 통지받은 청구인은 통지를 받은 날로부터 30일 이내에 당해 공공기관에 문서로 이의신청을 할 수 있다.
⑤ 정보공개와 관련하여 법률상 이익을 침해받은 청구인 또는 제3자는 이의신청뿐만 아니라 행정심판, 행정소송도 제기할 수 있다.

해설

① (X)

> **공공기관의 정보공개에 관한 법률 제11조(정보공개 여부의 결정)** ③ 공공기관은 공개 청구된 공개 대상 정보의 전부 또는 일부가 제3자와 관련이 있다고 인정할 때에는 그 사실을 제3자에게 지체 없이 통지하여야 하며, 필요한 경우에는 그의 의견을 들을 수 있다.

② (O)

> **공공기관의 정보공개에 관한 법률 제13조(정보공개 여부 결정의 통지)** ① 공공기관은 제11조에 따라 정보의 공개를 결정한 경우에는 공개의 일시 및 장소 등을 분명히 밝혀 청구인에게 통지하여야 한다.
>
> ⑤ 공공기관은 제11조에 따라 정보의 비공개 결정을 한 경우에는 그 사실을 청구인에게 지체 없이 문서로 통지하여야 한다. 이 경우 제9조제1항 각 호 중 어느 규정에 해당하는 비공개 대상 정보인지를 포함한 비공개 이유와 불복(不服)의 방법 및 절차를 구체적으로 밝혀야 한다.

③ (X) 구법 제11조 제5항에서 "정보공개를 청구한 날부터 20일 이내에 공공기관이 공개여부를 결정하지 아니한 때에는 비공개의 결정이 있는 것으로 본다."라고 하여 비공개결정간주규정을 두었으나, 2013년 8월 6일 개정된 법에서는 삭제되었다.

④ (O) 공공기관의 정보공개에 관한 법률 제18조 제1항.

⑤ (O) 정보공개와 관련하여 법률상 이익을 침해받은 청구인 또는 제3자는 이의신청뿐만 아니라 행정심판(공공기관의 정보공개에 관한 법률 제19조), 행정소송(동법 제20조)도 제기할 수 있다.

정답 ①, ③

368 [09국가9급]

「공공기관의 정보공개에 관한 법률」상의 정보공개청구절차에 관한 내용으로 옳은 것은?

① 정보의 공개를 청구하는 자는 당해 정보를 보유하거나 관리하고 있는 공공기관에 대하여 공개를 청구하는 정보의 내용 및 공개방법을 기재한 정보공개청구서를 제출하거나 구술로써 정보의 공개를 청구할 수 있으며, 정보공개청구권자의 인적사항은 익명을 원칙으로 한다.

② 공공기관은 공개청구된 공개대상정보의 전부 또는 일부가 제3자와 관련이 있다고 인정되는 때에는 그 사실을 제3자에게 지체 없이 통지하여야 하며, 필요한 경우에는 그의 의견을 청취할 수 있다.

③ 공공기관은 전자적 형태로 보유 · 관리하는 정보에 대하여 청구인이 전자적 형태로 공개하여 줄 것을 요청하더라도 이를 출력한 형태로 공개하는 것이 원칙이다.

④ 「공공기관의 정보공개에 관한 법률」에는 부분공개제도가 채택되어 있지 않아, 비공개대상정보에 해당하는 부분과 공개가 가능한 부분을 분리할 수 있는 경우에도 부분공개는 허용되지 않는다.

해설

① **(X)** 익명으로 정보공개를 청구할 수 없다.

> **공공기관의 정보공개에 관한 법률 제10조(정보공개의 청구방법)** ① 정보의 공개를 청구하는 자(이하 "청구인"이라 한다)는 해당 정보를 보유하거나 관리하고 있는 공공기관에 다음 각 호의 사항을 적은 정보공개 청구서를 제출하거나 말로써 정보의 공개를 청구할 수 있다.
> 1. 청구인의 성명·생년월일·주소 및 연락처(전화번호·전자우편주소 등을 말한다. 이하 이 조에서 같다). 다만, 청구인이 법인 또는 단체인 경우에는 그 명칭, 대표자의 성명, 사업자등록번호 또는 이에 준하는 번호, 주된 사무소의 소재지 및 연락처를 말한다.

② **(O)** 공공기관의 정보공개에 관한 법률 제11조 제3항.

③ **(X)**

> **정보공개법 제15조(정보의 전자적 공개)** ① 공공기관은 전자적 형태로 보유·관리하는 정보에 대하여 청구인이 전자적 형태로 공개하여 줄 것을 요청하는 경우에는 당해 정보의 성질상 현저히 곤란한 경우를 제외하고는 청구인의 요청에 응하여야 한다.
>
> ② 공공기관은 전자적 형태로 보유·관리하지 아니하는 정보에 대하여 청구인이 전자적 형태로 공개하여 줄 것을 요청한 경우에는 정상적인 업무수행에 현저한 지장을 초래하거나 당해 정보의 성질이 훼손될 우려가 없는 한 그 정보를 전자적 형태로 변환하여 공개할 수 있다.

④ **(X)**

> **정보공개법 제14조(부분 공개)** 공개 청구한 정보가 제9조 제1항 각 호의 어느 하나에 해당하는 부분과 공개 가능한 부분이 혼합되어 있는 경우로서 공개 청구의 취지에 어긋나지 아니하는 범위에서 두 부분을 분리할 수 있는 경우에는 제9조 제1항 각 호의 어느 하나에 해당하는 부분을 제외하고 공개하여야 한다.

정답 ②

369 [17국가9급(下)]

甲은 행정청 A가 보유 · 관리하는 정보 중 乙과 관련이 있는 정보를 사본 교부의 방법으로 공개하여 줄 것을 청구하였다. 이에 대한 설명으로 옳은 것은? (다툼이 있는 경우 판례에 의함)

① A는 甲이 청구한 사본 교부의 방법이 아닌 열람의 방법으로 정보를 공개할 수 있는 재량을 가진다.
② A가 정보의 주체인 乙로부터 의견을 들은 결과, 乙이 정보의 비공개를 요청한 경우에는 A는 정보를 공개할 수 없다.
③ A가 내부적인 의사결정 과정임을 이유로 정보공개를 거부하였다가 정보공개거부처분 취소소송의 계속 중에 개인의 사생활침해 우려를 공개거부사유로 추가하는 것은 허용되지 않는다.
④ 甲이 공개청구한 정보가 甲과 아무런 이해관계가 없는 경우라면, 정보공개가 거부되더라도 甲은 이를 항고소송으로 다툴 수 있는 법률상 이익이 없다.

해설

① (X) 대판 2003.12.12. 2003두8050.
② (X) 제3자의 비공개요청이 있다는 사유만으로 정보공개법상 정보의 비공개사유에 해당한다고 볼 수 없다(대판 2008.09.25. 2008두8680).
③ (O) 행정처분의 취소를 구하는 항고소송에서 처분청은 당초 처분의 근거로 삼은 사유와 기본적 사실관계가 동일성이 있다고 인정되는 한도 내에서만 다른 사유를 추가 또는 변경할 수 있고, 처분 당시에 이미 존재하고 있었다거나 당사자가 그 사실을 알고 있었다고 하여 당초의 처분사유와 동일성이 있다고 할 수 없다(대판 2011.11.24. 2009두19021).
④ (X) 공공기관에 대하여 정보공개를 청구하였다가 거부처분을 받은 것 자체가 법률상 이익의 침해에 해당한다고 할 것이고, 거부처분을 받은 것 이외에 추가로 어떤 법률상의 이익을 가질 것을 요구하는 것은 아니다(대판 2004. 9. 23. 2003두1370).

정답 ③

370 [21지방7급]

공공기관의 정보공개에 관한 법률상 정보공개에 대한 설명으로 옳지 않은 것은? (다툼이 있는 경우 판례에 의함)

① 청구인이 공공기관에 대하여 정보공개를 청구하였다가 거부처분을 받은 것 자체가 법률상 이익의 침해에 해당한다고 할 것이고, 거부처분을 받은 것 이외에 추가로 어떤 법률상의 이익을 가질 것을 요구하는 것은 아니다.
② 비공개대상정보로 '진행 중인 재판에 관련된 정보'는 재판에 관련된 일체의 정보가 그에 해당하는 것은 아니고, 진행 중인 재판의 심리 또는 재판결과에 구체적으로 영향을 미칠 위험이 있는 정보에 한정된다.
③ 법원이 행정기관의 정보공개거부처분의 위법 여부를 심리한 결과 공개를 거부한 정보에 비공개사유에 해당하는 부분과 그렇지 않은 부분이 혼합되어 있고, 공개청구의 취지에 어긋나지 않는 범위 안에서 두 부분을 분리할 수 있음을 인정할 수 있을 때에도 공개가 가능한 정보에 국한하여 정보공개 거부 처분의 일부취소를 명할 수는 없다.
④ 정보공개를 요구받은 공공기관이 법률에서 정한 비공개사유에 해당하는지를 주장 · 증명하지 아니한 채 개괄적인 사유만을 들어 공개를 거부하는 것은 허용되지 아니한다.

해설

① **(O)** 공공기관에 대하여 정보공개를 청구하였다가 거부처분을 받은 것 자체가 법률상 이익의 침해에 해당한다고 할 것이고, 거부처분을 받은 것 이외에 추가로 어떤 법률상의 이익을 가질 것을 요구하는 것은 아니다(대판 2004. 9. 23. 2003두1370).

② **(O)** 공공기관이 정보공개법 제9조 제1항 제4호에서 정한 '진행 중인 재판에 관련된 정보'에 해당한다는 사유로 정보공개를 거부하기 위하여는 반드시 그 정보가 진행 중인 재판의 소송기록 자체에 포함된 내용일 필요는 없다. 그러나 재판에 관련된 일체의 정보가 그에 해당하는 것은 아니고 진행 중인 재판의 심리 또는 재판결과에 구체적으로 영향을 미칠 위험이 있는 정보에 한정된다고 보는 것이 타당하다(대판 2011.11.24. 2009두19021).

③ **(X)** 법원이 행정기관의 정보공개거부처분의 위법 여부를 심리한 결과, 공개를 거부한 정보에 비공개대상 정보에 해당하는 부분과 공개가 가능한 부분이 혼합되어 있고 공개청구의 취지에 어긋나지 아니하는 범위 안에서 두 부분을 분리할 수 있음을 인정할 수 있을 때에는 청구취지의 변경이 없더라도 공개가 가능한 정보에 관한 부분만의 일부취소를 명할 수 있다(대판 2004.12.9. 2003두12707).

④ **(O)** 공공기관으로서는 같은 법 제7조 제1항 각 호에서 정하고 있는 비공개사유에 해당하지 않는 한 이를 공개하여야 할 것이고, 만일 이를 거부하는 경우라 할지라도 법 제7조 제1항 몇 호에서 정하고 있는 비공개사유에 해당하는지를 주장·입증하여야만 할 것이며, 그에 이르지 아니한 채 개괄적인 사유만을 들어 공개를 거부하는 것은 허용되지 아니한다(대판 2003.12.11. 2001두8827).

정답 ③

공개를 거부한 정보에 비공개대상정보에 해당하는 부분과 공개가 가능한 부분이 혼합되어 있는 경우라면 법원은 정보공개거부처분 전부를 취소해야 한다. [10국가9급]

| 해설

(X) 법원이 공개를 거부한 정보에 비공개대상 정보에 해당하는 부분과 공개가 가능한 부분이 혼합되어 있고 공개청구의 취지에 어긋나지 아니하는 범위 안에서 두 부분을 분리할 수 있음을 인정할 수 있을 때에는 청구취지의 변경이 없더라도 공개가 가능한 정보에 관한 부분만의 일부취소를 명할 수 있다(대판 2004.12.9. 2003두12707).

제2절 | 개인정보보호제도

I 의의

II 법적근거

371 [18지방7급]

개인정보 보호법에 대한 설명으로 옳지 않은 것은? (다툼이 있는 경우 판례에 의함)

① 시장 · 군수 또는 구청장이 개인의 지문정보를 수집하고, 경찰청장이 이를 보관 · 전산화하여 범죄수사목적에 이용하는 것은 모두 개인정보자기결정권을 제한하는 것이다.

② 개인정보자기결정권의 보호대상이 되는 개인정보는 개인의 신체, 신념, 사회적 지위, 신분 등과 같이 개인의 인격주체성을 특징짓는 사항으로서 그 개인의 동일성을 식별할 수 있는 일체의 정보이고, 이미 공개된 개인정보는 포함하지 않는다.

③ 개인정보 보호법을 위반한 개인정보처리자의 행위로 손해를 입은 정보주체가 개인정보처리자에게 손해배상을 청구한 경우, 그 개인정보처리자는 고의 또는 과실이 없음을 입증하지 아니하면 책임을 면할 수 없다.

④ 법인의 정보는 개인정보 보호법의 보호대상이 아니다.

해설

① **(O)** 개인의 고유성, 동일성을 나타내는 지문은 그 정보주체를 타인으로부터 식별가능하게 하는 개인정보이므로, 시장 · 군수 또는 구청장이 개인의 지문정보를 수집하고, 경찰청장이 이를 보관 · 전산화하여 범죄수사목적에 이용하는 것은 모두 개인정보자기결정권을 제한하는 것이다(헌재 2005. 5. 26. 99헌마513 등 [기각]).

② **(X)** 개인정보자기결정권의 보호대상이 되는 개인정보는 개인의 신체, 신념, 사회적 지위, 신분 등과 같이 개인의 인격주체성을 특징짓는 사항으로서 그 개인의 동일성을 식별할 수 있게 하는 일체의 정보라고 할 수 있고, 반드시 개인의 내밀한 영역이나 사사의 영역에 속하는 정보에 국한되지 않고 공적 생활에서 형성되었거나 이미 공개된 개인정보까지 포함한다(헌재 2005.7.21. 2003헌마282 등).

③ **(O)**

> **개인정보 보호법 제39조(손해배상책임)** ① 정보주체는 개인정보처리자가 이 법을 위반한 행위로 손해를 입으면 개인정보처리자에게 손해배상을 청구할 수 있다. 이 경우 그 개인정보처리자는 고의 또는 과실이 없음을 입증하지 아니하면 책임을 면할 수 없다.

④ **(O)**

> **개인정보 보호법 제2조(정의)** 이 법에서 사용하는 용어의 뜻은 다음과 같다.
> 1. "개인정보"란 살아 있는 개인에 관한 정보로서 다음 각 목의 어느 하나에 해당하는 정보를 말한다.

정답 ②

III 개인정보 보호법의 주요내용

372 [18서울7급]

「개인정보보호법」의 내용으로 가장 옳지 않은 것은?

① 개인정보는 살아 있는 개인에 관한 정보로서 성명, 주민등록번호 및 영상 등을 통하여 개인을 알아볼 수 있는 정보이며, 해당 정보만으로는 특정 개인을 알아볼 수 없다면, 다른 정보와 쉽게 결합하여 그 개인을 알아볼 수 있는 경우라도 개인정보라 할 수 없다.

② 개인정보처리자는 법령상 의무를 준수하기 위하여 불가피한 경우에는 개인정보를 수집할 수 있으며 그 수집 목적의 범위 내에서 이용할 수 있다.

③ 개인정보처리자로부터 개인정보를 제공받은 자는 정보주체로부터 별도의 동의를 받은 경우나 다른 법률에 특별한 규정이 있는 경우를 제외하고는 개인정보를 제공받은 목적 외의 용도로 이용하거나 이를 제3자에게 제공하여서는 아니 된다.

④ 개인정보처리자의 고의 또는 중대한 과실로 인하여 개인정보가 유출된 경우로서 정보주체에게 손해가 발생한 때에는 법원은 그 손해액의 3배를 넘지 아니하는 범위에서 손해배상액을 정할 수 있다.

해설

① (X)

> **개인정보 보호법 제2조(정의)** 이 법에서 사용하는 용어의 뜻은 다음과 같다.
> 1. "개인정보"란 살아 있는 개인에 관한 정보로서 다음 각 목의 어느 하나에 해당하는 정보를 말한다.
> 가. 성명, 주민등록번호 및 영상 등을 통하여 개인을 알아볼 수 있는 정보
> 나. 해당 정보만으로는 특정 개인을 알아볼 수 없더라도 다른 정보와 쉽게 결합하여 알아볼 수 있는 정보. 이 경우 쉽게 결합할 수 있는지 여부는 다른 정보의 입수 가능성 등 개인을 알아보는 데 소요되는 시간, 비용, 기술 등을 합리적으로 고려하여야 한다.
> 다. 가목 또는 나목을 제1호의2에 따라 가명처리함으로써 원래의 상태로 복원하기 위한 추가 정보의 사용·결합 없이는 특정 개인을 알아볼 수 없는 정보(이하 "가명정보"라 한다)

② (O) ③ (O)

> **개인정보 보호법 제15조(개인정보의 수집·이용)** ① 개인정보처리자는 다음 각 호의 어느 하나에 해당하는 경우에는 개인정보를 수집할 수 있으며 그 수집 목적의 범위에서 이용할 수 있다.
> 1. 정보주체의 동의를 받은 경우
> 2. 법률에 특별한 규정이 있거나 법령상 의무를 준수하기 위하여 불가피한 경우
> 3. 공공기관이 법령 등에서 정하는 소관 업무의 수행을 위하여 불가피한 경우
> 4. 정보주체와의 계약의 체결 및 이행을 위하여 불가피하게 필요한 경우
> 5. 정보주체 또는 그 법정대리인이 의사표시를 할 수 없는 상태에 있거나 주소불명 등으로 사전 동의를 받을 수 없는 경우로서 명백히 정보주체 또는 제3자의 급박한 생명, 신체, 재산의 이익을 위하여 필요하다고 인정되는 경우
> 6. 개인정보처리자의 정당한 이익을 달성하기 위하여 필요한 경우로서 명백하게 정보주체의 권리보다 우선하는 경우. 이 경우 개인정보처리자의 정당한 이익과 상당한 관련이 있고 합리적인 범위를 초과하지 아니하는 경우에 한한다.
>
> **제17조(개인정보의 제공)** ① 개인정보처리자는 다음 각 호의 어느 하나에 해당되는 경우에는 정보주체의 개인정보를 제3자에게 제공(공유를 포함한다. 이하 같다)할 수 있다.
> 1. 정보주체의 동의를 받은 경우
> 2. 제15조 제1항 제2호·제3호·제5호 및 제39조의3 제2항 제2호·제3호에 따라 개인정보를 수집한 목적 범위에서 개인정보를 제공하는 경우

④ (X) 출제 당시에는 맞는 지문이었으나, 2023년 법 개정으로 5배를 넘지 아니하는 범위 내에서 정할 수 있다.

> **개인정보 보호법 제39조(개인정보의 수집·이용)** ③ 개인정보처리자의 고의 또는 중대한 과실로 인하여 개인정보가 분실·도난·유출·위조·변조 또는 훼손된 경우로서 정보주체에게 손해가 발생한 때에는 법원은 그 손해액의 5배를 넘지 아니하는 범위에서 손해배상액을 정할 수 있다. 다만 개인정보처리자가 고의 또는 중대한 과실이 없음을 증명한 경우에는 그러하지 아니하다.

정답 ①

개인정보에 관한 분쟁의 조정을 위하여 위원장 1명을 포함한 20명 이내의 위원으로 구성된 개인정보보호심의위원회를 두고 있다. [12지방9급]

| 해설

(X) 개인정보 보호위원회, 분쟁조정위원회는 존재하지만 개인정보심의의원회는 존재하지 않는다.

개인정보 보호법 제40조(설치 및 구성) ① 개인정보에 관한 분쟁의 조정(調停)을 위하여 개인정보 분쟁조정위원회(이하 "분쟁조정위원회"라 한다)를 둔다.

② 분쟁조정위원회는 위원장 1명을 포함한 20명 이내의 위원으로 구성하며, 위원은 당연직위원과 위촉위원으로 구성한다.

373 [21국가9급]

개인정보의 보호에 대한 판례의 설명으로 옳은 것만을 모두 고르면?

ㄱ. 개인정보자기결정권의 보호대상이 되는 개인정보는 반드시 개인의 내밀한 영역에 속하는 정보에 국한되지 않고 공적 생활에서 형성되었거나 이미 공개된 개인정보까지 포함한다.

ㄴ. 이미 공개된 개인정보를 정보주체의 동의가 있었다고 객관적으로 인정되는 범위 내에서 처리를 할 때는 정보주체의 별도의 동의는 불필요하다고 보아야 하고, 별도의 동의를 받지 아니하였다고 하여 「개인정보 보호법」을 위반한 것으로 볼 수 없다.

ㄷ. 개인정보 처리위탁에 있어 수탁자는 정보제공자의 관리·감독 아래 위탁받은 범위 내에서만 개인정보를 처리하게 되지만, 위탁자로부터 위탁사무처리에 따른 대가를 지급받는 이상 개인정보 처리에 관하여 독자적인 이익을 가지므로, 그러한 수탁자는 「개인정보 보호법」 제17조에 의해 개인정보처리자가 정보주체의 개인정보를 제공할 수 있는 '제3자'에 해당한다.

ㄹ. 인터넷 포털사이트 등의 개인정보 유출사고로 주민등록번호가 불법 유출 되어 그 피해자가 주민등록번호 변경을 신청했으나 구청장이 거부 통지를 한 사안에서, 피해자의 의사와 무관하게 주민등록번호가 유출된 경우에는 조리상 주민등록번호의 변경요구신청권을 인정함이 타당하다.

① ㄱ, ㄷ　　② ㄴ, ㄹ

③ ㄱ, ㄴ, ㄷ　　④ ㄱ, ㄴ, ㄹ

해설

ㄱ. (O) 개인정보자기결정권의 보호대상이 되는 개인정보는 개인의 신체, 신념, 사회적 지위, 신분 등과 같이 개인의 인격주체성을 특징짓는 사항으로서 그 개인의 동일성을 식별할 수 있게 하는 일체의 정보라고 할 수 있고, 반드시 개인의 내밀한 영역이나 사사의 영역에 속하는 정보에 국한되지 않고 공적 생활에서 형성되었거나 이미 공개된 개인정보까지 포함한다(헌재 2005.7.21. 2003헌마282 등).

ㄴ. (O) 이미 공개된 개인정보를 정보주체의 동의가 있었다고 객관적으로 인정되는 범위 내에서 수집·이용·제공 등 처리를 할 때는 정보주체의 별도의 동의는 불필요하다고 보아야 하고, 별도의 동의를 받지 아니하였다고 하여 개인정보 보호법 제15조나 제17조를 위반한 것으로 볼 수 없다(대판 2016. 8. 17. 2014다235080).

ㄷ. (X) 개인정보 처리위탁에 있어 수탁자는 위탁자로부터 위탁사무 처리에 따른 대가를 지급받는 것 외에는 개인정보 처리에 관하여 독자적인 이익을 가지지 않고, 정보제공자의 관리 · 감독 아래 위탁받은 범위 내에서만 개인정보를 처리하게 되므로, 개인정보 보호법 제17조와 정보통신망법 제24조의2에 정한 '제3자'에 해당하지 않는다(대판 2017. 4. 7. 2016도13263).

ㄹ. (O) 피해자의 의사와 무관하게 주민등록번호가 유출된 경우에는 조리상 주민등록번호의 변경을 요구할 신청권을 인정함이 타당하고, 구청장의 주민등록번호 변경신청 거부행위는 항고소송의 대상이 되는 행정처분에 해당한다(대판 2017. 6. 15. 2013두2945).

정답 ④

374 [16지방7급]

「개인정보 보호법」에 대한 설명으로 옳은 것은?

① 개인정보처리자란 개인정보파일을 운용하기 위하여 스스로 개인정보를 처리하는 공공기관, 법인, 단체 및 개인 등을 말한다.

② 개인정보처리자가 「개인정보 보호법」상의 허용요건을 충족하여 개인정보를 수집하는 경우에는 그 목적에 필요한 최소한의 개인정보를 수집하여야 한다. 이 경우 개인정보처리자가 최소한의 개인정보 수집이라는 의무를 위반한 경우 그 입증책임은 이의를 제기하는 정보주체가 부담한다.

③ 불특정 다수가 이용하는 목욕실, 화장실, 발한실(發汗室), 탈의실 등에의 영상정보처리기기 설치는 대통령령으로 정하는 바에 따라 안내판 설치 등 필요한 조치를 취하는 경우에만 허용된다.

④ 개인정보처리자는 「개인정보 보호법」에 따라 개인정보의 처리에 대하여 정보주체의 동의를 받을 때에는, 정보주체와의 계약 체결 등을 위하여 정보주체의 동의 없이 처리할 수 있는 개인정보와 정보주체의 동의가 필요한 개인정보를 구분하여야 한다. 이 경우 동의 없이 처리할 수 있는 개인정보라는 입증책임은 개인정보처리자가 부담한다.

해설

① (X)

> **개인정보 보호법 제2조(정의)** 이 법에서 사용하는 용어의 뜻은 다음과 같다.
>
> 5. "개인정보처리자"란 업무를 목적으로 개인정보파일을 운용하기 위하여 스스로 또는 다른 사람을 통하여 개인정보를 처리하는 공공기관, 법인, 단체 및 개인 등을 말한다.

② (X)

> **개인정보 보호법 제16조(개인정보의 수집 제한)** ① 개인정보처리자는 제15조 제1항 각 호의 어느 하나에 해당하여 개인정보를 수집하는 경우에는 그 목적에 필요한 최소한의 개인정보를 수집하여야 한다. 이 경우 최소한의 개인정보 수집이라는 입증책임은 개인정보처리자가 부담한다.

③ (X)

> **개인정보 보호법 제25조(영상정보처리기기의 설치·운영 제한)** ② 누구든지 불특정 다수가 이용하는 목욕실, 화장실, 발한실(發汗室), 탈의실 등 개인의 사생활을 현저히 침해할 우려가 있는 장소의 내부를 볼 수 있도록 영상정보처리기기를 설치·운영하여서는 아니 된다. 다만, 교도소, 정신보건 시설 등 법령에 근거하여 사람을 구금하거나 보호하는 시설로서 대통령령으로 정하는 시설에 대하여는 그러하지 아니하다.

④ (O)

> **개인정보 보호법 제22조(동의를 받는 방법)** ① 개인정보처리자는 이 법에 따른 개인정보의 처리에 대하여 정보주체(제6항에 따른 법정대리인을 포함한다. 이하 이 조에서 같다)의 동의를 받을 때에는 각각의 동의 사항을 구분하여 정보주체가 이를 명확하게 인지할 수 있도록 알리고 각각 동의를 받아야 한다.
>
> ③ 개인정보처리자는 제15조 제1항 제1호, 제17조 제1항 제1호, 제23조 제1항 제1호 및 제24조제1항제1호에 따라 개인정보의 처리에 대하여 정보주체의 동의를 받을 때에는 정보주체와의 계약 체결 등을 위하여 정보주체의 동의 없이 처리할 수 있는 개인정보와 정보주체의 동의가 필요한 개인정보를 구분하여야 한다. 이 경우 동의 없이 처리할 수 있는 개인정보라는 입증책임은 개인정보처리자가 부담한다.

정답 ④

375 [16서울7급]

「개인정보 보호법」에 대한 설명으로 가장 옳은 것은?

① 개인정보처리자는 법령에서 민감정보의 처리를 요구 또는 허용하는 경우에도 정보주체의 동의를 받지 못하면 민감정보를 처리할 수 없다.

② 개인정보처리자가 이 법에 따라 최소한의 개인정보를 수집한 경우, 최소 필요성 요건의 충족 여부에 대한 입증책임은 정보주체에게 있다.

③ 개인정보분쟁조정위원회의 조정을 분쟁당사자가 수락하는 경우, 조정의 내용은 재판상 화해와 동일한 효력을 갖는다.

④ 공공기관의 장이 개인정보파일을 운용하는 경우에는 개인 정보파일의 명칭, 운용목적, 처리 방법, 보유기간 등을 미래창조과학부장관에게 등록하여야 한다.

해설

① (X) 동의가 없어도 법령에서 허용하는 경우 처리할 수 있다.

> **개인정보 보호법 제23조(민감정보의 처리 제한)** ① 개인정보처리자는 사상·신념, 노동조합·정당의 가입·탈퇴, 정치적 견해, 건강, 성생활 등에 관한 정보, 그 밖에 정보주체의 사생활을 현저히 침해할 우려가 있는 개인정보로서 대통령령으로 정하는 정보(이하 "민감정보"라 한다)를 처리하여서는 아니 된다. 다만, 다음 각 호의 어느 하나에 해당하는 경우에는 그러하지 아니하다.
>
> 1. 정보주체에게 제15조제2항 각 호 또는 제17조제2항 각 호의 사항을 알리고 다른 개인정보의 처리에 대한 동의와 별도로 동의를 받은 경우
> 2. 법령에서 민감정보의 처리를 요구하거나 허용하는 경우

② (X) 개인정보 보호법 제16조 제1항.

③ (O)

> **개인정보 보호법 제47조(분쟁의 조정)** ① 분쟁조정위원회는 다음 각 호의 어느 하나의 사항을 포함하여 조정안을 작성할 수 있다.
>
> 1. 조사 대상 침해행위의 중지
> 2. 원상회복, 손해배상, 그 밖에 필요한 구제조치
> 3. 같거나 비슷한 침해의 재발을 방지하기 위하여 필요한 조치
>
> ② 분쟁조정위원회는 제1항에 따라 조정안을 작성하면 지체 없이 각 당사자에게 제시하여야 한다.
>
> ③ 제1항에 따라 조정안을 제시받은 당사자가 제시받은 날부터 15일 이내에 수락 여부를 알리지 아니하면 조정을 거부한 것으로 본다.
>
> ④ 당사자가 조정내용을 수락한 경우 분쟁조정위원회는 조정서를 작성하고, 분쟁조정위원회의 위원장과 각 당사자가 기명날인하여야 한다.
>
> ⑤ 제4항에 따른 조정의 내용은 재판상 화해와 동일한 효력을 갖는다.

④ (X)

> **개인정보 보호법 제32조(개인정보파일의 등록 및 공개)** ① 공공기관의 장이 개인정보파일을 운용하는 경우에는 다음 각 호의 사항을 보호위원회에 등록하여야 한다. 등록한 사항이 변경된 경우에도 또한 같다
>
> 1. 개인정보파일의 명칭
> 2. 개인정보파일의 운영 근거 및 목적
> 3. 개인정보파일에 기록되는 개인정보의 항목
> 4. 개인정보의 처리방법
> 5. 개인정보의 보유기간
> 6. 개인정보를 통상적 또는 반복적으로 제공하는 경우에는 그 제공받는 자
> 7. 그 밖에 대통령령으로 정하는 사항

정답 ③

376 [18국가9급]

「개인정보 보호법」상 개인정보 보호에 대한 설명으로 옳지 않은 것은? (다툼이 있는 경우 판례에 의함)

① 헌법재판소는 개인정보자기결정권을 사생활의 비밀과 자유, 일반적 인격권 등을 이념적 기초로 하는 독자적 기본권으로서 헌법에 명시되지 않은 기본권으로 보고 있다.

② 「개인정보 보호법」에는 개인정보 단체소송을 제기할 수 있는 단체에 대한 제한을 두고 있지 않으므로 법인격이 있는 단체라면 어느 단체든지 권리침해 행위의 금지·중지를 구하는 소송을 제기할 수 있다.

③ 개인정보처리자의 「개인정보 보호법」 위반행위로 손해를 입은 정보주체는 개인정보처리자에게 손해배상을 청구할 수 있고, 그 개인정보처리자는 고의 또는 과실이 없음을 입증하지 않으면 책임을 면할 수 없다.

④ 「개인정보 보호법」은 집단분쟁조정제도에 대하여 규정하고 있다.

해설

① **(O)** 개인정보자기결정권의 헌법상 근거로는 헌법 제17조의 사생활의 비밀과 자유, 헌법 제10조 제1문의 인간의 존엄과 가치 및 행복추구권에 근거를 둔 일반적 인격권 또는 위 조문들과 동시에 우리 헌법의 자유민주적 기본질서 규정 또는 국민주권원리와 민주주의원리 등을 고려할 수 있으나, 그 헌법적 근거를 굳이 어느 한 두개에 국한시키는 것은 바람직하지 않은 것으로 보이고, 오히려 개인정보자기결정권은 이들을 이념적 기초로 하는 독자적 기본권으로서 헌법에 명시되지 아니한 기본권이라고 보아야 할 것이다(헌재 2005. 5. 26. 99헌마513).

② **(X)**

> **개인정보 보호법 제51조(단체소송의 대상 등)** 다음 각 호의 어느 하나에 해당하는 단체는 개인정보처리자가 제49조에 따른 집단분쟁조정을 거부하거나 집단분쟁조정의 결과를 수락하지 아니한 경우에는 법원에 권리침해 행위의 금지·중지를 구하는 소송(이하 "단체소송"이라 한다)을 제기할 수 있다.
> 1. 「소비자기본법」 제29조에 따라 공정거래위원회에 등록한 소비자단체로서 다음 각 목의 요건을 모두 갖춘 단체
>   가. 정관에 따라 상시적으로 정보주체의 권익증진을 주된 목적으로 하는 단체일 것
>   나. 단체의 정회원수가 1천명 이상일 것
>   다. 「소비자기본법」 제29조에 따른 등록 후 3년이 경과하였을 것

③ **(O)**

> **개인정보 보호법 제39조(손해배상책임)** ① 정보주체는 개인정보처리자가 이 법을 위반한 행위로 손해를 입으면 개인정보처리자에게 손해배상을 청구할 수 있다. 이 경우 그 개인정보처리자는 고의 또는 과실이 없음을 입증하지 아니하면 책임을 면할 수 없다.

④ **(O)**

> **개인정보 보호법 제49조(집단분쟁조정)** ① 국가 및 지방자치단체, 개인정보 보호단체 및 기관, 정보주체, 개인정보처리자는 정보주체의 피해 또는 권리침해가 다수의 정보주체에게 같거나 비슷한 유형으로 발생하는 경우로서 대통령령으로 정하는 사건에 대하여는 분쟁조정위원회에 일괄적인 분쟁조정(이하 "집단분쟁조정"이라 한다)을 의뢰 또는 신청할 수 있다.

정답 ②

4

행정의 실효성 확보수단

제1장 행정상의 강제집행

제1절 | 행정상 강제집행

제2절 | 대집행(代執行)

377 [19서울9급(上)]

행정대집행에 관한 설명으로 옳지 않은 것은?

① 관계 법령상 행정대집행의 절차가 인정되어 행정청이 행정대집행의 방법으로 건물의 철거 등 대체적 작위의무의 이행을 실현할 수 있는 경우에도 따로 민사소송의 방법으로 그 의무의 이행을 구할 수 있다.

② 건물의 점유자가 철거의무자일 때에는 건물철거의무에 퇴거의무도 포함되어 있는 것이어서 별도로 퇴거를 명하는 집행권원이 필요하지 않다.

③ 행정청이 행정대집행의 방법으로 건물철거의무의 이행을 실현할 수 있는 경우에는 건물철거 대집행과정에서 부수적으로 그 건물의 점유자들에 대한 퇴거 조치를 할 수 있다.

④ 적법한 행정대집행을 건물의 점유자들이 위력을 행사하여 방해하는 경우에 행정청은 「경찰관 직무집행법」에 근거한 위험발생 방지조치 또는 「형법」상 공무집행방해죄의 범행방지 내지 현행범 체포의 차원에서 경찰의 도움을 받을 수도 있다.

해설

① (X) 행정대집행의 절차가 인정되는 경우에는 따로 민사소송의 방법으로 피고들에 대하여 이 사건 시설물의 철거를 구하는 것은 허용되지 않는다(대판 2009.6.11, 2009다1122).

② (O) ③ (O) ④ (O) 건물의 점유자가 철거의무자일 때에는 건물철거의무에 퇴거의무도 포함되어 있는 것이어서 별도로 퇴거를 명하는 집행권원이 필요하지 않다. 행정청이 행정대집행의 방법으로 건물철거의무의 이행을 실현할 수 있는 경우에는 건물철거 대집행 과정에서 부수적으로 건물의 점유자들에 대한 퇴거 조치를 할 수 있고, 점유자들이 적법한 행정대집행을 위력을 행사하여 방해하는 경우 형법상 공무집행방해죄가 성립하므로, 필요한 경우에는 '경찰관 직무집행법'에 근거한 위험발생 방지조치 또는 형법상 공무집행방해죄의 범행방지 내지 현행범체포의 차원에서 경찰의 도움을 받을 수도 있다(대판 2017. 4. 28. 2016다213916).

정답 ①

378 [18서울7급(上)]

「행정대집행법」 제2조가 규정하고 있는 행정대집행의 요건에 관한 설명으로 가장 옳은 것은?

① 의무자에게 부과된 의무는 행정청에 의해서 행해진 명령에 한하며 법률에 의해 혹은 법률에 근거하여 행해진 명령은 해당되지 않는다.

② 대체적, 비대체적 의무 모두 해당되지만 부작위의무가 아니어야 한다.

③ 당해 행정청은 의무자가 하여야 할 행위를 제3자로 하여금 행하게 할 수도 있다.

④ 다른 수단에 의한 이행의 확보도 가능하지만 그 수단이 행정대집행보다 비용이 많이 들어야 한다.

해설

① (X) ③ (O) ④ (X)

> **행정대집행법 제2조(대집행과 그 비용징수)** 법률(법률의 위임에 의한 명령, 지방자치단체의 조례를 포함한다. 이하 같다)에 의하여 직접명령되었거나 또는 법률에 의거한 행정청의 명령에 의한 행위로서 타인이 대신하여 행할 수 있는 행위를 의무자가 이행하지 아니하는 경우 다른 수단으로써 그 이행을 확보하기 곤란하고 또한 그 불이행을 방치함이 심히 공익을 해할 것으로 인정될 때에는 당해 행정청은 스스로 의무자가 하여야 할 행위를 하거나 또는 제삼자로 하여금 이를 하게 하여 그 비용을 의무자로부터 징수할 수 있다.

② (X) 토지의 인도의무는 대체적 작위의무가 아니므로 행정대집행법에 의한 대집행의 대상이 되지 않는다(대판 2005. 8. 19. 2004다2809).

정답 ③

379 [18서울9급]

행정대집행에 대한 설명으로 가장 옳지 않은 것은?

① 대집행의 대상이 되는 행위는 법률에서 직접 명령된 것이 아니라, 법률에 의거한 행정청의 명령에 의한 행위를 말한다.

② 법령에서 정한 부작위의무자체에서 의무위반으로 인해 형성된 현상을 제거할 작위의무가 바로 도출되는 것은 아니다.

③ 건물의 용도에 위반되어 장례식장으로 사용하는 것을 중지할 것을 명한 경우, 이 중지의무는 대집행의 대상이 아니다.

④ 공익사업을 위해 토지를 협의 매도한 종전 토지소유자가 토지 위의 건물을 철거하겠다는 약정을 하였다고 하더라도 이러한 약정 불이행시 대집행의 대상이 되지 아니한다.

해설

① (X) 대집행의 대상이 되는 공법상 의무는 법률(법률의 위임에 의한 명령, 지방자치단체의 조례를 포함)에 의하여 직접 부과되었거나 또는 법률에 의거한 행정청의 명령에 의해 부과된 의무여야 한다.

② (O) 법치주의의 원리에 비추어 볼 때 부작위의무로부터 그 의무를 위반함으로써 생긴 결과를 시정하기 위한 작위의무를 당연히 끌어낼 수는 없으며, 또 위 금지규정(특히 허가를 유보한 상대적 금지규정)으로부터 작위의무, 즉 위반결과의 시정을 명하는 권한이 당연히 추론되는 것도 아니다(대판 1996.6.28. 96누4374).

③ (O) 이 사건 용도위반 부분을 장례식장으로 사용하는 것이 관계 법령에 위반한 것이라는 이유로 장례식장의 사용을 중지할 것과 이를 불이행할 경우 행정대집행법에 의하여 대집행하겠다는 내용의 이 사건 처분은, 이 사건 처분에 따른 '장례식장 사용중지 의무'가 원고 이외의 '타인이 대신'할 수도 없고, 타인이 대신하여 '행할 수 있는 행위'라고도 할 수 없는 비대체적 부작위 의무에 대한 것이므로, 그 자체로 위법함이 명백하다(대판 2005.9.28, 2005두7464).

④ (O) 구 공공용지의 취득 및 손실보상에 관한 특례법에 따른 토지 등의 협의취득은 공공사업에 필요한 토지 등을 그 소유자와의 협의에 의하여 취득하는 것으로서 공공기관이 사경제주체로서 행하는 사법상 매매 내지 사법상 계약의 실질을 가지는 것이므로, 그 협의취득시 건물소유자가 매매대상 건물에 대한 철거의무를 부담하겠다는 취지의 약정을 하였다고 하더라도 이러한 철거의무는 공법상의 의무가 될 수 없고, 이 경우에도 행정대집행법을 준용하여 대집행을 허용하는 별도의 규정이 없는 한 위와 같은 철거의무는 행정대집행법에 의한 대집행의 대상이 되지 않는다(대판 2006.10.13. 2006두7096).

정답 ①

380 [15지방9급]

행정대집행에 대한 설명으로 옳은 것은? (다툼이 있는 경우 판례에 의함)

① 행정주체와 사인 사이의 건축도급계약에 있어서, 사인이 의무불이행을 하였다고 하여도 행정대집행은 허용되지 않는다.

② 부작위의무 위반이 있는 경우, 그 위반결과의 시정을 요구할 수 있는 작위의무 명령권은 부작위의무의 근거인 금지규정으로부터 일반적으로 도출된다.

③ 대집행의 요건이 충족된 경우에는 대집행을 하여야 하며, 대집행권한을 발동할지에 대해 행정청의 재량은 인정되지 않는다.

④ 대집행을 위한 계고가 동일한 내용으로 수회 반복된 경우에는 최후에 행해진 계고가 항고소송의 대상이 되는 처분이다.

해설

① (O) 행정주체와 사인 사이의 건축도급계약은 사법계약이므로 행정대집행의 대상이 되는 공법상 의무가 아니다. 따라서 사인이 의무불이행을 하였다고 하여도 행정대집행은 허용되지 않는다.

> **[관련판례]** 구 공공용지의 취득 및 손실보상에 관한 특례법에 따른 토지 등의 협의취득은 공공사업에 필요한 토지 등을 그 소유자와의 협의에 의하여 취득하는 것으로서 공공기관이 사경제주체로서 행하는 사법상 매매 내지 사법상 계약의 실질을 가지는 것이므로, 그 협의취득시 건물소유자가 매매대상 건물에 대한 철거의무를 부담하겠다는 취지의 약정을 하였다고 하더라도 이러한 철거의무는 공법상의 의무가 될 수 없고, 이 경우에도 행정대집행법을 준용하여 대집행을 허용하는 별도의 규정이 없는 한 위와 같은 철거의무는 행정대집행법에 의한 대집행의 대상이 되지 않는다(대판 2006.10.13. 2006두7096).

② (X) 대판 1996.6.28, 96누4374.

③ (X) 요건이 충족된 경우에도 대집행을 할 것인지 여부와 관련하여 그것을 재량행위로 보는 견해와 기속행위로 보는 견해가 대립하나, 명문의 규정상 재량행위로 봄이 타당하다(다수설).

④ (X) 행정대집행법상의 건물철거의무는 제1차 철거명령 및 계고처분으로서 발생하였고 제2차, 제3차의 계고처분은 새로운 철거의무를 부과한 것이 아니고 다만 대집행기한의 연기통지에 불과하므로 행정처분이 아니다(대판 1994.10.28, 94누5144).

정답 ①

381 [17국가9급(下)]

행정대집행에 대한 설명으로 옳은 것은? (다툼이 있는 경우 판례에 의함)

① 부작위의무의 근거 규정인 금지규정으로부터 그 의무를 위반함으로써 생긴 결과를 시정할 작위의무나 위반결과의 시정을 명할 행정청의 권한이 당연히 추론되는 것은 아니다.

② 관계 법령상 행정대집행의 절차가 인정되어 행정청이 행정대집행의 방법으로 대체적 작위의무의 이행을 실현할 수 있는 경우에 「민사소송법」상 강제집행의 방법으로도 그 의무의 이행을 구할 수 있다.

③ 관계 법령에 위반하여 장례식장 영업을 한 사람이 행정청으로부터 장례식장 사용중지명령을 받고도 이에 따르지 않은 경우에 그의 사용중지의무 불이행은 행정청의 명령에 의한 대체적 작위의무의 불이행에 해당하므로 대집행의 대상이 된다.

④ 대집행할 행위의 내용과 범위는 반드시 철거명령서와 대집행계고서에 의해 구체적으로 특정되어야 한다.

해설

① (O) 부작위의무로부터 그 의무를 위반함으로써 생긴 결과를 시정하기 위한 작위의무를 당연히 끌어낼 수는 없으며, 또 위 금지규정(특히 허가를 유보한 상대적 금지규정)으로부터 작위의무, 즉 위반결과의 시정을 명하는 권한이 당연히 추론되는 것도 아니다(대판 1996.6.28, 96누4374).

② (X) 행정대집행의 절차가 인정되는 경우에는 따로 민사소송의 방법으로 피고들에 대하여 이 사건 시설물의 철거를 구하는 것은 허용되지 않는다(대판 2009.6.11, 2009다1122).

③ (X) 장례식장의 사용을 중지할 것과 이를 불이행할 경우 행정대집행법에 의하여 대집행하겠다는 내용의 처분은, '장례식장 사용중지 의무'가 원고 이외의 '타인이 대신'할 수도 없고, 타인이 대신하여 '행할 수 있는 행위'라고도 할 수 없는 비대체적 부작위 의무에 대한 것이므로, 그 자체로 위법함이 명백하다(대판 2005.9.28, 2005두7464).

④ (X) 대집행계고를 함에 있어서는 대집행할 행위의 내용 및 범위가 구체적으로 특정되어야 하나, 그 행위의 내용 및 범위는 반드시 대집행계고서에 의하여서만 특정되어야 하는 것이 아니고, 계고처분 전후에 송달된 문서나 기타 사정을 종합하여 대집행의무자가 그 이행의무의 범위를 알 수 있을 정도로 하면 족하다(대판 1996.10.11. 96누8086).

정답 ①

382 [19서울7급]

「행정대집행법」상 대집행에 대한 설명으로 가장 옳지 않은 것은?

① 계고서라는 명칭의 1장의 문서로서 일정기간 내에 위법건축물의 자진철거를 명함과 동시에 그 소정기한 내에 자진철거를 하지 아니할 때에는 대집행할 뜻을 미리 계고한 경우라도 「건축법」에 의한 철거명령과 「행정대집행법」에 의한 계고처분의 각 요건이 충족되었다고 볼 수 있다.

② 부작위의무 위반행위에 대하여 대체적 작위의무로 전환하는 규정을 두고 있지 아니하더라도 그 금지규정으로부터 그 위반결과의 시정을 명하는 원상복구명령을 할 수 있는 권한이 도출될 수 있다.

③ 명도의무는 대체적 작위의무라고 볼 수 없으므로 특별한 사정이 없는 한 「행정대집행법」에 의한 대집행의 대상이 될 수 없다.

④ 행정청이 대집행계고를 함에 있어서는 의무자가 스스로 이행하지 아니하는 경우에 대집행할 행위의 내용 및 범위가 구체적으로 특정되어야 하지만, 그 행위의 내용 및 범위는 반드시 대집행계고서에 의하여서만 특정되어야 하는 것은 아니다.

해설

① (O) 계고서라는 명칭의 1장의 문서로서 일정기간 내에 위법건축물의 자진철거를 명함과 동시에 그 소정기한 내에 자진철거를 하지 아니할 때에는 대집행할 뜻을 미리 계고한 경우라도 건축법에 의한 철거명령과 행정대집행법에 의한 계고처분은 독립하여 있는 것으로서 각 그 요건이 충족되었다고 볼 것이다(대판 1992.06.12. 91누13564).

② (X) 부작위의무로부터 그 의무를 위반함으로써 생긴 결과를 시정하기 위한 작위의무를 당연히 끌어낼 수는 없으며, 또 위 금지규정(특히 허가를 유보한 상대적 금지규정)으로부터 작위의무, 즉 위반결과의 시정을 명하는 권한이 당연히 추론되는 것도 아니다(대판 1996.6.28, 96누4374).

③ (O) 토지나 건물 등의 인도나 명도의무는 원칙적으로 대집행의 대상이 되지 아니한다. 이는 타인에 의해 행해질 성질의 것이 아니므로 대체적 작위의무가 아니라고 할 것이다(대판 1998.10.23, 97누157).

④ (O) 대집행계고를 함에 있어서는 의무자가 스스로 이행하지 아니하는 경우에 대집행할 행위의 내용 및 범위가 구체적으로 특정되어야 하나, 그 행위의 내용 및 범위는 반드시 대집행계고서에 의하여서만 특정되어야 하는 것이 아니고, 계고처분 전후에 송달된 문서나 기타 사정을 종합하여 행위의 내용이 특정되거나 실제건물의 위치, 구조, 평수 등을 계고서의 표시와 대조・검토하여 대집행의무자가 그 이행의무의 범위를 알 수 있을 정도로 하면 족하다(대판 1996.10.11. 96누8086).

정답 ②

383 [18국가9급]

「행정대집행법」상 행정대집행에 대한 설명으로 옳지 않은 것은? (다툼이 있는 경우 판례에 의함)

① 퇴거의무 및 점유인도의무의 불이행은 행정대집행의 대상이 되지 않는다.

② 건물철거명령 및 철거대집행계고를 한 후에 이에 불응하자 다시 제2차, 제3차의 계고를 하였다면 철거의무는 처음에 한 건물철거명령 및 철거대집행계고로 이미 발생하였고 그 이후에 한 제2차, 제3차의 계고는 새로운 철거의무를 부과한 것이 아니라 대집행 기한을 연기하는 통지에 불과하다.

③ 관계 법령에서 금지규정 및 그 위반에 대한 벌칙규정은 두고 있으나 금지규정 위반행위에 대한 시정명령의 권한에 대해서는 규정하고 있지 않은 경우에 그 금지규정 및 벌칙규정은 당연히 금지규정 위반행위로 인해 발생한 유형적 결과를 시정하게 하는 것도 예정하고 있다고 할 것이어서 금지규정 위반으로 인한 결과의 시정을 명하는 권한도 인정하고 있는 것으로 해석된다.

④ 대집행계고를 함에 있어서는 의무자가 스스로 이행하지 않는 경우에 대집행할 행위의 내용 및 범위가 구체적으로 특정되어야 하는데 그 내용과 범위는 대집행 계고서뿐만 아니라 계고처분 전후에 송달된 문서나 기타 사정 등을 종합하여 특정될 수 있다.

해설

① (O) 토지나 건물 등의 퇴거나 명도의무는 원칙적으로 대집행의 대상이 되지 아니한다. 이는 타인에 의해 행해질 성질의 것이 아니므로 대체적 작위의무가 아니라고 할 것이다(대판 1998.10.23, 97누157).

② (O) 행정대집행법상의 건물철거의무는 제1차 철거명령 및 계고처분으로서 발생하였고 제2차, 제3차의 계고처분은 새로운 철거의무를 부과한 것이 아니고 다만 대집행기한의 연기통지에 불과하므로 행정처분이 아니다(대판 1994.10.28. 94누5144).

③ (X) 부작위의무로부터 그 의무를 위반함으로써 생긴 결과를 시정하기 위한 작위의무를 당연히 끌어낼 수는 없으며, 또 위 금지규정(특히 허가를 유보한 상대적 금지규정)으로부터 작위의무, 즉 위반결과의 시정을 명하는 권한이 당연히 추론되는 것도 아니다(대판 1996.6.28, 96누4374).

④ (O) 대집행계고를 함에 있어서는 의무자가 스스로 이행하지 아니하는 경우에 대집행할 행위의 내용 및 범위가 구체적으로 특정되어야 하나, 그 행위의 내용 및 범위는 반드시 대집행계고서에 의하여서만 특정되어야 하는 것이 아니고, 계고처분 전후에 송달된 문서나 기타 사정을 종합하여 행위의 내용이 특정되거나 실제건물의 위치, 구조, 평수 등을 계고서의 표시와 대조・검토하여 대집행의무자가 그 이행의무의 범위를 알 수 있을 정도로 하면 족하다(대판 1996.10.11. 96누8086).

정답 ③

384 [17국가9급]

「행정대집행법」상 행정대집행에 대한 설명으로 옳은 것은? (다툼이 있는 경우 판례에 의함)

① 의무를 명하는 행정행위가 불가쟁력이 발생하지 않은 경우에는 그 행정행위에 따른 의무의 불이행에 대하여 대집행을 할 수 없다.

② 부작위하명에는 행정행위의 강제력의 효력이 있으므로 당해 하명에 따른 부작위 의무의 불이행에 대하여는 별도의 법적 근거 없이 대집행이 가능하다.

③ 원칙적으로 '의무의 불이행을 방치하는 것이 심히 공익을 해하는 것으로 인정되는 경우'의 요건은 계고를 할 때에 충족되어 있어야 한다.

④ 「행정대집행법」 제2조에 따른 대집행의 실시여부는 행정청의 재량에 속하지 않는다.

해설

① (X) 독일행정법과 달리 우리 행정대집행법은 행정처분의 불가쟁력 발생을 대집행실행의 전제로 하지 않고 있다. 따라서 의무를 명한 행정처분이 아직 다툴 수 있는 상태에 있더라도, 즉 불가쟁력이 발생되기 전이라도 대집행을 할 수 있다.

② (X) 대판 1996.6.28, 96누4374.

③ (O) 행정대집행법 제2조의 법률에 의하여 직접 명령이 있거나 또는 법률에 의거한 행정청의 명령에 의한 행위로서 타인이 대신하여 행할 수 있는 행위를 의무자가 이행하지 아니하는 경우 다른 수단으로서 그 이행을 확보하기 곤란하고 또한 그 불이행을 방치함이 심히 공익을 해할 것으로 인정될 때라는 요건은 같은 법 제3조의 계고를 하는 요건으로 해석할 것이다(대판 1964.11.30. 64누94).

④ (X) 요건이 충족된 경우에도 대집행을 할 것인지 여부와 관련하여 그것을 재량행위로 보는 견해와 기속행위로 보는 견해가 대립하나, 명문의 규정상 재량행위로 봄이 타당하다(다수설, 판례).

[관련판례] 건축허가를 받은 자가 건축에 관해서 행정목적을 무시 내지 멸시하는 태도로서 시종일관하는 경우에는 그 건축허가를 취소하고 위법건축물을 제거하기 위한 계고처분을 하였다 하여 행정청의 재량범위를 일탈하였다고 할 수 없다(대판 1976.3.9. 73누180).

정답 ③

385 [20지방9급]

행정상 강제집행 중 대집행에 대한 설명으로 옳지 않은 것은? (다툼이 있는 경우 판례에 의함)

① 대집행의 대상은 원칙적으로 대체적 작위의무에 한하며, 부작위의무위반의 경우 대체적 작위의무로 전환하는 규정을 두고 있지 아니하는 한 대집행의 대상이 되지 않는다.

② 행정청이 계고를 함에 있어 의무자가 스스로 이행하지 아니하는 경우 대집행의 내용과 범위가 구체적으로 특정되어야 하며, 대집행의 내용과 범위는 반드시 대집행 계고서에 의해서만 특정되어야 한다.

③ 대집행을 함에 있어 계고요건의 주장과 입증책임은 처분행정청에 있는 것이지, 의무불이행자에 있는 것이 아니다.

④ 대집행 비용은 원칙상 의무자가 부담하며 행정청은 그 비용액과 납기일을 정하여 의무자에게 문서로 납부를 명하여야 한다.

해설

① **(O)** 부작위의무 위반행위에 대하여 대체적 작위의무로 전환하는 규정을 두고 있지 아니하므로 위 금지규정으로부터 그 위반결과의 시정을 명하는 원상복구명령을 할 수 있는 권한이 도출되는 것은 아니다(대판 1996.6.28. 96누4374). 따라서 부작위의무는 작위의무로 전환시킬 수 있는 근거규범이 있어야만 대집행이 가능하다.

② **(X)** 대집행계고를 함에 있어서는 의무자가 스스로 이행하지 아니하는 경우에 대집행할 행위의 내용 및 범위가 구체적으로 특정되어야 하나, 그 행위의 내용 및 범위는 반드시 대집행계고서에 의하여서만 특정되어야 하는 것이 아니고, 계고처분 전후에 송달된 문서나 기타 사정을 종합하여 행위의 내용이 특정되거나 실제건물의 위치, 구조, 평수 등을 계고서의 표시와 대조·검토하여 대집행의무자가 그 이행의무의 범위를 알 수 있을 정도로 하면 족하다(대판 1996.10.11. 96누8086).

③ **(O)** 건축법에 위반하여 건축한 것이어서 철거의무가 있는 건물이라 하더라도 그 철거의무를 대집행하기 위한 계고처분을 하려면 다른 방법으로는 이행의 확보가 어렵고 불이행을 방치함이 심히 공익을 해하는 것으로 인정될 때에 한하여 허용되고 이러한 요건의 주장입증책임은 처분 행정청에 있다(대판 1993. 9. 14. 92누16690).

④ **(O)**

> **행정대집행법 제5조(비용납부명령서)** 대집행에 요한 비용의 징수에 있어서는 실제에 요한 비용액과 그 납기일을 정하여 의무자에게 문서로써 그 납부를 명하여야 한다.

정답 ②

386 [20국가7급]

행정대집행법상 행정대집행에 대한 설명으로 옳은 것은? (다툼이 있는 경우 판례에 의함)

① 대집행계고 시 대집행할 행위의 내용 및 범위는 반드시 대집행계고서에 의해서만 특정되어야 하는 것은 아니다.

② 관계 법령에 위반하여 장례식장 영업을 하고 있는 자에 대한 장례식장 사용중지의무는 대집행의 대상이 된다.

③ 대체적 작위의무가 법률의 위임을 받은 조례에 의해 직접 부과된 경우에는 대집행의 대상이 되지 아니한다.

④ 대집행의 계고는 대집행의 의무적 절차의 하나이므로 생략할 수 없지만, 철거명령과 계고처분을 1장의 문서로 동시에 행할 수는 있다.

해설

① **(O)** 대집행계고를 함에 있어서는 의무자가 스스로 이행하지 아니하는 경우에 대집행할 행위의 내용 및 범위가 구체적으로 특정되어야 하나, 그 행위의 내용 및 범위는 반드시 대집행계고서에 의하여서만 특정되어야 하는 것이 아니고, 계고처분 전후에 송달된 문서나 기타 사정을 종합하여 행위의 내용이 특정되거나 실제건물의 위치, 구조, 평수 등을 계고서의 표시와 대조·검토하여 대집행의무자가 그 이행의무의 범위를 알 수 있을 정도로 하면 족하다(대판 1996.10.11. 96누8086).

② **(X)** 관계법령을 위반하여 장례식장 영업을 하고 있는 자의 장례식장 사용중지의무는 부작위의무로서 행정대집행법 제2조의 규정에 의한 대집행의 대상이 되지 않는다(대판 2005.9.28. 2005두7464).

③ **(X)**

> **행정대집행법 제2조(대집행과 그 비용징수)** 법률(법률의 위임에 의한 명령, 지방자치단체의 조례를 포함한다. 이하 같다)에 의하여 직접명령되었거나 또는 법률에 의거한 행정청의 명령에 의한 행위로서 타인이 대신하여 행할 수 있는 행위를 의무자가 이행하지 아니하는 경우 다른 수단으로써 그 이행을 확보하기 곤란하고 또한 그 불이행을 방치함이 심히 공익을 해할 것으로 인정될 때에는 당해 행정청은 스스로 의무자가 하여야 할 행위를 하거나 또는 제삼자로 하여금 이를 하게 하여 그 비용을 의무자로부터 징수할 수 있다.

④ **(X)**

> **행정대집행법 제3조(대집행의 절차)** ③ 비상시 또는 위험이 절박한 경우에 있어서 당해 행위의 급속한 실시를 요하여 전2항에 규정한 수속을 취할 여유가 없을 때에는 그 수속을 거치지 아니하고 대집행을 할 수 있다.

정답 ①

387 [19지방9급]

행정대집행에 대한 설명으로 옳지 않은 것은? (다툼이 있는 경우 판례에 의함)

① 구 대한주택공사가 대집행권한을 위탁받아 공무인 대집행을 실시하기 위하여 지출한 비용을 「행정대집행법」 절차에 따라 「국세징수법」의 예에 의하여 징수할 수 있음에도 민사소송절차에 의하여 그 비용의 상환을 구하는 청구는 소의 이익이 없어 부적법하다.

② 건물의 점유자가 철거의무자일 때에는 건물철거의무에 퇴거의무도 포함되어 있는 것이어서 별도로 퇴거를 명하는 집행권원이 필요하지 않다.

③ 철거명령에서 주어진 일정기간이 자진철거에 필요한 상당한 기간이라고 하여도 그 기간 속에는 계고시에 필요한 '상당한 이행기간'이 포함되어 있다고 볼 수 없다.

④ 대집행계고처분 취소소송의 변론이 종결되기 전에 대집행영장에 의한 통지절차를 거쳐 사실행위로서 대집행의 실행이 완료된 경우에는 계고처분의 취소를 구할 법률상의 이익이 없다.

해설

① (O) 행정대집행법이 대집행비용의 징수에 관하여 민사소송절차에 의한 소송이 아닌 간이하고 경제적인 특별구제절차를 마련해 놓고 있으므로, 대한주택공사가 구 대한주택공사법 및 구 대한주택공사법 시행령에 의하여 대집행권한을 위탁받아 공무인 대집행을 실시하기 위하여 지출한 비용을 민사소송절차에 의하여 그 비용의 상환을 청구한 경우에는 소의 이익이 없어 부적법하다(대판 2011.9.8. 2010다48240).

② (O) 건물의 점유자가 철거의무자일 때에는 건물철거의무에 퇴거의무도 포함되어 있는 것이어서 별도로 퇴거를 명하는 집행권원이 필요하지 않다(대판 2017. 4. 28. 2016다213916).

③ (X) 계고서라는 명칭의 1장의 문서로서 일정기간 내에 위법건축물의 자진철거를 명함과 동시에 그 소정기한 내에 자진철거를 하지 아니할 때에는 대집행할 뜻을 미리 계고한 경우라도 건축법에 의한 철거명령과 행정대집행법에 의한 계고처분은 독립하여 있는 것으로서 각 그 요건이 충족되었다고 볼 것이다. 이 경우, 철거명령에서 주어진 일정기간이 자진철거에 필요한 상당한 기간이라면 그 기간 속에는 계고시에 필요한 '상당한 이행기간'도 포함되어 있다고 보아야 할 것이다(대판 1992.06.12. 91누13564).

④ (O) 대집행의 실행이 완료된 경우에는 행위가 위법한 것이라는 이유로 손해배상이나 원상회복 등을 청구하는 것은 별론으로 하고 처분의 취소를 구할 법률상 이익은 없다(대판 1993.6.8. 93누6164).

정답 ③

388 [19서울9급]

대집행에 관한 설명으로 가장 옳지 않은 것은?

① 건물의 점유자가 철거의무자일 때에는 건물철거의무에 퇴거의무도 포함되어 있는 것이어서 별도로 퇴거를 명하는 집행권원이 필요하지 않다.

② 구 「토지수용법」상 피수용자 등이 기업자에 대하여 부담하는 수용대상 토지의 인도의무는 특별한 사정이 없는 한 「행정대집행법」에 의한 대집행의 대상이 될 수 없다.

③ 민사소송절차에 따라 「민법」 제750조에 기한 손해배상으로서 대집행비용의 상환을 구하는 청구는 소의 이익이 없어 부적법하다.

④ 해가 지기 전에 대집행에 착수한 경우라고 할지라도 해가 진 후에는 대집행을 할 수 없다.

해설

① (O) 건물의 점유자가 철거의무자일 때에는 건물철거의무에 퇴거의무도 포함되어 있는 것이어서 별도로 퇴거를 명하는 집행권원이 필요하지 않다(대판 2017. 4. 28. 2016다213916).

② (O) 토지의 인도의무는 대체적 작위의무가 아니므로 행정대집행법에 의한 대집행의 대상이 되지 않는다(대판 2005. 8. 19. 2004다2809).

③ (O) 대집행비용의 징수에 관하여 행정대집행법 절차에 따라 국세징수법의 예에 의하여 징수할 수 있으므로, 대한주택공사가 구 대한주택공사법 및 구 대한주택공사법 시행령에 의하여 대집행권한을 위탁받아 공무인 대집행을 실시하기 위하여 지출한 비용을 민사소송절차에 의하여 그 비용의 상환을 청구한 경우에는 소의 이익이 없어 부적법하다(대판 2011.09.08. 2010다48240).

④ (X)

> **행정대집행법 제4조(대집행의 실행 등)** ① 행정청(제2조에 따라 대집행을 실행하는 제3자를 포함한다. 이하 이 조에서 같다)은 해가 뜨기 전이나 해가 진 후에는 대집행을 하여서는 아니 된다. 다만, 다음 각 호의 어느 하나에 해당하는 경우에는 그러하지 아니하다.
> 1. 의무자가 동의한 경우
> 2. 해가 지기 전에 대집행을 착수한 경우
> 3. 해가 뜬 후부터 해가 지기 전까지 대집행을 하는 경우에는 대집행의 목적 달성이 불가능한 경우
> 4. 그 밖에 비상시 또는 위험이 절박한 경우

정답 ④

389 [20지방7급]

행정대집행법상 대집행에 대한 설명으로 옳지 않은 것은? (다툼이 있는 경우 판례에 의함)

① 행정청은 해가 지기 전에 대집행을 착수한 경우라도 해가 진 후에는 대집행을 할 수 없다.

② 무허가증축부분으로 인하여 건물의 미관이 나아지고 증축 부분을 철거하는 데 비용이 많이 소요된다고 하더라도 건물 철거대집행계고처분을 할 요건에 해당된다.

③ 계고처분의 후속절차인 대집행에 위법이 있다고 하더라도, 그와 같은 후속절차에 위법성이 있다는 점을 들어 선행절차인 계고처분이 부적법하다는 사유로 삼을 수는 없다.

④ 건축법에 위반하여 증·개축함으로써 철거의무가 있더라도 그 철거의무를 대집행하기 위한 계고처분을 하려면 다른 방법으로는 그 이행의 확보가 어렵고, 그 불이행을 방치함이 심히 공익을 해하는 것으로 인정되는 경우에 한한다.

해설

① (X)

> **행정대집행법 제4조(대집행의 실행 등)** ① 행정청(제2조에 따라 대집행을 실행하는 제3자를 포함한다. 이하 이 조에서 같다)은 해가 뜨기 전이나 해가 진 후에는 대집행을 하여서는 아니 된다. 다만, 다음 각 호의 어느 하나에 해당하는 경우에는 그러하지 아니하다.
> 1. 의무자가 동의한 경우
> 2. 해가 지기 전에 대집행을 착수한 경우
> 3. 해가 뜬 후부터 해가 지기 전까지 대집행을 하는 경우에는 대집행의 목적 달성이 불가능한 경우
> 4. 그 밖에 비상시 또는 위험이 절박한 경우

② (O) 무허가증축부분으로 인하여 건물의 미관이 나아지고 위 증축부분을 철거하는 데 비용이 많이 소요된다고 하더라도 위 무허가증축부분을 그대로 방치한다면 이를 단속하는 당국의 권능이 무력화되어 건축행정의 원활한 수행이 위태롭게 되며 건축법 소정의 제한규정을 회피하는 것을 사전예방하고 또한 도시계획구역 안에서 토지의 경제적이고 효율적인 이용을 도모한다는 더 큰 공익을 심히 해할 우려가 있다고 보아 건물철거대집행계고처분을 할 요건에 해당된다(대판 1992. 3. 10. 91누4140).

③ (O) 계고처분의 후속절차인 대집행에 위법이 있다고 하더라도, 그와 같은 후속절차에 위법성이 있다는 점을 들어 선행절차인 계고처분이 부적법하다는 사유로 삼을 수는 없다(대판 1997.2.14. 96누15428).

④ (O) 건축법에 위반하여 건축한 것이어서 철거의무가 있는 건물이라 하더라도 그 철거의무를 대집행하기 위한 계고처분을 하려면 다른 방법으로는 이행의 확보가 어렵고 불이행을 방치함이 심히 공익을 해하는 것으로 인정될 때에 한하여 허용되고 이러한 요건의 주장입증책임은 처분 행정청에 있다(대판 1993. 9. 14. 92누16690).

정답 ①

390 [20국가9급]

행정대집행법상 대집행에 대한 설명으로 옳지 않은 것은? (다툼이 있는 경우 판례에 의함)

① 공익사업을 위한 토지 등의 취득 및 보상에 관한 법률상의 협의취득시에 매매대상 건물에 대한 철거의무를 부담하겠다는 취지의 약정을 건물소유자가 하였다고 하더라도, 그 철거의무는 대집행의 대상이 되지 않는다.

② 공유수면에 설치한 건물을 철거하여 공유수면을 원상회복하여야 할 의무는 대체적 작위의무에 해당하므로 행정대집행의 대상이 된다.

③ 행정청이 건물 철거의무를 행정대집행의 방법으로 실현하는 과정에서, 건물을 점유하고 있는 철거의무자들에 대하여 제기한 건물퇴거를 구하는 소송은 적법하다.

④ 철거대상건물의 점유자들이 적법한 행정대집행을 위력을 행사하여 방해하는 경우, 행정청은 필요하다면 경찰관 직무집행법에 근거한 위험발생 방지조치 차원에서 경찰의 도움을 받을 수 있다.

해설

① (O) 협의취득은 공공사업에 필요한 토지 등을 그 소유자와의 협의에 의하여 취득하는 것으로서 공공기관이 사경제주체로서 행하는 사법상 매매 내지 사법상 계약의 실질을 가지는 것이므로, 그 협의취득시 건물소유자가 매매대상 건물에 대한 철거의무를 부담하겠다는 취지의 약정을 하였다고 하더라도 이러한 철거의무는 공법상의 의무가 될 수 없고, 이 경우에도 행정대집행법을 준용하여 대집행을 허용하는 별도의 규정이 없는 한 위와 같은 철거의무는 행정대집행법에 의한 대집행의 대상이 되지 않는다(대판 2006.10.13. 2006두7096).

② (O) ③ (X) 건물을 철거하여 이 사건 공유수면을 원상회복하여야 할 의무는 대체적 작위의무에 해당하므로 행정대집행의 대상이 된다 할 것이며, 당진시장은 이 사건 건물 철거의무를 행정대집행의 방법으로 실현하는 과정에서 부수적으로 피고들과 그 가족들의 퇴거 조치를 실현할 수 있으므로, 행정대집행 외에 별도로 퇴거를 명하는 집행권원은 필요하지 않다. 같은 취지에서 원고가 피고들에 대하여 건물퇴거를 구하는 이 사건 소가 부적법하다고 판단한 것은 정당하다(대판 2017. 4. 28. 2016다213916).

④ (O) 행정청이 행정대집행의 방법으로 건물철거의무의 이행을 실현할 수 있는 경우에는 건물철거 대집행 과정에서 부수적으로 건물의 점유자들에 대한 퇴거 조치를 할 수 있고, 점유자들이 적법한 행정대집행을 위력을 행사하여 방해하는 경우 형법상 공무집행방해죄가 성립하므로, 필요한 경우에는 '경찰관 직무집행법'에 근거한 위험발생 방지조치 또는 형법상 공무집행방해죄의 범행방지 내지 현행범체포의 차원에서 경찰의 도움을 받을 수도 있다(대판 2017. 4. 28. 2016다213916).

정답 ③

391 [19지방7급]

행정청이 별도의 법령상의 근거 없이도 할 수 있는 행위를 모두 고르면? (다툼이 있는 경우 판례에 의함)

ㄱ. 수익적 행정처분인 재량행위를 하면서 침익적 성격의 부관을 부가하는 행위
ㄴ. 부관인 부담의 불이행을 이유로 수익적 행정행위를 철회하는 행위
ㄷ. 부작위의무를 위반함으로써 생긴 결과를 시정하기 위한 작위의무를 명하는 행위
ㄹ. 철거명령의 위반을 이유로 행정대집행을 하면서 철거의무자인 점유자에 대해 퇴거명령을 하는 행위

① ㄱ, ㄴ
② ㄴ, ㄷ
③ ㄷ, ㄹ
④ ㄱ, ㄴ, ㄹ

해설

ㄱ. (O) 수익적 행정처분에 있어서는 법령에 특별한 근거규정이 없다고 하더라도 그 부관으로서 부담을 붙일 수 있고, 그와 같은 부담은 행정청이 행정처분을 하면서 일방적으로 부가할 수도 있지만 부담을 부가하기 이전에 상대방과 협의하여 부담의 내용을 협약의 형식으로 미리 정한 다음 행정처분을 하면서 이를 부가할 수도 있다(대판 2009.2.12. 2005다65500).

ㄴ. (O) 부담부 행정처분에 있어서 처분의 상대방이 부담(의무)을 이행하지 아니한 경우에 처분행정청으로서는 이를 들어 당해 처분을 취소(철회)할 수 있는 것이다(대판 1989.10.24. 89누2431).

ㄷ. (X) 부작위의무로부터 그 의무를 위반함으로써 생긴 결과를 시정하기 위한 작위의무를 당연히 끌어낼 수는 없으며, 또 위 금지규정(특히 허가를 유보한 상대적 금지규정)으로부터 작위의무, 즉 위반결과의 시정을 명하는 권한이 당연히 추론되는 것도 아니다(대판 1996.6.28. 96누4374).

ㄹ. (O) 행정청이 행정대집행의 방법으로 건물철거의무의 이행을 실현할 수 있는 경우에는 건물철거 대집행 과정에서 부수적으로 건물의 점유자들에 대한 퇴거 조치를 할 수 있고, 점유자들이 적법한 행정대집행을 위력을 행사하여 방해하는 경우 형법상 공무집행방해죄가 성립하므로, 필요한 경우에는 '경찰관 직무집행법'에 근거한 위험발생 방지조치 또는 형법상 공무집행방해죄의 범행방지 내지 현행범체포의 차원에서 경찰의 도움을 받을 수도 있다(대판 2017. 4. 28. 2016다213916).

정답 ④

392 [17국가7급(下)]

행정대집행에 대한 설명으로 옳은 것만을 모두 고른 것은? (다툼이 있는 경우 판례에 의함)

ㄱ. 행정대집행에 있어 대집행계고, 대집행영장에 의한 통지, 대집행실행, 비용징수의 일련의 절차 중 대집행계고와 대집행영장에 의한 통지 간에는 하자의 승계가 인정되나, 대집행계고와 비용징수 간에는 하자의 승계가 인정되지 않는다.

ㄴ. 자진철거에 필요한 상당한 이행기간을 정하고 있다면 계고와 철거명령을 하나의 문서로 할 수 있다.

ㄷ. 계고처분을 하려면 다른 방법으로는 이행의 확보가 어렵고 불이행을 방치함이 심히 공익을 해하는 것으로 인정될 때에 한하여 허용되고 이러한 요건의 주장·입증책임은 처분 행정청에 있다.

ㄹ. 군수가 군사무위임조례의 규정에 따라 무허가 건축물에 대한 철거대집행사무를 하부 행정기관인 읍·면에 위임한 경우라도, 읍·면장에게는 관할구역 내의 무허가 건축물에 대하여 그 철거대집행을 위한 계고처분을 할 권한이 없다.

① ㄱ　　② ㄴ, ㄷ

③ ㄴ, ㄹ　　④ ㄱ, ㄴ, ㄷ, ㄹ

해설

ㄱ. (X) 후행처분인 대집행비용납부명령의 취소를 청구하는 소송에서 청구원인으로 선행처분인 계고처분이 위법한 것이기 때문에 그 계고처분을 전제로 행하여진 대집행비용납부명령도 위법한 것이라는 주장을 할 수 있다(대판 1993.11.9. 93누14271).

ㄴ. (O) 계고서라는 명칭의 1장의 문서로서 일정기간 내에 위법건축물의 자진철거를 명함과 동시에 그 소정기한 내에 자진철거를 하지 아니할 때에는 대집행할 뜻을 미리 계고한 경우라도 건축법에 의한 철거명령과 행정대집행법에 의한 계고처분은 독립하여 있는 것으로서 각 그 요건이 충족되었다고 볼 것이다(대판 1992.06.12. 91누13564).

ㄷ. (O) 건축법에 위반하여 건축한 것이어서 철거의무가 있는 건물이라 하더라도 그 철거의무를 대집행하기 위한 계고처분을 하려면 다른 방법으로는 이행의 확보가 어렵고 불이행을 방치함이 심히 공익을 해하는 것으로 인정될 때에 한하여 허용되고 이러한 요건의 주장입증책임은 처분 행정청에 있다(대판 1993. 9. 14. 92누16690).

ㄹ. (X) 군수가 군사무위임조례의 규정에 따라 무허가 건축물에 대한 철거대집행사무를 하부 행정기관인 읍・면에 위임하였다면, 읍・면장에게는 관할구역 내의 무허가 건축물에 대하여 그 철거대집행을 위한 계고처분을 할 권한이 있다(대판 1997. 2. 14. 96누15428).

정답 ②

393 [21지방9급]

행정대집행에 대한 설명으로 옳지 않은 것은? (다툼이 있는 경우 판례에 의함)

① 도시공원시설 점유자의 퇴거 및 명도 의무는 「행정대집행법」에 의한 대집행의 대상이 아니다.
② 후행처분인 대집행비용납부명령 취소청구 소송에서 선행처분인 계고처분이 위법하다는 이유로 대집행비용납부명령의 취소를 구할 수 없다.
③ 대집행에 요한 비용을 징수하였을 때에는 그 징수금은 사무비의 소속에 따라 국고 또는 지방자치단체의 수입으로 한다.
④ 대집행에 대하여는 행정심판을 제기할 수 있다.

해설

① (O) 토지나 건물 등의 인도나 명도의무는 원칙적으로 대집행의 대상이 되지 아니한다. 이는 타인에 의해 행해질 성질의 것이 아니므로 대체적 작위의무가 아니라고 할 것이다(대판 1998.10.23, 97누157).

② (X) 후행처분인 대집행비용납부명령의 취소를 청구하는 소송에서 청구원인으로 선행처분인 계고처분이 위법한 것이기 때문에 그 계고처분을 전제로 행하여진 대집행비용납부명령도 위법한 것이라는 주장을 할 수 있다(대판 1993.11.9. 93누14271).

③ (O)

> **행정대집행법 제6조(비용징수)** ③ 대집행에 요한 비용을 징수하였을 때에는 그 징수금은 사무비의 소속에 따라 국고 또는 지방자치단체의 수입으로 한다.

④ (O)

> **행정대집행법 제7조(행정심판)** 대집행에 대하여는 행정심판을 제기할 수 있다.

정답 ②

394 [17지방7급]

행정대집행에 대한 설명으로 옳은 것을 모두 고른 것은? (다툼이 있는 경우 판례에 의함)

ㄱ. 토지나 건물의 명도는 대집행의 대상이 된다.
ㄴ. 대집행권한을 위탁받아 공무인 대집행을 실시하기 위하여 지출한 비용은 「행정대집행법」의 절차에 따라 「국세징수법」의 예에 의하여 징수할 수 있다.
ㄷ. 비상시 또는 위험이 절박한 경우에 있어서 당해 행위의 급속한 실시를 요하여 대집행영장에 의한 통지절차를 취할 여유가 없을 때에는 그 절차를 거치지 아니하고 대집행을 할 수 있다.
ㄹ. 행정대집행의 절차가 인정되는 경우에는 따로 민사소송의 방법으로 의무이행을 구할 수는 없다.
ㅁ. 공유재산대부계약이 적법하게 해지되었음에도 불구하고 공유재산의 점유자가 그 지상물을 점유하고 있는 경우, 지방자치단체의 장은 원상회복을 위해 행정대집행의 방법으로 그 지상물을 철거시킬 수는 없다.

① ㄱ, ㄴ, ㄷ　　② ㄴ, ㄷ, ㄹ
③ ㄷ, ㄹ, ㅁ　　④ ㄱ, ㄹ, ㅁ

해설

ㄱ. (X) 토지나 건물 등의 인도나 명도의무는 원칙적으로 대집행의 대상이 되지 아니한다(대판 1998.10.23, 97누157).

ㄴ. (O)

행정대집행법 제6조(비용징수) ① 대집행에 요한 비용은 국세징수법의 예에 의하여 징수할 수 있다.

ㄷ. (O)

행정대집행법 제3조(대집행의 절차) ③ 비상시 또는 위험이 절박한 경우에 있어서 당해 행위의 급속한 실시를 요하여 전2항에 규정한 수속을 취할 여유가 없을 때에는 그 수속을 거치지 아니하고 대집행을 할 수 있다.

ㄹ. (O) 행정대집행의 절차가 인정되는 경우에는 따로 민사소송의 방법으로 피고들에 대하여 이 사건 시설물의 철거를 구하는 것은 허용되지 않는다(대판 2009.6.11, 2009다1122).

ㅁ. (X) 공유재산 대부계약의 해지에 따른 원상회복으로 행정대집행의 방법에 의하여 그 지상물을 철거시킬 수 있다(대판 2001.10.12. 2001두4078).

정답 ②

395 [22지방9급]

행정상 강제집행에 대한 설명으로 옳은 것만을 모두 고르면? (다툼이 있는 경우 판례에 의함)

ㄱ. 행정청은 퇴거를 명하는 집행권원이 없더라도 건물철거 대집행 과정에서 부수적으로 철거의무자인 건물의 점유자들에 대해 퇴거 조치를 할 수 있다.

ㄴ. 권원 없이 국유재산에 설치한 시설물에 대하여 관리청이 행정대집행을 통해 철거를 하지 않는 경우 그 국유재산에 대하여 사용청구권을 가진 자는 국가를 대위하여 민사소송으로 그 시설물의 철거를 구할 수 있다.

ㄷ. 공유 일반재산의 대부료 지급은 사법상 법률관계이므로 행정상 강제집행절차가 인정되더라도 따로 민사소송으로 대부료의 지급을 구하는 것이 허용된다.

ㄹ. 관계법령에 위반하여 장례식장 영업을 하고 있는 자에게 부과된 장례식장 사용중지의무는 공법상 의무로서 행정대집행의 대상이 된다.

① ㄱ, ㄴ
② ㄱ, ㄹ
③ ㄴ, ㄷ
④ ㄷ, ㄹ

해설

ㄱ. (O) 행정청이 행정대집행의 방법으로 건물철거의무의 이행을 실현할 수 있는 경우에는 건물철거 대집행 과정에서 부수적으로 건물의 점유자들에 대한 퇴거 조치를 할 수 있고, 점유자들이 적법한 행정대집행을 위력을 행사하여 방해하는 경우 형법상 공무집행방해죄가 성립하므로, 필요한 경우에는 '경찰관 직무집행법'에 근거한 위험발생 방지조치 또는 형법상 공무집행방해죄의 범행방지 내지 현행범체포의 차원에서 경찰의 도움을 받을 수도 있다(대판 2017. 4. 28. 2016다213916).

ㄴ. (O) 아무런 권원 없이 국유재산에 설치한 시설물에 대하여 행정청이 행정대집행을 할 수 있음에도 민사소송의 방법으로 그 시설물의 철거를 구하는 것은 허용되지 않는다. 다만 관리권자인 행정청이 행정대집행을 실시하지 않는 경우, 그 국유재산에 대한 사용청구권을 가지고 있는 자가 국가를 대위하여 민사소송으로 그 시설물의 철거를 구할 수 있다(대판 2009.6.11. 2009다1122).

ㄷ. (X) 공유 일반재산의 대부료와 연체료를 납부기한까지 내지 아니한 경우에도 공유재산 및 물품 관리법 제97조 제2항에 의하여 지방세 체납처분의 예에 따라 이를 징수할 수 있다. 이와 같이 공유 일반재산의 대부료의 징수에 관하여도 지방세 체납처분의 예에 따른 간이하고 경제적인 특별한 구제절차가 마련되어 있으므로, 특별한 사정이 없는 한 민사소송으로 공유 일반재산의 대부료의 지급을 구하는 것은 허용되지 아니한다(대판 2017. 4. 13. 2013다207941).

ㄹ. (X) 이 사건 용도위반 부분을 장례식장으로 사용하는 것이 관계 법령에 위반한 것이라는 이유로 장례식장의 사용을 중지할 것과 이를 불이행할 경우 행정대집행법에 의하여 대집행하겠다는 내용의 이 사건 처분은, 이 사건 처분에 따른 '장례식장 사용중지 의무'가 원고 이외의 '타인이 대신'할 수도 없고, 타인이 대신하여 '행할 수 있는 행위'라고도 할 수 없는 비대체적 부작위 의무에 대한 것이므로, 그 자체로 위법함이 명백하다(대판 2005.9.28, 2005두7464).

정답 ①

396 [21국가9급]

행정의 실효성 확보수단의 예와 그 법적 성질의 연결이 옳지 않은 것은? (다툼이 있는 경우 판례에 의함)

① 「건축법」에 따른 이행강제금의 부과 - 집행벌
② 「식품위생법」에 따른 영업소폐쇄 - 직접강제
③ 「공유재산 및 물품 관리법」에 따른 공유재산 원상복구명령의 강제적 이행 - 즉시강제
④ 「부동산등기 특별조치법」에 따른 과태료의 부과 - 행정벌

해설

① (O) 이행강제금은 작위의무 또는 부작위의무를 불이행한 경우에 장래에 그 의무를 간접적으로 강제이행시키는 수단으로서 집행벌이라고도 한다.
② (O) 「식품위생법」상 영업소를 폐쇄하는 조치는 직접강제의 수단에 해당한다.
③ (X) 공유재산 원상복구명령의 경우 통상 철거명령의 형태를 띠고, 철거명령을 이행하지 아니한 경우 대집행 절차에 의하게 된다. 즉시강제는 개인에게 미리 의무를 명할 시간적 여유가 없는 경우를 전제로 하는바 복구명령이라는 하명과는 공존할 수 없다.
④ (O) 행정벌에는 행정형벌과 행정질서벌이 있고, 과태료의 부과는 행정질서벌에 해당한다.

정답 ③

한국토지주택공사가 구 대한주택공사법 및 같은 법 시행령에 의해 대집행 권한을 위탁받아 대집행을 실시한 경우 그 비용은 민사소송절차에 의해 징수할 수 있다. [16사회복지]

해설

(X) 대집행비용의 징수에 관하여 행정대집행법 절차에 따라 국세징수법의 예에 의하여 징수할 수 있으므로, 대한주택공사가 구 대한주택공사법 및 구 대한주택공사법 시행령에 의하여 대집행권한을 위탁받아 공무인 대집행을 실시하기 위하여 지출한 비용을 민사소송절차에 의하여 그 비용의 상환을 청구한 경우에는 소의 이익이 없어 부적법하다(대판 2011.09.08. 2010다48240).

대집행 계고처분 취소소송의 변론종결전에 대집행영장에 의한 통지절차를 거쳐 대집행의 실행이 완료된 경우에도 처분의 취소를 구할 법률상 이익이 있다. [11사회복지]

해설

(X) 대집행의 실행이 완료된 경우에는 행위가 위법한 것이라는 이유로 손해배상이나 원상회복 등을 청구하는 것은 별론으로 하고 처분의 취소를 구할 법률상 이익은 없다(대판 1993.6.8. 93누6164).

제3절 | 이행강제금(집행벌)

397 [19서울7급(上)]

행정의 실효성 확보수단에 대한 설명으로 가장 옳은 것은?

① 이행강제금은 장래의 의무이행을 심리적으로 강제하기 위한 것으로서 의무이행이 있을 때까지 반복하여 부과할 수 있다.

② 비상시 또는 위험이 절박한 경우에 있어서 계고·대집행 영장의 통지규정에서 정하는 수속을 취할 여유가 없을 경우라도 위의 두 수속 모두를 거치지 아니하고는 대집행을 할 수 없다.

③ 「행정대집행법」 절차에 따라 국세징수의 대집행비용을 징수할 수 있음에도 불구하고 민사소송절차에 의하여 그 비용의 상환을 청구할 수 있다.

④ 공매통지 자체가 그 상대방인 체납자 등의 법적 지위나 권리·의무에 직접적인 영향을 주는 행정처분에 해당한다고 할 것이므로 다른 특별한 사정이 없는 한 체납자 등은 공매통지 자체를 항고소송의 대상으로 삼아 그 취소 등을 구할 수 있다.

해설

① (O) 이행강제금은 의무이행이 있기까지 반복하여 부과할 수 있다. 개별법률 가령 건축법, 국토의 계획 및 이용에 관한 법률 등은 반복하여 부과할 수 있음을 규정하고 있다.

② (X)

> **행정대집행법 제3조(대집행의 절차)** ① 전조의 규정에 의한 처분(以下 代執行이라 한다)을 하려함에 있어서는 상당한 이행기한을 정하여 그 기한까지 이행되지 아니할 때에는 대집행을 한다는 뜻을 미리 문서로써 계고하여야 한다. 이 경우 행정청은 상당한 이행기한을 정함에 있어 의무의 성질·내용 등을 고려하여 사회통념상 해당 의무를 이행하는 데 필요한 기간이 확보되도록 하여야 한다.
>
> ③ 비상시 또는 위험이 절박한 경우에 있어서 당해 행위의 급속한 실시를 요하여 전2항에 규정한 수속을 취할 여유가 없을 때에는 그 수속을 거치지 아니하고 대집행을 할 수 있다.

③ (X) 대집행비용의 징수에 관하여 행정대집행법 절차에 따라 국세징수법의 예에 의하여 징수할 수 있으므로, 대한주택공사가 구 대한주택공사법 및 구 대한주택공사법 시행령에 의하여 대집행권한을 위탁받아 공무인 대집행을 실시하기 위하여 지출한 비용을 민사소송절차에 의하여 그 비용의 상환을 청구한 경우에는 소의 이익이 없어 부적법하다(대판 2011.09.08. 2010다48240).

④ (X) 공매처분을 하면서 체납자 등에게 공매통지를 하지 않았거나 공매통지를 하였더라도 그것이 적법하지 아니한 경우에는 절차상의 흠이 있어 그 공매처분이 위법하게 되는 것이지만, 공매통지 자체가 그 상대방인 체납자 등의 법적 지위나 권리·의무에 직접적인 영향을 주는 행정처분에 해당한다고 할 것은 아니므로 다른 특별한 사정이 없는 한 체납자 등은 공매통지의 결여나 위법을 들어 공매처분의 취소 등을 구할 수 있는 것이지 공매통지 자체를 항고소송의 대상으로 삼아 그 취소 등을 구할 수는 없다(대판 2011.3.24. 2010두25527).

정답 ①

398 [21지방7급]

이행강제금에 대한 설명으로 옳지 않은 것은? (다툼이 있는 경우 판례에 의함)

① 건축법상 이행강제금은 시정명령의 불이행이라는 과거의 위반행위에 대한 제재가 아니라 시정명령을 이행하지 않고 있는 건축주 등에 대하여 다시 상당한 이행기한을 부여하고 기한 안에 시정명령을 이행하지 않으면 이행강제금이 부과된다는 사실을 고지함으로써 의무자에게 심리적 압박을 주어 시정명령에 따른 의무의 이행을 간접적으로 강제하는 수단의 성질을 가진다.

② 건축법상 행정청은 의무자가 행정상 의무를 이행할 때까지 이행강제금을 반복하여 부과할 수 있으나, 의무자가 의무를 이행하면 새로운 이행강제금의 부과를 즉시 중지하여야 하고 이미 부과한 이행강제금은 징수하지 아니한다.

③ 농지법에 따른 이행강제금을 부과할 때에는 그때마다 이행강제금을 부과 · 징수한다는 뜻을 미리 문서로 알려야 하고, 이와 같은 절차를 거치지 아니한 채 이행강제금을 부과하는 것은 이행강제금 제도의 취지에 반하는 것으로써 위법하다.

④ 건축법상 이행강제금은 위반행위에 대하여 시정명령을 받은 후 시정기간 내에 당해 시정명령을 이행하지 아니한 건축주 등에 대하여 부과하는 것으로서 그 이행강제금 납부의무는 상속인 기타의 사람에게 승계될 수 없는 일신전속적인 성질의 것이므로 이미 사망한 사람에게 이행강제금을 부과하는 내용의 처분이나 결정은 당연무효이다.

해설

① **(O)** 구 건축법상 이행강제금은 시정명령의 불이행이라는 과거의 위반행위에 대한 제재가 아니라, 시정명령을 이행하지 않고 있는 건축주 · 공사시공자 · 현장관리인 · 소유자 · 관리자 또는 점유자(이하 '건축주 등'이라 한다)에 대하여 다시 상당한 이행기한을 부여하고 기한 안에 시정명령을 이행하지 않으면 이행강제금이 부과된다는 사실을 고지함으로써 의무자에게 심리적 압박을 주어 시정명령에 따른 의무의 이행을 간접적으로 강제하는 행정상의 간접강제 수단에 해당한다(대판 2016. 7. 14. 2015두46598).

② **(X)**

> **건축법 제80조(이행강제금)** ⑤ 허가권자는 최초의 시정명령이 있었던 날을 기준으로 하여 1년에 2회 이내의 범위에서 해당 지방자치단체의 조례로 정하는 횟수만큼 그 시정명령이 이행될 때까지 반복하여 제1항 및 제2항에 따른 이행강제금을 부과·징수할 수 있다.
>
> ⑥ 허가권자는 제79조제1항에 따라 시정명령을 받은 자가 이를 이행하면 새로운 이행강제금의 부과를 즉시 중지하되, 이미 부과된 이행강제금은 징수하여야 한다.

③ **(O)** 농지법 제62조 제1항에 따른 이행강제금을 부과할 때에는 그때마다 이행강제금을 부과 · 징수한다는 뜻을 미리 문서로 알려야 하고, 이와 같은 절차를 거치지 아니한 채 이행강제금을 부과하는 것은 이행강제금 제도의 취지에 반하는 것으로서 위법하다(대결 2018. 11. 2. 2018마5608).

> **농지법 제63조(이행강제금)** ② 시장·군수 또는 구청장은 제1항에 따른 이행강제금을 부과하기 전에 이행강제금을 부과·징수한다는 뜻을 미리 문서로 알려야 한다.
>
> ③ 시장·군수 또는 구청장은 제1항에 따른 이행강제금을 부과하는 경우 이행강제금의 금액, 부과사유, 납부기한, 수납기관, 이의제기 방법, 이의제기 기관 등을 명시한 문서로 하여야 한다

④ **(O)** 건축법상의 이행강제금은 간접강제의 일종으로서 그 이행강제금 납부의무는 상속인 기타의 사람에게 승계될 수 없는 일신전속적인 성질의 것이므로 이미 사망한 사람에게 이행강제금을 부과하는 내용의 처분이나 결정은 당연무효이다(대결 2006.12.08. 2006마470).

정답 ②

399 [17교육행정]

이행강제금에 관한 설명으로 옳지 않은 것은? (단, 다툼이 있는 경우 판례에 따름)

① 형사처벌과 이행강제금의 병과는 이중처벌에 해당하지 않는다.

② 이행강제금은 장래에 의무이행을 확보하기 위한 강제수단이다.

③ 구 「건축법」상 이행강제금 납부의무는 일신전속적인 성질을 갖는다.

④ 장기미등기자가 등기신청의무의 이행기간이 지나서 등기신청을 한 경우에도 이행강제금을 부과할 수 있다.

해설

① (O) 무허가 건축행위에 대한 형사처벌과 건축법 제83조 제1항에 의한 시정명령 위반에 대한 이행강제금의 부과는 그 처벌 내지 제재대상이 되는 기본적 사실관계로서의 행위를 달리하며, 또한 그 보호법익과 목적에서도 차이가 있으므로 헌법 제13조 제1항이 금지하는 이중처벌에 해당한다고 할 수 없다(헌재 2004.2.26. 2002헌바26).

② (O) 이행강제금은 작위의무 또는 부작위의무를 불이행한 경우에 장래에 그 의무를 간접적으로 강제이행시키는 수단으로서 집행벌이라고도 한다.

③ (O) 건축법상의 이행강제금은 간접강제의 일종으로서 그 이행강제금 납부의무는 상속인 기타의 사람에게 승계될 수 없는 일신전속적인 성질의 것이므로 이미 사망한 사람에게 이행강제금을 부과하는 내용의 처분이나 결정은 당연무효이다(대결 2006.12.08. 2006마470).

④ (X) 장기미등기자가 이행강제금 부과 전에 등기신청의무를 이행하였다면 이행강제금의 부과로써 이행을 확보하고자 하는 목적은 이미 실현된 것이므로 부동산실명법 제6조 제2항에 규정된 기간이 지나서 등기신청의무를 이행한 경우라 하더라도 이행강제금을 부과할 수 없다(대판 2016. 6. 23. 2015두36454).

정답 ④

400 [21지방9급]

이행강제금에 대한 설명으로 옳지 않은 것은? (다툼이 있는 경우 판례에 의함)

① 이행강제금은 대체적 작위의무의 위반에 대하여도 부과될 수 있다.

② 이미 사망한 사람에게 「건축법」상의 이행강제금을 부과하는 내용의 처분이나 결정은 당연무효이다.

③ 「부동산 실권리자명의 등기에 관한 법률」상 장기미등기자가 이행강제금 부과 전에 등기신청의무를 이행하였더라도 동법에 규정된 기간이 지나서 등기신청의무를 이행하였다면 이행강제금을 부과할 수 있다.

④ 「건축법」상 위법건축물에 대한 이행강제수단으로 대집행과 이행강제금이 인정되고 있는데, 행정청은 개별사건에 있어서 위반내용, 위반자의 시정의지 등을 감안하여 대집행과 이행강제금을 선택적으로 활용할 수 있다.

해설

① (O) 이행강제금은 대체적 작위의무의 위반에 대하여도 부과될 수 있다(헌재 2004.2.26. 2001헌바80).

② (O) 이행강제금 납부의무는 상속인 기타의 사람에게 승계될 수 없는 일신전속적인 성질의 것이므로 이미 사망한 사람에게 이행강제금을 부과하는 내용의 처분이나 결정은 당연무효이다(대결 2006.12.08. 2006마470).

③ (X) 장기미등기자가 이행강제금 부과 전에 등기신청의무를 이행하였다면 이행강제금의 부과로써 이행을 확보하고자 하는 목적은 이미 실현된 것이므로 부동산실명법 제6조 제2항에 규정된 기간이 지나서 등기신청의무를 이행한 경우라 하더라도 이행강제금을 부과할 수 없다(대판 2016. 6. 23. 2015두36454).

④ (O) 현행 건축법상 위법건축물에 대한 이행강제수단으로 대집행과 이행강제금(제80조 제1항)이 인정되고 있는데, 행정청은 개별사건에 있어서 대집행과 이행강제금을 선택적으로 활용할 수 있으며, 합리적인 재량에 의해 선택하여 활용하는 이상 중첩적인 제재에 해당한다고 볼 수 없다(헌재 2004.2.26, 2002헌바26).

정답 ③

401 [19지방9급]

이행강제금에 대한 설명으로 옳지 않은 것은? (다툼이 있는 경우 판례에 의함)

① 이행강제금은 과거의 의무불이행에 대한 제재의 기능을 지니고 있으므로, 이행강제금이 부과되기 전에 의무를 이행한 경우에도 시정명령에서 정한 기간을 지나서 이행한 경우라면 이행강제금을 부과할 수 있다.

② 「건축법」상 허가권자는 이행강제금을 부과하기 전에 이행강제금을 부과 · 징수한다는 뜻을 미리 문서로써 계고하여야 한다.

③ 「건축법」상 이행강제금 납부의 최초 독촉은 징수처분으로서 항고소송의 대상이 되는 행정처분이 될 수 있다.

④ 부작위의무나 비대체적 작위의무 뿐만 아니라 대체적 작위의무의 위반에 대하여도 이행강제금을 부과할 수 있다.

해설

① (X) 이행강제금의 본질상 시정명령을 받은 의무자가 이행강제금이 부과되기 전에 그 의무를 이행한 경우에는 비록 시정명령에서 정한 기간을 지나서 이행한 경우라도 이행강제금을 부과할 수 없다(대판 2018. 1. 25. 2015두35116).

② (O)

건축법 제80조(이행강제금) ③ 허가권자는 제1항 및 제2항에 따른 이행강제금을 부과하기 전에 제1항 및 제2항에 따른 이행강제금을 부과·징수한다는 뜻을 미리 문서로써 계고(戒告)하여야 한다.

③ (O) 이행강제금 납부의 최초 독촉은 징수처분으로서 항고소송의 대상이 되는 행정처분이 될 수 있다(대판 2009.12.24. 2009두14507).

④ (O) 이행강제금은 대체적 작위의무의 위반에 대하여도 부과될 수 있다(헌재 2004.2.26. 2001헌바80).

정답 ①

402 [20지방9급]

행정의 실효성 확보수단으로서 이행강제금에 대한 설명으로 옳지 않은 것은? (다툼이 있는 경우 판례에 의함)

① 이행강제금은 침익적 강제수단이므로 법적 근거를 요한다.

② 형사처벌과 이행강제금은 병과될 수 있다.

③ 대체적 작위의무 위반에 대해서는 이행강제금이 부과될 수 없다.

④ 건축법상 이행강제금은 반복하여 부과 · 징수될 수 있다.

해설

① (O) 이행강제금의 부과는 명령적 행정행위인 하명 처분이며 법적 근거를 요한다.

② (O) 건축법 제78조에 의한 무허가 건축행위에 대한 형사처벌과 건축법 제83조 제1항에 의한 시정명령 위반에 대한 이행강제금의 부과는 그 처벌 내지 제재대상이 되는 기본적 사실관계로서의 행위를 달리하며, 또한 그 보호법익과 목적에서도 차이가 있으므로 헌법 제13조 제1항이 금지하는 이중처벌에 해당한다고 할 수 없다(헌재 2004.2.26. 2002헌바26).

③ (X) 이행강제금은 대체적 작위의무의 위반에 대하여도 부과될 수 있다(헌재 2004.2.26. 2001헌바80).

④ (O)

건축법 제80조(이행강제금) ⑤ 허가권자는 최초의 시정명령이 있었던 날을 기준으로 하여 1년에 2회 이내의 범위에서 해당 지방자치단체의 조례로 정하는 횟수만큼 그 시정명령이 이행될 때까지 반복하여 제1항 및 제2항에 따른 이행강제금을 부과·징수할 수 있다.

정답 ③

403 [18국가9급]

행정의 실효성 확보수단에 대한 설명으로 옳지 않은 것은? (다툼이 있는 경우 판례에 의함)

① 질서위반행위에 대하여 과태료를 부과하는 근거 법령이 개정되어 행위 시의 법률에 의하면 과태료 부과대상이었지만 재판 시의 법률에 의하면 부과대상이 아니게 된 때에는 개정 법률의 부칙 등에서 행위 시의 법률을 적용하도록 명시하는 등 특별한 사정이 없는 한 재판 시의 법률을 적용하여야 한다.

② 「건축법」상 이행강제금은 시정명령의 불이행이라는 과거의 위반행위에 대한 제재이므로, 건축주가 장기간 시정명령을 이행하지 않았다면 그 기간 중에 시정명령의 이행 기회가 제공되지 않았다가 뒤늦게 이행 기회가 제공된 경우라 하더라도 이행 기회가 제공되지 않은 과거의 기간에 대한 이행강제금까지 한꺼번에 부과할 수 있다.

③ 세법상 가산세를 부과할 때 납세자에게 조세납부를 거부 또는 지연하는데 고의 또는 과실이 있었는지는 원칙적으로 고려하지 않지만, 납세의무자의 의무해태를 탓할 수 없는 정당한 사유가 있는 경우에는 가산세를 부과할 수 없다.

④ 재량행위인 과징금부과처분이 해당 법령이 정한 한도액을 초과하여 부과된 경우 이러한 과징금부과처분은 법이 정한 한도액을 초과하여 위법하므로 법원으로서는 그 전부를 취소할 수밖에 없고, 그 한도액을 초과한 부분만 취소할 수는 없다.

해설

① (O)

> **질서위반행위규제법 제3조(법 적용의 시간적 범위)** ② 질서위반행위 후 법률이 변경되어 그 행위가 질서위반행위에 해당하지 아니하게 되거나 과태료가 변경되기 전의 법률보다 가볍게 된 때에는 법률에 특별한 규정이 없는 한 변경된 법률을 적용한다.

② (X) 건축주 등이 장기간 시정명령을 이행하지 아니하였더라도, 그 기간 중에는 시정명령의 이행 기회가 제공되지 아니하였다가 뒤늦게 시정명령의 이행 기회가 제공된 경우라면, 시정명령의 이행 기회 제공을 전제로 한 1회분의 이행강제금만을 부과할 수 있고, 시정명령의 이행 기회가 제공되지 아니한 과거의 기간에 대한 이행강제금까지 한꺼번에 부과할 수는 없다. 그리고 이를 위반하여 이루어진 이행강제금 부과처분은 과거의 위반행위에 대한 제재가 아니라 행정상의 간접강제 수단이라는 이행강제금의 본질에 반하여 구 건축법 제80조 제1항, 제4항 등 법규의 중요한 부분을 위반한 것으로서, 그러한 하자는 중대할 뿐만 아니라 객관적으로도 명백하다(대판 2016. 7. 14. 2015두46598).

③ (O) 세법상 가산세는 그 의무해태를 탓할 수 없는 정당한 사유가 있는 경우에는 그 부과를 면할 수 있다(대판 2005.4.15. 2003두4089).

④ (O) 과징금부과처분이 법이 정한 한도액을 초과하여 위법할 경우 법원으로서는 그 전부를 취소할 수밖에 없고, 그 한도액을 초과한 부분이나 법원이 적정하다고 인정되는 부분을 초과한 부분만을 취소할 수 없다(대판 1998.04.10. 98두2270).

정답 ②

404 [15국가7급]

이행강제금에 대한 설명으로 옳지 않은 것은? (다툼이 있는 경우 판례에 의함)

① 이행강제금은 작위의무 또는 부작위의무를 불이행한 경우에 그 의무를 간접적으로 강제이행시키는 수단으로서 집행벌이라고도 한다.

② 이행강제금의 부과는 의무불이행에 대한 집행벌로 가하는 것이기 때문에 행정절차상 의견청취를 거치지 않아도 된다.

③ 행정청은 대체적 작위의무 불이행시 강제수단으로서 대집행과 이행강제금을 재량에 의하여 선택적으로 결정할 수 있다.

④ 이행강제금의 부과처분에 대한 불복방법에 관하여 아무런 규정을 두고 있지 않는 경우에는 이행강제금 부과처분은 행정행위이므로 행정심판 또는 행정소송을 제기할 수 있다.

해설

① (O) 이행강제금이란 일정한 기간 내에 의무를 이행하지 않으면 일정한 제재금을 과할 뜻을 의무자에게 예고함으로써 심리적 압박을 가하여 의무를 이행케 하는 행정상 간접적인 의무이행의 수단을 말한다. 집행벌이라고도 한다.

② (X) 행정청이 당사자에게 의무를 부과하거나 권익을 제한하는 처분을 할 때 당사자등에게 의견제출의 기회를 주어야 한다(행정절차법 제22조 제3항). 이행강제금의 부과행위는 급부하명으로서 침익적 행정행위다. 따라서 이행강제금의 부과행위에는 행정절차법이 적용되므로, 행정절차상 의견청취를 거쳐야 한다.

③ (O) 현행 건축법상 위법건축물에 대한 이행강제수단으로 대집행과 이행강제금(제80조 제1항)이 인정되고 있는데, 행정청은 개별사건에 있어서 대집행과 이행강제금을 선택적으로 활용할 수 있으며, 합리적인 재량에 의해 선택하여 활용하는 이상 중첩적인 제재에 해당한다고 볼 수 없다(헌재 2004.2.26, 2002헌바26).

④ (O) 이행강제금의 부과처분에 대한 불복방법에 관하여 아무런 규정을 두고 있지 않는 경우에는 이행강제금 부과처분은 행정행위이므로 행정심판 또는 행정소송을 제기할 수 있다.

정답 ②

405 [20국가7급]

행정의 실효성 확보수단에 대한 설명으로 옳지 않은 것은? (다툼이 있는 경우 판례에 의함)

① 하나의 납세고지서에 의하여 본세와 가산세를 함께 부과할 때 납세고지서에 본세와 가산세 각각의 세액과 산출근거 등을 구분하여 기재하여야 한다.

② 농지법상 이행강제금 부과처분은 항고소송의 대상이 되는 처분에 해당하므로 이에 불복하는 경우 항고소송을 제기할 수 있다.

③ 지방자치단체 소속 공무원이 지방자치단체 고유의 자치사무를 수행하던 중 「도로법」 규정에 의한 위반행위를 한 경우 지방자치단체는 「도로법」의 양벌규정에 따라 처벌대상이 되는 법인에 해당한다.

④ 구 「여객자동차 운수사업법」상 과징금부과처분은 원칙적으로 위반자의 고의·과실을 요하지 아니하나, 위반자의 의무 해태를 탓할 수 없는 정당한 사유가 있는 등의 특별한 사정이 있는 경우에는 이를 부과할 수 없다.

해설

① (O) 하나의 납세고지서에 의하여 본세와 가산세를 함께 부과할 때에는 납세고지서에 본세와 가산세 각각의 세액과 산출근거 등을 구분하여 기재해야 하는 것이고, 또 여러 종류의 가산세를 함께 부과하는 경우에는 그 가산세 상호 간에도 종류별로 세액과 산출근거 등을 구분하여 기재함으로써 납세의무자가 납세고지서 자체로 각 과세처분의 내용을 알 수 있도록 하는 것이 당연한 원칙이다(대판 2012.10.18. 2010두12347 전원합의체).

② (X)

농지법 제63조(이행강제금) ⑦ 제1항에 따른 이행강제금 부과처분을 받은 자가 제6항에 따른 이의를 제기하면 시장·군수 또는 구청장은 지체 없이 관할 법원에 그 사실을 통보하여야 하며, 그 통보를 받은 관할 법원은 「비송사건절차법」에 따른 과태료 재판에 준하여 재판을 한다.

③ (O) 지방자치단체 소속 공무원이 지방자치단체 고유의 자치사무를 수행하던 중 도로법 제81조 내지 제85조의 규정에 의한 위반행위를 한 경우에는 지방자치단체는 도로법 제86조의 양벌규정에 따라 처벌대상이 되는 법인에 해당한다(대판 2005.11.10. 2004도2657).

④ (O) 과징금부과처분은 행정목적의 달성을 위하여 행정법규 위반이라는 객관적 사실에 착안하여 가하는 제재이므로 반드시 현실적인 행위자가 아니라도 법령상 책임자로 규정된 자에게 부과되고 원칙적으로 위반자의 고의·과실을 요하지 아니하나, 위반자의 의무 해태를 탓할 수 없는 정당한 사유가 있는 등의 특별한 사정이 있는 경우에는 이를 부과할 수 없다(대판 2014. 10. 15. 2013두5005).

정답 ②

406 [21국가9급]

「행정대집행법」상 대집행과 이행강제금에 대한 甲과 乙의 대화 중 乙의 답변이 옳지 않은 것은? (다툼이 있는 경우 판례에 의함)

① 甲: 행정대집행의 절차가 인정되는 경우에도 행정청이 민사상 강제집행수단을 이용할 수 있나요?
乙: 행정대집행의 절차가 인정되어 실현할 수 있는 경우에는 따로 민사소송의 방법을 이용할 수 없습니다.

② 甲: 대집행의 적용대상은 무엇인가요?
乙: 대집행은 공법상 대체적 작위의무의 불이행이 있는 경우에 행할 수 있습니다.

③ 甲: 행정청은 대집행의 대상이 될 수 있는 것에 대하여 이행강제금을 부과할 수도 있나요?
乙: 행정청은 개별 사건에 있어서 위법건축물에 대하여 대집행과 이행강제금을 선택적으로 활용할 수 있습니다.

④ 甲: 만약 이행강제금을 부과받은 사람이 사망하였다면 이행강제금의 납부의무는 상속인에게 승계되나요?
乙: 이행강제금의 납부의무는 상속의 대상이 되므로, 상속인이 납부의무를 승계합니다.

해설

① (O) 행정대집행의 절차가 인정되는 경우에는 따로 민사소송의 방법으로 피고들에 대하여 이 사건 시설물의 철거를 구하는 것은 허용되지 않는다(대판 2009.6.11, 2009다1122).

② (O) 대집행은 공법상 대체적 작위의무의 불이행을 대상으로 한다.

[참고판례] 토지나 건물 등의 인도나 명도의무는 원칙적으로 대집행의 대상이 되지 아니한다. 이는 타인에 의해 행해질 성질의 것이 아니므로 대체적 작위의무가 아니라고 할 것이다(대판 1998.10.23, 97누157).

③ (O) 현행 건축법상 위법건축물에 대한 이행강제수단으로 대집행과 이행강제금(제80조 제1항)이 인정되고 있는데, 행정청은 개별사건에 있어서 대집행과 이행강제금을 선택적으로 활용할 수 있으며, 합리적인 재량에 의해 선택하여 활용하는 이상 중첩적인 제재에 해당한다고 볼 수 없다(헌재 2004.2.26, 2002헌바26).

④ (X) 이행강제금 납부의무는 상속인 기타의 사람에게 승계될 수 없는 일신전속적인 성질의 것이므로 이미 사망한 사람에게 이행강제금을 부과하는 내용의 처분이나 결정은 당연무효이다(대결 2006.12.08. 2006마470).

정답 ④

제4절 | 직접강제

407 [15서울9급]

다음은 「식품위생법」 조문의 일부이다. 이에 대한 설명으로 옳은 것은?

> **【제79조(폐쇄조치 등)】** ① 식품의약품안전처장, 시·도지사 또는 시장·군수·구청장은 제37조 제1항, 제4항 또는 제5항을 위반하여 허가받지 아니하거나 신고 또는 등록하지 아니하고 영업을 하는 경우 또는 제75조 제1항 또는 제2항에 따라 허가 또는 등록이 취소되거나 영업소 폐쇄명령을 받은 후에도 계속하여 영업을 하는 경우에는 해당 영업소를 폐쇄하기 위하여 관계 공무원에게 다음 각 호의 조치를 하게 할 수 있다.
> 1. 해당 영업소의 간판 등 영업 표지물의 제거나 삭제
> 2. 해당 영업소가 적법한 영업소가 아님을 알리는 게시문 등의 부착
> 3. 해당 영업소의 시설물과 영업에 사용하는 기구 등을 사용할 수 없게 하는 봉인(封印)
>
> …
>
> ④ 제1항에 따른 조치는 그 영업을 할 수 없게 하는 데에 필요한 최소한의 범위에 그쳐야 한다.

① 관계 공무원이 계고 등 사전조치 이후 행한 영업 표지물의 제거나 삭제는 즉시강제에 해당한다.
② 적법한 영업소가 아님을 알리는 게시문 등의 부착에 대해서는 취소소송이 적절한 구제수단이 된다.
③ 공무원이 적법하게 영업소의 간판을 제거하더라도 영업주에게 간판에 대한 손해배상을 해야 한다.
④ 위 「식품위생법」 제79조 제4항은 비례의 원칙 중에서 필요성의 원칙을 입법화한 것이다.

해설

① (X) 직접강제는 의무의 불이행을 전제로 하지만, 행정상 즉시강제는 그것을 전제로 하지 아니한다. 관계 공무원이 계고 등 사전조치 이후 행한 영업 표지물의 제거나 삭제는 직접강제에 해당한다.

② (X) 직접강제는 권력적 사실행위로서 처분성이 인정되므로 항고소송의 대상이 된다. 다만 직접강제는 통상 신속하게 종료되므로 협의의 소의 이익이 없게 되는 경우가 많다.

③ (X) 적법한 공무수행으로 인한 손실에 대하여 손실보상은 별론으로 하고, 위법한 행정작용을 대상으로 하는 행정상 손해배상을 청구할 수 없다.

④ (O) "~필요한 최소한의 범위에 그쳐야 한다."라고 규정한 「식품위생법」 제79조 제4항은 비례의 원칙 중에서 필요성의 원칙에 대한 내용이다.

정답 ④

제5절 | 행정상 강제징수

408 [19국가9급]

행정강제에 대한 설명으로 옳은 것은? (다툼이 있는 경우 판례에 의함)

① 행정대집행의 방법으로 건물철거의무이행을 실현할 수 있는 경우, 철거의무자인 건물 점유자의 퇴거의무를 실현하려면 퇴거를 명하는 별도의 집행권원이 있어야 하고, 철거 대집행 과정에서 부수적으로 건물 점유자들에 대한 퇴거조치를 할 수는 없다.

② 즉시강제란 법령 또는 행정처분에 의한 선행의 구체적 의무의 불이행으로 인한 목전의 급박한 장해를 제거할 필요가 있는 경우에 행정기관이 즉시 국민의 신체 또는 재산에 실력을 행사하여 행정상의 필요한 상태를 실현하는 작용을 말한다.

③ 공법인이 대집행권한을 위탁받아 공무인 대집행 실시에 지출한 비용을 「행정대집행법」에 따라 강제징수할 수 있음에도 민사소송절차에 의하여 상환을 청구하는 것은 허용되지 않는다.

④ 이행강제금은 심리적 압박을 통하여 간접적으로 의무이행을 확보하는 수단인 행정벌과는 달리 의무이행의 강제를 직접적인 목적으로 하므로, 강학상 직접강제에 해당한다.

해설

① (X) 행정청이 행정대집행의 방법으로 건물철거의무의 이행을 실현할 수 있는 경우에는 건물철거 대집행 과정에서 부수적으로 건물의 점유자들에 대한 퇴거 조치를 할 수 있고, 점유자들이 적법한 행정대집행을 위력을 행사하여 방해하는 경우 형법상 공무집행방해죄가 성립하므로, 필요한 경우에는 '경찰관 직무집행법'에 근거한 위험발생 방지조치 또는 형법상 공무집행방해죄의 범행방지 내지 현행범체포의 차원에서 경찰의 도움을 받을 수도 있다(대판 2017. 4. 28. 2016다213916).

② (X) 행정상 즉시강제는 상대방의 임의이행을 기다릴 시간적 여유가 없을 때 하명 없이 바로 실력을 행사하는 것으로서, 그 본질상 급박성을 요건으로 하고 있어 법관의 영장을 기다려서는 그 목적을 달성할 수 없다고 할 것이므로, 원칙적으로 영장주의가 적용되지 않는다고 보아야 할 것이다(헌재 2002.10.31. 2000헌가12).

③ (O) 대집행비용의 징수에 관하여 행정대집행법 절차에 따라 국세징수법의 예에 의하여 징수할 수 있으므로, 대한주택공사가 구 대한주택공사법 및 구 대한주택공사법 시행령에 의하여 대집행권한을 위탁받아 공무인 대집행을 실시하기 위하여 지출한 비용을 민사소송절차에 의하여 그 비용의 상환을 청구한 경우에는 소의 이익이 없어 부적법하다(대판 2011.09.08. 2010다48240).

④ (X) 이행강제금은 일정한 기한까지 의무를 이행하지 않을 때에는 일정한 금전적 부담을 과할 뜻을 미리 계고함으로써 의무자에게 심리적 압박을 주어 장래에 그 의무를 이행하게 하려는 행정상 간접적인 강제집행 수단의 하나로서 과거의 일정한 법률위반 행위에 대한 제재로서의 형벌이 아니라 장래의 의무이행의 확보를 위한 강제수단일 뿐이어서 범죄에 대하여 국가가 형벌권을 실행한다고 하는 과벌에 해당하지 아니하므로 헌법 제13조 제1항이 금지하는 이중처벌금지의 원칙이 적용될 여지가 없다(헌재 2011. 10. 25. 2009헌바140 [합헌]).

정답 ③

독촉만으로는 시효중단의 효과가 발생하지 않는다. [17사회복지]

| 해설

(X)

국세기본법 제28조(소멸시효의 중단과 정지) ① 제27조에 따른 소멸시효는 다음 각 호의 사유로 중단된다.
1. 납세고지
2. 독촉
3. 교부청구
4. 압류

체납자는 압류된 재산에 대하여 법률상의 처분을 할 수 있다. [16교육행정]

| 해설

(X)압류란 납세자가 독촉장을 받고 지정된 기한까지 국세와 가산금을 완납하지 아니한 때에 체납자의 재산을 사실상·법률상으로 처분을 금지하고 확보하는 강제행위를 말한다. 압류된 재산은 처분할 수 없다.

409 [17국가9급]

「국세징수법」상 강제징수절차에 대한 판례의 입장으로 옳지 않은 것은?

① 세무 공무원이 국세의 징수를 위해 납세자의 재산을 압류하는 경우 그 재산의 가액이 징수할 국세액을 초과한다면 당해 압류처분은 무효이다.

② 국세를 납부기한까지 납부하지 아니하면 과세권자의 가산금 확정절차 없이 「국세징수법」 제21조에 의하여 가산금이 당연히 발생하고 그 액수도 확정된다.

③ 조세부과처분의 근거규정이 위헌으로 선언된 경우, 그에 기한 조세부과처분이 위헌결정 전에 이루어졌다 하더라도 위헌결정 이후에 조세채권의 집행을 위해 새로이 착수된 체납처분은 당연무효이다.

④ 공매통지가 적법하지 아니하다면 특별한 사정이 없는 한, 공매통지를 직접 항고소송의 대상으로 삼아 다툴 수 없고 통지 후에 이루어진 공매처분에 대하여 다투어야 한다.

해설

① (X) 세무공무원이 국세의 징수를 위해 납세자의 재산을 압류하는 경우 그 재산의 가액이 징수할 국세액을 초과한다 하여 위 압류가 당연무효의 처분이라고는 할 수 없다(대판 1986.11.11. 86누479).

② (O) 가산금 또는 중가산금은 국세를 납부기한까지 납부하지 아니하면 과세청의 확정절차 없이도 법률 규정에 의하여 당연히 발생하는 것이므로 가산금 또는 중가산금의 고지가 항고소송의 대상이 되는 처분이라고 볼 수 없다(대판 2005.06.10. 2005다15482).

③ (O) 대판 2012.2.16. 2010두10907 전원합의체.

④ (O) 공매처분을 하면서 체납자 등에게 공매통지를 하지 않았거나 공매통지를 하였더라도 그것이 적법하지 아니한 경우에는 절차상의 흠이 있어 그 공매처분이 위법하게 되는 것이지만, 공매통지 자체가 그 상대방인 체납자 등의 법적 지위나 권리·의무에 직접적인 영향을 주는 행정처분에 해당한다고 할 것은 아니므로 다른 특별한 사정이 없는 한 체납자 등은 공매통지의 결여나 위법을 들어 공매처분의 취소 등을 구할 수 있는 것이지 공매통지 자체를 항고소송의 대상으로 삼아 그 취소 등을 구할 수는 없다(대판 2011.3.24. 2010두25527).

정답 ①

410 [10국가7급]

행정상 강제징수에 대한 설명으로 옳은 것은?

① 국세를 그 납부기한까지 완납하지 아니한 때에는 세무서장・시장 또는 군수는 납기경과 후 30일 내에 독촉장을 발부하여야 한다.

② 납세의무자의 재산에 대하여 사실상・법률상의 처분을 금지시키는 강제보전행위인 압류는 사실행위로서 처분적 성격을 가지지 않는다.

③ 압류대상 재산은 의무자 및 동거인의 소유인 재산적인 가치가 있는 모든 재산을 말하며, 생활필수품의 압류에는 의무자의 동의를 요한다.

④ 체납자가 사망한 후 체납자명의의 재산에 대하여 한 압류는 그 재산을 상속한 상속인에 대하여 한 것으로 본다.

해설

① (X)

> **국세징수법 제10조(독촉)** ① 관할 세무서장은 납세자가 국세를 지정납부기한까지 완납하지 아니한 경우 지정납부기한이 지난 후 10일 이내에 체납된 국세에 대한 독촉장을 발급하여야 한다. 다만, 제9조에 따라 국세를 납부기한 전에 징수하거나 체납된 국세가 일정한 금액 미만인 경우 등 대통령령으로 정하는 경우에는 독촉장을 발급하지 아니할 수 있다.
>
> ② 관할 세무서장은 제1항 본문에 따라 독촉장을 발급하는 경우 독촉을 하는 날부터 20일 이내의 범위에서 기한을 정하여 발급한다.

② (X) 압류란 의무자의 재산에 대하여 사실상 및 법률상의 처분을 금지하고, 아울러 의무자의 재산을 확보하는 강제적인 보전행위를 말하며, 권력적 사실행위로서 항고소송의 대상이 되는 처분에 해당된다.

③ (X) 의복, 침구, 가구와 주방기구 등의 생활필수품은 전적으로 압류가 금지된다.

> **국세징수법 제41조(압류금지 재산)** 다음 각 호의 재산은 압류할 수 없다.
> 1. 체납자 또는 그와 생계를 같이 하는 가족(사실상 혼인관계에 있는 사람을 포함한다. 이하 이 조에서 "동거가족"이라 한다)의 생활에 없어서는 아니 될 의복, 침구, 가구, 주방기구, 그 밖의 생활필수품
> 2. 체납자 또는 그 동거가족에게 필요한 3개월간의 식료품 또는 연료

④ (O)

> **국세징수법 제27조(상속 또는 합병의 경우 강제징수의 속행 등)** ② 제1항을 적용할 때 체납자가 사망한 후 체납자 명의의 재산에 대하여 한 압류는 그 재산을 상속한 상속인에 대하여 한 것으로 본다.

정답 ④

411 [15국가9급]

행정상 강제징수에 대한 설명으로 옳지 않은 것은?

① 「국세징수법」상의 체납처분에서 압류재산의 매각은 공매를 통해서만 이루어지며 수의계약으로 해서는 안 된다.

② 세무서장은 한국자산관리공사로 하여금 공매를 대행하게 할 수 있으며, 이 경우 공매는 세무서장이 한 것으로 본다.

③ 과세관청의 압류처분에 대해서는 심사청구 또는 심판청구 중 하나에 대한 결정을 거친 후 행정소송을 제기하여야 한다.

④ 과세관청이 체납처분으로서 행하는 공매는 우월한 공권력의 행사로서 행정소송의 대상이 되는 행정처분이다.

해설

① (X)

> **국세징수법 제67조(수의계약)** 관할 세무서장은 압류재산이 다음 각 호의 어느 하나에 해당하는 경우 수의계약으로 매각할 수 있다.
> 1. 수의계약으로 매각하지 아니하면 매각대금이 강제징수비 금액 이하가 될 것으로 예상되는 경우
> 2. 부패·변질 또는 감량되기 쉬운 재산으로서 속히 매각하지 아니하면 그 재산가액이 줄어들 우려가 있는 경우
> 3. 압류한 재산의 추산가격이 1천만원 미만인 경우
> 4. 법령으로 소지(所持) 또는 매매가 금지 및 제한된 재산인 경우
> 5. 제1회 공매 후 1년간 5회 이상 공매하여도 매각되지 아니한 경우
> 6. 공매가 공익(公益)을 위하여 적절하지 아니한 경우

② (O)

> **국세징수법 제103조(공매등의 대행)** ① 관할 세무서장은 다음 각 호의 업무(이하 이 조에서 "공매등"이라 한다)에 전문지식이 필요하거나 그 밖에 직접 공매등을 하기에 적당하지 아니하다고 인정되는 경우 대통령령으로 정하는 바에 따라 한국자산관리공사에 공매등을 대행하게 할 수 있다. 이 경우 공매등은 관할 세무서장이 한 것으로 본다.
> 1. 공매
> 2. 수의계약
> 3. 매각재산의 권리이전
> 4. 금전의 배분

③ (O)

> **국세기본법 제56조(다른 법률과의 관계)** ② 제55조에 규정된 위법한 처분에 대한 행정소송은 「행정소송법」 제18조 제1항 본문, 제2항 및 제3항에도 불구하고 이 법에 따른 심사청구 또는 심판청구와 그에 대한 결정을 거치지 아니하면 제기할 수 없다.

④ (O) 공매에 의하여 재산을 매수한 자는 그 공매처분이 취소된 경우에 그 취소처분의 위법을 주장하여 행정소송을 제기할 법률상 이익이 있다(대판 1984.9.25, 84누201).

정답 ①

412 [16국가7급]

행정의 실효성확보수단에 대한 설명으로 옳지 않은 것은? (다툼이 있는 경우 판례에 의함)

① 아무런 권원 없이 국유재산에 설치한 시설물에 대하여 행정청이 행정대집행을 할 수 있는 경우에는 따로 민사소송의 방법으로 그 시설물의 철거를 구하는 것은 허용되지 않는다.

② 허가 없이 신축·증축한 불법건축물의 철거의무를 대집행하기 위한 계고처분 요건의 주장·입증책임은 처분행정청에 있다.

③ 한국자산관리공사가 인터넷을 통하여 재공매(입찰)하기로 한 결정 자체는 상대방의 법적 지위나 권리·의무에 직접 영향을 주는 것으로 행정처분에 해당한다.

④ 공매에 의하여 재산을 매수한 자는 그 공매처분이 취소된 경우에 그 취소처분의 위법을 주장하여 행정소송을 제기할 법률상 이익이 있다.

해설

① (O) 대판 2009.6.11. 2009다1122.

② (O) 대집행요건을 구비하였는지에 관한 주장 및 입증책임은 처분행정청에 있다(대판 1996.10.11. 96누8086).

③ (X) 한국자산공사가 당해 부동산을 인터넷을 통하여 재공매(입찰)하기로 한 결정 자체는 내부적인 의사결정에 불과하여 항고소송의 대상이 되는 행정처분이라고 볼 수 없다(대판 2007.7.27. 2006두8464).

④ (O) 대판 1984.9.25. 84누201.

정답 ③

413 [19국가7급]

행정의 실효성 확보수단에 대한 판례의 입장으로 옳지 않은 것은?

① 행정청이 행정대집행의 방법으로 건물철거의무의 이행을 실현할 수 있는 경우에는 건물철거 대집행 과정에서 부수적으로 건물의 점유자들에 대한 퇴거 조치를 할 수 있고, 점유자들이 적법한 행정대집행을 위력을 행사하여 방해하는 경우 「경찰관직무집행법」에 근거한 위험발생 방지조치 차원에서 경찰의 도움을 받을 수도 있다.

② 대집행계고를 하기 위하여는 법령에 의하여 직접 명령되거나 법령에 근거한 행정청의 명령에 의한 의무자의 대체적 작위의무 위반행위가 있어야 하는데, 단순한 부작위의무 위반의 경우에는 당해 법령에서 그 위반자에게 위반에 의해 생긴 유형적 결과의 시정을 명하는 행정처분 권한을 인정하는 규정을 두고 있지 않은 이상, 이와 같은 부작위의무로부터 그 의무를 위반함으로써 생긴 결과를 시정하기 위한 작위의무를 당연히 끌어낼 수는 없다.

③ 사용자가 이행하여야 할 행정법상 의무의 내용을 초과하는 것을 '불이행 내용'으로 기재한 이행강제금 부과 예고서에 의하여 이행강제금 부과 예고를 한 다음 이를 이행하지 않았다는 이유로 이행강제금을 부과하였다면, 초과한 정도가 근소하다는 등의 특별한 사정이 없는 한 이행강제금 부과 예고는 위법하며, 이에 터 잡은 이행강제금 부과처분 역시 위법하다.

④ 체납자 등에 대한 공매처분을 하면서 체납자 등에게 공매통지를 하지 않았거나 공매통지를 하였더라도 그것이 적법하지 않은 경우 절차상의 흠이 있어 그 공매처분이 위법하게 되는 것인바, 공매통지는 상대방인 체납자 등의 법적 지위나 권리·의무에 직접적인 영향을 주는 행정처분으로서 항고소송의 대상이 된다.

해설

① **(O)** 행정청이 행정대집행의 방법으로 건물철거의무의 이행을 실현할 수 있는 경우에는 건물철거 대집행 과정에서 부수적으로 건물의 점유자들에 대한 퇴거 조치를 할 수 있고, 점유자들이 적법한 행정대집행을 위력을 행사하여 방해하는 경우 형법상 공무집행방해죄가 성립하므로, 필요한 경우에는 '경찰관 직무집행법'에 근거한 위험발생 방지조치 또는 형법상 공무집행방해죄의 범행방지 내지 현행범체포의 차원에서 경찰의 도움을 받을 수도 있다(대판 2017. 4. 28. 2016다213916).

② **(O)** 법치주의의 원리에 비추어 볼 때 부작위의무로부터 그 의무를 위반함으로써 생긴 결과를 시정하기 위한 작위의무를 당연히 끌어낼 수는 없으며, 또 위 금지규정(특히 허가를 유보한 상대적 금지규정)으로부터 작위의무, 즉 위반결과의 시정을 명하는 권한이 당연히 추론되는 것도 아니다(대판 1996.6.28. 96누4374).

③ **(O)** 사용자가 이행하여야 할 행정법상 의무의 내용을 초과하는 것을 '불이행 내용'으로 기재한 이행강제금 부과 예고서에 의하여 이행강제금 부과 예고를 한 다음 이를 이행하지 않았다는 이유로 이행강제금을 부과하였다면, 초과한 정도가 근소하다는 등의 특별한 사정이 없는 한 이행강제금 부과 예고는 이행강제금 제도의 취지에 반하는 것으로서 위법하고, 이에 터 잡은 이행강제금 부과처분 역시 위법하다(대판 2015. 6. 24. 2011두2170).

④ **(X)** 공매처분을 하면서 체납자 등에게 공매통지를 하지 않았거나 공매통지를 하였더라도 그것이 적법하지 아니한 경우에는 절차상의 흠이 있어 그 공매처분이 위법하게 되는 것이지만, 공매통지 자체가 그 상대방인 체납자 등의 법적 지위나 권리·의무에 직접적인 영향을 주는 행정처분에 해당한다고 할 것은 아니므로 다른 특별한 사정이 없는 한 체납자 등은 공매통지의 결여나 위법을 들어 공매처분의 취소 등을 구할 수 있는 것이지 공매통지 자체를 항고소송의 대상으로 삼아 그 취소 등을 구할 수는 없다(대판 2011.3.24. 2010두25527).

정답 ④

414 [19지방7급]

행정상 강제집행에 대한 설명으로 옳지 않은 것은? (다툼이 있는 경우 판례에 의함)

① 건축법상 이행강제금 납부의무는 상속인 기타의 사람에게 승계될 수 없는 일신전속적인 성질을 갖는다.
② 행정대집행법상 건물철거 대집행은 다른 방법으로는 이행의 확보가 어렵고 불이행을 방치함이 심히 공익을 해하는 것으로 인정될 때에 한하여 허용되고 이러한 요건의 주장·입증책임은 처분 행정청에 있다.
③ 관계 법령상 행정대집행의 절차가 인정되어 행정청이 행정대집행의 방법으로 건물의 철거 등 대체적 작위의무의 이행을 실현할 수 있는 경우에는 따로 민사소송의 방법으로 그 의무의 이행을 구할 수 없다.
④ 국세징수법상의 공매통지 자체는 그 상대방인 체납자 등의 법적 지위나 권리·의무에 직접적인 영향을 주는 행정처분에 해당한다고 할 것이므로 공매통지 자체를 항고소송의 대상으로 삼아 그 취소 등을 구할 수 있다.

해설

① (O) 건축법상의 이행강제금은 간접강제의 일종으로서 그 이행강제금 납부의무는 상속인 기타의 사람에게 승계될 수 없는 일신전속적인 성질의 것이므로 이미 사망한 사람에게 이행강제금을 부과하는 내용의 처분이나 결정은 당연무효이다(대결 2006.12.08. 2006마470).
② (O) 건축법에 위반하여 건축한 것이어서 철거의무가 있는 건물이라 하더라도 그 철거의무를 대집행하기 위한 계고처분을 하려면 다른 방법으로는 이행의 확보가 어렵고 불이행을 방치함이 심히 공익을 해하는 것으로 인정될 때에 한하여 허용되고 이러한 요건의 주장입증책임은 처분 행정청에 있다(대판 1993. 9. 14. 92누16690).
③ (O) 행정대집행의 절차가 인정되는 경우에는 따로 민사소송의 방법으로 피고들에 대하여 이 사건 시설물의 철거를 구하는 것은 허용되지 않는다(대판 2009.6.11, 2009다1122).
④ (X) 공매통지 자체가 그 상대방인 체납자 등의 법적 지위나 권리·의무에 직접적인 영향을 주는 행정처분에 해당한다고 할 것은 아니므로 다른 특별한 사정이 없는 한 체납자 등은 공매통지의 결여나 위법을 들어 공매처분의 취소 등을 구할 수 있는 것이지 공매통지 자체를 항고소송의 대상으로 삼아 그 취소 등을 구할 수는 없다(대판 2011.03.24. 2010두25527).

정답 ④

415 [20국가9급]

행정의 실효성확보수단에 대한 설명으로 옳지 않은 것은? (다툼이 있는 경우 판례에 의함)

① 대집행과 이행강제금 중 어떠한 강제수단을 선택할 것인지에 대하여 행정청의 재량이 인정된다.
② 건축법상 시정명령을 받은 의무자가 이행강제금이 부과되기 전에 그 의무를 이행한 경우에는 비록 시정명령에서 정한 기간을 지나서 이행한 경우라도 이행강제금을 부과할 수 없다.
③ 여객자동차 운수사업법상 과징금부과처분은 원칙적으로 위반자의 고의·과실을 요하지 않는다.
④ 국세징수법상 공매통지에 하자가 있는 경우, 다른 특별한 사정이 없는 한 체납자는 공매통지 자체를 항고소송의 대상으로 삼아 그 취소 등을 구할 수 있다.

해설

① (O) 행정청은 개별사건에 있어서 위반내용, 위반자의 시정의지 등을 감안하여 대집행과 이행강제금을 선택적으로 활용할 수 있으며, 이처럼 그 합리적인 재량에 의해 선택하여 활용하는 이상, 중첩적인 제재에 해당한다고 볼 수 없다(헌재 2004.2.26. 2001헌바80).

② (O) 이행강제금의 본질상 시정명령을 받은 의무자가 이행강제금이 부과되기 전에 그 의무를 이행한 경우에는 비록 시정명령에서 정한 기간을 지나서 이행한 경우라도 이행강제금을 부과할 수 없다(대판 2018. 1. 25. 2015두35116).

③ (O) 과징금부과처분은 행정목적의 달성을 위하여 행정법규 위반이라는 객관적 사실에 착안하여 가하는 제재이므로 반드시 현실적인 행위자가 아니라도 법령상 책임자로 규정된 자에게 부과되고 원칙적으로 위반자의 고의·과실을 요하지 아니하나, 위반자의 의무 해태를 탓할 수 없는 정당한 사유가 있는 등의 특별한 사정이 있는 경우에는 이를 부과할 수 없다(대판 2014. 10. 15. 2013두5005).

④ (X) 공매처분을 하면서 체납자 등에게 공매통지를 하지 않았거나 공매통지를 하였더라도 그것이 적법하지 아니한 경우에는 절차상의 흠이 있어 그 공매처분이 위법하게 되는 것이지만, 공매통지 자체가 그 상대방인 체납자 등의 법적 지위나 권리·의무에 직접적인 영향을 주는 행정처분에 해당한다고 할 것은 아니므로 다른 특별한 사정이 없는 한 체납자 등은 공매통지의 결여나 위법을 들어 공매처분의 취소 등을 구할 수 있는 것이지 공매통지 자체를 항고소송의 대상으로 삼아 그 취소 등을 구할 수는 없다(대판 2011.03.24. 2010두25527).

정답 ④

416 [18지방9급]

행정강제에 대한 설명으로 옳지 않은 것은? (다툼이 있는 경우 판례에 의함)

① 관계 법령상 행정대집행의 절차가 인정되어 행정청이 행정대집행의 방법으로 건물의 철거 등 대체적 작위의무의 이행을 실현할 수 있는 경우에는 따로 민사소송의 방법으로 그 의무의 이행을 구할 수 없다.

② 「국세징수법」상 체납자 등에 대한 공매통지는 체납자 등의 법적 지위나 권리·의무에 직접적인 영향을 주는 행정처분에 해당하지 아니하므로 공매통지가 적법하지 아니한 경우에도 그에 따른 공매처분이 위법하게 되는 것은 아니다.

③ 이행강제금 납부의무는 상속인 기타의 사람에게 승계될 수 없는 일신전속적인 성질의 것이므로 이미 사망한 사람에게 이행강제금을 부과하는 내용의 처분이나 결정은 당연무효이다.

④ 행정청이 행정대집행의 방법으로 건물철거의무의 이행을 실현할 수 있는 경우, 점유자들이 적법한 행정대집행을 위력을 행사하여 방해한다면 「형법」상 공무집행방해죄의 범행방지 차원에서 경찰의 도움을 받을 수도 있다.

해설

① (O) 행정대집행의 절차가 인정되는 경우에는 따로 민사소송의 방법으로 피고들에 대하여 이 사건 시설물의 철거를 구하는 것은 허용되지 않는다(대판 2009.6.11, 2009다1122).

② (X) 공매처분을 하면서 체납자 등에게 공매통지를 하지 않았거나 공매통지를 하였더라도 그것이 적법하지 아니한 경우에는 절차상의 흠이 있어 그 공매처분이 위법하게 되는 것이지만, 공매통지 자체가 그 상대방인 체납자 등의 법적 지위나 권리·의무에 직접적인 영향을 주는 행정처분에 해당한다고 할 것은 아니므로 다른 특별한 사정이 없는 한 체납자 등은 공매통지의 결여나 위법을 들어 공매처분의 취소 등을 구할 수 있는 것이지 공매통지 자체를 항고소송의 대상으로 삼아 그 취소 등을 구할 수는 없다(대판 2011.03.24. 2010두25527).

③ (O) 이행강제금 납부의무는 상속인 기타의 사람에게 승계될 수 없는 일신전속적인 성질의 것이므로 이미 사망한 사람에게 이행강제금을 부과하는 내용의 처분이나 결정은 당연무효이고, 이행강제금을 부과받은 사람의 이의에 의하여 비송사건절차법에 의한 재판절차가 개시된 후에 그 이의한 사람이 사망한 때에는 사건 자체가 목적을 잃고 절차가 종료한다(대결 2006.12.08. 2006마470).

④ (O) 행정청이 행정대집행의 방법으로 건물철거의무의 이행을 실현할 수 있는 경우에는 건물철거 대집행 과정에서 부수적으로 건물의 점유자들에 대한 퇴거 조치를 할 수 있고, 점유자들이 적법한 행정대집행을 위력을 행사하여 방해하는 경우 형법상 공무집행방해죄가 성립하므로, 필요한 경우에는 '경찰관 직무집행법'에 근거한 위험발생 방지조치 또는 형법상 공무집행방해죄의 범행방지 내지 현행범체포의 차원에서 경찰의 도움을 받을 수도 있다(대판 2017. 4. 28. 2016다213916).

정답 ②

417 [19국가9급]

행정의 실효성 확보수단에 대한 설명으로 옳은 것만을 모두 고르면? (다툼이 있는 경우 판례에 의함)

ㄱ. 조세부과처분에 취소사유인 하자가 있는 경우 그 하자는 후행 강제징수절차인 독촉·압류·매각·청산절차에 승계된다.

ㄴ. 세법상 가산세는 과세권 행사 및 조세채권 실현을 용이하게 하기 위하여 납세자가 정당한 이유 없이 법에 규정된 신고, 납세 등의 의무를 위반한 경우에 개별세법에 따라 부과하는 행정상 제재로서, 납세자의 고의·과실은 고려되지 아니하고 법령의 부지·착오 등은 그 의무위반을 탓할 수 없는 정당한 사유에 해당하지 아니한다.

ㄷ. 세무공무원이 체납처분을 하기 위하여 질문·검사 또는 수색을 하거나 재산을 압류할 때에는 그 신분을 표시하는 증표를 지니고 이를 관계자에게 보여 주어야 한다.

ㄹ. 구 「국세징수법」상 가산금은 국세를 납부기한까지 납부하지 아니하면 과세청의 확정절차 없이도 법률에 의하여 당연히 발생하는 것이므로 가산금의 고지는 항고소송의 대상이 되는 처분이라고 볼 수 없다.

① ㄱ, ㄴ　　② ㄴ, ㄷ

③ ㄷ, ㄹ　　④ ㄴ, ㄷ, ㄹ

해설

ㄱ. (X) 조세의 부과처분과 압류 등의 체납처분은 별개의 행정처분으로서 독립성을 가지므로 부과처분에 하자가 있더라도 그 부과처분이 취소되지 아니하는 한 그 부과처분에 의한 체납처분은 위법이라고 할 수는 없다(대판 1988. 6. 28. 87누1009).

ㄴ. (O) 세법상 가산세는 과세권의 행사 및 조세채권의 실현을 용이하게 하기 위하여 납세자가 정당한 이유 없이 법에 규정된 신고, 납세 등 각종 의무를 위반한 경우에 법이 정하는 바에 따라 부과하는 행정상 제재로서 납세자의 고의·과실은 고려되지 아니하고 법령의 부지·착오 등은 그 의무위반을 탓할 수 없는 정당한 사유에 해당하지 아니한다(대판 2004. 6. 24. 2002두10780).

ㄷ. (O)

국세징수법 제38조(증표 등의 제시) 세무공무원은 다음 각 호의 어느 하나를 하는 경우 그 신분을 나타내는 증표 및 압류·수색 등 통지서를 지니고 이를 관계자에게 보여 주어야 한다.
1. 제31조에 따른 압류
2. 제35조에 따른 수색
3. 제36조에 따른 질문·검사

ㄹ. (O) 국세징수법 제21조, 제22조가 규정하는 가산금 또는 중가산금은 국세를 납부기한까지 납부하지 아니하면 과세청의 확정절차 없이도 법률 규정에 의하여 당연히 발생하는 것이므로 가산금 또는 중가산금의 고지가 항고소송의 대상이 되는 처분이라고 볼 수 없다(대판 2005. 6. 10. 2005다15482).

정답 ④

제2장 행정상 즉시강제와 행정조사

제1절 | 행정상 즉시강제

418 [22국가9급]

행정상 즉시강제에 대한 설명으로 옳은 것만을 모두 고르면?

ㄱ. 항고소송의 대상이 되는 처분의 성질을 갖는다.
ㄴ. 과거의 의무위반에 대하여 가해지는 제재이다.
ㄷ. 목전에 급박한 장해를 예방하기 위한 경우에는 예외적으로 법률의 근거가 없이도 발동될 수 있다는 것이 일반적인 견해이다.
ㄹ. 강제 건강진단과 예방접종은 대인적 강제수단에 해당한다.
ㅁ. 위법한 즉시강제작용으로 손해를 입은 자는 국가나 지방자치단체를 상대로 「국가배상법」이 정한 바에 따라 손해배상을 청구할 수 있다.

① ㄴ, ㄷ
② ㄱ, ㄴ, ㅁ
③ ㄱ, ㄹ, ㅁ
④ ㄷ, ㄹ, ㅁ

해설

ㄱ. (O) 행정상 즉시강제는 권력적 사실행위로서 행정쟁송의 대상인 처분에 해당한다.
ㄴ. (X) 즉시강제는 장래 의무이행을 확보하기 위한 수단이고, 과거의 의무위반에 대한 제제인 행정벌과 구별된다.
ㄷ. (X) 행정청이 행정상 즉시강제의 권한을 발동하기 위해서는 엄격한 실정법상 근거를 필요로 하고, 그와 같은 실정법상 근거가 없는 경우에는 허용될 수 없다(서울중앙지방법원 2009. 7. 24. 2008고정7194).
ㄹ. (O) 감염병예방법상 강제 건강진단, 예방접종 등은 대인적 강제수단에 해당하고, 식품위생법상 물건의 폐기 등은 대물적 강제수단에 해당한다.
ㅁ. (O) 위법한 즉시강제작용으로 손해를 입은 자는 손해배상을 청구할 수 있다.

정답 ③

419 [17국가9급(下)]

행정상 즉시강제에 대한 설명으로 옳지 않은 것은? (다툼이 있는 경우 판례에 의함)

① 행정강제는 행정상 강제집행을 원칙으로 하고, 행정상 즉시강제는 예외적으로 인정되는 강제수단이다.
② 행정상 즉시강제는 실정법의 근거를 필요로 하고, 그 발동에 있어서는 법규의 범위 안에서도 행정상의 장해가 목전에 급박하고, 다른 수단으로는 행정목적을 달성할 수 없는 경우이어야 하며, 이러한 경우에도 그 행사는 필요 최소한도에 그쳐야 함을 내용으로 하는 한계에 기속된다.
③ 행정상 즉시강제에 관한 일반법은 없고 개별법에서 행정상 즉시강제에 해당하는 수단을 규정하고 있다.
④ 불법게임물을 발견한 경우 관계공무원으로 하여금 영장 없이 이를 수거하여 폐기하게 할 수 있도록 규정한 구 「음반・비디오물 및 게임물에 관한 법률」의 조항은 급박한 상황에 대처하기 위해 행정상 즉시강제를 행할 불가피성과 정당성이 인정되지 않으므로 헌법상 영장주의에 위배된다.

해설

① (O) ② (O) 경찰관직무집행법 제6조 제1항 중 경찰관의 제지에 관한 부분은 범죄의 예방을 위한 경찰 행정상 즉시강제에 관한 근거 조항이다. 행정상 즉시강제는 그 본질상 행정 목적 달성을 위하여 불가피한 한도 내에서 예외적으로 허용되는 것이므로, 위 조항에 의한 경찰관의 제지 조치 역시 그러한 조치가 불가피한 최소한도 내에서만 행사되도록 그 발동・행사 요건을 신중하고 엄격하게 해석하여야 한다(대판 2008. 11. 13. 2007도9794).

③ (O) 행정상 즉시강제에 관한 일반법은 없고 개별법에서 규정을 두고 있으나, 경찰관의 직무집행과 관련된 즉시강제에 대해서는 경찰관직무집행법이 일반법의 지위를 가진다고 보는 것이 다수설이다.

④ (X) 불법게임물에 대하여 관계당사자에게 수거・폐기를 명하고 그 불이행을 기다려 직접강제 등 행정상의 강제집행으로 나아가는 원칙적인 방법으로는 목적달성이 곤란하다고 할 수 있으므로, 이 사건 법률조항이 영장 없는 수거를 인정한다고 하더라도 이를 두고 헌법상 영장주의에 위배되는 것으로는 볼 수 없다(헌재 2002.10.31. 2000헌가12).

정답 ④

420 [21국가9급]

행정상 즉시강제에 대한 설명으로 옳지 않은 것은? (다툼이 있는 경우 판례에 의함)

① 행정상 즉시강제는 국민의 권리침해를 필연적으로 수반하므로, 이에 대해서는 항상 영장주의가 적용된다.
② 행정상 즉시강제는 직접강제와는 달리 행정상 강제집행에 해당하지 않는다.
③ 구 「음반・비디오물 및 게임물에 관한 법률」상 불법게임물에 대한 수거 및 폐기 조치는 행정상 즉시강제에 해당한다.
④ 다른 수단으로는 행정목적을 달성할 수 없는 경우에만 허용되며, 이 경우에도 최소한으로만 실시하여야 한다.

해설

① (X) ② (O) ③ (O) 행정상 즉시강제는 상대방의 임의이행을 기다릴 시간적 여유가 없을 때 하명 없이 바로 실력을 행사하는 것으로서, 그 본질상 급박성을 요건으로 하고 있어 법관의 영장을 기다려서는 그 목적을 달성할 수 없다고 할 것이므로, 원칙적으로 영장주의가 적용되지 않는다고 보아야 할 것이다(헌재 2002.10.31. 2000헌가12). 불법게임물에 대하여 관계당사자에게 수거・폐기를 명하고 그 불이행을 기다려 직접강제 등 행정상의 강제집행으로 나아가는 원칙적인 방법으로는 목적달성이 곤란하다고 할 수 있으므로, 이 사건 법률조항이 영장 없는 수거를 인정한다고 하더라도 이를 두고 헌법상 영장주의에 위배되는 것으로는 볼 수 없다(헌재 2002.10.31. 2000헌가12).

④ (O) 행정강제는 행정상 강제집행을 원칙으로 하며, 법치국가적 요청인 예측가능성과 법적 안정성에 반하고, 기본권 침해의 소지가 큰 권력작용인 행정상 즉시강제는 어디까지나 예외적인 강제수단이라고 할 것이다. 이러한 행정상 즉시강제는 엄격한 실정법상의 근거를 필요로 할 뿐만 아니라, 그 발동에 있어서는 법규의 범위 안에서도 다시 행정상의 장해가 목전에 급박하고, 다른 수단으로는 행정목적을 달성할 수 없는 경우이어야 하며, 이러한 경우에도 그 행사는 필요 최소한도에 그쳐야 함을 내용으로 하는 조리상의 한계에 기속된다(헌재 2002. 10. 31. 2000헌가12 [합헌]).

정답 ①

421 [14지방9급]

행정상 즉시강제에 대한 설명으로 옳은 것은? (다툼이 있는 경우 판례에 의함)

① 「구 음반 · 비디오물 및 게임물에 관한 법률」상 등급분류를 받지 아니한 게임물을 발견한 경우 관계행정청이 관계공무원으로 하여금 이를 수거 · 폐기하게 할 수 있도록 한 규정은 헌법상 영장주의와 피해 최소성의 요건을 위배하는 과도한 입법으로 헌법에 위반된다.

② 재범의 위험성이 현저한 자를 상대로 긴급히 보호할 필요가 있는 경우에 단기간의 동행보호를 허용한 구 「사회안전법」상 동행보호규정은 사전영장주의를 규정한 헌법규정에 반한다.

③ 「식품위생법」상 영업소 폐쇄명령을 받은 후에도 계속하여 영업을 하는 경우 해당 영업소를 폐쇄하는 조치는 행정상 즉시강제의 수단에 해당한다.

④ 손실발생의 원인에 대하여 책임이 없는 자가 경찰관의 적법한 보호조치에 자발적으로 협조하여 재산상의 손실을 입은 경우, 국가는 손실을 입은 자에 대하여 정당한 보상을 하여야 한다.

해설

① (X) 헌재 2002.10.31. 2000헌가12.

② (X) 구 사회안전법 제11조 소정의 동행보호규정은 재범의 위험성이 현저한 자를 상대로 긴급히 보호할 필요가 있는 경우에 한하여 단기간의 동행보호를 허용한 것으로서 사전영장주의를 규정한 헌법규정에 반한다고 볼 수는 없다(대판 1997.6.13. 96다56115).

③ (X) 「식품위생법」 영업소를 폐쇄하는 조치는 직접강제의 수단에 해당한다.

④ (O)

> **경찰관직무집행법 제11조의2(손실보상)** ① 국가는 경찰관의 적법한 직무집행으로 인하여 다음 각 호의 어느 하나에 해당하는 손실을 입은 자에 대하여 정당한 보상을 하여야 한다.
> 1. 손실발생의 원인에 대하여 책임이 없는 자가 생명·신체 또는 재산상의 손실을 입은 경우(손실발생의 원인에 대하여 책임이 없는 자가 경찰관의 직무집행에 자발적으로 협조하거나 물건을 제공하여 생명·신체 또는 재산상의 손실을 입은 경우를 포함한다)
> 2. 손실발생의 원인에 대하여 책임이 있는 자가 자신의 책임에 상응하는 정도를 초과하는 생명·신체 또는 재산상의 손실을 입은 경우

정답 ④

제2절 | 행정조사

422 [18지방9급]

「행정조사기본법」상 행정조사에 대한 설명으로 옳은 것은?

① 행정조사를 행하는 행정기관에는 법령 및 조례 · 규칙에 따라 행정권한이 있는 기관뿐만 아니라 그 권한을 위임 또는 위탁받은 법인 · 단체 또는 그 기관이나 개인이 포함된다.

② 「행정조사기본법」은 행정조사 실시를 위한 일반적인 근거규범으로서 행정기관은 다른 법령 등에서 따로 행정조사를 규정하고 있지 않더라도 「행정조사기본법」을 근거로 행정조사를 실시할 수 있다.

③ 조사대상자가 조사대상 선정기준에 대한 열람을 신청한 경우에 행정기관은 그 열람이 당해 행정조사업무를 수행할 수 없을 정도로 조사활동에 지장을 초래한다는 이유로 열람을 거부할 수 없다.

④ 정기조사 또는 수시조사를 실시한 행정기관의 장은 조사대상자의 자발적인 협조를 얻어 실시하는 경우가 아닌 한, 동일한 사안에 대하여 동일한 조사대상자를 재조사하여서는 아니 된다.

해설

① (O)

행정조사기본법 제2조(정의) 이 법에서 사용하는 용어의 정의는 다음과 같다.
2. "행정기관"이란 법령 및 조례·규칙(이하 "법령등"이라 한다)에 따라 행정권한이 있는 기관과 그 권한을 위임 또는 위탁받은 법인·단체 또는 그 기관이나 개인을 말한다.

② (X)

행정조사기본법 제5조(행정조사의 근거) 행정기관은 법령등에서 행정조사를 규정하고 있는 경우에 한하여 행정조사를 실시할 수 있다. 다만, 조사대상자의 자발적인 협조를 얻어 실시하는 행정조사의 경우에는 그러하지 아니하다.

③ (X)

행정조사기본법 제8조(조사대상의 선정) ③ 행정기관의 장이 제2항에 따라 열람신청을 받은 때에는 다음 각 호의 어느 하나에 해당하는 경우를 제외하고 신청인이 조사대상 선정기준을 열람할 수 있도록 하여야 한다.
1. 행정기관이 당해 행정조사업무를 수행할 수 없을 정도로 조사활동에 지장을 초래하는 경우
2. 내부고발자 등 제3자에 대한 보호가 필요한 경우

④ (X)

행정조사기본법 제15조(중복조사의 제한) ① 제7조에 따라 정기조사 또는 수시조사를 실시한 행정기관의 장은 동일한 사안에 대하여 동일한 조사대상자를 재조사 하여서는 아니 된다. 다만 당해 행정기관이 이미 조사를 받은 조사대상자에 대하여 위법행위가 의심되는 새로운 증거를 확보한 경우에는 그러하지 아니하다.

정답 ①

423 [12지방9급]

「행정조사기본법」에 관한 설명으로 옳지 않은 것은?

① 「근로기준법」상 근로감독관의 직무에 관한 사항에 대하여는 「행정조사기본법」이 적용된다.

② 금융감독기관의 감독 · 검사 · 조사 및 감리에 관한 사항에 대하여는 「행정조사기본법」을 적용하지 아니한다.

③ 행정조사란 행정기관이 정책을 결정하거나 직무를 수행하는데 필요한 정보나 자료를 수집하기 위하여 현장조사 · 문서열람 · 시료채취 등을 하거나 조사대상자에게 보고요구 · 자료제출요구 및 출석 · 진술요구를 행하는 활동을 말한다.

④ 행정기관은 유사하거나 동일한 사안에 대하여는 공동조사 등을 실시함으로써 행정조사가 중복되지 아니하도록 하여야 한다.

해설

① (X) ② (O)

> **행정조사기본법 제3조(적용 범위)** ② 다음 각 호의 어느 하나에 해당하는 사항에 대하여는 이 법을 적용하지 아니한다.
> 4. 「근로기준법」 제101조에 따른 근로감독관의 직무에 관한 사항
> 6. 금융감독기관의 감독·검사·조사 및 감리에 관한 사항

③ (O)

> **행정조사기본법 제2조(정의)** 이 법에서 사용하는 용어의 정의는 다음과 같다.
> 1. "행정조사"란 행정기관이 정책을 결정하거나 직무를 수행하는 데 필요한 정보나 자료를 수집하기 위하여 현장조사·문서열람·시료채취 등을 하거나 조사대상자에게 보고요구·자료제출요구 및 출석·진술요구를 행하는 활동을 말한다.

④ (O) 행정조사기본법 제4조 제3항.

정답 ①

424 [16경행특채]

다음 중 「행정조사기본법」상 행정조사의 원칙인 것은 모두 몇 개인가?

> ㉠ 행정조사는 조사목적을 달성하는 데 필요한 최소한의 범위 안에서 실시하여야 한다.
> ㉡ 행정조사는 법령 등의 위반에 대한 처벌보다는 법령 등을 준수하도록 유도하는 데 중점을 두어야 한다.
> ㉢ 행정기관이 유사하거나 동일한 사안이라고 하여 공동조사 등을 실시하는 것은 국민의 권익을 침해할 수 있으므로 허용되지 않는다.
> ㉣ 다른 법률에 따르지 아니하고는 행정조사의 대상자 또는 행정조사의 내용을 공표하거나 직무상 알게 된 비밀을 누설하여서는 아니된다.
> ㉤ 행정기관은 조사목적에 적합하도록 조사대상자를 선정하여 행정조사를 실시하여야 한다.

① 2개 ② 3개 ③ 4개 ④ 5개

해설

옳은 것은 ㉠, ㉡, ㉣, ㉤ 4개이다.

㉠ (O) ㉡ (O) ㉢ (X) ㉣ (O) ㉤ (O)

> **행정조사기본법 제4조(행정조사의 기본원칙)** ① 행정조사는 조사목적을 달성하는데 필요한 최소한의 범위 안에서 실시하여야 하며, 다른 목적 등을 위하여 조사권을 남용하여서는 아니 된다.
>
> ② 행정기관은 조사목적에 적합하도록 조사대상자를 선정하여 행정조사를 실시하여야 한다.
>
> ③ 행정기관은 유사하거나 동일한 사안에 대하여는 공동조사 등을 실시함으로써 행정조사가 중복되지 아니하도록 하여야 한다.
>
> ④ 행정조사는 법령등의 위반에 대한 처벌보다는 법령 등을 준수하도록 유도하는 데 중점을 두어야 한다.
>
> ⑤ 다른 법률에 따르지 아니하고는 행정조사의 대상자 또는 행정조사의 내용을 공표하거나 직무상 알게 된 비밀을 누설하여서는 아니된다.

정답 ③

425 [15지방9급]

「행정조사기본법」상 행정조사에 대한 설명으로 옳지 않은 것은?

① 조사대상자는 법령 등에서 규정하고 있는 경우에 한하여 조사대상 선정기준에 대한 열람을 행정기관의 장에게 신청할 수 있다.

② 조사대상자에 의한 조사원 교체신청은 그 이유를 명시한 서면으로 행정기관의 장에게 하여야 한다.

③ 행정기관의 장은 인터넷 등 정보통신망을 통하여 조사대상자로 하여금 자료의 제출 등을 하게 할 수 있다.

④ 행정기관은 조사대상자의 자발적인 협조를 얻어 실시하는 행정조사의 경우를 제외하고는 법령 등에서 행정조사를 규정하고 있는 경우에 한하여 행정조사를 실시할 수 있다.

해설

① (X) 법령 등에서 규정하고 있는 경우에 한하지 않고 열람을 신청할 수 있다.

> **행정조사기본법 제8조(조사대상의 선정)** ② 조사대상자는 조사대상 선정기준에 대한 열람을 행정기관의 장에게 신청할 수 있다.

② (O)

> **행정조사기본법 제22조(조사원 교체신청)** ① 조사대상자는 조사원에게 공정한 행정조사를 기대하기 어려운 사정이 있다고 판단되는 경우에는 행정기관의 장에게 당해 조사원의 교체를 신청할 수 있다.
>
> ② 제1항에 따른 교체신청은 그 이유를 명시한 서면으로 행정기관의 장에게 하여야 한다.

③ (O)

> **행정조사기본법 제28조(정보통신수단을 통한 행정조사)** ① 행정기관의 장은 인터넷 등 정보통신망을 통하여 조사대상자로 하여금 자료의 제출 등을 하게 할 수 있다.

④ (O)

> **행정조사기본법 제5조(행정조사의 근거)** 행정기관은 법령등에서 행정조사를 규정하고 있는 경우에 한하여 행정조사를 실시할 수 있다. 다만, 조사대상자의 자발적인 협조를 얻어 실시하는 행정조사의 경우에는 그러하지 아니하다.

정답 ①

426 [18국가7급]

행정조사 및 「행정조사기본법」에 대한 설명으로 옳은 것(○)과 옳지 않은 것(×)을 바르게 연결한 것은? (다툼이 있는 경우 판례에 의함)

ㄱ. 우편물 통관검사절차에서 이루어지는 우편물의 개봉, 시료채취, 성분분석 등의 검사는 수출입물품에 대한 적정한 통관 등을 목적으로 한 행정조사의 성격을 가지는 것으로서 수사기관의 강제처분이라고 할 수 없다.

ㄴ. 조사원이 현장조사 중에 자료·서류·물건 등을 영치하는 경우에 조사대상자의 생활이나 영업이 사실상 불가능하게 될 우려가 있는 때에는 조사원은 증거인멸의 우려가 있는 경우가 아니라면 사진촬영 등의 방법으로 영치에 갈음할 수 있다.

ㄷ. 행정기관의 장이 조사대상자의 자발적인 협조를 얻어 행정조사를 실시하고자 하는 경우 조사대상자는 문서·전화·구두 등의 방법으로 당해 행정조사를 거부할 수 있다.

ㄹ. 조사대상자가 행정조사의 실시를 거부하거나 방해하는 경우 조사원은 「행정조사기본법」상의 명문규정에 의하여 조사대상자의 신체와 재산에 대해 실력을 행사할 수 있다.

	ㄱ	ㄴ	ㄷ	ㄹ
①	○	○	○	×
②	○	×	○	×
③	×	×	○	○
④	○	○	×	×

해설

ㄱ. **(O)** 우편물 통관검사절차에서 이루어지는 우편물의 개봉, 시료채취, 성분분석 등의 검사는 수출입물품에 대한 적정한 통관 등을 목적으로 한 행정조사의 성격을 가지는 것으로서 수사기관의 강제처분이라고 할 수 없으므로, 압수·수색영장 없이 우편물의 개봉, 시료채취, 성분분석 등 검사가 진행되었다 하더라도 특별한 사정이 없는 한 위법하다고 볼 수 없다(대판 2013.9.26. 2013도7718).

ㄴ. **(O)**

> **행정조사기본법 제13조(자료등의 영치)** ① 조사원이 현장조사 중에 자료·서류·물건 등(이하 이 조에서 "자료등"이라 한다)을 영치하는 때에는 조사대상자 또는 그 대리인을 입회시켜야 한다.
>
> ② 조사원이 제1항에 따라 자료등을 영치하는 경우에 조사대상자의 생활이나 영업이 사실상 불가능하게 될 우려가 있는 때에는 조사원은 자료등을 사진으로 촬영하거나 사본을 작성하는 등의 방법으로 영치에 갈음할 수 있다. 다만, 증거인멸의 우려가 있는 자료등을 영치하는 경우에는 그러하지 아니하다.

ㄷ. **(O)**

> **행정조사기본법 제20조(자발적인 협조에 따라 실시하는 행정조사)** ① 행정기관의 장이 제5조 단서에 따라 조사대상자의 자발적인 협조를 얻어 행정조사를 실시하고자 하는 경우 조사대상자는 문서·전화·구두 등의 방법으로 당해 행정조사를 거부할 수 있다.

ㄹ. **(X)** 행정조사에 상대방이 저항하는 경우, 실력을 행사하여 필요한 조사를 할 수 있는가가 문제된다. 이에 대해 명문 규정이 없고, 직접적인 실력행사를 할 수 없다는 부정설이 다수설이다.

정답 ①

427 [15서울7급]

「행정조사기본법」과 관련한 설명으로 옳지 않은 것은?

① 조사대상자는 조사원에게 공정한 행정조사를 기대하기 어려운 사정이 있다고 판단되는 경우에는 행정기관의 장에게 당해 조사원의 교체를 신청할 수 있다.

② 조사대상자와 조사원은 조사과정을 방해하지 아니하는 범위 안에서 행정조사의 과정을 녹음하거나 녹화할 수 있다.

③ 조사대상자는 법률 · 회계 등에 대하여 전문지식이 있는 관계 전문가로 하여금 행정조사를 받는 과정에 입회하게 하거나 의견을 진술하게 할 수 있다.

④ 행정기관의 장은 법령 등에 특별한 규정이 있는 경우를 제외하고는 행정조사의 결과를 확정한 날부터 30일 이내에 그 결과를 조사대상자에게 통지하여야 한다.

해설

① (O) 행정조사기본법 제22조 제1항.

② (O) ③ (O)

> **행정조사기본법 제23조(조사권 행사의 제한)** ② 조사대상자는 법률·회계 등에 대하여 전문지식이 있는 관계 전문가로 하여금 행정조사를 받는 과정에 입회하게 하거나 의견을 진술하게 할 수 있다.
>
> ③ 조사대상자와 조사원은 조사과정을 방해하지 아니하는 범위 안에서 행정조사의 과정을 녹음하거나 녹화할 수 있다. 이 경우 녹음·녹화의 범위 등은 상호 협의하여 정하여야 한다.

④ (X)

> **행정조사기본법 제24조(조사결과의 통지)** 행정기관의 장은 법령등에 특별한 규정이 있는 경우를 제외하고는 행정조사의 결과를 확정한 날부터 7일 이내에 그 결과를 조사대상자에게 통지하여야 한다.

정답 ④

428 [17국회8급]

행정조사에 대한 설명으로 옳은 것을 〈보기〉에서 모두 고르면?

〈보 기〉

ㄱ. 행정조사가 사인에게 미치는 중요한 사항인 경우에는 설령 비권력적 행정조사라고 하더라도 중요사항유보설에 의하면 법률의 근거를 필요로 한다.

ㄴ. 행정기관의 장은 법령 등에서 규정하고 있는 조사사항을 조사대상자로 하여금 스스로 신고하도록 하는 제도를 운영할 의무가 있다.

ㄷ. 「행정절차법」은 행정조사절차에 관한 명문의 규정을 두고 있다.

ㄹ. 판례에 의하면 우편물 통관검사절차에서 이루어지는 우편물의 개봉·시료채취·성분분석 등의 검사는 행정조사의 성격을 가지므로 압수·수색영장 없이 진행되어도 특별한 사정이 없는 한 위법하지 않다.

ㅁ. 판례에 의하면 세무조사결정은 납세의무자의 권리·의무에 직접 영향을 미치는 것이 아니라 행정 내부의 행위로서 항고소송의 대상이 아니다.

① ㄹ ② ㄱ, ㄴ ③ ㄱ, ㄹ
④ ㄱ, ㄴ, ㄹ ⑤ ㄷ, ㄹ, ㅁ

해설

ㄱ. (O) 중요사항유보설은 개인의 기본권과 사회전체의 공익에 있어 가장 근본적이고 중요한 사항은 법률의 근거를 요한다는 견해로서, 이 견해에 따르면 비권력적 작용이라 하더라도 중요한 사항이라면 법률의 근거를 필요로 한다.

ㄴ. (X) 의무는 없다.

> **행정조사기본법 제25조(자율신고제도)** ① 행정기관의 장은 법령등에서 규정하고 있는 조사사항을 조사대상자로 하여금 스스로 신고하도록 하는 제도를 운영할 수 있다.

ㄷ. (X) 행정절차법은 행정조사에 대해서는 규정하고 있지 아니하다.

ㄹ. (O) 우편물 통관검사절차에서 이루어지는 우편물의 개봉, 시료채취, 성분분석 등의 검사는 수출입물품에 대한 적정한 통관 등을 목적으로 한 행정조사의 성격을 가지는 것으로서 수사기관의 강제처분이라고 할 수 없으므로, 압수·수색영장 없이 우편물의 개봉, 시료채취, 성분분석 등 검사가 진행되었다 하더라도 특별한 사정이 없는 한 위법하다고 볼 수 없다(대판 2013.9.26. 2013도7718).

ㅁ. (X) 세무조사결정이 있는 경우 납세의무자는 세무공무원의 과세자료 수집을 위한 질문에 대답하고 검사를 수인하여야 할 법적 의무를 부담하게 되는 점 등을 종합하면, 세무조사결정은 납세의무자의 권리・의무에 직접 영향을 미치는 공권력의 행사에 따른 행정작용으로서 항고소송의 대상이 된다(대판 2011.03.10. 2009두23617).

정답 ③

429 [18국가9급]

행정조사에 대한 설명으로 옳지 않은 것은? (다툼이 있는 경우 판례에 의함)

① 「행정조사기본법」에 따르면, 행정기관은 법령 등에서 행정조사를 규정하고 있는 경우에 한하여 행정조사를 실시할 수 있지만 조사대상자가 자발적으로 협조하는 경우에는 법령 등에서 행정조사를 규정하고 있지 않더라도 행정조사를 실시할 수 있다.

② 「행정조사기본법」에 따르면, 행정조사를 실시하는 경우 조사 개시 7일 전까지 조사대상자에게 출석요구서, 보고요구서 · 자료제출요구서, 현장출입조사서를 서면으로 통지하여야 하나, 조사대상자의 자발적인 협조를 얻어 행정조사를 실시하는 경우에는 미리 서면으로 통지하지 않고 행정조사의 개시와 동시에 이를 조사대상자에게 제시할 수 있다.

③ 헌법 제12조 제1항에서 규정하고 있는 적법절차의 원칙은 형사소송절차에 국한되지 않고 모든 국가작용 전반에 대하여 적용되는 원칙이므로 세무공무원의 세무조사권의 행사에서도 적법절차의 원칙은 준수되어야 한다.

④ 행정조사는 처분성이 인정되지 않으므로 세무조사결정이 위법하더라도 이에 대해서는 항고소송을 제기할 수 없다.

해설

① (O)

> **행정조사기본법 제5조(행정조사의 근거)** 행정기관은 법령등에서 행정조사를 규정하고 있는 경우에 한하여 행정조사를 실시할 수 있다. 다만, 조사대상자의 자발적인 협조를 얻어 실시하는 행정조사의 경우에는 그러하지 아니하다.

② (O)

> **행정조사기본법 제17조(조사의 사전통지)** ① 행정조사를 실시하고자 하는 행정기관의 장은 제9조에 따른 출석요구서, 제10조에 따른 보고요구서·자료제출요구서 및 제11조에 따른 현장출입조사서(이하 "출석요구서등"이라 한다)를 조사개시 7일 전까지 조사대상자에게 서면으로 통지하여야 한다. 다만 다음 각 호의 어느 하나에 해당하는 경우에는 행정조사의 개시와 동시에 출석요구서등을 조사대상자에게 제시하거나 행정조사의 목적 등을 조사대상자에게 구두로 통지할 수 있다.
> 3. 제5조 단서에 따라 조사대상자의 자발적인 협조를 얻어 실시하는 행정조사의 경우

③ (O) 헌법 제12조 제3항 본문은 동조 제1항과 함께 적법절차원리의 일반조항에 해당하는 것으로서, 형사절차상의 영역에 한정되지 않고 입법, 행정 등 국가의 모든 공권력의 작용에는 절차상의 적법성 뿐만 아니라 법률의 구체적 내용도 합리성과 정당성을 갖춘 실체적인 적법성이 있어야 한다는 적법절차의 원칙을 헌법의 기본원리로 명시하고 있는 것이다(헌재 1992.12.24, 92헌가8).

④ (X) 세무조사결정이 있는 경우 납세의무자는 세무공무원의 과세자료 수집을 위한 질문에 대답하고 검사를 수인하여야 할 법적 의무를 부담하게 되는 점 등을 종합하면, 세무조사결정은 납세의무자의 권리 · 의무에 직접 영향을 미치는 공권력의 행사에 따른 행정작용으로서 항고소송의 대상이 된다(대판 2011.03.10. 2009두23617).

정답 ④

430 [19지방7급]

행정조사에 대한 설명으로 옳지 않은 것은? (다툼이 있는 경우 판례에 의함)

① 조세부과처분을 위한 과세관청의 세무조사결정은 사실행위로서 납세의무자의 권리 · 의무에 직접 영향을 미치는 것은 아니므로 항고소송의 대상이 되지 아니한다.

② 부가가치세부과처분이 종전의 부가가치세 경정조사와 같은 세목 및 같은 과세기간에 대하여 중복하여 실시한 위법한 세무조사에 기초하여 이루어진 경우 그 과세처분은 위법하다.

③ 행정조사기본법에 의하면 행정기관은 행정조사를 통하여 알게 된 정보를 다른 법률에 따라 내부에서 이용하거나 다른 기관에 제공하는 경우를 제외하고는 원래의 조사목적 이외의 용도로 이용하거나 타인에게 제공하여서는 아니 된다.

④ 행정조사기본법에 의하면 조사대상자의 자발적인 협조를 얻어 실시하는 행정조사의 경우에는 법령 등의 근거 없이도 행할 수 있으며, 이러한 행정조사에 대하여 조사대상자가 조사에 응할 것인지에 대한 응답을 하지 아니하는 경우에는 법령 등에 특별한 규정이 없는 한 그 조사를 거부한 것으로 본다.

해설

① (X) 세무조사결정은 납세의무자의 권리·의무에 직접 영향을 미치는 공권력의 행사에 따른 행정작용으로서 항고소송의 대상이 된다(대판 2011.3.10, 2009두23617).

② (O) 납세자에 대한 부가가치세부과처분이, 종전의 부가가치세 경정조사와 같은 세목 및 같은 과세기간에 대하여 중복하여 실시된 위법한 세무조사에 기초하여 이루어진 것이어서 위법하다(대판 2006.06.02. 2004두12070).

③ (O)

> **행정조사기본법 제4조(행정조사의 기본원칙)** ⑥ 행정기관은 행정조사를 통하여 알게 된 정보를 다른 법률에 따라 내부에서 이용하거나 다른 기관에 제공하는 경우를 제외하고는 원래의 조사목적 이외의 용도로 이용하거나 타인에게 제공하여서는 아니 된다.

④ (O)

> **행정조사기본법 제5조(행정조사의 근거)** 행정기관은 법령 등에서 행정조사를 규정하고 있는 경우에 한하여 행정조사를 실시할 수 있다. 다만, 조사대상자의 자발적인 협조를 얻어 실시하는 행정조사의 경우에는 그러하지 아니하다.
>
> **제20조(자발적인 협조에 따라 실시하는 행정조사)** ① 행정기관의 장이 제5조 단서에 따라 조사대상자의 자발적인 협조를 얻어 행정조사를 실시하고자 하는 경우 조사대상자는 문서·전화·구두 등의 방법으로 당해 행정조사를 거부할 수 있다.
>
> ② 제1항에 따른 행정조사에 대하여 조사대상자가 조사에 응할 것인지에 대한 응답을 하지 아니하는 경우에는 법령등에 특별한 규정이 없는 한 그 조사를 거부한 것으로 본다.

정답 ①

위법한 세무조사를 통하여 수집된 과세자료에 기초하여 과세처분을 하였더라도 그러한 사정만으로 그 과세처분이 위법하게 되는 것은 아니다. [16국가9급]

해설

(X) 납세자에 대한 부가가치세부과처분이, 종전의 부가가치세 경정조사와 같은 세목 및 같은 과세기간에 대하여 중복하여 실시된 위법한 세무조사에 기초하여 이루어진 것이어서 위법하다(대판 2006.6.2. 2004두12070).

제3장 행정벌

제1절 | 행정벌의 의의

제2절 | 행정형벌

431 [17서울7급]

행정의 실효성 확보수단에 대한 설명으로 옳은 것은? (다툼이 있는 경우 판례에 의함)

① 행정벌에 대하여 명문규정이 없는 경우에도 법령의 입법목적이나 제반 관계규정의 취지 등을 고려하여 과실범을 처벌할 수 있다는 것이 대법원의 입장이다.

② 대법원은 행정법규 위반에 대하여 가하는 제재조치로서의 행정처분에도 특별한 경우가 아닌 한 고의 또는 과실을 그 요건으로 한다고 판시하였다.

③ 양벌규정의 대상이 되는 법인에 국가는 포함되지 않지만 기관위임사무를 행하는 지방자치단체는 포함된다.

④ 통고처분은 실체법상 행정행위이므로 「행정쟁송법」상의 처분이 되고 취소소송의 대상이 된다.

해설

① (O) 구 대기환경보전법 제57조 제4호의 규정은 고의범은 물론이고, 과실로 인하여 그러한 내용을 인식하지 못하고 위 시설을 설치하지 아니하거나 필요한 조치를 하지 아니한 자도 함께 처벌하는 규정이라고 해석함이 상당하다(대판 2008.11.27. 2008도7438).

② (X) 행정법규 위반에 대하여 가하는 제재조치는 행정목적의 달성을 위하여 행정법규 위반이라는 객관적 사실에 착안하여 가하는 제재이므로 반드시 현실적인 행위자가 아니라도 법령상 책임자로 규정된 자에게 부과되고 특별한 사정이 없는 한 위반자에게 고의나 과실이 없더라도 부과할 수 있다(대판 2012.5.10. 2012두1297).

③ (X) 지방자치단체의 장이 국가로부터 위임받은 기관위임사무에 해당하여, 해당 지방자치단체가 구 자동차관리법 제83조의 양벌규정에 따른 처벌대상이 될 수 없다(대판 2009.6.11. 2008도6530).

④ (X) 통고처분은 행정소송의 대상이 되는 행정처분이 아니므로 그 처분의 취소를 구하는 소송은 부적법하고, 도로교통법상의 통고처분을 받은 자가 그 처분에 대하여 이의가 있는 경우에는 통고처분에 따른 범칙금의 납부를 이행하지 아니함으로써 경찰서장의 즉결심판청구에 의하여 법원의 심판을 받을 수 있게 될 뿐이다(대판 1995.6.29. 95누4674).

정답 ①

432 [17국가9급]

행정벌에 대한 설명으로 옳은 것은? (다툼이 있는 경우 판례에 의함)

① 종업원 등의 범죄에 대해 법인에게 어떠한 잘못이 있는지를 전혀 묻지 않고, 곧바로 그 종업원 등을 고용한 법인에게도 종업원 등에 대한 처벌조항에 규정된 벌금형을 과하도록 규정하는 것은 책임주의에 반한다.

② 행정벌과 이행강제금은 장래에 의무의 이행을 강제하기 위한 제재로서 직접적으로 행정작용의 실효성을 확보하기 위한 수단이라는 점에서는 동일하다.

③ 「질서위반행위규제법」상 개인의 대리인이 업무에 관하여 그 개인에게 부과된 법률상의 의무를 위반한 때에는 행위자인 대리인에게 과태료를 부과한다.

④ 일반형사소송절차에 앞선 절차로서의 통고처분은 그 자체로 상대방에게 금전납부의무를 부과하는 행위로서 항고소송의 대상이 된다.

해설

① (O) 단순히 영업주가 고용한 종업원 등이 업무에 관하여 범죄행위를 하였다는 이유만으로 영업주 개인에 대하여 형사처벌을 과하고 있는바, 이는 다른 사람의 범죄에 대하여 그 책임 유무를 묻지 않고 형벌을 부과함으로써 법치국가의 원리 및 죄형법정주의로부터 도출되는 책임주의원칙에 반하여 헌법에 위반된다(헌재 2010. 12. 28. 2010헌가94).

② (X) 이행강제금은 행정상 강제집행 수단으로서 장래를 향한 의무이행을 확보하는 것임에 반해, 행정벌은 과거의 위반에 대한 제재를 주된 목적으로 한다는 점에서 구별된다. 양자 모두 간접적인 간접적으로 행정법규의 실효성을 확보하는 수단으로 기능한다.

③ (X)

> **질서위반행위규제법 제11조(법인의 처리 등)** ① 법인의 대표자, 법인 또는 개인의 대리인·사용인 및 그 밖의 종업원이 업무에 관하여 법인 또는 그 개인에게 부과된 법률상의 의무를 위반한 때에는 법인 또는 그 개인에게 과태료를 부과한다.

④ (X) 대판 1995.6.29. 95누4674.

정답 ①

종업원의 위반행위에 대해 사업주도 처벌하는 경우, 사업주가 지는 책임은 무과실책임이다. [12지방9급]

| 해설

(X) 헌재 2010. 12. 28. 2010헌가94.

양벌규정에 의한 영업주의 처벌에 있어서 종업원의 범죄성립이나 처벌은 영업주 처벌의 전제조건이 된다. [16국가7급]

| 해설

(X) 양벌규정에 의한 영업주의 처벌은 금지위반행위자인 종업원의 처벌에 종속하는 것이 아니라 독립하여 그 자신의 종업원에 대한 선임감독상의 과실로 인하여 처벌되는 것이므로 종업원의 범죄성립이나 처벌이 영업주 처벌의 전제조건이 될 필요는 없다(대판 2006.02.24. 2005도7673).

433 [19서울9급]

행정벌에 대한 설명으로 가장 옳지 않은 것은?

① 법인의 독자적인 책임에 관한 규정이 없이 단순히 종업원이 업무에 관한 범죄행위를 하였다는 이유만으로 법인에게 형사처벌을 과하는 것은 책임주의 원칙에 반한다.

② 죄형법정주의 원칙 등 형벌법규의 해석 원리는 행정형벌에 관한 규정을 해석할 때에도 적용되어야 한다.

③ 양벌규정에 의해 영업주가 처벌되기 위해서는 종업원의 범죄가 성립하거나 처벌이 이루어져야 함이 전제조건이 되어야 한다.

④ 지방자치단체 소속 공무원이 자치사무를 수행하던 중 법 위반행위를 한 경우 지방자치단체는 같은 법의 양벌규정에 따라 처벌되는 법인에 해당한다.

해설

① **(O)** 단순히 영업주가 고용한 종업원 등이 업무에 관하여 범죄행위를 하였다는 이유만으로 영업주 개인에 대하여 형사처벌을 과하고 있는바, 이는 다른 사람의 범죄에 대하여 그 책임 유무를 묻지 않고 형벌을 부과함으로써 법치국가의 원리 및 죄형법정주의로부터 도출되는 책임주의원칙에 반하여 헌법에 위반된다(헌재 2010. 12. 28. 2010헌가94).

② **(O)** 형벌법규의 해석은 엄격하여야 하고 명문규정의 의미를 피고인에게 불리한 방향으로 지나치게 확장 해석하거나 유추해석하는 것은 죄형법정주의의 원칙에 어긋나는 것으로서 허용되지 않으며, 이러한 법해석의 원리는 그 형벌법규의 적용대상이 행정법규가 규정한 사항을 내용으로 하고 있는 경우에 그 행정법규의 규정을 해석하는 데에도 마찬가지로 적용된다(대판 2007. 6. 29. 2006도4582).

③ **(X)** 양벌규정에 의한 영업주의 처벌은 금지위반행위자인 종업원의 처벌에 종속하는 것이 아니라 독립하여 그 자신의 종업원에 대한 선임감독상의 과실로 인하여 처벌되는 것이므로 종업원의 범죄성립이나 처벌이 영업주 처벌의 전제조건이 될 필요는 없다(대판 2006.02.24. 2005도7673).

④ **(O)** 지방자치단체는 국가기관의 일부가 아니라 국가기관과는 별도의 독립한 공법인이므로, 지방자치단체 소속 공무원이 지방자치단체 고유의 자치사무를 수행하던 중 도로법 제81조 내지 제85조의 규정에 의한 위반행위를 한 경우에는 지방자치단체는 도로법 제86조의 양벌규정에 따라 처벌대상이 되는 법인에 해당한다(대판 2005.11.10. 2004도2657).

정답 ③

434 [20지방7급]

행정상 제재에 대한 설명으로 옳지 않은 것은? (다툼이 있는 경우 판례에 의함)

① 관할 행정청이 이행강제금의 부과 · 징수를 게을리한 행위는 주민소송의 대상이 되는 공금의 부과 · 징수를 게을리한 사항에 해당한다.

② 구 독점규제 및 공정거래에 관한 법률상의 부당내부거래에 대한 과징금에는 행정상의 제재금으로서의 기본적 성격에 부당이득환수적 요소도 부가되어 있다.

③ 구 「법인세법」 제76조 제9항에 근거하여 부과하는 가산세는 형벌이 아니므로 행위자의 고의 또는 과실 · 책임능력 · 책임조건 등을 고려하지 아니하며, 조세의 부과절차에 따라 과징할 수 있다.

④ 양벌규정에 의한 영업주의 처벌은 금지위반행위자인 종업원의 처벌에 종속하는 것이므로 종업원의 범죄성립이나 처벌이 영업주 처벌의 전제조건이 된다.

해설

① **(O)** 이행강제금은 지방자치단체의 재정수입을 구성하는 재원 중 하나로서 '지방세외수입금의 징수 등에 관한 법률'에서 이행강제금의 효율적인 징수 등에 필요한 사항을 특별히 규정하는 등 그 부과 · 징수를 재무회계 관점에서도 규율하고 있으므로, 이행강제금의 부과 · 징수를 게을리한 행위는 주민소송의 대상이 되는 공금의 부과 · 징수를 게을리한 사항에 해당한다(대판 2015. 9. 10. 2013두16746).

② **(O)** 독점규제 및 공정거래에 관한 법률 제24조의2에 의한 부당내부거래행위에 대한 과징금은 그 취지와 기능, 부과의 주체와 절차 등을 종합할 때 부당지원행위의 억지(억지)라는 행정목적을 실현하기 위한 입법자의 정책적 판단에 기하여 그 위반행위에 대하여 제재를 가하는 행정상의 제재금으로서의 기본적 성격에 부당이득환수적 요소도 부가되어 있는 것이다(대판 2004.4.9. 2001두6197).

③ **(O)** 가산세는 형벌이 아니므로 행위자의 고의 또는 과실 · 책임능력 · 책임조건 등을 고려하지 아니하고 가산세 과세요건의 충족 여부만을 확인하여 조세의 부과 절차에 따라 과징할 수 있다(헌재 2006. 7. 27. 2004헌가13 [합헌]).

④ **(X)** 양벌규정에 의한 영업주의 처벌은 금지위반행위자인 종업원의 처벌에 종속하는 것이 아니라 독립하여 그 자신의 종업원에 대한 선임감독상의 과실로 인하여 처벌되는 것이므로 종업원의 범죄성립이나 처벌이 영업주 처벌의 전제조건이 될 필요는 없다(대판 2006.02.24. 2005도7673).

정답 ④

435 [17국가7급(下)]

행정의 실효성 확보 수단에 대한 설명으로 옳은 것만을 모두 고른 것은? (다툼이 있는 경우 판례에 의함)

ㄱ. 하나의 납세고지서에 의하여 본세와 가산세를 함께 부과할 때 납세고지서에 본세와 가산세 각각의 세액과 산출근거 등을 구분하여 기재하여야 하는 것은 아니다.

ㄴ. 시정명령의 이행 기회가 제공되지 아니한 과거의 기간에 대한 이행강제금까지 한꺼번에 부과할 수는 없으나, 이를 위반하여 이루어진 이행강제금 부과처분이라 하여 중대하고도 명백한 하자라고는 할 수 없다.

ㄷ. 지방자치단체 소속 공무원이 지정항만순찰 등의 업무를 위해 관할관청의 승인 없이 개조한 승합차를 운행함으로써 구 「자동차관리법」을 위반한 경우, 해당 지방자치단체는 구 「자동차관리법」 제83조의 양벌규정에 따른 처벌 대상이 될 수 없다.

ㄹ. 행정청은 개별사건에 있어서 위반내용, 위반자의 시정의지 등을 감안하여 대집행을 할 것인지 아니면 이행강제금을 부과할 것인지와 관련하여 양자의 선택에 있어서 재량을 갖는다.

① ㄱ　　② ㄴ, ㄷ

③ ㄷ, ㄹ　　④ ㄱ, ㄴ, ㄷ, ㄹ

해설

ㄱ. (X) 하나의 납세고지서에 의하여 복수의 과세처분을 함께 하는 경우에는 과세처분별로 그 세액과 산출근거 등을 구분하여 기재함으로써 납세의무자가 각 과세처분의 내용을 알 수 있도록 해야 하는 것 역시 당연하다고 할 것이다(대판 2012.10.18. 2010두12347 전원합의체).

ㄴ. (X) 건축주 등이 장기간 시정명령을 이행하지 아니하였더라도, 그 기간 중에는 시정명령의 이행 기회가 제공되지 아니하였다가 뒤늦게 시정명령의 이행 기회가 제공된 경우라면, 시정명령의 이행 기회 제공을 전제로 한 1회분의 이행강제금만을 부과할 수 있고, 시정명령의 이행 기회가 제공되지 아니한 과거의 기간에 대한 이행강제금까지 한꺼번에 부과할 수는 없다. 그리고 이를 위반하여 이루어진 이행강제금 부과처분은 과거의 위반행위에 대한 제재가 아니라 행정상의 간접강제 수단이라는 이행강제금의 본질에 반하여 구 건축법 제80조 제1항, 제4항 등 법규의 중요한 부분을 위반한 것으로서, 그러한 하자는 중대할 뿐만 아니라 객관적으로도 명백하다(대판 2016. 7. 14. 2015두46598).

ㄷ. (O) 지방자치단체 소속 공무원이 지정항만순찰 등의 업무를 위해 관할관청의 승인 없이 개조한 승합차를 운행함으로써 구 자동차관리법을 위반한 사안에서, 지방자치법, 구 항만법, 구 항만법 시행령 등에 비추어 위 항만순찰 등의 업무가 지방자치단체의 장이 국가로부터 위임받은 기관위임사무에 해당하여, 해당 지방자치단체가 구 자동차관리법 제83조의 양벌규정에 따른 처벌대상이 될 수 없다(대판 2009.6.11. 2008도6530).

ㄹ. (O) 개별사건에 있어서 위반내용, 위반자의 시정의지 등을 감안하여 허가권자는 행정대집행과 이행강제금을 선택적으로 활용할 수 있다(헌재 2011. 10. 25. 2009헌바140 [합헌]).

정답 ③

436 [22국가9급]

행정법규의 양벌규정에 대한 설명으로 옳지 않은 것은? (다툼이 있는 경우 판례에 의함)

① 양벌규정은 행위자에 대한 처벌규정임과 동시에 그 위반행위의 이익귀속주체인 영업주에 대한 처벌규정이다.

② 종업원의 범죄성립이나 처벌이 영업주 처벌의 전제조건이 되는 것은 아니다.

③ 법인 대표자의 법규위반행위에 대한 법인의 책임은 법인 자신의 법규위반행위로 평가될 수 있는 행위에 대한 법인의 직접책임이다.

④ 양벌규정에 의한 법인의 처벌은 어디까지나 행정적 제재처분일 뿐 형벌과는 성격을 달리한다.

해설

① (O) 양벌규정은 업무주가 아니면서 당해 업무를 실제로 집행하는 자가 있는 때에 위 벌칙규정의 실효성을 확보하기 위하여 그 적용대상자를 당해 업무를 실제로 집행하는 자에게까지 확장함으로써 그러한 자가 당해 업무집행과 관련하여 위 벌칙규정의 위반행위를 한 경우 위 양벌규정에 의하여 처벌할 수 있도록 한 행위자의 처벌규정임과 동시에 그 위반행위의 이익귀속주체인 업무주에 대한 처벌규정이라고 할 것이다(대판 1999. 7. 15. 95도2870 전원합의체).

② (O) 양벌규정에 의한 영업주의 처벌은 금지위반행위자인 종업원의 처벌에 종속하는 것이 아니라 독립하여 그 자신의 종업원에 대한 선임감독상의 과실로 인하여 처벌되는 것이므로 종업원의 범죄성립이나 처벌이 영업주 처벌의 전제조건이 될 필요는 없다(대판 2006.02.24. 2005도7673).

③ (O) 법률에서 양벌규정을 따로 둔 취지는, 법인은 기관을 통하여 행위하므로, 법인이 대표자를 선임한 이상 그의 행위로 인한 법률효과와 이익은 법인에게 귀속되어야 하고, 법인 대표자의 범죄행위에 대하여는 법인 자신이 책임을 져야 하는데, 법인 대표자의 법규위반행위에 대한 법인의 책임은 법인 자신의 법규위반행위로 평가될 수 있는 행위에 대한 법인의 직접책임이기 때문이다(대판 2018. 4. 12. 2013도6962).

④ (X) 양벌규정에 의한 법인의 처벌은 어디까지나 형벌의 일종으로서 행정적 제재처분이나 민사상 불법행위책임과는 성격을 달리하는 점 등에 비추어 보면, 합병으로 인하여 소멸한 법인이 그 종업원 등의 위법행위에 대해 양벌규정에 따라 부담하던 형사책임은 그 성질상 이전을 허용하지 않는 것으로서 합병으로 인하여 존속하는 법인에 승계되지 않는다(대판 2007. 8. 23. 2005도4471).

정답 ④

437 [21지방7급]

행정상 제재에 대한 설명으로 옳지 않은 것은? (다툼이 있는 경우 판례에 의함)

① 도로교통법에 따른 경찰서장의 통고처분은 행정소송의 대상이 되는 행정처분이다.

② 지방자치단체 소속 공무원이 지방자치단체 고유의 자치사무를 수행하던 중 도로법 규정에 의한 위반행위를 한 경우에는 지방자치단체는 도로법의 양벌규정에 따라 처벌대상이 되는 법인에 해당한다.

③ 독점규제 및 공정거래에 관한 법률상 부당내부거래에 대한 과징금에는 행정상의 제재금으로서의 기본적 성격에 부당이득 환수적 요소도 부가되어 있다.

④ 법인세법상 가산세는 형벌이 아니므로 행위자의 고의 또는 과실·책임능력·책임조건 등을 고려하지 아니하며, 조세의 부과절차에 따라 과징할 수 있다.

해설

① (X) 통고처분은 행정소송의 대상이 되는 행정처분이 아니므로 그 처분의 취소를 구하는 소송은 부적법하고, 도로교통법상의 통고처분을 받은 자가 그 처분에 대하여 이의가 있는 경우에는 통고처분에 따른 범칙금의 납부를 이행하지 아니함으로써 경찰서장의 즉결심판청구에 의하여 법원의 심판을 받을 수 있게 될 뿐이다(대판 1995.6.29. 95누4674).

② (O) 지방자치단체 소속 공무원이 지방자치단체 고유의 자치사무를 수행하던 중 도로법 제81조 내지 제85조의 규정에 의한 위반행위를 한 경우에는 지방자치단체는 도로법 제86조의 양벌규정에 따라 처벌대상이 되는 법인에 해당한다(대판 2005.11.10. 2004도2657).

③ (O) 구 독점규제 및 공정거래에 관한 법률 제24조의2에 의한 부당내부거래행위에 대한 과징금은 행정상의 제재금으로서의 기본적 성격에 부당이득환수적 요소도 부가되어 있는 것이라고 할 것이어서 그것이 헌법 제13조 제1항에서 금지하는 국가형벌권 행사로서의 처벌에 해당한다고 할 수 없으므로 형사처벌과 아울러 과징금의 부과처분을 할 수 있도록 규정하고 있다 하더라도 이중처벌금지원칙이나 무죄추정원칙에 위반된다고 볼 수 없다(대판 2004.4.9. 2001두6197).

④ (O) 가산세는 형벌이 아니므로 행위자의 고의 또는 과실·책임능력·책임조건 등을 고려하지 아니하고 가산세 과세요건의 충족 여부만을 확인하여 조세의 부과 절차에 따라 과징할 수 있다(헌재 2006. 7. 27. 2004헌가13 [합헌]).

정답 ①

438 [18서울7급]

행정상 제재에 대한 설명으로 가장 옳지 않은 것은?

① 「도로교통법」에서 규정하는 경찰서장의 통고처분은 행정소송의 대상이 되는 행정처분이다.

② 행정기관의 과태료부과처분에 대하여 상대방이 이의를 제기하여 그 사실이 「비송사건절차법」에 의한 과태료의 재판을 하여야 할 법원에 통지되면 당초의 행정기관의 부과처분은 그 효력을 상실한다.

③ 「독점규제 및 공정거래에 관한 법률」상의 부당내부거래에 대한 과징금에는 행정상의 제재금으로서의 기본적 성격에 부당이득환수적 요소도 부가되어 있다.

④ 가산세는 형벌이 아니므로 행위자의 고의 또는 과실 · 책임능력 · 책임조건 등을 고려하지 아니하며, 조세의 부과절차에 따라 과징할 수 있다.

해설

① (X) 통고처분은 행정소송의 대상이 되는 행정처분이 아니므로 그 처분의 취소를 구하는 소송은 부적법하고, 도로교통법상의 통고처분을 받은 자가 그 처분에 대하여 이의가 있는 경우에는 통고처분에 따른 범칙금의 납부를 이행하지 아니함으로써 경찰서장의 즉결심판청구에 의하여 법원의 심판을 받을 수 있게 될 뿐이다(대판 1995.6.29. 95누4674).

② (O) 행정기관의 과태료부과처분에 대하여 그 상대방이 이의를 제기함으로써 비송사건절차법에 의한 과태료의 재판을 하게 되는 경우, 법원은 당초 행정기관의 과태료부과처분을 심판의 대상으로 하여 그 당부를 심사한 후 이의가 이유 있다고 인정하여 그 처분을 취소하거나 이유 없다는 이유로 이의를 기각하는 재판을 하는 것이 아니라, 직권으로 과태료부과요건이 있는지를 심사하여 그 요건이 있다고 인정하면 새로이 위반자에 대하여 과태료를 부과하는 것이므로, 행정기관의 과태료부과처분에 대하여 상대방이 이의를 하여 그 사실이 비송사건절차법에 의한 과태료의 재판을 하여야 할 법원에 통지되면 당초의 행정기관의 부과처분은 그 효력을 상실한다 할 것이다(헌재 1998. 9. 30. 98헌마18 [각하]).

③ (O) 구 독점규제 및 공정거래에 관한 법률 제24조의2에 의한 부당내부거래행위에 대한 과징금은 그 취지와 기능, 부과의 주체와 절차 등을 종합할 때 부당지원행위의 억지(억지)라는 행정목적을 실현하기 위한 입법자의 정책적 판단에 기하여 그 위반행위에 대하여 제재를 가하는 행정상의 제재금으로서의 기본적 성격에 부당이득환수적 요소도 부가되어 있는 것이라고 할 것이어서 그것이 헌법 제13조 제1항에서 금지하는 국가형벌권 행사로서의 처벌에 해당한다고 할 수 없으므로 구 독점규제및공정거래에관한법률에서 형사처벌과 아울러 과징금의 부과처분을 할 수 있도록 규정하고 있다 하더라도 이중처벌금지원칙이나 무죄추정원칙에 위반된다거나 사법권이나 재판청구권을 침해한다고 볼 수 없다(대판 2004.4.9. 2001두6197).

④ (O) 가산세는 형벌이 아니므로 행위자의 고의 또는 과실 · 책임능력 · 책임조건 등을 고려하지 아니하고 가산세 과세요건의 충족 여부만을 확인하여 조세의 부과 절차에 따라 과징할 수 있다(헌재 2006. 7. 27. 2004헌가13 [합헌]).

정답 ①

439 [19국가7급]

행정벌에 대한 설명으로 옳은 것은? (다툼이 있는 경우 판례에 의함)

① 지방자치단체가 그 고유의 자치사무를 처리하는 경우 지방자치단체는 양벌규정에 의한 처벌대상이 되지 않는다.
② 「관세법」상 통고처분은 상대방의 임의의 승복을 그 발효요건으로 하기 때문에 그 자체만으로는 통고이행을 강제하거나 상대방에게 아무런 권리의무를 형성하지 않는다.
③ 질서위반행위 후 법률이 변경되어 그 행위가 질서위반행위에 해당하지 아니하게 된 때에는 법률에 특별한 규정이 없는 한 변경되기 전의 법률을 적용한다.
④ 스스로 심신장애 상태를 일으켜 질서위반행위를 한 자에 대하여는 과태료를 감경한다.

해설

① (X) 지방자치단체 소속 공무원이 지방자치단체 고유의 자치사무를 수행하던 중 도로법 제81조 내지 제85조의 규정에 의한 위반행위를 한 경우에는 지방자치단체는 도로법 제86조의 양벌규정에 따라 처벌대상이 되는 법인에 해당한다(대판 2005.11.10. 2004도2657).

② (O) 「관세법」상 통고처분은 상대방의 임의의 승복을 발효요건으로 하기 때문에 통고처분 그 자체만으로는 통고이행을 강제하거나 상대방에게 아무런 권리의무를 형성하지 않는다(헌재 1998. 5. 28. 96헌바4 [합헌]).

③ (X)

> **질서위반행위규제법 제3조(법 적용의 시간적 범위)** ② 질서위반행위 후 법률이 변경되어 그 행위가 질서위반행위에 해당하지 아니하게 되거나 과태료가 변경되기 전의 법률보다 가볍게 된 때에는 법률에 특별한 규정이 없는 한 변경된 법률을 적용한다.

④ (X)

> **질서위반행위규제법 제10조(심신장애)** ① 심신(心神)장애로 인하여 행위의 옳고 그름을 판단할 능력이 없거나 그 판단에 따른 행위를 할 능력이 없는 자의 질서위반행위는 과태료를 부과하지 아니한다.
> ② 심신장애로 인하여 제1항에 따른 능력이 미약한 자의 질서위반행위는 과태료를 감경한다.
> ③ 스스로 심신장애 상태를 일으켜 질서위반행위를 한 자에 대하여는 제1항 및 제2항을 적용하지 아니한다.

정답 ②

440 [15지방9급]

통고처분에 대한 설명으로 옳은 것은? (다툼이 있는 경우 판례에 의함)

① 「조세범 처벌절차법」에 근거한 범칙자에 대한 세무관서의 통고처분은 행정소송의 대상이 되는 행정처분이다.
② 법률에 따라 통고처분을 할 수 있으면 행정청은 통고처분을 하여야 하며, 통고처분 이외의 조치를 취할 재량은 없다.
③ 행정법규 위반자가 법정기간 내에 통고처분에 의해 부과된 금액을 납부하지 않으면 「비송사건절차법」에 의해 처리된다.
④ 행정법규 위반자가 통고처분에 의해 부과된 금액을 납부하면 과벌절차가 종료되며 동일한 사건에 대하여 다시 처벌받지 아니한다.

해설

① (X) 대판 1980.10.14, 80누380

② (X) 통고처분을 할 것인지의 여부는 관세청장 또는 세관장의 재량에 맡겨져 있고, 따라서 관세청장 또는 세관장이 관세범에 대하여 통고처분을 하지 아니한 채 고발하였다는 것만으로는 그 고발 및 이에 기한 공소의 제기가 부적법하게 되는 것은 아니다(대판 2007.5.11, 2006도1993).

③ (X) 통고처분의 최종적인 당・부당은 형사소송절차에서 판단되고, 소정의 기간 내에 통고처분을 이행하지 아니하면 통고처분은 효력을 상실하고 형사소송절차로 넘어간다.

④ (O) 통고처분을 받은 자가 그 통고처분의 내용을 이행한 때에는 확정판결과 동일한 효력이 발생하게 되어 처벌절차는 종료되고, 일사부재리의 원칙이 적용되어 다시 소추하지 못한다.

정답 ④

441 [19국가9급]

행정벌에 대한 설명으로 옳지 않은 것은? (다툼이 있는 경우 판례에 의함)

① 과실범을 처벌한다는 명문의 규정이 없더라도 행정형벌법규의 해석에 의하여 과실행위도 처벌한다는 뜻이 도출되는 경우에는 과실범도 처벌될 수 있다.

② 통고처분에 따른 범칙금을 납부한 후에 동일한 사건에 대하여 다시 형사처벌을 하는 것이 일사부재리의 원칙에 반하는 것은 아니다.

③ 과태료는 행정질서벌에 해당할 뿐 형벌이라고 할 수 없어 죄형법정주의의 규율대상에 해당하지 아니한다.

④ 과태료를 부과하는 근거 법령이 개정되어 행위 시의 법률에 의하면 과태료 부과대상이었지만 재판 시의 법률에 의하면 부과대상이 아니게 된 때에는 특별한 사정이 없는 한 과태료를 부과할 수 없다.

해설

① (O) 대기환경보전법 제57조 제4호의 규정은 고의범은 물론이고, 과실로 인하여 그러한 내용을 인식하지 못하고 위 시설을 설치하지 아니하거나 필요한 조치를 하지 아니한 자도 함께 처벌하는 규정이라고 해석함이 상당하다(대판 2008.11.27, 2008도7438).

② (X) 통고처분에 따른 이행은 확정판결에 준하는 효력이 발생하며, 통고처분을 이행한 자에 대하여는 범칙행위의 동일성이 인정되는 한 이중처벌금지의 원칙 및 일사부재리의 원칙이 적용되어 다시 소추하지 못한다.

> **[관련판례]** 통고처분에 의하여 일정액의 범칙금을 납부하는 기회를 부여하여 범칙금을 납부하는 사람에 대하여는 기소를 하지 아니하고 사건을 간이하고 신속・적정하게 처리하기 위하여 처벌의 특례를 마련해 둔 것이라는 점에서 법원의 재판절차와는 제도적 취지 및 법적 성질에서 차이가 있다. 그리고 범칙금의 납부에 따라 확정판결에 준하는 효력이 인정되는 범위는 범칙금 통고의 이유에 기재된 당해 범칙행위 자체 및 범칙행위와 동일성이 인정되는 범칙행위에 한정된다(대판 2012. 9. 13. 2012도6612).

③ (O) 죄형법정주의는 무엇이 범죄이며 그에 대한 형벌이 어떠한 것인가는 국민의 대표로 구성된 입법부가 제정한 법률로써 정하여야 한다는 원칙인데, 부동산등기특별조치법 제11조 제1항 본문 중 제2조 제1항에 관한 부분이 정하고 있는 과태료는 행정상의 질서유지를 위한 행정질서벌에 해당할 뿐 형벌이라고 할 수 없어 죄형법정주의의 규율대상에 해당하지 아니한다(헌재 1998. 5. 28. 96헌바83 [합헌]).

④ (O)

> **질서위반행위규제법 제3조(법 적용의 시간적 범위)** ② 질서위반행위 후 법률이 변경되어 그 행위가 질서위반행위에 해당하지 아니하게 되거나 과태료가 변경되기 전의 법률보다 가볍게 된 때에는 법률에 특별한 규정이 없는 한 변경된 법률을 적용한다.

정답 ②

442 [21서울7급]

통고처분에 대한 설명으로 가장 옳지 않은 것은?

① 「조세범 처벌절차법」상 지방국세청장 또는 세무서장이 조세범칙행위에 대하여 고발을 한 후에 동일한 조세범칙행위에 대하여 통고처분을 하였다면 조세범칙행위에 대한 고발은 효력을 상실한다.

② 구 「도로교통법」상 범칙금 납부통고서를 받은 자가 그 범칙금을 납부한 경우 그 범칙행위에 대하여 다시 벌받지 아니한다고 규정하고 있는바, 이는 범칙금의 납부에 확정재판의 효력에 준하는 효력을 인정하는 취지로 해석하여야 한다.

③ 「도로교통법」에 따른 경찰서장의 통고처분은 행정소송의 대상이 되는 행정처분이 아니므로 그 처분의 취소를 구하는 소송은 부적법하다.

④ 「관세법」상 통고처분을 할 것인지의 여부는 관세청장 또는 세관장의 재량에 맡겨져 있으므로 관세청장 또는 세관장이 관세범에 대하여 통고처분을 하지 아니한 채 고발하였다는 것만으로 그 고발이 부적법한 것은 아니다.

해설

① (X) 지방국세청장 또는 세무서장이 조세범 처벌절차법 제17조 제1항에 따라 통고처분을 거치지 아니하고 즉시 고발하였다면 이로써 조세범칙사건에 대한 조사 및 처분 절차는 종료되고 형사사건 절차로 이행되어 지방국세청장 또는 세무서장으로서는 동일한 조세범칙행위에 대하여 더 이상 통고처분을 할 권한이 없다. 따라서 지방국세청장 또는 세무서장이 조세범칙행위에 대하여 고발을 한 후에 동일한 조세범칙행위에 대하여 통고처분을 하였더라도, 이는 법적 권한 소멸 후에 이루어진 것으로서 특별한 사정이 없는 한 효력이 없고, 조세범칙행위자가 이러한 통고처분을 이행하였더라도 조세범 처벌절차법 제15조 제3항에서 정한 일사부재리의 원칙이 적용될 수 없다(대판 2016. 9. 28. 2014도10748).

② (O) 도로교통법 제119조 제3항은 그 법 제118조에 의하여 범칙금 납부통고서를 받은 사람이 그 범칙금을 납부한 경우 그 범칙행위에 대하여 다시 벌받지 아니한다고 규정하고 있는바, 이는 범칙금의 납부에 확정재판의 효력에 준하는 효력을 인정하는 취지로 해석하여야 한다(대판 2002. 11. 22. 2001도849).

③ (O) 통고처분은 행정소송의 대상이 되는 행정처분이 아니므로 그 처분의 취소를 구하는 소송은 부적법하고, 도로교통법상의 통고처분을 받은 자가 그 처분에 대하여 이의가 있는 경우에는 통고처분에 따른 범칙금의 납부를 이행하지 아니함으로써 경찰서장의 즉결심판청구에 의하여 법원의 심판을 받을 수 있게 될 뿐이다(대판 1995.6.29. 95누4674).

④ (O) 통고처분을 할 것인지의 여부는 관세청장 또는 세관장의 재량에 맡겨져 있고, 따라서 관세청장 또는 세관장이 관세범에 대하여 통고처분을 하지 아니한 채 고발하였다는 것만으로는 그 고발 및 이에 기한 공소의 제기가 부적법하게 되는 것은 아니다(대판 2007.5.11, 2006도1993).

정답 ①

제3절 | 행정질서벌

헌법재판소는 행정형벌과 행정질서벌의 구별을 기본적으로 입법자가 제반사정을 고려하여 결정할 입법재량으로 본다. [12지방7급]

| 해설

(O) 어떤 행정법규 위반행위에 대하여 행정질서벌인 과태료를 과할 것인가 아니면 행정형벌을 과할 것인가, 그리고 행정형벌을 과할 경우 그 법정형의 형종과 형량을 어떻게 정할 것인가는 기본적으로 입법권자가 제반사정을 고려하여 결정할 입법재량에 속하는 문제라고 할 수 있다(헌재 1994.4.28. 91헌바14).

443 [15지방7급]

행정의 실효성 확보수단에 대한 설명으로 옳은 것은? (다툼이 있는 경우 판례에 의함)

① 「질서위반행위규제법」에 의하면 고의 또는 과실이 없는 질서위반행위에 대해서도 과태료를 부과할 수 있다.

② 이행강제금이란 행정법상 의무를 불이행하였거나 위반한 자에 대하여 당해 위반행위로 얻은 경제적 이익을 박탈하기 위하여 부과하거나 또는 사업의 취소·정지에 갈음하여 부과되는 금전상의 제재를 말한다.

③ 무허가 건축행위에 대한 형사처벌과 시정명령 위반에 대한 이행강제금의 부과는 그 처벌 내지 제재대상이 되는 기본적 사실관계로서의 행위를 달리하며, 또한 그 보호법익과 목적에서도 차이가 있으므로 이중처벌이 아니다.

④ 감염병환자의 강제입원, 불법게임물의 폐기는 행정상 직접강제의 예이다.

해설

① (X)

질서위반행위규제법 제7조(고의 또는 과실) 고의 또는 과실이 없는 질서위반행위는 과태료를 부과하지 아니한다.

② (X) 행정법상 의무를 불이행하였거나 위반한 자에 대하여 당해 위반행위로 얻은 경제적 이익을 박탈하기 위하여 부과하거나 또는 사업의 취소·정지에 갈음하여 부과되는 금전상의 제재는 과징금이다.

③ (O) 무허가 건축행위에 대한 형사처벌과 시정명령 위반에 대한 이행강제금의 부과는 그 처벌 내지 제재대상이 되는 기본적 사실관계로서의 행위를 달리하며, 또한 그 보호법익과 목적에서도 차이가 있으므로 헌법 제13조 제1항이 금지하는 이중처벌에 해당한다고 할 수 없다(헌재 2004.2.26. 2002헌바26).

④ (X) 전염병환자의 강제입원, 불법게임물의 폐기 등이 그 행정상 즉시강제에 해당한다.

정답 ③

444 [18지방7급]

「질서위반행위규제법」에 대한 설명으로 옳지 않은 것은? (다툼이 있는 경우 판례에 의함)

① 질서위반행위 후 법률이 변경되어 그 행위가 질서위반행위에 해당하지 아니하게 된 경우, 법률에 특별한 규정이 없는 한 질서위반행위의 성립은 행위 시의 법률에 따른다.

② 당사자가 행정청의 과태료 부과에 불복하여 이의제기를 한 경우, 행정청의 과태료 부과처분은 그 효력을 상실한다.

③ 신분에 의하여 성립하는 질서위반행위에 신분이 없는 자가 가담한 때에는 신분이 없는 자에 대하여도 질서위반행위가 성립한다.

④ 질서위반행위를 한 자가 자신의 책임 없는 사유로 위반행위에 이르렀다고 주장하는 경우 법원으로서는 그 내용을 살펴 행위자에게 고의나 과실이 있는지를 따져보아야 한다.

해설

① (X)

> **질서위반행위규제법 제3조(법 적용의 시간적 범위)** ① 질서위반행위의 성립과 과태료 처분은 행위 시의 법률에 따른다.
> ② 질서위반행위 후 법률이 변경되어 그 행위가 질서위반행위에 해당하지 아니하게 되거나 과태료가 변경되기 전의 법률보다 가볍게 된 때에는 법률에 특별한 규정이 없는 한 변경된 법률을 적용한다.

② (O)

> **질서위반행위규제법 제20조(이의제기)** ① 행정청의 과태료 부과에 불복하는 당사자는 제17조 제1항에 따른 과태료 부과 통지를 받은 날부터 60일 이내에 해당 행정청에 서면으로 이의제기를 할 수 있다.
> ② 제1항에 따른 이의제기가 있는 경우에는 행정청의 과태료 부과처분은 그 효력을 상실한다.

③ (O)

> **질서위반행위규제법 제12조(다수인의 질서위반행위 가담)** ② 신분에 의하여 성립하는 질서위반행위에 신분이 없는 자가 가담한 때에는 신분이 없는 자에 대하여도 질서위반행위가 성립한다.

④ (O) 질서위반행위규제법은 과태료의 부과대상인 질서위반행위에 대하여도 책임주의 원칙을 채택하여 제7조에서 "고의 또는 과실이 없는 질서위반행위는 과태료를 부과하지 아니한다."고 규정하고 있으므로, 질서위반행위를 한 자가 자신의 책임 없는 사유로 위반행위에 이르렀다고 주장하는 경우 법원으로서는 그 내용을 살펴 행위자에게 고의나 과실이 있는지를 따져보아야 한다(대결 2011.07.14. 2011마364).

정답 ①

445 [18서울7급]

「질서위반행위규제법」의 내용으로 가장 옳은 것은?

① 지방자치단체의 조례상의 의무를 위반하여 과태료를 부과하는 행위는 질서위반행위에 해당되지 않는다.
② 법원의 과태료 재판이 확정된 후 법률이 변경되어 그 행위가 질서위반행위에 해당하지 아니하게 된 때에는 변경된 법률에 특별한 규정이 없는 한 과태료의 징수 또는 집행을 면제한다.
③ 과태료는 행정청의 과태료 부과처분이 있은 후 3년간 징수하지 아니하면 시효로 인하여 소멸한다.
④ 과태료 부과에 대한 이의제기는 과태료 부과처분의 효력에 영향을 주지 아니한다.

해설

① (X)

> **질서위반행위규제법 제2조(정의)** 이 법에서 사용하는 용어의 뜻은 다음과 같다.
> 1. "질서위반행위"란 법률(지방자치단체의 조례를 포함한다. 이하 같다)상의 의무를 위반하여 과태료를 부과하는 행위를 말한다.

② (O)

> **질서위반행위규제법 제3조(법 적용의 시간적 범위)** ③ 행정청의 과태료 처분이나 법원의 과태료 재판이 확정된 후 법률이 변경되어 그 행위가 질서위반행위에 해당하지 아니하게 된 때에는 변경된 법률에 특별한 규정이 없는 한 과태료의 징수 또는 집행을 면제한다.

③ (X)

> **질서위반행위규제법 제15조(과태료의 시효)** ① 과태료는 행정청의 과태료 부과처분이나 법원의 과태료 재판이 확정된 후 5년간 징수하지 아니하거나 집행하지 아니하면 시효로 인하여 소멸한다.

④ (X)

> **질서위반행위규제법 제20조(이의제기)** ① 행정청의 과태료 부과에 불복하는 당사자는 제17조제1항에 따른 과태료 부과 통지를 받은 날부터 60일 이내에 해당 행정청에 서면으로 이의제기를 할 수 있다.
> ② 제1항에 따른 이의제기가 있는 경우에는 행정청의 과태료 부과처분은 그 효력을 상실한다.

정답 ②

446 [19지방9급]

「질서위반행위규제법」의 내용에 대한 설명으로 옳은 것은?

① 지방자치단체의 조례상의 의무를 위반하여 과태료를 부과하는 행위는 질서위반행위에 해당되지 않는다.
② 법원의 과태료 재판이 확정된 후 법률이 변경되어 그 행위가 질서위반행위에 해당하지 아니하게 된 때에는 변경된 법률에 특별한 규정이 없는 한 과태료의 집행을 면제한다.
③ 과태료는 행정청의 과태료 부과처분이 있은 후 3년간 징수하지 아니하면 시효로 인하여 소멸한다.
④ 행정청의 과태료 부과에 대한 이의제기는 과태료 부과처분의 효력에 영향을 주지 아니한다.

해설

① (X)

> **질서위반행위규제법 제2조(정의)** 이 법에서 사용하는 용어의 뜻은 다음과 같다.
> 1. "질서위반행위"란 법률(지방자치단체의 조례를 포함한다. 이하 같다)상의 의무를 위반하여 과태료를 부과하는 행위를 말한다.

② (O)

> **질서위반행위규제법 제3조(법 적용의 시간적 범위)** ③ 행정청의 과태료 처분이나 법원의 과태료 재판이 확정된 후 법률이 변경되어 그 행위가 질서위반행위에 해당하지 아니하게 된 때에는 변경된 법률에 특별한 규정이 없는 한 과태료의 징수 또는 집행을 면제한다.

③ (X)

> **질서위반행위규제법 제15조(과태료의 시효)** ① 과태료는 행정청의 과태료 부과처분이나 법원의 과태료 재판이 확정된 후 5년간 징수하지 아니하거나 집행하지 아니하면 시효로 인하여 소멸한다.

④ (X)

> **질서위반행위규제법 제20조(이의제기)** ① 행정청의 과태료 부과에 불복하는 당사자는 제17조제1항에 따른 과태료 부과 통지를 받은 날부터 60일 이내에 해당 행정청에 서면으로 이의제기를 할 수 있다.
> ② 제1항에 따른 이의제기가 있는 경우에는 행정청의 과태료 부과처분은 그 효력을 상실한다.

정답 ②

447 [13국가9급]

「질서위반행위규제법」상 행정질서벌에 대한 설명으로 옳지 않은 것은?

① 행정청의 과태료 처분이나 법원의 과태료 재판이 확정된 후 법률이 변경되어 그 행위가 질서위반행위에 해당하지 아니하게 되더라도 변경된 법률에 특별한 규정이 없는 한 과태료의 징수 또는 집행은 면제되지 않는다.
② 행정청이 질서위반행위에 대하여 과태료를 부과하고자 하는 때에는 미리 당사자에게 대통령령으로 정하는 사항을 통지하고, 10일 이상의 기간을 정하여 의견을 제출할 기회를 주어야 한다.
③ 행정청의 과태료 부과처분을 받은 자가 그 통지를 받은 날부터 60일 이내에 해당 행정청에 서면으로 이의를 제기하면 행정청의 과태료 부과처분은 그 효력을 상실한다.
④ 판례에 따르면, 질서위반행위를 한 자가 자신의 책임 없는 사유로 위반행위에 이르렀다고 주장하는 경우 법원은 그 내용을 살펴 행위자에게 고의나 과실이 있는지 여부를 따져보아야 한다.

해설

① (X)

> **질서위반행위규제법 제3조(법 적용의 시간적 범위)** ① 질서위반행위의 성립과 과태료 처분은 행위 시의 법률에 따른다.
> ③ 행정청의 과태료 처분이나 법원의 과태료 재판이 확정된 후 법률이 변경되어 그 행위가 질서위반행위에 해당하지 아니하게 된 때에는 변경된 법률에 특별한 규정이 없는 한 과태료의 징수 또는 집행을 면제한다.

② (O)

> **질서위반행위규제법 제16조(사전통지 및 의견 제출 등)** ① 행정청이 질서위반행위에 대하여 과태료를 부과하고자 하는 때에는 미리 당사자(제11조 제2항에 따른 고용주등을 포함한다. 이하 같다)에게 대통령령으로 정하는 사항을 통지하고, 10일 이상의 기간을 정하여 의견을 제출할 기회를 주어야 한다. 이 경우 지정된 기일까지 의견 제출이 없는 경우에는 의견이 없는 것으로 본다.

③ (O)

> **질서위반행위규제법 제20조(이의제기)** ① 행정청의 과태료 부과에 불복하는 당사자는 제17조 제1항에 따른 과태료 부과 통지를 받은 날부터 60일 이내에 해당 행정청에 서면으로 이의제기를 할 수 있다.
> ② 제1항에 따른 이의제기가 있는 경우에는 행정청의 과태료 부과처분은 그 효력을 상실한다.

④ (O) 질서위반행위규제법은 과태료의 부과대상인 질서위반행위에 대하여도 책임주의 원칙을 채택하여 제7조에서 "고의 또는 과실이 없는 질서위반행위는 과태료를 부과하지 아니한다."고 규정하고 있으므로, 질서위반행위를 한 자가 자신의 책임 없는 사유로 위반행위에 이르렀다고 주장하는 경우 법원으로서는 그 내용을 살펴 행위자에게 고의나 과실이 있는지를 따져보아야 한다(대결 2011.7.14. 2011마364).

정답 ①

「질서위반행위규제법」은 종래의 판례 입장을 반영하여 고의 또는 과실이 있어야 질서위반행위가 성립하는 것으로 규정하고 있다. [11국가7급]

| 해설

(X) 질서위반행위규제법 시행 전까지 판례는 "과태료와 같은 행정질서벌은 행정질서유지를 위하여 행정법규위반이라는 객관적 사실에 대하여 과하는 제재이므로 원칙적으로 위반자의 고의·과실을 요하지 아니한다."라고 하였다(대판 1994.8.26, 94누6949). 이후 제정된 질서위반행위규제법 제7조에서는 "고의 또는 과실이 없는 질서위반행위는 과태료를 부과하지 아니한다"라고 규정하고 있다.

448 [21지방9급]

행정벌에 대한 설명으로 옳지 않은 것은? (다툼이 있는 경우 판례에 의함)

① 법률에 따르지 아니하고는 어떤 행위도 질서위반행위로 과태료를 부과하지 아니한다.
② 경찰서장이 범칙행위에 대하여 통고처분을 한 이상, 통고처분에서 정한 범칙금 납부 기간까지는 원칙적으로 경찰서장은 즉결심판을 청구할 수 없고, 검사도 동일한 범칙행위에 대하여 공소를 제기할 수 없다.
③ 행정청의 과태료 부과에 대해 이의가 제기된 경우에는 행정청의 과태료 부과처분은 그 효력을 상실한다.
④ 신분에 의하여 성립하는 질서위반행위에 신분이 없는 자가 가담한 경우 신분이 없는 자에 대하여는 질서위반행위가 성립하지 않는다.

해설

① (O)

> **질서위반행위규제법 제6조(질서위반행위 법정주의)** 법률에 따르지 아니하고는 어떤 행위도 질서위반행위로 과태료를 부과하지 아니한다.

② (O) 경찰서장이 범칙행위에 대하여 통고처분을 한 이상, 범칙자의 위와 같은 절차적 지위를 보장하기 위하여 통고처분에서 정한 범칙금 납부기간까지는 원칙적으로 경찰서장은 즉결심판을 청구할 수 없고, 검사도 동일한 범칙행위에 대하여 공소를 제기할 수 없다(대판 2020. 4. 29. 2017도13409).

③ (O)

> **질서위반행위규제법 제20조(이의제기)** ① 행정청의 과태료 부과에 불복하는 당사자는 제17조 제1항에 따른 과태료 부과 통지를 받은 날부터 60일 이내에 해당 행정청에 서면으로 이의제기를 할 수 있다.
> ② 제1항에 따른 이의제기가 있는 경우에는 행정청의 과태료 부과처분은 그 효력을 상실한다.

④ (X)

> **질서위반행위규제법 제12조(다수인의 질서위반행위 가담)** ② 신분에 의하여 성립하는 질서위반행위에 신분이 없는 자가 가담한 때에는 신분이 없는 자에 대하여도 질서위반행위가 성립한다.

정답 ④

449 [21국가7급]

행정질서벌과 「질서위반행위규제법」에 대한 설명으로 옳은 것은? (다툼이 있는 경우 판례에 의함)

① 신분에 의하여 과태료를 감경 또는 가중하거나 과태료를 부과하지 아니하는 때에는 그 신분의 효과는 신분이 없는 자에게는 미치지 않는다.
② 「질서위반행위규제법」 원칙상 고의 또는 과실이 없는 질서위반행위에 대해서도 과태료를 부과할 수 있다.
③ 행정청의 과태료 부과에 불복하는 이의제기가 있더라도 과태료 부과처분은 그 효력을 상실하지 않는다.
④ 행정질서벌인 과태료는 죄형법정주의의 규율 대상이다.

해설

① (O)

> **질서위반행위규제법 제12조(다수인의 질서위반행위 가담)** ③ 신분에 의하여 과태료를 감경 또는 가중하거나 과태료를 부과하지 아니하는 때에는 그 신분의 효과는 신분이 없는 자에게는 미치지 아니한다.

② (X)

> **질서위반행위규제법 제7조(고의 또는 과실)** 고의 또는 과실이 없는 질서위반행위는 과태료를 부과하지 아니한다.

③ (X)

> **질서위반행위규제법 제20조(이의제기)** ① 행정청의 과태료 부과에 불복하는 당사자는 제17조 제1항에 따른 과태료 부과 통지를 받은 날부터 60일 이내에 해당 행정청에 서면으로 이의제기를 할 수 있다.
> ② 제1항에 따른 이의제기가 있는 경우에는 행정청의 과태료 부과처분은 그 효력을 상실한다.

④ (X) 과태료는 행정상의 질서유지를 위한 행정질서벌에 해당할 뿐 형벌이라고 할 수 없어 죄형법정주의의 규율대상에 해당하지 아니한다(헌재 1998. 5. 28. 96헌바83 [합헌]).

정답 ①

하나의 행위가 둘 이상의 질서위반행위에 해당하는 경우에는 각 질서위반행위에 대하여 정한 과태료를 각각 부과한다. [16서울9급]

| 해설

(X) 질서위반행위규제법 제13조.

450 [17서울9급]

질서위반행위와 과태료처분에 관한 설명으로 옳은 것은?

① 과태료의 부과 · 징수, 재판 및 집행 등의 절차에 관하여 「질서위반행위규제법」과 타 법률이 달리 규정하고 있는 경우에는 후자를 따른다.

② 하나의 행위가 2 이상의 질서위반행위에 해당하는 경우에는 각 질서위반행위에 대하여 정한 과태료 중 가장 중한 과태료를 부과하는 것이 원칙이다.

③ 과태료는 행정질서유지를 위한 의무 위반이라는 객관적 사실에 대하여 과하는 제재이므로 과태료 부과에는 고의, 과실을 요하지 않는다.

④ 과태료에는 소멸시효가 없으므로 행정청의 과태료처분이나 법원의 과태료재판이 확정된 이상 일정한 시간이 지나더라도 그 처벌을 면할 수는 없다.

해설

① (X)

질서위반행위규제법 제5조(다른 법률과의 관계) 과태료의 부과·징수, 재판 및 집행 등의 절차에 관한 다른 법률의 규정 중 이 법의 규정에 저촉되는 것은 이 법으로 정하는 바에 따른다.

② (O)

질서위반행위규제법 제13조(수개의 질서위반행위의 처리) ① 하나의 행위가 2 이상의 질서위반행위에 해당하는 경우에는 각 질서위반행위에 대하여 정한 과태료 중 가장 중한 과태료를 부과한다.

③ (X) 질서위반행위규제법 제7조.

④ (X)

질서위반행위규제법 제15조(과태료의 시효) ① 과태료는 행정청의 과태료 부과처분이나 법원의 과태료 재판이 확정된 후 5년간 징수하지 아니하거나 집행하지 아니하면 시효로 인하여 소멸한다.

정답 ②

451 [22지방9급]

행정벌에 대한 설명으로 옳은 것은? (다툼이 있는 경우 판례에 의함)

① 양벌규정에 의한 영업주의 처벌은 금지위반행위자인 종업원의 처벌에 종속되는 것이므로 영업주만 따로 처벌할 수는 없다.

② 통고처분은 법정기간 내에 납부하지 않는 것을 해제조건으로 하는 행정처분이므로 행정소송의 대상이 된다.

③ 행정청의 과태료 부과에 대해 서면으로 이의가 제기된 경우 과태료 부과처분은 그 효력을 상실한다.

④ 법원이 하는 과태료재판에는 원칙적으로 행정소송에서와 같은 신뢰보호의 원칙이 적용된다.

해설

① (X) 양벌규정에 의한 영업주의 처벌은 금지위반행위자인 종업원의 처벌에 종속하는 것이 아니라 독립하여 그 자신의 종업원에 대한 선임감독상의 과실로 인하여 처벌되는 것이므로 종업원의 범죄성립이나 처벌이 영업주 처벌의 전제조건이 될 필요는 없다(대판 2006.02.24. 2005도7673).

② (X) 통고처분은 행정소송의 대상이 되는 행정처분이 아니므로 그 처분의 취소를 구하는 소송은 부적법하고, 도로교통법상의 통고처분을 받은 자가 그 처분에 대하여 이의가 있는 경우에는 통고처분에 따른 범칙금의 납부를 이행하지 아니함으로써 경찰서장의 즉결심판청구에 의하여 법원의 심판을 받을 수 있게 될 뿐이다(대판 1995.6.29. 95누4674).

③ (O)

> **질서위반행위규제법 제20조(이의제기)** ① 행정청의 과태료 부과에 불복하는 당사자는 제17조 제1항에 따른 과태료 부과 통지를 받은 날부터 60일 이내에 해당 행정청에 서면으로 이의제기를 할 수 있다.
>
> ② 제1항에 따른 이의제기가 있는 경우에는 행정청의 과태료 부과처분은 그 효력을 상실한다.

④ (X) 법원이 비송사건절차법에 따라서 하는 과태료 재판은 관할 관청이 부과한 과태료처분에 대한 당부를 심판하는 행정소송절차가 아니라 법원이 직권으로 개시·결정하는 것이므로, 원칙적으로 과태료 재판에서는 행정소송에서와 같은 신뢰보호의 원칙 위반 여부가 문제로 되지 아니하고, 다만 위반자가 그 의무를 알지 못하는 것이 무리가 아니었다고 할 수 있어 그것을 정당시할 수 있는 사정이 있을 때 또는 그 의무의 이행을 그 당사자에게 기대하는 것이 무리라고 하는 사정이 있을 때 등 그 의무 해태를 탓할 수 없는 정당한 사유가 있는 때에는 이를 부과할 수 없다(대결 2006.04.28. 2003마715).

정답 ③

452 [19서울7급]

「질서위반행위규제법」의 내용으로 가장 옳지 않은 것은?

① 고의 또는 과실이 없는 질서위반행위는 과태료를 부과하지 아니한다.
② 자신의 행위가 위법하지 아니한 것으로 오인하고 행한 질서위반행위는 그 오인에 정당한 이유가 있는 때에 한하여 과태료를 부과하지 아니한다.
③ 법률에 따르지 아니하고는 어떤 행위도 질서위반행위로 과태료를 부과하지 아니한다.
④ 행정청의 과태료 부과에 불복하려는 당사자는 과태료 부과 통지를 받은 날부터 90일 이내에 해당 행정청에 서면으로 이의제기를 할 수 있다.

해설

① (O)

질서위반행위규제법 제7조(고의 또는 과실) 고의 또는 과실이 없는 질서위반행위는 과태료를 부과하지 아니한다.

② (O)

질서위반행위규제법 제8조(위법성의 착오) 자신의 행위가 위법하지 아니한 것으로 오인하고 행한 질서위반행위는 그 오인에 정당한 이유가 있는 때에 한하여 과태료를 부과하지 아니한다.

③ (O)

질서위반행위규제법 제6조(질서위반행위 법정주의) 법률에 따르지 아니하고는 어떤 행위도 질서위반행위로 과태료를 부과하지 아니한다.

④ (X)

질서위반행위규제법 제20조(이의제기) ① 행정청의 과태료 부과에 불복하는 당사자는 제17조제1항에 따른 과태료 부과 통지를 받은 날부터 60일 이내에 해당 행정청에 서면으로 이의제기를 할 수 있다.
② 제1항에 따른 이의제기가 있는 경우에는 행정청의 과태료 부과처분은 그 효력을 상실한다.

정답 ④

453 [19서울9급]

「질서위반행위규제법」에 관한 설명으로 가장 옳은 것은?

① 민법상의 의무를 위반하여 과태료를 부과하는 행위는 「질서위반행위규제법」상 질서위반행위에 해당한다.
② 하나의 행위가 2 이상의 질서위반행위에 해당하는 경우에는 각 질서위반행위에 대하여 정한 과태료를 합산하여 부과한다.
③ 과태료는 행정청의 과태료 부과처분이나 법원의 과태료 재판이 확정된 후 3년간 징수하지 아니하거나 집행하지 아니하면 시효로 인하여 소멸한다.
④ 과태료 사건은 다른 법령에 특별한 규정이 있는 경우를 제외하고는 당사자의 주소지의 지방법원 또는 그 지원의 관할로 한다.

해설

① (X)

> **질서위반행위규제법 시행령 제2조(질서위반행위에서 제외되는 행위)** ① 「질서위반행위규제법」(이하 "법"이라 한다) 제2조제1호가목에서 "대통령령으로 정하는 사법(私法)상·소송법상 의무를 위반하여 과태료를 부과하는 행위"란 「민법」, 「상법」 등 사인(私人) 간의 법률관계를 규율하는 법 또는 「민사소송법」, 「가사소송법」, 「민사집행법」, 「형사소송법」, 「민사조정법」 등 분쟁 해결에 관한 절차를 규율하는 법률상의 의무를 위반하여 과태료를 부과하는 행위를 말한다.

② (X)

> **질서위반행위규제법 제13조(수개의 질서위반행위의 처리)** ① 하나의 행위가 2 이상의 질서위반행위에 해당하는 경우에는 각 질서위반행위에 대하여 정한 과태료 중 가장 중한 과태료를 부과한다.

③ (X)

> **질서위반행위규제법 제15조(과태료의 시효)** ① 과태료는 행정청의 과태료 부과처분이나 법원의 과태료 재판이 확정된 후 5년간 징수하지 아니하거나 집행하지 아니하면 시효로 인하여 소멸한다.

④ (O)

> **질서위반행위규제법 제25조(관할 법원)** 과태료 사건은 다른 법령에 특별한 규정이 있는 경우를 제외하고는 당사자의 주소지의 지방법원 또는 그 지원의 관할로 한다.

정답 ④

454 [09국가9급]

행정벌에 관한 설명으로 옳지 않은 것은?

① 행정형벌에는 특별한 규정이 있는 경우를 제외하고는 형법총칙이 적용된다.
② 행정질서벌인 과태료의 과벌절차는 현행법상 특별한 규정이 없는 한 비송사건절차법이 정하는 바에 의한다.
③ 행정형벌은 형사소송법이 정하는 절차에 따라 법원이 과벌하는 것이 원칙이다.
④ 통고처분은 현행법상 조세범, 관세범, 출입국사범, 교통사범 등에 대하여 형사소송절차에 대신하여 벌금 또는 과료에 상당하는 금액의 납부를 명하는 것이다.

해설

① (O) ③ (O) 행정형벌에는 원칙적으로 형법총칙이 적용되고 처벌은 형사소송법이 정하는 절차에 따른다. 이에 반해 행정질서벌은 형법총칙이 적용되지 않고, 성립요건과 과태료의 부과 · 징수 및 재판에 대하여 질서위반행위규제법이 정하는 바에 의한다.

② (X) 과태료의 부과 · 징수, 재판 및 집행 등의 절차에 관한 다른 법률의 규정 중 이 법의 규정에 저촉되는 것은 이 법으로 정하는 바에 따른다(질서위반행위규제법 제5조). 과태료의 과벌절차는 질서위반행위규제법이 정하는 바에 의한다.

④ (O) 통고처분에 대한 설명으로 옳다.

정답 ②

455 [16국회8급]

과태료부과처분에 대한 설명으로 옳지 않은 것은?

① 과태료부과에 대해서는 일반적으로 「질서위반행위규제법」이 적용되므로 그 부과처분에 대해 불복이 있을 때에는 법원에서 비송사건절차법을 준용하여 이에 대해 재판하고 과태료부과처분에 대해 항고소송은 원칙적으로 허용되지 않는다.

② 「질서위반행위규제법」상의 과태료를 부과하기 위해서는 위반행위자에게 반드시 고의나 과실이 있어야 한다.

③ 「지방자치법」 제27조 조례위반에 대한 과태료의 경우에는 「질서위반행위규제법」이 적용되지 않으므로 그에 대한 불복이 있으면 항고소송을 제기할 수 있다.

④ 「지방자치법」 제139조 제2항 및 제3항에 따라 사기나 그 밖의 부정한 방법으로 사용료 · 수수료 또는 분담금의 징수를 면한 자, 그리고 공공시설을 부정사용한 자에 대한 과태료 부과에는 「질서위반행위규제법」이 적용된다.

⑤ '수도조례' 및 '하수도사용조례'에 기한 과태료의 부과여부 및 그 당부는 최종적으로 「질서위반행위규제법」에 의한 절차에 의하여 판단되어야 하므로 그 과태료부과처분은 행정청을 피고로 하는 행정소송의 대상이 되는 처분이라고 할 수 없다.

해설

① (O)

> **질서위반행위규제법 제28조(준용규정)** 「비송사건절차법」 제2조부터 제4조까지, 제6조, 제7조, 제10조(인증과 감정을 제외한다) 및 제24조부터 제26조까지의 규정은 이 법에 따른 과태료 재판(이하 "과태료 재판"이라 한다)에 준용한다.

② (O) 질서위반행위규제법 제7조.

③ (X) 지방자치법에 의한 과태료의 경우에도 질서위반행위규제법이 적용된다.

> **질서위반행위규제법 제5조(다른 법률과의 관계)** 과태료의 부과·징수, 재판 및 집행 등의 절차에 관한 다른 법률의 규정 중 이 법의 규정에 저촉되는 것은 이 법으로 정하는 바에 따른다.

④ (O)

> **지방자치법 제156조(사용료의 징수조례 등)** ① 사용료 · 수수료 또는 분담금의 징수에 관한 사항은 조례로 정한다. 다만, 국가가 지방자치단체나 그 기관에 위임한 사무와 자치사무의 수수료 중 전국적으로 통일할 필요가 있는 수수료는 다른 법령의 규정에도 불구하고 대통령령으로 정하는 표준금액으로 징수하되, 지방자치단체가 다른 금액으로 징수하려는 경우에는 표준금액의 50퍼센트 범위에서 조례로 가감 조정하여 징수할 수 있다.
>
> ② 사기나 그 밖의 부정한 방법으로 사용료 · 수수료 또는 분담금의 징수를 면한 자에게는 그 징수를 면한 금액의 5배 이내의 과태료를, 공공시설을 부정사용한 자에게는 50만원 이하의 과태료를 부과하는 규정을 조례로 정할 수 있다.
>
> ③ 제2항에 따른 과태료의 부과 · 징수, 재판 및 집행 등의 절차에 관한 사항은 「질서위반행위규제법」에 따른다.

⑤ (O) 수도조례 및 하수도사용조례에 기한 과태료의 부과 여부 및 그 당부는 최종적으로 질서위반행위규제법에 의한 절차에 의하여 판단되어야 한다고 할 것이므로, 그 과태료 부과처분은 행정청을 피고로 하는 행정소송의 대상이 되는 행정처분이라고 볼 수 없다(대판 2012.10.11. 2011두19369).

정답 ③

456 [15국가7급]

「질서위반행위규제법」 상 과태료에 대한 설명으로 옳지 않은 것만을 모두 고른 것은?

ㄱ. 고의 또는 과실이 없는 질서위반행위는 과태료를 부과하지 아니한다.
ㄴ. 신분에 의하여 성립하는 질서위반행위에 신분이 없는 자가 가담한 때에는 신분이 없는 자에 대해서는 질서위반행위가 성립하지 않는다.
ㄷ. 과태료는 당사자가 과태료 부과처분에 대하여 이의를 제기하지 아니한 채 이의제기 기한이 종료한 후 사망한 경우에는 집행할 수 없다.
ㄹ. 행정청은 질서위반행위가 종료된 날부터 5년이 경과한 경우에는 해당 질서위반행위에 대하여 과태료를 부과할 수 없다.

① ㄱ, ㄴ ② ㄴ, ㄷ
③ ㄱ, ㄷ, ㄹ ④ ㄴ, ㄷ, ㄹ

해설

② 옳지 않은 것은 ㄴ, ㄷ 이다.
ㄱ. (O) 질서위반행위규제법 제7조.
ㄴ. (X)

> **질서위반행위규제법 제12조(다수인의 질서위반행위 가담)** ② 신분에 의하여 성립하는 질서위반행위에 신분이 없는 자가 가담한 때에는 신분이 없는 자에 대하여도 질서위반행위가 성립한다.

ㄷ. (X)

> **질서위반행위규제법 제24조의2(상속재산 등에 대한 집행)** ① 과태료는 당사자가 과태료 부과처분에 대하여 이의를 제기하지 아니한 채 제20조 제1항에 따른 기한이 종료한 후 사망한 경우에는 그 상속재산에 대하여 집행할 수 있다.

ㄹ. (O) 질서위반행위규제법 제19조 제1항.

정답 ②

457 [20국가9급]

「질서위반행위규제법」의 내용으로 옳은 것만을 모두 고르면?

ㄱ. 행정청이 질서위반행위에 대하여 과태료를 부과하고자 하는 때에는 미리 당사자에게 대통령령으로 정하는 사항을 통지하고, 10일 이상의 기간을 정하여 의견을 제출할 기회를 주어야 한다.

ㄴ. 행정청에 의해 부과된 과태료는 질서위반행위가 종료된 날(다수인이 질서위반행위에 가담한 경우에는 최종행위가 종료된 날을 말한다)부터 5년간 징수하지 아니하거나 집행하지 아니하면 시효로 인하여 소멸한다.

ㄷ. 과태료 사건은 다른 법령에 특별한 규정이 있는 경우를 제외하고는 과태료 부과관청의 소재지의 지방법원 또는 그 지원의 관할로 한다.

ㄹ. 다른 법률에 특별한 규정이 없는 경우, 14세가 되지 아니한 자의 질서위반행위는 과태료를 부과하지 아니한다.

① ㄱ, ㄹ
② ㄴ, ㄹ
③ ㄱ, ㄴ, ㄷ
④ ㄱ, ㄷ, ㄹ

해설

ㄱ. (O)

질서위반행위규제법 제16조(사전통지 및 의견 제출 등) ① 행정청이 질서위반행위에 대하여 과태료를 부과하고자 하는 때에는 미리 당사자(제11조 제2항에 따른 고용주등을 포함한다. 이하 같다)에게 대통령령으로 정하는 사항을 통지하고, 10일 이상의 기간을 정하여 의견을 제출할 기회를 주어야 한다. 이 경우 지정된 기일까지 의견 제출이 없는 경우에는 의견이 없는 것으로 본다.

ㄴ. (X)

질서위반행위규제법 제15조(과태료의 시효) ① 과태료는 행정청의 과태료 부과처분이나 법원의 과태료 재판이 확정된 후 5년간 징수하지 아니하거나 집행하지 아니하면 시효로 인하여 소멸한다.

제19조(과태료 부과의 제척기간) ① 행정청은 질서위반행위가 종료된 날(다수인이 질서위반행위에 가담한 경우에는 최종행위가 종료된 날을 말한다)부터 5년이 경과한 경우에는 해당 질서위반행위에 대하여 과태료를 부과할 수 없다.

ㄷ. (X)

질서위반행위규제법 제25조(관할 법원) 과태료 사건은 다른 법령에 특별한 규정이 있는 경우를 제외하고는 당사자의 주소지의 지방법원 또는 그 지원의 관할로 한다.

ㄹ. (O)

질서위반행위규제법 제9조(책임연령) 14세가 되지 아니한 자의 질서위반행위는 과태료를 부과하지 아니한다. 다만, 다른 법률에 특별한 규정이 있는 경우에는 그러하지 아니하다.

정답 ①

458 [20지방9급]

행정벌에 대한 설명으로 옳은 것으로만 묶은 것은? (다툼이 있는 경우 판례에 의함)

ㄱ. 행정청의 과태료 부과에 불복하는 자는 서면으로 이의 제기를 할 수 있으나, 이의제기가 있더라도 과태료 부과처분은 그 효력을 유지한다.
ㄴ. 도로교통법상 범칙금 통고처분은 항고소송의 대상이 되는 행정처분에 해당하지 않는다.
ㄷ. 과징금은 어떤 경우에도 영업정지에 갈음하여 부과할 수 없다.
ㄹ. 질서위반행위규제법에 따른 과태료는 행정청의 과태료 부과처분이나 법원의 과태료 재판이 확정된 후 5년간 징수하지 아니하거나 집행하지 아니하면 시효로 소멸한다.

① ㄱ, ㄴ
② ㄱ, ㄷ
③ ㄴ, ㄷ
④ ㄴ, ㄹ

해설

ㄱ. (X)

질서위반행위규제법 제20조(이의제기) ① 행정청의 과태료 부과에 불복하는 당사자는 제17조 제1항에 따른 과태료 부과 통지를 받은 날부터 60일 이내에 해당 행정청에 서면으로 이의제기를 할 수 있다.
② 제1항에 따른 이의제기가 있는 경우에는 행정청의 과태료 부과처분은 그 효력을 상실한다.

ㄴ. (O) 통고처분은 행정소송의 대상이 되는 행정처분이 아니므로 그 처분의 취소를 구하는 소송은 부적법하고, 도로교통법상의 통고처분을 받은 자가 그 처분에 대하여 이의가 있는 경우에는 통고처분에 따른 범칙금의 납부를 이행하지 아니함으로써 경찰서장의 즉결심판청구에 의하여 법원의 심판을 받을 수 있게 될 뿐이다(대판 1995.6.29. 95누4674).

ㄷ. (X) 행정청이 행정제재수단으로 사업 정지를 명할 것인지, 과징금을 부과할 것인지, 과징금을 부과키로 한다면 그 금액은 얼마로 할 것인지에 관하여 재량권이 부여되었다 할 것이다(대판 1998.4.10. 98두2270).

ㄹ. (O)

질서위반행위규제법 제15조(과태료의 시효) ① 과태료는 행정청의 과태료 부과처분이나 법원의 과태료 재판이 확정된 후 5년간 징수하지 아니하거나 집행하지 아니하면 시효로 인하여 소멸한다.

정답 ④

당사자는 과태료 재판에 대하여 즉시항고할 수 있으나 이 경우의 항고는 집행정지의 효력이 없다.

[17교육행정]

| 해설

(X)

질서위반행위규제법 제38조(항고) ① 당사자와 검사는 과태료 재판에 대하여 즉시항고를 할 수 있다. 이 경우 항고는 집행정지의 효력이 있다.

행정청은 당사자가 납부기한까지 과태료를 납부하지 아니한 때에는 납부기한을 경과한 날부터 체납된 과태료에 대하여 100분의 10에 상당하는 가산금을 징수한다.

[15경행특채]

| 해설

(X)

질서위반행위규제법 제24조(가산금 징수 및 체납처분 등) ① 행정청은 당사자가 납부기한까지 과태료를 납부하지 아니한 때에는 납부기한을 경과한 날부터 체납된 과태료에 대하여 100분의 3에 상당하는 가산금을 징수한다.

과태료는 행정청의 과태료 부과처분이나 법원의 과태료 재판이 확정된 후 3년간 징수하지 아니하거나 집행하지 아니하면 시효로 인하여 소멸한다.

[16경행특채]

| 해설

(X)

질서위반행위규제법 제15조(과태료의 시효) ① 과태료는 행정청의 과태료 부과처분이나 법원의 과태료 재판이 확정된 후 5년간 징수하지 아니하거나 집행하지 아니하면 시효로 인하여 소멸한다.

제4장 새로운 의무이행확보 수단

제1절 | 새로운 의무이행확보수단의 등장

제2절 | 금전상의 제재

459 [19서울9급]

〈보기〉의 법률규정에 대한 설명으로 가장 옳지 않은 것은?

〈보 기〉

여객자동차 운수사업법 제88조(과징금 처분) ① 국토교통부장관 또는 시·도지사는 여객자동차 운수사업자가 제49조의6 제1항 또는 제85조 제1항 각 호의 어느 하나에 해당하여 사업정지 처분을 하여야 하는 경우에 그 사업정지처분이 그 여객자동차 운수사업을 이용하는 사람들에게 심한 불편을 주거나 공익을 해칠 우려가 있는 때에는 그 사업정지 처분을 갈음하여 5천만원 이하의 과징금을 부과·징수할 수 있다.

① 과징금 부과처분은 제재적 행정처분이므로 현실적인 행위자에 부과하여야 하며 위반자의 고의·과실을 요한다.
② 사업정지처분을 내릴 것인지 과징금을 부과할 것인지는 통상 행정청의 재량에 속한다.
③ 과징금 부과처분에는 원칙적으로 행정절차법이 적용된다.
④ 과징금은 행정목적 달성을 위하여, 행정법규 위반이라는 객관적 사실에 착안하여 부과된다.

해설

① (X) ④ (O) 과징금부과처분은 행정목적의 달성을 위하여 행정법규 위반이라는 객관적 사실에 착안하여 가하는 제재이므로 반드시 현실적인 행위자가 아니라도 법령상 책임자로 규정된 자에게 부과되고 원칙적으로 위반자의 고의·과실을 요하지 아니하나, 위반자의 의무 해태를 탓할 수 없는 정당한 사유가 있는 등의 특별한 사정이 있는 경우에는 이를 부과할 수 없다(대판 2014. 10. 15. 2013두5005).

② (O) 행정청이 행정제재수단으로 사업 정지를 명할 것인지, 과징금을 부과할 것인지, 과징금을 부과키로 한다면 그 금액은 얼마로 할 것인지에 관하여 재량권이 부여되었다 할 것이다(대판 1998.4.10. 98두2270).

③ (O) 과징금부과행위는 침익적 행정행위로서 과징금을 부과함에는 행정절차법이 적용되며 과징금부과처분은 행정소송의 대상이 되는 처분이다.

정답 ①

460 [22지방9급]

여객자동차운송사업을 하는 甲은 관련법규 위반을 이유로 사업정지 처분에 갈음하는 과징금부과처분을 받았다. 이에 대한 설명으로 옳지 않은 것은? (다툼이 있는 경우 판례에 의함)

① 甲이 현실적인 위반행위자가 아닌 법령상 책임자인 경우에도 甲에게 과징금을 부과할 수 있다.

② 甲에게 고의·과실이 없는 경우에는 과징금을 부과할 수 없다.

③ 과징금부과처분에 대해 甲은 취소소송을 제기하여 다툴 수 있다.

④ 甲에게 부과된 과징금이 법이 정한 한도액을 초과하여 위법한 경우, 법원은 그 초과부분에 대하여 일부 취소할 수 없고 그 전부를 취소하여야 한다.

해설

① (O) ② (X) 과징금부과처분은 행정목적의 달성을 위하여 행정법규 위반이라는 객관적 사실에 착안하여 가하는 제재이므로 반드시 현실적인 행위자가 아니라도 법령상 책임자로 규정된 자에게 부과되고 원칙적으로 위반자의 고의·과실을 요하지 아니하나, 위반자의 의무 해태를 탓할 수 없는 정당한 사유가 있는 등의 특별한 사정이 있는 경우에는 이를 부과할 수 없다(대판 2014. 10. 15. 2013두5005).

③ (O) 과징금부과행위는 침익적 행정행위로서 과징금을 부과함에는 행정절차법이 적용되며 과징금부과처분은 행정소송의 대상이 되는 처분이다.

④ (O) 재량이 인정되는 과징금 납부명령에 대하여 그 명령이 재량권을 일탈하였을 경우 법원으로서는 재량권의 일탈 여부만 판단할 수 있을 뿐이지 재량권의 범위 내에서 어느 정도가 적정한 것인지에 관하여 판단할 수 없으므로 그 전부를 취소할 수밖에 없고, 법원이 적정하다고 인정되는 부분을 초과한 부분만 취소할 수는 없는 것이다(대판 2007.10.26, 2005두3172).

정답 ②

461 [22국가9급]

과징금 부과처분에 대한 설명으로 옳지 않은 것은? (다툼이 있는 경우 판례에 의함)

① 「독점규제 및 공정거래에 관한 법률」상의 과징금은 법이 규정한 범위 내에서 그 부과처분 당시까지 부과관청이 확인한 사실을 기초로 일의적으로 확정되어야 할 것이지, 추후에 부과금 산정기준이 되는 새로운 자료가 나왔다고 하여 새로운 부과처분을 할 수 있는 것은 아니다.

② 영업정지에 갈음하여 부과되는 이른바 변형된 과징금의 부과 여부는 통상 행정청의 재량행위이다.

③ 과징금은 행정상 제재금이고 범죄에 대한 국가 형벌권의 실행이 아니므로 행정법규 위반에 대해 벌금 이외에 과징금을 부과하는 것은 이중처벌금지의 원칙에 위반되지 않는다.

④ 「부동산 실권리자명의 등기에 관한 법률」상 명의신탁자에 대한 과징금의 부과 여부는 행정청의 재량행위이다.

해설

① (O) 과징금은 법이 규정한 범위 내에서 그 부과처분 당시까지 부과관청이 확인한 사실을 기초로 일의적으로 확정되어야 할 것이고, 부과관청이 과징금을 부과하면서 추후에 부과금 산정 기준이 되는 새로운 자료가 나올 경우에는 과징금액이 변경될 수도 있다고 유보한다든지, 실제로 추후에 새로운 자료가 나왔다고 하여 새로운 부과처분을 할 수는 없다(대판 1999. 5. 28. 99두1571).

② (O) 행정청이 행정제재수단으로 사업 정지를 명할 것인지, 과징금을 부과할 것인지, 과징금을 부과키로 한다면 그 금액은 얼마로 할 것인지에 관하여 재량권이 부여되었다 할 것이다(대판 1998.4.10. 98두2270).

③ (O) 구 독점규제및공정거래에관한법률에서 형사처벌과 아울러 과징금의 부과처분을 할 수 있도록 규정하고 있다 하더라도 이중처벌금지원칙이나 무죄추정원칙에 위반된다거나 사법권이나 재판청구권을 침해한다고 볼 수 없다(대판 2004.4.9. 2001두6197).

④ (X) 부동산 실권리자명의 등기에 관한 법률의 각 규정을 종합하면, 명의신탁자에 대하여 과징금을 부과할 것인지 여부는 기속행위에 해당하므로, 명의신탁이 조세를 포탈하거나 법령에 의한 제한을 회피할 목적이 아닌 경우에 한하여 그 과징금을 일정한 범위 내에서 감경할 수 있을 뿐이지 그에 대하여 과징금 부과처분을 하지 않거나 과징금을 전액 감면할 수 있는 것은 아니다(대판 2007.7.12. 2005두17287).

정답 ④

462 [18국가7급]

행정의 실효성 확보수단에 대한 설명으로 옳은 것만을 모두 고르면? (다툼이 있는 경우 판례에 의함)

ㄱ. 「건축법」상의 이행강제금과 관련하여, 시정명령을 받은 의무자가 시정명령에서 정한 기간을 지나서 시정명령을 이행한 경우, 이행강제금이 부과되기 전에 그 이행이 있었다 하더라도 시정명령상의 기간을 준수하지 않은 이상 이행강제금을 부과하는 것은 정당하다.

ㄴ. 과징금 부과처분의 경우 원칙적으로 위반자의 고의·과실을 요하지 아니하나, 위반자의 의무 해태를 탓할 수 없는 정당한 사유가 있는 등의 특별한 사정이 있는 경우에는 이를 부과할 수 없다.

ㄷ. 「건축법」상 위법 건축물에 대하여 행정청은 대집행과 이행강제금을 선택적으로 활용할 수 있으며, 이러한 선택적 활용이 중첩적 제재에 해당한다고 볼 수 없다.

ㄹ. 「질서위반행위규제법」에 의한 과태료부과처분은 처분의 상대방이 이의제기하지 않은 채 납부기간까지 과태료를 납부하지 않으면 「도로교통법」상 통고처분과 마찬가지로 그 효력을 상실한다.

① ㄷ　　② ㄴ, ㄷ

③ ㄱ, ㄴ, ㄹ　　④ ㄴ, ㄷ, ㄹ

해설

ㄱ. (X) 이행명령을 받은 의무자가 그 명령을 이행한 경우에는 이행명령에서 정한 기간을 지나서 이행한 경우라도 최초의 이행강제금을 부과할 수 없다(대판 2014.12.11. 2013두15750).

ㄴ. (O) 과징금부과처분은 행정목적의 달성을 위하여 행정법규 위반이라는 객관적 사실에 착안하여 가하는 제재이므로 반드시 현실적인 행위자가 아니라도 법령상 책임자로 규정된 자에게 부과되고 원칙적으로 위반자의 고의 · 과실을 요하지 아니하나, 위반자의 의무 해태를 탓할 수 없는 정당한 사유가 있는 등의 특별한 사정이 있는 경우에는 이를 부과할 수 없다(대판 2014. 10. 15. 2013두5005).

ㄷ. (O) 현행 건축법상 위법건축물에 대한 이행강제수단으로 대집행과 이행강제금이 인정되고 있는데, 양 제도는 각각의 장단점이 있으므로 행정청은 개별사건에 있어서 위반내용, 위반자의 시정의지 등을 감안하여 대집행과 이행강제금을 선택적으로 활용할 수 있으며, 이처럼 그 합리적인 재량에 의해 선택하여 활용하는 이상, 중첩적인 제재에 해당한다고 볼 수 없다(헌재 2004.2.26. 2001헌바80).

ㄹ. (X) 이의를 제기하지 않으면 과태료 부과처분은 확정되고 강제징수가 가능하다.

> **질서위반행위규제법 제20조(이의제기)** ① 행정청의 과태료 부과에 불복하는 당사자는 제17조 제1항에 따른 과태료 부과 통지를 받은 날부터 60일 이내에 해당 행정청에 서면으로 이의제기를 할 수 있다.
> ② 제1항에 따른 이의제기가 있는 경우에는 행정청의 과태료 부과처분은 그 효력을 상실한다.

정답 ②

463 [21국가7급]

행정의 실효성확보수단에 대한 설명으로 옳은 것만을 모두 고른 것은? (다툼이 있는 경우 판례에 의함)

ㄱ. 위반 결과의 시정을 명하는 권한은 금지규정으로부터 당연히 추론되는 것은 아니다.
ㄴ. 양벌규정에 의해 영업주를 처벌하는 경우, 금지위반 행위자인 종업원을 처벌할 수 없는 경우에도 영업주만 따로 처벌할 수 있다.
ㄷ. 「농지법」상 이행강제금부과처분은 행정소송의 대상이다.
ㄹ. 행정상 의무위반행위자에 대하여 과징금을 부과하기 위해서는 원칙적으로 위반자의 고의 또는 과실이 있어야 한다.

① ㄱ
② ㄱ, ㄴ
③ ㄷ, ㄹ
④ ㄱ, ㄴ, ㄷ, ㄹ

해설

ㄱ. (O) 부작위의무로부터 그 의무를 위반함으로써 생긴 결과를 시정하기 위한 작위의무를 당연히 끌어낼 수는 없으며, 또 위 금지규정(특히 허가를 유보한 상대적 금지규정)으로부터 작위의무, 즉 위반결과의 시정을 명하는 권한이 당연히 추론되는 것도 아니다(대판 1996.6.28, 96누4374).

ㄴ. (O) 양벌규정에 의한 영업주의 처벌은 금지위반행위자인 종업원의 처벌에 종속하는 것이 아니라 독립하여 그 자신의 종업원에 대한 선임감독상의 과실로 인하여 처벌되는 것이므로 종업원의 범죄성립이나 처벌이 영업주 처벌의 전제조건이 될 필요는 없다(대판 2006.02.24. 2005도7673).

ㄷ. (X)

> **농지법 제63조(이행강제금)** ⑦ 제1항에 따른 이행강제금 부과처분을 받은 자가 제6항에 따른 이의를 제기하면 시장·군수 또는 구청장은 지체 없이 관할 법원에 그 사실을 통보하여야 하며, 그 통보를 받은 관할 법원은 「비송사건절차법」에 따른 과태료 재판에 준하여 재판을 한다.

ㄹ. (X) 과징금부과처분은 행정목적의 달성을 위하여 행정법규 위반이라는 객관적 사실에 착안하여 가하는 제재이므로 반드시 현실적인 행위자가 아니라도 법령상 책임자로 규정된 자에게 부과되고 원칙적으로 위반자의 고의·과실을 요하지 아니하나, 위반자의 의무 해태를 탓할 수 없는 정당한 사유가 있는 등의 특별한 사정이 있는 경우에는 이를 부과할 수 없다(대판 2014. 10. 15. 2013두5005).

정답 ②

464 [18지방9급]

과징금에 대한 설명으로 옳은 것은? (다툼이 있는 경우 판례에 의함)

① 과징금은 원칙적으로 행위자의 고의·과실이 있는 경우에 부과한다.

② 과징금부과처분의 기준을 규정하고 있는 구 「청소년보호법 시행령」 제40조 [별표 6]은 행정규칙의 성질을 갖는다.

③ 부과관청이 추후에 부과금 산정 기준이 되는 새로운 자료가 나올 경우 과징금액이 변경될 수도 있다고 유보하며 과징금을 부과했다면, 새로운 자료가 나온 것을 이유로 새로이 부과처분을 할 수 있다.

④ 자동차운수사업면허조건 등을 위반한 사업자에 대한 과징금부과처분이 법이 정한 한도액을 초과하여 위법한 경우 법원은 그 처분 전부를 취소하여야 한다.

해설

① (X) 과징금부과처분은 행정목적의 달성을 위하여 행정법규 위반이라는 객관적 사실에 착안하여 가하는 제재이므로 반드시 현실적인 행위자가 아니라도 법령상 책임자로 규정된 자에게 부과되고 원칙적으로 위반자의 고의·과실을 요하지 아니하나, 위반자의 의무 해태를 탓할 수 없는 정당한 사유가 있는 등의 특별한 사정이 있는 경우에는 이를 부과할 수 없다(대판 2014. 10. 15. 2013두5005).

② (X) 구 청소년보호법 제49조 제1항, 제2항에 따른 같은법 시행령 제40조 [별표 6]의 위반행위의종별에따른과징금처분기준은 법규명령이기는 여러 요소를 종합적으로 고려하여 사안에 따라 적정한 과징금의 액수를 정하여야 할 것이므로 그 수액은 정액이 아니라 최고한도액이다(대판 2001.3.9. 99두5207).

③ (X) 과징금은 법이 규정한 범위 내에서 그 부과처분 당시까지 부과관청이 확인한 사실을 기초로 일의적으로 확정되어야 할 것이고, 부과관청이 과징금을 부과하면서 추후에 부과금 산정 기준이 되는 새로운 자료가 나올 경우에는 과징금액이 변경될 수도 있다고 유보한다든지, 실제로 추후에 새로운 자료가 나왔다고 하여 새로운 부과처분을 할 수는 없다(대판 1999. 5. 28. 99두1571).

④ (O) 재량이 인정되는 과징금 납부명령에 대하여 그 명령이 재량권을 일탈하였을 경우 법원으로서는 재량권의 일탈 여부만 판단할 수 있을 뿐이지 재량권의 범위 내에서 어느 정도가 적정한 것인지에 관하여 판단할 수 없으므로 그 전부를 취소할 수밖에 없고, 법원이 적정하다고 인정되는 부분을 초과한 부분만 취소할 수는 없는 것이다(대판 2007.10.26, 2005두3172).

정답 ④

465 [19서울9급]

행정소송에 있어서 일부취소판결의 허용여부에 대한 판례의 입장으로 가장 옳은 것은?

① 재량행위의 성격을 갖는 과징금부과처분이 법이 정한 한도액을 초과하여 위법한 경우에는 법원으로서는 그 한도액을 초과한 부분만을 취소할 수 있다.

② 「독점규제 및 공정거래에 관한 법률」을 위반한 광고행위와 표시행위를 하였다는 이유로 공정거래위원회가 사업자에 대하여 법위반사실공표명령을 행한 경우, 표시행위에 대한 법위반사실이 인정되지 아니한다면 법원으로서는 그 부분에 대한 공표명령의 효력만을 취소할 수 있을 뿐, 공표명령 전부를 취소할 수 있는 것은 아니다.

③ 개발부담금부과처분에 대한 취소소송에서 당사자가 제출한 자료에 의하여 정당한 부과금액을 산출할 수 없는 경우에도 법원은 증거조사를 통하여 정당한 부과금액을 산출한 후 정당한 부과금액을 초과하는 부분만을 취소하여야 한다.

④ 「독점규제 및 공정거래에 관한 법률」을 위반한 수개의 행위에 대하여 공정거래위원회가 하나의 과징금부과처분을 하였으나 수개의 위반행위 중 일부의 위반행위에 대한 과징금부과만이 위법하고, 그 일부의 위반행위를 기초로 한 과징금액을 산정할 수 있는 자료가 있는 경우에도 법원은 과징금부과처분 전부를 취소하여야 한다.

해설

① **(X)** 과징금부과처분이 법이 정한 한도액을 초과하여 위법할 경우 법원으로서는 그 전부를 취소할 수밖에 없고, 그 한도액을 초과한 부분이나 법원이 적정하다고 인정되는 부분을 초과한 부분만을 취소할 수 없다(대판 1998.04.10. 98두2270).

② **(O)** 공정거래위원회가 사업자에 대하여 행한 법위반사실공표명령은 비록 하나의 조항으로 이루어진 것이라고 하여도 그 대상이 된 사업자의 광고행위와 표시행위로 인한 각 법위반사실은 별개로 특정될 수 있어 위 각 법위반사실에 대한 독립적인 공표명령이 경합된 것으로 보아야 할 것이므로, 이 중 표시행위에 대한 법위반사실이 인정되지 아니하는 경우에 그 부분에 대한 공표명령의 효력만을 취소할 수 있을 뿐, 공표명령 전부를 취소할 수 있는 것은 아니다(대판 2000. 12. 12. 99두12243).

③ **(X)** 개발부담금부과처분 취소소송에 있어 당사자가 제출한 자료에 의하여 적법하게 부과될 정당한 부과금액이 산출할 수 없을 경우에는 부과처분 전부를 취소할 수밖에 없으나, 그렇지 않은 경우에는 그 정당한 금액을 초과하는 부분만 취소하여야 한다(대판 2004.7.22, 2002두868).

④ **(X)** 과징금을 부과함에 있어 여러 개의 위반행위에 대하여 하나의 과징금 납부명령을 하였으나 여러 개의 위반행위 중 일부의 위반행위만이 위법하고 소송상 그 일부의 위반행위를 기초로 한 과징금액을 산정할 수 있는 자료가 있는 경우에는, 하나의 과징금 납부명령일지라도 그 중 위법하여 그 처분을 취소하게 된 일부의 위반행위에 대한 과징금액에 해당하는 부분만을 취소할 수 있다(대판 2006. 12. 22. 2004두1483).

정답 ②

466 [13지방7급]

가산세, 가산금, 과징금에 관한 기술로 타당하지 않은 것은?

① 가산세는 행정상 금전급부의무를 납부기한까지 납부하지 아니함에 대한 지연이자의 의미를 갖는 것이며, 가산금은 성실한 납세신고와 같은 협력의무를 위반한 경우 부과하는 것이다.
② 가산세는 그 의무해태에 정당한 사유가 있는 경우에는 부과할 수 없다.
③ 가산세를 부과함에 있어 납세자의 고의·과실은 고려되지 않는다.
④ 과징금부과처분이 법이 정한 한도액을 초과하여 위법할 경우 초과부분만을 취소할 수는 없고 전부를 취소하여야 한다.
⑤ 형사처벌과 과징금의 병과는 이중처벌금지원칙에 위반되지 않는다.

해설

① **(X)** 설명이 바뀌었다. "가산금"이란 국세를 납부기한까지 납부하지 아니한 경우에 「국세징수법」에 따라 고지세액에 가산하여 징수하는 금액과 납부기한이 지난 후 일정 기한까지 납부하지 아니한 경우에 그 금액에 다시 가산하여 징수하는 금액을 말하며, 일종의 지연배상금의 성질을 띤다. "가산세"란 세법에서 규정하는 의무의 성실한 이행을 확보하기 위하여 세법에 따라 산출한 세액에 가산하여 징수하는 금액을 말한다(납부불성실가산세 등).

② **(O)** ③ **(O)** 가산세를 부과함에 있어 납세자의 고의·과실은 고려되지 않지만, 그 의무해태에 정당한 사유가 있는 경우에는 부과할 수 없다.

④ **(O)** 대판 2007.10.26, 2005두3172.

⑤ **(O)** 대판 2004.4.9., 2001두6197.

정답 ①

467 [17지방7급]

행정의 실효성확보수단으로서 금전상 제재에 대한 설명으로 옳은 것만을 모두 고른 것은? (다툼이 있는 경우 판례에 의함)

ㄱ. 구 「독점규제 및 공정거래에 관한 법률」 제24조의2에 의한 부당내부거래행위에 대한 과징금은 부당내부거래 억지라는 행정목적을 실현하기 위하여 그 위반행위에 대한 행정상의 제재금으로서의 기본적 성격에 부당이득 환수적 요소도 부가되어 있는 것으로, 이는 헌법 제13조 제1항에서 금지하는 국가형벌권의 행사로서의 '처벌'에 해당하지 아니한다.

ㄴ. 가산금은 행정법상의 금전급부의무의 불이행에 대한 제재로서 가해지는 금전부담으로, 금전채무의 이행에 대한 간접강제의 효과를 갖는다.

ㄷ. 세법상 가산세는 납세자가 정당한 이유 없이 법에 규정된 신고·납세의무 등을 위반한 경우에 부과되는 행정상 제재로서, 납세의무자가 세무공무원의 잘못된 설명을 믿고 그 신고납부의무를 이행하지 아니한 경우에는 그 것이 관계 법령에 어긋나는 것임이 명백하다고 하더라도 정당한 사유가 있는 경우에 해당한다.

① ㄱ ② ㄱ, ㄴ

③ ㄴ, ㄷ ④ ㄱ, ㄴ, ㄷ

해설

ㄱ. (O) 구 독점규제 및 공정거래에 관한 법률 제24조의2에 의한 부당내부거래행위에 대한 과징금은 행정상의 제재금으로서의 기본적 성격에 부당이득환수적 요소도 부가되어 있는 것이라고 할 것이어서 그것이 헌법 제13조 제1항에서 금지하는 국가형벌권 행사로서의 처벌에 해당한다고 할 수 없으므로 형사처벌과 아울러 과징금의 부과처분을 할 수 있도록 규정하고 있다 하더라도 이중처벌금지원칙이나 무죄추정원칙에 위반된다고 볼 수 없다(대판 2004.4.9. 2001두6197).

ㄴ. (O) 가산금과 중가산금은 위 사용료가 납부기한까지 납부되지 않은 경우 미납분에 관한 지연이자의 의미로 부과되는 부대세의 일종이다(대판 2006.3.9. 2004다31074).

ㄷ. (X) 세법상 가산세는 과세권의 행사 및 조세채권의 실현을 용이하게 하기 위하여 납세자가 정당한 이유 없이 법에 규정된 신고, 납세 등 각종 의무를 위반한 경우에 개별세법이 정하는 바에 따라 부과되는 행정상의 제재로서 납세자의 고의, 과실은 고려되지 않는 반면, 그 의무해태를 탓할 수 없는 정당한 사유가 있는 경우에는 이를 부과할 수 없고, 납세의무자가 세무공무원의 잘못된 설명을 믿고 그 신고납부의무를 이행하지 아니하였다 하더라도 그것이 관계 법령에 어긋나는 것임이 명백한 때에는 그러한 사유만으로 정당한 사유가 있다고 볼 수 없다(대판 1997. 8. 22. 96누15404).

정답 ②

468 [15사회복지]

행정의 실효성 확보수단에 대한 설명으로 옳지 않은 것은?

① 고의 또는 과실이 없는 질서위반행위는 과태료를 부과하지 아니한다.
② 행정법상 의무위반자에 대한 명단의 공표는 법적인 근거가 없더라도 허용된다.
③ 법원의 과태료부과결정에 불복하는 자는 즉시항고할 수 있다.
④ 과태료처분을 받고 이를 납부한 후에 형사처벌을 한다고 하여 일사부재리원칙에 반하지 않는다는 것이 대법원의 입장이다.

해설

① (O) 질서위반행위규제법 제7조.
② (X) 명단의 공표는 상대방의 인격권·프라이버시권과 같은 기본권을 침해할 우려가 있으므로 원칙적으로 법적 근거가 필요하다(다수설).
③ (O)

> **질서위반행위규제법 제38조(항고)** ① 당사자와 검사는 과태료 재판에 대하여 즉시항고를 할 수 있다. 이 경우 항고는 집행정지의 효력이 있다.

④ 행정법상의 질서벌인 과태료의 부과처분과 형사처벌은 그 성질이나 목적을 달리하는 별개의 것이므로 행정법상의 질서벌인 과태료를 납부한 후에 형사처벌을 한다고 하여 이를 일사부재리의 원칙에 반하는 것이라고 할 수는 없다(대판 1996.4.12, 96도158).

정답 ②

5

행정구제법

제1장 행정구제 일반론

제2장 행정상 손해전보

제1절 | 행정상 손해배상제도

I 행정상 손해배상제도의 의의

II 손해배상제도의 법적근거

III 공무원의 위법한 직무행위로 인한 손해배상

469 [17서울7급]

국가배상에 관한 다음의 설명 중 옳지 않은 것은? (다툼이 있는 경우 판례에 의함)

① 국가배상책임이 인정되려면 공무원의 직무상 의무위반 행위와 손해 사이에 상당인과관계가 인정되어야 하는데 공무원에게 직무상 의무를 부과한 법령이 단순히 공공의 이익을 위한 것이고 사익을 보호하기 위한 것이 아니라면 상당인과관계가 부인되어 배상책임이 인정되지 않는다.

② 공무를 위탁받아 실질적으로 공무에 종사하고 있더라도 그 위탁이 일시적이고 한정적인 경우에는 「국가배상법」 제2조의 공무원에 해당하지 않는다.

③ 국가배상의 요건 중 법령위반의 의미를 판단하는 데 있어서는 형식적 의미의 법령을 위반한 것뿐만 아니라 인권존중, 권력남용금지, 신의성실과 같이 공무원으로서 당연히 지켜야 할 원칙을 지키지 않은 경우도 포함한다.

④ 어떠한 행정처분이 후에 항고소송에서 취소되었다고 할지라도 그 기판력에 의하여 당해 행정처분이 곧바로 공무원의 고의 또는 과실로 인한 것으로서 불법행위를 구성한다고 볼 수 없다.

해설

① (O) 상당인과관계가 인정되기 위하여는 공무원에게 부과된 직무상 의무의 내용이 단순히 공공 일반의 이익을 위한 것이거나 행정기관 내부의 질서를 규율하기 위한 것이 아니고 전적으로 또는 부수적으로 사회구성원 개인의 안전과 이익을 보호하기 위하여 설정된 것이어야 한다(대판 2010.9.9, 2008다77795).

② (X) 국가배상법 제2조 소정의 '공무원'이라 함은 국가공무원법이나 지방공무원법에 의하여 공무원으로서의 신분을 가진 자에 국한하지 않고, 널리 공무를 위탁받아 실질적으로 공무에 종사하고 있는 일체의 자를 가리키는 것으로서, 공무의 위탁이 일시적이고 한정적인 사항에 관한 활동을 위한 것이어도 달리 볼 것은 아니다(대판 2001.01.05. 98다39060).

③ (O) 법령을 위반하였다 함은 엄격한 의미의 법령 위반뿐 아니라 인권존중, 권력남용금지, 신의성실과 같이 공무원으로서 마땅히 지켜야 할 준칙이나 규범을 지키지 아니하고 위반한 경우를 포함하여 널리 그 행위가 객관적인 정당성을 결여하고 있음을 뜻하는 것이므로, 경찰관이 범죄수사를 함에 있어 경찰관으로서 의당 지켜야 할 법규상 또는 조리상의 한계를 위반하였다면 이는 법령을 위반한 경우에 해당한다(대판 2008.06.12. 2007다64365).

④ (O) 어떠한 행정처분이 후에 항고소송에서 취소되었다고 할지라도 그 기판력에 의하여 당해 행정처분이 곧바로 공무원의 고의 또는 과실로 인한 것으로서 불법행위를 구성한다고 단정할 수는 없다(대판 2000.05.12. 99다70600).

정답 ②

470 [15서울7급]

국가배상에 관한 설명으로 옳지 않은 것은? (다툼이 있는 경우 판례에 의함)

① 관계 법령에 의하여 대집행권한을 부여받은 구 한국토지공사는 공무수탁사인으로서, 「국가배상법」상 공무원에 해당한다.

② 행정입법부작위로 인하여 손해가 발생한 경우에 국가배상청구가 인정될 수 있다.

③ 헌법재판관이 청구기간 내에 제기된 헌법소원 심판청구사건에서 청구기간을 오인하여 헌법소원이 각하된 경우에 불복절차 내지 시정절차가 없는 때에는 국가배상청구가 인정된다.

④ 공무를 위탁받은 사인도 「국가배상법」상 공무원이 될 수 있다.

해설

① (X) 본래 시・도지사나 시장・군수 또는 구청장의 업무에 속하는 대집행권한을 한국토지공사에게 위탁하도록 되어 있는바, 한국토지공사는 이러한 법령의 위탁에 의하여 대집행을 수권받은 자로서 공무인 대집행을 실시함에 따르는 권리・의무 및 책임이 귀속되는 행정주체의 지위에 있다고 볼 것이지 지방자치단체 등의 기관으로서 국가배상법 제2조 소정의 공무원에 해당한다고 볼 것은 아니다(대판 2010.1.28, 2007다82950).

② (O) 행정입법부작위로 인하여 손해가 발생한 경우에 손해배상청구의 요건을 갖추었다면 손해배상 청구가 가능하다. 그러나 국회의원의 입법행위는 그 입법 내용이 헌법의 문언에 명백히 위반됨에도 불구하고 국회가 굳이 당해 입법을 한 것과 같은 특수한 경우가 아닌 한 국가배상법 제2조 제1항 소정의 위법행위에 해당된다고 볼 수 없다(대판 1997.6.13, 96다56115).

③ (O) 헌법재판소 재판관이 청구기간 내에 제기된 헌법소원심판청구 사건에서 청구기간을 오인하여 각하결정을 한 경우, 이에 대한 불복절차 내지 시정절차가 없는 때에는 국가배상책임(위법성)을 인정할 수 있다(대판 2003.7.11, 99다24218).

④ (O) 대판 2001.01.05.98다39060.

정답 ①

471 [19서울9급(上)]

국가배상책임의 요건에 대한 설명으로 가장 옳지 않은 것은?

① 공무원에는 조직법상 의미의 공무원뿐만 아니라 기능적 의미의 공무원이 포함된다.
② 공무원의 직무에는 국가나 지방자치단체의 권력적 작용, 비권력적 작용, 단순한 사경제의 주체로서 하는 작용이 포함된다.
③ 과실개념을 객관화하려는 태도는 국가배상책임의 성립을 용이하게 하려는 의도를 지니고 있다.
④ 헌법에 의하여 부과되는 국가의 구체적인 입법의무 자체가 인정되지 않는 경우에는 애당초 부작위로 인한 불법행위가 성립할 여지가 없다.

해설

① **(O)** 국가배상법 제2조 소정의 '공무원'이라 함은 국가공무원법이나 지방공무원법에 의하여 공무원으로서의 신분을 가진 자에 국한하지 않고, 널리 공무를 위탁받아 실질적으로 공무에 종사하고 있는 일체의 자를 가리키는 것으로서, 공무의 위탁이 일시적이고 한정적인 사항에 관한 활동을 위한 것이어도 달리 볼 것은 아니다(대판 2001.01.05.98다39060).

② **(X)** 국가배상청구의 요건인 '공무원의 직무'에는 권력적 작용만이 아니라 비권력적 작용도 포함되며 단지 행정주체가 사경제주체로서 하는 활동만 제외된다(대판 2001.1.5. 98다39060).

③ **(O)** 과실개념을 객관화하는 것은 특정 공무원 개인의 지식·능력·경험을 탐지하는 것이 아니라, 공무원 개인의 주관적 능력과 관계없이 표준적·평균적인 공무원으로서 할 수 있는 주의의무위반을 고려하여 판단하는 결과 국가배상책임의 성립을 용이하게 인정할 수 있다.

④ **(O)** 국회의원의 입법행위는 그 입법 내용이 헌법의 문언에 명백히 위배됨에도 불구하고 국회가 굳이 당해 입법을 한 것과 같은 특수한 경우가 아닌 한 국가배상법 제2조 제1항 소정의 위법행위에 해당한다고 볼 수 없고, 같은 맥락에서 국가가 일정한 사항에 관하여 헌법에 의하여 부과되는 구체적인 입법의무를 부담하고 있음에도 불구하고 그 입법에 필요한 상당한 기간이 경과하도록 고의 또는 과실로 이러한 입법의무를 이행하지 아니하는 등 극히 예외적인 사정이 인정되는 사안에 한정하여 국가배상법 소정의 배상책임이 인정될 수 있다. 위와 같은 구체적인 입법의무 자체가 인정되지 않는 경우에는 애당초 부작위로 인한 불법행위가 성립할 여지가 없다(대판 2008.05.29. 2004다33469).

정답 ②

472 [16지방9급]

국가배상에 대한 판례의 입장으로 옳지 않은 것은?

① 국회의원의 입법행위는 그 입법 내용이 헌법의 문언에 명백히 위배됨에도 불구하고 국회가 굳이 당해 입법을 한 것과 같은 특수한 경우가 아닌 한 「국가배상법」 제2조제1항 소정의 위법행위에 해당된다고 볼 수 없다.
② 일반적으로 공무원이 관계법규를 알지 못하거나 필요한 지식을 갖추지 못하고 법규의 해석을 그르쳐 행정처분을 하였다면 그가 법률전문가가 아닌 행정직 공무원이라고 하여 과실이 없다고는 할 수 없다.
③ 법령의 규정을 따르지 아니한 법관의 재판상 직무행위는 곧바로 「국가배상법」 제2조 제1항에서 규정하고 있는 위법행위가 되어 국가의 손해배상책임이 발생한다.
④ 영업허가취소처분이 행정심판에 의하여 재량권의 일탈을 이유로 취소되었다고 하더라도 그 처분이 당시 시행되던 「공중위생법 시행규칙」에 정해진 행정처분의 기준에 따른 것인 이상 그 영업허가취소처분을 한 행정청 공무원에게 그와 같은 위법한 처분을 한 데 있어 직무집행상의 과실이 있다고 할 수는 없다.

해설

① (O) 국회의원의 입법행위는 그 입법 내용이 헌법의 문언에 명백히 위배됨에도 불구하고 국회가 굳이 당해 입법을 한 것과 같은 특수한 경우가 아닌 한 국가배상법 제2조 제1항 소정의 위법행위에 해당한다고 볼 수 없고, 극히 예외적인 사정이 인정되는 사안에 한정하여 국가배상법 소정의 배상책임이 인정될 수 있다(대판 2008.05.29. 2004다33469).

② (O) 일반적으로 공무원이 관계 법규를 알지 못하거나 필요한 지식을 갖추지 못하고 법규의 해석을 그르쳐 행정처분을 하였다면 그가 법률전문가가 아닌 행정직 공무원이라고 하여 과실이 없다고는 할 수 없다(대판 2001.02.09. 98다52988).

③ (X) 법관의 재판에 국가배상책임이 인정되려면 당해 법관이 위법 또는 부당한 목적을 가지고 재판을 하였다거나 법이 법관의 직무수행상 준수할 것을 요구하고 있는 기준을 현저하게 위반하는 등 법관이 그에게 부여된 권한의 취지에 명백히 어긋나게 이를 행사하였다고 인정할 만한 특별한 사정이 있어야 한다(대판 2003.7.11. 99다24218).

④ (O) 영업허가취소처분이 나중에 행정심판에 의하여 재량권을 일탈한 위법한 처분임이 판명되어 취소되었다고 하더라도 그 처분이 당시 시행되던 공중위생법시행규칙에 정하여진 행정처분의 기준에 따른 것인 이상 그 영업허가취소처분을 한 행정청 공무원에게 그와 같은 위법한 처분을 한 데 있어 어떤 직무집행상의 과실이 있다고 할 수는 없다(대판 1994.11.08. 94다26141).

정답 ③

473 [18지방7급]

국가배상법상 공무원의 위법한 직무행위로 인한 손해배상에 대한 설명으로 옳지 않은 것은? (다툼이 있는 경우 판례에 의함)

① 특별한 사정이 없는 한 일반적으로 공무원이 관계법규를 알지 못하거나 필요한 지식을 갖추지 못하고 법규의 해석을 그르쳐 행정처분을 하였다면 그가 법률전문가가 아닌 행정직 공무원이라도 과실이 있다.

② 헌법재판소 재판관이 잘못된 각하결정을 하여 청구인으로 하여금 본안판단을 받을 기회를 상실하게 하였더라도, 본안판단에서 어차피 청구가 기각되었을 것이라는 사정이 있다면 국가배상책임이 인정되지 않는다.

③ 공익근무요원은 국가배상법상 손해배상청구가 제한되는 군인·군무원·경찰공무원 또는 향토예비군대원에 해당한다고 할 수 없다.

④ 인사업무담당 공무원이 다른 공무원의 공무원증 등을 위조한 행위는 실질적으로 직무행위에 속하지 아니한다 할지라도 외관상으로는 국가배상법상의 직무집행에 해당한다.

해설

① (O) 법령에 대한 해석이 복잡, 미묘하여 워낙 어렵고, 이에 대한 학설, 판례조차 귀일되어 있지 않는 등의 특별한 사정이 없는 한 일반적으로 공무원이 관계 법규를 알지 못하거나 필요한 지식을 갖추지 못하고 법규의 해석을 그르쳐 행정처분을 하였다면 그가 법률전문가가 아닌 행정직 공무원이라고 하여 과실이 없다고는 할 수 없다(대판 2001.02.09. 98다52988).

② (X) 헌법재판소 재판관의 위법한 직무집행의 결과 잘못된 각하결정을 함으로써 청구인으로 하여금 본안판단을 받을 기회를 상실하게 한 이상, 설령 본안판단을 하였더라도 어차피 청구가 기각되었을 것이라는 사정이 있다고 하더라도 잘못된 판단으로 인하여 헌법소원심판 청구인의 위와 같은 합리적인 기대를 침해한 것이고 이러한 기대는 인격적 이익으로서 보호할 가치가 있다고 할 것이므로 그 침해로 인한 정신상 고통에 대하여는 위자료를 지급할 의무가 있다(대판 2003.7.11, 99다24218).

③ (O) 공익근무요원이 국가배상법 제2조 제1항 단서의 규정에 의하여 국가배상법상 손해배상청구가 제한되는 군인·군무원·경찰공무원 또는 향토예비군대원에 해당한다고 할 수 없다(대판 1997.3.28. 97다4036).

④ (O) 울산세관의 통관지원과에서 인사업무를 담당하면서 울산세관 공무원들의 공무원증 및 재직증명서 발급업무를 하는 공무원이 울산세관의 다른 공무원의 공무원증 등을 위조하는 행위는 비록 그것이 실질적으로는 직무행위에 속하지 아니한다 할지라도 적어도 외관상으로는 공무원증과 재직증명서를 발급하는 행위로서 직무집행으로 보여지므로 결국 소외인의 공무원증 등 위조행위는 국가배상법 제2조 제1항 소정의 공무원이 직무를 집행함에 당하여 한 행위로 인정된다(대판 2005.1.14, 2004다26805).

정답 ②

474 [21국가7급]

「국가배상법」에 대한 설명으로 옳지 않은 것은? (다툼이 있는 경우 판례에 의함)

① 공무원들의 공무원증 발급 업무를 하는 공무원이 다른 공무원의 공무원증을 위조하는 행위는 「국가배상법」상의 직무집행에 해당하지 않는다.

② 국가의 철도운행사업과 관련하여 발생한 사고로 인한 손해배상청구의 경우 그 사고에 공무원이 간여하였다고 하더라도 「국가배상법」이 아니라 「민법」이 적용되어야 하지만, 철도시설물의 설치 또는 관리의 하자로 인한 손해배상청구의 경우에는 「국가배상법」이 적용된다.

③ 재판작용에 대한 국가배상의 경우, 재판에 대하여 불복절차 내지 시정절차 자체가 없는 경우에는 부당한 재판으로 인하여 불이익 내지 손해를 입은 사람은 국가배상책임의 요건이 충족된다면 국가배상을 청구할 수 있다.

④ 영업허가취소처분이 나중에 행정심판에 의하여 재량권을 일탈한 위법한 처분이 되었더라도 그 처분이 당시 시행되던 「공중위생법 시행규칙」에 정하여진 행정처분의 기준에 따른 것이라면 그 영업허가취소처분을 한 공무원에게 그와 같은 위법한 처분을 한 데 있어 어떤 직무집행상의 과실이 있다고 할 수 없다.

해설

① (X) 울산세관의 통관지원과에서 인사업무를 담당하면서 울산세관 공무원들의 공무원증 및 재직증명서 발급업무를 하는 공무원이 울산세관의 다른 공무원의 공무원증 등을 위조하는 행위는 비록 그것이 실질적으로는 직무행위에 속하지 아니한다 할지라도 적어도 외관상으로는 공무원증과 재직증명서를 발급하는 행위로서 직무집행으로 보여지므로 결국 소외인의 공무원증 등 위조행위는 국가배상법 제2조 제1항 소정의 공무원이 직무를 집행함에 당하여 한 행위로 인정된다(대판 2005.1.14, 2004다26805).

② (O) 국가의 철도운행사업은 국가가 공권력의 행사로서 하는 것이 아니고 사경제적 작용이라 할 것이므로, 이로 인한 사고에 공무원이 간여하였다고 하더라도 국가배상법을 적용할 것이 아니고 일반 민법의 규정에 따라야 한다(대판 1999.6.22. 99다7008).

③ (O) 헌법재판소 재판관이 청구기간 내에 제기된 헌법소원심판청구 사건에서 청구기간을 오인하여 각하결정을 한 경우, 이에 대한 불복절차 내지 시정절차가 없는 때에는 국가배상책임(위법성)을 인정할 수 있다(대판 2003.7.11, 99다24218).

④ (O) 영업허가취소처분이 나중에 행정심판에 의하여 재량권을 일탈한 위법한 처분임이 판명되어 취소되었다고 하더라도 그 처분이 당시 시행되던 공중위생법시행규칙에 정하여진 행정처분의 기준에 따른 것인 이상 그 영업허가취소처분을 한 행정청 공무원에게 그와 같은 위법한 처분을 한 데 있어 어떤 직무집행상의 과실이 있다고 할 수는 없다(대판 1994.11.08. 94다26141).

정답 ①

475 [15서울9급]

「국가배상법」 제2조 제1항에서 규정하는 공무원의 과실에 관한 판례의 입장과 가장 부합하는 설명은?

① 당해 직무를 담당하는 평균적 공무원의 주의능력을 기준으로 판단한다.

② 직무행위가 위법하다고 판단되면 과실의 존재도 추정된다.

③ 행정소송에서 행정처분이 위법한 것으로 확정되었고 그 이유가 법령 해석의 잘못이었다면 그 행정처분을 한 공무원의 과실은 당연히 인정된다.

④ 과실의 입증책임은 원고가 아니라 피고인 국가 또는 지방자치단체로 전환된다.

해설

① (O) 공무원의 직무집행상의 과실이라 함은 공무원이 그 직무를 수행함에 있어 당해직무를 담당하는 평균인이 보통(통상) 갖추어야 할 주의의무를 게을리한 것을 말한다(대판 1987.9.22, 87다카1164).

② (X) 위법성은 객관적인 요건이고 과실은 공무원의 주관적인 요건이다. 그리하여 위법 자체만으로 고의 또는 과실로 인한 불법행위를 구성한다고 단정할 수 없고 고의·과실에 대해서는 별도의 판단을 요한다.

③ (X) 대판 2001.3.13, 2000다20731.

④ (X) 고의·과실의 입증책임은 원칙적으로 피해자인 원고에게 있다.

정답 ①

불법행위를 행한 가해 공무원을 특정할 수 없는 경우에는 국가배상책임이 인정되지 않는다. [15교육행정]

| 해설

(X) 집회 중 사망한 사건에서 가해공무원인 전투경찰공무원을 특정하지 않더라도 손해배상책임을 인정한다(대판 1995.11.10. 95다23897).

476 [19서울7급]

「국가배상법」 제2조에 따른 배상책임에 대한 설명으로 가장 옳지 않은 것은?

① 공무원에게 부과된 직무상 의무의 내용이 순전히 행정기관 내부의 질서를 유지하기 위한 것이거나 전체적으로 공공 일반의 이익을 도모하기 위한 것인 경우, 국가 또는 지방자치단체가 배상책임을 부담하지 아니한다.

② 헌법재판소 재판관이 청구기간 내에 제기된 헌법소원심판청구 사건에서 청구기간을 오인하여 각하결정을 한 경우, 이에 대한 불복절차 내지 시정절차가 없는 때에는 국가배상책임(위법성)을 인정할 수 있다.

③ 어떠한 행정처분이 후에 항고소송에서 위법한 것으로서 취소되었다면, 그로써 곧 당해 행정처분은 공무원의 고의 또는 과실에 의한 불법행위를 구성한다고 보아야 한다.

④ 「국가배상법」이 정한 손해배상청구의 요건인 '공무원의 직무'에는 국가나 지방자치단체의 권력적 작용뿐만 아니라 비권력적 작용도 포함되지만 단순한 사경제의 주체로서 하는 작용은 포함되지 않는다.

해설

① (O) 상당인과관계가 인정되기 위하여는 공무원에게 부과된 직무상 의무의 내용이 단순히 공공 일반의 이익을 위한 것이거나 행정기관 내부의 질서를 규율하기 위한 것이 아니고 전적으로 또는 부수적으로 사회구성원 개인의 안전과 이익을 보호하기 위하여 설정된 것이어야 한다(대판 2010.9.9, 2008다77795).

② (O) 헌법재판소 재판관이 청구기간 내에 제기된 헌법소원심판청구 사건에서 청구기간을 오인하여 각하결정을 한 경우, 이에 대한 불복절차 내지 시정절차가 없는 때에는 국가배상책임(위법성)을 인정할 수 있다(대판 2003.7.11, 99다24218).

③ (X) 어떠한 행정처분이 후에 항고소송에서 취소되었다고 할지라도 그 기판력에 의하여 당해 행정처분이 곧바로 공무원의 고의 또는 과실로 인한 것으로서 불법행위를 구성한다고 단정할 수는 없는 것이다(대판 2003.11.27, 2001다33789).

④ (O) 국가배상청구의 요건인 '공무원의 직무'에는 권력적 작용만이 아니라 비권력적 작용도 포함되며 단지 행정주체가 사경제주체로서 하는 활동만 제외된다(대판 2001.1.5. 98다39060).

정답 ③

477 [19지방9급]

국가배상에 대한 설명으로 옳은 것만을 모두 고르면? (다툼이 있는 경우 판례에 의함)

ㄱ. 헌법재판소 재판관이 청구기간 내에 제기된 헌법소원심판청구 사건에서 청구기간을 오인하여 각하결정을 한 경우, 이에 대한 불복절차 내지 시정절차가 없는 때에는 국가배상책임을 인정할 수 있다.

ㄴ. 형벌에 관한 법령이 헌법재판소의 위헌결정으로 소급하여 효력을 상실한 경우, 위헌 선언 전 그 법령에 기초하여 수사가 개시되어 공소가 제기되고 유죄판결이 선고되었더라도, 그러한 사정만으로 국가의 손해배상책임이 발생한다고 볼 수 없다.

ㄷ. 법령의 위탁에 의해 지방자치단체로부터 대집행을 수권받은 구 한국토지공사는 지방자치단체의 기관으로서 「국가배상법」 제2조 소정의 공무원에 해당한다.

ㄹ. 취소판결의 기판력은 국가배상청구소송에도 미치므로, 행정처분이 후에 항고소송에서 위법을 이유로 취소된 경우에는 그 기판력에 의하여 당해 행정처분이 곧바로 공무원의 고의 또는 과실에 의한 불법행위를 구성한다고 보아야 한다.

① ㄱ, ㄴ　　② ㄱ, ㄹ
③ ㄴ, ㄷ　　④ ㄷ, ㄹ

해설

ㄱ. (O) 헌법재판소 재판관이 청구기간 내에 제기된 헌법소원심판청구 사건에서 청구기간을 오인하여 각하결정을 한 경우, 이에 대한 불복절차 내지 시정절차가 없는 때에는 국가배상책임(위법성)을 인정할 수 있다(대판 2003.7.11, 99다24218).

ㄴ. (O) 형벌에 관한 법령이 헌법재판소의 위헌결정으로 소급하여 효력을 상실하였거나 법원에서 위헌·무효로 선언된 경우, 그 법령이 위헌으로 선언되기 전에 그 법령에 기초하여 수사가 개시되어 공소가 제기되고 유죄판결이 선고되었더라도, 그러한 사정만으로 수사기관의 직무행위나 법관의 재판상 직무행위가 국가배상법 제2조 제1항에서 말하는 공무원의 고의 또는 과실에 의한 불법행위에 해당하여 국가의 손해배상책임이 발생한다고 볼 수는 없다(대판 2014. 10. 27. 2013다217962).

ㄷ. (X) 한국토지공사는 법령의 위탁에 의하여 대집행을 수권받은 자로서 공무인 대집행을 실시함에 따르는 권리·의무 및 책임이 귀속되는 행정주체의 지위에 있다고 볼 것이지 지방자치단체 등의 기관으로서 국가배상법 제2조 소정의 공무원에 해당한다고 볼 것은 아니다(대판 2010.1.28, 2007다82950).

ㄹ. (X) 어떠한 행정처분이 후에 항고소송에서 취소되었다고 할지라도 그 기판력에 의하여 당해 행정처분이 곧바로 공무원의 고의 또는 과실로 인한 것으로서 불법행위를 구성한다고 단정할 수는 없는 것이다(대판 2003.11.27, 2001다33789).

정답 ①

478 [21국가9급]

「국가배상법」상 공무원의 위법한 직무행위로 인한 손해배상에 대한 설명으로 옳은 것은? (다툼이 있는 경우 판례에 의함)

① 일반적으로 공무원이 필요한 지식을 갖추지 못하고 법규의 해석을 그르쳐 행정처분을 하였다면 그가 법률전문가가 아닌 행정직 공무원이라고 하여 과실이 없다고는 할 수 없다.

② 국가배상의 요건인 '공무원의 직무'에는 국가나 지방자치단체의 비권력적 작용과 사경제 주체로서 하는 작용이 포함된다.

③ 손해배상책임을 묻기 위해서는 가해 공무원을 특정하여야 한다.

④ 국가가 가해 공무원에 대하여 구상권을 행사하는 경우 국가가 배상한 배상액 전액에 대하여 구상권을 행사하여야 한다.

해설

① (O) 일반적으로 공무원이 관계 법규를 알지 못하거나 필요한 지식을 갖추지 못하고 법규의 해석을 그르쳐 행정처분을 하였다면 그가 법률전문가가 아닌 행정직 공무원이라고 하여 과실이 없다고는 할 수 없다(대판 2001.02.09. 98다52988).

② (X) 국가배상청구의 요건인 '공무원의 직무'에는 권력적 작용만이 아니라 비권력적 작용도 포함되며 단지 행정주체가 사경제주체로서 하는 활동만 제외된다(대판 2001.1.5. 98다39060).

③ (X) 집회 중 사망한 사건에서 가해 공무원인 전투경찰공무원을 특정하지 않더라도 손해배상책임을 인정한다(대판 1995.11.10. 95다23897).

④ (X) 국가 등은 당해 공무원의 직무내용, 당해 불법행위의 상황, 손해발생에 대한 당해 공무원의 기여정도, 당해 공무원의 평소 근무태도, 불법행위의 예방이나 손실분산에 관한 국가 또는 지방자치단체의 배려의 정도 등 제반사정을 참작하여 손해의 공평한 분담이라는 견지에서 신의칙상 상당하다고 인정되는 한도 내에서만 당해 공무원에 대하여 구상권을 행사할 수 있다고 봄이 상당하다(대판 1991.5.10. 91다6764).

정답 ①

479 [17국가7급]

「국가배상법」 제2조에 의한 손해배상에 대한 설명으로 옳은 것은? (다툼이 있는 경우 판례에 의함)

① 헌법에 의하여 일반적으로 부과된 의무가 있음에도 불구하고 국회가 그 입법을 하지 않고 있다면 「국가배상법」상 배상책임이 인정된다.

② 헌법재판소 재판관이 청구기간을 오인하여 청구기간 내에 제기된 헌법소원심판 청구를 위법하게 각하한 경우, 설령 본안판단을 하였더라도 어차피 청구가 기각되었을 것이라는 사정이 있다면 국가배상책임이 인정될 수 없다.

③ 공무원의 가해행위에 대해 형사상 무죄판결이 있었더라도 그 가해행위를 이유로 국가배상책임이 인정될 수 있다.

④ 배상청구권의 시효와 관련하여 '가해자를 안다는 것'은 피해자나 그 법정대리인이 가해 공무원의 불법행위가 그 직무를 집행함에 있어서 행해진 것이라는 사실까지 인식함을 요구하지 않는다.

해설

① (X) 국회의원의 입법행위는 극히 예외적인 사정이 인정되는 사안에 한정하여 국가배상법 소정의 배상책임이 인정될 수 있다(대판 2008.05.29. 2004다33469).

② (X) 대판 2003.7.11, 99다24218.

③ (O) 국가배상법에 의한 손해배상책임이 성립하기 위하여는 관련 공무원의 직무상의 작위 또는 부작위가 반드시 당연 무효일 필요는 없고 고의·과실에 의한 위법한 가해행위이면 족하다(대판 1995. 7. 14. 93다16819). 과실폭행, 과실손괴 등 형사상 범죄가 되지 아니하거나 형사상 무죄판결이 있었더라도 그 가해행위를 이유로 국가배상책임이 인정될 수 있다.

④ (X) '손해 및 가해자를 안 날'은 공무원의 직무집행상 불법행위의 존재 및 그로 인한 손해의 발생 등 불법행위의 요건사실에 대하여 현실적이고도 구체적으로 인식하였을 때를 의미한다(대판 2012.04.13. 2009다33754).

정답 ③

국가배상책임에서 '법령을 위반하여'라고 함은 엄격하게 형식적 의미의 법령에서 명시적으로 공무원의 행위의무가 정하여져 있음에도 이를 위반하는 경우만을 의미한다. [17국가7급(下)]

| 해설

(X) 법령을 위반하였다 함은 엄격한 의미의 법령 위반뿐 아니라 인권존중, 권력남용금지, 신의성실과 같이 공무원으로서 마땅히 지켜야 할 준칙이나 규범을 지키지 아니하고 위반한 경우를 포함하여 널리 그 행위가 객관적인 정당성을 결여하고 있음을 뜻하는 것이므로, 경찰관이 범죄수사를 함에 있어 경찰관으로서 의당 지켜야 할 법규상 또는 조리상의 한계를 위반하였다면 이는 법령을 위반한 경우에 해당한다(대판 2008.06.12. 2007다64365).

480 [18국가9급]

제시문을 전제로 한 설명으로 옳지 않은 것은? (다툼이 있는 경우 판례에 의함)

> 甲이 A시에 공장을 설립하였는데 그 공장이 들어선 이후로 공장 인근에 거주하는 주민들에게 중한 피부질환과 호흡기질환이 발생하였다. 환경운동실천시민단체와 주민들은 역학조사를 실시하였고 그 결과에 따라 甲의 공장에서 배출되는 매연물질과 오염물질이 주민들에게 발생한 질환의 원인이라고 판단하고 있다. 주민들은 규제권한이 있는 A시장에게 甲의 공장에 대해 개선조치를 해줄 것을 요청하였으나, A시장은 상당한 기간이 지나도록 아무런 조치를 취하지 않고 있다.

① 관계 법령에서 A시장에게 일정한 조치를 취하여야 할 작위의무를 규정하고 있지 않더라도 甲의 공장에서 나온 매연물질과 오염물질로 인해 질환을 앓게 된 주민들이 많고 그 정도가 심각하여 주민들의 생명, 신체에 가해지는 위험이 절박하고 중대하다고 인정된다면 A시장에게 그러한 위험을 배제하는 조치를 하여야 할 작위의무를 인정할 수 있다.

② 개선조치를 요청한 주민이 A시장을 상대로 개선조치를 해달라는 행정쟁송을 하고자 할 때 가능한 쟁송 유형으로 의무이행심판은 가능하나 의무이행소송은 허용되지 않는다.

③ 甲의 공장에서 배출된 물질 때문에 피해를 입은 주민이 A시장의 부작위를 원인으로 하여 국가배상을 청구한 경우에 국가배상책임이 인정되기 위해서는 A시장의 작위의무위반이 인정되면 충분하고, A시장이 그와 같은 결과를 예견하여 그 결과를 회피하기 위한 조치를 취할 수 있는 가능성까지 인정되어야 하는 것은 아니다.

④ 부작위위법확인소송에서 A시장의 부작위가 위법하다고 확인한 인용판결이 확정되어도 A시장의 부작위를 원인으로 한 국가배상소송에서 A시장의 부작위가 고의 또는 과실에 의한 불법행위를 구성한다는 점이 곧바로 인정되는 것은 아니다.

해설

① (O) 국민의 생명, 신체, 재산 등에 대하여 절박하고 중대한 위험상태가 발생하였거나 발생할 우려가 있어서 국민의 생명, 신체, 재산 등을 보호하는 것을 본래적 사명으로 하는 국가가 초법규적, 일차적으로 그 위험 배제에 나서지 아니하면 국민의 생명, 신체, 재산 등을 보호할 수 없는 경우에는 형식적 의미의 법령에 근거가 없더라도 국가나 관련 공무원에 대하여 그러한 위험을 배제할 작위의무를 인정할 수 있을 것이다(대판 2004.6.25. 2003다69652).

② (O) 의무이행심판이 인정되는 것과 달리 판례에 따르면 의무이행소송은 인정되지 아니한다.

③ (X) 권한을 부여한 취지와 목적, 경찰관이 다른 조치를 취하지 아니함으로 인하여 침해된 국민의 법익 또는 국민에게 발생한 손해의 심각성 내지 그 절박한 정도, 경찰관이 그와 같은 결과를 예견하여 그 결과를 회피하기 위한 조치를 취할 수 있는 가능성이 있는지 여부 등을 종합적으로 고려하여 볼 때, 그것이 객관적 정당성을 상실하여 현저하게 불합리하다고 인정되지 않는다면 그와 다른 조치를 취하지 아니한 부작위를 내세워 국가배상책임의 요건인 법령 위반에 해당한다고 할 수 없다(대판 2008. 4. 24. 2006다32132).

④ (O) 어떠한 행정처분이 후에 항고소송에서 취소되었다고 할지라도 그 기판력에 의하여 당해 행정처분이 곧바로 공무원의 고의 또는 과실로 인한 것으로서 불법행위를 구성한다고 단정할 수는 없는 것이다(대판 2000.05.12. 99다70600).

정답 ③

481 [21지방7급]

국가배상에 대한 설명으로 옳지 않은 것은? (다툼이 있는 경우 판례에 의함)

① 공무원이 고의 또는 과실로 그에게 부과된 직무상 의무를 위반하였을 경우라고 하더라도 국가는 그러한 직무상의 의무 위반과 피해자가 입은 손해 사이에 상당인과관계가 인정되는 범위 내에서만 배상책임을 진다.

② 공무원의 부작위로 인한 국가배상책임을 인정할 것인지 여부가 문제되는 경우에 관련 공무원에 대하여 작위의무를 명하는 형식적 법률의 규정이 없는 경우에는 국가배상책임이 인정되지 않는다.

③ 국가배상법 제5조 소정의 공공의 영조물이란 공유나 사유임을 불문하고 행정주체에 의하여 특정 공공의 목적에 공여된 유체물 또는 물적 설비를 의미한다.

④ 설치 공사 중인 옹벽은 아직 완성되지 아니하여 일반 공중의 이용에 제공되지 않고 있었던 이상 공공의 영조물에 해당한다고 할 수 없다.

해설

① (O) 공무원이 고의 또는 과실로 그에게 부과된 직무상 의무를 위반하였을 경우라고 하더라도 국가는 그러한 직무상의 의무 위반과 피해자가 입은 손해 사이에 상당인과관계가 인정되는 범위 내에서만 배상책임을 지는 것이고, 상당인과관계가 인정되기 위하여는 공무원에게 부과된 직무상 의무의 내용이 단순히 공공 일반의 이익을 위한 것이거나 행정기관 내부의 질서를 규율하기 위한 것이 아니고 전적으로 또는 부수적으로 사회구성원 개인의 안전과 이익을 보호하기 위하여 설정된 것이어야 한다(대판 2010.9.9, 2008다77795).

② (X) 국가가 초법규적, 일차적으로 그 위험 배제에 나서지 아니하면 국민의 생명, 신체, 재산 등을 보호할 수 없는 경우에는 형식적 의미의 법령에 근거가 없더라도 국가나 관련 공무원에 대하여 그러한 위험을 배제할 작위의무를 인정할 수 있을 것이다(대판 2004.6.25, 2003다69652).

③ (O) 국가배상법 제5조 소정의 공공의 영조물이란 공유나 사유임을 불문하고 행정주체에 의하여 특정공공의 목적에 공여된 유체물 또는 물적 설비를 의미하므로 사실상 군민의 통행에 제공되고 있던 도로 옆의 암벽으로부터 떨어진 낙석에 맞아 소외인이 사망하는 사고가 발생하였다고 하여도 동 사고지점 도로가 피고 군에 의하여 노선인정 기타 공용개시가 없었으면 이를 영조물이라 할 수 없다(대판 1981. 7. 7. 80다2478).

④ (O) 공사 중이며 아직 완성되지 않아 일반 공중의 이용에 제공되지 않는 옹벽은 국가배상법 제5조 제1항 소정의 영조물에 해당하지 않는다(대판 1998.10.23. 98다17381).

정답 ②

482 [18서울9급]

국가배상책임에 대한 설명으로 가장 옳지 않은 것은?

① 국가배상책임에서의 법령위반에는 널리 그 행위가 객관적인 정당성을 결여하고 있는 경우도 포함된다.
② 담당공무원이 주택구입대부제도와 관련하여 지급보증서 제도에 관해 알려주지 않은 조치는 법령위반에 해당하지 않는다.
③ 공무원의 직무집행이 법령이 정한 요건과 절차에 따라 이루어진 것이라도, 그 과정에서 개인의 권리가 침해되면 법령위반에 해당한다.
④ 교육공무원 성과상여금 지급지침에서 기간제 교원을 성과상여금 지급대상에서 제외하여도 이에 대해 국가배상책임이 있다고 할 수 없다.

해설

① **(O)** 법령을 위반하였다 함은 엄격한 의미의 법령 위반뿐 아니라 인권존중, 권력남용금지, 신의성실과 같이 공무원으로서 마땅히 지켜야 할 준칙이나 규범을 지키지 아니하고 위반한 경우를 포함하여 널리 그 행위가 객관적인 정당성을 결여하고 있음을 뜻하는 것이다(대판 2008.06.12. 2007다64365).

② **(O)** 담당 공무원이 갑에게 주택구입대부제도에 관한 전화상 문의에 응답하거나 대부신청서의 제출에 따른 대부금지급신청안내문을 통지하면서 지급보증서제도에 관하여 알려주지 아니한 조치가 객관적 정당성을 결여하여 현저하게 불합리한 것으로서 고의 또는 과실로 법령을 위반하였다고 볼 수 없음에도, 담당 공무원에게 지급보증서제도를 안내하거나 설명할 의무가 있음을 전제로 그 위반에 대한 국가배상책임을 인정한 원심판결에 법리오해의 위법이 있다(대판 2012. 7. 26. 2010다95666).

③ **(X)** 국가배상책임은 공무원의 직무집행이 법령에 위반한 것임을 요건으로 하는 것으로서, 공무원의 직무집행이 법령이 정한 요건과 절차에 따라 이루어진 것이라면 특별한 사정이 없는 한 이는 법령에 적합한 것이고 그 과정에서 개인의 권리가 침해되는 일이 생긴다고 하여 그 법령적합성이 곧바로 부정되는 것은 아니다(대판 2000.11.10. 2000다26807).

④ **(O)** 교육부장관이 갑 등을 비롯한 국·공립학교 기간제교원을 구 공무원수당 등에 관한 규정에 따른 성과상여금 지급대상에서 제외하는 내용의 '교육공무원 성과상여금 지급 지침'을 발표한 사안에서, 위 지침에서 갑 등을 포함한 기간제교원을 성과상여금 지급대상에서 제외한 것은 구 공무원수당 등에 관한 규정 제7조의2 제1항의 해석에 관한 법리에 따른 것이므로, 국가가 갑 등에 대하여 불법행위로 인한 손해배상책임을 진다고 볼 수 없다(대판 2017. 2. 9. 2013다205778).

정답 ③

483 [11국가7급]

「국가배상법」상 손해배상에 대한 내용으로 옳은 것은?

① 판례에 의하면 규제권한을 행사하지 아니한 것이 직무상 의무를 위반하여 위법한 것으로 되는 경우에는 특별한 사정이 없는 한 과실도 인정된다.
② 한국수자원공사는 「국가배상법」상 손해배상의 책임자가 될 수 있다.
③ 신체·생명의 침해로 인한 손해배상청구권은 양도할 수는 있지만 압류하지는 못한다.
④ 판례는 지방자치단체장 간의 기관위임이 있을 때 위임받은 하위 지방자치단체 소속 공무원이 위임사무를 처리하면서 고의로 타인에게 손해를 가한 경우에는 상위 지방자치단체는 손해배상책임을 지지 않는다고 본다.

해설

① (O) 구 식품위생법 관련 규정이 식품의약품안전청장 및 관련 공무원에게 합리적인 재량에 따른 직무수행 권한을 부여한 것으로 해석된다고 하더라도, 구체적인 상황 아래에서 식품의약품안전청장 등이 그 권한을 행사하지 아니한 것이 현저하게 합리성을 잃어 사회적 타당성이 없는 경우에는 직무상 의무를 위반한 것이 되어 위법하게 된다. 그리고 위와 같이 식약청장등이 그 권한을 행사하지 아니한 것이 직무상 의무를 위반하여 위법한 것으로 되는 경우에는 특별한 사정이 없는 한 과실도 인정된다(대판 2010.9.9. 2008다77795).

② (X) 국가배상법에서는 손해배상의 책임자를 "국가나 지방자치단체"로 한정하고 있으므로, 한국수자원공사는 국가배상법상 손해배상의 책임자가 될 수 없다.

③ (X)

국가배상법 제4조 (양도 등 금지) 생명·신체의 침해로 인한 국가배상을 받을 권리는 양도하거나 압류하지 못한다.

④ (X) 하위 지방자치단체장을 보조하는 하위 지방자치단체 소속 공무원이 위임사무처리에 있어 고의 또는 과실로 타인에게 손해를 가하였더라도 상위 지방자치단체는 여전히 그 사무귀속 주체로서 손해배상책임을 진다(대판 1996.11.8. 96다21331).

정답 ①

484 [12국가7급]

국가배상과 관련한 판례의 태도로 옳지 않은 것은?

① 토석채취공사 도중 경사지를 굴러 내린 암석이 가스저장시설을 충격하여 화재가 발생한 경우, 토지형질변경허가권자에게 허가 당시 사업자로 하여금 위해방지시설을 설치하게 할 의무는 없다.

② 인감증명사무를 처리하는 공무원은 인감증명이 타인과의 권리·의무에 관계되는 일에 사용되는 것을 예상하여 그 발급된 인감증명으로 인한 부정행위의 발생을 방지할 직무상의 의무가 있다.

③ 주민등록사무를 담당하는 공무원은 개명과 같은 사유로 주민등록상의 성명을 정정한 경우에는 반드시 본적지 관할관청에 그 변경사항을 통보하여 본적지의 호적관서로 하여금 그 정정사항의 진위를 재확인할 수 있도록 할 직무상의 의무가 있다.

④ 국가 또는 지방자치단체가 법령이 정하는 상수원수 수질기준 유지의무를 다하지 못하고, 법령이 정하는 고도의 정수처리방법이 아닌 일반적 정수처리방법으로 수돗물을 생산·공급하였다는 사유만으로 그 수돗물을 마신 개인에 대하여 손해배상책임을 부담하지 않는다.

해설

① (X) 토석채취공사 도중 경사지를 굴러 내린 암석이 가스저장시설을 충격하여 화재가 발생한 사안에서, 토지형질변경허가권자에게 허가 당시 사업자로 하여금 위해방지시설을 설치하게 할 의무를 다하지 아니한 위법과 작업 도중 구체적인 위험이 발생하였음에도 작업을 중지시키는 등의 사고예방조치를 취하지 아니한 위법이 있다(대판 2001.3.9. 99다64278).

② (O) 인감증명은 인감 자체의 동일성을 증명함과 동시에 일반인의 거래상 극히 중요한 기능을 갖고 있는 것이므로, 인감증명사무를 처리하는 공무원으로서는 그것이 타인과의 권리의무에 관계되는 일에 사용되어지는 것을 예상하여 그 발급된 인감증명으로 인한 부정행위의 발생을 방지할 직무상의 의무가 있다(대판 1995.8.22. 94다50328).

③ (O) 주민등록사무를 담당하는 공무원으로서는 만일 개명과 같은 사유로 주민등록상의 성명을 정정한 경우에는 위에서 본 바와 같은 법령의 규정에 따라 반드시 본적지의 관할관청에 대하여 그 변경사항을 통보하여 본적지의 호적관서로 하여금 그 정정사항의 진위를 재확인할 수 있도록 할 직무상의 의무가 있다(대판 2003.4.25. 2001다59842).

④ (O) 국가 등에게 일정한 기준에 따라 상수원수의 수질을 유지하여야 할 의무를 부과하고 있는 법령의 규정은 국민에게 양질의 수돗물이 공급되게 함으로써 국민 일반의 건강을 보호하여 공공 일반의 전체적인 이익을 도모하기 위한 것이지, 국민 개개인의 안전과 이익을 직접적으로 보호하기 위한 규정이 아니므로, 국민에게 공급된 수돗물의 상수원의 수질이 수질기준에 미달한 경우가 있고, 이로 말미암아 국민이 법령에 정하여진 수질기준에 미달한 상수원수로 생산된 수돗물을 마심으로써 건강상의 위해 발생에 대한 염려 등에 따른 정신적 고통을 받았다고 하더라도, 이러한 사정만으로는 국가 또는 지방자치단체가 국민에게 손해배상책임을 부담하지 아니한다(대판 2001.10.23. 99다36280).

정답 ①

485 [22지방9급]

국가배상제도에 대한 설명으로 옳은 것은? (다툼이 있는 경우 판례에 의함)

① 공무원에게 부과된 직무상 의무가 단순히 공공일반의 이익만을 위한 경우라면 그러한 직무상 의무 위반에 대해서는 국가배상책임이 인정되지 않는다.

② 국가의 비권력적 작용은 국가배상청구의 요건인 직무에 포함되지 않는다.

③ 경과실로 불법행위를 한 공무원이 피해자에게 손해를 배상하였다면 이는 타인의 채무를 변제한 경우에 해당하므로 피해자는 공무원에게 이를 반환할 의무가 있다.

④ 지방자치단체가 권원 없이 사실상 관리하고 있는 도로는 국가배상책임의 대상이 되는 영조물에 해당하지 않는다.

해설

① (O) 상당인과관계가 인정되기 위하여는 공무원에게 부과된 직무상 의무의 내용이 단순히 공공 일반의 이익을 위한 것이거나 행정기관 내부의 질서를 규율하기 위한 것이 아니고 전적으로 또는 부수적으로 사회구성원 개인의 안전과 이익을 보호하기 위하여 설정된 것이어야 한다(대판 2010.9.9, 2008다77795).

② (X) 국가배상청구의 요건인 '공무원의 직무'에는 권력적 작용만이 아니라 비권력적 작용도 포함되며 단지 행정주체가 사경제주체로서 하는 활동만 제외된다(대판 2001.1.5, 98다39060).

③ (X) 갑은 공무원으로서 직무 수행 중 경과실로 타인에게 손해를 입힌 것이어서 을과 유족들에 대하여 손해배상책임을 부담하지 아니함에도 그들에게 손해를 배상한 것이고, 이는 민법 제744조의 도의관념에 적합한 비채변제에 해당하여 을과 유족들의 국가에 대한 손해배상청구권은 소멸하고 국가는 자신의 출연 없이 채무를 면하였으므로, 갑은 국가에 대하여 변제금액에 관하여 구상권을 취득한다(대판 2014. 8. 20. 2012다54478).

④ (X) 국가배상법 제5조 제1항 소정의 "공공의 영조물"이라 함은 공공용물에 한하지 아니하고, 행정주체 자신의 사용에 제공되는 공용물도 포함하며 국가 또는 지방자치단체가 소유권, 임차권 그밖의 권한에 기하여 관리하고 있는 경우뿐만 아니라 사실상의 관리를 하고 있는 경우도 포함한다(대판 1995.1.24. 94다45302).

정답 ①

공무원에게 부과된 직무상 의무의 내용이 전적으로 공공일반의 이익을 위한 것이거나 행정기관 내부의 질서를 규율하기 위한 것인 경우에도, 공무원의 그와 같은 직무상 의무 위반으로 인한 손해에 대하여 국가는 배상책임을 진다. [14국가7급]

해설

(X) 공무원에게 부과된 직무상 의무의 내용이 단순히 공공 일반의 이익을 위한 것이거나 행정기관 내부의 질서를 규율하기 위한 것이 아니고 전적으로 또는 부수적으로 사회구성원 개인의 안전과 이익을 보호하기 위하여 설정된 것이어야 한다(대판 2010.9.9. 2008다77795).

유흥주점의 화재로 여종업원들이 사망한 경우, 담당 공무원의 유흥주점의 용도변경, 무허가 영업 및 시설기준에 위배된 개축에 대하여 시정명령 등 「식품위생법」상 취하여야 할 조치를 게을리 한 직무상 의무위반행위와 여종업원들의 사망 사이에는 상당인과관계가 존재하지 아니한다. [14지방9급]

해설

(O) 유흥주점에 감금된 채 윤락을 강요받으며 생활하던 여종업원들이 유흥주점에 화재가 났을 때 미처 피신하지 못하고 유독가스에 질식해 사망한 사안에서, 지방자치단체의 담당 공무원이 위 유흥주점의 용도변경, 무허가 영업 및 시설기준에 위배된 개축에 대하여 시정명령 등 식품위생법상 취하여야 할 조치를 게을리 한 직무상 의무위반행위와 위 종업원들의 사망 사이에 상당인과관계가 존재하지 않는다(대판 2008.4.10, 2005다48994). 그러나 소방공무원과 경찰공무원의 경우 상당인과관계를 인정하였다.

486 [19국가7급]

행정상 손해배상에 대한 판례의 입장으로 옳지 않은 것은?

① 「국가배상법」 제2조에 따른 공무원은 「국가공무원법」 등에 의해 공무원의 신분을 가진 자에 국한하지 않고, 널리 공무를 위탁받아 실질적으로 공무에 종사하고 있는 일체의 자를 가리킨다.

② 공무원이 직무를 수행하면서 그 근거법령에 따라 구체적으로 의무를 부여받았어도 그것이 국민 개개인의 이익을 위한 것이 아니라 전체적으로 공공 일반의 이익을 도모하기 위한 것이라면 그 의무에 위반하여 국민에게 손해를 가하여도 국가 또는 지방자치단체는 배상책임을 지지 않는다.

③ 어떠한 행정처분이 항고소송에서 취소되었을지라도 그 기판력에 의하여 당해 행정처분이 곧바로 공무원의 고의 또는 과실로 인한 것으로서 국가배상책임이 성립한다고 단정할 수는 없다.

④ 「공직선거법」이 후보자가 되고자 하는 자와 그 소속 정당에게 전과기록을 조회할 권리를 부여하고 수사기관에 회보의무를 부과한 것은 공공의 이익만을 위한 것이지 후보자가 되고자 하는 자나 그 소속 정당의 개별적 이익까지 보호하기 위한 것은 아니다.

해설

① (O) 국가배상법 제2조 소정의 '공무원'이라 함은 국가공무원법이나 지방공무원법에 의하여 공무원으로서의 신분을 가진 자에 국한하지 않고, 널리 공무를 위탁받아 실질적으로 공무에 종사하고 있는 일체의 자를 가리키는 것으로서, 공무의 위탁이 일시적이고 한정적인 사항에 관한 활동을 위한 것이어도 달리 볼 것은 아니다(대판 2001.01.05.98다39060).

② (O) 상당인과관계가 인정되기 위하여는 공무원에게 부과된 직무상 의무의 내용이 단순히 공공 일반의 이익을 위한 것이거나 행정기관 내부의 질서를 규율하기 위한 것이 아니고 전적으로 또는 부수적으로 사회구성원 개인의 안전과 이익을 보호하기 위하여 설정된 것이어야 한다(대판 2010.9.9, 2008다77795).

③ (O) 어떠한 행정처분이 후에 항고소송에서 취소되었다고 할지라도 그 기판력에 의하여 당해 행정처분이 곧바로 공무원의 고의 또는 과실로 인한 것으로서 불법행위를 구성한다고 단정할 수는 없는 것이다(대판 2003.11.27, 2001다33789).

④ (X) 공직선거법이 위와 같이 후보자가 되고자 하는 자와 그 소속 정당에게 전과기록을 조회할 권리를 부여하고 수사기관에 회보의무를 부과한 것은 단순히 유권자의 알권리 보호 등 공공 일반의 이익만을 위한 것이 아니라, 그와 함께 후보자가 되고자 하는 자가 자신의 피선거권 유무를 정확하게 확인할 수 있게 하고, 정당이 후보자가 되고자 하는 자의 범죄경력을 파악함으로써 부적격자를 공천함으로 인하여 생길 수 있는 정당의 신뢰도 하락을 방지할 수 있게 하는 등 개별적인 이익도 보호하기 위한 것이다(대판 2011.9.8. 2011다34521).

정답 ④

487 [18국가9급]

행정상 손해배상에 대한 설명으로 옳은 것은? (다툼이 있는 경우 판례에 의함)

① 국가나 지방자치단체는 공무원이 직무를 집행하면서 고의 또는 과실로 위법하게 타인에게 손해를 가한 때에 「국가배상법」상 배상책임을 지고, 공무원의 선임 및 감독에 상당한 주의를 한 경우에도 그 배상책임을 면할 수 없다.

② 국가 또는 지방자치단체가 공무원의 위법한 직무집행으로 발생한 손해에 대해 「국가배상법」에 따라 배상한 경우에 당해 공무원에게 구상권을 행사할 수 있는지에 대해 「국가배상법」은 규정을 두고 있지 않으나, 판례에 따르면 당해 공무원에게 고의 또는 중과실이 인정될 경우 국가 또는 지방자치단체는 그 공무원에게 구상권을 행사할 수 있다.

③ 「국가배상법」상 공무원의 직무행위는 객관적으로 직무행위로서의 외형을 갖추고 있어야 할 뿐만 아니라 주관적 공무집행의 의사도 있어야 한다.

④ 민간인과 직무집행 중인 군인의 공동불법행위로 인하여 직무집행 중인 다른 군인이 피해를 입은 경우 민간인이 피해 군인에게 자신의 과실비율에 따라 내부적으로 부담할 부분을 초과하여 피해금액 전부를 배상한 경우에 대법원 판례에 따르면 민간인은 국가에 대해 가해군인의 과실비율에 대한 구상권을 행사할 수 있다.

해설

① **(O)** 국가배상법은 민법상의 사용자책임을 규정한 민법 제756조 제1항 단서에서 사용자가 피용자의 선임감독에 무과실인 경우에는 면책되도록 규정한 것과는 달리 이러한 면책규정을 두지 아니함으로써 국가배상책임이 용이하게 인정되도록 하고 있다(대판 1996. 2. 15. 95다38677 전원합의체).

② **(X)**

> **국가배상법 제2조 (배상책임)** ② 제1항 본문의 경우에 공무원에게 고의 또는 중대한 과실이 있으면 국가나 지방자치단체는 그 공무원에게 구상(求償)할 수 있다.

③ **(X)** 국가배상법 제2조 제1항의 '직무를 집행함에 당하여'라 함은 직접 공무원의 직무집행행위이거나 그와 밀접한 관련이 있는 행위를 포함하고, 이를 판단함에 있어서는 행위 자체의 외관을 객관적으로 관찰하여 공무원의 직무행위로 보여질 때에는 비록 그것이 실질적으로 직무행위가 아니거나 또는 행위자로서는 주관적으로 공무집행의 의사가 없었다고 하더라도 그 행위는 공무원이 '직무를 집행함에 당하여' 한 것으로 보아야 한다. 울산세관의 통관지원과에서 인사업무를 담당하면서 울산세관 공무원들의 공무원증 및 재직증명서 발급업무를 하는 공무원이 울산세관의 다른 공무원의 공무원증 등을 위조하는 행위는 비록 그것이 실질적으로는 직무행위에 속하지 아니한다 할지라도 적어도 외관상으로는 공무원증과 재직증명서를 발급하는 행위로서 직무집행으로 인정된다(대판 2005.01.14. 2004다26805).

④ **(X)** 헌법 제29조 제2항, 국가배상법 제2조 제1항 단서의 입법 취지를 관철하기 위하여는, 국가배상법 제2조 제1항 단서가 적용되는 공무원의 직무상 불법행위로 인하여 직무집행과 관련하여 피해를 입은 군인 등에 대하여 위 불법행위에 관련된 일반국민이 손해를 자신의 귀책부분을 넘어서 배상한 경우에도, 국가 등은 피해 군인 등에 대한 국가배상책임을 면할 뿐만 아니라, 나아가 민간인에 대한 국가의 귀책비율에 따른 구상의무도 부담하지 않는다고 하여야 할 것이다(대판 2001.2.15. 96다42420).

정답 ①

488 [18서울7급(上)]

「국가배상법」상 공무원의 개인책임에 대한 설명으로 가장 옳지 않은 것은?

① 공무원책임에 대한 규정인 헌법 제29조 제1항 단서는 그 조항 자체로 공무원 개인의 구체적인 손해배상책임의 범위까지 규정한 것으로 보기는 어렵다.

② 공무원의 불법행위책임을 국가 자신의 책임으로 보는 입장에서는 일반적으로 공무원의 피해자에 대한 책임을 부인한다.

③ 공무원의 위법행위가 고의·중과실인 경우에는 공무원의 개인책임이 인정된다.

④ 국가가 공무원의 불법행위로 인한 손해배상을 한 경우에 공무원에게 고의 또는 중대한 과실이 있으면 국가는 그 공무원에게 구상권을 행사할 수 있다.

해설

① (O) 헌법 제29조 제1항 단서는 공무원 개인의 구체적 손해배상책임범위까지 규정한 것으로 보기는 어렵다(대판 1996.2.15. 95다38677 전원합의체).

② (X) 자기책임설은 공무원 개인과 더불어 국가도 책임을 지며, 대위책임설은 국가가 대신하여 책임을 지므로 공무원 개인에 대한 책임을 부인한다.

③ (O) 공무원 개인도 고의 또는 중과실이 있는 경우에는 불법행위로 인한 손해배상책임을 지고, 공무원에게 경과실이 있을 뿐인 경우 공무원 개인은 불법행위로 인한 손해배상책임을 부담하지 아니한다(대판 2011.9.8. 2011다34521).

④ (O)

> **국가배상법 제2조 (배상책임)** ② 제1항 본문의 경우에 공무원에게 고의 또는 중대한 과실이 있으면 국가나 지방자치단체는 그 공무원에게 구상(求償)할 수 있다.

정답 ②

489 [16서울9급]

행정상 손해배상(국가배상)에 대한 설명으로 가장 옳은 것은?

① 국가배상은 공행정작용을 대상으로 하므로 국가배상청구소송은 당사자소송이다.
② 대한민국 구역 내에 있다면 외국인에게도 국가배상청구권은 당연히 인정된다.
③ 공무원이 고의 또는 중과실로 불법행위를 하여 손해를 입힌 경우 피해자는 공무원 개인에 대하여 손해배상을 청구할 수 있다.
④ 사무귀속주체와 비용부담주체가 동일하지 아니한 경우에는 사무귀속주체가 손해를 우선적으로 배상하여야 한다.

해설

① **(X)** 공무원의 직무상 불법행위로 손해를 입은 국민이 국가 또는 지방자치단체에 대하여 그의 불법행위를 이유로 배상을 청구함은 국가배상법이 정한 바에 따른다 하여도 이 역시 민사상의 손해배상책임을 특별법인 국가배상법이 정한데 불과하다 (대판 1981.02.10. 80누317).

② **(X)**

국가배상법 제7조 (외국인에 대한 책임) 이 법은 외국인이 피해자인 경우에는 해당 국가와 상호 보증이 있을 때에만 적용한다.

③ **(O)** 공무원이 직무 수행 중 불법행위로 타인에게 손해를 입힌 경우에 국가나 지방자치단체가 국가배상책임을 부담하는 외에 공무원 개인도 고의 또는 중과실이 있는 경우에는 불법행위로 인한 손해배상책임을 지고, 공무원에게 경과실이 있을 뿐인 경우에는 공무원 개인은 불법행위로 인한 손해배상책임을 부담하지 아니한다(대판 2011.9.8. 2011다34521).

④ **(X)** 모두 국민에 대하여 책임을 지며, 내부적으로 구상할 수 있다.

국가배상법 제6조 (비용부담자 등의 책임) ① 제2조·제3조 및 제5조에 따라 국가나 지방자치단체가 손해를 배상할 책임이 있는 경우에 공무원의 선임·감독 또는 영조물의 설치·관리를 맡은 자와 공무원의 봉급·급여, 그 밖의 비용 또는 영조물의 설치·관리 비용을 부담하는 자가 동일하지 아니하면 그 비용을 부담하는 자도 손해를 배상하여야 한다.

정답 ③

490 [17서울9급]

다음 사안에 관한 설명으로 가장 옳지 않은 것은? (다툼이 있는 경우 판례에 의함)

甲은 공중보건의로 근무하면서 乙을 치료하였는데 그 과정에서 乙은 폐혈증으로 사망하였다. 유족들은 甲을 상대로 손해배상청구의 소를 제기하였고, 甲의 의료상 경과실이 인정된다는 이유로 甲에게 손해배상 책임을 인정한 판결이 확정되었다. 이에 甲은 乙의 유족들에게 판결금 채무를 지급하였고, 이후 국가에 대해 구상권을 행사하였다.

① 공중보건의 甲은 국가배상법상의 공무원에 해당한다.
② 공중보건의 甲이 직무수행 중 불법행위로 乙에게 손해를 입힌 경우 국가 등이 국가배상책임을 부담하는 외에 甲개인도 고의 또는 중과실이 있다고 한다면 민사상 불법행위로 인한 손해배상책임을 진다.
③ 乙의 유족에게 손해를 직접 배상한 경과실이 있는 공중보건의 甲은 국가에 대하여 자신이 변제한 금액에 대하여 구상권을 취득할 수 없다.
④ 공무원의 직무수행 중 불법행위로 인한 배상과 관련하여, 피해자가 공무원에 대해 직접적으로 손해배상을 청구할 수 있는지 여부에 대한 명시적 규정은 국가배상법상으로 존재하지 않는다.

해설

① (O) ③ (X) 갑은 공무원으로서 직무 수행 중 경과실로 타인에게 손해를 입힌 것이어서 을과 유족들에 대하여 손해배상책임을 부담하지 아니함에도 그들에게 손해를 배상한 것이고, 이는 민법 제744조의 도의관념에 적합한 비채변제에 해당하여 을과 유족들의 국가에 대한 손해배상청구권은 소멸하고 국가는 자신의 출연 없이 채무를 면하였으므로, 갑은 국가에 대하여 변제금액에 관하여 구상권을 취득한다(대판 2014. 8. 20. 2012다54478).

② (O) 대판 2011.9.8. 2011다34521.

④ (O) 헌법 제 29조 제1항은 '공무원의 직무상 불법행위로 손해를 받은 국민은 법률이 정하는 바에 의하여 국가 또는 공공단체에 정당한 배상을 청구할 수 있다. 이 경우 공무원 자신의 책임은 면제되지 아니한다.'고 규정하고 있고 국가배상법 제2조 제2항은 '공무원에게 고의 또는 중대한 과실이 있으면 국가나 지방자치단체는 그 공무원에게 구상(求償)할 수 있다.'고 규정하고 있을 뿐 직접적으로 공무원에게 손해배상을 청구할 수 있는지 여부는 규정이 없다.

정답 ③

491 [22국가9급]

행정상 손해배상에 대한 설명으로 옳지 않은 것은? (다툼이 있는 경우 판례에 의함)

① 국가배상청구권의 소멸시효 기간은 지났으나 국가가 소멸시효 완성을 주장하는 것이 신의성실의 원칙에 반하는 권리남용으로 허용될 수 없어 배상책임을 이행한 경우, 국가는 원칙적으로 해당 공무원에 대해 구상권을 행사할 수 있다.

② 공무원이 관계 법령의 해석이 확립되기 전에 어느 한 설을 취하여 업무를 처리한 것이 결과적으로 위법하더라도 처분 당시 그 이상의 업무처리를 성실한 평균적 공무원에게 기대하기 어려웠던 경우라면 원칙적으로 공무원의 과실을 인정할 수 없다.

③ 공무원이 직무를 수행하면서 그 근거가 되는 법령의 규정에 따라 구체적으로 의무를 부여받았어도 그것이 국민의 이익과 관계없이 순전히 행정기관 내부의 질서를 유지하기 위한 것이라면 그 의무에 위반하여 국민에게 손해를 가하여도 국가 등은 배상책임을 부담하지 않는다.

④ 행정처분이 후에 항고소송에서 취소되었다고 할지라도 그 기판력에 의하여 당해 행정처분이 곧바로 공무원의 고의 또는 과실로 인한 것으로서 불법행위를 구성한다고 단정할 수는 없다.

해설

① (X) 공무원의 불법행위로 손해를 입은 피해자의 국가배상청구권의 소멸시효 기간이 지났으나 국가가 소멸시효 완성을 주장하는 것이 신의성실의 원칙에 반하는 권리남용으로 허용될 수 없어 배상책임을 이행한 경우에는, 소멸시효 완성 주장이 권리남용에 해당하게 된 원인행위와 관련하여 공무원이 원인이 되는 행위를 적극적으로 주도하였다는 등의 특별한 사정이 없는 한, 국가가 공무원에게 구상권을 행사하는 것은 신의칙상 허용되지 않는다(대판 2016. 6. 10. 2015다217843).

② (O) 법령에 대한 해석이 그 문언 자체만으로는 명백하지 아니하여 선례나 학설, 판례 등도 귀일된 바 없어 의의가 없을 수 없는 경우에 관계 공무원이 그 나름대로 신중을 다하여 합리적인 근거를 찾아 그 중 어느 한 견해를 따라 내린 해석이 후에 대법원이 내린 입장과 같지 않아 결과적으로 위법하게 되어 그 법령의 부당집행이라는 결과를 가져오게 되었다고 하더라도, 이러한 경우에까지 공무원의 과실을 인정할 수는 없다(대판 1995.10.13. 95다32747).

③ (O) 공무원이 직무를 수행하면서 그 근거되는 법령의 규정에 따라 구체적으로 의무를 부여받았어도 그것이 국민의 이익과는 관계없이 순전히 행정기관 내부의 질서를 유지하기 위한 것이거나, 또는 국민의 이익과 관련된 것이라도 직접 국민 개개인의 이익을 위한 것이 아니라 전체적으로 공공 일반의 이익을 도모하기 위한 것이라면 그 의무에 위반하여 국민에게 손해를 가하여도 국가 등은 배상책임을 부담하지 아니한다(대판 2001. 10. 23. 99다36280).

④ (O) 어떠한 행정처분이 후에 항고소송에서 취소되었다고 할지라도 그 기판력에 의하여 당해 행정처분이 곧바로 공무원의 고의 또는 과실로 인한 것으로서 불법행위를 구성한다고 단정할 수는 없는 것이다(대판 2003.11.27. 2001다33789).

정답 ①

492 [08국가7급]

국가배상책임에 관한 설명으로 옳은 것은?

① 「국가배상법」이 정하는 배상기준의 성격에 대하여 판례는 한정액설을 취함으로써 「국가배상법」이 정하는 배상금액 이상의 배상을 인정하지 아니한다.

② 피해자가 손해를 입은 동시에 이익을 얻은 경우 이를 공제할 수 없으며, 이것은「국가배상법」이 가지는 생계보장적 성격에서 타당하다.

③ 공무원이 자기 소유의 자동차로 공무수행 중 사고를 일으킨 경우 그 공무원은 '자기를 위하여 자동차를 운행하는 자'에 해당하는 한 「자동차손해배상보장법」에 따른 손해배상책임을 부담한다.

④ 국가배상청구권의 소멸시효기간은 피해자나 그 법정대리인이 손해 및 가해자를 안 날로부터 10년이다.

해설

① **(X)** 국가배상법 제3조는 배상기준을 정하고 있는 바, 이 배상기준이 단순한 기준에 불과한 것으로 증감이 가능하다는 기준액설과 배상기준의 상한액을 정한 것으로 법원을 구속한다는 한정액설이라는 견해대립이 있다. 판례는 기준액설의 입장을 취한다(대판 1970.3.10, 69다1772).

② **(X)**

> **국가배상법 제3조의2 (공제액)** ① 제2조 제1항을 적용할 때 피해자가 손해를 입은 동시에 이익을 얻은 경우에는 손해배상액에서 그 이익에 상당하는 금액을 빼야 한다.

③ **(O)** 공무원이 직무상 자동차를 운전하다가 사고를 일으켜 다른 사람에게 손해를 입힌 경우에는 그 사고가 자동차를 운전한 공무원의 경과실에 의한 것인지 중과실 또는 고의에 의한 것인지를 가리지 않고, 그 공무원이 자동차손해배상보장법 제3조 소정의 '자기를 위하여 자동차를 운행하는 자'에 해당하는 한 자동차손해배상보장법상의 손해배상책임을 부담한다(대판 1996.3.8. 94다23876).

④ **(X)** 국가배상법은 배상청구권의 소멸시효에 대하여 명문규정을 두고 있지 않는데, 이 경우 국가배상법 제8조에 따라 민법규정에 의하게 되므로 민법 제766조에 따라서 국가배상청구권은 피해자나 그 법정대리인이 손해 및 가해자를 안 날로부터 3년간 행사하지 않으면 시효로 소멸한다. 한편 피해자나 법정대리인이 손해 및 가해자를 알지 못한 경우에는 불법행위의 종료일로부터 국가재정법 제96조 제1항에 따라 5년간 손해배상청구권을 행사하지 아니하면 시효로 소멸한다(대판 2001.4.24. 2000다57856).

정답 ③

493 [19서울7급(上)]

「국가배상법」 제2조에 대한 설명으로 가장 옳은 것은?

① 시 · 도지사 등의 업무에 속하는 대집행권한을 위탁받은 한국토지공사가 대집행을 실시하는 과정에서 국민에게 손해가 발생할 경우 한국토지공사는 공무수탁사인에 해당하므로, 「국가배상법」 제2조의 공무원과 같은 지위를 갖게 된다.

② 공익근무요원은 「국가배상법」 제2조 제1항 단서의 군인 · 군무원 · 경찰공무원 또는 향토예비군대원에 해당하지 않으므로 이중배상청구가 제한되지 않는다.

③ 공무원의 직무상 의무위반에 대한 법령의 취지가 전체적으로 공공 일반의 이익을 도모하기 위한 것이라면 「국가배상법」 제2조의 배상책임이 인정된다.

④ 「국가배상법」 제2조의 직무행위에는 국가나 지방자치단체의 권력적 작용만이 포함되며 비권력적 작용은 포함되지 않는다.

해설

① (X) 본래 시·도지사나 시장·군수 또는 구청장의 업무에 속하는 대집행권한을 한국토지공사에게 위탁하도록 되어 있는바, 한국토지공사는 이러한 법령의 위탁에 의하여 대집행을 수권받은 자로서 공무인 대집행을 실시함에 따르는 권리·의무 및 책임이 귀속되는 행정주체의 지위에 있다고 볼 것이지 지방자치단체 등의 기관으로서 국가배상법 제2조 소정의 공무원에 해당한다고 볼 것은 아니다(대판 2010.1.28, 2007다82950).

② (O) 공익근무요원이 국가배상법 제2조 제1항 단서의 규정에 의하여 국가배상법상 손해배상청구가 제한되는 군인·군무원·경찰공무원 또는 향토예비군대원에 해당한다고 할 수 없다(대판 1997.3.28. 97다4036).

③ (X) 상당인과관계가 인정되기 위하여는 공무원에게 부과된 직무상 의무의 내용이 단순히 공공 일반의 이익을 위한 것이거나 행정기관 내부의 질서를 규율하기 위한 것이 아니고 전적으로 또는 부수적으로 사회구성원 개인의 안전과 이익을 보호하기 위하여 설정된 것이어야 한다(대판 2010.9.9, 2008다77795).

④ (X) 국가배상법이 정한 배상청구의 요건인 '공무원의 직무'에는 권력적 작용만이 아니라 행정지도와 같은 비권력적 작용도 포함되며 단지 행정주체가 사경제주체로서 하는 활동만 제외된다(대판 1998.07.10. 96다38971).

정답 ②

494 [11지방7급]

「국가배상법」 제2조 제1항 단서는 "군인·군무원·경찰공무원 또는 향토예비군대원이 전투·훈련 등 직무집행과 관련하여 전사·순직하거나 공상을 입은 경우에 본인이나 그 유족이 다른 법령에 따라 재해보상금·유족연금·상이연금 등의 보상을 지급받을 수 있을 때에는 이 법 및 「민법」에 따른 손해배상을 청구할 수 없다."고 규정하고 있다. 이에 대한 내용으로 옳지 않은 것은? (다툼이 있는 경우 판례에 의함)

① 「국가배상법」 제2조 제1항 단서에 대해서는 위헌성 시비가 있으나, 헌법재판소와 대법원은 헌법에 위반되지 않는 것으로 보고 있다.

② 경비교도나 공익근무요원은 「국가배상법」 제2조 제1항 단서의 적용대상에 해당하지 아니하나, 전투경찰순경은 「국가배상법」 제2조 제1항 단서의 적용대상에 해당한다.

③ 헌법재판소는 일반국민이 직무집행 중인 군인과의 공동불법행위로 다른 군인에게 공상을 입혀 그 피해자에게 손해전부를 배상했을지라도, 공동불법행위자인 군인의 부담부분에 관하여 국가에 대한 구상권은 허용되지 않는다고 본다.

④ 경찰서 숙직실에서 순직한 경찰공무원의 유족들은 「국가배상법」에 의한 손해배상을 청구할 권리가 있다.

해설

① (O) 국가배상법 제2조 제1항 단서는 헌법 제29조 제1항에 의하여 보장되는 국가배상청구권을 헌법 내재적으로 제한하는 헌법 제29조 제2항에 직접 근거하고, 실질적으로 그 내용을 같이하는 것이므로 헌법에 위반되지 아니한다(헌재 2001.2.22. 2000헌바38).

② (O) 경비교도(대판 1998.2.10. 97다45914)나 공익근무요원(대판 1997.3.28. 97다4036)은 「국가배상법」 제2조 제1항 단서의 적용대상에 해당하지 아니하나, 전투경찰순경은 「국가배상법」 제2조 제1항 단서의 적용대상에 해당한다(헌재 1996.6.13. 94헌마118).

③ (X) 헌법재판소는 국가배상법 제2조 제1항 단서 부분을 일반국민이 직무집행 중인 군인과의 공동불법행위로 직무집행 중인 다른 군인에게 공상을 입혀 그 피해자에게 공동의 불법행위로 인한 손해를 배상한 다음 공동불법행위자인 군인의 부담부분에 관하여 국가에 대하여 구상권을 행사하는 것을 허용하지 아니한다고 해석하는 한 헌법에 위반된다고 한정위헌으로 결정하였다(헌재 1994.12.29. 93헌바21).

④ (O) 경찰서지서의 숙직실은 국가배상법 제2조 제1항 단서에서 말하는 전투·훈련에 관련된 시설이라고 볼 수 없으므로 위 숙직실에서 순직한 경찰공무원의 유족들은 국가배상법 제2조 제1항 본문에 의하여 국가배상법 및 민법의 규정에 의한 손해배상을 청구할 권리가 있다(대판 1979.1.30. 77다2389 전원합의체).

정답 ③

495 [19서울9급]

국가배상에 관한 설명으로 가장 옳지 않은 것은?

① 소방공무원들이 다중이용업소인 주점의 비상구와 피난시설 등에 대한 점검을 소홀히 함으로써 주점의 피난통로 등에 중대한 피난 장애요인이 있음을 발견하지 못하여 업주들에 대한 적절한 지도·감독을 하지 아니한 경우 직무상 의무 위반과 주점 손님들의 사망사이에 상당인과관계가 인정된다.

② 일본 「국가배상법」이 국가배상청구권의 발생요건 및 상호보증에 관하여 우리나라 「국가배상법」과 동일한 내용을 규정하고 있는 점 등에 비추어 우리나라와 일본 사이에 우리나라 「국가배상법」 제7조가 정하는 상호보증이 있다.

③ 국가배상청구권의 소멸시효 기간이 지났으나 국가가 소멸시효 완성을 주장하는 것이 신의성실의 원칙에 반하는 권리남용으로 허용될 수 없어 배상책임을 이행한 경우에는, 그 소멸시효 완성 주장이 권리남용에 해당하게 된 원인행위와 관련하여 해당 공무원이 그 원인이 되는 행위를 적극적으로 주도하였다는 등의 특별한 사정이 없는 한, 국가가 해당 공무원에게 구상권을 행사하는 것은 신의칙상 허용되지 않는다.

④ 전투·훈련 등 직무집행과 관련하여 공상을 입은 군인 등이 먼저 「국가배상법」에 따라 손해배상금을 지급받은 다음 「보훈보상대상자 지원에 관한 법률」이 정한 보상금 등 보훈급여금의 지급을 청구하는 경우, 보훈지청장은 「국가배상법」에 따라 손해배상을 받았다는 사정을 들어 지급을 거부할 수 있다.

해설

① **(O)** 주점에서 발생한 화재로 사망한 갑 등의 유족들이 을 광역시를 상대로 손해배상을 구한 사안에서, 소방공무원들이 업주들에 대하여 적절한 지도·감독을 하지 않는 등 직무상 의무를 위반하였고, 소방공무원들의 직무상 의무 위반과 갑 등의 사망 사이에 상당인과관계가 인정된다(대판 2016. 8. 25. 2014다225083).

② **(O)** 상호보증은 외국의 법령, 판례 및 관례 등에 의하여 발생요건을 비교하여 인정되면 충분하고 반드시 당사국과의 조약이 체결되어 있을 필요는 없으며, 당해 외국에서 구체적으로 우리나라 국민에게 국가배상청구를 인정한 사례가 없더라도 실제로 인정될 것이라고 기대할 수 있는 상태이면 충분하다. 일본 국가배상법 제1조 제1항, 제6조가 국가배상청구권의 발생요건 및 상호보증에 관하여 우리나라 국가배상법과 동일한 내용을 규정하고 있는 점 등에 비추어 우리나라와 일본 사이에 국가배상법 제7조가 정하는 상호보증이 있다(대판 2015.6.11. 2013다208388).

③ **(O)** 공무원의 불법행위로 손해를 입은 피해자의 국가배상청구권의 소멸시효 기간이 지났으나 국가가 소멸시효 완성을 주장하는 것이 신의성실의 원칙에 반하는 권리남용으로 허용될 수 없어 배상책임을 이행한 경우에는, 소멸시효 완성 주장이 권리남용에 해당하게 된 원인행위와 관련하여 공무원이 원인이 되는 행위를 적극적으로 주도하였다는 등의 특별한 사정이 없는 한, 국가가 공무원에게 구상권을 행사하는 것은 신의칙상 허용되지 않는다(대판 2016. 6. 10. 2015다217843).

④ **(X)** 국가배상법 제2조 제1항 단서가 보훈보상자법 등에 의한 보상을 받을 수 있는 경우 국가배상법에 따른 손해배상청구를 하지 못한다는 것을 넘어 국가배상법상 손해배상금을 받은 경우 보훈보상자법상 보상금 등 보훈급여금의 지급을 금지하는 것으로 해석하기는 어려운 점 등에 비추어, 국가보훈처장은 국가배상법에 따라 손해배상을 받았다는 사정을 들어 보상금 등 보훈급여금의 지급을 거부할 수 없다(대판 2017. 2. 3. 2015두60075).

정답 ④

496 [19국가9급]

「국가배상법」상 국가배상에 대한 설명으로 옳은 것(O)과 옳지 않은 것(X)을 바르게 연결한 것은? (다툼이 있는 경우 판례에 의함)

ㄱ. 재판에 대하여 불복절차 내지 시정절차 자체가 없는 경우, 부당한 재판으로 인하여 불이익 내지 손해를 입은 사람에게는 배상책임의 요건이 충족되는 한 국가배상책임이 인정될 수 있다.

ㄴ. 국가가 일정한 사항에 관하여 헌법에 의하여 부과되는 구체적인 입법의무를 부담하고 있음에도 불구하고 그 입법에 필요한 상당한 기간이 경과하도록 고의·과실로 입법의무를 이행하지 아니하는 경우, 국가배상책임이 인정될 수 있다.

ㄷ. 직무집행과 관련하여 공상을 입은 군인이 먼저 「국가배상법」상 손해배상을 받은 다음 구「국가유공자 등 예우 및 지원에 관한 법률」상 보훈급여금을 지급청구하는 경우, 국가배상을 받았다는 이유로 그 지급을 거부할 수 없다.

ㄹ. 피해자에게 손해를 직접 배상한 경과실이 있는 공무원은 특별한 사정이 없는 한, 국가의 피해자에 대한 손해배상책임의 범위 내에서 자신이 변제한 금액에 관하여 국가에 대한 구상권을 취득한다.

	ㄱ	ㄴ	ㄷ	ㄹ
①	O	O	X	O
②	X	O	O	X
③	O	X	X	X
④	O	O	O	O

해설

ㄱ. (O) 헌법재판소 재판관이 청구기간 내에 제기된 헌법소원심판청구 사건에서 청구기간을 오인하여 각하결정을 한 경우, 이에 대한 불복절차 내지 시정절차가 없는 때에는 국가배상책임(위법성)을 인정할 수 있다(대판 2003.7.11, 99다24218).

ㄴ. (O) 국회의원의 입법행위는 그 입법 내용이 헌법의 문언에 명백히 위배됨에도 불구하고 국회가 굳이 당해 입법을 한 것과 같은 특수한 경우가 아닌 한 국가배상법 제2조 제1항 소정의 위법행위에 해당한다고 볼 수 없고, 같은 맥락에서 국가가 일정한 사항에 관하여 헌법에 의하여 부과되는 구체적인 입법의무를 부담하고 있음에도 불구하고 그 입법에 필요한 상당한 기간이 경과하도록 고의 또는 과실로 이러한 입법의무를 이행하지 아니하는 등 극히 예외적인 사정이 인정되는 사안에 한정하여 국가배상법 소정의 배상책임이 인정될 수 있다(대판 2008.05.29. 2004다33469).

ㄷ. (O) 국가배상법 제2조 제1항 단서가 보훈보상자법 등에 의한 보상을 받을 수 있는 경우 국가배상법에 따른 손해배상청구를 하지 못한다는 것을 넘어 국가배상법상 손해배상금을 받은 경우 보훈보상자법상 보상금 등 보훈급여금의 지급을 금지하는 것으로 해석하기는 어려운 점 등에 비추어, 국가보훈처장은 국가배상법에 따라 손해배상을 받았다는 사정을 들어 보상금 등 보훈급여금의 지급을 거부할 수 없다(대판 2017. 2. 3. 2015두60075).

ㄹ. (O) 대판 2014.08.20. 2012다54478.

정답 ④

Ⅳ 영조물의 설치관리상의 하자로 인한 손해배상

국가배상법 제5조는 점유자의 면책조항을 두고 있는 점에서 민법 제758조의 공작물 등의 배상책임과 동일하며, 다만 그 대상을 공작물에 한정하고 있지 않은 점에서 민법상의 배상책임규정과 차이가 있다.

[08국가9급]

| 해설

(X) 국가배상법 제5조 소정의 영조물의 설치·관리상의 하자로 인한 책임은 무과실책임이고 나아가 민법 제758조 소정의 공작물의 점유자의 책임과는 달리 면책사유도 규정되어 있지 않으므로, 손해의 방지에 필요한 주의를 해태하지 아니하였다 하여 면책을 주장할 수 없다(대판 1994.11.22. 94다32924).

497 [14서울7급]

「국가배상법」 제5조에 관한 설명으로 옳지 않은 것은?

① 영조물은 국가 또는 지방자치단체가 소유권, 임차권 그밖의 권한에 기하여 관리하고 있는 경우에는 포함되지만 사실상 관리하고 있는 경우에는 해당되지 않는다.

② 「민법」 제758조와는 달리 동조는 점유자의 면책규정을 두고 있지 아니하다.

③ 동조의 영조물은 「민법」 제758조의 공작물의 개념보다 넓다.

④ 하자의 해석과 관련하여 객관설이 주관설보다 피해자의 구제에 유리하다.

⑤ 영조물의 설치관리자와 비용부담자가 다른 경우 피해자는 선택하여 손해배상을 청구할 수 있다.

해설

① (X) 국가배상법 제5조 제1항 소정의 "공공의 영조물"이라 함은 공공용물에 한하지 아니하고, 행정주체 자신의 사용에 제공되는 공용물도 포함하며 국가 또는 지방자치단체가 소유권, 임차권 그밖의 권한에 기하여 관리하고 있는 경우뿐만 아니라 사실상의 관리를 하고 있는 경우도 포함한다(대판 1995.1.24. 94다45302).

② (O) ③ (O) 국가배상법 제5조는 민법 제758조의 공작물책임에 대응하는 규정이나, 공작물책임과는 달리 대상이 공작물에 한정되지 않고 그 범위가 넓다는 점, 공작물책임의 경우에는 점유자의 면책이 인정되나, 이 규정은 국가 등이 점유자인 경우에도 면책이 인정되지 않는다는 점 등에서 민법의 공작물책임과 구별된다.

④ (O) 객관설은 설치・관리상의 하자를 판단함에 있어서 설치·관리자의 주관적 의무위반을 요하지 않는다고 본다. 이에 반해 주관설은 공물이 일반적으로 갖추어야 하는 안정성의 흠결이 공물관리자의 주위의무위반이라는 귀책사유로 인하여 발생하는 경우에 한한다는 것이다. 따라서 하자의 해석과 관련하여 객관설이 주관설보다 피해자의 구제에 유리하다.

⑤ (O) 국가배상법 제6조 제1항.

정답 ①

498 [21지방9급]

국가배상에 대한 설명으로 옳지 않은 것은? (다툼이 있는 경우 판례에 의함)

① 국가나 지방자치단체가 손해를 배상할 책임이 있는 경우에 공무원의 선임·감독 또는 영조물의 설치·관리를 맡은 자와 공무원의 봉급·급여, 그 밖의 비용 또는 영조물의 설치·관리 비용을 부담하는 자가 동일하지 아니하면 그 비용을 부담하는 자도 손해를 배상하여야 한다.

② 국가배상책임에 있어서 국가는 직무상의 의무 위반과 피해자가 입은 손해 사이에 상당인과관계가 인정되는 범위 내에서만 배상책임을 지는 것이고, 이 경우 상당인과관계가 인정되기 위해서는 공무원에게 부과된 직무상 의무의 내용이 전적으로 또는 부수적으로 사회구성원 개인의 안전과 이익을 보호하기 위하여 설정된 것이어야 한다.

③ 「국가배상법」상 '공공의 영조물'은 지방자치단체가 소유권, 임차권 그밖의 권한에 기하여 관리하고 있는 경우는 포함하지만, 사실상의 관리를 하고 있는 경우는 포함하지 않는다.

④ 공무원 개인이 고의 또는 중과실이 있는 경우에는 불법행위로 인한 손해배상책임을 진다고 할 것이지만, 공무원의 위법행위가 경과실에 기한 경우에는 공무원은 손해배상책임을 부담하지 않는다.

해설

① (O)

국가배상법 제6조 (비용부담자 등의 책임) ① 제2조·제3조 및 제5조에 따라 국가나 지방자치단체가 손해를 배상할 책임이 있는 경우에 공무원의 선임·감독 또는 영조물의 설치·관리를 맡은 자와 공무원의 봉급·급여, 그 밖의 비용 또는 영조물의 설치·관리 비용을 부담하는 자가 동일하지 아니하면 그 비용을 부담하는 자도 손해를 배상하여야 한다.

② (O) 상당인과관계가 인정되기 위하여는 공무원에게 부과된 직무상 의무의 내용이 단순히 공공 일반의 이익을 위한 것이거나 행정기관 내부의 질서를 규율하기 위한 것이 아니고 전적으로 또는 부수적으로 사회구성원 개인의 안전과 이익을 보호하기 위하여 설정된 것이어야 한다(대판 2010.9.9, 2008다77795).

③ (X) '공공의 영조물'이라 함은 공공용물에 한하지 아니하고, 행정주체 자신의 사용에 제공되는 공용물도 포함하며 국가 또는 지방자치단체가 소유권, 임차권 그밖의 권한에 기하여 관리하고 있는 경우뿐만 아니라 사실상의 관리를 하고 있는 경우도 포함한다(대판 1995.1.24. 94다45302).

④ (O) 공무원 개인도 고의 또는 중과실이 있는 경우에는 불법행위로 인한 손해배상책임을 지고, 공무원에게 경과실이 있을 뿐인 경우에는 공무원 개인은 불법행위로 인한 손해배상책임을 부담하지 아니한다(대판 2011.9.8. 2011다34521).

정답 ③

499 [20국가9급]

甲은 A지방자치단체가 관리하는 도로를 운행하던 중 도로에 방치된 낙하물로 인하여 손해를 입었고, 이를 이유로 국가배상법상 손해배상을 청구하려고 한다. 이에 대한 설명으로 옳지 않은 것은? (다툼이 있는 경우 판례에 의함)

① A지방자치단체가 위 도로를 권원 없이 사실상 관리하고 있는 경우에는 A지방자치단체의 배상책임은 인정될 수 없다.

② 위 도로의 설치·관리상의 하자가 있는지 여부는 위 도로가 그 용도에 따라 통상 갖추어야 할 안전성을 갖추었는지 여부에 따라 결정된다.

③ 위 도로가 국도이며 그 관리권이 A지방자치단체의 장에게 위임되었다면, A지방자치단체가 도로의 관리에 필요한 일체의 경비를 대외적으로 지출하는 자에 불과하더라도 甲은 A지방자치단체에 대해 국가배상을 청구할 수 있다.

④ 甲이 배상을 받기 위하여 소송을 제기하는 경우에는 민사소송을 제기하여야 한다.

해설

① (X) 국가배상법 제5조 제1항 소정의 '공공의 영조물'이라 함은 국가 또는 지방자치단체에 의하여 특정 공공의 목적에 공여된 유체물 내지 물적 설비를 말하며, 국가 또는 지방자치단체가 소유권, 임차권 그 밖의 권한에 기하여 관리하고 있는 경우뿐만 아니라 사실상의 관리를 하고 있는 경우도 포함된다(대판 1998.10.23. 98다17381).

② (O) 국가배상법 제5조 소정의 영조물의 설치·관리상의 하자라 함은 영조물의 설치 및 관리에 불완전한 점이 있어 이 때문에 영조물 자체가 통상 갖추어야 할 안전성을 갖추지 못한 상태에 있는 것을 말하는 것이다(대판 1994.11.22. 94다32924).

③ (O) 지방자치단체의 장이 기관위임된 국가행정사무를 처리하는 경우 그에 소요되는 경비의 실질적・궁극적 부담자는 국가라고 하더라도 당해 지방자치단체는 국가로부터 내부적으로 교부된 금원으로 그 사무에 필요한 경비를 대외적으로 지출하는 자이므로, 이러한 경우 지방자치단체는 국가배상법 제6조 제1항 소정의 비용부담자로서 공무원의 불법행위로 인한 같은 법에 의한 손해를 배상할 책임이 있다(대판 1994.12.9. 94다38137).

④ (O) 공무원의 직무상 불법행위로 손해를 입은 국민이 국가 또는 지방자치단체에 대하여 그의 불법행위를 이유로 배상을 청구함은 국가배상법이 정한 바에 따른다 하여도 이 역시 민사상의 손해배상책임을 특별법인 국가배상법이 정한데 불과하다(대판 1981.02.10. 80누317).

정답 ①

500 [16국가9급]

「국가배상법」 제5조에 따른 배상책임에 대한 설명으로 옳지 않은 것은? (다툼이 있는 경우 판례에 의함)

① '공공의 영조물'이란 국가 또는 지방자치단체가 소유권, 임차권 그 밖의 권한에 기하여 관리하고 있는 경우를 의미하고, 그러한 권원 없이 사실상의 관리를 하고 있는 경우는 제외된다.

② '영조물의 설치 또는 관리의 하자'란 공공의 목적에 제공된 영조물이 그 용도에 따라 통상 갖추어야 할 안전성을 갖추지 못한 상태에 있음을 말한다.

③ 예산부족 등 설치・관리자의 재정사정은 배상책임 판단에 있어 참작사유는 될 수 있으나 안전성을 결정지을 절대적 요건은 아니다.

④ 소음 등을 포함한 공해 등의 위험지역으로 이주하여 거주하는 것이 피해자가 위험의 존재를 인식하고 그로 인한 피해를 용인하면서 접근한 것이라고 볼 수 있는 경우 가해자의 면책이 인정될 수 있다.

해설

① (X) 대판 1995.1.24. 94다45302.

② (O) 국가배상법 제5조 소정의 영조물의 설치·관리상의 하자라 함은 영조물의 설치 및 관리에 불완전한 점이 있어 이 때문에 영조물 자체가 통상 갖추어야 할 안전성을 갖추지 못한 상태에 있는 것을 말하는 것이다(대판 1994.11.22. 94다32924).

③ (O) 설치자의 재정사정이나 영조물의 사용목적에 의한 사정은 안전성을 요구하는데 대한 정도 문제로서 참작사유에는 해당할 지언정 안전성을 결정지을 절대적 요건에는 해당하지 아니한다 할 것이다(대판 1967.02.21. 66다1723).

④ (O) 소음 등을 포함한 공해 등의 위험지역으로 이주하여 들어가 거주하는 경우와 같이 위험의 존재를 인식하거나 과실로 인식하지 못하고 이주한 경우에는 손해배상액의 산정에 있어 형평의 원칙상 과실상계에 준하여 감경 또는 면제사유로 고려하여야 한다(대판 2010.11.11. 2008다57975).

정답 ①

영조물이 공공의 목적에 이용됨에 있어 그 이용상태 및 정도가 일정한 한도를 초과하여 제3자에게 사회통념상 수인할 것이 기대되는 한도를 넘는 피해를 입힌 경우는 손실보상의 대상으로 논의될 수 있을 뿐, 「국가배상법」 제5조 제1항의 '영조물의 설치 또는 관리의 하자'에 해당될 수 없다. [11사회복지]

| 해설

(X) '영조물의 설치 또는 관리의 하자'라 함은 공공의 목적에 공여된 영조물이 그 용도에 따라 갖추어야 할 안전성을 갖추지 못한 상태에 있음을 말하고, 여기서 안전성을 갖추지 못한 상태라 함은 당해 영조물을 구성하는 물적 시설 그 자체에 있는 물리적·외형적 흠결이나 불비로 인하여 그 이용자에게 위해를 끼칠 위험성이 있는 경우뿐만 아니라 그 영조물이 공공의 목적에 이용됨에 있어 그 이용상태 및 정도가 일정한 한도를 초과하여 제3자에게 사회통념상 참을 수 없는 피해를 입히는 경우까지 포함된다고 보아야 할 것이다(대판 2004.3.12. 2002다14242).

501 [16국회8급]

국가배상제도에 대한 설명으로 옳지 않은 것은? (다툼이 있는 경우 판례에 의함)

① 공무원의 불법행위에 고의 또는 중과실이 있는 경우 피해자는 국가 · 지방자치단체나 가해공무원 어느 쪽이든 선택적 청구가 가능하다.

② 공무원이 준수하여야 할 직무상 의무가 오로지 공공 일반의 전체적인 이익을 도모하기 위한 것이라면 그 의무를 위반하여 국민에게 손해를 가하여도 국가배상책임은 성립하지 아니한다.

③ 재량권의 행사에 관하여 행정청 내부에 일응의 기준을 정해 둔 경우 그 기준에 따른 행정처분을 하였다면 이에 관여한 공무원에게 그 직무상의 과실이 있다고 할 수 없다.

④ 주관적 요소를 고려하는 최근의 판례에 따르면 영조물의 결함이 영조물의 설치관리자의 관리행위가 미칠 수 없는 상황 아래에 있는 것이 입증되는 경우 영조물의 설치 · 관리상의 하자를 인정할 수 있다.

⑤ 직무수행에 재량이 인정되는 경우라도 그 권한을 부여한 취지와 목적에 비추어 볼 때 구체적 사정에 따라 그 권한을 행사하여 필요한 조치를 취하지 아니하는 것이 현저하게 불합리하다고 인정되는 때에는 그러한 권한의 불행사는 직무상의 의무를 위반한 것이 되어 위법하게 된다.

해설

① **(O)** 대판 2011.9.8. 2011다34521.

② **(O)** 대판 2001.10.23. 99다36280.

③ **(O)** 구체적인 경우 어느 행정처분을 할 것인가에 관하여 행정청 내부에 일응의 기준을 정해 둔 경우 그 기준에 따른 행정처분을 하였다면 이에 관여한 공무원에게 그 직무상의 과실이 있다고 할 수 없다(대판 1984.7.24. 84다카597).

④ **(X)** 객관적으로 보아 시간적 · 장소적으로 영조물의 기능상 결함으로 인한 손해발생의 예견가능성과 회피가능성이 없는 경우, 즉 그 영조물의 결함이 영조물의 설치관리자의 관리행위가 미칠 수 없는 상황 아래에 있는 경우에는 영조물의 설치·관리상의 하자를 인정할 수 없다(대판 2007.9.21. 2005다65678).

⑤ **(O)** 경찰관직무집행법 제5조는 형식상 경찰관에게 재량에 의한 직무수행권한을 부여한 것처럼 되어 있으나, 경찰관에게 그러한 권한을 부여한 취지와 목적에 비추어 볼 때 구체적인 사정에 따라 경찰관이 그 권한을 행사하여 필요한 조치를 취하지 아니하는 것이 현저하게 불합리하다고 인정되는 경우에는 그러한 권한의 불행사는 직무상의 의무를 위반한 것이 되어 위법하게 된다(대판 1998.08.25. 98다16890).

정답 ④

502 [18지방9급]

다음 행정상 손해배상과 관련된 사례에 대한 설명으로 옳은 것은? (다툼이 있는 경우 판례에 의함)

(가) 甲은 자동차로 좌로 굽은 내리막 국도 편도 1차로를 달리던 중 커브 길에서 앞선 차량을 무리하게 추월하기 위하여 중앙선을 침범하여 반대편 도로를 벗어나 도로 옆 계곡으로 떨어져 중상해를 입었다. (나) 乙은 자동차로 겨울철 눈이 내린 직후에 산간지역에 위치한 국도를 달리던 중 도로에 생긴 빙판길에 미끄러져 상해를 입었다.

① (가)와 (나) 사례에서 국가가 甲과 乙에게 손해배상책임을 부담할 것인지 여부는 위 도로들이 모든 가능한 경우를 예상하여 고도의 안전성을 갖추었는지 여부에 따라 결정될 것이다.

② (가) 사례에서 만약 반대편 갓길에 차량용 방호울타리가 설치되었다면 甲이 상해를 입지 않았거나 경미한 상해를 입었을 것이므로 그 방호울타리 미설치만으로도 손해배상을 받기에 충분한 요건을 갖추었다고 볼 수 있다.

③ (나) 사례에서 乙은 산악지역의 특성상 빙판길 위험 경고나 위험 표지판이 설치되었다면 주의를 기울여 운행하여 상해를 입지 않았을 것이므로 그 미설치만으로도 국가에 대한 손해배상책임을 묻기에 충분하다.

④ (가)와 (나) 사례에서 만약 도로의 관리상 하자가 인정된다면 비록 그 사고의 원인에 제3자의 행위가 개입되었더라도 甲과 乙은 국가에 대하여 손해배상책임을 물을 수 있다.

해설

① (X) ② (X) 국가배상법 제5조 제1항에 규정된 '영조물 설치 · 관리상의 하자'는 공공의 목적에 공여된 영조물이 그 용도에 따라 통상 갖추어야 할 안전성을 갖추지 못한 상태에 있음을 말한다. 그리고 위와 같은 안전성의 구비 여부는 영조물의 설치자 또는 관리자가 그 영조물의 위험성에 비례하여 사회통념상 일반적으로 요구되는 정도의 방호조치의무를 다하였는지를 기준으로 판단하여야 하고, 아울러 그 설치자 또는 관리자의 재정적·인적·물적 제약 등도 고려하여야 한다. 따라서 영조물인 도로의 경우도 그 설치 및 관리에 있어 완전무결한 상태를 유지할 정도의 고도의 안전성을 갖추지 아니하였다고 하여 하자가 있다고 단정할 수는 없고, 그것을 이용하는 자의 상식적이고 질서 있는 이용 방법을 기대한 상대적인 안전성을 갖추는 것으로 족하다. 좌로 굽은 도로에서 운전자가 무리하게 앞지르기를 시도하여 중앙선을 침범하여 반대편 도로로 미끄러질 경우까지 대비하여 도로 관리자인 지방자치단체가 차량용 방호울타리를 설치하지 않았다고 하여 도로에 통상 갖추어야 할 안전성이 결여된 설치 · 관리상의 하자가 있다고 보기 어렵다(대판 2013. 10. 24. 2013다208074).

③ (X) 강설의 특성, 기상적 요인과 지리적 요인, 이에 따른 도로의 상대적 안전성을 고려하면 겨울철 산간지역에 위치한 도로에 강설로 생긴 빙판을 그대로 방치하고 도로상황에 대한 경고나 위험표지판을 설치하지 않았다는 사정만으로 도로관리상의 하자가 있다고 볼 수 없다(대판 2000. 4. 25. 99다54998).

④ (O) 영조물의 설치 또는 관리상의 하자로 인한 사고라 함은 영조물의 설치 또는 관리상의 하자만이 손해발생의 원인이 되는 경우만을 말하는 것이 아니고, 다른 자연적 사실이나 제3자의 행위 또는 피해자의 행위와 경합하여 손해가 발생하더라도 영조물의 설치 또는 관리상의 하자가 공동원인의 하나가 되는 이상 그 손해는 영조물의 설치 또는 관리상의 하자에 의하여 발생한 것이라고 해석함이 상당하다(대판 1994.11.22. 94다32924).

정답 ④

503 [20국가7급]

「국가배상법」 제5조상 영조물의 설치·관리의 하자로 인한 손해배상책임에 대한 설명으로 옳지 않은 것은? (다툼이 있는 경우 판례에 의함)

① '공공의 영조물'에는 철도시설물인 대합실과 승강장 및 도로상에 설치된 보행자 신호기와 차량 신호기도 포함된다.

② 하천의 제방이 계획홍수위를 넘고 있더라도, 하천이 그 후 새로운 하천시설을 설치할 때 '하천시설기준'으로 정한 여유고(餘裕高)를 확보하지 못하고 있다면 그 사정만으로 안정성이 결여된 하자가 있다고 보아야 한다.

③ 국가나 지방자치단체가 손해를 배상할 책임이 있는 경우에 영조물의 설치·관리를 맡은 자와 영조물의 설치·관리 비용을 부담하는 자가 동일하지 아니하면 그 비용을 부담하는 자도 손해를 배상하여야 한다.

④ 사실상 군민(郡民)의 통행에 제공되고 있던 도로라고 하여도 군(郡)에 의하여 노선인정 기타 공용개시가 없었던 이상 이 도로를 '공공의 영조물'이라 할 수 없다.

해설

① (O) "공공의 영조물"이라 함은 국가 또는지방자치단체에 의하여 특정 공공의 목적에 공여된 유체물 내지 물적 설비를 지칭하며, 판례는 철도시설물인 대합실과 승강장(대판 1999. 6. 22. 99다7008), 도로상에 설치된 신호기(대판 1999. 6. 25. 99다11120)에 대해 영조물에 포함된다고 판시한 바 있다.

② (X) 특별한 사정이 없는 한, 이미 존재하는 하천의 제방이 계획홍수위를 넘고 있다면 그 하천은 용도에 따라 통상 갖추어야 할 안전성을 갖추고 있다고 보아야 하고, 그와 같은 하천이 그 후 새로운 하천시설을 설치할 때 기준으로 삼기 위하여 제정한 '하천시설기준'이 정한 여유고를 확보하지 못하고 있다는 사정만으로 바로 안전성이 결여된 하자가 있다고 볼 수는 없다(대판 2003.10.23. 2001다48057).

③ (O)

국가배상법 제6조(비용부담자 등의 책임) ① 제2조·제3조 및 제5조에 따라 국가나 지방자치단체가 손해를 배상할 책임이 있는 경우에 공무원의 선임·감독 또는 영조물의 설치·관리를 맡은 자와 공무원의 봉급·급여, 그 밖의 비용 또는 영조물의 설치·관리 비용을 부담하는 자가 동일하지 아니하면 그 비용을 부담하는 자도 손해를 배상하여야 한다.

④ (O) 사실상 군민의 통행에 제공되고 있던 도로 옆의 암벽으로부터 떨어진 낙석에 맞아 소외인이 사망하는 사고가 발생하였다고 하여도 동 사고지점 도로가 피고 군에 의하여 노선인정 기타 공용개시가 없었으면 이를 영조물이라 할 수 없다(대판 1981.7.7. 80다2478).

정답 ②

504 [21서울7급]

「국가배상법」 제5조에 따른 국가배상책임에 관한 설명으로 가장 옳지 않은 것은?

① 소음 등의 공해로 인한 피해 사실이 널리 알려진 이후 그 위험지역으로 이주하였다면, 위험에 접근한 후 실제로 입은 피해 정도가 위험에 접근할 당시에 인식하고 있었던 위험의 정도를 초과하였거나 그 위험에 접근한 후에 그 위험이 증대하였다고 하더라도 가해자의 면책을 인정하여야 한다.

② 국가가 소유권, 임차권 등의 권한에 기하여 관리하고 있는 경우가 아니라 사실상의 관리를 하고 있는 경우도 영조물로 볼 수 있다.

③ 아직 완성되지 않아 일반 공중의 이용에 제공되고 있지 않은 경우에는 영조물에 해당하지 않는다.

④ 객관적으로 보아 도로의 안전상의 결함이 시간적·장소적으로 그 점유·관리자의 관리행위가 미칠 수 없는 상황 아래 있는 경우에는 관리상의 하자를 인정할 수 없다.

해설

① (X) 소음 등을 포함한 공해 등의 위험지역으로 이주하여 들어가서 거주하는 경우와 같이 위험의 존재를 인식하면서 그로 인한 피해를 용인하며 접근한 것으로 볼 수 있는 경우에 그 피해가 직접 생명이나 신체에 관련된 것이 아니라 정신적 고통이나 생활방해의 정도에 그치고, 그 침해행위에 상당한 고도의 공공성이 인정되는 때에는 위험에 접근한 후 실제로 입은 피해 정도가 위험에 접근할 당시에 인식하고 있었던 위험의 정도를 초과하는 것이거나 위험에 접근한 후에 그 위험이 특별히 증대하였다는 등의 특별한 사정이 없는 한 가해자의 면책을 인정하여야 하는 경우도 있을 수 있을 것이나, 일반인이 공해 등의 위험지역으로 이주하여 거주하는 경우라고 하더라도 위험에 접근할 당시에 그러한 위험이 문제가 되고 있지 아니하였고, 그러한 위험이 존재하는 사실을 정확하게 알 수 없었으며, 그 밖에 위험에 접근하게 된 경위와 동기 등의 여러 가지 사정을 종합하여 그와 같은 위험의 존재를 인식하면서 굳이 위험으로 인한 피해를 용인하였다고 볼 수 없는 경우에는 그 책임이 감면되지 아니한다(대판 2004. 3. 12. 2002다14242).

② (O) 국가배상법 제5조 제1항 소정의 "공공의 영조물"이라 함은 공공용물에 한하지 아니하고, 행정주체 자신의 사용에 제공되는 공용물도 포함하며 국가 또는 지방자치단체가 소유권, 임차권 그밖의 권한에 기하여 관리하고 있는 경우뿐만 아니라 사실상의 관리를 하고 있는 경우도 포함한다(대판 1995.1.24. 94다45302).

③ (O) 공사 중이며 아직 완성되지 않아 일반 공중의 이용에 제공되지 않는 옹벽은 국가배상법 제5조 제1항 소정의 영조물에 해당하지 않는다(대판 1998.10.23. 98다17381).

④ (O) 객관적으로 보아 시간적·장소적으로 영조물의 기능상 결함으로 인한 손해발생의 예견가능성과 회피가능성이 없는 경우, 즉 그 영조물의 결함이 영조물의 설치관리자의 관리행위가 미칠 수 없는 상황 아래에 있는 경우에는 영조물의 설치·관리상의 하자를 인정할 수 없다(대판 2007.9.21. 2005다65678).

정답 ①

505 [10지방9급]

「국가배상법」 제5조에 관한 설명으로 옳지 않은 것은? (다툼이 있는 경우 판례에 의함)

① 공공의 영조물이라 함은 국가 또는 지방자치단체에 의하여 특정 공공의 목적에 공여된 유체물 내지 물적 설비를 말하며, 국가 또는 지방자치단체가 소유권, 임차권 그 밖의 권한에 기하여 관리하고 있는 경우뿐만 아니라 사실상 관리하고 있는 경우도 포함된다.

② 판례는 영조물의 결함이 영조물의 설치 또는 관리자의 관리행위가 미칠 수 없는 상황 아래에 있는 경우 그 하자를 인정할 수 없다고 보고 있다.

③ 지방자치단체장이 설치하여 관할 지방경찰청장에게 관리권한이 위임된 교통신호기의 고장으로 교통사고가 발생한 경우에는 국가는 배상책임을 지지 않는다.

④ 가변차로에 설치된 2개의 신호등에서 서로 모순된 신호가 들어오는 오작동이 발생하였고 그 고장이 현재의 기술수준상 부득이 하다는 사정만으로 영조물의 하자가 면책되는 것은 아니다.

해설

① (O) 대판 1995.1.24. 94다45302.

② (O) 대판 2007.9.21. 2005다65678.

③ (X) 교통신호기를 관리하는 지방경찰청장 산하 경찰관들에 대한 봉급을 부담하는 국가도 국가배상법 제6조 제1항에 의한 배상책임을 부담한다(대판 1999.6.25. 99다11120).

④ (O) 가변차로에 설치된 두 개의 신호등에서 서로 모순되는 신호가 들어오는 오작동이 발생하였고 그 고장이 현재의 기술수준상 부득이한 것이라고 가정하더라도 그와 같은 사정만으로 손해발생의 예견가능성이나 회피가능성이 없어 영조물의 하자를 인정할 수 없는 경우라고 단정할 수 없다(대판 2001.07.27. 2000다56822).

정답 ③

Ⅴ 행정상 손해배상의 청구

506 [18국회8급]

공공의 영조물의 설치 · 관리의 하자로 인한 「국가배상법」상 배상책임에 대한 설명으로 옳지 않은 것은? (다툼이 있는 경우 판례에 의함)

① 영조물의 설치 · 관리의 하자란 '영조물이 그 용도에 따라 통상 갖추어야 할 안정성을 갖추지 못한 상태에 있음'을 말한다.

② 영조물의 설치 · 관리상의 하자로 인한 배상책임은 무과실책임이고, 국가는 영조물의 설치 · 관리상의 하자로 인하여 타인에게 손해를 가한 경우에 그 손해방지에 필요한 주의를 해태하지 아니하였다 하여 면책을 주장할 수 없다.

③ 객관적으로 보아 시간적 · 장소적으로 영조물의 기능상 결함으로 인한 손해발생의 예견가능성과 회피가능성이 없는 경우에는 영조물의 설치관리상의 하자를 인정할 수 없다.

④ 영조물의 설치 관리의 하자에는 영조물이 공공의 목적에 이용됨에 있어 그 이용상태 및 정도가 일정한 한도를 초과하여 제3자에게 사회통념상 참을 수 없는 피해를 입히는 경우도 포함된다.

⑤ 광역시와 국가 모두가 도로의 점유자 및 관리자, 비용부담자로서의 책임을 중첩적으로 지는 경우 국가만이 「국가배상법」에 따라 궁극적으로 손해를 배상할 책임이 있는 자가 된다.

해설

① **(O)** 국가배상법 제5조 소정의 영조물의 설치·관리상의 하자라 함은 영조물의 설치 및 관리에 불완전한 점이 있어 이 때문에 영조물 자체가 통상 갖추어야 할 안전성을 갖추지 못한 상태에 있는 것을 말하는 것이다(대판 1994.11.22. 94다32924).

② **(O)** 국가배상법 제5조 소정의 영조물의 설치·관리상의 하자로 인한 책임은 무과실책임이고 나아가 민법 제758조 소정의 공작물의 점유자의 책임과는 달리 면책사유도 규정되어 있지 않으므로, 국가 또는 지방자치단체는 영조물의 설치 · 관리상의 하자로 인하여 타인에게 손해를 가한 경우에 그 손해의 방지에 필요한 주의를 해태하지 아니하였다 하여 면책을 주장할 수 없다(대판 1994.11.22. 94다32924).

③ **(O)** 객관적으로 보아 시간적 · 장소적으로 영조물의 기능상 결함으로 인한 손해발생의 예견가능성과 회피가능성이 없는 경우, 즉 그 영조물의 결함이 영조물의 설치관리자의 관리행위가 미칠 수 없는 상황 아래에 있는 경우에는 영조물의 설치·관리상의 하자를 인정할 수 없다(대판 2007.9.21. 2005다65678).

④ **(O)** 안전성을 갖추지 못한 상태, 즉 타인에게 위해를 끼칠 위험성이 있는 상태라 함은 당해 영조물을 구성하는 물적 시설 그 자체에 있는 물리적 · 외형적 흠결이나 불비로 인하여 그 이용자에게 위해를 끼칠 위험성이 있는 경우뿐만 아니라 그 영조물이 공공의 목적에 이용됨에 있어 그 이용상태 및 정도가 일정한 한도를 초과하여 제3자에게 사회통념상 참을 수 없는 피해를 입히는 경우까지 포함된다(대판 2004.03.12. 2002다14242).

⑤ **(X)** 광역시와 국가 모두가 도로의 점유자 및 관리자, 비용부담자로서의 책임을 중첩적으로 지는 경우에는, 광역시와 국가 모두가 국가배상법 제6조 제2항 소정의 궁극적으로 손해를 배상할 책임이 있는 자라고 할 것이고, 결국 광역시와 국가의 내부적인 부담 부분은, 그 도로의 인계 · 인수 경위, 사고의 발생 경위, 광역시와 국가의 그 도로에 관한 분담비용 등 제반 사정을 종합하여 결정함이 상당하다(대판 1998. 7. 10. 96다42819).

정답 ⑤

507 [15사회복지]

「국가배상법」에 대한 설명으로 옳지 않은 것은?

① 「국가배상법」은 국가배상책임의 주체를 국가 또는 공공단체로 규정하고 있다.

② 피해자가 손해를 입은 동시에 이익을 얻은 경우에는 손해배상액에서 그 이익에 상당하는 금액을 빼야 한다.

③ 국가배상소송은 배상심의회에 배상신청을 하지 아니하고도 제기할 수 있다.

④ 국가배상청구권은 피해자나 그 법정대리인이 그 손해 및 가해자를 안 날로부터 3년간 이를 행사하지 아니하면 시효로 인하여 소멸한다.

해설

① (X) 헌법은 국가와 공공단체를 배상책임의 주체로 규정하고 있는 반면, 국가배상법은 국가와 지방자치단체만을 배상책임의 주체로 규정하여 범위를 좁히고 있다. 지방자치단체를 제외한 공공단체(공법상 법인)는 다른 특별규정이 없는 한 민법규정에 의할 수밖에 없다.

② (O) 국가배상법 제3조의2 제1항.

③ (O)

> **국가배상법 제9조 (소송과 배상신청의 관계)** 이 법에 따른 손해배상의 소송은 배상심의회(이하 "심의회"라 한다)에 배상신청을 하지 아니하고도 제기할 수 있다.

④ (O) 국가배상법 제8조, 민법 제766조.

정답 ①

508 [20지방9급]

국가배상에 대한 설명으로 옳지 않은 것은? (다툼이 있는 경우 판례에 의함)

① 국가배상책임에서의 법령위반은, 인권존중·권력남용금지·신의성실·공서양속 등의 위반도 포함해 널리 그 행위가 객관적인 정당성을 결여하고 있음을 의미한다.

② 공무원에게 부과된 직무상 의무는 전적으로 또는 부수적으로 사회구성원 개인의 안전과 이익을 보호하기 위해 설정된 것이어야 국가배상책임이 인정된다.

③ 배상심의회의 결정은 대외적인 법적 구속력을 가지므로 배상 신청인과 상대방은 그 결정에 항상 구속된다.

④ 판례는 구 국가배상법(67. 3. 3. 법률 제1899호) 제3조의 배상액 기준은 배상심의회 배상액 결정의 기준이 될 뿐 배상 범위를 법적으로 제한하는 규정이 아니므로 법원을 기속하지 않는다고 보았다.

해설

① (O) 법령을 위반하였다 함은 엄격한 의미의 법령 위반뿐 아니라 인권존중, 권력남용금지, 신의성실과 같이 공무원으로서 마땅히 지켜야 할 준칙이나 규범을 지키지 아니하고 위반한 경우를 포함하여 널리 그 행위가 객관적인 정당성을 결여하고 있음을 뜻하는 것이므로, 경찰관이 범죄수사를 함에 있어 경찰관으로서 의당 지켜야 할 법규상 또는 조리상의 한계를 위반하였다면 이는 법령을 위반한 경우에 해당한다(대판 2008.06.12. 2007다64365).

② (O) 상당인과관계가 인정되기 위하여는 공무원에게 부과된 직무상 의무의 내용이 단순히 공공 일반의 이익을 위한 것이거나 행정기관 내부의 질서를 규율하기 위한 것이 아니고 전적으로 또는 부수적으로 사회구성원 개인의 안전과 이익을 보호하기 위하여 설정된 것이어야 한다(대판 2010.9.9, 2008다77795).

③ (X) 종래 국가배상법 제16조는 "배상결정은 신청인이 동의하거나 지방자치단체가 배상금을 지급한 때에는 민사소송법상의 재판상 화해가 성립된 것으로 본다."고 규정하고 있었으나 이 조항은 헌법재판소의 위헌결정으로 효력을 상실하였다(헌재 1995.5.25. 91헌가7). 따라서 신청인이 배상결정에 동의하거나 지방자치단체가 배상금을 지급한 때에도 신청인은 국가배상소송을 제기할 수 있게 되었다.

④ (O) 국가배상법 제3조 제1항, 제3항 규정의 손해배상 기준은 배상심의회의 배상금지급 기준을 정함에 있어서의 하나의 기준을 정한 것에 불과하다(대판 1970.3.10. 69다1772).

정답 ③

제2절 | 행정상 손실보상

I 행정상 손실보상의 의의

II 행정상 손실보상청구권의 성질

509 [14서울7급]

행정상 손실보상에 관한 설명으로 옳은 것은? (다툼이 있을 경우 판례에 의함)

① 판례는 손실보상의 원인이 공법적이라면 손실의 내용이 사권이라도 손실보상은 공법적인 것이라고 보고 있다.
② 손실보상청구권을 발생시키는 침해는 재산권이나 신체에 대한 것이어야 한다.
③ 판례는 구「하천법」상 하천구역 편입토지에 대한 손실보상청구를 공법상의 권리라고 보아 항고소송에 의하여야 한다고 보고 있다.
④ 헌법재판소는 공익사업의 시행으로 인한 개발이익은 완전보상의 범위에 포함되는 피수용 토지의 객관적 가치내지 피수용자의 손실이라고 본다.
⑤ 원칙적으로 적법한 공권력 행사로 인한 손해의 전보제도로서 위법한 공권력행사로 인한 침해에 대한 보상인 국가배상제도와는 다르다.

해설

① (X) 판례는 손실보상의 원인이 공법적이라도 손실의 내용이 사권이라면 그 손실보상청구권은 사권이라는 사권설의 입장에서 민사소송으로 다루고 있다(대판 1998.2.27. 97다46450). 다만 최근에는 당사자소송으로 보는 판례도 나타나고 있다.

② (X) 생명·신체 등의 비재산권에 대한 침해는 손실보상청구권의 대상이 아니다.

③ (X) 하천구역 편입토지 보상에 관한 특별조치법 제2조, 제6조의 각 규정들을 종합하면, 위 규정들에 의한 손실보상청구권은 행정소송법 제3조 제2호 소정의 당사자소송에 의하여야 한다(대판 2006.5.18. 2004다6207 전원합의체).

④ (X) 헌법 제23조 제3항에서 규정한 "정당한 보상"이란 원칙적으로 피수용재산의 객관적인 재산가치를 완전하게 보상하여야 한다는 완전보상을 뜻하는 것이지만, 공익사업의 시행으로 인한 개발이익은 완전보상의 범위에 포함되는 피수용토지의 객관적 가치 내지 피수용자의 손실이라고는 볼 수 없다(헌재 1990.6.25. 89헌마107).

⑤ (O) 행정상 손해배상은 위법한 행정작용으로 발생한 행정결과의 시정을 위한 것이나, 행정상 손실보상은 적법한 행정작용으로 발생한 행정결과의 조절에 관한 것인 점에서 구별된다.

정답 ⑤

510 [16지방7급]

공법관계와 사법관계에 대한 설명으로 옳지 않은 것은? (다툼이 있는 경우 판례에 의함)

① 국유 일반재산의 대부료 등의 징수에 관하여 「국세징수법」 규정을 준용한 간이하고 경제적인 특별구제절차가 마련되어 있으므로, 특별한 사정이 없는 한 민사소송의 방법으로 대부료 등의 지급을 구하는 것은 허용되지 아니한다.

② 국유재산의 관리청이 그 무단점유자에 대하여 하는 변상금부과처분은 관리청이 공권력을 가진 우월적 지위로 행한 것으로서 행정소송의 대상이 되는 행정처분이라고 보아야 한다.

③ 구 「예산회계법」에 따라 체결되는 계약에 있어서 입찰보증금의 국고귀속조치에 관한 분쟁은 민사소송의 대상이 되지만, 입찰자격정지에 대해서는 항고소송으로 다투어야 한다.

④ 공익사업의 시행으로 인하여 건축허가 등 관계법령에 의한 절차를 진행 중이던 사업이 폐지되는 경우 그 사업 등에 소요된 비용 등의 손실에 대한 쟁송은 민사소송절차에 의해야 한다.

해설

① (O) 대판 2014.09.04. 2014다203588.

② (O) 대판 1988.2.23. 87누1046.

③ (O) 예산회계법에 따라 체결되는 계약은 사법상의 계약이라고 할 것이고 입찰보증금의 국고귀속조치는 국가가 사법상의 재산권의 주체로서 행위하는 것이므로 이에 관한 분쟁은 행정소송이 아닌 민사소송의 대상이 될 수밖에 없다. 원심은 원고에게 6월간 입찰참가 자격정지(제한) 처분을 한 사실을 인정한 다음 위와 같은 입찰금액의 기재는 시설공사입찰유의서 제10조 제10호 소정의 입찰서에 기재한 중요부분의 착오가 있는 경우에 해당되어 이를 이유로 피고가 그 재량권을 일탈하여 행사한 것으로서 위법하다고 판시하였는바 위와 같은 판단조치는 정당하다고 보여진다(대판 1983.12.27. 81누366).

④ (X) 구 공익사업을 위한 토지 등의 취득 및 보상에 관한 법률에 따른 사업폐지 등에 대한 보상청구권은 공익사업의 시행 등 적법한 공권력의 행사에 의한 재산상 특별한 희생에 대하여 전체적인 공평부담의 견지에서 공익사업의 주체가 손해를 보상하여 주는 손실보상의 일종으로 공법상 권리임이 분명하므로 그에 관한 쟁송은 민사소송이 아닌 행정소송절차에 의하여야 한다(대판 2012.10.11. 2010다23210).

정답 ④

III 행정상 손실보상의 근거

IV 행정상 손실보상의 요건

511 [17국가9급]

행정상 손실보상에 대한 설명으로 옳은 것은?

① 손실보상의 이론적 근거로서 특별희생설에 의하면, 공공복지와 개인의 권리 사이에 충돌이 있는 경우에는 개인의 권리가 우선한다.

② 손실보상청구권을 공권으로 보게 되면 손실보상청구권을 발생시키는 침해의 대상이 되는 재산권에는 공법상의 권리만이 포함될 뿐 사법상의 권리는 포함되지 않는다.

③ 헌법재판소는 헌법 제23조 제3항의 '공공필요'는 '국민의 재산권을 그 의사에 반하여 강제적으로라도 취득해야 할 공익적 필요성'을 의미하고, 이 요건 중 공익성은 기본권 일반의 제한사유인 '공공복리'보다 좁은 것으로 보고 있다.

④ 헌법 제23조 제3항을 국민에 대한 직접적인 효력이 있는 규정으로 보는 견해는 동조항의 재산권의 수용·사용·제한 규정과 보상규정을 불가분조항으로 본다.

해설

① (X) 특별희생설은 정의와 평등의 관점에서 공익을 위한 특별한 희생이 발생하는 경우 공익과 사익을 형량하여 개인의 손실을 사회적으로 공평하게 분배해야 한다는 입장이다.

② (X) 공권설은 손실보상은 그 원인행위가 공법적인 것이므로 손실보상의무의 이행관계는 공법관계로 보아야 하며, 이에 따라 손실보상청구권은 공권이라는 견해이다. 재산권이란 토지소유권뿐만 아니라 그 밖에 법에 의하여 보호되는 일체의 재산적 가치 있는 권리(어업권, 광업권, 특허권 등)를 의미하며, 재산권의 종류는 물권인지 채권인지를 가리지 않는다. 재산권에는 사법(私法)상의 권리뿐만이 아니라 공법상의 권리(공유수면매립권 등)도 포함된다.

③ (O) 공익사업의 범위가 확대되는 경향에 대응하여 재산권의 존속보장과의 조화를 위해서는, '공공필요'의 요건에 관하여, 공익성은 추상적인 공익 일반 또는 국가의 이익 이상의 중대한 공익을 요구하므로 기본권 일반의 제한사유인 '공공복리'보다 좁게 보는 것이 타당하다(헌재 2014.10.30. 2011헌바172 등).

④ (X) 직접효력설은 관계법률에 보상규정이 없는 경우에는 직접 헌법규정에 의거하여 보상을 청구할 수 있으므로 보상규정을 불가분조항으로 보지 않는다.

정답 ③

512 [21국가7급]

재산권 보장과 손실보상에 대한 설명으로 옳은 것은? (다툼이 있는 경우 판례에 의함)

① 공용수용은 공공필요에 부합하여야 하므로, 수용 등의 주체를 국가 등의 공적 기관에 한정하여야 한다.

② 공익사업시행으로 인한 개발이익은 완전보상의 범위에 포함되는 피수용토지의 객관적 가치 내지 피수용자의 손실에 해당한다.

③ 구 「공유수면매립법」상 간척사업의 시행으로 인하여 관행어업권이 상실된 경우, 실질적이고 현실적인 피해가 발생한 경우에만 「공유수면매립법」에서 정하는 손실보상청구권이 발생한다.

④ 「공익사업을 위한 토지 등의 취득 및 보상에 관한 법률」에 따른 보상은 토지소유자나 관계인 개인별로 하는 것이 아니라 수용 또는 사용의 대상이 되는 물건별로 행해지는 것이다.

해설

① (X) 국가 등의 공적 기관이 직접 수용의 주체가 되는 것이든 그러한 공적 기관의 최종적인 허부판단과 승인결정하에 민간기업이 수용의 주체가 되는 것이든, 양자 사이에 공공필요에 대한 판단과 수용의 범위에 있어서 본질적인 차이를 가져올 것으로 보이지 않는다. 따라서 위 수용 등의 주체를 국가 등의 공적 기관에 한정하여 해석할 이유가 없다(헌재 2009.9.24. 2007헌바114).

② (X) 헌법 제23조 제3항에서 규정한 "정당한 보상"이란 원칙적으로 피수용재산의 객관적인 재산가치를 완전하게 보상하여야 한다는 완전보상을 뜻하는 것이지만, 공익사업의 시행으로 인한 개발이익은 완전보상의 범위에 포함되는 피수용토지의 객관적 가치 내지 피수용자의 손실이라고는 볼 수 없다(헌재 1990.6.25. 89헌마107).

③ (O) 공유수면 매립면허의 고시가 있다고 하여 반드시 그 사업이 시행되고 그로 인하여 손실이 발생한다고 할 수 없으므로, 매립면허 고시 이후 매립공사가 실행되어 관행어업권자에게 실질적이고 현실적인 피해가 발생한 경우에만 공유수면매립법에서 정하는 손실보상청구권이 발생하였다고 할 것이다(대판 2010.12.9. 2007두6571).

④ (X) 보상은 수용 또는 사용의 대상이 되는 물건별로 하는 것이 아니라 피보상자 개인별로 행하여지는 것이라고 할 것이어서 피보상자는 수용 대상물건 중 전부 또는 일부에 관하여 불복이 있는 경우 그 불복의 사유를 주장하여 행정소송을 제기할 수 있다(대판 2000.1.28. 97누11720).

정답 ③

513 [18서울9급]

행정상 손실보상에 대한 설명으로 가장 옳은 것은?

① 헌법재판소는 공용침해로 인한 특별한 손해에 대한 보상규정이 없는 경우에 관련 보상규정을 유추적용하여 보상하려는 경향이 있다.

② 공공용물에 관하여 적법한 개발행위 등이 이루어져 일정 범위의 사람들의 일반사용이 종전에 비하여 제한받게 되었다 하더라도 특별한 사정이 없는 한 이는 특별한 손실에 해당한다고 할 수 없다.

③ 공익사업의 시행으로 토석채취허가를 연장받지 못한 경우 그로 인한 손실은 적법한 공권력의 행사로 가하여진 재산상의 특별한 희생으로서 손실보상의 대상이 된다.

④ 개발제한구역 지정으로 인한 지가의 하락은 원칙적으로 토지소유자가 감수해야 하는 사회적 제약의 범주에 속하나, 지가의 하락이 20% 이상으로 과도한 경우에는 특별한 희생에 해당한다.

해설

① (X) 유추적용하여 보상하는 입장은 대법원의 입장이다.

② (O) 공공용물에 대한 일반사용(해안가 백사장에 대한 어선정박 등)이 적법한 개발행위로 인해 제한됨으로써 입는 불이익은 손실보상의 대상이 되는 특별한 희생이 아니다(대판 2002.2.26. 99다35300).

③ (X) 중대한 공익상의 필요가 있는 공익사업이 시행되어 토석채취허가를 연장받지 못하게 되었다고 하더라도 토석채취허가가 연장되지 않게 됨으로 인한 손실과 공익사업 사이에 상당인과관계가 있다고 할 수 없을 뿐 아니라, 특별한 사정이 없는 한 그러한 손실이 적법한 공권력의 행사로 가하여진 재산상의 특별한 희생으로서 손실보상의 대상이 된다고 볼 수도 없다(대판 2009. 6. 23. 2009두2672).

④ (X) 개발제한구역의 지정으로 인한 개발가능성의 소멸과 그에 따른 지가의 하락이나 지가상승률의 상대적 감소는 토지소유자가 감수해야 하는 사회적 제약의 범주에 속하는 것으로 보아야 한다(헌재 1998.12.24. 89헌마214).

정답 ②

V 경계이론과 분리이론

514 [18국회8급]

손실보상의 근거규정이 없이 법령상 규정에 의하여 재산권 행사에 제약을 받은 사람이 손실보상을 청구할 수 있는지에 대한 다음의 설명 중 옳지 않은 것은? (다툼이 있는 경우 판례에 의함)

① 재산권의 사회적 제약에 해당하는 공용제한에 대해서는 보상규정을 두지 않아도 된다.

② 보상규정이 없다고 하여 당연히 보상이 이루어질 수 없는 것이 아니라 헌법해석론에 따라서는 특별한 희생에 해당하는 재산권 제약에 대해서는 손실보상이 이루어질 수도 있다.

③ 우리 헌법재판소는 손실보상규정이 없어 손실보상을 할 수 없으나 수인한도를 넘는 침해가 있는 경우에는 침해를 야기한 행위가 위법하므로 그에 대한 항고소송을 제기할 수 있다고 한다.

④ 대법원은 손실보상규정이 없는 경우에 다른 손실보상규정의 유추적용을 인정하는 경우가 있다.

⑤ 손실보상규정이 없으나 수인한도를 넘는 침해가 이루어진 경우 헌법소원으로 이를 다툴 수 있다.

해설

① (O) 손실보상이 성립하기 위해서는 재산권에 대한 의도적인 침해가 사회적 제약을 넘는 공용침해이어야 한다. 즉, 적법한 공권력행사로 인하여 재산권에 일반적으로 내재하는 사회적 제약을 넘는 특별한 희생이 있는 경우에 한하여 보상이 이루어질 수 있다.

② (O) ③ (X) ⑤ (O) 개발제한구역제도 그 자체는 원칙적으로 합헌적인 규정인데, 일부 토지소유자에게 사회적 제약의 범위를 넘는 가혹한 부담이 발생하는 예외적인 경우에 대하여 보상규정을 두지 않은 것에 위헌성이 있는 것이고, 보상의 구체적 기준과 방법은 헌법재판소가 결정할 성질의 것이 아니라 광범위한 입법형성권을 가진 입법자가 입법정책적으로 정할 사항이므로, 입법자가 보상입법을 마련함으로써 위헌적인 상태를 제거할 때까지 위 조항을 형식적으로 존속케 하기 위하여 헌법불합치결정을 하는 것인바, 토지소유자는 보상입법을 기다려 그에 따른 권리행사를 할 수 있을 뿐 개발제한구역의 지정이나 그에 따른 토지재산권의 제한 그 자체의 효력을 다투거나 위 조항에 위반하여 행한 자신들의 행위의 정당성을 주장할 수는 없다(헌재 1998.12.24, 89헌마214).

④ (O) 적법한 어업허가를 받고 허가어업에 종사하던 중 공유수면매립사업의 시행으로 피해를 입게되는 어민들이 있는 경우 그 공유수면매립사업의 시행자로서는 위 구 공공용지의취득및손실보상에관한특례법시행규칙 제25조의2의 규정을 유추적용하여 위와 같은 어민들에게 손실보상을 하여 줄 의무가 있다(대판 1999.11.23, 98다11529).

정답 ③

헌법재판소의 판례이론에 의할 경우 갑(甲)은 개발제한구역의 지정에 대한 취소소송과 손해배상청구소송을 통하여 재산권 침해의 구제를 받을 수 있다. [13서울7급]

해설

(X) 토지소유자는 보상입법을 기다려 그에 따른 권리행사를 할 수 있을 뿐 개발제한구역의 지정이나 그에 따른 토지재산권의 제한 그 자체의 효력을 다투거나 위 조항에 위반하여 행한 자신들의 행위의 정당성을 주장할 수는 없다(헌재 1998.12.24. 89헌마214).

Ⅵ 행정상 손실보상의 기준과 내용

피수용재산의 객관적인 재산가치를 완전하게 보상한다는 것은 불가능하므로 보상은 상당한 보상이면 족하다는 것이 대법원의 입장이다. [14서울9급]

| 해설

(X) 수용에 따른 손실보상액 산정의 경우 헌법 제23조 제3항에 따른 정당한 보상이란 원칙적으로 피수용재산의 객관적인 재산가치를 완전하게 보상하여야 한다는 완전보상을 뜻하는 것이다(대판 2001.9.25. 2000두2426).

515 [16국가7급]

「공익사업을 위한 토지 등의 취득 및 보상에 관한 법률」상 손실보상에 대한 설명으로 옳지 않은 것은? (다툼이 있는 경우 판례에 의함)

① 주거용 건물의 거주자에 대하여는 주거 이전에 필요한 비용과 가재도구 등 동산의 운반에 필요한 비용을 보상하여야 한다.

② 이의신청에 대한 재결에 대하여 기한 내에 행정소송이 제기되지 않거나 그 밖의 사유로 이의신청에 대한 재결이 확정된 때에는 「민사소송법」상의 확정판결이 있은 것으로 본다.

③ 재결에 의한 토지취득의 경우 보상액 산정은 수용재결 당시의 가격을 기준으로 함이 원칙이나, 보상액을 산정할 경우에 해당 공익사업으로 인하여 수용대상 토지의 가격이 변동되었을 때에는 이를 고려하여야 한다.

④ 표준지공시지가 결정에 위법이 있는 경우 수용보상금의 증액을 구하는 소송에서 수용대상 토지가격 산정의 기초가 된 비교표준지공시지가 결정의 위법을 독립된 사유로 주장할 수 있다.

해설

① (O)

> **토지보상법 제78조(이주대책의 수립 등)** ⑥ 주거용 건물의 거주자에 대하여는 주거 이전에 필요한 비용과 가재도구 등 동산의 운반에 필요한 비용을 산정하여 보상하여야 한다.

② (O)

> **토지보상법 제86조(이의신청에 대한 재결의 효력)** ① 제85조 제1항에 따른 기간 이내에 소송이 제기되지 아니하거나 그 밖의 사유로 이의신청에 대한 재결이 확정된 때에는 「민사소송법」상의 확정판결이 있은 것으로 보며, 재결서 정본은 집행력 있는 판결의 정본과 동일한 효력을 가진다.

③ (X)

> **토지보상법 제67조(보상액의 가격시점 등)** ① 보상액의 산정은 협의에 의한 경우에는 협의 성립 당시의 가격을, 재결에 의한 경우에는 수용 또는 사용의 재결 당시의 가격을 기준으로 한다.
>
> ② 보상액을 산정할 경우에 해당 공익사업으로 인하여 토지등의 가격이 변동되었을 때에는 이를 고려하지 아니한다.

④ (O) 표준지공시지가결정이 위법한 경우에는 그 자체를 행정소송의 대상이 되는 행정처분으로 보아 그 위법 여부를 다툴 수 있음은 물론, 수용보상금의 증액을 구하는 소송에서도 선행처분으로서 그 수용대상 토지 가격 산정의 기초가 된 비교표준지공시지가결정의 위법을 독립한 사유로 주장할 수 있다(대판 2008.08.21. 2007두13845).

정답 ③

건물의 일부만 수용되어 잔여부분을 보수하여 사용할 수 있는 경우 그 건물 전체의 가격에서 수용된 부분의 비율에 해당하는 금액과 건물 보수비를 손실보상액으로 평가하여 보상하면 되고, 잔여건물에 대한 가치하락까지 보상해야 하는 것은 아니다. [14국가7급]

| 해설

(X) 동일한 토지소유자의 소유에 속하는 일단의 토지 일부가 공공사업용지로 편입됨으로써 잔여지의 가격이 하락한 경우에는 잔여건물의 가치하락분에 대한 감가보상을 인정함이 상당하다(대판 2001.9.25. 2000두2426).

516 [19지방7급]

공익사업을 위한 토지 등의 취득 및 보상에 관한 법률상 잔여지 수용청구 및 손실보상에 대한 설명으로 옳은 것은? (다툼이 있는 경우 판례에 의함)

① 동일한 토지소유자에 속하는 일단의 토지의 일부가 취득됨으로써 잔여지의 가격이 감소한 때에는 잔여지를 종래의 목적으로 사용하는 것이 가능한 경우라도 그 잔여지는 손실보상의 대상이 된다.

② 토지소유자가 잔여지 수용청구에 대한 재결절차를 거친 경우에는 곧바로 사업시행자를 상대로 잔여지 가격감소 등으로 인한 손실보상을 청구할 수 있다.

③ 잔여지 수용청구는 당해 공익사업의 공사완료일까지 해야 하지만, 토지소유자가 그 기간 내에 잔여지 수용청구권을 행사하지 않았더라도 그 권리가 소멸하는 것은 아니다.

④ 토지소유자가 사업시행자에게 잔여지 매수청구의 의사표시를 하였다면, 그 의사표시는 특별한 사정이 없는 한 관할 토지수용위원회에 한 잔여지 수용청구의 의사표시로 볼 수 있다.

해설

① (O) 사업시행자가 동일한 토지소유자에 속하는 일단의 토지 일부를 취득함으로 인하여 잔여지의 가격이 감소하거나 그 밖의 손실이 있을 때 등에는 잔여지를 종래의 목적으로 사용하는 것이 가능한 경우라도 잔여지 손실보상의 대상이 되며, 잔여지를 종래의 목적에 사용하는 것이 불가능하거나 현저히 곤란한 경우이어야만 잔여지 손실보상청구를 할 수 있는 것이 아니다(대판 2018. 7. 20. 2015두4044).

② (X) 토지소유자가 사업시행자로부터 공익사업법 제73조에 따른 잔여지 가격감소 등으로 인한 손실보상을 받기 위해서는 공익사업법 제34조, 제50조 등에 규정된 재결절차를 거친 다음 그 재결에 대하여 불복이 있는 때에 비로소 공익사업법 제83조 내지 제85조에 따라 권리구제를 받을 수 있을 뿐, 이러한 재결절차를 거치지 않은 채 곧바로 사업시행자를 상대로 손실보상을 청구하는 것은 허용되지 않는다고 봄이 상당하고(대법원 2008. 7. 10. 선고 2006두19495 판결 참조), 이는 수용대상토지에 대하여 재결절차를 거친 경우에도 마찬가지라 할 것이다(대판 2012. 11. 29. 2011두22587).

③ (X) ④ (X) 잔여지 수용청구는 사업시행자와 사이에 매수에 관한 협의가 성립되지 아니한 경우 일단의 토지의 일부에 대한 관할 토지수용위원회의 수용재결이 있기 전까지 관할 토지수용위원회에 하여야 하고, 잔여지 수용청구권의 행사기간은 제척기간으로서, 토지소유자가 그 행사기간 내에 잔여지 수용청구권을 행사하지 아니하면 그 권리가 소멸한다. 또한 위 조항의 문언 내용 등에 비추어 볼 때, 잔여지 수용청구의 의사표시는 관할 토지수용위원회에 하여야 하는 것으로서, 관할 토지수용위원회가 사업시행자에게 잔여지 수용청구의 의사표시를 수령할 권한을 부여하였다고 인정할 만한 사정이 없는 한, 사업시행자에게 한 잔여지 매수청구의 의사표시를 관할 토지수용위원회에 한 잔여지 수용청구의 의사표시로 볼 수는 없다(대판 2010.08.19. 2008두822).

정답 ①

517 [19서울7급(上)]

「공익사업을 위한 토지 등의 취득 및 보상에 관한 법률」상 잔여지 수용에 대한 설명으로 가장 옳은 것은?

① 잔여지에 현실적 이용상황 변경 또는 사용가치 및 교환가치의 하락 등이 발생하였더라도 그 손실이 토지가 공익사업에 취득·사용됨으로써 발생한 것이 아닌 경우에는 손실보상의 대상이 되지 않는다.

② 잔여지 수용의 청구는 사업시행자가 관할 토지수용위원회에 하여야 하고, 토지소유자는 사업시행자에게 잔여지 수용을 청구해 줄 것을 요청할 수 있다.

③ 잔여지 수용 청구가 있으면 그 잔여지에 있는 물건에 대한 권리를 가진 자는 사업시행자에게 그 권리의 존속을 주장할 수 없게 된다.

④ 토지소유자는 사업시행자에게 잔여지 매수 청구를 할 수 있는데, 이 매수 청구는 토지수용위원회의 잔여지 수용재결 전 또는 후에 할 수 있다.

해설

① (O) 잔여지에 대하여 현실적 이용상황 변경 또는 사용가치 및 교환가치의 하락 등이 발생하였더라도, 그 손실이 토지의 일부가 공익사업에 취득되거나 사용됨으로 인하여 발생하는 것이 아니라면 특별한 사정이 없는 한 토지보상법 제73조 제1항 본문에 따른 잔여지 손실보상 대상에 해당한다고 볼 수 없다(대판 2017. 7. 11. 2017두40860).

② (X) ③ (X) ④ (X)

> **공익사업을 위한 토지 등의 취득 및 보상에 관한 법률 제74조(잔여지 등의 매수 및 수용 청구)** ① 동일한 소유자에게 속하는 일단의 토지의 일부가 협의에 의하여 매수되거나 수용됨으로 인하여 잔여지를 종래의 목적에 사용하는 것이 현저히 곤란할 때에는 해당 토지소유자는 사업시행자에게 잔여지를 매수하여 줄 것을 청구할 수 있으며, 사업인정 이후에는 관할 토지수용위원회에 수용을 청구할 수 있다. 이 경우 수용의 청구는 매수에 관한 협의가 성립되지 아니한 경우에만 할 수 있으며, 사업완료일까지 하여야 한다.
>
> ② 제1항에 따라 매수 또는 수용의 청구가 있는 잔여지 및 잔여지에 있는 물건에 관하여 권리를 가진 자는 사업시행자나 관할 토지수용위원회에 그 권리의 존속을 청구할 수 있다.

정답 ①

518 [16경행특채]

손실보상 제도를 설명한 것이다. 다음 중 가장 적절한 것은? (다툼이 있으면 판례에 의함)

① 수용대상 토지에 대한 손실보상액을 평가함에 있어서는 수용재결당시의 이용 상황, 주위환경 등을 기준으로 하여야 하는 것이고, 여기서의 수용대상 토지의 현실 이용 상황은 법령의 규정이나 토지소유자의 주관적 의도 등에 의하여 의제되어야 한다.

② 공공용물에 관하여 적법한 개발행위 등이 이루어짐으로 말미암아 이에 대한 일정범위의 사람들의 일반사용이 종전에 비하여 제한받게 되었다면, 특별한 사정이 없는 한 그로 인한 불이익은 손실보상의 대상이 되는 특별한 손실에 해당한다.

③ 문화적, 학술적 가치는 특별한 사정이 없는 한 그 토지의 부동산으로서의 경제적, 재산적 가치를 높여 주는 것이므로 토지수용법 제51조 소정의 손실보상의 대상이 된다.

④ 지장물인 건물은 그 건물이 적법한 건축허가를 받아 건축된 것인지 여부에 관계없이 토지수용법상의 사업인정의 고시 이전에 건축된 건물이기만 하면 손실보상의 대상이 된다.

해설

① (X) 토지소유자의 주관적 의도 등은 고려하지 아니한다.

> **토지보상법 제70조(취득하는 토지의 보상)** ② 토지에 대한 보상액은 가격시점에서의 현실적인 이용상황과 일반적인 이용방법에 의한 객관적 상황을 고려하여 산정하되, 일시적인 이용상황과 토지소유자나 관계인이 갖는 주관적 가치 및 특별한 용도에 사용할 것을 전제로 한 경우 등은 고려하지 아니한다.

② (X) 대판 2002.2.26. 99다35300.

③ (X) 문화적, 학술적 가치는 특별한 사정이 없는 한 그 토지의 부동산으로서의 경제적, 재산적 가치를 높여 주는 것이 아니므로 토지수용법 제51조 소정의 손실보상의 대상이 될 수 없다(대판 1989.9.12. 88누11216).

④ (O) 지장물인 건물은 그 건물이 적법한 건축허가를 받아 건축된 것인지 여부에 관계없이 토지수용법상의 사업인정의 고시 이전에 건축된 건물이기만 하면 손실보상의 대상이 됨이 명백하다(대판 2000.3.10. 99두10896).

정답 ④

519 [20국가7급]

공익사업을 위한 토지 등의 취득 및 보상에 관한 법률상 손실보상에 대한 설명으로 옳지 않은 것은? (다툼이 있는 경우 판례에 의함)

① 잔여지 수용청구권은 그 요건을 구비한 때에는 잔여지를 수용하는 토지수용위원회의 재결이 없더라도 그 청구에 의하여 수용의 효과가 발생하는 형성권적 성질을 가진다.

② 공익사업에 영업시설 일부가 편입됨으로 인하여 잔여 영업시설에 손실을 입은 자는 재결절차를 거치지 않은 채 곧바로 사업시행자를 상대로 잔여 영업시설의 손실에 대한 보상을 청구할 수 있다.

③ 국가 등의 공적 기관이 직접 수용의 주체가 되는 것이든 그러한 공적 기관의 최종적인 허부판단과 승인결정하에 민간기업이 수용의 주체가 되는 것이든, 양자 사이에 공공필요에 대한 판단과 수용의 범위에 있어서 본질적인 차이가 있는 것은 아니다.

④ 손실보상금 산정을 위한 감정평가 중 어느 한 가지 점이라도 위법사유가 있으면 그것으로써 감정평가결과는 위법하게 되나, 법원은 그 감정내용 중 위법하지 않은 부분을 추출하여 판결에서 참작할 수 있다.

해설

① (O) 잔여지 수용청구권은 손실보상의 일환으로 토지소유자에게 부여되는 권리로서 그 요건을 구비한 때에는 잔여지를 수용하는 토지수용위원회의 재결이 없더라도 그 청구에 의하여 수용의 효과가 발생하는 형성권적 성질을 가진다(대판 2010. 8. 19. 2008두822).

② (X) 공익사업에 영업시설 일부가 편입됨으로 인하여 잔여 영업시설에 손실을 입은 자가 사업시행자로부터 잔여 영업시설의 손실에 대한 보상을 받기 위해서는, 토지보상법 제34조, 제50조 등에 규정된 재결절차를 거친 다음 그 재결에 대하여 불복이 있는 때에 비로소 토지보상법 제83조 내지 제85조에 따라 권리구제를 받을 수 있을 뿐이다. 이러한 재결절차를 거치지 않은 채 곧바로 사업시행자를 상대로 손실보상을 청구하는 것은 허용되지 않는다(대판 2018. 7. 20. 2015두4044).

③ (O) 헌법 제23조 제3항은 정당한 보상을 전제로 하여 재산권의 수용 등에 관한 가능성을 규정하고 있지만, 재산권 수용의 주체를 한정하지 않고 있다. 위 헌법조항의 핵심은 당해 수용이 공공필요에 부합하는가, 정당한 보상이 지급되고 있는가 여부 등에 있는 것이지, 그 수용의 주체가 국가인지 민간기업인지 여부에 달려 있다고 볼 수 없다. 또한 국가 등의 공적 기관이 직접 수용의 주체가 되는 것이든 그러한 공적 기관의 최종적인 허부판단과 승인결정하에 민간기업이 수용의 주체가 되는 것이든, 양자 사이에 공공필요에 대한 판단과 수용의 범위에 있어서 본질적인 차이를 가져올 것으로 보이지 않는다. 따라서 위 수용 등의 주체를 국가 등의 공적 기관에 한정하여 해석할 이유가 없다(헌재 2009.9.24. 2007헌바114).

④ (O) 토지수용의 경우 손실보상금 산정을 위한 감정평가 중 어느 한 가지 점이라도 위법사유가 있으면 그것으로써 그 감정평가결과는 위법하게 되나, 감정평가가 위법하다고 하여도 법원은 그 감정내용 중 위법하지 않은 부분은 이를 추출하여 판결에서 참작할 수 있다(대판 1999. 8. 24. 99두4754).

정답 ②

520 [08지방7급]

행정상 손실보상에 대한 설명으로 옳은 것은? (다툼이 있는 경우 판례에 의함)

① 토지수용으로 인한 손실보상액을 산정함에 있어 당해 공공사업의 시행과 관련이 없는 다른 사업으로 인한 개발이익을 배제한 가격으로 평가하여야 한다.

② 영업손실에 관한 보상에 있어서 영업의 휴업과 폐지를 구별하는 기준은 당해 영업을 다른 장소로 실제로 이전하였는지의 여부에 달려있다.

③ 잔여지수용청구권은 그 요건을 구비한 때에 형성권의 성질을 갖는다.

④ 토지수용 보상액 산정시 당해 공공사업의 시행을 직접목적으로 하는 계획의 승인 · 고시로 인한 가격변동을 고려하여야 한다.

해설

① (X) 토지수용으로 인한 손실보상액을 산정함에 있어서 당해 공공사업의 시행을 직접목적으로 하는 가격변동은 고려함이 없이 수용재결 당시의 가격을 기준으로 하여 적정가격을 정하여야 하나, 당해 공공사업과는 관계없는 다른 사업의 시행으로 인한 개발이익은 이를 배제하지 아니한 가격으로 평가하여야 한다(대판 1992.2.11. 91누7774).

② (X) 영업손실에 관한 보상에 있어 영업의 폐지로 볼 것인지 아니면 영업의 휴업으로 볼 것인지를 구별하는 기준은 당해 영업을 다른 장소로 이전하는 것이 가능한지의 여부에 달려 있다 할 것이다(대판 2001.11.13. 2000두1003).

③ (O) 토지수용법에 의한 잔여지수용청구권은 그 요건을 구비한 때에는 토지수용위원회의 특별한 조치를 기다릴 것 없이 청구에 의하여 수용의 효과가 발생하는 형성권적 성질을 가진다(대판 2001.9.4. 99두11080).

④ (X) 토지수용 보상액을 산정함에 있어서는 토지수용법 제46조 제1항에 따라 당해 공공사업의 시행을 직접 목적으로 하는 계획의 승인·고시로 인한 가격변동은 이를 고려함이 없이 수용재결 당시의 가격을 기준으로 하여 정하여야 할 것이다(대판 1999.3.23. 98두13850).

정답 ③

521 [18교육행정]

행정상 손실보상에 관한 설명으로 옳지 않은 것은?

① 분리이론과 경계이론은 재산권의 내용 · 한계설정과 공용침해를 보다 합리적으로 구분하려는 이론이다.

② 「헌법」 제23조 제3항에서 보상은 법률로써 하되 정당한 보상을 지급하여야 한다고 하여 구체적인 보상액의 산출기준은 법률에 유보하고 있다.

③ 중앙토지수용위원회의 이의재결에 대한 행정소송은 재결서를 받은 날부터 60일 이내에 제기해야 한다.

④ 헌법재판소는 「헌법」 제23조 제3항의 정당한 보상에 세입자의 이주대책까지 포함된다고 본다.

해설

① (O) 분리이론과 경계이론은 헌법 제23조의 해석과 관련하여 재산권의 사회적 제약과 공용침해를 합리적으로 구분하려는 이론이다.

② (O) 헌법 제23조 제3항은 "공공필요에 의한 재산권의 수용·사용 또는 제한 및 그에 대한 보상은 법률로써 하되, 정당한 보상을 지급하여야 한다"라고 규정하고 있는 바, 이 헌법의 규정은 보상청구권의 근거에 관하여서 뿐만 아니라 보상의 기준과 방법에 관하여서도 법률의 규정에 유보하고 있는 것으로 보아야 하고, 위 구 토지수용법과 지가공시법의 규정들은 바로 헌법에서 유보하고 있는 그 법률의 규정들로 보아야 할 것이다(대판 1993.7.13. 93누2131).

③ (O)

공익사업을 위한 토지 등의 취득 및 보상에 관한 법률 제85조(행정소송의 제기) ① 사업시행자, 토지소유자 또는 관계인은 제34조에 따른 재결에 불복할 때에는 재결서를 받은 날부터 90일 이내에, 이의신청을 거쳤을 때에는 이의신청에 대한 재결서를 받은 날부터 60일 이내에 각각 행정소송을 제기할 수 있다. 이 경우 사업시행자는 행정소송을 제기하기 전에 제84조에 따라 늘어난 보상금을 공탁하여야 하며, 보상금을 받을 자는 공탁된 보상금을 소송이 종결될 때까지 수령할 수 없다.

④ (X) 이주대책은 공공사업의 시행에 필요한 토지 등을 제공함으로 인하여 생활의 근거를 상실하게 되는 이주자들을 위하여 사업시행자가 '기본적인 생활시설이 포함된' 택지를 조성하거나 그 지상에 주택을 건설하여 이주자들에게 이를 '그 투입비용 원가만의 부담 하에' 개별 공급하는 것으로서, 그 본래의 취지에 있어 이주자들에 대하여 종전의 생활상태를 원상으로 회복시키면서 동시에 인간다운 생활을 보장하여 주기 위한 이른바 생활보상의 일환으로 국가의 적극적이고 정책적인 배려에 의하여 마련된 제도라 할 것이다(대판 2003.07.25. 2001다57778).

정답 ④

522 [15국회8급]

다음 중 생활보상에 대한 설명으로 옳지 않은 것은? (다툼이 있는 경우 판례에 의함)

① 생활보상은 피수용자가 종전과 같은 생활을 유지할 수 있도록 실질적으로 보장하는 보상을 말한다.

② 도시개발사업의 사업시행자는 이주대책기준을 정하여 이주대책 대상자 가운데 이주대책을 수립 · 실시하여야 할 자를 선정하여 그들에게 공급할 택지 등을 정하는 데 재량을 갖는다.

③ 생활대책대상자 선정기준에 해당하는 자는 자신을 생활대책대상자에서 제외하거나 선정을 거부한 사업시행자를 상대로 항고소송을 제기할 수 있다.

④ 이주대책대상자로 확인 · 결정이 되어야 이주대책대상자가 비로소 수분양권을 취득한다.

⑤ 사업시행자 스스로 생활대책을 수립 · 실시하는 경우, 이는 내부적인 기준에 불과하므로 생활대책대상자 선정여부의 확인 · 결정을 신청할 수 있는 권리를 갖지 못한다.

해설

① (O) 생활보상이란 피수용자가 종전과 같은 생활을 유지할 수 있도록 실질적으로 보장하는 보상을 말한다. 생활보상에는 이주대책의 시행, 직업훈련, 고용알선, 주거이전비 지급 등이 있다.

② (O) 사업시행자는 이주대책기준을 정하여 이주대책대상자 중에서 이주대책을 수립·실시하여야 할 자를 선정하여 그들에게 공급할 택지 또는 주택의 내용이나 수량을 정할 수 있고, 이를 정하는 데 재량을 가지므로, 사업시행자가 설정한 기준은 특별한 사정이 없는 한 존중되어야 한다(대판 2009.3.12, 2008두12610).

③ (O) ⑤ (X) 사업시행자 스스로 공익사업의 원활한 시행을 위하여 필요하다고 인정함으로써 생활대책을 수립 · 실시할 수 있도록 하는 규정을 두고 있는 경우에는, 이러한 생활대책 역시 "공공필요에 의한 재산권의 수용 · 사용 또는 제한 및 그에 대한 보상은 법률로써 하되, 정당한 보상을 지급하여야 한다."고 규정하고 있는 헌법 제23조 제3항에 따른 정당한 보상에 포함되는 것으로 보아야 한다. 따라서 이러한 생활대책대상자 선정기준에 해당하는 자는 사업시행자에 대하여 생활대책대상자 선정 여부의 확인·결정을 신청할 수 있는 권리를 가진다고 할 것이어서, 만일 사업시행자가 그러한 자를 생활대책대상자에서 제외하거나 그 선정을 거부하면, 이러한 생활대책대상자 선정기준에 해당하는 자는 사업시행자를 상대로 항고소송을 제기할 수 있다고 봄이 타당하다(대판 2011.10.13. 2008두17905).

④ (O) 사업시행자에게 이주대책의 수립 · 실시의무를 부과하고 있다고 하여 그 규정 자체만에 의하여 이주자에게 사업시행자가 수립한 이주대책상의 택지분양권이나 아파트 입주권 등을 받을 수 있는 구체적인 권리(수분양권)가 직접 발생하는 것이라고는 도저히 볼 수 없으며, 절차에 따라 사업시행자에게 이주대책대상자 선정신청을 하고 사업시행자가 이를 받아들여 이주대책대상자로 확인·결정하여야만 비로소 구체적인 수분양권이 발생하게 된다(대판 1994.5.24, 92다35783 전원합의체).

정답 ⑤

523 [19서울9급(上)]

손실보상에 대한 설명으로 가장 옳지 않은 것은?

① 우리 「헌법」상 수용의 주체를 국가로 한정하고 있지 않으므로 민간기업도 수용의 주체가 될 수 있다.
② 토지를 종래의 목적으로도 사용할 수 없는 경우에는 토지소유자가 수인해야 할 사회적 제약의 한계를 넘는 것으로 보아야 한다.
③ 「헌법」 제23조 제3항의 정당한 보상이란 원칙적으로 피수용재산의 객관적인 재산가치를 완전하게 보상하는 것이어야 한다는 완전보상을 뜻한다.
④ 간접적 영업손실은 특별한 희생이 될 수 없다.

해설

① (O) 헌법 제23조 제3항은 정당한 보상을 전제로 하여 재산권의 수용 등에 관한 가능성을 규정하고 있지만, 재산권 수용의 주체를 한정하지 않고 있다. 위 헌법조항의 핵심은 당해 수용이 공공필요에 부합하는가, 정당한 보상이 지급되고 있는가 여부 등에 있는 것이지, 그 수용의 주체가 국가인지 민간기업인지 여부에 달려 있다고 볼 수 없다. 따라서 위 수용 등의 주체를 국가 등의 공적 기관에 한정하여 해석할 이유가 없다(헌재 2009.9.24. 2007헌바114).

② (O) 개발제한구역 지정으로 인하여 토지를 종래의 목적으로도 사용할 수 없거나 또는 더 이상 법적으로 허용된 토지이용의 방법이 없기 때문에 실질적으로 토지의 사용·수익의 길이 없는 경우에는 토지소유자가 수인해야 하는 사회적 제약의 한계를 넘는 것으로 보아야 한다(헌재 1998.12.24. 89헌마214).

③ (O) 수용에 따른 손실보상액 산정의 경우 헌법 제23조 제3항에 따른 정당한 보상이란 원칙적으로 피수용재산의 객관적인 재산가치를 완전하게 보상하여야 한다는 완전보상을 뜻하는 것이다(대판 2001.9.25. 2000두2426).

④ (X) 공공사업시행지구 밖에 위치한 영업과 공작물 등에 대한 간접손실에 대하여도 일정한 조건하에서 이를 보상하도록 규정하고 있는 점에 비추어, 공공사업의 시행으로 인하여 그러한 손실이 발생하리라는 것을 쉽게 예견할 수 있고 그 손실의 범위도 구체적으로 이를 특정할 수 있는 경우라면 그 손실의 보상에 관하여 공공용지의취득및손실보상에관한특례법시행규칙의 관련 규정 등을 유추적용할 수 있다고 해석함이 상당하다(대판 1999.10.8. 99다27231).

정답 ④

524 [19지방7급]

공익사업을 위한 토지 등의 취득 및 보상에 관한 법률상 환매권에 대한 설명으로 옳지 않은 것은? (다툼이 있는 경우 판례에 의함)

① 협의취득 또는 수용의 목적물이 제3자에게 이전되더라도 협의취득 또는 수용의 등기가 되어 있으면 환매권자는 환매권이 발생한 때부터 제척기간 도과로 소멸할 때까지 사이에 환매권을 행사하고, 이로써 제3자에게 대항할 수 있다.
② 환매권 성립의 요건으로서 협의취득 또는 수용된 토지가 필요 없게 되었는지 여부는 사업시행자의 주관적인 의사를 표준으로 할 것은 아니다.
③ 환매권 행사로 인한 소유권이전등기 청구소송에서 사업시행자는 환매대금 증액청구권을 내세워 증액된 환매대금과 보상금 상당액의 차액을 지급할 것을 동시이행의 항변으로 주장할 수 있다.
④ 환매권은 형성권으로서 환매권자의 일방적인 의사표시에 의해 사업시행자의 의사와 관계없이 법률효과가 발생하므로 환매의 의사표시가 상대방에게 도달한 때에 환매권 행사의 효력이 발생함이 원칙이다.

해설

① **(O)** '환매권은 부동산등기법이 정하는 바에 의하여 공익사업에 필요한 토지의 협의취득 또는 수용의 등기가 된 때에는 제3자에게 대항할 수 있다'고 정하고 있다. 이는 협의취득 또는 수용의 목적물이 제3자에게 이전되더라도 협의취득 또는 수용의 등기가 되어 있으면 환매권자의 지위가 그대로 유지되어 환매권자는 환매권을 행사할 수 있고, 제3자에 대해서도 이를 주장할 수 있다는 의미이다(대판 2017. 3. 15. 2015다238963).

② **(O)** 취득한 토지의 전부 또는 일부가 '필요 없게 된 때'란 사업시행자가 취득한 토지의 전부 또는 일부가 그 취득 목적 사업을 위하여 사용할 필요 자체가 없어진 경우를 말하며, 협의취득 또는 수용된 토지가 필요 없게 되었는지 여부는 사업시행자의 주관적인 의사를 표준으로 할 것이 아니라 당해 사업의 목적과 내용, 협의취득의 경위와 범위, 당해 토지와 사업의 관계, 용도 등 제반 사정에 비추어 객관적・합리적으로 판단하여야 한다(대판 2010. 9. 30. 2010다30782).

③ **(X)** 환매는 환매기간 내에 환매의 요건이 발생하면 환매권자가 지급받은 보상금에 상당한 금액을 사업시행자에게 미리 지급하고 일방적으로 의사표시를 함으로써 사업시행자의 의사와 관계없이 환매가 성립하고, 토지 등의 가격이 취득 당시에 비하여 현저히 변경되었더라도 같은 법 제91조 제4항에 의하여 당사자 간에 금액에 관하여 협의가 성립하거나 사업시행자 또는 환매권자가 그 금액의 증감을 법원에 청구하여 법원에서 그 금액이 확정되지 않는 한, 그 가격이 현저히 등귀한 경우이거나 하락한 경우이거나를 묻지 않고 환매권을 행사하기 위하여는 지급받은 보상금 상당액을 미리 지급하여야 하고 또한 이로써 족한 것이며, 사업시행자는 소로써 법원에 환매대금의 증액을 청구할 수 있을 뿐 환매권 행사로 인한 소유권이전등기 청구소송에서 환매대금 증액청구권을 내세워 증액된 환매대금과 보상금 상당액의 차액을 지급할 것을 선이행 또는 동시이행의 항변으로 주장할 수 없다(대판 2006. 12. 21. 2006다49277).

④ **(O)** 환매권은 재판상이든 재판외이든 그 기간 내에 행사하면 되는 것이나, 환매권은 상대방에 대한 의사표시를 요하는 형성권의 일종으로서 환매의 의사표시가 상대방에게 도달한 때에 비로소 환매권 행사의 효력이 발생함이 원칙이다(대판 1999.4.9. 98다46945).

정답 ③

525 [18지방7급]

「공익사업을 위한 토지 등의 취득 및 보상에 관한 법률」에 대한 설명으로 옳지 않은 것은? (다툼이 있는 경우 판례에 의함)

① 사업시행자가 공익사업에 필요한 토지를 협의취득하는 행위는 사경제주체로서 행하는 사법상의 법률행위이다.

② 환매제도는 재산권보장, 원소유자의 보호 및 공평의 원칙에 바탕을 두기에, 환매의 목적물은 토지소유권에 한하지 않고, 토지 이외의 물건이나 토지소유권 이외의 권리 역시 환매의 대상이 될 수 있다.

③ 사업인정이란 공익사업을 토지 등을 수용 또는 사용할 사업으로 결정하는 것인데, 사업시행자에게 해당 공익사업을 수행할 의사와 능력이 있어야 한다는 것도 사업인정의 한 요건이라고 보아야 한다.

④ 해당 공익사업의 성격, 구체적인 경위나 내용, 원만한 시행을 위한 필요 등 제반 사정을 고려하여, 사업시행자는 법이 정한 이주대책대상자를 포함하여 그 밖의 이해관계인에게까지 넓혀 이주대책 수립 등을 시행할 수 있다.

해설

① **(O)** 공공사업의 시행자가 토지수용법(공익사업을 위한 토지 등의 취득 및 보상에 관한 법률)에 의하여 그 사업에 필요한 토지를 취득하는 경우 그것이 협의에 의한 취득이고 토지수용법 제25조의2의 규정에 의한 협의 성립의 확인이 없는 이상, 그 취득행위는 어디까지나 사경제 주체로서 행하는 사법상의 취득으로서 승계취득한 것으로 보아야 할 것이고, 재결에 의한 취득과 같이 원시취득한 것으로 볼 수는 없다(대판 1996.2.13. 95다3510).

② **(X)** 토지소유권 이외의 권리는 환매의 대상이 되지 아니한다.

> **토지보상법 제91조(환매권)** ① 공익사업의 폐지·변경 또는 그 밖의 사유로 취득한 토지의 전부 또는 일부가 필요 없게 된 경우 토지의 협의취득일 또는 수용의 개시일(이하 이 조에서 "취득일"이라 한다) 당시의 토지소유자 또는 그 포괄승계인(이하 "환매권자"라 한다)은 다음 각 호의 구분에 따른 날부터 10년 이내에 그 토지에 대하여 받은 보상금에 상당하는 금액을 사업시행자에게 지급하고 그 토지를 환매할 수 있다.
> 1. 사업의 폐지·변경으로 취득한 토지의 전부 또는 일부가 필요 없게 된 경우: 관계 법률에 따라 사업이 폐지·변경된 날 또는 제24조에 따른 사업의 폐지·변경 고시가 있는 날

③ (O) 해당 공익사업을 수행하여 공익을 실현할 의사나 능력이 없는 자에게 타인의 재산권을 공권력적 · 강제적으로 박탈할 수 있는 수용권을 설정하여 줄 수는 없으므로, 사업시행자에게 해당 공익사업을 수행할 의사와 능력이 있어야 한다는 것도 사업인정의 한 요건이라고 보아야 한다(대판 2011.1.27. 2009두1051).

④ (O) 사업시행자는 법이 정한 이주대책대상자를 법령이 예정하고 있는 이주대책 수립 등의 대상에서 임의로 제외해서는 아니 된다. 그렇지만 규정 취지가 사업시행자가 시행하는 이주대책 수립 등의 대상자를 법이 정한 이주대책대상자로 한정하는 것은 아니므로, 사업시행자는 해당 공익사업의 성격, 구체적인 경위나 내용, 원만한 시행을 위한 필요 등 제반 사정을 고려하여 법이 정한 이주대책대상자를 포함하여 그 밖의 이해관계인에게까지 넓혀 이주대책 수립 등을 시행할 수 있다(대판 2015. 7. 23. 2012두22911).

정답 ②

526 [16국가7급]

「공익사업을 위한 토지 등의 취득 및 보상에 관한 법률」상 환매권에 대한 설명으로 옳지 않은 것은? (다툼이 있는 경우 판례에 의함)

① 환매권자는 협의취득일 또는 수용의 개시일 당시의 토지소유자 또는 그 포괄승계인이다.

② 사업시행자가 토지의 협의취득일 또는 수용의 개시일부터 5년 이내에 취득한 토지의 전부를 해당 공익사업에 이용하지 아니하였을 때에는 환매권자는 환매권을 행사할 수 있다.

③ 환매권자와 사업시행자가 환매금액에 대하여 협의가 성립되지 않아 환매금액의 증감을 구하는 소송은 형식적 당사자소송에 해당한다.

④ 헌법재판소는 협의취득 내지 수용 후 당해 사업의 폐지나 변경이 있은 경우 환매권을 인정하는 대상으로 토지만을 규정하고 있는 법률조항이 구 건물소유자의 재산권을 침해하지 않는다고 보았다.

해설

① (O)

> **토지보상법 제91조(환매권)** ① 공익사업의 폐지·변경 또는 그 밖의 사유로 취득한 토지의 전부 또는 일부가 필요 없게 된 경우 토지의 협의취득일 또는 수용의 개시일(이하 이 조에서 "취득일"이라 한다) 당시의 토지소유자 또는 그 포괄승계인(이하 "환매권자"라 한다)은 다음 각 호의 구분에 따른 날부터 10년 이내에 그 토지에 대하여 받은 보상금에 상당하는 금액을 사업시행자에게 지급하고 그 토지를 환매할 수 있다.
> 1. 사업의 폐지·변경으로 취득한 토지의 전부 또는 일부가 필요 없게 된 경우: 관계 법률에 따라 사업이 폐지·변경된 날 또는 제24조에 따른 사업의 폐지·변경 고시가 있는 날

② (O)

> **토지보상법 제91조(환매권)** ② 취득일부터 5년 이내에 취득한 토지의 전부를 해당 사업에 이용하지 아니하였을 때에는 제1항을 준용한다. 이 경우 환매권은 취득일부터 6년 이내에 행사하여야 한다.

③ (X) 환매권은 상대방에 대한 의사표시를 요하는 형성권의 일종으로서 재판상이든 재판 외이든 위 규정에 따른 기간 내에 행사하면 매매의 효력이 생기는 바, 이러한 환매권의 존부에 관한 확인을 구하는 소송 및 환매금액의 증감을 구하는 소송 역시 민사소송에 해당한다(대판 2013.02.28. 2010두22368).

④ (O) 토지에 대해서는 그 존속가치를 보장해 주기 위해 공익사업의 폐지 · 변경 등으로 토지가 불필요하게 된 경우 환매권이 인정되어야 할 것이나, 건물에 대해서는 그 존속가치를 보장하기 위하여 환매권을 인정하여야 할 필요성이 없거나 매우 적다. 입법자가 건물에 대한 환매권을 부인한 것은 헌법적 한계 내에 있는 입법재량권의 행사이므로 재산권을 침해하는 것이라 볼 수 없다(헌재 2005. 5. 26. 2004헌가10 [합헌]).

정답 ③

VII 행정상 손실보상의 방법

공익사업을 시행하는 경우에는 사전보상이 원칙이나, 천재·지변시의 토지사용의 경우에는 사업시행자가 후급할 수 있고 이때의 지연이자는 부담하지 않는다. [08지방9급]

| 해설

(X) 천재지변 등의 후급의 경우에 발생하는 지연이자와 물가변동에 따르는 불이익은 보상책임자가 부담한다(대판 1991.12.24. 91누308).

VIII 행정상 손실보상의 절차와 불복

527 [19지방9급]

손실보상에 대한 설명으로 옳은 것은? (다툼이 있는 경우 판례에 의함)

① 「공익사업을 위한 토지 등의 취득 및 보상에 관한 법률」에 의한 잔여지 수용청구를 받아들이지 않은 토지수용위원회의 재결에 대하여 토지소유자가 불복하여 제기하는 소송은 항고소송에 해당한다.

② 「공익사업을 위한 토지 등의 취득 및 보상에 관한 법률」에 따른 사업폐지 등에 대한 보상청구권은 사법상 권리로서 그에 관한 소송은 민사소송절차에 의하여야 한다.

③ 「공익사업을 위한 토지 등의 취득 및 보상에 관한 법률」에 의한 보상합의는 공공기관이 사경제주체로서 행하는 사법상 계약의 실질을 가진다.

④ 공유수면매립면허의 고시가 있는 경우 그 사업이 시행되고 그로 인하여 직접 손실이 발생한다고 할 수 있으므로, 관행어업권자는 공유수면매립면허의 고시를 이유로 손실보상을 청구할 수 있다.

해설

① (X) 잔여지 수용청구권은 손실보상의 일환으로 토지소유자에게 부여되는 권리로서 그 요건을 구비한 때에는 잔여지를 수용하는 토지수용위원회의 재결이 없더라도 그 청구에 의하여 수용의 효과가 발생하는 형성권적 성질을 가지므로, 잔여지 수용청구를 받아들이지 않은 토지수용위원회의 재결에 대하여 토지소유자가 불복하여 제기하는 소송은 위 법 제85조 제2항에 규정되어 있는 '보상금의 증감에 관한 소송'에 해당하여 사업시행자를 피고로 하여야 한다(대판 2010. 8. 19. 2008두822).

② (X) 구 공익사업을 위한 토지 등의 취득 및 보상에 관한 법률에 따른 사업폐지 등에 대한 보상청구권은 공익사업의 시행 등 적법한 공권력의 행사에 의한 재산상 특별한 희생에 대하여 전체적인 공평부담의 견지에서 공익사업의 주체가 손해를 보상하여 주는 손실보상의 일종으로 공법상 권리임이 분명하므로 그에 관한 쟁송은 민사소송이 아닌 행정소송절차에 의하여야 한다(대판 2012.10.11. 2010다23210).

③ (O) 공익사업을 위한 토지 등의 취득 및 보상에 관한 법률(이하 '공익사업법'이라고 한다)에 의한 보상합의는 공공기관이 사경제주체로서 행하는 사법상 계약의 실질을 가지는 것이다(대판 2013. 8. 22. 2012다3517).

④ (X) 공유수면 매립면허의 고시가 있다고 하여 반드시 그 사업이 시행되고 그로 인하여 손실이 발생한다고 할 수 없으므로, 매립면허 고시 이후 매립공사가 실행되어 관행어업권자에게 실질적이고 현실적인 피해가 발생한 경우에만 공유수면매립법에서 정하는 손실보상청구권이 발생하였다고 할 것이다(대판 2010.12.9. 2007두6571).

정답 ③

528 [20국가7급]

공익사업을 위한 토지 등의 취득 및 보상에 관한 법률상 토지수용절차 및 보상에 대한 설명으로 옳지 않은 것은? (다툼이 있는 경우 판례에 의함)

① 토지수용위원회가 토지에 대하여 사용재결을 하는 경우 사용할 토지의 위치와 면적, 권리자, 손실보상액, 사용 개시일뿐만 아니라 사용방법, 사용기간도 구체적으로 재결서에 특정하여야 한다.

② 사업인정기관은 어떠한 사업이 외형상 토지 등을 수용 또는 사용할 수 있는 사업에 해당한다 하더라도, 사업시행자에게 해당 공익사업을 수행할 의사와 능력이 없다면 사업인정을 거부할 수 있다.

③ 협의취득으로 인한 사업시행자의 토지에 대한 소유권 취득은 승계취득이므로 관할 토지수용위원회에 의한 협의 성립의 확인이 있었더라도 사업시행자는 수용재결의 경우와 동일하게 그 토지에 대한 원시취득의 효과를 누릴 수 없다.

④ 사업시행자의 이주대책 수립·실시의무 및 이주대책의 내용에 관한 규정은 당사자의 합의 또는 사업시행자의 재량에 의하여 적용을 배제할 수 없는 강행법규이다.

해설

① (O) 관할 토지수용위원회가 토지에 관하여 사용재결을 하는 경우에는 재결서에 사용할 토지의 위치와 면적, 권리자, 손실보상액, 사용 개시일 외에도 사용방법, 사용기간을 구체적으로 특정하여야 한다(대판 2019. 6. 13. 2018두42641).

② (O) 해당 공익사업을 수행하여 공익을 실현할 의사나 능력이 없는 자에게 타인의 재산권을 공권력적·강제적으로 박탈할 수 있는 수용권을 설정하여 줄 수는 없으므로, 사업시행자에게 해당 공익사업을 수행할 의사와 능력이 있어야 한다는 것도 사업인정의 한 요건이라고 보아야 한다(대판 2011.1.27. 2009두1051).

③ (X) 토지보상법상 '협의취득'의 성격은 사법상 매매계약이므로 그 이행으로 인한 사업시행자의 소유권 취득도 승계취득이다. 그런데 토지보상법 제29조 제3항에 따른 신청이 수리됨으로써 협의 성립의 확인이 있었던 것으로 간주되면, 토지보상법 제29조 제4항에 따라 그에 관한 재결이 있었던 것으로 재차 의제되고, 그에 따라 사업시행자는 사법상 매매의 효력만을 갖는 협의취득과는 달리 확인대상 토지를 수용재결의 경우와 동일하게 원시취득하는 효과를 누리게 된다(대판 2018. 12. 13. 2016두51719).

④ (O) 사업시행자의 이주대책 수립·실시의무를 정하고 있는 구 공익사업법 제78조 제1항은 물론 이주대책의 내용에 관하여 규정하고 있는 같은 조 제4항 본문 역시 당사자의 합의 또는 사업시행자의 재량에 의하여 적용을 배제할 수 없는 강행법규이다(대판 2011.06.23. 2007다63089 전원합의체).

정답 ③

529 [21국가7급]

「공익사업을 위한 토지 등의 취득 및 보상에 관한 법률」상 토지수용 절차로서 사업인정에 대한 설명으로 옳은 것만을 모두 고른 것은? (다툼이 있는 경우 판례에 의함)

ㄱ. 사업시행자가 해당 공익사업을 수행할 의사와 능력이 있어야 한다는 것은 사업인정의 요건에 해당한다.
ㄴ. 사업인정의 고시로 수용의 목적물은 확정되고 관계인의 범위가 제한된다.
ㄷ. 사업인정은 고시한 날부터 효력이 발생한다.
ㄹ. 사업시행자가 사업인정고시가 된 날부터 1년 이내에 재결신청을 하지 아니한 경우에는 사업인정고시가 된 날부터 1년이 되는 날의 다음 날에 사업인정은 그 효력을 상실한다.

① ㄱ
② ㄴ, ㄷ
③ ㄱ, ㄴ, ㄹ
④ ㄱ, ㄴ, ㄷ, ㄹ

해설

ㄱ. (O) 해당 공익사업을 수행하여 공익을 실현할 의사나 능력이 없는 자에게 타인의 재산권을 공권력적 · 강제적으로 박탈할 수 있는 수용권을 설정하여 줄 수는 없으므로, 사업시행자에게 해당 공익사업을 수행할 의사와 능력이 있어야 한다는 것도 사업인정의 한 요건이라고 보아야 한다(대판 2011.1.27. 2009두1051).

ㄴ. (O) 사업인정은 수용권을 설정해 주는 행정처분의 성격을 띠는 것으로서, 그 사업인정을 받음으로써 수용할 목적물의 범위가 확정되고 수용권자로 하여금 목적물에 대한 현재 및 장래의 권리자에게 대항할 수 있는 일종의 공법상의 권리로서의 효력을 발생시키는 것이다(대판 1995.12.5. 95누4889).

> **공익사업을 위한 토지 등의 취득 및 보상에 관한 법률 제2조(정의)** 이 법에서 사용하는 용어의 뜻은 다음과 같다.
> 5. "관계인"이란 사업시행자가 취득하거나 사용할 토지에 관하여 지상권·지역권·전세권·저당권·사용대차 또는 임대차에 따른 권리 또는 그 밖에 토지에 관한 소유권 외의 권리를 가진 자나 그 토지에 있는 물건에 관하여 소유권이나 그 밖의 권리를 가진 자를 말한다. 다만, 제22조에 따른 사업인정의 고시가 된 후에 권리를 취득한 자는 기존의 권리를 승계한 자를 제외하고는 관계인에 포함되지 아니한다.

ㄷ. (O)

> **공익사업을 위한 토지 등의 취득 및 보상에 관한 법률 제22조(사업인정의 고시)** ③ 사업인정은 제1항에 따라 고시한 날부터 그 효력이 발생한다.

ㄹ. (O)

> **공익사업을 위한 토지 등의 취득 및 보상에 관한 법률 제23조(사업인정의 실효)** ① 사업시행자가 제22조 제1항에 따른 사업인정의 고시(이하 "사업인정고시"라 한다)가 된 날부터 1년 이내에 제28조 제1항에 따른 재결신청을 하지 아니한 경우에는 사업인정고시가 된 날부터 1년이 되는 날의 다음 날에 사업인정은 그 효력을 상실한다.

정답 ④

토지수용위원회는 손실보상의 신청범위와 관계없이 손실보상의 증액재결을 할 수 없다. [11국가9급]

| 해설

(X)

> **토지보상법 제50조(재결사항)** ② 토지수용위원회는 사업시행자, 토지소유자 또는 관계인이 신청한 범위에서 재결하여야 한다. 다만, 제1항 제2호의 손실보상의 경우에는 증액재결(增額裁決)을 할 수 있다.

530 [19국가7급]

손실보상에 대한 판례의 입장으로 옳은 것은?

① 이주대책은 이른바 생활보상에 해당하는 것으로서 헌법 제23조 제3항이 규정하는 손실보상의 한 형태로 보아야 하므로, 법률이 사업시행자에게 이주대책의 수립 · 실시의무를 부과하였다면 이로부터 사업시행자가 수립한 이주대책상의 택지분양권 등의 구체적 권리가 이주자에게 직접 발생한다.

② 공공사업 시행으로 사업시행지 밖에서 발생한 간접손실은 손실 발생을 쉽게 예견할 수 있고 손실 범위도 구체적으로 특정할 수 있더라도, 사업시행자와 협의가 이루어지지 않고 그 보상에 관한 명문의 근거 법령이 없는 경우에는 보상의 대상이 아니다.

③ 공익사업으로 인해 농업손실을 입은 자가 사업시행자에게서 「공익사업을 위한 토지 등의 취득 및 보상에 관한 법률」에 따른 보상을 받으려면 재결절차를 거쳐야 하고, 이를 거치지 않고 곧바로 민사소송으로 보상금을 청구하는 것은 허용되지 않는다.

④ 「공익사업을 위한 토지 등의 취득 및 보상에 관한 법률」상 주거용 건축물 세입자의 주거이전비 보상청구권은 사법상의 권리이고, 주거이전비 보상청구소송은 민사소송에 의해야 한다.

해설

① (X) 이주대책은 이주자들에 대하여 종전의 생활상태를 원상으로 회복시키면서 동시에 인간다운 생활을 보장하여 주기 위한 이른바 생활보상의 일환으로 국가의 적극적이고 정책적인 배려에 의하여 마련된 제도라 할 것이다(대판 2003.07.25. 2001다57778). 사업시행자에게 이주대책의 수립 · 실시의무를 부과하고 있다고 하여 그 규정 자체만에 의하여 이주자에게 사업시행자가 수립한 이주대책상의 택지분양권이나 아파트 입주권 등을 받을 수 있는 구체적인 권리(수분양권)가 직접 발생하는 것이라고는 도저히 볼 수 없으며, 절차에 따라 사업시행자에게 이주대책대상자 선정신청을 하고 사업시행자가 이를 받아들여 이주대책대상자로 확인·결정하여야만 비로소 구체적인 수분양권이 발생하게 된다(대판 1994.5.24, 92다35783 전원합의체).

② (X) 공공사업시행지구 밖에 위치한 영업과 공작물 등에 대한 간접손실에 대하여도 일정한 조건하에서 이를 보상하도록 규정하고 있는 점에 비추어, 공공사업의 시행으로 인하여 그러한 손실이 발생하리라는 것을 쉽게 예견할 수 있고 그 손실의 범위도 구체적으로 이를 특정할 수 있는 경우라면 그 손실의 보상에 관하여 공공용지의취득및손실보상에관한특례법시행규칙의 관련 규정 등을 유추적용할 수 있다고 해석함이 상당하다(대판 1999.10.8, 99다27231).

③ (O) 공익사업으로 인하여 농업의 손실을 입게 된 자가 사업시행자로부터 구 공익사업법 제77조 제2항에 따라 농업손실에 대한 보상을 받기 위해서는 구 공익사업법 제34조, 제50조 등에 규정된 재결절차를 거친 다음 그 재결에 대하여 불복이 있는 때에 비로소 구 공익사업법 제83조 내지 제85조에 따라 권리구제를 받을 수 있다. 농업손실보상금 청구를 민사소송절차에 의하여 처리한 원심판결에는 농업손실보상금 청구의 소송형태에 관한 법리오해의 위법이 있다(대판 2011. 10. 13. 2009다43461).

④ (X) 적법하게 시행된 공익사업으로 인하여 이주하게 된 주거용 건축물 세입자의 주거이전비 보상청구권은 공법상의 권리이고, 세입자의 주거이전비 보상청구권은 그 요건을 충족하는 경우에 당연히 발생하는 것이므로, 주거이전비 보상청구소송은 행정소송법 제3조 제2호에 규정된 당사자소송에 의하여야 한다(대판 2008.5.29, 2007다8129).

정답 ③

531 [13국회8급]

「공익사업을 위한 토지 등의 취득 및 보상에 관한 법률」에 의한 토지수용위원회의 수용재결에 대한 설명으로 옳은 것은?

① 수용재결에 대해 취소소송으로 다투는 경우에 「행정소송법」 제20조의 제소기간 규정이 적용되지 않는다.

② 중앙토지수용위원회의 이의재결을 거쳐 취소소송을 제기하는 경우에는 수용재결이 아닌 이의재결을 소의 대상으로 하여야 한다.

③ 수용재결에 대해 취소소송으로 다투기 위해서는 중앙토지수용위원회의 이의재결을 거쳐야 한다.

④ 수용재결에서 결정된 손실보상금의 증액을 위해 제기하는 보상금증감청구소송은 항고소송의 일종이다.

⑤ 사업시행자가 사업인정을 받은 이후 수용재결 당시 사업을 수행할 능력을 상실한 상태에서 수용재결을 신청하여 그 재결을 받았다 하더라도 수용권의 남용에 해당한다고 볼 수 없다.

해설

① (O)

> **토지보상법 제85조(행정소송의 제기)** ① 사업시행자, 토지소유자 또는 관계인은 제34조에 따른 재결에 불복할 때에는 재결서를 받은 날부터 90일 이내에, 이의신청을 거쳤을 때에는 이의신청에 대한 재결서를 받은 날부터 60일 이내에 각각 행정소송을 제기할 수 있다. 이 경우 사업시행자는 행정소송을 제기하기 전에 제84조에 따라 늘어난 보상금을 공탁하여야 하며, 보상금을 받을 자는 공탁된 보상금을 소송이 종결될 때까지 수령할 수 없다.

② (X) 수용재결에 불복하여 취소소송을 제기하는 때에는 이의신청을 거친 경우에도 수용재결을 한 중앙토지수용위원회 또는 지방토지수용위원회를 피고로 하여 수용재결의 취소를 구하여야 하고, 다만 이의신청에 대한 재결 자체에 고유한 위법이 있음을 이유로 하는 경우에는 그 이의재결을 한 중앙토지수용위원회를 피고로 하여 이의재결의 취소를 구할 수 있다고 보아야 한다(대판 2010.1.28, 2008두1504).

③ (X) 토지보상법 제85조 제1항의 취지상 이의신청을 거치지 아니하고 소송을 제기하는 경우를 전제하고 있다.

④ (X) 토지보상법상 보상금증감소송은 처분청을 피고로 하지 아니하고 대등한 당사자인 토지소유자 또는 관계인과 사업시행자를 당사자로 하고 있는 바, 당사자소송에 속한다. 보상금증감소송은 처분청의 처분을 다투는 의미도 갖는 것이므로 항고소송의 성질도 갖는다. 일반적으로 보상금증감소송은 형식적 당사자소송으로 본다.

⑤ (X) 공용수용은 불가피한 최소한에 그쳐야 한다는 헌법 제23조의 취지에 비추어 볼 때, 사업시행자가 사업인정을 받은 후 그 사업이 공익성을 상실하거나 현저히 비례의 원칙에 어긋나게 된 경우 또는 사업시행자가 해당 공익사업을 수행할 의사나 능력을 상실하였음에도 여전히 그 사업인정에 기하여 수용권을 행사하는 것은 수용권의 남용에 해당하여 허용되지 않는다(대판 2011.1.27, 2009두1051).

정답 ①

532 [17지방7급]

「공익사업을 위한 토지 등의 취득 및 보상에 관한 법률」에 대한 설명으로 옳은 것은? (다툼이 있는 경우 판례에 의함)

① 형식적 당사자소송인 보상금의 증감에 관한 소송을 제기하는 경우 그 소송을 제기하는 자가 토지소유자일 때에는 사업시행자와 토지수용위원회를, 사업시행자일 때에는 토지소유자와 토지수용위원회를 각각 피고로 한다.

② 국가, 지방자치단체 또는 「공공기관의 운영에 관한 법률」 제4조에 따른 공공기관 중 대통령령으로 정하는 공공기관이 사업인정을 받아 공익사업에 필요한 토지를 수용한 후 해당 공익사업이 다른 공익사업으로 변경된 경우, 변경된 공익사업의 시행자가 국가・지방자치단체 또는 공공기관의 운영에 관한 법률 제4조에 따른 공공기관 중 대통령령으로 정하는 일정한 공공기관에 해당하지 아니하면 공익사업의 변환은 인정될 수 없다.

③ 공익사업을 위해 수용한 토지가 변경된 사업시행자가 아닌 제3자에게 처분된 경우에도 특별한 사정이 없는 한 공익사업의 변환은 인정된다.

④ 사업시행자, 토지소유자 또는 관계인은 토지수용위원회의 수용재결에 불복할 때에는 재결서를 받은 날부터 90일 이내에, 이의신청을 거쳤을 때에는 이의신청에 대한 재결서를 받은 날부터 60일 이내에 각각 행정소송을 제기할 수 있다.

해설

① (X)

> **토지보상법 제85조(행정소송의 제기)** ② 제1항에 따라 제기하려는 행정소송이 보상금의 증감(增減)에 관한 소송인 경우 그 소송을 제기하는 자가 토지소유자 또는 관계인일 때에는 사업시행자를, 사업시행자일 때에는 토지소유자 또는 관계인을 각각 피고로 한다.

② (X) 변경된 공익사업이 토지보상법 제4조 제1~5호에 정한 공익사업에 해당하면 변환이 인정되는 것이지, 변경된 공익사업의 시행자가 국가·지방자치단체 또는 일정한 공공기관일 필요까지는 없다(대판 2015. 8. 19. 2014다201391).

③ (X) 공익사업을 위해 협의취득하거나 수용한 토지가 제3자에게 처분된 경우에는 특별한 사정이 없는 한 그 토지는 당해 공익사업에는 필요 없게 된 것이라고 보아야 하고, 변경된 공익사업에 관해서도 마찬가지이므로, 그 토지가 변경된 사업의 사업시행자 아닌 제3자에게 처분된 경우에는 공익사업의 변환을 인정할 여지도 없다(대판 2010. 9. 30. 2010다30782).

④ (O) 토지보상법 제85조 제1항.

정답 ④

533 [22국가9급]

다음 사례에 대한 설명으로 옳은 것을 고르시오. (다툼이 있는 경우 판례에 의함)

> 건설회사 A는 택지개발사업을 위해 관련 법령에 따른 절차를 거쳐 甲 소유의 토지 등을 취득하고자 甲과 보상에 관한 협의를 하였으나 협의가 성립되지 않았다. 이에 관할 지방토지수용위원회에 재결을 신청하여 토지의 수용 및 보상금에 대한 수용재결을 받았다.

① 甲이 수용재결에 대하여 이의신청을 제기하면 사업의 진행 및 토지의 수용 또는 사용을 정지시키는 효력이 있다.

② 甲이 수용 자체를 다투는 경우 관할 지방토지수용위원회를 상대로 수용재결에 대하여 취소소송을 제기할 수 있다.

③ 甲은 보상금 증액을 위해 A를 상대로 손실보상을 구하는 민사소송을 제기할 수 있다.

④ 甲이 계속 거주하고 있는 건물과 토지의 인도를 거부할 경우 행정대집행의 대상이 될 수 있다.

해설

① (X)

> **토지보상법 제88조(처분효력의 부정지)** 제83조에 따른 이의의 신청이나 제85조에 따른 행정소송의 제기는 사업의 진행 및 토지의 수용 또는 사용을 정지시키지 아니한다.

② (O) 재결에 대한 소송은 재결 자체에 대한 취소소송과 보상금의 증감에 관한 소송 두 가지가 있고, 보상금에 관한 것이 아니라 수용 자체의 효력을 다투는 경우 관할 지방토지수용위원회를 상대로 수용재결에 대하여 취소소송을 제기할 수 있다.

③ (X) 토지수용법 제75조의2 제2항의 규정은 그 제1항에 의하여 이의재결에 대하여 불복하는 행정소송을 제기하는 경우, 이것이 보상금의 증감에 관한 소송인 때에는 이의재결에서 정한 보상금이 증액 변경될 것을 전제로 하여 기업자를 상대로 보상금의 지급을 구하는 공법상의 당사자소송을 규정한 것으로 볼 것이다(대판 1991. 11. 26. 91누285).

④ (X) 토지의 인도의무는 대체적 작위의무가 아니므로 행정대집행법에 의한 대집행의 대상이 되지 않는다(대판 2005. 8. 19. 2004다2809).

정답 ②

534 [18국가7급]

「공익사업을 위한 토지 등의 취득 및 보상에 관한 법률」(이하 '토지보상법'이라 함)에 대한 설명으로 옳지 않은 것은? (다툼이 있는 경우 판례에 의함)

① 손실보상금에 관한 당사자 간의 합의가 성립하면, 그 합의내용이 토지보상법에서 정하는 손실보상 기준에 맞지 않는다고 하더라도 합의가 적법하게 취소되는 등의 특별한 사정이 없는 한 추가로 토지보상법상 기준에 따른 손실보상금 청구를 할 수 없다.

② 하나의 수용재결에서 여러가지의 토지, 물건, 권리 또는 영업의 손실의 보상에 관하여 심리 · 판단이 이루어졌을 때, 피보상자는 재결 전부에 관하여 불복하여야 하고 여러 보상항목들 중 일부에 관해서만 개별적으로 불복할 수는 없다.

③ 토지수용위원회의 수용재결이 있은 후라고 하더라도 토지소유자와 사업시행자가 다시 협의하여 토지 등의 취득 · 사용 및 그에 대한 보상에 관하여 임의로 계약을 체결할 수 있다.

④ 사업인정고시가 된 후 사업시행자가 토지를 사용하는 기간이 3년 이상인 경우 토지소유자는 토지수용위원회에 토지의 수용을 청구할 수 있고, 토지수용위원회가 이를 받아들이지 않는 재결을 한 경우에는 사업시행자를 피고로 하여 토지보상법상 보상금의 증감에 관한 소송을 제기할 수 있다.

해설

① (O) 공익사업법에 의한 보상을 하면서 손실보상금에 관한 당사자 간의 합의가 성립하면 그 합의 내용대로 구속력이 있고, 손실보상금에 관한 합의 내용이 공익사업법에서 정하는 손실보상 기준에 맞지 않는다고 하더라도 합의가 적법하게 취소되는 등의 특별한 사정이 없는 한 추가로 공익사업법상 기준에 따른 손실보상금 청구를 할 수는 없다(대판 2013. 8. 22. 2012다3517).

② (X) 하나의 재결에서 피보상자별로 여러 가지의 토지, 물건, 권리 또는 영업의 손실에 관하여 심리 · 판단이 이루어졌을 때, 피보상자 또는 사업시행자가 반드시 재결 전부에 관하여 불복하여야 하는 것은 아니며, 여러 보상항목들 중 일부에 관해서만 불복하는 경우에는 그 부분에 관해서만 개별적으로 불복의 사유를 주장하여 행정소송을 제기할 수 있다. 이러한 보상금 증감 소송에서 법원의 심판범위는 하나의 재결 내에서 소송당사자가 구체적으로 불복신청을 한 보상항목들로 제한된다. 법원이 구체적인 불복신청이 있는 보상항목들에 관해서 감정을 실시하는 등 심리한 결과, 재결에서 정한 보상금액이 일부 보상항목의 경우 과소하고 다른 보상항목의 경우 과다한 것으로 판명되었다면, 법원은 보상항목 상호 간의 유용을 허용하여 항목별로 과다 부분과 과소 부분을 합산하여 보상금의 합계액을 정당한 보상금으로 결정할 수 있다(대판 2018. 5. 15. 2017두41221).

③ (O) 토지수용위원회의 수용재결이 있은 후라고 하더라도 토지소유자 등과 사업시행자가 다시 협의하여 토지 등의 취득이나 사용 및 그에 대한 보상에 관하여 임의로 계약을 체결할 수 있다(대판 2017. 4. 13. 2016두64241).

④ (O) 공익사업을 위한 토지 등의 취득 및 보상에 관한 법률(이하 '토지보상법'이라고 한다) 제72조의 문언, 연혁 및 취지 등에 비추어 보면, 위 규정이 정한 수용청구권은 토지보상법 제74조 제1항이 정한 잔여지 수용청구권과 같이 손실보상의 일환으로 토지소유자에게 부여되는 권리로서 그 청구에 의하여 수용효과가 생기는 형성권의 성질을 지니므로, 토지소유자의 토지수용청구를 받아들이지 아니한 토지수용위원회의 재결에 대하여 토지소유자가 불복하여 제기하는 소송은 토지보상법 제85조 제2항에 규정되어 있는 '보상금의 증감에 관한 소송'에 해당하고, 피고는 토지수용위원회가 아니라 사업시행자로 하여야 한다(대판 2015.04.09. 선고 2014두46669).

정답 ②

535 [21국가7급]

행정상 손실보상에 대한 설명으로 옳지 않은 것은? (다툼이 있는 경우 판례에 의함)

① 「하천법」 제50조에 따른 하천수 사용권은 「공익사업을 위한 토지 등의 취득 및 보상에 관한 법률」이 손실보상의 대상으로 규정하고 있는 '물의 사용에 관한 권리'에 해당한다.

② 국가지정문화재에 대하여 관리단체로 지정된 지방자치단체의 장은 「문화재보호법」 및 「공익사업을 위한 토지 등의 취득 및 보상에 관한 법률」에 따라 국가지정문화재나 그 보호구역에 있는 토지 등을 수용할 수 있다.

③ 「공익사업을 위한 토지 등의 취득 및 보상에 관한 법률」상 보상 대상이 되는 '기타 토지에 정착한 물건에 대한 소유권 그 밖의 권리를 가진 관계인'에는 수거·철거권 등 실질적 처분권을 가진 자도 포함된다.

④ 「공익사업을 위한 토지 등의 취득 및 보상에 관한 법률」상 보상금증액소송은 처분청인 토지수용위원회를 피고로 한다.

해설

① (O) 하천법 제50조에 의한 하천수 사용권은 하천을 점용할 수 있는 권리와 마찬가지로 특허에 의한 공물사용권의 일종으로서, 재산적 가치가 있는 구체적인 권리라고 보아야 한다. 따라서 하천법 제50조에 의한 하천수 사용권은 공익사업을 위한 토지 등의 취득 및 보상에 관한 법률 제76조 제1항이 손실보상의 대상으로 규정하고 있는 '물의 사용에 관한 권리'에 해당한다(대판 2018. 12. 27. 2014두11601).

② (O) 문화재보호법은 지방자치단체 또는 지방자치단체의 장에게 시·도지정문화재뿐 아니라 국가지정문화재에 대하여도 일정한 권한 또는 책무를 부여하고 있고, 문화재보호법에 해당 문화재의 지정권자만이 토지 등을 수용할 수 있다는 등의 제한을 두고 있지 않으므로, 국가지정문화재에 대하여 관리단체로 지정된 지방자치단체의 장은 문화재보호법 제83조 제1항 및 토지보상법에 따라 국가지정문화재나 그 보호구역에 있는 토지 등을 수용할 수 있다(대판 2019. 2. 28. 2017두71031).

③ (O) 공익사업을 위한 토지 등의 취득 및 보상에 관한 법률상 보상 대상이 되는 '기타 토지에 정착한 물건에 대한 소유권 그 밖의 권리를 가진 관계인'에는 수거·철거권 등 실질적 처분권을 가진 자도 포함된다(대판 2019. 4. 11. 2018다277419).

④ (X)

> **공익사업을 위한 토지 등의 취득 및 보상에 관한 법률 제85조(행정소송의 제기)** ② 제1항에 따라 제기하려는 행정소송이 보상금의 증감(增減)에 관한 소송인 경우 그 소송을 제기하는 자가 토지소유자 또는 관계인일 때에는 사업시행자를, 사업시행자일 때에는 토지소유자 또는 관계인을 각각 피고로 한다.

정답 ④

536 [16서울9급]

행정상 손실보상에 대한 설명으로 옳지 않은 것은?

① 민간기업을 토지수용의 주체로 정한 법률조항도 헌법 제23조 제3항에서 정한 공공필요를 충족하면 헌법에 위반되지 아니한다.

② 수용대상 토지의 보상가격이 당해 토지의 개별공시지가를 기준으로 하여 산정한 것보다 저렴하게 되었다는 사정만으로 그 보상액 산정이 위법한 것은 아니다.

③ 공익사업의 시행으로 지가가 상승하여 발생한 개발이익을 손실보상금액에 포함시키지 않더라도 헌법이 규정한 정당보상의 원리에 어긋나는 것은 아니다.

④ 토지소유자가 손실보상금의 액수를 다투고자 할 경우에는 사업시행자가 아니라 토지수용위원회를 상대로 보상금의 증액을 구하는 소송을 제기하여야 한다.

해설

① (O) 헌법 제23조 제3항은 재산권 수용의 주체를 한정하지 않고 있다. 위 헌법조항의 핵심은 당해 수용이 공공필요에 부합하는가, 정당한 보상이 지급되고 있는가 여부 등에 있는 것이지, 그 수용의 주체가 국가인지 민간기업인지 여부에 달려 있다고 볼 수 없다(헌재 2009.9.24. 2007헌바114).

② (O) 토지수용보상액이 당해 토지의 개별공시지가를 기준으로 하여 산정한 지가보다 저렴하게 되었다는 사정만으로 그 보상액 산정이 잘못되어 위법한 것이라고 할 수는 없다(대판 2002.03.29. 2000두10106).

③ (O) 개발이익은 궁극적으로 국민 모두에게 지속될 성질의 것으로서 완전보상의 범위에 포함되는 피수용자의 손실이라고 볼 수 없어, 개발이익을 배제하여야 하는 만큼, 수용당시의 보상금액이 개발이익이 포함된 인근지역의 지가수준에 미치지 아니한다 하여 위 각 법률의 조항이 헌법상의 정당보상의 원칙에 위배된다고 할 수 없다(헌재 1995. 4. 20. 93헌바20).

④ (X) 보상금 증감의 경우 사업시행자를 상대로 소송을 제기해야 한다(토지보상법 제85조 제2항).

정답 ④

537 [16지방7급]

「공익사업을 위한 토지 등의 취득 및 보상에 관한 법률」상 토지 등의 취득 · 사용과 손실보상에 대한 설명으로 옳지 않은 것은? (다툼이 있는 경우 판례에 의함)

① 도시계획사업허가의 공고 시에 토지세목의 고시를 누락하거나, 사업인정을 함에 있어 수용 또는 사용할 토지의 세목공시절차를 누락한 경우에 이를 이유로 수용재결처분의 취소를 구할 수 없다.

② 본법 제72조에 의한 사용토지에 대한 수용청구를 받아들이지 아니한 토지수용위원회의 재결에 대하여 토지소유자는 당해 토지수용위원회를 피고로 하여 항고소송을 제기할 수 있다.

③ 본법에 의한 협의취득은 사법상의 법률행위이므로 당사자 사이의 자유로운 의사에 따라 채무불이행책임이나 매매대금 과부족금에 대한 지급의무를 약정할 수 있다.

④ 잔여지 수용청구의 의사표시는 관할 토지수용위원회에 하여야 하므로, 원칙적으로 사업시행자에게 한 잔여지 매수청구의 의사표시를 관할 토지수용위원회에 한 잔여지 수용청구의 의사표시로 볼 수 없다.

해설

① **(O)** 도시계획사업허가의 공고시에 토지세목의 고시를 누락하거나 사업인정을 함에 있어 수용 또는 사용할 토지의 세목을 공시하는 절차를 누락한 경우, 이는 절차상의 위법으로서 수용재결 단계 전의 사업인정 단계에서 다툴 수 있는 취소사유에 해당하기는 하나 더 나아가 그 사업인정 자체를 무효로 할 중대하고 명백한 하자라고 보기는 어렵고, 따라서 이러한 위법을 들어 수용재결처분의 취소를 구하거나 무효확인을 구할 수는 없다(대판 2009.11.26. 2009두11607).

② **(X)** 토지보상법 제72조의 규정이 정한 수용청구권은 토지보상법 제74조 제1항이 정한 잔여지 수용청구권과 같이 그 청구에 의하여 수용효과가 생기는 형성권의 성질을 지니므로, 토지소유자의 토지수용청구를 받아들이지 아니한 토지수용위원회의 재결에 대하여 토지소유자가 불복하여 제기하는 소송은 토지보상법 제85조 제2항에 규정되어 있는 '보상금의 증감에 관한 소송'에 해당하고, 피고는 토지수용위원회가 아니라 사업시행자로 하여야 한다(대판 2015.04.09. 선고 2014두46669).

③ **(O)** 협의취득은 사법상의 법률행위이므로 당사자 사이의 자유로운 의사에 따라 채무불이행책임이나 매매대금 과부족금에 대한 지급의무를 약정할 수 있다(대판 2012.02.23. 2010다91206).

④ **(O)** 잔여지 수용청구는 관할 토지수용위원회에 하여야 하고, 잔여지 수용청구권의 행사기간은 제척기간으로서, 토지소유자가 그 행사기간 내에 잔여지 수용청구권을 행사하지 아니하면 그 권리가 소멸한다. 토지수용위원회가 사업시행자에게 잔여지 수용청구의 의사표시를 수령할 권한을 부여하였다고 인정할 만한 사정이 없는 한, 사업시행자에게 한 잔여지 매수청구의 의사표시를 관할 토지수용위원회에 한 잔여지 수용청구의 의사표시로 볼 수는 없다(대판 2010.08.19. 2008두822).

정답 ②

538 [20지방7급]

판례의 입장으로 옳지 않은 것은?

① 구 「부가가치세법」상 명의위장등록가산세는 부가가치세 본세 납세의무와 무관하게 타인 명의로 사업자등록을 하고 실제 사업을 한 것에 대한 제재로서 부과되는 별도의 가산세이고, 그 부과제척기간은 5년으로 봄이 타당하다.

② 국세환급금 충당의 법적 성격과 관련하여 국세환급금의 충당은 납세의무자가 갖는 환급청구권의 존부나 범위 또는 소멸에 구체적이고 직접적인 영향을 미치는 처분이라기보다는 국가의 환급금 채무와 조세채권이 대등액에서 소멸되는 점에서 오히려 민법상의 상계와 비슷한 것이다.

③ 어떤 보상항목이 손실보상대상에 해당함에도 관할 토지수용위원회가 사실이나 법리를 오해하여 손실보상대상에 해당하지 않는다고 잘못된 내용의 재결을 한 경우, 피보상자는 관할 토지수용위원회를 상대로 그 재결에 대한 취소소송을 제기하여야 한다.

④ 법원이 구체적 규범통제를 통해 위헌·위법으로 선언할 심판대상은, 해당 규정의 전부가 불가분적으로 결합되어 있어 일부를 무효로 하는 경우 나머지 부분이 유지될 수 없는 결과를 가져오는 특별한 사정이 없는 한, 원칙적으로 해당 규정 중 재판의 전제성이 인정되는 조항에 한정된다.

해설

① **(O)** 명의위장등록가산세는 부가가치세 본세 납세의무와 무관하게 타인 명의로 사업자등록을 하고 실제 사업을 한 것에 대한 제재로서 부과되는 별도의 가산세이고, 구 국세기본법 제26조의2 제1항 제1호의2에 따라 납세자의 부정행위로 부과대상이 되는 경우 10년의 부과제척기간이 적용되는 별도의 가산세에도 포함되어 있지 않으며, 이에 대한 신고의무에 대하여도 별도의 규정이 없으므로, 부과제척기간은 5년으로 봄이 타당하다(대판 2019. 8. 30. 2016두62726).

② **(O)** 국세환급금의 충당은 납세의무자가 갖는 환급청구권의 존부나 범위 또는 소멸에 구체적이고 직접적인 영향을 미치는 처분이라기보다는 국가의 환급금 채무와 조세채권이 대등액에서 소멸되는 점에서 오히려 민법상의 상계와 비슷하고, 소멸대상인 조세채권이 존재하지 아니하거나 당연무효 또는 취소되는 경우에는 그 충당의 효력이 없는 것으로서 이러한 사유가 있는 경우에 납세의무자로서는 충당의 효력이 없음을 주장하여 언제든지 민사소송에 의하여 이미 결정된 국세환급금의 반환을 청구할 수 있다(대판 2004. 3. 25. 2003다64435).

③ **(X)** 법령상 손실보상대상에 해당함에도 관할 토지수용위원회가 사실을 오인하거나 법리를 오해함으로써 손실보상대상에 해당하지 않는다고 잘못된 내용의 재결을 한 경우에는, 피보상자는 관할 토지수용위원회를 상대로 그 재결에 대한 취소소송을 제기할 것이 아니라, 사업시행자를 상대로 구 공익사업을 위한 토지 등의 취득 및 보상에 관한 법률 제85조 제2항에 따른 보상금증감소송을 제기하여야 한다(대판 2018. 7. 20. 2015두4044).

④ **(O)** 법원이 구체적 규범통제를 통해 위헌·위법으로 선언할 심판대상은, 해당 규정의 전부가 불가분적으로 결합되어 있어 일부를 무효로 하는 경우 나머지 부분이 유지될 수 없는 결과를 가져오는 특별한 사정이 없는 한, 원칙적으로 해당 규정 중 재판의 전제성이 인정되는 조항에 한정된다(대판 2019. 6. 13. 2017두33985).

정답 ③

539 [21서울7급]

「공익사업을 위한 토지 등의 취득 및 보상에 관한 법률」상 토지수용위원회에 대한 설명으로 가장 옳지 않은 것은?

① 중앙토지수용위원회의 위원장은 국토교통부장관이 되며, 위원장이 부득이한 사유로 직무를 수행할 수 없을 때에는 위원장이 지명하는 위원이 그 직무를 대행한다.

② 피성년후견인, 피한정후견인, 피특정후견인 또는 파산선고를 받고 복권되지 아니한 사람은 토지수용위원회의 위원이 될 수 없다.

③ 토지수용위원회의 수용재결이 있은 후라고 하더라도 토지소유자 등과 사업시행자가 다시 협의하여 토지 등의 취득이나 사용 및 그에 대한 보상에 관하여 임의로 계약을 체결할 수 있다.

④ 토지수용위원회는 사업시행자, 토지소유자 또는 관계인이 신청한 범위에서 재결하여야 한다. 다만, 손실보상의 경우에는 증액재결(增額裁決)을 할 수 있다.

해설

① (O)

> **토지보상법 제52조(중앙토지수용위원회)** ② 중앙토지수용위원회의 위원장은 국토교통부장관이 되며, 위원장이 부득이한 사유로 직무를 수행할 수 없을 때에는 위원장이 지명하는 위원이 그 직무를 대행한다.

② (X) 피특정후견인은 결격사유에 해당하지 않는다.

> **토지보상법 제54조(위원의 결격사유)** ① 다음 각 호의 어느 하나에 해당하는 사람은 토지수용위원회의 위원이 될 수 없다.
> 1. 피성년후견인, 피한정후견인 또는 파산선고를 받고 복권되지 아니한 사람

③ (O) 토지수용위원회의 수용재결이 있은 후라고 하더라도 토지소유자 등과 사업시행자가 다시 협의하여 토지 등의 취득이나 사용 및 그에 대한 보상에 관하여 임의로 계약을 체결할 수 있다(대판 2017. 4. 13. 2016두64241).

④ (O)

> **토지보상법 제50조(재결사항)** ② 토지수용위원회는 사업시행자, 토지소유자 또는 관계인이 신청한 범위에서 재결하여야 한다. 다만, 제1항 제2호의 손실보상의 경우에는 증액재결(增額裁決)을 할 수 있다.

정답 ②

IX 행정상 손해전보제도의 흠결보완

제3장 행정심판

제1절 | 행정심판의 의의

540 [16국회8급]

행정심판에 대한 설명으로 옳은 것은? (다툼이 있는 경우 판례에 의함)

① 이의신청은 그것이 준사법적 절차의 성격을 띠어 실질적으로 행정심판의 성질을 가지더라도 이를 행정심판으로 볼 수 없다.

② 이의신청이 민원 처리에 관한 법률의 민원 이의신청과 같이 별도의 행정심판절차가 존재하고 행정심판과는 성질을 달리하는 경우에는 그 이의신청은 행정심판과는 다른 것으로 본다.

③ 개별 법률에 이의신청제도를 두면서 행정심판에 대한 명시적인 규정이 없는 경우, 이의신청과는 별도로 행정심판을 제기할 수 없다.

④ 진정이라는 표현을 사용하면 그것이 실제로 행정심판의 실체를 가지더라도 행정심판으로 다룰 수 없다.

⑤ 이의신청을 제기하여야 할 사람이 처분청에 표제를 '행정심판청구서'로 한 서류를 제출한 경우 그 서류의 실질이 이의신청일지라도 이를 행정심판으로 다룬다.

해설

① **(X)** 토지수용위원회의 수용재결에 대한 이의절차는 실질적으로 행정심판의 성질을 갖는 것이므로 공익사업을 위한 토지 등의 취득 및 보상에 관한 법률에 특별한 규정이 있는 것을 제외하고는 행정심판법의 규정이 적용된다고 할 것이다(대판 1992.6.9. 92누565).

② **(O)** 민원 이의신청은 민원사무처리에 관하여 인정된 기본사항의 하나로 처분청으로 하여금 다시 거부처분에 대하여 심사하도록 한 절차로서 행정심판법에서 정한 행정심판과는 성질을 달리하고 민원 이의신청에 대한 결과를 통지받은 날부터 취소소송의 제소기간이 기산된다고 할 수 없다(대판 2012.11.15. 2010두8676).

③ **(X)** 법률에 행정심판의 제기를 배제하는 명시적인 규정이 없고 부동산 가격공시 및 감정평가에 관한 법률에 따른 이의신청과 행정심판은 그 절차 및 담당 기관에 차이가 있는 점을 종합하면, 부동산 가격공시 및 감정평가에 관한 법률이 이의신청에 관하여 규정하고 있다고 하여 이를 행정심판법 제3조 제1항에서 행정심판의 제기를 배제하는 '다른 법률에 특별한 규정이 있는 경우'에 해당한다고 볼 수 없으므로, 이의신청을 하여 그 결과통지를 받은 후 다시 행정심판을 거쳐 행정소송을 제기할 수도 있다고 보아야 하고, 이 경우 행정소송의 제소기간은 그 행정심판 재결서 정본을 송달받은 날부터 기산한다(대판 2010.1.28. 2008두19987).

④ **(X)** 비록 제목이 '진정서'로 되어 있고, 재결청의 표시, 심판청구의 취지 및 이유, 처분을 한 행정청의 고지의 유무 및 그 내용 등 행정심판법 제19조 제2항 소정의 사항들을 구분하여 기재하고 있지 아니하여 행정심판청구서로서의 형식을 다 갖추고 있다고 볼 수는 없으나, 위 문서에 기재되어 있지 않은 재결청, 처분을 한 행정청의 고지의 유무 등의 내용과 날인 등의 불비한 점은 보정이 가능하므로 위 문서를 행정처분에 대한 행정심판청구로 보는 것이 옳다(대판 2000.06.09. 98두2621).

⑤ **(X)** 이의신청을 제기해야 할 사람이 처분청에 표제를 '행정심판청구서'로 한 서류를 제출한 경우라 할지라도 서류의 내용에 이의신청 요건에 맞는 불복취지와 사유가 충분히 기재되어 있다면 표제에도 불구하고 이를 처분에 대한 이의신청으로 볼 수 있다(대판 2012.3.29. 2011두26886).

정답 ②

제2절 | 행정심판의 종류

541 [20지방9급]

「행정심판법」상의 행정심판에 대한 설명으로 옳지 않은 것은? (다툼이 있는 경우 판례에 의함)

① 행정청의 부당한 처분을 변경하는 행정심판은 현행법상 허용된다.
② 당사자의 신청에 대한 행정청의 부당한 거부처분에 대하여 일정한 처분을 하도록 하는 행정심판은 현행법상 허용된다.
③ 당사자의 신청에 대한 행정청의 위법한 부작위에 대하여 행정청의 부작위가 위법하다는 것을 확인하는 행정심판은 현행법상 허용되지 않는다.
④ 당사자의 신청에 대한 행정청의 부당한 거부처분을 취소하는 행정심판은 현행법상 허용되지 않는다.

해설

① (O) ② (O) ③ (O) ④ (X)

> **행정심판법 제5조(행정심판의 종류)** 행정심판의 종류는 다음 각 호와 같다.
> 1. 취소심판: 행정청의 위법 또는 부당한 처분을 취소하거나 변경하는 행정심판
> 2. 무효등확인심판: 행정청의 처분의 효력 유무 또는 존재 여부를 확인하는 행정심판
> 3. 의무이행심판: 당사자의 신청에 대한 행정청의 위법 또는 부당한 거부처분이나 부작위에 대하여 일정한 처분을 하도록 하는 행정심판

정답 ④

542 [17국가9급(下)]

「행정심판법」상 행정심판에 대한 설명으로 옳지 않은 것은?

① 행정심판청구는 처분의 효력이나 그 집행 또는 절차의 속행에 영향을 주지 않는다.
② 「행정심판법」에서 규정한 행정심판의 종류로는 「행정소송법」상 항고소송에 대응하는 취소심판, 무효등확인심판, 의무이행심판과 당사자소송에 대응하는 당사자심판이 있다.
③ 행정심판위원회는 취소심판청구가 이유 있다고 인정하는 경우에도 이를 인용하는 것이 공공복리에 크게 위배된다고 인정하면 그 심판청구를 기각하는 재결을 할 수 있다.
④ 행정심판청구에 대한 재결이 있으면 그 재결에 대하여 다시 행정심판을 청구할 수 없다.

해설

① (O)

행정심판법 제30조(집행정지) ① 심판청구는 처분의 효력이나 그 집행 또는 절차의 속행(續行)에 영향을 주지 아니한다.

② (X) 당사자심판은 규정하고 있지 아니하다.

행정심판법 제5조(행정심판의 종류) 행정심판의 종류는 다음 각 호와 같다.
1. 취소심판: 행정청의 위법 또는 부당한 처분을 취소하거나 변경하는 행정심판
2. 무효등확인심판: 행정청의 처분의 효력 유무 또는 존재 여부를 확인하는 행정심판
3. 의무이행심판: 당사자의 신청에 대한 행정청의 위법 또는 부당한 거부처분이나 부작위에 대하여 일정한 처분을 하도록 하는 행정심판

③ (O)

행정심판법 제44조(사정재결) ① 위원회는 심판청구가 이유가 있다고 인정하는 경우에도 이를 인용(認容)하는 것이 공공복리에 크게 위배된다고 인정하면 그 심판청구를 기각하는 재결을 할 수 있다. 이 경우 위원회는 재결의 주문(主文)에서 그 처분 또는 부작위가 위법하거나 부당하다는 것을 구체적으로 밝혀야 한다.

④ (O)

행정심판법 제51조(행정심판 재청구의 금지) 심판청구에 대한 재결이 있으면 그 재결 및 같은 처분 또는 부작위에 대하여 다시 행정심판을 청구할 수 없다.

정답 ②

543 [18국회8급]

「행정심판법」의 규정에 대한 설명으로 옳은 것은?

① 특별행정심판 또는 행정심판법에 따른 행정심판절차에 대한 특례를 신설하거나 변경하는 법령을 제정·개정할 때 중앙행정심판위원회와 사전에 협의하여야 하는 것은 아니다.

② 대통령의 처분 또는 부작위에 대하여는 다른 법률에서 행정심판을 청구할 수 있도록 정한 경우 외에는 행정심판을 청구할 수 없다.

③ 국가인권위원회의 처분 또는 부작위에 대한 행정심판의 청구는 국민권익위원회에 두는 중앙행정심판위원회에서 심리·재결한다.

④ 행정심판결과에 이해관계가 있는 제3자나 행정청은 신청에 의하여 행정심판에 참가할 수 있으나, 행정심판위원회가 직권으로 심판에 참가할 것을 요구할 수는 없다.

⑤ 행정심판위원회는 무효확인심판의 청구가 이유가 있더라도 이를 인용하는 것이 공공복리에 크게 위배된다고 인정하면 그 청구를 기각하는 재결을 할 수 있다.

해설

① (X)

행정심판법 제4조(특별행정심판 등) ③ 관계 행정기관의 장이 특별행정심판 또는 이 법에 따른 행정심판 절차에 대한 특례를 신설하거나 변경하는 법령을 제정·개정할 때에는 미리 중앙행정심판위원회와 협의하여야 한다.

② (O)

행정심판법 제3조(행정심판의 대상) ② 대통령의 처분 또는 부작위에 대하여는 다른 법률에서 행정심판을 청구할 수 있도록 정한 경우 외에는 행정심판을 청구할 수 없다.

③ (X)

행정심판법 제6조(행정심판위원회의 설치) ① 다음 각 호의 행정청 또는 그 소속 행정청(행정기관의 계층구조와 관계없이 그 감독을 받거나 위탁을 받은 모든 행정청을 말하되, 위탁을 받은 행정청은 그 위탁받은 사무에 관하여는 위탁한 행정청의 소속 행정청으로 본다. 이하 같다)의 처분 또는 부작위에 대한 행정심판의 청구(이하 "심판청구"라 한다)에 대하여는 다음 각 호의 행정청에 두는 행정심판위원회에서 심리·재결한다.
3. 국가인권위원회, 그 밖에 지위·성격의 독립성과 특수성 등이 인정되어 대통령령으로 정하는 행정청

④ (X)

행정심판법 제21조(심판참가의 요구) ① 위원회는 필요하다고 인정하면 그 행정심판 결과에 이해관계가 있는 제3자나 행정청에 그 사건 심판에 참가할 것을 요구할 수 있다.

⑤ (X)

행정심판법 제44조(사정재결) ① 위원회는 심판청구가 이유가 있다고 인정하는 경우에도 이를 인용(認容)하는 것이 공공복리에 크게 위배된다고 인정하면 그 심판청구를 기각하는 재결을 할 수 있다. 이 경우 위원회는 재결의 주문(主文)에서 그 처분 또는 부작위가 위법하거나 부당하다는 것을 구체적으로 밝혀야 한다.

② 위원회는 제1항에 따른 재결을 할 때에는 청구인에 대하여 상당한 구제방법을 취하거나 상당한 구제방법을 취할 것을 피청구인에게 명할 수 있다.

③ 제1항과 제2항은 무효등확인심판에는 적용하지 아니한다.

정답 ②

544 [22국가9급]

다음 중 「행정심판법」에 따른 행정심판을 제기할 수 없는 경우만을 모두 고르면? (다툼이 있는 경우 판례에 의함)

> ㄱ. 「공공기관의 정보공개에 관한 법률」상 정보공개와 관련한 공공기관의 비공개결정에 대하여 이의신청을 한 경우
> ㄴ. 「공익사업을 위한 토지 등의 취득 및 보상에 관한 법률」상 토지수용위원회의 수용재결에 이의가 있어 중앙토지수용위원회에 이의를 신청한 경우
> ㄷ. 「난민법」상 난민불인정결정에 대해 법무부장관에게 이의신청을 한 경우
> ㄹ. 「민원 처리에 관한 법률」상 법정민원에 대한 행정기관의 장의 거부처분에 대해 그 행정기관의 장에게 이의신청을 한 경우

① ㄱ, ㄴ　② ㄱ, ㄹ
③ ㄴ, ㄷ　④ ㄷ, ㄹ

해설

ㄱ. (O)

> **공공기관의 정보공개에 관한 법률 제18조(이의신청)** ④ 공공기관은 이의신청을 각하(却下) 또는 기각(棄却)하는 결정을 한 경우에는 청구인에게 행정심판 또는 행정소송을 제기할 수 있다는 사실을 제3항에 따른 결과 통지와 함께 알려야 한다.
> **제19조(행정심판)** ② 청구인은 제18조에 따른 이의신청 절차를 거치지 아니하고 행정심판을 청구할 수 있다.

ㄴ. (X) 토지수용위원회의 수용재결에 대한 이의절차는 실질적으로 행정심판의 성질을 갖는 것이므로 공익사업을 위한 토지 등의 취득 및 보상에 관한 법률에 특별한 규정이 있는 것을 제외하고는 행정심판법의 규정이 적용된다고 할 것이다(대판 1992.6.9. 92누565).

> **토지보상법 제85조(행정소송의 제기)** ① 사업시행자, 토지소유자 또는 관계인은 제34조에 따른 재결에 불복할 때에는 재결서를 받은 날부터 90일 이내에, 이의신청을 거쳤을 때에는 이의신청에 대한 재결서를 받은 날부터 60일 이내에 각각 행정소송을 제기할 수 있다. 이 경우 사업시행자는 행정소송을 제기하기 전에 제84조에 따라 늘어난 보상금을 공탁하여야 하며, 보상금을 받을 자는 공탁된 보상금을 소송이 종결될 때까지 수령할 수 없다.

ㄷ. (X)

> **난민법 제21조(이의신청)** ① 제18조제2항 또는 제19조에 따라 난민불인정결정을 받은 사람 또는 제22조에 따라 난민인정이 취소 또는 철회된 사람은 그 통지를 받은 날부터 30일 이내에 법무부장관에게 이의신청을 할 수 있다. 이 경우 이의신청서에 이의의 사유를 소명하는 자료를 첨부하여 지방출입국·외국인관서의 장에게 제출하여야 한다.
> ② 제1항에 따른 이의신청을 한 경우에는 「행정심판법」에 따른 행정심판을 청구할 수 없다.

ㄹ. (O)

> **민원 처리에 관한 법률 제35조(거부처분에 대한 이의신청)** ③ 민원인은 제1항에 따른 이의신청 여부와 관계없이 「행정심판법」에 따른 행정심판 또는 「행정소송법」에 따른 행정소송을 제기할 수 있다.

정답 ③

제4절 | 행정심판의 당사자 등

545 [18국회8급]

행정심판에 있어서 당사자와 관계인에 대한 설명으로 옳지 않은 것은?

① 심판청구의 대상과 관계되는 권리나 이익을 양수한 자는 위원회의 허가를 받아 청구인의 지위를 승계할 수 있다.
② 법인이 아닌 사단 또는 재단으로서 대표자나 관리인이 정하여져 있는 경우에는 그 대표자나 관리인의 이름으로 심판청구를 할 수 있다.
③ 청구인이 피청구인을 잘못 지정한 경우에는 위원회는 직권으로 또는 당사자의 신청에 의하여 결정으로써 피청구인을 경정할 수 있다.
④ 행정심판의 경우 여러 명의 청구인이 공동으로 심판청구를 할 때에는 청구인들 중에서 3명 이하의 선정대표자를 선정할 수 있다.
⑤ 참가인은 행정심판 절차에서 당사자가 할 수 있는 심판절차상의 행위를 할 수 있다.

해설

① (O)

행정심판법 제16조(청구인의 지위 승계) ⑤ 심판청구의 대상과 관계되는 권리나 이익을 양수한 자는 위원회의 허가를 받아 청구인의 지위를 승계할 수 있다.

② (X)

행정심판법 제14조(법인이 아닌 사단 또는 재단의 청구인 능력) 법인이 아닌 사단 또는 재단으로서 대표자나 관리인이 정하여져 있는 경우에는 그 사단이나 재단의 이름으로 심판청구를 할 수 있다.

③ (O)

행정심판법 제17조(피청구인의 적격 및 경정) ② 청구인이 피청구인을 잘못 지정한 경우에는 위원회는 직권으로 또는 당사자의 신청에 의하여 결정으로써 피청구인을 경정(更正)할 수 있다.

④ (O)

행정심판법 제15조(선정대표자) ① 여러 명의 청구인이 공동으로 심판청구를 할 때에는 청구인들 중에서 3명 이하의 선정대표자를 선정할 수 있다.

⑤ (O)

행정심판법 제22조(참가인의 지위) ① 참가인은 행정심판 절차에서 당사자가 할 수 있는 심판절차상의 행위를 할 수 있다.

정답 ②

546 [18국가9급]

행정심판에 대한 설명으로 옳은 것은? (다툼이 있는 경우 판례에 의함)

① 종중이나 교회와 같은 비법인사단은 사단 자체의 명의로 행정심판을 청구할 수 없고 대표자가 청구인이 되어 행정심판을 청구하여야 한다.

② 행정심판의 대상과 관련되는 권리나 이익을 양수한 특정승계인은 행정심판위원회의 허가를 받아 청구인의 지위를 승계할 수 있다.

③ 행정심판에서는 항고소송에서와 달리 처분청이 당초 처분의 근거로 삼은 사유와 기본적 사실관계가 동일성이 인정되지 않는 다른 사유를 처분사유로 추가하거나 변경할 수 있다.

④ 행정심판의 재결이 확정되면 피청구인인 행정청을 기속하는 효력이 있고 그 처분의 기초가 된 사실관계나 법률적 판단이 확정되므로 이후 당사자 및 법원은 이에 모순되는 주장이나 판단을 할 수 없다.

해설

① (X)

> **행정심판법 제14조(법인이 아닌 사단 또는 재단의 청구인 능력)** 법인이 아닌 사단 또는 재단으로서 대표자나 관리인이 정하여져 있는 경우에는 그 사단이나 재단의 이름으로 심판청구를 할 수 있다.

② (O)

> **행정심판법 제16조(청구인의 지위 승계)** ⑤ 심판청구의 대상과 관계되는 권리나 이익을 양수한 자는 위원회의 허가를 받아 청구인의 지위를 승계할 수 있다.

③ (X) 행정처분의 취소를 구하는 항고소송에서 처분청은 당초 처분의 근거로 삼은 사유와 기본적 사실관계가 동일성이 있다고 인정되는 한도 내에서만 다른 사유를 추가 또는 변경할 수 있고, 이러한 기본적 사실관계의 동일성 유무는 처분사유를 법률적으로 평가하기 이전의 구체적 사실에 착안하여 그 기초인 사회적 사실관계가 기본적인 점에서 동일한지에 따라 결정되므로, 추가 또는 변경된 사유가 처분 당시에 이미 존재하고 있었다거나 당사자가 그 사실을 알고 있었다고 하여 당초의 처분사유와 동일성이 있다고 할 수 없다. 그리고 이러한 법리는 행정심판 단계에서도 그대로 적용된다(대판 2014.05.16. 2013두26118).

④ (X) 행정처분이나 행정심판 재결이 불복기간의 경과로 인하여 확정될 경우 확정력은 처분으로 인하여 법률상 이익을 침해받은 자가 처분이나 재결의 효력을 더 이상 다툴 수 없다는 의미일 뿐 판결에 있어서와 같은 기판력이 인정되는 것은 아니어서 처분의 기초가 된 사실관계나 법률적 판단이 확정되고 당사자들이나 법원이 이에 기속되어 모순되는 주장이나 판단을 할 수 없게 되는 것은 아니다(대판 1993.04.13. 92누17181).

정답 ②

547 [15서울7급]

다음 중 행정심판에 관한 설명으로 옳지 않은 것은?

① 행정청의 위법・부당한 부작위에 대해서는 의무이행심판을 제기할 수 있다.
② 서울특별시장의 처분에 대한 행정심판은 중앙행정심판위원회에서 심리・재결한다.
③ 행정심판위원회의 위원에 대한 기피신청은 그 사유를 소명한 문서로 하여야 한다.
④ 법원행정처장의 부당한 처분에 대해서는 중앙행정심판위원회에 행정심판을 제기할 수 있다.

해설

① (O) 행정심판법 제5조.

② (O)

행정심판법 제6조(행정심판위원회의 설치) ② 다음 각 호의 행정청의 처분 또는 부작위에 대한 심판청구에 대하여는 「부패방지 및 국민권익위원회의 설치와 운영에 관한 법률」에 따른 국민권익위원회(이하 "국민권익위원회"라 한다)에 두는 중앙행정심판위원회에서 심리·재결한다.
2. 특별시장·광역시장·특별자치시장·도지사·특별자치도지사(특별시·광역시·특별자치시·도 또는 특별자치도의 교육감을 포함한다. 이하 "시·도지사"라 한다) 또는 특별시·광역시·특별자치시·도·특별자치도(이하 "시·도"라 한다)의 의회(의장, 위원회의 위원장, 사무처장 등 의회 소속 모든 행정청을 포함한다)

③ (O)

행정심판법 제10조(위원의 제척·기피·회피) ③ 위원에 대한 제척신청이나 기피신청은 그 사유를 소명(疏明)한 문서로 하여야 한다. 다만, 불가피한 경우에는 신청한 날부터 3일 이내에 신청 사유를 소명할 수 있는 자료를 제출하여야 한다.

④ (X)

행정심판법 제6조(행정심판위원회의 설치) ① 다음 각 호의 행정청 또는 그 소속 행정청(행정기관의 계층구조와 관계없이 그 감독을 받거나 위탁을 받은 모든 행정청을 말하되, 위탁을 받은 행정청은 그 위탁받은 사무에 관하여는 위탁한 행정청의 소속 행정청으로 본다. 이하 같다)의 처분 또는 부작위에 대한 행정심판의 청구(이하 "심판청구"라 한다)에 대하여는 다음 각 호의 행정청에 두는 행정심판위원회에서 심리·재결한다.
2. 국회사무총장·법원행정처장·헌법재판소사무처장 및 중앙선거관리위원회사무총장)

정답 ④

548 [15서울9급]

행정심판에 관한 설명으로 옳지 않은 것은? (다툼이 있는 경우 판례에 의함)

① 법인이 아닌 사단 또는 재단으로서 대표자나 관리인이 정하여져 있는 경우에는 그 사단이나 재단의 이름으로 심판청구를 할 수 있다.

② 행정심판청구는 엄격한 형식을 요하지 아니하는 서면행위이다.

③ 행정심판을 청구하려는 자는 심판청구서를 작성하여 피청구인이나 위원회에 제출하여야 하며 피청구인의 수만큼 심판청구서 부본을 함께 제출하여야 한다.

④ 개별법률에서 정한 심판청구기간이 「행정심판법」이 정한 심판청구기간보다 짧은 경우, 행정청이 행정처분을 하면서 그 개별법률상 심판청구기간을 고지하지 아니하였다면 그 개별법률에서 정한 심판청구기간 내에 한하여 심판청구가 가능하다.

해설

① (O)

> **행정심판법 제14조(법인이 아닌 사단 또는 재단의 청구인 능력)** 법인이 아닌 사단 또는 재단으로서 대표자나 관리인이 정하여져 있는 경우에는 그 사단이나 재단의 이름으로 심판청구를 할 수 있다.

② (O) 행정소송의 전치요건인 행정심판청구는 엄격한 형식을 요하지 아니하는 서면행위로 해석된다(대판 1995.9.5, 94누16250).

③ (O)

> **행정심판법 제23조(심판청구서의 제출)** ① 행정심판을 청구하려는 자는 제28조에 따라 심판청구서를 작성하여 피청구인이나 위원회에 제출하여야 한다. 이 경우 피청구인의 수만큼 심판청구서 부본을 함께 제출하여야 한다.

④ (X)

> **행정심판법 제27조(심판청구의 기간)** ③ 행정심판은 처분이 있었던 날부터 180일이 지나면 청구하지 못한다. 다만, 정당한 사유가 있는 경우에는 그러하지 아니하다.
>
> ⑥ 행정청이 심판청구 기간을 알리지 아니한 경우에는 제3항에 규정된 기간에 심판청구를 할 수 있다.

정답 ④

549 [19서울7급]

「행정심판법」상 행정심판의 청구에 대한 설명으로 가장 옳지 않은 것은?

① 대통령의 처분 또는 부작위에 대하여는 다른 법률에서 행정심판을 청구할 수 있도록 정한 경우 외에는 행정심판을 청구할 수 없다.
② 처분의 효과가 기간의 경과, 처분의 집행, 그 밖의 사유로 소멸된 뒤에도 그 처분의 취소로 회복되는 법률상 이익이 있는 자는 취소심판을 청구할 수 있다.
③ 행정청이 심판청구 기간을 알리지 아니한 경우에는 청구인은 언제든지 심판청구를 할 수 있다.
④ 행정심판을 청구하려는 자는 심판청구서를 작성하여 피청구인이나 위원회에 제출하여야 한다.

해설

① (O)

행정심판법 제3조(행정심판의 대상) ② 대통령의 처분 또는 부작위에 대하여는 다른 법률에서 행정심판을 청구할 수 있도록 정한 경우 외에는 행정심판을 청구할 수 없다.

② (O)

행정심판법 제13조(청구인 적격) ① 취소심판은 처분의 취소 또는 변경을 구할 법률상 이익이 있는 자가 청구할 수 있다. 처분의 효과가 기간의 경과, 처분의 집행, 그 밖의 사유로 소멸된 뒤에도 그 처분의 취소로 회복되는 법률상 이익이 있는 자의 경우에도 또한 같다.

③ (X)

행정심판법 제27조(심판청구의 기간) ③ 행정심판은 처분이 있었던 날부터 180일이 지나면 청구하지 못한다. 다만, 정당한 사유가 있는 경우에는 그러하지 아니하다. ⑥ 행정청이 심판청구 기간을 알리지 아니한 경우에는 제3항에 규정된 기간에 심판청구를 할 수 있다.

④ (O)

행정심판법 제23조(심판청구서의 제출) ① 행정심판을 청구하려는 자는 제28조에 따라 심판청구서를 작성하여 피청구인이나 위원회에 제출하여야 한다. 이 경우 피청구인의 수만큼 심판청구서 부본을 함께 제출하여야 한다.

정답 ③

550 [21지방9급]

「행정심판법」상 행정심판에 대한 설명으로 옳지 않은 것은? (다툼이 있는 경우 판례에 의함)

① 심판청구기간의 기산점인 '처분이 있음을 안 날'이라 함은 당사자가 통지 · 공고 기타의 방법에 의하여 당해 처분이 있었다는 사실을 현실적으로 안 날을 의미한다.
② 행정청의 부작위에 대한 의무이행심판은 심판청구기간 규정의 적용을 받지 않고, 사정재결이 인정되지 아니한다.
③ 심판청구에 대한 재결이 있으면 그 재결 및 같은 처분 또는 부작위에 대하여 다시 행정심판을 청구할 수 없다.
④ 재결이 확정된 경우에도 처분의 기초가 된 사실관계나 법률적 판단이 확정되고 당사자들이나 법원이 이에 기속되어 모순되는 주장이나 판단을 할 수 없게 되는 것은 아니다.

해설

① (O) 행정소송법 제20조 제2항 소정의 제소기간 기산점인 '처분이 있음을 안 날'이란 통지, 공고 기타의 방법에 의하여 당해 처분이 있었다는 사실을 현실적으로 안 날을 의미하고 구체적으로 그 행정처분의 위법 여부를 판단한 날을 가리키는 것은 아니다(대판 1991.6.28, 90누6521).

② (X) 부작위에 대한 의무이행심판의 경우 심판청구기간 규정의 적용을 받지 않지만, 사정재결은 인정된다.

> **행정심판법 제27조(심판청구의 기간)** ⑦ 제1항부터 제6항까지의 규정은 무효등확인심판청구와 부작위에 대한 의무이행심판 청구에는 적용하지 아니한다.
>
> **제44조(사정재결)** ③ 제1항과 제2항은 무효등확인심판에는 적용하지 아니한다.

③ (O)

> **행정심판법 제51조(행정심판 재청구의 금지)** 심판청구에 대한 재결이 있으면 그 재결 및 같은 처분 또는 부작위에 대하여 다시 행정심판을 청구할 수 없다.

④ (O) 행정처분이나 행정심판재결이 불복기간의 경과로 인하여 확정될 경우, 그 확정력은 그 처분으로 인하여 법률상 이익을 침해받은 자가 당해 처분이나 재결의 효력을 더이상 다툴 수 없다는 의미일 뿐, 기판력이 인정되는 것은 아니어서 그 처분의 기초가 된 사실관계나 법률적 판단이 확정되고 당사자들이나 법원이 이에 기속되어 모순되는 주장이나 판단을 할 수 없게 되는 것은 아니다(대판 1994. 11. 8. 93누21927).

정답 ②

551 [18서울7급(上)]

행정심판에 관한 설명으로 가장 옳은 것은?

① 취소재결의 경우 기판력과 기속력이 인정된다.
② 무효등확인심판은 심판청구기간의 제한이 없고, 사정재결도 인정되지 않는다.
③ 피청구인의 경정이 있으면 심판청구는 피청구인의 경정시에 제기된 것으로 본다.
④ 고시 또는 공고에 의하여 행정처분을 하는 경우에는 고시 또는 공고의 효력발생일을 처분이 있는 날로 보아 그 날로부터 180일 이내에 행정심판을 청구할 수 있다.

해설

① (X) 행정심판법은 재결의 효력에 관하여 기속력(제49조)에 관한 규정만을 두고 있다. 그러나 행정심판의 재결도 행정행위의 일종이므로 행정행위가 갖는 여러 가지 효력(예 공정력 · 불가쟁력)과 준사법적 작용으로서 효력(예 불가변력 · 기속력 등)을 갖는다. 다만 재결은 재판이 아니므로 기판력은 발생하지 않는다.

② (O)

> **행정심판법 제27조(심판청구의 기간)** ⑦ 제1항부터 제6항까지의 규정은 무효등확인심판청구와 부작위에 대한 의무이행심판 청구에는 적용하지 아니한다.
>
> **제44조(사정재결)** ③ 제1항과 제2항은 무효등확인심판에는 적용하지 아니한다.

③ (X)

> **행정심판법 제17조(피청구인의 적격 및 경정)** ② 청구인이 피청구인을 잘못 지정한 경우에는 위원회는 직권으로 또는 당사자의 신청에 의하여 결정으로써 피청구인을 경정(更正)할 수 있다.
>
> ④ 제2항에 따른 결정이 있으면 종전의 피청구인에 대한 심판청구는 취하되고 종전의 피청구인에 대한 행정심판이 청구된 때에 새로운 피청구인에 대한 행정심판이 청구된 것으로 본다.

④ (X) 통상 고시 또는 공고에 의하여 행정처분을 하는 경우에는 그 처분의 상대방이 불특정 다수인이고, 그 처분의 효력이 불특정 다수인에게 일률적으로 적용되는 것이므로, 그 행정처분에 이해관계를 갖는 자는 고시 또는 공고가 있었다는 사실을 현실적으로 알았는지 여부에 관계없이 고시가 효력을 발생하는 날에 행정처분이 있음을 알았다고 보아야 하고, 따라서 그에 대한 취소소송은 그 날로부터 90일 이내에 제기하여야 한다(대판 2006.4.14, 2004두3847).

정답 ②

552 [13서울7급]

행정심판에 대한 설명 중 옳은 것은?

① 무효등확인심판에서는 심판청구기간의 제한이 없다.
② 무효등확인심판에서는 사정재결을 인정한다.
③ 취소심판에서는 스스로 처분을 취소하거나 다른 처분으로 변경할 수 없다.
④ 거부처분에 대한 의무이행심판에는 심판청구에 기간상의 제한이 없다.
⑤ 부작위에 대한 의무이행심판에는 심판청구에 기간상의 제한이 있다.

해설

① (O) 행정심판법 제27조 제7항.

② (X) 사정재결은 취소심판 · 의무이행심판에 대해서만 적용되고, 무효등확인심판에서는 적용되지 않는다(행정심판법 제44조 제3항).

③ (X)

> **행정심판법 제43조(재결의 구분)** ③ 위원회는 취소심판의 청구가 이유가 있다고 인정하면 처분을 취소 또는 다른 처분으로 변경하거나 처분을 다른 처분으로 변경할 것을 피청구인에게 명한다.

④ (X) ⑤ (X) 거부처분에 대한 의무이행심판에는 심판제기에는 (거부처분이라는 처분이 있으므로) 기간상 제한이 따르지만, 부작위에 대한 의무이행심판에는 심판제기에는 (처분이 없으므로) 기간상 제한이 따르지 않는다(행정심판법 제27조 제7항).

정답 ①

553 [10국회8급]

아래 사례들에 있어서 행정심판청구에 관한 다음 설명 중 옳지 않은 것은?

> (가) 서울특별시 A구청장은 甲에게 00처분의 통지서를 등기우편으로 발송하였고, 부재시 등기우편물을 수령하여 甲에게 전달해 온 주거지 아파트 경비원이 2010년 2월 8일에 이를 수령하였다. 그런데 당시 甲은 미국에 있는 자신의 아들 집에 가 있는 상태였고, 甲의 주거지에는 그 동안 아무도 살지 아니하였다. 이에 아파트 경비원은 甲이 집으로 돌아온 같은 해 2월 16일에 위 등기우편물을 甲에게 전달하였고, 甲은 같은 해 5월 11일에 행정심판을 청구하였다.
>
> (나) 乙은 2009년 8월 11일에 B시장으로부터 건축허가를 받았다. 乙에 이웃하여 주택을 가지고 있는 丙은 그 동안 미국에 머무르다가 같은 해 12월 3일 돌아와 이러한 사실을 알게 되었다. 丙은 乙에 대한 건축허가로 자신의 일조권·환경권이 침해된다고 보아 2010년 2월 18일에 乙에 대한 건축허가의 취소를 구하는 행정심판을 청구하였다.
>
> 행정심판법 제27조(심판청구의 기간)
>
> ① 행정심판은 처분이 있음을 알게 된 날부터 90일 이내에 청구하여야 한다.
>
> ③ 행정심판은 처분이 있었던 날부터 180일이 지나면 청구하지 못한다. 다만, 정당한 사유가 있는 경우에는 그러하지 아니하다.

① 제1항과 제3항의 기간 중 어느 하나가 경과되면 행정심판을 청구할 수 없게 된다.

② (가)의 경우, 부재 시 등기우편물을 수령하여 전달해 온 주거지 아파트 경비원은 수령권한을 위임받은 것으로 볼 수 있으므로, 경비원이 처분서를 수령하였다면 적법한 송달이 있는 것으로 보게 된다.

③ (가)의 경우, 경비원이 처분서를 수령한 날인 2010년 2월 8일부터 제1항의 심판청구기간이 진행되므로, 甲이 제기한 행정심판은 제1항의 심판청구기간이 경과된 뒤에 제기된 것이다.

④ (나)의 경우, 乙에 대한 건축허가처분이 있은 날인 2009년 8월 11일부터 제3항의 심판청구기간이 진행되므로, 丙이 제기한 행정심판은 제3항 본문의 심판청구기간이 경과된 뒤에 제기된 것이다.

⑤ (나)와 관련하여, 행정처분의 직접 상대방이 아닌 제3자는 특별한 사정이 없는 한 제3항 본문의 적용을 배제할 정당한 사유가 있는 경우에 해당한다고 보아 제3항의 청구기간이 경과한 뒤에도 심판청구를 제기할 수 있다고 함이 대법원 판례의 태도이다.

해설

① **(O)** 행정심판청구는 원칙적으로 처분이 있음을 알게 된 날로부터 90일 이내, 처분이 있었던 날로부터 180일 이내에 제기하여야 한다. 두 기간 중 어느 하나라도 경과하면 심판청구를 제기할 수 없다.

② **(O)** 납세의무자가 거주하는 아파트의 주민들은 등기우편물 등의 수령권한을 아파트 경비원에게 묵시적으로 위임한 것이라고 봄이 상당하므로 아파트 경비원이 우편집배원으로부터 납세고지서를 수령한 날이 구 국세기본법 제61조 제1항에 정한 처분의 통지를 받은 날에 해당한다(대판 2000.7.4. 2000두1164).

③ **(X)** 아파트 경비원이 관례에 따라 부재중인 납부의무자에게 배달되는 과징금부과처분의 납부고지서를 수령한 경우, 납부의무자가 아파트 경비원에게 우편물 등의 수령권한을 위임한 것으로 볼 수는 있을지언정, 경비원이 위 납부고지서를 수령한 때에 위 부과처분이 있음을 알았다고 하더라도 이로써 납부의무자 자신이 그 부과처분이 있음을 안 것과 동일하게 볼 수는 없다(대판 2002.8.27. 2002두3850).

④ **(O)** 乙은 2009년 8월 11일에 B시장으로부터 건축허가를 받았으므로 丙이 2010년 2월 18일에 乙에 대한 건축허가의 취소를 구하는 행정심판의 청구는 처분이 있었던 날부터 180일이 경과된 뒤에 제기된 것이다.

⑤ **(O)** 행정심판법 제18조 제3항에 의하면 행정처분의 상대방이 아닌 제3자라도 처분이 있은 날로부터 180일을 경과하면 행정심판청구를 제기하지 못하는 것이 원칙이지만, 다만 정당한 사유가 있는 경우에는 그러하지 아니하도록 규정되어 있는바, 행정처분의 직접 상대방이 아닌 제3자는 일반적으로 처분이 있는 것을 바로 알 수 없는 처지에 있으므로, 심판청구기간이 경과한 뒤에도 심판청구를 제기할 수 있다(대판 1992.7.28. 91누12844).

정답 ③

554 [21서울7급]

「행정심판법」상 가구제에 대한 설명으로 가장 옳지 않은 것은?

① 행정심판청구는 처분의 효력이나 그 집행 또는 절차의 속행(續行)에 영향을 주지 아니한다.

② 위원회는 집행정지를 결정한 후에 집행정지가 공공복리에 중대한 영향을 미치거나 그 정지사유가 없어진 경우에는 직권으로 또는 당사자의 신청에 의하여 집행정지 결정을 취소할 수 있다.

③ 위원회는 처분 또는 부작위가 위법 · 부당하다고 상당히 의심되는 경우로서 처분 또는 부작위로 생길 회복하기 어려운 손해를 예방하기 위하여 긴급한 필요가 있다고 인정할 때에는 직권으로 또는 당사자의 신청에 의하여 임시처분을 결정할 수 있다.

④ 집행정지는 공공복리에 중대한 영향을 미칠 우려가 있을 때에는 허용되지 아니한다.

해설

① (O)

> **행정심판법 제30조(집행정지)** ① 심판청구는 처분의 효력이나 그 집행 또는 절차의 속행(續行)에 영향을 주지 아니한다.

② (O)

> **행정심판법 제30조(집행정지)** ④ 위원회는 집행정지를 결정한 후에 집행정지가 공공복리에 중대한 영향을 미치거나 그 정지사유가 없어진 경우에는 직권으로 또는 당사자의 신청에 의하여 집행정지 결정을 취소할 수 있다.

③ (X)

> **행정심판법 제31조(임시처분)** ① 위원회는 처분 또는 부작위가 위법·부당하다고 상당히 의심되는 경우로서 처분 또는 부작위 때문에 당사자가 받을 우려가 있는 중대한 불이익이나 당사자에게 생길 급박한 위험을 막기 위하여 임시지위를 정하여야 할 필요가 있는 경우에는 직권으로 또는 당사자의 신청에 의하여 임시처분을 결정할 수 있다.

④ (O)

> **행정심판법 제30조(집행정지)** ③ 집행정지는 공공복리에 중대한 영향을 미칠 우려가 있을 때에는 허용되지 아니한다.

정답 ③

555 [17국회8급]

행정심판에 대한 설명으로 옳은 것은? (다툼이 있는 경우 판례에 의함)

① 거부처분에 대하여서는 의무이행심판을 제기하여야 하며, 취소심판을 제기할 수 없다.
② 행정심판청구서는 피청구인인 행정청을 거쳐 행정심판위원회에 제출하여야한다.
③ 임시처분은 집행정지로 목적을 달성할 수 있는 경우에는 허용되지 아니한다.
④ 행정심판의 재결에 고유한 위법이 있는 경우에는 재결에 대하여 다시 행정심판을 청구할 수 있다.
⑤ 행정청이 재결의 기속력에도 불구하고 처분명령재결의 취지에 따라 이전의 신청에 대한 처분을 하지 아니하는 때에는 행정심판위원회는 배상을 명할 수 있다.

해설

① (X) 거부처분에 대하여 의무이행심판, 거부처분취소심판 모두 가능하다.

> **행정심판법 제5조(행정심판의 종류)** 행정심판의 종류는 다음 각 호와 같다.
> 1. 취소심판: 행정청의 위법 또는 부당한 처분을 취소하거나 변경하는 행정심판
> 2. 무효등확인심판: 행정청의 처분의 효력 유무 또는 존재 여부를 확인하는 행정심판
> 3. 의무이행심판: 당사자의 신청에 대한 행정청의 위법 또는 부당한 거부처분이나 부작위에 대하여 일정한 처분을 하도록 하는 행정심판

② (X) 행정심판위원회에 곧바로 제출할 수 있다.

> **행정심판법 제23조(심판청구서의 제출)** ① 행정심판을 청구하려는 자는 제28조에 따라 심판청구서를 작성하여 피청구인이나 위원회에 제출하여야 한다. 이 경우 피청구인의 수만큼 심판청구서 부본을 함께 제출하여야 한다.

③ (O)

> **행정심판법 제31조(임시처분)** ① 위원회는 처분 또는 부작위가 위법·부당하다고 상당히 의심되는 경우로서 처분 또는 부작위 때문에 당사자가 받을 우려가 있는 중대한 불이익이나 당사자에게 생길 급박한 위험을 막기 위하여 임시지위를 정하여야 할 필요가 있는 경우에는 직권으로 또는 당사자의 신청에 의하여 임시처분을 결정할 수 있다.
> ③ 제1항에 따른 임시처분은 제30조 제2항에 따른 집행정지로 목적을 달성할 수 있는 경우에는 허용되지 아니한다.

④ (X) 행정심판법 제51조.

⑤ (O) 출제 당시의 행정심판법은 행정소송과 달리 행정심판의 경우 간접강제를 규정하지 않고 있었으나, 2017년 10월 19일부터 적용되는 개정 행정심판법은 간접강제를 신설하여 배상을 명할 수 있다.

> **행정심판법 제50조의2(위원회의 간접강제)** ① 위원회는 피청구인이 제49조 제2항(제49조 제4항에서 준용하는 경우를 포함한다) 또는 제3항에 따른 처분을 하지 아니하면 청구인의 신청에 의하여 결정으로 상당한 기간을 정하고 피청구인이 그 기간 내에 이행하지 아니하는 경우에는 그 지연기간에 따라 일정한 배상을 하도록 명하거나 즉시 배상을 할 것을 명할 수 있다.

정답 ③, ⑤

제7절 | 행정심판의 심리

행정심판위원회는 심판청구의 대상이 되는 처분 또는 부작위 외의 사항에 대하여도 재결할 수 있다.

[15사회복지]

| 해설

(X)

행정심판법 제47조(재결의 범위) ① 위원회는 심판청구의 대상이 되는 처분 또는 부작위 외의 사항에 대하여는 재결하지 못한다.

556 [13지방7급]

행정심판의 심리에 대한 설명으로 옳은 것은?

① 행정심판의 심리는 원칙적으로 행정심판위원회가 주도하며, 당사자의 처분권주의는 예외적으로 인정된다.

② 행정심판위원회의 심리는 당사자가 주장한 사실에 한정되지 않으며, 필요한 때에는 당사자가 주장하지 아니한 사실에 대하여도 심리할 수 있다.

③ 「행정심판법」은 구술심리를 원칙으로 하며, 당사자의 신청이 있는 때에는 서면심리로 할 것을 규정하고 있다.

④ 「행정심판법」은 원칙적으로 공개심리주의를 채택하고 있다.

해설

① (X) 행정심판의 심리는 원칙적으로 당사자가 주도하는 처분권주의가 원칙이며, 예외적으로 직권심리주의(직권탐지주의)가 인정된다.

② (O)

행정심판법 제39조(직권심리) 위원회는 필요하면 당사자가 주장하지 아니한 사실에 대하여도 심리할 수 있다.

③ (X)

행정심판법 제40조(심리의 방식) ① 행정심판의 심리는 구술심리나 서면심리로 한다. 다만, 당사자가 구술심리를 신청한 경우에는 서면심리만으로 결정할 수 있다고 인정되는 경우 외에는 구술심리를 하여야 한다.

④ (X)

행정심판법 제41조(발언 내용 등의 비공개) 위원회에서 위원이 발언한 내용이나 그 밖에 공개되면 위원회의 심리·재결의 공정성을 해칠 우려가 있는 사항으로서 대통령령으로 정하는 사항은 공개하지 아니한다.

정답 ②

557 [17지방7급]

행정심판법에 대한 설명으로 옳지 않은 것은? (다툼이 있는 경우 판례에 의함)

① 심판청구에 대하여 일부 인용하는 재결이 있는 경우에도 그 재결 및 같은 처분에 대하여 다시 행정심판을 청구할 수 없다.

② 행정처분이 있음을 안 날부터 90일을 넘겨 행정심판을 청구하였다가 각하재결을 받은 후 그 재결서를 송달받은 날부터 90일 내에 원래의 처분에 대하여 취소소송을 제기한 경우, 취소소송의 제소기간을 준수한 것으로 볼 수 없다.

③ 행정심판의 재결이 확정되었다 하더라도 처분의 기초가 된 사실관계나 법률적 판단이 확정되는 것은 아니므로, 당사자들이나 법원이 이에 기속되어 모순되는 주장이나 판단을 할 수 없게 되는 것은 아니다.

④ 행정청은 당초 처분사유와 기본적 사실관계가 동일하지 아니한 처분사유를 행정소송 계속중에는 추가·변경할 수 없으나 행정심판 단계에서는 추가·변경할 수 있다.

해설

① (O) 행정심판법 제51조.

② (O) 행정심판청구가 기간 도과로 인하여 부적법한 경우에는 행정소송 역시 전치의 요건을 충족치 못한 것이 되어 부적법 각하를 면치 못하는 것이고, 이 점은 행정청이 행정심판의 제기기간을 도과한 부적법한 심판에 대하여 그 부적법을 간과한 채 실질적 재결을 하였다 하더라도 달라지는 것이 아니다(대판 1991.6.25. 90누8091).

③ (O) 행정처분이나 행정심판재결이 불복기간의 경과로 인하여 확정될 경우, 그 확정력은 그 처분으로 인하여 법률상 이익을 침해받은 자가 당해 처분이나 재결의 효력을 더이상 다툴 수 없다는 의미일 뿐, 기판력이 인정되는 것은 아니어서 그 처분의 기초가 된 사실관계나 법률적 판단이 확정되고 당사자들이나 법원이 이에 기속되어 모순되는 주장이나 판단을 할 수 없게 되는 것은 아니다(대판 1994. 11. 8. 93누21927).

④ (X) 행정처분의 취소를 구하는 항고소송에서 처분청은 당초 처분의 근거로 삼은 사유와 기본적 사실관계가 동일성이 있다고 인정되는 한도 내에서만 다른 사유를 추가 또는 변경할 수 있고, 이러한 법리는 행정심판 단계에서도 그대로 적용된다(대판 2014. 5. 16. 2013두26118).

정답 ④

제8절 | 행정심판의 재결

558 [19서울9급(上)]

음식점을 운영하는 갑(甲)은 미성년자인 을(乙)에게 음주를 제공한 사실이 적발되어, 관련 법령에 따라 A자치구의 구청장인 병(丙)으로부터 영업정지 2개월의 처분을 받았다. 이에 갑은 A자치구를 관할로 하는 B광역시 산하의 행정심판위원회(이하, 'C'라 한다)에 행정심판을 제기하고자 한다. 이와 관련된 설명으로 가장 옳지 않은 것은?

① 갑은 병의 영업정지처분에 대하여 C에 취소심판청구 및 집행정지 신청을 할 수 있다.
② C는 필요하면 갑이 주장하지 아니한 사실에 대해서도 심리할 수 있다.
③ C는 갑의 취소심판청구가 이유 있다고 인정하면 2개월의 영업정지처분을 1개월의 영업정지처분으로 변경하는 재결을 할 수 있다.
④ C는 갑의 심판청구를 받은 날로부터 90일 이내에 재결을 하여야 한다.

해설

① (O)

> **행정심판법 제3조(행정심판의 대상)** ① 행정청의 처분 또는 부작위에 대하여는 다른 법률에 특별한 규정이 있는 경우 외에는 이 법에 따라 행정심판을 청구할 수 있다.
>
> **제30조(집행정지)** ② 위원회는 처분, 처분의 집행 또는 절차의 속행 때문에 중대한 손해가 생기는 것을 예방할 필요성이 긴급하다고 인정할 때에는 직권으로 또는 당사자의 신청에 의하여 처분의 효력, 처분의 집행 또는 절차의 속행의 전부 또는 일부의 정지(이하 "집행정지"라 한다)를 결정할 수 있다. 다만, 처분의 효력정지는 처분의 집행 또는 절차의 속행을 정지함으로써 그 목적을 달성할 수 있을 때에는 허용되지 아니한다.

② (O)

> **행정심판법 제39조(직권심리)** 위원회는 필요하면 당사자가 주장하지 아니한 사실에 대하여도 심리할 수 있다.

③ (O)

> **행정심판법 제43조(재결의 구분)** ③ 위원회는 취소심판의 청구가 이유가 있다고 인정하면 처분을 취소 또는 다른 처분으로 변경하거나 처분을 다른 처분으로 변경할 것을 피청구인에게 명한다.

④ (X)

> **행정심판법 제45조(재결 기간)** ① 재결은 제23조에 따라 피청구인 또는 위원회가 심판청구서를 받은 날부터 60일 이내에 하여야 한다. 다만, 부득이한 사정이 있는 경우에는 위원장이 직권으로 30일을 연장할 수 있다.

정답 ④

559 [19국가9급]

「행정심판법」상 행정심판에 대한 설명으로 옳지 않은 것은? (다툼이 있는 경우 판례에 의함)

① 대통령의 처분 또는 부작위에 대하여는 다른 법률에서 행정심판을 청구할 수 있도록 정한 경우 외에는 행정심판을 청구할 수 없다.

② 당사자의 신청에 대한 행정청의 부당한 거부처분에 대하여 일정한 처분을 하도록 하는 행정심판의 청구는 현행법상 허용되고 있다.

③ 「행정심판법」에 따른 서류의 송달에 관하여는 「행정절차법」 중 송달에 관한 규정을 준용한다.

④ 행정심판 청구인이 경제적 능력으로 인해 대리인을 선임할 수 없는 경우에는 행정심판위원회에 국선대리인을 선임하여 줄 것을 신청할 수 있다.

해설

① (O)

> **행정심판법 제3조(행정심판의 대상)** ② 대통령의 처분 또는 부작위에 대하여는 다른 법률에서 행정심판을 청구할 수 있도록 정한 경우 외에는 행정심판을 청구할 수 없다.

② (O)

> **행정심판법 제5조(행정심판의 종류)** 행정심판의 종류는 다음 각 호와 같다.
> 1. 취소심판: 행정청의 위법 또는 부당한 처분을 취소하거나 변경하는 행정심판
> 2. 무효등확인심판: 행정청의 처분의 효력 유무 또는 존재 여부를 확인하는 행정심판
> 3. 의무이행심판: 당사자의 신청에 대한 행정청의 위법 또는 부당한 거부처분이나 부작위에 대하여 일정한 처분을 하도록 하는 행정심판

③ (X)

> **행정심판법 제57조(서류의 송달)** 이 법에 따른 서류의 송달에 관하여는 「민사소송법」 중 송달에 관한 규정을 준용한다.

④ (O)

> **행정심판법 제18조의2(국선대리인)** ① 청구인이 경제적 능력으로 인해 대리인을 선임할 수 없는 경우에는 위원회에 국선대리인을 선임하여 줄 것을 신청할 수 있다.

정답 ③

560 [19서울7급(上)]

현행 「행정심판법」상 행정심판제도에 관한 설명으로 가장 옳은 것은?

① 취소심판의 재결로서 처분취소재결, 처분변경재결, 처분변경명령재결을 할 수 있으며, 처분취소명령재결은 할 수 없다.

② 처분청이 처분이행명령재결에 따른 처분을 하지 아니한 경우에는 행정심판위원회는 당사자의 신청 여부를 불문하고 직권으로 직접 처분을 할 수 있다.

③ 취소재결의 기속력으로서 재처분의무가 없으므로 현행법상 거부처분에 불복할 때에는 취소심판보다 의무이행심판이 더 효과적이다.

④ 거부에 대한 의무이행심판에는 청구기간의 제한과 사정재결, 집행정지 규정이 적용되지 않는다.

해설

① (O)

> **행정심판법 제43조(재결의 구분)** ③ 위원회는 취소심판의 청구가 이유가 있다고 인정하면 처분을 취소 또는 다른 처분으로 변경하거나 처분을 다른 처분으로 변경할 것을 피청구인에게 명한다.

② (X)

> **행정심판법 제50조(위원회의 직접 처분)** ① 위원회는 피청구인이 제49조 제3항에도 불구하고 처분을 하지 아니하는 경우에는 당사자가 신청하면 기간을 정하여 서면으로 시정을 명하고 그 기간에 이행하지 아니하면 직접 처분을 할 수 있다. 다만, 그 처분의 성질이나 그 밖의 불가피한 사유로 위원회가 직접 처분을 할 수 없는 경우에는 그러하지 아니하다.

③ (X)

> **행정심판법 제49조(재결의 기속력 등)** ① 심판청구를 인용하는 재결은 피청구인과 그 밖의 관계 행정청을 기속(羈束)한다.
> ② 재결에 의하여 취소되거나 무효 또는 부존재로 확인되는 처분이 당사자의 신청을 거부하는 것을 내용으로 하는 경우에는 그 처분을 한 행정청은 재결의 취지에 따라 다시 이전의 신청에 대한 처분을 하여야 한다.
> ③ 당사자의 신청을 거부하거나 부작위로 방치한 처분의 이행을 명하는 재결이 있으면 행정청은 지체 없이 이전의 신청에 대하여 재결의 취지에 따라 처분을 하여야 한다.

④ (X) 부작위의 경우 청구기간의 제한이 적용되지 않으나, 거부처분의 경우 청구기간의 제한과 사정재결은 적용되며 다만 거부처분의 경우 집행정지는 적용되지 않는다.

정답 ①

561 [22지방9급]

A 행정청이 甲에게 한 처분에 대하여 甲은 B 행정심판위원회에 행정심판을 청구하였다. 이에 대한 설명으로 옳은 것은? (다툼이 있는 경우 판례에 의함)

① B 행정심판위원회의 기각재결이 있은 후에는 A 행정청은 원처분을 직권으로 취소할 수 없다.

② 甲이 취소심판을 제기한 경우, B 행정심판위원회는 심판청구가 이유가 있다고 인정하면 처분변경명령재결을 할 수 있다.

③ 甲이 무효확인심판을 제기한 경우, B 행정심판위원회는 심판청구가 이유있다고 인정하면서도 이를 인용하는 것이 공공복리에 크게 위배된다고 인정하면 甲의 심판청구를 기각할 수 있다.

④ B 행정심판위원회의 재결에 고유한 위법이 있는 경우에는 甲은 다시 행정심판을 청구할 수 있다.

해설

① (X) 기속력은 조문상 인용재결의 경우에만 인정되고, 기각재결이나 각하재결의 경우에는 인정되지 않는다. 기각재결이 있는 경우라고 하더라도 처분청은 직권취소 할 수 있다.

② (O) 취소심판을 제기한 경우 취소재결, 변경재결, 변경명령재결을 할 수 있다.

> **행정심판법 제43조(재결의 구분)** ③ 위원회는 취소심판의 청구가 이유가 있다고 인정하면 처분을 취소 또는 다른 처분으로 변경하거나 처분을 다른 처분으로 변경할 것을 피청구인에게 명한다.

③ (X)

> **행정심판법 제44조(사정재결)** ① 위원회는 심판청구가 이유가 있다고 인정하는 경우에도 이를 인용(認容)하는 것이 공공복리에 크게 위배된다고 인정하면 그 심판청구를 기각하는 재결을 할 수 있다. 이 경우 위원회는 재결의 주문(主文)에서 그 처분 또는 부작위가 위법하거나 부당하다는 것을 구체적으로 밝혀야 한다.
>
> ② 위원회는 제1항에 따른 재결을 할 때에는 청구인에 대하여 상당한 구제방법을 취하거나 상당한 구제방법을 취할 것을 피청구인에게 명할 수 있다.
>
> ③ 제1항과 제2항은 무효등확인심판에는 적용하지 아니한다.

④ (X)

> **행정심판법 제51조(행정심판 재청구의 금지)** 심판청구에 대한 재결이 있으면 그 재결 및 같은 처분 또는 부작위에 대하여 다시 행정심판을 청구할 수 없다.

정답 ②

562 [21국가9급]

「행정심판법」상 행정심판위원회가 취소심판의 청구가 이유가 있다고 인정하는 경우에 행할 수 있는 재결에 해당하지 않는 것은?

① 처분을 취소하는 재결
② 처분을 할 것을 명하는 재결
③ 처분을 다른 처분으로 변경하는 재결
④ 처분을 다른 처분으로 변경할 것을 명하는 재결

해설

> **행정심판법 제43조(재결의 구분)** ③ 위원회는 취소심판의 청구가 이유가 있다고 인정하면 처분을 취소 또는 다른 처분으로 변경하거나 처분을 다른 처분으로 변경할 것을 피청구인에게 명한다.

정답 ②

563 [15서울9급]

행정심판과 행정소송의 관계에 관한 설명으로 가장 타당한 것은? (다툼이 있는 경우 판례에 의함)

① 양자는 행정권에 대한 국민의 권리구제 기능을 한다는 점에서는 공통되지만, 행정소송이 제3자 기관인 법원에 의해 심판되므로 당사자가 청구한 범위 내에서만 심리 · 판단하는 데 대하여, 행정심판은 행정조직 내에서 자기통제 기능을 겸하기 때문에 심판청구의 대상이 되는 처분 또는 부작위 외의 사항에 대하여도 재결할 수 있다.

② 행정소송은 철저한 대심주의를 관철하여 당사자가 제출한 공격 · 방어방법에 한정하여서만 심리 판단하지만, 행정심판에서는 직권탐지주의를 원칙으로 한다.

③ 행정심판에서는 변경재결과 같이 원처분을 적극적으로 변경하는 것도 가능하다.

④ 행정심판과 행정소송이 동시에 제기되어 진행 중 행정심판의 인용재결이 행해지면 동일한 처분 등을 다투는 행정소송에 영향이 없지만, 기각재결이 있으면 행정소송은 소의 이익을 상실한다.

해설

① (X)

> **행정심판법 제47조(재결의 범위)** ① 위원회는 심판청구의 대상이 되는 처분 또는 부작위 외의 사항에 대하여는 재결하지 못한다.

② (X) 행정소송과 행정심판 모두 변론주의를 원칙으로 하면서 직권심리주의를 보충하고 있다.

> **[관련판례]** 행정소송법 제26조가 법원은 필요하다고 인정할 때에는 직권으로 증거조사를 할 수 있고, 당사자가 주장하지 아니한 사실에 대하여도 판단할 수 있다고 규정하고 있지만, 이는 행정소송의 특수성에 연유하는 당사자주의, 변론주의에 대한 일부 예외 규정일 뿐 법원이 아무런 제한 없이 당사자가 주장하지 아니한 사실을 판단할 수 있는 것은 아니고, 일건 기록에 현출되어 있는 사항에 관하여서만 직권으로 증거조사를 하고 이를 기초로 하여 판단할 수 있을 따름이고, 그것도 법원이 필요하다고 인정할 때에 한하여 청구의 범위 내에서 증거조사를 하고 판단할 수 있을 뿐이다(대판 1994.10.11. 94누4820).

③ (O) 행정심판은 행정조직 내에서 자기통제 기능을 겸하기 때문에 기존의 처분을 취소하는 소극적 변경(취소재결) 뿐만 아니라 적극적 변경(처분변경재결, 처분변경명령재결)도 가능하다.

④ (X) 행정심판과 행정소송이 동시에 제기되어 진행 중 행정심판의 기각재결이 행해지면 동일한 처분 등을 다투는 행정소송에 영향이 없지만, 인용재결이 있으면 처분의 효력을 상실하게 되는 이유로 행정소송은 소의 이익을 상실한다.

정답 ③

564 [16서울7급]

「행정심판법」에 대한 설명으로 가장 옳은 것은?

① 임시처분은 의무이행심판을 인정하면서도 가처분제도를 인정하지 않아 제한된 재결의 실효성을 제고하기 위한 것이므로 집행정지로 그 목적을 달성할 수 있는 경우에도 허용된다.

② 심판청구에 대한 재결에는 기판력이 인정되지 않으므로 그 재결 및 같은 처분 또는 부작위에 대하여 다시 행정심판을 청구할 수 있다.

③ 행정심판의 심리는 당사자가 구술심리를 신청한 경우를 제외하고는 서면심리주의를 원칙으로 하고 있다.

④ 의무이행심판의 재결에서 처분재결은 형성재결의 성질을, 처분명령재결은 이행재결의 성격을 가지고 있다.

해설

① (X) 행정심판법 제31조 제2항.

② (X) 행정심판법 제51조.

③ (X)

> **행정심판법 제40조(심리의 방식)** ① 행정심판의 심리는 구술심리나 서면심리로 한다. 다만, 당사자가 구술심리를 신청한 경우에는 서면심리만으로 결정할 수 있다고 인정되는 경우 외에는 구술심리를 하여야 한다.

④ (O) 행정심판위원회는 의무이행심판의 청구가 이유가 있다고 인정하면 지체 없이 신청에 따른 처분을 하거나 처분을 할 것을 피청구인에게 명한다(행정심판법 제43조 제5항). 전자의 재결을 처분재결이라 하고 후자의 재결을 처분명령재결이라고 하는데, 전자의 처분재결은 형성재결의 성질을 가지고, 후자의 처분명령재결은 이행재결의 성질을 가진다.

정답 ④

565 [20지방7급]

행정심판에 대한 설명으로 옳은 것은?

① 「행정심판법」은 당사자심판을 규정하여 당사자소송과 연동시키고 있다.

② 피청구인의 경정은 행정심판위원회에서 결정하며 언제나 당사자의 신청을 전제로 한다.

③ 조정은 당사자가 합의한 사항을 조정서에 기재한 후 당사자가 서명 또는 날인함으로써 완성된다.

④ 법령의 규정에 따라 공고하거나 고시한 처분이 재결로써 취소되거나 변경되면 처분을 한 행정청은 지체 없이 그 처분이 취소 또는 변경되었다는 것을 공고하거나 고시하여야 한다.

해설

① (X) 당사자심판에 대해 행정심판법은 규정하고 있지 않다.

> **행정심판법 제5조(행정심판의 종류)** 행정심판의 종류는 다음 각 호와 같다.
> 1. 취소심판: 행정청의 위법 또는 부당한 처분을 취소하거나 변경하는 행정심판
> 2. 무효등확인심판: 행정청의 처분의 효력 유무 또는 존재 여부를 확인하는 행정심판
> 3. 의무이행심판: 당사자의 신청에 대한 행정청의 위법 또는 부당한 거부처분이나 부작위에 대하여 일정한 처분을 하도록 하는 행정심판

② (X) 직권으로 가능하다.

> **행정심판법 제17조(피청구인의 적격 및 경정)** ② 청구인이 피청구인을 잘못 지정한 경우에는 위원회는 직권으로 또는 당사자의 신청에 의하여 결정으로써 피청구인을 경정(更正)할 수 있다.

③ (X) 위원회가 확인함으로써 성립한다.

> **행정심판법 제43조의2(조정)** ③ 조정은 당사자가 합의한 사항을 조정서에 기재한 후 당사자가 서명 또는 날인하고 위원회가 이를 확인함으로써 성립한다.

④ (O)

> **행정심판법 제49조(재결의 기속력 등)** ⑤ 법령의 규정에 따라 공고하거나 고시한 처분이 재결로써 취소되거나 변경되면 처분을 한 행정청은 지체 없이 그 처분이 취소 또는 변경되었다는 것을 공고하거나 고시하여야 한다.

정답 ④

566 [18서울9급]

행정심판제도에 대한 설명으로 가장 옳지 않은 것은?

① 행정심판청구는 엄격한 형식을 요하지 않는 서면행위로 해석된다.
② 행정처분이 있은 날이라 함은 그 행정처분의 효력이 발생한 날을 의미한다.
③ 행정심판의 가구제 제도에는 집행정지제도와 임시처분제도가 있다.
④ 행정심판 재결의 기속력은 인용재결뿐만 아니라 각하재결과 기각재결에도 인정되는 효력이다.

해설

① (O) 행정소송의 전치요건인 행정심판청구는 엄격한 형식을 요하지 아니하는 서면행위로 해석된다(대판 1995.9.5, 94누16250).
② (O) "처분이 있은 날"이라 함은 상대방이 있는 행정처분의 경우는 특별한 규정이 없는 한 의사표시의 일반적 법리에 따라 그 행정처분이 상대방에게 고지되어 효력이 발생한 날을 말한다고 할 것이다(대판 1990.7.13. 90누2284).
③ (O) 행정심판의 가구제 제도에는 집행정지제도와 임시처분제도가 있다.
④ (X) 재결의 기속력은 인용재결에만 인정될 뿐 기각재결 및 각하재결에는 인정되지 않는다.

> **행정심판법 제49조(재결의 기속력 등)** ① 심판청구를 인용하는 재결은 피청구인과 그 밖의 관계 행정청을 기속(羈束)한다.

정답 ④

567 [17사회복지]

행정심판에 대한 설명으로 옳지 않은 것은?

① 판례에 따르면, 처분의 절차적 위법사유로 인용재결이 있었으나 행정청이 절차적 위법사유를 시정한 후 행정청이 종전과 같은 처분을 하는 것은 재결의 기속력에 반한다.
② 사정재결은 무효등확인심판에는 적용되지 아니한다.
③ 당사자의 신청을 거부하거나 부작위로 방치한 처분의 이행을 명하는 재결이 있으면 행정청은 지체 없이 이전의 신청에 대하여 재결의 취지에 따라 처분을 하여야 한다.
④ 행정심판위원회는 필요하면 당사자가 주장하지 않은 사실에 대하여도 심리할 수 있다.

해설

① (X) ③ (O)

> **행정심판법 제49조(재결의 기속력 등)** ① 심판청구를 인용하는 재결은 피청구인과 그 밖의 관계 행정청을 기속(羈束)한다.
> ② 재결에 의하여 취소되거나 무효 또는 부존재로 확인되는 처분이 당사자의 신청을 거부하는 것을 내용으로 하는 경우에는 그 처분을 한 행정청은 재결의 취지에 따라 다시 이전의 신청에 대한 처분을 하여야 한다.
> ③ 당사자의 신청을 거부하거나 부작위로 방치한 처분의 이행을 명하는 재결이 있으면 행정청은 지체 없이 이전의 신청에 대하여 재결의 취지에 따라 처분을 하여야 한다.
> ④ 신청에 따른 처분이 절차의 위법 또는 부당을 이유로 재결로써 취소된 경우에는 제2항을 준용한다.

② (O)

> **행정심판법 제44조(사정재결)** ③ 제1항과 제2항은 무효등확인심판에는 적용하지 아니한다.

④ (O)

> **행정심판법 제39조(직권심리)** 위원회는 필요하면 당사자가 주장하지 아니한 사실에 대하여도 심리할 수 있다.

정답 ①

568 [19국가7급]

행정심판의 재결의 기속력에 대한 설명으로 옳지 않은 것은? (다툼이 있는 경우 판례에 의함)

① 재결이 확정된 경우에는 처분의 기초가 된 사실관계나 법률적 판단이 확정되고 당사자들이나 법원은 이에 기속되어 모순되는 주장이나 판단을 할 수 없게 된다.

② 재결에 의하여 취소되거나 무효 또는 부존재로 확인되는 처분이 당사자의 신청을 거부하는 것을 내용으로 하는 경우에는 그 처분을 한 행정청은 재결의 취지에 따라 다시 이전의 신청에 대한 처분을 하여야 한다.

③ 재결의 기속력은 재결의 주문 및 그 전제가 된 요건사실의 인정과 판단에 대하여만 미친다.

④ 당사자의 신청을 받아들이지 않은 거부처분이 재결에서 취소된 경우, 그 재결의 취지에 따라 이전의 신청에 대하여 다시 어떠한 처분을 하여야 할지는 처분을 할 때의 법령과 사실을 기준으로 판단하여야 하므로, 행정청은 종전 거부처분 또는 재결 후에 발생한 새로운 사유를 내세워 다시 거부처분을 할 수 있다.

해설

① **(X)** 행정처분이나 행정심판재결이 불복기간의 경과로 인하여 확정될 경우, 그 확정력은 그 처분으로 인하여 법률상 이익을 침해받은 자가 당해 처분이나 재결의 효력을 더이상 다툴 수 없다는 의미일 뿐, 기판력이 인정되는 것은 아니어서 그 처분의 기초가 된 사실관계나 법률적 판단이 확정되고 당사자들이나 법원이 이에 기속되어 모순되는 주장이나 판단을 할 수 없게 되는 것은 아니다(대판 1994. 11. 8. 93누21927).

② **(O)**

> **행정심판법 제49조(재결의 기속력 등)** ① 심판청구를 인용하는 재결은 피청구인과 그 밖의 관계 행정청을 기속(羈束)한다.
>
> ② 재결에 의하여 취소되거나 무효 또는 부존재로 확인되는 처분이 당사자의 신청을 거부하는 것을 내용으로 하는 경우에는 그 처분을 한 행정청은 재결의 취지에 따라 다시 이전의 신청에 대한 처분을 하여야 한다.
>
> ③ 당사자의 신청을 거부하거나 부작위로 방치한 처분의 이행을 명하는 재결이 있으면 행정청은 지체 없이 이전의 신청에 대하여 재결의 취지에 따라 처분을 하여야 한다.

③ **(O)** 재결의 기속력은 재결의 주문 및 그 전제가 된 요건사실의 인정과 판단, 즉 처분 등의 구체적 위법사유에 관한 판단에만 미친다고 할 것이고, 종전 처분이 재결에 의하여 취소되었다 하더라도 종전 처분시와는 다른 사유를 들어서 처분을 하는 것은 기속력에 저촉되지 않는다(대판 2005.12.9. 2003두7705).

④ **(O)** 당사자의 신청을 받아들이지 않은 거부처분이 재결에서 취소된 경우에 행정청은 종전 거부처분 또는 재결 후에 발생한 새로운 사유를 내세워 다시 거부처분을 할 수 있다. 그 재결의 취지에 따라 이전의 신청에 대하여 다시 어떠한 처분을 하여야 할지는 처분을 할 때의 법령과 사실을 기준으로 판단하여야 하기 때문이다. 또한 행정청이 재결에 따라 이전의 신청을 받아들이는 후속처분을 하였더라도 후속처분이 위법한 경우에는 재결에 대한 취소소송을 제기하지 않고도 곧바로 후속처분에 대한 항고소송을 제기하여 다툴 수 있다. 나아가 거부처분을 취소하는 재결이 있더라도 그에 따른 후속처분이 있기까지는 제3자의 권리나 이익에 변동이 있다고 볼 수 없고 후속처분 시에 비로소 제3자의 권리나 이익에 변동이 발생하며, 재결에 대한 항고소송을 제기하여 재결을 취소하는 판결이 확정되더라도 그와 별도로 후속처분이 취소되지 않는 이상 후속처분으로 인한 제3자의 권리나 이익에 대한 침해 상태는 여전히 유지된다. 이러한 점들을 종합하면, 거부처분이 재결에서 취소된 경우 재결에 따른 후속처분이 아니라 그 재결의 취소를 구하는 것은 실효적이고 직접적인 권리구제수단이 될 수 없어 분쟁해결의 유효적절한 수단이라고 할 수 없으므로 법률상 이익이 없다(대판 2017. 10. 31. 2015두45045).

정답 ①

569 [19지방9급]

「행정심판법」의 내용에 대한 설명으로 옳지 않은 것은?

① 행정심판위원회는 필요하면 당사자가 주장하지 아니한 사실에 대하여도 심리할 수 있다.
② 행정심판위원회는 임시처분을 결정한 후에 임시처분이 공공복리에 중대한 영향을 미치는 경우에는 직권으로 또는 당사자의 신청에 의하여 이 결정을 취소할 수 있다.
③ 청구인은 행정심판위원회의 간접강제 결정에 불복하는 경우 그 결정에 대하여 행정소송을 제기할 수 있다.
④ 당사자의 신청을 거부하는 처분에 대한 취소심판에서 인용재결이 내려진 경우, 의무이행심판과 달리 행정청은 재처분의무를 지지 않는다.

해설

① (O)

행정심판법 제39조(직권심리) 위원회는 필요하면 당사자가 주장하지 아니한 사실에 대하여도 심리할 수 있다.

② (O)

행정심판법 제31조(임시처분) ① 위원회는 처분 또는 부작위가 위법·부당하다고 상당히 의심되는 경우로서 처분 또는 부작위 때문에 당사자가 받을 우려가 있는 중대한 불이익이나 당사자에게 생길 급박한 위험을 막기 위하여 임시지위를 정하여야 할 필요가 있는 경우에는 직권으로 또는 당사자의 신청에 의하여 임시처분을 결정할 수 있다.

② 제1항에 따른 임시처분에 관하여는 제30조 제3항부터 제7항까지를 준용한다. 이 경우 같은 조 제6항 전단 중 "중대한 손해가 생길 우려"는 "중대한 불이익이나 급박한 위험이 생길 우려"로 본다.

제30조(집행정지) ④ 위원회는 집행정지를 결정한 후에 집행정지가 공공복리에 중대한 영향을 미치거나 그 정지사유가 없어진 경우에는 직권으로 또는 당사자의 신청에 의하여 집행정지 결정을 취소할 수 있다.

③ (O)

행정심판법 제50조의2(위원회의 간접강제) ① 위원회는 피청구인이 제49조 제2항(제49조 제4항에서 준용하는 경우를 포함한다) 또는 제3항에 따른 처분을 하지 아니하면 청구인의 신청에 의하여 결정으로 상당한 기간을 정하고 피청구인이 그 기간 내에 이행하지 아니하는 경우에는 그 지연기간에 따라 일정한 배상을 하도록 명하거나 즉시 배상을 할 것을 명할 수 있다.

④ 청구인은 제1항 또는 제2항에 따른 결정에 불복하는 경우 그 결정에 대하여 행정소송을 제기할 수 있다.

④ (X)

행정심판법 제49조(재결의 기속력 등) ② 재결에 의하여 취소되거나 무효 또는 부존재로 확인되는 처분이 당사자의 신청을 거부하는 것을 내용으로 하는 경우에는 그 처분을 한 행정청은 재결의 취지에 따라 다시 이전의 신청에 대한 처분을 하여야 한다.

정답 ④

570 [21지방9급]

재결의 기속력에 대한 설명으로 옳은 것만을 모두 고르면? (다툼이 있는 경우 판례에 의함)

ㄱ. 재결에 의하여 취소되거나 무효 또는 부존재로 확인되는 처분이 당사자의 신청을 거부하는 것을 내용으로 하는 경우에는 그 처분을 한 행정청은 재결의 취지에 따라 다시 이전의 신청에 대한 처분을 하여야 한다.
ㄴ. 재결의 기속력은 인용재결의 경우에만 인정되고, 기각재결에서는 인정되지 않는다.
ㄷ. 기속력은 재결의 주문에만 미치고, 처분 등의 구체적 위법사유에 관한 판단에는 미치지 않는다.
ㄹ. 행정심판 인용재결에 따른 행정청의 재처분 의무에도 불구하고 행정청이 인용재결에 따른 처분을 하지 아니하는 경우에, 행정심판위원회는 청구인의 신청이 없어도 결정으로 일정한 배상을 하도록 명할 수 있다.

① ㄱ, ㄴ ② ㄱ, ㄴ, ㄹ
③ ㄱ, ㄷ, ㄹ ④ ㄴ, ㄷ, ㄹ

해설

ㄱ. (O) ㄴ. (O) 기속력은 조문상 인용재결의 경우에만 인정되고, 기각재결이나 각하재결의 경우에는 인정되지 않는다.

> **행정심판법 제49조(재결의 기속력 등)** ① 심판청구를 인용하는 재결은 피청구인과 그 밖의 관계 행정청을 기속(羈束)한다.
> ② 재결에 의하여 취소되거나 무효 또는 부존재로 확인되는 처분이 당사자의 신청을 거부하는 것을 내용으로 하는 경우에는 그 처분을 한 행정청은 재결의 취지에 따라 다시 이전의 신청에 대한 처분을 하여야 한다.

ㄷ. (X) 재결의 기속력은 재결의 주문 및 그 전제가 된 요건사실의 인정과 판단, 즉 처분 등의 구체적 위법사유에 관한 판단에만 미친다고 할 것이고, 종전 처분이 재결에 의하여 취소되었다 하더라도 종전 처분시와는 다른 사유를 들어서 처분을 하는 것은 기속력에 저촉되지 않는다(대판 2005.12.9. 2003두7705).

ㄹ. (X) 신청이 반드시 필요하다.

> **행정심판법 제50조의2(위원회의 간접강제)** ① 위원회는 피청구인이 제49조 제2항(제49조 제4항에서 준용하는 경우를 포함한다) 또는 제3항에 따른 처분을 하지 아니하면 청구인의 신청에 의하여 결정으로 상당한 기간을 정하고 피청구인이 그 기간 내에 이행하지 아니하는 경우에는 그 지연기간에 따라 일정한 배상을 하도록 명하거나 즉시 배상을 할 것을 명할 수 있다.

정답 ①

571 [18국가7급]

「행정심판법」에 대한 설명으로 옳은 것만을 모두 고르면?

ㄱ. 재결에 의하여 취소되는 처분이 당사자의 신청을 거부하는 것을 내용으로 하는 경우에는 그 처분을 한 행정청은 재결의 취지에 따라 다시 이전의 신청에 대한 처분을 하여야 한다.
ㄴ. 행정심판위원회는 피청구인이 의무이행재결의 취지에 따른 처분을 하지 아니하면 청구인의 신청에 의하여 결정으로 상당한 기간을 정하고 피청구인이 그 기간 내에 이행하지 아니하는 경우에는 그 지연기간에 따라 일정한 배상을 하도록 명하거나 즉시 배상을 할 것을 명할 수 있다.
ㄷ. 행정심판위원회는 심판청구된 행정청의 부작위가 위법·부당하다고 상당히 의심되는 경우로서 당사자가 받을 우려가 있는 중대한 불이익이나 당사자에게 생길 급박한 위험을 막기 위하여 임시지위를 정할 필요가 있는 경우 직권 또는 당사자의 신청에 의하여 임시처분을 결정할 수 있다.
ㄹ. 행정심판위원회는 공공복리에 적합하지 아니하거나 해당 처분의 성질에 반하는 경우가 아니라면 당사자의 권리 및 권한의 범위에서 당사자의 동의를 받아 조정을 할 수 있다.

① ㄱ, ㄴ ② ㄷ, ㄹ
③ ㄱ, ㄴ, ㄷ ④ ㄱ, ㄴ, ㄷ, ㄹ

해설

ㄱ. (O)

행정심판법 제49조(재결의 기속력 등) ① 심판청구를 인용하는 재결은 피청구인과 그 밖의 관계 행정청을 기속(羈束)한다.
② 재결에 의하여 취소되거나 무효 또는 부존재로 확인되는 처분이 당사자의 신청을 거부하는 것을 내용으로 하는 경우에는 그 처분을 한 행정청은 재결의 취지에 따라 다시 이전의 신청에 대한 처분을 하여야 한다.

ㄴ. (O)

행정심판법 제50조의2(위원회의 간접강제) ① 위원회는 피청구인이 제49조 제2항(제49조 제4항에서 준용하는 경우를 포함한다) 또는 제3항에 따른 처분을 하지 아니하면 청구인의 신청에 의하여 결정으로 상당한 기간을 정하고 피청구인이 그 기간 내에 이행하지 아니하는 경우에는 그 지연기간에 따라 일정한 배상을 하도록 명하거나 즉시 배상을 할 것을 명할 수 있다.

ㄷ. (O)

행정심판법 제31조(임시처분) ① 위원회는 처분 또는 부작위가 위법·부당하다고 상당히 의심되는 경우로서 처분 또는 부작위 때문에 당사자가 받을 우려가 있는 중대한 불이익이나 당사자에게 생길 급박한 위험을 막기 위하여 임시지위를 정하여야 할 필요가 있는 경우에는 직권으로 또는 당사자의 신청에 의하여 임시처분을 결정할 수 있다.

ㄹ. (O)

행정심판법 제43조의2(조정) ① 위원회는 당사자의 권리 및 권한의 범위에서 당사자의 동의를 받아 심판청구의 신속하고 공정한 해결을 위하여 조정을 할 수 있다. 다만, 그 조정이 공공복리에 적합하지 아니하거나 해당 처분의 성질에 반하는 경우에는 그러하지 아니하다.

정답 ④

행정심판법상 재결의 기속력은 당해 처분에 관하여 재결주문 및 그 전제가 된 요건사실의 인정과 판단뿐만 아니라 이와 직접 관계가 없는 다른 처분에 대하여도 미친다. [15행정사]

| 해설

(X) 재결의 기속력은 재결의 주문 및 그 전제가 된 요건사실의 인정과 판단, 즉 처분 등의 구체적 위법사유에 관한 판단에만 미친다고 할 것이고, 종전 처분이 재결에 의하여 취소되었다 하더라도 종전 처분시와는 다른 사유를 들어서 처분을 하는 것은 기속력에 저촉되지 않는다(대판 2005.12.9. 2003두7705).

행정심판위원회는 처분의 이행을 명하는 재결에도 불구하고 피청구인이 처분을 하지 않는 경우에는 당사자의 신청 또는 직권으로 기간을 정하여 서면으로 시정을 명하고 그 기간에도 이행하지 않으면 직접 처분을 할 수 있다. [13국회9급]

| 해설

(X)

행정심판법 제50조(위원회의 직접 처분) ① 위원회는 피청구인이 제49조 제3항에도 불구하고 처분을 하지 아니하는 경우에는 당사자가 신청하면 기간을 정하여 서면으로 시정을 명하고 그 기간에 이행하지 아니하면 직접 처분을 할 수 있다. 다만, 그 처분의 성질이나 그 밖의 불가피한 사유로 위원회가 직접 처분을 할 수 없는 경우에는 그러하지 아니하다.

572 [18지방7급]

행정심판에 대한 설명으로 옳지 않은 것은? (다툼이 있는 경우 판례에 의함)

① 행정심판위원회는 피청구인이 거부처분의 취소재결에도 불구하고 처분을 하지 아니하는 경우에는 당사자가 신청하면 기간을 정하여 서면으로 시정을 명하고, 그 기간에 이행하지 아니하면 직접 처분을 할 수 있다.
② 개별공시지가의 결정에 이의가 있는 자가 행정심판을 거쳐 취소소송을 제기하는 경우 취소소송의 제소기간은 그 행정심판 재결서 정본을 송달받은 날부터 또는 재결이 있은 날부터 기산한다.
③ 행정처분의 취소를 구하는 항고소송에서 처분청은 당초 처분의 근거로 삼은 사유와 기본적 사실관계가 동일성이 있다고 인정되는 한도 내에서만 다른 사유를 추가 또는 변경할 수 있다는 법리는 행정심판 단계에서도 그대로 적용된다.
④ 행정심판위원회는 당사자의 권리 및 권한의 범위에서 당사자의 동의를 받아 행정심판 청구의 신속하고 공정한 해결을 위하여 조정을 할 수 있으나, 그 조정이 공공복리에 적합하지 아니하거나 해당 처분의 성질에 반하는 경우에는 그러하지 아니하다.

해설

① (X) 거부처분취소재결의 경우가 아니라 이행을 명하는 재결의 경우(의무이행심판)에만 인정된다.

> **행정심판법 제49조(재결의 기속력 등)** ③ 당사자의 신청을 거부하거나 부작위로 방치한 처분의 이행을 명하는 재결이 있으면 행정청은 지체 없이 이전의 신청에 대하여 재결의 취지에 따라 처분을 하여야 한다.
>
> **제50조(위원회의 직접 처분)** ① 위원회는 피청구인이 제49조 제3항에도 불구하고 처분을 하지 아니하는 경우에는 당사자가 신청하면 기간을 정하여 서면으로 시정을 명하고 그 기간에 이행하지 아니하면 직접 처분을 할 수 있다. 다만, 그 처분의 성질이나 그 밖의 불가피한 사유로 위원회가 직접 처분을 할 수 없는 경우에는 그러하지 아니하다.

② (O) 개별공시지가에 대하여 이의가 있는 자는 곧바로 행정소송을 제기하거나 부동산 가격공시 및 감정평가에 관한 법률에 따른 이의신청과 행정심판법에 따른 행정심판청구 중 어느 하나만을 거쳐 행정소송을 제기할 수 있을 뿐 아니라, 이의신청을 하여 그 결과 통지를 받은 후 다시 행정심판을 거쳐 행정소송을 제기할 수도 있다고 보아야 하고, 이 경우 행정소송의 제소기간은 그 행정심판 재결서 정본을 송달받은 날부터 기산한다(대판 2010. 1. 28. 2008두19987).

③ (O) 행정처분의 취소를 구하는 항고소송에서 처분청은 당초 처분의 근거로 삼은 사유와 기본적 사실관계가 동일성이 있다고 인정되는 한도 내에서만 다른 사유를 추가 또는 변경할 수 있고, 이러한 기본적 사실관계의 동일성 유무는 처분사유를 법률적으로 평가하기 이전의 구체적 사실에 착안하여 그 기초인 사회적 사실관계가 기본적인 점에서 동일한지에 따라 결정되므로, 추가 또는 변경된 사유가 처분 당시에 이미 존재하고 있었다거나 당사자가 그 사실을 알고 있었다고 하여 당초의 처분사유와 동일성이 있다고 할 수 없다. 그리고 이러한 법리는 행정심판 단계에서도 그대로 적용된다(대판 2014. 5. 16. 2013두26118).

④ (O)

> **행정심판법 제43조의2(조정)** ① 위원회는 당사자의 권리 및 권한의 범위에서 당사자의 동의를 받아 심판청구의 신속하고 공정한 해결을 위하여 조정을 할 수 있다. 다만, 그 조정이 공공복리에 적합하지 아니하거나 해당 처분의 성질에 반하는 경우에는 그러하지 아니하다.

정답 ①

---

573 [19서울9급]

「행정심판법」상 행정심판에 관한 설명으로 가장 옳지 않은 것은?

① 무효등확인심판에서는 사정재결이 허용되지 아니한다.

② 거부처분에 대한 취소심판이나 무효등확인심판청구에서 인용재결이 있었음에도 불구하고 피청구인인 행정청이 재결의 취지에 따른 처분을 하지 아니한 경우에는 당사자가 신청하면 행정심판위원회는 기간을 정하여 서면으로 시정을 명하고 그 기간에 이행하지 아니하면 직접 처분을 할 수 있다.

③ 행정청이 처분을 할 때에 처분의 상대방에게 심판청구 기간을 알리지 아니한 경우에는 처분이 있었던 날부터 180일까지가 취소심판이나 의무이행심판의 청구기간이 된다.

④ 종로구청장의 처분이나 부작위에 대한 행정심판청구는 서울특별시 행정심판위원회에서 심리·재결하여야 한다.

해설

① (O)

행정심판법 제44조(사정재결) ① 위원회는 심판청구가 이유가 있다고 인정하는 경우에도 이를 인용(認容)하는 것이 공공복리에 크게 위배된다고 인정하면 그 심판청구를 기각하는 재결을 할 수 있다. 이 경우 위원회는 재결의 주문(主文)에서 그 처분 또는 부작위가 위법하거나 부당하다는 것을 구체적으로 밝혀야 한다. ② 위원회는 제1항에 따른 재결을 할 때에는 청구인에 대하여 상당한 구제방법을 취하거나 상당한 구제방법을 취할 것을 피청구인에게 명할 수 있다. ③ 제1항과 제2항은 무효등확인심판에는 적용하지 아니한다.

② (X) 거부처분취소재결의 경우가 아니라 이행을 명하는 재결의 경우(의무이행심판)에만 인정된다.

행정심판법 제49조(재결의 기속력 등) ③ 당사자의 신청을 거부하거나 부작위로 방치한 처분의 이행을 명하는 재결이 있으면 행정청은 지체 없이 이전의 신청에 대하여 재결의 취지에 따라 처분을 하여야 한다. **제50조(위원회의 직접 처분)** ① 위원회는 피청구인이 제49조 제3항에도 불구하고 처분을 하지 아니하는 경우에는 당사자가 신청하면 기간을 정하여 서면으로 시정을 명하고 그 기간에 이행하지 아니하면 직접 처분을 할 수 있다. 다만, 그 처분의 성질이나 그 밖의 불가피한 사유로 위원회가 직접 처분을 할 수 없는 경우에는 그러하지 아니하다.

③ (O)

행정심판법 제27조(심판청구의 기간) ③ 행정심판은 처분이 있었던 날부터 180일이 지나면 청구하지 못한다. 다만, 정당한 사유가 있는 경우에는 그러하지 아니하다. ⑥ 행정청이 심판청구 기간을 알리지 아니한 경우에는 제3항에 규정된 기간에 심판청구를 할 수 있다.

④ (O)

행정심판법 제6조(행정심판위원회의 설치) ③ 다음 각 호의 행정청의 처분 또는 부작위에 대한 심판청구에 대하여는 시·도지사 소속으로 두는 행정심판위원회에서 심리·재결한다. 1. 시·도 소속 행정청 2. 시·도의 관할구역에 있는 시·군·자치구의 장, 소속 행정청 또는 시·군·자치구의 의회(의장, 위원회의 위원장, 사무국장, 사무과장 등 의회 소속 모든 행정청을 포함한다) 3. 시·도의 관할구역에 있는 둘 이상의 지방자치단체(시·군·자치구를 말한다)·공공법인 등이 공동으로 설립한 행정청

정답 ②

574 [20국가9급]

「행정심판법」에 의해 행정청이 행정심판위원회의 재결의 취지에 따라 재처분을 할 의무가 있음에도 그 의무를 이행하지 않은 경우에 행정심판위원회가 직접 처분을 할 수 있는 재결은?

① 당사자의 신청에 따른 처분을 절차가 부당함을 이유로 취소하는 재결
② 당사자의 신청을 거부한 처분의 이행을 명하는 재결
③ 당사자의 신청을 거부하는 처분을 취소하는 재결
④ 당사자의 신청을 거부하는 처분을 부존재로 확인하는 재결

해설

행정심판법 제49조(재결의 기속력 등) ③ 당사자의 신청을 거부하거나 부작위로 방치한 처분의 이행을 명하는 재결이 있으면 행정청은 지체 없이 이전의 신청에 대하여 재결의 취지에 따라 처분을 하여야 한다. **제50조(위원회의 직접 처분)** ① 위원회는 피청구인이 제49조 제3항에도 불구하고 처분을 하지 아니하는 경우에는 당사자가 신청하면 기간을 정하여 서면으로 시정을 명하고 그 기간에 이행하지 아니하면 직접 처분을 할 수 있다. 다만, 그 처분의 성질이나 그 밖의 불가피한 사유로 위원회가 직접 처분을 할 수 없는 경우에는 그러하지 아니하다.

정답 ②

575 [21국가7급]

행정심판에 대한 설명으로 옳지 않은 것은? (다툼이 있는 경우 판례에 의함)

① 취소심판의 인용재결로서 취소재결, 변경재결, 변경명령재결을 할 수 있다.
② 당사자의 신청을 받아들이지 않은 거부처분이 재결에서 취소된 경우에 행정청은 재결 후에 발생한 새로운 사유를 내세워 다시 거부처분을 할 수 있다.
③ 정보공개명령재결은 행정심판위원회에 의한 직접처분의 대상이 된다.
④ 인용재결의 기속력은 피청구인과 그 밖의 관계 행정청에 미치고, 행정심판위원회의 간접강제 결정의 효력은 피청구인인 행정청이 소속된 국가·지방자치단체 또는 공공단체에 미친다.

해설

① **(O)**

> **행정심판법 제43조(재결의 구분)** ③ 위원회는 취소심판의 청구가 이유가 있다고 인정하면 처분을 취소 또는 다른 처분으로 변경하거나 처분을 다른 처분으로 변경할 것을 피청구인에게 명한다.

② **(O)** 당사자의 신청을 받아들이지 않은 거부처분이 재결에서 취소된 경우에 행정청은 종전 거부처분 또는 재결 후에 발생한 새로운 사유를 내세워 다시 거부처분을 할 수 있다. 그 재결의 취지에 따라 이전의 신청에 대하여 다시 어떠한 처분을 하여야 할지는 처분을 할 때의 법령과 사실을 기준으로 판단하여야 하기 때문이다(대판 2017. 10. 31. 2015두45045).

③ **(X)** 성질상 정보를 보유하지 않은 행정심판위원회가 직접처분을 할 수는 없다.

> **제50조(위원회의 직접 처분)** ① 위원회는 피청구인이 제49조 제3항에도 불구하고 처분을 하지 아니하는 경우에는 당사자가 신청하면 기간을 정하여 서면으로 시정을 명하고 그 기간에 이행하지 아니하면 직접 처분을 할 수 있다. 다만, 그 처분의 성질이나 그 밖의 불가피한 사유로 위원회가 직접 처분을 할 수 없는 경우에는 그러하지 아니하다.

④ **(O)**

> **행정심판법 제49조(재결의 기속력 등)** ① 심판청구를 인용하는 재결은 피청구인과 그 밖의 관계 행정청을 기속(羈束)한다.
>
> **제50조의2(위원회의 간접강제)** ① 위원회는 피청구인이 제49조제2항(제49조제4항에서 준용하는 경우를 포함한다) 또는 제3항에 따른 처분을 하지 아니하면 청구인의 신청에 의하여 결정으로 상당한 기간을 정하고 피청구인이 그 기간 내에 이행하지 아니하는 경우에는 그 지연기간에 따라 일정한 배상을 하도록 명하거나 즉시 배상을 할 것을 명할 수 있다.
>
> ⑤ 제1항 또는 제2항에 따른 결정의 효력은 피청구인인 행정청이 소속된 국가·지방자치단체 또는 공공단체에 미치며, 결정서 정본은 제4항에 따른 소송제기와 관계없이 「민사집행법」에 따른 강제집행에 관하여는 집행권원과 같은 효력을 가진다. 이 경우 집행문은 위원장의 명에 따라 위원회가 소속된 행정청 소속 공무원이 부여한다.

정답 ③

576 [22지방9급]

행정처분의 위법성에 대한 설명으로 옳지 않은 것은? (다툼이 있는 경우 판례에 의함)

① 행정청이 행정처분을 하면서 상대방에게 불복절차에 관한 고지의무를 이행하지 않았다면 이는 절차적 하자로서 그 행정처분은 위법하게 된다.
② 행정처분이 나중에 항고소송에서 위법하다고 판단되어 취소되더라도 그러한 사실만으로 바로 행정처분이 공무원의 고의나 과실로 인한 불법행위를 구성한다고 할 수 없다.
③ 절차상의 하자를 이유로 행정처분을 취소하는 판결이 선고되어 확정된 경우, 그 확정판결의 기속력은 취소사유로 된 절차의 위법에 한하여 미치는 것이므로 행정청은 적법한 절차를 갖추어 동일한 내용의 처분을 다시 할 수 있다.
④ 권한 없는 행정청이 한 위법한 행정처분을 취소할 수 있는 권한은 그 행정처분을 한 처분청에게 속하는 것이고, 그 행정처분을 할 수 있는 적법한 권한을 가지는 행정청에게 그 취소권이 귀속되는 것은 아니다.

해설

① (X) 고지절차에 관한 규정은 행정처분의 상대방이 그 처분에 대한 행정심판의 절차를 밟는데 있어 편의를 제공하려는데 있으며 처분청이 위 규정에 따른 고지의무를 이행하지 아니하였다고 하더라도 경우에 따라서는 행정심판의 제기기간이 연장될 수 있는 것에 그치고 이로 인하여 심판의 대상이 되는 행정처분에 어떤 하자가 수반된다고 할 수 없다(대판 1987.11.24. 87누529).

② (O) 어떠한 행정처분이 후에 항고소송에서 취소되었다고 할지라도 그 기판력에 의하여 당해 행정처분이 곧바로 공무원의 고의 또는 과실로 인한 것으로서 불법행위를 구성한다고 단정할 수는 없는 것이다(대판 2003.11.27. 2001다33789).

③ (O) 과세처분권자가 그 확정판결에 적시된 위법사유를 보완하여 행한 새로운 과세처분은 확정판결에 의하여 취소된 종전의 과세처분과는 별개의 처분으로서 확정판결의 기판력에 저촉되는 것은 아니다(대판 1986.11.11. 85누231).

④ (O) 권한 없는 행정기관이 한 당연무효인 행정처분을 취소할 수 있는 권한은 당해 행정처분을 한 처분청에게 속하고, 당해 행정처분을 할 수 있는 적법한 권한을 가지는 행정청에게 그 취소권이 귀속되는 것이 아니다(대판 1984.10.10. 84누463).

정답 ①

577 [15지방9급]

행정심판에 대한 설명으로 옳지 않은 것은? (다툼이 있는 경우 판례에 의함)

① 시 · 도의 관할구역에 있는 둘 이상의 시 · 군 · 자치구 등이 공동으로 설립한 행정청의 처분에 대하여는 시 · 도지사 소속 행정심판위원회에서 심리 · 재결한다.

② 행정청이 행정심판 청구기간 등을 고지하지 아니하였다고 하여도 처분의 상대방이 처분이 있었다는 사실을 알았을 경우에는 처분이 있은 날로부터 90일 이내에 심판청구를 하여야 한다.

③ 행정심판 청구 후 피청구인인 행정청이 새로운 처분을 하거나 대상인 처분을 변경한 때에는 청구인은 새로운 처분이나 변경된 처분에 맞추어 청구의 취지 또는 이유를 변경할 수 있다.

④ 행정심판에 있어서 행정처분의 위법 · 부당 여부는 원칙적으로 처분시를 기준으로 판단하여야 할 것이나, 재결 당시까지 제출된 모든 자료를 종합하여 처분 당시 존재하였던 객관적 사실을 확정하고 그 사실에 기초하여 처분의 위법 · 부당여부를 판단할 수 있다.

해설

① (O)

> **행정심판법 제6조(행정심판위원회의 설치)** ③ 다음 각 호의 행정청의 처분 또는 부작위에 대한 심판청구에 대하여는 시·도지사 소속으로 두는 행정심판위원회에서 심리·재결한다.
> 1. 시·도 소속 행정청
> 2. 시·도의 관할구역에 있는 시·군·자치구의 장, 소속 행정청 또는 시·군·자치구의 의회(의장, 위원회의 위원장, 사무국장, 사무과장 등 의회 소속 모든 행정청을 포함한다)
> 3. 시·도의 관할구역에 있는 둘 이상의 지방자치단체(시·군·자치구를 말한다)·공공법인 등이 공동으로 설립한 행정청

② (X)

> **행정심판법 제27조(심판청구의 기간)** ③ 행정심판은 처분이 있었던 날부터 180일이 지나면 청구하지 못한다. 다만, 정당한 사유가 있는 경우에는 그러하지 아니하다.
> ⑥ 행정청이 심판청구 기간을 알리지 아니한 경우에는 제3항에 규정된 기간에 심판청구를 할 수 있다.

③ (O)

> **행정심판법 제29조(청구의 변경)** ② 행정심판이 청구된 후에 피청구인이 새로운 처분을 하거나 심판청구의 대상인 처분을 변경한 경우에는 청구인은 새로운 처분이나 변경된 처분에 맞추어 청구의 취지나 이유를 변경할 수 있다.

④ (O) 행정심판에 있어서 행정처분의 위법 · 부당 여부는 원칙적으로 처분시를 기준으로 판단하여야 할 것이나, 재결청은 처분 당시 존재하였거나 행정청에 제출되었던 자료뿐만 아니라, 재결 당시까지 제출된 모든 자료를 종합하여 처분 당시 존재하였던 객관적 사실을 확정하고 그 사실에 기초하여 처분의 위법 · 부당 여부를 판단할 수 있다(대판 2001.7.27. 99두5092).

정답 ②

578 [22지방9급]

행정쟁송에 대한 설명으로 옳은 것은? (다툼이 있는 경우 판례에 의함)

① 행정심판의 재결에도 판결에서와 같은 기판력이 인정되는 것이어서 재결이 확정되면 처분의 기초가 된 사실관계나 법률적 판단이 확정되는 것이므로 당사자는 이와 모순되는 주장을 할 수 없게 된다.

② 무효인 처분에 대해 무효선언을 구하는 취소소송을 제기하는 경우에는 제소기간의 제한이 없다.

③ 거부행위가 항고소송의 대상인 처분이 되기 위해서는 그 거부행위가 신청인의 실체상의 권리관계에 직접적인 변동을 일으키는 것이어야 하며, 신청인이 실체상의 권리자로서 권리를 행사함에 중대한 지장을 초래하는 것만으로는 부족하다.

④ 처분시에 행정청으로부터 행정심판 제기기간에 관하여 법정 심판청구기간보다 긴 기간으로 잘못 통지받은 경우에 보호할 신뢰 이익은 그 통지받은 기간 내에 행정소송을 제기한 경우에까지 확대되지 않는다.

해설

① **(X)** 행정처분이나 행정심판 재결이 불복기간의 경과로 인하여 확정될 경우 확정력은 처분으로 인하여 법률상 이익을 침해받은 자가 처분이나 재결의 효력을 더 이상 다툴 수 없다는 의미일 뿐 판결에 있어서와 같은 기판력이 인정되는 것은 아니어서 처분의 기초가 된 사실관계나 법률적 판단이 확정되고 당사자들이나 법원이 이에 기속되어 모순되는 주장이나 판단을 할 수 없게 되는 것은 아니다(대판 1993.04.13. 92누17181).

② **(X)** 무효확인소송은 원칙적으로 제소기간의 제한을 받지 않는다. 그러나 행정처분의 당연무효를 선언하는 의미에서 그 취소를 구하는 행정소송을 제기하는 경우에는 전치절차와 그 제소기간의 준수 등 취소소송의 제소요건을 갖추어야 한다(대판 1987.6.9, 87누219).

③ **(X)** 거부한 행위가 항고소송의 대상이 되는 행정처분에 해당하는 것이라고 하려면, 그 신청한 행위가 공권력의 행사 또는 이에 준하는 행정작용이어야 하고, 그 거부행위가 신청인의 법률관계에 어떤 변동을 일으키는 것이어야 하며, 그 국민에게 그 행위발동을 요구할 법규상 또는 조리상의 신청권이 있어야 하는바, 여기에서 '신청인의 법률관계에 어떤 변동을 일으키는 것'이라는 의미는 신청인의 실체상의 권리관계에 직접적인 변동을 일으키는 것은 물론, 그렇지 않다 하더라도 신청인이 실체상의 권리자로서 권리를 행사함에 중대한 지장을 초래하는 것도 포함한다(대판 2007. 10. 11. 2007두1316).

④ **(O)** 행정심판법 제18조 제5항의 규정은 행정심판 제기에 관하여 적용되는 규정이지, 행정소송 제기에도 당연히 적용되는 규정이라고 할 수는 없다. 행정처분시나 그 이후 행정청으로부터 행정심판 제기기간에 관하여 법정 심판청구기간보다 긴 기간으로 잘못 통지받은 경우에 보호할 신뢰 이익은 그 통지받은 기간 내에 행정심판을 제기한 경우에 한하는 것이지 행정소송을 제기한 경우에까지 확대된다고 할 수 없으므로, 당사자가 행정처분시나 그 이후 행정청으로부터 행정심판 제기기간에 관하여 법정 심판청구기간보다 긴 기간으로 잘못 통지받아 행정소송법상 법정 제소기간을 도과하였다고 하더라도, 그것이 당사자가 책임질 수 없는 사유로 인한 것이라고 할 수는 없다(대판 2001.5.8. 2000두6916).

정답 ④

제10절 | 전자정보처리조직을 통한 행정심판절차의 수행

제4장 행정소송

제1절 | 행정소송 일반론

579 [17서울7급]

행정소송에 관한 설명으로 옳지 않은 것은? (다툼이 있는 경우 판례에 의함)

① 행정청의 위법한 처분 등으로 인한 국민의 권리 또는 이익의 침해를 구제하고 공법상 권리관계 또는 법률 적용에 관한 다툼을 적정하게 해결함을 목적으로 한다.

② 항고소송의 대상적격 여부는 행위의 성질・효과 이외에 행정소송 제도의 목적이나 사법권(司法權)에 의한 국민의 권익보호기능도 충분히 고려하여 합목적적으로 판단해야 한다.

③ 행정청이 한 행위가 단지 사인 간 법률관계의 존부를 공적으로 증명하는 공증행위에 불과하더라도 그 효력을 둘러싼 분쟁의 해결이 사법원리(私法原理)에 맡겨져 있는 경우에는 항고소송의 대상이 된다.

④ 어떤 행위가 상대방의 권리를 제한하는 행위라 하더라도 행정청 또는 그 소속기관이나 권한을 위임받은 공공단체 등의 행위가 아닌 한 이를 행정처분이라고 할 수 없다.

해설

① (O) ② (O) ③ (X) 행정소송 제도는 행정청의 위법한 처분, 그 밖에 공권력의 행사・불행사 등으로 인한 국민의 권리 또는 이익의 침해를 구제하고 공법상 권리관계 또는 법률 적용에 관한 다툼을 적정하게 해결함을 목적으로 하는 것이므로, 항고소송의 대상이 되는 행정처분에 해당하는지는 행위의 성질・효과 이외에 행정소송 제도의 목적이나 사법권에 의한 국민의 권익보호 기능도 충분히 고려하여 합목적적으로 판단해야 한다. 이러한 행정소송 제도의 목적 및 기능 등에 비추어 볼 때, 행정청이 한 행위가 단지 사인 간 법률관계의 존부를 공적으로 증명하는 공증행위에 불과하여 그 효력을 둘러싼 분쟁의 해결이 사법원리에 맡겨져 있거나 행위의 근거 법률에서 행정소송 이외의 다른 절차에 의하여 불복할 것을 예정하고 있는 경우에는 항고소송의 대상이 될 수 없다(대판 2012. 6. 14. 2010두19720).

④ (O) 행정소송의 대상이 되는 행정처분이란 행정청 또는 그 소속기관이나 법령에 의하여 행정권한의 위임 또는 위탁을 받은 공공단체 등이 국민의 권리・의무에 관계되는 사항에 관하여 직접 효력을 미치는 공권력의 발동으로서 하는 공법상의 행위를 말하며, 그것이 상대방의 권리를 제한하는 행위라 하더라도 행정청 또는 그 소속기관이나 권한을 위임받은 공공단체 등의 행위가 아닌 한 이를 행정처분이라고 할 수 없다(대판 2008. 1. 31. 2005두8269).

정답 ③

580 [18교육행정]

행정소송에 관한 설명으로 옳지 않은 것은?

① 국가에 대한 납세의무자의 부가가치세 환급세액 지급청구는 당사자소송의 절차에 따라야 한다.
② 무효선언을 구하는 의미의 취소소송에 있어서는 제소기간이 준수되어야 한다.
③ 지방자치단체의 장의 재의요구에도 불구하고 지방의회가 조례안을 재의결한 경우 단체장이 지방의회를 상대로 제기하는 소송은 기관소송이다.
④ 신축건물의 준공처분을 하여서는 아니된다는 내용의 부작위를 청구하는 행정소송은 예외적으로 허용된다.

해설

① (O) 납세의무자에 대한 국가의 부가가치세 환급세액 지급의무는 그 납세의무자로부터 어느 과세기간에 과다하게 거래징수된 세액 상당을 국가가 실제로 납부받았는지와 관계없이 부가가치세법령의 규정에 의하여 직접 발생하는 것으로서, 그 법적 성질은 정의와 공평의 관념에서 수익자와 손실자 사이의 재산상태 조정을 위해 인정되는 부당이득 반환의무가 아니라 부가가치세법령에 의하여 그 존부나 범위가 구체적으로 확정되고 조세 정책적 관점에서 특별히 인정되는 공법상 의무라고 봄이 타당하다. 그렇다면 납세의무자에 대한 국가의 부가가치세 환급세액 지급의무에 대응하는 국가에 대한 납세의무자의 부가가치세 환급세액 지급청구는 민사소송이 아니라 행정소송법 제3조 제2호에 규정된 당사자소송의 절차에 따라야 한다(대판 2013.03.21. 2011다95564 전원합의체).

② (O) 무효확인소송은 원칙적으로 제소기간의 제한을 받지 않는다. 그러나 행정처분의 당연무효를 선언하는 의미에서 그 취소를 구하는 행정소송을 제기하는 경우에는 전치절차와 그 제소기간의 준수 등 취소소송의 제소요건을 갖추어야 한다(대판 1987.6.9, 87누219).

③ (O) 지방자치단체의 장이 지방의회를 상대로 제기하는 소송은 대표적인 기관소송의 예이다.

④ (X) 건축건물의 준공처분을 하여서는 아니된다는 내용의 부작위를 구하는 청구는 행정소송에서 허용되지 아니하는 것이므로 부적법하다(대판 1987.3.24. 86누182).

정답 ④

제2절 | 취소소송

Ⅰ 취소소송의 의의

Ⅱ 재판관할

581 [16지방7급]

취소소송의 제1심 관할법원에 대한 설명으로 옳지 않은 것은?

① 세종특별자치시에 위치한 해양수산부의 장관이 한 처분에 대한 취소소송은 서울행정법원에 제기할 수 있다.
② 경상북도 김천시에 위치한 한국도로공사가 국토교통부장관의 국가사무의 위임을 받아 한 처분에 대한 취소소송은 서울행정법원에 제기할 수 없다.
③ 경기도 토지수용위원회가 수원시 소재 부동산을 수용하는 재결처분을 한 경우 이에 대한 취소소송은 수원지방법원본원에 제기할 수 있다.
④ 「식품위생법」에 따른 서울특별시 서초구청장의 음식점영업허가취소처분에 대한 취소소송은 서울행정법원에 제기한다.

해설

① (O) ② (X) ③ (O) ④ (O) 중앙행정기관의 장의 처분, 국가위임사무의 경우 대법원소재지를 관할하는 행정법원(서울행정법원)에 제기할 수 있다.

> **행정소송법 제9조(재판관할)** ① 취소소송의 제1심관할법원은 피고의 소재지를 관할하는 행정법원으로 한다.
> ② 제1항에도 불구하고 다음 각 호의 어느 하나에 해당하는 피고에 대하여 취소소송을 제기하는 경우에는 대법원소재지를 관할하는 행정법원에 제기할 수 있다.
> 1. 중앙행정기관, 중앙행정기관의 부속기관과 합의제행정기관 또는 그 장
> 2. 국가의 사무를 위임 또는 위탁받은 공공단체 또는 그 장
>
> ③ 토지의 수용 기타 부동산 또는 특정의 장소에 관계되는 처분 등에 대한 취소소송은 그 부동산 또는 장소의 소재지를 관할하는 행정법원에 이를 제기할 수 있다.

정답 ②

취소소송의 제1심 관할법원은 원고의 소재지를 관할하는 행정법원으로 한다. [15서울7급]

| 해설

(X) 행정소송법 제9조 제1항.

582 [15국가9급]

행정소송에 대한 판례의 입장으로 옳은 것은?

① 사립학교 교원에 대한 학교법인의 해임처분을 취소소송의 대상이 되는 행정청의 처분으로 볼 수 있으므로 학교법인을 상대로 한 불복은 행정소송에 의한다.

② 취소소송에 당해 처분의 취소를 선결문제로 하는 부당이득반환청구가 병합된 경우 그 청구가 인용되려면 소송절차에서 당해 처분의 취소가 확정되어야 한다.

③ 특정 소송사건에서 당사자 일방을 보조하기 위하여 보조참가를 하려면 당해 소송의 결과에 대하여 사실상, 경제상 또는 감정상의 이해관계가 있으면 충분하며 법률상의 이해관계가 요구되는 것은 아니다.

④ 행정처분에 대한 무효확인과 취소청구는 서로 양립할 수 없는 청구로서 주위적·예비적 청구로서만 병합이 가능하고 선택적 청구로서의 병합은 허용되지 않는다.

해설

① (X) 사립학교 교원과 학교법인의 관계를 공법상의 권력관계라고는 볼 수 없으므로 사립학교 교원에 대한 학교법인의 해임처분을 취소소송의 대상이 되는 행정청의 처분으로 볼 수 없고, 민사소송절차에 의할 것이다(대판 1993.2.12, 92누13707).

② (X) 부당이득반환청구가 인용되기 위해서는 그 소송절차에서 판결에 의해 당해 처분이 취소되면 충분하고 그 처분의 취소가 확정되어야 하는 것은 아니다(대판 2009.4.9, 2008두23153).

③ (X) 특정 소송사건에서 당사자 일방을 보조하기 위하여 보조참가를 하려면 당해 소송의 결과에 대하여 이해관계가 있어야 하고, 여기서 말하는 이해관계는 사실상·경제상 또는 감정상의 이해관계가 아니라 법률상의 이해관계를 말하는 것이다(대판 2007.4.26, 2005다19156).

④ (O) 행정처분에 대한 무효확인과 취소청구는 서로 양립할 수 없는 청구로서 주위적·예비적 청구로서만 병합이 가능하고 선택적 청구로서의 병합이나 단순 병합은 허용되지 아니한다(대판 1999.8.20, 97누6889).

정답 ④

583 [19서울7급]

「행정소송법」상 항고소송에 대한 설명으로 가장 옳지 않은 것은?

① 행정처분에 대한 무효확인과 취소청구는 서로 양립할 수 없는 청구로서 선택적 청구로서의 병합만이 가능하고 단순 병합은 허용되지 아니한다.

② 행정처분의 무효확인을 구하는 소에는 특단의 사정이 없는 한 그 취소를 구하는 취지도 포함되어 있다고 보아야 한다.

③ 행정소송에서 쟁송의 대상이 되는 행정처분의 존재를 당사자들이 다투지 아니한다 하더라도 그 존부에 관하여 의심이 있는 경우에 법원은 이를 직권으로 밝혀야 한다.

④ 「행정소송법」 제2조 소정의 행정처분이라고 하더라도 그 처분의 근거 법률에서 행정소송 이외의 다른 절차에 의하여 불복할 것을 예정하고 있는 처분은 항고소송의 대상이 될 수 없다.

해설

① (X) 행정처분에 대한 무효확인과 취소청구는 서로 양립할 수 없는 청구로서 주위적·예비적 청구로서만 병합이 가능하고 선택적 청구로서의 병합이나 단순 병합은 허용되지 아니한다(대판 1999.8.20, 97누6889).

② (O) 일반적으로 행정처분의 무효확인을 구하는 소에는 원고가 그 처분의 취소는 구하지 아니 한다고 밝히고 있지 아니하는 이상 그 처분이 만약 당연무효가 아니라면 그 취소를 구하는 취지도 포함된다(대판 1987.4.28, 86누887).

③ (O) 행정소송에서 쟁송의 대상이 되는 행정처분의 존부는 소송요건으로서 직권조사사항이고, 자백의 대상이 될 수 없는 것이므로, 설사 그 존재를 당사자들이 다투지 아니한다 하더라도 그 존부에 관하여 의심이 있는 경우에는 이를 직권으로 밝혀 보아야 할 것이다(대판 2004.12.24, 2003두15195).

④ (O) 처분의 개념 정의에는 해당한다고 하더라도 그 처분의 근거 법률에서 행정소송 이외의 다른 절차에 의하여 불복할 것을 예정하고 있는 처분은 항고소송의 대상이 될 수 없다. 검사의 불기소결정에 대해서는 검찰청법에 의한 항고와 재항고, 형사소송법에 의한 재정신청에 의해서만 불복할 수 있는 것이므로, 이에 대해서는 행정소송법상 항고소송을 제기할 수 없다(대판 2018. 9. 28. 2017두47465).

정답 ①

III 당사자 및 참가인

1. 당사자능력

2. 원고적격

처분 등의 취소를 구할 정당한 이익이 있는 자가 취소소송을 제기할 수 있다. [12사회복지]

해설

(X) 취소소송은 처분 등의 취소를 구할 법률상 이익이 있는 자가 제기할 수 있다.

행정소송법 제12조(원고적격) 취소소송은 처분등의 취소를 구할 법률상 이익이 있는 자가 제기할 수 있다. 처분등의 효과가 기간의 경과, 처분등의 집행 그 밖의 사유로 인하여 소멸된 뒤에도 그 처분등의 취소로 인하여 회복되는 법률상 이익이 있는 자의 경우에는 또한 같다.

584 [22국가9급]

「행정소송법」상 취소소송에 대한 설명으로 옳지 않은 것은? (다툼이 있는 경우 판례에 의함)

① 대한민국에서 출생하여 오랜 기간 대한민국 국적을 보유하면서 거주한 재외동포는 사증발급 거부처분의 취소를 구할 법률상 이익이 있다.

② 국민권익위원회가 소방청장에게 일정한 의무를 부과하는 내용의 조치요구를 한 경우 소방청장은 조치요구의 취소를 구할 당사자능력 및 원고적격이 인정되지 않는다.

③ 임용지원자가 특별채용 대상자로서 자격을 갖추고 있고 유사한 지위에 있는 자에 대하여 정규교사로 특별채용한 전례가 있다 하더라도, 교사로의 특별채용을 요구할 법규상 또는 조리상의 권리가 있다고 할 수 없다.

④ 피해자의 의사와 무관하게 주민등록번호가 유출된 경우, 조리상 주민등록번호의 변경을 요구할 신청권을 인정함이 타당하다.

해설

① **(O)** 원고는 대한민국에서 출생하여 오랜 기간 대한민국 국적을 보유하면서 거주한 사람이므로 이미 대한민국과 실질적 관련성이 있거나 대한민국에서 법적으로 보호가치 있는 이해관계를 형성하였다고 볼 수 있다. 또한 재외동포의 대한민국 출입국과 대한민국 안에서의 법적 지위를 보장함을 목적으로 「재외동포의 출입국과 법적 지위에 관한 법률」이 특별히 제정되어 시행 중이다. 따라서 원고는 이 사건 사증발급 거부처분의 취소를 구할 법률상 이익이 인정된다(대판 2019. 7. 11. 2017두38874).

② **(X)** 처분성이 인정되는 국민권익위원회의 조치요구에 불복하고자 하는 소방청장으로서는 조치요구의 취소를 구하는 항고소송을 제기하는 것이 유효·적절한 수단으로 볼 수 있으므로 소방청장은 예외적으로 당사자능력과 원고적격을 가진다(대판 2018. 8. 1. 2014두35379).

③ **(O)** 특별채용 대상자로서의 자격을 갖추고 있고, 원고 등과 유사한 지위에 있는 전임강사에 대하여는 피고가 정규교사로 특별채용한 전례가 있다 하더라도 그러한 사정만으로 임용지원자에 불과한 원고 등에게 피고에 대하여 교사로의 특별채용을 요구할 법규상 또는 조리상의 권리가 있다고 할 수는 없다(대판 2005. 4. 15. 2004두11626).

④ **(O)** 피해자의 의사와 무관하게 주민등록번호가 유출된 경우에는 조리상 주민등록번호의 변경을 요구할 신청권을 인정함이 타당하고, 구청장의 주민등록번호 변경신청 거부행위는 항고소송의 대상이 되는 행정처분에 해당한다(대판 2017. 6. 15. 2013두2945).

정답 ②

585 [17국회8급]

항고소송의 원고적격에 대한 설명으로 옳은 것을 〈보기〉에서 모두 고르면? (다툼이 있는 경우 판례에 의함)

〈보 기〉

ㄱ. 「행정소송법」 제12조 전단의 '법률상 이익'의 개념과 관련 하여서는 권리구제설, 법률상 보호된 이익구제설, 보호가치 있는 이익구제설, 적법성보장설 등으로 나누어지며, 이 중에서 보호가치 있는 이익구제설이 통설·판례의 입장이다.

ㄴ. 법률상 보호되는 이익이라 함은 당해 처분의 근거법규에 의하여 보호되는 개별적·구체적 이익을 의미하며, 관련 법규에 의하여 보호되는 개별적·구체적 이익까지 포함하는 것은 아니라는 것이 판례의 입장이다.

ㄷ. 기존 업자가 특허기업인 경우에는 그 특허로 인하여 받는 영업상 이익은 반사적 이익 내지 사실상 이익에 불과한 것으로 보는 것이 일반적이나, 허가기업인 경우에는 기존 업자가 그 허가로 인하여 받은 영업상 이익은 법률상 이익으로 본다.

ㄹ. 인·허가 등의 수익적 행정처분을 신청한 수인이 서로 경쟁관계에 있어서 일방에 대한 허가 등의 처분이 타방에 대한 불허가 등으로 귀결될 수밖에 없는 때 허가 등의 처분을 받지 못한 자는 비록 경원자에 대하여 이루어진 허가 등 처분의 상대방이 아니라 하더라도 당해 처분의 취소를 구할 원고적격이 있다. 다만, 명백한 법적 장애로 인하여 원고 자신의 신청이 인용될 가능성이 처음부터 배제되어 있는 경우에는 법률상 보호되는 이익이 인정되지 않는다.

ㅁ. 환경영향평가 대상지역 밖의 주민들은 공유수면매립면허처분으로 인하여 그 처분 전과 비교하여 수인한도를 넘는 환경피해를 받거나 받을 우려가 있다는 점을 입증할 경우 법률상 보호되는 이익이 인정된다.

① ㄷ, ㅁ ② ㄹ, ㅁ ③ ㄱ, ㄴ, ㄷ
④ ㄴ, ㄹ, ㅁ ⑤ ㄷ, ㄹ, ㅁ

해설

ㄱ. (X) 판례는 법률상 이익구제설의 입장에서, 법률상의 이익을 해당처분의 근거법규 및 관련법규에 의하여 보호되는 개별적·직접적·구체적인 이익으로 보고 있다.

ㄴ. (X) 법률상 보호되는 이익이라 함은 당해 처분의 근거법규 및 관련법규에 의하여 보호되는 개별적·직접적·구체적 이익이 있는 경우를 말한다(대판 2005.5.12, 2004두14229).

ㄷ. (X) 판례는 일반적으로 기존업자가 특허기업인 경우에는 그 기존업자가 그 특허로 인하여 받는 이익은 법률상 이익으로 보아 원고적격을 인정하고, 기존업자가 허가를 받아 영업하는 경우에 그 이익을 반사적 이익에 불과한 것으로 보아 원고적격을 부정하고 있다.

ㄹ. (O) 인·허가 등의 수익적 행정처분을 신청한 수인이 서로 경쟁관계에 있어서 일방에 대한 허가 등의 처분이 타방에 대한 불허가 등으로 귀결될 수밖에 없는 때 허가 등의 처분을 받지 못한 자는 비록 경원자에 대하여 이루어진 허가 등 처분의 상대방이 아니라 하더라도 당해 처분의 취소를 구할 원고 적격이 있다. 다만 명백한 법적 장애로 인하여 원고 자신의 신청이 인용될 가능성이 처음부터 배제되어 있는 경우에는 당해 처분의 취소를 구할 정당한 이익이 없다(대판 2009.12.10. 2009두8359).

ㅁ. (O) 대판 2006.03.16. 2006두330 전원합의체.

정답 ②

586 [13국가9급]

판례의 태도로 옳은 것은?

① 처분의 직접상대방이 아닌 경우에는 처분의 근거법률에 의하여 보호되는 법률상 이익이 있는 경우에도 원고적격이 인정될 수 없다.

② 「행정소송법」 제35조에 규정된 '무효확인을 구할 법률상 이익'이 있다고 보기 위하여는 행정처분의 근거 법률에 의하여 보호되는 직접적이고 구체적인 이익이 있어야 하며 이와는 별도로 무효확인소송의 보충성이 요구되므로 행정처분의 무효를 전제로 한 이행소송 등과 같은 직접적인 구제수단이 있는지 여부를 따질 필요가 있다.

③ 수익적 행정처분의 근거가 되는 법률이 해당 업자들 사이의 과다경쟁으로 인한 경영의 불합리를 방지하는 목적도 가지고 있는 경우, 기존업자가 경업자에 대한 면허나 인・허가 등의 수익적 행정처분의 취소를 구할 원고적격이 있다.

④ 개발제한구역 중 일부 취락을 개발제한구역에서 해제하는 내용의 도시관리계획변경결정에 대하여, 개발제한구역 해제 대상에서 누락된 토지의 소유자는 위 결정의 취소를 구할 법률상 이익이 있다.

해설

① (X) 대판 2006.3.16. 2006두330 전원합의체.

② (X) 행정처분의 근거 법률에 의하여 보호되는 직접적이고 구체적인 이익이 있는 경우에는 행정소송법 제35조에 규정된 '무효확인을 구할 법률상 이익'이 있다고 보아야 하고, 이와 별도로 무효확인소송의 보충성이 요구되는 것은 아니므로 행정처분의 무효를 전제로 한 이행소송 등과 같은 직접적인 구제수단이 있는지 여부를 따질 필요가 없다고 해석함이 상당하다(대판 2008.3.20. 2007두6342 전원합의체).

③ (O) 대판 1999.10.12. 99두6026.

④ (X) 개발제한구역 중 일부 취락을 개발제한구역에서 해제하는 내용의 도시관리계획변경결정에 대하여, 개발제한구역 해제대상에서 누락된 토지의 소유자는 위 결정의 취소를 구할 법률상 이익이 없다(대판 2008.7.10. 2007두10242).

정답 ③

587 [12서울9급]

다음 중 행정소송의 원고적격을 인정한 경우가 아닌 것은?

① 납골당 설치신고 수리처분에 대한 납골당 설치장소에서 500M 내에 20호 이상의 인가가 밀접한 지역에 거주하는 주민들

② 공장설립승인처분으로 환경상 이익에 대한 침해 또는 침해 우려가 있는 것으로 사실상 추정되는 주민

③ 주택재개발정비사업조합설립추진위원회 설립승인처분에 대한 그 구성에 동의하지 아니한 정비구역 내의 토지 등 소유자

④ 약제의 상한금액 인하고시에 대한 약제를 제조, 공급하는 제약회사

⑤ 신규 담배 구내소매인 지정처분에 대한 담배 일반소매인인 기존업자

해설

① (O) 납골당 설치장소에서 500m 내에 20호 이상의 인가가 밀집한 지역에 거주하는 주민들의 경우, 납골당이 누구에 의하여 설치되는지와 관계없이 납골당 설치에 대하여 환경 이익 침해 또는 침해 우려가 있는 것으로 사실상 추정되어 원고적격이 인정된다(대판 2011.9.8. 2009두6766).

② (O) 환경오염을 일으킬 수 있는 공장 설치와 관련한 인근 주민의 생활환경상 이익은 이 사건 승인처분의 근거 법규에 의해 보호되는 이익으로 볼 수 있다(대판 2007.6.1. 2005두11500).

③ (O) 조합설립추진위원회의 구성에 동의하지 아니한 정비구역 내의 토지 등 소유자도 조합설립추진위원회 설립승인처분에 대하여 같은 법에 의하여 보호되는 직접적이고 구체적인 이익을 향유하므로 그 설립승인처분의 취소소송을 제기할 원고적격이 있다(대판 2007.1.25. 2006두12289).

④ (O) 원고(제약회사)는 자신이 제조·공급하는 이 사건 약제에 대하여 국민건강보험법령 등 약제상한금액고시의 근거 법령에 의하여 보호되는 직접적이고 구체적인 이익을 향유한다고 할 것이고, 원고는 이 사건 약제의 상한금액 인하 부분에 대하여 그 취소를 구할 원고적격이 있다고 할 것이다(대판 2006.12.21. 2005두16161).

⑤ (X) 담배 일반소매인으로 지정되어 영업을 하고 있는 기존업자의 신규 구내소매인에 대한 이익은 법률상 보호되는 이익이 아니라 단순한 사실상의 반사적 이익이라고 해석함이 상당하므로, 기존 일반소매인은 신규 구내소매인 지정처분의 취소를 구할 원고적격이 없다(대판 2008.4.10. 2008두402).

> **[비교판례]** 일반소매인으로 지정되어 영업을 하고 있는 기존업자의 신규 일반소매인에 대한 이익은 단순한 사실상의 반사적 이익이 아니라 법률상 보호되는 이익이라고 해석함이 상당하다(대판 2008.3.27. 2007두23811).

정답 ⑤

588 [16지방7급]

항고소송에 있어서 소의 이익에 대한 설명으로 옳지 않은 것은? (다툼이 있는 경우 판례에 의함)

① 고등학교졸업이 대학입학자격이나 학력인정으로서의 의미밖에 없다고 할 수는 없으므로, 퇴학처분을 받은 자가 고등학교졸업학력검정고시에 합격하였다 하여 퇴학처분의 취소를 구할 소송상의 이익이 없다고 볼 수는 없다.

② 경원관계에서 허가처분을 받지 못한 사람은 자신에 대한 거부처분이 취소되더라도, 그 판결의 직접적 효과로 경원자에 대한 허가처분이 취소되거나 효력이 소멸하는 것은 아니므로 자신에 대한 거부처분의 취소를 구할 소의 이익이 없다.

③ 구「도시 및 주거환경정비법」상 조합설립추진위원회 구성승인처분을 다투는 소송 계속 중에 조합설립인가처분이 이루어졌다면 조합설립추진위원회 구성승인처분에 대한 취소를 구할 법률상 이익은 없다.

④ 행정청이 직위해제 상태에 있는 공무원에 대하여 새로운 직위해제사유에 기한 직위해제처분을 한 경우 그 이전에 한 직위해제처분의 취소를 구할 소의 이익이 없다.

해설

① (O) 고등학교졸업이 대학입학자격이나 학력인정으로서의 의미밖에 없다고 할 수 없으므로 고등학교졸업학력검정고시에 합격하였다 하여 고등학교 학생으로서의 신분과 명예가 회복될 수 없는 것이니 퇴학처분을 받은 자로서는 퇴학처분의 위법을 주장하여 그 취소를 구할 소송상의 이익이 있다(대판 1992.7.14. 91누4737).

② (X) 대판 2009.12.10. 2009두8359.

③ (O) 추진위원회 구성승인처분을 다투는 소송 계속 중에 조합설립인가처분이 이루어진 경우에는, 추진위원회 구성승인처분에 위법이 존재하여 조합설립인가 신청행위가 무효라는 점 등을 들어 직접 조합설립인가처분을 다툼으로써 정비사업의 진행을 저지하여야 할 것이고, 이와는 별도로 추진위원회 구성승인처분에 대하여 취소 또는 무효확인을 구할 법률상의 이익은 없다고 보아야 한다(대판 2013.06.13. 2010두10488).

④ (O) 행정청이 공무원에 대하여 새로운 직위해제사유에 기한 직위해제처분을 한 경우 그 이전에 한 직위해제처분은 이를 묵시적으로 철회하였다고 봄이 상당하므로, 그 이전 처분의 취소를 구하는 부분은 존재하지 않는 행정처분을 대상으로 한 것으로서 그 소의 이익이 없어 부적법하다(대판 2003.10.10. 2003두5945).

정답 ②

589 [16지방9급]

항고소송의 원고적격에 대한 판례의 입장으로 옳지 않은 것은?

① 기존의 고속형 시외버스운송사업자 A는 경업관계에 있는 직행형 시외버스운송사업자에 대한 사업계획변경인가처분의 취소를 구할 법률상 이익이 있다.

② 학교법인에 의하여 임원으로 선임된 B는 자신에 대한 관할청의 임원취임승인신청 반려처분 취소소송의 원고적격이 있다.

③ 예탁금회원제 골프장에 가입되어 있는 기존 회원 C는 그 골프장 운영자가 당초 승인을 받을 때 정한 예정인원을 초과하여 회원을 모집하는 내용의 회원모집계획서에 대한 시·도지사의 검토결과통보의 취소를 구할 법률상 이익이 있다.

④ 재단법인인 수녀원 D는 소속된 수녀 등이 쾌적한 환경에서 생활할 수 있는 환경상 이익을 침해받는다면 매립목적을 택지조성에서 조선시설용지로 변경하는 내용의 공유수면매립목적 변경 승인처분의 무효확인을 구할 원고적격이 있다.

해설

① (O) 기존의 고속형 시외버스운송사업자에게 직행형 시외버스운송사업자에 대한 사업계획변경인가처분의 취소를 구할 법률상의 이익이 있다고 할 것이다(대판 2010.11.11. 2010두4179).

② (O) 관할청이 학교법인의 임원취임승인신청에 대하여 이를 반려하거나 거부하는 경우 학교법인에 의하여 임원으로 선임된 사람은 학교법인의 임원으로 취임할 수 없게 되는 불이익을 입게 되는바, 학교법인에 의하여 임원으로 선임된 사람에게는 관할청의 임원취임승인신청 반려처분을 다툴 수 있는 원고적격이 있다(대판 2007.12.27. 2005두9651).

③ (O) 예탁금회원제 골프장에 있어서, 체육시설업자가 사업계획의 승인을 받을 때 정한 예정인원을 초과하여 회원을 모집하는 내용의 회원모집계획서를 제출하여 그에 대한 시·도지사 등의 검토결과 통보를 받는다면 이는 기존회원의 골프장에 대한 법률상의 지위에 영향을 미치게 되므로, 기존회원은 회원모집계획서에 대한 시·도지사의 검토결과 통보의 취소를 구할 법률상의 이익이 있다(대판 2009.02.26. 2006두16243).

④ (X) 공유수면매립목적 변경 승인처분으로 갑 수녀원에 소속된 수녀 등이 쾌적한 환경에서 생활할 수 있는 환경상 이익을 침해받는다고 하더라도 이를 가리켜 곧바로 갑 수녀원의 법률상 이익이 침해된다고 볼 수 없다(대판 2012.06.28. 2010두2005).

정답 ④

590 [19국가7급]

항고소송의 원고적격에 대한 판례의 입장으로 옳지 않은 것은?

① 일반면허를 받은 시외버스운송사업자에 대한 사업계획변경 인가처분으로 인하여 노선 및 운행계통의 일부 중복으로 기존에 한정면허를 받은 시외버스운송사업자의 수익감소가 예상된다면, 기존의 한정면허를 받은 시외버스운송사업자는 일반면허 시외버스운송사업자에 대한 사업계획변경 인가처분의 취소를 구할 법률상의 이익이 있다.

② 처분의 근거 법규 또는 관련 법규에 그 처분으로써 이루어지는 행위 등 사업으로 인하여 환경상 침해를 받으리라고 예상되는 영향권의 범위가 구체적으로 규정되어 있는 경우, 그 영향권 내의 주민들에 대하여는 특단의 사정이 없는 한 환경상 이익에 대한 침해 또는 침해 우려가 있는 것으로 사실상 추정된다.

③ 「출입국관리법」상의 체류자격 및 사증발급의 기준과 절차에 관한 규정들은 대한민국의 출입국 질서와 국경관리라는 공익을 보호하려는 취지로 해석될 뿐이므로, 동법상 체류자격변경 불허가처분, 강제퇴거명령 등을 다투는 외국인에게는 해당 처분의 취소를 구할 법률상 이익이 인정되지 않는다.

④ 법령이 특정한 행정기관으로 하여금 다른 행정기관에 제재적 조치를 취할 수 있도록 하면서, 그에 따르지 않으면 그 행정기관에 과태료 등을 과할 수 있도록 정하는 경우, 권리구제나 권리보호의 필요성이 인정된다면 예외적으로 그 제재적 조치의 상대방인 행정기관에게 항고소송의 원고적격을 인정할 수 있다.

해설

① (O) 일반면허를 받은 시외버스운송사업자에 대한 사업계획변경 인가처분으로 인하여 기존에 한정면허를 받은 시외버스운송사업자의 노선 및 운행계통과 일반면허를 받은 시외버스운송사업자의 그것이 일부 중복되게 되고 기존업자의 수익감소가 예상된다면, 기존의 한정면허를 받은 시외버스운송사업자와 일반면허를 받은 시외버스운송사업자는 경업관계에 있는 것으로 보는 것이 타당하고, 따라서 기존의 한정면허를 받은 시외버스운송사업자는 일반면허 시외버스운송사업자에 대한 사업계획변경인가처분의 취소를 구할 법률상의 이익이 있다(대판 2018. 4. 26. 2015두53824).

② (O) 행정처분의 근거 법규 또는 관련 법규에 그 처분으로써 이루어지는 행위 등 사업으로 인하여 환경상 침해를 받으리라고 예상되는 영향권의 범위가 구체적으로 규정되어 있는 경우에는, 그 영향권 내의 주민들에 대하여는 개별적으로 보호되는 직접적·구체적 이익으로서 그들에 대하여는 특단의 사정이 없는 한 환경상 이익에 대한 침해 또는 침해 우려가 있는 것으로 사실상 추정되어 법률상 보호되는 이익으로 인정됨으로써 원고적격이 인정된다(대판 2009.9.24. 2009두2825).

③ (X) 사증발급 거부처분을 다투는 외국인은, 아직 대한민국에 입국하지 않은 상태에서 대한민국에 입국하게 해달라고 주장하는 것으로, 대한민국과의 실질적 관련성 내지 대한민국에서 법적으로 보호가치 있는 이해관계를 형성한 경우는 아니어서, 해당 처분의 취소를 구할 법률상 이익을 인정하여야 할 법정책적 필요성도 크지 않다. 반면, 국적법상 귀화불허가처분이나 출입국관리법상 체류자격변경 불허가처분, 강제퇴거명령 등을 다투는 외국인은 대한민국에 적법하게 입국하여 상당한 기간을 체류한 사람이므로, 이미 대한민국과의 실질적 관련성 내지 대한민국에서 법적으로 보호가치 있는 이해관계를 형성한 경우이어서, 해당 처분의 취소를 구할 법률상 이익이 인정된다고 보아야 한다(2018. 5. 15. 2014두42506).

④ (O) 법령이 특정한 행정기관 등으로 하여금 다른 행정기관을 상대로 제재적 조치를 취할 수 있도록 하면서, 그에 따르지 않으면 그 행정기관에 대하여 과태료를 부과하거나 형사처벌을 할 수 있도록 정하는 경우가 있다. 이러한 경우에는 단순히 국가기관이나 행정기관의 내부적 문제라거나 권한 분장에 관한 분쟁으로만 볼 수 없다. 그런데도 그러한 제재적 조치를 기관소송이나 권한쟁의심판을 통하여 다툴 수 없다면, 제재적 조치는 그 성격상 단순히 행정기관 등 내부의 권한 행사에 머무는 것이 아니라 상대방에 대한 공권력 행사로서 항고소송을 통한 주관적 구제대상이 될 수 있다고 보아야 한다. 기관소송 법정주의를 취하면서 제한적으로만 이를 인정하고 있는 현행 법령의 체계에 비추어 보면, 이 경우 항고소송을 통한 구제의 길을 열어주는 것이 법치국가 원리에도 부합한다. 따라서 이러한 권리구제나 권리보호의 필요성이 인정된다면 예외적으로 그 제재적 조치의 상대방인 행정기관 등에게 항고소송 원고로서의 당사자능력과 원고적격을 인정할 수 있다(대판 2018. 8. 1. 2014두35379).

정답 ③

591 [21국가9급]

판례상 항고소송의 원고적격이 인정되는 경우만을 모두 고르면?

ㄱ. 중국 국적자인 외국인이 사증발급 거부처분의 취소를 구하는 경우
ㄴ. 소방청장이 처분성이 인정되는 국민권익위원회의 조치요구에 불복하여 조치요구의 취소를 구하는 경우
ㄷ. 지방법무사회가 법무사의 사무원 채용승인 신청을 거부하여 사무원이 될 수 없게 된 자가 지방법무사회를 상대로 거부처분의 취소를 구하는 경우
ㄹ. 개발제한구역 중 일부 취락을 개발제한구역에서 해제하는 내용의 도시관리계획변경결정에 대하여 개발제한구역 해제대상에서 누락된 토지의 소유자가 위 결정의 취소를 구하는 경우

① ㄱ, ㄴ　　② ㄴ, ㄷ
③ ㄷ, ㄹ　　④ ㄱ, ㄷ, ㄹ

해설

ㄱ. (X) 사증발급 거부처분을 다투는 외국인은, 아직 대한민국에 입국하지 않은 상태에서 대한민국에 입국하게 해달라고 주장하는 것으로, 대한민국과의 실질적 관련성 내지 대한민국에서 법적으로 보호가치 있는 이해관계를 형성한 경우는 아니어서, 해당 처분의 취소를 구할 법률상 이익을 인정하여야 할 법정책적 필요성도 크지 않다. 반면, 국적법상 귀화불허가처분이나 출입국관리법상 체류자격변경 불허가처분, 강제퇴거명령 등을 다투는 외국인은 대한민국에 적법하게 입국하여 상당한 기간을 체류한 사람이므로, 이미 대한민국과의 실질적 관련성 내지 대한민국에서 법적으로 보호가치 있는 이해관계를 형성한 경우이어서, 해당 처분의 취소를 구할 법률상 이익이 인정된다고 보아야 한다(2018. 5. 15. 2014두42506).

ㄴ. (O) 처분성이 인정되는 국민권익위원회의 조치요구에 불복하고자 하는 소방청장으로서는 조치요구의 취소를 구하는 항고소송을 제기하는 것이 유효·적절한 수단으로 볼 수 있으므로 소방청장은 예외적으로 당사자능력과 원고적격을 가진다(대판 2018. 8. 1. 2014두35379).

ㄷ. (O) 지방법무사회의 사무원 채용승인 거부처분 또는 채용승인 취소처분에 대해서는 처분 상대방인 법무사뿐만 아니라 그 때문에 사무원이 될 수 없게 된 사람도 이를 다툴 원고적격이 인정되어야 한다(대판 2020. 4. 9. 2015다34444).

ㄹ. (X) 개발제한구역 중 일부 취락을 개발제한구역에서 해제하는 내용의 도시관리계획변경결정에 대하여, 개발제한구역 해제대상에서 누락된 토지의 소유자는 위 결정의 취소를 구할 법률상 이익이 없다(대판 2008.7.10. 2007두10242).

정답 ②

592 [12국회8급]

〈보기〉에서 판례가 원고적격이 있다고 본 경우는 모두 몇 개인가?

〈보 기〉

ㄱ. 보건복지부장관의 약제의 상한금액 인하처분(고시)에 대한 취소소송에서 관련된 약제를 제조·공급하는 제약회사
ㄴ. 영업소간 거리제한규정을 위배하여 한 담배 일반소매인 지정처분에 대한 취소소송에서 기존의 일반소매인
ㄷ. 운수회사에 대한 과징금부과처분에 대한 취소소송에서 그 부과처분이 자신의 잘못으로 인한 것으로 사후 사실상 변상하여 줄 관계에 있는 운전기사
ㄹ. '건강보험요양급여행위 및 그 상대가치점수 개정'고시의 취소소송에서 사단법인 대한의사협회
ㅁ. 전임강사임용처분취소소송에서 그 학과의 학생

① 1개 ② 2개 ③ 3개 ④ 4개 ⑤ 5개

해설

② 판례가 원고적격이 있다고 본 경우는 ㄱ, ㄴ 2개이다.
ㄱ. (O) 대판 2006.12.21. 2005두16161.
ㄴ. (O) 대판 2008.3.27. 2007두23811.
ㄷ. (X) 운전기사의 합승행위를 이유로 회사에 대하여 한 과징금부과처분으로 말미암아 당해 운전기사의 상여금지급이 제한되었다고 하더라도, 과징금부과처분의 직접 당사자 아닌 당해 운전기사로서는 그 처분의 취소를 구할 직접적이고 구체적인 이익이 있다고 볼 수 없다(대판 1994.4.12. 93누24247).
ㄹ. (X) 사단법인 대한의사협회는 의료법에 의하여 의사들을 회원으로 하여 설립된 사단법인으로서, 국민건강보험법상 요양급여행위, 요양급여비용의 청구 및 지급과 관련하여 직접적인 법률관계를 갖지 않고 있으므로, 보건복지부 고시인 '건강보험요양급여행위 및 그 상대가치점수 개정'으로 인하여 자신의 법률상 이익을 침해당하였다고 할 수 없다는 이유로 위 고시의 취소를 구할 원고적격이 없다(대판 2006.5.25. 2003두11988).
ㅁ. (X) 대판 1993.7.27. 93누8139.

정답 ②

593 [18지방9급]

처분에 대하여 이해관계가 있는 제3자의 법적 지위에 대한 설명으로 옳은 것만을 모두 고르면?

ㄱ. 행정청이 처분을 서면으로 하는 경우 상대방과 제3자에게 행정심판을 제기할 수 있는지 여부와 제기하는 경우의 행정심판절차 및 청구기간을 직접 알려야 한다.
ㄴ. 행정소송의 결과에 따라 권리 또는 이익의 침해 우려가 있는 제3자는 당해 행정소송에 참가할 수 있으며, 이때 참가인인 제3자는 실제로 소송에 참가하여 소송행위를 하였는지 여부를 불문하고 판결의 효력을 받는다.
ㄷ. 처분을 취소하는 판결에 의하여 권리의 침해를 받은 제3자는 자기에게 책임 없는 사유로 인하여 소송에 참가하지 못함으로써 판결의 결과에 영향을 미칠 공격 또는 방어방법을 제출하지 못한 때에는 이를 이유로 확정된 종국 판결에 대하여 재심의 청구를 할 수 있다.
ㄹ. 이해관계가 있는 제3자는 자신의 신청 또는 행정청의 직권에 의하여 행정절차에 참여하여 처분 전에 그 처분의 관할 행정청에 서면이나 말로 또는 정보통신망을 이용하여 의견제출을 할 수 있다.

① ㄱ, ㄴ ② ㄷ, ㄹ
③ ㄴ, ㄷ, ㄹ ④ ㄱ, ㄴ, ㄷ, ㄹ

해설

ㄱ. (X)

행정심판법 제58조(행정심판의 고지) ① 행정청이 처분을 할 때에는 처분의 상대방에게 다음 각 호의 사항을 알려야 한다.
1. 해당 처분에 대하여 행정심판을 청구할 수 있는지
2. 행정심판을 청구하는 경우의 심판청구 절차 및 심판청구 기간

② 행정청은 이해관계인이 요구하면 다음 각 호의 사항을 지체 없이 알려 주어야 한다. 이 경우 서면으로 알려 줄 것을 요구받으면 서면으로 알려 주어야 한다.
1. 해당 처분이 행정심판의 대상이 되는 처분인지
2. 행정심판의 대상이 되는 경우 소관 위원회 및 심판청구 기간

ㄴ. (O)

행정소송법 제29조(취소판결등의 효력) ① 처분등을 취소하는 확정판결은 제3자에 대하여도 효력이 있다.

ㄷ. (O)

행정소송법 제31조(제3자에 의한 재심청구) ① 처분등을 취소하는 판결에 의하여 권리 또는 이익의 침해를 받은 제3자는 자기에게 책임없는 사유로 소송에 참가하지 못함으로써 판결의 결과에 영향을 미칠 공격 또는 방어방법을 제출하지 못한 때에는 이를 이유로 확정된 종국판결에 대하여 재심의 청구를 할 수 있다.

ㄹ. (O)

행정절차법 제2조(정의) 이 법에서 사용하는 용어의 뜻은 다음과 같다.
4. "당사자등"이란 다음 각 목의 자를 말한다.
가. 행정청의 처분에 대하여 직접 그 상대가 되는 당사자
나. 행정청이 직권으로 또는 신청에 따라 행정절차에 참여하게 한 이해관계인

제27조(의견제출) ① 당사자 등은 처분 전에 그 처분의 관할 행정청에 서면이나 말로 또는 정보통신망을 이용하여 의견제출을 할 수 있다.

정답 ③

3. 협의의 소익(권리보호의 필요)

594 [17서울9급]

다음 판례 중 협의의 소의 이익(권리보호의 필요)이 인정되지 않는 것은?

① 현역입영대상자로서 현실적으로 입영을 한 자가 입영 이후의 법률관계에 영향을 미치고 있는 현역병입영통지처분 등을 한 관할 지방병무청장을 상대로 위법을 주장하여 그 취소를 구하는 경우

② 행정청이 영업허가신청 반려처분의 취소를 구하는 소의 계속 중 사정변경을 이유로 위 반려처분을 직권취소함과 동시에 위 신청을 재반려하는 내용의 재처분을 한 경우 당초의 반려처분의 취소를 구하는 경우

③ 도시개발사업의 공사 등이 완료되고 원상회복이 사회통념상 불가능하게 된 경우 도시개발사업의 시행에 따른 도시계획변경결정처분과 도시개발구역지정처분 및 도시개발사업 실시계획인가처분의 취소를 구하는 경우

④ 행정처분의 효력기간이 경과하였다고 하더라도 그 처분을 받은 전력이 장래에 불이익하게 취급되는 것으로 법정(법률)상 가중요건으로 되어 있고, 법정가중요건에 따라 새로운 제재적인 행정처분이 가해지고 있는 경우

해설

① (O) 현역입영대상자로서는 현실적으로 입영을 하였다고 하더라도, 입영 이후의 법률관계에 영향을 미치고 있는 현역병입영통지처분 등을 한 관할지방병무청장을 상대로 위법을 주장하여 그 취소를 구할 소송상의 이익이 있다(대판 2003.12.26. 2003두1875).

② (X) 행정청이 당초의 분뇨 등 관련영업 허가신청 반려처분의 취소를 구하는 소의 계속중, 사정변경을 이유로 위 반려처분을 직권취소함과 동시에 위 신청을 재반려하는 내용의 재처분을 한 경우, 당초의 반려처분의 취소를 구하는 소는 더 이상 소의 이익이 없다(대판 2006.09.28. 2004두5317).

③ (O) 도시개발사업의 공사 등이 완료되고 원상회복이 사회통념상 불가능하게 되었더라도 위 각 처분의 취소를 구할 법률상 이익은 소멸한다고 할 수 없다(대판 2005.09.09. 2003두5402).

④ (O) 제재적 행정처분의 가중사유나 전제요건에 관한 규정이 법령이 아니라 규칙의 형식으로 되어 있다고 하더라도, 관할 행정청이나 담당공무원은 이를 준수할 의무가 있으므로 이들이 그 규칙에 정해진 바에 따라 행정작용을 할 것이 당연히 예견되고, 그 결과 행정작용의 상대방인 국민으로서는 그 규칙의 영향을 받을 수밖에 없다. 따라서 그러한 규칙이 정한 바에 따라 선행처분을 받은 상대방이 그 처분의 존재로 인하여 장래에 받을 불이익, 즉 후행처분의 위험은 구체적이고 현실적인 것이므로, 상대방에게는 선행처분의 취소소송을 통하여 그 불이익을 제거할 필요가 있다(대판 2006.06.22. 2003두1684 전원합의체).

정답 ②

---

595 [18지방9급]

협의의 소익에 대한 판례의 입장으로 옳은 것은?

① 학교법인 임원취임승인의 취소처분 후 그 임원의 임기가 만료되고 구 사립학교법 소정의 임원결격사유기간 마저 경과한 경우에 취임승인이 취소된 임원은 취임승인취소처분의 취소를 구할 소의 이익이 없다.

② 배출시설에 대한 설치허가가 취소된 후 그 배출시설이 철거되어 다시 가동할 수 없는 상태라도 그 취소처분이 위법하다는 판결을 받아 손해배상청구소송에서 이를 원용할 수 있다면 배출시설의 소유자는 당해 처분의 취소를 구할 법률상 이익이 있다.

③ 건축물에 대한 사용검사처분이 취소되면 사용검사 전의 상태로 돌아가 건축물을 사용할 수 없게 되므로 구 「주택법」상 입주자나 입주예정자가 사용검사처분의 무효확인 또는 취소를 구할 법률상 이익이 있다.

④ 구 「도시 및 주거환경정비법」상 조합설립추진위원회 구성승인처분을 다투는 소송 계속 중에 조합설립인가처분이 이루어졌다면 조합설립추진위원회 구성승인처분의 취소를 구할 법률상 이익은 없다.

해설

① (X) 취임승인이 취소된 학교법인의 정식이사들로서는 그 취임승인취소처분 및 임시이사 선임처분에 대한 각 취소를 구할 법률상 이익이 있고, 나아가 선행 임시이사 선임처분의 취소를 구하는 소송 도중에 선행 임시이사가 후행 임시이사로 교체되었다고 하더라도 여전히 선행 임시이사 선임처분의 취소를 구할 법률상 이익이 있다(대판 2007.7.19. 2006두19297 전원합의체).

② (X) 소음·진동배출시설에 대한 설치허가가 취소된 후 그 배출시설이 어떠한 경위로든 철거되어 다시 복구 등을 통하여 배출시설을 가동할 수 없는 상태라면 이는 배출시설 설치허가의 대상이 되지 아니하므로 외형상 설치허가취소행위가 잔존하고 있다고 하여도 특단의 사정이 없는 한 이제 와서 굳이 위 처분의 취소를 구할 법률상의 이익이 없다(대판 2002. 1. 11. 2000두2457).

③ (X) 입주자나 입주예정자들은 사용검사처분의 무효확인을 받거나 처분을 취소하지 않고도 민사소송 등을 통하여 분양계약에 따른 법률관계 및 하자 등을 주장·증명함으로써 사업주체 등으로부터 하자의 제거·보완 등에 관한 권리구제를 받을 수 있으므로, 사용검사처분의 무효확인 또는 취소 여부에 의하여 법률적인 지위가 달라진다고 할 수 없으며, 구 주택공급에 관한 규칙에서 주택공급계약에 관하여 사용검사와 관련된 규정을 두고 있다고 하더라도 달리 볼 것은 아니다. 위와 같은 사정들을 종합하여 볼 때, 구 주택법상 입주자나 입주예정자는 사용검사처분의 무효확인 또는 취소를 구할 법률상 이익이 없다(대판 2015. 1. 29. 2013두24976).

④ (O) 추진위원회 구성승인처분을 다투는 소송 계속 중에 조합설립인가처분이 이루어진 경우에는, 추진위원회 구성승인처분에 위법이 존재하여 조합설립인가 신청행위가 무효라는 점 등을 들어 직접 조합설립인가처분을 다툼으로써 정비사업의 진행을 저지하여야 할 것이고, 이와는 별도로 추진위원회 구성승인처분에 대하여 취소 또는 무효확인을 구할 법률상의 이익은 없다고 보아야 한다(대판 2013.06.13. 2010두10488).

정답 ④

596 [19지방9급]

행정소송의 당사자에 대한 설명으로 옳지 않은 것은? (다툼이 있는 경우 판례에 의함)

① 대리기관이 대리관계를 표시하고 피대리 행정청을 대리하여 행정처분을 한 때에는 피대리 행정청이 피고로 되어야 한다.

② 「국가공무원법」에 따른 처분, 그 밖에 본인의 의사에 반한 불리한 처분이나 부작위에 관한 행정소송을 제기할 때에 대통령의 처분 또는 부작위의 경우에는 소속 장관을 피고로 한다.

③ 약제를 제조·공급하는 제약회사는 보건복지부 고시인 「약제급여·비급여 목록 및 급여 상한금액표」 중 약제의 상한금액 인하 부분에 대하여 그 취소를 구할 원고적격이 있다.

④ 개발제한구역 안에서의 공장설립을 승인한 처분이 위법하다는 이유로 쟁송취소되었다면, 설령 그 승인처분에 기초한 공장건축허가처분이 잔존하는 경우에도 인근 주민들에게는 공장건축허가처분의 취소를 구할 법률상 이익이 없다.

해설

① **(O)** 대리기관이 대리관계를 표시하고 피대리 행정청을 대리하여 행정처분을 한 때에는 피대리 행정청이 피고로 되어야 한다(대판 2018. 10. 25. 2018두43095).

② **(O)**

> **국가공무원법 제16조(행정소송과의 관계)** ② 제1항에 따른 행정소송을 제기할 때에는 대통령의 처분 또는 부작위의 경우에는 소속 장관(대통령령으로 정하는 기관의 장을 포함한다. 이하 같다)을, 중앙선거관리위원회위원장의 처분 또는 부작위의 경우에는 중앙선거관리위원회사무총장을 각각 피고로 한다.

③ **(O)** 보건복지부 고시인 약제급여·비급여목록 및 급여상한금액표로 인하여 자신이 제조·공급하는 약제의 상한금액이 인하됨에 따라 위와 같이 보호되는 법률상 이익이 침해당할 경우, 제약회사는 위 고시의 취소를 구할 원고적격이 있다(대판 2006.9.22. 2005두2506).

④ **(X)** 개발제한구역 안에서의 공장설립을 승인한 처분이 위법하다는 이유로 쟁송취소되었다고 하더라도 그 승인처분에 기초한 공장건축허가처분이 잔존하는 이상, 공장설립승인처분이 취소되었다는 사정만으로 인근 주민들의 환경상 이익이 침해되는 상태나 침해될 위험이 종료되었다거나 이를 시정할 수 있는 단계가 지나버렸다고 단정할 수는 없고, 인근 주민들은 여전히 공장건축허가처분의 취소를 구할 법률상 이익이 있다(대판 2018. 7. 12. 2015두3485).

정답 ④

597 [16국가9급]

취소소송에서 협의의 소의 이익에 대한 판례의 입장으로 옳지 않은 것은?

① 장래의 제재적 가중처분 기준을 대통령령이 아닌 부령의 형식으로 정한 경우에는 이미 제재기간이 경과한 제재적 처분의 취소를 구할 법률상 이익이 인정되지 않는다.

② 건축허가가 「건축법」에 따른 이격거리를 두지 아니하고 건축물을 건축하도록 되어 있어 위법하다 하더라도 건축이 완료되어 위법한 처분을 취소한다 하더라도 원상회복이 불가능한 경우에는 그 취소를 구할 법률상 이익이 없다.

③ 현역입영대상자가 입영한 후에도 현역입영통지처분이 취소되면 원상회복이 가능하므로 이미 처분이 집행된 후라고 할지라도 현역입영통지처분의 취소를 구할 소의 이익이 있다.

④ 지방의회 의원이 제명의결 취소소송 계속 중 임기가 만료되어 제명의결의 취소로 의원 지위를 회복할 수 없다고 할지라도 제명의결시부터 임기만료일까지의 기간에 대한 월정수당의 지급을 구할 수 있으므로 그 제명의결의 취소를 구할 법률상 이익이 인정된다.

해설

① (X) 제재적 행정처분의 가중사유나 전제요건에 관한 규정이 법령이 아니라 규칙의 형식으로 되어 있다고 하더라도, 관할 행정청이나 담당공무원은 이를 준수할 의무가 있으므로 이들이 그 규칙에 정해진 바에 따라 행정작용을 할 것이 당연히 예견되고, 그 결과 행정작용의 상대방인 국민으로서는 그 규칙의 영향을 받을 수밖에 없다. 따라서 그러한 규칙이 정한 바에 따라 선행처분을 받은 상대방이 그 처분의 존재로 인하여 장래에 받을 불이익, 즉 후행처분의 위험은 구체적이고 현실적인 것이므로, 상대방에게는 선행처분의 취소소송을 통하여 그 불이익을 제거할 필요가 있다(대판 2006.06.22. 2003두1684 전원합의체).

② (O) 건축허가가 건축법 소정의 이격거리를 두지 아니하고 건축물을 건축하도록 되어 있어 위법하다 하더라도 그 건축허가에 기하여 건축공사가 완료되었다면 그 건축허가를 받은 대지와 접한 대지의 소유자인 원고가 위 건축허가처분의 취소를 받아 이격거리를 확보할 단계는 지났으며 위 처분의 취소를 구할 법률상의 이익이 없다(대판 1992.04.24. 91누11131).

③ (O) 대판 2003.12.26. 2003두1875.

④ (O) 지방의회 의원에 대한 제명의결 취소소송 계속 중 의원의 임기가 만료된 사안에서, 제명의결의 취소로 의원의 지위를 회복할 수는 없다 하더라도 제명의결시부터 임기만료일까지의 기간에 대한 월정수당의 지급을 구할 수 있는 등 여전히 그 제명의결의 취소를 구할 법률상 이익이 있다(대판 2009.01.30. 2007두13487).

정답 ①

598 [16국가7급]

제재적 행정처분에 대한 설명으로 옳지 않은 것은? (다툼이 있는 경우 판례에 의함)

① 업무정지처분을 받은 후 새로운 업무정지처분을 받음이 없이 1년이 경과하여 실제로 가중된 제재처분을 받을 우려가 없어졌다면 위 처분에서 정한 정지기간이 경과한 이상 특별한 사정이 없는 한 그 처분의 취소를 구할 법률상 이익이 없다.

② 행정법규 위반에 대하여 가하는 제재조치는 반드시 현실적인 행위자가 아니라도 법령상 책임자로 규정된 자에게 부과되고 특별한 사정이 없는 한 위반자에게 고의나 과실이 없더라도 부과할 수 있다.

③ 제재적 처분기준이 부령의 형식으로 규정되어 있는 경우, 그 처분기준에 따른 제재적 행정처분이 현저히 부당하다고 인정할 만한 합리적인 이유가 없는 한 섣불리 그 처분이 재량권의 범위를 일탈하였거나 재량권을 남용한 것이라고 판단해서는 안 된다.

④ 제재적 행정처분의 가중사유나 전제요건에 관한 규정이 법령이 아닌 행정규칙의 형식으로 되어 있다면 이는 행정청 내부의 재량준칙을 규정한 것에 불과하므로 관할 행정청이나 담당공무원은 이를 준수할 의무가 없다.

해설

① (O) 업무정지처분을 받은 후 새로운 업무정지처분을 받음이 없이 1년이 경과하여 실제로 가중된 제재처분을 받을 우려가 없어졌다면 위 처분에서 정한 정지기간이 경과한 이상 특별한 사정이 없는 한 그 처분의 취소를 구할 법률상 이익이 없다(대판 2000.04.21. 98두10080)

② (O) 행정법규 위반에 대하여 가하는 제재조치는 행정목적의 달성을 위하여 행정법규 위반이라는 객관적 사실에 착안하여 가하는 제재이므로 반드시 현실적인 행위자가 아니라도 법령상 책임자로 규정된 자에게 부과되고 특별한 사정이 없는 한 위반자에게 고의나 과실이 없더라도 부과할 수 있다(대판 2012.5.10. 2012두1297).

③ (O) 제재적 행정처분의 기준이 부령의 형식으로 규정되어 있더라도 그것은 행정청 내부의 사무처리준칙을 정한 것에 지나지 아니하여 대외적으로 국민이나 법원을 기속하는 효력이 없고, 당해 처분의 적법 여부는 위 처분기준만이 아니라 관계 법령의 규정 내용과 취지에 따라 판단되어야 하므로, 위 처분기준에 적합하다 하여 곧바로 당해 처분이 적법한 것이라고 할 수는 없지만, 합리적인 이유가 없는 한 선불리 그 처분이 재량권의 범위를 일탈하였거나 재량권을 남용한 것이라고 판단해서는 안 된다(대판 2007.09.20. 2007두6946).

④ (X) 대판 2006.06.22. 2003두1684 전원합의체.

정답 ④

599 [18서울7급(上)]

항고소송의 소의 이익에 대한 판례로서 가장 옳지 않은 것은?

① 처분청이 당초의 운전면허 취소처분을 철회하고 정지처분을 하였다면, 당초의 처분인 운전면허 취소처분은 철회로 인하여 그 효력이 상실되어 더 이상 존재하지 않는 것이고 그 후의 운전면허 정지처분만이 남아 있는 것이라 할 것이며, 존재하지 않는 행정처분을 대상으로 한 취소소송은 소의 이익이 없어 부적법하다.

② 주택건설사업계획 사전결정반려처분 취소청구소송의 계속 중 구 「주택건설촉진법」의 개정으로 주택건설사업계획 사전결정제도가 폐지된 경우 소의 이익이 없다.

③ 지방의회 의원에 대한 제명의결 취소소송 계속 중 의원의 임기가 만료된 사안에서, 제명의결의 취소로 의원의 지위를 회복할 수는 없다 하더라도 제명의결 시부터 임기만료일까지의 기간에 대한 월정수당의 지급을 구할 수 있는 등 여전히 그 제명의결의 취소를 구할 법률상 이익이 있다.

④ 건축허가처분의 취소를 구하는 소를 제기하기 전에 건축공사가 완료된 경우에는 소의 이익이 없으나, 소를 제기한 후 사실심 변론종결일 전에 건축공사가 완료된 경우에는 소의 이익이 있다.

해설

① (O) 처분청이 당초의 운전면허 취소처분을 신뢰보호의 원칙과 형평의 원칙에 반하는 너무 무거운 처분으로 보아 이를 철회하고 새로이 265일간의 운전면허 정지처분을 하였다면, 당초의 처분인 운전면허 취소처분은 철회로 인하여 그 효력이 상실되어 더 이상 존재하지 않는 것이고 그 후의 운전면허 정지처분만이 남아 있는 것이라 할 것이며, 한편 존재하지 않는 행정처분을 대상으로 한 취소소송은 소의 이익이 없어 부적법하다(대판 1997. 9. 26. 96누1931).

② (O) 주택건설사업계획 사전결정반려처분 취소청구소송의 계속중 구 주택건설촉진법의 개정으로 주택건설사업계획 사전결정제도가 폐지된 경우, 사전결정신청에 기하여 행정청으로부터 개정 전 법 제32조의4 소정의 사전결정을 받을 여지가 없게 되었다고 할 것이어서 더 이상 소를 유지할 법률상의 이익이 없게 되었다(대판 1999. 6. 11. 97누379).

③ (O) 지방의회 의원에 대한 제명의결 취소소송 계속 중 의원의 임기가 만료된 사안에서, 제명의결의 취소로 의원의 지위를 회복할 수는 없다 하더라도 제명의결시부터 임기만료일까지의 기간에 대한 월정수당의 지급을 구할 수 있는 등 여전히 그 제명의결의 취소를 구할 법률상 이익이 있다(대판 2009.01.30. 2007두13487).

④ (X) 건축허가가 건축법 소정의 이격거리를 두지 아니하고 건축물을 건축하도록 되어 있어 위법하다 하더라도 그 건축허가에 기하여 건축공사가 완료되었다면 그 건축허가를 받은 대지와 접한 대지의 소유자인 원고가 위 건축허가처분의 취소를 받아 이격거리를 확보할 단계는 지났으며 위 처분의 취소를 구할 법률상의 이익이 없다(대판 1992.04.24. 91누11131).

정답 ④

600 [21지방9급]

행정소송상 협의의 소익에 대한 설명으로 옳은 것만을 모두 고르면? (다툼이 있는 경우 판례에 의함)

ㄱ. 월정수당을 받는 지방의회 의원에 대한 제명의결 취소소송 계속중 의원의 임기가 만료된 경우 지방의회 의원은 그 제명의결의 취소를 구할 법률상 이익이 있다.

ㄴ. 파면처분 취소소송의 사실심 변론종결 전에 금고 이상의 형을 선고받아 당연퇴직된 경우에도 해당 공무원은 파면처분의 취소를 구할 이익이 있다.

ㄷ. 공익근무요원 소집해제신청을 거부한 후에 원고가 계속하여 공익근무요원으로 복무함에 따라 복무기간 만료를 이유로 소집해제처분을 한 경우, 원고는 거부처분의 취소를 구할 소의 이익이 있다.

① ㄱ ② ㄴ
③ ㄱ, ㄴ ④ ㄴ, ㄷ

해설

ㄱ. (O) 지방의회 의원에 대한 제명의결 취소소송 계속 중 의원의 임기가 만료된 사안에서, 제명의결의 취소로 의원의 지위를 회복할 수는 없다 하더라도 제명의결시부터 임기만료일까지의 기간에 대한 월정수당의 지급을 구할 수 있는 등 여전히 그 제명의결의 취소를 구할 법률상 이익이 있다(대판 2009.01.30. 2007두13487).

ㄴ. (O) 당연퇴직되어 그 공무원의 신분을 상실하고, 당연퇴직이나 파면이 퇴직급여에 관한 불이익의 점에 있어 동일하다 하더라도 최소한도 이 사건 파면처분이 있은 때부터 위 법규정에 의한 당연퇴직일자까지의 기간에 있어서는 파면처분의 취소를 구하여 그로 인해 박탈당한 이익의 회복을 구할 소의 이익이 있다(대판 1985. 6. 25. 85누39).

ㄷ. (X) 공익근무요원 소집해제신청을 거부한 후에 원고가 계속하여 공익근무요원으로 복무함에 따라 복무기간 만료를 이유로 소집해제처분을 한 경우, 원고가 입게 되는 권리와 이익의 침해는 소집해제처분으로 해소되었으므로 위 거부처분의 취소를 구할 소의 이익이 없다(대판 2005.5.13. 2004두4369).

정답 ③

601 [17지방9급]

협의의 소의 이익에 대한 설명으로 옳은 것은? (다툼이 있는 경우 판례에 의함)

① 취임승인이 취소된 학교법인의 정식이사들에 대해 원래 정해져 있던 임기가 만료되면 그 임원취임승인취소처분의 취소를 구할 소의 이익이 없다.

② 지방의회 의원의 제명의결 취소소송 계속 중 임기 만료로 지방의원으로서의 지위를 회복할 수 없는 자는 제명의결의 취소를 구할 소의 이익이 없다.

③ 수형자의 영치품에 대한 사용신청 불허처분 후 수형자가 다른 교도소로 이송된 경우 원래 교도소로의 재이송 가능성이 소멸되었으므로 그 불허처분의 취소를 구할 소의 이익이 없다.

④ 법인세 과세표준과 관련하여 과세관청이 법인의 소득처분 상대방에 대한 소득처분을 경정하면서 증액과 감액을 동시에 한 결과 전체로서 소득처분금액이 감소된 경우, 법인이 소득금액변동통지의 취소를 구할 소의 이익이 없다.

해설

① **(X)** 임시이사 선임처분에 대하여 취소를 구하는 소송의 계속중 임기만료 등의 사유로 새로운 임시이사들로 교체된 경우, 선행 임시이사 선임처분의 효과가 소멸하였다는 이유로 그 취소를 구할 법률상 이익이 없다고 보게 되면, 원래의 정식이사들로서는 계속중인 소를 취하하고 후행 임시이사 선임처분을 별개의 소로 다툴 수밖에 없게 되며, 그 별소 진행 도중 다시 임시이사가 교체되면 또 새로운 별소를 제기하여야 하는 등 무익한 처분과 소송이 반복될 가능성이 있으므로, 취임승인이 취소된 학교법인의 정식이사들로서는 그 취임승인취소처분 및 임시이사 선임처분에 대한 각 취소를 구할 법률상 이익이 있다(대판 2007.07.19. 2006두19297 전원합의체).

② **(X)** 지방의회 의원에 대한 제명의결 취소소송 계속 중 의원의 임기가 만료된 사안에서, 제명의결의 취소로 의원의 지위를 회복할 수는 없다 하더라도 제명의결시부터 임기만료일까지의 기간에 대한 월정수당의 지급을 구할 수 있는 등 여전히 그 제명의결의 취소를 구할 법률상 이익이 있다(대판 2009.01.30. 2007두13487).

③ **(X)** 수형자의 영치품에 대한 사용신청 불허처분 후 수형자가 다른 교도소로 이송되었다 하더라도 수형자의 권리와 이익의 침해 등이 해소되지 않은 점 등에 비추어, 위 영치품 사용신청 불허처분의 취소를 구할 이익이 있다(대판 2008. 2. 14. 2007두13203).

④ **(O)** 과세관청이 직권으로 상대방에 대한 소득처분을 경정하면서 일부 항목에 대한 증액과 다른 항목에 대한 감액을 동시에 한 결과 전체로서 소득처분금액이 감소된 경우에는 그에 따른 소득금액변동통지가 납세자인 당해 법인에 불이익을 미치는 처분이 아니므로 당해 법인은 그 소득금액변동통지의 취소를 구할 이익이 없다(대판 2012. 4. 13. 2009두5510).

정답 ④

602 [19국가9급]

취소소송에서 협의의 소의 이익에 대한 설명으로 옳지 않은 것은? (다툼이 있는 경우 판례에 의함)

① 현역입영대상자가 현역병입영통지처분에 따라 현실적으로 입영을 한 후에는 처분의 집행이 종료되었고 입영으로 처분의 목적이 달성되어 실효되었으므로 입영통지처분을 다툴 법률상 이익이 인정되지 않는다.

② 가중요건이 법령에 규정되어 있는 경우, 업무정지처분을 받은 후 새로운 제재처분을 받음이 없이 법률이 정한 기간이 경과하여 실제로 가중된 제재처분을 받을 우려가 없어졌다면 특별한 사정이 없는 한 업무정지처분의 취소를 구할 법률상 이익이 인정되지 않는다.

③ 공장등록이 취소된 후 그 공장시설물이 철거되었고 다시 복구를 통하여 공장을 운영할 수 없는 상태라 하더라도 대도시 안의 공장을 지방으로 이전할 경우 조세감면 및 우선입주 등의 혜택이 관계법률에 보장되어 있다면, 공장등록취소처분의 취소를 구할 법률상 이익이 인정된다.

④ 지방의회 의원에 대한 제명의결 취소소송 계속 중 의원의 임기가 만료된 경우에도 여전히 제명의결의 취소를 구할 법률상 이익이 인정된다.

해설

① (X) 현역입영대상자로서는 현실적으로 입영을 하였다고 하더라도, 입영 이후의 법률관계에 영향을 미치고 있는 현역병입영통지처분 등을 한 관할지방병무청장을 상대로 위법을 주장하여 그 취소를 구할 소송상의 이익이 있다(대판 2003.12.26. 2003두1875).

② (O) 건축사법 제28조 제1항이 건축사 업무정지처분을 연 2회 이상 받고 그 정지기간이 통산하여 12월 이상이 될 경우에는 가중된 제재처분인 건축사사무소 등록취소처분을 받게 되도록 규정하여, 건축사 업무정지처분을 받은 건축사로서는 위 처분에서 정한 기간이 경과하였다 하더라도 등록취소라는 가중된 제재처분을 받을 우려가 있어 건축사 업무정지처분의 취소를 구할 이익이 있으나, 업무정지처분을 받은 후 새로운 업무정지처분을 받음이 없이 1년이 경과하여 실제로 가중된 제재처분을 받을 우려가 없어졌다면 위 처분에서 정한 정지기간이 경과한 이상 특별한 사정이 없는 한 그 처분의 취소를 구할 법률상 이익이 없다(대판 2000.04.21. 98두10080).

③ (O) 공장등록이 취소된 후 그 공장 시설물이 어떠한 경위로든 철거되어 다시 복구 등을 통하여 공장을 운영할 수 없는 상태라면 이는 공장등록의 대상이 되지 아니하므로 외형상 공장등록취소행위가 잔존하고 있다고 하여도 그 처분의 취소를 구할 법률상의 이익이 없다 할 것이나, 위와 같은 경우에도 유효한 공장등록으로 인하여 공장등록에 관한 당해 법률이나 다른 법률에 의하여 보호되는 직접적 · 구체적 이익이 있다면, 당사자로서는 공장건물의 멸실 여부에 불구하고 그 공장등록취소처분의 취소를 구할 법률상의 이익이 있다(대판 2002.01.11. 2000두3306).

④ (O) 지방의회 의원에 대한 제명의결 취소소송 계속 중 의원의 임기가 만료된 사안에서, 제명의결의 취소로 의원의 지위를 회복할 수는 없다 하더라도 제명의결시부터 임기만료일까지의 기간에 대한 월정수당의 지급을 구할 수 있는 등 여전히 그 제명의결의 취소를 구할 법률상 이익이 있다(대판 2009.01.30. 2007두13487).

정답 ①

603 [12국회8급]

판례에 의할 때 적법한 소로 볼 수 없는 것을 〈보기〉에서 모두 고른 것은?

〈보 기〉

ㄱ. 무효인 조세부과처분에 대해 무효확인소송을 제기하는 경우

ㄴ. 지방의회 의원의 징계처분에 대한 취소소송 계속 중에 의원의 임기가 만료된 경우

ㄷ. 「건축법」상 이격거리(건축한계선)를 고려하지 않은 위법한 건축허가에 기해 이미 건축공사가 완료되고 건축물의 사용승인이 내려진 후, 일조권이 침해된 인근 주민이 건축허가 또는 사용승인의 취소를 청구하는 경우

ㄹ. 임원취임승인의 취소처분과 임시이사선임처분의 취소소송을 동시에 제기하여 소송 계속 중 임시이사의 임기가 만료되고 새로운 임시이사가 선임된 경우

ㅁ. 운전면허정지처분에 대한 취소소송 계속 중 일반사면이 내려진 경우

① ㄱ, ㄹ
② ㄴ, ㄷ
③ ㄷ, ㅁ
④ ㄴ, ㄷ, ㄹ
⑤ ㄷ, ㄹ, ㅁ

해설

③ 판례에 의할 때 적법한 소로 볼 수 없는 것은 ㄷ, ㅁ 이다.

ㄱ. **[적법한 소]** 행정처분의 근거 법률에 의하여 보호되는 직접적이고 구체적인 이익이 있는 경우에는 행정소송법 제35조에 규정된 '무효확인을 구할 법률상 이익'이 있다고 보아야 하고, 이와 별도로 무효확인소송의 보충성이 요구되는 것은 아니므로 행정처분의 무효를 전제로 한 이행소송 등과 같은 직접적인 구제수단이 있는지 여부를 따질 필요가 없다고 해석함이 상당하다(대판 2008.3.20. 2007두6342 전원합의체).

ㄴ. [적법한 소] 대판 2009.1.30. 2007두13487.

ㄷ. **[부적법한 소]** 신축한 건물이 무단증평, 이격거리위반, 베란다돌출, 무단구조변경 등 건축법에 위반하여 시공됨으로써 인접주택 소유자의 사생활과 일조권을 침해하고 있다고 하더라도, 인접건물 소유자들로서는 위 건물준공처분의 무효확인이나 취소를 구할 법률상 이익이 없다(대판 1993.11.9. 93누13988).

ㄹ. **[적법한 소]** 대판 2007.7.19. 2006두19297 전원합의체.

ㅁ. **[부적법한 소]** 일반사면을 받은 자에 대해서는 형 선고의 효력이 상실되며, 형을 선고받지 아니한 자에 대하여는 공소권이 상실된다(사면법 제5조 제1항 1호). 행정법규 위반에 대한 범칙 또는 과벌의 면제와 징계법규에 따른 징계 또는 징벌의 면제에 관하여는 이 법의 사면에 관한 규정을 준용한다(사면법 제4조). 따라서 운전면허정지처분에 대한 취소소송 계속 중 일반사면이 내려진 경우, 운전면허정지처분의 효력은 상실되므로 법률상 이익을 상실하여 부적법한 소가 된다.

정답 ③

4. 피고

604 [17국가9급(下)]

행정소송의 피고적격에 대한 설명으로 옳지 않은 것은? (다툼이 있는 경우 판례에 의함)

① 행정권한을 위탁받은 공공단체 또는 사인이 자신의 이름으로 처분을 한 경우에는 그 공공단체 또는 사인이 항고소송의 피고가 된다.

② 납세의무부존재확인청구소송은 공법상 법률관계 그 자체를 다투는 소송이므로 과세처분청이 아니라 그 법률관계의 한쪽 당사자인 국가·공공단체 그 밖의 권리주체에게 피고적격이 있다.

③ 행정처분을 행할 적법한 권한이 있는 상급행정청으로부터 내부위임을 받은 데 불과한 하급행정청이 권한 없이 자신의 이름으로 행정처분을 한 경우에는 하급행정청이 항고소송의 피고가 된다.

④ 대외적으로 의사를 표시할 수 없는 내부기관이라도 행정처분의 실질적인 의사가 그 기관에 의하여 결정되는 경우에는 그 내부기관에게 항고소송의 피고적격이 있다.

해설

① (O)

> **행정소송법 제2조(정의)** ② 이 법을 적용함에 있어서 행정청에는 법령에 의하여 행정권한의 위임 또는 위탁을 받은 행정기관, 공공단체 및 그 기관 또는 사인이 포함된다.
>
> **행정절차법 제2조(정의)** 이 법에서 사용하는 용어의 뜻은 다음과 같다.
> 1. "행정청"이란 다음 각 목의 자를 말한다.
> 가. 행정에 관한 의사를 결정하여 표시하는 국가 또는 지방자치단체의 기관
> 나. 그 밖에 법령 또는 자치법규(이하 "법령등"이라 한다)에 따라 행정권한을 가지고 있거나 위임 또는 위탁받은 공공단체 또는 그 기관이나 사인(私人)

② (O) 납세의무부존재확인의 소는 공법상의 법률관계 그 자체를 다투는 소송으로서 당사자소송이라 할 것이므로 행정소송법 제3조 제2호, 제39조에 의하여 그 법률관계의 한쪽 당사자인 국가·공공단체 그 밖의 권리주체가 피고적격을 가진다(대판 2000. 9. 8. 99두2765).

③ (O) 대판 1991.02.22. 90누5641.

④ (X) '행정청'이라 함은 국가 또는 공공단체의 기관으로서 국가나 공공단체의 의견을 결정하여 외부에 표시할 수 있는 권한, 즉 처분권한을 가진 기관을 말하고, 대외적으로 의사를 표시할 수 있는 기관이 아닌 내부기관은 실질적인 의사가 그 기관에 의하여 결정되더라도 피고적격을 갖지 못한다(대판 2014. 5. 16. 2014두274).

정답 ④

605 [15국가9급]

항고소송에서 처분과 피고가 옳게 연결된 것은?

① 교육·학예에 관한 도의회의 조례 - 도의회

② 지방의회의 지방의회의원에 대한 징계의결 - 지방의회의장

③ 내부위임을 받은 경찰서장의 권한 없는 자동차운전면허정지처분 - 지방경찰청장

④ 중앙노동위원회의 처분 - 중앙노동위원회 위원장

해설

① (X) 조례가 취소소송의 대상이 되는 경우(처분적 조례)에는 조례를 공포한 지방자치단체의 장이 피고가 된다. 교육·학예에 관한 조례는 시·도교육감이 피고가 된다.

② (X) 지방의회의원에 대한 징계의결, 의장에 대한 불신임의결, 지방의회의장선거의 처분청은 지방의회이므로 이들 처분에 대한 취소소송의 피고는 지방의회가 된다.

③ (X) 행정처분을 행할 적법한 권한 있는 상급행정청으로부터 내부위임을 받은 데 불과한 하급행정청이 권한 없이 행정처분을 한 경우에도 실제로 그 처분을 행한 하급행정청을 피고로 하여야 할 것이지 그 처분을 행할 적법한 권한 있는 상급행정청을 피고로 할 것은 아니다(대판 1994.8.12., 94누2763). 피고는 경찰서장이다.

④ (O) 공정거래위원회, 토지수용위원회, 방송위원회 등 각종 합의제 행정청이 한 처분에 대하여는 그 합의제의 대표가 아닌 합의제 행정청 자체가 피고가 된다. 그러나 중앙노동위원회의 처분에 대한 소는 '중앙노동위원회위원장'을 피고로 한다(노동위원회법 제27조).

> **노동위원회법 제27조(중앙노동위원회의 처분에 대한 소송)** ① 중앙노동위원회의 처분에 대한 소송은 중앙노동위원회 위원장을 피고(被告)로 하여 처분의 송달을 받은 날부터 15일 이내에 제기하여야 한다.

정답 ④

606 [20국가7급]

행정소송에 대한 설명으로 옳지 않은 것은? (다툼이 있는 경우 판례에 의함)

① 무효확인소송에서 '무효확인을 구할 법률상 이익'이 있는지를 판단할 때, 행정처분의 무효를 전제로 한 이행소송 등과 같은 직접적인 구제수단이 있는지를 먼저 따질 필요는 없다.

② 「국토의 계획 및 이용에 관한 법률」상 토지소유자 등이 도시·군계획시설 사업시행자의 토지의 일시 사용에 대하여 정당한 사유 없이 동의를 거부한 경우, 사업시행자가 토지소유자를 상대로 동의의 의사표시를 구하는 소송은 당사자소송으로 보아야 한다.

③ 합의제행정청의 처분에 대하여는 합의제행정청이 피고가 되므로 부당노동행위에 대한 구제명령 등 중앙노동위원회의 처분에 대한 소송에서는 중앙노동위원회가 피고가 된다.

④ 권한의 내부위임이 있는 경우 내부수임기관이 착오 등으로 원처분청의 명의가 아닌 자기명의로 처분을 하였다면, 내부수임기관이 그 처분에 대한 항고소송의 피고가 된다.

해설

① (O) 행정처분의 근거 법률에 의하여 보호되는 직접적이고 구체적인 이익이 있는 경우에는 행정소송법 제35조에 규정된 '무효확인을 구할 법률상 이익'이 있다고 보아야 하고, 이와 별도로 무효확인소송의 보충성이 요구되는 것은 아니므로 행정처분의 무효를 전제로 한 이행소송 등과 같은 직접적인 구제수단이 있는지 여부를 따질 필요가 없다고 해석함이 상당하다(대판 2008.3.20. 2007두6342 전원합의체).

② (O) 국토의 계획 및 이용에 관한 법률 제130조 제3항에서 정한 토지의 소유자·점유자 또는 관리인이 사업시행자의 일시 사용에 대하여 정당한 사유 없이 동의를 거부하는 경우, 사업시행자는 해당 토지의 소유자 등을 상대로 동의의 의사표시를 구하는 소를 제기할 수 있다. 토지의 일시 사용에 대한 동의의 의사표시를 할 의무는 '국토의 계획 및 이용에 관한 법률'에서 특별히 인정한 공법상의 의무이므로, 그 의무의 존부를 다투는 소송은 '공법상의 법률관계에 관한 소송으로서 그 법률관계의 한쪽 당사자를 피고로 하는 소송', 즉 행정소송법 제3조 제2호에서 규정한 당사자소송이라고 보아야 한다(대판 2019. 9. 9. 2016다262550).

③ (X)

> **노동위원회법 제27조(중앙노동위원회의 처분에 대한 소송)** ① 중앙노동위원회의 처분에 대한 소송은 중앙노동위원회 위원장을 피고(被告)로 하여 처분의 송달을 받은 날부터 15일 이내에 제기하여야 한다.

④ (O) 행정처분을 행할 적법한 권한 있는 상급행정청으로부터 내부위임을 받은 데 불과한 하급행정청이 권한 없이 행정처분을 한 경우에도 실제로 그 처분을 행한 하급행정청을 피고로 하여야 할 것이지 그 처분을 행할 적법한 권한 있는 상급행정청을 피고로 할 것은 아니다(대판 1994.8.12, 94누2763).

정답 ③

607 [18서울9급]

행정소송의 피고적격에 대한 설명으로 가장 옳지 않은 것은?

① 조례가 항고소송의 대상이 되는 경우 피고는 지방자치단체의 의결기관으로서 조례를 제정한 지방의회이다.
② 대리권을 수여받은 데 불과하여 그 자신의 명의로는 행정처분을 할 권한이 없는 행정청의 경우 대리관계를 밝힘이 없이 그 자신의 명의로 행정처분을 하였다면 그에 대하여는 처분명의자인 당해 행정청이 항고소송의 피고가 되어야 하는 것이 원칙이다.
③ 취소소송은 다른 법률에 특별한 규정이 없는 한 그 처분 등을 행한 행정청을 피고로 하며, 당사자소송은 국가・공공단체 그 밖의 권리주체를 피고로 한다.
④ 「국가공무원법」에 의한 처분, 기타 본인의 의사에 반한 불리한 처분이나 부작위에 관한 행정소송을 제기할 때에 대통령의 처분 또는 부작위의 경우에는 소속 장관을 피고로 한다.

해설

① **(X)** 조례가 취소소송의 대상이 되는 경우(처분적 조례)에는 조례를 공포한 지방자치단체의 장이 피고가 된다. 교육・학예에 관한 조례는 시・도교육감이 피고가 된다.

② **(O)** 내부위임이나 대리권을 수여받은 데 불과하여 원행정청 명의나 대리관계를 밝히지 아니하고는 그의 명의로 처분 등을 할 권한이 없는 행정청이 권한 없이 그의 명의로 한 처분에 대하여도 처분명의자인 행정청이 피고가 되어야 한다(대판 1994.6.14. 94누1197).

③ **(O)**

> **행정소송법 제13조(피고적격)** ①취소소송은 다른 법률에 특별한 규정이 없는 한 그 처분등을 행한 행정청을 피고로 한다. 다만, 처분등이 있은 뒤에 그 처분등에 관계되는 권한이 다른 행정청에 승계된 때에는 이를 승계한 행정청을 피고로 한다.
>
> **제39조(피고적격)** 당사자소송은 국가·공공단체 그 밖의 권리주체를 피고로 한다.

④ **(O)**

> **국가공무원법 제16조(행정소송과의 관계)** ① 제75조에 따른 처분, 그 밖에 본인의 의사에 반한 불리한 처분이나 부작위(不作爲)에 관한 행정소송은 소청심사위원회의 심사·결정을 거치지 아니하면 제기할 수 없다.
>
> ② 제1항에 따른 행정소송을 제기할 때에는 대통령의 처분 또는 부작위의 경우에는 소속 장관(대통령령으로 정하는 기관의 장을 포함한다. 이하 같다)을, 중앙선거관리위원회위원장의 처분 또는 부작위의 경우에는 중앙선거관리위원회사무총장을 각각 피고로 한다.

정답 ①

608 [20국가9급]

「행정소송법」상 피고 및 피고의 경정에 대한 설명으로 옳은 것은? (다툼이 있는 경우 판례에 의함)

① 취소소송에서 원고가 처분청 아닌 행정관청을 피고로 잘못 지정한 경우, 법원은 석명권의 행사 없이 소송요건의 불비를 이유로 소를 각하할 수 있다.
② 소의 종류의 변경에 따른 피고의 변경은 교환적 변경에 한한다고 봄이 상당하므로 예비적 청구만이 있는 피고의 추가경정신청은 예외적 규정이 있는 경우를 제외하고는 원칙적으로 허용되지 않는다.
③ 상급행정청의 지시에 의해 하급행정청이 자신의 명의로 처분을 하였다면, 당해 처분에 대한 취소소송에서는 지시를 내린 상급행정청이 피고가 된다.
④ 취소소송에서 피고가 될 수 있는 행정청에는 대외적으로 의사를 표시할 수 있는 기관이 아니더라도 국가나 공공단체의 의사를 실질적으로 결정하는 기관이 포함된다.

해설

① (X) 행정소송에서 피고지정이 잘못된 경우, 법원이 석명권을 행사하여 원고로 하여금 피고를 경정하게 하지 않고 바로 소를 각하한 것은 위법하다(대판 2004.7.8. 2002두7852).

② (O) 소위 주관적, 예비적 병합은 행정소송법 제28조 제3항과 같은 예외적 규정이 있는 경우를 제외하고는 원칙적으로 허용되지 않는 것이고, 또 행정소송법상 소의 종류의 변경에 따른 당사자(피고)의 변경은 교환적 변경에 한한다고 봄이 상당하므로 예비적 청구만이 있는 피고의 추가경정신청은 허용되지 않는다(대결 1989. 10. 27. 89두1).

③ (X) 행정처분의 취소 또는 무효확인을 구하는 행정소송은 다른 법률에 특별한 규정이 없는 한 소송의 대상인 행정처분 등을 외부적으로 그의 명의로 행한 행정청을 피고로 하여야 하는 것으로서 그 행정처분을 하게 된 연유가 상급행정청이나 타행정청의 지시나 통보에 의한 것이라 하여 다르지 않다(대판 1995. 12. 22. 95누14688).

④ (X) '행정청'이라 함은 국가 또는 공공단체의 기관으로서 국가나 공공단체의 의견을 결정하여 외부에 표시할 수 있는 권한, 즉 처분권한을 가진 기관을 말하고, 대외적으로 의사를 표시할 수 있는 기관이 아닌 내부기관은 실질적인 의사가 그 기관에 의하여 결정되더라도 피고적격을 갖지 못한다(대판 2014. 5. 16. 2014두274).

정답 ②

609 [16서울7급]

항고소송의 피고에 대한 설명으로 가장 옳은 것은?

① 항고소송에서 원고가 피고를 잘못 지정하였다면 법원은 석명권을 행사하여 피고를 경정하게 하여 소송을 진행하여야 한다.

② 행정심판위원회가 1,000만원의 과징금부과처분에 대한 취소심판에서 500만원의 과징금부과처분으로 변경하는 내용의 재결을 하였고 청구인인 처분의 상대방이 관할법원에 취소소송을 제기하였다면 재결에 의한 감액처분을 항고소송의 대상으로 하여야 한다.

③ 초등학교의 공용폐지를 내용으로 하는 조례를 대상으로 관할 법원에 취소소송을 제기하였다면, 피고는 조례안을 의결한 지방의회가 되어야 한다.

④ 중앙노동위원회의 재심판정에 대한 취소소송에 있어서 그 피고는 중앙노동위원회가 되어야 한다.

해설

① (O) 행정소송에서 피고지정이 잘못된 경우, 법원이 석명권을 행사하여 원고로 하여금 피고를 경정하게 하지 않고 바로 소를 각하한 것은 위법하다(대판 2004.7.8. 2002두7852).

② (X) 행정청이 부과처분의 하자를 이유로 과징금의 액수를 감액하는 경우에 그 감액처분은 처음의 부과처분과 별개 독립의 과징금 부과처분이 아니라 그 실질은 당초 부과처분의 변경이고, 그에 의하여 과징금의 일부취소라는 납부의무자에게 유리한 결과를 가져오는 처분이므로 항고소송의 대상은 처음의 부과처분 중 감액처분에 의하여 취소되지 않고 남은 부분이고 감액처분이 항고소송의 대상이 되는 것은 아니다(대판 2008.02.15. 2006두3957).

③ (X) 조례에 대한 무효 확인소송을 제기함에 있어서 행정청은, 행정주체인 지방자치단체 또는 지방자치단체의 내부적 의결기관으로서 지방자치단체의 의사를 외부에 표시한 권한이 없는 지방의회가 아니라, 지방자치단체의 집행기관으로서 조례로서의 효력을 발생시키는 공포권이 있는 지방자치단체의 장이다. 시·도의 교육·학예에 관한 사무의 집행기관은 시·도 교육감이고 시·도 교육감에게 지방교육에 관한 조례안의 공포권이 있으므로, 교육에 관한 조례의 무효 확인소송을 제기함에 있어서는 그 집행기관인 시·도 교육감을 피고로 하여야 한다(대판 1996.09.20. 95누8003).

④ (X) 중앙노동위원회의 처분에 대한 소는 '중앙노동위원회위원장'을 피고로 한다(노동위원회법 제27조).

정답 ①

5. 공동소송인, 소송참가, 소송대리인

610 [20지방9급]

행정소송의 소송요건 등에 대한 설명으로 옳지 않은 것은? (다툼이 있는 경우 판례에 의함)

① 고시 또는 공고에 의하여 행정처분을 하는 경우 그 행정처분에 이해관계를 갖는 사람이 고시 또는 공고가 있었다는 사실을 현실적으로 알았는지 여부에 관계없이 고시 또는 공고가 효력을 발생한 날에 행정처분이 있음을 알았다고 보아야 한다.

② 「행정소송법」상 제3자 소송참가의 경우 참가인이 상소를 하였더라도, 소송당사자 본인인 피참가인은 참가인의 의사에 반하여 상소취하나 상소포기를 할 수 있다.

③ 무효인 과세처분에 근거하여 세금을 납부한 경우 부당이득반환청구의 소로써 직접 위법상태의 제거를 구할 수 있는지 여부와 관계없이 「행정소송법」 제35조에 규정된 '무효확인을 구할 법률상 이익'을 가진다.

④ 공법상 당사자소송으로서 납세의무부존재확인의 소는 과세처분을 한 과세관청이 아니라 행정소송법 제3조 제2호, 제39조에 의하여 그 법률관계의 한쪽 당사자인 국가·공공단체, 그 밖의 권리주체가 피고적격을 가진다.

해설

① **(O)** 통상 고시 또는 공고에 의하여 행정처분을 하는 경우에는 그 처분의 상대방이 불특정 다수인이고, 그 처분의 효력이 불특정 다수인에게 일률적으로 적용되는 것이므로, 그 행정처분에 이해관계를 갖는 자는 고시 또는 공고가 있었다는 사실을 현실적으로 알았는지 여부에 관계없이 고시가 효력을 발생하는 날에 행정처분이 있음을 알았다고 보아야 한다(대판 2006.4.14, 2004두3847).

② **(X)**

행정소송법 제16조(제3자의 소송참가) ① 법원은 소송의 결과에 따라 권리 또는 이익의 침해를 받을 제3자가 있는 경우에는 당사자 또는 제3자의 신청 또는 직권에 의하여 결정으로써 그 제3자를 소송에 참가시킬 수 있다. ④ 제1항의 규정에 의하여 소송에 참가한 제3자에 대하여는 민사소송법 제67조의 규정을 준용한다. **민사소송법 제67조(필수적 공동소송에 대한 특별규정)** ①소송목적이 공동소송인 모두에게 합일적으로 확정되어야 할 공동소송의 경우에 공동소송인 가운데 한 사람의 소송행위는 모두의 이익을 위하여서만 효력을 가진다.

민사소송법 제78조의 공동소송적 보조참가에는 필수적 공동소송에 관한 민사소송법 제67조 제1항, 즉 "소송목적이 공동소송인 모두에게 합일적으로 확정되어야 할 공동소송의 경우에 공동소송인 가운데 한 사람의 소송행위는 모두의 이익을 위하여서만 효력을 가진다."라고 한 규정이 준용되므로, 피참가인의 소송행위는 모두의 이익을 위하여서만 효력을 가지고, 공동소송적 보조참가인에게 불이익이 되는 것은 효력이 없으므로, 참가인이 상소를 할 경우에 피참가인이 상소취하나 상소포기를 할 수는 없다(대판 2017. 10. 12. 2015두36836).

③ **(O)** 행정처분의 근거 법률에 의하여 보호되는 직접적이고 구체적인 이익이 있는 경우에는 행정소송법 제35조에 규정된 '무효 확인을 구할 법률상 이익'이 있다고 보아야 하고, 이와 별도로 무효 확인소송의 보충성이 요구되는 것은 아니므로 행정처분의 무효를 전제로 한 이행소송 등과 같은 직접적인 구제수단이 있는지 여부를 따질 필요가 없다고 해석함이 상당하다(대판 2008.3.20. 2007두6342 전원합의체).

④ **(O)** 납세의무부존재확인의 소는 공법상의 법률관계 그 자체를 다투는 소송으로서 당사자소송이라 할 것이므로 행정소송법 제3조 제2호, 제39조에 의하여 그 법률관계의 한쪽 당사자인 국가·공공단체 그 밖의 권리주체가 피고적격을 가진다(대판 2000. 9. 8. 99두2765).

정답 ②

611 [18국가7급]

「행정소송법」상 행정청의 소송참가에 대한 설명으로 옳지 않은 것은?

① 법원은 다른 행정청을 취소소송에 참가시킬 필요가 있다고 인정할 때에는 당사자 또는 당해 행정청의 신청 또는 직권에 의하여 결정으로써 그 행정청을 소송에 참가시킬 수 있다.

② 행정청의 소송참가는 당사자소송에서도 허용된다.

③ 소송참가할 수 있는 행정청이 자기에게 책임없는 사유로 소송에 참가하지 못함으로써 판결의 결과에 영향을 미칠 공격방어방법을 제출하지 못한 때에는 이를 이유로 확정된 종국판결에 대하여 재심을 청구할 수 있다.

④ 행정청의 소송참가는 처분의 효력 유무가 민사소송의 선결문제가 되어 당해 민사소송의 수소법원이 이를 심리 · 판단하는 경우에도 허용된다.

해설

① (O)

행정소송법 제17조(행정청의 소송참가) ① 법원은 다른 행정청을 소송에 참가시킬 필요가 있다고 인정할 때에는 당사자 또는 당해 행정청의 신청 또는 직권에 의하여 결정으로써 그 행정청을 소송에 참가시킬 수 있다.

② (O)

행정소송법 제44조(준용규정) ① 제14조 내지 제17조, 제22조, 제25조, 제26조, 제30조제1항, 제32조 및 제33조의 규정은 당사자소송의 경우에 준용한다.

③ (X)

행정소송법 제31조(제3자에 의한 재심청구) ① 처분등을 취소하는 판결에 의하여 권리 또는 이익의 침해를 받은 제3자는 자기에게 책임없는 사유로 소송에 참가하지 못함으로써 판결의 결과에 영향을 미칠 공격 또는 방어방법을 제출하지 못한 때에는 이를 이유로 확정된 종국판결에 대하여 재심의 청구를 할 수 있다.

④ (O)

행정소송법 제11조(선결문제) ①처분등의 효력 유무 또는 존재 여부가 민사소송의 선결문제로 되어 당해 민사소송의 수소법원이 이를 심리·판단하는 경우에는 제17조, 제25조, 제26조 및 제33조의 규정을 준용한다.

정답 ③

Ⅳ 소의 대상

1. 대상적격 일반론

612 [18지방9급]

「행정소송법」상 행정소송에 해당하지 않는 것은? (다툼이 있는 경우 판례에 의함)

① 행정재산의 사용·수익 허가에 따른 사용료를 미납한 경우에 부과된 가산금의 징수를 다투는 소송
② 행정편의를 위하여 사법상의 금전급부의무의 불이행에 대하여 「국세징수법」상 체납처분에 관한 규정을 준용하는 경우에 체납처분을 다투는 소송
③ 국가나 지방자치단체에 근무하는 청원경찰의 징계처분에 대한 소송
④ 「개발이익환수에 관한 법률」상 개발부담금부과처분이 취소된 경우 그 과오납금의 반환을 청구하는 소송

해설

① **(O)** 행정재산의 사용·수익 허가에 따른 사용료에 대하여는 국유재산법 제25조 제3항의 규정에 의하여 국세징수법 제21조, 제22조가 규정한 가산금과 중가산금을 징수할 수 있다 할 것이고, 위 가산금과 중가산금은 위 사용료가 납부기한까지 납부되지 않은 경우 미납분에 관한 지연이자의 의미로 부과되는 부대세의 일종이다(대판 2006.3.9. 2004다31074).

② **(O)** 국유재산법 제42조 제1항, 제73조 제2항 제2호에 따르면, 국유 일반재산의 관리·처분에 관한 사무를 위탁받은 자는 국유 일반재산의 대부료 등이 납부기한까지 납부되지 아니한 경우에는 국세징수법 제23조와 같은 법의 체납처분에 관한 규정을 준용하여 대부료 등을 징수할 수 있다. 이와 같이 국유 일반재산의 대부료 등의 징수에 관하여는 국세징수법 규정을 준용한 간이하고 경제적인 특별구제절차가 마련되어 있으므로, 특별한 사정이 없는 한 민사소송의 방법으로 대부료 등의 지급을 구하는 것은 허용되지 아니한다(대판 2014.09.04. 2014다203588).

③ **(O)** 국가나 지방자치단체에 근무하는 청원경찰은 국가공무원법이나 지방공무원법상의 공무원은 아니지만, 다른 청원경찰과는 달리 그 임용권자가 행정기관의 장이고, 국가나 지방자치단체로부터 보수를 받으며, 산업재해보상보험법이나 근로기준법이 아닌 공무원연금법에 따른 재해보상과 퇴직급여를 지급받고, 직무상의 불법행위에 대하여도 민법이 아닌 국가배상법이 적용되는 등의 특질이 있으며 그 외 임용자격, 직무, 복무의무 내용 등을 종합하여 볼때, 그 근무관계를 사법상의 고용계약관계로 보기는 어려우므로 그에 대한징계처분의 시정을 구하는 소는 행정소송의 대상이지 민사소송의 대상이 아니다(대판 1993.7.13. 92다47564).

④ **(X)** 판례는 부당이득은 경제적 이해조정의 견지에서 인정되므로 사법상의 것과 구별할 필요가 없으므로 동 청구권은 사권의 성질을 가지며, 그에 관한 소송은 민사소송에 의해야 한다고 한다.

> **[관련판례]** 조세부과처분이 당연무효임을 전제로 하여 이미 납부한 세금의 반환을 청구하는 것은 민사상의 부당이득반환청구로서 민사소송절차에 따라야 한다(대판 1995.4.28. 94다55019).

정답 ④

613 [19국가9급]

행정소송의 대상에 대한 판례의 입장으로 옳지 않은 것은?

① 「수도법」에 의하여 지방자치단체인 수도사업자가 그 수돗물의 공급을 받는 자에게 하는 수도료 부과·징수와 이에 따른 수도료 납부관계는 공법상의 권리의무 관계이므로, 이에 관한 분쟁은 행정소송의 대상이다.

② 구 「예산회계법」상 입찰보증금의 국고귀속조치는 국가가 공권력을 행사하는 것이라는 점에서, 이를 다투는 소송은 행정소송에 해당한다.

③ 「도시 및 주거환경정비법」상 주택재건축정비사업조합을 상대로 관리처분계획안에 대한 조합 총회결의의 효력 등을 다투는 소송은 「행정소송법」상 당사자소송에 해당한다.

④ 공익사업을 위한 토지 등의 취득 및 보상에 관한 법령에 의한 협의취득은 사법상의 법률행위이므로, 이에 관한 분쟁은 민사소송의 대상이다.

해설

① (O) 수도법에 의하여 지방자치단체인 수도사업자가 수도물의 공급을 받는 자에 대하여 하는 수도료의 부과징수와 이에 따른 수도료의 납부관계는 공법상의 권리의무관계라 할 것이므로 이에 관한 소송은 행정소송절차에 의하여야 한다(대판 1977.2.22. 76다2517).

② (X) 입찰보증금의 국고귀속조치는 국가가 사법상의 재산권의 주체로서 행위하는 것이지 공권력을 행사하는 것이거나 공권력작용과 일체성을 가진 것이 아니라 할 것이므로 이에 관한 분쟁은 행정소송이 아닌 민사소송의 대상이 될 수밖에 없다고 할 것이다(대판 1983.12.27. 81누366).

③ (O) 도시 및 주거환경정비법상 행정주체인 주택재건축정비사업조합을 상대로 관리처분계획안에 대한 조합 총회결의의 효력 등을 다투는 소송은 행정처분에 이르는 절차적 요건의 존부나 효력 유무에 관한 소송으로서 그 소송결과에 따라 행정처분의 위법 여부에 직접 영향을 미치는 공법상 법률관계에 관한 것이므로, 이는 행정소송법상의 당사자소송에 해당한다(대판 2009.09.17. 2007다2428 전원합의체).

④ (O) 협의취득은 공공사업에 필요한 토지 등을 그 소유자와의 협의에 의하여 취득하는 것으로서 공공기관이 사경제주체로서 행하는 사법상 매매 내지 사법상 계약의 실질을 가지는 것이지 행정청이 공권력의 주체로서 상대방의 의사 여하에 불구하고 일방적으로 행하는 행정처분이라 볼 수 없는 것이고, 위 협의취득에 기한 손실보상금의 환수통보 역시 사법상의 이행청구에 해당하는 것으로서 이를 항고소송의 대상이 되는 행정처분이라고 할 수 없다(대판 2010.11.11. 2010두14367).

정답 ②

614 [19서울7급]

행정소송에 대한 설명으로 가장 옳지 않은 것은?

① 검사의 불기소결정에 대해서는 항고소송을 제기할 수 없다.

② 망인(亡人)에게 수여된 서훈을 취소하는 경우, 그 유족은 서훈취소처분의 상대방이 되지 않는다.

③ 주택건설사업계획 승인처분에 따라 의제된 지구단위계획결정에 하자가 있음을 다투고자 하는 경우, 의제된 지구단위계획결정이 아니라 주택건설사업계획 승인처분을 항고소송의 대상으로 삼아야 한다.

④ 공장설립승인처분이 위법하다는 이유로 쟁송취소되었다고 하더라도 그 승인처분에 기초한 공장건축허가처분이 잔존하는 이상, 인근 주민들은 여전히 공장건축허가처분의 취소를 구할 법률상 이익이 있다.

해설

① (O) 처분의 개념 정의에는 해당한다고 하더라도 그 처분의 근거 법률에서 행정소송 이외의 다른 절차에 의하여 불복할 것을 예정하고 있는 처분은 항고소송의 대상이 될 수 없다. 검사의 불기소결정에 대해서는 검찰청법에 의한 항고와 재항고, 형사소송법에 의한 재정신청에 의해서만 불복할 수 있는 것이므로, 이에 대해서는 행정소송법상 항고소송을 제기할 수 없다(대판 2018. 9. 28. 2017두47465).

② (O) 서훈은 서훈대상자의 특별한 공적에 의하여 수여되는 고도의 일신전속적 성격을 가지는 것이다. 서훈의 이러한 특수성으로 말미암아 상훈법은 일반적인 행정행위와 달리 사망한 사람에 대하여도 그의 공적을 영예의 대상으로 삼아 서훈을 수여할 수 있도록 규정하고 있다. 그러나 그러한 경우에도 서훈은 어디까지나 서훈대상자 본인의 공적과 영예를 기리기 위한 것이므로 비록 유족이라고 하더라도 제3자는 서훈수여 처분의 상대방이 될 수 없고, 구 상훈법 제33조, 제34조 등에 따라 망인을 대신하여 단지 사실행위로서 훈장 등을 교부받거나 보관할 수 있는 지위에 있을 뿐이다. 이러한 서훈의 일신전속적 성격은 서훈취소의 경우에도 마찬가지이므로, 망인에게 수여된 서훈의 취소에서도 유족은 그 처분의 상대방이 되는 것이 아니다(대판 2014. 9. 26. 2013두2518).

③ (X) 주택건설사업계획 승인처분에 따라 의제된 인허가가 위법함을 다투고자 하는 이해관계인은, 주택건설사업계획 승인처분의 취소를 구할 것이 아니라 의제된 인허가의 취소를 구하여야 하며, 의제된 인허가는 주택건설사업계획 승인처분과 별도로 항고소송의 대상이 되는 처분에 해당한다(대판 2018. 11. 29. 2016두38792).

④ (O) 개발제한구역 안에서의 공장설립을 승인한 처분이 위법하다는 이유로 쟁송취소되었다고 하더라도 그 승인처분에 기초한 공장건축허가처분이 잔존하는 이상, 공장설립승인처분이 취소되었다는 사정만으로 인근 주민들의 환경상 이익이 침해되는 상태나 침해될 위험이 종료되었다거나 이를 시정할 수 있는 단계가 지나버렸다고 단정할 수는 없고, 인근 주민들은 여전히 공장건축허가처분의 취소를 구할 법률상 이익이 있다(대판 2018. 7. 12. 2015두3485).

정답 ③

615 [17지방9급]

항고소송의 대상인 행정처분에 대한 설명으로 옳지 않은 것은? (다툼이 있는 경우 판례에 의함)

① 중소기업기술정보진흥원장이 갑 주식회사와 체결한 중소기업 정보화지원사업 지원대상인 사업의 지원협약을 갑의 책임 있는 사유로 해지하고 협약에서 정한 대로 지급받은 정부지원금을 반환할 것을 통보한 경우, 협약의 해지 및 그에 따른 환수통보는 행정청이 우월한 지위에서 행하는 공권력의 행사로서 행정처분에 해당한다.

② 재단법인 한국연구재단이 갑 대학교 총장에게 연구개발비의 부당집행을 이유로 두뇌한국(BK)21 사업 협약을 해지하고 연구팀장 을에 대한 대학 자체징계를 요구한 것은 항고소송의 대상인 행정처분에 해당하지 않는다.

③ 지방자치단체 등이 건축물을 건축하기 위해 건축물 소재지 관할 허가권자인 지방자치단체의 장과 건축협의를 하였는데 허가권자인 지방자치단체의 장이 그 협의를 취소한 경우, 건축협의 취소는 항고소송의 대상인 행정처분에 해당한다.

④ 갑 시장이 감사원으로부터 소속 공무원 을에 대하여 징계의 종류를 정직으로 정한 징계 요구를 받게 되자 감사원에 징계 요구에 대한 재심의를 청구하였고 감사원이 재심의청구를 기각한 경우, 감사원의 징계 요구와 재심의결정은 항고소송의 대상이 되는 행정처분에 해당하지 않는다.

해설

① (X) 중소기업 정보화지원사업에 따른 지원금 출연을 위하여 중소기업청장이 체결하는 협약은 공법상 대등한 당사자 사이의 의사표시의 합치로 성립하는 공법상 계약에 해당하는 점을 종합하면, 협약의 해지 및 그에 따른 환수통보는 공법상 계약에 따라 행정청이 대등한 당사자의 지위에서 하는 의사표시로 보아야 하고, 이를 행정청이 우월한 지위에서 행하는 공권력의 행사로서 행정처분에 해당한다고 볼 수는 없다(대판 2015. 8. 27. 2015두41449).

② (O) 재단법인 한국연구재단이 갑 대학교 총장에게 연구개발비의 부당집행을 이유로 두뇌한국(BK)21 사업 협약을 해지하고 연구팀장 을에 대한 대학 자체징계를 요구한 것은 항고소송의 대상인 행정처분에 해당하지 않는다(대판 2014. 12. 11. 2012두28704).

③ (O) 건축협의 취소는 상대방이 다른 지방자치단체 등 행정주체라 하더라도 처분에 해당한다고 볼 수 있고, 지방자치단체인 원고가 이를 다툴 실효적 해결 수단이 없는 이상, 원고는 건축물 소재지 관할 허가권자인 지방자치단체의 장을 상대로 항고소송을 통해 건축협의 취소의 취소를 구할 수 있다(대판 2014. 2. 27. 2012두22980).

④ (O) 감사원의 징계 요구는 징계 요구를 받은 기관의 장이 요구받은 내용대로 처분하지 않더라도 불이익을 받는 규정도 없고 행정청 사이의 내부적인 의사결정의 경로로서 '징계 요구, 징계 절차 회부, 징계'로 이어지는 과정에서의 중간처분에 불과하여, 감사원의 징계 요구와 재심의결정이 항고소송의 대상이 되는 행정처분이라고 할 수 없다(대판 2016. 12. 27. 2014두5637).

정답 ①

2. 처분

616 [18서울7급(上)]

사실행위에 관한 설명으로 가장 옳지 않은 것은?

① 위법한 행정지도에 따라 행한 사인의 행위는 법령에 명시적으로 정함이 없는 한 위법성이 조각된다고 할 수 없다.

② 헌법재판소는 "수형자의 서신을 교도소장이 검열하는 행위는 이른바 권력적 사실행위로서 행정심판이나 행정소송의 대상이 되는 행정처분으로 볼 수 있다."라고 하여 명시적으로 권력적 사실행위의 처분성을 긍정하였다.

③ 위법한 행정지도로 손해가 발생한 경우 국가 등을 상대로 손해배상을 청구할 수 있으나, 이 경우 「국가배상법」 제2조가 정한 배상책임의 요건을 갖추어야 한다.

④ 판례에 의하면, 행정규칙에 의한 불문경고조치는 차후 징계감경 사유로 작용할 수 있는 표창대상자에서 제외되는 등의 인사상 불이익을 줄 수 있다 하여도 이는 간접적 효과에 불과하므로 항고소송의 대상인 행정처분에 해당하지 않는다.

해설

① (O) 행정관청이 국토이용관리법 소정의 토지거래계약신고에 관하여 공시된 기준시가를 기준으로 매매가격을 신고하도록 행정지도를 하여 그에 따라 허위신고를 한 것이라 하더라도 이와 같은 행정지도는 법에 어긋나는 것으로서 그와 같은 행정지도나 관행에 따라 허위신고행위에 이르렀다고 하여도 이것만 가지고서는 그 범법행위가 정당화될 수 없다(대판 1994. 6. 14. 93도3247).

② (O) 교도소장의 검열행위는 피청구인이 이 사건 법률조항에 따라 청구인의 의사에 상관없이 일방적으로 행한 사실적 행위로서, 청구인은 검열을 거부하는 경우 서신을 발송할 다른 방법이 없어 검열을 수인하지 않을 수 없으므로, 이는 헌법소원의 대상이 되는 권력적 사실행위에 해당한다(헌재 2008.4.24. 2005헌마914).

③ (O) 국가배상법이 정한 배상청구의 요건인 '공무원의 직무'에는 권력적 작용만이 아니라 행정지도와 같은 비권력적 작용도 포함된다(대판 1998.7.10. 96다38971).

④ (X) 행정규칙에 의한 '불문경고조치'가 비록 법률상의 징계처분은 아니지만 위 처분을 받지 아니하였다면 차후 다른 징계처분이나 경고를 받게 될 경우 징계감경사유로 사용될 수 있었던 표창공적의 사용가능성을 소멸시키는 효과와 1년 동안 인사기록카드에 등재됨으로써 그 동안은 장관표창이나 도지사표창 대상자에서 제외시키는 효과 등이 있다는 이유로 항고소송의 대상이 되는 행정처분에 해당한다(대판 2002.7.26. 2001두3532).

정답 ④

617 [19서울7급(上)]

「행정소송법」상 '처분'에 해당하지 않는 것은?

① 지적공부 소관청의 지목변경신청 반려행위

② 공정거래위원회의 고발조치

③ 국가인권위원회의 성희롱결정 및 시정조치권고

④ 개발부담금 산정을 위한 개별공시지가결정

해설

① (O) 지목은 토지소유권을 제대로 행사하기 위한 전제요건으로서 토지소유자의 실체적 권리관계에 밀접하게 관련되어 있으므로 지적공부 소관청의 지목변경신청 반려행위는 국민의 권리관계에 영향을 미치는 것으로서 항고소송의 대상이 되는 행정처분에 해당한다(대판 2004.4.22. 2003두9015).

② (X) 공정거래위원회의 고발조치는 사직 당국에 대하여 형벌권 행사를 요구하는 행정기관 상호간의 행위에 불과하여 항고소송의 대상이 되는 행정처분이라 할 수 없으며, 더욱이 공정거래위원회의 고발 의결은 행정청 내부의 의사결정에 불과할 뿐 최종적인 처분은 아닌 것이므로 이 역시 항고소송의 대상이 되는 행정처분이 되지 못한다(대판 1995.5.12. 94누13794).

③ (O) 국가인권위원회의 성희롱결정과 이에 따른 시정조치의 권고는 성희롱 행위자로 결정된 자의 인격권에 영향을 미침과 동시에 공공기관의 장 또는 사용자에게 일정한 법률상의 의무를 부담시키는 것이므로 국가인권위원회의 성희롱결정 및 시정조치권고는 행정소송의 대상이 되는 행정처분에 해당한다고 보지 않을 수 없다(대판 2005.07.08. 2005두487).

④ (O) 개별공시지가결정은 이를 기초로 한 과세처분 등과는 별개의 독립된 처분으로서 서로 독립하여 별개의 법률효과를 목적으로 하는 것이나, 개별공시지가결정에 위법이 있는 경우에는 그 자체를 행정소송의 대상이 되는 행정처분으로 보아 그 위법 여부를 다툴 수 있음은 물론 이를 기초로 한 과세처분 등 행정처분의 취소를 구하는 행정소송에서도 선행처분인 개별공시지가결정의 위법을 독립된 위법사유로 주장할 수 있다고 해석함이 타당하다(대판 1994.1.25. 93누8542).

정답 ②

618 [19지방9급]

행정소송에 대한 설명으로 옳지 않은 것은? (다툼이 있는 경우 판례에 의함)

① 검사의 불기소결정은 「행정소송법」상 처분에 해당되어 항고소송을 제기할 수 있다.

② 납세의무부존재확인의 소는 공법상의 법률관계 그 자체를 다투는 소송으로서 당사자소송이다.

③ 행정청의 부작위에 대하여 행정심판을 거치지 않고 부작위위법확인소송을 제기하는 경우에는 제소기간의 제한을 받지 않는다.

④ 거부처분에 대하여 무효확인 판결이 확정된 경우, 행정청에 대해 판결의 취지에 따른 재처분의무가 인정될 뿐 그에 대하여 간접강제까지 허용되는 것은 아니다.

해설

① (X) 처분의 개념 정의에는 해당한다고 하더라도 그 처분의 근거 법률에서 행정소송 이외의 다른 절차에 의하여 불복할 것을 예정하고 있는 처분은 항고소송의 대상이 될 수 없다. 검사의 불기소결정에 대해서는 검찰청법에 의한 항고와 재항고, 형사소송법에 의한 재정신청에 의해서만 불복할 수 있는 것이므로, 이에 대해서는 행정소송법상 항고소송을 제기할 수 없다(대판 2018. 9. 28. 2017두47465).

② (O) 납세의무부존재확인의 소는 공법상의 법률관계 그 자체를 다투는 소송으로서 당사자소송이라 할 것이므로 행정소송법 제3조 제2호, 제39조에 의하여 그 법률관계의 한쪽 당사자인 국가·공공단체 그 밖의 권리주체가 피고적격을 가진다(대판 2000. 9. 8. 99두2765).

③ (O) 부작위위법확인의 소는 부작위상태가 계속되는 한 그 위법의 확인을 구할 이익이 있다고 보아야 하므로 원칙적으로 제소기간의 제한을 받지 않는다. 그러나 행정소송법 제38조 제2항이 제소기간을 규정한 같은 법 제20조를 부작위위법확인소송에 준용하고 있는 점에 비추어 보면, 행정심판 등 전심절차를 거친 경우에는 행정소송법 제20조가 정한 제소기간 내에 부작위위법확인의 소를 제기하여야 한다(대판 2009.07.23. 2008두10560).

④ (O) 행정소송법 제38조 제1항이 무효 확인 판결에 관하여 취소판결에 관한 규정을 준용함에 있어서 같은 법 제30조 제2항을 준용한다고 규정하면서도 같은 법 제34조는 이를 준용한다는 규정을 두지 않고 있으므로, 행정처분에 대하여 무효 확인 판결이 내려진 경우에는 그 행정처분이 거부처분인 경우에도 행정청에 판결의 취지에 따른 재처분의무가 인정될 뿐 그에 대하여 간접강제까지 허용되는 것은 아니라고 할 것이다(대결 1998.12.24. 98무37).

정답 ①

619 [17서울9급]

판례가 항고소송의 대상인 처분성을 부정한 것을 모두 고른 것은?

ㄱ. 수도요금체납자에 대한 단수조치
ㄴ. 전기·전화의 공급자에게 위법건축물에 대한 단전 또는 전화통화 단절조치의 요청행위
ㄷ. 공무원에 대한 당연퇴직통지
ㄹ. 「병역법」상의 신체등위판정
ㅁ. 교육부장관이 내신성적 산정기준의 통일을 기하기 위해 시·도 교육감에게 통보한 대학입시 기본계획 내의 내신성적 산정지침

① ㄱ, ㄴ, ㄷ
② ㄴ, ㄹ, ㅁ
③ ㄱ, ㄴ, ㄹ, ㅁ
④ ㄴ, ㄷ, ㄹ, ㅁ

해설

ㄱ. (O) 단수처분은 항고소송의 대상이 되는 행정처분에 해당한다(대판 1979.12.28. 79누218).

ㄴ. (X) 전기·전화의 공급자에게 위법 건축물에 대한 전기·전화공급을 하지 말아 줄 것을 요청한 행위는 권고적 성격의 행위에 불과한 것으로서 전기·전화공급자나 특정인의 법률상 지위에 직접적인 변동을 가져오는 것은 아니므로 이를 항고소송의 대상이 되는 행정처분이라고 볼 수 없다(대판 1996.03.22. 96누433).

ㄷ. (X) 당연퇴직의 인사발령은 법률상 당연히 발생하는 퇴직사유를 공적으로 확인하여 알려주는 이른바 관념의 통지에 불과하고 공무원의 신분을 상실시키는 새로운 형성적 행위가 아니므로 행정소송의 대상이 되는 독립한 행정처분이라고 할 수 없다(대판 1995.11.14. 95누2036).

ㄹ. (X) 병역법상 신체등위판정은 행정청이라고 볼 수 없는 군의관이 하도록 되어 있으며, 그 자체만으로 바로 병역법상의 권리의무가 정하여지는 것이 아니라 그에 따라 지방병무청장이 병역처분을 함으로써 비로소 병역의무의 종류가 정하여지는 것이므로 항고소송의 대상이 되는 행정처분이라 보기 어렵다(대판 1993.08.27. 93누3356).

ㅁ. (X) 교육부장관이 내신성적 산정기준의 통일을 기하기 위해 대학입시기본계획의 내용에서 내신성적 산정기준에 관한 시행지침을 마련하여 시·도 교육감에게 통보한 것은 행정조직 내부에서 내신성적 평가에 관한 내부적 심사기준을 시달한 것에 불과하며, 그것만으로는 현실적으로 특정인의 구체적인 권리의무에 직접적으로 변동을 초래케 하는 것은 아니라 할 것이어서 내신성적 산정지침을 항고소송의 대상이 되는 행정처분으로 볼 수 없다(대판 1994.09.10. 94두33).

정답 ④

620 [19서울7급(上)]

조세과오납환급소송에 관한 설명으로 가장 옳지 않은 것은?

① 조세의 과오납이 부당이득이 되기 위하여는 납세 또는 조세의 징수가 실체법적으로나 절차법적으로 전혀 법률상의 근거가 없거나 과세처분의 하자가 중대하고 명백하여 당연무효이어야하고, 과세처분의 하자가 단지 취소할 수 있는 정도에 불과할 때에는 과세관청이 이를 스스로 취소하거나 항고소송절차에 의하여 취소되지 않는 한 그로 인한 조세의 납부가 부당이득이 된다고 할 수 없다.

② 국세환급금결정이나 이 결정을 구하는 신청에 대한 환급거부결정 등은 납세의무자가 갖는 환급청구권의 존부나 범위에 구체적이고 직접적인 영향을 미치는 처분으로 항고소송의 대상이 되는 처분이다.

③ 이미 존재와 범위가 확정되어 있는 과오납부액은 납세자가 부당이득의 반환을 구하는 민사소송으로 환급을 청구할 수 있다.

④ 원천징수의 경우 국가 등에 대한 환급청구권자는 원천납세의무자가 아니라 원천징수의무자이다.

해설

① (O) 행정처분이 아무리 위법하다고 하여도 그 하자가 중대하고 명백하여 당연무효라고 보아야 할 사유가 있는 경우를 제외하고는 아무도 그 하자를 이유로 무단히 그 효과를 부정하지 못하는 것으로, 이러한 행정행위의 공정력은 판결의 기판력과 같은 효력은 아니지만 그 공정력의 객관적 범위에 속하는 행정행위의 하자가 취소사유에 불과한 때에는 그 처분이 취소되지 않는 한 처분의 효력을 부정하여 그로 인한 이득을 법률상 원인 없는 이득이라고 말할 수 없게 하는 것이다(대판 1994.11.11. 94다28000).

② (X) 국세환급금결정에 의하여 비로소 환급청구권이 확정되는 것은 아니므로, 위 국세환급금결정이나 이 결정을 구하는 신청에 대한 환급거부결정은 납세의무자가 갖는 환급청구권의 존부나 범위에 구체적이고 직접적인 영향을 미치는 처분이라고 볼 수 없다(대판 2009.11.26. 2007두4018).

③ (O) 조세부과처분이 당연무효임을 전제로 하여 이미 납부한 세금의 반환을 청구하는 것은 민사상의 부당이득반환청구로서 민사소송절차에 따라야 한다(대판 1995.04.28. 94다55019). 납부한 양도소득세 일부의 환급사유가 생겼다면, 국가는 환급해 줄 세액에 관한 한 법률상 원인 없이 수령한 것이 되어 부당이득이 되고 납세의무자는 국세당국의 환급거부처분에 대한 행정쟁송을 할 것이 아니라 바로 부당이득의 반환을 구하는 민사소송으로 그 환급청구를 하면 된다(대판 1991.7.9. 91다13342).

④ (O) 과다 원천징수 세액 환급청구권은 원천납세의무자가 아닌 원천징수의무자에게 귀속되는 것이므로, 원천납세의무자들이 한 원천징수세액의 환급신청을 과세관청이 거부하였다고 하더라도, 이는 항고소송의 대상이 되는 처분에 해당하지 아니한다(대판 2002.11.08. 2001두8780).

정답 ②

부당한 공동행위의 자진신고자가 한 감면신청에 대해 공정거래위원회가 감면불인정 통지를 한 것은 항고소송의 대상인 행정처분으로 볼 수 없다. [14국가9급]

해설

(X) 부당한 공동행위 자진신고자 등의 시정조치 또는 과징금 감면신청에 대한 감면불인정 통지는 항고소송의 대상이 되는 행정처분에 해당한다고 보아야 한다(대판 2012.9.27. 2010두3541).

621 [19국가9급]

항고소송의 대상인 처분에 대한 설명으로 옳은 것은? (다툼이 있는 경우 판례에 의함)

① 국립대학교 총장의 임용권한은 대통령에게 있으므로, 교육부장관이 대통령에게 임용제청을 하면서 대학에서 추천한 복수의 총장 후보자들 중 일부를 임용제청에서 제외한 행위는 처분에 해당하지 않는다.

② 인터넷 포털사이트의 개인정보 유출사고로 주민등록번호가 불법 유출되었음을 이유로 주민등록번호 변경신청을 하였으나 관할 구청장이 이를 거부한 경우, 그 거부행위는 처분에 해당하지 않는다.

③ 검사의 불기소결정은 공권력의 행사에 포함되므로, 검사의 자의적인 수사에 의하여 불기소결정이 이루어진 경우 그 불기소결정은 처분에 해당한다.

④ 국가인권위원회가 진정에 대하여 각하 및 기각결정을 할 경우 피해자인 진정인은 인권침해 등에 대한 구제조치를 받을 권리를 박탈당하게 되므로, 국가인권위원회의 진정에 대한 각하 및 기각결정은 처분에 해당한다.

해설

① (X) 대학의 추천을 받은 총장 후보자는 교육부장관으로부터 정당한 심사를 받을 것이라는 기대를 하게 된다. 만일 교육부장관이 자의적으로 대학에서 추천한 복수의 총장 후보자들 전부 또는 일부를 임용제청하지 않는다면 대통령으로부터 임용을 받을 기회를 박탈하는 효과가 있다. 이를 항고소송의 대상이 되는 처분으로 보지 않는다면, 침해된 권리 또는 법률상 이익을 구제받을 방법이 없다. 따라서 교육부장관이 대학에서 추천한 복수의 총장 후보자들 전부 또는 일부를 임용제청에서 제외하는 행위는 제외된 후보자들에 대한 불이익처분으로서 항고소송의 대상이 되는 처분에 해당한다고 보아야 한다. 다만 교육부장관이 특정 후보자를 임용제청에서 제외하고 다른 후보자를 임용제청함으로써 대통령이 임용제청된 다른 후보자를 총장으로 임용한 경우에는, 임용제청에서 제외된 후보자는 대통령이 자신에 대하여 총장 임용 제외처분을 한 것으로 보아 이를 다투어야 한다(대통령의 처분의 경우 소속 장관이 행정소송의 피고가 된다. 국가공무원법 제16조 제2항). 이러한 경우에는 교육부장관의 임용제청 제외처분을 별도로 다툴 소의 이익이 없어진다(대판 2018. 6. 15. 2016두57564).

② (X) 피해자의 의사와 무관하게 주민등록번호가 유출된 경우에는 조리상 주민등록번호의 변경을 요구할 신청권을 인정함이 타당하고, 구청장의 주민등록번호 변경신청 거부행위는 항고소송의 대상이 되는 행정처분에 해당한다(대판 2017. 6. 15. 2013두2945).

③ (X) 처분의 개념 정의에는 해당한다고 하더라도 그 처분의 근거 법률에서 행정소송 이외의 다른 절차에 의하여 불복할 것을 예정하고 있는 처분은 항고소송의 대상이 될 수 없다. 검사의 불기소결정에 대해서는 검찰청법에 의한 항고와 재항고, 형사소송법에 의한 재정신청에 의해서만 불복할 수 있는 것이므로, 이에 대해서는 행정소송법상 항고소송을 제기할 수 없다(대판 2018. 9. 28. 2017두47465).

④ (O) 국가인권위원회가 진정을 각하 및 기각결정을 할 경우 피해자인 진정인으로서는 자신의 인격권 등을 침해하는 인권침해 또는 차별행위 등이 시정되고 그에 따른 구제조치를 받을 권리를 박탈당하게 되므로, 진정에 대한 국가인권위원회의 각하 및 기각결정은 피해자인 진정인의 권리행사에 중대한 지장을 초래하는 것으로서 항고소송의 대상이 되는 행정처분에 해당하므로, 그에 대한 다툼은 우선 행정심판이나 행정소송에 의하여야 할 것이다. 따라서 이 사건 심판청구는 행정심판이나 행정소송 등의 사전 구제절차를 모두 거친 후 청구된 것이 아니므로 보충성 요건을 충족하지 못하였다(헌재 2015. 3. 26. 2013헌마214 등 [각하]).

정답 ④

거부처분의 처분성을 인정하기 위한 전제조건인 신청권의 존부는 신청의 인용이라는 만족적 결과를 얻을 권리가 있는지 여부에 따라 결정된다. [08국가9급]

해설

(X) 거부처분의 처분성을 인정하기 위한 전제요건이 되는 신청권의 존부는 관계 법규의 해석에 의하여 일반 국민에게 그러한 신청권을 인정하고 있는가를 살펴 추상적으로 결정되는 것이고, 신청인이 그 신청에 따른 단순한 응답을 받을 권리를 넘어서 신청의 인용이라는 만족적 결과를 얻을 권리를 의미하는 것은 아니므로, 구체적으로 그 신청이 인용될 수 있는가 하는 점은 본안에서 판단하여야 할 사항이다(대판 2009.9.10. 2007두20638).

622 [21지방9급]

판례의 입장으로 옳지 않은 것은?

① 개인의 고유성, 동일성을 나타내는 지문은 그 정보주체를 타인으로부터 식별가능하게 하는 개인정보이다.

② 거부처분의 처분성을 인정하기 위한 전제 요건이 되는 신청권은 신청인이 그 신청에 따른 단순한 응답을 받을 권리를 넘어서 신청의 인용이라는 만족적 결과를 얻을 권리를 의미한다.

③ 지적공부 소관청의 지목변경신청 반려행위는 국민의 권리관계에 영향을 미치는 것으로서 항고소송의 대상이 되는 행정처분에 해당한다.

④ 산업단지개발계획상 산업단지 안의 토지 소유자로서 산업단지개발계획에 적합한 시설을 설치하여 입주하려는 자는 산업단지지정권자 또는 그로부터 권한을 위임받은 기관에 대하여 산업단지개발계획의 변경을 요청할 수 있는 법규상 또는 조리상 신청권이 있다.

해설

① **(O)** 개인의 고유성, 동일성을 나타내는 지문은 그 정보주체를 타인으로부터 식별가능하게 하는 개인정보이므로, 시장・군수 또는 구청장이 개인의 지문정보를 수집하고, 경찰청장이 이를 보관・전산화하여 범죄수사목적에 이용하는 것은 모두 개인정보자기결정권을 제한하는 것이다(헌재 2005. 5. 26. 99헌마513 등 [기각]).

② **(X)** 거부처분의 처분성을 인정하기 위한 전제요건이 되는 신청권의 존부는 구체적 사건에서 신청인이 누구인가를 고려하지 않고 관계 법규의 해석에 의하여 일반 국민에게 그러한 신청권을 인정하고 있는가를 살펴 추상적으로 결정되는 것이고, 신청인이 그 신청에 따른 단순한 응답을 받을 권리를 넘어서 신청의 인용이라는 만족적 결과를 얻을 권리를 의미하는 것은 아니므로, 구체적으로 그 신청이 인용될 수 있는가 하는 점은 본안에서 판단하여야 할 사항이다(대판 2009.09.10. 2007두20638).

③ **(O)** 지적공부 소관청의 지목변경신청 반려행위는 국민의 권리관계에 영향을 미치는 것으로서 항고소송의 대상이 되는 행정처분에 해당한다(대판 2004.4.22. 2003두9015 전원합의체).

④ **(O)** 산업단지개발계획상 산업단지 안의 토지 소유자로서 산업단지개발계획에 적합한 시설을 설치하여 입주하려는 자는 산업단지지정권자 또는 그로부터 권한을 위임받은 기관에 대하여 산업단지개발계획의 변경을 요청할 수 있는 법규상 또는 조리상 신청권이 있고, 이러한 신청에 대한 거부행위는 항고소송의 대상이 되는 행정처분에 해당한다(대판 2017. 8. 29. 2016두44186).

정답 ②

623 [16국회8급]

항고소송의 대상이 되는 처분에 대한 대법원 판례의 입장으로 옳지 않은 것은?

① 조례가 집행행위의 개입 없이도 그 자체로써 국민의 구체적인 권리·의무나 법적 이익에 영향을 미치는 등 법률상 효과를 발생시키는 경우 그 조례는 항고소송의 대상이 되는 처분이다.

② 내부행위나 중간처분이라도 그로써 실질적으로 국민의 권리가 제한되거나 의무가 부과되면 항고소송의 대상이 되는 처분이다. 따라서 개별공시지가결정은 처분이다.

③ 상표권의 말소등록이 이루어져도 법령에 따라 회복등록이 가능하고 회복신청이 거부된 경우에는 그에 대한 항고소송이 가능하므로 상표권의 말소등록행위 자체는 항고소송의 대상이 될 수 없다.

④ 국·공립대학교원 임용지원자가 임용권자로부터 임용거부를 당하였다면 이는 거부처분으로서 항고소송의 대상이 된다.

⑤ 어업면허에 선행하는 우선순위결정은 최종적인 법적 효과를 가져오는 것이 아니므로 처분이 아니지만 어업면허우선순위결정 대상탈락자 결정은 최종적인 법적 효과를 가져오므로 처분이다.

해설

① (O) 대판 1996.9.20. 95누8003.

② (O) 개별공시지가결정은 이를 기초로 한 과세처분 등과는 별개의 독립된 처분으로서 서로 독립하여 별개의 법률효과를 목적으로 하는 것이나, 개별공시지가결정에 위법이 있는 경우에는 그 자체를 행정소송의 대상이 되는 행정처분으로 보아 그 위법 여부를 다툴 수 있음은 물론 이를 기초로 한 과세처분 등 행정처분의 취소를 구하는 행정소송에서도 선행처분인 개별공시지가결정의 위법을 독립된 위법사유로 주장할 수 있다고 해석함이 타당하다(대판 1994.1.25. 93누8542).

③ (O) 특허청에서 회사법인의 청산종결등기일로부터 6개월이 지난 후 청산종결등기 되었다는 이유로 회사법인 명의의 각 상표권을 말소등록하였고, 그 말소등록행위는 상표권 소멸의 효력을 발생시키는 행위가 아니라 할 것이어서, 국민의 권리의무에 직접적으로 영향을 미치는 행위가 아니므로 행정소송의 항고소송 대상이 된다고 볼 수 없다(대판 2015. 10. 29. 2014두2362).

④ (X) 국·공립 대학교원에 대한 임용권자가 임용지원자를 대학교원으로 임용할 것인지 여부는 임용권자의 판단에 따른 자유재량에 속하는 것이어서, 임용 여부에 대한 응답을 신청할 법규상 또는 조리상 권리가 있다고도 할 수 없다(대판 2003. 10. 23. 2002두12489).

⑤ (O) 어업권면허에 선행하는 우선순위결정은 행정처분이 아니다(대판 1995.1.20. 94누6529). 이와 달리 어업면허우선순위결정 대상탈락자 결정은 최종적인 법적 효과를 가져오므로 처분에 해당한다.

정답 ④

624 [19서울9급(上)]

항고소송의 대상적격에 관한 설명으로 옳지 않은 것은?

① 피해자의 의사와 무관하게 주민등록번호가 유출된 경우라고 하더라도 주민등록번호의 변경을 요구할 신청권은 인정되지 않으므로, 구청장의 주민등록번호 변경신청 거부행위는 항고소송의 대상이 되는 행정처분에 해당하지 않는다.

② 거부행위의 처분성을 인정하기 위한 전제요건이 되는 신청권의 존부는 구체적 사건에서 신청인이 누구인가를 고려하지 말고 관계 법규에서 일반 국민에게 그러한 신청권을 인정하고 있는가를 살펴 추상적으로 결정하여야 한다.

③ 도시계획시설결정에 이해관계가 있는 주민으로서는 도시시설계획의 입안권자 내지 결정권자에게 도시시설계획의 입안 내지 변경을 요구할 수 있는 법규상 또는 조리상의 신청권이 있고, 이러한 신청에 대한 거부행위는 항고소송의 대상이 되는 행정처분에 해당한다.

④ 제소기간이 이미 도과하여 불가쟁력이 생긴 행정처분에 대하여는 개별 법규에서 그 변경을 요구할 신청권을 규정하고 있거나 관계법령의 해석상 그러한 신청권이 인정될 수 있는 등 특별한 사정이 없는 한 국민에게 그 행정처분의 변경을 구할 신청권이 있다 할 수 없다.

해설

① (X) 피해자의 의사와 무관하게 주민등록번호가 유출된 경우에는 조리상 주민등록번호의 변경을 요구할 신청권을 인정함이 타당하고, 구청장의 주민등록번호 변경신청 거부행위는 항고소송의 대상이 되는 행정처분에 해당한다(대판 2017. 6. 15. 2013두2945).

② (O) 거부처분의 처분성을 인정하기 위한 전제요건이 되는 신청권의 존부는 구체적 사건에서 신청인이 누구인가를 고려하지 않고 관계 법규의 해석에 의하여 일반 국민에게 그러한 신청권을 인정하고 있는가를 살펴 추상적으로 결정되는 것이고, 신청인이 그 신청에 따른 단순한 응답을 받을 권리를 넘어서 신청의 인용이라는 만족적 결과를 얻을 권리를 의미하는 것은 아니므로, 구체적으로 그 신청이 인용될 수 있는가 하는 점은 본안에서 판단하여야 할 사항이다(대판 2009.09.10. 2007두20638).

③ (O) 도시계획구역 내 토지 등을 소유하고 있는 사람과 같이 당해 도시계획시설결정에 이해관계가 있는 주민으로서는 도시시설계획의 입안권자 내지 결정권자에게 도시시설계획의 입안 내지 변경을 요구할 수 있는 법규상 또는 조리상의 신청권이 있고, 이러한 신청에 대한 거부행위는 항고소송의 대상이 되는 행정처분에 해당한다(대판 2015. 3. 26. 2014두42742).

④ (O) 불가쟁력이 생긴 행정처분에 대하여는 개별 법규에서 그 변경을 요구할 신청권을 규정하고 있거나 관계 법령의 해석상 그러한 신청권이 인정될 수 있는 등 특별한 사정이 없는 한 국민에게 그 행정처분의 변경을 구할 신청권이 있다 할 수 없다(대판 2007.4.26. 2005두11104).

정답 ①

625 [19서울9급]

판례에 따를 때 항고소송의 대상이 되는 처분에 해당하는 것은?

① 구 「약관의 규제에 관한 법률」에 따른 공정거래위원회의 표준약관 사용권장행위

② 지적 공부 소관청이 토지대장상의 소유자명의변경신청을 거부한 행위

③ 「국세기본법」에 따른 과세관청의 국세환급금결정

④ 「국가균형발전 특별법」에 따른 시ㆍ도지사의 혁신도시 최종입지 선정행위

해설

① (O) 공정거래위원회의 '표준약관 사용권장행위'는 그 통지를 받은 해당 사업자 등에게 표준약관과 다른 약관을 사용할 경우 표준약관과 다르게 정한 주요내용을 고객이 알기 쉽게 표시하여야 할 의무를 부과하고, 그 불이행에 대해서는 과태료에 처하도록 되어 있으므로, 이는 사업자 등의 권리ㆍ의무에 직접 영향을 미치는 행정처분으로서 항고소송의 대상이 된다(대판 2010.10.14. 2008두23184).

② (X) 토지대장에 기재된 소유자 명의가 변경된다고 하여도 이로 인하여 당해 토지에 대한 실체상의 권리관계에 변동을 가져올 수 없고 토지 소유권이 지적공부의 기재만에 의하여 증명되는 것도 아니다. 따라서 소관청이 토지대장상의 소유자명의변경신청을 거부한 행위는 이를 항고소송의 대상이 되는 행정처분이라고 할 수 없다(대판 2012.1.12. 2010두12354).

③ (X) 국세환급금결정에 의하여 비로소 환급청구권이 확정되는 것은 아니므로, 위 국세환급금결정이나 이 결정을 구하는 신청에 대한 환급거부결정은 납세의무자가 갖는 환급청구권의 존부나 범위에 구체적이고 직접적인 영향을 미치는 처분이라고 볼 수 없다(대판 2009.11.26. 2007두4018).

④ (X) 정부의 수도권 소재 공공기관의 지방이전시책을 추진하는 과정에서 도지사가 도 내 특정시를 공공기관이 이전할 혁신도시 최종입지로 선정한 행위는 항고소송의 대상이 되는 행정처분이 아니다(대판 2007.11.15. 2007두10198).

정답 ①

626 [19지방7급]

행정청이 종전의 과세처분에 대한 경정처분을 함에 따라 상대방이 제기하는 항고소송에 대한 설명으로 옳지 않은 것은? (다툼이 있는 경우 판례에 의함)

① 「국세기본법」에 정한 경정청구기간이 도과한 후 제기된 경정청구에 대하여는 과세관청이 과세표준 및 세액을 결정 또는 경정하거나 거부처분을 할 의무가 없으므로, 과세관청의 경정 거절에 대하여 항고소송을 제기할 수 없다.

② 증액경정처분이 있는 경우, 원칙적으로는 당초 신고나 결정에 대한 불복기간의 경과 여부 등에 관계없이 증액경정처분만이 항고소송의 대상이 되고 납세의무자는 그 항고소송에서 당초 신고나 결정에 대한 위법사유를 주장할 수 없다.

③ 증액경정처분이 있는 경우, 당초처분은 증액경정처분에 흡수되어 소멸하고, 소멸한 당초처분의 절차적 하자는 존속하는 증액경정처분에 승계되지 아니한다.

④ 감액경정처분이 있는 경우, 항고소송의 대상은 당초의 부과처분 중 경정처분에 의하여 아직 취소되지 않고 남은 부분이고, 적법한 전심절차를 거쳤는지 여부도 당초 처분을 기준으로 판단하여야 한다.

해설

① (O) 경정청구기간이 도과한 후에 제기된 경정청구는 부적법하여 과세관청이 과세표준 및 세액을 결정 또는 경정하거나 거부처분을 할 의무가 없으므로, 과세관청이 경정을 거절하였다고 하더라도 이를 항고소송의 대상이 되는 거부처분으로 볼 수 없다(대판 2017. 8. 23. 2017두38812).

② (X) 증액경정처분이 있는 경우, 당초 신고나 결정은 증액경정처분에 흡수됨으로써 독립한 존재가치를 잃고 증액경정처분만이 항고소송의 심판대상이 되고, 납세의무자는 그 항고소송에서 당초 신고나 결정에 대한 위법사유도 함께 주장할 수 있다고 해석함이 타당하다(대판 2009.5.14. 2006두17390).

③ (O) 증액경정처분이 있는 경우 당초처분은 증액경정처분에 흡수되어 소멸하고, 소멸한 당초처분의 절차적 하자는 존속하는 증액경정처분에 승계되지 아니한다(대판 2010.06.24. 2007두16493).

④ (O) 과세표준과 세액을 감액하는 경정처분은 당초의 부과처분과 별개 독립의 과세처분이 아니라 그 실질은 당초의 부과처분의 변경이고, 그에 의하여 세액의 일부 취소라는 납세자에게 유리한 효과를 가져오는 처분이므로, 그 경정처분으로도 아직 취소되지 아니하고 남아 있는 부분이 위법하다 하여 다투는 경우, 항고소송의 대상은 당초의 부과처분 중 경정처분에 의하여 아직 취소되지 않고 남은 부분이고, 그 경정처분이 항고소송의 대상이 되는 것은 아니며, 이 경우 적법한 전심절차를 거쳤는지 여부도 당초 처분을 기준으로 판단하여야 한다(대판 2009.5.28, 2006두16403).

정답 ②

627 [17국가7급(下)]

행정소송에 대한 설명으로 옳지 않은 것은? (다툼이 있는 경우 판례에 의함)

① 무효확인소송을 제기하였는데 해당 사건에서의 위법이 취소사유에 불과한 때, 법원은 취소소송의 요건을 충족한 경우 취소판결을 내린다.

② 행정청이 금전부과처분을 한 후 감액처분을 한 경우에 감액되고 남은 부분이 위법하다고 다투고자 할 때에는 감액처분 자체를 항고소송의 대상으로 삼아야 한다.

③ 취소소송의 대상인 처분은 행정청이 행하는 구체적 사실에 관한 법집행행위이므로 불특정 다수인을 대상으로 하여 반복적으로 적용되는 일반적·추상적 규율은 원칙적으로 처분이 아니다.

④ 상대방이 있는 행정처분에 대하여 행정심판을 거치지 아니하고 바로 취소소송을 제기하는 경우 처분이 있음을 안 날이란 통지, 공고 기타의 방법에 의해 당해 행정처분이 있었다는 사실을 현실적으로 안 날을 의미한다.

해설

① (O) 일반적으로 행정처분의 무효 확인을 구하는 소에는 원고가 그 처분의 취소를 구하지 아니한다고 밝히지 아니한 이상 그 처분이 만약 당연무효가 아니라면 그 취소를 구하는 취지도 포함되어 있는 것으로 보아야 한다(대판 1994.12.23. 94누477).

② (X) 행정청이 부과처분의 하자를 이유로 과징금의 액수를 감액하는 경우에 그 감액처분은 처음의 부과처분과 별개 독립의 과징금 부과처분이 아니라 그 실질은 당초 부과처분의 변경이고, 그에 의하여 과징금의 일부취소라는 납부의무자에게 유리한 결과를 가져오는 처분이므로 항고소송의 대상은 처음의 부과처분 중 감액처분에 의하여 취소되지 않고 남은 부분이고 감액처분이 항고소송의 대상이 되는 것은 아니다(대판 2008.02.15. 2006두3957).

③ (O) 일반적, 추상적인 법령이나 규칙 등은 그 자체로서 국민의 구체적인 권리의무에 직접적 변동을 초래케 하는 것이 아니므로 그 대상이 될 수 없다(대판 1992.3.10, 91누12639).

④ (O) 행정소송법 제20조 제2항 소정의 제소기간 기산점인 "처분이 있음을 안 날"이란 통지, 공고 기타의 방법에 의하여 당해 처분이 있었다는 사실을 현실적으로 안 날을 의미하고 구체적으로 그 행정처분의 위법 여부를 판단한 날을 가리키는 것은 아니다(대판 1991.6.28, 90누6521).

정답 ②

628 [21서울7급]

취소소송의 대상인 '처분 등'에 대한 설명으로 가장 옳지 않은 것은?

① 행정소송에서 쟁송의 대상이 되는 행정처분의 존부는 소송요건으로서 직권조사 사항이고, 자백의 대상이 될 수 없다.

② 수익적 행정행위 신청에 대한 거부처분이 있은 후 당사자가 다시 신청을 한 경우에는 신청의 제목 여하에 불구하고 그 내용이 새로운 신청을 하는 취지라면 관할 행정청이 이를 다시 거절하는 것은 새로운 거부처분이 된다.

③ 어떠한 고시가 다른 집행행위의 매개 없이 그 자체로서 직접 국민의 구체적인 권리의무나 법률관계를 규율하는 성격을 가질 때에는 항고소송의 대상이 되는 행정처분에 해당한다.

④ 행정청이 과징금 부과처분을 한 후 부과처분의 하자를 이유로 감액처분을 한 경우, 감액처분은 당초 부과처분과 별개 독립의 처분으로서 독립적인 취소소송의 대상이 된다.

해설

① **(O)** 행정소송에서 쟁송의 대상이 되는 행정처분의 존부는 소송요건으로서 직권조사사항이고, 자백의 대상이 될 수 없는 것이므로, 설사 그 존재를 당사자들이 다투지 아니한다 하더라도 그 존부에 관하여 의심이 있는 경우에는 이를 직권으로 밝혀 보아야 할 것이다(대판 2004.12.24, 2003두15195).

② **(O)** 거부처분은 당사자의 신청에 대하여 관할 행정청이 이를 거절하는 의사를 대외적으로 명백히 표시함으로써 성립되는 것인바, 당사자가 한 신청에 대하여 거부처분이 있은 후 당사자가 다시 신청을 한 경우에 그 신청의 제목 여하에 불구하고 그 내용이 새로운 신청을 하는 취지라면 관할 행정청이 이를 다시 거절한 이상 새로운 거부처분이 있은 것으로 보아야 할 것이다(대판 1992. 10. 27. 92누1643).

③ **(O)** 고시가 일반적 · 추상적 성격을 가질 때에는 법규명령 또는 행정규칙에 해당할 것이지만, 다른 집행행위의 매개 없이 그 자체로서 직접 국민의 구체적인 권리의무나 법률관계를 규율하는 성격을 가질 때에는 행정처분에 해당한다(대판 2006.9.22. 2005두2506).

④ **(X)** 행정청이 부과처분의 하자를 이유로 과징금의 액수를 감액하는 경우에 그 감액처분은 처음의 부과처분과 별개 독립의 과징금 부과처분이 아니라 그 실질은 당초 부과처분의 변경이고, 그에 의하여 과징금의 일부취소라는 납부의무자에게 유리한 결과를 가져오는 처분이므로 항고소송의 대상은 처음의 부과처분 중 감액처분에 의하여 취소되지 않고 남은 부분이고 감액처분이 항고소송의 대상이 되는 것은 아니다(대판 2008.02.15. 2006두3957).

정답 ④

과세처분이 있은 후 이를 증액하는 경정처분이 있고, 다시 이를 감액하는 재경정처분이 있으면 재경정처분은 위 증액경정처분과는 별개인 독립의 과세처분으로서 그 실질은 위 증액경정처분의 변경이고 그에 의하여 세액의 일부취소라는 납세의무자에게 유리한 효과를 가져오는 처분이라 할 것이므로, 감액재경정결정이 항고소송의 대상이 된다. [18서울7급(上)]

해설

(X) 과세처분이 있은 후 이를 증액하는 경정처분이 있으면 당초 처분은 경정처분에 흡수되어 독립된 존재가치를 상실하여 소멸하는 것이고, 그 후 다시 이를 감액하는 재경정처분이 있으면 재경정처분은 위 증액경정처분과는 별개인 독립의 과세처분이 아니라 그 실질은 위 증액경정처분의 변경이고 그에 의하여 세액의 일부 취소라는 납세의무자에게 유리한 효과를 가져오는 처분이라 할 것이므로, 그 감액하는 재경정결정으로도 아직 취소되지 않고 남아 있는 부분이 위법하다 하여 다투는 경우 항고소송의 대상은 그 증액경정처분 중 감액재경정결정에 의하여 취소되지 않고 남은 부분이고, 감액재경정결정이 항고소송의 대상이 되는 것은 아니다(대판 1996. 7. 30. 95누6328).

「국가균형발전 특별법」에 따른 혁신도시 최종입지 선정행위는 항고소송의 대상이 되는 행정처분이다. [12국가9급]

| 해설

(X) 정부의 수도권 소재 공공기관의 지방이전시책을 추진하는 과정에서 도지사가 도 내 특정시를 공공기관이 이전할 혁신도시 최종입지로 선정한 행위는 항고소송의 대상이 되는 행정처분이 아니다(대판 2007.11.15. 2007두10198).

629 [17국회8급]

항고소송의 대상이 되는 처분에 대한 설명으로 옳은 것을 〈보기〉에서 모두 고르면? (다툼이 있는 경우 판례에 의함)

〈보 기〉

ㄱ. 조례가 집행행위의 개입이 없이도 그 자체로서 직접 국민의 구체적인 권리의무나 법적 이익에 영향을 미치는 등의 법률상 효과를 발생하는 경우 그 조례는 항고소송의 대상이 되는 행정처분에 해당한다.

ㄴ. 공정거래위원회의 표준약관 사용권장행위는 비록 그 통지를 받은 해당 사업자 등에게 표준약관을 사용할 경우 표준약관과 다르게 정한 주요 내용을 고객이 알기 쉽게 표시하여야 할 의무를 부과하고 그 불이행에 대해서는 과태료에 처하도록 되어 있으나, 이는 어디까지나 구속력이 없는 행정지도에 불과하므로 행정처분에 해당되지 아니한다.

ㄷ. 국가인권위원회의 각하 및 기각결정은 항고소송의 대상이 되는 처분에 해당하지 아니하므로 헌법소원의 보충성 요건을 충족하여 헌법소원의 대상이 된다.

ㄹ. 지방계약직 공무원의 보수삭감행위는 대등한 당사자 간의 계약관계와 관련된 것이므로 처분성은 인정되지 아니하며, 공법상 당사자소송의 대상이 된다.

ㅁ. 3월의 영업정지처분을 2월의 영업정지처분에 갈음하는 과징금 부과처분으로 변경하는 재결의 경우 취소소송의 대상이 되는 것은 변경된 내용의 당초처분이지 변경처분은 아니다.

① ㄱ, ㅁ　② ㄷ, ㄹ　③ ㄱ, ㄹ, ㅁ

④ ㄱ, ㄴ, ㄷ, ㄹ　⑤ ㄱ, ㄴ, ㄷ, ㅁ

해설

ㄱ. (O) 조례가 집행행위의 개입 없이도 그 자체로서 직접 국민의 구체적인 권리의무나 법적 이익에 영향을 미치는 등의 법률상 효과를 발생하는 경우 그 조례는 항고소송의 대상이 되는 행정처분에 해당한다(대판 1996.09.20. 95누8003).

ㄴ. (X) 공정거래위원회의 '표준약관 사용권장행위'는 그 통지를 받은 해당 사업자 등에게 표준약관과 다른 약관을 사용할 경우 표준약관과 다르게 정한 주요내용을 고객이 알기 쉽게 표시하여야 할 의무를 부과하고, 그 불이행에 대해서는 과태료에 처하도록 되어 있으므로, 이는 사업자 등의 권리·의무에 직접 영향을 미치는 행정처분으로서 항고소송의 대상이 된다(대판 2010.10.14. 2008두23184).

ㄷ. (X) 국가인권위원회가 진정을 각하 및 기각결정을 할 경우 진정인으로서는 자신의 인격권 등을 침해하는 인권침해 또는 차별행위 등이 시정되고 그에 따른 구제조치를 받을 권리를 박탈당하게 되므로, 진정에 대한 국가인권위원회의 각하 및 기각결정은 항고소송의 대상이 되는 행정처분에 해당한다(헌재 2015. 3. 26. 2013헌마214 등 [각하]).

ㄹ. (X) 보수삭감은 징계에 의해서만 가능하며, 징계는 처분에 해당한다.

> [관련판례] 지방공무원법에 의하여 지방계약직공무원에게도 지방공무원법 제69조 제1항 각 호의 징계사유가 있는 때에는 징계처분을 할 수 있다. 지방계약직공무원에 대하여 지방공무원법, 지방공무원징계및소청규정에 정한 징계절차에 의하지 않고서는 보수를 삭감할 수 없다고 봄이 상당하다(대판 2008.06.12. 2006두16328).

ㅁ. (O) 처분을 영업자에게 유리하게 변경하는 처분을 한 경우, 변경처분에 의하여 당초 처분은 소멸하는 것이 아니고 당초부터 유리하게 변경된 내용의 처분으로 존재하는 것이므로, 취소소송의 대상은 변경된 내용의 당초 처분이지 변경처분은 아니고, 제소기간의 준수 여부도 변경처분이 아닌 변경된 내용의 당초 처분을 기준으로 판단하여야 한다(대판 2007.04.27. 2004두9302).

정답 ①

630 [19지방9급]

행정소송의 대상인 행정처분에 대한 설명으로 옳지 않은 것은? (다툼이 있는 경우 판례에 의함)

① 구 「민원사무 처리에 관한 법률」에서 정한 사전심사결과 통보는 항고소송의 대상이 되는 행정처분에 해당하지 않는다.

② 「교육공무원법」상 승진후보자 명부에 의한 승진심사 방식으로 행해지는 승진임용에서 승진후보자 명부에 포함되어 있던 후보자를 승진임용인사발령에서 제외하는 행위는 항고소송의 대상인 처분에 해당하지 않는다.

③ 건축주가 토지소유자로부터 토지사용승낙서를 받아 그 토지 위에 건축물을 건축하는 건축허가를 받았다가 착공에 앞서 건축주의 귀책사유로 해당 토지를 사용할 권리를 상실한 경우, 토지소유자의 건축허가 철회신청을 거부한 행위는 항고소송의 대상이 된다.

④ 사업시행자인 한국도로공사가 구「지적법」에 따라 고속도로 건설공사에 편입되는 토지소유자들을 대위하여 토지면적등록 정정신청을 하였으나 관할 행정청이 이를 반려하였다면, 이러한 반려행위는 항고소송 대상이 되는 행정처분에 해당한다.

해설

① (O) 통보로 인하여 민원인에게 어떠한 법적 불이익이 발생할 가능성도 없는 점 등 여러 사정을 종합해 보면, 민원사무처리법이 규정하는 사전심사결과 통보는 항고소송의 대상이 되는 행정처분에 해당하지 아니한다(대판 2014. 4. 24. 2013두7834).

② (X) 교육공무원법상 승진후보자 명부에 의한 승진심사 방식으로 행해지는 승진임용에서 승진후보자 명부에 포함되어 있던 후보자를 승진임용인사발령에서 제외하는 행위는 불이익처분으로서 항고소송의 대상인 처분에 해당한다(대판 2018. 3. 27. 2015두47492).

③ (O) 건축주가 토지 소유자로부터 토지사용승낙서를 받아 그 토지 위에 건축물을 건축하는 대물적(대물적) 성질의 건축허가를 받았다가 착공에 앞서 건축주의 귀책사유로 해당 토지를 사용할 권리를 상실한 경우, 건축허가의 존재로 말미암아 토지에 대한 소유권 행사에 지장을 받을 수 있는 토지 소유자로서는 건축허가의 철회를 신청할 수 있다고 보아야 한다. 따라서 토지 소유자의 위와 같은 신청을 거부한 행위는 항고소송의 대상이 된다(대판 2017. 3. 15. 2014두41190).

④ (O) 고속도로 건설공사에 편입되는 토지소유자들을 대위하여 토지면적등록 정정신청을 하였으나 화성시장이 이를 반려한 사안에서, 반려처분은 항고소송 대상이 되는 행정처분에 해당한다(대판 2011. 8. 25. 2011두3371).

정답 ②

631 [17국가9급(下)]

판례의 입장에 의할 때, 행정소송의 대상인 행정처분에 해당하는 것만을 모두 고른 것은?

ㄱ. 「공익사업을 위한 토지 등의 취득 및 보상에 관한 법률」상 공익사업시행자가 하는 이주대책대상자 확인·결정
ㄴ. 공무원연금관리공단이 퇴직연금의 수급자에 대하여 공무원연금법령의 개정으로 퇴직연금 중 일부금액의 지급정지대상자가 되었음을 통보하는 행위
ㄷ. 구 「남녀차별금지 및 구제에 관한 법률」상 국가인권위원회가 한 성희롱결정과 이에 따른 시정조치의 권고
ㄹ. 공무원시험승진후보자명부에 등재된 자에 대하여 이전의 징계처분을 이유로 시험승진후보자명부에서 삭제하는 행위
ㅁ. 「질서위반행위규제법」에 따라 행정청이 부과한 과태료처분

① ㄱ, ㄷ
② ㄱ, ㅁ
③ ㄴ, ㄷ, ㄹ
④ ㄴ, ㄹ, ㅁ

해설

ㄱ. (O) 사업시행자가 이주대책에 관한 구체적인 계획을 수립하여 이를 해당자에게 통지 내지 공고한 후, 이주자가 수분양권을 취득하기를 희망하여 이주대책에 정한 절차에 따라 사업시행자에게 이주대책대상자 선정신청을 하고 사업시행자가 이를 받아들여 이주대책대상자로 확인·결정하여야만 비로소 구체적인 수분양권이 발생하게 된다. 위와 같은 사업시행자가 하는 확인·결정은 곧 구체적인 이주대책상의 수분양권을 취득하기 위한 요건이 되는 행정작용으로서의 처분이다(대판 1994.05.24. 92다35783 전원합의체).

ㄴ. (X) 공무원연금관리공단의 인정에 의하여 퇴직연금을 지급받아 오던 중 구 공무원연금법령의 개정 등으로 퇴직연금 중 일부 금액의 지급이 정지된 경우에는 당연히 개정된 법령에 따라 퇴직연금이 확정되는 것이지 같은 법 제26조 제1항에 정해진 공무원연금관리공단의 퇴직연금 결정과 통지에 의하여 비로소 그 금액이 확정되는 것이 아니므로, 공무원연금관리공단이 퇴직연금 중 일부 금액에 대하여 지급거부의 의사표시를 하였다고 하더라도 이를 행정처분이라고 볼 수는 없고, 이 경우 미지급퇴직연금에 대한 지급청구권은 공법상 권리로서 그의 지급을 구하는 소송은 공법상의 법률관계에 관한 소송인 공법상 당사자소송에 해당한다(대판 2004.07.08. 2004두244).

ㄷ. (O) 대판 2005.7.8. 2005두487.

ㄹ. (X) 시험승진후보자명부에 등재되어 있던 자가 그 명부에서 삭제됨으로써 승진임용의 대상에서 제외되었다 하더라도, 그와 같은 시험승진후보자명부에서의 삭제행위는 결국 그 명부에 등재된 자에 대한 승진 여부를 결정하기 위한 행정청 내부의 준비과정에 불과하고, 행정처분이 된다고 할 수 없다(대판 1997.11.14. 97누7325).

ㅁ. (X) 질서위반행위규제법 제20조.

정답 ①

632 [20지방9급]

판례상 항고소송의 대상으로 인정되는 것만을 모두 고르면?

ㄱ. 교도소장이 특정 수형자를 '접견내용 녹음·녹화 및 접견 시 교도관 참여대상자'로 지정한 행위
ㄴ. 행정청이 토지대장상의 소유자명의변경신청을 거부한 행위
ㄷ. 지방경찰청장의 횡단보도 설치 행위
ㄹ. 상표권자인 법인에 대한 청산종결등기가 되었음을 이유로 특허청장이 행한 상표권 말소등록 행위

① ㄱ, ㄴ
② ㄱ, ㄷ
③ ㄴ, ㄹ
④ ㄷ, ㄹ

해설

ㄱ. (O) 교도소장이 수형자 갑을 '접견내용 녹음・녹화 및 접견 시 교도관 참여대상자'로 지정한 사안에서, 위 지정행위는 수형자의 구체적 권리의무에 직접적 변동을 가져오는 행정청의 공법상 행위로서 항고소송의 대상이 되는 '처분'에 해당한다(대판 2014.2.13. 2013두20899).

ㄴ. (X) 토지대장에 기재된 소유자 명의가 변경된다고 하여도 이로 인하여 당해 토지에 대한 실체상의 권리관계에 변동을 가져올 수 없고 토지 소유권이 지적공부의 기재만에 의하여 증명되는 것도 아니다. 따라서 소관청이 토지대장상의 소유자명의변경신청을 거부한 행위는 이를 항고소송의 대상이 되는 행정처분이라고 할 수 없다(대판 2012.1.12. 2010두12354).

ㄷ. (O) 지방경찰청장이 횡단보도를 설치하여 보행자의 통행방법 등을 규제하는 것은 행정청이 특정사항에 대하여 의무의 부담을 명하는 행위이고 이는 국민의 권리・의무에 직접 관계가 있는 행위로서 행정처분이라고 보아야할 것이다(대판 2000.10.27. 98두8964).

ㄹ. (X) 특허청에서 회사법인의 청산종결등기일로부터 6개월이 지난 후 청산종결등기 되었다는 이유로 회사법인 명의의 각 상표권을 말소등록하였고, 그 말소등록행위는 상표권 소멸의 효력을 발생시키는 행위가 아니라 할 것이어서, 국민의 권리의무에 직접적으로 영향을 미치는 행위가 아니므로 행정소송의 항고소송 대상이 된다고 볼 수 없다(대판 2015. 10. 29. 2014두2362).

정답 ②

633 [16국가9급]

항고소송의 대상이 되는 행정처분에 대한 판례의 입장으로 옳지 않은 것은?

① 교도소장이 특정 수형자를 '접견내용 녹음・녹화 및 접견 시 교도관 참여대상자'로 지정한 행위는 수형자의 구체적 권리의무에 직접적 변동을 가져오는 행위로서 항고소송의 대상이 되는 행정처분에 해당한다.
② 토지대장의 기재는 토지소유권을 제대로 행사하기 위한 전제요건으로서 토지소유자의 실체적 권리관계에 밀접하게 관련되어 있으므로 토지대장상의 소유자명의변경신청을 거부한 행위는 국민의 권리관계에 영향을 미치는 것이어서 항고소송의 대상이 되는 행정처분에 해당한다.
③ 금융감독원장으로부터 문책경고를 받은 금융기관의 임원이 일정기간 금융업종 임원선임의 자격제한을 받도록 관계 법령에 규정되어 있는 경우, 금융기관 임원에 대한 문책경고는 상대방의 권리의무에 직접 영향을 미치는 행위이므로 행정처분에 해당한다.
④ 「국가공무원법」상 당연퇴직의 인사발령은 법률상 당연히 발생하는 퇴직사유를 공적으로 확인하여 알려주는 이른바 관념의 통지에 불과하므로 행정소송의 대상이 되는 독립한 행정처분이라고 할 수 없다.

해설

① (O) 교도소장이 수형자 갑을 '접견내용 녹음 · 녹화 및 접견 시 교도관 참여대상자'로 지정한 사안에서, 위 지정행위는 수형자의 구체적 권리의무에 직접적 변동을 가져오는 행정청의 공법상 행위로서 항고소송의 대상이 되는 '처분'에 해당한다(대판 2014.2.13. 2013두20899).

② (X) 토지대장에 기재된 소유자 명의가 변경된다고 하여도 이로 인하여 당해 토지에 대한 실체상의 권리관계에 변동을 가져올 수 없고 토지 소유권이 지적공부의 기재만에 의하여 증명되는 것도 아니다. 따라서 소관청이 토지대장상의 소유자명의변경신청을 거부한 행위는 이를 항고소송의 대상이 되는 행정처분이라고 할 수 없다(대판 2012.1.12. 2010두12354).

③ (O) 금융기관의 임원에 대한 금융감독원장의 문책경고는 그 상대방에 대한 직업선택의 자유를 직접 제한하는 효과를 발생하게 하는 등 상대방의 권리의무에 직접 영향을 미치는 행위로서 항고소송의 대상이 되는 행정처분에 해당한다(대판 2005.2.17. 2003두14765).

④ (O) 대판 1995.11.14. 95누2036.

정답 ②

634 [21지방7급]

판례상 취소소송의 대상이 되는 행정작용에 해당하는 경우만을 모두 고르면?

ㄱ. 한국마사회의 조교사·기수 면허취소처분
ㄴ. 임용기간이 만료된 국립대학 조교수에 대하여 재임용을 거부하는 취지로 한 임용기간만료의 통지
ㄷ. 국가공무원법상 당연퇴직의 인사발령
ㄹ. 어업권면허에 선행하는 확약인 우선순위결정
ㅁ. 과세관청의 소득처분에 따른 소득금액변동통지

① ㄱ, ㄷ
② ㄴ, ㅁ
③ ㄱ, ㄴ, ㄹ
④ ㄷ, ㄹ, ㅁ

해설

ㄱ. (X) 한국마사회가 조교사 또는 기수의 면허를 부여하거나 취소하는 것은 국가 기타 행정기관으로부터 위탁받은 행정권한의 행사가 아니라 일반 사법상의 법률관계에서 이루어지는 단체 내부에서의 징계 내지 제재처분이다(대판 2008.1.31, 2005두8269).

ㄴ. (O) 임용권자가 임용기간이 만료된 조교수에 대하여 재임용을 거부하는 취지로 한 임용기간만료의 통지는 위와 같은 대학교원의 법률관계에 영향을 주는 것으로서 행정소송의 대상이 되는 처분에 해당한다(대판 2004.04.22. 2000두7735 전원합의체).

ㄷ. (X) 당연퇴직의 인사발령은 법률상 당연히 발생하는 퇴직사유를 공적으로 확인하여 알려주는 이른바 관념의 통지에 불과하고 공무원의 신분을 상실시키는 새로운 형성적 행위가 아니므로 행정소송의 대상이 되는 독립한 행정처분이라고 할 수 없다(대판 1995.11.14. 95누2036).

ㄹ. (X) 어업권면허에 선행하는 우선순위결정은 강학상 확약에 불과하고 행정처분이 아니므로, 우선순위결정에 공정력이나 불가쟁력과 같은 효력이 인정되지 않는다(대판 1995.1.20. 94누6529).

ㅁ. (O) 소득금액변동통지는 원천징수의무자인 법인의 납세의무에 직접 영향을 미치는 과세관청의 행위로서, 항고소송의 대상이 되는 조세행정처분이라고 봄이 상당하다(대판 2006. 4. 20. 2002두1878 전원합의체).

정답 ②

635 [19지방7급]

판례의 입장으로 옳지 않은 것은?

① 건축허가관청은 특단의 사정이 없는 한 건축허가내용대로 완공된 건축물의 준공을 거부할 수 없다.
② 지적공부 소관청이 토지대장을 직권으로 말소하는 행위는 항고소송의 대상이 되는 행정처분에 해당한다.
③ 무허가건물을 무허가건물관리대장에서 삭제하는 행위는 다른 특별한 사정이 없는 한 항고소송의 대상이 되는 행정처분에 해당한다.
④ 지목은 토지소유권을 제대로 행사하기 위한 전제요건이므로 지적공부 소관청의 지목변경신청 반려행위는 항고소송의 대상이 되는 행정처분에 해당한다.

해설

① **(O)** 허가관청은 특단의 사정이 없는 한 건축허가내용대로 완공된 건축물의 준공을 거부할 수 없다고 하겠으나, 만약 건축허가 자체가 건축관계 법령에 위반되는 하자가 있는 경우에는 비록 건축허가내용대로 완공된 건축물이라 하더라도 위법한 건축물이 되는 것으로서 그 하자의 정도에 따라 건축허가를 취소할 수 있음은 물론 그 준공도 거부할 수 있다고 하여야 할 것이다(대판 1992. 4. 10. 91누5358).

② **(O)** 토지대장은 토지의 소유권을 제대로 행사하기 위한 전제요건으로서 토지 소유자의 실체적 권리관계에 밀접하게 관련되어 있으므로, 이러한 토지대장을 직권으로 말소한 행위는 국민의 권리관계에 영향을 미치는 것으로서 항고소송의 대상이 되는 행정처분에 해당한다(대판 2013.10.24. 2011두13286).

③ **(X)** 관할관청이 무허가건물의 무허가건물관리대장 등재 요건에 관한 오류를 바로잡으면서 당해 무허가건물을 무허가건물관리대장에서 삭제하는 행위는 다른 특별한 사정이 없는 한 항고소송의 대상이 되는 행정처분이 아니다(대판 2009.3.12. 2008두11525).

④ **(O)** 지목은 토지소유권을 제대로 행사하기 위한 전제요건으로서 토지소유자의 실체적 권리관계에 밀접하게 관련되어 있으므로 지적공부 소관청의 지목변경신청 반려행위는 국민의 권리관계에 영향을 미치는 것으로서 항고소송의 대상이 되는 행정처분에 해당한다(대판 2004.4.22. 2003두9015 전원합의체).

정답 ③

636 [14서울7급]

다음 행정청의 행위 중 판례에 의해 처분성이 인정되는 것을 모두 고른 것은?

㉠ 지적공부 소관청이 지목변경신청을 반려한 행위
㉡ 건축물대장 소관 행정청이 건축물대장의 용도변경신청을 거부하는 행위
㉢ 지적공부 소관청이 토지대장을 직권으로 말소한 행위
㉣ 소관청이 토지대장 상의 소유자명의변경신청을 거부한 행위
㉤ 건물등재대장 소관청이 무허가건물을 무허가건물관리대장에서 삭제하는 행위

① ㉠ ㉡ ㉢
② ㉠ ㉡ ㉤
③ ㉠ ㉣ ㉤
④ ㉡ ㉢ ㉣
⑤ ㉢ ㉣ ㉤

해설

① 보기 행정청의 행위 중 판례에 의해 처분성이 인정되는 것은 ㉠ ㉡ ㉢ 이다.

㉠ (O) 대판 2004.4.22. 2003두9015 전원합의체.

㉡ (O) 건축물대장 소관청의 용도변경신청 거부행위는 국민의 권리관계에 영향을 미치는 것으로서 항고소송의 대상이 되는 행정처분에 해당한다(대판 2009.1.30. 2007두7277).

㉢ (O) 토지대장을 직권으로 말소한 행위는 국민의 권리관계에 영향을 미치는 것으로서 항고소송의 대상이 되는 행정처분에 해당한다(대판 2013.10.24. 2011두13286).

㉣ (X) 대판 2012.1.12. 2010두12354.

㉤ (X) 관할관청이 무허가건물의 무허가건물관리대장 등재 요건에 관한 오류를 바로잡으면서 당해 무허가건물을 무허가건물관리대장에서 삭제하는 행위는 항고소송의 대상이 되는 행정처분이 아니다(대판 2009.3.12. 2008두11525).

정답 ①

637 [15국회8급]

다음 중 항고소송의 대상적격에 대한 판례의 설명으로 옳은 것은?

① 법률에 의하여 당연퇴직된 공무원의 복직 또는 재임용신청에 대한 행정청의 거부행위는 항고소송의 대상이 되는 행정처분에 해당한다.

② 한국마사회가 조교사 또는 기수의 면허를 부여하거나 취소하는 것은 국가 기타 행정기관으로부터 위탁받은 행정권한의 행사에 해당하므로 처분성이 인정된다.

③ 행정청이 금전부과처분을 한 후 감액처분을 한 경우에는 감액처분이 항고소송의 대상이 된다.

④ 「남녀차별금지 및 구제에 관한 법률」에 의한 국가인권위원회의 성희롱결정과 이에 따른 시정조치의 권고는 처분성이 인정되지 않는다.

⑤ 과세관청이 사업자등록을 관리하는 과정에서 위장사업자의 사업자명의를 직권으로 실사업자의 명의로 정정하는 행위는 항고소송의 대상이 되는 행정처분이 아니다.

해설

① (X) 과거에 법률에 의하여 당연퇴직된 공무원이 자신을 복직 또는 재임용시켜 줄 것을 요구하는 신청에 대하여 그와 같은 조치가 불가능하다는 행정청의 거부행위는 당연퇴직의 효과가 계속하여 존재한다는 것을 알려주는 일종의 안내에 불과하므로 당연퇴직된 공무원의 실체상의 권리관계에 직접적인 변동을 일으키는 것으로 볼 수 없고, 행정청의 복직 또는 재임용거부행위는 항고소송의 대상이 되는 행정처분에 해당한다고 할 수 없다(대판 2005.11.25, 2004두12421).

② (X) 한국마사회가 조교사 또는 기수의 면허를 부여하거나 취소하는 것은 국가 기타 행정기관으로부터 위탁받은 행정권한의 행사가 아니라 일반 사법상의 법률관계에서 이루어지는 단체 내부에서의 징계 내지 제재처분이다(대판 2008.1.31, 2005두8269).

③ (X) 과세표준과 세액을 감액하는 경정처분은 당초의 부과처분과 별개 독립의 과세처분이 아니라 그 실질은 당초의 부과처분의 변경이고, 항고소송의 대상은 당초의 부과처분 중 경정처분에 의하여 아직 취소되지 않고 남은 부분이고, 그 경정처분이 항고소송의 대상이 되는 것은 아니다(대판 2009.5.28, 2006두16403).

④ (X) 구 남녀차별금지및구제에관한법률 제28조에 의하면, 국가인권위원회의 성희롱결정과 이에 따른 시정조치의 권고는 성희롱 행위자로 결정된 자의 인격권에 영향을 미침과 동시에 공공기관의 장 또는 사용자에게 일정한 법률상의 의무를 부담시키는 것이므로 행정소송의 대상이 되는 행정처분에 해당한다(대판 2005.7.8, 2005두487).

⑤ (O) 과세관청이 사업자등록을 관리하는 과정에서 위장사업자의 사업자명의를 직권으로 실사업자의 명의로 정정하는 행위는 그에 의하여 사업자로서의 지위에 변동을 가져오는 것이 아니므로 항고소송의 대상이 되는 행정처분으로 볼 수 없다(대판 2011.1.27, 2008두2200).

정답 ⑤

638 [17국회8급]

통지의 처분성 여부에 대한 판례의 입장으로 옳지 않은 것은?

① 「국가공무원법」상 당연퇴직의 인사발령은 법률상 당연히 발생하는 퇴직사유를 공적으로 확인하여 알려주는 관념의 통지에 불과하여 행정처분이 아니다.

② 구 「소득세법 시행령」에 따른 소득귀속자에 대한 소득금액변동 통지는 원천납세의무자인 소득귀속자의 법률상 지위에 직접적인 법률적 변동을 가져오므로 행정처분이다.

③ 구 「농지법」상 농지처분의무의 통지는 통지를 전제로 농지처분명령 및 이행강제금 부과 등의 일련의 절차가 진행되는 점에서 독립한 행정처분이다.

④ 임용기간이 만료된 국·공립대학의 조교수에 대하여 재임용을 거부하는 취지로 한 임용기간 만료의 통지는 행정처분에 해당한다.

⑤ 구 「건축법」 및 「지방세법·국세징수법」에 의하여 이행강제금 부과처분을 받은 자가 기한 내에 이행강제금을 납부하지 아니한 때에는 그 납부를 독촉할 수 있으며, 이때 이행강제금 납부의 최초 독촉은 징수처분으로서 행정처분에 해당한다.

해설

① (O) 대판 1995.11.14. 95누2036.

② (X) 구 소득세법 시행령 제192조 제1항 단서 에 따른 소득의 귀속자에 대한 소득금액변동통지는 원천납세의무자인 소득 귀속자의 법률상 지위에 직접적인 법률적 변동을 가져오는 것이 아니므로 항고소송의 대상이 되는 행정처분이라고 볼 수 없다(대판 2015. 3. 26. 2013두9267).

③ (O) 농지의 소유자가 위 농업경영계획서의 내용을 이행하였는지 여부 및 그 불이행에 정당한 사유가 있는지 여부를 판단하여 그 사유를 인정한 때에는 반드시 농지처분의무통지를 하여야 하는 점, 위 통지를 전제로 농지처분명령, 같은 법 제65조에 의한 이행강제금부과 등의 일련의 절차가 진행되는 점 등을 종합하여 보면, 농지처분의무통지는 행정처분으로서 항고소송의 대상이 된다(대판 2003. 11. 14. 2001두8742).

④ (O) 임용권자가 임용기간이 만료된 조교수에 대하여 재임용을 거부하는 취지로 한 임용기간만료의 통지는 위와 같은 대학교원의 법률관계에 영향을 주는 것으로서 행정소송의 대상이 되는 처분에 해당한다(대판 2004.04.22. 2000두7735 전원합의체).

⑤ (O) 이행강제금 부과처분을 받은 자가 이행강제금을 기한 내에 납부하지 아니한 때에는 그 납부를 독촉할 수 있으며, 납부독촉에도 불구하고 이행강제금을 납부하지 않으면 체납절차에 의하여 이행강제금을 징수할 수 있고, 이때 이행강제금 납부의 최초 독촉은 징수처분으로서 항고소송의 대상이 되는 행정처분이 될 수 있다(대판 2009.12.24. 2009두14507).

정답 ②

639 [17서울9급]

영업허가의 양도와 제재처분의 효과 및 제재사유의 승계에 관한 설명으로 가장 옳지 않은 것은? (다툼이 있는 경우 판례에 의함)

① 양도인의 위법행위로 양도인에게 이미 제재처분이 내려진 경우에 영업정지 등 그 제재처분의 효력은 양수인에게 당연히 이전된다.

② 주택건설사업이 양도되었으나 그 변경승인을 받기 이전에 행정청이 양수인에 대하여 양도인에 대한 사업계획승인을 취소하였다는 사실을 통지한 경우 이러한 통지는 양수인의 법률상 지위에 변동을 일으키므로 행정처분이다.

③ 회사분할시 분할 전 회사에 대한 제재사유가 신설회사에 대하여 승계되지 않으므로 회사의 분할 전 법 위반행위를 이유로 과징금을 부과하는 것은 허용되지 않는다.

④ 양도인이 위법행위를 한 후 제재를 피하기 위하여 영업을 양도한 경우 그 제재사유의 승계에 관하여 명문의 규정이 없는 경우, 위법행위로 인한 제재사유는 항상 인적 사유이고 경찰책임 중 행위책임의 문제라는 논거는 승계부정설의 논거이다.

해설

① **(O)** 만약 양도인에게 그 허가를 취소할 위법사유가 있다면 허가관청은 이를 이유로 양수인에게 응분의 제재조치를 취할 수 있다 할 것이고, 양도인의 귀책사유는 양수인에게 그 효력이 미친다(대판 1986.7.22. 86누203).

② **(X)** 주택건설사업계획에 있어서 사업주체변경의 승인은 그로 인하여 사업주체의 변경이라는 공법상의 효과가 발생하는 것이므로, 아직 변경승인을 받기 이전에는 그 사업계획의 피승인자는 여전히 종전의 사업주체인 양도인이고 양수인이 아니라 할 것이어서, 행정청이 주택건설사업의 양수인에 대하여 양도인에 대한 사업계획승인을 취소하였다는 사실을 통지한 것만으로는 양수인의 법률상 지위에 어떠한 변동을 일으키는 것은 아니므로 위 통지는 항고소송의 대상이 되는 행정처분이라고 할 수는 없다(대판 2000. 9. 26. 99두646).

> **[비교판례]** 채석허가가 유효하게 존속하고 있다는 것이 양수인의 명의변경신고의 전제가 된다는 의미에서 관할 행정청이 양도인에 대하여 채석허가를 취소하는 처분을 하였다면 이는 양수인의 지위에 대한 직접적 침해가 된다고 할 것이므로 양수인은 채석허가를 취소하는 처분의 취소를 구할 법률상 이익을 가진다(대판 2003.07.11. 2001두6289).

③ **(O)** 신설회사 또는 존속회사가 승계하는 것은 분할하는 회사의 권리와 의무라 할 것인바, 특별한 규정이 없는 한 신설회사에 대하여 분할하는 회사의 분할 전 법 위반행위를 이유로 과징금을 부과하는 것은 허용되지 않는다(대판 2007. 11. 29. 2006두18928).

④ **(O)** 제재사유는 항상 인적 사유이며, 경찰책임 중 행위책임의 문제라는 점은 승계부정설의 입장이다.

정답 ②

3. 재결

640 [21국가7급]

항고소송의 대상인 재결에 대한 설명으로 옳지 않은 것은? (다툼이 있는 경우 판례에 의함)

① 행정심판청구가 부적법하지 않음에도 각하한 재결은 심판청구인의 실체심리를 받을 권리를 박탈한 것으로서 원처분에 없는 고유한 하자가 있는 경우에 해당하고, 따라서 위 재결은 취소소송의 대상이 된다.

② 제3자효를 수반하는 행정행위에 대한 행정심판청구에 있어서 그 청구를 인용하는 내용의 재결로 인하여 비로소 권리이익을 침해받게 되는 자는 그 인용재결에 대하여 다툴 필요가 있고, 그 인용재결은 원처분과 내용을 달리하는 것이므로 그 인용재결의 취소를 구하는 것은 원처분에는 없는 재결에 고유한 하자를 주장하는 셈이어서 당연히 항고소송의 대상이 된다.

③ 토지수용에 관한 행정소송에 있어서 토지소유자는 중앙토지수용위원회의 이의재결에 대하여 불복이 있을 때 제기할 수 있고 수용재결은 행정소송의 대상이 될 수 없다.

④ 제3자효 행정행위에 대하여 재결청이 직접 당해 사업계획승인처분을 취소하는 형성적 재결을 한 경우에는 그 재결 외에 그에 따른 행정청의 별도의 처분이 있지 않기 때문에 재결 자체를 쟁송의 대상으로 할 수 있다.

해설

① (O) 심판청구가 부적법하지 않음에도 실체심리를 하지 아니한 채 각하한 경우에는 실체심리를 받을 권리를 박탈당한 것이므로 재결에 고유한 하자가 있어 이러한 경우 재결은 취소소송의 대상이 된다(대판 2001.7.27, 99두2970).

② (O) ④ (O) 이른바 복효적 행정행위, 특히 제3자효를 수반하는 행정행위에 대한 행정심판청구에 있어서 그 청구를 인용하는 내용의 재결로 인하여 비로소 권리이익을 침해받게 되는 자는 그 인용재결에 대하여 다툴 필요가 있고, 그 인용재결은 원처분과 내용을 달리하는 것이므로 그 인용재결의 취소를 구하는 것은 원처분에는 없는 재결에 고유한 하자를 주장하는 셈이어서 당연히 항고소송의 대상이 된다. 인용재결청인 문화체육부장관 스스로가 직접 당해 사업계획승인처분을 취소하는 형성적 재결을 한 경우에는 그 재결 외에 그에 따른 행정청의 별도의 처분이 있지 않기 때문에 재결 자체를 쟁송의 대상으로 할 수밖에 없다(대판 1997. 12. 23. 96누10911).

③ (X) 수용재결에 불복하여 취소소송을 제기하는 때에는 이의신청을 거친 경우에도 수용재결을 한 중앙토지수용위원회 또는 지방토지수용위원회를 피고로 하여 수용재결의 취소를 구하여야 하고, 다만 이의신청에 대한 재결 자체에 고유한 위법이 있음을 이유로 하는 경우에 이의재결의 취소를 구할 수 있다(대판 2010.1.28, 2008두1504).

정답 ③

재결취소소송의 대상이 되는 재결의 고유한 위법에는 주체·형식·절차상의 위법은 물론, 내용상의 위법도 포함된다. [15교육행정]

| 해설

(O) 대판 2001.7.27, 99두2970.

641 [15서울7급]

행정심판의 재결에 대한 항고소송에 관한 설명으로 옳은 것은? (다툼이 있는 경우 판례에 의함)

① 제3자효를 수반하는 행정행위에 대한 행정심판 청구에 있어서, 그 청구를 인용하는 내용의 재결로 인해 비로소 권리이익을 침해받게 되는 자라도 인용재결에 대해서는 항고소송을 제기하지 못한다.

② 원처분주의에 반하여 재결에 대해 항고소송을 제기했으나 재결자체에 고유한 위법이 없다면, 각하판결을 해야 한다.

③ 서면에 의하지 않은 재결의 경우 형식상 하자가 있으므로 재결에 대해서 항고소송을 제기할 수 있다.

④ 기각재결에 대해서는 원칙적으로 재결 자체의 위법을 이유로 항고소송을 제기해야 한다.

해설

① (X) 제3자효를 수반하는 행정행위에 대한 행정심판청구에 있어서 그 청구를 인용하는 내용의 재결로 인하여 비로소 권리이익을 침해받게 되는 자는 그 인용재결에 대하여 다툴 필요가 있고, 그 인용재결은 원처분과 내용을 달리하는 것이므로 그 인용재결의 취소를 구하는 것은 원처분에는 없는 재결에 고유한 하자를 주장하는 셈이어서 당연히 항고소송의 대상이 된다(대판 2001.5.29, 99두10292).

② (X) 재결 자체에 고유한 위법이 없는 경우에는 원처분의 당부와는 상관없이 당해 재결취소소송은 이를 기각하여야 한다(대판 1994.1.25, 93누16901).

③ (O) 재결은 서면으로 한다(행정심판법 제46조 제1항). 따라서 서면에 의하지 않은 재결의 경우 형식상 하자로 고유한 위법이 인정되어 재결에 대해서 항고소송을 제기할 수 있다.

④ (X) 원처분이 정당한 것으로 인정되어 재심청구를 기각한 재결에 대한 항고소송은 원처분의 하자를 이유로 주장할 수는 없고 그 재결 자체에 고유한 주체·절차·형식 또는 내용상의 위법이 있는 경우에 한한다(대판 1994.2.8, 93누17874).

정답 ③

642 [17서울7급]

항고소송의 제기요건에 관한 판례의 입장으로 옳은 것은?

① 행정소송의 제기요건은 법원의 직권조사사항이므로 행정소송에 있어서 처분청의 처분권한 유무는 직권조사사항이다.

② 법인세법령에 따른 과세관청의 원천징수의무자인 법인에 대한 소득금액변동통지 및 「소득세법 시행령」에 따른 소득의 귀속자에 대한 소득금액변동통지는 항고소송의 대상이다.

③ 절대보전지역 변경처분에 대해 지역주민회와 주민들이 항고소송을 제기한 경우에는 절대보전지역 유지로 지역주민회 · 주민들이 가지는 주거 및 생활환경상 이익은 지역의 경관 등이 보호됨으로써 누리는 법률상 이익이다.

④ 행정청이 식품위생법령에 따라 영업자에게 행정제재처분을 한 후 당초 처분을 영업자에게 유리하게 변경하는 처분을 한 경우, 취소소송의 대상 및 제소기간 판단기준은 변경처분이 아니라 변경된 내용의 당초처분이다.

해설

① (X) 처분청이 처분권한을 가지고 있는가 하는 점은 직권조사사항이 아니다(대판 1996. 6. 25. 96누570).

② (X) 소득금액변동통지는 원천징수의무자인 법인의 납세의무에 직접 영향을 미치는 과세관청의 행위로서, 항고소송의 대상이 되는 조세행정처분이라고 봄이 상당하다(대판 2006. 4. 20. 2002두1878 전원합의체). 구 소득세법 시행령 제192조 제1항 단서에 따른 소득의 귀속자에 대한 소득금액변동통지는 원천납세의무자인 소득 귀속자의 법률상 지위에 직접적인 법률적 변동을 가져오는 것이 아니므로 항고소송의 대상이 되는 행정처분이라고 볼 수 없다(대판 2015. 3. 26. 2013두9267).

③ (X) 이 사건 처분 대상인 서귀포시 강정동 해안변지역 105,295㎡가 절대보전지역으로 유지됨으로써 원고들이 가지는 주거 및 생활환경상 이익은 그 지역의 경관 등이 보호됨으로써 반사적으로 누리는 것일 뿐 근거 법규 또는 관련 법규에 의하여 보호되는 개별적 · 직접적 · 구체적 이익이라고 할 수 없다(대판 2012. 7. 5. 2011두13187).

④ (O) 행정청이 식품위생법령에 따라 영업자에게 행정제재처분을 한 후 그 처분을 영업자에게 유리하게 변경하는 처분을 한 경우, 변경처분에 의하여 당초 처분은 소멸하는 것이 아니고 당초부터 유리하게 변경된 내용의 처분으로 존재하는 것이므로, 취소소송의 대상은 변경된 내용의 당초 처분이지 변경처분은 아니다(대판 2007.04.27. 2004두9302).

정답 ④

643 [21서울7급]

행정심판재결이 취소소송의 대상이 되는 경우에 해당하지 않는 것은?

① 인근주민이 체육시설 사업계획승인처분의 취소를 구하는 행정심판을 제기하였는데 인용재결이 내려지자, 그 승인처분의 상대방이 취소소송을 제기하는 경우

② 자기완결적 신고의 수리에 해당하는 골프장 사업시설 착공계획서 수리에 대하여 인근주민이 취소심판을 제기하였는데 인용재결이 내려지자, 해당 착공계획서를 제출한 사업자가 취소소송을 제기하는 경우

③ 적법한 행정심판을 청구하였는데 각하재결이 내려지자, 해당 행정심판청구인이 취소소송을 제기하는 경우

④ 3개월 영업정지처분을 받은 영업자가 해당 처분의 취소를 구하는 행정심판을 제기하여 3개월의 영업정지처분을 2개월의 영업정지처분에 갈음하는 과징금 부과처분으로 변경하라는 일부기각(일부인용)의 이행재결이 내려지자, 그 영업자가 취소소송을 제기하는 경우

해설

① (O) ② (O) 제3자효를 수반하는 행정행위에 대한 행정심판청구에 있어서 그 청구를 인용하는 내용의 재결로 인하여 비로소 권리이익을 침해받게 되는 자는 그 인용재결에 대하여 다툴 필요가 있고, 그 인용재결은 원처분과 내용을 달리하는 것이므로 그 인용재결의 취소를 구하는 것은 원처분에는 없는 재결에 고유한 하자를 주장하는 셈이어서 당연히 항고소송의 대상이 된다(대판 2001.5.29, 99두10292).

③ (O) 심판청구가 부적법하지 않음에도 실체심리를 하지 아니한 채 각하한 경우에는 실체심리를 받을 권리를 박탈당한 것이므로 재결에 고유한 하자가 있어 이러한 경우 재결은 취소소송의 대상이 된다(대판 2001.7.27, 99두2970).

④ (X) 처분을 영업자에게 유리하게 변경하는 처분을 한 경우, 변경처분에 의하여 당초 처분은 소멸하는 것이 아니고 당초부터 유리하게 변경된 내용의 처분으로 존재하는 것이므로, 취소소송의 대상은 변경된 내용의 당초 처분이지 변경처분은 아니고, 제소기간의 준수 여부도 변경처분이 아닌 변경된 내용의 당초 처분을 기준으로 판단하여야 한다(대판 2007.04.27. 2004두9302).

정답 ④

644 [19국가9급]

항고소송에서 수소법원이 하여야 하는 판결에 대한 설명으로 옳지 않은 것은? (다툼이 있는 경우 판례에 의함)

① 무효확인소송의 제1심 판결시까지 원고적격을 구비하였는데 제2심 단계에서 원고적격을 흠결하게 된 경우, 제2심 수소법원은 각하판결을 하여야 한다.

② 행정처분이 있음을 안 날부터 90일을 넘겨 행정심판을 청구하였다가 각하재결을 받은 후 그 재결서를 송달받은 날부터 90일 내에 원래의 처분에 대하여 취소소송을 제기한 경우, 수소법원은 각하판결을 하여야 한다.

③ 허가처분 신청에 대한 부작위를 다투는 부작위위법확인소송을 제기하여 제1심에서 승소판결을 받았는데 제2심 단계에서 피고 행정청이 허가처분을 한 경우, 제2심 수소법원은 각하판결을 하여야 한다.

④ 행정심판을 청구하여 기각재결을 받은 후 재결 자체에 고유한 위법이 있음을 주장하며 그 기각재결에 대하여 취소소송을 제기한 경우, 수소법원은 심리 결과 재결 자체에 고유한 위법이 없다면 각하판결을 하여야 한다.

해설

① (O) 원고적격은 소송요건의 하나이므로 사실심 변론종결시는 물론 상고심에서도 존속하여야 하고 이를 흠결하면 부적법한 소가 된다(대판 2007. 4. 12. 2004두7924).

② (O) 처분이 있음을 안 날부터 90일을 넘겨 청구한 부적법한 행정심판청구에 대한 재결이 있은 후 재결서를 송달받은 날부터 90일 이내에 원래의 처분에 대하여 취소소송을 제기하였다고 하여 취소소송이 다시 제소기간을 준수한 것으로 되는 것은 아니다(대판 2011.11.24. 2011두18786).

③ (O) 소제기의 전후를 통하여 판결시까지 행정청이 그 신청에 대하여 적극 또는 소극의 처분을 함으로써 부작위상태가 해소된 때에는 소의 이익을 상실하게 되어 당해 소는 각하를 면할 수가 없는 것이다(대판 1990.9.25. 89누4758).

④ (X) 재결 자체에 고유한 위법이 없는 경우에는 원처분의 당부와는 상관없이 당해 재결취소소송은 이를 기각하여야 한다(대판 1994.01.25. 93누16901).

정답 ④

645 [20지방7급]

판례의 입장으로 옳은 것(○)과 옳지 않은 것(×)을 바르게 연결한 것은?

ㄱ. 환지처분이 고시되어 효력을 발생한 이상, 환지처분의 대상이 된 특정 토지에 대한 개별적인 환지가 지정되어 있어야만 환지처분에 따른 소유권 상실의 효과가 그 토지에 대하여 발생하는 것은 아니다.
ㄴ. 국민건강보험공단에 의한 '직장가입자 자격상실 및 자격변동 안내' 통보 및 '사업장 직권탈퇴에 따른 가입자 자격상실 안내' 통보는 가입자 자격이 변동되는 효력을 가져오므로 항고소송의 대상이 되는 처분에 해당한다.
ㄷ. 감사원의 변상판정 처분에 대하여 위법 또는 부당하다고 인정하는 본인 등은 이 처분에 대하여 행정소송을 제기할 수 없고, 재결에 해당하는 재심의 판정에 대하여서만 감사원을 피고로 행정소송을 제기할 수 있다.
ㄹ. 직무집행과 관련하여 공상을 입은 군인 등이 먼저 국가배상법에 따라 손해배상금을 지급받은 다음, 구 국가유공자 등 예우 및 지원에 관한 법률이 정한 보상금 등 보훈급여금의 지급을 청구하는 경우, 국가배상법에 따라 손해배상을 받았다는 이유로 그 지급을 거부할 수 없다.

	ㄱ	ㄴ	ㄷ	ㄹ
①	○	○	○	○
②	○	×	○	○
③	○	×	×	○
④	×	○	×	×

해설

ㄱ. (O) 개인 소유이던 어떤 토지가 구획정리사업의 환지처분에 의하여 소유권이 상실되었다고 하기 위해서는 그 토지가 구획정리사업구역 내의 토지로서 환지처분에 따른 '환지의 대상'에 포함되는 것임이 전제되어야 한다. 일단 환지처분이 고시되어 효력을 발생한 이상, 환지처분의 대상이 된 특정 토지에 대한 개별적인 '환지'가 지정되어 있어야만 환지처분에 따른 소유권 상실의 효과가 그 토지에 대하여 발생하는 것은 아니다(대판 2019. 1. 31. 2018다255105).

ㄴ. (X) 국민건강보험 직장가입자 또는 지역가입자 자격 변동은 법령이 정하는 사유가 생기면 별도 처분 등의 개입 없이 사유가 발생한 날부터 변동의 효력이 당연히 발생하므로, 국민건강보험공단이 갑 등에 대하여 가입자 자격이 변동되었다는 취지의 '직장가입자 자격상실 및 자격변동 안내' 통보를 하였거나, 그로 인하여 사업장이 국민건강보험법상의 적용대상사업장에서 제외되었다는 취지의 '사업장 직권탈퇴에 따른 가입자 자격상실 안내' 통보를 하였더라도, 이는 갑 등의 가입자 자격의 변동 여부 및 시기를 확인하는 의미에서 한 사실상 통지행위에 불과할 뿐, 위 각 통보에 의하여 가입자 자격이 변동되는 효력이 발생한다고 볼 수 없고, 또한 위 각 통보로 갑 등에게 지역가입자로서의 건강보험료를 납부하여야 하는 의무가 발생함으로써 갑 등의 권리의무에 직접적 변동을 초래하는 것도 아니라는 이유로, 위 각 통보의 처분성이 인정되지 않는다(대판 2019. 2. 14. 2016두41729).

ㄷ. (O) 감사원의 변상판정처분에 대하여서는 행정소송을 제기할 수 없고, 재결에 해당하는 재심의 판정에 대하여서만 감사원을 피고로 하여 행정소송을 제기할 수 있다(대판 1984.4.10. 84누91).

ㄹ. (O) 국가배상법 제2조 제1항 단서가 보훈보상자법 등에 의한 보상을 받을 수 있는 경우 국가배상법에 따른 손해배상청구를 하지 못한다는 것을 넘어 국가배상법상 손해배상금을 받은 경우 보훈보상자법상 보상금 등 보훈급여금의 지급을 금지하는 것으로 해석하기는 어려운 점 등에 비추어, 국가보훈처장은 국가배상법에 따라 손해배상을 받았다는 사정을 들어 보상금 등 보훈급여금의 지급을 거부할 수 없다(대판 2017. 2. 3. 2015두60075).

정답 ②

V 소의 제기

1. 소송요건

646 [20지방9급]

다음은 행정소송법상 제소 기간에 대한 설명이다. ㉠~㉤에 들어갈 내용은?

> 취소소송은 처분등이 (㉠)부터 (㉡) 이내에 제기하여야 한다. 다만, 행정심판청구를 할 수 있는 경우 또는 행정청이 행정심판청구를 할 수 있다고 잘못 알린 경우에 행정심판 청구가 있은 때의 기간은 (㉢)을 (㉣)부터 기산한다. 한편 취소소송은 처분등이 있은 날부터 (㉤)을 경과하면 이를 제기하지 못한다. 다만, 정당한 사유가 있는 때에는 그러하지 아니하다.

	㉠	㉡	㉢	㉣	㉤
①	있은 날	30일	결정서의 정본	통지받은 날	180일
②	있음을 안 날	90일	재결서의 정본	송달받은 날	1년
③	있은 날	1년	결정서의 부본	통지받은 날	2년
④	있음을 안 날	1년	재결서의 부본	송달받은 날	3년

해설

> **행정소송법 제20조(제소기간)** ① 취소소송은 처분등이 있음을 안 날부터 90일 이내에 제기하여야 한다. 다만, 제18조 제1항 단서에 규정한 경우와 그 밖에 행정심판청구를 할 수 있는 경우 또는 행정청이 행정심판청구를 할 수 있다고 잘못 알린 경우에 행정심판청구가 있은 때의 기간은 재결서의 정본을 송달받은 날부터 기산한다.
>
> ② 취소소송은 처분등이 있은 날부터 1년(제1항 단서의 경우는 재결이 있은 날부터 1년)을 경과하면 이를 제기하지 못한다. 다만, 정당한 사유가 있는 때에는 그러하지 아니하다.

정답 ②

제소기간의 적용에 있어 '처분이 있음을 안 날'이란 처분의 존재를 현실적으로 안 날을 의미하는 것이 아니라 처분의 위법 여부를 인식한 날을 말한다. [15사회복지]

| 해설

(X) 행정소송법 제20조 제2항 소정의 제소기간 기산점인 "처분이 있음을 안 날"이란 통지, 공고 기타의 방법에 의하여 당해 처분이 있었다는 사실을 현실적으로 안 날을 의미하고 구체적으로 그 행정처분의 위법 여부를 판단한 날을 가리키는 것은 아니다(대판 1991.6.28, 90누6521).

647 [21국가9급]

취소소송의 제소기간에 대한 설명으로 옳은 것(O)과 옳지 않은 것(X)을 바르게 연결한 것은? (다툼이 있는 경우 판례에 의함)

ㄱ. 행정청이 행정심판청구를 할 수 있다고 잘못 알려 행정심판을 청구한 경우에는 재결서 정본을 송달받은 날이 아닌 처분이 있음을 안 날로부터 제소기간이 기산된다.

ㄴ. 행정심판을 청구하였으나 심판청구기간을 도과하여 각하된 후 제기하는 취소소송은 재결서를 송달받은 날부터 90일 이내에 제기하면 된다.

ㄷ '처분이 있음을 안 날'은 처분이 있었다는 사실을 현실적으로 안 날을 의미하므로, 처분서를 송달받기 전 정보공개청구를 통하여 처분을 하는 내용의 일체의 서류를 교부받았다면 그 서류를 교부받은 날부터 제소기간이 기산된다.

ㄹ. 동일한 처분에 대하여 무효확인의 소를 제기하였다가 그 처분의 취소를 구하는 소를 추가적으로 병합한 경우, 주된 청구인 무효확인의 소가 적법한 제소기간 내에 제기되었다면 추가로 병합된 취소청구의 소도 적법하게 제기된 것으로 볼 수 있다.

	ㄱ	ㄴ	ㄷ	ㄹ
①	X	X	O	X
②	O	O	X	O
③	O	X	O	X
④	X	X	X	O

해설

ㄱ. (X)

행정소송법 제20조(제소기간) ① 취소소송은 처분등이 있음을 안 날부터 90일 이내에 제기하여야 한다. 다만, 제18조 제1항 단서에 규정한 경우와 그 밖에 행정심판청구를 할 수 있는 경우 또는 행정청이 행정심판청구를 할 수 있다고 잘못 알린 경우에 행정심판청구가 있은 때의 기간은 재결서의 정본을 송달받은 날부터 기산한다.

[참고판례] 불가쟁력이 발생하여 불복청구를 할 수 없었던 경우라면 그 이후에 행정청이 행정심판청구를 할 수 있다고 잘못 알렸다고 하더라도 그 때문에 처분 상대방이 적법한 제소기간 내에 취소소송을 제기할 수 있는 기회를 상실하게 된 것은 아니므로 이러한 경우에 잘못된 안내에 따라 청구된 행정심판 재결서 정본을 송달받은 날부터 다시 취소소송의 제소기간이 기산되는 것은 아니다(대판 2012.09.27. 2011두27247).

ㄴ. (X) 처분이 있음을 안 날부터 90일을 넘겨 청구한 부적법한 행정심판청구에 대한 재결이 있은 후 재결서를 송달받은 날부터 90일 이내에 원래의 처분에 대하여 취소소송을 제기하였다고 하여 취소소송이 다시 제소기간을 준수한 것으로 되는 것은 아니다(대판 2011.11.24. 2011두18786).

ㄷ. (X) 행정처분이 상대방에게 고지되어 상대방이 이러한 사실을 인식함으로써 행정처분이 있다는 사실을 현실적으로 알았을 때 행정소송법 제20조 제1항이 정한 제소기간이 진행한다. 통보서를 송달받기 전에 정보공개를 청구하여 위 처분을 하는 내용의 통보서를 비롯한 일체의 서류를 교부받은 날부터 기산하여 위 소는 제소기간을 넘긴 것으로서 부적법하다고 본 원심판결에는 법리를 오해한 위법이 있다(대판 2014. 9. 25. 2014두8254).

ㄹ. (O) 동일한 행정처분에 대하여 무효확인의 소를 제기하였다가 그 후 그 처분의 취소를 구하는 소를 추가적으로 병합한 경우, 주된 청구인 무효확인의 소가 적법한 제소기간 내에 제기되었다면 추가로 병합된 취소청구의 소도 적법하게 제기된 것으로 봄이 상당하다(대판 2005.12.23. 2005두3554).

정답 ④

648 [10국회9급]

취소소송의 제소기간에 관한 기술 중 옳지 않은 것은? (다툼이 있는 경우 판례에 의함)

① 행정심판을 거치지 아니하고 바로 취소소송을 제기하는 경우의 제소기간은 처분 등이 있음을 안 날로부터 90일 이내이다.

② 처분 등이 있은 날이란 당해 처분이 그 효력을 발생한 날을 말하며 상대방이 있는 처분의 경우에는 상대방에게 도달되어야 한다.

③ 통상 고시 또는 공고에 의하여 처분을 하는 경우 당사자가 고시 또는 공고 등이 있음을 현실로 알았는지 여부를 불문하고 그 고시 또는 공고의 효력이 발생하는 날이 제소기간의 기산일이 된다.

④ 특정인에 대한 처분을 주소불명 등의 이유로 송달할 수 없어 관보·공보·게시판·일간신문 등에 공고(공시송달)한 경우에는 당해 공고가 효력을 발생하는 날이 제소기간의 기산일이 된다.

⑤ 「행정절차법」은 행정청이 처분을 하는 때에는 당사자에게 제소기간을 알려야 한다고 규정하고 있으나 제소기간을 알리지 아니하거나, 알렸지만 잘못 알린 경우에 관하여는 아무런 규정이 없다.

해설

① (O)

> **행정소송법 제20조(제소기간)** ① 취소소송은 처분등이 있음을 안 날부터 90일 이내에 제기하여야 한다. 다만, 제18조 제1항 단서에 규정한 경우와 그 밖에 행정심판청구를 할 수 있는 경우 또는 행정청이 행정심판청구를 할 수 있다고 잘못 알린 경우에 행정심판청구가 있은 때의 기간은 재결서의 정본을 송달받은 날부터 기산한다.
>
> ② 취소소송은 처분등이 있은 날부터 1년(제1항 단서의 경우는 재결이 있은 날부터 1년)을 경과하면 이를 제기하지 못한다. 다만, 정당한 사유가 있는 때에는 그러하지 아니하다.
>
> ③ 제1항의 규정에 의한 기간은 불변기간으로 한다.

② (O) "처분이 있은 날"이라 함은 상대방이 있는 행정처분의 경우는 특별한 규정이 없는 한 의사표시의 일반적 법리에 다라 그 행정처분이 상대방에게 고지되어 효력이 발생한 날을 말한다고 할 것이다(대판 1990.7.13. 90누2284).

③ (O) 통상 고시 또는 공고에 의하여 행정처분을 하는 경우에는 그 처분의 상대방이 불특정 다수인이고, 그 행정처분에 이해관계를 갖는 자는 고시 또는 공고가 있었다는 사실을 현실적으로 알았는지 여부에 관계없이 고시가 효력을 발생하는 날에 행정처분이 있음을 알았다고 보아야 하고, 따라서 그에 대한 취소소송은 그 날로부터 90일 이내에 제기하여야 한다(대판 2006.4.14, 2004두3847).

④ (X) 특정인에 대한 행정처분을 주소불명 등의 이유로 송달할 수 없어 관보·공보·게시판·일간신문 등에 공고한 경우에는, 공고가 효력을 발생하는 날에 상대방이 그 행정처분이 있음을 알았다고 볼 수는 없고, 상대방이 당해 처분이 있었다는 사실을 현실적으로 안 날에 그 처분이 있음을 알았다고 보아야 한다(대판 2006.4.28. 2005두14851).

⑤ (O) 행정청이 처분을 할 때에는 당사자에게 그 처분에 관하여 행정심판 및 행정소송을 제기할 수 있는지 여부, 그 밖에 불복을 할 수 있는지 여부, 청구절차 및 청구기간, 그 밖에 필요한 사항을 알려야 한다(행정절차법 제26조). 행정심판법에서는 오고지나 불고지에 대한 구제규정이 있으나(행정심판법 제27조 제5항, 제6항), 행정절차법에서는 이러한 규정이 없다.

정답 ④

649 [17지방7급]

A부 소속 일반직 국가공무원 甲은 회식 중 동료 공무원을 폭행하였다는 이유로, A부 장관으로부터 정직 3개월의 징계처분을 받았다. 甲은 해당 징계처분이 과도하다고 생각하여 법적 구제수단을 통하여 불복하고자 한다. 이에 대한 설명으로 옳지 않은 것은? (다툼이 있는 경우 판례에 의함)

① 甲은 행정소송을 제기하려면 소청심사위원회의 심사·결정을 거쳐야 하는데, 이 경우 소청심사의 청구기간은 정직 3개월 처분의 처분사유 설명서를 받은 날부터 30일 이내이다.

② 징계위원회의 심의과정에 반드시 제출되어야 하는 甲의 공적사항이 제시되지 않은 상태에서 정직 3개월의 징계처분을 한 경우라면 결과적으로 징계양정이 적정한지 여부와 상관없이 위법한 처분이 된다.

③ 소청심사위원회에서 甲에 대한 징계를 정직 2개월로 변경하는 재결을 하였다면, A부 장관이 정직 2개월로 변경하는 처분을 하지 않더라도 정직 2개월의 기간이 만료되면 甲에 대한 정직처분은 자동적으로 효력이 소멸된다.

④ 소청심사위원회가 정직 3개월의 처분을 정직 2개월로 변경하라는 재결을 하여 A부 장관이 정직 2개월의 처분을 한 경우, 甲이 이에 불복하여 제기하는 취소소송의 제소기간은 정직 2개월 처분이 있음을 甲이 현실적·구체적으로 안 날로부터 기산한다.

해설

① (O)

> **국가공무원법 제76조(심사청구와 후임자 보충 발령)** ① 제75조에 따른 처분사유 설명서를 받은 공무원이 그 처분에 불복할 때에는 그 설명서를 받은 날부터, 공무원이 제75조에서 정한 처분 외에 본인의 의사에 반한 불리한 처분을 받았을 때에는 그 처분이 있은 것을 안 날부터 각각 30일 이내에 소청심사위원회에 이에 대한 심사를 청구할 수 있다. 이 경우 변호사를 대리인으로 선임할 수 있다.

② (O) 공무원에 대한 징계위원회의 심의과정에 감경사유에 해당하는 공적 사항이 제시되지 아니한 경우에는 그 징계양정이 결과적으로 적정한지와 상관없이 이는 관계 법령이 정한 징계절차를 지키지 않은 것으로서 위법하다(대판 2012. 10. 11. 2012두13245).

③ (O) 재결의 형성력으로 정직 2개월로 변경되고 원칙적으로 기간이 만료되면 정직처분은 당연히 효력이 소멸된다.

④ (X)

> **행정소송법 제20조(제소기간)** ① 취소소송은 처분등이 있음을 안 날부터 90일 이내에 제기하여야 한다. 다만, 제18조 제1항 단서에 규정한 경우와 그 밖에 행정심판청구를 할 수 있는 경우 또는 행정청이 행정심판청구를 할 수 있다고 잘못 알린 경우에 행정심판청구가 있은 때의 기간은 재결서의 정본을 송달받은 날부터 기산한다.

정답 ④

650 [17교육행정]

행정소송에서의 제소기간에 관한 설명으로 옳은 것은? (단, 다툼이 있는 경우 판례에 따름)

① 부작위위법확인소송에는 제소기간의 제한이 있다.

② 제소기간은 불변기간이므로 소송행위의 보완은 허용되지 않는다.

③ 제소기간의 준수 여부는 법원의 직권조사사항에 해당하지 않는다.

④ 행정심판을 거친 경우의 제소기간은 행정심판재결서 정본을 송달받은 날로부터 90일 이내이다.

해설

① (X) 부작위위법확인의 소는 부작위상태가 계속되는 한 그 위법의 확인을 구할 이익이 있다고 보아야 하므로 원칙적으로 제소기간의 제한을 받지 않는다. 그러나 행정소송법 제38조 제2항이 제소기간을 규정한 같은 법 제20조를 부작위위법확인소송에 준용하고 있는 점에 비추어 보면, 행정심판 등 전심절차를 거친 경우에는 행정소송법 제20조가 정한 제소기간 내에 부작위위법확인의 소를 제기하여야 한다(대판 2009.07.23. 2008두10560).

② (X) ④ (O)

> **행정소송법 제20조(제소기간)** ① 취소소송은 처분등이 있음을 안 날부터 90일 이내에 제기하여야 한다. 다만, 제18조 제1항 단서에 규정한 경우와 그 밖에 행정심판청구를 할 수 있는 경우 또는 행정청이 행정심판청구를 할 수 있다고 잘못 알린 경우에 행정심판청구가 있은 때의 기간은 재결서의 정본을 송달받은 날부터 기산한다.
>
> ③ 제1항의 규정에 의한 기간은 불변기간으로 한다.
>
> **민사소송법 제173조(소송행위의 추후보완)** ① 당사자가 책임질 수 없는 사유로 말미암아 불변기간을 지킬 수 없었던 경우에는 그 사유가 없어진 날부터 2주 이내에 게을리 한 소송행위를 보완할 수 있다. 다만, 그 사유가 없어질 당시 외국에 있던 당사자에 대하여는 이 기간을 30일로 한다.

③ (X) 소송요건의 충족여부는 법원의 직권조사사항이다.

정답 ④

651 [18국가9급]

판례에 따를 경우 甲이 제기하는 소송이 적법하게 되기 위한 설명으로 옳은 것은?

> A시장은 2016. 12. 23.「식품위생법」위반을 이유로 甲에 대하여 3월의 영업정지처분을 하였고, 甲은 2016. 12. 26. 처분서를 송달받았다. 甲은 이에 대해 행정심판을 청구하였고, 행정심판위원회는 2017. 3. 6. "A시장은 甲에 대하여 한 3월의 영업정지처분을 2월의 영업정지에 갈음하는 과징금부과처분으로 변경하라."라는 일부인용의 재결을 하였으며, 그 재결서 정본은 2017. 3. 10. 甲에게 송달되었다. A시장은 재결 취지에 따라 2017. 3. 13. 甲에 대하여 과징금부과처분을 하였다. 甲은 여전히 자신이 식품위생법 위반을 이유로 한 제재를 받을 이유가 없다고 생각하여 취소소송을 제기하려고 한다.

① 행정심판위원회를 피고로 하여 2016. 12. 23.자 영업정지처분을 대상으로 취소소송을 제기하여야 한다.

② 행정심판위원회를 피고로 하여 2017. 3. 13.자 과징금부과처분을 대상으로 취소소송을 제기하여야 한다.

③ 과징금부과처분으로 변경된 2016. 12. 23.자 원처분을 대상으로 2017. 3. 10.부터 90일 이내에 제기하여야 한다.

④ 2017. 3. 13.자 과징금부과처분을 대상으로 2017. 3. 6.부터 90일 이내에 제기하여야 한다.

해설

당초처분인 2016. 12. 23.자 처분을 대상으로 하여야 하고, 제소기간은 재결서 정본을 송달받은 2017. 3. 10. 로부터 90일 이내 소송을 제기해야 한다.

정답 ③

652 [17지방9급]

「행정소송법」상 제소기간에 대한 판례의 입장으로 옳은 것은?

① 청구취지를 변경하여 종전의 소가 취하되고 새로운 소가 제기된 것으로 변경되었다면 새로운 소에 대한 제소기간 준수여부는 원칙적으로 소의 변경이 있은 때를 기준으로 한다.

② 납세자의 이의신청에 의한 재조사결정에 따른 행정소송의 제소기간은 이의신청인 등이 재결청으로부터 재조사결정의 통지를 받은 날부터 기산한다.

③ 처분의 불가쟁력이 발생하였고 그 이후에 행정청이 당해 처분에 대해 행정심판청구를 할 수 있다고 잘못 알렸다면, 그 처분의 취소소송의 제소기간은 행정심판의 재결서를 받은 날부터 기산한다.

④ 「산업재해보상보험법」상 보험급여의 부당이득 징수결정의 하자를 이유로 징수금을 감액하는 경우 감액처분으로도 아직 취소되지 않고 남아 있는 부분이 위법하다 하여 다툴 때에는, 제소기간의 준수 여부는 감액처분을 기준으로 판단해야 한다.

해설

① (O) 청구취지를 변경하여 구소가 취하되고 새로운 소가 제기된 것으로 변경되었을 때에 새로운 소에 대한 제소기간의 준수 등은 원칙적으로 소의 변경이 있은 때를 기준으로 하여야 한다(대판 2004.11.25. 2004두7023).

② (X) 조세심판에서의 재결청의 재조사결정에 따른 심사청구기간이나 심판청구기간 또는 행정소송의 제소기간은 이의신청인 등이 후속 처분의 통지를 받은 날부터 기산된다고 봄이 타당하다(대판 2010.06.25. 2007두12514 전원합의체).

③ (X) 불가쟁력이 발생하여 불복청구를 할 수 없었던 경우라면 그 이후에 행정청이 행정심판청구를 할 수 있다고 잘못 알렸다고 하더라도 그 때문에 처분 상대방이 적법한 제소기간 내에 취소소송을 제기할 수 있는 기회를 상실하게 된 것은 아니므로 이러한 경우에 잘못된 안내에 따라 청구된 행정심판 재결서 정본을 송달받은 날부터 다시 취소소송의 제소기간이 기산되는 것은 아니다(대판 2012.09.27. 2011두27247).

④ (X) 제소기간의 준수 여부는 감액처분이 아닌 당초 처분을 기준으로 판단한다(대판 2012. 9. 27. 2011두27247).

정답 ①

653 [17지방9급]

「행정소송법」상 필요적 전치주의가 적용되는 사안에서, 행정심판을 청구하여야 하나 당해 처분에 대한 행정심판의 재결을 거치지 아니하고 취소소송을 제기할 수 있는 경우에 해당하는 것은?

① 동종사건에 관하여 이미 행정심판의 기각재결이 있는 경우
② 서로 내용상 관련되는 처분 또는 같은 목적을 위하여 단계적으로 진행되는 처분 중 어느 하나가 이미 행정심판의 재결을 거친 경우
③ 처분의 집행 또는 절차의 속행으로 생길 중대한 손해를 예방하여야 할 긴급한 필요가 있는 경우
④ 처분을 행한 행정청이 행정심판을 거칠 필요가 없다고 잘못 알린 경우

해설

행정심판을 제기한 후 재결을 거치지 아니하고 취소소송을 제기할 수 있는 경우(행정소송법 제18조 제2항)	행정심판을 제기함이 없이 취소소송을 제기할 수 있는 경우(행정소송법 제18조 제3항)
1. 행정심판청구가 있은 날로부터 60일이 지나도 재결이 없는 때 2. 처분의 집행 또는 절차의 속행으로 생길 중대한 손해를 예방하여야 할 긴급한 필요가 있는 때 3. 법령의 규정에 의한 행정심판기관이 의결 또는 재결을 하지 못할 사유가 있는 때 4. 그 밖의 정당한 사유가 있는 때	1. 동종사건에 관하여 이미 행정심판의 기각재결이 있은 때 2. 서로 내용상 관련되는 처분 또는 같은 목적을 위하여 단계적으로 진행되는 처분 중 어느 하나가 이미 행정심판의 재결을 거친 때 3. 행정청이 사실심의 변론종결후 소송의 대상인 처분을 변경하여 당해 변경된 처분에 관하여 소를 제기하는 때 4. 처분을 행한 행정청이 행정심판을 거칠 필요가 없다고 잘못 알린 때

정답 ③

행정심판전치주의가 적용되는 경우에 행정심판을 거치지 않고 소제기를 하였더라도 사실심변론종결 전까지 행정심판을 거친 경우 하자는 치유된 것으로 볼 수 있다. [15국회8급]

| 해설

(O) 전심절차를 밟지 아니한 채 증여세부과처분취소소송을 제기하였다면 제소당시로 보면 전치요건을 구비하지 못한 위법이 있다 할 것이지만, 소송계속 중 심사청구 및 심판청구를 하여 각 기각결정을 받았다면 원심변론종결일 당시에는 위와 같은 전치요건흠결의 하자는 치유되었다고 볼 것이다(대판 1987.04.28. 86누29).

654 [11지방7급]

국세징수에 대한 불복이 있을 때, 현행법상 쟁송방법으로 옳지 않은 것은?

① 세무서장을 거쳐 중앙행정심판위원회에 하는 심판청구
② 세무서장을 거쳐 국세청장에게 하는 심사청구
③ 세무서장을 거쳐 지방국세청장에게 하는 이의신청
④ 감사원에 대한 심사청구

해설

① (X) 심판청구는 대통령령으로 정하는 바에 따라 불복의 사유를 갖추어 그 처분을 하였거나 하였어야 할 세무서장을 거쳐 (국무총리 소속의)조세심판원장에게 하여야 한다(국세기본법 제69조 제1항).

② (O) 심사청구는 대통령령으로 정하는 바에 따라 불복의 사유를 갖추어 해당 처분을 하였거나 하였어야 할 세무서장을 거쳐 국세청장에게 하여야 한다(국세기본법 제62조 제1항).

③ (O) 이의신청은 대통령령으로 정하는 바에 따라 불복의 사유를 갖추어 해당 처분을 하였거나 하였어야 할 세무서장에게 하거나 세무서장을 거쳐 관할 지방국세청장에게 하여야 한다(국세기본법 제66조 제1항).

④ (O) 감사원의 감사를 받는 자의 직무에 관한 처분이나 그 밖의 행위에 관하여 이해관계가 있는 자는 감사원에 그 심사의 청구를 할 수 있다(감사원법 제43조 제1항). 감사원에 심사를 청구하는 경우, 감사원법에 따라 심사청구를 한 처분이나 그 심사청구에 대한 처분이 있은 경우에는 심사청구 또는 심판청구를 거친 것으로 보고 행정소송을 제기할 수 있다(국세기본법 제56조 제4항).

정답 ①

「국세기본법」상 심사청구를 거친 후에도 심판청구를 제기할 수 있다. [14국가7급]

해설

(X)

국세기본법 제55조(불복) ⑨ 동일한 처분에 대해서는 심사청구와 심판청구를 중복하여 제기할 수 없다.

2. 소의 변경

655 [18서울9급]

「행정소송법」상 소의 종류의 변경에 대한 설명으로 옳은 것을 〈보기〉에서 모두 고른 것은?

〈보 기〉

ㄱ. 소의 종류의 변경은 직권으로도 가능하다.
ㄴ. 항소심에서도 소의 종류의 변경은 가능하다.
ㄷ. 당사자소송을 항고소송으로 변경하는 것은 허용되지 않는다.
ㄹ. 소의 종류의 변경의 요건을 갖춘 경우 면직처분취소소송을 공무원보수지급청구소송으로 변경하는 것은 가능하다.

① ㄱ, ㄴ
② ㄱ, ㄹ
③ ㄴ, ㄷ
④ ㄴ, ㄹ

해설

ㄱ. (X) ㄴ. (O)

> **행정소송법 제21조(소의 변경)** ①법원은 취소소송을 당해 처분등에 관계되는 사무가 귀속하는 국가 또는 공공단체에 대한 당사자소송 또는 취소소송외의 항고소송으로 변경하는 것이 상당하다고 인정할 때에는 청구의 기초에 변경이 없는 한 사실심의 변론종결시까지 원고의 신청에 의하여 결정으로써 소의 변경을 허가할 수 있다.

ㄷ. (X)

> **행정소송법 제42조(소의 변경)** 제21조의 규정은 당사자소송을 항고소송으로 변경하는 경우에 준용한다.

ㄹ. (O) 항고소송을 당사자소송으로 변경하는 것이므로 가능하다.

정답 ④

656 [08지방9급]

「행정소송법」상의 소의 변경에 관한 설명으로 옳지 않은 것은?

① 법원은 소의 변경의 필요가 있다고 판단될 때에는 원고의 신청이 없더라도 사실심의 변론종결시까지 직권으로 소를 변경할 수 있다.

② 소의 종류의 변경은 소송경제 및 권리보호의 관점에서 인정된다.

③ 법원이 소의 종류의 변경을 허가함으로써 피고를 달리하게 될 때에는 새로이 피고가 될 자의 의견을 반드시 들어야 한다.

④ 소의 변경은 당사자소송을 항고소송으로 변경하는 경우에도 인정된다.

해설

① (X) 신청이 있어야 하며, 직권으로 변경할 수는 없다.

> **행정소송법 제21조(소의 변경)** ① 법원은 취소소송을 당해 처분등에 관계되는 사무가 귀속하는 국가 또는 공공단체에 대한 당사자소송 또는 취소소송외의 항고소송으로 변경하는 것이 상당하다고 인정할 때에는 청구의 기초에 변경이 없는 한 사실심의 변론종결시까지 원고의 신청에 의하여 결정으로써 소의 변경을 허가할 수 있다.
>
> ② 제1항의 규정에 의한 허가를 하는 경우 피고를 달리하게 될 때에는 법원은 새로이 피고로 될 자의 의견을 들어야 한다.

② (O) 소의 종류의 변경 필요성이 있음에도 불허하면 기존 소송의 심리를 백지화시키고 다시 처음부터 소를 제기하여야 하기 때문에 소송경제측면에서 불합리하고, 사인의 권리구제에 만전을 기하기 위하여 소의 변경이 인정된다.

③ (O) 행정소송법 제21조 제2항.

④ (O)

> **행정소송법 제42조(소의 변경)** 제21조의 규정은 당사자소송을 항고소송으로 변경하는 경우에 준용한다.

정답 ①

3. 처분사유의 추가·변경

657 [16국가9급]

행정소송에 대한 설명으로 옳은 것은? (다툼이 있는 경우 판례에 의함)

① 납세의무자에 대한 국가의 부가가치세 환급세액 지급의무는 부당이득반환의무에 해당하므로, 그에 대한 지급청구는 민사소송의 절차에 따라야 한다.

② 국가기관인 시·도 선거관리위원회 위원장은 국민권익위원회가 그에게 소속직원에 대한 중징계요구를 취소하라는 등의 조치 요구를 한 것에 대해서 취소소송을 제기할 원고적격을 가진다고 볼 수 없다.

③ 생태·자연도 1등급으로 지정되었던 지역을 2등급 또는 3등급으로 변경하는 내용의 환경부장관의 결정에 대해 해당 1등급 권역의 인근 주민은 취소소송을 제기할 원고적격이 인정된다.

④ 처분청이 처분 당시 적시한 구체적 사실을 변경하지 아니하는 범위 내에서 단지 처분의 근거 법령만을 추가·변경하는 경우에 법원은 처분청이 처분 당시 적시한 구체적 사실에 대하여 처분 후 추가·변경한 법령을 적용하여 처분의 적법 여부를 판단할 수 있다.

해설

① (X) 국가에 대한 납세의무자의 부가가치세 환급세액 지급청구는 민사소송이 아니라 행정소송법 제3조 제2호에 규정된 당사자소송의 절차에 따라야 한다(대판 2013.3.21. 2011다95564 전원합의체).

② (X) 甲이 국민권익위원회에 신고와 신분보장조치를 요구하였고, 국민권익위원회가 甲의 소속기관 장인 乙 시·도선거관리위원회 위원장에게 '甲에 대한 중징계요구를 취소하고 향후 신고로 인한 신분상 불이익처분 및 근무조건상의 차별을 하지 말 것을 요구'하는 내용의 조치요구를 한 사안에서, 국가기관 일방의 조치요구에 불응한 상대방 국가기관에 국민권익위원회법상의 제재규정과 같은 중대한 불이익을 직접적으로 규정한 다른 법령의 사례를 찾아보기 어려운 점, 그럼에도 乙이 국민권익위원회의 조치요구를 다툴 별다른 방법이 없는 점 등에 비추어 보면, 비록 乙이 국가기관이더라도 당사자능력 및 원고적격을 가진다고 보는 것이 타당하고, 乙에게는 위 조치요구의 취소를 구할 법률상 이익도 있다(대판 2013.07.25. 2011두1214).

③ (X) 생태·자연도는 토지이용 및 개발계획의 수립이나 시행에 활용하여 자연환경을 체계적으로 보전·관리하기 위한 것일 뿐, 1등급 권역의 인근 주민들이 가지는 생활상 이익을 직접적이고 구체적으로 보호하기 위한 것이 아님이 명백하고, 1등급 권역의 인근 주민들은 생태·자연도 등급권역을 1등급에서 일부는 2등급으로, 일부는 3등급으로 변경한 결정의 무효확인을 구할 원고적격이 없다(대판 2014.2.21. 2011두29052).

④ (O) 처분청이 처분 당시에 적시한 구체적 사실을 변경하지 아니하는 범위 내에서 단지 그 처분의 근거법령만을 추가·변경하거나 당초의 처분사유를 구체적으로 표시하는 것에 불과한 경우에는 새로운 처분사유의 추가·변경에 해당하지 않는다(대판 2007.2.8. 2006두4899).

정답 ④

처분사유의 변경으로 소송물이 변경되는 경우, 반드시 청구가 변경되는 것은 아니므로 처분사유의 추가·변경은 허용될 수 있다. [17국가7급]

| 해설

(X) 처분사유의 추가변경은 취소소송의 소송물의 범위 내에서만 가능하다. 처분사유의 변경으로 소송물이 변경된다면 청구가 변경되는 것이므로, 이 경우에는 소의 변경을 하여야 한다.

처분사유를 B로 추가·변경한다는 관할 행정청의 주장이 법원에서 받아들여진 경우, 甲은 처분변경으로 인한 소의 변경을 신청하여야 한다. [15사회복지]

| 해설

(X) 처분사유를 B로 추가·변경한다는 관할 행정청의 주장이 법원에서 받아들여진 경우라도, 당초 처분의 변경은 없으므로 甲은 처분변경으로 인한 소의 변경을 신청하여야 하는 것은 아니다(관할 행정청은 소송상 공격·방어방법으로, 주장내용을 변경하면 된다).

658 [17국가9급]

취소소송에서의 처분사유의 추가·변경에 대한 설명으로 옳은 것은? (다툼이 있는 경우 판례에 의함)

① 처분청은 원고의 권리방어가 침해되지 않는 한도 내에서 당해 취소소송의 대법원 확정판결이 있기 전까지 처분사유의 추가·변경을 할 수 있다.

② 처분사유의 추가·변경이 인정되기 위한 요건으로서의 기본적 사실관계의 동일성 유무는, 처분사유를 법률적으로 평가하기 이전의 구체적인 사실에 착안하여 그 기초적인 사회적 사실관계가 기본적인 점에서 동일한지 여부에 따라 결정된다.

③ 추가 또는 변경된 사유가 당초의 처분시 그 사유를 명기하지 않았을 뿐 처분시에 이미 존재하고 있었고 당사자도 그 사실을 알고 있었다면 당초의 처분사유와 동일성이 인정된다.

④ 처분사유의 추가·변경이 절차적 위법성을 치유하는 것인데 반해, 처분이유의 사후제시는 처분의 실체법상의 적법성을 확보하기 위한 것이다.

해설

① (X) 행정청은 기본적 사실관계의 동일성이 있다고 인정되는 한도 내에서만 다른 처분사유를 추가, 변경할 수 있다고 할 것이나 이는 사실심 변론종결시까지만 허용된다(대판 1999.08.20. 98두17043).

② (O) 기본적 사실관계의 동일성 유무는 처분사유를 법률적으로 평가하기 이전의 구체적인 사실에 착안하여 그 기초인 사회적 사실관계가 기본적인 점에서 동일한지 여부에 따라 결정된다(대판 2003.12.11. 2001두8827).

③ (X) 추가 또는 변경된 사유가 당초의 처분시 그 사유를 명기하지 않았을 뿐 처분시에 이미 존재하고 있었고 당사자도 그 사실을 알고 있었다 하여 당초의 처분사유와 동일성이 있는 것이라 할 수 없다(대판 2003.12.11. 2001두8827).

④ (X) 반대로 서술되었다. 처분사유의 추가변경은 이미 처분시에 객관적으로 존재하였던 사유를 대상으로 하는 실체법상 적법성의 주장에 관한 소송법상 문제라는 점에서, 하자의 치유와 구별된다.

정답 ②

659 [17서울9급]

처분사유의 추가 · 변경에 대한 설명으로 가장 옳지 않은 것은? (다툼이 있는 경우 판례에 의함)

① 추가 또는 변경된 사유가 당초의 처분 시 그 사유를 명기하지 않았을 뿐 처분 시에 이미 존재하고 있었고 당사자도 그 사실을 알고 있었다 하여 당초의 처분사유와 동일성이 있는 것이라 할 수 없다.

② 취소소송에서 행정청의 처분사유의 추가 · 변경은 사실심변론종결시까지만 허용된다.

③ 당초의 처분사유인 중기취득세의 체납과 그 후 추가된 처분사유인 자동차세의 체납은 기본적 사실관계의 동일성이 부정된다.

④ 주류면허 지정조건 중 제6호 무자료 주류판매 및 위장거래 항목을 근거로 한 면허취소 처분에 대한 항고소송에서, 지정조건 제2호 무면허판매업자에 대한 주류판매를 새로이 그 취소사유로 주장하는 것은 기본적 사실관계의 동일성이 인정된다.

해설

① **(O)** 대판 2003.12.11. 2001두8827.

② **(O)** 대판 1999.08.20. 98두17043.

③ **(O)** 당초의 처분사유인 중기취득세의 체납과 그 후 추가된 처분사유인 자동차세의 체납은 각 세목, 과세년도, 납세의무자의 지위(연대납세의무자와 직접의 납세의무자) 및 체납액 등을 달리하고 있어 기본적 사실관계가 동일하다고 볼 수 없다(대판 1989.6.27. 88누6160).

④ **(X)** 주류면허 지정조건 중 제6호 무자료 주류판매 및 위장거래 항목을 근거로 한 면허취소처분에 대한 항고소송에서, 지정조건 제2호 무면허판매업자에 대한 주류판매를 새로이 그 취소사유로 주장하는 것은 기본적 사실관계가 다른 사유를 내세우는 것으로서 허용될 수 없다(대판 1996.9.6. 96누7427).

정답 ④

Ⅵ 가구제

660 [17국회8급]

행정심판법 및 행정소송법상의 집행정지에 대한 설명으로 옳지 않은 것은?

① 행정심판청구와 취소소송의 제기는 모두 처분의 효력이나 그 집행 또는 절차의 속행에 영향을 주지 아니한다.

② 공공복리에 중대한 영향을 미칠 우려가 있을 때에는 「행정심판법」 및 「행정소송법」상의 집행정지가 모두 허용되지 아니한다.

③ 「행정소송법」은 집행정지결정에 대한 즉시항고에 관하여 규정하고 있는 반면, 「행정심판법」에는 집행정지 결정에 대한 즉시항고에 관하여 규정하고 있지 아니하다.

④ 「행정심판법」은 위원회의 심리 · 결정을 갈음하는 위원장의 직권결정에 관한 규정을 두고 있는 반면, 「행정소송법」은 법원의 결정에 갈음하는 재판장의 직권결정에 관한 규정을 두고 있지 아니하다.

⑤ 「행정소송법」이 집행정지의 요건 중 하나로 '중대한 손해'가 생기는 것을 예방할 필요성에 관하여 규정하고 있는 반면, 「행정심판법」은 집행정지의 요건 중 하나로 '회복하기 어려운 손해'를 예방할 필요성에 관하여 규정하고 있다.

해설

① (O) 행정심판법 제30조, 행정소송법 제23조.

② (O)

> **행정심판법 제30조(집행정지)** ③ 집행정지는 공공복리에 중대한 영향을 미칠 우려가 있을 때에는 허용되지 아니한다.
>
> **행정소송법 제23조(집행정지)** ③ 집행정지는 공공복리에 중대한 영향을 미칠 우려가 있을 때에는 허용되지 아니한다.

③ (O) 행정소송법은 집행정지에 대한 즉시항고를 규정하고 있으나, 행정심판법에는 집행정지결정에 대한 불복을 규정하고 있지 아니하다.

> **행정소송법 제23조(집행정지)** ⑤ 제2항의 규정에 의한 집행정지의 결정 또는 기각의 결정에 대하여는 즉시항고할 수 있다. 이 경우 집행정지의 결정에 대한 즉시항고에는 결정의 집행을 정지하는 효력이 없다.

④ (O) 행정심판법은 위원장의 직권결정에 대하여 규정하고 있으나, 행정소송법은 그와 같은 규정이 없다.

> **행정심판법 제30조(집행정지)** ⑥ 제2항과 제4항에도 불구하고 위원회의 심리·결정을 기다릴 경우 중대한 손해가 생길 우려가 있다고 인정되면 위원장은 직권으로 위원회의 심리·결정을 갈음하는 결정을 할 수 있다. 이 경우 위원장은 지체 없이 위원회에 그 사실을 보고하고 추인(追認)을 받아야 하며, 위원회의 추인을 받지 못하면 위원장은 집행정지 또는 집행정지 취소에 관한 결정을 취소하여야 한다.

⑤ (X) 반대로 서술되어 있다.

> **행정소송법 제23조(집행정지)** ② 취소소송이 제기된 경우에 처분등이나 그 집행 또는 절차의 속행으로 인하여 생길 회복하기 어려운 손해를 예방하기 위하여 긴급한 필요가 있다고 인정할 때에는 본안이 계속되고 있는 법원은 당사자의 신청 또는 직권에 의하여 처분등의 효력이나 그 집행 또는 절차의 속행의 전부 또는 일부의 정지(이하 "집행정지"라 한다)를 결정할 수 있다.
>
> **행정심판법 제30조(집행정지)** ② 위원회는 처분, 처분의 집행 또는 절차의 속행 때문에 중대한 손해가 생기는 것을 예방할 필요성이 긴급하다고 인정할 때에는 직권으로 또는 당사자의 신청에 의하여 처분의 효력, 처분의 집행 또는 절차의 속행의 전부 또는 일부의 정지(이하 "집행정지"라 한다)를 결정할 수 있다. 다만, 처분의 효력정지는 처분의 집행 또는 절차의 속행을 정지함으로써 그 목적을 달성할 수 있을 때에는 허용되지 아니한다.

정답 ⑤

661 [21지방9급]

「행정소송법」에 따른 집행정지에 대한 설명으로 옳지 않은 것은? (다툼이 있는 경우 판례에 의함)

① 처분의 효력정지결정을 하려면 그 효력정지를 구하는 당해 행정처분에 대한 본안소송이 법원에 제기되어 계속중임을 요건으로 한다.

② 거부처분의 효력정지는 그 거부처분으로 인하여 신청인에게 생길 손해를 방지하는 데 필요하므로 신청인에게는 그 효력정지를 구할 이익이 있다.

③ 처분의 효력정지는 처분의 집행 또는 절차의 속행을 정지함으로써 목적을 달성할 수 있는 경우에는 허용되지 아니한다.

④ 신청인의 본안청구의 이유 없음이 명백할 때는 집행정지가 인정되지 않는다.

해설

① (O) ③ (O)

> **행정소송법 제23조(집행정지)** ② 취소소송이 제기된 경우에 처분 등이나 그 집행 또는 절차의 속행으로 인하여 생길 회복하기 어려운 손해를 예방하기 위하여 긴급한 필요가 있다고 인정할 때에는 본안이 계속되고 있는 법원은 당사자의 신청 또는 직권에 의하여 처분 등의 효력이나 그 집행 또는 절차의 속행의 전부 또는 일부의 정지(이하 "집행정지"라 한다)를 결정할 수 있다. 다만, 처분의 효력정지는 처분 등의 집행 또는 절차의 속행을 정지함으로써 목적을 달성할 수 있는 경우에는 허용되지 아니한다.

② (X) 거부처분의 효력정지는 그 거부처분으로 인하여 신청인에게 생길 손해를 방지하는 데에 아무런 소용이 없어 그 효력정지를 구할 이익이 없다(대결 1992.2.13. 91두47).

④ (O) 신청인의 본안 청구가 이유 없음이 명백하지 않아야 한다는 것도 효력정지나 집행정지의 요건에 포함시켜야 한다(대결 2008.5.6. 2007무147).

정답 ②

662 [18서울7급(上)]

「행정소송법」에 의한 임시의 권리구제에 관한 설명으로 가장 옳은 것은?

① 본안청구의 이유없음이 명백한 때에는 집행정지를 하지 못한다.

② 무효등확인소송에서는 집행정지가 준용되지 않으므로 「민사집행법」의 가처분이 적용된다.

③ 「행정소송법」이 정하는 집행정지의 요건은 '중대한 손해'의 예방 필요성이다.

④ 집행정지는 본안이 계속되어 있는 법원이 당사자의 신청에 의하여 한다. 처분권주의가 적용되므로 당사자의 신청 없이 직권으로 하지 못한다.

해설

① (O) 신청인의 본안 청구가 이유 없음이 명백하지 않아야 한다는 것도 효력정지나 집행정지의 요건에 포함시켜야 한다(대결 2008.5.6. 2007무147).

② (X) ③ (X) ④ (X)

> **행정소송법 제23조(집행정지)** ② 취소소송이 제기된 경우에 처분 등이나 그 집행 또는 절차의 속행으로 인하여 생길 회복하기 어려운 손해를 예방하기 위하여 긴급한 필요가 있다고 인정할 때에는 본안이 계속되고 있는 법원은 당사자의 신청 또는 직권에 의하여 처분 등의 효력이나 그 집행 또는 절차의 속행의 전부 또는 일부의 정지(이하 "집행정지"라 한다)를 결정할 수 있다. 다만, 처분의 효력정지는 처분 등의 집행 또는 절차의 속행을 정지함으로써 목적을 달성할 수 있는 경우에는 허용되지 아니한다.
>
> **제38조(준용규정)** ① 제9조, 제10조, 제13조 내지 제17조, 제19조, 제22조 내지 제26조, 제29조 내지 제31조 및 제33조의 규정은 무효등 확인소송의 경우에 준용한다.

정답 ①

663 [18국가7급]

「행정소송법」상 집행정지에 대한 설명으로 옳은 것만을 모두 고르면? (다툼이 있는 경우 판례에 의함)

ㄱ. 보조금 교부결정 취소처분에 대하여 법원이 효력정지결정을 하면서 주문에서 그 법원에 계속 중인 본안소송의 판결 선고 시까지 처분의 효력을 정지한다고 선언하였을 경우, 본안소송의 판결 선고에 의하여 정지결정의 효력은 소멸하고 이와 동시에 당초의 보조금 교부결정 취소처분의 효력이 당연히 되살아난다.

ㄴ. 집행정지의 결정이 확정된 후 집행정지가 공공복리에 중대한 영향을 미치거나 그 정지사유가 없어진 때에는 당사자의 신청 또는 직권에 의하여 결정으로써 집행정지의 결정을 취소할 수 있다.

ㄷ. 집행정지결정에 의하여 효력이 정지되는 처분이 당사자의 신청을 거부하는 것을 내용으로 하는 경우에는 그 처분을 행한 행정청은 집행정지결정의 취지에 따라 다시 이전의 신청에 대한 처분을 하여야 한다.

ㄹ. 집행정지의 결정에 대하여는 즉시항고할 수 있으며, 이 경우 집행정지의 결정에 대한 즉시항고에는 결정의 집행을 정지하는 효력이 없다.

① ㄱ, ㄷ　　② ㄴ, ㄹ

③ ㄱ, ㄴ, ㄹ　　④ ㄴ, ㄷ, ㄹ

해설

ㄱ. **(O)** 행정소송법 제23조에 의한 효력정지결정의 효력은 결정주문에서 정한 시기까지 존속하고 그 시기의 도래와 동시에 효력이 당연히 소멸하므로, 보조금 교부결정의 일부를 취소한 행정청의 처분에 대하여 법원이 효력정지결정을 하면서 주문에서 그 법원에 계속 중인 본안소송의 판결 선고 시까지 처분의 효력을 정지한다고 선언하였을 경우, 본안소송의 판결 선고에 의하여 정지결정의 효력은 소멸하고 이와 동시에 당초의 보조금 교부결정 취소처분의 효력이 당연히 되살아난다(대판 2017. 7. 11. 2013두25498).

ㄴ. **(O)**

> **행정소송법 제24조(집행정지의 취소)** ① 집행정지의 결정이 확정된 후 집행정지가 공공복리에 중대한 영향을 미치거나 그 정지사유가 없어진 때에는 당사자의 신청 또는 직권에 의하여 결정으로써 집행정지의 결정을 취소할 수 있다.

ㄷ. **(X)** 거부처분의 효력정지는 그 거부처분으로 인하여 신청인에게 생길 손해를 방지하는 데에 아무런 소용이 없어 그 효력정지를 구할 이익이 없다(대결 1992.2.13, 91두47).

ㄹ. **(O)**

> **행정소송법 제23조(집행정지)** ⑤ 제2항의 규정에 의한 집행정지의 결정 또는 기각의 결정에 대하여는 즉시항고할 수 있다. 이 경우 집행정지의 결정에 대한 즉시항고에는 결정의 집행을 정지하는 효력이 없다.

정답 ③

행정소송은 민사소송과는 달리 본안소송이 법원에 계속되어있음을 요하므로 행정소송제기와 동시에 집행정지를 신청할 수 없다. [08지방9급]

| 해설

(X) 행정소송법상의 집행정지는 본안소송이 법원에 계속되어 있을 것을 요건으로 한다. 다만 본안소송의 제기와 동시에 집행정지를 신청하는 것은 허용된다.

집행정지결정을 한 후에 본안소송이 취하되더라도 그 집행정지 결정의 효력이 당연히 소멸하는 것은 아니고, 별도의 취소조치를 필요로 한다. [16서울9급]

| 해설

(X) 집행정지결정을 한 후에라도 본안소송이 취하되어 소송이 계속하지 아니한 것으로 되면 집행정지결정은 당연히 그 효력이 소멸되는 것이고 별도의 취소조치를 필요로 하는 것이 아니다(대결 2007.06.28. 2005무75).

「민사집행법」상 가처분은 당사자소송에서 허용된다. [17사회복지]

| 해설

(O) 당사자소송에 대하여는 행정소송법 제23조 제2항의 집행정지에 관한 규정이 준용되지 아니하므로(행정소송법 제44조 제1항 참조), 이를 본안으로 하는 가처분에 대하여는 행정소송법 제8조 제2항에 따라 민사집행법상 가처분에 관한 규정이 준용되어야 한다(대판 2015.08.21. 2015무26).

664 [16지방9급]

행정소송상 가구제제도에 대한 설명으로 옳지 않은 것은? (다툼이 있는 경우 판례에 의함)

① 무효등확인소송의 제기는 처분의 효력이나 그 집행 또는 절차의 속행에 영향을 주지 아니한다.

② 취소소송을 제기한 경우 법원은 당사자의 신청이나 직권으로 「민사집행법」상 가처분을 내릴 수 있다.

③ 신청에 대한 거부처분의 효력을 정지하더라도 거부처분이 있기 전의 신청 시 상태로 되돌아가는 데에 불과하므로, 신청인에게는 거부처분에 대한 효력정지를 구할 이익이 없다.

④ 처분의 효력정지는 처분 등의 집행 또는 절차의 속행을 정지함으로써 목적을 달성할 수 있는 경우에는 허용되지 아니한다.

해설

① (O)

> **행정소송법 제23조(집행정지)** ① 취소소송의 제기는 처분 등의 효력이나 그 집행 또는 절차의 속행에 영향을 주지 아니한다.
>
> **제38조(준용규정)** ① 제9조, 제10조, 제13조 내지 제17조, 제19조, 제22조 내지 제26조, 제29조 내지 제31조 및 제33조의 규정은 무효등 확인소송의 경우에 준용한다.

② (X) 현행 행정소송법은 행정소송상 가구제로서 집행정지제도만을 규정하고 있으며 가처분은 인정되지 않는다.

③ (O) 거부처분은 그 효력이 정지되더라도 그 처분이 없었던 것과 같은 상태를 만드는 것에 지나지 아니하는 것이고 그 이상으로 행정청에 대하여 어떠한 처분을 명하는 등 적극적인 상태를 만들어 내는 경우를 포함하지 아니하므로, 교도소장의 접견허가거부처분에 대하여 효력을 정지할 필요성이 없다(대결 1991.05.02. 91두15).

④ (O)

> **행정소송법 제23조(집행정지)** ② 취소소송이 제기된 경우에 처분 등이나 그 집행 또는 절차의 속행으로 인하여 생길 회복하기 어려운 손해를 예방하기 위하여 긴급한 필요가 있다고 인정할 때에는 본안이 계속되고 있는 법원은 당사자의 신청 또는 직권에 의하여 처분 등의 효력이나 그 집행 또는 절차의 속행의 전부 또는 일부의 정지(이하 "집행정지"라 한다)를 결정할 수 있다. 다만, 처분의 효력정지는 처분 등의 집행 또는 절차의 속행을 정지함으로써 목적을 달성할 수 있는 경우에는 허용되지 아니한다.

정답 ②

VII 소송의 심리

665 [15교육행정]

행정소송에 관한 설명으로 옳은 것은?

① 소송요건의 구비 여부는 법원에 의한 직권조사사항으로 당사자의 주장에 구속되지 않는다.
② 무효확인소송은 즉시확정의 이익이 있는 경우에만 보충적으로 허용된다는 것이 판례의 입장이다.
③ 부작위위법확인소송의 대상이 되는 부작위는 당사자의 신청이 없더라도 성립할 수 있다.
④ 당사자소송의 피고는 원칙적으로 당해 처분을 행한 처분청이 된다.

해설

① (O) 행정소송에서 쟁송의 대상이 되는 행정처분의 존부는 소송요건으로서 직권조사사항이고, 그 존재를 당사자들이 다투지 아니한다 하더라도 그 존부에 관하여 의심이 있는 경우에는 이를 직권으로 밝혀 보아야 할 것이고, 사실심에서 변론종결시까지 당사자가 주장하지 않던 직권조사사항에 해당하는 사항을 상고심에서 비로소 주장하는 경우 그 직권조사사항에 해당하는 사항은 상고심의 심판범위에 해당한다(대판 2004.12.24. 2003두15195).

② (X) 행정소송법상의 무효등확인소송에서 확인의 이익을 요구하지 않는다(대판 2008.3.20. 2007두6342 전원합의체).

③ (X) 부작위위법확인소송의 대상이 되는 부작위는 당사자의 신청을 전제로 한다.

> **행정소송법 제2조(정의)** ① 이 법에서 사용하는 용어의 정의는 다음과 같다.
> 2. "부작위"라 함은 행정청이 당사자의 신청에 대하여 상당한 기간내에 일정한 처분을 하여야 할 법률상 의무가 있음에도 불구하고 이를 하지 아니하는 것을 말한다.

④ (X) 당사자소송은 국가·공공단체 그 밖의 권리주체를 피고로 한다(행정소송법 제39조). 당사자소송의 피고는 항고소송의 경우와 달리 행정청이 피고가 되는 것이 아니고, 국가·공공단체 그 밖의 권리주체를 피고로 한다. 따라서 공무수탁사인도 당사자소송의 피고가 될 수 있다.

정답 ①

666 [21서울7급]

행정소송에 대한 설명으로 가장 옳지 않은 것은?

① 사실심에서 변론종결시까지 당사자가 주장하지 않던 직권조사사항에 해당하는 사항을 상고심에서 비로소 주장하는 경우, 그 직권조사 사항에 해당하는 사항은 상고심의 심판범위에 해당하지 않는다.
② 상대방의 권리를 제한하는 행위라 하더라도 행정청 또는 그 소속기관이나 권한을 위임받은 공공기관의 행위가 아닌 한 이를 행정소송의 대상이 되는 행정처분이라고 할 수 없다.
③ 건축불허가처분을 하면서 건축불허가 사유뿐만 아니라 구 「소방법」에 따른 소방서장의 건축부동의 사유를 들고 있는 경우, 그 건축불허가처분에 관한 쟁송에서 건축법상의 건축불허가 사유뿐만 아니라 소방서장의 부동의 사유에 관하여도 다툴 수 있다.
④ 과세관청이 사업자등록을 관리하는 과정에서 위장사업자의 사업자명의를 직권으로 실사업자의 명의로 정정하는 행위는 항고소송의 대상이 되는 행정처분으로 볼 수 없다.

해설

① (X) 사실심에서 변론종결시까지 당사자가 주장하지 않던 직권조사사항에 해당하는 사항을 상고심에서 비로소 주장하는 경우 그 직권조사사항에 해당하는 사항은 상고심의 심판범위에 해당한다(대판 2004.12.24. 2003두15195).

② (O) 행정처분은, 행정청 또는 그 소속기관이나 법령에 의하여 행정권한의 위임 또는 위탁을 받은 공공기관이 국민의 권리의무에 관계되는 사항에 관하여 공권력을 발동하여 행하는 공법상의 행위를 말하며, 그것이 상대방의 권리를 제한하는 행위라 하더라도 행정청 또는 그 소속기관이나 권한을 위임받은 공공기관의 행위가 아닌 한 이를 행정처분이라고 할 수 없다(대결 2010. 11. 26. 2010무137).

③ (O) 건축허가권자가 건축불허가처분을 하면서 그 처분사유로 건축불허가 사유뿐만 아니라 소방서장의 건축부동의 사유를 들고 있다고 하여 그 건축불허가처분 외에 별개로 건축부동의처분이 존재하는 것이 아니므로, 그 건축불허가처분을 받은 사람은 그 건축불허가처분에 관한 쟁송에서 건축법상의 건축불허가 사유뿐만 아니라 소방서장의 부동의 사유에 관하여도 다툴 수 있다(대판 2004.10.15. 2003두6573).

④ (O) 과세관청이 사업자등록을 관리하는 과정에서 위장사업자의 사업자명의를 직권으로 실사업자의 명의로 정정하는 행위는 그에 의하여 사업자로서의 지위에 변동을 가져오는 것이 아니므로 항고소송의 대상이 되는 행정처분으로 볼 수 없다(대판 2011.1.27. 2008두2200).

정답 ①

667 [20국가9급]

판례의 입장으로 옳은 것은?

① 변상금부과처분이 당연무효인 경우, 당해 변상금부과처분에 의하여 납부한 오납금에 대한 납부자의 부당이득반환청구권의 소멸시효는 변상금부과처분의 부과시부터 진행한다.

② 행정소송에서 쟁송의 대상이 되는 행정처분의 존부에 관한 사항이 상고심에서 비로소 주장된 경우에 행정처분의 존부에 관한 사항은 상고심의 심판범위에 해당한다.

③ 어떠한 처분의 근거나 법적인 효과가 행정규칙에 규정되어 있다면, 그 처분이 행정규칙의 내부적 구속력에 의하여 상대방의 권리 의무에 직접 영향을 미치는 행위라도 항고소송의 대상이 되는 행정처분이라 볼 수 없다.

④ 어떠한 허가처분에 대하여 타법상의 인·허가가 의제된 경우, 의제된 인·허가는 통상적인 인·허가와 동일한 효력을 갖는 것은 아니므로 '부분 인·허가 의제'가 허용되는 경우에도 의제된 인·허가에 대한 쟁송취소는 허용되지 않는다.

해설

① (X) 변상금부과처분이 당연무효인 경우에 이 변상금부과처분에 의하여 납부자가 납부하거나 징수당한 오납금은 지방자치단체가 법률상 원인 없이 취득한 부당이득에 해당하고, 이러한 오납금에 대한 납부자의 부당이득반환청구권은 처음부터 법률상 원인이 없이 납부 또는 징수된 것이므로 납부 또는 징수시에 발생하여 확정되며, 그 때부터 소멸시효가 진행한다(대판 2005. 1. 27. 2004다50143).

② (O) 행정소송에서 쟁송의 대상이 되는 행정처분의 존부는 소송요건으로서 직권조사사항이고, 자백의 대상이 될 수 없는 것이므로, 설사 그 존재를 당사자들이 다투지 아니한다 하더라도 그 존부에 관하여 의심이 있는 경우에는 이를 직권으로 밝혀 보아야 할 것이고, 사실심에서 변론종결시까지 당사자가 주장하지 않던 직권조사사항에 해당하는 사항을 상고심에서 비로소 주장하는 경우 그 직권조사사항에 해당하는 사항은 상고심의 심판범위에 해당한다(대판 2004.12.24. 2003두15195).

③ (X) 어떠한 처분의 근거나 법적인 효과가 행정규칙에 규정되어 있다고 하더라도, 그 처분이 행정규칙의 내부적 구속력에 의하여 상대방에게 권리의 설정 또는 의무의 부담을 명하거나 기타 법적인 효과를 발생하게 하는 등으로 그 상대방의 권리 의무에 직접 영향을 미치는 행위라면, 이 경우에도 항고소송의 대상이 되는 행정처분에 해당한다(대판 2002.7.26. 2001두3532).

④ (X) 의제된 인허가는 통상적인 인허가와 동일한 효력을 가지므로, 적어도 '부분 인허가 의제'가 허용되는 경우에는 그 효력을 제거하기 위한 법적 수단으로 의제된 인허가의 취소나 철회가 허용될 수 있고, 이러한 직권 취소·철회가 가능한 이상 그 의제된 인허가에 대한 쟁송취소 역시 허용된다(대판 2018. 11. 29. 2016두38792).

정답 ②

668 [18지방9급]

항고소송에 대한 설명으로 옳은 것은? (다툼이 있는 경우 판례에 의함)

① 취소소송의 소송물을 처분의 위법성 일반으로 보게 되면, 어떠한 처분에 대한 청구기각의 확정판결이 있는 경우에도 후에 제기되는 취소소송에서 그 처분의 위법성을 주장할 수 있다.

② 소송에 있어서 처분권주의는 사적자치에 근거를 둔 법질서에 뿌리를 두고 있으므로 취소소송에는 적용되지 않는다.

③ 취소소송의 심리에 있어서 주장책임은 직권탐지주의를 보충적으로 인정하고 있는 한도 내에서 그 의미가 완화된다.

④ 부작위위법확인소송에서 사인의 신청권의 존재여부는 부작위의 성립과 관련하므로 원고적격의 문제와는 관련이 없다.

해설

① (X) 과세처분 취소소송의 소송물은 그 취소원인이 되는 위법성일반이다(대판 1990.03.23. 89누5386). 따라서 하나의 처분에 대하여 여러 개의 위법사유가 있더라도 소송물 자체는 하나가 된다.

② (X) 행정소송에 있어서도 행정소송법 제14조에 의하여 민사소송법 제188조가 준용되어 법원은 당사자가 신청하지 아니한 사항에 대하여는 판결할 수 없는 것이고, 행정소송법 제26조에서 직권심리주의를 채용하고 있으나 이는 행정소송에 있어서 원고의 청구범위를 초월하여 그 이상의 청구를 인용할 수 있다는 의미가 아니라 원고의 청구범위를 유지하면서 그 범위내에서 필요에 따라 주장외의 사실에 관하여도 판단할 수 있다는 뜻이다(대판 1987.11.10. 86누491).

③ (O) 행정소송법 제26조가 법원은 필요하다고 인정할 때에는 직권으로 증거조사를 할 수 있고, 당사자가 주장하지 아니한 사실에 대하여도 판단할 수 있다고 규정하고 있지만, 이는 행정소송의 특수성에 연유하는 당사자주의, 변론주의에 대한 일부 예외 규정일 뿐 법원이 아무런 제한 없이 당사자가 주장하지 아니한 사실을 판단할 수 있는 것은 아니고, 일건 기록에 현출되어 있는 사항에 관하여서만 직권으로 증거조사를 하고 이를 기초로 하여 판단할 수 있을 따름이고, 그것도 법원이 필요하다고 인정할 때에 한하여 청구의 범위 내에서 증거조사를 하고 판단할 수 있을 뿐이다(대판 1994.10.11. 94누4820).

④ (X) 당사자가 행정청에 대하여 어떤 행정행위를 하여 줄 것을 신청하지 아니하였거나 당사자가 그러한 행정행위를 하여 줄 것을 요구할 수 있는 법규상 또는 조리상의 권리를 가지고 있지 아니하는 등의 경우에는 원고적격이 없거나 항고소송의 대상인 위법한 부작위가 있다고 할 수 없어 그 부작위위법확인의 소는 부적법하다(대판 2007.10.26. 2005두7853).

정답 ③

669 [14국가9급]

행정소송의 심리에 대한 설명으로 옳지 않은 것은? (다툼이 있는 경우 판례에 의함)

① 소송요건의 존부는 사실심 변론종결시를 기준으로 판단한다.

② 「행정소송법」은 법원이 직권으로 관계행정청에 자료제출을 요구할 수 있음을 규정하고 있다.

③ 법원은 소송제기가 없는 사건에 대하여 심리·재판할 수 없다.

④ 법원은 행정소송에서 기록상 자료가 나타나 있다면 당사자가 주장하지 않았더라도 판단할 수 있다.

해설

① (O) 소송요건의 충족 여부는 사실심의 변론종결시를 기준으로 법원이 이를 직권으로 조사하여 판단하여야 한다(대판 2008.9.25. 2007다60417).

② (X) 신청이 있어야 한다.

> **행정소송법 제25조(행정심판기록의 제출명령)** ① 법원은 당사자의 신청이 있는 때에는 결정으로써 재결을 행한 행정청에 대하여 행정심판에 관한 기록의 제출을 명할 수 있다.

③ (O) 행정소송에서도 민사소송의 경우와 마찬가지로 불고불리의 원칙이 적용된다. 따라서 법원은 소의 제기가 없는 사건에 대해 심리·재판할 수 없으며, 소 제기가 있는 경우에도 당사자의 청구범위를 넘어서 심리·재판할 수 없다.

④ (O) 행정소송에서 기록상 자료가 나타나 있다면 당사자가 주장하지 않았더라도 판단할 수 있고, 소송자료에 의하여 법원이 처분의 적법 여부에 관한 합리적인 의심을 품을 수 있음에도 단지 주장을 하지 아니하였다는 이유만으로 당사자에게 석명을 하거나 직권으로 심리 · 판단하지 아니함으로써 구체적 타당성이 없는 판결을 하는 것은 허용될 수 없다(대판 2010.2.11. 2009두18035).

정답 ②

VIII 소송의 판결 등

1. 판결의 의의

2. 위법판단의 기준시점

3. 판결의 종류

670 [21지방9급]

사정판결에 대한 설명으로 옳지 않은 것은? (다툼이 있는 경우 판례에 의함)

① 사정판결은 본안심리 결과 원고의 청구가 이유 있다고 인정됨에도 불구하고 처분을 취소하는 것이 현저히 공공복리에 적합하지 아니하다고 인정하는 때 원고의 청구를 기각하는 판결을 말한다.

② 사정판결은 항고소송 중 취소소송 및 무효등확인소송에서 인정되는 판결의 종류이다.

③ 법원이 사정판결을 함에 있어서는 미리 원고가 그로 인하여 입게 될 손해의 정도와 배상방법 그 밖의 사정을 조사하여야 한다.

④ 원고는 피고인 행정청이 속하는 국가 또는 공공단체를 상대로 손해배상, 제해시설의 설치 그 밖에 적당한 구제방법의 청구를 당해 취소소송등이 계속된 법원에 병합하여 제기할 수 있다.

해설

① (O) ③ (O) ④ (O)

행정소송법 제28조(사정판결) ① 원고의 청구가 이유있다고 인정하는 경우에도 처분등을 취소하는 것이 현저히 공공복리에 적합하지 아니하다고 인정하는 때에는 법원은 원고의 청구를 기각할 수 있다. 이 경우 법원은 그 판결의 주문에서 그 처분등이 위법함을 명시하여야 한다.

② 법원이 제1항의 규정에 의한 판결을 함에 있어서는 미리 원고가 그로 인하여 입게 될 손해의 정도와 배상방법 그 밖의 사정을 조사하여야 한다.

③ 원고는 피고인 행정청이 속하는 국가 또는 공공단체를 상대로 손해배상, 제해시설의 설치 그 밖에 적당한 구제방법의 청구를 당해 취소소송 등이 계속된 법원에 병합하여 제기할 수 있다.

② (X) 사정판결은 취소소송에서만 허용되며, 무효등확인소송 및 부작위위법확인 소송에서는 허용되지 않는다.

행정소송법 제38조(준용규정) ① 제9조, 제10조, 제13조 내지 제17조, 제19조, 제22조 내지 제26조, 제29조 내지 제31조 및 제33조의 규정은 무효등 확인소송의 경우에 준용한다.

정답 ②

671 [22지방9급]

취소소송의 판결에 대한 설명으로 옳은 것은? (다툼이 있는 경우 판례에 의함)

① 원고의 청구가 이유있다고 인정하는 경우에도 이를 인용하는 것이 현저히 공공복리에 적합하지 않다고 판단되면 법원은 피고 행정청의 주장이나 신청이 없더라도 사정판결을 할 수 있다.

② 영업정지처분에 대한 취소소송에서 취소판결이 확정되면 처분청은 영업정지처분의 효력을 소멸시키기 위하여 영업정지처분을 취소하는 처분을 하여야 할 의무를 진다.

③ 공사중지명령의 상대방이 제기한 공사중지명령취소소송에서 기각판결이 확정된 경우 특별한 사정변경이 없더라도 그 후 상대방이 제기한 공사중지명령해제신청 거부처분취소소송에서는 그 공사중지명령의 적법성을 다시 다툴 수 있다.

④ 행정청은 취소판결에서 위법하다고 판단된 처분사유와 기본적 사실관계의 동일성이 없는 사유이더라도 처분시에 존재한 사유를 들어 종전의 처분과 같은 처분을 다시 할 수 없다.

해설

① (O) 사정판결은 당사자의 명백한 주장이 없는 경우에도 기록에 나타난 여러 사정을 기초로 직권으로 할 수 있다(대판 2006.9.22, 2005두2506).

② (X) 행정처분을 취소한다는 확정판결이 있으면 그 취소판결의 형성력에 의하여 당해 행정처분의 취소나 취소통지 등의 별도의 절차를 요하지 아니하고 당연히 취소의 효과가 발생한다(대판 1991.10.11. 90누5443).

③ (X) 행정청이 관련 법령에 근거하여 행한 공사중지명령의 상대방이 명령의 취소를 구한 소송에서 패소함으로써 그 명령이 적법한 것으로 이미 확정되었다면, 이후 이러한 공사중지명령의 상대방은 그 명령의 해제신청을 거부한 처분의 취소를 구하는 소송에서 그 명령의 적법성을 다툴 수 없다. 그와 같은 공사중지명령에 대하여 그 명령의 상대방이 해제를 구하기 위해서는 명령의 내용 자체로 또는 성질상으로 명령 이후에 원인사유가 해소되었음이 인정되어야 한다(대판 2014. 11. 27. 2014두37665).

④ (X) 확정판결의 당사자인 처분 행정청은 종전 처분 후에 발생한 새로운 사유를 내세워 다시 처분을 할 수 있고, 새로운 처분의 처분사유가 종전 처분의 처분사유와 기본적 사실관계에서 동일하지 않은 다른 사유에 해당하는 이상, 처분사유가 종전 처분 당시 이미 존재하고 있었고 당사자가 이를 알고 있었더라도 이를 내세워 새로이 처분을 하는 것은 확정판결의 기속력에 저촉되지 않는다(대판 2016.3.24. 2015두48235).

정답 ①

672 [13서울7급]

다음 중 행정소송의 판결에 대한 설명으로 옳은 것은?

① 기각판결은 소송요건의 불비를 이유로 본안의 심리를 거부하는 판결이다.
② 사정판결은 처분이 위법함에도 청구가 기각되는 것으로 이로 인하여 당해 처분은 위법성이 치유되어 적법하게 된다.
③ 사정판결은 무효등확인소송에도 적용된다.
④ 사정판결에서의 소송비용은 패소한 원고가 부담한다.
⑤ 사정판결의 경우 법원은 판결의 주문에 당해 처분이 위법함을 명시하여야 한다.

해설

① (X) 각하판결이란 소송요건의 불비로 인하여 본안의 심리를 거부하는 판결을 말한다. 기각판결이란 본안에서 원고의 청구를 배척하는 내용의 판결이다.
② (X) 사정판결은 처분이 위법하지만 기각하는 판결로, 처분의 위법성은 사정판결로 치유되어 적법하게 되는 것은 아니다.
③ (X) 사정판결은 취소소송에서만 허용되며, 무효등확인소송 및 부작위위법확인 소송에서는 허용되지 않는다.
④ (X)

> **행정소송법 제32조(소송비용의 부담)** 취소청구가 제28조의 규정에 의하여 기각되거나 행정청이 처분등을 취소 또는 변경함으로 인하여 청구가 각하 또는 기각된 경우에는 소송비용은 피고의 부담으로 한다.

⑤ (O) 행정소송법 제28조 제1항, 이는 처분의 위법함에 대한 기판력을 발생시키기 위한 것이다.

정답 ⑤

원고의 청구가 이유가 있다고 인정하는 경우에도, 즉 처분 등이 위법한 경우에도 처분 등을 취소하는 것이 현저히 공공복리에 적합하지 아니하다고 인정하는 때에는 법원은 원고의 청구를 각하할 수 있다. [14서울7급]

| 해설

(X) 각하가 아니라 기각하는 판결을 한다(행정소송법 제28조 제1항).

사정판결이 있는 경우 원고는 피고인 행정청이 속하는 국가 또는 공공단체를 상대로 손해배상청구를 당해 취소소송 등이 계속된 법원에 병합하여 제기할 수 없다. [16서울9급]

| 해설

(X)

> **행정소송법 제28조(사정판결)** ③ 원고는 피고인 행정청이 속하는 국가 또는 공공단체를 상대로 손해배상, 제해시설의 설치 그 밖에 적당한 구제방법의 청구를 당해 취소소송 등이 계속된 법원에 병합하여 제기할 수 있다.

673 [16국가7급]

사정판결에 대한 설명으로 옳지 않은 것은? (다툼이 있는 경우 판례에 의함)

① 사정판결을 하는 경우 법원은 원고의 청구를 기각하는 판결을 하게 되나, 소송비용은 피고의 부담으로 한다.
② 처분의 위법 여부는 처분시를 기준으로, 처분을 취소하는 것이 현저히 공공복리에 적합하지 아니한지 여부는 변론종결시를 기준으로 판단하여야 한다.
③ 사정판결이 확정되면 사정판결의 대상이 된 행정처분이 위법하다는 점에 대하여 기판력이 발생한다.
④ 원고는 처분을 한 행정청을 상대로 손해배상, 제해시설의 설치 그 밖에 적당한 구제방법의 청구를 당해 취소소송이 계속된 법원에 병합하여 제기할 수 있다.

해설

① **(O)** 사정판결의 소송비용은 일반적인 소송비용부담의 예와는 달리 패소자인 원고가 아니라 피고가 부담한다.

> **행정소송법 제28조(사정판결)** ① 원고의 청구가 이유있다고 인정하는 경우에도 처분등을 취소하는 것이 현저히 공공복리에 적합하지 아니하다고 인정하는 때에는 법원은 원고의 청구를 기각할 수 있다. 이 경우 법원은 그 판결의 주문에서 그 처분등이 위법함을 명시하여야 한다.
>
> **제32조(소송비용의 부담)** 취소청구가 제28조의 규정에 의하여 기각되거나 행정청이 처분등을 취소 또는 변경함으로 인하여 청구가 각하 또는 기각된 경우에는 소송비용은 피고의 부담으로 한다.

② **(O)** 취소소송에서의 위법성은 처분시를 기준으로 판단하는 것이 판례의 입장이므로, 사정판결에서도 처분의 위법성 판단의 기준시는 처분시가 된다. 그러나 사정판결의 필요성은 처분 후의 사정이 고려되어야 할 것이므로 변론종결시(판결시)를 기준으로 판단하여야 한다(대판 1970.3.24. 69누29).

③ **(O)** 사정판결을 하는 경우 법원은 판결주문에서 그 처분이나 재결이 위법함을 명시하여야 한다(행정소송법 제28조 제1항 후단). 따라서 위법판결에 대한 기판력이 발생한다.

④ **(X)** 처분행정청을 상대로 하는 것이 아니라 국가 또는 공공단체를 상대로 제기할 수 있다.

> **행정소송법 제28조(사정판결)** ③ 원고는 피고인 행정청이 속하는 국가 또는 공공단체를 상대로 손해배상, 제해시설의 설치 그 밖에 적당한 구제방법의 청구를 당해 취소소송 등이 계속된 법원에 병합하여 제기할 수 있다.

정답 ④

674 [22국가9급]

항고소송에서 수소법원의 판결에 대한 설명으로 옳지 않은 것은? (다툼이 있는 경우 판례에 의함)

① 행정처분의 취소를 구하는 소에서, 비록 행정처분의 위법을 이유로 취소판결을 받더라도 처분에 의하여 발생한 위법상태를 원상회복시키는 것이 불가능한 경우에는 원칙적으로 취소를 구할 법률상 이익이 없으므로, 수소법원은 소를 각하하여야 한다.
② 해임처분 취소소송 계속 중 임기가 만료되어 해임처분의 취소로 지위를 회복할 수는 없다고 할지라도, 그 취소로 해임처분일부터 임기만료일까지 기간에 대한 보수 지급을 구할 수 있는 경우에는 해임처분의 취소를 구할 법률상 이익이 있으므로, 수소법원은 본안에 대하여 판단하여야 한다.
③ 관할청이 「농지법」상의 이행강제금 부과처분을 하면서 재결청에 행정심판을 청구하거나 관할 행정법원에 행정소송을 할 수 있다고 잘못 안내한 경우 행정법원의 항고소송 재판관할이 생긴다.
④ 「행정소송법」 제19조에서 말하는 '재결 자체에 고유한 위법'이란 원처분에는 없고 재결에만 있는 재결청의 권한 또는 구성의 위법, 재결의 절차나 형식의 위법, 내용의 위법 등을 뜻한다.

해설

① (O) 행정처분의 무효확인 또는 취소를 구하는 소에서, 비록 행정처분의 위법을 이유로 무효확인 또는 취소 판결을 받더라도 그 처분으로 발생한 위법상태를 원상으로 회복시킬 수 없는 경우에는 원칙적으로 무효확인 또는 취소를 구할 법률상 이익이 없다. 다만 원상회복이 불가능하더라도 무효확인 또는 취소로써 회복할 수 있는 다른 권리나 이익이 남아 있거나, 동일한 소송 당사자 사이에서 동일한 사유로 위법한 처분이 반복될 위험이 있어 행정처분의 위법성 확인 또는 불분명한 법률문제에 대한 해명이 필요하다고 판단되는 경우 등에는 행정의 적법성 확보와 그에 대한 사법통제, 국민의 권리구제 확대 등의 측면에서 예외적으로 처분의 취소를 구할 소의 이익을 인정할 수 있다(대판 2020. 2. 27. 2018두67152).

② (O) 해임처분 무효확인 또는 취소소송 계속 중 임기가 만료되어 해임처분의 무효확인 또는 취소로 지위를 회복할 수는 없다고 할지라도, 그 무효확인 또는 취소로 해임처분일부터 임기만료일까지 기간에 대한 보수 지급을 구할 수 있는 경우에는 해임처분의 무효확인 또는 취소를 구할 법률상 이익이 있다(대판 2012. 2. 23. 2011두5001).

③ (X) 농지법 제62조 제1항에 따른 이행강제금 부과처분에 불복하는 경우에는 비송사건절차법에 따른 재판절차가 적용되어야 하고, 행정소송법상 항고소송의 대상은 될 수 없다. 설령 관할청이 이행강제금 부과처분을 하면서 재결청에 행정심판을 청구하거나 관할 행정법원에 행정소송을 할 수 있다고 잘못 안내하거나 관할 행정심판위원회가 각하재결이 아닌 기각재결을 하면서 관할 법원에 행정소송을 할 수 있다고 잘못 안내하였다고 하더라도, 그러한 잘못된 안내로 행정법원의 항고소송 재판관할이 생긴다고 볼 수도 없다(대판 2019. 4. 11. 2018두42955).

④ (O) 행정소송법 제19조에 의하면 행정심판에 대한 재결에 대하여도 그 재결 자체에 고유한 위법이 있음을 이유로 하는 경우에는 항고소송을 제기하여 그 취소를 구할 수 있고, 여기에서 말하는 '재결 자체에 고유한 위법'이란 그 재결자체에 주체, 절차, 형식 또는 내용상의 위법이 있는 경우를 의미한다(대판 2001.7.27. 99두2970).

정답 ③

4. 판결의 효력

675 [10국가9급]

다음 취소판결의 효력에 관한 설명으로 옳은 것은?

① 판례는 취소소송의 소송물을 처분의 위법성과 그로 인해 원고의 권리가 침해되었다는 원고의 '법적 주장'이라고 보고 있다.

② 대법원은 기판력의 객관적 범위가 판결의 주문 이외에 판결이유에 설시된 그 전제가 되는 법률관계의 존부에도 미친다고 판시하고 있다.

③ 「행정소송법」은 기판력에 관한 명문의 규정을 두고 있다는 것이 통설, 판례의 입장이다.

④ 취소소송의 피고는 처분청이므로 행정청을 피고로 하는 취소소송에 있어서의 기판력은 당해 처분이 귀속하는 국가 또는 공공단체에 미친다.

해설

① (X) 판례는 행정행위의 위법성 그 자체(행정행위의 위법성 일반)를 소송물로 본다. 원고의 권리가 침해되었다는 원고의 '법적 주장'이 취소소송의 소송물이라고 보는 견해는 판례의 입장이 아니라, 하나의 학설일 뿐이다(홍준형, 김남진).

② (X) 확정판결의 기판력은 그 판결의 주문에 포함된 것, 즉 소송물로 주장된 법률관계의 존부에 관한 판단의 결론 그 자체에만 미치는 것이고 판결이유에서 설시된 그 전제가 되는 법률관계의 존부에까지 미치는 것은 아니다(대판 2000.2.25. 99다55472).

③ (X) 기판력에 관하여 현행 행정소송법은 명문의 규정을 두고 있지 아니하나, 행정소송법 제8조 제2항에 의해 민사소송법 제216조와 제218조가 행정소송에도 준용되고 있으므로 기판력이 인정된다.

④ (O) 과세처분 취소소송의 피고는 처분청이므로 행정청을 피고로 하는 취소소송에 있어서의 기판력은 당해 처분이 귀속하는 국가 또는 공공단체에 미친다(대판 1998.7.24. 98다10854).

정답 ④

676 [16국가7급]

취소소송에서 판결의 효력에 대한 설명으로 옳지 않은 것은? (다툼이 있는 경우 판례에 의함)

① 거부처분의 취소판결이 확정된 경우에 그 처분을 행한 행정청은 종전 처분 후에 발생한 새로운 사유를 내세워 다시 거부처분을 할 수 있다.

② 취소판결의 기판력과 기속력은 판결의 주문과 판결이유 중에 설시된 개개의 위법사유에까지 미친다.

③ 거부처분에 대한 취소의 확정판결이 있음에도 행정청이 아무런 재처분을 하지 않는 경우뿐만 아니라 재처분을 하였더라도 그 재처분이 취소판결의 기속력에 반하는 경우에는 간접강제의 대상이 된다.

④ 간접강제결정에서 정한 의무이행기한이 경과한 후에라도 확정판결의 취지에 따른 재처분의 이행이 있으면 처분상대방이 더 이상 배상금을 추심하는 것은 특별한 사정이 없는 한 허용되지 않는다.

해설

① (O) 처분행정청은 종전 처분 후에 발생한 새로운 사유를 내세워 다시 거부처분을 할 수 있고, 그러한 처분도 행정소송법 제30조 제2항에 규정된 재처분에 해당한다(대판 1999.12.28. 98두1895).

② (X) 확정판결의 기판력은 그 판결의 주문에 포함된 것, 즉 소송물로 주장된 법률관계의 존부에 관한 판단의 결론 그 자체에만 미치는 것이고 판결이유에서 설시된 그 전제가 되는 법률관계의 존부에까지 미치는 것은 아니다(대판 2000.2.25. 99다55472).

> [비교판례] 확정판결의 기속력은 주로 판결의 실효성 확보를 위하여 인정되는 효력으로서 판결의 주문뿐만 아니라 그 전제가 되는 처분 등의 구체적 위법사유에 관한 이유 중의 판단에 대하여도 인정된다(대판 2001.03.23. 99두5238).

③ (O) 거부처분에 대한 취소의 확정판결이 있음에도 행정청이 아무런 재처분을 하지 아니하거나, 재처분을 하였다 하더라도 그것이 종전 거부처분에 대한 취소의 확정판결의 기속력에 반하는 등으로 당연무효라면 이는 아무런 재처분을 하지 아니한 때와 마찬가지라 할 것이므로 이러한 경우에는 행정소송법 제30조 제2항, 제34조 제1항 등에 의한 간접강제신청에 필요한 요건을 갖춘 것으로 보아야 한다(대결 2002.12.11. 2002무22).

④ (O) 행정소송법 제34조 소정의 간접강제결정에 기한 배상금은 확정판결의 취지에 따른 재처분의 지연에 대한 제재나 손해배상이 아니고 재처분의 이행에 관한 심리적 강제수단에 불과한 것으로 보아야 하므로, 특별한 사정이 없는 한 간접강제결정에서 정한 의무이행기한이 경과한 후에라도 확정판결의 취지에 따른 재처분의 이행이 있으면 배상금을 추심함으로써 심리적 강제를 꾀할 목적이 상실되어 처분상대방이 더 이상 배상금을 추심하는 것은 허용되지 않는다(대판 2004.01.15. 2002두2444).

정답 ②

677 [21서울7급]

「행정소송법」상 행정소송의 효력에 대한 설명으로 가장 옳지 않은 것은?

① 처분등을 취소하는 확정판결은 그 사건에 관하여 당사자인 행정청과 그 밖의 관계행정청을 기속한다.

② 취소 확정판결의 기속력은 소송물인 행정처분의 위법성 존부에 관한 판단 그 자체에만 미치는 것이므로 전소와 후소가 그 소송물을 달리하는 경우에는 전소 확정판결의 기속력이 후소에 미치지 아니한다.

③ 판결에 의하여 취소되는 처분이 당사자의 신청을 거부하는 것을 내용으로 하는 경우에는 그 처분을 행한 행정청은 판결의 취지에 따라 다시 이전의 신청에 대한 처분을 하여야 한다.

④ 취소 확정판결의 기속력은 판결의 주문 및 전제가 되는 처분 등의 구체적 위법사유에 관한 판단에도 미치나, 종전 처분이 판결에 의하여 취소되었더라도 종전 처분과 다른 사유를 들어서 새로이 처분을 하는 것은 기속력에 저촉되지 않는다.

해설

① (O)

행정소송법 제30조(취소판결등의 기속력) ① 처분등을 취소하는 확정판결은 그 사건에 관하여 당사자인 행정청과 그 밖의 관계행정청을 기속한다.

② (X) 확정판결의 기속력은 주로 판결의 실효성 확보를 위하여 인정되는 효력으로서 판결의 주문뿐만 아니라 그 전제가 되는 처분 등의 구체적 위법사유에 관한 이유 중의 판단에 대하여도 인정된다(대판 2001.03.23. 99두5238).

[비교판례] 취소판결의 기판력은 소송물로 된 행정처분의 위법성 존부에 관한 판단 그 자체에만 미치는 것이므로 전소와 후소가 그 소송물을 달리하는 경우에는 전소 확정판결의 기판력이 후소에 미치지 아니한다(대판 2009.01.15. 2006두14926).

③ (O)

행정소송법 제30조(취소판결등의 기속력) ② 판결에 의하여 취소되는 처분이 당사자의 신청을 거부하는 것을 내용으로 하는 경우에는 그 처분을 행한 행정청은 판결의 취지에 따라 다시 이전의 신청에 대한 처분을 하여야 한다.

④ (O) 처분 행정청은 종전 처분 후에 발생한 새로운 사유를 내세워 다시 처분을 할 수 있고, 새로운 처분의 처분사유가 종전 처분의 처분사유와 기본적 사실관계에서 동일하지 않은 다른 사유에 해당하는 이상, 처분사유가 종전 처분 당시 이미 존재하고 있었고 당사자가 이를 알고 있었더라도 이를 내세워 새로이 처분을 하는 것은 확정판결의 기속력에 저촉되지 않는다(대판 2016.3.24. 2015두48235).

정답 ②

678 [17서울9급]

「행정소송법」상 취소판결의 효력 중 기속력에 관한 설명으로 가장 옳지 않은 것은? (다툼이 있는 경우 판례에 의함)

① 종전 확정판결의 행정소송 과정에서 한 주장 중 처분사유가 되지 아니하여 판결의 판단 대상에서 제외된 부분을 행정청이 그 후 새로이 행한 처분의 적법성과 관련하여 새로운 소송에서 다시 주장하는 것은 확정판결의 기판력에 저촉된다.

② 여러 법규 위반을 이유로 한 영업허가취소처분이 처분의 이유로 된 법규 위반 중 일부가 인정되지 않고 나머지 법규 위반으로는 영업허가취소처분이 비례의 원칙에 위반된다고 취소된 경우에 판결에서 인정되지 않은 법규 위반사실을 포함하여 다시 영업정지처분을 내리는 것은 동일한 행위의 반복은 아니지만 판결의 취지에 반한다.

③ 파면처분에 대한 취소판결이 확정되면 파면되었던 원고를 복직시켜야 한다.

④ 법규 위반을 이유로 내린 영업허가취소처분이 비례의 원칙 위반으로 취소된 경우에 동일한 법규 위반을 이유로 영업정지처분을 내리는 것은 기속력에 반하지 않는다.

해설

① (X) 종전 확정판결의 행정소송 과정에서 한 주장 중 처분사유가 되지 아니하여 판결의 판단대상에서 제외된 부분을 행정청이 그 후 새로이 행한 처분의 적법성과 관련하여 새로운 소송에서 다시 주장하는 것이 위 확정판결의 기판력에 저촉된다고 할 수 없다(대판 1991. 8. 9. 90누7326).

② (O) 영업허가취소처분과 영업정지처분은 동일한 행위는 아니지만, 취소판결에서 인정되지 않은 법규위반사실을 포함하여 영업정지처분을 내리는 것은 판결의 취지에 반한다.

③ (O) 파면처분에 대한 취소판결이 확정되면 판결의 기속력에 따라 행정청은 원상회복의무를 부담한다.

④ (O) 영업허가취소처분이 비례 원칙 위반으로 취소된 경우에 판결의 취지에 따라 덜 침해적인 처분인 영업정지처분을 내리는 것은 판결의 기속력에 반하지 않는다.

정답 ①

679 [21국가9급]

甲 회사는 '토석채취허가지 진입도로와 관련 우회도로 개설 등은 인근 주민들과의 충분한 협의를 통해 민원발생에 따른 분쟁이 생기지 않도록 조치 후 사업을 추진할 것'이란 조건으로 토석채취허가를 받았다. 그러나 甲은 위 조건이 법령에 근거가 없다는 이유로 이행하지 아니하였고, 인근 주민이 민원을 제기하자 관할 행정청은 甲에게 공사중지명령을 하였다. 甲은 공사중지명령의 해제를 신청하였으나 거부되자 거부처분 취소소송을 제기하였다. 이에 대한 설명으로 옳지 않은 것은? (다툼이 있는 경우 판례에 의함)

① 일반적으로 기속행위의 경우 법령의 근거 없이 위와 같은 조건을 부가하는 것은 위법하다.

② 공사중지명령의 원인사유가 해소되었다면 甲은 공사중지명령의 해제를 신청할 수 있고, 이에 대한 거부는 처분성이 인정된다.

③ 甲에게는 공사중지명령 해제신청 거부처분에 대한 집행정지를 구할 이익이 인정되지 아니한다.

④ 甲이 앞서 공사중지명령 취소소송에서 패소하여 그 판결이 확정되었더라도, 甲은 그 후 공사중지명령의 해제를 신청한 후 해제신청 거부처분 취소소송에서 다시 그 공사중지명령의 적법성을 다툴 수 있다.

해설

① (O) 기속행위나 기속적 재량행위에는 부관을 붙일 수 없고 가사 부관을 붙였다 하더라도 무효이다(대판 1995.6.13. 94다56883).

② (O) 행정청이 행한 공사중지명령의 상대방은 그 명령 이후에 그 원인사유가 소멸하였음을 들어 행정청에게 공사중지명령의 철회를 요구할 수 있는 조리상의 신청권이 있다 할 것이고, 상대방으로부터 그 신청을 받은 행정청으로서는 상당한 기간 내에 그 신청을 인용하는 적극적 처분을 하거나 각하 또는 기각하는 등의 소극적 처분을 하여야 할 법률상의 응답의무가 있다(대판 2005. 4. 14. 2003두7590).

③ (O) 거부처분은 그 효력이 정지되더라도 행정청에 대하여 어떠한 처분을 명하는 등 적극적인 상태를 만들어 내는 경우를 포함하지 아니하는 것이므로, 거부처분의 효력을 정지할 필요성이 없다(대결 1991.05.02. 91두15).

④ (X) 거부처분은 관할 행정청이 국민의 처분신청에 대하여 거절의 의사표시를 함으로써 성립되고, 그 이후 동일한 내용의 새로운 신청에 대하여 다시 거절의 의사표시를 한 경우에는 새로운 거부처분이 있는 것으로 보아야 할 것이다(대판 2002.3.29. 2000두6084). 행정청이 관련 법령에 근거하여 행한 공사중지명령의 상대방이 명령의 취소를 구한 소송에서 패소함으로써 그 명령이 적법한 것으로 이미 확정되었다면, 이후 이러한 공사중지명령의 상대방은 그 명령의 해제신청을 거부한 처분의 취소를 구하는 소송에서 그 명령의 적법성을 다툴 수 없다. 그와 같은 공사중지명령에 대하여 그 명령의 상대방이 해제를 구하기 위해서는 명령의 내용 자체로 또는 성질상으로 명령 이후에 원인사유가 해소되었음이 인정되어야 한다(대판 2014. 11. 27. 2014두37665).

정답 ④

과세처분의 취소소송에서 청구가 기각된 확정판결의 기판력은 그 과세처분의 무효확인을 구하는 소송에는 미치지 아니한다. [14지방9급]

해설

(X) 과세처분 취소청구를 기각하는 판결이 확정되면 그 처분이 적법하다는 점에 관하여 기판력이 생기고 그 후 원고가 이를 무효라 하여 무효확인을 소구할 수 없는 것이어서 과세처분의 취소소송에서 청구가 기각된 확정판결의 기판력은 그 과세처분의 무효확인을 구하는 소송에도 미친다(대판 1998.7.24. 98다10854).

680 [20국가9급]

「행정소송법」상 취소소송에서 확정된 청구인용판결의 효력에 대한 설명으로 옳지 않은 것은? (다툼이 있는 경우 판례에 의함)

① 취소판결의 효력은 원칙적으로 소급적이므로, 취소판결에 의해 취소된 영업허가취소처분 이후의 영업행위는 무허가영업에 해당하지 않는다.

② 취소된 행정처분을 기초로 하여 새로 형성된 제3자의 권리가 취소판결 자체의 효력에 의해 당연히 그 행정처분 전의 상태로 환원되는 것은 아니다.

③ 취소판결의 기속력은 주로 판결의 실효성 확보를 위하여 인정되는 효력으로서 판결의 주문뿐만 아니라 그 전제가 되는 처분 등의 구체적 위법사유에 관한 이유 중의 판단에 대하여도 인정된다.

④ 행정처분이 판결에 의해 취소된 경우, 취소된 처분의 사유와 기본적 사실관계에서 동일성이 인정되지 않는 다른 사유를 들어 새로이 처분을 하는 것은 기속력에 반한다.

해설

① (O) 영업허가취소처분 자체가 나중에 행정쟁송절차에 의하여 취소되었다면 그 영업허가취소처분은 그 처분시에 소급하여 효력을 잃게 되며, 그 영업허가취소처분에 복종할 의무가 원래부터 없었음이 확정되었다고 봄이 타당하고, 영업허가취소처분이 장래에 향하여서만 효력을 잃게 된다고 볼 것은 아니므로 그 영업허가취소처분 이후의 영업행위를 무허가영업이라고 볼 수는 없다(대판 1993.6.25. 93도277).

② (O) 행정처분을 취소하는 확정판결이 제3자에 대하여도 효력이 있다고 하더라도 일반적으로 판결의 효력은 주문에 포함한 것에 한하여 미치는 것이니 그 취소판결 자체의 효력으로써 그 행정처분을 기초로 하여 새로 형성된 제3자의 권리까지 당연히 그 행정처분 전의 상태로 환원되는 것이라고는 할 수 없고, 단지 취소판결의 존재와 취소판결에 의하여 형성되는 법률관계를 소송당사자가 아니었던 제3자라 할지라도 이를 용인하지 않으면 아니된다는 것을 의미하는 것에 불과하다(대판 1986. 8. 19. 83다카2022).

③ (O) 취소소송에서 처분 등을 취소하는 확정판결의 기속력은 주로 판결의 실효성 확보를 위하여 인정되는 효력으로서 판결의 주문뿐만 아니라 그 전제가 되는 처분 등의 구체적 위법사유에 관한 이유 중의 판단에 대하여도 인정된다(대판 2001.03.23. 99두5238).

④ (X) 처분 행정청은 종전 처분 후에 발생한 새로운 사유를 내세워 다시 처분을 할 수 있고, 새로운 처분의 처분사유가 종전 처분의 처분사유와 기본적 사실관계에서 동일하지 않은 다른 사유에 해당하는 이상, 처분사유가 종전 처분 당시 이미 존재하고 있었고 당사자가 이를 알고 있었더라도 이를 내세워 새로이 처분을 하는 것은 확정판결의 기속력에 저촉되지 않는다(대판 2016.3.24. 2015두48235).

정답 ④

681 [17국가9급]

다음 사례에 대한 설명으로 옳지 않은 것은?

> 유흥주점영업허가를 받아 주점을 운영하는 甲은 A시장으로부터 연령을 확인하지 않고 청소년을 주점에 출입시켜 「청소년보호법」을 위반하였다는 사실을 이유로 한 영업허가취소처분을 받았다. 甲은 이에 불복하여 취소소송을 제기하였고 취소확정판결을 받았다.

① A시장은 甲이 청소년을 유흥접객원으로 고용하여 유흥행위를 하게 하였다는 이유로 다시 영업허가취소처분을 할 수는 있다.

② 영업허가취소처분은 지나치게 가혹하다는 이유로 취소확정판결이 내려졌다면, A시장은 甲에게 연령을 확인하지 않고 청소년을 출입시켰다는 이유로 영업허가정지처분을 할 수는 있다.

③ 청소년들을 주점에 출입시킨 사실이 없다는 이유로 취소확정판결이 내려졌다면, A시장은 甲에게 연령을 확인하지 않고 청소년을 출입시켰다는 이유로 영업허가취소처분을 할 수는 없다.

④ 청문절차를 거치지 않았다는 이유로 취소확정판결이 내려졌다면, A시장은 적법한 청문절차를 거치더라도 甲에게 연령을 확인하지 않고 청소년을 출입시켰다는 이유로 영업허가취소처분을 할 수는 없다.

해설

① **(O)** 확정판결의 당사자인 처분 행정청은 종전 처분 후에 발생한 새로운 사유를 내세워 다시 처분을 할 수 있고, 새로운 처분의 처분사유가 종전 처분의 처분사유와 기본적 사실관계에서 동일하지 않은 다른 사유에 해당하는 이상, 처분사유가 종전 처분 당시 이미 존재하고 있었고 당사자가 이를 알고 있었더라도 이를 내세워 새로이 처분을 하는 것은 확정판결의 기속력에 저촉되지 않는다(대판 2016.3.24. 2015두48235).

② **(O)** 판결의 취지에 반하지 않는 영업허가정지처분을 하는 것은 가능하다.

③ **(O)** 사실심 변론종결 이전의 사유를 내세워 다시 확정판결과 저촉되는 행정처분을 하는 것은 허용되지 않는 것으로서 이러한 행정처분은 그 하자가 중대하고도 명백한 것이어서 당연무효라 할 것이다(대판 1990.12.11. 90누3560).

④ **(X)** 판결에 의해 적시된 위법사유를 보완한 후 동일 내용의 처분을 하는 것은 기속력에 반하지 않는다.

정답 ④

거부처분이 실체적 위법을 이유로 취소된 경우에는 행정청은 취소판결의 기속력에 의해 다시 거부처분을 할 수 없고, 허가처분을 하여야 한다. [16서울9급]

해설

(X) 행정청은 그 행정소송의 사실심 변론종결 이후 발생한 새로운 사유를 내세워 다시 이전의 신청에 대하여 거부처분을 할 수 있으며, 그러한 처분도 이 조항에 규정된 재처분에 해당한다(대판 1999.12.28. 98두1895).

판결에 의하여 취소되는 처분이 당사자의 신청을 거부하는 것을 내용으로 하는 경우에는 그 처분을 행한 행정청은 판결의 취지에 따라 다시 이전의 신청에 대한 처분을 할 수 있다. [15경행특채]

해설

(X)

> **행정소송법 제30조(취소판결등의 기속력)** ② 판결에 의하여 취소되는 처분이 당사자의 신청을 거부하는 것을 내용으로 하는 경우에는 그 처분을 행한 행정청은 판결의 취지에 따라 다시 이전의 신청에 대한 처분을 하여야 한다.

682 [19서울9급(上)]

거부처분취소판결에 따른 행정청의 재처분의무에 관한 설명으로 옳지 않은 것은?

① 행정청의 재처분 내용은 판결의 취지를 존중하는 것이면 되고 반드시 원고가 신청한 내용대로 처분해야 하는 것은 아니다.

② 거부처분 후에 법령이 개정·시행된 경우, 거부처분 취소의 확정판결을 받은 행정청이 개정된 법령을 새로운 사유로 들어 다시 거부처분을 한 경우도 재처분에 해당한다.

③ 위법판단의 기준시에 관하여 판결시설을 취하면 사실심변론종결시 이전의 사유를 내세워 다시 거부처분을 할 수 있다.

④ 행정처분에 대하여 무효확인 판결이 내려진 경우에는 그 행정처분이 거부처분인 경우에도 행정청에 판결의 취지에 따른 재처분의무가 인정될 뿐 그에 대하여 간접강제까지 허용되는 것은 아니다.

해설

① **(O)** 판결의 취지에 따른다는 의미는 반드시 원고가 신청한대로 재처분을 하여야 하는 것을 의미하는 것은 아니다. 행정청은 다른 이유를 들거나 또는 거부처분사유에 존재하는 위법사유를 보완하여 다시 거부처분을 할 수도 있다.

> **[관련판례]** 행정청은 종전 처분 후에 발생한 새로운 사유를 내세워 다시 거부처분을 할 수 있고, 그러한 처분도 위 조항에 규정된 재처분에 해당한다(대판 1999.12.28. 98두1895).

② **(O)** 행정처분의 적법 여부는 그 행정처분이 행하여 진 때의 법령과 사실을 기준으로 하여 판단하는 것이므로 거부처분 후에 법령이 개정·시행된 경우에는 개정된 법령 및 허가기준을 새로운 사유로 들어 다시 이전의 신청에 대한 거부처분을 할 수 있으며 그러한 처분도 행정소송법 제30조 제2항에 규정된 재처분에 해당된다(대결 1998.1.7. 97두22).

③ **(X)** 위법판단의 기준시에 관하여 판결시설을 취하는 경우 사실심 변론 종결 이전의 사유를 내세워 거부처분을 하는 것은 허용되지 않는다.

④ **(O)** 행정소송법 제38조 제1항이 무효 확인 판결에 관하여 취소판결에 관한 규정을 준용함에 있어서 같은 법 제30조 제2항을 준용한다고 규정하면서도 같은 법 제34조는 이를 준용한다는 규정을 두지 않고 있으므로, 행정처분에 대하여 무효 확인 판결이 내려진 경우에는 그 행정처분이 거부처분인 경우에도 행정청에 판결의 취지에 따른 재처분의무가 인정될 뿐 그에 대하여 간접강제까지 허용되는 것은 아니라고 할 것이다(대결 1998.12.24. 98무37).

정답 ③

683 [15국가7급]

취소판결의 기속력에 대한 설명으로 옳은 것은? (다툼이 있는 경우 판례에 의함)

① 취소소송이 기각되어 처분의 적법성이 확정된 이후에도 처분청은 당해 처분이 위법함을 이유로 직권취소할 수 있다.

② 거부처분 취소판결이 확정된 후, 사실심 변론종결 이후에 발생한 새로운 사유를 근거로 다시 거부처분을 하는 것은 기속력에 위반된다.

③ 행정청이 판결 확정 이후 상대방에 대해 재처분을 하였다면 그 처분이 기속력에 위반되는 경우라도 간접강제의 대상은 되지 않는다.

④ 기속력은 당해 취소소송의 당사자인 행정청에 대해서만 효력을 미치며, 그 밖의 다른 행정청은 기속하지 않는다.

해설

① (O) 기속력은 인용판결이 확정된 경우에 한하여 인정되고 기각판결에는 인정되지 않는다. 따라서 취소소송의 기각판결이 있은 후에도 처분청은 당해 처분을 직권으로 취소할 수 있다.

② (X) 기속력은 판결의 주문과 이유에서 적시된 개개의 위법사유에만 미치므로 거부처분 취소판결이 확정된 후, 사실심 변론종결 이후에 발생한 새로운 사유를 근거로 다시 거부처분을 하는 것은 기속력에 위반되지 않는다. 그러나 사실심 변론종결 이전의 사유를 내세워 다시 거부처분을 하는 것은 확정판결의 기속력에 저촉되어 허용되지 아니한다(대판 2001.3.23, 99두5238).

③ (X) 재처분을 하였다 하더라도 그것이 종전 거부처분에 대한 취소의 확정판결의 기속력에 반하는 등으로 당연무효라면 이는 간접강제신청에 필요한 요건을 갖춘 것으로 보아야 한다(대결 2002.12.11, 2002무22).

④ (X)

행정소송법 제30조(취소판결등의 기속력) ① 처분등을 취소하는 확정판결은 그 사건에 관하여 당사자인 행정청과 그 밖의 관계행정청을 기속한다.

정답 ①

684 [19국가9급]

甲은 관할 A행정청에 토지형질변경허가를 신청하였으나 A행정청은 허가를 거부하였다. 이에 甲은 거부처분취소소송을 제기하여 재량의 일탈 · 남용을 이유로 취소판결을 받았고, 그 판결은 확정되었다. 이에 대한 설명으로 옳은 것은? (다툼이 있는 경우 판례에 의함)

① A행정청이 거부처분 이전에 이미 존재하였던 사유 중 거부처분 사유와 기본적 사실관계의 동일성이 없는 사유를 근거로 다시 거부처분을 하는 것은 허용되지 않는다.
② A행정청이 재처분을 하였더라도 취소판결의 기속력에 저촉되는 경우에는 甲은 간접강제를 신청할 수 있다.
③ A행정청의 재처분이 취소판결의 기속력에 저촉되더라도 당연무효는 아니고 취소사유가 될 뿐이다.
④ A행정청이 간접강제결정에서 정한 의무이행 기한 내에 재처분을 이행하지 않아 배상금이 이미 발생한 경우에는 그 이후에 재처분을 이행하더라도 甲은 배상금을 추심할 수 있다.

해설

① (X) 확정판결의 당사자인 처분 행정청은 종전 처분 후에 발생한 새로운 사유를 내세워 다시 처분을 할 수 있고, 새로운 처분의 처분사유가 종전 처분의 처분사유와 기본적 사실관계에서 동일하지 않은 다른 사유에 해당하는 이상, 처분사유가 종전 처분 당시 이미 존재하고 있었고 당사자가 이를 알고 있었더라도 이를 내세워 새로이 처분을 하는 것은 확정판결의 기속력에 저촉되지 않는다(대판 2016.3.24. 2015두48235).

② (O) 거부처분에 대한 취소의 확정판결이 있음에도 행정청이 아무런 재처분을 하지 아니하거나, 재처분을 하였다 하더라도 그것이 종전 거부처분에 대한 취소의 확정판결의 기속력에 반하는 등으로 당연무효라면 이는 아무런 재처분을 하지 아니한 때와 마찬가지라 할 것이므로 이러한 경우에는 행정소송법 제30조 제2항, 제34조 제1항 등에 의한 간접강제신청에 필요한 요건을 갖춘 것으로 보아야 한다(대결 2002.12.11. 2002무22).

③ (X) 확정판결의 당사자인 처분행정청이 그 행정소송의 사실심 변론종결 이전의 사유를 내세워 다시 확정판결과 저촉되는 행정처분을 하는 것은 허용되지 않는 것으로서 이러한 행정처분은 그 하자가 중대하고도 명백한 것이어서 당연무효라 할 것이다(대판 1990.12.11. 90누3560).

④ (X) 간접강제결정에 기한 배상금은 확정판결의 취지에 따른 재처분의 지연에 대한 제재나 손해배상이 아니고 재처분의 이행에 관한 심리적 강제수단에 불과한 것으로 보아야 하므로, 특별한 사정이 없는 한 간접강제결정에서 정한 의무이행기한이 경과한 후에라도 확정판결의 취지에 따른 재처분의 이행이 있으면 배상금을 추심함으로써 심리적 강제를 꾀할 목적이 상실되어 처분상대방이 더 이상 배상금을 추심하는 것은 허용되지 않는다(대판 2004.1.15. 2002두2444).

정답 ②

685 [22지방9급]

다음 각 사례에 대한 설명으로 옳은 것은? (다툼이 있는 경우 판례에 의함)

○ A 시장으로부터 3월의 영업정지처분을 받은 숙박업자 甲은 이에 불복하여 행정쟁송을 제기하고자 한다. ○ B 시장으로부터 건축허가거부처분을 받은 乙은 이에 불복하여 행정쟁송을 제기하고자 한다.

① 甲이 취소소송을 제기하면서 집행정지신청을 한 경우 법원이 집행정지결정을 하는 데 있어 甲의 본안청구의 적법 여부는 집행정지의 요건에 포함되지 않는다.

② 甲이 2022. 1. 5. 영업정지처분을 통지받았고, 행정심판을 제기하여 2022. 3. 29. 1월의 영업정지처분으로 변경하는 재결이 있었고 그 재결서 정본을 2022. 4. 2. 송달받은 경우 취소소송의 기산점은 2022. 1. 5.이다.

③ 乙이 의무이행심판을 제기하여 처분명령재결이 있었음에도 B 시장이 허가를 하지 않는 경우 행정심판위원회는 직권으로 시정을 명하고 이를 이행하지 아니하면 직접 건축허가처분을 할 수 있다.

④ 乙이 건축허가거부처분에 대해 제기한 취소소송에서 인용판결이 확정되었으나 B 시장이 기속력에 위반하여 다시 거부처분을 한 경우 乙은 간접강제신청을 할 수 있다.

해설

① **(X)** 집행정지사건 자체에 의하여도 신청인의 본안청구가 적법한 것이어야 한다는 것을 집행정지의 요건에 포함시켜야 한다(대결 1999.11.26. 99부3).

② **(X)** 재결서 정본을 송달받은 2022. 4. 2. 일이 기산점이 된다.

> **행정소송법 제20조(제소기간)** ① 취소소송은 처분등이 있음을 안 날부터 90일 이내에 제기하여야 한다. 다만, 제18조 제1항 단서에 규정한 경우와 그 밖에 행정심판청구를 할 수 있는 경우 또는 행정청이 행정심판청구를 할 수 있다고 잘못 알린 경우에 행정심판청구가 있은 때의 기간은 재결서의 정본을 송달받은 날부터 기산한다.

③ **(X)** 직접처분의 경우 당사자의 신청이 필요하며, 직권으로 할 수 없다.

> **행정심판법 제50조(위원회의 직접 처분)** ① 위원회는 피청구인이 제49조 제3항에도 불구하고 처분을 하지 아니하는 경우에는 당사자가 신청하면 기간을 정하여 서면으로 시정을 명하고 그 기간에 이행하지 아니하면 직접 처분을 할 수 있다. 다만, 그 처분의 성질이나 그 밖의 불가피한 사유로 위원회가 직접 처분을 할 수 없는 경우에는 그러하지 아니하다.

④ **(O)** 거부처분에 대한 취소의 확정판결이 있음에도 행정청이 아무런 재처분을 하지 아니하거나, 재처분을 하였다 하더라도 그것이 종전 거부처분에 대한 취소의 확정판결의 기속력에 반하는 등으로 당연무효라면 이는 아무런 재처분을 하지 아니한 때와 마찬가지라 할 것이므로 이러한 경우에는 행정소송법 제30조 제2항, 제34조 제1항 등에 의한 간접강제신청에 필요한 요건을 갖춘 것으로 보아야 한다(대결 2002.12.11. 2002무22).

정답 ④

686 [16국회8급]

취소소송에서의 기속력에 대한 설명으로 옳은 것은? (다툼이 있는 경우 판례에 의함)

① 처분청이 재처분을 하였더라도 기속력에 위반되는 경우에는 간접강제의 대상이 된다.
② 기속력은 취소소송의 인용판결은 물론 기각판결에 대하여서도 인정된다.
③ 원고의 신청을 거부하는 처분에 대해 취소판결이 확정되면 기속력의 결과 행정청은 원고의 신청을 인용하는 처분을 하여야 한다.
④ 제3자효행정처분에서 절차의 하자를 이유로 원고가 취소확정판결을 받은 경우 당해 처분청은 원처분과 동일한 처분을 할 수 없다.
⑤ 취소판결의 기속력은 판결의 주문(主文)에 대하여서만 발생한다.

해설

① (O) 대결 2002.12.11. 2002무22.
② (X) 행정소송법은 "처분 등을 취소하는 확정판결은 그 사건에 관하여 당사자인 행정청과 그 밖의 관계행정청을 기속한다."고 하여 취소판결의 기속력을 규정하여(행정소송법 제30조 제1항), 기속력은 원고승소의 인용판결에서 인정되는 효력이고 원고패소의 기각판결에서는 인정되지 아니한다.
③ (X) 행정청은 그 행정소송의 사실심 변론종결 이후 발생한 새로운 사유를 내세워 다시 이전의 신청에 대하여 거부처분을 할 수 있으며, 그러한 처분도 이 조항에 규정된 재처분에 해당한다(대판 1999.12.28. 98두1895).
④ (X) 과세처분권자가 그 확정판결에 적시된 위법사유를 보완하여 행한 새로운 과세처분은 확정판결에 의하여 취소된 종전의 과세처분과는 별개의 처분으로서 확정판결의 기판력에 저촉되는 것은 아니다(대판 1986.11.11. 85누231).
⑤ (X) 기속력은 판결의 주문뿐만 아니라 그 전제가 되는 처분 등의 구체적 위법사유에 관한 이유 중의 판단에 대하여도 인정된다 (대판 2001.03.23. 99두5238).

정답 ①

687 [21국가7급]

취소판결의 기속력에 대한 설명으로 옳은 것(○)과 옳지 않은 것(×)을 바르게 연결한 것은? (다툼이 있는 경우 판례에 의함)

ㄱ. 취소 확정판결의 기속력은 판결의 주문(主文)에 대해서만 발생하며, 처분의 구체적 위법사유에 대해서는 발생하지 않는다.
ㄴ. 처분청이 재처분을 하였는데 종전 거부처분에 대한 취소 확정판결의 기속력에 반하는 경우에는 간접강제의 대상이 될 수 있다.
ㄷ. 취소 확정판결의 기속력에 대한 규정은 무효확인판결에도 준용되므로, 무효확인판결의 취지에 따른 처분을 하지 아니할 때에는 1심 수소법원은 간접강제결정을 할 수 있다.
ㄹ. 특별한 사정이 없는 한 간접강제결정에서 정한 의무이행기한이 경과한 후에라도 확정판결의 취지에 따른 재처분의 이행이 있으면 더 이상 배상금의 추심은 허용되지 않는다.

	ㄱ	ㄴ	ㄷ	ㄹ
①	○	×	○	○
②	×	○	×	○
③	×	○	×	×
④	×	×	○	○

해설

ㄱ. (X) 확정판결의 기속력은 주로 판결의 실효성 확보를 위하여 인정되는 효력으로서 판결의 주문뿐만 아니라 그 전제가 되는 처분 등의 구체적 위법사유에 관한 이유 중의 판단에 대하여도 인정된다(대판 2001.03.23. 99두5238).

ㄴ. (O) 취소의 확정판결이 있음에도 행정청이 아무런 재처분을 하지 아니하거나, 재처분을 하였다 하더라도 그것이 종전 거부처분에 대한 취소의 확정판결의 기속력에 반하는 등으로 당연무효라면 이는 아무런 재처분을 하지 아니한 때와 마찬가지라 할 것이므로 이러한 경우에는 행정소송법 제30조 제2항, 제34조 제1항 등에 의한 간접강제신청에 필요한 요건을 갖춘 것으로 보아야 한다(대결 2002.12.11. 2002무22).

ㄷ. (X) 행정소송법 제38조 제1항이 무효 확인 판결에 관하여 취소판결에 관한 규정을 준용함에 있어서 같은 법 제30조 제2항을 준용한다고 규정하면서도 같은 법 제34조는 이를 준용한다는 규정을 두지 않고 있으므로, 행정처분에 대하여 무효 확인 판결이 내려진 경우에는 그 행정처분이 거부처분인 경우에도 행정청에 판결의 취지에 따른 재처분의무가 인정될 뿐 그에 대하여 간접강제까지 허용되는 것은 아니라고 할 것이다(대결 1998.12.24. 98무37).

ㄹ. (O) 간접강제결정에 기한 배상금은 확정판결의 취지에 따른 재처분의 지연에 대한 제재나 손해배상이 아니고 재처분의 이행에 관한 심리적 강제수단에 불과한 것으로 보아야 하므로, 특별한 사정이 없는 한 간접강제결정에서 정한 의무이행기한이 경과한 후에라도 확정판결의 취지에 따른 재처분의 이행이 있으면 배상금을 추심함으로써 심리적 강제를 꾀할 목적이 상실되어 처분상대방이 더 이상 배상금을 추심하는 것은 허용되지 않는다(대판 2004.1.15. 2002두2444).

정답 ②

688 [17국가9급(下)]

다음 사례에 대한 설명으로 옳지 않은 것은? (다툼이 있는 경우 판례에 의함)

> 「식품위생법」에 따르면 식품접객업자가 청소년에게 주류를 제공하는 행위는 금지되고, 이를 위반할 경우 관할 행정청이 영업허가 또는 등록을 취소하거나 6개월 이내의 기간을 정하여 그 영업의 전부 또는 일부를 정지할 수 있으며, 관할 행정청이 영업허가 또는 등록의 취소를 하는 경우에는 청문을 실시하여야 한다. 식품접객업자인 甲은 영업장에서 청소년에게 술을 팔다 적발되었고, 관할 행정청인 乙은 청문절차를 거쳐 甲에게 영업허가취소처분을 하였다.

① 부령인 「식품위생법 시행규칙」에 위반행위의 종류 및 위반 횟수에 따른 행정처분의 기준을 구체적으로 정하고 있는 경우에 이 행정처분기준은 행정기관 내부의 사무처리준칙을 규정한 것에 불과하여 법적 구속력이 인정되지 않는다.

② 甲이 청소년에게 주류를 제공한 것이 인정되더라도 영업허가취소처분으로 인하여 甲이 입게 되는 불이익이 공익상 필요보다 막대한 경우에는 영업허가취소처분이 위법하다고 인정될 수 있다.

③ 乙이 청문을 실시할 때 청문서 도달기간을 준수하지 않았는데 甲이 이에 대하여 이의를 제기하지 않고 청문일에 출석하여 그 의견을 진술하고 변명함으로써 방어의 기회를 충분히 가졌다면 청문서 도달기간을 준수하지 아니한 영업허가취소처분의 하자는 치유되었다고 볼 수 있다.

④ 甲이 영업허가취소처분 취소소송을 제기하여 인용판결이 확정되어도 영업허가취소처분의 효력이 바로 소멸하는 것은 아니고 그 판결의 기속력에 따라 영업허가취소처분이 乙에 의해 취소되면 비로소 영업허가취소처분의 효력이 소멸한다.

해설

① (O) 식품위생법시행규칙에서 식품위생법 제58조에 따른 행정처분의 기준을 정하였다고 하더라도 이는 형식만 부령으로 되어 있을 뿐, 그 성질은 행정기관 내부의 사무처리준칙을 정한 것으로서 행정명령의 성질을 가지는 것이다(대판 1991.5.14. 90누9780).

② (O) 수익적 행정처분을 취소 또는 철회하는 경우에는 중대한 공익상의 필요 또는 제3자의 이익보호의 필요가 있는 때에 한하여 상대방이 받는 불이익과 비교·교량하여 결정하여야 하고, 그 처분으로 인하여 공익상의 필요보다 상대방이 받게 되는 불이익 등이 막대한 경우에는 그 자체가 위법하다(대판 2004.11.26. 2003두10251).

③ (O) 대판 1992.10.23. 92누2844.

④ (X) 행정처분을 취소한다는 확정판결이 있으면 그 취소판결의 형성력에 의하여 당해 행정처분의 취소나 취소통지 등의 별도의 절차를 요하지 아니하고 당연히 취소의 효과가 발생한다(대판 1991.10.11. 90누5443).

정답 ④

5. 소송의 종결

6. 상소 및 재심청구

689 [16서울7급]

복효적 행정행위 또는 제3자효 행정행위에 대한 설명으로 가장 옳지 않은 것은?

① 「행정절차법」 소정의 사전통지의 대상에서 규정하는 당사자 등에는 행정청이 직권으로 또는 신청에 따라 행정절차에 참여하게 된 이해관계인이 포함된다.

② 수익적 행정행위의 직권취소와 철회는 행위의 상대방의 신뢰보호뿐만 아니라 필요시 제3자의 이익도 함께 고려되어야 한다.

③ 「행정소송법」상 취소소송의 결과에 대하여 이해관계 있는 제3자는 취소소송에 참가할 수 있으나, 그 소송에 참가하지 못한 것이 자신에게 책임 없는 사유인 경우에는 그 확정판결에 대하여 재심을 청구할 수 없다.

④ 행정처분의 직접상대방이 아닌 제3자는 「행정심판법」 제27조 제3항 소정의 심판청구의 제척기간 내에 처분이 있었음을 알았다는 특별한 사정이 없는 한 그 제척기간의 적용을 배제할 같은 조항 단서 소정의 정당한 사유가 있는 때에 해당한다.

해설

① (O)

행정절차법 제2조(정의) 이 법에서 사용하는 용어의 뜻은 다음과 같다. 4. "당사자등"이란 다음 각 목의 자를 말한다. 가. 행정청의 처분에 대하여 직접 그 상대가 되는 당사자 나. 행정청이 직권으로 또는 신청에 따라 행정절차에 참여하게 한 이해관계인

② (O) 일반적으로 행정상의 법률관계에 있어서 행정청의 행위에 대하여 신뢰보호의 원칙이 적용되기 위해서는, 첫째 행정청이 개인에 대하여 신뢰의 대상이 되는 공적인 견해표명을 하여야 하고, 둘째 행정청의 견해표명이 정당하다고 신뢰한 데 대하여 그 개인에게 귀책사유가 없어야 하며, 셋째 그 개인이 그 견해표명을 신뢰하고 어떠한 행위를 하였어야 하고, 넷째 행정청이 위 견해표명에 반하는 처분을 함으로써 그 견해표명을 신뢰한 개인의 이익이 침해되는 결과가 초래되어야 하며, 마지막으로 위 견해표명에 따른 행정처분을 할 경우 이로 인하여 공익 또는 제3자의 정당한 이익을 현저히 해할 우려가 있는 경우가 아니어야 한다(대판 2006.04.28. 2005두6539).

③ (X)

> **행정소송법 제31조(제3자에 의한 재심청구)** ① 처분 등을 취소하는 판결에 의하여 권리 또는 이익의 침해를 받은 제3자는 자기에게 책임 없는 사유로 소송에 참가하지 못함으로써 판결의 결과에 영향을 미칠 공격 또는 방어방법을 제출하지 못한 때에는 이를 이유로 확정된 종국판결에 대하여 재심의 청구를 할 수 있다.

④ (O) 행정처분의 직접 상대방이 아닌 제3자는 일반적으로 처분이 있는 것을 바로 알 수 없는 처지에 있으므로, 법조항 본문의 적용을 배제할 "정당한 사유"가 있는 경우에 해당한다고 보아 위와 같은 심판청구기간이 경과한 뒤에도 심판청구를 제기할 수 있다(대판 1992.07.28. 91누12844).

정답 ③

처분 등을 취소하는 판결에 의하여 권리 또는 이익을 침해 받은 제3자는 소송에 참가하지 못함으로써 판결의 결과에 영향을 미칠 공격 또는 방어 방법을 제출하지 못한 때에는 그 귀책사유여부와 관계없이 확정된 종국판결에 대하여 재심의 청구를 할 수 있다. [15국회8급]

| 해설

(X) 행정소송법 제31조 제1항.

제3절 | 무효등확인소송·부작위위법확인소송

I 무효 등 확인소송

690 [20국가7급]

무효인 행정행위에 대한 설명으로 옳은 것은? (다툼이 있는 경우 판례에 의함)

① 무효인 행정행위에 대해서 무효선언을 구하는 의미의 취소소송을 제기하는 경우 취소소송의 제소요건을 구비하여야 한다.

② 행정행위의 무효사유를 판단하는 기준으로서의 명백성은 행정행위의 법적 안정성 확보를 통하여 행정의 원활한 수행을 도모하는 한편, 그 행정행위를 유효한 것으로 믿은 제3자나 공공의 신뢰를 보호하여야 할 필요가 있는 경우에 보충적으로 요구된다.

③ 무효인 행정행위에 대해서 사정판결을 할 수 있다.

④ 거부처분에 대한 무효확인판결에는 간접강제가 인정된다.

해설

① **(O)** 행정처분의 당연무효를 선언하는 의미에서 그 취소를 청구하는 행정소송을 제기하는 경우에도 소원의 전치와 제소기간의 준수 등 취소소송의 제소요건을 갖추어야 한다(대판 1984.05.29. 84누175).

② **(X)** 하자 있는 행정처분이 당연무효가 되기 위하여는 그 하자가 법규의 중요한 부분을 위반한 중대한 것으로서 객관적으로 명백한 것이어야 하며 하자가 중대하고 명백한 것인지 여부를 판별함에 있어서는 그 법규의 목적, 의미, 기능 등을 목적론적으로 고찰함과 동시에 구체적 사안 자체의 특수성에 관하여도 합리적으로 고찰함을 요한다(대판 1995.7.11. 94누4615 전원합의체). 설문은 당해 판례의 반대의견 내용이다.

> **[반대의견]** 행정행위의 무효사유를 판단하는 기준으로서의 명백성은 행정처분의 법적 안정성 확보를 통하여 행정의 원활한 수행을 도모하는 한편 그 행정처분을 유효한 것으로 믿은 제3자나 공공의 신뢰를 보호하여야 할 필요가 있는 경우에 보충적으로 요구되는 것으로서, 그와 같은 필요가 없거나 하자가 워낙 중대하여 그와 같은 필요에 비하여 처분 상대방의 권익을 구제하고 위법한 결과를 시정할 필요가 훨씬 더 큰 경우라면 그 하자가 명백하지 않더라도 그와 같이 중대한 하자를 가진 행정처분은 당연 무효라고 보아야 할 것이다(대판 1995.07.11. 94누4615 전원합의체 반대의견).

③ **(X)** 계쟁중인 행정처분이 무효인 경우에는 존치시킬 효력이 있는 행정행위가 없기 때문에 행정소송법 제28조 소정의 사정판결을 할 수 없다(대판 1991.10.11. 90누9926).

④ **(X)** 행정소송법 제38조 제1항이 무효 확인 판결에 관하여 취소판결에 관한 규정을 준용함에 있어서 같은 법 제30조 제2항을 준용한다고 규정하면서도 같은 법 제34조는 이를 준용한다는 규정을 두지 않고 있으므로, 행정처분에 대하여 무효 확인 판결이 내려진 경우에는 그 행정처분이 거부처분인 경우에도 행정청에 판결의 취지에 따른 재처분의무가 인정될 뿐 그에 대하여 간접강제까지 허용되는 것은 아니라고 할 것이다(대결 1998.12.24. 98무37).

정답 ①

691 [16국회8급]

행정행위의 무효와 취소의 구별에 대한 설명으로 옳지 않은 것은? (다툼이 있는 경우 판례에 의함)

① 취소할 수 있는 행정행위는 민사소송에서 선결문제로서 그 효력을 부인할 수 없지만, 무효인 행정행위는 민사소송에서 그 선결문제로서 무효를 확인할 수 있다.

② 무효인 행정행위에 대하여 취소소송을 제기하는 경우에는 제소기간의 제한이 적용되지 않는다.

③ 「행정소송법」 제18조 제1항 단서에 따라 행정심판전치주의가 적용되는 경우에도 무효확인의 소를 제기함에 있어서는 행정심판을 거쳐야만 하는 것은 아니다.

④ 현행법상 거부처분에 대한 무효확인판결에 대하여서는 간접강제가 인정되지 않는다.

⑤ 하자의 치유는 취소할 수 있는 행정행위에 대하여서만 인정된다.

해설

① **(O)** 행정처분의 하자가 중대·명백하여 당연무효라고 인정될 경우에는 이를 전제로 하여 판단할 수 있으나, 그 하자가 단순한 취소사유에 그칠 때에는 법원은 그 효력을 부인할 수 없다(대판 1973.7.10. 70다1439).

② **(X)** 행정처분의 당연무효를 선언하는 의미에서 그 취소를 청구하는 행정소송을 제기하는 경우에도 소원의 전치와 제소기간의 준수 등 취소소송의 제소요건을 갖추어야 한다(대판 1984.05.29. 84누175).

③ **(O)**

> **행정소송법 제18조(행정심판과의 관계)** ① 취소소송은 법령의 규정에 의하여 당해 처분에 대한 행정심판을 제기할 수 있는 경우에도 이를 거치지 아니하고 제기할 수 있다. 다만, 다른 법률에 당해 처분에 대한 행정심판의 재결을 거치지 아니하면 취소소송을 제기할 수 없다는 규정이 있는 때에는 그러하지 아니하다.
>
> **제38조(준용규정)** ① 제9조, 제10조, 제13조 내지 제17조, 제19조, 제22조 내지 제26조, 제29조 내지 제31조 및 제33조의 규정은 무효등 확인소송의 경우에 준용한다.

④ **(O)** 행정소송법 제38조 제1항이 같은 법 제30조 제2항을 준용한다고 규정하면서도 같은 법 제34조는 이를 준용한다는 규정을 두지 않고 있으므로, 무효 확인 판결이 내려진 경우에는 재처분의무가 인정될 뿐 그에 대하여 간접강제까지 허용되는 것은 아니다(대결 1998.12.24. 98무37).

⑤ (O) 하자의 치유는 취소할 수 있는 행정행위에 대해서만 인정된다.

[관련판례] 징계처분이 중대하고 명백한 흠 때문에 당연무효의 것이라면 징계처분을 받은 자가 이를 용인하였다 하여 그 흠이 치료되는 것은 아니다(대판 1989.12.12. 88누8869).

정답 ②

692 [16지방9급]

행정소송에 대한 설명으로 옳은 것은? (다툼이 있는 경우 판례에 의함)

① 행정처분의 당연무효를 주장하여 그 무효확인을 구하는 행정소송에 있어서는 피고 행정청이 그 행정처분에 중대·명백한 하자가 없음을 주장·입증할 책임이 있다.
② 재결취소소송에 있어서 재결 자체의 고유한 위법은 재결의 주체, 절차 및 형식상의 위법만을 의미하고, 내용상의 위법은 이에 포함되지 않는다.
③ 무효인 과세처분에 의해 조세를 납부한 자가 부당이득반환청구소송을 제기할 수 있는 경우에도 과세처분에 대한 무효확인소송을 제기할 수 있다.
④ 행정심판을 거친 후 부작위위법확인소송을 제기하는 경우에는 제소기간이 적용되지 않는다.

해설

① (X) 행정처분의 당연무효를 주장하여 그 무효확인을 구하는 행정소송에 있어서는 원고에게 그 행정처분이 무효인 사유를 주장·입증할 책임이 있다(대판 2000.03.23. 선고 99두11851).

② (X) 행정소송법 제19조에 의하면 행정심판에 대한 재결에 대하여도 그 재결 자체에 고유한 위법이 있음을 이유로 하는 경우에는 항고소송을 제기하여 그 취소를 구할 수 있고, 여기에서 말하는 '재결 자체에 고유한 위법'이란 그 재결자체에 주체, 절차, 형식 또는 내용상의 위법이 있는 경우를 의미한다(대판 2001.7.27. 99두2970).

③ (O) 무효 확인소송의 보충성이 요구되는 것은 아니므로 행정처분의 무효를 전제로 한 이행소송 등과 같은 직접적인 구제수단이 있는지 여부를 따질 필요가 없다고 해석함이 상당하다(대판 2008.3.20. 2007두6342 전원합의체).

④ (X) 대판 2009.07.23. 2008두10560.

정답 ③

693 [13서울9급]

무효등확인소송 및 부작위위법확인소송에 관한 설명으로 옳은 것은?

① 무효등확인소송에서는 사정판결이 인정되지 않는다.
② 취소소송의 제소기간에 관한 규정은 무효등확인소송과 부작위위법확인소송에서는 준용되지 않는다.
③ 부작위위법확인소송에서의 위법판단의 기준시는 처분시이다.
④ 부작위위법확인소송에서 '부작위'라 함은 행정청이 당사자의 신청에 대하여 상당한 기간 내에 일정한 처분을 하여야 할 법률상 의무가 있음에도 불구하고 처분을 하지 않는다는 의사를 통지하는 것을 말한다.
⑤ 무효등확인소송은 확인소송의 일종이므로 무효등확인소송을 제기하기 위해서는 '확인의 이익'내지 '보충성'이 요구된다.

해설

① (O) 사정판결은 취소소송에서만 허용되며, 무효등확인소송 및 부작위위법확인 소송에서는 허용되지 않는다.
② (X) 부작위위법확인소송에서는 취소소송의 제소기간을 준용하고 있다(행정소송법 제38조 제2항). 다만, 행정심판을 거치지 않은 경우에는 여전히 처분이 존재하지 않으므로 제소기간의 제한을 받지 않는다고 보아야 한다.
③ (X) 취소소송과 무효등확인소송과는 달리 부작위위법확인소송의 경우에는 처분이 존재하지 않으므로 위법판단의 기준시를 그 성질상 판결시(사실심변론종결시)로 한다는 것이 통설이다
④ (X) 부작위위법확인소송의 대상은 행정청의 부작위이다. 처분을 하지 않는다는 의사를 통지하는 것은 부작위가 아니라 거부처분에 해당한다.
[관련판례] 행정청이 당사자의 신청에 대하여 거부처분을 한 경우에는 항고소송의 대상인 위법한 부작위가 있다고 볼 수 없어 그 부작위위법확인의 소는 부적법하다(대판 1998.1.23. 96누12641).
⑤ (X) 대판 2008.3.20. 2007두6342 전원합의체.

정답 ①

II 부작위위법확인소송

694 [12국가7급]

행정소송과 관련한 판례의 태도로 옳은 것은?

① 행정청이 공무원에 대하여 새로운 사유에 기한 직위해제처분을 한 경우에도 그 이전에 한 직위해제처분의 취소를 구할 소의 이익이 있다.
② 존재와 범위가 확정되어 있는 과오납부액이나 환급세액의 부당이득반환청구는 그 원인행위가 공법적이므로 당사자소송에 의하여야 한다.
③ 기업자가 불복절차를 취하지 않아 재결에 대하여 더 이상 다툴 수 없게 된 경우 그 재결이 당연무효이거나 취소되지 않는 한 이미 보상금을 지급받은 자에 대하여 민사소송을 통하여 부당이득반환청구를 할 수 있다.
④ 부작위위법확인소송의 변론종결시까지 행정청의 처분으로 부작위상태가 해소된 때에는 부작위위법확인소송은 소의 이익을 상실하게 된다.

해설

① (X) 행정청이 공무원에 대하여 새로운 직위해제사유에 기한 직위해제처분을 한 경우 그 이전에 한 직위해제처분은 이를 묵시적으로 철회하였다고 봄이 상당하므로, 그 이전 처분의 취소를 구하는 부분은 소의 이익이 없어 부적법하다(대판 2003.10.10. 2003두5945).

② (X) 조세부과처분이 당연무효임을 전제로 하여 이미 납부한 세금의 반환을 청구하는 것은 민사상의 부당이득반환청구로서 민사소송절차에 따라야 한다(대판 1995.4.28. 94다55019).

③ (X) 재결에 대하여 불복절차를 취하지 아니함으로써 그 재결에 대하여 더 이상 다툴 수 없게 된 경우에는 기업자는 그 재결이 당연무효이거나 취소되지 않는 한, 이미 보상금을 지급받은 자에 대하여 민사소송으로 그 보상금을 부당이득이라 하여 반환을 구할 수 없다(대판 2001.4.27. 2000다50237).

④ (O) 소제기의 전후를 통하여 행정청이 그 신청에 대하여 적극 또는 소극의 처분을 함으로써 부작위상태가 해소된 때에는 소의 이익을 상실하게 되어 당해 소는 각하를 면할 수가 없는 것이다(대판 1990.9.25. 89누4758).

정답 ④

695 [16서울7급]

부작위위법확인소송에 대한 설명으로 가장 옳지 않은 것은?

① 집행정지결정은 부작위위법확인소송에 준용되지 않는다.
② 부작위위법확인소송에서 예외적으로 행정심판전치가 인정될 경우 그 전치되는 행정심판은 의무이행심판이다.
③ 당사자의 신청에 대한 행정청의 거부처분이 있는 경우에는 행정청이 당사자의 신청에 대하여 일정한 처분을 이행하지 아니함으로써 위법상태가 야기된 것이므로 이를 제거하기 위하여 부작위위법확인소송도 허용된다.
④ 부작위위법확인소송은 부작위의 위법함을 확인함으로써 행정청의 응답을 신속하게 하여 부작위 내지 무응답이라고 하는 소극적인 위법상태를 제거하는 것을 목적으로 한다.

해설

① (O) 행정소송법 제38조는 집행정지(법 제23조 및 제24조)조문을 준용하지 않도록 규정하고 있는바 부작위위법확인소송의 경우 집행정지결정은 인정되지 않는다.

> **행정소송법 제38조(준용규정)** ② 제9조, 제10조, 제13조 내지 제19조, 제20조, 제25조 내지 제27조, 제29조 내지 제31조, 제33조 및 제34조의 규정은 부작위위법확인소송의 경우에 준용한다.

② (O) 부작위를 대상으로 하는 행정심판의 유형은 의무이행심판이다.

> **행정심판법 제5조(행정심판의 종류)** 행정심판의 종류는 다음 각 호와 같다.
> 3. 의무이행심판 : 당사자의 신청에 대한 행정청의 위법 또는 부당한 거부처분이나 부작위에 대하여 일정한 처분을 하도록 하는 행정심판

③ (X) 대판 1998.01.23. 96누12641.

④ (O) 부작위위법확인의 소는 그 부작위의 위법을 확인함으로써 행정청의 응답을 신속하게 하여 부작위 내지 무응답이라고 하는 소극적인 위법상태를 제거하는 것을 목적으로 하는 것이다(대판 2002.06.28. 2000두4750).

정답 ③

696 [13국가9급]

「행정소송법」상 취소소송에 관한 규정 중 부작위위법확인소송에 준용되는 것을 모두 옳게 고른 것은?

ㄱ. 행정심판과의 관계
ㄴ. 제소기간
ㄷ. 집행정지
ㄹ. 사정판결
ㅁ. 거부처분취소판결의 간접강제

① ㄱ, ㄹ
② ㄱ, ㄴ, ㅁ
③ ㄱ, ㄴ, ㄷ, ㄹ
④ ㄱ, ㄴ, ㄷ, ㅁ

해설

② 「행정소송법」상 취소소송에 관한 규정 중 부작위위법확인소송에 준용되는 것은 ㄱ, ㄴ, ㅁ 이다. 그러나 집행정지, 사정판결, 처분변경으로 인한 소의 변경 등의 규정은 준용되지 않는다.

행정소송법 제38조(준용규정) ② 제9조(재판관할), 제10조(관련청구소송의 이송 및 병합), 제13조(피고적격) 제14조(피고경정) 제15조(공동소송), 제16조(제3자의 소송참가), 제17조(행정청의 소송참가), 제18조(행정심판과의 관계), 제19조(취소소송의 대상), 제20조(제소기간), 제25조(행정심판기록의 제출명령), 제26조(직권심리), 제27조(재량처분의 취소), 제29조(취소판결등의 효력), 제30조(취소판결등의 기속력), 제31조(제3자에 의한 재심청구), 제33조(소송비용에 관한 재판의 효력), 제34조(거부처분취소판결의 간접강제)의 규정은 부작위위법확인소송의 경우에 준용한다.

행정소송법 제37조(소의 변경) 제21조의 규정은 무효등확인소송이나 부작위위법확인소송을 취소소송 또는 당사자소송으로 변경하는 경우에 준용한다.

정답 ②

〈행정소송법상 취소소송 규정의 준용 여부〉

	취소소송	무효등확인소송	부작위위법확인소송
행정심판전치	○	×	○
제소기간의 제한	○	×	○(행정심판 거친 경우)
처분변경으로 인한 소변경	○	○	×
집행정지	○	○	×
사정판결	○	×	×
간접강제	○	×	○

697 [20국가9급]

「행정소송법」상 부작위위법확인소송에 대한 설명으로 옳지 않은 것은? (다툼이 있는 경우 판례에 의함)

① 어떠한 처분에 대하여 그 근거 법률에서 행정소송 이외의 다른 절차에 의하여 불복할 것을 예정하고 있는 경우, 그 처분이 행정소송법상 처분의 개념에 해당한다고 하더라도 그 처분의 부작위는 부작위위법확인소송의 대상이 될 수 없다.

② 어떠한 행정처분에 대한 법규상 또는 조리상의 신청권이 인정되지 않는 경우, 그 처분의 신청에 대한 행정청의 무응답이 위법하다고 하여 제기된 부작위위법확인소송은 적법하지 않다.

③ 취소소송의 제소기간에 관한 규정은 부작위위법확인소송에 준용되지 않으므로 행정심판 등 전심절차를 거친 경우에도 부작위위법확인소송에 있어서는 제소기간의 제한을 받지 않는다.

④ 처분의 신청 후에 원고에게 생긴 사정의 변화로 인하여, 그 처분에 대한 부작위가 위법하다는 확인을 받아도 종국적으로 침해되거나 방해받은 원고의 권리·이익을 보호·구제받는 것이 불가능하게 되었다면, 법원은 각하판결을 내려야 한다.

해설

① **(O)** 처분의 개념 정의에는 해당한다고 하더라도 그 처분의 근거 법률에서 행정소송 이외의 다른 절차에 의하여 불복할 것을 예정하고 있는 처분은 항고소송의 대상이 될 수 없다. 검사의 불기소결정에 대해서는 검찰청법에 의한 항고와 재항고, 형사소송법에 의한 재정신청에 의해서만 불복할 수 있는 것이므로, 이에 대해서는 행정소송법상 항고소송을 제기할 수 없다(대판 2018. 9. 28. 2017두47465).

② **(O)** 당사자가 행정청에 대하여 어떠한 행정처분을 하여 줄 것을 요청할 수 있는 법규상 또는 조리상의 권리를 갖고 있지 아니하거나 부작위의 위법확인을 구할 법률상의 이익이 없는 경우에는 항고소송의 대상이 되는 위법한 부작위가 있다고 볼 수 없거나 원고적격이 없어 그 부작위위법확인의 소는 부적법하다(대판 2000.2.25. 99두11455).

③ **(X)** 부작위위법확인의 소는 부작위상태가 계속되는 한 그 위법의 확인을 구할 이익이 있다고 보아야 하므로 원칙적으로 제소기간의 제한을 받지 않는다. 그러나 행정소송법 제38조 제2항이 제소기간을 규정한 같은 법 제20조를 부작위위법확인소송에 준용하고 있는 점에 비추어 보면, 행정심판 등 전심절차를 거친 경우에는 행정소송법 제20조가 정한 제소기간 내에 부작위위법확인의 소를 제기하여야 한다(대판 2009.07.23. 2008두10560).

④ **(O)** 당사자의 신청이 있은 이후 당사자에게 생긴 사정의 변화로 인하여 위 부작위가 위법하다는 확인을 받는다고 하더라도 종국적으로 침해되거나 방해받은 권리와 이익을 보호·구제받는 것이 불가능하게 되었다면 그 부작위가 위법하다는 확인을 구할 이익은 없다(대판 2002. 6. 28. 2000두4750).

정답 ③

698 [17지방7급]

「행정소송법」상 항고소송에 대한 설명으로 옳지 않은 것만을 모두 고른 것은? (다툼이 있는 경우 판례에 의함)

ㄱ. 동일한 행정처분에 대하여 무효확인소송을 제기하였다가 그 후 그 처분에 대한 취소소송을 추가적으로 병합한 경우, 무효확인소송이 취소소송의 제소기간 내에 제기되었다면 제소기간 도과 후 병합된 취소소송도 적법하게 제기된 것으로 볼 수 있다.
ㄴ. 무효확인소송의 제기는 처분의 효력이나 그 집행 또는 절차의 속행에 영향을 주지 아니한다.
ㄷ. 행정처분의 당연무효를 주장하여 그 무효확인을 구하는 행정소송에 있어서는 원고에게 그 행정처분이 무효인 사유를 주장·입증할 책임이 있다.
ㄹ. 원고의 청구가 이유 있다고 인정하는 경우에도 처분의 무효를 확인하는 것이 현저히 공공복리에 적합하지 아니하다고 인정하는 때에는 법원은 청구를 기각할 수 있다.
ㅁ. 부작위위법확인소송은 원칙적으로 제소기간의 제한을 받지 않지만, 행정심판을 거친 경우에는 「행정소송법」 제20조가 정한 제소기간 내에 부작위위법확인의 소를 제기하여야 한다.

① ㄱ, ㄴ, ㄷ ② ㄱ, ㄹ, ㅁ
③ ㄹ ④ ㄹ, ㅁ

해설

ㄱ. (O) 하자 있는 행정처분을 놓고 이를 무효로 볼 것인지 아니면 단순히 취소할 수 있는 처분으로 볼 것인지는 동일한 사실관계를 토대로 한 법률적 평가의 문제에 불과하고, 행정처분의 무효확인을 구하는 소에는 특단의 사정이 없는 한 그 취소를 구하는 취지도 포함되어 있다고 보아야 하는 점 등에 비추어 볼 때, 동일한 행정처분에 대하여 무효확인의 소를 제기하였다가 그 후 그 처분의 취소를 구하는 소를 추가적으로 병합한 경우, 주된 청구인 무효확인의 소가 적법한 제소기간 내에 제기되었다면 추가로 병합된 취소청구의 소도 적법하게 제기된 것으로 봄이 상당하다(대판 2005.12.23. 2005두3554).

ㄴ. (O) 행정소송법 제23조 제1항, 제28조 제1항.

ㄷ. (O) 대판 2000.03.23. 선고 99두11851.

ㄹ. (X) 계쟁중인 행정처분이 무효인 경우에는 존치시킬 효력이 있는 행정행위가 없기 때문에 행정소송법 제28조 소정의 사정판결을 할 수 없다(대판 1991.10.11, 90누9926).

ㅁ. (O) 부작위위법확인의 소는 부작위상태가 계속되는 한 그 위법의 확인을 구할 이익이 있다고 보아야 하므로 원칙적으로 제소기간의 제한을 받지 않는다. 그러나 행정소송법 제38조 제2항이 제소기간을 규정한 같은 법 제20조를 부작위위법확인소송에 준용하고 있는 점에 비추어 보면, 행정심판 등 전심절차를 거친 경우에는 행정소송법 제20조가 정한 제소기간 내에 부작위위법확인의 소를 제기하여야 한다(대판 2009.07.23. 2008두10560).

정답 ③

699 [16지방9급]

「도로법」 제61조에서 "공작물 · 물건, 그 밖의 시설을 신설 · 개축 · 변경 또는 제거하거나 그 밖의 사유로 도로를 점용하려는 자는 도로관리청의 허가를 받아야 한다."고 규정하고 있다. 甲은 도로관리청 乙에게 도로점용허가를 신청하였으나, 상당한 기간이 지났음에도 아무런 응답이 없어 행정쟁송을 제기하여 권리구제를 강구하려고 한다. 다음 설명으로 옳은 것은? (다툼이 있는 경우 판례에 의함)

① 甲이 의무이행심판을 제기한 경우, 도로점용허가는 기속행위이므로 의무이행심판의 인용재결이 있으면 乙은 甲에 대하여 도로점용허가를 발급해 주어야 한다.

② 甲이 부작위위법확인소송을 제기한 경우, 법원은 乙이 도로점용허가를 발급해 주어야 하는지의 여부를 심리할 수 있다.

③ 甲이 제기한 부작위위법확인소송에서 법원의 인용판결이 있는 경우, 乙은 甲에 대하여 도로점용허가신청을 거부하는 처분을 할 수 있다.

④ 甲은 의무이행소송을 제기하여 권리구제가 가능하다.

해설

① (X) 도로점용허가는 강학상 특허에 해당하며, 원칙상 재량행위이다.

② (X) ③ (O) 다수설과 판례는 부작위의 위법 여부만을 심사하여야 하며, 실체적인 내용을 심리한다면 그것은 의무이행소송을 인정하는 결과가 되어 정당하지 않다고 한다(절차적 심리설). 따라서 법원은 부작위의 위법여부에 대해서만 판단할 수 있고, 시장 甲이 도로점용허가를 발급해 주어야 하는지의 여부와 같이 실체적 심리는 할 수 없다.

> **[관련판례]** 부작위위법확인의 소는 그 부작위의 위법을 확인함으로써 행정청의 응답을 신속하게 하여 부작위 내지 무응답이라고 하는 소극적인 위법상태를 제거하는 것을 목적으로 하는 것이고, 나아가 그 인용 판결의 기속력에 의하여 행정청으로 하여금 적극적이든 소극적이든 어떤 처분을 하도록 강제한 다음, 그에 대하여 불복이 있을 경우 그 처분을 다투게 함으로써 최종적으로는 당사자의 권리와 이익을 보호하려는 제도이다(대판 2002.06.28. 2000두4750).

④ (X) 의무이행소송은 인정되지 아니한다.

정답 ③

제4절 | 당사자소송·민중소송·기관소송·헌법소송

Ⅰ 당사자소송

700 [15지방7급]

행정소송의 심리에 대한 설명으로 옳은 것은? (다툼이 있는 경우 판례에 의함)

① "법원은 필요하다고 인정할 때에는 직권으로 증거조사를 할 수 있고, 당사자가 주장하지 아니한 사실에 대하여도 판단할 수 있다."라고 규정하고 있는 「행정소송법」 제26조는 당사자소송에도 준용된다.

② 취소소송의 직권심리주의를 규정하고 있는 「행정소송법」 제26조의 규정을 고려할 때, 행정소송에 있어서 법원은 원고의 청구범위를 초월하여 그 이상의 청구를 인용할 수 있다.

③ 사실심에서 변론 종결시까지 당사자가 주장하지 않던 직권조사사항에 해당하는 사항을 상고심에서 비로소 주장하는 경우 그 직권조사사항에 해당하는 사항은 상고심의 심판범위에 해당하지 않는다.

④ 행정소송에서 기록상 자료가 나타나 있다 하더라도 당사자가 주장하지 않았다면 행정소송의 특수성에 비추어 법원은 이를 판단할 수 없다.

해설

① (O) 직권심리주의, 행정심판기록의 제출명령, 처분변경으로 인한 소의 변경, 피고경정, 제3자의 소송참가, 행정청의 소송참가 등은 당사자소송에도 준용된다(행정소송법 제44조).

② (X) 행정소송법 제26조에서 직권심리주의를 채용하고 있으나 이는 행정소송에 있어서 원고의 청구범위를 초월하여 그 이상의 청구를 인용할 수 있다는 의미가 아니라 원고의 청구범위를 유지하면서 그 범위내에서 필요에 따라 주장외의 사실에 관하여도 판단할 수 있다는 뜻이다(대판 1987.11.10, 86누491).

③ (X) 사실심에서 변론종결시까지 당사자가 주장하지 않던 직권조사사항에 해당하는 사항을 상고심에서 비로소 주장하는 경우 그 직권조사사항에 해당하는 사항은 상고심의 심판범위에 해당한다(대판 2004.12.24, 2003두15195).

④ (X) 행정소송에서 기록상 자료가 나타나 있다면 당사자가 주장하지 않았더라도 판단할 수 있고, 당사자가 제출한 소송자료에 의하여 법원이 처분의 적법 여부에 관한 합리적인 의심을 품을 수 있음에도 단지 구체적 사실에 관한 주장을 하지 아니하였다는 이유만으로 당사자에게 석명을 하거나 직권으로 심리 · 판단하지 아니함으로써 구체적 타당성이 없는 판결을 하는 것은 허용될 수 없다(대판 2010.2.11, 2009두18035).

정답 ①

701 [17사회복지]

당사자소송의 대상이 아닌 것은? (단, 다툼이 있는 경우 판례에 의함)

① 구 「도시재개발법」상 재개발조합의 조합원 자격 확인

② 구 「석탄산업법」상 석탄가격안정지원금의 지급청구

③ 납세의무자의 부가가치세 환급세액 지급청구

④ 구 「공익사업을 위한 토지 등의 취득 및 보상에 관한 법률」상 환매금액의 증감청구

해설

① (O) 강제가입제를 특색으로 한 조합원의 자격 인정 여부에 관하여 다툼이 있는 경우에는 그 단계에서는 아직 조합의 어떠한 처분 등이 개입될 여지는 없으므로 공법상의 당사자소송에 의하여 그 조합원 자격의 확인을 구할 수 있다(대판 1996.2.15. 94다31235 전원합의체).

② (O) 석탄광업자가 석탄산업합리화사업단을 상대로 석탄산업법령 및 석탄가격안정지원금 지급요령에 의하여 지원금의 지급을 구하는 소송은 공법상의 법률관계에 관한 소송인 공법상의 당사자소송에 해당한다(대판 1997. 5. 30. 95다28960).

③ (O) 대판 2013.03.21. 2011다95564 전원합의체.

④ (X) 환매권은 상대방에 대한 의사표시를 요하는 형성권의 일종으로서 행사하면 매매의 효력이 생기는 바 이러한 환매권의 존부에 관한 확인을 구하는 소송 및 환매금액의 증감을 구하는 소송은 민사소송에 해당한다(대판 2013.2.28. 2010두22368).

정답 ④

702 [15국가9급]

당사자소송에 해당하지 않는 것은? (다툼이 있는 경우 판례에 의함)

① 국가를 상대로 하는 납세의무자의 부가가치세 환급세액 지급청구소송

② 「국가를 당사자로 하는 계약에 관한 법률」에 따른 입찰보증금 국고귀속조치의 취소를 구하는 소송

③ 공무원 퇴직자가 미지급 퇴직연금에 대한 지급을 구하는 소송

④ 지방자치단체가 보조금 지급결정을 하면서 일정 기한 내에 보조금을 반환하도록 하는 교부조건을 부가한 경우, 보조금을 교부받은 사업자에 대한 지방자치단체의 보조금반환청구소송

해설

① (O) 대판 2013.3.21, 2011다95564 전원합의체.

② (X) 입찰보증금의 국고귀속조치는 국가가 사법상의 재산권의 주체로서 행위하는 것이지 공권력을 행사하는 것이거나 공권력작용과 일체성을 가진 것이 아니라 할 것이므로 이에 관한 분쟁은 행정소송이 아닌 민사소송의 대상이 될 수밖에 없다고 할 것이다(대판 1983.12.27, 81누366).

③ (O) 공무원연금관리공단이 퇴직연금 중 일부 금액에 대하여 지급거부의 의사표시를 하였다고 하더라도 그 의사표시는 행정처분이라고 볼 수는 없고, 이 경우 미지급퇴직연금에 대한 지급청구권은 공법상 권리로서 그의 지급을 구하는 소송은 공법상 당사자소송에 해당한다(대판 2004.7.8, 2004두244).

④ (O) 보조사업자의 지방자치단체에 대한 보조금 반환의무는 공법상 의무이므로, 보조사업자에 대한 지방자치단체의 보조금반환청구는 공법상 권리관계의 일방 당사자를 상대로 하여 공법상 의무이행을 구하는 청구로서 당사자소송의 대상이다(대판 2011.6.9, 2011다2951).

정답 ②

703 [14행정사]

당사자소송에 관한 설명으로 옳은 것은? (다툼이 있는 경우에는 판례에 의함)

① 당사자소송에는 행정청의 소송참가가 허용되지 않는다.
② 당사자소송의 피고는 원칙적으로 처분을 행한 행정청이 된다.
③ 지방소방공무원이 소속 지방자치단체를 상대로 초과근무수당의 지급을 구하는 소송은 당사자소송절차에 따라야 한다.
④ 지방전문직공무원 채용계약의 해지에 대한 불복은 당사자소송이 아니라 항고소송으로 하여야 한다.
⑤ 당사자소송의 제소기간에 대해서는 취소소송의 제소기간에 관한 규정이 준용된다.

해설

① **(X)** 취소소송의 소송참가, 공동소송에 관한 규정은 당사자소송에서 준용된다. 따라서 당사자소송에서도 제3자의 소송참가, 행정청의 소송참가 등이 허용된다.

② **(X)** 항고소송의 경우와 달리 행정청이 피고가 되는 것이 아니고, 국가·공공단체 그 밖의 권리주체를 피고로 한다.

③ **(O)** 지방소방공무원이 자신이 소속된 지방자치단체를 상대로 초과근무수당의 지급을 구하는 청구에 관한 소송은 행정소송법 제3조 제2호에 규정된 당사자소송의 절차에 따라야 한다(대판 2013.3.28. 2012다102629).

④ **(X)** 지방전문직공무원 채용계약 해지의 의사표시에 대하여는 대등한 당사자간의 소송형식인 공법상 당사자소송으로 그 의사표시의 무효확인을 청구할 수 있다(대판 1993.9.14. 92누4611).

⑤ **(X)** 당사자소송에 관하여 법령에 제소기간이 정하여져 있는 때에는 그 기간은 불변기간으로 한다(행정소송법 제41조). 처분이 존재하지 않으므로 취소소송의 제소기간에 관한 규정이 준용되지 않는다. 취소소송의 제소기간규정이 준용되지 않기 때문에 당사자소송에 관하여 법령에 제소기간이 정하여져 있는 경우를 그에 의하고, 그 기간을 정하지 않았다면 권리가 소멸되지 않는 한 소권은 존재한다.

정답 ③

704 [21국가7급]

당사자소송에 대한 설명으로 옳지 않은 것은? (다툼이 있는 경우 판례에 의함)

① 당사자소송에는 항고소송에서의 집행정지규정은 적용되지 않고 「민사집행법」상의 가처분규정은 준용된다.
② 지방자치단체가 보조금 지급결정을 하면서 일정 기한 내에 보조금을 반환하도록 교부 조건을 부가한 경우, 보조사업자에 대한 지방자치단체의 보조금반환청구는 당사자소송의 대상이 된다.
③ 국가에 대한 납세의무자의 부가가치세 환급세액 지급청구는 당사자소송이 아니라 민사소송의 절차에 따라야 한다.
④ 조세부과처분의 당연무효를 전제로 하여 이미 납부한 세금의 반환을 청구하는 것은 민사상 부당이득반환청구로서 당사자소송이 아니라 민사소송절차에 따른다.

해설

① (O) 당사자소송에 대하여는 행정소송법 제23조 제2항의 집행정지에 관한 규정이 준용되지 아니하므로(행정소송법 제44조 제1항 참조), 이를 본안으로 하는 가처분에 대하여는 행정소송법 제8조 제2항에 따라 민사집행법상 가처분에 관한 규정이 준용되어야 한다(대판 2015.08.21. 2015무26).

② (O) 보조사업자의 지방자치단체에 대한 보조금 반환의무는 공법상 의무이므로, 보조사업자에 대한 지방자치단체의 보조금반환청구는 공법상 권리관계의 일방 당사자를 상대로 하여 공법상 의무이행을 구하는 청구로서 당사자소송의 대상이다(대판 2011.6.9. 2011다2951).

③ (X) 부가가치세 환급세액 지급의무는 부가가치세법령의 규정에 의하여 직접 발생하는 것으로서, 부당이득 반환의무가 아니라 부가가치세법령에 의하여 그 존부나 범위가 구체적으로 확정되고 조세 정책적 관점에서 특별히 인정되는 공법상 의무라고 봄이 타당하다. 국가에 대한 납세의무자의 부가가치세 환급세액 지급청구는 민사소송이 아니라 행정소송법 제3조 제2호에 규정된 당사자소송의 절차에 따라야 한다(대판 2013.3.21. 2011다95564 전원합의체).

④ (O) 조세부과처분이 당연무효임을 전제로 하여 이미 납부한 세금의 반환을 청구하는 것은 민사상의 부당이득반환청구로서 민사소송절차에 따라야 한다(대판 1995.4.28. 94다55019).

정답 ③

705 [15서울9급]

판례에 따를 때, 다음 중 당사자소송에 해당하는 것은?

① 「민주화운동관련자 명예회복 및 보상 등에 관한 법률」에 의한 보상금지급청구소송
② 「광주민주화운동관련자 보상 등에 관한 법률」에 의거한 손실보상청구소송
③ 「도시 및 주거환경정비법」상의 주택재건축 정비사업조합이 수립한 관리처분계획에 대하여 관할 행정청의 인가·고시가 있은 후에 제기하는 관리처분 계획에 대한 소송
④ 공무원연금관리공단의 퇴직급여결정에 대한 소송

해설

① (X) 민주화운동관련자 명예회복 및 보상 등에 관한 법률 규정들만으로는 바로 법상의 보상금 등의 지급 대상자가 확정된다고 볼 수 없고, '민주화운동관련자 명예회복 및 보상 심의위원회'에서 심의·결정을 받아야만 비로소 보상금 등의 지급 대상자로 확정될 수 있다. 따라서 그와 같은 심의위원회의 결정은 행정처분에 해당하므로, 보상금 등의 지급을 기각하는 결정을 한 경우에는 신청인은 심의위원회를 상대로 그 결정의 취소를 구하는 소송을 제기하여 보상금 등의 지급대상자가 될 수 있다(대판 2008.04.17. 2005두16185 전원합의체).

② (O) 광주민주화운동 관련자 보상 등에 관한 법률의 관련자 및 유족들이 갖게 되는 보상 등에 관한 권리는 헌법 제23조 제3항에 따른 재산권침해에 대한 손실보상청구나 국가배상법에 따른 손해배상청구와는 그 성질을 달리하는 것으로서 법률이 특별히 인정하고 있는 공법상의 권리라고 하여야 할 것이므로 그에 관한 소송은 당사자소송에 의하여야 할 것이며 보상금 등의 지급에 관한 법률관계의 주체는 대한민국이다(대판 1992.12.24. 92누3335).

③ (X) 도시 및 주거환경정비법상 주택재건축정비사업조합이 수립한 관리처분계획에 대하여 관할 행정청의 인가·고시까지 있게 되면 관리처분계획은 행정처분으로서 효력이 발생하게 되므로, 항고소송의 방법으로 관리처분계획의 취소 또는 무효 확인을 구하여야 하고, 그와 별도로 행정처분에 이르는 절차적 요건 중 하나에 불과한 총회결의 부분만을 따로 떼어내어 효력 유무를 다투는 확인의 소를 제기하는 것은 특별한 사정이 없는 한 허용되지 않는다(대판 2009.09.17. 2007다2428 전원합의체).

④ (X) 공무원연금법 소정의 급여는 공무원연금관리공단이 그 지급결정을 함으로써 그 구체적인 권리가 발생하는 것이므로, 공무원연금관리공단의 급여에 관한 결정은 행정처분에 해당하고, 공무원연금관리공단의 급여결정에 불복하는 자는 급여결정을 대상으로 행정소송을 제기하여야 한다(대판 1996.12.06. 96누6417).

정답 ②

706 [18서울7급]

행정소송에 대한 설명으로 가장 옳지 않은 것은?

① 사업시행자가 환매권의 존부에 관한 확인을 구하는 소송은 민사소송이다.
② 명예퇴직한 법관이 명예퇴직수당액의 차액 지급을 신청한 것에 대해 법원행정처장이 거부하는 의사표시를 한 경우 항고소송으로 이를 다투어야 한다.
③ 국가에 대한 납세의무자의 부가가치세 환급세액청구는 민사소송이 아니라 당사자소송으로 다투어야 한다.
④ 공무원연금법령상 급여를 받으려고 하는 자는 구체적 권리가 발생하지 않은 상태에서 곧바로 공무원연금공단을 상대로 한 당사자소송을 제기할 수 없다.

해설

① **(O)** 환매권은 상대방에 대한 의사표시를 요하는 형성권의 일종으로서 재판상이든 재판외이든 위 규정에 따른 기간 내에 행사하면 매매의 효력이 생기는 바 이러한 환매권의 존부에 관한 확인을 구하는 소송 및 구 공익사업법 제91조 제4항에 따라 환매금액의 증감을 구하는 소송 역시 민사소송에 해당한다(대판 2013.2.28. 2010두22368).

② **(X)** 명예퇴직한 법관이 미지급 명예퇴직수당액에 대하여 가지는 권리는 명예퇴직수당 지급대상자 결정 절차를 거쳐 명예퇴직수당규칙에 의하여 확정된 공법상 법률관계에 관한 권리로서, 그 지급을 구하는 소송은 행정소송법의 당사자소송에 해당하며, 그 법률관계의 당사자인 국가를 상대로 제기하여야 한다(대판 2016.5.24. 2013두14863).

③ **(O)** 부가가치세 환급세액 지급의무는 그 납세의무자로부터 어느 과세기간에 과다하게 거래징수된 세액 상당을 국가가 실제로 납부받았는지와 관계없이 부가가치세법령의 규정에 의하여 직접 발생하는 것으로서, 그 법적 성질은 정의와 공평의 관념에서 수익자와 손실자 사이의 재산상태 조정을 위해 인정되는 부당이득 반환의무가 아니라 부가가치세법령에 의하여 그 존부나 범위가 구체적으로 확정되고 조세 정책적 관점에서 특별히 인정되는 공법상 의무라고 봄이 타당하다. 그렇다면 납세의무자에 대한 국가의 부가가치세 환급세액 지급의무에 대응하는 국가에 대한 납세의무자의 부가가치세 환급세액 지급청구는 민사소송이 아니라 행정소송법 제3조 제2호에 규정된 당사자소송의 절차에 따라야 한다(대판 2013.3.21. 2011다95564 전원합의체).

④ **(O)** 공무원연금법령상 급여를 받으려고 하는 자는 우선 관계 법령에 따라 공무원연금공단에 급여지급을 신청하여 공무원연금공단이 이를 거부하거나 일부 금액만 인정하는 급여지급결정을 하는 경우 그 결정을 대상으로 항고소송을 제기하는 등으로 구체적 권리를 인정받아야 하고, 구체적인 권리가 발생하지 않은 상태에서 곧바로 공무원연금공단을 상대로 한 당사자소송으로 권리의 확인이나 급여의 지급을 소구하는 것은 허용되지 아니한다(대판 2017. 2. 9. 2014두43264).

정답 ②

707 [18국가9급]

판례에 의할 때 ㉠과 ㉡에서 甲과 乙이 적법하게 제기할 수 있는 소송의 종류를 바르게 연결한 것은?

> ㉠ 법관 甲이 이미 수령한 명예퇴직수당액이 구「법관 및 법원공무원 명예퇴직수당 등 지급규칙」에서 정한 정당한 명예퇴직수당액에 미치지 못한다고 주장하며 차액의 지급을 신청하였으나 법원행정처장이 이를 거부한 경우
> ㉡ 乙이 군인연금법령에 따라 국방부장관의 인정을 받아 퇴역연금을 지급받아 오던 중 「군인보수법」 및 「공무원보수규정」에 의한 호봉이나 봉급액의 개정 등으로 퇴역연금액이 변경되어 국방부장관이 乙에게 법령의 개정에 따른 퇴역연금액 감액조치를 한 경우

	㉠	㉡
①	미지급명예퇴직수당액지급을 구하는 당사자소송	퇴역연금차액지급을 구하는 당사자소송
②	법원행정처장의 거부처분에 대한 취소소송	퇴역연금차액지급을 구하는 당사자소송
③	미지급명예퇴직수당액지급을 구하는 당사자소송	국방부장관의 퇴역연금감액처분에 대한 취소소송
④	법원행정처장의 거부처분에 대한 취소소송	국방부장관의 퇴역연금감액처분에 대한 취소소송

해설

㉠ 당사자소송 - 명예퇴직한 법관이 미지급 명예퇴직수당액에 대하여 가지는 권리는 명예퇴직수당 지급대상자 결정 절차를 거쳐 명예퇴직수당규칙에 의하여 확정된 공법상 법률관계에 관한 권리로서, 그 지급을 구하는 소송은 행정소송법의 당사자소송에 해당하며, 그 법률관계의 당사자인 국가를 상대로 제기하여야 한다(대판 2016.5.24. 2013두14863).

㉡ 당사자소송 - 퇴역연금을 지급받아 오던 중 군인보수법 및 공무원보수규정에 의한 호봉이나 봉급액의 개정 등으로 퇴역연금액이 변경된 경우에는 법령의 개정에 따라 당연히 개정규정에 따른 퇴역연금액이 확정되는 것이지 국방부장관의 퇴역연금액 결정과 통지에 의하여 비로소 그 금액이 확정되는 것이 아니므로, 법령의 개정에 따른 국방부장관의 퇴역연금액 감액조치에 대하여 이의가 있는 퇴역연금수급권자는 항고소송을 제기하는 방법으로 감액조치의 효력을 다툴 것이 아니라 직접 국가를 상대로 정당한 퇴역연금액과 결정, 통지된 퇴역연금액과의 차액의 지급을 구하는 공법상 당사자소송을 제기하는 방법으로 다툴 수 있다(대판 2003. 9. 5. 2002두3522).

정답 ①

708 [22국가9급]

행정법관계에 대한 설명으로 옳지 않은 것은? (다툼이 있는 경우 판례에 의함)

① 군인연금법령상 급여를 받으려고 하는 사람이 국방부장관에게 급여지급을 청구하였으나 거부된 경우, 곧바로 국가를 상대로 한 당사자소송으로 급여의 지급을 청구할 수 있다.
② 법무사가 사무원을 채용할 때 소속 지방법무사회로부터 승인을 받아야 할 의무는 공법상 의무이다.
③ 사무처리의 긴급성으로 인하여 해양경찰의 직접적인 지휘를 받아 보조로 방제작업을 한 경우, 사인은 그 사무를 처리하며 지출한 필요비 내지 유익비의 상환을 국가에 대하여 민사소송으로 청구할 수 있다.
④ 「공익사업을 위한 토지 등의 취득 및 보상에 관한 법률」상 환매권의 존부에 관한 확인을 구하는 소송 및 환매금액의 증감을 구하는 소송은 민사소송이다.

해설

① (X) 군인연금법령상 급여를 받으려고 하는 사람은 우선 관계법령에 따라 국방부장관 등에게 급여지급을 청구하여 국방부장관 등이 이를 거부하거나 일부 금액만 인정하는 급여지급결정을 하는 경우 그 결정을 대상으로 항고소송을 제기하는 등으로 구체적 권리를 인정받은 다음 비로소 당사자소송으로 그 급여의 지급을 구해야 한다. 이러한 구체적인 권리가 발생하지 않은 상태에서 곧바로 국가를 상대로 한 당사자소송으로 급여의 지급을 소구하는 것은 허용되지 않는다(대판 2021. 12. 16. 2019두45944).

② (O) 법무사의 사무원 채용승인 신청에 대하여 소속 지방법무사회가 '채용승인을 거부'하는 조치 또는 일단 채용승인을 하였으나 법무사규칙 제37조 제6항을 근거로 '채용승인을 취소'하는 조치는 공법인인 지방법무사회가 행하는 구체적 사실에 관한 법집행으로서 공권력의 행사 또는 그 거부에 해당하므로 항고소송의 대상인 '처분'이라고 보아야 한다(대판 2008.7.10. 2007두10242).

③ (O) 갑 주식회사 소유의 유조선에서 원유가 유출되는 사고가 발생하자 해상 방제업 등을 영위하는 을 주식회사가 피해방지를 위해 해양경찰의 직접적인 지휘를 받아 방제작업을 보조한 사안에서, 갑 회사의 조치만으로는 원유 유출사고에 따른 해양오염을 방지하기 곤란할 정도로 긴급방제조치가 필요한 상황이었고, 위 방제작업은 을 회사가 국가를 위해 처리할 수 있는 국가의 의무 영역과 이익 영역에 속하는 사무이며, 을 회사가 방제작업을 하면서 해양경찰의 지시·통제를 받았던 점 등에 비추어 을 회사는 국가의 사무를 처리한다는 의사로 방제작업을 한 것으로 볼 수 있으므로, 을 회사는 사무관리에 근거하여 국가에 방제비용을 청구할 수 있다(대판 2014. 12. 11. 2012다15602).

④ (O) 환매권은 상대방에 대한 의사표시를 요하는 형성권의 일종으로서 행사하면 매매의 효력이 생기는 바 이러한 환매권의 존부에 관한 확인을 구하는 소송 및 환매금액의 증감을 구하는 소송은 민사소송에 해당한다(대판 2013.2.28. 2010두22368).

정답 ①

709 [21지방7급]

다음 설명 중 옳지 않은 것은? (다툼이 있는 경우 판례에 의함)

① 조세심판청구에 대한 결정기관은 국무총리 소속의 조세심판원이며, 조세심판원의 결정은 관계 행정청을 기속한다.

② 공무원연금공단의 인정에 의해 퇴직연금을 지급받아 오던 중 공무원연금법령 개정 등으로 퇴직연금 중 일부 금액에 대해 지급이 정지된 경우, 미지급퇴직연금에 대한 지급청구권은 공법상 권리로서 그의 지급을 구하는 소송은 항고소송이다.

③ 과세처분 이후 조세 부과의 근거가 되었던 법률규정에 대하여 위헌결정이 내려진 경우, 위헌결정이후 그 조세채권의 집행을 위한 체납처분은 당연무효이다.

④ 위법한 세무조사에 의하여 수집된 과세자료를 기초로 한 과세처분은 위법하다.

해설

① **(O)**

국세기본법 제67조(조세심판원) ① 심판청구에 대한 결정을 하기 위하여 국무총리 소속으로 조세심판원을 둔다. 제80조(결정의 **효력)** ① 제81조에서 준용하는 제65조에 따른 결정은 관계 행정청을 기속(羈束)한다.

② **(X)** 공무원연금관리공단의 인정에 의하여 퇴직연금을 지급받아 오던 중 구 공무원연금법령의 개정 등으로 퇴직연금 중 일부 금액의 지급이 정지된 경우에는 당연히 개정된 법령에 따라 퇴직연금이 확정되는 것이지 같은 법 제26조 제1항에 정해진 공무원연금관리공단의 퇴직연금 결정과 통지에 의하여 비로소 그 금액이 확정되는 것이 아니므로, 공무원연금관리공단이 퇴직연금 중 일부 금액에 대하여 지급거부의 의사표시를 하였다고 하더라도 이를 행정처분이라고 볼 수는 없고, 이 경우 미지급퇴직연금에 대한 지급청구권은 공법상 권리로서 그의 지급을 구하는 소송은 공법상의 법률관계에 관한 소송인 공법상 당사자소송에 해당한다(대판 2004.07.08. 2004두244).

③ **(O)** 조세 부과의 근거가 되었던 법률규정이 위헌으로 선언된 경우, 비록 그에 기한 과세처분이 위헌결정 전에 이루어졌고, 과세처분에 대한 제소기간이 이미 경과하여 조세채권이 확정되었으며, 조세채권의 집행을 위한 체납처분의 근거규정 자체에 대하여는 따로 위헌결정이 내려진 바 없다고 하더라도, 위와 같은 위헌결정 이후에 조세채권의 집행을 위한 새로운 체납처분에 착수하거나 이를 속행하는 것은 더 이상 허용되지 않고, 나아가 이러한 위헌결정의 효력에 위배하여 이루어진 체납처분은 그 사유만으로 하자가 중대하고 객관적으로 명백하여 당연무효라고 보아야 한다(대판 2012.02.16. 2010두10907).

④ **(O)** 세무조사가 과세자료의 수집 또는 신고내용의 정확성 검증이라는 본연의 목적이 아니라 부정한 목적을 위하여 행하여진 것이라면 이는 세무조사에 중대한 위법사유가 있는 경우에 해당하고 이러한 세무조사에 의하여 수집된 과세자료를 기초로 한 과세처분 역시 위법하다(대판 2016. 12. 15. 2016두47659).

정답 ②

710 [19서울7급(上)]

〈보기〉에서 당사자소송의 대상을 모두 고른 것은?

〈보 기〉

ㄱ. 구 「공익사업을 위한 토지 등의 취득 및 보상에 관한 법률」에 의한 주거이전비 보상 청구
ㄴ. 재개발조합 조합원의 자격 인정 여부에 관한 다툼
ㄷ. 폐광대책비의 일종으로 폐광된 광산에서 업무상 재해를 입은 근로자에게 지급하는 재해위로금의 지급 청구
ㄹ. 부가가치세법령상 확정된 부가가치세의 환급세액의 지급 청구

① ㄱ　　② ㄱ, ㄴ
③ ㄱ, ㄴ, ㄷ　　④ ㄱ, ㄴ, ㄷ, ㄹ

해설

ㄱ. (O) 적법하게 시행된 공익사업으로 인하여 이주하게 된 주거용 건축물 세입자의 주거이전비 보상청구권은 공법상의 권리이고, 세입자의 주거이전비 보상청구권은 그 요건을 충족하는 경우에 당연히 발생하는 것이므로, 주거이전비 보상청구소송은 행정소송법 제3조 제2호에 규정된 당사자소송에 의하여야 한다대판 2008.5.29, 2007다8129).

ㄴ. (O) 재개발조합은 조합원에 대한 법률관계에서 적어도 특수한 존립목적을 부여받은 특수한 행정주체로서 국가의 감독하에 그 존립 목적인 특정한 공공사무를 행하고 있다고 볼 수 있는 범위 내에서는 공법상의 권리의무 관계에 서 있다. 따라서 조합을 상대로 한 쟁송에 있어서 강제가입제를 특색으로 한 조합원의 자격 인정 여부에 관하여 다툼이 있는 경우에는 그 단계에서는 아직 조합의 어떠한 처분 등이 개입될 여지는 없으므로 공법상의 당사자소송에 의하여 그 조합원 자격의 확인을 구할 수 있다(대판 1996.2.15. 94다31235 전원합의체).

ㄷ. (O) 폐광대책비의 일종으로 폐광된 광산에서 업무상 재해를 입은 근로자에게 지급하는 재해위로금은, 국내의 석탄수급상황을 감안하여 채탄을 계속하는 것이 국민경제의 균형발전을 위하여 바람직하지 못하다고 판단되는 경제성이 없는 석탄광산을 폐광함에 있어서 그 광산에서 입은 재해로 인하여 전업 등에 특별한 어려움을 겪게 될 퇴직근로자를 대상으로 사회보장적인 차원에서 통상적인 재해보상금에 추가하여 지급하는 위로금의 성격을 갖는 것이고, 이러한 재해위로금에 대한 지급청구권은 공법상의 권리로서 그 지급을 구하는 소송은 공법상의 법률관계에 관한 소송인 공법상 당사자소송에 해당한다(대판 1999. 1. 26. 98두12598).

ㄹ. (O) 납세의무자에 대한 국가의 부가가치세 환급세액 지급의무는 부가가치세법령의 규정에 의하여 직접 발생하는 것으로서, 그 법적 성질은 정의와 공평의 관념에서 수익자와 손실자 사이의 재산상태 조정을 위해 인정되는 부당이득 반환의무가 아니라 부가가치세법령에 의하여 그 존부나 범위가 구체적으로 확정되고 조세 정책적 관점에서 특별히 인정되는 공법상 의무라고 봄이 타당하다. 그렇다면 납세의무자에 대한 국가의 부가가치세 환급세액 지급의무에 대응하는 국가에 대한 납세의무자의 부가가치세 환급세액 지급청구는 민사소송이 아니라 행정소송법 제3조 제2호에 규정된 당사자소송의 절차에 따라야 한다(대판 2013.3.21. 2011다95564 전원합의체).

정답 ④

711 [13지방9급]

당사자소송에 대한 설명으로 옳지 않은 것은? (다툼이 있는 경우 판례에 의함)

① 대등 당사자 간에 다투어지는 공법상의 법률관계를 소송의 대상으로 한다.
② 개인의 권익구제를 주된 목적으로 하는 주관적 소송이다.
③ 당사자소송에도 제3자의 소송참가가 허용된다.
④ 당사자소송이 부적법하여 각하되는 경우 그에 병합된 관련청구소송 역시 부적법 각하되어야 하는 것은 아니다.

해설

① (O)

> **행정소송법 제3조(행정소송의 종류)** 행정소송은 다음의 네가지로 구분한다.
> 2. 당사자소송: 행정청의 처분등을 원인으로 하는 법률관계에 관한 소송 그 밖에 공법상의 법률관계에 관한 소송으로서 그 법률관계의 한쪽 당사자를 피고로 하는 소송

② (O) 당사자소송은 개인의 권익침해의 구제를 주된 목적으로 하는 주관적 소송이다.

③ (O) 취소소송의 소송참가, 공동소송에 관한 규정은 당사자소송에서 준용된다. 따라서 제3자의 소송참가, 행정청의 소송참가 등이 허용된다.

④ (X) 행정소송법 제44조, 제10조에 의한 관련청구소송 병합은 본래의 당사자소송이 적법할 것을 요건으로 하는 것이어서 본래의 당사자소송이 부적법하여 각하되면 그에 병합된 관련청구소송도 소송요건을 흠결하여 부적합하므로 각하되어야 한다(대판 2011.9.29. 2009두10963).

정답 ④

712 [18지방7급]

행정소송에 대한 설명으로 옳지 않은 것은? (다툼이 있는 경우 판례에 의함)

① 당사자소송에 대하여는 「행정소송법」의 집행정지에 관한 규정이 준용되지 아니하므로, 「민사집행법」상 가처분에 관한 규정 역시 준용되지 아니한다.

② 서훈은 서훈대상자의 특별한 공적에 의하여 수여되는 고도의 일신전속적 성격을 가지는 것이므로, 망인에게 수여된 서훈이 취소된 경우 그 유족은 서훈취소처분의 상대방이 되지 아니한다.

③ 「민사소송법」 규정이 준용되는 행정소송에서 증명책임은 원칙적으로 민사소송 일반원칙에 따라 당사자 사이에 분배되고, 항고소송의 경우에는 그 특성에 따라 처분의 적법성을 주장하는 피고에게 그 적법사유에 대한 증명책임이 있다.

④ 행정처분의 무효확인을 구하는 청구에는 특별한 사정이 없는 한 그 처분의 취소를 구하는 취지까지도 포함되어 있다고 볼 수 있다.

해설

① (X) 당사자소송에 대하여는 행정소송법 제23조 제2항의 집행정지에 관한 규정이 준용되지 아니하므로(행정소송법 제44조 제1항 참조), 이를 본안으로 하는 가처분에 대하여는 행정소송법 제8조 제2항에 따라 민사집행법상 가처분에 관한 규정이 준용되어야 한다(대판 2015.08.21. 2015무26).

② (O) 서훈은 서훈대상자의 특별한 공적에 의하여 수여되는 고도의 일신전속적 성격을 가지는 것이다. 서훈의 이러한 특수성으로 말미암아 상훈법은 일반적인 행정행위와 달리 사망한 사람에 대하여도 그의 공적을 영예의 대상으로 삼아 서훈을 수여할 수 있도록 규정하고 있다. 그러나 그러한 경우에도 서훈은 어디까지나 서훈대상자 본인의 공적과 영예를 기리기 위한 것이므로 비록 유족이라고 하더라도 제3자는 서훈수여 처분의 상대방이 될 수 없고, 구 상훈법 제33조, 제34조 등에 따라 망인을 대신하여 단지 사실행위로서 훈장 등을 교부받거나 보관할 수 있는 지위에 있을 뿐이다. 이러한 서훈의 일신전속적 성격은 서훈취소의 경우에도 마찬가지이므로, 망인에게 수여된 서훈의 취소에서도 유족은 그 처분의 상대방이 되는 것이 아니다(대판 2014. 9. 26. 2013두2518).

③ (O) 민사소송법 규정이 준용되는 행정소송에서의 증명책임은 원칙적으로 민사소송 일반원칙에 따라 당사자 간에 분배되고, 항고소송의 경우에는 그 특성에 따라 처분의 적법성을 주장하는 피고에게 적법사유에 대한 증명책임이 있다. 피고가 주장하는 일정한 처분의 적법성에 관하여 합리적으로 수긍할 수 있는 일응의 증명이 있는 경우에 처분은 정당하며, 이와 상반되는 주장과 증명은 상대방인 원고에게 책임이 돌아간다(대판 2016. 10. 27. 2015두42817).

④ (O) 일반적으로 행정처분의 무효 확인을 구하는 소에는 원고가 그 처분의 취소를 구하지 아니한다고 밝히지 아니한 이상 그 처분이 만약 당연무효가 아니라면 그 취소를 구하는 취지도 포함되어 있는 것으로 보아야 한다(대판 1994.12.23. 94누477).

정답 ①

713 [20지방7급]

「행정소송법」상 당사자소송에 대한 설명으로 옳은 것만을 모두 고르면? (다툼이 있는 경우 판례에 의함)

ㄱ. 공법상 당사자소송에서 재산권의 청구를 인용하는 판결을 하는 경우 가집행선고를 할 수 있다.
ㄴ. 소송형태는 당사자소송의 형식을 취하지만 실질적으로는 처분 등의 효력을 다투는 항고소송의 성질을 가지는 소송은 현행법상 인정되지 아니한다.
ㄷ. 「도시 및 주거환경정비법」상 행정주체인 주택재건축정비사업조합을 상대로 관리처분계획안에 대한 조합 총회결의의 효력 등을 다투는 소송은 민사상 법률관계에 관한 것이므로 민사소송에 해당한다.
ㄹ. 「석탄산업법」과 관련하여 피재근로자는 석탄산업합리화사업단이 한 재해위로금 지급거부의 의사표시에 불복이 있는 경우 공법상의 당사자소송을 제기하여야 한다.

① ㄱ, ㄴ
② ㄱ, ㄹ
③ ㄴ, ㄷ
④ ㄷ, ㄹ

해설

ㄱ. (O) 행정소송법 제8조 제2항에 의하면 행정소송에도 민사소송법의 규정이 일반적으로 준용되므로 법원으로서는 공법상 당사자소송에서 재산권의 청구를 인용하는 판결을 하는 경우 가집행선고를 할 수 있다(대판 2000.11.28. 99두3416).

ㄴ. (X) 형식적 당사자소송에 대한 설명이다. 현행법상 공익사업을 위한 토지 등의 취득 및 보상에 관한 법률상 형식적 당사자소송이 인정되고 있다.

> **공익사업을 위한 토지 등의 취득 및 보상에 관한 법률 제85조(행정소송의 제기)** ① 사업시행자, 토지소유자 또는 관계인은 제34조에 따른 재결에 불복할 때에는 재결서를 받은 날부터 90일 이내에, 이의신청을 거쳤을 때에는 이의신청에 대한 재결서를 받은 날부터 60일 이내에 각각 행정소송을 제기할 수 있다. 이 경우 사업시행자는 행정소송을 제기하기 전에 제84조에 따라 늘어난 보상금을 공탁하여야 하며, 보상금을 받을 자는 공탁된 보상금을 소송이 종결될 때까지 수령할 수 없다.
> ② 제1항에 따라 제기하려는 행정소송이 보상금의 증감(增減)에 관한 소송인 경우 그 소송을 제기하는 자가 토지소유자 또는 관계인일 때에는 사업시행자를, 사업시행자일 때에는 토지소유자 또는 관계인을 각각 피고로 한다.

ㄷ. (X) 도시 및 주거환경정비법상 행정주체인 주택재건축정비사업조합을 상대로 관리처분계획안에 대한 조합 총회결의의 효력 등을 다투는 소송은 행정처분에 이르는 절차적 요건의 존부나 효력 유무에 관한 소송으로서 그 소송결과에 따라 행정처분의 위법 여부에 직접 영향을 미치는 공법상 법률관계에 관한 것이므로, 이는 행정소송법상의 당사자소송에 해당한다(대판 2009.09.17. 2007다2428 전원합의체).

ㄹ. (O) 석탄산업법 규정에 의하여 폐광대책비의 일종으로 폐광된 광산에서 업무상 재해를 입은 근로자에게 지급하는 재해위로금은, 사회보장적인 차원에서 통상적인 재해보상금에 추가하여 지급하는 위로금의 성격을 갖는 것이고, 이러한 재해위로금에 대한 지급청구권은 공법상의 권리로서 그 지급을 구하는 소송은 공법상의 법률관계에 관한 소송인 공법상 당사자소송에 해당한다(대판 1999. 1. 26. 98두12598).

정답 ②

714 [22지방9급]

다음 사례에 대한 설명으로 옳은 것은? (다툼이 있는 경우 판례에 의함)

「도시 및 주거환경정비법」에 따라 설립된 A 주택재건축정비사업조합은 관할 B 구청장으로부터 ㉠ 조합설립인가를 받은 후, 조합총회에서 재건축 관련 ㉡ 관리처분계획에 대한 의결을 하였고, 관할 B 구청장으로부터 위 ㉢ 관리처분계획에 대한 인가를 받았다. 이후 조합원 甲은 위 관리처분계획의 의결에는 조합원 전체의 4/5 이상의 결의가 있어야 함에도 불구하고, 이를 위반하여 위법한 것임을 이유로 ㉣ 관리처분계획의 무효를 주장하며 소송으로 다투려고 한다.

① ㉠과 ㉢의 인가의 강학상 법적 성격은 동일하다.

② 甲이 ㉡에 대해 소송으로 다투려면 A 주택재건축정비사업조합을 상대로 민사소송을 제기하여야 한다.

③ 甲이 ㉣에 대해 소송으로 다투려면 항고소송을 제기하여야 한다.

④ 甲이 ㉣에 대해 소송으로 다투려면 B 구청장을 피고로 하여야 한다.

해설

① (X) 행정청이 도시정비법 등 관련 법령에 근거하여 행하는 조합설립인가처분은 단순히 사인들의 조합설립행위에 대한 보충행위로서의 성질을 갖는 것에 그치는 것이 아니라 주택재건축사업을 시행할 수 있는 권한을 갖는 행정주체(공법인)로서의 지위를 부여하는 일종의 설권적 처분의 성격을 갖는다(대판 2009.09.24. 2008다60568). 관리처분계획에 대한 행정청의 인가는 관리처분계획의 법률상 효력을 완성시키는 보충행위로서의 성질을 갖는데 행정청이 관리처분계획에 대한 인가 여부를 결정할 때에는 도시정비법 제48조 제2항의 기준에 부합하는지 여부 등을 심사·확인하여 그 인가 여부를 결정할 수 있을 뿐 기부채납과 같은 다른 조건을 붙일 수는 없다고 할 것이다(대판 2012.08.30. 2010두24951).

② (X) 도시 및 주거환경정비법상 행정주체인 주택재건축정비사업조합을 상대로 관리처분계획안에 대한 조합 총회결의의 효력 등을 다투는 소송은 행정처분에 이르는 절차적 요건의 존부나 효력 유무에 관한 소송으로서 그 소송결과에 따라 행정처분의 위법 여부에 직접 영향을 미치는 공법상 법률관계에 관한 것이므로, 이는 행정소송법상의 당사자소송에 해당한다(대판 2009.09.17. 2007다2428 전원합의체).

③ (O) 도시 및 주거환경정비법상 주택재건축정비사업조합이 수립한 관리처분계획에 대하여 관할 행정청의 인가·고시까지 있게 되면 관리처분계획은 행정처분으로서 효력이 발생하게 되므로, 항고소송의 방법으로 관리처분계획의 취소 또는 무효 확인을 구하여야 하고, 그와 별도로 행정처분에 이르는 절차적 요건 중 하나에 불과한 총회결의 부분만을 따로 떼어내어 효력 유무를 다투는 확인의 소를 제기하는 것은 특별한 사정이 없는 한 허용되지 않는다(대판 2009.09.17. 2007다2428 전원합의체).

④ (X) 관리처분계획의 내용에 관하여 다툼이 있는 경우에는 그 관리처분계획은 토지 등의 소유자에게 구체적이고 결정적인 영향을 미치는 것으로서 조합이 행한 처분에 해당하므로 항고소송에 의하여 관리처분계획 또는 그 내용인 분양거부처분 등의 취소를 구할 수 있다(대판 1996. 2. 15. 94다31235 전원합의체).

정답 ③

II 민중소송

III 기관소송

IV 헌법소송

기출문제 A/S

제1편 행정법 통론

제1장 행정 및 행정법

제1절 | 행정의 의의

I 행정관념의 성립

II 행정의 개념

행정의 목표로서 공익의 개념은 명백한 것이기 때문에 공익의 개념은 시간의 흐름에 따라 변하지 않는 고정적인 것이다. [15행정사]

| 해설

(X) 행정의 목표로서 공익의 개념은 불확정개념(예 질서유지 및 공공복리)이기 때문에 공익의 개념은 시간의 흐름에 따라 변할 수 있다.

행정청은 공유재산 증대의 목적을 위해 자신의 행정권을 행사할 수 있다. [10국회8급]

| 해설

(X) 공익은 행정통제의 기능을 한다. 행정권은 공익을 추구하여야 하며 사익을 추구하거나 다른 공익목적을 추구하면 권한남용이 된다. 공유재산 증대의 목적으로 행정청이 행정권을 행사하는 것은 허용되지 않는다.

001 [18서울9급]

행정법의 대상인 행정에 대한 설명으로 가장 옳지 않은 것은?

① 행정은 적극적 미래지향적 형성작용이다.
② 국가행정과 자치행정은 행정주체를 기준으로 행정을 구분한 것이다.
③ 행정법의 대상이 되는 행정은 실질적 행정에 한한다.
④ 행정은 그 법 형식을 기준으로 하여 공법형식의 행정과 사법형식의 행정으로 구분할 수 있다.

해설

③ (X) 행정법의 대상은 행정입법 등 실질적 의미의 행정, 형식적 의미의 행정 모두 포함된다.

정답 ③

002 [15지방7급]

실질적 의미의 행정에 해당하는 것으로만 묶인 것은?

ㄱ. 비상계엄의 선포
ㄴ. 집회의 금지통고
ㄷ. 행정심판의 재결
ㄹ. 일반법관의 임명
ㅁ. 대통령령의 제정
ㅂ. 통고처분

① ㄱ, ㄷ　② ㄴ, ㄷ
③ ㄴ, ㄹ　④ ㅁ, ㅂ

해설

실질적 의미의 행정에 해당하는 것은 ㄴ, ㄹ 이다.
ㄱ. 비상계엄의 선포 - 형식적 의미의 행정, 실질적 의미의 사법.
ㄴ. 집회의 금지통고 - 형식적 의미의 행정, 실질적 의미의 행정.
ㄷ. 행정심판의 재결 - 형식적 의미의 행정, 실질적 의미의 사법.
ㄹ. 일반법관의 임명 - 형식적 의미의 사법, 실질적 의미의 행정.
ㅁ. 대통령령의 제정 - 형식적 의미의 행정, 실질적 의미의 입법.
ㅂ. 통고처분 - 형식적 의미의 행정, 실질적 의미의 사법.

정답 ③

III 통치행위

003 [16경행특채]

통치행위를 설명한 것이다. 다음 중 적절하지 않은 것은? (다툼이 있으면 판례에 의함)

① 대통령의 국군(일반사병) 이라크 파견결정은 그 성격상 국방 및 외교에 관련된 고도의 정치적 결단을 요하는 문제로서, 헌법과 법률이 정한 절차를 지켜 이루어진 것임이 명백하므로, 대통령과 국회의 판단은 존중되어야 하고 헌법재판소가 사법적 기준만으로 이를 심판하는 것은 자제되어야 한다.

② 신행정수도건설이나 수도이전의 문제를 국민투표에 붙일지 여부에 관한 대통령의 의사결정이 사법심사의 대상이 될 경우 위 의사결정은 고도의 정치적 결단을 요하는 문제여서 사법심사를 자제함이 바람직하다고 할 수 있다.

③ 대통령의 의사결정이 국민의 기본권침해와 직접 관련되는 경우에는 헌법재판소의 심판대상이 될 수 있고, 이에 따라 위 의사결정과 관련된 법률도 헌법재판소의 심판대상이 될 수 있다.

④ 남북정상회담의 개최과정에서 재정경제부(현 기획재정부)장관에게 신고하지 아니하거나 통일부장관의 협력사업승인을 얻지 아니한 채 북한 측에 사업권의 대가 명목으로 송금한 행위 자체는 고도의 정치적 성격을 지니고 있는 행위라 할 것이므로 사법심사의 대상이 되지 않는다.

해설

① (O) 헌재 2004.4.29. 2003헌마814.

② (O) ③ (O) 신행정수도건설이나 수도이전의 문제를 국민투표에 붙일지 여부에 관한 대통령의 의사결정이 사법심사의 대상이 될 경우 위 의사결정은 고도의 정치적 결단을 요하는 문제여서 사법심사를 자제함이 바람직하다고는 할 수 있다. 그러나 대통령의 위 의사결정이 국민의 기본권침해와 직접 관련되는 경우에는 헌법재판소의 심판대상이 될 수 있고, 이에 따라 위 의사결정과 관련된 법률도 헌법재판소의 심판대상이 될 수 있다(헌재 2004.10.21. 2004헌마554).

④ (X) 남북정상회담의 개최는 고도의 정치적 성격을 지니고 있는 행위라 할 것이므로 특별한 사정이 없는 한 그 당부를 심판하는 것은 사법권의 내재적·본질적 한계를 넘어서는 것이 되어 적절하지 못하지만, 남북정상회담의 개최과정에서 재정경제부장관에게 신고하지 아니하거나 통일부장관의 협력사업 승인을 얻지 아니한 채 북한측에 사업권의 대가 명목으로 송금한 행위 자체는 사법심사의 대상이 된다(대판 2004.3.26. 2003도7878).

정답 ④

제2절 | 행정법의 의의

I 행정법의 의의

004 [11국가9급]

행정법에 대한 설명으로 옳지 않은 것은?

① 대륙법계는 공법과 사법(私法)의 구별을 강조하면서 행정사건은 사법(司法)법원이 아닌 별도의 법원(재판소)의 관할에 속하도록 하고 있다.

② 프랑스에서 행정법원(재판소, C(O)nseil d'Etat)이 출범하게 된 배경은 대혁명 이후 행정사건에 대한 사법(司法)법원의 간섭을 배제하기 위한 필요성과 관련이 있다.

③ 공법과 사법(私法)의 구별을 강조하지 않는 영미법계 국가에서는 오늘날 행정법의 특수성은 인정되지 않으며 행정기관의 결정에 대한 재판권은 통상의 사법(司法)법원이 행사한다.

④ 우리나라의 행정법은 전통적으로 대륙법계의 영향을 받아 행정에 특유한 공법으로서의 성격을 강조하고 있으면서도 행정사건은 별도의 행정법원(재판소)이 아닌 사법(司法)법원의 관할에 속한다.

해설

① (O) 종래 대륙법계 국가들에서는 공법과 사법(私法)의 구별을 강조하면서 행정소송을 행정작용으로 보아 민사소송과 형사소송을 담당하는 일반법원과 달리 행정부 내에 특수법원(행정법원)을 설치하여 그 법원으로 하여금 행정소송을 담당하게 하였었다.

② (O) 시민혁명 후 프랑스 행정법은 귀족적 색채가 짙은 사법권의 부당한 간섭으로부터 행정권의 자주·독립성을 확보하기 위하여 사법부로부터 독립된 행정심판소(C(O)nseil d'Etat, 국참사원)의 판례를 통하여 발전하였다.

③ (X) 영미법계에서는 행정기관의 결정에 대한 재판권은 통상의 사법법원이 행사하나, 행정절차법을 중심으로 행정법의 특수성은 인정되고 있다.

④ (O) 우리 헌법이 행정사건에 대한 최종심사권을 대법원에 부여하고 행정사건을 일반 사법법원의 관할에 두고 있는 것은 사법국가형를 취한 것이라고 볼 수 있다.

정답 ③

해설

① (X) 지방의회의원에 대하여 유급 보좌 인력을 두는 것은 지방의회의원의 신분·지위 및 처우에 관한 현행 법령상의 제도에 중대한 변경을 초래하는 것으로서 국회의 법률로 규정하여야 할 입법사항이다(대판 2017. 3. 30. 2016추5087).

② (O) 조직법적 근거는 모든 행정권 행사에 당연히 요구되며, 국민의 권리는 제한하거나 의무를 부과하기 위해서는 추가적으로 작용법적 근거를 요한다. 법률유보원칙에서 말하는 법적 근거는 작용법적 근거를 의미한다.

③ (O) 법률우위의 원칙은 모든 행정영역에서 적용된다. 법률의 우위의 원칙은 공법형식으로 국가 작용뿐만 아니라 사법형식으로 이루어지는 국가작용에도 적용된다.

④ (O) 법률의 우위란 "국가의 행정은 합헌적 절차에 따라 제정된 법률에 위반되어서는 아니된다"는 것을 의미한다.

정답 ①

II 법치행정의 원리

법치행정의 목적은 행정의 효율성과 행정작용의 예견가능성을 보장하는 데 있다. [11국가9급]

| 해설

(X) 법치국가적 원리로서의 법치행정의 원칙이나 행정의 법률적합성의 원칙은 행정의 자의로부터 개인을 보호하고 아울러 행정작용의 예견가능성을 보장하고자 하는 데 있으므로 행정은 언제나 법률의 근거하에서 법률의 기속을 받으며 행해져야 한다. 행정의 효율성은 법치행정의 목적이 될 수 없다.

005 [18교육행정]

법치행정에 관한 설명으로 옳지 않은 것은?

① 지방의회의원에 대하여 유급보좌인력을 두는 것은 지방의회의 조례로 규정할 사항이다.

② 법률유보의 원칙은 행정권의 발동에 있어서 조직규범 외에 작용규범이 요구된다는 것을 의미한다.

③ 법률우위의 원칙은 행정의 모든 영역에 적용된다.

④ 법률우위의 원칙이란 국가의 행정은 합헌적 절차에 따라 제정된 법률에 위반되어서는 아니 된다는 것을 말한다.

006 [13지방9급]

법률유보원칙에 대한 설명으로 옳지 않은 것은?

① 전부유보설은 모든 행정작용이 법률에 근거해야 한다는 입장으로, 행정의 자유영역을 부정하는 견해이다.

② 헌법재판소는 예산도 일종의 법규범이고, 법률과 마찬가지로 국회의 의결을 거쳐 제정되며, 국가기관뿐만 아니라 일반 국민도 구속한다고 본다. 따라서 법률유보원칙에서 말하는 법률에는 예산도 포함된다.

③ 중요사항유보설은 행정작용에 법률의 근거가 필요한지 여부에 그치지 않고 법률의 규율정도에 대해서도 설명하는 이론이다.

④ 헌법재판소는 텔레비전방송수신료의 금액결정은 납부의무자의 범위 등과 함께 수신료에 관한 본질적인 중요한 사항이므로 국회가 스스로 행하여야 하는 사항에 속한다는 입장이다.

해설

① (O) 전부유보설은 민주주의원칙에 의하면 국민에 의한 행정을 실현하기 위해 모든 행정에는 법률의 근거가 필요하다고 보는 견해이다. 그러나 전부유보설에 의하면 행정의 자유영역을 부정하므로 법률의 수권이 없는 한 국민에게 필요한 급부를 할 수 없게 되는 문제가 있다.

② (X) 예산은 일종의 법규범이고 법률과 마찬가지로 국회의 의결을 거쳐 제정되지만 법률과 달리 국가기관만을 구속할 뿐 일반국민을 구속하지 않는다. 국회가 의결한 예산 또는 국회의 예산안 의결은 헌법재판소법 제68조 제1항 소정의 '공권력의 행사'에 해당하지 않고 따라서 헌법소원의 대상이 되지 아니한다(헌재 2006.4.25. 2006헌마409).

③ (O) 중요사항유보설은 기본적인 규범영역에서 모든 중요하고 본질적인 결정은 적어도 입법자가 스스로 법률로 정하여야 하고 위임이 허용되지 않는다는 측면에서 법률유보의 범위뿐만 아니라 규율의 밀도에 대해서도 원칙을 제시하고 있다.

④ (O) 텔레비전방송수신료금액의 결정은 납부의무자의 범위 등과 함께 수신료에 관한 본질적인 중요한 사항이므로 국회가 스스로 행하여야 하는 사항에 속하는 것임에도 불구하고 국회의 결정이나 관여를 배제한 채 한국방송공사로 하여금 수신료금액을 결정해서 문화관광부장관의 승인을 얻도록 한 것은 법률유보원칙에 위반된다(헌재 1999.5.27. 98헌바70).

정답 ②

007 [17국가7급]

판례의 입장으로 옳은 것은?

① 사인이 공공시설을 건설한 후, 국가 등에 기부채납하여 공물로 지정하고 그 대신 그 자가 일정한 이윤을 회수할 수 있도록 일정 기간 동안 무상으로 사용하도록 허가하는 것은 사법상 계약에 해당한다.

② 부담금부과에 관한 명확한 법률 규정이 존재하더라도 그 법률 규정과는 별도로 반드시 「부담금관리기본법」 별표에 그 부담금이 포함되어야만 부담금부과가 유효하게 되는 것은 아니다.

③ 사업 양도·양수에 따른 허가관청의 지위승계신고의 수리에 있어서, 그 수리대상인 사업양도·양수가 무효임을 이유로 막바로 행정소송으로 그 신고수리처분의 무효확인을 구할 법률상 이익은 없다.

④ 「공익사업을 위한 토지 등의 취득 및 보상에 관한 법률」상 사업시행자에 의한 이주대책 수립·실시 및 이주대책의 내용에 관한 규정은 당사자의 합의에 의하여 적용을 배제할 수 있다.

해설

① (X) 행정재산의 사용·수익에 대한 허가는 관리청이 공권력을 가진 우월적 지위에서 행하는 행정처분이라고 보아야 할 것이다(대판 2001.6.15. 99두509).

② (O) 부담금부과에 관한 명확한 법률 규정이 존재하더라도 법률 규정과는 별도로 반드시 부담금관리 기본법 별표에 부담금이 포함되어야만 부담금 부과가 유효하게 된다고 해석할 수는 없다(대판 2014. 1. 29. 2013다25927).

③ (X) 사업양도·양수에 따른 허가관청의 지위승계신고의 수리는 적법한 사업의 양도·양수가 있었음을 전제로 하는 것이므로 그 수리대상인 사업양도·양수가 존재하지 아니하거나 무효인 때에는 수리를 하였다 하더라도 그 수리는 유효한 대상이 없는 것으로서 당연히 무효라 할 것이고, 사업의 양도행위가 무효라고 주장하는 양도자는 민사쟁송으로 양도·양수행위의 무효를 구함이 없이 막바로 허가관청을 상대로 하여 행정소송으로 위 신고수리처분의 무효확인을 구할 법률상 이익이 있다(대판 2005. 12. 23. 2005두3554).

④ (X) 사업시행자의 이주대책 수립·실시의무를 정하고 있는 구 공익사업법 제78조 제1항은 물론 이주대책의 내용에 관하여 규정하고 있는 같은 조 제4항 본문 역시 당사자의 합의 또는 사업시행자의 재량에 의하여 적용을 배제할 수 없는 강행법규이다(대판 2011.06. 23. 2007다63089 전원합의체).

정답 ②

III 행정법의 법원

008 [15경행특채]

행정법의 법원(法源)에 관한 설명이다. 다음 중 가장 적절하지 않은 것은? (다툼이 있으면 판례에 의함)

① 관습법은 성문법의 결여시에 성문법을 보충하는 범위에서 효력을 갖는다.

② 「헌법재판소법」 제47조 제1항은 "법률의 위헌결정은 법원과 그 밖의 국가기관 및 지방자치단체를 기속한다."라고 규정하고 있다.

③ 「1994년 관세 및 무역에 관한 일반협정(GATT)」이나 「정부조달에 관한 협정(AGP)」에 위반되는 조례는 그 효력이 없다.

④ 일반적으로 승인된 국제법규라도 의회에 의한 입법절차를 거쳐야 행정법의 법원(法源)이 된다.

해설

① (O) 관습법의 효력에 대하여 성문법을 변경 또는 개폐하는 효력을 가진다는 견해도 있으나, 통설과 판례는 관습법은 성문법 및 법의 일반원칙이 존재하지 않거나 불완전한 경우에 보충적으로만 인정되고, 관습법이 성립된 경우에도 그와 모순되는 법이 제정된 경우에는 그 관습법은 효력을 상실하게 된다는 보충적 효력설이다.

② (O) 헌법재판소가 내린 법률의 위헌결정은 법원과 그 밖의 국가기관 및 지방자치단체를 기속한다(헌법재판소 제47조 제1항). 따라서 헌법재판소의 위헌결정은 법원으로서의 성격을 갖는다(합헌결정은 기속력이 인정되지 않는다).

③ (O) 대판 2005.9.9. 2004추10.

④ (X) 우리 헌법은 "헌법에 의하여 체결・공포된 조약과 일반적으로 승인된 국제법규는 국내법과 동일한 효력을 갖는다(제6조 제1항)."라고 규정하고 있으므로, 헌법에 의하여 체결・공포된 조약과 일반적으로 승인된 국제법규는 의회에 의한 입법절차를 거치지 않고 바로 행정법의 법원이 된다.

정답 ④

009 [09국회9급]

행정법의 법원(法源)에 관한 설명으로 가장 옳은 것은?

① 우리나라는 성문법주의를 취하고 있기 때문에 행정법의 일반원칙은 행정법의 법원이 되지 못한다.

② 헌법에 의하여 체결・공포된 조약은 별도의 시행법률이 없어도 국내에서 효력을 갖는다.

③ 행정규칙은 상위법령의 위임에 근거하여 행정권에 의해 정립되는 법형식이다.

④ 행정선례법이란 행정사무처리상의 관행이 관습법화된 것을 의미하므로, 실정법에서는 행정선례법을 명문으로 인정하고 있지 않다.

⑤ 헌법재판소의 위헌결정은 법원으로서의 성격을 갖지 않는다.

해설

① (X) 행정법의 일반원칙은 성문법・관습법・판례법 등이 모두 없는 경우에 적용되는 최후의 보충적 법원으로서 중요한 의미를 갖고 있다.

② (O) 헌법에 의하여 체결・공포된 조약과 일반적으로 승인된 국제법규는 의회에 의한 입법절차를 거치지 않고 바로 행정법의 법원이 된다.

③ (X) 행정규칙은 행정조직 내부의 운영과 행정사무의 처리를 규율하기 위하여 정립하는 일반적・추상적 규범으로 상위법령의 위임을 필요로 하지 않는다.

④ (X) 행정선례법이란 행정청이 취급한 선례가 상당히 오랫동안 반복됨으로써 성립되는 관습법이다. 행정절차법 제4조 제2항, 국세기본법 제18조 제3항 등에서는 행정선례법을 명문으로 인정하고 있다.

⑤ (X) 헌법재판소의 위헌결정은 법원으로서의 성격을 갖는다.

정답 ②

010 [18교육행정]

행정법의 법원(法源)에 관한 설명으로 옳지 않은 것은?

① 처분적 법률은 형식적 의미의 법률에 해당한다.

② 일반적으로 관습법은 성문법에 대하여 개폐적 효력을 가진다.

③ 행정규칙이 법규성을 가지는 경우에는 법원성을 인정할 수 있다.

④ 법원(法院)은 보충적 법원으로서의 조리에 따라 재판할 수 있다.

해설

① (O) 처분적 법률은 형식적 의미의 법률이지만 실질은 처분인 경우를 말한다.

② (X) 관습법의 효력에 대하여 성문법을 변경 또는 개폐하는 효력을 가진다는 견해도 있으나, 통설과 판례는 관습법은 성문법 및 법의 일반원칙이 존재하지 않거나 불완전한 경우에 보충적으로만 인정되고, 관습법이 성립된 경우에도 그와 모순되는 법이 제정된 경우에는 그 관습법은 효력을 상실하게 된다는 보충적 효력설이다.

③ (O) 행정규칙인 고시가 법령의 수권에 의하여 법령을 보충하는 사항을 정하는 경우에는 그 근거 법령규정과 결합하여 대외적으로 구속력이 있는 법규명령으로서의 성질과 효력을 가진다(대판 2006.4.27. 2004도1078).

④ (O) 조리는 법해석의 기본원리로서, 성문법・관습법・판례법이 모두 없는 경우에 최후의 보충적 법원으로서 그 중요성을 가진다

정답 ②

011 [16서울9급]

행정법의 법원(法源)에 대한 설명 중 가장 옳은 것은?

① 헌법재판소 판례에 의하면 감사원규칙은 헌법에 근거가 없으므로 법규명령으로 인정되지 않는다.

② 법원(法源)을 법의 인식근거로 보면 헌법은 행정법의 법원이 될 수 없다.

③ 관습법은 성문법령의 흠결을 보충하기 때문에 법률유보원칙에서 말하는 법률에 해당한다.

④ 행정법의 일반원칙은 다른 법원(法源)과의 관계에서 보충적 역할에 그치지 않으며 헌법적 효력을 갖기도 한다.

해설

① (X) 감사원규칙에 대하여는 헌법에 근거가 없다. 따라서 감사원규칙을 행정규칙으로 보는 견해와 법규명령으로 보는 견해가 대립하나, 실질적 내용에 비추어 법규명령으로 봄이 일반적이다(다수설). 판례는 명시적으로 판시한 바 없다.

② (X) 가장 최고의 효력을 갖는 행정법의 법원으로 헌법규정은 행정에 직접 적용되기도 하며, 헌법에 위반되는 하위법규범은 위헌심사의 대상이 된다.

③ (X) 법률유보의 원칙에서 말하는 법률에 관습법은 포함되지 않는다.

④ (O) 행정법의 일반원칙은 법적 효력을 가지며, 헌법에 근거를 두고 있는 이유로 헌법적 효력을 갖기도 한다.

정답 ④

IV 행정법의 효력

012 [09국가9급]

법령의 효력발생에 관한 설명으로 옳지 않은 것은?

① 대통령령·총리령 및 부령은 특별한 규정이 없는 한 공포한 날로부터 14일이 경과함으로서 효력을 발생한다.

② 대통령령·총리령 및 부령의 공포일은 그 법령 등을 게재한 관보 또는 신문이 발행된 날로 한다.

③ 법령의 공포시점은 관보 또는 공보가 판매소에 도달하여 누구든지 이를 구독할 수 있는 상태가 된 최초의 시점으로 보는 것이 판례의 입장이다.

④ 새 법령이 시행되기 전에 종결된 사실에 대하여는 당해 법령을 적용하지 않는 것을 원칙으로 한다.

해설

① (X) 대통령령, 총리령 및 부령은 특별한 규정이 없으면 공포한 날부터 20일이 경과함으로써 효력을 발생한다(법령 등 공포에 관한 법률 제13조).

② (O) ③ (O) 법령 등의 공포일 또는 공고일은 해당 법령 등을 게재한 관보 또는 신문이 발행된 날로 한다(동법 제12조). 이 때 발행된 날의 의미에 대해 관보일자시설, 인쇄완료시설, 최초구독가능시설 등이 있으나, 통설과 판례는 최초구독가능시설의 입장이다.

④ (O) 진정소급입법은 원칙적으로 금지되고 새 법령이 시행되기 전에 종결된 사실에 대하여는 구법에 의한다.

정답 ①

013 [12국회9급]

행정법의 효력에 관한 설명으로 옳은 것은? (다툼이 있으면 판례에 의함)

① 효력발생일에 특별한 규정이 없는 한 공포한 날로부터 40일이 경과되면 법령은 효력을 발생하게 된다.

② 신뢰보호의 요청에 우선하는 심히 중대한 공익상의 사유가 소급입법을 정당화하는 경우에도 진정소급입법은 허용되지 않는다.

③ 어떠한 법률조항에 대하여 헌법재판소가 헌법불합치결정을 하여 그 법률조항을 합헌적으로 개정 또는 폐지하는 임무를 입법자의 형성 재량에 맡긴 이상, 그 개선입법의 소급적용 여부와 소급적용의 범위는 원칙적으로 입법자의 재량이다.

④ 법령의 개정으로 허가 없이 공작물 설치행위를 할 수 있도록 변경되었다면, 당해 법령의 개정 전에 이미 범하여진 위법한 공작물 설치행위에 대한 가벌성도 소멸된다.

⑤ 국외의 자국인에 대하여 국내법령은 적용되지 않는다.

해설

① (X) 대통령령, 총리령 및 부령은 특별한 규정이 없으면 공포한 날부터 20일이 경과함으로써 효력을 발생한다(법령 등 공포에 관한 법률 제13조).

② (X) 헌재 1999.7.22. 97헌바76.

③ (O) 대판 2008.1.17. 2007두21563.

④ (X) 법령이 개정되었다 하더라도 이는 법률 이념의 변천으로 과거에 범죄로서 처벌하던 일부 행위에 대한 처벌 자체가 부당하다는 반성적 고려에서 비롯된 것이라기보다는 사정의 변천에 따른 규제 범위의 합리적 조정의 필요에 따른 것이라고 보이므로, 신설 조항들이 시행되기 전에 이미 범하여진 개발제한구역 내 비닐하우스 설치행위에 대한 가벌성이 소멸하는 것은 아니다(대판 2007.9.06. 2007도4197).

⑤ (X) 행정법규는 원칙적으로 속지주의 원칙에 의해 당해 지역 안에 있는 내국인·외국인 불문하고 모든 사람에게 적용된다. 또 속인주의 원칙에 의해 외국에 있는 내국인에게도 적용된다.

정답 ③

014 [10국회9급]

행정법의 법원에 관한 설명 중 옳지 않은 것은? (다툼이 있는 경우 판례에 의함)

① 법령의 공포일에 관하여 공포일자와 시행일자가 다른 경우에는 공포일을 관보가 실제로 인쇄된 날로 본다.

② 법률시행 이후의 사항에 대하여 신법을 적용하도록 정한 「개발이익환수에 관한 법률」의 부칙은 진정소급입법으로 원칙적으로 헌법상 허용될 수 없다.

③ 소급입법에 의한 당사자의 손실이 없거나 아주 경미한 경우 그리고 신뢰보호의 요청에 우선하는 심히 중대한 공익상 사유의 정당성이 있다면 예외적으로 진정소급입법도 인정된다.

④ 주택건설사업계획승인신청을 수리한 행정청이 그 처리기간을 넘겨 나중에 결정 고시된 도시계획을 이유로 승인을 거부하였더라도, 정당한 이유 없이 처리를 지연한 것이 아닌 경우에는 승인 거부가 위법한 것은 아니다.

⑤ 국내에 거주하는 미합중국 군대의 구성원에 대하여는 「대한민국과 아메리카합중국 간의 상호방위조약 제4조에 의한 시설과 구역 및 대한민국에서의 합중국 군대의 지위에 관한 협정」(이른바 한미행정협정)에 의해 국내법령의 적용이 제한된다.

해설

① (O) 법령 등의 공포일 또는 공고일에 대하여 통설과 판례는 최초구독가능시설의 입장이다. 그러나 공포일과 시행일이 다른 경우에 판례는 공포일을 관보가 실제로 인쇄된 날로 본다(대판 1968.12.6. 68다1753).

② (X) 개발이익환수에관한법률 부칙 제2조는 이미 개발을 완료한 사업에 대하여 소급하여 개발부담금을 부과하려는 것이 아니라 동법 시행 당시 개발이 진행 중인 사업에 대하여 장차 개발이 완료되면 개발부담금을 부과하려는 것이므로, 이른바 부진정소급입법에 해당하는 것이어서 원칙적으로 헌법상 허용되는 것이다(헌재 2001.2.22. 98헌바19).

③ (O) 헌재 1998.9.30. 97헌바38.

④ (O) 허가 등의 행정처분은 원칙적으로 처분시의 법령과 허가기준에 의하여 처리되어야 하고 허가신청 당시의 기준에 따라야 하는 것은 아니며, 비록 허가신청 후 허가기준이 변경되었다 하더라도 그 허가관청이 허가신청을 수리하고도 정당한 이유 없이 그 처리를 늦추어 그 사이에 허가기준이 변경된 것이 아닌 이상 변경된 허가기준에 따라서 처분을 하여야 한다(대판 2006.8.25. 2004두2974).

⑤ (O) 한·미행정협정에 의하면 미국 군대구성원에게 재판권 등 국내법령의 적용이 일부 배제된다.

정답 ②

제2장 행정법의 일반원칙과 법률관계

제1절 | 행정법의 일반원칙

I 비례의 원칙(과잉금지의 원칙)

015 [13국가9급]

비례원칙에 대한 설명으로 옳지 않은 것은? (다툼이 있는 경우 판례에 의함)

① 「도로교통법」 제148조의2 제1항 제1호의 '「도로교통법」 제44조 제1항을 2회 이상 위반한' 것에 구 「도로교통법」 제44조 제1항을 위반한 음주운전 전과도 포함된다고 해석하는 것은 비례원칙에 위반된다.

② 협의의 비례원칙인 상당성의 원칙은 재량권 행사의 적법성의 기준에 해당한다.

③ 침해행정인가 급부행정인가를 가리지 아니하고 행정의 전영역에 적용된다.

④ 「행정절차법」은 행정지도의 원칙으로 비례원칙을 규정하고 있다.

해설

① (X) 도로교통법 제148조의2 제1항 제1호는 도로교통법 제44조 제1항을 2회 이상 위반한 사람으로서 다시 같은 조 제1항을 위반하여 술에 취한 상태에서 자동차 등을 운전한 사람에 대해 1년 이상 3년 이하의 징역이나 500만 원 이상 1,000만 원 이하의 벌금에 처하도록 규정하고 있는데, '도로교통법 제44조 제1항을 2회 이상 위반한' 것에 개정된 도로교통법이 시행되기 이전에 구 도로교통법 제44조 제1항을 위반한 음주운전 전과까지 포함되는 것으로 해석하는 것이 형벌불소급의 원칙이나 일사부재리의 원칙 또는 비례의 원칙에 위배된다고 할 수 없다(대판 2012.11.29. 2012도10269).

② (O) 상당성의 원칙은 재량권 행사의 적법성의 기준에 해당하여 재량권 행사의 한계가 된다. 따라서 재량권 행사가 상당성의 원칙에 위반되면 재량권 일탈·남용으로 위법하게 된다.

③ (O) 경찰행정영역에서 발전된 것이기는 하나, 오늘날 행정법의 일반원리로 승인된 것 만큼 침해행정인가 급부행정인가 가리지 않고 행정법 전반에 걸쳐 적용된다.

④ (O)

> **행정절차법 제48조(행정지도의 원칙)** ① 행정지도는 그 목적 달성에 필요한 최소한도에 그쳐야 하며, 행정지도의 상대방의 의사에 반하여 부당하게 강요하여서는 아니 된다.

정답 ①

016 [11경행특채]

비례의 원칙과 관련된 판례의 내용으로 가장 적절한 것은?

① 청소년유해매체물로 결정·고시된 만화인 사실을 모르고 있던 도서대여업자가 그 고시일로부터 8일 후에 청소년에게 그 만화를 대여한 것을 사유로 그 도서대여업자에게 금 700만원의 과징금이 부과된 경우, 그 과징금부과처분은 재량권을 일탈·남용한 것으로 볼 수 없다.

② 다른 차들의 통행을 원활히 하기 위하여 승용차를 주차목적으로 자신의 집 앞 약 6미터를 운행하였다 하여도 이는 도로교통법상의 음주운전에 해당하고, 이미 음주운전으로 적발되어 면허정지처분을 받은 적이 있는데도 혈중알콜농도 0.182%의 만취 상태에서 운전한 것이라면, 교통사고가 발생하지 않았고 운전 승용차로 서적을 판매하여 가족의 생계를 책임져야 한다는 사정을 고려하더라도, 이 사건 운전면허취소처분은 적법하다.

③ 경찰관이 범인을 검거하면서 가스총을 근접 발사하여 가스와 함께 발사된 고무마개가 범인의 눈에 맞아 실명한 경우 국가배상책임이 없다.

④ 주유소 영업의 양도인이 등유가 섞인 유사휘발유를 판매한 바를 모르고 이를 양수한 석유판매영업자에게 전 운영자인 양도인의 위법사유를 들어 6월의 사업정지에 처한 것은 공익목적의 실현이라는 측면에서 비례원칙에 위반되지 않아 적법하다.

해설

① (X) 청소년유해매체물로 결정·고시된 만화인 사실을 모르고 있던 도서대여업자가 그 고시일로부터 8일 후에 청소년에게 그 만화를 대여한 것을 사유로 그 도서대여업자에게 금 700만 원의 과징금이 부과된 경우, 그 도서대여업자에게 청소년유해매체물인 만화를 청소년에게 대여하여서는 아니된다는 금지의무의 해태를 탓하기는 가혹하다는 이유로 그 과징금부과처분은 재량권을 일탈·남용한 것으로서 위법하다(대판 2001.7.27. 99두9490).

② (O) 원고가 다른 차들의 통행을 원할히 하기 위하여 승용차를 주차목적으로 자신의 집 앞 약 6미터를 운행하였다 하여도 이는 도로교통법상의 음주운전에 해당하고, 이미 음주운전으로 적발되어 면허정지처분을 받은 적이 있는데도 혈중알콜농도 0.182%의 만취상태에서 운전한 것이라면, 운전면허취소처분은 적법하다(대판 1996.9.6. 96누5995).

③ (X) 가스총은 인체에 위해를 가할 가능성이 있으므로, 이를 사용하는 경찰관으로서는 최소한의 안전수칙을 준수함으로써 장비 사용으로 인한 사고 발생을 미리 막아야 할 주의의무가 있다. 경찰관이 범인을 검거하면서 가스총을 근접 발사하여 가스와 함께 발사된 고무마개가 범인의 눈에 맞아 실명한 경우 국가배상책임이 인정된다(대판 2003.3.14. 2002다57218).

④ (X) 주유소 영업의 양도인이 등유가 섞인 유사휘발유를 판매한 바를 모르고 이를 양수한 석유판매영업자에게 전 운영자인 양도인의 위법사유를 들어 사업정지기간 중 최장기인 6월의 사업정지에 처한 영업정지처분은 공익목적의 실현보다는 양수인이 입게 될 손실이 훨씬 커서 재량권을 일탈한 것으로서 위법하다(대판 1992.2.25. 91누13106).

정답 ②

017 [13국회9급]

행정법상 일반원칙에 관한 판례의 내용 중 옳지 않은 것은?

① 위험물지정시설인 주유소와 LPG충전소 중에서 주유소는 허용하면서 LPG충전소를 금지하는 시행령 규정이 LPG충전소 영업을 하려는 국민을 합리적 이유 없이 자의적으로 차별하여 평등의 원칙에 위배된다고 볼 수 없다.

② 주유소 영업의 양도인이 등유가 섞인 유사휘발유를 판매한 바를 모르고 이를 양수한 석유판매업자(양수인)에게 양도인의 위법사유를 들어 사업정지기간 중 최장기인 6월의 사업정지에 처한 영업정지처분은 재량권을 일탈한 것으로 위법하다.

③ 택시운송사업자가 차고지와 운송부대시설을 증설하는 내용의 자동차운송사업계획 변경인가를 신청한 데 대하여 교통행정 및 주거환경 등 공익을 이유로 한 거부처분은 이익교량의 원칙에 반하지 않는다.

④ 지방식품의약품안전청장이 수입 녹용 중 일부를 절단하여 측정한 회분함량이 기준치를 0.5% 초과하였다는 이유로 수입 녹용 전부에 대하여 전량 폐기 또는 반송처리하도록 한 지시처분은 재량권을 일탈·남용한 것에 해당한다.

⑤ 변호사법 제10조 제2항의 개업지 제한규정은 직업선택의 자유를 제한하는 것으로서 헌법 제37조 제2항에 위반된다.

해설

① (O) LPG는 석유에 비하여 화재 및 폭발의 위험성이 훨씬 커서 주택 및 근린생활시설이 들어설 지역에 LPG 충전소의 설치금지는 불가피하다할 것이고 연구단지내 녹지구역에 LPG충전소의 설치를 금지한 것은 위와 같은 합리적 이유에 근거한 것이므로 평등원칙에 위배된다고 볼 수 없다(헌재 2004.7.15. 2001헌마646).

② (O) 대판 1992.2.25. 91누13106.

③ (O) 일반택시운송사업자가 차고지를 일반주거지역 내로서 도시계획시설상 주차장 용지로 지정된 토지와 건물로 이전한다는 내용의 자동차운송사업계획변경인가를 신청한 경우, 건축관계 법령상 일반주거지역 내에서는 주차장을 차고로 사용하는 것이 객관적으로 불가능하다는 이유로 위 신청을 반려한 처분이 적법하다(대판 2002.1.25. 2000두5159).

④ (X) 수입 녹용 일부를 절단하여 측정한 회분함량이 기준치를 0.5% 초과하였다는 이유로 수입 녹용 전부에 대하여 전량 폐기 또는 반송처리를 지시한 처분으로 인하여 원고가 입게 될 불이익이 의약품의 안전성과 유효성을 확보함으로써 국민보건의 향상을 기하고 고가의 한약재인 녹용에 대하여 부적합한 수입품의 무분별한 유통을 방지하려 하는 이 사건 처분의 공익상 필요보다 크다고는 할 수 없으므로, 재량권을 일탈 또는 남용한 것으로 위법하다고 할 수 없다(대판 2006.4.14. 2004두3854).

⑤ (O) 변호사법 제10조 제2항은 직업선택의 자유를 제한함에 있어서 비례의 원칙에 벗어난 것이고, 합리적인 이유 없이 변호사로 개업하고자 하는 공무원을 차별하고 있으며, 병역의무의 이행을 위하여 군법무관으로 복무한 후 개업하는 경우에는 병역의무의 이행으로 불이익한 처우를 받게 되어 헌법 제11조 제1항, 제15조, 제37조 제2항, 제39조 제2항에 각 위반된다(헌재 1989.11.20. 89헌가102).

정답 ④

Ⅱ 신뢰보호의 원칙

018 [12경행특채]

신뢰보호의 원칙에 관한 다음 설명 중 가장 적절한 것은? (다툼이 있는 경우 판례에 의함)

① 신뢰보호의 원칙은 판례를 통해 발전한 행정법의 원칙이지만 현재는 실정법에도 명문규정을 두고 있다.

② 헌법재판소의 위헌결정은 신뢰보호 원칙의 적용요건 중 하나인 공적 견해표명에 해당한다.

③ 판례에 의하면, 행정기관의 공적 견해표명 여부를 판단할 때는 반드시 행정조직상의 형식적인 권한분장에 의하여 담당자의 조직상 지위와 임무 등에 비추어 형식적으로 판단하여야 한다.

④ 판례에 의하면, 문화관광부장관이 지방자치단체장에게 한 사업승인가능성에 대한 회신은 사업신청자인 민원인에 대한 공적 견해표명이다.

해설

① (O) 신뢰보호의 원칙에 대한 일반적인 근거법률은 없지만, 행정절차법 제4조 제2항, 국세기본법 제18조 제3항 등 개별법에서 규정하고 있다.

② (X) 헌법재판소의 위헌결정은 행정청이 개인에 대하여 신뢰의 대상이 되는 공적인 견해를 표명한 것이라고 할 수 없으므로 그 결정에 관련한 개인의 행위에 대하여는 신뢰보호의 원칙이 적용되지 아니한다(대판 2003.6.27. 2002두6965).

③ (X) 행정청의 공적 견해표명이 있었는지의 여부를 판단하는 데 있어 반드시 행정조직상의 형식적인 권한분장에 구애될 것은 아니고 담당자의 조직상의 지위와 임무, 당해 언동을 하게 된 구체적인 경위 및 그에 대한 상대방의 신뢰가능성에 비추어 실질에 의하여 판단하여야 한다(대판 1997.9.12. 95누18380).

④ (X) 관광 숙박시설 지원 등에 관한 특별법의 유효기간인 2002. 12. 31. 이전까지 사업계획승인 신청을 한 경우에는 유효기간이 경과한 이후에도 특별법을 적용할 수 있다는 내용의 2002. 11. 13.자 회신은 문화관광부장관이 피고(서울특별시장)에게 한 것이어서 이를 원고에 대한 공적인 견해표명으로 보기 어렵다(대판 200604.28. 2005두6539).

정답 ①

019 [12서울9급]

다음 중 신뢰보호의 원칙의 성립요건으로 옳지 않은 것은?

① 필요성의 원칙

② 보호가치 있는 신뢰

③ 신뢰에 의한 사인의 처리

④ 인과관계의 존재

⑤ 행정기관의 선행조치

해설

① 신뢰보호의 원칙이 적용되기 위하여는, 첫째 행정청이 개인에 대하여 신뢰의 대상이 되는 공적인 견해표명을 하여야 하고, 둘째 행정청의 견해표명이 정당하다고 신뢰한 데에 대하여 그 개인에게 귀책사유가 없어야 하며, 셋째 그 개인이 그 견해표명을 신뢰하고 이에 상응하는 어떠한 행위를 하였어야 하고, 넷째 행정청이 그 견해표명에 반하는 처분을 함으로써 그 견해표명을 신뢰한 개인의 이익이 침해되는 결과가 초래되어야 하며, 마지막으로 위 견해표명에 따른 행정처분을 할 경우 이로 인하여 공익 또는 제3자의 정당한 이익을 현저히 해할 우려가 있는 경우가 아니어야 할 것이다(대판 2002.11.8. 2001두1512). 필요성의 원칙은 신뢰보호 원칙의 성립요건이 아니라 비례원칙의 한 요소이다.

정답 ①

020 [18서울7급(上)]

신뢰보호의 원칙에 관한 설명으로 가장 옳지 않은 것은?

① 행정청의 공적 견해 표명이 있었는지의 여부를 판단하는 데 있어 반드시 행정조직상의 형식적인 권한분장에 구애될 것이 아니라 담당자의 조직상의 지위와 임무, 당해 언동을 하게 된 구체적인 경위 및 그에 대한 상대방의 신뢰가능성에 비추어 실질에 의하여 판단하여야 한다.

② 폐기물처리업 사업계획에 대하여 적정통보를 하였다면, 이것은 당해 사업을 위해 필요한 그 사업부지 토지에 대하여 국토이용계획 변경신청을 승인하여 주겠다는 취지의 공적인 견해표명을 한 것으로 볼 수 있다.

③ 신뢰가 보호할 만한 것인가는 정당한 이익형량에 의한다. 사후에 선행조치가 변경될 것을 사인이 예상하였거나 중대한 과실로 알지 못한 경우 또는 사인의 사위나 사실은폐 등이 있는 경우에는 보호가치가 있는 신뢰라고 보기 어렵다.

④ 선행조치는 반드시 관세관청이 납세자에 대하여 비과세를 시사하는 명시적 언동이 있어야만 하는 것은 아니고, 묵시적인 언동 다시 말하면 비과세의 사실상태가 장기간에 걸쳐 계속되는 경우에 그것이 그 사항에 대하여 과세의 대상으로 삼지 아니하는 뜻의 과세관청의 묵시적인 의향 표시로 볼 수 있는 경우에도 이를 인정할 수 있다.

해설

① (O) 행정청의 공적 견해표명이 있었는지의 여부를 판단함에 있어서는, 반드시 행정조직상의 형식적인 권한분장에 구애될 것은 아니고, 담당자의 조직상의 지위와 임무, 당해 언동을 하게 된 구체적인 경위 및 그에 대한 상대방의 신뢰가능성에 비추어 실질에 의하여 판단하여야 한다(대판 2008.1.17. 2006두10931).

② (X) 폐기물처리업 사업계획에 대하여 적정통보를 한 것만으로 그 사업부지 토지에 대한 국토이용계획변경신청을 승인하여 주겠다는 취지의 공적인 견해표명을 한 것으로 볼 수 없고, 그럼에도 불구하고 원고가 그 승인을 받을 것으로 신뢰하였다면 원고에게 귀책사유가 있다 할 것이므로, 이 사건 처분이 신뢰보호의 원칙에 위배된다고 할 수 없다(대판 2005.4.28. 2004두8828).

③ (O) 사인의 사위나 사실은폐 등이 있는 경우 또는 사후에 선행조치가 변경될 것을 사인이 예상하였거나 중대한 과실로 알지 못한 경우에는 보호가치 있는 신뢰라고 할 수 없다.

④ (O) 비과세관행이 성립하려면, 상당한 기간에 걸쳐 과세를 하지 아니한 객관적 사실이 존재할 뿐만 아니라, 과세관청 자신이 그 사항에 관하여 과세할 수 있음을 알면서도 어떤 특별한 사정 때문에 과세하지 않는다는 의사가 있어야 하며, 위와 같은 공적 견해나 의사는 명시적 또는 묵시적으로 표시되어야 하지만 묵시적 표시가 있다고 하기 위하여는 단순한 과세누락과는 달리 과세관청이 상당기간의 불과세 상태에 대하여 과세하지 않겠다는 의사표시를 한 것으로 볼 수 있는 사정이 있어야 한다(대판 2003.9.5. 2001두7855).

정답 ②

021 [15서울7급]

행정법의 일반원칙에 관한 설명으로 옳은 것은? (다툼이 있는 경우 판례에 의함)

① 부당결부금지원칙은 행정작용을 함에 있어서 상대방에게 이와 실질적인 관련이 없는 의무를 부과하지 말도록 하는 것인데, 판례는 이러한 부당결부금지원칙의 적용을 부정하고 있다.

② 헌법재판소의 위헌결정은 행정청이 개인에 대해 공적인 견해를 표명한 것으로 그 결정에 관련한 개인의 행위는 신뢰보호의 원칙이 적용된다.

③ 행정청이 지구단위계획을 수립하면서 권장용도를 숙박시설로 하였다 해도, 항상 숙박시설에 대한 건축허가가 가능하리라는 공적견해를 표명한 것으로 볼 수는 없다.

④ 지방공무원 임용신청 당시 잘못 기재된 생년월일에 근거하여 36년 동안 공무원으로 근무하다 정년을 1년 3개월 앞두고 생년월일을 정정한 후 그에 기초하여 정년연장을 요구하는 것은 신의성실의 원칙에 반한다.

해설

① (X) 판례는 부당결부금지원칙의 적용을 긍정하고 있다. 지방자치단체장이 사업자에게 주택사업계획승인을 하면서 그 주택사업과는 아무런 관련이 없는 토지를 기부채납하도록 하는 부관을 주택사업계획승인에 붙인 경우, 그 부관은 부당결부금지의 원칙에 위반되어 위법하다(대판 1997.3.11. 96다49650).

② (X) 헌법재판소의 위헌결정은 행정청이 개인에 대하여 신뢰의 대상이 되는 공적인 견해를 표명한 것이라고 할 수 없으므로 신뢰보호의 원칙이 적용되지 아니한다(대판 2003.6.27. 2002두6965).

③ (O) 행정청이 지구단위계획을 수립하면서 그 권장용도를 판매·위락·숙박시설로 결정하여 고시한 행위를 당해 지구 내에서는 공익과 무관하게 언제든지 숙박시설에 대한 건축허가가 가능하리라는 공적 견해를 표명한 것이라고 평가할 수는 없다(대판 2005.11.25. 2004두6822).

④ (X) 지방공무원 임용신청 당시 잘못 기재된 호적상 출생연월일을 생년월일로 기재하고, 약 36년 동안 전혀 이의를 제기하지 않다가, 정년을 1년 3개월 앞두고 호적상 출생연월일을 정정한 후 그 출생연월일을 기준으로 정년의 연장을 요구하는 것은 신의성실의 원칙에 반하지 않는다(대판 2009.3.26. 2008두21300).

정답 ③

022 [08국회8급]

신뢰보호원칙에 관한 설명으로 옳은 것은?

① 신뢰의 대상인 행정청의 선행조치에는 적극적, 소극적 언동이 모두 포함되지만, 적어도 적법한 선행조치일 것이 요구되므로 위법한 선행조치에 대한 신뢰보호는 허용되지 않는다.

② 행정조직상 권한을 가진 처분청 자신의 공적 견해가 아니라 보조기관에 불과한 담당공무원의 공적 견해표명이라도 신뢰보호의 대상이 될 수 있다.

③ 행정청의 선행조치에 대하여 상대방인 사인의 아무런 처리행위가 없었던 경우라도 정신적 신뢰를 이유로 신뢰보호를 요구할 수 있다.

④ 행정의 합법률성 원칙과 신뢰보호원칙이 충돌하는 경우에는 전자가 우위에 있다는 것이 통설적 견해이다.

⑤ 행정청의 선행조치와 무관하게 우연히 행해진 사인의 처리행위도 신뢰보호의 대상이 될 수 있다.

해설

① (X) 신뢰의 대상인 선행조치는 적극적 행위인가 소극적 행위인가를 가리지 않으며, 명시적 행위인가 묵시적 행위인가도 가리지 않는다. 행정행위의 경우에는 적법한 것인가 위법한 것인가도 가리지 않는다. 다만 무효행위는 신뢰의 대상이 되지 아니한다.

② (O) 행정청의 공적 견해표명이 있었는지의 여부를 판단하는 데 있어 반드시 행정조직상의 형식적인 권한분장에 구애될 것은 아니고 실질에 의하여 판단하여야 한다(대판 1997.9.12. 95누18380). 따라서 보조기관인 담당공무원의 공적인 견해표명도 신뢰의 대상이 될 수 있다.

③ (X) 당사자가 행정청의 선행조치를 믿고 어떠한 행위를 하여야 한다. 신뢰보호는 그 자체가 목적이 아니라 당사자가 행정행위의 적법성 또는 존속성을 신뢰하여 행한 어떤 처분이 보호하는 것이 목적이기 때문이다.

④ (X) 법률적합성의 원칙과 신뢰보호의 원칙은 모두 법치국가원리의 구성요소로서 양자는 헌법상 같은 위치에 있으며 같은 가치를 가지므로, 구체적인 사안과 관련하여 적법상태의 실현에 의하여 달성되는 공익과 행정작용의 존속에 대한 개인의 신뢰보호라는 사익을 비교형량하여야 한다는 견해가 통설과 판례의 태도이다.

⑤ (X) 당사자의 신뢰와 처리행위 사이에 인과관계가 있어야 한다. 행정청의 선행조치와 무관하게 우연히 이루어진 행위는 신뢰보호의 대상이 될 수 없다.

정답 ②

023 [11국가9급]

신뢰보호원칙과 관련된 사안에 대한 검토의견으로 옳지 않은 것은? (다툼이 있는 경우 판례의 의함)

① 사안 : 보건복지부 장관은 중앙일간지에 "의료취약지 병원설립 운용자에게 5년간 지방세 중 재산세를 면제한다"는 취지의 공고를 하였다. 이에 甲은 의료취약지인 B군(郡)에서 병원을 설립·운용하였으나, B군수는 「지방세법」 규정에 근거하여 甲에 대해 군세(郡稅)인 재산세를 부과하였다.
검토의견 : 보건복지부 장관은 권한분장관계상 재산세를 부과할 권한이 없으므로 보건복지부 장관의 공고는 신뢰보호원칙의 요건인 행정청의 공적 견해표명에 해당하지 않는다. 따라서 甲은 신뢰보호원칙의 적용을 주장할 수는 없다.

② 사안 : 甲은 폐기물처리업 사업계획에 대하여 적정통보를 받은 상태에서 사업부지 토지에 대한 국토이용계획변경신청을 승인하여 주겠다는 취지의 공적인 견해표명이 없었음에도 불구하고 승인 받을 것을 신뢰하고 그에 기해 일정한 처리를 하였다. 그러나 그 후 甲은 국토이용계획변경 승인을 거부당하였다.
검토의견 : 폐기물관리법령에 의한 폐기물처리업사업계획에 대한 적정통보와 국토이용관리법령에 의한 국토이용계획변경은 각기 그 제도적 취지와 결정단계에서 고려해야 할 사항들이 다르다. 따라서 甲은 신뢰보호원칙에 의해 보호받을 수 없다.

③ 사안 : 건축주 甲은 건축사 乙에게 건축설계와 신청행위를 의뢰하였는데 乙의 귀책사유로 건축한계선을 위반하였고 이로써 철거명령을 받게 되었다.
검토의견 : 甲과 그로부터 신청행위를 위임받은 수임인 乙 등 관계자 모두를 기준으로 판단할 때 甲에게 귀책사유가 있다고 볼 수 있으므로 甲은 신뢰보호원칙에 의해 보호받을 수 없다.

④ 사안 : 甲은 폐기물처리업에 대하여 사전에 관할 관청으로부터 적정통보를 받고 막대한 비용을 들여 허가요건을 갖춘 다음, 허가신청을 하였으나 다수 청소업자의 난립으로 안정적이고 효율적인 청소업무의 수행에 지장이 있다는 이유로 불허가 처분을 받았다.

검토의견 : 甲은 위 불허가처분이 신뢰보호의 원칙에 위반되므로 위법한 처분이라고 주장할 수 있다.

해설

① (X) 보건사회부장관에 의하여 이루어진 비과세의 견해표명은 당해 과세관청의 그것과 마찬가지로 볼 여지가 충분하다고 할 것이고, 또한 납세자로서는 위와 같은 정부의 일정한 절차를 거친 공고에 대하여서는 보다 고도의 신뢰를 갖는 것이 일반적이라고 판단한 사례(대판 1996.1.23. 95누13746).

② (O) 대판 2005.4.28. 2004두8828.

③ (O) 건축주와 그로부터 건축설계를 위임받은 건축사가 상세계획지침에 의한 건축한계선의 제한이 있다는 사실을 간과한 채 건축설계를 하고 이를 토대로 건축물의 신축 및 증축허가를 받은 경우, 그 신축 및 증축허가가 정당하다고 신뢰한 데에 귀책사유가 있다(대판 2002.11.8. 2001두1512).

④ (O) 폐기물처리업에 대하여 사전에 관할 관청으로부터 적정통보를 받고 막대한 비용을 들여 허가요건을 갖춘 다음 허가신청을 하였음에도 다수 청소업자의 난립으로 안정적이고 효율적인 청소업무의 수행에 지장이 있다는 이유로 한 불허가처분은 신뢰보호의 원칙 및 비례의 원칙에 반하는 것으로서 재량권을 남용한 위법한 처분이다(대판 1998.5.8. 98두4061).

정답 ①

국립공원 관리권한을 가진 행정청이 실제의 공원구역과 다르게 경계측량과 표지를 설치한 십수 년 후 착오를 발견하여 지형도를 수정한 조치는 신뢰보호원칙에 위배된다. [15사회복지]

| 해설

(X) 경주시장이 한 때 실제의 공원구역과 다르게 경계측량 및 표지를 설치하고 그러한 상태가 십수년이 경과하였다 하여도, 그 후 착오를 발견한 피고가 이 사건 토지는 그 공원구역 안에 있는 것으로 지형도를 수정한 조치를 가리켜 신뢰보호의 원칙에 위배된다거나 행정의 자기구속의 법리에 반하는 것이라고도 할 수 없다(대판 1992.10.13. 92누2325).

024 [18지방9급]

신뢰보호원칙에 대한 설명으로 옳지 않은 것은? (다툼이 있는 경우 판례에 의함)

① 건축허가 신청 후 건축허가기준에 관한 관계 법령 및 조례의 규정이 신청인에게 불리하게 개정된 경우, 당사자의 신뢰를 보호하기 위해 처분 시가 아닌 신청 시 법령에서 정한 기준에 의하여 건축허가 여부를 결정하는 것이 원칙이다.

② 「행정절차법」과 「국세기본법」에서는 법령 등의 해석 또는 행정청의 관행이 일반적으로 국민에게 받아들여졌을 때와 관련하여 신뢰보호의 원칙을 규정하고 있다.

③ 신뢰보호원칙에서 행정청의 견해표명이 정당하다고 신뢰한 데에 대한 개인의 귀책사유의 유무는 상대방뿐만 아니라 그로부터 신청행위를 위임받은 수임인 등 관계자 모두를 기준으로 판단하여야 한다.

④ 서울지방병무청 총무과 민원팀장이 국외영주권을 취득한 사람의 상담에 응하여 법령의 내용을 숙지하지 못한 채 민원봉사차원에서 현역입영대상자가 아니라고 답변하였다면 그것이 서울지방병무청장의 공적인 견해표명이라 할 수 없다.

해설

① (X) 허가 등의 행정처분은 원칙적으로 처분시의 법령과 허가기준에 의하여 처리되어야 하고 허가신청 당시의 기준에 따라야 하는 것은 아니며, 비록 허가신청 후 허가기준이 변경되었다 하더라도 그 허가관청이 허가신청을 수리하고도 정당한 이유 없이 그 처리를 늦추어 그 사이에 허가기준이 변경된 것이 아닌 이상 변경된 허가기준에 따라서 처분을 하여야 한다(대판 2006.8.25. 2004두2974).

② (O)

> **행정절차법 제4조(신의성실 및 신뢰보호)** ② 행정청은 법령 등의 해석 또는 행정청의 관행이 일반적으로 국민들에게 받아들여졌을 때에는 공익 또는 제3자의 정당한 이익을 현저히 해칠 우려가 있는 경우를 제외하고는 새로운 해석 또는 관행에 따라 소급하여 불리하게 처리하여서는 아니 된다.
>
> **국세기본법 제18조(세법 해석의 기준 및 소급과세의 금지)** ③ 세법의 해석이나 국세행정의 관행이 일반적으로 납세자에게 받아들여진 후에는 그 해석이나 관행에 의한 행위 또는 계산은 정당한 것으로 보며, 새로운 해석이나 관행에 의하여 소급하여 과세되지 아니한다.

③ (O) 일반적으로 행정상의 법률관계에 있어서 행정청의 행위에 대하여 신뢰보호의 원칙이 적용되기 위하여는, 행정청의 견해표명이 정당하다고 신뢰한 데에 대하여 그 개인에게 귀책사유가 없어야 한다. 귀책사유라 함은 행정청의 견해표명의 하자가 상대방 등 관계자의 사실은폐나 기타 사위의 방법에 의한 신청행위 등 부정행위에 기인한 것이거나 그러한 부정행위가 없다고 하더라도 하자가 있음을 알았거나 중대한 과실로 알지 못한 경우 등을 의미한다고 해석함이 상당하고, 귀책사유의 유무는 상대방과 그로부터 신청행위를 위임받은 수임인 등 관계자 모두를 기준으로 판단하여야 한다(대판 2002.11.8. 2001두1512).

④ (O) 병무청 담당부서의 담당공무원에게 공적 견해의 표명을 구하는 정식의 서면질의 등을 하지 아니한 채 총무과 민원팀장에 불과한 공무원이 민원봉사차원에서 상담에 응하여 안내한 것을 신뢰한 경우, 신뢰보호 원칙이 적용되지 아니한다(대판 2003.12.26. 2003두1875).

정답 ①

III 자기구속의 원칙

025 [15교육행정]

다음은 행정의 자기구속에 관한 판례의 내용이다. (ㄱ)과 (ㄴ)에 들어갈 행정법의 일반원칙으로 옳은 것은?

> 재량권 행사의 준칙인 행정규칙이 그 정한 바에 따라 되풀이 시행되어 행정관행이 이루어지게 되면 (ㄱ) 이나 (ㄴ)에 따라 행정기관은 그 상대방에 대한 관계에서 그 규칙에 따라야 할 자기구속을 받게 되므로, 이러한 경우에는 특별한 사정이 없는 한 그를 위반하는 처분은 (ㄱ)이나 (ㄴ)에 위배되어 재량권을 일탈·남용한 위법한 처분이 된다.

	ㄱ	ㄴ
①	비례의 원칙	신뢰보호의 원칙
②	평등의 원칙	신뢰보호의 원칙
③	비례의 원칙	부당결부금지의 원칙
④	평등의 원칙	부당결부금지의 원칙

해설

② 재량권 행사의 준칙인 행정규칙이 그 정한 바에 따라 되풀이 시행되어 행정관행이 이루어지게 되면 평등의 원칙이나 신뢰보호의 원칙에 따라 행정기관은 그 상대방에 대한 관계에서 그 규칙에 따라야 할 자기구속을 받게 되므로, 이러한 경우에는 특별한 사정이 없는 한 그를 위반하는 처분은 평등의 원칙이나 신뢰보호의 원칙에 위배되어 재량권을 일탈·남용한 위법한 처분이 된다(대판 2009.12.24. 2009두7967).

정답 ②

026 [18서울7급]

행정법의 일반원칙에 대한 설명으로 가장 옳지 않은 것은?

① 평등의 원칙에 의할 때, 위법한 행정처분이 수차례에 걸쳐 반복적으로 행하여졌다면 설령 그러한 처분이 위법하더라도 행정청에 대하여 자기구속력을 갖게 된다.

② 지방자치단체의 세 자녀 이상 세대 양육비 등 지원에 관한 조례안은 저출산 문제의 국가적·사회적 심각성을 십분 감안하여 향후 지방자치단체의 출산을 적극 장려토록 하여 인구정책을 보다 전향적으로 실효성 있게 추진하고자 세 자녀 이상 세대 중 세 번째 이후 자녀에게 양육비 등을 지원할 수 있도록 하는 것으로서, 위와 같은 사무는 지방자치단체 고유의 자치사무이므로 그 제정에 있어서 반드시 법률의 개별적 위임이 따로 필요한 것은 아니다.

③ 재량준칙이 정한 바에 따라 되풀이 시행되어 행정관행이 이루어지게 되면 평등의 원칙이나 신뢰보호의 원칙에 따라 행정청은 상대방에 대한 관계에서 그 규칙에 따라야 할 자기구속을 받게 되므로, 이러한 경우에는 특별한 사정이 없는 한 그에 반하는 처분은 평등의 원칙이나 신뢰보호의 원칙에 어긋나 재량권을 일탈·남용한 위법한 처분이 된다.

④ 병무청 담당부서의 담당공무원에게 공적 견해의 표명을 구하는 정식의 서면질의 등을 하지 아니한 채 총무과 민원팀장인 공무원이 민원봉사차원에서 상담에 응하여 안내한 것을 신뢰한 경우, 신뢰보호원칙이 적용되지 아니한다.

해설

① (X) 위법한 행정처분이 수차례에 걸쳐 반복적으로 행하여졌다 하더라도 그러한 처분이 위법한 것인 때에는 행정청에 대하여 자기구속력을 갖게 된다고 할 수 없다(대판 2009.6.25. 2008두13132).

② (O) 지방자치단체의 세자녀 이상 세대 양육비 등 지원에 관한 조례안은 저출산 문제의 국가적·사회적 심각성을 십분 감안하여 향후 지방자치단체의 출산을 적극 장려토록 하여 인구정책을 보다 전향적으로 실효성 있게 추진하고자 세 자녀 이상 세대 중 세 번째 이후 자녀에게 양육비 등을 지원할 수 있도록 하는 것으로서, 위 조례안에는 주민의 편의 및 복리증진에 관한 내용을 담고 있어 그 제정에 있어서 반드시 법률의 개별적 위임이 따로 필요한 것은 아니다(대판 2006. 10. 12. 2006추38).

③ (O) 대판 2009.12.24. 2009두7967.

④ (O) 대판 2003.12.26. 2003두1875.

정답 ①

027 [14국가9급]

행정법상 기본원칙에 대한 설명으로 옳지 않은 것은? (다툼이 있는 경우 판례에 의함)

> (가) 어떤 행정목적을 달성하기 위한 수단은 그 목적달성에 유효·적절하고 또한 가능한 한 최소 침해를 가져오는 것이어야 하며, 아울러 그 수단의 도입으로 인한 침해가 의도하는 공익을 능가하여서는 아니 된다.
> (나) 개별국민이 행정기관의 어떤 언동의 정당성 또는 존속성을 신뢰한 경우 그 신뢰가 보호받을 가치가 있는 한, 그러한 귀책사유 없는 신뢰는 보호되어야 한다.
> (다) 행정기관은 행정결정에 있어서 동종의 사안에 대하여 이전에 제3자에게 행한 결정과 동일한 결정을 상대방에게 하도록 스스로 구속당한다.
> (라) 권리자가 권리행사의 기회가 있음에도 불구하고 장기간에 걸쳐 그의 권리를 행사하지 아니할 것으로 믿을 만한 정당한 사유가 있는 경우, 새삼스럽게 그 권리를 행사하는 것이 신의성실원칙에 반한다면 그 권리 행사는 허용되지 않는다.

① (가)원칙에 따라 노후된 건축물을 개수하여 붕괴위험을 충분히 방지할 수 있다면 스스로 원하지 않는다는 한도에서 철거명령을 내려서는 안 되는데, (가)원칙 중 필요성원칙이 적용된 결과이다.

② (나)원칙의 요건 중 귀책사유라 함은 행정청의 견해표명의 하자가 상대방 등 관계자의 사실은폐 등 부정행위에 기인한 것이거나 그러한 부정행위가 없다고 하더라도 하자가 있음을 알았거나 중대한 과실로 알지 못한 경우 등을 의미한다.

③ 재량권행사의 준칙인 규칙이 그 정한 바에 따라 되풀이 시행되어 행정관행이 이루어지면 평등의 원칙에 따라 행정기관은 그 상대방에 대한 관계에서 그 규칙에 따라야 할 자기구속을 당하게 되고, 그러한 경우에는 대외적인 구속력을 가지게 된다는 것이 판례의 입장이며, (다)원칙은 신뢰보호의 원칙과는 무관하다고 한다.

④ (라)원칙은 신의성실원칙에서 파생된 원칙으로서 공법관계 가운데 권력관계뿐 아니라 관리관계에도 적용되어야 함을 배제할 수는 없다.

해설

① (O) (가)는 비례원칙에 대한 설명이다. 노후된 건축물을 개수하여 붕괴위험을 충분히 방지할 수 있다면 스스로 원하지 않는다는 한도에서 철거명령을 내려서는 안 되는데, 비례원칙 중 필요성원칙이 적용된 결과이다.

② (O) (나)는 신뢰보호원칙에 대한 설명이다. 신뢰보호원칙의 요건 중 귀책사유라 함은 행정청의 견해표명의 하자가 상대방 등 관계자의 사실은폐나 기타 사위의 방법에 의한 신청행위 등 부정행위에 기인한 것이거나 그러한 부정행위가 없다고 하더라도 하자가 있음을 알았거나 중대한 과실로 알지 못한 경우 등을 의미한다고 해석함이 상당하다(대판 2002.11.8. 2001두1512).

③ (X) (다)는 행정의 자기구속의 원칙에 대한 설명이다. 헌재 1990.9.3. 90헌마13 참조.

④ (O) (라)는 실권의 법리에 대한 설명이다. 실권 또는 실효의 법리는 법의 일반원리인 신의성실의 원칙에 바탕을 둔 파생원칙인 것이므로 공법관계 가운데 관리관계는 물론이고 권력관계에도 적용된다(대판 1988.4.27. 87누915).

정답 ③

Ⅳ 부당결부금지의 원칙

028 [13서울9급]

상속세 체납자에 대한 영업허가취소는 다음의 어느 법원칙에 위반될 가능성이 가장 높은가?

① 과잉금지의 원칙 ② 신뢰보호의 원칙
③ 보충성의 원칙 ④ 신의성실의 원칙
⑤ 부당결부금지의 원칙

해설

⑤ 부당결부금지의 원칙이란 행정주체가 행정작용을 함에 있어서 그것과 실체적인 관련성 없는 상대방의 반대급부를 조건으로 발령하여서는 아니된다는 원칙을 말한다. 국세체납과 영업허가취소 또는 정지는 실제적인 관련성이 없다는 주장을 할 수 있으므로 부당결부금지원칙 위반이 문제된다.

정답 ⑤

Ⅴ 평등의 원칙

029 [13서울7급]

다음 사례에서 법원이 피고 행정청의 처분이 재량을 남용하였다고 판단하면서 인용한 행정법의 일반원칙을 가장 잘 묶은 것은?

> 원판결이유에 의하면 원심은 원고가 원판시와 같이 부산시 영도구청의 당직 근무대기 중 약 25분간 같은 근무조원 3명과 함께 시민과장실에서 심심풀이로 돈을 걸지 않고 점수따기 화투놀이를 한 사실을 확정한 다음 이것이 「국가공무원법」 제78조 1, 3호 규정의 징계사유에 해당한다 할지라도 당직근무시간이 아닌 그 대기중에 불과 약 25분간 심심풀이로 한 것이고 또 돈을 걸지 아니하고 점수따기를 한 데 불과하며 원고와 함께 화투놀이를 한 3명(지방공무원)은 부산시 소청심사 위원회에서 견책에 처하기로 의결된 사실이 인정되는 점 등 제반 사정을 고려하면 피고가 원고에 대한 징계처분으로 파면을 택한 것은 재량의 범위를 벗어난 위법한 것이다.

① 평등의 원칙, 신뢰보호의 원칙
② 행정의 자기구속의 법리, 법률적합성의 원칙
③ 비례의 원칙, 평등의 원칙
④ 신뢰보호의 원칙, 부당결부금지의 원칙
⑤ 부당결부금지의 원칙, 비례의 원칙

해설

③ 위 사례에서 25분간 심심풀이로 돈을 걸지 않고 점수따기 화투놀이를 한 것에 불과하여 징계처분으로 파면을 택한 것은 비례의 원칙에 위반되고, 함께 화투놀이 한 다른 공무원은 견책처분이 의결되었으므로 평등의 원칙에 위반된다(대판 1972.12.26. 72누194).

정답 ③

030 [11국회8급]

행정법의 일반원칙에 관한 판례의 내용으로 옳지 않은 것은?

① 구 「국유재산법」 제5조항이 잡종재산에 대하여까지 시효취득을 배제하고 있는 것은 국가만을 우대하여 합리적 사유없이 국가와 사인을 차별하는 것이므로 평등원칙에 위반된다.
② 일반직 직원의 정년을 58세로 규정하면서 전화교환직렬 직원만은 정년을 53세로 규정하여 5년간의 정년차등을 둔 것은 사회통념상 합리성이 없는 차별로서 평등원칙에 위반된다.
③ 시의 도시계획과장과 도시계획국장이 도시계획사업의 준공과 동시에 사업부지에 편입한 토지에 대한 완충녹지 지정을 해제함과 아울러 당초의 토지소유자들에게 환매하겠다는 약속을 했음에도, 이를 믿고 토지를 협의매매한 토지소유자의 완충녹지지정해제신청을 거부한 것은 신뢰보호의 원칙에 위반된다.
④ 미신고 집회의 주최자를 미신고 시위주최자와 동등하게 처벌하는 구 「집회 및 시위에 관한 법률」 제19조 제2항은 평등원칙에 위반되지 않는다.
⑤ 한시적인 법인세액 감면제도를 시행하다가 새로운 조문을 신설하면서 법인세액 감면 대상이 되지 아니하는 업종으로 변경된 기업에 대하여 아무런 경과규정을 두지 아니하였더라도 신뢰보호의 원칙에 위반되지 않는다.

해설

① **(O)** 국유잡종재산에 대한 시효취득을 부인하는 동규정은 합리적 근거 없이 국가만을 우대하는 불평등한 규정으로서 헌법상의 평등의 원칙과 사유재산권 보장의 이념 및 과잉금지의 원칙에 반한다(헌재 1991.5.13. 89헌가97).

② **(X)** 일반직 직원의 정년을 58세로 규정하면서 전화교환직렬 직원만은 정년을 53세로 규정한 것은 합리성이 있다(대판 1996.8.23. 94누13589).

③ **(O)** 대판 2008.10.9. 2008두6127.

④ **(O)** 구 집시법 제19조 제2항이 미신고 옥외집회 주최자와 미신고 시위 주최자를 함께 규율하면서 그 법정형을 같게 정하고 있다고 하더라도, 이것이 평등원칙에 위배된다고 할 수 없다(헌재 2009.5.28. 2007헌바22).

⑤ **(O)** 정책적・잠정적・일시적 조세우대조치라 할 한시적 법인세액 감면제도를 시행하다가 위 법 제2조 제3항을 신설하면서 법인세액 감면 대상이 되지 아니하는 업종으로 변경된 기업에 대하여 아무런 경과규정을 두지 아니하였다고 하여, 헌법상의 평등의 원칙, 재산권의 보장, 과잉금지의 원칙, 신뢰보호의 원칙 등에 위배된다고 할 수 없다(대판 2009.9.10. 2008두9324).

정답 ②

031 [14행정사]

판례에 의할 때 ( ) 안에 들어갈 행정법의 일반원칙은?

> 국가 산하 '진실·화해를 위한 과거사정리위원회'가 피해자 등의 진실규명신청에 따라 진실규명신청 대상자를 희생자로 확인 또는 추정하는 진실규명결정을 하고 피해자 등이 그 결정에 기초하여 상당한 기간 내에 권리행사를 한 경우, 국가가 소멸시효의 완성을 주장하는 것은 ( )에 반하는 권리남용에 해당하여 허용될 수 없다.

① 부당결부금지원칙　② 비례원칙
③ 평등원칙　④ 신의성실원칙
⑤ 최소침해원칙

해설

④ 국가가 '진실・화해를 위한 과거사정리 기본법'의 적용대상인 피해자의 진실규명신청을 받아 국가 산하 '진실・화해를 위한 과거사정리위원회'에서 희생자로 확인 또는 추정하는 진실규명결정을 하였다면, 그 결정에 기초하여 피해자나 그 유족이 상당한 기간 내에 권리를 행사할 경우에, 국가가 피해자 등에 대하여 소멸시효의 완성을 주장하는 것은 신의성실 원칙에 반하는 권리남용에 해당하여 허용될 수 없다(대판 2013.7.25. 2013다16602).

정답 ④

032 [17국회8급]

행정법의 일반원칙에 대한 설명으로 옳은 것을 〈보기〉에서 모두 고르면? (다툼이 있는 경우 판례에 의함)

> 〈보 기〉
>
> ㄱ. 비례원칙은 적합성의 원칙, 필요성의 원칙, 상당성의 원칙(협의의 비례원칙)으로 구성된다고 보는 것이 일반적이며, 헌법재판소는 과잉금지원칙과 관련하여 위 세 가지에 목적의 정당성을 더하여 판단하고 있다.
>
> ㄴ. 행정청의 공적 견해표명이 있은 후에 사실적·법률적 상태가 변경되었을 때, 그와 같은 공적 견해표명이 실효되기 위하여서는 행정청의 의사표시가 있어야 한다.
>
> ㄷ. 대법원은 행정청의 공적 견해표명이 있었는지 여부를 판단함에 있어서 행정조직상의 형식적 권한분장에 따른 권한을 갖고 있는지 여부를 중시하고 있다.
>
> ㄹ. 우리나라 「행정절차법」에서는 취소권을 1년 이상 행사하지 아니하면 실권되는 것으로 명문의 규정을 두고 있다.

① ㄱ　② ㄴ　③ ㄱ, ㄴ
④ ㄱ, ㄹ　⑤ ㄱ, ㄷ, ㄹ

해설

ㄱ. **(O)** 비례원칙은 적합성, 필요성, 상당성의 원칙으로 구성되며, 헌법재판소는 적합성에 대응하는 방법의 적정성, 필요성에 대응하는 피해의 최소성, 상당성에 대응하는 법익의 균형성 외에 목적의 정당성을 더하여 판단한다.

> **[관련판례]** 과잉금지의 원칙은 국가작용의 한계를 명시하는 것인데 목적의 정당성, 방법의 적정성, 피해의 최소성, 법익의 균형성을 의미하는 것으로서 그 어느 하나에라도 저촉되면 위헌이 된다는 헌법상의 원칙이다(헌재 1989. 12. 22. 88헌가13 [합헌]).

ㄴ. **(X)** 확약 또는 공적인 의사표명이 있은 후에 사실적·법률적 상태가 변경되었다면, 그와 같은 확약 또는 공적인 의사표명은 행정청의 별다른 의사표시를 기다리지 않고 실효된다(대판 1996.8.20. 95누10877).

ㄷ. **(X)** 대판 2008.1.17. 2006두10931.

ㄹ. **(X)** 독일과 달리 우리 행정절차법에는 취소권의 행사기간, 실권에 대한 규정이 없다.

정답 ①

제2절 | 행정상 법률관계

Ⅰ 공법관계와 사법관계

033 [17국회8급]

공법과 사법의 구별에 대한 설명으로 옳지 않은 것을 〈보기〉에서 모두 고르면? (다툼이 있는 경우 판례에 의함)

〈보 기〉

ㄱ. 공법과 사법의 구별기준에 대한 신주체설은 국가나 지방자치단체 등의 행정주체가 관련되는 법률관계를 공법관계로 보고 사인 간의 법률관계는 사법관계로 본다.

ㄴ. 대법원은 국가나 지방자치단체가 당사자가 되는 공공계약(조달계약)은 상대방과 대등한 관계에서 체결하는 공법상의 계약으로 본다.

ㄷ. 대법원은 행정재산의 목적 외 사용에 해당하는 사인에 대한 행정재산의 사용·수익허가를 강학상 특허로 보고 있다.

ㄹ. 대법원은 석탄가격안정지원금 지급청구권은 석탄산업법령에 의하여 정책적으로 당연히 부여되는 공법상 권리이므로, 지원금의 지급을 구하는 소송은 공법상 당사자소송의 대상이 된다고 본다.

ㅁ. 대법원은 지방자치단체가 공공조달계약 입찰을 일정기간 동안 제한하는 부정당업자 제재는 사법상의 통지행위에 불과하다고 본다.

① ㄴ, ㅁ ② ㄷ, ㄹ ③ ㄱ, ㄴ, ㅁ
④ ㄱ, ㄷ, ㄹ ⑤ ㄱ, ㄴ, ㄷ, ㅁ

해설

ㄱ. (X) 설문의 내용은 구주체설의 입장이다. 신주체설은 공권력의 주체로서 행위를 하는 법률관계만을 공법관계로 본다. 국가나 지방자치단체의 행위라고 하더라도 공권력의 행사에 해당하지 않는다면 사법관계가 될 수 있다.

ㄴ. (X) 국가가 당사자가 되는 이른바 공공계약은 사경제주체로서 상대방과 대등한 위치에서 체결하는 사법상 계약으로서 본질적인 내용은 사인 간의 계약과 다를 바가 없으므로, 그에 관한 법령에 특별한 정함이 있는 경우를 제외하고는 사법의 원리가 그대로 적용된다(대결 2012. 9. 20. 2012마1097).

ㄷ. (O) 국유재산 등의 관리청이 하는 행정재산의 사용·수익에 대한 허가는 강학상 특허에 해당한다(대판 2006.3.9. 2004다31074).

ㄹ. (O) 석탄광업자가 석탄산업합리화사업단에 대하여 가지는 이와 같은 지원금지급청구권은 석탄사업법령에 의하여 정책적으로 당연히 부여되는 공법상의 권리이므로, 석탄광업자가 지원금의 지급을 구하는 소송은 공법상의 법률관계에 관한 소송인 공법상의 당사자소송에 해당한다(대판 1997. 5. 30. 95다28960).

ㅁ. (X) 「국가를 당사자로 하는 계약에 관한 법률」상 중앙행정관서의 장이나 행정청이 행하는 입찰참가자격제한조치는 취소소송의 대상이 된다(대판 1999. 3. 9. 98두18565).

정답 ③

034 [11국회8급]

판례에 의할 때 공법관계에 해당되지 않는 것은?

① 구 「예산회계법」상 입찰보증금의 국고귀속조치
② 국립의료원 부설 주차장에 관한 위탁관리용역운영계약
③ 공무원연금관리공단의 급여결정
④ 국유재산무단점유자에 대한 변상금부과처분
⑤ 지방자치단체에 근무하는 청원경찰의 근무관계

해설

① (X) 입찰보증금의 국고귀속조치는 국가가 사법상의 재산권의 주체로서 행위하는 것이지 공권력을 행사하는 것이거나 공권력작용과 일체성을 가진 것이 아니라 할 것이므로 이에 관한 분쟁은 행정소송이 아닌 민사소송의 대상이 될 수밖에 없다(대판 1983.12.27. 81누366).

② (O) 국립의료원 부설주차장에 관한 이 사건 위탁관리용역운영계약의 실질은 행정재산을 사용할 수 있는 권리를 설정하여 주는 강학상 특허에 해당한다 할 것이고 순전히 사경제주체로서 원고와 대등한 위치에서 행한 사법상의 계약으로 보기 어렵다고 할 것이다(대판 2006.3.9. 2004다31074).

③ (O) 급여를 받을 권리를 가진 자가 당해 공무원이 소속하였던 기관장의 확인을 얻어 신청하는 바에 따라 공무원연금관리공단이 그 지급결정을 함으로써 그 구체적인 권리가 발생하는 것이므로, 공무원연금관리공단의 급여에 관한 결정은 국민의 권리에 직접 영향을 미치는 것이어서 행정처분에 해당한다(대판 1996.12.6. 96누6417).

④ (O) 대판 1988.2.23. 87누1046.

⑤ (O) 대판 1993.7.13. 92다47564.

정답 ①

035 [16경행특채]

다음 중 공법관계로 인정되는 것은 모두 몇 개인가? (다툼이 있으면 판례에 의함)

㉠ 공무원연금관리공단의 급여결정 ㉡ 국가나 지방자치단체에 근무하는 청원경찰의 근무관계 ㉢ 구 「예산회계법」에 의한 입찰보증금의 국고귀속조치 ㉣ 공유재산의 관리청이 행하는 행정재산의 사용·수익에 대한 허가 ㉤ 「징발재산정리에 관한 특별조치법」 제20조 소정의 환매권의 행사 ㉥ 구 「종합유선방송법」상 종합유선방송위원회 직원의 근무관계 ㉦ 국유재산의 관리청이 그 무단점유자에 대하여 하는 변상금부과처분 ㉧ 「도시 및 주거환경정비법」상 관리처분계획안에 대한 조합 총회결의의 효력을 다투는 소송 ㉨ 공립유치원의 임용기간을 정한 전임강사의 근무관계

① 5개　② 6개　③ 7개　④ 8개

해설

㉠, ㉡, ㉣, ㉦, ㉧, ㉨의 6개가 공법관계에 해당한다.

㉠ 공법관계. 대판 1996.12.06. 96누6417.

㉡ 공법관계. 대판 1993.7.13. 92다47564.

㉢ 사법관계. 대판 1983.12.27. 81누366.

㉣ 공법관계. 대판 2006.3.9. 2004다31074.

㉤ 사법관계. 대판 1992.4.24. 92다4673.

㉥ 사법관계. 대판 2001.12.24. 2001다54038.

㉦ 공법관계. 대판 1988.2.23. 87누1046.

㉧ 공법관계. 대판 2009.09.17. 2007다2428 전원합의체.

㉨ 공법관계. 교육부장관(당시 문교부장관)의 권한을 재위임 받은 공립교육기관의 장에 의하여 공립유치원의 임용기간을 정한 전임강사로 임용되어 지방자치단체로부터 보수를 지급받으면서 공무원복무규정을 적용받고 임시직 공무원으로 봄이 상당하므로 그에 대한 해임처분의 시정 및 수령지체된 보수의 지급을 구하는 소송은 행정소송의 대상이지 민사소송의 대상이 아니다(대판 1991.05.10. 90다10766).

정답 ②

036 [13서울9급]

판례에 의할 때 사법(私法)관계에 해당하는 것은?

① 국·공유 행정재산의 사용·수익에 대한 허가 신청의 거부

② 「국유재산법」상 국유재산무단사용에 대한 변상금 부과처분

③ 개발부담금부과처분의 직권취소를 이유로 한 부당이득반환청구

④ 「도시 및 주거환경정비법」상 관리처분계획안에 대한 조합총회결의의 효력을 다투는 소송의 성질

⑤ 「하천구역편입토지보상에관한특별조치법」 제2조 제1항의 규정에 의한 손실보상금의 지급을 구하는 소송의 성질

해설

① (X) 대판 2006.3.9. 2004다31074.

② (X) 대판 1988.2.23. 87누1046.

③ (O) 대판 1995.4.28. 94다55019.

④ (X) 대판 2009.09.17. 2007다2428 전원합의체.

⑤ (X) 각 규정들에 의한 손실보상청구권의 법적 성질은 하천법 본칙(본칙)이 원래부터 규정하고 있던 하천구역에의 편입에 의한 손실보상청구권과 하등 다를 바가 없는 것이어서 공법상의 권리임이 분명하므로 그에 관한 쟁송도 행정소송절차에 의하여야 한다(대판 2006.5.18. 2004다6207 전원합의체).

정답 ③

037 [17지방7급]

공물에 대한 설명으로 옳지 않은 것은? (다툼이 있는 경우 판례에 의함)

① 공물의 인접주민이라고 하더라도 구체적으로 공물을 사용하지 않고 있는 이상 그 공물의 인접주민이라는 사정만으로는 공물에 대한 고양된 일반사용권이 인정될 수 없다.

② 국유재산관리청이 행정재산의 사용·수익을 허가한 다음 그 사용·수익자에게 한 사용료 부과는 순수한 사경제주체로서 행하는 사법상의 이행청구에 해당한다.

③ 공유수면의 일부가 사실상 매립되어 대지화되었다고 하더라도 국가가 공유수면으로서의 공용폐지를 하지 아니하는 이상 법률상으로는 여전히 공유수면으로서의 성질을 가진다.

④ 국가가 공물을 사실상 본래의 용도에 사용하고 있지 않거나 공물의 점유를 상실하였다는 정도에 이른 사정만으로는 객관적으로 공용폐지 의사의 존재가 추단될 수 없다.

해설

① (O) 구체적으로 공물을 사용하지 않고 있는 이상 그 공물의 인접주민이라는 사정만으로는 공물에 대한 고양된 일반사용권이 인정될 수 없다(대판 2006.12.22. 2004다68311).

② (X) 대판 1996. 2. 13. 95누11023.

③ (O) 공유수면의 일부가 사실상 매립되어 대지화되었다고 하더라도 국가가 공유수면으로서의 공용폐지를 하지 아니하는 이상 법률상으로는 여전히 공유수면으로서의 성질을 보유하고 있다(대판 2013.6.13. 2012두2764).

④ (O) 행정재산(교육청사 부지)에 대한 공용폐지의 의사표시는 명시적이든 묵시적이든 상관이 없으나 적법한 의사표시가 있어야 하고, 행정재산이 사실상 본래의 용도에 사용되지 않고 있다는 사실만으로 용도폐지의 의사표시가 있었다고 볼 수는 없다(대판 1997.3.14. 96다43508).

정답 ②

II 행정상 법률관계

III 행정법관계의 특질

IV 행정법관계의 당사자

038 [16서울9급]

다음 중 행정주체가 아닌 것은?

① 법무부장관 ② 농지개량조합
③ 서울대학교 ④ 대구광역시

해설

① (X) 행정주체란 행정법관계에서 행정권을 행사하고 그 행위의 법적 효과, 예컨대 권리·의무의 생성, 변경, 소멸 등의 효과가 궁극적으로 귀속되는 당사자를 말한다. 행정주체로서의 자연인에는 공무수탁사인이 있고 법인에는 국가, 지방자치단체, 사단법인, 재단법인, 영조물법인이 있다. 법무부장관은 행정을 실제로 수행하는 행정기관에 해당하는바 행정주체라고 볼 수 없다.

정답 ①

039 [17사회복지]

다음 중 행정주체에 대한 설명으로 옳지 않은 것은? (단, 다툼이 있는 경우 판례에 의함)

① 「도시 및 주거환경정비법」상 주택재건축정비사업조합은 공법인으로서 목적 범위 내에서 법령이 정하는 바에 따라 일정한 행정작용을 행하는 행정주체의 지위를 갖는다.

② 공무수탁사인은 수탁받은 공무를 수행하는 범위 내에서 행정주체이고, 「행정절차법」이나 「행정소송법」에서는 행정청이다.

③ 경찰과의 사법상 용역계약에 의해 주차위반차량을 견인하는 민간사업자는 공무수탁사인이 아니다.

④ 지방자치단체는 행정주체이지 행정권 발동의 상대방인 행정객체는 될 수 없다.

해설

① (O) 대판 2009.9.17. 2007다2428 전원합의체.

② (O) 행정소송법 제2조, 행정절차법 제2조

③ (O) 사법상 계약을 통해 주차위반차량을 견인하는 민간사업자는 공무수탁사인에 해당하지 않는다.

④ (X) 지방자치단체는 행정주체로서 공법인이지만 경우에 따라 행정객체가 될 수 있다. 국가가 행정주체가 되는 경우 지방자치단체는 행정객체의 지위를 가진다.

정답 ④

040 [18국회8급]

다음 중 행정주체에 해당하는 것으로서 그에 대한 법적 성격에 대한 설명이 옳은 것을 〈보기〉에서 모두 고르면? (다툼이 있는 경우 판례에 의함)

〈보 기〉

ㄱ. 재개발조합 – 공공조합
ㄴ. 한국연구재단 – 공법상의 재단법인
ㄷ. 대한변호사협회 – 공법상의 사단법인
ㄹ. 국립의료원 – 공법상의 사단법인
ㅁ. 한국방송공사 – 영조물법인

① ㄱ, ㄴ
② ㄱ, ㄷ
③ ㄴ, ㄷ, ㅁ
④ ㄱ, ㄴ, ㄷ, ㅁ
⑤ ㄱ, ㄴ, ㄹ, ㅁ

해설

ㄱ. (O) 재개발조합은 조합원에 대한 법률관계에서 적어도 특수한 존립목적을 부여받은 특수한 행정주체로서 국가의 감독하에 그 존립 목적인 특정한 공공사무를 행하고 있다고 볼 수 있는 범위 내에서는 공법상의 권리의무 관계에 서 있다. 따라서 조합을 상대로 한 쟁송에 있어서 강제가입제를 특색으로 한 조합원의 자격 인정 여부에 관하여 다툼이 있는 경우에는 그 단계에서는 아직 조합의 어떠한 처분 등이 개입될 여지는 없으므로 공법상의 당사자소송에 의하여 그 조합원 자격의 확인을 구할 수 있다(대판 1996.2.15. 94다31235 전원합의체).

ㄴ. (O) 재단법인 한국연구재단이 甲 대학교 총장에게 연구개발비의 부당집행을 이유로 '해양생물유래 고부가 식품 · 향장 · 한약 기초소재 개발 인력양성사업에 대한 2단계 두뇌한국(BK)21 사업' 협약을 해지하고 연구팀장 乙에 대한 국가연구개발사업의 3년간 참여제한 등을 명하는 통보를 하자 乙이 통보 취소를 청구한 사안에서, 乙은 위 협약 해지 통보의 효력을 다툴 법률상 이익이 있다고 한 사례(대판 2014.12.11. 2012두28704).

ㄷ. (O) 변호사회는 공법상의 사단법인이고, 변호사회의 사무 중 변호사의 지도, 감독 등의 사무에 관하여는, 국가가 이를 공행정(公行政)의 일부로 인정하고, 그 사무에 대한 감독과 통제를 실시하면서, 지방변호사회에게 이와 관련하여 소속 변호사에 대한 공권(감독권이나 지방변호사회를 경유한 대한변호사협회 등록 등)을 부여하고 있는 점에 비추어 볼 때 지방변호사회는 행정주체의 하나인 공공조합에 해당한다고 봄이 상당하고, 지방변호사회의 겸직허가행위는 항고소송으로 그 위법 여부를 다툴 수 있는 행정소송법상의 처분에 해당한다(서울행법 2003. 4. 16. 2002구합32964).

ㄹ. (X) 국립의료원은 공법상 영조물법인에 해당한다.

국립중앙의료원의 설립 및 운영에 관한 법률 제2조(법인격) 국립중앙의료원은 법인으로 한다.

ㅁ. (O) 한국방송공사는 영조물법인에 해당한다.

방송법 제43조(설치등) ① 공정하고 건전한 방송문화를 정착시키고 국내외 방송을 효율적으로 실시하기 위하여 국가기간방송으로서 한국방송공사(이하 이 章에서 "公社"라 한다)를 설립한다. ② 공사는 법인으로 한다.

정답 ④

041 [10지방9급]

공무수탁사인에 관한 설명으로 옳지 않은 것은?

① 행정임무를 자기 책임 하에 수행함이 없이 단순한 기술적 집행만을 행하는 사인인 행정보조인과는 구별된다.

② 국가가 자신의 임무를 스스로 수행할 것인지 아니면 그 임무의 기능을 민간부문으로 하여금 수행하게 할 것인지에 대하여 입법자에게 광범위한 입법재량 내지 형성의 자유가 인정된다고 보는 것이 판례의 입장이다.

③ 소득세법에 의한 원천징수의무자의 원천징수행위는 법령에서 규정된 징수 및 납부의무를 이행하기 위한 것에 불과한 것이지, 공권력의 행사로서의 행정처분에 해당되지 아니한다고 보는 것이 판례의 입장이다.

④ 법령에 의하여 공무를 위탁받은 공무수탁사인이 행한 처분에 대하여 항고소송을 제기하는 경우 피고는 위임행정청이 된다.

해설

① (O) 행정보조인은 독립적인 행정권한이 없고 법률관계의 대외적 행정주체가 될 수 없는 업무처리에서 단순한 도구로서 사용되는 자를 말한다.

② (O) 국가가 자신의 임무를 그 스스로 수행할 것인지 아니면 그 임무의 기능을 민간부문으로 하여금 수행하게 할 것인지 하는 문제는 입법자에게 광범위한 입법재량 내지 형성의 자유가 인정된다(헌재 2007.6.28. 2004헌마262).

③ (O) 원천징수하는 소득세에 있어서는 납세의무자의 신고나 과세관청의 부과결정이 없이 법령이 정하는 바에 따라 그 세액이 자동적으로 확정되고, 원천징수의무자는 소득세법 제142조 및 제143조의 규정에 의하여 이와 같이 자동적으로 확정되는 세액을 수급자로부터 징수하여 과세관청에 납부하여야 할 의무를 부담하고 있으므로, 원천징수의무자가 비록 과세관청과 같은 행정청이더라도 그의 원천징수행위는 공권력의 행사로서의 행정처분을 한 경우에 해당되지 아니한다(대판 1990.3.23. 89누4789).

④ (X) 공무수탁사인은 행정주체이면서 동시에 행정청의 지위를 갖는다. 공무수탁사인이 한 처분의 위법성을 다투는 항고소송을 제기할 때에는 공무수탁사인을 상대방으로 하여 제기하여야 한다(대판 1997.2.28. 96누1757).

정답 ④

V 공권과 공의무 관계(행정법관계의 내용)

042 [12국가9급]

개인적 공권에 대한 설명으로 옳은 것은? (다툼이 있는 경우 판례에 의함)

① 근로자가 퇴직급여를 청구할 수 있는 권리와 같은 이른바 사회적 기본권은 헌법 규정에 의하여 바로 도출되는 개인적 공권이라 할 수 없다.
② 개인적 공권은 명확한 법규의 존재를 전제로 하는 것이므로 성문법에 근거하지 않으면 성립할 수 없다.
③ 개인적 공권은 공법상 계약을 통해서는 성립할 수 없다.
④ 개인적 공권은 강행적인 행정법규에 의하여 행정청을 기속함으로써 비로소 성립하는 것일 뿐 개인의 사익보호성은 성립요건이 아니라는 것이 일반적인 견해이다.

해설

① (O) 헌재 2011.7.28. 2009헌마408.
② (X) ③ (X) 개인적 공권으로서 헌법에서 직접 인정되는 것도 있고, 법률에 의해 성립되는 것도 있고, 행정행위나 공법상 계약, 관습법 등에 의해서도 성립될 수도 있다.
④ (X) 강행법규에 의해 부과된 행정주체의 행위의무가 공익목적만을 위한 것일 때에는 사인은 행정주체에게 그러한 행위를 요구할 수 없다. 따라서 사익보호를 목적으로 하는 것이어야 한다.

정답 ①

043 [15국가9급]

개인적 공권에 대한 설명으로 옳은 것은? (다툼이 있는 경우 판례에 의함)

① 규제권한발동에 관해 행정청의 재량을 인정하는 「건축법」의 규정은 소정의 사유가 있는 경우 행정청에 건축물의 철거 등을 명할 수 있는 권한을 부여한 것일 뿐만 아니라, 행정청에 그러한 의무가 있음을 규정한 것이다.
② 공무원의 직무행위로 인한 국가배상책임이 인정되려면 공무원에게 부과된 직무상 의무의 내용이 단순히 공공 일반의 이익을 위한 것이거나 행정기관 내부의 질서를 규율하기 위한 것이 아니고 전적으로 또는 부수적으로 사회구성원 개인의 안전과 이익을 보호하기 위하여 설정된 것이어야 한다.
③ 다수의 검사 임용신청자 중 일부만을 검사로 임용하는 결정을 함에 있어, 임용신청자들에게 전형의 결과인 임용 여부의 응답을 할 것인지는 임용권자의 편의재량사항이다.
④ 일반적인 개인적 공권의 성립요건인 사익보호성은 무하자재량행사청구권이나 행정개입청구권에는 적용되지 않는다.

해설

① (X) 구 건축법 및 기타 관계 법령에 국민이 행정청에 대하여 제3자에 대한 건축허가의 취소나 준공검사의 취소 또는 제3자 소유의 건축물에 대한 철거 등의 조치를 요구할 수 있다는 취지의 규정이 없고, 시장·군수·구청장에게 건축허가 등을 취소하거나 건축물의 철거 등 필요한 조치를 명할 수 있는 권한 내지 권능을 부여한 것에 불과할 뿐, 시장·군수·구청장에게 그러한 의무가 있음을 규정한 것은 아니므로 위 조항들도 그 근거 규정이 될 수 없으며, 그 밖에 조리상 이러한 권리가 인정된다고 볼 수도 없다(대판 1999.12.7. 97누17568).
② (O) 공무원이 고의 또는 과실로 그에게 부과된 직무상 의무를 위반하였을 경우라고 하더라도 상당인과관계가 인정되기 위하여는 공무원에게 부과된 직무상 의무의 내용이 단순히 공공 일반의 이익을 위한 것이거나 행정기관 내부의 질서를 규율하기 위한 것이 아니고 전적으로 또는 부수적으로 사회구성원 개인의 안전과 이익을 보호하기 위하여 설정된 것이어야 한다(대판 2010.9.9. 2008다77795).
③ (X) 검사의 임용에 있어서 임용권자가 임용여부에 관하여 어떠한 내용의 응답을 할 것인지는 임용권자의 자유재량에 속하므로 일단 임용거부라는 응답을 한 이상 설사 그 응답내용이 부당하다고 하여도 사법심사의 대상으로 삼을 수 없는 것이 원칙이나, 적어도 재량권의 한계 일탈이나 남용이 없는 위법하지 않은 응답을 할 의무가 임용권자에게 있고 이에 대응하여 임용신청자로서도 재량권의 한계 일탈이나 남용이 없는 적법한 응답을 요구할 권리가 있다(대판 1991.2.12. 90누5825).
④ (X) 무하자재량행사청구권이나 행정개입청구권도 공권의 일종이므로, 일반적인 개인적 공권의 성립요건인 사익보호성은 무하자재량행사청구권이나 행정개입청구권에도 필요하다.

정답 ②

044 [17국가9급]

개인적 공권에 대한 설명으로 옳지 않은 것은? (다툼이 있는 경우 판례에 의함)

① 환경영향평가에 관한 자연공원법령 및 환경영향평가법령들의 취지는 환경공익을 보호하려는 데 있으므로 환경영향평가 대상지역 안의 주민들이 수인한도를 넘는 환경침해를 받지 아니하고 쾌적한 환경에서 생활할 수 있는 개별적 이익까지 보호하는 데 있다고 볼 수는 없다.

② 행정처분에 있어서 불이익처분의 상대방은 직접 개인적 이익의 침해를 받은 자로서 취소소송의 원고적격이 인정되지만 수익처분의 상대방은 그의 권리나 법률상 보호되는 이익이 침해되었다고 볼 수 없으므로 달리 특별한 사정이 없는 한 취소를 구할 이익이 없다.

③ 상수원보호구역 설정의 근거가 되는 규정은 상수원의 확보와 수질보전일 뿐이고, 그 상수원에서 급수를 받고 있는 지역주민들이 가지는 이익은 상수원의 확보와 수질보호라는 공공의 이익이 달성됨에 따라 반사적으로 얻게 되는 이익에 불과하다.

④ 개인적 공권이 성립하려면 공법상 강행법규가 국가 기타 행정주체에게 행위의무를 부과해야 한다. 과거에는 그 의무가 기속행위의 경우에만 인정되었으나, 오늘날에는 재량행위에도 인정된다고 보는 것이 일반적이다.

해설

① **(X)** 환경영향평가 대상지역 안의 주민들이 갖고 있는 위와 같은 환경상의 이익은 주민 개개인에 대하여 개별적으로 보호되는 직접적·구체적 이익으로서 그들에 대하여는 특단의 사정이 없는 한 환경상의 이익에 대한 침해 또는 침해우려가 있는 것으로 사실상 추정되어 공유수면매립면허처분 등의 무효확인을 구할 원고적격이 인정된다(대판 2006.3.16. 2006두330 전원합의체).

② **(O)** 행정처분에 있어서 불이익처분의 상대방은 직접 개인적 이익의 침해를 받은 자로서 원고적격이 인정되지만 수익처분의 상대방은 그의 권리나 법률상 보호되는 이익이 침해되었다고 볼 수 없으므로 달리 특별한 사정이 없는 한 취소를 구할 이익이 없다(대판 1995.8.22. 94누8129).

③ **(O)** 대판 1995.9.26. 94누14544.

④ **(O)** 개인적 공권이 성립하기 위해서는 먼저 행정주체에게 일정한 의무를 부과하는 강행법규에 의하여 국가 기타의 행정주체에게 일정한 행위의무가 부과되어야 한다. 따라서 기속행위의 경우에는 의무가 인정되지만, 재량행위의 경우에는 과거 의무가 인정되지 않았다. 다만 최근에는 공권의 확대화 경향에 따라 재량행위에도 일정한 공권이 성립할 수 있다고 보는 것이 통설이다.

정답 ①

045 [12서울9급]

다음 중 판례상 반사적 이익으로 재판에 의하여 구제받기 어려운 것은?

① 중계유선방송사업 허가를 받은 중계유선방송사업자의 사업상 이익

② 장의자동차운송사업구역 면허에 따른 영업이 보호되는 사업구역의 이익

③ 자동차 LPG 충전소설치허가에 대한 인근주민의 이익

④ 환경영향평가대상사업에 해당하는 국립공원집단시설지구 개발사업에 관한 공원사업시행허가처분에 대한 환경영향평가 대상지역 안의 주민의 이익

⑤ 공유수면매립면허처분과 관련된 환경평가대상지역안의 주민의 이익

해설

① **(X)** **[법률상 이익]** 허가를 받은 중계유선방송사업자의 사업상 이익은 단순한 반사적 이익에 그치는 것이 아니라 방송법에 의하여 보호되는 법률상 이익이라고 보아야 한다(대판 2007.5.11. 2004다11162).

② **(O)** **[반사적 이익]** 면허받은 장의자동차운송사업구역에 위반하였음을 이유로 한 행정청의 과징금부과처분에 의하여 동종업자의 영업이 보호되는 결과는 사업구역제도의 반사적 이익에 불과하기 때문에 그 과징금부과처분을 취소한 재결에 대하여 처분의 상대방 아닌 제3자는 그 취소를 구할 법률상 이익이 없다(대판 1992.12.8. 91누13700).

③ **(X)** **[법률상 이익]** 자동차 LPG 충전소설치허가에 대한 인근주민의 이익의 법률상 이익으로 행정소송을 제기하여 그 당부의 판단을 받을 법률상 자격이 있다(대판 1983.7.12. 83누59).

④ **(X)** **[법률상 이익]** 대판 2001.7.27. 99두2970.

⑤ **(X)** **[법률상 이익]** 대판 2006.3.16. 2006두330 전원합의체.

정답 ②

046 [10국가9급]

다음 사례에서 개인적 공권이 성립할 수 없는 것은?

① 서울특별시의 '철거민에 대한 시영아파트특별분양개선지침'에 의한 무허가 건물 소유자의 시영아파트 특별분양신청권

② 구 수산업법 제40조 소정의 관행어업권

③ 도시계획구역내 토지소유자의 도시계획시설변경입안 요구 신청권

④ 헌법상 변호인접견권

해설

① (X) 서울특별시의 "철거민에 대한 시영아파트 특별분양개선지침"은 서울특별시 내부에 있어서의 행정지침에 불과하고 지침 소정의 사람에게 공법상의 분양신청권이 부여되는 것이 아니라 할 것이므로 서울특별시의 시영아파트에 대한 분양불허의 의사표시는 항고소송의 대상이 되는 행정처분으로 볼 수 없다(대판 1993.5.11. 93누2247).

② (O) 구 수산업법 제40조 소정의 '입어의 관행에 따른 권리'(관행어업권)란, 일정한 공유수면에 대한 공동어업권 설정 이전부터 어업의 면허 없이 그 공유수면에서 오랫동안 계속 수산동식물을 포획 또는 채취하여 옴으로써 그것이 대다수 사람들에게 일반적으로 시인될 정도에 이른 것을 말하고, 이는 공동어업권자에 대하여 주장하고 행사할 수 있을 뿐만 아니라 이를 다투는 제3자에 대하여도 그 배제를 청구하거나 그에 따른 손해배상을 청구할 수 있는 권리이다(대판 2001.3.13. 99다57942).

③ (O) 도시계획구역 내 토지 등을 소유하고 있는 주민으로서는 입안권자에게 도시계획입안을 요구할 수 있는 법규상 또는 조리상의 신청권이 있다고 할 것이고, 이러한 신청에 대한 거부행위는 항고소송의 대상이 되는 행정처분에 해당한다(대판 2004.4.28. 2003두1806).

④ (O) 헌법 제12조 제4항 본문은 "누구든지 체포 또는 구속을 당한 때에는 즉시 변호인의 조력을 받을 권리를 가진다."라고 규정하여 신체구속을 당한 사람에 대하여 변호인의 조력을 받을 권리를 기본권으로 보장하고 있다(헌재 1992.1.28. 91헌마111).

정답 ①

VI 무하자재량행사청구권과 행정개입청구권

047 [18교육행정]

공권(公權)에 관한 설명으로 옳은 것은?

① 대법원은 경업자(競業者)에게는 개인적 공권을 인정하면서도, 경원자(競願者)에게는 이를 부인하였다.

② 무하자재량행사청구권은 수익적 행정행위뿐만 아니라 부담적 행정행위에도 적용될 수 있다.

③ 개인적 공권으로서의 경찰권은 주민에 의한 자치경찰제의 도입까지 의미하는 것으로 이해된다.

④ 주거지역 내에서 법령상의 제한면적을 초과하는 연탄공장의 건축허가처분으로 불이익을 받고 있는 인근주민은 당해 처분의 취소를 소구할 법률상 자격이 없다.

해설

① (X) 경원자나 경업자 모두 법률상 이익이 인정되는 경우 개인적 공권을 인정하고 있다.

② (O) 무하자재량행사청구권은 재량의 영역에서 인정되는 공권으로 수익적 행정행위뿐만 아니라 부담적 행정행위에도 적용될 수 있다.

③ (X) 경찰권은 국가적 공권이며, 경찰작용에 대해 행정개입청구권의 형태로 개인적 공권이 인정될 수 있다. 다만 주민에 의한 자치경찰제의 도입까지 의미하지는 않는다.

④ (X) 주거지역내에 위 법조 소정 제한면적을 초과한 연탄공장 건축허가처분으로 불이익을 받고 있는 제3거주자는 비록 당해 행정처분의 상대자가 아니라 하더라도 그 행정처분으로 말미암아 위와 같은 법률에 의하여 보호되는 이익을 침해받고 있다면 당해행정 처분의 취소를 소구하여 그 당부의 판단을 받을 법률상의 자격이 있다(대판 1975.5.13. 73누96 · 97).

정답 ②

048 [14국회8급]

다음 대법원의 판례에 관한 설명으로 옳은 것은? (다툼이 있는 경우 다수설에 따름)

임용권자가 동일한 검사신규임용의 기회에 원고를 비롯한 다수의 검사지원자들로부터 임용신청을 받아 전형을 거쳐 자체에서 정한 임용기준에 따라 이들 중 일부만을 선정하여 검사로 임용하는 경우에 있어서, 법령상 검사임용신청 및 그 처리의 제도에 관한 명문규정이 없다고 하여도 조리상 임용권자는 임용신청자들에게 전형의 결과에 대한 응답, 즉 임용여부의 응답을 해줄 의무가 있다고 보아야 하고 원고로서는 그 임용신청에 대하여 임용여부의 응답을 받을 권리가 있다고 할 것이며 … 임용권자가 임용여부에 관하여 어떠한 내용의 응답을 할 것인지는 앞에서 본 바와 같이 임용권자의 자유재량에 속하므로 일단 임용거부라는 응답을 한 이상 설사 그 응답내용이 부당하다고 하여도 사법심사의 대상으로 삼을 수 없는 것이 원칙이나, 다만 자유재량에 속하는 행위일지라도 재량권의 한계를 넘거나 남용이 있을 때에는 위법한 처분으로서 항고소송의 대상이 되는 것이므로, 적어도 이러한 재량권의 한계 일탈이나 남용이 없는 위법하지 않은 응답을 할 의무가 임용권자에게 있고 이에 대응하여 원고로서도 재량권의 한계일탈이나 남용이 없는 적법한 응답을 요구할 권리가 있다.

① 검사지원자들은 임용신청을 한 이상 특정행위의 이행을 구하는 행정개입청구권이 있다.

② 검사신규임용자들과 신규임용을 두고 경쟁을 벌인 경원자들은 취소소송의 원고적격이 있음을 밝히고 있다.

③ 명문의 규정이 없어 해석상 다툼이 있던 '재량이라도 그 일탈·남용은 위법이 됨'을 밝힌 판례로 평가된다.

④ 검사임용신청자들의 임용신청에 대하여 임용여부의 응답을 받을 권리는 취소소송의 대상적격 문제가 된다.

⑤ 취소소송의 원고적격과는 달리 취소심판의 청구인적격은 '정당한 이익'이 있는 자임을 밝히고 있다.

해설

① (X) 판례는 검사임용신청거부취소소송과 관련하여 무하자재량행사청구권을 인정한 바 있다.

② (X) ④ (O) 검사의 임용에 있어서 임용권자가 임용여부에 관하여 어떠한 내용의 응답을 할 것인지는 임용권자의 자유재량에 속하므로 일단 임용거부라는 응답을 한 이상 설사 그 응답내용이 부당하다고 하여도 사법심사의 대상으로 삼을 수 없는 것이 원칙이나, 적어도 재량권의 한계 일탈이나 남용이 없는 위법하지 않은 응답을 할 의무가 임용권자에게 있고 이에 대응하여 임용신청자로서도 재량권의 한계 일탈이나 남용이 없는 적법한 응답을 요구할 권리가 있다고 할 것이며, 이러한 응답신청권에 기하여 재량권 남용의 위법한 거부처분에 대하여는 항고소송으로서 그 취소를 구할 수 있다(대판 1991.2.12. 90누5825).

③ (X) 행정소송법 제27조에서 "행정청의 재량에 속하는 처분이라도 재량권의 한계를 넘거나 그 남용이 있는 때에는 법원은 이를 취소할 수 있다."라고 하여 '재량이라도 그 일탈·남용은 위법이 됨'을 명문으로 규정하고 있다.

⑤ (X) 취소소송의 원고적격과 취소심판의 청구인적격은 모두 '법률상 이익'이 있는 자에게 인정된다(행정소송법 제12조, 행정심판법 제13조).

정답 ④

049 [17교육행정]

개인적 공권에 관한 설명으로 옳은 것은? (단, 다툼이 있는 경우 판례에 따름)

① 공법상 계약을 통해서는 개인적 공권이 성립할 수 없다.

② 재량권의 영으로의 수축이론은 개인적 공권을 확대하는 이론이다.

③ 개인적 공권은 사권처럼 자유롭게 포기할 수 있는 것이 원칙이다.

④ 헌법상의 기본권 규정으로부터는 개인적 공권이 바로 도출될 수 없다.

해설

① (X) 개인적 공권은 헌법, 법률 등 성문법 뿐만 아니라 불문법, 조리에 의해서도 성립할 수 있고, 공법상 계약을 통해서도 성립할 수 있다.

② (O) 국민의 생명·신체·재산과 같은 중대한 법익이 위협받고 있는 경우 재량이 0으로 수축되는 경우에는 행정개입청구권이 인정되어 공권이 성립된다.

③ (X) 공권은 사권과 달리 공익적 관점에서 특정인에게 이를 귀속시킨 것이기 때문에 일신전속적인 권리로서 이전, 포기가 제한되고 또한 타인이 이를 대행할 수 없는 것이 원칙이다.

④ (X) 개별법에 규정이 없는 경우 2차적으로 헌법에 의해서 공권의 성립을 인정할 수 있다는 것이 오늘날 통설과 판례의 입장이다. 다만 헌법상의 모든 기본권에 의해 공권이 성립되는 것은 아니므로 헌법상의 여러 기본권 중 어떤 기본권에 의해 공권을 인정할 것인지 그 범위를 결정할 필요가 있다.

정답 ②

VII 특별권력관계

050 [12경행특채]

다음 중 공법상의 특별권력관계(특별행정법관계)가 아닌 것은?

① 경찰공무원의 근무관계
② 전염병환자의 강제수용
③ 국립대학과 재학생과의 관계
④ 국가와 납세자와의 관계

해설

④ (X) 국가와 납세자와의 관계는 일반권력관계이다.

정답 ④

051 [11지방9급]

다음 글에 대한 설명으로 옳지 않은 것은? (다툼이 있는 경우 판례에 의함)

> 교도소장 (X)는 복역 중인 甲이 변호사에게 보내기 위하여 발송을 의뢰한 서신을 법령상 검열사유에 해당하지 않음에도 불구하고 발송전에 이를 검열하였다. 이에 甲은 (X)의 위와 같은 서신검열행위로 말미암아 통신의 비밀이 침해되었다고 주장하며 다투고자 한다.

① 교도소장 (X)의 서신검열행위는 이른바 특별권력관계 내부에서의 행위이지만 그에 대한 사법심사는 가능하다.
② 교도소장 (X)의 서신검열행위는 법률에 근거함이 없이 행하여졌다면 위법하다.
③ 교도소장 (X)의 서신검열행위는 강학상 행정행위에 해당한다.
④ 甲이 교도소장 (X)의 서신검열행위에 대해 취소소송을 제기함이 없이 곧바로 국가배상청구소송을 제기한 경우, 수소법원은 그 위법성 여부를 심리·판단할 수 있다.

해설

① (O) 특별권력관계에서도 일반행정법관계와 같이 행정쟁송법상의 쟁송대상이 되는 행정처분이면 모두 항고소송으로 다툴 수 있고, 법원은 이를 심사할 수 있다.

② (O) 특별권력관계에서도 일반행정법관계와 마찬가지로 법률유보원칙이 적용된다. 따라서 기본권을 제한하려면 반드시 법령의 근거가 있어야 한다.

③ (X) 교도소장의 검열행위는 피청구인이 이 사건 법률조항에 따라 청구인의 의사에 상관없이 일방적으로 행한 사실적 행위로서, 청구인은 검열을 거부하는 경우 서신을 발송할 다른 방법이 없어 검열을 수인하지 않을 수 없으므로, 이는 헌법소원의 대상이 되는 권력적 사실행위에 해당한다(헌재 2008.4.24. 2005헌마914).

④ (O) 권력적 사실행위는 처분성이 인정되어 취소소송 등을 제기하여 권리를 구제받을 수 있다. 또 권력적 사실행위로 손해를 입은 자는 국가배상법이 정하는 바에 따라 손해배상을 청구할 수 있다. 국가배상을 청구한 경우 수소법원은 선결문제로 그 위법성 여부를 심리·판단할 수 있다.

정답 ③

VIII 행정법 흠결의 보완

052 [13국회9급]

민사상의 법률관계와는 다르게 행정상의 법률관계에서만 적용될 수 있는 제도로 옳은 것을 모두 고르시오?

> ㉠ 소멸시효
> ㉡ 집행정지
> ㉢ 사정재결·사정판결
> ㉣ 부당이득의 법리
> ㉤ 공정력·자력집행력

① ㉠ ㉢ ㉤
② ㉡ ㉢ ㉤
③ ㉠ ㉣ ㉤
④ ㉡ ㉢ ㉣
⑤ ㉢ ㉣ ㉤

해설

② 행정상의 법률관계에서만 적용될 수 있는 제도로 옳은 것은 ㉡, ㉢, ㉤이다.

㉠ (X) 소멸시효란 권리자가 그의 권리를 행사할 수 있음에도 불구하고 일정한 기간동안 그 권리를 행사하지 않은 경우 권리를 소멸시키는 제도를 말한다. 민법상 채권의 소멸시효는 원칙적으로 10년이지만(민법 제162조), 행정법관계에서 기간이 단축되는 경우가 있다.

㉡ (O) 집행정지는 처분 등을 그 대상으로 때문에 민사상 법률관계에는 적용되지 않고 행정상 법률관계에만 적용된다.

㉢ (O) 사정판결은 원고의 청구가 이유 있는 경우에도 처분 등을 취소하는 것이 현저히 공공복리에 적합하지 아니하다고 인정되는 때에 법원은 그 청구를 기각하는 판결로, 행정상 법률관계에만 적용될 수 있다.

㉣ (X) 부당이득의 법리는 사법상 일반법원리이지만, 행정상 법률관계에도 적용된다.

㉤ (O) 공정력, 자력집행력(강제력)은 행정행위의 특유의 효력이므로 행정상 법률관계에서만 적용되고, 사법상 법률관계에는 발생하지 않는다.

정답 ②

제3절 | 행정법상의 법률요건과 법률사실

Ⅰ 의의 및 종류

Ⅱ 공법상의 사건

Ⅲ 공법상의 사무관리와 부당이득

053 [17지방9급]

공법상 부당이득에 대한 설명으로 옳지 않은 것은? (다툼이 있는 경우 판례에 의함)

① 공법상 부당이득에 관한 일반법은 없으므로 특별한 규정이 없는 경우, 「민법」상 부당이득반환의 법리가 준용된다.

② 부가가치세법령에 따른 환급세액 지급의무 등의 규정과 그 입법취지에 비추어 볼 때 부가가치세 환급세액 반환은 공법상 부당이득반환으로서 민사소송의 대상이다.

③ 잘못 지급된 보상금에 해당하는 금액의 징수처분을 해야 할 공익상 필요가 당사자가 입게 될 불이익을 정당화할 만큼 강한 경우, 보상금을 받은 당사자로부터 오지급금액의 환수처분이 가능하다.

④ 공법상 부당이득반환에 대한 청구권의 행사는 개별적인 사안에 따라 행정주체도 주장할 수 있다.

해설

① (O) 공법상 부당이득의 경우에도 일반법원리적 규정에 해당하는 민법의 부당이득 법리가 적용된다.

② (X) 대판 2013.3.21. 2011다95564 전원합의체.

③ (O) 보상금 등을 받은 당사자로부터 잘못 지급된 부분을 환수하는 처분을 함에 있어서는, 공익상 필요가 당사자가 입게 될 불이익을 정당화할 만큼 강한 경우에 한하여 환수하는 처분을 하여야 한다(대판 2014. 10. 27. 2012두17186).

④ (O) 사안에 따라 행정주체가 사인에 대해 부당이득 반환을 주장할 수 있다.

정답 ②

054 [12지방9급]

부당이득과 가장 거리가 먼 것은?

① 조세과오납

② 공무원의 봉급과액수령

③ 처분이 무효 또는 소급 취소된 경우의 무자격자의 기초생활보장금의 수령

④ 자연재해시 빈 상점의 물건의 처분

해설

① (O) 행정주체의 부당이득 원인으로는 ㉠ 조세 혹은 관세의 과오납, ㉡ 착오에 의하여 사유지를 국·공유지에 편입시킨 경우, ㉢ 행정주체가 타인의 토지를 불법점유한 경우, ㉣ 사인의 비용부담으로 국가가 이득한 경우 등이 있다.

② (O) ③ (O) 사인의 부당이득 원인으로는 ㉠ 사인의 이득이 행정행위에 근거하였으나 그 행정행위가 무효 또는 취소인 경우, ㉡ 봉급을 초과수령한 경우, ㉢ 사인이 국유지를 무상으로 사용하는 경우 등이 있다.

④ (X) 자연재해시 빈 상점의 물건의 처분은 공법상 사무관리의 유형이다.

정답 ④

Ⅳ 사인의 공법행위

055 [14국가7급]

사인의 공법행위에 대한 설명으로 옳지 않은 것은? (다툼이 있는 경우 판례에 의함)

① 공무원의 사직의 의사표시는 상대방에게 도달한 후에는 철회할 수 없다.

② 수리를 요하는 신고의 경우 그 신고에 대한 거부행위는 행정소송의 대상이 되는 처분에 해당한다.

③ 사인의 공법행위는 법적 행위인 점에서 공법상 사실행위와 구별된다.

④ 명문의 금지규정이 있거나 일신전속적인 행위는 대리가 허용될 수 없으나, 그렇지 않은 사인의 공법행위는 대리에 관한 민법규정이 유추적용될 수 있다.

해설

① (X) 사인의 공법상 행위는 명문으로 금지되거나 성질상 불가능한 경우가 아닌 한 그에 의거한 행정행위가 행하여질 때까지는 자유로이 철회나 보정이 가능하다(대판 2001.6.15. 99두5566). 공무원이 한 사직의 의사표시는 그에 터잡은 의원면직처분이 있을 때까지는 원칙적으로 이를 철회할 수 있다(대판 1993.7.27. 92누16942).

② (O) 수리를 요하는 신고의 경우에 수리는 행정행위인 수리행위이고, 수리거부는 거부처분에 해당하며 항고소송의 대상이 된다.

③ (O) 사인의 공법행위는 공법적 효과의 발생을 목적으로 하는 법적 행위라는 점에서 사실행위인 공법상 사실행위와 구별된다.

④ (O) 민법상의 대리규정은 대리행위를 금하는 특별한 규정(예 병역의무)이 있거나, 대리에 친숙하지 아니한 경우(예 투표, 귀화신청 등 일신전속적 행위)에는 유추적용 되지 아니한다. 따라서 대리행위를 금지하는 명문의 규정이 있거나, 해석상 일신전속적 행위를 제외하고는 원칙적으로 민법상의 대리규정이 유추적용된다.

정답 ①

Ⅴ 신고

056 [15지방7급]

사인의 공법행위에 대한 설명으로 옳지 않은 것은? (다툼이 있는 경우 판례에 의함)

① 사인의 공법행위에는 행정행위에 인정되는 공정력, 존속력, 집행력 등이 인정되지 않는다.

② 민법의 비진의의사표시의 무효에 관한 규정은 그 성질상 영업재개신고나 사직의 의사표시와 같은 사인의 공법행위에는 적용되지 않는다.

③ 주민등록의 신고는 행정청이 수리한 경우에 효력이 발생하는 것이 아니라, 행정청에 도달하기만 하면 신고로서의 효력이 발생한다.

④ 「의료법」에 따른 의원개설신고에 대하여 신고필증의 교부가 없더라도 의원개설신고의 효력을 부정할 수는 없다.

해설

① (O) 사인의 공법행위는 권력관계가 아니므로 행정행위가 갖는 내용상의 공정력·존속력·집행력 등은 인정되지 않는다.

② (O) 민법의 비진의의사표시의 무효에 관한 규정은 그 성질상 영업재개신고(대판 1978.7.25. 76누276)나 사직의 의사표시(대판 1997.12.12. 97누13962)와 같은 사인의 공법행위에는 적용되지 않는다.

③ (X) 주민등록의 신고는 행정청에 도달하기만 하면 신고로서의 효력이 발생하는 것이 아니라 행정청이 수리한 경우에 비로소 신고의 효력이 발생한다(대판 2009.1.30. 2006다17850).

④ (O) 의료법시행규칙 제22조 제3항에 의하면 의원개설신고서를 수리한 행정관청이 소정의 신고필증을 교부하도록 되어있다 하여도 이는 신고사실의 확인행위로서 신고필증을 교부하도록 규정한 것에 불과하고 그와 같은 신고필증의 교부가 없다 하여 개설신고의 효력을 부정할 수 없다 할 것이다(대판 1985.4.23. 84도2953).

정답 ③

057 [17지방7급]

사인의 공법행위에 대한 설명으로 옳지 않은 것은? (다툼이 있는 경우 판례에 의함)

① 주민등록전입신고의 수리 여부와 관련하여서는, 전입신고자가 거주의 목적 외에 다른 이해관계에 관한 의도를 가지고 있었는지 여부, 무허가건축물의 관리, 전입신고를 수리함으로써 당해 지방자치단체에 미치는 영향 등도 고려하여야 한다.

② 허가대상 건축물의 양수인이 구 건축법 시행규칙에 규정되어 있는 형식적 요건을 갖추어 행정관청에 적법하게 건축주의 명의변경을 신고한 경우, 행정관청은 실체적인 이유를 내세워 신고의 수리를 거부할 수는 없다.

③ 신고행위의 하자가 중대·명백하여 당연무효에 해당하는지에 대하여는 신고행위의 근거가 되는 법규의 목적, 의미, 기능 및 하자 있는 신고행위에 대한 법적 구제수단 등을 목적론적으로 고찰함과 동시에 신고행위에 이르게 된 구체적 사정을 개별적으로 파악하여 합리적으로 판단하여야 한다.

④ 인·허가의제 효과를 수반하는 건축신고는 특별한 사정이 없는 한 행정청이 그 실체적 요건에 관한 심사를 한 후 수리하여야 하는 이른바 '수리를 요하는 신고'에 해당한다.

해설

① (X) 전입신고를 받은 시장 등의 심사 대상은 전입신고자가 30일 이상 생활의 근거로서 거주할 목적으로 거주지를 옮기는지 여부만으로 제한된다고 보아야 할 것이다. 따라서 전입신고자가 거주의 목적 이외에 다른 이해관계에 관한 의도를 가지고 있는지 여부, 무허가건축물의 관리, 전입신고를 수리함으로써 당해 지방자치단체에 미치는 영향 등과 같은 사유는 주민등록법이 아닌 다른 법률에 의하여 규율되어야 할 것이고, 주민등록전입신고의 수리 여부를 심사하는 단계에서는 고려 대상이 될 수 없다(대판 2009.6.18. 2008두10997 전원합의체).

② (O) 허가대상 건축물의 양수인이 구 건축법 시행규칙에 규정되어 있는 형식적 요건을 갖추어 시장·군수 등 행정관청에 적법하게 건축주의 명의변경을 신고한 때에는 행정관청은 그 신고를 수리하여야지 실체적인 이유를 내세워 신고의 수리를 거부할 수는 없다(대판 2014. 10. 15. 2014두37658).

③ (O) 신고행위의 하자가 중대하고 명백하여 당연무효에 해당하는지의 여부에 대하여는 신고행위의 근거가 되는 법규의 목적, 의미,기능 및 하자있는 신고행위에 대한 법적 구제수단 등을 목적론적으로 고찰함과 동시에 신고행위에 이르게 된 구체적 사정을 개별적으로 파악하여 합리적으로 판단하여야 할 것이다(대판 1995. 2. 28. 94다31419).

④ (O) 대판 2011.1.20. 2010두14954 전원합의체.

정답 ①

058 [16지방9급]

판례의 입장으로 옳지 않은 것은?

① 과세처분 이후 조세 부과의 근거가 되었던 법률규정에 대하여 위헌결정이 내려진 경우, 그 조세채권이 확정되었다 하더라도 위헌결정이 내려진 후 행하여진 체납처분은 당연무효이다.

② 토지수용위원회의 수용재결에 불복하여 취소소송을 제기하는 때에는 이의신청을 거친 경우에도 원칙적으로 수용재결을 한 지방토지수용위원회 또는 중앙토지수용위원회를 피고로 하여 수용재결의 취소를 구하여야 한다.

③ 정보통신매체를 이용하여 원격평생교육을 불특정 다수인에게 학습비를 받고 실시하기 위해 인터넷 침·뜸학습센터를 평생교육시설로 신고한 경우, 관할 행정청은 신고서 기재사항에 흠결이 없고 형식적 요건을 모두 갖추었더라도 신고대상이 된 교육이나 학습이 공익적 기준에 적합하지 않는다는 등의 실체적 사유를 들어 신고수리를 거부할 수 있다.

④ 하나의 납세고지서에 의하여 복수의 과세처분을 함께하는 경우에는 과세처분별로 그 세액과 산출근거 등을 구분하여 기재함으로써 납세의무자가 각 과세처분의 내용을 알 수 있도록 해야 한다.

해설

① (O) 대판 2012.02.16. 2010두10907.

② (O) 수용재결에 불복하여 취소소송을 제기하는 때에는 이의신청을 거친 경우에도 수용재결을 한 중앙토지수용위원회 또는 지방토지수용위원회를 피고로 하여 수용재결의 취소를 구하여야 하고, 다만 이의신청에 대한 재결 자체에 고유한 위법이 있음을 이유로 하는 경우에는 그 이의재결을 한 중앙토지수용위원회를 피고로 하여 이의재결의 취소를 구할 수 있다(대판 2010.01.28. 2008두1504).

③ (X) 정보통신매체를 이용하여 불특정 다수인에게 학습비를 받고 실시하는 경우에는 이를 신고하여야 하나, 행정청으로서는 신고서 기재사항에 흠결이 없고 정허진 서류가 구비된 때에는 이를 수리하여야 하고, 이러한 형식적 요건을 모두 갖추었음에도 신고대상이 된 교육이나 학습이 공익적 기준에 적합하지 않는다는 등 실체적 사유를 들어 신고 수리를 거부할 수는 없다(대판 2011.07.28. 2005두11784).

④ (O) 하나의 납세고지서에 의하여 복수의 과세처분을 함께 하는 경우에는 과세처분별로 그 세액과 산출근거 등을 구분하여 기재함으로써 납세의무자가 각 과세처분의 내용을 알 수 있도록 해야 하는 것 역시 당연하다(대판 2012.10.18. 2010두12347 전원합의체).

정답 ③

「행정절차법」상 신고 요건으로는 신고서의 기재사항에 흠이 없고 필요한 구비서류가 첨부되어 있어야 하며, 신고의 기재사항은 그 진실함이 입증되어야 한다. [14국가9급]

| 해설

(X) 자기완결적 신고가 효력을 발생하기 위해서는 행정절차법 제40조 제2항의 신고요건을 갖추어야 한다. 즉 자기완결적 신고의 요건은 원칙상 형식적 요건이다. 따라서 자기완결적 신고의 요건에 대한 심사는 원칙적으로 형식적 요건에 한하여 심사한다. 그러나 신고의 기재사항이 진실함을 입증해야하는 것은 아니다.

유료노인복지주택의 설치신고를 받은 행정관청은 그 유료노인복지주택의 시설 및 운용기준이 법령에 부합하는지와 설치신고당시 부적격자들이 입소하고 있는지 여부를 심사할 수 있다. [14국가9급]

| 해설

(O) 대판 2007.1.11. 2006두14537.

수리를 요하는 신고의 경우 행정청은 형식적 심사를 하는 것으로 족하다. [13국가7급]

| 해설

(X) 수리를 요하는 신고의 경우, 형식적 요건 이외에 일정한 실질적 요건을 신고의 요건으로 하는 경우가 있다.

[관련판례] 행정관청으로서는 그 유료노인복지주택의 시설 및 운영기준이 위 법령에 부합하는지와 아울러 그 유료노인복지주택이 적법한 입소대상자에게 분양되었는지와 설치신고 당시 부적격자들이 입소하고 있지는 않은지 여부까지 심사하여 그 신고의 수리 여부를 결정할 수 있다(대판 2007.1.11. 2006두14537).

059 [17국가9급(下)]

사인의 공법행위에 대한 설명으로 옳지 않은 것은? (다툼이 있는 경우 판례에 의함)

① 주민등록전입신고는 행정청에 도달하기만 하면 신고로서의 효력이 발생하는 것이 아니라 행정청이 수리한 경우에 비로소 신고의 효력이 발생한다.

② 수리를 요하는 신고의 경우, 수리행위에 신고필증의 교부가 필수적이므로 신고필증 교부의 거부는 「행정소송법」상 처분으로 볼 수 있다.

③ 공무원이 한 사직의 의사표시는 그에 터잡은 의원면직처분이 있을 때까지 철회나 취소할 수 있는 것이고, 일단 면직처분이 있고 난 이후에는 철회나 취소할 수 없다.

④ 행정청은 법령상 규정된 형식적 요건을 갖추지 못한 신고서가 제출된 경우에는 지체 없이 상당한 기간을 정하여 신고인에게 보완을 요구하여야 한다.

해설

① (O) 대판 2009.6.18. 2008두10997 전원합의체.

② (X) 수리란 신고를 유효한 것으로 판단하고 법령에 의하여 처리할 의사로 이를 수령하는 수동적 행위이므로 수리행위에 신고필증 교부 등 행위가 꼭 필요한 것은 아니다(대판 2011.09.08. 2009두6766).

③ (O) 대판 2001.8.24. 99두9971.

④ (O)

행정절차법 제40조(신고) ③ 행정청은 제2항 각 호의 요건을 갖추지 못한 신고서가 제출된 경우에는 지체 없이 상당한 기간을 정하여 신고인에게 보완을 요구하여야 한다.

정답 ②

060 [18국회8급]

다음은 「식품위생법」상 영업허가 및 영업승계에 관한 조항의 일부이다. 제39조 제3항의 신고에 대한 설명으로 옳은 것은? (다툼이 있는 경우 판례에 의함)

> **제37조(영업허가 등)** ① 제36조제1항 각 호에 따른 영업 중 대통령령으로 정하는 영업을 하려는 자는 대통령령으로 정하는 바에 따라 영업 종류별 또는 영업소별로 식품의약품안전처장 또는 특별자치시장·특별자치도지사·시장·군수·구청장의 허가를 받아야 한다. 〈이하 생략〉
>
> **제39조(영업 승계)** ① 영업자가 영업을 양도하거나 사망한 경우 또는 법인이 합병한 경우에는 그 양수인·상속인 또는 합병 후 존속하는 법인이나 합병에 따라 설립되는 법인은 그 영업자의 지위를 승계한다.
>
> ② 다음 각 호의 어느 하나에 해당하는 절차에 따라 영업 시설의 전부를 인수한 자는 그 영업자의 지위를 승계한다. 이 경우 종전의 영업자에 대한 영업 허가·등록 또는 그가 한 신고는 그 효력을 잃는다.
>
> 1. 「민사집행법」에 따른 경매
>
> 2.～4. 〈생략〉
>
> ③ 제1항 또는 제2항에 따라 그 영업자의 지위를 승계한 자는 총리령으로 정하는 바에 따라 1개월 이내에 그 사실을 식품의약품안전처장 또는 특별자치시장·특별자치도지사·시장·군수·구청장에게 신고하여야 한다.

① 신고는 영업허가자의 변경이라는 법률효과를 발생시키는 행위이다.

② 신고의 수리행위에 신고필증 교부가 필요하다.

③ 관할 행정청이 신고를 수리함에 있어서는 행정절차법의 적용을 받지 않는다.

④ 수리대상인 사업양도·양수가 없었음에도 신고를 수리한 경우에는 먼저 민사쟁송으로 양도·양수가 무효임을 구한 이후에 신고 수리의 무효를 다툴 수 있다.

⑤ 양도계약이 있은 후 신고 전에 행정청이 종전의 영업자(양도인)에 대하여 영업허가를 위법하게 취소한 경우에, 영업자의 지위를 승계한 자(양수인)는 양도인에 대한 영업허가취소처분을 다툴 원고적격을 갖지 못한다.

해설

① (O) 식품위생법 제25조 제3항에 의한 영업양도에 따른 지위승계신고를 수리하는 허가관청의 행위는 단순히 양도·양수인 사이에 이미 발생한 사법상의 사업양도의 법률효과에 의하여 양수인이 그 영업을 승계하였다는 사실의 신고를 접수하는 행위에 그치는 것이 아니라, 영업허가자의 변경이라는 법률효과를 발생시키는 행위라고 할 것이다(대판 1995.2.24. 94누9146).

② (X) 수리란 신고를 유효한 것으로 판단하고 법령에 의하여 처리할 의사로 이를 수령하는 수동적 행위이므로 수리행위에 신고필증 교부 등 행위가 꼭 필요한 것은 아니다(대판 2011. 9. 8. 2009두6766).

③ (X) 행정청이 구 식품위생법 규정에 의하여 영업자지위승계신고를 수리하는 처분은 종전의 영업자의 권익을 제한하는 처분이라 할 것이고 따라서 종전의 영업자는 그 처분에 대하여 직접 그 상대가 되는 자에 해당한다고 봄이 상당하므로, 행정청으로서는 위 신고를 수리하는 처분을 함에 있어서 행정절차법 규정 소정의 당사자에 해당하는 종전의 영업자에 대하여 위 규정 소정의 행정절차를 실시하고 처분을 하여야 한다(대판 2003.2.14. 2001두7015).

④ (X) 사업양도·양수에 따른 허가관청의 지위승계신고의 수리는 적법한 사업의 양도·양수가 있었음을 전제로 하는 것이므로 그 수리대상인 사업양도·양수가 존재하지 아니하거나 무효인 때에는 수리를 하였다 하더라도 그 수리는 유효한 대상이 없는 것으로서 당연히 무효라 할 것이고, 사업의 양도행위가 무효라고 주장하는 양도자는 민사쟁송으로 양도·양수행위의 무효를 구함이 없이 막바로 허가관청을 상대로 하여 행정소송으로 위 신고수리처분의 무효확인을 구할 법률상 이익이 있다(대판 2005.12.23. 2005두3554).

⑤ (X) 수허가자의 지위를 양수받아 명의변경신고를 할 수 있는 양수인의 지위는 단순한 반사적 이익이나 사실상의 이익이 아니라 산림법령에 의하여 보호되는 직접적이고 구체적인 이익으로서 법률상 이익이라고 할 것이고, 채석허가가 유효하게 존속하고 있다는 것이 양수인의 명의변경신고의 전제가 된다는 의미에서 관할 행정청이 양도인에 대하여 채석허가를 취소하는 처분을 하였다면 이는 양수인의 지위에 대한 직접적 침해가 된다고 할 것이므로 양수인은 채석허가를 취소하는 처분의 취소를 구할 법률상 이익을 가진다(대판 2003.7.11. 2001두6289).

정답 ①

061 [15국가7급]

갑(甲)은 「식품위생법」 상 식품접객업 영업허가를 받아 영업을 하던 중, 자신의 영업을 을(乙)에게 양도하기로 계약을 체결하였고, 을(乙)은 같은 법이 정한 바에 따라 영업자지위승계신고를 하였다. 이에 대한 설명으로 옳은 것은? (다툼이 있는 경우 판례에 의함)

① 관할 행정청이 신고를 수리하기 위해서는 갑(甲)에 대해 「행정절차법」상 불이익 처분 절차를 거쳐야 한다.

② 법령상 신고요건을 갖춘 적법한 신고가 있었다면, 관할 행정청의 수리 여부와 관계없이 영업양도는 효력을 발생한다.

③ 관할 행정청에 의해 신고가 수리되었다면, 갑(甲)과 을(乙)사이의 양도계약이 무효이더라도 신고는 효력을 발생한다.

④ 관할 행정청이 을(乙)의 신고를 수리하기 전에 갑(甲)의 영업허가가 취소되었을 경우, 을(乙)은 갑(甲)에 대한 영업허가취소에 대하여는 취소소송을 제기할 수 있는 원고적격이 없다.

해설

① (O) 영업자지위승계신고를 수리하는 처분은 종전의 영업자의 권익을 제한하는 처분이라 할 것이고 따라서 행정청으로서는 위 신고를 수리하는 처분을 함에 있어서 행정절차법 규정 소정의 당사자에 해당하는 종전의 영업자에 대하여 위 규정 소정의 행정절차를 실시하고 처분을 하여야 한다(대판 2003.2.14. 2001두7015).

② (X) 대판 1995.2.24. 94누9146.

③ (X) 대판 2005.12.23. 2005두3554.

④ (X) 관할 행정청이 양도인에 대하여 채석허가를 취소하는 처분을 하였다면 이는 양수인의 지위에 대한 직접적 침해가 된다고 할 것이므로 양수인은 채석허가를 취소하는 처분의 취소를 구할 법률상 이익을 가진다(대판 2003.7.11. 2001두6289).

정답 ①

공매 등의 절차로 영업시설의 전부를 인수함으로써 영업자의 지위를 승계한 자가 관계행정청에 이를 신고하여 관계행정청이 그 신고를 수리하는 처분에 대해 종전 영업자는 제3자로서 그 처분의 취소를 구할 법률상 이익이 인정되지 않는다. [13국가7급]

해설

(X) 이 사건 신고가 수리됨으로써 종전 사업자인 원고는 당해 영업을 적법하게 할 수 있는 법규상의 권리가 상실되는 점 등에 비추어 보면, 원고에게 이 사건 신고수리의 취소를 구할 법률상 이익이나 소의 이익이 없게 되었다고 단정할 수 없다(대판 2012.12.13. 2011두29144).

062 [17서울9급]

신고에 관한 설명으로 가장 옳지 않은 것은? (다툼이 있는 경우 판례에 의함)

① 「건축법」에 따른 착공신고를 반려하는 행위는 당사자에게 장래의 법적 불이익이 예견되지 않아 이를 법적으로 다툴 실익이 없으므로 항고소송의 대상이 될 수 없다.

② 「건축법」에 따른 건축신고를 반려하는 행위는 장차 있을지도 모르는 위험에서 미리 벗어날 수 있도록 길을 열어주고 위법한 건축물의 양산과 그 철거를 둘러싼 분쟁을 조기에 근본적으로 해결할 수 있게 하여야 한다는 점에서 항고소송의 대상이 된다.

③ 인·허가의제 효과를 수반하는 건축신고는 행정청이 그 실체적 요건에 관한 심사를 한 후 수리하여야 하기 때문에 수리를 요하는 신고이다.

④ 「수산업법」 제44조 소정의 어업의 신고는 행정청의 수리에 의하여 비로소 그 효과가 발생하는 수리를 요하는 신고이다.

해설

① (X) 건축주 등으로서는 착공신고가 반려될 경우, 당해 건축물의 착공을 개시하면 시정명령, 이행강제금, 벌금의 대상이 되거나 당해 건축물을 사용하여 행할 행위의 허가가 거부될 우려가 있어 불안정한 지위에 놓이게 된다. 따라서 착공신고 반려행위가 이루어진 단계에서 당사자로 하여금 반려행위의 적법성을 다투어 법적 불안을 해소한 다음 건축행위에 나아가도록 함으로써 장차 있을지도 모르는 위험에서 미리 벗어날 수 있도록 길을 열어 주고, 위법한 건축물의 양산과 철거를 둘러싼 분쟁을 조기에 근본적으로 해결할 수 있게 하는 것이 법치행정의 원리에 부합한다. 그러므로 행정청의 착공신고 반려행위는 항고소송의 대상이 된다(대판 2011. 6. 10. 2010두7321).

② (O) 건축신고 반려행위가 이루어진 단계에서 당사자로 하여금 반려행위의 적법성을 다투어 그 법적 불안을 해소한 다음 건축행위에 나아가도록 함으로써 장차 있을지도 모르는 위험에서 미리 벗어날 수 있도록 길을 열어 주고, 위법한 건축물의 양산과 그 철거를 둘러싼 분쟁을 조기에 근본적으로 해결할 수 있게 하는 것이 법치행정의 원리에 부합한다. 그러므로 이 사건 건축신고 반려행위는 항고소송의 대상이 된다고 보는 것이 옳다(대판 2010.11.18. 2008두167전원합의체).

③ (O) 대판 2011.1.20. 2010두14954 전원합의체.

④ (O) 대판 2000. 5. 26. 99다37382.

정답 ①

063 [20지방9급]

신고와 수리에 대한 설명으로 옳지 않은 것은? (다툼이 있는 경우 판례에 의함)

① 다른 법령에 의한 인허가가 의제되지 않는 일반적인 건축신고는 자기완결적 신고이므로 이에 대한 수리 거부행위는 항고소송의 대상이 되는 처분이 아니다.

② 「국토의 계획 및 이용에 관한 법률」상의 개발행위허가가 의제되는 건축신고는 특별한 사정이 없는 한 행정청이 그 실체적 요건에 관한 심사를 한 후 수리하여야 하는 이른바 '수리를 요하는 신고'로 보아야 한다.

③ 「행정절차법」은 '법령 등에서 행정청에 일정한 사항을 통지함으로써 의무가 끝나는 신고'에 대하여 '그 밖에 법령 등에 규정된 형식상의 요건에 적합할 것'을 그 신고의무 이행요건의 하나로 정하고 있다.

④ 「식품위생법」에 따른 식품접객업(일반음식점영업)의 영업신고의 요건을 갖춘 자라고 하더라도, 그 영업신고를 한 당해 건축물이 건축법 소정의 허가를 받지 아니한 무허가 건물이라면 적법한 신고를 할 수 없다.

해설

① **(X)** 건축신고 반려행위가 이루어진 단계에서 당사자로 하여금 반려행위의 적법성을 다투어 그 법적 불안을 해소한 다음 건축행위에 나아가도록 함으로써 장차 있을지도 모르는 위험에서 미리 벗어날 수 있도록 길을 열어 주고, 위법한 건축물의 양산과 그 철거를 둘러싼 분쟁을 조기에 근본적으로 해결할 수 있게 하는 것이 법치행정의 원리에 부합한다. 그러므로 이 사건 건축신고 반려행위는 항고소송의 대상이 된다고 보는 것이 옳다(대판 2010.11.18. 2008두167전원합의체).

② **(O)** 인·허가의제 효과를 수반하는 건축신고는 일반적인 건축신고와는 달리, 특별한 사정이 없는 한 행정청이 그 실체적 요건에 관한 심사를 한 후 수리하여야 하는 이른바 '수리를 요하는 신고'로 보는 것이 옳다(대판 2011.1.20. 2010두14954 전원합의체). 국토계획법상 건축물의 건축에 관한 개발행위허가가 의제되는 건축허가신청이 국토계획법령이 정한 개발행위허가기준에 부합하지 아니하면 허가권자로서는 이를 거부할 수 있고, 이는 건축법 제16조 제3항에 의하여 개발행위허가의 변경이 의제되는 건축허가사항의 변경허가에서도 마찬가지이다(대판 2016. 8. 24. 2016두35762).

③ **(O)**

> **행정절차법 제40조(신고)** ① 법령등에서 행정청에 일정한 사항을 통지함으로써 의무가 끝나는 신고를 규정하고 있는 경우 신고를 관장하는 행정청은 신고에 필요한 구비서류, 접수기관, 그 밖에 법령등에 따른 신고에 필요한 사항을 게시(인터넷 등을 통한 게시를 포함한다)하거나 이에 대한 편람을 갖추어 두고 누구나 열람할 수 있도록 하여야 한다.
>
> ② 제1항에 따른 신고가 다음 각 호의 요건을 갖춘 경우에는 신고서가 접수기관에 도달된 때에 신고의무가 이행된 것으로 본다.
> 1. 신고서의 기재사항에 흠이 없을 것
> 2. 필요한 구비서류가 첨부되어 있을 것
> 3. 그 밖에 법령등에 규정된 형식상의 요건에 적합할 것

④ **(O)** 식품위생법과 건축법은 그 입법 목적, 규정사항, 적용범위 등을 서로 달리하고 있어 식품접객업에 관하여 식품위생법이 건축법에 우선하여 배타적으로 적용되는 관계에 있다고는 해석되지 않는다. 그러므로 식품위생법에 따른 식품접객업(일반음식점영업)의 영업신고의 요건을 갖춘 자라고 하더라도, 그 영업신고를 한 당해 건축물이 건축법 소정의 허가를 받지 아니한 무허가 건물이라면 적법한 신고를 할 수 없다(대판 2009.04.23. 2008도6829).

정답 ①

064 [18지방7급]

사인의 공법행위로서 신고에 대한 설명으로 옳지 않은 것은?(다툼이 있는 경우 판례에 의함)

① 유통산업발전법상 대규모점포의 개설 등록은 이른바 '수리를 요하는 신고'로서 행정처분에 해당한다.

② 수리를 요하는 신고의 경우, 수리행위에 신고필증 교부 등 행위가 꼭 필요한 것은 아니다.

③ 주민등록의 신고는 행정청에 도달하기만 하면 신고서의 효력이 발생하는 것이 아니라 행정청이 수리한 경우에 비로소 신고의 효력이 발생한다.

④ 자기완결적 신고에 있어 적법한 신고가 있는 경우, 행정청은 법 규정에 정하지 아니한 사유를 심사하여 이를 이유로 신고수리를 거부할 수 있다.

해설

① (O) 대규모점포의 개설 등록은 이른바 '수리를 요하는 신고'로서 행정처분에 해당한다(대판 2015. 11. 19. 2015두295 전원합의체).

② (O) 수리란 신고를 유효한 것으로 판단하고 법령에 의하여 처리할 의사로 이를 수령하는 수동적 행위이므로 수리행위에 신고필증 교부 등 행위가 꼭 필요한 것은 아니다(대판 2011. 9. 8. 2009두6766).

③ (O) 주민등록의 신고는 행정청에 도달하기만 하면 신고서의 효력이 발생하는 것이 아니라 행정청이 수리한 경우에 비로소 신고의 효력이 발생한다(대판 2009.1.30. 2006다17850).

④ (X) 신고대상인 건축물의 건축행위를 하고자 할 경우에는 그 관계 법령에 정해진 적법한 요건을 갖춘 신고만을 하면 그와 같은 건축행위를 할 수 있고, 행정청의 수리처분 등 별단의 조처를 기다릴 필요가 없다고 할 것이며, 또한 이와 같은 신고를 받은 행정청으로서는 그 신고가 같은 법 및 그 시행령 등 관계 법령에 신고만으로 건축할 수 있는 경우에 해당하는 여부 및 그 구비서류 등이 갖추어져 있는지 여부 등을 심사하여 그것이 법규정에 부합하는 이상 이를 수리하여야 하고, 같은 법 규정에 정하지 아니한 사유를 심사하여 이를 이유로 신고수리를 거부할 수는 없다(대판 1999. 4. 27. 97누6780).

정답 ④

VI 신청

제2편 행정작용법

제1장 행정입법

제1절 | 행정입법 일반론

제2절 | 법규명령

I 법규명령의 의의와 종류

II 법규명령의 근거와 요건

065 [18국회8급]

다음은 행정입법에 대한 대법원 판결문의 일부이다. 이에 대한 설명으로 옳은 것은?

> 「공공기관의 운영에 관한 법률」(이하 '공공기관법'이라 한다) 제39조 제2항, 제3항 및 그 위임에 따라 기획재정부령으로 제정된 「공기업·준정부기관 계약사무규칙」 제15조 제1항(이하 '이 사건 규칙 조항'이라 한다)의 내용을 대비해 보면, 입찰참가자격제한의 요건을 공공기관법에서는 '공정한 경쟁이나 계약의 적정한 이행을 해칠 것이 명백할 것'을 규정하고 있는 반면, 이 사건 규칙 조항에서는 '경쟁의 공정한 집행이나 계약의 적정한 이행을 해칠 우려가 있거나 입찰에 참가시키는 것이 부적합하다고 인정되는 자'라고 규정함으로써, 이사건 규칙 조항이 법률에 규정된 것보다 한층 완화된 처분요건을 규정하여 그 처분대상을 확대하고 있다. 그러나 공공기관법 제39조 제3항에서 부령에 위임한 것은 '입찰참가자격의 제한기준 등에 관하여 필요한 사항'일 뿐이고, 이는 그 규정의 문언상 입찰참가자격을 제한하면서 그 기간의 정도와 가중·감경 등에 관한 사항을 의미하는 것이지 처분의 요건까지를 위임한 것이라고 볼 수는 없다. 따라서 이 사건 규칙조항에서 위와 같이 처분의 요건을 완화하여 정한 것은 상위법령의 위임 없이 규정한 것이므로 이는 행정기관 내부의 사무처리준칙을 정한 것에 지나지 않는다.

① 「공기업·준정부기관 계약사무규칙」 제15조 제1항은 국민에 대하여 구속력이 있다.

② 법률의 위임이 없음에도 법률에 규정된 처분 요건을 부령에서 변경하여 규정한 경우에는 그 부령의 규정은 국민에 대하여 대외적 구속력은 없다.

③ 어떤 행정처분이 법규성이 없는 부령의 규정에 위배되면 그 처분은 위법하고, 또 그 부령에서 정한 요건에 부합하면 그 처분은 적법하다.

④ 입찰참가자격제한처분의 적법 여부는 「공기업·준정부기관 계약사무규칙」 제15조 제1항에서 정한 요건에 합치하는지 여부와 공공기관법 제39조의 규정을 기준으로 판단하여야 한다.

⑤ 법령에서 행정처분의 요건 중 일부 사항을 부령으로 정할 것을 위임한 데 따라 부령에서 이를 정하고 있는 경우에 그 부령의 규정은 국민에 대하여 구속력이 없다.

해설

① (X) 입찰참가자격 제한의 요건을 공공기관법에서는 '공정한 경쟁이나 계약의 적정한 이행을 해칠 것이 명백할 것'을 규정하고 있는 반면, 이 사건 규칙 조항에서는 '경쟁의 공정한 집행이나 계약의 적정한 이행을 허칠 우려가 있거나 입찰에 참가시키는 것이 부적합하다고 인정되는 자'라고 규정함으로써, 이 사건 규칙 조항이 법률에 규정된 것보다 한층 완화된 처분요건을 규정하여 그 처분대상을 확대하고 있다. 그러나 공공기관법 제39조 제3항에서 부령에 위임한 것은 '입찰참가자격의 제한기준 등에 관하여 필요한 사항'일 뿐이고, 이는 그 규정의 문언상 입찰참가자격을 제한하면서 그 기간의 정도와 가중·감경 등에 관한 사항을 의미하는 것이지 처분의 요건까지를 위임한 것이라고 볼 수는 없다. 따라서 이 사건 규칙 조항에서 위와 같이 처분의 요건을 완화하여 정한 것은 상위법령의 위임 없이 규정한 것이므로 이는 행정기관 내부의 사무처리준칙을 정한 것에 지나지 않는다(대판 2013. 9. 12. 2011두10584).

② (O) ⑤ (X) 법령에서 행정처분의 요건 중 일부 사항을 부령으로 정할 것을 위임한 데 따라 시행규칙 등 부령에서 이를 정한 경우에 그 부령의 규정은 국민에 대해서도 구속력이 있는 법규명령에 해당한다고 할 것이지만, 법령의 위임이 없음에도 법령에 규정된 처분 요건에 해당하는 사항을 부령에서 변경하여 규정한 경우에는 그 부령의 규정은 행정청 내부의 사무처리 기준 등을 정한 것으로서 행정조직 내에서 적용되는 행정명령의 성격을 지닐 뿐 국민에 대한 대외적 구속력은 없다(대판 2013.9.12. 2011두10584).

③ (X) ④ (X) 어떤 행정처분이 그와 같이 법규성이 없는 시행규칙 등의 규정에 위배된다고 하더라도 그 이유만으로 처분이 위법하게 되는 것은 아니라 할 것이고, 또 그 규칙 등에서 정한 요건에 부합한다고 하여 반드시 그 처분이 적법한 것이라고 할 수도 없다. 이 경우 처분의 적법 여부는 그러한 규칙 등에서 정한 요건에 합치하는지 여부가 아니라 일반 국민에 대하여 구속력을 가지는 법률 등 법규성이 있는 관계 법령의 규정을 기준으로 판단하여야 한다(대판 2013.9.12. 2011두10584).

정답 ②

066 [16국회8급]

행정입법에 대한 설명으로 옳지 않은 것은?

① 상위법령의 위임이 없음에도 상위법령에 규정된 처분 요건을 부령에서 변경하여 규정하였다면 그 부령은 무효이며 따라서 그 부령에 따른 처분 역시 위법하다.

② 고시가 비록 법령에 근거를 둔 것이라고 하더라도 그 규정 내용이 법령의 위임 범위를 벗어난 것일 경우에는 법규명령으로서의 대외적 구속력을 인정할 여지는 없다.

③ 제재적 처분기준의 형식이 부령으로 정립된 경우에는 행정조직 내부에 있어서의 행정명령에 지나지 않는 것과는 달리, 대통령령의 경우에는 대외적으로 국민이나 법원을 구속한다.

④ 법원에 의한 명령・규칙의 위헌・위법심사는 그 위헌 또는 위법의 여부가 재판의 전제가 된 경우에 비로소 가능하다.

⑤ 헌법재판소는 적극적 행정입법은 물론 행정입법의 부작위에 대하여서도 헌법소원심판의 대상성을 인정한다.

해설

① (X) 법령의 위임이 없음에도 법령에 규정된 처분 요건에 해당하는 사항을 부령에서 변경하여 규정한 경우에는 그 부령의 규정은 행정청 내부의 사무처리 기준 등을 정한 것으로서 행정조직 내에서 적용되는 행정명령의 성격을 지닐 뿐 국민에 대한 대외적 구속력은 없다고 보아야 한다. 따라서 어떤 행정처분이 그와 같이 법규성이 없는 시행규칙 등의 규정에 위배된다고 하더라도 그 이유만으로 처분이 위법하게 되는 것은 아니라 할 것이고, 또 그 규칙 등에서 정한 요건에 부합한다고 하여 반드시 그 처분이 적법한 것이라고 할 수도 없다. 이 경우 처분의 적법 여부는 그러한 규칙 등에서 정한 요건에 합치하는지 여부가 아니라 일반 국민에 대하여 구속력을 가지는 법률 등 법규성이 있는 관계 법령의 규정을 기준으로 판단하여야 한다(대판 2013.9.12. 2011두10584).

② (O) 대결 2006.04.28. 2003마715.

③ (O) 이 사건 처분의 기준이 된 주택건설촉진법 시행령 제10조의3 제1항 [별표 1]은 법 제7조 제2항의 위임규정에 터잡은 규정형식상 대통령령이므로 그 성질이 부령인 시행규칙이나 또는 지방자치단체의 규칙과 같이 통상적으로 행정조직 내부에 있어서의 행정명령에 지나지 않는 것이 아니라 대외적으로 국민이나 법원을 구속하는 힘이 있는 법규명령에 해당한다(대판 1997.12.26. 97누15418).

④ (O) 우리나라는 헌법 제107조에서 재판의 전제성을 요구하여 구체적 규범통제를 하고 있다.

> **대한민국 헌법 제107조** ② 명령·규칙 또는 처분이 헌법이나 법률에 위반되는 여부가 재판의 전제가 된 경우에는 대법원은 이를 최종적으로 심사할 권한을 가진다.

⑤ (O) 행정입법부작위에 대한 행정소송의 적법여부에 관하여 대법원은 이를 부적법한 것으로 보고 있다. 즉 대법원은 1992. 5. 8. 선고 91누11261 판결에서 "행정소송은 구체적 사건에 대한 법률상 분쟁을 법에 의하여 해결함으로써 법적 안정을 기하자는 것이므로 부작위위법확인소송의 대상이 될 수 있는 것은 구체적 권리의무에 관한 분쟁이어야 하고 추상적인 법령에 관하여 제정의 여부 등은 그 자체로서 국민의 구체적인 권리의무에 직접적 변동을 초래하는 것이 아니어서 행정소송의 대상이 될 수 없다"고 판시하였다. 따라서 이 사건 헌법소원 심판청구는 다른 법률에 구제절차가 없는 경우에 해당하므로 보충성의 요건을 흠결하였다고 볼 수 없다(헌재 2002. 7. 18. 2000헌마707).

정답 ①

067 [15국가9급]

행정입법에 대한 판례의 입장으로 옳은 것은?

① 행정입법부작위는 부작위위법확인소송의 대상이 된다.

② 의료기관의 명칭표시판에 진료과목을 함께 표시하는 경우 진료과목의 글자 크기를 제한하고 있는 구 의료법 시행규칙 제31조는 그 자체로서 국민의 구체적인 권리의무나 법률관계에 직접적인 변동을 초래하므로 항고소송의 대상이 되는 행정처분이라 할 수 있다.

③ 법률의 위임에 의하여 효력을 갖는 법규명령의 경우 구법에 위임의 근거가 없어 무효였더라도 사후에 법개정으로 위임의 근거가 부여되면 그 때부터는 유효한 위임명령이 된다.

④ 국립대학의 대학입학고사 주요요강은 행정쟁송의 대상인 행정처분에 해당되지만 헌법소원의 대상인 공권력의 행사에는 해당되지 않는다.

해설

① (X) 대판 1992.5.8. 91누11261.

② (X) 의료기관의 명칭표시판에 진료과목을 함께 표시하는 경우 글자 크기를 제한하고 있는 구 의료법 시행규칙 제31조는 그 자체로서 국민의 구체적인 권리의무나 법률관계에 직접적인 변동을 초래하지 아니하므로 항고소송의 대상이 되는 행정처분이라고 할 수 없다(대판 2007.4.12. 2005두15168).

③ (O) 대판 1995.6.30. 93추83.

④ (X) 국립대학인 서울대학교의 "94학년도 대학입학고사 주요요강"은 사실상의 준비행위 내지 사전안내로서 행정쟁송의 대상이 될 수 있는 행정처분이나 공권력의 행사는 될 수 없지만 그 내용이 국민의 기본권에 직접 영향을 끼치는 내용이고 앞으로 법령의 뒷받침에 의하여 그대로 실시될 것이 틀림없을 것으로 예상되어 그로 인하여 직접적으로 기본권 침해를 받게 되는 사람에게는 사실상의 규범작용으로 인한 위험성이 이미 현실적으로 발생하였다고 보아야 할 것이므로 이는 헌법소원의 대상이 되는 헌법재판소법 제68조 제1항 소정의 공권력의 행사에 해당된다(헌재 1992.10.1. 92헌마68).

정답 ③

III 법규명령의 한계와 하자

068 [18서울7급]

법규명령에 대한 설명으로 가장 옳지 않은 것은?

① 법률이 대통령령으로 정하도록 규정한 사항을 부령으로 정했다면 그 부령은 무효이다.

② 조례에 대한 법률의 위임은 반드시 구체적으로 범위를 정하여 해야 한다.

③ 위임의 근거가 없어 무효인 법규명령도 나중에 법개정으로 위임의 근거가 부여되면 그때부터 유효한 법규명령으로 볼 수 있다.

④ 조례가 집행행위의 개입 없이 직접 국민의 구체적 권리의무에 영향을 미치는 등의 효과를 발생하면 그 조례는 항고소송의 대상이 된다.

해설

① (O) 법률이 대통령령으로 정하도록 규정한 사항을 부령으로 정했다면 하자 있는 부령이라고 할 것이고 그 부령은 무효이다.

② (X) 조례에 대한 법률의 위임은 법규명령에 대한 법률의 위임과 같이 반드시 구체적으로 범위를 정하여 할 필요가 없으며 포괄적인 것으로 족하다(헌재 1995.4.20. 92헌마264 등).

③ (O) 법률의 위임에 의하여 효력을 갖는 법규명령의 경우, 구법에 위임의 근거가 없어 무효였더라도 사후에 법개정으로 위임의 근거가 부여되면 그 때부터는 유효한 법규명령이 되나, 반대로 구법의 위임에 의한 유효한 법규명령이 법개정으로 위임의 근거가 없어지게 되면 그 때부터 무효인 법규명령이 된다(대판 1995.6.30. 93추83).

④ (O) 조례가 집행행위의 개입 없이도 그 자체로서 직접 국민의 구체적인 권리의무나 법적 이익에 영향을 미치는 등의 법률상 효과를 발생하는 경우 그 조례는 항고소송의 대상이 되는 행정처분에 해당한다(대판 1996.9.20. 95누8003).

정답 ②

069 [12사회복지]

법규명령에 대한 설명으로 옳지 않은 것은? (다툼이 있는 경우 판례에 의함)

① 행정소송의 대상은 구체적인 권리의무에 관한 분쟁이어야 하므로 구체적인 권리의무에 관한 분쟁을 떠나서 법령 자체의 무효확인을 구하는 청구는 행정소송의 대상이 아닌 사항에 대한 것으로 부적법하다.

② 자치조례의 경우에도 위임조례와 같이 국가법에 적용되는 일반적인 위임입법의 한계가 적용된다.

③ 집행명령은 새로운 법규사항을 규정하지 않으므로 법령의 수권 없이 제정될 수 있다.

④ 법률에서 위임받은 사항을 전혀 규정하지 아니하고 그대로 하위의 법규명령에 재위임하는 것은 허용되지 않으며 위임받은 사항에 관하여 대강을 정하고 그 중의 특정사항을 범위를 정하여 하위의 법규명령에 다시 위임하는 경우에만 재위임이 허용된다.

해설

① (O) 행정소송의 대상이 될 수 있는 것은 구체적인 권리의무에 관한 분쟁이어야 하고 일반적, 추상적인 법령이나 고시 자체로서 국민의 구체적인 권리의무에 직접적인 변동을 초래하는 것이 아닌 것은 그 대상이 될 수 없는 것이므로 구체적인 권리의무에 관한 분쟁을 떠나서 고시 자체의 무효확인을 구하는 청구는 행정소송의 대상이 아닌 사항에 대한 것으로서 부적법하다(대판 1991.8.27. 91누1738).

② (X) 자치사무나 단체위임사무에 관한 것이라면 이는 자치조례로서 지방자치법 제15조가 규정하고 있는 '법령의 범위 안'이라는 사항적 한계가 적용될 뿐, 위임조례와 같이 국가법에 적용되는 일반적인 위임입법의 한계가 적용될 여지는 없다(대판 2000.11.24. 2000추29).

③ (O) 위임명령과는 달리 집행명령은 새로운 입법사항을 규율하는 것이 아니므로 법률의 명시적인 수권 없이도 발령될 수 있다.

④ (O) 헌재 1996.2.29. 94헌마213.

정답 ②

IV 법규명령의 통제와 소멸

070 [12국회8급]

행정입법의 통제에 관한 설명으로 옳지 않은 것은?

① 중앙행정기관의 훈령은 대통령령인 법제업무운영규정에 의해 법제처의 사후평가제가 실시되고 있다.

② 행정규칙이 직접적으로 국민의 권익을 침해하는 경우에는 처분성이 인정되어 항고소송에 의한 사법적 통제를 받게 된다.

③ 중앙행정기관의 장은 법률에서 위임한 사항이나 법률을 집행하기 위하여 필요한 사항을 규정한 대통령령 · 총리령 · 부령 등이 제정 또는 개정된 때에는 14일 이내에 이를 국회에 송부하여 국회에 의한 통제를 받게 된다.

④ 상급행정청의 감독권의 대상에는 하급행정청의 행정입법권 행사도 포함되지만 상급행정청은 하급행정청의 법규명령을 스스로 폐지할 수는 없다.

⑤ 국회는 국정감사 또는 조사권, 국무총리 등에 대한 질문권, 국무총리 또는 국무위원에 대한 해임건의권, 대통령에 대한 탄핵소추권 등을 행사하여 위법 · 부당한 행정입법을 간접적으로 통제할 수 있다.

해설

① (O) 대통령훈령 또는 국무총리훈령은 법제처장의 사전 심사를 받도록 하고 있으나, 중앙행정기관의 훈령·예규 등은 사후평가제를 실시하고 있다.

> **법제업무 운영규정 제23조(대통령훈령안 등의 심사)** ① 중앙행정기관의 장은 대통령훈령 또는 국무총리훈령의 발령을 추진하려는 경우에는 법제처장에게 해당 훈령안의 심사를 요청하여야 한다.
>
> **제25조(훈령·예규등의 적법성 확보)** ③ 법제처장은 제2항에 따라 등재된 훈령·예규등을 수시로 심사·검토하고, 법령으로 정하여야 할 사항을 훈령·예규등으로 정하고 있거나 법령에 저촉되는 사항 또는 불합리한 사항을 정한 훈령·예규등이 있는 경우에는 심사의견을 작성하여 소관 중앙행정기관의 장에게 통보하여야 한다.

② (O) 대판 2002.7.26. 2001두3532.

③ (X) 대통령령·총리령·부령·훈령·예규·고시등이 제정·개정 또는 폐지된 때에는 14일 이내에 제출하여야 하는 것이 아니라 10일 이내에 국회 소관상임위원회에 제출하여야 한다.

> **국회법 제98조의2(대통령령등의 제출등)** ① 중앙행정기관의 장은 법률에서 위임한 사항이나 법률을 집행하기 위하여 필요한 사항을 규정한 대통령령·총리령·부령·훈령·예규·고시 등이 제정·개정 또는 폐지되었을 때에는 10일 이내에 이를 국회 소관 상임위원회에 제출하여야 한다. 다만, 대통령령의 경우에는 입법예고를 할 때(입법예고를 생략하는 경우에는 법제처장에게 심사를 요청할 때를 말한다)에도 그 입법예고안을 10일 이내에 제출하여야 한다.
>
> ② 중앙행정기관의 장은 제1항의 기간 이내에 제출하지 못한 경우에는 그 이유를 소관 상임위원회에 통지하여야 한다.
>
> ③ 상임위원회는 위원회 또는 상설소위원회를 정기적으로 개회하여 그 소관 중앙행정기관이 제출한 대통령령·총리령 및 부령(이하 이 조에서 "대통령령등"이라 한다)의 법률 위반 여부 등을 검토하여야 한다.

④ (O) 상급행정청은 하급행정청의 법규명령의 제정권한의 행사에 대하여 훈령으로 그의 기준과 범위를 정하거나, 위법한 법규명령의 개정·폐지의 명을 발할 수 있다. 다만 직접 하급행정청의 법규명령을 개정 또는 폐지시킬 수 없고 상위법령의 제정이나 개정으로 하위법규명령의 효력을 소멸시킬 수 있다.

⑤ (O) 행정입법에 대한 입법적 통제 중 간접적 통제에 대한 옳은 설명이다.

정답 ③

071 [08지방7급]

행정입법의 통제방법에 대한 설명으로 옳지 않은 것은?

① 법규명령에 대한 법원의 위헌·위법결정은 원칙적으로 당해 사건에 한하여 그 적용이 거부된다.

② 국회는 국회법상 제출제도를 통하여 행정입법에 대한 통제를 할 수 있다.

③ 헌법재판소는 (구)법무사법시행규칙 제3조 제1항에 대한 헌법소원심판사건에서 명령·규칙에 대한 헌법재판소의 심사권을 인정하였다.

④ 대법원 판결에 의하여 법규명령이 헌법 또는 법률에 위반된다는 것이 확정된 경우에 대법원은 그 사유를 법무부장관에게 통보하여야 한다.

해설

① (O) 대법원에서 행정입법이 위헌·위법하다는 결정을 한 경우 그 결정의 효력에 대하여 통설은 일반적인 효력을 인정하지 아니하고 개별적 효력만을 인정하고 있다. 즉 당해 사건에 한하여 미치는 상대적 효력밖에는 없다고 본다.

② (O) 국회법 제98조의2.

③ (O) 입법부·행정부·사법부에서 제정한 규칙이 별도의 집행행위를 기다리지 않고 직접 기본권을 침해하는 것일 때에는 모두 헌법소원심판의 대상이 될 수 있는 것이다(헌재 1990.10.15. 89헌마178).

④ (X)

> **행정소송법 제6조(명령·규칙의 위헌판결 등 공고)** ① 행정소송에 대한 대법원판결에 의하여 명령·규칙이 헌법 또는 법률에 위반된다는 것이 확정된 경우에는 대법원은 지체없이 그 사유를 행정안전부장관에게 통보하여야 한다.

정답 ④

제3절 | 행정규칙

Ⅰ 행정규칙의 의의와 종류

Ⅱ 행정규칙의 성질

072 [13서울7급]

행정입법에 대한 설명으로 옳지 않은 것은? (다툼이 있을 경우 판례에 의함)

① 고시가 법령의 수권에 의하여 당해 법령의 내용을 보충하는 경우 수권법령과 결합하여 대외적 구속력을 갖게 된다는 것이 대법원 판례의 입장이다.
② 재량준칙은 행정의 자기구속의 법리에 의거하여 간접적으로 대외적 구속력을 갖는다.
③ 구법에 위임의 근거가 없이 발령된 위임명령도 사후에 법의 개정으로 위임의 근거가 마련되면 그때부터 유효하다.
④ 행정규칙의 내용이 명백히 부당한 경우 공무원이 이의 적용을 거부하더라도 공무원법상 복종의무 위반의 징계 책임은 없다.
⑤ 근거법령인 상위법령이 개정되더라도 그 집행명령이 당연히 실효하는 것은 아니다.

해설

① (O) 대판 1994.3.8. 92누1728.
② (O) 재량준칙은 평등원칙과 행정의 자기구속의 원리를 매개로 하여 간접적으로 대외적 구속력을 갖는다.
③ (O) 대판 1995.6.30. 93추83.
④ (X) 행정규칙은 원칙상 대내적 구속력이 있다. 따라서 행정규칙의 내용이 명백히 위법한 경우라면 공무원이 이를 적용 거부하더라도 복종의무위반이 되지 않지만, 부당한 정도에 그친 경우에는 징계사유가 될 수 있다.
⑤ (O) 집행명령은 근거법령인 상위법령이 폐지되면 특별한 규정이 없는 이상 실효되는 것이나, 상위법령이 개정됨에 그친 경우에는 개정법령과 성질상 모순, 저촉되지 아니하고 개정된 상위법령의 시행에 필요한 사항을 규정하고 있는 이상 그 집행명령은 상위법령의 개정에도 불구하고 당연히 실효되지 아니하고 개정법령의 시행을 위한 집행명령이 제정, 발효될 때까지는 여전히 그 효력을 유지한다(대판 1989.9.12. 88누6962).

정답 ④

073 [11국가9급]

다음은 행정규칙이 법규성을 가질 수 있는 경우에 관한 헌법재판소의 결정 내용이다. 괄호 안에 들어갈 용어로 옳지 않은 것은?

> 행정규칙이 그 정한 바에 따라 되풀이 시행되어 행정관행이 이룩되게 되면, 평등의 원칙이나 (㉠)에 따라 행정기관은 그 (㉡)에 대한 관계에서 그 규칙에 따라야 할 (㉢)을(를) 당하게 되고, 그러한 경우에는 (㉣)을(를) 가지게 된다할 것이다.

① ㉠ - 신뢰보호의 원칙
② ㉡ - 상대방
③ ㉢ - 법률에 의한 구속
④ ㉣ - 대외적인 구속력

해설

③ 행정규칙이 법령의 규정에 의하여 행정관청에 법령의 구체적 내용을 보충할 권한을 부여한 경우, 또는 재량권행사의 준칙인 규칙이 그 정한 바에 따라 되풀이 시행되어 행정관행이 이룩되게 되면, 평등의 원칙이나 (㉠ 신뢰보호의 원칙)에 따라 행정기관은 그 (㉡ 상대방)에 대한 관계에서 그 규칙에 따라야할 (㉢ 자기구속)을 당하게 되고, 그러한 경우에는 (㉣ 대외적인 구속력)을 가지게 된다 할 것이다(헌재 1990.9.3. 90헌마13).

정답 ③

074 [19서울7급(上)]

행정규칙에 관한 설명으로 가장 옳지 않은 것은?

① 행정처분이 법규성이 없는 내부지침 등의 규정에 위배된다고 하더라도 그 이유만으로 처분이 위법하게 되는 것은 아니고, 또 그 내부지침 등에서 정한 요건에 부합한다고 하여 반드시 그 처분이 적법한 것이라고 할 수도 없다.

② 법령의 규정이 특정 행정기관에 그 법령 내용의 구체적 사항을 정할 수 있는 권한을 부여하면서 그 권한 행사의 절차나 방법을 특정하고 있지 아니한 관계로 수임 행정기관이 행정규칙의 형식으로 그 법령의 내용이 될 사항을 구체적으로 정하고 있다면 그와 같은 행정규칙은 행정기관에 법령의 구체적 내용을 보충할 권한을 부여한 법령규정의 효력에 의하여 그 내용을 보충하는 기능을 갖게 된다.

③ 재량권 행사의 준칙인 행정규칙이 있으면 그에 따른 관행이 없더라도 평등의 원칙에 따라 행정기관은 상대방에 대한 관계에서 그 규칙에 따라야 할 자기구속을 받게 된다.

④ 고시가 법령의 규정을 보충하는 기능을 가지면서 그와 결합하여 대외적인 구속력이 있는 법규명령으로서의 효력을 가지는 경우에도 그 자체가 법령은 아니고 행정규칙에 지나지 않으므로 적당한 방법으로 이를 일반인 또는 관계인에게 표시 또는 통보함으로써 그 효력이 발생한다.

해설

① (O) 행정처분이 법규성이 없는 내부지침 등의 규정에 위배된다고 하더라도 그 이유만으로 처분이 위법하게 되는 것은 아니고, 또 내부지침 등에서 정한 요건에 부합한다고 하여 반드시 그 처분이 적법한 것이라고 할 수도 없다. 처분의 적법 여부는 그러한 내부지침 등에서 정한 요건에 합치하는지 여부가 아니라 일반 국민에 대하여 구속력을 가지는 법률 등 법규성이 있는 관계 법령의 규정을 기준으로 판단하여야 한다(대판 2018. 6. 15. 2015두40248).

② (O) 법령의 규정이 특정행정기관에게 그 법령내용의 구체적 사항을 정할 수 있는 권한을 부여하면서 그 권한행사의 절차나 방법을 특정하고 있지 아니한 관계로 수임행정기관이 행정규칙의 형식으로 그 법령의 내용이 될 사항을 구체적으로 정하고 있다면 그와 같은 행정규칙, 규정은 행정규칙이 갖는 일반적 효력으로서가 아니라, 행정기관에 법령의 구체적 내용을 보충할 권한을 부여한 법령규정의 효력에 의하여 그 내용을 보충하는 기능을 갖게 된다 할 것이므로 이와 같은 행정규칙, 규정은 당해 법령의 위임한계를 벗어나지 아니하는 한 그것들과 결합하여 대외적인 구속력이 있는 법규명령으로서의 효력을 갖게 된다(대판 1987.9.29. 86누484).

③ (X) 행정규칙은 일반적으로 행정조직 내부에서만 효력을 가지는 것이고 대외적인 구속력을 갖는 것이 아니다. 다만, 행정규칙이 법령의 규정에 의하여 행정관청에 법령의 구체적 내용을 보충할 권한을 부여한 경우, 또는 재량권 행사의 준칙인 규칙이 그 정한 바에 따라 되풀이 시행되어 행정관행이 이룩되게 되면 평등의 원칙이나 신뢰보호의 원칙에 따라 행정기관은 그 상대방에 대한 관계에서 그 규칙에 따라야 할 자기구속을 당하게 되는 경우에는 대외적인 구속력을 가지게 된다(헌재 1990.9.3. 90헌마13).

④ (O) 법령이 일정한 행정기관에 대하여 법령의 내용을 구체적으로 보충 규정할 권한을 위임하고 이에 따라 행정기관이 행정규칙의 형식으로 그 법령의 내용이 될 사항을 규정하였다면 위 행정규칙은 법령의 내용과 결합하여 법규로서의 효력을 가진다고 할 것이므로 앞에서 본 바와 같이 소득세법시행령이 국세청장에게 일정한 범위의 거래를 지정할 수 있는 권한을 부여하고 이에 따라 국세청장이 훈령으로서 재산제세사무처리규정을 제정한 것인만큼 이 규정은 과세의 법령상 근거가 된다. 전항의 국세청훈령은 국세청장이 소득세법시행령 제170조 제4항 제2호에 해당할 거래를 행정규칙의 형식으로 지정한 것으로서 이것 자체가 법령은 아니므로 이를 법령등 공포에 관한 법률이 정하는 바에 따라서 공포(관보게재)하지 아니하였다고 하여 그 효력이 없다고 할 수는 없다(대판 1989. 10. 24. 89누3328).

정답 ③

III 법령보충적 행정규칙 (행정규칙형식의 법규명령)

075 [17국가9급(下)]

행정입법에 대한 설명으로 옳지 않은 것은? (다툼이 있는 경우 판례에 의함)

① 법령의 규정이 특정 행정기관에게 법령 내용의 구체적 사항을 정할 수 있는 권한을 부여하면서 권한행사의 절차나 방법을 특정하지 아니하였다면, 수임 행정기관은 행정규칙이나 규정 형식으로 법령 내용이 될 사항을 구체적으로 정할 수 없다.

② 법률의 시행령이나 시행규칙의 내용이 모법의 입법 취지와 관련 조항 전체를 유기적・체계적으로 살펴보아 모법의 해석상 가능한 것을 명시한 것에 지나지 아니하거나 모법 조항의 취지에 근거하여 이를 구체화하기 위한 것인 때에는, 모법에 이에 관하여 직접 위임하는 규정을 두지 아니하였다고 하더라도 이를 무효라고 볼 수는 없다.

③ 입법부가 법률로써 행정부에게 특정한 사항을 위임했음에도 불구하고 행정부가 정당한 이유 없이 이를 이행하지 않는다면 권력분립의 원칙과 법치국가 내지 법치행정의 원칙에 위배된다.

④ 대통령령을 제정하려면 국무회의의 심의와 법제처의 심사를 거쳐야 한다.

해설

① (X) 법령의 규정이 특정 행정기관에게 법령 내용의 구체적 사항을 정할 수 있는 권한을 부여하면서 권한행사의 절차나 방법을 특정하지 아니한 경우에는 수임 행정기관은 행정규칙이나 규정 형식으로 법령 내용이 될 사항을 구체적으로 정할 수 있다(대판 2012. 7. 5. 2010다72076).

② (O) 법률의 시행령이나 시행규칙은 법률에 의한 위임이 없으면 개인의 권리・의무에 관한 내용을 변경・보충하거나 법률이 규정하지 아니한 새로운 내용을 정할 수는 없지만, 법률의 시행령이나 시행규칙의 내용이 모법의 입법 취지와 관련 조항 전체를 유기적・체계적으로 살펴보아 모법의 해석상 가능한 것을 명시한 것에 지나지 아니하거나 모법 조항의 취지에 근거하여 이를 구체화하기 위한 것인 때에는 모법의 규율 범위를 벗어난 것으로 볼 수 없으므로, 모법에 이에 관하여 직접 위임하는 규정을 두지 아니하였다고 하더라도 이를 무효라고 볼 수는 없다(대판 2014. 8. 20. 2012두19526).

③ (O) 헌재 2004.2.26. 2001헌마718.

④ (O)

> **헌법 제89조** 다음 사항은 국무회의의 심의를 거쳐야 한다.
> 3. 헌법개정안·국민투표안·조약안·법률안 및 대통령령안
>
> **정부조직법 제23조(법제처)** ① 국무회의에 상정될 법령안·조약안과 총리령안 및 부령안의 심사와 그 밖에 법제에 관한 사무를 전문적으로 관장하기 위하여 국무총리 소속으로 법제처를 둔다.

정답 ①

076 [18서울9급]

행정규칙에 대한 설명으로 가장 옳은 것은?

① 행정각부의 장이 정하는 고시라도 법령 내용을 보충하는 기능을 가지는 경우에는 형식과 상관없이 근거 법령규정과 결합하여 법규명령의 효력을 가진다.

② 구 「지방공무원보수업무 등 처리지침」은 행정안전부 예규로서 행정규칙의 성질을 가진다.

③ 법령에 근거를 둔 고시는 상위 법령의 위임범위를 벗어난 경우에도 법규명령으로서 기능한다.

④ 2014년도 건물 및 기타물건 시가표준액 조정기준은 「건축법」 및 지방세법령의 위임에 따른 것이지만 행정규칙의 성격을 가진다.

해설

① (O) 법령의 규정이 특정행정기관에게 그 법령내용의 구체적 사항을 정할 수 있는 권한을 부여하면서 그 권한행사의 절차나 방법을 특정하고 있지 아니한 관계로 수임행정기관이 행정규칙의 형식으로 그 법령의 내용이 될 사항을 구체적으로 정하고 있다면 그와 같은 행정규칙, 규정은 행정규칙이 갖는 일반적 효력으로서가 아니라, 행정기관에 법령의 구체적 내용을 보충할 권한을 부여한 법령규정의 효력에 의하여 그 내용을 보충하는 기능을 갖게 된다 할 것이므로 이와 같은 행정규칙, 규정은 당해 법령의 위임한계를 벗어나지 아니하는 한 그것들과 결합하여 대외적인 구속력이 있는 법규명령으로서의 효력을 갖게 된다(대판 1987.9.29. 86누484).

② (X) 구 지방공무원보수업무 등 처리지침 [별표 1] '직종별 경력환산율표 해설'이 정한 민간근무경력의 호봉 산정에 관한 부분은 지방공무원법 제45조 제1항과 구 지방공무원 보수규정 제8조 제2항, 제9조의2 제2항, [별표 3]의 단계적 위임에 따라 행정자치부장관이 행정규칙의 형식으로 법령의 내용이 될 사항을 구체적으로 정한 것이고, 달리 지침이 위 법령의 내용 및 취지에

저촉된다거나 위임 한계를 벗어났다고 보기 어려우므로, 지침은 상위법령과 결합하여 대외적인 구속력이 있는 법규명령으로서의 효력을 갖게 된다(대판 2016. 1. 28. 2015두53121).

③ (X) 행정규칙이나 규정이 상위법령의 위임범위를 벗어난 경우에는 법규명령으로서 대외적 구속력을 인정할 여지는 없다. 이는 행정규칙이나 규정 '내용'이 위임범위를 벗어난 경우뿐 아니라 상위법령의 위임규정에서 특정하여 정한 권한행사의 '절차'나 '방식'에 위배되는 경우도 마찬가지이므로, 상위법령에서 세부사항 등을 시행규칙으로 정하도록 위임하였음에도 이를 고시 등 행정규칙으로 정하였다면 그 역시 대외적 구속력을 가지는 법규명령으로서 효력이 인정될 수 없다(대판 2012.7.5. 2010다72076).

④ (X) 건축법 제80조 제1항 제2호, 지방세법 제4조 제2항, 지방세법 시행령 제4조 제1항 제1호의 내용, 형식 및 취지 등을 종합하면, '2014년도 건물 및 기타물건 시가표준액 조정기준'의 각 규정들은 일정한 유형의 위반 건축물에 대한 이행강제금의 산정기준이 되는 시가표준액에 관하여 행정자치부장관으로 하여금 정하도록 한 위 건축법 및 지방세법령의 위임에 따른 것으로서 그 법령 규정의 내용을 보충하고 있으므로, 그 법령 규정과 결합하여 대외적인 구속력이 있는 법규명령으로서의 효력을 가진다(대판 2017. 5. 31. 2017두30764).

정답 ①

077 [14국가9급]

행정규칙에 대한 설명으로 옳지 않은 것은?

① 훈령, 지시, 예규, 일일명령 등 행정기관이 그 하급기관이나 소속 공무원에 대하여 일정한 사항을 지시하는 문서는 지시문서이다.

② 대법원은 교육부장관이 내신성적산정지침을 시·도 교육감에게 통보한 것은 행정조직 내부에서 내신성적평가에 관한 심사기준을 시달한 것에 불과하다고 보아 위 지침을 행정처분으로 볼 수 없다고 판단하였다.

③ 대법원은 제재적 처분의 기준이 부령 형식으로 규정되어 있더라도 그것은 행정청 내부의 사무처리준칙을 정한 것에 지나지 아니하여 대외적으로 국민이나 법원을 기속하는 효력이 없고, 당해 처분의 적법여부는 위 처분기준뿐만 아니라 관계 법령의 규정내용과 취지에 따라야 한다고 판단하였다.

④ 대법원은 행정적 편의를 도모하기 위해 법령의 위임을 받아 제정된 절차적 규정을 법령보충적 행정규칙으로 본다.

해설

① (O)

> **행정 효율과 협업 촉진에 관한 규정 제4조 (공문서의 종류)** 공문서(이하 "문서"라 한다)의 종류는 다음 각 호의 구분에 따른다.
> 2. 지시문서 : 훈령·지시·예규·일일명령 등 행정기관이 그 하급기관이나 소속 공무원에 대하여 일정한 사항을 지시하는 문서

② (O) 교육부장관이 내신성적 산정기준의 통일을 기하기 위해 대학입시기본계획의 내용에서 내신성적 산정기준에 관한 시행지침을 마련하여 시·도 교육감에게 통보한 것은 행정조직 내부에서 내신성적 평가에 관한 내부적 심사기준을 시달한 것에 불과하며 항고소송의 대상이 되는 행정처분으로 볼 수 없다(대판 1994.9.10. 94두33).

③ (O) 대판 2007.9.20. 2007두6946.

④ (X) 국민의 권리의무와 직접 관련이 없는 행정적 편의를 도모하기 위해 법령의 위임을 받아 제정된 절차적 규정은 법령보충적 행정규칙이 아니다.

> **[관련판례]** 구 법인세법시행규칙 제45조 제3항 제6호에 따른 소득금액조정합계표 작성요령이 행정규칙인지 여부(적극) 위와 같은 작성요령은 법률의 위임을 받은 것이기는 하나 법인세의 부과징수라는 행정적 편의를 도모하기 위한 절차적 규정으로서 단순히 행정규칙의 성질을 가지는 데 불과하여 과세관청이나 일반국민을 기속하는 것이 아니므로, 비록 납세의무자가 소득금액조정합계표 작성요령 제4호 단서에 의하여 잉여금 증감에 따라 익금산입된 금원을 기타 사외유출로 처분하였다고 하더라도 그 금원이 사외에 유출된 것이 분명하지 아니한 경우에는 이를 기타 사외유출로 보아 유보소득을 계산함에 있어 공제할 수 없다(대판 2003.9.5. 2001두403).

정답 ④

IV 법규명령형식의 행정규칙

078 [17사회복지]

다음 중 행정입법에 대한 설명 중 옳은 것을 모두 고른 것은? (단, 다툼이 있는 경우 판례에 의함)

> ㄱ. 법령의 직접적인 위임에 따라 위임행정기관이 그 법령을 시행하는 데 필요한 구체적인 사항을 정한 것이라면, 그 제정형식이 고시, 훈령, 예규 등과 같은 행정규칙이더라도 그것이 상위법령의 위임한계를 벗어나지 아니하는 한, 상위법령과 결합하여 대외적 구속력을 가진다.
> ㄴ. 상위법령에서 세부사항 등을 시행규칙으로 정하도록 위임하였는데, 이를 고시로 정한 경우에 대외적 구속력을 가지는 법규명령으로서의 효력이 인정될 수 있다.
> ㄷ. 판례는 종래부터 법령의 위임을 받아 부령으로 정한 제재적 행정처분의 기준을 행정규칙으로 보고, 대통령령으로 정한 제재적 행정처분의 기준은 법규명령으로 보는 경향이 있다.
> ㄹ. 하위법령은 그 규정이 상위법령의 규정에 명백히 저촉되어 무효인 경우를 제외하고는 관련 법령의 내용과 그 입법취지, 연혁 등을 종합적으로 살펴서 그 의미를 상위법령에 합치되는 것으로 해석하여야 한다.

① ㄱ, ㄴ　　② ㄴ, ㄷ
③ ㄱ, ㄴ, ㄷ　　④ ㄱ, ㄷ, ㄹ

해설

ㄱ. (O) 법령의 규정이 특정행정기관에게 그 법령내용의 구체적 사항을 정할 수 있는 권한을 부여하면서 그 권한행사의 절차나 방법을 특정하고 있지 아니한 관계로 수임행정기관이 행정규칙의 형식으로 그 법령의 내용이 될 사항을 구체적으로 정하고 있다면 그와 같은 행정규칙, 규정은 행정규칙이 갖는 일반적 효력으로서가 아니라, 행정기관에 법령의 구체적 내용을 보충할 권한을 부여한 법령규정의 효력에 의하여 그 내용을 보충하는 기능을 갖게 된다 할 것이므로 이와 같은 행정규칙, 규정은 당해 법령의 위임한계를 벗어나지 아니하는 한 그것들과 결합하여 대외적인 구속력이 있는 법규명령으로서의 효력을 갖게 된다(대판 1987.9.29. 86누484).

ㄴ. (X) 상위법령에서 세부사항 등을 시행규칙으로 정하도록 형식을 정해서 위임하였음에도 이를 고시 등 행정규칙으로 정한 경우, 대외적 구속력을 갖는 법규명령으로서 효력을 인정할 수는 없다(대판 2012.7.5. 2010다72076).

ㄷ. (O) 판례는 부령형식으로 정해진 제재적 처분기준(영업허가의 취소, 정지, 과징금부과기준)은 그 성질과 내용이 행정내부의 사무처리기준을 규정한 것에 불과하므로 행정규칙의 성질을 가지며, 대통령령의 형식으로 정해진 경우 당해 처분기준을 법규명령으로 본다.

ㄹ. (O) 하위법령은 그 규정이 상위법령의 규정에 명백히 저촉되어 무효인 경우를 제외하고는 관련 법령의 내용과 입법 취지 및 연혁 등을 종합적으로 살펴서 그 의미를 상위법령에 합치되는 것으로 해석하여야 한다(대판 2013. 11. 28. 2012두16565).

정답 ④

079 [16경행특채]

행정규칙을 설명한 것이다. 다음 중 적절하지 않은 것은? (다툼이 있으면 판례에 의함)

① 재량권 행사의 준칙인 행정규칙이 그 정한 바에 따라 되풀이 시행되어 행정관행이 이루어지게 되면 평등의 원칙이나 신뢰보호의 원칙에 따라 행정기관은 그 상대방에 대한 관계에서 그 규칙에 따라야 할 자기구속을 받게 되므로, 이러한 경우에는 특별한 사정이 없는 한 그를 위반하는 처분은 평등의 원칙이나 신뢰보호의 원칙에 위배되어 재량권을 일탈·남용한 위법한 처분이 된다.
② 교육부장관이 내신성적 산정기준에 관한 시행지침을 마련하여 시·도 교육감에게 통보한 것은 항고소송의 대상이 되는 행정처분으로 볼 수 없다.
③ 구 「국립묘지안장대상심의위원회 운영규정」은 국가보훈처장이 심의위원회의 운영에 관하여 구 「국립묘지의 설치 및 운영에 관한 법률 및 시행령」에서 위임된 사항과 그 시행에 필요한 사항을 규정함을 목적으로 하여 국가보훈처 훈령으로 제정된 것으로서, 영예성 훼손 여부 등에 관한 판단의 기준을 정한 행정청 내부의 사무처리 준칙이다.
④ 구 「여객자동차 운수사업법 시행규칙」 제31조 제2항 제1호, 제2호, 제6호는 구 「여객자동차 운수사업법」 제11조 제4항의 위임에 따라 시외버스운송사업의 사업계획변경에 관한 절차, 인가기준 등을 구체적으로 규정한 것으로서, 이는 행정청 내부의 사무처리 준칙을 규정한 행정규칙에 불과하여 대외적 구속력이 없다.

해설

① (O) 대판 2009.12.24. 2009두7967.

② (O) 교육부장관이 내신성적 산정기준의 통일을 기하기 위해 대학입시기본계획의 내용에서 내신성적 산정기준에 관한 시행지침을 마련하여 시·도 교육감에게 통보한 것은 행정조직 내부에서 내신성적 평가에 관한 내부적 심사기준을 시달한 것에 불과하며, 현실적으로 특정인의 구체적인 권리의무에 직접적으로 변동을 초래케 하는 것은 아니라 할 것이어서 내신성적 산정지침을 항고소송의 대상이 되는 행정처분으로 볼 수 없다(대판 1994.09.10. 94두33).

③ (O) 구 국립묘지안장대상심의위원회 운영규정은 국가보훈처장이 심의위원회의 운영에 관하여 구 국립묘지의 설치 및 운영에 관한 법률 및 시행령에서 위임된 사항과 그 시행에 필요한 사항을 규정함을 목적으로 하여 국가보훈처 훈령으로 제정된 것으로서, 영예성 훼손 여부 등에 관한 판단의 기준을 정한 행정청 내부의 사무처리준칙이다(대판 2013.12.26. 2012두19571).

④ (X) 구 여객자동차 운수사업법 시행규칙 등은 구 여객자동차 운수사업법의 위임에 따라 시외버스운송사업의 사업계획변경에 관한 절차, 인가기준 등을 구체적으로 규정한 것으로서, 대외적인 구속력이 있는 법규명령이라고 할 것이고, 그것을 행정청 내부의 사무처리준칙을 규정한 행정규칙에 불과하다고 할 수는 없다(대판 2006.6.27. 2003두4355).

정답 ④

080 [14지방9급]

부령 형식의 처분기준에 대한 판례의 입장으로 옳은 것은?

① 구 「도로교통법 시행규칙」 제53조 제1항이 정한 [별표 16]의 운전면허행정처분기준은 부령의 형식으로 되어 있으나, 그 규정의 성질과 내용이 운전면허의 취소처분 등에 관한 사무처리기준과 처분절차 등 행정청 내부의 사무처리준칙을 규정한 것에 지나지 아니하므로 대외적 구속력이 없다.

② 「공익사업을 위한 토지 등의 취득 및 보상에 관한 법률」 제68조 제3항은 협의취득의 보상액 산정에 관한 구체적 기준을 시행규칙에 위임하고 있고, 위임 범위 내에서 동법(同法) 시행규칙 제22조는 토지에 건축물 등이 있는 경우에는 건축물 등이 없는 상태를 상정하여 토지를 평가하도록 규정하고 있는데, 이는 대외적 구속력이 없다.

③ 구 「여객자동차 운수사업법」 제11조 제4항의 위임에 따라 시외버스운송사업의 사업계획변경에 관한 절차, 인가기준 등을 구체적으로 규정한 구 「여객자동차 운수사업법 시행규칙」 제31조 제2항 제1호, 제2호, 제6호는 행정청 내부의 사무처리준칙을 규정한 행정규칙에 불과하여 대외적 구속력이 없다.

④ 구 「식품위생법 시행규칙」 제53조가 정한 [별표 15]의 행정처분 기준은 구 「식품위생법」 제58조에 따른 영업허가의 취소 등에 관한 행정처분의 기준을 정한 것으로 대외적 구속력이 있다.

해설

① (O) 도로교통법시행규칙 제53조 제1항이 정한 별표 16의 운전면허 행정처분 기준은 부령의 형식으로 되어 있으나, 규정의 성질과 내용이 운전면허의 취소처분 등에 관한 사무처리 기준과 처분절차 등 행정청 내부의 사무처리 준칙을 규정한 것에 지나지 아니하므로 대외적으로 국민이나 법원을 기속하는 효력이 없다(대판 1993.2.9. 92누15253).

② (X) 공익사업을 위한 토지 등의 취득 및 보상에 관한 법률 제68조 제3항은 협의취득의 보상액 산정에 관한 구체적 기준을 시행규칙에 위임하고 있고, 시행규칙 제22조는 토지에 건축물 등이 있는 경우에는 건축물 등이 없는 상태를 상정하여 토지를 평가하도록 규정하고 있는데, 이는 비록 행정규칙의 형식이나 공익사업법의 내용이 될 사항을 구체적으로 정하여 내용을 보충하는 기능을 갖는 것이므로, 공익사업법 규정과 결합하여 대외적인 구속력을 가진다(대판 2012.3.29. 2011다104253).

③ (X) 대판 2006.6.27. 2003두4355.

④ (X) 식품위생법시행규칙 제53조에서 별표 15로 식품위생법 제58조에 따른 행정처분의 기준을 정하였다고 하더라도, 형식은 부령으로 되어 있으나 성질은 행정기관 내부의 사무처리준칙을 정한 것에 불과한 것으로서, 대외적으로 국민이나 법원을 기속하는 힘이 있는 것은 아니다(대판 1994.10.14. 94누4370).

정답 ①

Ⅴ 행정규칙의 근거와 요건

081 [12국가9급]

행정규칙에 대한 설명으로 옳지 않은 것은? (다툼이 있는 경우 판례에 의함)

① 서울특별시가 정한 개인택시 운송사업 면허지침은 재량권 행사의 기준으로 설정된 행정청의 법규명령에 해당한다.
② 교육부장관(현 교육과학기술부장관)의 내신성적 산정지침은 행정조직의 내부적 심사기준을 시달한 것에 불과하므로 처분성이 인정되지 않는다.
③ 구 「노인복지법」 및 같은 법 시행령은 65세 이상인 자에게 노령수당의 지급을 규정하고 있는데, 같은 법 시행령의 위임에 따라 보건사회부장관이 정한 70세 이상의 보호대상자에게만 노령수당을 지급하는 1994년도 노인복지사업지침은 법규명령의 성질을 가진다.
④ 법령보충적 행정규칙은 상위법령과 결합하여 그 위임한계를 벗어나지 아니하는 범위 내에서 상위법령의 일부가 됨으로써 대외적 구속력을 발생한다.

해설

① (X) 서울특별시 95년 개인택시운송사업면허업무처리요령은 재량권 행사의 기준으로 마련된 행정청 내부의 사무처리준칙에 불과하므로 대외적으로 국민을 기속하는 법규명령의 경우와는 달리 공고 등의 방법으로 외부에 고지되어야만 효력이 발생한다고 볼 수 없다(대판 1997.9.26. 97누8878).

② (O) 대판 1994.9.10. 94두33.

③ (O) 보건사회부장관이 정한 1994년도 노인복지사업지침은 노령수당의 지급대상자의 선정기준 및 지급수준 등에 관한 권한을 부여한 노인복지법 제13조 제2항, 같은법 시행령 제17조, 제20조 제1항에 따라 보건사회부장관이 발한 것으로서 실질적으로 법령의 규정내용을 보충하는 기능을 지니면서 그것과 결합하여 대외적으로 구속력이 있는 법규명령의 성질을 가지는 것으로 보인다(대판 1996.4.12. 95누7727).

④ (O) 대판 1987.9.29. 86누484.

정답 ①

Ⅵ 행정규칙의 한계와 하자

Ⅶ 행정규칙의 통제와 소멸

제2장 행정행위

제1절 행정행위의 의의 및 종류

Ⅰ 행정행위의 의의

Ⅱ 행정행위의 개념요소

082 [15교육행정]

행정행위에 관한 설명으로 옳은 것은?

① 행정행위는 법적 행위이므로, 행정청이 도로를 보수하는 행위는 행정행위가 아니다.
② 행정행위는 당해 행위로써 직접 법적 효과를 가져오는 행위이므로, 행정청이 건축허가의 신청을 반려하는 행위는 행정행위가 아니다.
③ 행정행위는 국민에 대하여 법적 효과를 발생시키는 행위이므로, 행정청이 귀화신청인에게 귀화를 허가하는 행위는 행정행위가 아니다.
④ 행정행위는 공법상의 행위이므로, 행정청이 특정인에게 어업권과 같이 사권의 성질을 가지는 권리를 설정하는 행위는 행정행위가 아니다.

해설

① (O) 도로의 보수와 같이 일정한 법률적 효과의 발생을 의도하는 것이 아니라, 직접적으로 일정한 사실상의 결과의 발생만을 목적으로 하는 행정주체의 일체의 행위는 행정상 사실행위라고 한다.

② (X) 원고들은 지상 7~8층 규모의 숙박시설을 건축하기 위한 각 건축허가신청을 하였으나 피고는 2002. 11. 27. 건축법 제8조 제5항의 규정에 의한 건축위원회 심의결과 부결되었다는 이유로 위 각 신청을 모두 반려하는 이 사건 처분을 한 사실...(대판 2005. 11. 25. 2004두6822).

③ (X) 귀화허가는 외국인에게 대한민국 국적을 부여함으로써 국민으로서의 법적 지위를 포괄적으로 설정하는 행위(특허)에 해당한다(대판 2010.10.28. 2010두6496).

④ (X) 행정행위(특허)에 의해 창설되는 권리는 공권(예 사업경영권, 공물사용권)이 일반적이나, 사권(예 광업권, 어업권)인 경우도 있다.

정답 ①

III 행정행위의 종류

IV 제3자효적 행정행위

083 [14국가7급]

제3자효 행정행위에 대한 설명으로 옳지 않은 것은?

① 제3자효 행정행위에 의하여 권리 또는 이익을 침해받은 제3자가 처분이 있음을 안 경우에는 안 날부터 90일 이내에 취소소송을 제기하여야 한다.
② 제3자효 행정행위에 의해 법률상 이익을 침해받은 제3자는 취소소송의 제기와 동시에 행정행위의 집행정지를 신청할 수 있다.
③ 제3자에 의해 항고소송이 제기된 경우에 제3자효 행정행위의 상대방은 소송참가를 할 수 있다.
④ 제3자효 행정행위를 취소하거나 무효를 확인하는 확정판결은 제3자에 대해서 효력을 미치지 않는다.

해설

① (O) 행정처분의 상대방이 아닌 제3자가 어떤 경위로든 행정처분이 있음을 안 이상 행정심판법 제18조 제1항에 의하여 그 처분이 있음을 안 날로부터 90일 이내에 심판청구를 하여야 한다(대판 1995.8.25. 94누12494).

② (O) 행정소송법상 집행정지는 민사소송에서의 가처분과는 달리 본안소송이 계속 중일 것을 요한다(대결 1988.6.14. 88두6). 다만 본안소송의 제기와 동시에 집행정지를 신청할 수 있다. 제3자효 행정행위일 경우에는 제3자도 법률상 이익이 있으면 집행정지를 신청할 수 있다.

③ (O)

> **행정소송법 제16조(제3자의 소송참가)** ① 법원은 소송의 결과에 따라 권리 또는 이익의 침해를 받을 제3자가 있는 경우에는 당사자 또는 제3자의 신청 또는 직권에 의하여 결정으로써 그 제3자를 소송에 참가시킬 수 있다.

④ (X)

> **행정소송법 제29조(취소판결 등의 효력)** ① 처분 등을 취소하는 확정판결은 제3자에 대하여도 효력이 있다.
>
> **제38조(준용규정)** ① 제9조, 제10조, 제13조 내지 제17조, 제19조, 제22조 내지 제26조, 제29조 내지 제31조 및 제33조의 규정은 무효등 확인소송의 경우에 준용한다.

정답 ④

V 기속행위와 재량행위

084 [17국가9급(下)]

행정행위에 대한 설명으로 옳지 않은 것은? (다툼이 있는 경우 판례에 의함)

① 기속행위에 대한 사법심사는 법원이 사실인정과 관련 법규의 해석·적용을 통하여 일정한 결론을 도출한 후 그 결론에 비추어 행정청이 한 판단의 적법 여부를 독자의 입장에서 판정하는 방식에 의하게 된다.
② 구 「원자력법」상 원자로 및 관계 시설의 부지사전승인처분은 그 자체로서 건설부지를 확정하고 사전공사를 허용하는 법률효과를 지닌 독립한 행정처분이다.

③ 귀화허가는 외국인에게 대한민국 국적을 부여함으로써 국민으로서의 법적 지위를 포괄적으로 설정하는 행위에 해당하므로 법무부장관은 귀화신청인이 「국적법」 소정의 귀화 요건을 모두 갖춘 경우에는 관계 법령에서 정하는 제한사유 외에 공익상의 이유로 귀화허가를 거부할 수 없다.

④ 지적공부 소관청의 지목변경신청 반려행위는 국민의 권리관계에 영향을 미치는 것으로서 항고소송의 대상이 되는 행정처분에 해당한다.

해설

① (O) 행정행위를 기속행위와 재량행위로 구분하는 경우 양자에 대한 사법심사는, 전자의 경우 그 법규에 대한 원칙적인 기속성으로 인하여 법원이 사실인정과 관련 법규의 해석·적용을 통하여 일정한 결론을 도출한 후 그 결론에 비추어 행정청이 한 판단의 적법 여부를 독자의 입장에서 판정하는 방식에 의하게 되나, 후자의 경우 행정청의 재량에 기한 공익판단의 여지를 감안하여 법원은 독자의 결론을 도출함이 없이 당해 행위에 재량권의 일탈·남용이 있는지 여부만을 심사하게 되고, 이러한 재량권의 일탈·남용 여부에 대한 심사는 사실오인, 비례·평등의 원칙 위배 등을 그 판단 대상으로 한다(대판 2005.7.14. 2004두6181).

② (O) 원자로 및 관계 시설의 부지사전승인처분은 그 자체로서 건설부지를 확정하고 사전공사를 허용하는 법률효과를 지닌 독립한 행정처분이기는 하지만, 건설허가 전에 신청자의 편의를 위하여 미리 그 건설허가의 일부 요건을 심사하여 행하는 사전적 부분 건설허가처분의 성격을 갖고 있는 것이어서 나중에 건설허가처분이 있게 되면 그 건설허가처분에 흡수되어 독립된 존재가치를 상실함으로써 그 건설허가처분만이 쟁송의 대상이 되는 것이므로, 부지사전승인처분의 취소를 구하는 소는 소의 이익을 잃게 되고, 따라서 부지사전승인처분의 위법성은 나중에 내려진 건설허가처분의 취소를 구하는 소송에서 이를 다투면 된다(대판 1998.9.4. 97누19588).

③ (X) 귀화허가의 근거 규정의 형식과 문언, 귀화허가의 내용과 특성 등을 고려하여 보면, 법무부장관은 귀화신청인이 법률이 정하는 귀화요건을 갖추었다고 하더라도 귀화를 허가할 것인지 여부에 관하여 재량권을 가진다(대판 2010.7.15. 2009두19069).

④ (O) 지적공부 소관청의 지목변경신청 반려행위는 국민의 권리관계에 영향을 미치는 것으로서 항고소송의 대상이 되는 행정처분에 해당한다(대판 2004.4.22. 2003두9015)

정답 ③

085 [14국회8급]

재량행위에 관한 판례의 입장으로 옳지 않은 것은?

① 일반음식점영업허가는 관계법령이 정하는 제한사유 이외에 공익적 요소를 감안하여 그 허가를 거부할 수 있는 재량행위로 볼 것이다.

② 행정청의 재량이란 언제나 의무에 합당한 재량을 의미하며 재량권의 남용이나 일탈이 있는 때에는 사법심사의 대상이 된다.

③ 재량권의 일탈·남용여부에 대한 심사는 사실오인, 비례·평등원칙 위배, 당해 행위의 목적 위반이나 동기의 부정 유무 등을 그 판단 대상으로 한다.

④ 과징금 납부명령에 재량권의 일탈이 있는 경우 법원은 재량의 일탈 여부에 대해서만 판단할 수 있을 뿐 법원이 적정하다고 인정하는 부분을 초과한 부분만 취소할 수는 없다.

⑤ 토지형질변경허가는 금지요건이 불확정개념으로 규정되어 있어 그 금지요건의 판단에 행정청의 재량이 있기 때문에 토지형질변경행위를 수반하는 건축허가는 결국 재량행위에 속한다.

해설

① (X) 식품위생법상 대중음식점영업허가는 성질상 일반적 금지에 대한 해제에 불과하므로 허가권자는 허가신청이 법에서 정한 요건을 구비한 때에는 허가하여야 하고 관계법규에서 정하는 제한사유 이외의 사유를 들어 허가신청을 거부할 수 없다(대판 1993.5.27. 93누2216).

② (O) ③ (O) 재량행위에 대한 법원의 사법심사는 당해 행위가 사실오인, 비례·평등의 원칙 위배, 당해 행위의 목적 위반이나 부정한 동기 등에 근거하여 이루어짐으로써 재량권을 일탈·남용한 위법이 있는지 여부만을 심사하게 되는 것이나, 법원의 심사결과 행정청의 재량행위가 사실오인 등에 근거한 것이라고 인정된다면 이는 재량권을 일탈·남용한 것으로서 위법하여 그 취소를 면치 못한다(대판 2001.7.27. 99두2970).

④ (O) 과징금 납부명령에 대하여 그 명령이 재량권을 일탈하였을 경우 법원으로서는 전부를 취소할 수밖에 없고, 법원이 적정하다고 인정되는 부분을 초과한 부분만 취소할 수는 없는 것이다(대판 2007.10.26. 2005두3172).

⑤ (O) 국토의계획및이용에관한법률에서 정한 도시지역 안에서 토지의 형질변경행위를 수반하는 건축허가는 결국 재량행위에 속한다(대판 2005.7.14. 2004두6181).

정답 ①

086 [17교육행정]

행정행위에 관한 설명으로 옳은 것은? (단, 다툼이 있는 경우 판례에 따름)

① 사실을 오인하여 재량권을 행사한 처분은 위법하다.
② 어업권면허에 선행하는 우선순위결정은 행정처분이다.
③ 납세자가 과세처분의 내용을 미리 알고 있는 경우 납세고지서의 송달은 불필요하다.
④ 친일반민족행위자재산조사위원회의 친일재산 국가귀속결정은 법률행위적 행정행위이다.

해설

① (O) 재량권의 일탈·남용 여부에 대한 심사는 사실오인, 비례·평등의 원칙 위배 등을 그 판단 대상으로 한다(대판 2005.7.14. 2004두6181).

② (X) 어업권면허에 선행하는 우선순위결정은 강학상 확약에 불과하고 행정처분이 아니므로, 우선순위결정에 공정력이나 불가쟁력과 같은 효력이 인정되지 아니한다(대판 1995.1.20. 94누6529).

③ (X) 납세자가 과세처분의 내용을 이미 알고 있는 경우에도 납세고지서의 송달이 불필요하다고 할 수는 없다(대판 2004.04.09. 2003두13908).

④ (X) 친일반민족행위자재산조사위원회의 국가귀속결정은 당해 재산이 친일재산에 해당한다는 사실을 확인하는 이른바 준법률행위적 행정행위의 성격을 가진다(대판 2008.11.13. 2008두13491).

정답 ①

087 [09지방7급]

판례에 의할 때 재량의 일탈 또는 남용에 해당하지 않는 것은?

① 공정한 업무처리에 대한 사의로 두고 간 돈 30만원이 든 봉투를 소지함으로써 피동적으로 금품을 수수하였다가 돌려 준 20여년 근속의 경찰공무원에 대한 해임처분
② 학교법인의 교비회계자금을 법인회계로 부당전출한 행위에 동조 또는 방조한 임원에 대한 임원취임승인취소처분
③ 주유소의 관리인이 부정휘발유를 구입 판매한 것을 이유로 한 위험물취급소 설치허가 취소처분
④ 대학교 총장이 해외근무자들의 자녀를 대상으로 한 특별전형에서 외교관, 공무원의 자녀에 대하여만 가산점을 부여해 합격사정을 함으로써, 실제 취득점수에 의하면 합격할 수 있었던 응시자들에 대한 불합격처분

해설

① (O) 공정한 업무처리에 대한 사의로 두고 간 돈 30만원이 든 봉투를 소지함으로써 피동적으로 금품을 수수하였다가 돌려 준 20여년 근속의 경찰공무원에 대한 해임처분이 사회통념상 현저하게 타당성을 잃어 재량권의 남용에 해당한다(대판 1991.7.23. 90누8954).

② (X) 학교법인의 교비회계자금을 법인회계로 부당전출한 행위의 위법성 정도와 임원들의 이에 대한 가공의 정도, 학교법인이 사실상 행정청의 시정 요구 대부분을 이행하지 아니하였던 사정 등을 참작하여, 임원취임승인취소처분은 재량권을 일탈·남용하였다고 볼 수 없다(대판 2007.7.19. 2006두19297 전원합의체).

③ (O) 주유소의 관리인이 부정휘발유를 구입 판매한 것을 이유로 위험물취급소 설치허가를 취소한 행정처분은 재량권의 범위를 일탈한 것이다(대판 1989.3.28. 87누436).

④ (O) 대학교 총장인 피고가 해외근무자들의 자녀를 대상으로 한 특별전형에서 외교관, 공무원의 자녀에 대하여만 획일적으로 과목별 실제 취득점수에 20%의 가산점을 부여하여 합격사정을 함으로써 실제 취득점수에 의하면 충분히 합격할 수 있는 원고들에 대하여 불합격처분을 하였다면 위법하다(대판 1990.8.28. 89누8255).

정답 ②

088 [13국회9급]

판례에 따르면 재량권의 남용으로 인정된 것은?

① 초음파 검사를 통하여 알게 된 태아의 성별을 고지한 의사에 대한 의사면허자격정지처분
② 명예퇴직 합의 후 명예퇴직 예정일 사이에 허위로 병가를 받아 다른 회사에 근무하였음을 사유로 한 징계해임처분
③ 교육법 시행령 소정의 대학교 특별전형에서 외교관, 공무원의 자녀에 대하여만 획일적으로 과목별 실제 취득점수에 가산점을 부여함으로써, 실제 취득점수만으로 전형시 합격할 수 있는 다른 응시생에 대하여 불합격처분을 한 경우
④ 문화재청장이 국가지정문화재의 보호구역에 인접한 나대지에 건물을 건축하기 위한 국가지정문화재 현상변경신청을 허가하지 않은 경우
⑤ 허위의 무사고증명을 제출하여 개인택시면허를 받은 자에 대하여 신뢰이익을 고려하지 아니하고 면허를 취소한 경우

해설

① (X) 초음파 검사를 통하여 알게 된 태아의 성별을 고지한 의사에 대한 의사면허자격정지처분이 재량권의 일탈·남용이 아니다(대판 2002.10.25. 2002두4822).

② (X) 명예퇴직 합의 후 명예퇴직 예정일 사이에 허위로 병가를 받아 다른 회사에 근무하였음을 사유로 한 징계해임처분은 징계재량권의 일탈·남용으로 볼 수 없다(대판 2002.8.23. 2000다60890).

③ (O) 대판 1990.8.28. 89누8255.

④ (X) 문화재청장이, 국가지정문화재의 보호구역에 인접한 나대지에 건물을 신축하기 위한 국가지정문화재 현상변경신청을 허가하지 않은 경우, 그 불허가처분이 재량권을 일탈·남용한 위법한 처분이라고 단정하기 어렵다(대판 2006.5.12. 2004두9920).

⑤ (X) 행정청이 개인택시사업면허를 받을 수 없는 자가 제출한 허위의 무사고증명 기재내용을 그대로 믿고 동인의 순위를 오인하여 개인택시사업면허를 발급한 경우 동 면허처분은 결국 면허를 받을 요건을 구비하지 못한 자에 대하여 면허를 발급한 하자있는 행정처분이므로 처분청은 그 하자를 이유로 스스로 이를 취소할 수 있고 재량권의 남용이 논의될 여지가 없다(대판 1986.8.19. 85누291).

정답 ③

VI 불확정개념과 판단여지

089 [15국가7급]

판단여지와 재량을 구별하는 입장에서 재량에 대한 설명으로 옳지 않은 것은?

① 재량은 법률효과에서 인정된다.
② 재량의 존재 여부가 법해석으로 도출되기도 한다.
③ 재량행위에 법효과를 제한하는 부관을 붙일 수 없다.
④ 재량행위와 기속행위의 구분은 법규의 규정양식에 따라 개별적으로 판단된다.

해설

① (O) 판단여지는 행위요건의 판단에서 예외적으로 인정되며 재량은 법률효과의 선택에서 인정된다고 한다.

② (O) 재량행위는 명문의 규정이 있는 경우 뿐만 아니라 명문의 규정이 없더라도 관계법령의 해석을 통해 인정되기도 한다.

③ (X) 판단여지의 경우에는 명문의 근거가 없는 한 효과를 제한하는 부관을 붙일 수 없지만, 재량행위의 경우에는 효과를 제한하는 부관을 붙일 수 있다는 점에서 구별의 실익이 있다.

④ (O) 재량행위와 기속행위의 구별은 법률규정이 일차적 기준이 된다. 법률의 규정이 명확하지 않은 경우 당해 법률의 규정과 함께 문제가 되는 행위의 성질, 기본권 관련성 및 공익관련성을 종합적으로 고려하여야 한다.

정답 ③

090 [10서울9급]

다음 중 판단여지의 구속적 가치평가의 영역이 아닌 것은?

① 공정거래위원회의 불공정거래행위결정
② 청소년보호위원회의 청소년유해도서물결정
③ 공무원인사를 위한 인력수급계획의 결정
④ 보호대상문화재의 대상여부에 대한 평가
⑤ 인사평가위원회의 평가

해설

① (O) ② (O) ④ (O) ⑤ (O) 독일의 학설·판례에 따르면 판단여지는 비대체적 결정, 구속적 가치평가, 미래예측 결정, 형성적 결정 등에 인정된다. 공정거래위원회의 불공정거래행위결정, 청소년보호위원회의 청소년유해도서물결정, 보호대상문화재의 대상여부에 대한 평가, 인사평가위원회의 평가는 구속적 가치평가의 영역이다.

③ (X) 공무원인사를 위한 인력수급계획의 결정은 행정정책의 입장에서 형성적 결정의 영역에 해당한다.

정답 ③

제2절 | 행정행위의 내용

제1항 법률행위적 행정행위

I 명령적 행위 : 하명, 허가, 면제

091 [15국가9급]

강학상 예외적 승인에 해당하지 않는 것은?

① 치료목적의 마약류사용허가
② 재단법인의 정관변경허가
③ 개발제한구역 내의 용도변경허가
④ 사행행위 영업허가

해설

① (O) 치료목적의 마약류사용허가 - 예외적 승인.
② (X) 재단법인의 정관변경허가 - 인가.
③ (O) 개발제한구역 내의 용도변경허가 - 예외적 승인.
④ (O) 사행행위 영업허가 - 예외적 승인.

정답 ②

092 [17국가7급]

행정의 법률적합성의 원칙에 대한 설명으로 옳지 않은 것은? (다툼이 있는 경우 판례에 의함)

① 법률유보의 원칙에서 요구되는 행정권 행사의 법적 근거는 작용법적 근거를 말하며 원칙적으로 개별적 근거를 의미한다.
② 법규에 명문의 근거가 없음에도 환경보전이라는 중대한 공익상의 이유로 산림훼손허가를 거부하는 것은 법률유보의 원칙에 비추어 허용되지 않는다.
③ 행정청이 행정처분의 단계에서 당해 처분의 근거가 되는 법률이 위헌이라 판단하여 그 적용을 거부하는 것은 권력분립의 원칙상 허용될 수 없다.
④ 납세의무자에게 조세의 납부의무뿐만 아니라 스스로 과세표준과 세액을 계산하여 신고하여야 하는 의무까지 부과하는 경우에 신고의무불이행에 따른 납세의무자가 입게 될 불이익은 법률로 정하여야 한다.

해설

① (O) 모든 행정작용에 있어서 조직법적인 근거는 당연히 필요하며, 법률유보와 관련하여 법적 근거는 작용법적 근거를 말한다. 아울러 법적 근거는 개별적인 근거를 말한다.

② (X) 허가관청은 산림훼손허가신청 대상토지의 현상과 위치 및 주위의 상황 등을 고려하여 국토 및 자연의 유지와 환경의 보전 등 중대한 공익상 필요가 있다고 인정될 때에는 허가를 거부할 수 있고, 그 경우 법규에 명문의 근거가 없더라도 거부처분을 할 수 있다(대판 2003.3.28. 2002두12113).

③ (O) 행정청이 행정처분 단계에서 당해 처분의 근거가 되는 법률이 위헌이라고 판단하여 그 적용을 거부하는 것은 권력분립의 원칙상 허용될 수 없지만, 행정처분에 불복하는 당사자뿐만 아니라 행정처분의 주체인 행정청도 헌법의 최고규범력에 따른 구체적 규범통제를 위하여 근거 법률의 위헌 여부에 대한 심판의 제청을 신청할 수 있고 헌법재판소법 제68조 제2항의 헌법소원을 제기할 수 있다(헌재 2008. 4. 24. 2004헌바44 [합헌]).

④ (O) 법인세, 종합소득세와 같이 납세의무자에게 조세의 납부의무뿐만 아니라 스스로 과세표준과 세액을 계산하여 신고하여야 하는 의무까지 부과하는 경우에는 신고의무 이행에 필요한 기본적인 사항과 신고의무불이행 시 납세의무자가 입게 될 불이익 등은 납세의무를 구성하는 기본적, 본질적 내용으로서 법률로 정하여야 한다(대판 2015. 8. 20. 2012두23808 전원합의체).

정답 ②

093 [16서울7급]

인 · 허가의제에 대한 설명으로 가장 옳은 것은?

① 반드시 법률에 명시적인 근거가 있어야 하는 것은 아니다.

② 주된 인 · 허가인 건축불허가처분을 하면서 그 처분사유로 의제되는 인 · 허가에 해당하는 형질변경불허가 사유를 들고 있다면, 그 건축불허가처분을 받은 자는 형질변경불허가처분에 관해서도 쟁송을 제기하여 다툴 수 있다.

③ 신청된 주된 인 · 허가절차만 거치면 되고, 의제되는 인 · 허가를 위하여 거쳐야 하는 주민의견청취 등의 절차를 거칠 필요는 없다.

④ 주된 인 · 허가에 관한 사항을 규정하고 있는 A법률에서 주된 인 · 허가가 있으면 B법률에 의한 인 · 허가를 받은 것으로 의제한다는 규정을 둔 경우, B법률에 의하여 인 · 허가를 받았음을 전제로 하는 B법률의 모든 규정이 적용된다.

해설

① (X) 인·허가의제의 경우 행정기관의 권한의 변경을 가져오므로 법률에 명시적인 근거가 있어야 한다.

② (X) 대판 2001.1.16. 99두10988.

③ (O) 대판 1992.11.10. 92누1162.

④ (X) 주된 인 · 허가에 관한 사항을 규정하고 있는 어떠한 법률에서 주된 인 · 허가가 있으면 다른 법률에 의한 인 · 허가를 받은 것으로 의제한다는 규정을 둔 경우에는, 주된 인·허가가 있으면 다른 법률에 의한 인·허가가 있는 것으로 보는 데 그치는 것이고, 거기에서 더 나아가 다른 법률에 의하여 인·허가를 받았음을 전제로 한 다른 법률의 모든 규정들까지 적용되는 것은 아니다(대판 2015.4.23. 2014두2409).

정답 ③

094 [15국가9급]

「건축법」에는 건축허가를 받으면 「국토의 계획 및 이용에 관한 법률」에 의한 토지의 형질변경허가도 받은 것으로 보는 조항이 있다. 이 조항의 적용을 받는 甲이 토지의 형질을 변경하여 건축물을 건축하고자 건축허가신청을 하였다. 이에 대한 설명으로 옳은 것은? (다툼이 있는 경우 판례에 의함)

① 甲은 건축허가절차 외에 형질변경허가절차를 별도로 거쳐야 한다.

② 건축불허가처분을 하면서 건축불허가 사유 외에 형질변경불허가 사유를 들고 있는 경우, 甲은 건축불허가처분취소청구소송에서 형질변경불허가 사유에 대하여도 다툴 수 있다.

③ 건축불허가처분을 하면서 건축불허가 사유 외에 형질변경불허가 사유를 들고 있는 경우, 그 건축불허가처분 외에 별개로 형질변경불허가처분이 존재한다.

④ 甲이 건축불허가처분에 관한 쟁송과는 별개로 형질변경불허가처분취소소송을 제기하지 아니한 경우 형질변경불허가 사유에 관하여 불가쟁력이 발생한다.

해설

① (X) 대판 1992.11.10. 92누1162.

② (O) ③ (X) ④ (X) 건축불허가처분을 하면서 그 처분사유로 건축불허가 사유뿐만 아니라 형질변경불허가 사유나 농지전용불허가 사유를 들고 있다고 하여 그 건축불허가처분 외에 별개로 형질변경불허가처분이나 농지전용불허가처분이 존재하는 것이 아니다. 따라서 그 건축불허가처분을 받은 사람은 그 건축불허가처분에 관한 쟁송에서 건축법상의 건축불허가 사유뿐만 아니라 도시계획법상의 형질변경불허가 사유나 농지법상의 농지전용불허가 사유에 관하여도 다툴 수 있는 것이지, 그 건축불허가처분에 관한 쟁송과는 별개로 형질변경불허가처분이나 농지전용불허가처분에 관한 쟁송을 제기하여 이를 다투어야 하는 것은 아니며, 그러한 쟁송을 제기하지 아니하였어도 형질변경불허가 사유나 농지전용불허가 사유에 관하여 불가쟁력이 생기지 아니한다(대판 2001.1.16. 99두10988).

정답 ②

095 [18국회8급]

허가에 대한 설명으로 옳지 않은 것은? (다툼이 있는 경우 판례에 의함)

① 인·허가 등 수익적 행정처분을 신청한 여러 사람이 서로 경원관계에 있어서 한 사람에 대한 허가 등 처분이 다른 사람에 대한 불허가 등으로 귀결될 수밖에 없을 때 허가 등 처분을 받지 못한 사람은 신청에 대한 거부처분의 직접 상대방으로서 원칙적으로 자신에 대한 거부처분의 취소를 구할 원고적격이 있고 특별한 사정이 없는 한 자신에 대한 거부처분의 취소를 구할 소의 이익이 있다.

② 공익법인의 기본재산에 대한 감독관청의 처분허가는 그 성질상 특정 상대에 대한 처분행위의 허가가 아니고 처분의 상대가 누구이든 이에 대한 처분행위를 보충하여 유효하게 하는 행위라 할 것이므로 그 처분행위에 따른 권리의 양도가 있는 경우에도 처분이 완전히 끝날 때까지는 허가의 효력이 유효하게 존속한다.

③ 건축허가를 받은 자가 법정 착수기간이 지나 공사에 착수한 경우, 허가권자는 착수기간이 지났음을 이유로 건축허가를 취소하여야 한다.

④ 어업에 관한 허가 또는 신고에 유효기간연장제도가 마련되어 있지 않은 경우 그 유효기간이 경과하면 그 허가나 신고의 효력이 당연히 소멸하며, 재차 허가를 받거나 신고를 하더라도 허가나 신고의 기간만 갱신되어 종전의 어업허가나 신고의 효력 또는 성질이 계속된다고 볼 수 없고 새로운 허가 내지 신고로서의 효력이 발생한다고 할 것이다.

⑤ 정당한 어업허가를 받고 공유수면매립사업지구 내에서 허가어업에 종사하고 있던 어민들에 대하여 손실보상을 할 의무가 있는 사업시행자가 손실보상의무를 이행하지 아니한 채 공유수면매립공사를 시행함으로써 실질적이고 현실적인 침해를 가한 때에는 불법행위를 구성하는 것이고, 이 경우 허가어업자들이 입게 되는 손해는 그 손실보상금 상당액이다.

해설

① (O) 인·허가 등의 수익적 행정처분을 신청한 수인이 서로 경쟁관계에 있어서 일방에 대한 허가 등의 처분이 타방에 대한 불허가 등으로 귀결될 수밖에 없는 때 허가 등의 처분을 받지 못한 자는 비록 경원자에 대하여 이루어진 허가 등 처분의 상대방이 아니라 하더라도 당해 처분의 취소를 구할 원고 적격이 있다(대판 2009.12.10. 2009두8359).

② (O) 공익법인의 기본재산에 대한 감독관청의 처분허가는 그 성질상 특정 상대에 대한 처분행위의 허가가 아니고 처분의 상대가 누구이든 이에 대한 처분행위를 보충하여 유효하게 하는 행위라 할 것이므로 그 처분행위에 따른 권리의 양도가 있는 경우에도 처분이 완전히 끝날 때까지는 허가의 효력이 유효하게 존속한다(대판 2005. 9. 28. 2004다50044).

③ (X) 건축법 제42조 제1항 제4호가 건축허가를 받은 날부터 1년 이내에 공사에 착수하지 아니하거나 이를 준공할 수 없다고 인정될 때에 건축허가를 취소할 수 있도록 되어 있기는 하나 착공일이 1년을 경과하였다 하여도 이미 공사에 착수한 뒤에 있어서는 특별한 공익상 필요가 인정되지 않는 한 착공일이 늦었다는 이유만으로 건축허가를 취소할 수는 없다(대판 1985. 10. 22. 85누93).

④ (O) 어업에 관한 허가 또는 신고의 경우에는 어업면허와 달리 유효기간연장제도가 마련되어 있지 아니하므로 그 유효기간이 경과하면 그 허가나 신고의 효력이 당연히 소멸하며, 재차 허가를 받거나 신고를 하더라도 허가나 신고의 기간만 갱신되어 종전의 어업허가나 신고의 효력 또는 성질이 계속된다고 볼 수 없고 새로운 허가 내지 신고로서의 효력이 발생한다고 할 것이다(대판 2011.07.28. 2011두5728).

⑤ (O) 정당한 어업허가를 받고 공유수면매립사업지구 내에서 허가어업에 종사하고 있던 어민들에 대하여 손실보상을 할 의무가 있는 사업시행자가 손실보상의무를 이행하지 아니한 채 공유수면매립공사를 시행함으로써 실질적이고 현실적인 침해를 가한 때에는 불법행위를 구성하는 것이고, 이 경우 허가어업자들이 입게 되는 손해는 그 손실보상금 상당액이다(대판 1999. 11. 23. 98다11529).

정답 ③

Ⅱ 형성적 행위 : 특허, 대리, 인가

096 [17교육행정]

강학상 특허에 해당하는 것을 〈보기〉에서 고른 것은? (단, 다툼이 있는 경우 판례에 따름)

〈보 기〉

ㄱ. 재개발조합설립인가
ㄴ. 「출입국관리법」상 체류자격 변경허가
ㄷ. 사립학교법인 임원에 대한 취임승인행위
ㄹ. 서울특별시장의 의료유사업자 자격증 갱신발급행위

① ㄱ, ㄴ ② ㄱ, ㄷ
③ ㄴ, ㄹ ④ ㄷ, ㄹ

해설

① (O) 대판 2009.09.24. 2008다60568.

② (O) 체류자격 변경허가는 신청인에게 당초의 체류자격과 다른 체류자격에 해당하는 활동을 할 수 있는 권한을 부여하는 일종의 설권적 처분의 성격을 가진다(대판 2016. 7. 14. 2015두48846).

③ (X) 인가. 대판 2007.12.27. 2005두9651.

④ (X) 공증. 의료법 부칙 제7조의 의료유사업자 자격증 갱신발급행위는 의료유사업자의 자격을 부여 내지 확인하는 것은 아니고, 그 자격의 존재를 증명하는 공증행위이다(대판 1979. 5. 22. 79누39).

정답 ①

097 [11사회복지]

행정작용과 그 성격에 대하여 연결한 것 중 옳은 것을 모두 고르면? (다툼이 있는 경우 판례에 의함)

ㄱ. 공유수면매립면허 – 특허
ㄴ. 개인택시운송사업면허 – 특허
ㄷ. 건축물에 대한 준공검사처분 – 허가
ㄹ. 한의사 면허 – 특허
ㅁ. 의료유사업자 자격증 갱신발급행위 – 인가

① ㄱ, ㄴ ② ㄴ, ㄷ
③ ㄷ, ㄹ ④ ㄱ, ㅁ

해설

① 행정작용과 그 성격에 대하여 연결한 것 중 옳은 것은 ㄱ, ㄴ 이다.

ㄱ. (O) **[특허]** 공유수면매립면허는 설권행위인 특허의 성질을 갖는 것이므로 원칙적으로 행정청의 자유재량에 속한다(대판 1989.9.12. 88누9206).

ㄴ. (O) **[특허]** 대판 1995.4.14. 93누16253.

ㄷ. (X) **[확인]** 건물 사용검사처분(준공처분)은 건축허가를 받아 건축된 건물이 건축허가사항대로 건축행정목적에 적합한가 여부를 확인하고 사용검사필증을 교부하여 줌으로써 허가 받은 자로 하여금 건축한 건물을 사용, 수익할 수 있게 하는 법률효과를 발생시키는 것에 불과하다(대판 1994.1.14. 93누20481). 건축물에 대한 준공검사처분은 확인에 해당한다.

ㄹ. (X) **[허가]** 한의사 면허는 경찰금지를 해제하는 명령적 행위(강학상 허가)에 해당한다(대판 1998.3.10. 97누4289).

ㅁ. (X) **[공증]** 대판 1977.5.24. 76누295.

정답 ①

098 [16국가9급]

「사립학교법」은 학교법인의 임원은 정관이 정하는 바에 의하여 학교법인의 이사회에서 선임하고, 관할청의 승인을 얻어 취임하는 것으로 규정하고 있다. A 사립 학교법인은 이사회를 소집하지 않은 채 B를 임원으로 선임하여 취임승인을 요청하였고, 이에 대하여 관할청은 취임을 승인하였다. 이에 대한 설명으로 옳은 것은? (다툼이 있는 경우 판례에 의함)

① 관할청의 임원 취임승인으로 선임절차상의 하자는 치유되고 B는 임원으로서의 지위를 취득한다.
② 임원 선임절차상의 하자를 이유로 관할청의 취임승인처분에 대한 취소를 구하는 소송은 허용되지 않는다.
③ A 학교법인의 임원 선임행위에 대해서는 선임처분취소소송을 제기하여 그 효력을 다툴 수 있다.
④ 관할청의 임원취임승인은 B에 대해 학교법인의 임원으로서의 포괄적 지위를 설정하여 주는 특허에 해당한다.

해설

① (X) 인가는 제3자의 법률행위에 동의함으로써 그 법률행위의 효력을 완성시키는 보충적 행위에 그치고, 그 법률행위의 하자를 치유하는 효력이 있는 것은 아니다(대판 1987.8.18. 86누152).

② (O) ③ (X) 임원취임승인처분에 대한 무효확인이나 그 취소의 소처럼 기본행위인 임시이사들에 의한 이사선임결의의 내용 및 그 절차에 하자가 있다는 이유로 이사선임결의의 효력에 관하여 다툼이 있는 경우에는 민사쟁송으로서 그 기본행위에 해당하는 위 이사선임결의의 무효확인을 구하는 등의 방법으로 분쟁을 해결할 것이지 임원취임승인처분의 무효확인이나 그 취소를 구할 법률상 이익이 없다(대판 2002.5.24. 2000두3641).

④ (X) 관할청의 임원취임승인행위는 학교법인의 임원선임행위의 법률상 효력을 완성케 하는 보충적 법률행위이다(대판 2007.12.27. 2005두9651).

정답 ②

판례에 따르면 공유수면매립의 면허로 인한 권리의무의 양도·양수는 공유수면매립법에 의하여 면허관청의 인가를 효력요건으로 정하고 있으므로, 면허로 인한 권리의무의 양도·양수가 인가를 받지 못한 경우에 그 하자의 정도에 따라 취소할 수 있다. [09국회9급]

| 해설

(X) 인가가 행해져야 인가의 대상이 된 제3자의 법률행위가 법적 효력을 발생한다. 인가는 기본행위가 효력을 발생하기 위한 효력요건이다. 따라서 인가를 받지 않은 법률행위는 효력이 발생하지 않는다(무효).

[관련판례] 공유수면매립의 면허로 인한 권리의무의 양도·양수에 있어서의 면허관청의 인가는 효력요건으로서, 면허관청의 인가를 받지 않은 이상 법률상 아무런 효력도 발생할 수 없다(대판 1991.6.25. 90누5184).

기본행위에 하자가 있는 경우에 그 기본행위의 하자를 다툴 수 있고, 기본행위의 하자를 이유로 인가처분의 취소 또는 무효확인도 소구할 수 있다. [15국가9급]

| 해설

(X) 기본행위에 하자가 있으나 인가는 적법한 경우에는 기본행위를 다투어야지, 인가행위를 다툴 수 없다.

조합설립결의에 하자가 있었으나 조합설립인가처분이 이루어진 경우에는 조합설립결의의 하자를 당사자소송으로 다툴 것이고 조합설립인가처분에 대해 항고소송을 제기할 수 없다. [16국회8급]

| 해설

(X) 조합설립인가처분은 일종의 설권적 처분의 성격을 갖는다. 조합설립결의에 하자가 있다면 그 하자를 이유로 직접 항고소송의 방법으로 조합설립인가처분의 취소 또는 무효확인을 구하여야 하고, 별도로 조합설립결의 부분만을 따로 떼어내어 그 효력 유무를 다투는 확인의 소를 제기하는 것은 인정되지 아니한다(대판 2009.09.24. 2008다60568).

제2항 준법률행위적 행정행위

099 [16서울7급]

행정작용과 그 성격을 연결한 것으로 옳지 않은 것을 모두 고르면?

ㄱ. 특허출원의 공고 - 확인
ㄴ. 운전면허 - 허가
ㄷ. 국가시험합격자 결정 - 통지
ㄹ. 한의사 면허 - 특허
ㅁ. 선거 당선인 결정 - 확인

① ㄱ, ㄴ, ㄹ　　② ㄱ, ㄷ, ㄹ
③ ㄱ, ㄷ, ㅁ　　④ ㄷ, ㄹ, ㅁ

해설

ㄱ. (X) 확인이 아니라 통지에 해당한다.
ㄴ. (O) 허가에 해당한다.
ㄷ. (X) 통지가 아니라 확인에 해당한다.
ㄹ. (X) 특허가 아니라 허가에 해당한다.
ㅁ. (O) 확인에 해당한다.

정답 ②

100 [16국회8급]

행정행위의 성격에 대한 설명으로 옳지 않은 것은?

① 친일반민족행위자 재산의 국가귀속에 관한 특별법에 따른 친일재산의 국가귀속결정은 당해 재산이 친일재산에 해당한다는 사실을 확인하는 준법률행위적 행정행위에 해당한다.
② 민법에 따른 재단법인의 정관변경 허가는 재단법인의 정관변경에 대한 법률상의 효력을 완성시키는 보충행위로서 그 법적 성격은 인가에 해당한다.
③ 도시 및 주거환경정비법에 따른 토지 등 소유자에 대한 사업시행인가처분은 사업시행계획에 대한 보충행위로서의 성질을 가지는 것이 아니라 정비사업 시행권한을 가지는 행정주체로서의 지위를 부여하는 일종의 설권적 처분의 성격을 가진다.
④ 여객자동차 운수사업법에 의한 개인택시운송사업면허는 특정인에게 권리나 이익을 부여하는 행정행위로서 법령에 특별한 규정이 없는 한 재량행위이고, 그 면허를 위하여 필요한 기준을 정하는 것 역시 행정청의 재량에 속한다.
⑤ 구 표시·광고의 공정화에 관한 법률위반을 이유로 한 공정거래위원회의 경고의결은 당해 표시·광고의 위법을 확인하되 구체적인 조치까지는 명하지 않은 것이므로 행정처분에 해당하지 않는다.

해설

① (O) 친일반민족행위자 재산조사위원회의 국가귀속결정은 당해 재산이 친일재산에 해당한다는 사실을 확인하는 이른바 준법률행위적 행정행위의 성격을 가진다(대판 2008.11.13. 2008두13491).
② (O) 대판 1996.5.16. 95누4810 전원합의체.
③ (O) 토지 등 소유자에 대한 사업시행인가처분은 보충행위로서의 성질을 가지는 것이 아니라 구 도시정비법상 정비사업을 시행할 수 있는 권한을 가지는 행정주체로서의 지위를 부여하는 일종의 설권적 처분의 성격을 가진다(대판 2013.06.13. 2011두19994).
④ (O) 대판 1995.4.14. 93누16253.
⑤ (X) 구 표시·광고의 공정화에 관한 법률 위반을 이유로 한 공정거래위원회의 경고의결은 당해 표시·광고의 위법을 확인하되 구체적인 조치까지는 명하지 않는 것으로 사업자가 장래 다시 표시·광고의 공정화에 관한 법률 위반행위를 할 경우 과징금 부과 여부나 그 정도에 영향을 주는 고려사항이 되어 사업자의 자유와 권리를 제한하는 행정처분에 해당한다(대판 2013.12.26. 2011두4930).

정답 ⑤

제3절 | 행정행위의 부관

I 부관의 의의

II 부관의 기능과 특성

III 부관의 종류

101 [16경행특채]

행정행위의 부관을 설명한 것이다. 다음 중 가장 적절한 것은? (다툼이 있으면 판례에 의함)

① 행정처분의 상대방이 수익적 행정처분을 얻기 위하여 행정청과 사이에 행정처분에 부가할 부담에 관한 협약을 체결하고 행정청이 수익적 행정처분을 하면서 협약상의 의무를 부담으로 부가하였으나 부담의 전제가 된 주된 행정처분의 근거 법령이 개정됨으로써 행정청이 더 이상 부관을 붙일 수 없게 된 경우에도 곧바로 협약의 효력은 소멸한다.
② 부담부 행정처분에 있어서 처분의 상대방이 부담(의무)을 이행하지 아니한 경우에 처분행정청으로서는 이를 들어 당해 처분을 취소(철회)할 수 있다.
③ 주택재건축사업시행의 인가는 상대방에게 권리나 이익을 부여하는 효과를 가진 이른바 수익적 행정처분으로서 법령에 행정처분의 요건에 관하여 일의적으로 규정되어 있지 아니한 이상 행정청의 재량행위에 속하지만, 처분청으로서는 법령상의 제한에 근거한 것이 아니라면 공익상 필요 등에 의하여 필요한 범위 내라고 하더라도 여러 조건(부담)을 부과할 수 없다.
④ 부담의 이행으로서 하게 된 사법상 매매 등의 법률행위는 부담을 붙인 행정처분과는 별개의 법률행위라 볼 수 없으므로, 그 부담의 불가쟁력의 문제와 함께 법률행위가 사회질서 위반이나 강행규정에 위반되는지 여부 등을 따져보아 그 법률행위의 유효 여부를 판단하여야 한다.

해설

① (X) 대판 2009.2.12. 2005다65500.

② (O) 부담의 불이행이 있다고 하여 당연히 행정행위의 효력이 소멸되는 것은 아니고 처분의 철회사유가 된다.

③ (X) 대판 1997.03.14. 96누16698.

④ (X) 대판 2009.06.25. 2006다18174.

정답 ②

102 [16국가7급]

행정행위의 부관에 대한 설명으로 옳지 않은 것은? (다툼이 있는 경우 판례에 의함)

① 부담에 의하여 부가된 의무의 불이행으로 부담부 행정행위가 당연히 효력을 상실하는 것은 아니고 당해 의무불이행은 부담부행정행위의 철회사유가 될 수 있다.

② 수익적 행정처분에 있어서는 법령에 특별한 근거 규정이 없다고 하더라도 그 부관으로서 부담을 붙일 수 있을 뿐만 아니라, 그러한 부담의 내용을 협약을 통하여 정할 수 있다.

③ 공유수면매립준공인가처분 중 매립지 일부에 대하여 한 국가 및 지방자치단체에의 귀속처분은 독립하여 행정소송의 대상이 될 수 있다.

④ 기속행위 내지 기속적 재량행위에 해당하는 이사회소집승인 행위에 붙인 부관은 무효이다.

해설

① (O) 부담부 행정처분에 있어서 처분의 상대방이 부담(의무)을 이행하지 아니한 경우에 처분행정청으로서는 이를 들어 당해 처분을 취소(철회)할 수 있는 것이다(대판 1989.10.24. 89누2431).

② (O) 대판 2009.2.12. 2005다65500.

③ (X) 지방국토관리청장이 일부 공유수면매립지에 대하여 한 국가 또는 직할시 귀속처분은 매립준공인가를 함에 있어서 매립의 면허를 받은 자의 매립지에 대한 소유권 취득을 규정한 공유수면매립법 제14조의 효과 일부를 배제하는 부관을 붙인 것이고, 이러한 행정행위의 부관은 독립하여 행정소송 대상이 될 수 없다(대판 1993.10.8. 93누2032).

④ (O) 일반적으로 기속행위나 기속적 재량행위에는 부관을 붙일 수 없고 가사 부관을 붙였다 하더라도 무효이다(대판 1995.6.13. 94다56883).

정답 ③

103 [11사회복지]

행정행위와 이에 대한 부관의 종류가 바르게 연결되지 않은 것은?

① 공유수면매립준공인가 중 매립지 일부에 대하여 한 국가귀속처분 - 법률효과의 일부배제

② 일정기간 내에 공사에 착수할 것을 조건으로 한 공유수면매립면허 - 정지조건

③ 어업면허처분을 함에 있어 그 면허의 유효기간을 1년으로 정한 경우 - 종기

④ 공장건축허가를 부여하면서 근로자의 정기건강진단의무를 부과하는 것 - 부담

해설

① (O) 대판 1991.12.13. 90누8503.

② (X) 일정기간 내에 공사에 착수하지 않는다면 취소되는 것을 조건으로 하는 공유수면매립면허는 정지조건이 아니라 해제조건이다.

③ (O) 어업면허처분을 함에 있어 그 면허의 유효기간을 1년으로 정한 경우는 기한이 도래함으로써 행정행위의 효력이 상실하므로 종기에 해당한다.

④ (O) 공장건축허가를 부여하면서 근로자의 정기건강진단의무를 부과하는 것은 부담에 해당한다.

정답 ②

104 [18서울9급]

행정행위의 부관에 대한 설명으로 가장 옳지 않은 것은?

① 부담은 행정청이 행정처분을 하면서 일방적으로 부가할 수도 있지만 부담을 부가하기 이전에 상대방과 협의하여 부담의 내용을 협약의 형식으로 미리 정한 다음 행정처분을 하면서 이를 부가할 수도 있다.

② 행정청이 수익적 행정처분을 하면서 사전에 상대방과 체결한 협약상의 의무를 부담으로 부가하였는데 부담의 전제가 된 주된 행정처분의 근거 법령이 개정되어 부관을 붙일 수 없게 된 경우, 위 협약의 효력이 소멸한다.

③ 부관은 행정의 탄력성을 보장하는 기능을 갖는다.

④ 행정행위의 부관은 부담인 경우를 제외하고는 독립하여 행정소송의 대상이 될 수 없다.

해설

① (O) 수익적 행정처분에 있어서는 법령에 특별한 근거규정이 없다고 하더라도 그 부관으로서 부담을 붙일 수 있고, 그와 같은 부담은 행정청이 행정처분을 하면서 일방적으로 부가할 수도 있지만 부담을 부가하기 이전에 상대방과 협의하여 부담의 내용을 협약의 형식으로 미리 정한 다음 행정처분을 하면서 이를 부가할 수도 있다(대판 2009.2.12. 2005다65500).

② (X) 행정청이 수익적 행정처분을 하면서 부가한 부담의 위법 여부는 처분 당시 법령을 기준으로 판단하여야 하고, 부담이 처분 당시 법령을 기준으로 적법하다면 처분 후 부담의 전제가 된 주된 행정처분의 근거 법령이 개정됨으로써 행정청이 더 이상 부관을 붙일 수 없게 되었다 하더라도 곧바로 위법하게 되거나 그 효력이 소멸하게 되는 것은 아니다(대판 2009.2.12. 2005다65500).

③ (O) 재량행위에 있어 부관을 부가하여 허가를 하는 등 부관은 행정행위의 탄력성을 보장하는 기능을 한다.

④ (O) 행정행위의 부관은 부담인 경우를 제외하고는 독립하여 행정소송의 대상이 될 수 없는바, 기부채납받은 행정재산에 대한 사용·수익허가에서 공유재산의 관리청이 정한 사용·수익허가의 기간은 그 허가의 효력을 제한하기 위한 행정행위의 부관으로서 이러한 사용·수익허가의 기간에 대해서는 독립하여 행정소송을 제기할 수 없다(대판 2001.6.15. 99두509).

정답 ②

105 [18지방7급]

행정행위의 부관에 대한 설명으로 옳은 것만을 모두 고르면?(다툼이 있는 경우 판례에 의함)

ㄱ. 행정청은 수익적 행정처분으로서 재량행위인 주택재건축 사업시행 인가에 대하여 법령상의 제한에 근거한 것이 아니라 하더라도 공익상 필요 등에 의하여 필요한 범위 내에서 조건(부담)을 부과할 수 있다.

ㄴ. 행정청이 수익적 행정처분을 하면서 사전에 상대방과 체결한 협약상의 의무를 부담으로 부가하였는데 부담의 전제가 된 주된 행정처분의 근거 법령이 개정되어 행정청이 더 이상 부관을 붙일 수 없게 된 경우, 위 협약의 효력이 곧바로 소멸하게 되는 것은 아니다.

ㄷ. 허가에 붙은 기한이 그 허가된 사업의 성질상 부당하게 짧은 경우에는 이를 그 허가 자체의 존속기간이 아니라 그 허가조건의 존속기간으로 본다.

ㄹ. 행정청이 종교단체에 대하여 기본재산전환인가를 함에 있어 인가조건을 부가하고 그 불이행시 인가를 취소할 수 있도록 한 경우, 인가조건의 의미는 인가처분에 대한 철회권을 유보한 것이다.

① ㄱ, ㄷ

② ㄷ, ㄹ

③ ㄱ, ㄴ, ㄹ

④ ㄱ, ㄴ, ㄷ, ㄹ

해설

ㄱ. (O) 주택재건축사업시행의 인가는 상대방에게 권리나 이익을 부여하는 효과를 가진 이른바 수익적 행정처분으로서 법령에 행정처분의 요건에 관하여 일의적으로 규정되어 있지 아니한 이상 행정청의 재량행위에 속하므로, 처분청으로서는 법령상의 제한에 근거한 것이 아니라 하더라도 공익상 필요 등에 의하여 필요한 범위 내에서 여러 조건(부담)을 부과할 수 있다(대판 2007. 7. 12. 2007두6663).

ㄴ. (O) 행정청이 수익적 행정처분을 하면서 부가한 부담의 위법 여부는 처분 당시 법령을 기준으로 판단하여야 하고, 부담이 처분 당시 법령을 기준으로 적법하다면 처분 후 부담의 전제가 된 주된 행정처분의 근거 법령이 개정됨으로써 행정청이 더 이상 부관을 붙일 수 없게 되었다 하더라도 곧바로 위법하게 되거나 그 효력이 소멸하게 되는 것은 아니다. 따라서 행정처분의 상대방이 수익적 행정처분을 얻기 위하여 행정청과 사이에 행정처분에 부가할 부담에 관한 협약을 체결하고 행정청이 수익적 행정처분을 하면서 협약상의 의무를 부담

으로 부가하였으나 부담의 전제가 된 주된 행정처분의 근거 법령이 개정됨으로써 행정청이 더 이상 부관을 붙일 수 없게 된 경우에도 곧바로 협약의 효력이 소멸하는 것은 아니다(대판 2009.02.12. 2005다65500).

ㄷ. (O) 일반적으로 행정처분에 효력기간이 정하여져 있는 경우에는 그 기간의 경과로 그 행정처분의 효력은 상실되고, 다만 허가에 붙은 기한이 그 허가된 사업의 성질상 부당하게 짧은 경우에는 이를 그 허가 자체의 존속기간이 아니라 그 허가조건의 존속기간으로 보아 그 기한이 도래함으로써 그 조건의 개정을 고려한다는 뜻으로 해석할 수는 있지만, 그와 같은 경우라 하더라도 그 허가기간이 연장되기 위하여는 그 종기가 도래하기 전에 그 허가기간의 연장에 관한 신청이 있어야 하며, 만일 그러한 연장신청이 없는 상태에서 허가기간이 만료하였다면 그 허가의 효력은 상실된다(대판 2007.10.11. 2005두12404).

ㄹ. (O) 행정청이 종교단체에 대하여 기본재산전환인가를 함에 있어 인가조건을 부가하고 그 불이행시 인가를 취소할 수 있도록 한 경우, 인가조건의 의미는 철회권을 유보한 것이다(대판 2003. 5. 30. 2003다6422).

정답 ④

106 [14서울7급]

행정행위의 부관에 관한 설명으로 옳은 것은? (다툼이 있을 경우 판례에 의함)

① 재량행위나 기속재량행위에는 부관을 붙인다면 이는 무효이다.

② 조건은 행정행위의 효력의 발생·소멸을 장래에 발생 여부가 객관적으로 확실한 사실에 의존시키는 부관이다.

③ 기부채납 받은 행정재산에 대한 사용·수익허가의 기간에 대하여 독립하여 행정소송을 제기할 수 있다.

④ 공유수면매립준공인가처분 중 매립지일부에 대하여 한 국가 및 지방자치단체의 귀속처분은 「공유수면매립법」 제14조의 효과 일부를 배제하는 부관을 붙인 것으로 볼 것이고 이를 독립하여 행정소송의 대상으로 삼을 수 없다.

⑤ 수익적 행정처분에 있어서도 원칙적으로 법령에 특별한 근거규정이 있어야만 그 부관으로서 부담을 붙일 수 있다.

해설

① (X) 재량적 행정행위에는 법률상의 근거가 없다고 하더라도 부관을 붙일 수 있다(대판 1982.12.28. 80다731).

② (X) 조건이란 행정행위의 효력의 발생 또는 소멸을 장래의 불확실한 사실에 의존시키는 부관을 말한다(예 정지조건·해제조건).

③ (X) 대판 2001.6.15. 99두509.

④ (O) 대판 1993.10.8. 93누2032.

⑤ (X) 대판 2009.2.12. 2005다65500.

정답 ④

Ⅳ 부관의 가능성과 한계

107 [11국가9급]

행정행위의 부관에 대한 설명으로 옳은 것은? (다툼이 있는 경우 다수설 및 판례에 의함)

① 준법률행위에는 부관을 붙일 수 없다는 것이 전통적 견해이다.

② 해제조건은 주된 행정행위에 종속되기는 하나 다른 행정행위의 부관과는 달리 독립하여 그 자체에 대한 행정쟁송의 제기가 가능하다는 것이 판례의 태도이다.

③ 부관을 행정행위 당시가 아니라 행정행위가 행하여진 후에 새로이 붙일 수 있는지에 대하여는 비록 법령에 근거가 있고 상대방의 동의가 있다고 해도 인정하지 않는 것이 판례의 태도이다.

④ 철회권이 유보된 경우일지라도 행정행위의 상대방은 당해 행정행위 철회시 신뢰보호의 원칙을 원용하여 손실보상을 청구할 수 있다.

해설

① (O) 부관은 의사표시를 요소로 하는 법률행위적 행정행위에만 붙일 수 있고, 법률이 정하는 바에 따라 법률효과가 발생하는 준법률행위적 행정행위는 전통적 견해에 따르면 부관을 붙일 수 없다. 그러나 새로운 견해에 의하면 준법률행위적 행정행위도 성질에 따라 부관이 가능하다고 한다.

② (X) 행정행위의 부관은 행정행위의 일반적인 효력이나 효과를 제한하기 위하여 의사표시의 주된 내용에 부가되는 종된 의사표시이지 그 자체로서 직접 법적 효과를 발생하는 독립된 처분이 아니므로 현행 행정쟁송제도 아래서는 부관 그 자체만을 독립된 쟁송의 대상으로 할 수 없는 것이 원칙이다(대판 1992.1.21. 91누1264).

③ (X) 대판 1997.5.30. 97누2627.

④ (X) 철회권이 유보된 경우 상대방은 신뢰보호의 원칙을 원용하여 손실보상을 청구할 수 없다.

정답 ①

108 [10국가9급]

식품위생법은 관할관청이 영업허가를 하는 때에는 필요한 조건을 붙일 수 있다고 규정하고 있다. 이에 군수 A는 유흥주점영업을 허가하면서 일정한 규모의 주차공간을 확보할 것을 조건으로 붙였다. 이에 대한 설명으로 옳은 것은?

① 식품위생법상의 영업허가는 재량행위이므로 이러한 조건을 붙일 수 있는 것이다.

② 여기에서 조건은 강학상 법률효과의 일부배제라고 부른다.

③ 식품위생법상의 근거규정이 있기 때문에 유흥주점영업허가에 조건을 붙일 수 있다.

④ 취소소송을 통하여 조건을 다투는 경우에 조건을 포함한 유흥주점영업허가를 취소소송의 대상으로 하면서 조건만을 취소해달라고 청구하는 경우는 진정일부취소소송이라 한다.

해설

① (X) 식품위생법상 대중음식점영업허가는 법에서 정한 요건을 구비한 때에는 허가하여야 하고 관계법규에서 정하는 제한사유 이외의 사유를 들어 허가신청을 거부할 수 없다(대판 1993.5.27. 93누2216).

② (X) 설문에서 일정한 규모의 주차공간을 확보라는 조건은 부담으로 해석될 수 있고, 조건으로 해석할 수도 있다. 부담과 조건의 구별이 불문명한 경우에는 비례의 원칙에 의해 일반적으로 상대방에게 덜 불리하게 작용하는 부담으로 보는 것이 다수설이다.

③ (O) 법률에 행정행위에 부관을 붙일 수 있는 명문의 규정이 있는 경우에는 기속행위나 재량행위를 불문하고 부관을 붙일 수 있다.

④ (X) 설문의 소송형태는 부진정일부취소소송이다.

정답 ③

109 [16경행특채]

행정행위에 부담이 부가되었으나 사후에 그 부담을 변경할 수 있는 경우로 옳은 것은 몇 개인가? (다툼이 있으면 판례에 의함)

㉠ 법률에 명문의 규정이 있는 경우 ㉡ 부관의 변경이 미리 유보되어 있는 경우 ㉢ 행정청의 동의가 있는 경우 ㉣ 사정변경으로 인하여 당초에 부담을 부가할 목적을 달성할 수 없게 된 경우

① 1개 ② 2개 ③ 3개 ④ 4개

해설

㉠, ㉡, ㉣ 이 옳은 지문이다. 행정청의 동의가 아니라 상대방의 동의가 있는 경우 가능하다.

[관련판례] 행정처분에 이미 부담이 부가되어 없는 상태에서 그 의무의 범위 또는 내용 등을 변경하는 부관의 사후변경은, 법률에 명문의 규정이 있거나 그 변경이 미리 유보되어 있는 경우 또는 상대방의 동의가 있는 경우에 한하여 허용되는 것이 원칙이지만, 사정변경으로 인하여 당초에 부담을 부가한 목적을 달성할 수 없게 된 경우에도 그 목적달성에 필요한 범위 내에서 예외적으로 허용된다(대판 1997.5.30. 97누2627).

정답 ③

행정청은 부관의 부종성에 의하여 행정행위의 발급 이후에는 사후적으로 부관을 붙이거나 부관의 내용을 변경할 수 없다. [13서울7급]

해설

(X) 대판 1997.5.30. 97누2627.

부관의 사후변경은 법률에 명문의 규정이 있거나 그 변경이 미리 유보되어 있는 경우 이외에는 허용되지 않는다. [11지방7급]

해설

(X) 대판 1997.5.30. 97누2627.

V 부관의 하자와 행정행위의 효력

110 [12경행특채]

행정행위의 부관에 관한 다음 설명 중 가장 옳은 것은? (다툼이 있는 경우 판례에 의함)

① 부담만을 대상으로 하는 취소소송은 불가능하다.

② 사정변경에 의한 부관의 사후변경은 부가된 부담의 목적달성에 필요한 범위 내일지라도 허용되지 않는다.

③ 행정청은 법령에 명시적인 근거가 없으면 어떠한 경우에도 부관을 붙일 수 없다는 것이 판례의 태도이다.

④ 도로점용허가에 있어 부관인 점용기간을 정함에 위법이 있는 경우, 도로점용허가 전부가 위법이다.

해설

① (X) 부담의 경우에는 다른 부관과는 달리 행정행위의 불가분적인 요소가 아니고 그 존속이 본체인 행정행위의 존재를 전제로 하는 것일 뿐이므로 부담 그 자체르서 행정쟁송의 대상이 될 수 있다(대판 1992.1.21. 91누1264).

② (X) 대판 1997.5.30. 97누2627.

③ (X) 수익적 행정처분에 있어서는 법령에 특별한 근거규정이 없다고 하더라도 그 부관으로서 부담을 붙일 수 있다(대판 2009.2.12. 2005다65500).

④ (O) 도로점용허가의 점용기간은 행정행위의 본질적인 요소에 해당한다고 볼 것이어서 부관인 점용기간을 정함에 있어서 위법사유가 있다면 이로써 도로점용허가 처분 전부가 위법하게 된다고 할 것이다(대판 1985.7.9. 84누604).

정답 ④

Ⅵ 하자 있는 부관과 행정쟁송

111 [18지방9급]

하천점용허가에 대한 설명으로 옳은 것은? (다툼이 있는 경우 판례에 의함)

① 하천점용허가는 성질상 일반적 금지의 해제에 불과하여 허가의 일정한 요건을 갖춘 경우 기속적으로 판단하여야 한다.

② 위법한 점용허가를 다투지 않고 있다가 제소기간이 도과한 경우에는 처분청이라도 그 점용허가를 취소할 수 없다.

③ 하천점용허가에 조건인 부관이 부가된 경우 해당 부관에 대해서는 독립적으로 소를 제기할 수 없다.

④ 점용허가취소처분을 취소하는 확정판결의 기속력은 판결의 주문에 미치는 것으로 그 전제가 되는 처분 등의 구체적 위법사유에 관한 이유 중의 판단에 대해서는 인정되지 않는다.

해설

① (X) 하천부지 점용허가 여부는 관리청의 재량에 속하고 재량행위에 있어서는 법령상의 근거가 없어도 부관을 붙일 것인가의 여부는 당해 행정청의 재량에 속한다(대판 2008. 7. 24. 2007두25930,25947,25954).

② (X) 불가쟁력이 생긴 행위라도 당연히 불가변력을 발생시키는 것은 아니며, 불가변력이 있는 행위가 당연히 불가쟁력을 가지는 것은 아니다. 따라서 불가쟁력이 발생한 행위라도 불가변력이 없다면 행정청이 직권으로 취소・변경하는 것은 가능하며, 불가변력이 발생한 행위라도 불가쟁력이 발생하지 않는 한 쟁송을 제기하여 그 효력을 다툴 수 있다.

③ (O) 부담만이 독립하여 항고소송의 대상이 될 수 있으며, 기타 부관의 경우에는 독립하여 항고소송의 대상이 될 수 없다.

> [관련판례] 부관 그 자체만을 독립된 쟁송의 대상으로 할 수 없는 것이 원칙이나 행정행위의 부관 중에서도 행정행위에 부수하여 그 행정행위의 상대방에게 일정한 의무를 부과하는 행정청의 의사표시인 부담의 경우에는 다른 부관과는 달리 행정행위의 불가분적인 요소가 아니고 그 존속이 본체인 행정행위의 존재를 전제로 하는 것일 뿐이므로 부담 그 자체로서 행정쟁송의 대상이 될 수 있다(대판 1992.01.21. 91누1264).

④ (X) 확정판결의 기속력은 주로 판결의 실효성 확보를 위하여 인정되는 효력으로서 판결의 주문뿐만 아니라 그 전제가 되는 처분 등의 구체적 위법사유에 관한 이유 중의 판단에 대하여도 인정된다(대판 2001.03.23. 99두5238).

정답 ③

112 [16국가9급]

甲은 관할 행정청 A에 도로점용허가를 신청하였고, 이에 대하여 행정청 A는 주민의 민원을 고려하여 甲에 대하여 공원 부지를 기부채납할 것을 부관으로 하여 도로점용허가를 하였다. 이와 관련한 판례의 입장으로 옳지 않은 것은?

① 위 부관을 조건으로 본다면, 甲은 부관부 행정행위 전체를 취소소송의 대상으로 하여 부관만의 일부취소를 구하여야 한다.

② 위 부관을 부담으로 본다면, 부관만 독립하여 취소소송의 대상으로 할 수 있으며 부관만의 독립취소가 가능하다.

③ 위 부관을 부담으로 보는 경우, 甲이 정해진 기간 내에 공원 부지를 기부채납하지 않은 경우에도 도로점용허가를 철회하지 않는 한 도로점용허가는 유효하다.

④ 부가된 부담이 무효임에도 불구하고 甲이 부관을 이행하여 기부채납을 완료한 경우, 甲의 기부채납행위가 당연히 무효로 되는 것은 아니다.

해설

① (X) 판례에 따르면 위법한 부담이외의 부관으로 인하여 권리를 침해당한 자는 결국 부관부 행정행위 전체의 취소를 구하든지(대판 1985.8.9. 84누504), 아니면 먼저 행정청에 부관이 없는(또는 부관의 내용을 변경하는) 처분으로 변경해 줄 것을 청구한 다음 그것이 거부된 경우에 거부처분취소소송을 제기하는 수밖에 없다(대판 1990.4.27. 89누6808).

② (O) 대판 1992.01.21. 91누1264.

③ (O) 대판 1989.10.24. 89누2431.

④ (O) 대판 2009.06.25. 2006다18174.

정답 ①

113 [14국회8급]

도시재개발사업계획인가를 하면서 인근토지의 기부채납을 부관으로 명하고 기부채납이 이루어진 시점부터 인가의 효력이 발생하는 것으로 명시한 경우 인가를 받은 자가 부관의 위법을 이유로 부관을 취소하거나 무효화하려고 할 때 취할 수 있는 방안과 법원의 대응으로서 옳은 것은? (다툼이 있는 경우 판례에 따름)

① 부관만에 대한 취소소송을 제기할 수 있고 법원은 부관만 취소할 수 있다.
② 부관만에 대한 취소소송을 제기할 수 있으나 법원은 부관만 취소하지는 못한다.
③ 부관을 포함한 행정처분 전체에 대한 취소소송이 제기된 경우 법원은 이를 각하하여야 한다.
④ 부관을 포함한 행정처분 전체에 대해 취소소송을 제기하여야 하며 부관의 위법이 확실하다면 다른 고려사항 없이 부관만의 취소가 가능하다.
⑤ 인가를 받은 자는 부관이 없는 처분으로 변경하여줄 것을 요청하고 그것이 거부된 경우 거부처분취소소송을 제기하여야 하며 법원은 이에 대한 심리결과에 따라 인용여부를 결정한다.

해설

① (X) ② (X) 도시재개발사업계획인가를 하면서 인근토지의 기부채납을 부관으로 명하고 기부채납이 이루어진 시점부터 인가의 효력이 발생하는 것으로 명시한 경우에는 부관 중 정지조건에 해당한다. 대법원은 부관은 독립하여 행정쟁송의 대상이 되지 않으며, 부관 중 부담만이 예외적으로 독립적으로 취소할 수 있다는 입장이다(대판 1992.1.21. 91누1264). 따라서 부관이 정지조건에 해당하는 사례에서는 정지조건만 따로 취소소송을 제기할 수 없다.

③ (X) ④ (X) ⑤ (O) 대법원 판례에 의할 때, 위법한 부담이외의 부관으로 인하여 권리를 침해당한 자는 결국 부관부 행정행위 전체의 취소를 구하든지(대판 1985.7.9. 84누604), 아니면 먼저 행정청에 부관이 없는(또는 부관의 내용을 변경하는) 처분으로 변경해 줄 것을 청구한 다음 그것이 거부된 경우에 거부처분취소소송을 제기하는 수밖에 없다(대판 1990.4.27. 89누6808). 따라서 인가를 받은 자는 부관이 없는 처분으로 변경하여줄 것을 요청하고 그것이 거부된 경우 거부처분취소소송을 제기할 수 있다.

정답 ⑤

VII 부관과 이를 기초로 한 후속조치

114 [19국가9급]

행정행위의 부관에 대한 설명으로 옳지 않은 것은? (다툼이 있는 경우 판례에 의함)

① 도로점용허가의 점용기간을 정함에 있어 위법사유가 있다면 도로점용허가처분 전부가 위법하게 된다.
② 기속행위에 대해서는 법령상 특별한 근거가 없는 한 부관을 붙일 수 없고, 가사 부관을 붙였다고 하더라도 이는 무효이다.
③ 행정처분에 부담인 부관을 붙인 경우, 부관이 무효라면 부담의 이행으로 이루어진 사법상 매매행위도 당연히 무효가 된다.
④ 사정변경으로 당초에 부담을 부가한 목적을 달성할 수 없게 된 경우에도 그 목적달성에 필요한 범위 내에서 예외적으로 부담의 사후변경이 허용된다.

해설

① (O) 도로의 점용허가에 있어서 점용기간은 행정행위의 본질적인 요소에 해당하는 것으로 따라서 점용기간을 정함에 위법이 있으면 도로점용허가 전부가 위법이 있다고 보아 부관부행정행위 전체를 취소하여야 한다(대판 1985.7.9. 84누604).

② (O) 일반적으로 기속행위나 기속적 재량행위에는 부관을 붙일 수 없고 가사 부관을 붙였다 하더라도 무효이다(대판 1995.6.13. 94다56883).

③ (X) 부담의 이행으로서 하게 된 사법상 매매 등의 법률행위는 부담을 붙인 행정처분과는 어디까지나 별개의 법률행위이므로 그 부담의 불가쟁력의 문제와는 별도로 법률행위가 사회질서 위반이나 강행규정에 위반되는지 여부 등을 따져보아 그 법률행위의 유효 여부를 판단하여야 한다(대판 2009.06.25. 2006다18174).

④ (O) 행정처분에 이미 부담이 부가되어 있는 상태에서 그 의무의 범위 또는 내용을 변경하는 부관의 사후변경은 법률에 명문의 규정이 있거나 그 변경이 미리 유보되어 있는 경우 또는 상대방의 동의가 있는 경우에 한하여 허용되는 것이 원칙이지만, 사정변경으로 인하여 당초에 부담을 부가한 목적을 달성할 수 없게 된 경우에도 그 목적달성에 필요한 범위 내에서 예외적으로 허용된다(대판 1997.5.30. 97누2627).

정답 ③

115 [17사회복지]

행정행위의 부관에 대한 기술로 옳은 것은? (단, 다툼이 있는 경우 판례에 의함)

① 허가에 붙은 기한이 부당하게 짧은 경우에는 허가기간의 연장신청이 없는 상태에서 허가기간이 만료하였더라도 그 후에 허가기간 연장신청을 하였다면 허가의 효력은 상실되지 않는다.
② 부관은 주된 행정행위에 부가된 종된 규율로서 독자적인 존재를 인정할 수 없으므로 사정변경으로 인해 당초 부담을 부가한 목적을 달성할 수 없게 된 경우라도 부담의 사후변경은 허용될 수 없다.
③ 무효인 부담이 붙은 행정행위의 상대방이 그 부담의 이행으로 사법상 법률행위를 한 경우에 그 사법상 법률행위 자체가 당연무효로 되는 것은 아니다.
④ 행정행위에 부가된 허가기간은 그 자체로서 항고소송의 대상이 될 수 없을 뿐만 아니라 그 기간의 연장신청의 거부에 대하여도 항고소송을 청구할 수 없다.

해설

① (X) 대판 2007.10.11. 2005두12404.
② (X) 대판 1997.5.30. 97누2627.
③ (O) 처분을 받은 사람이 부담의 이행으로 사법상 매매 등의 법률행위를 한 경우에는 그 부관은 특별한 사정이 없는 한 법률행위를 하게 된 동기 내지 연유로 작용하였을 뿐이므로 이는 법률행위의 취소사유가 될 수 있음은 별론으로 하고 그 법률행위 자체를 당연히 무효화하는 것은 아니다(대판 2009.06.25. 2006다18174).
④ (X) 부관이 없는(또는 부관의 내용을 변경하는) 처분으로 변경해 줄 것을 청구한 다음 그것이 거부된 경우에 거부처분취소소송을 제기하는 것은 가능하다(대판 1990.4.27. 89누6808).

정답 ③

116 [17국회8급]

〈보기〉에 대한 설명으로 옳지 않은 것은? (다툼이 있는 경우 판례에 의함)

〈보 기〉

행정청 A는 甲에 대하여 주택건설사업계획 승인처분을 하면서 사업부지 중 일부를 공공시설용 토지로 기부채납할 것을 부관으로 하였고, 甲은 그 부관의 이행으로 토지에 대한 소유권이전등기를 마쳤다.

① 행정청 A는 법령에 특별한 근거가 없더라도 甲에 대하여 부관을 붙일 수 있다.
② 甲은 기부채납 부관에 대하여서 독립하여 취소소송을 제기할 수 있다.
③ 甲에 대한 기부채납 부관이 무효가 되더라도 그 부담의 이행으로 한 소유권이전등기가 당연히 무효가 되는 것은 아니다.
④ 甲에 대한 기부채납 부관이 제소기간의 도과로 불가쟁력이 발생한 이후에는 그 부담의 이행으로 한 소유권 이전등기의 효력을 다툴 수 없다.
⑤ 위 기부채납 부관이 처분과 실체적 관련성이 없어 부관으로 붙일 수 없는 경우, 사법상 계약의 형식으로 甲에게 토지이전 의무를 부과할 수는 없다.

해설

① (O) 수익적 행정처분에 있어서는 법령에 특별한 근거규정이 없다고 하더라도 그 부관으로서 부담을 붙일 수 있다(대판 2009.02.12. 2005다65500).
② (O) 주택건설사업계획 승인에 붙여진 기부채납의 조건은 행정행위의 부관 중 '부담'에 해당하는 것이다(대판 1996. 1. 23. 95다3541). 부담의 경우에는 다른 부관과는 달리 행정행위의 불가분적인 요소가 아니고 그 존속이 본체인 행정행위의 존재를 전제로 하는 것일 뿐이므로 부담 그 자체로서 행정쟁송의 대상이 될 수 있다(대판 1992.01.21. 91누1264).
③ (O) ④ (X) 처분을 받은 사람이 부담의 이행으로 사법상 매매 등의 법률행위를 한 경우에는 그 부관은 특별한 사정이 없는 한 법률행위를 하게 된 동기 내지 연유로 작용하였을 뿐이므로 이는 법률행위의 취소사유가 될 수 있음은 별론으로 하고 그 법률행위 자체를 당연히 무효화하는 것은 아니다. 부담의 이행으로서 하게 된 사법상 매매 등의 법률행위는 부담을 붙인 행정처분과는 어디까지나 별개의 법률행위이므로 그 부담의 불가쟁력의 문제와는 별도로 법률행위가 사회질서 위반이나 강행규정에 위반되는지 여부 등을 따져보아 그 법률행위의 유효 여부를 판단하여야 한다(대판 2009.06.25. 2006다18174).
⑤ (O) 대판 2009.12.10. 2007다63966.

정답 ④

117 [16지방7급]

행정행위의 부관에 대한 설명으로 옳은 것만을 모두 고른 것은? (다툼이 있는 경우 판례에 의함)

ㄱ. 행정청이 공유수면매립준공인가처분을 하면서 일부 공유수면매립지에 대해 국가로의 귀속처분을 한 경우, 공유수면매립준공인가처분 중 매립지 일부에 대한 귀속처분만의 취소를 구하는 소송을 청구할 수 없다.

ㄴ. 허가에 붙은 기한이 그 허가된 사업의 성질상 부당하게 짧아 이 기한을 그 허가 조건의 존속기간으로 해석할 수 있더라도, 그 후 당초의 기한이 상당 기간 연장되어 연장된 기간을 포함한 존속기간 전체를 기준으로 보면 더 이상 허가된 사업의 성질상 부당하게 짧은 경우에 해당하지 않게 된 때에는, 관계법령상 허가여부의 재량권을 가진 행정청은 허가조건의 개정만을 고려하여야 하는 것은 아니고, 재량권의 행사로서 더 이상의 기간 연장을 불허가하여 허가의 효력을 상실시킬 수 있다.

ㄷ. 수익적 행정처분에 부가된 부담이 처분 당시에는 적법했다 하더라도, 부담의 전제가 된 주된 행정처분의 근거 법령이 개정됨으로써 행정청이 더 이상 부관을 붙일 수 없게 되었다면 곧바로 그 효력은 소멸된다.

ㄹ. 행정처분에 붙은 부담인 부관이 불가쟁력이 생겼다 하더라도, 당해 부담이 당연무효가 아닌 이상 그 부담의 이행으로서 하게 된 매매 등 사법상 법률행위의 효력을 민사소송으로 다툴 수는 없다.

① ㄱ, ㄴ ② ㄱ, ㄷ
③ ㄴ, ㄷ ④ ㄴ, ㄹ

해설

ㄱ. (O) 대판 1993.10.8. 93누2032.

ㄴ. (O) 당초에 붙은 기한을 허가 자체의 존속기간이 아니라 허가조건의 존속기간으로 보더라도 그 후 당초의 기한이 상당 기간 연장되어 연장된 기간을 포함한 존속기간 전체를 기준으로 볼 경우 더 이상 허가된 사업의 성질상 부당하게 짧은 경우에 해당하지 않게 된 때에는 관계 법령의 규정에 따라 허가 여부의 재량권을 가진 행정청으로서는 재량권의 행사로서 더 이상의 기간연장을 불허가할 수도 있는 것이다(대판 2004.03.25. 2003두12837).

ㄷ. (X) 대판 2009.02.12. 2005다65500.

ㄹ. (X) 대판 2009.06.25. 2006다18174.

정답 ①

118 [14국회8급]

행정행위의 부관의 가능성과 한계에 관한 설명으로 옳은 것만으로 짝지어진 것은? (다툼이 있는 경우 판례에 따름)

ㄱ. 판례는 사정변경으로 인하여 당초의 부담을 부가한 목적을 달성할 수 없게 된 경우 목적달성에 필요한 범위 내에서 예외적으로 사후부관의 가능성을 인정한다.

ㄴ. 개발제한구역 내에서의 예외적인 개발행위의 허가에는 관계법령에 명시적인 금지 규정이 없는 한 행정목적을 달성하기 위하여 조건이나 기한, 부담 등의 부관을 붙일 수 있다.

ㄷ. 도로점용허가의 점용기간은 행정행위의 본질적인 요소에 해당한다고 볼 것이어서 부관인 점용기간에 위법사유가 있다면 이로써 도로점용허가처분 전부가 위법하게 된다.

ㄹ. 부관인 부담의 이행행위인 법률행위는 공법상의 법률행위의 성격을 갖기 때문에 부담이 무효이거나 취소가 되면, 그 이행행위인 기부채납이나 금전납부는 법률상 원인 없이 이루어진 것으로 부당이득이 된다.

① ㄱ, ㄴ, ㄷ
② ㄱ, ㄴ, ㄹ
③ ㄱ, ㄷ, ㄹ
④ ㄴ, ㄷ, ㄹ
⑤ ㄱ, ㄴ, ㄷ, ㄹ

해설

① 행정행위의 부관의 가능성과 한계에 관한 설명으로 옳은 것은 ㄱ, ㄴ, ㄷ 이다.

ㄱ. (O) 대판 1997.5.30. 97누2627.

ㄴ. (O) 개발제한구역 내에서 예외적인 개발행위의 허가는 상대방에게 수익적인 것이 틀림이 없으므로 그 법률적 성질은 재량행위 내지 자유재량행위에 속하는 것이고, 행정목적을 달성하기 위하여 조건이나 기한, 부담 등의 부관을 붙일 수 있다(대판 2004.3.25. 2003두12837).

ㄷ. (O) 대판 1985.7.9. 84누604.

ㄹ. (X) 대판 2009.6.25. 2006다18174.

정답 ①

제4절 | 행정행위의 요건과 효력

I 행정행위의 성립요건과 효력발생요건

119 [14서울9급]

행정행위의 표시요건에 대한 다음 설명 중 옳지 않은 것은?

① 송달하는 장소에서 송달받은 자를 만나지 못한 경우에는 그 사무원 · 피용자(被傭者) 또는 동거인으로서 사리를 분별할 지능이 있는 사람에게 문서를 교부할 수 있다.

② 송달은 우편, 교부 또는 정보통신망 이용 등의 방법으로 할 수 있다.

③ 보통우편의 방법으로 발송된 경우 반송되지 않았다면 상당기간 내에 도달하였다고 추정할 수 있다.

④ 정보통신망을 이용한 송달은 송달받을 자가 동의하는 경우에만 한한다.

⑤ 교부에 의한 송달은 수령확인서를 받고 문서를 교부함으로써 한다.

해설

① (O) ② (O) ④ (O) ⑤ (O)

행정절차법 제14조(송달) ① 송달은 우편, 교부 또는 정보통신망 이용 등의 방법으로 하되, 송달받을 자(대표자 또는 대리인을 포함한다. 이하 같다)의 주소·거소(居所)·영업소·사무소 또는 전자우편주소(이하 "주소 등"이라 한다)로 한다. 다만, 송달받을 자가 동의하는 경우에는 그를 만나는 장소에서 송달할 수 있다.

② 교부에 의한 송달은 수령확인서를 받고 문서를 교부함으로써 하며, 송달하는 장소에서 송달받을 자를 만나지 못한 경우에는 그 사무원·피용자(被傭者) 또는 동거인으로서 사리를 분별할 지능이 있는 사람(이하 이 조에서 "사무원등"이라 한다)에게 문서를 교부할 수 있다. 다만, 문서를 송달받을 자 또는 그 사무원등이 정당한 사유 없이 송달받기를 거부하는 때에는 그 사실을 수령확인서에 적고, 문서를 송달할 장소에 놓아둘 수 있다.

③ 정보통신망을 이용한 송달은 송달받을 자가 동의하는 경우에만 한다. 이 경우 송달받을 자는 송달받을 전자우편주소 등을 지정하여야 한다.

③ (X) 통상우표의 방법에 의하여 발송된 서류가 반송되지 아니하였다는 사실만으로 상당기간 내에 송달된 것으로 추정할 수는 없다(대판 1977.2.22. 76누265). 그러나 우편물이 등기취급의 방법으로 발송된 경우에는 반송되는 등의 특별한 사정이 없는 한 그 무렵 수취인에게 배달되었다고 보아야 한다(대판 2007.12.27. 2007다51758).

정답 ③

120 [18국회8급]

행정행위의 효력에 대한 설명으로 옳지 않은 것은? (다툼이 있는 경우 판례에 의함)

① 행정처분에 그 효력기간이 부관으로 정하여져 있는 경우, 그 처분의 효력 또는 집행이 정지된 바 없다면 위 기간의 경과로 그 행정처분의 효력은 상실되므로 그 기간 경과 후에는 그 처분이 외형상 잔존함으로 인하여 어떠한 법률상 이익이 침해되고 있다고 볼 만한 별다른 사정이 없는 한 그 처분의 취소를 구할 법률상의 이익이 없다.

② 침익적 행정행위의 근거가 되는 행정법규는 엄격하게 해석 · 적용하여야 하고 그 행정행위의 상대방에게 불리한 방향으로 지나치게 확장해석하거나 유추해석해서는 아니 된다.

③ 과세처분에 취소할 수 있는 위법사유가 있다 하더라도 그 과세처분은 그것이 적법하게 취소되기 전까지는 유효하다 할 것이므로, 민사소송절차에서 그 과세처분의 효력을 부인할 수 없다.

④ 허가에 붙은 기한이 그 허가된 사업의 성질상 부당하게 짧은 경우에는 이를 그 허가 자체의 존속기간이 아니라 그 허가조건의 존속기간으로 보아 그 기한이 도래함으로써 그 조건의 개정을 고려한다는 뜻으로 해석할 수 있을 것이다.

⑤ 구 「중기관리법」에 「도로교통법 시행령」 제86조 제3항 제4호와 같은 운전면허의 취소 정지에 대한 통지에 관한 규정이 없다면 중기조종사면허의 취소나 정지는 상대방에 대한 통지를 요하지 아니한다고 할 수 있고 행정행위의 일반원칙에 따라 이를 상대방에게 고지하여야 효력이 발생한다고 볼 수 없다.

해설

① (O) 행정처분에 그 효력기간이 정하여져 있는 경우, 그 처분의 효력 또는 집행이 정지된 바 없다면 위 기간의 경과로 그 행정처분의 효력은 상실되므로 그 기간 경과 후에는 그 처분이 외형상 잔존함으로 인하여 어떠한 법률상 이익이 침해되고 있다고 볼 만한 별다른 사정이 없는 한 그 처분의 취소를 구할 법률상의 이익이 없다(대판 2002.07.26. 2000두7254).

② (O) 침익적 행정행위의 근거가 되는 행정법규는 엄격하게 해석・적용하여야 하고 그 행정행위의 상대방에게 불리한 방향으로 지나치게 확장해석하거나 유추해석해서는 안 되며, 그 입법 취지와 목적 등을 고려한 목적론적 해석이 전적으로 배제되는 것은 아니라고 하더라도 그 해석이 문언의 통상적인 의미를 벗어나서는 안 된다(대판 2013. 12. 12. 2011두3388).

③ (O) 과세처분이 당연무효라고 볼 수 없는 한 과세처분에 취소할 수 있는 위법사유가 있다 하더라도 그 과세처분은 행정행위의 공정력 또는 집행력에 의하여 그것이 적법하게 취소되기 전까지는 유효하다 할 것이므로, 민사소송절차에서 그 과세처분의 효력을 부인할 수 없다(대판 1999.8.20. 99다20179).

④ (O) 허가에 붙은 기한이 그 허가된 사업의 성질상 부당하게 짧은 경우에는 이를 그 허가 자체의 존속기간이 아니라 그 허가조건의 존속기간으로 보아 그 기한이 도래함으로써 그 조건의 개정을 고려한다는 뜻으로 해석할 수는 있지만, 그와 같은 경우라 하더라도 그 허가기간이 연장되기 위하여는 그 종기가 도래하기 전에 그 허가기간의 연장에 관한 신청이 있어야 하며, 만일 그러한 연장신청이 없는 상태에서 허가기간이 만료하였다면 그 허가의 효력은 상실된다(대판 2007.10.11. 2005두12404).

⑤ (X) 중기관리법에 도로교통법시행령 제53조와 같은 운전면허의 취소 정지에 대한 통지에 관한 규정이 없다고 하여 중기조종사면허의 취소나 정지는 상대방에 대한 통지를 요하지 아니한다고 할 수 없고, 오히려 반대의 규정이 없다면 행정행위의 일반원칙에 따라 이를 상대방에게 고지하여야 효력이 발생한다고 볼 것이다(대판 1993. 6. 29. 93다10224).

정답 ⑤

II 행정법령의 적용문제

III 행정행위의 효력

121 [18서울7급]

행정법상의 행정행위와 관련된 설명으로 가장 옳지 않은 것은?

① 부관의 사후변경은, 법률에 명문의 규정이 있거나 그 변경이 미리 유보되어 있는 경우 또는 상대방의 동의가 있는 경우에 한하여 허용되는 것이 원칙이지만, 사정변경으로 인하여 당초에 부담을 부가한 목적을 달성할 수 없게 된 경우에도 그 목적달성에 필요한 범위 내에서 예외적으로 허용된다.

② 도로점용허가의 점용기간은 행정행위의 본질적인 요소에 해당한다고 볼 것이어서 부관인 점용기간을 정함에 있어서 위법사유가 있다면 이로써 도로점용허가 처분 전부가 위법하게 된다.

③ 민사소송에 있어서 어느 행정처분의 당연무효 여부가 선결문제로 되는 때에는 이를 판단하여 당연무효임을 전제로 판결할 수는 없고, 반드시 행정소송 등의 절차에 의하여 그 취소나 무효확인을 받아야 한다.

④ 일반적으로 행정처분이나 행정심판 재결이 불복기간의 경과로 확정될 경우 그 확정력은, 처분으로 법률상 이익을 침해받은 자가 당해 처분이나 재결의 효력을 더 이상 다툴 수 없다는 의미일 뿐, 판결과 같은 기판력이 인정되는 것은 아니다.

해설

① (O) 부관의 사후변경은, 법률에 명문의 규정이 있거나 그 변경이 미리 유보되어 있는 경우 또는 상대방의 동의가 있는 경우에 한하여 허용되는 것이 원칙이지만, 사정변경으로 인하여 당초에 부담을 부가한 목적을 달성할 수 없게 된 경우에도 그 목적달성에 필요한 범위 내에서 예외적으로 허용된다(대판 1997.5.30. 97누2627).

② (O) 도로의 점용허가에 있어서 점용기간은 행정행위의 본질적인 요소에 해당하는 것으로 따라서 점용기간을 정함에 위법이 있으면 도로점용허가 전부가 위법이 있다고 보아 부관부행정행위 전체를 취소하여야 한다(대판 1985.7.9. 84누604).

③ (X) 민사소송에 있어서 어느 행정처분의 당연무효 여부가 선결문제로 되는 때에는 이를 판단하여 당연무효임을 전제로 판결할 수 있고 반드시 행정소송 등의 절차에 의하여 그 취소나 무효확인을 받아야 하는 것은 아니다(대판 2010.4.8. 2009다90092).

④ (O) 행정처분이나 행정심판 재결이 불복기간의 경과로 인하여 확정될 경우 확정력은 처분으로 인하여 법률상 이익을 침해받은 자가 처분이나 재결의 효력을 더 이상 다툴 수 없다는 의미일 뿐 판결에 있어서와 같은 기판력이 인정되는 것은 아니어서 처분의 기초가 된 사실관계나 법률적 판단이 확정되고 당사자들이나 법원이 이에 기속되어 모순되는 주장이나 판단을 할 수 없게 되는 것은 아니다(대판 1993.04.13. 92누17181).

정답 ③

122 [16서울7급]

민사소송이나 형사소송에서 행정행위의 위법 여부, 효력 유무 또는 부인이 선결문제가 되었을 때, 법원이 이를 심리 · 판단할 수 없는 경우는?

① 甲이 조세부과처분의 무효를 이유로 이미 납부한 세금의 반환을 청구하는 부당이득반환청구소송을 제기하는 경우

② 영업허가가 취소되었음에도 불구하고 영업을 계속하던 乙이 무허가영업을 한 죄로 기소되자 그 취소처분에 대해 취소사유가 있음을 들어 무죄를 주장하는 경우

③ 丙이 영업허가를 취소당함으로써 손해를 입었다고 주장하면서 국가배상을 청구하는 소송을 제기한 경우

④ 丁이 행정청의 조치명령을 이행하지 않음을 이유로 조치명령 위반죄로 기소된 경우

해설

① (O) 과세처분이 부존재하거나 당연무효인 경우에 오납금은 국가가 법률상 원인 없이 취득한 부당이득에 해당하고, 이러한 오납금에 대한 납세의무자의 부당이득반환청구권은 처음부터 법률상 원인이 없이 납부 또는 징수된 것이므로 납부 또는 징수시에 발생하여 확정된다(대판 1992.03.31. 91다32053 전원합의체).

② (X) 처분에 대해 취소사유가 있음을 주장하여 영업허가 취소처분의 효력을 부인하는 것을 전제로 하는 경우 취소처분의 공정력으로 인해 형사법원이 판단할 수 없다.

[관련판례] 행정행위는 공정력과 불가쟁력의 효력이 있어 설혹 행정행위에 하자가 있는 경우에도 그 하자가 중대하고 명백하여 당연 무효로 보아야 할 사유가 있는 경우 이외에는 그 행정행위가 행정소송이나 다른 행정행위에 의하여 적법히 취소될 때까지는 단순히 취소할 수 있는 사유가 있는 것만으로는 누구나 그 효력을 부인할 수는 없고 법령에 의한 불복기간이 경과한 경우에는 당사자는 그 행정처분의 효력을 다툴 수 없다(대판 1991.04.23. 90누8756).

③ (O) 대판 1991.1.25. 87다카2569.

④ (O) 대판 1992.8.18. 90도1709.

정답 ②

123 [18교육행정]

행정행위의 효력에 관한 설명으로 옳지 않은 것은?

① 형사법원은 행정행위가 당연무효라면, 선결문제로서 그 행정행위의 효력을 부인할 수 있다.

② 불가쟁력은 행정행위의 상대방이나 이해관계인에 대하여 발생하는 효력이다.

③ 민사법원은 행정처분의 당연무효 여부가 재판의 선결문제로 되는 때에는 이를 판단하여 당연무효임을 전제로 판결할 수 있다.

④ 위법한 행정행위에 대한 국가배상소송이 제기된 경우, 민사법원은 해당 행정행위가 취소되어야만 그 위법 여부를 심리 · 판단하여 배상을 명할 수 있다.

해설

① (O) ③ (O) 행정처분의 하자가 중대 · 명백하여 당연무효라고 인정될 경우에는 이를 전제로 하여 판단할 수 있으나, 그 하자가 단순한 취소사유에 그칠 때에는 법원은 그 효력을 부인할 수 없다(대판 1973.7.10. 70다1439).

② (O) 불가쟁력은 처분의 상대방이나 이해관계인에 대한 구속력이고, 불가변력은 처분행정청 및 상급감독청에 대한 구속력이다.

④ (X) 처분이 위법함을 이유로 배상을 청구하는 취지로 인정될 수 있는 사건에 있어, 미리 그 행정처분의 취소판결이 있어야만 그 위법임을 이유로 피고에게 배상을 청구할 수 있는 것은 아니다(대판 1991.1.25. 87다카2569).

정답 ④

124 [18국회8급]

행정행위의 효력에 대한 판례의 태도로 옳지 않은 것은?

① 처분의 불복기간이 도과된 경우에는 당해 처분의 효력을 더 이상 다툴 수 없도록 그 처분의 기초가 된 사실관계나 법률적 판단도 확정되기 때문에 법원은 그에 모순되는 판단을 할 수 없다.

② 운전면허취소처분을 받았으나 나중에 행정쟁송절차에 의해 취소되었다면, 운전면허취소처분은 그 처분시에 소급하여 효력을 잃게 되고, 운전면허취소처분에 복종할 의무가 원래부터 없었음이 후에 확정된 것이다.

③ 민사소송에 있어서 행정처분의 당연무효여부가 선결문제로 되는 때에는 법원은 이를 판단하여 당연무효임을 전제로 판결할 수 있고 반드시 행정소송 등의 절차에 의하여 그 취소나 무효확인을 받아야 하는 것은 아니다.

④ 국세의 과오납이 위법한 과세처분에 의한 것이라도 그 흠이 단지 취소할 수 있는 정도에 불과한 때에는 그 처분이 취소되지 않는 한 그 납세액을 곧바로 부당이득이라고 하여 반환을 구할 수 있는 것은 아니다.

⑤ 제소기간이 이미 도과하여 불가쟁력이 생긴 행정처분에 대하여는 특별한 사정이 없는 한 국민에게 그 행정처분의 변경을 구할 신청권이 있다고 할 수는 없다.

해설

① (X) 행정처분이나 행정심판재결이 불복기간의 경과로 인하여 확정될 경우, 그 확정력은 그 처분으로 인하여 법률상 이익을 침해받은 자가 당해 처분이나 재결의 효력을 더이상 다툴 수 없다는 의미일 뿐, 더 나아가 판결에 있어서와 같은 기판력이 인정되는 것은 아니어서 그 처분의 기초가 된 사실관계나 법률적 판단이 확정되고 당사자들이나 법원이 이에 기속되어 모순되는 주장이나 판단을 할 수 없게 되는 것은 아니다(대판 1994. 11. 8. 93누21927).

② (O) 행정청으로부터 자동차 운전면허취소처분을 받았으나 나중에 그 행정처분 자체가 행정쟁송절차에 의하여 취소되었다면, 위 운전면허취소처분은 그 처분시에 소급하여 효력을 잃게 되고, 피고인은 위 운전면허취소처분에 복종할 의무가 원래부터 없었음이 후에 확정되었다고 봄이 타당할 것이고, 행정행위에 공정력의 효력이 인정된다고 하여 행정소송에 의하여 적법하게 취소된 운전면허취소처분이 단지 장래에 향하여서만 효력을 잃게 된다고 볼 수는 없다(대판 1999. 2. 5. 98도4239).

③ (O) 민사소송에 있어서 어느 행정처분의 당연무효 여부가 선결문제로 되는 때에는 이를 판단하여 당연무효임을 전제로 판결할 수 있고 반드시 행정소송 등의 절차에 의하여 그 취소나 무효확인을 받아야 하는 것은 아니다(대판 2010.4.8. 2009다90092).

④ (O) 행정행위의 하자가 취소사유에 불과한 때에는 그 처분이 취소되지 않는 한 처분의 효력을 부정하여 그로 인한 이득을 법률상 원인 없는 이득이라고 말할 수 없게 하는 것이다. 따라서 국세의 과오납이 취소할 수 있는 위법한 과세처분에 의한 것이라도 그 처분이 취소되지 않는 한 그로 인한 납세액을 곧바로 부당이득이라고 하여 반환을 구할 수 있는 것이 아니다(대판 1994.11.11. 94다28000).

⑤ (O) 불가쟁력이 생긴 행정처분에 대하여는 개별 법규에서 그 변경을 요구할 신청권을 규정하고 있거나 관계 법령의 해석상 그러한 신청권이 인정될 수 있는 등 특별한 사정이 없는 한 국민에게 그 행정처분의 변경을 구할 신청권이 있다 할 수 없다(대판 2007.4.26. 2005두11104).

정답 ①

125 [09지방7급]

행정행위의 효력에 관한 설명 중 옳은 것으로만 묶은 것은?

ㄱ. 중대하고 명백한 하자 있는 행정행위에는 공정력이 인정되지 않는다.
ㄴ. 판례는 연령을 속여 발급받은 운전면허라 하더라도 당연무효는 아니고 취소되지 않는 한 효력이 있다고 보아 무면허운전에 해당하지 않는다고 본다.
ㄷ. 불가쟁력이 발생한 행정행위에 대해 처분청은 이를 직권취소하거나 철회할 수 없다.
ㄹ. 불가변력이 발생한 행정행위는 당연히 불가쟁력을 가진다.

① ㄱ, ㄴ ② ㄱ, ㄷ
③ ㄴ, ㄹ ④ ㄷ, ㄹ

해설

① 행정행위의 효력에 관한 설명 중 옳은 것은 ㄱ, ㄴ 이다.

ㄱ. (O) 무효인 행정행위에는 공정력이 인정되지 않는다.

ㄴ. (O) 대판 1982.6.8. 80도2646.

ㄷ. (X) 불가쟁력이 발생한 행정행위가 당연히 불가변력을 발생하는 것은 아니다. 따라서 불가쟁력이 발생한 행정행위도 행정청이 직권으로 취소·철회할 수 있다.

ㄹ. (X) 불가변력이 발생한 행정행위가 반드시 불가쟁력을 가지는 것도 아니다. 따라서 불가변력이 발생한 행정행위도 상대방이나 이해관계인은 쟁송제기 기간이 경과하기 전에는 행정쟁송의 제기를 통하여 다툴 수 있다.

정답 ①

126 [15서울9급]

행정행위에 관한 설명으로 옳지 않은 것을 모두 고른 것은? (다툼이 있는 경우 판례에 의함)

ㄱ. 행정권한을 위임받은 사인도 행정청으로서 행정행위를 할 수 있다.
ㄴ. 부하 공무원에 대한 상관의 개별적인 직무명령은 행정행위가 아니다.
ㄷ. 일정한 불복기간이 경과하거나 쟁송수단을 다 거친 후에는 더 이상 행정행위를 다툴 수 없게 되는 효력을 행정행위의 불가변력이라 한다.
ㄹ. 판례에 따르면 행정행위의 집행력은 행정행위의 성질상 당연히 내재하는 효력으로서 별도의 법적 근거를 요하지 않는다.
ㅁ. 지방경찰청장이 횡단보도를 설치하여 보행자통행방법 등을 규제하는 것은 행정행위에 해당한다.

① ㄱ, ㄹ ② ㄷ, ㅁ
③ ㄴ, ㅁ ④ ㄷ, ㄹ

해설

④ 행정행위에 관한 설명으로 옳지 않은 것은 ㄷ, ㄹ 이다.

ㄱ. (O) 공무수탁사인은 국가 또는 지방자치단체로부터 법령에 의하여 공권력의 행사를 수탁받은 사인으로서, 그 범위 내에서 행정주체의 지위에 서는 사인을 말한다. 행정권한을 위임받은 사인도 행정청으로서 행정행위를 할 수 있다.

ㄴ. (O) 직무상 명령이란 상급공무원이 하급공무원에 대해 내부적으로 직무상 발하는 명령을 말하며, 부하 공무원에 대한 상관의 개별적인 직무명령은 행정행위가 아니다.

ㄷ. (X) 불복기간 또는 제소기간이 경과하거나 쟁송절차가 종료된 경우에는 더 이상 그 행정행위의 효력을 다툴 수 없게 하는 효력은 불가쟁력이다.

ㄹ. (X) 자력집행을 하기 위해서는 행정행위와는 별도로 법적 근거가 필요하다.

ㅁ. (O) 대판 2000.10.27. 98두8964.

정답 ④

IV 행정행위의 결효(缺效)

127 [13서울7급]

행정행위에 대한 설명 중 옳은 것은?

①「헌법재판소법」 제47조는 위헌으로 결정된 법률 또는 법률의 조항은 원칙적으로 그 법률 또는 법률조항이 제정된 날짜에 소급하여 관련된 사건의 효력을 상실시킨다고 규정하고 있다.
② 당해 처분에 이미 불가쟁력이 발생하였거나 법적 안정성이 요구되는 경우에도 소급효를 인정하고 있다.
③ 중대명백설은 하자있는 행정처분이 당연 무효이기 위해서는 그 하자가 적법요건의 중대한 위반과 일반인의 관점에서도 외관상 명백한 것을 기준으로 한다.
④ 행정처분이 있는 후에 집행단계에서 그 처분의 근거가 된 법률이 위헌으로 결정되는 경우 그 처분의 집행을 위한 행위는 위헌결정의 기속력에 위반되는 것이 아니므로 이를 허용한다.
⑤ 판례는 행정처분의 근거가 된 법률이나 조례가 행정처분 후에 위헌으로 선언되면 그 처분의 하자는 원칙적으로 모두 무효사유가 된다고 한다.

해설

① (X)

> **헌법재판소법 제47조(위헌결정의 효력)** ② 위헌으로 결정된 법률 또는 법률의 조항은 그 결정이 있는 날부터 효력을 상실한다.

② (X) 취소소송의 제기기간을 경과하여 확정력이 발생한 행정처분에는 위헌결정의 소급효가 미치지 않는다고 보아야 한다(대판 1994.10.28. 92누9463).

③ (O) 행정행위의 하자의 내용이 중대하고, 그 하자가 외관상 명백한 때에는 당해 행정행위는 무효가 되고, 그 중대성과 명백성 중 어느 하나라도 결여한 경우에는 당해 행정행위는 취소할 수 있는 행정행위에 불과하다(통설).

④ (X) 위헌법률에 기한 행정처분의 집행이나 집행력을 유지하기 위한 행위는 위헌결정의 기속력에 위반되어 허용되지 않는다(대판 2002.8.23. 2001두2959).

⑤ (X) 일반적으로 법률이 헌법에 위반된다는 사정이 헌법재판소의 위헌결정이 있기 전에는 객관적으로 명백한 것이라고 할 수는 없으므로 헌법재판소의 위헌결정 전에 행정처분의 근거되는 당해 법률이 헌법에 위반된다는 사유는 특별한 사정이 없는 한 그 행정처분의 취소소송의 전제가 될 수 있을 뿐 당연무효사유는 아니라고 봄이 상당하다(대판 1994.10.28. 92누9463).

정답 ③

128 [18국회8급]

행정행위에 대한 설명으로 옳지 않은 것은? (다툼이 있는 경우 판례에 의함)

① 행정행위 중 당사자의 신청에 의하여 인·허가 또는 면허 등 이익을 주거나 그 신청을 거부하는 처분을 하는 것을 내용으로 하는 이른바 신청에 의한 처분의 경우에는 신청에 대하여 일단 거부처분이 행해지면 그 거부처분이 적법한 절차에 의하여 취소·철회되지 않는 한, 사유를 추가하여 거부처분을 반복하는 것은 존재하지도 않는 신청에 대한 거부처분으로서 당연무효이다.

② 행정행위 효력요건은 정당한 권한있는 기관이 필요한 절차를 거치고 필요한 표시의 형식을 갖추어야 할 뿐만 아니라, 행정행위의 내용이 법률상 효과를 발생할 수 있는 것이어야 되며 그 중의 어느 하나의 요건의 흠결도 당해 행정행위의 취소원인이 된다.

③ 수익적 행정행위를 취소 또는 철회하거나 중지시키는 경우에는 비록 취소 등의 사유가 있다고 하더라도 그 취소권 등의 행사는 기득권의 침해를 정당화할 만한 중대한 공익상의 필요 또는 제3자의 이익을 보호할 필요가 있고, 이를 상대방이 받는 불이익과 비교·교량하여 볼 때 공익상의 필요 등이 상대방이 입을 불이익을 정당화할 만큼 강한 경우에 한하여 허용될 수 있다.

④ 「사립학교법」 제20조 제2항에 의한 학교법인의 임원에 대한 감독청의 취임승인은 학교법인의 임원선임행위를 보충하여 그 법률상의 효력을 완성하게 하는 보충적 행정행위로서 성질상 기본행위를 떠나 승인처분 그 자체만으로는 법률상 아무런 효과도 발생할 수 없다.

⑤ 마을버스 운수업자가 유류사용량을 실제보다 부풀려 유가보조금을 과다 지급받은 데 대하여 관할 행정청이 부정수급기간 동안 지급된 유가보조금 전액을 회수하는 내용의 처분을 한 것은 '거짓이나 부정한 방법으로 지급받은 보조금'에 대하여 반환할 것을 명하는 것일 뿐만 아니라 '정상적으로 지급받은 보조금'까지 반환하도록 명할 수 있는 것이어서 위법하다.

해설

① (O) 행정청은 종전 처분과 양립할 수 없는 처분을 함으로써 묵시적으로 종전 처분을 취소할 수도 있으나, 행정행위 중 당사자의 신청에 의하여 인·허가 또는 면허 등 이익을 주거나 그 신청을 거부하는 처분을 하는 것을 내용으로 하는 이른바 신청에 의한 처분의 경우에는 신청에 대하여 일단 거부처분이 행해지면 그 거부처분이 적법한 절차에 의하여 취소되지 않는 한, 사유를 추가하여 거부처분을 반복하는 것은 존재하지도 않는 신청에 대한 거부처분으로서 당연무효이다(대판 1999. 12. 28. 98두1895).

② (X) 행정행위가 성립하려면 정당한 권한있는 기관이 필요한 절차를 거치고 필요한 형식을 갖추어야할 것이나 그 행정행위가 성립하는데 필요한 절차는 그 성립 또는 효력요건일 뿐 행정행위의 일부이거나 그 자체는 아니라고 풀이할 것이다(대판 1984. 4. 10. 83누621). 단속 경찰관이 자신의 명의로 운전면허행정처분통지서를 작성·교부하여 행한 운전면허정지처분은 비록 그 처분의 "내용·사유·근거"등이 기재된 서면을 교부하는 방식으로 행하여졌다고 하더라도 권한 없는 자에 의하여 행하여진 점에서 무효의 처분에 해당한다(대판 1997.5.16. 97누2313). 주체·절차·형식·내용상의 하자는 중대·명백한 경우 무효사유가 된다.

③ (O) 수익적 행정처분을 취소할 때에는 이를 취소하여야 할 공익상의 필요와 그 취소로 인하여 당사자가 입게 될 기득권과 신뢰보호 및 법률생활 안정의 침해 등 불이익을 비교·교량한 후 공익상의 필요가 당사자가 입을 불이익을 정당화할 만큼 강한 경우에 한하여 취소할 수 있다(대판 2006.05.25. 2003두4669).

④ (O) 학교법인의 임원에 대한 감독청의 취임승인은 학교법인의 임원선임행위를 보충하여 그 법률상의 효력을 완성케하는 보충적 행정행위로서 성질상 기본행위를 떠나 승인처분 그 자체만으로는 법률상 아무런 효력도 발생할 수 없으므로 기본행위인 학교법인의 임원선임행위가 불성립 또는 무효인 경우에는 비록 그에 대한 감독청의 취임승인이 있었다 하여도 이로써 무효인 그 선임행위가 유효한 것으로 될 수는 없다(대판 1987. 8. 18. 86누152).

⑤ (O) 마을버스 운수업자 갑이 유류사용량을 실제보다 부풀려 유가보조금을 과다 지급받은 데 대하여 관할 시장이 갑에게 부정수급기간 동안 지급된 유가보조금 전액을 회수하는 내용의 처분을 한 사안에서, 구 여객자동차 운수사업법 제51조 제3항에 따라 국토해양부장관 또는 시·도지사는 여객자동차 운수사업자가 '거짓이나 부정한 방법으로 지급받은 보조금'에 대하여 반환할 것을 명하여야 하고, 위 규정을 '정상적으로 지급받은 보조금'까지 반환하도록 명할 수 있는 것으로 해석하는 것은 문언의 범위를 넘어서는 것이며, 규정의 형식이나 체재 등에 비추어 보면, 위 환수처분은 국토해양부장관 또는 시·도지사가 지급받은 보조금을 반환할 것을 명하여야 하는 기속행위라고 한 사례(대판 2013. 12. 12. 2011두3388).

정답 ②

129 [14사회복지]

무효인 행정처분에 해당되지 않는 것은? (다툼이 있는 경우 판례에 의함)

① 행정절차법상 문서주의에 위반하여 행해진 행정처분
② 환경영향평가법상 환경영향평가의 대상사업임에도 환경영향평가를 거치지 않고 행해진 사업승인처분
③ 주민등록법상 최고·공고절차가 생략된 주민등록말소처분
④ 취소판결의 기속력에 위반하여 행해진 행정처분

해설

① (O) 행정절차법 제24조는, 행정청이 처분을 하는 때에는 다른 법령 등에 특별한 규정이 있는 경우를 제외하고는 문서로 하여야 하고 위 규정을 위반하여 행하여진 행정청의 처분은 하자가 중대하고 명백하여 원칙적으로 무효이다(대판 2011.11.10. 2011도11109).

② (O) 대판 2006.6.30. 2005두14363.

③ (X) 주민등록을 말소하는 처분을 한 경우 이 처분이 주민등록법 제17조의2에 규정한 최고, 공고의 절차를 거치지 아니하였다 하더라도 그러한 하자는 중대하고 명백한 것이라고 할 수 없어 처분의 당연무효사유에 해당하는 것이라고는 할 수 없다(대판 1994.8.26. 94누3223).

④ (O) 확정판결과 저촉되는 행정처분을 하는 것은 허용되지 않는 것으로서 이러한 행정처분은 그 하자가 중대하고도 명백한 것이어서 당연무효라 할 것이다(대판 1990.12.11. 90누3560).

정답 ③

130 [16국가9급]

행정행위의 하자에 대한 설명으로 옳은 것은? (다툼이 있는 경우 판례에 의함)

① 임용 당시 법령상 공무원임용 결격사유가 있었더라도 임용권자의 과실에 의하여 임용결격자임을 밝혀내지 못한 경우라면 그 임용행위가 당연무효가 된다고 할 수는 없다.
② 철거명령이 당연무효인 경우에는 그에 근거한 후행행위인 건축물철거 대집행계고처분도 당연무효이다.
③ 행정행위의 내용상의 하자는 치유의 대상이 될 수 있으나, 형식이나 절차상의 하자에 대해서는 치유가 인정되지 않는다.
④ 부담금 부과처분 이후에 처분의 근거법률이 위헌결정된 경우, 그 부과처분에 불가쟁력이 발생하였고 위헌결정 전에 이미 관할 행정청이 압류처분을 하였다면, 위헌결정 이후에도 후속절차인 체납처분절차를 통하여 부담금을 강제징수할 수 있다.

해설

① (X) 국가가 공무원임용결격사유가 있는 자에 대하여 결격사유가 있는 것을 알지 못하고 공무원으로 임용하였다가 사후에 결격사유가 있는 자임을 발견하고 공무원 임용행위를 취소하는 것은 당사자에게 원래의 임용행위가 당초부터 당연무효이었음을 통지하여 확인시켜 주는 행위에 지나지 아니하는 것이므로, 그러한 의미에서 당초의 임용처분을 취소함에 있어서는 신의칙 내지 신뢰의 원칙을 적용할 수 없고 또 그러한 의미의 취소권은 시효로 소멸하는 것도 아니다(대판 1987.4.14. 86누459).

② (O) 적법한 건축물에 대한 철거명령은 그 하자가 중대하고 명백하여 당연무효라고 할 것이고, 그 후행행위인 건축물철거 대집행계고처분 역시 당연무효라고 할 것이다(대판 1999.4.27. 97누6780).

③ (X) 하자의 치유는 취소할 수 있는 절차상 및 형식상의 하자이고, 내용에 관한 하자는 치유의 대상이 아니다. 행정행위의 성질이나 법치주의의 관점에서 볼 때 하자있는 행정행위의 치유는 원칙적으로 허용될 수 없을 뿐만 아니라 이를 허용하는 경우에도 국민의 권리와 이익을 침해하지 않는 범위에서 구체적 사정에 따라 합목적적으로 가려야 할 것이다. 따라서 사업계획변경인가처분에 관한 하자는 행정처분의 내용에 관한 것이고 새로운 노선면허가 소 제기 이후에 이루어진 사정 등에 비추어 하자의 사후적 치유를 인정하지 않은 것은 정당하다(대판 1991.5.28. 90누1359).

④ (X) 조세 부과의 근거가 되었던 법률규정이 위헌으로 선언된 경우, 비록 그에 기한 과세처분이 위헌결정 전에 이루어졌고, 과세처분에 대한 제소기간이 이미 경과하여 조세채권이 확정되었으며, 조세채권의 집행을 위한 체납처분의 근거규정 자체에 대하여는 따로 위헌결정이 내려진 바 없다고 하더라도, 위와 같은 위헌결정 이후에 조세채권의 집행을 위한 새로운 체납처분에 착수하거나 이를 속행하는 것은 더 이상 허용되지 않고, 나아가 이러한 위헌결정의 효력에 위배하여 이루어진 체납처분은 그 사유만으로 하자가 중대하고 객관적으로 명백하여 당연무효라고 보아야 한다(대판 2012.02.16. 2010두10907).

정답 ②

131 [09국회8급]

다음 중 무효인 행정행위만을 모두 고른 것은? (다툼이 있는 경우 판례에 따름)

ㄱ. 건설부장관이 택지개발계획을 승인함에 있어서 토지수용법에 의한 이해관계자의 의견을 듣지 아니하였거나, 토지소유자에 대한 통지를 하지 아니하고 사업인정을 한 것
ㄴ. 음주운전을 단속한 경찰관이 자기의 명의로 운전면허정지처분을 행한 것
ㄷ. 개발부담금 부과처분을 하면서 납부고지서에 납부기한을 법정납부기한보다 단축하여 기재한 것
ㄹ. 도지사의 인사교류안 작성과 그에 따른 인사교류의 권고가 전혀 이루어지지 않은 상태에서 그 관할구역 내 시장(市長)이 인사교류에 관한 처분을 행한 것

① ㄱ, ㄴ ② ㄴ, ㄹ
③ ㄷ, ㄹ ④ ㄴ, ㄷ, ㄹ
⑤ ㄱ, ㄴ, ㄷ, ㄹ

해설

② 무효인 행정행위는 ㄴ, ㄹ이다.

ㄱ. (X) 건설부장관이 택지개발계획을 승인함에 있어서 토지수용법 제15조에 의한 이해관계자의 의견을 듣지 아니하였거나, 같은 법 제16조 제1항 소정의 토지소유자에 대한 통지를 하지 아니한 하자는 중대하고 명백한 것이 아니므로 사업인정 자체가 당연무효라고 할 수 없다(대판 1993.6.29. 91누2342).

ㄴ. (O) 단속 경찰관이 자신의 명의로 운전면허행정처분통지서를 작성·교부하여 행한 운전면허정지처분은 비록 그 처분의 내용·사유·근거 등이 기재된 서면을 교부하는 방식으로 행하여졌다고 하더라도 권한 없는 자에 의하여 행하여진 점에서 무효의 처분에 해당한다(대판 1997.5.16. 97누2313).

ㄷ. (X) 개발부담금의 납부기한은 개발이익환수에관한법률 제16조의 규정에 따라 정하여지고 납부고지서의 기재는 그 정하여진 날짜를 그대로 기재하는 것에 불과하여 납부기한을 잘못 기재한 것만으로는 납부기한이 단축되는 효력이 발생되는 것이 아니고, 따라서 처분에 대한 불복 여부의 결정과 불복신청에 지장을 주었다고 단정하기 어려우므로 그 처분이 위법하게 되는 것은 아니다(대판 2002.7.23. 2000두9946).

ㄹ. (O) 도지사의 인사교류안 작성과 그에 따른 인사교류의 권고가 전혀 이루어지지 않은 상태에서 행하여진 관할구역 내 시장의 인사교류에 관한 처분은 지방공무원법 제30조의2 제2항의 입법 취지에 비추어 그 하자가 중대하고 객관적으로 명백하여 당연무효이다(대판 2005.6.24. 2004두10968).

정답 ②

132 [16지방7급]

무효인 행정행위에 대한 설명으로 옳은 것은? (다툼이 있는 경우 판례에 의함)

① 행정청이 권한을 유월하여 공무원에 대한 의원면직처분을 하였다면 그러한 처분은 다른 일반적인 행정행위에서의 그것과 같이 보아 당연무효로 보아야 한다.
② 환경영향평가법령의 규정상 환경영향평가를 거쳐야 할 사업인 경우에, 환경영향평가를 거치지 아니하고 행한 사업승인처분을 당연무효라 볼 수는 없다.
③ 법률이 위헌으로 선언된 경우, 위헌결정 전에 이미 형성된 법률관계에 기한 후속처분은 비록 그것이 새로운 위헌적 법률관계를 생성·확대하는 경우라도 당연무효라 볼 수는 없다.
④ 사직원 제출자의 내심의 의사가 사직할 뜻이 없었더라도 「민법」상 비진의 의사표시의 무효에 관한 규정이 적용되지 않으므로 그 사직원을 받아들인 의원면직처분을 당연무효라 볼 수는 없다.

해설

① (X) 5급 이상의 국가정보원직원에 대한 의원면직처분이 임면권자인 대통령이 아닌 국가정보원장에 의해 행해진 것으로 위법하다 하더라도 그러한 하자가 중대한 것이라고 볼 수는 없으므로, 대통령의 내부결재가 있었는지에 관계없이 당연무효는 아니다(대판 2007.7.26. 2005두15748).

② (X) 대판 2006.06.30. 2005두14363.

③ (X) 대판 2012.02.16. 2010두10907.

④ (O) 대판 2001.8.24. 99두9971.

정답 ④

133 [16서울7급]

갑(甲)은 A법률에 근거하여 부담금 부과처분을 받았으나, 처분 이후에 처분의 근거가 되었던 A법률의 규정이 헌법재판소에 의해 위헌으로 결정되었다. 이에 대한 설명으로 가장 옳은 것은?

① 갑이 부담금을 납부하였고, 부담금 부과처분에 불가쟁력이 발생하였다면 이미 납부한 부담금의 반환청구는 인정되지 않는다.

② 갑에 대한 부담금 부과처분은 법적 근거가 없는 것이 되어 일반적으로 당연무효이다.

③ 갑이 아직 부담금을 납부하지 않은 상태에서 부담금 부과처분에 불가쟁력이 발생한 경우에는 부담금에 대한 강제 집행이 허용된다.

④ 갑이 위헌결정을 이유로 부담금 부과처분에 대해 취소소송을 제기하는 경우에는 제소기간의 제한이 적용되지 않는다.

해설

① (O) 이미 취소소송의 제기기간을 경과하여 확정력이 발생한 행정처분의 경우에는 위헌결정의 소급효가 미치지 않는다고 보아야 할 것이다(대판 2002.11.08. 2001두3181).

② (X) 헌법재판소의 위헌결정 전에 행정처분의 근거되는 당해 법률이 헌법에 위반된다는 사유는 특별한 사정이 없는 한 그 행정처분의 취소소송의 전제가 될 수 있을 뿐 당연무효사유는 아니다(대판 1994.10.28. 92누9463).

③ (X) 대판 2012.02.16. 2010두10907.

④ (X) 위헌결정 전에 행정처분의 근거되는 당해 법률이 헌법에 위반된다는 사유는 특별한 사정이 없는 한 그 행정처분의 취소소송의 전제가 되며 취소소송을 제기하는 경우 제소기간의 제한이 적용된다.

정답 ①

대법원은 금고 이상의 형의 선고유예를 받은 경우에 공무원직에서 당연히 퇴직하는 것으로 규정한 구 「지방공무원법」 제61조 중 제31조 제5호 부분에 대한 헌법재판소의 위헌결정의 효력에 대하여, 종래의 법령에 의하여 형성된 공무원의 신분관계에 관한 법적 안정성과 신뢰보호의 요청에 비하여 퇴직공무원의 권리구제의 요청이 현저하게 우월하므로, 위 위헌결정 이후 제소된 일반사건에 대하여 위 위헌결정의 소급효가 인정된다고 판시하였다. [14지방9급]

해설

(X) 금고 이상의 형의 선고유예를 받은 경우에 공무원직에서 당연히 퇴직하는 것으로 규정한 구 지방공무원법 제61조 중 제31조 제5호 부분에 대한 헌법재판소의 위헌결정의 소급효를 인정할 경우 그로 인하여 보호되는 퇴직공무원의 권리구제라는 구체적 타당성 등의 요청에 비하여 종래의 법령에 의하여 형성된 공무원의 신분관계에 관한 법적 안정성과 신뢰보호의 요청이 현저하게 우월하므로, 위 위헌결정 이후 제소된 일반사건에 대하여 위 위헌결정의 소급효가 제한된다(대판 2005.11.10. 2005두5628).

134 [15지방9급]

위헌법령에 근거한 행정처분의 효력에 대한 대법원 판례의 입장으로 옳지 않은 것은?

① 취소소송의 제소기간을 경과하여 확정력이 발생한 행정처분에는 위헌결정의 소급효가 미치지 않는다.

② 과세처분의 근거규정에 대한 헌법재판소의 위헌결정이 내려진 후 행한 체납처분은 그 하자가 객관적으로 명백하다고 할 수 없다.

③ 헌법재판소의 위헌결정의 효력은 위헌제청을 한 당해 사건은 물론 위헌제청신청은 아니하였지만 당해 법률 또는 법률의 조항이 재판의 전제가 되어 법원에 계속 중인 사건에도 미친다.

④ 시행령 규정의 위헌 여부가 해석상 다툼의 여지가 없을 정도로 명백하였다고 인정되지 아니하는 이상 이러한 시행령에 근거한 행정처분의 하자는 취소사유에 해당할 뿐 무효사유가 되지 아니한다.

해설

① (O) 위헌인 법률에 근거한 행정처분이 당연무효인지의 여부는 위헌결정의 소급효와는 별개의 문제로서, 위헌결정의 소급효가 인정된다고 하여 위헌인 법률에 근거한 행정처분이 당연무효가 된다고는 할 수 없고, 오히려 이미 취소소송의 제기기간을 경과하여 확정력이 발생한 행정처분에는 위헌결정의 소급효가 미치지 않는다고 보아야 한다(대판 1994.10.28. 92누9463).

② (X) 조세 부과의 근거가 되었던 법률규정이 위헌으로 선언된 경우, 비록 그에 기한 과세처분이 위헌결정 전에 이루어졌고, 과세처분에 대한 제소기간이 이미 경과하여 조세채권이 확정되었으며, 조세채권의 집행을 위한 체납처분의 근거규정 자체에 대하여는 따로 위헌결정이 내려진 바 없다고 하더라도, 위와 같은 위헌결정 이후에 조세채권의 집행을 위한 새로운 체납처분에 착수하거나 이를 속행하는 것은 더 이상 허용되지 않고, 나아가 이러한 위헌결정의 효력에 위배하여 이루어진 체납처분은 그 사유만으로 하자가 중대하고 객관적으로 명백하여 당연무효라고 보아야 한다(대판 2012.2.16. 2010두10907 전원합의체).

③ (O) 헌법재판소의 위헌결정의 효력은 위헌제청을 한 당해 사건, 위헌결정이 있기 전에 이와 동종의 위헌 여부에 관하여 헌법재판소에 위헌여부심판제청을 하였거나 법원에 위헌여부심판제청신청을 한 경우의 당해 사건과 따로 위헌제청신청은 아니하였지만 당해 법률 또는 법률의 조항이 재판의 전제가 되어 법원에 계속중인 사건뿐만 아니라 위헌결정 이후에 위와 같은 이유로 제소된 일반사건에도 미친다(대판 1993.1.15. 92다12377).

④ (O) 일반적으로 시행령이 헌법이나 법률에 위반된다는 사정은 그 시행령의 규정을 위헌 또는 위법하여 무효라고 선언한 대법원의 판결이 선고되지 아니한 상태에서는 그 시행령 규정의 위헌 내지 위법 여부가 해석상 다툼의 여지가 없을 정도로 명백하였다고 인정되지 아니하는 이상 객관적으로 명백한 것이라 할 수 없으므로, 이러한 시행령에 근거한 행정처분의 하자는 취소사유에 해당할 뿐 무효사유가 되지 아니한다(대판 2007.6.14. 2004두619).

정답 ②

135 [16국회8급]

행정행위의 하자에 대한 설명으로 옳은 것은? (다툼이 있는 경우 판례에 의함)

① 선행 행정행위가 당연무효이더라도 양자가 서로 독립하여 별개의 효과를 목적으로 하는 경우에는 후행 행정행위가 당연무효가 되는 것은 아니다.

② 학교보건법에 따른 학교환경위생정화구역 내에서의 금지행위 및 해제여부에 관한 행정처분을 하면서 학교환경위생정화위원회의 심의절차를 누락한 것은 당연무효사유이다.

③ 처분 당시 당사자가 어떠한 근거와 이유로 처분이 이루어진 것인지를 충분히 알 수 있어서 그에 불복하여 행정구제절차로 나아가는 데에 별다른 지장이 없었던 것으로 인정되는 경우에도 처분서에 처분의 근거와 이유가 구체적으로 명시되어 있지 않았다면, 그 처분은 위법한 것으로 된다.

④ 선행 사업인정과 후행 수용재결 사이에는 하자가 승계된다.

⑤ 과세처분 이후 조세 부과의 근거가 되었던 법률규정에 대하여 헌법재판소의 위헌결정이 내려진 경우, 비록 체납처분의 근거법률에 대하여 따로 위헌결정이 내려진 바 없더라도 그 조세채권의 집행을 위한 체납처분은 당연무효이다.

해설

① (X) 선행행위가 무효인 경우 후행행위도 당연무효가 된다.

② (X) 행정청이 구 학교보건법 소정의 학교환경위생정화구역 내에서 금지행위 및 시설의 해제 여부에 관한 행정처분을 함에 있어 학교환경위생정화위원회의 심의를 누락한 흠이 있다면, 특별한 사정이 없는 한 이는 행정처분을 위법하게 하는 취소사유가 된다(대판 2007. 3. 15. 2006두15806).

③ (X) 처분 당시 당사자가 어떠한 근거와 이유로 처분이 이루어진 것인지를 충분히 알 수 있어서 그에 불복하여 행정구제절차로 나아가는 데에 별다른 지장이 없었던 것으로 인정되는 경우에는 처분서에 처분의 근거와 이유가 구체적으로 명시되어 있지 않았다 하더라도 그로 말미암아 그 처분이 위법한 것으로 된다고 할 수는 없다(대판 2009. 12. 10. 2007두20348).

④ (X) 사업인정과 토지수용재결 사이에는 하자의 승계가 인정되지 않는다.

⑤ (O) 대판 2012.02.16. 2010두10907.

정답 ⑤

136 [17국가9급(下)]

행정행위의 하자에 대한 설명으로 옳지 않은 것은? (다툼이 있는 경우 판례에 의함)

① 행정행위의 내용상의 하자에 대해서는 하자의 치유가 인정되지 않는다.
② 행정처분을 한 처분청은 그 처분의 성립에 하자가 있는 경우 이를 취소할 별도의 법적 근거가 없다고 하더라도 직권으로 취소할 수 있다.
③ 납세의무자가 부과된 세금을 자진납부하였다고 하더라도 세액산출근거 등의 기재사항이 누락된 납세고지서에 의한 과세처분의 하자는 치유되지 않는다.
④ 수익적 행정행위의 거부처분을 함에 있어서 당사자에게 사전통지를 하지 아니하였다면, 그 거부처분은 위법하여 취소를 면할 수 없다.

해설

① (O) 대판 1991.5.28. 90누1359.
② (O) 원래 행정처분을 한 처분청은 그 처분에 하자가 있는 경우에는 원칙적으로 별도의 법적 근거가 없더라도 스스로 이를 직권으로 취소할 수 있다(대판 2006.6.30. 2004두701).
③ (O) 대판 1985.4.9. 84누431.
④ (X) 거부처분은 직접 당사자의 권익을 제한하는 것은 아니어서 신청에 대한 거부처분을 여기에서 말하는 '당사자의 권익을 제한하는 처분'에 해당한다고 할 수 없는 것이어서 처분의 사전통지대상이 된다고 할 수 없다(대판 2003.11.28, 2003두674).

정답 ④

137 [18국회8급]

행정작용에 관한 설명 중 옳은 것을 〈보기〉에서 모두 고르면?

〈보 기〉

ㄱ. 인가의 대상이 되는 행위에 취소원인이 있더라도 일단 인가가 있는 때에는 그 흠은 치유된다.
ㄴ. 행정계획의 수립에 있어서 행정청에게 인정되는 광범위한 형성의 자유, 즉 '계획재량'은 '형량명령의 원칙'에 따라 통제한다.
ㄷ. 관계법령을 위반하였음을 이유로 장례식장의 사용중지를 명하고 이를 불이행할 경우 행정대집행법 에 의하여 대집행하겠다는 내용의 장례식장사용중지계고처분은 적법하다.
ㄹ. 이유부기를 결한 행정행위는 무효이며 그 흠의 치유를 인정하지 아니하는 것이 판례의 입장이다.
ㅁ. 행정행위의 구성요건적 효력은 처분청 이외의 다른 국가기관으로 하여금 당해 행위의 존재와 효과를 인정하고 그 내용에 구속될 것을 요구하는 효력을 말한다.

① ㄱ, ㄴ
② ㄱ, ㄷ
③ ㄴ, ㄹ
④ ㄴ, ㅁ
⑤ ㄷ, ㅁ

해설

ㄱ. (X) 기본행위에 취소원인이 있더라도 인가가 있으면 일단 유효하게 성립한다. 즉 기본행위가 취소될 때까지는 인가는 유효하며, 기본행위가 취소되거나 실효되면 인가는 그 존립의 바탕을 잃어 실효된다.
ㄴ. (O) 형량명령이란 행정계획을 수립함에 있어서 관련된 이익을 정당하게 형량하여야 한다는 원칙을 말한다. 형량명령은 계획재량의 통제를 위하여 독일에서 발전된 이론이다.
ㄷ. (X) 이 사건 처분에 따른 '장례식장 사용중지 의무'가 원고 이외의 '타인이 대신'할 수도 없고, 타인이 대신하여 '행할 수 있는 행위'라고도 할 수 없는 비대체적 부작위 의무에 대한 것이므로, 그 자체로 위법함이 명백하다(대판 2005.9.28, 2005두7464).
ㄹ. (X) 법령이 요구하는 기재사항 중 일부를 누락시킨 하자가 있는 경우 이로써 그 부과처분은 위법하게 되지만, 이러한 납세고지서 작성과 관련한 하자는 그 고지서가 납세의무자에게 송달된 이상 과세처분의 본질적 요소를 이루는 것은 아니어서 과세처분의 취소사유가 됨은 별론으로 하고 당연무효의 사유로는 되지 아니한다(대판 1998.06.26. 96누12634).

ㅁ. (O) 구성요건적 효력이란 하자있는 행정행위라도 무효가 아닌 한 제3의 국가기관(처분청이외의 행정청과 수소법원 이외의 민사·형사법원)은 그 행정행위의 존재 및 내용을 존중하며, 스스로의 판단의 기초 내지 구성요건으로 삼아야 하는 구속력을 말한다.

정답 ④

V 행정행위의 하자치유·전환

138 [18교육행정]

행정행위의 하자에 관한 설명으로 옳은 것은?

① 행정행위의 하자의 치유는 무효인 행정행위에는 인정할 수 없다.

② 선행행위의 무효의 하자는 당연히 후행행위에 승계되지 않는다.

③ 무효인 행정행위에 대해서는 사정판결을 할 수 있다.

④ 무효인 행정행위는 당연무효를 선언하는 의미에서 그 취소를 구하는 형식의 소를 제기할 수 없다.

해설

① (O) 하자의 치유는 취소할 수 있는 행정행위에 대해서만 인정된다.

> **[관련판례]** 징계처분이 중대하고 명백한 흠 때문에 당연무효의 것이라면 징계처분을 받은 자가 이를 용인하였다 하여 그 흠이 치료되는 것은 아니다(대판 1989.12.12. 88누8869).

② (X) 선행행위가 무효인 경우에는 당사자는 선행행위의 무효를 언제나 주장할 수 있고 또한 선행행위의 무효는 후행행위에 당연히 승계되어 후행행위도 무효로 됨으로써 하자의 승계를 논할 실익이 없다.

③ (X) 계쟁중인 행정처분이 무효인 경우에는 존치시킬 효력이 있는 행정행위가 없기 때문에 행정소송법 제28조 소정의 사정판결을 할 수 없다(대판 1991.10.11, 90누9926).

④ (X) 행정처분의 당연무효를 선언하는 의미에서 그 취소를 구하는 행정소송을 제기하는 경우에는 전치절차와 그 제소기간의 준수 등 취소소송의 제소요건을 갖추어야 한다(대판 1987.6.9. 87누219).

정답 ①

139 [14사회복지]

행정행위의 하자의 치유에 대한 설명으로 옳지 않은 것은? (다툼이 있는 경우 판례에 의함)

① 행정행위의 하자의 치유는 원칙적으로 허용될 수 없고, 예외적으로 행정행위의 무용한 반복을 피하고 당사자의 법적안정성을 위해 허용하는 때에도 국민의 권리나 이익을 침해하지 않는 범위에서 인정될 수 있다.

② 행정청이 청문서 도달기간을 다소 어겼다고 하더라도 상대방이 이의를 제기하지 아니한 채 스스로 청문일에 출석하여 방어의 기회를 충분히 가졌다면 청문서 도달기간을 준수하지 아니한 하자는 치유된다.

③ 당연무효인 징계처분을 받은 자가 이를 용인하였다면 그 징계처분의 하자는 치유된다.

④ 하자의 치유는 늦어도 행정처분에 대한 불복 여부의 결정 및 불복신청을 할 수 있는 상당한 기간 내에 해야 하므로, 소가 제기된 이후에는 하자의 치유가 인정될 수 없다.

해설

① (O) 하자 있는 행정행위에 있어서 하자의 치유는 행정행위의 성질이나 법치주의의 관점에서 원칙적으로 허용될 수 없고, 행정행위의 무용한 반복을 피하고 당사자의 법적 안정성을 보호하기 위하여 국민의 권익을 침해하지 아니하는 범위 내에서 예외적으로만 허용된다(대판 2001.6.26. 99두11592).

② (O) 행정청이 청문서 도달기간을 다소 어겼다하더라도 영업자가 이에 대하여 이의하지 아니한 채 스스로 청문일에 출석하여 그 의견을 진술하고 변명하는 등 방어의 기회를 충분히 가졌다면 청문서 도달기간을 준수하지 아니한 하자는 치유되었다고 봄이 상당하다(대판 1992.10.23. 92누2844).

③ (X) 징계처분이 중대하고 명백한 흠 때문에 당연무효의 것이라면 징계처분을 받은 자가 이를 용인하였다 하여 그 흠이 치료되는 것은 아니다(대판 1989.12.12. 88누8869).

④ (O) 세액산출근거가 누락된 납세고지서에 의한 과세처분의 하자의 치유를 허용하려면 늦어도 과세처분에 대한 불복여부의 결정 및 불복신청에 편의를 줄 수 있는 상당한 기간내에 하여야 한다고 할 것이므로 위 과세처분에 대한 전심절차가 모두 끝나고 상고심의 계류중에 세액산출근거의 통지가 있었다고 하여 이로써 위 과세처분의 하자가 치유되었다고는 볼 수 없다(대판 1984.4.10. 83누393). 즉 판례는 하자의 추완이나 보완은 행정쟁송의 제기 이전에만 가능하다는 입장이다.

정답 ③

Ⅵ 행정행위의 하자승계

140 [16교육행정]

행정행위의 하자의 승계에 관한 설명으로 옳지 않은 것은? (다툼이 있으면 판례에 따름)

① 대집행계고처분과 대집행영장발부통보처분 사이에는 하자의 승계가 인정된다.

② 광고물에 대한 자진철거명령과 대집행영장발부통보처분 사이에는 하자의 승계가 부정된다.

③ 하자의 승계가 인정되기 위해서는 선행행위와 후행행위에 모두 불가쟁력이 발생한 경우이어야 한다.

④ 하자의 승계가 인정되기 위해서는 선행행위와 후행행위가 모두 항고소송의 대상이 되는 처분이어야 한다.

해설

① (O) 대판 1993.11.9. 93누14271.

② (O) 대판 1982.7.27. 81누293.

③ (X) ④ (O) 하자의 승계란 두 개 이상의 행정행위가 서로 연속하여 행해지는 경우, 선행행위에 취소사유에 해당하는 하자가 있음에도 불구하고 제소기간경과로 인한 불가쟁력이 발생한 후에, 후행행위의 취소소송에서 후행행위 자체가 위법하지 아니함에도 불구하고 선행행위의 위법을 이유로 후행행위의 위법을 주장할 수 있는가의 문제이다. 후행행위가 불가쟁력이 발생한 경우에는 후행처분에 대한 소를 제기할 수 없는바 후행처분은 불가쟁력이 발생하지 않아야 한다.

정답 ③

141 [17지방9급]

하자의 승계에 대한 설명으로 옳지 않은 것은? (다툼이 있는 경우 판례에 의함)

① 선행행위에 무효의 하자가 존재하더라도 선행행위와 후행행위가 결합하여 하나의 법적 효과를 목적으로 하는 경우에는 하자의 승계에 대한 논의의 실익이 있다.

② 적정행정의 유지에 대한 요청에서 나오는 하자의 승계를 인정하면 국민의 권리를 보호하고 구제하는 범위가 더 넓어진다.

③ 선행행위에 대하여 불가쟁력이 발생하지 않았거나 선행행위와 후행행위가 서로 독립하여 각각 별개의 법률효과를 목적으로 하는 때에는 원칙적으로 선행행위의 하자를 이유로 후행행위의 효력을 다툴 수 없다.

④ 선행행위와 후행행위가 서로 독립하여 별개의 법률효과를 목적으로 하는 경우라도 선행행위의 불가쟁력이나 구속력이 그로 인하여 불이익을 입는 자에게 수인한도를 넘는 가혹함을 가져오고 그 결과가 예측가능한 것이 아닌 때에는 하자의 승계를 인정할 수 있다.

해설

① (X) 선행행위가 무효인 경우에는 당사자는 선행행위의 무효를 언제나 주장할 수 있고 또한 선행행위의 무효는 후행행위에 당연히 승계되어 후행행위도 무효로 됨으로써 하자의 승계를 논할 실익이 없다.

② (O) 선행행위에 불가쟁력이 발생한 경우라고 하더라도 선행행위의 위법을 이유로 후행행위의 위법을 주장할 수 있게 되어 국민의 권리구제의 범위가 넓어진다.

③ (O) 선행처분과 후행처분이 서로 독립하여 별개의 법률효과를 목적으로 하는 때에는 선행처분에 불가쟁력이 생겨 그 효력을 다툴 수 없게 된 경우에는 선행처분의 하자가 중대하고 명백하여 당연무효인 경우를 제외하고는 선행처분의 하자를 이유로 후행처분의 효력을 다툴 수 없는 것이 원칙이다(대판 1994.1.25. 93누8542).

④ (O) 선행처분과 후행처분이 서로 독립하여 별개의 효과를 목적으로 하는 경우에도 선행처분의 불가쟁력이나 구속력이 그로 인하여 불이익을 입게 되는 자에게 수인한도를 넘는 가혹함을 가져오며, 그 결과가 당사자에게 예측가능한 것이 아닌 경우에는 국민의 재판받을 권리를 보장하고 있는 헌법의 이념에 비추어 선행처분의 후행처분에 대한 구속력은 인정될 수 없다(대판 1994.1.25. 93누8542).

정답 ①

142 [16국가7급]

행정행위의 하자에 대한 설명으로 옳지 않은 것은? (다툼이 있는 경우 판례에 의함)

① 적법한 건축물에 대한 철거명령의 하자가 중대하고 명백하여 당연무효라고 하더라도 그 후행행위인 건축물철거 대집행계고처분 역시 당연무효가 되는 것은 아니다.

② 계고처분의 후속절차인 대집행에 위법이 있다고 하더라도, 그와 같은 후속절차에 위법성이 있다는 점을 들어 선행절차인 계고처분이 부적법하다는 사유로 삼을 수는 없다.

③ 과세처분 이후 조세 부과의 근거가 되었던 법률규정에 대하여 위헌결정이 내려진 경우, 그 위헌결정의 효력에 위배하여 이루어진 체납처분은 당연무효이다.

④ 절차상 하자로 인하여 무효인 행정처분이 있은 후 행정청이 관계 법령에서 정한 절차를 갖추어 다시 동일한 행정처분을 하였다면 당해 행정처분은 종전의 무효인 행정처분과 관계없이 새로운 행정처분이라고 보아야 한다.

해설

① (X) 적법한 건축물에 대한 철거명령은 그 하자가 중대하고 명백하여 당연무효라고 할 것이고, 그 후행행위인 건축물철거 대집행계고처분 역시 당연무효라고 할 것이다(대판 1999.4.27. 97누6780).

② (O) 계고처분의 후속절차인 대집행에 위법이 있다고 하더라도, 그와 같은 후속절차에 위법성이 있다는 점을 들어 선행절차인 계고처분이 부적법하다는 사유로 삼을 수는 없다(대판 1997.2.14. 96누15428).

③ (O) 대판 2012.02.16. 2010두10907.

④ (O) 절차상 또는 형식상 하자로 인하여 무효인 행정처분이 있은 후 행정청이 관계 법령에서 정한 절차 또는 형식을 갖추어 다시 동일한 행정처분을 하였다면 당해 행정처분은 종전의 무효인 행정처분과 관계없이 새로운 행정처분이라고 보아야 한다(대판 2014.03.13. 2012두1006).

정답 ①

143 [18서울9급]

행정행위의 하자승계에 대한 설명으로 가장 옳지 않은 것은?

① 위법한 개별공시지가결정에 대하여 그 정해진 시정절차를 통하여 시정하도록 요구하지 아니하였다는 이유로 위법한 개별공시지가를 기초로 한 과세처분 등 후행 행정처분에서 개별공시지가결정의 위법을 주장할 수 없도록 하는 것은 수인한도를 넘는 불이익을 강요하는 것이다.

② 사업시행계획과 관리처분계획은 서로 독립하여 별개의 법적 효과를 발생시키는 것으로서 사업시행계획의 수립에 관한 취소사유인 하자가 관리처분계획에 승계되지 아니한다.

③ 대집행의 계고, 대집행영장에 의한 통지, 대집행의 실행, 대집행비용의 납부명령은 동일한 행정목적을 달성하기 위하여 일련의 절차로 연속하여 행하여지는 것으로서, 서로 결합하여 하나의 법률효과를 발생시키는 것이다.

④ 선행처분과 후행처분이 서로 독립하여 별개의 법률효과를 목적으로 하는 경우에 선행처분이 당연무효의 하자가 있다는 이유로 후행처분의 효력을 다툴 수 없다.

해설

① (O) 개별공시지가결정은 이를 기초로 한 과세처분 등과는 별개의 독립된 처분으로서 서로 독립하여 별개의 법률효과를 목적으로 하는 것이나, 개별공시지가는 이를 토지소유자나 이해관계인에게 개별적으로 고지하도록 되어 있는 것이 아니어서 토지소유자 등이 개별공시지가결정 내용을 알고 있었다고 전제하기도 곤란할 뿐만 아니라 위법한 개별공시지가결정에 대하여 그 정해진 시정절차를 통하여 시정하도록 요구하지 아니하였다는 이유로 위법한 개별공시지가를 기초로 한 과세처분 등 후행 행정처분에서 개별공시지가결정의 위법을 주장할 수 없도록 하는 것은 수인한도를 넘는 불이익을 강요하는 것으로서 국민의 재산권과 재판받을 권리를 보장한 헌법의 이념에도 부합하는 것이 아니라고 할 것이므로, 개별공시지가결정에 위법이 있는 경우에는 그 자체를 행정소송의 대상이 되는 행정처분으로 보아 그 위법 여부를 다툴 수 있음은 물론 이를 기초로 한 과세처분 등 행정처분의 취소를 구하는 행정소송에서도 선행처분인 개별공시지가결정의 위법을 독립된 위법사유로 주장할 수 있다(대판 1994.1.25. 93누8542).

② (O) 사업시행계획에 관한 취소사유인 하자는 관리처분계획에 승계되지 아니하여 그 하자를 들어 관리처분계획의 적법 여부를 다툴 수 없다(대판 2012. 8. 23. 2010두13463).

③ (O) 대집행의 계고, 대집행영장에 의한 통지, 대집행의 실행, 대집행에 요한 비용의 납부명령 등은 타인이 대신하여 행할 수 있는 행정의무의 이행을 의무자의 비용부담 하에 확보하고자 하는, 동일한 행정목적을 달성하기 위하여 단계적인 일련의 절차로 연속하여 행하여지는 것으로서, 서로 결합하여 하나의 법률효과를 발생시키는 것이므로, 후행처분인 대집행영장발부통보처분의 취소를 청구하는 소송에서 청구원인으로 선행처분인 계고처분이 위법한 것이기 때문에 그 계고처분을 전제로 행하여진 대집행영장발부통보처분도 위법한 것이라는 주장을 할 수 있다(대판 1996.02.09. 95누12507).

④ (X) 두 개 이상의 행정처분이 연속적으로 행하여진 경우 선행처분과 후행처분이 서로 독립하여 별개의 법률효과를 목적으로 하는 때에는 선행처분에 불가쟁력이 생겨 그 효력을 다툴 수 없게 되면 선행처분의 하자가 중대하고 명백하여 당연무효인 경우를 제외하고는 선행처분의 하자를 이유로 후행처분을 다툴 수 없는 것이 원칙이다(대판 1998.3.13. 96누6059). 선행처분인 도시계획시설사업 시행자 지정 처분이 처분 요건을 충족하지 못하여 당연무효인 경우에는 사업시행자 지정 처분이 유효함을 전제로 이루어진 후행처분인 실시계획 인가처분도 무효라고 보아야 한다(대판 2017. 7. 11. 2016두35120).

정답 ④

144 [17서울9급]

판례가 행정행위의 하자의 승계를 인정한 것을 모두 고른 것은?

ㄱ. 행정대집행에서의 계고와 대집행영장의 통지
ㄴ. 안경사시험합격취소처분과 안경사면허취소처분
ㄷ. 개별공시지가결정과 과세처분
ㄹ. 일제강점하 반민족행위 진상규명에 관한 특별법에 따른 친일반민족행위자 결정과 독립유공자 예우에 관한 법률에 의한 법적용 배제결정
ㅁ. 공무원의 직위해제처분과 면직처분
ㅂ. 건물철거명령과 대집행계고처분
ㅅ. 과세처분과 체납처분

① ㄱ, ㄴ, ㄷ, ㄹ ② ㄱ, ㄷ, ㄹ, ㅅ
③ ㄱ, ㄹ, ㅁ, ㅅ ④ ㄴ, ㄷ, ㄹ, ㅁ

해설

ㄱ. 승계 인정. 대판 1996.02.09. 95누12507.
ㄴ. 승계 인정. 대판 1993.2.9. 92누4567.
ㄷ. 승계 인정. 대판 1994.1.25. 93누8542.
ㄹ. 승계 인정. 대판 2013.3.14. 2012두6964.
ㅁ. 승계 부정. 대판1984.9.11. 84누191.
ㅂ. 승계 부정. 대판1982. 7. 27. 81누293.
ㅅ. 승계 부정. 대판 1988.6.28., 87누1009.

정답 ①

145 [10국가7급]

쟁송제기 기간이 경과한 개별공시지가결정에 기초한 양도소득세 부과처분에 대하여 취소소송을 제기한 경우에 대한 설명으로 옳은 것은?

① 양도소득세 산정의 기초가 되는 개별공시지가결정에 대하여 한 재조사청구에 따른 조정결정을 통지받고서도 더 이상 다투지 않았다 하더라도 위 개별공시지가결정의 위법을 양도소득세 부과처분의 위법사유로 주장할 수 있다.
② 개별공시지가결정이 무효인 경우 양도소득세부과처분의 취소를 주장할 수 없다.
③ 당사자의 수인한도를 넘는 불이익이 강요되는 경우에는 개별공시지가결정의 위법을 양도소득세 부과처분의 위법사유로 주장할 수 있다는 것이 판례의 입장이다.
④ 개별공시지가결정과 양도소득세부과처분은 서로 결합하여 하나의 효과를 완성하는 처분이라고 보는 것이 판례의 입장이다.

해설

① (X) ③ (O) 두 개 이상의 행정처분이 연속적으로 행하여진 경우 선행처분과 후행처분이 서로 독립하여 별개의 법률효과를 목적으로 하는 때에는 선행처분에 불가쟁력이 생겨 그 효력을 다툴 수 없게 되면 선행처분의 하자가 중대하고 명백하여 당연무효인 경우를 제외하고는 선행처분의 하자를 이유로 후행처분을 다툴 수 없는 것이 원칙이나, 이 경우에도 선행처분의 불가쟁력이나 구속력이 그로 인하여 불이익을 입게 되는 자에게 수인한도를 넘는 가혹함을 가져오고 그 결과가 당사자에게 예측가능한 것이 아닌 경우에는국민의 재판받을 권리를 보장하고 있는 헌법의 이념에비추어 선행처분의 후행처분에 대한 구속력은 인정될 수 없다고 봄이 타당하므로, 선행처분에 위법이 있는 경우에는 이를

기초로 한 후행처분의 취소를 구하는 행정소송에서도 선행처분의 위법을 독립된 위법사유로 주장할 수 있다(대판 1994.1.25. 93누8542). 개별공시지가 결정에 대하여 한 재조사청구에 따른 조정결정을 통지받고서도 더 이상 다투지 아니한 경우까지 선행처분인 개별공시지가 결정의 불가쟁력이나 구속력이 수인한도를 넘는 가혹한 것이거나 예측불가능하다고 볼 수 없어, 위 개별공시지가 결정의 위법을 이 사건 과세처분의 위법사유로 주장할 수 없다(대판 1998.3.13. 96누6059).

② (X) 개별공시지가결정이 무효라면 이를 기초로 한 양도소득세 부과처분은 당연히 위법하다. 따라서 양도소득세 부과처분의 취소 또는 무효를 주장할 수 있다.

④ (X) 개별공시지가결정은 이를 기초로 한 과세처분 등과는 별개의 독립된 처분으로서 서로 독립하여 별개의 법률효과를 목적으로 하는 것이다(대판 1994.1.25. 93누8542).

정답 ③

146 [15국가7급]

행정행위의 하자승계론에서 구속력설(규준력설)의 입장에 대한 설명으로 옳지 않은 것은?

① 선행행위의 사실적 · 법적 상태가 유지되는 한도에서 선행행위의 구속력은 인정된다.

② 선행행위의 상대방과 후행행위의 상대방이 일치하는 경우에 선행행위의 구속력은 인정된다.

③ 선행행위와 후행행위의 목적 및 법효과가 동일한 경우에 선행행위의 구속력은 인정된다.

④ 선행행위의 구속력의 법적 결과를 예측할 수 없거나 수인이 불가능한 경우에 선행행위의 구속력은 인정된다.

해설

① (O) ② (O) ③ (O) ④ (X) 행정행위의 하자승계론에서 구속력설(규준력설)이란 둘 이상의 행정행위가 동일한 법적 효과를 추구하는 경우에 선행행위가 후행행위에 대하여 일정한 범위 안에서 구속력을 가지며, 그러한 구속력 내지는 규준력이 미치는 경우 후행행위에 있어서 선행행위의 효과와 다른 주장을 할 수 없게 되는 것을 말한다. 구속력의 인정요건은 다음과 같다.

1) 사물적 한계 : 선행행위와 후행행위가 동일한 목적을 추구하고 그 법적효과가 궁극적으로 일치할 것.

2) 대인적 한계 : 양 행정행위의 수범자가 일치해야 한다.

3) 시간적 한계 : 선행행위의 사실 및 법상태가 동일하게 유지되는 한도 내에서만 구속력이 미친다.

4) 예측가능성과 수인가능성 : 선행행위의 후행행위에 대한 구속력을 인정하는 것이 상대방에게 지나치게 가혹하거나 예측불가능한 경우에는 구속력의 효력이 차단된다.

정답 ④

147 [17서울7급]

「부동산가격공시에 관한 법률」에 관한 판례의 설명으로 가장 옳은 것은?

① 표준지공시지가는 토지시장에 지가정보를 제공하고 일반적인 토지거래의 지표가 되며, 국가 · 지방자치단체 등이 그 업무와 관련하여 지가를 산정하거나 감정평가업자가 개별적으로 토지를 감정평가하는 경우에 기준이 되는 행정규칙으로서의 고시이다.

② 수용보상금증액청구소송에서 선행처분으로서 그 수용대상 토지가격 산정의 기초가 된 비교표준지공시지가결정의 위법을 독립한 사유로 주장할 수 있다.

③ 선행처분인 개별공시지가결정의 하자가 과세처분 등 후행하는 처분에 승계될 수 있는지 여부에 관해 판례는 서로 결합하여 하나의 법률효과를 발생시킨다는 관점에서 하자승계를 인정하였다.

④ 개별공시지가에 대해 이의신청을 하여 그 결과 통지를 받은 후 행정심판을 거쳐 행정소송을 제기하였다면 이 경우 행정소송의 제소기간은 이의신청의 결과통지를 받은 날로부터 기산한다.

해설

① (X) ② (O) 표준지공시지가결정은 이를 기초로 한 수용재결 등과는 별개의 독립된 처분으로서 서로 독립하여 별개의 법률효과를 목적으로 하지만, 표준지공시지가결정이 위법한 경우에는 그 자체를 행정소송의 대상이 되는 행정처분으로 보아 그 위법 여부를 다툴 수 있음은 물론, 수용보상금의 증액을 구하는 소송에서도 선행처분으로서 그 수용대상 토지 가격 산정의 기초가 된 비교표준지공시지가결정의 위법을 독립한 사유로 주장할 수 있다(대판 2008.8.21. 2007두13845).

③ (X) 개별공시지가결정은 이를 기초로 한 과세처분 등과는 별개의 독립된 처분으로서 서로 독립하여 별개의 법률효과를 목적으로 하는 것이다(대판 1994.1.25. 93누8542).

④ (X) 부동산 가격공시 및 감정평가에 관한 법률이 이의신청에 관하여 규정하고 있다고 하여 이를 행정심판법 제3조 제1항에서 행정심판의 제기를 배제하는 '다른 법률에 특별한 규정이 있는 경우'에 해당한다고 볼 수 없으므로, 이의신청을 하여 그 결과통지를 받은 후 다시 행정심판을 거쳐 행정소송을 제기할 수도 있다고 보아야 하고, 이 경우 행정소송의 제소기간은 그 행정심판 재결서 정본을 송달받은 날부터 기산한다(대판 2010.1.28. 2008두19987).

정답 ②

③ (O) 조세법률주의의 원칙상 과세요건이거나 비과세요건 또는 조세감면요건을 막론하고 조세법규의 해석은 특별한 사정이 없는 한 법문대로 해석할 것이고, 합리적 이유 없이 확장해석하거나 유추해석하는 것은 허용되지 아니하고, 특히 감면요건 규정 가운데에 명백히 특혜규정이라고 볼 수 있는 것은 엄격하게 해석하는 것이 조세공평의 원칙에도 부합한다(대판 2004.5.28. 2003두7392).

④ (O) 신고납세방식의 조세에 있어서 과세관청이 납세의무자의 신고에 따라 세액을 수령하는 것은 사실행위에 불과할 뿐 이를 부과처분으로 볼 수는 없다(대판 1997. 7. 22. 96누8321).

정답 ②

148 [17국가7급]

조세의 부과징수에 대한 설명으로 옳지 않은 것은? (다툼이 있는 경우 판례에 의함)

① 원천징수하는 소득세 또는 법인세, 인지세는 납세의무가 성립하는 때에 특별한 절차 없이 그 세액이 확정된다.

② 과세처분에 대하여 증액경정처분이 있는 경우 당초처분은 증액경정처분에 흡수되어 소멸하므로 소멸한 당초처분의 절차적 하자는 존속하는 증액경정처분에 승계된다.

③ 조세법의 해석과 조세의 징수는 법에 따라 엄격하게 해석·적용되어야 하므로 행정편의적인 확장해석이나 유추적용은 허용되지 않는다.

④ 신고납세방식의 조세에 있어서 과세관청이 납세의무자의 신고에 따라 세액을 수령하는 것은 사실행위이며 부과처분이 아니다.

해설

① (O)

> **국세기본법 제22조(납세의무의 확정)** ① 국세는 이 법 및 세법에서 정하는 절차에 따라 그 세액이 확정된다.
>
> ④ 다음 각 호의 국세는 제1항부터 제3항까지의 규정에도 불구하고 납세의무가 성립하는 때에 특별한 절차 없이 그 세액이 확정된다.
> 1. 인지세
> 2. 원천징수하는 소득세 또는 법인세

② (X) 증액경정처분이 있는 경우 당초처분은 증액경정처분에 흡수되어 소멸하고, 소멸한 당초처분의 절차적 하자는 존속하는 증액경정처분에 승계되지 아니한다(대판 2010.06.24. 2007두16493).

VII 행정행위의 폐지(廢止)

149 [13서울7급]

다음 중 직권취소에 대한 설명 중 옳은 것은?

① 취소소송의 진행 중에는 직권취소할 수 없다.

② 처분청은 명문의 근거가 없어도 직권취소를 할 수 있다.

③ 대통령은 국무총리의 명령이 위법하다고 인정해도 이를 중지시킬 수 없다.

④ 위법한 침익적 행정행위에 대해서는 행정청이 이를 직권 취소할 수 없다.

⑤ 판례는 당사자가 부당한 방법에 의해 수익적 행정행위를 발급받은 경우에도 그 신뢰는 보호된다고 한다.

해설

① (X) 취소소송의 진행 중에도 직권취소할 수 있다(대판 2006.2.10. 2003두5686).

② (O) 대판 1995.6.9. 95누1194.

③ (X)

> **정부조직법 제11조(대통령의 행정감독권)** ② 대통령은 국무총리와 중앙행정기관의 장의 명령이나 처분이 위법 또는 부당하다고 인정하면 이를 중지 또는 취소할 수 있다.

④ (X) 부담적 행정행위는 신뢰보호의 문제가 발생하지 않으므로 행정청은 자유롭게 취소할 수 있다.

⑤ (X) 수익적 행정처분의 하자가 당사자의 사실은폐나 기타 사위의 방법에 의한 신청행위에 기인한 것이라면 신뢰이익을 원용할 수 없음은 물론 행정청이 이를 고려하지 아니하였다고 하여도 재량권의 남용이 되지 않는다(대판 2006.5.25. 2003두4669).

정답 ②

150 [09지방9급]

하자 있는 행정행위의 취소에 관한 설명으로 옳은 것은?

① 판례는 행정행위를 한 처분청은 그 행정행위에 하자가 있는 경우에 별도의 법적 근거가 없다면 스스로 행정행위를 취소할 수 없다고 판시하였다.

② 행정행위의 쟁송취소에 있어서 취소할 수 있는 권한을 가진 자는 원칙적으로 당해 행정행위를 한 행정청이다.

③ 「행정권한의 위임 및 위탁에 관한 규정」은 감독청인 위임청에게 처분청인 수임청의 처분을 취소할 수 있는 권한을 규정하고 있지 아니하다.

④ 수익적 행정행위의 취소에 있어서는 행정행위의 상대방에게 귀책사유가 없는 한 취소의 효과가 소급되지 않는 것이 원칙이다.

해설

① (X) 행정처분을 한 처분청은 그 처분의 성립에 하자가 있는 경우 이를 취소할 별도의 법적 근거가 없다고 하더라도 직권으로 이를 취소할 수 있다(대판 1995.6.9. 95누1194).

② (X) 쟁송취소는 행정심판의 경우에는 행정심판위원회, 행정소송의 경우에는 법원이 취소할 수 있는 권한을 가진다.

③ (X)

> **행정권한의 위임 및 위탁에 관한 규정 6조(지휘·감독)**
> 위임 및 위탁기관은 수임 및 수탁기관의 수임 및 수탁사무 처리에 대하여 지휘·감독하고, 그 처리가 위법하거나 부당하다고 인정될 때에는 이를 취소하거나 정지시킬 수 있다.

④ (O) 최근의 다수설인 하자효과의 개별화이론에 의하면 부담적 행정행위의 취소의 효과는 소급효가 원칙이나, 수익적 행정행위의 취소의 효과는 상대방의 귀책사유가 없는 한 장래를 향하여 발생한다 할 것이다.

정답 ④

151 [18지방9급]

행정행위의 취소와 철회에 대한 설명으로 옳은 것만을 모두 고르면? (다툼이 있는 경우 판례에 의함)

> ㄱ. 행정행위를 한 처분청은 처분 당시에 별다른 하자가 없었고, 또 그 처분 후에 이를 철회할 별도의 법적 근거가 없다면 사정변경을 이유로 그 효력을 상실케 하는 별개의 행정행위로 이를 철회할 수 없다.
> ㄴ. 「국세기본법」상 상속세부과처분의 취소에 하자가 있는 경우, 부과의 취소의 취소에 대하여는 법률이 명문으로 그 취소요건이나 그에 대한 불복절차에 대하여 따로 규정을 두고 있지 않더라도 과세관청은 부과의 취소를 다시 취소함으로써 원부과처분을 소생시킬 수 있다.
> ㄷ. 행정청이 여러 종류의 자동차운전면허를 취득한 자에 대해 그 운전면허를 취소하는 경우, 취소사유가 특정 면허에 관한 것이 아니고 다른 면허와 공통된 것이거나 운전면허를 받은 사람에 관한 것일 경우에는 여러 면허를 전부 취소할 수 있다.
> ㄹ. 국세감액결정 처분은 이미 부과된 과세처분에 하자가 있음을 이유로 사후에 이를 일부 취소하는 처분이고, 취소의 효력은 판결 등에 의한 취소이거나 과세관청의 직권에 의한 취소이거나에 관계없이 그 부과처분이 있었을 당시로 소급하여 발생한다.

① ㄱ, ㄴ　　② ㄱ, ㄹ
③ ㄴ, ㄷ　　④ ㄷ, ㄹ

해설

ㄱ. (X) 행정행위를 한 처분청은 비록 그 처분 당시에 별다른 하자가 없었고, 또 그 처분 후에 이를 취소할 별도의 법적 근거가 없다 하더라도 원래의 처분을 존속시킬 필요가 없게 된 사정변경이 생겼거나 또는 중대한 공익상의 필요가 발생한 경우에는 그 효력을 상실케 하는 별개의 행정행위로 이를 취소(철회)할 수 있다(대판 1995.06.09. 95누1194).

ㄴ. (X) 국세부과의 취소에 위법사유가 있다고 하더라도 당연무효가 아닌 한 일단 유효하게 성립하여 부과처분을 확정적으로 상실시키는 것이므로, 과세관청은 부과의 취소를 다시 취소함으로써 원부과처분을 소생시킬 수는 없고 납세의무자에게 종전의 과세대상에 대한 납부의무를 지우려면 다시 법률에서 정한 부과절차에 좇아 동일한 내용의 새로운 처분을 하는 수밖에 없다(대판 1995.3.10. 94누7027).

ㄷ. (O) 한 사람이 여러 종류의 자동차운전면허를 취득하는 경우뿐 아니라 이를 취소 또는 정지하는 경우에도 서로 별개의 것으로 취급하는 것이 원칙이고, 다만 취소사유가 특정 면허에 관한 것이 아니고 다른 면허와 공통된 것이거나 운전면허를 받은 사람에 관한 것일 경우에는 여러 면허를 전부 취소할 수도 있다(대판 2012.5.24. 2012두1891).

ㄹ. (O) 국세 감액결정 처분은 이미 부과된 과세처분에 하자가 있음을 이유로 사후에 이를 일부취소하는 처분이므로, 취소의 효력은 그 취소된 국세 부과처분이 있었을 당시에 소급하여 발생하는 것이고, 이는 판결 등에 의한 취소이거나 과세관청의 직권에 의한 취소이거나에 따라 차이가 있는 것이 아니다(대판 1995. 9. 15. 94다16045).

정답 ④

152 [18서울7급]

행정청이 행하는 행정처분에 대한 설명으로 옳은 것을 〈보기〉에서 모두 고른 것은?

〈보 기〉

ㄱ. 일반적으로 조례가 법률 등 상위법령에 위배된다는 사정은 그 조례의 규정을 위법하여 무효라고 선언한 대법원의 판결이 선고되지 아니한 상태에서는 그 조례 규정의 위법 여부가 해석상 다툼의 여지가 없을 정도로 명백하였다고 인정되지 아니하는 이상 객관적으로 명백한 것이라 할 수 없으므로, 이러한 조례에 근거한 행정처분의 하자는 취소사유에 해당할 뿐 무효사유가 된다고 볼 수는 없다.

ㄴ. 하자 있는 행정행위의 치유는 행정행위의 성질이나 법치주의의 관점에서 볼 때 원칙적으로 허용될 수 없는 것이고, 예외적으로 행정행위의 무용한 반복을 피하고 당사자의 법적 안정성을 위해 이를 허용하는 때에도 국민의 권리나 이익을 침해하지 않는 범위에서 구체적 사정에 따라 합목적적으로 인정하여야 한다.

ㄷ. 행정처분을 한 처분청은 그 처분의 성립에 하자가 있는 경우 이를 취소할 별도의 법적 근거가 없다고 하더라도 직권으로 이를 취소할 수 있다.

ㄹ. 행정행위를 한 처분청이 그 행위에 하자가 있어 수익적 행정처분을 취소할 때에는 이를 취소하여야 할 공익상의 필요와 그 취소로 인하여 당사자가 입게 될 기득권과 신뢰보호 및 법률생활 안정의 침해 등 불이익을 비교·교량한 후 공익상의 필요가 당사자가 입을 불이익을 정당화할 만큼 강한 경우에 한하여 취소할 수 있다.

ㅁ. 행정행위를 한 처분청은 그 처분 당시에 그 행정처분에 별다른 하자가 없었고 또 그 처분 후에 이를 철회 또는 변경할 별도의 법적 근거가 없다 하더라도 원래의 처분을 그대로 존속시킬 필요가 없게 된 사정변경이 생겼거나 또는 중대한 공익상의 필요가 발생한 경우에는 별개의 행정행위로 이를 철회하거나 변경할 수 있다.

① ㄴ, ㄷ
② ㄱ, ㄹ, ㅁ
③ ㄴ, ㄷ, ㄹ
④ ㄱ, ㄴ, ㄷ, ㄹ, ㅁ

해설

ㄱ. (O) 일반적으로 조례가 법률 등 상위법령에 위배된다는 사정은 그 조례의 규정을 위법하여 무효라고 선언한 대법원의 판결이 선고되지 아니한 상태에서는 그 조례 규정의 위법 여부가 해석상 다툼의 여지가 없을 정도로 명백하였다고 인정되지 아니하는 이상 객관적으로 명백한 것이라 할 수 없으므로, 이러한 조례에 근거한 행정처분의 하자는 취소사유에 해당할 뿐 무효사유가 된다고 볼 수는 없다(대판 2009. 10. 29. 2007두26285).

ㄴ. (O) 하자 있는 행정행위에 있어서 하자의 치유는 행정행위의 성질이나 법치주의의 관점에서 원칙적으로 허용될 수 없고, 행정행위의 무용한 반복을 피하고 당사자의 법적 안정성을 보호하기 위하여 국민의 권익을 침해하지 아니하는 범위 내에서 예외적으로만 허용된다(대판 2001.6.26. 99두11592).

ㄷ. (O) ㄹ. (O) 행정행위를 한 처분청은 그 행위에 하자가 있는 경우에는 별도의 법적 근거가 없더라도 스스로 이를 취소할 수 있고, 다만 수익적 행정처분을 취소할 때에는 이를 취소하여야 할 공익상의 필요와 그 취소로 인하여 당사자가 입게 될 기득권과 신뢰보호 및 법률생활 안정의 침해 등 불이익을 비교·교량한 후 공익상의 필요가 당사자가 입을 불이익을 정당화할 만큼 강한 경우에 한하여 취소할 수 있다(대판 2006.05.25. 2003두4669).

ㅁ. (O) 행정행위를 한 처분청은 처분 당시에 그 행정처분이 별다른 하자가 없었고 또 처분 후에 이를 취소할 별도의 법적 근거가 없다 하더라도 원래의 처분을 그대로 존속시킬 필요가 없게 된 사정변경이 생겼거나 또는 중대한 공익상의 필요가 발생한 경우에는 별개의 행정행위로 이를 철회하거나 변경할 수 있다(대판 1992.1.17. 91누3130).

정답 ④

153 [16사회복지]

다음 사례에 대한 갑, 을, 병, 정의 대화 중 옳은 것은?

> 임용권자는 정규공무원으로 임용된 A가 정규임용 시에는 아무런 임용결격사유가 없었지만 그 이전에 시보로 임용될 당시 국가공무원법 에서 정한 임용결격사유가 있었다는 사실을 알게 되었다. 이에 해당 임용권자는 이러한 사실을 이유로 A의 시보임용처분을 취소하고 그 후 정규임용 처분도 취소하였다.

① 갑 : 시보임용처분은 당연무효이다.

② 을 : 시보임용처분에 근거한 정규임용처분은 무효이다.

③ 병 : 시보임용취소처분과 정규임용취소처분은 별개의 처분이 아니라 단계적으로 이루어지는 하나의 처분이다.

④ 정 : 정규임용취소처분은 성질상 행정절차를 거치는 것이 불필요하여 「행정절차법」의 적용이 배제된다.

해설

① (O) 대판 1987.4.14. 86누459.

② (X) ③ (X) 당초 임용 이래 공무원으로 근무하여 온 경력에 바탕을 두고 구 지방공무원법 제27조 제2항 제3호 등을 근거로 하여 특별임용 방식으로 임용이 이루어졌다면 이는 당초 임용과는 별도로 그 자체가 하나의 신규임용이라고 할 것이므로, 그 효력도 특별임용이 이루어질 당시를 기준으로 판단하여야 할 것인데, 당초 임용 당시에는 집행유예 기간 중에 있었으나 특별임용 당시 이미 집행유예 기간 만료일로부터 2년이 경과하였다면 같은 법 제31조 제4호에서 정하는 공무원 결격사유에 해당할 수 없고, 특별임용의 하자는 결국 소정의 경력을 갖추지 못한 자에 대하여 특별임용시험의 방식으로 신규임용을 한 하자에 불과하여 취소사유가 된다고 함은 별론으로 하고, 그 하자가 중대·명백하여 특별임용이 당연무효로 된다고 할 수는 없다(대판 1998.10.23. 98두12932).

④ (X) 정규임용처분을 취소하는 처분은 성질상 행정절차를 거치는 것이 불필요하여 행정절차법의 적용이 배제되는 경우에 해당하지 않으므로, 그 처분을 하면서 사전통지를 하거나 의견제출의 기회를 부여하지 않은 것은 위법하다(대판 2009.1.30. 2008두16155).

정답 ①

154 [17국회8급]

〈보기〉에 대한 설명으로 옳지 않은 것은? (다툼이 있는 경우 판례에 의함)

〈보 기〉

甲은 녹지지역의 용적률 제한을 충족하지 못한다는 점을 숨기고 마치 그 제한을 충족하는 것처럼 가장하여 관할 행정청 A에게 건축허가를 신청하였고, A는 사실관계에 대하여 명확한 확인을 하지 아니한 채 甲에게 건축허가를 하였다. 그 후 A는 甲의 건축허가신청이 위와 같은 제한을 충족하지 못한다는 사실을 알게 되자 甲에 대한 건축허가를 직권으로 취소하였다.

① A의 건축허가 취소는 강학상 철회가 아니라 직권취소에 해당한다.

② 甲이 건축허가에 관한 자신의 신뢰이익을 원용하는 것은 허용되지 아니한다.

③ 건축 관계 법령상 명문의 취소근거규정이 없다고 하더라도 그 점만을 이유로 A의 건축허가 취소가 위법하게 되는 것은 아니다.

④ 만약 甲으로부터 건축허가신청을 위임받은 乙이 건축허가를 신청한 경우라면, 사실은폐나 기타 사위의 방법에 의한 건축허가 신청행위가 있었는지 여부는 甲과 乙 모두를 기준으로 판단하여야 한다.

⑤ A는 甲의 신청내용에 구애받지 아니하고 조사 및 검토를 거쳐 관련법령에 정한 기준에 따라 허가조건의 충족 여부를 제대로 따져 허가 여부를 결정하여야 함에도 불구하고 자신의 잘못으로 건축허가를 한 것이므로 A의 건축허가 취소는 위법하다.

해설

① (O) 행정행위의 취소라 함은 그 성립에 하자가 있음에도 불구하고 일단 유효하게 성립한 행정행위를 그 성립상의 하자를 이유로 권한 있는 기관이 그 효력의 전부 또는 일부를 원칙적으로 소급하여 상실시키는 행위를 말한다. 철회란 아무런 하자 없이 성립한 행정행위에 대해 그 효력을 존속시킬 수 없는 새로운 사정이 발생하였음을 이유로 장래를 향하여 그 효력의 전부 또는 일부를 상실시키는 행정행위를 말한다. 사안의 경우 성립 당시의 하자를 이유로 하는 취소에 해당한다.

② (O) ④ (O) 대판 2008.1.17. 2006두10931.

③ (O) ⑤ (X) 행정행위를 한 처분청은 그 행위에 하자가 있는 경우에는 별도의 법적 근거가 없더라도 스스로 이를 취소할 수 있고, 수익적 행정처분의 하자가 당사자의 사실은폐나 기타 사위의 방법에 의한 신청행위에 기인한 것이라면 신뢰이익을 원용할 수 없음은 물론 행정청이 이를 고려하지 아니하였더라도 재량권의 남용이 되지 아니한다(대판 2014. 11. 27. 2013두16111).

정답 ⑤

155 [13서울7급]

다음 중 행정행위의 철회에 대한 설명으로 옳은 것은?

① 행정행위의 철회권은 처분청만이 가진다.

② 행정행위의 철회의 절차는 행정쟁송절차에 의하여 엄격하게 이루어진다.

③ 행정행위의 철회의 효과는 취소와 같이 소급하여 발생한다.

④ 사실관계의 변동은 철회의 사유로 볼 수 없다.

⑤ 행정행위의 철회는 행정행위의 원시적 하자를 이유로 한다.

해설

① (O) 철회는 처분청만이 이를 행사할 수 있고, 법률에 특별한 규정이 있는 경우를 제외하고는 감독청은 철회권을 갖지 못한다.

② (X) 행정행위를 한 처분청은 처분 당시에 그 행정처분이 별다른 하자가 없었고 또 처분 후에 이를 취소할 별도의 법적 근거가 없다 하더라도 원래의 처분을 그대로 존속시킬 필요가 없게 된 사정변경이 생겼거나 또는 중대한 공익상의 필요가 발생한 경우에는 별개의 행정행위로 이를 철회하거나 변경할 수 있다(대판 1992.1.17. 91누3130).

③ (X) 철회는 장래를 향하여 행정행위의 효력을 상실시키는 효력을 갖는다. 다만 예외적으로 일정한 수익적 행위의 철회에 소급효를 인정하는 경우도 있다(예 보조금 전용에 따른 보조금 반환).

④ (X) 행정행위의 기초가 되는 사실관계가 사후적인 사정에 의한 변화로 문제되고 또한 공동체의 중요한 이익에 대한 직접적이고 급박한 침해를 예방 또는 제거하기 위한 불가피한 경우에는 철회권을 행사할 수 있다.

⑤ (X) 행정행위의 원시적 하자는 무효 또는 취소사유이며, 행정행위의 철회는 후발적 사유에 의한 변경이다.

정답 ①

부담적 행정행위의 철회는 원칙적으로 자유롭지 않다고 본다. [11국가7급]

| 해설

(X) 부담적 행정행위의 철회는 불이익을 제거하고 신뢰보호를 침해할 가능성이 없으므로 비교적 자유롭게 철회할 수 있다. 그러나 침익적 행정행위를 존속시켜야 할 우월한 공익상 요청이 있는 경우 등에는 철회가 제한된다.

156 [18서울9급]

행정행위의 직권취소 및 철회에 대한 설명으로 가장 옳지 않은 것은?

① 한 사람이 여러 종류의 자동차 운전면허를 취득하는 경우 뿐 아니라 이를 취소 또는 정지함에 있어서도 서로 별개의 것으로 취급하는 것이 원칙이다.

② 처분청은 하자있는 행정행위의 행위자로서 그 하자를 시정할 지위에 있어 그 취소에 관한 법률의 규정이 없어도 행정행위를 취소할 수 있다.

③ 수익적 행정행위의 철회는 법령에 명시적인 규정이 있거나 행정행위의 부관으로 그 철회권이 유보되어 있는 경우, 또는 원래의 행정행위를 존속시킬 필요가 없게 된 사정변경이 생겼거나 또는 중대한 공익상의 필요가 발생한 경우 등의 예외적인 경우에만 허용된다.

④ 철회 자체가 행정행위의 성질을 가지는 것은 아니어서 「행정절차법」상 처분절차를 적용하여야 하는 것은 아니나, 신뢰보호원칙이나 비례원칙과 같은 행정법의 일반원칙은 준수해야 한다.

해설

① (O) 한 사람이 여러 자동차운전면허를 취득한 경우 이를 취소함에 있어서 서로 별개로 취급하는 것이 원칙이나, 취소사유가 특정의 면허에 관한 것이 아니고 다른 면허와 공통된 것이거나 운전면허를 받은 사람에 관한 것일 경우에는 여러 면허를 전부 취소할 수도 있다(대판 1998.3.24. 98두1031).

② (O) 행정처분을 한 처분청은 그 처분의 성립에 하자가 있는 경우 이를 취소할 별도의 법적 근거가 없다고 하더라도 직권으로 이를 취소할 수 있다(대판 1995.6.9. 95누1194).

③ (O) 수익적 행정행위의 철회는 그 처분 당시 별다른 하자가 없었음에도 불구하고 사후적으로 그 효력을 상실케 하는 행정행위이므로, 법령에 명시적인 규정이 있거나 행정행위의 부관으로 그 철회권이 유보되어 있는 등의 경우가 아니라면, 원래의 행정행위를 존속시킬 필요가 없게 된 사정변경이 생겼거나 또는 중대한 공익상의 필요가 발생한 경우 등의 예외적인 경우에만 허용된다(대판 2005. 4. 29. 2004두11954).

④ (X) 행정행위의 철회란 적법하게 성립한 행정행위의 효력을 사후적으로 발생한 사유를 이유로 그 행위의 효력의 전부 또는 일부를 장래에 향하여 소멸시키는 독립한 행정행위를 말하며 행정절차법상 처분절차가 적용된다.

정답 ④

157 [18국회8급]

행정행위의 직권취소 및 철회에 대한 설명으로 옳지 않은 것은? (다툼이 있는 경우 판례에 의함)

① 수익적 행정행위의 철회는 법령에 명시적인 규정이 있거나 행정행위의 부관으로 그 철회권이 유보되어 있는 등의 경우가 아니라면, 원래의 행정행위를 존속시킬 필요가 없게 된 사정변경이 생겼거나 또는 중대한 공익상의 필요가 발생한 경우 등의 예외적인 경우에만 허용된다.

② 행정행위의 처분권자는 취소사유가 있는 경우 별도의 법적 근거가 없더라도 직권취소를 할 수 있다.

③ 행정청이 행한 공사중지명령의 상대방은 그 명령 이후에 그 원인사유가 소멸하였음을 들어 행정청에게 공사중지명령의 철회를 요구할 수 있는 조리상의 신청권이 없다.

④ 외형상 하나의 행정처분이라 하더라도 가분성이 있거나 그 처분대상의 일부가 특정될 수 있다면 그 일부만의 취소도 가능하고 그 일부의 취소는 당해 취소부분에 관하여 효력이 생긴다.

⑤ 직권취소는 처분의 성격을 가지므로, 이유제시절차 등의 「행정절차법」상 처분절차에 따라야 하며, 특히 수익적 행위의 직권취소는 상대방에게 침해적 효과를 발생시키므로 「행정절차법」에 따른 사전통지, 의견청취의 절차를 거쳐야 한다.

해설

① (O) 수익적 행정행위의 철회는 그 처분 당시 별다른 하자가 없었음에도 불구하고 사후적으로 그 효력을 상실케 하는 행정행위이므로, 법령에 명시적인 규정이 있거나 행정행위의 부관으로 그 철회권이 유보되어 있는 등의 경우가 아니라면, 원래의 행정행위를 존속시킬 필요가 없게 된 사정변경이 생겼거나 또는 중대한 공익상의 필요가 발생한 경우 등의 예외적인 경우에만 허용된다(대판 2005. 4. 29. 2004두11954).

② (O) 행정처분을 한 처분청은 그 처분의 성립에 하자가 있는 경우 이를 취소할 별도의 법적 근거가 없다고 하더라도 직권으로 이를 취소할 수 있다(대판 1995.6.9. 95누1194).

③ (X) 행정청이 행한 공사중지명령의 상대방은 그 명령 이후에 그 원인사유가 소멸하였음을 들어 행정청에게 공사중지명령의 철회를 요구할 수 있는 조리상의 신청권이 있다 할 것이고, 상대방으로부터 그 신청을 받은 행정청으로서는 상당한 기간 내에 그 신청을 인용하는 적극적 처분을 하거나 각하 또는 기각하는 등의 소극적 처분을 하여야 할 법률상의 응답의무가 있다(대판 2005. 4. 14. 2003두7590).

④ (O) 외형상 하나의 행정처분이라 하더라도 가분성이 있거나 그 처분대상의 일부가 특정될 수 있다면 그 일부만의 취소도 가능하고 그 일부의 취소는 당해 취소부분에 관하여 효력이 생긴다(대판 1995.11.16. 95누8850 전원합의체).

⑤ (O) 일정한 행정처분으로 국민이 일정한 이익과 권리를 취득하였을 경우에 종전 행정처분을 취소하는 행정처분은 이미 취득한 국민의 기존 이익과 권리를 박탈하는 별개의 행정처분으로 취소될 행정처분에 하자 또는 취소해야 할 공공의 필요가 있어야 한다(대판 2012.03.29. 2011두23375). 처분의 성격을 가지므로 이유제시절차 등의 「행정절차법」상 처분절차에 따라야 하며 권익을 제한하는 처분을 하는 경우이므로 사전통지, 의견청취의 절차를 거쳐야 한다.

정답 ③

158 [16국회8급]

〈보기〉에 대한 설명으로 옳은 것은? (다툼이 있는 경우 판례에 의함)

〈보 기〉

甲은 관련법령에 따라 공장등록을 하기 위하여 등록신청을 乙에게 위임하였고, 수임인 乙은 등록서류를 위조하여 공장등록을 하였으나 甲은 그 사실을 알지 못하였다. 이후 관할 행정청 A는 위조된 서류에 의한 공장등록임을 이유로 甲에 대해 공장등록을 취소하는 처분을 하였다.

① 관할 행정청 A가 甲에 대해 공장등록을 취소하려면 법적 근거가 있어야 한다.

② 甲에 대한 공장등록 취소는 상대방의 귀책사유에 의한 것이므로 관할 행정청 A는 행정절차법상 사전통지 및 의견제출절차를 거치지 않아도 된다.

③ 관할 행정청 A는 甲에 대해 공장등록을 취소하면서 甲의 신뢰이익을 고려하지 아니할 수 있다.

④ 甲에 대한 공장등록을 취소하면 공장등록이 확정적으로 효력을 상실하게 되므로, 공장등록 취소처분이 위법함을 이유로 그 취소처분을 직권취소하더라도 공장등록이 다시 효력을 발생할 수는 없다.

⑤ 甲의 공장등록을 취소하는 처분에 대해 제소기간이 경과하여 불가쟁력이 발생한 이후에는 관할 행정청 A도 그 취소처분을 직권취소할 수 없다.

해설

① (X) ③ (O) 대판 2006.05.25. 2003두4669.

② (X) 행정절차법 제21조에 의해 사전통지를 하여야 한다.

④ (X) 유효한 공장등록으로 인하여 공장등록에 관한 당해 법률이나 다른 법률에 의하여 보호되는 직접적·구체적 이익이 있다면, 당사자로서는 공장건물의 멸실 여부에 불구하고 그 공장등록취소처분의 취소를 구할 법률상의 이익이 있다(대판 2002.01.11. 2000두3306).

⑤ (X) 불가쟁력이 생긴 행위라도 당연히 불가변력을 발생시키는 것은 아니며, 불가쟁력이 발생한 행위라도 불가변력이 없다면 행정청이 직권으로 취소·변경하는 것은 가능하다.

정답 ③

159 [10경행특채]

행정행위의 철회 및 철회권 행사의 제한에 관한 판례의 내용으로 옳지 않은 것은?

① 운전면허정지기간 중에 운전을 하여 운전면허취소사유에 해당되더라도 3년이나 지나서 면허를 취소한 것은 위법하다.

② 택시운송사업자가 중대한 교통사고로 인하여 많은 사상자를 냈다면 사업면허가 취소될 것을 예상할 수 있었다 하더라도 1년 10개월이 지나 사업면허를 취소하였다면 위법하다.

③ 처분 후에 원래의 처분을 존속시킬 필요가 없게 된 사정변경이 생겼거나 중대한 공익상의 필요가 발생한 경우 별도의 법적 근거가 없어도 철회·변경할 수 있다.

④ 부담부 행정처분에 있어서 처분의 상대방이 부담을 이행하지 아니한 경우 처분행정청은 부담불이행을 이유로 당해 처분을 철회할 수 있다.

해설

① **(O)** 택시운전사가 운전면허정지기간 중의 운전행위를 하다가 적발되어 형사처벌을 받았으나 행정청이 위 위반행위가 있은 이후에 장기간에 걸쳐 아무런 행정조치를 취하지 않은채 방치하고 있다가 3년여가 지난 후에 행정제재를 하면서 가장 무거운 운전면허를 취소하는 행정처분을 하였다면 이는 신뢰의 이익과 그 법적안정성을 빼앗는 것이 되어 매우 가혹할 뿐만 아니라 비록 그 위반행위가 운전면허취소사유에 해당한다 할지라도 그와 같은 공익상의 목적만으로는 위 운전사가 입게 될 불이익에 견줄 바 못된다(대판 1987.9.8. 87누373).

② **(X)** 교통사고가 일어난지 1년 10개월이 지난 뒤 운송사업면허를 취소하였더라도 택시운송사업자로서는 자동차운수사업법의 내용을 잘 알고 있어 교통사고를 낸 택시에 대하여 운송사업면허가 취소될 가능성을 예상할 수도 있었을 터이니, 재량권의 범위를 일탈한 것이라고 보기는 어렵다(대판 1989.6.27. 88누6283).

③ **(O)** 대판 1992.1.17. 91누3130.

④ **(O)** 대판 1989.10.24. 89누2431.

정답 ②

160 [14국회8급]

다음 중 행정행위에 관한 설명으로 옳은 것은 모두 몇 개인가? (다툼이 있는 경우 판례에 따름)

ㄱ. 행정행위가 공법상의 행위라는 것은 그 행위의 근거가 공법적이라는 것이지, 행위의 효과까지 공법적이라는 것을 의미하는 것은 아니다.
ㄴ. 정부투자기관회계규정에 의하여 행한 입찰참가자격을 제한하는 내용의 부정당업자제재처분은 행정소송의 대상이 되는 행정처분이다.
ㄷ. 취소사유가 있는 행정행위의 경우에는 제소기간을 도과하면 취소소송을 제기할 수 없게 되며, 그로 인해 당해 행정법관계는 실체적으로 확정되기 때문에 처분청은 당해 행정행위를 직권취소할 수 없다.
ㄹ. 행정행위의 철회사유가 특정의 면허에 관한 것이 아니고, 다른 면허와 공통된 것이거나 운전면허를 받은 사람에 관한 것일 경우에는 여러 면허를 전부 철회할 수도 있다.
ㅁ. 의무이행심판을 통한 인용재결로서 처분재결은 불가변력과 자력집행력 모두를 갖는다고 할 수 있다.

① 1개 ② 2개 ③ 3개 ④ 4개 ⑤ 5개

해설

② 행정행위에 관한 설명으로 옳은 것은 ㄱ, ㄹ 2개이다.

ㄱ. **(O)** 행정행위는 공법상의 행위이다. 공법상의 행위란 그 효과가 공법적이라는 것이 아니라, 행위의 근거가 공법적이라는 것이다. 행정행위의 효과로 사법상 효과를 가져오는 경우도 있다(예 광업허가 또는 어업면허에 의하여 광업권 또는 어업권이 발생하는 경우).

ㄴ. **(X)** 정부투자기관회계규정에 의하여 행한 입찰참가자격을 제한하는 내용의 부정당업자제재처분은 행정소송의 대상이 되는 행정처분이 아니라 단지 상대방을 위 공사가 시행하는 입찰에 참가시키지 않겠다는 뜻의 사법상의 효력을 가지는 통지행위에 불과하다(대결 1999.11.26. 99부3).

ㄷ. **(X)** 취소권을 가진 행정청은 직권으로 불가쟁력이 발생한 행정행위를 취소 또는 철회하는 것은 가능하다.

ㄹ. **(O)** 대판 2005.3.11. 2004두12452.

ㅁ. **(X)** 재결도 행정행위이므로 행정행위가 갖는 공정력, 불가쟁력, 불가변력 등의 효력을 갖는다. 그러나 행정행위의 효력중 강제력(자력집행력과 제재력)은 행정상 의무불이행에 대한 효력이므로 그 자체로 새로운 법률관계의 발생이나 종래의 법률관계의 변경을 가져오는 효력을 가져오는 형성적 행위에는 인정되지 않는다. 따라서 의무이행심판을 통한 인용재결로서 처분재결은 형성력이 발생하는 재결이므로 자력집행력이 인정되지 않는다.

정답 ②

제5절 그 밖의 행정의 행위형식

I 행정상의 확약

II 가행정행위·예비결정·부분허가

161 [15국가7급]

다음 내용을 근거로 판단할 때, 폐기물처리사업계획의 적합통보에 대한 설명으로 옳지 않은 것은?

> **「폐기물관리법」 제25조(폐기물처리업)** ① 폐기물의 수집·운반, 재활용 또는 처분을 업으로 하려는 자는 환경부령으로 정하는 바에 따라 지정폐기물을 대상으로 하는 경우에는 폐기물 처리 사업계획서를 환경부장관에게 제출하고, 그 밖의 폐기물을 대상으로 하는 경우에는 시·도지사에게 제출하여야 한다.
> ② 환경부장관이나 시·도지사는 제1항에 따라 제출된 폐기물 처리사업계획서를 다음 각 호의 사항에 관하여 검토한 후 그 적합 여부를 폐기물처리사업계획서를 제출한 자에게 통보하여야 한다.(각 호 중략)
> ③ 제2항에 따라 적합통보를 받은 자는 그 통보를 받은 날부터 2년 이내에 …(중략)… 허가를 받아야 한다. 이 경우 환경부장관 또는 시·도지사는 제2항에 따라 적합통보를 받은 자가 그 적합통보를 받은 사업계획에 따라 시설·장비 및 기술인력 등의 요건을 갖추어 허가신청을 한 때에는 지체 없이 허가하여야 한다.

① 사업계획에 대한 부적합통보는 그 자체로 하나의 완결된 행정행위이다.

② 사업계획에 대한 적합통보가 있는 경우 사업의 허가단계에서는 나머지 허가요건만을 심사하면 된다.

③ 사업계획에 대한 적합통보는 사업허가 전에 신청자의 편의를 위하여 미리 그 사업허가의 일부 요건을 심사하여 행하는 사전결정의 성격이 있는 것이어서 사업허가처분이 있게 되면 그 허가처분에 흡수되어 독립된 존재가치를 상실한다.

④ 사업계획에 대한 적합통보결정은 최종행정행위인 폐기물처리사업허가에 기본적으로 구속력을 미치지 않는다.

해설

① (O) 폐기물처리업의 허가를 받기 위하여는 먼저 사업계획서를 제출하여 허가권자로부터 사업계획에 대한 적정통보를 받아야 하고, 그 적정통보를 받은 자만이 일정기간 내에 시설, 장비, 기술능력, 자본금을 갖추어 허가신청을 할 수 있으므로, 결국 부적정통보는 허가신청 자체를 제한하는 등 개인의 권리 내지 법률상의 이익을 개별적이고 구체적으로 규제하고 있어 행정처분에 해당한다(대판 1998.4.28. 97누21086).

② (O) 폐기물처리업의 허가에 앞서 사업계획서에 대한 적정·부적정 통보 제도를 두고 있는 것은 허가관청으로 하여금 미리 사업계획서를 심사하여 그 적정·부적정 통보 처분을 하도록 하고, 나중에 허가단계에서는 나머지 허가요건만을 심사하여 신속하게 허가업무를 처리하는데 그 취지가 있다(대판 1998.4.28. 97누21086).

③ (O) 사전결정에 대한 취소소송 중 종국결정이 있게 되면 사전결정은 종국결정에 흡수되어 사전결정을 다툴 소의 이익이 없다. 따라서 종국결정에 대해 취소소송을 제기하여야 한다.

> **[관련판례]** 국제정기항공노선에 대한 운수권 배분처분은 항공사의 구체적인 권리의무에 직접 영향을 미치는 것으로 항고소송의 대상이 되는 행정처분에 해당한다고 할 것이나, 다만 이는 노선면허를 받기 위한 중간적인 단계에 있는 것으로서 그에 기초하여 노선면허가 이루어진 경우에는 노선면허에 흡수되어 노선면허처분의 취소를 구하는 외에 독립적으로 운수권 배분의 취소를 구할 소의 이익은 상실된다고 봄이 상당하다(서울행정법원 2005.9.8. 2004구합35622).

④ (X) 행정청은 사전결정에 구속되기 때문에 합리적 사유 없이 종국결정에서 사전결정의 내용과 상충되는 결정을 할 수 없다(다수설).

> **[관련판례]** 폐기물처리업에 대하여 사전에 관할 관청으로부터 적정통보를 받고 막대한 비용을 들여 허가요건을 갖춘 다음 허가신청을 하였음에도 다수 청소업자의 난립으로 안정적이고 효율적인 청소업무의 수행에 지장이 있다는 이유로 한 불허가처분은 신뢰보호의 원칙 및 비례의 원칙에 반하는 것으로서 재량권을 남용한 위법한 처분이다(대판 1998.5.8. 98두4061).

정답 ④

III 행정계획

162 [19서울7급(上)]

행정계획에 관한 설명으로 가장 옳지 않은 것은?

① 도시계획법령상 도시기본계획은 도시의 장기적 개발방향과 미래상을 제시하는 도시계획 입안의 지침이 되는 장기적·종합적인 개발계획으로서 행정청뿐만 아니라 대외적으로도 구속력을 갖는다.

② 「도시재개발법」에 의한 재개발조합의 관리처분계획은 토지 등의 소유자에게 구체적이고 결정적인 영향을 미치는 것으로서 조합이 행한 처분에 해당한다.

③ 행정주체가 행정계획을 입안·결정하는 데에는 일반적으로 광범위한 계획재량이 인정된다.

④ 일정한 기간 내에 요건을 갖추어 일정한 행정처분을 신청할 수 있는 법률상 지위에 있는 자에 대해 국토이용계획변경신청을 거부하는 것이 실질적으로 당해 행정처분 자체를 거부하는 결과가 되는 경우에는 그 신청인은 계획변경을 신청할 권리가 있다.

해설

① (X) 도시기본계획은 도시의 기본적인 공간구조와 장기발전방향을 제시하는 종합계획으로서 그 계획에는 토지이용계획, 환경계획, 공원녹지계획 등 장래의 도시개발의 일반적인 방향이 제시되지만, 그 계획은 도시계획 입안의 지침이 되는 것에 불과하여 일반 국민에 대한 직접적인 구속력은 없는 것이다(대판 2002.10.11. 2000두8226).

② (O) 관리처분계획에 대하여 관할 행정청의 인가·고시까지 있게 되면 관리처분계획은 행정처분으로서 효력이 발생하게 되므로, 총회결의의 하자를 이유로 하여 행정처분의 효력을 다투는 항고소송의 방법으로 관리처분계획의 취소 또는 무효 확인을 구하여야 하고, 그와 별도로 행정처분에 이르는 절차적 요건 중 하나에 불과한 총회결의 부분만을 따로 떼어내어 효력 유무를 다투는 확인의 소를 제기하는 것은 특별한 사정이 없는 한 허용되지 않는다(대판 2009.09.17. 2007다2428 전원합의체).

③ (O) 행정주체는 구체적인 행정계획을 입안·결정함에 있어서 비교적 광범위한 형성의 자유를 가지는 것이지만, 행정주체가 가지는 이와 같은 형성의 자유는 무제한적인 것이 아니라 그 행정계획에 관련되는 자들의 이익을 공익과 사익 사이에서는 물론이고 공익 상호간과 사익 상호간에도 정당하게 비교교량하여야 한다는 제한이 있으므로, 행정주체가 행정계획을 입안·결정함에 있어서 이익형량을 전혀 행하지 아니하거나 이익형량의 고려 대상에 마땅히 포함시켜야 할 사항을 누락한 경우 또는 이익형량을 하였으나 정당성과 객관성이 결여된 경우에는 그 행정계획결정은 형량에 하자가 있어 위법하게 된다(대판 2007.4.12. 2005두1893).

④ (O) 장래 일정한 기간 내에 관계 법령이 규정하는 시설 등을 갖추어 일정한 행정처분을 구하는 신청을 할 수 있는 법률상 지위에 있는 자의 국토이용계획변경신청을 거부하는 것이 실질적으로 당해 행정처분 자체를 거부하는 결과가 되는 경우에는 예외적으로 그 신청인에게 국토이용계획변경을 신청할 권리가 인정된다고 봄이 상당하므로, 이러한 신청에 대한 거부행위는 항고소송의 대상이 되는 행정처분에 해당한다(대판 2003.9.23. 2001두10936).

정답 ①

163 [18서울7급(上)]

행정계획에 관한 설명으로 가장 옳은 것은?

① 행정계획의 절차에 관한 일반법은 없고, 행정계획의 절차는 각 개별법에 맡겨져 있다.

② 국민의 기본권에 직접적으로 영향을 끼치고 법령의 뒷받침에 의해 실시될 것이라고 예상될 수 있다 하더라도 비구속적 행정계획안의 경우 헌법소원의 대상이 될 수 없다.

③ 확정된 행정계획에 대하여 사정변경을 이유로 조리상 변경 신청권이 인정된다.

④ 판례에 따르면 행정계획의 구속효는 계획마다 상이하나 집중효에 있어서는 절차집중과 실체집중 모두 인정된다.

해설

① (O) 행정계획의 절차에 관한 일반적인 규정은 없고, 개별법에서 다양하게 규정되어 있다. 행정절차법이 제정되었지만 행정계획절차는 구체적으로 규율하고 있지 않다.

② (X) 비구속적 행정계획도 국민의 기본권에 직접적으로 영향을 끼치고, 앞으로 법령의 뒷받침에 의하여 그대로 실시될 것이 틀림없을 것으로 예상될 수 있을 때에는, 공권력행위로서 예외적으로 헌법소원의 대상이 될 수 있다(헌재 1992.10.1. 92헌마68등).

③ (X) 도시계획과 같이 장기성, 종합성이 요구되는 행정계획에 있어서는 그 계획이 일단확정된 후에 어떤 사정의 변경이 있다 하여 지역주민에게 일일이 그 계획의 변경을 청구할 권리를 인정해 줄 수도 없는 이치이므로 도시계획시설인 공원조성계획 취소신청을 거부한 행위는 항고소송의 대상이 되는 행정처분이라고 볼 수 없다(대판 1989. 10. 24. 89누725).

④ (X) 절차집중효는 인정될 수 있으나 실체집중효는 인정되지 않는다.

정답 ①

164 [17교육행정]

행정계획에 관한 설명으로 옳은 것은? (단, 다툼이 있는 경우 판례에 따름)

① 「행정절차법」은 계획확정절차에 관한 일반법이다.
② '4대강 살리기 마스터플랜'은 행정처분에 해당한다.
③ 행정주체가 행정계획을 결정할 때 광범위한 형성의 자유가 인정되지 않는다.
④ 구 「도시계획법」상 도시계획안의 공고 및 공람 절차에 하자가 있는 도시계획결정은 위법하다.

해설

① (X) 행정절차법상 행정계획의 절차에 대해서는 명시적 규정이 없다.

② (X) '4대강 살리기 마스터플랜' 등은 행정기관 내부에서 사업의 기본방향을 제시하는 것일 뿐, 국민의 권리·의무에 직접 영향을 미치는 것이 아니어서 행정처분에 해당하지 않는다(대판 2011.04.21. 2010무111 전원합의체).

③ (X) 행정계획의 경우 일반적인 행정행위에 비하여 행정청에 폭넓은 형성의 자유가 부여된다.

④ (O) 공람공고절차를 위배한 도시계획변경결정신청은 위법하다고 아니할 수 없고 행정처분에 위와 같은 법률이 보장한 절차의 흠결이 있는 위법사유가 존재하는 이상 그 행정처분은 위법하다(대판 1988.5.24. 87누388).

정답 ④

165 [17국회8급]

행정계획에 대한 설명으로 옳은 것을 〈보기〉에서 모두 고르면? (다툼이 있는 경우 판례에 의함)

〈보 기〉

ㄱ. 장래 일정한 기간 내에 관계 법령이 규정하는 시설 등을 갖추어 일정한 행정처분을 구하는 신청을 할 수 있는 법률상 지위에 있는 자의 국토이용계획변경신청을 거부하는 것이 실질적으로 당해 행정처분 자체를 거부하는 결과가 되는 경우에는 그 신청인에게 국토이용계획을 신청할 권리가 인정된다고 보아야 하므로, 이러한 신청에 대한 거부행위는 행정처분에 해당한다.

ㄴ. 구 「도시계획법」 제12조의 도시관리계획(현 「국토의 계획 및 이용에 관한 법률」 제30조의 도시·군관리계획) 결정의 경우 도시관리계획구역 안의 토지나 건물 소유자의 토지형질변경, 건축물의 신축·개축 또는 증축 등 권리행사가 일정한 제한을 받게 되므로 항고소송의 대상이 되는 처분에 해당한다.

ㄷ. 인·허가의제에서 계획확정기관이 의제되는 인·허가의 실체적 및 절차적 요건에 기속되는지 여부가 문제되는데, 인·허가의 실체적 요건 및 절차적 요건 모두에 기속된다고 보는 것이 일반적이다.

ㄹ. 도시계획의 결정·변경 등에 관한 권한을 가진 행정청은 이미 도시계획이 결정·고시된 지역에 대하여도 다른 내용의 도시계획을 결정·고시할 수 있고, 이 때에 후행 도시계획에 선행 도시계획과 서로 양립할 수 없는 내용이 포함되어 있다면, 특별한 사정이 없는 한 선행 도시계획은 후행 도시계획과 같은 내용으로 변경되는 것이나, 후행 도시계획의 결정을 하는 행정청이 선행 도시계획의 결정·변경 등에 관한 권한을 가지고 있지 아니한 경우에 선행 도시계획과 서로 양립할 수 없는 내용이 포함된 후행 도시계획결정을 하는 것은 취소사유에 해당한다.

① ㄱ, ㄴ ② ㄱ, ㄹ ③ ㄴ, ㄷ
④ ㄱ, ㄴ, ㄷ ⑤ ㄱ, ㄴ, ㄹ

해설

ㄱ. (O) 대판 2003.9.23. 2001두10936.

ㄴ. (O) 도시계획법 제12조 소정의 도시계획결정이 고시되면 도시계획구역안의 토지나 건물 소유자의 토지형질변경, 건축물의 신축, 개축 또는 증축 등 권리행사가 일정한 제한을 받게 되는바 도시계획결정은 특정 개인의 권리 내지 법률상의 이익을 개별적이고 구체적으로 규제하는 효과를 가져오게 하는 처분이다(대판 1982. 3. 9. 80누105).

ㄷ. (X) 건설부장관이 구 주택건설촉진법 제33조에 따라 관계기관의 장과의 협의를 거쳐 사업계획승인을 한 이상 같은 조 제4항의 허가·인가·결정·승인 등이 있는 것으로 볼 것이고, 그 절차와 별도로 도시계획법 제12조 등 소정의 중앙도시계획위원회의 의결이나 주민의 의견청취 등 절차를 거칠 필요는 없다(대판 1992.11.10. 92누1162).

ㄹ. (X) 후행 도시계획의 결정을 하는 행정청이 선행 도시계획의 결정·변경 등에 관한 권한을 가지고 있지 아니한 경우 선행 도시계획과 양립할 수 없는 내용이 포함된 후행 도시계획 결정은 무효이다(대판 2000.9.8. 99두11257).

정답 ①

166 [17서울7급]

다음 설명 중 옳지 않은 것은? (다툼이 있는 경우 판례에 의함)

① 삼권분립의 원칙, 법치행정의 원칙을 당연한 전제로 하고 있는 우리 헌법하에서 행정권의 행정입법 등 법집행의무는 헌법적 의무라고 보아야 한다.

② 국립대학교의 '대학입학고사 주요 요강'은 공권력의 행사로서 행정쟁송의 대상이 될 수 있는 행정처분이다.

③ 입법의 내용·범위·절차 등의 결함을 이유로 헌법소원을 제기하려면 결함이 있는 당해 입법규정 그 자체를 대상으로 하여 그것이 평등의 원칙에 위배된다는 등 헌법위반을 내세워 적극적인 헌법소원을 제기하여야 하며, 이 경우에는 「헌법재판소법」 소정의 제소기간을 준수하여야 한다.

④ 어떠한 고시가 일반적·추상적 성격을 가질 때에는 법규명령 또는 행정규칙에 해당할 것이지만, 다른 집행행위의 매개 없이 그 자체로서 직접 국민의 구체적인 권리의무나 법률관계를 규율하는 성격을 가질 때에는 항고소송의 대상이 되는 행정처분에 해당한다.

해설

① (O) 헌재 1998. 7. 16. 96헌마246 [인용(위헌확인),각하].

② (X) 국립대학인 서울대학교의 "94학년도 대학입학고사 주요요강"은 사실상의 준비행위 내지 사전안내로서 행정쟁송의 대상이 될 수 있는 행정처분이나 공권력의 행사는 될 수 없지만 그 내용이 국민의 기본권에 직접 영향을 끼치는 내용이고 앞으로 법령의 뒷받침에 의하여 그대로 실시될 것이 틀림없을 것으로 예상되어 그로 인하여 직접적으로 기본권 침해를 받게 되는 사람에게는 사실상의 규범작용으로 인한 위험성이 이미 현실적으로 발생하였다고 보아야 할 것이므로 이는 헌법소원의 대상이 되는 헌법재판소법 제68조 제1항 소정의 공권력의 행사에 해당된다고 할 것이며, 이 경우 헌법소원 외에 달리 구제방법이 없다(헌재 1992.10.1. 92헌마68).

③ (O) 부진정입법부작위를 대상으로 헌법소원을 제기하려면 그것이 평등의 원칙에 위배된다는 등 헌법위반을 내세워 적극적인 헌법소원을 제기하여야 하며, 이 경우에는 헌법재판소법 소정의 제소기간(청구기간)을 준수하여야 한다(헌재 1996. 10. 31. 94헌마204 [각하]).

④ (O) 대판 2006.9.22. 2005두2506.

정답 ②

167 [10지방7급]

A광역시 시장 갑은 상습적인 교통체증을 해소하기 위하여 도심에 위치한 산을 관통하는 직선도로를 개설하는 도시관리계획을 수립 · 결정하였는데, 이 경우 자연환경훼손이 심하다는 지적이 있어 환경훼손이 적은 우회도로를 개설하는 것을 내용으로 하는 도시관리계획변경결정을 하였다. 이 사례에 관한 설명으로 옳은 것은? (다툼이 있는 경우 판례에 의함)

① 일반적으로 개인적 공권의 하나로서 계획보장청구권이 인정되므로, 인근 주민들은 최초에 계획된 직선도로개설계획을 존치시킬 것을 주장할 수 있는 계획존속청구권을 가진다.

② 도시관리계획은 도시계획사업의 기본이 되는 일반적 · 추상적인 결정으로서, 특히 개개인의 구체적인 권리의무가 발생할 수 없으므로 행정소송법상의 처분에 해당되는 것이 아니라고 보는 것이 우리나라 대법원의 입장이다.

③ 교통체증의 해소보다는 자연환경의 보호가 더 중요하다고 판단한 점에서 A광역시의 도시관리계획변경결정은 계획재량의 한계를 준수한 적법한 결정이라고 할 수 있다.

④ A광역시의 시장 갑은 광범위한 계획재량을 가지므로 위 사례에서 갑 시장이 행한 직선도로개설계획결정에 대해서는 재량하자가 발생할 여지는 없다.

해설

① (X) 계획존속청구권은 행정계획의 변경 내지 폐지가 갖는 공익적인 측면을 도외시할 수 없고 계획의 가변성과도 합치되지 않으므로 일반적으로 인정될 수 없다.

② (X) 대판 1982.3.9. 80누105.

③ (O) A광역시의 시장 갑이 교통체증의 해소와 자연환경의 보호 등 제반이익을 정당하게 비교형량하여 환경훼손이 적은 우회도로를 개설하기로 도시관리계획을 변경한 것이라면 계획재량의 한계를 준수한 적법한 결정이라고 할 수 있다.

④ (X) A광역시의 시장 갑이 직선도로개설계획결정에 있어서 관련된 이익을 전혀 고려하지 않거나 반드시 고려되어야 할 특정이익이 고려되지 않거나 관련된 이익의 가치를 잘못 평가하는 등 형량하자가 있는 경우에는 행정계획은 위법하게 된다.

정답 ③

IV 공법상 계약

168 [17국가7급]

공법상 계약에 대한 설명으로 옳지 않은 것은? (다툼이 있는 경우 판례에 의함)

① 「지방자치단체를 당사자로 하는 계약에 관한 법률」에 따라, 지방자치단체가 당사자가 되는 이른바 공공계약은 본질적인 내용이 사인 간의 계약과 다를 바가 없다.

② 공법상 채용계약에 대한 해지의 의사표시는 공무원에 대한 징계처분과 달라서 「행정절차법」에 의하여 그 근거와 이유를 제시하여야 하는 것은 아니다.

③ 택시회사들의 자발적 감차와 그에 따른 감차보상금의 지급 및 자발적 감차 조치의 불이행에 따른 행정청의 직권 감차명령을 내용으로 하는 택시회사들과 행정청 간의 합의는 대등한 당사자 사이에서 체결한 공법상 계약에 해당하므로, 그에 따른 감차명령은 행정청이 우월한 지위에서 행하는 공권력의 행사로 볼 수 없다.

④ 공법상계약의 무효확인을 구하는 당사자소송의 청구는 당해 소송에서 추구하는 권리구제를 위한 다른 직접적인 구제방법이 있는 이상 소송요건을 구비하지 못한 위법한 청구이다.

해설

① (O) 지방자치단체가 당사자가 되는 이른바 공공계약은 사경제의 주체로서 상대방과 대등한 위치에서 체결하는 사법(사법)상의 계약으로서 그 본질적인 내용은 사인 간의 계약과 다를 바가 없다(대결 2006. 6. 19. 2006마117).

② (O) 대판 2002.11.26. 2002두5948.

③ (X) 운송사업자에 대한 면허에 붙인 조건을 위반하였다면 여객자동차법 제85조 제1항 제38호에 따라 감차명령을 할 수 있으며, 감차명령은 행정소송법 제2조 제1항 제1호가 정한 처분으로서 항고소송의 대상이 된다(대판 2016. 11. 24. 2016두45028).

④ (O) 채용기간이 만료되어 소송 결과에 의해 법률상 그 직위가 회복되지 않는 이상 채용계약 해지의 의사표시의 무효확인만으로는 당해 소송에서 추구하는 권리구제의 기능이 있다고 할 수 없고, 침해된 급료지급청구권이나 사실상의 명예를 회복하는 수단은 바로 급료의 지급을 구하거나 명예훼손을 전제로 한 손해배상을 구하는 등의 이행청구소송으로 직접적인 권리구제방법이

있는 이상 무효확인소송은 적절한 권리구제수단이라 할 수 없어 확인소송의 또 다른 소송요건을 구비하지 못하고 있다 할 것이다(대판 2008. 6. 12. 2006두16328).

정답 ③

169 [16국가9급]

공법상 계약에 대한 설명으로 옳은 것은? (다툼이 있는 경우 판례에 의함)

① 국립의료원 부설 주차장에 관한 위탁관리용역운영계약은 공법상 계약에 해당한다.

② 공법상 계약에 대해서도 「행정절차법」이 적용된다.

③ 「사회기반시설에 대한 민간투자법」상 민간투자사업의 사업시행자 지정은 공법상 계약이 아니라 행정처분에 해당한다.

④ 부담은 그 자체로서 독립된 행정처분이므로 행정청이 행정처분을 하면서 일방적으로 부가하는 것이지, 사전에 상대방과 협의하여 부담의 내용을 협약의 형식으로 미리 정한 후에 행정처분을 하면서 이를 부가할 수는 없다.

해설

① (X) 대판 2006.3.9. 2004다31074.

② (X) 대판 2002.11.26. 2002두5948.

③ (O) 판례는 선행처분인 서울-춘천간 고속도로 민간투자시설사업의 사업시행자 지정처분의 무효를 이유로 그 후행처분인 도로구역결정처분의 취소를 구하는 소송에서, 구 '사회간접자본시설에 대한 민간투자법'상 민간투자에 관한 협약을 공법상 계약으로 보면서 선행처분인 사업시행자 지정처분을 행정처분으로 보고 있다(대판 2009.4.23. 2007두13159).

④ (X) 대판 2009.2.12. 2005다65500.

정답 ③

170 [17지방7급]

공법상 계약에 대한 설명으로 옳지 않은 것은? (다툼이 있는 경우 판례에 의함)

① 「공익사업을 위한 토지 등의 취득 및 보상에 관한 법률」상 협의취득계약은 공법상 계약이 아니라 사법상 매매계약에 해당한다.

② 「구 중소기업기술혁신 촉진법」상 중소기업 정보화지원사업에 따른 지원금 출연을 위하여 중소기업청장이 체결하는 협약은 공법상 계약에 해당한다.

③ 공법상 계약의 해지의 의사표시에 있어서는 특별한 규정이 없는 한 「행정절차법」에 의하여 근거와 이유를 제시하여야 한다.

④ 구 「산업집적활성화 및 공장설립에 관한 법률」에 따른 산업단지 입주계약의 해지통보는 행정청인 관리권자로부터 관리업무를 위탁받은 한국산업단지공단이 우월적 지위에서 그 상대방에게 일정한 법률상 효과를 발생하게 하는 것으로서 항고소송의 대상이 되는 행정처분에 해당한다.

해설

① (O) 대판 2012.02.23. 2010다91206.

② (O) 대판 2015. 8. 27. 2015두41449.

③ (X) 계약직공무원 채용계약해지의 의사표시는 일반공무원에 대한 징계처분과는 달라서 항고소송의 대상이 되는 처분 등의 성격을 가진 것으로 인정되지 아니하고, 행정처분과 같이 행정절차법에 의하여 근거와 이유를 제시하여야 하는 것은 아니다(대판 2002.11.26. 2002두5948).

④ (O) 국가산업단지의 관리업무를 위탁받은 한국산업단지공단이 그 산업단지 안에 입주하려는 임대사업자와 체결한 입주계약은 행정행위로서의 성질을 가지므로, 그에 대한 해지통보 역시 법이 인정한 고권적인 지위에서 한 행정처분으로서 항고소송의 대상이 된다(서울행정법원 2008. 1. 30. 2007구합29680).

정답 ③

171 [18교육행정]

공법상 계약에 관한 설명으로 옳은 것은?

① 공법상 계약은 사법상 효과의 발생을 목적으로 한다.

② 국립의료원 부설 주차장 위탁관리용역운영계약은 공법상 계약에 해당한다.

③ 공법상 계약의 일반적 절차는 「행정절차법」상 공법상 계약의 규정에 따른다.

④ 공법상 계약 해지의 의사표시에 대한 다툼은 공법상의 당사자소송으로 무효확인을 청구할 수 있다.

해설

① (X) ④ (O) 공법상 계약은 공법상 효과의 발생을 목적으로 한다는 점에서 사법상 계약과 차이가 있다. 공법상 계약에 관한 소송은 민사소송이 아니라 공법상 당사자소송에 의한다.

② (X) 국립의료원 부설주차장에 관한 이 사건 위탁관리용역운영계약의 실질은 행정재산인 위 부설주차장에 대한 국유재산법 제24조 제1항에 의한 사용·수익 허가로서 이루어진 것임을 알 수 있으므로, 이는 위 국립의료원이 원고의 신청에 의하여 공권력을 가진 우월적 지위에서 행한 행정처분으로서 특정인에게 행정재산을 사용할 수 있는 권리를 설정하여 주는 강학상 특허에 해당한다 할 것이고 순전히 사경제주체로서 원고와 대등한 위치에서 행한 사법상의 계약으로 보기 어렵다고 할 것이다(대판 2006.3.9. 2004다31074).

③ (X) 공법상 계약에 관한 일반법은 없다. 행정절차법에도 공법상 계약에 관한 규정은 없다.

정답 ④

172 [19서울7급(上)]

공법상 계약에 관한 설명으로 가장 옳지 않은 것은?

① 민법의 계약 해지 규정이 그대로 적용될 수 없다.

② 「행정절차법」은 공법상 계약의 체결 절차에 대해서는 규율하고 있지 않다.

③ 행정주체의 상대방이 계약상 의무를 이행하지 않는 경우라도 법률의 근거가 없으면 행정상 강제집행을 할 수 없다.

④ 전문직공무원인 공중보건의사의 채용계약 해지는 관할도지사의 일방적인 의사표시에 의해 그 신분을 박탈하는 불이익 처분으로 항고소송의 대상이 된다.

해설

① (O) 상대방에게 귀책사유가 없는 경우에도 중대한 공익상의 필요에 의해 행정주체의 일방적인 계약변경·해지권을 인정하여야 할 경우도 있다. 따라서 공법상의 계약에는 민법상의 계약해제에 관한 규정이 그대로 적용되지는 않는다.

② (O) 행정절차법은 공법상 계약에 관해 규정하고 있지 않다.

③ (O) 공법상의 계약에서는 상대방의 의무불이행에 대해 자력집행권은 인정되지 않는 것이 원칙이므로 법률의 근거가 없으면 행정상의 강제집행을 할 수 없다.

④ (X) 공중보건의사 채용계약 해지의 의사표시에 대하여는 대등한 당사자간의 소송형식인 공법상의 당사자소송으로 그 의사표시의 무효확인을 청구할 수 있는 것이지, 이를 항고소송의 대상이 되는 행정처분이라는 전제하에서 그 취소를 구하는 항고소송을 제기할 수는 없다(대판 1996.5.31. 95누10617).

정답 ④

173 [19서울9급(上)]

〈보기〉의 공법상 계약에 관한 설명으로 옳은 것을 모두 고르면?

〈보 기〉

ㄱ. 행정주체가 체결하는 계약은 모두 공법상 계약이다.
ㄴ. 광주광역시문화예술회관장의 단원 위촉은 공법상 근로계약이 아니라 행정청으로서 공권력을 행사하여 행하는 행정처분이다.
ㄷ. 계약직 공무원에 대한 채용계약 해지의 의사표시는 국가 또는 지방자치단체가 대등한 지위에서 행하는 의사표시로 이해된다.
ㄹ. 공법상 계약에 관한 통칙적 규정은 없다.

① ㄱ, ㄴ　　② ㄱ, ㄹ
③ ㄴ, ㄷ　　④ ㄷ, ㄹ

해설

ㄱ. (X) 사법상 계약도 있을 수 있다.

> **[참고판례]** 국가를 당사자로 하는 계약에 관한 법률에 의하여 국가와 사인 간에 체결된 계약은 특별한 사정이 없는 한 사법상의 계약으로서 그 본질적인 내용은 사인 간의 계약과 다를 바가 없다(대판 2012.12.27. 2012다15695).

ㄴ. (X) 광주광역시문화예술회관장의 단원 위촉은 광주광역시문화예술회관장이 행정청으로서 공권력을 행사하여 행하는 행정처분이 아니라 공법상의 근무관계의 설정을 목적으로 하여 광주광역시와 단원이 되고자 하는 자 사이에 대등한 지위에서 의사가 합치되어 성립하는 공법상 근로계약에 해당한다고 보아야 할 것이므로, 광주광역시립합창단원으로서 위촉기간이 만료되는 자들의 재위촉 신청에 대하여 광주광역시문화예술회관장이 실기와 근무성적에 대한 평정을 실시하여 재위촉을 하지 아니한 것을 항고소송의 대상이 되는 불합격처분이라고 할 수는 없다(대판 2001.12.11. 2001두7794).

ㄷ. (O) 공중보건의사 채용계약 해지의 의사표시에 대하여는 대등한 당사자간의 소송형식인 공법상의 당사자소송으로 그 의사표시의 무효확인을 청구할 수 있는 것이지, 이를 항고소송의 대상이 되는 행정처분이라는 전제하에서 그 취소를 구하는 항고소송을 제기할 수는 없다(대판 1996.5.31. 95누10617).

ㄹ. (O) 행정절차법은 공법상 계약에 관한 규정을 두고 있지 않으며, 공법상 계약에 관한 통칙적 규정은 없다.

정답 ④

V 공법상 합동행위 및 행정상의 사실행위

174 [15사회복지]

판례에 의할 때 사실행위에 해당하는 것만을 모두 고른 것은?

ㄱ. 추첨방식에 의해 운수사업면허대상자를 선정하는 경우에 있어서의 추첨행위
ㄴ. 구속된 피의자가 수갑 및 포승을 사용한 상태로 피의자신문을 받도록 한 수갑 및 포승 사용행위
ㄷ. 액화석유가스충전사업의 지위승계신고를 수리하는 행위
ㄹ. 공립학교당국이 미납 공납금을 완납하지 아니할 경우 졸업증의 교부와 증명서를 발급하지 않겠다고 통고한 행위

① ㄱ, ㄹ
② ㄷ, ㄹ
③ ㄱ, ㄴ,
④ ㄱ, ㄴ, ㄹ

해설

④ 판례에 의할 때 사실행위에 해당하는 것은 ㄱ, ㄴ, ㄹ 이다.

ㄱ. **[사실행위]** 추첨방식에 의하여 운수사업면허 대상자를 선정하는 경우에 있어 추첨 자체는 다수의 면허신청자 중에서 면허를 받을 수 있는 신청자를 특정하여 선발하는 행정처분을 위한 사전 준비절차로서의 사실행위에 불과한 것이다(대판 1990.10.23. 89누7467).

ㄴ. **[사실행위]** 구속된 피의자가 검사조사실에서 수갑 및 포승을 사용한 상태로 피의자신문을 받도록 한 이 사건 수갑 및 포승 사용행위는 이미 종료된 권력적 사실행위로서 행정심판이나 행정소송의 대상으로 인정되기 어려워 헌법소원심판을 청구하는 외에 달리 효과적인 구제방법이 없으므로 보충성의 원칙에 대한 예외에 해당한다(헌재 2005.5.26. 2001헌마728).

ㄷ. **[행정행위]** 액화석유가스의안전및사업관리법 제17조 제2항에 의한 사업양수에 의한 지위승계신고를 수리하는 허가관청의 행위는 사업허가자의 변경이라는 법률효과를 발생시키는 행위이므로 행정처분에 해당한다(대판 1993.6.8. 91누11544).

ㄹ. **[사실행위]** 학교당국이 미납공납금을 완납하지 아니할 경우에 졸업증의 교부와 증명서를 발급하지 않겠다고 통고한 것은 일종의 비권력적 사실행위로서 헌법재판소법 제68조 제1항에서 헌법소원심판의 청구대상으로서의 '공권력'에는 해당된다고 볼 수 없다(헌재 2001.10.25. 2001헌마113).

정답 ④

VI 행정지도

175 [15교육행정]

행정지도에 관한 설명으로 옳은 것은?

① 대집행의 계고는 행정지도에 해당한다.

② 행정지도에는 비례의 원칙이 적용되지 않는다.

③ 행정지도는 반드시 문서로 하여야 하는 것은 아니다.

④ 「행정절차법」은 행정지도에 관한 규정을 두고 있지 않다.

해설

① (X) 계고는 준법률행위적 행정행위로서 통지행위라는 것이 통설이며, 행정지도에 해당하지 않는다.

② (X) 행정지도는 그 목적 달성에 필요한 최소한도에 그쳐야 하고, 상대방의 의사에 반하여 부당하게 강요하여서는 아니 된다(행정절차법 제48조 제1항).

③ (O) 행정지도는 반드시 문서로 할 필요가 없으며 구두로도 가능하다.

④ (X) 「행정절차법」은 행정지도에 관한 규정을 두고 있다.

정답 ③

VII 기타 행정작용

행정의 자동결정은 컴퓨터를 통하여 이루어지는 자동적 결정이기 때문에 행정행위의 개념적 요소를 구비하는 경우에도 행정행위로서의 성격을 인정하는 데 어려움이 있다. [16사회복지]

해설

(X) 행정의 자동결정은 자동시설의 도움을 빌어 발하여지는 행정처분으로서 일반적으로 행정행위라는 것이 통설의 입장이다.

176 [11국가7급]

국가를 당사자로 하는 계약에 대한 설명으로 옳지 않은 것은? (다툼이 있는 경우 판례에 의함)

① 각 중앙관서의 장은 계약을 체결하고자 하는 경우, 계약의 목적·성질·규모 등을 고려하여 필요하다고 인정될 때에는 참가자의 자격을 제한하거나 참가자를 지명하여 경쟁에 부치거나 수의계약에 의할 수 있다.

② 「국가를 당사자로 하는 계약에 관한 법률」 및 그 시행령상의 입찰절차나 낙찰자 결정기준에 관한 규정은 법규로서의 성질을 갖기에, 이 기준에 어긋나게 적격심사를 하였다면 그 사유만으로 당연히 낙찰자결정이나 그에 기한 계약은 무효가 된다.

③ 낙찰자결정의 법적 성질은 본계약을 따로 체결한다는 취지로서 계약의 편무예약에 해당한다.

④ 「국가를 당사자로 하는 계약에 관한 법률」상 부정당업자에 대한 입찰참가자격제한조치는 취소소송의 대상이 된다.

해설

① (O)

> **국가를 당사자로 하는 계약에 관한 법률 제7조(계약의 방법)**
> ① 각 중앙관서의 장 또는 계약담당공무원은 계약을 체결하려면 일반경쟁에 부쳐야 한다. 다만, 계약의 목적, 성질, 규모 등을 고려하여 필요하다고 인정되면 대통령령으로 정하는 바에 따라 참가자의 자격을 제한하거나 참가자를 지명(指名)하여 경쟁에 부치거나 수의계약(隨意契約)을 할 수 있다.

② (X) 국가를 당사자로 하는 계약에 관한 법률 시행령에서 재정경제부장관이 정하는 심사기준에 따라 세부심사기준을 정하여 결정하도록 규정하고 있으나, 이러한 규정은 국가가 사인과의 사이의 계약관계를 공정하고 합리적 · 효율적으로 처리할 수 있도록 관계 공무원이 지켜야 할 계약사무처리에 관한 필요한 사항을 규정한 것으로, 국가의 내부규정에 불과하다. 계약담당공무원이 입찰절차에서 국가를 당사자로 하는 계약에 관한 법률 및 그 시행령이나 그 세부심사기준에 어긋나게 적격심사를 하였다 하더라도 그 사유만으로 당연히 낙찰자 결정이나 그에 기한 계약이 무효가 되는 것은 아니다(대판 2001.12.11. 2001다33604).

③ (O) 지방자치단체가 당사자가 되는 계약의 체결은 계약서의 작성을 성립요건으로 하는 요식행위로 정하고 있으므로, 이 경우 낙찰자의 결정으로 바로 계약이 성립된다고 볼 수는 없어 낙찰자 결정의 법적 성질은 입찰과 낙찰행위가 있은 후에 더 나아가 본계약을 따로 체결한다는 취지로서 계약의 편무예약에 해당한다(대판 2006.6.29. 2005다41603).

④ (O) 「국가를 당사자로 하는 계약에 관한 법률」상 중앙행정관서의 장이나 행정청이 행하는 입찰참가자격제한조치는 권력적 사실행위이므로 취소소송의 대상이 된다(대판 1983.7.12. 83누127).

정답 ②

제3편 행정절차 · 행정정보공개 · 개인정보보호

제1장 행정절차

제1절 행정절차 일반론

177 [10국회9급]

우리나라의 「행정절차법」에 관한 설명으로 옳지 않은 것은?

① 행정청이 행하는 공권력 행사의 절차를 정함으로써 행정의 신속성을 도모하고자 「행정절차법」을 제정하였다.
② 「행정절차법」은 다른 법률에서 달리 규정하지 않는 한 행정청이 행하는 처분절차의 일반적 기준이 된다.
③ 행정절차는 사전적 권리구제로서의 기능을 갖는다.
④ 「행정절차법」에는 처분에 관한 절차적 규정 외에 일부 실체법적 규정도 포함되어 있다.
⑤ 「행정절차법」은 행정청 간의 협조의무와 행정청 상호 간의 행정응원에 대하여 규정하고 있다.

해설

① (X) 이 법은 행정절차에 관한 공통적인 사항을 규정하여 국민의 행정 참여를 도모함으로써 행정의 공정성 · 투명성 및 신뢰성을 확보하고 국민의 권익을 보호함을 목적으로 한다(행정절차법 제1조). 행정의 신속성 도모는 행정절차법의 목적이 아니다.

② (O)

> **행정절차법 제3조(적용 범위)** ① 처분, 신고, 확약, 위반사실 등의 공표, 행정계획, 행정상 입법예고, 행정예고 및 행정지도의 절차(이하 "행정절차"라 한다)에 관하여 다른 법률에 특별한 규정이 있는 경우를 제외하고는 이 법에서 정하는 바에 따른다.

③ (O) 행정절차는 이해관계인의 의견을 사전에 고려하도록 하고 행정기관으로 하여금 신중하고 공정한 행정을 하도록 함으로써 국민의 권익에 대한 침해를 미연에 방지할 수 있으므로 사전적 권리구제로서의 기능을 갖는다.

④ (O) 우리나라 행정절차법은 처분에 관한 절차적 규정이 대부분이나, 신뢰보호의 원칙, 행정지도의 방식 등 일부 실체법적인 규정을 두고 있다.

⑤ (O)

> **행정절차법 제7조(행정청 간의 협조)** 행정청은 행정의 원활한 수행을 위하여 서로 협조하여야 한다.
>
> **제8조(행정응원)** ① 행정청은 다음 각 호의 어느 하나에 해당하는 경우에는 다른 행정청에 행정응원(行政應援)을 요청할 수 있다.

정답 ①

178 [15사회복지]

행정절차에 대한 설명으로 옳지 않은 것은?

① 「행정절차법」은 처분절차 이외에도 신고, 행정예고, 행정상 입법예고 및 행정지도 절차에 관한 규정을 두고 있다.
② 처분의 이유제시에 관한 「행정절차법」의 규정은 침익처분 및 수익처분 모두에 적용된다.
③ 신청에 대한 거부처분은 특별한 사정이 없는 한 「행정절차법」상 처분의 사전통지대상이 아니라는 것이 대법원의 입장이다.
④ 헌법재판소는 행정절차의 헌법적 근거를 민주국가원리라는 헌법원리에서 찾고 있다.

해설

① (O) 행정절차법은 처분, 신고, 행정상 입법예고, 행정예고 및 행정지도의 절차를 행정절차법의 적용을 받는 행정절차로 규정하고 있다(행정절차법 제3조 제1항).

② (O) ① 처분기준의 설정 · 공표, ② 처분의 이유제시, ③ 처분의 방식(문서주의) 등의 규정은 침익처분 및 수익처분 모두에 적용되고, ① 처분의 사전통지, ② 의견청취절차는 침익적 처분에만 적용된다.

③ (O) 신청에 대한 거부처분을 '당사자의 권익을 제한하는 처분'에 해당한다고 할 수 없는 것이어서 처분의 사전통지대상이 된다고 할 수 없다(대판 2003.11.28, 2003두674).

④ (X) 헌법 제12조 제3항 본문은 동조 제1항과 함께 적법절차원리의 일반조항에 해당하는 것으로서, 형사절차상의 영역에 한정되지 않고 입법, 행정 등 국가의 모든 공권력의 작용에는 절차상의 적법성 뿐만 아니라 법률의 구체적 내용도 합리성과 정당성을 갖춘 실체적인 적법성이 있어야 한다는 적법절차의 원칙을 헌법의 기본원리로 명시하고 있는 것이다(헌재 1992.12.24, 92헌가8). 헌법재판소는 행정절차의 헌법적 근거를 적법절차의 원칙에서 찾고 있다.

정답 ④

제2절 | 행정절차법의 주요 내용

I 행정절차법의 통칙(通則)규정

179 [19서울7급(上)]

「행정절차법」에 대한 설명으로 가장 옳지 않은 것은?

① 「국가공무원법」상 직위해제처분의 경우 사후적으로 소청이나 행정소송을 통하여 충분한 의견진술 및 자료제출의 기회를 보장하고 있다고 보기 어려우므로 처분의 사전통지 및 의견청취에 관한 「행정절차법」의 규정이 적용된다고 보아야 한다.

② 「행정절차법」의 청문배제사유인 '당해 처분의 성질상 의견청취가 현저히 곤란하거나 명백히 불필요하다고 인정될 만한 상당한 이유가 있는 경우'는 당해 행정처분의 성질에 의하여 판단하여야 하는 것이지, 청문통지서의 반송여부, 청문통지의 방법 등에 의하여 판단할 것은 아니다.

③ 공무원연금관리공단의 퇴직연금의 환수결정은 관련 법령에 따라 당연히 환수금액이 정해지는 것이므로, 퇴직연금의 환수결정에 앞서 당사자에게 의견진술의 기회를 주지 아니하여도 「행정절차법」에 위반되지 않는다.

④ 협약이 체결되었다고 하여 청문의 실시에 관한 규정의 적용이 배제된다거나 청문을 실시하지 않아도 되는 예외적인 경우에 해당한다고 할 수 없다.

해설

① (X) 국가공무원법상 직위해제처분은 행정절차법 제3조 제2항 제9호, 행정절차법 시행령 제2조 제3호에 의하여 당해 행정작용의 성질상 행정절차를 거치기 곤란하거나 불필요하다고 인정되는 사항 또는 행정절차에 준하는 절차를 거친 사항에 해당하므로, 처분의 사전통지 및 의견청취 등에 관한 행정절차법의 규정이 별도로 적용되지 않는다(대판 2014.05.16. 2012두26180).

② (O) 행정절차법 제21조 제4항 제3호는 침해적 행정처분을 할 경우 청문을 실시하지 않을 수 있는 사유로서 "당해 처분의 성질상 의견청취가 현저히 곤란하거나 명백히 불필요하다고 인정될 만한 상당한 이유가 있는 경우"를 규정하고 있으나, 여기에서 말하는 '의견청취가 현저히 곤란하거나 명백히 불필요하다고 인정될 단한 상당한 이유가 있는지 여부'는 당해 행정처분의 성질에 비추어 판단하여야 하는 것이지, 청문통지서의 반송 여부, 청문통지의 방법 등에 의하여 판단할 것은 아니며, 또한 행정처분의 상대방이 통지된 청문일시에 불출석하였다는 이유만으로 행정청이 관계 법령상 그 실시가 요구되는 청문을 실시하지 아니한 채 침해적 행정처분을 할 수는 없을 것이므로, 행정처분의 상대방에 대한 청문통지서가 반송되었다거나, 행정처분의 상대방이 청문일시에 불출석하였다는 이유로 청문을 실시하지 아니하고 한 침해적 행정처분은 위법하다(대판 2001.4.13, 2000두3337).

③ (O) 퇴직연금의 환수결정은 당사자에게 의무를 과하는 처분이기는 하나, 관련 법령에 따라 당연히 환수금액이 정하여지는 것이므로, 퇴직연금의 환수결정에 앞서 당사자에게 의견진술의 기회를 주지 아니하여도 행정절차법 제22조 제3항이나 신의칙에 어긋나지 아니한다(대판 2000.11.28. 99두5443).

④ (O) 협약이 체결되었다고 하여 청문의 실시에 관한 규정의 적용이 배제된다거나 청문을 실시하지 않아도 되는 예외적인 경우에 해당한다고 할 수 없다(대판 2004.07.08. 2002두8350).

정답 ①

180 [18지방7급]

행정절차법상 행정절차에 대한 설명으로 옳은 것은? (다툼이 있는 경우 판례에 의함)

① 청문은 행정청이 어떠한 처분을 하기 전에 당사자 등의 의견을 직접 듣는 절차일 뿐, 증거를 조사하는 절차는 아니다.

② 국가공무원법상 직위해제처분에는 처분의 사전통지 및 의견청취 등에 관한 행정절차법의 규정이 별도로 적용되지 않는다.

③ 행정절차법은 당사자에게 의무를 부과하거나 당사자의 권익을 제한하는 처분을 하는 경우에 대해서만 그 근거와 이유를 제시하도록 규정하고 있다.

④ 법령에 의해 당연히 퇴직연금 환수금액이 결정되는 경우에도 퇴직연금의 환수결정은 당사자에게 의무를 과하는 처분이기 때문에, 퇴직연금의 환수결정에 앞서 당사자에게 의견진술의 기회를 주어야 한다.

해설

① (X)

> **행정절차법 제33조(증거조사)** ① 청문 주재자는 직권으로 또는 당사자의 신청에 따라 필요한 조사를 할 수 있으며, 당사자등이 주장하지 아니한 사실에 대하여도 조사할 수 있다.

② (O) 국가공무원법상 직위해제처분은 행정절차법 제3조 제2항 제9호, 행정절차법 시행령 제2조 제3호에 의하여 당해 행정작용의 성질상 행정절차를 거치기 곤란하거나 불필요하다고 인정되는 사항 또는 행정절차에 준하는 절차를 거친 사항에 해당하므로, 처분의 사전통지 및 의견청취 등에 관한 행정절차법의 규정이 별도로 적용되지 않는다(대판 2014.05.16. 2012두26180).

③ (X) 이유제시는 불리한 처분에 한정되는 것이 아니다.

> **행정절차법 제23조(처분의 이유 제시)** ① 행정청은 처분을 할 때에는 다음 각 호의 어느 하나에 해당하는 경우를 제외하고는 당사자에게 그 근거와 이유를 제시하여야 한다.
> 1. 신청 내용을 모두 그대로 인정하는 처분인 경우
> 2. 단순·반복적인 처분 또는 경미한 처분으로서 당사자가 그 이유를 명백히 알 수 있는 경우
> 3. 긴급히 처분을 할 필요가 있는 경우

④ (X) 퇴직연금의 환수결정은 당사자에게 의무를 과하는 처분이기는 하나, 관련 법령에 따라 당연히 환수금액이 정하여지는 것이므로, 퇴직연금의 환수결정에 앞서 당사자에게 의견진술의 기회를 주지 아니하여도 행정절차법 제22조 제3항이나 신의칙에 어긋나지 아니한다(대판 2000.11.28. 99두5443).

정답 ②

181 [08국가9급]

송달에 관한 「행정절차법」의 내용으로 옳은 것은?

① 교부에 의한 송달은 필히 수령확인서를 받아야 한다.

② 행정절차법에서 규정하지 아니하는 사항은 민사소송법의 송달에 관한 규정을 준용해야 한다.

③ 송달이 불가능한 경우에는 송달받을 자가 알기 쉽도록 관보 · 공보 · 게시판 · 인터넷 중 하나 이상에 공고하여야 한다.

④ 정보통신망을 이용하여 전자문서로 송달하는 경우에는 송달 받은 자가 지정한 컴퓨터에서 확인한 때에 도달된 것으로 본다.

해설

① (O) 교부에 의한 송달은 반드시 수령확인서를 받고 문서를 교부하여야 한다.

> **행정절차법 제14조(송달)** ② 교부에 의한 송달은 수령확인서를 받고 문서를 교부함으로써 하며, 송달하는 장소에서 송달받을 자를 만나지 못한 경우에는 그 사무원·피용자(被傭者) 또는 동거인으로서 사리를 분별할 지능이 있는 사람(이하 이 조에서 "사무원등"이라 한다)에게 문서를 교부할 수 있다. 다만, 문서를 송달받을 자 또는 그 사무원 등이 정당한 사유 없이 송달받기를 거부하는 때에는 그 사실을 수령확인서에 적고, 문서를 송달할 장소에 놓아둘 수 있다

② (X) 행정절차법에서는 송달에 대한 규정을 두고 있으며, 민사소송법의 규정을 준용한다는 규정이 없으므로 반드시 준용해야 하는 것은 아니다.

③ (X)

> **행정절차법 제14조(송달)** ④ 다음 각 호의 어느 하나에 해당하는 경우에는 송달받을 자가 알기 쉽도록 관보, 공보, 게시판, 일간신문 중 하나 이상에 공고하고 인터넷에도 공고하여야 한다.
> 1. 송달받을 자의 주소등을 통상적인 방법으로 확인할 수 없는 경우
> 2. 송달이 불가능한 경우

④ (X)

> **행정절차법 제15조(송달의 효력 발생)** ② 제14조 제3항에 따라 정보통신망을 이용하여 전자문서로 송달하는 경우에는 송달받을 자가 지정한 컴퓨터 등에 입력된 때에 도달된 것으로 본다.

정답 ①

Ⅱ 행정처분절차

182 [18서울7급]

행정절차에 대한 설명으로 가장 옳지 않은 것은?

① 귀속재산을 불하받은 자가 사망한 후에 불하처분 취소처분을 수불하자의 상속인에게 송달한 때에는 그 상속인에 대하여 다시 그 불하처분을 취소한다는 새로운 행정처분을 한 것으로 본다.

② 당사자가 처분의 근거를 알 수 있을 정도로 상당한 이유를 제시할 뿐 그 구체적 조항 및 내용까지 명시하지 않으면, 해당 처분은 위법하다.

③ 경미한 처분으로서 당사자가 그 이유를 명백히 알 수 있는 경우에는 당사자에게 그 근거와 이유를 제시하지 아니할 수 있다.

④ 납세자가 아닌 제3자의 재산을 대상으로 한 압류처분은 당연무효이다.

해설

① (O) 귀속재산을 불하받은 자가 사망한 후에 그 수불하자 대하여 한 그 불하처분은 사망자에 대한 행정처분이므로 무효이지만 그 취소처분을 수불하자의 상속인에게 송달한 때에는 그 송달시에 그 상속인에 대하여 다시 그 불하처분을 취소한다는 새로운 행정처분을 한 것이라고 할 것이다(대판 1969. 1. 21. 68누190).

② (X) 일반적으로 당사자가 근거규정 등을 명시하여 신청하는 인·허가 등을 거부하는 처분을 함에 있어 당사자가 그 근거를 알 수 있을 정도로 상당한 이유를 제시한 경우에는 당해 처분의 근거 및 이유를 구체적 조항 및 내용까지 명시하지 않았더라도 그로 말미암아 그 처분이 위법한 것이 된다고 할 수 없다(대판 2002.5.17. 2000두8912).

③ (O)

> **행정절차법 제23조(처분의 이유 제시)** ① 행정청은 처분을 할 때에는 다음 각 호의 어느 하나에 해당하는 경우를 제외하고는 당사자에게 그 근거와 이유를 제시하여야 한다.
> 1. 신청 내용을 모두 그대로 인정하는 처분인 경우
> 2. 단순·반복적인 처분 또는 경미한 처분으로서 당사자가 그 이유를 명백히 알 수 있는 경우
> 3. 긴급히 처분을 할 필요가 있는 경우
>
> ② 행정청은 제1항 제2호 및 제3호의 경우에 처분 후 당사자가 요청하는 경우에는 그 근거와 이유를 제시하여야 한다.

④ (O) 체납처분으로서 압류의 요건을 규정한 국세징수법 제24조 각 항의 규정을 보면 어느 경우에나 압류의 대상을 납세자의 재산에 국한하고 있으므로, 납세자가 아닌 제3자의 재산을 대상으로 한 압류처분은 그 처분의 내용이 법률상 실현될 수 없는 것이어서 당연무효이다(대판 2012.4.12. 2010두4612).

정답 ②

183 [13서울7급]

다음 중 행정절차에 대한 설명으로 옳은 것은?

① 「행정절차법」에는 행정지도와 행정계약에 관한 명문의 규정을 두고 있다.

② 행정청은 경미한 처분으로 당사자가 이유를 명백하게 알 수 있는 경우에는 처분 후 당사자가 요청하여도 그 근거와 이유를 제시할 필요가 없다.

③ 처분의 이유의 제시는 처분과 동시에 하며, 당사자가 그 근거를 알 수 있을 정도로 상당한 이유이어야 하고, 충분히 납득할 수 있도록 구체적이고 명확하여야 한다.

④ 「행정절차법」에 신의성실에 대한 규정은 있으나 신뢰보호에 관한 규정은 없다

⑤ 행정절차는 행정의 민주화, 행정의 능률화, 사후적 행정구제 등의 기능을 수행한다.

해설

① (X) 행정절차법은 행정계약에 대한 명문의 규정은 두고 있지 않다.

② (X) 행정청은 경미한 처분으로 당사자가 이유를 명백하게 알 수 있는 경우에도 처분 후 당사자가 요청하는 경우에는 그 근거와 이유를 제시하여야 한다(행정절차법 제23조).

③ (O) 처분의 이유제시는 행정청의 자의적 결정을 방지하고 이해관계인으로 하여금 행정구제절차에 적절히 대처할 수 있도록 하기 위해 행정청이 처분을 할 때에 행하여야 하며, 이유제시의 정도는 처분사유를 이해할 수 있을 정도로 구체적이고 명확하여야 한다.

④ (X) 우리나라 행정절차법은 신의성실 및 신뢰보호의 원칙 등 실체법적인 규정을 두고 있다(행정절차법 제4조).

⑤ (X) 행정절차는 사후적 행정구제와는 무관하다.

정답 ③

184 [15국가7급]

「행정절차법」상 행정처분의 사전통지에 대한 설명으로 옳은 것은? (다툼이 있는 경우 판례에 의함)

① 신청에 대한 거부처분도 사전통지의 대상이 된다.

② 행정청이 침해적 행정처분을 할 경우에는 사전통지를 반드시 하여야 한다.

③ 법령에서 요구된 자격이 없어지게 되면 반드시 일정한 처분을 하여야 하는 경우에 그 자격이 없어지게 된 사실이 법원의 재판에 의하여 객관적으로 증명된 경우에는 행정청의 사전통지의무가 면제될 수 있다.

④ 행정청은 행정처분으로 인하여 권익을 침해받게 되는 제3자에 대하여 처분의 원인이 되는 사실과 처분의 내용 및 법적 근거를 미리 통지하여야 한다.

해설

① (X) 대판 2003.11.28, 2003두674.

② (X) ③ (O) 행정청이 침해적 행정처분을 할 경우에는 사전통지를 하는 것이 원칙이지만, 예외적으로 사전통지를 하지 않을 수 있다.

> **행정절차법 제21조(처분의 사전통지)** ④ 다음 각 호의 어느 하나에 해당하는 경우에는 제1항에 따른 통지를 하지 아니할 수 있다
> 1. 공공의 안전 또는 복리를 위하여 긴급히 처분을 할 필요가 있는 경우
> 2. 법령등에서 요구된 자격이 없거나 없어지게 되면 반드시 일정한 처분을 하여야 하는 경우에 그 자격이 없거나 없어지게 된 사실이 법원의 재판 등에 의하여 객관적으로 증명된 경우
> 3. 해당 처분의 성질상 의견청취가 현저히 곤란하거나 명백히 불필요하다고 인정될 만한 상당한 이유가 있는 경우

④ (X) 제3자에 대한 행정처분의 사전통지의무는 행정절차법에 규정되어 있지 않다(행정절차법 제21조 제1항).

정답 ③

185 [17교육행정]

「행정절차법」상 행정절차에 관한 설명으로 옳은 것은? (단, 다툼이 있는 경우 판례에 따름)

① 「행정절차법」은 행정예고와 공법상 계약에 관하여 규정하고 있다.

② 신청에 대한 거부처분은 특별한 사정이 없는 한 처분의 사전통지대상이 되지 않는다.

③ 행정처분의 상대방이 청문일시에 불출석하였다는 이유로 청문을 실시하지 않은 침해적 행정처분은 적법하다.

④ 행정청과 당사자 사이에 협약의 체결로 청문의 실시 등 의견청취절차를 배제한 경우 청문의 실시에 관한 규정의 적용이 배제된다.

해설

① (X) 「행정절차법」은 행정예고에 관해서는 규정하고 있지만, 공법상 계약에 대해서는 규정하고 있지 아니하다.

② (O) 거부처분을 '당사자의 권익을 제한하는 처분'에 해당한다고 할 수 없는 것이어서 처분의 사전통지대상이 된다고 할 수 없다(대판 2003.11.28. 2003두674).

③ (X) 청문통지서가 반송되었다거나, 행정처분의 상대방이 청문일시에 불출석하였다는 이유로 청문을 실시하지 아니하고 한 침해적 행정처분은 위법하다(대판 2001.04.13. 2000두3337).

④ (X) 협약이 체결되었다고 하여 청문의 실시에 관한 규정의 적용이 배제된다거나 청문을 실시하지 않아도 되는 예외적인 경우에 해당한다고 할 수 없다(대판 2004.07.08. 2002두8350).

정답 ②

186 [12경행특채]

「행정절차법」에 의한 행정절차와 그 법적 효과에 관한 다음 설명 중 가장 적절한 것은? (다툼이 있는 경우 판례에 의함)

① 의견제출을 위하여 당사자 등은 행정절차법에 의하여 당해 사안의 조사결과에 관한 문서 기타 당해 처분과 관련되는 문서의 열람 또는 복사를 요청할 수 있다.

② 이유제시의 하자는 무효사유와 취소사유의 구별기준에 따라 무효인 하자나 취소할 수 있는 하자가 된다. 판례는 이유제시의 하자를 통상 무효사유로 보고 있다.

③ 사전통지 절차의 대상이 되는 처분은 '의무를 부과하거나 권익을 제한하는 처분'인데, 여기에 신청에 대한 거부처분이 당연히 포함되는 것은 아니다.

④ 행정청이 어떤 처분을 하였는지가 분명하더라도 처분경위나 처분 이후의 상대방의 태도 등 다른 사정을 고려하여 처분서의 문언과는 달리 다른 처분까지 포함되어 있는 것으로 확대해석할 수 있다.

해설

① **(O)** 종래 문서열람 또는 복사청구권을 청문절차에서만 인정하였으나, 2022년 법개정으로 의견제출의 경우에도 열람 또는 복사를 요청할 수 있다.

> **행정절차법 제37조(문서의 열람 및 비밀유지)** ① 당사자등은 의견제출의 경우에는 처분의 사전 통지가 있는 날부터 의견제출기한까지, 청문의 경우에는 청문의 통지가 있는 날부터 청문이 끝날 때까지 행정청에 해당 사안의 조사결과에 관한 문서와 그 밖에 해당 처분과 관련되는 문서의 열람 또는 복사를 요청할 수 있다. 이 경우 행정청은 다른 법령에 따라 공개가 제한되는 경우를 제외하고는 그 요청을 거부할 수 없다.

② **(X)** 법령이 요구하는 기재사항 중 일부를 누락시킨 하자가 있는 경우 이로써 그 부과처분은 위법하게 되지만, 과세처분의 취소사유가 됨은 별론으로 하고 당연무효의 사유로는 되지 아니한다(대판 1998.06.26. 96누12634).

③ **(O)** 대판 2003.11.28. 2003두674.

④ **(X)** 처분서의 문언만으로도 행정청이 어떤 처분을 하였는지가 분명함에도 불구하고 처분경위나 처분 이후의 상대방의 태도 등 다른 사정을 고려하여 처분서의 문언과는 달리 다른 처분까지 포함되어 있는 것으로 확대해석하여서는 아니 된다(대판 2005.7.28. 2003두469).

정답 ①, ③

187 [21서울7급]

행정절차에 대한 설명으로 가장 옳지 않은 것은?

① 구 「학교보건법」상 학교환경위생정화구역에서의 금지행위 및 시설의 해제 여부에 관한 행정처분을 함에 있어 학교환경위생정화위원회의 심의를 누락한 흠이 있다면 그와 같은 흠을 가리켜 위 행정처분의 효력에 아무런 영향을 주지 않는다거나 경미한 정도에 불과하다고 볼 수는 없으므로, 특별한 사정이 없는 한 이는 행정처분을 위법하게 하는 취소사유가 된다.

② 행정청이 침해적 행정처분을 함에 있어서 당사자에게 사전통지를 하지 않거나 의견제출의 기회를 주지 아니하였다면 사전통지를 하지 않거나 의견제출의 기회를 주지 아니하여도 되는 예외적인 경우에 해당하지 아니하는 한 그 처분은 위법하다.

③ 행정처분의 상대방에 대한 청문통지서가 반송되었다거나, 행정처분의 상대방이 청문일시에 불출석하였다는 이유로 청문을 실시하지 아니하고 한 침해적 행정처분은 위법하다.

④ 행정청이 당사자와 사이에 도시계획사업의 시행과 관련한 협약을 체결하면서 관계 법령 및 행정절차법에 규정된 청문의 실시 등 의견청취절차를 배제하는 조항을 두었다면 청문을 실시하지 않아도 되는 예외적인 경우에 해당한다고 할 수 있다.

해설

① **(O)** 행정청이 구 학교보건법 소정의 학교환경위생정화구역 내에서 금지행위 및 시설의 해제 여부에 관한 행정처분을 함에 있어 학교환경위생정화위원회의 심의를 누락한 흠이 있다면, 특별한 사정이 없는 한 이는 행정처분을 위법하게 하는 취소사유가 된다(대판 2007. 3. 15. 2006두15806).

② **(O)** 행정청이 침해적 행정처분을 함에 있어서 당사자에게 위와 같은 사전통지를 하거나 의견제출의 기회를 주지 아니하였다면 사전통지를 하지 않거나 의견제출의 기회를 주지 아니하여도 되는 예외적인 경우에 해당하지 아니하는 한 그 처분은 위법하여 취소를 면할 수 없다(대판 2000.11.14. 99두5870).

③ **(O)** 행정처분의 상대방에 대한 청문통지서가 반송되었다거나, 행정처분의 상대방이 청문일시에 불출석하였다는 이유로 청문을 실시하지 아니하고 한 침해적 행정처분은 위법하다(대판 2001.4.13, 2000두3337).

④ **(X)** 행정청이 당사자와 사이에 도시계획사업의 시행과 관련한 협약을 체결하면서 관계 법령 및 행정절차법에 규정된 청문의 실시 등 의견청취절차를 배제하는 조항을 두었다고 하더라도, 이러한 협약이 체결되었다고 하여

청문의 실시에 관한 규정의 적용이 배제된다거나 청문을 실시하지 않아도 되는 예외적인 경우에 해당한다고 할 수 없다(대판 2004.07.08. 2002두8350).

정답 ④

188 [12국가7급]

다음 중 「행정절차법」상 사전통지 및 의견제출기회 제공의 대상이 되는 것을 모두 고른 것은? (다툼이 있는 경우 판례에 의함)

ㄱ. 교원임용신청에 대한 거부처분
ㄴ. 업자로부터의 금품수수를 이유로 한 징계에 기한 진급 예정자의 진급선발 취소
ㄷ. 행정지도의 방식에 의한 사전고지가 이루어진 지하수개발·이용신고수리 취소
ㄹ. 관련법령에 따라 금액이 정해져 있는 퇴직연금 환수결정

① ㄱ. ㄴ
② ㄱ, ㄹ
③ ㄴ, ㄷ
④ ㄷ, ㄹ

해설

「행정절차법」상 사전통지 및 의견제출기회 제공의 대상이 되는 것은 ㄴ, ㄷ 이다.

ㄱ. (X) 대판 2003.11.28. 2003두674.

ㄴ. (O) 진급예정자명단에 포함된 자에 대하여 의견제출의 기회를 부여하지 아니한 채 진급선발을 취소하는 처분을 한 것은 행정절차법상 절차상 하자가 있어 위법하다(대판 2007.09.21. 2006두20631).

ㄷ. (O) 행정지도방식에 의한 사전고지나 그에 따른 당사자의 자진 폐공의 약속 등의 사유만으로는 사전통지 등을 하지 않아도 되는 행정절차법 소정의 예외의 경우에 해당한다고 볼 수 없다는 이유로 그 처분은 위법하다(대판 2000.11.14. 99두5870).

ㄹ. (X) 퇴직연금의 환수결정은 당사자에게 의무를 과하는 처분이기는 하나, 관련 법령에 따라 당연히 환수금액이 정하여지는 것이므로, 퇴직연금의 환수결정에 앞서 당사자에게 의견진술의 기회를 주지 아니하여도 행정절차법 제22조 제3항이나 신의칙에 어긋나지 아니한다(대판 2000.11.28. 99두5443).

정답 ③

III 의견청취절차(의견제출, 청문, 공청회)

189 [15국회8급]

다음 중 행정절차에 대한 설명으로 옳지 않은 것은? (다툼이 있는 경우 판례에 의함)

① 퇴직연금의 환수결정은 관련 법령에 따라 당연히 환수금액이 정해지는 것이므로 당사자에게 의견진술의 기회를 주지 않아도 신의칙에 어긋나지 아니한다.
② 특별한 사정이 없는 한 거부처분은 직접 당사자의 권익을 제한하는 것은 아니어서 신청에 대한 거부처분은 처분의 사전통지대상이 된다고 할 수 없다.
③ '고시'의 방법으로 불특정 다수인을 상대로 의무를 부과하거나 권익을 제한하는 처분의 경우에는 「행정절차법」 제22조 제3항에 의하여 그 상대방을 대표할 수 있는 사업자단체 등에게 의견제출의 기회를 주어야 한다.
④ 청문절차의 당사자등은 참고인이나 감정인 등에게 질문할 수 있다.
⑤ 행정청은 신청내용을 모두 그대로 인정하는 처분인 경우 당사자에게 처분의 근거와 이유를 제시하지 아니하여도 된다.

해설

① (O) 대판 2000.11.28, 99두5443.

② (O) 대판 2003.11.28. 2003두674.

③ (X) '고시'의 방법으로 불특정 다수인을 상대로 의무를 부과하거나 권익을 제한하는 처분은 성질상 의견제출의 기회를 주어야 하는 상대방을 특정할 수 없으므로, 이와 같은 처분에 있어서까지 구 행정절차법 제22조 제3항에 의하여 그 상대방에게 의견제출의 기회를 주어야 한다고 해석할 것은 아니다(대판 2014.10.27. 2012두7745).

④ (O)

행정절차법 제31조(청문의 진행) ② 당사자등은 의견을 진술하고 증거를 제출할 수 있으며, 참고인이나 감정인 등에게 질문할 수 있다.

⑤ (O) 행정절차법 제23조 제1항.

정답 ③

190 [16교육행정]

「행정절차법」상 행정절차에 관한 설명으로 옳지 않은 것은?

① 청문 주재자는 당사자의 신청을 받아 행정청이 선정한다.

② 「행정절차법」은 청문 주재자의 제척 · 기피 · 회피에 관하여 규정하고 있다.

③ 청문은 당사자가 공개를 신청하거나 청문 주재자가 필요하다고 인정하는 경우 공개할 수 있다.

④ 행정청은 법령상 청문실시의 사유가 있는 경우에도 당사자가 의견진술의 기회를 포기한다는 뜻을 명백히 표시한 경우에는 의견청취를 하지 않을 수 있다.

해설

① (X)

> **행정절차법 제28조(청문 주재자)** ① 행정청은 소속 직원 또는 대통령령으로 정하는 자격을 가진 사람 중에서 청문 주재자를 공정하게 선정하여야 한다.

② (O)

> **행정절차법 제29조(청문 주재자의 제척·기피·회피)** ① 청문 주재자가 다음 각 호의 어느 하나에 해당하는 경우에는 청문을 주재할 수 없다.
> 1. 자신이 당사자등이거나 당사자등과 「민법」 제777조 각 호의 어느 하나에 해당하는 친족관계에 있거나 있었던 경우
> 2. 자신이 해당 처분과 관련하여 증언이나 감정(鑑定)을 한 경우
> 3. 자신이 해당 처분의 당사자등의 대리인으로 관여하거나 관여하였던 경우
> 4. 자신이 해당 처분업무를 직접 처리하거나 처리하였던 경우
> 5. 자신이 해당 처분업무를 처리하는 부서에 근무하는 경우. 이 경우 부서의 구체적인 범위는 대통령령으로 정한다.
>
> ② 청문 주재자에게 공정한 청문 진행을 할 수 없는 사정이 있는 경우 당사자등은 행정청에 기피신청을 할 수 있다. 이 경우 행정청은 청문을 정지하고 그 신청이 이유가 있다고 인정할 때에는 해당 청문 주재자를 지체 없이 교체하여야 한다.
> ③ 청문 주재자는 제1항 또는 제2항의 사유에 해당하는 경우에는 행정청의 승인을 받아 스스로 청문의 주재를 회피할 수 있다.

③ (O)

> **행정절차법 제30조(청문의 공개)** 청문은 당사자가 공개를 신청하거나 청문 주재자가 필요하다고 인정하는 경우 공개할 수 있다. 다만, 공익 또는 제3자의 정당한 이익을 현저히 해칠 우려가 있는 경우에는 공개하여서는 아니 된다.

④ (O) 행정절차법 제22조 제4항.

정답 ①

191 [17서울7급]

「행정절차법」상의 내용으로 옳은 것은?

① 「행정절차법」은 「행정심판법」, 「행정소송법」과 마찬가지로 '처분'의 개념을 정의하고 있고, 그 내용도 동일하다.

② 행정청은 긴급히 처분을 할 필요가 있는 경우 당사자에게 처분의 근거와 이유를 제시하지 않아도 되지만, 처분 후에는 당사자의 요청이 없어도 그 근거와 이유를 제시하여야 한다.

③ 행정청이 전자문서로 처분을 함에 있어서 반드시 당사자 등의 동의가 필요한 것은 아니다.

④ 입법예고기간은 예고할 때 정하되, 특별한 사정이 없으면 자치법규의 입법예고기간은 15일 이상으로 한다.

해설

① (O)

> **행정절차법 제2조(정의)** 이 법에서 사용하는 용어의 뜻은 다음과 같다.
> 2. "처분"이란 행정청이 행하는 구체적 사실에 관한 법 집행으로서의 공권력의 행사 또는 그 거부와 그 밖에 이에 준하는 행정작용(行政作用)을 말한다.
>
> **행정심판법 제2조(정의)** 이 법에서 사용하는 용어의 뜻은 다음과 같다.
> 1. "처분"이란 행정청이 행하는 구체적 사실에 관한 법집행으로서의 공권력의 행사 또는 그 거부, 그 밖에 이에 준하는 행정작용을 말한다.
>
> **행정소송법 제2조(정의)** ① 이 법에서 사용하는 용어의 정의는 다음과 같다.
> 1. "처분등"이라 함은 행정청이 행하는 구체적 사실에 관한 법집행으로서의 공권력의 행사 또는 그 거부와 그 밖에 이에 준하는 행정작용(이하 "처분"이라 한다) 및 행정심판에 대한 재결을 말한다.

② (X)

> **행정절차법 제23조(처분의 이유 제시)** ① 행정청은 처분을 할 때에는 다음 각 호의 어느 하나에 해당하는 경우를 제외하고는 당사자에게 그 근거와 이유를 제시하여야 한다.
> 1. 신청 내용을 모두 그대로 인정하는 처분인 경우
> 2. 단순·반복적인 처분 또는 경미한 처분으로서 당사자가 그 이유를 명백히 알 수 있는 경우
> 3. 긴급히 처분을 할 필요가 있는 경우
>
> ② 행정청은 제1항 제2호 및 제3호의 경우에 처분 후 당사자가 요청하는 경우에는 그 근거와 이유를 제시하여야 한다.

③ (O) 출제 당시 틀린 지문이었지만, 2022년 법 개정으로 신청 없이도 전자문서로 할 수 있는 경우가 있다.

> **행정절차법 제24조(처분의 방식)** ① 행정청이 처분을 할 때에는 다른 법령등에 특별한 규정이 있는 경우를 제외하고는 문서로 하여야 하며, 다음 각 호의 어느 하나에 해당하는 경우에는 전자문서로 할 수 있다.
> 1. 당사자등의 동의가 있는 경우
> 2. 당사자가 전자문서로 처분을 신청한 경우
>
> ② 제1항에도 불구하고 공공의 안전 또는 복리를 위하여 긴급히 처분을 할 필요가 있거나 사안이 경미한 경우에는 말, 전화, 휴대전화를 이용한 문자 전송, 팩스 또는 전자우편 등 문서가 아닌 방법으로 처분을 할 수 있다. 이 경우 당사자가 요청하면 지체 없이 처분에 관한 문서를 주어야 한다.

④ (X)

> **행정절차법 제43조(예고기간)** 입법예고기간은 예고할 때 정하되, 특별한 사정이 없으면 40일(자치법규는 20일) 이상으로 한다.

정답 ①, ③

192 [17지방9급]

「행정절차법」이 규정하고 있는 내용으로 옳지 않은 것은?

① 행정청에 처분을 구하는 신청은 문서로 함이 원칙이며, 행정청은 신청에 필요한 구비서류, 접수기관, 처리기간, 그 밖에 필요한 사항을 게시하거나 이에 대한 편람을 갖추어 두고 누구나 열람할 수 있도록 하여야 한다.

② 국민생활에 매우 큰 영향을 주는 사항 및 그 밖에 널리 국민의 의견을 수렴할 필요가 있는 사항에 대한 정책, 제도 및 계획을 수립 · 시행하는 경우라도 예고로 인하여 공공의 안전 또는 복리를 현저히 해칠 우려가 있는 때에는 행정청은 이를 예고하지 아니할 수 있다.

③ 행정기관은 행정지도의 상대방이 행정지도에 따르지 아니하였다는 것을 이유로 불이익한 조치를 하여서는 아니 되며, 행정지도의 상대방은 해당 행정지도의 방식 · 내용 등에 관하여 행정기관에 의견제출을 할 수 있다.

④ 행정청은 행정계획의 취지, 주요 내용을 관보 · 공보나 인터넷 · 신문 · 방송 등을 통하여 널리 공고하여야 하고 국회 소관 상임위원회에 이를 제출하여야 하되, 공고기간은 특별한 사정이 없으면 40일 이상으로 한다.

해설

① (O)

> **행정절차법 제17조(처분의 신청)** ① 행정청에 처분을 구하는 신청은 문서로 하여야 한다. 다만, 다른 법령등에 특별한 규정이 있는 경우와 행정청이 미리 다른 방법을 정하여 공시한 경우에는 그러하지 아니하다.
>
> ② 제1항에 따라 처분을 신청할 때 전자문서로 하는 경우에는 행정청의 컴퓨터 등에 입력된 때에 신청한 것으로 본다.
>
> ③ 행정청은 신청에 필요한 구비서류, 접수기관, 처리기간, 그 밖에 필요한 사항을 게시(인터넷 등을 통한 게시를 포함한다)하거나 이에 대한 편람을 갖추어 두고 누구나 열람할 수 있도록 하여야 한다.

② (O)

> **행정절차법 제46조(행정예고)** ① 행정청은 정책, 제도 및 계획(이하 "정책등"이라 한다)을 수립·시행하거나 변경하려는 경우에는 이를 예고하여야 한다. 다만, 다음 각 호의 어느 하나에 해당하는 경우에는 예고를 하지 아니할 수 있다.
> 1. 신속하게 국민의 권리를 보호하여야 하거나 예측이 어려운 특별한 사정이 발생하는 등 긴급한 사유로 예고가 현저히 곤란한 경우
> 2. 법령등의 단순한 집행을 위한 경우
> 3. 정책등의 내용이 국민의 권리·의무 또는 일상생활과 관련이 없는 경우
> 4. 정책등의 예고가 공공의 안전 또는 복리를 현저히 해칠 우려가 상당한 경우

③ (O)

> **행정절차법 제48조(행정지도의 원칙)** ② 행정기관은 행정지도의 상대방이 행정지도에 따르지 아니하였다는 것을 이유로 불이익한 조치를 하여서는 아니 된다.
>
> **제50조(의견제출)** 행정지도의 상대방은 해당 행정지도의 방식·내용 등에 관하여 행정기관에 의견제출을 할 수 있다.

④ (X)

> **행정절차법 제46조(행정예고)** ③ 행정예고기간은 예고 내용의 성격 등을 고려하여 정하되, 20일 이상으로 한다.

정답 ④

IV 신고

V 행정상 입법예고, 행정예고

VI 행정지도

VII 기타

193 [18국회8급]

행정절차에 대한 설명으로 옳지 않은 것은? (다툼이 있는 경우 판례에 의함)

① 공무원 인사관계 법령에 의한 처분에 관한 사항이라 하더라도 전부에 대하여 「행정절차법」의 적용이 배제되는 것이 아니라, 성질상 행정절차를 거치기 곤란하거나 불필요하다고 인정되는 처분이나 행정절차에 준하는 절차를 거치도록 하고 있는 처분의 경우에만 「행정절차법」의 적용이 배제되는 것으로 보아야 한다.

② 군인사법령에 의하여 진급예정자명단에 포함된 자에 대하여 의견제출의 기회를 부여하지 아니한 채 진급선발을 취소하는 처분을 한 것은 절차상 하자가 있어 위법하다.

③ 지방의회의 동의를 얻어 행하는 처분에 대해서는 행정절차법이 적용되지 아니한다.

④ 도시·군계획시설결정과 실시계획인가는 도시·군계획시설사업을 위하여 이루어지는 단계적 행정절차에서 별도의 요건과 절차에 따라 별개의 법률효과를 발생시키는 독립적인 행정처분이다. 그러므로 선행처분인 도시·군계획시설결정에 하자가 있더라도 그것이 당연무효가 아닌 한 원칙적으로 후행처분인 실시계획인가에 승계되지 않는다.

⑤ 한국방송공사의 설치·운영에 관한 사항을 정하고 있는 「방송법」은 제50조 제2항에서 "사장은 이사회의 제청으로 대통령이 임명한다."고 규정하고 있을 뿐 한국방송공사 사장에 대한 해임에 관하여는 명시적 규정을 두고 있지 아니하므로, 한국방송공사 사장의 임명권자인 대통령에게 해임권한이 없다고 보는 것이 타당하다.

해설

① **(O)** 공무원 인사관계 법령에 의한 처분에 관한 사항이라 하더라도 전부에 대하여 행정절차법의 적용이 배제되는 것이 아니라, 성질상 행정절차를 거치기 곤란하거나 불필요하다고 인정되는 처분이나 행정절차에 준하는 절차를 거치도록 하고 있는 처분의 경우에만 행정절차법의 적용이 배제되는 것으로 보아야 하고, 이러한 법리는 '공무원 인사관계 법령에 의한 처분'에 해당하는 별정직 공무원에 대한 직권면직 처분의 경우에도 마찬가지로 적용된다(대판 2013.01.16. 2011두30687).

② **(O)** 공무원 인사관계 법령에 의한 처분에 관한 사항 전부에 대하여 행정절차법의 적용이 배제되는 것이 아니라 성질상 행정절차를 거치기 곤란하거나 불필요하다고 인정되는 처분이나 행정절차에 준하는 절차를 거치도록 하고 있는 처분의 경우에만 행정절차법의 적용이 배제된다. 군인사법령에 의하여 진급예정자명단에 포함된 자에 대하여 의견제출의 기회를 부여하지 아니한 채 진급선발을 취소하는 처분을 한 것이 절차상 하자가 있어 위법하다(대판 2007.9.21. 2006두20631).

③ **(O)**

> **행정절차법 제3조(적용 범위)** ② 이 법은 다음 각 호의 어느 하나에 해당하는 사항에 대하여는 적용하지 아니한다.
> 1. 국회 또는 지방의회의 의결을 거치거나 동의 또는 승인을 받아 행하는 사항

④ **(O)** 도시·군계획시설결정과 실시계획인가는 도시·군계획시설사업을 위하여 이루어지는 단계적 행정절차에서 별도의 요건과 절차에 따라 별개의 법률효과를 발생시키는 독립적인 행정처분이다. 그러므로 선행처분인 도시·군계획시설결정에 하자가 있더라도 그것이 당연무효가 아닌 한 원칙적으로 후행처분인 실시계획인가에 승계되지 않는다(대판 2017. 7. 18. 2016두49938).

⑤ **(X)** 방송법에서 '임면' 대신 '임명'이라는 용어를 사용한 입법 취지가 대통령의 해임권을 배제하기 위한 것으로 보기 어려운 점 등 방송법의 입법 경과와 연혁, 다른 법률과의 관계, 입법 형식 등을 종합하면, 한국방송공사 사장의 임명권자인 대통령에게 해임권한도 있다고 보는 것이 타당하다(대판 2012. 2. 23. 2011두5001).

정답 ⑤

제3절 | 행정절차의 하자

194 [18교육행정]

행정절차에 관한 설명으로 옳은 것은?

① 행정청에서 별도의 수리를 하여야 효력이 발생하는 행정상 신고는 허용되지 않는다.

② 행정처분이 절차상 중대한 하자가 있다고 하더라도 실체적 하자가 없다면 취소판결을 할 수 없다.

③ 인·허가의제는 관계기관의 권한행사에 제약을 가할 수 있으므로 법령상 명문의 근거규정을 필요로 한다.

④ 신청 내용을 모두 그대로 인정하는 처분인 경우라 할지라도 이유·근거를 구체적으로 제시해야 할 행정청의 의무가 완화되는 것은 아니다.

해설

① (X) 주민등록의 신고는 행정청에 도달하기만 하면 신고로서의 효력이 발생하는 것이 아니라 행정청이 수리한 경우에 비로소 신고의 효력이 발생한다(대판 2009.1.30. 2006다17850).

② (X) 식품위생법 제64조, 같은법 시행령 제37조 제1항 소정의 청문절차를 전혀 거치지 아니하거나 거쳤다고 하여도 그 절차적 요건을 제대로 준수하지 아니한 경우에는 가사 영업정지사유 등 위 법 제58조 등 소정 사유가 인정된다고 하더라도 그 처분은 위법하여 취소를 면할 수 없다(대판 1991.07.09. 91누971).

③ (O) 인·허가의제제도는 행정기관의 권한의 변경을 가져오므로 법률에 명시적인 근거가 있어야 하며, 인·허가가 의제되는 범위도 법률에 명시되어야 한다.

④ (X)

> **행정절차법 제23조(처분의 이유 제시)** ① 행정청은 처분을 할 때에는 다음 각 호의 어느 하나에 해당하는 경우를 제외하고는 당사자에게 그 근거와 이유를 제시하여야 한다.
> 1. 신청 내용을 모두 그대로 인정하는 처분인 경우
> 2. 단순·반복적인 처분 또는 경미한 처분으로서 당사자가 그 이유를 명백히 알 수 있는 경우
> 3. 긴급히 처분을 할 필요가 있는 경우
>
> ② 행정청은 제1항 제2호 및 제3호의 경우에 처분 후 당사자가 요청하는 경우에는 그 근거와 이유를 제시하여야 한다.

정답 ③

195 [16서울7급]

행정절차에 대한 판례의 입장으로 가장 옳은 것은?

① 상대방의 신청을 거부하는 처분은 행정절차법상 당사자의 권익을 제한하는 처분에 해당하는 것으로, 처분의 사전통지 및 의견청취의 대상이 된다.

② 법령상 문서에 의하도록 한 행정행위를 문서에 의해 하지 아니한 때, 그 처분은 하자가 중대하고 명백하여 원칙적으로 무효이다.

③ 법령상 환경영향평가를 거쳐야 할 대상사업에 대하여 환경영향평가를 거치지 않고 행하여진 승인처분은 위법하지만 당연무효는 아니며, 취소의 대상이 될 뿐이다.

④ 법령상 환경영향평가 대상사업에 대하여 환경영향평가를 부실하게 거쳐 사업승인을 하였다면, 그러한 부실로 인하여 당연히 승인처분은 위법하게 된다.

해설

① (X) 대판 2003.11.28. 2003두674.

② (O) 행정청의 처분의 방식을 규정한 행정절차법 제24조를 위반하여 행해진 행정청의 처분은 원칙적으로 무효이다(대판 2011.11.10. 2011도11109).

③ (X) 대판 2006.6.30. 2005두14363.

④ (X) 환경영향평가법령에서 정한 환경영향평가를 거쳤다면, 비록 그 환경영향평가의 내용이 다소 부실하다 하더라도, 당연히 당해 승인 등 처분이 위법하게 되는 것이 아니다(대판 2006.03.16. 선고 2006두330 전원합의체).

정답 ②

196 [14국회8급]

행정절차에 대한 설명으로 옳은 것만으로 짝지어진 것은? (다툼이 있는 경우 판례에 따름)

ㄱ. 신청에 대한 거부처분이 '당사자의 권익을 제한하는 처분'에 해당하지 않는 경우, 이 처분은 사전통지대상이 된다고 할 수 없다.
ㄴ. 「행정절차법」상의 처분의 방식을 위반하여 행해진 행정청의 처분은 하자가 중대하지만 명백하지는 않아 원칙적으로 취소의 대상이 된다.
ㄷ. 행정청이 침해적 행정처분을 하기 전에 청문을 실시해야하는 경우 청문을 결여한 처분은 위법한 처분으로서 취소사유에 해당한다.
ㄹ. 행정청은 처분에 오기, 오산이 있을 때에는 직권으로 또는 신청에 따라 정정하고 그 사실을 당사자에게 통지하면 된다.

① ㄱ, ㄴ, ㄷ ② ㄱ, ㄴ, ㄹ
③ ㄱ, ㄷ, ㄹ ④ ㄴ, ㄷ, ㄹ
⑤ ㄱ, ㄴ, ㄷ, ㄹ

해설

③ 행정절차에 대한 설명으로 옳은 것은 ㄱ, ㄷ, ㄹ 이다.
ㄱ. (O) 대판 2003.11.28. 2003두674
ㄴ. (X) 대판 2011.11.10. 2011도11109.
ㄷ. (O) 대판 2007.11.16. 2005두15700.
ㄹ. (O)

행정절차법 제25조 (처분의 정정) 행정청은 처분에 오기(誤記), 오산(誤算) 또는 그 밖에 이에 준하는 명백한 잘못이 있을 때에는 직권으로 또는 신청에 따라 지체 없이 정정하고 그 사실을 당사자에게 통지하여야 한다.

정답 ③

행정정보공개·개인정보보호

제1절 | 행정정보공개제도

I 의의

II 정보공개의 법적 근거

197 [13국가9급]

행정정보공개에 관한 판례의 입장으로 옳은 것은?

① 사법시험 제2차 시험의 답안지와 시험문항에 대한 채점위원별 채점 결과는 비공개정보에 해당한다.
② 청주시의회에서 의결한 청주시 행정정보공개조례안은 행정에 대한 주민의 알 권리의 실현을 그 근본내용으로 하면서도 이로 인한 개인의 권익침해 가능성을 배제하고 있으므로, 이를 들어 주민의 권리를 제한하거나 의무를 부과하는 조례라고는 단정할 수 없고 따라서 그 제정에 있어서 반드시 법률의 개별적 위임이 따로 필요한 것은 아니다.
③ 교도관이 직무 중 발생한 사유에 관하여 작성한 근무보고서는 비공개대상정보에 해당한다.
④ 학교폭력대책자치위원회의 회의록은 공개대상정보에 해당한다.

해설

① (X) 대판 2003.3.14. 2000두6114 사법시험 제2차 답안지는 공개대상이나, 시험문항에 대한 채점위원별 채점 결과는 비공개정보에 해당한다.
② (O) 지방자치단체는 그 내용이 주민의 권리의 제한 또는 의무의 부과에 관한 사항이거나 벌칙에 관한 사항이 아닌 한 법률의 위임이 없더라도 조례를 제정할 수 있다 할 것인데 청주시의회에서 의결한 청주시행정정보공개조례안은 행정에 대한 주민의 알 권리의 실현을 그 근본내용으로 하면서도 이로 인한 개인의 권익침해 가능성을 배제하고 있으므로 이를 들어 주민의 권리를 제한하거나 의무를 부과하는 조례라고는 단정할 수 없고 따라서 그 제정에 있어서 반드시 법률의 개별적 위임이 따로 필요한 것은 아니다(대판 1992.6.23. 92추17).
③ (X) 대판 2009.12.10. 2009두12785.
④ (X) 대판 2010.6.10. 2010두2913.

정답 ②

Ⅲ 「공공기관의 정보공개에 관한 법률」의 주요 내용

198 [17서울9급]

「공공기관의 정보공개에 관한 법률」에 관한 설명으로 가장 옳지 않은 것은? (다툼이 있는 경우 판례에 의함)

① 이해관계자인 당사자에게 문서열람권을 인정하는 행정절차법상의 정보공개와는 달리 「공공기관의 정보공개에 관한 법률」은 모든 국민에게 정보공개청구를 허용한다.

② 행정정보공개의 출발점은 국민의 알권리인데, 알권리 자체는 헌법상으로 명문화되어 있지 않음에도 불구하고, 우리 헌법재판소는 초기부터 국민의 알권리를 헌법상의 기본권으로 인정하여 왔다.

③ 재건축사업계약에 의하여 조합원들에게 제공될 무상보상평수 산출내역은 법인 등의 영업상 비밀에 관한 사항이 아니며 비공개대상정보에 해당되지 않는다.

④ 판례는 '특별법에 의하여 설립된 특수법인'이라는 점만으로 정보공개의무를 인정하고 있으며, 다시금 해당 법인의 역할과 기능에서 정보공개의무를 지는 공공기관에 해당하는지 여부를 판단하지 않는다.

해설

① (O)

> **공공기관의 정보공개에 관한 법률 제5조(정보공개청구권자)** ① 모든 국민은 정보의 공개를 청구할 권리를 가진다.

② (O) "알 권리"는 민주국가에 있어서 국정의 공개와도 밀접한 관련이 있는데 우리 헌법에 보면 입법의 공개(제50조 제1항), 재판의 공개(제109조)에는 명문규정을 두고 행정의 공개에 관하여서는 명문규정을 두고 있지 않으나, "알 권리"의 생성기반을 살펴볼 때 이 권리의 핵심은 정부가 보유하고 있는 정보에 대한 국민의 알권리 즉, 국민의 정부에 대한 일반적 정보공개를 구할 권리(청구권적 기본권)라고 할 것이며, 또한 자유민주적 기본질서를 천명하고 있는 헌법 전문과 제1조 및 제4조의 해석상 당연한 것이라고 봐야 할 것이다(헌재 1989. 9. 4. 88헌마22).

③ (O) '무상보상평수 산출내역'은 '법인 등의 영업상 비밀에 관한 사항으로서 공개될 경우 법인 등의 정당한 이익을 현저히 해할 우려가 있다고 인정되는 정보'에 해당한다고 보기도 어렵다(대판 2006. 1. 13. 2003두9459).

④ (X) 법인이 공공기관의 정보공개에 관한 법률 제2조 제3호 등에 따라 정보를 공개할 의무가 있는 '특별법에 의하여 설립된 특수법인'에 해당하는가는, 국민의 알권리를 보장하고 국정에 대한 국민의 참여와 국정운영의 투명성을 확보하고자 하는 위 법의 입법 목적을 염두에 두고, 당해 법인에게 부여된 업무가 국가행정업무이거나, 이에 해당하지 않더라도 그 업무 수행으로써 추구하는 이익이 당해 법인 내부의 이익에 그치지 않고 공동체 전체의 이익에 해당하는 공익적 성격을 갖는지 여부를 중심으로 개별적으로 판단하되, 당해 법인의 설립근거가 되는 법률이 법인의 조직구성과 활동에 대한 행정적 관리·감독 등에서 민법이나 상법 등에 의하여 설립된 일반 법인과 달리 규율한 취지, 국가나 지방자치단체의 당해 법인에 대한 재정적 지원·보조의 유무와 그 정도, 당해 법인의 공공적 업무와 관련하여 국가기관·지방자치단체 등 다른 공공기관에 대한 정보공개청구와는 별도로 당해 법인에 대하여 직접 정보공개청구를 구할 필요성이 있는지 여부 등을 종합적으로 고려하여야 한다(대판 2010. 4. 29. 2008두5643).

정답 ④

199 [17국가9급]

「공공기관의 정보공개에 관한 법률」에 따른 정보공개에 대한 설명으로 옳지 않은 것은? (다툼이 있는 경우 판례에 의함)

① 한국증권업협회는 증권회사 상호 간의 업무질서를 유지하고 유가증권의 공정한 매매거래 및 투자자보호를 위하여 구성된 회원조직으로, 「증권거래법」 또는 그 법에 의한 명령에 대하여 특별한 규정이 있는 것을 제외하고는 「민법」 중 사단법인에 관한 규정을 적용받으므로 구「공공기관의 정보공개에 관한 법률 시행령」상의 '특별법에 의하여 설립된 특수법인'에 해당하지 않는다.

② 정보공개청구에 대하여 공공기관이 비공개결정을 한 경우 청구인이 이에 불복한다면 이의신청 절차를 거치지 않고 행정심판을 청구할 수 있다.

③ 모든 국민은 정보의 공개를 청구할 권리를 가진다고 규정하고 있고, 여기의 국민에는 자연인과 법인이 포함되지만 권리능력 없는 사단은 포함되지 않는다.

④ 공공기관은 정보공개의 청구를 받으면 그 청구를 받은 날부터 10일 이내에 공개 여부를 결정하여야 하나 부득이한 사유로 이 기간 이내에 공개 여부를 결정할 수 없는 때에는 그 기간이 끝나는 날의 다음 날부터 기산하여 10일의 범위에서 공개 여부 결정기간을 연장할 수 있다.

해설

① **(O)** '한국증권업협회(현 금융투자협회)'는 특별한 규정이 있는 것을 제외하고는 민법 중 사단법인에 관한 규정을 준용 받는 점, 그 업무가 국가기관 등에 준할 정도로 공동체 전체의 이익에 중요한 역할이나 기능에 해당하는 공공성을 갖는다고 볼 수 없는 점 등에 비추어, 공공기관의 정보공개에 관한 법률 시행령 제2조 제4호의 '특별법에 의하여 설립된 특수법인'에 해당한다고 보기 어렵다(대판 2010.04.29. 2008두5643).

② **(O)**

> **공공기관의 정보공개에 관한 법률 제19조(행정심판)**
> ② 청구인은 제18조에 따른 이의신청 절차를 거치지 아니하고 행정심판을 청구할 수 있다.

③ **(X)** 공공기관의 정보공개에 관한 법률 제6조 제1항은 "모든 국민은 정보의 공개를 청구할 권리를 가진다."고 규정하고 있는데, 여기에서 말하는 국민에는 자연인은 물론 법인, 권리능력 없는 사단·재단도 포함되고, 법인, 권리능력 없는 사단·재단 등의 경우에는 설립목적을 불문하며, 한편 정보공개청구권은 법률상 보호되는 구체적인 권리이므로 청구인이 공공기관에 대하여 정보공개를 청구하였다가 거부처분을 받은 것 자체가 법률상 이익의 침해에 해당한다(대판 2003.12.12. 2003두8050).

④ **(O)**

> **공공기관의 정보공개에 관한 법률 제11조(정보공개 여부의 결정)** ① 공공기관은 제10조에 따라 정보공개의 청구를 받으면 그 청구를 받은 날부터 10일 이내에 공개 여부를 결정하여야 한다.
> ② 공공기관은 부득이한 사유로 제1항에 따른 기간 이내에 공개 여부를 결정할 수 없을 때에는 그 기간이 끝나는 날의 다음 날부터 기산(起算)하여 10일의 범위에서 공개 여부 결정기간을 연장할 수 있다. 이 경우 공공기관은 연장된 사실과 연장 사유를 청구인에게 지체 없이 문서로 통지하여야 한다.

정답 ③

200 [16국가7급]

정보공개제도에 대한 설명으로 옳지 않은 것은? (다툼이 있는 경우 판례에 의함)

① 법인 등이 거래하는 금융기관의 계좌번호에 관한 정보는 영업상 비밀에 관한 사항으로서 「공공기관의 정보공개에 관한 법률」상 비공개대상정보에 해당한다.

② 직무를 수행한 공무원의 성명과 직위는 「공공기관의 정보공개에 관한 법률」에 의하여 공개대상정보에 해당한다.

③ 공공기관이 그 정보를 보유 · 관리하고 있지 아니한 경우에는 특별한 사정이 없는 한 정보공개를 구하는 자에게 정보공개거부처분의 취소를 구할 법률상의 이익이 없다.

④ 「공공기관의 정보공개에 관한 법률」은 모든 국민을 정보공개청구권자로 규정하고 있는데, 이에는 자연인은 물론 법인, 권리능력 없는 사단 · 재단, 지방자치단체 등이 포함된다.

해설

① **(O)** 법인 등의 상호, 단체명, 영업소명, 사업자등록번호 등에 관한 정보는 법인 등의 영업상 비밀에 관한 사항으로서 공개될 경우 법인 등의 정당한 이익을 현저히 해할 우려가 있다고 인정되는 정보에 해당하지 아니하지만, 법인 등이 거래하는 금융기관의 계좌번호에 관한 정보는 법인 등의 영업상 비밀에 관한 사항으로서 공개될 경우 법인 등의 정당한 이익을 현저히 해할 우려가 있다고 인정되는 정보에 해당한다고 할 것이다(대판 2004.08.20. 2003두8302).

② **(O)**

> **공공기관의 정보공개에 관한 법률 제9조(비공개 대상 정보)** ① 공공기관이 보유·관리하는 정보는 공개 대상이 된다. 다만, 다음 각 호의 어느 하나에 해당하는 정보는 공개하지 아니할 수 있다.
> 6. 해당 정보에 포함되어 있는 성명·주민등록번호 등 「개인정보 보호법」 제2조제1호에 따른 개인정보로서 공개될 경우 사생활의 비밀 또는 자유를 침해할 우려가 있다고 인정되는 정보. 다만, 다음 각 목에 열거한 사항은 제외한다.
> 가. 법령에서 정하는 바에 따라 열람할 수 있는 정보
> 나. 공공기관이 공표를 목적으로 작성하거나 취득한 정보로서 사생활의 비밀 또는 자유를 부당하게 침해하지 아니하는 정보
> 다. 공공기관이 작성하거나 취득한 정보로서 공개하는 것이 공익이나 개인의 권리 구제를 위하여 필요하다고 인정되는 정보
> 라. 직무를 수행한 공무원의 성명·직위

③ (O) 공공기관이 그 정보를 보유·관리하고 있지 아니한 경우에는 특별한 사정이 없는 한 정보공개거부처분의 취소를 구할 법률상의 이익이 없다(대판 2006.01.13. 2003두9459).

④ (X) 모든 국민은 정보의 공개를 청구할 권리를 가진다(공공기관의 정보공개에 관한 법률 제5조 제1항). 국민에는 자연인뿐만 아니라 법인, 권리능력 없는 사단·재단도 포함된다는 것이 판례의 입장이다. 나아가 판례에 따르면 해당 정보와의 이해관계 유무를 불문하므로 시민단체의 정보공개청구와 같이 개인적인 이해관계가 없는 공익을 위한 경우에도 인정된다. 한편 지방자치단체는 정보공개의무자에 해당할 뿐 정보공개청구권자인 국민에 해당하지 않는다(서울행법 2005.10.12. 2005구합10484).

정답 ④

201 [18국회8급]

행정입법에 대한 설명으로 옳지 않은 것은? (다툼이 있는 경우 판례에 의함)

① 일반적으로 법률의 위임에 따라 효력을 갖는 법규명령의 경우에 위임의 근거가 없어 무효였더라도 나중에 법 개정으로 위임의 근거가 부여되면 그때부터는 유효한 법규명령으로 볼 수 있다. 그러나 법규명령이 개정된 법률에 규정된 내용을 함부로 유추·확장하는 내용의 해석규정이어서 위임의 한계를 벗어난 것으로 인정될 경우에는 법규명령은 여전히 무효이다.

② 헌법 제107조 제2항의 규정에 따르면 행정입법의 심사는 일반적인 재판절차에 의하여 구체적 규범통제의 방법에 의하도록 하고 있으므로, 원칙적으로 당사자는 구체적 사건의 심판을 위한 선결문제로서 행정입법의 위법성을 주장하여 법원에 대하여 당해 사건에 대한 적용 여부의 판단을 구할 수 있을 뿐 행정입법 자체의 합법성의 심사를 목적으로 하는 독립한 신청을 제기할 수는 없다.

③ 행정입법에 관여한 공무원이 입법 당시의 상황에서 다양한 요소를 고려하여 나름대로 합리적인 근거를 찾아 어느 하나의 견해에 따라 경과규정을 두는 등의 조치 없이 새 법령을 그대로 시행하거나 적용하였더라도 이러한 경우에까지 국가배상법 제2조 제1항에서 정한 국가배상책임의 성립요건인 공무원의 과실이 있다고 할 수는 없다.

④ 「공공기관의 정보공개에 관한 법률」 제9조 제1항 제1호의 '법률에서 위임한 명령'은 법률의 위임규정에 의하여 제정된 대통령령, 총리령, 부령 전부를 의미한다.

⑤ 구 「여객자동차 운수사업법」 제11조 제4항의 위임에 따라 시외버스운송사업의 사업계획변경에 관한 절차, 인가기준 등을 구체적으로 규정한 구 「여객자동차 운수사업법 시행규칙」 제31조 제2항 제1호, 제2호, 제6호는 대외적인 구속력이 있는 법규명령이라고 할 것이고, 그것을 행정청 내부의 사무처리준칙을 규정한 행정규칙에 불과하다고 할 수는 없다.

해설

① (O) 일반적으로 법률의 위임에 따라 효력을 갖는 법규명령의 경우에 위임의 근거가 없어 무효였더라도 나중에 법 개정으로 위임의 근거가 부여되면 그때부터는 유효한 법규명령으로 볼 수 있다. 그러나 법규명령이 개정된 법률에 규정된 내용을 함부로 유추·확장하는 내용의 해석규정이어서 위임의 한계를 벗어난 것으로 인정될 경우에는 법규명령은 여전히 무효이다(대판 2017. 4. 20. 2015두45700 전원합의체).

② (O) 헌법 제107조 제2항의 규정에 따르면 행정입법의 심사는 일반적인 재판절차에 의하여 구체적 규범통제의 방법에 의하도록 명시하고 있으므로, 당사자는 구체적 사건의 심판을 위한 선결문제로서 행정입법의 위법성을 주장하여 법원에 대하여 당해 사건에 대한 적용 여부의 판단을 구할 수 있을 뿐 행정입법 자체의 합법성의 심사를 목적으로 하는 독립한 신청을 제기할 수는 없다(대결 1994. 4. 26. 93부32).

③ (O) 행정입법에 관여한 공무원이 입법 당시의 상황에서 다양한 요소를 고려하여 나름대로 합리적인 근거를 찾아 어느 하나의 견해에 따라 경과규정을 두는 등의 조치 없이 새 법령을 그대로 시행하거나 적용하였다면, 그와 같은 공무원의 판단이 나중에 대법원이 내린 판단과 같지 아니하여 결과적으로 시행령 등이 신뢰보호의 원칙 등에 위배되는 결과가 되었다고 하더라도, 이러한 경우에까지 국가배상법 제2조 제1항에서 정한 국가배상책임의 성립요건인 공무원의 과실이 있다고 할 수는 없다(대판 2013. 4. 26. 2011다14428).

④ (X) 공공기관의 정보공개에 관한 법률 제7조(현재 9조) 제1항 제1호 소정의 '법률에 의한 명령'은 법률의 위임규정에 의하여 제정된 대통령령, 총리령, 부령 전부를 의미한다기보다는 정보의 공개에 관하여 법률의 구체적인 위임 아래 제정된 법규명령(위임명령)을 의미한다(대판 2003.12.11. 2003두8395).

⑤ (O) 구 여객자동차 운수사업법 시행규칙 규정은 구 여객자동차 운수사업법 제11조 제4항의 위임에 따라 시외버스운송사업의 사업계획변경에 관한 절차, 인가기준 등을 구체적으로 규정한 것으로서, 대외적인 구속력이 있는 법규명령이라고 할 것이고, 그것을 행정청 내부의 사무처리준칙을 규정한 행정규칙에 불과하다고 할 수는 없다(대판 2006.6.27. 2003두4355).

정답 ④

202 [17국가7급]

정보공개에 대한 설명으로 옳지 않은 것은? (다툼이 있는 경우 판례에 의함)

① 「공공기관의 정보공개에 관한 법률」상 공개청구의 대상이 되는 정보는 반드시 원본일 필요는 없고 사본도 가능하다.

② 공개를 구하는 정보를 공공기관이 한때 보유·관리하였으나 후에 그 정보가 담긴 문서들이 폐기되어 존재하지 않게 된 것이라면 그 정보를 더 이상 보유·관리하고 있지 아니하다는 점에 대한 입증책임은 공공기관에 있다.

③ 정보에의 접근·수집·처리의 자유는 자유권적 성질과 청구권적 성질을 공유하는 것으로서 헌법 제21조에 의하여 직접 보장되는 권리이다.

④ 「공공기관의 정보공개에 관한 법률」 제9조제1항 제4호의 '진행 중인 재판에 관련된 정보'에 해당한다는 사유로 정보공개를 거부하기 위해서는 그 정보가 진행 중인 재판의 소송기록 그 자체에 포함된 내용이어야 한다.

해설

① (O) 공공기관의 정보공개에 관한 법률상 공개청구의 대상이 되는 정보란 공공기관이 직무상 작성 또는 취득하여 현재 보유·관리하고 있는 문서에 한정되는 것이기는 하나, 그 문서가 반드시 원본일 필요는 없다(대판 2006.05.25. 2006두3049).

② (O) 공개를 구하는 정보를 공공기관이 한 때 보유·관리하였으나 후에 그 정보가 담긴 문서등이 폐기되어 존재하지 않게 된 것이라면 그 정보를 더 이상 보유·관리하고 있지 아니하다는 점에 대한 증명책임은 공공기관에게 있다(대판 2004.12.09. 2003두12707).

③ (O) 국민의 '알권리', 즉 정보에의 접근·수집·처리의 자유는 자유권적 성질과 청구권적 성질을 공유하는 것으로서 헌법 제21조에 의하여 직접 보장되는 권리이다(대판 2009.12.10. 2009두12785).

④ (X) 법원 이외의 공공기관이 정보공개법 제9조 제1항 제4호에서 정한 '진행 중인 재판에 관련된 정보'에 해당한다는 사유로 정보공개를 거부하기 위하여는 반드시 그 정보가 진행 중인 재판의 소송기록 자체에 포함된 내용일 필요는 없다. 그러나 재판에 관련된 일체의 정보가 그에 해당하는 것은 아니고 진행 중인 재판의 심리 또는 재판결과에 구체적으로 영향을 미칠 위험이 있는 정보에 한정된다고 보는 것이 타당하다(대판 2011.11.24. 2009두19021).

정답 ④

203 [17국가7급(下)]

행정정보의 공개와 개인정보의 보호에 대한 설명으로 옳은 것은? (다툼이 있는 경우 판례에 의함)

① 개인정보의 열람청구와 삭제 또는 정정청구는 정보주체가 직접 하여야 하고 대리인에 의한 청구는 허용되지 않는다.

② 공공기관이 정보를 한때 보유·관리하였으나 후에 그 정보를 더 이상 보유·관리하고 있지 아니하다는 점에 대한 증명책임의 소재는 정보공개 청구권자에게 있다.

③ 법인등이 거래하는 금융기관의 계좌번호에 관한 정보는 법인등의 영업상 비밀에 관한 사항으로서 공개될 경우 법인등의 정당한 이익을 현저히 해할 우려가 있다고 인정되는 정보에 해당한다.

④ 「검찰보존사무규칙」상의 정보의 열람·등사의 제한은 「공공기관의 정보공개에 관한 법률」 제9조제1항제1호의 '다른 법률 또는 법률에 의한 명령에 의하여 비공개사항으로 규정된 경우'에 해당한다.

해설

① (X)

> **개인정보보호법 제38조(권리행사의 방법 및 절차)**
> ① 정보주체는 제35조에 따른 열람, 제36조에 따른 정정·삭제, 제37조에 따른 처리정지, 제39조의7에 따른 동의 철회 등의 요구(이하 "열람등요구"라 한다)를 문서 등 대통령령으로 정하는 방법·절차에 따라 대리인에게 하게 할 수 있다.
> ② 만 14세 미만 아동의 법정대리인은 개인정보처리자에게 그 아동의 개인정보 열람등요구를 할 수 있다.

② (X) 공공기관이 한 때 보유·관리하였으나 후에 폐기되어 존재하지 않게 된 것이라면 그 정보를 더 이상 보유·관리하고 있지 아니하다는 점에 대한 증명책임은 공공기관에게 있다(대판 2004.12.09. 2003두12707).

③ (O) 법인 등이 거래하는 금융기관의 계좌번호에 관한 정보는 법인 등의 영업상 비밀에 관한 사항으로서 공개될 경우 법인 등의 정당한 이익을 현저히 해할 우려가 있다고 인정되는 정보에 해당한다고 할 것이다(대판 2004.08.20. 2003두8302).

④ (X) 검찰보존사무규칙은 비록 법무부령으로 되어 있으나, 정보공개법 제7조 제1항 제1호의 '다른 법률 또는 법률에 의한 명령에 의하여 비공개사항으로 규정된 경우'에 해당한다고 볼 수 없다(대판 2004.3.12. 2003두13816).

정답 ③

204 [18지방9급]

「공공기관의 정보공개에 관한 법률」상 정보공개에 대한 설명으로 옳지 않은 것은? (다툼이 있는 경우 판례에 의함)

① 공개될 경우 부동산 투기로 특정인에게 이익 또는 불이익을 줄 우려가 있다고 인정되는 정보는 비공개대상에 해당한다.

② 공개청구의 대상이 되는 정보가 인터넷에 공개되어 인터넷 검색 등을 통하여 쉽게 알 수 있다면 정보공개청구권자는 공개거부처분의 취소를 구할 법률상의 이익이 없다.

③ 불기소처분기록 중 피의자신문조서 등에 기재된 피의자 등의 인적사항 이외의 진술내용이 개인의 사생활의 비밀 또는 자유를 침해할 우려가 인정된다면 비공개대상에 해당한다.

④ 정보공개거부처분취소소송에서 공개를 거부한 정보에 비공개 대상 부분과 공개가 가능한 부분이 혼합되어 있는 경우, 공개청구의 취지에 어긋나지 아니하는 범위 안에서 두 부분을 분리할 수 있다면 법원은 청구취지의 변경이 없더라도 공개가 가능한 정보에 관한 부분만의 일부취소를 명할 수 있다.

해설

① (O)

> **공공기관의 정보공개에 관한 법률 제9조(비공개 대상 정보)** ① 공공기관이 보유·관리하는 정보는 공개 대상이 된다. 다만, 다음 각 호의 어느 하나에 해당하는 정보는 공개하지 아니할 수 있다.
> 8. 공개될 경우 부동산 투기, 매점매석 등으로 특정인에게 이익 또는 불이익을 줄 우려가 있다고 인정되는 정보

② (X) 공개청구의 대상이 되는 정보가 이미 다른 사람에게 공개하여 널리 알려져 있다거나 인터넷이나 관보 등을 통하여 공개하여 인터넷검색이나 도서관에서의 열람 등을 통하여 쉽게 알 수 있다는 사정만으로는 소의 이익이 없다거나 비공개결정이 정당화될 수는 없다(대판 2008.11.27. 2005두15694).

③ (O) 불기소처분 기록 중 피의자신문조서 등에 기재된 피의자 등의 인적사항 이외의 진술내용 역시 개인의 사생활의 비밀 또는 자유를 침해할 우려가 인정되는 경우 정보공개법 제9조 제1항 제6호 본문 소정의 비공개대상에 해당한다(대판 2012.06.18. 2011두2361 전원합의체).

④ (O) 공개를 거부한 정보에 비공개대상 정보에 해당하는 부분과 공개가 가능한 부분이 혼합되어 있고 공개청구의

취지에 어긋나지 아니하는 범위 안에서 두 부분을 분리할 수 있음을 인정할 수 있을 때에는 청구취지의 변경이 없더라도 공개가 가능한 정보에 관한 부분만의 일부취소를 명할 수 있다(대판 2003.03.11. 2001두6425).

정답 ②

205 [15경행특채]

다음 「공공기관의 정보공개에 관한 법률」에 대한 설명 중 가장 적절하지 않은 것은? (다툼이 있으면 판례에 의함)

① 교도소에 수용 중이던 재소자가 담당 교도관들을 상대로 가혹행위를 이유로 형사고소 및 민사소송을 제기하면서 그 증명자료 확보를 위해 정보공개를 요청한 '근무보고서'는 공개대상정보에 해당한다.

② 문서 등이 이미 폐기되어 존재하지 않는 경우 그 정보를 더 이상 보유・관리하고 있지 않다는 점에 대한 증명책임은 공공기관에 있다.

③ '공공기관의 정보공개에 관한 법률'에서 말하는 국민에는 자연인은 물론 법인, 권리능력 없는 사단・재단도 포함되고, 법인, 권리능력 없는 사단・재단 등의 경우에는 그 설립목적을 불문한다.

④ 청구대상정보가 이미 다른 사람에게 공개되어 널리 알려져 있다거나 인터넷검색 등을 통하여 쉽게 알 수 있다는 사정만으로는 소의 이익이 없다.

해설

① (O) 재소자가 교도관의 가혹행위를 이유로 형사고소 및 민사소송을 제기하면서 그 증명자료 확보를 위해 '근무보고서'와 '징벌위원회 회의록' 등의 정보공개를 요청하였으나 교도소장이 이를 거부한 사안에서, 근무보고서는 비공개대상정보에 해당한다고 볼 수 없고, 징벌위원회 회의록 중 비공개 심사・의결 부분은 비공개사유에 해당하지만 징벌절차 진행 부분은 비공개사유에 해당하지 않는다고 보아 분리 공개가 허용된다(대판 2009.12.10, 2009두12785).

② (O) 정보공개제도는 공공기관이 보유・관리하는 정보를 그 상태대로 공개하는 제도로서 공개를 구하는 정보를 공공기관이 보유·관리하고 있을 상당한 개연성이 있다는 점에 대하여 원칙적으로 공개청구자에게 증명책임이 있다고 할 것이지만, 공개를 구하는 정보를 공공기관이 한 때 보유·관리하였으나 후에 그 정보가 담긴 문서 등이 폐기되어 존재하지 않게 된 것이라면 그 정보를 더 이상 보유·관리하고 있지 아니하다는 점에 대한 증명책임은 공공기관에게 있다(대판 2004.12.9, 2003두12707).

③ (O) 공공기관의 정보공개에 관한 법률은 "모든 국민은 정보의 공개를 청구할 권리를 가진다."고 규정하고 있는데, 여기에서 말하는 국민에는 자연인은 물론 법인, 권리능력 없는 사단·재단도 포함되고, 법인, 권리능력 없는 사단·재단 등의 경우에는 설립목적을 불문한다(대판 2003.12.12, 2003두8050).

④ (X) 공개청구의 대상이 되는 정보가 이미 다른 사람에게 공개되어 널리 알려져 있다거나 인터넷 등을 통하여 공개되어 인터넷검색 등을 통하여 쉽게 알 수 있다는 사정만으로는 소의 이익이 없다거나 비공개결정이 정당화될 수 없다(대판 2007.7.13, 2005두8733).

정답 ④

206 [12사회복지]

행정정보공개제도에 대한 설명으로 옳은 것은?

① 개인정보는 절대적 비공개대상 정보이다.

② 외국인은 정보공개를 청구할 수 없다.

③ 정보공개의 청구는 반드시 문서로 하여야 한다.

④ 공공기관은 정보의 비공개결정을 한 때에는 그 사실을 청구인에게 지체 없이 문서로 통지하여야 한다.

해설

① (X) 개인정보라도 공개될 경우 공개될 경우 사생활의 비밀 또는 자유를 침해할 우려가 있다고 인정되는 정보만 비공개대상정보이며 공무원의 성명・직위는 개인정보에 해당하더라고 공개대상으로 규정하고 있다(공공기관의 정보공개에 관한 법률 제9조 제1항 제6호).

② (X) 일정한 경우 외국인도 정보공개청구를 할 수 있다(공공기관의 정보공개에 관한 법률 제5조 제2항).

③ (X)

> **공공기관의 정보공개에 관한 법률 제10조(정보공개의 청구방법)** ① 정보의 공개를 청구하는 자(이하 "청구인"이라 한다)는 해당 정보를 보유하거나 관리하고 있는 공공기관에 다음 각 호의 사항을 적은 정보공개 청구서를 제출하거나 말로써 정보의 공개를 청구할 수 있다.

④ (O)

> **공공기관의 정보공개에 관한 법률 제13조(정보공개 여부 결정의 통지)** ⑤ 공공기관은 제11조에 따라 정보의 비공개 결정을 한 경우에는 그 사실을 청구인에게 지체 없이 문서로 통지하여야 한다. 이 경우 제9조제1항 각 호 중 어느 규정에 해당하는 비공개 대상 정보인지를 포함한 비공개 이유와 불복(不服)의 방법 및 절차를 구체적으로 밝혀야 한다.

정답 ④

207 [15교육행정]

「공공기관의 정보공개에 관한 법률」상 정보공개에 관한 설명으로 옳은 것은?

① 외국인은 국내에 주소를 두고 거주하는 경우에도, 정보공개청구권이 인정되지 않는다.

② 공공기관은 정보의 비공개 결정을 한 경우 청구인에게 비공개 이유와 불복의 방법 및 절차를 구체적으로 밝혀 문서로 통지하여야 한다.

③ 공공기관의 비공개 결정에 대하여 불복이 있는 청구인은 해당 공공기관의 상급기관에 이의신청을 하여야 한다.

④ 비공개 결정에 대하여 청구인은 이의신청절차를 거치지 않고서는 행정심판을 청구할 수 없다.

해설

① (X) 공공기관의 정보공개에 관한 법률 시행령 제3조 제1호.

② (O) 공공기관의 정보공개에 관한 법률 제13조 제4항.

③ (X)

> **공공기관의 정보공개에 관한 법률 제18조(이의신청)**
> ① 청구인이 정보공개와 관련한 공공기관의 비공개 결정 또는 부분 공개 결정에 대하여 불복이 있거나 정보공개 청구 후 20일이 경과하도록 정보공개 결정이 없는 때에는 공공기관으로부터 정보공개 여부의 결정 통지를 받은 날 또는 정보공개 청구 후 20일이 경과한 날부터 30일 이내에 해당 공공기관에 문서로 이의신청을 할 수 있다.

④ (X)

> **공공기관의 정보공개에 관한 법률 제19조(행정심판)**
> ① 청구인이 정보공개와 관련한 공공기관의 결정에 대하여 불복이 있거나 정보공개 청구 후 20일이 경과하도록 정보공개 결정이 없는 때에는 「행정심판법」에서 정하는 바에 따라 행정심판을 청구할 수 있다. 이 경우 국가기관 및 지방자치단체 외의 공공기관의 결정에 대한 감독행정기관은 관계 중앙행정기관의 장 또는 지방자치단체의 장으로 한다.
> ② 청구인은 제18조에 따른 이의신청 절차를 거치지 아니하고 행정심판을 청구할 수 있다.

정답 ②

208 [18서울7급(上)]

공공기관의 정보공개 절차에 관한 설명으로 가장 옳지 않은 것은?

① 정보의 공개 및 우송 등에 소요되는 비용은 실비의 범위에서 청구인의 부담으로 한다. 다만 그 액수가 너무 많아서 청구인에게 과중한 부담을 주는 경우에는 비용을 감면할 수 있다.

② 공개대상의 양이 과다하여 정상적인 업무수행에 현저한 지장을 초래할 우려가 있는 경우에는 이를 기간별로 나누어 교부하거나 열람과 병행하여 교부할 수 있다.

③ 국가안전보장 · 국방 · 통일 · 외교관계 분야 업무를 주로 하는 국가기관의 정보공개심의회 구성 시 최소한 3분의 1 이상은 외부 전문가로 위촉하여야 한다.

④ 공개대상정보의 일부 또는 전부가 제3자와 관련이 있다고 인정하는 때에는 공공기관은 지체 없이 관련된 제3자에게 통지하여야 한다.

해설

① (X)

> **공공기관의 정보공개에 관한 법률 제17조(비용 부담)**
> ① 정보의 공개 및 우송 등에 드는 비용은 실비(實費)의 범위에서 청구인이 부담한다.
> ② 공개를 청구하는 정보의 사용 목적이 공공복리의 유지·증진을 위하여 필요하다고 인정되는 경우에는 제1항에 따른 비용을 감면할 수 있다.

② (O)

> **공공기관의 정보공개에 관한 법률 제13조(정보공개 여부 결정의 통지)** ② 공공기관은 청구인이 사본 또는 복제물의 교부를 원하는 경우에는 이를 교부하여야 한다.
> ③ 공공기관은 공개 대상 정보의 양이 너무 많아 정상적인 업무수행에 현저한 지장을 초래할 우려가 있는 경우에는 해당 정보를 일정 기간별로 나누어 제공하거나 사본·복제물의 교부 또는 열람과 병행하여 제공할 수 있다.

③ (O)

> **공공기관의 정보공개에 관한 법률 제12조(정보공개심의회)** ① 국가기관, 지방자치단체, 「공공기관의 운영에 관한 법률」 제5조에 따른 공기업 및 준정부기관, 「지방공기업법」에 따른 지방공사 및 지방공단(이하 "국가기관등"이라 한다)은 제11조에 따른 정보공개 여부 등을 심의하기 위하여 정보공개심의회(이하 "심의회"라 한다)를 설치·운영한다. 이 경우 국가기관등의 규모와 업무성격,

지리적 여건, 청구인의 편의 등을 고려하여 소속 상급기관(지방공사·지방공단의 경우에는 해당 지방공사·지방공단을 설립한 지방자치단체를 말한다)에서 협의를 거쳐 심의회를 통합하여 설치·운영할 수 있다.

② 심의회는 위원장 1명을 포함하여 5명 이상 7명 이하의 위원으로 구성한다.

③ 심의회의 위원은 소속 공무원, 임직원 또는 외부 전문가로 지명하거나 위촉하되, 그 중 3분의 2은 해당 국가기관등의 업무 또는 정보공개의 업무에 관한 지식을 가진 외부 전문가로 위촉하여야 한다. 다만, 제9조 제1항 제2호 및 제4호에 해당하는 업무를 주로 하는 국가기관은 그 국가기관의 장이 외부 전문가의 위촉 비율을 따로 정하되, 최소한 3분의 1 이상은 외부 전문가로 위촉하여야 한다.

제9조(비공개 대상 정보) ① 공공기관이 보유·관리하는 정보는 공개 대상이 된다. 다만, 다음 각 호의 어느 하나에 해당하는 정보는 공개하지 아니할 수 있다.
2. 국가안전보장·국방·통일·외교관계 등에 관한 사항으로서 공개될 경우 국가의 중대한 이익을 현저히 해칠 우려가 있다고 인정되는 정보

④ (O)

공공기관의 정보공개에 관한 법률 제11조(정보공개 여부의 결정) ③ 공공기관은 공개 청구된 공개 대상 정보의 전부 또는 일부가 제3자와 관련이 있다고 인정할 때에는 그 사실을 제3자에게 지체 없이 통지하여야 하며, 필요한 경우에는 그의 의견을 들을 수 있다.

정답 ①

209 [18교육행정]

정보공개청구제도에 관한 설명으로 옳은 것을 〈보기〉에서 고른 것은?

〈보 기〉

ㄱ. 정보공개청구인은 자신에게 해당 정보의 공개를 구할 법률상 이익이 있음을 입증하여야 한다.
ㄴ. 정보공개신청이 오로지 권리남용의 목적임이 명백하다면 행정청은 공개를 거부할 수 있다.
ㄷ. 공공기관이 정보공개청구에 대해 이를 거부하는 행위는 취소소송의 대상이 되는 처분이다.
ㄹ. 공공기관은 정보공개청구의 대상이 된 정보가 제3자와 관련된 경우 해당 제3자의 의견을 청취할 수 있으나, 그에게 통지할 의무는 없다.

① ㄱ, ㄴ ② ㄱ, ㄹ ③ ㄴ, ㄷ ④ ㄷ, ㄹ

해설

ㄱ. (X) ㄷ. (O) 정보공개청구권은 법률상 보호되는 구체적인 권리이므로 청구인이 공공기관에 대하여 정보공개를 청구하였다가 거부처분을 받은 것 자체가 법률상 이익의 침해에 해당한다(대판 2003.12.12. 2003두8050).

ㄴ. (O) 실제로는 해당 정보를 취득 또는 활용할 의사가 전혀 없이 정보공개 제도를 이용하여 사회통념상 용인될 수 없는 부당한 이득을 얻으려 하거나, 오로지 공공기관의 담당공무원을 괴롭힐 목적으로 정보공개청구를 하는 경우처럼 권리의 남용에 해당하는 것이 명백한 경우에는 정보공개청구권의 행사를 허용하지 아니하는 것이 옳다(대판 2014.12.24. 2014두9349).

ㄹ. (X)

공공기관의 정보공개에 관한 법률 제11조(정보공개 여부의 결정) ③ 공공기관은 공개 청구된 공개 대상 정보의 전부 또는 일부가 제3자와 관련이 있다고 인정할 때에는 그 사실을 제3자에게 지체 없이 통지하여야 하며, 필요한 경우에는 그의 의견을 들을 수 있다.

정답 ③

210 [11사회복지]

「공공기관의 정보공개에 관한 법률」상 제3자의 비공개요청 등에 대한 설명으로 옳은 것은?

① 공공기관은 공개청구된 공개대상정보의 전부 또는 일부가 제3자와 관련이 있다고 인정되는 때에는 그 사실을 제3자에게 7일 이내에 통지하여야 한다.

② 제3자의 비공개요청에도 불구하고 공공기관이 공개결정을 하는 때에는 공개결정이유와 공개실시일을 명시하여 지체 없이 문서로 통지하여야 한다.

③ 자신과 관련된 정보에 대한 제3자의 비공개요청에도 불구하고 공공기관이 공개결정을 하는 때에는 제3자는 당해 공공기관에 문서 또는 구두로 이의신청을 하거나 행정심판 또는 행정소송을 제기할 수 있다.

④ 공공기관은 제3자의 비공개요청에도 불구하고 공개결정을 하는 때에는 공개결정일과 공개실시일의 사이에 최소한 20일의 간격을 두어야 한다.

해설

① (X)

> 공공기관의 정보공개에 관한 법률 제11조(정보공개 여부의 결정) ③ 공공기관은 공개 청구된 공개 대상 정보의 전부 또는 일부가 제3자와 관련이 있다고 인정할 때에는 그 사실을 제3자에게 지체 없이 통지하여야 하며, 필요한 경우에는 그의 의견을 들을 수 있다.

② (O) ③ (X) ④ (X)

> **공공기관의 정보공개에 관한 법률 제21조(제3자의 비공개 요청 등)** ① 제11조 제3항에 따라 공개 청구된 사실을 통지받은 제3자는 그 통지를 받은 날부터 3일 이내에 해당 공공기관에 대하여 자신과 관련된 정보를 공개하지 아니할 것을 요청할 수 있다.
>
> ② 제1항에 따른 비공개 요청에도 불구하고 공공기관이 공개 결정을 할 때에는 공개 결정 이유와 공개 실시일을 분명히 밝혀 지체 없이 문서로 통지하여야 하며, 제3자는 해당 공공기관에 문서로 이의신청을 하거나 행정심판 또는 행정소송을 제기할 수 있다. 이 경우 이의신청은 통지를 받은 날부터 7일 이내에 하여야 한다.
>
> ③ 공공기관은 제2항에 따른 공개 결정일과 공개 실시일 사이에 최소한 30일의 간격을 두어야 한다.

정답 ②

211 [16국가9급]

「공공기관의 정보공개에 관한 법률」에 따른 정보공개에 대한 설명으로 옳은 것은? (다툼이 있는 경우 판례에 의함)

① 국·공립의 초등학교는 공공기관의 정보공개에 관한 법령상 공공기관에 해당하지만, 사립 초등학교는 이에 해당하지 않는다.

② 공개방법을 선택하여 정보공개를 청구하였더라도 공공기관은 정보공개청구자가 선택한 방법에 따라 정보를 공개하여야 하는 것은 아니며, 원칙적으로 그 공개방법을 선택할 재량권이 있다.

③ 정보공개청구에 대해 공공기관의 비공개결정이 있는 경우 이의신청절차를 거치지 않더라도 행정심판을 청구할 수 있다.

④ 정보공개청구자는 정보공개와 관련한 공공기관의 비공개결정에 대해서는 이의신청을 할 수 있지만, 부분공개의 결정에 대해서는 따로 이의신청을 할 수 없다.

해설

① (X)

> **공공기관의 정보공개에 관한 법률 시행령 제2조(공공기관의 범위)** 「공공기관의 정보공개에 관한 법률」(이하 "법"이라 한다) 제2조 제3호 마목에서 "대통령령으로 정하는 기관"이란 다음 각 호의 기관 또는 단체를 말한다.
>
> 1. 「유아교육법」, 「초·중등교육법」, 「고등교육법」에 따른 각급 학교 또는 그 밖의 다른 법률에 따라 설치된 학교

② (X) 공공기관으로서는 정보공개청구자가 선택한 공개방법에 따라 정보를 공개하여야 하므로 그 공개방법을 선택할 재량권이 없다고 해석함이 상당하다(대판 2003.12.12. 2003두8050).

③ (O) 공공기관의 정보공개에 관한 법률 제19조.

④ (X) 공공기관의 정보공개에 관한 법률 제18조.

정답 ③

제2절 | 개인정보보호제도

Ⅰ 의의

Ⅱ 법적근거

212 [18국회8급]

개인정보보호에 대한 설명으로 옳지 않은 것은? (다툼이 있는 경우 판례에 의함)

① 「개인정보보호법」은 개인정보의 누설이나 권한 없는 처리 또는 다른 사람의 이용에 제공하는 등 부당한 목적으로 사용한 행위를 처벌하도록 규정하고 있다. 여기에서 '누설'이라 함은 아직 이를 알지 못하는 타인에게 알려주는 일체의 행위를 말한다.

② 개인정보자기결정권의 보호대상이 되는 개인정보는 개인의 신체, 신념, 사회적 지위, 신분 등과 같이 인격주체성을 특징짓는 사항으로서 개인의 동일성을 식별할 수 있게 하는 일체의 정보를 의미하는 것이므로 개인의 내밀한 영역에 속하는 정보에 국한되고 공적 생활에서 형성되었거나 이미 공개된 개인정보는 포함되지 않는다.

③ 개인정보자기결정권이나 익명표현의 자유도 국가안전보장·질서유지 또는 공공복리를 위하여 필요한 경우에는 헌법 제37조 제2항에 따라 법률로써 제한될 수 있다.

④ 헌법 제10조의 인간의 존엄과 가치, 행복추구권과 헌법 제17조의 사생활의 비밀과 자유에서 도출되는 개인정보자기결정권은 자신에 관한 정보가 언제 누구에게 어느 범위까지 알려지고 또 이용되도록 할 것인지를 정보주체가 스스로 결정할 수 있는 권리이다.

⑤ 헌법 제21조에서 보장하고 있는 표현의 자유는 개인이 인간으로서의 존엄과 가치를 유지하고 국민주권을 실현하는 데 필수불가결한 자유로서, 자신의 신원을 누구에게도 밝히지 않은 채 익명 또는 가명으로 자신의 사상이나 견해를 표명하고 전파할 익명표현의 자유도 그 보호영역에 포함된다.

해설

① **(O)** 구 개인정보보호법은 개인정보의 누설이나 권한 없는 처리 또는 타인의 이용에 제공하는 등 부당한 목적으로 사용한 행위를 처벌하도록 규정하고 있다(제23조 제2항, 제11조). 여기에서 '누설'이라 함은 아직 이를 알지 못하는 타인에게 알려주는 일체의 행위를 말한다(대판 2015.7.9. 2013도13070).

② **(X)** 개인정보자기결정권의 보호대상이 되는 개인정보는 개인의 신체, 신념, 사회적 지위, 신분 등과 같이 개인의 인격주체성을 특징짓는 사항으로서 그 개인의 동일성을 식별할 수 있게 하는 일체의 정보라고 할 수 있고, 반드시 개인의 내밀한 영역이나 사사의 영역에 속하는 정보에 국한되지 않고 공적 생활에서 형성되었거나 이미 공개된 개인정보까지 포함한다(헌재 2005.7.21. 2003헌마282 등).

③ **(O)** 헌법상 기본권의 행사는 국가공동체 내에서 타인과의 공동생활을 가능하게 하고 다른 헌법적 가치나 국가의 법질서를 위태롭게 하지 않는 범위 내에서 이루어져야 하므로, 개인정보자기결정권이나 익명표현의 자유도 국가안전보장·질서유지 또는 공공복리를 위하여 필요한 경우에는 헌법 제37조 제2항에 따라 법률로써 제한될 수 있다(대판 2016.3.10. 2012다105482).

④ **(O)** 인간의 존엄과 가치, 행복추구권을 규정한 헌법 제10조 제1문에서 도출되는 일반적 인격권 및 헌법 제17조의 사생활의 비밀과 자유에 의하여 보장되는 개인정보자기결정권은 자신에 관한 정보가 언제 누구에게 어느 범위까지 알려지고 또 이용되도록 할 것인지를 정보주체가 스스로 결정할 수 있는 권리이다(대판 2014. 7. 24. 2012다49933).

⑤ **(O)** 헌법 제21조에서 보장하고 있는 표현의 자유는 개인이 인간으로서의 존엄과 가치를 유지하고 국민주권을 실현하는 데 필수불가결한 자유로서, 자신의 신원을 누구에게도 밝히지 않은 채 익명 또는 가명으로 자신의 사상이나 견해를 표명하고 전파할 익명표현의 자유도 보호영역에 포함된다(대판 2016. 3. 10. 2012다105482).

정답 ②

213 [16교육행정]

「개인정보 보호법」상 개인정보에 관한 설명으로 옳지 않은 것은? (다툼이 있으면 판례에 따름)

① 정치적 견해, 건강, 사상 · 신념에 관한 정보는 민감정보에 해당한다.

② 판례는 지문(指紋)을 개인정보에 해당하지 않는 것으로 본다.

③ 개인정보와 관련한 분쟁의 조정을 원하는 자는 개인정보 분쟁조정위원회에 분쟁조정을 신청할 수 있다.

④ 「개인정보 보호법」은 단체소송에 관한 규정을 두고 있다.

해설

① (O)

> **개인정보 보호법 제23조(민감정보의 처리 제한)** ① 개인정보처리자는 사상·신념, 노동조합·정당의 가입·탈퇴, 정치적 견해, 건강, 성생활 등에 관한 정보, 그 밖에 정보주체의 사생활을 현저히 침해할 우려가 있는 개인정보로서 대통령령으로 정하는 정보(이하 "민감정보"라 한다)를 처리하여서는 아니 된다.

② (X) 개인의 고유성, 동일성을 나타내는 지문은 그 정보주체를 타인으로부터 식별가능하게 하는 개인정보이므로, 시장 · 군수 또는 구청장이 개인의 지문정보를 수집하고, 경찰청장이 이를 보관 · 전산화하여 범죄수사목적에 이용하는 것은 모두 개인정보자기결정권을 제한하는 것이라고 할 수 있다(헌재 2005. 5. 26. 99헌마513).

③ (O)

> **개인정보 보호법 제43조(조정의 신청 등)** ① 개인정보와 관련한 분쟁의 조정을 원하는 자는 분쟁조정위원회에 분쟁조정을 신청할 수 있다.

④ (O)

> **개인정보 보호법 제51조(단체소송의 대상 등)** 다음 각 호의 어느 하나에 해당하는 단체는 개인정보처리자가 제49조에 따른 집단분쟁조정을 거부하거나 집단분쟁조정의 결과를 수락하지 아니한 경우에는 법원에 권리침해 행위의 금지·중지를 구하는 소송(이하 "단체소송"이라 한다)을 제기할 수 있다.

정답 ②

III 개인정보 보호법의 주요내용

214 [12국회9급]

개인정보보호제도에 관한 설명으로 옳은 것은? (다툼이 있으면 판례에 의함)

① 개인이 타인에 관한 정보의 공개를 청구하는 경우에는 개인정보 보호법에 따라 개인에 관한 정보의 공개 여부를 판단하여야 한다.

② 개인정보보호제도의 헌법적 근거는 헌법상 기본권인 개인정보자기결정권 등에서 도출할 수 있으나, 개인정보자기결정권은 자신에 관한 정보를 정부주체에게 맡기고 정부 주체가 개인정보의 공개와 이용에 관하여 결정할 권리를 말한다.

③ 개인정보자기결정권의 보호대상이 되는 개인정보는 반드시 개인의 내밀한 영역이나 사사(私事)의 영역에 속하는 정보에 국한되지 않고 공적 생활에서 형성되었거나 이미 공개된 개인정보까지 포함한다.

④ 개인정보보호에 관한 사항을 심의 · 의결하기 위하여 국무총리 소속으로 합의제의결기관인 '개인정보심의위원회'가 설치되어 있다.

⑤ 공공기관의 장은 대통령령으로 정하는 기준에 해당하는 개인정보파일의 운용으로 인하여 정보주체의 개인정보 침해가 우려되는 경우에는 그 위험요인을 분석하고 개선사항을 도출하기 위하여 '개인정보 영향평가'를 하고 그 결과를 지식경제부장관을 거쳐 국무총리에게 보고하여야 한다.

해설

① (X) 개인정보 보호법은 개인이 타인에 관한 정보의 공개를 청구하는 경우에 관하여는 특별한 규정을 두지 않고 있다. 그러므로 기관이 아닌 개인들이 타인에 관한 정보의 공개를 청구하는 이 사건에서는 개인정보 보호법이 아니라 정보공개법 제9조 제1항 제6호에 따라 개인에 관한 정보의 공개 여부를 판단하여야 한다(대판 2010.2.25. 2007두9877).

② (X) 개인정보자기결정권은 자신에 관한 정보가 언제 누구에게 어느 범위까지 알려지고 또 이용되도록 할 것인지를 그 정보주체가 스스로 결정할 수 있는 권리, 즉 정보주체가 개인정보의 공개와 이용에 관하여 스스로 결정할 권리를 말한다(헌재 2005.5.26. 99헌마513).

③ (O) 헌재 2005.7.21. 2003헌마282 등.

④ (X)

> **개인정보 보호법 제7조(개인정보 보호위원회)** ① 개인정보 보호에 관한 사무를 독립적으로 수행하기 위하여 국무총리 소속으로 개인정보 보호위원회(이하 "보호위원회"라 한다)를 둔다.

⑤ (X)

> **개인정보 보호법 제33조(개인정보 영향평가)** ① 공공기관의 장은 대통령령으로 정하는 기준에 해당하는 개인정보파일의 운용으로 인하여 정보주체의 개인정보 침해가 우려되는 경우에는 그 위험요인의 분석과 개선 사항 도출을 위한 평가(이하 "영향평가"라 한다)를 하고 그 결과를 보호위원회에 제출하여야 한다. 이 경우 공공기관의 장은 영향평가를 보호위원회가 지정하는 기관(이하 "평가기관"이라 한다) 중에서 의뢰하여야 한다.

정답 ③

215 [13국회9급]

「개인정보 보호법」상 개인정보보호원칙에 관한 설명 중 옳지 않은 것은?

① 개인정보처리자는 개인정보의 처리목적을 명확하게 하고 그 목적에 필요한 범위에서 최소한의 개인정보만을 수집하여야 한다.

② 개인정보처리자는 그의 정당한 이익을 달성하기 위하여 필요한 경우에 명백히 정보주체의 권리보다 우선하는 경우에는 정보주체의 동의 없이 정보주체의 개인정보를 제3자에게 제공할 수 있다.

③ 개인정보 보호에 관한 사항을 심의·의결하기 위하여 국무총리 소속으로 개인정보보호위원회를 둔다.

④ 국가 및 지방자치단체, 개인정보보호단체 및 기관, 정보주체, 개인정보처리자는 정보주체의 피해 또는 권리침해가 다수의 정보주체에게 같거나 비슷한 유형으로 발생하는 경우로서 일정한 사건에 대하여는 분쟁조정위원회에 집단분쟁조정을 의뢰 또는 신청할 수 있다.

⑤ 개인정보 보호법 소정의 일정한 요건을 갖춘 소비자단체나 비영리단체는 개인정보처리자가 집단분쟁조정을 거부하거나 집단분쟁조정의 결과를 수락하지 아니한 경우에는 법원에 권리침해 행위의 금지·중지를 구하는 단체소송을 제기할 수 있다.

해설

① (O)

> **개인정보 보호법 제3조(개인정보 보호 원칙)** ① 개인정보처리자는 개인정보의 처리 목적을 명확하게 하여야 하고 그 목적에 필요한 범위에서 최소한의 개인정보만을 적법하고 정당하게 수집하여야 한다.

② (X) 개인정보처리자의 이익을 위해 제3자에게 제공할 수는 없다.

> **개인정보 보호법 제15조(개인정보의 수집·이용)** ① 개인정보처리자는 다음 각 호의 어느 하나에 해당하는 경우에는 개인정보를 수집할 수 있으며 그 수집 목적의 범위에서 이용할 수 있다.
> 1. 정보주체의 동의를 받은 경우
> 2. 법률에 특별한 규정이 있거나 법령상 의무를 준수하기 위하여 불가피한 경우
> 3. 공공기관이 법령 등에서 정하는 소관 업무의 수행을 위하여 불가피한 경우
> 4. 정보주체와의 계약의 체결 및 이행을 위하여 불가피하게 필요한 경우
> 5. 정보주체 또는 그 법정대리인이 의사표시를 할 수 없는 상태에 있거나 주소불명 등으로 사전 동의를 받을 수 없는 경우로서 명백히 정보주체 또는 제3자의 급박한 생명, 신체, 재산의 이익을 위하여 필요하다고 인정되는 경우
> 6. 개인정보처리자의 정당한 이익을 달성하기 위하여 필요한 경우로서 명백하게 정보주체의 권리보다 우선하는 경우. 이 경우 개인정보처리자의 정당한 이익과 상당한 관련이 있고 합리적인 범위를 초과하지 아니하는 경우에 한한다.
>
> **제17조(개인정보의 제공)** ① 개인정보처리자는 다음 각 호의 어느 하나에 해당되는 경우에는 정보주체의 개인정보를 제3자에게 제공(공유를 포함한다. 이하 같다)할 수 있다.
> 1. 정보주체의 동의를 받은 경우
> 2. 제15조 제1항 제2호·제3호·제5호 및 제39조의3 제2항 제2호·제3호에 따라 개인정보를 수집한 목적 범위에서 개인정보를 제공하는 경우

③ (O) 개인정보 보호법 제7조 제1항.

④ (O)

> **개인정보 보호법 제49조(집단분쟁조정)** ① 국가 및 지방자치단체, 개인정보 보호단체 및 기관, 정보주체, 개인정보처리자는 정보주체의 피해 또는 권리침해가 다수의 정보주체에게 같거나 비슷한 유형으로 발생하는 경우로서 대통령령으로 정하는 사건에 대하여는 분쟁조정위원회에 일괄적인 분쟁조정(이하 "집단분쟁조정"이라 한다)을 의뢰 또는 신청할 수 있다.

⑤ (O) 개인정보 보호법 제51조.

정답 ②

216 [09지방9급]

「개인정보 보호법」의 내용으로 옳지 않은 것은?

① 사자(死者)나 법인의 정보는 이 법에서 말하는 개인정보에 포함되지 아니한다.

② 정보주체는 문서로 본인에 관한 처리정보의 열람을 청구할 수 있다.

③ 정보주체의 열람·정정 및 삭제청구권의 대리는 인정되지 아니한다.

④ 처리정보의 삭제를 청구하는 자는 대통령령이 정하는 바에 따라 수수료를 납부하여야 한다.

해설

① (O)

> **개인정보 보호법 제2조(정의)** 이 법에서 사용하는 용어의 뜻은 다음과 같다.
> 1. "개인정보"란 살아 있는 개인에 관한 정보로서 다음 각 목의 어느 하나에 해당하는 정보를 말한다.
>   가. 성명, 주민등록번호 및 영상 등을 통하여 개인을 알아볼 수 있는 정보
>   나. 해당 정보만으로는 특정 개인을 알아볼 수 없더라도 다른 정보와 쉽게 결합하여 알아볼 수 있는 정보. 이 경우 쉽게 결합할 수 있는지 여부는 다른 정보의 입수 가능성 등 개인을 알아보는 데 소요되는 시간, 비용, 기술 등을 합리적으로 고려하여야 한다.

② (O)

> **개인정보 보호법 제35조(개인정보의 열람)** ① 정보주체는 개인정보처리자가 처리하는 자신의 개인정보에 대한 열람을 해당 개인정보처리자에게 요구할 수 있다.

③ (X)

> **개인정보 보호법 제38조(권리행사의 방법 및 절차)** ① 정보주체는 제35조에 따른 열람, 제36조에 따른 정정·삭제, 제37조에 따른 처리정지, 제39조의7에 따른 동의 철회 등의 요구(이하 "열람 등 요구"라 한다)를 문서 등 대통령령으로 정하는 방법·절차에 따라 대리인에게 하게 할 수 있다.

④ (O)

> **개인정보 보호법 제38조(권리행사의 방법 및 절차)** ③ 개인정보처리자는 열람등요구를 하는 자에게 대통령령으로 정하는 바에 따라 수수료와 우송료(사본의 우송을 청구하는 경우에 한한다)를 청구할 수 있다.

정답 ③

217 [16지방9급]

「개인정보 보호법」상 개인정보 단체소송에 대한 설명으로 옳은 것은?

① 개인정보 단체소송은 개인정보처리자가 「개인정보 보호법」의 집단분쟁조정을 거부하거나 집단분쟁조정의 결과를 수락하지 아니한 경우에 법원의 허가를 받아 제기할 수 있다.

② 개인정보 단체소송을 허가하거나 불허가하는 법원의 결정에 대하여는 불복할 수 없다.

③ 개인정보 단체소송에 관하여 「개인정보 보호법」에 특별한 규정이 없는 경우에는 「행정소송법」을 적용한다.

④ 「소비자기본법」에 따라 공정거래위원회에 등록한 소비자단체가 개인정보 단체소송을 제기하려면 그 단체의 정회원수가 1백명 이상이어야 한다.

해설

① (O) ④ (X)

> **개인정보 보호법 제51조(단체소송의 대상 등)** 다음 각 호의 어느 하나에 해당하는 단체는 개인정보처리자가 제49조에 따른 집단분쟁조정을 거부하거나 집단분쟁조정의 결과를 수락하지 아니한 경우에는 법원에 권리침해 행위의 금지·중지를 구하는 소송(이하 "단체소송"이라 한다)을 제기할 수 있다.
> 1. 「소비자기본법」 제29조에 따라 공정거래위원회에 등록한 소비자단체로서 다음 각 목의 요건을 모두 갖춘 단체
>   가. 정관에 따라 상시적으로 정보주체의 권익증진을 주된 목적으로 하는 단체일 것
>   나. 단체의 정회원수가 1천명 이상일 것
>   다. 「소비자기본법」 제29조에 따른 등록 후 3년이 경과하였을 것

② (X)

> **개인정보 보호법 제55조(소송허가요건 등)** ① 법원은 다음 각 호의 요건을 모두 갖춘 경우에 한하여 결정으로 단체소송을 허가한다.
> 1. 개인정보처리자가 분쟁조정위원회의 조정을 거부하거나 조정결과를 수락하지 아니하였을 것
> 2. 제54조에 따른 소송허가신청서의 기재사항에 흠결이 없을 것
>
> ② 단체소송을 허가하거나 불허가하는 결정에 대하여는 즉시항고할 수 있다.

③ (X)

> **개인정보 보호법 제57조(「민사소송법」의 적용 등)** ① 단체소송에 관하여 이 법에 특별한 규정이 없는 경우에는 「민사소송법」을 적용한다.

정답 ①

제4편 행정의 실효성 확보수단

제1장 행정상의 강제집행

제1절 | 행정상 강제집행

218 [12경행특채]

행정의 실효성확보수단에 관한 다음 설명 중 가장 적절한 것은?

① 대집행의 절차로는 계고, 대집행영장에 의한 통지, 직접강제, 비용의 징수 순으로 진행된다.
② 행정벌에는 행정형벌과 행정질서벌이 있으며, 행정질서벌의 종류로는 과태료와 과징금이 있다.
③ 행정상 강제집행에는 대집행, 강제징수, 집행벌(이행강제금), 직접강제가 있다.
④ 공무원에 대한 징계처분은 행정벌에 속한다.

해설

① (X) 대집행은 계고 ⇒ 대집행영장의 의한 통지 ⇒ 대집행의 실행 ⇒ 대집행비용의 징수의 단계를 거쳐 행해진다.
② (X) ③ (O) 행정의 실효성을 확보하기 위한 전통적 수단으로 행정강제와 행정벌이 인정되고 있다. 행정강제에는 행정상 강제집행{대집행, 행정상 강제징수, 이행강제금(집행벌), 직접강제}과 행정상 즉시강제가 있고, 행정벌에는 행정형벌과 행정질서벌(과태료)이 있다. 과징금은 새로운 의무이행확보수단이다.
④ (X) 공무원에 대한 징계처분은 행정부 내부의 징계벌로서 행정벌에 속하지 않는다. 행정벌은 행정법상의 의무위반에 대하여 '일반통치권'에 근거하여 과하는 제재라는 점에서, 특별권력관계 내부의 질서를 유지하기 위하여 '특별권력'에 근거하여 과하는 징계벌과 구별된다.

정답 ③

제2절 | 대집행(代執行)

219 [15서울9급]

다음 중 행정대집행에 관한 설명으로 옳지 않은 것은? (다툼이 있는 경우 판례에 의함)

① 법률상 시설설치 금지의무를 위반하여 시설을 설치한 경우 별다른 규정이 없어도 대집행요건이 충족된다.
② 공원매점에서 퇴거할 의무는 비대체적 작위의무이기 때문에 「행정대집행법」에 의한 대집행의 대상이 되는 것은 아니다.
③ 행정대집행이 가능함에도 불구하고 「민사집행법」상 강제집행의 방법으로 시설물의 철거를 구하는 것은 허용되지 않는다.
④ 「행정대집행법」에 의하면 법령에 의해 직접 성립하는 의무도 행정대집행의 대상이 될 수 있다.

해설

① (X) 대판 1996.6.28, 96누4374.
② (O) 대판 1998.10.23, 97누157.
③ (O) 대판 2009.6.11, 2009다1122.
④ (O) 대집행의 대상이 되는 공법상 의무는 법률(법률의 위임에 의한 명령, 지방자치단체의 조례를 포함)에 의하여 직접 부과되었거나 또는 법률에 의거한 행정청의 명령에 의해 부과된 의무여야 한다.

정답 ①

220 [15지방7급]

행정대집행에 대한 설명으로 옳지 않은 것은? (다툼이 있는 경우 판례에 의함)

① 구 「공공용지의 취득 및 손실보상에 관한 특례법」에 의한 협의취득시 건물소유자가 매매대상 건물에 대한 철거의무를 부담하겠다는 취지의 약정을 한 경우, 그 철거의무는 「행정대집행법」에 의한 대집행의 대상이 된다.

② 관계 법령에 위반하여 장례식장 영업을 하고 있는 자의 장례식장 사용중지의무는 비대체적 부작위의무이므로 「행정대집행법」에 의한 대집행의 대상이 아니다.

③ 도시공원시설 점유자의 퇴거 및 명도의무는 「행정대집행법」에 의한 대집행의 대상이 되지 않는다.

④ 대집행의 계고와 대집행영장에 의한 통지는 그 자체가 독립하여 취소소송의 대상이 된다.

해설

① (X) 대판 2006.10.13, 2006두7096.

② (O) 대판 2005.9.28, 2005두7464.

③ (O) 토지나 건물 등의 인도나 명도의무는 원칙적으로 대집행의 대상이 되지 아니한다. 이는 타인에 의해 행해질 성질의 것이 아니므로 대체적 작위의무가 아니라고 할 것이다(대판 1998.10.23, 97누157).

④ (O) 계고처분은 그 계고처분 자체만으로서는 행정적 법률효과를 발생하는 것은 아니나 같은 법 제3조 제2항의 대집행명령장을 발급하고 대집행을 하는데 전제가 되는 것이므로 행정처분이라 할 수 있다(대판 1962.10.18, 62누117). 또 대집행영장에 의한 통지는 통지행위로서 준법률행위적 행정행위에 속하므로 그 자체가 독립하여 항고소송의 대상이 된다.

정답 ①

221 [12서울9급]

다음 중 행정대집행에 관한 설명으로 옳은 것은?

① 판례에 의하면 사법상 의무의 불이행이 있는 경우에도 예외적으로 대집행의 대상이 되는 경우가 있다고 한다.

② 판례에 의하면 대집행의 요건으로서 작위의무의 부과와 대집행의 절차인 계고처분은 각각 별개의 처분으로 반드시 독립하여 이루어져야 한다고 한다.

③ 판례에 의하면 부작위의무는 작위의무로 전환시킬 수 있는 법적 근거가 없으면 대집행이 불가능하다고 한다.

④ 대집행의 절차로서 계고는 준법률행위적 행정행위 중 통지행위에 해당하며, 반복된 계고의 경우 각각의 계고가 처분성을 갖는다.

⑤ 판례에 의하면 대집행계고처분의 요건 및 그 주장・입증책임은 대집행에 불복하는 처분의 상대방에게 있음이 원칙이다.

해설

① (O) 대집행은 공법상 의무의 불이행을 대상으로 한다. 따라서 사법상 의무는 원칙적으로 대집행의 대상이 되지 않는다. 다만 판례는 "현행 국유재산법은 위와 같은 제한 없이 모든 국유재산에 대하여 행정대집행법을 준용할 수 있도록 규정하였으므로, 행정청은 당해 재산이 행정재산 등 공용재산인 여부나 그 철거의무가 공법상의 의무인 여부에 관계없이 대집행을 할 수 있다(대판 1992.9.8. 91누13090)."고 하여 예외적으로 사법상 의무의 불이행이 있는 경우에도 대집행의 대상이 되는 경우가 있다고 한다.

> **국유재산법 제74조(불법시설물의 철거)** 정당한 정당한 사유 없이 국유재산을 점유하거나 이에 시설물을 설치한 경우에는 「행정대집행법」을 준용하여 철거하거나 그 밖에 필요한 조치를 할 수 있다.

② (X) 대판 1992.6.12. 91누13564.

③ (O) 대판 1996.6.28. 96누4374.

④ (X) 대판 1994.10.28. 94누5144.

⑤ (X) 대판 1996.10.11. 96누8086.

정답 ①, ③

222 [14서울9급]

「행정대집행법」상 대집행을 요건으로 볼 수 없는 것은?

① 행정대집행의 대상이 되는 의무는 공법상 의무이어야 한다.

② 행정대집행의 대상이 되는 의무는 대체성이 있는 의무이어야 한다.

③ 불이행된 의무를 다른 수단으로 이행을 확보하기 곤란해야 한다.

④ 의무의 불이행을 방치하는 것이 심히 공익을 해한다고 인정되어야 한다.

⑤ 의무를 명한 행정처분에 불가쟁력이 발생해야 한다.

해설

① (O) ② (O) ③ (O) 대집행은 공법상 대체적 작위의무의 불이행을 대상으로 한다. 대집행이 인정되기 위해서는 불이행된 의무를 다른 수단으로는 이행을 확보하기가 곤란하여야 한다. 여기서 '다른 수단'이란 비례원칙상 의무자에 대한 침해가 대집행보다 경미한 수단을 의미한다.

④ (O) 대집행은 단순한 의무를 부과하는 것보다 한층 더 개인의 자유를 침해하는 것이기 때문에 대집행을 가능한 억제하기 위하여 대집행을 할 때에는 불이행을 방치함이 심히 공익을 해한다고 인정되어야 한다.

⑤ (X) 행정처분의 불가쟁력은 행정대집행법상의 대집행 요건이 아니다.

정답 ⑤

위법한 행정처분에 의해 부과된 대체적 작위의무의 불이행에 대해서는 대집행을 할 수 없다. [12사회복지]

해설

(X) 위법한 행정처분에 의해 부과된 대체적 작위의무도 무효가 아닌 한 공정력에 의해 권한 있는 기관에 의해 취소되지 않는 한 유효하다. 따라서 위법한 행정처분이 취소되지 않는 한 위법한 행정처분에 의해 부과된 대체적 작위의무의 불이행에 대해서도 대집행을 할 수 있다.

[

223 16국가9급]

행정상 강제집행에 대한 설명으로 옳은 것은? (다툼이 있는 경우 판례에 의함)

① 법령에 의해 행정대집행의 절차가 인정되는 경우에도 행정청은 따로 민사소송의 방법으로 시설물의 철거를 구할 수 있다.

② 행정대집행을 함에 있어 비상시 또는 위험이 절박한 경우에 당해 행위의 급속한 실시를 요하여 절차를 취할 여유가 없을 때에는 계고 및 대집행영장 통지절차를 생략할 수 있다.

③ 체납자에 대한 공매통지는 체납자의 법적 지위나 권리 · 의무에 직접적인 영향을 주는 행정처분에 해당한다.

④ 사망한 건축주에 대하여 「건축법」상 이행강제금이 부과된 경우 그 이행강제금 납부의무는 상속인에게 승계된다.

해설

① (X) 대판 2009.6.11. 2009다1122.

② (O)

> **행정대집행법 제3조(대집행의 절차)** ③ 비상시 또는 위험이 절박한 경우에 있어서 당해 행위의 급속한 실시를 요하여 전2항에 규정한 수속을 취할 여유가 없을 때에는 그 수속을 거치지 아니하고 대집행을 할 수 있다.

③ (X) 공매처분을 하면서 체납자 등에게 공매통지를 하지 않았거나 공매통지를 하였더라도 그것이 적법하지 아니한 경우에는 절차상의 흠이 있어 그 공매처분이 위법하게 되는 것이지만, 공매통지 자체가 그 상대방인 체납자 등의 법적 지위나 권리 · 의무에 직접적인 영향을 주는 행정처분에 해당한다고 할 것은 아니므로 다른 특별한 사정이 없는 한 체납자 등은 공매통지의 결여나 위법을 들어 공매처분의 취소 등을 구할 수 있는 것이지 공매통지 자체를 항고소송의 대상으로 삼아 그 취소 등을 구할 수는 없다(대판 2011.03.24. 2010두25527).

④ (X) 이행강제금 납부의무는 상속인 기타의 사람에게 승계될 수 없는 일신전속적인 성질의 것이므로 이미 사망한 사람에게 이행강제금을 부과하는 내용의 처분이나 결정은 당연무효이고, 이행강제금을 부과받은 사람의 사망한 때에는 사건 자체가 목적을 잃고 절차가 종료한다(대결 2006.12.08. 2006마470).

정답 ②

224 [18국회8급]

대집행에 대한 설명으로 옳은 것을 〈보기〉에서 모두 고르면? (다툼이 있는 경우 판례에 의함)

〈보 기〉

ㄱ. 대집행을 통한 건물철거의 경우 건물의 점유자가 철거의무자인 때에는 부수적으로 건물의 점유자에 대한 퇴거조치를 할 수 있다.

ㄴ. 대집행에 의한 건물철거 시 점유자들이 위력을 행사하여 방해하는 경우라도 경찰의 도움을 받을 수 없다.

ㄷ. 대집행 시에 대집행계고서에 대집행의 대상물 등 대집행 내용이 특정되지 않으면 다른 문서나 기타 사정을 종합하여 특정될 수 있다 하더라도 그 대집행은 위법하다.

ㄹ. 1장의 문서에 철거명령과 계고처분을 동시에 기재하여 처분할 수 있다.

① ㄱ, ㄴ
② ㄱ, ㄹ
③ ㄴ, ㄷ
④ ㄴ, ㄹ
⑤ ㄷ, ㄹ

해설

ㄱ. (O) ㄴ. (X) 행정청이 행정대집행의 방법으로 건물철거의무의 이행을 실현할 수 있는 경우에는 건물철거 대집행 과정에서 부수적으로 건물의 점유자들에 대한 퇴거조치를 할 수 있고, 점유자들이 적법한 행정대집행을 위력을 행사하여 방해하는 경우 형법상 공무집행방해죄가 성립하므로, 필요한 경우에는 '경찰관 직무집행법'에 근거한 위험발생 방지조치 또는 형법상 공무집행방해죄의 범행방지 내지 현행범체포의 차원에서 경찰의 도움을 받을 수도 있다(대판 2017. 4. 28. 2016다213916).

ㄷ. (X) 대집행계고를 함에 있어서는 의무자가 스스로 이행하지 아니하는 경우에 대집행할 행위의 내용 및 범위가 구체적으로 특정되어야 하나, 그 행위의 내용 및 범위는 반드시 대집행계고서에 의하여서만 특정되어야 하는 것이 아니고, 계고처분 전후에 송달된 문서나 기타 사정을 종합하여 행위의 내용이 특정되거나 실제건물의 위치, 구조, 평수 등을 계고서의 표시와 대조·검토하여 대집행의무자가 그 이행의무의 범위를 알 수 있을 정도로 하면 족하다(대판 1996.10.11. 96누8086).

ㄹ. (O) 계고서라는 명칭의 1장의 문서로서 일정기간 내에 위법건축물의 자진철거를 명함과 동시에 그 소정기한 내에 자진철거를 하지 아니할 때에는 대집행할 뜻을 미리 계고한 경우라도 건축법에 의한 철거명령과 행정대집행법에 의한 계고처분은 독립하여 있는 것으로서 각 그 요건이 충족되었다고 볼 것이다(대판 1992.6.12. 91누13564).

정답 ②

225 [16지방7급]

행정대집행에 대한 판례의 입장으로 옳은 것은?

① 법령상 부작위의무 위반에 대해 작위의무를 부과할 수 있는 법령의 근거가 없음에도, 행정청이 작위의무를 명한 후 그 의무불이행을 이유로 대집행 계고처분을 한 경우 그 계고처분은 유효하다.

② 건축법에 위반한 건축물의 철거를 명하였으나 불응하자 이행강제금을 부과·징수한 후, 이후에도 철거를 하지 아니하자 다시 행정대집행계고처분을 한 경우 그 계고처분은 유효하다.

③ 계고서라는 명칭의 1장의 문서로 일정기간 내에 위법건축물의 자진철거를 명함과 동시에 그 소정기한 내에 자진철거를 하지 아니할 때에는 대집행할 뜻을 미리 계고한 경우, 철거명령에서 주어진 일정기간이 자진철거에 필요한 상당한 기간이라도 그 기간 속에 계고 시에 필요한 '상당한 이행기간'이 포함된다고 볼 수 없다.

④ 행정청이 대집행계고를 함에 있어서 의무자가 스스로 이행하지 아니하는 경우에 대집행할 행위의 내용 및 범위는 반드시 대집행계고서에 의해서만 특정되어야 하는 것이지, 계고처분 전후에 송달된 문서나 기타 사정을 종합하여 행위의 내용이 특정되거나 대집행 의무자가 그 이행의무의 범위를 알 수 있는 것만으로는 부족하다.

해설

① (X) 대판 1996.6.28. 96누4374.

② (O) 행정청은 개별사건에 있어서 위반내용, 위반자의 시정의지 등을 감안하여 대집행과 이행강제금을 선택적으로 활용할 수 있으며, 이처럼 그 합리적인 재량에 의해 선택하여 활용하는 이상, 중첩적인 제재에 해당한다고 볼 수 없다(헌재 2004.2.26. 2001헌바80).

③ (X) ④ (X) 계고서라는 명칭의 1장의 문서로서 일정기간 내에 위법건축물의 자진철거를 명함과 동시에 그 소정기한 내에 자진철거를 하지 아니할 때에는 대집행할 뜻을 미리 계고한 경우라도 건축법에 의한 철거명령과 행정대집행법에 의한 계고처분은 독립하여 있는 것으로서 각 그 요건이 충족되었다고 볼 것이다. 이 경우, 철거명령에서 주어진 일정기간이 자진철거에 필요한 상당한 기간이라면 그 기간 속에는 계고시에 필요한 '상당한 이행기간'도 포함되어 있다고 보아야 할 것이다. 계고를 함에 있어서는 의무자가 이행하여야 할 행위와 그 의무불이행시 대집행할 행위의 내용 및 범위가 구체적으로 특정되어야 할 것이지만 그 특정여부는 실제건물의 위치, 구조, 평수 등을 계고서의 표시와 대조검토하여 대집행의무자가 그 이행의무의 범위를 알 수 있을 정도로 하면 족하다(대판 1992.06.12. 91누13564).

정답 ②

제3절 | 이행강제금(집행법)

226 [15서울7급]

「국토의 계획 및 이용에 관한 법률」상 이행명령에서 정한 이행기간이 도과한 후에 토지소유자가 그 이행명령을 이행한 경우와 관련하여 옳지 않은 것은? (다툼이 있는 경우 판례에 의함)

> 시장, 군수 또는 구청장은 최초의 이행명령이 있었던 날을 기준으로 하여 1년에 한 번씩 그 이행명령이 이행될 때까지 토지의 이용 의무기간 내에 반복하여 이행강제금을 부과·징수할 수 있고(제124조의2 제3항, 제4항), 이행명령을 받은 자가 그 명령을 이행하는 경우에는 새로운 이행강제금의 부과를 즉시 중지하되, 명령을 이행하기 전에 이미 부과된 이행강제금은 징수하여야 한다(제124조의2 제5항).

① 이행강제금은 이행명령의 불이행이라는 과거의 위반행위에 대한 제재로서의 의미를 갖는 것은 아니다.

② 토지거래계약의 허가를 받아 토지를 취득한 자에게 관할 행정청은 허가받은 목적대로 토지를 이용할 의무의 이행을 명하고 그 이행기간 안에 의무를 이행하지 않으면 반복하여 이행강제금을 부과할 수 있다.

③ 「국토의 계획 및 이용에 관한 법률」 제124조의2 제5항의 새로운 이행강제금에는 이행명령 불이행에 따른 최초의 이행강제금은 포함되지 않으므로, 이행명령을 받은 의무자가 최초의 이행명령에서 정한 기간이 경과한 후에 그 명령을 이행한 경우라면 최초의 이행강제금 부과는 허용된다.

④ 이행명령을 받은 자가 그 명령을 이행하는 경우에 새로운 이행강제금의 부과를 즉시 중지하도록 법령이 규정한 것은, 이러한 이행강제금의 본질상 이행강제금 부과로 이행을 확보하고자 한 목적이 이미 실현된 경우에는 그 이행강제금을 부과할 수 없다는 취지를 규정한 것으로 보아야 한다.

해설

① (O) 이행강제금은 행정상 강제수단을 통한 장래에 의무이행의 확보를 목적으로 하는 것이므로, 이행명령의 불이행이라는 과거의 위반행위에 대한 제재로서의 의미를 갖는 것은 아니다.

② (O) 이행강제금은 의무이행이 있기까지 반복하여 부과할 수 있다(국토의 계획 및 이용에 관한 법률 제124조의2).

③ (X) ④ (O) 국토의 계획 및 이용에 관한 법률(이하 '국토계획법'이라고 한다) 제124조의2 제5항이 이행명령을 받은 자가 그 명령을 이행하는 경우에 새로운 이행강제금의 부과를 즉시 중지하도록 규정한 것은 이행강제금의 본질상 이행강제금 부과로 이행을 확보하고자 한 목적이 이미 실현된 경우에는 그 이행강제금을 부과할 수 없다는 취지를 규정한 것으로서, 이에 의하여 부과가 중지되는 '새로운 이행강제금'에는 국토계획법 제124조의2 제3항의 규정에 의하여 반복 부과되는 이행강제금뿐만 아니라 이행명령 불이행에 따른 최초의 이행강제금도 포함된다. 따라서 이행명령을 받은 의무자가 그 명령을 이행한 경우에는 이행명령에서 정한 기간을 지나서 이행한 경우라도 최초의 이행강제금을 부과할 수 없다(대판 2014.12.11. 2013두15750).

정답 ③

227 [17사회복지]

행정의 실효성 확보수단에 대한 기술로 옳은 것은? (단, 다툼이 있는 경우 판례에 의함)

① 「공익사업을 위한 토지 등의 취득 및 보상에 관한 법률」상의 수용대상 토지의 명도의무는 강제적으로 실현할 필요가 인정되므로 대체적 작위의무에 해당한다.

② 철거명령과 철거대집행 계고처분을 이미 했음에도 그 후에 제2차, 제3차 계고처분을 하였다면, 최종적인 제3차 계고처분에 대하여 항고소송을 제기해야 한다.

③ 구 「건축법」상 이행강제금을 부과받은 자의 이의에 의해 「비송사건절차법」에 의한 재판절차가 개시된 후에 그 이의한 자가 사망했다면 그 재판절차는 종료된다.

④ 「국세징수법」상 공매처분을 하면서 체납자에게 공매통지를 하였다면 공매통지가 적법하지 않다 하더라도 공매처분에 절차상 하자가 있다고 할 수는 없다.

해설

① (X) 명도의무는 대체적 작위의무라고 볼 수 없으므로 특별한 사정이 없는 한 행정대집행법에 의한 대집행의 대상이 될 수 있는 것이 아니다(대판 2005.08.19. 선고 2004다2809).

② (X) 대판 1994.10.28. 94누5144.

③ (O) 이행강제금은 간접강제의 일종으로서 그 이행강제금 납부의무는 상속인 기타의 사람에게 승계될 수 없는 일신전속적인 성질의 것이므로 이행강제금을 부과받은 사람의 이의에 의하여 비송사건절차법에 의한 재판절차가 개시된 후에 그 이의한 사람이 사망한 때에는 사건 자체가 목적을 잃고 절차가 종료한다(대결 2006.12.08. 2006마470).

④ (X) 공매처분을 하면서 체납자 등에게 공매통지를 하지 않았거나 공매통지를 하였더라도 그것이 적법하지 아니한 경우에는 절차상의 흠이 있어 그 공매처분이 위법하게 되는 것이다(대판 2011.03.24. 2010두25527).

정답 ③

228 [15국가9급]

행정의 실효성 확보수단에 대한 설명으로 옳은 것은? (다툼이 있는 경우 판례에 의함)

① 행정상 강제집행이 법률에 규정되어 있는 경우에도 민사상 강제집행은 인정된다.
② 「건축법」 상의 이행강제금은 간접강제의 일종으로서 그 이행강제금 납부의무는 일신전속적인 성질의 것이므로 이미 사망한 사람에게 이행강제금을 부과하는 내용의 처분은 당연무효이다.
③ 이행강제금은 형벌과 병과될 경우 이중처벌금지 원칙에 반한다.
④ 이행강제금은 비대체적 작위의무 위반에만 부과될 뿐 대체적 작위의무의 위반에는 부과될 수 없다.

해설

① (X) 대판 2009.6.11, 2009다1122.
② (O) 대결 2006.12.8, 2006마470.
③ (X) 헌재 2004.2.26, 2002헌바26.
④ (X) 이행강제금의 대상은 비대체적 작위의무와 부작위의무에만 가능하고 대체적 작위의무에는 대집행이 가능하므로 이행강제금을 인정할 필요가 없다고 보는 견해가 있다. 그러나 대집행이 곤란한 경우 등 대체적 작위의무에도 이행강제금을 부과할 수 있다는 것이 다수설과 판례의 입장이다(헌재 2004.2.26, 2002헌바26).

정답 ②

제4절 | 직접강제

제5절 | 행정상 강제징수

229 [16지방9급]

행정의 실효성 확보수단에 대한 판례의 입장으로 옳지 않은 것은?

① 과세관청이 체납처분으로서 행하는 공매는 우월한 공권력의 행사로서 행정소송의 대상이 되는 행정처분이나, 공매에 의하여 재산을 매수한 자는 그 공매처분이 취소된 경우에 그 취소처분의 위법을 주장하여 행정소송을 제기할 법률상 이익이 없다.
② 「식품위생법」 에 따른 식품접객업(일반음식점영업)의 영업신고의 요건을 갖춘 자는 그 영업신고를 한 당해 건축물이 「건축법」 소정의 허가를 받지 아니한 무허가 건물이라면 적법한 신고를 할 수 없다.
③ 과세관청의 체납자 등에 대한 공매통지는 국가의 강제력에 의하여 진행되는 공매절차에서 체납자 등의 권리 내지 재산상 이익을 보호하기 위하여 법률로 규정한 절차적 요건에 해당하지만, 그 통지를 하지 아니한 채 공매처분을 하였다 하여도 그 공매처분이 당연무효로 되는 것은 아니다.
④ 「건축법」상 이행강제금은 일정한 기한까지 의무를 이행하지 않을 때에는 일정한 금전적 부담을 과할 뜻을 미리 계고함으로써 의무자에게 심리적 압박을 주어 장래에 그 의무를 이행하게 하려는 행정상 간접적인 강제집행 수단의 하나로서 반복적으로 부과되더라도 헌법상 이중처벌금지의 원칙이 적용될 여지가 없다.

해설

① (X) 과세관청이 체납처분으로서 행하는 공매는 우월한 공권력의 행사로서 행정소송의 대상이 되는 공법상의 행정처분이며 공매에 의하여 재산을 매수한 자는 그 공매처분이 취소된 경우에 그 취소처분의 위법을 주장하여 행정소송을 제기할 법률상 이익이 있다(대판 1984.9.25. 84누201).

② (O) 대판 2009.4.23. 2008도6829.

③ (O) 체납자 등에 대한 공매통지를 하지 아니한 채 공매처분을 하였다 하여도 그 공매처분이 당연무효로 되는 것은 아니다(대판 2012.07.26. 2010다50625).

④ (O) 무허가 건축행위에 대한 형사처벌과 시정명령 위반에 대한 이행강제금의 부과는 그 처벌 내지 제재대상이 되는 기본적 사실관계로서의 행위를 달리하며, 또한 그 보호법익과 목적에서도 차이가 있으므로 헌법 제13조 제1항이 금지하는 이중처벌에 해당한다고 할 수 없다 (헌재 2004.2.26. 2002헌바26).

정답 ①

230 [11지방7급]

국세징수에 대한 불복이 있을 때, 현행법상 쟁송방법으로 옳지 않은 것은?

① 세무서장을 거쳐 중앙행정심판위원회에 하는 심판청구
② 세무서장을 거쳐 국세청장에게 하는 심사청구
③ 세무서장을 거쳐 지방국세청장에게 하는 이의신청
④ 감사원에 대한 심사청구

해설

① (X)

> **국세기본법 제56조(다른 법률과의 관계)** ① 제55조에 규정된 처분에 대해서는 「행정심판법」의 규정을 적용하지 아니한다.

② (O)

> **국세기본법 제62조(청구 절차)** ① 심사청구는 대통령령으로 정하는 바에 따라 불복의 사유를 갖추어 해당 처분을 하였거나 하였어야 할 세무서장을 거쳐 국세청장에게 하여야 한다.

③ (O)

> **국세기본법 제66조(이의신청)** ① 이의신청은 대통령령으로 정하는 바에 따라 불복의 사유를 갖추어 해당 처분을 하였거나 하였어야 할 세무서장에게 하거나 세무서장을 거쳐 관할 지방국세청장에게 하여야 한다.

④ (O)

> **국세기본법 제56조(다른 법률과의 관계)** ⑤ 제55조 제1항 제2호의 심사청구를 거친 경우에는 이 법에 따른 심사청구 또는 심판청구를 거친 것으로 보고 제2항을 준용한다.
>
> **제55조(불복)** ① 이 법 또는 세법에 따른 처분으로서 위법 또는 부당한 처분을 받거나 필요한 처분을 받지 못함으로 인하여 권리나 이익을 침해당한 자는 이 장의 규정에 따라 그 처분의 취소 또는 변경을 청구하거나 필요한 처분을 청구할 수 있다. 다만, 다음 각 호의 처분에 대해서는 그러하지 아니하다.
> 2. 「감사원법」에 따라 심사청구를 한 처분이나 그 심사청구에 대한 처분

정답 ①

독촉과 체납처분에 대하여 불복이 있는 자는 바로 취소소송을 제기할 수 있다. [15사회복지]

해설
(X) 국세기본법 제56조 제2항.

231 [18서울9급]

A시장은 새로 확장한 시청 청사 1층의 휴게공간을 갑(甲)에게 커피 전문점 공간으로 임대하였다. 임대기간이 만료되었으나 갑(甲)은 투자금보전 등을 요구하면서 휴게공간을 불법적으로 점유하고 있다. 이에 대한 설명으로 가장 옳은 것은?

① A시장은 휴게공간을 종합민원실로 사용하기 위해서는 즉시강제 형태로 공간을 확보할 수 있다.
② A시장은 갑(甲)에게 퇴거와 공간반환을 독촉한 후 강제징수절차를 밟을 수 있다.
③ A시장은 갑(甲)에게 퇴거를 명하고 갑(甲)이 불응하면 행정대집행법에 의한 대집행을 실시할 수 있다.
④ A시장은 갑(甲)에 대하여 변상금을 부과징수 할 수 있으며 원상회복명령을 하거나 갑(甲)을 상대로 점유의 이전을 구하는 민사소송을 제기할 수 있다.

해설

① (X) 영업소 강제폐쇄의 경우 직접강제의 대상이 되며 보충성 원칙에 따라 즉시강제는 허용되지 않는다.
② (X) 강제징수는 금전급부의무의 불이행의 경우 적용되는 수단이다.
③ (X) 강제퇴거의 경우 대집행은 허용될 수 없다.
④ (O) 불법점유의 경우 변상금을 부과징수 할 수 있으며, 점유이전을 구하는 민사소송을 제기할 수 있다.

정답 ④

제2장 행정상 즉시강제와 행정조사

제1절 행정상 즉시강제

232 [12지방7급]

다음 중 즉시강제에 해당하는 것은 모두 몇 개인가?

㉠ 「수도법」상의 단수처분
㉡ 세금납부의무 불이행에 따른 영업의 인허가의 거부·정지
㉢ 「경찰관직무집행법」에 의하여 행한 보호조치
㉣ 「소방기본법」에 의한 물건의 파기
㉤ 마약중독자의 격리 및 치료를 위한 치료보호
㉥ 국세체납자에 대한 체납처분
㉦ 「건축법」상의 이행강제금의 부과
㉧ 「대기환경보전법」상의 배출부과금의 부과

① 1개 ② 2개
③ 3개 ④ 4개

해설

③ 보기 중 즉시강제에 해당하는 것은 ㉢, ㉣, ㉤ 3개이다.

㉠ (X) 「수도법」상의 단수처분 - 공급거부.

㉡ (X) 세금납부의무 불이행에 따른 영업의 인허가의 거부·정지 - 관허사업의 제한.

㉢ (O) 「경찰관직무집행법」에 의하여 행한 보호조치 - 즉시강제.

㉣ (O) 「소방기본법」에 의한 물건의 파기 - 즉시강제.

㉤ (O) 마약중독자의 격리 및 치료를 위한 치료보호 - 즉시강제.

㉥ (X) 국세체납자에 대한 체납처분 - 행정상 강제징수.

㉦ (X) 「건축법」상의 이행강제금의 부과 - 행정상 강제집행.

㉧ (X) 「대기환경보전법」상의 배출부과금의 부과 - 공법상 금전부담.

정답 ③

233 [18교육행정]

행정상 즉시강제에 관한 설명으로 옳은 것은?

① 즉시강제는 대체적 작위의무의 불이행이 있는 경우에 행정청이 스스로 의무자가 행할 행위를 대신 수행하는 조치이다.

② 신체의 자유를 제한하는 즉시강제는 「헌법」상 기본권 침해에 해당하여 법률의 규정에 의해서도 허용되지 아니한다.

③ 권력적 사실행위인 즉시강제는 그 조치가 계속 중인 상태에 있는 경우에도 취소소송의 대상이 될 수는 없다.

④ 즉시강제로써 행정상 장해를 제거하여 보호하고자 하는 공익과 즉시강제에 따른 권익침해 사이에는 비례관계가 있어야 한다.

해설

① (X) 대집행에 대한 설명이다. 행정상 즉시강제는 직접 국민의 신체 또는 재산에 실력을 가하여 행정상 필요한 상태를 실현하는 작용이다.

② (X) 신체의 자유를 제한하는 즉시강제는 법률의 규정이 있는 경우 가능하며, 실제 경찰관직무집행법 등에 규정되어 있다.

③ (X) 권력적 사실행위인 즉시강제는 행정소송법상 처분으로 그 조치가 계속 중인 상태에 있는 경우 취소소송의 대상이 된다.

④ (O) 즉시강제에서도 비례의 원칙은 당연히 적용된다.

정답 ④

234 [19서울9급(上)]

직접강제와 즉시강제에 대한 설명으로 가장 옳지 않은 것은?

① 직접강제와 즉시강제는 권력적 사실행위로서의 성격을 가지고 있다.

② 즉시강제의 목적과 침해되는 상대방의 권익 사이에는 비례관계가 유지되어야 한다.

③ 행정강제는 행정상 강제집행을 원칙으로 하므로 불법게임물에 대해서도 관계당사자에게 수거·폐기를 명하고 그 불이행 시 직접강제 등 행정상 강제집행으로 나아가야 한다.

④ 즉시강제는 법치국가의 요청인 예측가능성과 법적 안정성에 반하고 기본권 침해의 소지가 큰 권력작용이라는 비판이 존재한다.

해설

① (O) 직접강제와 즉시강제는 권력적 사실행위로서 처분성이 인정된다.

② (O) 즉시강제의 경우 법률우위의 원칙, 행정법상 일반원칙을 준수하여야 한다. 비례의 원칙상 즉시강제의 목적과 침해되는 상대방의 권익 사이에는 비례관계가 유지되어야 한다.

③ (X) 불법게임물에 대하여 관계당사자에게 수거·폐기를 명하고 그 불이행을 기다려 직접강제 등 행정상의 강제집행으로 나아가는 원칙적인 방법으로는 목적달성이 곤란하다고 할 수 있으므로, 이 사건 법률조항이 영장 없는 수거를 인정한다고 하더라도 이를 두고 헌법상 영장주의에 위배되는 것으로는 볼 수 없다(헌재 2002.10.31. 2000헌가12[합헌]).

④ (O) 행정강제는 행정상 강제집행을 원칙으로 하며, 법치국가적 요청인 예측가능성과 법적 안정성에 반하고, 기본권 침해의 소지가 큰 권력작용인 행정상 즉시강제는 어디까지나 예외적인 강제수단이라고 할 것이다. 이러한 행정상 즉시강제는 엄격한 실정법상의 근거를 필요로 할 뿐만 아니라, 그 발동에 있어서는 법규의 범위 안에서도 다시 행정상의 장해가 목전에 급박하고, 다른 수단으로는 행정목적을 달성할 수 없는 경우이어야 하며, 이러한 경우에도 그 행사는 필요 최소한도에 그쳐야 함을 내용으로 하는 조리상의 한계에 기속된다(헌재 2002. 10. 31. 2000헌가12 [합헌]).

정답 ③

불법집회시위가 열릴 예정시간으로부터 약 5시간 30분 전에 그 예정장소로부터 약 150㎞ 떨어진 곳에서 출발하려는 시위대를 제지한 것이라고 하더라도 경찰관직무집행법 제6조 제1항에 근거한 적법한 직무집행에 해당한다. [12경행특채]

해설

(X) 위법한 집회·시위가 장차 특정지역에서 개최될 것이 예상된다고 하더라도, 이와 시간적·장소적으로 근접하지 않은 다른 지역에서 그 집회·시위에 참가하기 위하여 출발 또는 이동하는 행위를 함부로 제지하는 것은 허용될 수 없다. 집회·시위 예정시간으로부터 약 5시간 30분 전에 그 예정장소로부터 약 150㎞ 떨어진 곳에서 이루어진 것은 위법한 직무집행이다(대판 2008.11.13. 2007도9794).

제2절 | 행정조사

235 [17서울9급]

행정조사에 관한 설명으로 옳은 것은?

① 행정조사는 사실행위의 형식으로만 가능하다.

② 조사대상자의 자발적 협조가 있을지라도 법령 등에서 행정조사를 규정하고 있어야 실시가 가능하다.

③ 조사대상자의 동의가 있는 경우 해가 뜨기 전이나 해가 진 뒤에도 현장조사가 가능하다.

④ 자발적인 협조에 따라 실시하는 행정조사에 대하여 조사대상자가 조사에 응할 것인지에 대한 응답을 하지 아니하는 경우에는 법령 등에 특별한 규정이 없는 한 그 조사에 동의한 것으로 본다.

해설

① (X) 행정조사는 자료제출요구, 진술요구 등을 할 수 있으며, 사실행위의 형식으로만 할 수 있는 것은 아니다(행정조사기본법 제2조).

② (X)

> **행정조사기본법 제5조(행정조사의 근거)** 행정기관은 법령등에서 행정조사를 규정하고 있는 경우에 한하여 행정조사를 실시할 수 있다. 다만, 조사대상자의 자발적인 협조를 얻어 실시하는 행정조사의 경우에는 그러하지 아니하다.

③ (O)

> **행정조사기본법 제11조(현장조사)** ② 제1항에 따른 현장조사는 해가 뜨기 전이나 해가 진 뒤에는 할 수 없다. 다만, 다음 각 호의 어느 하나에 해당하는 경우에는 그러하지 아니하다.
> 1. 조사대상자(대리인 및 관리책임이 있는 자를 포함한다)가 동의한 경우
> 2. 사무실 또는 사업장 등의 업무시간에 행정조사를 실시하는 경우
> 3. 해가 뜬 후부터 해가 지기 전까지 행정조사를 실시하는 경우에는 조사목적의 달성이 불가능하거나 증거인멸로 인하여 조사대상자의 법령등의 위반 여부를 확인할 수 없는 경우

④ (X)

> **행정조사기본법 제20조(자발적인 협조에 따라 실시하는 행정조사)** ① 행정기관의 장이 제5조 단서에 따라 조사대상자의 자발적인 협조를 얻어 행정조사를 실시하고자 하는 경우 조사대상자는 문서·전화·구두 등의 방법으로 당해 행정조사를 거부할 수 있다.
>
> ② 제1항에 따른 행정조사에 대하여 조사대상자가 조사에 응할 것인지에 대한 응답을 하지 아니하는 경우에는 법령등에 특별한 규정이 없는 한 그 조사를 거부한 것으로 본다.

정답 ③

236 [09국회8급]

행정조사기본법상 행정조사에 관하여 옳은 것은?

① 행정조사는 그 실효성 확보를 위해 수시조사를 원칙으로 한다.

② 조사대상의 선정에 있어 자율준수노력 등을 고려함은 형평에 어긋나므로 허용되지 않는다.

③ 자발적인 협조에 따라 실시하는 행정조사에 있어 조사대상자가 조사에 응할 것인지에 대한 응답을 하지 않은 경우에는 그 조사에 동의한 것으로 간주된다.

④ 조사대상자의 자발적인 협조를 얻어 실시하는 행정조사의 경우에는 행정조사의 목적 등을 구두로 통지할 수 있다.

⑤ 행정기관 내의 2 이상의 부서가 동일하거나 유사한 업무분야에 대하여 동일한 조사대상자에게 행정조사를 실시하는 경우 행정기관의 장은 공동조사를 실시할 수 있다.

해설

① (X)

> **행정조사기본법 제7조(조사의 주기)** 행정조사는 법령등 또는 행정조사운영계획으로 정하는 바에 따라 정기적으로 실시함을 원칙으로 한다. 다만, 다음 각 호 중 어느 하나에 해당하는 경우에는 수시조사를 할 수 있다.

② (X)

> **행정조사기본법 제8조(조사대상의 선정)** ① 행정기관의 장은 행정조사의 목적, 법령준수의 실적, 자율적인 준수를 위한 노력, 규모와 업종 등을 고려하여 명백하고 객관적인 기준에 따라 행정조사의 대상을 선정하여야 한다.

③ (X) 행정조사기본법 제20조 제2항.

④ (O)

> **행정조사기본법 제17조(조사의 사전통지)** ① 행정조사를 실시하고자 하는 행정기관의 장은 제9조에 따른 출석요구서, 제10조에 따른 보고요구서·자료제출요구서 및 제11조에 따른 현장출입조사서(이하 "출석요구서등"이라 한다)를 조사개시 7일 전까지 조사대상자에게 서면으로 통지하여야 한다. 다만, 다음 각 호의 어느 하나에 해당하는 경우에는 행정조사의 개시와 동시에 출석요구서등을 조사대상자에게 제시하거나 행정조사의 목적 등을 조사대상자에게 구두로 통지할 수 있다.
> 1. 행정조사를 실시하기 전에 관련 사항을 미리 통지하는 때에는 증거인멸 등으로 행정조사의 목적을 달성할 수 없다고 판단되는 경우
> 2. 「통계법」 제3조 제2호에 따른 지정통계의 작성을 위하여 조사하는 경우
> 3. 제5조 단서에 따라 조사대상자의 자발적인 협조를 얻어 실시하는 행정조사의 경우

⑤ (X) 행정기관 내의 2 이상의 부서가 동일하거나 유사한 업무분야에 대하여 동일한 조사대상자에게 행정조사를 실시하는 경우 행정기관의 장은 공동조사를 하여야 한다.

정답 ④

237 [17지방9급]

행정상 실효성 확보수단에 대한 판례의 입장으로 옳은 것은?

① 「건축법」상 이행강제금의 부과에 대해서는 항고소송을 제기할 수 없고 「비송사건절차법」에 따라 재판을 청구할 수 있다.

② 「도로교통법」상 통고처분에 대하여 이의가 있는 자는 통고처분에 따른 범칙금의 납부를 이행한 후에 행정쟁송을 통해 통고처분을 다툴 수 있다.

③ 세법상의 세무조사결정은 납세의무자의 권리·의무에 직접 영향을 미치는 공권력의 행사이므로 항고소송의 대상이 된다.

④ 과세처분 이후에 그 근거법률이 위헌결정을 받았으나 이미 과세처분의 불가쟁력이 발생한 경우, 당해 과세처분에 대한 조세채권의 집행을 위한 체납처분의 속행은 적법하다.

해설

① (X) 현행 건축법에 따르면 이행강제금에 대하여 불복하고자 하는 때에는 항고소송을 제기하면 된다.

② (X) 대판 1995.6.29. 95누4674.

③ (O) 세무조사결정이 있는 경우 납세의무자는 과세자료 수집을 위한 질문에 대답하고 검사를 수인하여야 할 법적 의무를 부담하게 되는 점 등을 종합하면, 세무조사결정은 항고소송의 대상이 된다(대판 2011.03.10. 2009두23617).

④ (X) 대판 2012.02.16. 2010두10907.

정답 ③

238 [18서울7급]

행정조사에 대한 설명으로 가장 옳지 않은 것은?

① 행정기관의 장은 법령 등에 특별한 규정이 있는 경우를 제외하고는 행정조사의 결과를 확정한 날로부터 7일 이내에 그 결과를 조사대상자에게 통지하여야 한다.

② 행정기관의 장은 당해 행정기관이 이미 조사를 받은 조사대상자에 대하여 위법행위가 의심되는 새로운 증거를 확보하는 경우에는 재조사할 수 있다.

③ 「지방세기본법」은 지방자치단체장의 세무조사권에 대한 남용금지를 규정하고 있다.

④ 지방자치단체장의 세무조사결정은 납세의무자의 권리·의무에 간접적 영향을 미치는 행정작용으로서 항고소송의 대상이 되지 않는다.

해설

① (O)

> **행정조사기본법 제24조(조사결과의 통지)** 행정기관의 장은 법령 등에 특별한 규정이 있는 경우를 제외하고는 행정조사의 결과를 확정한 날부터 7일 이내에 그 결과를 조사대상자에게 통지하여야 한다.

② (O)

> **행정조사기본법 제15조(중복조사의 제한)** ① 제7조에 따라 정기조사 또는 수시조사를 실시한 행정기관의 장은 동일한 사안에 대하여 동일한 조사대상자를 재조사 하여서는 아니 된다. 다만 당해 행정기관이 이미 조사를 받은 조사대상자에 대하여 위법행위가 의심되는 새로운 증거를 확보한 경우에는 그러하지 아니하다.

③ (O)

> **지방세기본법 제80조(조사권의 남용 금지)** ① 지방자치단체의 장은 적절하고 공평한 과세의 실현을 위하여 필요한 최소한의 범위에서 세무조사를 하여야 하며, 다른 목적 등을 위하여 조사권을 남용해서는 아니 된다.

④ (X) 세무조사결정은 납세의무자의 권리·의무에 직접 영향을 미치는 공권력의 행사에 따른 행정작용으로서 항고소송의 대상이 된다(대판 2011.3.10, 2009두23617).

정답 ④

행정벌

제1절 | 행정벌의 의의

제2절 | 행정형벌

239 [12국가9급]

「의료법」 제87조는 면허증을 대여한 자에 대하여 5년 이하의 징역 또는 2천만원 이하의 벌금에 처하는 것으로 규정하고 있다. 이에 대한 설명으로 옳지 않은 것은?

① 행정벌 가운데 행정형벌을 규정한 것이다.
② 형사소송절차에 의하여 과벌된다.
③ 행정행위의 실효성을 확보함에 있어서 간접적인 의무이행확보수단이 된다.
④ 대여행위가 있기만 하면 고의 또는 과실이 없는 자도 처벌의 대상이 된다.

해설

① (O) 행정벌은 처벌의 내용에 따라 행정벌에는 행정형벌과 행정질서벌로 나누어진다. 행정형벌은 형법상의 형벌을 과하는 행정벌을 말한다. 지문의 징역이나 벌금은 형법상 형벌이므로 행정형벌을 규정한 것이다.

② (O) 행정형벌의 일반적인 과벌절차는 형벌과 마찬가지로 형사소송법에 의하는 것이 원칙이다. 예외적으로 특별절차로서 통고처분이나 즉결심판 등이 활용되어지기도 한다.

③ (O) 행정벌은 과거의 의무위반에 대한 제재를 직접적인 목적으로 하지만 간접적으로 의무자에게 심리적 압박을 가함으로써 행정법상의 의무이행을 확보하는 기능을 가진다.

④ (X) 형법에 의하면 형사범의 성립에는 원칙적으로 고의가 있어야 하며 과실이 있는 행위는 법률의 특별한 규정이 있는 경우에 처벌한다. 이러한 형법의 규정은 행정범에도 적용되어 행정범의 경우에도 범죄성립을 위해서는 고의 또는 과실이 있어야 한다.

정답 ④

240 [18지방9급]

사업주 甲에게 고용된 종업원 乙이 영업행위 중 행정법규를 위반한 경우 행정벌의 부과에 대한 설명으로 옳은 것은? (다툼이 있는 경우 판례에 의함)

① 위 위반행위에 대해 내려진 시정명령에 따르지 않았다는 이유로 乙이 과태료 부과처분을 받고 이를 납부하였다면, 당초의 위반행위를 이유로 乙을 형사처벌할 수 없다.
② 행위자 외에 사업주를 처벌한다는 명문의 규정이 없더라도 관계규정의 해석에 의해 과실 있는 사업주도 벌할 뜻이 명확한 경우에는 乙외에 甲도 처벌할 수 있다.
③ 甲의 처벌을 규정한 양벌규정이 있는 경우에도 乙이 처벌을 받지 않는 경우에는 甲만 처벌할 수 없다.
④ 乙의 위반행위가 과태료 부과대상인 경우에 乙이 자신의 행위가 위법하지 아니한 것으로 오인하였다면 乙에 대해서 과태료를 부과할 수 없다.

해설

① (X) 행정법상의 질서벌인 과태료의 부과처분과 형사처벌은 그 성질이나 목적을 달리하는 별개의 것이므로 행정법상의 질서벌인 과태료를 납부한 후에 형사처벌을 한다고 하여 이를 일사부재리의 원칙에 반하는 것이라고 할 수는 없다(대판 1996.4.12. 96도158).

② (O) 행정상의 단속을 주안으로 하는 법규라 하더라도, 명문규정이 있거나, 해석상 과실범도 벌할 뜻이 명확한 경우를 제외하고는 형법의 원칙에 따라 고의가 있어야 벌할 수 있다. 업무에 직접 관여하지 아니한 호텔회장의 호텔내 화재에 의한 책임을 물을 수 없다(대판 1986. 7. 22. 85도108).

③ (X) 양벌규정에 의한 영업주의 처벌은 금지위반행위자인 종업원의 처벌에 종속하는 것이 아니라 독립하여 그 자신의 종업원에 대한 선임감독상의 과실로 인하여 처벌되는 것이므로 종업원의 범죄성립이나 처벌이 영업주 처벌의 전제조건이 될 필요는 없다(대판 2006.02.24. 2005도7673).

④ (X)

> **질서위반행위규제법 제8조(위법성의 착오)** 자신의 행위가 위법하지 아니한 것으로 오인하고 행한 질서위반행위는 그 오인에 정당한 이유가 있는 때에 한하여 과태료를 부과하지 아니한다.

정답 ②

241 [14경행특채]

다음은 행정법에 대해 설명한 것이다. 가장 적절한 것은? (다툼이 있으면 판례에 의함)

① 국가가 본래 그의 사무의 일부를 지방자치단체의 장에게 위임하여 처리하게 하는 기관위임사무의 경우 지방자치단체는 양벌규정에 의해 처벌대상이 되는 법인에 해당한다.

② 「질서위반행위규제법」에는 행정청의 과태료부과에 대해 상대방이 이의를 제기하면 과태료부과처분은 그 집행이 정지된다고 규정하고 있다.

③ 「도로교통법」에서 규정하고 있는 경찰서장의 통고처분은 행정소송의 대상이 되는 행정처분이 아니라는 것이 판례의 입장이다.

④ 「질서위반행위규제법」에는 질서위반행위에 고의·과실이 없어도 과태료를 부과할 수 있다고 규정하고 있다.

해설

① (X) 항만순찰 등의 업무가 지방자치단체의 장이 국가로부터 위임받은 기관위임사무에 해당하여, 해당 지방자치단체가 구 자동차관리법 제83조의 양벌규정에 따른 처벌대상이 될 수 없다(대판 2009.6.11. 2008도6530).

> **[비교판례]** 지방자치단체는 국가기관의 일부가 아니라 국가기관과는 별도의 독립한 공법인이므로, 지방자치단체 소속 공무원이 지방자치단체 고유의 자치사무를 수행하던 중 도로법 제81조 내지 제85조의 규정에 의한 위반행위를 한 경우에는 지방자치단체는 도로법 제86조의 양벌규정에 따라 처벌대상이 되는 법인에 해당한다(대판 2005.11.10. 2004도2657).

② (X)

> **질서위반행위규제법 제20조(이의제기)** ① 행정청의 과태료 부과에 불복하는 당사자는 제17조 제1항에 따른 과태료 부과 통지를 받은 날부터 60일 이내에 해당 행정청에 서면으로 이의제기를 할 수 있다.
> ② 제1항에 따른 이의제기가 있는 경우에는 행정청의 과태료 부과처분은 그 효력을 상실한다.

③ (O) 대판 1995.6.29. 95누4674.

④ (X) 질서위반행위규제법 제7조

정답 ③

242 [17국가7급]

행정법에 대한 설명으로 옳지 않은 것은? (다툼이 있는 경우 판례에 의함)

① 명문의 규정이 없더라도 관련 행정형벌법규의 해석에 따라 과실행위도 처벌한다는 뜻이 명확한 경우에는 과실행위를 처벌할 수 있다.

② 영업주에 대한 양벌규정이 존재하는 경우, 영업주의 처벌은 금지위반행위자인 종업원의 범죄성립이나 처벌을 전제로 하지 않는다.

③ 통고처분에 의해 범칙금을 납부한 경우, 그 납부의 효력에 따라 다시 벌 받지 아니하게 되는 행위사실은 범칙금 통고의 이유에 기재된 당해 범칙행위 자체에 한정될 뿐, 그 범칙행위와 동일성이 인정되는 범칙행위에는 미치지 않는다.

④ 「질서위반행위규제법」에 의하면 행정청은 질서위반행위가 종료된 날부터 5년이 경과한 경우에는 해당 질서위반행위에 대하여 과태료를 부과할 수 없다.

해설

① (O) 대기환경보전법 제57조 제4호의 규정은 고의범은 물론이고, 과실로 인하여 그러한 내용을 인식하지 못하고 위 시설을 설치하지 아니하거나 필요한 조치를 하지 아니한 자도 함께 처벌하는 규정이라고 해석함이 상당하다(대판 2008.11.27. 2008도7438).

② (O) 대판 2006.02.24. 2005도7673.

③ (X) 통고처분에 의하여 범칙금의 납부에 따라 확정판결에 준하는 효력이 인정되는 범위는 범칙금 통고의 이유에 기재된 당해 범칙행위 자체 및 범칙행위와 동일성이 인정되는 범칙행위에 한정된다(대판 2012. 9. 13. 2012도6612).

④ (O)

> **질서위반행위규제법 제19조(과태료 부과의 제척기간)** ① 행정청은 질서위반행위가 종료된 날(다수인이 질서위반행위에 가담한 경우에는 최종행위가 종료된 날을 말한다)부터 5년이 경과한 경우에는 해당 질서위반행위에 대하여 과태료를 부과할 수 없다.

정답 ③

243 [18국회8급]

다음은 「감염병의 예방 및 관리에 관한 법률」의 다음 규정 중 일부이다. 이 규정에 대한 설명으로 옳은 것을 〈보기〉에서 모두 고르면?

> **제47조(감염병 유행에 대한 방역조치)** 보건복지부장관 … 은 감염병이 유행하면 감염병 전파를 막기 위하여 다음 각 호에 해당하는 … 조치를 하여야 한다.
> 1. 감염병환자등이 있는 장소나 감염병병원체에 오염되었다고 인정되는 장소에 대한 다음 각 목의 조치
>   가. 일시적 폐쇄
>   나. 〈이하 생략〉
> 3. 감염병병원체에 감염되었다고 의심되는 사람을 적당한 장소에 일정한 기간 입원 또는 격리시키는 것
> 4. 〈이하 생략〉
>
> **제80조(벌칙)** 다음 각 호의 어느 하나에 해당하는 자는 300만원 이하의 벌금에 처한다.
> 1.~4. 〈생략〉
> 5. 제47조 … 에 따른 조치에 위반한 자.
> 6. 〈이하 생략〉

〈보 기〉

ㄱ. 제47조 제1호의 '일시적 폐쇄'는 의무의 불이행을 전제로 하지 않으므로 강학상 '직접강제'에 해당한다.

ㄴ. 제47조 제3호의 '입원 또는 격리'가 항고소송의 대상이 된다고 하더라도 입원 또는 격리가 이미 종료된 경우에는 권리보호의 필요성이 부정될 수 있다.

ㄷ. 제47조의 각 호 조치가 급박한 상황에 대처하기 위한 것으로서 그 불가피성과 정당성이 충분히 인정된다면 헌법상의 사전영장주의 원칙에 위배되는 것은 아니라 할 것이다.

ㄹ. 제80조의 벌금은 과실범 처벌에 관한 명문규정이 있거나 해석상 과실범도 벌할 뜻이 명확한 경우를 제외하고는 형법의 원칙에 따라 고의가 있어야 벌할 수 있다.

ㅁ. 법인의 종업원이 제80조의 위반행위를 하였음을 이유로 종업원과 함께 법인도 처벌하고자 한다면, 종업원의 행위의 결과에 대하여 법인에게 독자적인 책임이 있어야 한다.

① ㄱ, ㄴ, ㄷ ② ㄱ, ㄹ, ㅁ
③ ㄴ, ㄷ, ㅁ ④ ㄴ, ㄷ, ㄹ, ㅁ
⑤ ㄱ, ㄴ, ㄷ, ㄹ, ㅁ

해설

ㄱ. (X) 의무의 불이행을 전제로 하지 않으므로 즉시강제에 해당한다.

ㄴ. (O) 입원 또는 격리는 항고소송의 대상이 되는 처분이지만, 그 행위가 이미 종료된 경우에는 권리보호의 필요성이 부정될 수 있다.

ㄷ. (O) 행정상 즉시강제는 상대방의 임의이행을 기다릴 시간적 여유가 없을 때 하명 없이 바로 실력을 행사하는 것으로서, 그 본질상 급박성을 요건으로 하고 있어 법관의 영장을 기다려서는 그 목적을 달성할 수 없다고 할 것이므로, 원칙적으로 영장주의가 적용되지 않는다고 보아야 할 것이다(헌재 2002.10.31. 2000헌가12).

ㄹ. (O) 형법에 의하면 형사범의 성립에는 원칙적으로 고의가 있어야 하며 과실이 있는 행위는 법률의 특별한 규정이 있는 경우에 처벌한다.

ㅁ. (O) 종업원 등이 저지른 행위의 결과에 대한 영업주 개인의 독자적인 책임에 관하여 전혀 규정하지 않은 채, 단순히 영업주가 고용한 종업원 등이 업무에 관하여 범죄행위를 하였다는 이유만으로 영업주 개인에 대하여 형사처벌을 과하고 있는바, 이는 다른 사람의 범죄에 대하여 그 책임 유무를 묻지 않고 형벌을 부과함으로써 법치국가의 원리 및 죄형법정주의로부터 도출되는 책임주의원칙에 반하여 헌법에 위반된다(헌재 2010. 12. 28. 2010헌가94).

정답 ④

244 [09지방9급]

질서위반행위규제법의 내용으로 옳지 않은 것은?

① 질서위반행위규제법상의 질서위반행위는 고의 또는 과실이 있어야만 과태료를 부과할 수 있다.
② 자신의 행위가 위법하지 아니한 것으로 오인하고 행한 질서위반행위는 과태료를 부과하지 아니한다.
③ 2인 이상이 질서위반행위에 가담한 때에는 각자가 질서위반행위를 한 것으로 본다.
④ 과태료는 행정청의 과태료 부과처분이나 법원의 과태료 재판이 확정된 후 5년간 징수하지 아니하거나 집행하지 아니하면 시효로 인하여 소멸한다.

해설

① (O) 질서위반행위규제법 제7조.
② (X)

> **질서위반행위규제법 제8조(위법성의 착오)** 자신의 행위가 위법하지 아니한 것으로 오인하고 행한 질서위반행위는 그 오인에 정당한 이유가 있는 때에 한하여 과태료를 부과하지 아니한다.

③ (O) 질서위반행위규제법 제12조 제1항.
④ (O)

> **질서위반행위규제법 제15조(과태료의 시효)** ① 과태료는 행정청의 과태료 부과처분이나 법원의 과태료 재판이 확정된 후 5년간 징수하지 아니하거나 집행하지 아니하면 시효로 인하여 소멸한다.

정답 ②

245 [15서울9급]

「질서위반행위규제법」의 내용에 대한 설명 중 옳지 않은 것은?

① 과태료 사건은 다른 법령에 특별한 규정이 있는 경우를 제외하고는 과태료를 부과한 행정청의 소재지를 관할하는 행정법원의 관할로 한다.
② 행정청의 과태료 부과에 불복하는 당사자는 과태료 부과 통지를 받은 날부터 60일 이내에 해당 행정청에 서면으로 이의제기를 할 수 있는 바, 이의제기가 있는 경우에는 행정청의 과태료 부과처분은 그 효력을 상실한다.
③ 이의제기를 받은 행정청은 이의제기를 받은 날부터 14일 이내에 이에 대한 의견 및 증빙서류를 첨부하여 관할 법원에 통보하여야 하는 것이 원칙이다.
④ 질서위반행위가 종료된 날부터 5년이 경과한 경우에는 해당 질서위반행위에 대하여 과태료를 부과할 수 없는 바, 다수인이 질서위반행위에 가담한 경우에는 질서위반행위가 종료된 날은 최종행위가 종료된 날을 말한다.

해설

① (X)

> **질서위반행위규제법 제25조(관할 법원)** 과태료 사건은 다른 법령에 특별한 규정이 있는 경우를 제외하고는 당사자의 주소지의 지방법원 또는 그 지원의 관할로 한다.

② (O) 질서위반행위규제법 제20조.
③ (O)

> **질서위반행위규제법 제21조(법원에의 통보)** ① 제20조 제1항에 따른 이의제기를 받은 행정청은 이의제기를 받은 날부터 14일 이내에 이에 대한 의견 및 증빙서류를 첨부하여 관할 법원에 통보하여야 한다. 다만, 다음 각 호의 어느 하나에 해당하는 경우에는 그러하지 아니하다.

④ (O)

> **질서위반행위규제법 제19조(과태료 부과의 제척기간)** ① 행정청은 질서위반행위가 종료된 날(다수인이 질서위반행위에 가담한 경우에는 최종행위가 종료된 날을 말한다)부터 5년이 경과한 경우에는 해당 질서위반행위에 대하여 과태료를 부과할 수 없다.

정답 ①

246 [16지방7급]

「질서위반행위규제법」상 과태료에 대한 설명으로 옳은 것은?

① 행정형벌이 아니므로 고의 또는 과실과 무관하게 부과할 수 있다.

② 위법성의 착오는 과태료 부과에 영향을 미치지 않는다.

③ 과태료는 당사자가 과태료 부과처분에 대하여 이의를 제기하지 아니한 채 「질서위반행위규제법」에 따른 이의제기기한이 종료한 후 사망한 경우에는 그 상속재산에 대하여 집행할 수 있다.

④ 하나의 행위가 2 이상의 질서위반행위에 해당하는 경우에는 각 질서위반행위에 대하여 정한 과태료를 가중하여 부과한다.

해설

① (X) 질서위반행위규제법 제7조.

② (X)

> **질서위반행위규제법 제8조(위법성의 착오)** 자신의 행위가 위법하지 아니한 것으로 오인하고 행한 질서위반행위는 그 오인에 정당한 이유가 있는 때에 한하여 과태료를 부과하지 아니한다.

③ (O)

> **질서위반행위규제법 제24조의2(상속재산 등에 대한 집행)** ① 과태료는 당사자가 과태료 부과처분에 대하여 이의를 제기하지 아니한 채 제20조제1항에 따른 기한이 종료한 후 사망한 경우에는 그 상속재산에 대하여 집행할 수 있다.

④ (X) 질서위반행위규제법 제13조 제1항.

정답 ③

제4장 새로운 의무이행확보수단

제1절 새로운 의무이행확보수단의 등장

제2절 금전상의 제재

변형과징금의 1차적 목적은 영업정지처분을 받는 자에 대한 최소침해의 수단을 찾는 것이다. [09국회8급]

해설

(X) 변형된 과징금이란 행정법규 위반행위가 사업의 취소(정지)사유에 해당하나 시민의 불편, 국민의 경제의 피해 등의 공익을 고려하여 사업의 취소에 갈음하여 부과되는 과징금을 말한다. 따라서 영업정지처분을 받는 자에 대한 최소침해의 수단을 찾는 것이 1차적 목적은 아니다.

247 [18국회8급]

행정상 의무이행 확보수단에 대한 설명으로 옳지 않은 것은? (다툼이 있는 경우 판례에 의함)

① 이행강제금은 행정법상의 작위 또는 부작위의무를 이행하지 않은 경우에 '일정한 기한까지 의무를 이행하지 않을 때에는 일정한 금전적 부담을 과할 뜻'을 미리 '계고'함으로써 의무자에게 심리적 압박을 주어 장래를 향하여 의무의 이행을 확보하려는 간접적인 행정상 강제집행 수단이다.

② 행정상 즉시강제는 그 본질상 행정 목적 달성을 위하여 불가피한 한도 내에서 예외적으로 허용되는 것이므로, 「경찰관직무집행법」 제6조 경찰관의 범죄의 제지 조치 역시 그러한 조치가 불가피한 최소한도 내에서만 행사되도록 그 발동·행사 요건을 신중하고 엄격하게 해석하여야 한다.

③ 세무조사는 국가의 과세권을 실현하기 위한 행정조사의 일종으로서 국세의 과세표준과 세액을 결정 또는 경정하기 위하여 질문을 하고 장부·서류 그 밖의 물건을 검사·조사하거나 그 제출을 명하는 일체의 행위를 말한다.

④ 공정거래위원회의 과징금 납부명령이 재량권 일탈·남용으로 위법한지는 다른 특별한 사정이 없는 한 과징금 납부명령이 행하여진 '의결일' 당시의 사실상태를 기준으로 판단하여야 한다.

⑤ 하천구역의 무단 점용을 이유로 부당이득금 부과처분과 그 부당이득금 미납으로 인한 가산금 징수처분을 받은 사람이 가산금 징수처분에 대하여 행정청이 안내한 전심절차를 밟지 않았다면 부당이득금 부과처분에 대하여 전심절차를 거쳤다 하더라도 가산금 징수처분에 대하여는 부당이득금 부과처분과 함께 행정소송으로 다툴 수 없다.

해설

① **(O)** 이행강제금은 행정법상의 부작위의무 또는 비대체적 작위의무를 이행하지 않은 경우에 '일정한 기한까지 의무를 이행하지 않을 때에는 일정한 금전적 부담을 과할 뜻'을 미리 '계고'함으로써 의무자에게 심리적 압박을 주어 장래를 향하여 의무의 이행을 확보하려는 간접적인 행정상 강제집행 수단이다(대판 2015. 6. 24. 2011두2170).

② **(O)** 경찰관직무집행법 제6조 제1항 중 경찰관의 제지에 관한 부분은 범죄의 예방을 위한 경찰 행정상 즉시강제에 관한 근거 조항이다. 행정상 즉시강제는 그 본질상 행정 목적 달성을 위하여 불가피한 한도 내에서 예외적으로 허용되는 것이므로, 위 조항에 의한 경찰관의 제지 조치 역시 그러한 조치가 불가피한 최소한도 내에서만 행사되도록 그 발동·행사 요건을 신중하고 엄격하게 해석하여야 한다(대판 2008. 11. 13. 2007도9794).

③ **(O)** 세무조사는 국가의 과세권을 실현하기 위한 행정조사의 일종으로서 국세의 과세표준과 세액을 결정 또는 경정하기 위하여 질문을 하고 장부·서류 그 밖의 물건을 검사·조사하거나 그 제출을 명하는 일체의 행위를 말한다(대판 2017. 3. 16. 2014두8360).

④ **(O)** 행정소송에서 행정처분의 위법 여부는 행정처분이 행하여졌을 때의 법령과 사실상태를 기준으로 하여 판단해야 하고, 이는 독점규제 및 공정거래에 관한 법률에 기한 공정거래위원회의 시정명령 및 과징금 납부명령에서도 마찬가지이다. 따라서 공정거래위원회의 과징금 납부명령 등이 재량권 일탈·남용으로 위법한지는 다른 특별한 사정이 없는 한 과징금 납부명령 등이 행하여진 '의결일' 당시의 사실상태를 기준으로 판단하여야 한다(대판 2015. 5. 28. 2015두36256).

⑤ **(X)** 하천구역의 무단 점용을 이유로 부당이득금 부과처분과 가산금 징수처분을 받은 사람이 가산금 징수처분에 대하여 행정청이 안내한 전심절차를 밟지 않았다 하더라도 부당이득금 부과처분에 대하여 전심절차를 거친 이상 가산금 징수처분에 대하여도 부당이득금 부과처분과 함께 행정소송으로 다툴 수 있다(대판 2006. 9. 8. 2004두947).

정답 ⑤

248 [18지방7급]

행정의 실효성 확보수단에 대한 설명으로 옳은 것만을 모두 고르면? (다툼이 있는 경우 판례에 의함)

> ㄱ. 시정명령이란 행정법령의 위반행위로 초래된 위법상태의 제거 내지 시정을 명하는 행정행위를 말하는 것으로서, 그 위법행위의 결과가 더 이상 존재하지 않는다면 시정명령을 할 수 없다.
>
> ㄴ. 납세의무자가 세무공무원의 잘못된 설명을 믿고 신고납부의무를 이행하지 아니하였다 하더라도 그것이 관계 법령에 어긋나는 것임이 명백한 때에는 그러한 사유만으로는 가산세를 부과할 수 없는 정당한 사유가 있는 경우에 해당한다고 할 수 없다.
>
> ㄷ. 행정법규 위반에 대하여 가하는 제재조치(영업정지처분)는 반드시 현실적인 행위자가 아니라도 법령상 책임자로 규정된 자에게 부과되고, 특별한 사정이 없는 한 위반자에게 고의나 과실이 없더라도 부과할 수 있다.
>
> ㄹ. 행정청의 재량권이 부여되어 있는 과징금부과처분이 법이 정한 한도액을 초과하여 위법할 경우, 법원으로서는 그 한도액을 초과한 부분이나 법원이 적정하다고 인정되는 부분을 초과한 부분만을 취소할 수 있다.

① ㄱ, ㄷ ② ㄴ, ㄹ
③ ㄱ, ㄴ, ㄷ ④ ㄱ, ㄷ, ㄹ

해설

ㄱ. **(O)** 비록 법 위반행위가 있었더라도 하도급대금 채무의 불발생 또는 변제, 상계, 정산 등 사유 여하를 불문하고 위반행위의 결과가 더 이상 존재하지 아니한다면, 그 결과의 시정을 명하는 내용의 시정명령을 할 여지는 없다고 보아야 한다(대판 2010. 1. 14. 2009두11843).

ㄴ. **(O)** 세법상 가산세는 과세권의 행사 및 조세채권의 실현을 용이하게 하기 위하여 납세자가 정당한 이유 없이 법에 규정된 신고, 납세 등 각종 의무를 위반한 경우에 개별세법이 정하는 바에 따라 부과되는 행정상의 제재로서 납세자의 고의, 과실은 고려되지 않는 반면, 납세의무자가 그 의무를 알지 못한 것이 무리가 아니었다고 할 수 있어 그를 정당시할 수 있는 사정이 있거나 그 의무의 이행을 당사자에게 기대하는 것이 무리라고 하는 사정이 있을 때 등 그 의무해태를 탓할 수 없는 정당한 사유가 있는 경우에는 이를 부과할 수 없고, 납세의무자가 세무공무원의 잘못된 설명을 믿고 그 신고납부의무를 이행하지 아니하였다 하더라도 그것이 관계 법령에 어긋나는 것임이 명백한 때에는 그러한 사유만으로 정당한 사유가 있다고 볼 수 없다(대판 1997. 8. 22. 96누15404).

ㄷ. (O) 행정법규 위반에 대하여 가하는 제재조치는 행정목적의 달성을 위하여 행정법규 위반이라는 객관적 사실에 착안하여 가하는 제재이므로 반드시 현실적인 행위자가 아니라도 법령상 책임자로 규정된 자에게 부과되고 특별한 사정이 없는 한 위반자에게 고의나 과실이 없더라도 부과할 수 있다(대판 2012.5.10. 2012두1297).

ㄹ. (X) 과징금부과처분이 법이 정한 한도액을 초과하여 위법할 경우 법원으로서는 그 전부를 취소할 수밖에 없고, 그 한도액을 초과한 부분이나 법원이 적정하다고 인정되는 부분을 초과한 부분만을 취소할 수 없다(대판 1998.04.10. 98두2270).

정답 ③

249 [18교육행정]

행정의 실효성 확보수단에 관한 설명으로 옳은 것은?

① 행정법규위반에 대하여 벌금 이외에 과징금을 함께 부과하는 것은 이중처벌금지원칙에 위반된다.

② 법령상 의무를 위반한 자의 명단을 공표하는 조치는 「행정절차법」상의 근거규정에 따라 행하여 진다.

③ 행정청은 시정명령으로 과거의 위반행위에 대한 중지는 물론 가까운 장래에 반복될 우려가 있는 동일한 유형의 행위의 반복금지까지 명할 수 있다.

④ 가산금은 과세표준확정신고의 불이행·불성실신고 등에 대하여 세법상 의무의 성실한 이행확보를 위하여 부과하는 금전상 제재이다.

해설

① (X) 구 독점규제 및 공정거래에 관한 법률 제24조의2에 의한 부당내부거래행위에 대한 과징금은 그 취지와 기능, 부과의 주체와 절차 등을 종합할 때 부당지원행위의 억지(억지)라는 행정목적을 실현하기 위한 입법자의 정책적 판단에 기하여 그 위반행위에 대하여 제재를 가하는 행정상의 제재금으로서의 기본적 성격에 부당이득환수적 요소도 부가되어 있는 것이라고 할 것이어서 그것이 헌법 제13조 제1항에서 금지하는 국가형벌권 행사로서의 처벌에 해당한다고 할 수 없으므로 구 독점규제및공정거래에관한법률에서 형사처벌과 아울러 과징금의 부과처분을 할 수 있도록 규정하고 있다 하더라도 이중처벌금지원칙이나 무죄추정원칙에 위반된다거나 사법권이나 재판청구권을 침해한다고 볼 수 없다(대판 2004.4.9. 2001두6197).

② (X) 2022년 법이 개정되어 공표규정이 신설되었으나, 공표의 절차규정이지 근거규정이라 볼 수는 없는 이유로 여전히 틀린지문으로 처리한다.

> **행정절차법 제40조의3(위반사실 등의 공표)** ① 행정청은 법령에 따른 의무를 위반한 자의 성명·법인명, 위반사실, 의무 위반을 이유로 한 처분사실 등(이하 "위반사실등"이라 한다)을 법률로 정하는 바에 따라 일반에게 공표할 수 있다.
>
> ② 행정청은 위반사실등의 공표를 하기 전에 사실과 다른 공표로 인하여 당사자의 명예·신용 등이 훼손되지 아니하도록 객관적이고 타당한 증거와 근거가 있는지를 확인하여야 한다.
>
> ③ 행정청은 위반사실등의 공표를 할 때에는 미리 당사자에게 그 사실을 통지하고 의견제출의 기회를 주어야 한다. 다만, 다음 각 호의 어느 하나에 해당하는 경우에는 그러하지 아니하다.
> 1. 공공의 안전 또는 복리를 위하여 긴급히 공표를 할 필요가 있는 경우
> 2. 해당 공표의 성질상 의견청취가 현저히 곤란하거나 명백히 불필요하다고 인정될 만한 타당한 이유가 있는 경우
> 3. 당사자가 의견진술의 기회를 포기한다는 뜻을 명백히 밝힌 경우

③ (O) 독점규제 및 공정거래에 관한 법률에서 시정명령 제도를 둔 취지에 비추어 시정명령의 내용은 가까운 장래에 반복될 우려가 있는 동일한 유형의 행위의 반복금지까지 명할 수 있는 것으로 해석함이 상당하다(대판 2010. 11. 25. 2008두23177).

④ (X) 가산금"이란 국세를 납부기한까지 납부하지 아니한 경우에 「국세징수법」에 따라 고지세액에 가산하여 징수하는 금액과 납부기한이 지난 후 일정 기한까지 납부하지 아니한 경우에 그 금액에 다시 가산하여 징수하는 금액을 말하며, 일종의 지연배상금의 성질을 띤다. "가산세"란 세법에서 규정하는 의무의 성실한 이행을 확보하기 위하여 세법에 따라 산출한 세액에 가산하여 징수하는 금액을 말한다(납부불성실가산세 등).

정답 ③

「국세징수법」에 따른 가산금은 행정법상 금전급부 불이행에 대한 제재로 가해지는 금전부담이므로 그 고지는 항고소송의 대상이 되는 처분이다.[13지방7급]

| 해설

(X) 국세징수법 제21조, 제22조가 규정하는 가산금 또는 중가산금은 국세를 납부기한까지 납부하지 아니하면 과세청의 확정절차 없이도 법률 규정에 의하여 당연히 발생하는 것이므로 가산금 또는 중가산금의 고지가 항고소송의 대상이 되는 처분이라고 볼 수 없다(대판 2005.6.10. 2005다15482).

제3절 | 비금전적 제재

행정상 공표는 의무위반자의 명예나 신용의 침해를 위협함으로써 직접적으로 행정법상 의무이행을 확보하는 수단이다.[10지방9급]

| 해설

(X) 공표란 일정한 행정법상의 의무위반 또는 의무불이행이 있는 경우에 위반자의 성명・위반사실 등을 일반에게 공개함으로써 그 위반자의 명예・신용의 침해를 위협함으로써 심리적인 압박을 가하여 의무이행을 확보하는 간접적인 강제수단이다.

제5편 행정구제법

제1장 행정구제 일반론

제1절 | 행정절차 일반론

250 [09지방7급]

「부패방지 및 국민권익위원회의 설치와 운영에 관한 법률」의 내용으로 옳은 것은?

① 고충민원의 처리와 이에 관련된 불합리한 행정제도를 개선하고, 부패의 발생을 예방하며 부패행위를 효율적으로 규제하도록 하기 위하여 대통령 소속으로 국민권익위원회를 둔다.

② 19세 이상의 국민은 공공기관의 사무처리가 법령위반 또는 부패행위로 인하여 공익을 현저히 해하는 경우 대통령령으로 정하는 일정한 수 이상의 국민의 연서로 감사원에 감사를 청구할 수 있다.

③ 국민권익위원회의 위원장과 위원의 임기는 각각 2년으로 하되 1차에 한하여 연임할 수 있다.

④ 누구든지 국민권익위원회 또는 시민고충처리위원회에 고충민원을 신청할 수 있다. 이 경우 하나의 권익위원회에 대하여 고충민원을 제기한 신청인은 다른 권익위원회에 대하여도 고충민원을 신청할 수 있다.

해설

① (X)

부패방지권익위법 제11조(국민권익위원회의 설치) ① 고충민원의 처리와 이에 관련된 불합리한 행정제도를 개선하고, 부패의 발생을 예방하며 부패행위를 효율적으로 규제하도록 하기 위하여 국무총리 소속으로 국민권익위원회(이하 "위원회"라 한다)를 둔다.

② (X)

부패방지권익위법 제72조(감사청구권) ① 18세 이상의 국민은 공공기관의 사무처리가 법령위반 또는 부패행위로 인하여 공익을 현저히 해하는 경우 대통령령으로 정하는 일정한 수 이상의 국민의 연서로 감사원에 감사를 청구할 수 있다. 다만, 국회·법원·헌법재판소·선거관리위원회 또는 감사원의 사무에 대하여는 국회의장·대법원장·헌법재판소장·중앙선거관리위원회 위원장 또는 감사원장(이하 "당해 기관의 장"이라 한다)에게 감사를 청구하여야 한다.

③ (X)

부패방지권익위법 제16조(직무상 독립과 신분보장) ② 위원장과 위원의 임기는 각각 3년으로 하되 1차에 한하여 연임할 수 있다.

④ (O)

부패방지권익위법 제39조(고충민원의 신청 및 접수) ① 누구든지(국내에 거주하는 외국인을 포함한다) 위원회 또는 시민고충처리위원회(이하 이 장에서 "권익위원회"라 한다)에 고충민원을 신청할 수 있다. 이 경우 하나의 권익위원회에 대하여 고충민원을 제기한 신청인은 다른 권익위원회에 대하여도 고충민원을 신청할 수 있다.

정답 ④

251 [09국가9급]

국민권익위원회에 관한 설명으로 옳지 않은 것은?

① 고충민원의 처리와 이에 관련된 불합리한 행정제도를 개선하고, 부패의 발생을 예방하며 부패행위를 효율적으로 규제하도록 하기 위하여 국무총리 소속으로 설치하였다.

② 국민권익위원회는 필요하다고 인정하는 경우 공공기관의장에게 제도개선의 권고를 할 수 있으며, 제도개선 권고를 받은 공공기관의 장은 이를 제도개선에 반영하여야 하며 그 조치에 대한 결과를 국민권익위원회에 통보할 필요까지는 없다.

③ 국민권익위원회는 행정심판법에 따른 중앙행정심판위원회의 운영에 관한 사항을 관장한다.

④ 지방자치단체 및 그 소속 기관에 관한 고충민원의 처리와 행정제도의 개선 등을 위하여 「부패방지 및 국민권익위원회의 설치와 운영에 관한 법률」에서 각 지방자치단체에 시민고충처리위원회를 설치할 수 있는 근거조항을 두고 있다.

해설

① **(O)** 부패방지 및 국민권익위원회의 설치와 운영에 관한 법률 제11조.

② **(X)**

> 부패방지권익위법 제47조(제도개선의 권고 및 의견의 표명) 권익위원회는 고충민원을 조사·처리하는 과정에서 법령 그 밖의 제도나 정책 등의 개선이 필요하다고 인정되는 경우에는 관계 행정기관 등의 장에게 이에 대한 합리적인 개선을 권고하거나 의견을 표명할 수 있다.
>
> 제50조(처리결과의 통보 등) ① 제46조 또는 제47조에 따른 권고 또는 의견을 받은 관계 행정기관 등의 장은 이를 존중하여야 하며, 그 권고 또는 의견을 받은 날부터 30일 이내에 그 처리결과를 권익위원회에 통보하여야 한다.

③ **(O)**

> **부패방지권익위법 제12조(기능)** 위원회는 다음 각호의 업무를 수행한다.
> 19. 「행정심판법」에 따른 중앙행정심판위원회의 운영에 관한 사항

④ **(O)**

> **부패방지권익위법 제32조(시민고충처리위원회의 설치)** ① 지방자치단체 및 그 소속 기관에 관한 고충민원의 처리와 행정제도의 개선 등을 위하여 각 지방자치단체에 시민고충처리위원회를 둘 수 있다.

정답 ②

행정상 손해전보

제1절 | 행정상 손해배상제도

I 행정상 손해배상제도의 의의

II 손해배상제도의 법적근거

III 공무원의 위법한 직무행위로 인한 손해배상

구 「소방법」 제63조의 규정에 의하여 시, 읍, 면이 소방서장의 소방업무를 보조하게 하기 위하여 설치한 의용소방대는 국가기관이라고 할 수 있다. [16경행특채]

해설

(X) 소방법에 의하여 시, 읍에 설치한 의용소방대는 국가기관이라 할 수 없으니 그 대원의 직무수행과정의 불법행위에 대하여 국가는 그 배상책임이 없다(대판 1966.11.22. 66다1501).

252 [18서울7급]

국가배상에 대한 설명으로 가장 옳지 않은 것은?

① 국가배상청구의 요건인 공무원의 직무에는 비권력적 작용도 포함되며 행정주체가 사경제주체로서 하는 활동도 포함된다.

② 어떠한 행정처분이 후에 항고소송에서 취소되었다고 할지라도 당해 행정처분이 곧바로 공무원의 고의 또는 과실로 인한 것으로서 불법행위를 구성한다고 단정할 수는 없다.

③ 공무원의 직무집행이 법령이 정한 요건과 절차에 따라 이루어진 것이라면 특별한 사정이 없는 한 이는 법령에 적합한 것이고, 그 과정에서 개인의 권리가 침해되는 일이 생긴다고 하여 그 법령적합성이 곧바로 부정되는 것은 아니다.

④ 국가배상청구권은 피해자나 그 법정대리인이 그 손해 및 가해자를 안 날로부터 3년간 이를 행사하지 아니하면 시효로 인하여 소멸한다.

해설

① (X) 국가배상청구의 요건인 '공무원의 직무'에는 권력적 작용만이 아니라 비권력적 작용도 포함되며 단지 행정주체가 사경제주체로서 하는 활동만 제외된다(대판 2001.1.5. 98다39060).

② (O) 어떠한 행정처분이 후에 항고소송에서 취소되었다고 할지라도 그 기판력에 의하여 당해 행정처분이 곧바로 공무원의 고의 또는 과실로 인한 것으로서 불법행위를 구성한다고 단정할 수는 없는 것이다(대판 2003.11.27. 2001다33789).

③ (O) 국가배상책임은 공무원의 직무집행이 법령에 위반한 것임을 요건으로 하는 것으로서, 공무원의 직무집행이 법령이 정한 요건과 절차에 따라 이루어진 것이라면 특별한 사정이 없는 한 이는 법령에 적합한 것이고 그 과정에서 개인의 권리가 침해되는 일이 생긴다고 하여 그 법령적합성이 곧바로 부정되는 것은 아니다(대판 2000.11.10. 2000다26807).

④ (O) 국가배상법은 배상청구권의 소멸시효에 대하여 명문규정을 두고 있지 않는데, 이 경우 국가배상법 제8조에 따라 민법규정에 의하게 되므로 민법 제766조에 따라서 국가배상청구권은 피해자나 그 법정대리인이 손해 및 가해자를 안 날로부터 3년간 행사하지 않으면 시효로 소멸한다. 한편 피해자나 법정대리인이 손해 및 가해자를 알지 못한 경우에는 불법행위의 종료일로부터 국가재정법 제96조 제1항에 따라 5년간 손해배상청구권을 행사하지 아니하면 시효로 소멸한다(대판 2001.4.24. 2000다57856).

정답 ①

253 [15지방7급]

국가배상에 대한 설명으로 옳은 것은? (다툼이 있는 경우 판례에 의함)

① 인사업무담당 공무원이 다른 공무원의 공무원증 등을 위조한 행위는 「국가배상법」 제2조 제1항 소정의 '공무원이 직무를 집행하면서 행한 행위'로 인정되지 않는다.

② 법령에 의해 대집행권한을 위탁받은 한국토지공사는 대집행을 수권 받은 자로서 「국가배상법」 제2조 소정의 공무원에 해당한다.

③ 헌법재판소 재판관의 위법한 직무집행의 결과 잘못된 각하결정을 함으로써 청구인으로 하여금 본안판단을 받을 기회를 상실하게 한 이상, 설령 본안판단을 하였더라도 어차피 청구가 기각되었을 것이라는 사정이 있다고 하더라도 청구인의 합리적인 기대를 침해한 것이고, 그 침해로 인한 정신상의 고통에 대하여는 위자료를 지급할 의무가 있다.

④ 어떠한 행정처분이 후에 항고소송에서 취소되면, 그 기판력에 의하여 당해 행정처분은 곧바로 공무원의 고의 또는 과실로 인한 불법행위를 구성한다.

해설

① (X) 인사업무를 담당하면서 울산세관 공무원들의 공무원증 및 재직증명서 발급업무를 하는 공무원이 울산세관의 다른 공무원의 공무원증 등을 위조하는 행위는 비록 그것이 실질적으로는 직무행위에 속하지 아니한다 할지라도 적어도 외관상으로는 공무원증과 재직증명서를 발급하는 행위로서 직무집행으로 보여지므로 국가배상법 제2조 제1항 소정의 공무원이 직무를 집행함에 당하여 한 행위로 인정된다(대판 2005.1.14, 2004다26805).

② (X) 대판 2010.1.28, 2007다82950.

③ (O) 헌법재판소 재판관의 위법한 직무집행의 결과 잘못된 각하결정을 함으로써 청구인으로 하여금 본안판단을 받을 기회를 상실하게 한 이상, 설령 본안판단을 하였더라도 어차피 청구가 기각되었을 것이라는 사정이 있다고 하더라도 잘못된 판단으로 인하여 헌법소원심판 청구인의 위와 같은 합리적인 기대를 침해한 것이고 그 침해로 인한 정신상 고통에 대하여는 위자료를 지급할 의무가 있다(대판 2003.7.11, 99다24218).

④ (X) 대판 2003.11.27, 2001다33789.

정답 ③

254 [16지방7급]

「국가배상법」상 공무원의 직무행위에 대한 판례의 내용으로 옳지 않은 것은?

① 강남구청이 도시계획사업의 주무관청으로서 그 사업을 적극적으로 대행·지원하는 과정에서 토지소유권 이전에 필요한 일체의 서류를 반대급부로 제공할 것을 조건으로 토지수용보상금을 공탁한 경우, 이는 행정지도의 일환으로 직무수행으로서 행하였다고 할 것이므로, 비권력적 작용인 공탁으로 인한 손해배상책임은 성립할 수 있다.

② 서울특별시장의 대행자인 도봉구청장이 서울지하철 도봉차량기지 건설사업의 부지로 예정된 원고 소유의 토지를 구「공공용지의 취득 및 손실보상에 관한 특례법」에 따라 매수하기로 하는 내용의 매매계약을 체결한 경우, 이 매매계약은 공공기관이 사경제주체로서 행한 사법상 매매이므로 이에 대하여는 「국가배상법」을 적용하기는 어렵고 일반 「민법」의 규정을 적용할 수 있을 뿐이다.

③ 도로개설 등 공사로 인한 무허가건물의 강제철거와 관련하여 이루어지는 지방자치단체의 그 철거건물 소유자에 대한 시영아파트 분양권부여 등의 업무는, 사경제주체로서의 활동이므로 지방자치단체의 공권력행사로 보기 어렵다고 할 것이다.

④ 육군중사 갑이 다음날 실시예정인 독수리 훈련에 대비하여 사전정찰차 훈련지역 일대를 살피고 귀대하던 중 교통사고가 일어났다면, 갑이 비록 개인소유의 오토바이를 운전하였다 하더라도 실질적·객관적으로 위 갑의 운전행위는 그에게 부여된 훈련지역의 사전정찰임무를 수행하기 위한 직무와 밀접한 관련이 있다고 보아야 한다.

해설

① (O) 강남구청은 이 사건 도시계획사업의 주무관청으로서 그 사업을 적극적으로 대행·지원하여 왔고 이 사건 공탁도 행정지도의 일환으로 직무수행으로서 행하였다고 할 것이므로, 비권력적 작용인 공탁으로 인한 피고의 손해배상책임은 성립할 수 없다는 상고이유의 주장은 이유가 없다(대판 1998.07.10. 선고 96다38971).

② (O) 매매계약은 공공기관이 사경제주체로서 행한 사법상 매매이므로, 설령 서울특별시장이나 그 대행자인 도봉구청장에게 원고를 위하여 양도소득세 감면신청을 할 법률상의 의무가 인정되고 이러한 의무를 위반하여 원고에게 손해를 가한 행위가 불법행위를 구성하는 것으로 본다 하더라도, 이에 대하여는 국가배상법을 적용하기는 어렵고 일반 민법의 규정을 적용할 수 있을 뿐이다(대판 1999.11.26. 98다47245).

③ (X) 도로가설 등 공사로 인한 무허가건물의 강제철거와 관련하여 이루어지는 시나 구 등 지방자치단체의 철거건물 소유자에 대한 시영아파트 분양권 부여 및 세입자에 대한 지원대책 등의 업무는 지방자치단체의 공권력 행사 기타 공행정 작용과 관련된 활동으로 볼 것이지 사경제주체로서 하는 활동이라고는 볼 수 없다(대판 1994.09.30. 94다11767).

④ (O) 육군중사가 자신의 개인소유 오토바이 뒷좌석에 같은 부대소속 군인을 태우고 다음날부터 실시예정인 훈련에 대비하여 사전정찰차 훈련지역 일대를 살피고 귀대하던 중 교통사고가 일어났다면, 그가 비록 개인소유의 오토바이를 운전한 경우라 하더라도 실질적, 객관적으로 위 운전행위는 그에게 부여된 훈련지역의 사전정찰임무를 수행하기 위한 직무와 밀접한 관련이 있다고 보아야 한다(대판 1994.05.27. 94다6741).

정답 ③

255 [11경행특채]

국가배상과 관련하여 가장 적절하지 않은 것은? (다툼이 있으면 판례에 의함)

① 국가, 강원지방경찰청장, 전라남도, 서울특별시, 행정안전부 중 국가배상법에 따라 손해배상의 피고가 될 수 있는 것은 국가, 전라남도, 서울특별시이다.

② '교통할아버지'로 선정된 노인이 위탁받은 공무범위를 넘어 교차로 중앙에서 교통정리를 하다가 교통사고를 발생시킨 경우, 지방자치단체가 국가배상법 제2조 소정의 배상책임을 부담한다.

③ 시청 소속 공무원이 시장을 (구)부패방지위원회에 부패혐의자로 신고한 후 동사무소로 전보된 경우, 사회통념상 용인될 수 없을 정도로 객관적 상당성을 결여하였으므로 불법행위를 구성한다.

④ 구청 세무과 소속 공무원 갑이 을에게 무허가 건물 세입자들에 대한 시영아파트 입주권 매매행위를 한 경우 외형상 직무범위 내의 행위라고 볼 수 없다.

해설

① (O) 국가배상법상 배상책임의 주체는 국가 또는 지방자치단체이므로 국가, 강원지방경찰청장, 전라남도, 서울특별시, 행정안전부 중 국가배상법에 따라 손해배상의 피고가 될 수 있는 것은 국가, 전라남도, 서울특별시이다.

② (O) '교통할아버지'로 선정된 노인이 위탁받은 업무 범위를 넘어 교차로 중앙에서 교통정리를 하다가 교통사고를 발생시킨 경우, 지방자치단체가 국가배상법 제2조 소정의 배상책임을 부담한다(대판 2001.1.5. 98다39060).

③ (X) 시청 소속 공무원이 시장을 부패방지위원회에 부패혐의자로 신고한 후 동사무소로 하향 전보된 사안에서, 그 전보인사 조치는 해당 공무원에 대한 다면평가 결과, 원활한 업무 수행의 필요성 등을 고려하여 이루어진 것으로 볼 여지도 있으므로, 사회통념상 용인될 수 없을 정도로 객관적 상당성을 결여하였다고 단정할 수 없어 불법행위를 구성하지 않는다(대판 2009.5.28. 2006다16215).

④ (O) 구청 공무원 갑이 주택정비계장으로 부임하기 이전에 그의 처 등과 공모하여 을에게 무허가건물철거 세입자들에 대한 시영아파트 입주권 매매행위를 한 경우 이는 갑이 개인적으로 저지른 행위에 불과하고 당시 근무하던 세무과에서 수행하던 지방세 부과, 징수 등 본래의 직무와는 관련이 없는 행위로서 외형상으로도 직무범위 내에 속하는 행위라고 볼 수 없다(대판 1993.1.15. 92다8514).

정답 ③

256 [17국회8급]

甲은 A 시장의 영업허가 취소처분이 위법함을 이유로 국가배상청구소송을 제기하였다. 이에 대한 설명으로 옳은 것은? (다툼이 있는 경우 판례에 의함)

① 甲의 국가배상청구소송은 공법상 당사자소송에 해당한다.

② 甲의 소송이 인용되려면 미리 영업허가취소처분에 대한 취소의 인용판결이 있어야 한다.

③ 甲이 국가배상청구소송을 제기한 이후에 영업허가 취소처분에 대한 취소소송을 제기한 경우 그 취소소송은 국가배상청구소송에 병합될 수 있다.

④ A 시장의 영업허가 취소사무가 국가사무로서 국가가 실질적인 비용을 부담하는 자인 경우에는 甲은 국가를 상대로 국가배상을 청구하여야 한다.

⑤ A 시장의 영업허가 취소처분에 대한 취소소송에서 인용판결이 확정된 이후에도 甲의 국가배상청구소송은 기각될 수 있다.

해설

① (X) 공무원의 직무상 불법행위로 손해를 입은 국민이 국가 또는 지방자치단체에 대하여 그의 불법행위를 이유로 배상을 청구함은 국가배상법이 정한 바에 따른다 하여도 이 역시 민사상의 손해배상책임을 특별법인 국가배상법이 정한데 불과하다(대판 1981.02.10. 80누317).

② (X) 미리 그 행정처분의 취소판결이 있어야만, 그 행정처분의 위법임을 이유로 한 손해배상 청구를 할 수 있는 것은 아니다(대판 1972.4.28. 72다337).

③ (X)

> **행정소송법 제10조(관련청구소송의 이송 및 병합)**
> ① 취소소송과 다음 각호의 1에 해당하는 소송(이하 "관련청구소송"이라 한다)이 각각 다른 법원에 계속되고 있는 경우에 관련청구소송이 계속된 법원이 상당하다고 인정하는 때에는 당사자의 신청 또는 직권에 의하여 이를 취소소송이 계속된 법원으로 이송할 수 있다.

④ (X) 사무의 귀속주체, 형식적 비용부담자, 실질적 비용부담자 모두 배상의무를 진다.

> **[관련판례]** 지방자치단체의 장이 기관위임된 국가행정사무를 처리하는 경우 그에 소요되는 경비의 실질적·궁극적 부담자는 국가라고 하더라도 당해 지방자치단체는 국가로부터 내부적으로 교부된 금원으로 그 사무에 필요한 경비를 대외적으로 지출하는 자이므로, 이러한 경우 지방자치단체는 국가배상법 제6조 제1항 소정의 비용부담자로서 공무원의 불법행위로 인한 같은 법에 의한 손해를 배상할 책임이 있다(대판 1994.12.9. 94다38137).

⑤ (O) 어떠한 행정처분이 후에 항고소송에서 취소되었다고 할지라도 그 기판력에 의하여 당해 행정처분이 곧바로 공무원의 고의 또는 과실로 인한 것으로서 불법행위를 구성한다고 단정할 수는 없는 것이다(대판 2000.05.12. 99다70600).

정답 ⑤

257 [14서울9급]

국가배상청구권에 관한 다음 설명 중 옳은 것은? (다툼이 있을 경우 판례에 의함)

① 공무원이 관계법규를 알지 못하거나 법규의 해석을 그르쳐 행정처분을 한 경우라고 할지라도 법률전문가가 아닌 행정직 공무원인 경우에는 과실을 인정할 수 없다.

② 어떠한 행정처분이 뒤에 항고소송에서 취소되었다고 하더라도 곧바로 공무원의 고의 또는 과실로 인한 것으로서 불법행위를 구성한다고 단정할 수는 없다.

③ 과실개념의 주관화(主觀化) 경향이 나타나고 있다.

④ 「국가배상법」 제2조 제1항의 공무원의 직무에는 권력적 작용만 포함된다.

⑤ 실질적으로 직무집행행위인 경우이어야 한다.

해설

① (X) 공무원이 관계법규를 알지 못하거나 필요한 지식을 갖추지 못하고 법규의 해석을 그르쳐 행정처분을 하였다면 그가 법률전문가가 아닌 행정직 공무원이라고 하여 과실이 없다고는 할 수 없다(대판 1981.8.25. 80다1598).

② (O) 대판 2003.11.27. 2001다33789.

③ (X) 국가배상법이 과실주의를 채택하고 있어 피해자가 공무원의 고의·과실을 입증하기가 어려워 손해배상을 받지 못하는 점을 시정하기 위하여 과실개념을 객관화하려는 시도가 다양하게 행해지고 있다.

④ (X) 국가배상청구의 요건인 '공무원의 직무'에는 권력적 작용만이 아니라 비권력적 작용도 포함되며 단지 행정주체가 사경제주체로서 하는 활동만 제외된다(대판 2001.1.5. 98다39060).

⑤ (X) 직무행위인지의 여부는 공무원에게 직무집행의 의사가 있는지의 여부 또는 실질적으로 정당한 권한 내의 것인지를 불문하고 객관적으로 직무행위의 외형을 갖추고 있는지의 여부를 기준으로 판단하여야 한다는 것이 통설·판례이다(외형설).

정답 ②

258 [12국가9급]

행정상 손해배상에 대한 설명으로 옳지 않은 것은 몇 개인가? (다툼이 있는 경우 판례에 의함)

㉠ 법령해석에 여러 견해가 있어 관계 공무원이 신중한 태도로 어느 일설을 취하여 처분한 경우, 위법한 것으로 판명되었다고 하더라도 그것만으로 배상책임을 인정할 수 없다.

㉡ 법령에 명시적으로 공무원의 작위의무가 규정되어 있지 않은 경우라 할지라도 공무원의 부작위로 인한 국가배상책임을 인정할 수 있다.

㉢ 실질적으로 직무행위가 아니거나 또는 직무행위를 수행한다는 행위자의 주관적 의사가 없는 공무원의 행위는 「국가배상법」상 공무원의 직무행위가 될 수 없다.

㉣ 「국가배상법」상 과실을 판단할 경우 보통 일반의 공무원을 그 표준으로 하고 반드시 누구의 행위인지 가해공무원을 특정하여야 한다.

㉤ 재판행위로 인한 국가배상에 있어서 위법은 판결 자체의 위법이 아니라 법관의 공정한 재판을 위한 직무수행상 의무의 위반으로서의 위법이다.

㉥ 서울특별시 강서구 교통할아버지사건과 같은 경우 공무를 위탁받아 수행하는 일반 사인(私人)은 「국가배상법」 제2조 제1항에 따른 공무원이 될 수 없다.

① 2개 ② 3개 ③ 4개 ④ 5개

해설

② 행정상 손해배상에 대한 설명으로 옳지 않은 것은 ㉢, ㉣, ㉥ 3개이다.

㉠ (O) 법령에 대한 해석이 그 문언 자체만으로는 명백하지 아니하여 선례나 학설, 판례 등도 귀일된 바 없어 의의가 없을 수 없는 경우에 관계 공무원이 그 나름대로 신중을 다하여 합리적인 근거를 찾아 그 중 어느 한 견해를 따라 내린 해석이 후에 대법원이 내린 입장과 같지 않아 결과적으로 위법하게 되어 그 법령의 부당집행이라는 결과를 가져오게 되었다고 하더라도, 이러한 경우에까지 공무원의 과실을 인정할 수는 없다(대판 1995.10.13. 95다32747).

㉡ (O) 국가가 초법규적, 일차적으로 그 위험 배제에 나서지 아니하면 국민의 생명, 신체, 재산 등을 보호할 수 없는 경우에는 형식적 의미의 법령에 근거가 없더라도 국가나 관련 공무원에 대하여 그러한 위험을 배제할 작위의무를 인정할 수 있을 것이다(대판 2004.6.25. 2003다69652).

㉢ (X) 비록 그것이 실질적으로 직무행위가 아니거나 또는 행위자로서는 주관적으로 공무집행의 의사가 없었다고 하더라도 그 행위는 공무원이 '직무를 집행함에 당하여' 한 것으로 보아야 한다(대판 2005.1.14. 2004다26805).

㉣ (X) 대판 1987.9.22. 87다카1164, 대판 1995.11.10. 95다23897.

㉤ (O) 법관의 재판에 법령의 규정을 따르지 아니한 잘못이 있다 하더라도 이로써 바로 그 재판상 직무행위가 국가배상법 제2조 제1항에서 말하는 위법한 행위로 되어 국가의 손해배상책임이 발생하는 것은 아니고, 그 국가배상책임이 인정되려면 당해 법관이 위법 또는 부당한 목적을 가지고 재판을 하였다거나 법이 법관의 직무수행상 준수할 것을 요구하고 있는 기준을 현저하게 위반하는 등 법관이 그에게 부여된 권한의 취지에 명백히 어긋나게 이를 행사하였다고 인정할 만한 특별한 사정이 있어야 한다(대판 2003.7.11. 99다24218).

㉥ (X) 대판 2001.1.5. 98다39060.

정답 ②

259 [17사회복지]

국가배상제도에 대한 설명으로 옳은 것은? (단, 다툼이 있는 경우 판례에 의함)

① 사인이 받은 손해란 생명 · 신체 · 재산상의 손해는 인정하지만, 정신상의 손해는 인정하지 않는다.

② 국가배상책임에 있어서 공무원의 행위는 법령에 위반한 것 이어야 하고, 법령위반이라 함은 엄격한 의미의 법령 위반뿐만 아니라 인권존중, 권력남용금지, 신의성실 등의 위반도 포함하여 그 행위가 객관적인 정당성을 결여하고 있음을 의미한다.

③ 「국가배상법」이 정한 손해배상청구의 요건인 공무원의 직무에는 권력적 작용뿐만 아니라 비권력적 작용과 단순한 사경제의 주체로서 하는 작용도 포함된다.

④ 부작위로 인한 손해에 대한 국가배상청구는 공무원의 작위의무를 명시한 형식적 의미의 법령에 위배된 경우에 한한다.

해설

① (X) 손해는 가해행위로부터 발생한 일체의 손해로서 적극적 손해(치료비 등), 소극적 손해(일당 등 벌 수 있었던 금전), 정신적 손해(위자료), 생명·신체·재산에 대한 모든 손해를 포함한다.

> **국가배상법 제3조(배상기준)** ⑤ 사망하거나 신체의 해를 입은 피해자의 직계존속(直系尊屬)·직계비속(直系卑屬) 및 배우자, 신체의 해나 그 밖의 해를 입은 피해자에게는 대통령령으로 정하는 기준 내에서 피해자의 사회적 지위, 과실(過失)의 정도, 생계 상태, 손해배상액 등을 고려하여 그 정신적 고통에 대한 위자료를 배상하여야 한다.

② (O) 법령을 위반하였다 함은 엄격한 의미의 법령 위반뿐 아니라 인권존중, 권력남용금지, 신의성실과 같이 공무원으로서 마땅히 지켜야 할 준칙이나 규범을 지키지 아니하고 위반한 경우를 포함하여 널리 그 행위가 객관적인 정당성을 결여하고 있음을 뜻하는 것이므로, 경찰관이 범죄수사를 함에 있어 경찰관으로서 의당 지켜야 할 법규상 또는 조리상의 한계를 위반하였다면 이는 법령을 위반한 경우에 해당한다(대판 2008.06.12. 2007다64365).

③ (X) 국가배상청구의 요건인 '공무원의 직무'에는 권력적 작용만이 아니라 비권력적 작용도 포함되며 단지 행정주체가 사경제주체로서 하는 활동만 제외된다(대판 2001.1.5. 98다39060).

④ (X) '법령에 위반하여'라고 하는 것은 엄격하게 형식적 의미의 법령에 명시적으로 공무원의 작위의무가 규정되어 있는데도 이를 위반하는 경우만을 의미하는 것은 아니고, 형식적 의미의 법령에 근거가 없더라도 국가나 관련 공무원에 대하여 그러한 위험을 배제할 작위의무를 인정할 수 있을 것이다(대판 2004.6.25. 2003다69652).

정답 ②

260 [20지방7급]

국가배상에 대한 설명으로 옳은 것은? (다툼이 있는 경우 판례에 의함)

① 행정처분의 담당공무원이 주관적 주의의무를 결하여 그 행정처분이 주관적 정당성을 상실하였다고 인정될 정도에 이른 경우에 국가배상법 제2조의 요건을 충족하였다고 봄이 상당하다.

② 국가배상법 제6조 제1항에 의하면 지방자치단체장이 설치하여 관할 지방경찰청장에게 관리권한이 위임된 교통신호기의 고장으로 인하여 교통사고가 발생한 경우, 지방자치단체가 손해배상책임을 지고 국가는 피해자에 대하여 배상책임을 지지 않는다.

③ 국민이 법령에 정하여진 수질기준에 미달한 상수원수로 생산된 수돗물을 마심으로써 건강상의 위해 발생에 대한 염려 등에 따른 정신적 고통을 받았다고 하더라도, 이러한 사정만으로는 국가 또는 지방자치단체가 국민에게 손해배상책임을 부담하지 아니한다.

④ 국가배상법 제5조 제1항 소정의 '공공의 영조물'이라 함은 국가 또는 지방자치단체에 의하여 특정 공공의 목적에 공여된 유체물 내지 물적 설비를 말하며, 국가 또는 지방자치단체가 소유권, 임차권, 그 밖의 권한에 기하여 관리하고 있는 경우로 한정되고, 사실상의 관리를 하고 있는 경우는 포함되지 않는다.

해설

① (X) 어떠한 행정처분이 후에 항고소송에서 취소되었다고 할지라도 그 기판력에 의하여 당해 행정처분이 곧바로 공무원의 고의 또는 과실로 인한 것으로서 불법행위를 구성한다고 단정할 수는 없는 것이고, 그 행정처분의 담당공무원이 보통 일반의 공무원을 표준으로 하여 볼 때 객관적 주의의무를 결하여 그 행정처분이 객관적 정당성을 상실하였다고 인정될 정도에 이른 경우에 비로소 국가배상법 제2조 소정의 국가배상책임의 요건을 충족하였다고 봄이 상당할 것이다(대판 2003.11.27, 2001다33789).

② (X) 교통신호기를 관리하는 지방경찰청장 산하 경찰관들에 대한 봉급을 부담하는 국가도 국가배상법 제6조 제1항에 의한 배상책임을 부담한다(대판 1999.6.25, 99다11120).

③ (O) 국가 등에게 일정한 기준에 따라 상수원수의 수질을 유지하여야 할 의무를 부과하고 있는 법령의 규정은 국민에게 양질의 수돗물이 공급되게 함으로써 국민 일반의 건강을 보호하여 공공 일반의 전체적인 이익을 도모하기 위한 것이지, 국민 개개인의 안전과 이익을 직접적으로 보호하기 위한 규정이 아니므로, 국민에게 공급된 수돗물의 상수원의 수질이 수질기준에 미달한 경우가 있고, 이로 말미암아 국민이 법령에 정하여진 수질기준에 미달한 상수원수로 생산된 수돗물을 마심으로써 건강상의 위해 발생에 대한 염려 등에 따른 정신적 고통을 받았다고 하더라도, 이러한 사정만으로는 국가 또는 지방자치단체가 국민에게 손해배상책임을 부담하지 아니한다(대판 2001.10.23, 99다36280).

④ (X) 국가배상법 제5조 제1항 소정의 '공공의 영조물'이라 함은 국가 또는 지방자치단체에 의하여 특정 공공의 목적에 공여된 유체물 내지 물적 설비를 말하며, 국가 또는 지방자치단체가 소유권, 임차권 그 밖의 권한에 기하여 관리하고 있는 경우뿐만 아니라 사실상의 관리를 하고 있는 경우도 포함된다(대판 1998.10.23, 98다17381).

정답 ③

261 [17국가9급(下)]

국가배상제도에 대한 설명으로 옳지 않은 것은? (다툼이 있는 경우 판례에 의함)

① 「국가배상법」은 외국인이 피해자인 경우에는 해당 국가와 상호 보증이 있는 때에만 「국가배상법」이 적용된다고 규정하고 있다.

② 국가나 지방자치단체가 공무원의 위법한 직무집행으로 발생한 손해를 배상한 경우에 공무원에게 고의 또는 중과실이 있으면 국가나 지방자치단체는 그 공무원에게 구상권을 행사할 수 있다.

③ 국가나 지방자치단체가 배상책임을 지는 외에 공무원 개인도 고의 또는 중과실이 있는 경우에는 피해자에 대하여 불법행위로 인한 손해배상책임을 진다.

④ 공무원이 직무를 집행하면서 고의 또는 과실로 위법하게 타인에게 손해를 가하였어도 국가나 지방자치단체가 그 공무원의 선임 및 감독에 상당한 주의를 하였다면 국가나 지방자치단체는 국가배상책임을 면한다.

해설

① (O)

> **국가배상법 제7조 (외국인에 대한 책임)** 이 법은 외국인이 피해자인 경우에는 해당 국가와 상호 보증이 있을 때에만 적용한다.

② (O)

> **국가배상법 제2조 (배상책임)** ② 제1항 본문의 경우에 공무원에게 고의 또는 중대한 과실이 있으면 국가나 지방자치단체는 그 공무원에게 구상(求償)할 수 있다.

③ (O) 대판 1996.2.15. 95다38677 전원합의체.

④ (X) 국가배상법은 민법상의 사용자책임을 규정한 민법 제756조 제1항 단서에서 사용자가 피용자의 선임감독에 무과실인 경우에는 면책되도록 규정한 것과는 달리 이러한 면책규정을 두지 아니함으로써 국가배상책임이 용이하게 인정되도록 하고 있다(대판 1996. 2. 15. 95다38677 전원합의체).

정답 ④

262 [13서울7급]

국가배상에 관한 설명으로 옳은 것은?

① 위법한 환지처분에 불가쟁력이 발생한 경우에는 국가배상청구소송은 인용될 수 없다.

② 국가배상법상 위법을 항고소송의 위법보다 넓은 개념으로 보는 견해에 의하면 취소소송의 판결 중에서 인용판결의 기판력은 국가배상소송에 영향을 미치지 않지만, 기각판결의 기판력은 국가배상소송에 영향을 미친다.

③ 공무원의 부작위로 인한 국가배상책임이 인정되기 위해서는 형식적 의미의 법률에 의한 공무원의 작위의무가 존재하여야 한다.

④ 판례에 의하면 법령의 해석에는 다양한 견해가 있을 수 있으므로 공무원의 법령해석의 잘못에는 공무원의 과실이 인정되지 않는다.

⑤ 판례에 의하면 공무원의 고의 또는 중과실로 인한 위법행위로 손해를 받은 사람은 공무원 개인을 상대로 손해배상을 청구할 수 있다.

해설

① (X) 불가쟁력이 발생한 행정행위에 대하여 취소소송은 불가능하지만, 국가배상소송의 소멸시효 내라면 손해배상을 청구할 수 있다.

② (X) ㉠ 국가배상법상 위법과 행정소송법상 위법의 개념은 다르다는 견해에 따르면 취소판결의 기판력은 국가배상청구소송에 영향을 미치지 않는다. 그러나 ㉡ 위법개념을 동일한 것으로 새기는 견해 중 ⓐ 법령의 범위가 동일하다는 견해는 취소판결의 기판력은 국가배상책임의 성립에 영향을 미친다고 보지만(기판력 긍정설), ⓑ 국가배상법상의 위법개념을 취소소송의 위법개념보다 더 넓게 이해하는 견해는 취소소송에서 청구인용판결의 기판력은 국가배상청구소송에 미치게 되나 청구기각판결의 경우에는 국가배상청구소송에 기판력이 미치지 않는다고 본다(제한적 긍정설).

③ (X) 대판 2004.6.25. 2003다69652.

④ (X) 대판 1981.8.25. 80다1598.

⑤ (O) 공무원이 직무수행 중 불법행위로 타인에게 손해를 입힌 경우에 국가 등이 국가배상책임을 부담하는 외에 공무원 개인도 고의 또는 중과실이 있는 경우에는 불법행위로 인한 손해배상책임을 진다고 할 것이지만, 공무원에게 경과실뿐인 경우에는 공무원 개인은 손해배상책임을 부담하지 아니한다(대판 1996.2.15. 95다38677 전원합의체).

정답 ⑤

263 [15지방9급]

다음 설명 중 옳은 것은? (다툼이 있는 경우 판례에 의함)

① 「자동차손해배상 보장법」은 배상책임의 성립요건에 관하여 「국가배상법」에 우선하여 적용된다.
② 「개인정보 보호법」상 단체소송을 허가하거나 불허가하는 법원의 결정에 대하여는 더 이상 소송으로 다툴 수 없다.
③ 행정심판에 있어서 사건의 심리・의결에 관한 사무에 관여하는 직원에게는 「행정심판법」 제10조의 위원의 제척・기피・회피가 적용되지 않는다.
④ 「공익사업을 위한 토지 등의 취득 및 보상에 관한 법률」상 행정청이 아닌 사업시행자가 이주대책을 수립・실시하는 경우에 이주정착지에 대한 도로 등 통상적인 생활기본시설에 필요한 비용은 지방자치단체가 부담하여야 한다.

해설

① **(O)** 자동차손해배상보장법에 따른 손해배상책임요건이 충족되면 국가배상법상의 배상책임 성립요건여부와 관계없이 국가나 지방자치단체가 배상책임을 진다는 점에서 국가배상법의 배상책임요건에 특례를 인정한 것이라 할 수 있다.

> **국가배상법 제2조(배상책임)** ① 국가나 지방자치단체는 공무원 또는 공무를 위탁받은 사인(이하 "공무원"이라 한다)이 직무를 집행하면서 고의 또는 과실로 법령을 위반하여 타인에게 손해를 입히거나, 「자동차손해배상 보장법」에 따라 손해배상의 책임이 있을 때에는 이 법에 따라 그 손해를 배상하여야 한다.

② **(X)** 즉시항고할 수 있다(개인정보 보호법 제55조 제2항).
③ **(X)** 사건의 심리・의결에 관한 사무에 관여하는 위원 아닌 직원에게도 제1항부터 제6항까지의 규정(위원의 제척・기피・회피)을 준용한다(행정심판법 제10조 제7항).
④ **(X)** 이주대책의 내용에는 이주정착지(이주대책의 실시로 건설하는 주택단지를 포함한다)에 대한 도로, 급수시설, 배수시설, 그 밖의 공공시설 등 통상적인 수준의 생활기본시설이 포함되어야 하며, 이에 필요한 비용은 사업시행자가 부담한다(토지보상법 제78조 제4항).

정답 ①

IV 영조물의 설치관리상의 하자로 인한 손해배상

264 [10경행특채]

다음 중 국가배상법 제5조에 의한 영조물에 해당하지 않는 것은? (다툼이 있으면 판례에 의함)

① 매향리 사격장
② 철도건널목 자동경보기
③ 노선인정 기타 공용지정을 갖추지 못하였으나 사실상 군민의 통행에 제공되고 있던 도로
④ 도로와 일체가 되어 그 효용을 다하게 되는 시설인 여의도 광장

해설

① **(O)** 대판 2004.3.12. 2002다14242.
② **(O)** 대판 1969.12.9., 69다1386.
③ **(X)** 사실상 군민의 통행에 제공되고 있던 도로 옆의 암벽으로부터 떨어진 낙석에 맞아 소외인이 사망하는 사고가 발생하였다고 하여도 동 사고지점 도로가 피고 군에 의하여 노선인정 기타 공용개시가 없었으면 이를 영조물이라 할 수 없다(대판 1981.7.7. 80다2478).

> **[참고판례]** 공사 중이며 아직 완성되지 않아 일반 공중의 이용에 제공되지 않는 옹벽은 국가배상법 제5조 제1항 소정의 영조물에 해당하지 않는다(대판 1998.10.23. 98다17381).

④ **(O)** 대판 1995.2.24. 94다57671.

정답 ③

265 [14국가7급]

「국가배상법」 제5조의 국가배상책임에 대한 설명으로 옳은 것은? (다툼이 있는 경우 판례에 의함)

① 국가 또는 지방자치단체가 관리하지만 사인의 소유에 속하는 공물에 대하여는 국가배상법 제5조가 적용되지 아니한다.

② 「국가배상법」의 규정에 의하면 영조물의 설치·관리를 맡은 자와 영조물의 설치·관리 비용을 부담하는 자가 동일하지 아니한 경우에는 영조물의 설치·관리 비용을 부담하는 자가 우선적으로 손해를 배상하여야 한다.

③ 학생이 담배를 피우기 위하여 3층 건물 화장실 밖의 난간을 지나다가 실족하여 사망한 경우, 학교관리자에게 그와 같은 이례적인 사고가 있을 것을 예상하여 화장실 창문에 난간으로의 출입을 막기 위한 출입금지장치나 추락 위험을 알리는 경고표지판을 설치할 의무는 없으므로 학교시설의 설치·관리상의 하자는 인정되지 아니한다.

④ 강설에 대처하기 위하여 완벽한 방법으로 도로 자체에 융설설비를 갖추는 것은 현대의 과학기술 수준이나 재정사정에 비추어 사실상 불가능하다고 할 것이므로, 고속도로의 관리자에게 도로의 구조, 기상예보 등을 고려하여 사전에 충분한 인적·물적 설비를 갖추어 강설 시 신속한 제설작업을 하고 필요한 경우 제때에 교통통제 조치를 취할 관리의무가 있다고 할 수 없다.

해설

① (X) 국가 또는 지방자치단체가 소유권, 임차권 그밖의 권한에 기하여 관리하고 있는 경우뿐만 아니라 사실상의 관리를 하고 있는 경우도 포함한다(대판 1995.1.24. 94다45302).

② (X) 국가배상법 제6조 제1항에 따라 모두 손해를 배상해야 하며 국민은 누구에게나 배상을 청구할 수 있다.

③ (O) 고등학교 3학년 학생이 교사의 단속을 피해 담배를 피우기 위하여 3층 건물 화장실 밖의 난간을 지나다가 실족하여 사망한 사안에서 학교 관리자에게 그와 같은 이례적인 사고가 있을 것을 예상하여 복도나 화장실 창문에 난간으로의 출입을 막기 위하여 출입금지장치나 추락위험을 알리는 경고표지판을 설치할 의무가 있다고 볼 수는 없다는 이유로 학교시설의 설치·관리상의 하자가 없다고 본 사례(대판 1997.5.16. 96다54102).

④ (X) 강설에 대처하기 위하여 완벽한 방법으로 도로 자체에 융설 설비를 갖추는 것이 현대의 과학기술 수준이나 재정사정에 비추어 사실상 불가능하다고 하더라도, 고속도로의 경우에 있어서는 도로관리자가 도로의 구조, 기상예보 등을 고려하여 강설시 신속한 제설작업을 하고 나아가 필요한 경우 제때에 교통통제 조치를 취함으로써 고속도로로서의 기본적인 기능을 유지하거나 신속히 회복할 수 있도록 하는 관리의무가 있다(대판 2008.3.13. 2007다29287).

정답 ③

266 [12경행특채]

다음 중 「국가배상법」상 영조물의 하자로 인한 배상책임에 관한 판례의 태도와 부합하지 않은 것은?

① '영조물 설치 또는 하자'에 관한 제3자의 수인한도의 기준을 결정함에 있어서는 일반적으로 침해되는 권리나 이익의 성질과 침해의 정도뿐만 아니라 침해행위가 갖는 공공성의 내용과 정도, 그 지역 환경의 특수성, 공법적인 규제에 의하여 확보하려는 환경기준, 침해를 방지 또는 경감시키거나 손해를 회피할 방안의 유무 및 그 난이 정도 등 여러 사정을 종합적으로 고려하여 구체적 사건에 따라 개별적으로 결정하여야 한다.

② 재정사정은 참작사유에는 해당할지언정 안전성을 결정지을 절대적 요건에는 해당되지 않는다.

③ 집중호우로 제방도로가 유실되면서 그 곳을 걸어가던 보행자가 강물에 휩쓸려 익사한 경우, 사고 당일의 집중호우가 50년 빈도의 최대강우량에 해당한다면 불가항력에 기인한 것으로 볼 수 있다.

④ 안전성의 구비 여부를 판단함에 있어서는 제반사정을 종합적으로 고려하여 설치·관리자가 그 영조물의 위험성에 비례하여 사회통념상 일반적으로 요구되는 정도의 방호조치 의무를 다하였는지 여부를 그 기준으로 삼아야 한다.

해설

① (O) 대판 2005.1.27. 2003다49566.

② (O) 대판 1967.2.21. 66다1723.

③ (X) 집중호우로 제방도로가 유실되면서 그 곳을 걸어가던 보행자가 강물에 휩쓸려 익사한 경우, 사고 당일의 집중호우가 50년 빈도의 최대강우량에 해당한다는 사실만으로 불가항력에 기인한 것으로 볼 수 없다는 이유로 제방도로의 설치·관리상의 하자를 인정한 사례(대판 2000.5.26. 99다53247).

④ (O) 영조물이 완전무결한 상태에 있지 아니하고 그 기능상 어떠한 결함이 있다는 것만으로 영조물의 설치 또는 관리에 하자가 있다고 할 수 없는 것이고, 위와 같은 안전성의 구비 여부를 판단함에 있어서는 당해 영조물의 용도, 그 설치장소의 현황 및 이용 상황 등 제반 사정을 종합적으로 고려하여 설치 관리자가 그 영조물의 위험성에 비례하여 사회통념상 일반적으로 요구되는 정도의 방호조치의무를 다하였는지 여부를 그 기준으로 삼아야 할 것이며, 객관적으로 보아 시간적·장소적으로 영조물의 기능상 결함으로 인한 손해발생의 예견가능성과 회피가능성이 없는 경우, 즉 그 영조물의 결함이 영조물의 설치관리자의 관리행위가 미칠 수 없는 상황 아래에 있는 경우에는 영조물의 설치·관리상의 하자를 인정할 수 없다(대판 2007.9.21. 2005다65678).

정답 ③

267 [17지방9급]

영조물의 설치·관리상 하자책임에 대한 설명으로 옳지 않은 것은? (다툼이 있는 경우 판례에 의함)

① 일반 공중이 사용하는 공공용물 외에 행정주체가 직접 사용하는 공용물이나 하천과 같은 자연공물도 「국가배상법」 제5조의 '공공의 영조물'에 포함된다.

② 영조물의 하자 유무는 객관적 견지에서 본 안전성의 문제이며, 국가의 예산 부족으로 인해 영조물의 설치·관리에 하자가 생긴 경우에도 국가는 면책될 수 없다.

③ 고속도로의 관리상 하자가 인정되더라도 고속도로의 관리상 하자를 판단할 때 고속도로의 점유관리자가 손해의 방지에 필요한 주의의무를 해태하였다는 주장·입증책임은 피해자에게 있다.

④ 소음 등의 공해로 인한 법적 쟁송이 제기되거나 그 피해에 대한 보상이 실시되는 등 피해지역임이 구체적으로 드러나고 이러한 사실이 그 지역에 널리 알려진 이후에 이주하여 오는 경우에는 위와 같은 위험에의 접근에 따른 가해자의 면책 여부를 보다 적극적으로 인정할 여지가 있다.

해설

① (O) 국가배상법 제5조 제1항 소정의 "공공의 영조물"이라 함은 국가 또는지방자치단체에 의하여 특정 공공의 목적에 공여된 유체물 내지 물적 설비를 지칭하며, 일반공중의 자유로운 사용에 직접적으로 제공되는 공공용물에 한하지 아니하고, 행정주체 자신의 사용에 제공되는 공용물도 포함한다(대판 1995. 1. 24. 94다45302).

② (O) 설치자의 재정사정이나 영조물의 사용목적에 의한 사정은 안전성을 요구하는데 대한 정도 문제로서 참작사유에는 해당할지언정 안전성을 결정지을 절대적 요건에는 해당하지 아니한다 할 것이다(대판 1967.02.21. 66다1723).

③ (X) 고속도로의 관리상 하자가 인정되는 이상 고속도로의 점유관리자는 그 하자가 불가항력에 의한 것이거나 손해의 방지에 필요한 주의를 해태하지 아니하였다는 점을 주장·입증하여야 비로소 그 책임을 면할 수가 있다(대판 2008.03.13. 2007다29287).

④ (O) 소음 등의 공해로 인한 법적 쟁송이 제기되거나 그 피해에 대한 보상이 실시되는 등 피해지역임이 구체적으로 드러나고 또한 이러한 사실이 그 지역에 널리 알려진 이후에 이주하여 오는 경우에는 위와 같은 위험에의 접근에 따른 가해자의 면책 여부를 보다 적극적으로 인정할 여지가 있다(대판 2010. 11. 25. 2007다74560).

정답 ③

V 행정상 손해배상의 청구

Ⅰ 행정상 손실보상의 의의

268 [15서울7급]

행정상 손실보상과 관련 없는 내용은?

① 행정청이 위법하게 운전면허를 취소하는 경우
② 사후적 행정구제제도
③ 개인의 특별한 희생
④ 공공 도로용지를 위한 토지수용

해설

① (X) 행정청이 위법하게 운전면허를 취소하는 경우에 위법한 직무행위에 해당하여 행정상 손해배상의 문제가 발생한다.
② (O) 행정상 손실보상은 사후적 행정구제제도이다.
③ (O) 행정상 손실보상은 개인의 특별한 희생에 대한 행정구제제도이다.
④ (O) 공공 도로용지를 위한 토지수용은 개인의 특별한 희생에 해당하여 행정상 손실보상의 대상이 된다.

정답 ①

Ⅱ 행정상 손실보상청구권의 성질

269 [17사회복지]

「공익사업을 위한 토지 등의 취득 및 보상에 관한 법률」상 토지수용에 따른 권리구제에 대한 기술로 옳은 것은? (단, 다툼이 있는 경우 판례에 의함)

① 사업폐지에 대한 손실보상청구권은 사법상 권리로서 민사소송 절차에 의해야 한다.
② 농업손실에 대한 보상청구권은 「행정소송법」상 당사자소송에 의해야 한다.
③ 수용재결에 불복하여 이의신청을 거쳐 취소소송을 제기하는 때에는 이의재결을 한 중앙토지수용위원회를 피고로 해야 한다.
④ 잔여지 수용청구를 받아들이지 않는 토지수용위원회의 재결에 대해서는 취소소송을 제기할 수 있다.

해설

① (X) 구 공익사업을 위한 토지 등의 취득 및 보상에 관한 법률 제79조 제2항 등에 따른 사업폐지 등에 대한 보상청구권은 공법상 권리임이 분명하므로 그에 관한 쟁송은 민사소송이 아닌 행정소송절차에 의하여야 한다(대판 2012.10.11. 2010다23210).
② (O) 농업손실보상청구권은 공법상의 권리임이 분명하므로 그에 관한 쟁송은 민사소송이 아닌 행정소송절차에 의하여야 할 것이다(대판 2011. 10. 13. 2009다43461).
③ (X) 대판 2010. 1. 28. 2008두1504.
④ (X) 잔여지 수용청구권은 형성권적 성질을 가지므로, 잔여지 수용청구를 받아들이지 않은 토지수용위원회의 재결에 대하여 토지소유자가 불복하여 제기하는 소송은 위 법 제85조 제2항에 규정되어 있는 '보상금의 증감에 관한 소송'에 해당하여 사업시행자를 피고로 하여야 한다(대판 2010. 8. 19. 2008두822).

정답 ②

270 [17지방9급]

행정상 손실보상제도에 대한 설명으로 옳지 않은 것은?

① 헌법 제23조 제1항의 규정이 재산권의 존속을 보호하는 것이라면 제23조 제3항의 수용제도를 통해 존속보장은 가치보장으로 변하게 된다.
② 평등의 원칙으로부터 파생된 '공적 부담 앞의 평등'은 손실보상의 이론적 근거가 될 수 있다.
③ 헌법 제23조 제3항을 불가분조항으로 볼 경우, 보상규정을 두지 아니한 수용법률은 헌법위반이 된다.
④ 대법원은 구「하천법」 부칙 제2조와 이에 따른 특별조치법에 의한 손실보상청구권의 법적 성질을 사법상의 권리로 보아 그에 대한 쟁송은 행정소송이 아닌 민사소송절차에 의하여야 한다고 판시하고 있다.

해설

① (O) 헌법 제23조 제1항의 규정이 재산권의 보호를 규정하여, 존속을 보장하는 것이라고 볼 수 있다. 한편 헌법 제23조 제3항 규정은 공공필요를 위한 수용의 경우 보상을 규정하여 이러한 수용제도를 통해 존속보장은 가치보장으로 변하게 된다고 볼 수 있다.

② (O) 행정상 손실보상이란 공평부담의 견지에서 행정주체가 행하는 조절적인 재산적 보상을 말하며 평등의 원칙으로부터 파생된 '공적 부담 앞의 평등'은 손실보상의 이론적 근거가 될 수 있다.

③ (O) 헌법 제23조 제3항을 불가분조항으로 보는 견해에 따르면 공용침해를 규정한 법률이 보상규정을 두지 않으면 그 법률은 위헌이 된다고 한다.

④ (X) 하천구역 편입토지 보상에 관한 특별조치법상 손실보상청구권의 법적 성질은 공법상의 권리임이 분명하므로 그에 관한 쟁송은 민사소송이 아닌 행정소송절차에 의하여야 할 것이고, 위 손실보상청구권은 개정 특조법 제2조 소정의 토지가 하천구역으로 된 경우에 당연히 발생되는 것이지, 관리청의 보상금지급결정에 의하여 비로소 발생하는 것이 아니므로, 위 손실보상금의 지급을 구하거나 손실보상청구권의 확인을 구하는 소송은 행정소송법 제3조 제2호 소정의 당사자소송에 의하여야 할 것이다(대판 2006.05.18. 2004다6207 전원합의체).

정답 ④

III 행정상 손실보상의 근거

271 [12국가7급]

행정상 손실보상에 대한 설명으로 옳은 것은? (다툼이 있는 경우 판례에 의함)

① 헌법은 보상청구권의 근거뿐만 아니라 보상의 기준과 방법에 관해서도 법률에 유보하고 있다.

② 하천구역 편입토지에 대한 손실보상청구권은 사법상의 권리라는 것이 판례의 입장이다.

③ 개발제한구역의 지정으로 인한 지가의 하락은 토지소유자가 수인해야 하는 사회적 제약의 한계를 넘는 것으로, 아무런 보상 없이 이를 감수하도록 하고 있는 한, 헌법에 위반된다.

④ 손실보상은 금전(현금)보상을 원칙으로 하고 채권보상은 인정되지 않는다.

해설

① (O) 헌법 제23조 제3항은 "공공필요에 의한 재산권의 수용·사용 또는 제한 및 그에 대한 보상은 법률로써 하되, 정당한 보상을 지급하여야 한다"라고 규정하고 있는 바, 보상청구권의 근거에 관하여서 뿐만 아니라 보상의 기준과 방법에 관하여서도 법률의 규정에 유보하고 있는 것으로 보아야 할 것이다(대판 1993.7.13. 93누2131).

② (X) 대판 2006.5.18. 2004다6207 전원합의체.

③ (X) 개발제한구역의 지정으로 인한 개발가능성의 소멸과 그에 따른 지가의 하락이나 지가상승률의 상대적 감소는 토지소유자가 감수해야 하는 사회적 제약의 범주에 속하는 것으로 보아야 한다. 개발제한구역의 지정으로 말미암아 일부 토지소유자에게 사회적 제약의 범위를 넘는 가혹한 부담이 발생하는 예외적인 경우에 대하여 보상규정을 두지 않은 것에 위헌성이 있는 것이다(헌재 1998.12.24. 89헌마214).

④ (X) 토지보상법상 손실보상은 현금으로 보상하는 것이 원칙이나(제63조 제1항), 예외적으로 채권보상(제63조 제7항), 매수보상, 대토보상 등 방법도 인정된다.

정답 ①

IV 행정상 손실보상의 요건

272 [15경행특채]

다음 손실보상에 대한 설명으로 가장 적절한 것은? (다툼이 있으면 판례에 의함)

① 지장물인 건물은 적법한 건축허가를 받아 건축된 건물이 아니면 손실보상의 대상이 되지 않는다.

② 손실보상이 인정되기 위해서는 재산권에 대한 침해가 현실적으로 발생하여야 하는 것은 아니다.

③ 헌법 제23조 제3항은 '공공필요에 의한 재산권의 수용 · 사용 또는 제한 및 그에 대한 보상은 법률로써 하되, 정당한 보상을 지급하여야 한다.'고 규정하고 있다.

④ 개발제한구역지정으로 인하여 토지를 종래의 목적으로 사용할 수 없거나 또는 더 이상 법적으로 허용된 토지 이용의 방법이 없기 때문에 실질적으로 토지의 사용 · 수익의 길이 없는 경우에도 토지소유자가 수인해야 하는 사회적 제약의 한계를 넘는 것으로 볼 수 없다.

해설

① (X) 지장물인 건물은 통상 적법한 건축허가를 받았는지 여부에 관계없이 손실보상의 대상이 된다(대판 2001.4.13. 2000두6411).

② (X) 손실보상이 인정되기 위하여 재산권에 대한 침해가 현실적으로 발생하여야 한다(대판 2006.1.27. 2003두13106).

③ (O)

> **대한민국 헌법 제23조** ③ 공공필요에 의한 재산권의 수용·사용 또는 제한 및 그에 대한 보상은 법률로써 하되, 정당한 보상을 지급하여야 한다.

④ (X) 개발제한구역으로 지정된 토지를 종래의 지목과 토지현황에 의한 이용방법에 따른 토지의 사용도 할 수 없거나 실질적으로 사용·수익을 전혀 할 수 없는 예외적인 경우에도 아무런 보상 없이 이를 감수하도록 하고 있는 한, 비례의 원칙에 위반되어 헌법에 위반된다(헌재 1998.12.24. 89헌마214).

정답 ③

273 [16지방7급]

공물과 관련한 법률관계에 대한 설명으로 옳지 않은 것은? (다툼이 있는 경우 판례에 의함)

① 국유 하천부지는 별도의 공용개시행위가 없더라도 행정재산이 되고, 농로나 구거와 같은 이른바 인공적 공공용 재산은 법령에 의하여 지정되거나 행정처분으로 공공용으로 사용하기로 결정한 경우 또는 행정재산으로 실제 사용하는 경우의 어느 하나에 해당하면 행정재산이 된다.

② 공물의 공용폐지에 관하여 국가의 묵시적인 의사표시가 있다고 인정되려면, 공물이 사실상 본래의 용도에 사용되고 있지 않다거나 행정주체가 점유를 상실하였다는 정도의 사정만으로는 부족하고, 주위의 사정을 종합하여 객관적으로 공용폐지 의사의 존재가 추단될 수 있어야 한다.

③ 공물의 인접주민이라고 하더라도 구체적으로 당해 공물을 사용하고 있지 않는 이상 공물에 대한 고양된 일반사용권이 인정될 수 없다.

④ 지방자치단체의 공공용물에 대한 적법한 개발행위로 인해, 당해 공공용물에 대한 일정범위의 사람들의 일반사용이 제한받게 되어 입게 된 불이익은 원칙적으로 손실보상의 대상이 된다.

해설

① (O) 국유 하천부지는 자연의 상태 그대로 공공용에 제공될 수 있는 실체를 갖추고 있는 이른바 자연공물로서 별도의 공용개시행위가 없더라도 행정재산이 된다(대판 2007.6.1. 2005도7523).

② (O) 공물의 공용폐지에 관하여 국가의 묵시적인 의사표시가 있다고 인정되려면 공물이 사실상 본래의 용도에 사용되고 있지 않다거나 행정주체가 점유를 상실하였다는 정도의 사정만으로는 부족하고, 주위의 사정을 종합하여 객관적으로 공용폐지 의사의 존재가 추단될 수 있어야 한다(대판 2009.12.10. 2006다87538).

③ (O) 고양된 일반사용권이 침해된 경우 다른 개인과의 관계에서 민법상으로도 보호될 수 있으나, 그 권리도 공물의 일반사용의 범위 안에서 인정되는 것이므로, 특정인에게 어느 범위에서 이른바 고양된 일반사용권으로서의 권리가 인정될 수 있는지의 여부는 당해 공물의 목적과 효용, 일반사용관계, 고양된 일반사용권을 주장하는 사람의 법률상의 지위와 당해 공물의 사용관계의 인접성, 특수성 등을 종합적으로 고려하여 판단하여야 한다. 따라서 구체적으로 공물을 사용하지 않고 있는 이상 그 공물의 인접주민이라는 사정만으로는 공물에 대한 고양된 일반사용권이 인정될 수 없다(대판 2006.12.22. 2004다68311).

④ (X) 공공용물에 대한 일반사용(해안가 백사장에 대한 어선정박 등)이 적법한 개발행위로 인해 제한됨으로써 입는 불이익은 손실보상의 대상이 되는 특별한 희생이 아니다(대판 2002.2.26. 99다35300).

정답 ④

Ⅴ 경계이론과 분리이론

274 [08국가7급]

헌법 제23조는 "① 모든 국민의 재산권은 보장된다. 그 내용과 한계는 법률로 정한다. ② 재산권의 행사는 공공복리에 적합하도록 하여야 한다. ③ 공공필요에 의한 재산권의 수용·사용 또는 제한 및 그에 대한 보상은 법률로써 하되, 정당한 보상을 지급하여야 한다." 라고 규정하고 있다. 다음 설명 중 옳은 것은?

① 재산권의 사회적 제약과 공용침해는 별개의 제도가 아니라 재산권 규제의 강도에 따라서 상대적으로 구분되는 것으로 사회적 제약의 경계를 벗어나면 보상의무가 있는 공용침해로 전환된다고 보는 경계이론은 독일의 연방헌법재판소의 판결에서 유래한다.

② 헌법 제23조 제3항을 입법자에 대한 구속규정으로 보는 위헌 무효설에 따르면, 보상규정이 없는 공용침해법률은 위헌법률이 되며 이러한 위헌법률에 근거한 공용침해는 위법한 공용침해에 해당하기 때문에 그러한 공용침해에 대해서는 다른 법률의 유추해석을 통하여 보상이 주어져야 한다고 본다.

③ 사회적 제약을 벗어나는 무보상의 공용침해에 대하여, 분리이론은 당해 침해행위의 폐지를 주장함으로써 위헌적 침해의 억제에 중점을 두고 있음에 비하여 경계이론은 보상을 통한 가치의 보장에 중점을 두고 있다.

④ 개발제한구역지정으로 말미암아 일부 토지소유자에게 사회적 제약의 범위를 넘는 가혹한 부담이 발생하는 예외적인 경우임에도 보상규정을 두지 않은 것이 위헌이라는 견해는 보상을 통한 가치의 보장을 강조하는 입장이다.

해설

① (X) 경계이론은 독일의 연방최고법원의 판결에서 유래한 것이고, 분리이론은 독일의 연방헌법재판소의 판결에서 유래한 것이다.

② (X) 손실보상에 관한 일반법이 없는 현재의 상황 하에서 개별 법률에서 손실보상에 관한 규정이 없는 경우에 헌법규정만으로 손실보상을 청구할 수 있는가의 여부와 관련하여 헌법 제23조 제3항의 성질이 문제된다. 위헌무효설에 따르면, 손실보상청구권은 헌법이 아니라 법률에서 근거되는 것이라는 전제하에 만약 보상규정이 없는 수용법률에 의해 수용이 행해진다면 그 법률은 위헌무효의 법률이고, 따라서 수용은 위법한 작용이 되는바, 사인은 손해배상청구권을 갖는다고 한다. 지문은 간접적용설(유추적용설)에 대한 설명이다.

③ (O) 사회적 제약을 벗어나는 무보상의 공용침해의 경우, 경계이론에 따르면 보상이 주어져야 하고, 분리이론에 따르면 침해행위의 폐지가 문제될 뿐 보상은 문제되지 아니한다. 경계이론은 가치의 보상에 중점을 두고, 분리이론은 위헌적인 침해의 억제(존속의 보장)에 중점을 두고 있다.

④ (X) 개발제한구역지정으로 말미암아 일부 토지소유자에게 사회적 제약의 범위를 넘는 가혹한 부담이 발생하는 예외적인 경우임에도 보상규정을 두지 않은 것이 위헌이라는 견해는 존속보장을 강조하는 분리이론의 입장이다.

정답 ③

275 [14국회8급]

손실보상을 요하는 재산권에 대한 수용·사용·제한(이하 "공용침해"라 한다)의 근거규정은 있으나 보상규정을 두지 아니한 법률에 의한 공용침해행위에 대한 판례의 입장으로 옳은 것은?

① 대법원은 헌법 제23조 제3항의 규정에도 불구하고 보상에 관한 구체적 사항이 법률로써 정해져 있지 아니한 때에는 손실보상을 인정할 수 없다고 한다.

② 헌법재판소는 손실보상에 관한 직접적인 보상규정이 없는 경우 다른 법령을 유추적용하여 그 손실을 보상하여야 한다고 본다.

③ 대법원은 보상규정을 결한 공용침해조항은 공용침해시 정당한 보상을 요구하는 헌법 제23조 제3항에 반하는 위헌조항이며 따라서 이를 근거로 이루어진 공용침해처분도 위헌이라고 본다.

④ 헌법재판소는 구「도시계획법」 제21조의 개발제한구역제도에 대하여 그 자체는 합헌이지만 보상규정을 결한 것에 위헌성이 있어 입법권자는 이를 시정할 의무가 있다고 보았다.

⑤ 대법원은 보상규정을 결한 공용침해조항에 근거한 공용침해처분은 위헌이며, 따라서 그 공용침해행위로 인하여 손해를 입은 자는 손실보상의 청구가 아닌 국가배상을 청구할 수 있다고 본다.

해설

① (X) 대법원은 공용침해에 따르는 보상규정이 없는 경우에는 헌법 제23조 제1항 및 제11조에 근거하고, 헌법 제23조 제3항 및 관계규정의 유추해석을 통하여 보상을 청구할 수 있다고 한다(대판 1999.11.23, 98다11529).

② (X) 헌법재판소는 손실보상에 관한 직접적인 보상규정이 없는 경우에 진정입법부작위로서 위헌으로 본 경우(헌재 1994.12.29, 89헌마2)도 있고, 분리이론에 입각하여 보상이 아니라 보상입법의무의 부과를 통해 문제를 해결하기도 하였다(헌재 1998.12.24, 89헌마214).

③ (X) 보상에 관한 명문의 근거 법령이 없는 경우라고 하더라도, 헌법 제23조 제3항 및 구 토지수용법 등의 개별 법률의 규정 등의 규정 취지에 비추어 보면, 그 손실의 보상에 관하여 구 공공용지의 취득 및 손실보상에 관한 특례법시행규칙의 관련 규정 등을 유추적용할 수 있다(대판 2004.9.23. 2004다25581).

④ (O) 도시계획법 제21조에 규정된 개발제한구역제도 그 자체는 원칙적으로 합헌적인 규정인데, 일부 토지소유자에게 사회적 제약의 범위를 넘는 가혹한 부담이 발생하는 예외적인 경우에 대하여 보상규정을 두지 않은 것에 위헌성이 있는 것이고, 보상의 구체적 기준과 방법은 헌법재판소가 결정할 성질의 것이 아니라 광범위한 입법형성권을 가진 입법자가 입법정책적으로 정할 사항이므로, 입법자가 보상입법을 마련함으로써 위헌적인 상태를 제거할 때까지 위 조항을 형식적으로 존속케 하기 위하여 헌법불합치결정을 하는 것인바, 토지소유자는 보상입법을 기다려 그에 따른 권리행사를 할 수 있을 뿐 개발제한구역의 지정이나 그에 따른 토지재산권의 제한 그 자체의 효력을 다투거나 위 조항에 위반하여 행한 자신들의 행위의 정당성을 주장할 수는 없다(헌재 1998.12.24, 89헌마214).

⑤ (X) 분리이론에 따른 헌법재판소의 견해에 따를 때, 보상규정을 결한 공용침해조항에 근거한 공용침해처분은 위헌이며, 따라서 그 공용침해행위로 인하여 손해를 입은 자는 손실보상의 청구가 아닌 국가배상을 청구할 수 있다고 본다. 경계이론에 따른 대법원의 견해에 따르면 위헌문제는 발생하지 않고, 공용침해행위로 인하여 손해를 입은 자는 손실보상의 청구할 수 있다고 본다.

정답 ④

276 [14지방9급]

행정상 손실보상에 대한 판례의 입장으로 옳은 것은?

① 정비기반시설과 그 부지의 소유·관리·유지관계를 정한 「도시 및 주거환경정비법」 제65조 제2항의 전단에 따른 정비 기반시설의 소유권 귀속은 헌법 제23조 제3항의 수용에 해당한다.

② 법률 제3782호 「하천법」 중 개정법률 부칙 제2조의 규정에 의한 보상청구권의 소멸시효가 만료된 구 「하천구역 편입토지 보상에 관한 특별조치법」 제2조에 의한 손실보상청구권은 사법상의 권리이고 그에 관한 쟁송도 민사소송절차에 의하여야 한다.

③ 헌법재판소는 구 「도시계획법」 상 개발제한구역의 지정으로 일부 토지소유자에게 사회적 제약의 범위를 넘는 가혹한 부담이 발생하는 경우에 보상규정을 두지 않은 것은 위헌성이 있는 것이고, 보상의 구체적 기준과 방법은 입법자가 입법정책적으로 정할 사항이라고 결정하였다.

④ 헌법재판소는 생업의 근거를 상실하게 된 자에 대하여 일정 규모의 상업용지 또는 상가분양권 등을 공급하는 생활대책이 헌법 제23조 제3항이 규정하는 정당한 보상에 포함된다고 결정하였다.

해설

① (X) 도시정비법 제65조 제2항은 정비기반시설과 그 부지의 소유·관리·유지 관계를 정한 규정인데, 같은 항 전단에 따른 정비기반시설의 소유권 귀속은 헌법 제23조 제3항의 수용에 해당하지 않고, 이 사건 법률조항이 그에 대한 보상의 의미를 가지는 것도 아니므로, 이 사건 법률조항에 관하여 정당한 보상의 원칙이 적용될 여지가 없다(헌재 2013.10.24. 2011헌바355).

② (X) 대판 2006.5.18. 2004다6207 전원합의체.

③ (O) 헌재 1998.12.24. 89헌마214.

④ (X) 생활대책은 헌법 제23조 제3항에 규정된 정당한 보상에 포함되는 것이라기보다는 생활보상의 일환으로서 국가의 정책적인 배려에 의하여 마련된 제도이므로, 그 실시 여부는 입법자의 입법정책적 재량의 영역에 속한다(헌재 2013.7.25. 2012헌바71).

VI 행정상 손실보상의 기준과 내용

277 [17서울9급]

「공익사업을 위한 토지 등의 취득 및 보상에 관한 법률」상 손실보상의 원칙에 관한 설명으로 옳지 않은 것은?

① 동일한 사업지역에 보상시기를 달리하는 동일인 소유의 토지 등이 여러 개 있는 경우 토지소유자나 관계인이 요구할 때에는 한꺼번에 보상금을 지급하도록 하여야 한다.

② 공익사업에 필요한 토지 등의 취득 또는 사용으로 인하여 토지소유자나 관계인이 입은 손실은 사업시행자가 보상하여야 한다.

③ 보상액의 산정은 협의에 의한 경우에는 협의 성립 당시의 가격을, 재결에 의한 경우에는 수용 또는 사용의 재결 당시의 가격을 기준으로 한다.

④ 보상액을 산정할 경우에 해당 공익사업으로 인하여 토지 등의 가격이 변동되었을 때에는 이를 고려하여야 한다.

해설

① (O)

> **토지보상법 제65조(일괄보상)** 사업시행자는 동일한 사업지역에 보상시기를 달리하는 동일인 소유의 토지등이 여러 개 있는 경우 토지소유자나 관계인이 요구할 때에는 한꺼번에 보상금을 지급하도록 하여야 한다.

② (O)

> **토지보상법 제61조(사업시행자 보상)** 공익사업에 필요한 토지등의 취득 또는 사용으로 인하여 토지소유자나 관계인이 입은 손실은 사업시행자가 보상하여야 한다.

③ (O) ④ (X)

> **토지보상법 제67조(보상액의 가격시점 등)** ① 보상액의 산정은 협의에 의한 경우에는 협의 성립 당시의 가격을, 재결에 의한 경우에는 수용 또는 사용의 재결 당시의 가격을 기준으로 한다.
>
> ② 보상액을 산정할 경우에 해당 공익사업으로 인하여 토지등의 가격이 변동되었을 때에는 이를 고려하지 아니한다.

정답 ④

278 [10지방7급]

생활보상으로서의 이주대책에 관한 설명으로 옳지 않은 것은? (다툼이 있는 경우 판례에 의함)

① 이주대책은 그 본래의 취지에 있어 이주자들에 대하여 종전의 생활상태를 원상으로 회복시키면서 동시에 인간다운 생활을 보장하여 주기 위한 이른바 생활보상의 일환으로 국가의 적극적이고 정책적인 배려에 의하여 마련된 제도이다.

② 사업시행자는 이주대책을 수립·실시하지 아니하는 경우 또는 이주대책 대상자가 이주정착지가 아닌 다른 지역으로 이주하고자 하는 경우에는 이주대책 대상자에게 이주정착금을 지급하여야 한다.

③ 사업시행자가 이주대책을 수립하고자 하는 때에는 미리 관할 지방자치단체의 장과 협의하여야 한다.

④ 사업시행자는 이주대책을 수립할 의무를 질 뿐, 그 내용결정에 있어서 재량권을 갖는 것은 아니다.

해설

① (O) 대판 2002.3.15. 2001다67126.

② (O)

> **토지보상법 제78조(이주대책의 수립 등)** ① 사업시행자는 공익사업의 시행으로 인하여 주거용 건축물을 제공함에 따라 생활의 근거를 상실하게 되는 자(이하 "이주대책대상자"라 한다)를 위하여 대통령령으로 정하는 바에 따라 이주대책을 수립·실시하거나 이주정착금을 지급하여야 한다.
>
> **토지보상법 시행령 제41조(이주정착금의 지급)** 사업시행자는 법 제78조 제1항의 규정에 의하여 다음 각호의 1에 해당하는 경우에는 이주대책대상자에게 국토교통부령이 정하는 바에 따라 이주정착금을 지급하여야 한다.
> 1. 이주대책을 수립·실시하지 아니하는 경우
> 2. 이주대책대상자가 이주정착지가 아닌 다른 지역으로 이주하고자 하는 경우

③ (O)

> **토지보상법 제78조(이주대책의 수립 등)** ② 사업시행자는 제1항에 따라 이주대책을 수립하려면 미리 관할 지방자치단체의 장과 협의하여야 한다.

④ (X) 사업시행자는 이주대책기준을 정하여 이주대책대상자 중에서 이주대책을 수립·실시하여야 할 자를 선정하여 그들에게 공급할 택지 또는 주택의 내용이나 수량을 정할 수 있고, 이를 정하는 데 재량을 가진다(대판 2009.3.12, 2008두12610).

정답 ④

Ⅶ 행정상 손실보상의 방법

279 [17국가9급(下)]

행정상 손실보상에 대한 설명으로 옳지 않은 것은? (다툼이 있는 경우 판례에 의함)

① 손실보상은 공공필요에 의한 행정작용에 의하여 사인에게 발생한 특별한 희생에 대한 전보이므로 재산권 침해로 인한 손실이 특별한 희생에 해당하여야 한다.

② 「공익사업을 위한 토지 등의 취득 및 보상에 관한 법률」상 손실보상은 원칙적으로 토지 등의 현물로 보상하여야 하고, 현금으로 지급하는 것은 다른 법률에 특별한 규정이 있는 경우에 예외적으로 허용된다.

③ 당해 공익사업으로 인한 개발이익을 손실보상액 산정에서 배제하는 것은 헌법상 정당보상의 원칙에 위배되지 아니한다.

④ 이주대책은 이주자들에게 종전의 생활상태를 회복시키기 위한 생활보상의 일환으로서 국가의 정책적인 배려에 의하여 마련된 제도이므로, 이주대책의 실시 여부는 입법자의 입법정책적 재량의 영역에 속한다.

해설

① (O) 행정상 손실보상은 개인의 특별한 희생에 대한 행정구제제도이다.

> **[관련판례]** 공공용물에 대한 일반사용(해안가 백사장에 대한 어선정박 등)이 적법한 개발행위로 인해 제한됨으로써 입는 불이익은 손실보상의 대상이 되는 특별한 희생이 아니다(대판 2002.2.26. 99다35300).

② (X)

> **토지보상법 제63조(현금보상 등)** ① 손실보상은 다른 법률에 특별한 규정이 있는 경우를 제외하고는 현금으로 지급하여야 한다. 다만, 토지소유자가 원하는 경우로서 사업시행자가 해당 공익사업의 합리적인 토지이용계획과 사업계획 등을 고려하여 토지로 보상이 가능한 경우에는 토지소유자가 받을 보상금 중 본문에 따른 현금 또는 제7항 및 제8항에 따른 채권으로 보상받는 금액을 제외한 부분에 대하여 다음 각 호에서 정하는 기준과 절차에 따라 그 공익사업의 시행으로 조성한 토지로 보상할 수 있다.

③ (O) 헌재 1995. 4. 20. 93헌바20.

④ (O) 대판 2003.07.25. 2001다57778.

정답 ②

280 [11지방7급]

「공익사업을 위한 토지 등의 취득 및 보상에 관한 법률」의 내용으로 옳지 않은 것은?

① 토지투기가 우려되는 지역으로서 대통령령이 정하는 지역 안에서 「택지개발촉진법」상의 택지개발사업을 시행하는 공공단체는 부재부동산소유자의 토지에 대한 보상금 중 대통령령이 정하는 1억원 이상의 일정금액을 초과하는 부분에 대하여는 해당 사업시행자가 발행하는 채권으로 지급할 수 있다.

② 농업의 손실에 대하여는 농지의 단위면적당 소득 등을 고려하여 실제 경작자에게 보상하여야 하지만, 농지소유자가 해당 지역에 거주하는 농민인 경우에는 농지소유자와 실제 경작자가 협의하는 바에 따라 보상할 수 있다.

③ 사업시행자는 동일한 사업지역에 보상시기를 달리하는 동일인 소유의 토지 등이 여러 개 있는 경우 토지소유자나 관계인이 요구할 때에는 한꺼번에 보상금을 지급하도록 하여야 한다.

④ 광업권·어업권 및 물 등의 사용에 관한 권리에 대하여는 투자비용, 예상수익 및 거래가격 등을 고려하여 평가한 적정가격으로 보상하여야 한다.

해설

① (X)

> **토지보상법 제63조(현금보상 등)** ⑧ 토지투기가 우려되는 지역으로서 대통령령으로 정하는 지역에서 다음 각 호의 어느 하나에 해당하는 공익사업을 시행하는 자 중 대통령령으로 정하는 「공공기관의 운영에 관한 법률」에 따라 지정·고시된 공공기관 및 공공단체는 제7항에도 불구하고 제7항 제2호에 따른 부재부동산 소유자의 토지에 대한 보상금 중 대통령령으로 정하는 1억원 이상의 일정 금액을 초과하는 부분에 대하여는 해당 사업시행자가 발행하는 채권으로 지급하여야 한다.

② (O)

토지보상법 제77조(영업의 손실 등에 대한 보상)
② 농업의 손실에 대하여는 농지의 단위면적당 소득 등을 고려하여 실제 경작자에게 보상하여야 한다. 다만, 농지소유자가 해당 지역에 거주하는 농민인 경우에는 농지소유자와 실제 경작자가 협의하는 바에 따라 보상할 수 있다.

③ (O)

토지보상법 제65조(일괄보상) 사업시행자는 동일한 사업지역에 보상시기를 달리하는 동일인 소유의 토지등이 여러 개 있는 경우 토지소유자나 관계인이 요구할 때에는 한꺼번에 보상금을 지급하도록 하여야 한다.

④ (O)

토지보상법 제76조(권리의 보상) ① 광업권·어업권·양식업권 및 물(용수시설을 포함한다) 등의 사용에 관한 권리에 대하여는 투자비용, 예상 수익 및 거래가격 등을 고려하여 평가한 적정가격으로 보상하여야 한다.

정답 ①

VIII 행정상 손실보상의 절차와 불복

281 [14국회8급]

공용수용 및 그에 따른 행정상 손실보상청구에 관한 설명으로 옳은 것은? (다툼이 있는 경우 판례에 따름)

① 손실보상은 재산권 침해에 대한 보상이며, 여기서 재산권 침해란 재산적 가치가 있는 공권을 제외한 모든 사권(私權)의 침해를 의미한다.

② 공유수면 매립면허의 고시가 있는 경우 그 사업이 시행되므로, 그로 인하여 곧바로 손실이 발생한다고 할 수 있고 실질적이고 현실적인 피해가 발생할 때를 기다릴 필요 없이 손실보상청구권이 발생한다.

③ 「공익사업을 위한 토지 등의 취득 및 손실보상에 관한 법률」에 따를 경우, 피수용자는 수용재결을 신청할 수 없고 사업인정고시가 있은 후 협의가 성립되지 아니한 때에는 토지소유자 및 관계인은 서면으로 사업시행자에게 재결을 신청할 것을 청구할 수 있다.

④ 수용재결에 불복하여 이의신청을 거친 후 취소소송을 제기하는 경우 취소소송의 대상은 수용재결이 아니라 이의재결이다.

⑤ 행정소송의 제기는 사업의 진행 및 토지의 수용 또는 사용을 정지시킨다.

해설

① (X) 손실보상은 재산권 침해에 대한 보상이며, 여기에서의 재산권이란 소유권은 물론이고, 그 밖의 법에 의해 보호되는 모든 재산적 가치 있는 권리를 말한다. 이러한 재산권에는 물권인가 채권인가를 가리지 않고, 공법상의 권리(예 공유수면매립권 등)뿐만 아니라 사법상의 권리도 포함된다.

② (X) 공유수면 매립면허의 고시가 있다고 하여 반드시 그 사업이 시행되고 그로 인하여 손실이 발생한다고 할 수 없으므로, 매립면허 고시 이후 매립공사가 실행되어 관행어업권자에게 실질적이고 현실적인 피해가 발생한 경우에만 공유수면매립법에서 정하는 손실보상청구권이 발생하였다고 할 것이다(대판 2010.12.9. 2007두6571).

③ (O)

토지보상법 제30조(재결 신청의 청구) ① 사업인정고시가 된 후 협의가 성립되지 아니하였을 때에는 토지소유자와 관계인은 대통령령으로 정하는 바에 따라 서면으로 사업시행자에게 재결을 신청할 것을 청구할 수 있다.
② 사업시행자는 제1항에 따른 청구를 받았을 때에는 그 청구를 받은 날부터 60일 이내에 대통령령으로 정하는 바에 따라 관할 토지수용위원회에 재결을 신청하여야 한다. 이 경우 수수료에 관하여는 제28조 제2항을 준용한다.

④ (X) 이의신청 후 이의재결에 불복하여 취소소송을 제기하는 경우에도 이의재결이 아니라 원처분인 수용재결을 대상으로 하여야 한다(원처분주의).

⑤ (X)

토지보상법 제88조(처분효력의 부정지) 제83조에 따른 이의의 신청이나 제85조에 따른 행정소송의 제기는 사업의 진행 및 토지의 수용 또는 사용을 정지시키지 아니한다.

정답 ③

282 [16서울7급]

갑(甲)의 토지는 공익사업의 대상지역으로 「공익사업을 위한 토지 등의 취득 및 보상에 관한 법률」에 따라 사업인정절차를 거쳐 갑의 토지에 대한 수용재결이 있었다. 이에 대한 설명으로 가장 옳은 것은?

① 위 사업인정에 취소사유인 위법이 있는 경우 사업인정의 하자는 후행처분인 수용재결에 승계되지 않는다.

② 갑이 수용재결에서 정해진 보상금에 불복하여 보상금의 증액을 청구하려면 수용재결에 대한 취소소송을 제기하여야 한다.

③ 갑이 수용재결에 대해 항고소송으로 다투려면 우선적으로 이의재결을 거쳐야만 한다.

④ 갑이 수용재결에 대해 이의재결을 거친 경우 항고소송의 대상은 이의재결이 된다.

해설

① (O) 두 처분은 후자가 전자의 처분을 전제로 한 것이기는 하나 각각 단계적으로 별개의 법률효과를 발생하는 독립한 행정처분이어서 선행처분에 불가쟁력이 생겨 그 효력을 다툴 수 없게 된 경우에는 선행처분에 위법사유가 있다고 할지라도 그것이 당연무효 사유가 아닌 한 선행처분의 하자가 후행처분에 승계되는 것은 아니다(대판 1996.03.22. 95누10075).

② (X) 보상금의 증액을 구하는 소송은 취소소송이 아니라 당사자소송에 해당한다(토지보상법 제85조).

③ (X) 이의재결을 거치지 않고도 소송을 제기할 수 있다(토지보상법 제85조).

④ (X) 대판 2010.01.28. 2008두1504.

정답 ①

Ⅸ 행정상 손해전보제도의 흠결보완

283 [08국가9급]

수용유사침해보상에 관한 설명으로 옳은 것은?

① 적법한 공행정작용의 비전형적이고 비의도적인 부수적 효과로써 발생한 개인의 재산권에 대한 손해를 전보하는 것을 말한다.

② 분리이론보다는 경계이론과 밀접한 관련이 있다.

③ 통상적인 공용침해가 적법 · 무책인데 비하여, 수용유사침해는 위법 · 유책이다.

④ 수용유사침해는 우리 대법원의 판례를 통해서 발전된 이론으로 그에 관한 명시적인 법률규정은 없다.

해설

① (X) 수용유사침해보상은 사인이 재산권에 특별한 희생을 가하였으나, 그 근거법령에 보상규정이 없거나 하여 그 공권력행사가 위법한 경우에도 수용침해보상의 경우와 마찬가지로 보상하여야 한다는 이론이다. 수용적 침해보상이란 공법상 적법하고도 직접적인 침해가 의도하지 아니하거나 비정형적인 피해를 가져오고, 그 피해가 특별한 희생이 되는 경우의 보상을 말한다. 지문은 수용적 침해보상에 대한 설명한 것이다.

② (O) 수용유사침해이론은 경계이론에서 나오는 것으로서 분리이론과 맥을 달리한다. 가치보상을 중시하는 경계이론은 헌법 제23조 제1항, 제2항과 제3항이 분리된 것이 아니라 연속선상에서 파악하는 이론으로 특별한 희생에 해당하는 경우에는 보상이 주어져야 하는데, 이를 결한 경우에는 위법하며, 다른 보상규정을 유추적용하여 보상을 하여야 한다는 것이다. 따라서 수용유사침해는 수용과 유사하므로 수용에 준하여 보상하여야 한다는 것이다.

③ (X) 국가배상은 위법 · 유책한 국가의 불법행위에 대한 손해배상을 의미하지만, 수용유사침해보상은 위법·무책의 침해에 의한 특별희생에 대한 조절적 보상이다.

④ (X) 수용유사침해는 독일의 연방사법재판소의 판례를 통해 형성된 이론으로 아직 이를 인정한 우리 대법원의 판례는 없다.

정답 ②

284 [10지방7급]

공법상 결과제거청구권에 관한 설명으로 옳지 않은 것은?

① 공법상 결과제거청구권은 공행정작용으로 인하여 야기된 위법한 상태를 제거하여 그 원상회복을 목적으로 하는 권리이다.

② 공법상 결과제거청구는 가해행위의 위법 및 가해자의 고의 또는 과실을 요건으로 한다.

③ 공법상 결과제거청구권은 공행정작용의 직접적인 결과만을 그 대상으로 한다.

④ 공법상 결과제거청구에 있어서 위법한 상태는 적법한 행정작용의 효력의 상실에 의해 사후적으로 발생할 수도 있다.

해설

① (O) 공법상 결과제거청구권이란 공행정작용의 결과로 야기된 위법한 상태로 인하여 자기의 법률상 이익을 침해받고 있는 자가 행정주체를 상대로 하여 그 위법한 상태를 제거할 것을 청구하는 것을 말한다. 일종의 원상회복청구권이라고 할 수 있다.

② (X) 공법상 결과제거청구권은 가해행위의 위법 여부 및 고의·과실을 요하지 않는다. 따라서 위법한 상태가 존재하면 족하다.

③ (O) 공법상 결과제거청구권은 모든 위법상태의 제거를 대상으로 하는 것이 아니라, 공행정작용의 직접적인 결과만을 대상으로 한다.

④ (O) 공법상 결과제거청구에 있어서 위법한 상태는 적법한 상태가 사후에 위법화된 경우(예 기간의 경과, 조건의 발생 등)도 포함된다.

정답 ②

행정심판

제1절 | 행정심판의 의의

제2절 | 행정심판의 종류

285 [14서울9급]

의무이행심판에 대한 다음 설명 중 옳지 않은 것은?

① 당사자의 신청에 대한 행정청의 위법 또는 부당한 거부처분이나 부작위에 대하여 일정한 처분을 하도록 하는 행정심판을 말한다.

② 행정청의 적극적인 행위로 인한 침해로부터 권익을 보호하는 기능을 한다.

③ 부작위에 대한 의무이행심판에는 심판청구의 기간상 제한이 따르지 않는다.

④ 의무이행심판에도 사정재결의 적용이 있다.

⑤ 이행쟁송의 성질을 갖는다.

해설

① (O) 행정심판법 제5조.

② (X) 취소심판이 행정청의 적극적인 행위로 인한 침해로부터 권익보호를 목적으로 하는 것이고, 의무이행심판은 행정청의 소극적인 행위(거부처분, 부작위)로 인한 침해로부터 국민의 권익보호를 목적으로 한다.

③ (O) 거부처분에 대한 의무이행심판에는 심판제기에는 기간상 제한이 따르지만, 부작위에 대한 의무이행심판에는 심판제기에는 기간상 제한이 따르지 않는다.

> **행정심판법 제27조(심판청구의 기간)** ⑦ 제1항부터 제6항까지의 규정은 무효등확인심판청구와 부작위에 대한 의무이행심판청구에는 적용하지 아니한다.

④ (O) 행정심판법 제44조.

⑤ (O) 의무이행심판은 이행쟁송으로 보는 것이 통설이다. 즉 의무이행심판은 처분청에게 일정한 처분을 할 것을 명하는 재결을 구하는 행정심판이다.

정답 ②

286 [13국회8급]

「행정심판법」에 대한 내용으로 옳지 않은 것은?

① 대통령의 처분 또는 부작위에 대하여는 다른 법률에서 행정심판을 청구할 수 있도록 정한 경우 외에는 행정심판을 청구할 수 없다.

② 관계 행정기관의 장이 특별행정심판 또는 「행정심판법」에 따른 행정심판 절차에 대한 특례를 신설하거나 변경하는 법령을 제정·개정할 때에는 미리 중앙행정심판위원회의 동의를 구하여야 한다.

③ 사안(事案)의 전문성과 특수성을 살리기 위하여 특히 필요한 경우 외에는 「행정심판법」에 따른 행정심판을 갈음하는 특별한 행정불복절차나 「행정심판법」에 따른 행정심판 절차에 대한 특례를 다른 법률로 정할 수 없다.

④ 다른 법률에서 특별행정심판이나 「행정심판법」에 따른 행정심판 절차에 대한 특례를 정한 경우에도 그 법률에서 규정하지 아니한 사항에 대해서는 「행정심판법」에서 정하는 바에 따른다.

⑤ 행정청의 처분 또는 부작위에 대하여는 다른 법률에 특별한 규정이 있는 경우 외에는 「행정심판법」에 따라 행정심판을 청구할 수 있다.

해설

① (O) ⑤ (O)

> **행정심판법 제3조(행정심판의 대상)** ① 행정청의 처분 또는 부작위에 대하여는 다른 법률에 특별한 규정이 있는 경우 외에는 이 법에 따라 행정심판을 청구할 수 있다.
>
> ② 대통령의 처분 또는 부작위에 대하여는 다른 법률에서 행정심판을 청구할 수 있도록 정한 경우 외에는 행정심판을 청구할 수 없다.

② (X) ③ (O) ④ (O)

> **행정심판법 제4조(특별행정심판 등)** ① 사안(事案)의 전문성과 특수성을 살리기 위하여 특히 필요한 경우 외에는 이 법에 따른 행정심판을 갈음하는 특별한 행정불복절차(이하 "특별행정심판"이라 한다)나 이 법에 따른 행정심판 절차에 대한 특례를 다른 법률로 정할 수 없다.
>
> ② 다른 법률에서 특별행정심판이나 이 법에 따른 행정심판 절차에 대한 특례를 정한 경우에도 그 법률에서 규정하지 아니한 사항에 관하여는 이 법에서 정하는 바에 따른다.
>
> ③ 관계 행정기관의 장이 특별행정심판 또는 이 법에 따른 행정심판 절차에 대한 특례를 신설하거나 변경하는 법령을 제정·개정할 때에는 미리 중앙행정심판위원회와 협의하여야 한다.

정답 ②

제3절 행정심판의 대상

제4절 행정심판의 당사자 등

287 [15경행특채]

다음 「행정심판법」상 피청구인인 행정청과 관련된 설명 중 가장 적절하지 않은 것은?

① 행정심판의 제기에 있어서 청구인이 피청구인을 잘못 지정한 경우에 행정심판위원회는 직권으로 또는 당사자의 신청에 의하여 결정으로써 피청구인을 경정할 수 있다.

② 행정심판위원회는 피청구인을 경정하는 결정을 하면 결정서 부본을 당사자(종전의 피청구인과 새로운 피청구인을 포함한다)에게 송달하여야 한다.

③ 의무이행심판의 경우에는 청구인의 신청을 받은 행정청을 피청구인으로 하여 행정심판을 청구하여야 한다.

④ 심판청구의 대상과 관계되는 권한이 다른 행정청에 승계된 경우에는 권한을 승계한 행정청을 피청구인으로 하여야 한다.

해설

① (O) ② (X) ③ (O) ④ (O)

> **행정심판법 제17조(피청구인의 적격 및 경정)** ① 행정심판은 처분을 한 행정청(의무이행심판의 경우에는 청구인의 신청을 받은 행정청)을 피청구인으로 하여 청구하여야 한다. 다만, 심판청구의 대상과 관계되는 권한이 다른 행정청에 승계된 경우에는 권한을 승계한 행정청을 피청구인으로 하여야 한다.
>
> ② 청구인이 피청구인을 잘못 지정한 경우에는 위원회는 직권으로 또는 당사자의 신청에 의하여 결정으로써 피청구인을 경정(更正)할 수 있다.
>
> ③ 위원회는 제2항에 따라 피청구인을 경정하는 결정을 하면 결정서 정본을 당사자(종전의 피청구인과 새로운 피청구인을 포함한다. 이하 제6항에서 같다)에게 송달하여야 한다.

정답 ②

제5절 | 행정심판위원회

288 [18교육행정]

「행정심판법」상 행정심판에 관한 설명으로 옳은 것은?

① 시 · 도행정심판위원회와 중앙행정심판위원회는 모두 행정심판의 심리권한과 재결권한을 가진다.

② 중앙행정심판위원회의 위원장은 법제처장이 되고 유고시에는 법제처 차장이 그 직무를 대행한다.

③ 행정심판위원회는 필요하다고 판단하는 경우에는 심판청구의 대상이 되는 처분보다 청구인에게 불리한 재결을 할 수 있다.

④ 예외적으로 당해 지방자치단체의 조례에서 시 · 도행정심판위원회의 위원장을 공무원이 아닌 위원으로 정한 경우에 그는 상임으로 직무를 수행한다.

해설

① (O) 행정심판위원회는 모두 행정심판의 심리권한과 재결권한을 가진다.

② (X)

> **행정심판법 제8조(중앙행정심판위원회의 구성)** ② 중앙행정심판위원회의 위원장은 국민권익위원회의 부위원장 중 1명이 되며, 위원장이 없거나 부득이한 사유로 직무를 수행할 수 없거나 위원장이 필요하다고 인정하는 경우에는 상임위원(상임으로 재직한 기간이 긴 위원 순서로, 재직기간이 같은 경우에는 연장자 순서로 한다)이 위원장의 직무를 대행한다.

③ (X)

> **행정심판법 제47조(재결의 범위)** ② 위원회는 심판청구의 대상이 되는 처분보다 청구인에게 불리한 재결을 하지 못한다.

④ (X)

> **행정심판법 제7조(행정심판위원회의 구성)** ③ 제2항에도 불구하고 제6조 제3항에 따라 시·도지사 소속으로 두는 행정심판위원회의 경우에는 해당 지방자치단체의 조례로 정하는 바에 따라 공무원이 아닌 위원을 위원장으로 정할 수 있다. 이 경우 위원장은 비상임으로 한다.

정답 ①

289 [14국가9급]

국민권익위원회에 두는 중앙행정심판위원회가 심리 · 재결하는 행정처분이 아닌 것은?

① 국가정보원장의 행정처분

② 서울특별시 의회의 행정처분

③ 대구광역시 교육감의 행정처분

④ 경찰청장의 행정처분

해설

> **행정심판법 제6조(행정심판위원회의 설치)** ① 다음 각 호의 행정청 또는 그 소속 행정청(행정기관의 계층구조와 관계없이 그 감독을 받거나 위탁을 받은 모든 행정청을 말하되, 위탁을 받은 행정청은 그 위탁받은 사무에 관하여는 위탁한 행정청의 소속 행정청으로 본다. 이하 같다)의 처분 또는 부작위에 대한 행정심판의 청구(이하 "심판청구"라 한다)에 대하여는 다음 각 호의 행정청에 두는 행정심판위원회에서 심리·재결한다.
> 1. 감사원, 국가정보원장, 그 밖에 대통령령으로 정하는 대통령 소속기관의 장

정답 ①

290 [08국가7급]

행정심판위원회의 구성과 권한에 관한 설명으로 옳지 않은 것은?

① 중앙행정심판위원회의 위원장은 국민권익위원회의 부위원장 중 1명이 되며, 상임위원은 위원장의 제청으로 대통령이 임명하고 그 임기는 3년이며 연임할 수 없다.

② 행정심판위원회는 취소심판의 청구가 이유가 있다고 인정하면 처분을 취소 또는 다른 처분으로 변경하거나 처분을 다른 처분으로 변경할 것을 피청구인에게 명한다.

③ 중앙행정심판위원회는 심판청구를 심리 · 재결할 때에 처분 또는 부작위의 근거가 되는 명령 등(대통령령 · 총리령 · 부령 · 훈령 · 예규 · 고시 · 조례 · 규칙 등을 말한다. 이하 같다)이 법령에 근거가 없거나 상위 법령에 위배되거나 국민에게 과도한 부담을 주는 등 크게 불합리하면 관계 행정기관에 그 명령 등의 개정 · 폐지 등 적절한 시정조치를 요청할 수 있다.

④ 행정심판위원회는 집행정지 또는 집행정지의 취소에 관하여 심리 · 결정하면 지체 없이 당사자에게 결정서 정본을 송달하여야 한다.

해설

① (X)

> **행정심판법 제9조(위원의 임기 및 신분보장 등)** ② 제8조 제3항에 따라 임명된 중앙행정심판위원회 상임위원의 임기는 3년으로 하며, 1차에 한하여 연임할 수 있다.

② (O)

> **행정심판법 제43조(재결의 구분)** ③ 위원회는 취소심판의 청구가 이유가 있다고 인정하면 처분을 취소 또는 다른 처분으로 변경하거나 처분을 다른 처분으로 변경할 것을 피청구인에게 명한다.

③ (O)

> **행정심판법 제59조(불합리한 법령 등의 개선)** ① 중앙행정심판위원회는 심판청구를 심리·재결할 때에 처분 또는 부작위의 근거가 되는 명령 등(대통령령·총리령·부령·훈령·예규·고시·조례·규칙 등을 말한다. 이하 같다)이 법령에 근거가 없거나 상위 법령에 위배되거나 국민에게 과도한 부담을 주는 등 크게 불합리하면 관계 행정기관에 그 명령 등의 개정·폐지 등 적절한 시정조치를 요청할 수 있다. 이 경우 중앙행정심판위원회는 시정조치를 요청한 사실을 법제처장에게 통보하여야 한다.

④ (O)

> **행정심판법 제30조(집행정지)** ⑦ 위원회는 집행정지 또는 집행정지의 취소에 관하여 심리·결정하면 지체 없이 당사자에게 결정서 정본을 송달하여야 한다.

정답 ①

291 [16국회8급]

행정심판에 대한 설명으로 옳지 않은 것은? (다툼이 있는 경우 판례에 의함)

① 행정심판위원회는 심판청구의 대상이 되는 처분 또는 부작위 외의 사항에 대하여는 재결하지 못한다.

② 처분사유의 추가 변경에 관한 법리는 행정심판의 단계에서도 적용된다.

③ 중앙행정심판위원회의 상임위원은 별정직 국가공무원으로 임명하며, 중앙행정심판위원회 위원장의 제청으로 국무총리를 거쳐 대통령이 임명한다.

④ 무효확인심판의 경우에는 사정재결이 인정되지 않는다.

⑤ 심판청구에 대한 재결이 있으면 그 재결 및 같은 처분 또는 부작위에 대하여 다시 행정심판을 청구할 수 없다.

해설

① (O)

> **행정심판법 제47조(재결의 범위)** ① 위원회는 심판청구의 대상이 되는 처분 또는 부작위 외의 사항에 대하여는 재결하지 못한다.

② (O) 행정처분의 취소를 구하는 항고소송에서 처분청은 당초 처분의 근거로 삼은 사유와 기본적 사실관계가 동일성이 있다고 인정되는 한도 내에서만 다른 사유를 추가 또는 변경할 수 있고, 이러한 기본적 사실관계의 동일성 유무는 처분사유를 법률적으로 평가하기 이전의 구체적 사실에 착안하여 그 기초인 사회적 사실관계가 기본적인 점에서 동일한지에 따라 결정되므로, 추가 또는 변경된 사유가 처분 당시에 이미 존재하고 있었다거나 당사자가 그 사실을 알고 있었다고 하여 당초의 처분사유와 동일성이 있다고 할 수 없다. 그리고 이러한 법리는 행정심판 단계에서도 그대로 적용된다(대판 2014.05.16. 2013두26118).

③ (X) 일반직 공무원이다.

> **행정심판법 제8조(중앙행정심판위원회의 구성)** ① 중앙행정심판위원회는 위원장 1명을 포함하여 70명 이내의 위원으로 구성하되, 위원 중 상임위원은 4명 이내로 한다.
>
> ② 중앙행정심판위원회의 위원장은 국민권익위원회의 부위원장 중 1명이 되며, 위원장이 없거나 부득이한 사유로 직무를 수행할 수 없거나 위원장이 필요하다고 인정하는 경우에는 상임위원(상임으로 재직한 기간이 긴 위원 순서로, 재직기간이 같은 경우에는 연장자 순서로 한다)이 위원장의 직무를 대행한다.
>
> ③ 중앙행정심판위원회의 상임위원은 일반직공무원으로서 「국가공무원법」 제26조의5에 따른 임기제공무원으로 임명하되, 3급 이상 공무원 또는 고위공무원단에 속하는 일반직공무원으로 3년 이상 근무한 사람이나 그 밖에 행정심판에 관한 지식과 경험이 풍부한 사람 중에서 중앙행정심판위원회 위원장의 제청으로 국무총리를 거쳐 대통령이 임명한다.

④ (O)

> **행정심판법 제44조(사정재결)** ① 위원회는 심판청구가 이유가 있다고 인정하는 경우에도 이를 인용(認容)하는 것이 공공복리에 크게 위배된다고 인정하면 그 심판청구를 기각하는 재결을 할 수 있다. 이 경우 위원회는 재결의 주문(主文)에서 그 처분 또는 부작위가 위법하거나 부당하다는 것을 구체적으로 밝혀야 한다.
>
> ② 위원회는 제1항에 따른 재결을 할 때에는 청구인에 대하여 상당한 구제방법을 취하거나 상당한 구제방법을 취할 것을 피청구인에게 명할 수 있다.
>
> ③ 제1항과 제2항은 무효등확인심판에는 적용하지 아니한다.

⑤ (O)

> **행정심판법 제51조(행정심판 재청구의 금지)** 심판청구에 대한 재결이 있으면 그 재결 및 같은 처분 또는 부작위에 대하여 다시 행정심판을 청구할 수 없다.

정답 ③

제6절 | 행정심판의 청구

292 [16경행특채]

「행정심판법」상 행정심판에 관한 내용이다. ( )안에 들어갈 숫자를 모두 더한 값은?

> ㉠ 행정심판은 처분이 있음을 알게 된 날부터 ( )일 이내에 청구하여야 한다.
> ㉡ 청구인이 천재지변, 전쟁, 사변, 그 밖의 불가항력으로 인하여 ㉠의 기간에 심판청구를 할 수 없었을 때에는 그 사유가 소멸한 날부터 ( )일 이내에 행정심판을 청구할 수 있다. 다만, 국외에서 행정심판을 청구하는 경우에는 그 기간을 ( )일로 한다.
> ㉢ 재결은 「행정심판법」 제23조에 따라 피청구인 또는 위원회가 심판청구서를 받은 날부터 ( )일 이내에 하여야 한다. 다만, 부득이한 사정이 있는 경우에는 위원장이 직권으로 ( )일을 연장할 수 있다.

① 134 ② 164 ③ 224 ④ 254

해설

㉠ 90. ㉡ 14, 30. ㉢ 60, 30. 합계 224

> **행정심판법 제27조(심판청구의 기간)** ① 행정심판은 처분이 있음을 알게 된 날부터 90일 이내에 청구하여야 한다.
> ② 청구인이 천재지변, 전쟁, 사변(事變), 그 밖의 불가항력으로 인하여 제1항에서 정한 기간에 심판청구를 할 수 없었을 때에는 그 사유가 소멸한 날부터 14일 이내에 행정심판을 청구할 수 있다. 다만, 국외에서 행정심판을 청구하는 경우에는 그 기간을 30일로 한다.
> ③ 행정심판은 처분이 있었던 날부터 180일이 지나면 청구하지 못한다. 다만, 정당한 사유가 있는 경우에는 그러하지 아니하다.
> **제45조(재결 기간)** ① 재결은 제23조에 따라 피청구인 또는 위원회가 심판청구서를 받은 날부터 60일 이내에 하여야 한다. 다만, 부득이한 사정이 있는 경우에는 위원장이 직권으로 30일을 연장할 수 있다.

정답 ③

293 [09지방9급]

행정심판제도에 관한 다음 설명 중 잘못된 내용을 포함하고 있는 것을 모두 고른 것은?

> ㉠ 서울특별시장의 식품위생업무에 관련된 처분에 대하여 행정심판이 제기된 경우에는 보건복지부장관 소속 행정심판위원회가 재결을 행한다.
> ㉡ 중앙행정심판위원회의 위원장은 법제처장이 된다.
> ㉢ 행정심판의 청구기간에 관한 규정은 무효등확인심판청구와 부작위에 대한 의무이행심판청구에는 이를 적용하지 아니한다.
> ㉣ 요건심리의 결과 심판청구의 제기요건을 갖추고 있지 못한 것으로 판단되는 경우에는 기각재결을 한다.
> ㉤ 행정심판의 청구는 서면으로 하여야 하며, 구술에 의한 청구는 허용되지 아니한다.

① ㉠, ㉡, ㉢
② ㉡, ㉢, ㉤
③ ㉠, ㉡, ㉣
④ ㉠, ㉢, ㉣, ㉤

해설

③ 행정심판제도에 관한 설명 중 잘못된 내용을 포함하고 있는 것은 ㉠, ㉡, ㉣ 이다.

㉠ (X) 중앙행정심판위원회가 심리・재결한다.

> **행정심판법 제6조(행정심판위원회의 설치)** ② 다음 각 호의 행정청의 처분 또는 부작위에 대한 심판청구에 대하여는 「부패방지 및 국민권익위원회의 설치와 운영에 관한 법률」에 따른 국민권익위원회(이하 "국민권익위원회"라 한다)에 두는 중앙행정심판위원회에서 심리·재결한다.
> 2. 특별시장·광역시장·특별자치시장·도지사·특별자치도지사(특별시·광역시·특별자치시·도 또는 특별자치도의 교육감을 포함한다. 이하 "시·도지사"라 한다) 또는 특별시·광역시·특별자치시·도·특별자치도(이하 "시·도"라 한다)의 의회(의장, 위원회의 위원장, 사무처장 등 의회 소속 모든 행정청을 포함한다)

㉡ (X) 중앙행정심판위원회의 위원장은 국민권익위원회의 부위원장 중 1명이 된다(행정심판법 제8조 제2항).

㉢ (O) 행정심판법 제27조 제7항.

㉣ (X)

> **행정심판법 제43조(재결의 구분)** ① 위원회는 심판청구가 적법하지 아니하면 그 심판청구를 각하(却下)한다.

㉤ (O) 행정심판법 제28조 제1항.

정답 ③

294 [11국회9급]

행정심판의 절차에 관한 설명으로 가장 옳지 않은 것은?

① 대통령의 처분 또는 부작위에 대하여는 다른 법률에서 행정심판을 청구할 수 있도록 정한 경우 외에는 행정심판을 청구할 수 없다.

② 심판청구에 대한 재결이 있으면 그 재결 및 같은 처분 또는 부작위에 대하여 다시 행정심판을 청구할 수 없다.

③ 행정심판 제기요건의 불비로 인하여 각하된 경우에도 「행정소송법」 제18조 소정의 행정심판청구로 볼 수 있다.

④ 청구의 변경결정이 있으면 그때부터 변경된 청구나 이유로 행정심판이 청구된 것으로 본다.

⑤ 판례는 처분이 있음을 안 날이란 처분이 있음을 현실적으로 안 날을 뜻한다고 보았다.

해설

① (O) 행정심판법 제3조 제2항.

② (O) 행정심판법 제51조.

③ (X) 행정심판청구가 기간 도과로 인하여 부적법한 경우에는 행정소송 역시 전치의 요건을 충족치 못한 것이 되어 부적법 각하를 면치 못하는 것이고, 이 점은 행정청이 행정심판의 제기기간을 도과한 부적법한 심판에 대하여 그 부적법을 간과한 채 실질적 재결을 하였다 하더라도 달라지는 것이 아니다(대판 1991.6.25. 90누8091).

④ (X)

> **행정심판법 제29조(청구의 변경)** ⑧ 청구의 변경결정이 있으면 처음 행정심판이 청구되었을 때부터 변경된 청구의 취지나 이유로 행정심판이 청구된 것으로 본다.

⑤ (O) 심판청구기간의 기산점인 '처분이 있음을 안 날'이라 함은 당사자가 통지 · 공고 기타의 방법에 의하여 당해 처분이 있었다는 사실을 현실적으로 안 날을 의미하고, 추상적으로 알 수 있었던 날을 의미하는 것은 아니라 할 것이며, 다만 처분을 기재한 서류가 당사자의 주소에 송달되는 등으로 사회통념상 처분이 있음을 당사자가 알 수 있는 상태에 놓여진 때에는 반증이 없는 한 그 처분이 있음을 알았다고 추정할 수는 있다(대판 2002.08.27. 2002두3850).

정답 ③, ④

제7절 | 행정심판의 심리

제8절 | 행정심판의 재결

295 [11지방9급]

'행정심판법'의 행정심판에 대한 설명으로 옳지 않은 것은?

① 심판청구서를 받은 행정청은 그 심판청구가 이유 있다고 인정할 때에는 심판청구의 취지에 따라 처분을 취소 · 변경 또는 확인을 하거나 신청에 따른 처분을 할 수 있고, 이를 청구인에게 알리고 행정심판위원회에 그 증명서류를 제출하여야 한다.

② 중앙행정심판위원회의 위원장은 국민권익위원회의 부원장 중 1명이 되며 필요한 경우에는 상임위원이 그 직무를 대행한다.

③ 사정재결은 무효등확인심판에는 적용하지 아니한다.

④ 행정심판위원회로부터 재결서의 정본을 송달받은 행정청은 청구인 및 참가인에게 재결서의 등본을 송달하여야 한다.

해설

① (O)

> **행정심판법 제25조(피청구인의 직권취소등)** ① 제23조 제1항·제2항 또는 제26조 제1항에 따라 심판청구서를 받은 피청구인은 그 심판청구가 이유 있다고 인정하면 심판청구의 취지에 따라 직권으로 처분을 취소·변경하거나 확인을 하거나 신청에 따른 처분(이하 이 조에서 "직권취소등"이라 한다)을 할 수 있다. 이 경우 서면으로 청구인에게 알려야 한다.
>
> ② 피청구인은 제1항에 따라 직권취소등을 하였을 때에는 청구인이 심판청구를 취하한 경우가 아니면 제24조 제1항 본문에 따라 심판청구서·답변서를 보낼 때 직권취소등의 사실을 증명하는 서류를 위원회에 함께 제출하여야 한다.

② (O) 행정심판법 제8조 제2항.

③ (O) 행정심판법 제44조 제3항.

④ (X) 재결서의 정본을 받은 행정청이 송달하여야 하는 것이 아니라 행정심판위원회가 송달하여야 한다.

> **행정심판법 제48조(재결의 송달과 효력 발생)** ① 위원회는 지체 없이 당사자에게 재결서의 정본을 송달하여야 한다. 이 경우 중앙행정심판위원회는 재결 결과를 소관 중앙행정기관의 장에게도 알려야 한다.

② 재결은 청구인에게 제1항 전단에 따라 송달되었을 때에 그 효력이 생긴다.
③ 위원회는 재결서의 등본을 지체 없이 참가인에게 송달하여야 한다.
④ 처분의 상대방이 아닌 제3자가 심판청구를 한 경우 위원회는 재결서의 등본을 지체 없이 피청구인을 거쳐 처분의 상대방에게 송달하여야 한다.

정답 ④

296 [15국회8급]

다음 중 행정심판에 대한 설명으로 옳지 않은 것은?

① 처분의 취소 또는 변경을 구하는 취소심판의 경우에 변경의 의미는 소극적 변경뿐만 아니라 적극적 변경까지 포함한다.
② 취소심판청구에 대한 기각재결이 있는 경우에도 처분청은 당해 처분을 직권으로 취소 또는 변경할 수 있다.
③ 행정심판위원회는 피청구인이 처분이행명령재결에도 불구하고 처분을 하지 아니하는 경우에는 당사자가 신청하면 기간을 정하여 서면으로 이행을 명하고 그 기간에 이행하지 아니하면 직접 처분을 할 수 있다.
④ 행정심판위원회는 사정재결을 함에 있어서 청구인에 대하여 상당한 구제방법을 취하거나 피청구인에게 상당한 구제방법을 취할 것을 명할 수 있으나, 재결주문에 그 처분 등이 위법 또는 부당함을 명시할 필요는 없다.
⑤ 행정심판위원회가 직접 처분을 한 경우에는 그 사실을 해당 행정청에 통보하여야 하며, 통보를 받은 행정청은 행정심판위원회가 한 처분을 자기가 한 처분으로 보아 관계 법령에 따라 관리·감독 등 필요한 조치를 하여야 한다.

해설

① (O) 취소심판은 행정기관 내부의 판단이므로 취소소송과 달리 상급행정청인 행정심판위원회의 적극적 변경재결이 가능하다.
② (O) 기각재결은 원처분의 적법·타당함을 인정하는데 그친다. 따라서 기각처분이 있은 후에도 처분청이 당해 처분을 직권으로 취소·변경할 수 있다.
③ (O) ⑤ (O)

행정심판법 제50조(위원회의 직접 처분) ① 위원회는 피청구인이 제49조 제3항에도 불구하고 처분을 하지 아니하는 경우에는 당사자가 신청하면 기간을 정하여 서면으로 시정을 명하고 그 기간에 이행하지 아니하면 직접 처분을 할 수 있다. 다만, 그 처분의 성질이나 그 밖의 불가피한 사유로 위원회가 직접 처분을 할 수 없는 경우에는 그러하지 아니하다.
② 위원회는 제1항 본문에 따라 직접 처분을 하였을 때에는 그 사실을 해당 행정청에 통보하여야 하며, 그 통보를 받은 행정청은 위원회가 한 처분을 자기가 한 처분으로 보아 관계 법령에 따라 관리·감독 등 필요한 조치를 하여야 한다.

④ (X)

행정심판법 제44조(사정재결) ① 위원회는 심판청구가 이유가 있다고 인정하는 경우에도 이를 인용하는 것이 공공복리에 크게 위배된다고 인정하면 그 심판청구를 기각하는 재결을 할 수 있다. 이 경우 위원회는 재결의 주문에서 그 처분 또는 부작위가 위법하거나 부당하다는 것을 구체적으로 밝혀야 한다.
② 위원회는 제1항에 따른 재결을 할 때에는 청구인에 대하여 상당한 구제방법을 취하거나 상당한 구제방법을 취할 것을 피청구인에게 명할 수 있다.

정답 ④

297 [13서울9급]

행정심판의 재결의 효력과 관련하여 「행정심판법」이 명문의 규정을 두고 있는 것은?

① 불가변력 ② 확정력
③ 공정력 ④ 기속력
⑤ 기판력

해설

④ 행정심판법은 재결의 효력에 관하여 기속력(제49조)에 관한 규정만을 두고 있다. 그러나 행정심판의 재결도 행정행위의 일종이므로 행정행위가 갖는 여러 가지 효력(예 공정력·불가쟁력)과 준사법적 작용으로서 효력(예 불가변력·기속력 등)을 갖는다. 다만 재결은 재판이 아니므로 기판력은 발생하지 않는다.

행정심판법 제49조(재결의 기속력 등) ① 심판청구를 인용하는 재결은 피청구인과 그 밖의 관계 행정청을 기속(羈束)한다.

정답 ④

298 [16지방9급]

「행정심판법」상 심판절차에 대한 설명으로 옳은 것은?

① 취소심판이 제기된 경우, 행정청이 처분시에 심판청구 기간을 알리지 아니하였다 할지라도 당사자가 처분이 있음을 알게 된 날부터 90일이 경과하면 행정심판위원회는 부적법 각하재결을 하여야 한다.

② 행정심판위원회는 당사자가 주장하지 아니한 사실에 대하여 심리할 수 없다.

③ 당사자의 신청을 거부하거나 부작위로 방치한 처분의 이행을 명하는 재결이 있으면 행정청은 지체 없이 이전의 신청에 대하여 재결의 취지에 따라 처분을 하여야 한다.

④ 시·도 행정심판위원회의 기각 재결이 내려진 경우 청구인은 중앙행정심판위원회에 그 재결에 대하여 다시 행정심판을 청구할 수 있다.

해설

① (X)

> **행정심판법 제27조(심판청구의 기간)** ③ 행정심판은 처분이 있었던 날부터 180일이 지나면 청구하지 못한다. 다만, 정당한 사유가 있는 경우에는 그러하지 아니하다.
>
> ⑥ 행정청이 심판청구 기간을 알리지 아니한 경우에는 제3항에 규정된 기간에 심판청구를 할 수 있다.

② (X)

> **행정심판법 제39조(직권심리)** 위원회는 필요하면 당사자가 주장하지 아니한 사실에 대하여도 심리할 수 있다.

③ (O)

> **행정심판법 제49조(재결의 기속력 등)** ① 심판청구를 인용하는 재결은 피청구인과 그 밖의 관계 행정청을 기속(羈束)한다.
>
> ② 재결에 의하여 취소되거나 무효 또는 부존재로 확인되는 처분이 당사자의 신청을 거부하는 것을 내용으로 하는 경우에는 그 처분을 한 행정청은 재결의 취지에 따라 다시 이전의 신청에 대한 처분을 하여야 한다.
>
> ③ 당사자의 신청을 거부하거나 부작위로 방치한 처분의 이행을 명하는 재결이 있으면 행정청은 지체 없이 이전의 신청에 대하여 재결의 취지에 따라 처분을 하여야 한다.

④ (X) 행정심판의 재결에 대하여 다시 심판을 청구할 수 없다(행정심판법 제51조).

정답 ③

299 [17서울9급]

「행정심판법」에 따른 행정심판에 관한 설명으로 가장 옳은 것은? (다툼이 있는 경우 판례에 의함)

① 취소심판의 인용재결에는 취소재결·변경재결·취소명령재결·변경명령재결이 있다.

② 거부처분은 취소심판의 대상이므로 거부처분의 상대방은 이에 대하여 취소심판만 청구할 수 있다.

③ 행정심판위원회가 처분을 취소하거나 변경하는 재결을 하면, 행정청은 재결의 기속력에 따라 처분을 취소 또는 변경하는 처분을 하여야 하고, 이를 통하여 당해 처분은 처분 시에 소급하여 소멸되거나 변경된다.

④ 거부처분취소재결이 있는 경우에는 행정청은 그 재결의 취지에 따라 이전의 신청에 대한 처분을 하여야 하는 것이므로 행정청이 그 재결의 취지에 따른 처분을 하지 아니하고 그 처분과는 양립할 수 없는 다른 처분을 하는 것은 재결의 기속력에 반하여 위법하다.

해설

① (X) 취소명령재결은 2010.1.법개정으로 삭제되었다.

> **행정심판법 제43조(재결의 구분)** ③ 위원회는 취소심판의 청구가 이유가 있다고 인정하면 처분을 취소 또는 다른 처분으로 변경하거나 처분을 다른 처분으로 변경할 것을 피청구인에게 명한다.

② (X) 의무이행심판이 가능하다.

> **행정심판법 제5조(행정심판의 종류)** 행정심판의 종류는 다음 각 호와 같다.
> 3. 의무이행심판: 당사자의 신청에 대한 행정청의 위법 또는 부당한 거부처분이나 부작위에 대하여 일정한 처분을 하도록 하는 행정심판

③ (X) 행정심판위원회가 처분을 취소하거나 변경하는 재결을 하면, 재결의 형성력에 의해 곧바로 처분의 효력이 소급하여 소멸되거나 변경되는 것이지 행정청이 취소 또는 변경하는 처분을 하여야 비로소 소멸 또는 변경되는 것이 아니다.

④ (O) 재결의 취지와 양립할 수 없는 다른 처분을 하는 것은 재결의 기속력에 반하여 위법하다.

정답 ④

300 [14지방9급]

행정심판에 대한 설명으로 옳은 것은?

① 행정심판위원회는 직접 처분을 하였을 때에는 그 사실을 해당 행정청에 통보하여야 하며, 그 통보를 받은 행정청은 행정 심판위원회가 한 처분을 자기가 한 처분으로 보아 관계 법령에 따라 관리·감독 등 필요한 조치를 하여야 한다.

② 임시처분은 집행정지와 보충성 관계가 없고, 행정심판위원회는 집행정지로 목적을 달성할 수 있는 경우에도 임시처분 결정을 할 수 있다.

③ 취소심판의 인용재결에는 취소재결, 취소명령재결, 변경재결, 변경명령재결이 있다.

④ 「행정심판법」에서는 재결의 집행력을 확보하는 수단으로서 간접강제제도를 두고 있다.

해설

① (O) 행정심판법 제50조 제2항.

② (X) 행정심판법 제31조 제3항.

③ (X) 행정심판법 제43조 제3항.

④ (O) 출제 당시에는 틀린 지문이었으나, 2017년 법 개정으로 간접강제가 새롭게 규정되었다.

정답 ①, ④

301 [18서울7급]

「행정심판법」상 재결에 관한 내용으로 가장 옳은 것은?

① 재결에 의하여 취소되는 처분이 당사자의 신청을 거부하는 것을 내용으로 하는 경우라도 그 처분을 한 행정청이 재결의 취지에 따라 다시 이전의 신청에 대한 처분을 하여야 할 의무는 없다.

② 행정심판위원회는 재처분의무가 있는 피청구인이 재처분의무를 이행하지 아니하면 지연기간에 따라 일정한 배상을 하도록 명할 수는 있으나 즉시 배상을 할 것을 명할 수는 없다.

③ 행정심판 청구인은 행정심판위원회의 간접강제 결정에 불복하는 경우 그 결정에 대하여 행정소송을 제기할 수 없다.

④ 행정심판청구에 대한 재결이 있으면 그 재결 및 같은 처분 또는 부작위에 대하여 다시 행정심판을 청구할 수 없다.

해설

① (X)

> **행정심판법 제49조(재결의 기속력 등)** ② 재결에 의하여 취소되거나 무효 또는 부존재로 확인되는 처분이 당사자의 신청을 거부하는 것을 내용으로 하는 경우에는 그 처분을 한 행정청은 재결의 취지에 따라 다시 이전의 신청에 대한 처분을 하여야 한다.

② (X) ③ (X)

> **행정심판법 제50조의2(위원회의 간접강제)** ① 위원회는 피청구인이 제49조 제2항(제49조 제4항에서 준용하는 경우를 포함한다) 또는 제3항에 따른 처분을 하지 아니하면 청구인의 신청에 의하여 결정으로 상당한 기간을 정하고 피청구인이 그 기간 내에 이행하지 아니하는 경우에는 그 지연기간에 따라 일정한 배상을 하도록 명하거나 즉시 배상을 할 것을 명할 수 있다.
>
> ④ 청구인은 제1항 또는 제2항에 따른 결정에 불복하는 경우 그 결정에 대하여 행정소송을 제기할 수 있다.

④ (O)

> **행정심판법 제51조(행정심판 재청구의 금지)** 심판청구에 대한 재결이 있으면 그 재결 및 같은 처분 또는 부작위에 대하여 다시 행정심판을 청구할 수 없다.

정답 ④

302 [12경행특채]

행정심판의 재결에 관한 다음 설명 중 가장 적절하지 않은 것은? (다툼이 있는 경우 판례에 의함)

① 처분의 위법·부당에 대한 판단의 기준시점은 원칙적으로 처분시점을 기준으로 판단해야 한다.

② 원처분에 대한 형성적 취소재결이 확정된 후에 행한 처분청의 원처분 취소처분은 항고소송의 대상이 된다.

③ 행정심판위원회는 심판청구서를 받은 날로부터 60일 이내에 재결을 하여야 하나, 위원장 직권으로 연장할 수 있다.

④ 재결의 기속력은 당해 처분에 관한 재결주문 및 그 전제가 된 요건사실의 인정과 판단에만 미친다.

해설

① **(O)** 행정심판에 있어서 행정처분의 위법 · 부당 여부는 원칙적으로 처분시를 기준으로 판단하여야 할 것이나, 재결청은 처분 당시 존재하였거나 행정청에 제출되었던 자료뿐만 아니라, 재결 당시까지 제출된 모든 자료를 종합하여 처분 당시 존재하였던 객관적 사실을 확정하고 그 사실에 기초하여 처분의 위법 · 부당 여부를 판단할 수 있다(대판 2001.7.27. 99두5092).

② **(X)** 원처분에 대한 형성적 취소재결이 확정된 후 처분청이 다시 원처분을 취소한 경우, 허가처분은 당해 취소재결에 의하여 당연히 취소·소멸되었고, 그 이후에 다시 위 허가처분을 취소한 당해 처분은 허가처분이 취소 · 소멸되었음을 확인하여 알려주는 의미의 사실 또는 관념의 통지에 불과할 뿐 위 허가처분을 취소·소멸시키는 새로운 형성적 행위가 아니므로 항고소송의 대상이 되는 처분이라고 할 수 없다(대판 1998.4.24, 97누17131).

③ **(O)**

> **행정심판법 제45조(재결 기간)** ① 재결은 제23조에 따라 피청구인 또는 위원회가 심판청구서를 받은 날부터 60일 이내에 하여야 한다. 다만, 부득이한 사정이 있는 경우에는 위원장이 직권으로 30일을 연장할 수 있다.

④ **(O)** 재결의 기속력은 재결의 주문 및 그 전제가 된 요건사실의 인정과 판단, 즉 처분 등의 구체적 위법사유에 관한 판단에만 미친다고 할 것이고, 종전 처분이 재결에 의하여 취소되었다 하더라도 종전 처분시와는 다른 사유를 들어서 처분을 하는 것은 기속력에 저촉되지 않는다(대판 2005.12.9. 2003두7705).

정답 ②

제9절 | 행정심판의 고지

303 [11국회8급]

〈보기〉에서 「행정심판법」 상의 고지제도에 관한 설명으로 옳은 것을 모두 고르면? (다툼이 있는 경우 판례에 따름)

> ㄱ. 직권에 의한 고지와 신청에 의한 고지가 있다.
> ㄴ. 고지는 불복제기의 가능성 여부 및 불복청구의 요건 등 불복청구에 필요한 사항을 알려 주는 권력적 사실행위로서 처분성이 인정된다.
> ㄷ. 직권에 의하여 고지하는 경우 처분의 상대방에 대해서만 고지하면 된다.
> ㄹ. 불고지나 오고지는 처분 자체의 효력에 직접 영향을 미치지 않는다.
> ㅁ. 신청에 의하여 고지하는 경우 해당 처분이 행정심판의 대상이 되는 처분인지에 대하여 고지하여야 한다.

① ㄱ, ㄷ
② ㄱ, ㄷ, ㅁ
③ ㄱ, ㄹ, ㅁ
④ ㄱ, ㄷ, ㄹ, ㅁ
⑤ ㄱ, ㄴ, ㄷ, ㄹ, ㅁ

해설

④ 행정심판법상의 고지제도에 관한 설명으로 옳은 것은 ㄱ, ㄷ, ㄹ, ㅁ이다.

ㄱ. **(O)** 행정심판법은 직권에 의한 고지(행정심판법 제58조 제1항)와 청구에 의한 고지(행정심판법 제58조 제2항)를 규정하고 있다.

> **행정심판법 제58조(행정심판의 고지)** ① 행정청이 처분을 할 때에는 처분의 상대방에게 다음 각 호의 사항을 알려야 한다.
> 1. 해당 처분에 대하여 행정심판을 청구할 수 있는지
> 2. 행정심판을 청구하는 경우의 심판청구 절차 및 심판청구 기간
>
> ② 행정청은 이해관계인이 요구하면 다음 각 호의 사항을 지체 없이 알려 주어야 한다. 이 경우 서면으로 알려 줄 것을 요구받으면 서면으로 알려 주어야 한다.
> 1. 해당 처분이 행정심판의 대상이 되는 처분인지
> 2. 행정심판의 대상이 되는 경우 소관 위원회 및 심판청구 기간

ㄴ. (X) 고지는 비권력적 사실행위로서, 그 자체로는 아무런 법적 효과도 발생시키지 않는다. 즉, 고지 자체는 처분이 아니므로 행정쟁송의 대상이 되지 않는다.

ㄷ. (O) 직권에 의한 고지처분은 당해처분의 상대방에 대하여만 하면 된다(행정심판법 제58조 제1항).

ㄹ. (O) 고지절차에 관한 규정은 행정처분의 상대방이 그 처분에 대한 행정심판의 절차를 밟는데 있어 편의를 제공하려는데 있으며 처분청이 위 규정에 따른 고지의무를 이행하지 아니하였다고 하더라도 경우에 따라서는 행정심판의 제기기간이 연장될 수 있는 것에 그치고 이로 인하여 심판의 대상이 되는 행정처분에 어떤 하자가 수반된다고 할 수 없다(대판 1987.11.24. 87누529).

ㅁ. (O) 행정심판법 제58조 제2항.

정답 ④

제10절 | 전자정보처리조직을 통한 행정심판절차의 수행

행정소송

제1절 | 행정소송 일반론

304 [14국가9급]

「행정소송법」에서 규정하고 있는 항고소송은?

① 기관소송
② 당사자소송
③ 예방적 금지소송
④ 부작위위법확인소송

해설

④

> **행정소송법 제4조(항고소송)** 항고소송은 다음과 같이 구분한다.
> 1. 취소소송 : 행정청의 위법한 처분등을 취소 또는 변경하는 소송
> 2. 무효등확인소송 : 행정청의 처분등의 효력 유무 또는 존재여부를 확인하는 소송
> 3. 부작위위법확인소송 : 행정청의 부작위가 위법하다는 것을 확인하는 소송

정답 ④

305 [20지방9급]

행정소송법에서 규정하고 있는 항고소송이 아닌 것은?

① 기관소송
② 무효등 확인소송
③ 부작위위법확인소송
④ 취소소송

해설

① (X)

> **행정소송법 제4조(항고소송)** 항고소송은 다음과 같이 구분한다.
> 1. 취소소송 : 행정청의 위법한 처분등을 취소 또는 변경하는 소송
> 2. 무효등확인소송 : 행정청의 처분등의 효력 유무 또는 존재여부를 확인하는 소송
> 3. 부작위위법확인소송 : 행정청의 부작위가 위법하다는 것을 확인하는 소송

정답 ①

306 [17국가7급]

행정소송으로 청구할 수 없는 것은? (다툼이 있는 경우 판례에 의함)

① 공익사업으로 인하여 영업을 폐지하거나 휴업하는 자의 영업손실로 인한 보상에 관한 소송
② 동일한 소유자에게 속하는 일단의 건축물의 일부가 수용됨으로써 발생한 잔여 건축물 가격감소 등으로 인한 손실보상에 관한 소송
③ 「공익사업을 위한 토지 등의 취득 및 보상에 관한 법률」상 환매권의 존부에 관한 확인 및 환매금액의 증감을 구하는 소송
④ 잔여지 수용청구를 받아들이지 않은 토지수용위원회의 재결에 불복하여 제기하는 소송

해설

① **(O)** 공익사업으로 인하여 영업을 폐지하거나 휴업하는 자가 사업시행자에게서 영업손실에 대한 보상을 받기 위해서는 재결절차를 거친 다음 재결에 대하여 불복이 있는 때에 행정소송을 제기할 수 있다(대판 2011. 9. 29. 2009두10963).

② **(O)** 잔여지 또는 잔여 건축물 가격감소 등으로 인한 손실보상을 받기 위해서는 재결절차를 거친 다음 그 재결에 대하여 불복할 때 재결에 대하여 불복이 있는 때에 행정소송을 제기할 수 있다(대판 2014. 9. 25. 2012두24092).

③ **(X)** 환매권은 형성권의 일종으로서 행사하면 매매의 효력이 생기는 바 이러한 환매권의 존부에 관한 확인을 구하는 소송 및 환매금액의 증감을 구하는 소송은 민사소송에 해당한다(대판 2013.2.28. 2010두22368).

④ **(O)** 잔여지 수용청구를 받아들이지 않은 토지수용위원회의 재결에 대하여 토지소유자가 불복하여 제기하는 소송은 위 법 제85조 제2항에 규정되어 있는 '보상금의 증감에 관한 소송'에 해당하여 사업시행자를 피고로 하여야 한다(대판 2010. 8. 19. 2008두822).

정답 ③

제2절 | 취소소송

I 취소소송의 의의

307 [16국회8급]

행정소송에 대한 설명으로 옳지 않은 것은? (다툼이 있는 경우 판례에 의함)

① 행정소송법에서 행정청이 일정한 처분을 하지 못하도록 그 부작위를 구하는 청구는 허용되지 않는다.
② 취소판결의 기판력은 소송물로 된 행정처분의 위법성 존부에 관한 판단 그 자체에만 미친다.
③ 항고소송은 주관소송으로 보는 것이 통설이며, 취소소송의 소송물은 당해 처분의 개개의 위법사유이다.
④ 민중소송은 특별히 법률의 규정이 있을 때에 한하여 예외적으로 인정된다.
⑤ 지방자치단체의 장이 지방의회의 재의결에 대하여 제기하는 무효확인소송은 기관소송이다.

해설

① **(O)** 건축건물의 준공처분을 하여서는 아니된다는 내용의 부작위를 구하는 청구는 행정소송에서 허용되지 아니하는 것이므로 부적법하다(대판 1987.3.24. 86누182).

② **(O)** 취소판결의 기판력은 소송물로 된 행정처분의 위법성 존부에 관한 판단 그 자체에만 미치는 것이므로 전소와 후소가 그 소송물을 달리하는 경우에는 전소 확정판결의 기판력이 후소에 미치지 아니한다(대판 2009.01.15. 2006두14926).

③ **(X)** 과세처분 취소소송의 소송물은 그 취소원인이 되는 위법성일반이다(대판 1990.03.23. 89누5386).

④ **(O)**

> **행정소송법 제45조(소의 제기)** 민중소송 및 기관소송은 법률이 정한 경우에 법률에 정한 자에 한하여 제기할 수 있다.

⑤ **(O)** 지방의회 의결에 대한 소송은 대표적인 기관소송에 해당한다.

> **지방자치법 제120조(지방의회의 의결에 대한 재의 요구와 제소)** ① 지방자치단체의 장은 지방의회의 의결이 월권이거나 법령에 위반되거나 공익을 현저히 해친다고 인정되면 그 의결사항을 이송받은 날부터 20일 이내에 이유를 붙여 재의를 요구할 수 있다.

② 제1항의 요구에 대하여 재의한 결과 재적의원 과반수의 출석과 출석의원 3분의 2 이상의 찬성으로 전과 같은 의결을 하면 그 의결사항은 확정된다.
③ 지방자치단체의 장은 제2항에 따라 재의결된 사항이 법령에 위반된다고 인정되면 대법원에 소(訴)를 제기할 수 있다. 이 경우에는 제192조제4항을 준용한다.

정답 ③

II 재판관할

308 [09지방7급]

행정소송법상 관련청구소송의 이송과 병합에 관한 설명으로 옳지 않은 것은?

① 관련청구소송의 이송은 그 소송이 계속되어 있는 법원이 당해 소송을 취소소송이 계속되어 있는 법원에 이송하는 것이 상당하다고 인정하는 때에 당사자의 신청 또는 직권에 의하여 할 수 있다.
② 당해 처분의 취소를 선결문제로 하는 부당이득반환청구소송이 다른 법원에 계속되고 있는 경우에, 이를 당해 처분의 취소소송이 계속된 법원으로 이송할 수 있다.
③ 관련청구소송의 병합은 본래의 항고소송이 적법할 것을 요건으로 하는 것이어서 본래의 항고소송이 부적법하여 각하되면 그에 병합된 관련청구도 소송요건을 흠결한 부적합한 것으로 각하되어야 한다.
④ 당해 처분의 취소소송을 당해 처분이 원인이 되어 발생한 손해배상청구소송이 계속된 법원으로 이송할 수 있다.

해설

① (O) ② (O) ④ (X) 취소소송이 계속된 법원으로 이송할 수 있다.

행정소송법 제10조(관련청구소송의 이송 및 병합)
① 취소소송과 다음 각호의 1에 해당하는 소송(이하 "관련청구소송"이라 한다)이 각각 다른 법원에 계속되고 있는 경우에 관련청구소송이 계속된 법원이 상당하다고 인정하는 때에는 당사자의 신청 또는 직권에 의하여 이를 취소소송이 계속된 법원으로 이송할 수 있다.
1. 당해 처분등과 관련되는 손해배상·부당이득반환·원상회복등 청구소송
2. 당해 처분등과 관련되는 취소소송

③ (O) 관련청구소송을 병합하기 위해서는 취소소송과 관련청구소송은 각각 소송요건을 갖춘 적법한 것이어야 한다.

[관련판례] 관련청구소송의 병합은 본래의 항고소송이 적법할 것을 요건으로 하는 것이어서 본래의 항고소송이 부적법하여 각하되면 그에 병합된 관련청구도 소송요건을 흠결한 부적합한 것으로 각하되어야 한다(대판 2001.11.27, 2000두697).

정답 ④

취소소송과 이와 관련된 부당이득반환청구소송이 각각 다른 법원에 계속되고 있는 경우에는 당사자의 신청이 있는 경우에 한하여 취소소송이 계속된 법원에 관련청구소송을 이송할 수 있다. [09국회8급]

| 해설
(X) 행정소송법 제10조 제1항.

Ⅲ 당사자 및 참가인

1. 당사자능력

2. 원고적격

309 [18국회8급]

행정법관계에 대한 설명으로 옳지 않은 것은? (다툼이 있는 경우 판례에 의함)

① 취소소송은 원칙적으로 처분등의 취소를 구할 법령상 보호가치 있는 이익을 가진 자이면 제기할 수 있다.

② 자치법규에 따라 행정권한을 가지고 있는 공공단체는 행정청에 해당된다.

③ 수익처분의 상대방에게도 당해 처분의 취소를 구할 이익이 인정될 수 있다.

④ 광업권 허가에 대한 취소처분을 한 후 적법한 광업권 설정의 선출원이 있는 경우에는 취소처분을 취소하여 광업권을 복구시키는 조처는 위법하다.

⑤ 구 「산림법」상 산림을 무단형질변경한 자가 사망한 경우 당해 토지의 소유권 또는 점유권을 승계한 상속인은 그 복구의무를 부담한다고 봄이 상당하다.

해설

① (X)

> **행정소송법 제12조(원고적격)** 취소소송은 처분등의 취소를 구할 법률상 이익이 있는 자가 제기할 수 있다. 처분등의 효과가 기간의 경과, 처분등의 집행 그 밖의 사유로 인하여 소멸된 뒤에도 그 처분등의 취소로 인하여 회복되는 법률상 이익이 있는 자의 경우에는 또한 같다.

② (O)

> **행정소송법 제2조(정의)** ② 이 법을 적용함에 있어서 행정청에는 법령에 의하여 행정권한의 위임 또는 위탁을 받은 행정기관, 공공단체 및 그 기관 또는 사인이 포함된다.
>
> **행정절차법 제2조(정의)** 이 법에서 사용하는 용어의 뜻은 다음과 같다.
> 1. "행정청"이란 다음 각 목의 자를 말한다.
>   가. 행정에 관한 의사를 결정하여 표시하는 국가 또는 지방자치단체의 기관
>   나. 그 밖에 법령 또는 자치법규(이하 "법령등"이라 한다)에 따라 행정권한을 가지고 있거나 위임 또는 위탁받은 공공단체 또는 그 기관이나 사인(私人)

③ (O) 행정처분에 있어서 불이익처분의 상대방은 직접 개인적 이익의 침해를 받은 자로서 원고적격이 인정되지만 수익처분의 상대방은 그의 권리나 법률상 보호되는 이익이 침해되었다고 볼 수 없으므로 달리 특별한 사정이 없는 한 취소를 구할 이익이 없다(대판 1995.8.22. 94누8129). 특별한 사정이 있는 경우 취소를 구할 이익이 인정될 수 있다.

④ (O) 일단 취소처분을 한 후에 새로운 이해관계인이 생기기 전에 취소처분을 취소하여 그 광업권의 회복을 시켰다면 모르되 피고가 본건 취소처분을 한 후에 원고가 본건 광구에 대하여 선출원을 적법히 함으로써 이해관계인이 생긴 이 사건에 있어서, 피고가 취소처분을 취소하여 소외인 명의의 광업권을 복구시키는 조처는 원고의 선출원 권리를 침해하는 위법한 처분이라고 하지 않을 수 없을 것이다(대판 1967.10.23. 67누126).

⑤ (O) 산림을 무단형질변경한 자가 사망한 경우 당해 토지의 소유권 또는 점유권을 승계한 상속인은 그 복구의무를 부담한다고 봄이 상당하고, 따라서 관할 행정청은 그 상속인에 대하여 복구명령을 할 수 있다고 보아야 한다(대판 2005.8.19. 2003두9817).

정답 ①

310 [17지방9급]

법률상 이익에 대한 판례의 입장으로 옳은 것은?

① 사회권적 기본권의 성격을 가지는 연금수급권은 헌법에 근거한 개인적 공권이므로 헌법 규정만으로도 실현할 수 있다.

② 소극적 방어권인 헌법상의 자유권적 기본권은 법률의 규정이 없다고 하더라도 직접 공권이 성립될 수도 있다.

③ 인·허가 등 수익적 처분을 신청한 여러 사람이 상호 경쟁관계에 있다면, 그 처분이 타방에 대한 불허가 등으로 될 수밖에 없는 때에도 수익적 처분을 받지 못한 사람은 처분의 직접 상대방이 아니므로 원칙적으로 당해 수익적 처분의 취소를 구할 수 없다.

④ 「환경정책기본법」 제6조의 규정 내용 등에 비추어 국민에게 구체적인 권리를 부여한 것으로 볼 수 없더라도 환경영향평가 대상지역 밖에 거주하는 주민에게 헌법상의 환경권 또는 「환경정책기본법」에 근거하여 공유수면매립면허처분과 농지개량사업 시행인가처분의 무효확인을 구할 원고적격이 있다.

해설

① (X) 공무원연금 수급권과 같은 사회보장수급권은 사회적 기본권 중의 하나로서, 헌법규정만으로는 이를 실현할 수 없어 법률에 의한 형성이 필요하고, 구체적인 내용 즉 수급요건, 수급권자의 범위 및 급여금액 등은 법률에 의하여 비로소 확정된다(헌재 2013. 9. 26. 2011헌바272 [합헌]).

② (O) 자유권적 기본권(알 권리, 구속된 피의자 및 피고인의 접견권, 신체의 자유, 언론의 자유, 종교의 자유 등)은 구체적 권리로서 헌법 규정을 근거로 직접 공권이 성립될 수 있다.

③ (X) 대판 2009.12.10. 2009두8359.

④ (X) 대판 2006.3.16, 2006두300 전원합의체.

정답 ②

311 [15국가9급]

취소소송의 원고적격 및 협의의 소익에 대한 설명으로 옳지 않은 것은? (다툼이 있는 경우 판례에 의함)

① 허가를 받은 경업자에게는 원고적격이 인정되나, 특허사업의 경업자는 특별한 사정이 없는 한 원고적격이 부인된다.

② 원천납세의무자는 원천징수의무자에 대한 납세고지를 다툴 수 있는 원고적격이 없다.

③ 사법시험 제2차 시험 불합격처분 이후 새로 실시된 제2차 및 제3차 시험에 합격한 자는 불합격처분의 취소를 구할 협의의 소익이 없다.

④ 고등학교졸업학력검정고시에 합격하였다 하더라도, 고등학교에서 퇴학처분을 받은 자는 퇴학처분의 취소를 구할 협의의 소익이 있다.

해설

① (X) 판례는 일반적으로 기존업자가 특허기업인 경우에는 그 기존업자가 그 특허로 인하여 받는 이익은 법률상 이익으로 보아 원고적격을 인정하고, 기존업자가 허가를 받아 영업하는 경우에 그 기존업자가 그 허가로 받는 이익을 반사적 이익 내지 사실상의 이익에 불과한 것으로 보아 원고적격을 부정하고 있다.

② (O) 원천징수에 있어서 원천납세의무자는 과세권자의 원천징수의무자에 대한 납세고지로 인하여 자기의 원천세납세의무의 존부나 범위에 영향을 받지 아니하므로 이에 대하여 항고소송을 제기할 수 없다(대판 1994.9.9, 93누22234).

③ (O) 사법시험 제2차 시험에 관한 불합격처분 이후에 새로이 실시된 제2차 및 제3차 시험에 합격하였을 경우에는 더 이상 위 불합격처분의 취소를 구할 법률상 이익이 없다고 보아야 할 것이다(대판 2007.9.21, 2007두12057).

④ (O) 대판 1992.7.14, 91누4737.

정답 ①

312 [18지방9급]

다음 사례에 대한 설명으로 옳지 않은 것은? (다툼이 있는 경우 판례에 의함)

甲은 식품위생법 제37조제1항에 따라 허가를 받아 식품조사처리업 영업을 하고 있던 중 乙과 영업양도계약을 체결하였다. 당해 계약은 하자있는 계약이었음에도 불구하고, 乙은 같은 법 제39조에 따라 식품의약품안전처장에게 영업자지위승계신고를 하였다.

① 식품의약품안전처장이 乙의 신고를 수리한다면, 이는 실질에 있어서 乙에게는 적법하게 사업을 할 수 있는 권리를 설정하여 주는 행위이다.

② 식품의약품안전처장이 乙의 신고를 수리하는 경우에 甲과 乙의 영업양도계약이 무효라면 위 신고수리처분도 무효이다.

③ 식품의약품안전처장이 乙의 신고를 수리하기 전에 甲의 영업허가처분이 취소된 경우, 乙이 甲에 대한 영업허가처분의 취소를 구하는 소송을 제기할 법률상 이익은 없다.

④ 甲은 민사쟁송으로 양도·양수행위의 무효를 구함이 없이 막바로 식품의약품안전처장을 상대로 한 행정소송으로 위 신고수리처분의 무효확인을 구할 법률상 이익이 있다.

해설

① **(O)** 식품위생법 제25조 제3항에 의한 영업양도에 따른 지위승계신고를 수리하는 허가관청의 행위는 단순히 양도·양수인 사이에 이미 발생한 사법상의 사업양도의 법률효과에 의하여 양수인이 그 영업을 승계하였다는 사실의 신고를 접수하는 행위에 그치는 것이 아니라, 영업허가자의 변경이라는 법률효과를 발생시키는 행위라고 할 것이다(대판 1995.2.24. 94누9146).

② **(O)** ④ **(O)** 사업양도·양수에 따른 허가관청의 지위승계신고의 수리는 적법한 사업의 양도·양수가 있었음을 전제로 하는 것이므로 그 수리대상인 사업양도·양수가 존재하지 아니하거나 무효인 때에는 수리를 하였다 하더라도 그 수리는 유효한 대상이 없는 것으로서 당연히 무효라 할 것이고, 사업의 양도행위가 무효라고 주장하는 양도자는 민사쟁송으로 양도·양수행위의 무효를 구함이 없이 막바로 허가관청을 상대로 하여 행정소송으로 위 신고수리처분의 무효확인을 구할 법률상 이익이 있다(대판 2005.12.23. 2005두3554).

③ **(X)** 행정청이 양도인에 대하여 허가를 취소하는 처분을 하였다면 이는 양수인의 지위에 대한 직접적 침해가 된다고 할 것이므로 양수인은 허가를 취소하는 처분의 취소를 구할 법률상 이익을 가진다(대판 2003.7.11. 2001두6289).

정답 ③

313 [17국가7급(下)]

「행정소송법」상 '법률상 이익'에 대한 설명으로 옳지 않은 것은? (다툼이 있는 경우 판례에 의함)

① 사업의 양도행위가 무효라고 주장하는 자가 민사쟁송으로 양도·양수행위의 무효를 구함이 없이 사업양도·양수에 따른 허가관청의 지위승계 신고수리처분의 무효확인을 구할 경우, 그 법률상 이익이 있다.

② 채석허가를 받은 자로부터 영업양수 후 명의변경신고 이전에 양도인의 법위반사유를 이유로 채석허가가 취소된 경우, 양수인은 수허가자의 지위를 사실상 양수받았다고 하더라도 그 처분의 취소를 구할 법률상 이익을 가지지 않는다.

③ 교육부장관이 사학분쟁조정위원회의 심의를 거쳐 학교법인의 이사와 임시이사를 선임한 데 대하여 그 대학교의 교수협의회와 총학생회는 이사선임처분을 다툴 법률상 이익을 가지지만, 직원으로 구성된 노동조합은 법률상 이익을 가지지 않는다.

④ 원천징수의무자에 대한 소득금액변동통지는 원천납세의무의 존부나 범위와 같은 원천납세의무자의 권리나 법률상 지위에 어떠한 영향을 준다고 할 수 없으므로 소득처분에 따른 소득의 귀속자는 법인에 대한 소득금액변동통지의 취소를 구할 법률상 이익이 없다.

해설

① (O) 사업의 양도행위가 무효라고 주장하는 양도자는 민사쟁송으로 양도·양수행위의 무효를 구함이 없이 막바로 허가관청을 상대로 하여 행정소송으로 위 신고수리처분의 무효확인을 구할 법률상 이익이 있다(대판 2005. 12. 23. 2005두3554).

② (X) 채석허가가 유효하게 존속하고 있다는 것이 양수인의 명의변경신고의 전제가 된다는 의미에서 관할 행정청이 양도인에 대하여 채석허가를 취소하는 처분을 하였다면 이는 양수인의 지위에 대한 직접적 침해가 된다고 할 것이므로 양수인은 채석허가를 취소하는 처분의 취소를 구할 법률상 이익을 가진다(대판 2003.07.11. 2001두6289).

> [비교판례] 주택건설사업계획에 있어서 사업주체변경의 승인은 그로 인하여 사업주체의 변경이라는 공법상의 효과가 발생하는 것이므로, 아직 변경승인을 받기 이전에는 그 사업계획의 피승인자는 여전히 종전의 사업주체인 양도인이고 양수인이 아니라 할 것이어서, 행정청이 주택건설사업의 양수인에 대하여 양도인에 대한 사업계획승인을 취소하였다는 사실을 통지한 것만으로는 양수인의 법률상 지위에 어떠한 변동을 일으키는 것은 아니므로 위 통지는 항고소송의 대상이 되는 행정처분이라고 할 수는 없다(대판 2000. 9. 26. 99두646).

③ (O) 교육부장관이 사학분쟁조정위원회의 심의를 거쳐 을 학교법인의 이사 8인과 임시이사 1인을 선임한 데 대하여 갑 대학교 교수협의회와 총학생회 등이 이사선임처분의 취소를 구하는 소송을 제기한 사안에서, 갑 대학교 교수협의회와 총학생회는 이사선임처분을 다툴 법률상 이익을 가지지만, 고등교육법령은 교육받을 권리나 학문의 자유를 실현하는 수단으로서 학생회와 교수회와는 달리 학교의 직원으로 구성된 노동조합의 성립을 예정하고 있지 아니하고, 학교의 직원으로 구성된 노동조합이 교육받을 권리나 학문의 자유를 실현하는 수단으로서 직접 기능한다고 볼 수는 없으므로, 학교직원들로 구성된 전국대학노동조합 을 대학교지부의 법률상 이익까지 보호하고 있는 것으로 해석할 수는 없다(대판 2015. 7. 23. 2012두19496).

④ (O) 구 소득세법 시행령 제192조 제1항 단서 에 따른 소득의 귀속자에 대한 소득금액변동통지는 원천납세의무자인 소득 귀속자의 법률상 지위에 직접적인 법률적 변동을 가져오는 것이 아니므로 항고소송의 대상이 되는 행정처분이라고 볼 수 없다(대판 2015. 3. 26. 2013두9267).

정답 ②

3. 협의의 소익(권리보호의 필요)

314 [09국가9급]

항고소송의 소의 이익에 관한 판례의 내용으로 옳지 않은 것은?

① 상등병에서 병장으로의 진급요건을 갖춘 자에 대하여 그 진급처분을 행하지 아니한 상태에서 예비역으로 편입하는 처분을 한 경우, 진급처분 부작위위법을 이유로 예비역편입 처분취소를 구할 소의 이익이 있다고 할 수 없다.

② 임기 만료된 지방의회 의원이 군의회를 상대로 한 의원제명처분취소 소송에서 승소한다고 하더라도 군의회 의원으로서의 지위를 회복할 수는 없는 것이므로 위 위원은 이 사건 소를 유지할 법률상의 이익이 없다.

③ 행정처분에 효력기간이 정하여져 있는 경우, 그 기간의 경과로 그 행정처분의 효력은 상실되므로 그 기간 경과 후에는 그 처분이 외형상 잔존함으로 인하여 어떠한 법률상 이익이 침해되었다고 볼 만한 별다른 사정이 없는 한 그 처분의 취소를 구할 법률상의 이익이 없다.

④ 제재적 행정처분이 그 처분에서 정한 제재기간의 경과로 인하여 그 효과가 소멸되었다면, 부령인 시행규칙의 형식으로 정한 처분기준에서 제재적 행정처분을 받은 것을 가중사유로 정하여 장래 제재적 행정처분을 하도록 정하였더라도 그 취소를 구할 법률상 이익이 없다.

해설

① (O) 예비역편입처분이 취소된다 하더라도 그로 인하여 신분이 예비역에서 현역으로 복귀함에 그칠 뿐이고, 진급처분이 행하여지지 않았다는 이유로 위 예비역편입처분의 취소를 구할 이익이 있다고 할 수 없다(대판 2000.5.16, 99두7111).

② (X) 임기 만료된 지방의회 의원은 군의회를 상대로 한 의원제명처분 취소의 소를 유지할 법률상의 이익이 없다(대판 1996.2.9. 95누14978). 판례 당시에는 지방의회의원은 무보수 명예직이었으므로 임기가 만료되면 의원제명처분의 취소를 구할 법률상 이익이 없다고 하였으나, 2007년 지방자치법이 개정되어 지방의회의원들도 월정액의 수당을 받음으로 판례는 이 경우 취소를 구할 법률상 이익이 있다고 하였다.

[관련판례] 지방의회 의원에 대한 제명의결 취소소송 계속중 의원의 임기가 만료된 사안에서, 제명의결의 취소로 의원의 지위를 회복할 수는 없다 하더라도 제명의결시부터 임기만료일까지의 기간에 대한 월정수당의 지급을 구할 수 있는 등 여전히 그 제명의결의 취소를 구할 법률상 이익이 있다(대판 2009.1.30. 2007두13487).

③ (O) 행정처분이 법령이나 처분 자체에 의하여 효력기간이 정하여져 있는 경우에는 그 기간의 경과로 효력이 상실되므로 그 기간 경과 후에는 처분이 외형상 잔존함으로 인하여 어떠한 법률상의 이익이 침해되고 있다고 볼만한 별다른 사정이 없는 한 그 처분의 취소 또는 무효확인을 구할 법률상의 이익은 없다(대판 1995.7.14. 95누4087).

④ (X) 제재적 행정처분이 그 처분에서 정한 제재기간의 경과로 인하여 그 효과가 소멸되었으나, 부령인 시행규칙 또는 지방자치단체의 규칙의 형식으로 정한 처분기준에서 제재적 행정처분을 받은 것을 가중사유나 전제요건으로 삼아 장래의 제재적 행정처분을 하도록 정하고 있는 경우, 선행처분인 제재적 행정처분을 받은 상대방이 그 처분에서 정한 제재기간이 경과하였다 하더라도 그 처분의 취소를 구할 법률상 이익이 있다(대판 2006.6.22. 2003두1684 전원합의체).

정답 ②, ④

315 [17지방7급]

甲은 값싼 외국산 수입재료를 국내산 유기농 재료로 속여 상품을 제조 · 판매하였음을 이유로 식품위생법령에 따라 관할 행정청으로 부터 영업정지 3개월 처분을 받았다. 한편, 위 영업정지의 처분 기준에는 1차 위반의 경우 영업정지 3개월, 2차 위반의 경우 영업정지 6개월, 3차 위반의 경우 영업허가취소 처분을 하도록 규정되어 있다. 甲은 영업정지 3개월 처분의 취소를 구하는 소송을 제기하였다. 이에 대한 설명으로 옳지 않은 것은? (다툼이 있는 경우 판례에 의함)

① 위와 같은 처분기준이 없는 경우라면, 영업정지 처분에 정하여진 기간이 경과되어 효력이 소멸한 경우에는 그 영업정지 처분의 취소를 구할 법률상 이익은 부정된다.

② 위 처분기준이 「식품위생법」이나 동법 시행령에 규정되어 있는 경우에는 대외적 구속력이 인정되나, 동법 시행규칙에 규정되어 있는 경우에는 대외적 구속력은 부정된다.

③ 甲에 대하여 법령상 임의적 감경사유가 있음에도, 관할 행정청이 이를 전혀 고려하지 않았거나 감경사유에 해당하지 않는다고 오인하여 영업정지 3개월 처분을 한 경우에는 재량권을 일탈 · 남용한 위법한 처분이 된다.

④ 甲에 대한 영업정지 3개월의 기간이 경과되어 효력이 소멸한 경우에 위 처분기준이 식품위생법이나 동법 시행령에 규정되어 있다면 甲은 영업정지 3개월 처분의 취소를 구할 소의 이익이 있지만, 동법 시행규칙에 규정되어 있다면 소의 이익이 인정되지 않는다.

해설

① (O) 행정처분에 그 효력기간이 정하여져 있는 경우, 그 처분의 효력 또는 집행이 정지된 바 없다면 위 기간의 경과로 그 행정처분의 효력은 상실되므로 그 기간 경과 후에는 그 처분이 외형상 잔존함으로 인하여 어떠한 법률상 이익이 침해되고 있다고 볼 만한 별다른 사정이 없는 한 그 처분의 취소를 구할 법률상의 이익이 없다(대판 2002.07.26. 2000두7254).

② (O) 식품위생법시행규칙에서 식품위생법 제58조에 따른 행정처분의 기준을 정하였다고 하더라도 이는 형식만 부령으로 되어 있을 뿐, 그 성질은 행정기관 내부의 사무처리준칙을 정한 것으로서 행정명령의 성질을 가지는 것이다(대판 1991.5.14. 90누9780).

③ (O) 감경사유가 존재하더라도 과징금 부과관청이 감경사유까지 고려하고도 과징금을 감경하지 않은 채 과징금 전액을 부과하는 처분을 한 경우에는 이를 위법하다고 단정할 수는 없으나, 위 감경사유가 있음에도 이를 전혀 고려하지 않았거나 감경사유에 해당하지 않는다고 오인한 나머지 과징금을 감경하지 않았다면 그 과징금 부과처분은 재량권을 일탈·남용한 위법한 처분이라고 할 수밖에 없다(대판 2010.07.15. 2010두7031).

④ (X) 대판 2006.06.22. 2003두1684 전원합의체.

정답 ④

316 [17지방9급]

판례의 입장으로 옳지 않은 것은?

① 행정청이 관련 법령에 근거하여 행하는 조합설립 인가처분은 그 설립행위에 대한 보충행위로서의 성질에 그치지 않고 법령상 요건을 갖출 경우 「도시 및 주거환경정비법」상 주택재건축사업을 시행할 수 있는 권한을 갖는 행정주체(공법인)로서의 지위를 부여하는 일종의 설권적 처분의 성격을 갖는다.

② 교육부장관이 사학분쟁조정위원회의 심의를 거쳐 이사와 임시이사를 선임한 데 대하여 대학교수협의회와 총학생회는 제3자로서 취소소송을 제기할 자격이 있다.

③ 건축사 업무정지처분을 받은 후 새로운 업무정지처분을 받음이 없이 1년이 경과하여 실제로 가중된 제재처분을 받을 우려가 없게 된 경우, 그 처분에서 정한 정지기간이 경과한 이상 특별한 사정이 없는 한 업무정지처분의 취소를 구할 법률상 이익이 없다.

④ 가중요건이 부령인 시행규칙상 처분기준으로 규정되어 있는 경우(예 : 「식품위생법 시행규칙」 제89조 [별표 23] 행정처분기준), 처분에서 정한 제재기간이 경과하였다면 그에 따라 선행처분을 받은 상대방은 그 처분의 취소를 구할 법률상 이익이 없다.

해설

① (O) 조합설립인가처분은 단순히 사인들의 조합설립행위에 대한 보충행위로서의 성질을 갖는 것에 그치는 것이 아니라 법령상 요건을 갖출 경우 도시정비법상 주택재건축사업을 시행할 수 있는 권한을 갖는 행정주체(공법인)로서의 지위를 부여하는 일종의 설권적 처분의 성격을 갖는다(대판 2009.09.24. 2008다60568).

② (O) 대판 2015. 7. 23. 2012두19496.

③ (O) 실제로 가중된 제재처분을 받을 우려가 없어졌다면 위 처분에서 정한 정지기간이 경과한 이상 특별한 사정이 없는 한 그 처분의 취소를 구할 법률상 이익이 없다(대판 2000.04.21. 98두10080).

④ (X) 대판 2006.06.22. 2003두1684 전원합의체.

정답 ④

4. 피고

317 [18지방9급]

행정소송과 그 피고에 대한 연결이 옳은 것만을 모두 고르면?

ㄱ. 대통령의 검사임용처분에 대한 취소소송 - 법무부장관
ㄴ. 국토교통부장관으로부터 권한을 내부위임받은 국토교통부차관이 처분을 한 경우에 그에 대한 취소소송 - 국토교통부차관
ㄷ. 헌법재판소장이 소속직원에게 내린 징계처분에 대한 취소소송 - 헌법재판소 사무처장
ㄹ. 환경부장관의 권한을 위임받은 서울특별시장이 내린 처분에 대한 취소소송 - 서울특별시장

① ㄱ, ㄴ ② ㄷ, ㄹ
③ ㄱ, ㄷ, ㄹ ④ ㄱ, ㄴ, ㄷ, ㄹ

해설

ㄱ. (O)

국가공무원법 제16조(행정소송과의 관계) ① 제75조에 따른 처분, 그 밖에 본인의 의사에 반한 불리한 처분이나 부작위(不作爲)에 관한 행정소송은 소청심사위원회의 심사·결정을 거치지 아니하면 제기할 수 없다.

② 제1항에 따른 행정소송을 제기할 때에는 대통령의 처분 또는 부작위의 경우에는 소속 장관(대통령령으로 정하는 기관의 장을 포함한다. 이하 같다)을, 중앙선거관리위원회위원장의 처분 또는 부작위의 경우에는 중앙선거관리위원회사무총장을 각각 피고로 한다.

ㄴ. (X) ㄹ. (O) 권한위임의 경우에는 수임관청이 자기의 이름으로 그 권한행사를 할 수 있지만 내부위임의 경우에는 수임관청은 위임관청의 이름으로만 그 권한을 행사할 수 있을 뿐 자기의 이름으로는 그 권한을 행사할 수 없다(대판 1995.11.28. 94누6475).

ㄷ. (O)

헌법재판소법 제17조(사무처) ⑤ 헌법재판소장이 한 처분에 대한 행정소송의 피고는 헌법재판소 사무처장으로 한다.

정답 ③

318 [13서울9급]

다음 중 피고적격에 관한 설명으로 옳지 않은 것은?

① 항고소송의 경우 권한을 위임한 경우에는 수임청이 피고가 된다.

② 항고소송의 경우 권한을 내부위임한 경우로서 위임청의 명의로 처분을 발하면 위임청이 피고가 된다.

③ 항고소송의 경우 권한을 내부위임한 경우로서 수임청의 이름으로 처분을 발하면 위임청이 피고가 된다.

④ 당사자소송은 국가·공공단체 그 밖의 권리주체를 피고로 한다.

⑤ 처분등이 있은 뒤에 그 처분등에 관계되는 권한이 다른 행정청에 승계된 경우에는 이를 승계한 행정청을 피고로 한다.

해설

① (O) 권한의 위임이 있는 경우에는 현실적으로 처분을 한 수임청이 피고가 된다.

② (O) 내부위임이란 위임청이 특정사항에 관한 권한을 실질적으로는 하급행정청 또는 보조기관에 위임하면서 대외적으로 위임청의 명의로 행사하도록 하는 것을 말한다. 이 경우 명의자인 위임청이 피고가 된다.

③ (X) 행정청으로부터 내부위임을 받은데 불과한 하급행정청이 권한 없이 행정처분을 한 경우 실제로 그 처분을 행한 하급행정청을 피고로 하여야 할 것이지 그 처분을 행할 적법한 권한 있는 상급행정청을 피고로 할 것이 아니다(대판 1991.2.22. 90누5641).

④ (O)

> **행정소송법 제39조(피고적격)** 당사자소송은 국가·공공단체 그 밖의 권리주체를 피고로 한다.

⑤ (O) 행정소송법 제13조 제1항 단서.

정답 ③

319 [17사회복지]

취소소송에 대한 기술로 옳은 것은? (단, 다툼이 있는 경우 판례에 의함)

① 과세처분취소소송에서 과세처분의 위법성 판단 시점은 처분시이므로 과세행정청은 처분 당시의 자료만에 의하여 처분의 적법여부를 판단하고 처분 당시의 처분사유만을 주장할 수 있다.

② 시행규칙에 법 위반 횟수에 따라 가중처분하게 되어 있는 제재적 처분 기준이 규정되어 있다 하더라도, 기간의 경과로 효력이 소멸한 제재적 처분을 취소소송으로 다툴 법률상 이익은 없다.

③ 상급행정청으로부터 내부위임을 받은 데 불과한 하급행정청이 권한 없이 행정처분을 한 경우에는 실제로 그 처분을 행한 하급행정청을 피고로 취소소송을 제기해야 한다.

④ 취소소송을 제기하기 위해서는 처분등이 존재하여야 하며, 거부처분이 성립하기 위해서는 개인의 신청권이 존재하여야 하고, 여기서 신청권이란 신청인이 신청의 인용이라는 만족적 결과를 얻을 권리를 의미하는 것이다.

해설

① (X) 항고소송에 있어서 행정처분의 위법 여부를 판단하는 기준 시점에 대하여 판결시가 아니라 처분시라고 하는 의미는 처분 당시 존재하였던 자료나 행정청에 제출되었던 자료만으로 위법 여부를 판단한다는 의미는 아니므로, 처분 당시의 사실상태 등에 대한 입증은 사실심 변론종결 당시까지 할 수 있고, 법원은 행정처분 당시 행정청이 알고 있었던 자료뿐만 아니라 사실심 변론종결 당시까지 제출된 모든 자료를 종합하여 처분 당시 존재하였던 객관적 사실을 확정하고 그 사실에 기초하여 처분의 위법 여부를 판단할 수 있다(대판 1993.05.27. 92누19033).

② (X) 대판 2006.06.22. 2003두1684 전원합의체.

③ (O) 대판 1991.02.22. 90누5641.

④ (X) 거부처분의 처분성을 인정하기 위한 전제요건이 되는 신청권의 존부는 구체적 사건에서 신청인이 누구인가를 고려하지 않고 관계 법규의 해석에 의하여 일반 국민에게 그러한 신청권을 인정하고 있는가를 살펴 추상적으로 결정되는 것이고, 신청인이 그 신청에 따른 단순한 응답을 받을 권리를 넘어서 신청의 인용이라는 만족적 결과를 얻을 권리를 의미하는 것은 아니므로, 구체적으로 그 신청이 인용될 수 있는가 하는 점은 본안에서 판단하여야 할 사항이다(대판 2009.09.10. 2007두20638).

정답 ③

320 [16지방9급]

항고소송의 제기요건에 대한 설명으로 옳지 않은 것은? (다툼이 있는 경우 판례에 의함)

① 건국훈장 독립장이 수여된 망인에 대하여 사후적으로 친일행적이 확인되었다는 이유로 대통령에 의하여 망인에 대한 독립유공자서훈취소가 결정되고, 그 서훈취소에 따라 훈장 등을 환수조치하여 달라는 당시 행정안전부장관의 요청에 의하여 국가보훈처장이 망인의 유족에게 독립유공자서훈취소결정을 통보한 사안에서, 독립유공자서훈취소결정에 대한 취소소송에서의 피고적격이 있는 자는 국가보훈처장이다.

② 「국가를 당사자로 하는 계약에 관한 법률」에 따른 계약에 있어 입찰보증금의 국고귀속조치는 항고소송의 대상이 되는 처분에 해당하지 않는다.

③ 고시에 의한 행정처분의 상대방이 불특정 다수인인 경우, 그 행정처분에 이해관계를 갖는 자는 고시가 있었다는 사실을 현실적으로 알았는지 여부에 관계없이 고시가 효력을 발생하는 날부터 90일 이내에 취소소송을 제기하여야 한다.

④ 한국방송공사 사장은 해임처분 무효확인 또는 취소소송 계속 중 임기가 만료되어 해임처분의 무효확인 또는 취소로 지위를 회복할 수 없다고 할지라도, 그 무효확인 또는 취소로 해임처분일부터 임기만료일까지의 기간에 대한 보수지급을 구할 수 있는 경우에는 해임처분의 무효확인 또는 취소를 구할 법률상 이익이 있다.

해설

① (X) 국무회의에서 서훈취소를 의결하고 대통령이 결재함으로써 서훈취소가 결정된 후 국가보훈처장이 망인의 유족 갑에게 '독립유공자 서훈취소결정 통보'를 하자 갑이 국가보훈처장을 상대로 서훈취소결정의 무효 확인 등의 소를 제기한 사안에서, 갑이 서훈취소 처분을 행한 행정청(대통령)이 아니라 국가보훈처장을 상대로 제기한 위 소는 피고를 잘못 지정한 경우에 해당한다(대판 2014.09.26. 선고 2013두2518).

② (O) 입찰보증금의 국고귀속조치는 국가가 사법상의 재산권의 주체로서 행위하는 것이지 공권력을 행사하는 것이아니라 할 것이므로 이에 관한 분쟁은 민사소송의 대상이 된다(대판 1983.12.27. 81누366).

③ (O) 통상 고시 또는 공고에 의하여 행정처분을 하는 경우에는 그 처분의 상대방이 불특정 다수인이고 그 처분의 효력이 불특정 다수인에게 일률적으로 적용되는 것이므로, 그 행정처분에 이해관계를 갖는 자가 고시 또는 공고가 있었다는 사실을 현실적으로 알았는지 여부에 관계없이 고시가 효력을 발생하는 날 행정처분이 있음을 알았다고 보아야 한다(대판 2007.06.14. 2004두619).

④ (O) 한국방송공사 사장에 대한 해임처분 무효 확인 또는 취소소송 계속 중 임기가 만료되어 해임처분의 무효 확인 또는 취소로 지위를 회복할 수는 없다고 할지라도, 그 무효 확인 또는 취소로 해임처분일부터 임기만료일까지 기간에 대한 보수 지급을 구할 수 있는 경우에는 해임처분의 무효 확인 또는 취소를 구할 법률상 이익이 있다(대판 2012.02.23. 2011두5001).

정답 ①

5. 공동소송인, 소송참가, 소송대리인

321 [12국가9급]

제3자의 소송참가에 대한 설명으로 옳지 않은 것은?

① 제3자의 소송참가에는 신청에 의한 경우와 직권에 의한 경우가 있다.

② 「행정소송법」은 제3자 보호를 위하여 제3자의 소송참가 외에 제3자의 재심청구를 인정하고 있다.

③ 취소소송의 제3자 소송참가에 관한 규정은 무효등확인소송, 부작위위법확인소송, 당사자소송에도 준용된다.

④ 제3자는 판결의 형성력에 의해 권리 또는 이익의 침해를 받을 자를 말하며, 판결의 기속력에 의해 권리 또는 이익의 침해를 받는 경우는 포함되지 않는다.

해설

① (O)

> **행정소송법 제16조(제3자의 소송참가)** ① 법원은 소송의 결과에 따라 권리 또는 이익의 침해를 받을 제3자가 있는 경우에는 당사자 또는 제3자의 신청 또는 직권에 의하여 결정으로써 그 제3자를 소송에 참가시킬 수 있다.
>
> ② 법원이 제1항의 규정에 의한 결정을 하고자 할 때에는 미리 당사자 및 제3자의 의견을 들어야 한다.

② (O)

> **행정소송법 제31조(제3자에 의한 재심청구)** ① 처분등을 취소하는 판결에 의하여 권리 또는 이익의 침해를 받은 제3자는 자기에게 책임없는 사유로 소송에 참가하지 못함으로써 판결의 결과에 영향을 미칠 공격 또는 방어방법을 제출하지 못한 때에는 이를 이유로 확정된 종국판결에 대하여 재심의 청구를 할 수 있다.

③ (O) 행정소송법은 취소소송에서 '제3자의 소송참가'(행정소송법 제16조)와 '행정청의 소송참가'(행정소송법 제17조)를 규정하고 있고, 이를 무효등확인소송, 부작위위법확인소송, 당사자소송, 객관적 소송에 준용하고 있다(행정소송법 제38조, 제44조 제1항, 제46조).

④ (X) '소송의 결과에 따라 권리 또는 이익을 침해를 받는다'는 것은, 취소판결의 형성력 그 자체에 의하여 직접 권리 또는 이익을 침해 받는 경우뿐만 아니라, 판결의 기속을 받는 피고 행정청이나 관계행정청의 새로운 처분에 의하여 권리 이익을 침해받게 되는 경우도 포함된다.

정답 ④

법원이 제3자의 소송참가를 결정할 때에는 미리 당사자의 동의를 얻어야 한다. [11세무사]

| 해설

(X) 행정소송법 제16조 제2항.

IV 소의 대상

1. 대상적격 일반론

2. 처분

322 [17사회복지]

항고소송의 대상적격에 관한 설명으로 옳은 것은? (단, 다툼이 있는 경우 판례에 의함)

① 국유재산의 대부계약에 따른 대부료 부과는 처분성이 있다.

② 행정재산의 사용료 부과는 처분성이 없다.

③ 농지개량조합의 직원에 대한 징계처분은 처분성이 인정된다.

④ 한국마사회가 기수의 면허를 취소하는 것은 처분성이 인정된다.

해설

① (X) 대판 1995.5.12. 94누5281, 대판 2000.2.11. 99다61675.

② (X) 대판 1996. 2. 13. 95누11023.

③ (O) 농지개량조합과 그 직원과의 관계는 사법상의 근로계약관계가 아닌 공법상의 특별권력관계이고, 그 조합의 직원에 대한 징계처분의 취소를 구하는 소송은 행정소송사항에 속한다(대판 1995.06.09. 94누10870).

④ (X) 한국마사회가 조교사 또는 기수의 면허를 부여하거나 취소하는 것은 행정권한의 행사가 아니라 일반 사법상의 법률관계에서 이루어지는 단체 내부에서의 징계 내지 제재처분이다(대판 2008.1.31. 2005두8269).

정답 ③

323 [15국회8급]

다음 중 행정소송에 대한 설명으로 옳지 않은 것은? (다툼이 있는 경우 판례에 의함)

① 거부처분 취소의 확정판결을 받은 행정청이 사실심변론종결 이후 발생한 새로운 사유를 내세워 다시 거부처분을 한 경우도 「행정소송법」 제30조 제2항에 규정된 재처분에 해당한다.
② 행정청의 재량에 속하는 처분이라도 재량권의 한계를 넘거나 그 남용이 있는 때에는 법원은 이를 취소할 수 있다.
③ 어떠한 처분이 상대방의 권리·의무에 직접 영향을 미치는 행위라도 그 처분의 근거가 행정규칙에 규정되어 있는 경우에는 그 처분은 항고소송의 대상이 되는 행정처분에 해당되지 않는다.
④ 처분 당시에는 취소소송의 제기가 법제상 허용되지 않아 소송을 제기할 수 없다가 위헌결정으로 인하여 비로소 취소소송을 제기할 수 있게 된 경우 객관적으로는 위헌결정이 있은 날, 주관적으로는 위헌결정이 있음을 안 날을 제소시간의 기산점으로 삼아야 한다.
⑤ 불특정 다수인에게 고시 또는 공고하는 경우 상대방이 고시 또는 공고 사실을 현실적으로 알았는지와 무관하게 고시가 효력이 발생하는 날에 처분이 있음을 알았다고 보아야 한다.

해설

① (O) 거부처분 후에 개정된 법령 및 허가기준을 새로운 사유로 들어 다시 이전의 신청에 대한 거부처분을 할 수 있으며 그러한 처분도 행정소송법 제30조 제2항에 규정된 재처분에 해당된다(대결 1998.1.7, 97두22).

② (O)

> **행정소송법 제27조(재량처분의 취소)** 행정청의 재량에 속하는 처분이라도 재량권의 한계를 넘거나 그 남용이 있는 때에는 법원은 이를 취소할 수 있다.

③ (X) 어떠한 처분의 근거나 법적인 효과가 행정규칙에 규정되어 있다고 하더라도, 상대방의 권리 의무에 직접 영향을 미치는 행위라면, 이 경우에도 항고소송의 대상이 되는 행정처분에 해당한다(대판 2002.7.26, 2001두3532).

④ (O) 처분 당시에는 취소소송의 제기가 법제상 허용되지 않아 소송을 제기할 수 없다가 위헌결정으로 인하여 비로소 취소소송을 제기할 수 있게 된 경우, 객관적으로는 '위헌결정이 있은 날', 주관적으로는 '위헌결정이 있음을 안 날' 비로소 취소소송을 제기할 수 있게 되어 이때를 제소기간의 기산점으로 삼아야 한다(대판 2008.2.1, 2007두20997).

⑤ (O) 대판 2006.4.14, 2004두3847.

정답 ③

324 [12국가7급]

행정소송으로 다툴 사안으로 옳지 않은 것은? (다툼이 있는 경우 판례에 의함)

① 공정거래위원회의 고발조치 및 고발의결에 관한 소
② 국유재산의 관리청이 무단점유자에 대하여 하는 변상금부과처분에 관한 소
③ 지방의회 의장에 대한 불신임 의결에 관한 소
④ 지방자치단체에 근무하는 청원경찰에 대한 징계처분에 관한 소

해설

① (X) 공정거래위원회의 고발조치는 사직 당국에 대하여 형벌권 행사를 요구하는 행정기관 상호간의 행위에 불과하여 항고소송의 대상이 되는 행정처분이라 할 수 없으며, 더욱이 공정거래위원회의 고발 의결은 행정청 내부의 의사결정에 불과할 뿐 최종적인 처분은 아닌 것이므로 이 역시 항고소송의 대상이 되는 행정처분이 되지 못한다(대판 1995.5.12, 94누13794).

② (O) 국유재산의 관리청이 그 무단점유자에 대하여 하는 변상금부과처분은 관리청이 공권력을 가진 우월적 지위에서 행한 것으로서 행정소송의 대상이 되는 행정처분이라고 보아야 한다(대판 1988.2.23, 87누1046).

③ (O) 지방의회 의장에 대한 불신임의결은 의장으로서의 권한을 박탈하는 행정처분의 일종으로서 항고소송의 대상이 된다(대결 1994.10.11, 94두23).

④ (O) 국가나 지방자치단체에 근무하는 청원경찰은 국가공무원법이나 지방공무원법상의 공무원은 아니지만, 그 근무관계를 사법상의 고용계약관계로 보기는 어려우므로 그에 대한 징계처분의 시정을 구하는 소는 행정소송의 대상이다(대판 1993.7.13, 92다47564).

정답 ①

325 [18서울7급(上)]

〈보기〉의 행위 가운데 처분성이 인정된 것을 모두 고른 것은?

〈보 기〉

ㄱ. 인감증명행위
ㄴ. 자동차운전면허대장상 등재행위
ㄷ. 지적공부상 지목신청변경 반려행위
ㄹ. 건축물대장작성신청의 반려행위

① ㄱ, ㄷ
② ㄴ, ㄷ
③ ㄷ, ㄹ
④ ㄴ, ㄷ, ㄹ

해설

ㄱ. (X) 인감증명행위는 인감증명청이 적법한 신청이 있는 경우에 인감대장에 이미 신고된 인감을 기준으로 출원자의 현재 사용하는 인감을 증명하는 것으로서 구체적인 사실을 증명하는 것일 뿐, 나아가 출원자에게 어떠한 권리가 부여되거나 변동 또는 상실되는 효력을 발생하는 것이 아니다(대판 2001. 7. 10. 2000두2136).

ㄴ. (X) 자동차운전면허대장상 일정한 사항의 등재행위는 운전면허행정사무집행의 편의와 사실증명의 자료로 삼기 위한 것일 뿐 그 등재행위로 인하여 당해 운전면허 취득자에게 새로이 어떠한 권리가 부여되거나 변동 또는 상실되는 효력이 발생하는 것은 아니므로 이는 행정소송의 대상이 되는 독립한 행정처분으로 볼 수 없다(대판 1991. 9. 24. 91누1400).

ㄷ. (O) 지목은 토지소유권을 제대로 행사하기 위한 전제요건으로서 토지소유자의 실체적 권리관계에 밀접하게 관련되어 있으므로 지적공부 소관청의 지목변경신청 반려행위는 국민의 권리관계에 영향을 미치는 것으로서 항고소송의 대상이 되는 행정처분에 해당한다(대판 2004.4.22. 2003두9015)

ㄹ. (O) 행정청이 건축물대장의 작성신청을 거부한 행위는 국민의 권리관계에 영향을 미치는 것으로서 항고소송의 대상이 되는 행정처분에 해당한다(대판 2009.2.12. 2007두17359).

정답 ③

326 [16서울9급]

다음 중 항고소송의 대상이 되는 행정처분을 모두 고른 것은?

ㄱ. 국가인권위원회의 성희롱결정 및 시정조치권고
ㄴ. 지목변경신청 반려행위
ㄷ. 반복된 제2차 대집행계고
ㄹ. 국세환급금결정 신청에 대한 환급거부결정
ㅁ. 지방계약직공무원에 대한 보수삭감 조치

① ㄱ, ㄴ, ㅁ ② ㄱ, ㄹ, ㅁ
③ ㄴ, ㄹ, ㅁ ④ ㄱ, ㄴ, ㄷ, ㄹ

해설

ㄱ. (O) 국가인권위원회의 성희롱결정과 이에 따른 시정조치의 권고는 성희롱 행위자로 결정된 자의 인격권에 영향을 미침과 동시에 공공기관의 장 또는 사용자에게 일정한 법률상의 의무를 부담시키는 것이므로 행정처분에 해당한다(대판 2005.07.08. 2005두487).

ㄴ. (O) 지적공부 소관청의 지목변경신청 반려행위는 국민의 권리관계에 영향을 미치는 것으로서 항고소송의 대상이 되는 행정처분에 해당한다(대판 2004.4.22. 2003두9015).

ㄷ. (X) 제2차, 제3차의 계고처분은 새로운 철거의무를 부과한 것이 아니고 다만 대집행기한의 연기통지에 불과하므로 행정처분이 아니다(대판 1994.10.28. 94누5144).

ㄹ. (X) 국세환급금의 결정에 의하여 비로소 환급청구권이 확정되는 것이 아니므로, 국세환급금결정이나 그 결정을 구하는 신청에 대한 환급거부결정 등은 항고소송의 대상이 되는 처분이라고 볼 수 없다(대판 1994.12.02. 92누14250).

ㅁ. (O) 채용계약상 특별한 약정이 없는 한, 지방계약직공무원에 대하여 지방공무원법, 지방공무원징계및소청규정에 정한 징계절차에 의하지 않고서는 보수를 삭감할 수 없다고 봄이 상당하다(대판 2008.06.12. 2006두16328).

정답 ①

327 [15지방9급]

항고소송의 대상이 되는 행정처분으로 인정되는 것만을 모두 고른 것은? (다툼이 있는 경우 판례에 의함)

ㄱ. 「산업재해보상보험법」상 장해보상금 결정의 기준이 되는 장애등급결정
ㄴ. 한국마사회의 기수에 대한 징계처분
ㄷ. 지적 소관청의 토지분할신청 거부행위
ㄹ. 「하수도법」상 하수도정비기본계획
ㅁ. 건축계획심의신청에 대한 반려처분
ㅂ. 진실·화해를 위한 과거사정리위원회의 진실규명결정
ㅅ. 어업권면허에 선행하는 우선순위결정

① ㄱ, ㄴ, ㄷ, ㄹ ② ㄱ, ㄷ, ㅁ, ㅂ
③ ㄴ, ㄹ, ㅁ, ㅅ ④ ㄷ, ㅁ, ㅂ, ㅅ

해설

② 항고소송의 대상이 되는 행정처분으로 인정되는 것은 ㄱ, ㄷ, ㅁ, ㅂ 이다.

ㄱ. (O) 대판 2002.4.26., 2001두8155.
ㄴ. (X) 대판 2008.1.31, 2005두8269.
ㄷ. (O) 대판 1993.3.23, 91누8968.
ㄹ. (X) 대판 2002.5.17, 2001두10578.
ㅁ. (O) 대판 2007.10.11, 2007두1316.
ㅂ. (O) 대판 2013.1.16, 2010두22856.
ㅅ. (X) 대판 1995.1.20, 94누6529.

정답 ②

328 [18국회8급]

다음 중 항고소송의 대상이 될 수 있는 것은? (다툼이 있는 경우 판례에 의함)

① 상훈대상자를 결정할 권한이 없는 국가보훈처장이 기포상자에게 훈격재심사계획이 없다고 한 회신
② 「농지법」에 의하여 군수가 특정지역의 주민들을 대리경작자로 지정한 행위에 따라 그 지역의 읍장과 면장이 영농할 세대를 선정하는 행위
③ 지방자치단체의 장이 그 지방자치단체 소유의 밭에 측백나무 300그루를 식재하는 행위
④ 교도소장이 수형자를 '접견내용 녹음 · 녹화 및 접견 시 교도관 참여대상자'로 지정하는 행위
⑤ 제1차 철거대집행 계고처분에 응하지 아니한 경우에 발한 제2차 계고처분

해설

① (X) 행정청의 공권력의 행사로서 구체적인 권리의무에 관한 분쟁이 아닌 단순한 사실행위는 행정소송의 대상이 되지 아니한다. 상훈대상자를 결정할 권한이 없는 국가보훈처장이 기포상자에게 훈격재심사계획이 없다고 한 회신은 단순한 사실행위에 불과하다(대판 1989. 1. 24. 88누3116).

② (X) 군수가 농지의 보전 및 이용에 관한 법률에 의하여 특정지역의 주민들을 대리경작자로 지정한 행위는 그 주민들에게 유휴농지를 경작할 수 있는 권리를 부여하는 행정처분이고 이에 따라 그 지역의 읍장과 면장이 영농할 세대를 선정한 행위는 위 행정처분의 통지를 대행한 사실행위에 불과하다(대판 1980. 9. 9. 80누308).

③ (X) 부산시 서구청장이 원고 소유의 밭에 측백나무 300주를 식재한 것은 공법상의 법률행위가 아니라 사실행위에 불과하므로 행정소송의 대상이 아니다(대판 1979. 7. 24. 79누173).

④ (O) 교도소장이 수형자 갑을 '접견내용 녹음 · 녹화 및 접견 시 교도관 참여대상자'로 지정한 사안에서, 위 지정행위는 수형자의 구체적 권리의무에 직접적 변동을 가져오는 행정청의 공법상 행위로서 항고소송의 대상이 되는 '처분'에 해당한다(대판 2014.2.13. 2013두20899).

⑤ (X) 행정대집행법상의 건물철거의무는 제1차 철거명령 및 계고처분으로서 발생하였고 제2차, 제3차의 계고처분은 새로운 철거의무를 부과한 것이 아니고 다만 대집행기한의 연기통지에 불과하므로 행정처분이 아니다(대판 1994.10.28. 94누5144).

정답 ④

329 [17사회복지]

행정행위 또는 처분에 대한 기술로 옳은 것은? (단, 다툼이 있는 경우 판례에 의함)

① 상급행정기관의 하급행정기관에 대한 승인·동의·지시 등은 행정기관 상호 간의 내부행위로서 항고소송의 대상이 되는 행정처분이라 볼 수 없다.

② 통상 고시 또는 공고에 의하여 행정처분을 하는 경우에 행정처분이 있었음을 안 날이란 행정처분의 이해관계를 갖는 자가 고시 또는 공고가 있었다는 사실을 현실적으로 안 날이 된다.

③ 지방경찰청장의 횡단보도 설치행위는 국민의 구체적인 권리의무에 직접적인 변동을 초래하지 않으므로 행정소송법상 처분에 해당하지 않는다.

④ 「도로법」상 도로구역의 결정·변경고시는 행정처분으로서 「행정절차법」 제21조 제1항의 사전통지나 제22조 제3항의 의견청취의 절차를 거쳐야 한다.

해설

① (O) 상급행정기관의 하급행정기관에 대한 승인·동의·지시 등은 행정기관 상호간의 내부행위로서 국민의 권리의무에 직접 영향을 미치는 것이 아니므로 항고소송의 대상이 되는 행정처분에 해당한다고 볼 수 없다(대판 1997. 9. 26. 97누8540).

② (X) 대판 2007.06.14. 2004두619.

③ (X) 지방경찰청장이 횡단보도를 설치하여 보행자의 통행방법 등을 규제하는 것은, 국민의 권리의무에 직접 관계가 있는 행위로서 행정처분이라고 보아야 할 것이다(대판 2000.10.27. 98두8964).

④ (X) 도로법 제25조 제3항이 도로구역을 결정하거나 변경할 경우 이를 고시에 의하도록 하면서, 그 도면을 일반인이 열람할 수 있도록 한 점 등을 종합하여 보면, 도로구역을 변경한 이 사건 처분은 행정절차법 제21조 제1항의 사전통지나 제22조 제3항의 의견청취의 대상이 되는 처분은 아니라고 할 것이다(대판 2008. 6. 12. 2007두1767).

정답 ①

330 [17국가9급]

대법원 판례의 입장으로 옳지 않은 것은?

① 「행정소송법」 제26조는 행정소송에서 직권심리주의가 적용되도록 하고 있지만, 행정소송에서도 당사자주의나 변론주의의 기본 구도는 여전히 유지된다.

② 영업자에 대한 행정제재처분에 대하여 행정심판위원회가 영업자에게 유리한 적극적 변경명령재결을 하고 이에 따라 처분청이 변경처분을 한 경우, 그 변경처분에 의해 유리하게 변경된 행정제재가 위법하다는 이유로 그 취소를 구하려면 변경된 내용의 당초처분을 취소소송의 대상으로 하여야 한다.

③ 원자로 및 관계시설의 부지사전승인처분은 그 자체로서 독립한 행정처분은 아니므로 이의 위법성을 직접 항고소송으로 다툴 수는 없고 후에 발령되는 건설허가처분에 대한 항고소송에서 다투어야 한다.

④ 구「폐기물관리법」 관계 법령상의 폐기물처리업허가를 받기 위한 사업계획에 대한 부적정통보는 허가신청 자체를 제한하는 등 개인의 권리 내지 법률상의 이익을 개별적이고 구체적으로 규제하고 있어 행정처분에 해당한다.

해설

① (O) 행정소송과 행정심판 모두 변론주의를 원칙으로 하면서 직권심리주의를 보충하고 있다.

[관련판례] 행정소송법 제26조가 법원은 필요하다고 인정할 때에는 직권으로 증거조사를 할 수 있고, 당사자가 주장하지 아니한 사실에 대하여도 판단할 수 있다고 규정하고 있지만, 이는 행정소송의 특수성에 연유하는 당사자주의, 변론주의에 대한 일부 예외 규정일 뿐 법원이 아무런 제한 없이 당사자가 주장하지 아니한 사실을 판단할 수 있는 것은 아니고, 일건 기록에 현출되어 있는 사항에 관하여서만 직권으로 증거조사를 하고 이를 기초로 하여 판단할 수 있을 따름이고, 그것도 법원이 필요하다고 인정할 때에 한하여 청구의 범위 내에서 증거조사를 하고 판단할 수 있을 뿐이다(대판 1994.10.11. 94누4820).

② (O) 대판 2007.04.27. 2004두9302.

③ (X) 원자로 및 관계 시설의 부지사전승인처분은 그 자체로서 건설부지를 확정하고 사전공사를 허용하는 법률효과를 지닌 독립한 행정처분이기는 하지만, 나중에 건설허가처분이 있게 되면 그 건설허가처분에 흡수되어 독립된 존재가치를 상실함으로써 그 건설허가처분만이 쟁송의 대상이 되는 것이므로, 부지사전승인처분의 취소를 구하는 소는 소의 이익을 잃게 되고, 따라서 부지사전승인처분의 위법성은 나중에 내려진 건설허가처분의 취소를 구하는 소송에서 이를 다투면 된다(대판 1998.9.4. 97누19588).

④ (O) 대판 1998.4.28. 97누21086.

정답 ③

3. 재결

331 [12서울9급]

재결에 대한 취소소송에 있어 그 대상에 관한 설명으로 옳지 않은 것은? (다툼이 있는 경우 대법원 판례에 의함)

① 현행 행정소송법은 원처분주의를 취하고 있다.

② 제3자효 행정행위에서 제3자의 심판청구에 의해 인용재결이 있는 경우 처분의 상대방은 그 재결을 대상으로 취소소송을 제기할 수 있다.

③ 소청심사위원회가 징계혐의자에 대한 감봉 1개월의 징계처분을 견책으로 변경한 소청결정을 한 경우에 소청결정자체에 고유한 위법이 없는 한 소청결정을 취소소송의 대상으로 할 수 없다.

④ 공익사업을 위한 토지 등의 취득 및 보상에 관한 법률상 중앙토지수용위원회의 이의재결에 대한 불복으로서 취소소송의 대상은 재결주의에 따라 수용재결이 된다.

⑤ 재결 자체의 고유한 위법이 없는 경우에도 재결에 대한 취소소송을 제기한 경우에는 기각판결을 하여야 한다.

해설

① (O) 행정소송법 제19조.

② (O) 제3자효를 수반하는 행정행위에 대한 행정심판청구에 있어서 그 청구를 인용하는 내용의 재결로 인하여 비로소 권리이익을 침해받게 되는 자는 그 인용재결에 대하여 다툴 필요가 있고, 그 인용재결은 원처분과 내용을 달리하는 것이므로 그 인용재결의 취소를 구하는 것은 원처분에는 없는 재결에 고유한 하자를 주장하는 셈이어서 당연히 항고소송의 대상이 된다(대판 2001.5.29. 99두10292).

③ (O) 징계혐의자에 대한 감봉 1월의 징계처분을 견책으로 변경한 소청결정 중 그를 견책에 처한 조치는 재량권의 남용 또는 일탈로서 위법하다는 사유는 소청결정 자체에 고유한 위법을 주장하는 것으로 볼 수 없어 소청결정의 취소사유가 될 수 없다(대판 1993.8.24. 93누5673).

④ (X) 수용재결에 불복하여 취소소송을 제기하는 때에는 이의신청을 거친 경우에도 수용재결을 한 중앙토지수용위원회 또는 지방토지수용위원회를 피고로 하여 수용재결의 취소를 구하여야 하고, 다만 이의신청에 대한 재결 자체에 고유한 위법이 있음을 이유로 하는 경우에 이의재결의 취소를 구할 수 있다(대판 2010.1.28. 2008두1504).

⑤ (O) 재결 자체에 고유한 위법이 없는 경우에는 원처분의 당부와는 상관없이 당해 재결취소소송은 이를 기각하여야 한다(대판 1994.1.25. 93누16901).

정답 ④

332 [18서울7급(上)]

A도 내 B시에 거주하는 갑(甲)은 「학교폭력예방 및 대책에 관한 법률」에 의하여 교내에서 출석정지 5일의 처분을 받고 이에 대해서 행정심판을 제기하여 다투고자 한다. 이에 관한 설명으로 가장 옳지 않은 것은?

① 행정심판의 제기기간은 처분 통지서를 받은 날부터 90일 이내이다.

② 행정심판기관은 A도교육청에 설치된 행정심판위원회이다.

③ 행정심판기관은 출석정지 처분을 피해학생에 대한 서면사과 처분으로 변경하는 재결을 할 수 있다.

④ 서면사과도 과중한 처벌이라고 하여 불복하는 경우에는 재결을 취소소송의 대상으로 한다.

해설

① (O)

> **행정심판법 제27조(심판청구의 기간)** ① 행정심판은 처분이 있음을 알게 된 날부터 90일 이내에 청구하여야 한다.

② (O)

> **행정심판법 제6조(행정심판위원회의 설치)** ③ 다음 각 호의 행정청의 처분 또는 부작위에 대한 심판청구에 대하여는 시·도지사 소속으로 두는 행정심판위원회에서 심리·재결한다.
> 1. 시·도 소속 행정청

③ (O)

> **행정심판법 제43조(재결의 구분)** ③ 위원회는 취소심판의 청구가 이유가 있다고 인정하면 처분을 취소 또는 다른 처분으로 변경하거나 처분을 다른 처분으로 변경할 것을 피청구인에게 명한다.

④ (X)

> **행정소송법 제19조(취소소송의 대상)** 취소소송은 처분등을 대상으로 한다. 다만, 재결취소소송의 경우에는 재결 자체에 고유한 위법이 있음을 이유로 하는 경우에 한한다.

정답 ④

333 [15지방9급]

행정소송에 대한 판례의 입장으로 옳지 않은 것은?

① 일반적 · 추상적인 법령 그 자체로서 국민의 구체적인 권리 · 의무에 직접적인 변동을 초래하는 것이 아닌 것은 취소소송의 대상이 될 수 없다.

② 행정소송의 대상이 되는 행정처분의 존부는 소송요건으로서 직권조사사항이고, 자백의 대상이 될 수 없는 것이므로, 설사 그 존재를 당사자들이 다투지 아니한다 하더라도 그 존부에 관하여 의심이 있는 경우에는 이를 직권으로 밝혀 보아야 할 것이다.

③ 「행정소송법」상 행정청이 일정한 처분을 하지 못하도록 그 부작위를 구하는 청구는 허용되지 않는 부적법한 소송이다.

④ 행정심판청구가 부적법하지 않음에도 각하한 재결은 원처분주의에 의해서 취소소송의 대상이 되지 않는다.

해설

① (O) 일반적, 추상적인 법령이나 규칙 등은 그 자체로서 국민의 구체적인 권리의무에 직접적 변동을 초래케 하는 것이 아니므로 그 대상이 될 수 없다(대판 1992.3.10, 91누12639).

② (O) 행정소송에서 쟁송의 대상이 되는 행정처분의 존부는 소송요건으로서 직권조사사항이다(대판 2004.12.24, 2003두15195).

③ (O) 행정소송법상 행정청이 일정한 처분을 하지 못하도록 그 부작위를 구하는 청구는 허용되지 않는 부적법한 소송이라 할 것이다(대판 2006.5.25, 2003두11988).

④ (X) 심판청구가 부적법하지 않음에도 실체심리를 하지 아니한 채 각하한 경우에는 실체심리를 받을 권리를 박탈당한 것이므로 재결에 고유한 하자가 있어 이러한 경우 재결은 취소소송의 대상이 된다(대판 2001.7.27, 99두2970).

정답 ④

334 [17국가9급(下)]

다음 사례에 대한 설명으로 옳은 것은? (다툼이 있는 경우 판례에 의함)

> 국토교통부장관은 몰디브 직항 항공노선 1개의 면허를 국내 항공사에 발급하기로 결정하고, 이 사실을 공고하였다. 이에 따라 A항공사와 B항공사는 각각 노선면허취득을 위한 신청을 하였는데, 국토교통부장관은 심사를 거쳐 A항공사에게 노선면허를 발급(이하 '이 사건 노선면허발급처분'이라 한다)하였다.

① B항공사는 이 사건 노선면허발급처분에 대해 취소소송을 제기할 원고적격이 인정되지 않는다.

② B항공사가 자신에 대한 노선면허발급거부처분에 대해 취소소송을 제기하여 인용판결을 받더라도 이 사건 노선면허발급처분이 취소되지 않는 이상 자신이 노선면허를 발급받을 수는 없으므로 B항공사에게는 자신에 대한 노선면허발급거부처분의 취소를 구할 소의 이익이 인정되지 않는다.

③ 만약 B항공사가 이 사건 노선면허발급처분에 대한 행정심판을 청구하여 인용재결을 받는다면, A항공사는 그 인용재결의 취소를 구하는 소송을 제기할 수 있다.

④ 만약 위 사례와 달리 C항공사가 몰디브 직항 항공노선에 관하여 이미 노선면허를 가지고 있었는데, A항공사가 국토교통부장관에게 몰디브 직항 항공노선면허를 신청하였고 이에 대해 국토교통부장관이 A항공사에게도 신규로 노선면허를 발급한 것이라면, C항공사는 A항공사에 대한 노선면허발급처분에 대해 취소소송을 제기할 원고적격이 없다.

해설

① (X) 행정처분을 신청한 수인이 서로 경쟁관계에 있어서 일방에 대한 허가 등의 처분이 타방에 대한 불허가 등으로 귀결될 수밖에 없는 때 허가 등의 처분을 받지 못한 자는 비록 경원자에 대하여 이루어진 허가 등 처분의 상대방이 아니라 하더라도 당해 처분의 취소를 구할 원고 적격이 있다(대판 2009.12.10. 2009두8359).

② (X) 취소판결이 확정되는 경우 판결의 직접적인 효과로 경원자에 대한 허가 등 처분이 취소되거나 효력이 소멸되는 것은 아니더라도 행정청은 신청에 관하여 다시 심사하여야 할 의무가 있으며, 원고에게 수익적 처분이 이루어질 가능성을 완전히 배제할 수는 없으므로, 경원관계에서 허가 등 처분을 받지 못한 사람은 자신에 대한 거부처분의 취소를 구할 소의 이익이 있다(대판 2015. 10. 29. 2013두27517).

③ (O) 대판 2001.5.29, 99두10292.

④ (X) 해당 행위가 특허에 해당하는 경우 기존업자는 신규면허발급에 대해 소송을 제기할 수 있다.

> **[관련판례]** 항공법 제112조에 의한 노선면허는 특정 항공사로 하여금 당해 노선에 취항하여 항공운송사업을 영위할 수 있도록 하는 내용의 권리를 설정하는 행위로서 강학상 '특허'에 해당한다(서울행정법원 2005. 9. 8. 2004구합35622).

정답 ③

335 [14국회8급]

다음의 설명 중 옳은 것은?

① 행정심판전치주의가 적용되도록 하는 규정이 있는 경우일지라도 처분의 무효를 구하는 소송에는 행정심판전치주의가 적용되지 않으므로 무효사유의 하자를 취소소송으로 다투는 경우에도 행정심판을 거칠 필요가 없다.

② 행정심판전치주의가 적용되는 경우에 행정심판을 제기하고 행정심판의 재결을 거치지 않아도 되는 경우는 현행법상 규정되어 있지 않다.

③ 행정처분의 상대방에게 행정심판전치주의가 적용되는 경우라도, 제3자가 제기하는 행정소송의 경우 제3자는 행정처분의 존재를 알지 못하고 행정심판에 대한 고지도 받지 못하게 되므로 행정심판전치주의가 적용되지 않는다.

④ 둘 이상의 행정심판절차가 존재하는 경우라면 명문규정이 없어도 그 중 어느 하나는 거쳐야 한다.

⑤ 감사원의 심사청구를 거친 경우에는 다른 행정심판절차를 거칠 필요 없이 바로 행정소송을 제기할 수 있다.

해설

① (X) 행정처분의 당연무효를 선언하는 의미에서 그 취소를 구하는 행정소송을 제기하는 경우에는 전치절차와 그 제소기간의 준수 등 취소소송의 제소요건을 갖추어야 한다(대판 1987.6.9. 87누219).

② (X) 행정소송법 제18조 제2항에서 행정심판전치주의가 적용되는 경우에 행정심판을 제기하고 행정심판의 재결을 거치지 않아도 되는 경우(재결을 기다릴 필요가 없이)를 규정하고 있다.

③ (X) 제3자가 행정처분이 있는 것을 알기가 어렵다는 점은 행정심판법 제27조 제3항 단서의 정당한 사유로 보는 등 행정심판 제기기간에 특수성을 인정하면 족하다고 하여 제3자가 제소하는 경우에도 행정심판전치주의가 적용된다(대판 1989.5.9. 88누5150).

④ (X) 둘 이상의 행정심판절차가 임의적 행정심판절차이고 명문의 규정이 없다면 모두 거칠 필요가 없다.

⑤ (O) 감사원의 감사청구 및 결정을 거친 처분에 대해서는 다른 행정심판을 거치지 않고 행정소송을 제기할 수 있다고 규정하고 있다(국세기본법 제55조 제5항 3호, 제56조 제4항).

정답 ⑤

336 [18서울9급]

재결취소소송에 대한 설명으로 가장 옳지 않은 것은?

① 교원징계처분에 대해 취소소송을 제기하는 경우 사립학교 교원이나 국공립학교 교원 모두 원처분주의가 적용된다.

② 국공립학교 교원의 경우에는 원처분주의에 따라 원처분만이 소의 대상이 된다.

③ 사립학교 교원에 대한 학교법인의 징계는 항고소송의 대상이 되는 처분이 아니다.

④ 사립학교 교원의 경우에는 소청심사위원회의 결정이 원처분이 된다.

해설

① (O) 원처분주의가 적용되는 점은 동일하다. 다만 사립학교 교원의 경우 소청심사위원회의 결정이라는 하나의 처분만 존재하는 관계로 논란의 여지가 있는 지문이다.

② (X) 재결 자체에 고유한 하자가 있는 경우 재결도 소송의 대상이 될 수 있다.

③ (O) ④ (O) 사립학교 교원과 학교법인의 관계를 공법상의 권력관계라고는 볼 수 없으므로 사립학교 교원에 대한 학교법인의 해임처분을 취소소송의 대상이 되는 행정청의 처분으로 볼 수 없고, 따라서 학교법인을 상대로 한 불복은 행정소송에 의할 수 없고 민사소송절차에 의할 것이다. 사립학교 교원에 대한 해임처분에 대한 구제방법으로 학교법인을 상대로 한 민사소송 이외 교원지위향상을위한특별법 제7 내지 10조에 따라 교육부 내에 설치된 교원징계재심위원회에 재심청구를 하고 교원징계재심위원회의 결정에 불복하여 행정소송을 제기하는 방법도 있으나, 이 경우에도 행정소송의 대상이 되는 행정처분은 교원징계재심위원회의 결정이지 학교법인의 해임처분이 행정처분으로 의제되는 것이 아니며 또한 교원징계재심위원회의 결정을 이에 대한 행정심판으로서의 재결에 해당되는 것으로 볼 수는 없다(대판 1993.2.12. 92누13707).

정답 ②

V 소의 제기

1. 소송요건

337 [16서울7급]

다음 사례에서 갑(甲)이 취소소송을 제기할 때, 그 취소소송의 제소기간은?

A구청장은 법령 위반을 이유로 甲에 대하여 3월의 영업정지 처분을 하였고, 甲은 2015년 12월 26일 처분서를 송달받았다. 이에 대하여 甲이 행정심판을 청구하자, 행정심판위원회는 2016년 3월 6일 "A구청장은 甲에 대하여 한 3월의 영업정지 처분을 과징금부과처분으로 변경하라." 라는 일부 기각(일부 인용)의 재결을 하였고, 그 재결서 정본은 2016년 3월 10일 甲에게 도달하였다. A구청장은 이 재결취지에 따라 2016년 3월 13일 甲에 대하여 과징금부과처분을 하였다. 甲은 A구청장을 상대로 과징금부과처분의 취소를 구하는 취소소송을 제기하려고 한다.

① 2015년 12월 26일로부터 90일
② 2016년 3월 6일로부터 90일
③ 2016년 3월 10일로부터 90일
④ 2016년 3월 13일로부터 90일

해설

행정심판을 거쳐 취소소송을 제기하는 경우 제소기간은 행정심판의 재결서 정본을 송달받은 날인 2016년 3월 10일부터 90일이다.

행정소송법 제20조(제소기간) ① 취소소송은 처분 등이 있음을 안 날부터 90일 이내에 제기하여야 한다. 다만, 제18조제1항 단서에 규정한 경우와 그 밖에 행정심판청구를 할 수 있는 경우 또는 행정청이 행정심판청구를 할 수 있다고 잘못 알린 경우에 행정심판청구가 있은 때의 기간은 재결서의 정본을 송달받은 날부터 기산한다.

정답 ③

338 [16국가7급]

조세행정에 대한 설명으로 옳은 것은? (다툼이 있는 경우 판례에 의함)

① 세무조사결정 자체는 조사종료 후의 과세처분과는 달리 상대방의 법률상 지위에 직접적으로 법률적 변동을 일으키지 아니하므로 항고소송의 대상이 되는 행정처분에 해당하지 않는다.
② 위법한 지방세 부과처분에 대한 행정소송은 「지방세기본법」에 따른 심사청구 또는 심판청구와 그에 대한 결정을 거치지 아니하면 제기할 수 없다.
③ 「국세기본법」상의 이의신청에 대한 재조사결정에 따른 심사청구기간이나 심판청구기간은 이의신청인이 후속 처분의 통지를 받은 날부터 기산된다.
④ 법령상 이미 존재와 범위가 확정되어 있는 조세과오납부액의 반환을 구하는 소송은 「행정소송법」상 당사자소송의 절차에 따라야 한다.

해설

① (X) 세무조사결정은 납세의무자의 권리·의무에 직접 영향을 미치는 공권력의 행사에 따른 행정작용으로서 항고소송의 대상이 된다(대판 2011.03.10. 2009두23617).

② (O)

지방세기본법 제98조(다른 법률과의 관계) ③ 제89조에 규정된 위법한 처분에 대한 행정소송은 「행정소송법」 제18조제1항 본문, 같은 조 제2항 및 제3항에도 불구하고 이 법에 따른 심판청구와 그에 대한 결정을 거치지 아니하면 제기할 수 없다. 다만, 심판청구에 대한 재조사 결정(제100조에 따라 심판청구에 관하여 준용하는 「국세기본법」 제65조제1항제3호 단서에 따른 재조사 결정을 말한다)에 따른 처분청의 처분에 대한 행정소송은 그러하지 아니하다.

③ (O) 재조사결정에 따른 심사청구기간이나 심판청구기간 또는 행정소송의 제소기간은 이의신청인 등이 후속 처분의 통지를 받은 날부터 기산된다고 봄이 타당하다(대판 2010.06.25. 2007두12514 전원합의체).

④ (X) 조세부과처분이 당연무효임을 전제로 하여 이미 납부한 세금의 반환을 청구하는 것은 민사상의 부당이득반환청구로서 민사소송절차에 따라야 한다(대판 1995.04.28. 94다55019). 납부한 양도소득세 일부의 환급사유가 생겼다면, 행정쟁송을 할 것이 아니라 바로 부당이득의 반환을 구하는 민사소송으로 그 환급청구를 하면 된다(대판 1991.7.9. 91다13342).

정답 ②, ③

339 [17국가7급]

행정소송에서 소송이 각하되는 경우에 해당하는 것만을 모두 고른 것은? (다툼이 있는 경우 판례에 의함)

ㄱ. 신청권이 없는 신청에 대한 거부행위에 대하여 제기된 거부처분 취소소송
ㄴ. 재결 자체에 고유한 위법이 없음에도 재결에 대해 제기된 재결취소소송
ㄷ. 행정심판의 필요적 전치주의가 적용되는 경우, 부적법한 취소심판의 청구가 있었음에도 행정심판위원회가 기각재결을 하자 원처분에 대하여 제기한 취소소송
ㄹ. 사실심 단계에서는 원고적격을 구비하였으나 상고심에서 원고적격이 흠결된 취소소송

① ㄱ, ㄷ ② ㄴ, ㄷ
③ ㄱ, ㄷ, ㄹ ④ ㄱ, ㄴ, ㄹ

해설

ㄱ. 각하. 거부행위가 행정처분에 해당하려면, 행정청의 행위를 요구할 법규상 또는 조리상의 신청권이 그 국민에게 있어야 하고, 이러한 신청권의 근거 없이 한 국민의 신청을 행정청이 받아들이지 아니한 경우에는 행정처분이라고 할 수 없다(대판 2005.02.25. 2004두4031).

ㄴ. 기각. 대판 1994.01.25. 93누16901.

ㄷ. 각하. 행정심판청구가 기간 도과로 인하여 부적법한 경우에는 행정소송 역시 전치의 요건을 충족치 못한 것이 되어 부적법 각하를 면치 못하는 것이고, 이 점은 행정청이 행정심판의 제기기간을 도과한 부적법한 심판에 대하여 그 부적법을 간과한 채 실질적 재결을 하였다 하더라도 달라지는 것이 아니다(대판 1991.6.25. 90누8091).

ㄹ. 각하. 원고적격은 소송요건의 하나로서 사실심변론종결시는 물론 상고심에서도 존속하여야 하고 이를 흠결하면 부적법한 소가 된다(대판 2007. 4. 12. 2004두7924).

정답 ③

340 [18지방7급]

취소소송의 소송요건을 충족하지 않은 경우에 해당하는 것만을 모두 고르면? (다툼이 있는 경우 판례에 의함)

ㄱ. 기간제로 임용된 국·공립대학의 조교수에 대해 임용기간 만료로 한 재임용거부에 대하여 제기된 거부처분 취소소송
ㄴ. 처분이 있음을 안 날부터 90일이 경과하였으나, 아직 처분이 있은 날부터 1년이 경과되지 않은 시점에서 제기된 취소소송
ㄷ. 사실심 변론종결시에는 원고적격이 있었으나, 상고심에서 원고적격이 흠결된 취소소송

① ㄱ
② ㄷ
③ ㄴ, ㄷ
④ ㄱ, ㄴ, ㄷ

해설

ㄱ. (O) 기간제로 임용되어 임용기간이 만료된 국·공립대학의 조교수는 재임용 여부에 관하여 합리적인 기준에 의한 공정한 심사를 요구할 법규상 또는 조리상 신청권을 가진다고 할 것이니, 임용권자가 임용기간이 만료된 조교수에 대하여 재임용을 거부하는 취지로 한 임용기간만료의 통지는 위와 같은 대학교원의 법률관계에 영향을 주는 것으로서 행정소송의 대상이 되는 처분에 해당한다(대판 2004.4.22. 2000두7735 전원합의체).

ㄴ. (X) 두 기간 중 어느 하나의 기간이라도 먼저 경과하면 취소소송을 제기할 수 없다.

> **행정소송법 제20조(제소기간)** ① 취소소송은 처분등이 있음을 안 날부터 90일 이내에 제기하여야 한다. 다만, 제18조 제1항 단서에 규정한 경우와 그 밖에 행정심판청구를 할 수 있는 경우 또는 행정청이 행정심판청구를 할 수 있다고 잘못 알린 경우에 행정심판청구가 있은 때의 기간은 재결서의 정본을 송달받은 날부터 기산한다.
> ② 취소소송은 처분등이 있은 날부터 1년(제1항 단서의 경우는 재결이 있은 날부터 1년)을 경과하면 이를 제기하지 못한다. 다만, 정당한 사유가 있는 때에는 그러하지 아니하다.
> ③ 제1항의 규정에 의한 기간은 불변기간으로 한다.

ㄷ. (X) 원고적격은 소송요건의 하나로서 사실심변론종결시는 물론 상고심에서도 존속하여야 하고 이를 흠결하면 부적법한 소가 된다(대판 2007. 4. 12. 2004두7924).

정답 ③

2. 소의 변경

341 [13세무사]

행정소송법상 소의 종류의 변경에 관한 설명으로 옳은 것은?

① 항고소송과 당사자소송 간의 소의 변경은 허용되지 아니한다.

② 상고심에서도 소의 변경이 가능하다.

③ 피고의 변경이 수반되는 소의 변경도 허용된다.

④ 소의 변경은 청구의 기초에 변경이 있더라도 가능하다.

⑤ 구소가 적법하게 제기되었다면 변경되는 신소는 적법요건을 구비하지 않아도 된다.

해설

① (X) 당사자소송 또는 취소소송외의 항고소송으로 변경할 수 있다(행정소송법 제21조 제1항).

② (X) 소의 변경은 사실심 변론종결시까지 가능하다. 상고심(대법원)에서는 허용되지 않는다.

③ (O) 피고가 달라지는 취소소송을 당사자소송으로 변경하는 것이 가능하다.

④ (X) 소의 변경은 청구의 기초에 변경이 없어야 한다(행정소송법 제21조 제1항).

⑤ (X) 소의 변경에서 변경되는 새로운 소는 적법하여야 한다.

정답 ③

3. 처분사유의 추가·변경

342 [13국가7급]

처분사유의 추가·변경에 대한 판례의 태도로 옳은 것은?

① 피고의 방어권 보장을 위해 기본적 사실관계의 동일성이 없더라도 처분사유의 추가·변경을 인정한다.

② 추가 또는 변경된 사유가 당초의 처분시 그 사유가 명기되지 않았을 뿐 처분시에 이미 존재하고 있었고 당사자도 그 사실을 알고 있었다면 당초의 처분사유와 동일성이 인정된다.

③ 군사시설보호구역 밖의 토지에 주유소를 설치·경영하도록 하기 위한 석유판매업 허가를 함에 있어서 관할 부대장의 동의를 얻어야 할 법령상의 근거가 없음에도 그 동의가 없다는 이유로 한 불허가처분에 대한 소송에서, 당해 토지가 탄약창에 근접한 지점에 위치하고 있다는 사실을 불허가사유로 추가하는 것은 허용되지 않는다.

④ 주택신축을 위한 산림형질변경허가신청에 대한 거부처분의 근거로 제시된 준농림지역에서의 행위제한이라는 사유와 나중에 거부처분의 근거로 추가한 자연경관 및 생태계의 교란, 국토 및 자연의 유지와 환경보전 등 중대한 공익상의 필요라는 사유는 기본적 사실관계의 동일성이 없다.

해설

① (X) ② (X) 대판 2011.11.24. 2009두19021.

③ (O) 피고는 석유판매업허가신청에 대하여 관할 군부대장의 동의를 얻지 못하였다는 이유로 이를 불허가하였다가, 소송에서 위 토지는 탄약창에 근접한 지점에 위치하고 있어 공공의 안전과 군사시설의 보호라는 공익적인 측면에서 보아 허가신청을 불허한 것은 적법하다는 것을 불허가사유로 추가한 경우, 기본적 사실관계에 있어서의 동일성이 인정되지 아니하는 별개의 사유라고 할 것이므로 불허가처분의 근거로 추가할 수 없다(대판 1991.11.8. 91누70).

④ (X) 준농림지역에서의 행위제한이라는 사유와 나중에 거부처분의 근거로 추가한 자연경관 및 생태계의 교란, 국토 및 자연의 유지와 환경보전 등 중대한 공익상의 필요라는 사유는 기본적 사실관계에 있어서 동일성이 인정된다(대판 2004.11.26. 2004두4482).

정답 ③

343 [19서울7급]

행정소송에 있어 처분사유의 추가 · 변경에 대한 설명으로 가장 옳은 것은?

① 처분사유의 추가 · 변경은 사실심의 확정판결시까지만 허용된다.

② 추가 또는 변경된 사유가 처분 당시 이미 존재하고 있었거나 당사자가 그 사실을 알고 있었던 경우, 이러한 사정만으로도 당초의 처분사유와 동일성이 인정된다.

③ 외국인 갑(甲)이 법무부장관에게 귀화신청을 하였으나 법무부장관이 '품행 미단정'을 불허사유로 「국적법」상의 요건을 갖추지 못하였다며 신청을 받아들이지 않는 처분을 하였는데, 법무부장관이 갑을 '품행 미단정'이라고 판단한 이유에 대하여 제1심 변론절차에서 「자동차관리법」 위반죄로 기소유예를 받은 전력 등을 고려하였다고 주장한 후, 제2심 변론절차에서 불법 체류전력 등의 제반사정을 추가로 주장할 수 있다.

④ 이동통신요금 원가 관련 정보공개청구에 대해 행정청이 별다른 이유를 제시하지 아니한 채 통신요금과 관련한 총괄원가액수만을 공개한 후, 정보공개거부처분 취소소송에서 원가 관련 정보가 법인의 영업상 비밀에 해당한다는 비공개사유를 주장하는 것은, 그 기본적 사실관계가 동일하다고 볼 수 있는 사유를 추가하는 것이다.

해설

① (X) 행정청은 기본적 사실관계의 동일성이 있다고 인정되는 한도 내에서만 다른 처분사유를 추가, 변경할 수 있다고 할 것이나 이는 사실심 변론종결시까지만 허용된다(대판 1999.08.20. 98두17043).

② (X) 추가 또는 변경된 사유가 당초의 처분시 그 사유를 명기하지 않았을 뿐 처분시에 이미 존재하고 있었고 당사자도 그 사실을 알고 있었다 하여 당초의 처분사유와 동일성이 있는 것이라 할 수 없다(대판 2003.12.11. 2001두8827).

③ (O) 외국인 갑이 법무부장관에게 귀화신청을 하였으나 법무부장관이 심사를 거쳐 '품행 미단정'을 불허사유로 국적법상의 요건을 갖추지 못하였다며 신청을 받아들이지 않는 처분을 하였는데, 법무부장관이 갑을 '품행 미단정'이라고 판단한 이유에 대하여 제1심 변론절차에서 자동차관리법위반죄로 기소유예를 받은 전력 등을 고려하였다고 주장하였다가 원심 변론절차에서 불법체류한 전력이 있다는 추가적인 사정까지 고려하였다고 주장한 사안에서, 법무부장관이 원심에서 추가로 제시한 불법 체류 전력 등의 제반 사정은 처분사유의 근거가 되는 기초 사실 내지 평가요소에 지나지 않으므로, 추가로 주장할 수 있다(대판 2018. 12. 13. 2016두31616).

④ (X) 피고가 원고의 정보공개청구에 대하여 별다른 이유를 제시하지 않은 채 이동통신요금과 관련한 총괄원가액수만을 공개한 것은, 이 사건 원가 관련 정보에 대하여 비공개결정을 하면서 비공개이유를 명시하지 않은 경우에 해당하여 위법하다고 판단하면서, 피고가 이 사건 소송에서 비로소 이 사건 원가 관련 정보가 법인의 영업상 비밀에 해당한다는 비공개사유를 주장하는 것은, 그 기본적 사실관계가 동일하다고 볼 수 없는 사유를 추가하는 것이어서 허용될 수 없다(대판 2018. 4. 12. 2014두5477).

정답 ③

344 [11사회복지]

취소소송에서 처분사유의 추가 · 변경에 대한 판례의 태도로 옳지 않은 것은?

① 처분청이 처분당시에 적시한 구체적 사실을 변경하지 아니하는 범위 안에서 단지 그 처분의 근거 법령만을 추가 · 변경하는 것은 새로운 처분사유의 추가라고 볼 수 없다.

② 의료보험요양기관 지정취소처분의 당초의 처분사유인 구 「의료보험법」 제33조 제1항이 정하는 본인부담금 수납대장을 비치하지 아니한 사실과 항고소송에서 새로 주장한 처분사유인 같은 법 제33조 제2항이 정하는 보건복지부장관의 관계서류 제출명령에 위반하였다는 사실은 기본적 사실관계에 있어서 동일성이 인정되지 않는다.

③ 행정청의 당초 처분사유인 기존 공동사업장과의 거리제한 규정에 저촉된다는 사실과 피고 주장의 최소 주차용지에 미달한다는 사실은 기본적 사실관계에 있어서 동일성이 인정된다.

④ 토지형질변경 불허가처분의 당초의 처분사유인 국립공원에 인접한 미개발지의 합리적인 이용대책 수립시까지 그 허가를 유보한다는 사유와 그 처분의 취소소송에서 추가하여 주장한 처분사유인 국립공원 주변의 환경 · 풍치 · 미관 등을 크게 손상시킬 우려가 있으므로 공공목적상 원형유지의 필요가 있는 곳으로서 형질변경허가 금지 대상이라는 사유는 기본적 사실관계에 있어서 동일성이 인정된다.

해설

① (O) 단지 그 처분의 근거법령만을 추가변경하는 것은 새로운 처분사유의 추가라고 볼 수 없으므로 처분후에 추가변경한 법령을 적용하여 그 처분의 적법여부를 판단하여도 무방하다(대판 1988.1.19. 87누603).

② (O) 본인부담금 수납대장을 비치하지 아니한 사실과 보건복지부장관의 관계서류 제출명령에 위반하였다는 사실은 기본적 사실관계의 동일성이 없다(대판 2001.3.23. 99두6392).

③ (X) 공동사업장에서 300m 밖의 지역에 위치하여야 한다는 입지조건인 기존 공동사업장과의 거리제한규정에 저촉된다는 사실과 피고 주장의 최소 주차용지에 미달한다는 사실은 기본적 사실관계를 달리하는 것임이 명백하다(대판 1995.11.21. 95누10952).

④ (O) 대판 2001.9.28. 2000두8684.

정답 ③

345 [15경행특채]

다음 처분사유의 추가 · 변경에 대한 설명으로 가장 적절하지 않은 것은? (다툼이 있으면 판례에 의함)

① 추가 또는 변경된 사유가 당초의 처분 시 그 사유를 명기하지 않았을 뿐 처분 시에 이미 존재하고 있었고 당사자도 그 사실을 알고 있었다 하여 당초의 처분사유와 동일성이 있는 것이라 할 수 없다.

② 취소소송에서 행정청의 처분사유의 추가 · 변경은 사실심 변론종결시까지만 허용된다.

③ 당초의 처분사유인 중기취득세의 체납과 그 후 추가된 처분사유인 자동차세의 체납은 기본적 사실관계의 동일성이 부정된다.

④ 주류면허 지정조건 중 제6호 무자료 주류판매 및 위장거래 항목을 근거로 한 면허취소 처분에 대한 항고소송에서, 지정조건 제2호 무면허판매업자에 대한 주류판매를 새로이 그 취소사유로 주장하는 것은 기본적 사실관계의 동일성이 인정된다.

해설

① (O) 대판 2011.11.24. 2009두19021.

② (O) 대판 1999.2.9, 98두16675.

③ (O) 당초의 처분사유인 중기취득세의 체납과 그 후 추가된 처분사유인 자동차세의 체납은 각 세목, 과세년도, 납세의무자의 지위 및 체납액 등을 달리하고 있어 기본적 사실관계가 동일하다고 볼 수 없다(대판 1989.6.27. 88누6160).

④ (X) 주류면허 지정조건 중 제6호 무자료 주류판매 및 위장거래 항목을 근거로 한 면허취소처분에 대한 항고소송에서, 지정조건 제2호 무면허판매업자에 대한 주류판매를 새로이 그 취소사유로 주장하는 것은 기본적 사실관계가 다른 사유를 내세우는 것으로서 허용될 수 없다(대판 1996.9.6, 96누7427)

정답 ④

VI 가구제

346 [19서울9급(上)]

｢행정소송법｣상 집행정지에 대한 설명으로 가장 옳지 않은 것은?

① 취소소송이 제기되면 처분의 효력이나 그 집행은 정지되지 않으나 절차의 속행은 정지된다.

② 처분의 효력정지는 처분 등의 집행 또는 절차의 속행을 정지함으로써 목적을 달성할 수 있는 경우에는 허용되지 아니한다.

③ 집행정지는 공공복리에 중대한 영향을 미칠 우려가 있을 때에는 허용되지 아니한다.

④ 집행정지의 결정 또는 기각의 결정에 대하여는 즉시 항고할 수 있다.

해설

① (X) ② (O) ③ (O) ④ (O)

> **행정소송법 제23조(집행정지)** ① 취소소송의 제기는 처분 등의 효력이나 그 집행 또는 절차의 속행에 영향을 주지 아니한다.
> ② 취소소송이 제기된 경우에 처분 등이나 그 집행 또는 절차의 속행으로 인하여 생길 회복하기 어려운 손해를 예방하기 위하여 긴급한 필요가 있다고 인정할 때에는 본안이 계속되고 있는 법원은 당사자의 신청 또는 직권에 의하여 처분 등의 효력이나 그 집행 또는 절차의 속행의 전부 또는 일부의 정지(이하 "집행정지"라 한다)를 결정할 수 있다. 다만, 처분의 효력정지는 처분 등의 집행 또는 절차의 속행을 정지함으로써 목적을 달성할 수 있는 경우에는 허용되지 아니한다.
> ③ 집행정지는 공공복리에 중대한 영향을 미칠 우려가 있을 때에는 허용되지 아니한다.
> ⑤ 제2항의 규정에 의한 집행정지의 결정 또는 기각의 결정에 대하여는 즉시항고할 수 있다. 이 경우 집행정지의 결정에 대한 즉시항고에는 결정의 집행을 정지하는 효력이 없다.

정답 ①

347 [15교육행정]

취소소송에 있어 가구제에 관한 설명으로 옳은 것은?

① 현행 「행정소송법」은 적극적인 가구제수단으로서 임시처분을 명문으로 규정하고 있다.

② 현행 「행정소송법」은 취소소송을 제기하면 처분의 효력이 정지되는 집행정지를 원칙으로 한다.

③ 집행정지결정은 당사자의 신청이 있는 경우는 물론, 법원의 직권에 의해서도 행해질 수 있다.

④ 집행정지결정이 있더라도 당사자인 행정청과 그 밖의 관계행정청에 대하여 법적 구속력은 발생하지 않는다.

해설

① (X) 행정소송법에서는 가구제수단으로 집행정지를 명문으로 규정하고 있다. 행정심판법은 가구제수단으로서 임시처분을 명문으로 규정하고 있다.

② (X) 행정소송법 제23조 제1항.

③ (O) 행정소송법 제23조 제2항.

④ (X) 집행정지결정은 당해 사건에 관하여 당사자인 행정청과 그 밖의 관계행정청을 기속한다(행정소송법 제23조 제6항, 제30조 제1항).

정답 ③

348 [16사회복지]

행정쟁송의 가구제(임시구제)에 대한 설명으로 옳지 않은 것은? (다툼이 있는 경우 판례에 의함)

① 「행정심판법」과 「행정소송법」은 모두 집행정지의 적극적 요건으로 '회복하기 어려운 손해를 예방하기 위하여 긴급한 필요가 있다고 인정할 때'를 요구하고 있다.

② 집행정지는 본안소송이 법원에 적법하게 계속중인 것을 요건으로 한다.

③ 집행정지결정의 효력은 결정 주문에서 정한 시기까지 존속하며 그 시기의 도래와 동시에 효력이 당연히 소멸한다.

④ 집행정지결정에 대한 즉시항고에는 결정의 집행을 정지하는 효력이 없다.

해설

① (X) 행정소송법과 행정심판법의 요건은 다르게 규정되어 있다.

> **행정소송법 제23조(집행정지)** ② 취소소송이 제기된 경우에 처분등이나 그 집행 또는 절차의 속행으로 인하여 생길 회복하기 어려운 손해를 예방하기 위하여 긴급한 필요가 있다고 인정할 때에는 본안이 계속되고 있는 법원은 당사자의 신청 또는 직권에 의하여 처분등의 효력이나 그 집행 또는 절차의 속행의 전부 또는 일부의 정지(이하 "집행정지"라 한다)를 결정할 수 있다.
>
> **행정심판법 제30조(집행정지)** ② 위원회는 처분, 처분의 집행 또는 절차의 속행 때문에 중대한 손해가 생기는 것을 예방할 필요성이 긴급하다고 인정할 때에는 직권으로 또는 당사자의 신청에 의하여 처분의 효력, 처분의 집행 또는 절차의 속행의 전부 또는 일부의 정지(이하 "집행정지"라 한다)를 결정할 수 있다. 다만, 처분의 효력정지는 처분의 집행 또는 절차의 속행을 정지함으로써 그 목적을 달성할 수 있을 때에는 허용되지 아니한다.

> **행정심판법 제31조(임시처분)** ① 위원회는 처분 또는 부작위가 위법·부당하다고 상당히 의심되는 경우로서 처분 또는 부작위 때문에 당사자가 받을 우려가 있는 중대한 불이익이나 당사자에게 생길 급박한 위험을 막기 위하여 임시지위를 정하여야 할 필요가 있는 경우에는 직권으로 또는 당사자의 신청에 의하여 임시처분을 결정할 수 있다.

② (O) 대결 1999.11.26. 99부3.

③ (O) 집행정지결정의 효력은 결정주문에서 정한 시기까지 존속하였다가 그 시기의 도래와 동시에 당연히 실효하는 것이다(대판 2005.06.10. 2005두1190).

④ (O)

행정소송법 제23조(집행정지) ⑤ 제2항의 규정에 의한 집행정지의 결정 또는 기각의 결정에 대하여는 즉시항고할 수 있다. 이 경우 집행정지의 결정에 대한 즉시항고에는 결정의 집행을 정지하는 효력이 없다.

정답 ①

349 [12국가9급]

「행정소송법」상 집행정지에 대한 설명으로 옳지 않은 것은? (다툼이 있는 경우 판례에 의함)

① 「행정소송법」은 처분의 일부에 대한 집행정지도 가능하다고 규정하고 있다.

② 접견허가신청에 대한 교도소장의 거부처분은 집행정지의 대상이 된다.

③ 처분의 취소가능성이 없음에도 처분의 효력이나 집행의 정지를 인정한다는 것은 집행정지제도의 취지에 반하므로 집행정지사건 자체에 의하여도 신청인의 본안청구가 이유 없음이 명백하지 않아야 한다는 것도 집행정지의 요건이다.

④ 집행정지의 소극적 요건으로서 '공공복리'는 그 처분의 집행과 관련된 구체적이고도 개별적인 공익으로서 이러한 소극적 요건에 대한 주장·소명책임은 행정청에게 있다.

해설

① (O) 행정소송법 제23조 제2항.

② (X) 대결 1991.5.2. 91두15.

③ (O) 신청인의 본안 청구가 이유 없음이 명백하지 않아야 한다는 것도 효력정지나 집행정지의 요건에 포함시켜야 한다(대결 2008.5.6. 2007무147).

④ (O) '공공복리에 중대한 영향을 미칠 우려'가 없을 것이라고 할 때의 '공공복리'는 그 처분의 집행과 관련된 구체적이고도 개별적인 공익을 말하는 것으로서 이러한 집행정지의 소극적 요건에 대한 주장·소명책임은 행정청에게 있다(대결 1999.12.20. 99무42).

정답 ②

350 [18서울7급]

「행정소송법」상 집행정지에 대한 설명으로 가장 옳은 것은?

① 본안소송이 무효확인소송인 경우에도 집행정지가 가능하다.

② 거부처분에 대해서도 그 효력정지를 구할 이익이 인정된다.

③ 집행정지의 결정에 대한 즉시항고에는 결정의 집행을 정지하는 효력이 있다.

④ 집행정지결정의 효력은 정지결정의 대상인 처분의 발령시점에 소급하는 것이 원칙이다.

해설

① (O)

행정소송법 제23조(집행정지) ② 취소소송이 제기된 경우에 처분 등이나 그 집행 또는 절차의 속행으로 인하여 생길 회복하기 어려운 손해를 예방하기 위하여 긴급한 필요가 있다고 인정할 때에는 본안이 계속되고 있는 법원은 당사자의 신청 또는 직권에 의하여 처분 등의 효력이나 그 집행 또는 절차의 속행의 전부 또는 일부의 정지(이하 "집행정지"라 한다)를 결정할 수 있다. 다만, 처분의 효력정지는 처분 등의 집행 또는 절차의 속행을 정지함으로써 목적을 달성할 수 있는 경우에는 허용되지 아니한다.

제38조(준용규정) ① 제9조, 제10조, 제13조 내지 제17조, 제19조, 제22조 내지 제26조, 제29조 내지 제31조 및 제33조의 규정은 무효등 확인소송의 경우에 준용한다.

② (X) 거부처분의 효력정지는 그 거부처분으로 인하여 신청인에게 생길 손해를 방지하는 데에 아무런 소용이 없어 그 효력정지를 구할 이익이 없다(대결 1992.2.13. 91두47).

③ (X)

행정소송법 제23조(집행정지) ⑤ 제2항의 규정에 의한 집행정지의 결정 또는 기각의 결정에 대하여는 즉시항고할 수 있다. 이 경우 집행정지의 결정에 대한 즉시항고에는 결정의 집행을 정지하는 효력이 없다.

④ (X) 집행정지결정의 효력은 정지결정대상인 처분의 발령시점에 소급하는 것이 아니라 원칙적으로 집행정지 결정시점부터 장래에 향하여 효력을 발생한다. 따라서 집행정지결정 전에 이미 집행된 부분에 대해서는 아무런 영향을 미치지 아니한다(대판 1957.11.4. 4290민상623).

정답 ①

351 [18교육행정]

행정소송의 제기에 관한 설명으로 옳지 않은 것은?

① 국가가 당사자소송의 피고인 경우에는 관계 행정청의 소재지를 피고의 소재지로 본다.

② 「행정소송법」은 취소소송의 경우에 집행정지 외에 임시처분까지 규정하고 있다.

③ 대법원은 종래 무효확인소송에서 요구해 왔던 보충성을 더 이상 요구하지 않는 것으로 판례태도를 변경하였다.

④ 「행정소송법」에서는 민중소송으로써 처분 등의 취소를 구하는 소송에는 그 성질에 반하지 아니하는 한 취소소송에 관한 규정을 준용한다.

해설

① (O)

> **행정소송법 제40조(재판관할)** 제9조의 규정은 당사자소송의 경우에 준용한다. 다만, 국가 또는 공공단체가 피고인 경우에는 관계행정청의 소재지를 피고의 소재지로 본다.

② (X) 임시처분은 행정심판법에 규정되어 있고 행정소송법에는 규정되어 있지 않다.

③ (O) 행정처분의 근거 법률에 의하여 보호되는 직접적이고 구체적인 이익이 있는 경우에는 행정소송법 제35조에 규정된 '무효확인을 구할 법률상 이익'이 있다고 보아야 하고, 이와 별도로 무효확인소송의 보충성이 요구되는 것은 아니므로 행정처분의 무효를 전제로 한 이행소송 등과 같은 직접적인 구제수단이 있는지 여부를 따질 필요가 없다고 해석함이 상당하다(대판 2008.3.20. 2007두6342 전원합의체).

④ (O)

> **행정소송법 제46조(준용규정)** ① 민중소송 또는 기관소송으로써 처분 등의 취소를 구하는 소송에는 그 성질에 반하지 아니하는 한 취소소송에 관한 규정을 준용한다.

정답 ②

352 [12국회9급]

「행정소송법」상 집행정지제도에 관한 설명으로 옳지 않은 것은? (다툼이 있으면 판례에 의함)

① 외부자금의 신규 차입이 사실상 중단된 상태에서 고액의 과징금 납부로 인하여 사업자가 중대한 경영상의 위기를 맞게 될 것으로 보이는 경우도 회복하기 어려운 손해에 해당한다.

② 항공회사는 경쟁 항공회사에 대한 국제항공노선 면허처분에 따른 노선점유율 하락에 따른 막대한 영업상 손해를 이유로 위 면허처분의 효력정지를 구할 법률상 이익이 있다.

③ 행정처분 자체의 적법여부는 집행정지신청의 요건이 아니지만, 신청인의 본안청구 자체는 적법한 것이어야 한다.

④ 대법원 판례에 의하면 거부처분에 대하여는 집행정지를 구할 이익이 없다.

⑤ 집행정지의 요건인 공공복리는 그 처분의 집행과 관련된 구체적이고도 개별적인 공익을 말한다.

해설

① (O) 사업자가 중대한 경영상의 위기를 맞게 될 것으로 보이는 경우, 그 과징금납부명령의 처분으로 인한 손해는 효력정지 내지 집행정지의 적극적 요건인 '회복하기 어려운 손해'에 해당한다(대결 2001.10.10. 2001무29).

② (X) 경쟁 항공회사에 대한 국제항공노선면허처분으로 인하여 노선의 점유율이 감소됨으로써 경쟁력과 대내외적 신뢰도가 상대적으로 감소되고 연계노선망개발이나 타항공사와의 전략적 제휴의 기회를 얻지 못하게 되는 손해를 입게 되었다고 하더라도 처분의 효력정지를 구할 법률상 이익이 될 수 없다(대결 2000.10.10. 2000무17).

③ (O) 집행정지사건 자체에 의하여도 신청인의 본안청구가 적법한 것이어야 한다는 것을 집행정지의 요건에 포함시켜야 한다(대결 1999.11.26. 99부3).

④ (O) 대결 1992.2.13. 91두47.

⑤ (O) 대결 1999.12.20. 99무42.

정답 ②

VII 소송의 심리

353 [14세무사]

행정소송의 심리에 관한 설명으로 옳은 것은? (다툼이 있는 경우에는 판례에 의함)

① 사실심 변론종결시까지 당사자가 주장하지 않던 직권조사사항을 상고심에서 주장할 수 있다.
② 법원은 원고가 청구하지 아니한 부분에 대하여도 처분취소판결을 내릴 수 있다.
③ 처분청의 처분권한 유무는 직권조사사항이다.
④ 본안심리 중에는 소송요건의 흠결이 있는 경우에도 그에 관하여 판단할 수 없다.
⑤ 처분의 위법성 여부는 직권조사사항이다.

해설

① (O) 사실심에서 변론종결시까지 당사자가 주장하지 않던 직권조사사항에 해당하는 사항을 상고심에서 비로소 주장하는 경우 그 직권조사사항에 해당하는 사항은 상고심의 심판범위에 해당한다(대판 2004.12.24, 2003두15195).

② (X) 행정소송에서도 불고불리의 원칙이 적용된다. 따라서 법원은 소의 제기가 없는 사건에 대해 심리·재판할 수 없으며, 소 제기가 있는 경우에도 당사자의 청구범위를 넘어서 심리·재판할 수 없다.

③ (X) ⑤ (X) 통설과 판례인 법률요건분류설에 따를 때, 당해 행정처분의 적법성은 본안심리에서 다투어야 하고 당해 행정청이 이를 주장·입증해야 한다. 따라서 행정처분의 적법성과 관련된 처분청의 처분권한 유무는 직권조사사항이 아니다.

④ (X) 소송요건의 존부를 판정하는 기준시점은 일반적으로 사실심변론종결시이다. 그러나 제소당시 소송요건을 충족하여도 변론종결시 소송요건이 결여되면 각하판결을 내린다.

정답 ①

VIII 소송의 판결 등

1. 판결의 의의
2. 위법판단의 기준시점
3. 판결의 종류

354 [15국가9급]

사정판결에 대한 설명으로 옳지 않은 것은? (다툼이 있는 경우 판례에 의함)

① 당연무효의 행정처분을 대상으로 하는 행정소송에서도 사정판결을 할 수 있다.
② 당사자의 명백한 주장이 없는 경우에도 직권으로 사정판결을 할 수 있다.
③ 처분이 위법하여 청구가 이유 있는 경우이어야 한다.
④ 청구의 인용판결이 현저히 공공복리에 적합하지 아니하여야 한다.

해설

① (X) 계쟁중인 행정처분이 무효인 경우에는 존치시킬 효력이 있는 행정행위가 없기 때문에 행정소송법 제28조 소정의 사정판결을 할 수 없다(대판 1991.10.11, 90누9926).

② (O) 사정판결은 당사자의 명백한 주장이 없는 경우에도 기록에 나타난 여러 사정을 기초로 직권으로 할 수 있다(대판 2006.9.22, 2005두2506).

③ (O) ④ (O)

> **행정소송법 제28조(사정판결)** ① 원고의 청구가 이유있다고 인정하는 경우에도 처분등을 취소하는 것이 현저히 공공복리에 적합하지 아니하다고 인정하는 때에는 법원은 원고의 청구를 기각할 수 있다. 이 경우 법원은 그 판결의 주문에서 그 처분등이 위법함을 명시하여야 한다.

정답 ①

4. 판결의 효력

355 [17국회8급]

취소소송의 판결 효력에 대한 설명으로 옳지 않은 것은? (다툼이 있는 경우 판례에 의함)

① 재량행위인 과징금 납부명령이 재량권을 일탈하였을 경우, 법원이 적정하다고 인정하는 부분을 초과한 부분만 취소할 수 있다.

② 사정판결을 할 사정에 관한 주장·입증책임은 피고 처분청에 있지만 처분청의 명백한 주장이 없는 경우에도 사건 기록에 나타난 사실을 기초로 법원이 직권으로 석명권을 행사하거나 증거조사를 통해 사정판결을 할 수도 있다.

③ 취소 확정판결의 기판력은 판결에 적시된 위법사유에 한하여 미치므로 행정청이 그 확정판결에 적시된 위법사유를 보완하여 행한 새로운 행정처분은 확정판결에 의하여 취소된 종전처분과는 별개의 처분으로서 확정판결의 기판력에 저촉되지 않는다.

④ 징계처분의 취소를 구하는 소에서 징계사유가 될 수 없다고 취소확정판결을 한 사유와 동일한 사유를 내세워 다시 징계처분을 하는 것은 확정판결에 저촉되는 행정처분으로 허용될 수 없다.

⑤ 취소소송에서 소송의 대상이 된 거부처분을 실체법상의 위법사유에 기초하여 취소하는 확정판결이 있는 경우에는 당해 거부 처분을 한 행정청은 원칙적으로 신청을 인용하는 처분을 하여야 하고, 사실심 변론종결 이전의 사유를 내세워 다시 거부처분을 하는 것은 기속력에 반하여 허용되지 아니한다.

해설

① (X) 과징금부과처분이 법이 정한 한도액을 초과하여 위법할 경우 법원으로서는 그 전부를 취소할 수밖에 없고, 초과한 부분만을 취소할 수 없다(대판 1998.04.10. 98두2270).

② (O) 사정판결의 필요성을 주장하는 피고인 행정청이 부담한다고 보는 것이 일반적인 견해이다. 직권으로도 할 수 있다.

> **[관련판례]** 사정판결을 할 필요가 있다고 인정하는 때에는 당사자의 명백한 주장이 없는 경우에도 일건 기록에 나타난 사실을 기초로 하여 직권으로 사정판결을 할 수 있다(대판 1995.07.28. 95누4629).

③ (O) 대판 1997. 2. 11. 96누13057.

④ (O) 징계처분의 취소를 구하는 소에서 징계사유가 될 수 없다고 판결한 사유와 동일한 사유를 내세워 행정청이 다시 징계처분을 한 것은 취소판결의 기속력이나 확정판결의 기판력에 저촉되어 허용될 수 없다(대판 1992.07.14. 92누2912).

⑤ (O) 대판 2001.03.23. 99두5238.

정답 ①

356 [12서울9급]

'행정처분취소청구를 기각하는 판결이 확정된 경우에 당해처분이 위법하지 아니하다는 점이 판결에서 확정된 이상 원고가 다시 이를 무효로 하여 그 무효확인소송을 제기할 수 없다'는 판결의 효력은 다음 중 어느 것에 해당하는가?

① 선취력 ② 기판력
③ 형성력 ④ 구속력(기속력)
⑤ 집행력

해설

② 기판력이란 판결이 확정된 때에는 후에 동일한 사건이 소송상 문제가 되었을 때, 당사자는 이에 저촉되는 주장을 할 수 없고 법원도 이에 모순·저촉되는 판단을 하지 못하게 하는 효력을 말한다. 취소소송에서 기각판결이 확정되면, 당해 처분은 위법하지 않다는 점에 대하여 기판력이 발생하므로 무효확인소송을 제기할 수 없다.

정답 ②

357 [19서울9급]

행정소송의 판결의 효력에 관한 설명으로 가장 옳은 것은?

① 기속력은 청구인용판결뿐만 아니라 청구기각판결에도 미친다.

② 처분 등의 무효를 확인하는 확정판결은 소송당사자 이외의 제3자에 대하여는 효력이 미치지 않는다.

③ 사정판결의 경우에는 처분의 적법성이 아닌 처분의 위법성에 대하여 기판력이 발생한다.

④ 세무서장을 피고로 하는 과세처분취소소송에서 패소하여 그 판결이 확정된 자가 국가를 피고로 하여 과세처분의 무효를 주장하여 과오납금반환청구소송을 제기하더라도 취소소송의 기판력에 반하는 것은 아니다.

해설

① (X) 기속력은 인용판결이 확정된 경우에 한하여 인정되고 기각판결에는 인정되지 않는다.

② (X)

> **행정소송법 제29조(취소판결등의 효력)** ① 처분등을 취소하는 확정판결은 제3자에 대하여도 효력이 있다.
>
> **제38조(준용규정)** ①제9조, 제10조, 제13조 내지 제17조, 제19조, 제22조 내지 제26조, 제29조 내지 제31조 및 제33조의 규정은 무효등 확인소송의 경우에 준용한다.

③ (O) 사정판결의 경우에는 처분의 위법성에 대하여 기판력이 발생한다.

> **행정소송법 제28조(사정판결)** ① 원고의 청구가 이유있다고 인정하는 경우에도 처분등을 취소하는 것이 현저히 공공복리에 적합하지 아니하다고 인정하는 때에는 법원은 원고의 청구를 기각할 수 있다. 이 경우 법원은 그 판결의 주문에서 그 처분등이 위법함을 명시하여야 한다.

④ (X) 과세처분 취소청구를 기각하는 판결이 확정되면 그 처분이 적법하다는 점에 관하여 기판력이 생기고 그 후 원고가 이를 무효라 하여 무효확인을 소구할 수 없는 것이어서 과세처분의 취소소송에서 청구가 기각된 확정판결의 기판력은 그 과세처분의 무효확인을 구하는 소송에도 미친다(대판 1998.7.24. 98다10854).

정답 ③

358 [19국가7급]

갑은 개발제한구역 내의 토지에 건축물을 건축하기 위하여 건축허가를 신청하였다. 이에 대한 설명으로 옳은 것(○)과 옳지 않은 것(×)을 바르게 연결한 것은? (다툼이 있는 경우 판례에 의함)

> ㄱ. 갑의 허가신청이 관련 법령의 요건을 모두 충족한 경우에는 관할 행정청은 허가를 하여야 하며, 관련 법령상 제한사유 이외의 사유를 들어 허가를 거부할 수 없다.
>
> ㄴ. 갑에게 허가를 하면서 일방적으로 부담을 부가할 수도 있지만, 부담을 부가하기 이전에 갑과 협의하여 부담의 내용을 협약의 형식으로 미리 정한 다음 허가를 하면서 이를 부가할 수도 있다.
>
> ㄷ. 갑이 허가를 신청한 이후 관계 법령이 개정되어 허가기준이 변경되었다면, 허가 여부에 대해서는 신청 당시의 법령을 적용하여야 하며 허가 당시의 법령을 적용할 수 없다.
>
> ㄹ. 허가가 거부되자 갑이 이에 대해 취소소송을 제기하여 승소하였고 판결이 확정되었다면, 관할 행정청은 갑에게 허가를 하여야 하며 이전 처분사유와 다른 사유를 들어 다시 허가를 거부할 수 없다.

	ㄱ	ㄴ	ㄷ	ㄹ
①	○	○	×	×
②	×	×	○	○
③	×	○	×	×
④	○	×	○	○

해설

ㄱ. (X) 개발제한구역 내에서는 구역지정의 목적상 건축물의 건축 및 공작물의 설치 등 개발행위가 원칙적으로 금지되고, 다만 구체적인 경우에 이러한 구역지정의 목적에 위배되지 아니할 경우 예외적으로 허가에 의하여 그러한 행위를 할 수 있게 되어 있음이 그 규정의 체제와 문언상 분명하고, 이러한 예외적인 개발행위의 허가는 상대방에게 수익적인 것이 틀림이 없으므로 그 법률적 성질은 재량행위 내지 자유재량행위에 속하는 것이다(대판 2004.3.25. 2003두12837).

ㄴ. (O) 부담은 행정청이 행정처분을 하면서 일방적으로 부가할 수도 있지만 부담을 부가하기 이전에 상대방과 협의하여 부담의 내용을 협약의 형식으로 미리 정한 다음 행정처분을 하면서 이를 부가할 수도 있다(대판 2009.2.12. 2005다65500).

ㄷ. (X) 허가 등의 행정처분은 원칙적으로 처분시의 법령과 허가기준에 의하여 처리되어야 하고 허가신청 당시의 기준에 따라야 하는 것은 아니며, 비록 허가신청

후 허가기준이 변경되었다 하더라도 그 허가관청이 허가신청을 수리하고도 정당한 이유 없이 그 처리를 늦추어 그 사이에 허가기준이 변경된 것이 아닌 이상 변경된 허가기준에 따라서 처분을 하여야 한다(대판 1996.08.20. 95누10877).

ㄹ. (X) 처분행정청은 종전 처분 후에 발생한 새로운 사유를 내세워 다시 거부처분을 할 수 있고, 그러한 처분도 행정소송법 제30조 제2항에 규정된 재처분에 해당한다(대판 1999.12.28. 98두1895).

정답 ③

359 [18국회8급]

취소소송의 판결의 효력에 대한 설명으로 옳지 않은 것은?

① 거부처분의 취소판결이 확정되었더라도 그 거부처분 후에 법령이 개정·시행되었다면 처분청은 그 개정된 법령 및 허가기준을 새로운 사유로 들어 다시 이전 신청에 대하여 거부처분을 할 수 있다.

② 거부처분의 취소판결이 확정된 경우 그 판결의 당사자인 처분청은 그 소송의 사실심변론종결 이후 발생한 사유를 들어 다시 이전의 신청에 대하여 거부처분을 할 수 있다.

③ 취소판결의 기속력은 그 사건의 당사자인 행정청과 그 밖의 관계행정청에게 확정판결의 취지에 따라 행동하여야 할 의무를 지우는 것으로 이는 인용판결에 한하여 인정된다.

④ 취소판결의 기판력은 판결의 대상이 된 처분에 한하여 미치고 새로운 처분에 대해서는 미치지 아니한다.

⑤ 취소판결의 기판력은 소송의 대상이 된 처분의 위법성존부에 관한 판단 그 자체에만 미치기 때문에 기각판결의 원고는 당해 소송에서 주장하지 아니한 다른 위법사유를 들어 다시 처분의 효력을 다툴 수 있다.

해설

① (O) 행정처분의 적법 여부는 그 처분이 행하여 진 때의 법령과 사실을 기준으로 하여 판단하는 것이므로 거부처분 후에 법령이 개정·시행된 경우에는 개정된 법령 및 허가기준을 새로운 사유로 들어 다시 이전의 신청에 대한 거부처분을 할 수 있으며 그러한 처분도 행정소송법 제30조 제2항에 규정된 재처분에 해당된다(대결 1998.1.7, 97두22).

② (O) 행정청은 그 행정소송의 사실심 변론종결 이후 발생한 새로운 사유를 내세워 다시 이전의 신청에 대하여 거부처분을 할 수 있으며, 그러한 처분도 이 조항에 규정된 재처분에 해당한다(대판 1999.12.28. 98두1895).

③ (O) 기속력은 인용판결이 확정된 경우에 한하여 인정되고 기각판결에는 인정되지 않는다.

④ (O) 행정처분에 위법이 있어 행정처분을 취소하는 판결이 확정된 경우 그 확정판결의 기판력은 거기에 적시된 위법사유에 한하여 미치는 것이므로, 행정관청이 그 확정판결에 적시된 위법사유를 보완하여 행한 새로운 행정처분은 확정판결에 의하여 취소된 종전의 처분과는 별개의 처분으로서 확정판결의 기판력에 저촉된다고 할 수 없다(대판 1997. 2. 11. 96누13057).

⑤ (X) 과세처분 취소소송의 소송물은 그 취소원인이 되는 위법성일반이다(대판 1990.3.23. 89누5386). 기각판결이 확정되면 그 처분이 적법하다는 기판력이 발생하므로, 소송물에 관한 통설인 위법성일반설에 의하는 한 원고는 설사 다른 사유라고 하더라도 그 처분의 위법을 주장할 수 없다.

정답 ⑤

360 [17서울7급]

「행정소송법」상 판결의 효력에 관한 설명으로 가장 옳지 않은 것은? (다툼이 있는 경우 판례에 의함)

① 기판력은 사실심 변론의 종결시를 기준으로 발생하므로, 처분청은 당해 사건의 사실심 변론종결 이전에 주장할 수 있었던 사유를 내세워 확정판결과 저촉되는 처분을 할 수 없다.

② 기속력은 판결의 취지에 따라 행정청을 구속하는 바, 여기에는 판결의 주문과 판결이유 중에 설시된 개개의 위법사유가 포함된다.

③ 취소소송에서 소송의 대상이 된 거부처분을 실체법상의 위법사유에 기하여 취소하는 판결이 확정된 경우에는 당해 거부처분을 한 행정청은 원칙적으로 신청을 인용하는 처분을 하여야 한다.

④ 간접강제는 거부처분취소판결은 물론 부작위위법확인판결과 거부처분에 대한 무효등확인판결에서도 인정된다.

해설

① (O) 대판 2001.3.23, 99두5238.

② (O) 확정판결의 기속력은 개개의 위법사유에 대한 판단에 관하여 생기는 것이다(대판 2007. 7. 26. 2005두2612).

③ (O) 거부처분을 실체법상의 위법사유에 기하여 취소하는 판결이 확정된 경우에는 당해 거부처분을 한 행정청은 원칙적으로 신청을 인용하는 처분을 하여야 하고, 사실심 변론종결 이전의 사유를 내세워 다시 거부처분을 하는 것은 확정판결의 기속력에 저촉되어 허용되지 아니한다(대판 2001.03.23. 99두5238).

④ (X) 무효 확인 판결이 내려진 경우에는 행정청에 판결의 취지에 따른 재처분의무가 인정될 뿐 그에 대하여 간접강제까지 허용되는 것은 아니라고 할 것이다(대결 1998.12.24. 98무37).

정답 ④

361 [18지방9급]

행정소송에 대한 판례의 입장으로 옳은 것은?

① 개발제한구역 중 일부 취락을 개발제한구역에서 해제하는 내용의 도시관리계획변경결정에 대하여 개발제한구역 해제 대상에서 누락된 토지의 소유자는 그 결정의 취소를 구할 법률상 이익이 있다.

② 금융기관 임원에 대한 금융감독원장의 문책경고는 상대방의 권리의무에 직접 영향을 미치지 않으므로 행정소송의 대상이 되는 처분에 해당하지 않는다.

③ 부가가치세 증액경정처분의 취소를 구하는 항고소송에서 납세의무자는 과세관청의 증액경정사유만 다툴 수 있을 뿐이지 당초 신고에 관한 과다신고사유는 함께 주장하여 다툴 수 없다.

④ 주택건설사업 승인신청 거부처분에 대한 취소의 확정판결이 있은 후 행정청이 재처분을 하였다 하더라도 그 재처분이 종전 거부처분에 대한 취소의 확정판결의 기속력에 반하는 경우, 「행정소송법」상 간접강제신청에 필요한 요건을 갖춘 것으로 보아야 한다.

해설

① (X) 개발제한구역 중 일부 취락을 개발제한구역에서 해제하는 내용의 도시관리계획변경결정에 대하여, 개발제한구역 해제대상에서 누락된 토지의 소유자는 위 결정의 취소를 구할 법률상 이익이 없다(대판 2008.7.10. 2007두10242).

② (X) 금융기관의 임원에 대한 금융감독원장의 문책경고는 그 상대방에 대한 직업선택의 자유를 직접 제한하는 효과를 발생하게 하는 등 상대방의 권리의무에 직접 영향을 미치는 행위로서 항고소송의 대상이 되는 행정처분에 해당한다(대판 2005.2.17. 2003두14765).

③ (X) 증액경정처분이 있는 경우, 당초 신고나 결정은 증액경정처분에 흡수됨으로써 독립한 존재가치를 잃고 증액경정처분만이 항고소송의 심판대상이 되고, 납세의무자는 그 항고소송에서 당초 신고나 결정에 대한 위법사유도 함께 주장할 수 있다고 해석함이 타당하다(대판 2009.5.14. 2006두17390).

④ (O) 거부처분에 대한 취소의 확정판결이 있음에도 행정청이 아무런 재처분을 하지 아니하거나, 재처분을 하였다 하더라도 그것이 종전 거부처분에 대한 취소의 확정판결의 기속력에 반하는 등으로 당연무효라면 이는 아무런 재처분을 하지 아니한 때와 마찬가지라 할 것이므로 이러한 경우에는 행정소송법 제30조 제2항, 제34조 제1항 등에 의한 간접강제신청에 필요한 요건을 갖춘 것으로 보아야 한다(대결 2002.12.11. 2002무22).

정답 ④

362 [13국가7급]

행정소송법상 항고소송에 대한 설명으로 옳지 않은 것은?

① 간접강제결정에 기한 배상금은 확정판결에 따른 재처분의 지연에 대한 제재 또는 손해배상이라는 것이 판례의 입장이다.

② 행정청이 처분 등을 취소 또는 변경함으로 인하여 취소청구가 각하 또는 기각된 경우, 소송비용은 피고의 부담이 된다.

③ 무효등확인소송에는 취소소송의 제소기간에 관한 규정이 준용되지 않는다.

④ 판례는 무효를 선언하는 의미의 취소판결을 인정하고 있다.

해설

① (X) 간접강제결정에 기한 배상금은 확정판결의 취지에 따른 재처분의 지연에 대한 제재나 손해배상이 아니고 재처분의 이행에 관한 심리적 강제수단에 불과한 것으로 보아야 한다(대판 2004.1.15. 2002두2444).

② (O)

> **행정소송법 제32조(소송비용의 부담)** 취소청구가 제28조의 규정에 의하여 기각되거나 행정청이 처분등을 취소 또는 변경함으로 인하여 청구가 각하 또는 기각된 경우에는 소송비용은 피고의 부담으로 한다.

③ (O) 무효등확인소송은 취소소송의 제소기간에 관한 규정이 적용되지 않는다.

④ (O) 일반적으로 행정처분의 무효확인을 구하는 소에는 원고가 그 처분의 취소는 구하지 아니 한다고 밝히고 있지 아니하는 이상 그 처분이 만약 당연무효가 아니라면 그 취소를 구하는 취지도 포함된다(대판 1987.4.28. 86누887).

정답 ①

363 [18국가9급]

행정심판과 행정소송에 대한 설명으로 옳지 않은 것은? (다툼이 있는 경우 판례에 의함)

① 행정심판을 청구하려는 자는 행정심판위원회뿐만 아니라 피청구인인 행정청에도 행정심판청구서를 제출할 수 있으나 행정소송을 제기하려는 자는 법원에 소장을 제출하여야 한다.

② 행정심판에서는 행정청이 상대방에게 심판청구기간을 법정심판청구기간보다 긴 기간으로 잘못 알린 경우에 그 잘못 알린 기간 내에 심판청구가 있으면 그 심판청구는 법정 심판청구기간 내에 제기된 것으로 보나 행정소송에서는 그렇지 않다.

③ 「행정심판법」은 「행정소송법」과는 달리 집행정지뿐만 아니라 임시처분도 규정하고 있다.

④ 행정심판에서 행정심판위원회는 행정청의 부작위가 위법, 부당하다고 판단되면 직접 처분을 할 수 있으나 행정소송에서 법원은 행정청의 부작위가 위법한 경우에만 직접 처분을 할 수 있다.

해설

① (O) 소송은 법원에 소장을 제출해야 하나 행정심판은 행정청에 제출할 수 있다.

> **행정심판법 제23조(심판청구서의 제출)** ① 행정심판을 청구하려는 자는 제28조에 따라 심판청구서를 작성하여 피청구인이나 위원회에 제출하여야 한다. 이 경우 피청구인의 수만큼 심판청구서 부본을 함께 제출하여야 한다.

② (O)

> **행정심판법 제27조(심판청구의 기간)** ⑤ 행정청이 심판청구 기간을 제1항에 규정된 기간보다 긴 기간으로 잘못 알린 경우 그 잘못 알린 기간에 심판청구가 있으면 그 행정심판은 제1항에 규정된 기간에 청구된 것으로 본다.

불가쟁력이 발생하여 불복청구를 할 수 없었던 경우라면 그 이후에 행정청이 행정심판청구를 할 수 있다고 잘못 알렸다고 하더라도 그 때문에 처분 상대방이 적법한 제소기간 내에 취소소송을 제기할 수 있는 기회를 상실하게 된 것은 아니므로 이러한 경우에 잘못된 안내에 따라 청구된 행정심판 재결서 정본을 송달받은 날부터 다시 취소소송의 제소기간이 기산되는 것은 아니다(대판 2012.09.27. 2011두27247).

③ (O)

> **행정심판법 제31조(임시처분)** ① 위원회는 처분 또는 부작위가 위법·부당하다고 상당히 의심되는 경우로서 처분 또는 부작위 때문에 당사자가 받을 우려가 있는 중대한 불이익이나 당사자에게 생길 급박한 위험을 막기 위하여 임시지위를 정하여야 할 필요가 있는 경우에는 직권으로 또는 당사자의 신청에 의하여 임시처분을 결정할 수 있다.

④ (X) 행정소송에서 직접처분을 할 수 없다.

정답 ④

5. 소송의 종결

6. 상소 및 재심청구

364 [12경행특채]

다음은 「행정소송법」상 재심청구에 대한 규정이다. ( ) 안에 들어갈 알맞은 내용으로 짝지어진 것은?

> 제3자에 의한 재심청구는 확정판결이 있음을 안 날로부터 (㉠) 이내, 판결이 확정된 날로부터 (㉡) 이내에 제기하여야 한다.

① ㉠ 30일, ㉡ 180일　② ㉠ 30일, ㉡ 1년

③ ㉠ 60일, ㉡ 180일　④ ㉠ 60일, ㉡ 1년

해설

> **행정소송법 제31조(제3자에 의한 재심청구)** ② 제1항의 규정에 의한 청구는 확정판결이 있음을 안 날로부터 30일 이내, 판결이 확정된 날로부터 1년 이내에 제기하여야 한다.

정답 ②

7. 위헌·위법판결의 공고

8. 소송비용

제3절 무효등확인소송·부작위위법확인소송

I 무효 등 확인소송

365 [13서울7급]

다음 사례에 대한 설명으로 옳은 것은? (다툼이 있을 경우 판례에 의함)

> 서울시장은 甲에 대하여 부담금 부과처분을 하였다. 甲은 서울시장의 부담금 부과처분에 대하여 취소소송을 제기하고 나아가 위헌법률심판형 헌법소원을 청구하였으며, 헌법재판소는 서울시장의 부담금 부과처분의 근거법률을 위헌으로 결정하였다. 乙은 甲과 같은 이유로 서울시장으로부터 부담금 부과처분을 받았지만 부담금을 기간 내에 납부하지 않아 서울시장은 乙에 대한 부담금의 강제징수에 필요한 재산을 압류하였다. 丙은 甲과 같은 이유로 부담금 부과처분을 받았으나 이를 다투지 않고 서울시에 부담금을 이미 납부하였다. 그런데 乙과 丙에 대한 서울시장의 부담금 부과처분은 모두 취소소송의 제소기간을 이미 도과한 상태이다.

① 서울시장의 甲에 대한 부담금 부과처분은 원칙적으로 무효이다.

② 서울시장은 압류된 乙의 재산을 매각하여 부담금을 강제징수할 수 있다.

③ 乙은 부담금 부과처분의 위법성을 근거로 하여 부담금 체납처분의 취소를 구할 수 있다.

④ 서울시는 위헌판결의 소급효에 따라 丙이 납부한 부담금을 환급하여야 한다.

⑤ 丙이 서울시장의 부담금 부과처분 무효확인소송을 청구하면 丙의 청구는 기각될 것이다.

해설

① (X) 헌법재판소의 위헌결정 전에 행정처분의 근거되는 당해 법률이 헌법에 위반된다는 사유는 특별한 사정이 없는 한 그 행정처분의 취소소송의 전제가 될 수 있을 뿐 당연무효사유는 아니다(대판 1994.10.28. 92누9463).

② (X) 위헌법률에 기한 행정처분의 집행이나 집행력을 유지하기 위한 행위는 위헌결정의 기속력에 위반되어 허용되지 않는다고 보아야 할 것이다(대판 2002.8.23. 2001두2959).

③ (X) ④ (X) 위헌인 법률에 근거한 행정처분이 당연무효인지의 여부는 위헌결정의 소급효와는 별개의 문제로서, 위헌결정의 소급효가 인정된다고 하여 위헌인 법률에 근거한 행정처분이 당연무효가 된다고는 할 수 없고, 오히려 이미 취소소송의 제기기간을 경과하여 확정력이 발생한 행정처분에는 위헌결정의 소급효가 미치지 않는다고 보아야 한다(대판 1994.10.28. 92누9463).

⑤ (O) 행정처분의 근거가 된 법률이 위헌이라는 이유로 무효확인청구의 소가 제기된 경우에는 법원으로서는 그 법률이 위헌인지 여부에 대하여는 판단할 필요 없이 그 무효확인청구를 기각하여야 한다(대판 1994.10.28. 92누9463).

정답 ⑤

366 [19서울9급]

〈보기〉의 행정행위의 하자와 행정소송 상호 간의 관계에 관한 설명으로 옳은 것을 모두 고른 것은?

〈보 기〉

ㄱ. 취소사유 있는 영업정지처분에 대한 취소소송의 제소기간이 도과한 경우 처분의 상대방은 국가배상청구소송을 제기하여 재산상 손해의 배상을 구할 수 있다.

ㄴ. 취소사유 있는 과세처분에 의하여 세금을 납부한 자는 과세처분취소소송을 제기하지 않은 채 곧바로 부당이득반환청구소송을 제기하더라도 납부한 금액을 반환받을 수 있다.

ㄷ. 파면처분을 당한 공무원은 그 처분에 취소사유인 하자가 존재하는 경우 파면처분취소소송을 제기하여야 하고 곧바로 공무원지위확인소송을 제기할 수 없다.

ㄹ. 무효인 과세처분에 의하여 세금을 납부한 자는 납부한 금액을 반환받기 위하여 부당이득반환청구소송을 제기하지 않고 곧바로 과세처분무효확인소송을 제기할 수 있다.

① ㄱ, ㄴ　　② ㄷ, ㄹ

③ ㄱ, ㄷ, ㄹ　　④ ㄴ, ㄷ, ㄹ

해설

ㄱ. (O) 불가쟁력이 생긴 행정행위라도 위법성이 확인되면 국가배상법에 따른 배상청구가 가능하다. 불가쟁력이 발생하였다고 하여 위법성이 치유되어 적법하게 되는 것은 아니기 때문이다.

> **[관련판례]** 계고처분이 위법함을 이유로 배상을 청구하는 취지로 인정될 수 있는 사건에 있어, 미리 그 행정처분의 취소판결이 있어야만 그 위법임을 이유로 피고에게 배상을 청구할 수 있는 것은 아니다(대판 1991.1.25. 87다카2569).

ㄴ. (X) 조세의 과오납이 부당이득이 되기 위하여는 납세 또는 조세의 징수가 실체법적으로나 절차법적으로 전혀 법률상의 근거가 없거나 과세처분의 하자가 중대하고 명백하여 당연무효이어야 하고, 과세처분의 하자가 단지 취소할 수 있는 정도에 불과할 때에는 과세관청이 이를 스스로 취소하거나 항고소송절차에 의하여 취소되지 않는 한 그로 인한 조세의 납부가 부당이득이 된다고 할 수 없다(대판 1994.11.11. 94다28000).

ㄷ. (O) 당사자소송의 수소법원도 공정력의 효력을 받으므로, 항고소송으로 파면처분의 공정력을 제거하여야 한다.

ㄹ. (O) 무효 확인소송의 보충성이 요구되는 것은 아니므로 행정처분의 무효를 전제로 한 이행소송 등과 같은 직접적인 구제수단이 있는지 여부를 따질 필요가 없다고 해석함이 상당하다(대판 2008.3.20. 2007두6342 전원합의체).

정답 ③

367 [19지방7급]

갑은 단순위법인 취소사유가 있는 A처분에 대하여 행정소송법상 무효확인소송을 제기하였다. 이에 대한 설명으로 옳은 것은? (다툼이 있는 경우 판례에 의함)

① 무효확인소송에 A처분의 취소를 구하는 취지도 포함되어 있고 무효확인소송이 행정소송법상 취소소송의 적법요건을 갖추었다 하더라도, 법원은 A처분에 대한 취소판결을 할 수 없다.

② 무효확인소송이 행정소송법상 취소소송의 적법한 제소기간 안에 제기되었더라도, 적법한 제소기간 이후에는 A처분의 취소를 구하는 소를 추가적·예비적으로 병합하여 제기할 수 없다.

③ 갑이 무효확인소송의 제기 전에 이미 A처분의 위법을 이유로 국가배상청구소송을 제기하였다면, 무효확인소송의 수소법원은 갑의 무효확인소송을 국가배상청구소송이 계속된 법원으로 이송·병합할 수 있다.

④ 갑이 무효확인소송의 제기 당시에 원고적격을 갖추었더라도 상고심 중에 원고적격을 상실하면 그 소는 부적법한 것이 된다.

해설

① (X) 일반적으로 행정처분의 무효확인을 구하는 소에는 원고가 그 처분의 취소는 구하지 아니 한다고 밝히고 있지 아니하는 이상 그 처분이 만약 당연무효가 아니라면 그 취소를 구하는 취지도 포함된다(대판 1987.4.28. 86누887).

② (X) 동일한 행정처분에 대하여 무효확인의 소를 제기하였다가 그 후 그 처분의 취소를 구하는 소를 추가적으로 병합한 경우, 주된 청구인 무효확인의 소가 적법한 제소기간 내에 제기되었다면 추가로 병합된 취소청구의 소도 적법하게 제기된 것으로 봄이 상당하다(대판 2005.12.23. 2005두3554).

③ (X) 취소소송이 계속된 법원으로 이송할 수 있다.

> **행정소송법 제10조(관련청구소송의 이송 및 병합)**
> ① 취소소송과 다음 각호의 1에 해당하는 소송(이하 "관련청구소송"이라 한다)이 각각 다른 법원에 계속되고 있는 경우에 관련청구소송이 계속된 법원이 상당하다고 인정하는 때에는 당사자의 신청 또는 직권에 의하여 이를 취소소송이 계속된 법원으로 이송할 수 있다.
> 1. 당해 처분등과 관련되는 손해배상·부당이득반환·원상회복등 청구소송
> 2. 당해 처분등과 관련되는 취소소송

④ (O) 원고적격은 소송요건의 하나이므로 사실심 변론종결시는 물론 상고심에서도 존속하여야 하고 이를 흠결하면 부적법한 소가 된다(대판 2007. 4. 12. 2004두7924).

정답 ④

368 [17국회8급]

무효등확인소송에 대한 설명으로 옳지 않은 것은? (다툼이 있는 경우 판례에 의함)

① 처분 등을 취소하는 확정판결의 기속력 및 행정청의 재처분의무에 관한 행정소송법 제30조가 무효확인소송에도 준용되므로 무효확인판결 자체만으로도 실효성이 확보될 수 있다.

② 거부처분에 대해서 무효확인판결이 내려진 경우에는 당해 행정청에 판결의 취지에 따른 재처분의무가 인정됨은 물론 간접강제도 허용된다.

③ 행정처분의 근거법률에 의하여 보호되는 직접적·구체적인 이익이 있는 경우에는 행정소송법 제35조에 규정된 '무효확인을 구할 법률상 이익'이 있다고 보아야 하며, 이와 별도로 무효확인소송의 보충성이 요구되는 것은 아니므로 행정처분의 무효를 전제로 한 이행소송 등과 같은 직접적인 구제수단이 있는지 여부를 따질 필요가 없다.

④ 행정처분의 당연무효를 주장하여 그 무효확인을 구하는 행정소송에 있어서는 원고에게 그 행정처분이 무효인 사유를 주장·입증할 책임이 있다.

⑤ 압류등기가 말소된다고 하여도 압류처분이 외형적으로 효력이 있는 것처럼 존재하는 이상, 압류처분에 기한 압류등기가 경료되어 있는 경우에도 압류처분의 무효확인을 구할 이익이 있다.

해설

① (O) 행정소송법 제38조 제1항에서는 처분 등을 취소하는 확정판결의 기속력 및 행정청의 재처분 의무에 관한 행정소송법 제30조를 무효확인소송에도 준용하고 있으므로 무효확인판결 자체만으로도 실효성을 확보할 수 있다(대판 2008.3.20. 2007두6342 전원합의체).

② (X) 대결 1998.12.24. 98무37.

③ (O) 무효 확인소송의 보충성이 요구되는 것은 아니므로 행정처분의 무효를 전제로 한 이행소송 등과 같은 직접적인 구제수단이 있는지 여부를 따질 필요가 없다(대판 2008.3.20. 2007두6342 전원합의체).

④ (O) 행정처분의 당연무효를 구하는 소송에 있어서 그 무효를 구하는 사람에게 그 행정처분에 존재하는 하자가 중대하고 명백하다는 것을 주장 입증할 책임이 있다(대판 1984.02.28. 82누154).

⑤ (O) 압류등기가 말소된다고 하여도 압류처분이 외형적으로 효력이 있는 것처럼 존재하는 이상 그 불안과 위험을 제거할 필요가 있다고 할 것이므로, 압류처분에 기한 압류등기가 경료되어 있는 경우에도 압류처분의 무효확인을 구할 이익이 있다(대판 2003. 5. 16. 2002두3669).

정답 ②

Ⅱ 부작위위법확인소송

369 [15국가7급]

부작위위법확인판결의 효력에 대한 설명으로 옳지 않은 것은?

① 부작위위법확인판결에는 취소판결의 기속력에 관한 규정과 거부처분취소판결의 간접강제에 관한 규정이 준용된다.

② 실체적 심리설(특정처분의무설)에 의하면, 부작위위법확인소송의 인용판결에 실질적 기속력이 부인되게 된다.

③ 절차적 심리설(응답의무설)에 의하면, 부작위위법확인소송의 인용판결의 경우에 행정청이 신청에 대한 가부의 응답만 하여도 「행정소송법」 제2조 제1항 제2호의 '일정한 처분'을 취한 것이 된다.

④ 절차적 심리설(응답의무설)에 의하면, 신청의 대상이 기속행위인 경우에 행정청이 거부처분을 하여도 재처분의무를 이행한 것이 된다.

해설

① (O) 부작위위법확인판결에는 취소판결의 제3자효와 기속력에 관한 규정(제29조, 제30조) 및 거부처분취소판결의 간접강제에 관한 규정(제34조)이 준용된다(제38조 제2항).

② (X) ③ (O) ④ (O) 부작위위법확인소송에서 인용판결의 기속력으로서의 재처분의무는 행정청의 응답의무인가 아니면 신청에 따른 특정한 내용의 처분의무인가에 관하여 견해가 대립하고 있다.
- 절차적 심리설(응답의무설) - 통설 · 판례
이 견해는 부작위위법확인소송에서는 그 심리범위가 부작위의 위법여부에만 국한된다고 본다. 법원은 부작위의 위법여부를 확인하는데 그칠 뿐, 행정청이 행할 처분의 구체적 내용까지는 심리·판단할 수 없다고 한다. 이 경우 행정청이 신청에 대한 가부의 응답만하여도 「행정소송법」 제2조 제1항 제2호의 '일정한 처분'을 취한 것이 된다.
- 실체적 심리설(특정처분의무설)
부작위위법확인소송의 심리범위는 실체적 심리에까지 미쳐 부작위의 위법여부 뿐만 아니라 행정청의 특정 작위의무의 존재까지도 심리·판단할 수 있다는 견해이다. 부작위위법확인소송의 인용판결에 실질적 기속력이 인정되어 행정청은 판결의 취지에 따라 특정 처분을 하여야 한다.

정답 ②

370 [18국회8급]

부작위위법확인소송에 대한 설명으로 옳지 않은 것은? (다툼이 있는 경우 판례에 의함)

① 부작위위법확인의 소는 부작위상태가 계속되는 한 그 위법의 확인을 구할 이익이 있다고 보아야 하므로 원칙적으로 제소기간의 제한을 받지 않으나, 행정심판 등 전심절차를 거친 경우에는 「행정소송법」 제20조가 정한 제소기간 내에 소를 제기해야 한다.

② 소제기의 전후를 통하여 판결시까지 행정청이 그 신청에 대하여 적극 또는 소극의 처분을 함으로써 부작위상태가 해소된 때에는 소의 이익을 상실하게 되어 당해 소는 각하를 면할 수가 없다.

③ 행정청에 대하여 어떠한 행정처분을 하여 줄 것을 요청할 수 있는 법규상 또는 조리상의 권리를 갖는 자만이 제기할 수 있다.

④ 법원은 단순히 행정청의 방치행위의 적부에 관한 절차적 심리만 하는 게 아니라, 신청의 실체적 내용이 이유 있는지도 심리하며 그에 대한 적정한 처리방향에 관한 법률적 판단을 해야 한다.

⑤ 부작위위법확인소송에는 취소판결의 사정판결규정은 준용되지 않지만 제3자효, 기속력, 간접강제에 관한 규정은 준용된다.

해설

① (O) 부작위위법확인의 소는 부작위상태가 계속되는 한 그 위법의 확인을 구할 이익이 있다고 보아야 하므로 원칙적으로 제소기간의 제한을 받지 않는다. 그러나 행정소송법 제38조 제2항이 제소기간을 규정한 같은 법 제20조를 부작위위법확인소송에 준용하고 있는 점에 비추어 보면, 행정심판 등 전심절차를 거친 경우에는 행정소송법 제20조가 정한 제소기간 내에 부작위위법확인의 소를 제기하여야 한다(대판 2009.07.23. 2008두10560).

② (O) 소제기의 전후를 통하여 판결시까지 행정청이 그 신청에 대하여 적극 또는 소극의 처분을 함으로써 부작위상태가 해소된 때에는 소의 이익을 상실하게 되어 당해 소는 각하를 면할 수가 없는 것이다(대판 1990.9.25. 89누4758).

③ (O) 당사자가 행정청에 대하여 어떤 행정행위를 하여 줄 것을 신청하지 아니하였거나 당사자가 그러한 행정행위를 하여 줄 것을 요구할 수 있는 법규상 또는 조리상의 권리를 가지고 있지 아니하는 등의 경우에는 원고적격이 없거나 항고소송의 대상인 위법한 부작위가 있다고 할 수 없어 그 부작위위법확인의 소는 부적법하다(대판 2007.10.26. 2005두7853).

④ (X) 부작위위법확인의 소는 그 부작위의 위법을 확인함으로써 행정청의 응답을 신속하게 하여 부작위 내지 무응답이라고 하는 소극적인 위법상태를 제거하는 것을 목적으로 하는 것이다(대판 2002.06.28. 2000두4750).

⑤ (O)

> **행정소송법 제38조(준용규정)** ② 제9조(재판관할), 제10조(관련청구소송의 이송 및 병합), 제13조(피고적격) 제14조(피고경정) 제15조(공동소송), 제16조(제3자의 소송참가), 제17조(행정청의 소송참가), 제18조(행정심판과의 관계), 제19조(취소소송의 대상), 제20조(제소기간), 제25조(행정심판기록의 제출명령), 제26조(직권심리), 제27조(재량처분의 취소), 제29조(취소판결등의 효력), 제30조(취소판결등의 기속력), 제31조(제3자에 의한 재심청구), 제33조(소송비용에 관한 재판의 효력), 제34조(거부처분취소판결의 간접강제)의 규정은 부작위위법확인소송의 경우에 준용한다.

정답 ④

제4절 당사자소송·민중소송·기관소송·헌법소송

I 당사자소송

371 [17교육행정]

행정소송에 관한 설명으로 옳은 것은? (단, 다툼이 있는 경우 판례에 따름)

① 국세부과처분 취소소송에는 임의적 행정심판전치주의가 적용된다.

② 당사자소송 계속 중 법원의 허가를 얻어도 취소소송으로 변경할 수 없다.

③ 취소소송에는 대세효(제3자효)가 있으나 당사자소송에는 인정되지 않는다.

④ 취소소송에서 행정처분의 위법 여부는 판결 선고 당시의 법령과 사실상태를 기준으로 판단한다.

해설

① (X)

> **국세기본법 제56조(다른 법률과의 관계)** ② 제55조에 규정된 위법한 처분에 대한 행정소송은 「행정소송법」 제18조 제1항 본문, 제2항 및 제3항에도 불구하고 이 법에 따른 심사청구 또는 심판청구와 그에 대한 결정을 거치지 아니하면 제기할 수 없다.

② (X) 행정소송법 제21조, 42조.

③ (O) 당사자소송에서 판결의 대세효는 인정되지 않는다. 행정소송법도 당사자소송의 경우 대세효를 규정한 제29조를 준용하지 않도록 규정하고 있다.

> **행정소송법 제29조(취소판결등의 효력)** ① 처분등을 취소하는 확정판결은 제3자에 대하여도 효력이 있다.
>
> **제44조(준용규정)** ①제14조 내지 제17조, 제22조, 제25조, 제26조, 제30조제1항, 제32조 및 제33조의 규정은 당사자소송의 경우에 준용한다.

④ (X) 행정처분의 위법 여부는 행정처분이 행하여졌을 때의 법령과 사실상태를 기준으로 하여 판단하여야 하고, 처분 후 법령의 개폐나 사실상태의 변동에 의하여 영향을 받지는 않는다(대판 2007.05.11. 2007두1811).

정답 ③

372 [16교육행정]

당사자소송에 관한 설명으로 옳은 것은? (다툼이 있으면 판례에 따름)

① TV방송수신료 통합징수권한의 부존재확인은 당사자소송으로 다툴 수 있다.

② 「행정소송법」상 당사자소송을 항고소송으로 변경하는 것은 허용되지 않는다.

③ 시립무용단원의 해촉에 대해서는 항고소송으로 다투어야 하고 당사자소송으로 다툴 수는 없다.

④ 「행정소송법」은 당사자소송의 원고적격을 당사자소송을 제기할 법률상 이익이 있는 자로 규정하고 있다.

해설

① (O) 수신료 부과행위는 공권력의 행사에 해당하므로, 수신료를 징수할 권한이 있는지 여부를 다투는 이 사건 쟁송은 당사자소송에 의하여야 한다(대판 2008.7.24. 2007다25261).

② (X) 행정소송법 제21조, 42조.

③ (X) 대판 1995.12.22, 95누4636.

④ (X) 행정소송법상 당사자 소송의 경우 원고적격에 대한 규정이 없으며, 당사자소송은 민사소송과 유사한 형태의 소송이므로 취소소송의 원고적격과 협의의 소익에 관한 규정이 준용되지 않고 일반 민사소송에 관한 규정이 준용된다.

정답 ①

373 [15지방7급]

공법상 당사자소송에 해당하는 것만을 모두 고른 것은? (다툼이 있는 경우 판례에 의함)

ㄱ. 과세처분의 무효를 원인으로 하는 조세환급청구소송
ㄴ. 부가가치세 환급청구소송
ㄷ. 재개발조합의 관리처분계획의 취소를 구하는 소송
ㄹ. 「민주화운동 관련자 명예회복 및 보상 등에 관한 법률」에 따른 보상심의위원회의 결정을 다투는 소송
ㅁ. 「공익사업을 위한 토지 등의 취득 및 보상에 관한 법률」상의 주거이전비 보상청구소송

① ㄱ, ㄷ ② ㄱ, ㄹ, ㅁ
③ ㄴ, ㅁ ④ ㄴ, ㄹ, ㅁ

해설

③ 공법상 당사자소송에 해당하는 것은 ㄴ, ㅁ 이다.

ㄱ. 과세처분의 무효를 원인으로 하는 조세환급청구소송 - 민사소송(대판 1995.4.28, 94다55019)

ㄴ. 부가가치세 환급청구소송 - 당사자소송(대판 2013.3.21, 2011다95564 전원합의체)

ㄷ. 재개발조합의 관리처분계획의 취소를 구하는 소송 - 항고소송(대판 2002.12.10, 2001두6333)

ㄹ. 「민주화운동 관련자 명예회복 및 보상 등에 관한 법률」에 따른 보상심의위원회의 결정을 다투는 소송 - 항고소송(대판 2009.10.15, 2009두6513)

ㅁ. 「토지보상법」상의 주거이전비 보상청구소송 - 당사자소송(대판 2008.5.29, 2007다8129)

정답 ③

374 [17서울7급]

당사자소송에 관한 설명 중 옳지 않은 것은? (다툼이 있는 경우 판례에 의함)

① 형식적 당사자소송이란 실질적으로 행정청의 처분 등을 다투는 것이나 형식적으로는 처분 등의 효력을 다투지도 않고, 또한 처분청을 피고로 하지도 않고, 그 대신 처분 등으로 인해 형성된 법률관계를 다투기 위해 관련 법률관계의 일방 당사자를 피고로 하여 제기하는 소송을 말한다.

② 국가를 당사자 또는 참가인으로 하는 소송에서는 법무부장관이 국가를 대표하고, 지방자치단체를 당사자로 하는 소송에서는 지방자치단체의 장이 해당 지방자치단체를 대표한다.

③ 「행정소송법」 제8조 제2항에 의하면 행정소송에도 「민사소송법」의 규정이 일반적으로 준용되므로 법원으로서는 공법상 당사자소송에서 재산권의 청구를 인용하는 판결을 하는 경우 가집행선고를 할 수 있다.

④ 납세의무자에 대한 국가의 부가가치세 환급세액 지급의무에 대응하는 국가에 대한 납세의무자의 부가가치세 환급세액 지급청구는 당사자소송의 절차에 따르지 않아도 된다.

해설

① (O) 형식적 당사자소송이란 행정청의 처분이나 재결을 원인으로 하는 법률관계에 대한 소송으로서 그 법률관계의 일방 당사자를 피고로 하는 소송을 말한다. 형식적 당사자소송은 실질적으로는 항고소송과 마찬가지로 처분의 효력을 다투는 것이지만 형식적으로는 법률관계의 당사자 간의 쟁송이라는 형식을 취하는 것이다.

② (O)

국가를 당사자로 하는 소송에 관한 법률 제2조 (국가의 대표자) 국가를 당사자 또는 참가인으로 하는 소송(이하 "국가소송"이라 한다)에서는 법무부장관이 국가를 대표한다.

지방자치법 제114조(지방자치단체의 통할대표권) 지방자치단체의 장은 지방자치단체를 대표하고, 그 사무를 총괄한다.

③ (O) 행정소송법 제8조 제2항에 의하면 행정소송에도 민사소송법의 규정이 일반적으로 준용되므로 공법상 당사자소송에서 재산권의 청구를 인용하는 판결을 하는 경우 가집행선고를 할 수 있다(대판 2000.11.28. 99두3416).

④ (X) 대판 2013.03.21. 2011다95564 전원합의체.

정답 ④

375 [19지방7급]

판례의 입장으로 옳은 것은?

① 공무원연금법령상 급여를 받으려고 하는 자는 우선 급여지급을 신청하여 공무원연금공단이 이를 거부하거나 일부 금액만 인정하는 급여지급결정을 하는 경우 그 결정을 대상으로 항고소송을 제기하는 등으로 구체적 권리를 인정받아야 한다.

② 행정청이 공무원에게 국가공무원법령상 연가보상비를 지급하지 아니한 행위는 공무원의 연가보상비청구권을 제한하는 행위로서 항고소송의 대상이 되는 처분이다.

③ 법관이 이미 수령한 명예퇴직수당액이 구 법관 및 법원공무원 명예퇴직수당 등 지급규칙에서 정한 정당한 명예퇴직수당액에 미치지 못한다고 주장하며 차액의 지급을 신청한 것에 대하여 법원행정처장이 행한 거부의 의사표시는 행정처분에 해당한다.

④ 도시 및 주거환경정비법상 주택재건축정비사업조합을 상대로 관리처분계획안에 대한 조합 총회결의의 효력 등을 다투는 소송은 관리처분계획의 인가·고시가 있은 이후라도 특별한 사정이 없는 한 허용되어야 한다.

해설

① (O) 공무원연금법령상 급여를 받으려고 하는 자는 우선 관계 법령에 따라 공무원연금공단에 급여지급을 신청하여 공무원연금공단이 이를 거부하거나 일부 금액만 인정하는 급여지급결정을 하는 경우 그 결정을 대상으로 항고소송을 제기하는 등으로 구체적 권리를 인정받아야 하고, 구체적인 권리가 발생하지 않은 상태에서 곧바로 공무원연금공단을 상대로 한 당사자소송으로 권리의 확인이나 급여의 지급을 소구하는 것은 허용되지 아니한다(대판 2017. 2. 9. 2014두43264).

② (X) 공무원의 연가보상비청구권은 공무원이 연가를 실시하지 아니하는 등 법령상 정해진 요건이 충족되면 그 자체만으로 지급기준일 또는 보수지급기관의 장이 정한 지급일에 구체적으로 발생하고 행정청의 지급결정에 의하여 비로소 발생하는 것은 아니라고 할 것이므로, 행정청이 공무원에게 연가보상비를 지급하지 아니한 행위로 인하여 공무원의 연가보상비청구권 등 법률상 지위에 아무런 영향을 미친다고 할 수는 없으므로 행정청의 연가보상비 부지급 행위는 항고소송의 대상이 되는 처분이라고 볼 수 없다(대판 1999. 7. 23. 97누10857).

③ (X) 명예퇴직한 법관이 미지급 명예퇴직수당액에 대하여 가지는 권리는 명예퇴직수당 지급대상자 결정 절차를 거쳐 명예퇴직수당규칙에 의하여 확정된 공법상 법률관계에 관한 권리로서, 그 지급을 구하는 소송은 행정소송법의 당사자소송에 해당하며, 그 법률관계의 당사자인 국가를 상대로 제기하여야 한다(대판 2016.5.24. 2013두14863).

④ (X) 관리처분계획에 대하여 관할 행정청의 인가·고시까지 있게 되면 관리처분계획은 행정처분으로서 효력이 발생하게 되므로, 총회결의의 하자를 이유로 하여 행정처분의 효력을 다투는 항고소송의 방법으로 관리처분계획의 취소 또는 무효 확인을 구하여야 하고, 그와 별도로 행정처분에 이르는 절차적 요건 중 하나에 불과한 총회결의 부분만을 따로 떼어내어 효력 유무를 다투는 확인의 소를 제기하는 것은 특별한 사정이 없는 한 허용되지 않는다(대판 2009.09.17. 2007다2428 전원합의체).

정답 ①

376 [13지방9급]

판례상 '행정청이 행하는 구체적 사실에 관한 법집행으로서의 공권력의 행사 또는 그 거부와 그밖에 이에 준하는 행정작용'에 해당하지 않는 것과, 이 경우 그 불복을 다투는 소송의 유형을 바르게 연결한 것은?

㉠ 임용권자의 국립대학 조교수에 대한 임용기간 만료통지 ㉡ 공무원연금관리공단의 퇴직연금지급거부의 의사표시 ㉢ 친일반민족행위자재산조사위원회의 재산조사개시결정 ㉣ 광주광역시문화예술회관장의 시립합창단원 재위촉거부

① ㉠, ㉡ - 당사자소송 ② ㉠, ㉢ - 민사소송
③ ㉡, ㉣ - 당사자소송 ④ ㉢, ㉣ - 민사소송

해설

㉠ **[처분성 인정, 항고소송]** 대판 2004.4.22. 2000두7735 전원합의체.

㉡ **[처분성 부정, 당사자소송]** 공무원연금관리공단이 퇴직연금 중 일부 금액에 대하여 지급거부의 의사표시를 하였다고 하더라도 이를 행정처분이라고 볼 수는 없고, 미지급 퇴직연금에 대한 지급청구권은 공법상 권리로서 그 지급을 구하는 소송은 공법상 당사자소송에 해당한다(대판 2004.12.24. 2003두15195).

㉢ **[처분성 인정, 항고소송]** 친일반민족행위자재산조사위원회의 재산조사개시결정이 있는 경우 조사대상자는 위원회의 자료제출요구나 출석요구 등의 조사행위에 응하여야 하는 법적 의무를 부담하게 되는 점 등을 종합하면, 재산조사개시결정은 행정처분으로서 항고소송의 대상이 된다고 봄이 상당하다(대판 2009.10.15. 2009두6513).

㉣ **[처분성 부정, 당사자소송]** 대판 2001.12.11. 2001두7794.

정답 ③

377 [19서울7급]

「행정소송법」상 당사자소송에 대한 설명으로 가장 옳은 것은?

① 부가가치세법령상 납세의무자에 대한 국가의 부가가치세환급세액 지급의무는 부당이득 반환의 무이므로 그 지급청구는 당사자소송이 아니라 민사소송의 절차에 따라야 한다.

② 재개발조합은 공법인이므로 재개발조합과 조합장 사이의 선임·해임 등을 둘러싼 법률관계는 공법상 법률관계이고 그 조합장의 지위를 다투는 소송은 공법상 당사자소송이다.

③ 명예퇴직한 법관이 미지급 명예퇴직수당액에 대하여 가지는 권리는 공법상 법률관계에 관한 권리이므로 그 지급을 구하는 소송은 당사자소송에 해당한다.

④ 납세의무부존재확인의 소는 당사자소송이고 항고소송의 성격을 가지므로 해당 과세처분 관할 행정청이 피고가 된다.

해설

① **(X)** 납세의무자에 대한 국가의 부가가치세 환급세액 지급의무는 그 납세의무자로부터 어느 과세기간에 과다하게 거래징수된 세액 상당을 국가가 실제로 납부받았는지와 관계없이 부가가치세법령의 규정에 의하여 직접 발생하는 것으로서, 그 법적 성질은 정의와 공평의 관념에서 수익자와 손실자 사이의 재산상태 조정을 위해 인정되는 부당이득 반환의무가 아니라 부가가치세법령에 의하여 그 존부나 범위가 구체적으로 확정되고 조세 정책적 관점에서 특별히 인정되는 공법상 의무라고 봄이 타당하다. 그렇다면 납세의무자에 대한 국가의 부가가치세 환급세액 지급의무에 대응하는 국가에 대한 납세의무자의 부가가치세 환급세액 지급청구는 민사소송이 아니라 행정소송법 제3조 제2호에 규정된 당사자소송의 절차에 따라야 한다(대판 2013.03.21. 2011다95564 전원합의체).

② **(X)** 재개발조합과 조합장 또는 조합임원 사이의 선임·해임 등을 둘러싼 법률관계는 사법상의 법률관계로서 그 조합장 또는 조합임원의 지위를 다투는 소송은 민사소송에 의하여야 할 것이다(대결 2009.9.24. 2009마168).

③ **(O)** 명예퇴직한 법관이 미지급 명예퇴직수당액에 대하여 가지는 권리는 명예퇴직수당 지급대상자 결정 절차를 거쳐 명예퇴직수당규칙에 의하여 확정된 공법상 법률관계에 관한 권리로서, 그 지급을 구하는 소송은 행정소송법의 당사자소송에 해당하며, 그 법률관계의 당사자인 국가를 상대로 제기하여야 한다(대판 2016.5.24. 2013두14863).

④ (X) 납세의무부존재확인의 소는 공법상의 법률관계 그 자체를 다투는 소송으로서 당사자소송이라 할 것이므로 행정소송법 제3조 제2호, 제39조에 의하여 그 법률관계의 한쪽 당사자인 국가·공공단체 그 밖의 권리주체가 피고적격을 가진다(대판 2000. 9. 8. 99두2765).

정답 ③

378 [16국회8급]

행정소송의 제소기간에 대한 설명으로 옳지 않은 것을 〈보기〉에서 모두 고르면? (다툼이 있는 경우 판례에 의함)

〈보 기〉

ㄱ. 당사자소송은 취소소송의 제소기간이 적용되지 않으나, 법령에 제소기간이 정해져 있는 경우에 그 기간은 불변기간이다.

ㄴ. 행정심판 등 전심절차를 거친 경우에도 부작위위법확인소송은 부작위상태가 계속되는 한 그 위법의 확인을 구할 이익이 있으므로 제소기간의 제한을 받지 않는다.

ㄷ. 행정소송법 제20조(제소기간) 제2항의 규정상 소정의 "정당한 사유"란 민사소송법 제173조(소송행위의 추후보완)의 "당사자가 책임질 수 없는 사유"나 행정심판법 제27조(심판청구의 기간) 제2항의 "불가항력적인 사유"보다는 넓은 개념이다.

ㄹ. 조세심판에서 재결청의 재조사결정에 따른 행정소송의 기산점은 후속처분의 통지를 받은 날이다.

① ㄱ ② ㄴ ③ ㄱ, ㄴ
④ ㄴ, ㄷ ⑤ ㄱ, ㄴ, ㄹ

해설

ㄱ. (O)

> **행정소송법 제41조 (제소기간)** 당사자소송에 관하여 법령에 제소기간이 정하여져 있는 때에는 그 기간은 불변기간으로 한다.

ㄴ. (X) 부작위위법확인의 소는 부작위상태가 계속되는 한 그 위법의 확인을 구할 이익이 있다고 보아야 하므로 원칙적으로 제소기간의 제한을 받지 않는다. 그러나 행정심판 등 전심절차를 거친 경우에는 행정소송법 제20조가 정한 제소기간 내에 부작위위법확인의 소를 제기하여야 한다(대판 2009.07.23. 2008두10560).

ㄷ. (O) 정당한 사유란 민사소송법 제173조 제1항의 책임질 수 없는 사유나 행정심판법 제27조 제2항의 천재지변·전쟁·사변·그 밖의 불가항력의 사유보다 넓은 개념으로 여러 사정을 종합하여 사회통념에 따라 판단한다(대판 1991.06.28. 90누6521).

ㄹ. (O) 재조사결정에 따른 심사청구기간이나 심판청구기간 또는 행정소송의 제소기간은 이의신청인 등이 후속처분의 통지를 받은 날부터 기산된다(대판 2010.6.25. 2007두12514 전원합의체).

정답 ②

379 [16국가7급]

행정상 권리구제에 대한 설명으로 옳은 것은? (다툼이 있는 경우 판례에 의함)

① 법률의 집행을 위해 시행규칙을 제정할 의무가 있음에도 불구하고 행정청이 시행규칙을 제정하지 않고 있는 경우, 부작위위법확인소송을 통하여 다툴 수 있다.

② 당사자소송을 본안으로 하는 가처분에 대하여는 「행정소송법」상 집행정지에 관한 규정이 준용되지 않고, 「민사집행법」상 가처분에 관한 규정이 준용되어야 한다.

③ 이주대책은 생활보상의 한 내용이므로 이주대책이 수립되면 이주자들에게는 구체적인 권리가 발생하며, 사업시행자의 확인·결정이 있어야만 구체적인 수분양권이 발생하는 것은 아니다.

④ 국가공무원이 직무수행 중 경과실로 인한 불법행위로 국민에게 손해를 입힌 경우에 피해자에게 손해를 직접 배상하였다 하더라도 자신이 변제한 금액에 관하여 국가에 대하여 구상권을 취득할 수 없다.

해설

① (X) 추상적인 법령에 관하여 제정의 여부 등은 그 자체로서 국민의 구체적인 권리의무에 직접적 변동을 초래하는 것이 아니어서 그 소송의 대상이 될 수 없다(대판 1992.5.8. 91누11261).

② (O) 당사자소송에 대하여는 행정소송법 제23조 제2항의 집행정지에 관한 규정이 준용되지 아니하므로 행정소송법 제8조 제2항에 따라 민사집행법상 가처분에 관한 규정이 준용되어야 한다(대판 2015.08.21. 2015무26).

③ (X) 대판 1994.05.24. 92다35783 전원합의체.

④ (X) 대판 2014.08.20. 2012다54478.

정답 ②

II 민중소송

380 [14서울7급]

다음 중 민중소송에 해당하는 것을 모두 고르면?

㉠ 「지방자치법」에 따른 지방의회의원 징계의결에 대한 무효확인소송
㉡ 「지방자치법」에 따른 주민소송의 유형으로서 부당이득반환청구소송
㉢ 「지방자치법」에 따른 주민소송의 유형으로서 중지청구소송
㉣ 「공직선거법」상의 당선소송
㉤ 「공직선거법」상의 선거소송

① ㉠, ㉡, ㉢, ㉣, ㉤ ② ㉠, ㉡, ㉢, ㉣
③ ㉠, ㉢, ㉣, ㉤ ④ ㉡, ㉢, ㉣, ㉤
⑤ ㉢, ㉣, ㉤

해설

④ 보기 중 민중소송에 해당하는 것은 ㉡, ㉢, ㉣, ㉤ 이다.
㉠ (X) 항고소송(대판 1993.11.26. 93누7341).
㉡ (O) 민중소송(지방자치법 제22조 제2항 4호).
㉢ (O) 민중소송(지방자치법 제22조 제2항 1호).
㉣ (O) 민중소송(공직선거법 제223조).
㉤ (O) 민중소송(공직선거법 제222조).

정답 ④

381 [11국가9급]

지방자치단체인 A광역시가 부과하는 지방세의 징수를 담당하는 소속 공무원인 B는 납세의무자인 D의 허위신고를 묵인하고 해당 지방세를 징수하지 않았다. 이에 감사청구를 한 주민 C가 60일이 경과해도 감사가 종료되지 않았을 때 제기할 수 있는 소송의 유형은?

① 민법상 손해배상청구소송
② 공법상 당사자소송
③ 항고소송
④ 민중소송으로서의 주민소송

해설

지방자치법 제22조(주민소송) ① 제21조 제1항에 따라 공금의 지출에 관한 사항, 재산의 취득·관리·처분에 관한 사항, 해당 지방자치단체를 당사자로 하는 매매·임차·도급 계약이나 그 밖의 계약의 체결·이행에 관한 사항 또는 지방세·사용료·수수료·과태료 등 공금의 부과·징수를 게을리한 사항을 감사 청구한 주민은 다음 각 호의 어느 하나에 해당하는 경우에 그 감사 청구한 사항과 관련이 있는 위법한 행위나 업무를 게을리한 사실에 대하여 해당 지방자치단체의 장(해당 사항의 사무처리에 관한 권한을 소속 기관의 장에게 위임한 경우에는 그 소속 기관의 장을 말한다. 이하 이 조에서 같다)을 상대방으로 하여 소송을 제기할 수 있다.
1. 주무부장관이나 시·도지사가 감사 청구를 수리한 날부터 60일(제21조 제9항 단서에 따라 감사기간이 연장된 경우에는 연장된 기간이 끝난 날을 말한다)이 지나도 감사를 끝내지 아니한 경우
2. 제21조 제9항 및 제10항에 따른 감사 결과 또는 같은 조 제12항에 따른 조치 요구에 불복하는 경우
3. 제21조 제12항에 따른 주무부장관이나 시·도지사의 조치 요구를 지방자치단체의 장이 이행하지 아니한 경우
4. 제21조 제12항에 따른 지방자치단체의 장의 이행 조치에 불복하는 경우

정답 ④

Ⅲ 기관소송

382 [20지방9급]

조례제정권의 범위와 한계에 대한 설명으로 옳지 않은 것은? (다툼이 있는 경우 판례에 의함)

① 지방자치단체는 법령에 위반되지 않는 범위 내에서 자치사무에 관하여 주민의 권리를 제한하거나 의무를 부과하는 사항이 아닌 한 법률의 위임 없이 조례를 제정할 수 있다.

② 담배자동판매기의 설치를 금지하고 설치된 판매기를 철거하도록 하는 조례는 기존 담배자동판매기업자의 직업의 자유와 재산권을 제한하는 조례이므로 법률의 위임이 필요하다.

③ 영유아 보육시설 종사자의 정년을 조례로 규정하고자 하는 경우에는 법률의 위임이 필요 없다.

④ 군민의 출산을 장려하기 위하여 세 자녀 이상 세대 중 세 번째 이후 자녀에게 양육비 등을 지원할 수 있도록 하는 조례의 제정에는 법률의 위임이 필요 없다.

해설

① (O)

> **지방자치법 제28조(조례)** ① 지방자치단체는 법령의 범위에서 그 사무에 관하여 조례를 제정할 수 있다. 다만, 주민의 권리 제한 또는 의무 부과에 관한 사항이나 벌칙을 정할 때에는 법률의 위임이 있어야 한다.

② (O) 이 사건 조례들은 담배소매업을 영위하는 주민들에게 자판기 설치를 제한하는 것을 내용으로 하고 있으므로 주민의 직업선택의 자유 특히 직업수행의 자유를 제한하는 것이 되어 지방자치법 제15조 단서 소정의 주민의 권리의무에 관한 사항을 규율하는 조례라고 할 수 있으므로 지방자치단체가 이러한 조례를 제정함에 있어서는 법률의 위임을 필요로 한다(헌재 1995. 4. 20. 92헌마264 등 [기각]).

③ (X) 영유아보육법이 보육시설 종사자의 정년에 관한 규정을 두거나 이를 지방자치단체의 조례에 위임한다는 규정을 두고 있지 않음에도 보육시설 종사자의 정년을 규정한 '서울특별시 중구 영유아 보육조례 일부개정조례안' 제17조 제3항은, 법률의 위임 없이 헌법이 보장하는 직업을 선택하여 수행할 권리의 제한에 관한 사항을 정한 것이어서 그 효력을 인정할 수 없으므로, 위 조례안에 대한 재의결은 무효이다(대판 2009. 5. 28. 2007추134).

④ (O) 지방자치단체의 세자녀 이상 세대 양육비 등 지원에 관한 조례안은 저출산 문제의 국가적·사회적 심각성을 십분 감안하여 향후 지방자치단체의 출산을 적극 장려토록 하여 인구정책을 보다 전향적으로 실효성 있게 추진하고자 세 자녀 이상 세대 중 세 번째 이후 자녀에게 양육비 등을 지원할 수 있도록 하는 것으로서, 위와 같은 사무는 지방자치단체 고유의 자치사무 중 주민의 복지증진에 관한 사무를 규정한 지방자치법 제9조 제2항 제2호 (라)목에서 예시하고 있는 아동·청소년 및 부녀의 보호와 복지증진에 해당되는 사무이고, 또한 위 조례안에는 주민의 편의 및 복리증진에 관한 내용을 담고 있어 그 제정에 있어서 반드시 법률의 개별적 위임이 따로 필요한 것은 아니다(대판 2006. 10. 12. 2006추38).

정답 ③

Ⅳ 헌법소송

기출 Plus+

행정법 통론

1

제1장 행정 및 행정법

제1절 | 행정의 의의

제2절 | 행정법의 의의

I 행정법의 의의

II 법치행정의 원리

001 [23지방9급]

법치행정의 원칙에 대한 설명으로 옳지 않은 것은?

① 규율대상이 국민의 기본권 및 기본적 의무와 관련한 중요성을 가질수록 그리고 그에 관한 공개적 토론의 필요성 또는 상충하는 이익 사이의 조정 필요성이 클수록, 그것이 국회의 법률에 의해 직접 규율될 필요성은 더 증대된다고 보아야 한다.

② 법률의 시행령은 법률에 의한 위임 없이도 법률이 규정한 개인의 권리·의무에 관한 내용을 변경·보충하거나 법률에 규정되지 아니한 새로운 내용을 규정할 수 있다.

③ 법률유보의 원칙은 '법률에 의한 규율'만을 요청하는 것이 아니라 '법률에 근거한 규율'을 요청하는 것이기 때문에 기본권의 제한에는 법률의 근거가 필요할 뿐이고 기본권제한의 형식이 반드시 법률의 형식일 필요는 없다.

④ 행정작용은 법률에 위반되어서는 아니 되며, 국민의 권리를 제한하거나 의무를 부과하는 경우와 그 밖에 국민생활에 중요한 영향을 미치는 경우에는 법률에 근거해야 한다.

해설

① (O) 어떠한 사안이 국회가 형식적 법률로 스스로 규정하여야 하는 본질적 사항에 해당되는지는, 구체적 사례에서 관련된 이익 내지 가치의 중요성, 규제 또는 침해의 정도와 방법 등을 고려하여 개별적으로 결정하여야 하지만, 규율대상이 국민의 기본권 및 기본적 의무와 관련한 중요성을 가질수록 그리고 그에 관한 공개적 토론의 필요성 또는 상충하는 이익 사이의 조정 필요성이 클수록, 그것이 국회의 법률에 의해 직접 규율될 필요성은 더 증대된다(대판 2015. 8. 20. 2012두23808 전원합의체).

② (X) 일반적으로 법률의 시행령은 모법인 법률에 의하여 위임받은 사항이나, 법률이 규정한 범위 내에서 법률을 현실적으로 집행하는 데 필요한 세부적인 사항만을 규정할 수 있을 뿐, 법률의 위임 없이 법률이 규정한 개인의 권리·의무에 관한 내용을 변경·보충하거나 법률에서 규정하지 아니한 새로운 내용을 규정할 수 없다(대판 1999.2.11. 98도2816 전원합의체).

③ (O) 기본권 제한에 관한 법률유보의 원칙은 '법률에 의한 규율'을 요청하는 것이 아니라 '법률에 근거한 규율'을 요청하는 것이므로, 기본권의 제한에는 법률의 근거가 필요할 뿐이고 기본권 제한의 형식이 반드시 법률의 형식일 필요는 없고 위임입법

에 의하여도 기본권 제한을 할 수 있다(헌재 2005.5.26. 99헌마513).

④ (O)

행정기본법 제8조(법치행정의 원칙) 행정작용은 법률에 위반되어서는 아니 되며, 국민의 권리를 제한하거나 의무를 부과하는 경우와 그 밖에 국민생활에 중요한 영향을 미치는 경우에는 법률에 근거하여야 한다.

정답 ②

Ⅲ 행정법의 법원

Ⅳ 행정법의 효력

002 [24국가7급]

행정법의 기본원칙에 대한 설명으로 옳은 것은?

① 평등의 원칙은 본질적으로 같은 것을 자의적으로 다르게 취급함을 금지하는 것이므로, 위법한 행정처분이 수차례에 걸쳐 반복적으로 행하여졌다면 행정청에 대하여 자기구속력을 갖게 된다.

② 진정소급입법은 허용되지 않는 것이 원칙이지만 국민이 소급입법을 예상할 수 있었거나 신뢰보호의 요청에 우선하는 심히 중대한 공익상의 사유가 소급입법을 정당화하는 경우에는 허용된다.

③ 어떤 행정처분이 실효의 법리를 위반하여 위법한 것이라면 이는 행정처분의 당연무효사유에 해당한다.

④ 제1종 보통면허로 운전할 수 있는 차량을 음주운전한 경우에도 이와 관련된 면허인 제1종 대형면허와 원동기장치자전거면허까지 취소할 수 있는 것은 아니다.

해설

① (X) 위법한 행정처분이 수차례에 걸쳐 반복적으로 행하여졌다 하더라도 그러한 처분이 위법한 것인 때에는 행정청에 대하여 자기구속력을 갖게 된다고 할 수 없다(대판 2009.6.25. 2008두13132).

② (O) 진정소급입법은 허용되지 아니하는 것이 원칙이고, 다만 일반적으로 국민이 소급입법을 예상할 수 있었거나 법적 상태가 불확실하고 혼란스러워 보호할 만한 신뢰이익이 적은 경우와 소급입법에 의한 당사자의 손실이 없거나 아주 경미한 경우 그리고 신뢰보호의 요청에 우선하는 심히 중대한 공익상의 사유가 소급입법을 정당화하는 경우 등에는 예외적으로 진정소급입법이 허용된다(헌재 1999.7.22. 97헌바76 등).

③ (X) 어떤 행정처분이 실효의 법리를 위반하여 위법한 것이라고 하더라도, 이러한 하자의 존부는 개별·구체적인 사정을 심리한 후에야 판단할 수 있는 사항이어서 객관적으로 명백한 것이라고 할 수 없으므로, 이는 행정처분의 취소사유에 해당할 뿐 당연무효사유는 아니다(대판 2021. 12. 30. 2018다241458).

④ (X) 제1종 보통면허로 운전할 수 있는 차량을 음주운전한 경우에 이와 관련된 면허인 제1종 대형면허와 원동기장치자전거면허까지 취소할 수 있는 것으로 보아야 한다(대판 1994.11.25. 94누9672).

정답 ②

제2장 행정법의 일반원칙과 법률관계

제1절 | 행정의 일반원칙

I 비례의 원칙

II 신뢰보호의 원칙

003 [23국가7급]

신뢰보호의 원칙에 대한 설명으로 옳지 않은 것은?

① 「행정기본법」에 의하면 행정청은 공익 또는 제3자의 이익을 현저히 해칠 우려가 있는 경우를 제외하고는 행정에 대한 국민의 정당하고 합리적인 신뢰를 보호하여야 한다.

② 「행정기본법」에 의하면 행정청은 권한 행사의 기회가 있음에도 불구하고 장기간 권한을 행사하지 아니하여 국민이 그 권한이 행사되지 아니할 것으로 믿을 만한 정당한 사유가 있는 경우에는, 공익 또는 제3자의 이익을 현저히 해칠 우려가 있는 경우를 제외하고는 그 권한을 행사해서는 아니 된다.

③ 신법의 효력발생일까지 진행 중인 사건에 대하여 신법을 적용하는 것은 법률의 소급적용에 해당하므로 원칙적으로 허용될 수 없다.

④ 헌법재판소의 위헌결정은 행정청이 개인에 대하여 신뢰의 대상이 되는 공적인 견해를 표명한 것이라고 할 수 없으므로 그 결정에 관련한 개인의 행위에 대하여는 신뢰보호의 원칙이 적용되지 아니한다.

해설

① (O) ② (O)

> **행정기본법 제12조(신뢰보호의 원칙)** ① 행정청은 공익 또는 제3자의 이익을 현저히 해칠 우려가 있는 경우를 제외하고는 행정에 대한 국민의 정당하고 합리적인 신뢰를 보호하여야 한다.
>
> ② 행정청은 권한 행사의 기회가 있음에도 불구하고 장기간 권한을 행사하지 아니하여 국민이 그 권한이 행사되지 아니할 것으로 믿을 만한 정당한 사유가 있는 경우에는 그 권한을 행사해서는 아니 된다. 다만, 공익 또는 제3자의 이익을 현저히 해칠 우려가 있는 경우는 예외로 한다.

③ (X) 과세단위가 시간적으로 정해지는 조세에 있어 과세표준기간인 과세연도 진행 중에 세율인상 등 납세의무를 가중하는 세법의 제정이 있는 경우에는 이미 충족되지 아니한 과세요건을 대상으로 하는 강학상 이른바 부진정소급효의 경우이므로 그 과세연도 개시시에 소급적용이 허용된다(대판 1983.4.26. 81누423).

④ (O) 헌법재판소의 위헌결정은 행정청이 개인에 대하여 신뢰의 대상이 되는 공적인 견해를 표명한 것이라고 할 수 없으므로 그 결정에 관련한 개인의 행위에 대하여는 신뢰보호의 원칙이 적용되지 아니한다(대판 2003.6.27. 2002두6965).

정답 ③

004 [24국가9급]

신뢰보호의 원칙에 대한 설명으로 옳지 않은 것은?

① 개발사업을 시행하기 전에 사건 토지 지상에 예식장 등을 건축하는 것이 관계 법령상 가능한지 여부를 질의하여 민원 부서로부터 '저촉사항 없음'이라고 기재된 민원예비심사 결과를 통보받았다면, 이는 이후의 개발부담금부과처분에 관하여 신뢰보호의 원칙을 적용하기 위한 공적인 견해표명을 한 것에 해당한다.

② 시의 도시계획과장과 도시계획국장이 도시계획사업의 준공과 동시에 사업부지에 편입한 토지에 대한 완충녹지 지정을 해제함과 아울러 당초의 토지소유자들에게 환매하겠다는 약속을 했음에도 이를 믿고 토지를 협의매매한 토지소유자의 완충녹지지정해제 신청을 거부한 것은 신뢰보호의 원칙을 위반하거나 재량권을 일탈·남용한 위법한 처분이다.

③ 국회에서 일정한 법률안을 심의하거나 의결한 적이 있다고 하더라도 그것이 법률로 확정되지 아니한 이상 국가가 이해관계자들에게 위 법률안에 관련된 사항을 약속하였다고 볼 수 없으며, 이러한 사정만으로 어떠한 신뢰를 부여하였다고 볼 수도 없다.

④ 헌법재판소의 위헌결정은 행정청이 개인에 대하여 신뢰의 대상이 되는 공적인 견해를 표명한 것이라고 할 수 없으므로 그 결정에 관련한 개인의 행위에 대하여는 신뢰보호의 원칙이 적용되지 아니한다.

해설

① (X) 개발이익환수에 관한 법률에 정한 개발사업을 시행하기 전에, 행정청이 토지 지상에 예식장 등을 건축하는 것이 관계 법령상 가능한지 여부를 질의하는 민원예비심사에 대하여 관련부서 의견으로 개발이익환수에 관한 법률에 '저촉사항 없음'이라고 기재하였다고 하더라도, 이후의 개발부담금부과처분에 관하여 신뢰보호의 원칙을 적용하기 위한 요건인, 개인에 대하여 신뢰의 대상이 되는 공적인 견해표명을 한 것이라고는 보기 어렵다(대판 2006.6.9. 2004두46).

② (O) 시의 도시계획과장과 도시계획국장이 도시계획사업의 준공과 동시에 사업부지에 편입한 토지에 대한 완충녹지 지정을 해제함과 아울러 당초의 토지소유자들에게 환매하겠다는 약속을 했음에도, 이를 믿고 토지를 협의매매한 토지소유자의 완충녹지지정해제신청을 거부한 것은, 행정상 신뢰보호의 원칙을 위반하거나 재량권을 일탈·남용한 위법한 처분이다(대판 2008.10.9. 2008두6127).

③ (O) 국회에서 일정한 법률안을 심의하거나 의결한 적이 있다고 하더라도, 그것이 법률로 확정되지 아니한 이상 국가가 이해관계자들에게 위 법률안에 관련된 사항을 약속하였다고 볼 수 없으며, 이러한 사정만으로 어떠한 신뢰를 부여하였다고 볼 수도 없다(대판 2008.05.29. 2004다33469).

④ (O) 헌법재판소의 위헌결정은 행정청이 개인에 대하여 신뢰의 대상이 되는 공적인 견해를 표명한 것이라고 할 수 없으므로 그 결정에 관련한 개인의 행위에 대하여는 신뢰보호의 원칙이 적용되지 아니한다(대판 2003.6.27. 2002두6965).

정답 ①

005 [23지방7급]

「행정기본법」상 법 원칙에 대한 설명으로 옳지 않은 것은?

① 「의료법」 등 관련 법령이 정신병원 등의 개설에 관하여는 허가제로, 정신과의원 개설에 관하여는 신고제로 각 규정하고 있는 것은 합리적 차별로서 평등의 원칙에 반하지 않는다.

② 재량준칙이 공표된 것만으로는 행정의 자기구속의 원칙이 적용될 수 없고, 재량준칙이 되풀이 시행되어 행정관행이 성립한 경우에 행정의 자기구속의 원칙이 적용될 수 있다.

③ 상대방에게 귀책사유가 있어 그 신뢰의 보호가치가 인정되지 않는다면 신뢰보호의 원칙이 적용되지 않는데, 이때 귀책사유의 유무는 상대방을 기준으로 판단하여야 하고, 상대방으로부터 신청행위를 위임받은 수임인 등의 귀책사유 유무는 고려하지 않는다.

④ 음주운전으로 인한 운전면허취소처분의 재량권 일탈·남용 여부를 판단할 때, 운전면허의 취소로 입게 될 당사자의 불이익보다 음주운전으로 인한 교통사고를 방지하여야 하는 일반예방적 측면이 더 강조되어야 한다.

해설

① **(O)** 관련 법령이 정신병원 등의 개설에 관하여는 허가제로, 정신과의원 개설에 관하여는 신고제로 각 규정하고 있는 것은 각 의료기관의 개설 목적 및 규모 등 차이를 반영한 합리적 차별로서 평등의 원칙에 반한다고 볼 수 없다(대판 2018. 10. 25. 2018두44302).

② **(O)** 지침이 되풀이 시행되어 행정관행이 이루어졌다거나 그 공표만으로 신청인이 보호가치 있는 신뢰를 갖게 되었다고 볼 수 없고, 처분이 행정의 자기구속의 원칙 및 행정규칙에 관련된 신뢰보호의 원칙에 위배되거나 재량권을 일탈·남용한 위법이 없다(대판 2009.12.24. 2009두7967).

③ **(X)** 귀책사유라 함은 행정청의 견해표명의 하자가 상대방 등 관계자의 사실은폐나 기타 사위의 방법에 의한 신청행위 등 부정행위에 기인한 것이거나 그러한 부정행위가 없다고 하더라도 하자가 있음을 알았거나 중대한 과실로 알지 못한 경우 등을 의미한다고 해석함이 상당하고, 귀책사유의 유무는 상대방과 그로부터 신청행위를 위임받은 수임인 등 관계자 모두를 기준으로 판단하여야 한다(대판 2002.11.8. 2001두1512).

④ **(O)** 음주운전으로 인한 교통사고를 방지할 공익상의 필요는 더욱 중시되어야 하고 운전면허의 취소는 일반의 수익적 행정행위의 취소와는 달리 그 취소로 인하여 입게 될 당사자의 불이익보다는 이를 방지하여야 하는 일반예방적 측면이 더욱 강조되어야 한다(대판 2019. 1. 17. 2017두59949).

정답 ③

006 [23지방7급]

다음 사례에 대한 설명으로 옳지 않은 것은?

甲은 폐기물처리업을 경영하기 위하여 폐기물처리업 사업계획서를 제출하여 관할 도지사 乙로부터 사업계획 적합통보를 받았다. 그 후 甲은 폐기물처리시설의 설치가 허용되지 않는 용도지역을 허용되는 용도지역으로 변경하기 위하여 「국토의 계획 및 이용에 관한 법률」에 따라 乙에게 국토이용계획변경신청을 하였으나, 乙은 위 신청을 거부하였다.

① 만약 乙이 甲에게 사업계획 부적합통보를 하였다면 이는 항고소송의 대상이 되는 행정처분에 해당한다.

② 폐기물처리업 사업계획에 대한 적합통보와 국토이용계획변경은 각기 그 제도적 취지와 결정단계에서 고려해야 할 사항들이 다르다.

③ 乙이 폐기물처리업 사업계획에 대하여 적합통보를 한 것은 그 사업부지 토지에 대한 국토이용계획변경신청을 승인하여 주겠다는 취지의 공적인 견해표명을 한 것으로 볼 수 있다.

④ 甲이 국토이용계획변경신청의 승인을 받을 것으로 신뢰하였더라도 乙의 거부처분이 신뢰보호의 원칙에 위배된다고 할 수 없다.

해설

① **(O)** 폐기물처리업의 허가를 받기 위하여는 먼저 사업계획서를 제출하여 허가권자로부터 사업계획에 대한 적정통보를 받아야 하고, 부적정통보는 허가신청 자체를 제한하는 등 개인의 권리 내지 법률상의 이익을 개별적이고 구체적으로 규제하고 있어 행정처분에 해당한다 (대판 1998.4.28. 97누21086).

② **(O)** ③ **(X)** ④ **(O)** 폐기물관리법령에 의한 폐기물처리업 사업계획에 대한 적정통보와 국토이용관리법령에 의한 국토이용계획변경은 각기 그 제도적 취지와 결정단계에서 고려해야 할 사항들이 다르므로, 피고가 위와 같이 폐기물처리업 사업계획에 대하여 적정통보를 한 것만으로 그 사업부지 토지에 대한 국토이용계획변경신청을 승인하여 주겠다는 취지의 공적인 견해표명을 한 것으로 볼 수 없고, 그럼에도 불구하고 원고가 그 승인을 받을 것으로 신뢰하였다면 원고에게 귀책사유가 있다 할 것이므로, 이 사건 처분이 신뢰보호의 원칙에 위배된다고 할 수 없다(대판 2005.4.28. 2004두8828).

정답 ③

007 [24지방9급]

신뢰보호의 원칙에 대한 설명으로 옳지 않은 것은?

① 행정청의 공적 견해의 표명 후 그 견해표명 당시의 사정이 변경된 경우에도 행정청이 공적 견해표명에 반하는 처분을 하는 경우에는 특별한 사정이 없는 한 신뢰보호의 원칙에 위반된다.

② 신뢰보호의 원칙에서 개인의 귀책사유라 함은 행정청의 견해표명의 하자가 상대방 등 관계자의 사실은폐나 기타 사위의 방법에 의한 신청행위 등 부정행위에 기인한 것이거나 그러한 부정행위가 없더라도 하자가 있음을 알았거나 중대한 과실로 알지 못한 경우 등을 의미한다.

③ 행정청의 공적 견해표명이 있었는지 여부를 판단함에 있어서는, 반드시 행정조직상의 형식적인 권한분장에 구애될 것은 아니고, 담당자의 조직상의 지위와 임무, 당해 언동을 하게 된 구체적인 경위 및 그에 대한 상대방의 신뢰가능성에 비추어 실질에 의하여 판단하여야 한다.

④ 행정청은 권한 행사의 기회가 있음에도 불구하고 장기간 권한을 행사하지 아니하여 국민이 그 권한이 행사되지 아니할 것으로 믿을 만한 정당한 사유가 있는 경우에는 그 권한을 행사해서는 아니 되지만, 공익 또는 제3자의 이익을 현저히 해칠 우려가 있는 경우는 예외이다.

해설

① **(X)** 신뢰보호의 원칙은 행정청이 공적인 견해를 표명할 당시의 사정이 그대로 유지됨을 전제로 적용되는 것이 원칙이므로, 사후에 그와 같은 사정이 변경된 경우에는 그 공적 견해가 더 이상 개인에게 신뢰의 대상이 된다고 보기 어려운 만큼, 특별한 사정이 없는 한 행정청이 그 견해표명에 반하는 처분을 하더라도 신뢰보호의 원칙에 위반된다고 할 수 없다(대판 2020. 6. 25. 2018두34732).

② **(O)** 신뢰보호의 원칙이 적용되기 위하여는 행정청의 견해표명이 정당하다고 신뢰한 데에 대하여 그 개인에게 귀책사유가 없어야 하며 귀책사유라 함은 행정청의 견해표명의 하자가 상대방 등 관계자의 사실은폐나 기타 사위의 방법에 의한 신청행위 등 부정행위에 기인한 것이거나 그러한 부정행위가 없더라도 하자가 있음을 알았거나 중대한 과실로 알지 못한 경우 등을 의미한다(대판 2008.1.17. 2006두10931).

③ **(O)** 행정청의 공적 견해표명이 있었는지의 여부를 판단함에 있어서는, 반드시 행정조직상의 형식적인 권한분장에 구애될 것은 아니고, 담당자의 조직상의 지위와 임무, 당해 언동을 하게 된 구체적인 경위 및 그에 대한 상대방의 신뢰가능성에 비추어 실질에 의하여 판단하여야 한다(대판 2008.1.17. 2006두10931).

④ **(O)**

> **행정기본법 제12조(신뢰보호의 원칙)** ② 행정청은 권한 행사의 기회가 있음에도 불구하고 장기간 권한을 행사하지 아니하여 국민이 그 권한이 행사되지 아니할 것으로 믿을 만한 정당한 사유가 있는 경우에는 그 권한을 행사해서는 아니 된다. 다만, 공익 또는 제3자의 이익을 현저히 해칠 우려가 있는 경우는 예외로 한다.

정답 ①

III 자기구속의 원칙

008 [22국가7급]

행정법의 일반원칙에 대한 설명으로 옳지 않은 것은? (다툼이 있는 경우 판례에 의함)

① 「행정기본법」은 비례의 원칙을 명문으로 규정하고 있다.

② 행정처분이 수차례에 걸쳐 반복적으로 행하여졌다면 그 처분이 위법한 것인 때에도 행정청에 대하여 자기구속력을 갖게 된다.

③ 공적 견해표명 당시의 사정이 사후에 변경된 경우 특별한 사정이 없는 한 행정청이 그 견해표명에 반하는 처분을 하더라도 신뢰보호원칙에 위반된다고 할 수 없다.

④ 주택사업계획승인을 하면서 그 주택사업과 아무 관련이 없는 토지를 기부채납하도록 하는 부관을 붙인 경우, 그 부관은 부당결부금지원칙에 위반되어 위법하다.

해설

① (O)

행정기본법 제10조(비례의 원칙) 행정작용은 다음 각 호의 원칙에 따라야 한다. 1. 행정목적을 달성하는 데 유효하고 적절할 것 2. 행정목적을 달성하는 데 필요한 최소한도에 그칠 것 3. 행정작용으로 인한 국민의 이익 침해가 그 행정작용이 의도하는 공익보다 크지 아니할 것

② (X) 위법한 행정처분이 수차례에 걸쳐 반복적으로 행하여졌다 하더라도 그러한 처분이 위법한 것인 때에는 행정청에 대하여 자기구속력을 갖게 된다고 할 수 없다(대판 2009.6.25. 2008두13132).

③ (O) 신뢰보호의 원칙은 행정청이 공적인 견해를 표명할 당시의 사정이 그대로 유지됨을 전제로 적용되는 것이 원칙이므로, 사후에 그와 같은 사정이 변경된 경우에는 그 공적 견해가 더 이상 개인에게 신뢰의 대상이 된다고 보기 어려운 만큼, 특별한 사정이 없는 한 행정청이 그 견해표명에 반하는 처분을 하더라도 신뢰보호의 원칙에 위반된다고 할 수 없다(대판 2020. 6. 25. 2018두34732).

④ (O) 지방자치단체장이 사업자에게 주택사업계획승인을 하면서 그 주택사업과는 아무런 관련이 없는 토지를 기부채납하도록 하는 부관을 주택사업계획승인에 붙인 경우, 그 부관은 부당결부금지의 원칙에 위반되어 위법하다(대판 1997.3.11. 96다49650).

정답 ②

IV 부당결부금지의 원칙

V 평등의 원칙

Ⅰ 공법관계와 사법관계

009 [23지방9급]

다음 각 사례에 대한 설명으로 옳은 것만을 모두 고르면?

- 행정청 甲은 국유 일반재산인 건물 1층을 5년간 대부하는 계약을 乙과 체결하면서 대부료는 1년에 1억으로 정하였고 6회에 걸쳐 분납하기로 하였다. 甲은 乙이 1년간 대부료를 납부하지 않자, 체납한 대부료를 납부할 것을 통지하였다. 「국유재산법」에 따르면 국유재산의 대부료 등이 납부기한까지 납부되지 아니한 경우에는 「국세징수법」상의 강제징수에 관한 규정을 준용하고 있다.
- 행정청 甲은 국가 소유의 땅을 무단점유하여 사용하고 있는 丙에게 변상금 100만 원 부과처분을 하였다.

ㄱ. 甲이 乙에게 대부하는 행위는 공권력의 주체로서 상대방의 의사 여하에 불구하고 일방적으로 행하는 행정처분이 아니다.

ㄴ. 甲은 대부료를 납부하지 않은 乙을 상대로 민사소송을 제기하여 대부료 지급을 구해야 한다.

ㄷ. 변상금 부과처분은 순전히 사경제 주체로서 행하는 사법상의 법률행위이므로, 丙은 그 처분에 대해 민사소송을 제기하여 다툴 수 있다.

① ㄱ　　② ㄴ

③ ㄱ, ㄷ　　④ ㄱ, ㄴ, ㄷ

해설

ㄱ. **(O)** 국유잡종재산을 대부하는 행위는 국가가 사경제 주체로서 상대방과 대등한 위치에서 행하는 사법상의 계약이고, 국유잡종재산에 관한 대부료의 납부고지 역시 사법상의 이행청구에 해당한다(대판 2000.2.11. 99다61675).

ㄴ. **(X)** 국유 일반재산의 대부료 등이 납부기한까지 납부되지 아니한 경우에는 국세징수법 제23조와 같은 법의 체납처분에 관한 규정을 준용하여 대부료 등을 징수할 수 있다. 이와 같이 국유 일반재산의 대부료 등의 징수에 관하여는 국세징수법 규정을 준용한 간이하고 경제적인 특별구제절차가 마련되어 있으므로, 특별한 사정이 없는 한 민사소송의 방법으로 대부료 등의 지급을 구하는 것은 허용되지 아니한다(대판 2014.09.04. 2014다203588).

ㄷ. **(X)** 국유재산의 관리청이 그 무단점유자에 대하여 하는 변상금부과처분은 관리청이 공권력을 가진 우월적 지위에서 행한 것으로서 행정소송의 대상이 되는 행정처분이라고 보아야 한다(대판 1988.2.23. 87누1046).

정답 ①

010 [23국가9급]

공법관계와 사법관계의 구별에 대한 설명으로 옳지 않은 것은?

① 국유재산 중 행정재산의 사용허가는 공법관계이나, 한국공항공단이 무상사용허가를 받은 행정재산에 대하여 하는 전대행위는 사법관계이다.

② 조달청장이 「예산회계법」에 따라 계약을 체결하거나 입찰보증금 국고귀속조치를 취하는 것은 사법관계에 해당한다.

③ 국유재산의 무단점유에 대한 변상금부과는 공법관계에 해당하나, 국유 일반재산의 대부행위는 사법관계에 해당한다.

④ 조달청장이 법령에 근거하여 입찰참가자격을 제한하는 것은 사법관계에 해당한다.

해설

① (O) 한국공항공단이 무상사용허가를 받은 행정재산에 대하여 하는 전대행위는 통상의 사인간의 임대차와 다를 바가 없고, 그 임대차계약이 임차인의 사용승인신청과 임대인의 사용승인의 형식으로 이루어졌다고 하여 달리 볼 것은 아니다(대판 2004. 1. 15. 2001다12638).

② (O) 입찰보증금의 국고귀속조치는 국가가 사법상의 재산권의 주체로서 행위하는 것이지 공권력을 행사하는 것이거나 공권력 작용과 일체성을 가진 것이 아니라 할 것이므로 이에 관한 분쟁은 행정소송이 아닌 민사소송의 대상이 될 수밖에 없다고 할 것이다(대판 1983.12.27. 81누366).

③ (O) 국유재산의 관리청이 그 무단점유자에 대하여 하는 변상금부과처분은 관리청이 공권력을 가진 우월적 지위에서 행한 것으로서 행정소송의 대상이 되는 행정처분이라고 보아야 한다(대판 1988.2.23. 87누1046). 국유임야를 대부하거나 매각 또는 양여하는 행위는 사경제주체로서 상대방과 대등한 입장에서 하는 사법상의 행위이므로 국유임야무상양여신청서를 반려한 거부처분도 단순한 사법상의 행위일 뿐 행정행위가 아니므로 행정소송의 대상이 되지 아니한다(대판 1983.8.23. 83누239).

④ (X) 「국가를 당사자로 하는 계약에 관한 법률」상 중앙행정관서의 장이나 행정청이 행하는 입찰참가자격제한조치는 권력적 사실행위이므로 취소소송의 대상이 된다(대판 1983.7.12. 83누127).

정답 ④

I 의의 및 종류

II 공법상의 사건

011 [24국가9급]

「행정기본법」상 기간의 계산에 대한 설명으로 옳지 않은 것은?

① 행정에 관한 기간의 계산에 관하여는 「행정기본법」 또는 다른 법령등에 특별한 규정이 있는 경우를 제외하고는 「민법」을 준용한다.

② 법령등을 공포한 날부터 일정 기간이 경과한 날부터 시행하는 경우 그 기간의 말일이 토요일 또는 공휴일인 때에는 그 말일로 기간이 만료한다.

③ 법령등을 공포한 날부터 일정 기간이 경과한 날부터 시행하는 경우 법령등을 공포한 날을 첫날에 산입한다.

④ 법령등 또는 처분에서 국민의 권익을 제한하거나 의무를 부과하는 경우 권익이 제한되거나 의무가 지속되는 기간을 계산할 때에 기간을 일, 주, 월 또는 연으로 정한 경우에는 기간의 첫날을 산입한다. 다만, 그러한 기준을 따르는 것이 국민에게 불리한 경우에는 그러하지 아니하다.

해설

① (O) ② (O) ③ (X) ④ (O)

> **행정기본법 제6조(행정에 관한 기간의 계산)** ① 행정에 관한 기간의 계산에 관하여는 이 법 또는 다른 법령등에 특별한 규정이 있는 경우를 제외하고는 「민법」을 준용한다.
>
> ② 법령등 또는 처분에서 국민의 권익을 제한하거나 의무를 부과하는 경우 권익이 제한되거나 의무가 지속되는 기간의 계산은 다음 각 호의 기준에 따른다. 다만, 다음 각 호의 기준에 따르는 것이 국민에게 불리한 경우에는 그러하지 아니하다.
>
> 1. 기간을 일, 주, 월 또는 연으로 정한 경우에는 기간의 첫날을 산입한다.
> 2. 기간의 말일이 토요일 또는 공휴일인 경우에도 기간은 그 날로 만료한다.
>
> **제7조(법령등 시행일의 기간 계산)** 법령등(훈령·예규·고시·지침 등을 포함한다. 이하 이 조에서 같다)의 시행일을 정하거나 계산할 때에는 다음 각 호의 기준에 따른다.
>
> 1. 법령등을 공포한 날부터 시행하는 경우에는 공포한 날을 시행일로 한다.
> 2. 법령등을 공포한 날부터 일정 기간이 경과한 날부터 시행하는 경우 법령등을 공포한 날을 첫날에 산입하지 아니한다.
> 3. 법령등을 공포한 날부터 일정 기간이 경과한 날부터 시행하는 경우 그 기간의 말일이 토요일 또는 공휴일인 때에는 그 말일로 기간이 만료한다.

정답 ③

III 공법상의 사무관리와 부당이득

IV 사인의 공법행위

012 [23국가7급]

사인의 공법행위에 대한 설명으로 옳지 않은 것은?

① 공무원이 한 사직의 의사표시는 그에 터잡은 의원면직처분이 있고 난 이후라도 철회나 취소할 수 있다.

② 자기완결적 신고의 경우 적법한 요건을 갖춘 신고를 하면 신고의 대상이 되는 행위를 적법하게 할 수 있고, 별도로 행정청의 수리를 기다릴 필요가 없다.

③ 「건축법」에 의한 인·허가 의제 효과를 수반하는 건축신고는 특별한 사정이 없는 한 행정청이 그 실체적 요건에 관한 심사를 한 후 수리하여야 하는, 수리를 요하는 신고에 해당한다.

④ 구「유통산업발전법」에 따른 대규모점포의 개설등록 및 구「재래시장 및 상점가 육성을 위한 특별법」에 따른 시장관리자 지정은 행정청이 실체적 요건에 관한 심사를 한 후 수리하여야 하는, 수리를 요하는 신고로서 행정처분에 해당한다.

해설

① (X) 공무원이 한 사직의 의사표시의 철회나 취소는 그에 터잡은 의원면직처분이 있을 때까지 할 수 있는 것이고, 일단 면직처분이 있고 난 이후에는 철회나 취소할 여지가 없다(대판 2001.8.24. 99두9971).

② (O) 신고대상인 건축물의 건축행위를 하고자 할 경우에는 그 관계 법령에 정해진 적법한 요건을 갖춘 신고만을 하면 그와 같은 건축행위를 할 수 있고, 행정청의 수리처분 등 별단의 조처를 기다릴 필요가 없다(대판 1999. 4. 27. 97누6780).

③ (O) 인·허가의제 효과를 수반하는 건축신고는 일반적인 건축신고와는 달리, 특별한 사정이 없는 한 행정청이 그 실체적 요건에 관한 심사를 한 후 수리하여야 하는 이른바 '수리를 요하는 신고'로 보는 것이 옳다(대판 2011.1.20. 2010두14954 전원합의체).

④ (O) 대규모점포의 개설 등록은 이른바 '수리를 요하는 신고'로서 행정처분에 해당한다(대판 2015. 11. 19. 2015두295 전원합의체).

정답 ①

Ⅴ 신고

013 [23지방9급]

사인의 공법행위에 대한 설명으로 옳은 것은?

① 공무원에 의해 제출된 사직원은 그에 터잡은 의원면직처분이 있을 때까지 철회될 수 있고, 일단 면직처분이 있고 난 이후에도 자유로이 취소 및 철회될 수 있다.

② 시장 등의 주민등록전입신고 수리 여부에 대한 심사는 「주민등록법」의 입법 목적의 범위 내에서 제한적으로 이루어져야 하는바, 전입신고자가 30일 이상 생활의 근거로서 거주할 목적으로 거주지를 옮기는지 여부가 심사 대상으로 되어야 한다.

③ 행정청은 신청에 구비서류의 미비 등 흠이 있는 경우 원칙상 형식적·절차적인 요건만을 보완요구하여야 하므로 실질적인 요건에 관한 흠이 민원인의 단순한 착오나 일시적인 사정 등에 기인한 경우에도 보완을 요구할 수 없다.

④ 사인의 공법행위는 원칙적으로 발신주의에 따라 그 효력이 발생한다.

해설

① (X) 공무원이 한 사직의 의사표시의 철회나 취소는 그에 터잡은 의원면직처분이 있을 때까지 할 수 있는 것이고, 일단 면직처분이 있고 난 이후에는 철회나 취소할 여지가 없다(대판 2001.8.24. 99두9971).

② (O) 주민등록전입신고에 대하여 행정청이 이를 심사하여 그 수리를 거부할 수는 있다고 하더라도, 그러한 행위는 자칫 헌법상 보장된 국민의 거주·이전의 자유를 침해하는 결과를 초래할 수도 있으므로, 시장 등의 주민등록전입신고 수리 여부에 대한 심사는 주민등록법의 입법 목적의 범위 내에서 제한적으로 이루어져야 할 것이다. 전입신고를 받은 시장 등의 심사 대상은 전입신고자가 30일 이상 생활의 근거로서 거주할 목적으로 거주지를 옮기는지 여부만으로 제한된다(대판 2009.6.18. 2008두10997 전원합의체).

③ (X) 보완의 대상이 되는 흠은 보완이 가능한 경우이어야 함은 물론이고, 그 내용 또한 형식적·절차적인 요건이거나, 실질적인 요건에 관한 흠이 있는 경우라도 그것이 민원인의 단순한 착오나 일시적인 사정 등에 기한 경우 등이라야 한다(대판 2004.10.15. 2003두6573).

④ (X) 발송할 때가 아니라 특별한 규정이 없는 경우 민법상 도달주의 원칙에 따라 도달하였을 때에 신청의 효력이 발생한다.

정답 ②

014 [22지방7급]

사인의 공법행위에 대한 설명으로 옳지 않은 것은? (다툼이 있는 경우 판례에 의함)

① 「수산업법」상 신고어업을 하려면 법령이 정한 바에 따라 관할 행정청에 신고하여야 하고, 행정청의 수리가 있을 때에 비로소 법적 효과가 발생하게 된다.

② 「민법」상 비진의 의사표시의 무효에 관한 규정은 그 성질상 공무원이 한 사직(일괄사직)의 의사표시와 같은 사인의 공법행위에 적용되지 않는다.

③ 행정청은 사인의 신청에 구비서류의 미비와 같은 흠이 있는 경우 신청인에게 보완을 요구하여야 하는바, 이 때 보완의 대상이 되는 흠은 원칙상 형식적·절차적 요건뿐만 아니라 실체적 발급요건상의 흠을 포함한다.

④ 인허가의제 효과를 수반하는 건축신고는 일반적인 건축신고와는 달리, 특별한 사정이 없는 한 행정청이 그 실체적 요건에 관한 심사를 한 후 수리를 하여야 한다.

해설

① (O) 어업의 신고에 관하여 유효기간을 설정하면서 그 기산점을 '수리한 날'로 규정하고 있는 구 수산업법시행령 제33조 제1항의 규정 취지에 비추어 보면, 수산업법 제44조 소정의 어업의 신고는 행정청의 수리에 의하여 비로소 그 효과가 발생하는 이른바 '수리를 요하는 신고'라고 할 것이다(대판 2000. 5. 26. 99다37382).

② (O) 민법상 비진의 의사표시의 무효에 관한 규정은 사인의 공법행위에 적용되지 않는다(대판 2001.8.24. 99두9971). 따라서 사인의 공법행위는 진의가 아니라도 표시된 대로 효력이 발생한다.

③ (X) 행정절차법 제17조가 '구비서류의 미비 등 흠의 보완'과 '신청 내용의 보완'을 분명하게 구분하고 있는 점에 비추어 보면, 행정절차법 제17조 제5항은 신청인이 신청할 때 관계 법령에서 필수적으로 첨부하여 제출하도록 규정한 서류를 첨부하지 않은 경우와 같이 쉽게 보완이 가능한 사항을 누락하는 등의 흠이 있을 때 행정청이 곧바로 거부처분을 하는 것보다는 신청인에게 보완할 기회를 주도록 함으로써 행정의 공정성·투명성 및 신뢰성을 확보하고 국민의 권익을 보호하려는 행정절차법의 입법 목적을 달성하고자 함이지, 행정청으로 하여금 신청에 대하여 거부처분을 하기 전에 반드시 신청인에게 신청의 내용이나 처분의 실체적 발급요건에 관한 사항까지 보완할 기회를 부여하여야 할 의무를 정한 것은 아니라고 보아야 한다(대판 2020. 7. 23. 2020두36007).

④ (O) 인·허가의제 효과를 수반하는 건축신고는 일반적인 건축신고와는 달리, 특별한 사정이 없는 한 행정청이 그 실체적 요건에 관한 심사를 한 후 수리하여야 하는 이른바 '수리를 요하는 신고'로 보는 것이 옳다(대판 2011.1.20. 2010두14954 전원합의체).

정답 ③

VI 신청

행정작용법

2

제1장 행정입법

제1절 | 행정입법 일반론

제2절 | 법규명령

I 법규명령의 의의와 종류

II 법규명령의 근거와 요건

015 [23국가9급]

행정입법에 대한 설명으로 옳지 않은 것은?

① 총리령·부령의 제정절차는 대통령령의 경우와는 달리 국무회의의 심의는 거치지 않아도 된다.

② 법령보충적 행정규칙은 물론이고 재량권 행사의 준칙이 되는 행정규칙이 행정의 자기구속원리에 따라 대외적 구속력을 가지는 경우에는 헌법소원의 대상이 될 수 있다.

③ 상위법령의 위임이 없음에도 상위법령에 규정된 처분 요건에 해당하는 사항을 부령에서 변경하여 규정한 경우 그 부령의 규정은 국민에 대한 대외적 구속력이 있다.

④ 「특정다목적댐법」에서 댐 건설로 손실을 입으면 국가가 보상해야 하고 그 절차와 방법은 대통령령으로 제정토록 명시되어 있음에도 미제정된 경우, 법령제정의 여부는 「행정소송법」상 부작위위법확인소송의 대상이 될 수 없다.

해설

① **(O)** 대통령령은 법제처심사와 국무회의의 심의를 거쳐야 하고, 총리령과 부령은 법제처심사를 거쳐야 한다(헌법 제89조, 정부조직법 제23조).

② **(O)** 행정규칙은 일반적으로 행정조직 내부에서만 효력을 가지는 것이나, 행정규칙이 법령의 규정에 의하여 행정관청에 법령의 구체적 내용을 보충할 권한을 부여한 경우나 재량권행사의 준칙인 규칙이 그 정한 바에 따라 되풀이 시행되어 행정관행이 이룩되게 되면, 평등의 원칙이나 신뢰보호의 원칙에 따라 행정기관은 그 상대방에 대한 관계에서 그 규칙에 따라야 할 자기구속을 당하게 되는 경우에는 대외적인 구속력을 가지게 되는바, 이러한 경우에는 헌법소원의 대상이 될 수도 있다(헌재 2001. 5. 31. 99헌마413 [각하]).

③ **(X)** 법령의 위임이 없음에도 법령에 규정된 처분 요건에 해당하는 사항을 부령에서 변경하여 규정한 경우에는 그 부령의 규정은 행정청 내부의 사무처리 기준 등을 정한 것으로서 행정조직 내에서 적용되는 행정명령의 성격을 지닐 뿐 국민에 대한 대외적 구속력은 없다고 보아야 한다(대판 2013.9.12. 2011두10584).

④ **(O)** 부작위위법확인소송의 대상이 될 수 있는 것은 구체적 권리의무에 관한 분쟁이어야 하고 추상적인 법령에 관하여 제정의 여부 등은 그 자체로서 국민의 구체적인 권리의무에 직접적 변동을 초래하는 것이 아니어서 그 소송의 대상이 될 수 없다(대판 1992.5.8. 91누11261).

정답 ③

016 [24국가9급]

행정입법에 대한 설명으로 옳지 않은 것은?

① 정부는 권한 있는 기관에 의하여 위헌으로 결정되어 법령이 헌법에 위반되거나 법률에 위반되는 것이 명백한 경우 등 대통령령으로 정하는 경우에는 해당 법령을 개선하여야 한다.

② 헌법 제107조 제2항은 구체적 규범통제를 규정하고 있기 때문에 당사자는 구체적 사건의 심판을 위한 선결문제로서 행정입법의 위법성을 주장하여 법원에 대하여 당해 사건에 대한 적용 여부의 판단을 구할 수 있다.

③ 일반적으로 법률의 위임에 따라 효력을 갖는 법규명령의 경우에 위임의 근거가 없어 무효였다면 나중에 법 개정으로 위임의 근거가 부여되었다고 하여 그때부터 유효한 법규명령이 되는 것은 아니다.

④ 법률의 시행령은 모법인 법률에 의하여 위임받은 사항이나 법률이 규정한 범위 내에서 법률을 현실적으로 집행하는 데 필요한 세부적인 사항만을 규정할 수 있을 뿐, 법률에 의한 위임이 없는 한 법률이 규정한 개인의 권리·의무에 관한 내용을 변경·보충하거나 법률에 규정되지 아니한 새로운 내용을 규정할 수는 없다.

해설

① **(O)**

> **행정기본법 제39조(행정법제의 개선)** ① 정부는 권한 있는 기관에 의하여 위헌으로 결정되어 법령이 헌법에 위반되거나 법률에 위반되는 것이 명백한 경우 등 대통령령으로 정하는 경우에는 해당 법령을 개선하여야 한다.

② **(O)** 헌법 제107조 제2항의 규정에 따르면 행정입법의 심사는 일반적인 재판절차에 의하여 구체적 규범통제의 방법에 의하도록 명시하고 있으므로, 당사자는 구체적 사건의 심판을 위한 선결문제로서 행정입법의 위법성을 주장하여 법원에 대하여 당해 사건에 대한 적용 여부의 판단을 구할 수 있을 뿐 행정입법 자체의 합법성의 심사를 목적으로 하는 독립한 신청을 제기할 수는 없다(대결 1994. 4. 26. 93부32).

③ **(X)** 구법에 위임의 근거가 없어 무효였더라도 사후에 법개정으로 위임의 근거가 부여되면 그 때부터는 유효한 법규명령이 되나, 반대로 구법의 위임에 의한 유효한 법규명령이 법개정으로 위임의 근거가 없어지게 되면 그 때부터 무효인 법규명령이 된다(대판 1995.6.30. 93추83).

④ **(O)** 일반적으로 법률의 시행령은 모법인 법률에 의하여 위임받은 사항이나, 법률이 규정한 범위 내에서 법률을 현실적으로 집행하는 데 필요한 세부적인 사항만을 규정할 수 있을 뿐, 법률의 위임 없이 법률이 규정한 개인의 권리·의무에 관한 내용을 변경·보충하거나 법률에서 규정하지 아니한 새로운 내용을 규정할 수 없다(대판 1999.2.11. 98도2816 전원합의체).

정답 ③

III 법규명령의 한계와 하자

017 [22지방7급]

행정입법에 대한 설명으로 옳지 않은 것은? (다툼이 있는 경우 판례에 의함)

① 행정기관 내부의 사무처리준칙에 불과한 행정규칙은 공포되어야 하는 것은 아니므로 특별한 규정이 없는 한, 수명기관에 도달된 때부터 효력이 발생한다.

② 부작위위법확인소송의 대상이 될 수 있는 것은 구체적 권리의무에 관한 분쟁이어야 하고 추상적인 법령에 관하여 제정의 여부 등은 그 자체로서 국민의 구체적인 권리의무에 직접적 변동을 초래하는 것이 아니어서 그 소송의 대상이 될 수 없다.

③ 부령에서 제재적 행정처분의 기준을 정하였다고 하더라도 이에 관한 처분의 적법 여부는 부령에 적합한 것인가의 여부에 따라 판단할 것이 아니라 처분의 근거 법률의 규정 및 그 취지에 적합한 것인가의 여부에 따라 판단하여야 한다.

④ 법률이 공법적 단체 등의 정관에 자치법적 사항을 위임한 경우에도 원칙적으로 헌법 제75조가 정하는 포괄적인 위임입법 금지 원칙이 적용되므로 이와 별도로 법률유보 내지 의회유보의 원칙을 적용할 필요는 없다.

해설

① (O) 행정규칙은 법규명령과는 달리 공포를 그 요건으로 하지 않는다. 행정규칙은 법령에 특별한 규정이 있는 경우를 제외하고는 일반적으로 수명자(受命者)에게 도달하기만 하면 그 때부터 구속력이 발생한다.

② (O) 추상적인 법령에 관하여 제정의 여부 등은 그 자체로서 국민의 구체적인 권리의무에 직접적 변동을 초래하는 것이 아니어서 그 소송의 대상이 될 수 없다(대판 1992.5.8. 91누11261).

③ (O) 제재적 행정처분의 기준이 부령의 형식으로 규정되어 있더라도 그것은 행정청 내부의 사무처리준칙을 정한 것에 지나지 아니하여 대외적으로 국민이나 법원을 기속하는 효력이 없고, 당해 처분의 적법 여부는 위 처분기준만이 아니라 관계 법령의 규정 내용과 취지에 따라 판단되어야 한다(대판 2007.09.20. 2007두6946).

④ (X) 법률이 공법적 단체 등의 정관에 자치법적 사항을 위임한 경우에는 헌법 제75조가 정하는 포괄적인 위임입법의 금지는 원칙적으로 적용되지 않는다고 봄이 상당하고, 그렇다 하더라도 그 사항이 국민의 권리・의무에 관련되는 것일 경우에는 적어도 국민의 권리・의무에 관한 기본적이고 본질적인 사항은 국회가 정하여야 한다(대판 2007.10.12. 2006두14476).

정답 ④

018 [24국가7급]

행정입법에 대한 설명으로 옳은 것은?

① 법률의 위임에 의해 유효하게 성립된 법규명령은 이후 법개정으로 위임의 근거가 없어지더라도 법규명령의 효력에 영향이 없다.

② 행정권의 행정입법 등 법집행의무는 헌법적 의무라고 보아야 할 것이므로, 하위 행정입법의 제정 없이 상위 법령의 규정만으로 집행이 이루어질 수 있는 경우라도 하위 행정입법을 하여야 할 헌법적 작위의무는 인정된다.

③ 법률조항의 위임에 따라 대통령령으로 규정한 내용이 헌법에 위반되는 경우에는 그로 인하여 모법인 해당 수권(授權) 법률조항도 위헌이 된다.

④ 법률이 행정부가 아니거나 행정부에 속하지 않는 공법적 기관의 정관에 자치입법적 사항을 위임하는 경우 헌법에서 정한 포괄적인 위임입법의 금지는 원칙적으로 적용되지 않는다.

해설

① (X) 구법의 위임에 의한 유효한 법규명령이 법개정으로 위임의 근거가 없어지게 되면 그 때부터 무효인 법규명령이 된다(대판 1995.6.30. 93추83).

② (X) 하위 행정입법의 제정 없이 상위 법령의 규정만으로도 집행이 이루어질 수 있는 경우라면 하위 행정입법을 하여야 할 헌법적 작위의무는 인정되지 아니한다(헌재 2005. 12. 22. 2004헌마66).

③ (X) 행정부에서 제정된 대통령령에서 규정한 내용이 정당한 것인지 여부와 위임의 적법성은 직접적인 관계가 없다. 따라서 대통령령으로 규정한 내용이 헌법에 위반될 경우라도 그 대통령령의 규정이 위헌으로 되는 것은 별론으로 하고 그로 인하여 정당하고 적법하게 입법권을 위임한 수권법률조항까지 위헌으로 되는 것은 아니다(헌재 2010. 12. 28. 2009헌바145등).

④ (O) 법률이 공법적 단체 등의 정관에 자치법적 사항을 위임한 경우에는 헌법 제75조가 정하는 포괄적인 위임입법의 금지는 원칙적으로 적용되지 않는다고 봄이 상당하고, 그렇다 하더라도 그 사항이 국민의 권리·의무에 관련되는 것일 경우에는 적어도 국민의 권리·의무에 관한 기본적이고 본질적인 사항은 국회가 정하여야 한다(대판 2007.10.12. 2006두14476).

정답 ④

Ⅳ 법규명령의 통제와 소멸

019 [23지방9급]

행정입법의 사법적 통제에 대한 설명으로 옳지 않은 것은?

① 중앙선거관리위원회규칙은 법규명령이므로 구체적 규범통제의 대상이 될 수 있다.
② 처분적 법규명령은 무효등확인소송 또는 취소소송의 대상이 된다.
③ 대법원 이외의 각급법원도 구체적 규범통제의 방법으로 법규명령 조항에 대한 위헌 · 위법 판단을 할 수 있다.
④ 행정입법부작위는 부작위위법확인소송의 대상이 된다.

해설

① (O)

> **행정기본법 제2조(정의)** 이 법에서 사용하는 용어의 뜻은 다음과 같다.
> 1. "법령등"이란 다음 각 목의 것을 말한다.
> 가. 법령: 다음의 어느 하나에 해당하는 것
> 1) 법률 및 대통령령·총리령·부령
> 2) 국회규칙·대법원규칙·헌법재판소규칙·중앙선거관리위원회규칙 및 감사원규칙

② (O) 법규명령이 집행행위의 매개 없이 직접 국민의 법적지위에 영향을 미칠 때는 법규명령 자체에 처분성이 인정되어 법규명령을 대상으로 하는 항고소송이 가능하다.

> **[관련판례]** 조례가 집행행위의 개입 없이도 그 자체로서 직접 국민의 구체적인 권리의무나 법적 이익에 영향을 미치는 등의 법률상 효과를 발생하는 경우 그 조례는 항고소송의 대상이 되는 행정처분에 해당한다(대판 1996.09.20. 95누8003).

③ (O) 명령 · 규칙에 대한 심사권의 주체는 각급 법원(모든 법원, 군사법원 포함)이다. 최종적인 판단은 대법원이 한다.

④ (X) 추상적인 법령에 관하여 제정의 여부 등은 그 자체로서 국민의 구체적인 권리의무에 직접적 변동을 초래하는 것이 아니어서 그 소송의 대상이 될 수 없다(대판 1992.5.8. 91누11261).

정답 ④

제3절 행정규칙

I 행정규칙의 의의와 종류

020 [22국가7급]

행정규칙에 대한 설명으로 옳지 않은 것은? (다툼이 있는 경우 판례에 의함)

① 중앙행정기관의 장이 정한 훈령 · 예규 및 고시 등 행정규칙은 상위법령의 위임이 있다고 하더라도 「행정기본법」상의 '법령'에 해당하지 않는다.

② 처분이 행정규칙을 위반하였다고 해서 그러한 사정만으로 곧바로 위법하게 되는 것은 아니다.

③ 처분의 근거나 법적인 효과가 행정규칙에 규정되어 있더라도 그 상대방의 권리 · 의무에 직접 영향을 미치는 행위라면, 항고소송의 대상이 되는 행정처분에 해당한다.

④ 행정규칙의 내용이 상위법령이나 법의 일반원칙에 반하는 것이라면 행정내부적 효력도 인정될 수 없다.

해설

① (X)

> **행정기본법 제2조(정의)** 이 법에서 사용하는 용어의 뜻은 다음과 같다.
> 1. "법령등"이란 다음 각 목의 것을 말한다.
> 가. 법령: 다음의 어느 하나에 해당하는 것
> 1) 법률 및 대통령령·총리령·부령
> 2) 국회규칙·대법원규칙·헌법재판소규칙·중앙선거관리위원회규칙 및 감사원규칙
> 3) 1) 또는 2)의 위임을 받아 중앙행정기관(「정부조직법」 및 그 밖의 법률에 따라 설치된 중앙행정기관을 말한다. 이하 같다)의 장이 정한 훈령·예규 및 고시 등 행정규칙

② (O) 상급행정기관이 하급행정기관에 대하여 업무처리지침이나 법령의 해석적용에 관한 기준을 정하여 발하는 이른바 '행정규칙이나 내부지침'은 일반적으로 행정조직 내부에서만 효력을 가질 뿐 대외적인 구속력을 갖는 것은 아니므로 행정처분이 그에 위반하였다고 하여 그러한 사정만으로 곧바로 위법하게 되는 것은 아니다(대판 2009.12.24. 2009두7967).

③ (O) 어떠한 처분의 근거나 법적인 효과가 행정규칙에 규정되어 있다고 하더라도, 그 처분이 행정규칙의 내부적 구속력에 의하여 상대방에게 권리의 설정 또는 의무의 부담을 명하거나 기타 법적인 효과를 발생하게 하는 등으로 그 상대방의 권리 의무에 직접 영향을 미치는 행위라면, 이 경우에도 항고소송의 대상이 되는 행정처분에 해당한다(대판 2002.7.26. 2001두3532).

④ (O) 행정규칙의 내용이 상위법령이나 법의 일반원칙에 반하는 것이라면 법치국가원리에서 파생되는 법질서의 통일성과 모순금지 원칙에 따라 그것은 법질서상 당연무효이고, 행정내부적 효력도 인정될 수 없다(대판 2020. 5. 28. 2017두66541).

정답 ①

Ⅱ 행정규칙의 성질

Ⅲ 법령보충적 행정규칙(행정규칙형식의 법규명령)

021 [23지방7급]

행정규칙에 대한 설명으로 옳지 않은 것은?

① 「여객자동차 운수사업법」의 위임에 따른 시외버스운송사업의 사업계획변경 기준 등에 관한 「여객자동차 운수사업법 시행규칙」의 관련 규정은 대외적인 구속력이 있는 법규명령이라고 할 것이다.

② 법령에 반하는 위법한 행정규칙은 무효이므로 위법한 행정규칙을 위반한 것은 징계사유가 되지 않는다.

③ 법률이 일정한 사항을 고시와 같은 행정규칙에 위임하는 것은 전문적·기술적 사항이나 경미한 사항으로서 업무의 성질상 위임이 불가피한 사항에 한정된다.

④ 행정 각부의 장이 정하는 고시가 법령에 근거를 둔 것이라면, 그 규정 내용이 법령의 위임 범위를 벗어난 것이라도 법규명령으로서의 대외적 구속력이 인정된다.

해설

① (O) 구 여객자동차 운수사업법 시행규칙 규정은 구 여객자동차 운수사업법 제11조 제4항의 위임에 따라 시외버스운송사업의 사업계획변경에 관한 절차, 인가기준 등을 구체적으로 규정한 것으로서, 대외적인 구속력이 있는 법규명령이라고 할 것이다(대판 2006.6.27. 2003두4355).

② (O) 공무원이 상급행정기관이나 감독권자의 직무상 명령을 위반하였다는 점을 징계사유로 삼으려면 직무상 명령이 상위법령에 반하지 않는 적법·유효한 것이어야 한다(대판 2020. 11. 26. 2020두42262).

③ (O) 행정규칙은 법규명령과 같은 엄격한 제정 및 개정절차를 요하지 아니하므로, 재산권 등과 같은 기본권을 제한하는 작용을 하는 법률이 입법위임을 할 때에는 대통령령, 총리령, 부령 등 법규명령에 위임함이 바람직하고, 고시와 같은 형식으로 입법위임을 할 때에는 적어도 행정규제기본법 제4조 제2항 단서에서 정한 바와 같이 법령이 전문적·기술적 사항이나 경미한 사항으로서 업무의 성질상 위임이 불가피한 사항에 한정된다 할 것이고, 그러한 사항이라 하더라도 포괄위임금지의 원칙상 법률의 위임은 반드시 구체적·개별적으로 한정된 사항에 대하여 행하여져야 한다(헌재 2006. 12. 28. 2005헌바59 [합헌]).

④ (X) 고시가 비록 법령에 근거를 둔 것이라고 하더라도 그 규정 내용이 법령의 위임 범위를 벗어난 것일 경우에는 법규명령으로서의 대외적 구속력을 인정할 여지는 없다(대결 2006.04.28. 2003마715).

정답 ④

022 [23국가7급]

행정입법에 대한 설명으로 옳지 않은 것은?

① 법령의 위임이 없음에도 법령에 규정된 처분 요건에 해당하는 사항을 부령에서 변경하여 규정한 경우에는 그 부령의 규정은 행정청 내부의 사무처리 기준 등을 정한 것으로서 행정조직 내에서 적용되는 행정명령의 성격을 지닐 뿐 국민에 대한 대외적 구속력은 없다.

② 법원이 법률 하위의 법규명령이 위헌·위법인지를 심사하려면 그것이 재판의 전제가 되어야 하는데, 여기에서 재판의 전제란 구체적 사건이 법원에 계속 중이어야 하고, 위헌·위법인지가 문제 된 경우에는 그 법규명령의 특정 조항이 해당 소송사건의 재판에 적용되는 것이어야 하며, 그 조항이 위헌·위법인지에 따라 그 사건을 담당하는 법원이 다른 판단을 하게 되는 경우를 말한다.

③ 재량권행사의 준칙인 행정규칙이 그 정한 바에 따라 되풀이 시행되어 행정관행이 이루어지게 되면, 평등의 원칙이나 신뢰보호의 원칙에 따라 행정기관은 그 상대방에 대한 관계에서 그 행정규칙에 따라야 할 자기구속을 받게 되고, 그러한 경우에는 대외적인 구속력을 가지게 된다.

④ 상위법령에서 세부사항 등을 시행규칙으로 정하도록 위임하였음에도 이를 고시 등 행정규칙으로 정한 경우 그 행정규칙은 대외적 구속력을 가지는 법규명령으로서 효력이 인정된다.

해설

① (O) 법령에서 행정처분의 요건 중 일부 사항을 부령으로 정할 것을 위임한 데 따라 시행규칙 등 부령에서 이를 정한 경우에 그 부령의 규정은 국민에 대해서도 구속력이 있는 법규명령에 해당한다고 할 것이지만, 법령의 위임이 없음에도 법령에 규정된 처분 요건에 해당하는 사항을 부령에서 변경하여 규정한 경우에는 그 부령의 규정은 행정청 내부의 사무처리 기준 등을 정한 것으로서 행정조직 내에서 적용되는 행정명령의 성격을 지닐 뿐 국민에 대한 대외적 구속력은 없다고 보아야 한다(대판 2013.9.12. 2011두10584).

② (O) 법원이 법률 하위의 법규명령, 규칙, 조례, 행정규칙 등(이하 '규정'이라 한다)이 위헌·위법인지를 심사하려면 그것이 '재판의 전제'가 되어야 한다. 여기에서 '재판의 전제'란 구체적 사건이 법원에 계속 중이어야 하고, 위헌·위법인지가 문제 된 경우에는 규정의 특정 조항이 해당 소송사건의 재판에 적용되는 것이어야 하며, 그 조항이 위헌·위법인지에 따라 그 사건을 담당하는 법원이 다른 판단을 하게 되는 경우를 말한다(대판 2019. 6. 13. 2017두33985).

③ (O) 재량권 행사의 준칙인 행정규칙이 그 정한 바에 따라 되풀이 시행되어 행정관행이 이루어지게 되면 평등의 원칙이나 신뢰보호의 원칙에 따라 행정기관은 그 상대방에 대한 관계에서 그 규칙에 따라야 할 자기구속을 받게 되므로, 이러한 경우에는 특별한 사정이 없는 한 그를 위반하는 처분은 평등의 원칙이나 신뢰보호의 원칙에 위배되어 재량권을 일탈·남용한 위법한 처분이 된다(대판 2009.12.24. 2009두7967).

④ (X) 상위법령에서 세부사항 등을 시행규칙으로 정하도록 형식을 정해서 위임하였음에도 이를 고시 등 행정규칙으로 정한 경우, 대외적 구속력을 갖는 법규명령으로서 효력을 인정할 수는 없다(대판 2012.7.5. 2010다72076).

정답 ④

Ⅳ 법규명령형식의 행정규칙

Ⅴ 행정규칙의 근거와 요건

Ⅵ 행정규칙의 한계와 하자

VII 행정규칙의 통제와 소멸

023 [24지방9급]

행정입법에 대한 설명으로 옳지 않은 것은?

① 위임명령이 위임 내용을 구체화하는 단계를 벗어나 새로운 입법을 한 것으로 평가할 수 있다면 이는 위임의 한계를 일탈한 것으로서 허용되지 않는다.

② 교육부장관이 대학입시기본계획에서 내신성적 산정기준에 관한 시행지침을 마련하여 시·도교육감에게 통보한 경우, 각 고등학교에서 위 지침에 일률적으로 기속되어 내신성적을 산정할 수밖에 없고 대학에서도 이를 그대로 내신성적으로 인정하여 입학생을 선발할 수밖에 없으므로 내신성적 산정지침은 항고소송의 대상이 되는 행정처분에 해당한다.

③ 법규명령이 법률상 위임의 근거가 없어 무효였더라도 사후에 법 개정으로 위임의 근거가 부여되면 그때부터는 유효한 법규명령이 된다.

④ 행정청이 개인택시운송사업면허발급 여부를 심사함에 있어서 이미 설정된 면허기준의 해석상 당해 신청이 면허발급의 우선순위에 해당함이 명백함에도 면허거부처분을 하였다면 특별한 사정이 없는 한 그 거부처분은 위법한 처분이 된다.

해설

① (O) 문언적 의미의 한계를 벗어났다든지, 위임 규정에서 사용하고 있는 용어의 의미를 넘어 그 범위를 확장하거나 축소함으로써 위임 내용을 구체화하는 단계를 벗어나 새로운 입법을 한 것으로 평가할 수 있다면, 이는 위임의 한계를 일탈한 것으로서 허용되지 않는다(대판 2012.12.20. 2011두30878 전원합의체).

② (X) 교육부장관이 내신성적 산정기준의 통일을 기하기 위해 대학입시기본계획의 내용에서 내신성적 산정기준에 관한 시행지침을 마련하여 시·도 교육감에게 통보한 것은 행정조직 내부에서 내신성적 평가에 관한 내부적 심사기준을 시달한 것에 불과하며 항고소송의 대상이 되는 행정처분으로 볼 수 없다(대판 1994.9.10. 94두33).

③ (O) 구법에 위임의 근거가 없어 무효였더라도 사후에 법 개정으로 위임의 근거가 부여되면 그때부터는 유효한 법규명령이 되나, 반대로 구법의 위임에 의한 유효한 법규명령이 법개정으로 위임의 근거가 없어지게 되면 그때부터 무효인 법규명령이 된다(대판 1995.6.30. 93추83).

④ (O) 여객자동차 운수사업법에 의한 개인택시운송사업면허는 특정인에게 권리나 이익을 부여하는 행정행위로서 법령에 특별한 규정이 없는 한 재량행위이고, 그 면허를 위하여 정하여진 순위 내에서의 운전경력인정방법의 기준설정 역시 행정청의 재량에 속한다 할 것이지만, 행정청이 면허발급 여부를 심사함에 있어서 이미 설정된 면허기준의 해석상 당해 신청이 면허발급의 우선순위에 해당함이 명백함에도 이를 제외시켜 면허거부처분을 하였다면 특별한 사정이 없는 한 그 거부처분은 재량권을 남용한 위법한 처분이 된다(대판 2010.1.28. 2009두19137).

정답 ②

제2장 행정행위

제1절 | 행정행위의 의의 및 종류

Ⅰ 행정행위의 의의

Ⅱ 행정행위의 개념요소

Ⅲ 행정행위의 종류

Ⅳ 제3자효적 행정행위

Ⅴ 기속행위와 재량행위

024 [23국가7급]

기속행위와 재량행위에 대한 설명으로 옳은 것은?

① 재량행위에 대한 법원의 심사는 재량권의 일탈 또는 남용 및 재량권의 한계 내에서의 행정청의 판단, 즉 합목적성 내지 공익성의 판단 등을 대상으로 한다.
② 육아휴직 중 「국가공무원법」 제73조제2항에서 정한 복직 요건인 '휴직사유가 없어진 때'에 하는 복직명령은 기속행위이므로 휴직사유가 소멸하였음을 이유로 복직을 신청하는 경우 임용권자는 지체 없이 복직명령을 하여야 한다.
③ 재외동포에 대한 사증발급은 행정청의 기속행위에 속하는 것으로서, 재외동포가 사증발급을 신청한 경우에 구「출입국관리법 시행령」 [별표 1의2]에서 정한 재외동포체류자격의 요건을 갖추었다면 사증을 발급해야 한다.
④ 구「주택건설촉진법」 제33조에 의한 주택건설사업계획의 승인은 인간이 본래 가지고 있는 자연적 자유의 회복을 내용으로 하는 행정청의 기속행위에 속한다.

해설

① (X) 법원의 심사는 합목적성 내지 공익성의 판단을 포함하지 않는다.

② (O) 국가공무원법 제73조 제2항의 문언에 비추어 복직명령은 기속행위이므로 휴직사유가 소멸하였음을 이유로 신청하는 경우 임용권자는 지체 없이 복직명령을 하여야 한다(대판 2014. 6. 12. 2012두4852).

③ (X) 재외동포에 대한 사증발급은 행정청의 재량행위에 속하는 것으로서, 재외동포가 사증발급을 신청한 경우에 출입국관리법 시행령 [별표 1의2]에서 정한 재외동포체류자격의 요건을 갖추었다고 해서 무조건 사증을 발급해야 하는 것은 아니다(대판 2019. 7. 11. 2017두38874).

④ (X) 주택건설촉진법 규정에 의한 주택건설사업계획의 승인은 상대방에게 권리나 이익을 부여하는 효과를 수반하는 이른바 수익적 행정처분으로서 행정청의 재량행위에 속하고, 주택건설사업계획의 사전결정이 있다하여 달리 볼 것은 아니다. 피고가 이 사건 주택건설사업에 대한 사전결정을 하였다고 하더라도 사업승인 단계에서 그 사전결정에 기속되지 않고 다시 사익과 공익을 비교형량하여 그 승인 여부를 결정할 수 있다(대판 1999. 5. 25. 선고 99두1052).

정답 ②

VI 불확정개념과 판단여지

제1항 법률행위적 행정행위

I 명령적 행위 : 하명, 허가, 면제

025 [22지방7급]

인허가의제에 대한 설명으로 옳지 않은 것은? (다툼이 있는 경우 판례에 의함)

① 도시계획시설인 주차장에 대한 건축허가신청을 받은 행정청으로서는 「건축법」상 허가 요건뿐 아니라 그에 의해 의제되는 국토의 계획 및 이용에 관한 법령이 정한 도시계획시설사업에 관한 실시계획인가 요건도 충족하는 경우에 한하여 이를 허가해야 한다.

② 주된 인허가에 의해 의제된 인허가는 통상적인 인허가와 동일한 효력을 가지나, '부분 인허가의제'가 허용되는 경우 의제된 인허가의 취소나 철회는 허용되지 않으므로 이해관계인이 의제된 인허가의 위법함을 다투고자 하는 경우에는 주된 인허가처분을 항고소송의 대상으로 삼아야 한다.

③ 행정청이 「주택법」상 주택건설사업계획을 승인하면 「국토의 계획 및 이용에 관한 법률」상의 도시·군관리계획결정이 이루어진 것으로 의제되는데, 이 경우 도시·군관리계획 결정권자와의 협의절차와 별도로 「국토의 계획 및 이용에 관한 법률」에서 정한 도시·군관리계획 입안을 위한 주민 의견청취 절차를 거칠 필요는 없다.

④ 행정청이 건축불허가처분을 하면서 그 처분사유로 건축불허가 사유뿐만 아니라 그 의제의 대상이 되는 형질변경불허가 사유나 농지전용불허가 사유를 들고 있다고 하여 그 건축불허가처분 외에 별개로 형질변경불허가처분이나 농지전용불허가처분이 존재하는 것은 아니다.

해설

① (O) 도시계획시설인 주차장에 대한 건축허가신청을 받은 행정청으로서는 건축법상 허가 요건뿐 아니라 국토의 계획 및 이용에 관한 법령이 정한 도시계획시설사업에 관한 실시계획인가 요건도 충족하는 경우에 한하여 이를 허가해야 한다(대판 2015. 7. 9. 2015두39590).

② (X) 의제된 인허가는 통상적인 인허가와 동일한 효력을 가지므로, 적어도 '부분 인허가 의제'가 허용되는 경우에는 그 효력을 제거하기 위한 법적 수단으로 의제된 인허가의 취소나 철회가 허용될 수 있고, 이러한 직권 취소·철회가 가능한 이상 그 의제된 인허가에 대한 쟁송취소 역시 허용된다(대판 2018. 11. 29. 2016두38792).

③ (O) 주택건설사업계획 승인권자가 구 주택법 제17조 제3항에 따라 도시·군관리계획 결정권자와 협의를 거쳐 관계 주택건설사업계획을 승인하면 같은 조 제1항 제5호에 따라 도시·군관리계획결정이 이루어진 것으로 의제되고, 이러한 협의 절차와 별도로 국토의 계획 및 이용에 관한 법률 제28조 등에서 정한 도시·군관리계획 입안을 위한 주민 의견청취 절차를 거칠 필요는 없다(대판 2018. 11. 29. 2016두38792).

④ (O) 건축불허가처분을 하면서 그 처분사유로 건축불허가사유뿐만 아니라 형질변경불허가사유나 농지전용불허가사유를 들고 있다고 하여 그 건축물허가처분 외에 별개로 형질변경불허가처분이나 농지전용불허가처분이 존재하는 것이 아니다. 따라서 그 건축불허가처분을 받은 사람은 그 건축불허가처분에 관한 쟁송에서 건축법상의 건축불허가 사유뿐만 아니라 도시계획법상의 형질변경불허가 사유나 농지법상의 농지전용불허가 사유에 관하여도 다툴 수 있는 것이지, 그 건축불허가처분에 관한 쟁송과는 별개로 형질변경불허가처분이나 농지전용불허가처분에 관한 쟁송을 제기하여 이를 다투어야 하는 것은 아니며, 그러한 쟁송을 제기하지 아니하였어도 형질변경불허가 사유나 농지전용불허가 사유에 관하여 불가쟁력이 생기지 아니한다(대판 2001.1.16. 99두10988).

정답 ②

026 [24국가7급]

건축신고에 대한 설명으로 옳지 않은 것은?

① 「건축법」상 수리를 요하지 않는 건축신고에 있어서는 원칙적으로 적법한 요건을 갖춰 신고하면 행정청의 수리 등 별도의 조치를 기다릴 필요 없이 건축행위를 할 수 있다고 보아야 한다.

② 「건축법」상 건축신고가 다른 법률에서 정한 인·허가 등의 의제효과를 수반하는 경우에는 일반적인 건축신고와는 달리 특별한 사정이 없는 한 수리를 요하는 신고에 해당한다.

③ 건축신고 반려행위가 이루어진 단계에서 당사자로 하여금 반려행위의 적법성을 다투어 그 법적 불안을 해소한 다음 건축행위에 나아가도록 함으로써 장차 있을지도 모르는 위험에서 벗어날 수 있도록 길을 열어주기 위하여 건축신고 반려행위는 항고소송의 대상이 된다.

④ 인·허가의 근거 법령인 건축법령에서 절차간소화를 위하여 관련 인·허가를 의제 처리할 수 있는 근거 규정을 둔 경우, 주된 인·허가를 신청하려는 사업시행자는 반드시 관련 인·허가 의제 처리를 동시에 신청해야 한다.

해설

① (O) 신고대상인 건축물의 건축행위를 하고자 할 경우에는 그 관계 법령에 정해진 적법한 요건을 갖춘 신고만을 하면 그와 같은 건축행위를 할 수 있고, 행정청의 수리처분 등 별단의 조치를 기다릴 필요가 없다고 할 것이다(대판 1999. 4. 27. 97누6780).

② (O) 인·허가의제 효과를 수반하는 건축신고는 일반적인 건축신고와는 달리, 특별한 사정이 없는 한 행정청이 그 실체적 요건에 관한 심사를 한 후 수리하여야 하는 이른바 '수리를 요하는 신고'로 보는 것이 옳다(대판 2011.1.20. 2010두14954 전원합의체).

③ (O) 건축신고 반려행위가 이루어진 단계에서 당사자로 하여금 반려행위의 적법성을 다투어 그 법적 불안을 해소한 다음 건축행위에 나아가도록 함으로써 장차 있을지도 모르는 위험에서 미리 벗어날 수 있도록 길을 열어 주고, 위법한 건축물의 양산과 그 철거를 둘러싼 분쟁을 조기에 근본적으로 해결할 수 있게 하는 것이 법치행정의 원리에 부합한다. 그러므로 이 사건 건축신고 반려행위는 항고소송의 대상이 된다고 보는 것이 옳다(대판 2010.11.18. 2008두167전원합의체).

④ (X) 인허가 의제 제도는 사업시행자의 이익을 위하여 만들어진 것이므로, 사업시행자가 반드시 관련 인허가 의제 처리를 신청할 의무가 있는 것은 아니다(대판 2020. 7. 23. 2019두31839).

정답 ④

027 [23지방7급]

행정행위에 대한 설명으로 옳지 않은 것은?

① 개인택시운송사업의 양도·양수가 있고 그에 대한 인가가 있은 후 그 양도·양수 이전에 있었던 양도인에 대한 운송사업면허 취소사유(음주운전 등으로 인한 자동차운전면허의 취소)를 들어 양수인의 운송사업면허를 취소한 것은 위법하다.

② 공무원 임용을 위한 면접전형에서 임용신청자의 능력이나 적격성 등에 관한 판단은 면접위원의 고도의 교양과 학식, 경험에 기초한 자율적 판단에 의존하는 것으로서 면접위원의 자유재량에 속하고, 그와 같은 판단이 현저하게 재량권을 일탈·남용하지 않은 한 이를 위법하다고 할 수 없다.

③ 「가축분뇨의 관리 및 이용에 관한 법률」에 따른 가축분뇨 처리방법 변경허가는 허가권자의 재량행위에 해당한다.

④ 처분의 근거 법령이 행정청에 처분의 요건과 효과 판단에 관하여 일정한 재량을 부여하였는데도, 행정청이 자신에게 재량권이 없다고 오인하여 전혀 비교형량하지 않은 채 처분을 하였다면, 이는 재량권 불행사로서 그 자체로 재량권 일탈·남용에 해당한다.

해설

① (X) 개인택시운송사업의 양도·양수가 있고 그에 대한 인가가 있은 후 그 양도·양수 이전에 있었던 양도인에 대한 운송사업면허취소사유(음주운전 등으로 인한 자동차운전면허의 취소)를 들어 양수인의 운송사업면허를 취소한 것은 정당하다(대판 1998. 6. 26. 96누18960).

② (O) 공무원 임용을 위한 면접전형에 있어서 임용신청자의 능력이나 적격성 등에 관한 판단은 면접위원의 고도의 교양과 학식, 경험에 기초한 자율적 판단에 의존하는 것으로서 오로지 면접위원의 자유재량에 속하고, 그와 같은 판단이 현저하게 재량권을 일탈 내지 남용한 것이 아니라면 이를 위법하다고 할 수 없다(대판 1997.11.28. 97누11911).

③ (O) 가축분뇨법에 따른 처리방법 변경허가는 허가권자의 재량행위에 해당한다(대판 2021. 6. 30. 2021두35681).

④ (O) 처분의 근거 법령이 행정청에 처분의 요건과 효과 판단에 일정한 재량을 부여하였는데도, 행정청이 자신에게 재량권이 없다고 오인한 나머지 처분으로 달성하려는 공익과 그로써 처분상대방이 입게 되는 불이익의 내용과 정도를 전혀 비교형량하지 않은 채 처분을 하였다면, 이는 재량권 불행사로서 그 자체로 재량권 일탈·남용으로 해당 처분을 취소하여야 할 위법사유가 된다(대판 2019. 7. 11. 2017두38874).

정답 ①

Ⅱ 형성적 행위 : 특허, 대리, 인가

028 [24국가9급]

행정행위에 대한 설명으로 옳지 않은 것은?

① 여객자동차운송사업의 한정면허는 특정인에게 권리나 이익을 부여하는 수익적 행정행위로서 재량행위에 해당한다.

② 난민 인정에 관한 신청을 받은 행정청은 원칙적으로 법령이 정한 난민 요건에 해당하는지를 심사하여 난민 인정 여부를 결정할 수 있을 뿐이고, 법령이 정한 난민 요건과 무관한 다른 사유만을 들어 난민 인정을 거부할 수는 없다.

③ 자동차관리사업자로 구성하는 사업자단체 설립인가는 인가권자가 가지는 지도·감독 권한의 범위 등과 아울러 설립인가에 관하여 구체적인 기준이 정하여져 있지 않은 점 등에 비추어 재량행위로 보아야 한다.

④ 공익법인의 기본재산 처분허가에 부관을 붙인 경우, 그 처분허가의 법적 성질은 명령적 행정행위인 허가에 해당하며 조건으로서 부관의 부과가 허용되지 아니한다.

해설

① **(O)** 여객자동차운송사업의 한정면허는 특정인에게 권리나 이익을 부여하는 수익적 행정행위로서, 한정면허가 신규로 발급되는 때는 물론이고 한정면허의 갱신 여부를 결정하는 때에도 관계 법규 내에서 한정면허의 기준이 충족되었는지를 판단하는 것은 관할 행정청의 재량에 속한다(대판 2020. 6. 11. 2020두34384).

② **(O)** 난민 인정에 관한 신청을 받은 행정청은 원칙적으로 법령이 정한 난민 요건에 해당하는지를 심사하여 난민 인정 여부를 결정할 수 있을 뿐이고, 이와 무관한 다른 사유만을 들어 난민 인정을 거부할 수는 없다(대판 2017. 12. 5. 2016두42913).

③ **(O)** 자동차관리법상 자동차관리사업자로 구성하는 사업자단체인 조합 또는 협회(이하 '조합 등'이라고 한다)의 설립인가처분은 국토해양부장관 또는 시·도지사(이하 '시·도지사 등'이라고 한다)가 자동차관리사업자들의 단체결성행위를 보충하여 효력을 완성시키는 처분에 해당한다. 인가권자인 국토해양부장관 또는 시·도지사는 조합 등의 설립인가 신청에 대하여 설립인가 여부를 결정할 재량을 가진다(대판 2015. 5. 29. 2013두635).

④ **(X)** 공익법인의 기본재산의 처분에 관한 공익법인의 설립·운영에 관한 법률 제11조 제3항의 규정은 강행규정으로서 이에 위반하여 주무관청의 허가를 받지 않고 기본재산을 처분하는 것은 무효라 할 것인데, 위 처분허가에 부관을 붙인 경우 그 처분허가의 법률적 성질이 형성적 행정행위로서의 인가에 해당한다고 하여 조건으로서의 부관의 부과가 허용되지 아니한다고 볼 수는 없다(대판 2005. 9. 28. 2004다50044).

정답 ④

029 [22지방7급]

「도시 및 주거환경정비법」상 행정처분에 대한 판례의 입장으로 옳지 않은 것은?

① 주택재개발조합설립추진위원회 구성승인처분은 조합의 설립을 위한 주체인 주택재개발조합설립추진위원회의 구성행위를 보충하여 그 효력을 부여하는 처분이다.

② 주택재건축조합설립인가처분은 법령상 요건을 갖출 경우 주택재건축사업을 시행할 수 있는 권한을 갖는 행정주체로서의 지위를 부여하는 일종의 설권적 처분의 성격을 갖는다.

③ 주택재건축조합의 정관변경에 대한 시장·군수등의 인가는 그 대상이 되는 기본행위를 보충하여 법률상 효력을 완성시키는 행위로서 시장·군수등이 변경된 정관을 인가하면 정관변경의 효력이 총회의 의결이 있었던 때로 소급하여 발생한다.

④ 토지 등 소유자들이 도시환경정비사업을 위한 조합을 따로 설립하지 아니하고 직접 그 사업을 시행하고자 하는 경우, 사업시행계획인가처분은 일종의 설권적 처분의 성격을 가지므로 토지 등 소유자들이 작성한 사업시행계획은 독립된 행정처분이 아니다.

해설

① (O) 조합설립추진위원회(이하 '추진위원회'라고 한다) 구성승인처분은 조합의 설립을 위한 주체인 추진위원회의 구성행위를 보충하여 그 효력을 부여하는 처분으로서 조합설립이라는 종국적 목적을 달성하기 위한 중간단계의 처분에 해당하지만, 그 법률요건이나 효과가 조합설립인가처분의 그것과는 다른 독립적인 처분이기 때문에, 추진위원회 구성승인처분에 대한 취소 또는 무효확인 판결의 확정만으로는 이미 조합설립인가를 받은 조합에 의한 정비사업의 진행을 저지할 수 없다. 따라서 추진위원회 구성승인처분을 다투는 소송 계속 중에 조합설립인가처분이 이루어진 경우에는, 추진위원회 구성승인처분에 위법이 존재하여 조합설립인가 신청행위가 무효라는 점 등을 들어 직접 조합설립인가처분을 다툼으로써 정비사업의 진행을 저지하여야 하고, 이와는 별도로 추진위원회 구성승인처분에 대하여 취소 또는 무효확인을 구할 법률상의 이익은 없다고 보아야 한다(대판 2013. 1. 31. 2011두11112).

② (O) 행정청이 도시정비법 등 관련 법령에 근거하여 행하는 조합설립인가처분은 단순히 사인들의 조합설립행위에 대한 보충행위로서의 성질을 갖는 것에 그치는 것이 아니라 주택재건축사업을 시행할 수 있는 권한을 갖는 행정주체(공법인)로서의 지위를 부여하는 일종의 설권적 처분의 성격을 갖는다(대판 2009.09.24. 2008다60568).

③ (X) 조합이 정관을 변경하고자 하는 경우에는 총회를 개최하여 조합원 과반수 또는 3분의 2 이상의 동의를 얻어 시장·군수의 인가를 받도록 규정하고 있다. 여기서 시장 등의 인가는 그 대상이 되는 기본행위를 보충하여 법률상 효력을 완성시키는 행위로서 이러한 인가를 받지 못한 경우 변경된 정관은 효력이 없고, 시장 등이 변경된 정관을 인가하더라도 정관변경의 효력이 총회의 의결이 있었던 때로 소급하여 발생한다고 할 수 없다(대판 2014. 7. 10. 2013도11532).

④ (O) 토지 등 소유자들이 그 사업을 위한 조합을 따로 설립하지 아니하고 직접 도시환경정비사업을 시행하고자 하는 경우 토지 등 소유자들이 직접 시행하는 도시환경정비사업에서 토지 등 소유자에 대한 사업시행인가처분은 단순히 사업시행계획에 대한 보충행위로서의 성질을 가지는 것이 아니라 구 도시정비법상 정비사업을 시행할 수 있는 권한을 가지는 행정주체로서의 지위를 부여하는 일종의 설권적 처분의 성격을 가진다. 도시환경정비사업을 직접 시행하려는 토지 등 소유자들은 시장·군수로부터 사업시행인가를 받기 전에는 행정주체로서의 지위를 가지지 못한다. 따라서 그가 작성한 사업시행계획은 인가처분의 요건 중 하나에 불과하고 항고소송의 대상이 되는 독립된 행정처분에 해당하지 아니한다고 할 것이다(대판 2013.06.13. 2011두19994).

정답 ③

030 [23국가7급]

행정행위에 대한 설명으로 옳은 것은?

① 행정청의 의사표시를 요소로 하는 법률행위적 행정행위 중에서 명령적 행위에는 하명, 허가, 대리가 속한다.

② 상대방에게 권리, 능력, 법적 지위, 포괄적 법률관계를 설정하는 특허는 형성적 행정행위이며 원칙적으로 기속행위이다.

③ 인가는 기본행위의 효력을 완성시켜 주는 보충적 행위이므로 기본행위가 무효인 경우에는 이에 대한 인가가 내려지더라도 그 인가는 무효이다.

④ 특정의 사실 또는 법률관계의 존재를 공적으로 증명하여 공적 증거력을 부여하는 행정행위는 확인행위로서 당선인결정, 장애등급결정, 행정심판의 재결 등이 그 예이다.

해설

① (X) 법률행위적 행정행위 중에서 명령적 행위에는 하명, 허가, 면제가 속한다. 대리는 형성적 행위에 속한다.

② (X) 귀화허가는 외국인에게 대한민국 국적을 부여함으로써 국민으로서의 법적 지위를 포괄적으로 설정하는 행위에 해당한다. 법무부장관은 귀화신청인이 귀화 요건을 갖추었다 하더라도 귀화를 허가할 것인지 여부에 관하여 재량권을 가진다(대판 2010.10.28. 2010두6496).

③ (O) 기본행위가 불성립 또는 무효인 경우에 인가가 있었다 하더라도 그 기본행위가 유효로 되는 것은 아니며, 인가도 무효로 된다.

④ (X) 특정의 사실 또는 법률관계의 존재를 공적으로 증명하여 공적 증거력을 부여하는 행정행위는 공증이고, 가종 증명서 발급이 그 예이다.

정답 ③

031 [23지방9급]

인가에 대한 설명으로 옳지 않은 것은?

① 「자동차관리법」상 자동차관리사업자로 구성하는 사업자단체인 조합 또는 협회의 설립인가처분은 자동차관리사업자들의 단체결성행위를 보충하여 효력을 완성시키는 처분에 해당한다.

② 구「도시 및 주거환경정비법」상 조합설립추진위원회 구성승인처분은 조합의 설립을 위한 주체인 추진위원회의 구성행위를 보충하여 그 효력을 부여하는 처분이다.

③ 주택재개발정비사업조합이 수립한 사업시행계획에 하자가 있음에도 불구하고 관할 행정청이 해당 사업시행계획에 대한 인가처분을 하였다면, 그 인가처분에는 고유한 하자가 없더라도 사업시행계획의 무효를 주장하면서 곧바로 그에 대한 인가처분의 무효확인이나 취소를 구하여야 한다.

④ 구「도시 및 주거환경정비법」상 토지소유자들이 조합을 설립하지 아니하고 직접 도시환경정비사업을 시행하고자 하는 경우에 내려진 사업시행인가처분은 설권적 처분의 성격을 가진다.

해설

① (O) 자동차관리법상 자동차관리사업자로 구성하는 사업자단체인 조합 또는 협회(이하 '조합 등'이라고 한다)의 설립인가처분은 국토해양부장관 또는 시·도지사(이하 '시·도지사 등'이라고 한다)가 자동차관리사업자들의 단체결성행위를 보충하여 효력을 완성시키는 처분에 해당한다(대판 2015. 5. 29. 2013두635).

② (O) 조합설립추진위원회(이하 '추진위원회'라고 한다)의 구성을 승인하는 처분은 조합의 설립을 위한 주체에 해당하는 비법인 사단인 추진위원회를 구성하는행위를 보충하여 그 효력을 부여하는 처분인 데 반하여, 조합설립인가처분은 법령상요건을 갖출 경우 도시정비법상 주택재개발사업을 시행할 수 있는 권한을 가지는 행정주체(공법인)로서의 지위를 부여하는 일종의 설권적 처분이다(대판 2013. 12. 26. 2011두8291).

③ (X) 기본행위인 사업시행계획이 무효인 경우 그에 대한 인가처분이 있다고 하더라도 그 기본행위인 사업시행계획이 유효한 것으로 될 수 없으며, 기본행위가 적법·유효하고 보충행위인 인가처분 자체에만 하자가 있다면 그 인가처분의 무효나 취소를 주장할 수 있다고 할 것이지만, 인가처분에 하자가 없다면 기본행위에 하자가 있다고 하더라도 따로 그 기본행위의 하자를 다투는 것은 별론으로 하고 기본행위의 무효를 내세워 바로 그에 대한 인가처분의 취소 또는 무효확인을 구할 수 없다(대판 2014. 2. 27. 2011두25173).

④ (O) 토지 등 소유자들이 그 사업을 위한 조합을 따로 설립하지 아니하고 직접 도시환경정비사업을 시행하고자 하는 경우에는 사업시행계획서에 정관 등과 그 밖에 국토해양부령이 정하는 서류를 첨부하여 시장·군수에게 제출하고 사업시행인가를 받아야 하고, 이러한 절차를 거쳐 사업시행인가를 받은 토지 등 소유자들은 관할 행정청의 감독 아래 정비구역 안에서 구 도시정비법상의 도시환경정비사업을 시행하는 목적 범위 내에서 법령이 정하는 바에 따라 일정한 행정작용을 행하는 행정주체로서의 지위를 가진다. 그렇다면 토지 등 소유자들이 직접 시행하는 도시환경정비사업에서 토지 등 소유자에 대한 사업시행인가처분은 단순히 사업시행계획에 대한 보충행위로서의 성질을 가지는 것이 아니라 구 도시정비법상 정비사업을 시행할 수 있는 권한을 가지는 행정주체로서의 지위를 부여하는 일종의 설권적 처분의 성격을 가진다(대판 2013.06.13. 2011두19994).

정답 ③

제2항 준법률행위적 행정행위

Ⅰ 부관의 의의

Ⅱ 부관의 기능과 특성

Ⅲ 부관의 종류

032 [24지방9급]

행정행위의 부관에 대한 설명으로 옳지 않은 것은?

① 행정처분에 붙은 부담인 부관이 제소기간 도과로 확정되어 이미 불가쟁력이 생긴 경우에도 그 부담의 이행으로서 하게 된 사법상 매매 등의 법률행위의 효력을 다툴 수 있다.

② 부담부 행정처분에 있어서 처분의 상대방이 부담을 이행하지 아니한 경우에 처분청이 이를 들어 당해 처분을 철회할 수 없다.

③ 지방국토관리청장이 일부 공유수면매립지에 대하여 한 국가 귀속처분은 매립준공인가를 함에 있어서 매립의 면허를 받은 자의 매립지에 대한 소유권취득을 규정한 구「공유수면매립법」의 법률효과를 일부 배제하는 부관을 붙인 것이다.

④ 부담이 처분 당시 법령을 기준으로 적법하다면 처분 후 부담의 전제가 된 주된 행정처분의 근거 법령이 개정됨으로써 행정청이 더 이상 부관을 붙일 수 없게 되었다 하더라도 곧바로 위법하게 되거나 그 효력이 소멸하게 되는 것은 아니다.

해설

① (O) 부담의 이행으로서 하게 된 사법상 매매 등의 법률행위는 부담을 붙인 행정처분과는 어디까지나 별개의 법률행위이므로 그 부담의 불가쟁력의 문제와는 별도로 법률행위가 사회질서 위반이나 강행규정에 위반되는지 여부 등을 따져보아 그 법률행위의 유효 여부를 판단하여야 한다(대판 2009.06.25. 2006다18174).

② (X) 부담부 행정처분에 있어서 처분의 상대방이 부담(의무)을 이행하지 아니한 경우에 처분행정청으로서는 이를 들어 당해 처분을 취소(철회)할 수 있는 것이다(대판 1989.10.24. 89누2431).

③ (O) 지방국토관리청장이 일부 공유수면매립지에 대하여 한 국가 또는 직할시 귀속처분은 매립준공인가를 함에 있어서 매립의 면허를 받은 자의 매립지에 대한 소유권취득을 규정한 공유수면매립법 제14조의 효과 일부를 배제하는 부관을 붙인 것이고, 이러한 행정행위의 부관은 위 법리와 같이 독립하여 행정소송 대상이 될 수 없다(대판 1993.10.8. 93누2032).

④ (O) 행정청이 수익적 행정처분을 하면서 부가한 부담의 위법 여부는 처분 당시 법령을 기준으로 판단하여야 하고, 부담이 처분 당시 법령을 기준으로 적법하다면 처분 후 부담의 전제가 된 주된 행정처분의 근거 법령이 개정됨으로써 행정청이 더 이상 부관을 붙일 수 없게 되었다 하더라도 곧바로 위법하게 되거나 그 효력이 소멸하게 되는 것은 아니다(대판 2009.02.12. 2005다65500).

정답 ②

Ⅳ 부관의 가능성과 한계

033 [23국가7급]

「행정기본법」상 부관에 대한 설명으로 옳지 않은 것은?

① 행정청은 처분에 재량이 있는 경우에는 부관을 붙일 수 있다.

② 행정청은 처분에 재량이 없는 경우에는 법률에 근거가 있는 경우에 부관을 붙일 수 있다.

③ 부관은 해당 처분의 목적에 위배되지 아니하여야 하며, 그 처분과 실질적인 관련이 있어야 하고 또한 그 처분의 목적을 달성하기 위하여 필요한 최소한의 범위 내에서 붙여야 한다.

④ 행정청은 사정이 변경되어 종전의 부관을 변경하지 아니하면 해당 처분의 목적을 달성할 수 없다고 인정되는 경우에도 법률에 근거가 없다면 종전의 부관을 변경할 수 없다.

해설

① (O) ② (O) ③ (O) ④ (X)

행정기본법 제17조(부관) ① 행정청은 처분에 재량이 있는 경우에는 부관(조건, 기한, 부담, 철회권의 유보 등을 말한다. 이하 이 조에서 같다)을 붙일 수 있다.

② 행정청은 처분에 재량이 없는 경우에는 법률에 근거가 있는 경우에 부관을 붙일 수 있다.

③ 행정청은 부관을 붙일 수 있는 처분이 다음 각 호의 어느 하나에 해당하는 경우에는 그 처분을 한 후에도 부관을 새로 붙이거나 종전의 부관을 변경할 수 있다.

1. 법률에 근거가 있는 경우
2. 당사자의 동의가 있는 경우
3. 사정이 변경되어 부관을 새로 붙이거나 종전의 부관을 변경하지 아니하면 해당 처분의 목적을 달성할 수 없다고 인정되는 경우

④ 부관은 다음 각 호의 요건에 적합하여야 한다.

1. 해당 처분의 목적에 위배되지 아니할 것
2. 해당 처분과 실질적인 관련이 있을 것
3. 해당 처분의 목적을 달성하기 위하여 필요한 최소한의 범위일 것

정답 ④

034 [23국가9급]

행정행위의 부관에 대한 설명으로 옳지 않은 것은?

① 수익적 행정처분에 있어서는 법령에 특별한 근거규정이 있는 경우에만 그 부관으로서 부담을 붙일 수 있다.

② 기선선망어업의 허가를 하면서 운반선, 등선 등 부속선을 사용할 수 없도록 제한한 부관은 그 어업허가의 목적달성을 사실상 어렵게 하여 그 본질적 효력을 해하는 것이므로 위법한 것이다.

③ 부관은 면허 발급 당시에 붙이는 것뿐만 아니라 면허 발급 이후에 붙이는 것도 법률에 명문의 규정이 있거나 변경이 미리 유보되어 있는 경우 또는 상대방의 동의가 있는 경우 등에는 특별한 사정이 없는 한 허용된다.

④ 토지소유자가 토지형질변경행위허가에 붙은 기부채납의 부관에 따라 토지를 국가나 지방자치단체에 기부채납한 경우, 기부채납의 부관이 당연무효이거나 취소되지 아니한 이상 토지소유자는 위 부관으로 인하여 기부채납계약의 중요부분에 착오가 있음을 이유로 기부채납계약을 취소할 수 없다.

해설

① (X) 수익적 행정처분에 있어서는 법령에 특별한 근거규정이 없다고 하더라도 그 부관으로서 부담을 붙일 수 있고, 그와 같은 부담은 행정청이 행정처분을 하면서 일방적으로 부가할 수도 있지만 부담을 부가하기 이전에 상대방과 협의하여 부담의 내용을 협약의 형식으로 미리 정한 다음 행정처분을 하면서 이를 부가할 수도 있다(대판 2009.2.12. 2005다65500).

② (O) 기선선망어업의 허가를 하면서 운반선, 등선 등 부속선을 사용할 수 없도록 제한한 부관은 그 어업허가의 목적달성을 사실상 어렵게하여 그 본질적 효력을 해하는 것일 뿐만 아니라 위 시행령의 규정에도 어긋나는 것이며, 더욱이 어업조정이나 기타 공익상 필요하다고 인정되는 사정이 없는 이상 위법한 것이다(대판 1990.4.27. 89누6808).

③ (O) 부관의 사후변경은, 법률에 명문의 규정이 있거나 그 변경이 미리 유보되어 있는 경우 또는 상대방의 동의가 있는 경우에 한하여 허용되는 것이 원칙이지만, 사정변경으로 인하여 당초에 부담을 부가한 목적을 달성할 수 없게 된 경우에도 그 목적달성에 필요한 범위 내에서 예외적으로 허용된다(대판 1997.5.30. 97누2627).

④ (O) 토지소유자가 토지형질변경행위허가에 붙은 기부채납의 부관에 따라 토지를 국가나 지방자치단체에 기부채납(증여)한 경우, 기부채납의 부관이 당연무효이거나 취소되지 아니한 이상 토지소유자는 위 부관으로 인하여 증여계약의 중요부분에 착오가 있음을 이유로 증여계약을 취소할 수 없다(대판 1999.05.25. 98다53134).

정답 ①

V 부관의 하자와 행정행위의 효력

VI 하자 있는 부관과 행정쟁송

VII 부관과 이를 기초로 한 후속조치

035 [22지방7급]

행정행위의 부관에 대한 설명으로 옳은 것은? (다툼이 있는 경우 판례에 의함)

① 일반적으로 보조금 교부결정은 법령과 예산에서 정하는 바에 엄격히 기속되므로, 행정청은 보조금 교부결정을 할 때 조건을 붙일 수 없다.

② 수익적 행정처분에 있어서는 행정청이 행정처분을 하면서 부담을 일방적으로 부가할 수 있을 뿐, 부담을 부가하기 이전에 상대방과 협의하여 부담의 내용을 협약의 형식으로 미리 정한 다음 부가할 수는 없다.

③ 토지소유자가 토지형질변경행위허가에 붙은 기부채납의 부관에 따라 토지를 국가나 지방자치단체에 기부채납한 경우, 기부채납의 부관이 당연무효이거나 취소되지 아니한 이상 토지소유자는 위 부관으로 인하여 증여계약의 중요 부분에 착오가 있음을 이유로 증여계약을 취소할 수 없다.

④ 부담이 처분 당시 법령을 기준으로 적법하더라도, 처분 후 부담의 전제가 된 주된 행정처분의 근거 법령이 개정됨으로써 행정청이 더 이상 부관을 붙일 수 없게 되었다면 그 부담은 곧바로 위법하게 되거나 그 효력이 소멸한 것으로 보아야 한다.

해설

① (X) 보조금 교부결정에 관해서는 행정청에게 광범위한 재량이 부여되어 있고, 행정청은 보조금 교부결정을 할 때 법령과 예산에서 정하는 보조금의 교부 목적을 달성 하는 데에 필요한 조건을 붙일 수 있다(대판 2021. 2. 4. 2020두48772).

② (X) 부담은 행정청이 행정처분을 하면서 일방적으로 부가할 수도 있지만 부담을 부가하기 이전에 상대방과 협의하여 부담의 내용을 협약의 형식으로 미리 정한 다음 행정처분을 하면서 이를 부가할 수도 있다(대판 2009.2.12. 2005다65500).

③ (O) 토지소유자가 토지형질변경행위허가에 붙은 기부채납의 부관에 따라 토지를 국가나 지방자치단체에 기부채납(증여)한 경우, 기부채납의 부관이 당연무효이거나 취소되지 아니한 이상 토지소유자는 위 부관으로 인하여 증여계약의 중요부분에 착오가 있음을 이유로 증여계약을 취소할 수 없다(대판 1999.05.25. 98다53134).

④ (X) 행정청이 수익적 행정처분을 하면서 부가한 부담의 위법 여부는 처분 당시 법령을 기준으로 판단하여야 하고, 부담이 처분 당시 법령을 기준으로 적법하다면 처분 후 부담의 전제가 된 주된 행정처분의 근거 법령이 개정됨으로써 행정청이 더 이상 부관을 붙일 수 없게 되었다 하더라도 곧바로 위법하게 되거나 그 효력이 소멸하게 되는 것은 아니다(대판 2009.02.12. 2005다65500).

정답 ③

036 [24국가9급]

행정행위의 부관에 대한 설명으로 옳지 않은 것은?

① 기부채납받은 행정재산에 대한 사용·수익허가에서 공유재산의 관리청이 정한 사용·수익허가의 기간은 그 허가의 효력을 제한하기 위한 행정행위의 부관으로서 이러한 사용·수익허가의 기간에 대해서는 독립하여 행정소송을 제기할 수 없다.

② 토지소유자가 토지형질변경행위허가에 붙은 기부채납의 부관에 따라 토지를 국가나 지방자치단체에 기부채납(증여)한 경우, 기부채납의 부관이 당연무효이거나 취소되지 아니한 이상 토지소유자는 위 부관으로 인하여 증여계약의 중요부분에 착오가 있음을 이유로 증여계약을 취소할 수 없다.

③ 행정행위의 부관인 부담에 정해진 바에 따라 당해 행정청이 아닌 다른 행정청이 그 부담상의 의무이행을 요구하는 의사표시를 하였을 경우, 이러한 행위가 당연히 항고소송의 대상이 되는 처분에 해당한다고 할 수는 없다.

④ 행정처분에 부담인 부관을 붙인 경우 부관의 무효화에 의하여 본체인 행정처분 자체의 효력에도 영향이 있게 될 수 있으며, 그 처분을 받은 사람이 부담의 이행으로 사법상 매매 등의 법률행위를 한 경우 그 법률행위 자체는 당연무효이다.

해설

① (O) 공유재산의 관리청이 정한 사용·수익허가의 기간은 그 허가의 효력을 제한하기 위한 행정행위의 부관으로서 이러한 사용·수익허가의 기간에 대해서는 독립하여 행정소송을 제기할 수 없다(대판 2001.6.15. 99두509).

② (O) 지소유자가 토지형질변경행위허가에 붙은 기부채납의 부관에 따라 토지를 국가나 지방자치단체에 기부채납(증여)한 경우, 기부채납의 부관이 당연무효이거나 취소되지 아니한 이상 토지소유자는 위 부관으로 인하여 증여계약의 중요부분에 착오가 있음을 이유로 증여계약을 취소할 수 없다(대판 1999.05.25. 98다53134).

③ (O) 행정행위의 부관인 부담에 정해진 바에 따라 당해 행정청이 아닌 다른 행정청이 그 부담상의 의무이행을 요구하는 의사표시를 하였을 경우, 이러한 행위가 당연히 또는 무조건으로 행정소송법상 항고소송의 대상이 되는 처분에 해당한다고 할 수는 없다(대판 1992.1.21. 91누1264).

④ (X) 부담의 이행으로서 하게 된 사법상 매매 등의 법률행위는 부담을 붙인 행정처분과는 어디까지나 별개의 법률행위이그로 그 부담의 불가쟁력의 문제와는 별도로 법률행위가 사회질서 위반이나 강행규정에 위반되는지 여부 등을 따져보아 그 법률행위의 유효 여부를 판단하여야 한다(대판 2009.06.25. 2006다18174).

정답 ④

제4절 | 행정행위의 요건과 효력

I 행정행위의 성립요건과 효력발생요건

037 [22국가7급]

행정행위에 대한 설명으로 옳은 것은? (다툼이 있는 경우 판례에 의함)

① 상대방 있는 행정처분이 상대방에게 고지되지 아니한 경우에는 특별한 규정이 없는 한 상대방이 다른 경로를 통해 행정처분의 내용을 알게 되었다고 하더라도 행정처분의 효력이 발생한다고 볼 수 없다.

② 기한의 도래로 실효한 종전의 허가에 대한 기간연장신청은 새로운 허가를 내용으로 하는 행정처분을 구하는 것이 아니라, 종전의 허가처분을 전제로 하여 단순히 그 유효기간을 연장하여 주는 행정처분을 구하는 것으로 보아야 한다.

③ 공무원에 대한 당연퇴직의 인사발령은 공무원의 신분을 상실시키는 새로운 형성적 행위이므로 행정소송의 대상이 되는 행정처분이다.

④ 지적공부 소관청의 지목변경신청 반려행위는 국민의 권리관계에 영향을 미친다고 볼 수 없어서 행정처분에 해당하지 않는다.

해설

① (O) 상대방 있는 행정처분은 특별한 규정이 없는 한 의사표시에 관한 일반법리에 따라 상대방에게 고지되어야 효력이 발생하고, 상대방 있는 행정처분이 상대방에게 고지되지 아니한 경우에는 상대방이 다른 경로를 통해 행정처분의 내용을 알게 되었다고 하더라도 행정처분의 효력이 발생한다고 볼 수 없다(대판 2019. 8. 9. 2019두38656).

② (X) 종전의 허가가 기한의 도래로 실효한 이상 원고가 종전 허가의 유효기간이 지나서 신청한 이 사건 기간연장신청은 그에 대한 종전의 허가처분을 전제로 하여 단순히 그 유효기간을 연장하여 주는 행정처분을 구하는 것이라기 보다는 종전의 허가처분과는 별도의 새로운 허가를 내용으로 하는 행정처분을 구하는 것이라고 보아야 할 것이어서, 이러한 경우 허가권자는 이를 새로운 허가신청으로 보아 법의 관계 규정에 의하여 허가요건의 적합 여부를 새로이 판단하여 그 허가 여부를 결정하여야 할 것이다(대판 1995.11.10. 94누11866).

③ (X) 당연퇴직의 인사발령은 법률상 당연히 발생하는 퇴직사유를 공적으로 확인하여 알려주는 이른바 관념의 통지에 불과하고 공무원의 신분을 상실시키는 새로운 형성적 행위가 아니므로 행정소송의 대상이 되는 독립한 행정처분이라고 할 수 없다(대판 1995.11.14. 95누2036).

④ (X) 지적공부 소관청의 지목변경신청 반려행위는 국민의 권리관계에 영향을 미치는 것으로서 항고소송의 대상이 되는 행정처분에 해당한다(대판 2004.4.22. 2003두9015 전원합의체).

정답 ①

II 행정법령의 적용문제

III 행정행위의 효력

038 [23지방7급]

선결문제에 대한 설명으로 옳지 않은 것은?

① 계고처분이 위법한 경우 행정대집행이 완료되면 그 처분의 취소를 구할 소의 이익은 없다 하더라도, 미리 그 행정처분의 취소판결이 있어야만 그 행정처분의 위법임을 이유로 한 손해배상 청구를 할 수 있는 것은 아니다.

② 민사소송에서 어느 행정처분의 당연무효 여부가 선결문제로 되는 경우 행정소송 등의 절차에 의하여 그 취소나 무효확인을 받아야 한다.

③ 과세처분의 하자가 단지 취소할 수 있는 정도에 불과할 때에는 과세관청이 이를 스스로 취소하거나 항고쟁송절차에 의하여 취소되지 않는 한, 그로 인한 조세의 납부가 부당이득이 된다고 할 수 없다.

④ 소방시설 등의 설치 또는 유지·관리에 대한 명령이 행정처분으로서 하자가 있어 무효인 경우, 위 명령 위반을 이유로 행정형벌을 부과할 수 없다.

해설

① (O) 처분이 위법함을 이유로 배상을 청구하는 사건에 있어, 미리 그 행정처분의 취소판결이 있어야만 그 위법임을 이유로 피고에게 배상을 청구할 수 있는 것은 아니다(대판 1991.1.25. 87다카2569).

② (X) 민사소송에 있어서 어느 행정처분의 당연무효 여부가 선결문제로 되는 때에는 이를 판단하여 당연무효임을 전제로 판결할 수 있고 반드시 행정소송 등의 절차에 의하여 그 취소나 무효확인을 받아야 하는 것은 아니다(대판 2010.4.8. 2009다90092).

③ (O) 행정행위의 하자가 취소사유에 불과한 때에는 그 처분이 취소되지 않는 한 처분의 효력을 부정하여 그로 인한 이득을 법률상 원인 없는 이득이라고 말할 수 없게 하는 것이다(대판 1994.11.11. 94다28000).

④ (O) 소방공무원이 행정처분인 시정·보완 명령을 구술로 고지한 것은 행정절차법 제24조를 위반한 것으로 하자가 중대하고 명백하여 당연 무효이고, 무효인 명령에 따른 의무위반이 생기지 아니하는 이상 피고인에게 명령 위반을 이유로 소방시설 설치유지 및 안전관리에 관한 법률 제48조의2 제1호에 따른 행정형벌을 부과할 수 없다(대판 2011. 11. 10. 2011도11109).

정답 ②

039 [24국가7급]

행정처분의 효력에 대한 설명으로 옳지 않은 것은?

① 과세처분에 관한 이의신청절차에서 과세관청이 이의신청 사유가 옳다고 인정하여 과세처분을 직권으로 취소한 이상 그 후 특별한 사유 없이 이를 번복하고 종전 처분을 되풀이하는 것은 허용되지 않는다.

② 점용료 부과처분에 취소사유에 해당하는 흠이 있는 경우 도로관리청으로서는 당초 처분 자체를 취소하고 흠을 보완하여 새로운 부과처분을 하거나, 흠 있는 부분에 해당하는 점용료를 감액하는 처분을 할 수 있다.

③ 행정처분이 불복기간의 경과로 인하여 확정될 경우 그 처분의 기초가 된 사실관계나 법률적 판단이 확정되고 당사자들이나 법원이 이에 기속되어 모순되는 주장이나 판단을 할 수 없게 된다.

④ 민사소송에 있어서 어느 행정처분의 당연무효 여부가 선결문제로 되는 때에는 이를 판단하여 당연무효임을 전제로 판결할 수 있고 반드시 행정소송 등의 절차에 의하여 그 취소나 무효확인을 받아야 하는 것은 아니다.

해설

① (O) 과세처분에 관한 이의신청절차에서 과세관청이 이의신청 사유가 옳다고 인정하여 과세처분을 직권으로 취소한 이상 그 후 특별한 사유 없이 이를 번복하고 종전 처분을 되풀이하는 것은 허용되지 않는다(대판 2010.9.30. 2009두1020).

② (O) 도로점용허가를 한 도로관리청은 위와 같은 흠이 있다는 이유로 유효하게 성립한 도로점용허가 중 특별사용의 필요가 없는 부분을 직권취소할 수 있음이 원칙이다(대판 2019. 1. 17. 2016두56721).

③ (X) 행정처분이나 행정심판 재결이 불복기간의 경과로 인하여 확정될 경우 확정력은 처분으로 인하여 법률상 이익을 침해받은 자가 처분이나 재결의 효력을 더 이상 다툴 수 없다는 의미일 뿐 판결에 있어서와 같은 기판력이 인정되는 것은 아니어서 처분의 기초가 된 사실관계나 법률적 판단이 확정되고 당사자들이나 법원이 이에 기속되어 모순되는 주장이나 판단을 할 수 없게 되는 것은 아니다(대판 1993.04.13. 92누17181).

④ (O) 민사소송에 있어서 어느 행정처분의 당연무효 여부가 선결문제로 되는 때에는 이를 판단하여 당연무효임을 전제로 판결할 수 있고 반드시 행정소송 등의 절차에 의하여 그 취소나 무효확인을 받아야 하는 것은 아니다(대판 2010.4.8. 2009다90092).

정답 ③

Ⅳ 행정행위의 결효(缺效)

040 [24지방9급]

행정대집행에 대한 설명으로 옳지 않은 것은?

① 관계 법령상 행정대집행의 절차가 인정되어 행정청이 행정대집행의 방법으로 건물의 철거 등 대체적 작위의무의 이행을 실현할 수 있는 경우에는 따로 민사소송의 방법으로 그 의무의 이행을 구할 수 없다.

② 「공익사업을 위한 토지 등의 취득 및 보상에 관한 법률」에 따른 토지 등의 협의취득은 사법상 계약에 해당하므로, 협의취득시 부담한 의무는 행정대집행의 대상이 되지 않는다.

③ 「행정대집행법」에 따르면 대집행에 요한 비용을 징수하였을 때에는 그 징수금은 사무비의 소속에 따라 국고 또는 지방자치단체의 수입으로 한다.

④ 자기완결적 신고에 해당하는 대문설치신고가 형식적 하자가 없는 적법한 요건을 갖춘 신고임에도 불구하고 관할 행정청이 수리를 거부한 후 당해 대문의 철거명령을 하였더라도, 후행행위인 대문철거 대집행계고처분이 당연무효가 되는 것은 아니다.

해설

① (O) 행정대집행의 절차가 인정되는 경우에는 따로 민사소송의 방법으로 피고들에 대하여 이 사건 시설물의 철거를 구하는 것은 허용되지 않는다(대판 2009.6.11, 2009다1122).

② (O) 협의취득은 공공사업에 필요한 토지 등을 그 소유자와의 협의에 의하여 취득하는 것으로서 공공기관이 사경제주체로서 행하는 사법상 매매 내지 사법상 계약의 실질을 가지는 것이므로, 그 협의취득시 건물소유자가 매매대상 건물에 대한 철거의무를 부담하겠다는 취지의 약정을 하였다고 하더라도 이러한 철거의무는 공법상의 의무가 될 수 없고, 이 경우에도 행정대집행법을 준용하여 대집행을 허용하는 별도의 규정이 없는 한 위와 같은 철거의무는 행정대집행법에 의한 대집행의 대상이 되지 않는다(대판 2006.10.13. 2006두7096).

③ (O)

> **행정대집행법 제6조(비용징수)** ③ 대집행에 요한 비용을 징수하였을 때에는 그 징수금은 사무비의 소속에 따라 국고 또는 지방자치단체의 수입으로 한다.

④ (X) 적법한 건축물에 대한 철거명령은 그 하자가 중대하고 명백하여 당연무효라고 할 것이고, 그 후행행위인 건축물철거 대집행계고처분 역시 당연무효라고 할 것이다(대판 1999.4.27. 97누6780).

정답 ④

041 [22국가7급]

행정행위의 하자에 대한 설명으로 옳지 않은 것은? (다툼이 있는 경우 판례에 의함)

① 인가처분에 하자가 없다면 기본행위에 하자가 있다 하더라도 기본행위의 무효를 내세워 바로 그에 대한 행정청의 인가처분의 취소 또는 무효확인을 소구할 법률상의 이익이 없다.

② 행정처분의 당연무효를 선언하는 의미에서 취소를 구하는 행정소송을 제기한 경우에는 취소소송의 제소요건을 갖추어야 한다.

③ 행정처분이 발하여진 후에 헌법재판소가 그 행정처분의 근거가 된 법률을 위헌으로 결정하였다면, 그 행정처분은 특별한 사정이 없는 한 당연무효이다.

④ 납세자가 아닌 제3자의 재산을 대상으로 한 압류처분은 그 처분의 내용이 법률상 실현될 수 없는 것이어서 당연무효이다.

해설

① (O) 인가처분에 하자가 없다면 기본행위에 하자가 있다 하더라도 따로 그 기본행위의 하자를 다투는 것은 별론으로 하고 기본행위의 무효를 내세워 바로 그에 대한 행정청의 인가처분의 취소 또는 무효확인을 소구할 법률상의 이익이 없다(대판 1996.5.16. 95누4810 전원합의체).

② (O) 행정처분의 당연무효를 선언하는 의미에서 그 취소를 구하는 행정소송을 제기하는 경우에는 전치절차와 그 제소기간의 준수 등 취소소송의 제소요건을 갖추어야 한다(대판 1987.6.9. 87누219).

③ (X) 일반적으로 법률이 헌법에 위반된다는 사정이 헌법재판소의 위헌결정이 있기 전에는 객관적으로 명백한 것이라고 할 수는 없으므로 헌법재판소의 위헌결정 전에 행정처분의 근거되는 당해 법률이 헌법에 위반된다는 사유는 특별한 사정이 없는 한 그 행정처분의 취소소송의 전제가 될 수 있을 뿐 당연무효사유는 아니라고 봄이 상당하다(대판 1994.10.28. 92누9463).

④ (O) 납세자가 아닌 제3자의 재산을 대상으로 한 압류처분은 그 처분의 내용이 법률상 실현될 수 없는 것이어서 당연무효이다(대판 2012.4.12. 2010두4612).

정답 ③

042 [22지방7급]

행정행위의 하자에 대한 판례의 입장으로 옳지 않은 것은?

① 과세처분 이후 과세의 근거가 되었던 법률규정에 대하여 위헌결정이 내려진 경우, 그 조세채권의 집행을 위해 새로운 체납처분에 착수하거나 이를 속행하는 것은 당연무효로 볼 수 없다.

② 행정청이 어느 법률관계나 사실관계에 대하여 어느 법률의 규정을 적용하여 행정처분을 한 경우에, 그 법률관계나 사실관계에 대하여는 그 법률의 규정을 적용할 수 없다는 법리가 명백히 밝혀져 해석에 다툼의 여지가 없음에도 행정청이 그 규정을 적용하여 처분을 한 때에는 하자가 중대하고 명백하다.

③ 행정청이 청문서 도달기간을 다소 어겼다 하더라도 당사자가 이에 대하여 이의하지 아니한 채 스스로 청문일에 출석하여 그 의견을 진술하고 변명하는 등 방어의 기회를 충분히 가졌다면 청문서 도달기간을 준수하지 아니한 하자는 치유되었다고 볼 수 있다.

④ 선행처분인 소득금액변동통지에 하자가 존재하더라도 당연무효 사유에 해당하지 않는 한 그 하자는 후행처분인 소득세 납세고지처분에 그대로 승계되지 아니한다.

해설

① (X) 조세 부과의 근거가 되었던 법률규정이 위헌으로 선언된 경우, 비록 그에 기한 과세처분이 위헌결정 전에 이루어졌고, 과세처분에 대한 제소기간이 이미 경과하여 조세채권이 확정되었으며, 조세채권의 집행을 위한 체납처분의 근거규정 자체에 대하여는 따로 위헌결정이 내려진 바 없다고 하더라도, 위와 같은 위헌결정 이후에 조세채권의 집행을 위한 새로운 체납처분에 착수하거나 이를 속행하는 것은 더 이상 허용되지 않고, 나아가 이러한 위헌결정의 효력에 위배하여 이루어진 체납처분은 그 사유만으로 하자가 중대하고 객관적으로 명백하여 당연무효라고 보아야 한다(대판 2012.02.16. 2010두10907).

② (O) 행정청이 어느 법률관계나 사실관계에 대하여 어느 법률의 규정을 적용하여 행정처분을 한 경우에, 그 법률관계나 사실관계에 대하여는 그 법률의 규정을 적용할 수 없다는 법리가 명백히 밝혀져 그 해석에 다툼의 여지가 없음에도 불구하고 행정청이 위 규정을 적용하여 처분을 한 때에는 그 하자가 중대하고도 명백하다고 할 것이나, 그 법률관계나 사실관계에 대하여 그 법률의 규정을 적용할 수 없다는 법리가 명백히 밝혀지지 아니하여 그 해석에 다툼의 여지가 있는 때에는 행정관청이 이를 잘못 해석하여 행정처분을 하였더라도 이는 그 처분 요건사실을 오인한 것에 불과하여 그 하자가 명백하다고 할 수 없는 것이다(대판 1997. 5. 9. 95다46722).

③ (O) 행정청이 식품위생법상의 청문절차를 이행함에 있어 청문서 도달기간을 다소 어겼지만 영업자가 이의하지 아니한 채 청문일에 출석하여 의견을 진술하고 변명하는 등 방어의 기회를 충분히 가진 경우 하자는 치유된다(대판 1992.10.23. 92누2844).

④ (O) 선행처분인 소득금액변동통지에 하자가 존재하더라도 당연무효 사유에 해당하지 않는 한 후행처분인 징수처분에 그대로 승계되지 아니한다(대판 2012. 1. 26. 2009두14439).

정답 ①

043 [24국가9급]

다음 사례에 대한 설명으로 옳지 않은 것만을 모두 고르면?

> 세무서장 A가 甲에게 과세처분을 하였는데, 그 후 과세처분의 근거가 되었던 법률규정은 헌법재판소에 의해 위헌으로 선언되었다. 그러나 그 과세처분에 대한 제소기간은 이미 경과하여 확정되었고, A는 甲 명의의 예금에 대한 압류처분을 하였다. 한편, 과세처분의 집행을 위한 위 압류처분의 근거규정 자체는 따로 위헌결정이 내려진 바 없다.

> ㄱ. 甲에 대한 과세처분과 압류처분은 별개의 행정처분이므로 선행처분인 과세처분이 당연무효가 아닌 이상 압류처분을 다툴 수 있는 방법은 존재하지 않는다.
> ㄴ. 압류처분은 과세처분 근거규정이 직접 적용되지 않고 압류처분 관련 규정이 적용될 뿐이므로, 과세처분 근거규정에 대한 위헌결정의 기속력은 압류처분과는 무관하다.
> ㄷ. 과세처분 이후 조세부과의 근거가 되었던 법률규정에 대하여 위헌결정이 내려진 경우, 과세처분이 당연무효가 아니더라도 위헌결정 이후에 과세처분의 집행을 위한 압류처분을 하는 것은 더 이상 허용되지 않는다.

① ㄱ
② ㄱ, ㄴ
③ ㄱ, ㄷ
④ ㄴ, ㄷ

해설

ㄱ. (X) ㄴ. (X) ㄷ. (O) 조세 부과의 근거가 되었던 법률규정이 위헌으로 선언된 경우, 비록 그에 기한 과세처분이 위헌결정 전에 이루어졌고, 과세처분에 대한 제소기간이 이미 경과하여 조세채권이 확정되었으며, 조세채권의 집행을 위한 체납처분의 근거규정 자체에 대하여는 따로 위헌결정이 내려진 바 없다고 하더라도, 위와 같은 위헌결정 이후에 조세채권의 집행을 위한 새로운 체납처분에 착수하거나 이를 속행하는 것은 더 이상 허용되지 않고, 나아가 이러한 위헌결정의 효력에 위배하여 이루어진 체납처분은 그 사유만으로 하자가 중대하고 객관적으로 명백하여 당연무효라고 보아야 한다(대판 2012.02.16. 2010두10907).

정답 ②

044 [24지방9급]

행정행위의 하자에 대한 설명으로 옳지 않은 것은?

① 수익적 행정처분의 취소 제한에 관한 법리는 처분청이 수익적 행정처분을 직권으로 취소하는 경우에 적용되는 법리일 뿐 쟁송취소의 경우에는 적용되지 않는다.

② 구「학교보건법」상 학교환경위생정화구역에서의 금지행위 및 시설의 해제 여부에 관한 행정처분을 함에 있어 학교환경위생정화위원회 심의절차를 누락하였다면, 특별한 사정이 없는 한 이는 행정처분을 위법하게 하는 취소사유가 된다.

③ 행정청이 청문서 도달기간을 어겼다면 당사자가 이에 대하여 이의 하지 아니한 채 스스로 청문일에 출석하여 방어의 기회를 충분히 가졌더라도 청문서 도달기간을 준수하지 아니한 하자가 치유되는 것은 아니다.

④ 토지등급결정내용의 개별통지가 있었다고 볼 수 없어 토지등급결정이 무효라면, 토지소유자가 그 결정 이전이나 이후에 토지등급결정내용을 알았다 하더라도 개별통지의 하자가 치유되는 것은 아니다.

해설

① (O) 수익적 행정처분에 대한 취소권 등의 행사는 기득권의 침해를 정당화할 만한 중대한 공익상의 필요 또는 제3자의 이익보호의 필요가 있는 때에 한하여 허용될 수 있다는 법리는, 처분청이 수익적 행정처분을 직권으로 취소·철회하는 경우에 적용되는 법리일 뿐 쟁송취소의 경우에는 적용되지 않는다(대판 2019.10.17. 2018두104).

② (O) 행정청이 구 학교보건법 소정의 학교환경위생정화구역 내에서 금지행위 및 시설의 해제 여부에 관한 행정처분을 함에 있어 학교환경위생정화위원회의 심의를 누락한 흠이 있다면, 특별한 사정이 없는 한 이는 행정처분을 위법하게 하는 취소사유가 된다(대판 2007. 3. 15. 2006두15806).

③ (X) 행정청이 청문서 도달기간을 다소 어겼다하더라도 영업자가 이에 대하여 이의하지 아니한 채 스스로 청문일에 출석하여 그 의견을 진술하고 변명하는 등 방어의 기회를 충분히 가졌다면 청문서 도달기간을 준수하지 아니한 하자는 치유되었다고 봄이 상당하다(대판 1992.10.23. 92누2844).

④ (O) 토지등급결정내용의 개별통지가 있다고 볼 수 없어 토지등급결정이 무효인 이상, 토지소유자가 그 결정 이전이나 이후에 토지등급결정내용을 알았다거나 또는 그 결정 이후 매년 정기 등급수정의 결과가 토지소유자 등의 열람에 공하여졌다 하더라도 개별통지의 하자가 치유되는 것은 아니다(대판 1997.5.28. 96누5308).

정답 ③

Ⅵ 행정행위의 하자승계

045 [23지방9급]

행정행위의 하자의 승계에 대한 설명으로 옳지 않은 것은?

① 2개 이상의 행정처분이 연속적 또는 단계적으로 이루어지는 경우 선행처분과 후행처분이 서로 합하여 1개의 법률효과를 완성하는 때에는 선행처분에 하자가 있으면 그 하자는 후행처분에 승계된다.

② 선행처분과 후행처분이 서로 독립하여 별개의 법률효과를 발생시키는 경우에는 선행처분에 불가쟁력이 생겨 그 효력을 다툴 수 없게 되면 수인한도를 넘는 가혹함을 가져오며 그 결과가 당사자에게 예측가능하지 않더라도 하자의 승계가 인정되지 않는다.

③ 과세관청의 선행처분인 소득금액변동통지에 하자가 존재하더라도 당연무효사유에 해당하지 않는 한 후행처분인 징수처분에 대한 항고소송에서 그 하자를 다툴 수 없다.

④ 수용보상금의 증액을 구하는 소송에서는 선행처분으로서 그 수용대상 토지 가격 산정의 기초가 된 비교표준지공시지가결정의 위법을 독립된 사유로 주장할 수 있다.

해설

① (O) 2개 이상의 행정처분이 연속적 또는 단계적으로 이루어지는 경우 선행처분과 후행처분이 서로 합하여 1개의 법률효과를 완성하는 때에는 선행처분에 하자가 있으면 그 하자는 후행처분에 승계된다(대판 2019.1.31. 2017두40372).

② (X) 선행처분과 후행처분이 서로 독립하여 별개의 효과를 목적으로 하는 경우에도 선행처분의 불가쟁력이나 구속력이 그로 인하여 불이익을 입게 되는 자에게 수인한도를 넘는 가혹함을 가져오며, 그 결과가 당사자에게 예측가능한 것이 아닌 경우에는 국민의 재판받을 권리를 보장하고 있는 헌법의 이념에 비추어 선행처분의 후행처분에 대한 구속력은 인정될 수 없다(대판 2013.3.14. 2012두6964).

③ (O) 선행처분인 소득금액변동통지에 하자가 존재하더라도 당연무효 사유에 해당하지 않는 한 후행처분인 징수처분에 그대로 승계되지 아니한다(대판 2012.1.26. 2009두14439).

④ (O) 표준지공시지가결정이 위법한 경우에는 그 자체를 행정소송의 대상이 되는 행정처분으로 보아 그 위법 여부를 다툴 수 있음은 물론, 수용보상금의 증액을 구하는 소송에서도 선행처분으로서 그 수용대상 토지 가격 산정의 기초가 된 비교표준지공시지가결정의 위법을 독립한 사유로 주장할 수 있다(대판 2008.08.21. 2007두13845).

정답 ②

046 [24국가7급]

하자의 승계에 대한 설명으로 옳지 않은 것은?

① 도시 · 군계획시설결정과 실시계획인가는 별도의 요건과 절차에 따라 별개의 법률효과를 발생시키는 독립적인 행정처분이므로 선행처분인 도시 · 군계획시설결정에 하자가 있더라도 그것이 당연무효가 아닌 한 원칙적으로 후행처분인 실시계획인가에 승계되지 않는다.

② 「공인중개사법」 위반으로 업무정지처분을 받고 그 업무정지기간 중 중개업무를 하였다는 이유로 중개사무소개설등록취소처분을 받은 경우, 양 처분은 그 내용과 효과를 달리하는 독립된 행정처분으로서 서로 결합하여 1개의 법률효과를 완성하는 때에 해당한다고 볼 수 없다.

③ 수용보상금의 증액을 구하는 소송에서는 선행처분으로서 그 수용대상 토지 가격 산정의 기초가 된 비교표준지공시지가결정의 위법을 독립된 사유로 주장할 수 없다.

④ 보충역편입처분과 공익근무요원소집처분은 각각 단계적으로 별개의 법률효과를 발생하는 독립된 행정처분이다.

해설

① (O) 도시 · 군계획시설결정과 실시계획인가는 도시 · 군계획시설사업을 위하여 이루어지는 단계적 행정절차에서 별도의 요건과 절차에 따라 별개의 법률효과를 발생시키는 독립적인 행정처분이다. 그러므로 선행처분인 도시 · 군계획시설결정에 하자가 있더라도 그것이 당연무효가 아닌 한 원칙적으로 후행처분인 실시계획인가에 승계되지 않는다(대판 2017. 7. 18. 2016두49938).

② (O) 이 사건 선행처분인 업무정지처분은 일정 기간 중개업무를 하지 못하도록 하는 처분인 반면, 후행처분인 이 사건 처분은 위와 같은 업무정지처분에 따른 업무정지기간 중에 중개업무를 하였다는 별개의 처분사유를 근거로 중개사무소의 개설등록을 취소하는 처분이다. 비록 이 사건 처분이 업무정지처분을 전제로 하지만, 양 처분은 그 내용과 효과를 달리하는 독립된 행정처분으로서, 서로 결합하여 1개의 법률효과를 완성하는 때에 해당한다고 볼 수 없다(대판 2019. 1. 31. 2017두40372).

③ (X) 표준지공시지가결정이 위법한 경우에는 그 자체를 행정소송의 대상이 되는 행정처분으로 보아 그 위법 여부를 다툴 수 있음은 물론, 수용보상금의 증액을 구하는 소송에서도 선행처분으로서 그 수용대상 토지 가격 산정의 기초가 된 비교표준지공시지가결정의 위법을 독립한 사유로 주장할 수 있다(대판 2008.08.21. 2007두13845).

④ (O) 두 처분은 후자의 처분이 전자의 처분을 전제로 하는 것이기는 하나 각각 단계적으로 별개의 법률효과를 발생하는 독립된 행정처분이라고 할 것이므로 보충역편입처분에 하자가 있다고 할지라도 그것이 당연무효라고 볼만한 특단의 사정이 없는 한 그 위법을 이유로 공익근무요원소집처분의 효력을 다툴 수 없다(대판 2002. 12. 10. 2001두5422).

정답 ③

047 [23국가9급]

행정행위의 하자에 대한 설명으로 옳은 것은?

① 과세처분의 취소를 구하는 행정소송에서 선행처분인 개별공시지가결정의 위법을 독립된 위법사유로 주장할 수 있다.

② 재건축조합설립인가처분 당시 동의율을 충족하지 못한 하자는 후에 추가동의서가 제출되었다는 사정만으로도 치유된다.

③ 적법한 건축물에 대한 철거명령은 그 하자가 중대하고 명백하여 당연무효라고 할 것이지만, 그 후행행위인 건축물철거 대집행계고처분은 당연무효라고 할 수 없다.

④ 세액산출근거가 기재되지 아니한 납세고지서에 의한 부과처분은 강행법규에 위반하여 취소대상이 된다고 할 것이지만 이와 같은 하자는 납세의무자가 전심절차에서 이를 주장하지 아니하였거나, 그 후 부과된 세금을 자진납부하였다거나, 또는 조세채권의 소멸시효기간이 만료된 경우 치유된다.

해설

① (O) 개별공시지가결정에 위법이 있는 경우에는 그 자체를 행정소송의 대상이 되는 행정처분으로 보아 그 위법 여부를 다툴 수 있음은 물론 이를 기초로 한 과세처분 등 행정처분의 취소를 구하는 행정소송에서도 선행처분인 개별공시지가결정의 위법을 독립된 위법사유로 주장할 수 있다고 해석함이 타당하다(대판 1994.1.25. 93누8542).

② (X) 설립인가처분 당시 동의율을 충족하지 못한 하자는 후에 추가동의서가 제출되었다는 사정만으로 치유될 수 없다(대판 2013. 7. 11. 2011두27544).

③ (X) 적법한 건축물에 대한 철거명령은 그 하자가 중대하고 명백하여 당연무효라고 할 것이고, 그 후행행위인 건축물철거 대집행계고처분 역시 당연무효라고 할 것이다(대판 1999.4.27. 97누6780).

④ (X) 세액산출근거가 기재되지 아니한 납세고지서에 의한 부과처분은 강행법규에 위반하여 취소대상이 된다 할 것이므로 이와 같은 하자는 납세의무자가 전심절차에서 이를 주장하지 아니하였거나, 그 후 부과된 세금을 자진납부하였다거나, 또는 조세채권의 소멸시효기간이 만료되었다 하여 치유되는 것이라고는 할 수 없다(대판 1985.4.9. 84누431).

정답 ①

Ⅶ 행정행위의 폐지(廢止)

048 [22국가7급]

「행정기본법」상 처분의 취소 및 철회에 대한 설명으로 옳지 않은 것은?

① 행정청은 당사자의 신뢰를 보호할 가치가 있는 등 정당한 사유가 있는 경우에는 위법한 처분을 장래를 향하여 취소할 수 있다.

② 당사자가 부정한 방법으로 수익적 처분을 받은 경우에도 행정청이 그 처분을 취소하려면 취소로 인하여 당사자가 입게 될 불이익을 취소로 달성되는 공익과 비교·형량하여야 한다.

③ 행정청은 중대한 공익을 위하여 필요한 경우에는 적법한 처분의 전부 또는 일부를 장래를 향하여 철회할 수 있다.

④ 처분은 무효가 아닌 한 권한이 있는 기관이 취소 또는 철회하거나 기간의 경과 등으로 소멸되기 전까지는 유효한 것으로 통용된다.

해설

① (O) ② (X)

> **행정기본법 제18조(위법 또는 부당한 처분의 취소)** ① 행정청은 위법 또는 부당한 처분의 전부나 일부를 소급하여 취소할 수 있다. 다만, 당사자의 신뢰를 보호할 가치가 있는 등 정당한 사유가 있는 경우에는 장래를 향하여 취소할 수 있다.
>
> ② 행정청은 제1항에 따라 당사자에게 권리나 이익을 부여하는 처분을 취소하려는 경우에는 취소로 인하여 당사자가 입게 될 불이익을 취소로 달성되는 공익과 비교·형량(衡量)하여야 한다. 다만, 다음 각 호의 어느 하나에 해당하는 경우에는 그러하지 아니하다.
>
> 1. 거짓이나 그 밖의 부정한 방법으로 처분을 받은 경우
> 2. 당사자가 처분의 위법성을 알고 있었거나 중대한 과실로 알지 못한 경우

③ (O)

> **행정기본법 제19조(적법한 처분의 철회)** ① 행정청은 적법한 처분이 다음 각 호의 어느 하나에 해당하는 경우에는 그 처분의 전부 또는 일부를 장래를 향하여 철회할 수 있다.
>
> 1. 법률에서 정한 철회 사유에 해당하게 된 경우
> 2. 법령등의 변경이나 사정변경으로 처분을 더 이상 존속시킬 필요가 없게 된 경우
> 3. 중대한 공익을 위하여 필요한 경우

④ (O)

> **행정기본법 제15조(처분의 효력)** 처분은 권한이 있는 기관이 취소 또는 철회하거나 기간의 경과 등으로 소멸되기 전까지는 유효한 것으로 통용된다. 다만, 무효인 처분은 처음부터 그 효력이 발생하지 아니한다.

정답 ③

049 [23국가9급]

행정행위의 취소와 철회에 대한 설명으로 옳지 않은 것은?

① 「행정기본법」은 직권취소나 철회의 일반적 근거규정을 두고 있고, 직권취소나 철회는 개별법률의 근거가 없어도 가능하다.

② 행정행위의 철회 사유는 행정행위가 성립되기 이전에 발생한 것으로서 행정행위의 효력을 존속시킬 수 없는 사유를 말한다.

③ 수익적 처분이 상대방의 허위 기타 부정한 방법으로 인하여 행하여졌다면 상대방은 그 처분이 그와 같은 사유로 인하여 취소될 것임을 예상할 수 있으므로, 이러한 경우까지 상대방의 신뢰를 보호하여야 하는 것은 아니다.

④ 수익적 행정처분을 직권취소할 때에는 이를 취소하여야 할 중대한 공익상 필요와 취소로 인하여 처분상대방이 입게 될 기득권과 법적 안정성에 대한 침해 정도 등 불이익을 비교·교량한 후 공익상 필요가 처분상대방이 입을 불이익을 정당화할 만큼 강한 경우에 한하여 취소할 수 있다.

해설

① **(O)**

> **행정기본법 제18조(위법 또는 부당한 처분의 취소)** ① 행정청은 위법 또는 부당한 처분의 전부나 일부를 소급하여 취소할 수 있다. 다만, 당사자의 신뢰를 보호할 가치가 있는 등 정당한 사유가 있는 경우에는 장래를 향하여 취소할 수 있다.

② **(X)**

> **행정기본법 제19조(적법한 처분의 철회)** ① 행정청은 적법한 처분이 다음 각 호의 어느 하나에 해당하는 경우에는 그 처분의 전부 또는 일부를 장래를 향하여 철회할 수 있다.
> 1. 법률에서 정한 철회 사유에 해당하게 된 경우
> 2. 법령등의 변경이나 사정변경으로 처분을 더 이상 존속시킬 필요가 없게 된 경우
> 3. 중대한 공익을 위하여 필요한 경우

③ **(O)** 수익적 처분이 상대방의 허위 기타 부정한 방법으로 인하여 행하여졌다면 상대방은 그 처분이 그와 같은 사유로 인하여 취소될 것임을 예상할 수 없었다고 할 수 없으므로, 이러한 경우에까지 상대방의 신뢰를 보호하여야 하는 것은 아니라고 할 것이다(대판 1995. 1. 20. 94누6529).

④ **(O)** 일정한 행정처분으로 국민이 일정한 이익과 권리를 취득하였을 경우에 종전 행정처분을 취소하는 행정처분은 취소해야 할 공익상 필요와 취소로 당사자가 입게 될 기득권과 신뢰보호 및 법률생활안정의 침해 등 불이익을 비교·교량한 후 공익상 필요가 당사자가 입을 불이익을 정당화할 만큼 강한 경우에 한하여 취소할 수 있는 것이며, 하자나 취소해야 할 필요성에 관한 증명책임은 기존 이익과 권리를 침해하는 처분을 한 행정청에 있다(대판 2012.03.29. 2011두23375).

정답 ②

050 [23지방7급]

행정행위의 취소와 철회에 대한 설명으로 옳지 않은 것은?

① 행정청이 의료법인의 이사에 대한 이사취임승인취소처분(제1처분)을 직권으로 취소(제2처분)한 경우, 제1처분과 제2처분 사이에 법원에 의하여 선임결정된 임시이사들의 지위는 법원의 해임결정이 있어야 소멸된다.

② 행정행위를 한 처분청은 비록 그 처분 당시에 별다른 하자가 없었고, 또 그 처분 후에 이를 철회할 별도의 법적 근거가 없다 하더라도 원래의 처분을 존속시킬 필요가 없게 된 사정변경이 생겼거나 또는 중대한 공익상의 필요가 발생한 경우에는 그 효력을 상실케 하는 별개의 행정행위로 이를 철회할 수 있다.

③ 조세부과처분이 취소되면 그 조세부과처분은 확정적으로 효력이 상실되므로 나중에 취소처분이 취소되어도 원 조세부과처분의 효력이 회복되지 않는다.

④ 행정청은 당사자의 신뢰를 보호할 가치가 있는 등 정당한 사유가 있는 경우에는 위법 또는 부당한 처분의 전부나 일부를 장래를 향하여 취소할 수 있다.

해설

① **(X)** 행정처분이 취소되면 그 소급효에 의하여 처음부터 그 처분이 없었던 것과 같은 효과를 발생하게 되는바, 행정청이 의료법인의 이사에 대한 이사취임승인취소처분(제1처분)을 직권으로 취소(제2처분)한 경우에는 그로 인하여 이사가 소급하여 이사로서의 지위를 회복하게 되고, 그 결과 위 제1처분과 제2처분 사이에 법원에 의하여 선임결정된 임시이사들의 지위는 법원의 해임결정이 없더라도 당연히 소멸된다(대판 1997.1.21. 96누3401).

② **(O)** 행정행위를 한 처분청은 비록 그 처분 당시에 별다른 하자가 없었고, 또 그 처분 후에 이를 취소할 별도의 법적 근거가 없다 하더라도 원래의 처분을 존속시킬 필요가 없게 된 사정변경이 생겼거나 또는 중대한 공익상의 필요가 발생한 경우에는 그 효력을 상실케 하는 별개의 행정행위로 이를 취소(철회)할 수 있다(대판 1995.06.09. 95누1194).

③ **(O)** 조세 부과의 취소에 위법사유가 있다고 하더라도 당연무효가 아닌 한 일단 유효하게 성립하여 부과처분을 확정적으로 상실시키는 것이므로, 과세관청은 부과의 취소를 다시 취소함으로써 원부과처분을 소생시킬 수는 없고 납세의무자에게 종전의 과세대상에 대한 납부의무를 지우려면 다시 법률에서 정한 부과절차에 좇아 동일한 내용의 새로운 처분을 하는 수밖에 없다(대판 1995.3.10. 94누7027).

④ **(O)**

> **행정기본법 제18조(위법 또는 부당한 처분의 취소)** ① 행정청은 위법 또는 부당한 처분의 전부나 일부를 소급하여 취소할 수 있다. 다만, 당사자의 신뢰를 보호할 가치가 있는 등 정당한 사유가 있는 경우에는 장래를 향하여 취소할 수 있다.

정답 ①

051 [24국가9급]

행정행위의 직권취소 및 철회에 대한 설명으로 옳지 않은 것은?

① 처분에 대하여 행정심판이나 행정소송이 제기되어 쟁송이 진행되고 있는 도중에는 행정청은 스스로 대상 처분을 취소할 수 없다.

② 행정청은 사정변경으로 적법한 처분을 더 이상 존속시킬 필요가 없게 된 경우 그 처분의 전부 또는 일부를 장래를 향하여 철회할 수 있다.

③ 제소기간의 경과 등으로 처분에 불가쟁력이 발생하였다 하여도 행정청은 실권의 법리에 해당하지 않는다면 직권으로 처분을 취소할 수 있다.

④ 행정청은 위법 또는 부당한 처분의 전부나 일부를 소급하여 취소할 수 있다. 다만, 당사자의 신뢰를 보호할 가치가 있는 등 정당한 사유가 있는 경우에는 장래를 향하여 취소할 수 있다.

해설

① **(X)** 변상금 부과처분에 대한 취소소송이 진행중이라도 그 부과권자로서는 위법한 처분을 스스로 취소하고 그 하자를 보완하여 다시 적법한 부과처분을 할 수도 있다(대판 2006.2.10. 2003두5686).

② **(O)** 행정행위를 한 처분청은 처분 당시에 그 행정처분이 별다른 하자가 없었고 또 처분 후에 이를 취소할 별도의 법적 근거가 없다 하더라도 원래의 처분을 그대로 존속시킬 필요가 없게 된 사정변경이 생겼거나 또는 중대한 공익상의 필요가 발생한 경우에는 별개의 행정행위로 이를 철회하거나 변경할 수 있다(대판 1992.1.17. 91누3130).

③ **(O)** 행정처분을 한 처분청은 그 행위에 하자가 있는 경우에는 원칙적으로 별도의 법적 근거가 없더라도 스스로 이를 직권으로 취소할 수 있는 것이고, 행정처분에 대한 법정의 불복기간이 지나면 직권으로도 취소할 수 없게 되는 것은 아니므로, 처분청은 토지에 대한 개별토지가격의 산정에 명백한 잘못이 있다면 이를 직권으로 취소할 수 있다(대판 1995. 9. 15. 95누6311).

④ **(O)**

> **행정기본법 제18조(위법 또는 부당한 처분의 취소)** ① 행정청은 위법 또는 부당한 처분의 전부나 일부를 소급하여 취소할 수 있다. 다만, 당사자의 신뢰를 보호할 가치가 있는 등 정당한 사유가 있는 경우에는 장래를 향하여 취소할 수 있다.

정답 ①

052 [24지방9급]

행정행위에 대한 설명으로 옳은 것만을 모두 고르면?

ㄱ. 변상금 부과처분에 대한 취소소송이 진행 중인 경우 부과권자는 위법한 처분을 스스로 취소하고 그 하자를 보완하여 다시 적법한 부과처분을 할 수 없다.

ㄴ. 행정청이 「도시 및 주거환경정비법」 등 관련 법령에 근거하여 행하는 조합설립인가처분은 사인들의 조합설립행위에 대한 보충행위로서의 성질을 갖는 것에 그친다.

ㄷ. 「여객자동차 운수사업법」에 따른 개인택시운송사업면허는 특정인에게 권리나 이익을 부여하는 재량행위이다.

ㄹ. 귀화허가는 외국인에게 대한민국 국적을 부여함으로써 국민으로서의 법적 지위를 포괄적으로 설정하는 행위에 해당한다.

① ㄱ, ㄴ

② ㄴ, ㄷ

③ ㄷ, ㄹ

④ ㄱ, ㄷ, ㄹ

해설

ㄱ. (X) 변상금 부과처분에 대한 취소소송이 진행중이라도 그 부과권자로서는 위법한 처분을 스스로 취소하고 그 하자를 보완하여 다시 적법한 부과처분을 할 수도 있다(대판 2006.2.10. 2003두5686).

ㄴ. (X) 행정청이 도시정비법 등 관련 법령에 근거하여 행하는 조합설립인가처분은 단순히 사인들의 조합설립행위에 대한 보충행위로서의 성질을 갖는 것에 그치는 것이 아니라 주택재건축사업을 시행할 수 있는 권한을 갖는 행정주체(공법인)로서의 지위를 부여하는 일종의 설권적 처분의 성격을 갖는다(대판 2009.09.24. 2008다60568).

ㄷ. (O) 개인택시운송사업면허는 특정인에게 권리나 이익을 부여하는 행정행위로서 법령에 특별한 규정이 없으면 행정청의 재량에 속하는 것이고, 그 면허를 위하여 정하여진 순위 내에서의 운전경력인정방법에 관한 기준설정 역시 행정청의 재량이므로, 그 설정된 기준이 객관적으로 합리적이 아니라거나 타당하지 않다고 보이지 않는 이상 이에 기하여 운전경력을 산정한 것을 위법하다고 할 수 없다(대판 1995.4.14. 93누16253).

ㄹ. (O) 귀화허가는 외국인에게 대한민국 국적을 부여함으로써 국민으로서의 법적 지위를 포괄적으로 설정하는 행위(특허)에 해당한다(대판 2010.10.28. 2010두6496).

정답 ③

Ⅰ 행정상의 확약

053 [23국가7급]

확약에 대한 설명으로 옳지 않은 것은?

① 「행정절차법」상 법령등에서 당사자가 신청할 수 있는 처분을 규정하고 있는 경우 행정청은 당사자의 신청에 따라 장래에 어떤 처분을 하거나 하지 아니할 것을 내용으로 하는 확약을 할 수 있으며, 문서 또는 말에 의한 확약도 가능하다.

② 「행정절차법」상 행정청은 확약을 한 후에 확약의 내용을 이행할 수 없을 정도로 법령등이나 사정이 변경된 경우에는 확약에 기속되지 아니하며, 그 확약을 이행할 수 없는 경우에는 지체 없이 당사자에게 그 사실을 통지하여야 한다.

③ 행정청이 상대방에게 장차 어떤 처분을 하겠다고 확약을 하였더라도, 그 자체에서 상대방으로 하여금 언제까지 처분의 발령을 신청하도록 유효기간을 두었는데도 그 기간 내에 상대방의 신청이 없었다면, 그 확약은 행정청의 별다른 의사표시를 기다리지 않고 실효된다.

④ 어업권면허에 선행하는 우선순위결정은 행정청이 우선권자로 결정된 자의 신청이 있으면 어업권면허처분을 하겠다는 것을 약속하는 행위로서 강학상 확약에 불과하고 행정처분은 아니다.

해설

① (X) ② (O)

> **행정절차법 제40조의2(확약)** ① 법령등에서 당사자가 신청할 수 있는 처분을 규정하고 있는 경우 행정청은 당사자의 신청에 따라 장래에 어떤 처분을 하거나 하지 아니할 것을 내용으로 하는 의사표시(이하 "확약"이라 한다)를 할 수 있다.
>
> ② 확약은 문서로 하여야 한다.
>
> ③ 행정청은 다른 행정청과의 협의 등의 절차를 거쳐야 하는 처분에 대하여 확약을 하려는 경우에는 확약을 하기 전에 그 절차를 거쳐야 한다.
>
> ④ 행정청은 다음 각 호의 어느 하나에 해당하는 경우에는 확약에 기속되지 아니한다.
> 1. 확약을 한 후에 확약의 내용을 이행할 수 없을 정도로 법령등이나 사정이 변경된 경우
> 2. 확약이 위법한 경우
>
> ⑤ 행정청은 확약이 제4항 각 호의 어느 하나에 해당하여 확약을 이행할 수 없는 경우에는 지체 없이 당사자에게 그 사실을 통지하여야 한다.

③ (O) 행정청이 상대방에게 장차 어떤 처분을 하겠다고 확약 또는 공적인 의사표명을 하였다고 하더라도, 그 자체에서 상대방으로 하여금 언제까지 처분의 발령을 신청을 하도록 유효기간을 두었는데도 그 기간 내에 상대방의 신청이 없었다거나 확약 또는 공적인 의사표명이 있은 후에 사실적·법률적 상태가 변경되었다면, 그와 같은 확약 또는 공적인 의사표명은 행정청의 별다른 의사표시를 기다리지 않고 실효된다(대판 1996.8.20. 95누10877).

④ (O) 어업권면허에 선행하는 우선순위결정은 강학상 확약에 불과하고 행정처분이 아니므로, 우선순위결정에 공정력이나 불가쟁력과 같은 효력이 인정되지 않는다(대판 1995.1.20. 94누6529).

정답 ①

Ⅱ 가행정행위·예비결정·부분허가

Ⅲ 행정계획

054 [24국가9급]

행정계획에 대한 설명으로 옳지 않은 것은?

① 행정청은 구체적인 행정계획을 입안·결정할 때 비교적 광범위한 형성의 재량을 가진다.

② 행정청이 행정계획을 입안·결정할 때 이익형량을 하였으나 정당성과 객관성이 결여된 경우에는 그 행정계획 결정은 위법하게 될 수 있다.

③ 도시계획의 결정·변경 등에 관한 권한을 가진 행정청은 이미 도시계획이 결정·고시된 지역에 대하여도 다른 내용의 도시계획을 결정·고시할 수 있고, 이때에 후행 도시계획에 선행 도시계획과 서로 양립할 수 없는 내용이 포함되어 있다면, 특별한 사정이 없는 한 선행 도시계획은 후행 도시계획과 같은 내용으로 변경된다.

④ 도시기본계획은 도시의 장기적 개발 방향과 미래상을 제시하는 도시계획 입안의 지침이 되는 장기적·종합적인 개발계획으로서 직접적인 구속력이 있으므로, 도시계획시설결정 대상면적이 도시기본계획에서 예정했던 것보다 증가할 경우 도시기본계획의 범위를 벗어나 위법하다.

해설

① (O) ② (O) 행정주체는 구체적인 행정계획을 입안·결정함에 있어서 비교적 광범위한 형성의 자유를 가지는 것이지만, 행정주체가 가지는 이와 같은 형성의 자유는 무제한적인 것이 아니라 그 행정계획에 관련되는 자들의 이익을 공익과 사익 사이에서는 물론이고 공익 상호간과 사익 상호간에도 정당하게 비교교량하여야 한다는 제한이 있으므로, 행정주체가 행정계획을 입안·결정함에 있어서 이익형량을 전혀 행하지 아니하거나 이익형량의 고려 대상에 마땅히 포함시켜야 할 사항을 누락한 경우 또는 이익형량을 하였으나 정당성과 객관성이 결여된 경우에는 그 행정계획결정은 형량에 하자가 있어 위법하게 된다(대판 2007.4.12. 2005두1893).

③ (O) 권한 있는 행정청이 수립한 후행 도시계획에 선행 도시계획과 서로 양립할 수 없는 내용이 포함되어 있다면 특별한 사정이 없는 한 선행 도시계획은 후행 도시계획과 같은 내용으로 변경된 것으로 볼 수 있다(대판 2000.9.8. 99두11257).

④ (X) 도시기본계획이라는 것은 도시의 장기적 개발방향과 미래상을 제시하는 도시계획 입안의 지침이 되는 장기적·종합적인 개발계획으로서 직접적인 구속력은 없는 것이므로, 도시계획시설결정 대상면적이 도시기본계획에서 예정했던 것보다 증가하였다 하여 그것이 도시기본계획의 범위를 벗어나 위법한 것은 아니다(대판 1998. 11. 27. 96누13927).

정답 ④

055 [22국가7급]

행정계획에 대한 설명으로 옳지 않은 것은? (다툼이 있는 경우 판례에 의함)

① '4대강 살리기 마스터플랜'은 4대강 정비사업 지역 인근에 거주하는 주민의 권리·의무에 직접 영향을 미치는 것이어서 행정처분에 해당한다.

② 구 도시계획법령상 도시계획안의 내용에 대한 공고 및 공람 절차에 하자가 있는 도시계획결정은 위법하다.

③ 행정주체는 구체적인 행정계획을 입안·결정함에 있어서 비교적 광범위한 형성의 자유를 가진다.

④ 행정주체가 행정계획을 입안·결정함에 있어서 이익형량의 고려 대상에 마땅히 포함시켜야 할 사항을 누락한 경우 그 행정계획결정은 재량권을 일탈·남용한 것으로서 위법하다.

해설

① (X) '4대강 살리기 마스터플랜' 등은 행정기관 내부에서 사업의 기본방향을 제시하는 것일 뿐, 국민의 권리·의무에 직접 영향을 미치는 것이 아니어서 행정처분에 해당하지 않는다(대판 2011.04.21. 2010무111 전원합의체).

② (O) 도시계획법 제16조의2 제2항과 같은법 시행령 제14조의2 제6항 내지 제8항의 규정을 종합하여 보면 도시계획의 입안에 있어 해당 도시계획안의 내용을 공고 및 공람하게 한 것은 다수 이해관계자의 이익을 합리적으로 조정하여 국민의 권리자유에 대한 부당한 침해를 방지하고 행정의 민주화와 신뢰를 확보하기 위하여 국민의 의사를 그 과정에 반영시키는데 있는 것이므로 이러한 공고 및 공람 절차에 하자가 있는 도시계획결정은 위법하다(대판 2000.3.23. 98두2768).

③ (O) 행정주체는 구체적인 행정계획을 입안·결정함에 있어서 비교적 광범위한 형성의 자유를 가진다고 할 것이지만, 행정주체가 가지는 이와 같은 형성의 자유는 무제한적인 것이 아니라 그 행정계획에 관련되는 자들의 이익을 공익과 사익 사이에서는 물론이고 공익 상호간과 사익 상호간에도 정당하게 비교교량하여야 한다는 제한이 있는 것이다(대판 1996. 11. 29. 96누8567).

④ (O) 행정주체가 행정계획을 입안·결정하면서 이익형량을 전혀 행하지 않거나 이익형량의 고려 대상에 마땅히 포함시켜야 할 사항을 빠뜨린 경우 또는 이익형량을 하였으나 정당성과 객관성이 결여된 경우에는 행정계획결정은 형량에 하자가 있어 위법하게 된다(대판 2012.1.12. 2010두5806).

정답 ①

056 [24지방9급]

개인적 공권에 대한 설명으로 옳지 않은 것은?

① 환경영향평가 대상지역 밖의 주민이라 할지라도 공유수면매립면허처분 등으로 인하여 그 처분 전과 비교하여 수인한도를 넘는 환경피해를 받거나 받을 우려가 있는 경우에는, 공유수면매립면허처분 등으로 인하여 환경상 이익에 대한 침해 또는 침해우려가 있다는 것을 입증함으로써 그 처분 등의 무효확인을 구할 원고적격을 인정받을 수 있다.

② 공무원연금 수급권과 같은 사회보장수급권은 헌법규정만으로는 이를 실현할 수 없어 법률에 의한 형성이 필요하고, 그 구체적인 내용 즉 수급요건 등은 법률에 의하여 비로소 확정된다.

③ 행정처분에 있어서 수익처분의 상대방은 그의 권리나 법률상 보호되는 이익이 침해되었다고 볼 수 없으므로 달리 특별한 사정이 없는 한 그 수익처분의 취소를 구할 이익이 없다.

④ 행정계획은 행정기관 내부의 행동 지침에 불과하므로, 도시계획구역 내 토지 등을 소유하고 있는 주민은 입안권자에게 도시계획입안을 요구할 수 있는 법규상 또는 조리상의 신청권이 없다.

해설

① (O) 환경영향평가 대상지역 밖의 주민이라 할지라도 수인한도를 넘는 환경피해를 받거나 받을 우려가 있는 경우에는, 환경상 이익에 대한 침해 또는 침해우려가 있다는 것을 입증함으로써 그 처분 등의 무효확인을 구할 원고적격을 인정받을 수 있다(대판 2006.3.16. 2006두330 전원합의체).

② (O) 공무원연금 수급권과 같은 사회보장수급권은 사회적 기본권 중의 하나로서, 헌법규정만으로는 이를 실현할 수 없어 법률에 의한 형성이 필요하고, 구체적인 내용 즉 수급요건, 수급권자의 범위 및 급여금액 등은 법률에 의하여 비로소 확정된다(헌재 2013. 9. 26. 2011헌바272 [합헌]).

③ (O) 행정처분에 있어서 불이익처분의 상대방은 직접 개인적 이익의 침해를 받은 자로서 원고적격이 인정되지만 수익처분의 상대방은 그의 권리나 법률상 보호되는 이익이 침해되었다고 볼 수 없으므로 달리 특별한 사정이 없는 한 취소를 구할 이익이 없다(대판 1995.8.22. 94누8129).

④ (X) 도시계획구역 내 토지 등을 소유하고 있는 주민으로서는 입안권자에게 도시계획입안을 요구할 수 있는 법규상 또는 조리상의 신청권이 있다고 할 것이고, 이러한 신청에 대한 거부행위는 항고소송의 대상이 되는 행정처분에 해당한다(대판 2004.4.28. 2003두1806).

정답 ④

057 [24지방9급]

행정계획에 대한 설명으로 옳지 않은 것은?

① 후행 도시계획결정을 하는 행정청이 선행 도시계획의 결정 · 변경 등에 관한 권한을 가지고 있지 아니한 경우 선행 도시계획과 양립할 수 없는 내용이 포함된 후행 도시계획결정은 다른 특별한 사정이 없는 한 무효이다.

② 「도시 및 주거환경정비법」에 따라 인가 · 고시된 관리처분계획은 구속적 행정계획으로서 처분성이 인정된다.

③ 도시계획시설의 지정으로 말미암아 당해 토지의 이용가능성이 배제되거나 또는 토지소유자가 토지를 종래 허용된 용도대로도 사용할 수 없기 때문에 이로 인하여 현저한 재산적 손실이 발생하는 경우에는, 원칙적으로 국가나 지방자치단체는 이에 대한 보상을 해야 한다.

④ 도시계획시설결정의 장기미집행으로 인해 재산권이 침해된 경우, 도시계획시설결정의 실효를 주장할 수 있고, 이는 헌법상 재산권으로부터 당연히 직접 도출되는 권리이다.

해설

① (O) 후행 도시계획의 결정을 하는 행정청이 선행 도시계획의 결정 · 변경 등에 관한 권한을 가지고 있지 아니한 경우 선행 도시계획과 양립할 수 없는 내용이 포함된 후행 도시계획 결정은 무효이다(대판 2000.9.8. 99두11257).

② (O) 관리처분계획에 대하여 관할 행정청의 인가·고시까지 있게 되면 관리처분계획은 행정처분으로서 효력이 발생하게 되므로, 총회결의의 하자를 이유로 하여 행정처분의 효력을 다투는 항고소송의 방법으로 관리처분계획의 취소 또는 무효 확인을 구하여야 하고, 그와 별도로 행정처분에 이르는 절차적 요건 중 하나에 불과한 총회결의 부분만을 따로 떼어내어 효력 유무를 다투는 확인의 소를 제기하는 것은 특별한 사정이 없는 한 허용되지 않는다(대판 2009.09.17. 2007다2428 전원합의체).

③ (O) 도시계획시설의 지정으로 말미암아 당해 토지의 이용가능성이 배제되거나 또는 토지소유자가 토지를 종래 허용된 용도대로도 사용할 수 없기 때문에 이로 말미암아 현저한 재산적 손실이 발생하는 경우에는, 원칙적으로 사회적 제약의 범위를 넘는 수용적 효과를 인정하여 국가나 지방자치단체는 이에 대한 보상을 해야 한다(헌재 1999.10.21. 97헌바26).

④ (X) 장기미집행 도시계획시설결정의 실효제도는 도시계획시설부지로 하여금 도시계획시설결정으로 인한 사회적 제약으로부터 벗어나게 하는 것으로서 결과적으로 개인의 재산권이 보다 보호되는 측면이 있는 것은 사실이나, 이와 같은 보호는 입법자가 새로운 제도를 마련함에 따라 얻게 되는 법률에 기한 권리일 뿐 헌법상 재산권으로부터 당연히 도출되는 권리는 아니다(헌재 2005. 9. 29. 2002헌바84 등 [합헌]).

정답 ④

Ⅳ 공법상 계약

058 [24국가7급]

공법상 계약에 대한 설명으로 옳지 않은 것은?

① 행정청은 법령등을 위반하지 아니하는 범위에서 행정목적을 달성하기 위하여 필요한 경우에는 공법상 법률관계에 관한 계약을 체결할 수 있고, 이 경우 계약의 목적 및 내용을 명확하게 적은 계약서를 작성하여야 한다.

② 계약직공무원 채용계약해지의 의사표시는 일반공무원에 대한 징계처분과는 달라서 일정한 사유가 있을 때에 국가 또는 지방자치단체가 채용계약 관계의 한쪽 당사자로서 대등한 지위에서 행하는 의사표시로 취급되는 것으로 이해되므로 「행정절차법」에 의하여 근거와 이유를 제시하여야 하는 것은 아니다.

③ 시립무용단원의 위촉은 공법상 계약에 해당하지만 해촉에 대하여는 민사소송으로 다투어야 한다.

④ 「국가를 당사자로 하는 계약에 관한 법률」에 따라 국가가 당사자가 되는 이른바 공공계약은 사경제 주체로서 상대방과 대등한 위치에서 체결하는 사법상 계약으로서 그에 관한 법령에 특별한 정함이 있는 경우를 제외하고는 사법의 원리가 그대로 적용된다.

해설

① (O)

> **행정기본법 제27조(공법상 계약의 체결)** ① 행정청은 법령등을 위반하지 아니하는 범위에서 행정목적을 달성하기 위하여 필요한 경우에는 공법상 법률관계에 관한 계약(이하 "공법상 계약"이라 한다)을 체결할 수 있다. 이 경우 계약의 목적 및 내용을 명확하게 적은 계약서를 작성하여야 한다.

② (O) 계약직공무원 채용계약해지의 의사표시는 일반공무원에 대한 징계처분과는 달라서 항고소송의 대상이 되는 처분 등의 성격을 가진 것으로 인정되지 아니하고, 행정처분과 같이 행정절차법에 의하여 근거와 이유를 제시하여야 하는 것은 아니다(대판 2002.11.26. 2002두5948).

③ (X) 서울특별시립무용단원이 가지는 지위가 공무원과 유사한 것이라면, 서울특별시립무용단 단원의 위촉은 공법상의 계약이라고 할 것이고, 따라서 그 단원의 해촉에 대하여는 공법상의 당사자소송으로 그 무효확인을 청구할 수 있다(대판 1995.12.22. 95누4636).

④ (O) 국가가 당사자가 되는 이른바 공공계약은 사경제 주체로서 상대방과 대등한 위치에서 체결하는 사법상 계약으로서 본질적인 내용은 사인 간의 계약과 다를 바가 없으므로, 그에 관한 법령에 특별한 정함이 있는 경우를 제외하고는 사적 자치와 계약자유의 원칙 등 사법의 원리가 그대로 적용된다(대결 2012. 9. 20. 2012마1097).

정답 ③

059 [22국가7급]

공법상 계약에 대한 설명으로 옳지 않은 것은? (다툼이 있는 경우 판례에 의함)

① 행정청은 공법상 계약의 상대방을 선정하고 계약 내용을 정할 때 공법상 계약의 공공성과 제3자의 이해관계를 고려하여야 한다.

② 중소기업 정보화지원사업에 따른 지원금 출연을 위하여 중소기업청장이 체결하는 협약은 공법상 대등한 당사자 사이의 의사표시의 합치로 성립하는 공법상 계약에 해당하고 그 협약의 해지 및 그에 따른 환수통보는 공법상 계약에 따라 행정청이 대등한 당사자의 지위에서 하는 의사표시이다.

③ 공법상 계약의 한쪽 당사자가 다른 당사자를 상대로 그 효력을 다투거나 그 이행을 청구하는 소송은 공법상의 법률관계에 관한 분쟁이므로 특별한 사정이 없는 한 공법상 당사자소송으로 제기하여야 한다.

④ 민간투자사업 실시협약을 체결한 당사자가 공법상 당사자소송에 의하여 그 실시협약에 따른 재정지원금의 지급을 구하는 경우에, 수소법원은 주무관청이 재정지원금액을 산정한 절차 등에 위법이 있는지 여부를 심사할 수는 있지만 실시협약에 따른 적정한 재정지원금액이 얼마인지를 구체적으로 심리·판단할 수 없다.

해설

① (O)

> **행정기본법 제27조(공법상 계약의 체결)** ② 행정청은 공법상 계약의 상대방을 선정하고 계약 내용을 정할 때 공법상 계약의 공공성과 제3자의 이해관계를 고려하여야 한다.

② (O) 중소기업 정보화지원사업에 따른 지원금 출연을 위하여 중소기업청장이 체결하는 협약은 공법상 대등한 당사자 사이의 의사표시의 합치로 성립하는 공법상 계약에 해당하는 점을 종합하면, 협약의 해지 및 그에 따른 환수통보는 공법상 계약에 따라 행정청이 대등한 당사자의 지위에서 하는 의사표시로 보아야 하고, 이를 행정청이 우월한 지위에서 행하는 공권력의 행사로서 행정처분에 해당한다고 볼 수는 없다(대판 2015. 8. 27. 2015두41449).

③ (O) 공법상 계약이란 공법적 효과의 발생을 목적으로 하여 대등한 당사자 사이의 의사표시의 합치로 성립하는 공법행위를 말한다. 공법상 계약의 한쪽 당사자가 다른 당사자를 상대로 효력을 다투거나 이행을 청구하는 소송은 공법상의 법률관계에 관한 분쟁이므로 분쟁의 실질이 공법상 권리·의무의 존부·범위에 관한 다툼이 아니라 손해배상액의 구체적인 산정방법·금액에 국한되는 등의 특별한 사정이 없는 한 공법상 당사자소송으로 제기하여야 한다(대판 2021. 2. 4. 2019다277133).

④ (X) 민간투자사업 실시협약을 체결한 당사자가 공법상 당사자소송에 의하여 그 실시협약에 따른 재정지원금의 지급을 구하는 경우에, 수소법원은 단순히 주무관청이 재정지원금액을 산정한 절차 등에 위법이 있는지 여부를 심사하는 데 그쳐서는 아니 되고, 실시협약에 따른 적정한 재정지원금액이 얼마인지를 구체적으로 심리·판단하여야 한다(대판 2019. 1. 31. 2017두46455).

정답 ④

060 [24국가9급]

공법상 계약에 대한 설명으로 옳은 것만을 모두 고르면?

ㄱ. 행정청은 법령등을 위반하지 아니하는 범위에서 행정목적을 달성하기 위하여 필요한 경우에는 공법상 법률관계에 관한 계약을 체결할 수 있고, 이 경우 계약의 목적 및 내용을 명확하게 적은 계약서를 작성하여야 한다.

ㄴ. 계약직공무원 채용계약해지의 의사표시를 하는 경우 징계해고 등에서와 같이 그 징계사유에 한하여 효력 유무를 판단하여야 하거나, 행정처분과 같이 「행정절차법」에 의하여 근거와 이유를 제시하여야 한다.

ㄷ. 공익사업을 위한 토지 등의 취득 및 보상에 관한 법령에 의한 협의취득은 사법상의 법률행위이지만 당사자 사이의 자유로운 의사에 따라 채무불이행책임이나 매매대금 과부족금에 대한 지급의무를 약정할 수 있는 것은 아니다.

ㄹ. 「지방자치단체를 당사자로 하는 계약에 관한 법률」에 따라 지방자치단체가 일방 당사자가 되는 이른바 공공계약이 사경제의 주체로서 상대방과 대등한 위치에서 체결하는 사법상의 계약에 해당하는 경우 그에 관한 법령에 특별한 정함이 있는 경우를 제외하고는 사적 자치와 계약자유의 원칙 등 사법의 원리가 그대로 적용된다.

① ㄱ, ㄴ
② ㄱ, ㄹ
③ ㄱ, ㄷ, ㄹ
④ ㄴ, ㄷ, ㄹ

해설

ㄱ. (O)

> **행정기본법 제27조(공법상 계약의 체결)** ① 행정청은 법령등을 위반하지 아니하는 범위에서 행정목적을 달성하기 위하여 필요한 경우에는 공법상 법률관계에 관한 계약(이하 "공법상 계약"이라 한다)을 체결할 수 있다. 이 경우 계약의 목적 및 내용을 명확하게 적은 계약서를 작성하여야 한다.

ㄴ. (X) 계약직공무원 채용계약해지의 의사표시는 일반공무원에 대한 징계처분과는 달라서 항고소송의 대상이 되는 처분 등의 성격을 가진 것으로 인정되지 아니하고, 일정한 사유가 있을 때에 국가 또는 지방자치단체가 채용계약 관계의 한쪽 당사자로서 대등한 지위에서 행하는 의사표시로 취급되는 것으로 이해되므로, 이를 징계해고 등에서와 같이 그 징계사유에 한하여 효력 유무를 판단하여야 하거나, 행정처분과 같이 행정절차법에 의하여 근거와 이유를 제시하여야 하는 것은 아니다(대판 2002.11.26. 2002두5948).

ㄷ. (X) 협의취득은 사법상의 법률행위이므로 당사자 사이의 자유로운 의사에 따라 채무불이행책임이나 매매대금 과부족금에 대한 지급의무를 약정할 수 있다(대판 2012.02.23. 2010다91206).

ㄹ. (O) 지방자치단체가 일방 당사자가 되는 이른바 '공공계약'이 사경제의 주체로서 상대방과 대등한 위치에서 체결하는 사법상 계약에 해당하는 경우 그에 관한 법령에 특별한 정함이 있는 경우를 제외하고는 사적 자치와 계약자유의 원칙 등 사법의 원리가 그대로 적용된다(대판 2018. 2. 13. 2014두11328).

정답 ②

061 [23지방7급]

행정계약에 대한 설명으로 옳은 것만을 모두 고르면?

ㄱ. 행정청은 법령등을 위반하지 아니하는 범위에서 행정목적을 달성하기 위하여 필요한 경우에는 공법상 법률관계에 관한 계약을 체결할 수 있다. ㄴ. 「행정기본법」에 따르면 신속히 처리할 필요가 있거나 사안이 경미한 경우에는 말 또는 서면으로 공법상 계약을 체결할 수 있다. ㄷ. 중소기업기술정보진흥원장이 甲 주식회사와 체결한 중소기업 정보화지원사업 지원대상인 사업의 지원에 관한 협약의 해지는 상대방의 권리·의무를 변경시키는 처분에 해당하므로 항고소송의 대상이 된다. ㄹ. 「국가를 당사자로 하는 계약에 관한 법률」에 따라 국가가 당사자가 되는 이른바 공공계약은 그에 관한 법령에 특별한 정함이 없는 한 사법상 계약에 해당한다.

① ㄱ, ㄴ
② ㄱ, ㄹ
③ ㄴ, ㄷ
④ ㄷ, ㄹ

해설

ㄱ. (O) ㄴ. (X)

행정기본법 제27조(공법상 계약의 체결) ① 행정청은 법령등을 위반하지 아니하는 범위에서 행정목적을 달성하기 위하여 필요한 경우에는 공법상 법률관계에 관한 계약(이하 "공법상 계약"이라 한다)을 체결할 수 있다. 이 경우 계약의 목적 및 내용을 명확하게 적은 계약서를 작성하여야 한다.

ㄷ. (X) 중소기업 정보화지원사업에 따른 지원금 출연을 위하여 중소기업청장이 체결하는 협약은 공법상 대등한 당사자 사이의 의사표시의 합치로 성립하는 공법상 계약에 해당하는 점을 종합하면, 협약의 해지 및 그에 따른 환수통보는 공법상 계약에 따라 행정청이 대등한 당사자의 지위에서 하는 의사표시로 보아야 하고, 이를 행정청이 우월한 지위에서 행하는 공권력의 행사로서 행정처분에 해당한다고 볼 수는 없다(대판 2015. 8. 27. 2015두41449).

ㄹ. (O) 국가가 당사자가 되는 이른바 공공계약은 사경제 주체로서 상대방과 대등한 위치에서 체결하는 사법상 계약으로서 본질적인 내용은 사인 간의 계약과 다를 바가 없으므로, 그에 관한 법령에 특별한 정함이 있는 경우를 제외하고는 사적 자치와 계약자유의 원칙 등 사법의 원리가 그대로 적용된다(대결 2012. 9. 20. 2012마1097).

정답 ②

Ⅴ 공법상 합동행위 및 행정상의 사실행위

Ⅵ 행정지도

062 [23지방9급]

행정지도에 대한 설명으로 옳지 않은 것은?

① 행정기관은 행정지도의 상대방이 행정지도에 따르지 아니하였다는 것을 이유로 불이익한 조치를 하여서는 아니 된다.

② 행정기관이 같은 행정목적을 실현하기 위하여 많은 상대방에게 행정지도를 하려는 경우에는 특별한 사정이 없으면 행정지도에 공통적인 내용이 되는 사항을 공표하여야 한다.

③ 위법한 행정지도에 따라 행한 사인의 행위는 위법성이 조각되어 범법행위가 되지 않는다.

④ 행정지도가 강제성을 띠지 않은 비권력적 작용으로서 행정지도의 한계를 일탈하지 아니하였다면, 그로 인하여 상대방에게 손해가 발생하였다 하더라도 행정기관은 손해배상책임이 없다.

해설

① (O)

> **행정절차법 제48조(행정지도의 원칙)** ② 행정기관은 행정지도의 상대방이 행정지도에 따르지 아니하였다는 것을 이유로 불이익한 조치를 하여서는 아니 된다.

② (O)

> **행정절차법 제51조(다수인을 대상으로 하는 행정지도)** 행정기관이 같은 행정목적을 실현하기 위하여 많은 상대방에게 행정지도를 하려는 경우에는 특별한 사정이 없으면 행정지도에 공통적인 내용이 되는 사항을 공표하여야 한다.

③ (X) 행정관청이 토지거래계약신고에 관하여 공시된 기준지가를 기준으로 매매가격을 신고하도록 행정지도하여 왔고 그 기준가격 이상으로 매매가격을 신고한 경우에는 거래신고서를 접수하지 않고 반려하는 것이 관행화되어 있다 하더라도 이는 법에 어긋나는 관행이라 할 것이므로 그와 같은 위법한 관행에 따라 허위신고행위에 이르렀다고 하여 그 범법행위가 사회상구에 위배되지 않는 정당한 행위라고는 볼 수 없다(대판 1992.4.24. 91도1609).

④ (O) 행정지도가 강제성을 띠지 않은 비권력적 작용으로서 행정지도의 한계를 일탈하지 아니하였다면, 그로 인하여 상대방에게 어떤 손해가 발생하였다 하더라도 행정기관은 그에 대한 손해배상책임이 없다(대판 2008.9.25. 2006다18228).

정답 ③

063 [23지방9급]

행정상 사실행위에 대한 설명으로 옳지 않은 것은?

① 행정상 사실행위의 예로는 폐기물 수거, 행정지도, 대집행의 실행, 행정상 즉시강제 등이 있다.
② 행정청이 위법 건축물에 대한 단전 및 전화통화 단절조치를 요청한 것은 항고소송의 대상이 되는 행정처분이라고 볼 수 없다.
③ 교도소장이 영치품인 티셔츠 사용을 재소자에게 불허한 행위는 항고소송의 대상이 되는 행정처분에 해당한다.
④ 교도소 내 마약류 관련 수형자에 대한 교도소장의 소변강제채취는 권력적 사실행위이나 헌법소원의 대상은 아니다.

해설

① (O) 폐기물 수거, 행정지도, 대집행의 실행, 행정상 즉시강제 등은 행정상 사실행위의 대표적 사례이다.

② (O) 행정청이 위법 건축물에 대한 시정명령을 하고 나서 위반자가 이를 이행하지 아니하여 전기・전화의 공급자에게 그 위법 건축물에 대한 전기·전화공급을 하지 말아 줄 것을 요청한 행위는 권고적 성격의 행위에 불과한 것으로서 전기・전화공급자나 특정인의 법률상 지위에 직접적인 변동을 가져오는 것은 아니므로 이를 항고소송의 대상이 되는 행정처분이라고 볼 수 없다(대판 1996.03.22. 96누433).

③ (O) 수형자의 영치품에 대한 사용신청 불허처분 후 수형자가 다른 교도소로 이송되었다 하더라도 수형자의 권리와 이익의 침해 등이 해소되지 않은 점 등에 비추어, 위 영치품 사용신청 불허처분의 취소를 구할 이익이 있다(대판 2008.2.14. 2007두13203).

④ (X) 교도소 수형자에게 소변을 받아 제출하게 한 것은 일방적으로 강제하는 측면이 존재하며, 응하지 않을 경우 직접적인 징벌 등의 제재는 없다고 하여도 불리한 처우를 받을 수 있다는 심리적 압박이 존재하리라는 것을 충분이 예상할 수 있는 점에 비추어, 권력적 사실행위로서 헌법재판소법 제68조 제1항의 공권력의 행사에 해당한다(헌재 2006. 7. 27. 2005헌마277 [기각, 각하]).

정답 ④

064 [23지방9급]

자동화된 행정결정에 대한 설명으로 옳지 않은 것은?

① 자동화된 행정결정의 예로는 컴퓨터를 통한 중・고등학생의 학교배정, 신호등에 의한 교통신호 등이 있다.
② 「행정기본법」상 자동적 처분은 항고소송의 대상이 된다.
③ 「행정기본법」상 자동적 처분을 할 수 있는 '완전히 자동화된 시스템'에는 '인공지능 기술을 적용한 시스템'이 포함되지 않는다.
④ 「행정기본법」은 재량행위에 대해서 자동적 처분을 허용하지 않고 있다.

해설

① (O) 행정의 자동결정이란 일반적으로 행정과정에서 컴퓨터 등 전자처리정보를 투입하여 행정업무를 자동화하여 수행하는 것을 말한다. 신호등에 의한 교통신호, 컴퓨터를 통한 중・고등학생의 학교배정 등을 들 수 있다.

② (O) ③ (X) ④ (O)

> **행정기본법 제20조(자동적 처분)** 행정청은 법률로 정하는 바에 따라 완전히 자동화된 시스템(인공지능 기술을 적용한 시스템을 포함한다)으로 처분을 할 수 있다. 다만, 처분에 재량이 있는 경우는 그러하지 아니하다.

정답 ③

3

행정절차·
행정정보공개·
개인정보보호

제1장 행정절차

제1절 | 행정절차 일반론

제2절 | 행정절차법의 주요 내용

I 행정절차법의 통칙(通則)규정

065 [22국가7급]

행정절차에 대한 설명으로 옳지 않은 것은? (다툼이 있는 경우 판례에 의함)

① 당사자가 근거규정 등을 명시하여 신청하는 인·허가 등을 거부하는 처분을 함에 있어 당사자가 그 근거를 알 수 있을 정도로 상당한 이유를 제시한 경우에는 당해 처분의 근거 및 이유를 구체적 조항 및 내용까지 명시하지 않았더라도 그로 말미암아 그 처분이 위법한 것이 된다고 할 수 없다.

② 환경영향평가절차를 거쳤다면, 환경영향평가의 내용이 다소 부실하다 하더라도, 그 부실의 정도가 환경영향평가를 하지 아니한 것과 다를 바 없는 정도의 것이 아니라면 당연히 당해 승인 등 처분이 위법하게 되는 것은 아니다.

③ 행정청이 당사자와 도시계획사업의 시행과 관련한 협약을 체결하면서 관계 법령 및 「행정절차법」에 규정된 청문의 실시 등 의견청취절차를 배제하는 조항을 두었다고 하더라도, 청문의 실시에 관한 규정의 적용을 배제할 수 있다고 볼 만한 법령상의 규정이 없는 한, 청문의 실시에 관한 규정의 적용이 배제된다거나 청문을 실시하지 않아도 되는 예외적인 경우에 해당한다고 할 수 없다.

④ 「국가공무원법」상 직위해제처분을 할 경우 처분의 사전통지 및 의견청취 등에 관한 「행정절차법」의 규정이 적용된다.

해설

① (O) 일반적으로 당사자가 근거규정 등을 명시하여 신청하는 인·허가 등을 거부하는 처분을 함에 있어 당사자가 그 근거를 알 수 있을 정도로 상당한 이유를 제시한 경우에는 당해 처분의 근거 및 이유를 구체적 조항 및 내용까지 명시하지 않았더라도 그로 말미암아 그 처분이 위법한 것이 된다고 할 수 없다(대판 2002.5.17. 2000두8912).

② (O) 환경영향평가법령에서 정한 환경영향평가를 거쳤다면, 비록 그 환경영향평가의 내용이 다소 부실하다 하더라도, 그 부실은 당해 승인 등 처분에 재량권 일탈·남용의 위법이 있는지 여부를 판단하는 하나의 요소로 됨에 그칠 뿐, 그 부실로 인하여 당연히 당해 승인 등 처분이 위법하게 되는 것이 아니다(대판 2006.03.16. 2006두330 전원합의체).

③ (O) 행정청이 당사자와 사이에 도시계획사업의 시행과 관련한 협약을 체결하면서 관계 법령 및 행정절차법에 규정된 청문의 실시 등 의견청취절차를 배제하는 조항을 두었다고 하더라도, 이러한 협약이 체결되었다고 하여 청문의 실시에 관한 규정의 적용이 배제된다거나 청문을 실시하지 않아도 되는 예외적인 경우에 해당한다고 할 수 없다(대판 2004.07.08. 2002두8350).

④ (X) 국가공무원법상 직위해제처분은 행정절차법 제3조 제2항 제9호, 행정절차법 시행령 제2조 제3호에 의하여 당해 행정작용의 성질상 행정절차를 거치기 곤란하거나 불필요하다고 인정되는 사항 또는 행정절차에 준하는 절차를 거친 사항에 해당하므로, 처분의 사전통지 및 의견청취 등에 관한 행정절차법의 규정이 별도로 적용되지 않는다(대판 2014.05.16. 2012두26180).

정답 ④

066 [24국가9급]

행정절차에 대한 설명으로 옳지 않은 것은?

① 청문은 당사자가 공개를 신청하거나 청문 주재자가 필요하다고 인정하는 경우 공개할 수 있다. 다만, 공익 또는 제3자의 정당한 이익을 현저히 해칠 우려가 있는 경우에는 공개하여서는 아니 된다.

② 일반적으로 당사자가 근거규정 등을 명시하여 신청하는 인·허가 등을 거부하는 처분을 함에 있어 당사자가 그 근거를 알 수 있을 정도로 상당한 이유를 제시한 경우에는 당해 처분의 근거 및 이유를 구체적 조항 및 내용까지 명시하지 않았더라도 그로 말미암아 그 처분이 위법한 것이 된다고 할 수 없다.

③ 공무원 인사관계 법령에 따른 처분에 관하여는 행정절차법 적용을 배제하고 있으므로, 군인사법령에 의하여 진급예정자명단에 포함된 자에 대하여 의견제출의 기회를 부여하지 아니하고 진급선발취소처분을 한 것이 절차상 하자가 있어 위법하다고 할 수 없다.

④ 과세의 절차 내지 형식에 위법이 있어 과세처분을 취소하는 판결이 확정되었을 때는 그 확정판결의 기판력은 거기에 적시된 절차 내지 형식의 위법사유에 한하여 미치는 것이므로 과세관청은 그 위법사유를 보완하여 다시 새로운 과세처분을 할 수 있다.

해설

① (O)

행정절차법 제30조(청문의 공개) 청문은 당사자가 공개를 신청하거나 청문 주재자가 필요하다고 인정하는 경우 공개할 수 있다. 다만, 공익 또는 제3자의 정당한 이익을 현저히 해칠 우려가 있는 경우에는 공개하여서는 아니 된다.

② (O) 일반적으로 당사자가 근거규정 등을 명시하여 신청하는 인·허가 등을 거부하는 처분을 함에 있어 당사자가 그 근거를 알 수 있을 정도로 상당한 이유를 제시한 경우에는 당해 처분의 근거 및 이유를 구체적 조항 및 내용까지 명시하지 않았더라도 그로 말미암아 그 처분이 위법한 것이 된다고 할 수 없다(대판 2002.5.17. 2000두8912).

③ (X) 행정절차법 제3조 제2항 제9호의 규정 내용 등에 비추어 보면, 공무원 인사 관계 법령에 의한 처분에 관한 사항 전부에 대하여 행정절차법의 적용이 배제되는 것이 아니라 성질상 행정절차를 거치기 곤란하거나 불필요하다고 인정되는 처분이나 행정절차에 준하는 절차를 거치도록 하고 있는 처분의 경우에만 행정절차법의 적용이 배제된다. 군인사법령에 의하여 진급예정자명단에 포함된 자에 대하여 의견제출의 기회를 부여하지 아니한 채 진급선발을 취소하는 처분을 한 것은 행정절차법상 절차상 하자가 있어 위법하다(대판 2007.09.21. 2006두20631).

④ (O) 과세의 절차 내지 형식에 위법이 있어 과세처분을 취소하는 판결이 확정되었을 때는 그 확정판결의 기판력은 거기에 적시된 절차내지 형식의 위법사유에 한하여 미치는 것이므로 과세관청은 그 위법사유를 보완하여 다시 새로운 과세처분을 할 수 있고 그 새로운 과세처분은 확정판결에 의하여 취소된 종전의 과세처분과는 별개의 처분이라 할 것이어서 확정판결의 기판력(기속력)에 저촉되는 것이 아니다(대판 1987.02.10. 86누91).

정답 ③

067 [24지방9급]

행정절차에 대한 설명으로 옳지 않은 것은?

① 「행정절차법」상 행정청은 처분을 할 때에 단순·반복적인 처분 또는 경미한 처분으로서 당사자가 그 이유를 명백히 알 수 있는 경우에는 처분 후 당사자가 요청하더라도 당사자에게 그 근거와 이유를 제시하지 않아도 된다.

② 육군3사관학교의 사관생도에 대한 징계절차에서 징계심의대상자가 대리인으로 선임한 변호사가 징계위원회 심의에 출석하여 진술하려고 하였음에도, 징계권자나 그 소속 직원이 변호사가 징계위원회의 심의에 출석하는 것을 막은 후 내린 징계위원회의 징계의결에 따른 징계처분은 특별한 사정이 없는 한 위법하여 원칙적으로 취소되어야 한다.

③ 공무원 인사관계 법령에 의한 처분에 관한 사항 전부에 대하여 「행정절차법」의 적용이 배제되는 것이 아니라 성질상 행정절차를 거치기 곤란하거나 불필요하다고 인정되는 처분이나 행정절차에 준하는 절차를 거치도록 하고 있는 처분의 경우에만 「행정절차법」의 적용이 배제된다.

④ 군인사법령에 의하여 진급예정자명단에 포함된 자에 대하여 「행정절차법」상 의견제출의 기회를 부여하지 아니한 채 진급선발을 취소한 처분은 위법하다.

해설

① (X)

> **행정절차법 제23조(처분의 이유 제시)** ① 행정청은 처분을 할 때에는 다음 각 호의 어느 하나에 해당하는 경우를 제외하고는 당사자에게 그 근거와 이유를 제시하여야 한다.
> 1. 신청 내용을 모두 그대로 인정하는 처분인 경우
> 2. 단순·반복적인 처분 또는 경미한 처분으로서 당사자가 그 이유를 명백히 알 수 있는 경우
> 3. 긴급히 처분을 할 필요가 있는 경우
>
> ② 행정청은 제1항 제2호 및 제3호의 경우에 처분 후 당사자가 요청하는 경우에는 그 근거와 이유를 제시하여야 한다.

② (O) 징계절차에서 징계심의대상자가 대리인으로 선임한 변호사가 징계위원회 심의에 출석하여 진술하려고 하였음에도, 징계권자나 그 소속 직원이 변호사가 징계위원회의 심의에 출석하는 것을 막았다면 징계위원회 심의·의결의 절차적 정당성이 상실되어 그 징계의결에 따른 징계처분은 위법하여 원칙적으로 취소되어야 한다(대판 2018. 3. 13. 2016두33339)

③ (O) ④ (O) 행정절차법 제3조 제2항 제9호의 규정 내용 등에 비추어 보면, 공무원 인사 관계 법령에 의한 처분에 관한 사항 전부에 대하여 행정절차법의 적용이 배제되는 것이 아니라 성질상 행정절차를 거치기 곤란하거나 불필요하다고 인정되는 처분이나 행정절차에 준하는 절차를 거치도록 하고 있는 처분의 경우에만 행정절차법의 적용이 배제된다. 군인사법령에 의하여 진급예정자명단에 포함된 자에 대하여 의견제출의 기회를 부여하지 아니한 채 진급선발을 취소하는 처분을 한 것은 행정절차법상 절차상 하자가 있어 위법하다(대판 2007.09.21. 2006두20631).

정답 ①

068 [23국가9급]

행정절차법령상 처분의 신청에 대한 설명으로 옳지 않은 것은?

① 행정청은 신청인의 편의를 위하여 다른 행정청에 신청을 접수하게 할 수 있다.
② 행정청은 신청에 구비서류의 미비 등 흠이 있는 경우 접수를 거부하여야 한다.
③ 행정청은 처리기간이 "즉시"로 되어 있는 신청의 경우에는 접수증을 주지 아니할 수 있다.
④ 행정청은 다수의 행정청이 관여하는 처분을 구하는 신청을 접수한 경우에는 관계 행정청과의 신속한 협조를 통하여 그 처분이 지연되지 아니하도록 하여야 한다.

해설

① (O)

행정절차법 제17조(처분의 신청) ⑦ 행정청은 신청인의 편의를 위하여 다른 행정청에 신청을 접수하게 할 수 있다. 이 경우 행정청은 다른 행정청에 접수할 수 있는 신청의 종류를 미리 정하여 공시하여야 한다.

② (X)

행정절차법 제17조(처분의 신청) ⑤ 행정청은 신청에 구비서류의 미비 등 흠이 있는 경우에는 보완에 필요한 상당한 기간을 정하여 지체 없이 신청인에게 보완을 요구하여야 한다.

③ (O)

행정절차법 제17조(처분의 신청) ④ 행정청은 신청을 받았을 때에는 다른 법령등에 특별한 규정이 있는 경우를 제외하고는 그 접수를 보류 또는 거부하거나 부당하게 되돌려 보내서는 아니 되며, 신청을 접수한 경우에는 신청인에게 접수증을 주어야 한다. 다만, 대통령령으로 정하는 경우에는 접수증을 주지 아니할 수 있다.

행정절차법 시행령 제9조(접수증) 법 제17조제4항 단서에서 "대통령령이 정하는 경우"라 함은 다음 각호의 1에 해당하는 신청의 경우를 말한다.
1. 구술·우편 또는 정보통신망에 의한 신청
2. 처리기간이 "즉시"로 되어 있는 신청

④ (O)

행정절차법 제18조(다수의 행정청이 관여하는 처분) 행정청은 다수의 행정청이 관여하는 처분을 구하는 신청을 접수한 경우에는 관계 행정청과의 신속한 협조를 통하여 그 처분이 지연되지 아니하도록 하여야 한다.

정답 ②

III 의견청취절차(의견제출, 청문, 공청회)

069 [23지방9급]

「행정절차법」에 대한 설명으로 옳지 않은 것은?

① 처분기준을 공표하는 것이 해당 처분의 성질상 현저히 곤란하거나 공공의 안전 또는 복리를 현저히 해치는 것으로 인정될 만한 상당한 이유가 있는 경우에는 처분기준을 공표하지 아니할 수 있다.

② 행정처분의 상대방에 대한 청문통지서가 반송되었거나 행정처분의 상대방이 청문일시에 불출석하였다는 이유만으로 행정청이 관계 법령상 그 실시가 요구되는 청문을 실시하지 아니하고 한 침해적 행정처분은 위법하다.

③ 「행정절차법」상 사전통지 및 의견제출에 대한 권리를 부여하고 있는 '당사자등'에는 불이익처분의 직접 상대방인 당사자와 행정청이 직권으로 또는 신청에 따라 행정절차에 참여하게 한 이해관계인, 그 밖에 제3자가 포함된다.

④ 행정청이 처분을 하면서 당사자가 그 근거를 알 수 있을 정도로 이유를 제시한 경우에는 처분의 근거와 이유를 구체적으로 명시하지 않았더라도 그로 말미암아 그 처분이 위법하다고 볼 수는 없다.

해설

① (O)

> **행정절차법 제20조(처분기준의 설정·공표)** ① 행정청은 필요한 처분기준을 해당 처분의 성질에 비추어 되도록 구체적으로 정하여 공표하여야 한다. 처분기준을 변경하는 경우에도 또한 같다.
>
> ③ 제1항에 따른 처분기준을 공표하는 것이 해당 처분의 성질상 현저히 곤란하거나 공공의 안전 또는 복리를 현저히 해치는 것으로 인정될 만한 상당한 이유가 있는 경우에는 처분기준을 공표하지 아니할 수 있다.

② (O) 행정처분의 상대방에 대한 청문통지서가 반송되었다거나, 행정처분의 상대방이 청문일시에 불출석하였다는 이유로 청문을 실시하지 아니하고 한 침해적 행정처분은 위법하다(대판 2001.4.13, 2000두3337).

③ (X) 그밖의 제3자는 포함되지 않는다.

> **행정절차법 제2조(정의)** 이 법에서 사용하는 용어의 뜻은 다음과 같다.
> 4. "당사자등"이란 다음 각 목의 자를 말한다.
> 가. 행정청의 처분에 대하여 직접 그 상대가 되는 당사자
> 나. 행정청이 직권으로 또는 신청에 따라 행정절차에 참여하게 한 이해관계인

④ (O) 일반적으로 당사자가 근거규정 등을 명시하여 신청하는 인·허가 등을 거부하는 처분을 함에 있어 당사자가 그 근거를 알 수 있을 정도로 상당한 이유를 제시한 경우에는 당해 처분의 근거 및 이유를 구체적 조항 및 내용까지 명시하지 않았더라도 그로 말미암아 그 처분이 위법한 것이 된다고 할 수 없다(대판 2002.5.17. 2000두8912).

정답 ③

070 [22지방7급]

행정절차에 대한 설명으로 옳지 않은 것은? (다툼이 있는 경우 판례에 의함)

① 「행정절차법」상 문서주의 원칙에도 불구하고, 행정청의 처분서의 문언만으로는 행정청이 어떤 처분을 하였는지 불분명하다는 등 특별한 사정이 있는 때에는 처분 경위나 처분 이후의 상대방의 태도 등 다른 사정을 고려하여 처분서의 문언과 달리 그 처분의 내용을 해석할 수도 있다.

② '고시'의 방법으로 불특정 다수인을 상대로 의무를 부과하거나 권익을 제한하는 처분은 성질상 의견제출의 기회를 주어야 하는 상대방을 특정할 수 없으므로, 이와 같은 처분에 있어서까지 그 상대방에게 의견제출의 기회를 주어야 하는 것은 아니다.

③ 행정청이 당사자와 도시계획사업의 시행과 관련한 협약을 체결하면서 관계 법령 및 「행정절차법」에 규정된 청문의 실시 등 의견청취절차를 배제하는 조항을 두었다면, 이는 청문을 실시하지 않아도 되는 예외적인 경우에 해당한다.

④ 공무원에 대한 징계절차에서 징계심의대상자가 대리인으로 선임한 변호사가 징계위원회 심의에 출석하여 진술하려고 하였음에도 불구하고 징계권자나 그 소속직원이 변호사가 심의에 출석하는 것을 막았다면 징계위원회의 심의·의결의 절차적 정당성이 상실되어 그 징계의결에 따른 징계처분은 위법하며 원칙적으로 취소되어야 한다.

해설

① **(O)** 행정청이 문서에 의하여 처분을 한 경우 원칙적으로 그 처분서의 문언에 따라 어떤 처분을 하였는지 확정하여야 하나, 그 처분서의 문언만으로는 행정청이 어떤 처분을 하였는지 불분명하다는 등 특별한 사정이 있는 때에는 처분 경위나 처분 이후의 상대방의 태도 등 다른 사정을 고려하여 처분서의 문언과 달리 그 처분의 내용을 해석할 수도 있다(대판 2010. 2. 11. 2009두18035).

> **[참고판례]** 처분서의 문언만으로도 행정청이 어떤 처분을 하였는지가 분명함에도 불구하고 처분경위나 처분 이후의 상대방의 태도 등 다른 사정을 고려하여 처분서의 문언과는 달리 다른 처분까지 포함되어 있는 것으로 확대해석하여서는 아니 된다(대판 2005.7.28. 2003두469).

② **(O)** '고시'의 방법으로 불특정 다수인을 상대로 의무를 부과하거나 권익을 제한하는 처분은 성질상 의견제출의 기회를 주어야 하는 상대방을 특정할 수 없으므로, 이와 같은 처분에 있어서까지 구 행정절차법 제22조 제3항에 의하여 그 상대방에게 의견제출의 기회를 주어야 한다고 해석할 것은 아니다(대판 2014.10.27. 2012두7745).

③ **(X)** 행정청이 당사자와 사이에 도시계획사업의 시행과 관련한 협약을 체결하면서 관계 법령 및 행정절차법에 규정된 청문의 실시 등 의견청취절차를 배제하는 조항을 두었다고 하더라도, 이러한 협약이 체결되었다고 하여 청문의 실시에 관한 규정의 적용이 배제된다거나 청문을 실시하지 않아도 되는 예외적인 경우에 해당한다고 할 수 없다(대판 2004.07.08. 2002두8350).

④ **(O)** 징계절차에서 징계심의대상자가 대리인으로 선임한 변호사가 징계위원회 심의에 출석하여 진술하려고 하였음에도, 징계권자나 그 소속 직원이 변호사가 징계위원회의 심의에 출석하는 것을 막았다면 징계위원회 심의·의결의 절차적 정당성이 상실되어 그 징계의결에 따른 징계처분은 위법하여 원칙적으로 취소되어야 한다(대판 2018. 3. 13. 2016두33339)

정답 ③

071 [23국가9급]

「행정절차법」상 송달과 처분절차에 대한 설명으로 옳지 않은 것은?

① 처분기준의 설정 · 공표의 규정은 침익적 처분뿐만 아니라 수익적 처분의 경우에도 적용된다.

② 정보통신망을 이용하여 전자문서로 송달하는 경우에는 송달받을 자가 지정한 컴퓨터 등에 입력된 때에 도달된 것으로 본다.

③ 공청회가 개최는 되었으나 정상적으로 진행되지 못하고 무산된 횟수가 2회인 경우 온라인공청회를 단독으로 개최할 수 있다.

④ 송달이 불가능한 경우에는 송달받을 자가 알기 쉽도록 관보, 공보, 게시판, 일간신문 중 하나 이상에 공고하고 인터넷에도 공고하여야 한다.

해설

① (O)

> **행정절차법 제20조(처분기준의 설정·공표)** ① 행정청은 필요한 처분기준을 해당 처분의 성질에 비추어 되도록 구체적으로 정하여 공표하여야 한다. 처분기준을 변경하는 경우에도 또한 같다.

② (O)

> **행정절차법 제15조(송달의 효력 발생)** ① 송달은 다른 법령등에 특별한 규정이 있는 경우를 제외하고는 해당 문서가 송달받을 자에게 도달됨으로써 그 효력이 발생한다.
>
> ② 제14조 제3항에 따라 정보통신망을 이용하여 전자문서로 송달하는 경우에는 송달받을 자가 지정한 컴퓨터 등에 입력된 때에 도달된 것으로 본다.

③ (X)

> **행정절차법 제38조의2(온라인공청회)** ① 행정청은 제38조에 따른 공청회와 병행하여서만 정보통신망을 이용한 공청회(이하 "온라인공청회"라 한다)를 실시할 수 있다.
>
> ② 제1항에도 불구하고 다음 각 호의 어느 하나에 해당하는 경우에는 온라인공청회를 단독으로 개최할 수 있다.
> 1. 국민의 생명·신체·재산의 보호 등 국민의 안전 또는 권익보호 등의 이유로 제38조에 따른 공청회를 개최하기 어려운 경우
> 2. 제38조에 따른 공청회가 행정청이 책임질 수 없는 사유로 개최되지 못하거나 개최는 되었으나 정상적으로 진행되지 못하고 무산된 횟수가 3회 이상인 경우

④ (O)

> **행정절차법 제14조(송달)** ④ 다음 각 호의 어느 하나에 해당하는 경우에는 송달받을 자가 알기 쉽도록 관보, 공보, 게시판, 일간신문 중 하나 이상에 공고하고 인터넷에도 공고하여야 한다.
> 1. 송달받을 자의 주소등을 통상적인 방법으로 확인할 수 없는 경우
> 2. 송달이 불가능한 경우

정답 ③

Ⅳ 신고

Ⅴ 행정상 입법예고, 행정예고

Ⅵ 행정지도

Ⅶ 기타

072 [23국가7급]

「행정절차법」상 행정절차에 대한 설명으로 옳지 않은 것은?

① 행정청이 처분기준 사전공표 의무를 위반하여 미리 공표하지 아니한 기준을 적용하여 처분을 하였다고 하더라도, 그러한 사정만으로 곧바로 해당 처분에 취소사유에 이를 정도의 흠이 존재한다고 볼 수는 없다.
② 처분의 처리기간에 관한 규정은 강행규정이므로 행정청이 처리기간이 지나 처분을 하였다면 이는 처분을 취소할 절차상 하자로 볼 수 있다.
③ 행정청은 위반사실등의 공표를 할 때에는 특별한 사정이 없는 한 미리 당사자에게 그 사실을 통지하고 의견제출의 기회를 주어야 하며, 의견제출의 기회를 받은 당사자는 공표 전에 관할 행정청에 서면이나 말 또는 정보통신망을 이용하여 의견을 제출할 수 있다.
④ 다수의 당사자등이 공동으로 행정절차에 관한 행위를 할 때에는 대표자를 선정할 수 있고, 다수의 대표자가 있는 경우 그중 1인에 대한 행정청의 행위는 모든 당사자등에게 효력이 있지만, 행정청의 통지는 대표자 모두에게 하여야 그 효력이 있다.

해설

① **(O)** 행정청이 행정절차법 제20조 제1항의 처분기준 사전공표 의무를 위반하여 미리 공표하지 아니한 기준을 적용하여 처분을 하였다고 하더라도, 그러한 사정만으로 곧바로 해당 처분에 취소사유에 이를 정도의 흠이 존재한다고 볼 수는 없다. 다만 해당 처분에 적용한 기준이 상위법령의 규정이나 신뢰보호의 원칙 등과 같은 법의 일반원칙을 위반하였거나 객관적으로 합리성이 없다고 볼 수 있는 구체적인 사정이 있다면 해당 처분은 위법하다고 평가할 수 있다(대판 2020.12.24. 2018두45633).

② **(X)** 처분이나 민원의 처리기간을 정하는 것은 신청에 따른 사무를 가능한 한 조속히 처리하도록 하기 위한 것이다. 처리기간에 관한 규정은 훈시규정에 불과할 뿐 강행규정이라고 볼 수 없다. 행정청이 처리기간이 지나 처분을 하였더라도 이를 처분을 취소할 절차상 하자로 볼 수 없다. 민원처리법 시행령 제23조에 따른 민원처리진행상황 통지도 민원인의 편의를 위한 부가적인 제도일 뿐, 그 통지를 하지 않았더라도 이를 처분을 취소할 절차상 하자로 볼 수 없다(대판 2019. 12. 13. 2018두41907).

③ **(O)**

> **행정절차법 제40조의3(위반사실 등의 공표)** ③ 행정청은 위반사실등의 공표를 할 때에는 미리 당사자에게 그 사실을 통지하고 의견제출의 기회를 주어야 한다. 다만, 다음 각 호의 어느 하나에 해당하는 경우에는 그러하지 아니하다.
> 1. 공공의 안전 또는 복리를 위하여 긴급히 공표를 할 필요가 있는 경우
> 2. 해당 공표의 성질상 의견청취가 현저히 곤란하거나 명백히 불필요하다고 인정될 만한 타당한 이유가 있는 경우
> 3. 당사자가 의견진술의 기회를 포기한다는 뜻을 명백히 밝힌 경우
>
> ④ 제3항에 따라 의견제출의 기회를 받은 당사자는 공표 전에 관할 행정청에 서면이나 말 또는 정보통신망을 이용하여 의견을 제출할 수 있다.

④ **(O)**

> **행정절차법 제11조(대표자)** ① 다수의 당사자등이 공동으로 행정절차에 관한 행위를 할 때에는 대표자를 선정할 수 있다.
>
> ⑤ 대표자가 있는 경우에는 당사자등은 그 대표자를 통하여서만 행정절차에 관한 행위를 할 수 있다.
>
> ⑥ 다수의 대표자가 있는 경우 그중 1인에 대한 행정청의 행위는 모든 당사자등에게 효력이 있다. 다만, 행정청의 통지는 대표자 모두에게 하여야 그 효력이 있다.

정답 ②

073 [23지방7급]

「행정절차법」상 행정절차에 대한 설명으로 옳지 않은 것은?

① 「공무원연금법」상 퇴직연금의 환수결정은 당사자에게 의무를 과하는 처분이기는 하지만 퇴직연금의 환수결정에 앞서 당사자에게 의견진술의 기회를 주지 아니하여도 「행정절차법」에 어긋나지 아니한다.

② 행정청이 처분을 하면서 당사자에게 그 처분에 관하여 행정심판 및 행정소송을 제기할 수 있는지 여부, 그 밖에 불복을 할 수 있는지 여부, 청구절차 및 청구기간 그 밖에 필요한 사항을 고지하지 않았다면 그 처분은 위법하다.

③ 행정청이 미리 공표한 처분의 처리기간을 지나 처분을 하였더라도 이를 처분을 취소할 절차상 하자로 볼 수 없다.

④ 행정청이 당사자와 협약을 체결하면서 관계 법령 및 「행정절차법」에 규정된 청문 등 의견청취절차를 배제하는 조항을 둔 경우, 이를 청문 실시의 배제사유로 인정하는 법령상의 규정이 없다면 청문을 실시하지 않은 것은 절차적 하자를 구성한다.

해설

① **(O)** 퇴직연금의 환수결정은 당사자에게 의무를 과하는 처분이기는 하나, 관련 법령에 따라 당연히 환수금액이 정하여지는 것이므로, 퇴직연금의 환수결정에 앞서 당사자에게 의견진술의 기회를 주지 아니하여도 행정절차법 제22조 제3항이나 신의칙에 어긋나지 아니한다(대판 2000.11.28. 99두5443).

② **(X)** 처분청이 위 규정에 따른 고지의무를 이행하지 아니하였다고 하더라도 경우에 따라서는 행정심판의 제기기간이 연장될 수 있는 것에 그치고 이로 인하여 심판의 대상이 되는 행정처분에 어떤 하자가 수반된다고 할 수 없다(대판 1987.11.24. 87누529).

③ **(O)** 처리기간에 관한 규정은 훈시규정에 불과할 뿐 강행규정이라고 볼 수 없다. 행정청이 처리기간이 지나 처분을 하였더라도 이를 처분을 취소할 절차상 하자로 볼 수 없다(대판 2019. 12. 13. 2018두41907).

④ **(O)** 행정청이 당사자와 사이에 도시계획사업의 시행과 관련한 협약을 체결하면서 관계 법령 및 행정절차법에 규정된 청문의 실시 등 의견청취절차를 배제하는 조항을 두었다고 하더라도, 이러한 협약이 체결되었다고 하여 청문의 실시에 관한 규정의 적용이 배제된다거나 청문을 실시하지 않아도 되는 예외적인 경우에 해당한다고 할 수 없다(대판 2004.07.08. 2002두8350).

정답 ②

제2장 행정정보공개·개인정보보호

제1절 | 행정정보공개제도

I 의의

II 정보공개의 법적 근거

III 「공공기관의 정보공개에 관한 법률」의 주요 내용

074 [24지방9급]

「공공기관의 정보공개에 관한 법률」상 정보공개청구에 대한 설명으로 옳지 않은 것은?

① 정보의 공개를 청구하는 자는 정보공개청구서에 청구대상 정보를 기재함에 있어서 사회일반인의 관점에서 청구대상정보의 내용과 범위를 확정할 수 있을 정도로 특정함을 요한다.

② 공공기관이 공개청구의 대상이 된 정보를 공개는 하되, 청구인이 신청한 공개방법 이외의 방법으로 공개하기로 하는 결정을 하였다면, 이는 정보공개청구 중 정보공개방법에 관한 부분에 대하여 일부 거부처분을 한 것이고, 청구인은 그에 대하여 항고소송으로 다툴 수 있다.

③ 「유아교육법」에 따른 사립유치원은 공공기관의 정보공개에 관한 법령상 공공기관에 해당하지 않는다.

④ 행정청이 정보를 공개하는 경우에 그 정보의 원본이 더럽혀지거나 파손될 우려가 있거나 그 밖에 상당한 이유가 있다고 인정할 때에는 그 정보의 사본·복제물을 공개할 수 있다.

해설

① (O) 공공기관의 정보공개에 관한 법률 제10조 제1항 제2호는 정보의 공개를 청구하는 자는 정보공개청구서에 '공개를 청구하는 정보의 내용' 등을 기재할 것을 규정하고 있는바, 청구대상정보를 기재함에 있어서는 사회일반인의 관점에서 청구대상정보의 내용과 범위를 확정할 수 있을 정도로 특정함을 요한다(대판 2007.6.1, 2007두2555).

② (O) 청구인에게는 특정한 공개방법을 지정하여 정보공개를 청구할 수 있는 법령상 신청권이 있다. 따라서 공공기관이 공개청구의 대상이 된 정보를 공개는 하되, 청구인이 신청한 공개방법 이외의 방법으로 공개하기로 하는 결정을 하였다면, 이는 정보공개청구 중 정보공개방법에 관한 부분에 대하여 일부 거부처분을 한 것이고, 청구인은 그에 대하여 항고소송으로 다툴 수 있다(대판 2016. 11. 10. 2016두44674).

③ (X)

> **공공기관의 정보공개에 관한 법률 시행령 제2조(공공기관의 범위)** 「공공기관의 정보공개에 관한 법률」(이하 "법"이라 한다) 제2조 제3호 마목에서 "대통령령으로 정하는 기관"이란 다음 각 호의 기관 또는 단체를 말한다.
> 1. 「유아교육법」, 「초·중등교육법」, 「고등교육법」에 따른 각급 학교 또는 그 밖의 다른 법률에 따라 설치된 학교

④ (O)

공공기관의 정보공개에 관한 법률 제13조(정보공개 여부 결정의 통지) ④ 공공기관은 제1항에 따라 정보를 공개하는 경우에 그 정보의 원본이 더럽혀지거나 파손될 우려가 있거나 그 밖에 상당한 이유가 있다고 인정할 때에는 그 정보의 사본·복제물을 공개할 수 있다.

정답 ③

075 [24국가9급]

정보공개에 대한 설명으로 옳지 않은 것은?

① 구 「학교폭력예방 및 대책에 관한 법률」에 따른 학교폭력대책자치위원회의 회의록은 공공기관의 정보공개에 관한 법률 소정의 '공개될 경우 업무의 공정한 수행에 현저한 지장을 초래한다고 인정할 만한 상당한 이유가 있는 정보'에 해당한다.

② 정보공개를 청구하는 자가 공공기관에 대해 정보의 사본 또는 출력물의 교부 방법으로 공개방법을 선택하여 정보공개청구를 한 경우, 공개청구를 받은 공공기관은 「공공기관의 정보공개에 관한 법률」에서 규정한 정보의 사본 또는 복제물의 교부를 제한할 수 있는 사유에 해당하지 않는 한 그 공개방법을 선택할 재량권이 없다.

③ '2002학년도부터 2005학년도까지의 대학수학능력시험 원데이터'는 연구목적으로 그 정보의 공개를 청구하는 경우 「공공기관의 정보공개에 관한 법률」 소정의 비공개대상정보에 해당한다.

④ 「공공기관의 정보공개에 관한 법률」상 '공개하는 것이 공익 또는 개인의 권리구제를 위하여 필요하다고 인정되는 정보'에 해당하는지 여부는 비공개에 의하여 보호되는 개인의 사생활의 비밀 등 이익과 공개에 의하여 보호되는 국정운영의 투명성 확보 등의 공익 또는 개인의 권리구제 등 이익을 비교·교량하여 구체적 사안에 따라 신중히 판단하여야 한다.

해설

① (O) '학교폭력대책자치위원회 회의록'은 공공기관의 정보공개에 관한 법률 제9조 제1항 제5호의 '공개될 경우 업무의 공정한 수행에 현저한 지장을 초래한다고 인정할 만한 상당한 이유가 있는 정보'에 해당한다(대판 2010.6.10. 2010두2913).

② (O) 정보공개를 청구하는 자가 공공기관에 대해 정보의 사본 또는 출력물의 교부의 방법으로 공개방법을 선택하여 정보공개청구를 한 경우에 공개청구를 받은 공공기관으로서는 정보의 사본 또는 복제물의 교부를 제한할 수 있는 사유에 해당하지 않는 한 정보공개청구자가 선택한 공개방법에 따라 정보를 공개하여야 하므로 그 공개방법을 선택할 재량권이 없다고 해석함이 상당하다(대판 2003.12.12. 2003두8050).

③ (X) '2002학년도부터 2005학년도까지의 대학수학능력시험 원데이터'는 그 공개로 대학수학능력시험 업무의 공정한 수행이 객관적으로 현저하게 지장을 받을 것이라는 고도의 개연성이 존재한다고 볼 수 없어 위 조항의 비공개대상정보에 해당하지 않는다(대판 2010.2.25. 2007두9877).

④ (O) '공개하는 것이 개인의 권리구제를 위하여 필요하다고 인정되는 정보'에 해당하는지는 비공개에 의하여 보호되는 개인의 사생활의 비밀 등의 이익과 공개에 의하여 보호되는 개인의 권리구제 등의 이익을 비교·교량하여 구체적 사안에 따라 신중히 판단하여야 한다(대판 2017.9.7. 2017두44558).

정답 ③

076 [22국가7급]

정보공개에 대한 판례의 입장으로 옳지 않은 것은?

① 정보공개 청구권자의 권리구제 가능성은 정보의 공개 여부 결정에 영향을 미치지 못한다.

② 정보공개청구에 대하여 행정청이 전부공개 결정을 하는 경우에는, 청구인이 지정한 정보공개방법에 의하지 않았다고 하더라도 청구인은 이를 다툴 수 없다.

③ 정보공개거부처분취소소송에서 행정기관이 청구정보를 증거 등으로 법원에 제출하여 결과적으로 청구인에게 정보를 공개하는 결과가 되었다고 하더라도, 당해 정보의 비공개결정의 취소를 구할 소의 이익은 소멸되지 않는다.

④ 「형사소송법」은 형사재판확정기록의 공개 여부 등에 대하여 「공공기관의 정보공개에 관한 법률」과 달리 규정하고 있으므로, 형사재판확정기록의 공개에 관하여는 「공공기관의 정보공개에 관한 법률」에 의한 공개 청구가 허용되지 아니한다.

해설

① **(O)** 공공기관의 정보공개에 관한 법률은 국민의 알권리를 보장하고 국정에 대한 국민의 참여와 국정 운영의 투명성을 확보함을 목적으로 하고(제1조), 공공기관이 보유·관리하는 정보는 국민의 알권리 보장 등을 위하여 적극적으로 공개하여야 한다는 정보공개의 원칙을 선언하고 있으며(제3조), 모든 국민은 정보의 공개를 청구할 권리를 가진다고 하면서(제5조 제1항) 비공개 대상정보에 해당하지 않는 한 공공기관이 보유·관리하는 정보는 공개 대상이 된다고 규정하고 있을 뿐(제9조 제1항) 정보공개 청구권자가 공개를 청구하는 정보와 어떤 관련성을 가질 것을 요구하거나 정보공개청구의 목적에 특별한 제한을 두고 있지 아니하므로 정보공개 청구권자의 권리구제 가능성 등은 정보의 공개 여부 결정에 아무런 영향을 미치지 못한다(대판 2017. 9. 7. 2017두44558).

② **(X)** 청구인에게는 특정한 공개방법을 지정하여 정보공개를 청구할 수 있는 법령상 신청권이 있다. 따라서 공공기관이 공개청구의 대상이 된 정보를 공개는 하되, 청구인이 신청한 공개방법 이외의 방법으로 공개하기로 하는 결정을 하였다면, 이는 정보공개청구 중 정보공개방법에 관한 부분에 대하여 일부 거부처분을 한 것이고, 청구인은 그에 대하여 항고소송으로 다툴 수 있다(대판 2016. 11. 10. 2016두44674).

③ **(O)** 청구인이 정보공개거부처분의 취소를 구하는 소송에서 공공기관이 청구정보를 증거 등으로 법원에 제출하여 법원을 통하여 그 사본을 청구인에게 교부 또는 송달되게 하여 결과적으로 청구인에게 정보를 공개하는 셈이 되었다고 하더라도, 이러한 우회적인 방법은 정보공개법이 예정하고 있지 아니한 방법으로서 정보공개법에 의한 공개라고 볼 수는 없으므로, 당해 정보의 비공개결정의 취소를 구할 소의 이익은 소멸되지 않는다(대판 2016. 12. 15. 2012두11409).

④ **(O)** 형사소송법 제59조의2는 형사재판확정기록의 공개 여부나 공개 범위, 불복절차 등에 대하여 구 공공기관의 정보공개에 관한 법률과 달리 규정하고 있는 것으로 정보공개법 제4조 제1항에서 정한 '정보의 공개에 관하여 다른 법률에 특별한 규정이 있는 경우'에 해당한다. 따라서 형사재판확정기록의 공개에 관하여는 정보공개법에 의한 공개청구가 허용되지 아니한다(대판 2016. 12. 15. 2013두20882).

정답 ②

077 [24국가7급]

정보공개에 대한 설명으로 옳지 않은 것은?

① 정보공개거부처분의 취소를 구하는 행정소송에서 정보공개청구인이 정보공개거부처분을 받은 것 외에 추가로 법률상 이익이 있어야 하는 것도 아니며, 정보공개청구의 대상이 되는 정보가 이미 공개되어 있다는 사정만으로 소의 이익이 없는 것도 아니다.

② 「공공기관의 정보공개에 관한 법률」에 따라 중앙행정기관은 전자적 형태로 보유·관리하는 정보 중 공개대상으로 분류된 정보를 국민의 정보공개 청구가 없더라도 정보통신망을 활용한 정보공개시스템 등을 통하여 공개하여야 한다.

③ 정보공개청구인이 공공기관의 비공개 결정 또는 부분 공개 결정에 대한 이의신청을 하여 공공기관으로부터 이의신청에 대한 결과를 통지받은 후 취소소송을 제기하는 경우, 그 제소기간은 이의신청에 대한 결과를 통지받은 날부터 기산한다.

④ 견책의 징계처분을 받은 자가 소속기관의 장에게 징계위원회에 참여한 징계위원의 성명과 직위에 대한 정보공개청구를 하였으나 해당 정보가 비공개 대상이라는 이유로 거부된 경우, 그 견책처분에 대한 취소소송의 기각판결이 확정되었다면 정보공개거부처분의 취소를 구할 법률상 이익은 인정되지 않는다.

해설

① **(O)** 공공기관에 대하여 정보의 공개를 청구하였다가 공개거부처분을 받은 청구인은 행정소송을 통하여 그 공개거부처분의 취소를 구할 법률상의 이익이 있고, 공개청구의 대상이 되는 정보가 이미 다른 사람에게 공개되어 널리 알려져 있다거나 인터넷 등을 통하여 공개되어 인터넷검색 등을 통하여 쉽게 알 수 있다는 사정만으로는 소의 이익이 없다거나 비공개결정이 정당화될 수 없다(대판 2010. 12. 23. 2008두13392).

② **(O)**

> **공공기관의 정보공개에 관한 법률 제8조의2(공개대상 정보의 원문공개)** 공공기관 중 중앙행정기관 및 대통령령으로 정하는 기관은 전자적 형태로 보유·관리하는 정보 중 공개대상으로 분류된 정보를 국민의 정보공개 청구가 없더라도 정보통신망을 활용한 정보공개시스템 등을 통하여 공개하여야 한다.

③ **(O)** 청구인이 공공기관의 비공개 결정 또는 부분 공개 결정에 대한 이의신청을 하여 공공기관으로부터 이의신청에 대한 결과를 통지받은 후 취소소송을 제기하는 경우 그 제소기간은 이의신청에 대한 결과를 통지받은 날부터 기산한다고 봄이 타당하다(대판 2023. 7. 27. 2022두52980).

④ **(X)** 징계처분 취소사건에서 갑의 청구를 기각하는 판결이 확정되었더라도 이러한 사정만으로 위 처분의 취소를 구할 이익이 없어지지 않고, 사단장이 갑의 정보공개청구를 거부한 이상 갑으로서는 여전히 정보공개거부처분의 취소를 구할 법률상 이익이 있으므로, 이와 달리 본 원심판결에 법리오해의 잘못이 있다(대판 2022. 5. 26. 2022두33439).

정답 ④

078 [23국가7급]

「공공기관의 정보공개에 관한 법률」상 정보공개에 대한 설명으로 옳지 않은 것은?

① 지방자치단체는 그 소관 사무에 관하여 법령의 범위에서 정보공개에 관한 조례를 정할 수 있다.

② 정보공개청구인은 공공기관의 비공개결정에 불복하는 행정심판을 청구하려면 「공공기관의 정보공개에 관한 법률」에서 정하는 이의신청 절차를 거쳐야 한다.

③ 정보공개거부처분 취소소송에서 공개청구의 취지에 어긋나지 아니하는 범위 안에서 공개를 거부한 정보가 비공개대상정보에 해당하는 부분과 공개가 가능한 부분으로 분리될 수 있다고 인정되면 법원은 공개가 가능한 부분을 특정하고 판결의 주문에 공개가 가능한 정보에 관한 부분만을 취소한다고 표시해야 한다.

④ 공공기관이 공개청구의 대상이 된 정보를 청구인이 신청한 공개방법 이외의 방법으로 공개하는 결정을 하였다면, 이는 정보공개청구 중 정보공개방법에 관한 부분에 대하여 일부 거부처분을 한 것이므로 청구인은 그에 대하여 항고소송으로 다툴 수 있다.

해설

① (O)

> **공공기관의 정보공개에 관한 법률 제4조(적용 범위)** ② 지방자치단체는 그 소관 사무에 관하여 법령의 범위에서 정보공개에 관한 조례를 정할 수 있다.

② (X)

> **공공기관의 정보공개에 관한 법률 제19조(행정심판)** ② 청구인은 제18조에 따른 이의신청 절차를 거치지 아니하고 행정심판을 청구할 수 있다.

③ **(O)** 법원이 행정청의 정보공개거부처분의 위법 여부를 심리한 결과 공개를 거부한 정보에 비공개대상정보에 해당하는 부분과 공개가 가능한 부분이 혼합되어 있고 공개청구의 취지에 어긋나지 아니하는 범위 안에서 두 부분을 분리할 수 있음을 인정할 수 있을 때에는, 위 정보 중 공개가 가능한 부분을 특정하고 판결의 주문에 행정청의 위 거부처분 중 공개가 가능한 정보에 관한 부분만을 취소한다고 표시하여야 한다(대판 2003.3.11. 2001두6425).

④ **(O)** 청구인에게는 특정한 공개방법을 지정하여 정보공개를 청구할 수 있는 법령상 신청권이 있다. 따라서 공공기관이 공개청구의 대상이 된 정보를 공개는 하되, 청구인이 신청한 공개방법 이외의 방법으로 공개하기로 하는 결정을 하였다면, 이는 정보공개청구 중 정보공개방법에 관한 부분에 대하여 일부 거부처분을 한 것이고, 청구인은 그에 대하여 항고소송으로 다툴 수 있다(대판 2016. 11. 10. 2016두44674).

정답 ②

079 [23지방7급]

「공공기관의 정보공개에 관한 법률」(이하 '정보공개법'이라 함)에 대한 설명으로 옳지 않은 것은?

① 도시공원위원회의 회의관련자료 및 회의록은 시장 등의 결정의 대외적 공표행위가 있은 후에는 이를 의사결정과정이나 내부검토과정에 있는 사항이라고 할 수 없고 위 위원회의 회의관련자료 및 회의록을 공개하더라도 업무의 공정한 수행에 지장을 초래할 염려가 없으므로 공개대상이 된다.

② 전자적 형태로 보유·관리되는 정보의 경우에 그 정보가 청구인이 구하는 대로 되어 있지 않더라도 공개청구를 받은 공공기관이 공개청구대상정보의 기초자료를 검색하여 청구인이 구하는 대로 편집할 수 있으며, 그 작업이 당해 기관의 업무수행에 별다른 지장을 초래하지 않는다면 그 공공기관이 공개청구대상정보를 보유·관리하고 있는 것으로 볼 수 있다.

③ 정보공개법에서 공개대상의 예외로 규정하고 있는 '다른 법률 또는 법률에서 위임한 명령(국회규칙·대법원규칙·헌법재판소규칙·중앙선거관리위원회규칙·대통령령 및 조례로 한정함)에 따라 비밀이나 비공개 사항으로 규정된 정보'의 해석에 있어서 '법률에서 위임한 명령'은 정보의 공개에 관하여 법률의 구체적인 위임 아래 제정된 법규명령(위임명령)을 의미한다.

④ 정보공개청구인이 정보공개와 관련한 공공기관의 비공개 결정 또는 부분 공개 결정에 대하여 불복하는 경우에는 정보공개법상 이의신청절차를 거친 후에야 비로소 행정심판을 청구할 수 있다.

해설

① **(O)** 도시공원위원회의 심의사항들에 대한 시장 등의 결정의 대외적 공표행위가 있기 전까지는 위 위원회의 회의관련자료 및 회의록은 공공기관의정보공개에관한법률 제7조 제1항 제5호에서 규정하는 비공개대상정보에 해당한다고 할 것이고, 다만 시장 등의 결정의 대외적 공표행위가 있은 후에는 이를 의사결정과정이나 내부검토과정에 있는 사항이라고 할 수 없고 위 위원회의 회의관련자료 및 회의록을 공개하더라도 업무의 공정한 수행에 지장을 초래할 염려가 없으므로, 시장 등의 결정의 대외적 공표행위가 있은 후에는 위 위원회의 회의관련자료 및 회의록은 같은 법 제7조 제2항에 의하여 공개대상이 된다고 할 것이다(대판 2000. 5. 30. 99추85).

② **(O)** 정보가 청구인이 구하는 대로는 되어 있지 않다고 하더라도, 공개청구를 받은 공공기관이 공개청구대상정보의 기초자료를 전자적 형태로 보유·관리하고 있고, 당해 기관에서 통상 사용되는 컴퓨터 하드웨어 및 소프트웨어와 기술적 전문지식을 사용하여 그 기초자료를 검색하여 청구인이 구하는 대로 편집할 수 있으며, 그러한 작업이 당해 기관의 컴퓨터 시스템 운용에 별다른 지장을 초래하지 아니한다면, 그 공공기관이 공개청구대상정보를 보유·관리하고 있는 것으로 볼 수 있다(대판 2010. 2. 11. 2009두6001).

③ **(O)** 공공기관의 정보공개에 관한 법률 제7조(현재 9조) 제1항 제1호 소정의 '법률에 의한 명령'은 법률의 위임규정에 의하여 제정된 대통령령, 총리령, 부령 전부를 의미한다기보다는 정보의 공개에 관하여 법률의 구체적인 위임 아래 제정된 법규명령(위임명령)을 의미한다(대판 2003.12.11. 2003두8395).

④ **(X)**

> **공공기관의 정보공개에 관한 법률 제19조(행정심판)** ① 청구인이 정보공개와 관련한 공공기관의 결정에 대하여 불복이 있거나 정보공개 청구 후 20일이 경과하도록 정보공개 결정이 없는 때에는 「행정심판법」에서 정하는 바에 따라 행정심판을 청구할 수 있다. 이 경우 국가기관 및 지방자치단체 외의 공공기관의 결정에 대한 감독행정기관은 관계 중앙행정기관의 장 또는 지방자치단체의 장으로 한다.
>
> ② 청구인은 제18조에 따른 이의신청 절차를 거치지 아니하고 행정심판을 청구할 수 있다.

정답 ④

080 [23지방9급]

「공공기관의 정보공개에 관한 법률」상 정보공개에 대한 설명으로 옳은 것만을 모두 고르면?

ㄱ. 모든 국민은 정보의 공개를 청구할 권리를 가진다.
ㄴ. 법무부령인 「검찰보존사무규칙」은 행정기관 내부의 사무처리준칙인 행정규칙이지만, 「검찰보존사무규칙」상의 열람·등사의 제한은 「공공기관의 정보공개에 관한 법률」 제9조제1항제1호의 '다른 법률 또는 법률에 의한 명령에 의하여 비공개사항으로 규정된 경우'에 해당한다.
ㄷ. 해당 정보를 취득 또는 활용할 의사가 전혀 없이 정보공개 제도를 이용하여 사회통념상 용인될 수 없는 부당한 이득을 얻으려 하거나, 오로지 공공기관의 담당 공무원을 괴롭힐 목적으로 정보공개청구를 하는 경우 권리 남용에 해당함이 명백하므로 정보공개청구권의 행사가 허용되지 아니한다.
ㄹ. 청구인이 정보공개와 관련한 공공기관의 결정에 대하여 불복이 있거나 정보공개청구 후 10일이 경과하도록 정보공개 결정이 없는 때에는 「행정심판법」에서 정하는 바에 따라 행정심판을 청구할 수 있다.

① ㄱ, ㄴ ② ㄱ, ㄷ
③ ㄴ, ㄹ ④ ㄷ, ㄹ

해설

ㄱ. (O) 정보공개법은 "모든 국민은 정보의 공개를 청구할 권리를 가진다."고 규정하고 있는데, 여기에서 말하는 국민에는 자연인은 물론 법인, 권리능력 없는 사단·재단도 포함되고, 법인, 권리능력 없는 사단·재단 등의 경우에는 설립목적을 불문하며 청구인이 공공기관에 대하여 정보공개를 청구하였다가 거부처분을 받은 것 자체가 법률상 이익의 침해에 해당한다(대판 2003.12.12. 2003두8050).

ㄴ. (X) 검찰보존사무규칙은 법무부령으로 되어 있으나, 위 규칙에 의한 열람·등사의 제한을 구 정보공개법 제7조 제1항 제1호의 '다른 법률 또는 법률에 의한 명령에 의하여 비공개사항으로 규정된 경우'에 해당한다고 볼 수 없다(대판 2004.3.12. 2003두13816).

ㄷ. (O) 실제로는 해당 정보를 취득 또는 활용할 의사가 전혀 없이 정보공개 제도를 이용하여 사회통념상 용인될 수 없는 부당한 이득을 얻으려 하거나, 오로지 공공기관의 담당공무원을 괴롭힐 목적으로 정보공개청구를 하는 경우처럼 권리의 남용에 해당하는 것이 명백한 경우에는 정보공개청구권의 행사를 허용하지 아니하는 것이 옳다(대판 2014.12.24. 2014두9349).

ㄹ. (X)

공공기관의 정보공개에 관한 법률 제19조(행정심판) ① 청구인이 정보공개와 관련한 공공기관의 결정에 대하여 불복이 있거나 정보공개 청구 후 20일이 경과하도록 정보공개 결정이 없는 때에는 「행정심판법」에서 정하는 바에 따라 행정심판을 청구할 수 있다. 이 경우 국가기관 및 지방자치단체 외의 공공기관의 결정에 대한 감독행정기관은 관계 중앙행정기관의 장 또는 지방자치단체의 장으로 한다.
② 청구인은 제18조에 따른 이의신청 절차를 거치지 아니하고 행정심판을 청구할 수 있다.

정답 ②

081 [22지방7급]

정보공개제도에 대한 설명으로 옳은 것은? (다툼이 있는 경우 판례에 의함)

① 공개를 구하는 정보를 공공기관이 한때 보유·관리하였으나 후에 그 정보가 담긴 문서등이 폐기되어 존재하지 않게 된 것이라면 그 정보를 더 이상 보유·관리하고 있지 아니하다는 점에 대한 증명책임은 공공기관에 있다.

② 의사결정과정에 제공된 회의관련자료나 의사결정과정이 기록된 회의록은 의사가 결정되거나 의사가 집행된 경우에는 더 이상 의사결정과정에 있는 사항 그 자체라고는 할 수 없으므로 비공개대상정보에 포함될 수 없다.

③ 정보공개거부처분의 취소를 구하는 소송에서 공공기관이 청구정보를 증거 등으로 법원에 제출하여 법원을 통하여 그 사본을 청구인에게 교부 또는 송달되게 하여 결과적으로 청구인에게 정보를 공개하는 셈이 되었다면, 당해 정보의 비공개결정의 취소를 구할 소의 이익은 소멸된다.

④ 공공기관이 공개청구의 대상이 된 정보를 공개는 하되, 청구인이 신청한 공개방법 이외의 방법으로 공개하기로 하는 결정을 하였다면, 이는 정보공개청구 중 정보공개방법에 관한 부분만을 달리한 것이므로 일부 거부처분이라 할 수 없다.

해설

① (O) 공개를 구하는 정보를 공공기관이 한 때 보유·관리하였으나 후에 그 정보가 담긴 문서 등이 폐기되어 존재하지 않게 된 것이라면 그 정보를 더 이상 보유·관리하고 있지 아니하다는 점에 대한 증명책임은 공공기관에게 있다(대판 2004.12.9, 2003두12707).

② (X) 의사결정과정에 제공된 회의관련 자료나 의사결정과정이 기록된 회의록 등은 의사가 결정되거나 의사가 집행된 경우에는 더 이상 의사결정과정에 있는 사항 그 자체라고는 할 수 없으나, 의사결정과정에 있는 사항에 준하는 사항으로서 비공개대상정보에 포함될 수 있다. 따라서 학교환경위생구역 내 금지행위(숙박시설) 해제결정에 관한 학교환경위생정화위원회의 회의록에 기재된 발언내용에 대한 해당 발언자의 인적사항 부분에 관한 정보는 공공기관의 정보공개에 관한 법률 제7조 제1항 제5호 소정의 비공개대상에 해당한다(대판 2003.8.22. 2002두12946).

③ (X) 청구인이 정보공개거부처분의 취소를 구하는 소송에서 공공기관이 청구정보를 증거 등으로 법원에 제출하여 법원을 통하여 그 사본을 청구인에게 교부 또는 송달되게 하여 결과적으로 청구인에게 정보를 공개하는 셈이 되었다고 하더라도, 이러한 우회적인 방법은 정보공개법이 예정하고 있지 아니한 방법으로서 정보공개법에 의한 공개라고 볼 수는 없으므로, 당해 정보의 비공개결정의 취소를 구할 소의 이익은 소멸되지 않는다(대판 2016. 12. 15. 2012두11409).

④ (X) 공공기관이 공개청구의 대상이 된 정보를 공개는 하되, 청구인이 신청한 공개방법 이외의 방법으로 공개하기로 하는 결정을 하였다면, 이는 정보공개청구 중 정보공개방법에 관한 부분에 대하여 일부 거부처분을 한 것이고, 청구인은 그에 대하여 항고소송으로 다툴 수 있다(대판 2016. 11. 10. 2016두44674).

정답 ①

082 [24국가7급]

「개인정보 보호법」에 대한 내용으로 옳지 않은 것은?

① 고정형영상정보처리기기운영자는 고정형 영상정보처리기기의 설치 목적과 다른 목적으로 고정형 영상정보처리기기를 임의로 조작하거나 다른 곳을 비춰서는 아니 되며, 녹음기능은 사용할 수 없다.

② 개인정보처리자는 공중위생 등 공공의 안전과 안녕을 위하여 긴급히 필요한 경우에는 개인정보를 수집할 수 있으며 그 수집 목적의 범위에서 이용할 수 있다.

③ 개인정보처리자는 정보주체가 필요한 최소한의 정보 외의 개인정보 수집에 동의하지 아니한다는 이유로 정보주체에게 재화 또는 서비스의 제공을 거부하여서는 아니 된다.

④ 정보주체는 「행정기본법」 제20조에 따른 행정청의 자동적 처분이 자신의 권리 또는 의무에 중대한 영향을 미치는 경우에는 해당 개인정보처리자에 대하여 해당 결정을 거부할 수 있는 권리를 가진다.

해설

① (O)

> **개인정보 보호법 제25조(고정형 영상정보처리기기의 설치·운영 제한)** ⑤ 고정형영상정보처리기기운영자는 고정형 영상정보처리기기의 설치 목적과 다른 목적으로 고정형 영상정보처리기기를 임의로 조작하거나 다른 곳을 비춰서는 아니 되며, 녹음기능은 사용할 수 없다.

② (O)

> **개인정보 보호법 제15조(개인정보의 수집·이용)** ① 개인정보처리자는 다음 각 호의 어느 하나에 해당하는 경우에는 개인정보를 수집할 수 있으며 그 수집 목적의 범위에서 이용할 수 있다.
> 7. 공중위생 등 공공의 안전과 안녕을 위하여 긴급히 필요한 경우

③ (O)

> **개인정보 보호법 제16조(개인정보의 수집 제한)** ③ 개인정보처리자는 정보주체가 필요한 최소한의 정보 외의 개인정보 수집에 동의하지 아니한다는 이유로 정보주체에게 재화 또는 서비스의 제공을 거부하여서는 아니 된다.

④ (X)

> **개인정보 보호법 제37조의2(자동화된 결정에 대한 정보주체의 권리 등)** ① 정보주체는 완전히 자동화된 시스템(인공지능 기술을 적용한 시스템을 포함한다)으로 개인정보를 처리하여 이루어지는 결정(「행정기본법」 제20조에 따른 행정청의 자동적 처분은 제외하며, 이하 이 조에서 "자동화된 결정"이라 한다)이 자신의 권리 또는 의무에 중대한 영향을 미치는 경우에는 해당 개인정보처리자에 대하여 해당 결정을 거부할 수 있는 권리를 가진다. 다만, 자동화된 결정이 제15조제1항제1호·제2호 및 제4호에 따라 이루어지는 경우에는 그러하지 아니하다.

정답 ④

4

행정의 실효성 확보수단

제1장 행정상의 강제집행

제1절 | 행정상 강제집행

제2절 | 대집행(代執行)

083 [22지방7급]

「행정대집행법」상 행정대집행에 대한 설명으로 옳지 않은 것은? (다툼이 있는 경우 판례에 의함)

① 관계 법령상 행정대집행의 절차가 인정되어 행정청이 행정대집행의 방법으로 건물의 철거 등 대체적 작위의무의 이행을 실현할 수 있는 경우에는 따로 민사소송의 방법으로 그 의무의 이행을 구할 수 없다.

② 행정청이 행정대집행을 한 경우 그에 따른 비용의 징수는 「행정대집행법」의 절차에 따라 「국세징수법」의 예에 의하여 징수하여야 하며, 손해배상을 구하는 민사소송으로 징수할 수는 없다.

③ 행정대집행에 있어 대집행 대상인 건물의 점유자가 철거의무자일 때에는 건물철거의무에 퇴거의무도 포함되어 있는 것이어서 별도로 퇴거를 명하는 집행권원이 필요하지 않다.

④ 법령이 일정한 행위를 금지하고 있는 경우, 그 금지규정으로부터 위반결과의 시정을 명하는 행정청의 처분권한은 당연히 도출되므로 행정청은 그 금지규정에 근거하여 시정을 명하고 행정대집행에 나아갈 수 있다.

해설

① **(O)** 행정대집행의 절차가 인정되는 경우에는 따로 민사소송의 방법으로 피고들에 대하여 이 사건 시설물의 철거를 구하는 것은 허용되지 않는다(대판 2009.6.11, 2009다1122).

② **(O)** 대집행비용의 징수에 관하여 행정대집행법 절차에 따라 국세징수법의 예에 의하여 징수할 수 있으므로, 대한주택공사가 구 대한주택공사법 및 구 대한주택공사법 시행령에 의하여 대집행권한을 위탁받아 공무인 대집행을 실시하기 위하여 지출한 비용을 민사소송절차에 의하여 그 비용의 상환을 청구한 경우에는 소의 이익이 없어 부적법하다(대판 2011.09.08. 2010다48240).

③ **(O)** 건물의 점유자가 철거의무자일 때에는 건물철거의무에 퇴거의무도 포함되어 있는 것이어서 별도로 퇴거를 명하는 집행권원이 필요하지 않다(대판 2017. 4. 28. 2016다213916).

④ **(X)** 부작위의무로부터 그 의무를 위반함으로써 생긴 결과를 시정하기 위한 작위의무를 당연히 끌어낼 수는 없으며, 또 위 금지규정(특히 허가를 유보한 상대적 금지규정)으로부터 작위의무, 즉 위반결과의 시정을 명하는 권한이 당연히 추론되는 것도 아니다(대판 1996.6.28, 96누4374).

정답 ④

084 [24지방9급]

행정의 실효성 확보수단에 대한 설명으로 옳지 않은 것은?

① 행정법상의 질서벌인 과태료의 부과처분과 형사처벌을 병과하는 것은 일사부재리의 원칙에 반하지 않는다는 것이 대법원의 입장이다.

② 계고서라는 명칭의 1장의 문서로서 일정기간 내에 위법건축물의 자진철거를 명함과 동시에 그 소정기한 내에 자진철거를 하지 아니할 때에는 대집행할 뜻을 미리 계고한 경우라면 「건축법」에 의한 철거명령과 「행정대집행법」에 의한 계고처분의 요건이 충족된 것은 아니다.

③ 직접강제는 행정대집행이나 이행강제금 부과의 방법으로는 행정상 의무 이행을 확보할 수 없거나 그 실현이 불가능한 경우에 실시하여야 한다.

④ 과세관청이 체납처분으로서 행하는 공매는 우월한 공권력의 행사로서 행정소송의 대상이 되는 공법상의 행정처분이며 공매에 의하여 재산을 매수한 자는 그 공매처분이 취소된 경우에 그 취소처분의 위법을 주장하여 행정소송을 제기할 법률상 이익이 있다.

해설

① (O) 행정법상의 질서벌인 과태료의 부과처분과 형사처벌은 그 성질이나 목적을 달리하는 별개의 것이므로 행정법상의 질서벌인 과태료를 납부한 후에 형사처벌을 한다고 하여 이를 일사부재리의 원칙에 반하는 것이라고 할 수는 없다(대판 1996.4.12. 96도158).

② (X) 계고서라는 명칭의 1장의 문서로서 일정기간 내에 위법건축물의 자진철거를 명함과 동시에 그 소정기한 내에 자진철거를 하지 아니할 때에는 대집행할 뜻을 미리 계고한 경우라도 건축법에 의한 철거명령과 행정대집행법에 의한 계고처분은 독립하여 있는 것으로서 각 그 요건이 충족되었다고 볼 것이다(대판 1992.06.12. 91누13564).

③ (O)

> **행정기본법 제32조(직접강제)** ① 직접강제는 행정대집행이나 이행강제금 부과의 방법으로는 행정상 의무 이행을 확보할 수 없거나 그 실현이 불가능한 경우에 실시하여야 한다.

④ (O) 공매에 의하여 재산을 매수한 자는 그 공매처분이 취소된 경우에 그 취소처분의 위법을 주장하여 행정소송을 제기할 법률상 이익이 있다(대판 1984.9.25. 84누201).

정답 ②

085 [23국가9급]

행정대집행에 대한 설명으로 옳지 않은 것은?

① 행정대집행은 「행정기본법」상 행정상 강제에 해당한다.

② 대집행에 요한 비용은 「국세징수법」의 예에 의하여 징수할 수 있다.

③ 「행정대집행법」상 대집행의 대상이 되는 대체적 작위의무는 공법상 의무이어야 한다.

④ 대집행에 요한 비용에 대하여서는 행정청은 사무비의 소속에 따라 국세와 동일한 순위의 선취득권을 가지며, 대집행에 요한 비용을 징수하였을 때에는 그 징수금은 국고의 수입으로 한다.

해설

① (O)

> **행정기본법 제30조(행정상 강제)** ① 행정청은 행정목적을 달성하기 위하여 필요한 경우에는 법률로 정하는 바에 따라 필요한 최소한의 범위에서 다음 각 호의 어느 하나에 해당하는 조치를 할 수 있다.
> 1. 행정대집행 : 의무자가 행정상 의무(법령등에서 직접 부과하거나 행정청이 법령등에 따라 부과한 의무를 말한다. 이하 이 절에서 같다)로서 타인이 대신하여 행할 수 있는 의무를 이행하지 아니하는 경우 법률로 정하는 다른 수단으로는 그 이행을 확보하기 곤란하고 그 불이행을 방치하면 공익을 크게 해칠 것으로 인정될 때에 행정청이 의무자가 하여야 할 행위를 스스로 하거나 제3자에게 하게 하고 그 비용을 의무자로부터 징수하는 것
> 2. 이행강제금의 부과: 의무자가 행정상 의무를 이행하지 아니하는 경우 행정청이 적절한 이행기간을 부여하고, 그 기한까지 행정상 의무를 이행하지 아니하면 금전급부의무를 부과하는 것
> 3. 직접강제 : 의무자가 행정상 의무를 이행하지 아니하는 경우 행정청이 의무자의 신체나 재산에 실력을 행사하여 그 행정상 의무의 이행이 있었던 것과 같은 상태를 실현하는 것
> 4. 강제징수 : 의무자가 행정상 의무 중 금전급부의무를 이행하지 아니하는 경우 행정청이 의무자의 재산에 실력을 행사하여 그 행정상 의무가 실현된 것과 같은 상태를 실현하는 것
> 5. 즉시강제 : 현재의 급박한 행정상의 장해를 제거하기 위한 경우로서 다음 각 목의 어느 하나에 해당하는 경우에 행정청이 곧바로 국민의 신체 또는 재산에 실력을 행사하여 행정목적을 달성하는 것
>
> 가. 행정청이 미리 행정상 의무 이행을 명할 시간적 여유가 없는 경우
> 나. 그 성질상 행정상 의무의 이행을 명하는 것만으로는 행정목적 달성이 곤란한 경우

② (O)

> **행정대집행법 제6조(비용징수)** ① 대집행에 요한 비용은 국세징수법의 예에 의하여 징수할 수 있다.

③ (O) 행정대집행법상 대집행의 대상이 되는 대체적 작위의무는 공법상 의무이어야 할 것인데, 구 공공용지의 취득 및 손실보상에 관한 특례법에 따른 토지 등의 협의취득은 공공사업에 필요한 토지 등을 그 소유자와의 협의에 의하여 취득하는 것으로서 공공기관이 사경제주체로서 행하는 사법상 매매 내지 사법상 계약의 실질을 가지는 것이므로, 그 협의취득시 건물소유자가 매매대상 건물에 대한 철거의무를 부담하겠다는 취지의 약정을 하였다고 하더라도 이러한 철거의무는 공법상의 의무가 될 수 없고, 이 경우에도 행정대집행법을 준용하여 대집행을 허용하는 별도의 규정이 없는 한 위와 같은 철거의무는 행정대집행법에 의한 대집행의 대상이 되지 않는다(대판 2006.10.13. 2006두7096).

④ (X)

> **행정대집행법 제6조(비용징수)** ② 대집행에 요한 비용에 대하여서는 행정청은 사무비의 소속에 따라 국세에 다음가는 순위의 선취득권을 가진다.

정답 ④

086 [24국가7급]

행정대집행에 대한 설명으로 옳지 않은 것은?

① 정당한 사유 없이 공유재산에 시설물을 설치한 경우 행정청은 행정대집행의 방법으로 이 시설물을 철거할 수 있고, 이러한 행정대집행이 인정되는 경우에는 민사소송의 방법으로 시설물의 철거를 구하는 것은 허용되지 아니한다.

② 건물의 점유자가 철거의무자일 때에도 건물철거의무에 퇴거의무가 포함되어 있지 않으므로 별도로 퇴거를 명하는 집행권원이 필요하다.

③ 아무런 권원 없이 국유재산에 설치한 시설물에 대하여 행정청이 행정대집행을 실시하지 않는 경우, 그 국유재산에 대한 사용청구권을 가지고 있는 자는 국가를 대위하여 민사소송으로 그 시설물의 철거를 구할 수 있다.

④ 공공사업에 필요한 토지와 건물을 사업시행자가 협의취득할 때 건물소유자가 매매대상 건물에 대한 철거의무를 부담하겠다는 취지의 약정을 하였다고 하더라도 이러한 철거의무는 「행정대집행법」에 의한 대집행의 대상이 되는 공법상의 의무가 아니다.

해설

① (O) ③ (O) 아무런 권원 없이 국유재산에 설치한 시설물에 대하여 행정청이 행정대집행을 할 수 있음에도 민사소송의 방법으로 그 시설물의 철거를 구하는 것은 허용되지 않는다. 다만 관리권자인 행정청이 행정대집행을 실시하지 않는 경우, 그 국유재산에 대한 사용청구권을 가지고 있는 자가 국가를 대위하여 민사소송으로 그 시설물의 철거를 구할 수 있다(대판 2009.6.11. 2009다1122).

② (X) 건물의 점유자가 철거의무자일 때에는 건물철거의무에 퇴거의무도 포함되어 있는 것이어서 별도로 퇴거를 명하는 집행권원이 필요하지 않다(대판 2017. 4. 28. 2016다213916).

④ (O) 협의취득시 건물소유자가 매매대상 건물에 대한 철거의무를 부담하겠다는 취지의 약정을 하였다고 하더라도 이러한 철거의무는 공법상의 의무가 될 수 없고, 이 경우에도 행정대집행법을 준용하여 대집행을 허용하는 별도의 규정이 없는 한 위와 같은 철거의무는 행정대집행법에 의한 대집행의 대상이 되지 않는다(대판 2006.10.13. 2006두7096).

정답 ②

087 [24국가9급]

다음 사례에 대한 설명으로 옳은 것만을 모두 고르면?

A시는 관광지개발사업을 시행하기 위하여 「공익사업을 위한 토지 등의 취득 및 보상에 관한 법률」의 절차에 따라 甲 소유 토지 및 건물을 포함하고 있는 지역 일대의 토지 및 건물들을 수용하였다. A시 시장은 甲에게 적법하게 토지의 인도와 건물의 철거 및 퇴거를 명하였으나 甲이 건물을 점유한 채 그 의무를 이행하지 않고 있다.

ㄱ. A시 시장의 토지인도명령에 대해 甲이 이를 불이행하더라도 그 불이행에 대해서 A시 시장은 행정대집행을 할 수 없다.

ㄴ. 甲이 위 건물철거의무를 이행하지 않을 경우, A시 시장은 「행정대집행」의 방법으로 건물의 철거 등 대체적 작위의무의 이행을 실현할 수 있는 경우에는 따로 민사소송의 방법으로 그 의무의 이행을 구할 수 없다.

ㄷ. 甲이 토지 인도의무를 이행하지 않을 경우, 甲의 토지 인도 의무는 공법상 의무에 해당하므로 그 권리에 끼칠 현저한 손해를 피하기 위한 경우라 하더라도 A시 시장이 그 권리를 피보전권리로 하는 민사상 명도단행가처분을 구할 수는 없다.

ㄹ. 甲이 위력을 행사하여 적법한 행정대집행을 방해하는 경우 대집행 행정청은 필요한 경우에는 「경찰관 직무집행법」에 근거한 위험발생 방지조치 또는 형법 상 공무집행방해죄의 범행방지 내지 현행범체포의 차원에서 경찰의 도움을 받을 수 있다.

① ㄱ, ㄷ
② ㄴ, ㄹ
③ ㄱ, ㄴ, ㄹ
④ ㄴ, ㄷ, ㄹ

해설

ㄱ. (O) 토지나 건물 등의 인도나 명도의무는 원칙적으로 대집행의 대상이 되지 아니한다. 이는 타인에 의해 행해질 성질의 것이 아니므로 대체적 작위의무가 아니라고 할 것이다(대판 1998.10.23, 97누157).

ㄴ. (O) 행정대집행의 절차가 인정되는 경우에는 따로 민사소송의 방법으로 피고들에 대하여 이 사건 시설물의 철거를 구하는 것은 허용되지 않는다(대판 2009.6.11, 2009다1122).

ㄷ. (X) 구 토지수용법 제63조의 규정에 따라 피수용자 등이 기업자에 대하여 부담하는 수용대상 토지의 인도 또는 그 지장물의 명도의무 등이 비록 공법상의 법률관계라고 하더라도, 그 권리를 피보전권리로 하는 명도단행가처분은 그 권리에 끼칠 현저한 손해를 피하거나 급박한 위험을 방지하기 위하여 또는 그 밖의 필요한 이유가 있을 경우에는 허용될 수 있다(대판 2005. 8. 19. 2004다2809).

ㄹ. (O) 점유자들이 적법한 행정대집행을 위력을 행사하여 방해하는 경우 형법상 공무집행방해죄가 성립하므로, 필요한 경우에는 '경찰관 직무집행법'에 근거한 위험발생 방지조치 또는 형법상 공무집행방해죄의 범행방지 내지 현행범체포의 차원에서 경찰의 도움을 받을 수도 있다(대판 2017. 4. 28. 2016다213916).

정답 ③

제3절 | 이행강제금(집행벌)

088 [24지방9급]

이행강제금에 대한 설명으로 옳지 않은 것은?

① 「건축법」상 이행강제금은 시정명령의 불이행이라는 과거의 위반행위에 대한 제재이다.

② 행정청은 이행강제금을 부과받은 자가 납부기한까지 이행강제금을 내지 아니하면 국세강제징수의 예 또는 「지방행정제재 · 부과금의 징수 등에 관한 법률」에 따라 징수한다.

③ 처분의 근거법령에 의하면 「비송사건절차법」에 따라 이행강제금 부과처분에 불복하도록 규정하고 있었지만, 관할청이 이행강제금 부과처분을 하면서 재결청에 행정심판을 청구하거나 관할 행정법원에 행정소송을 할 수 있다고 잘못 안내한 경우라도 이행강제금 부과처분에 대해 행정법원에 항고소송을 제기할 수 없다.

④ 「건축법」상 이행강제금을 부과받은 사람이 이행강제금사건의 제1심결정 후 항고심결정이 있기 전에 사망한 경우, 항고심결정은 당연무효이고, 이미 사망한 사람의 이름으로 제기된 재항고는 보정할 수 없는 흠결이 있는 것으로서 부적법하다.

해설

① **(X)** 건축법상 이행강제금은 시정명령의 불이행이라는 과거의 위반행위에 대한 제재가 아니라, 시정명령을 이행하지 않고 있는 건축주 · 공사시공자 · 현장관리인 · 소유자 · 관리자 또는 점유자(이하 '건축주 등'이라 한다)에 대하여 다시 상당한 이행기한을 부여하고 기한 안에 시정명령을 이행하지 않으면 이행강제금이 부과된다는 사실을 고지함으로써 의무자에게 심리적 압박을 주어 시정명령에 따른 의무의 이행을 간접적으로 강제하는 행정상의 간접강제 수단에 해당한다(대판 2016. 7. 14. 2015두46598).

② **(O)**

> **행정기본법 제31조(이행강제금의 부과)** ⑥ 행정청은 이행강제금을 부과받은 자가 납부기한까지 이행강제금을 내지 아니하면 국세강제징수의 예 또는 「지방행정제재·부과금의 징수 등에 관한 법률」에 따라 징수한다.

③ **(O)** 농지법 제62조 제1항에 따른 이행강제금 부과처분에 불복하는 경우에는 비송사건절차법에 따른 재판절차가 적용되어야 하고, 행정소송법상 항고소송의 대상은 될 수 없다. 설령 관할청이 이행강제금 부과처분을 하면서 재결청에 행정심판을 청구하거나 관할 행정법원에 행정소송을 할 수 있다고 잘못 안내하거나 관할 행정심판위원회가 각하재결이 아닌 기각재결을 하면서 관할 법원에 행정소송을 할 수 있다고 잘못 안내하였다고 하더라도, 그러한 잘못된 안내로 행정법원의 항고소송 재판관할이 생긴다고 볼 수도 없다(대판 2019. 4. 11. 2018두42955).

④ **(O)** 이행강제금 납부의무는 상속인 기타의 사람에게 승계될 수 없는 일신전속적인 성질의 것이므로 이미 사망한 사람에게 이행강제금을 부과하는 내용의 처분이나 결정은 당연무효이다. 건축법상 이행강제금을 부과받은 사람이 이행강제금사건의 제1심결정 후 항고심결정이 있기 전에 사망한 경우, 항고심결정은 당연무효이고, 이미 사망한 사람의 이름으로 제기된 재항고는 보정할 수 없는 흠결이 있는 것으로서 부적법하다(대결 2006.12.08. 2006마470).

정답 ①

089 [23지방7급]

행정상 강제집행에 대한 설명으로 옳은 것만을 모두 고르면?

ㄱ. 이행강제금은 행정상 간접적인 강제집행 수단이다.
ㄴ. 행정청은 의무자가 행정상 의무를 이행할 때까지 이행강제금을 반복하여 부과할 수 없다.
ㄷ. 토지·건물의 명도의무는 대체적 작위의무가 아니므로 대집행의 대상이 아니다.
ㄹ. 부작위의무도 대체적 작위의무로 전환하는 규정을 두고 있는 경우에는 대체적 작위의무로 전환한 후에 대집행의 대상이 될 수 있다.

① ㄱ, ㄷ
② ㄱ, ㄴ, ㄹ
③ ㄱ, ㄷ, ㄹ
④ ㄴ, ㄷ, ㄹ

해설

ㄱ. **(O)** 이행강제금은 작위의무 또는 부작위의무를 불이행한 경우에 그 의무를 간접적으로 강제이행시키는 수단이다.

ㄴ. **(X)** 이행강제금은 처벌이 아니므로 의무이행이 있기 전까지는 반복적으로 부과할 수 있다.

ㄷ. **(O)** 토지나 건물 등의 인도나 명도의무는 원칙적으로 대집행의 대상이 되지 아니한다. 이는 타인에 의해 행해질 성질의 것이 아니므로 대체적 작위의무가 아니라고 할 것이다(대판 1998.10.23, 97누157).

ㄹ. **(O)** 부작위의무 위반행위에 대하여 대체적 작위의무로 전환하는 규정을 두고 있지 아니하므로 위 금지규정으로부터 그 위반결과의 시정을 명하는 원상복구명령을 할 수 있는 권한이 도출되는 것은 아니다(대판 1996.6.28. 96누4374). 따라서 부작위의무는 작위의무로 전환시킬 수 있는 근거규범이 있어야만 대집행이 가능하다.

정답 ③

090 [23국가7급]

이행강제금에 대한 설명으로 옳지 않은 것은?

① 이행강제금 납부의무는 상속인 기타의 사람에게 승계될 수 없는 일신전속적인 성질의 것이므로 이미 사망한 사람에게 이행강제금을 부과하는 내용의 처분이나 결정은 당연무효이다.

② 이행강제금은 대체적 작위의무의 위반에 대하여도 부과될 수 있으며, 「건축법」상 위법건축물에 대한 이행강제수단으로 행정대집행과 이행강제금을 합리적인 재량에 의해 선택적으로 활용하는 이상 이는 중첩적인 제재에 해당하지 않는다.

③ 「건축법」상 시정명령을 받은 의무자가 이행강제금이 부과되기 전에 그 의무를 이행하였더라도 그 시정명령에서 정한 기간을 지나서 이행한 경우라면 행정청은 이행강제금을 부과할 수 있다.

④ 건축주 등이 「건축법」상 시정명령을 장기간 이행하지 아니하였더라도, 그 기간 중에는 시정명령의 이행 기회가 제공되지 아니하였다가 뒤늦게 시정명령의 이행 기회가 제공된 경우라면, 행정청은 시정명령의 이행 기회 제공을 전제로 한 1회분의 이행강제금만을 부과할 수 있고 시정명령의 이행 기회가 제공되지 아니한 과거의 기간에 대한 이행강제금까지 한꺼번에 부과할 수는 없다.

해설

① (O) 건축법상의 이행강제금은 간접강제의 일종으로서 그 이행강제금 납부의무는 상속인 기타의 사람에게 승계될 수 없는 일신전속적인 성질의 것이므로 이미 사망한 사람에게 이행강제금을 부과하는 내용의 처분이나 결정은 당연무효이다(대결 2006.12.08. 2006마470).

② (O) 이행강제금은 대체적 작위의무의 위반에 대하여도 부과될 수 있다. 행정청은 개별사건에 있어서 대집행과 이행강제금을 선택적으로 활용할 수 있으며, 합리적인 재량에 의해 선택하여 활용하는 이상 중첩적인 제재에 해당한다고 볼 수 없다(헌재 2004.2.26, 2002헌바26).

③ (X) 이행강제금의 본질상 시정명령을 받은 의무자가 이행강제금이 부과되기 전에 그 의무를 이행한 경우에는 비록 시정명령에서 정한 기간을 지나서 이행한 경우라도 이행강제금을 부과할 수 없다(대판 2018. 1. 25. 2015두35116).

④ (O) 건축주 등이 장기간 시정명령을 이행하지 아니하였더라도, 그 기간 중에는 시정명령의 이행 기회가 제공되지 아니하였다가 뒤늦게 시정명령의 이행 기회가 제공된 경우라면, 시정명령의 이행 기회 제공을 전제로 한 1회분의 이행강제금만을 부과할 수 있고, 시정명령의 이행 기회가 제공되지 아니한 과거의 기간에 대한 이행강제금까지 한꺼번에 부과할 수는 없다(대판 2016. 7. 14. 2015두46598).

정답 ③

091 [23국가9급]

행정의 실효성 확보수단에 대한 대법원 판례의 입장으로 옳지 않은 것은?

① 행정법상의 질서벌인 과태료의 부과처분과 형사처벌은 그 성질이나 목적을 달리하는 별개의 것이므로 행정법상의 질서벌인 과태료를 납부한 후에 형사처벌을 한다고 하여 이를 일사부재리의 원칙에 반하는 것이라고 할 수는 없다.

② 「건축법」상 시정명령을 받은 의무자가 그 시정명령의 취지에 부합하는 의무를 이행하기 위한 정당한 방법으로 행정청에 신청 또는 신고를 하였으나 행정청이 위법하게 이를 거부 또는 반려함으로써 결국 그 처분이 취소되기에 이르렀더라도, 이행강제금 제도의 취지에 비추어 볼 때 그 시정명령의 불이행을 이유로 이행강제금을 부과할 수 있다.

③ 건물의 소유자에게 위법건축물을 일정기간까지 철거할 것을 명함과 아울러 불이행할 때에는 대집행한다는 내용의 철거대집행 계고처분을 고지한 후 이에 불응하자 다시 제2차, 제3차 계고서를 발송하여 일정기간까지의 자진철거를 촉구하고 불이행하면 대집행을 한다는 뜻을 고지한 경우, 제2차, 제3차의 계고처분은 새로운 철거의무를 부과한 것이 아니라 대집행기한을 연기통지한 것에 불과하다.

④ 관할 행정청이 여객자동차운송사업자가 범한 여러 가지 위반행위 중 일부만 인지하여 과징금 부과처분을 하였는데 그 후 과징금 부과처분 시점 이전에 이루어진 다른 위반행위를 인지하여 이에 대하여 별도의 과징금 부과처분을 하게 되는 경우, 종전 과징금 부과처분의 대상이 된 위반행위와 추가 과징금 부과처분의 대상이 된 위반행위에 대하여 일괄하여 하나의 과징금 부과처분을 하는 경우와의 형평을 고려하여 추가 과징금 부과처분의 처분양정이 이루어져야 한다.

해설

① **(O)** 행정법상의 질서벌인 과태료의 부과처분과 형사처벌은 그 성질이나 목적을 달리하는 별개의 것이므로 행정법상의 질서벌인 과태료를 납부한 후에 형사처벌을 한다고 하여 이를 일사부재리의 원칙에 반하는 것이라고 할 수는 없다(대판 1996.4.12, 96도158).

② **(X)** 시정명령을 받은 의무자가 이행강제금이 부과되기 전에 그 의무를 이행한 경우에는 비록 시정명령에서 정한 기간을 지나서 이행한 경우라도 이행강제금을 부과할 수 없다. 나아가 시정명령을 받은 의무자가 그 시정명령의 취지에 부합하는 의무를 이행하기 위한 정당한 방법으로 행정청에 신청 또는 신고를 하였으나 행정청이 위법하게 이를 거부 또는 반려함으로써 결국 그 처분이 취소되기에 이르렀다면, 특별한 사정이 없는 한 그 시정명령의 불이행을 이유로 이행강제금을 부과할 수는 없다(대판 2018. 1. 25. 2015두35116).

③ **(O)** 행정대집행법상의 건물철거의무는 제1차 철거명령 및 계고처분으로서 발생하였고 제2차, 제3차의 계고처분은 새로운 철거의무를 부과한 것이 아니고 다만 대집행기한의 연기통지에 불과하므로 행정처분이 아니다(대판 1994.10.28, 94누5144).

④ **(O)** 관할 행정청이 여객자동차운송사업자가 범한 여러 가지 위반행위 중 일부만 인지하여 과징금 부과처분을 하였는데 그 후 과징금 부과처분 시점 이전에 이루어진 다른 위반행위를 인지하여 이에 대하여 별도의 과징금 부과처분을 하게 되는 경우에도 종전 과징금 부과처분의 대상이 된 위반행위와 추가 과징금 부과처분의 대상이 된 위반행위에 대하여 일괄하여 하나의 과징금 부과처분을 하는 경우와의 형평을 고려하여 추가 과징금 부과처분의 처분양정이 이루어져야 한다(대판 2021. 2. 4. 2020두48390).

정답 ②

092 [23지방9급]

행정의 실효성 확보 수단에 대한 설명으로 옳지 않은 것은?

① 「농지법」상 이행강제금 부과처분에 대한 불복은 「비송사건절차법」에 따른 재판절차뿐만 아니라 「행정소송법」상 항고소송 절차에 따를 수 있다.

② 관계 법령상 행정대집행의 절차가 인정되어 행정청이 행정대집행의 방법으로 건물의 철거 등 대체적 작위의무의 이행을 실현할 수 있는 경우에는 따로 민사소송의 방법으로 그 의무의 이행을 구할 수 없다.

③ 「행정조사기본법」에 따르면 조사대상자의 자발적인 협조를 얻어 행정조사를 실시하고자 하는 경우 조사대상자는 문서 · 전화 · 구두 등의 방법으로 당해 행정조사를 거부할 수 있다.

④ 통고처분은 상대방의 임의의 승복을 그 발효요건으로 하기 때문에 그 자체만으로는 통고이행을 강제하거나 상대방에게 아무런 권리 · 의무를 형성하지 않으므로 행정심판이나 행정소송의 대상으로서의 처분성을 인정할 수 없다.

해설

① (X) 농지법 제62조 제1항에 따른 이행강제금 부과처분에 불복하는 경우에는 비송사건절차법에 따른 재판절차가 적용되어야 하고, 행정소송법상 항고소송의 대상은 될 수 없다. 설령 관할청이 이행강제금 부과처분을 하면서 재결청에 행정심판을 청구하거나 관할 행정법원에 행정소송을 할 수 있다고 잘못 안내하거나 관할 행정심판위원회가 각하재결이 아닌 기각재결을 하면서 관할 법원에 행정소송을 할 수 있다고 잘못 안내하였다고 하더라도, 그러한 잘못된 안내로 행정법원의 항고소송 재판관할이 생긴다고 볼 수도 없다(대판 2019. 4. 11. 2018두42955).

② (O) 행정대집행의 절차가 인정되는 경우에는 따로 민사소송의 방법으로 피고들에 대하여 이 사건 시설물의 철거를 구하는 것은 허용되지 않는다(대판 2009.6.11, 2009다1122).

③ (O)

> **행정조사기본법 제20조(자발적인 협조에 따라 실시하는 행정조사)** ① 행정기관의 장이 제5조 단서에 따라 조사대상자의 자발적인 협조를 얻어 행정조사를 실시하고자 하는 경우 조사대상자는 문서·전화·구두 등의 방법으로 당해 행정조사를 거부할 수 있다.

④ (O) 통고처분은 상대방의 임의의 승복을 발효요건으로 하기 때문에 통고처분 그 자체만으로는 통고이행을 강제하거나 상대방에게 아무런 권리의무를 형성하지 않는다(헌재 1998. 5. 28. 96헌바4 [합헌]).

정답 ①

093 [24국가7급]

행정의 실효성 확보수단에 대한 설명으로 옳지 않은 것은?

① 「행정기본법」에 따르면, 행정청은 이행강제금을 부과받은 자가 납부기한까지 이행강제금을 내지 아니하면 국세강제징수의 예 또는 「지방행정제재 · 부과금의 징수 등에 관한 법률」에 따라 징수한다.

② 「농지법」상 이행강제금의 부과는 행정처분이므로 취소소송을 제기할 수 있으며 법원은 당해 사건에서 과도한 이행강제금이 부과되었다고 판단하면 그 금액을 감액하여야 한다.

③ 구「주택건설촉진법」의 규정을 위반하여 주택을 공급한 자에게 과태료를 부과한다고 하여 주택을 공급한 자와 제3자 간에 체결한 주택공급계약의 사법적 효력까지 부인된다고 볼 수는 없다.

④ 수도조례 및 하수도사용조례에 기한 과태료의 부과 여부 및 그 당부는 최종적으로 「질서위반행위규제법」에 의한 절차에 의하여 판단되어야 하므로, 그 과태료 부과처분은 행정소송의 대상이 되는 행정처분이라고 할 수 없다.

해설

① (O)

> **행정기본법 제31조(이행강제금의 부과)** ⑥ 행정청은 이행강제금을 부과받은 자가 납부기한까지 이행강제금을 내지 아니하면 국세강제징수의 예 또는 「지방행정제재·부과금의 징수 등에 관한 법률」에 따라 징수한다.

② (X) 농지법 제62조 제1항에 따른 이행강제금 부과처분에 불복하는 경우에는 비송사건절차법에 따른 재판절차가 적용되어야 하고, 행정소송법상 항고소송의 대상은 될 수 없다(대판 2019. 4. 11. 2018두42955).

③ (O) 주택공급계약이 주택건설촉진법 제32조, 주택공급에 관한 규칙 제26조 제4항에 위반되었다고 하더라도 그 사법적 효력까지 부인된다고 할 수는 없다(대판 2000. 6. 13. 99다53957).

④ (O) 수도조례 및 하수도사용조례에 기한 과태료의 부과 여부 및 그 당부는 최종적으로 질서위반행위규제법에 의한 절차에 의하여 판단되어야 한다고 할 것이므로, 그 과태료 부과처분은 행정청을 피고로 하는 행정소송의 대상이 되는 행정처분이라고 볼 수 없다(대판 2012. 10. 11. 2011두19369).

정답 ②

제4절 직접강제

제5절 행정상 강제징수

094 [23지방9급]

행정의 실효성 확보 수단에 대한 설명으로 옳지 않은 것은?

① 구「국세징수법」상 가산금 또는 중가산금의 고지는 항고소송의 대상이 되는 처분이 아니다.

② 지방자치단체 소속 공무원이 지방자치단체 고유의 자치사무를 수행하던 중 구「도로법」에 위반하는 행위를 한 경우 지방자치단체는 구「도로법」상 양벌규정에 따라 처벌대상이 되는 법인에 해당한다.

③ 구「음반 · 비디오물 및 게임물에 관한 법률」상 불법게임물에 대한 수거 및 폐기조치는 행정상 즉시강제에 해당한다.

④ 공매처분을 하면서 체납자에게 공매통지를 하지 않았거나 공매통지를 하였지만 그것이 적법하지 아니하다 하더라도 공매처분 자체는 위법하지 않다.

해설

① (O) 가산금 또는 중가산금은 국세를 납부기한까지 납부하지 아니하면 과세청의 확정절차 없이도 법률 규정에 의하여 당연히 발생하는 것이므로 가산금 또는 중가산금의 고지가 항고소송의 대상이 되는 처분이라고 볼 수 없다(대판 2005.06.10. 2005다15482).

② (O) 지방자치단체 소속 공무원이 지방자치단체 고유의 자치사무를 수행하던 중 도로법 제81조 내지 제85조의 규정에 의한 위반행위를 한 경우에는 지방자치단체는 도로법 제86조의 양벌규정에 따라 처벌대상이 되는 법인에 해당한다(대판 2005.11.10. 2004도2657).

③ (O) 전염병환자의 강제입원, 불법게임물의 폐기 등은 행정상 즉시강제에 해당한다.

④ (X) 공매처분을 하면서 체납자 등에게 공매통지를 하지 않았거나 공매통지를 하였더라도 그것이 적법하지 아니한 경우에는 절차상의 흠이 있어 그 공매처분이 위법하게 되는 것이지만, 공매통지 자체가 그 상대방인 체납자 등의 법적 지위나 권리·의무에 직접적인 영향을 주는 행정처분에 해당한다고 할 것은 아니므로 다른 특별한 사정이 없는 한 체납자 등은 공매통지의 결여나 위법을 들어 공매처분의 취소 등을 구할 수 있는 것이지 공매통지 자체를 항고소송의 대상으로 삼아 그 취소 등을 구할 수는 없다(대판 2011.3.24. 2010두25527).

정답 ④

제2장 행정상 즉시강제와 행정조사

제1절 | 행정상 즉시강제

제2절 | 행정조사

095 [22국가7급]

행정조사에 대한 설명으로 옳지 않은 것은? (다툼이 있는 경우 판례에 의함)

① 세무조사에 중대한 위법사유가 있는 경우 이러한 세무조사에 의하여 수집된 과세자료를 기초로 한 과세처분 역시 위법하다.

② 과세관청의 질문조사권이 행해지는 세무조사결정은 납세의무자의 권리 · 의무에 직접 영향을 미치는 공권력의 행사에 따른 행정작용으로서 항고소송의 대상이 된다.

③ 「행정조사기본법」 제4조(행정조사의 기본원칙)는 조세 · 보안처분에 관한 사항에 대하여 적용하지 아니한다.

④ 행정기관의 장은 법령등에 특별한 규정이 있는 경우를 제외하고는 행정조사의 결과를 확정한 날부터 7일 이내에 그 결과를 조사대상자에게 통지하여야 한다.

해설

① **(O)** 세무조사가 과세자료의 수집 또는 신고내용의 정확성 검증이라는 본연의 목적이 아니라 부정한 목적을 위하여 행하여진 것이라면 이는 세무조사에 중대한 위법사유가 있는 경우에 해당하고 이러한 세무조사에 의하여 수집된 과세자료를 기초로 한 과세처분 역시 위법하다(대판 2016. 12. 15. 2016두47659).

② **(O)** 세무조사결정이 있는 경우 납세의무자는 세무공무원의 과세자료 수집을 위한 질문에 대답하고 검사를 수인하여야 할 법적 의무를 부담하게 되는 점 등을 종합하면, 세무조사결정은 납세의무자의 권리 · 의무에 직접 영향을 미치는 공권력의 행사에 따른 행정작용으로서 항고소송의 대상이 된다(대판 2011.03.10. 2009두23617).

③ **(X)**

> **행정조사기본법 제3조(적용범위)** ② 다음 각 호의 어느 하나에 해당하는 사항에 대하여는 이 법을 적용하지 아니한다.
> 5. 조세·형사·행형 및 보안처분에 관한 사항
>
> ③ 제2항에도 불구하고 제4조(행정조사의 기본원칙), 제5조(행정조사의 근거) 및 제28조(정보통신수단을 통한 행정조사)는 제2항 각 호의 사항에 대하여 적용한다.

④ **(O)**

> **행정조사기본법 제24조(조사결과의 통지)** 행정기관의 장은 법령등에 특별한 규정이 있는 경우를 제외하고는 행정조사의 결과를 확정한 날부터 7일 이내에 그 결과를 조사대상자에게 통지하여야 한다.

정답 ③

096 [24지방9급]

행정조사에 대한 설명으로 옳지 않은 것은?

① 우편물 통관검사절차에서 이루어지는 우편물의 개봉, 시료채취, 성분분석 등의 검사는 수출입물품에 대한 적정한 통관 등을 목적으로 한 행정조사의 성격을 가지는 것으로서 압수·수색영장 없이도 이러한 검사를 진행할 수 있다.

② 세무조사결정은 납세자의 권리·의무에 직접 영향을 미치는 공권력의 행사에 따른 행정작용으로서 항고소송의 대상이 된다.

③ 「행정조사기본법」에 따르면 조사대상자의 자발적인 협조에 따라 실시하는 행정조사에 대하여 조사대상자가 조사에 응할 것인지에 대한 응답을 하지 아니하는 경우에는 법령등에 특별한 규정이 없는 한 그 조사를 거부한 것으로 본다.

④ 「행정조사기본법」상 행정조사를 실시하기 전에 관련 사항을 미리 통지하는 경우 증거인멸 등으로 행정조사의 목적을 달성할 수 없다고 판단되는 때에는, 행정기관의 장은 행정조사 종료 후 지체 없이 행정조사의 목적 등을 조사대상자에게 구두로 통지할 수 있다.

해설

① **(O)** 우편물 통관검사절차에서 이루어지는 우편물의 개봉, 시료채취, 성분분석 등의 검사는 수출입물품에 대한 적정한 통관 등을 목적으로 한 행정조사의 성격을 가지는 것으로서 수사기관의 강제처분이라고 할 수 없으므로, 압수·수색영장 없이 우편물의 개봉, 시료채취, 성분분석 등 검사가 진행되었다 하더라도 특별한 사정이 없는 한 위법하다고 볼 수 없다(대판 2013.9.26. 2013도7718).

② **(O)** 세무조사결정이 있는 경우 납세의무자는 세무공무원의 과세자료 수집을 위한 질문에 대답하고 검사를 수인하여야 할 법적 의무를 부담하게 되는 점 등을 종합하면, 세무조사결정은 납세의무자의 권리·의무에 직접 영향을 미치는 공권력의 행사에 따른 행정작용으로서 항고소송의 대상이 된다(대판 2011.03.10. 2009두23617).

③ **(O)**

> **행정조사기본법 제20조(자발적인 협조에 따라 실시하는 행정조사)** ② 제1항에 따른 행정조사에 대하여 조사대상자가 조사에 응할 것인지에 대한 응답을 하지 아니하는 경우에는 법령등에 특별한 규정이 없는 한 그 조사를 거부한 것으로 본다.

④ **(X)**

> **행정조사기본법 제17조(조사의 사전통지)** ① 행정조사를 실시하고자 하는 행정기관의 장은 제9조에 따른 출석요구서, 제10조에 따른 보고요구서·자료제출요구서 및 제11조에 따른 현장출입조사서(이하 "출석요구서등"이라 한다)를 조사개시 7일 전까지 조사대상자에게 서면으로 통지하여야 한다. 다만, 다음 각 호의 어느 하나에 해당하는 경우에는 행정조사의 개시와 동시에 출석요구서등을 조사대상자에게 제시하거나 행정조사의 목적 등을 조사대상자에게 구두로 통지할 수 있다.
> 1. 행정조사를 실시하기 전에 관련 사항을 미리 통지하는 때에는 증거인멸 등으로 행정조사의 목적을 달성할 수 없다고 판단되는 경우
> 2. 「통계법」 제3조 제2호에 따른 지정통계의 작성을 위하여 조사하는 경우
> 3. 제5조 단서에 따라 조사대상자의 자발적인 협조를 얻어 실시하는 행정조사의 경우

정답 ④

097 [23국가9급]

「행정조사기본법」상 행정조사에 대한 설명으로 옳지 않은 것은?

① 행정기관의 장은 조사원이 조사목적의 달성을 위하여 한 시료채취로 조사대상자에게 손실을 입힌 때에는 그 손실을 보상하여야 한다.

② 개별 법령 등에서 행정조사를 규정하고 있지 않더라도, 행정기관은 조사대상자가 자발적으로 협조하는 경우에는 행정조사를 실시할 수 있다.

③ 행정기관의 장은 조사대상자의 신상이나 사업비밀 등이 유출될 우려가 있으므로 인터넷 등 정보통신망을 통하여 조사대상자로 하여금 자료의 제출 등을 하게 할 수 없다.

④ 행정기관의 장은 당해 행정기관 내의 2 이상의 부서가 동일하거나 유사한 업무분야에 대하여 동일한 조사대상자에게 행정조사를 실시하는 경우에는 공동조사를 하여야 한다.

해설

① (O)

> **행정조사기본법 제12조(시료채취)** ① 조사원이 조사목적의 달성을 위하여 시료채취를 하는 경우에는 그 시료의 소유자 및 관리자의 정상적인 경제활동을 방해하지 아니하는 범위 안에서 최소한도로 하여야 한다.
>
> ② 행정기관의 장은 제1항에 따른 시료채취로 조사대상자에게 손실을 입힌 때에는 대통령령으로 정하는 절차와 방법에 따라 그 손실을 보상하여야 한다.

② (O)

> **행정조사기본법 제5조(행정조사의 근거)** 행정기관은 법령등에서 행정조사를 규정하고 있는 경우에 한하여 행정조사를 실시할 수 있다. 다만, 조사대상자의 자발적인 협조를 얻어 실시하는 행정조사의 경우에는 그러하지 아니하다.

③ (X)

> **행정조사기본법 제28조(정보통신수단을 통한 행정조사)** ① 행정기관의 장은 인터넷 등 정보통신망을 통하여 조사대상자로 하여금 자료의 제출 등을 하게 할 수 있다.
>
> ② 행정기관의 장은 정보통신망을 통하여 자료의 제출 등을 받은 경우에는 조사대상자의 신상이나 사업비밀 등이 유출되지 아니하도록 제도적·기술적 보안조치를 강구하여야 한다.

④ (O)

> **행정조사기본법 제14조(공동조사)** ① 행정기관의 장은 다음 각 호의 어느 하나에 해당하는 행정조사를 하는 경우에는 공동조사를 하여야 한다.
>
> 1. 당해 행정기관 내의 2 이상의 부서가 동일하거나 유사한 업무분야에 대하여 동일한 조사대상자에게 행정조사를 실시하는 경우
> 2. 서로 다른 행정기관이 대통령령으로 정하는 분야에 대하여 동일한 조사대상자에게 행정조사를 실시하는 경우

정답 ③

098 [24국가7급]

행정조사에 대한 설명으로 옳지 않은 것은?

① 「행정조사기본법」상 조사원이 가택·사무실 또는 사업장 등에 출입하여 현장조사를 실시하는 경우, 그 권한을 나타내는 증표를 지니고 이를 조사대상자에게 내보여야 한다.

② 「행정조사기본법」 제5조 단서에서 정한 '조사대상자의 자발적인 협조를 얻어 실시하는 행정조사'는 개별 법령 등에서 행정조사를 규정하고 있는 경우에도 실시할 수 있다.

③ 납세자 등이 대답하거나 수인할 의무가 없고 납세자의 영업의 자유 등을 침해하거나 세무조사권이 남용될 염려가 없는 조사행위라 하더라도 재조사가 금지되는 세무조사에 해당한다.

④ 우편물 통관검사절차에서 이루어지는 우편물의 개봉, 시료채취, 성분분석 등의 검사는 행정조사의 성격을 가지는 것으로서 압수·수색영장 없이 우편물의 개봉, 시료채취, 성분분석 등 검사가 진행되었다 하더라도 특별한 사정이 없는 한 위법하다고 볼 수 없다.

해설

① **(O)**

> **행정조사기본법 제11조(현장조사)** ③ 제1항 및 제2항에 따라 현장조사를 하는 조사원은 그 권한을 나타내는 증표를 지니고 이를 조사대상자에게 내보여야 한다.

② **(O)** '조사대상자의 자발적인 협조를 얻어 실시하는 행정조사'는 개별 법령 등에서 행정조사를 규정하고 있는 경우에도 실시할 수 있다(대판 2016. 10. 27. 2016두41811).

③ **(X)** 납세자 등이 대답하거나 수인할 의무가 없고 납세자의 영업의 자유 등을 침해하거나 세무조사권이 남용될 염려가 없는 조사행위까지 재조사가 금지되는 '세무조사'에 해당한다고 볼 것은 아니다(대판 2017. 3. 16. 2014두8360).

④ **(O)** 우편물 통관검사절차에서 이루어지는 우편물의 개봉, 시료채취, 성분분석 등의 검사는 수출입물품에 대한 적정한 통관 등을 목적으로 한 행정조사의 성격을 가지는 것으로서 수사기관의 강제처분이라고 할 수 없으므로, 압수·수색영장 없이 우편물의 개봉, 시료채취, 성분분석 등 검사가 진행되었다 하더라도 특별한 사정이 없는 한 위법하다고 볼 수 없다(대판 2013.9.26. 2013도7718).

정답 ③

제3장 행정벌

제1절 | 행정벌의 의의

제2절 | 행정형벌

099 [24국가9급]

행정벌에 대한 설명으로 옳지 않은 것은?

① 지방자치단체 소속 공무원이 지방자치단체 고유의 자치사무를 수행하던 중 도로법 규정에 의한 위반행위를 한 경우 지방자치단체는 도로법 소정의 양벌규정에 따라 처벌대상이 되는 법인에 해당하지 않는다.

② 「개인정보 보호법」에 따르면, 죄형법정주의의 원칙상 '법인격 없는 공공기관'을 개인정보 보호법 소정의 양벌규정에 의하여 처벌할 수 없고, 그 경우 행위자 역시 위 양벌규정으로 처벌할 수 없다.

③ 과태료의 부과 · 징수, 재판 및 집행 등의 절차에 관한 다른 법률의 규정 중 「질서위반행위규제법」의 규정에 저촉되는 것은 「질서위반행위규제법」으로 정하는 바에 따른다.

④ 「질서위반행위규제법」에 따르면, 당사자와 검사는 과태료 재판에 대하여 즉시항고를 할 수 있으며, 이 경우 항고는 집행정지의 효력이 있다.

해설

① **(X)** 지방자치단체 소속 공무원이 지방자치단체 고유의 자치사무를 수행하던 중 도로법 제81조 내지 제85조의 규정에 의한 위반행위를 한 경우에는 지방자치단체는 도로법 제86조의 양벌규정에 따라 처벌대상이 되는 법인에 해당한다(대판 2005.11.10. 2004도2657).

② **(O)** 구 개인정보 보호법은 제2조 제5호, 제6호에서 공공기관 중 법인격이 없는 '중앙행정기관 및 그 소속 기관' 등을 개인정보처리자 중 하나로 규정하고 있으면서도, 양벌규정에 의하여 처벌되는 개인정보처리자로는 같은 법 제74조 제2항에서 '법인 또는 개인'만을 규정하고 있을 뿐이고, 법인격 없는 공공기관에 대하여도 위 양벌규정을 적용할 것인지 여부에 대하여는 명문의 규정을 두고 있지 않으므로, 죄형법정주의의 원칙상 '법인격 없는 공공기관'을 위 양벌규정에 의하여 처벌할 수 없고, 그 경우 행위자 역시 위 양벌규정으로 처벌할 수 없다고 봄이 타당하다(대판 2021. 10. 28. 2020도1942).

③ **(O)**

> **질서위반행위규제법 제5조(다른 법률과의 관계)** 과태료의 부과·징수, 재판 및 집행 등의 절차에 관한 다른 법률의 규정 중 이 법의 규정에 저촉되는 것은 이 법으로 정하는 바에 따른다.

④ **(O)**

> **질서위반행위규제법 제38조(항고)** ① 당사자와 검사는 과태료 재판에 대하여 즉시항고를 할 수 있다. 이 경우 항고는 집행정지의 효력이 있다.

정답 ①

100 [24국가7급]

행정벌에 대한 설명으로 옳지 않은 것은?

① 지방자치단체가 고유의 자치사무를 처리하는 경우 당해 지방자치단체는 국가기관과는 별도의 독립한 공법인이므로 양벌규정에 따라 처벌대상이 되는 법인에 해당한다.

② 「개인정보 보호법」상 법인격 없는 공공기관은 양벌규정에 의하여 처벌될 수 있으며, 이 경우 행위자 역시 위 양벌규정으로 처벌될 수 있다.

③ 「질서위반행위규제법」에 따르면 고의 또는 과실이 없는 질서위반행위는 과태료를 부과하지 아니한다.

④ 질서위반행위에 대하여 과태료를 부과하는 근거 법령이 개정되어 행위 시의 법률에 의하면 과태료 부과대상이었지만 재판 시의 법률에 의하면 부과대상이 아니게 된 때에는 개정 법률의 부칙 등에서 행위 시의 법률을 적용하도록 명시하는 등 특별한 사정이 없는 한 재판 시의 법률을 적용하여야 하므로 과태료를 부과할 수 없다.

해설

① **(O)** 지방자치단체 소속 공무원이 지방자치단체 고유의 자치사무를 수행하던 중 도로법 제81조 내지 제85조의 규정에 의한 위반행위를 한 경우에는 지방자치단체는 도로법 제86조의 양벌규정에 따라 처벌대상이 되는 법인에 해당한다(대판 2005.11.10. 2004도2657).

② **(X)** 개인정보 보호법은 제2조 제5호, 제6호에서 공공기관 중 법인격이 없는 '중앙행정기관 및 그 소속 기관' 등을 개인정보처리자 중 하나로 규정하고 있으면서도, 양벌규정에 의하여 처벌되는 개인정보처리자로는 같은 법 제74조 제2항에서 '법인 또는 개인'만을 규정하고 있을 뿐이고, 법인격 없는 공공기관에 대하여도 위 양벌규정을 적용할 것인지 여부에 대하여는 명문의 규정을 두고 있지 않으므로, 죄형법정주의의 원칙상 '법인격 없는 공공기관'을 위 양벌규정에 의하여 처벌할 수 없고, 그 경우 행위자 역시 위 양벌규정으로 처벌할 수 없다(대판 2021. 10. 28. 2020도1942).

③ **(O)**

질서위반행위규제법 제7조(고의 또는 과실) 고의 또는 과실이 없는 질서위반행위는 과태료를 부과하지 아니한다.

④ **(O)**

질서위반행위규제법 제3조(법 적용의 시간적 범위) ② 질서위반행위 후 법률이 변경되어 그 행위가 질서위반행위에 해당하지 아니하게 되거나 과태료가 변경되기 전의 법률보다 가볍게 된 때에는 법률에 특별한 규정이 없는 한 변경된 법률을 적용한다.

정답 ②

제3절 | 행정질서벌

101 [23지방9급]

「질서위반행위규제법」에 대한 설명으로 옳지 않은 것은?

① 질서위반행위 후 법률이 변경되어 그 행위가 질서위반행위에 해당하지 아니하게 되거나 과태료가 변경되기 전의 법률보다 가볍게 된 때에는 법률에 특별한 규정이 없는 한 변경된 법률을 적용하여야 한다.

② 고의 또는 과실이 없는 질서위반행위라고 하더라도 과태료를 부과할 수 있다.

③ 행정청의 과태료 부과에 불복하는 당사자는 과태료 부과 통지를 받은 날부터 60일 이내에 해당 행정청에 서면으로 이의제기를 할 수 있다.

④ 법원이 심문 없이 과태료 재판을 하고자 하는 때에는 당사자와 검사는 특별한 사정이 없는 한 약식재판의 고지를 받은 날부터 7일 이내에 이의신청을 할 수 있다.

해설

① (O)

질서위반행위규제법 제3조(법 적용의 시간적 범위) ② 질서위반행위 후 법률이 변경되어 그 행위가 질서위반행위에 해당하지 아니하게 되거나 과태료가 변경되기 전의 법률보다 가볍게 된 때에는 법률에 특별한 규정이 없는 한 변경된 법률을 적용한다.

② (X)

질서위반행위규제법 제7조(고의 또는 과실) 고의 또는 과실이 없는 질서위반행위는 과태료를 부과하지 아니한다.

③ (O)

질서위반행위규제법 제20조(이의제기) ① 행정청의 과태료 부과에 불복하는 당사자는 제17조 제1항에 따른 과태료 부과 통지를 받은 날부터 60일 이내에 해당 행정청에 서면으로 이의제기를 할 수 있다.

② 제1항에 따른 이의제기가 있는 경우에는 행정청의 과태료 부과처분은 그 효력을 상실한다.

④ (O)

질서위반행위규제법 제44조(약식재판) 법원은 상당하다고 인정하는 때에는 제31조제1항에 따른 심문 없이 과태료 재판을 할 수 있다.

제45조(이의신청) ① 당사자와 검사는 제44조에 따른 약식재판의 고지를 받은 날부터 7일 이내에 이의신청을 할 수 있다.

정답 ②

102 [22국가7급]

행정법에 대한 설명으로 옳지 않은 것은? (다툼이 있는 경우 판례에 의함)

① 「지방자치법」상 사기나 부정한 방법으로 사용료 징수를 면한 자에 대한 과태료의 부과·징수 등의 절차에 관한 사항은 「질서위반행위규제법」에 따른다.

② 구「행형법」에 의한 징벌을 받은 뒤에 형사처벌을 한다고 하여 일사부재리의 원칙에 반하는 것은 아니다.

③ 「도로교통법」상 경찰서장의 통고처분은 행정소송의 대상이 되는 행정처분이 아니다.

④ 「질서위반행위규제법」상 법원의 과태료 재판이 확정된 후에는 법률이 변경되어 그 행위가 질서위반행위에 해당하지 아니하게 된 경우라 하더라도 과태료의 집행을 면제하지 못한다.

해설

① (O)

> **지방자치법 제156조(사용료의 징수조례 등)** ② 사기나 그 밖의 부정한 방법으로 사용료·수수료 또는 분담금의 징수를 면한 자에게는 그 징수를 면한 금액의 5배 이내의 과태료를, 공공시설을 부정사용한 자에게는 50만원 이하의 과태료를 부과하는 규정을 조례로 정할 수 있다.
>
> ③ 제2항에 따른 과태료의 부과·징수, 재판 및 집행 등의 절차에 관한 사항은 「질서위반행위규제법」에 따른다.

② (O) 피고인이 행형법에 의한 징벌을 받아 그 집행을 종료하였다고 하더라도 행형법상의 징벌은 수형자의 교도소 내의 준수사항 위반에 대하여 과하는 행정상의 질서벌의 일종으로서 형법 법령에 위반한 행위에 대한 형사책임과는 그 목적, 성격을 달리하는 것이므로 징벌을 받은 뒤에 형사처벌을 한다고 하여 일사부재리의 원칙에 반하는 것은 아니다(대판 2000. 10. 27. 2000도3874).

③ (O) 통고처분은 행정소송의 대상이 되는 행정처분이 아니므로 그 처분의 취소를 구하는 소송은 부적법하고, 도로교통법상의 통고처분을 받은 자가 그 처분에 대하여 이의가 있는 경우에는 통고처분에 따른 범칙금의 납부를 이행하지 아니함으로써 경찰서장의 즉결심판청구에 의하여 법원의 심판을 받을 수 있게 될 뿐이다(대판 1995.6.29. 95누4674).

④ (X)

> **질서위반행위규제법 제3조(법 적용의 시간적 범위)** ③ 행정청의 과태료 처분이나 법원의 과태료 재판이 확정된 후 법률이 변경되어 그 행위가 질서위반행위에 해당하지 아니하게 된 때에는 변경된 법률에 특별한 규정이 없는 한 과태료의 징수 또는 집행을 면제한다.

정답 ④

103 [23지방7급]

「질서위반행위규제법」에 대한 설명으로 옳지 않은 것은?

① 행정청의 과태료 처분이 확정된 후 법률이 변경되어 그 행위가 질서위반행위에 해당하지 아니하게 된 때에는 변경된 법률에 특별한 규정이 없는 한 과태료의 징수를 면제한다.

② 심신(心神)장애로 인하여 행위의 옳고 그름을 판단할 능력이 없거나 그 판단에 따른 행위를 할 능력이 없는 자의 질서위반행위는 과태료를 부과하지 아니한다.

③ 행정청은 질서위반행위가 종료된 날(다수인이 질서위반행위에 가담한 경우에는 최종행위가 종료된 날을 말함)부터 5년이 경과한 경우에는 해당 질서위반행위에 대하여 과태료를 부과할 수 없다.

④ 행정청의 과태료 부과에 불복하는 당사자는 과태료 부과 통지를 받은 날부터 90일 이내에 관할 법원에 취소소송을 제기할 수 있다.

해설

① (O)

질서위반행위규제법 제3조(법 적용의 시간적 범위) ③ 행정청의 과태료 처분이나 법원의 과태료 재판이 확정된 후 법률이 변경되어 그 행위가 질서위반행위에 해당하지 아니하게 된 때에는 변경된 법률에 특별한 규정이 없는 한 과태료의 징수 또는 집행을 면제한다.

② (O)

질서위반행위규제법 제10조(심신장애) ① 심신(心神)장애로 인하여 행위의 옳고 그름을 판단할 능력이 없거나 그 판단에 따른 행위를 할 능력이 없는 자의 질서위반행위는 과태료를 부과하지 아니한다.

② 심신장애로 인하여 제1항에 따른 능력이 미약한 자의 질서위반행위는 과태료를 감경한다.

③ 스스로 심신장애 상태를 일으켜 질서위반행위를 한 자에 대하여는 제1항 및 제2항을 적용하지 아니한다.

③ (O)

질서위반행위규제법 제19조(과태료 부과의 제척기간) ① 행정청은 질서위반행위가 종료된 날(다수인이 질서위반행위에 가담한 경우에는 최종행위가 종료된 날을 말한다)부터 5년이 경과한 경우에는 해당 질서위반행위에 대하여 과태료를 부과할 수 없다.

④ (X)

질서위반행위규제법 제20조(이의제기) ① 행정청의 과태료 부과에 불복하는 당사자는 제17조 제1항에 따른 과태료 부과 통지를 받은 날부터 60일 이내에 해당 행정청에 서면으로 이의제기를 할 수 있다.

② 제1항에 따른 이의제기가 있는 경우에는 행정청의 과태료 부과처분은 그 효력을 상실한다.

정답 ④

104 [23국가9급]

「질서위반행위규제법」상 과태료에 대한 설명으로 옳지 않은 것은?

① 신분에 의하여 성립하는 질서위반행위에 신분이 없는 자가 가담한 때에는 신분이 없는 자에 대하여도 질서위반행위가 성립한다.

② 하나의 행위가 2 이상의 질서위반행위에 해당하는 경우에는 각 질서위반행위에 대하여 정한 과태료 중 가장 중한 과태료를 부과한다.

③ 자신의 행위가 위법하지 아니한 것으로 오인하고 행한 질서위반행위는 그 오인에 정당한 이유가 있는 때에 한하여 과태료를 부과하지 아니한다.

④ 행정청이 위반사실을 적발하면 과태료를 부과받을 자의 주소지를 관할하는 지방법원에 통보하여야 하고, 당해 법원은 「비송사건절차법」에 따라 결정으로써 과태료를 부과한다.

해설

① (O)

> **질서위반행위규제법 제12조(다수인의 질서위반행위 가담)** ② 신분에 의하여 성립하는 질서위반행위에 신분이 없는 자가 가담한 때에는 신분이 없는 자에 대하여도 질서위반행위가 성립한다.

② (O)

> **질서위반행위규제법 제13조(수개의 질서위반행위의 처리)** ① 하나의 행위가 2 이상의 질서위반행위에 해당하는 경우에는 각 질서위반행위에 대하여 정한 과태료 중 가장 중한 과태료를 부과한다.

③ (O)

> **질서위반행위규제법 제8조(위법성의 착오)** 자신의 행위가 위법하지 아니한 것으로 오인하고 행한 질서위반행위는 그 오인에 정당한 이유가 있는 때에 한하여 과태료를 부과하지 아니한다.

④ (X) 과태료의 부과·징수, 재판 및 집행 등의 절차에 관한 다른 법률의 규정 중 이 법의 규정에 저촉되는 것은 이 법으로 정하는 바에 따른다(질서위반행위규제법 제5조). 과태료의 과벌절차는 질서위반행위규제법이 정하는 바에 의한다. 행정청의 과태료 부과에 대해 이의신청을 하는 경우 법원이 비송사건절차법에 따라 과태료 재판을 한다.

정답 ④

105 [23국가7급]

행정벌에 대한 설명으로 옳지 않은 것은?

① 양벌규정에 의한 영업주의 처벌은 그 자신의 종업원에 대한 선임감독상의 과실로 인하여 처벌되는 것이므로 종업원의 범죄성립이나 처벌이 영업주 처벌의 전제조건이 될 필요는 없다.

② 질서위반행위를 한 자가 자신의 책임 없는 사유로 위반행위에 이르렀다고 주장하는 경우 법원은 그 내용을 살펴 행위자에게 고의나 과실이 있는지를 따져보아야 한다.

③ 지방국세청장 또는 세무서장이 「조세범 처벌절차법」에 따라 통고처분을 거치지 아니하고 즉시 고발하였다면 이로써 조세범칙사건에 대한 조사 및 처분 절차는 종료되고 형사사건 절차로 이행되어 지방국세청장 또는 세무서장으로서는 동일한 조세범칙행위에 대하여 더 이상 통고처분을 할 권한이 없다.

④ 「질서위반행위규제법」상 과태료 사건은 다른 법령에 특별한 규정이 있는 경우를 제외하고는 행정청의 주소지의 지방법원 또는 그 지원의 관할로 한다.

해설

① (O) 양벌규정에 의한 영업주의 처벌은 금지위반행위자인 종업원의 처벌에 종속하는 것이 아니라 독립하여 그 자신의 종업원에 대한 선임감독상의 과실로 인하여 처벌되는 것이므로 종업원의 범죄성립이나 처벌이 영업주 처벌의 전제조건이 될 필요는 없다(대판 2006.02.24. 2005도7673).

② (O) 질서위반행위규제법은 과태료의 부과대상인 질서위반행위에 대하여도 책임주의 원칙을 채택하여 제7조에서 "고의 또는 과실이 없는 질서위반행위는 과태료를 부과하지 아니한다."고 규정하고 있으므로, 질서위반행위를 한 자가 자신의 책임 없는 사유로 위반행위에 이르렀다고 주장하는 경우 법원으로서는 그 내용을 살펴 행위자에게 고의나 과실이 있는지를 따져보아야 한다(대결 2011.07.14. 2011마364).

③ (O) 지방국세청장 또는 세무서장이 조세범 처벌절차법 제17조 제1항에 따라 통고처분을 거치지 아니하고 즉시 고발하였다면 이로써 조세범칙사건에 대한 조사 및 처분 절차는 종료되고 형사사건 절차로 이행되어 지방국세청장 또는 세무서장으로서는 동일한 조세범칙행위에 대하여 더 이상 통고처분을 할 권한이 없다(대판 2016. 9. 28. 2014도10748).

④ (X)

> **질서위반행위규제법 제25조(관할 법원)** 과태료 사건은 다른 법령에 특별한 규정이 있는 경우를 제외하고는 당사자의 주소지의 지방법원 또는 그 지원의 관할로 한다.

정답 ④

제4장 새로운 의무이행확보수단

제1절 새로운 의무이행확보수단의 등장

제2절 금전상의 제재

106 [22지방7급]

과징금에 대한 설명으로 옳지 않은 것은? (다툼이 있는 경우 판례에 의함)

① 과징금의 근거가 되는 법률에는 과징금의 상한액을 명확하게 규정하여야 한다.
② 「행정기본법」 제28조 제1항에 과징금 부과의 법적 근거를 마련하였으므로 행정청은 직접 이 규정에 근거하여 과징금을 부과할 수 있다.
③ 영업정지처분에 갈음하는 과징금이 규정되어 있는 경우 과징금을 부과할 것인지 영업정지처분을 내릴 것인지는 통상 행정청의 재량에 속한다.
④ 과징금부과처분은 원칙적으로 위반자의 고의·과실을 요하지 아니하나, 위반자의 의무 해태를 탓할 수 없는 정당한 사유가 있는 등의 특별한 사정이 있는 경우에는 이를 부과할 수 없다.

해설

① (O)

> **행정기본법 제28조(과징금의 기준)** ② 과징금의 근거가 되는 법률에는 과징금에 관한 다음 각 호의 사항을 명확하게 규정하여야 한다.
> 1. 부과·징수 주체
> 2. 부과 사유
> 3. 상한액
> 4. 가산금을 징수하려는 경우 그 사항
> 5. 과징금 또는 가산금 체납 시 강제징수를 하려는 경우 그 사항

② (X) 행정기본법 제28조 제1항은 법률로 정하는 바에 따라 과징금을 부과할 수 있다는 원칙을 규정한 것으로 과징금을 부과하기 위해서는 다른 법률로 정하는 경우에 한하며, 행정기본법 제28조에 근거하여 과징금을 부과할 수는 없다.

> **행정기본법 제28조(과징금의 기준)** ① 행정청은 법령등에 따른 의무를 위반한 자에 대하여 법률로 정하는 바에 따라 그 위반행위에 대한 제재로서 과징금을 부과할 수 있다.

③ (O) 행정청이 행정제재수단으로 사업 정지를 명할 것인지, 과징금을 부과할 것인지, 과징금을 부과키로 한다면 그 금액은 얼마로 할 것인지에 관하여 재량권이 부여되었다 할 것이다(대판 1998.4.10. 98두2270).

④ (O) 과징금부과처분은 행정목적의 달성을 위하여 행정법규 위반이라는 객관적 사실에 착안하여 가하는 제재이므로 반드시 현실적인 행위자가 아니라도 법령상 책임자로 규정된 자에게 부과되고 원칙적으로 위반자의 고의·과실을 요하지 아니하나, 위반자의 의무 해태를 탓할 수 없는 정당한 사유가 있는 등의 특별한 사정이 있는 경우에는 이를 부과할 수 없다(대판 2014. 10. 15. 2013두5005).

정답 ②

107 [24국가9급]

과징금에 대한 설명으로 옳지 않은 것은?

① 구 독점규제 및 공정거래에 관한 법률 소정의 부당지원행위에 대한 과징금은 부당지원행위의 억지라는 행정목적을 실현하기 위한 행정상 제재금으로서의 성격에 부당이득환수적 요소도 부가되어 있으므로 국가형벌권 행사로서의 처벌에 해당하지 아니한다.

② 행정기본법령에 따르면, 과징금 납부 의무자가 과징금을 분할 납부하려는 경우에는 납부기한 7일 전까지 과징금의 분할 납부를 신청하는 문서에 해당 사유를 증명하는 서류를 첨부하여 행정청에 신청해야 한다.

③ 관할 행정청이 여객자동차운송사업자의 여러 가지 위반행위를 인지하였다면 전부에 대하여 일괄하여 최고한도 내에서 하나의 과징금 부과처분을 하는 것이 원칙이고, 인지한 위반행위 중 일부에 대해서만 우선 과징금 부과처분을 하고 나머지에 대해서는 차후에 별도의 과징금 부과처분을 하는 것은 다른 특별한 사정이 없는 한 허용되지 않는다.

④ 과징금의 근거가 되는 법률에는 과징금에 관한 부과・징수 주체, 부과 사유, 상한액, 가산금을 징수하려는 경우 그 사항, 과징금 또는 가산금 체납 시 강제징수를 하려는 경우 그 사항을 명확하게 규정하여야 한다.

해설

① **(O)** 과징금은 행정상의 제재금으로서의 기본적 성격에 부당이득환수적 요소도 부가되어 있는 것이라고 할 것이어서 그것이 헌법 제13조 제1항에서 금지하는 국가형벌권 행사로서의 처벌에 해당한다고 할 수 없으므로 형사처벌과 아울러 과징금의 부과처분을 할 수 있도록 규정하고 있다 하더라도 이중처벌금지원칙이나 무죄추정원칙에 위반된다고 볼 수 없다(대판 2004.4.9. 2001두6197).

② **(X)**

> **행정기본법 시행령 제7조(과징금의 납부기한 연기 및 분할 납부)** ① 과징금 납부 의무자는 법 제29조 각 호 외의 부분 단서에 따라 과징금 납부기한을 연기하거나 과징금을 분할 납부하려는 경우에는 납부기한 10일 전까지 과징금 납부기한의 연기나 과징금의 분할 납부를 신청하는 문서에 같은 조 각 호의 사유를 증명하는 서류를 첨부하여 행정청에 신청해야 한다.

③ **(O)** 관할 행정청이 여객자동차운송사업자의 여러 가지 위반행위를 인지하였다면 전부에 대하여 일괄하여 5,000만 원의 최고한도 내에서 하나의 과징금 부과처분을 하는 것이 원칙이고, <u>인지한 여러 가지 위반행위 중 일부에 대해서만 우선 과징금 부과처분을 하고 나머지에 대해서는 차후에 별도의 과징금 부과처분을 하는 것은 다른 특별한 사정이 없는 한 허용되지 않는다</u>. 만약 행정청이 여러 가지 위반행위를 인지하여 그 전부에 대하여 일괄하여 하나의 과징금 부과처분을 하는 것이 가능하였음에도 임의로 몇 가지로 구분하여 각각 별도의 과징금 부과처분을 할 수 있다고 보게 되면, 행정청이 여러 가지 위반행위에 대하여 부과할 수 있는 과징금의 최고한도액을 정한 구 여객자동차 운수사업법 시행령 제46조 제2항의 적용을 회피하는 수단으로 악용될 수 있기 때문이다(대판 2021. 2. 4. 2020두48390).

④ **(O)**

> **행정기본법 제28조(과징금의 기준)** ② 과징금의 근거가 되는 법률에는 과징금에 관한 다음 각 호의 사항을 명확하게 규정하여야 한다.
> 1. 부과·징수 주체
> 2. 부과 사유
> 3. 상한액
> 4. 가산금을 징수하려는 경우 그 사항
> 5. 과징금 또는 가산금 체납 시 강제징수를 하려는 경우 그 사항

정답 ②

108 [23국가7급]

행정상 의무이행 확보수단에 대한 설명으로 옳은 것은?

① 병무청장이 구「병역법」에 따라 병역의무 기피자의 인적사항 등을 인터넷 홈페이지에 게시하는 등의 방법으로 공개한 경우 병무청장의 공개결정은 항고소송의 대상이 되는 행정처분이 아니다.

②「부동산 실권리자명의 등기에 관한 법률」 제5조에 의하여 부과된 과징금 채무는 대체적 급부가 가능한 의무이므로 과징금을 부과받은 자가 사망한 경우 그 상속인에게 포괄승계된다.

③ 가산세는 세법에서 규정하는 의무의 성실한 이행을 확보하기 위하여 세법에 따라 산출한 본세액에 가산하여 징수하는 조세로서, 본세에 감면사유가 인정된다면 가산세도 감면대상에 포함된다.

④ 가산세는 납세자가 정당한 이유 없이 법에 규정된 신고, 납세 등 각종 의무를 위반한 경우에 개별세법이 정하는 바에 따라 부과되는 행정상의 제재로서 납세자의 고의·과실 또한 중요한 고려 요소가 된다.

해설

① (X) 병무청장이 병역법 제81조의2 제1항에 따라 병역의무 기피자의 인적사항 등을 인터넷 홈페이지에 게시하는 등의 방법으로 공개한 경우 병무청장의 공개결정을 항고소송의 대상이 되는 행정처분으로 보아야 한다. 지방병무청장이 1차로 공개 대상자 결정을 하고, 그에 따라 병무청장이 같은 내용으로 최종적 공개결정을 하였다면, 공개 대상자는 병무청장의 최종적 공개결정만을 다투는 것으로 충분하고, 관할 지방병무청장의 공개 대상자 결정을 별도로 다툴 소의 이익은 없어진다(대판 2019. 6. 27. 2018두49130).

② (O) 부동산 실권리자명의 등기에 관한 법률 제5조에 의하여 부과된 과징금 채무는 대체적 급부가 가능한 의무이므로 위 과징금을 부과받은 자가 사망한 경우 그 상속인에게 포괄승계된다(대판 1999.5.14. 99두35).

③ (X) 가산세는 세법에서 규정하는 의무의 성실한 이행을 확보하기 위하여 세법에 따라 산출한 본세의 세액에 가산하여 징수하는 독립된 조세로서, 본세에 감면사유가 인정된다고 해서 가산세도 당연히 감면대상에 포함되는 것은 아니다. 그리고 가산세 납부의무를 이행하지 않은 데 정당한 사유가 있는 경우에는 본세 납부의무가 있더라도 가산세는 부과하지 않는다(대판 2018. 11. 29. 2016두53180).

④ (X) 세법상 가산세는 과세권의 행사 및 조세채권의 실현을 용이하게 하기 위하여 납세자가 정당한 이유 없이 법에 규정된 신고, 납세 등 각종 의무를 위반한 경우에 법이 정하는 바에 따라 부과하는 행정상 제재로서 납세자의 고의·과실은 고려되지 아니하고 법령의 부지·착오 등은 그 의무위반을 탓할 수 없는 정당한 사유에 해당하지 아니한다(대판 2004. 6. 24. 2002두10780).

정답 ②

109 [24국가9급]

행정처분에 대한 설명으로 옳지 않은 것은?

① 과징금부과처분이 법이 정한 한도액을 초과하여 위법할 경우 법원으로서는 그 한도액을 초과한 부분이나 법원이 적정하다고 인정되는 부분을 초과한 부분만을 취소할 수 있다.

② 건축물대장의 용도는 건축물의 소유권을 제대로 행사하기 위한 전제요건으로서 건축물 소유자의 실체적 권리관계에 밀접하게 관련되어 있으므로, 건축물대장 소관청의 용도변경신청 거부행위는 국민의 권리관계에 영향을 미치는 것으로서 항고소송의 대상이 되는 행정처분에 해당한다.

③ 한국철도시설공단(현 국가철도공단)이 공사낙찰적격심사 감점처분의 근거로 내세운 규정은 공사낙찰적격심사세부기준이고, 이러한 규정은 공공기관이 사인과의 계약관계를 공정하고 합리적 · 효율적으로 처리할 수 있도록 관계 공무원이 지켜야 할 계약사무처리에 관한 필요한 사항을 규정한 것으로서 공공기관의 내부규정에 불과하여 대외적 구속력이 없다.

④ 「식품위생법」에 따른 식품접객업(일반음식점영업)의 영업신고의 요건을 갖춘 자라고 하더라도, 그 영업신고를 한 당해 건축물이 건축법 소정의 허가를 받지 아니한 무허가 건물이라면 적법한 신고를 할 수 없다.

해설

① (X) 과징금부과처분이 법이 정한 한도액을 초과하여 위법할 경우 법원으로서는 그 전부를 취소할 수밖에 없고, 그 한도액을 초과한 부분이나 법원이 적정하다고 인정되는 부분을 초과한 부분만을 취소할 수 없다(대판 1998.04.10. 98두2270).

② (O) 건축물대장 소관청의 용도변경신청 거부행위는 국민의 권리관계에 영향을 미치는 것으로서 항고소송의 대상이 되는 행정처분에 해당한다(대판 2009.1.30. 2007두7277).

③ (O) 공사낙찰적격심사세부기준은 공공기관의 운영에 관한 법률 제39조 제1항, 제3항, 구 공기업 · 준정부기관 계약사무규칙 제12조에 근거하고 있으나, 이러한 규정은 공공기관이 사인과 사이의 계약관계를 공정하고 합리적 · 효율적으로 처리할 수 있도록 관계 공무원이 지켜야 할 계약사무처리에 관한 필요한 사항을 규정한 것으로서 공공기관의 내부규정에 불과하여 대외적 구속력이 없다(대판 2014. 12. 24. 2010두6700).

④ (O) 식품위생법에 따른 식품접객업(일반음식점영업)의 영업신고의 요건을 갖춘 자라고 하더라도, 그 영업신고를 한 당해 건축물이 건축법 소정의 허가를 받지 아니한 무허가 건물이라면 적법한 신고를 할 수 없다(대판 2009.04.23. 2008도6829).

정답 ①

110 [22국가7급]

제재처분에 대한 설명으로 옳지 않은 것은? (다툼이 있는 경우 판례에 의함)

① 일정한 법규위반 사실이 행정처분의 전제사실이자 형사법규의 위반사실이 되는 경우, 형사판결이 확정되기 전에 그 위반사실을 이유로 제재처분을 하였다면 절차적 위반에 해당한다.

② 행정청이 여러 개의 위반행위에 대하여 하나의 제재처분을 하였으나, 위반행위별로 제재처분의 내용을 구분하는 것이 가능하고 여러 개의 위반행위 중 일부의 위반행위에 대한 제재처분 부분만이 위법하다면, 법원은 제재처분 전부를 취소하여서는 아니 된다.

③ 법령위반 행위가 2022년 3월 23일 있은 후 법령이 개정되어 그 위반행위에 대한 제재처분 기준이 감경된 경우, 특별한 규정이 없다면 해당 제재처분에 대해서는 개정된 법령을 적용한다.

④ 행정법규 위반에 대한 영업정지 처분은 행정목적의 달성을 위하여 행정법규 위반이라는 객관적 사실에 착안하여 가하는 제재이므로, 반드시 현실적인 행위자가 아니라도 법령상 책임자로 규정된 자에게 부과되고, 특별한 사정이 없는 한 위반자에게 고의나 과실이 없더라도 부과할 수 있다.

해설

① (X) 행정처분과 형벌은 각각 그 권력적 기초, 대상, 목적이 다르다. 일정한 법규 위반 사실이 행정처분의 전제사실이자 형사법규의 위반 사실이 되는 경우에 동일한 행위에 관하여 독립적으로 행정처분이나 형벌을 부과하거나 이를 병과할 수 있다. 법규가 예외적으로 형사소추 선행 원칙을 규정하고 있지 않은 이상 형사판결 확정에 앞서 일정한 위반사실을 들어 행정처분을 하였다고 하여 절차적 위반이 있다고 할 수 없다(대판 2017. 6. 19. 2015두59808).

② (O) 여러 처분사유에 관하여 하나의 제재처분을 하였을 때 그중 일부가 인정되지 않는다고 하더라도 나머지 처분사유들만으로도 처분의 정당성이 인정되는 경우에는 그 처분을 위법하다고 보아 취소하여서는 아니 된다. 행정청이 여러 개의 위반행위에 대하여 하나의 제재처분을 하였으나, 위반행위별로 제재처분의 내용을 구분하는 것이 가능하고 여러 개의 위반행위 중 일부의 위반행위에 대한 제재처분 부분만이 위법하다면, 법원은 제재처분 중 위법성이 인정되는 부분만 취소하여야 하고 제재처분 전부를 취소하여서는 아니 된다(대판 2020. 5. 14. 2019두63515).

③ (O)

> **행정기본법 제14조(법 적용의 기준)** ① 새로운 법령등은 법령등에 특별한 규정이 있는 경우를 제외하고는 그 법령등의 효력 발생 전에 완성되거나 종결된 사실관계 또는 법률관계에 대해서는 적용되지 아니한다.
>
> ② 당사자의 신청에 따른 처분은 법령등에 특별한 규정이 있거나 처분 당시의 법령등을 적용하기 곤란한 특별한 사정이 있는 경우를 제외하고는 처분 당시의 법령등에 따른다.
>
> ③ 법령등을 위반한 행위의 성립과 이에 대한 제재처분은 법령등에 특별한 규정이 있는 경우를 제외하고는 법령등을 위반한 행위 당시의 법령등에 따른다. 다만, 법령등을 위반한 행위 후 법령등의 변경에 의하여 그 행위가 법령등을 위반한 행위에 해당하지 아니하거나 제재처분 기준이 가벼워진 경우로서 해당 법령등에 특별한 규정이 없는 경우에는 변경된 법령등을 적용한다.

④ (O) 행정법규 위반에 대하여 가하는 제재조치는 행정목적의 달성을 위하여 행정법규 위반이라는 객관적 사실에 착안하여 가하는 제재이므로 반드시 현실적인 행위자가 아니라도 법령상 책임자로 규정된 자에게 부과되고 특별한 사정이 없는 한 위반자에게 고의나 과실이 없더라도 부과할 수 있다(대판 2012.5.10. 2012두1297).

정답 ①

111 [23국가9급]

「행정기본법」상 제재처분의 제척기간인 5년이 지나면 제재처분을 할 수 없는 경우는?

① 제재처분을 하지 아니하면 국민의 안전 · 생명 또는 환경을 심각하게 해치거나 해칠 우려가 있는 경우
② 거짓이나 그 밖의 부정한 방법으로 인허가를 받거나 신고를 한 경우
③ 정당한 사유 없이 행정청의 조사 · 출입 · 검사를 기피 · 방해 · 거부하여 제척기간이 지난 경우
④ 당사자가 인허가나 신고의 위법성을 경과실로 알지 못한 경우

해설

① (O) ② (O) ③ (O) ④ (X)

> **행정기본법 제23조(제재처분의 제척기간)** ① 행정청은 법령등의 위반행위가 종료된 날부터 5년이 지나면 해당 위반행위에 대하여 제재처분(인허가의 정지·취소·철회, 등록 말소, 영업소 폐쇄와 정지를 갈음하는 과징금 부과를 말한다. 이하 이 조에서 같다)을 할 수 없다.
> ② 다음 각 호의 어느 하나에 해당하는 경우에는 제1항을 적용하지 아니한다.
> 1. 거짓이나 그 밖의 부정한 방법으로 인허가를 받거나 신고를 한 경우
> 2. 당사자가 인허가나 신고의 위법성을 알고 있었거나 중대한 과실로 알지 못한 경우
> 3. 정당한 사유 없이 행정청의 조사·출입·검사를 기피·방해·거부하여 제척기간이 지난 경우
> 4. 제재처분을 하지 아니하면 국민의 안전·생명 또는 환경을 심각하게 해치거나 해칠 우려가 있는 경우

정답 ④

제3절 | 비금전적 제재

행정구제법

5

제1장 행정구제 일반론

제2장 행정상 손해전보

제1절 | 행정상 손해배상제도

Ⅰ 행정상 손해배상제도의 의의

Ⅱ 손해배상제도의 법적근거

Ⅲ 공무원의 위법한 직무행위로 인한 손해배상

112 [22지방7급]

「국가배상법」 제2조의 국가배상책임이 인정되기 위한 요건에 대한 설명으로 옳지 않은 것은? (다툼이 있는 경우 판례에 의함)

① 공무원의 부작위가 공무원으로서 마땅히 지켜야 할 준칙이나 규범을 위반한 경우를 포함하여 널리 객관적인 정당성이 없는 경우, 그 부작위는 '법령을 위반'하는 경우에 해당한다.

② 상급행정기관이 소속 공무원이나 하급행정기관에 대하여 업무처리지침이나 법령의 해석 · 적용 기준을 정해 주는 행정규칙을 위반한 공무원의 조치가 있다고 해서 그러한 사정만으로 곧바로 그 조치의 위법성이 인정되는 것은 아니다.

③ '공무원'에는 공무를 위탁받아 실질적으로 공무에 종사하고 있는 자가 포함되나, 공무의 위탁이 일시적이고 한정적인 사항에 관한 활동을 위한 것인 경우 그러한 활동을 하는 자는 포함되지 않는다.

④ 공무원에게 부과된 직무상 의무의 내용이 전적으로 또는 부수적으로라도 사회구성원 개인의 안전과 이익을 보호하기 위하여 설정된 것이어야 직무상 의무위반과 피해자가 입은 손해 사이에 상당인과관계가 인정될 수 있다.

해설

① (O) 공무원의 부작위로 인한 국가배상책임을 인정하기 위해서는 엄격하게 형식적 의미의 법령에 명시적으로 공무원의 작위의무가 정하여져 있음에도 이를 위반하는 경우만을 의미하는 것은 아니고, 인권존중·권력남용금지·신의성실과 같이 공무원으로서 마땅히 지켜야 할 준칙이나 규범을 지키지 아니하고 위반한 경우를 포함하여 널리 그 행위가 객관적인 정당성을 결여하고 있는 경우도 포함한다(대판 2021. 7. 21. 2021두33838).

② (O) 상급행정기관이 소속 공무원이나 하급행정기관에 대하여 업무처리지침이나 법령의 해석·적용 기준을 정해 주는 '행정규칙'은 일반적으로 행정조직 내부에서만 효력을 가질 뿐 대외적으로 국민이나 법원을 구속하는 효력이 없다. 처분이 행정규칙을 위반하였다고 해서 그러한 사정만으로 곧바로 위법하게 되는 것은 아니고, 처분이 행정규칙을 따른 것이라고 해서 적법성이 보장되는 것도 아니다. 처분이 적법한지는 행정규칙에 적합한지 여부가 아니라 상위법령의 규정과 입법 목적 등에 적합한지 여부에 따라 판단해야 한다(대판 2019. 7. 11. 2017두38874).

③ (X) 국가배상법 제2조 소정의 '공무원'이라 함은 국가공무원법이나 지방공무원법에 의하여 공무원으로서의 신분을 가진 자에 국한하지 않고, 널리 공무를 위탁받아 실질적으로 공무에 종사하고 있는 일체의 자를 가리키는 것으로서, 공무의 위탁이 일시적이고 한정적인 사항에 관한 활동을 위한 것이어도 달리 볼 것은 아니다(대판 2001.01.05. 98다39060).

④ (O) 상당인과관계가 인정되기 위하여는 공무원에게 부과된 직무상 의무의 내용이 단순히 공공 일반의 이익을 위한 것이거나 행정기관 내부의 질서를 규율하기 위한 것이 아니고 전적으로 또는 부수적으로 사회구성원 개인의 안전과 이익을 보호하기 위하여 설정된 것이어야 한다(대판 2010.9.9, 2008다77795).

정답 ③

113 [24지방9급]

위법한 직무집행행위로 인한 손해배상책임에 대한 설명으로 옳지 않은 것은?

① 「국가배상법」상 '공무원'이라 함은 널리 공무를 위탁받아 실질적으로 공무에 종사하고 있는 일체의 자를 가리키는 것으로서, 단지 공무의 위탁이 일시적인 사항에 관한 활동을 위한 것은 포함되지 않는다.

② 「국가배상법」이 정한 배상청구의 요건인 '공무원의 직무'에는 권력적 작용만이 아니라 행정지도와 같은 비권력적 공행정작용도 포함된다.

③ 어떠한 행정처분이 후에 항고소송에서 위법한 것으로서 취소되었다고 하더라도 그로써 곧 당해 행정처분이 공무원의 고의 또는 과실에 의한 불법행위를 구성한다고 단정할 수는 없다.

④ 헌법상 과잉금지의 원칙 내지 비례의 원칙을 위반하여 국민의 기본권을 침해한 국가작용은 국가배상책임에 있어 법령을 위반한 가해행위가 된다.

해설

① (X) 국가배상법 제2조 소정의 '공무원'이라 함은 국가공무원법이나 지방공무원법에 의하여 공무원으로서의 신분을 가진 자에 국한하지 않고, 널리 공무를 위탁받아 실질적으로 공무에 종사하고 있는 일체의 자를 가리키는 것으로서, 공무의 위탁이 일시적이고 한정적인 사항에 관한 활동을 위한 것이어도 달리 볼 것은 아니다(대판 2001.01.05. 98다39060).

② (O) 국가배상청구의 요건인 '공무원의 직무'에는 권력적 작용만이 아니라 비권력적 작용도 포함되며 단지 행정주체가 사경제주체로서 하는 활동만 제외된다(대판 2001.1.5. 98다39060).

③ (O) 어떠한 행정처분이 후에 항고소송에서 취소되었다고 할지라도 그 기판력에 의하여 당해 행정처분이 곧바로 공무원의 고의 또는 과실로 인한 것으로서 불법행위를 구성한다고 단정할 수는 없는 것이다(대판 2003.11.27, 2001다33789).

④ (O) 국가배상책임에 있어 공무원의 가해행위는 법령을 위반한 것이어야 하는데, 여기서 법령을 위반하였다 함은 엄격한 의미의 법령 위반뿐 아니라 인권존중, 권력남용금지, 신의성실과 같이 공무원으로서 마땅히 지켜야 할 준칙이나 규범을 지키지 아니하고 위반한 경우를 포함하여 널리 그 행위가 객관적인 정당성을 결여하고 있음을 뜻한다(대법원 2008. 6. 12. 선고 2007다64365 판결 등 참조). 따라서 헌법상 과잉금지의 원칙 내지 비례의 원칙을 위반하여 국민의 기본권을 침해한 국가작용은 국가배상책임에 있어 법령을 위반한 가해행위가 될 수 있다(대판 2018.10.25. 2013다44720).

정답 ①

114 [24지방9급]

국가배상에 대한 설명으로 옳은 것은?

① 「국가배상법」에 따른 손해배상의 소송은 배상심의회에 배상신청을 하지 아니하면 제기할 수 없다.
② 국가배상소송을 제기하는 경우 민사소송이 아니라 공법상 당사자소송으로 제기하여야 한다.
③ 군 복무 중 사망한 사람의 유족이 국가배상을 받은 경우, 관할 행정청 등은 「군인연금법」상 사망보상금에서 소극적 손해배상금 상당액을 공제할 수 있을 뿐, 이를 넘어 정신적 손해배상금까지 공제할 수는 없다.
④ 공공시설물의 하자로 손해를 입은 외국인에게는 해당 국가와 상호 보증이 없더라도 「국가배상법」이 적용된다.

해설

① (X)

> **국가배상법 제9조 (소송과 배상신청의 관계)** 이 법에 따른 손해배상의 소송은 배상심의회(이하 "심의회"라 한다)에 배상신청을 하지 아니하고도 제기할 수 있다.

② (X) 국가배상책임을 공법적 책임으로 보는 견해는 국가배상청구소송은 당사자소송으로 제기되어야 한다고 보나, 재판실무에서는 민사소송으로 다루고 있다.

③ (O) 군인연금법 제41조 제1항은 "다른 법령에 따라 국가나 지방자치단체의 부담으로 이 법에 따른 급여와 같은 종류의 급여를 받은 사람에게는 그 급여금에 상당하는 금액에 대하여는 이 법에 따른 급여를 지급하지 아니한다."라고 명시적으로 규정하고 있다. 따라서 피고에게 군인연금법 제41조 제1항에 따라 원고가 받은 손해배상금 상당 금액에 대하여는 사망보상금을 지급할 의무가 존재하지 아니한다(대판 2018. 7. 20. 2018두36691). 사망보상금은 일실손해의 보전을 위한 것으로 불법행위로 인한 소극적 손해배상과 같은 종류의 급여이므로, 군 복무 중 사망한 망인의 유족이 국가배상을 받은 경우 피고는 사망보상금에서 소극적 손해배상금 상당액을 공제할 수 있을 뿐, 이를 넘어 정신적 손해배상금 상당액까지 공제할 수는 없다(대판 2022.3.31. 2019두36711).

④ (X)

> **국가배상법 제7조 (외국인에 대한 책임)** 이 법은 외국인이 피해자인 경우에는 해당 국가와 상호 보증이 있을 때에만 적용한다.

정답 ③

115 [23국가9급]

「국가배상법」상 이중배상금지에 대한 판례의 입장으로 옳지 않은 것은?

① 「국가배상법」 제2조제1항 단서에서 정한 '다른 법령의 규정'에 따른 보상금청구권이 모두 시효로 소멸된 경우라고 하더라도 「국가배상법」 제2조제1항 단서 규정이 적용된다.

② 경찰공무원인 피해자가 「공무원연금법」에 따라 공무상 요양비를 지급받는 것은 「국가배상법」 제2조 제1항 단서에서 정한 '다른 법령의 규정'에 따라 보상을 지급받는 것에 해당하지 않는다.

③ 훈련으로 공상을 입은 군인이 「국가배상법」에 따라 손해배상금을 지급받은 다음 「보훈보상대상자 지원에 관한 법률」이 정한 보훈급여금의 지급을 청구하는 경우, 국가는 「국가배상법」 제2조 제1항 단서에 따라 그 지급을 거부할 수 있다.

④ 군인이 교육훈련으로 공상을 입은 경우라도 「군인연금법」 또는 「국가유공자예우등에관한법률」에 의하여 재해보상금・유족연금・상이연금 등 별도의 보상을 받을 수 없는 경우에는 「국가배상법」 제2조제1항 단서의 적용 대상에서 제외하여야 한다.

해설

① **(O)** 국가배상법 제2조 제1항 단서 규정은 다른 법령에 보상제도가 규정되어 있고, 그 법령에 규정된 상이등급 또는 장애등급 등의 요건에 해당되어 그 권리가 발생한 이상, 실제로 그 권리를 행사하였는지 또는 그 권리를 행사하고 있는지 여부에 관계없이 적용된다고 보아야 하고, 그 각 법률에 의한 보상금청구권이 시효로 소멸되었다 하여 적용되지 않는다고 할 수는 없다(대판 2002. 5. 10. 2000다39735).

② **(O)** 경찰공무원인 피해자가 구 공무원연금법의 규정에 따라 공무상 요양비를 지급받는 것은 국가배상법 제2조 제1항 단서에서 정한 '다른 법령의 규정'에 따라 보상을 지급받는 것에 해당하지 않는다(대판 2019. 5. 30. 2017다16174).

③ **(X)** 국가배상법 제2조 제1항 단서가 보훈보상자법 등에 의한 보상을 받을 수 있는 경우 국가배상법에 따른 손해배상청구를 하지 못한다는 것을 넘어 국가배상법상 손해배상금을 받은 경우 보훈보상자법상 보상금 등 보훈급여금의 지급을 금지하는 것으로 해석하기는 어려운 점 등에 비추어, 국가보훈처장은 국가배상법에 따라 손해배상을 받았다는 사정을 들어 보상금 등 보훈급여금의 지급을 거부할 수 없다(대판 2017. 2. 3. 2015두60075).

④ **(O)** 군인・군무원 등 국가배상법 제2조 제1항에 열거된 자가 전투, 훈련 기타 직무집행과 관련하는 등으로 공상을 입은 경우라고 하더라도 군인연금법 또는 국가유공자예우등에관한법률에 의하여 재해보상금・유족연금・상이연금 등 별도의 보상을 받을 수 없는 경우에는 국가배상법 제2조 제1항 단서의 적용 대상에서 제외하여야 한다(대판 1997. 2. 14. 96다28066).

정답 ③

116 [22국가7급]

국가배상에 대한 판례의 입장으로 옳은 것은?

① 공익근무요원은 「국가배상법」 제2조제1항 단서규정에 의하여 손해배상청구가 제한된다.

② 외국인이 피해자인 경우에는 해당 국가와 상호보증이 있을 때에만 「국가배상법」이 적용되며, 상호보증은 해당 국가와 조약이 체결되어 있어야 한다.

③ 공무원에 대한 전보인사가 인사권을 다소 부적절하게 행사한 것으로 볼 여지가 있다 하더라도 그러한 사유만으로 그 전보인사가 당연히 불법행위를 구성한다고 볼 수는 없다.

④ 직무집행과 관련하여 공상을 입은 군인이 먼저 「국가배상법」에 따라 손해배상금을 지급받았다면 「국가유공자 등 예우 및 지원에 관한 법률」이 정한 보상금 등 보훈급여금의 지급을 청구하는 것은 이중배상금지원칙에 따라 인정되지 아니한다.

해설

① (X) 공익근무요원이 국가배상법 제2조 제1항 단서의 규정에 의하여 국가배상법상 손해배상청구가 제한되는 군인・군무원・경찰공무원 또는 향토예비군대원에 해당한다고 할 수 없다(대판 1997.3.28. 97다4036).

② (X) 상호보증은 외국의 법령, 판례 및 관례 등에 의하여 발생요건을 비교하여 인정되면 충분하고 반드시 당사국과의 조약이 체결되어 있을 필요는 없으며, 당해 외국에서 구체적으로 우리나라 국민에게 국가배상청구를 인정한 사례가 없더라도 실제로 인정될 것이라고 기대할 수 있는 상태이면 충분하다. 일본 국가배상법 제1조 제1항, 제6조가 국가배상청구권의 발생요건 및 상호보증에 관하여 우리나라 국가배상법과 동일한 내용을 규정하고 있는 점 등에 비추어 우리나라와 일본 사이에 국가배상법 제7조가 정하는 상호보증이 있다(대판 2015.6.11. 2013다208388).

③ (O) 공무원에 대한 전보인사가 법령이 정한 기준과 원칙에 위배되거나 인사권을 다소 부적절하게 행사한 것으로 볼 여지가 있다 하더라도 그러한 사유만으로 그 전보인사가 당연히 불법행위를 구성한다고 볼 수는 없고, 인사권자가 당해 공무원에 대한 보복감정 등 다른 의도를 가지고 인사재량권을 일탈・남용하여 객관적 정당성을 상실하였음이 명백한 경우 등 전보인사가 우리의 건전한 사회통념이나 사회상규상 도저히 용인될 수 없음이 분명한 경우에, 그 전보인사는 위법하게 상대방에게 정신적 고통을 가하는 것이 되어 당해 공무원에 대한 관계에서 불법행위를 구성한다. 시청 소속 공무원이 시장을 부패방지위원회에 부패혐의자로 신고한 후 동사무소로 하향 전보된 사안에서, 그 전보인사 조치는 해당 공무원에 대한 다면평가 결과, 원활한 업무 수행의 필요성 등을 고려하여 이루어진 것으로 볼 여지도 있으므로, 사회통념상 용인될 수 없을 정도로 객관적 상당성을 결여하였다고 단정할 수 없어 불법행위를 구성하지 않는다(대판 2009.5.28. 2006다16215).

④ (X) 국가배상법 제2조 제1항 단서가 보훈보상자법 등에 의한 보상을 받을 수 있는 경우 국가배상법에 따른 손해배상청구를 하지 못한다는 것을 넘어 국가배상법상 손해배상금을 받은 경우 보훈보상자법상 보상금 등 보훈급여금의 지급을 금지하는 것으로 해석하기는 어려운 점 등에 비추어, 국가보훈처장은 국가배상법에 따라 손해배상을 받았다는 사정을 들어 보상금 등 보훈급여금의 지급을 거부할 수 없다(대판 2017. 2. 3. 2015두60075).

정답 ③

Ⅳ 영조물의 설치관리상의 하자로 인한 손해배상

117 [23지방7급]

판례의 입장으로 옳지 않은 것은?

① 「도로교통법」상의 통고처분은 처분을 받은 당사자의 임의의 승복을 발효요건으로 하고 있으며, 행정공무원에 의하여 발하여지는 것이지만, 통고처분에 따르지 않고자 하는 당사자에게는 정식재판의 절차가 보장되어 있다.

② 행정처분의 집행정지를 구하는 신청사건에서는 행정처분 자체의 적법 여부는 원칙적으로 판단의 대상이 아니나, 집행정지사건 자체에 의하여도 신청인의 본안청구가 이유 없음이 명백할 때에는 행정처분의 집행정지를 명할 수 없다.

③ 「국가배상법」상의 '공공의 영조물'은 일반공중의 자유로운 사용에 직접적으로 제공되는 공공용물에 한하고, 행정주체 자신의 사용에 제공되는 공용물은 포함하지 않는다.

④ 행정처분에 그 효력기간이 정하여져 있는 경우, 그 처분의 효력 또는 집행이 정지된 바 없다면 위 기간의 경과로 그 행정처분의 효력은 상실되므로 그 기간 경과 후에는 그 처분이 외형상 잔존함으로 인하여 어떠한 법률상 이익이 침해되고 있다고 볼 만한 별다른 사정이 없는 한 그 처분의 취소를 구할 법률상 이익이 없다.

해설

① **(O)** 도로교통법상의 통고처분은 처분을 받은 당사자의 임의의 승복을 발효요건으로 하고 있으며, 행정공무원에 의하여 발하여지는 것이지만, 통고처분에 따르지 않고자 하는 당사자에게는 정식재판의 절차가 보장되어 있다(헌재 2003. 10. 30. 2002헌마275).

② **(O)** 신청인의 본안 청구가 이유 없음이 명백하지 않아야 한다는 것도 효력정지나 집행정지의 요건에 포함시켜야 한다(대결 2008.5.6. 2007무147).

③ **(X)** 국가배상법 제5조 제1항 소정의 "공공의 영조물"이라 함은 공공용물에 한하지 아니하고, 행정주체 자신의 사용에 제공되는 공용물도 포함하며 국가 또는 지방자치단체가 소유권, 임차권 그밖의 권한에 기하여 관리하고 있는 경우뿐만 아니라 사실상의 관리를 하고 있는 경우도 포함한다(대판 1995.1.24. 94다45302).

④ **(O)** 행정처분에 그 효력기간이 정하여져 있는 경우, 그 처분의 효력 또는 집행이 정지된 바 없다면 위 기간의 경과로 그 행정처분의 효력은 상실되므로 그 기간 경과 후에는 그 처분이 외형상 잔존함으로 인하여 어떠한 법률상 이익이 침해되고 있다고 볼 만한 별다른 사정이 없는 한 그 처분의 취소를 구할 법률상의 이익이 없다(대판 2002.7.26. 2000두7254).

정답 ③

118 [23국가7급]

「국가배상법」상 영조물의 설치·관리의 하자로 인한 손해배상책임에 대한 설명으로 옳지 않은 것은?

① 국가 또는 지방자치단체에 의하여 특정 공공의 목적에 공여된 유체물 내지 물적 설비는 국가 또는 지방자치단체가 사실상의 관리를 하고 있는 경우에도 '공공의 영조물'이라 볼 수 있다.

② 영조물이 그 용도에 따라 갖추어야 할 안전성을 갖추지 못한 상태에는 영조물이 공공의 목적에 이용됨에 있어 그 이용 상태 및 정도가 일정한 한도를 초과하여 제3자에게 사회통념상 수인할 것이 기대되는 한도를 넘는 피해를 입히는 경우까지 포함된다.

③ 영조물이 안전성을 갖추었는지 여부는 영조물의 설치자 또는 관리자가 그 영조물의 위험성에 비례하여 사회통념상 일반적으로 요구되는 정도의 방호조치의무를 다하였는지를 기준으로 판단하여야 하고, 그 설치자 또는 관리자의 재정적·인적·물적 제약 등은 고려하지 않는다.

④ 객관적으로 보아 영조물의 결함이 영조물의 설치·관리자의 관리행위가 미칠 수 없는 상황 아래에 있는 경우에는 영조물의 설치·관리의 하자를 인정할 수 없다.

해설

① **(O)** 국가배상법 제5조 제1항 소정의 "공공의 영조물"이라 함은 공공용물에 한하지 아니하고, 행정주체 자신의 사용에 제공되는 공용물도 포함하며 국가 또는 지방자치단체가 소유권, 임차권 그밖의 권한에 기하여 관리하고 있는 경우뿐만 아니라 사실상의 관리를 하고 있는 경우도 포함한다(대판 1995.1.24. 94다45302).

② **(O)** '영조물의 설치 또는 관리의 하자'라 함은 공공의 목적에 공여된 영조물이 그 용도에 따라 갖추어야 할 안전성을 갖추지 못한 상태에 있음을 말하고, 여기서 안전성을 갖추지 못한 상태라 함은 당해 영조물을 구성하는 물적 시설 그 자체에 있는 물리적·외형적 흠결이나 불비로 인하여 그 이용자에게 위해를 끼칠 위험성이 있는 경우뿐만 아니라 그 영조물이 공공의 목적에 이용됨에 있어 그 이용상태 및 정도가 일정한 한도를 초과하여 제3자에게 사회통념상 참을 수 없는 피해를 입히는 경우까지 포함된다고 보아야 할 것이다(대판 2004.3.12. 2002다14242).

③ **(X)** 국가배상법 제5조 제1항에 규정된 '영조물 설치·관리상의 하자'는 공공의 목적에 공여된 영조물이 그 용도에 따라 통상 갖추어야 할 안전성을 갖추지 못한 상태에 있음을 말한다. 그리고 위와 같은 안전성의 구비 여부는 영조물의 설치자 또는 관리자가 그 영조물의 위험성에 비례하여 사회통념상 일반적으로 요구되는 정도의 방호조치의무를 다하였는지를 기준으로 판단하여야 하고, 아울러 그 설치자 또는 관리자의 재정적·인적·물적 제약 등도 고려하여야 한다(대판 2013. 10. 24. 2013다208074).

④ **(O)** 객관적으로 보아 시간적·장소적으로 영조물의 기능상 결함으로 인한 손해발생의 예견가능성과 회피가능성이 없는 경우, 즉 그 영조물의 결함이 영조물의 설치관리자의 관리행위가 미칠 수 없는 상황 아래에 있는 경우에는 영조물의 설치·관리상의 하자를 인정할 수 없다(대판 2007.9.21. 2005다65678).

정답 ③

Ⓥ 행정상 손해배상의 청구

119 [23지방9급]

국가배상에 대한 설명으로 옳지 않은 것은?

① 시 · 도경찰청장 또는 경찰서장이 지방자치단체의 장으로부터 권한을 위탁받아 설치 · 관리하는 신호기의 하자로 인해 손해가 발생한 경우 「국가배상법」 제5조 소정의 배상책임의 귀속 주체는 국가뿐이다.

② 헌법재판소 재판관이 청구기간 내에 제기된 헌법소원심판청구 사건에서 청구기간을 오인하여 각하결정을 한 경우, 이에 대한 불복절차 내지 시정절차가 없는 때에는 배상책임의 요건이 충족되는 한 국가배상책임을 인정할 수 있다.

③ 영조물의 설치 · 관리자와 비용부담자가 다른 경우 피해자에게 손해를 배상한 자는 내부관계에서 그 손해를 배상할 책임이 있는 자에게 구상할 수 있다.

④ 군 복무 중 사망한 군인 등의 유족이 「국가배상법」에 따른 손해배상금을 지급받은 경우 그 손해배상금 상당 금액에 대해서는 「군인연금법」에서 정한 사망보상금을 지급받을 수 없다.

해설

① (X) 지방자치단체장이 교통신호기를 설치하여 그 관리권한이 지방경찰청장에게 위임되어 지방자치단체 소속 공무원과 지방경찰청 소속 공무원이 합동근무하는 교통종합관제센터에서 그 관리업무를 담당하던 중 위 신호기가 고장난 채 방치되어 교통사고가 발생한 경우, 배상책임을 부담하는 것은 지방경찰청장이 소속된 국가가 아니라, 그 권한을 위임한 지방자치단체장이 소속된 지방자치단체라고 할 것이나, 교통신호기를 관리하는 지방경찰청장 산하 경찰관들에 대한 봉급을 부담하는 국가도 국가배상법 제6조 제1항에 의한 배상책임을 부담한다(대판 1999.6.25. 99다11120).

② (O) 헌법재판소 재판관이 청구기간 내에 제기된 헌법소원심판청구 사건에서 청구기간을 오인하여 각하결정을 한 경우, 이에 대한 불복절차 내지 시정절차가 없는 때에는 국가배상책임(위법성)을 인정할 수 있다(대판 2003.7.11. 99다24218).

③ (O)

> **국가배상법 제6조 (비용부담자 등의 책임)** ① 제2조·제3조 및 제5조에 따라 국가나 지방자치단체가 손해를 배상할 책임이 있는 경우에 공무원의 선임·감독 또는 영조물의 설치·관리를 맡은 자와 공무원의 봉급·급여, 그 밖의 비용 또는 영조물의 설치·관리 비용을 부담하는 자가 동일하지 아니하면 그 비용을 부담하는 자도 손해를 배상하여야 한다.
>
> ② 제1항의 경우에 손해를 배상한 자는 내부관계에서 그 손해를 배상할 책임이 있는 자에게 구상할 수 있다.

④ (O) 다른 법령에 따라 지급받은 급여와의 조정에 관한 조항을 두고 있지 아니한 보훈보상대상자 지원에 관한 법률과 달리, 군인연금법 제41조 제1항은 "다른 법령에 따라 국가나 지방자치단체의 부담으로 이 법에 따른 급여와 같은 종류의 급여를 받은 사람에게는 그 급여금에 상당하는 금액에 대하여는 이 법에 따른 급여를 지급하지 아니한다."라고 명시적으로 규정하고 있다. 따라서 피고에게 군인연금법 제41조 제1항에 따라 원고가 받은 손해배상금 상당 금액에 대하여는 사망보상금을 지급할 의무가 존재하지 아니한다(대판 2018. 7. 20. 2018두36691).

정답 ①

120 [24국가9급]

국가배상에 대한 설명으로 옳은 것은?

① 국가배상청구의 요건인 '공무원의 직무'에는 행정주체가 사경제 주체로서 하는 작용도 포함된다.

② 청구기간 내에 헌법소원이 적법하게 제기되었음에도 헌법재판소 재판관이 청구기간을 오인하여 각하결정을 한 경우, 이에 대한 불복절차 내지 시정절차가 없는 때에는 국가배상책임을 인정할 수 있다.

③ 군 복무 중 사망한 군인 등의 유족인 원고가 「국가배상법」에 따른 손해배상금을 지급받은 경우, 국가는 군인연금법 소정의 사망보상금을 지급함에 있어 원고가 받은 손해배상금 상당 금액을 공제할 수 없다.

④ 외국인이 피해자인 경우 해당 국가와 상호보증이 없더라도 「국가배상법」이 적용된다.

해설

① (X) 국가배상청구의 요건인 '공무원의 직무'에는 권력적 작용만이 아니라 비권력적 작용도 포함되며 단지 행정주체가 사경제주체로서 하는 활동만 제외된다(대판 2001.1.5. 98다39060).

② (O) 헌법재판소 재판관이 청구기간 내에 제기된 헌법소원심판청구 사건에서 청구기간을 오인하여 각하결정을 한 경우, 이에 대한 불복절차 내지 시정절차가 없는 때에는 국가배상책임(위법성)을 인정할 수 있다(대판 2003.7.11. 99다24218).

③ (X) 사망보상금은 일실손해의 보전을 위한 것으로 불법행위로 인한 소극적 손해배상과 같은 종류의 급여이므로, 군 복무 중 사망한 사람의 유족이 국가배상을 받은 경우 국가보훈처장 등은 사망보상금에서 소극적 손해배상금 상당액을 공제할 수 있을 뿐, 이를 넘어 정신적 손해배상금까지 공제할 수 없다(대판 2021. 12. 16. 2019두45944).

④ (X)

국가배상법 제7조 (외국인에 대한 책임) 이 법은 외국인이 피해자인 경우에는 해당 국가와 상호 보증이 있을 때에만 적용한다.

정답 ②

제2절 | 행정상 손실보상

Ⅰ 행정상 손실보상의 의의

Ⅱ 행정상 손실보상청구권의 성질

Ⅲ 행정상 손실보상의 근거

Ⅳ 행정상 손실보상의 요건

Ⅴ 경계이론과 분리이론

Ⅵ 행정상 손실보상의 기준과 내용

Ⅶ 행정상 손실보상의 방법

Ⅷ 행정상 손실보상의 절차와 불복

121 [24국가7급]

「공익사업을 위한 토지 등의 취득 및 보상에 관한 법률」에 따른 토지 등의 취득 및 보상에 대한 내용으로 옳지 않은 것은?

① 사업시행자는 공익사업을 준비하기 위하여 타인이 점유하는 토지에 출입하여 측량하거나 조사할 수 있다.
② 공익사업에 필요한 토지등의 취득 또는 사용으로 인하여 토지소유자나 관계인이 입은 손실은 사업시행자가 보상하여야 한다.
③ 보상액을 산정할 경우에 해당 공익사업으로 인하여 토지등의 가격이 변동되었을 때에는 이를 고려하여야 한다.
④ 토지소유자가 제기하는 행정소송이 보상금의 증감에 관한 소송인 경우 사업시행자를 피고로 한다.

해설

① (O)

> **토지보상법 제9조(사업 준비를 위한 출입의 허가 등)** ① 사업시행자는 공익사업을 준비하기 위하여 타인이 점유하는 토지에 출입하여 측량하거나 조사할 수 있다.

② (O)

> **토지보상법 제61조(사업시행자 보상)** 공익사업에 필요한 토지등의 취득 또는 사용으로 인하여 토지소유자나 관계인이 입은 손실은 사업시행자가 보상하여야 한다.

③ (X)

> **토지보상법 제67조(보상액의 가격시점 등)** ② 보상액을 산정할 경우에 해당 공익사업으로 인하여 토지등의 가격이 변동되었을 때에는 이를 고려하지 아니한다.

④ **(O)**

> **토지보상법 제85조(행정소송의 제기)** ② 제1항에 따라 제기하려는 행정소송이 보상금의 증감(增減)에 관한 소송인 경우 그 소송을 제기하는 자가 토지소유자 또는 관계인일 때에는 사업시행자를, 사업시행자일 때에는 토지소유자 또는 관계인을 각각 피고로 한다.

정답 ③

122 [23국가9급]

손실보상에 대한 설명으로 옳은 것은?

① 「공익사업을 위한 토지 등의 취득 및 보상에 관한 법률」상 사업시행자와 토지소유자 사이의 협의취득에 대한 분쟁은 민사소송으로 다투어야 한다.

② 「공익사업을 위한 토지 등의 취득 및 보상에 관한 법률」에 따라 사업인정고시가 된 후 토지의 사용으로 인하여 토지의 형질이 변경되는 경우에 토지소유자는 중앙토지수용위원회에 그 토지의 매수청구권을 행사할 수 있다.

③ 헌법재판소는 「개발제한구역의 지정 및 관리에 관한 특별조치법」 제11조제1항 등에 대한 위헌소원사건에서 토지의 효용이 감소한 토지소유자에게 토지매수청구권을 인정하는 등 보상규정을 두었지만 적절한 손실보상에 해당하지 않는다고 위헌결정을 하였다.

④ 사업시행자는 동일한 사업지역에 보상시기를 달리하는 동일인 소유의 토지등이 여러 개가 있는 경우 토지등의 소유자가 일괄보상을 요구하더라도 「공익사업을 위한 토지 등의 취득 및 보상에 관한 법률」에 따라 단계적으로 보상금을 지급하여야 한다.

해설

① **(O)** 도시계획사업의 시행자가 그 사업에 필요한 토지를 협의취득하는 행위는 사경제주체로서 행하는 사법상의 법률행위에 지나지 않으며 공권력의 주체로서 우월한 지위에서 행하는 공법상의 행정처분이 아니므로 행정소송의 대상이 되지 않는다(대판 1992. 10. 27. 91누3871).

② **(X)** 사업시행자에게 매수를 청구하거나, 관할 토지수용위원회에 수용을 청구할 수 있다.

> **토지보상법 제72조(사용하는 토지의 매수청구 등)** 사업인정고시가 된 후 다음 각 호의 어느 하나에 해당할 때에는 해당 토지소유자는 사업시행자에게 해당 토지의 매수를 청구하거나 관할 토지수용위원회에 그 토지의 수용을 청구할 수 있다. 이 경우 관계인은 사업시행자나 관할 토지수용위원회에 그 권리의 존속(存續)을 청구할 수 있다.
> 1. 토지를 사용하는 기간이 3년 이상인 경우
> 2. 토지의 사용으로 인하여 토지의 형질이 변경되는 경우

③ **(X)** 1999. 6. 16. 구 도시계획법시행령이 개정되어 개발제한구역 지정 당시 지적법상 지목이 대인 토지 중 나대지에서의 주택의 건축이 허용되었으며, 2000. 1. 28. 제정된 특조법 제16조에서는 개발제한구역의 지정으로 인하여 개발제한구역 안의 토지를 종래의 용도로 사용할 수 없어 그 효용이 현저히 감소한 토지 또는 당해토지의 사용 및 수익이 사실상 불가능한 토지의 소유자에게 토지매수청구권을 인정하고 있다. 위와 같은 점을 종합할 때, 이 사건 특조법조항에 의한 개발제한구역 내에서의 행위제한은 토지재산권의 사회적 제약의 범주 내에 있는 것으로서 비례의 원칙에 위반하여 당해토지의 소유자의 재산권을 과도하게 침해한 것으로 보기 어렵다(헌재 2004. 11. 25. 2003헌바29등).

④ **(X)**

> **토지보상법 제65조(일괄보상)** 사업시행자는 동일한 사업지역에 보상시기를 달리하는 동일인 소유의 토지등이 여러 개 있는 경우 토지소유자나 관계인이 요구할 때에는 한꺼번에 보상금을 지급하도록 하여야 한다.

정답 ①

123 [22국가7급]

다음 사례에 대한 설명으로 옳은 것은? (다툼이 있는 경우 판례에 의함)

경기도 A 군수는 개발촉진지구에서 시행되는 지역개발사업의 시행자로 B를 지정·고시하고 실시계획을 승인·고시하였다. B는 개발사업구역에 편입된 甲 소유 토지에 관하여 「공익사업을 위한 토지 등의 취득 및 보상에 관한 법률」에 따라 甲과 협의를 하였으나 협의가 이루어지지 아니하자 경기도 지방토지수용위원회에 위 토지에 대한 수용재결 신청을 하여 수용재결서 정본을 송달받았다.

① 甲은 수용재결에 불복할 때에는 그 재결서를 받은 날부터 60일 이내에, 이의신청을 거쳤을 때에는 이의신청에 대한 재결서를 받은 날부터 30일 이내에 각각 행정소송을 제기하여야 한다.

② 甲이 수용재결에 이의가 있을 경우 경기도 지방토지수용위원회를 거쳐 중앙토지수용위원회에 이의를 신청할 수 있다.

③ 甲이 수용재결에 대하여 중앙토지수용위원회의 이의재결을 거친 후 취소소송을 제기할 경우, 이의재결에 고유한 위법이 없는 경우에도 중앙토지수용위원회를 피고로 하여 수용재결의 취소를 구하여야 한다.

④ 甲이 보상금의 증액청구를 하고자 하는 경우에는 경기도 지방토지수용위원회를 피고로 하여 당사자소송을 제기하여야 한다.

해설

① (X)

공익사업을 위한 토지 등의 취득 및 보상에 관한 법률 제85조(행정소송의 제기) ① 사업시행자, 토지소유자 또는 관계인은 제34조에 따른 재결에 불복할 때에는 재결서를 받은 날부터 90일 이내에, 이의신청을 거쳤을 때에는 이의신청에 대한 재결서를 받은 날부터 60일 이내에 각각 행정소송을 제기할 수 있다. 이 경우 사업시행자는 행정소송을 제기하기 전에 제84조에 따라 늘어난 보상금을 공탁하여야 하며, 보상금을 받을 자는 공탁된 보상금을 소송이 종결될 때까지 수령할 수 없다.

② (O)

공익사업을 위한 토지 등의 취득 및 보상에 관한 법률 제83조(이의의 신청) ① 중앙토지수용위원회의 제34조에 따른 재결에 이의가 있는 자는 중앙토지수용위원회에 이의를 신청할 수 있다. ② 지방토지수용위원회의 제34조에 따른 재결에 이의가 있는 자는 해당 지방토지수용위원회를 거쳐 중앙토지수용위원회에 이의를 신청할 수 있다. ③ 제1항 및 제2항에 따른 이의의 신청은 재결서의 정본을 받은 날부터 30일 이내에 하여야 한다.

③ (X) 수용재결에 불복하여 취소소송을 제기하는 때에는 이의신청을 거친 경우에도 수용재결을 한 중앙토지수용위원회 또는 지방토지수용위원회를 피고로 하여 수용재결의 취소를 구하여야 하고, 다만 이의신청에 대한 재결 자체에 고유한 위법이 있음을 이유로 하는 경우에는 그 이의재결을 한 중앙토지수용위원회를 피고로 하여 이의재결의 취소를 구할 수 있다고 보아야 한다(대판 2010.1.28, 2008두1504).

④ (X)

공익사업을 위한 토지 등의 취득 및 보상에 관한 법률 제85조(행정소송의 제기) ② 제1항에 따라 제기하려는 행정소송이 보상금의 증감(增減)에 관한 소송인 경우 그 소송을 제기하는 자가 토지소유자 또는 관계인일 때에는 사업시행자를, 사업시행자일 때에는 토지소유자 또는 관계인을 각각 피고로 한다.

정답 ②

124 [22지방7급]

공익사업을 위한 토지 등의 취득 및 보상에 관한 법령상 재결에 대한 설명으로 옳은 것은? (다툼이 있는 경우 판례에 의함)

① 관할 토지수용위원회가 사실을 오인하여 어떤 보상항목이 손실보상대상에 해당하지 않는다고 잘못된 내용의 재결을 한 경우, 피보상자가 이를 다투려면 그 재결에 대한 항고소송을 제기하여야 한다.

② 사업시행자가 토지소유자 등의 재결신청의 청구를 거부하는 경우, 토지소유자 등은 민사소송의 방법으로 그 절차 이행을 구할 수 있다.

③ 토지수용위원회의 수용재결이 있은 후에는 토지소유자 등과 사업시행자가 다시 협의하여 토지 등의 취득이나 사용 및 그에 대한 보상에 관하여 임의로 계약을 체결할 수 없다.

④ 토지소유자 등이 손실보상대상에 해당한다고 주장하며 보상을 요구하는데도 사업시행자가 손실보상대상에 해당하지 아니한다며 보상대상에서 이를 제외한 채 협의를 하지 않아 결국 협의가 성립하지 않은 경우, 토지소유자 등에게는 재결신청청구권이 인정된다.

해설

① **(X)** 법령상 손실보상대상에 해당함에도 관할 토지수용위원회가 사실을 오인하거나 법리를 오해함으로써 손실보상대상에 해당하지 않는다고 잘못된 내용의 재결을 한 경우에는, 피보상자는 관할 토지수용위원회를 상대로 그 재결에 대한 취소소송을 제기할 것이 아니라, 사업시행자를 상대로 구 공익사업을 위한 토지 등의 취득 및 보상에 관한 법률 제85조 제2항에 따른 보상금증감소송을 제기하여야 한다(대판 2018. 7. 20. 2015두4044).

② **(X)** 손실을 입게 된 자가 사업시행자로부터 토지보상법 제77조 제2항에 따라 농업손실에 대한 보상을 받기 위해서는 토지보상법 제34조, 제50조 등에 규정된 재결절차를 거친 다음 그 재결에 대하여 불복이 있는 때에 비로소 토지보상법 제83조 내지 제85조에 따라 권리구제를 받을 수 있을 뿐, 이러한 재결절차를 거치지 않은 채 곧바로 사업시행자를 상대로 손실보상을 청구하는 것은 허용되지 않는다(대법원 2011. 10. 13. 선고 2009다43461 판결 참조). 사업시행자만이 재결을 신청할 수 있고 토지소유자와 관계인은 사업시행자에게 재결신청을 청구하도록 규정하고 있으므로, 토지소유자나 관계인의 재결신청 청구에도 불구하고 사업시행자가 재결신청을 하지 않을 때 토지소유자나 관계인은 사업시행자를 상대로 거부처분 취소소송 또는 부작위 위법확인소송의 방법으로 다투어야 한다(대법원 2011. 7. 14. 선고 2011두2309 판결 등 참조). 구체적인 사안에서 토지소유자나 관계인의 재결신청 청구가 적법하여 사업시행자가 재결신청을 할 의무가 있는지는 본안에서 사업시행자의 거부처분이나 부작위가 적법한가를 판단하는 단계에서 고려할 요소이지, 소송요건 심사단계에서 고려할 요소가 아니다(대판 2019. 8. 29. 2018두57865).

③ **(X)** 토지수용위원회의 수용재결이 있은 후라고 하더라도 토지소유자 등과 사업시행자가 다시 협의하여 토지 등의 취득이나 사용 및 그에 대한 보상에 관하여 임의로 계약을 체결할 수 있다(대판 2017. 4. 13. 2016두64241).

④ **(O)** '협의가 성립되지 아니한 때'에는 사업시행자가 토지소유자 등과 공익사업법 제26조에서 정한 협의절차를 거쳤으나 보상액 등에 관하여 협의가 성립하지 아니한 경우는 물론 토지소유자 등이 손실보상대상에 해당한다고 주장하며 보상을 요구하는데도 사업시행자가 손실보상대상에 해당하지 아니한다며 보상대상에서 이를 제외한 채 협의를 하지 않아 결국 협의가 성립하지 않은 경우도 포함된다(대판 2011. 7. 14. 2011두2309).

정답 ④

125 [23지방7급]

「공익사업을 위한 토지 등의 취득 및 보상에 관한 법률」(이하 '토지보상법'이라 함)상 행정상 손실보상에 대한 설명으로 옳지 않은 것은?

① 사업시행자, 토지소유자 또는 관계인은 토지수용위원회의 재결에 불복할 때에는 재결서를 받은 날부터 90일 이내에, 이의신청을 거쳤을 때에는 이의신청에 대한 재결서를 받은 날부터 60일 이내에 각각 행정소송을 제기할 수 있으며, 이 경우 행정소송의 제기는 사업의 진행 및 토지의 수용 또는 사용을 정지시키지 아니한다.

② 동일한 소유자에게 속하는 일단의 토지의 일부가 협의에 의하여 매수되거나 수용됨으로 인하여 잔여지를 종래의 목적에 사용하는 것이 현저히 곤란할 때에는 해당 토지소유자는 사업시행자에게 잔여지를 매수하여 줄 것을 청구할 수 있으며, 사업인정 이후에는 관할 토지수용위원회에 수용을 청구할 수 있고, 이 경우 수용의 청구는 매수에 관한 협의가 성립되지 아니한 경우에만 할 수 있으며 사업완료일까지 하여야 한다.

③ 토지보상법에 의한 보상금증감청구소송은 보상금의 증액 또는 감액 청구에 관한 소송이므로 잔여지 수용청구를 거절한 재결에 불복하는 소송은 '보상금의 증감에 관한 소송'에 해당되지 아니한다.

④ 하나의 재결에서 피보상자별로 여러 가지의 토지, 물건, 권리 또는 영업의 손실에 관하여 심리·판단이 이루어졌을 때, 피보상자 또는 사업시행자가 여러 보상항목들 중 일부에 관해서만 불복하는 경우 반드시 재결 전부에 관하여 불복하여야 하는 것은 아니다.

해설

① (O)

> **공익사업을 위한 토지 등의 취득 및 보상에 관한 법률 제85조(행정소송의 제기)** ① 사업시행자, 토지소유자 또는 관계인은 제34조에 따른 재결에 불복할 때에는 재결서를 받은 날부터 90일 이내에, 이의신청을 거쳤을 때에는 이의신청에 대한 재결서를 받은 날부터 60일 이내에 각각 행정소송을 제기할 수 있다. 이 경우 사업시행자는 행정소송을 제기하기 전에 제84조에 따라 늘어난 보상금을 공탁하여야 하며, 보상금을 받을 자는 공탁된 보상금을 소송이 종결될 때까지 수령할 수 없다.
>
> **제88조(처분효력의 부정지)** 제83조에 따른 이의의 신청이나 제85조에 따른 행정소송의 제기는 사업의 진행 및 토지의 수용 또는 사용을 정지시키지 아니한다.

② (O)

> **공익사업을 위한 토지 등의 취득 및 보상에 관한 법률 제74조(잔여지 등의 매수 및 수용 청구)** ① 동일한 소유자에게 속하는 일단의 토지의 일부가 협의에 의하여 매수되거나 수용됨으로 인하여 잔여지를 종래의 목적에 사용하는 것이 현저히 곤란할 때에는 해당 토지소유자는 사업시행자에게 잔여지를 매수하여 줄 것을 청구할 수 있으며, 사업인정 이후에는 관할 토지수용위원회에 수용을 청구할 수 있다. 이 경우 수용의 청구는 매수에 관한 협의가 성립되지 아니한 경우에만 할 수 있으며, 사업완료일까지 하여야 한다.
>
> ② 제1항에 따라 매수 또는 수용의 청구가 있는 잔여지 및 잔여지에 있는 물건에 관하여 권리를 가진 자는 사업시행자나 관할 토지수용위원회에 그 권리의 존속을 청구할 수 있다.

③ (X) 잔여지 수용청구를 받아들이지 않은 토지수용위원회의 재결에 대하여 토지소유자가 불복하여 제기하는 소송은 위 법 제85조 제2항에 규정되어 있는 '보상금의 증감에 관한 소송'에 해당하여 사업시행자를 피고로 하여야 한다(대판 2010. 8. 19. 2008두822).

④ (O) 피보상자 또는 사업시행자가 반드시 재결 전부에 관하여 불복하여야 하는 것은 아니며, 여러 보상항목들 중 일부에 관해서만 불복하는 경우에는 그 부분에 관해서만 개별적으로 불복의 사유를 주장하여 행정소송을 제기할 수 있다(대판 2018. 5. 15. 2017두41221).

정답 ③

126 [23지방9급]

「공익사업을 위한 토지 등의 취득 및 보상에 관한 법률」에 대한 설명으로 옳지 않은 것은?

① 구「하천법」에 의한 하천수 사용권은 「공익사업을 위한 토지 등의 취득 및 보상에 관한 법률」이 손실보상의 대상으로 규정하고 있는 '물의 사용에 관한 권리'에 해당한다.

② 토지수용위원회의 재결에 대한 토지소유자의 행정소송 제기는 사업의 진행 및 토지의 수용 또는 사용을 정지시키지 아니한다.

③ 사업인정은 공익사업의 시행자에게 그 후 일정한 절차를 거칠 것을 조건으로 일정한 내용의 수용권을 설정하여 주는 형성행위이다.

④ 어떤 보상항목이 공익사업을 위한 토지 등의 취득 및 보상에 관한 법령상 손실보상대상에 해당함에도 관할 토지수용위원회가 사실을 오인하거나 법리를 오해함으로써 손실보상대상에 해당하지 않는다고 잘못된 내용의 재결을 한 경우에는, 피보상자는 관할 토지수용위원회를 상대로 재결취소소송을 제기하여야 한다.

해설

① (O) 하천법 제50조에 의한 하천수 사용권은 공익사업을 위한 토지 등의 취득 및 보상에 관한 법률 제76조 제1항이 손실보상의 대상으로 규정하고 있는 '물의 사용에 관한 권리'에 해당한다(대판 2018. 12. 27. 2014두11601).

② (O)

토지보상법 제88조(처분효력의 부정지) 제83조에 따른 이의의 신청이나 제85조에 따른 행정소송의 제기는 사업의 진행 및 토지의 수용 또는 사용을 정지시키지 아니한다.

③ (O) 사업인정이란 공익사업을 토지 등을 수용 또는 사용할 사업으로 결정하는 것으로서 공익사업의 시행자에게 그 후 일정한 절차를 거칠 것을 조건으로 일정한 내용의 수용권을 설정하여 주는 형성행위이므로, 사업시행자에게 해당 공익사업을 수행할 의사와 능력이 있어야 한다는 것도 사업인정의 한 요건이라고 보아야 한다(대판 2011.1.27. 2009두1051).

④ (X) 법령상 손실보상대상에 해당함에도 관할 토지수용위원회가 사실을 오인하거나 법리를 오해함으로써 손실보상대상에 해당하지 않는다고 잘못된 내용의 재결을 한 경우에는, 피보상자는 관할 토지수용위원회를 상대로 그 재결에 대한 취소소송을 제기할 것이 아니라, 사업시행자를 상대로 구 공익사업을 위한 토지 등의 취득 및 보상에 관한 법률 제85조 제2항에 따른 보상금증감소송을 제기하여야 한다(대판 2018. 7. 20. 2015두4044).

정답 ④

127 [24국가9급]

「공익사업을 위한 토지 등의 취득 및 보상에 관한 법률」상 손실보상에 대한 설명으로 옳지 않은 것은?

① 영업을 하기 위해 투자한 비용이나 그 영업을 통해 얻을 것으로 기대되는 이익에 대한 손실은 영업손실보상의 대상이 된다고 할 수 없다.

② 토지소유자가 손실보상금의 액수를 다투고자 하는 경우 토지수용위원회가 아니라 사업시행자를 상대로 보상금의 증액을 구하는 소송을 제기해야 한다.

③ 토지수용위원회의 재결에 대한 토지소유자의 행정소송 제기는 사업의 진행 및 토지의 수용 또는 사용을 정지시키지 아니한다.

④ 어떤 보상항목이 손실보상대상에 해당함에도 관할 토지수용위원회가 사실을 오인하거나 법리를 오해함으로써 손실보상대상에 해당하지 않는다고 잘못된 내용의 재결을 한 경우에는, 피보상자는 관할 토지수용위원회를 상대로 재결취소소송을 제기하여야 한다.

해설

① (O) '영업상의 손실' 규정은 영업을 하기 위하여 투자한 비용이나 그 영업을 통하여 얻을 것으로 기대되는 이익에 대한 손실보상의 근거규정이 될 수 없고, 이러한 손실은 그 보상의 대상이 된다고 할 수 없다(대판 2006.1.27. 2003두13106).

② (O) 보상금 증액 청구의 소는 토지소유자 등이 사업시행자를 상대로 제기하는 당사자소송의 형식을 취하고 있지만, 토지수용위원회의 재결 중 보상금 산정에 관한 부분에 불복하여 그 증액을 구하는 소이므로 실질적으로는 재결을 다투는 항고소송의 성질을 가진다(대판 2022. 11. 24. 2018두67 전원합의체).

③ (O)

> **토지보상법 제88조(처분효력의 부정지)** 제83조에 따른 이의의 신청이나 제85조에 따른 행정소송의 제기는 사업의 진행 및 토지의 수용 또는 사용을 정지시키지 아니한다.

④ (X) 법령상 손실보상대상에 해당함에도 관할 토지수용위원회가 사실을 오인하거나 법리를 오해함으로써 손실보상대상에 해당하지 않는다고 잘못된 내용의 재결을 한 경우에는, 피보상자는 관할 토지수용위원회를 상대로 그 재결에 대한 취소소송을 제기할 것이 아니라, 사업시행자를 상대로 구 공익사업을 위한 토지 등의 취득 및 보상에 관한 법률 제85조 제2항에 따른 보상금증감소송을 제기하여야 한다(대판 2018. 7. 20. 2015두4044).

정답 ④

128 [24지방9급]

손실보상에 대한 설명으로 옳은 것만을 모두 고르면?

ㄱ. 공공필요에 의한 재산권의 수용·사용 또는 제한 및 그에 대한 보상은 법률로써 하되, 정당한 보상을 지급하여야 한다.

ㄴ. 「하천법」 부칙과 이에 따른 특별조치법이 하천구역으로 편입된 토지에 대하여 손실보상청구권을 규정하였다고 하더라도 당해 법률규정이 아니라 관리청의 보상금지급결정에 의하여 비로소 손실보상청구권이 발생한다.

ㄷ. 「공익사업을 위한 토지 등의 취득 및 보상에 관한 법률」상 보상금의 증감에 관한 소송인 경우 그 소송을 제기하는 자가 토지소유자 또는 관계인일 때에는 지방토지수용위원회 또는 중앙토지수용위원회를 피고로 한다.

ㄹ. 수용재결에 불복하여 취소소송을 제기하는 때에는 이의신청을 거친 경우에도 수용재결을 한 중앙토지수용위원회 또는 지방토지수용위원회를 피고로 하여 수용재결의 취소를 구하여야 하지만, 이의신청에 대한 재결 자체에 고유한 위법이 있는 경우에는 그 이의재결을 한 중앙토지수용위원회를 피고로 하여 이의재결의 취소를 구할 수 있다.

① ㄱ, ㄴ
② ㄱ, ㄹ
③ ㄴ, ㄷ
④ ㄴ, ㄷ, ㄹ

해설

ㄱ. (O)

대한민국 헌법 제23조 ③공공필요에 의한 재산권의 수용·사용 또는 제한 및 그에 대한 보상은 법률로써 하되, 정당한 보상을 지급하여야 한다.

ㄴ. (X) 하천구역 편입토지 보상에 관한 특별조치법상 손실보상청구권의 법적 성질은 공법상의 권리임이 분명하므로 그에 관한 쟁송은 민사소송이 아닌 행정소송절차에 의하여야 할 것이고, 위 손실보상청구권은 개정 특조법 제2조 소정의 토지가 하천구역으로 된 경우에 당연히 발생되는 것이지, 관리청의 보상금지급결정에 의하여 비로소 발생하는 것이 아니므로, 위 손실보상금의 지급을 구하거나 손실보상청구권의 확인을 구하는 소송은 행정소송법 제3조 제2호 소정의 당사자소송에 의하여야 할 것이다(대판 2006.05.18. 2004다6207 전원합의체).

ㄷ. (X)

공익사업을 위한 토지 등의 취득 및 보상에 관한 법률 제85조(행정소송의 제기) ② 제1항에 따라 제기하려는 행정소송이 보상금의 증감(增減)에 관한 소송인 경우 그 소송을 제기하는 자가 토지소유자 또는 관계인일 때에는 사업시행자를, 사업시행자일 때에는 토지소유자 또는 관계인을 각각 피고로 한다.

ㄹ. (O) 수용재결에 불복하여 취소소송을 제기하는 때에는 이의신청을 거친 경우에도 수용재결을 한 중앙토지수용위원회 또는 지방토지수용위원회를 피고로 하여 수용재결의 취소를 구하여야 하고, 다만 이의신청에 대한 재결 자체에 고유한 위법이 있음을 이유로 하는 경우에 이의재결의 취소를 구할 수 있다(대판 2010.1.28, 2008두1504).

정답 ②

129 [23국가7급]

「공익사업을 위한 토지 등의 취득 및 보상에 관한 법률」상의 토지 등의 취득 및 그 보상에 대한 설명으로 옳은 것만을 모두 고르면?

ㄱ. 사업인정은 공익사업의 시행자에게 일정한 절차를 거칠 것을 조건으로 일정한 내용의 수용권을 설정하여 주는 형성행위이며, 사업시행자에게 해당 공익사업을 수행할 의사와 능력이 있어야 한다는 것도 사업인정의 한 요건이 된다.

ㄴ. 사업시행자가 「공증인법」에 따른 공증을 받아 협의 성립의 확인을 신청한 경우, 그 신청이 수리되면 협의 성립의 확인이 있었던 것으로 간주되고 그에 관한 재결이 있었던 것으로 재차 의제되므로 그에 따라 사업시행자는 사법상 매매의 효력만을 갖는 협의취득과는 달리 확인대상 토지를 수용재결의 경우와 동일하게 원시취득하는 효과를 누리게 된다.

ㄷ. 토지수용위원회의 수용재결이 있은 후에도 토지소유자 등과 사업시행자는 다시 협의하여 토지 등의 취득이나 사용 및 그에 대한 보상에 관하여 임의로 계약을 체결할 수 있다.

ㄹ. 사업인정고시는 수용재결절차로 나아가 강제적인 방식으로 토지소유자나 관계인의 권리를 취득·보상하기 위한 절차적 요건에 지나지 않고 영업손실보상의 요건이 아니므로, 사업시행자가 시행하는 사업이 공익사업에 해당하고 그 사업으로 인한 폐업이 영업손실 보상대상에 해당한다면 사업인정고시가 없더라도 사업시행자는 영업손실을 보상할 의무가 있다.

① ㄱ, ㄴ　　② ㄱ, ㄷ, ㄹ
③ ㄴ, ㄷ, ㄹ　　④ ㄱ, ㄴ, ㄷ, ㄹ

해설

ㄱ. (O) 해당 공익사업을 수행하여 공익을 실현할 의사나 능력이 없는 자에게 타인의 재산권을 공권력적 · 강제적으로 박탈할 수 있는 수용권을 설정하여 줄 수는 없으므로, 사업시행자에게 해당 공익사업을 수행할 의사와 능력이 있어야 한다는 것도 사업인정의 한 요건이라고 보아야 한다(대판 2011.1.27. 2009두1051).

ㄴ. (O) 토지보상법상 '협의취득'의 성격은 사법상 매매계약이므로 그 이행으로 인한 사업시행자의 소유권 취득도 승계취득이다. 그런데 토지보상법 제29조 제3항에 따른 신청이 수리됨으로써 협의 성립의 확인이 있었던 것으로 간주되면, 토지보상법 제29조 제4항에 따라 그에 관한 재결이 있었던 것으로 재차 의제되고, 그에 따라 사업시행자는 사법상 매매의 효력만을 갖는 협의취득과는 달리 확인대상 토지를 수용재결의 경우와 동일하게 원시취득하는 효과를 누리게 된다(대판 2018. 12. 13. 2016두51719).

ㄷ. (O) 토지수용위원회의 수용재결이 있은 후라고 하더라도 토지소유자 등과 사업시행자가 다시 협의하여 토지 등의 취득이나 사용 및 그에 대한 보상에 관하여 임의로 계약을 체결할 수 있다(대판 2017. 4. 13. 2016두64241).

ㄹ. (O) 사업인정고시는 수용재결절차로 나아가 강제적인 방식으로 토지소유자나 관계인의 권리를 취득 · 보상하기 위한 절차적 요건에 지나지 않고 영업손실보상의 요건이 아니다. 토지보상법령도 반드시 사업인정이나 수용이 전제되어야 영업손실 보상의무가 발생한다고 규정하고 있지 않다. 따라서 피고가 시행하는 사업이 토지보상법상 공익사업에 해당하고 원고들의 영업이 해당 공익사업으로 폐업하거나 휴업하게 된 것이어서 토지보상법령에서 정한 영업손실 보상대상에 해당하면, 사업인정고시가 없더라도 피고는 원고들에게 영업손실을 보상할 의무가 있다(대판 2021. 11. 11. 선고 2018다204022).

정답 ④

Ⅸ 행정상 손해전보제도의 흠결보완

제3장 행정심판

제1절 | 행정심판의 의의

제2절 | 행정심판의 종류

130 [22국가7급]

「행정심판법」에 따른 행정심판기관이 아닌 특별행정심판기관에 의하여 처리되는 특별행정심판에 해당하는 것만을 모두 고르면? (다툼이 있는 경우 판례에 의함)

ㄱ. 「국세기본법」상 조세심판
ㄴ. 「도로교통법」상 행정심판
ㄷ. 「국가공무원법」상 소청심사
ㄹ. 「공익사업을 위한 토지 등의 취득 및 보상에 관한 법률」상 토지수용재결에 대한 이의신청

① ㄱ, ㄴ ② ㄱ, ㄷ, ㄹ
③ ㄴ, ㄷ, ㄹ ④ ㄱ, ㄴ, ㄷ, ㄹ

해설

ㄱ. (O)

국세기본법 제67조(조세심판원) ① 심판청구에 대한 결정을 하기 위하여 국무총리 소속으로 조세심판원을 둔다.

ㄴ. (X)

행정심판법 제8조(중앙행정심판위원회의 구성) ⑥ 중앙행정심판위원회는 심판청구사건(이하 "사건"이라 한다) 중 「도로교통법」에 따른 자동차운전면허 행정처분에 관한 사건(소위원회가 중앙행정심판위원회에서 심리·의결하도록 결정한 사건은 제외한다)을 심리·의결하게 하기 위하여 4명의 위원으로 구성하는 소위원회를 둘 수 있다.

ㄷ. (O)

국가공무원법 제9조(소청심사위원회의 설치) ① 행정기관 소속 공무원의 징계처분, 그 밖에 그 의사에 반하는 불리한 처분이나 부작위에 대한 소청을 심사·결정하게 하기 위하여 인사혁신처에 소청심사위원회를 둔다.

② 국회, 법원, 헌법재판소 및 선거관리위원회 소속 공무원의 소청에 관한 사항을 심사·결정하게 하기 위하여 국회사무처, 법원행정처, 헌법재판소사무처 및 중앙선거관리위원회사무처에 각각 해당 소청심사위원회를 둔다.

ㄹ. (O)

> **공익사업을 위한 토지 등의 취득 및 보상에 관한 법률 제83조(이의의 신청)** ① 중앙토지수용위원회의 제34조에 따른 재결에 이의가 있는 자는 중앙토지수용위원회에 이의를 신청할 수 있다.
>
> ② 지방토지수용위원회의 제34조에 따른 재결에 이의가 있는 자는 해당 지방토지수용위원회를 거쳐 중앙토지수용위원회에 이의를 신청할 수 있다.
>
> ③ 제1항 및 제2항에 따른 이의의 신청은 재결서의 정본을 받은 날부터 30일 이내에 하여야 한다.

정답 ③

제3절 | 행정심판의 대상

제4절 | 행정심판의 당사자 등

제5절 | 행정심판위원회

제6절 | 행정심판의 청구

131 [23국가9급]

공익신고자 丙은 甲이 「국민기초생활 보장법」상의 복지급여를 부정수급하고 있다고 관할 乙행정청에 신고하였다. 이에 대하여 甲은 乙에게 부정수급 신고를 한 자와 그 내용에 대해 정보공개청구를 하였다. 이후 甲은 乙의 비공개결정통지를 받았고(2022. 8. 26.) **이에 대해 국민권익위원회에 고충민원을 제기하였으나**(2022. 9. 16.), **국민권익위원회로부터 乙의 결정은 문제가 없다는 안내를 받았다**(2022. 10. 26.). **그리고 甲은 乙의 비공개결정의 취소를 구하는 행정심판을 제기하게 되었다**(2022. 12. 27.). **이에 대한 설명으로 옳은 것만을 모두 고르면?**

> ㄱ. 「개인정보 보호법」상 정보주체에게 열람청구권이 보장되어 있더라도, 甲은 이에 근거하여 乙에게 신고자에 대한 정보공개를 요구하여 그 정보를 받을 수 없다.
>
> ㄴ. 甲의 행정심판청구는 행정심판 제기기간 내에 이루어졌으므로 적법하다.
>
> ㄷ. 甲의 국민권익위원회에 대한 고충민원 제기는 이의신청에 해당하므로, 고충민원에 대한 답변을 받은 날이 행정심판 제기기간의 기산점이 된다.
>
> ㄹ. 학술·연구를 위하여 일시적으로 체류하는 외국인 丙은 「국민기초생활 보장법」상의 복지급여 지급기준에 대해 정보공개를 청구할 권리가 인정된다.

① ㄱ, ㄴ
② ㄱ, ㄹ
③ ㄴ, ㄷ
④ ㄱ, ㄷ, ㄹ

해설

ㄱ. (O) 기관이 아닌 개인이 타인에 관한 정보의 공개를 청구하는 경우에는 '구 공공기관의 개인정보보호에 관한 법률'이 아닌 '공공기관의 정보공개에 관한 법률' 제9조 제1항 제6호에 따라 개인에 관한 정보의 공개 여부를 판단하여야 한다(대판 2010.2.25. 2007두9877).

ㄴ. (X) ㄷ. (X) 다른 행정기관인 국민권익위원회에 대한 고충민원 제기는 이의신청에 해당하지 않고, 고충민원에 대한 답변과 무관하게 관할 행정청의 비공개결정통지를 받은 날이 행정심판 내지 행정소송 제기기간의 기산점이 된다.

> **행정기본법 제36조(처분에 대한 이의신청)** ① 행정청의 처분(「행정심판법」 제3조에 따라 같은 법에 따른 행정심판의 대상이 되는 처분을 말한다. 이하 이 조에서 같다)에 이의가 있는 당사자는 처분을 받은 날부터 30일 이내에 해당 행정청에 이의신청을 할 수 있다.
>
> ④ 이의신청에 대한 결과를 통지받은 후 행정심판 또는 행정소송을 제기하려는 자는 그 결과를 통지받은 날(제2항에 따른 통지기간 내에 결과를 통지받지 못한 경우에는 같은 항에 따른 통지기간이 만료되는 날의 다음 날을 말한다)부터 90일 이내에 행정심판 또는 행정소송을 제기할 수 있다.
>
> ⑦ 다음 각 호의 어느 하나에 해당하는 사항에 관하여는 이 조를 적용하지 아니한다.
> 1. 공무원 인사 관계 법령에 따른 징계 등 처분에 관한 사항
> 2. 「국가인권위원회법」 제30조에 따른 진정에 대한 국가인권위원회의 결정
> 3. 「노동위원회법」 제2조의2에 따라 노동위원회의 의결을 거쳐 행하는 사항
> 4. 형사, 행형 및 보안처분 관계 법령에 따라 행하는 사항
> 5. 외국인의 출입국·난민인정·귀화·국적회복에 관한 사항
> 6. 과태료 부과 및 징수에 관한 사항

ㄹ. (O)

> **공공기관의 정보공개에 관한 법률 제5조(정보공개 청구권자)** ② 외국인의 정보공개 청구에 관하여는 대통령령으로 정한다.
>
> **동법 시행령 제3조 [외국인의 정보공개청구]** 법 제5조 제2항의 규정에 의하여 정보공개를 청구할 수 있는 외국인은 다음 각호의 1에 해당하는 자이어야 한다.
> 1. 국내에 일정한 주소를 두고 거주하거나 학술·연구를 위하여 일시적으로 체류하는 자
> 2. 국내에 사무소를 두고 있는 법인 또는 단체

정답 ②

제7절 | 행정심판의 심리

제8절 | 행정심판의 재결

132 [23지방9급]

다음 사례에 대한 설명으로 옳은 것은?

식품접객업을 하는 甲은 청소년의 연령을 확인하지 않고 주류를 판매한 사실이 적발되어 관할 행정청 乙로부터 「식품위생법」 위반을 이유로 영업정지 2개월을 부과받자 관할 행정심판위원회 丙에 행정심판을 청구하였다.

① 丙은 영업정지 2개월에 갈음하여 「식품위생법」 소정의 과징금으로 변경할 수 없다.

② 甲이 丙의 기각재결을 받은 후 재결 자체에 고유한 하자가 있음을 주장하며 그 기각재결에 대하여 취소소송을 제기한 경우, 수소법원은 심리 결과 재결 자체에 고유한 위법이 없다면 각하판결을 하여야 한다.

③ 丙이 영업정지처분을 취소하는 재결을 할 경우, 乙은 이 인용재결의 취소를 구하는 행정소송을 제기할 수 없다.

④ 丙은 행정심판의 심리과정에서 甲의 「식품위생법」상의 또 다른 위반 사실을 인지한 경우, 乙의 2개월 영업정지와는 별도로 1개월 영업정지를 추가하여 부과하는 재결을 할 수 있다.

해설

① (X) 행정심판위원회는 처분을 변경하는 것이 가능하다.

> **행정심판법 제5조(행정심판의 종류)** 행정심판의 종류는 다음 각 호와 같다.
> 1. 취소심판 : 행정청의 위법 또는 부당한 처분을 취소하거나 변경하는 행정심판

② (X) 재결 자체에 고유한 위법이 없는 경우에는 원처분의 당부와는 상관없이 당해 재결취소소송은 이를 기각하여야 한다(대판 1994.1.25, 93누16901).

③ (O) 재결의 기속력 및 항고소송의 원고적격을 고려할 때, 행정청은 인용재결의 취소를 구하는 행정소송을 제기할 수 없다.

> **행정심판법 제49조(재결의 기속력 등)** ① 심판청구를 인용하는 재결은 피청구인과 그 밖의 관계 행정청을 기속(羈束)한다.

④ (X)

> **행정심판법 제47조(재결의 범위)** ① 위원회는 심판청구의 대상이 되는 처분 또는 부작위 외의 사항에 대하여는 재결하지 못한다.
>
> ② 위원회는 심판청구의 대상이 되는 처분보다 청구인에게 불리한 재결을 하지 못한다.

정답 ③

133 [24지방9급]

판례의 입장으로 옳지 않은 것은?

① 교원소청심사위원회의 결정은 학교법인에 대하여 기속력을 가지지만 기속력은 그 결정의 주문에 포함된 사항에 미치는 것이지 그 전제가 된 요건사실의 인정과 불리한 처분 등의 구체적 위법사유에 관한 판단에까지 미치는 것은 아니다.

② 어업권면허에 선행하는 우선순위결정은 행정청이 우선권자로 결정된 자의 신청이 있으면 어업권면허처분을 하겠다는 것을 약속하는 행위로서 행정처분이 아니다.

③ 행정지도가 강제성을 띠지 않은 비권력적 작용으로서 행정지도의 한계를 일탈하지 않았다면, 그로 인하여 상대방에게 어떤 손해가 발생하였다 하더라도 행정기관은 그에 대한 손해배상책임이 없다.

④ 「공익사업을 위한 토지 등의 취득 및 보상에 관한 법률」상 적법하게 시행된 공익사업으로 인하여 이주하게 된 주거용 건축물 세입자의 주거이전비 보상청구권은 공법상의 권리이고, 따라서 그 보상을 둘러싼 쟁송은 민사소송이 아니라 공법상의 법률관계를 대상으로 하는 행정소송에 의하여야 한다.

해설

① **(X)** 교원소청심사위원회(이하 '위원회'라 한다)의 결정은 처분청에 대하여 기속력을 가지고 이는 그 결정의 주문에 포함된 사항뿐 아니라 그 전제가 된 요건사실의 인정과 판단, 즉 처분 등의 구체적 위법사유에 관한 판단에까지 미친다(대판 2013.7.25. 2012두12297).

② **(O)** 어업권면허에 선행하는 우선순위결정은 강학상 확약에 불과하고 행정처분이 아니므로, 우선순위결정에 공정력이나 불가쟁력과 같은 효력이 인정되지 않는다(대판 1995.1.20. 94누6529).

③ **(O)** 행정지도가 강제성을 띠지 않은 비권력적 작용으로서 행정지도의 한계를 일탈하지 아니하였다면, 그로 인하여 상대방에게 어떤 손해가 발생하였다 하더라도 행정기관은 그에 대한 손해배상책임이 없다(대판 2008.9.25. 2006다18228).

④ **(O)** 적법하게 시행된 공익사업으로 인하여 이주하게 된 주거용 건축물 세입자의 주거이전비 보상청구권은 공법상의 권리이고, 세입자의 주거이전비 보상청구권은 그 요건을 충족하는 경우에 당연히 발생하는 것이므로, 주거이전비 보상청구소송은 행정소송법 제3조 제2호에 규정된 당사자소송에 의하여야 한다(대판 2008.5.29. 2007다8129).

정답 ①

134 [24국가9급]

행정심판 재결의 효력에 대한 설명으로 옳지 않은 것은?

① 행정심판 재결의 내용이 처분청의 처분을 스스로 취소하는 것일 때에는 그 재결의 형성력이 발생하여 당해 행정처분은 별도의 행정처분을 기다릴 것 없이 당연히 취소되어 소멸된다.

② 행정처분이나 행정심판 재결이 불복기간의 경과로 확정될 경우 그 확정력은 처분으로 법률상 이익을 침해받은 자가 당해 처분이나 재결의 효력을 더 이상 다툴 수 없다는 의미일 뿐 판결과 같은 기판력이 인정되는 것은 아니다.

③ 당사자의 신청을 받아들이지 않은 거부처분이 재결에서 취소된 경우에 행정청은 종전 거부처분 또는 재결 후에 발생한 새로운 사유를 내세워 다시 거부처분을 할 수 없다.

④ 교원소청심사위원회의 결정은 처분청에 대하여 기속력을 가지고 이는 그 결정의 주문에 포함된 사항뿐 아니라 처분 등의 구체적 위법사유에 관한 판단에까지 미친다.

해설

① **(O)** 행정심판에 있어서 재결청의 재결내용이 처분청에 취소를 명하는 것이아니라 처분청의 처분을 스스로 취소하는 것일 때에는 그 재결에 형성력이 발생하여 당해 행정처분은 별도의 행정처분을 기다릴 것 없이 당연히 취소되어 소멸되는 것이어서 그 후 동일한 사안에 대해 처분청이 또다른 처분을 하였다면 이는 위 소멸된 처분과는 완전히 독립된 별개의 처분이라 할 것이고, 따라서 새로운 처분에 대한 제소기간 준수 여부도 그 새로운 처분을 기준으로 판단하여야 한다(대판 1994. 4. 12. 93누1879).

② **(O)** 행정처분이나 행정심판 재결이 불복기간의 경과로 인하여 확정될 경우 확정력은 처분으로 인하여 법률상 이익을 침해받은 자가 처분이나 재결의 효력을 더 이상 다툴 수 없다는 의미일 뿐 판결에 있어서와 같은 기판력이 인정되는 것은 아니어서 처분의 기초가 된 사실관계나 법률적 판단이 확정되고 당사자들이나 법원이 이에 기속되어 모순되는 주장이나 판단을 할 수 없게 되는 것은 아니다(대판 1993.04.13. 92누17181).

③ **(X)** 거부처분 후에 개정된 법령 및 허가기준을 새로운 사유로 들어 다시 이전의 신청에 대한 거부처분을 할 수 있으며 그러한 처분도 행정소송법 제30조 제2항에 규정된 재처분에 해당된다(대결 1998.1.7, 97두22).

④ **(O)** 교원소청심사위원회의 결정은 학교법인 등에 대하여 기속력을 가지고 이는 그 결정의 주문에 포함된 사항뿐 아니라 그 전제가 된 요건사실의 인정과 판단, 즉 불리한 처분 등의 구체적 위법사유에 관한 판단에까지 미친다(대판 2018. 7. 12. 2017두65821).

정답 ③

제9절 | 행정심판의 고지

제10절 | 전자정보처리조직을 통한 행정심판절차의 수행

135 [23지방7급]

「행정심판법」상 행정심판에 대한 설명으로 옳은 것만을 모두 고르면?

ㄱ. 심판청구에 대한 재결이 있으면 그 재결 및 같은 처분 또는 부작위에 대하여 다시 행정심판을 청구할 수 없다.
ㄴ. 행정심판위원회는 처분 또는 부작위가 위법·부당하다고 상당히 의심되는 경우로서 처분 또는 부작위 때문에 당사자가 받을 우려가 있는 중대한 불이익이나 당사자에게 생길 급박한 위험을 막기 위하여 임시지위를 정하여야 할 필요가 있는 경우에는 집행정지로 목적을 달성할 수 있더라도 직권으로 또는 당사자의 신청에 의하여 임시처분을 결정할 수 있다.
ㄷ. 행정심판위원회는 피청구인이 의무이행재결 중 처분명령재결의 취지에 따른 처분을 하지 아니하는 경우에, 청구인의 신청에 의하여 결정으로 상당한 기간을 정하고 피청구인이 그 기간 내에 이행하지 아니하는 경우에는 그 지연기간에 따라 일정한 배상을 하도록 명하거나 즉시 배상을 할 것을 명할 수 있다.
ㄹ. 피청구인 또는 행정심판위원회는 전자정보처리조직을 통하여 행정심판을 청구하거나 심판참가를 한 자가 동의한 경우에 전자정보처리조직과 그와 연계된 정보통신망을 이용하여 재결서나 「행정심판법」에 따른 각종 서류를 청구인 또는 참가인에게 송달할 수 있다.

① ㄱ, ㄷ ② ㄱ, ㄴ, ㄹ ③ ㄱ, ㄷ, ㄹ ④ ㄴ, ㄷ, ㄹ

해설

ㄱ. (O)

행정심판법 제51조(행정심판 재청구의 금지) 심판청구에 대한 재결이 있으면 그 재결 및 같은 처분 또는 부작위에 대하여 다시 행정심판을 청구할 수 없다.

ㄴ. (X)

행정심판법 제31조(임시처분) ① 위원회는 처분 또는 부작위가 위법·부당하다고 상당히 의심되는 경우로서 처분 또는 부작위 때문에 당사자가 받을 우려가 있는 중대한 불이익이나 당사자에게 생길 급박한 위험을 막기 위하여 임시지위를 정하여야 할 필요가 있는 경우에는 직권으로 또는 당사자의 신청에 의하여 임시처분을 결정할 수 있다.
③ 제1항에 따른 임시처분은 제30조 제2항에 따른 집행정지로 목적을 달성할 수 있는 경우에는 허용되지 아니한다.

ㄷ. (O)

행정심판법 제50조의2(위원회의 간접강제) ① 위원회는 피청구인이 제49조 제2항(제49조 제4항에서 준용하는 경우를 포함한다) 또는 제3항에 따른 처분을 하지 아니하면 청구인의 신청에 의하여 결정으로 상당한 기간을 정하고 피청구인이 그 기간 내에 이행하지 아니하는 경우에는 그 지연기간에 따라 일정한 배상을 하도록 명하거나 즉시 배상을 할 것을 명할 수 있다.

ㄹ. (O)

행정심판법 제54조(전자정보처리조직을 이용한 송달 등) ① 피청구인 또는 위원회는 제52조 제1항에 따라 행정심판을 청구하거나 심판참가를 한 자에게 전자정보처리조직과 그와 연계된 정보통신망을 이용하여 재결서나 이 법에 따른 각종 서류를 송달할 수 있다. 다만 청구인이나 참가인이 동의하지 아니하는 경우에는 그러하지 아니하다.

정답 ③

제4장 행정소송

제1절 | 행정소송 일반론

제2절 | 취소소송

I 취소소송의 의의

II 재판관할

136 [22지방7급]

「행정소송법」상 행정소송에 대한 설명으로 옳은 것은? (다툼이 있는 경우 판례에 의함)

① 「도시 및 주거환경정비법」상 주택재건축정비사업조합을 상대로 관리처분계획안에 대한 조합 총회결의의 효력을 다투는 소송은 당사자소송에 해당하므로 당해 소송에서 「민사집행법」상 가처분에 관한 규정이 준용되지 않는다.

② 원고가 고의 또는 중대한 과실 없이 행정소송으로 제기하여야 할 사건을 민사소송으로 잘못 제기한 경우, 행정소송에 대한 관할을 가지고 있지 아니한 수소법원은 당해 소송이 행정소송으로서의 제소기간을 도과한 것이 명백하더라도 관할법원에 이송하여야 한다.

③ 「도시 및 주거환경정비법」상 주택재건축사업조합이 새로이 조합설립인가처분을 받은 것과 동일한 요건과 절차를 거쳐 조합설립변경인가처분을 받은 경우, 당초의 조합설립인가처분이 유효한 것을 전제로 당해 주택재건축사업조합이 시공사 선정 등의 후속행위를 하였다 하더라도 특별한 사정이 없는 한 당초의 조합설립인가처분의 무효확인을 구할 소의 이익은 없다.

④ 처분에 대한 취소소송에 당해 처분의 취소를 선결문제로 하는 부당이득반환청구가 병합된 경우, 부당이득반환청구가 인용되기 위해서는 당해 처분이 그 소송절차에서 판결에 의해 취소되면 충분하고 당해 처분의 취소가 확정되어야 하는 것은 아니다.

해설

① (X) 관리처분계획안에 대한 조합 총회결의의 효력을 다투는 소송은 행정처분에 이르는 절차적 요건의 존부나 효력 유무에 관한 소송으로서 소송결과에 따라 행정처분의 위법 여부에 직접 영향을 미치는 공법상 법률관계에 관한 것이므로, 이는 행정소송법상 당사자소송에 해당한다. 그리고 이러한 당사자소송에 대하여는 행정소송법 제23조 제2항의 집행정지에 관한 규정이 준용되지 아니하므로(행정소송법 제44조 제1항 참조), 이를 본안으로 하는 가처분에 대하여는 행정소송법 제8조 제2항에 따라 민사집행법상 가처분에 관한 규정이 준용되어야 한다(대판 2015.08.21. 2015무26).

② (X) 원고가 고의 또는 중대한 과실 없이 행정소송으로 제기하여야 할 사건을 민사소송으로 잘못 제기한 경우, 수소법원으로서는 만약 그 행정소송에 대한 관할도 동시에 가지고 있다면 이를 행정소송으로 심리·판단하여야 하고, 그 행정소송에 대한 관할을 가지고 있지 아니하다면 당해 소송이 이미 행정소송으로서의 전심절차 및 제소기간을 도과하였거나 행정소송의 대상이 되는 처분 등이 존재하지도 아니한 상태에 있는 등 행정소송으로서의 소송요건을 결하고 있음이 명백하여 행정소송으로 제기되었더라도 어차피 부적법하게 되는 경우가 아닌 이상 이를 부적법한 소라고 하여 각하할 것이 아니라 관할 법원에 이송하여야 한다(대판 1997.5.30. 95다28960).

③ (X) 주택재건축사업조합이 새로 조합설립인가처분을 받는 것과 동일한 요건과 절차를 거쳐 조합설립변경인가처분을 받는 경우 당초 조합설립인가처분의 유효를 전제로 당해 주택재건축사업조합이 매도청구권 행사, 시공자 선정에 관한 총회 결의, 사업시행계획의 수립, 관리처분계획의 수립 등과 같은 후속 행위를 하였다면 당초 조합설립인가처분이 무효로 확인되거나 취소될 경우 그것이 유효하게 존재하는 것을 전제로 이루어진 위와 같은 후속 행위 역시 소급하여 효력을 상실하게 되므로, 특별한 사정이 없으면 위와 같은 형태의 조합설립변경인가가 있다고 하여 당초 조합설립인가처분의 무효확인을 구할 소의 이익이 소멸된다고 볼 수는 없다(대판 2012. 10. 25. 2010두25107).

④ (O) 부당이득반환청구가 인용되기 위해서는 그 소송절차에서 판결에 의해 당해 처분이 취소되면 충분하고 그 처분의 취소가 확정되어야 하는 것은 아니라고 보아야 한다(대판 2009.4.9. 2008두23153).

정답 ④

III 당사자 및 참가인

1. 당사자능력

2. 원고적격

137 [22지방7급]

「행정소송법」상 취소소송에 대한 설명으로 옳지 않은 것은? (다툼이 있는 경우 판례에 의함)

① 상대방의 권리를 제한하는 행위라 하더라도 행정청 또는 그 소속기관이나 권한을 위임받은 공공단체 등의 행위가 아닌 한 이를 행정처분이라고 할 수 없다.

② 국가가 국토이용계획과 관련한 지방자치단체의 장의 기관위임사무의 처리에 관하여 지방자치단체의 장을 상대로 취소소송을 제기하는 것은 허용되지 않는다.

③ 「건축법」상 지방자치단체를 상대방으로 하는 건축협의의 취소는 행정처분에 해당한다고 볼 수 없으므로 지방자치단체가 건축물 소재지 관할 건축허가권자를 상대로 항고소송을 통해 건축협의 취소의 취소를 구할 수 없다.

④ 어떠한 처분의 근거가 행정규칙에 규정되어 있는 경우에도, 그 처분이 상대방의 권리의무에 직접 영향을 미치는 행위라면 취소소송의 대상이 되는 행정처분에 해당한다.

해설

① (O) 행정소송의 대상이 되는 행정처분이란 행정청 또는 그 소속기관이나 법령에 의하여 행정권한의 위임 또는 위탁을 받은 공공단체 등이 국민의 권리 · 의무에 관계되는 사항에 관하여 직접 효력을 미치는 공권력의 발동으로서 하는 공법상의 행위를 말하며, 그것이 상대방의 권리를 제한하는 행위라 하더라도 행정청 또는 그 소속기관이나 권한을 위임받은 공공단체 등의 행위가 아닌 한 이를 행정처분이라고 할 수 없다(대판 2008. 1. 31. 2005두8269).

② (O) 건설교통부장관은 지방자치단체의 장이 기관위임사무인 국토이용계획 사무를 처리함에 있어 자신과 의견이 다를 경우 법원에 의한 판결을 받지 않고서도 행정권한의 위임 및 위탁에 관한 규정이나 구 지방자치법에서 정하고 있는 지도 · 감독을 통하여 직접 지방자치단체의 장의 사무처리에 대하여 시정명령을 발하고 그 사무처리를 취소 또는 정지할 수 있으며, 지방자치단체의 장에게 기간을 정하여 직무이행명령을 하고 지방자치단체의 장이 이를 이행하지 아니할 때에는 직접 필요한 조치를 할 수도 있으므로, 국가가 국토이용계획과 관련한 지방자치단체의 장의 기관위임사무의 처리에 관하여 지방자치단체의 장을 상대로 취소소송을 제기하는 것은 허용되지 않는다(대판 2007. 9. 20. 2005두6935).

③ (X) 건축협의 취소는 상대방이 다른 지방자치단체 등 행정주체라 하더라도 처분에 해당한다고 볼 수 있고, 지방자치단체인 원고가 이를 다툴 실효적 해결 수단이 없는 이상, 원고는 건축물 소재지 관할 허가권자인 지방자치단체의 장을 상대로 항고소송을 통해 건축협의 취소의 취소를 구할 수 있다(대판 2014. 2. 27. 2012두22980).

④ (O) 어떠한 처분의 근거나 법적인 효과가 행정규칙에 규정되어 있다고 하더라도, 그 처분이 행정규칙의 내부적 구속력에 의하여 상대방에게 권리의 설정 또는 의무의 부담을 명하거나 기타 법적인 효과를 발생하게 하는 등으로 그 상대방의 권리 의무에 직접 영향을 미치는 행위라면, 이 경우에도 항고소송의 대상이 되는 행정처분에 해당한다(대판 2002.7.26. 2001두3532).

정답 ③

138 [23국가9급]

행정소송에 대한 설명으로 옳지 않은 것은?

① 건축물의 하자를 다투는 입주예정자들은 건물의 사용검사처분에 대해 제3자효 행정행위의 차원에서 행정소송을 통해 다툴 수 있다.

② 당사자소송으로 서울행정법원에 제기할 것을 민사소송으로 지방법원에 제기하여 판결이 내려진 경우, 그 판결은 관할위반에 해당한다.

③ 민사소송인 소가 서울행정법원에 제기되었는데도 피고가 제1심법원에서 관할위반이라고 항변하지 않고 본안에서 변론을 한 경우에는 제1심법원에 변론관할이 생긴다.

④ 환경부장관이 생태 · 자연도 1등급으로 지정되었던 지역을 2등급으로 변경하는 내용의 생태 · 자연도 수정 · 보완을 고시하는 경우, 1등급지역에 거주하던 인근 주민은 생태 · 자연도 등급변경처분의 무효 확인을 구할 원고적격이 없다.

해설

① (X) 입주자나 입주예정자들은 사용검사처분을 취소하지 않고서도 민사소송 등을 통하여 분양계약에 따른 법률관계 및 하자 등을 주장 · 증명함으로써 사업주체 등으로부터 하자 제거 · 보완 등에 관한 권리구제를 받을 수 있으므로, 사용검사처분의 취소 여부에 의하여 법률적인 지위가 달라진다고 할 수 없으며, 주택법상 입주자나 입주예정자는 사용검사처분의 취소를 구할 법률상 이익이 없다(대판 2014. 7. 24. 2011두30465).

② (O) 행정소송을 민사소송으로 제기한 것은 대표적인 관할위반 사례에 해당한다. 다만 이 경우 각하판결을 하는 것이 아니라 관할 법원에 이송하여야 한다.

> **[참고판례]** 원고가 고의 또는 중대한 과실 없이 행정소송으로 제기하여야 할 사건을 민사소송으로 잘못 제기한 경우, 수소법원으로서는 만약 그 행정소송에 대한 관할도 동시에 가지고 있다면 이를 행정소송으로 심리·판단하여야 하고, 그 행정소송에 대한 관할을 가지고 있지 아니하다면 당해 소송이 이미 행정소송으로서의 전심절차 및 제소기간을 도과하였거나 행정소송의 대상이 되는 처분 등이 존재하지도 아니한 상태에 있는 등 행정소송으로서의 소송요건을 결하고 있음이 명백하여 행정소송으로 제기되었더라도 어차피 부적법하게 되는 경우가 아닌 이상 이를 부적법한 소라고 하여 각하할 것이 아니라 관할 법원에 이송하여야 한다(대판 1997.5.30. 95다28960).

③ **(O)** 행정소송법은 토지관할에 관하여 개인의 제소의 편의를 도모하기 위하여 전속관할제를 폐지하고 임의관할주의를 채택하였다. 따라서 민사소송법상의 합의관할(민사소송법 제29조) 또는 변론관할(민사소송법 제30조)에 대한 규정이 적용될 수 있다.

> **행정소송법 제8조(법적용예)** ② 행정소송에 관하여 이 법에 특별한 규정이 없는 사항에 대하여는 법원조직법과 민사소송법 및 민사집행법의 규정을 준용한다.
>
> **민사소송법 제30조(변론관할)** 피고가 제1심 법원에서 관할위반이라고 항변하지 아니하고 본안에 대하여 변론하거나 변론준비기일에서 진술하면 그 법원은 관할권을 가진다.

④ **(O)** 생태·자연도는 토지이용 및 개발계획의 수립이나 시행에 활용하여 자연환경을 체계적으로 보전·관리하기 위한 것일 뿐, 1등급 권역의 인근 주민들이 가지는 생활상 이익을 직접적이고 구체적으로 보호하기 위한 것이 아님이 명백하고, 1등급 권역의 인근 주민들은 생태·자연도 등급권역을 1등급에서 일부는 2등급으로, 일부는 3등급으로 변경한 결정의 무효확인을 구할 원고적격이 없다(대판 2014.2.21. 2011두29052).

정답 ①

---

139 [22국가7급]

다음 사례에 대한 설명으로 옳지 않은 것은? (다툼이 있는 경우 판례에 의함)

> 甲은 구「주택건설촉진법」상 아파트를 건설하기 위해 관할 행정청인 A 시장으로부터 주택건설사업계획승인을 받았는데, 그 후 乙에게 위 주택건설사업에 관한 일체의 권리를 양도하였다. 乙은 A 시장에 대하여 사업주체가 변경되었음을 이유로 사업계획변경승인신청서를 제출하였는데, A 시장은 사업계획승인을 받은 날로부터 4년여간 공사에 착수하지 않았다는 이유로 주택건설사업계획승인을 취소한다고 甲과 乙에게 통지하고, 乙의 사업계획변경승인신청을 반려하였다.

① A 시장의 주택건설사업계획승인의 취소는 취소하여야 할 공익상의 필요와 그 취소로 인하여 당사자가 입게 될 기득권의 침해·신뢰보호 등을 비교·교량하였을 때 공익상의 필요가 당사자가 입을 불이익을 정당화할 만큼 강하지 않다면 적법성을 인정받을 수 없다.

② 사실상 내지 사법상으로 주택건설사업 등이 양도·양수되었을지라도 아직 변경승인을 받기 이전에는 그 사업계획의 피승인자는 여전히 종전의 사업주체인 甲이다.

③ 주택건설사업계획승인취소처분이 甲과 乙에게 같이 통지되었다 하더라도 아직 乙이 사업계획변경승인을 받지 못한 이상 乙로서는 자신에 대한 것이든 甲에 대한 것이든 사업계획승인취소를 다툴 원고적격이 인정되지 않는다.

④ A 시장이 乙에 대하여 한 주택건설사업계획승인취소의 통지는 항고소송의 대상이 되는 행정처분이 아니다.

해설

① **(O)** 일정한 행정처분으로 국민이 일정한 이익과 권리를 취득하였을 경우에 종전 행정처분을 취소하는 행정처분은 취소해야 할 공익상 필요와 취소로 당사자가 입게 될 기득권과 신뢰보호 및 법률생활안정의 침해 등 불이익을 비교·교량한 후 공익상 필요가 당사자가 입을 불이익을 정당화할 만큼 강한 경우에 한하여 취소할 수 있는 것이며, 하자나 취소해야 할 필요성에 관한 증명책임은 기존 이익과 권리를 침해하는 처분을 한 행정청에 있다(대판 2012.03.29. 2011두23375).

② (O) ④ (O) 주택건설사업계획에 있어서 사업주체변경의 승인은 그로 인하여 사업주체의 변경이라는 공법상의 효과가 발생하는 것이므로, 아직 변경승인을 받기 이전에는 그 사업계획의 피승인자는 여전히 종전의 사업주체인 양도인이고 양수인이 아니라 할 것이어서, 사업계획승인취소처분 등의 사유가 있는지의 여부와 취소사유가 있다고 하여 행하는 취소처분은 피승인자인 양도인을 기준으로 판단하여 그 양도인에 대하여 행하여져야 할 것이므로 행정청이 주택건설사업의 양수인에 대하여 양도인에 대한 사업계획승인을 취소하였다는 사실을 통지한 것만으로는 양수인의 법률상 지위에 어떠한 변동을 일으키는 것은 아니므로 위 통지는 항고소송의 대상이 되는 행정처분이라고 할 수는 없다(대판 2000. 9. 26. 99두646).

③ (X) 사업주체의 변경승인신청이 된 이후에 행정청이 양도인에 대하여 그 사업계획변경승인의 전제로 되는 사업계획승인을 취소하는 처분을 하였다면 양수인은 그 처분 이전에 양도인으로부터 토지와 사업승인권을 사실상 양수받아 사업주체의 변경승인신청을 한 자로서 그 취소를 구할 법률상의 이익을 가진다(대판 2000. 9. 26. 99두646).

정답 ③

140 [24국가9급]

판례의 입장으로 옳지 않은 것만을 모두 고르면?

ㄱ. 정보의 부분 공개가 허용되는 경우란 당해 정보에서 비공개대상정보에 관련된 기술 등을 제외 혹은 삭제하고 나머지 정보만 공개하는 것이 가능하고 나머지 부분의 정보만으로도 공개의 가치가 있는 경우를 의미한다.

ㄴ. 음주운전으로 적발된 주취운전자가 도로 밖으로 차량을 이동하겠다며 단속경찰관으로부터 보관중이던 차량 열쇠를 반환받아 몰래 차량을 운전하여 가던 중 사고를 일으킨 경우, 국가배상책임이 인정되지 않는다.

ㄷ. 원고적격의 요건으로서 법률상 이익에는 당해 처분의 근거 법률에 의하여 보호되는 직접적이고 구체적인 이익뿐만 아니라 간접적이거나 사실적·경제적 이해관계를 가지는 경우도 여기에 포함된다.

ㄹ. 영어 과목의 2종 교과용 도서에 대하여 검정신청을 하였다가 불합격결정처분을 받은 자는 자신들이 검정신청한 교과서의 과목과 전혀 관계가 없는 수학 과목의 교과용 도서에 대한 합격결정처분에 대하여 그 취소를 구할 법률상 이익이 없다.

① ㄱ, ㄴ　　② ㄱ, ㄹ
③ ㄴ, ㄷ　　④ ㄷ, ㄹ

해설

ㄱ. (O) 정보의 부분 공개가 허용되는 경우란 그 정보의 공개방법 및 절차에 비추어 당해 정보에서 비공개대상정보에 관련된 기술 등을 제외 혹은 삭제하고 나머지 정보만을 공개하는 것이 가능하고 나머지 부분의 정보만으로도 공개의 가치가 있는 경우를 의미한다(대판 2009.12.10. 2009두12785).

ㄴ. (X) 음주운전으로 적발된 주취운전자가 도로 밖으로 차량을 이동하겠다며 단속경찰관으로부터 보관중이던 차량열쇠를 반환받아 몰래 차량을 운전하여 가던 중 사고를 일으킨 경우, 국가배상책임을 인정한 사례(대판 1998. 5. 8. 97다54482).

ㄷ. (X) 법률상의 이익은 그 처분 또는 부작위의 근거법률에 의하여 보호되는 직접적이고 구체적인 이익을 말하고, 간접적이거나 사실적, 경제적 관계를 가지는데 불과한 경우는 포함되지 않는다(대판 1989.5.23. 88누8135).

ㄹ. (O) 2종 교과용 도서에 대하여 검정신청을 하였다가 불합격결정처분을 받은자가 자신이 검정신청한 교과서의 과목과 전혀 관계가 없는 과목의 교과용 도서에 대한 합격결정처분에 대하여는 그 취소를 구할 법률상의 이익이 없다(대판 1992. 4. 24. 91누6634).

정답 ③

3. 협의의 소익(권리보호의 필요)

141 [23국가9급]

다음 사례에 대한 설명으로 옳은 것은?

A구 의회 의원인 甲은 공무원을 폭행하는 등 의원으로서 품위를 손상시키는 행위를 하였다. 이러한 사유를 들어 A구 의회는 甲을 의원직에서 제명하는 의결을 하였다. 이에 甲은 위 제명의결을 행정소송의 방법으로 다투고자 한다.

① 甲이 제명의결을 행정소송으로 다투는 경우 소송의 유형은 무효확인소송으로 하여야 하며 취소소송으로는 할 수 없다.

② A구 의회는 입법기관으로서 행정청의 지위를 가지지 못하므로 甲에 대한 제명의결을 다투는 행정소송에서는 A구 의회 사무총장이 피고가 되어야 한다.

③ 「행정소송법」 제12조의 '법률상 이익' 개념에 관하여 법률상 이익구제설에 따르는 판례에 의하면 甲은 제명의결을 다툴 원고적격을 갖지 못한다.

④ 법원이 甲이 제기한 행정소송을 받아들여 소송의 계속 중에 甲의 임기가 만료되었더라도 수소법원은 소의 이익을 인정할 수 있ㄴ다.

해설

① (X) 취소의 소를 제기하였지만 그 처분에 취소사유를 넘어선 무효사유에 해당하는 하자가 있는 경우에는 법원은 원고 전부승소의 판결을 하여야 한다. 다만 형식적으로 취소소송으로 제기되었으므로 취소소송의 소송요건(특히 필요적 전치주의, 제소기간 등)을 갖추어야만 한다.

[참고판례] 행정처분의 당연무효를 선언하는 의미에서 그 취소를 청구하는 행정소송을 제기하는 경우에도 소원의 전치와 제소기간의 준수등 취소소송의 제소요건을 갖추어야 한다(대판 1984.5.29. 84누175).

② (X) 지방의회의원에 대한 징계의결, 의장에 대한 불신임의결, 지방의회의장선거의 처분청은 지방의회이므로 이들 처분에 대한 취소소송의 피고는 지방의회가 된다.

③ (X) ④ (O) 지방의회 의원에 대한 제명의결 취소소송 계속 중 의원의 임기가 만료된 사안에서, 제명의결의 취소로 의원의 지위를 회복할 수는 없다 하더라도 제명의결시부터 임기만료일까지의 기간에 대한 월정수당의 지급을 구할 수 있는 등 여전히 그 제명의결의 취소를 구할 법률상 이익이 있다(대판 2009.01.30. 2007두13487).

정답 ④

4. 피고

142 [24국가7급]

취소소송의 피고에 대한 설명으로 옳지 않은 것은?

① 취소소송은 다른 법률에 특별한 규정이 없는 한 그 처분 등을 행한 행정청을 피고로 하므로, 대외적으로 의사를 표시할 수 있는 기관이 아닌 내부기관은 실질적인 의사가 그 기관에 의하여 결정되더라도 피고적격을 갖지 못한다.

② 권한의 위임이나 위탁을 받아 수임행정청이 자신의 명의로 한 처분에 관한 취소소송은 원칙적으로 수임행정청을 피고로 하여 제기하여야 한다.

③ 중앙노동위원회의 처분에 대한 소송은 중앙노동위원회 위원장을 피고로 한다.

④ 권한의 대리가 있는 경우, 대리 행정청이 대리관계를 표시하고 피대리 행정청을 대리하여 행정처분을 한 때에는 대리 행정청이 피고로 되어야 한다.

해설

① (O) 대외적으로 의사를 표시할 수 있는 기관이 아닌 내부기관은 실질적인 의사가 그 기관에 의하여 결정되더라도 피고적격을 갖지 못한다(대판 2014. 5. 16. 2014두274).

② (O) 권한의 위임이나 위탁을 받아 수임행정청이 정당한 권한에 기하여 수임행정청 명의로 한 처분에 대하여는 말할 것도 없고, 내부위임이나 대리권을 수여받은 데 불과하여 원행정청 명의나 대리관계를 밝히지 아니하고는 그의 명의로 처분 등을 할 권한이 없는 행정청이 권한 없이 그의 명의로 한 처분에 대하여도 처분명의자인 행정청이 피고가 되어야 한다(대판 1994. 6. 14. 94누1197).

③ (O)

> **노동위원회법 제27조(중앙노동위원회의 처분에 대한 소송)** ① 중앙노동위원회의 처분에 대한 소송은 중앙노동위원회 위원장을 피고(被告)로 하여 처분의 송달을 받은 날부터 15일 이내에 제기하여야 한다.

④ (X) 대리기관이 대리관계를 표시하고 피대리 행정청을 대리하여 행정처분을 한 때에는 피대리 행정청이 피고로 되어야 한다(대판 2018. 10. 25. 2018두43095).

정답 ④

143 [24지방9급]

행정소송의 피고에 대한 설명으로 옳지 않은 것은?

① 취소소송은 다른 법률에 특별한 규정이 없는 한 그 처분등을 행한 행정청을 피고로 하지만, 처분등이 있은 뒤에 그 처분등에 관계되는 권한이 다른 행정청에 승계된 때에는 이를 승계한 행정청을 피고로 한다.

② 조례가 집행행위의 개입 없이도 그 자체로서 직접 국민의 구체적인 권리·의무나 법적 이익에 영향을 미치는 등의 법률상 효과를 발생하는 경우 무효확인소송의 피고는 당해 조례를 통과시킨 지방의회가 된다.

③ 「행정소송법」상 원고가 피고를 잘못 지정한 때에는 법원은 원고의 신청에 의하여 결정으로써 피고의 경정을 허가할 수 있다.

④ 행정처분을 행할 적법한 권한 있는 상급행정청으로부터 내부위임을 받은 데 불과한 하급행정청이 권한 없이 행정처분을 한 경우 실제로 그 처분을 행한 하급행정청을 피고로 하여야 할 것이지 그 처분을 행할 적법한 권한 있는 상급행정청을 피고로 할 것은 아니다.

해설

① (O)

> **행정소송법 제13조(피고적격)** ①취소소송은 다른 법률에 특별한 규정이 없는 한 그 처분등을 행한 행정청을 피고로 한다. 다만, 처분등이 있은 뒤에 그 처분등에 관계되는 권한이 다른 행정청에 승계된 때에는 이를 승계한 행정청을 피고로 한다.

② (X) 조례에 대한 무효 확인소송을 제기함에 있어서 행정청은, 지방의회가 아니라, 지방자치단체의 집행기관으로서 조례로서의 효력을 발생시키는 공포권이 있는 지방자치단체의 장이다. 시·도의 교육·학예에 관한 사무의 집행기관은 시·도 교육감이고 시·도 교육감에게 지방교육에 관한 조례안의 공포권이 있으므로, 교육에 관한 조례의 무효 확인소송을 제기함에 있어서는 그 집행기관인 시·도 교육감을 피고로 하여야 한다(대판 1996.09.20. 95누8003).

③ (O)

> **행정소송법 제14조(피고경정)** ①원고가 피고를 잘못 지정한 때에는 법원은 원고의 신청에 의하여 결정으로써 피고의 경정을 허가할 수 있다.

④ (O) 행정청으로부터 내부위임을 받은데 불과한 하급행정청이 권한 없이 행정처분을 한 경우 실제로 그 처분을 행한 하급행정청을 피고로 하여야 할 것이지 그 처분을 행할 적법한 권한 있는 상급행정청을 피고로 할 것이 아니다(대판 1991.2.22. 90누5641).

정답 ②

144 [23국가9급]

서훈 또는 서훈취소에 대한 설명으로 옳은 것만을 모두 고르면?

ㄱ. 서훈취소는 대통령이 국가원수로서 행하는 행위이지만 통치행위는 아니다.
ㄴ. 서훈은 서훈대상자의 특별한 공적에 의하여 수여되는 고도의 일신전속적 성격을 가지는 것이므로 유족이라고 하더라도 처분의 상대방이 될 수 없다.
ㄷ. 건국훈장 독립장이 수여된 망인에 대한 서훈취소를 국무회의에서 의결하고 대통령이 결재함으로써 서훈취소가 결정된 후에 국가보훈처장이 망인의 유족에게 독립유공자 서훈취소결정 통보를 하였다면 서훈취소처분 취소소송에서의 피고적격은 국가보훈처장에 있다.
ㄹ. 국가보훈처장이 서훈추천 신청자에 대한 서훈추천을 거부한 것은 항고소송의 대상으로 볼 수는 없어 항고소송을 제기할 수는 없으나 행정권력의 부작위에 대한 헌법소원으로서 다툴 수 있다.

① ㄱ, ㄴ　　② ㄱ, ㄹ
③ ㄱ, ㄷ, ㄹ　　④ ㄴ, ㄷ, ㄹ

해설

ㄱ. (O) 서훈취소가 대통령이 국가원수로서 행하는 행위라고 하더라도 법원이 사법심사를 자제하여야 할 고도의 정치성을 띤 행위라고 볼 수는 없다(대판 2015.04.23. 2012두26920).

ㄴ. (O) 서훈은 서훈대상자의 특별한 공적에 의하여 수여되는 고도의 일신전속적 성격을 가지는 것이다. 이러한 서훈의 일신전속적 성격은 서훈취소의 경우에도 마찬가지이므로, 망인에게 수여된 서훈의 취소에서도 유족은 그 처분의 상대방이 되는 것이 아니다(대판 2014. 9. 26. 2013두2518).

ㄷ. (X) 국무회의에서 서훈취소를 의결하고 대통령이 결재함으로써 서훈취소가 결정된 후 국가보훈처장이 망인의 유족 갑에게 '독립유공자 서훈취소결정 통보'를 하자 갑이 국가보훈처장을 상대로 서훈취소결정의 무효 확인 등의 소를 제기한 사안에서, 갑이 서훈취소 처분을 행한 행정청(대통령)이 아니라 국가보훈처장을 상대로 제기한 위 소는 피고를 잘못 지정한 경우에 해당한다(대판 2014.09.26. 선고 2013두2518).

ㄹ. (X) 상훈법에 따른 서훈추천은 해당 후보자에 대한 공적심사를 거쳐서 이루어지며, 그러한 공적심사의 통과 여부는 해당 후보자가 독립유공자로서 인정될만한 사정이 있는지에 달려 있다. 이에 관한 판단에 있어서 국가는 나름대로의 재량을 지닌다. 따라서 국가보훈처장이 서훈추천 신청자에 대한 서훈추천을 하여 주어야 할 헌법적 작위의무가 있다고 할 수는 없으므로, 서훈추천을 거부한 것에 대하여 행정권력의 부작위에 대한 헌법소원으로서 다툴 수 없다(헌재 2005. 6. 30. 2004헌마859).

[참고판례] 서훈은 대통령의 전권에 속하는 사항으로서, 대통령이 대한민국 헌법과 상훈법의 규정에 따라 서훈 대상자에게 훈장 기타의 영전을 수여하는 것은 국가원수의 지위에서 행하는 고도의 정치성을 지닌 국가작용으로서 그 서훈 여부는 대통령이 재량에 의하여 국무회의 심의를 거쳐 독자적으로 결정하는 것이므로 국민은 행정청에 대하여 훈장의 수여를 요구할 수 있는 법규상 또는 조리상 권리를 가진다고 할 수 없다(대판 2001. 10. 23. 2001두4764).

정답 ①

5. 공동소송인, 소송참가, 소송대리인

145 [24지방9급]

행정소송에 대한 설명으로 옳지 않은 것은?

① 해당 처분을 다툴 법률상 이익이 있는지 여부는 직권조사사항으로 이에 관한 당사자의 주장은 직권발동을 촉구하는 의미밖에 없으므로, 원심법원이 이에 관하여 판단하지 않았다고 하여 판단유탈의 상고이유로 삼을 수 없다.

② 행정청은 「민사소송법」상의 보조참가를 할 수 있을 뿐만 아니라 「행정소송법」에 의한 소송참가를 할 수 있고 공법상 당사자소송의 원고가 된다.

③ 부작위위법확인의 소에 있어 당사자가 행정청에 대하여 어떠한 행정행위를 하여 줄 것을 요구할 수 있는 법규상 또는 조리상 권리를 갖고 있지 아니한 경우에는 원고적격이 없거나 항고소송의 대상인 위법한 부작위가 있다고 볼 수 없어 그 부작위위법확인의 소는 부적법하다.

④ 국가가 국토이용계획과 관련한 지방자치단체의 장의 기관위임사무의 처리에 관하여 지방자치단체의 장을 상대로 취소소송을 제기하는 것은 허용되지 않는다.

해설

① (O) 해당 처분을 다툴 법률상 이익이 있는지 여부는 직권조사사항으로 이에 관한 당사자의 주장은 직권발동을 촉구하는 의미밖에 없으므로, 원심법원이 이에 관하여 판단하지 않았다고 하여 판단유탈의 상고이유로 삼을 수 없다(대판 2017. 3. 9. 2013두16852).

② (X) 타인 사이의 항고소송에서 소송의 결과에 관하여 이해관계가 있다고 주장하면서 민사소송법(2002. 1. 26. 법률 제6626호로 전문 개정된 것) 제71조에 의한 보조참가를 할 수 있는 제3자는 민사소송법상의 당사자능력 및 소송능력을 갖춘 자이어야 하므로 그러한 당사자능력 및 소송능력이 없는 행정청으로서는 민사소송법상의 보조참가를 할 수는 없고 다만 행정소송법 제17조 제1항에 의한 소송참가를 할 수 있을 뿐이다(대판 2002.9.24. 99두1519).

③ (O) 당사자가 행정청에 대하여 어떠한 행정처분을 하여 줄 것을 요청할 수 있는 법규상 또는 조리상의 권리를 갖고 있지 아니하거나 부작위의 위법확인을 구할 법률상의 이익이 없는 경우에는 항고소송의 대상이 되는 위법한 부작위가 있다고 볼 수 없거나 원고적격이 없어 그 부작위위법확인의 소는 부적법하다(대판 2000.2.25. 99두11455).

④ (O) 국가가 국토이용계획과 관련한 지방자치단체의 장의 기관위임사무의 처리에 관하여 지방자치단체의 장을 상대로 취소소송을 제기하는 것은 허용되지 않는다(대판 2007. 9. 20. 2005두6935).

정답 ②

Ⅳ 소의 대상

1. 대상적격 일반론

146 [23국가9급]

항고소송의 대상에 대한 설명으로 옳지 않은 것은?

① 어떠한 처분에 법령상 근거가 있는지, 「행정절차법」에서 정한 처분 절차를 준수하였는지는 소송요건 심사단계에서 고려하여야 한다.

② 병무청장이 「병역법」에 따라 병역의무 기피자의 인적사항 등을 인터넷 홈페이지에 게시하는 등의 방법으로 공개한 경우 병무청장의 공개결정은 항고소송의 대상이 되는 행정처분이다.

③ 국민건강보험공단이 행한 '직장가입자 자격상실 및 자격변동 안내' 통보는 가입자 자격의 변동 여부 및 시기를 확인하는 의미에서 한 사실상 통지행위에 불과할 뿐, 항고소송의 대상이 되는 행정처분에 해당하지 않는다.

④ 행정청의 행위가 '처분'에 해당하는지가 불분명한 경우에는 그에 대한 불복방법 선택에 중대한 이해관계를 가지는 상대방의 인식가능성과 예측가능성을 중요하게 고려하여 규범적으로 판단하여야 한다.

해설

① (X) 어떠한 처분에 법령상 근거가 있는지, 행정절차법에서 정한 처분절차를 준수하였는지는 본안에서 당해 처분이 적법한가를 판단하는 단계에서 고려할 요소이지, 소송요건 심사단계에서 고려할 요소가 아니다(대판 2020. 1. 16. 2019다264700).

② (O) 병무청장이 병역법 제81조의2 제1항에 따라 병역의무 기피자의 인적사항 등을 인터넷 홈페이지에 게시하는 등의 방법으로 공개한 경우 병무청장의 공개결정을 항고소송의 대상이 되는 행정처분으로 보아야 한다. 지방병무청장이 1차로 공개 대상자 결정을 하고, 그에 따라 병무청장이 같은 내용으로 최종적 공개결정을 하였다면, 공개 대상자는 병무청장의 최종적 공개결정만을 다투는 것으로 충분하고, 관할 지방병무청장의 공개 대상자 결정을 별도로 다툴 소의 이익은 없어진다(대판 2019. 6. 27. 2018두49130).

③ (O) 국민건강보험공단이 갑 등에 대하여 가입자 자격이 변동되었다는 취지의 '직장가입자 자격상실 및 자격변동 안내' 통보를 하였거나, 그로 인하여 사업장이 국민건강보험법상의 적용대상사업장에서 제외되었다는 취지의 '사업장 직권탈퇴에 따른 가입자 자격상실 안내' 통보를 하였더라도, 이는 갑 등의 가입자 자격의 변동 여부 및 시기를 확인하는 의미에서 한 사실상 통지행위에 불과할 뿐, 위 각 통보에 의하여 가입자 자격이 변동되는 효력이 발생한다고 볼 수 없고, 또한 위 각 통보로 갑 등에게 지역가입자로서의 건강보험료를 납부하여야 하는 의무가 발생함으로써 갑 등의 권리의무에 직접적 변동을 초래하는 것도 아니라는 이유로, 위 각 통보의 처분성이 인정되지 않는다(대판 2019. 2. 14. 2016두41729).

④ (O) 행정청의 행위가 '처분'에 해당하는지가 불분명한 경우에는 그에 대한 불복방법 선택에 중대한 이해관계를 가지는 상대방의 인식가능성과 예측가능성을 중요하게 고려하여 규범적으로 판단하여야 한다(대판 2020. 4. 9. 2019두61137).

정답 ①

2. 처분

147 [24국가9급]

판례의 입장으로 옳지 않은 것은?

① 「여객자동차 운수사업법」에 따르면, 여객자동차 운수사업자가 거짓이나 부정한 방법으로 지급받은 브조금에 대한 국토교통부 장관 또는 시·도지사의 환수처분은 기속행위에 해당한다.

② 재량권의 일탈·남용에 관하여는 행정행위의 효력을 다투는 사람이 주장·증명책임을 부담한다.

③ 사업주가 당연가입자가 되는 고용보험 및 산업재해보상보험에서 보험료 납부의무 부존재확인은 당사자소송으로 다투어야 한다.

④ 지방자치단체의 장이 「공유재산 및 물품관리법」에 근거하여 기부채납 및 사용·수익허가 방식으로 민간투자사업을 추진하는 과정에서 사업시행자를 지정하기 위한 전 단계에서 공모 제안을 받아 일정한 심사를 거쳐 우선협상대상자를 선정하는 행위는 항고소송의 대상이 되는 행정처분에 해당하지 않는다.

해설

① (O) 마을버스 운수업자 갑이 유류사용량을 실제보다 부풀려 유가보조금을 과다 지급받은 데 대하여 관할 시장이 갑에게 부정수급기간 동안 지급된 유가보조금 전액을 회수하는 내용의 처분을 한 사안에서, 구 여객자동차 운수사업법 제51조 제3항에 따라 국토해양부장관 또는 시·도지사는 여객자동차 운수사업자가 '거짓이나 부정한 방법으로 지급받은 보조금'에 대하여 반환할 것을 명하여야 하고, 위 규정을 '정상적으로 지급받은 보조금'까지 반환하도록 명할 수 있는 것으로 해석하는 것은 문언의 범위를 넘어서는 것이며, 규정의 형식이나 체재 등에 비추어 보면, 위 환수처분은 국토해양부장관 또는 시·도지사가 지급받은 보조금을 반환할 것을 명하여야 하는 기속행위라고 한 사례(대판 2013. 12. 12. 2011두3388).

② (O) 자유재량에 의한 행정처분이 그 재량권의 한계를 벗어난 것이어서 위법하다는 점은 그 행정처분의 효력을 다투는 자가 이를 주장·입증하여야 하고 처분청이 그 재량권의 행사가 정당한 것이었다는 점까지 주장·입증할 필요는 없다(대판 1987.12.8. 87누861).

③ (O) 사업주가 당연가입자가 되는 고용보험 및 산재보험에서 보험료 납부의무 부존재확인의 소는 공법상의 법률관계 자체를 다투는 소송으로서 공법상 당사자소송이다(대판 2016. 10. 13. 2016다221658).

④ (X) 지방자치단체의 장이 공유재산법에 근거하여 기부채납 및 사용·수익허가 방식으로 민간투자사업을 추진하는 과정에서 사업시행자를 지정하기 위한 전 단계에서 공모제안을 받아 일정한 심사를 거쳐 우선협상대상자를 선정하는 행위와 이미 선정된 우선협상대상자를 그 지위에서 배제하는 행위는 민간투자사업의 세부내용에 관한 협상을 거쳐 공유재산법에 따른 공유재산의 사용·수익허가를 우선적으로 부여받을 수 있는 지위를 설정하거나 또는 이미 설정한 지위를 박탈하는 조치이므로 모두 항고소송의 대상이 되는 행정처분으로 보아야 한다(대판 2020. 4. 29. 2017두31064).

정답 ④

148 [24국가7급]

항고소송의 대상인 처분에 대한 설명으로 옳지 않은 것은?

① 병무청장이 병역의무 기피자의 인적사항 등을 인터넷 홈페이지에 게시하는 등의 방법으로 공개한 경우 병무청장의 공개결정은 항고소송의 대상이 되는 행정처분에 해당하지 않는다.

② 어떠한 처분의 근거나 법적인 효과가 행정규칙에 규정되어 있다고 하더라도, 그 처분이 행정규칙의 내부적 구속력에 의하여 상대방에게 권리의 설정 또는 의무의 부담을 명하거나 기타 법적인 효과를 발생하게 하는 등으로 그 상대방의 권리·의무에 직접 영향을 미치는 행위라면, 이 경우에도 항고소송의 대상이 되는 행정처분에 해당한다.

③ 공정거래위원회가 「하도급거래 공정화에 관한 법률」 제26조(관계 행정기관의 장의 협조)에 따라 관계 행정기관의 장에게 한 원사업자 또는 수급사업자에 대한 입찰참가자격의 제한을 요청한 결정은 항고소송의 대상이 되는 처분에 해당한다.

④ 산업단지개발계획상 산업단지 안의 토지소유자로서 산업단지개발계획에 적합한 시설을 설치하여 입주하려는 자는 산업단지지정권자 또는 그로부터 권한을 위임받은 기관에 대하여 산업단지개발계획의 변경을 요청할 수 있는 법규상 또는 조리상 신청권이 있고, 이러한 신청에 대한 거부행위는 항고소송의 대상이 되는 행정처분에 해당한다.

해설

① (X) 병무청장이 병역법 제81조의2 제1항에 따라 병역의무 기피자의 인적사항 등을 인터넷 홈페이지에 게시하는 등의 방법으로 공개한 경우 병무청장의 공개결정을 항고소송의 대상이 되는 행정처분으로 보아야 한다(대판 2019. 6. 27. 2018두49130).

② (O) 어떠한 처분의 근거나 법적인 효과가 행정규칙에 규정되어 있다고 하더라도, 그 처분이 행정규칙의 내부적 구속력에 의하여 상대방에게 권리의 설정 또는 의무의 부담을 명하거나 기타 법적인 효과를 발생하게 하는 등으로 그 상대방의 권리 의무에 직접 영향을 미치는 행위라면, 이 경우에도 항고소송의 대상이 되는 행정처분에 해당한다(대판 2002.7.26. 2001두3532).

③ (O) 공정거래위원회가 사업자에 대한 입찰참가자격제한 요청 결정을 하게 되며, 이를 요청받은 관계 행정기관의 장은 특별한 사정이 없는 한 그 사업자에 대하여 입찰참가자격을 제한하는 처분을 해야 하므로, 사업자로서는 입찰참가자격제한 요청 결정이 있으면 장차 후속 처분으로 입찰참가자격이 제한될 수 있는 법률상 불이익이 존재한다. 따라서 공정거래위원회의 입찰참가자격제한 요청 결정은 항고소송의 대상이 되는 처분에 해당한다(대판 2023. 2. 2. 2020두48260).

④ (O) 산업단지개발계획상 산업단지 안의 토지 소유자로서 산업단지개발계획에 적합한 시설을 설치하여 입주하려는 자는 산업단지지정권자 또는 그로부터 권한을 위임받은 기관에 대하여 산업단지개발계획의 변경을 요청할 수 있는 법규상 또는 조리상 신청권이 있고, 이러한 신청에 대한 거부행위는 항고소송의 대상이 되는 행정처분에 해당한다(대판 2017. 8. 29. 2016두44186).

정답 ①

149 [22국가7급]

항고소송에 대한 판례의 입장으로 옳은 것만을 모두 고르면?

ㄱ. 건축물대장 소관청의 용도변경신청 거부행위는 국민의 권리관계에 영향을 미치는 것으로서 항고소송의 대상이 되는 행정처분에 해당한다.

ㄴ. 자동차운전면허대장에 일정한 사항을 등재하는 행위와 운전경력증명서상의 기재행위는 행정소송의 대상이 되는 독립한 행정처분으로 볼 수 없다.

ㄷ. 「병역법」에 따라 관할 지방병무청장이 1차로 병역의무기피자 인적사항 공개 대상자 결정을 하고 그에 따라 병무청장이 같은 내용으로 최종적 공개결정을 하였더라도, 해당 공개 대상자는 관할 지방병무청장의 공개 대상자 결정을 다툴 수 있다.

ㄹ. 한국마사회가 조교사 또는 기수의 면허를 취소하는 것은 국가 기타 행정기관으로부터 위탁받은 행정권한의 행사가 아니라 일반 사법상의 법률관계에서 이루어지는 단체 내부에서의 징계 내지 제재처분이다.

① ㄱ, ㄴ, ㄷ
② ㄱ, ㄴ, ㄹ
③ ㄱ, ㄷ, ㄹ
④ ㄴ, ㄷ, ㄹ

해설

ㄱ. **(O)** 건축물대장 소관청의 용도변경신청 거부행위는 국민의 권리관계에 영향을 미치는 것으로서 항고소송의 대상이 되는 행정처분에 해당한다(대판 2009.1.30. 2007두7277).

ㄴ. **(O)** 자동차운전면허대장상 일정한 사항의 등재행위는 운전면허행정사무집행의 편의와 사실증명의 자료로 삼기 위한 것일 뿐 그 등재행위로 인하여 당해 운전면허 취득자에게 새로이 어떠한 권리가 부여되거나 변동 또는 상실되는 효력이 발생하는 것은 아니므로 이는 행정소송의 대상이 되는 독립한 행정처분으로 볼 수 없다(대판 1991. 9. 24. 91누1400).

ㄷ. **(X)** 관할 지방병무청장이 위원회의 심의를 거쳐 공개 대상자를 1차로 결정하기는 하지만, 병무청장에게 최종적으로 공개 여부를 결정할 권한이 있으므로, 관할 지방병무청장의 공개 대상자 결정은 병무청장의 최종적인 결정에 앞서 이루어지는 행정기관 내부의 중간적 결정에 불과하다. 공개 대상자는 병무청장의 최종적 공개결정만을 다투는 것으로 충분하고, 관할 지방병무청장의 공개 대상자 결정을 별도로 다툴 소의 이익은 없어진다(대판 2019. 6. 27. 2018두49130).

ㄹ. **(O)** 한국마사회가 조교사 또는 기수의 면허를 부여하거나 취소하는 것은 국가 기타 행정기관으로부터 위탁받은 행정권한의 행사가 아니라 일반 사법상의 법률관계에서 이루어지는 단체 내부에서의 징계 내지 제재처분이다(대판 2008.1.31, 2005두8269).

정답 ②

3. 재결

150 [24국가7급]

재결취소소송에 대한 설명으로 옳지 않은 것은?

① 행정심판의 재결에 이유모순의 위법이 있다는 사유는 재결처분 자체에 고유한 하자로서 재결처분의 취소를 구하는 소송에서는 그 위법사유로서 주장할 수 있으나, 원처분의 취소를 구하는 소송에서는 그 취소를 구할 위법사유로서 주장할 수 없다.

② 징계혐의자에 대한 감봉 1월의 징계처분을 견책으로 변경한 소청결정 중 그를 견책에 처한 조치는 재량권의 남용 또는 일탈로서 위법하다는 사유는 소청결정 자체에 고유한 위법을 주장하는 것이어서 소청결정의 취소사유가 된다.

③ 행정심판청구가 부적법하지 않음에도 각하한 재결은 심판청구인의 실체심리를 받을 권리를 박탈한 것으로서 원처분에 없는 고유한 하자가 있는 경우에 해당하고, 따라서 위 재결은 취소소송의 대상이 된다.

④ 제3자효를 수반하는 행정행위에 대한 행정심판청구에 있어서 그 청구를 인용하는 내용의 재결로 인하여 비로소 권리이익을 침해받게 되는 자는 그 인용재결에 대하여 다툴 필요가 있고, 그 인용재결은 원처분과 내용을 달리하는 것이므로 그 인용재결의 취소를 구하는 것은 원처분에는 없는 재결에 고유한 하자를 주장하는 셈이어서 당연히 항고소송의 대상이 된다.

해설

① (O) 행정처분에 대한 행정심판의 재결에 이유모순의 위법이 있다는 사유는 재결처분 자체에 고유한 하자로서 재결처분의 취소를 구하는 소송에서는 그 위법사유로서 주장할 수 있으나, 원처분의 취소를 구하는 소송에서는 그 취소를 구할 위법사유로서 주장할 수 없다(대판 1996. 2. 13. 95누8027).

② (X) 징계혐의자에 대한 감봉 1월의 징계처분을 견책으로 변경한 소청결정 중 그를 견책에 처한 조치는 재량권의 남용 또는 일탈로서 위법하다는 사유는 소청결정 자체에 고유한 위법을 주장하는 것으로 볼 수 없어 소청결정의 취소사유가 될 수 없다(대판 1993.8.24, 93누5673).

③ (O) 심판청구가 부적법하지 않음에도 실체심리를 하지 아니한 채 각하한 경우에는 실체심리를 받을 권리를 박탈당한 것이므로 재결에 고유한 하자가 있어 이러한 경우 재결은 취소소송의 대상이 된다(대판 2001.7.27, 99두2970).

④ (O) 제3자효를 수반하는 행정행위에 대한 행정심판청구에 있어서 그 청구를 인용하는 내용의 재결로 인하여 비로소 권리이익을 침해받게 되는 자는 그 인용재결에 대하여 다툴 필요가 있고, 그 인용재결은 원처분과 내용을 달리하는 것이므로 그 인용재결의 취소를 구하는 것은 원처분에는 없는 재결에 고유한 하자를 주장하는 셈이어서 당연히 항고소송의 대상이 된다(대판 1997. 12. 23. 96누10911).

정답 ②

151 [23국가7급]

「행정소송법」상 취소소송에 대한 설명으로 옳지 않은 것은?

① 부당해고 구제신청에 관한 중앙노동위원회의 결정에 대하여 취소소송을 제기하는 경우, 법원은 중앙노동위원회의 결정 후에 생긴 사유를 들어 그 결정의 적법 여부를 판단할 수 있다.

② 취소소송에서 쟁송의 대상이 되는 행정처분의 존부는 소송요건으로서 법원의 직권조사사항이고 자백의 대상이 될 수 없다.

③ 이미 직위해제처분을 받아 직위해제된 공무원에 대하여 행정청이 새로운 사유에 기하여 직위해제처분을 하였다면, 이전 직위해제처분의 취소를 구하는 소송을 제기하는 것은 부적법하다.

④ 취소소송 계속 중에 처분청이 계쟁 처분을 직권으로 취소하더라도, 동일한 소송 당사자 사이에서 그 처분과 동일한 사유로 위법한 처분이 반복될 위험성이 있어 그 처분에 대한 위법성의 확인이 필요한 경우에는 그 처분의 취소를 구할 소의 이익이 있다.

해설

① (X) 부당해고 구제신청에 관한 중앙노동위원회의 명령 또는 결정의 취소를 구하는 소송에서 그 명령 또는 결정이 적법한지는 그 명령 또는 결정이 이루어진 시점을 기준으로 판단하여야 하고, 그 명령 또는 결정 후에 생긴 사유를 들어 적법 여부를 판단할 수는 없으나, 그 명령 또는 결정의 기초가 된 사실이 동일하다면 노동위원회에서 주장하지 아니한 사유도 행정소송에서 주장할 수 있다(대판 2021. 7. 29. 2016두64876).

② (O) 행정소송에서 쟁송의 대상이 되는 행정처분의 존부는 소송요건으로서 직권조사사항이고, 자백의 대상이 될 수 없는 것이므로, 설사 그 존재를 당사자들이 다투지 아니한다 하더라도 그 존부에 관하여 의심이 있는 경우에는 이를 직권으로 밝혀 보아야 할 것이다(대판 2004.12.24, 2003두15195).

③ (O) 행정청이 공무원에 대하여 새로운 직위해제사유에 기한 직위해제처분을 한 경우 그 이전에 한 직위해제처분은 이를 묵시적으로 철회하였다고 봄이 상당하므로, 그 이전 처분의 취소를 구하는 부분은 존재하지 않는 행정처분을 대상으로 한 것으로서 그 소의 이익이 없어 부적법하다(대판 2003.10.10. 2003두5945).

④ (O) 제소 당시에는 권리보호의 이익을 갖추었는데 제소 후 취소 대상 행정처분이 기간의 경과 등으로 그 효과가 소멸한 때, 동일한 소송 당사자 사이에서 동일한 사유로 위법한 처분이 반복될 위험성이 있어 행정처분의 위법성 확인 내지 불분명한 법률문제에 대한 해명이 필요하다고 판단되는 경우, 그리고 선행처분과 후행처분이 단계적인 일련의 절차로 연속하여 행하여져 후행처분이 선행처분의 적법함을 전제로 이루어짐에 따라 선행처분의 하자가 후행처분에 승계된다고 볼 수 있어 이미 소를 제기하여 다투고 있는 선행처분의 위법성을 확인하여 줄 필요가 있는 경우 등에는 행정의 적법성 확보와 그에 대한 사법통제, 국민의 권리구제의 확대 등의 측면에서 여전히 그 처분의 취소를 구할 법률상 이익이 있다(대판 2007.7.19. 2006두19297 전원합의체).

정답 ①

Ⅴ 소의 제기

1. 소송요건

2. 소의 변경

3. 처분사유의 추가변경

152 [22지방7급]

「행정소송법」상 행정소송에 대한 설명으로 옳지 않은 것은? (다툼이 있는 경우 판례에 의함)

① 교도소장이 수형자를 '접견내용 녹음 · 녹화 및 접견 시 교도관 참여대상자'로 지정한 행위는 수형자의 구체적 권리의무에 직접적 변동을 가져오는 행정청의 공법상 행위로서 항고소송의 대상이 되는 처분에 해당한다.

② 어느 하나의 처분의 취소를 구하는 소에 당해 처분과 관련되는 처분의 취소를 구하는 청구를 추가적으로 병합한 경우, 추가적으로 병합된 소의 소제기 기간의 준수 여부는 그 청구취지의 추가신청이 있은 때를 기준으로 한다.

③ 일정한 납부기한을 정한 과징금부과처분에 대하여 집행정지결정이 내려졌다면 과징금부과처분에서 정한 과징금의 납부기간은 더 이상 진행되지 아니하고 집행정지결정의 주문에 표시된 종기의 도래로 인하여 집행정지가 실효된 때부터 다시 진행된다.

④ 법원이 어느 하나의 사유에 의한 과징금부과처분에 대하여 그 사유와 기본적 사실관계의 동일성이 인정되지 아니하는 다른 처분사유가 존재한다는 이유로 적법하다고 판단하는 것은 특별한 사정이 없는 한 직권심사주의의 한계를 넘는 것이 아니다.

해설

① (O) 교도소장이 수형자 갑을 '접견내용 녹음 · 녹화 및 접견 시 교도관 참여대상자'로 지정한 사안에서, 위 지정행위는 수형자의 구체적 권리의무에 직접적 변동을 가져오는 행정청의 공법상 행위로서 항고소송의 대상이 되는 '처분'에 해당한다(대판 2014.2.13. 2013두20899).

② (O) 공익근무요원복무중단처분, 현역병입영대상편입처분 및 현역병입영통지처분은 보충역편입처분취소처분을 전제로 한 것이기는 하나 각각 단계적으로 별개의 법률효과를 발생시키는 독립된 행정처분으로서 하나의 소송물로 평가할 수 없고, 보충역편입처분취소처분의 효력을 다투는 소에 공익근무요원복무중단처분, 현역병입영대상편입처분 및 현역병입영통지처분을 다투는 소도 포함되어 있다고 볼 수는 없다고 할 것이므로, 공익근무요원복무중단처분, 현역병입영대상편입처분 및 현역병입영통지처분의 취소를 구하는 소의 제소기간의 준수 여부는 각 그 청구취지의 추가 · 변경신청이 있은 때를 기준으로 개별적으로 살펴야 할 것이지, 최초에 보충역편입처분취소처분의 취소를 구하는 소가 제기된 때를 기준으로 할 것은 아니라고 할 것이다(대판 2004. 12. 10. 2003두12257).

③ (O) 일정한 납부기한을 정한 과징금부과처분에 대하여 '회복하기 어려운 손해'를 예방하기 위하여 긴급한 필요가 있고 달리 공공복리에 중대한 영향을 미치지 아니한다는 이유로 집행정지결정이 내려졌다면 그 집행정지기간 동안은 과징금부과처분에서 정한 과징금의 납부기간은 더 이상 진행되지 아니하고 집행정지결정이 당해 결정의 주문에 표시된 시기의 도래로 인하여 실효되면 그 때부터 당초의 과징금부과처분에서 정한 기간(집행정지결정 당시 이미 일부 진행되었다면 그 나머지 기간)이 다시 진행하는 것으로 보아야 한다(대판 2003. 7. 11. 2002다48023).

④ (X) 어느 하나의 처분사유에 의한 과징금 부과처분에 대하여 당해 처분사유가 아닌 다른 처분사유가 존재한다는 이유로 적법하다고 판단하는 것은 특별한 사정이 없는 한 행정소송법상 직권심사주의의 한계를 넘는 것으로서 허용될 수 없다(대판 2017. 5. 17. 2016두53050).

정답 ④

153 [23국가7급]

다음 사례에 대한 설명으로 옳지 않은 것은?

甲은 토지 위에 컨테이너를 설치하여 사무실로 사용하였다. 관할 행정청인 乙은 甲에게 이 컨테이너는 「건축법」상 건축허가를 받아야 하는 건축물인데 건축허가를 받지 않고 건축하였다는 이유로 甲에게 원상복구명령을 하면서, 만약 기한 내에 원상복구를 하지 않을 경우에는 행정대집행을 통하여 컨테이너를 철거할 것임을 계고하였다. 이후 甲은 乙에게 이 컨테이너에 대하여 가설건축물 축조신고를 하였으나 乙은 이 컨테이너는 건축허가대상이라는 이유로 가설건축물 축조신고를 반려하였다.

① 「건축법」에 특별한 규정이 없더라도 「행정절차법」상 예외에 해당하지 않는 한 乙은 원상복구명령을 하면서 甲에게 원상복구명령을 사전통지하고 의견제출의 기회를 주어야 한다.

② 乙이 행한 원상복구명령과 대집행 계고가 계고서라는 1장의 문서로 이루어진 경우라도 원상복구명령과 계고처분은 독립하여 있는 것으로서 각 그 요건이 충족된 것으로 볼 수 있다.

③ 乙이 대집행영장을 통지한 경우, 원상복구명령이 당연무효라면 대집행영장통지도 당연무효이다.

④ 甲이 제기한 원상복구명령 및 계고처분에 대한 취소소송에서, 乙은 처분 시에 제시한 '甲의 건축물은 건축허가를 받지 않은 건축물'이라는 처분사유에 '甲의 건축물은 신고를 하지 않은 가설건축물'이라는 처분사유를 추가할 수 있다.

해설

① (O) 행정청이 침해적 행정처분을 함에 있어서 당사자에게 위와 같은 사전통지를 하거나 의견제출의 기회를 주지 아니하였다면 사전통지를 하지 않거나 의견제출의 기회를 주지 아니하여도 되는 예외적인 경우에 해당하지 아니하는 한 그 처분은 위법하여 취소를 면할 수 없다(대판 2000.11.14. 99두5870).

② (O) 계고서라는 명칭의 1장의 문서로서 일정기간 내에 위법건축물의 자진철거를 명함과 동시에 그 소정기한 내에 자진철거를 하지 아니할 때에는 대집행할 뜻을 미리 계고한 경우라도 건축법에 의한 철거명령과 행정대집행법에 의한 계고처분은 독립하여 있는 것으로서 각 그 요건이 충족되었다고 볼 것이다(대판 1992.06.12. 91누13564).

③ (O) 원상복구명령이 당연무효인 이상 후행처분인 계고처분의 효력에 당연히 영향을 미쳐 그 계고처분 역시 무효로 된다(대판 1996. 6. 28. 96누4374).

④ (X) 건축허가를 받지 않고 건축하였다는 이유로 원상복구명령 및 계고처분을 하였다가 처분 당시와는 달리 이 사건 컨테이너가 가설건축물에 해당함을 전제로 처분사유를 추가하는 것은 원고들의 방어권을 침해하는 것으로 볼 수 있으므로, 이 점에서도 처분사유 추가·변경이 허용된다고 보기 어렵다(대판 2021. 7. 29. 2021두34756).

정답 ④

VI 가구제

VII 소송의 심리

154 [23지방9급]

행정소송의 심리에 대한 설명으로 옳지 않은 것은?

① 「행정소송법」에 따르면 법원은 필요하다고 인정할 때에는 직권으로 증거조사를 할 수 있으나, 당사자가 주장하지 아니한 사실에 대하여는 판단할 수 없다.

② 법원은 행정처분 당시 행정청이 알고 있었던 자료뿐만 아니라 사실심 변론종결 당시까지 제출된 모든 자료를 종합하여 처분 당시 존재하였던 객관적 사실을 확정하고 그 사실에 기초하여 처분의 위법 여부를 판단할 수 있다.

③ 「행정소송법」에 따르면 법원은 당사자의 신청이 있는 때에는 결정으로써 재결을 행한 행정청에 대하여 행정심판에 관한 기록의 제출을 명할 수 있고, 제출명령을 받은 행정청은 지체없이 당해 행정심판에 관한 기록을 법원에 제출하여야 한다.

④ 결혼이민[F-6 (다)목] 체류자격을 신청한 외국인에 대하여 행정청이 그 요건을 충족하지 못하였다는 이유로 거부처분을 하는 경우 '그 요건을 갖추지 못하였다는 판단', 즉 '혼인파탄의 주된 귀책사유가 국민인 배우자에게 있지 않다는 판단' 자체가 처분사유가 되는바, 결혼이민[F-6 (다)목] 체류자격 거부처분 취소소송에서 그 처분사유에 관한 증명책임은 피고 행정청에 있다.

해설

① (X)

> **행정소송법 제26조(직권심리)** 법원은 필요하다고 인정할 때에는 직권으로 증거조사를 할 수 있고, 당사자가 주장하지 아니한 사실에 대하여도 판단할 수 있다.

② (O) 항고소송에 있어서 행정처분의 위법 여부를 판단하는 기준 시점에 대하여 판결시가 아니라 처분시라고 하는 의미는 행정처분이 있을 때의 법령과 사실상태를 기준으로 하여 위법 여부를 판단할 것이며 처분 후 법령의 개폐나 사실상태의 변동에 영향을 받지 않는다는 뜻이고 처분 당시 존재하였던 자료나 행정청에 제출되었던 자료만으로 위법 여부를 판단한다는 의미는 아니므로, 처분 당시의 사실상태 등에 대한 입증은 사실심 변론종결 당시까지 할 수 있고, 법원은 행정처분 당시 행정청이 알고 있었던 자료뿐만 아니라 사실심 변론종결 당시까지 제출된 모든 자료를 종합하여 처분 당시 존재하였던 객관적 사실을 확정하고 그 사실에 기초하여 처분의 위법 여부를 판단할 수 있다(대판 1993. 5. 27. 92누19033).

③ (O)

> **행정소송법 제25조(행정심판기록의 제출명령)** ① 법원은 당사자의 신청이 있는 때에는 결정으로써 재결을 행한 행정청에 대하여 행정심판에 관한 기록의 제출을 명할 수 있다.

④ (O) 결혼이민[F-6 (다)목] 체류자격을 신청한 외국인에 대하여 행정청이 그 요건을 충족하지 못하였다는 이유로 거부처분을 하는 경우에는 '그 요건을 갖추지 못하였다는 판단', 다시 말해 '혼인파탄의 주된 귀책사유가 국민인 배우자에게 있지 않다는 판단' 자체가 처분사유가 된다. 결혼이민[F-6 (다)목] 체류자격 거부처분 취소소송에서도 그 처분사유에 관한 증명책임은 피고 행정청에 있다(대판 2019. 7. 4. 2018두66869).

정답 ①

VIII 소송의 판결 등

1. 판결의 의의

2. 위법판단의 기준시점

155 [23국가9급]

판례의 입장으로 옳지 않은 것은?

① 거부처분에 대한 집행정지는 그 거부처분으로 인하여 신청인에게 생길 손해를 방지하는 데 아무런 보탬이 되지 아니하므로 허용되지 않는다.

② 사정판결의 요건인 처분의 위법성은 변론 종결시를 기준으로 판단하고, 공공복리를 위한 사정판결의 필요성은 처분시를 기준으로 판단하여야 한다.

③ 집행정지의 요건으로 규정하고 있는 '공공복리에 중대한 영향을 미칠 우려'가 없을 것이라고 할 때의 '공공복리'는 그 처분의 집행과 관련된 구체적이고도 개별적인 공익을 말하는 것으로서 이러한 집행정지의 소극적 요건에 대한 주장·소명책임은 행정청에게 있다.

④ 「도시 및 주거환경정비법」에 근거한 조합설립인가처분은 행정주체로서의 지위를 부여하는 설권적 처분이고, 조합설립결의는 조합설립인가처분의 요건이므로, 조합설립결의에 하자가 있다면 그 하자를 이유로 직접 항고소송의 방법으로 조합설립인가처분의 취소 또는 무효확인을 구하여야 한다.

해설

① **(O)** 거부처분은 그 효력이 정지되더라도 행정청에 대하여 어떠한 처분을 명하는 등 적극적인 상태를 만들어 내는 경우를 포함하지 아니하는 것이므로, 거부처분의 효력을 정지할 필요성이 없다(대결 1991.05.02. 91두15).

② **(X)** 취소소송에서의 위법성은 처분시를 기준으로 판단하는 것이 판례의 입장이므로, 사정판결에서도 처분의 위법성 판단의 기준시는 처분시가 된다. 그러나 사정판결의 필요성은 처분 후의 사정이 고려되어야 할 것이므로 변론종결시(판결시)를 기준으로 판단하여야 한다(대판 1970.3.24. 69누29).

③ **(O)** '공공복리에 중대한 영향을 미칠 우려'가 없을 것이라고 할 때의 '공공복리'는 그 처분의 집행과 관련된 구체적이고도 개별적인 공익을 말하는 것으로서 이러한 집행정지의 소극적 요건에 대한 주장·소명책임은 행정청에게 있다(대결 1999.12.20. 99무42).

④ **(O)** 조합설립인가처분은 일종의 설권적 처분의 성격을 갖는다. 조합설립결의에 하자가 있다면 그 하자를 이유로 직접 항고소송의 방법으로 조합설립인가처분의 취소 또는 무효확인을 구하여야 하고, 별도로 조합설립결의 부분만을 따로 떼어내어 그 효력 유무를 다투는 확인의 소를 제기하는 것은 인정되지 아니한다(대판 2009.09.24. 2008다60568).

정답 ②

3. 판결의 종류

4. 판결의 효력

156 [23지방9급]

행정소송의 판결에 대한 설명으로 옳지 않은 것은?

① 처분등을 취소하는 확정판결은 제3자에 대하여도 효력이 있다.

② 취소 확정판결의 기속력은 판결의 주문 및 전제가 되는 처분등의 구체적 위법사유에 관한 판단에도 미치므로, 종전 처분이 판결에 의하여 취소되었다면 종전 처분의 처분사유와 기본적 사실관계에서 동일하지 않은 다른 사유를 들어서 새로이 동일한 내용을 처분하는 것 또한 확정판결의 기속력에 저촉된다.

③ 법원은 원고의 청구가 이유있다고 인정하는 경우에도 처분등을 취소하는 것이 현저히 공공복리에 적합하지 아니하다고 인정하는 때에는 원고의 청구를 기각할 수 있다.

④ 과세의 절차 내지 형식에 위법이 있어 과세처분을 취소하는 판결이 확정되었을 경우 과세관청은 그 위법사유를 보완하여 다시 새로운 과세처분을 할 수 있고, 그 새로운 과세처분은 확정판결에 의하여 취소된 종전의 과세처분과는 별개의 처분이다.

해설

① (O)

행정소송법 제29조(취소판결등의 효력) ① 처분등을 취소하는 확정판결은 제3자에 대하여도 효력이 있다.

② (X) 처분 행정청은 종전 처분 후에 발생한 새로운 사유를 내세워 다시 처분을 할 수 있고, 새로운 처분의 처분사유가 종전 처분의 처분사유와 기본적 사실관계에서 동일하지 않은 다른 사유에 해당하는 이상, 처분사유가 종전 처분 당시 이미 존재하고 있었고 당사자가 이를 알고 있었더라도 이를 내세워 새로이 처분을 하는 것은 확정판결의 기속력에 저촉되지 않는다(대판 2016.3.24. 2015두48235).

③ (O)

행정소송법 제28조(사정판결) ① 원고의 청구가 이유있다고 인정하는 경우에도 처분등을 취소하는 것이 현저히 공공복리에 적합하지 아니하다고 인정하는 때에는 법원은 원고의 청구를 기각할 수 있다. 이 경우 법원은 그 판결의 주문에서 그 처분등이 위법함을 명시하여야 한다.

④ (O) 과세처분권자가 그 확정판결에 적시된 위법사유를 보완하여 행한 새로운 과세처분은 확정판결에 의하여 취소된 종전의 과세처분과는 별개의 처분으로서 확정판결의 기판력에 저촉되는 것은 아니다(대판 1986.11.11. 85누231).

정답 ②

157 [23국가7급]

「행정소송법」상 취소소송의 판결의 효력에 대한 설명으로 옳지 않은 것은?

① 전소의 판결이 확정된 경우 후소의 소송물이 전소의 소송물과 동일하지 않더라도 전소의 소송물에 관한 판단이 후소의 선결문제가 되는 경우에 후소에서 전소 판결의 판단과 다른 주장을 하는 것은 기판력에 반한다.

② 행정처분을 취소하는 확정판결이 있으면 그 취소판결 자체의 효력에 의해 그 행정처분을 기초로 하여 새로 형성된 제3자의 권리는 당연히 그 행정처분 전의 상태로 환원된다.

③ 처분의 취소판결이 확정된 후 새로운 처분을 하는 경우, 새로운 처분의 사유가 취소된 처분의 사유와 기본적 사실관계에서 동일하지 않다면 취소된 처분과 같은 내용의 처분을 하는 것은 기속력에 반하지 않는다.

④ 법원이 간접강제결정에서 정한 의무이행기한이 경과한 후에라도 확정판결의 취지에 따른 재처분이 행하여지면, 처분상대방이 더 이상 배상금을 추심하는 것은 허용되지 않는다.

해설

① (O) '기판력'이란 기판력 있는 전소 판결의 소송물과 동일한 후소를 허용하지 않음과 동시에, 후소의 소송물이 전소의 소송물과 동일하지는 않더라도 전소의 소송물에 관한 판단이 후소의 선결문제가 되거나 모순관계에 있을 때에는 후소에서 전소 판결의 판단과 다른 주장을 하는 것을 허용하지 않는 작용을 한다(대판 2016.3.24. 2015두48235).

② (X) 행정처분을 취소하는 확정판결이 제3자에 대하여도 효력이 있다고 하더라도 일반적으로 판결의 효력은 주문에 포함한 것에 한하여 미치는 것이니 그 취소판결 자체의 효력으로써 그 행정처분을 기초로 하여 새로 형성된 제3자의 권리까지 당연히 그 행정처분 전의 상태로 환원되는 것이라고는 할 수 없고, 단지 취소판결의 존재와 취소판결에 의하여 형성되는 법률관계를 소송당사자가 아니었던 제3자라 할지라도 이를 용인하지 않으면 아니된다는 것을 의미하는 것에 불과하다(대판 1986. 8. 19. 83다카2022).

③ (O) 처분 행정청은 종전 처분 후에 발생한 새로운 사유를 내세워 다시 처분을 할 수 있고, 새로운 처분의 처분사유가 종전 처분의 처분사유와 기본적 사실관계에서 동일하지 않은 다른 사유에 해당하는 이상, 처분사유가 종전 처분 당시 이미 존재하고 있었고 당사자가 이를 알고 있었더라도 이를 내세워 새로이 처분을 하는 것은 확정판결의 기속력에 저촉되지 않는다(대판 2016.3.24. 2015두48235).

④ (O) 간접강제결정에서 정한 의무이행기한이 경과한 후에라도 확정판결의 취지에 따른 재처분의 이행이 있으면 배상금을 추심함으로써 심리적 강제를 꾀할 목적이 상실되어 처분상대방이 더 이상 배상금을 추심하는 것은 허용되지 않는다(대판 2004.1.15. 2002두2444).

정답 ②

5. 소송의 종결

6. 상소 및 재심청구

제3절 | 무효등확인소송·부작위위법확인소송

Ⅰ 무효 등 확인소송

158 [24국가7급]

무효등 확인소송에 대한 설명으로 옳지 않은 것은?

① 행정처분의 당연무효를 선언하는 의미에서 그 취소를 구하는 행정소송을 제기하는 경우에는 무효등 확인소송과 같이 제소기간의 제한이 없는 것으로 본다.

② 행정처분의 근거 법률에 의하여 보호되는 직접적이고 구체적인 이익이 있는 경우에는 「행정소송법」상 '무효확인을 구할 법률상 이익'이 있다고 보아야 하고, 이와 별도로 무효확인소송의 보충성이 요구되는 것은 아니다.

③ 동일한 행정처분에 대하여 무효확인의 소를 제기하였다가 그 후 그 처분의 취소를 구하는 소를 추가적으로 병합한 경우, 주된 청구인 무효확인의 소가 적법한 제소기간 내에 제기되었다면 추가로 병합된 취소청구의 소도 적법하게 제기된 것으로 볼 수 있다.

④ 행정처분의 당연무효를 주장하여 그 무효확인을 구하는 행정소송에 있어서는 원고에게 그 행정처분이 무효인 사유를 주장·입증할 책임이 있다.

해설

① (X) 무효확인소송은 원칙적으로 제소기간의 제한을 받지 않는다. 그러나 행정처분의 당연무효를 선언하는 의미에서 그 취소를 구하는 행정소송을 제기하는 경우에는 전치절차와 그 제소기간의 준수 등 취소소송의 제소요건을 갖추어야 한다(대판 1987.6.9, 87누219).

② (O) 행정처분의 근거 법률에 의하여 보호되는 직접적이고 구체적인 이익이 있는 경우에는 행정소송법 제35조에 규정된 '무효확인을 구할 법률상 이익'이 있다고 보아야 하고, 이와 별도로 무효확인소송의 보충성이 요구되는 것은 아니므로 행정처분의 무효를 전제로 한 이행소송 등과 같은 직접적인 구제수단이 있는지 여부를 따질 필요가 없다고 해석함이 상당하다(대판 2008.3.20. 2007두6342 전원합의체).

③ (O) 동일한 행정처분에 대하여 무효확인의 소를 제기하였다가 그 후 그 처분의 취소를 구하는 소를 추가적으로 병합한 경우, 주된 청구인 무효확인의 소가 적법한 제소기간 내에 제기되었다면 추가로 병합된 취소청구의 소도 적법하게 제기된 것으로 봄이 상당하다(대판 2005.12.23. 2005두3554).

④ (O) 행정처분의 당연무효를 주장하여 그 무효확인을 구하는 행정소송에 있어서는 원고에게 그 행정처분이 무효인 사유를 주장·입증할 책임이 있다(대판 2000.03.23. 선고 99두11851).

정답 ①

159 [23국가7급]

「행정소송법」상 항고소송에 대한 설명으로 옳은 것은?

① 부작위위법확인소송에서 부작위상태가 계속되는 한 그 위법의 확인을 구할 이익이 있다고 보아야 하므로 행정심판 등 전심절차를 거친 경우에도 제소기간에 관한 규정은 적용되지 않는다.

② 외국 국적의 甲이 위명(僞名)인 乙 명의의 여권으로 대한민국에 입국한 뒤 乙 명의로 난민 신청을 하였고 법무부장관이 乙 명의를 사용한 甲을 직접 면담하여 조사한 후에 甲에 대하여 난민불인정 처분을 한 경우, 甲은 난민불인정 처분의 취소를 구할 법률상 이익이 없다.

③ 주민 등의 도시관리계획의 입안 제안을 거부하는 처분에 대하여 이익형량의 하자를 이유로 취소판결이 확정된 후에 행정청이 다시 이익형량을 하여 주민 등이 제안한 것과는 다른 내용의 계획을 수립한다면 이는 재처분의무를 이행한 것으로 볼 수 없다.

④ 무효확인소송에서 '무효확인을 구할 법률상 이익'을 판단함에 있어 행정처분의 무효를 전제로 한 이행소송 등과 같은 직접적인 구제수단이 있는지 여부를 따질 필요가 없다.

해설

① (X) 부작위위법확인의 소는 부작위상태가 계속되는 한 그 위법의 확인을 구할 이익이 있다고 보아야 하므로 원칙적으로 제소기간의 제한을 받지 않는다. 그러나 행정소송법 제38조 제2항이 제소기간을 규정한 같은 법 제20조를 부작위위법확인소송에 준용하고 있는 점에 비추어 보면, 행정심판 등 전심절차를 거친 경우에는 행정소송법 제20조가 정한 제소기간 내에 부작위위법확인의 소를 제기하여야 한다(대판 2009.07.23. 2008두10560).

② (X) 미얀마 국적의 갑이 위명(위명)인 '을' 명의의 여권으로 대한민국에 입국한 뒤 을 명의로 난민 신청을 하였으나 법무부장관이 을 명의를 사용한 갑을 직접 면담하여 조사한 후 갑에 대하여 난민불인정 처분을 한 사안에서, 처분의 상대방은 허무인이 아니라 '을'이라는 위명을 사용한 갑이라는 이유로, 갑이 처분의 취소를 구할 법률상 이익이 있다(대판 2017. 3. 9. 2013두16852).

③ (X) 주민 등의 도시관리계획 입안 제안을 거부한 처분을 이익형량에 하자가 있어 위법하다고 판단하여 취소하는 판결이 확정되었더라도 행정청에 그 입안 제안을 그대로 수용하는 내용의 도시관리계획을 수립할 의무가 있다고는 볼 수 없고, 행정청이 다시 새로운 이익형량을 하여 적극적으로 도시관리계획을 수립하였다면 취소판결의 기속력에 따른 재처분의무를 이행한 것이라고 보아야 한다(대판 2020. 6. 25. 2019두56135).

④ (O) 무효 확인소송의 보충성이 요구되는 것은 아니므로 행정처분의 무효를 전제로 한 이행소송 등과 같은 직접적인 구제수단이 있는지 여부를 따질 필요가 없다고 해석함이 상당하다(대판 2008.3.20. 2007두6342 전원합의체).)

정답 ④

160 [24지방9급]

무효등 확인소송에 대한 설명으로 옳은 것은?

① 무효확인판결에는 취소판결의 기속력에 관한 규정이 준용되지 않는다.

② 무효등 확인소송의 제기 당시에 원고적격을 갖추었다면 상고심 계속중에 원고적격을 상실하더라도 그 소는 적법하다.

③ 행정처분의 무효란 행정처분이 처음부터 아무런 효력도 발생하지 아니한다는 의미이므로 무효등 확인소송에 대해서는 집행정지가 인정되지 아니한다.

④ 행정처분의 당연무효를 주장하여 그 무효확인을 구하는 행정소송에 있어서는 원고에게 그 행정처분이 무효인 사유를 주장・입증할 책임이 있다.

해설

① (X) ③ (X)

> **행정소송법 제23조** ② 취소소송이 제기된 경우에 처분 등이나 그 집행 또는 절차의 속행으로 인하여 생길 회복하기 어려운 손해를 예방하기 위하여 긴급한 필요가 있다고 인정할 때에는 본안이 계속되고 있는 법원은 당사자의 신청 또는 직권에 의하여 처분 등의 효력이나 그 집행 또는 절차의 속행의 전부 또는 일부의 정지(이하 "집행정지"라 한다)를 결정할 수 있다. 다만, 처분의 효력정지는 처분 등의 집행 또는 절차의 속행을 정지함으로써 목적을 달성할 수 있는 경우에는 허용되지 아니한다.
>
> **제30조(취소판결등의 기속력)** ① 처분등을 취소하는 확정판결은 그 사건에 관하여 당사자인 행정청과 그 밖의 관계행정청을 기속한다.
>
> **제38조(준용규정)** ①제9조, 제10조, 제13조 내지 제17조, 제19조, 제22조 내지 제26조, 제29조 내지 제31조 및 제33조의 규정은 무효등 확인소송의 경우에 준용한다.

② (X) 원고적격은 소송요건의 하나이므로 사실심 변론종결시는 물론 상고심에서도 존속하여야 하고 이를 흠결하면 부적법한 소가 된다(대판 2007. 4. 12. 2004두7924).

④ (O) 행정처분의 당연무효를 주장하여 그 무효확인을 구하는 행정소송에 있어서는 원고에게 그 행정처분이 무효인 사유를 주장・입증할 책임이 있다(대판 2000.03.23. 99두11851).

정답 ④

II 부작위위법확인소송

161 [22국가7급]

부작위위법확인소송에 대한 설명으로 옳지 않은 것은? (다툼이 있는 경우 판례에 의함)

① 부작위위법확인소송은 처분의 신청을 한 자로서 부작위의 위법의 확인을 구할 법률상의 이익이 있는 자만이 제기할 수 있다.

② 당사자가 행정청에 대하여 어떠한 행정처분을 하여 줄 것을 요청할 수 있는 법규상 또는 조리상의 권리를 갖고 있지 아니한 경우에 제기한 부작위위법확인의 소는 부적법하다.

③ 부작위위법확인소송의 경우 사실심의 구두변론종결시점의 법적·사실적 상황을 근거로 행정청의 부작위의 위법성을 판단하여야 한다.

④ 부작위위법확인소송은 행정심판 등 전심절차를 거친 경우라 하더라도 「행정소송법」 제20조가 정한 제소기간 내에 제기해야 하는 것은 아니다.

해설

① **(O)**

> **행정소송법 제36조(부작위위법확인소송의 원고적격)** 부작위위법확인소송은 처분의 신청을 한 자로서 부작위의 위법의 확인을 구할 법률상 이익이 있는 자만이 제기할 수 있다.

② **(O)** 당사자가 행정청에 대하여 어떤 행정행위를 하여 줄 것을 신청하지 아니하였거나 당사자가 그러한 행정행위를 하여 줄 것을 요구할 수 있는 법규상 또는 조리상의 권리를 가지고 있지 아니하는 등의 경우에는 원고적격이 없거나 항고소송의 대상인 위법한 부작위가 있다고 할 수 없어 그 부작위위법확인의 소는 부적법하다(대판 2007.10.26. 2005두7853).

③ **(O)** 취소소송에서 위법판단의 기준시에 대해서는 처분시설이 통설이나, 부작위위법확인소송에서는 처분이라는 것이 존재하지 않으므로 위법판단의 기준시에 대해서 판결시(사실심변론종결시)설이 통설이다.

④ **(X)** 부작위위법확인의 소는 부작위상태가 계속되는 한 그 위법의 확인을 구할 이익이 있다고 보아야 하므로 원칙적으로 제소기간의 제한을 받지 않는다. 그러나 행정소송법 제38조 제2항이 제소기간을 규정한 같은 법 제20조를 부작위위법확인소송에 준용하고 있는 점에 비추어 보면, 행정심판 등 전심절차를 거친 경우에는 행정소송법 제20조가 정한 제소기간 내에 부작위위법확인의 소를 제기하여야 한다(대판 2009.07.23. 2008두10560).

정답 ④

제4절 | 당사자소송·민중소송·기관소송·헌법소송

I 당사자소송

162 [24국가7급]

당사자소송에 대한 설명으로 옳지 않은 것은?

① 「행정소송법」상 당사자소송의 피고적격에 관한 규정은 당사자소송의 경우 피고적격이 인정되는 권리주체를 행정주체로 한정한다는 취지이므로, 사인을 피고로 하는 당사자소송을 제기할 수는 없다.
② 명예퇴직한 법관이 미지급 명예퇴직수당액에 대하여 가지는 권리는 명예퇴직수당 지급대상자 결정 절차를 거쳐 「법관 및 법원공무원 명예퇴직수당 등 지급규칙」에 의하여 확정된 공법상 법률관계에 관한 권리로서, 그 지급을 구하는 소송은 「행정소송법」의 당사자소송에 해당한다.
③ 「도시 및 주거환경정비법」상 행정주체인 주택재건축정비사업조합을 상대로 관리처분계획안에 대한 조합 총회결의의 효력을 다투는 소송에 대하여는 「행정소송법」상 집행정지에 관한 규정이 준용되지 아니하므로, 이를 본안으로 하는 가처분에 대하여는 「민사집행법」상 가처분에 관한 규정이 준용되어야 한다.
④ 공법상 계약의 한쪽 당사자가 다른 당사자를 상대로 효력을 다투거나 이행을 청구하는 소송은 공법상의 법률관계에 관한 분쟁이므로 분쟁의 실질이 공법상 권리·의무의 존부·범위에 관한 다툼이 아니라 손해배상액의 구체적인 산정방법·금액에 국한되는 등의 특별한 사정이 없는 한 공법상 당사자소송으로 제기하여야 한다.

해설

① (X) 행정소송법 제39조는, "당사자소송은 국가·공공단체 그 밖의 권리주체를 피고로 한다."라고 규정하고 있다. 이것은 당사자소송의 경우 항고소송과 달리 '행정청'이 아닌 '권리주체'에게 피고적격이 있음을 규정하는 것일 뿐, 피고적격이 인정되는 권리주체를 행정주체로 한정한다는 취지가 아니므로, 이 규정을 들어 사인을 피고로 하는 당사자소송을 제기할 수 없다고 볼 것은 아니다(대판 2019. 9. 9. 2016다262550).

② (O) 명예퇴직한 법관이 미지급 명예퇴직수당액에 대하여 가지는 권리는 명예퇴직수당 지급대상자 결정 절차를 거쳐 명예퇴직수당규칙에 의하여 확정된 공법상 법률관계에 관한 권리로서, 그 지급을 구하는 소송은 행정소송법의 당사자소송에 해당하며, 그 법률관계의 당사자인 국가를 상대로 제기하여야 한다(대판 2016.5.24. 2013두14863).

③ (O) 관리처분계획안에 대한 조합 총회결의의 효력을 다투는 소송은 행정처분에 이르는 절차적 요건의 존부나 효력 유무에 관한 소송으로서 소송결과에 따라 행정처분의 위법 여부에 직접 영향을 미치는 공법상 법률관계에 관한 것이므로, 이는 행정소송법상 당사자소송에 해당한다. 그리고 이러한 당사자소송에 대하여는 행정소송법 제23조 제2항의 집행정지에 관한 규정이 준용되지 아니하므로(행정소송법 제44조 제1항 참조), 이를 본안으로 하는 가처분에 대하여는 행정소송법 제8조 제2항에 따라 민사집행법상 가처분에 관한 규정이 준용되어야 한다(대판 2015.08.21. 2015무26).

④ (O) 공법상 계약의 한쪽 당사자가 다른 당사자를 상대로 효력을 다투거나 이행을 청구하는 소송은 공법상의 법률관계에 관한 분쟁이므로 분쟁의 실질이 공법상 권리·의무의 존부·범위에 관한 다툼이 아니라 손해배상액의 구체적인 산정방법·금액에 국한되는 등의 특별한 사정이 없는 한 공법상 당사자소송으로 제기하여야 한다(대판 2021. 2. 4. 2019다277133).

정답 ①

163 [23지방9급]

「행정소송법」상 당사자소송에 대한 설명으로 옳지 않은 것은?

① 당사자소송이란 행정청의 처분등을 원인으로 하는 법률관계에 관한 소송, 그 밖에 공법상의 법률관계에 관한 소송으로서 그 법률관계의 한쪽 당사자를 피고로 하는 소송을 의미한다.

② 공법상 계약의 한쪽 당사자가 다른 당사자를 상대로 효력을 다투거나 이행을 청구하는 소송은 공법상의 법률관계에 관한 분쟁이므로 분쟁의 실질이 공법상 권리·의무의 존부·범위에 관한 다툼이 아니라 손해배상액의 구체적인 산정방법·금액에 국한되는 등의 특별한 사정이 없는 한 당사자소송으로 제기하여야 한다.

③ 명예퇴직한 법관이 미지급 명예퇴직수당액에 대하여 가지는 권리는 명예퇴직수당 지급대상자 결정 절차를 거쳐 명예퇴직수당규칙에 의하여 확정된 공법상 법률관계에 관한 권리로서, 그 지급을 구하는 소송은 당사자소송에 해당하며, 그 법률관계의 당사자인 국가를 상대로 제기하여야 한다.

④ 당사자소송은 공법상 법률관계에 관한 소송이므로 이를 본안으로 하는 가처분에 대하여는 「민사집행법」상 가처분에 관한 규정이 준용되지 않는다.

해설

① (O)

행정소송법 제3조(행정소송의 종류) 행정소송은 다음의 네가지로 구분한다. 2. 당사자소송 : 행정청의 처분등을 원인으로 하는 법률관계에 관한 소송 그 밖에 공법상의 법률관계에 관한 소송으로서 그 법률관계의 한쪽 당사자를 피고로 하는 소송

② (O) 공법상 계약의 한쪽 당사자가 다른 당사자를 상대로 효력을 다투거나 이행을 청구하는 소송은 공법상의 법률관계에 관한 분쟁이므로 분쟁의 실질이 공법상 권리·의무의 존부·범위에 관한 다툼이 아니라 손해배상액의 구체적인 산정방법·금액에 국한되는 등의 특별한 사정이 없는 한 공법상 당사자소송으로 제기하여야 한다(대판 2021. 2. 4. 2019다277133).

③ (O) 명예퇴직한 법관이 미지급 명예퇴직수당액에 대하여 가지는 권리는 명예퇴직수당 지급대상자 결정 절차를 거쳐 명예퇴직수당규칙에 의하여 확정된 공법상 법률관계에 관한 권리로서, 그 지급을 구하는 소송은 행정소송법의 당사자소송에 해당하며, 그 법률관계의 당사자인 국가를 상대로 제기하여야 한다(대판 2016.5.24. 2013두14863).

④ (X) 당사자소송에 대하여는 행정소송법 제23조 제2항의 집행정지에 관한 규정이 준용되지 아니하므로(행정소송법 제44조 제1항 참조), 이를 본안으로 하는 가처분에 대하여는 행정소송법 제8조 제2항에 따라 민사집행법상 가처분에 관한 규정이 준용되어야 한다(대판 2015.08.21. 2015무26).

정답 ④

II 민중소송

III 기관소송

IV 헌법소송

행정법의 새로운 지평을 위한 전략적 선택

김 태 성

행정법총론 기출문제집

초 판 1쇄 발행 2017년 05월 25일
개 정 1쇄 발행 2018년 04월 02일
2쇄 발행 2019년 05월 15일
3쇄 발행 2021년 01월 04일
4쇄 발행 2021년 11월 01일
5쇄 발행 2022년 11월 21일
6쇄 발행 2023년 11월 15일
7쇄 발행 2024년 11월 11일

지은이 김태성
발행인 공태현
발행처 (주)법률저널
등록일자 2008년 9월 26일
등록번호 제15-605호
주소 151-862 서울 관악구 복은4길 50 (서림동 120-32)
대표전화 02)874-1144
팩스 02)876-4312
홈페이지 www.lec.co.kr
ISBN 978-89-6336-952-5
정가 47,000원